beck-online
DIE DATENBANK

Formularbuch Recht und Steuern

Online-Version mit regelmäßigen Aktualisierungen

D1996544

Sehr geehrter Leser,
sehr geehrte Leserin,

wie bereits bei der 7. Auflage kann jeder Käufer des Buches auf die **elektronische Version** des Formularbuchs und auf die in den Erläuterungen zitierten Gesetzestexte, Urteile und Erlasse zugreifen. Zudem wird die in beck-online.DIE DATENBANK enthaltene Version **regelmäßig aktualisiert** und an Gesetzesänderungen, neue Rechtsprechung und neue Verwaltungserlasse angepasst.

Sämtliche Formulartexte können mit Hilfe der **elektronischen Version** (kompletter Text des Buches in beck-online) oder der beigefügten **CD-Rom** (nur Formulartexte) problemlos in ein Textverarbeitungsprogramm übernommen und dort für die individuelle Fallgestaltung angepasst oder erweitert werden.

Nutzen Sie die elektronische Version und profitieren Sie von einem ständig aktualisierten und erweiterten Bestand von Formularen, die von den renommiertesten Kanzleien in Deutschland erstellt werden. Gehen Sie online!

Und so geht`s:

1. Rufen Sie die Internetadresse www.freischaltung.beck.de auf.

2. Geben Sie Ihren persönlichen Freischaltcode (s. unten) ein und folgen Sie den Anweisungen auf dem Bildschirm.

3. Ihre Zugangsdaten, mit denen Sie sich unter www.beck-online.de einloggen können, erhalten Sie umgehend per E-Mail. Wenn Sie bereits beck-online-Kunde sind, wird das *Formularbuch Recht und Steuern* Ihrem Konto zugeschaltet.

4. Sie können nun mit Ihrem **Benutzernamen** und Ihrem **Passwort** von jedem beliebigen PC, tablet oder smartphone auf die Online-Version des Formularbuchs zugreifen.

Ihr Freischaltcode: FORM8-X9EKH-E66AN-MY1FH

Ihren Online-Zugang können Sie bis zum Erscheinen der 9. Auflage uneingeschränkt nutzen.

Formularbuch
Recht und Steuern

Formularbuch Recht und Steuern

Gesellschaftsverträge – Sonstige Verträge
Besteuerungsverfahren – Rechtsmittelverfahren
Steuerstrafverfahren

Bearbeitet von
Dr. Jörg Alvermann, Rechtsanwalt und Fachanwalt für Steuerrecht in Köln;
Dipl.-Fw. Dr. Jochen Bahns, Rechtsanwalt und Steuerberater in Bonn;
Manuela Beckert, Rechtsanwältin und Fachanwältin für Steuerrecht in München;
Prof. Dr. Burkhard Binnewies, Rechtsanwalt und Fachanwalt für Steuerrecht in Köln;
Dr. Ralf Dremel, Rechtsanwalt und Steuerberater in Bonn;
Dr. Nico Fischer, Rechtsanwalt in München;
Dr. Markus J. Friedl, LL. M., Rechtsanwalt in Frankfurt am Main;
Joachim Hund von Hagen, D. E. A. (Paris II), Rechtsanwalt, Fachanwalt für Steuerrecht und Wirtschaftsmediator in Frankfurt am Main;
Dipl.-Kfm. Hasso Kolberg, Rechtsanwalt, Wirtschaftsprüfer und Steuerberater in München;
Dr. Joachim Krämer, Rechtsanwalt und Steuerberater in Bonn;
Dr. Jörg Schauf, Rechtsanwalt und Fachanwalt für Steuerrecht in Bonn;
Dr. Rolf Schwedhelm, Rechtsanwalt und Fachanwalt für Steuerrecht in Köln;
Karin Stahl-Sura, Richterin am Finanzgericht Münster;
Dr. Ingo Stangl, Steuerberater in München;
Dr. Michael Streck, Rechtsanwalt und Fachanwalt für Steuerrecht in Köln;
Dipl.-Fw. Manfred Tremmel, München;
Dr. Jörg Weigell, Rechtsanwalt und Fachanwalt für Steuerrecht in München;
Dr. Michael Winter, Rechtsanwalt und Steuerberater in Bonn;
Dr. Markus Wollweber, Rechtsanwalt und Fachanwalt für Steuerrecht in Köln

8., neu bearbeitete und erweiterte Auflage 2014

C.H.BECK

www.beck.de

ISBN 978 3 406 65759 7

Wilhelmstraße 9, 80801 München
Satz, Druck und Bindung: Druckerei C. H. Beck Nördlingen
(Adresse wie Verlag)

Gedruckt auf säurefreiem, alterungsbeständigem Papier
(hergestellt aus chlorfrei gebleichtem Zellstoff)

Vorwort zur 8. Auflage

Bei der Gestaltung von Verträgen kommt es wegen der oft gravierenden finanziellen Folgen entscheidend auf die Beachtung aller denkbaren steuerlichen Auswirkungen an. Dieses Vertrags- und Formularhandbuch erläutert umfassend die gesellschafts- und zivilrechtlichen Grundlagen sowie die steuerlichen Konsequenzen von Gesellschaftsverträgen und anderen Verträgen. Alle Vertragsformulare werden nach ihrer wirtschaftlichen Bedeutung, nach Gesellschafts- und Zivilrecht sowie nach Steuerrecht behandelt. Daran schließen sich wie bei einem Kommentar die Erläuterungen der Vertragsregelungen an, wiederum aufgegliedert in die einzelnen Rechtsgebiete:

- **Gesellschaftsverträge:** Aktiengesellschaft, Betriebsaufspaltung, Einbringung, EWIV, SE, GbR, GmbH, Gewinngemeinschaft, KG mit GmbH & Co. KG, OHG und ähnliche Verträge, Partnerschaft, Joint Venture, Realteilung, Schiedsvertrag, Stille Gesellschaft, Stiftung, Umwandlung, Unterbeteiligung, Verein
- **Sonstige Verträge:** Von Angehörigenverträge, Anteilsabtretung bis Unternehmenskauf, Werkvertrag und Sicherungsübereignung
- **Anträge im Besteuerungsverfahren:** Von Abrechnungsbescheid, Anrufungsauskunft bis Verlustabzug, Vollstreckung und Zusage – Rechtsmittelverfahren, Verfahren vor den Finanzbehörden, den Finanzgerichten und dem BFH
- **Steuerstrafverfahren:** Selbstanzeige, Beschwerde gegen Durchsuchungs- und Beschlagnahmebeschluss, Widerruf der freiwilligen Herausgabe von Unterlagen
- **Mandatsbezogene Verträge:** Steuerberaterrahmenvertrag, Vollmacht, Mandatsbeendigung, Haftungsbegrenzung und Vergütungsvereinbarungen.

Die *8. Auflage* hat den Stand 1. September 2014. Alle Verträge und Formulierungshilfen wurden gründlich überarbeitet und ergänzt. Die seit der letzten Auflage im Jahr 2011 erfolgten Gesetzesänderungen (u.a. Beitreibungsrichtlinie-Umsetzungsgesetz, Gesetz zur Änderung und Vereinfachung der Unternehmensbesteuerung und des steuerlichen Reisekostenrechts, Ehrenamtsstärkungsgesetz, Amtshilferichtlinie-Umsetzungsgesetz, AIFM-Steuer-Anpassungsgesetz und zuletzt Gesetz zur Anpassung des nationalen Steuerrechts an den Beitritt Kroatiens zur EU und zur Änderung weiterer steuerlicher Vorschriften) sind komplett berücksichtigt.

U.a. wurden folgende **neue Formulare** in die Sammlung aufgenommen:

- A.11.20 Partnerschaft mit beschränkter Berufshaftung,
- A.12.00 Joint Venture in Form einer Personengesellschaft,
- F.1 Steuerberaterrahmenvertrag,
- F.2 Vollmacht,
- F.3 Mandatsbeendigungsvereinbarung bei streitiger Mandatsbeendigung,
- F.4 Haftungsbegrenzung,
- F.5 Vergütungsvereinbarungen

Konzeptionell verfolgt das *Formularbuch Recht und Steuern* die Zielsetzung, dem gesellschaftsrechtlich nicht spezialisierten Berater alle wesentlichen *zivilrechtlichen* Grundlagen zu vermitteln, die sich bei der Gestaltung und Abfassung von Verträgen ergeben. In *steuerrechtlicher* Hinsicht sollen alle steuerlich denkbaren Folgen bei Abschluss von Gesellschaftsverträgen sowie von sonstigen Verträgen erörtert werden. Hinter dieser Konzeption steht die in der Praxis immer wieder gemachte Erfahrung, dass bei zivilrechtlich ausgerichteten Beratern die steuerrechtlichen Probleme und bei steuerrechtlichen Beratern zivil-, handels- und gesellschaftsrechtliche Fragen im Rahmen von Vertragsgestaltungen oft zu kurz kommen. Dies kann für den Berater erhebliche haftungsrechtliche Folgen haben. Denn während zivilrechtliche Gestaltungsfehler auch rückwirkend noch korrigierbar sind, können Fehlplanungen aus steuerlicher Sicht für die Betroffenen sehr teuer werden, weil rückwirkende Vertragsänderungen insofern nicht anerkannt werden. Ungewollte steuerrechtliche Wirkungen können auch bei sog. einfachen Verträgen wie z.B. einem Anstellungsvertrag oder einem Darlehensvertrag auftreten, weshalb wir auch diese Verträge aus zivil- und steuerrechtlicher Sicht darstellen.

Die Umsetzung des vorstehenden Konzepts geschieht *auf zwei Ebenen:* (1) Zunächst erfolgt die *grundsätzliche* Erörterung des jeweiligen Vertragsmusters nach seiner wirtschaftlichen Bedeutung, zivilrechtlichen Einordnung und steuerrechtlichen Folgewirkung. (2) Im Anschluss daran wird jede einzelne Vertragsvorschrift *getrennt* erläutert, wobei die Kommentierung wiederum nach Gesellschaftsrecht einerseits sowie Steuerrecht andererseits erfolgt. Darüber hinaus werden, soweit erforderlich, auch arbeits- und wettbewerbsrechtliche Hinweise gegeben.

Seinem *Aufbau* nach unterscheidet das *Formularbuch Recht und Steuern* sechs Teile: An den das Handbuch prägenden Teil *„A. Gesellschaftsverträge"* schließt sich Teil *„B. Sonstige Verträge"* an. Teil *„C. Anträge im Besteuerungsverfahren"* bringt Formulierungsvorschläge für die wichtigsten Anträge an das Finanzamt, die außerhalb des Rechtsbehelfsverfahrens im Rahmen der Besteuerung immer wieder gestellt werden. Teil *„D. Rechtsmittelverfahren"* unterteilt sich in das Verfahren vor den Finanzbehörden, die Klageverfahren vor den Finanzgerichten sowie das Revisions- und Beschwerdeverfahren vor dem Bundesfinanzhof. Teil *„E. Steuerstrafverfahren"* enthält wichtige Formulierungshilfen bei der Steuerstrafverfolgung. Der neue Teil *„F. Mandatsbezogene Verträge"* schließlich umfasst Formularvorschläge vom Steuerberaterrahmenvertrag bis zur Vergütung.

Wie bereits bei der Vorauflage kann jeder Käufer des Buches auf die elektronische Version des Formularbuchs und auf die in den Erläuterungen zitierten Gesetzestexte, Urteile und Erlasse zugreifen. Zudem wird die in beck-online enthaltene Version **regelmäßig aktualisiert** und an Gesetzesänderungen und neue Rechtsprechung angepasst. Sämtliche Formulare können mit Hilfe der beigefügten **CD-ROM oder in beck-online** problemlos in ein Textverarbeitungsprogramm exportiert und dort für die individuelle Fallgestaltung angepasst oder erweitert werden. Erläuterungen zur Freischaltung und Ihren Freischaltcode für die Aktualisierungen in beck-online finden Sie unmittelbar vor der Titelseite des Buches.

Aus dem Kreis der Autoren der Vorauflage sind *Herr Prof. Dr. Detlev Jürgen Piltz* und *Herr Prof. Dr. Harald Schaumburg* ausgeschieden. Verlag und Mitverfasser sind den ausgeschiedenen Autoren für ihr langjähriges Engagement zu großem Dank verpflichtet. Neu hinzugekommen bei der 8. Auflage sind *Herr Dipl.-Fw. Dr. Jochen Bahns, Herr Dipl.-Fw. Manfred Tremmel* und *Herr Dr. Markus Wollweber.*

Wir hoffen, dass Ihnen die vorgelegte Neuauflage unseres Formularbuchs weiterhin von großem Nutzen sein wird. Für die äußerst positive Aufnahme der bisherigen Auflagen unseres Handbuchs danken wir allen unseren Lesern und dürfen Sie weiterhin um Anregungen, Hinweise und Verbesserungsvorschläge bitten.

Im September 2014 *Die Verfasser*

Online-Aktualisierungen

Aktualisierungen in beck-online

Mit ihrem persönlichen Freischaltcode haben alle Käufer des Buches Zugriff auf **Aktualisierungen der Buchinhalte in beck-online. DIE DATENBANK.** In der Online-Version werden die Formulare regelmäßig an Gesetzesänderungen, neue Rechtsprechung etc. angepasst. Beachten Sie hierzu bitte die Hinweise zur **Freischaltung der Online-Version** und den eingedruckten **Freischaltcode** vor dem Titelblatt des Buches.

Die Formularmustertexte wurden mit größtmöglicher Sorgfalt erstellt. Da jedoch andere Rechtsansichten und Fehler des Autors oder des Verlages niemals ganz ausgeschlossen werden können, erhebt keine der in den Mustertexten enthaltenen Formulierungen Anspruch auf uneingeschränkte Rechtsgültigkeit. Der Verlag und die Autoren übernehmen daher keine Haftung für den Inhalt der Mustertexte.

Bearbeiterverzeichnis

Dr. Jörg Alvermann	A. Gesellschaftsverträge (Formular 18)
Dr. Jochen Bahns	B. Sonstige Verträge (Formulare 11–15, 17–20, 22, 23)
Prof. Dr. Burkhard Binnewies	A. Gesellschaftsverträge (Formular 1)
Dr. Nico Fischer	B. Sonstige Verträge (Formular 21)
Dr. Markus J. Friedl	A. Gesellschaftsverträge (Formular 4.02, 12.00)
Dr. Markus J. Friedl/ Dr. Joachim Krämer	A. Gesellschaftsverträge (Formulare 3, 12.01, 15)
Joachim Hund-von Hagen	A. Gesellschaftsverträge (Formulare 5, 11, 13)
Dipl.-Kfm. Hasso Kolberg	A. Gesellschaftsverträge (Formular 14) B. Sonstige Verträge (Formular 8a)
Dr. Joachim Krämer	A. Gesellschaftsverträge (Formular 4.01)
Dr. Jörg Schauf	E. Steuerstrafverfahren (Formulare 1–3)
Dr. Rolf Schwedhelm/ Dr. Markus Wollweber	A. Gesellschaftsverträge (Formulare 2, 6)
Karin Stahl-Sura	D. Rechtsmittelverfahren (Formulare 1, 2.01–2.15, 2.17–2.26)
Dr. Ingo Stangl/Dr. Michael Winter	A. Gesellschaftsverträge (Formular 10)
Dr. Michael Streck/ Dr. Markus Wollweber	A. Gesellschaftsverträge (Formular 17)
Manfred Tremmel	D. Rechtsmittelverfahren (Formular 2.16)
Dr. Jörg Weigell/Manuela Beckert	A. Gesellschaftsverträge (Formulare 8, 9, 16) B. Sonstige Verträge (Formular 16) C. Anträge im Besteuerungsverfahren (Formulare 1–24) D. Rechtsmittelverfahren (Formular 3)
Dr. Michael Winter	A. Gesellschaftsverträge (Formular 7)
Dr. Michael Winter/Dr. Ralf Dremel ..	B. Sonstige Verträge (Formulare 1–8, 9, 10)
Dr. Markus Wollweber	F. Mandatsbezogene Verträge (Formulare 1–5)

Inhaltsübersicht

Inhaltsverzeichnis

(In kursiver Schrift ist der jeweilige Autor genannt)

Teil B. Sonstige Verträge

Teil C. Anträge im Besteuerungsverfahren – *Weigell/Beckert*

Teil D. Rechtsmittelverfahren (einschließlich außergerichtlicher Rechtsbehelfe)

Abkürzungs- und Literaturverzeichnis

aA	anderer Ansicht
AAG	Aufwendungsausgleichsgesetz
aaO	am angegebenen Ort
ABl.	Amtsblatt
Abs.	Absatz
Abt.	Abteilung
A/D/S	Adler/Düring/Schmaltz u. a., Rechnungslegung und Prüfung der Unternehmen (Loseblatt)
AdV	Aussetzung der Vollziehung
aE	am Ende
AEAO	Anwendungserlass zur Abgabenordnung
AEUV	Vertrag über die Arbeitsweise der Europäischen Union
aF	alte Fassung
AfA	Absetzung für Abnutzung
AG	Aktiengesellschaft; „Die Aktiengesellschaft" (Zeitschrift); Amtsgericht
AGB	Allgemeine Geschäftsbedingungen
AGFGO	(Landes-)Ausführungsgesetz zur Finanzgerichtsordnung
AGS	Anwaltsgebühren spezial (Zeitschrift)
AK	Anschaffungskosten
AktG	Aktiengesetz
Anh.	Anhang
Anm.	Anmerkung
AnwBl.	Anwaltsblatt
AO	Abgabenordnung
AO-StB	Der AO-Steuer-Berater (Zeitschrift)
AP	Arbeitsrechtliche Praxis, Nachschlagewerk des Bundesarbeitsgerichts
Art.	Artikel
AStG	Außensteuergesetz
AÜG	Arbeitnehmerüberlassungsgesetz
Aufl.	Auflage
AuslInvG	Auslandsinvestitionsgesetz
AuslInvestmG	Auslandsinvestmentgesetz
BaFin	Bundesanstalt für Finanzdienstleistungsaufsicht
BAG	Bundesarbeitsgericht
Bamberger/Roth/Bearbeiter	Bamberger/Roth, BGB, 3. Aufl. 2012
BAnz	Bundesanzeiger
Baumbach/Hopt	Baumbach/Hopt, Handelsgesetzbuch, 36. Aufl. 2014
Baumbach/Hueck	Baumbach/Hueck, GmbH-Gesetz, 20. Aufl. 2013
Baumbach/Lauterbach	Baumbach/Lauterbach/Albers/Hartmann, ZPO, 72. Aufl. 2014
BaWu	Baden-Württemberg
Bay	Bayern
BayObLG	Bayerisches Oberstes Landesgericht
BB	Betriebs-Berater (Zeitschrift)
BB-Spezial	Beilagen zu Der Betriebs-Berater (Zeitschrift)

BBG .... Bundesbeamtengesetz
BBiG .... Berufsbildungsgesetz
BC .... Zeitschrift für Bilanzierung, Rechnungswesen und Controlling
Beck Bil-Komm/Bearbeiter .... Beck'scher Bilanzkommentar, 9. Aufl. 2014
Beck GmbH-HB/Bearbeiter .... Beck'sches Handbuch der GmbH, 4. Aufl. 2009
Beck PersGes-HB/Bearbeiter .... Beck'sches Handbuch der Personengesellschaften, 4. Aufl. 2014
BeckRS .... Rechtsprechung in beck-online
Beck StB-Handbuch .... Beck'sches Steuerberater-Handbuch 2013/2014
Beck StVFB/Bearbeiter .... Steuerliches Vertrags- und Formularbuch 4. Auflage 2001 (ab der 5. Auflage: Formularbuch Recht und Steuern)
BeckVerw .... Verwaltungsanweisungen in beck-online
Beisel/Klumpp .... Beisel/Klumpp, Der Unternehmenskauf, 6. Aufl. 2009
BetrAV .... Mitteilungsblatt der Arbeitsgemeinschaft für betriebliche Altersversorgung
BetrAVG .... Gesetz zur Verbesserung der betrieblichen Altersversorgung (= Betriebsrentengesetz)
BetrVG .... Betriebsverfassungsgesetz
BeurkG .... Beurkundungsgesetz
BewDV .... Durchführungsverordnung zum Bewertungsgesetz
BewG .... Bewertungsgesetz
BewRGr .... Bewertungsrichtlinien Grundvermögen
BFH .... Bundesfinanzhof
BFHE .... Entscheidungen des Bundesfinanzhofs
BFHEntlG .... Gesetz zur Entlastung des Bundesfinanzhofs
BFH/NV .... Sammlung amtlich nicht veröffentlichter Entscheidungen des BFH
BFH/PR .... BFH-Richter kommentieren für die Praxis (Zeitschrift)
BGB .... Bürgerliches Gesetzbuch
BGBl. I, II .... Bundesgesetzblatt Teile I und II
BGH .... Bundesgerichtshof
BGHSt .... Entscheidungen des Bundesgerichtshofs in Strafsachen
BGHZ .... Entscheidungen des Bundesgerichtshofs in Zivilsachen
BilMoG .... Gesetz zur Modernisierung des Bilanzrechts (Bilanzrechtsmodernisierungsgesetz) v. 26.5.2009
Binz .... Binz/Sorg, GmbH & Co., 11. Aufl. 2010
BiRiLiG .... Bilanzrichtlinien-Gesetz
BKGG .... Bundeskindergeldgesetz
Blaurock .... Blaurock, Handbuch Stille Gesellschaft, 7. Aufl. 2010
Blümich/Bearbeiter .... Blümich, Kommentar zum Einkommensteuergesetz, Körperschaftsteuergesetz, Gewerbesteuergesetz und Nebengesetzen (Loseblatt)
BMF .... Bundesministerium der Finanzen
BMJ .... Bundesministerium der Justiz
BNotO .... Bundesnotarordnung
Bordewin/Brandt/Bearbeiter .... Bordewin/Brandt, Einkommensteuergesetz (Loseblatt)
Boruttau/Bearbeiter .... Boruttau, Kommentar zum Grunderwerbsteuergesetz, 17. Aufl. 2011
BpO .... Betriebsprüfungsordnung
BR .... Bundesrat

BRAO	Bundesrechtsanwaltsordnung
BR-Drs.	Bundesrats-Drucksache
BReg.	Bundesregierung
BSG	Bundessozialgericht
bspw.	beispielsweise
BStBl. I, II, III	Bundessteuerblatt Teile I, II, III
BT	Bundestag
BT-Drs.	Bundestags-Drucksache
Buchst.	Buchstabe
Budde/Förschle/ Bearbeiter	Budde/Förschle/Winkeljohann, Sonderbilanzen, 4. Aufl. 2008
Bunjes/Bearbeiter	Bunjes, Kommentar zum Umsatzsteuergesetz, 13. Aufl. 2014
BUrlG	Bundesurlaubsgesetz
BVerfG	Bundesverfassungsgericht
BVerfGE	Entscheidungen des Bundesverfassungsgerichts
BVerwG	Bundesverwaltungsgericht
BVerwGE	Entscheidungen des Bundesverwaltungsgerichts
BZSt	Bundeszentralamt für Steuern
bzgl.	bezüglich
bzw.	beziehungsweise
DB	Der Betrieb (Zeitschrift)
DBA	Doppelbesteuerungsabkommen
D'dorf	Düsseldorf
ders.	derselbe
dh.	das heißt
dies.	dieselbe(n)
DM	Deutsche Mark
DNotI-Report	Informationsdienst des Deutschen Notarinstituts (Zeitschrift)
DNotZ	Deutsche Notar-Zeitschrift
D/P/M/Bearbeiter	Dötsch/Pung/Möhlenbrock, Die Körperschaftsteuer (Loseblatt)
D/P/P/M/Bearbeiter	Dötsch/Patt/Pung/Möhlenbrock, UmwStG, 7. Aufl. 2012
DRiG	Deutsches Richtergesetz
DrittelbG	Drittelbeteiligungsgesetz
Drs.	Drucksache
DStJG	Deutsche Steuerjuristische Gesellschaft
DStR	Deutsches Steuerrecht (Zeitschrift)
DStRE	Deutsches Steuerrecht Entscheidungsdienst (Zeitschrift)
DStZ	Deutsche Steuer-Zeitung (Zeitschrift)
DV, DVO	Durchführungs-Verordnung
E/B/J/S/Bearbeiter	Ebenroth/Boujong/Joost/Strohn, Handelsgesetzbuch, 2./3. Aufl. 2009/2014
EFG	Entscheidungen der Finanzgerichte (Zeitschrift)
EFZG	Entgeltfortzahlungsgesetz
EG	Europäische Gemeinschaft(en)
EGAO	Einführungsgesetz zur AO
EGBGB	Einführungsgesetz zum Bürgerlichen Gesetzbuch
EGHGB	Einführungsgesetz zum Handelsgesetzbuch
EGV	Vertrag zur Gründung der Europäischen Wirtschaftsgemeinschaft
EK	Eigenkapital
Emmerich/Habersack	Emmerich/Habersack, Aktien- und GmbH-Konzernrecht, 7. Aufl. 2013

Abkürzungs- und Literaturverzeichnis

Engl/Bearbeiter	Engl (Hrsg.), Formularbuch Umwandlungen, 3. Aufl. 2013
ErbR	ErbR – Zeitschrift für die gesamte erbrechtliche Praxis
ErbStB	Der Erbschaft-Steuer-Berater
ErbStG	Erbschaftsteuer- und Schenkungsteuergesetz
ErbStH	Erbschaftsteuer-Hinweise
ErbStR	Erbschaftsteuer-Richtlinien
ErbStRG	Erbschaftsteuer-Reformgesetz
Erfurter Kommentar ArbR	Erfurter Kommentar zum Arbeitsrecht, 14. Aufl. 2014
Erle/Sauter	Erle/Sauter, Körperschafsteuergesetz, 3. Aufl. 2010
Erman/Bearbeiter	Erman, BGB, 14. Aufl. 2014
ESt	Einkommensteuer
EStDV	Einkommensteuer-Durchführungsverordnung
EStG	Einkommensteuergesetz
EStH	Einkommensteuer-Hinweise
EStR	Einkommensteuer-Richtlinien
etc.	et cetera
EU	Europäische Union
EuGH	Europäischer Gerichtshof
EuGHE	Sammlung der Entscheidungen des Europäischen Gerichtshofs
EURLUmsG	Richtlinien-Umsetzungsgesetz v. 9.12.2004
EuZW	Europäische Zeitschrift für Wirtschaftsrecht
e. V.	eingetragener Verein
EVertr.	Einigungsvertrag
evtl.	eventuell
EWG	Europäische Wirtschaftsgemeinschaft
EWIR	Entscheidungen zum Wirtschaftsrecht (Zeitschrift)
EWIV	Europäische Wirtschaftliche Interessenvereinigung
EWIV-AG	EWIV-Ausführungsgesetz
EWIV-VO	EWG-Verordnung Nr. 2137/85 v. 25.7.1985 über die Schaffung einer Europäischen wirtschaftlichen Interessenvereinigung (EWIV)
EWS	Europäisches Währungssystem
E & Y	Ernst & Young, Körperschaftsteuergesetz, Kommentar (Loseblatt)
f., ff.	folgend, fortfolgend
FA, FÄ	Finanzamt, Finanzämter
FG	Finanzgericht
FGO	Finanzgerichtsordnung
FGOÄndG	FGO-Änderungsgesetz
FinVerw.	Finanzverwaltung
Fitting/Bearbeiter	Fitting/Engels/Schmidt/Trebinger/Linsenmaier, Betriebsverfassungsgesetz, 27. Aufl. 2014
FM	Finanzministerium
F/M	Frotscher/Maas, Kommentar zum Körperschaft-, Gewerbe- und Umwandlungsteuergesetz (Loseblatt)
FMBl.	Finanzministerialblatt
Fn.	Fußnote
FördG	Fördergebietsgesetz
FR	Finanz-Rundschau (Zeitschrift)
Franzen/Gast/Joecks	Steuerstrafrecht, 7. Aufl. 2009
FRL	Fusionsrichtlinie 90/434/EWG (aufgehoben)
FS	Festschrift
FVG	Gesetz über die Finanzverwaltung

GAV	Gewinnabführungsvertrag
GBl.	Gesetzblatt
GBO	Grundbuchordnung
GbR	Gesellschaft des bürgerlichen Rechts
Gehre/Koslowski/ Bearbeiter	Steuerberatungsgesetz, 6. Aufl. 2009
gem.	gemäß
GenG	Genossenschaftsgesetz
Geßler/Hefermehl	Geßler/Hefermehl/Eckardt/Kropff, Aktiengesetz, 1974 ff.
GewArch	Gewerbearchiv (Zeitschrift)
GewO	Gewerbeordnung
GewSt	Gewerbesteuer
GewStDV	Gewerbesteuer-Durchführungsverordnung
GewStG	Gewerbesteuergesetz
GewStR	Gewerbesteuer-Richtlinien
GG	Grundgesetz
ggf.	gegebenenfalls
GKG	Gerichtskostengesetz
glA	gleicher Ansicht
Glanegger/Güroff	Glanegger/Güroff, GewStG, 8. Aufl. 2014
GmbH	Gesellschaft mit beschränkter Haftung
GmbHG	Gesetz betreffend die Gesellschaft mit beschränkter Haftung
GmbHR	GmbH-Rundschau (Zeitschrift)
GmbH-Stb	GmbH-Steuerberater (Zeitschrift)
GmS-OGB	Gemeinsamer Senat der obersten Gerichtshöfe des Bundes
GNotKG	Gerichts- und Notarkostengesetz
GoB	Grundsätze ordnungsmäßiger Buchführung
Gräber/Bearbeiter	Gräber, Finanzgerichtsordnung, 7. Aufl. 2010
grds.	grundsätzlich
GrESt-Erlass	Gleichlautender Ländererlass v. 2.12.1999, BStBl. I 1999 S. 991
GrEStG	Grunderwerbsteuergesetz
Groß	Stumpf/Groß, Der Lizenzvertrag, 8. Aufl. 2005
GrS	Großer Senat
GrSt	Grundsteuer
GStB	Gestaltende Steuerberatung (Zeitschrift)
Gürsching/Stenger	Gürsching/Stenger, Kommentar zum Bewertungsgesetz (Loseblatt)
GuV-Rechnung	Gewinn- und Verlustrechnung
GVBl., GVOBl.	Gesetz- und Verordnungsblatt
GVG	Gerichtsverfassungsgesetz
GWB	Gesetz gegen Wettbewerbsbeschränkungen
HandwO	Handwerksordnung
Haritz/Menner/Bearbeiter	Umwandlungssteuergesetz, Kommentar, 3. Aufl. 2010
Hartmann	Hartmann, Kostengesetze, 44. Aufl. 2014
HdJ/Bearbeiter	Schulze-Osterloh/Hennrichs/Wüstemann (Hrsg.), Handbuch des Jahresabschlusses (Loseblatt)
Henssler/Prütting/ Bearbeiter	BRAO, 4. Aufl. 2014
Hesselmann/Bearbeiter	Hesselmann/Tillmann/Mueller-Thuns, Handbuch der GmbH & Co., 20. Aufl. 2009
HFA	Hauptfachausschuss des Instituts der Wirtschaftsprüfer in Deutschland

HFR	Höchstrichterliche Finanzrechtsprechung (Zeitschrift)
HGB	Handelsgesetzbuch
HGB-Großkomm./ Bearbeiter	Staub, Handelsgesetzbuch Großkommentar, 5. Aufl. 2008 ff.
H/H/R/Bearbeiter	Herrmann/Heuer/Raupach, Kommentar zur Einkommensteuer und Körperschaftsteuer (Loseblatt)
H/H/Sp/Bearbeiter	Hübschmann/Hepp/Spitaler, Kommentar zur Abgabenordnung und Finanzgerichtsordnung (Loseblatt)
hM	herrschende Meinung
Hölters/Bearbeiter	Hölters (Hrsg.), Handbuch Unternehmenskauf, 7. Aufl. 2010
HR	Handelsregister
Hrsg., hrsg.	Herausgeber, herausgegeben
HRV	Handelsregisterverordnung
Hs.	Halbsatz
Hüffer	Hüffer, Aktiengesetz, 11. Aufl. 2014
idF	in der Fassung
idR	in der Regel
IdW	Institut der Wirtschaftsprüfer
iE	im Einzelnen
iHv.	in Höhe von
INF	Die Information über Steuer und Wirtschaft (Zeitschrift)
insbes.	insbesondere
InsO	Insolvenzordnung
InvStG	Investmentsteuergesetz
InvZulG	Investitionszulagengesetz
iSd.	im Sinne des
iVm.	in Verbindung mit
iÜ	im Übrigen
IWB	Internationale Wirtschaftsbriefe (Zeitschrift)
Jauernig	Jauernig, BGB, 15. Aufl. 2014
JbFfSt.	Jahrbuch der Fachanwälte für Steuerrecht
JDStJG	Jahrbuch der Deutschen Steuerjuristischen Gesellschaft e. V., s. DStJG
JStG	Jahressteuergesetz
KAGG	Gesetz über Kapitalanlagegesellschaften
Kallmeyer/Bearbeiter	Kallmeyer, Umwandlungsgesetz, 5. Aufl. 2013
KapErhG	Kapitalerhöhungsgesetz
KapErhStG	Kapitalerhöhungs-Steuergesetz
Kapp/Ebeling	Kapp/Ebeling, Kommentar zum Erbschaftsteuer- und Schenkungsteuergesetz (Loseblatt)
KapVerm.	Kapitalvermögen
Kfz.	Kraftfahrzeug
KG	Kammergericht; Kommanditgesellschaft
KGaA	Kommanditgesellschaft auf Aktien
Kirchhof/Bearbeiter	Kirchhof, EStG-KompaktKommentar, 13. Aufl. 2014
Kj.	Kalenderjahr
K/K/R/M/Bearbeiter	Kindler/Koller/Roth/Morck, HGB, 8. Aufl. 2014; bis zur 7. Aufl.: Koller/Roth/Morck
Klein/Bearbeiter	Klein, Kommentar zur Abgabenordnung, 12. Aufl. 2014
Koller/Roth/Morck	Koller/Roth/Morck, HGB, 7. Aufl. 2010; ab der 8. Auflage Kindler/Koller/Roth/Morck (KKRM)

Kölner Komm./Bearbeiter	Kölner Kommentar zum Aktiengesetz, herausgegeben von Zöllner, 3. Aufl. 2004 ff.
Korb II-Gesetz	Gesetz zur Umsetzung der Protokollerklärung der Bundesregierung zum StVergAbG v. 22.12.2003
Korintenberg	Korintenberg, Gerichts- und Notarkostengesetz, 19. Aufl. 2014; bis zur 18. Aufl.: Korintenberg/Lappe/Bengel/Reimann, Kostenordnung
KÖSDI	Kölner Steuerdialog (Zeitschrift)
KostVerz.	Kostenverzeichnis
KroatienAnpG	Gesetz zur Anpassung des nationalen Steuerrechts an den Beitritt Kroatiens zur EU und zur Änderung weiterer steuerlicher Vorschriften v. 25.7.2014
Küting/Pfitzer/Weber	Küting/Pfitzer/Weber, Handbuch der Rechnungslegung – Einzelabschluss (Loseblatt); früher: Küting/Weber
KSchG	Kündigungsschutzgesetz
K/S/M/Bearbeiter	Kirchhof/Söhn/Mellinghoff, Einkommensteuergesetz (Loseblatt)
KSt	Körperschaftsteuer
KStDV	Körperschaftsteuer-Durchführungsverordnung
KStG	Körperschaftsteuergesetz
KStR	Körperschaftsteuer-Richtlinien
Küting/Weber	Küting/Weber, Handbuch der Rechnungslegung – Einzelabschluss (Loseblatt); nunmehr Küting/Pfitzer/Weber
KWG	Gesetz über das Kreditwesen
lfd.	laufend(e)
LFZG	Lohnfortzahlungsgesetz; jetzt Aufwendungsausgleichsgesetz
LG	Landgericht
Limmer/Bearbeiter	Limmer (Hrsg.), Handbuch der Unternehmensumwandlung, 4. Aufl. 2012
Littmann/Bearbeiter	Littmann/Bitz/Pust, Das Einkommensteuerrecht. Kommentar (Loseblatt)
LSG	Landessozialgericht
LStDV	Lohnsteuer-Durchführungsverordnung
LStH	Lohnsteuer-Hinweise
LStR	Lohnsteuer-Richtlinien
lt.	laut
LuF	Land- und Forstwirtschaft
Lutter/Bearbeiter, UmwG	Lutter/Winter (Hrsg.), UmwG, 5. Aufl. 2014
Lutter/Hommelhoff/Beabeiter	Lutter/Hommelhoff, GmbH-Gesetz, 18. Aufl. 2012
mE	meines Erachtens
Meilicke	Meilicke/Graf von Westphalen/Hoffmann/Lenz/Wolff, Partnerschaftsgesellschaftsgesetz, 2. Aufl. 2006
Meincke	Meincke, Kommentar zum Erbschaftsteuer- und Schenkungsteuergesetz, 16. Aufl. 2012
Michalski	Kommentar zum Gesetz betreffend die Gesellschaften mit beschränkter Haftung (GmbH-Gesetz) Bd. 1 und 2, 2. Aufl. 2010
MinBl.	Ministerialblatt
MittBayNot.	Mitteilungen der Bayerischen Notarkammer
MoMiG	Gesetz zur Modernisierung des GmbH-Rechts und zur Bekämpfung von Missbräuchen v. 23.10.2008

Abkürzungs- und Literaturverzeichnis

M/S/Bearbeiter	Müller/Stöcker/Lieber, Die Organschaft, 2013
MünchHdb GesR	Münchener Handbuch des Gesellschaftsrechts Bd. 1–6, 4. Aufl. 2012ff.
MünchKommAktG/ Bearbeiter	Münchener Kommentar zum Aktiengesetz, 3. Aufl. 2008 ff.
MünchKommBGB/ Bearbeiter	Münchener Kommentar zum Bürgerlichen Gesetzbuch, 6. Aufl. 2012ff.
MünchKommHGB/ Bearbeiter	Münchener Kommentar zum Handelsgesetzbuch, 3. Aufl. 2010ff.
MünchKommZPO/ Bearbeiter	Münchener Kommentar zur Zivilprozessordnung, 4. Aufl. 2012f.
MuSchG	Mutterschutzgesetz
mwN	mit weiteren Nachweisen
MwStSystRL	Mehrwertsteuersystem-Richtlinie
Nds.	Niedersachsen
nF	neue Fassung
Nirk/Ziemons/Binnewies	Nirk/Ziemons/Binnewies, Handbuch der Aktiengesellschaft (Loseblatt)
NJW	Neue Juristische Wochenschrift (Zeitschrift)
NJW-RR	NJW-Rechtsprechungsreport (Zeitschrift)
NJW-Spezial	Beilage zur Neuen Juristischen Wochenschrift (Zeitschrift)
NotBZ	Zeitschrift für die notarielle Beratungs- und Beurkundungspraxis
Nr.	Nummer
NRW	Nordrhein-Westfalen
NZG	Neue Zeitschrift für Gesellschaftsrecht (Zeitschrift)
nv.	nicht veröffentlicht
NWB	Neue Wirtschaftsbriefe (Zeitschrift)
oä.	oder ähnliche(s)
Oetker	Oetker, Kommentar zum Handelsgesetzbuch, 3. Aufl. 2013
OFD	Oberfinanzdirektion
OG	Organgesellschaft
o. g.	oben genannt
OHG	Offene Handelsgesellschaft
OLG	Oberlandesgericht
OT	Organträger
OVG	Oberverwaltungsgericht
OWiG	Gesetz über Ordnungswidrigkeiten
p. a.	per annum
Pahlke	Kommentar zum Grunderwerbsteuergesetz, 5. Aufl. 2014; bis zur 4. Aufl. Pahlke/Franz
Pahlke/Koenig	Kommentar zur Abgabenordnung, 2. Aufl. 2009
Palandt/Bearbeiter	Palandt, Bürgerliches Gesetzbuch, 73. Aufl. 2014
PartG	Partnerschaftsgesellschaft
PartGG	Gesetz über Partnerschaftsgesellschaften Angehöriger Freier Berufe
Pkw	Personenkraftwagen
PRV	Partnerschaftsregisterverordnung
PublG	Publizitätsgesetz

R/D/Bearbeiter	Rau/Dürrwächter, UStG-Kommentar (Loseblatt)
RegE (Begr.)	Regierungsentwurf (Begründung)
Rev.	Revision
RG	Reichsgericht
RGBl.	Reichsgesetzblatt
RGZ	Entscheidungen des Reichsgerichts in Zivilsachen
R/H/L/Bearbeiter	Rödder/Herlinghaus/van Lishaut, Umwandlungssteuergesetz, 2. Aufl. 2013
RhPf.	Rheinland-Pfalz
Richardi	Richardi, Betriebsverfassungsgesetz, 14. Aufl. 2014
RIW	Recht der Internationalen Wirtschaft (Zeitschrift)
rkr.	rechtskräftig
Rössler/Troll	Rössler/Troll, Kommentar zum Bewertungsgesetz (Loseblatt)
Roth/Altmeppen	Roth/Altmeppen, Kommentar zum GmbHG, 7. Aufl. 2012
Rowedder	Rowedder/Schmidt-Leithoff, GmbHG, 5. Aufl. 2013
RpflegerG	Rechtspflegergesetz
Rspr.	Rechtsprechung
RVO	Rechtsverordnung
Rz.	Randziffer
s.	siehe
S.	Seite
Sauter/Schweyer	Sauter/Schweyer/Waldner, Der eingetragene Verein, 19. Aufl. 2010
S/B/B/Bearbeiter	Sagasser/Bula/Brünger (Hrsg.), Umwandlungen, 4. Aufl. 2011
Schaub, Handbuch	Schaub, Arbeitsrechts-Handbuch, 15. Aufl. 2013
SchlHol.	Schleswig-Holstein
Schmidt/Bearbeiter	Schmidt, Kommentar zum Einkommensteuergesetz, 33. Aufl. 2014
Schmidt/Lutter	Schmidt/Lutter, Aktiengesetz, 2. Aufl. 2010
Scholz/Bearbeiter	Scholz, Kommentar zum GmbH-Gesetz, 10. Aufl. 2010
Schwab/Walter	Schwab/Walter, Schiedsgerichtsbarkeit, 7. Aufl. 2005
SEAG	SE-Ausführungsgesetz
SEBG	Gesetz über die Beteiligung der Arbeitnehmer in einer Europäischen Gesellschaft (SE-Beteiligungsgesetz)
Seifart	Seifart/v. Campenhausen, Stiftungsrechts-Handbuch; ab der 4. Aufl.: v. Campenhausen/Richter
SEStEG	Gesetz über steuerliche Begleitmaßnahmen zur Einführung der Europäischen Gesellschaft und zur Änderung weiterer steuerrechtlicher Vorschriften v. 7.12.2006
SE-VO	Verordnung (EG) Nr. 2157/2001 v. 8.10.2001 über das Statut der Europäischen Gesellschaft (SE)
SG	Sozialgericht
SGB I	Sozialgesetzbuch, Erstes Buch, Allgemeiner Teil
SGB IV	Sozialgesetzbuch, Viertes Buch, Gemeinsame Vorschriften für die Sozialversicherung
S/H/S/Bearbeiter	Schmitt/Hörtnagel/Stratz, Umwandlungsgesetz, Umwandlungssteuergesetz, 6. Aufl. 2013
sj	steuer-journal (Zeitschrift)
s. o.	siehe oben
Sölch/Ringleb	Sölch/Ringleb, Kommentar zum Umsatzsteuergesetz (Loseblatt)
Soergel/Bearbeiter	Soergel/Siebert, Bürgerliches Gesetzbuch mit Einführungsgesetz und Nebengesetzen, 13. Aufl. 2000 ff.
sog.	sogenannte(r)

SolZG ..... Solidaritätszuschlagsgesetz
Sp. ..... Spalte
Spindler/Stilz/Bearbeiter .. Spindler/Stilz, Kommentar zum Aktiengesetz, 2. Aufl. 2010
SpTrUG ..... Gesetz über die Spaltung der von der Treuhandanstalt verwalteten Unternehmen
S/St/Bearbeiter ..... Semler/Stengel, Umwandlungsgesetz, 3. Aufl. 2012
StÄndG ..... Steueränderungsgesetz
Staudinger/Bearbeiter ..... Staudinger, Kommentar zum Bürgerlichen Gesetzbuch, 14-16. Aufl. 2006 ff.
StB ..... Der Steuerberater (Zeitschrift)
StBerG ..... Gesetz über die Rechtsverhältnisse der Steuerberater und Steuerbevollmächtigten (Steuerberatungsgesetz)
Stbg. ..... Die Steuerberatung (Zeitschrift)
StBGebV ..... Steuerberatergebührenverordnung
StbJb. ..... Steuerberater-Jahrbuch
StBKongRep. ..... Steuerberaterkongress-Report
StBp. ..... Steuerliche Betriebsprüfung (Zeitschrift)
StBVV ..... Steuerberatervergütungsverordnung
StbW ..... Steuerberater Woche (Zeitschrift)
StEK ..... Steuererlasse in Karteiform, herausgegeben von Felix/Carlé
StEntlG 1999/2000/2002 . Steuerentlastungsgesetz 1999/2000/2002 v. 24.3.1999
Steufa ..... Steuerfahndung
SteuK ..... Steuerrecht Kurz gefaßt (Zeitschrift)
StGB ..... Strafgesetzbuch
StPO ..... Strafprozessordnung
str. ..... strittig
Streck/Bearbeiter ..... Streck, Körperschaftsteuergesetz, 8. Aufl. 2014
StRK ..... Steuerrechtsprechung in Karteiform
st.Rspr. ..... ständige Rechtsprechung
StSenkErgG 2001 ..... Steuersenkungs-Ergänzungsgesetz v. 19.12.2000
StSenkG 2001 ..... Steuersenkungsgesetz v. 23. 10. 2000
StuW ..... Steuer und Wirtschaft (Zeitschrift)
StVergAbG ..... Steuervergünstigungsabbaugesetz v. 16.5.2003
StWa ..... Steuerwarte (Zeitschrift)
s. u. ..... siehe unten
Sudhoff, GmbH & Co. KG Sudhoff, GmbH & Co. KG, 6. Aufl. 2005
Sudhoff, Personengesellschaften ..... Sudhoff, Personengesellschaften, 8. Aufl. 2005
SvEV ..... Sozialversicherungsentgeltverordnung
SWI ..... Steuer und Wirtschaft International (Zeitschrift)

Thomas/Putzo ..... Thomas/Putzo, ZPO, 35. Aufl. 2014
Tipke ..... Tipke/Lang, Steuerrecht, 21. Aufl. 2013
Tipke/Kruse ..... Tipke/Kruse, Kommentar zur Abgaben- und Finanzgerichtsordnung (Loseblatt)
Troll/Bearbeiter ..... Troll/Gebel/Jülicher, ErbStG (Loseblatt)
TVG ..... Tarifvertragsgesetz

u. a. ..... unter anderem
uam. ..... und andere(s) mehr
u. Ä. ..... und Ähnliches
Ubg ..... Die Unternehmensbesteuerung (Zeitschrift)
uE ..... unseres Erachtens

Ulmer/Brandner/Hensen .	Ulmer/Brandner/Hensen, AGB-Gesetz, 11. Aufl. 2011
UmwG	Umwandlungsgesetz
UmwSt-Erl. 1998	BMF-Schreiben vom 25.3.1998, BStBl. I S. 268
UmwSt-Erl. 2003	BMF-Schreiben vom 16.12.2003, BStBl. I S. 786
UmwSt-Erl. 2011	BMF-Schreiben vom 11.11.2011, BStBl. I S. 1314
UmwStG 1995	Umwandlungssteuergesetz vor Geltung des SEStEG
UmwStG 2006	Umwandlungssteuergesetz idF des SEStEG
UntStFG	Unternehmenssteuerfortentwicklungsgesetz v. 20.12.2001
UntStRefG 2008	Unternehmensteuerreformgesetz 2008 v. 14.8.2007
unstr.	unstreitig
UR	Umsatzsteuer-Rundschau (Zeitschrift)
UrhG	Urheberrechtsgesetz
USt	Umsatzsteuer
UStAE	Umsatzsteuer-Anwendungserlass
UStDV	Umsatzsteuer-Durchführungsverordnung
UStG	Umsatzsteuergesetz
UStR	Umsatzsteuer-Richtlinien
usw.	und so weiter
uU	unter Umständen
UVR	Umsatzsteuer- und Verkehrsteuerrecht (Zeitschrift)
UWG	Gesetz gegen den unlauteren Wettbewerb
UZK	Zollkodex der Europäischen Union (EU-VO Nr. 952/2013)
v.	von, vom
VAG	Gesetz über die Beaufsichtigung der Versicherungsunternehmen (Versicherungsaufsichtsgesetz)
v. Campenhausen/Richter	Stiftungsrechts-Handbuch, 4. Aufl. 2014
vEK	verwendbares Eigenkapital
Verf.	Verfasser
VergVO	Vergütungsverordnung
VermBDV	Verordnung zur Durchführung des Vermögensbildungsgesetzes
VermBG	Vermögensbildungsgesetz
VerschmelzungsRL	RL 2005/56/EG v. 26.10.2005 über die Verschmelzung von Kapitalgesellschaften aus verschiedenen Mitgliedstaaten
VersStG	Versicherungsteuergesetz
Vfg.	Verfügung
vGA	verdeckte Gewinnausschüttung
VGH	Verwaltungsgerichtshof
vgl.	vergleiche
VO	Verordnung
Vogel	Vogel/Lehner, DBA, 5. Aufl. 2008
VSF	Vorschriftensammlung der Bundesfinanzverwaltung
VuV	Vermietung und Verpachtung
VVaG	Versicherungsverein auf Gegenseitigkeit
VVG	Versicherungsvertragsgesetz
VwGO	Verwaltungsgerichtsordnung
VwZG	Verwaltungszustellungsgesetz
VZ	Veranlagungszeitraum
WEG	Wohnungseigentumsgesetz
WG	Wirtschaftsgut
W/H/S/S/Bearbeiter	Willemsen/Hohenstatt/Schweibert/Seibt, Umstrukturierung und Übertragung von Unternehmen, 4. Aufl. 2012

Windbichler	Windbichler, Gesellschaftsrecht, 23. Aufl. 2013
wistra	Zeitschrift für Wirtschafts- und Steuerstrafrecht
Witte/Bearbeiter	Witte, Zollkodex, 6. Aufl. 2013
Wj.	Wirtschaftsjahr
WM	Wertpapiermitteilungen (Zeitschrift)
W/M/Bearbeiter	Widmann/Mayer, Umwandlungsrecht, Kommentar (Loseblatt)
WoBauG	Wohnungsbaugesetz
WoPG	Wohnungsbau-Prämiengesetz
WPg	Die Wirtschaftsprüfung (Zeitschrift)
WPH I	Wirtschaftsprüfer-Handbuch, Band I, 14. Aufl. 2012
WPH II	Wirtschaftsprüfer-Handbuch, Band II, 14. Aufl. 2014
WPO	Wirtschaftsprüferordnung
WuW	Wirtschaft und Wettbewerb (Zeitschrift)
zB	zum Beispiel
ZfB	Zeitschrift für Betriebswirtschaft; ab 2013: Journal of Business Economics
ZfbF	Zeitschrift für betriebswirtschaftliche Forschung
ZfV	Zeitschrift für Versicherungswesen
ZfZ	Zeitschrift für Zölle und Verbrauchsteuern
ZgK	Zeitschrift für das gesamte Kreditwesen
ZGR	Zeitschrift für Unternehmens- und Gesellschaftsrecht
ZHR	Zeitschrift für das gesamte Handels- und Wirtschaftsrecht
Ziff.	Ziffer
ZIP	Zeitschrift für Wirtschaftsrecht
ZK	Zollkodex (EG-VO Nr. 2913/92)
ZK-DVO	Zollkodex-Durchführungsverordnung (EG-VO Nr. 2454/93)
Zöller/Bearbeiter	Zöller, Kommentar zur ZPO, 30. Aufl. 2014
ZPO	Zivilprozessordnung
zT	zum Teil
zust.	zustimmend
ZVG	Gesetz über die Zwangsversteigerung und Zwangsverwaltung
zzgl.	zuzüglich

A. Gesellschaftsverträge

A. 1. Kleine Aktiengesellschaft – AG

Übersicht

A. 1.00 Satzung (Bargründung)

Gliederung

I. FORMULARE

Formular A. 1.00 Satzung (Bargründung)

SATZUNG der ... AG

I. Allgemeine Bestimmungen

§ 1 Firma, Sitz

(1) Die Gesellschaft führt die Firma „...... AG".

(2) Sie hat ihren Satzungssitz in ...... *[Ort].* Der Vorstand ist berechtigt, einen vom Satzungssitz abweichenden Verwaltungssitz innerhalb der Bundesrepublik Deutschland zu wählen.

§ 2 Gegenstand des Unternehmens

(1) Gegenstand des Unternehmens ist ....

(2) Die Gesellschaft ist zu allen Geschäften und Maßnahmen berechtigt, die geeignet erscheinen, dem Gegenstand des Unternehmens zu dienen. Sie kann zu diesem Zweck Niederlassungen errichten, andere Unternehmen im In- und Ausland gründen, erwerben und sich an ihnen beteiligen sowie solche Unternehmen einheitlich leiten oder sich auf die Verwaltung der Beteiligung beschränken. Sie kann ihren Betrieb ganz oder teilweise in verbundene Unternehmen ausgliedern.

§ 3 Geschäftsjahr, Bekanntmachung

(1) Geschäftsjahr ist das Kalenderjahr. Das erste Geschäftsjahr ist ein Rumpfgeschäftsjahr, welches mit der Eintragung der Gesellschaft in das Handelsregister beginnt und am 31.12. ...... endet.

(2) Die Bekanntmachungen der Gesellschaft erfolgen im elektronischen Bundesanzeiger. Freiwillige Bekanntmachungen können stattdessen auf der Website der Gesellschaft erfolgen.

II. Grundkapital und Aktien

§ 4 Grundkapital, Aktien, Vinkulierung

(1) Das Grundkapital der Gesellschaft beträgt € 50.000,– (in Worten: Euro fünfzigtausend).

(2) Das Grundkapital ist eingeteilt in 50.000 Stückaktien.

(3) Die Stückaktien lauten auf den Namen. Dies gilt auch für Aktien aus einer zukünftigen Kapitalerhöhung, sofern der Erhöhungsbeschluss keine abweichende Bestimmung enthält.

(4) Die Form der Aktienurkunden setzt der Vorstand mit Zustimmung des Aufsichtsrats fest. Die Gesellschaft kann einzelne Aktien in Aktienurkunden zusammenfassen, die eine Mehrzahl von Aktien verbriefen (Globalurkunden). Der Anspruch des Aktionärs auf Einzelverbriefung seiner Aktien ist ausgeschlossen.

(5) Die Aktien sind nur mit Zustimmung der Gesellschaft übertragbar. Die Zustimmung erklärt der Vorstand. Über die Erteilung der Zustimmung entscheidet die Hauptversammlung mit einfacher Mehrheit der bei der Beschlussfassung abgegebenen Stimmen. Dabei gilt Stimmenthaltung nicht als Stimmabgabe.

§ 5 Einziehung von Aktien

(1) Einziehung von Aktien durch die Gesellschaft ist nach Maßgabe von § 237 AktG zulässig. Eine Zwangseinziehung von Aktien ist der Gesellschaft gestattet, wenn

a) über das Vermögen des betroffenen Aktionärs das Insolvenzverfahren rechtskräftig eröffnet oder die Eröffnung eines solchen Verfahrens rechtskräftig mangels Masse abgelehnt wird oder der Aktionär gem. § 807 ZPO die Richtigkeit seines Vermögensverzeichnisses an Eides statt zu versichern hat;

b) die Aktien ganz oder teilweise von einem Gläubiger des betroffenen Aktionärs gepfändet werden oder in sonstiger Weise in diese vollstreckt werden und die Vollstreckungsmaßnahme nicht innerhalb von drei Monaten, spätestens jedoch bis zur Verwertung der Aktien, aufgehoben wird;

c) diese Aktien von Todes wegen auf eine oder mehrere Personen übergehen, bei denen es sich nicht um einen anderen Aktionär, den Ehegatten oder einen leiblichen Abkömmling des verstorbenen Aktionärs handelt und die Aktien nicht innerhalb von sechs Monaten nach dem Tode des Aktionärs auf eine oder mehrere dieser Personen übertragen werden.

(2) Im Falle der Zwangseinziehung ist an den betroffenen Aktionär bzw. an seinen Rechtsnachfolger als Einziehungsentgelt ein Betrag zu zahlen, der den Bilanzwert (eingezahlte Einlagen zuzüglich offener Rücklagen, zuzüglich Jahresüberschuss und Gewinnvortrag und abzüglich Jahresfehlbetrag und Verlustvortrag) der eingezogenen Aktien nicht übersteigen darf. Maßgebend für die Berechnung des Bilanzwerts der eingezogenen Aktien ist die Handelsbilanz des am Tag der Beschlussfassung durch die Hauptversammlung vorangehenden Geschäftsjahrs. Stille Reserven jeglicher Art und ein Firmenwert werden nicht berücksichtigt. Die Festsetzung der weiteren Bedingungen der Zwangseinziehung bleibt der Beschlussfassung durch die Hauptversammlung überlassen.

III. Vorstand

§ 6 Zusammensetzung des Vorstands, Geschäftsführung, Vertretung

(1) Der Vorstand besteht aus einer, höchstens drei Personen, sofern zwingende gesetzliche Bestimmungen nicht eine höhere Zahl vorschreiben. Der Aufsichtsrat bestimmt in diesem Rahmen die Zahl der Mitglieder des Vorstands. Der Aufsichtsrat kann einen Vorsitzenden des Vorstands und einen stellvertretenden Vorsitzenden des Vorstands ernennen.

(2) Sofern der Vorstand aus mehreren Mitgliedern besteht, sind diese zur Gesamtgeschäftsführung befugt. Der Aufsichtsrat kann bestimmen, dass einzelne oder alle Vorstandsmitglieder, mit oder ohne Beschränkung, zur Einzelgeschäftsführung befugt sind.

(3) Der Vorstand fasst seine Beschlüsse mit einfacher Stimmenmehrheit. Bei Stimmengleichheit gibt die Stimme des Vorsitzenden den Ausschlag, sofern mehr als zwei Vorstandsmitglieder bestellt sind. Der Vorstand ist beschlussfähig, sofern 2/3 der Vorstandsmitglieder anwesend sind. Beschlüsse können im Umlaufverfahren (schriftlich, per Telefax, per E-Mail, telefonisch) gefasst werden.

(4) Der Vorstand kann sich durch einstimmigen Beschluss eine Geschäftsordnung geben, wenn nicht der Aufsichtsrat eine Geschäftsordnung für den Vorstand erlässt. Eine Geschäftsordnung des Vorstands bedarf der Zustimmung des Aufsichtsrats.

(5) Ist nur ein Vorstandsmitglied bestellt, ist dieses einzelvertretungsbefugt. Zwei Vorstandsmitglieder sind gesamtvertretungsbefugt. Besteht der Vorstand aus mehr als zwei Mitgliedern, können jeweils zwei Vorstände gemeinschaftlich oder ein Vor-

stand mit einem Prokuristen die Gesellschaft vertreten. Der Aufsichtsrat kann bestimmen, dass einzelne oder alle Vorstandsmitglieder einzelvertretungsbefugt sind. Der Aufsichtsrat kann einzelne oder alle Vorstandsmitglieder von § 181 2. Alt. BGB befreien.

IV. Aufsichtsrat

§ 7 Zusammensetzung des Aufsichtsrats, Amtszeit, Amtsniederlegung

(1) Der Aufsichtsrat besteht aus drei Mitgliedern, sofern zwingende gesetzliche Bestimmungen nicht eine höhere Anzahl vorschreiben.

(2) Die Aufsichtsratsmitglieder werden längstens für die Zeit bis zur Beendigung der Hauptversammlung gewählt, die über die Entlastung für das vierte Geschäftsjahr nach dem Beginn ihrer Amtszeit beschließt. Dabei wird das Geschäftsjahr, in dem die Amtszeit beginnt, nicht mitgerechnet.

(3) Scheidet ein Aufsichtsratsmitglied vor Ablauf seiner Amtszeit aus, so ist das an seiner Stelle in den Aufsichtsrat eintretende Mitglied nur für die Zeit bis zum Ablauf der Amtszeit des ausgeschiedenen Aufsichtsratsmitglieds zu wählen. Wiederwahl ist möglich.

(4) Jedes Aufsichtsratsmitglied kann sein Amt unter Einhaltung einer Frist von einem Monat niederlegen. Die Niederlegung muss durch schriftliche Erklärung gegenüber dem Vorstand unter Benachrichtigung des Vorsitzenden des Aufsichtsrats erfolgen. Das Recht zur Amtsniederlegung aus wichtigem Grund bleibt hiervon unberührt.

(5) Ein Mitglied des Aufsichtsrats wird durch den Aktionär ...... entsandt. Der Aktionär ... kann sich auch selbst in den Aufsichtsrat entsenden, sofern er nicht Mitglied des Vorstands der Gesellschaft ist. Das Entsenderecht kann nur durch eine schriftliche Erklärung ausgeübt werden, in der das zu entsendende Mitglied zu benennen ist. Die Erklärung ist an den Vorstand zu senden. Die Hauptversammlung wählt sämtliche Mitglieder des Aufsichtsrats, wenn nicht bis spätestens vor Beginn der Hauptversammlung (die Hauptversammlung beginnt mit der Begrüßung), in der die turnusmäßige Wahl des Aufsichtsrats ansteht, vom Entsenderecht Gebrauch gemacht wird.

§ 8 Vorsitzender und Stellvertreter des Aufsichtsrats

(1) Der Aufsichtsrat wählt nach jeder Hauptversammlung, die über die Entlastung für das Geschäftsjahr beschließt, aus seiner Mitte einen Vorsitzenden, und zwar jeweils für die Zeit bis zur Beendigung der nächsten Hauptversammlung, die über die Entlastung für das Geschäftsjahr beschließt. Stellvertreter haben die Rechte und Pflichten des Vorsitzenden des Aufsichtsrats, wenn dieser verhindert ist. Unter mehreren Stellvertretern gilt die bei ihrer Wahl bestimmte Reihenfolge.

(2) Scheidet der Vorsitzende oder einer seiner Stellvertreter vorzeitig aus dem Amt aus, so hat der Aufsichtsrat unverzüglich eine Neuwahl für die restliche Amtszeit des Ausscheidenden vorzunehmen.

§ 9 Einberufung des Aufsichtsrats

(1) Der Aufsichtsrat soll einmal im Kalenderhalbjahr einberufen werden.

(2) Die Sitzungen des Aufsichtsrats werden durch den Vorsitzenden, ersatzweise durch seinen Stellvertreter, mit einer Frist von 14 Tagen schriftlich einberufen. Bei der Berechnung der Frist werden der Tag der Absendung der Einladung und der Tag der Sitzung nicht mitgerechnet. In dringenden Fällen kann der Vorsitzende die Frist verkürzen und mündlich, fernmündlich, telegrafisch oder per Telefax einberufen, wenn kein Aufsichtsratsmitglied diesem Verfahren widerspricht.

(3) Mit der Einberufung ist die Tagesordnung mitzuteilen. Ist eine Tagesordnung nicht ordnungsgemäß angekündigt worden, darf hierüber nur beschlossen werden, wenn kein Aufsichtsratsmitglied widerspricht.

§ 10 Beschlussfassung des Aufsichtsrats

(1) Beschlüsse des Aufsichtsrats werden in der Regel in Sitzungen gefasst. Außerhalb von Sitzungen können auf Anordnung des Vorsitzenden des Aufsichtsrats Beschlussfassungen im Umlaufverfahren (schriftlich, per Telefax, per E-Mail, telefonisch) erfolgen, wenn kein Mitglied diesem Verfahren widerspricht. Solche Beschlüsse werden vom Vorsitzenden schriftlich festgestellt und allen Mitgliedern zugeleitet.

(2) Der Aufsichtsrat ist beschlussfähig, wenn an der Beschlussfassung, sofern der Aufsichtsrat aus drei Mitgliedern besteht, alle, ansonsten mindestens drei und mindestens die Hälfte der Mitglieder, teilnehmen. Ein Mitglied nimmt auch dann an der Beschlussfassung teil, wenn es sich in der Abstimmung der Stimme enthält. Abwesende Aufsichtsratsmitglieder können an der Abstimmung des Aufsichtsrats dadurch teilnehmen, dass sie schriftliche Stimmabgaben überreichen lassen.

(3) Beschlüsse des Aufsichtsrats werden, soweit das Gesetz nicht zwingend etwas anderes bestimmt, mit einfacher Mehrheit der abgegebenen Stimmen gefasst. Dabei gilt Stimmenthaltung nicht als Stimmabgabe. Bei Stimmgleichheit gibt die Stimme des Vorsitzenden des Aufsichtsrats den Ausschlag; dies gilt auch bei Wahlen. Nimmt der Vorsitzende des Aufsichtsrats an der Abstimmung nicht teil, so gibt die Stimme seines Stellvertreters den Ausschlag.

(4) Der Aufsichtsratsvorsitzende ist ermächtigt, im Namen des Aufsichtsrats die zur Durchführung der Beschlüsse des Aufsichtsrats erforderlichen Willenserklärungen abzugeben.

(5) Über die Verhandlungen und Beschlüsse des Aufsichtsrats sind Niederschriften anzufertigen, die vom Vorsitzenden der Sitzung oder bei Abstimmungen außerhalb von Sitzungen vom Leiter der Abstimmung zu unterzeichnen sind.

§ 11 Zustimmungsbedürftige Geschäfte

(1) Der Vorstand bedarf der vorherigen Zustimmung des Aufsichtsrats zur Vornahme folgender Geschäfte:

a) Erwerb, Veräußerung und Belastung von Grundbesitz.

b) Aufnahme und Gewährung von Krediten, Übernahme von Bürgschaften, Garantien oder sonstigen Haftungen, die einen Betrag von € ...... übersteigen.

c) Veräußerung oder Stilllegung des Betriebs.

(2) Darüber hinaus kann der Aufsichtsrat einen Katalog zustimmungspflichtiger Geschäfte beschließen. Der Katalog ist nicht formeller, satzungsmäßiger Bestandteil des Gesellschaftsvertrags, sondern eine intern bindende Richtlinie für den Vorstand. Der Katalog kann daher durch einen formlosen Beschluss des Aufsichtsrats beschlossen, erweitert oder beschränkt werden.

(3) Die nach Abs. 1 erforderlichen Zustimmungen des Aufsichtsrats können auch in Form einer allgemeinen Ermächtigung für bestimmte Arten der vorbezeichneten Geschäfte erfolgen. Derartige Ermächtigungen müssen die in Betracht kommenden Geschäftsvorgänge sowie deren Zweck und die Zeit, in der sie ausgeführt sein müssen, genau bestimmen. Im Falle der Verweigerung der Zustimmung beschließt die Hauptversammlung auf Antrag des Vorstands über die Zustimmung.

§ 12 Geschäftsordnung des Aufsichtsrats

Der Aufsichtsrat kann für sich im Rahmen von Gesetz und Satzung eine Geschäftsordnung festsetzen.

§ 13 Vergütung des Aufsichtsrats

Die Mitglieder des Aufsichtsrats erhalten den Ersatz aller Auslagen. Über die Vergütung für das abgelaufene Geschäftsjahr beschließt die Hauptversammlung in der Hauptversammlung, in der über die Entlastung der Mitglieder des Aufsichtsrats abgestimmt wird. Der Vorsitzende des Aufsichtsrats erhält die doppelte Vergütung eines einfachen Mitglieds. Die Vergütung ist zzgl. Umsatzsteuer zu zahlen. Die Vergütung darf € ...... zzgl. Umsatzsteuer nicht überschreiten.

V. Hauptversammlung

§ 14 Ort und Einberufung der Hauptversammlung

(1) Die Hauptversammlung findet am Sitz der Gesellschaft oder einem anderen Ort in der Bundesrepublik Deutschland statt.

(2) Die Hauptversammlung wird durch den Vorstand oder in den gesetzlichen Fällen durch den Aufsichtsrat einberufen.

(3) Die Einberufung muss mindestens einen Monat vor dem Tag der Versammlung erfolgen. Der Tag der Versammlung zählt bei der Fristberechnung nicht mit. Tagungsort, Tagungszeit und Tagesordnung sind in der Einladung mitzuteilen. Die Einladung kann per eingeschriebenem Brief erfolgen, sofern der Gesellschaft sämtliche Aktionäre bekannt sind. Ist von den Aktionären eine E-Mail-Adresse bekannt, kann die Einberufung auch per E-Mail erfolgen. Ansonsten erfolgt die Einberufung durch Bekanntmachung im elektronischen Bundesanzeiger. Die Einladung kann formlos und fristlos erfolgen, wenn sämtliche Aktionäre an der Hauptversammlung teilnehmen bzw. vertreten sind und kein Aktionär dem Verfahren widerspricht.

(4) Die Hauptversammlung, die über die Entlastung von Vorstand und Aufsichtsrat, die Gewinnverwendung und – soweit erforderlich – über die Feststellung des Jahresabschlusses beschließt (ordentliche Hauptversammlung), findet innerhalb der ersten acht Monate eines jeden Geschäftsjahrs statt.

(5) Werden von einem Aktionär Aktien an eine andere Person übertragen, ist der Vorstand verpflichtet, unverzüglich nach Anzeige der Übertragung die Hauptversammlung mit einer Frist von nicht mehr als einem Monat einzuberufen, damit diese gem. § 4 der Satzung über die Erteilung der erforderlichen Zustimmung zur Übertragung beschließen kann.

§ 15 Stimmrecht in der Hauptversammlung

(1) Jede Aktie gewährt eine Stimme.

(2) Das Stimmrecht beginnt mit der vollständigen Leistung der Einlage.

(3) Die Vollmacht zur Ausübung des Stimmrechts kann schriftlich, per Telefax oder per E-Mail erteilt werden.

§ 16 Vorsitz in der Hauptversammlung

(1) Den Vorsitz in der Hauptversammlung führt der Vorsitzende des Aufsichtsrats, im Falle seiner Verhinderung sein Stellvertreter oder ein anderes durch den Aufsichtsrat zu bestimmendes Aufsichtsratsmitglied (Versammlungsleiter). Übernimmt kein Aufsichtsratsmitglied den Vorsitz, so eröffnet der an Lebensjahren älteste anwesende Aktionär die Versammlung und lässt von dieser einen Versammlungsleiter wählen.

(2) Der Versammlungsleiter bestimmt die Reihenfolge, in der die Gegenstände der Tagesordnung erledigt werden, sowie die Form der Abstimmung.

§ 17 Beschlussfassung in der Hauptversammlung

(1) Beschlüsse der Hauptversammlung werden mit einfacher Mehrheit der abgegebenen Stimmen gefasst, soweit nicht nach zwingenden gesetzlichen Vorschriften oder Regelungen in der Satzung eine größere Stimmenmehrheit erforderlich ist. Soweit Kapitalmehrheit erforderlich ist, genügt die einfache Kapitalmehrheit, sofern nicht gesetzlich eine größere Mehrheit vorgesehen ist. Dabei gilt Stimmenthaltung nicht als Stimmabgabe.

(2) Wird bei einer Wahl im ersten Wahlgang eine einfache Stimmenmehrheit nicht erreicht, so findet eine engere Wahl unter den Personen statt, denen die beiden höchsten Stimmenzahlen zugefallen sind. Bei der engeren Wahl entscheidet die höchste Stimmenzahl, bei Stimmengleichheit das durch den Vorsitzenden zu ziehende Los.

(3) Die Hauptversammlung ist beschlussfähig, wenn 50% des stimmberechtigten Grundkapitals vertreten sind. Erweist sich eine Hauptversammlung als nicht beschlussfähig, ist eine neu einberufene Hauptversammlung, die innerhalb der nächsten sechs Wochen stattfindet, hinsichtlich der Gegenstände, die auf der Tagesordnung der nicht beschlussfähigen Hauptversammlung standen, ohne Rücksicht auf die Höhe des dann vertretenen Grundkapitals beschlussfähig, wenn in der Einberufung darauf hingewiesen wurde.

§ 18 Niederschrift der Hauptversammlung

(1) Über die Verhandlung in der Hauptversammlung wird ein vom Versammlungsleiter zu unterzeichnendes Protokoll aufgenommen.

(2) Werden Beschlüsse gefasst, für die das Gesetz eine 3/4 oder eine größere Mehrheit vorschreibt, so ist über diese Beschlüsse ein notarielles Protokoll aufzunehmen.

(3) Die Niederschrift, der ein vom Vorsitzenden der Hauptversammlung zu unterzeichnendes Verzeichnis der erschienenen oder vertretenen Aktionäre und der Vertreter von Aktionären beizufügen ist, hat für die Aktionäre sowohl untereinander als auch in Beziehung auf ihre Vertreter volle Beweiskraft.

VI. Rechnungslegung

§ 19 Jahresabschluss

(1) Der Vorstand hat innerhalb der gesetzlichen Frist für das vergangene Geschäftsjahr den Jahresabschluss aufzustellen und – erforderlichenfalls – dem Abschlussprüfer vorzulegen. Unverzüglich nach Aufstellung oder – soweit gesetzlich vorgeschrieben – unverzüglich nach Eingang des Prüfungsberichts des Abschlussprüfers hat der Vorstand den Jahresabschluss dem Aufsichtsrat mit einem Vorschlag über die Verwendung des Bilanzgewinns vorzulegen.

(2) Der Aufsichtsrat hat den Jahresabschluss, den Lagebericht des Vorstands und den Vorschlag für die Verwendung des Bilanzgewinns zu prüfen und über das Ergebnis der Prüfung schriftlich an die Hauptversammlung zu berichten. Er hat seinen Bericht innerhalb eines Monats, nachdem ihm die Vorlagen zugegangen sind, dem Vorstand zuzuleiten. Billigt der Aufsichtsrat nach Prüfung den Jahresabschluss, ist dieser festgestellt, sofern nicht der Vorstand und der Aufsichtsrat beschließen, die Feststellung des Jahresabschlusses der Hauptversammlung zu überlassen.

(3) Nach Eingang des Berichts des Aufsichtsrats hat der Vorstand die ordentliche Hauptversammlung unverzüglich einzuberufen. Der Jahresabschluss, der Lagebericht des Vorstands und der Bericht des Aufsichtsrats und des Vorstands für die

Verwendung des Bilanzgewinns sind von der Einberufung an in den Geschäftsräumen der Gesellschaft zur Einsicht der Aktionäre auszulegen.

VII. Schlussbestimmungen

§ 20 Schiedsvereinbarung

Alle Streitigkeiten zwischen den Aktionären aus diesem Vertrag sollen unter Ausschluss des ordentlichen Rechtswegs von einem Schiedsgericht entschieden werden. Gerichtsstand ist Köln. Es gelten hierfür die §§ 1025ff. ZPO.

§ 21 Gründungskosten

Die Gesellschaft trägt die mit der Eintragung verbundenen Kosten bis zu einem Gesamtbetrag von € ....

Formular A. 1.00a Gründungsprotokoll (Bargründung)

Urkundenrolle Nummer ......

Verhandelt am ...... zu ......

Vor dem Notar ...... erschienen

1. Herr/Frau ......, ... *[Beruf]*, geboren am ...... wohnhaft ......,

2. ......,

3. ....

Die Erschienenen wiesen sich wie folgt aus:

Die Erschienenen erklärten:

1. Wir errichten eine Aktiengesellschaft unter der Firma ...... AG mit Sitz in ......

2. Wir stellen hiermit die Satzung gem. Anlage zu dieser Urkunde fest.

3. Das Grundkapital ist in 50.000 Stückaktien eingeteilt, die wie folgt übernommen werden:

a) Herr/Frau ......, ... Stückaktien

b) ......

c) ......

Die Einlagen sind in bar zu leisten. Sie sind in voller Höhe sofort zur Zahlung fällig. Die Ausgabe der Aktien erfolgt ohne Aufgeld.

4. Zu Mitgliedern des ersten Aufsichtsrats bestellen wir

– Herrn/Frau ...... *[Name, Beruf, Anschrift]*,

– ...... sowie

– ......

und zwar für die Zeit bis zur Beendigung der Hauptversammlung, die über die Entlastung des Aufsichtsrats für das am 31.12. ...... *[Jahr der Gründung]* endende Rumpfwirtschaftsjahr beschließt.

(5.Zum Abschlussprüfer für dieses Rumpfwirtschaftsjahr bestellen wir ....)

5. /6. Wir bevollmächtigen hiermit Herrn/Frau ...... *[Name, Beruf, Anschrift]* etwa erforderliche Änderungen oder Ergänzungen dieser notariellen Urkunde, insbesondere der Satzung, vorzunehmen, sofern das Registergericht dies zur Eintragung in das Handelsregister verlangt. Der Bevollmächtigte ist von den Beschränkungen des § 181 BGB befreit.

Formular A. 1.00b Wahl des ersten Vorstands (Bargründung)

Niederschrift

über die Sitzung des Aufsichtsrats der ...... AG mit Sitz in...... .

Laut Gründungsprotokoll vom ...... (Urkundenrolle Nummer ...... des Notars ...... in ......) sind Herr/Frau ......, Herr/Frau ...... und Herr/Frau ...... zu Mitgliedern des Aufsichtrats der ...... AG bestellt worden. Sie nehmen die Bestellung an, treten zu einer Sitzung zusammen und fassen einstimmig die nachfolgenden Beschlüsse:

1. Zum Vorsitzenden des Aufsichtsrats wird Herr/Frau ......, zu seinem Stellvertreter Herr/Frau ...... gewählt. Herr/Frau ...... und Herr/Frau ...... nehmen die Wahl an.
2. Herr/Frau ...... *[Name, Beruf, Wohnort]* und Herr/Frau ...... *[Name, Beruf, Wohnort]* werden auf die Dauer von fünf Jahren zu Vorstandsmitgliedern bestellt. Herr/Frau ...... wird zum Vorsitzenden des Vorstandes ernannt.
3. Die dem Aufsichtsrat vorliegenden Anstellungsverträge werden genehmigt. Der Vorsitzende des Aufsichtsrates wird ermächtigt, diese im Namen des Aufsichtsrates mit den Vorstandsmitgliedern abzuschließen.

........................., den ....

....

(Unterschriften)

Formular A. 1.00c Gründungsbericht (Bargründung)

Wir, die unterzeichnenden Gründer der ...... AG mit Sitz in ......, erstatten über den Hergang der Gründung folgenden Bericht:

1. Die Satzung der Gesellschaft wurde gem. notariellem Gründungsprotokoll vom ...... (Urkundenrolle Nummer ...... des Notars ...... in ......) festgestellt.
2. Als Gründer haben sich beteiligt:
   a) Herr/Frau ......, ... *[Beruf]*, geboren am ......, wohnhaft ......,
   b) ......,
   c) ......
3. Das Grundkapital der Gesellschaft beträgt € 50.000.–. Die Gründer haben die 50.000 Stückaktien übernommen. Sie haben hierauf ausschließlich bare Einlagen in voller Höhe der Nennbeträge auf das Konto der Gesellschaft bei der ...... Bank in ...... geleistet. Diese Einlage steht laut Bescheinigung der ...... Bank vom ...... endgültig zur freien Verfügung des Vorstandes.
4. Die Gründer haben als Mitglieder des ersten Aufsichtsrats Herrn X, Frau Y und Herrn T bestellt. Diese haben am ...... Herrn/Frau ...... zum Vorsitzenden und Herrn/Frau ...... zum stellvertretenden Vorsitzenden des Aufsichtsrats gewählt.
5. Durch Beschluss vom ...... hat der Aufsichtsrat Herrn/Frau ...... und Herrn/Frau ...... zu Mitgliedern des ersten Vorstands bestellt.
6. Bei der Gründung wurden keine Aktien für Rechnung des Vorstandes oder eines Mitglieds des Aufsichtsrats übernommen. Weder ein Mitglied des Vorstands noch des Aufsichtsrats hat sich einen besonderen Vorteil, eine Entschädigung oder Belohnung für die Gründung oder ihre Vorbereitung ausbedungen.
7. Die Gesellschaft hat nach § 21 der Satzung die Gründungskosten in einer geschätzten Höhe von € ...... übernommen.

........................., den ....

....

(Unterschriften)

Formular A. 1.00d Gründungsprüfungsbericht (Bargründung)

Wir, die unterzeichnenden Mitglieder des ersten Vorstands und des ersten Aufsichtsrats der ...... AG mit Sitz in ...... haben den Hergang der Gründung geprüft.

Bei der Prüfung haben uns folgende Unterlagen vorgelegen:

1. Die notarielle Urkunde vom ...... (Urkundenrolle Nummer ...... des Notars ...... in ......) über die Gründung der ...... AG, die Feststellung der Satzung, die Übernahme der Aktien durch die Gründer, die Bestellung des ersten Aufsichtsrats (und die Bestellung des Abschlussprüfers);

2. die Niederschrift vom ...... über die Bestellung des Vorstandes durch den Aufsichtsrat;

3. die Bescheinigung der ...... Bank in ...... vom ...... über die Einzahlung von € 50.000,– auf das Konto der Gesellschaft und die Bestätigung der Bank, dass der eingezahlte Betrag endgültig zur freien Verfügung des Vorstandes steht;

4. der Gründungsbericht vom ....

Nach unseren Feststellungen entspricht der Hergang der Gründung den gesetzlichen Vorschriften. Die Angaben der Gründer über die Übernahme der Aktien, die Einlage auf das Grundkapital, Sondervorteile und Gründungsaufwand sind richtig und vollständig. Gegen den Ansatz der Gründungskosten in geschätzter Höhe von € ...... bestehen keine Einwendungen.

........................., den ....

...

(Unterschriften)

Formular A. 1.00e Handelsregisteranmeldung (Bargründung)

Amtsgericht ...... *[Ort]*

– Registergericht –

Postfach ......

......

Neue Handelsregistersache ...... AG

Wir, die unterzeichnenden Gründer sowie Mitglieder des Vorstands und des Aufsichtsrats, melden die

...... AG

mit Sitz in ...... zur Eintragung in das Handelsregister an.

1. Gründer der Gesellschaft sind:

......

2. Mitglieder des ersten Aufsichtsrats sind:

......

3. Mitglieder des Vorstands sind:

......

4. Das Grundkapital der Gesellschaft beträgt € 50.000.– und ist eingeteilt in 50.000 Stückaktien. Die Aktien wurden gegen Bareinlage ohne Aufgeld ausgegeben. Auf jede Aktie ist die Einlage in voller Höhe auf das Konto der Gesellschaft bei der ...... Bank in ...... eingezahlt. Der eingezahlte Betrag von insgesamt € ...... steht,

abzüglich der bei der Gründung angefallenen Gründungskosten, endgültig zur freien Verfügung des Vorstands. An Gründungskosten sind gezahlt worden:

......

5. Die Gesellschaft wird durch ein Vorstandsmitglied vertreten, sind zwei Vorstandsmitglieder bestellt, sind diese gesamtvertretungsbefugt. Besteht der Vorstand aus mehr als zwei Mitgliedern, können jeweils zwei Vorstände gemeinschaftlich oder ein Vorstand mit einem Prokuristen die Gesellschaft vertreten. Der Aufsichtsrat kann bestimmen, dass einzelne oder alle Vorstandsmitglieder einzeln vertretungsbefugt sind. Der Aufsichtsrat kann einzelne oder alle Vorstandsmitglieder von § 181 2. Alt. BGB befreien.

Die Vorstandsmitglieder zeichnen ihre Unterschrift zur Aufbewahrung bei Gericht wie folgt:

.. ....

(Unterschrift) (Unterschrift)

6. Wir, die unterzeichnenden Mitglieder des Vorstands, versichern, dass keine Umstände vorliegen, die unserer Bestellung nach § 76 Abs. 3 Satz 2 und 3 AktG entgegenstehen. Wir sind weder wegen eines Insolvenzdeliktes verurteilt noch besteht gegen uns ein Berufs- oder Gewerbeverbot eines Gerichts oder einer Behörde. Von dem beurkundenden Notar sind wir über unsere unbeschränkte Auskunftspflicht gegenüber dem Gericht belehrt worden.

7. Die Geschäftsräume der Gesellschaft befinden sich in ...... *[Ort und Straße]*.

8. Dieser Anmeldung sind folgende Urkunden beigefügt:

- **Das Gründungsprotokoll vom ...... (Urkundenrolle Nr.: ...... des Notars ...... in ......) mit der Feststellung der Satzung, der Übernahme der Aktien durch die Gründer, der Errichtung der Gesellschaft und der Bestellung der Mitglieder des ersten Aufsichtsrats;**
- **die Niederschrift vom ...... über die Bestellung des ersten Vorstands durch den Aufsichtsrat;**
- **der Gründungsbericht der Gründer vom ......;**
- **der Prüfungsbericht der Mitglieder des Vorstands und des Aufsichtsrats vom ......;**
- **die Bestätigung der ...... Bank in ...... vom ...... über die Einzahlung des Betrages von € 50.000.– auf das Konto der Gesellschaft bei der ...... Bank sowie die Bestätigung, dass dieser Betrag abzüglich der Gründungskosten zur freien Verfügung des Vorstands steht;**
- **die Nachweise über die von dem eingezahlten Betrag gezahlten Gründungskosten.**

..........................., den ....

..

(Unterschriften)

..

(Beglaubigungsvermerk)

II. ERLÄUTERUNGEN

Erläuterungen zu A. 1.00 Satzung (Bargründung)

1. Grundsätzliche Anmerkungen

1 **Schrifttum:** Beck'sches Handbuch der AG, 2. Aufl. 2009; *Happ,* Aktienrecht, 3. Aufl. 2007; *Henn/Frodermann/Jannot,* Handbuch des Aktienrechts, 8. Aufl. 2009; *Hölters/Deilmann/Buchta,* Die kleine Aktiengesellschaft, 2. Aufl. 2002; *Hüffer,* AktG, 11. Aufl. 2014; *Manz/Mayer/Schröder,* Die Aktiengesellschaft 6. Aufl. 2010; *Nirk/Ziemons/Binnewies,* Handbuch der Aktiengesellschaft (Loseblatt); *Seibert/Kiem/Schüppen,* Handbuch der kleinen AG, 5. Aufl. 2008; *Streck,* KStG, 8. Aufl. 2014; *Wahlers,* Die Satzung der kleinen Aktiengesellschaft, 3. Aufl. 2003.

a) Wirtschaftliches Vertragsziel

2 Vertragsziel ist die **Bargründung** einer nicht börsennotierten AG mit weniger als 500 Beschäftigten unter Beteiligung eines kleinen Kreises von Gründern (zu den Einzelschritten vgl. Rz. 11). Für eine solche AG hat sich der Begriff der kleinen AG herausgebildet (vgl. zB *Lutter* AG 94, 429, 430).

3 Die **kleine AG** ist keine eigene Rechtsform. Sie ist eine **reguläre AG,** auf die sämtliche Regelungen für die AG zur Anwendung kommen. Durch das „Gesetz für kleine Aktiengesellschaften und zur Deregulierung des Aktienrechts" v. 2.8.94 (BGBl. I 94, 1961), in Kraft seit dem 10.8.94, ist das Recht der AG lediglich in Einzelpunkten geändert worden, insbesondere um die AG auch für mittelständische Unternehmen attraktiv zu machen (vgl. *Seibert/Köster/Kiem,* Die kleine AG, Rz. 6ff.; *Hölters/Buchta* DStR 03, 79; *Lutter* AG 94, 429; *Olbing/Binnewies* GmbH-StB 01, 59).

4 Die AG ist – wie die GmbH – eine Kapitalgesellschaft.
Vorteile der AG:
- **Gewaltenteilung** zwischen Vorstand, Aufsichtsrat und Hauptversammlung. Der Vorstand ist nur dem Aufsichtsrat verantwortlich. Durch diese Zwischenschaltung des Aufsichtsrats kann daher kein Aktionär (soweit er keine Mehrheit besitzt) unmittelbar die Ablösung des Vorstands durchsetzen;
- leichtere Übertragbarkeit und damit Erleichterung des Generationenwechsels in Form des „fließenden" Übergangs auf die folgende Generation;

5 **Nachteile der AG:**
- Mindeststammkapital € 50.000.–;
- immer noch relativ komplizierte Gesellschaftsform auf Grund zahlreicher – zum Großteil unabdingbarer – Vorschriften.

6 Zur kleinen AG nach den Neuregelungen durch das Gesetz v. 2.8.94 (vgl. Rz. 7): Der Begriff der kleinen AG hat keinen fest definierten Inhalt. Tatsächlich knüpfen die Vereinfachungsregeln an ganz **unterschiedliche Merkmale** an, so dass die kleine AG sich unterschiedlich definiert je nachdem, von welchen gesetzlichen Regelungen die Rede ist. Kleine AG sind (vgl. *Bösert* DStR 94, 1423):
- im Hinblick auf die Gründungsvorschriften solche, bei denen von Anfang an weniger als fünf Personen die Aktien gegen Einlagen übernehmen sollen;
- im Hinblick auf die erleichterte Einberufung der Hauptversammlung solche, die all ihre Aktionäre namentlich kennen;
- im Hinblick auf die erleichterte Protokollierung der Hauptversammlung solche, deren Aktien nicht an der Börse zum Handel zugelassen sind;
- im Hinblick auf die Unbeachtlichkeit sämtlicher Einberufungsvorschriften der §§ 121–128 AktG solche, bei denen alle Aktionäre in der Hauptversammlung anwesend oder vertreten sind, und

– im Hinblick auf die Freistellung von der Mitbestimmung solche, die weniger als 500 Arbeitnehmer haben.

Die **Änderungen durch das Gesetz vom 2.8.94 (s. Rz. 6) im Einzelnen:** 7

(1) Zulässigkeit der Einmann-AG-Gründung (vgl. Formular A. 1.02).
(2) Auf € 1.– herabgesetzter Mindestnennbetrag der Aktie, § 8 Abs. 1 AktG.
(3) Möglicher Ausschluss des Rechts jedes Aktionärs auf Einzelverbriefung (vgl. Rz. 39).
(4) Keine Arbeitnehmer-Mitbestimmung im Aufsichtsrat für AG mit weniger als 500 Angestellten (vgl. Rz. 54).
(5) Vereinfachung bei der Bestellung des ersten Aufsichtsrats bei Sachgründungen auch bei mitbestimmter AG (kein Arbeitnehmervertreter mehr).
(6) Vereinfachung für die Durchführung der Hauptversammlung: Einladung durch eingeschriebenen Brief; Formerleichterung bzgl. der Protokollierung von Hauptversammlungsbeschlüssen (vgl. A. 1.17 Rz. 11 ff.; A. 1.24 Rz. 2 ff.).
(7) Verzicht auf sämtliche Einberufungsformalitäten bei Vollversammlungen (vgl. A. 1.17 Rz. 13).
(8) Erleichterter Bezugsrechtsausschluss bei Kapitalerhöhung gegen Bareinlagen.

Die Satzung ist im Wesentlichen **juristisches Fundament** zur Gründung der AG und weniger „Gebrauchsanweisung“ für den Umgang mit ihr. Die Satzung entspricht nur den wichtigsten gesetzlich vorgegebenen Bestimmungen. Die für die AG maßgeblichen Gesetze (insbes. AktG, §§ 238 ff. HGB, MontanMitbestG, MitbestG, BetrVG) enthalten eine Vielzahl von zwingenden Bestimmungen, so dass eine Übernahme sämtlicher Vorschriften nicht zweckdienlich ist. Der ständige Blick ins Gesetz, sowohl bei Gründung der AG wie auch später, ist daher unerlässliche Voraussetzung für den Umgang mit der AG. Eine Abstimmung der Satzung auf die **konkreten Umstände** des Einzelfalles ist unentbehrlich. 8

b) Gesellschaftsrecht

Gründer kann jede in- oder ausländische natürliche oder juristische Person oder Personengesellschaft sein. Eine Erbengemeinschaft scheidet nach hM als Gründer allerdings aus (vgl. *Hüffer* AktG § 2 Rz. 11, mwN). Für geschäftsunfähige oder nur beschränkt geschäftsfähige Personen handelt der gesetzliche Vertreter. Hier sind die besonderen Vorschriften über die Vertretung (§§ 181, 1629 BGB) zu beachten. Der gesetzliche Vertreter bedarf nach §§ 1822 Nr. 3, 1643 Abs. 1 BGB zudem der Genehmigung des Vormundschaftsgerichts, wenn die AG – wie regelmäßig – auf den Betrieb eines Erwerbsgeschäftes gerichtet ist. 9

Die Gründung einer AG durch nur einen Gründer ist zulässig, § 2 AktG. Bei der **Einmann-AG** sind folgende Sondervorschriften zu beachten: §§ 36 Abs. 2 Satz 2, 36a, 42, 182 Abs. 2 Satz 1 AktG (vgl. *Lutter* AG 94, 429, 430); vgl. auch Formular A. 1.02. 10

Die Gründung einer AG geschieht in mehreren **Schritten:** 11

– Errichtung in Form der notariellen Beurkundung sowie Feststellung der Satzung in Form eines notariell beurkundeten Errichtungsprotokolls;
– Aufbringung des Grundkapitals durch Übernahme der Aktien durch die Gründer (§ 29 AktG);
– Bestellung der Organe (§ 30 AktG);
Gründungsbericht und Gründungsprüfung (§§ 32 ff. AktG);
– Leistung der Einlage (§§ 36 f. AktG);
– Handelsregisteranmeldung (§§ 36 f. AktG);
– Gründungskontrolle durch Prüfung und Nachgründungsvorschriften (§§ 32 ff., 52 ff. AktG).

12 Die AG ist juristische Person und als solche mit eigener Rechtspersönlichkeit ausgestattet. Unabhängig von ihrem Unternehmensgegenstand gilt sie als **Handelsgesellschaft,** § 3 AktG.

13 Mit der Feststellung der Satzung und der Übernahme aller Aktien durch die Gründer ist die AG **errichtet** (§ 29 AktG). Ihr Entstehungszeitpunkt ist jedoch erst die Eintragung ins Handelsregister. Bis zu diesem Zeitpunkt existiert die AG als solche noch nicht (§ 41 Abs. 1 Satz 1 AktG). Sie ist in diesem Stadium eine Organisationsform eigener Art **(Vor-AG).** Auf die Vor-AG finden die Normen des AG-Rechts Anwendung, sofern sie nicht die Eintragung voraussetzen (vgl. zu den Einzelheiten *Nirk/Ziemons/Binnewies* I Rz. 2290ff.). Wer für die Vor-AG handelt, haftet persönlich (§ 41 Abs. 1 Satz 2 AktG). Neben dem Handelnden haftet die Vor-AG mit dem Gesellschaftsvermögen. Ob und in welchem Umfang daneben auch die Gründer haften, ist streitig (vgl. *Nirk/Ziemons/Binnewies* I Rz. 2305ff.). Die Haftung des Handelnden erlischt mit der Eintragung der AG in das Handelsregister (vgl. zur Haftung in der Gründungsphase auch *Heidinger* GmbHR 03, 189).

14 Die Vor-AG kann nach hM bei Zustimmung aller Gründer unbeschränkt am Geschäftsverkehr teilnehmen (vgl. *Hüffer* AktG § 41 Rz. 11). Die durch die Geschäftstätigkeit entstandenen Rechtsbeziehungen gehen mit Eintragung der AG auf diese über. Soweit durch die Tätigkeit der Vor-AG das Aktivvermögen im Zeitpunkt der Eintragung unter dem publizierten Grundkapital liegt, trifft die Gründer für die Differenz die persönliche **Haftung** (*Hüffer* AktG § 41 Rz. 8).

15 Bereits vor Errichtung der AG nach § 29 AktG können sich die Gründer zur Errichtung einer AG zusammenschließen **(Vorgründungsgesellschaft).** Die Vorgründungsgesellschaft wird als BGB-Gesellschaft (§ 705 BGB) oder – wenn bereits ein Grundhandelsgewerbe betrieben wird – als OHG (§ 105 HGB) behandelt. Wird die AG errichtet, endet die BGB-Gesellschaft bzw. OHG infolge Zweckerreichung. Die Rechte und Verbindlichkeiten der Vorgründungsgesellschaft gehen nicht automatisch auf die Vor-AG über. Sie müssen durch besondere Rechtsgeschäfte übertragen werden (vgl. *Nirk/Ziemons/Binnewies* I Rz. 2286).

16 Die Satzung muss durch **notarielle Beurkundung** festgestellt werden, § 23 Abs. 1 AktG. Es gelten §§ 8ff. BeurkG. Nicht erforderlich ist, dass alle Gründer gleichzeitig anwesend sind. Ihre Beitrittserklärungen können vor dem Notar zeitlich nacheinander abgegeben werden. Auch Vertretung ist möglich. Es gelten grds. §§ 164ff. BGB. Gemäß § 23 Abs. 1 Satz 2 AktG müssen Vollmachten allerdings notariell beglaubigt sein.

17 Die **Mindestanforderung** an den Inhalt der AG-Satzung normiert § 23 AktG. Unverzichtbar sind demnach für jede Satzung folgende Angaben:

- Firma und Sitz der Gesellschaft,
- Gegenstand des Unternehmens,
- Höhe des Grundkapitals,
- Nennbeträge und Anzahl der Aktien,
- Angabe, ob Inhaber- oder Namensaktien,
- Zahl der Mitglieder des Vorstands oder Regeln, nach denen diese Zahl festgelegt wird,
- Bestimmung über Form der Bekanntmachungen der HV.

18 Die AG wird nach § 262 AktG **aufgelöst**

- durch Ablauf der in der Satzung bestimmten Zeit;
- wegen Beschluss der Hauptversammlung mit $^3/_4$ Mehrheit;
- durch Eröffnung des Insolvenzverfahrens;
- bei Ablehnung der Eröffnung des Insolvenzverfahrens mangels Masse.

19 Die **Abwicklung** wird durchgeführt von den Vorstandsmitgliedern, § 265 AktG.

20 *(frei)*

c) Steuerrecht

Als **Kapitalgesellschaft** gelten für die AG grds. die gleichen steuerlichen Regeln wie für die GmbH (vgl. BFH X R 45/09 v. 23.3.11, NZG 11, 887). S. daher hierzu A. 6.00 Rz. 14 ff. 21

Zur GmbH hat die Finanzrechtsprechung besondere Bedingungen für die steuerliche Anerkennung von Leistungsbeziehungen zwischen der GmbH und ihrem **beherrschenden Gesellschafter** oder beherrschenden Gesellschaftern nahestehenden Personen entwickelt. Danach hängt die steuerliche Anerkennung dieser Leistungsbeziehungen von folgenden Kriterien ab: 22

- Zivilrechtlich wirksame Vereinbarung,
- klare und eindeutige Vereinbarung,
- im Vorhinein, dh. vor erfolgter Leistung abgeschlossene Vereinbarung,
- tatsächliche Durchführung des Vereinbarten.

Aufgrund der zwischen der GmbH und der Aktiengesellschaft **differierenden Organisationsstruktur** ist diese zur GmbH entwickelte Rechtsprechung nicht unmittelbar auf das Steuerrecht der Aktiengesellschaft zu übertragen. Auch der BFH hat es abgelehnt, die im GmbH-Recht entwickelte Rechtsprechung zu den Sonderbedingungen für beherrschende Gesellschafter auf die Aktiengesellschaft zu übertragen (BFH I R 76/68 v. 15.12.71, BStBl. II 72, 436; I R 5/69 v. 15.12.71, BStBl. II 72, 438, bestätigt durch BFH I R 93/01 v. 18.12.02, GmbHR 03, 846; FG Berlin-Brandenburg 12 K 12174/08 v. 9.11.11, EFG 12, 873; vgl. auch BFH I B 10/04 v. 9.6.04, GmbHR 04, 1160). Grund der Differenzierung ist der zwischen GmbH und AG bestehende Strukturunterschied. Die gesellschaftsrechtlichen Einflussmöglichkeiten eines beherrschenden GmbH-Gesellschafters sind mit dem eines beherrschenden Aktionärs nicht vergleichbar. Der beherrschende Aktionär hat es nicht wie ein beherrschender GmbH-Gesellschafter in der Hand, Gewinne in Form von verschleierten Betriebsausgaben auszuschütten und dadurch nach Belieben abzusaugen, da er aufgrund der anders gelagerten Organisationsstruktur anders als der beherrschende GmbH-Gesellschafter keine vergleichbare gesellschaftsrechtliche Machtposition innehat, um entsprechende Gestaltungen in der Gesellschaft problemlos durchzusetzen. 22a

IR der für die Aktiengesellschaft anzustellenden **differenzierten Betrachtung** sind die konkreten Einflussmöglichkeiten des beherrschenden Aktionärs im Einzelfall zu prüfen (ausf. *Streck/Binnewies* AG 98, 26; *Binnewies* DStR 03, 2105; ebenso *Gosch* in *Gosch*, KStG, 2. Aufl. 2009, § 8 Rz. 566 ff.). Zwischen folgenden Fallgruppen kann differenziert werden: 22b

(1) Mehrheitsaktionär ohne Sitz im Vorstand oder Aufsichtsrat 22c

Für den Abschluss von Rechtsgeschäften zwischen Mehrheitsaktionär und Gesellschaft greift die gesetzlich vorgeschriebene Kompetenzordnung ein. Für die Gesellschaft handelt der Vorstand als gemäß § 78 AktG vertretungsberechtigtes Organ. Der Vorstand ist ausschließlich verpflichtet, im Gesellschaftsinteresse zu handeln und unterliegt nicht den Weisungen des Mehrheitsaktionärs (§ 76 Abs. 1 AktG). Auch die persönliche Abhängigkeit ist abgemildert, da die Vorstandsmitglieder regelmäßig für fünf Jahre bestellt werden und die Bestellung nur aus wichtigem Grund widerrufen werden kann (§ 84 Abs. 1 Satz 1, Abs. 3 Satz 1 AktG). Ferner haften die Vorstandsmitglieder gemäß § 93 Abs. 2 Satz 1 AktG für den der Gesellschaft entstehenden Schaden, wenn sie ihre Pflicht, die Sorgfalt eines ordentlichen und gewissenhaften Geschäftsleiters anzuwenden, verletzen. Schließlich werden unter Verstoß gegen § 57 AktG erfolgte Leistungen gemäß § 62 AktG vom Aktionär zurückzufordern sein. Gemäß § 93 Abs. 3 Nr. 1 und 2 AktG haftet der Vorstand für die Rückgewähr der verbotswidrig an den Mehrheitsaktionär geflossenen Leistungen. Schließlich wird der Vorstand durch den Aufsichtsrat überwacht (§ 111 AktG). Auch die Aufsichtsratsmitglieder sind verpflichtet, ausschließlich im Interesse der Gesellschaft zu handeln, und unterliegen nicht den Weisungen des Mehrheitsaktionärs. Im Ergebnis führt die weisungsfreie Leitung der Gesellschaft durch den Vorstand und die zwingende Trennung zwischen Geschäftsführung und Überwachung derselben zu dem Ergebnis, dass der Mehrheitsaktionär keine dem beherrschenden GmbH-Gesellschafter vergleichbaren Manipulationsmöglichkeiten innehat, so dass die Rechtfertigung für die Anwendung der Sonderbedingungen entfällt.

22d **(2) Alleinaktionär ohne Sitz im Aufsichtsrat oder Vorstand**

Im Fall der Ein-Mann-AG ändert sich an den Zuständigkeiten der Organe nichts. Vorstand und Aufsichtsrat handeln ausschließlich im Interesse der Gesellschaft. Ein **Weisungsrecht** besteht nicht. Auch der Alleinaktionär ist also bei Abschluss und Durchsetzung von Vereinbarungen mit der Gesellschaft auf die Mitwirkung der – rechtlich – unabhängigen Organmitglieder angewiesen. Darüber hinaus gilt auch § 57 AktG für die Ein-Mann-AG. Zwar besteht bei einer Ein-Mann-AG verstärkt die Gefahr, dass Vorstand und Aufsichtsrat aufgrund der erhöhten persönlichen Abhängigkeit vom Alleinaktionär und dem Wegfall der Interessen außen stehender Aktionäre ihren gesetzlich festgeschriebenen Pflichten nicht in gleicher Weise nachkommen wie in einer mehrgliedrigen Gesellschaft. Letztlich kommt es aber auf die konkrete Besetzung der Organe an. Nur sofern aus konkreten Umständen geschlossen werden kann, dass Vorstand und Aufsichtsrat nicht Willens oder in der Lage sind, sich dem tatsächlichen Einfluss des Alleinaktionärs im Interesse der Gesellschaft zu entziehen und etwaige Gewinnmanipulationen zu verhindern, kommt eine Anwendung der Sonderbedingungen in Betracht.

22e **(3) Mehrheits-/Alleinaktionär mit Sitz im Vorstand**

Auch in dieser Konstellation ist der beherrschende Aktionär nicht wie ein beherrschender Gesellschafter-Geschäftsführer einer GmbH ohne weiteres in der Lage, mit Hilfe von rechtsgeschäftlichen Vereinbarungen zwischen ihm und der Gesellschaft Gewinnmanipulationen durchzusetzen. Anders als in der GmbH ist der beherrschende Aktionär unabhängig vom Selbstkontrahierungsverbot aus § 181 BGB auf die Mitwirkung des Aufsichtsrats angewiesen. Gemäß § 112 AktG vertritt der **Aufsichtsrat** die Gesellschaft gegenüber den Vorstandsmitgliedern. Dabei handelt es sich um zwingendes Recht. Will die Finanzverwaltung die Sonderbedingungen für beherrschende Gesellschafter zur Anwendung bringen, ist sie auch in dieser Konstellation verpflichtet, konkrete Umstände dazulegen und nachzuweisen, die gegen eine Einhaltung der gesetzlichen Pflichten des Aufsichtsrats als zentrales Organ in diesem Zusammenhang sprechen.

22f **(4) Mehrheits-/Alleinaktionär mit Sitz im Aufsichtsrat**

Auch für den beherrschenden Aktionärs-Aufsichtsrat gilt, dass zum Abschluss rechtsgeschäftlicher Vereinbarungen zwischen ihm und der Gesellschaft zwingend die Mitwirkung Dritter (Vorstand, Aufsichtsrat) notwendig ist, die allein dem Interesse der Gesellschaft verpflichtet sind. Außerdem sieht das AktG besondere **formelle Voraussetzungen** sowie inhaltliche Bedingungen für die Gewährung von Aufsichtsratsvergütungen oder den Abschluss anderer Verträge vor. Die Aufsichtsratsvergütungen können gemäß § 113 Abs. 1 Satz 2 AktG nur in der Satzung festgesetzt oder durch Beschluss in der Hauptversammlung festgelegt werden. Konsequenz ist, dass anderweitig versprochene Sondervergütungen nach § 134 BGB nichtig sind. Auf beiden Wegen ist eine Bezifferung erforderlich, so dass insoweit für Publizität gesorgt ist. Zur Begrenzung der Höhe von Aufsichtsratsvergütungen trägt in der Praxis darüber hinaus § 10 Nr. 4 KStG bei. Sofern mit Aufsichtsratsmitgliedern darüber hinaus für Tätigkeiten außerhalb der Aufsichtsratstätigkeit Verträge geschlossen werden, greifen §§ 114, 115 AktG ein. Insbesondere für den Abschluss von Beraterverträgen und Kreditzusagen an das einzelne Aufsichtsratsmitglied ist danach die Zustimmung des gesamten Gremiums erforderlich. Im Ergebnis muss auch in dieser Fallgruppe eine Anwendung der Sonderbedingungen für beherrschende Gesellschafter davon abhängig gemacht werden, ob das Finanzamt darlegen kann, dass aufgrund der konkreten Machtverhältnisse, dh. der konkreten Besetzung des Aufsichtsrats und des Vorstands, davon ausgegangen werden muss, dass dem Mehrheitsaktionär die Möglichkeit zu Gewinnmanipulationen eingeräumt wird.

Zur steuerlichen Behandlung von **Aufsichtsratsvergütungen** vgl. § 10 Nr. 4 **23**
KStG: Abzugsfähig bei der AG nur zur Hälfte (vgl. i.E. *Streck* § 10 Rz. 30).

2. Einzelerläuterungen

Zu § 1: Firma, Sitz

Firma: Für die AG gelten die allgemeinen Regeln. Es können Personen-, Sach- **24**
und/oder Phantasienamen verwendet werden (vgl. *Hüffer* AktG § 4 Rz. 5ff.) Zwingend bleibt der Zusatz „Aktiengesellschaft" oder eine allgemein verständliche Abkürzung dieser Bezeichnung (§ 4 AktG). Im vorliegenden Muster wurde die Abkürzung „AG" als übliche Abkürzung gewählt.

Sitz: Beim „Sitz" der Gesellschaft ist zwischen **Satzungssitz** (Registersitz) und **25**
dem **Verwaltungssitz** (Ort der tatsächlichen Geschäftsleitung) zu unterscheiden. Unter Sitz i.S.v. § 5 AktG ist der Satzungssitz, also der Sitz, an dem die Gesellschaft im Handelsregister registriert wird, zu verstehen. Dieser muss sich zwingend im Inland befinden. Der Verwaltungssitz kann abweichend vom Satzungssitz frei gewählt werden. Die Wahl des Verwaltungssitzes ist Geschäftsführungsmaßnahme. ME kann der Verwaltungssitz auch ins Ausland verlegt werden, ohne dass die Gesellschaft ihre Rechtsfähigkeit verliert. Dies ist nicht unumstritten (vgl. *Hüffer* AktG § 5 Rz. 3). Ist dies relevant, sollte in die Satzung aufgenommen werden, dass die Verlegung des Verwaltungssitzes ins Ausland nur mit Zustimmung des Aufsichtsrats erfolgen darf.

Zu § 2: Gegenstand des Unternehmens

Der **Unternehmensgegenstand** muss derart **individualisiert** bezeichnet werden, **26**
dass der Schwerpunkt für Geschäftstätigkeit für außenstehende Dritte erkennbar wird (*Hüffer* AktG § 23 Rz. 24).

Grds. kann jeder **wirtschaftliche** oder **ideelle Zweck** Unternehmensgegenstand **27**
sein. Beschränkungen ergeben sich aus § 134 BGB und aus § 138 BGB. Weitere Beschränkungen können bei der Ausübung eines freien Berufs aus standesrechtlichen Normen resultieren. Anders als bei der GmbH sollte der Unternehmensgegenstand bei der AG eher eng gefasst werden. Der Vorstand führt die Geschäfte der AG in eigener Verantwortung (§ 76 AktG). Die Grenze des Unternehmensgegenstands ist daher einzige effektive Grenze der Geschäftsführungsbefugnis des Vorstands (vgl. § 82 Abs. 2 AktG).

Zu § 3: Geschäftsjahr, Bekanntmachung

Geschäftsjahr: Das Geschäftsjahr kann vom **Kalenderjahr** abweichen. Es kann **28**
kürzer, aber nicht länger als 12 Monate sein (§ 240 Abs. 2 Satz 2 HGB). Eine spätere **Änderung** des Geschäftsjahrs ist Satzungsänderung. Bei Gründung der AG im laufenden Jahr kann das erste Geschäftsjahr ein Rumpfgeschäftsjahr sein. Zum Wirtschaftsjahr vgl. A. 6.00 Rz. 33ff.

Bekanntmachung: § 23 Abs. 4 AktG schreibt eine Bestimmung über die **Form** **29**
der Bekanntmachungen in der Satzung vor. § 23 Abs. 4 AktG steht in Verbindung mit § 25 AktG. Diese Vorschrift schreibt als Form für Pflichtbekanntmachungen den **elektronischen Bundesanzeiger** vor. Um unnötigen Aufwand zu vermeiden, sollten etwaige weitere Formen der Bekanntmachung in der Satzung nicht zwingend vorgesehen werden.

Zu § 4: Grundkapital, Aktien, Vinkulierung

30 Das Grundkapital muss auf einen **Nennbetrag in Euro** lauten und mindestens € 50.000,– betragen (§§ 6, 7 AktG).

31 Das Grundkapital ist in **Aktien** aufzuteilen. Jede Aktie muss mindestens **€ 1,–** am Grundkapital repräsentieren (§ 8 AktG). Bei **Nennbetragsaktien** führt dies dazu, dass diese mindestens auf € 1,– lauten müssen (§ 8 Abs. 2 Satz 1 AktG). Bei **Stückaktien** führt dies dazu, dass der auf die einzelne Aktie entfallende anteilige Betrag des Grundkapitals ebenfalls € 1,– nicht unterschreiten darf (§ 8 Abs. 3 Satz 3 AktG). Die Teilung des Gesamtkapitals durch die Anzahl der Stückaktien darf kein kleineres Ergebnis als € 1,– ergeben. Vorliegend ist die größtmögliche Stückelung vorgesehen. Die Aktien müssen entweder als Nennbetragsaktien oder als Stückaktien ausgegeben werden. Eine Mischung ist unzulässig. Neben der vereinfachten Ausgestaltung hat die Stückaktie insbes. Vorteile bei einer Kapitalerhöhung aus Gesellschaftsmitteln, die dann ohne Ausgabe neuer Aktien möglich ist.

32 Die Ausgabe von Aktien mit **hohen Ausgabebeträgen** (zB bei zwei Aktionären jeweils eine Aktie, die jeweils € 25.000,– des Mindestgrundkapitals repräsentieren) vermeidet die Zersplitterung des Aktienbesitzes. Aktien mit **niedrigen Ausgabebeträgen** hingegen erleichtern Teilanteilsbesitzübertragungen.

33 Aufgrund des **Auf- und Abspaltungsverbots** können die Aktien weder real noch inhaltlich geteilt werden. Die wesentlichen mit der Aktie verbundenen Mitgliedschaftsrechte, wie zB das Stimmrecht, das Auskunftsrecht sowie das Gewinnrecht, können von der Aktie nicht abgespalten werden. Zulässig ist lediglich die Abtretung des Dividendenanspruchs.

34 Die Aktien müssen **auf den Inhaber** oder **auf den Namen** lauten (§ 10 Abs. 1 AktG). Diesbezüglich besteht ein **Wahlrecht**. Ein Zwang besteht insoweit, als Aktien auf den Namen lauten müssen, wenn sie vor der vollständigen Einzahlung des Ausgabebetrags ausgegeben werden (§ 10 Abs. 2 Satz 1 AktG).

35 Bei der kleinen AG empfiehlt sich regelmäßig die Ausgabe von Namensaktien. **Namensaktien** lauten auf eine bestimmte Person. Dies ist zunächst der Gründer, der Aktien im Rahmen der Gründung übernimmt. Namensaktien sind unter Angabe des Namens, Geburtsdatums und der Adresse des Inhabers sowie der Stückzahl oder der Aktiennummer und bei Nennbetragsaktien des Betrags in das **Aktienregister** der Gesellschaft einzutragen (§ 67 Abs. 1 Satz 1 AktG). Im Verhältnis zur Gesellschaft gilt als Aktionär nur, wer als solcher im Aktienregister eingetragen ist (§ 67 Abs. 2 Satz 1 AktG). Übertragungen von Namensaktien sind damit der Gesellschaft mitzuteilen (§ 67 Abs. 3 AktG).

36 Namensaktien sind grds. frei übertragbar. Sie werden aber bei der kleinen AG üblicherweise als **vinkulierte Namensaktien** ausgestaltet. Die Übertragung dieser Aktie ist dann gem. § 68 Abs. 2 AktG nur mit der Zustimmung der Gesellschaft zulässig. Diese Zustimmung erteilt grds. der Vorstand (§ 68 Abs. 2 Satz 2 AktG). Die Satzung kann jedoch bestimmen, dass der Aufsichtsrat oder die Hauptversammlung über die Erteilung der Zustimmung beschließen (§ 68 Abs. 2 Satz 3 AktG). Die Satzung kann ferner auch Gründe bestimmen, aus denen die Zustimmung verweigert werden darf (§ 68 Abs. 2 Satz 3 AktG). Es kann zB vorgesehen werden, dass eine Zustimmung zur Übertragung an Wettbewerber unzulässig ist. Bei der kleinen AG bietet sich die Vinkulierung der Aktien an, um den regelmäßig begrenzten Aktionärskreis vor einer nicht beabsichtigten „Überfremdung" zu schützen. Je nach dem, ob der Wert der freien Übertragbarkeit der Aktie oder der Wert des Schutzes vor Überfremdung den Gründern wichtiger erscheint, ist zu entscheiden, ob Aktien vinkuliert werden oder nicht. Eine eingeschränkte Vinkulierung ist möglich, zB die Festlegung, dass bestimmte Übertragungen (zB an Familienmitglieder, im Rahmen einer Erbauseinandersetzung, innerhalb des Konzerns) von vornherein keiner Zustimmung bedürfen.

Gemäß § 11 Abs. 2 AktG bilden Aktien, die mit gleichen Rechten ausgestattet sind, eine Gattung. Die **Aktiengattungen** und die Zahl der Aktien jeder einzelnen Gattung müssen als notwendiger Bestandteil in der Satzung angegeben werden. Üblicherweise wird zwischen Stammaktien und Vorzugsaktien unterschieden. Vorteile der Vorzugsaktien bestehen insbes. in Bezug auf die Verteilung des Gewinns oder des Liquidationserlöses. Nach § 139 Abs. 1 AktG kann das Stimmrecht ausgeschlossen werden, wenn die Aktien mit allem nachzuzahlenden Vorzug bei der Verteilung des Gewinns ausgestattet sind. Das sind sog. **stimmrechtslose Vorzugsaktien**. Das ausgeschlossene Stimmrecht der Vorzugsaktie lebt wieder auf, wenn die Vorzugsdividende zumindest teilweise in einem Jahr nicht gezahlt worden ist und im nächsten Jahr der Rückstand nicht neben der in voller Höhe zu leistenden Vorzugsdividende dieses Jahres nachgezahlt wird (§ 140 Abs. 2 Satz 1 AktG). Vorzugsaktien können den Vorteil bieten, dass die Verwaltungsmacht weiter bei – möglicherweise wenigen – Stammaktionären konzentriert bleibt. 37

Aktien müssen nicht mehr in einzelnen **Urkunden** verbrieft werden. § 10 Abs. 5 AktG ermöglicht Regelungen in der Satzung – wie im Formular vorgesehen –, die den Anspruch auf Einzelverbriefung der Aktien ausschließen oder beschränken. Wird durch die Satzung die Einzelverbriefung ausgeschlossen oder eingeschränkt, bleibt der Anspruch auf Verbriefung der Aktien überhaupt bestehen. Er kann aber durch die Lieferung einer Mehrfachurkunde (Globalaktien), in der alle Anteile des betreffenden Aktionärs zusammengefasst sind, erfüllt werden. 38

Die „gesellschaftsrechtliche Entstehung" der Aktie bzw. der damit verbundenen **Mitgliedschaftsrechte** hängt nicht von ihrer Verbriefung ab. Die Aktie entsteht gesellschaftsrechtlich mit Übernahme. 39

Inhaberaktien, die schriftlich verbrieft sind, können durch Einigung über den Eigentumsübergang und Übergabe der Aktienurkunde **übertragen** werden. Bei kleinen AG werden Aktien allerdings nur selten in Urkunden tatsächlich verbrieft. Ohne Verbriefung erfolgt die Übertragung der Aktien durch Abtretung nach §§ 398, 413 BGB. Das kann grds. auch mündlich geschehen, da es keinerlei Form bedarf. Zu Nachweiszwecken wird regelmäßig die Schriftform gewählt. Gleiches gilt für Namensaktien. Auch diese werden durch Abtretung, die regelmäßig schriftlich erfolgt, übertragen. Die Abtretung ist nicht bedingungsfeindlich. Aktien können insbes. unter der aufschiebenden Bedingung der vollständigen Kaufpreiszahlung verkauft und abgetreten werden. Der sachenrechtliche Bestimmtheitsgrundsatz ist zu wahren (ausführl. *Iverssen* AG 08, 736). 40

Für einen geringeren Betrag als den Nennbetrag dürfen Aktien nicht ausgegeben werden (Verbot der **Unterpariemission**, § 9 Abs. 1 AktG). In der Satzung kann jedoch festgelegt werden, dass ein höherer Betrag bei der Ausgabe zu zahlen ist (Überpariemission, § 9 Abs. 2 AktG). Die Differenz ist als **Agio** in die **Kapitalrücklage** einzustellen. Steuerrechtlich ist das Agio im Einlagekonto gemäß § 27 KStG zu erfassen. Vor Anmeldung der AG zur Eintragung im Handelsregister ist bei Bareinlagen mindestens $^1/_4$ des Nennbetrags und bei Überpariemission das gesamte Agio einzubezahlen (§§ 36 Abs. 2, 36a AktG). 41

Zu § 5: Einziehung von Aktien

§ 5 der Satzung lässt die Einziehung von Aktien zu. Es handelt sich um eine **gestattete Zwangseinziehung** i. S. v. § 237 Abs. 1 Satz 2, 2. Alt. AktG. Über die gestattete Zwangseinziehung entscheidet die Hauptversammlung durch Beschluss. Bei der gestatteten Zwangseinziehung kann eine Regelung des Einziehungsentgelts in der Satzung unterbleiben. In diesem Fall ist die Einziehung nur gegen eine angemessene Vergütung nach Maßgabe von § 305 AktG zulässig. Vorliegend ist in der Satzung als Einziehungsvergütung der **Buchwert** vorgesehen. Die Zulässigkeit der Bestimmung eines Einziehungsentgelts, welches den Ertragswert unterschreitet, ist umstritten (*Hüffer* § 237 AktG Rz. 17). Da in der Situation der beschlossenen Zwangseinziehung 42 der Streit um die Höhe des Entgelts unabhängig von der Regelung in der Satzung vorprogrammiert ist, ist vorliegend die Buchwertklausel vorgesehen, im Bewusstsein, dass diese angreifbar ist.

Zu § 6: Zusammensetzung des Vorstands, Geschäftsführung, Vertretung

43 Dem Vorstand obliegen Geschäftsführung und Vertretung der AG (§§ 76 bis 78 AktG). Die **Vertretungsbefugnis** kann im Außenverhältnis nicht, die **Geschäftsführungsbefugnis** nur in den Grenzen des § 82 Abs. 2 AktG eingeschränkt werden.

44 Gemäß § 76 Abs. 2 AktG kann der Vorstand aus einer oder mehreren Personen bestehen. Gemäß § 23 Abs. 3 Nr. 6 AktG ist in der Satzung entweder die Zahl der Mitglieder des Vorstands oder die Regel, nach der die Zahl festgelegt wird, zu bestimmen. Ausreichend konkret ist die Regelung, dass sich die konkrete Zahl der Vorstandsmitglieder nach der **Beschlussfassung des Aufsichtsrats** richtet.

45 Vorstandsmitglieder können nur **natürliche Personen** sein. Sie müssen die persönlichen Voraussetzungen des § 76 Abs. 3 AktG erfüllen. Vorstandsmandat und Aufsichtsratsmandat schließen sich gegenseitig aus (§ 105 AktG).

46 Das **Gesetz** sieht **Gesamtgeschäftsführungsbefugnis** und **Gesamtvertretungsbefugnis** vor (§§ 77, 78 AktG). Hier besteht **Gestaltungsspielraum**. Insbes. kann es dem Aufsichtsrat gestattet werden, einzelnen oder sämtlichen Vorstandsmitgliedern Einzelgeschäftsführungsbefugnis und Einzelvertretungsbefugnis zu verleihen. Gleiches gilt für die Befreiung von § 181, 2. Alt. BGB. § 181, 1. Alt. BGB ist durch § 112 AktG ausgeschlossen.

47 Der Vorstand agiert gemäß **§ 76 AktG** unabhängig vom Willen der Gesellschafter. Die Bestellung und Abberufung der Vorstandsmitglieder erfolgt zwingend durch den Aufsichtsrat (§ 84 AktG). Der Vorstand hat gegenüber dem Aufsichtsrat Bericht zu erstatten (§ 90 AktG). Die Gesellschaft wird gegenüber den Vorstandsmitgliedern durch den Aufsichtsrat vertreten (§ 112 AktG). Die Satzung oder der Aufsichtsrat hat zu bestimmen, dass bestimmte Arten von Geschäften nur mit Zustimmung des Aufsichtsrats vorgenommen werden dürfen (§ 111 Abs. 4 Satz 2 AktG). Wesentliche **zustimmungsbedürftige Geschäfte** sollten in der Satzung vorgesehen werden. Daneben sollte es dem Aufsichtsrat gestattet sein, darüber hinaus einen Katalog zustimmungsbedürftiger Geschäfte außerhalb der Satzung beschließen zu können, um flexibel zu bleiben. Ändert sich dieser Katalog, kann dies formlos durch den Aufsichtsrat beschlossen werden, ohne dass es einer Satzungsänderung bedarf. Die Hauptversammlung entscheidet über Fragen der Geschäftsführung nur, wenn der Vorstand es verlangt (§ 119 Abs. 2 AktG).

48 Die **Amtszeit** eines Vorstandsmitglieds beträgt höchstens fünf Jahre (§ 84 Abs. 1 Satz 1 AktG). Wiederbestellung ist möglich.

49 Die Amtszeit **endet vorzeitig**, wenn das Vorstandsmitglied stirbt oder die Bestellung vom Aufsichtsrat widerrufen wird (§ 84 Abs. 3 AktG). Das Vorstandsmitglied kann das Amt niederlegen.

50 Wie bei der GmbH-Geschäftsführung ist von der **gesellschaftsrechtlichen Bestellung** die zivilrechtliche Anstellung zu unterscheiden. Der **schuldrechtliche Vorstandsvertrag** wird für die AG von dem Aufsichtsrat mit jedem einzelnen Vorstandsmitglied abgeschlossen (§ 112 AktG). Es sind die Regelungen der §§ 87 ff. AktG zu beachten.

Zu § 7: Zusammensetzung des Aufsichtsrats, Amtszeit, Amtsniederlegung des Aufsichtsrats

51 Der Aufsichtsrat besteht aus mindestens **drei Mitgliedern** (§ 95 Abs. 1 Satz 1 AktG). Die Satzung kann eine Zahl festlegen, die Zahl muss jedoch durch **drei teilbar** sein (§ 95 Abs. 1 Satz 2 AktG). § 95 Abs. 1 Satz 4 AktG setzt eine Höchstzahl fest, die abhängig von der Höhe des Grundkapitals ist.

Weitere Vorgaben für die Besetzung des Aufsichtsrats können sich aus den Regelungen zur **Mitbestimmung** für Gesellschaften mit mindestens 500 Arbeitnehmern ergeben. 52

Persönliche Voraussetzungen für Aufsichtsratsmitglieder ergeben sich aus § 100 AktG. § 100 Abs. 2 AktG enthält Begrenzungen für die Anzahl von Aufsichtsratsmandaten, die ein Aufsichtsratsmitglied wahrnehmen kann. 53

Die Mitglieder des Aufsichtsrats werden von der **Hauptversammlung** gewählt (§ 101 Abs. 1 Satz 1 AktG), sofern nicht Regelungen über die Mitbestimmung bei Gesellschaften mit mindestens 500 Arbeitnehmern eingreifen. Die Amtszeit der Aufsichtsratsmitglieder beträgt fünf Jahre (§ 102 Abs. 1 AktG), wobei Wiederwahl zulässig ist. 54

Die Satzung sieht in § 7 Abs. 5 ein **Entsenderecht** vor. Bis zu $^1/_3$ der Aufsichtsratsmitglieder können von dem oder den Aktionären entsandt werden, denen in der Satzung ein entsprechendes Entsenderecht zugestanden ist (§ 101 Abs. 2 AktG). Insbes. bei Familiengesellschaften kann dies sinnvoll sein. Besteht der Aktionärskreis beispielsweise aus zwei Familienstämmen, kann jedem Familienstamm in der Satzung das Recht eingeräumt werden, jeweils einen Aufsichtsratssitz durch Entsendung zu besetzen. Dies würde voraussetzen, dass der Aufsichtsrat aus sechs Mitgliedern besteht, da nur $^1/_3$ der insgesamt vorhandenen Aufsichtsratsmandate durch Entsendung besetzt werden darf. Der Entsendeberechtigte kann sich auch selbst entsenden. Das Entsenderecht stellt ein Sonderrecht i. S. v. § 35 BGB dar, das den Berechtigten nur durch Satzungsänderung mit dessen Zustimmung genommen werden kann. Sofern das Entsenderecht an die Inhaberschaft bestimmter Aktien geknüpft wird, muss es sich um Namensaktien handeln, die vinkuliert sind, dh. deren Übertragung nur mit Zustimmung der Gesellschaft zulässig ist (§ 101 Abs. 2 Satz 2 AktG). Das entsandte Aufsichtsratsmitglied ist nicht weisungsgebunden. Im Zweifel hat das entsandte Aufsichtsratsmitglied den Belangen der Gesellschaft den Vorzug vor denen des Entsendungsberechtigten zu geben (BGH II ZR 1/61 v. 29.1.62, BGHZ 36, 296). 55

§ 101 Abs. 3 Satz 1 AktG verbietet die Bestellung von stellvertretenden Aufsichtsratsmitgliedern. In § 101 Abs. 3 Satz 2 AktG ist allerdings die Möglichkeit vorgesehen, **Ersatzmitglieder** zu bestellen. Diese rücken bei Ausscheiden eines Aufsichtsratsmitglieds für den Rest der Amtszeit nach. Die Bestellung des Ersatzmitglieds kann nur gleichzeitig mit der Bestellung des Aufsichtsratsmitglieds erfolgen. Auf diese Weise kann vermieden werden, eine außerordentliche Hauptversammlung abhalten zu müssen, wenn ein Aufsichtsratsmitglied aus dem Aufsichtsrat vorzeitig ausscheidet (zur gerichtlichen Bestellung von Aufsichtsratsmitgliedern vgl. OLG München 31 Wx 24/09 v. 2.7.09, AG 09, 745). 56

Der **erste Aufsichtsrat** wird nicht durch die Hauptversammlung, sondern durch die Gründer bestellt (§ 30 Abs. 1 Satz 1 AktG). Die Gründer berufen die nach Gesetz oder Satzung vorgeschriebene Zahl von Aufsichtsratsmitgliedern. Der erste Aufsichtsrat ist sodann zuständig, den ersten Vorstand zu bestellen. Die Amtszeit des ersten Aufsichtsrats endet mit der Beendigung der Hauptversammlung, die gemäß § 120 AktG über die Entlastung für das erste Rumpf- oder Vollgeschäftsjahr beschließt (§ 30 Abs. 3 Satz 1 AktG). 57

Der Aufsichtsrat ist **zwingendes Organ** der AG. Zentrale Aufgabe des Aufsichtsrats ist die **Bestellung des Vorstands** sowie dessen **Überwachung** (§§ 84 Abs. 1, 111 AktG). Die Überwachung der Geschäftsführung nach § 111 AktG ist zum einen auf die Kontrolle des Vorstands zur Verhinderung und Aufdeckung von Fehlentwicklungen und zum anderen auf die Beratung des Vorstands in übergeordneten Fragen der Unternehmensführung gerichtet (BGH II ZR 188/89 v. 25.3.91, BGHZ 114, 127). Der Vorstand hat gegenüber dem Aufsichtsrat zu berichten (§ 90 AktG). Der Aufsichtsrat hat gemäß § 111 Abs. 2 AktG das Recht zur jederzeitigen Einsichtnahme in die Bücher und Schriften der Gesellschaft. Das Informationsrecht kann von jedem 58

Aufsichtsratsmitglied, aber nur zugunsten des gesamten Aufsichtsrats geltend gemacht werden (OLG Frankfurt a. M. 20 W 141/07 v. 1.10.07, GmbHR 08, R 102). Aufgrund der umfassenden Informationsrechte unterliegen die Aufsichtsratsmitglieder der Pflicht zur Verschwiegenheit gemäß §§ 116, 93 Abs. 1 Satz 2 AktG.

59 Über die **Besetzung des Aufsichtsrats** nehmen die Aktionäre mittelbar Einfluss auf die Besetzung des Vorstands. Gemäß § 101 Abs. 1 Satz 1 AktG werden die Mitglieder des Aufsichtsrats von den Aktionären gewählt. Der Vorstand wiederum wird gemäß § 84 AktG vom Aufsichtsrat bestellt.

60 Der Vorstand leitet die Gesellschaft in **eigener Verantwortung** (§ 76 AktG). Gleichwohl sind dem Aufsichtsrat bedeutende Entscheidungen der Unternehmensführung in eigener Verantwortung zugewiesen:

- Bestellung und Abberufung des Vorstands (§ 84 AktG),
- Gestaltung der Vorstandsorganisation (§ 77 Abs. 2 AktG),
- Vertretung der Gesellschaft gegenüber dem Vorstand (§ 112 AktG),
- Empfangszuständigkeit des Aufsichtsrats bei Führungslosigkeit (§ 78 Abs. 1 Satz 2 AktG),
- Mitwirkung bei der Bilanzfeststellung (§§ 170 ff. AktG),
- Einberufung der Hauptversammlung, wenn es das Wohl der Gesellschaft erfordert (§ 111 Abs. 3 AktG),
- Zustimmung bei Krediten an Vorstandsmitglieder (§ 89 AktG),
- Erarbeitung von Beschlussvorschlägen für die Hauptversammlung (§ 124 Abs. 3 AktG),
- Vorschlag des Abschlussprüfers an die Hauptversammlung (§ 124 Abs. 3 AktG),
- Insolvenzantragspflicht bei Führungslosigkeit (§ 15 a InsO).

61 Der Aufsichtsrat ist im Rahmen der eigenen **Sorgfaltspflicht** aus § 116 AktG verpflichtet, Schadensersatzansprüche nach § 93 AktG gegen den Vorstand zu prüfen und ggf. geltend zu machen. Dem Aufsichtsrat steht bei seinen Handlungen ein unternehmerischer Ermessensspielraum zu.

62 Aufsichtsräte können von der Hauptversammlung **abberufen** werden. Der Beschluss bedarf einer Mehrheit von mindestens $^3/_4$ der abgegebenen Stimmen (§ 103 Abs. 1 AktG). Dies bedeutet, dass der Beschluss notariell protokolliert werden muss (§ 130 Abs. 1 AktG).

Zu § 8: Vorsitzender und Stellvertreter des Aufsichtsrats

63 Die Satzung sieht vor, dass der Aufsichtsrat seinen Vorsitzenden für jeweils ein Geschäftsjahr wählt. Die kurze Wahlperiode soll einen etwaigen Wechsel im Aufsichtsratsvorsitz ermöglichen.

Zu § 9: Einberufung des Aufsichtsrats

64 Gemäß § 110 Abs. 1 AktG kann jedes **Aufsichtsratsmitglied** oder der **Vorstand** unter Angabe des Zwecks und der Gründe verlangen, dass der Vorsitzende des Aufsichtsrats unverzüglich den Aufsichtsrat einberuft. Das Gesetz sieht ferner vor, dass der Aufsichtsrat zu zwei Sitzungen im Kalenderhalbjahr einberufen werden muss (§ 110 Abs. 3 Satz 1 AktG). Die Satzung reduziert dies auf eine Aufsichtsratssitzung im Kalenderhalbjahr. Dies ist bei nicht börsennotierten Gesellschaften zulässig (§ 110 Abs. 3 Satz 2 AktG).

Zu § 10: Beschlussfassung des Aufsichtsrats

65 § 108 Abs. 2 Satz 1 AktG überlässt die Bestimmung der Beschlussfähigkeit weitgehend der **Satzung**. Sieht die Satzung keine Regelung vor, ist der Aufsichtsrat gemäß § 108 Abs. 2 Satz 2 AktG nur beschlussfähig, wenn mindestens die Hälfte der Mitglie-

der, aus denen er nach Gesetz oder Satzung zu bestehen hat, an der Beschlussfassung teilnimmt. Als zwingende Untergrenze der Beschlussfähigkeit ist gemäß § 108 Abs. 2 Satz 3 AktG die Teilnahme von **mindestens drei Mitgliedern** vorgesehen. Hieran orientiert sich die Satzung.

Abwesende Aufsichtsratsmitglieder können an der Beschlussfassung teilnehmen, indem sie **schriftliche Stimmabgaben** überreichen lassen (§ 108 Abs. 3 AktG). Aufsichtsratsmitglieder können sich nicht vertreten lassen. Der zur Stimmabgabe Entsandte nimmt die Funktion eines **Boten** ein, nicht die des Vertreters. Dies bedeutet, dass er kein eigenes Rede- und Fragerecht hat. Er hat lediglich die Funktion, die vom verhinderten Aufsichtsratsmitglied angewiesene Stimmabgabe zu überbringen. **66**

Ein Aufsichtsratsmitglied, das sich bei der Beschlussfassung **enthält**, zählt für die Feststellung der Beschlussfähigkeit mit, es sei denn, dass das Aufsichtsratsmitglied erklärt, es nehme an der Beschlussfassung nicht teil. Ein abwesendes Mitglied, das seine Stimme abgeben lässt, nimmt an der Beschlussfassung teil. **67**

Der Aufsichtsrat kann als Organ Entscheidungen nur durch Beschlussfassung treffen (§ 81 Abs. 1 AktG). Erforderlich ist eine **ausdrückliche Beschlussfassung** im Wege der Abstimmung. Sofern nicht Satzung oder Gesetz eine qualifizierte Mehrheit vorschreiben, gilt der Beschluss als angenommen, wenn er mit der einfachen Mehrheit der abgegebenen Stimmen gefällt ist. Die Satzung sieht vor, dass bei Stimmengleichheit die Stimme des Vorsitzenden den Ausschlag gibt. Im Fall der Verhinderung des Aufsichtsratsvorsitzenden gilt dies für die Stimme des Stellvertreters entsprechend. **68**

Der Aufsichtsrat kann **Beschlüsse** auch ohne Abhaltung einer Sitzung fassen (§ 108 Abs. 4 AktG). Insbes. bei kleinen AG sollte die Beschlussfassung möglichst flexibel gestaltet werden. Hieran orientiert sich § 10 der Satzung, worin die Beschlussfassung außerhalb einer Sitzung in allen denkbaren Formen ausdrücklich vorgesehen ist. Bei der vorgesehenen Niederschrift handelt es sich um eine deklaratorische Beweisurkunde, die keine Wirksamkeitsvoraussetzung für die Beschlüsse des Aufsichtsrats ist (§ 107 Abs. 2 AktG). **69**

Das **Teilnahmerecht** an Aufsichtsratssitzungen ist in § 109 AktG geregelt. Aufsichtsratsmitglieder sind kraft ihres Amtes zur Teilnahme an den Sitzungen berechtigt und verpflichtet. Vorstandsmitglieder unterliegen gemäß § 109 Abs. 1 Satz 1 AktG zwar keinem gesetzlichen Teilnahmeverbot, sind aber auch nicht kraft Gesetzes berechtigt, an Sitzungen des Aufsichtsrats und seinen Ausschüssen teilzunehmen. Weitere Dritte haben grds. kein Teilnahmerecht. Auch der Mehrheitsaktionär ist Dritter. Auch der Ehrenvorsitzende oder das Ehrenmitglied des Aufsichtsrats ist Dritter i. S. v. § 109 AktG. Gemäß § 109 Abs. 3 AktG sieht die Satzung vor, dass Stimmboten als Dritte i. S. v. § 109 AktG teilnahmeberechtigt sind, wenn das verhinderte Aufsichtsratsmitglied diese schriftlich zur Stimmabgabe angewiesen hat. Sachverständige und Auskunftspersonen können zu einzelnen Gegenständen der Tagesordnung hinzugezogen werden (§ 109 Abs. 1 Satz 2 AktG). Der Abschlussprüfer hat an den Verhandlungen des Aufsichtsrats über die Prüfung des Jahresabschlusses teilzunehmen (§ 171 Abs. 1 Satz 2 AktG). **70**

Zu § 11: Zustimmungsbedürftige Geschäfte

Gemäß § 111 Abs. 4 Satz 2 AktG hat die Satzung oder der Aufsichtsrat zu bestimmen, dass **bestimmte Arten von Geschäften** nur mit seiner **Zustimmung** vorgenommen werden dürfen. In der Satzung sollte der Katalog zustimmungsbedürftiger Geschäfte möglichst klein gehalten werden, da die Erstellung eines Katalogs zustimmungsbedürftiger Geschäfte im Wege der Beschlussfassung durch den Aufsichtsrat flexibler ist. Anpassungen können ohne Satzungsänderungen vorgenommen werden. Gewisse Grundgeschäfte sollten allerdings auch die Satzung von der Zustimmung des Aufsichtsrats abhängig machen. Der Aufsichtsrat erlangt hierdurch Einfluss auf die Geschäftsführung, allerdings nur in Form eines **Vetorechts**. Verweigert der Aufsichtsrat **71** seine Zustimmung, kann der Vorstand verlangen, dass die Hauptversammlung über die Zustimmung beschließt (§ 111 Abs. 4 Satz 3 AktG).

Zu § 12: Geschäftsordnung des Aufsichtsrats

72 Zur **Binnenorganisation** kann sich der Aufsichtsrat eine Geschäftsordnung geben. Bei kleinen AG mit einer Aufsichtsratsanzahl von drei Mitgliedern bedarf es regelmäßig keiner Geschäftsordnung.

Zu § 13: Vergütung des Aufsichtsrats

73 Gemäß § 113 Abs. 1 Satz 1 AktG kann den Aufsichtsratsmitgliedern für ihre Tätigkeit eine Vergütung gewährt werden. Die Vergütung kann in der **Satzung** festgesetzt oder von der **Hauptversammlung** bewilligt werden (§ 113 Abs. 1 Satz 2 AktG). Die Satzung sieht vor, dass die Hauptversammlung über die Vergütung für das abgelaufene Geschäftsjahr beschließt, wobei eine Höchstgrenze in der Satzung selbst vorgesehen ist. Daneben haben die Aufsichtsratsmitglieder Anspruch auf Ersatz ihrer Auslagen.

Zu § 14: Ort und Einberufung der Hauptversammlung

74 Die Hauptversammlung ist das **Organ**, in dem die Aktionäre nach § 118 Abs. 1 AktG ihre Rechte in den Angelegenheiten der Gesellschaft ausüben. Hierzu zählt insbesondere:

- Bestellung und Abberufung der Aufsichtsratsmitglieder (§§ 101, 103 AktG),
- Entlassung der Mitglieder des Vorstands und des Aufsichtsrats (§ 120 AktG),
- Entscheidung über die Verwendung des Bilanzgewinns (§ 174 AktG),
- Satzungsänderung (§ 179 AktG),
- Kapitalmaßnahmen (§§ 182ff. AktG),
- Bestellung des Abschlussprüfers (§ 318 HGB),
- Geltendmachung von Ersatzansprüchen (§ 147 AktG),
- Auflösung der Gesellschaft (§ 262 Abs. 1 Nr. 2 AktG).

75 Zu Fragen der **Geschäftsführung** kommt der Hauptversammlung nur dann eine Kompetenz zu, wenn der Vorstand eine Entscheidung verlangt (§ 118 Abs. 2 AktG). Ein Weisungsrecht der Hauptversammlung gegenüber der Geschäftsleitung besteht grds. nicht. Eine Ausnahme besteht im Anwendungsbereich des § 83 AktG. Sofern es im Rahmen der o.g. Kompetenzen der Hauptversammlung notwendig ist, diese durch Geschäftsführungsmaßnahmen umzusetzen, kann der Vorstand im Rahmen der originären Kompetenz der Hauptversammlung bezüglich dieser Maßnahmen angewiesen werden.

76 Die **Zuständigkeiten** der Hauptversammlung sind zwingend. Die Kompetenzen der Hauptversammlung können durch die Satzung nicht erweitert werden, es sei denn, das Gesetz sieht dies ausdrücklich vor. Beispiel ist das in der Satzung vorgesehene Zustimmungserfordernis im Rahmen der Vinkulierung.

77 Ohne eine den **Tagungsort** regelnde Satzungsbestimmung muss die Hauptversammlung einer nicht börsennotierten Gesellschaft am Sitz der Gesellschaft stattfinden (§ 121 Abs. 5 AktG). Die Satzung räumt dem einberufenen Organ ein freies Bestimmungsrecht innerhalb der Bundesrepublik Deutschland ein.

78 Nach § 121 Abs. 2 Satz 1 AktG wird die Hauptversammlung durch den **Vorstand** einberufen, gemäß § 113 Abs. 3 AktG ausnahmsweise durch den **Aufsichtsrat**. Die Einberufungskompetenzen sind ebenfalls zwingend und können in der Satzung nicht abbedungen werden. Die Satzung kann allerdings zusätzlichen anderen Personen (zB einzelnen Mitgliedern von Vorstand und Aufsichtsrat, einzelnen Aktionären) das Recht zur Einberufung gewähren. Im Rahmen des Minderheitenschutzes haben auch Aktionäre das Recht, die Einberufung der Hauptversammlung zu verlangen, wenn ihre Anteile mindestens 5% des Grundkapitals ausmachen (§ 122 Abs. 1 und Abs. 3

AktG). Die Satzung kann für das Einberufungsrecht ein geringeres Quorum als 5%, nicht aber ein höheres vorsehen.

Gemäß § 121 Abs. 4 Satz 1 AktG ist die Einberufung der Hauptversammlung in Gesellschaftsblättern, d.h. vorliegend im **elektronischen Bundesanzeiger**, bekanntzumachen. Als Mindestangaben müssen in der Bekanntmachung die Firma, der Sitz der AG, die Zeit und der Ort der Hauptversammlung sowie die Tagesordnung genannt werden. Sind die Aktionäre der Gesellschaft namentlich bekannt, kann die Einberufung durch eingeschriebenen Brief erfolgen (§ 121 Abs. 4 Satz 2 und Satz 3 AktG). Die Satzung sieht darüber hinaus als Erleichterung die Einberufung per E-Mail vor. Gemäß § 121 Abs. 6 AktG kann die Hauptversammlung Beschlüsse ohne Einhaltung jeglicher gesetzlicher Einberufungsvoraussetzungen fassen, wenn alle Aktionäre erschienen oder vertreten sind und kein Aktionär der Beschlussfassung widerspricht. 79

Die Hauptversammlung ist gemäß § 123 Abs. 1 AktG mindestens **einen Monat** vor dem Tag der Hauptversammlung einzuberufen. Die Einberufungsfrist kann in der Satzung verlängert, nicht aber verkürzt werden. Der Fristbeginn richtet sich nach der Bekanntmachung. Dies ist das Erscheinungsdatum im Bundesanzeiger. Sofern die Einberufung durch eingeschriebenen Brief erfolgt, ist für den Fristbeginn die Einlieferung des letzten Briefs (Poststempel) entscheidend. Der Einberufungstag und der Versammlungstag zählen bei der Berechnung der Fristen nicht mit (§ 121 Abs. 7 AktG). 80

Beschlüsse einer Hauptversammlung, die unter **Verstoß** gegen § 121 Abs. 2, Abs. 3 Satz 1 oder Abs. 7 AktG gefasst werden, sind nach § 241 Nr. 1 AktG nichtig. Sind im Fall von § 121 Abs. 4 Satz 2 und Satz 3 AktG (Ladung durch eingeschriebenen Brief) nicht alle Aktionäre ordnungsgemäß geladen worden, kann die Nichtigkeit gemäß § 242 Abs. 2 Satz 4 AktG geheilt werden. Die Nichtbeachtung der Ladungsfrist macht die gefassten Beschlüsse anfechtbar nach §§ 243ff. AktG. 81

Aktionäre können sich in der Hauptversammlung **vertreten** lassen. Gemäß § 134 Abs. 3 Satz 2 AktG kann die Gesellschaft dann, wenn ein Aktionär mehr als eine Person bevollmächtigt, eine oder mehrere Bevollmächtigte (dh. alle bis auf einen Vertreter) zurückweisen. Offen ist, ob das Zurückweisungsrecht der Gesellschaft auch besteht, wenn ein Aktionär die Vertretung seines Aktienbesitzes dergestalt splittet, dass er einen Teil der Aktien selbst vertritt und zur Vertretung des anderen Teils einen Dritten bevollmächtigt. Das ist insbes. für den Fall relevant, in dem der Aktionär in Begleitung eines Beraters an der Hauptversammlung teilnehmen möchte. ME liegt der Regelung des Gesetzes der Gedanke zugrunde, dass der Vertreter anstelle des Aktionärs an der Hauptversammlung teilnimmt. Dafür würde sprechen, dass das Zurückweisungsrecht besteht. Spielraum für eine vom Gesetz abweichende Satzungsgestaltung dürfte wegen § 23 Abs. 5 AktG nicht bestehen (vgl. *Nirk/Ziemons/Binnewies* Handbuch der AG Rz. I.10.526 f.). 82

Zu § 15: Stimmrecht

§ 12 Abs. 1 Satz 1 AktG gewährt **jeder Aktie** das Stimmrecht, das sich grds. nach den Nennbeträgen der Aktien, bei Stückaktien nach deren Zahl, richtet (§ 134 Abs. 1 Satz 1 AktG). Dem folgt die Satzung. Für nicht börsennotierte Gesellschaften kann in der Satzung ein **Höchststimmrecht** vorgesehen werden (§ 134 Abs. 1 Satz 2 AktG). Das Stimmrecht des einzelnen Aktionärs wird dadurch unabhängig von seiner tatsächlichen Beteiligung an der AG auf eine bestimmte Anzahl von Stimmen begrenzt. Bei der Berechnung einer nach Gesetz oder Satzung erforderlichen Kapitalmehrheit wird die Stimmrechtsbeschränkung gemäß § 134 Abs. 1 Satz 7 AktG nicht mitgerechnet. Die Satzung einer nicht börsennotierten AG kann auch vorsehen, dass jeder Aktionär ohne Rücksicht auf die Höhe seines Aktienbesitzes nur eine Stimme hat. Von einer solchen Regelung wird das gesetzliche Prinzip des Stimmrechts nach Kapitalanteilen im Ergebnis durch ein Stimmrecht nach Köpfen ersetzt. Dies kann gerade für Familiengesellschaften sinnvoll sein. 83

84 Das Stimmrecht **beginnt** gemäß § 134 Abs. 2 Satz 1 AktG mit der vollständigen Leistung der Einlage. Sofern auf keine Aktie die Einlage voll erbracht wurde, gewähren auch Aktien, auf die nur die Mindesteinlage geleistet worden ist, das Stimmrecht. Wird anschließend auf nur eine einzige Aktie die volle Einlage geleistet, führt dies nach dem Gesetz zum Stimmrechtsausschluss für alle Aktien, auf die die Einlagen nur teilweise erbracht worden sind. Die Satzung kann diesbezüglich vorsehen, dass das Stimmrecht bereits ab Leistung der gesetzlichen oder einer höheren satzungsmäßigen Mindesteinlage beginnt (§ 134 Abs. 2 Satz 4 AktG). Unter dem Begriff der Mindesteinlage ist in diesem Zusammenhang entsprechend § 36a Abs. 1 AktG $^1/_4$ des Nennbetrags der Aktien zzgl. eines ggf. vereinbarten Aufgelds (dieses ist in voller Höhe zu versteuern). Bei Stückaktien gilt Entsprechendes für den von der Stückaktie repräsentierten Anteil des Grundkapitals.

Zu § 16: Vorsitz in der Hauptversammlung

85 Der **Vorsitz in der Hauptversammlung** wird durch das Gesetz nicht geregelt. §§ 129 Abs. 2, 130 Abs. 2 AktG gehen allerdings von der Existenz eines Leiters der Hauptversammlung aus. Die Satzung kann daher frei bestimmen, wer aus dem Kreis der legitimierten Hauptversammlungsteilnehmer generell oder im Einzelfall Versammlungsleiter sein soll und wer ihn bei seiner Verhinderung vertritt. Trifft die Satzung keine Regelung, ist es Aufgabe der Hauptversammlung, sich selbst einen Versammlungsleiter zu wählen. Mitglieder des Vorstands sowie der zur Niederschrift hinzugezogene Notar können nicht gewählt werden (*Hüffer* AktG § 129 Rz. 18).

86 Hauptaufgabe des **Versammlungsleiters** ist die rechtmäßige und zweckmäßige Durchführung der Hauptversammlung. Er hat die Hauptversammlung zu eröffnen, die Einberufungsformalitäten zu prüfen, die Präsenz festzustellen sowie für eine sachgerechte und rechtsfehlerfreie Erledigung der Gegenstände der Tagesordnung zu sorgen. Zur sachgerechten Behandlung der Tagesordnung gehört insbesondere eine ausführliche und geordnete Erörterung aller die einzelnen Tagespunkte betreffenden Fragen. Ferner ist die ordnungsgemäße Durchführung der Beschlussfassung festzustellen.

Zu § 17: Beschlussfassung

87 Nach § 133 Abs. 1 AktG bedürfen Beschlüsse der Hauptversammlung grds. der **Mehrheit** der abgegebenen Stimmen, soweit nicht im Gesetz oder in der Satzung eine größere Mehrheit oder weitere Erfordernisse vorgesehen sind. Auch für Wahlen (Aufsichtsrat nach § 101 Abs. 1 AktG, Abschlussprüfer nach § 318 HGB, Sonderprüfer nach § 142 Abs. 2 AktG) gilt grds. das Prinzip der einfachen Stimmenmehrheit. Die einfache Mehrheit ist erreicht, wenn die Zahl der gültigen Ja-Stimmen die der gültigen Nein-Stimmen um wenigstens eine übertrifft. Bei Stimmengleichheit ist ein zur Beschlussfassung gestellter Antrag abgelehnt. Stimmenthaltungen werden hierbei nicht berücksichtigt, also nicht den Nein-Stimmen hinzugerechnet. Dies ist in der Satzung ausdrücklich klargestellt.

88 Das Erfordernis der **einfachen Stimmenmehrheit** kann durch die Satzung nur verschärft, nicht aber verringert werden. Für Wahlen kann das Mehrheitserfordernis sowohl verschärft als auch abgemildert werden. Die Verschärfung des Mehrheitserfordernisses kann bis zum Einstimmigkeitserfordernis reichen, es sei denn, das Gesetz stellt ausdrücklich auf eine einfache Stimmenmehrheit ab (vgl. *Hüffer* AktG § 133 Rz. 15). Sofern das Gesetz bereits eine qualifizierte Mehrheit vorsieht, kann die Satzung dieses Erfordernis erhöhen, regelmäßig aber nicht abmildern.

89 **Qualifizierte Mehrheiten** sieht das Gesetz insbesondere für folgende Entscheidungen vor:

- Satzungsänderung (§ 179 Abs. 2 Satz 1 AktG),
- Abschluss und Änderung von Unternehmensverträgen (§§ 293, 295 AktG),

- Kapitalmaßnahmen (§§ 182ff. AktG),
- Umwandlungs-, Verschmelzungs-, Spaltungs- und Formwechselbeschlüsse,
- Auflösung der Gesellschaft (§ 262 Abs. 1 Nr. 2 AktG).

Einen **Stimmrechtsausschluss** sieht das Gesetz nur ausnahmsweise vor. Aktionäre **90** können also auch an solchen Abstimmungen teilnehmen, an deren Ergebnis sie ein besonderes eigenes Interesse haben. Unzulässig ist lediglich die Verfolgung eines Sondervorteils zum Schaden der Gesellschaft (vgl. § 243 Abs. 2 AktG). Aktionäre können also auch mitstimmen bei Beschlüssen über Geschäfte, an denen sie selbst beteiligt sind. Ein Stimmverbot besteht nach § 136 Abs. 1 AktG dann, wenn ein Vorstands- oder Aufsichtsratsmitglied über seine eigene Entlastung mitabstimmen will oder eine Beschlussfassung über die Befreiung eines solchen Verwaltungsmitglieds von einer Verbindlichkeit gegenüber der Gesellschaft oder über die Geltendmachung eines solchen Anspruchs ansteht. Wer einem Stimmverbot unterliegt, kann auch nicht durch einen Bevollmächtigten abstimmen lassen.

Zu § 18: Niederschrift der Hauptversammlung

Gemäß § 130 Abs. 1 AktG ist über jeden Beschluss einer Hauptversammlung eine **91** **notarielle Niederschrift** aufzunehmen. In der Niederschrift sind der Ort und der Tag der Verhandlung, der Name und die Niederschrift des aufnehmenden Notars sowie die Art und das Ergebnis der Abstimmung über die Feststellung des Vorsitzenden über die Beschlussfassung anzugeben (§ 130 Abs. 2 Satz 1 AktG). Unter Art der Abstimmung ist die Form zu verstehen, in der das Stimmrecht ausgeübt wird, zB ob geheim, schriftlich oder durch Aufstehen, Handerheben oder namentliche Abstimmung. Als Ergebnis der Abstimmung ist sowohl der sachliche Inhalt des Beschlusses als auch das ziffernmäßige Ergebnis der Abstimmung festzuhalten, also die Anzahl der für den Antrag und gegen ihn abgegebenen Stimmen. Aus Informationsgründen empfiehlt es sich weiterhin, auch die Stimmenthaltungen aufzunehmen.

Bei **kleinen AG** reicht eine vom Vorsitzenden des Aufsichtsrats unterzeichnete **92** Niederschrift aus, soweit keine Beschlüsse gefasst werden, für die das Gesetz eine $^3/_4$-oder größere Mehrheit bestimmt (§ 130 Abs. 1 Satz 2 AktG).

Das Gesetz erfordert ein **Verzeichnis** der erschienenen oder vertretenen Aktionäre **93** nicht mehr. Aus Gründen der Rechtsklarheit sieht dies die Satzung jedoch vor.

Zu § 19: Jahresabschluss

Die Satzung gibt hier die **gesetzlichen Vorschriften** gemäß §§ 170ff. AktG wie- **94** der.

Zu § 20: Schiedsvereinbarung

Die Satzung sieht das Schiedsverfahren vor. Dies sollte mit den Gründern ausführ- **95** lich erörtert werden. Für das Schiedsverfahren spricht die Vertraulichkeit sowie der verkürzte Rechtsweg. Mit letzterem kann allerdings auch ein verkürzter Rechtschutz einhergehen.

Zu § 21: Gründungskosten

Soll der **Gründungsaufwand** von der Gesellschaft getragen werden, ist dies gemäß **96** § 26 Abs. 2 AktG in der Satzung vorzusehen. Ist eine Satzungsregelung nicht vorhanden und trägt die Gesellschaft gleichwohl Gründungskosten, handelt es sich um verdeckte Gewinnausschüttungen.

(frei) **97–100**

Erläuterungen zu A. 1.00a Gründungsprotokoll (Bargründung)

101 **Feststellung der Satzung:** Die Satzung muss durch **notarielle Beurkundung** festgestellt werden (§ 23 Abs. 1 Satz 1 AktG). Es gelten die §§ 6ff. BeurkG. Die Satzung kann entweder in das **Gründungsprotokoll** aufgenommen werden oder der Niederschrift als Anlage beigefügt werden. Das Gründungsprotokoll muss von sämtlichen Gründern unterschrieben werden. Die Gründer können sich bei der Satzungsfeststellung **vertreten** lassen. Die dazu erforderliche **Vollmacht** muss notariell beglaubigt sein (§ 23 Abs. 1 Satz 2 AktG). Es gelten § 129 BGB, § 40 BeurkG. § 23 Abs. 1 Satz 2 AktG gilt nicht für die gesetzliche bzw. organschaftliche Vertretung von Gründungsmitgliedern. Deren Vertretungsmacht ist durch die üblichen Nachweise – wie Bestallungsurkunde beim Vormund, Handelsregisterauszug beim Geschäftsführer einer GmbH etc. – darzulegen. Zur **Satzungsfeststellung im Ausland** vgl. *Hüffer* AktG § 23 Rz. 10f.

102 **Aktienübernahme:** Der bzw. die Gründer müssen sämtliche Aktien übernehmen. Die Übernahme erfolgt durch gesonderte Erklärung der Gründer, die notariell zu beurkunden ist (§ 23 Abs. 2 AktG). Mit der Übernahme aller Aktien ist die Gesellschaft errichtet (§ 29 AktG; zur Rechtsnatur der Vor-AG im Stadium zwischen Errichtung und Eintragung vgl. Rz. 13) und sind die Gründer zur Leistung der Einlage verpflichtet (§ 54 AktG). Nach der gesetzlichen Regelung der §§ 36a Abs. 1, 36 Abs. 2 AktG muss bei Bareinlagen vor der Anmeldung mindestens ein Viertel des Nennbetrags als eingeforderter Betrag eingezahlt worden sein.

103 **Bestellung des ersten Aufsichtsrates:** Die Gründer haben zudem den ersten Aufsichtsrat für das erste Voll- bzw. Rumpfgeschäftsjahr zu bestellen. Die Bestellung muss notariell beurkundet werden, § 30 Abs. 1 AktG. Die Amtszeit der Aufsichtsratsmitglieder währt längstens bis zu der Hauptversammlung, die über die Entlastung für das erste Geschäftsjahr beschließt. Der erste Aufsichtsrat bestellt den ersten Vorstand, § 30 Abs. 4 AktG (zur Bestellung vgl. Formular A. 1.28).

104 **Bestellung der ersten Abschlussprüfer:** Ist die AG nach § 316 Abs. 1 iVm. § 267 Abs. 4 HGB prüfungspflichtig, haben die Gründer durch notarielle Urkunde auch die Abschlussprüfer für das erste Voll- oder Rumpfgeschäftsjahr zu bestellen (§ 39 Abs. 1 AktG, vgl. dazu *Hüffer* AktG § 30 Rz. 10f.).

105 **Vollmacht für Satzungsanpassung:** Eine solche Bevollmächtigung ist zweckmäßig für den Fall, dass das Registergericht von den Gründern Änderungen der Satzung verlangt, die ausschließlich die Fassung betreffen. Es brauchen dann nicht mehr sämtliche Gründer zusammenzutreten.

106 **Kosten:** Die Beurkundung der Feststellung der Satzung löst eine 2,0-Gebühr aus, bei einem Geschäftswert von mindestens € 50.000 bis höchstens € 10 Mio. (KV-Nr. 21100, § 107 Abs. 1 GNotKG). Daneben fallen Gebühren für die Bestellung von Aufsichtsrat und Vorstand, ggf. Abschlussprüfer sowie ggf. die Gründungsprüfung an. Zu den Kosten der Eintragung vgl. A. 6.00 Rz. 105.

Erläuterungen zu A. 1.00b Wahl des ersten Vorstands (Bargründung)

107 **Form:** Eine notarielle Beurkundung ist nicht erforderlich. Es genügt die privatschriftliche Niederschrift (§ 107 Abs. 2 Satz 1 AktG).

108 **Bestellung der Vorstandsmitglieder:** Vgl. dazu Formular A. 1.28. Die Amtszeit des ersten Vorstands ist nicht wie die des ersten Aufsichtsrats auf das erste Geschäftsjahr beschränkt.

109 **Anstellungsvertrag für den Vorstand:** Die Genehmigung der Anstellungsverträge muss nicht mit der Bestellung verbunden werden. Vgl. zum Anstellungsvertrag Formular A. 1.10.

Erläuterungen zu A. 1.00c Gründungsbericht (Bargründung)

Zweck: Der Gründungsbericht, § 32 AktG, bezweckt den Schutz gegen unzulängliche Gründungen. Er ist Grundlage für die Gründungsprüfung (§§ 33ff. AktG) und die Prüfung durch das Registergericht (§ 38 AktG). Die Gründer **haften** für die Richtigkeit und Vollständigkeit des Berichts strafrechtlich nach § 399 Abs. 1 Nr. 2 AktG, zivilrechtlich gegenüber der AG nach § 46 AktG und gegenüber den Aktionären sowie den Gesellschaftsgläubigern nach § 823 Abs. 2 BGB iVm. § 399 Abs. 1 Nr. 2 AktG. **110**

Zeitpunkt: Der Gründungsbericht ist nach der Bestellung der Organe und vor der Gründungsprüfung (§§ 33ff. AktG) zu erstellen. **111**

Form: Der Gründungsbericht ist schriftlich zu erstatten (§ 32 Abs. 1 AktG). Die Gründer haben den Bericht persönlich – uU durch ihre gesetzlichen Vertreter bzw. Organe – zu erstatten und zu unterschreiben. Eine rechtsgeschäftliche Vertretung ist unzulässig (*Hüffer* AktG § 32 Rz. 2). Die Hinzuziehung eines Gehilfen ist erlaubt. **112**

Notwendiger **Inhalt:** Vgl. § 32 Abs. 2 und 3 AktG. Hinsichtlich der erbrachten Bareinlage ist eine Bestätigung der Bank einzuholen (vgl. § 37 Abs. 1 Satz 3 AktG). Ist bereits zum Zeitpunkt der Abfassung des Gründungsberichts die Einlage geschmälert – zB durch Notarkosten – ist dieses betragsmäßig anzugeben. **113**

Erläuterungen zu A. 1.00d Gründungsprüfungsbericht (Bargründung)

Zweck: Auch die allgemeine Gründungsprüfung durch die Mitglieder des ersten Vorstands und Aufsichtsrats, vgl. §§ 33ff. AktG, dient dem Schutz gegen unzulängliche Gründungen. Sie ist Grundlage für die Anmeldung und Prüfung durch das Registergericht (§§ 37f. AktG). Die Mitglieder des Vorstands und Aufsichtsrats **haften** für die Richtigkeit und Vollständigkeit der Prüfung strafrechtlich nach § 399 Abs. 1 Nr. 2 AktG, zivilrechtlich gegenüber der AG nach § 48 AktG und gegenüber den Aktionären sowie den Gesellschaftsgläubigern nach § 823 Abs. 2 BGB iVm. § 399 Abs. 1 Nr. 2 AktG. **114**

Form: Der Prüfungsbericht ist schriftlich zu erstatten (§ 34 Abs. 2 AktG). Die Mitglieder des Vorstands und Aufsichtsrats haben die Prüfung persönlich vorzunehmen und den Bericht persönlich zu erstatten und zu unterschreiben. Eine rechtsgeschäftliche Vertretung ist unzulässig (vgl. *Hüffer* AktG § 33 Rz. 2). Die Hinzuziehung von Gehilfen ist erlaubt. **115**

Inhalt: Zu prüfen ist der Hergang der Gründung, § 33 Abs. 1 AktG. Zum Umfang i.E. vgl. § 34 AktG. **116**

Die Gründungsprüfer haben jeweils ein Exemplar ihres Berichts dem Gericht und dem Vorstand einzureichen, § 34 Abs. 3 AktG. Der Bericht kann auch dem Vorstand eingereicht werden, damit dieser sodann die Einreichung bei Gericht (im Rahmen der Anmeldung, § 37 Abs. 4 AktG) übernimmt (vgl. *Hüffer* AktG § 35 Rz. 5). **117**

Besondere Gründungsprüfung: Unter den Voraussetzungen des § 33 Abs. 2 AktG ist eine besondere Gründungsprüfung durch einen vom Gericht bestellten Gründungsprüfer (sog. externe Prüfung) durchzuführen. In den Fällen des § 33 Abs. 3 AktG kann die Gründungsprüfung von dem beurkundenden Notar vorgenommen werden. Vgl. zum Verfahren § 33 Abs. 4 und 5, § 34f. AktG und *Nirk/Ziemons/Binnewies* Handbuch der AG I Rz. 2130ff. **118**

Erläuterungen zu A. 1.00e Handelsregisteranmeldung (Bargründung)

119 **Anmeldungspflichtige:** Die Anmeldung hat durch alle Gründer und Mitglieder des Vorstands und Aufsichtsrats zu erfolgen (§ 36 Abs. 1 AktG). Eine rechtsgeschäftliche Stellvertretung ist nach hM unzulässig (vgl. *Hüffer* AktG § 36 Rz. 4). Die Anmeldenden **haften** für die Vollständigkeit und Richtigkeit sowohl strafrechtlich (§ 399 AktG) als auch zivilrechtlich (§§ 46, 48 AktG, § 823 Abs. 2 BGB iVm. § 399 AktG).

120 **Form:** Die Anmeldung hat in öffentlich beglaubigter Form zu erfolgen (§ 12 Abs. 1 HGB). Es gelten die § 129 Abs. 1 BGB, §§ 39f. BeurkG. Die anmeldepflichtigen Personen müssen die Anmeldung nicht gleichzeitig vornehmen. Eine getrennte Beglaubigung ist möglich.

121 **Inhalt und Anlagen:** Welchen Inhalt und welche Anlagen die Anmeldung haben muss, bestimmen §§ 36, 37 AktG. Zur Einmann-AG vgl. § 42 AktG.

122 **Zuständiges Gericht:** Nach § 14 AktG ist das Amtsgericht (§ 125 Abs. 1 FGG) des Sitzes der Gesellschaft zuständig. Das Gericht prüft, ob die Gesellschaft ordnungsgemäß errichtet und angemeldet ist, § 38 AktG. Mit der Eintragung entsteht die AG.

123 **Kosten:** Notarkosten: Für den Entwurf der Handelsregisteranmeldung nebst Unterschriftsbeglaubigung fällt eine 0,5-Gebühr an (KV-Nr. 24102, 21201 Nr. 5 GNotKG); der Geschäftswertswert richtet sich nach dem Grundkapital (§ 119 Abs. 1 iVm. § 105 Abs. 1 Satz 2 GNotKG).

A. 1.01 Satzung (Sachgründung)

Gliederung

I. FORMULARE

Formular A. 1.01 Satzung (Sachgründung)

SATZUNG

§ 1 Firma, Sitz, Geschäftsjahr

(1) ......

(2) ......

(3) ......

§ 2 Gegenstand des Unternehmens

(1) ......

(2) ......

§ 3 Grundkapital, Aktien

(1) Das Grundkapital der Gesellschaft beträgt € 2.000.000.–.

(2) Das Grundkapital ist eingeteilt in 20.000 Aktien zum Nennbetrag von je € 100.–.

(3) Die Aktien lauten auf die Namen.

(4) Herr/Frau ...... bringt das Grundstück ...... *[genaue Bezeichnung]* als Sacheinlage in die Gesellschaft ein und erhält dafür Aktien im Nennbetrag von insgesamt € 550.000.– zum Ausgabewert von € 550.000.–.

(5) Der Vorstand bestimmt die Form der Aktienurkunden ......

§ 4 Vorstand

(1) ......

(2) ......

Formular A. 1.01a Gründungsprotokoll (Sachgründung)

Urkundenrolle Nummer ......

Verhandelt am ...... zu ......

Vor dem Notar ...... erschienen

1. Herr/Frau ......, ... *[Beruf]*, geboren am ......, wohnhaft ......,

2. ....

Die Erschienenen wiesen sich wie folgt aus:

Die Erschienenen erklärten:

I. Wir errichten eine Aktiengesellschaft unter der Firma ...... AG mit Sitz in ....

II. Wir stellen hiermit die Satzung gemäß Anlage zu dieser Urkunde fest.

III. Als Gründer übernehmen wir vom Grundkapital in Höhe von € 2.000.000.– die folgenden Aktien:

1. Herr/Frau ...... 9.000 Aktien im Nennbetrag von je € 100.– (= € 900.000.–), gegen Bareinlage,

2. Herr/Frau ...... 11.000 Aktien im Nennbetrag von je € 100.– (= € 1.100.000.–), davon

– 5.500 Aktien im Nennbetrag von insgesamt € 550.000.– gegen Bareinlage

– 5.500 Aktien im Nennbetrag von insgesamt € 550.000.– gegen Sacheinlage.

IV. Die Ausgabe der Aktien erfolgt zum Nennbetrag.

V. Die Bareinlagen sind in voller Höhe sofort zur Zahlung fällig.

VI. Die von Herrn/Frau ...... gegen Sacheinlage übernommenen Aktien im Nennbetrag von € 550.000.– werden gegen die in der Satzung festgesetzte Übertragung des Grundstücks ...... *[genaue Bezeichnung]* ausgegeben. Es wird der nachfolgende

Einbringungsvertrag

geschlossen:

1. Herr/Frau ...... verpflichtet sich, gem. § 3 Abs. 3 der Satzung folgenden Grundbesitz auf die ...... AG zu übertragen:
Grundbuch von ...... *[Ort]*,
Band/Blatt ...... *[Nummer]*,
Flurstück Nr. ......
Der Grundbesitz ist wie folgt belastet: ......
Alle Lasten und Rechte Dritter werden mit dem Grundbesitz übernommen.

2. Die zur Eigentumsübertragung erforderlichen Rechtshandlungen werden innerhalb von 14 Tagen nach Eintragung der ...... AG in das Handelsregister vorgenommen.
3. Besitz, Nutzungen, Lasten und Gefahr sowie die Verkehrssicherungspflicht gehen ab ...... *[Datum]* auf die ...... AG über.
4. ...... *[Gewährleistungsrechte]*
5. Die Kosten des Vollzugs dieser Vereinbarung sowie die anfallenden Steuern trägt die ...... AG.
6. Der Wert des Grundbesitzes ist per Sachverständigengutachten von Herrn/Frau ...... vom ...... mit € 550.000,– festgestellt. Dabei wurde folgende Bewertungsmethode zugrunde gelegt: ......

VII. Zu Mitgliedern des ersten Aufsichtsrats bestellen wir ......

Formular A. 1.01 b Gründungsbericht (Sachgründung)

Wir, die unterzeichnenden Gründer der ...... AG mit Sitz in ......, erstatten über den Hergang der Gründung folgenden Bericht:

1. Die Satzung der Gesellschaft wurde gem. notariellem Gründungsprotokoll vom ...... (Urkundenrolle Nummer ...... des Notars ...... in ......) festgestellt.
2. Als Gründer haben sich beteiligt:

   ......

3. Das Grundkapital der Gesellschaft beträgt € 2.000.000.–. Es ist eingeteilt in 20.000 Namensaktien im Nennbetrag von je € 100.–. Davon haben übernommen:
   a) Herr/Frau ...... 9.000 Aktien im Nennbetrag von insgesamt € 900.000.– zum Ausgabebetrag von € 900.000.–;
   b) Herr/Frau ...... 11.000 Aktien im Nennbetrag von insgesamt € 1.100.000.–, und zwar 5.500 Aktien im Nennbetrag von € 550.000.– zum Ausgabebetrag von € 550.000,– gegen Sacheinlage durch Übertragung des Grundstücks ...... sowie 5.500 Aktien im Nennbetrag von insgesamt € 550.000.– zum Ausgabebetrag von € 550.000,– gegen Bareinlage.
4. Soweit die Gründer für die von ihnen übernommenen Aktien Bareinlagen zu erbringen hatten, haben sie die vollen Beträge auf das Konto der Gesellschaft bei der ...... Bank in ...... geleistet. Diese Einlage steht laut Bescheinigung der ...... Bank vom ...... endgültig zur freien Verfügung des Vorstandes.
5. Zur Angemessenheit der Leistung der Gesellschaft für die vorstehend ausgeführte Sacheinlage legen wir dar:
   a) Herr/Frau ...... hat sich im notariellen Protokoll über die Gründung der ...... AG vom ...... (UR. Nr. ...... des Notars ...... in ......) verpflichtet, das Grundstück ...... zu übertragen. Dieses Grundstück hat Herr/Frau ...... am ...... für € ...... erworben.
   b) Laut Sachverständigengutachten des Herrn ...... vom ...... beträgt der Wert des Grundstücks derzeit € 550.000.–. Wir halten daher die Ausgabe von Aktien der Gesellschaft im Nennbetrag von € 550.000.– für eine angemessene Gegenleistung für die Sacheinlage von Herrn/Frau ......
   c) Der Verpflichtung von Herrn/Frau ...... zur Erbringung der Sacheinlage sind keine Rechtsgeschäfte vorausgegangen, die auf den Erwerb durch die Gesellschaft hingezielt haben.
6. Die Gründer haben zu Mitgliedern des ersten Aufsichtsrats bestellt ......

Formular A. 1.01c Gründungsprüfungsbericht (Sachgründung)

Wir, die unterzeichnenden Mitglieder des ersten Vorstands und des ersten Aufsichtsrats der ...... AG mit Sitz in ......, haben den Hergang der Gründung geprüft.

Bei der Prüfung haben uns folgende Unterlagen vorgelegen:

1. Die notarielle Urkunde vom ...... (Urkundenrolle Nummer ...... des Notars ...... in ......) über die Gründung der ...... AG, die Feststellung der Satzung, die Übernahme der Aktien durch die Gründer, die Bestellung des ersten Aufsichtsrats;

2. die Niederschrift vom ...... über die Bestellung des Vorstandes durch den Aufsichtsrat;

3. die Bescheinigung der ...... Bank in ...... vom ...... über die Einzahlung von € 100.000.– auf das Konto der Gesellschaft und die Bestätigung der Bank, dass der eingezahlte Betrag endgültig zur freien Verfügung des Vorstandes steht;

4. der Gründungsbericht vom ......;

5. das Sachverständigengutachten des Herrn ...... vom ...... über den Wert des als Sacheinlage zu übertragenden Grundstücks.

Nach Feststellungen entspricht der Hergang der Gründung den gesetzlichen Vorschriften. Die Angaben der Gründer über die Übernahme der Aktien, die Einlage auf das Grundkapital, die Festsetzung zu der Sacheinlage, Sondervorteile und Gründungsaufwand in der Satzung sind richtig und vollständig. Gegen den Ansatz der Gründungskosten in geschätzter Höhe von € ...... bestehen keine Einwendungen.

Gegenstand der Sacheinlage ist das Grundstück .... Der Wert der Sacheinlage erreicht den Ausgabebetrag der dafür gewährten Aktien. Bei der Ermittlung des Werts des zu übertragenden Grundstücks im Sachverständigengutachten vom ...... hat Herr ...... wie folgt ermittelt: ......

........................., den ....

..

(Unterschriften)

II. ERLÄUTERUNGEN

Erläuterungen zu A. 1.01 Satzung (Sachgründung)

1. Gesellschaftsrecht

Den Gründern steht die Wahl zwischen der Bar- oder **Sachgründung** frei. Zwar ist das Grundkapital stets in der Satzung als fester Euro-Betrag anzugeben, die konkrete Einlageverpflichtung kann jedoch außer auf Geldleistung auch auf Einbringung von Sachen oder sonstigen Vermögenswerten gerichtet sein. Bar- und Sachgründung können auch kombiniert werden. 1

Eine **Sacheinlage** liegt vor, wenn die Einlageverpflichtung durch Übertragung von Sachen bzw. sonstigen Vermögensgegenständen erfüllt werden soll (vgl. § 27 Abs. 1 Satz 1 1. Alt. AktG). Soll die Gesellschaft einen Vermögensgegenstand übernehmen, für den eine Vergütung gewährt wird, die auf die Einlage eines Aktionärs angerechnet werden soll, gilt dies als **Sacheinlage** (§ 27 Abs. 1 Satz 2 AktG). Soll die Gesellschaft den Vermögensgegenstand entgeltlich erwerben, ohne dass eine Verrechnung auf die Einlage erfolgt, liegt eine **Sachübernahme** vor, die den gleichen Regeln wie die Sacheinlage unterliegt (§ 27 Abs. 1 Satz 1 2. Alt. AktG). Vgl. zur **verschleierten Sacheinlage** *Nirk/Ziemons/Binnewies* Handbuch der AG II Rz. 230ff. 2

3 **Gegenstand der Sacheinlage** können alle Vermögensgegenstände sein, die übertragbar sind und einen wirtschaftlichen Wert haben (§ 27 Abs. 2 AktG; zB: Auto, Grundstücke, Forderungen, Gesellschaftsanteile, Lizenzen, Firmenwert, Handelsgeschäfte, Unternehmen, Teilbetrieb; vgl. *Hüffer* AktG § 27 Rz. 13ff.).

4 Für die Sachgründung gelten grds. die gleichen Regeln wie bei der Bargründung (vgl. Formular A. 1.00). Um sicherzustellen, dass die im Rahmen der Sacheinlage zu übertragenden Vermögenswerte dem Nennbetrag zuzüglich eines eventuellen Agios tatsächlich entsprechen **(Kapitalaufbringungsschutz),** sind **besondere Vorschriften** der Offenlegung (§§ 27 Abs. 1, 32 Abs. 2 AktG), der Registerkontrolle (§§ 36, 37 Abs. 1 und 4, 37a, 38 AktG) sowie der Werthaltigkeitsprüfung (§§ 33ff. AktG) zu beachten. § 32 Abs. 2 und 3 AktG normiert bei der Sachgründung auch besondere zusätzliche Erfordernisse für den Gründungsbericht.

5 In der **Satzung** muss der Gegenstand der Sacheinlage, die Person, von der die Gesellschaft den Gegenstand erwirbt, und der Nennbetrag sowie bei Stückaktien die Zahl der bei der Sacheinlage zu gewährenden Aktien festgesetzt sein (§ 27 Abs. 1 Satz 1 2. HS AktG). Die Bezeichnung des einzubringenden Gegenstandes muss hinreichend bestimmt sein. Bei der Einbringung von Sachgesamtheiten, wie einem Unternehmen, ist eine Auflistung der einzelnen Gegenstände nicht notwendig. Es genügt eine generalisierende Umschreibung (zB Einbringung des Betriebs der ...... GmbH mit allen Aktiven und Passiven). Fehlen hinreichend bestimmte Angaben, ist der Gründer zur Bareinzahlung verpflichtet (*Hüffer* AktG § 27 Rz. 2).

6 Neben der Festsetzung der Sacheinlage in der Satzung ist ein **Einbringungsvertrag** zu schließen. Er ist Bestandteil des Gesellschaftsvertrages und der Satzung als Anlage beizufügen oder in das Gründungsprotokoll aufzunehmen. Der Einbringungsvertrag regelt die Einzelheiten der Einbringungsverpflichtung (Gegenstand, Fälligkeit, Gewährleistungsrechte etc.). Der Einbringungsvertrag sollte auch Angaben zur Wertermittlung der Gegenstände enthalten, um die spätere Prüfung durch den Vorstand und Aufsichtsrat, den Gründungsprüfer sowie das Gericht zu erleichtern. Für den Einbringungsvertrag gelten die allgemeinen Formvorschriften (zB § 311b BGB bei Grundstücken). Zum **Sachübernahmevertrag** vgl. *Hüffer* AktG § 27 Rz. 6).

7 Vom Einbringungs**vertrag** ist der **Vollzug** der Einbringung zu unterscheiden. Die einzubringenden Gegenstände sind einzeln zu übertragen. Es gelten die allgemeinen Vorschriften. Die Übertragung kann bereits im Einbringungsvertrag enthalten sein. Die Leistung muss innerhalb von fünf Jahren nach der Eintragung der Gesellschaft in das Handelsregister bewirkt sein (§ 36a Abs. 2 AktG, vgl. *Hüffer* AktG § 36a Rz. 4).

8 Bei der Sachgründung ist die **besondere Gründungsprüfung** durch einen vom Gericht bestellten, also externen Gründungsprüfer vorgeschrieben (vgl. §§ 33ff. AktG und *Nirk/Ziemons/Binnewies* Handbuch der AG I Rz. 2255ff.). Im Ausnahmefall kann von einer externen Gründungsprüfung abgesehen werden (§ 33a AStG).

9 Erreicht der Wert der einzubringenden Gegenstände nicht den Nennbetrag der übernommenen Aktien zuzüglich eines eventuellen Agios, hat das Registergericht die Eintragung abzulehnen (§ 38 Abs. 2 Satz 2 AktG). Wird dennoch eingetragen, hat der Gründer den Differenzbetrag in bar zu zahlen (**Differenzhaftung,** vgl. *Hüffer* AktG § 36a Rz. 6).

2. Steuerrecht

10 Zum Steuerrecht vgl. A. 6.01 Rz. 10ff.

Erläuterungen zu A. 1.01a Gründungsprotokoll (Sachgründung)

Eine Vereinfachung hat das Reformgesetz v. 2.8.94 (BGBl. I 94, 1961) bezüglich der Arbeitnehmervertreter im Aufsichtsrat gebracht, vgl. die Regelung des § 31 Abs. 5 AktG (verlängerte Amtszeit der ersten Arbeitnehmer-Aufsichtsräte bei Sachgründung). Für eine AG mit weniger als 500 Arbeitnehmern bringt § 31 Abs. 5 AktG keine Neuerung, da sie mitbestimmungsfrei ist (vgl. A. 1.00 Rz. 6). **11**

Erläuterungen zu A. 1.01b Gründungsbericht (Sachgründung)

Grds. zum Gründungsbericht vgl. A. 1.00 Rz. 110ff. **12**

Bei der Sachgründung sind im Gründungsbericht zusätzlich die wesentlichen Umstände darzulegen, von denen die Angemessenheit der Leistung für die Sacheinlage abhängen (vgl. i. E. § 32 Abs. 2 AktG). **13**

Erläuterungen zu A. 1.01 c Gründungsprüfungsbericht (Sachgründung)

Grds. zum Gründungsprüfungsbericht vgl. A. 1.00 Rz. 114ff. **14**

Bei der Sachgründung muss sich die Prüfung auch auf die Angemessenheit der Sacheinlage erstrecken (vgl. § 34 AktG).

Zudem ist eine Prüfung durch einen oder mehrere vom Gericht bestellte Gründungsprüfer vorgeschrieben (vgl. §§ 33ff. AktG). Eine externe Prüfung durch den beurkundenden Notar ist nicht möglich (§ 33 Abs. 2 AktG).

A. 1.02 Satzung (Einmann-AG)

Formular A. 1.02 Satzung (Einmann-AG)

Satzung

Urkundenrolle Nummer ......

Verhandelt am ...... zu ......

Vor dem Notar ...... erschien

Herr/Frau ......, ... *[Beruf]*, geboren am ......,

wohnhaft ......

Der Erschienene wies sich wie folgt aus:

Der Erschienene erklärte:

Ich errichte hiermit eine Aktiengesellschaft unter der Firma ...... AG mit Sitz in ...... und stelle den nachfolgenden Gesellschaftsvertrag fest.

1. Firma, Sitz, Geschäftsführung

(1) Die Gesellschaft führt die Firma ......

(2) ......

Erläuterungen zu A. 1.02 Satzung (Einmann-AG)

1 Die **Einmann-AG-Gründung** ist zulässig, vgl. § 2 AktG.

2 Die Einmann-AG ist allerdings nur beschränkt mit der Einmann-GmbH vergleichbar. Anders als die GmbH kann eine AG nicht von einer einzigen Person geführt werden: Auch die Einmann-AG hat notwendigerweise einen Aufsichtsrat mit mindestens drei Mitgliedern sowie mindestens einen Vorstand (der nicht Mitglied des Aufsichtsrats sein kann).

3 Da der Alleingründer Vorstand oder Aufsichtsrat werden kann, bedarf es mindestens vier Personen um eine AG zu gründen.

4 Bestellt sich der Gründer zum Aufsichtsratsmitglied oder lässt er sich in den Vorstand wählen, ist nach § 33 Abs. 2 Nr. 1 AktG eine besondere **Gründungsprüfung** durch einen vom Registergericht zu bestellenden unabhängigen Gründungsprüfer durchzuführen. Nach § 33 Abs. 3 AktG kann diese Prüfung durch den beurkundenden Notar erfolgen.

5 Nach § 42 AktG sind Name, Vorname, Beruf und Wohnort des alleinigen Aktionärs unverzüglich bei dem Gericht anzumelden. Zur **Anmeldung** sind neben dem Aktionär auch die Mitglieder des Vorstandes und des Aufsichtsrats verpflichtet. Die Angaben werden nicht in das Handelsregister eingetragen.

6 Die Anmeldungspflicht gilt auch bei nachträglicher Anteilsvereinigung. Voraussetzung ist nur, dass alle Aktien einem einzigen Aktionär gehören.

A. 1.10 Anstellungsvertrag für Vorstandsmitglieder

Gliederung

I. FORMULAR

Formular A. 1.10 Anstellungsvertrag für Vorstandsmitglieder

ANSTELLUNGSVERTRAG

Zwischen der XY AG mit Sitz in Z, vertreten durch ihren Aufsichtsrat, dieser vertreten durch seinen Vorsitzenden,

– nachfolgend „die Gesellschaft“ –

und

Herrn ......, *[Ort]*, wird nachstehender

Dienstvertrag

geschlossen:

§ 1 Aufgaben

(1) Durch Beschluss des Aufsichtsrats vom ...... ist Herr ...... zum Mitglied des Vorstandes der Gesellschaft bestellt.

(2) Herr ...... führt seine Geschäfte nach Maßgabe des Gesetzes, der Satzung und ggf. der Geschäftsordnung. Er hat seine gesamte Arbeitskraft der Gesellschaft zur Verfügung zu stellen.

(3) Jede entgeltliche oder unentgeltliche Nebenbeschäftigung, insbesondere die Wahrnehmung von Aufsichtsratsmandaten, bedarf der vorherigen schriftlichen Zustimmung des Aufsichtsrats, vertreten durch dessen Vorsitzenden.

§ 2 Bezüge

(1) Herr ...... erhält ein festes Jahresgehalt von € ...... Das Gehalt wird in monatlichen Teilbeträgen am jeweiligen Monatsletzten ausgezahlt.

(2) Ferner erhält Herr ...... eine Tantieme in Höhe von ......

(3) Herr ...... erhält einen Dienstwagen der Marke ...... Die auf die private Nutzung entfallende Lohn- bzw. Einkommensteuer wird nicht von der Gesellschaft übernommen.

(4) Bei vorübergehender Arbeitsunfähigkeit wegen Krankheit oder bei sonstiger unverschuldeter Verhinderung werden die Bezüge für sechs Monate, längstens bis zur Beendigung des Anstellungsvertrags, fortgezahlt. Ein von einer Krankenkasse gezahltes Krankengeld ist auf die Bezüge anzurechnen.

(5) Stirbt Herr ...... während seiner Bestellung als Vorstandsmitglied, werden seiner Witwe oder nach deren Tod seinen unterhaltsberechtigten Kindern die vollen Bezüge [*alternativ:* nachstehend aufgeführte Vergütungsbestandteile ......] für ...... [*zB:* den Sterbemonat sowie die drei darauf folgenden Kalendermonate] weitergezahlt. Danach gilt § 6 Abs. 3.

(6) Herr .... erhält in angemessenem Umfang Ersatz für die im Gesellschaftsinteresse erforderlichen Aufwendungen. Erforderliche Reisekosten werden gegen Einzelnachweis erstattet. Die darin enthaltenen Tage- und Übernachtungsgelder können im Rahmen der steuerlich zulässigen Beträge pauschal abgerechnet werden.

(7) Eine Abtretung oder Verpfändung der Bezüge ist ohne Genehmigung der Gesellschaft unzulässig.

§ 3 Dauer

(1) Der Dienstvertrag wird geschlossen für fünf Jahre, beginnend am ...... Danach verlängert sich der Vertrag jeweils um die Dauer, für die Herr ...... nach dem ...... zum Vorstandsmitglied der Gesellschaft bestellt worden ist.

(2) Wird Herr ...... während der Laufzeit des Anstellungsvertrags dauernd arbeitsunfähig, endet der Anstellungsvertrag mit dem Ende des Quartals, in dem die dauernde Arbeitsunfähigkeit festgestellt worden ist. Von Arbeitsunfähigkeit in diesem Sinne ist auszugehen, wenn Herr ...... länger als sechs Monate nicht imstande ist, seine Aufgaben wahrzunehmen und die Wiederherstellung seiner Einsatzfähigkeit auch während weiterer sechs Monate nicht zu erwarten ist.

(3) Der Vertrag ist jederzeit aus wichtigem Grunde fristlos kündbar.

(4) Wird Herr ...... vor Ablauf des Anstellungsvertrags als Vorstand abberufen, endet mit der Abberufung gleichzeitig das Anstellungsverhältnis in den Fristen des § 626 BGB. Für Herrn .... ist die Abberufung als Vorstandsmitglied ebenfalls Grund für die fristlose Kündigung.

(5) Im Falle der Abberufung wie der Kündigung endet die Vorstandseigenschaft mit dem Zugang der Mitteilung über die Abberufung bzw. über die Kündigung.

§ 4 Urlaub

(1) Herr ...... hat einen Anspruch auf ...... Arbeitstage bezahlten Urlaub im Geschäftsjahr, der in zeitlicher Abstimmung mit den übrigen Mitgliedern des Vorstands festzulegen ist.

(2) Kann Herr ...... seinen Jahresurlaub nicht nehmen, weil Interessen der Gesellschaft entgegenstehen, hat er Anspruch auf Abgeltung des Urlaubs unter Zugrundelegung der Höhe des Grundgehalts (§ 2 Abs. 1).

§ 5 Wettbewerb

(1) Während der Dauer dieses Vertrags und der darauf folgenden zwei Jahre nach dessen Beendigung wird Herr ...... ohne Einwilligung des Aufsichtsrats kein Unternehmen betreiben oder im Geschäftszweig der Gesellschaft für eigene oder fremde Rechnung Geschäfte machen. Ohne Einwilligung des Aufsichtsrats wird Herr ...... auch nicht Mitglied des Vorstands, Geschäftsführer oder Geschäftsführergesellschafter einer anderen Handelsgesellschaft sein.

(2) Herr ...... wird sich während der Dauer des Einstellungsvertrags nicht an einem Konkurrenzunternehmen oder einem mit diesem Unternehmen verbundenen Unternehmen mittelbar oder unmittelbar beteiligen.

(3) Das Wettbewerbsverbot gilt nicht, wenn dieser Vertrag von Herrn ...... aus wichtigem Grund zulässigerweise fristlos gekündigt wird.

(4) Nach Beendigung des Vertrags zahlt die Gesellschaft, wenn sie nicht in entsprechender Anwendung der Grundsätze des § 75a HGB ausdrücklich auf die Geltendmachung des Wettbewerbsverbots schriftlich verzichtet, an den Vorstand eine Entschädigung iHv. 50% des durchschnittlichen festen Jahresgehalts der letzten drei Jahre pro Jahr für die Dauer des Wettbewerbsverbots.

(5) Für jeden Fall des Verstoßes gegen das Wettbewerbsverbot zahlt Herr ...... der Gesellschaft eine Vertragsstrafe in Höhe eines $^{1}/_{24}$ des Jahresgehalts; steht er nicht mehr in den Diensten der Gesellschaft, gilt der letzte von dieser gezahlte Jahresbezug. Die Vertragsstrafe tritt neben die übrigen Ansprüche der Gesellschaft aus der Wettbewerbsvereinbarung. Bei einem andauernden Wettbewerbsverstoß gilt die Tätigkeit während eines Monats als jeweils selbstständiger Verstoß im Sinne des Satzes 1.

§ 6 Ruhegehalt

Nach einer angemessenen Wartezeit sollte mit Herrn .... eine gesonderte Ruhegehaltsvereinbarung getroffen werden.

§ 7 Schlussbestimmungen

(1) Die vertraglichen Vereinbarungen der Parteien ergeben sich erschöpfend aus diesem Vertrag. Vertragsänderungen bedürfen der Schriftform. Eine Befreiung von der Schriftform durch mündliche Vereinbarung ist unwirksam.

(2) Gerichtsstand und Erfüllungsort für alle Leistungen aus diesem Vertrag ist der Satzungssitz der Gesellschaft.

II. ERLÄUTERUNGEN

Erläuterungen zu A. 1.10 Anstellungsvertrag für Vorstandsmitglieder

1. Grundsätzliche Anmerkungen

a) Wirtschaftliches Vertragsziel

Die Rechtsbeziehung zwischen der AG und den Mitgliedern des Vorstands ist zweigleisig. Rechtlich ist zu trennen zwischen der **Bestellung** zum Mitglied des Vorstands und der **Anstellung.** Mit der Bestellung wird der Bestellte Mitglied des Vorstands, dh. wird Organ der AG. Daneben tritt die Anstellung als Regelung der schuldrechtlichen, vertraglichen Beziehung zwischen AG und Vorstandsmitglied. 1

Die inhaltliche Ausgestaltung des Anstellungsvertrags wird weitgehend davon abhängen, ob das Vorstandsmitglied selbst an der AG – insbes.: beherrschend – beteiligt ist oder nicht (Fremd-Vorstand). Allgemeine Vertragsvorschläge für die Ausgestaltung von Vorstands-Anstellungsverträgen sind zumeist zugeschnitten auf den Fremd-Vorstand. Bei einer Übertragung dieser Vorschläge auf den Gesellschafter-Vorstand ist Vorsicht geboten, um nicht in die Gefahr verdeckter Gewinnausschüttungen zu gelangen. Insoweit bestehen hier vergleichbare Gefahren wie beim GmbH-Gesellschafter-Geschäftsführer (vgl. A. 1.00 Rz. 22 sowie A. 6.26 Rz. 15 ff., 36 ff.). 2

b) Zivilrecht

Der Anstellungsvertrag ist zivilrechtlich als Dienstvertrag, §§ 611 ff. BGB, zu werten. Vorstandsmitglieder sind grds. keine Arbeitnehmer, da sie auf Grund ihrer Leitungsbefugnis und Weisungsunabhängigkeit für die Gesellschaft Arbeitgeberfunktion ausüben. 3

Zuständig für den Abschluss des Anstellungsvertrags ist namens der Gesellschaft der Aufsichtsrat (§§ 84, 112 AktG). 4

c) Steuerrecht

Bei der AG sind die Aufwendungen für den Vorstand Betriebsausgaben. Ebenso wie bei der GmbH wird die steuerrechtliche Anerkennung jedoch versagt, soweit es sich um vGA handelt. 5

Die Bezüge des Vorstands werden als Einkünfte aus nicht selbständiger Arbeit (§ 19 EStG) qualifiziert und unterliegen dem Lohnsteuerabzug. Zum Lohnzufluss bei Gewährung von Aktienoptionen (vgl. BFH VIII R 19/11 v. 9.4.13, BStBl. II 13, 689; *Heurung/Hilbert/Engel* DStR 11, 2436). 6

Schließlich gilt auch für den Vorstand, dass ihm als Organ der AG die Erfüllung der steuerlichen Pflichten der Gesellschaft obliegt, § 34 AO. Verletzt er diese Pflichten, trifft ihn die Steuerhaftung nach §§ 191, 69 AO. Es gelten die gleichen Grundsätze wie zur Geschäftsführerhaftung, Verweis auf A. 6.26 Rz. 24. 7

2. Einzelerläuterungen

Zu § 1: Aufgaben

Gem. § 76 AktG hat der Vorstand unter eigener Verantwortung die Gesellschaft zu leiten, dh. ihm obliegen Geschäftsführung und Vertretung, §§ 77, 78 AktG. 8

Die Befreiung von § 181 2. Alt. BGB bedarf einer entsprechenden Satzungsermächtigung. 9

Zu § 2: Bezüge

Grundsätze für die Bezüge von Vorstandsmitgliedern normiert § 87 AktG: Bei Festsetzung der Gesamtbezüge des einzelnen Vorstandsmitglieds hat der Aufsichtsrat dafür 10 zu sorgen, dass diese in einem „angemessenen Verhältnis" zu den Aufgaben des Vorstandsmitglieds sowie zur Lage der Gesellschaft stehen. Konkretisierungen bietet der Gesetzestext nicht. Als Kriterien sind anerkannt zB: Besondere Fähigkeiten, Kenntnisse, Erfahrungen, Leistungen, längere Vorstandstätigkeit, konkrete Verhandlungslage, Dauer der Zugehörigkeit zur Gesellschaft, familiäre Verhältnisse und anderes (vgl. *Hüffer* AktG § 87 Rz. 2). Allein eine wirtschaftlich schlechte Lage der Gesellschaft nötigt nicht unbedingt zu niedrigeren Bezügen. Entscheidend ist, zu welchem Preis eine zur Sanierung geeignete Persönlichkeit gefunden werden kann (*Hüffer* AktG § 87 Rz. 2).

11 Sind die dem Vorstandsmitglied gewährten Bezüge nach den Maßstäben des § 87 AktG zu hoch, bleibt es zivilrechtlich gleichwohl bei der vereinbarten Leistung; uU ist der Aufsichtsrat allerdings schadensersatzpflichtig nach § 116 AktG (vgl. *Hüffer* AktG § 87 Rz. 8).

12 Zu steuerlichen Gefahren der vGA vgl. Rz. 2.

13 Der Aufsichtsrat soll einseitig die Gesamtbezüge „angemessen herabsetzen". Voraussetzung ist, dass nachträglich eine Verschlechterung der Verhältnisse der AG eingetreten ist, die so wesentlich ist, dass die Weitergewährung der zunächst vereinbarten Gesamtbezüge unbillig wäre, § 87 Abs. 2 AktG. Unter welchen Voraussetzungen dies der Fall ist, muss auf den Einzelfall bezogen geprüft werden. Persönliche Verhältnisse des Vorstandsmitglieds sind zu berücksichtigen (vgl. *Hüffer* AktG § 87 Rz. 9). Notwendig ist jedoch immer, dass die Verschlechterung nachträglich eingetreten ist. Für die Herabsetzung genügt nicht, wenn der Aufsichtsrat lediglich nachträglich feststellt, dass die zunächst erfolgte Festsetzung der Bezüge von Anfang an zu hoch war. Das von der Herabsetzung betroffene Vorstandsmitglied kann klagen (nach wohl hM auf Bestimmung durch Urteil, vgl. *Hüffer* § 87 Rz. 10) oder den (grds. fortbestehenden) Anstellungsvertrag gem. § 87 Abs. 3 Satz 4 AktG kündigen.

14 Zur Ausgestaltung der Bezüge des Vorstandsmitglieds im Einzelnen: Hier besteht Vertragsfreiheit. Verweis auf die Grundsätze der Bemessung der Bezüge der GmbH-Geschäftsführer, A. 6.26 Rz. 36ff.

15 Der Anstellungsvertrag kann eine Gewinnbeteiligung vorsehen. Es gelten die allgemeinen Grundsätze des § 87 AktG.

16 Scheidet ein Vorstandsmitglied während des Geschäftsjahres aus, so steht ihm, falls nichts anderes vereinbart ist, die auf das gesamte Geschäftsjahr berechnete Tantieme zeitanteilig zu. Endet die Bestellung, ohne dass der Anstellungsvertrag beendet wird, besteht der aus dem Anstellungsvertrag folgende Tantiemeanspruch im Zweifel weiter.

17 Gewinnabhängige Tantiemen sind regelmäßig fällig mit der Feststellung des Jahresabschlusses durch den Aufsichtsrat (§ 172 AktG) oder die Hauptversammlung (§ 173 AktG). Eine dividendenabhängige Tantieme wird mit dem Gewinnverwendungsbeschluss der Hauptversammlung fällig (§ 174 AktG).

18 Neben Gehalt und Tantieme können weitere Nebenleistungen vereinbart werden (vgl. zB: Übernahme von Versicherungen, Telefonkosten, Kosten für Vorsorgeuntersuchungen, usw. [vgl. dazu A. 6.26 Rz. 36]). Zur Kreditgewährung an Vorstandsmitglieder vgl. § 89 AktG.

19 Für die Regelung, welche Folgen im Krankheitsfall gelten sollen, sind die Vertragsparteien relativ frei. Das Lohnfortzahlungsgesetz gilt nicht (§ 1 Abs. 1 LFZG). Ohne Regelung greift lediglich § 616 BGB, der eine obligatorische Fortzahlung nur für eine „verhältnismäßig nicht unerhebliche Zeit" normiert.

Zu § 3: Dauer

20 Der Anstellungsvertrag kann nach hM nur fünf Jahre geschlossen werden, vgl. *Hüffer* AktG § 84 Rz. 15. Es kann allerdings pauschal die entsprechende Verlängerung des Anstellungsvertrags für den Fall der Verlängerung der Bestellung als Vorstandsmitglied vereinbart werden, § 84 Abs. 1 Satz 5 AktG.

Für die Kündigung des Anstellungsvertrags gelten die allgemeinen Vorschriften, vgl. § 84 Abs. 1 Satz 5 AktG. Damit können das Schicksal von Bestellung (Organstellung) und Anstellung (Dienstvertrag) desselben Vorstandsmitglieds rechtlich umgekehrt auseinanderlaufen. Das Ende der Bestellung bedeutet nicht automatisch auch die Beendigung der Anstellung, vgl. *Hüffer* AktG § 84 Rz. 23. **21**

Zu § 4: Urlaub

Das Bundesurlaubsgesetz gilt nicht. **22**

Zu § 5: Wettbewerb

Nach der Regelung des § 88 AktG darf ein Vorstandsmitglied ohne Einwilligung des Aufsichtsrats weder ein Handelsgewerbe betreiben noch im Geschäftszweig der Gesellschaft für eigene oder fremde Rechnung Geschäfte machen. Es darf ohne Einwilligung des Aufsichtsrats auch nicht Mitglied des Vorstands oder Geschäftsführer oder persönlich haftender Gesellschafter einer anderen Handelsgesellschaft sein (§ 88 AktG). Insofern sind die Regelungen im vorliegenden Vertragsentwurf lediglich deklaratorisch. **23**

Durch § 88 AktG ist allerdings nicht der Erwerb von Gesellschaftsanteilen geregelt. Daher empfiehlt es sich, in Anstellungsverträgen eine entsprechende Absprache aufzunehmen. **24**

Ein gesetzliches **nach**vertragliches Wettbewerbsverbot enthält das AktG nicht. Nach hM gelten auch die Beschränkungen der §§ 74 ff. HGB nicht (*Hüffer* AktG § 88 Rz. 10, mwN). Die **vertragliche** Vereinbarung eines nachvertraglichen Wettbewerbsverbots ist allerdings zulässig. Bezüglich der sachlichen Grenzen ist eine enge Orientierung an den Aufgabenbereich des Vorstandsmitglieds geboten (*Hüffer* AktG § 88 Rz. 10). Soweit es um die zeitlichen Grenzen geht, wird ein Verbot auf die Dauer von zwei Jahren im Allgemeinen nicht zu beanstanden sein (BGH KZR 3/92 v. 19.10.93, NJW 94, 384, 385) **25**

Zu § 6: Ruhegehalt

Es gelten die gleichen Grundsätze wie beim GmbH-Geschäftsführer, vgl. daher A. 6.26 Rz. 47 ff. **26**

A. 1.11 Arbeitsvertrag

Formular A. 1.11 Arbeitsvertrag

Siehe: „Arbeitsvertrag“, Formular A. 6.13 (**GmbH** – Arbeitnehmer).

Erläuterungen zu A. 1.11 Arbeitsvertrag

Ist der Gesellschafter Aktionär, gelten die gleichen Überlegungen wie zum GmbH-Gesellschafter-Arbeitnehmer. **1**

Ist der Aktionär Mitglied des Vorstands, siehe Anstellungsvertrag für Vorstandsmitglieder, Formular A. 1.10. **2**

A. 1.12 Beratungsvertrag

Formular A. 1.12 Beratungsvertrag

Siehe: „Beratungsvertrag", Formular A. 6.17 **(GmbH).**

Erläuterungen zu A. 1.12 Beratungsvertrag

Es gelten in Bezug auf den Beratungsvertrag zwischen AG und Aktionär die gleichen Überlegungen wie zum Vertrag zwischen GmbH und Gesellschafter.

A. 1.13 Betriebsabgrenzungsvertrag zwischen AG und Gesellschafter-Vorstand

Gliederung

I. FORMULARE

Formular A. 1.13 Betriebsabgrenzungsvertrag zwischen AG und Gesellschafter-Vorstand

Siehe: „Betriebsabgrenzungsvertrag zwischen GmbH und dem Gesellschafter-Geschäftsführer", Formular A. 6.18 (GmbH).

Formular A. 1.13 a Aufsichtsratsbeschluss

Aufsichtsratsbeschluss

Niederschrift

über die Sitzung des Aufsichtsrats der ...... AG mit Sitz in ......

An der Sitzung haben teilgenommen: ......

Mit einstimmigem Beschluss wird der dem Aufsichtsrat vorliegende Betriebsabgrenzungsvertrag genehmigt. Der Vorsitzende des Aufsichtsrats wird ermächtigt, diesen im Auftrag des Aufsichtsrats mit Herrn ...... abzuschließen.

........................., den ....

..

(Aktiengesellschaft)

..

(Der Aufsichtsrat)

II. ERLÄUTERUNGEN

Erläuterungen zu A. 1.13 Betriebsabgrenzungsvertrag zwischen AG und Gesellschafter-Vorstand

1. Wirtschaftliches Vertragsziel

Will ein **Vorstandsmitglied** neben seiner **Tätigkeit** für die **AG** noch ein eigenes Gewerbe betreiben oder eine eigene freiberufliche Tätigkeit ausüben, ist dies von Bedeutung sowohl unter **steuerlichem Aspekt** als auch im Bezug auf das zu Lasten des Vorstands gesetzlich normierte **Wettbewerbsverbot,** § 88 AktG (Hinweis auf A. 6.18 Rz. 1). 1

2. Zivilrecht

Gem. § 88 AktG ist Vorstandsmitgliedern grds. versagt, 2
- ein Handelsgewerbe zu betreiben,
- im Geschäftszweig der Gesellschaft für eigene oder fremde Rechnung Geschäfte zu machen oder
- Mitglied des Vorstands oder Geschäftsführer oder persönlich haftender Gesellschafter einer anderen Handelsgesellschaft zu sein.

Außergesellschaftliche eigene **freiberufliche** Tätigkeit ist von § 88 Abs. 1 AktG nach hM (vgl. *Hüffer* AktG § 88 Rz. 3) nicht erfasst – vorausgesetzt, die AG ist nicht selbst freiberuflich tätig. 3

Eine Befreiung von diesem gesetzlichen Wettbewerbsverbot ist nur möglich per Einwilligung, dh. per **vorheriger** Zustimmung (§ 183 BGB) des Aufsichtsrats (oder eines zuständigen Ausschusses, § 107 Abs. 3 AktG). Die Einwilligung kann nicht grds. erfolgen, sondern ist einzelfallbezogen auszusprechen. 4

Erforderlich für die wirksame Befreiung ist der entsprechende **Beschluss** des Aufsichtsrats. Der Beschluss kann nicht abstrakt vom Wettbewerbsverbot befreien, sondern nur für die jeweils konkrete Fälligkeit. 5

Ob das Wettbewerbsverbot des § 88 Abs. 1 AktG noch fortgilt, wenn die Bestellung widerrufen, die Organstellung also beendet ist, der Anstellungsvertrag aber fortgilt, ist streitig (vgl. *Hüffer* AktG § 88 Rz. 2). Richtigerweise kann von einer Fortgeltung mE nicht ausgegangen werden. 6

Angesichts dessen, dass die Befreiung vom Wettbewerbsverbot nach der gesetzlichen Regelung im Voraus auszusprechen ist, muss die Befreiung ggf. gleichzeitig mit der Bestellung zum Vorstand ausgesprochen werden, ist also aufzunehmen in den Bestellungsbeschluss (vgl. Formular A. 1.28) bzw. den vom Aufsichtsrat mit dem Vorstand abzuschließenden Anstellungsvertrag (vgl. Formular A. 1.10). 7

Ist der Betroffene bereits Mitglied des Vorstands, ist der Vertrag der Situation anzupassen, dass – korrekterweise – die konkurrierende Tätigkeit/Position des Vorstandsmitglieds vorerst nur eine geplante ist. 8

Anzupassen ist das Vertragsformular darüber hinaus in § 4 Abs. 3: Beendigung bei Widerruf der Bestellung und Kündigung des Anstellungsvertrags. 9

3. Steuerrecht

Die Ausführungen zur GmbH (A. 6.18 Rz. 3ff.) gelten für die AG und ihren Vorstand entsprechend. 10

A. 1.14 Bürgschaft

Formular A. 1.14 Bürgschaft

Siehe Formular A. 6.19: „Bürgschaft“ (GmbH).

Erläuterungen zu A. 1.14 Bürgschaft

1 Zu beachten für das Verhältnis zwischen AG und Vorstand ist § 89 AktG (vgl. Formular A. 1.10).

2 Nach hM (vgl. *Hüffer* AktG § 89 Rz. 2) ist der Begriff der „Darlehensgewährung“ in diesem Zusammenhang weit auszulegen. So fällt darunter u. a. bereits die Bereitstellung von Sicherheiten gleich welcher Art bei Kreditierung durch Dritte.

3 Auch der Bürgschaftsvertrag kann daher nur durch den Aufsichtsrat auf der Grundlage eines entsprechenden positiven Aufsichtsratsbeschlusses abgeschlossen werden.

A. 1.15 Darlehen

Formular A. 1.15 Darlehen

Siehe: „Darlehen“, Formular A. 6.20 (GmbH).

Erläuterungen zu A. 1.15 Darlehen

1 Für das Verhältnis zwischen AG und Vorstand ist die Regelung des § 89 AktG zu berücksichtigen. Die AG darf eigenen Vorstandsmitgliedern Kredit nur auf Grund eines **Beschlusses** des **Aufsichtsrats** gewähren.

2 Der Darlehensvertrag kann daher nur auf der Basis eines entsprechenden positiven Aufsichtsratsbeschlusses geschlossen werden.

A. 1.16 Dienstvertrag

Siehe „Arbeitsvertrag“, Formular A. 1.11 und „Anstellungsvertrag-Vorstand“, Formular A. 1.10.

A. 1.17 Einberufung der ordentlichen Hauptversammlung

I. FORMULAR

Formular A. 1.17 Einberufung der ordentlichen Hauptversammlung

...... AG, ... *[Ort]*

Wir laden unsere Aktionäre zu der am ...... dem ......, um ...... Uhr in der ...... Halle in ...... stattfindenden ordentlichen Hauptversammlung ein.

Tagesordnung:

1. Vorlage des festgestellten Jahresabschlusses und des Geschäftsberichts für das Geschäftsjahr ...... mit dem Bericht des Aufsichtsrats.

2. Verwendung des Bilanzgewinns.

Vorstand und Aufsichtsrat schlagen vor, den zur Verfügung stehenden Bilanzgewinn von € ...... wie folgt zu verwenden:

a) Ausschüttung einer Dividende von € ...... je Aktie
b) Einstellung in offene Rücklagen ......
€......

3. Entlastung des Vorstandes für das Geschäftsjahr ......

Vorstand und Aufsichtsrat schlagen vor, die Entlastung zu erteilen.

4. Entlastung des Aufsichtsrats für das Geschäftsjahr ......

Vorstand und Aufsichtsrat schlagen vor, Entlastung zu erteilen.

5. Wahl des Abschlussprüfers für das Jahr ......

Der Aufsichtsrat schlägt vor, die XY Wirtschaftsprüfungsgesellschaft zum Abschlussprüfer für das Geschäftsjahr ...... zu bestellen.

........................, den ....

...
(Aktiengesellschaft)

...
(Der Vorstand)

II. ERLÄUTERUNGEN

Erläuterungen zu A. 1.17 Einberufung der ordentlichen Hauptversammlung

Durch die Einberufung wird die Hauptverhandlung in Gang gesetzt. 1

Gem. § 121 AktG ist die Hauptversammlung einzuberufen, wenn 2
- das Gesetz dies bestimmt,
- die Satzung es vorsieht oder
- das Wohl der Gesellschaft es erfordert.

„Gesetzliche Fälle" iSv. § 121 Abs. 1 AktG sind insbes. die alljährliche Entlastung 3 der Mitglieder des Vorstands und des Aufsichtsrats, § 120 Abs. 1 Satz 1 AktG, die Verwendung des Bilanzgewinns, § 174 Abs. 1 AktG, und die Feststellung des Jahresabschlusses, sofern diese Entscheidung in die Zuständigkeit der Hauptversammlung fällt, § 173 Abs. 1 AktG.

4 Diese drei gesetzlichen Punkte einer ordentlichen Hauptversammlung sind gem. §§ 120 Abs. 3 Satz 1, 175 Abs. 3 Satz 2 AktG in einer einheitlichen Hauptversammlung zusammenzufassen.

5 In allen anderen gesetzlichen Fällen (zB von der Hauptversammlung zu beschließende Satzungsänderung) handelt es sich um außerordentliche Hauptversammlungen.

6 Zuständig für die Einberufung der ordentlichen Hauptversammlung ist der Vorstand, § 121 Abs. 2 AktG. Minderheitsgesellschafter können die Einberufung nach § 122 AktG verlangen.

7 Den notwendigen Inhalt der Einberufung legen §§ 121 Abs. 3, 124 Abs. 1 AktG fest. Danach muss die Einberufung die Firma, den Sitz der Gesellschaft, Zeit und Ort der Hauptversammlung angeben sowie die Bedingungen, von denen die Teilnahme an der Hauptversammlung und die Ausübung des Stimmrechts abhängen. Darüber hinaus sind bei der Einberufung die Tagesordnung bekannt zu machen sowie ggf. Vorschläge zur Beschlussfassung.

8 Darüber hinaus legt das Gesetz (zB § 124 AktG) besondere Ankündigungserfordernisse für spezielle Tagesordnungspunkte fest (insbes. Wahlen zum Aufsichtsrat, Satzungsänderungen, Beschlussfassungen über bestimmte Unternehmensverträge).

9 Einberufungsfrist: Die Hauptversammlung ist mindestens einen Monat vor dem Tage der Versammlung einzuberufen, § 123 Abs. 1 AktG. Die Einberufungsfrist beträgt damit einen Monat. Dieser volle Monat muss zwischen Einberufung und Beginn der Hauptversammlung liegen. Maßgeblich für die Fristberechnung sind §§ 187, 188 BGB.

10 Darüber hinaus war ursprünglich zwingend stets die Einberufung der Hauptversammlung und die Bekanntgabe ihrer Tagesordnung in den „Gesellschaftsblättern" vorgeschrieben, § 121 Abs. 3 AktG, dh. insbes. im Bundesanzeiger.

11 Durch das Reformgesetz v. 2.8.94 (BGBl. I 94, 1961; vgl. A. 1.00 Rz. 3) wurde dieses bis dahin zwingende Procedere vereinfacht: Sowohl die Einberufung der Hauptversammlung als auch die Bekanntmachung der Tagesordnung kann nunmehr per eingeschriebenen Brief erfolgen, §§ 121 Abs. 4, 124 Abs. 1 AktG. Dabei gilt bereits der Tag der **Absendung** des letzten Einschreibens als Tag der Bekanntmachung. Von dem Formerfordernis des geschriebenen Briefes kann die Satzung weitere Erleichterungen zulassen.

12 Voraussetzung für die vereinfachte Einberufung ist allerdings, dass „die Aktionäre der Gesellschaft namentlich bekannt sind", § 121 Abs. 4 AktG (kritisch hierzu bereits *Heckschen* DNotZ 95, 275, 279). Bei Namensaktien ist namentlich bekannt, wer als Aktionär im Aktienregister (vgl. dazu A. 1.00 Rz. 35) eingetragen ist. Problematischer ist die Einberufung der Hauptversammlung per Einschreiben dagegen, wenn Inhaberaktien ausgegeben sind: Ist auch nur **ein** Aktionär nicht korrekt geladen, zB weil er übersehen wurde, weil die Gesellschaft keine Kenntnis von einer Aktienveräußerung hatte etc., führt dies regelmäßig zur **Nichtigkeit** aller auf der Hauptversammlung selbst getroffenen Beschlüsse, § 241 Nr. 1 AktG. Eine Hilfe bietet insoweit lediglich § 242 Abs. 2 Satz 4 AktG: Der nicht geladene Aktionär kann den Beschluss genehmigen. Ist dies geschehen, kann die Nichtigkeit nicht mehr geltend gemacht werden.

13 Schließlich: Nach § 121 Abs. 6 AktG können Hauptversammlungsbeschlüsse uU auch völlig ohne Beachtung der gesetzlichen Form- und Fristvorschriften §§ 121–128 AktG gefasst werden. Voraussetzung ist, dass alle Aktionäre erschienen (oder zumindest vertreten) sind, sogenanntes **Vollversammlungsprivileg.** Voraussetzung ist allerdings, dass „kein Aktionär der Beschlussfassung widerspricht". Legt auch nur ein Aktionär sein Veto ein, kann kein (wirksamer) Beschluss in der Hauptversammlung gefasst werden. Zutreffend der Rat (vgl. *Heckschen* DNotZ 95, 275, 282), bei der Beurkundung von Vollversammlungen (vgl. Formular A. 1.24) den Verzicht auf die Einhaltung der Form- und Fristvorschriften aufzunehmen sowie die ausdrückliche Feststellung, dass kein Widerspruch erhoben wurde.

14 Vgl. zu besonderen Mitteilungspflichten, §§ 125–127 AktG.

A. 1.18 Geschäftsordnung des Vorstands

Gliederung

I. FORMULAR

Formular A. 1.18 Geschäftsordnung des Vorstands

Der Vorstand der ...... AG hat durch einstimmige Entscheidung vom ...... die nachfolgende

GESCHÄFTSORDNUNG FÜR DEN VORSTAND

mit sofortiger Wirkung für verbindlich erklärt:

§ 1 Grundsätzliche Aufgaben, Ziele

(1) Die Geschäftsführung durch jedes Mitglied des Vorstands unterliegt dieser Geschäftsordnung, den Bestimmungen der Satzung und der Gesetze.

(2) Die Geschäftsführung bezweckt eine einheitliche, einvernehmliche und effektive Leitung der AG.

§ 2 Geschäftsbereiche

(1) Die Geschäfte des Vorstands sind in folgende Geschäftsbereiche aufgeteilt:

- **Unternehmensleitung (Führung, Koordination, Öffentlichkeitsarbeit, Grundsatzfragen, Kontrolle, Revision),**
- **Forschung und Entwicklung,**
- **Materialwirtschaft,**
- **Produktion,**
- **Personal,**
- **Finanz- und Betriebswirtschaft.**

(2) Dem Vorsitzenden des Vorstands obliegt die Koordinierung des Gesamtvorstands und die Behandlung von Grundsatzfragen sowie der Verkehr des Vorstands mit Aufsichtsrat, Behörden und Öffentlichkeit und die Leitung von Vorstandssitzungen. Im Falle der Abwesenheit des Vorsitzenden werden diese Aufgaben von seinem Stellvertreter übernommen.

(3) Über die Zugehörigkeit von Vorstandsmitgliedern für die Geschäftsbereiche entscheidet der Aufsichtsrat oder ein damit beauftragter Aufsichtsratsausschuss.

(4) Unbeschadet der Gesamtverantwortung des Vorstands leitet jedes Vorstandsmitglied seinen Geschäftsbereich selbstständig. Über alle Fragen von grundsätzlicher Bedeutung oder von besonderem Gewicht für das Unternehmen entscheidet der gesamte Vorstand.

(5) Jeder Vorstand ist jedem Vorstand auskunftspflichtig über alle Maßnahmen der Geschäftsführung. Über Vorgänge, die auch den Geschäftsbereich eines anderen

Vorstandsmitglieds berühren, ist dieses so rechtzeitig vorher zu unterrichten, dass es Gelegenheit zu einer Stellungnahme hat.

§ 3 Vorstandssitzungen

(1) Oberstes Organ der Geschäftsführung ist die Vorstandssitzung. Die Mitglieder des Vorstands vereinbaren einen wöchentlich wiederkehrenden Zeitpunkt für die Vorstandssitzung. Unabhängig davon hat jedes Mitglied des Vorstands das Recht, jederzeit die Einberufung einer Vorstandssitzung zu verlangen.

(2) Für folgende Geschäftsführungsmaßnahmen ist ein Beschluss des gesamten Vorstands herbeizuführen:

a) Den Jahresabschluss der Gesellschaft.

b) Angelegenheiten, die dem Aufsichtsrat vorzulegen sind.

c) Inangriffnahme und Durchführungen von Investitionen mit einem Aufwand von mehr als € ......

d) Erwerb, Veräußerung und Belastung von Grundeigentum unter grundstücksgleichen Rechten, wenn der Betrag im Einzelfall € ...... überschreitet.

e) ......

(3) Über erforderliche Beschlüsse sind alle Vorstandsmitglieder eine Woche vor der Beschlussfassung mündlich oder schriftlich zu unterrichten. Erfolgt diese Unterrichtung nicht, können - abweichend von Abs. 4 - Beschlüsse nur einstimmig gefasst werden.

(4) Die Geschäftsführer treffen Beschlüsse mit der einfachen Mehrheit aller Stimmen. Jeder Geschäftsführer verfügt über eine Stimme.

........................, den ....

..

(A-AG)

..

(Der Vorstand)

II. ERLÄUTERUNGEN

Erläuterungen zu A. 1.18 Geschäftsordnung des Vorstands

1. Wirtschaftliches Vertragsziel

1 Ziel der Geschäftsordnung ist die **innere Ordnung** des **Vorstands.** Geregelt wird das Verhältnis der Mitglieder des Vorstands und ihre Aufgabenbereiche zueinander.

2. Zivilrecht

2 Verweis auf die Ausführungen zur GmbH-Geschäftsführungsordnung, Formular A. 6.28 Rz. 1–5. Parallelregelungen zu §§ 35, 36 GmbHG sind für die AG §§ 77, 78 AktG. Danach gilt auch für die AG der Grundsatz der Gesamtgeschäftsführung.

3 Vorgaben für eine Geschäftsordnung des Vorstands enthält § 77 Abs. 2 AktG: Demnach kann der Vorstand selbst sich eine Geschäftsordnung geben. Voraussetzung für diese Zuständigkeit des Vorstands ist allerdings, dass die Satzung dieses Recht nicht dem Aufsichtsrat zugewiesen oder diese auch ohne Satzungsregelung eine Geschäftsordnung bereits erlassen hat.

Eine bestimmte Form schreibt das Gesetz für die Geschäftsordnung nicht vor. Nach hM soll jedoch Schriftform erforderlich sein (vgl. *Hüffer* AktG § 77 Rz. 21). Diese empfiehlt sich unabhängig davon in jedem Fall. 4

Inhaltlich können die Regelungen im Rahmen der §§ 76ff. AktG frei bestimmt werden. Hier gibt es keine Muster, sondern sie sind einzelfallbezogen zu formulieren. 5

3. Steuerrecht

Die Geschäftsordnung hat in erster Linie gesellschaftsrechtlichen Hintergrund. Steuerlich ist vor allzu großem Vertrauen von Vorstandsmitgliedern in die Abgrenzung der Zuständigkeitsbereiche zu warnen. Dies gilt insb. für eine steuerliche Haftung von Vorstandsmitgliedern für Steuern der AG, §§ 69, 191 AO. Trotz Aufgabenteilung und Formalisierung dieser Teilung in Form der Geschäftsordnung bleibt die grundsätzliche steuerliche Gesamtverantwortlichkeit jedes Mitglieds des Vorstands bestehen, entlastet die interne Aufgabenteilung im Zweifel daher nicht. 6

A. 1.19 Hauptversammlung

Siehe „Einberufung der Hauptversammlung", Formular A. 1.17, und „Notarielle Niederschrift über die Hauptversammlung", Formular A. 1.24.

A. 1.20 Kaufvertrag

Siehe „Kaufvertrag", Formular A. 6.33 (GmbH). Keine Unterschiede bei der AG.

A. 1.21 Lieferungsvertrag

Siehe „Lieferungsvertrag", Formular A. 6.37 (GmbH). Der für GmbHs entworfene Vertrag gilt auch, soweit die AG beteiligt ist.

A. 1.22 Mietvertrag

Siehe „Mietvertrag", Formular A. 6.39 (GmbH). Der Vertrag kann auch für die AG verwandt werden.

A. 1.23 Pensionszusage

Siehe hierzu A. 1.10 Rz. 14, A. 6.42 Rz. 47ff.

A. 1.24 Notarielle Niederschrift über die Hauptversammlung

I. FORMULAR

Formular A. 1.24 Notarielle Niederschrift über die Hauptversammlung

Verhandelt zu ......

am ......

Der unterzeichnende Notar ...... mit dem Amtssitz in ...... *[Ort]*, hatte sich auf Ersuchen des Vorstands der ...... AG mit Sitz in ...... *[Ort]* in die Räumlichkeiten, ... *[Adresse]*, begeben, um über die dort stattfindende, auf den heutigen Tag für ...... Uhr einberufene ordentliche Hauptversammlung der Gesellschaft die Niederschrift zu führen.

Es waren anwesend:

1. Folgende Mitglieder des Aufsichtsrats:

(1)......
(2)......
(3)......

2. Die Vorstandsmitglieder:

(1)......
(2)......
(3)......

3. Die in dem dieser Niederschrift als Anlage 1 beigefügten Teilnehmerverzeichnis aufgeführten Aktionäre bzw. deren Vertreter.

Um ...... Uhr eröffnete Herr ...... als Vorsitzender des Aufsichtsrats die Hauptversammlung und übernahm den Vorsitz sowie die Leitung der Hauptversammlung.

Der Vorsitzende stellte fest, dass die Hauptversammlung durch eingeschriebenen Brief vom ...... an die im Namensregister eingetragenen Aktionäre unter Wahrung der Einberufungsfrist einberufen worden ist und hierbei die Tagesordnung, die allen Teilnehmern der Hauptversammlung gedruckt vorliegt, bekannt gegeben wurde. Eine Kopie des Einberufungsschreibens ist dieser Niederschrift als Anlage 2 beigefügt.

Das gemäß § 129 AktG errichtete Verzeichnis der erschienenen oder vertretenen Aktionäre wurde vor der ersten Abstimmung allen Teilnehmern zugänglich gemacht und stand allen Teilnehmern bis zur Beendigung der Hauptversammlung zur Einsicht zur Verfügung.

Nach dem Teilnehmerverzeichnis waren ...... Aktien mit ...... Stimmen vertreten. Insgesamt gibt es in der Gesellschaft ...... Aktien mit ...... Stimmen. Der Vorsitzende stellte fest, dass die Hauptversammlung beschlussfähig ist.

Der Vorsitzende bestimmte die folgende Abstimmungsart: Abgestimmt wird durch Handaufheben. Stimmenthaltungen werden bei der Zählung nicht berücksichtigt. Die Auszählung der Stimmen erfolgt durch Zählung der Ja- und der Nein-Stimmen (Additionsverfahren). Über die Tagesordnungspunkte wird getrennt abgestimmt.

Sodann wurden die Punkte der Tagesordnung wie folgt behandelt:

Punkt 1 der Tagesordnung: ......

Die Abstimmung erfolgte durch Handaufheben und ergab:

... Ja-Stimmen

... Nein-Stimmen

Der Vorsitzende stellte fest, dass der Vorschlag der Verwaltung über ... mit der erforderlichen Mehrheit angenommen wurde.

Punkt 2 der Tagesordnung: ......

Punkt 3 der Tagesordnung: ......

Damit war die Tagesordnung erledigt.

Der Vorsitzende schloss die Hauptversammlung um ...... Uhr.

..

(Versammlungsleiter)

..

(Notar)

II. ERLÄUTERUNGEN

Erläuterungen zu A. 1.24 Notarielle Niederschrift über die Hauptversammlung

Nach § 130 Abs. 1 Satz 1 AktG ist über jede Hauptversammlung (also auch bei Vollversammlungen und bei Ein-Personen-Gesellschaften) eine Niederschrift zu fertigen, die durch einen Notar zu beurkunden ist. Werden keine Beschlüsse gefasst, die nach Gesetz, nicht nach Satzung, eine Dreiviertel- oder größere Mehrheit erfordern, genügt eine vom Vorsitzenden des Aufsichtsrats zu unterzeichnende Niederschrift (§ 130 Abs. 1 Satz 3 AktG), wenn es sich um eine nicht börsennotierte Gesellschaft handelt (vgl. § 3 Abs. 2 AktG). Bei der kleinen AG kann die ordentliche Hauptversammlung also regelmäßig ohne Notar stattfinden. Sind nur einzelne Tagesordnungspunkte beurkundungspflichtig, bezieht sich die Beurkundungspflicht nur auf diese. 1

Der Inhalt des notariellen oder des einfachen Protokolls ist identisch. Es handelt sich nicht um ein Wort-, sondern um ein Beschlussprotokoll. Umfassen muss die Niederschrift insbes. 2

- Ort und Tag der Hauptversammlung,
- Art der Abstimmung und Ermittlung des Ergebnisses,
- jeden zur Abstimmung gestellten Beschluss sowie die Feststellung des Beschlussergebnisses,
- gesetzlich vorgesehene Minderheitsverlangen (zB §§ 120 Abs. 1 Satz 2, 131 Abs. 5, 137, 147 Abs. 1 AktG),
- Widerspruch gegen die Beschlussfassung (§ 245 Nr. 1 AktG).

Es ist empfehlenswert, auch versammlungsleitende Ordnungsmaßnahmen zu protokollieren.

Belege über die Einberufung sind als Anlage beizufügen (§ 130 Abs. 3 AktG). Das Teilnehmerverzeichnis muss der Niederschrift nicht als Anlage beigefügt werden, es empfiehlt sich aber sie beizufügen. § 130 Abs. 5 AktG verpflichtet zur Einreichung des Protokolls zum Handelsregister. 3

A. 1.25 Vorstandsvertrag

Siehe „Anstellungsvertrag für Vorstandsmitglieder“, Formular A. 1.10.

A. 1.26 Vollversammlung

Vgl. A. 1.17 Rz. 13f.

A. 1.27 Vorstand

Siehe „Vorstandsbestellung“, Formular A. 1.28, und „Anstellungsvertrag für Vorstandsmitglieder“, Formular A. 1.10.

A. 1.28 Vorstandsbestellung

I. FORMULAR

Formular A. 1.28 Vorstandsbestellung

Niederschrift über die Sitzung des Aufsichtsrats der ...... AG in ...... am ......

Der Vorsitzende stellte die ordnungsgemäße Einladung und die vollzählige Anwesenheit fest.

Der einzige Punkt der Tagesordnung wurde wie folgt erledigt:

Der Aufsichtsrat hat in geheimer Abstimmung einstimmig beschlossen:

Herr ...... wird zum (weiteren) Mitglied des Vorstands der ...... Aktiengesellschaft bestellt. Gemäß § ...... der Satzung vertritt er die Gesellschaft gemeinsam mit einem anderen Mitglied des Vorstands oder mit einem Prokuristen. Der dem Aufsichtsrat vorliegende Anstellungsvertrag wird genehmigt. Der Vorsitzende des Aufsichtsrats wird ermächtigt, ihn im Namen des Aufsichtsrats mit Herrn ...... abzuschließen.

........................., den ....

..

Der Aufsichtsrat (Vorsitzender)

II. ERLÄUTERUNGEN

Erläuterungen zu A. 1.28 Vorstandsbestellung

1 Die Mitglieder des Vorstands werden durch Beschluss des Aufsichtsrats bestellt und abberufen, §§ 84, 108 AktG (zur Bestellung des ersten Vorstands vgl. § 30 Abs. 4 AktG). Privatschriftliche Niederschrift über die Sitzung ist ausreichend, § 107 AktG.

2 Die Anzahl der Vorstandsmitglieder wird verbindlich durch die Satzung festgelegt.

3 Die Auswahl obliegt dem Aufsichtsrat. Nach h. M. (vgl. *Hüffer* AktG § 76 Tz. 26) kann die Satzung zwar persönliche Eignungsvoraussetzungen festlegen. Unverzichtbar ist jedoch, dass dem Aufsichtsrat das entscheidende Auswahlermessen bleibt (*Hüffer* AktG § 76 Rz. 26, mwN).

4 Vorstandsmitglieder können für maximal fünf Jahre bestellt werden, § 84 Abs. 1 AktG. Verlängerungen – auch wiederholte – sind jedoch möglich. Allerdings darf jede einzelne Verlängerung nie für länger als fünf Jahre erfolgen. Enthält die Bestellung keine Laufzeit, gilt die Bestellung als für fünf Jahre ausgesprochen.

5 Jede Bestellung und jede wiederholte Bestellung erfordert einen eigenen Beschluss des Aufsichtsrats. **Nicht** ausreichend ist daher eine lediglich **stillschweigende** oder konkludente **Zustimmung** des Aufsichtsrats (vgl. *Hüffer* AktG § 108 Rz. 4).

6 Üblich ist die **Wiederbestellung** sechs bis neun Monate vor dem Ablauf des Bestellungszeitraums. Das Gesetz sieht eine Maximalfrist von einem Jahr vor, § 84 Abs. 1 Satz 3 AktG.

7 Mögliche Vorstandsmitglieder können nur natürliche, unbeschränkt geschäftsfähige Personen sein, § 76 Abs. 3 AktG. Nicht bestellt werden darf, wer rechtskräftig wegen einer **Insolvenzstraftat** (§§ 283 bis 283 d StGB) verurteilt worden ist, und zwar für

fünf Jahre ab Rechtskraft. Andere Straftaten sind kein Bestellungshindernis. Die Nationalität spielt keine Rolle. Gleichgültig ist auch, ob das potentielle Vorstandsmitglied Aktionär ist oder nicht. Ausgeschlossen vom Vorstandsamt sind (§ 105 Abs. 1 AktG) Aufsichtsratsmitglieder (Ausnahme: § 105 Abs. 2 AktG).

Wird eine kraft Gesetzes unfähige Person zum Vorstandsmitglied bestellt, so ist die **8**
Bestellung nichtig, § 134 BGB. Tritt die **Unfähigkeit** erst **nachträglich** ein (zB Verurteilung wegen Insolvenzstraftat während der Vorstandseigenschaft), wird die Bestellung mit dem Eintritt des Unfähigkeitsgrundes unwirksam (*MünchKommAktG/Spindler* 3. Aufl., 2008, § 84 Rz. 26).

A. 2. Betriebsaufspaltung

Übersicht

A. 2.00 Rechtsform Besitzunternehmen

I. FORMULAR

Formular A. 2.00 Rechtsform Besitzunternehmen

Zur Unternehmensform der Betriebsaufspaltung und zum Begriff und zur Funktion des Besitzunternehmens s. Formular A. 2.02ff.

II. ERLÄUTERUNGEN

Erläuterungen zu A. 2.00 Rechtsform Besitzunternehmen

Das **Besitzunternehmen** kann in der typischen und mitunternehmerischen Betriebsaufspaltung folgende **Rechtsformen** haben: 1
- Einzelperson
- Gesellschaft des bürgerlichen Rechts (GbR)
- OHG
- KG (GmbH & Co. KG)

In der **kapitalistischen** Betriebsaufspaltung hat das Besitzunternehmen idR die Rechtsform der GmbH. 2

Eigenständige Muster zu diesen Rechtsformen werden hier nicht vorgestellt; insoweit wird verwiesen auf die Teile A. 5. und A. 8.

Zur **inneren Verknüpfung** der Gesellschaftsverträge des Besitzunternehmens und der Betriebsgesellschaft s. A. 2.01 Rz. 2ff. 3

A. 2.01 Rechtsform Betriebsgesellschaft

I. FORMULAR

Formular A. 2.01 Rechtsform Betriebsgesellschaft

Zur **Unternehmensform** der **Betriebsaufspaltung** und zu Begriff und Funktion der **Betriebsgesellschaft** s. Formular A. 2.02.

II. ERLÄUTERUNGEN

Erläuterungen zu A. 2.01 Rechtsform Betriebsgesellschaft

1 Die **Betriebsgesellschaft** hat in der typischen und kapitalistischen Betriebsaufspaltung idR die **Rechtsform der GmbH,** in der mitunternehmerischen die der KG (GmbH & Co. KG). Ein Einzelunternehmen kann nicht Betriebsunternehmen sein (*Schmidt/Wacker* § 15 EStG Rz. 857).

Eigenständige Muster zu diesen Rechtsformen werden hier nicht vorgestellt; insoweit wird verwiesen auf Formulare A. 6. und A. 8.

2 Zu überlegen ist, ob man in den Gesellschaftsverträgen von Besitzunternehmen und Betriebsgesellschaft, wenn die Betriebsaufspaltung von *mehreren* Personen gebildet wird, vertraglich **sicherstellt,** dass bei beiden Gesellschaften eine Personen-, Beteiligungs- und Stimmrechts**identität** gegeben ist oder dass eine bestimmte Gesellschaftergruppe in beiden Gesellschaften **herrscht.**

3 Dies könnte dadurch geschehen, dass eine **Änderung** im Gesellschafterbestand bei einer Gesellschaft zwingend zu einer **entsprechenden Änderung** bei der anderen Gesellschaft führt.

Üblich ist diese Verknüpfung nicht, da die Gefahr einer Zerstörung der Betriebsaufspaltung – und damit einer möglichen Gewinnrealisierung – nicht gebannt ist. Wird zB durch einen GmbH-Anteilsverkauf die Beherrschung der GmbH durch eine Person oder Personengruppe aufgehoben, so wird die Beherrschung auch dadurch nicht wiederhergestellt, dass die Beteiligten im Besitzunternehmen gleichziehen.

4 Ob eine Betriebsaufspaltung Bestand hat, hängt im Wesentlichen nicht von vertraglichen Zwängen, sondern von dem **tatsächlichen Verhalten** der Beteiligten ab.

A. 2.02 Pachtvertrag (Betriebspacht)

Gliederung

I. FORMULAR

Formular A. 2.02 Pachtvertrag (Betriebspacht)

Pachtvertrag

zwischen

V ......

– nachfolgend Verpächter genannt –

und

P ...... GmbH,

vertreten durch ihren alleinvertretungsberechtigten, von den Beschränkungen des § 181 BGB befreiten Geschäftsführer,

– nachfolgend Pächterin genannt –

Präambel

Der Verpächter hat zum Zweck einer Betriebsaufspaltung Teile seines betrieblichen Anlage- und Umlaufvermögens des Einzelunternehmens ...... auf die Pächterin übertragen. Im Zuge dieser Betriebsaufspaltung schließt der Verpächter mit der Pächterin folgenden

BETRIEBSPACHTVERTRAG

§ 1 Pachtobjekt

(1) Der Verpächter verpachtet mit Wirkung vom ...... an die Pächterin seinen Betrieb – einschließlich des Geschäftswertes –, wie er sich aus der Anlage dieses Vertrages ergibt. Die Anlage ist durch Zu- und Abschreibungen für Ersatz- und Neuanschaffungen sowie für Abgänge auf dem Laufenden zu halten.

(2) Die Pächterin ist berechtigt, die Firma ...... fortzuführen. Der Verpächter stimmt der Firmenfortführung ausdrücklich zu.

(3) Die Parteien werden zum Handelsregister des Verpächters den Übergang des Handelsgeschäfts mit dem Recht der Fortführung der gemäß Abs. 1 geänderten Firma unter Verwendung des Namens (...) auf die Pächterin und das Erlöschen der bisherigen Firma des Verpächters sowie zum Handelsregister der Pächterin die Errichtung des Handelsgeschäfts unter der mit dem übergegangenen Handelsgeschäft fortgeführten geänderten Firma anmelden. Beide Handelsregisteranmeldungen werden unmittelbar nach Abschluss dieses Vertrages durch Verpächter und Pächterin in notariell beglaubigter Form unterzeichnet; der beglaubigende Notar wird beauftragt und angewiesen, beide Handelsregisteranmeldungen zu den Handelsregistern einzureichen.

(4) Die Parteien schließen den Übergang von Verbindlichkeiten auf die Pächterin nach Maßgabe des § 25 Abs. 2 HGB aus. Die Handelsregisteranmeldungen iSd. Abs. 3 enthalten die Beschränkung gemäß § 25 Abs. 2 HGB, dass der Übergang der in dem Betrieb des Geschäfts entstandenen Verbindlichkeiten und Forderungen beim Erwerb des Geschäfts durch den neuen Inhaber ausgeschlossen ist.

(5) Die Pächterin ist berechtigt, die verpachteten Gegenstände im Rahmen des Betriebes ihres Unternehmens zu nutzen.

§ 2 Pachtbeginn, Übergabe

(1) Der Pachtvertrag beginnt am ...... Das Pachtjahr ist das Kalenderjahr.

(2) Die Pächterin befindet sich bereits im Besitz der Pachtgegenstände. Sie erkennt an, dass sich das Pachtobjekt in geordnetem und für den Betrieb des Unternehmens geeignetem Zustand befindet.

§ 3 Pachtzins

(1) Die Höhe des jährlichen Pachtzinses (Pachtjahr) beträgt – vorbehaltlich Abs. 2 bis 6 – € ......

(2) Die Pacht erhöht oder ermäßigt sich ab ...... nach folgenden Grundsätzen:

a) Ausgangswert ist der steuerliche Buchwert des Pachtobjektes am Ende eines vorgangenen Pachtjahres des Verpächters, erstmals der Buchwert per ...... Abweichungen des Buchwertes des verpachteten beweglichen Anlagevermögens zum Ende des folgenden Pachtjahres – erstmals zum ...... – nach oben oder nach unten führen für das darauf folgende Jahr – erstmals für ...... – zu einer Erhöhung oder Ermäßigung der Pacht in Höhe von ......% des Differenzbetrages.

b) Ferner sind nach Ablauf eines jeden Pachtjahres – erstmals nach Ablauf des Jahres ...... – für das verpachtete bewegliche Anlagevermögen die hierauf entfallenden steuerlichen Absetzungen für Abnutzung des Pachtjahres zu ermitteln. Abweichungen dieser Absetzungen nach oben oder nach unten gegenüber den steuerlichen Absetzungen auf das Pachtobjekt für das vergangene Pachtjahr – erstmals im Vergleich zum Jahr ...... – führen für das folgende Pachtjahr – erstmals für ...... – in Höhe des Differenzbetrages zu einer Erhöhung oder Ermäßigung der Pacht.

c) Hat der Verpächter steuerliche Sonderabschreibungen auf das Pachtobjekt in Anspruch genommen, hat er das der Pächterin nach Ablauf des Pachtjahres mitzuteilen. Die Vertragsparteien werden alsdann von Fall zu Fall eine Vereinbarung darüber treffen, ob und in welchem Umfang die Sonderabschreibungen und der Einfluss der Sonderabschreibungen auf den steuerlichen Buchwert des Pachtobjektes bei der Anpassung der Pacht gemäß Buchst. a. und b. zu berücksichtigen sind.

d) Die endgültige ziffernmäßige Ermittlung der Pacht ist spätestens bei Erstellung der Bilanz des Verpächters für das abgelaufene Pachtjahr vorzunehmen. Ein sich hierbei ergebender Differenzbetrag gegenüber der bisher für das laufende Pachtjahr gezahlten Pacht ist mit ...... % p.a. zugunsten des Forderungsberechtigten seit Beginn des dem maßgebenden Pachtjahr folgenden Pachtjahres zu verzinsen und unverzüglich an den Berechtigten zu zahlen.

(3) Die Pacht des Abs. 1 ist – vorbehaltlich der endgültigen Ermittlung gemäß Abs. 2 Buchst. d. – in monatlichen Teilbeträgen, die am 1. eines jeden Monats vorschüssig fällig sind, als Vorauszahlung zu entrichten. Ist gemäß Abs. 2 eine von der Pacht nach Abs. 1 abweichende Festsetzung der Pacht erfolgt, ist von dem folgenden Monatsersten an als monatliche Vorauszahlung ein Zwölftel der gemäß Abs. 2 neu festgesetzten Pacht zu entrichten.

(4) Die Regelungen gemäß Abs. 1 bis 3 gelten zunächst für die ersten vier Pachtjahre.

Für den Zeitraum ab dem fünften Pachtjahr werden die Vertragspartner prüfen, ob die wirtschaftlichen Verhältnisse des Unternehmens, der Branche und der Volkswirtschaft im Allgemeinen, die bei Abschluss des Pachtvertrages vorlagen, eine Veränderung der Pachthöhe – über die Veränderungen gemäß Abs. 2 hinaus – ab dem fünften Pachtjahr tunlich erscheinen lassen. Insbesondere kann die Pächterin verlangen, dass der Pachtzins ermäßigt wird, wenn sie in drei aufeinander folgenden Jahren keinen Gewinn erzielt, der 10% ihres Buchvermögens (eingezahlte Stammeinlagen zuzüglich offene Rücklagen zuzüglich Gewinnvortrag abzüglich Verlustvortrag) übersteigt.

(5) Die Pächterin ist verpflichtet – sofern der Verpächter die Umsätze aus der Verpachtung der Regel-Umsatzsteuer unterwirft –, zusätzlich die Umsatzsteuer in ihrer gesetzlichen Höhe auf den jeweiligen Pachtzins und etwaige Nebenentgelte zu zahlen. Der Verpächter verpflichtet sich, die Umsatzsteuer gemäß § 14 UStG in Rechnung zu stellen oder diesen Vertrag so zu ändern, dass der Vertrag den Vorsteuerabzug vermittelt.

§ 4 Versicherungen, besondere Kosten

(1) Die Pächterin wird auf ihre Kosten für das Pachtobjekt angemessene Haftpflichtversicherungen sowie Versicherungen gegen Feuer-, Sturm-, Wasserschäden, Diebstahl und Einbruch abschließen und unterhalten. Tritt infolge Neu- oder Ersatzbeschaffungen, infolge Baumaßnahmen des Verpächters oder der Pächterin (§ 7) oder infolge von Abgängen eine Veränderung des Pachtobjektes ein, wird die Versicherung hierauf entsprechend ausgedehnt oder entsprechend eingeschränkt.

(2) Die Pächterin trägt die Kosten der Heizung des Pachtobjektes, die Kosten der Strom-, Gas- und Wasserversorgung aus einem öffentlichen Versorgungsnetz sowie die Gebühren für Straßenreinigung, Entwässerung, Müllabfuhr, Schornsteinreinigung und alle ähnlichen Aufwendungen. Dies gilt sowohl für die Grundstücke als auch für bestehende sowie Erweiterungs- und Neubauten.

(3) Die Pächterin trägt alle Ausgaben, die ihren Gewerbebetrieb und dessen Ausübung betreffen. Hierzu gehören neben der eigenen Betriebshaftpflichtversicherung insbesondere auch etwaige Genehmigungs- oder Konzessionsgebühren für die Benutzung des Pachtobjektes. Ferner hat die Pächterin auf ihre Kosten angemessene Versicherungen entsprechend Abs. 1 für die gepachteten beweglichen Wirtschaftsgüter abzuschließen.

(4) Die durch den Grundbesitz verursachten, vorstehend nicht erwähnten öffentlichen Abgaben und Lasten, einschließlich der Grundsteuer, trägt der Verpächter.

§ 5 Verkehrssicherungs- und ähnliche Pflichten

(1) Die Pächterin hat für ausreichende Bewachung der Grundstücke und für angemessene Beleuchtung der Zuwegungen zu und auf dem von ihr gepachteten Betriebsgelände zu sorgen. Ihr obliegen alle im Hinblick auf den öffentlichen Verkehr mit dem Besitz der Grundstücke verbundenen Verkehrssicherungspflichten, wie insbesondere die Beseitigung von Eis und Schnee und die Streupflicht sowohl auf angrenzenden öffentlichen Straßen, den Zuwegungen als auch auf den gepachteten Grundstücken selbst. Ferner hat die Pächterin für die Sauberhaltung des Pachtobjektes, insbesondere des Grundbesitzes, aber auch der Zufahrten zu sorgen.

(2) Soweit durch den Betrieb der Pächterin oder durch Auswirkungen der Grundstücke, hinsichtlich derer die Pächterin gemäß Abs. 1 die Verkehrssicherungspflicht übernommen hat, Dritte beeinträchtigt oder verletzt werden sollten, hat die Pächterin den Verpächter von allen Ansprüchen Dritter freizustellen. Behördliche Anordnungen, die die Instandhaltung des gepachteten Grundbesitzes oder der Gebäude betreffen, sind von der Pächterin unverzüglich zu erfüllen. Im Rahmen der von ihr übernommenen Verpflichtungen steht die Pächterin dem Verpächter für die Erfüllung der hinsichtlich des Pachtobjektes geltenden gesetzlichen und behördlichen Vorschriften und Auflagen ein.

§ 6 Instandhaltung, Ersatzbeschaffung

(1) Der Pächterin obliegen die bauliche und sonstige Instandhaltung sowie insbesondere Reparaturen des Pachtobjektes, einschließlich der Gegenstände des beweglichen Anlagevermögens. Sie trägt auch die notwendigen (Schönheits-) Reparaturen.

(2) Die für den vertragsmäßigen Gebrauch des Pachtobjektes einschließlich der Gegenstände des beweglichen Anlagevermögens erforderlichen Ersatzanschaffungen werden von dem Verpächter auf eigene Kosten vorgenommen. Satz 1 gilt nicht für schuldhafte Zerstörungen von Wirtschaftsgütern durch die Pächterin und für geringwertige Wirtschaftsgüter des Anlagevermögens; insoweit ist die Pächterin zur Ersatzbeschaffung auf eigene Kosten verpflichtet. Der Verpächter ist verpflichtet, die verpachteten Wirtschaftsgüter auf Verlangen der Pächterin und in Abstimmung mit dieser im betriebsüblichen Umfang durch Ersatzbeschaffungen zu ersetzen. Neuanschaffungen, die eine Erweiterung des Pachtobjektes darstellen, bedürfen der beiderseitigen Vereinbarung. Durch Abs. 2 werden die Rechte und Pflichten der Pächterin gemäß § 7 nicht berührt.

(3) Werden Mängel, deren Beseitigung der Pächterin obliegt, von dem Verpächter festgestellt und beanstandet und von der Pächterin nicht binnen 30 Tagen nach Aufforderung beseitigt, so ist der Verpächter berechtigt, die Mängel auf Rechnung der Pächterin beseitigen zu lassen. Satz 1 gilt entsprechend in Fällen des Abs. 2 Satz 2.

(4) Gepachtete immaterielle Wirtschaftsgüter hat die Pächterin nach den Regeln ordnungsmäßiger Betriebsführung zu pflegen.

§ 7 Veränderungen an dem Pachtobjekt

(1) Die Pächterin ist zu baulichen und sonstigen Veränderungen des Pachtobjektes befugt, soweit sie betriebsnotwendig sind oder die Zweckbestimmung des Pachtobjektes nicht beeinträchtigen. Unabhängig hiervon wird der Verpächter auf Grund Sonderabsprache im Einzelfall Erweiterungs- und/oder Neubauten für den Betrieb der Pächterin auf eigene Kosten durchführen. In einem solchen Fall ist der Pachtzins des § 3 entsprechend anzupassen.

(2) Wenn die Pächterin gemäß Abs. 1 Satz 1 eine Veränderung an dem Pachtobjekt vornimmt, kann der Verpächter verlangen, dass die Pächterin bei Pachtende auf eigene Kosten den ursprünglichen Zustand vor Vornahme der Veränderung wiederherstellt. Statt dessen kann der Verpächter verlangen, dass die Pächterin ihm das Pachtobjekt bei Pachtende in dem geänderten Zustand überlässt. Letzterenfalls ist der Verpächter verpflichtet, der Pächterin für die von dieser vorgenommene Veränderung den Zeitwert bei Pachtende abzüglich des Wertes eines ursprünglich vorhandenen, aber durch die Veränderung beseitigten Gegenstandes im Zeitpunkt der Veränderung zu ersetzen. Ist durch die Veränderung ein Teil des Pachtobjektes zwar nicht beseitigt, aber wertgemindert worden, so ist der von dem Verpächter zu ersetzende Zeitwert bei Pachtende um die Wertminderung im Zeitpunkt der Veränderung zu kürzen.

(3) Einrichtungen, die die Pächterin während der Pachtzeit erworben und eingebaut hat, kann sie auf eigene Kosten bei Beendigung der Pacht entfernen. Dabei ist der frühere Zustand wiederherzustellen.

§ 8 Haftung der Pächterin

Die Pächterin haftet unbeschadet ihrer sonstigen Verpflichtungen aus diesem Vertrag für alle Schäden, die durch schuldhafte Verletzung ihrer Sorgfaltspflicht am Pachtobjekt entstehen. Ihrem Verschulden steht das Verschulden ihrer Beauftragten, Besucher oder Angestellten gleich.

§ 9 Kontrollrechte

Der Verpächter ist jederzeit berechtigt, sich über den Zustand des Pachtobjektes zu unterrichten sowie sich von der Einhaltung der sich aus diesem Vertrag ergebenden Verpflichtungen durch Augenschein zu überzeugen und sich hierbei von Sachverständigen oder Zeugen begleiten zu lassen.

§ 10 Unterpachtvertrag

Eine Unterverpachtung (-vermietung) bedarf der Zustimmung des Verpächters.

§ 11 Minderung, Aufrechnung

Eine Minderung der Pacht oder eine Aufrechnung mit Gegenansprüchen ist ausgeschlossen.

§ 12 Unterbrechung des Pachtverhältnisses

Ist die Pächterin infolge behördlicher Anordnung oder gesetzlicher Bestimmungen, ohne dass dies von ihr zu vertreten ist, oder infolge höherer Gewalt länger als sechs Monate an der Fortführung des Unternehmens gehindert, so entfällt vom Beginn des siebten Monats an die Verpflichtung zur Zahlung der Beträge nach § 3. Macht die Pächterin von diesem Recht Gebrauch, ist der Verpächter zur fristlosen Kündigung des Pachtvertrages berechtigt.

§ 13 Dauer, Beendigung

(1) Der Pachtvertrag wird bis zum ...... fest abgeschlossen. Er verlängert sich alsdann jeweils um ...... Jahre, wenn er nicht mit einer Frist von zwölf Monaten zum Ende eines Pachtjahres gekündigt wird. Die Vertragsparteien behalten sich das Recht vor, den Vertrag einverständlich zu einem früheren Termin aufzuheben.

(2) Aus wichtigem Grund ist das Pachtverhältnis fristlos kündbar. Ein wichtiger Grund liegt insbesondere vor, wenn die Pächterin

a) mit einer nach § 3 zu erbringenden Zahlung drei Monate im Rückstand ist;

b) trotz zweimaliger Anmahnung in Abständen von einem Monat ihren Pflichten nach § 5 nicht nachkommt;

c) die gepachteten Gegenstände unzulässigerweise unterverpachtet oder wenn

d) über das Vermögen der Pächterin das Insolvenzverfahren eröffnet worden ist.

(3) Die Kündigung ist schriftlich auszusprechen.

(4) Wird das Pachtverhältnis vorzeitig gekündigt und ist dies von einer Partei zu vertreten, so ist sie zum Schadensersatz verpflichtet.

(5) Teilkündigungen sind nicht zulässig.

(6) Bei Beendigung der Pacht hat die Pächterin das Pachtobjekt, auch die gepachteten immateriellen Wirtschaftsgüter, zurückzugeben, soweit nicht etwas anderes vereinbart wird; ebenfalls endet das Recht der Pächterin, die Firma des Verpächters fortzuführen (§ 1 Abs. 2). In die gemäß der Grundsatzvereinbarung zur Betriebsaufspaltung auf die Pächterin übergegangenen Vertragsverhältnisse tritt der Verpächter – vorbehaltlich zwingender abweichender gesetzlicher Bestimmungen – nur wieder ein, soweit das ausdrücklich vereinbart wird.

§ 14 Schlussbestimmungen

(1) Änderungen dieses Vertrages bedürfen der Schriftform.

(2) Sollte eine Bestimmung dieses Vertrages unwirksam sein oder sollte der Vertrag eine Lücke enthalten, so wird die Wirksamkeit der übrigen Bestimmungen hiervon nicht berührt. Anstelle der unwirksamen Bestimmung oder zur Ausfüllung der Lücke soll zunächst zwingend die gesetzliche Regelung, sodann eine Regelung gelten, die, soweit rechtlich möglich, dem am nächsten kommt, was die Vertragschließenden gewollt haben oder, hätten sie den Punkt bedacht, gewollt hätten.

(3) Jedes in diesem Vertrag ausbedungene Entgelt für eine umsatzsteuerpflichtige Leistung ist als Netto-Entgelt zu verstehen, das sich gegebenenfalls um die gesetzliche Umsatzsteuer (Regel-Umsatzsteuer) erhöht.

(4) Die Anlage wird bei Abschluss des Vertrages vorläufig formuliert. Sie ist nach Maßgabe dieses Vertrages und der vorläufigen Anlage spezifiziert neu zu fassen, sobald die Bilanz des Einzelunternehmens ...... zum ...... vorliegt.

Anlage

I. Maßgebend ist die Bilanz des Einzelunternehmens per ...... Von in dieser Bilanz ausgewiesenen Wirtschaftsgütern werden verpachtet:
   1. Grundstücke: ......
   2. Kraftfahrzeuge: ......
   3. Betriebs- und Geschäftsausstattung: ......
   4. Geringwertige Wirtschaftsgüter: ......

II. Außerdem wird verpachtet:
   5. Firmenwert und sonstige in der Bilanz des Einzelunternehmens ...... per ...... nicht ausgewiesene immaterielle Wirtschaftsgüter, die zum Betriebsvermögen des Einzelunternehmens gehören; hierzu zählt auch der Kundenstamm.

II. ERLÄUTERUNGEN

Erläuterungen zu A. 2.02 Pachtvertrag (Betriebspacht)

1. Grundsätzliche Anmerkungen

a) Wirtschaftliches Vertragsziel

1 Die Betriebsaufspaltung ist eine **Unternehmensform,** die im zivilrechtlichen Gesellschaftsrecht als **Typus nicht vorgezeichnet** ist, sondern aus **wirtschaftlichen** und **steuerlichen Motivationen** geschaffen wurde. Bei der Betriebsaufspaltung wird das Unternehmen in einen **aktiven Teil** und einen **passiven Teil** geteilt. Der aktive Teil, in der Regel eine GmbH oder eine GmbH & Co. KG, führt das Unternehmen **(Betriebsgesellschaft),** der passive Teil **(Besitzunternehmen)** verwaltet die wesentlichen Betriebsgrundlagen, in der Regel das Betriebsgrundstück, und verpachtet es an die Betriebsgesellschaft. Betriebsgesellschaft und Besitzunternehmen werden von denselben Personen oder derselben Personengruppe beherrscht.

2 **Zweck** der Gestaltung ist die Haftungsbegrenzung für den „aktiven Teil", ohne dass die wesentliche Betriebsgrundlage selbst in die allgemeine Unternehmenshaftung miteinbezogen wird. Hinzu treten Steuervorteile, da zumindest mit dem Geschäftsführergehalt in der Betriebs-GmbH ein Teil des Unternehmensgewinns gewerbesteuerfrei gestellt wird. Der steuerliche Vorteil ist jedoch nicht so gravierend, dass allein wegen dieses Vorteils die Betriebsaufspaltung gewählt werden sollte.

3 In einem Vertragsmusterbuch kann kein Vertragstyp „Betriebsaufspaltung" vorgelegt werden; die Betriebsaufspaltung besteht aus **verschiedenen Verträgen,** die, bezogen auf einen wirtschaftlichen Sachverhalt, zusammen die Betriebsaufspaltung ergeben. Entscheidend sind Besitzunternehmen (s. dort), Betriebsgesellschaft (s. dort) und Pachtvertrag.

4 Der **Pachtvertrag** steht als Vertragsmuster zum Stichwort Betriebsaufspaltung im Mittelpunkt. Dazu schlagen wir eine „Grundsatzvereinbarung" vor (s. Formular A. 2.03).

5 Unsere Erläuterungen zum Muster Betriebsaufspaltung/Pachtvertrag ersetzen nicht eine vertiefte Kenntnis des Rechts der Betriebsaufspaltung, der höchstrichterlichen BFH-Rspr. und der einschlägigen **Spezialliteratur.** Hinweis auf EStR 15.7; *Schmidt/Wacker* § 15 EStG Rz. 800ff.

6 Die **typische Erscheinungsform** der Betriebsaufspaltung:
- Betriebsgesellschaft: GmbH.
- Besitzunternehmen: Einzelperson, GbR, OHG oder KG/GmbH & Co. KG (OHG oder KG nur, falls die handelsrechtlichen Voraussetzungen einer Personenhandelsgesellschaft gegeben sind).

7 **Mitunternehmerische Betriebsaufspaltung:**
- Betriebsgesellschaft: Personengesellschaft (OHG, KG, GmbH & Co. KG).
- Besitzunternehmen: Einzelperson, GbR, OHG oder KG/GmbH & Co. KG (zu OHG und KG s. Rz. 6).

8 **Kapitalistische Betriebsaufspaltung:**
- Betriebsgesellschaft: GmbH.
- Besitzunternehmen: GmbH.

9 **Sonderformen (Beispiele):**
- Betriebsgesellschaft: GmbH.

– Besitzunternehmen: öffentlich-rechtliche Körperschaft mit Betrieb gewerblicher Art, steuerbefreite Körperschaft (zB gemeinnütziger Verein) mit wirtschaftlichem Geschäftsbetrieb.

Das Steuerrecht nimmt nur dann eine Betriebsaufspaltung mit den spezifischen Steuerfolgen (s. Rz. 22ff.) an, wenn **zwei Tatbestandsbedingungen** gegeben sind. **10**

Das Besitzunternehmen muss (mindestens) eine **wesentliche Betriebsgrundlage** an die Betriebsgesellschaft vermieten oder verpachten **(sachliche Verflechtung);** dazu *Schmidt/Wacker* § 15 EStG Rz. 808ff. mwN. Besitzunternehmen und Betriebsgesellschaft müssen von einem **einheitlichen geschäftlichen Betätigungswillen** bestimmt sein; beide Unternehmen müssen von derselben Person oder Personengruppe beherrscht werden **(personelle Verflechtung).** Diese personelle Verflechtung wird idR durch die Eigentümerstellung oder durch Gesellschaftsrechte, im Ausnahmefall durch faktische Machtverhältnisse hergestellt. Zur personellen Verflechtung s. EStR 15.7 mit Zusammenstellung der Rspr. und *Schmidt/Wacker* § 15 EStG Rz. 820ff. **11**

Der **Pachtvertrag** betrifft nicht die personelle, sondern die sachliche Verflechtung. Sein Gegenstand ist die Verpachtung der wesentlichen Betriebsgrundlage. **12**

Das **Muster** des Pachtvertrages greift *eine* Möglichkeit aus einer Vielzahl denkbarer heraus. Um ihn richtig einordnen zu können, sei der **Kreis** der **Möglichkeiten** nachfolgend gezogen. Der Pachtvertrag erscheint in drei typischen **Grundmodellen**. **13**

Betriebserhaltung: Der gesamte Betrieb wird verpachtet und als solcher vom Pächter zugunsten des Verpächters erhalten. Vorräte und kurzfristige Forderungen und Verbindlichkeiten gehen auf den Pächter über. Der Betriebsgesellschaft obliegt die Substanzerhaltungs- und -erneuerungspflicht. Erweiterungsinvestitionen werden vom Besitzunternehmen oder von der Betriebsgesellschaft durchgeführt. **14**

Für dieses Modell spricht:

– Der Verpächter behält in seiner Hand ein voll funktionstüchtiges Unternehmen.
– Der Verpächter behält den höchstmöglichen Einfluss.
– Jederzeitige Reaktionsmöglichkeit auf Rechtsverböserungen zu Lasten der Betriebs-GmbH ist möglich.
– Beste Substanzsteuerentlastung, da der Betriebs-GmbH so wenige Werte wie möglich zugeführt werden.

Schrumpfungsmodell: Der Betrieb wird verpachtet. Alle Erhaltungs-, Erneuerungs- und Erweiterungsinvestitionen führt die Betriebsgesellschaft auf eigene Rechnung durch. Der verpachtete Gegenstand wird also immer kleiner (daher der Name). **15**

Dieses Modell wird man idR als Interimslösung wählen, um ohne weiteren Vermögenstransfer schließlich das folgende Modell zu erreichen.

Steuerberater-Modell: Das Besitzunternehmen verpachtet nur die Immobilie und den Firmenwert bzw. sonstige immaterielle Wirtschaftsgüter; die übrigen Aktiva werden von der Betriebsgesellschaft übernommen. Der Name rührt daher, weil dieses Modell von Steuerberatern bevorzugt wird. Es ist die Gestaltungsvariante, die sich für kleinere Unternehmen anbietet. **16**

Das hier vorgestellte Muster folgt dem – ausgebauten – zuletzt genannten Modell, da es in der Beratungspraxis häufig anzutreffen ist. **17**

b) Gesellschaftsrecht

Der Besitzunternehmen und Betriebsgesellschaft verbindende Vertrag kann ein reiner **Mietvertrag** nach §§ 535ff., 578ff. BGB sein. Nur Grund und Boden sowie ein Bauwerk werden vermietet. Wird ein Betrieb zur Nutzung überlassen, der dem Nutzenden auch den „Genuss der Früchte" gestattet, liegt ein **Pachtvertrag** vor (§§ 581–584b BGB; *Palandt/Weidenkaff* § 581 BGB Rz. 1/2f.). Ein Pachtvertrag ist auch anzunehmen, wenn neben der Immobilie der Geschäftswert zur Nutzung überlassen wird. Das Miet- und Pachtrecht wird in erster Linie durch das vertragliche Recht be- **18** stimmt; daher hat die Frage, ob ein Miet- oder ein Pachtvertrag vorliegt, für die Praxis nur nachrangige Bedeutung.

19 Der Miet- oder Pachtvertrag kann **formfrei** abgeschlossen werden. Soll er (Regel!) für länger als ein Jahr geschlossen werden, kann nur durch die **Schriftform** erreicht werden, dass er nicht als für unbestimmte Zeit abgeschlossen gilt (§§ 578, 550 BGB).

20 Zum Risiko der **eigenkapitalersetzenden Nutzungsüberlassung** nach MoMiG: *Burg/Blasche* GmbHR 08, 1250; *Wälzholz* GmbH-StB 09, 75; *Gruschinske* GmbHR 10, 179; *Blöse* GmbHR 08, R 337-R338 zum vGA-Risiko: *Harle* GmbHR 09, 1093.

21 Die Betriebsaufspaltung wird von der Haftung im **faktischen Konzern** betroffen.

c) Steuerrecht

22 Die Betriebsaufspaltung ist ein Institut des Steuerrechts (vgl. hierzu allgemein: *Kußmaul/Schwarz* GmbHR 12, 834). Sie wird daher durch **spezifische Steuerfolgen** gekennzeichnet; die Rechtsprechung ist – abgesehen von der früheren Zusammenrechnung von Ehegattenanteilen – nicht verfassungswidrig, BVerfG 1 BvR 571/81 u. a. v. 12.3.85, BStBl. II 85, 475; 1 BvR 1946/94 v. 13.1.95, GmbHR 95, 308.

23 **Steuerfolgen** bei der **Betriebsgesellschaft:** Keine besonderen Steuerfolgen in der Betriebsgesellschaft. Ist die Betriebsgesellschaft eine GmbH, wird diese nach den allgemeinen Regeln besteuert. Durch das UntStRefG 2008 v. 14.8.07 (BGBl. I 07, 1912) gibt es hierzu keine grundsätzlichen Änderungen; Einzelheiten s. *Levedag* GmbHR 08, 281.

24 **Besonderheiten** gelten im **Besitzunternehmen:** Obwohl eine Tätigkeit vorliegt, die als VuV zu qualifizieren ist, nimmt die Rechtsprechung eine gewerbliche und gewerbesteuerpflichtige Verpachtungstätigkeit an. Diese Gewerblichkeit der Verpachtung, die auch die vermietete oder verpachtete Betriebsgrundlage zu Betriebsvermögen macht, ist die eigentliche spezifische Rechtsfolge der Betriebsaufspaltung. Insoweit hat der BFH jüngst nochmals bestätigt: Bei einer Betriebsaufspaltung werden sämtliche Einkünfte der ansonsten vermögensverwaltend tätigen Besitzpersonengesellschaft auch dann als gewerbliche Einkünfte qualifiziert (§ 15 Abs. 3 Nr. 1 EStG), wenn die für sich betrachtet vermögensverwaltende Tätigkeit – bspw. Vermietung von Grundstücken an Dritte – erst wegen der Betriebsaufspaltung als eine originär gewerbliche Tätigkeit zu bewerten ist (BFH IV R 37/10 v. 29.11.12, HFR 13, 683). Zum **Umfang** des **Betriebsvermögens** s. BFH IV R 214/84 v. 23.10.86, BStBl. II 87, 120.

25 **Gründung** der Betriebsaufspaltung: Seit dem 1.1.99 unterliegt die Begründung einer Betriebsaufspaltung den allgemeinen Regeln, also idR Gewinnrealisierung (§ 6 Abs. 6 Satz 2. EStG für den Fall der Einlage). Die **Beendigung** der Betriebsaufspaltung kann zur Betriebsaufgabe im Besitzunternehmen führen (vgl. BFH VIII R 90/81 v. 13.12.83, BStBl. II 84, 474; IV R 36/84 v. 15.12.88, BStBl. II 89, 363; zur Frage der zwangsweisen Beendigung: BFH X R 14/11 v. 22.10.13 BStBl. II 14, 158).

26 Der Pachtvertrag muss **zivilrechtlich gültig, vor** dem **Nutzungsverhältnis** abgeschlossen sein und tatsächlich durchgeführt werden, um nach den Regeln beherrschender Gesellschafter **verdeckte Gewinnausschüttungen** zu **vermeiden.** Die **Pacht** muss eindeutig **berechenbar** und **angemessen** sein, da die nicht klar vereinbarte und unangemessen hohe Pacht zu verdeckten Gewinnausschüttungen führt. Soweit der Betriebsgesellschaft **Wirtschaftsgüter übertragen** werden, die nach Beendigung des Pachtverhältnisses an den Verpächter **zurückfallen** sollen, muss dies ebenfalls im Pachtvertrag geregelt werden, um vGA zu vermeiden. Bei einem **Verzicht** auf vertraglich vereinbarte Pachtzahlungen beschränkt ggf. § 3c Abs. 2 EStG den Betriebsausgabenabzug auf 60% der Aufwendungen, wenn der Verzicht durch das Gesellschaftsverhältnis veranlasst ist und daher einem Fremdvergleich nicht standhält (BFH IV R 49/11 v. 28.2.13, BStBl. II 13, 802).

27 Zur **Angemessenheit** der **Pacht:** Die Angemessenheit ist unter Berücksichtigung der Verkehrswerte des überlassenen Vermögens einschl. Geschäftswert, der Einzelre-

gelungen des Pachtvertrages, der Ertragsfähigkeit der Betriebsgesellschaft und des Besitzunternehmens und vergleichbarer Marktmieten zu ermitteln. Zur Vermeidung von vGA muss der Betriebsgesellschaft langfristig ein angemessener Gewinn verbleiben. Das Besitzunternehmen kann eine Kapitalverzinsung (Vorschlag: 5–8% für Immobilien, 6–10% für das übrige Vermögen) und Ersatz des Wertverzehrs des überlassenen Vermögens beanspruchen. Diese „Grundidee“ kann nach Praktikabilitätsgesichtspunkten vereinfacht werden. Bei dem beweglichen Anlagevermögen kann von den steuerlichen Werten ausgegangen werden; für das vermietete oder verpachtete Grundvermögen muss allerdings der Verkehrswert angesetzt werden. Die Pachtbemessung für den Geschäftswert muss von griffweise geschätzten Werten ausgehen. Verbleibt der Geschäftswert beim Besitzunternehmen, ist nur eine Verzinsung vorzunehmen; ein Wertverzehr ist nicht zu entgelten. Auch bezüglich des sonstigen Vermögens entfällt die Wertverzehrkomponente, soweit die Betriebsgesellschaft zur Substanzerhaltung verpflichtet ist.

Bei der Festlegung der Pacht, aber auch während der Dauer der Betriebsaufspaltung **28**
ist eine Überprüfung angebracht, ob die Betriebsgesellschaft noch mit einem hinreichenden Gewinn arbeitet. Die frühere Empfehlung, der Betriebsgesellschaft eine hinreichende Kapitalverzinsung zu belassen, ist nicht mehr haltbar, nachdem der BFH das Institut der **„Erstausstattung einer GmbH“** geschaffen hat. Die Betriebsgesellschaft muss in jedem Fall angemessen an dem Insgesamtgewinn von Besitzunternehmen und Betriebsgesellschaft beteiligt sein (vgl. BFH I R 294/81 v. 23.5.84, BStBl. II 84, 673).

(frei) **29**

Eine **Umsatzpacht** ist möglich (und auch üblich), wenn sie nicht den Gewinn der **30**
Betriebsgesellschaft „absaugt“. **Gewinnabhängige** Pachtzinsen sind nicht zu empfehlen, da sie die Gefahr der Mitunternehmerschaft der Betriebsunternehmer begründen.

Eine **zu geringe Pacht** führt zu keinen körperschaftsteuerlichen Folgen, da die **31**
Gesellschafter einer GmbH die Möglichkeit haben, Leistungen auch unentgeltlich oder teilentgeltlich zu erbringen. Es liegt auch keine Nutzungseinlage vor (vgl. GrS des BFH GrS 2/86 v. 26.10.87, BStBl. II 88, 348).

Darlehen, die das Besitzunternehmen der Betriebsgesellschaft langfristig zur Verfü- **32**
gung stellt, können **Dauerschulden** sein. Die Zinsen unterlagen in diesem Fall im Besitzunternehmen und in der Betriebsgesellschaft der Gewerbesteuer. Bei einer Betriebsverpachtung größeren Umfangs konnte es zu den **Hinzurechnungen** nach § 8 Nr. 7 GewStG kommen. **Ab 2008** sind die Hinzurechnungsregeln des § 8 Nr. 1 GewStG idF. des UntStRefG 2008 v. 14.8.07 (BGBl. I 07, 1912) zu beachten; vgl. hierzu *Levedag* GmbHR 08, 281 (284). Nach einer Rechtsprechungsänderung wirkt die **GewSt-Freiheit** der Betriebsgesellschaft auch für das Besitzunternehmen (BFH X R 59/00 v. 29.3.06, BStBl. II 06, 661).

Die VuV ist **umsatzsteuerbar.** Sie kann umsatzsteuerfrei sein (§ 4 Nr. 12 UStG); **33**
eine Option kann im Rahmen des § 9 UStG erfolgen. Regelmäßig besteht jedoch zwischen Besitzunternehmen und Betriebsgesellschaft eine **umsatzsteuerliche Organschaft.** Nur das Besitzunternehmen (der Besitzunternehmer) ist umsatzsteuerlicher Unternehmer; die Umsätze der Betriebsgesellschaft werden ihm zugerechnet. Das Miet- und Pachtverhältnis ist ein Innenumsatz.

(frei) **34, 35**

2. Einzelerläuterungen

Zu § 1: Pachtobjekt

Auf die genaue Bezeichnung der verpachteten Gegenstände ist großer Wert zu le- **36**
gen. Der Vertrag verweist auf eine Anlage, die – anknüpfend an eine Bilanz – die Umschreibung übernimmt.

37 Wer ein gepachtetes Handelsgeschäft unter der bisherigen Firma fortführt, haftet gemäß § 25 Abs. 1 HGB für die im Betrieb des Geschäftes begründeten Verbindlichkeiten eines früheren Pächters. Das Gleiche gilt für den Verpächter bei der Rücknahme des Betriebes in Bezug auf die Verbindlichkeiten des Pächters. Ein Haftungsausschluss ist Dritten gegenüber nur wirksam, wenn er im Handelsregister eingetragen und bekanntgemacht oder dem Dritten mitgeteilt worden ist (§ 25 Abs. 2 HGB; vgl. hierzu auch OLG Stuttgart 8 W 99/10 v. 26.2.10, BeckRS 2010, 12416). Das Muster sieht einen Haftungsausschluss in § 1 Abs. 3 vor.

Zu § 3: Pachtzins

38 Die Pachtzinsvereinbarung ist ein Vorschlag; hier sind vielfältige Alternativen denkbar; s. auch Rz. 27ff.

39 **Absatz 1** legt in einem Betrag den von den Vertragsparteien als angemessen angesehenen Pachtzins fest. Eine Aufteilung auf die Einzelnen verpachteten Gegenstände sollte nicht erfolgen. Sie würde leicht zum Streitstoff in einer Betriebsprüfung werden, wenn Einzelbewertungen angegriffen werden.

40 **Absatz 2** passt die Pacht mit geringer zeitlicher Verzögerung an den sich verändernden Pachtgegenstand an. Buchst. a vereinbart die Verzinsung des Differenzbetrages des verpachteten Vermögens, Buchst. b die Übernahme der zusätzlichen AfA.

41 **Absatz 5:** Vorsorgliche Regelung. Zur Umsatzbesteuerung s. Rz. 33.

Zu § 4: Versicherungen, besondere Kosten

42 Die Kostenverteilung folgt der Vereinfachungsregel, im Zweifel alle Kosten die Betriebsgesellschaft tragen zu lassen. Ausnahme: Abs. 4.

Zu § 6: Instandhaltung, Ersatzbeschaffung

43 Bei der Regelung der Substanzerhaltung entscheidet sich, welches Grundmodell gewählt wird (s. Rz. 6ff.). Ist vereinbart, dass die Pächterin auch die Erneuerung der gepachteten Anlagegüter zugunsten des Verpächters vorzunehmen hat, trägt die Substanzerhaltungspflicht der Pächter. Eine solche Vereinbarung ist nicht die Regel. Die Substanzerneuerung obliegt in dem Muster, der Üblichkeit folgend, dem Verpächter.

44 § 583a BGB bestimmt für die Fälle, in denen die Betriebsgesellschaft das Inventar zu Eigentum erwirbt, dass Vereinbarungen, die die Betriebsgesellschaft verpflichten, über diese Inventarstücke nicht oder nur mit Einwilligung des Verpächters zu verfügen oder Inventar an den Verpächter zu veräußern, nur rechtswirksam sind, wenn der Verpächter verpflichtet ist, das Inventar bei Vertragsbeendigung zum Schätzpreis zu übernehmen. Auf diese Vorschrift ist zu achten. Durch das Muster ist sie nicht berührt.

Zu § 13: Dauer, Beendigung

45 **Absatz 6** bezieht sich auf die Grundsatzvereinbarung. S. hierzu Formular A. 2.03.

Zu § 14: Schlussbestimmungen

46 **Absatz 3:** Vorsorgliche Bestimmung. Zur Umsatzbesteuerung s. Rz. 33.

A. 2.03 Grundsatzvereinbarung zur Betriebsaufspaltung

I. FORMULAR

Formular A. 2.03 Grundsatzvereinbarung zur Betriebsaufspaltung

Präambel

Der Betriebsverpächter unterhält unter der Firma ...... einen Gewerbebetrieb mit dem Gegenstand ...... in der Rechtsform eines Einzelunternehmens. Mit Wirkung zum ...... verpachtet der Betriebsverpächter seinen Betrieb – im Rahmen einer steuerlichen Betriebsaufspaltung – an die GmbH. Die GmbH führt ab ...... den Betrieb fort.

Zu diesem Zweck treffen GmbH und Betriebsverpächter folgende

GRUNDSATZVEREINBARUNG

1. Auf die GmbH werden Teile des beweglichen Anlagevermögens und das Umlaufvermögen entgeltlich übertragen. Der Umfang der Übertragung ergibt sich aus Anlage 1, die allein für die übertragenen Gegenstände maßgebend ist. Das Entgelt für die Übertragung entspricht den Teilwerten per 31.12.20... zuzüglich der Regel-Umsatzsteuer in der gesetzlich geschuldeten Höhe, soweit die Umsätze umsatzsteuerbar und umsatzsteuerpflichtig sein sollten.
2. Die GmbH übernimmt unter Verrechnung auf den Übernahmepreis (Ziffer 1) die in Anlage 2 bezeichneten Verbindlichkeiten des Einzelunternehmens. Soweit die GmbH auch Rückstellungen übernimmt, gehen die damit verbundenen Verpflichtungen ebenfalls auf die GmbH über, wobei der Betriebsverpächter garantiert, dass die Verpflichtungen die Höhe der Rückstellungen nicht übersteigen. Für die Bewertung gilt Ziffer 1 entsprechend.

   Die Vertragspartner werden bemüht sein, die Freistellung des bisherigen Schuldners durch die Gläubiger zu erreichen. Soweit dies mangels Zustimmung der Gläubiger nicht möglich oder – insbesondere bei fälligen Verpflichtungen – nicht tunlich ist, wird die GmbH den Betriebsverpächter im Innenverhältnis freistellen.
3. In Höhe einer etwaigen Differenz zwischen den übernommenen Aktiva und Passiva zuzüglich etwaiger Umsatzsteuer auf das gesamte Entgelt steht dem Betriebsverpächter eine Forderung gegen die GmbH bzw. der GmbH gegen den Betriebsverpächter zu.
4. Ändern sich die Wertansätze der übernommenen Aktiva und/oder Passiva nachträglich auf Grund des Ergebnisses einer steuerlichen Veranlagung oder Prüfung, sind die so veränderten Werte maßgebend. Der Differenzbetrag ist unverzüglich auszugleichen.
5. Die gemäß Ziffer 3 begründete Forderung wird wie folgt beglichen: Besteht eine Forderung des Betriebsverpächters bis zur Höhe der Umsatzsteuer, so wird die Umsatzsteuer von der GmbH zur Verfügung gestellt, sobald sie fällig ist. Im Übrigen wird ein etwa verbleibender Saldo zugunsten des Betriebsverpächters oder zugunsten der GmbH als Darlehen gewährt, welches binnen sechs Monaten zu tilgen ist, soweit nicht eine Verlängerung vereinbart wird.
6. Über die Veräußerung stellt der Betriebsverpächter eine den gesetzlichen Anforderungen entsprechende Rechnung aus, sofern nach Ziffer 1 die Regel-Umsatzsteuer mit geschuldet wird.

7. Für etwaige Verrechnungskonten und das Darlehen gemäß Ziffer 5 wird ein Zins von ...... % p.a. vereinbart, der nach der Zinsstaffelmethode berechnet wird.
8. Das zum Einzelunternehmen gehörende sonstige Anlagevermögen – einschließlich des Firmenwerts – gemäß Bilanz zum 31.12.20... wird der Betriebsverpächter im Wege der steuerlichen Betriebsaufspaltung der GmbH verpachten. Hierüber wird ein gesonderter Pachtvertrag abgeschlossen.
9. Mit Wirkung vom 1.1.20... übernimmt die GmbH – soweit nichts anderes vereinbart wird – alle das Einzelunternehmen betreffenden Verträge mit Dritten, ausgenommen Schulden, sofern insoweit vorstehend keine Sondervereinbarungen gelten, zur völligen Entlastung des Betriebsverpächters, soweit rechtlich zulässig. Die GmbH wird entsprechende Vereinbarungen mit den dritten Vertragspartnern abschließen. Sind die Dritten nicht bereit, den Betriebsverpächter aus der Verpflichtung aus diesen Verträgen zu entlassen, wird die GmbH im Innenverhältnis den Betriebsverpächter freistellen. Beide Vertragsparteien werden sich jedoch bemühen, die Freistellung des Betriebsverpächters auch im Außenverhältnis zu erreichen. Widerspricht ein Arbeitnehmer dem Übergang des Arbeitsverhältnisses, werden GmbH und Betriebsverpächter einvernehmlich klären, ob der Arbeitnehmer zwar für den Betriebsverpächter, im Innenverhältnis aber für die GmbH arbeitet oder ob der Betriebsverpächter das Arbeitsverhältnis löst. In beiden Fällen gehen die Kosten zu Lasten der GmbH.
10. Reklamationen aus Lieferungen und Leistungen des Einzelunternehmens ...... werden von der GmbH für Rechnung des Betriebsverpächters abgewickelt. Forderungsausfälle betreffend die übertragenen Forderungen trägt das als Besitzunternehmen fortbestehende Einzelunternehmen zur Entlastung der GmbH. Im Übrigen leistet der Betriebsverpächter für das durch die GmbH übernommene Vermögen keine Gewähr, soweit nichts anderes ausdrücklich vereinbart wird.

Anlage 1

Maßgebend ist die Bilanz des Einzelunternehmens per 31.12.20.... Folgende Bilanzpositionen werden auf die GmbH übertragen:

1. Aus dem beweglichen Anlagevermögen:

   ......

2. Warenbestand
3. Forderungen
4. Geldkonten
5. Kassenbestand
6. Rechnungsabgrenzung
7. Sonstiges:

   ......

Anlage 2

Verbindlichkeiten per 31. 12. 20..., die auf die GmbH übergehen:

......

II. ERLÄUTERUNGEN

Erläuterungen zu A. 2.03 Grundsatzvereinbarung zur Betriebsaufspaltung

Die Grundsatzvereinbarung ist kein notwendiger Bestandteil der Betriebsaufspaltung. Wir schlagen sie hier als Rahmenvereinbarung vor, die die Übernahme von Aktiva und Passiva durch die Betriebsgesellschaft, die Übertragung von Verträgen und sonstige Regelungen anlässlich der Aufspaltung aufnehmen kann. 1

Allgemein zur Betriebsaufspaltung s. Formular A. 2.03. 2

Zu **Ziffer 7:** Der **Zinssatz,** den die GmbH schuldet, muss zur Vermeidung vGA angemessen sein. 3

Zu **Ziffer 9:** Für die **Arbeitsverhältnisse** gilt bei der Begründung einer Betriebsaufspaltung § 613a BGB (*Palandt/Weidenkaff* § 613a BGB Rz. 9). Greift § 613a BGB ein, so gilt er auch bei der Rückgabe des Betriebes bei Pachtende (*Heinze* DB 80, 205, 208). Erfolgt eine Verpachtung nach Muster, sind auch immaterielle Wirtschaftsgüter verpachtet. Hier ist § 613a BGB anwendbar. Weitere **Beispiele** für Verträge mit Dritten: Versicherungsverträge, Verträge über die Lieferung von Gas, Wasser, Strom und Telefon, Dauerwartungsverträge. 4

A. 2.11 Geschäftsführervertrag

Für den Geschäftsführervertrag, auch den, der mit einem beherrschenden Gesellschafter-Geschäftsführer abgeschlossen ist, gelten keine Besonderheiten. Wir verweisen auf Formulare A. 6.26 und A. 6.27. 5

A. 2.12 Lizenzvertrag

Auch die Vergabe eines Patents in Lizenz kann eine Betriebsaufspaltung begründen, wenn das Patent oder sonst überlassene geistige Eigentum eine wesentliche Betriebsgrundlage aus Sicht des Betriebsunternehmens darstellt (*Schmidt/Wacker* § 15 EStG Rz. 808). Zum Lizenzvertrag s. Formular B. 12.

A. 2.13 Mietvertrag

Siehe hierzu die Erläuterungen zu Formular A. 6.39.

A. 2.14 Pachtvertrag

Der Pacht- oder Mietvertrag ist idR das Bindeglied zwischen Besitzunternehmen und Betriebsgesellschaft in der Betriebsaufspaltung. S. hierzu Formular A. 2.02.

A. 3. Einbringung

Übersicht

A. 3.00 Einbringung in Einzelunternehmen (ertragsteuerliche Einlage)

Gliederung

I. FORMULAR

Formular A. 3.00 Einbringung in Einzelunternehmen (ertragsteuerliche Einlage)

1. In das bisher von Herrn A in...... *[Ort/Geschäftsadresse]* betriebene Einzelunternehmen, eingetragen im Handelsregister ...... unter HRA Nummer ...... mit dem Geschäftszweck der Entwicklung von Software sowie dem Einzelhandel von Soft- und Hardware werden folgende im Alleineigentum des A stehende Wirtschaftsgüter ab ...... eingebracht:

1.1 Das im Grundbuch Gemarkung ....../Grundbuchblatt ...... eingetragene Grundstück in ...... *[Ort/Straße]* mit einem Verkehrswert von € 500.000.– (€ 100.000.– für Grund und Boden, € 400.000.– für Gebäude), und

1.2 alle Geschäftsanteile an der „A-Computer Großhandels GmbH", eingetragen im Handelsregister ......, HRB Nummer ......, mit Sitz in ......

2. Anlass für die ertragsteuerliche Einbringung ist der Umzug des bisherigen Einzelunternehmens in das vorstehend genannte Gebäude sowie des bisher in gemieteten Räumen betriebenen Großhandels der „A-Computer Großhandels GmbH" in diese Geschäftsräume.

II. ERLÄUTERUNGEN

Erläuterungen zu A. 3.00 Einbringung in Einzelunternehmen (ertragsteuerliche Einlage)

1. Zivilrecht

1 Zivilrechtlich ist das Formular nicht nötig, weil **kein Wechsel des Rechtsträgers** eintritt. A ist nämlich vor und nach der Einbringung unmittelbar Eigentümer sowohl des bebauten Grundstücks als auch der GmbH-Anteile. Das Formular wird aber zur ertragsteuerlichen Klarstellung empfohlen (s. Rz. 2ff.). Wird ein Teil des Gebäudes von der GmbH genutzt, ist hierfür auch ein Mietvertrag zwischen A und der GmbH abzuschließen (vgl. Formular A. 6.39).

2. Steuerrecht

a) Ertragsteuerrecht

2 Das Formular dient zur **Dokumentation der geänderten steuerrechtlichen Zuordnung** sowohl der GmbH-Anteile als auch des bebauten Grundstücks als Folge der Umgestaltung:

- Durch den Umzug des bisherigen Einzelunternehmens aus gemieteten Räumen in das Gebäude von A wird der von dem Einzelunternehmen genutzte Grundstücksteil notwendiges Betriebsvermögen;
- durch den Umzug des Großhandelsgeschäftsbetriebes der GmbH ebenfalls in das Gebäude von A sowie durch die geschäftsmäßige Verflechtung des bisherigen Einzelhandels mit dem Großhandel werden auch der restliche Teil des bebauten Grundstücks und die GmbH-Anteile nunmehr notwendiges Betriebsvermögen (evtl. gewillkürtes Betriebsvermögen, falls die sachlichen Voraussetzungen der Betriebsaufspaltung nicht vorliegen, vgl. Formulare A. 2.00ff.).

3 Die **GmbH-Anteile** befanden sich bei A bisher **im steuerlichen Privatvermögen;** es handelt sich um eine sog. **„qualifizierte"** Beteiligung iSv. § 17 Abs. 1 EStG **(mindestens 1%; in VZ 1999 und 2000 mind. 10%; davor mind. 25%, damals als sog. „wesentliche" Beteiligung)**. Die Einlage der GmbH-Anteile ist grds. zum Teilwert, gem. § 6 Abs. 1 Nr. 5 Satz 1 Hs. 2 Buchst. b EStG höchstens aber mit den historischen Anschaffungskosten von A anzusetzen. Haben diese € 50.000.– betragen, so kann die Einlage auch bei einem höheren Teilwert (zB € 500.000.–) nicht mit dem höheren Teilwert erfolgen. Reserven, die im Privatvermögen gebildet wurden (im Beispielsfall € 450.000.–), werden zwingend in den betrieblichen Bereich verlagert. Dies deshalb, weil die „einfache Einlage" iSv. § 4 Abs. 1 Satz 7 EStG, § 6 Abs. 1 Nr. 5 EStG keine Veräußerung iSd. § 17 EStG ist. Liegt der Teilwert im Einlagezeitpunkt unter den Anschaffungskosten, ist die Beteiligung mit den Anschaffungskosten einzulegen. Wegen dieses Wertverlusts kann eine Teilwertabschreibung nicht beansprucht werden. Die Wertminderung ist erst in dem Zeitpunkt steuermindernd zu berücksichtigen, in dem die Beteiligung veräußert wird oder gem. § 17 Abs. 4 EStG als veräußert gilt, sofern ein hierbei realisierter Veräußerungsverlust nach § 17 Abs. 2 Satz 6 EStG zu berücksichtigen wäre (EStH 17 Abs. 8; BFH X R 48/02 v. 2.9.08, BStBl. II 10, 162).

Veräußerungen der 100%igen Beteiligung unterliegen grds. der Halbeinkünftebesteuerung gem. § 3 Nr. 40a EStG (ab VZ 2009: Teileinkünfteverfahren; im Ergebnis 40% steuerfrei). Gemäß § 3c Abs. 2 EStG sind im Gegenzug Betriebsvermögensminderungen (zB aus Teilwertabschreibungen) und Veräußerungskosten, die im wirtschaftlichen Zusammenhang mit einer solchen Veräußerung stehen, unabhängig davon, in welchem VZ die Einnahmen angefallen sind, ebenfalls nur zur Hälfte abziehbar (ab VZ 2009: Teileinkünfteverfahren; 60% abziehbar).

Das Halb- bzw. Teileinkünfteverfahren greift allerdings nur, soweit es sich nicht um sog. (alte) **einbringungsgeborene Anteile** iSd. § 21 UmwStG in der am 12.12.06 geltenden Fassung handelt (§ 3 Nr. 40 Satz 3 EStG aF iVm. § 52 Abs. 4b Satz 2 EStG) oder seit der Einbringung mindestens **sieben Jahre** verstrichen sind (§ 3 Nr. 40 Satz 4 Buchst. a EStG aF) oder die Anteile gegen die Einbringung von anderen begünstigten Anteilen erworben wurden (§ 3 Nr. 40 Satz 4 Buchst. b EStG aF).

Verluste aus Veräußerungen der 100%igen Beteiligung unterliegen nicht der eingeschränkten **Verlustverrechnung gemäß § 15 Abs. 4 EStG**. Diese sind im Rahmen des § 10d EStG verrechenbar und vortragsfähig. Allerdings ist ein solcher Verlust nur zur Hälfte zu berücksichtigen (§ 3c Abs. 2 Satz 1 EStG; ab VZ 2009: 60%). Die Beschränkung des § 3c Abs. 2 Satz 1 EStG gilt auch, wenn aus der Beteiligung niemals Betriebsvermögensmehrungen oder Einnahmen iSv. § 3 Nr. 40a EStG erzielt worden sind (§ 3c Abs. 2 Satz 2 EStG idF. des JStG 2010 v. 8.12.10 (BGBl. I 10, 1768).

Gewinne aus der Veräußerung der 100%igen Beteiligung sind grds. ab dem VZ 2002 (abhängig vom Wj. der Beteiligungsgesellschaft) **keine außerordentlichen Einkünfte** mehr (§ 34 Abs. 2 Nr. 1 EStG iVm. § 52 Abs. 47 Satz 2 EStG), so dass die Vergünstigungen des § 34 Abs. 1 EStG (sog. $^{1}/_{5}$-Regelung) sowie die des § 34 Abs. 3 EStG (sog. **ermäßigter** Steuersatz) keine Anwendung mehr finden.

Durch das Steuersenkungs-Ergänzungsgesetz 2001 (StSenkErgG v. 19.12.00, BGBl. I 00, 1812) sollte der sog. **ermäßigte** (ab 2004: nur noch 56% des Tarifs) **Steuersatz** nach **§ 34 Abs. 3 EStG idF StSenkErgG** auf Antrag für bestimmte Realisierungsvorgänge wieder gewährt werden. Hiervon nicht begünstigt sind aber Veräußerungen von Anteilen iSd. § 17 Abs. 1 EStG; für diese gilt nämlich der pauschale Ausschlusstatbestand des § 34 Abs. 2 Nr. 1 EStG. Derartige Anteilseigner werden also auf das Halb- bzw. Teileinkünfteverfahren iSd. § 3 Nr. 40 EStG verwiesen, das seinerseits regelmäßig erst ab dem 1.1.02 anwendbar ist (s. Rz. 3). Da der Ausschlusstatbestand des § 34 Abs. 2 Nr. 1 EStG auf die Anwendung des Halb- bzw. Teileinkünfteverfahrens nach § 3 Nr. 40 Buchst. b EStG verweist und damit auch die in einem Betriebsvermögen gehaltenen Anteile an Kapitalgesellschaften (gem. § 3 Nr. 40 Satz 2 EStG über § 20 Abs. 8 EStG) erfasst, hilft auch die vorherige Einlage in ein Betriebsvermögen nicht zur Erlangung der Begünstigungen des § 34 Abs. 3 EStG (notwendig dafür wäre die vorherige Umwandlung der GmbH in eine Personengesellschaft).

Der sog. **ermäßigte** (ab 2004: 56%) durchschnittliche **Steuersatz** nach § 34 Abs. 3 EStG wird mit einer Mindestbesteuerung in Höhe des Eingangssteuersatzes (von VZ 2005 bis VZ 2010: 15%, ab VZ 2011: 14%) unter folgenden **Voraussetzungen** auf (widerrufbaren) Antrag gewährt:

- Auf Betriebsveräußerungsgewinne (außerordentliche Einkünfte iSd. § 34 Abs. 2 Nr. 1 EStG; nicht erfasst sind Veräußerungsgewinne iSd. § 17 Abs. 2 EStG und von Anteilen an Kapitalgesellschaften im Betriebsvermögen),
- für maximal € 5 Millionen und
- wenn der Steuerpflichtige im Zeitpunkt der Realisierung entweder das 55. Lebensjahr vollendet hat oder er im sozialversicherungsrechtlichen Sinne dauernd berufsunfähig ist.

Den ermäßigten Steuersatz (ab 2004: 56%) nach § 34 Abs. 3 EStG kann ein Steuerpflichtiger „nur einmal **im Leben**" in Anspruch nehmen. Allerdings gelten Inanspruchnahmen von Steuerermäßigungen nach § 34 EStG aF in den Veranlagungszeiträumen bis einschließlich VZ 2000 als unbeachtlich. Werden in einem VZ Gewinne aus mehreren Betriebsverkäufen realisiert, darf **nur für einen Veräußerungsgewinn** die Begünstigung des § 34 Abs. 3 EStG in Anspruch genommen werden.

Erfüllt eine Betriebsveräußerung sowohl die Voraussetzungen des § 34 Abs. 3 EStG (ermäßigter Steuersatz) als auch § 34 Abs. 1 (1/5-Regelung), besteht ein **Wahlrecht.** Anhand von Vergleichsrechnungen ist daher zu entscheiden, welche der beiden Vergünstigungen vorzuziehen ist. Da jedoch § 34 Abs. 1 EStG lediglich einen Progressionsvorteil einräumt, dürfte bei hohen Veräußerungsgewinnen regelmäßig der halbe Steuersatz vorzuziehen sein.

4 Das **bebaute Grundstück** (Grund und Boden und Gebäude) kann dann mit dem Teilwert angesetzt werden, wenn es mehr als drei Jahre vor der Einlage von A angeschafft (bzw. das Gebäude hergestellt) wurde. Zum Nachweis des Teilwertes empfiehlt sich die Einholung eines Sachverständigengutachtens (Bausachverständiger, Richtwertauskünfte und dergleichen). Wurde das bebaute Grundstück innerhalb von drei Jahren vor der Einlage angeschafft, ist der Höchstansatz gem. § 6 Abs. 1 Nr. 5 Satz 1 Hs. 2 Buchst. a und Satz 2 EStG beschränkt auf die fortgeführten historischen Anschaffungs- bzw. Herstellungskosten (Anschaffungs- bzw. Herstellungskosten abzüglich zwischenzeitlicher Abschreibungen). Wird das Grundstück innerhalb der Zehnjahresfrist seit der Anschaffung aus dem Betriebsvermögen veräußert (§ 23 Abs. 1 Satz 5 Nr. 1 EStG) tritt bei der Ermittlung des Gewinns oder Verlustes aus dem privaten Veräußerungsgeschäft an die Stelle des Veräußerungspreises der Wert, mit dem die Einlage in das Betriebsvermögen angesetzt wurde (BMF v. 5.10.00, BStBl. I 00, 1383). Für die weitere AfA vgl. § 7 Abs. 1 Satz 5 idF des JStG 2010. Falls das Grundstück bisher Betriebsvermögen (zB im Rahmen eines anderen Betriebes) war, ist die Einlage zum bisherigen Buchwert nach § 6 Abs. 5 Satz 1 EStG zwingend (auch dann, wenn das Grundstück bisher Betriebsvermögen eines freiberuflichen bzw. eines land- und forstwirtschaftlichen Betriebes war). Soweit ein Teil des bebauten Grundstücks im Rahmen einer Betriebsaufspaltung an die GmbH vermietet ist, sollen nach Auffassung der FinVerw. für Aufwendungen im Zusammenhang mit diesem Teil des Grundstücks die Regelungen des Teilabzugsverbots gelten, wenn eine un- oder teilentgeltliche Überlassung vorliegt (vgl. BMF v. 23.10.13, DStR 13, 2394).

b) Verkehrsteuerrecht

Bei der Einlage in ein Einzelunternehmen fallen regelmäßig keine Verkehrsteuern an.

5 Keine **Umsatzsteuer:** Bei der Einbringung fehlt es an einem Umsatz. Zu prüfen ist, ob es sich wegen § 15a UStG empfiehlt, bzgl. der nachfolgenden Vermietung an die GmbH auf die Steuerfreiheit gem. §§ 4 Nr. 12a, 9 UStG zu verzichten.

6 Keine **Grunderwerbsteuer:** Es fehlt an einem Rechtsträgerwechsel (auch keine GrESt nach § 1 Abs. 3 GrEStG, falls GmbH selbst Grundbesitz haben sollte).

A. 3.01 Einbringung in Personenhandelsgesellschaft (gegen Gewährung von Gesellschaftsrechten)

Gliederung

I. FORMULARE

Formular A. 3.01 Einbringungs- und Gesellschaftsvertrag

1. Herr A, geschäftsansässig in ......, betreibt das im Handelsregister des Amtsgerichts ...... unter HRA ...... unter der Firma ...... eingetragene ...... Einzelunternehmen. Herr A beabsichtigt, sein Unternehmen zukünftig in der Rechtsform einer KG zu führen, und zwar unter Aufnahme des Herrn B als Kommanditisten. Zu diesem Zweck schließen Herr A und Herr B den nachfolgenden

EINBRINGUNGS- UND GESELLSCHAFTSVERTRAG

2. Herr A und Herr B gründen eine Kommanditgesellschaft unter der Firma „A & B KG" mit dem Sitz in ...... *[Geschäftssitz]*. Gesellschafter werden:
   - Herr A als Komplementär,
   - Herr B als Kommanditist mit einer Kommanditeinlage (Haftsumme) von € 100.000.–.
3. Als Einlagen sind zu leisten:
   3.1 Herr A bringt hiermit sein ...... Einzelunternehmen, und zwar sämtliche in den Anlagen aufgeführten Wirtschaftsgüter (Aktiva und Passiva), sowie Vertragsverhältnisse mit Wirkung zum 31.12.01 in die Kommanditgesellschaft ein. Der Einlage ist die Einbringungsbilanz zum 31.12.01 zugrunde zu legen, in der sämtliche Wirtschaftsgüter zu Teilwerten zu erfassen sind. Herr A erhält hierfür einen festen Kapitalanteil von € 100.000.– eingeräumt.
   3.2 Herr B erbringt seine Kommanditeinlage durch Bareinzahlung am 31.12.01 in Höhe von € 100.000.–.
4. Die Kommanditgesellschaft beginnt mit ihrer Eintragung im Handelsregister, im Innenverhältnis jedoch nicht vor dem 1.1.02; bei Eintragung nach dem 31.12.01 ist für das Innenverhältnis vom Beginn ab dem 1.1.02 auszugehen.
5. Zwischen Herrn A und Herrn B gilt der folgende Gesellschaftsvertrag: ......
6. Es besteht Einigkeit zwischen den Gesellschaftern, dass Herr A die Versteuerung eines Einbringungsgewinns durch Bildung einer negativen Ergänzungsbilanz vermeiden kann. Soweit sich daraus Minderabschreibungen ergeben, trägt der Gesellschafter A allein die sich daraus ergebende Gewerbesteuermehrbelastung.
7. Weiter besteht zwischen den Gesellschaftern Einigkeit darüber, dass Herr B die Refinanzierung seiner Kommanditeinlage seiner steuerlichen Sonderbilanz zur KG zuordnet. Die sich daraus ergebenden Gewerbesteuerminderungen (durch Minderung des Gewerbeertrags nach Berücksichtigung der Hinzurechnung sog. Entgelte für Schulden) sollen dem Gesellschafter B alleine als Vorabgewinn zugute kommen.

.............................., den ....

....

[Unterschrift A] [Unterschrift B]

Formular A. 3.01a Handelsregisteranmeldung

An das Amtsgericht

Handelsregister

HRA-Nummer ......

Firma A ...... – nunmehr Firma „A & B-KG“

Die unterzeichnenden Gesellschafter der A & B-KG melden hiermit zur Eintragung in das Handelsregister an:

Der bisherige Einzelkaufmann Herr A hat den Kaufmann Herrn B, geschäftsansässig in ...... als Kommanditisten in sein Handelsgeschäft aufgenommen. Die Hafteinlage des Kommanditisten beträgt € 100.000.–. Die Firma lautet nunmehr „A & B-KG“.

Die Gesellschaft beginnt mit ihrer Eintragung in das Handelsregister. Sie hat ihren Sitz in ...... Der Gesellschaftszweck ist ...... Die Geschäftsräume befinden sich unverändert in ......

.. ....

[Unterschrift A] [Unterschrift B]

..

[Beglaubigungsvermerk]

II. ERLÄUTERUNGEN

Erläuterungen zu A. 3.01 Einbringungs- und Gesellschaftsvertrag

1. Wirtschaftliches Vertragsziel

1 Der Vertrag bezweckt die Einbringung des Einzelunternehmens im Wege der **Einzelrechtsnachfolge** unter gleichzeitiger Aufnahme eines weiteren Gesellschafters. Alternativ zu der Einbringung durch Einzelrechtsnachfolge kann eine Ausgliederung gem. §§ 123, 152ff. UmwG auf die vorher von A zusammen mit B gegründete und damit im Zeitpunkt der Ausgliederung bereits bestehende A & B KG erfolgen (vgl. Formular A. 15.30 zur Ausgründung einer GmbH aus dem Vermögen eines Einzelkaufmanns; zu den Voraussetzungen vgl. A. 15.30 Rz. 4; das Formular A. 15.30 kann mit den in A. 15.30 Rz. 6 dargestellten Änderungen entsprechend auch auf die Ausgliederung auf eine bestehende Personenhandelsgesellschaft angewendet werden). Eine solche Ausgliederung bedingt eine partielle Gesamtrechtsnachfolge. Die Vorteile der Ausgliederung liegen insbes. in der Möglichkeit der Bezugnahme auf Bilanzen und Inventare (§ 126 Abs. 2 Satz 3 UmwG), der Vermeidung von Gläubigerzustimmungen (vgl. Rz. 2) und der für Zwecke der Ertragsteuern möglichen bis zu achtmonatigen Rückwirkung (vgl. Rz. 11). Wegen der sonstigen, evtl. aufzunehmenden Regelungen in einen Kommanditgesellschaftsvertrag wird auf Formular A. 8.00 und Formular A. 8.01 verwiesen.

2. Zivilrecht

2 Es handelt sich um den **Abschluss eines Kommanditgesellschaftsvertrags,** wobei A seiner gesellschaftsvertraglichen Einlageverpflichtung im Wege der **Sacheinlage** aller Wirtschaftsgüter seines bisherigen Einzelunternehmens nachkommt. Die Einbrin-

gung erfolgt im Wege der **Einzelrechtsübertragung** (keine Gesamtrechtsnachfolge), dh. sämtliche Aktiva und Passiva (unter Beachtung der jeweiligen Formvorschriften) sowie laufende Vertragsverhältnisse sind (unter Zustimmung der jeweils anderen Vertragspartner, insbes. Gläubiger) auf die Kommanditgesellschaft (dh. in das Gesamthandsvermögen) zu übertragen. Die vollständige Auflistung der Gegenstände ist anzuraten, damit der Bestimmtheitsgrundsatz gewahrt ist und damit das Eigentum an allen Gegenständen auf die Kommanditgesellschaft übergeht. Sie erfolgt zweckmäßigerweise in gesonderten Anlagen, die Bestandteil des Einbringungsvertrags sind. Eine Auflistung der zu übertragenden Gegenstände im Einbringungsvertrag verhindert auch, dass ein Vertrag vorliegt, in dem sich A verpflichtet, sein gegenwärtiges Vermögen als Ganzes oder einen Bruchteil davon auf die Kommanditgesellschaft zu übertragen. Ein Vertrag über eine solche Verpflichtung würde der notariellen Beurkundung bedürfen (§ 311b Abs. 3 BGB). § 1365 BGB ist ebenfalls zu beachten. Das Formular fasst Einbringungsvertrag und Gesellschaftsvertrag zusammen, beide Verträge können jedoch auch in getrennten Dokumenten verfasst werden, insbes. kann der Gesellschaftsvertrag als Anlage aufgenommen werden.

Der Gesellschafter B erbringt seine **Kommanditeinlage in Geld.** Es ist vorgesehen, dass der von ihm eingebrachte Geldbetrag seine Haftsumme, die ins Handelsregister eingetragen wird und mit der er gegenüber Gläubigern der Kommanditgesellschaft haftet, darstellt. Die ins Handelsregister einzutragende Haftsumme kann jedoch auch von der zwischen den Gesellschaftern vereinbarten Kommanditeinlage abweichen (*Baumbach/Hopt* § 171 HGB Rz. 1), sollte allerdings geringer sein. Denn bei höherer Haftsumme gilt der Differenzbetrag zur Kommanditeinlage gegenüber den Gläubigern als nicht geleistet.

Zum Ausschluss der unbeschränkten Haftung des Kommanditisten gem. §§ 176, 3
130 HGB bei einer Aufnahme des Geschäftsbetriebs vor Eintragung in das Handelsregister ist vorgesehen, dass die **Kommanditgesellschaft** erst **mit Eintragung in das Handelsregister** beginnt. Da in der Praxis gleichwohl das Bedürfnis für den Beginn mit Wechsel zu einem neuen Geschäftsjahr (bzw. zumindest zu einem neuen Monat), hier mit dem Jahreswechsel 01/02 besteht, ist darüber hinaus für das Innenverhältnis vorgesehen, dass die Gesellschaft bei vorheriger Eintragung erst **ab dem 1.1.02** beginnt. Bei Eintragung **nach dem 1.1.02** gilt die Gesellschaft im Innenverhältnis bereits ab 1.1.02 als für Rechnung der KG geführt. Der A führt die Gegenstände seines Einzelunternehmens dinglich erst mit Eintragung in die Gesellschaft über, das wirtschaftliche Ergebnis des Einzelunternehmens wird der Gesellschaft aber seit dem 1.1.02 zugerechnet. Eine derartige schuldrechtliche Rückbeziehung zwischen den Gesellschaftern ist zulässig. Die Sacheinlagen sind möglichst vor Beginn der Kommanditgesellschaft zu leisten, da handelsrechtlich keine Rückbeziehungsbestimmung eingreift. Wegen des (auch aus Haftungsgründen empfohlenen) Beginns der Gesellschaft erst mit Eintragung in das Handelsregister ist die Handelsregisteranmeldung rechtzeitig vor dem Stichtag 1.1.02 einzureichen. Die Anmeldung zum Handelsregister hat elektronisch in öffentlich beglaubigter Form zu erfolgen (§ 12 Abs. 1 Satz 1 HGB; vgl. *Baumbach/Hopt* § 12 HGB Rz. 1 und s. A. 3.02 Rz. 41). Es empfiehlt sich weiter, auch den Einbringungs- und KG-Vertrag spätestens am 1.1.02 abzuschließen, weil steuerrechtlich ebenso keine Rückwirkungsbestimmung eingreift (s. Rz. 9); hilfsweise: rechtzeitige Einigung zwischen den Parteien dokumentieren (der Gesellschaftsvertrag kann formlos mündlich geschlossen werden) und erläutern, dass die zunächst getroffene Einigung erst nachträglich schriftlich fixiert wurde.

Haftung für betriebliche Steuerschulden des eingebrachten Einzelunter- 4
nehmens: Die aufnehmende Personenhandelsgesellschaft haftet gem. § 75 AO für Betriebsteuern, für Ansprüche auf Erstattung von Steuervergütungen und Steuerabzugsbeträge des eingebrachten Einzelunternehmens des A, die seit dem Beginn des letzten vor dieser Einbringung liegenden Kj. entstanden sind und die bis zum Ablauf

von einem Jahr nach Anmeldung des Betriebs für die Personengesellschaft festgesetzt oder durch die Personengesellschaft angemeldet werden (am Beispiel des Formulars: Haftung für Steueransprüche, die im Jahr 01 entstanden sind und deren Anmeldung bzw. Festsetzung bis Dezember 2002 erfolgt). Als Betriebssteuern kommen im Wesentlichen die Umsatzsteuer, Gewerbesteuer und betrieblich veranlasste Verbrauchsteuern in Betracht. Abzugssteuern erfassen insbes. die Lohnsteuer, Kapitalertragsteuer (§ 43 EStG) und Abzugssteuern bei beschränkt steuerpflichtigen Empfängern (§ 50a EStG). Die Haftung beschränkt sich auf den Bestand des übernommenen Vermögens. Die aufnehmende Personenhandelsgesellschaft übernimmt aber keine Haftung für persönliche Steuern des Einbringenden (zB Einkommensteuer bei natürlichen Personen, Körperschaftsteuer bei juristischen Personen, Erbschaftsteuer und dergleichen).

3. Steuerrecht

a) Ertragsteuerrecht (Allgemeines)

5 Das Formular geht von der Einbringung eines Einzelunternehmens in eine neu gegründete Kommanditgesellschaft gegen Gewährung von Gesellschaftsrechten aus; hierauf findet § 24 UmwStG Anwendung. Nach herrschender Auffassung findet § 24 UmwStG auch Anwendung, wenn das eingebrachte Betriebsvermögen teilweise (nur) Sonderbetriebsvermögen des Einbringenden bei der übernehmenden Personengesellschaft wird (BMF v. 11.11.11, BStBl. I 11, 1314, Tz. 24.05; ganz herrschende Meinung, vgl. statt aller *R/H/L/Rasche* § 24 UmwStG Rz. 58f.; a.A. u.U. *D/P/P/M/Patt* § 24 UmwStG Rz. 14, 16, 104). § 24 UmwStG gilt für die Einbringung von Betrieben, Teilbetrieben und Mitunternehmeranteile in Personengesellschaften ohne weitere Einschränkungen hinsichtlich der übertragenden oder übernehmenden Rechtsträger (§ 1 Abs. 3 Nr. 4 iVm. Abs. 4 Satz 2 UmwStG). Nach § 24 UmwStG bestehen unter der Voraussetzung, dass das Recht der Bundesrepublik Deutschland hinsichtlich der Besteuerung des eingebrachten Betriebsvermögens nicht ausgeschlossen oder beschränkt wird, zur ertragsteuerlichen Behandlung folgende **Wahlmöglichkeiten:**

- **Vermeidung der Gewinnrealisierung** durch A bei Fortführung der bisherigen Buchwerte des Einzelunternehmens durch die KG (Handelsbilanz der KG und Ergänzungsbilanz des A).
- **Volle Gewinnrealisierung** bei Ansatz des gemeinen Werts durch die KG (Handelsbilanz der KG und Ergänzungsbilanz des A) für alle Wirtschaftsgüter, einschließlich Firmenwert; in diesem Fall Gewerbesteuerfreiheit des Einbringungsgewinns und einkommensteuerliche Anwendung des Freibetrags gem. § 16 Abs. 4 EStG sowie auf Antrag der Tarifermäßigung gem. § 34 EStG auf die quotale Beteiligung des B von 50% (§ 24 Abs. 3 Satz 3 UmwStG iVm. § 16 Abs. 2 Satz 3 EStG): Soweit auf der Seite des Einbringenden und auf der Seite der aufnehmenden Personengesellschaft dieselben Personen (hier A) Unternehmer oder Mitunternehmer sind, sollen die Vergünstigungen der §§ 16 Abs. 4 und 34 Abs. 1 EStG nicht anwendbar sein; insoweit soll es sich um einen laufenden Gewinn handeln. In der Höhe der Beteiligungsquote des Einbringenden A an der aufnehmenden Gesellschaft liegt damit ein laufender Gewinn vor (zur Gewerbesteuer s. Rz. 13 und Rz. 19).
- **Teilweise Gewinnrealisierung** unter Ansatz eines Zwischenwertes durch die KG (Handelsbilanz der KG und Ergänzungsbilanz des A) mit Besteuerung als laufender Gewinn (einkommensteuerlich keine Anwendung von §§ 16 Abs. 4 und 34 Abs. 1 EStG aber Gewerbesteuerfreiheit, vgl. *S/H/S/Schmitt* § 24 UmwStG Rz. 256; *D/P/P/M/Patt* § 24 UmwStG Rz. 152; *R/H/L/Rasche* § 24 UmwStG Rz. 93).

Nach Auffassung der hM und der Finanzverwaltung reicht es für die Anwendbarkeit von § 24 UmwStG aus, wenn funktional wesentliche Betriebsgrundlagen zurückbehalten werden und durch Abschluss eines Nutzungsvertrags mit der übernehmenden Personengesellschaft zu Sonderbetriebsvermögen werden (so zB wenn A im Formular das Grundstück (Grund und Boden und Gebäude) nicht mit auf die A & B KG übertragen, sondern zurückbehalten und nur an sie vermietet hätte; vgl. UmwSt-Erl. 2011 BMF v. 11.11.11, BStBl. I 11, 1314, Tz. 24.05, *S/H/S/Schmitt* § 24 UmwStG Rz. 34, 70; *R/H/L/Rasche* § 24 UmwStG Rz. 44, 58; aA *D/P/P/M/Patt* § 24 UmwStG Rz. 15f., 19, 104).

Nach Abschaffung des sog. halben ESt-Satzes (ab 1999) in § 34 Abs. 1 EStG wird regelmäßig unter Barwertgesichtspunkten die volle Vermeidung der Gewinnrealisierung anzustreben sein. 6

Durch das StSenkErgG v. 19.12.00 (BGBl. I 00, 1812; BR-Drs. 722/00) wurde für Realisierungsvorgänge ab dem VZ 2001 nach § 34 Abs. 3 EStG idF des StSenkErgG für bestimmte Fälle (§ 16 EStG, nicht aber § 17 EStG) der sog. **ermäßigte** (ab 2004: 56%) durchschnittliche **Einkommensteuersatz** wieder eingeführt (einmal im Leben eines Steuerpflichtigen ab VZ 2001 für max. € 5 Millionen bei Vollendung des 55. Lebensjahres oder bei dauernder Berufsunfähigkeit im sozialversicherungsrechtlichen Sinne (vgl. A. 3.00 Rz. 3).

Die Anwendung des **ermäßigten** (ab 2004: 56%) **Steuersatzes** nach § 34 Abs. 3 EStG auf einen bei **Einbringung nach § 24 UmwStG** erzielten Gewinn ist möglich (§ 24 Abs. 3 Satz 2 UmwStG). Ausgeschlossen ist der ermäßigte (ab 2004: 56%) Steuersatz aber, soweit nur ein Teil-Mitunternehmeranteil ab 2001 eingebracht wurde (§ 24 Abs. 3 Satz 2 UmwStG; nicht Fall des Formulars) oder soweit der Veräußerungsgewinn nach § 3 Nr. 40 Satz 1 Buchst. b iVm. § 3c Abs. 2 EStG teilweise steuerbefreit ist. Der Höhe nach sind die Begünstigungen des § 34 EStG aber in jedem Fall nur in der Quote zu gewähren, mit welcher andere Mitunternehmer an der aufnehmenden Personengesellschaft beteiligt sind; denn nach § 16 Abs. 2 Satz 3 EStG iVm. § 24 Abs. 3 Satz 3 UmwStG gilt der Einbringungsgewinn in Höhe der Beteiligungsquote des Einbringenden als laufender Gewinn.

Maßgebend dafür, in welcher **Höhe** eine **Gewinnrealisierung** vorliegt, ist der Ansatz der eingebrachten Wirtschaftsgüter bei der aufnehmenden Kommanditgesellschaft, und zwar die Summe des Ansatzes in der Handelsbilanz der KG und in der Ergänzungsbilanz des Gesellschafters. Es ist also durchaus möglich, dass in der Handelsbilanz voll aufgestockt wird (zB aus Gläubigergesichtspunkten, bzw. zur Vermeidung eines nicht verrechenbaren Verlustes gem. § 15a EStG), in der Ergänzungsbilanz des Einbringenden aber durch Abstockung (sog. negative Ergänzungsbilanz) im Ergebnis steuerlich die bisherigen Buchwerte fortgeführt werden. 7

Abweichend von der Einbringung in eine Kapitalgesellschaft gem. § 20 Abs. 2 Satz 2 Nr. 2 UmwStG enthält § 24 UmwStG **keine** Regelungen zum **Mindestansatz;** eingebracht werden kann also auch ein Betrieb mit einem sog. negativen Kapitalkonto, ohne dass allein dadurch insoweit eine zwingende Gewinnrealisierung eintritt (vgl. *R/H/L/Rasche* § 24 UmwStG Rz. 68; UmwSt-Erl. 2011 BMF v. 11.11.11, BStBl. I 11, 1314 Tz. 24.04). 8

§ 24 UmwStG enthält **keine** auf die Einbringung durch Einzelrechtsnachfolge anwendbare steuerrechtliche **Rückwirkungsbestimmung.** Die achtmonatige steuerliche Rückwirkung (gem. § 20 Abs. 5 und 6 UmwStG) ist nicht für die Einbringung im Wege der Einzelrechtsnachfolge anwendbar (§ 24 Abs. 4 2. Hs. UmwStG; vgl. *R/H/L/Rasche* § 24 UmwStG Rz. 123); ertragsteuerlich kann allenfalls nach allgemeinen Grundsätzen eine Rückbeziehung für eine relativ kurze Zeit, zB bis zu einem Monat, anerkannt werden. Der Einbringungs- und Gesellschaftsvertrag ist daher schon aus steuerlichen Gründen rechtzeitig abzuschließen (vgl. Rz. 3). 9

Soll gleichwohl eine bis zu achtmonatige steuerliche Rückwirkung auf Antrag ermöglicht werden, müsste A sein im Handelsregister eingetragenes nicht überschuldetes Einzelunternehmen **alternativ** im Wege der **Ausgliederung** gem. §§ 123, 152ff. 10

UmwG auf eine vorher zusammen mit B gegründete (und damit im Zeitpunkt der Ausgliederung bereits bestehende) A & B KG überführen (zur Ausgliederung aus dem Vermögen eines Einzelkaufmanns vgl. Formular A. 15.30).

Wird hierzu handelsrechtlich ein bis zu acht Monate zurückliegender Ausgliederungsstichtag gewählt (§ 17 Abs. 2 iVm. § 125 UmwG), kann nach § 24 Abs. 4 2. Hs. UmwStG iVm. § 20 Abs. 5 und 6 UmwStG dieser Stichtag auf Antrag auch für die steuerliche Ermittlung des Einkommens zugrunde gelegt werden (obwohl der Wortlaut von § 24 Abs. 4 2. Hs. UmwStG nur die Einbringung im Wege der Gesamtrechtsnachfolge erfasst, soll die Rückwirkung nach dem Bericht des Finanzausschusses des BT zur Ergänzung des § 24 Abs. 4 UmwStG durch das Jahressteuergesetz 1996 auch für die mit der Ausgliederung einhergehende partielle Gesamtrechtsnachfolge gelten; vgl. *R/H/L/Rasche* § 24 UmwStG Rz. 123). Stellt sich die Einbringung als Kombination von Gesamt- und Einzelrechtsnachfolge dar, nimmt auch letztere an der Rückbeziehung teil (UmwSt.-Erl. 2011 BMF v. 11.11.11, BStBl. I 11, 1314, Tz. 24.06).

11 Die neu errichtete aufnehmende Personengesellschaft kann auch ein vom Kalenderjahr abweichendes **Wirtschaftsjahr** wählen, ohne eine Zustimmung des FA nach § 4a Abs. 1 Satz 2 Nr. 2 Satz 2 EStG einholen zu müssen.

aa) Einzelerläuterungen zum Ertragsteuerrecht

12 Dem Formular liegt die **Einbringung des Einzelunternehmens** des A **mit Buchwerten** (= bisheriges Kapitalkonto) von € 50.000.– und mit einem Teilwert (gemeinem Wert) von € 100.000.– zugrunde. Die stillen Reserven von € 50.000.– verteilen sich auf:

Grund und Boden	€ 10.000.–
Gebäude	€ 20.000.–
Umlaufvermögen	€ 10.000.–
Firmenwert	€ 10.000.–.

Bei dem vorgesehenen Teilwertansatz (Ansatz des gemeinen Werts) in der Handelsbilanz der KG (Eröffnungsbilanz) ergibt sich Folgendes:

Handelsbilanz KG (Eröffnungsbilanz zu Teilwerten/gemeinen Werten) zum 1.1.02

Aktiva	T€	Passiva	T€
Grund und Boden (20 + 10)	30	Kapital A	100
Gebäude (80 + 20)	100	Kapital B	100
Umlaufvermögen (50 + 10)	60	Verbindlichkeiten	100
Firmenwert (0 + 10)	10		
Bank (Einzahlung von B)	100		
	300		300

Aufgrund dieser Eröffnungsbilanz würde sich für den A ein Veräußerungsgewinn von € 50.000.– wie folgt errechnen:

Ansatz des Einzelunternehmens in Handelsbilanz	100
./. bisheriges Kapital (Buchwerte)	./.50
Veräußerungsgewinn	50

13 Auf diesen Veräußerungsgewinn sind einkommensteuerlich der **Freibetrag** des § 16 Abs. 4 EStG und die **Tarifbegünstigung** des § 34 Abs. 1 EStG nur insoweit zu gewähren, als der Einbringende A an der Personengesellschaft nicht beteiligt ist (§ 24

Abs. 3 Satz 3 UmwStG iVm. § 16 Abs. 2 Satz 3 EStG); dh im vorliegenden Fall wäre der Einbringungsgewinn nur zur Hälfte gem. §§ 16 Abs. 4 und 34 Abs. 1 EStG begünstigt. Nach Auffassung der FinVerw. (UmwSt-Erl. 2011 BMF v. 11.11.11, BStBl. I 11, 1314 Tz. 24.17) unterliegt der Veräußerungsgewinn insoweit, als der Einbringende A an der aufnehmenden Personengesellschaft als Mitunternehmer beteiligt ist, durch die in § 16 Abs. 2 Satz 3 EStG angeordnete Fiktion als „laufender Gewinn" (so die Begründung zu Art. 8 Nr. 2 der BR-Drs. 612/93) der **Gewerbesteuerpflicht** (BFH VIII R 7/01 v. 15.6.04, BStBl. II 04, 754; *R/H/L/Rasche* § 24 UmwStG Rz. 94; UmwSt-Erl. 2011 BMF v. 11.11.11, BStBl. I 11, 1314 Tz. 24.17).

A hat jedoch die Wahl, den Veräußerungsgewinn in voller Höhe durch die Bildung einer sog. **negativen Ergänzungsbilanz** zu vermeiden (UmwSt-Erl. 2011 BMF v. 11.11.11, BStBl. I 11, 1314 Tz. 24.13f.). Entscheidet er sich dafür (in Übereinstimmung mit Ziff. 5 des Vertrags), ist folgende negative Ergänzungsbilanz für A aufzustellen: 14

Negative Ergänzungsbilanz A (in Eröffnungsbilanz) 1.1.02

Aktiva	T€	Passiva	T€
Minderkapital	50	Mindervermögen	100
		Grund und Boden	10
		Gebäude	20
		Umlaufvermögen	10
		Firmenwert	10
	50		50

Die sich durch die Minderabschreibungen in den Folgejahren ergebenden **Gewerbesteuermehrbelastungen** der KG sind nach dem vorgesehenen Vertragsmuster (vgl. Ziff. 5) von A zu tragen. Die Aufnahme von derartigen Bestimmungen ist notwendig, weil sonst keine Verlagerung auf den Gesellschafter A möglich wäre. 15

Variante (mit Zuzahlung außerhalb des Betriebsvermögens durch B an A iHv. T€ 50): A erhält € 50.000.– Kapitalkonto und weitere € 50.000.– von B in bar als **Zuzahlung.** 16

Erhält A abweichend vom Formularmuster lediglich ein Kapitalkonto von € 50.000.– für sein eingebrachtes Einzelunternehmen, jedoch von B eine Zuzahlung von weiteren € 50.000.–, die nicht Betriebsvermögen der Personengesellschaft wird, so ergibt sich bei Vollaufstockung in der Handelsbilanz der KG folgende Eröffnungsbilanz:

KG Handelsbilanz (Eröffnungsbilanz) bei Teilwertansatz

Aktiva	T€	Passiva	T€
Grund und Boden	30	Kapital A	50
Gebäude	100	Kapital B (davon 50	
Umlaufvermögen	60	von A erbracht)	100
Firmenwert	10	Verbindlichkeiten	100
Bank (Einzahlung von B)	50		
	250		250

Die **Verteilung der Kapitalkonten** errechnet sich folgendermaßen: B hat € 100.000.– aufgewandt (€ 50.000.– Einzahlung in die KG, € 50.000.– Zuzahlung an A); A hat in diesem Fall nur € 50.000.– aufgewandt (Einbringung Betriebsvermögen mit Teilwert € 100.000.– ./. erhaltene Zuzahlung € 50.000.–). Daraus ergibt sich eine Gewinn- und Verlustbeteiligung von A:B im Verhältnis von 50:100; dh. von 1:2.

Bezüglich der **steuerlichen Realisierung** hat A hier folgende **Wahlmöglichkeiten:**

17 **Volle Realisierung** unter Ausweis eines Veräußerungs- und Einbringungsgewinns von € 50.000.– für A bzw. **teilweise Realisierung** unter Ausweis eines Veräußerungsgewinns von mind. € 25.000.– für A: Der Veräußerungsgewinn setzt sich hier zusammen aus jeweils einem Veräußerungs- und einem Einbringungsgewinn von je € 25.000.– (Veräußerungserlös von € 50.000.– gegenüber den anteiligen bisherigen Buchwerten von € 25.000.–; Einbringungsgewinn: Ansatz der eingebrachten Wirtschaftsgüter, soweit diese auf Rechnung des A eingebracht wurden, von € 50.000.– gegenüber anteiligen bisherigen Buchwerten von € 25.000.–). Dies entspricht BFH IV R 82/92 v. 8.12.94, BStBl. II 95, 599 (glA UmwSt-Erl. 2011 BMF v. 11.11.11, BStBl. I 11, 1314 Tz. 24.10); der durch die Zuzahlung realisierte Veräußerungsgewinn von € 25.000.– kann nicht durch die Erstellung einer negativen Ergänzungsbilanz vermieden werden. Lediglich in Höhe des Einbringungsgewinns von € 25.000.– könnte dieser Teil durch Erstellung einer negativen Ergänzungsbilanz neutralisiert werden. Im Beispielsfall ist also für A eine volle Realisierung von € 50.000.–, mindestens aber eine teilweise Realisierung von € 25.000.– erforderlich. In Bezug auf den Einbringungsgewinn (der durch Bildung einer negativen Ergänzungsbilanz iHv. € 25.000.– in vollem Umfang vermieden werden könnte) besteht natürlich auch die Möglichkeit, diesen nur teilweise, dh. durch Bildung einer negativen Ergänzungsbilanz von weniger als € 25.000.– zu vermeiden.

18 Bezüglich der Gewährung der **Steuerbegünstigungen der §§ 16 Abs. 4, 34 Abs. 1 EStG** auf den von A realisierten Einbringungs- und Veräußerungsgewinn gilt auf Grund § 24 Abs. 3 Satz 3 UmwStG iVm. § 16 Abs. 2 Satz 3 EStG Folgendes: Die Gewährung der Begünstigungen der §§ 16 Abs. 4, 34 Abs. 1 EStG kommt überhaupt nur dann in Betracht, wenn die stillen Reserven im Einzelunternehmen des A im Rahmen der Einbringung mit Zuzahlung in vollem Umfang aufgedeckt werden, dh. auch der Einbringungsgewinn nicht durch Bildung einer negativen Ergänzungsbilanz wieder neutralisiert wird. Die Begünstigungen sind aber insoweit nicht zu gewähren, als auf der Seite des Veräußerers (hier A) und auf der Seite des Erwerbers (hier KG) dieselben Personen (hier A) als Unternehmer bzw. Mitunternehmer beteiligt sind. Dies bedeutet, dass die Begünstigung iHv. $^1/_3$ (insoweit ist A an der KG nach der Einbringung weiterhin beteiligt) nicht zu gewähren ist, dh. insoweit als „laufender Gewinn" iSd. § 16 Abs. 2 Satz 3 EStG iVm. § 24 Abs. 3 Satz 3 UmwStG gilt (Maßgeblichkeit der Gewinnbeteiligung des Veräußerers A an der erwerbenden KG zur Ausfüllung des Begriffs „soweit" in § 16 Abs. 2 Satz 3 EStG; BFH VIII R 7/01 v. 15.6.04, BStBl. II 04, 754; vgl. auch das Beispiel in UmwSt-Erl. 2011 BMF v. 11.11.11, BStBl. I 11, 1314 Tz. 24.16). Auf den insgesamt zu realisierenden Veräußerungs- und Einbringungsgewinn von € 50.000.– sind also nur iHv. $^2/_3$ die Steuerbegünstigungen der §§ 16 Abs. 4, 34 Abs. 1 EStG anwendbar.

19 Bezüglich der **Gewerbesteuer** bleibt es bei der Gewerbesteuerpflicht, soweit ein „laufender Gewinn" iSd. § 16 Abs. 2 Satz 3 EStG iVm. § 24 Abs. 3 Satz 3 UmwStG vorliegt, s. Rz. 13. Im Übrigen fällt keine Gewerbesteuer an, unabhängig davon, ob ein Einbringungsgewinn auf dem Ansatz des gemeinen Werts oder von Zwischenwerten beruht (vgl. *S/H/S/Schmitt* § 24 UmwStG Rz. 256; *D/P/P/M/Patt* § 24 UmwStG Rz. 152f.; *R/H/L/Rasche* § 24 UmwStG Rz. 93; BFH IV R 93/85 v. 29.10.87, BStBl. II 88, 374, 377 geht davon aus, dass auch ein bei der Einbringung eines Betriebs zu Zwischenwerten entstehender Einbringungsgewinn nicht der Gewerbeertragsteuer unterliegt, weil die Einbringung einen tauschähnlichen Vorgang iS. einer Betriebsveräußerung darstellt).

20 Im BFH-Urteil IV R 82/92 v. 8.12.94 (BStBl. II 95, 599) wurde erstmals entschieden, dass ein Veräußerungsgewinn auf Grund **Zuzahlung außerhalb des Betriebsvermögens** nicht durch Erstellung einer negativen Ergänzungsbilanz des Einbringen-

den neutralisiert werden kann. Dem schließt sich die FinVerw. an: Nach UmwSt-Erl. 2011 BMF v. 11.11.11, BStBl. I 11, 1314 Tz. 24.09ff. entsteht eine anteilige Steuerpflicht durch unterstellte Veräußerung eines Anteils am Einzelunternehmen durch A an B vor der Einbringung (die für Einkommensteuerzwecke zu einem laufenden Gewinn führt) und die unterstellte Entnahme des Veräußerungserlöses durch A in Höhe der Zuzahlung. Die Einbringung des von B (fiktiv) anteilig erworbenen Betriebs soll nach Auffassung der FinVerw. also aufgestockt erfolgen, die Einbringung des (fiktiven) Restbetriebs soll nach Auffassung der FinVerw. zu den (teilweise) fortgeführten Buchwerten erfolgen können.

Gestaltungshinweis: A entnimmt anstelle der Zuzahlung vor der Einbringung einen entsprechenden Betrag (nach Schuldaufnahme) aus seinem Einzelunternehmen. Unschädlich ist ferner, wenn dem Einbringenden neben Gesellschaftsrechten an der übernehmenden Personengesellschaft sonstige Wirtschaftsgüter (typischerweise Darlehensforderungen in Form von Guthaben auf einem Darlehenskonto) gewährt werden (sog. Mischentgelt; BFH X R 42/10 v. 18.9.13, DStR 13, 2380 entgegen BMF v. 11.11.11, BStBl. I 11, 1314 Tz. 24.07; siehe hierzu auch *Rosenberg* DB 13, 1924). 21

bb) Sonstige ertragsteuerliche Folgen

Setzt die aufnehmende Personengesellschaft das übertragene Betriebsvermögen mit den **gemeinen Werten** an (in Handelsbilanz der KG und Ergänzungsbilanz), gelten diese Wirtschaftsgüter als von der Personengesellschaft zum Einbringungsstichtag zum gemeinen Wert angeschafft (§ 23 Abs. 4 1. Hs. iVm. § 24 Abs. 4 1. Hs. UmwStG, wenn es sich – wie hier – um einen Vermögensübergang im Wege der Einzelrechtsnachfolge handelt; bei Ausgliederung – vgl. Rz. 1 – gilt allerdings keine Anschaffungsfiktion; § 23 Abs. 4 2. Hs. UmwStG); daraus folgt zB, dass geringwertige Wirtschaftsgüter im ersten Geschäftsjahr bei der Personengesellschaft sofort gewinnmindernd ausgebucht werden können (bzw. Anwendung der Sammelpostenmethode nach § 6 Abs. 2a EStG) und dass die Personengesellschaft degressive Abschreibungen gem. § 7 Abs. 2 EStG für bewegliche Anlagegüter vornehmen kann (Hinweis auf die Abschaffung der degressiven Abschreibung durch die Unternehmensteuerreform 2008 und ihre teilweise, vorübergehende (bis 31.12.10) Wiedereinführung durch das Gesetz zur Umsetzung steuerrechtlicher Regelungen des Maßnahmenpakets „Beschäftigungssicherung durch Wachstumsstärkung" (sog. „Konjunkturpaket I" v. 21.12.08, BGBl. I 08, 2896). Bei nur teilweiser Aufstockung, dh. nur teilweiser Realisierung, erhöht sich die Abschreibungsbasis um den Aufstockungsbetrag (§ 23 Abs. 3 iVm. § 24 Abs. 4 1. Hs. UmwStG). Bei Buchwertfortführung tritt die KG bzgl. der AfA, der erhöhten Absetzungen, der Sonderabschreibungen, der Inanspruchnahme einer Bewertungsfreiheit oder eines Bewertungsabschlags, der den steuerlichen Gewinn mindernden Rücklagen sowie der Anwendung der Vorschriften des § 6 Abs. 1 Nr. 2 Satz 2 und 3 EStG in die Rechtsstellung des Einbringenden ein (§ 4 Abs. 2 Satz 3; § 12 Abs. 3 Satz 1 iVm. § 23 Abs. 1 und § 24 Abs. 4 1. Hs. UmwStG). Ein **Zinsvortrag** nach § 4h Abs. 1 Satz 2 EStG nF des eingebrachten Betriebs geht nicht auf die übernehmende Personengesellschaft über (§ 20 Abs. 9 iVm. § 24 Abs. 6 UmwStG). Die übernehmende PersGes kann evtl. gewerbesteuerliche Verlustvorträge aus dem eingebrachten Betriebsvermögen unter den allgemeinen gewerbesteuerlichen Voraussetzungen (§ 10a GewStG) von ihren künftigen positiven Gewerbeerträgen abziehen (*R/H/L/Rasche* § 24 UmwStG Rz. 127; Hinweis auf § 10a Satz 10 GewStG idF des JStG 2009). Werden im Rahmen der Einbringung Anteile an Kapitalgesellschaften mit übertragen, sind die Regelungen des § 24 Abs. 5 UmwStG zu beachten, wobei in diesem Fall die Nachweispflichten nach § 22 Abs. 3 UmwStG nach ganz überwiegender Meinung ins Leere laufen (*D/P/P/M/Patt* § 24 UmwStG Rz. 233; aA BMF v. 11.11.11, BStBl. I 11, 1314 Tz. 24.29). 22

Werden **andere Wirtschaftsgüter** als ein Betrieb, Teilbetrieb oder Mitunternehmeranteil **eingebracht,** gilt Folgendes:

23 Die **Einbringung einer** zu einem Betriebsvermögen gehörenden **100 %igen Beteiligung** einer Kapitalgesellschaft wird von der FinVerw. (obwohl eine gesetzliche Bestimmung fehlt) der Einbringung eines Teilbetriebs iSv. § 24 Abs. 1 UmwStG gleichgestellt (UmwSt-Erl. 2011 BMF v. 11.11.11, BStBl. I 11, 1314 Tz. 24.02; anders BFH I R 77/06 v. 17.7.08, BStBl. I 09, 464, zum UmwStG 1995; dagegen: BMF v. 20.5.09, BStBl. I 09, 671 mit Ankündigung einer gesetzlichen Klarstellung). Auch hierfür ist keine ertragsteuerliche Rückwirkung möglich (Ausnahme: Einbringung auf Grund zumindest partieller Gesamtrechtsnachfolge, vgl. Rz. 11). Bei Einbringung einer 100%igen Beteiligung aus einem Betriebsvermögen ist der Einbringungsgewinn regelmäßig nicht von der Gewerbesteuer befreit (GewStH 7.1 Abs. 3 „Gewinn aus der Veräußerung einer 100%igen Beteiligung an einer Kapitalgesellschaft"), es sei denn, die 100%ige Beteiligung ist Bestandteil einer Sacheinlage (uU auch als Sonderbetriebsvermögen – vgl. *W/M/Widmann* § 20 UmwStG Rz. 1140). Bei (Mit-)Einbringung von Anteilen an Körperschaften ist die siebenjährige Sperrfrist nach § 24 Abs. 5 UmwStG zu beachten (vgl. hierzu auch UmwSt-Erl. 2011 BMF v. 11.11.11, BStBl. I 11, 1314 Tz. 24.18 ff.).

24 Bei **Einbringung von einzelnen Wirtschaftsgütern,** die aus einem Betriebsvermögen stammen, ist § 24 UmwStG vorrangig vor § 6 Abs. 5 Satz 3 EStG anzuwenden, wenn die Voraussetzungen erfüllt sind (vgl. BMF v. 8.12.11, BStBl. I 11, 1279, Tz. 12).

25 **Werden Wirtschaftsgüter des Privatvermögens** gegen Gewährung von Gesellschaftsrechten in das betriebliche Gesamthandsvermögen einer Personengesellschaft eingebracht, handelt es sich insoweit um einen tauschähnlichen Vorgang (BMF v. 29.3.00, BStBl. I 00, 462), der insbes. bei qualifizierten Beteiligungen an Kapitalgesellschaften (oder alten sog. einbringungsgeborenen Anteilen) sowie bei Grundstücken während der zehnjährigen sog. Spekulationsfrist zu einem steuerpflichtigen Veräußerungsgeschäft führt. Dies kann dadurch verhindert werden, dass die Sacheinlage ausschließlich (vgl. BFH I R 77/06 v. 17.7.08, BStBl. II 09, 464; mit Übergangsregelung: BMF v. 20.5.09, BStBl. I 09, 671; jetzt auch: BMF v. 11.7.11, DStR 11, 1319) auf einem gesamthänderisch gebundenen Rücklagenkonto gebucht wird (zur Abgrenzung Kapital-, Darlehens- und Rücklagenkonto vgl. BMF v. 26.11.04, BStBl. I 04, 1190).

26 Zur **Haftung** der aufnehmenden Personengesellschaft gem. § 75 AO für **Betriebssteuern,** für Ansprüche auf Erstattung von Steuervergütungen und für Steuerabzugsbeträge des eingebrachten Einzelunternehmens vgl. Rz. 4. Die Einbringung von Wirtschaftsgütern (einschließlich Anteilen an Kapitalgesellschaften, vgl. Oberste FinBeh der Länder v. 20.11.13, DStR 14, 103) in eine Personengesellschaft nach § 24 UmwStG stellt regelmäßig keinen Verstoß gegen die **Behaltensregelung** des **§ 13a Abs. 5 ErbStG** dar (§ 13a Abs. 5 Nr. 1 Satz 2, 2. Hs. ErbStG). Zur weiteren Ermittlung der Lohnsumme s. Oberste FinBeh der Länder v. 21.11.13, ZEV 14, 57.

b) Verkehrsteuerrecht

27 **Umsatzsteuer:** Werden wie hier alle wesentlichen Grundlagen des Einzelunternehmens des A in die KG eingebracht, liegt eine nicht umsatzsteuerbare sog. Geschäftsveräußerung im Ganzen (§ 1 Abs. 1a UStG) vor. Die übernehmende Personengesellschaft (KG) tritt gem. § 1 Abs. 1a Satz 3 UStG an die Stelle des einbringenden Einzelunternehmers A. Dies ist vor allem für die Berichtigung des Vorsteuerabzugs nach § 15a UStG bedeutsam: Nach § 15a Abs. 10 UStG wird (der Regelung in § 1 Abs. 1a UStG entsprechend) der für ein Wirtschaftsgut maßgebliche Vorsteuer-Berichtigungszeitraum durch eine Geschäftsveräußerung bzw. Geschäftseinbringung nicht unterbrochen. Die übernehmende KG tritt in die Verpflichtungen des bisherigen Einzelunternehmers A bzgl. einer Vorsteuerberichtigung wegen geänderter Verhältnisse ein (hierzu hat A der KG die für die Durchführung der Berichtigung erforderlichen Angaben zu machen, § 15a Abs. 10 Satz 2 UStG).

Soweit keine nicht umsatzsteuerbare Geschäftsveräußerung im Ganzen vorliegt und bzgl. einzelner Gegenstände die Steuerbefreiung gem. § 4 Nr. 8 Buchst. b, c, e, f, g und Nr. 9a UStG nicht greifen bzw. darauf durch Option verzichtet wurde, wird die Umsatzsteuer (vollen Vorsteuerabzug der aufnehmenden KG vorausgesetzt) regelmäßig zu keiner definitiven Kostenbelastung führen (Hinweis auf UStAE 1.6 Abs. 2). **28**

Die Gewährung von Gesellschaftsrechten durch die aufnehmende KG stellt keinen **steuerbaren,** mithin auch keinen nach § 4 Nr. 8 Buchst. f UStG **steuerbefreiten, Umsatz** dar (BFH V R 32/00 v. 1.7.04, BStBl. II 04, 1022). Nach UStAE 15.21 ist der Vorsteuerabzug auf die Gründungskosten nach allgemeinen Grundsätzen zu gewähren. **29**

Grunderwerbsteuer fällt an, wenn zum eingebrachten Vermögen ein Grundstück gehört, soweit der nichteinbringende Gesellschafter danach vermögensmäßig an der Personengesellschaft beteiligt ist (bzgl. der eigenen Beteiligung des Einbringenden greift die quotale Steuerbefreiung von § 5 Abs. 2 GrEStG ein). Grunderwerbsteuer kann auch anfallen, wenn zum eingebrachten Vermögen Anteile an einer grundstücksbesitzenden Kapital- oder Personengesellschaft gehören. Siehe hierzu auch §§ 1 Abs. 3a und 6a GrEStG idF des AmtshilfeRLUmsG v. 26. 6. 13 (BGBl. I 13, 1809) und Oberste FinBeh der Länder v. 9.10.13, BStBl. I 13, 1364 und 1375; *Behrens* DStR 13, 2726. **30**

A. 3.02 Einbringung eines (Teil-)Betriebs in GmbH (Sacheinlage gegen Kapitalerhöhung)

Gliederung

I. FORMULARE

Formular A. 3.02 Beschluss zur Kapitalerhöhung und Einbringung

Verhandelt zu ......

am ......

vor mir, ... Notar erschienen

1. Herr A ...... *[Beruf/Wohn- bzw. Geschäftsadresse]*

2. Herr B ...... *[Beruf/Wohn- bzw. Geschäftsadresse]*

Die Erschienenen erklärten mit dem Ersuchen um Beurkundung:

I. Beteiligte

1. Herr A ist alleiniger Gesellschafter der A-GmbH mit Sitz in ...... *[Ort, Straße]*, eingetragen im Handelsregister des Amtsgerichts ...... unter HRB ......, deren voll eingezahltes Stammkapital € 50.000.– beträgt. Herr A hält den einzigen Geschäftsanteil im Nennbetrag von € 50.000.–. Herr A ist gleichzeitig einziger Geschäftsführer der A-GmbH.
2. Herr B ist Alleininhaber des im Handelsregister des Amtsgerichts ...... unter HRA ...... eingetragenen Einzelunternehmens „B ......“. Dieses Einzelunternehmen besteht aus einem Teilbetrieb in A-Stadt und einem Teilbetrieb in B-Stadt, für welche jeweils getrennte Jahresabschlüsse vorliegen. Gegenstand der nachfolgend vereinbarten Einbringung ist der Teilbetrieb in B-Stadt.
3. Unter Verzicht auf sämtliche Form- und Fristvorschriften für die Einberufung und Abhaltung einer Gesellschafterversammlung erklärt Herr A, eine Gesellschaftervollversammlung der A-GmbH abzuhalten und einstimmig was folgt zu beschließen.

II. Gesellschafterbeschlüsse

1. Der Geschäftsanteil im Nennbetrag von € 50.000.– wird hiermit in 50.000 einzelne Geschäftsanteile mit Nennbetrag von jeweils € 1.– geteilt. Diese durch Teilung entstandenen Geschäftsanteile tragen die laufenden Nummern 1 bis 50.000.
2. Das Stammkapital der Gesellschaft wird von bisher € 50.000.– um € 25.000.– auf nunmehr € 75.000.– durch Ausgabe von 25.000 neuen Geschäftsanteilen im Nennbetrag von jeweils € 1.– erhöht. Die neu ausgegebenen Geschäftsanteile tragen die laufenden Nummern 50.001 bis 75.000.
3. Die Einlagen auf die Geschäftsanteile mit den Nr. 50.001 bis 75.000 sind nicht in bar, sondern als Sacheinlage durch Einbringung des Teilbetriebs in B-Stadt des unter der Firma B ...... im Handelsregister des Amtsgerichts ...... unter HRA ...... eingetragenen Einzelunternehmens nach folgenden Maßgaben zu erbringen:

   3.1 Eingebracht werden sämtliche in der zugrunde liegenden, dieser Ausfertigung als Anlage beigefügten Bilanz zum 31.12.01 ausgewiesenen Vermögensgegenstände und Schulden, mit einem Nettobuchwert von € 25.000.–. Unter Berücksichtigung der im Anlagevermögen enthaltenen stillen Reserven von € 15.000.– sowie eines Firmenwerts von € 10.000.– beträgt der Verkehrswert der Sacheinlage € 50.000.– (Annahmewert). Mit einzubringen ist das in der Einbringungsbilanz enthaltene bebaute Grundstück in......, Gemarkung ......, Grundbuch ......, Band ......, Blatt ...... mit einer Grundstücksgröße von...... qm und einer bebauten Fläche von...... qm *[ggf. Beschreibung]* als wesentliche Betriebsgrundlage des Teilbetriebs in B-Stadt.

   3.2 Der eingebrachte Teilbetrieb wird ab dem 1.1.02 für Rechnung der A-GmbH geführt.

   3.3 Die zwischen dem Einbringungsstichtag (31.12.01 24.00 Uhr) und dem heutigen Tag als Ersatz für ausgeschiedene Vermögenswerte angeschafften oder an deren Stelle getretenen Wirtschaftsgüter sollen ebenfalls auf die GmbH übergehen (Surrogation).

   3.4 Unterschreitet der tatsächliche Wert des einzubringenden Teilbetriebs im Zeitpunkt der Eintragung im Handelsregister den gesamten Nennbetrag der von B übernommenen Geschäftsanteile mit den Nr. 50.001 bis 75.000, ist der Differenzbetrag von B durch Barzahlung auszugleichen.

3.5 Die A-GmbH wird den zu übertragenden Teilbetrieb in der Aufnahmebilanz (Handels- und Steuerbilanz) mit den bisherigen in der Einbringungsbilanz angesetzten Buchwerten fortführen. Ändert sich ein Wertansatz in der Einbringungsbilanz nachträglich durch rechtskräftige Feststellung auf Grund einer steuerlichen Außenprüfung, ist ein etwaiges Mehrvermögen in eine Kapitalrücklage einzustellen, ein etwaiges Mindervermögen durch Herrn B an die A-GmbH in bar auszugleichen.

4. Zur Übernahme der Geschäftsanteile mit den Nr. 50.001 bis 75.000 ist Herr B zugelassen. Auf die auf diese Geschäftsanteile zu erbringende Einlageverpflichtung wird die Sacheinlage mit dem in der Einbringungsbilanz zu Buchwerten ausgewiesenen Nettobetriebsvermögen angerechnet (Anrechungswert), überschießende Beträge werden als Agio geschuldet und in die Kapitalrücklage eingestellt, ein etwaiger Fehlbetrag ist durch Barzuzahlung auszugleichen.

5. § ...... (Stammkapital/Geschäftsanteile) der Gesellschaftsvertrags der A-GmbH in der zuletzt geänderten Fassung vom ...... wird wie folgt neu gefasst: „Das Stammkapital der Gesellschaft beträgt € 75.000.–. Es besteht aus 75.000 Geschäftsanteilen im Nennbetrag von jeweils € 1.–, die die laufenden Nummern 1 bis 75.000 tragen."

6. § ...... (Gesellschafterbeschlüsse) der Gesellschaftsvertrags der A-GmbH in der zuletzt geänderten Fassung vom ...... wird wie folgt neu gefasst:

   „Jeder Geschäftsanteil gewährt eine Stimme."

7. Firma ...... [falls Änderung der bisherigen Firma erwünscht].

III. Einbringungen

1. Zur Erbringung der vorstehend geschuldeten Sacheinlage überträgt Herr B hiermit sämtliche in der Einbringungsbilanz aufgeführten Vermögensgegenstände auf die A-GmbH; Herr A als einzelvertretungsberechtigter Geschäftsführer der A-GmbH nimmt die Übertragung an.

2. Die A-GmbH übernimmt auch die in der Einbringungsbilanz ausgewiesenen Verbindlichkeiten; die Parteien werden sich unverzüglich um Zustimmung der Gläubiger zum Schuldnerwechsel bemühen, zwischenzeitlich erfolgt ein Schuldbeitritt der A-GmbH, die Herrn B im Innenverhältnis für den Fall der künftigen Inanspruchnahme freistellt.

3. Das in B-Stadt ......, Straße Nr. ...... gelegene und im Grundbuch, Gemarkung ......, Band ......, Blatt ......, eingetragene bebaute Grundstück zu ...... ha wird hiermit von Herrn B auf die A-GmbH aufgelassen. Die Vertragsteile sind sich über den vereinbarten Eigentumsübergang einig und bewilligen und beantragen die Eintragung der Rechtsänderung im Grundbuch. Auf Eintragung einer Auflassungsvormerkung wird verzichtet. Herr A als einzelvertretungsberechtigter Geschäftsführer der A-GmbH nimmt diese Auflassung an. Die Herren A und B beauftragen und bevollmächtigen den beurkundenden Notar alle für den Vollzug des Eigentümerwechsels im Grundbuch notwendigen Erklärungen abzugeben.

   Herr B übernimmt die neuen Geschäftsanteile zu den in dem Kapitalerhöhungsbeschluss niedergelegten und vorstehend wiedergegebenen Bedingungen.

4. Die Kosten dieser Urkunde, ihres Vollzugs und die sonstigen hieraus anfallenden Steuern trägt die A-GmbH.

Der Notar wies die Erschienenen darauf hin, dass

- die Kapitalerhöhung erst mit der Eintragung in das Handelsregister wirksam wird;

- das Eigentum an dem Grundstück erst mit Eintragung der Auflassung in das Grundbuch übergeht und hierzu eine grunderwerbsteuerliche Unbedenklichkeitsbescheinigung erforderlich ist;
- alle Gesellschafter für übernommene, aber nicht erbrachte Stammeinlagen und die Vollwertigkeit der Sacheinlagen bei Eingang der Anmeldung der Kapitalerhöhung beim Registergericht haften.

Diese Niederschrift und die ihr beigehefteten Anlagen wurden den Erschienenen vom Notar vorgelesen, von ihnen genehmigt und von ihnen und dem Notar eigenhändig wie folgt unterschrieben:

....

[Unterschrift A] [Unterschrift B]

....

[Unterschrift Notar]

Anlage

Einbringungsbilanz des Teilbetriebs in B-Stadt des im Handelsregister des Amtsgerichts ....unter HRA ...... eingetragenen Einzelunternehmens des Herrn B

Formular A. 3.02a Übernahmeerklärung gemäß § 55 Abs. 1 GmbHG

1. Die Gesellschafterversammlung der Firma „A-GmbH" mit Sitz in ...... hat am ...... beschlossen, das Stammkapital der Gesellschaft von € 50.000.– um € 25.000.– auf € 75.000.– zu erhöhen.
2. Zur Übernahme der neuen 25.000 Geschäftsanteile mit den laufenden Nummern 50.001 bis 75.000 wurde Herr B, geschäftsansässig in ......, zugelassen. Die Einlagen auf diese Geschäftsanteile sind durch Sacheinlage zu erbringen, indem Herr B seinen Teilbetrieb in B-Stadt des unter der Firma beim Handelsregister des Amtsgerichts ...... unter HRA ...... eingetragenen Einzelunternehmens ...... auf die A-GmbH unter Zugrundelegung der Einbringungsbilanz zum 31.12.01 überträgt. Das zu Buchwerten eingebrachte Nettovermögen gemäß der Einbringungsbilanz wird mit dem dort ausgewiesenen Wert des Nettobetriebsvermögens auf die Einlagen auf diese Geschäftsanteile angerechnet, überschießende Beträge werden als Agio geschuldet, ein etwaiger Fehlbetrag ist durch Bareinzahlung auszugleichen.
3. Herr B übernimmt die Geschäftsanteile mit den laufenden Nummern 50.001 bis 75.000 zu den in dem Kapitalerhöhungsbeschluss niedergelegten und vorstehend wiedergegebenen Bedingungen.

...........[Ort], den ....

....

[Unterschrift]

....

[Beglaubigungsvermerk]

Formular A. 3.02b Handelsregisteranmeldung der Kapitalerhöhung

An das
Amtsgericht
– Handelsregister –

Zum Handelsregister der Firma A-GmbH, HRB ......, überreiche ich, der unterzeichnete alleinige Geschäftsführer der A-GmbH:

1. beglaubigte Abschrift des Gesellschafterbeschlusses vom ......, Urkunde-Nr. ......, des Notars ...... in...... mit Anlage (Bilanz des Teilbetriebs in B-Stadt der Firma ...... zum 31.12.01), welche in Abschnitt 3 auch die zur Ausführung der Kapitalerhöhung notwendige Übertragung aller Gegenstände des Betriebsvermögens des Teilbetriebs in B-Stadt einschließlich der Grundstücksauflassung (Einbringungsvertrag) enthält;
2. beglaubigte Abschrift der Übernahmeerklärung von Herrn B;
3. vollständigen Wortlaut des Gesellschaftsvertrags mit Bescheinigung des Notars gemäß § 54 Abs. 1 Satz 2 GmbHG;
4. Liste der Übernehmer der neu ausgegebenen Geschäftsanteile;
5. Liste der Gesellschafter;
6. Sacherhöhungsbericht (mit Angabe der Jahresergebnisse der beiden letzten Geschäftsjahre).

Zur Eintragung in das Handelsregister melde ich an:

1. Das Stammkapital der Gesellschaft wurde von € 50.000.– um € 25.000.– auf € 75.000.– erhöht.
2. Die §§ ...... [Stammkapital/Stammeinlagen], [Gesellschafterbeschlüsse], [evtl. Firma] des Gesellschaftsvertrags wurden geändert.

Ich, der alleinige Geschäftsführer, versichere, dass alle Vermögensgegenstände des Teilbetriebs in B-Stadt unter der Firma ...... einschließlich des in B gelegenen bebauten Grundstücks *[Straße, Nummer, Grundbuch, Band, Blatt usw.]* mit Erwerb des Anwartschaftsrechts aus erklärter Auflassung auf die Gesellschaft übergegangen sind (vgl. Einbringungsvertrag sowie Auflassung im Grundbuch ......) und sich damit das gesamte Vermögen des Teilbetriebs endgültig zur freien Verfügung der Geschäftsführung der A-GmbH befindet.

...........[Ort], den ....

....

[Unterschrift]

....

[Beglaubigungsvermerk]

II. ERLÄUTERUNGEN

Erläuterungen zu A. 3.02 Beschluss zur Kapitalerhöhung und Einbringung

1. Grundsätzliche Anmerkungen

a) Wirtschaftliches Vertragsziel

Die Einbringung eines Betriebs bzw. Teilbetriebs in eine bestehende GmbH gegen 1
Gewährung neuer Geschäftsanteile aus einer Kapitalerhöhung an den Einbringenden

bezweckt die **zukünftige gemeinsame Führung** des bisherigen Betriebs der GmbH zusammen mit dem eingebrachten Betrieb.

2 **Gewinnrealisierung** kann dabei sowohl beim Einbringenden als auch bei der aufnehmenden Gesellschaft **vermieden werden:**

- Wenn die aufnehmende GmbH die bisherigen steuerlichen Buchwerte des **Einbringenden** fortführt, kann die Realisierung stiller Reserven auf Seiten des Einbringenden gem. § 20 UmwStG vermieden werden.
- Bei der aufnehmenden GmbH und dem einbringenden Gesellschafter tritt keine Realisierung ein, wenn dem eintretenden Gesellschafter eine unter kaufmännischen Gesichtspunkten ausgewogene Beteiligung eingeräumt wird.

3 Als Sacheinlage ist auch ein **Teilbetrieb** einlagefähig. Neben Sachgesamtheiten wie einem Betrieb bzw. Teilbetrieb sind im Wege der Sacheinlage auch alle anderen vermögenswerten Gegenstände des Rechtsverkehrs einlagefähig (Beteiligungen an Personengesellschaften und Kapitalgesellschaften, einzelne materielle und immaterielle Wirtschaftsgüter, obligatorische Nutzungsrechte); ungeeignet für Einlagen sind Forderungen gegenüber dem Gesellschafter.

4 **Verhältnis zur Ausgliederung gem. § 123 Abs. 3 Nr. 1 UmwG.** Trotz des in § 1 Abs. 2 UmwG anscheinend vorgeschriebenen Numerus Clausus ist die in diesem Formular angewandte Technik der Einzelübertragung von Wirtschaftsgütern (auch wenn diese einen Betrieb bzw. Teilbetrieb bilden) auf eine GmbH gegen Gewährung neuer Anteile zulässig (allg. Meinung). Im Einzelfall dürfte der Einbringung nach der bereits bisher bestehenden Technik der Einzelrechtsnachfolge insb. aus folgenden Gründen gegenüber der Ausgliederung gem. § 123 Abs. 3 Nr. 1, §§ 152ff. UmwG der **Vorzug** zu geben sein:

- Die gesamtschuldnerische Haftung auch des übernehmenden Rechtsträgers (hier der A-GmbH) für fünf Jahre ab dem Zeitpunkt der Eintragung der Ausgliederung sogar für nicht eingebrachte Verbindlichkeiten des übertragenden Rechtsträgers (hier des Einzelkaufmanns B) gem. § 133 Abs. 3 UmwG wird für die aufnehmende GmbH (zumindest wenn diese wie hier bereits einen eigenen Geschäftsbetrieb und andere Gesellschafter hat) nicht akzeptabel sein.
- Die Vorlagepflicht des Entwurfs des Ausgliederungs- und Übertragungsvertrags mindestens einen Monat vor Beschlussfassung der Gesellschafterversammlung sowohl an die Betriebsräte (nur sofern solche bestehen) des übertragenden Rechtsträgers (hier Einzelkaufmann B) als auch des übernehmenden Rechtsträgers (hier A-GmbH) gem. § 126 Abs. 3 UmwG wird bei der Einzelrechtsübertragung vermieden.
- Die notarielle Beurkundung des Ausgliederungs- und Übernahmevertrags kann in Ausnahmefällen höhere Notarkosten zur Folge haben als die Beurkundung des Kapitalerhöhungsbeschlusses (evtl. zusammen mit der Übertragung beurkundungspflichtiger Wirtschaftsgüter) und der nur zu beglaubigenden Übernahmeerklärung, sowie der ebenfalls nur zu beglaubigenden Unterschriften sämtlicher Geschäftsführer bei der Anmeldung der Kapitalerhöhung zum Handelsregister.
- Die Ausgliederung erfordert Zustimmungsbeschlüsse der Gesellschafterversammlung sowohl der übertragenden als auch der übernehmenden Rechtsträger.

5 Gegenüber der Einzelrechtsübertragung (Einbringung) hat die Ausgliederung nach § 123 Abs. 3 UmwG dagegen den Vorteil, dass die von der Ausgliederung erfassten Vermögensgegenstände gem. § 131 Abs. 1 Nr. 1 UmwG im Wege der partiellen Gesamtrechtsnachfolge, demnach kraft Gesetzes, übergehen. Allgemeine Abtretungsverbote, wie bspw. § 399 BGB, oder Übertragungsbeschränkungen hindern den Übergang einer Forderung oder eines Vertrags mit einem Dritten nicht. Dies folgt aus der Streichung der §§ 131 Abs. 1 Nr. 1 Satz 2, 132 UmwG (vgl. Art. 1 Nr. 20 und 21 Zweites Gesetz zur Änderung des UmwG v. 19.4.07, BGBl. I 07, 546). Die Streichung dieser Vorschriften macht Ausgliederungen rechtssicherer, da die Vermögens-

gegenstände entsprechend der Zuweisung im Ausgliederungsvertrag übergehen (*S/St/Schröer* § 131 Rz. 19; *Müller* NZG 06, 491, 493). Allerdings ist auch bei der Ausgliederung der Bestimmtheitsgrundsatz für die auszugliedernden Teile des Vermögens (§ 126 Abs. 2 UmwG) zu beachten, insbesondere für solche Vermögensgegenstände, deren Übertragung der notariell beurkundeten Form bedarf (Grundbesitz, § 28 GBO). Im Einzelfall ist daher zu fragen, ob die Vorteile der Ausgliederung das aufwändige Verfahren gegenüber der Einbringung rechtfertigen.

Die Ausgliederung nach § 123 Abs. 3 Nr. 1 UmwG als Alternative zu der hier vorliegenden Einbringung ist nicht möglich, wenn die Firma des übertragenden Rechtsträgers (hier Einzelunternehmer B) nicht im Handelsregister eingetragen ist (§ 152 UmwG), es sei denn, dass zuvor noch deren Eintragung betrieben wird, oder wenn die auszugliedernden Teile seines Vermögens nicht sein Einzelunternehmen oder Teile hiervon betreffen oder wenn die Verbindlichkeiten des übertragenden Rechtsträgers (Einzelunternehmer B) sein Vermögen überschreiten (§§ 152 Satz 2, 154 UmwG). 6

Im Falle der Nicht-Beteiligung anderer Gesellschafter an dem übernehmenden Rechtsträger bietet sich alternativ zur Einbringung im Wege der Sachgründung die Ausgliederung durch Neugründung gem. § 123 Abs. 3 Nr. 2 UmwG an (vgl. hierzu Formular A. 15.30). 7

b) Gesellschaftsrecht

Die Kapitalerhöhung ist als **Satzungsänderung notariell zu beurkunden** (§ 53 Abs. 2 GmbHG). Der Gesellschafterbeschluss ist mit mindestens $^3/_4$-Mehrheit zu fassen (§ 53 Abs. 2 GmbHG). Die Übernahmeerklärung ist entweder zu beurkunden oder notariell zu beglaubigen (§ 55 Abs. 1 GmbHG). Hier wird ein getrenntes Formular mit Beglaubigung zur Kostenminderung vorgeschlagen. Allerdings empfiehlt sich bei Mitbeurkundung des Einbringungsvertrags, zB wegen Vorhandenseins von Grundstücken oder GmbH-Geschäftsanteilen, die Aufnahme auch der Übernahmeerklärung in die Urkunde. Bei Beurkundung mit dem Beschluss der Kapitalerhöhung ist ein Gebührenvergleich vorzunehmen, dabei kann der höchste Gebührensatz aus der Summe der Verfahrenswerte günstiger sein (§ 35 Abs. 1 GNotKG). Gegenstand und Betrag der Sacheinlage sind sowohl im Kapitalerhöhungsbeschluss als auch in der Übernahmeerklärung genau zu bezeichnen (§ 56 Abs. 1 GmbHG). Allerdings müssen sie nicht in die Neufassung des Gesellschaftsvertrags aufgenommen werden (*Scholz/Priester* § 56 Rz. 82). 8

Die **Sacheinlagen** sind entsprechend ihrer Art bereits vor der Anmeldung zum Handelsregister an die Gesellschaft zu **erbringen** (§ 7 Abs. 3 GmbHG); dh. Forderungen abzutreten, bewegliche Sachen und Schutzrechte zu übertragen. Dies ist von den Geschäftsführern bei der Anmeldung zu versichern (§ 8 Abs. 2 GmbHG). Dies gilt grundsätzlich auch bei Grundstücken und anderen Immobiliarrechten, bei denen es auf die Eintragung des Eigentümerwechsels im Grundbuch ankommt (*Baumbach/Hueck* § 7 GmbHG Rz. 14). Allerdings sieht bei Grundstücken die hM im Schrifttum die Sacheinlage als erbracht an, wenn bindende Einigung und rangwahrender Antrag beim Grundbuchamt oder Eintragung einer Auflassungsvormerkung erfolgt sind (*Baumbach/Hueck* § 7 GmbHG Rz. 14; *Lutter/Hommelhoff* § 7 GmbHG Rz. 17; aA *Scholz/Winter/Veil* § 7 GmbHG Rz. 40). Letztlich ist die Praxis des zuständigen Registergerichts in Erfahrung zu bringen. 9

Bei der Einbringung eines Betriebs bzw. Teilbetriebs ist die **Einzelübertragung** sämtlicher übergehender Vermögenswerte notwendig (bei Grundstücken bzw. GmbH-Anteilen ist die Formvorschrift des § 311b Abs. 1 BGB bzw. § 15 Abs. 3 und 4 GmbHG zu erfüllen; dies kann auch – wie im Formular vorgesehen – bereits bei der notariell beurkundeten Kapitalerhöhung geschehen); es empfiehlt sich, zusätzlich zur Einbringungsbilanz die einzubringenden Aktiva, Passiva und Vertragsverhältnisse listenmäßig zu erfassen und als weitere (zu beurkundende) Anlage dem Kapitalerhö- 10 hungsbeschluss beizufügen. Zweckmäßigerweise wird der Sacheinlage für einen Betrieb ein möglichst zeitnaher Abschlusszeitpunkt zugrunde gelegt (Zeitpunkt, auf den die Einbringungsbilanz aufgestellt ist). Gesetzliche Vorschriften über eine handelsrechtliche Rückwirkung fehlen (zur bis zu achtmonatigen Rückwirkung für die Ermittlung des steuerlichen Einkommens vgl. Rz. 37). Die Einbringungsbilanz muss „zeitnah" zu dem Datum der Anmeldung ins Handelsregister aufgestellt sein (*W/M/Mayer* Anh 5 Rz. 52 und 215). Als Höchstgrenze für eine Rückbeziehung dürfte in entsprechender Anwendung von § 20 Abs. 6 Satz 3 UmwStG eine Ausdehnung auf acht Monate möglich sein (vgl. *Scholz/Winter/Westermann* § 5 GmbHG Rz. 59). Der gewählte Zeitpunkt der Sacheinlage ist im Kapitalerhöhungsbeschluss festzulegen. Gewinne und Verluste ab dem Einbringungsstichtag sind bereits bei der GmbH, nicht mehr beim Einbringenden zu erfassen.

11 Bei Anmeldung des Kapitalerhöhungsbeschlusses erstreckt sich die Prüfungspflicht des Registerrichters auch auf die **Werthaltigkeit der Sacheinlage**. Nach der Änderung des § 9c Abs. 1 GmbHG durch das MoMiG v. 23.10.08 (BGBl. I 08, 2026), der nach § 57a GmbHG auf Kapitalerhöhungen entsprechend anzuwenden ist, hat der Registerrichter nur noch zu prüfen, ob die Sacheinlage **nicht unwesentlich überbewertet** ist. Unwesentliche Überbewertungen, zB solche innerhalb der Bandbreite üblicher Bewertungsabweichungen, bleiben daher außer Betracht (vgl. *Roth/Altmeppen* § 9c GmbHG Rz. 7a). Wann die Abweichung zwischen dem Wert der Sacheinlage und dem Ausgabebetrag für die übernommenen Geschäftsanteile wesentlich ist, liegt im pflichtgemäßen Ermessen des Registerrichters (*Lutter/Hommelhoff* § 9c GmbHG Rz. 17). Er wird dabei auch einen strengen Maßstab anlegen dürfen (vgl. *Spindler/Stilz/Döbereiner* § 38 AktG Rz. 9 hinsichtlich des ähnlichen Wortlauts bei der AG). Das Gericht hat dabei zuerst nur eine vorläufige Grobabschätzung vorzunehmen, bevor es genauere Ermittlungen einleitet. Ergeben sich begründete Zweifel, die auf eine nicht nur unwesentliche Überbewertung hindeuten, hat aber eine umfassende Prüfung der Werthaltigkeit zu erfolgen (*Roth/Altmeppen* § 9c GmbHG Rz. 7a; *Baumbach/Hueck* § 9c GmbHG Rz. 7). In diesem Fall hat das Registergericht gemäß § 26 FamFG weitere Unterlagen anzufordern oder eigene Sachverständige zu beauftragen, auch wenn für den Bereich der Kapitalerhöhung im Wege der Sacheinlage weiterhin Verweisungen auf die für die Sachgründung vorgesehenen Regelungen (Erstellung eines Sachgründungsberichts gem. § 5 Abs. 4 Satz 2 GmbHG, Beifügung von Wertnachweisunterlagen gem. § 8 Abs. 1 Nr. 5 GmbHG, vgl. zum Meinungsstand *W/M/Mayer* Anh 5 Rz. 363 und *Lutter/Hommelhoff* § 56 Rz. 7 und § 57a Rz. 2) fehlen. Bestehen allerdings keine Anhaltspunkte für eine Überbewertung, darf das Gericht auch keine Ausforschungsermittlung einleiten, ob denn zB eine wesentliche Überbewertung der Sacheinlage vorliegt oder überhaupt keine Geldleistungen erbracht worden sind (*Böhringer* BWNotZ 08, 104, 108). Um eine Verzögerung der Eintragung zu vermeiden, empfiehlt sich, entsprechende Unterlagen (Sacherhöhungsbericht und Wertnachweisunterlagen) zu erstellen und einzureichen und evtl. die Einbringungsbilanz mit einem Bestätigungsvermerk eines Steuerberaters oder Wirtschaftsprüfers versehen zu lassen, woraus sich die Werthaltigkeit der Sacheinlage ergibt und bestätigt wird, dass die Aktiva nicht überbewertet und die Passiva nicht unterbewertet sind. Entsprechende Nachweise sind vor allem bei der Einbringung von Grundstücken und Unternehmen erforderlich (*Lutter/Hommelhoff* § 9c Rz. 18). Zu Einzelheiten eines Sacherhöhungsberichts vgl. Formular A. 3.04e.

12 Falls die Sacheinlage den Betrag der übernommenen Stammeinlage nicht erreicht, besteht gem. § 9 Abs. 1 GmbHG eine **Differenzhaftung in Geld.** Nachzuschießen ist aber nur die Differenz zwischen dem Nennwert der Stammeinlage und dem wirklichen Wert des Einbringungsgegenstands, eine Unterdeckung des Agios ist dagegen nicht auszugleichen (*MünchKommGmbHG/Lieder* § 57a Rz. 22; *Scholz/Priester* § 56 Rz. 95; *Baumbach/Hueck* § 9c GmbHG Rz. 7).

Die **aufnehmende GmbH übernimmt** regelmäßig sämtliche **Schulden** aus dem eingebrachten Betrieb (soweit nicht ausdrücklich bei der Einbringung ausgenommen). Der Einbringende haftet zwar weiter, wenn nicht die Zustimmung der Gläubiger zum Schuldnerwechsel vorliegt (§§ 414, 415 Abs. 1 BGB); regelmäßig wird aber im Innenverhältnis die **Freistellung des Einbringenden** durch die aufnehmende GmbH vereinbart oder gilt im Zweifel als vereinbart (§ 415 Abs. 2 BGB). Darüber hinaus haftet die aufnehmende GmbH bei Firmenübernahme gem. § 25 HGB (mit oder ohne Nachfolgezusatz), sofern nicht ein Haftungsausschluss ins Handelsregister eingetragen ist oder den Gläubigern mitgeteilt wurde. Auch ohne Firmenübernahme haftet die aufnehmende GmbH nach den Bestimmungen des § 75 AO für Betriebsteuern, für Abzugsteuern und für Erstattung von Steuervergütungen des eingebrachten Unternehmens. Schließlich sollte darauf geachtet werden, dass die Einbringung nicht die Merkmale einer Rechtshandlung nach den §§ 1 ff. AnfG erfüllt, wenn das eingebrachte Vermögen das gesamte oder wesentliche Vermögen des Einbringenden darstellt und die Organe der aufnehmenden Gesellschaft hiervon positive Kenntnis haben; zu beachten ist auch § 1365 BGB. 13

Weitere Änderungen durch das MoMiG. Durch das MoMiG v. 23.10.08 (BGBl. I 08, 2026) wurde in § 5 Abs. 2 und 3 GmbHG die Stückelung von Geschäftsanteilen neu geregelt. Der Nennbetrag eines Geschäftsanteils muss nunmehr nur noch auf volle Euro lauten und kann daher auch € 1.– betragen. Nach § 55 Abs. 4 GmbHG sind diese Vorschriften auch bei der Kapitalerhöhung anzuwenden. Folglich muss der Betrag der Kapitalerhöhung mindestens € 1.– und nicht mehr, wie nach alter Gesetzeslage, mindestens € 100.– betragen. Auch die Vorschriften zur Teilbarkeit von Geschäftsanteilen (insbes. § 17 GmbHG aF) sind entfallen. Wegen sonstiger Änderungen durch das MoMiG wird auf die Erläuterungen zu den Formularen in Teil A. 6 verwiesen. 14

c) Steuerrecht

aa) Ertragsteuerrecht

Inlandssachverhalte: Die im Formular vorgesehene Einbringung eines Teilbetriebs ermöglicht dem Einbringenden, unter Anwendung von § 20 UmwStG auf die **sofortige Realisierung stiller Reserven zu verzichten.** Die **Voraussetzungen** hierfür sind im Wesentlichen (vgl. iE A. 15.80 Rz. 20 ff.): 15

- Es wird ein Teilbetrieb eingebracht (Teilbetrieb als die Gesamtheit der in einem Unternehmensteil einer Gesellschaft vorhandenen aktiven und passiven WG, die in organisatorischer Hinsicht einen selbständigen Betrieb, d. h. eine aus eigenen Mitteln funktionsfähige Einheit darstellen). Mit dem UmwSt-Erl. 2011 BMF v. 11.11.11, BStBl. I 11, 1314 Tz. 20.6 iVm. 15.02 ist die Finanzverwaltung zum Teilbetriebsbegriff der FRL 2009/133/EG v. 19.10.09 (EU-ABl. L 310 S. 34) übergegangen. Schon vor dem UmwSt-Erl. 2011 BMF v. 11. 11. 11, aaO hatten sich für Auslegung des Teilbetriebsbegriffs nach Art. 2 Buchst. i FRL 2009/133/EG ausgesprochen *D/P/P/M/Patt* § 20 UmwStG Rz. 76; *R/H/L/Herlinghaus* § 20 UmwStG Rz. 58 ff. In Fällen mit steuerlicher Rückwirkung ist zu beachten, dass die Teilbetriebsvoraussetzungen zum steuerlichen Übertragungsstichtag vorliegen müssen (UmwSt-Erl. 2011 BMF v. 11.11.11, BStBl. I 11, 1314 Tz. 20.06 iVm. Tz. 15.03).
- Es werden alle für den Teilbetrieb wesentlichen Betriebsgrundlagen (im Formular „Grundstück als wesentliche Betriebsgrundlage“) eingebracht (ausreichend ist die Begründung wirtschaftlichen Eigentums; die bloße Nutzungsüberlassung ist nicht ausreichend, BFH I R 96/08 v. 7.4.11, BStBl. II 11, 467; UmwSt-Erl. 2011 BMF v. 11.11.11, BStBl. I 11, 1314 Tz. 20.06 iVm. Tz. 15.07).
- Die aufnehmende GmbH führt die bisherigen steuerlichen Buchwerte fort.

- Der einbringende Gesellschafter erhält (zumindest teilweise) von der aufnehmenden GmbH im Wege der Kapitalerhöhung neu geschaffene Gesellschaftsanteile und der gemeine Wert der daneben gewährten sonstigen Wirtschaftsgüter übersteigt nicht den steuerlichen Buchwert des eingebrachten Teilbetriebs (s. Rz. 16). Ausreichend sein soll auch eine Barkapitalerhöhung mit Übertragung des Betriebs, Teilbetriebs oder Mitunternehmeranteils als Agio (BFH I R 55/09 v. 7.4.10, BStBl. II 10, 1094).
- Das Besteuerungsrecht der Bundesrepublik Deutschland hinsichtlich des Gewinns aus der Veräußerung des eingebrachten Betriebsvermögens bei der übernehmenden Gesellschaft ist nicht ausgeschlossen oder beschränkt (§ 20 Abs. 2 Satz 1 Nr. 3 UmwStG).
- Es besteht steuerlich kein negatives Kapitalkonto des eingebrachten Betriebs bzw. Teilbetriebs (ansonsten insoweit Gewinnrealisierung und Mindestansatz bei der aufnehmenden GmbH; evtl. Ausgleich des negativen Kapitalkontos vor der Einbringung).

Die Wahlmöglichkeit besteht ferner für die **Einbringung von Anteilen an Kapitalgesellschaften,** wenn die aufnehmende Gesellschaft danach an dieser unmittelbar die Mehrheit der Stimmrechte hat (§ 21 UmwStG; sog. qualifizierter Anteilstausch vgl. Rz. 25) und zwar auch für Anteile, die sich im Privatvermögen befinden und eine Beteiligung iSd. § 17 EStG darstellen (UmwSt-Erl. 2011 BMF v. 11.11.11, BStBl. I 11, 1314 Tz. 21.02; dies ergibt sich auch aus dem Verweis auf § 17 Abs. 3 EStG in § 21 Abs. 3 Satz 1 UmwStG).

16 Sind alle vorstehenden Voraussetzungen gegeben, so führt die **Einbringung bei Buchwertfortführung** für den einbringenden Gesellschafter nicht zur Gewinnrealisierung (zur Ausübung des Bewertungswahlrechts vgl. LfSt Bayern v. 7.7.14, DB 14, 1898). Der von der aufnehmenden GmbH angesetzte Buchwert gilt für den Einbringenden als Veräußerungspreis für seinen Betrieb/Teilbetrieb und als Anschaffungskosten für die neuen GmbH-Anteile aus der Kapitalerhöhung (dabei soll nur der Einbringende die Bewertung der eingebrachten Wirtschaftsgüter anfechten können, BFH I R 79/10 v. 8.6.11, BStBl. II 12, 421). Erhält der Einbringende neben den neuen GmbH-Anteilen noch andere Wirtschaftsgüter (zB Darlehensforderungen), so ist deren gemeiner Wert von den fiktiven Anschaffungskosten der neuen GmbH-Anteile abzuziehen. Da der Abzug nicht zu einem negativen Wert führen kann, wird nur insoweit eine Gewinnrealisierung vermieden, als der gemeine Wert der anderen (neben den GmbH-Anteilen gewährten) Wirtschaftsgüter den bisherigen Buchwert nicht übersteigt (ansonsten in Höhe des übersteigenden Wertes Mindestansatz bei der aufnehmenden Kapitalgesellschaft gem. § 20 Abs. 2 Satz 4 UmwStG und Gewinnrealisierung beim Einbringenden gem. § 20 Abs. 3 Satz 3 UmwStG).

17 Die Buchwertverknüpfung als Voraussetzung für die **Vermeidung der Gewinnrealisierung** führt dazu, dass stille Reserven die bisher im eingebrachten Betrieb/Teilbetrieb vorhanden waren, sowohl auf die GmbH (zukünftige Nachversteuerung mit Gewerbesteuer und Körperschaftsteuer) als auch auf die GmbH-Anteile übergehen (vgl. *R/H/L/Herlinghaus* § 20 UmwStG Rz. 189); sog. **Verdoppelung der stillen Reserven.**

In Folge der Abschaffung der sog. einbringungsgeborenen Anteile iSv. § 21 UmwStG 1995 unterfallen die im Rahmen der Sacheinbringung erhaltenen Anteile an der GmbH ohne weiteres dem sog. Null- bzw. Teileinkünfteverfahren. Allerdings führt die Veräußerung der erhaltenen Anteile innerhalb von sieben Jahren nach der Einbringung zur rückwirkenden Besteuerung des Einbringungsgewinns nach § 22 Abs. 1 UmwStG (sog. Einbringungsgewinn I; beachte Abschmelzung pro rata temporis nach § 22 Abs. 1 Satz 3 UmwStG; zur Erbringung des Nachweises nach § 22 Abs. 3 UmwStG vgl. BMF v. 4.9.07, BStBl. I 07, 698 sowie UmwSt-Erl. 2011 BMF v. 11.11.11, BStBl. I 11, 1314 Tz. 22.28ff.; Hinweis auch auf § 17 Abs. 6 EStG).

Zwar steht die unentgeltliche Übertragung der erhaltenen Anteile auf eine Kapitalgesellschaft einer (schädlichen) Veräußerung gleich (§ 22 Abs. 1 Satz 6 Nr. 1 UmwStG), die unentgeltliche Übertragung auf sonstige Körperschaften (etwa eine in- oder ausländische Familienstiftung) fällt allerdings unter § 22 Abs. 6 UmwStG, löst also keinen Einbringungsgewinn I aus (*S/H/S/Schmitt* § 22 UmwStG Rz. 75; *D/P/P/M/Patt* § 22 UmwStG Rz. 40).

Ohne Einbringung des Teilbetriebs in die GmbH könnte bei Veräußerung des Teilbetriebs ab dem 1.1.01 der sog. **ermäßigte** (ab 2004: 56%) **Steuersatz** gem. § 34 Abs. 3 EStG in Anspruch genommen werden. Die Gewährung des **ermäßigten** (ab 2004: 56%) Steuersatzes nach § 34 Abs. 3 EStG ist ab dem VZ 2002 aber für GmbH-Anteile nicht mehr möglich; dies ergibt sich aus dem Ausschlusstatbestand des § 34 Abs. 2 Nr. 1 EStG (zur Anwendung vgl. A 3.00 Rz. 3) iVm. § 3 Nr. 40 Buchst. b EStG. Für die GmbH-Anteile einer natürlichen Person gilt nur die Begünstigung des Halb- bzw. Teileinkünfteverfahrens nach § 3 Nr. 40 Buchst. c iVm. § 3c Abs. 2 EStG; dies gilt auch für einen Einbringungsgewinn iSd. § 20 UmwStG soweit zum eingebrachten Betriebsvermögen Anteile an einer Kapitalgesellschaft gehört haben (§ 20 Abs. 4 Satz 2 UmwStG).

Erfolgt die Betriebseinbringung unter ganzer Gewinnrealisierung, erklärt § 20 Abs. 4 Satz 2 UmwStG nunmehr die $^1/_5$-Regelung des § 34 Abs. 1 EStG und den sog. ermäßigten Steuersatz nach § 34 Abs. 3 EStG für anwendbar.

EU-Sachverhalte: Die Einbringung nach § 20 UmwStG wie auch der Anteils- **18**
tausch nach § 21 UmwStG sind in Folge des SEStEG v. 7.12.06 (BGBl. I 06, 2782) wenn auch nicht vollständig, so doch zumindest weitestgehend internationalisiert worden. Die umständlichen Regelungen zur Einbringung innerhalb der Europäischen Union nach § 23 UmwStG 1995 sind damit entfallen.

Grundsätzlich kann Vermögen (Betrieb, Teilbetriebe oder Mitunternehmeranteile), unabhängig davon, wo es belegen ist (vgl. *R/H/L/Herlinghaus* § 20 UmwStG Rz. 6), in jede EU-Kapitalgesellschaft iSv. § 1 Abs. 2 Satz 1 Nr. 1 UmwStG nach § 20 UmwStG eingebracht werden (§ 1 Abs. 4 Satz 2 Nr. 1 UmwStG) und zwar unabhängig davon, ob die Gesellschaft (un-)beschränkt steuerpflichtig ist. Einbringende können nach § 1 Abs. 4 Satz 1 Nr. 2 Buchst. a UmwStG jegliche EU-Kapitalgesellschaften, natürliche Personen mit Wohnsitz in der EU oder entsprechende EU-Personengesellschaften sein. Dabei kommt es nicht darauf an, dass im Anschluss ein deutsches Besteuerungsrecht an den erhaltenen Anteilen besteht. In Fällen von Steuerausländern soll die Besteuerung der stillen Reserven über den Einbringungsgewinn I (§ 22 Abs. 1 UmwStG) sichergestellt werden (vgl. *D/P/P/M/Patt* § 20 UmwStG Rz. 229.)

Drittstaatengesellschaften oder natürliche Personen mit Wohnsitz in Drittstaaten können nur dann Einbringende iSv. § 20 UmwStG sein, wenn das deutsche Besteuerungsrecht hinsichtlich des Gewinns aus der Veräußerung der erhaltenen Anteile nicht ausgeschlossen oder beschränkt ist (§ 1 Abs. 4 Satz 1 Nr. 2 Buchst. b UmwStG). Hieran wird es in den meisten Fällen scheitern. So können zB in der Schweiz ansässige Gesellschafter einer deutschen Mitunternehmerschaft ihren Mitunternehmeranteil nicht nach § 20 UmwStG in eine deutsche Kapitalgesellschaft einbringen. In allen Fällen ist eine Einbringung eines in Deutschland steuerverhafteten Vermögens zu Buchwerten allerdings nur möglich, wenn das deutsche Besteuerungsrecht hinsichtlich des Gewinns aus der Veräußerung des eingebrachten Betriebsvermögens bei der übernehmenden Gesellschaft nicht ausgeschlossen oder beschränkt ist (§ 20 Abs. 2 Satz 2 Nr. 3 UmwStG).

Neu ist auch, dass eine Einbringung nach § 20 UmwStG auch mittels eines einer Ausgliederung nach § 123 Abs. 3 UmwG vergleichbaren ausländischen Vorgangs erfolgen kann (§ 1 Abs. 3 Nr. 2 UmwStG).

(frei) **19**

20 Die **Einbringung von Anteilen** (iSv. § 21 UmwStG; Anteilstausch) an in- oder ausländischen **Kapitalgesellschaften** oder Genossenschaften in eine andere deutsche oder EU-Kapitalgesellschaft iSv. § 1 Abs. 2 Satz 1 Nr. 1 UmwStG ist gem. § 21 Abs. 1 Satz 2 UmwStG zum Buchwert bzw. unter dem gemeinen Wert möglich, wenn die aufnehmende Kapitalgesellschaft nach der Einbringung unmittelbar die Mehrheit der Stimmrechte an der Gesellschaft hat, deren Anteile eingebracht werden (sog. qualifizierter Anteilstausch). Wiederum können nach § 1 Abs. 4 Satz 1 Nr. 2 Buchst. a UmwStG Einbringende nach § 21 UmwStG jegliche EU-Kapitalgesellschaften, natürliche Personen mit Wohnsitz in der EU oder entsprechende EU-Personengesellschaften sein.

21 Wie bei der Einbringung nach § 20 UmwStG gilt auch beim **Anteilstausch** grundsätzlich der Wert, mit dem die übernehmende Gesellschaft die eingebrachten Anteile ansetzt für den Einbringenden als Veräußerungspreis für die eingebrachten Anteile und Anschaffungskosten der erhaltenen Anteile (§ 21 Abs. 2 Satz 1 UmwStG).

22 Allerdings soll abweichend der **gemeine Wert** als Veräußerungspreis bzw. Anschaffungskosten gelten (unabhängig vom Ansatz bei der übernehmenden Gesellschaft), wenn das Recht der Bundesrepublik Deutschland hinsichtlich der Besteuerung des Gewinns aus der Veräußerung der eingebrachten oder erhaltenen Anteile ausgeschlossen oder beschränkt wird (§ 21 Abs. 2 Satz 2 UmwStG).

23 Auf Antrag (zur Ausübung des Wahlrechts vgl. LfSt Bayern v. 7.7.14, DB 14, 1898) gilt aber (unabhängig vom Ansatz bei der übernehmenden Gesellschaft) auch in den Fällen des § 21 Abs. 2 Satz 2 UmwStG der Buchwert oder ein Zwischenwert als Veräußerungspreis und Anschaffungskosten, wenn das deutsche Besteuerungsrecht hinsichtlich der erhaltenen Anteile nicht ausgeschlossen oder beschränkt ist (§ 21 Abs. 2 Satz 3 Nr. 1 UmwStG) oder wenn wegen Art. 8 FRL eine Besteuerung des Anteilstausches unzulässig ist. Hier wird dann das deutsche Besteuerungsrecht durch einen treaty override bei der späteren Veräußerung der erhaltenen Anteile sichergestellt (§ 21 Abs. 2 Satz 3 Nr. 2 UmwStG). Zur Frage der Verfassungsmäßigkeit eines treaty override vgl. zuletzt BFH I R 4/13 v. 11.12.13, DStR 14, 306 mit dem der BFH diese Frage dem BVerfG (2 BvL 15/14) vorgelegt hat.

24 Um **missbräuchliche Gestaltungen zu verhindern,** wird der Gewinn aus der Einbringung im Wirtschaftsjahr der Einbringung rückwirkend als Gewinn des Einbringenden aus der Veräußerung von Anteilen versteuert (sog. Einbringungsgewinn II; beachte Abschmelzung pro rata temporis nach § 22 Abs. 2 Satz 3 UmwStG), wenn die übernehmende Gesellschaft die eingebrachten Anteile innerhalb von sieben Jahren nach der Einbringung veräußert und der Einbringende keine durch § 8b Abs. 2 KStG begünstigte Person ist (§ 22 Abs. 2 UmwStG; hinsichtlich der Nachweispflicht nach § 22 Abs. 3 UmwStG s. BMF v. 4.9.07, BStBl. I 07, 698 sowie UmwSt-Erl. 2011 BMF v. 11.11.11, BStBl. I 11, 1314 Tz. 22.28ff.). Der Einbringungsgewinn II entsteht nicht, wenn der Einbringende die erhaltenen Anteile vorher voll gewinnrealisierend veräußert hat (§ 22 Abs. 2 Satz 5 UmwStG).

25 Die Einbringung von Wirtschaftsgütern (einschließlich Anteilen an Kapitalgesellschaften, sog. **Anteilstausch** vgl. Gleichl. Ländererlasse v. 20.11.13, DStR 14, 103) in eine Kapitalgesellschaft nach § 20 UmwStG stellt regelmäßig keinen Verstoß gegen die Behaltensregelung des § 13a Abs. 5 ErbStG dar (§ 13a Abs. 5 Nr. 1 Satz 2, 2. Hs.; Nr. 4 Satz 2, 2. Hs. ErbStG; vgl. hierzu auch Gleichl. Ländererlasse v. 20.11.13, aaO). Zur weiteren Ermittlung der Lohnsumme s. Gleichl. Ländererlasse v. 21.11.13, ZEV 14, 57.

26–28 *(frei)*

bb) Verkehrsteuerrecht

aaa) Grunderwerbsteuer

29 Gehört zum eingebrachten Betrieb/Teilbetrieb auch ein inländisches Grundstück, so fällt diesbezüglich Grunderwerbsteuer an. Der anzuwendende Grunderwerbsteuer-

satz hängt davon ab, in welchem Bundesland das Grundstück belegen ist. Der Grunderwerbsteuersatz beträgt je nach Bundesland zwischen 3,5 und 6,5%. Bemessungsgrundlage ist der sog. Grundbesitzwert iSd. § 138 Abs. 2 oder 3 BewG (§ 8 Abs. 2 GrEStG). Zu Zweifeln an der Verfassungsmäßigkeit der Grundbesitzwerte für GrESt-Zwecke vgl. BFH II R 64/08 v. 27.5.09, DStR 09, 1474 (Bescheide ergehen insoweit nur noch vorläufig, Gleichl. Ländererlasse v. 17.6.11, BStBl. I 11, 575). Auch bei der (Mit-) Übertragung von Anteilen an grundstücksbesitzenden Kapital- oder Personengesellschaften kann Grunderwerbsteuer anfallen. Vgl. auch § 1 Abs. 3a und § 6a GrEStG idF des AmtshilfeRLUmsG v. 26.6.13 (BGBl. I 13, 1809) und Oberste FinBeh der Länder v. 9.10.13, BStBl. I 13, 1364 und 1375; *Behrens* DStR 13, 2726.

bbb) Umsatzsteuer

Die Einbringung eines Betriebs/Teilbetriebs ist als Geschäftsveräußerung im Ganzen nicht umsatzsteuerbar, soweit sie an die aufnehmende GmbH für deren Unternehmen ausgeführt wird (was idR gegeben sein dürfte; § 1 Abs. 1a UStG). Werden wie hier alle wesentlichen Grundlagen des Betriebs in die A-GmbH eingebracht, liegt eine derartige, nicht umsatzsteuerbare Geschäftsveräußerung im Ganzen vor. Die übernehmende Kapitalgesellschaft (A-GmbH) tritt gem. § 1 Abs. 1a Satz 3 UStG an die Stelle des einbringenden Einzelunternehmers B. Dies ist vor allem für die Berichtigung des Vorsteuerabzugs nach § 15a UStG bedeutsam: Nach § 15a Abs. 10 UStG (der Regelung in § 1 Abs. 1a UStG entsprechend) wird der für ein Wirtschaftsgut maßgebliche Berichtigungszeitraum durch eine Geschäftsveräußerung bzw. Geschäftseinbringung nicht unterbrochen. Die übernehmende A-GmbH tritt in die Verpflichtung des bisherigen Einzelunternehmers B bzgl. einer Vorsteuerberichtigung wegen geänderter Verwendungsverhältnisse ein (hierzu hat B der A-GmbH die für die Durchführung der Berichtigung erforderlichen Angaben zu machen, § 15a Abs. 10 Satz 2 UStG). **30**

Soweit keine nicht umsatzsteuerbare Geschäftsveräußerung im Ganzen vorliegt und bzgl. einzelner Gegenstände die Steuerbefreiungen des § 4 Nr. 8 Buchst. b, c, e, f, g und 9a UStG nicht greifen, bzw. darauf durch Option verzichtet wurde, wird die Umsatzsteuer, vollen Vorsteuerabzug der aufnehmenden A-GmbH vorausgesetzt, regelmäßig zu keiner definitiven Kostenbelastung führen. Die Vorsteuer aus den Gründungs- bzw. Kapitalerhöhungskosten bleibt unter allgemeinen Voraussetzungen abzugsfähig (Hinweis auf UStAE 15.21; vgl. hierzu auch BFH V R 29/09 v. 6. 5. 10, BStBl. II 10, 885). **31**

2. Einzelerläuterungen

Vor dem Kapitalerhöhungsbeschluss wird der veränderten Rechtslage nach Inkrafttreten des MoMiG v. 23.10.08 (BGBl. I 08, 2026). Rechnung getragen. Der bis dahin einzige Geschäftsanteil im Nennbetrag von € 50.000.– wird in 50.000 Geschäftsanteile im Nennbetrag von jeweils € 1.– geteilt. Die Teilung bedarf nach § 46 Nr. 4 GmbHG eines Gesellschafterbeschlusses. Gleichzeitig werden den dadurch neu entstandenen Geschäftsanteilen laufende Nummern zugewiesen, um die betroffenen Geschäftsanteile im Einzelfall konkret bezeichnen zu können (vgl. *Bormann* GmbHR 06, 1021,1023). **32**

Der Kapitalerhöhungsbeschluss ist notariell zu beurkunden; er bedarf einer 3/4-Mehrheit der Stimmen der Gesellschafterversammlung (falls der Gesellschaftsvertrag keine weiteren Erfordernisse aufstellt). Im Zuge der Kapitalerhöhung werden neue Geschäftsanteile, die jeweils laufende Nummern erhalten, im Nennbetrag von jeweils € 1.– ausgegeben. **33**

Da in dem Fall, der dem Formular zugrunde liegt, zum eingebrachten Teilbetriebsvermögen auch ein Grundstück gehört, das wegen der Formvorschrift des **§ 311b Abs. 1 BGB** in notariell beurkundeter Form als Sacheinlage mit zu übertragen ist, ist **34** die Einbringung des Teilbetriebs und damit die Übertragung des Grundstücks in der gleichen Urkunde vorgesehen.

35 Die Kapitalerhöhung selbst ist im Formular mit € 25.000.– (= Buchwert) vorgesehen, obwohl der Verkehrswert des eingebrachten Teilbetriebs (einschließlich € 25.000.– stiller Reserven) € 50.000.– beträgt. Dies ist zutreffend, wenn der von der GmbH bisher selbst geführte Betrieb einen Wert von € 100.000.– hat (bei einem Buchwert von € 50.000.–). Der Betrag der vorzunehmenden Kapitalerhöhung berechnet sich nach dem Verhältnis des Werts des eingebrachten Betriebs zum Wert der bereits bestehenden GmbH (zu Zeit- bzw. Teilwerten) zuzüglich des eingebrachten Betriebs (50:150 = 25:75).

36 Betrag und Gegenstand der **Sacheinlage** sind im Kapitalerhöhungsbeschluss möglichst genau anzugeben. Da es sich um **Einzelrechtsübertragungen** handelt, müssen die einzubringenden Wirtschaftsgüter (Aktiva und Passiva; vgl. zu Passiva zB OLG Düsseldorf 3 Wx 36/92 v. 30.7.92, DB 93, 974) sowie übergehende Schuldverhältnisse vollständig bezeichnet werden.

37 Die Erbringung der Sacheinlage hat vor der Anmeldung der Kapitalerhöhung ins Handelsregister zu erfolgen (§ 7 Abs. 3 iVm. § 56a GmbHG). Da zum eingebrachten Teilbetrieb ein Grundstück gehört, muss von den Beteiligten gleichzeitig auch die Auflassung in notariell beurkundeter Form vorgenommen und die Eigentumsumschreibung im Grundbuch eingetragen werden oder wenigstens ein rangwahrender Antrag beim Grundbuchamt oder die Eintragung einer Auflassungsvormerkung erfolgt sein (vgl. Rz. 9).

38 Gesellschaftsrechtlich ist die Einbringung erst mit der Übertragung des einzubringenden Betriebs vollzogen. Die handelsrechtlich aus Praktikabilitätsgründen für zulässig erachtete, bis zu achtmonatige **Rückbeziehung** der Einbringung (vgl. Rz. 10) ist ohne gesetzliche Grundlage. Gleichwohl ist für die Einbringung eine achtmonatige steuerrechtliche Rückwirkung in § 20 Abs. 6 Satz 3 UmwStG iVm. § 20 Abs. 5 Satz 1 UmwStG auf Antrag angeordnet. Danach darf die Einbringung der Sacheinlage auf Antrag auf einen Tag zurückbezogen werden, der höchstens acht Monate vor dem Tag des Abschlusses des Einbringungsvertrags und des Übergangs des eingebrachten Betriebsvermögens liegt. Die Rückwirkungsmöglichkeit ist antragsbezogen (Antrag der aufnehmenden Kapitalgesellschaft nach UmwSt-Erl. 2011 BMF v. 11.11.11, BStBl. I 11, 1314 Tz 20.14 maßgeblich; vgl. auch *Schmitt* DB 10, 522). Auf Antrag ist damit der höchstens acht Monate vor dem Abschluss des Einbringungsvertrags und dem Zeitpunkt des Übergangs der Sacheinlage auf die Kapitalgesellschaft liegende **Einbringungsstichtag** auch für die Ermittlung des Einkommens des Einbringenden und der übernehmenden Kapitalgesellschaft zugrunde zu legen (§ 20 Abs. 5 Satz 1 UmwStG). Dies gilt hinsichtlich des Einkommens und des Gewerbeertrags allerdings nicht für Entnahmen und Einlagen, die nach dem steuerlichen Übertragungsstichtag erfolgen (§ 20 Abs. 5 Satz 2 UmwStG; diesbezüglich sind die Anschaffungskosten der Geschäftsanteile um den Buchwert der Entnahmen zu vermindern und um den sich nach § 6 Abs. 1 Nr. 5 EStG ergebenden Wert der Einlagen gem. § 20 Abs. 5 Satz 3 UmwStG zu erhöhen). *Beachte:* Betriebs- und Teilbetriebsvoraussetzungen genauso wie Mitunternehmeranteile müssen (neuerdings) bereits am (rückbezogenen) steuerlichen Übertragungsstichtag vorgelegen haben (UmwSt-Erl. 2011 BMF v. 11.11.11, BStBl. I 11, 1314 Tz. 20.14).

Erläuterungen zu A. 3.02a Übernahmeerklärung gemäß § 55 Abs. 1 GmbHG

39 Die **Übernahmeerklärung** ist entweder in notariell beurkundeter oder in notariell beglaubigter Form abzugeben (§ 55 Abs. 1 GmbHG). Aus Kostenersparnisgründen ist daher die Übernahmeerklärung von der notariell zu beurkundenden Kapitalerhöhung

getrennt (vgl. Rz. 8) und lediglich die Beglaubigung vorgesehen. Gründe der Übersichtlichkeit mögen für die Aufnahme der Übernahmeerklärung in die notarielle Urkunde der Kapitalerhöhung sprechen.

Inhaltlich hat die Übernahmeerklärung bei Sacheinlagen ebenfalls den Gegenstand 40 und den Nennbetrag der auf die Geschäftsanteile zu erbringenden Sacheinlage zu enthalten (§ 56 Abs. 1 Satz 2 GmbHG). Die Verpflichtung des Übernehmers, die Differenz zwischen dem Nennbetrag der übernommenen Geschäftsanteile und dem wirklichen Wert des Einbringungsgegenstands auszugleichen, entspricht der gesetzlichen Differenzhaftung (§§ 56 Abs. 2, 9 GmbHG; vgl. Rz. 12). Dagegen begründet die Verpflichtung, eine Unterdeckung des Agios in bar auszugleichen, eine selbstständige vertragliche Verpflichtung des Übernehmers gegenüber der Gesellschaft.

Erläuterungen zu A. 3.02b Handelsregisteranmeldung der Kapitalerhöhung

Die **Handelsregisteranmeldung** ist von allen Geschäftsführern der GmbH vorzu- 41 nehmen. Darin ist u.a. zu versichern, dass die Sacheinlage erbracht ist und zur freien Verfügung der Gesellschaft steht. Wegen dieser Versicherung ist die Anmeldung von den Geschäftsführern höchstpersönlich abzugeben (keine Vertretung möglich, *Baumbach/Hueck* § 7 GmbHG Rz. 3). Die Anmeldung kann erst erfolgen, nachdem das eingebrachte Vermögen rechtswirksam auf die GmbH übergegangen ist, dh. bei Grundstücken Auflassung und Eintragung im Grundbuch oder wenigstens bei Einigung und rangwahrendem Grundbuchantrag oder Eintragung einer Auflassungsvormerkung; s. Rz. 9). Der Anmeldung ist eine aktualisierte Liste der Gesellschafter, aus der Name, Vorname, Geburtsdatum und Wohnort der Gesellschafter (hier der Herren A und B) sowie die Nennbeträge und die laufenden Nummern der von den Gesellschaftern übernommenen Geschäftsanteile ersichtlich ist, beizufügen (vgl. § 40 Abs. 1 GmbHG). Ferner ist eine beglaubigte Abschrift des Kapitalerhöhungsbeschlusses und eine beglaubigte Abschrift des Einbringungsvertrags beizulegen, um dem Registerrichter die Möglichkeit der Überprüfung der tatsächlichen Durchführung zu geben.

Die Handelsregisteranmeldung ist **elektronisch in öffentlich beglaubigter** 42 **Form** zum Handelsregister einzureichen (§ 12 HGB Abs. 1 Satz 1 HGB, dazu *Baumbach/Hopt* § 12 HGB Rz. 1). Eine Einreichung in Papierform ist nicht mehr möglich. Die elektronische Anmeldung erfolgt durch den Notar, der das Dokument mit einem einfachen elektronischen Zeugnis gem. § 39a BeurkG, dh. einer qualifizierten elektronischen Signatur, versieht und dann an das elektronische Gerichtspostfach des Registergerichts übermittelt (*Seibert/Decker* DB 06, 2447). Die beglaubigten Abschriften des Kapitalerhöhungsbeschlusses und Einbringungsvertrags sind ebenfalls elektronisch und mit einem einfachen elektronischen Zeugnis versehen einzureichen (§ 12 Abs. 2 Satz 1 und Satz 2, 2. Hs. HGB; vgl. *Baumbach/Hopt* § 12 HGB Rz. 7; *Seibert/Decker* DB 06, 2447). An dem materiellen Inhalt der Handelsregisteranmeldung hat sich jedoch nichts geändert.

Der **Registerrichter** hat zu prüfen, ob die Sacheinlage **nicht unwesentlich** 43 **überbewertet** ist (§ 9c Abs. 1 Satz 2 GmbHG). Obwohl die Bestimmungen zur Sachkapitalerhöhung keine Verweisungen auf § 5 Abs. 4 Satz 2 GmbHG (Sachgründungsbericht) und § 8 Abs. 1 Nr. 5 GmbHG (Wertnachweisunterlagen) vorsehen, sollte man zur Vermeidung von Verzögerungen einen entsprechenden **Sacherhöhungsbericht** und Wertnachweisunterlagen (Einbringungsbilanz mit Bestätigung eines Wirtschaftsprüfers/Steuerberaters, dass die Aktiva nicht überbewertet und die Passiva nicht unterbewertet sind) beifügen oder zumindest bereithalten. Die ebenfalls beizufügende Gesellschafterliste bzgl. der neu ausgegebenen Anteile ist von den anmeldenden Geschäftsführern in vertretungsberechtigter Zahl zu unterzeichnen.

A. 3.03 Einbringung in GmbH ohne Gegenleistung (steuerlich sog. verdeckte Einlage)

Gliederung

I. FORMULARE

Formular A. 3.03 Einbringung GmbH-Beteiligung (notariell)

Vor mir ...... Notar ...... in...... erschien heute, am ......

Herr A ......, Kaufmann, geschäftsansässig in......

Herr A erklärte, dass er alleiniger Gesellschafter der im Handelsregister des Amtsgerichts ...... unter HRB ...... eingetragenen „A-GmbH“, sowie deren einzelvertretungsberechtigter, von den Beschränkungen des § 181 BGB befreiter Geschäftsführer sei. Daneben besitzt Herr A 25% der Geschäftsanteile an der im Handelsregister des Amtsgerichts ...... unter HRB ...... eingetragenen B-GmbH, mit Sitz in ...... Herr A erklärte weiter, sowohl im eigenen Namen zu handeln als auch als einzelvertretungsberechtigter Geschäftsführer der A-GmbH. Dies vorausgeschickt schließt Herr A mit der A-GmbH folgenden

GESCHÄFTSANTEILSEINBRINGUNGS- UND -ABTRETUNGSVERTRAG

1. Herr A bringt seinen gesamten Geschäftsanteil im Nennbetrag von € 12.500.– an der B-GmbH (25 % von € 50.000.–) hiermit in die A-GmbH ein und tritt diesen an die A-GmbH ab. Die A-GmbH nimmt die Einbringung und Abtretung an. Die Abtretung erfolgt ohne Gegenleistung seitens der A-GmbH, jedoch sind sich die Parteien ei-

nig, dass die Geschäftsanteile an der B-GmbH von der A-GmbH mit dem Verkehrswert aktiviert und der Gegenwert als Eigenkapital (Kapitalrücklage gemäß § 272 Abs. 2 Nr. 4 HGB) ausgewiesen wird. Herr A erklärt, dass nach einem ihm vorliegenden Gutachten der Wirtschaftsprüfungsgesellschaft ...... der Verkehrswert für die 25%-ige Beteiligung € 100.000.– beträgt.

2. Die Abtretung der B-GmbH-Anteile ist ohne Zustimmung der B-GmbH bzw. der übrigen Gesellschafter der B-GmbH möglich.
3. Herr A nimmt als einzelvertretungsberechtigter und von den Beschränkungen des § 181 BGB befreiter Geschäftsführer der A-GmbH die vorstehende Abtretung an.
4. Die Kosten dieser Urkunde trägt die A GmbH.

Diese Niederschrift wurde dem Erschienenen vom Notar vorgelesen, von ihm genehmigt und von ihm und dem Notar eigenhändig wie folgt unterschrieben:

....
[Unterschrift A]

....
[Unterschrift Notar]

Formular A. 3.03a Einbringung eines Betriebs und Gewährung eines zinslosen Darlehens (privatschriftlich)

Zwischen Herrn A ......, geschäftsansässig in ......, und der A-GmbH, vertreten durch Herrn A als einzelvertretungsberechtigtem und von den Beschränkungen des § 181 BGB befreitem Geschäftsführer wird folgender Einbringungs- und Darlehensvertrag geschlossen.

1. Herr A bringt sein in ...... betriebenes Einzelunternehmen unter der Firma „A ......“, eingetragen im Handelsregister des Amtsgerichts ...... unter HRA ...... in die A-GmbH ein. Eingebracht und übertragen werden sämtliche in der zugrunde liegenden, dieser Aufstellung als Anlage beigefügten Bilanz zum 31.12. ...... ausgewiesenen Vermögensgegenstände und Schulden, deren Nettobuchwert zusammen € 20.000.– beträgt. Mit eingebracht wird auch das im Betriebsvermögen befindliche selbstentwickelte Patent ...... Herr A geht davon aus, dass unter Berücksichtigung des Firmenwerts von € 50.000.– und des Werts des Patents in Höhe von € 30.000.– das eingebrachte Einzelunternehmen insgesamt einen Wert von € 100.000.– hat. Die Übertragung erfolgt unentgeltlich.
2. Die A-GmbH nimmt diese Einbringung und Übertragung an. Nach dem Willen der Parteien wird die aufnehmende A-GmbH das eingebrachte Einzelunternehmen insgesamt mit € 100.000.– ansetzen (€ 20.000.– insgesamt für das materielle Betriebsvermögen, € 30.000.– für das Patent und € 50.000.– für den Firmenwert). Die Vermögensmehrung wird als Eigenkapital (Kapitalrücklage gemäß § 272 Abs. 2 Nr. 4 HGB) ausgewiesen.
3. Ferner gewährt Herr A der A-GmbH ein zinsloses Darlehen in Höhe von € 50.000.–. Die auszureichende Darlehensvaluta erfolgt durch Überweisung auf das Konto ...... bei der X-Bank mit Wertstellung zum 1.1. ...... Das Darlehen ist zinsfrei. Die Rückzahlung erfolgt am ......
4. Die Kosten des Vertrags trägt die A-GmbH.

.............................., den ....

....	....
[Unterschrift A]	[Unterschrift B]
	....
	[Unterschrift Notar]

II. ERLÄUTERUNGEN

Erläuterungen zu A. 3.03 Einbringung GmbH-Beteiligung (notariell)

1. Grundsätzliche Anmerkungen

a) Wirtschaftliches Vertragsziel

1 Die Übertragung von Wirtschaftsgütern (Einlage) in eine GmbH ohne Gegenleistung, insb. ohne formelle Stammkapitalerhöhung wird wohl regelmäßig nur von einem Alleingesellschafter einer GmbH vorgenommen werden; soweit nämlich andere Gesellschafter an der aufnehmenden GmbH beteiligt sind, würde diesen unentgeltlich ein ihrer Beteiligungsquote entsprechender Anteil an dem Wert der eingelegten Wirtschaftsgüter und Nutzungen zukommen (was wirtschaftlich in der Regel nicht bezweckt ist, aber schenkungsteuerlich günstig sein kann vgl. BFH II R 28/08 v. 9.12.09, BStBl. II 10, 566). Die steuerliche Rechtsprechung hat für Einlagen eines Gesellschafters ohne ausgewogene Gegenleistung den Begriff **„verdeckte Einlage"** entwickelt; denn der Gesellschafter hat an die GmbH mehr geleistet, als die GmbH ihm als Gegenleistung eingeräumt hat und er hat somit der GmbH in „verdeckter" Form Kapital zugeführt. Handelsrechtlich ist der Begriff der „verdeckten Einlage" unbekannt; es handelt sich um eine Sacheinlage des Gesellschafters, ohne dass er dafür eine Stammeinlage erhält. Abzugrenzen ist er von dem gesellschaftsrechtlichen Begriff der „verdeckten Sacheinlage", bei der eine Geldeinlage bei wirtschaftlicher Betrachtung und aufgrund einer im Zusammenhang mit der Übernahme der Geldeinlage getroffenen Abrede vollständig oder teilweise als Sacheinlage zu bewerten ist (vgl. § 19 Abs. 4 GmbHG). Handelsrechtlich besteht bei der „verdeckten Einlage" folgendes Wahlrecht: wird der Wille und der Wert der Sacheinlagenzuführung im Einlagevertrag durch den Gesellschafter dokumentiert, kann die GmbH die Sacheinlage aktivieren und die Vermögensmehrung im Gegenposten „Kapitalrücklagen" iSd. § 272 Abs. 2 Nr. 4 HGB ausweisen (s. Rz. 11 mwN). Fehlt es dagegen an der Dokumentation des Willens des Gesellschafters im Einlagevertrag, kommt für die Zuführung selbst keine Aktivierung und keine Dotierung der Kapitalrücklagen in Betracht; allerdings führt die spätere Realisierung (zB durch Verkauf des eingelegten Vermögensgegenstands) dann zu einem höheren Bilanzgewinn. Derartige Einlagen (ohne formelle Kapitalerhöhung) bieten sich an, um den Jahresabschluss der GmbH (entweder über Kapitalrücklagen oder über höhere Bilanzgewinne) zu beeinflussen, ohne die strengen Formvorschriften der Sachgründung bzw. Sachkapitalerhöhung beachten zu müssen. Im Formular ist der erstgenannte Weg der bewusst dokumentierten Sacheinlagenzuführung (Aktivierung und Erhöhung der Kapitalrücklagen) gewählt. Beide Fälle werden aber ertragsteuerlich als sog. „verdeckte Einlage" im Ergebnis gleich behandelt (s. Rz. 2ff.). Der steuerrechtlichen Terminologie folgend werden nachfolgend beide Formen der handelsrechtlichen Kapitalzuführung als „verdeckte Einlage" bezeichnet. Es können alle Vermögensgegenstände, die Gegenstände einer gesellschaftsrechtlichen Sacheinlage sein können, auch verdeckt eingelegt werden (bewegliche und unbewegliche Sachen, Rechte, bewertbare immaterielle Wirtschaftsgüter, zB Patente, Knowhow, Firmenwert sowie obligatorische Nutzungsrechte).

b) Steuerrecht

aa) Voraussetzungen einer (ertragsteuerlichen) verdeckten Einlage

2 Eine verdeckte Einlage ist die Zuwendung eines bilanzierbaren Vermögensvorteils aus gesellschaftsrechtlichen Gründen ohne Entgelt in Gestalt von Gesellschaftsrechten (EStH 4.3 „Verdeckte Einlage"). Als verdeckte Einlage sind nur Wirtschaftsgüter ge-

eignet, die das Vermögen der Kapitalgesellschaft durch den Ansatz oder die Erhöhung eines Aktivpostens oder durch den Wegfall oder die Verminderung eines Passivpostens vermehrt haben (BFH IV R 10/01 v. 6.11.03, BStBl. II 04, 416). Auch ein Geschäfts- oder Firmenwert kann Gegenstand einer verdeckte Einlage sein (BFH I R 202/83 v. 24.3.87, BStBl. II 87, 705; EStH 5.5 „Geschäfts- oder Firmenwert/Praxiswert). Maßgebendes Kriterium für einen Übergang des Geschäfts- oder Firmenwerts von einem Einzelunternehmen auf eine Kapitalgesellschaft im Wege der verdeckten Einlage ist, dass dem nutzenden Unternehmen die materiellen und immateriellen Wirtschaftsgüter sowie die sonstigen Faktoren, welche sich im Geschäfts- oder Firmenwert niederschlagen, auf einer vertraglichen Grundlage überlassen werden, die Nutzung auf Dauer angelegt ist und kein Rechtsanspruch auf Rückgabe dieser Wirtschaftsgüter besteht (BFH X R 32/05 v. 2.9.08, BStBl. II 09, 634; EStH 4.3 „Verdeckte Einlage").

bb) Rechtsfolgen der verdeckten Einlage

Die steuerrechtlichen Folgen einer verdeckten Einlage 3
– beim verdeckt einlegenden Gesellschafter und
– bei der aufnehmenden Kapitalgesellschaft

sind unterschiedlich, je nachdem ob der verdeckt eingelegte Vermögensgegenstand beim einbringenden Gesellschafter steuerliches Betriebsvermögen (s. Rz. 4 ff.) oder steuerliches Privatvermögen war (s. Rz. 7 ff.).

aaa) Gegenstand der verdeckten Einlage war beim einlegenden Gesellschafter steuerliches Betriebsvermögen

Gewinnrealisierung beim einlegenden Gesellschafter. Die verdeckte Einlage 4
führt beim einlegenden Gesellschafter immer zur Versteuerung der stillen Reserven, denn der verdeckten Einlage von einzelnen Wirtschaftsgütern aus dem Betriebsvermögen des einlegenden Gesellschafters geht grundsätzlich die vorherige Entnahme der nämlichen Wirtschaftsgüter aus dem Betriebsvermögen des Einlegenden voraus (vgl. BFH X R 22/02 v. 20.7.05, BStBl. II 06, 457). Ist Gegenstand der verdeckten Einlage zB ein Einzelunternehmen, tritt Gewinnrealisierung nach § 16 Abs. 3 Satz 1 und 3 EStG auch bzgl. eingebrachter immaterieller Wirtschaftsgüter und in Bezug auf den eingebrachten Firmenwert ein (BFH I R 202/83 v. 24.3.87, BStBl. II 87, 705 und VIII R 17/85 v. 18.12.90, BStBl. II 1991, 512). Obwohl es bei einer verdeckten Einlage an einer Gegenleistung fehlt, kann die Gewinnrealisierung beim einbringenden Gesellschafter nicht durch Anwendung von § 20 bzw. § 21 UmwStG vermieden werden, weil es an der Gewährung neuer Anteile fehlt.

Nachträgliche Anschaffungskosten beim einlegenden Gesellschafter. Aller- 5
dings entstehen beim einbringenden Gesellschafter in Höhe des gemeinen Werts der verdeckt eingelegten Vermögensgegenstände nachträgliche Anschaffungskosten für die Anteile an der aufnehmenden Kapitalgesellschaft (wie beim Tausch von Wirtschaftsgütern, vgl. BFH GrS 2/86 v. 26. 10. 87, BStBl. II 88, 348).

Teilwertansatz bei der aufnehmenden Gesellschaft. Die aufnehmende Kapi- 6
talgesellschaft hat den verdeckt eingelegten Vermögensgegenstand mit dem Teilwert zu aktivieren (§ 6 Abs. 1 Nr. 5 Satz 3 und Nr. 4 Satz 1 EStG iVm. § 8 Abs. 1 KStG). Allerdings ist die auf Grund der verdeckten Einlage entstehende Vermögensmehrung bei dieser steuerfrei § 4 Abs. 1 Satz 1 EStG iVm. § 8 Abs. 1 Satz 1 KStG. Vermögensmehrungen auf Grund von Einlagen sind im **steuerlichen Einlagekonto** der aufnehmenden Kapitalgesellschaft zu erfassen (§ 27 Abs. 1 Satz 1 KStG).

bbb) Gegenstand der verdeckten Einlage war beim einlegenden Gesellschafter steuerliches Privatvermögen

Gewinnrealisierung beim einlegenden Gesellschafter nur, wenn der eingeleg- 7
te Vermögensgegenstand steuerlich verstricktes Privatvermögen darstellt. Dies gilt u.a.

für **Grundstücke innerhalb der Spekulationsfrist** (§ 23 Abs. 1 Satz 5 Nr. 2 EStG) und für **Beteiligungen iSd. § 17 EStG** (§ 17 Abs. 1 Satz 2 EStG). Für die verdeckte Einlage von Wirtschaftsgütern iSd. § 20 Abs. 2 EStG, siehe § 20 Abs. 2 Satz 2 EStG. Soweit Anteile eingelegt werden, die aus einer Einbringung nach § 20 UmwStG unter dem gemeinen Wert resultieren, kann die verdeckte Einlage die Besteuerung des **sog. Einbringungsgewinns I** auslösen (§ 22 Abs. 1 Satz 6 Nr. 1 UmwStG).

Für **(alte) einbringungsgeborene Anteile** iSd. § 21 UmwStG 1995 s. § 21 Abs. 2 Nr. 4 UmwStG iVm. § 27 Abs. 3 Nr. 3 Satz 1 UmwStG. Zur Nichtanwendbarkeit des Halbeinkünfteverfahrens in diesen Fällen s. § 3 Nr. 40 Sätze 3 und 4 EStG aF iVm. § 52 Abs. 4b Satz 2 EStG.

8 **Nachträgliche Anschaffungskosten beim einlegenden Gesellschafter.** Beim verdeckt einlegenden Gesellschafter entstehen nachträgliche Anschaffungskosten für die Anteile an der aufnehmenden Kapitalgesellschaft in Höhe des Teilwerts der verdeckt eingelegten Wirtschaftsgüter (§ 6 Abs. 6 Satz 2 EStG).

9 **Bei der aufnehmenden Kapitalgesellschaft** ist der verdeckt eingelegte Vermögensgegenstand regelmäßig gem. § 6 Abs. 1 Nr. 5 Satz 1 1. Hs. EStG iVm. § 8 Abs. 1 Satz 1 KStG mit dem Teilwert anzusetzen (Ausnahmen s. § 6 Abs. 1 Nr. 5 Satz 1 2. Hs. EStG). Die Bewertung der verdeckten Einlage einer Beteiligung iSd. § 17 Abs. 1 Satz 1 EStG (und wohl auch von Wirtschaftsgütern iSd. § 20 Abs. 2 EStG) erfolgt (auch entgegen § 6 Abs. 1 Nr. 5 Satz 1 2. Hs. Buchstabe b EStG) immer mit dem Teilwert (EStH 6.12 „Verdeckte Einlage"). Gleiches gilt für die verdeckte Einlage von Grundstücken die § 23 Abs. 1 Satz 5 Nr. 2 EStG unterfällt.

2. Einzelerläuterungen zur Einbringung von GmbH-Anteilen

a) Handelsrecht

10 Sowohl die Einbringung der Anteile an der B-GmbH als das schuldrechtliche Rechtsgeschäft als auch die Übertragung als das dingliche Rechtsgeschäft bedürfen der notariellen Beurkundung (§ 15 Abs. 3 und Abs. 4 GmbHG). Das Formular geht davon aus, dass der Alleingesellschafter A gleichzeitig einzelvertretungsberechtigter Geschäftsführer der A-GmbH und von den Beschränkungen des § 181 BGB befreit ist.

11 Obwohl die Einbringung ohne Gegenleistung erfolgt, empfiehlt sich die Angabe des Werts der GmbH-Anteile, wenn die eingebrachte Beteiligung in der **Handelsbilanz** der aufnehmenden A-GmbH mit dem Verkehrswert angesetzt und die daraus resultierende Vermögensmehrung der Kapitalrücklage iSv. § 272 Abs. 2 Nr. 4 HGB zugeführt werden soll (*Beck Bil-Komm./Förschle/Taetzner* § 272 HGB Rz. 206); würde kein Wert angegeben werden, wäre die Einlage mangels Anschaffungskosten mit Null anzusetzen und keine Kapitalrücklage auszuweisen (*Schulze zur Wiesche* GmbHR 88, 36).

b) Steuerrecht

aa) Ertragsteuern

12 Zu unterscheiden ist die steuerliche Behandlung beim Einbringenden (s. Rz. 12ff.) und bei der aufnehmenden GmbH (s. Rz. 14ff.).

aaa) Behandlung beim einbringenden Gesellschafter

13 Beim einbringenden A stellt die Beteiligung mit 25% am Stammkapital der B-GmbH eine Beteiligung iSv. § 17 Abs. 1 EStG (qualifizierte Beteiligung bereits ab 1%) dar.

Da es sich um eine Beteiligung iSv. § 17 Abs. 1 EStG handelt, entsteht ein steuerpflichtiger idR nach dem **Teileinkünfteverfahren begünstigter** Veräußerungsgewinn (s. Rz. 7). Für den einlegenden A entstehen nachträgliche Anschaffungskosten für seine Beteiligung an der aufnehmenden A-GmbH in Höhe des Teilwerts der verdeckt eingelegten B-GmbH Beteiligung (§ 6 Abs. 6 Satz 2 EStG). Die verdeckte Einlage von Wirtschaftsgütern stellt einen Verstoß gegen die Behaltensregelung des § 13a Abs. 5 ErbStG dar (§ 13a Abs. 5 Nr. 4 Satz 1 ErbStG).

bbb) Behandlung bei der aufnehmenden A-GmbH

Ertragsteuerlich ist die verdeckt eingelegte wesentliche Beteiligung zwingend mit dem Teilwert (hier € 100.000.–) anzusetzen (§ 6 Abs. 1 Nr. 5 EStG iVm. § 8 Abs. 1 KStG). Die Begrenzung in § 6 Abs. 1 Nr. 5 Satz 1 Hs. 2 Buchst. b EStG (Höchstansatz mit Anschaffungskosten) gilt nicht (s. Rz. 9). **14**

bb) Verkehrsteuern

Die Umsätze mit Anteilen an Gesellschaften sind gem. § 4 Nr. Buchst. 8 f UStG umsatzsteuerfrei. Im Übrigen dürfte der der Umsatz bereits nicht umsatzsteuerbar sein, da wegen des fehlenden Entgelts kein Leistungsaustausch vorliegt. Eine Option gem. § 9 Abs. 1 UStG kommt somit nicht in Betracht. Zur Grunderwerbsteuer vgl. oben A. 3.02 Rz. 29. **15**

Erläuterungen zu A. 3.03a Einbringung eines Betriebs und Gewährung eines zinslosen Darlehens (privatschriftlich)

1. Grundsätzliche Anmerkungen

Siehe unter Rz. 1 ff.

2. Einzelerläuterungen

a) Handelsrecht

Die Einbringung des Betriebs und die Darlehensgewährung sind privatschriftlich möglich, da Grundstücke nicht eingebracht werden (für diese Fälle wäre notarielle Beurkundung nach § 311b Abs. 1 BGB erforderlich). Da es sich um eine Einzelrechtsübertragung handelt, ist auf die vollständige Auflistung aller zu übertragenden Vermögensgegenstände und Rechte sowie Rechtsverhältnisse (möglichst in Anlagen) zu achten. Bei Übertragung von Verbindlichkeiten ist die Zustimmung der Gläubiger einzuholen (§ 415 BGB). **16**

Die Bestimmung des Wertes des eingebrachten Betriebs dient dem Ansatz bei der aufnehmenden GmbH zum Verkehrswert sowie dem Ausweis einer Kapitalrücklage gemäß § 272 Abs. 2 Nr. 4 HGB (ansonsten wegen fehlender Anschaffungskosten Ansatz zu Null; s. Rz. 11). **17**

b) Steuerrecht

aa) Ertragsteuerrecht

Im Zuge der Einbringung des Betriebs ist die steuerliche Behandlung beim Einbringenden (s. Rz. 19 ff.) und bei der aufnehmenden GmbH (s. Rz. 22 ff.) zu unterscheiden: **18**

aaa) Behandlung beim Einbringenden

Die Einbringung eines Betriebs im Wege der verdeckten Einlage in eine Kapitalgesellschaft wird steuerrechtlich als Betriebsaufgabe behandelt und führt gemäß § 16 Abs. 3 Satz 1 EStG zur Besteuerung, und zwar einschließlich der im Betrieb enthaltenen stillen Reserven in materiellen Wirtschaftsgütern, eines Firmenwerts und sonstiger immaterieller Wirtschaftsgüter (s. Rz. 4). **19**

Das zinslose Darlehen stellt nach dem Beschluss des BFH GrS 2/86 v. 26.10.87, BStBl. II 88, 348 keine verdeckte Einlage dar (Gestaltungshinweis: Zinsen vereinbaren und nach Entstehung der Zinsforderungen nachträglich darauf verzichten; dann allerdings Besteuerung der Zinsen beim Darlehensgeber).

Der Aufgabegewinn von A beträgt in dem hier zugrunde gelegten Fall € 80.000.– (€ 100.000.– . /. € 20.000.– Buchwerte).

20 Eine Vermeidung der Gewinnrealisierung wäre dann möglich, wenn der Betrieb gegen Gewährung neuer Gesellschaftsrechte (Sacheinlage gegen Kapitalerhöhung) in die GmbH eingebracht würde, vgl. Formular A. 3.02, oder gem. § 123 Abs. 3 Nr. 1 UmwG auf die GmbH gegen Gewährung neuer Anteile ausgegliedert würde (entspr. Formular A. 15.30). Einbringung und Ausgliederung würden dann jeweils nach § 20 UmwStG erfolgen.

21 Durch die verdeckte Einlage entstehen für die Beteiligung des A an der A-GmbH nachträgliche Anschaffungskosten in Höhe des für die Betriebsaufgabe gem. § 16 Abs. 3 Satz 1 EStG angesetzten Betrages von € 100.000.–. Die verdeckte Einlage von Wirtschaftsgütern stellt einen Verstoß gegen die Behaltensregelung des § 13a Abs. 5 ErbStG dar (die Voraussetzungen des § 13a Abs. 5 Nr. 1 Satz 2, 2. Hs. ErbStG liegen nicht vor).

bbb) Behandlung bei der aufnehmenden A-GmbH

22 Die aufnehmende GmbH hat das im Wege der verdeckten Einlage erworbene Betriebsvermögen mit dem Teilwert anzusetzen (§ 6 Abs. 1 Nr. 5 EStG iVm. § 8 KStG). Der Ansatz mit dem Teilwert gilt auch für immaterielle Wirtschaftsgüter (BFH I R 202/83 v. 24.3.87, BStBl. II 87, 705); das Aktivierungsverbot des § 5 Abs. 2 EStG steht dem nicht entgegen (die Regeln der verdeckten Einlage gehen dem Aktivierungsverbot des § 5 Abs. 2 EStG vor). Bei dem dem Formular zugrunde liegenden Fall ist der Firmenwert mit € 50.000.– und das Patent mit € 30.000.– anzusetzen. Der Firmenwert ist regelmäßig auf 15 Jahre abzuschreiben (vgl. § 7 Abs. 1 Satz 3 EStG).

23 Die Vermögensmehrung auf Grund der verdeckten Einlage selbst ist ertragsteuerfrei (Zuführung des Vermögenswertes auf Grund gesellschaftsrechtlicher, nicht betrieblicher Grundlage, vgl. Rz. 6 und 9). In der Gliederung des verwendbaren Eigenkapitals ist der Vermögenszugang beim **steuerlichen Einlagekonto iSv. § 27 KStG** auszuweisen.

24 Der Vermögensvorteil auf Grund des zinslos gewährten Darlehens (zukünftig ersparte Zinsaufwendungen) ist nach dem Beschluss des Großen Senats BFH GrS 2/86 v. 26.10.87, BStBl. II 88, 348 nicht einlagefähig.

bb) Verkehrsteuern

25 **Umsatzsteuer.** Zur Nichtsteuerbarkeit gem. § 1 Abs. 1a UStG vgl. A. 3.01 Rz. 28.

Die Darlehensgewährung ist gem. § 4 Nr. 8 Buchst. a UStG umsatzsteuerfrei. Grunderwerbsteuer vgl. oben A. 3.02 Rz. 29.

A. 3.04 Einbringung GmbH & Co. KG in Komplementär-GmbH (durch Einbringung sämtlicher Kommanditanteile gegen Kapitalerhöhung)

Gliederung

I. FORMULARE

Formular A. 3.04 Kapitalerhöhungsbeschluss der Komplementär-GmbH

Verhandelt zu ...... am ...... Vor mir, ..., Notar, erschienen

1. Frau AB, ... *[Beruf/Wohn- bzw. Geschäftsadresse],*

2. Herr BC, ... *[Beruf/Wohn- bzw. Geschäftsadresse],*

3. Herr CD, ... *[Beruf/Wohn- bzw. Geschäftsadresse].*

1.

Das Stammkapital der „ABC-GmbH" mit Sitz in......, eingetragen im Handelsregister des Amtsgerichts ...... unter HRB ......, beträgt € ......; hieran sind beteiligt:

- **Frau AB mit einem Geschäftsanteil im Nennbetrag von € ...... (......%)**
- **Herr BC mit einem Geschäftsanteil im Nennbetrag von € ...... (......%)**
- **Herr CD mit einem Geschäftsanteil im Nennbetrag von € ...... (......%).**

Die Geschäftsanteile sind voll einbezahlt.

Die „ABC-GmbH" ist alleinige persönlich haftende Gesellschafterin (Komplementärin) der im Handelsregister des Amtsgerichts ...... unter HRA ...... eingetragenen Kommanditgesellschaft unter der Firma „ABC-GmbH & Co. KG" mit Sitz in ......; die Komplementärin hat keine Einlage geleistet und ist am Gewinn und Verlust nicht beteiligt.

Kommanditisten der „ABC-GmbH & Co. KG“ sind
- Frau AB mit einer Kommanditeinlage von € ...... (......%)
- Herr BC mit einer Kommanditeinlage von € ...... (......%)
- Herr CD mit einer Kommanditeinlage von € ...... (......%).

Die Kommanditeinlagen sind voll erbracht.

2.

Die Erschienenen treten hiermit unter Verzicht auf sämtliche Form- und Fristvorschriften für die Einberufung und Abhaltung zu einer Gesellschaftervollversammlung der „ABC-GmbH“ zusammen und fassen folgende Beschlüsse:

1. Das Stammkapital der Gesellschaft wird von € ...... um € ...... auf € ...... durch Ausgabe von drei neuen Geschäftsanteilen zum Nennwert erhöht. Zur Übernahme der neuen Geschäftsanteile werden zugelassen:
   1.1 Frau AB mit einem neuen Geschäftsanteil im Nennbetrag von € ......
   1.2 Herr BC mit einem neuen Geschäftsanteil im Nennbetrag von € ......
   1.3 Herr CD mit einem neuen Geschäftsanteil im Nennbetrag von € ......
   Die bisherigen und neuen Geschäftsanteile haben die folgenden laufenden Nummern:
   Nr.1: bisheriger Geschäftsanteil von Frau AB im Nennbetrag von € ......
   Nr.2: bisheriger Geschäftsanteil von Herrn BC im Nennbetrag von € ......
   Nr.3: bisheriger Geschäftsanteil von Herrn CD im Nennbetrag von € ......
   Nr.4: neuer Geschäftsanteil von Frau AB im Nennbetrag von € ......
   Nr.5: neuer Geschäftsanteil von Herrn BC im Nennbetrag von € ......
   Nr.6: neuer Geschäftsanteil von Herrn CD im Nennbetrag von € ......
2. Die Einlagen auf die neuen Geschäftsanteile mit den laufenden Nummern 4, 5 und 6 sind als Sacheinlage durch die Gesellschafter in voller Höhe dadurch zu erbringen, dass diese ihre Kommanditanteile einschließlich ihrer Gesellschafterkonten (nachfolgend Kapitalkonten genannt) an der „ABC-GmbH & Co. KG“ auf „ABC-GmbH“ übertragen. Die Sacheinlagen erfolgen mit folgenden Maßgaben:
   - Die an die „ABC-GmbH“ abzutretenden Kommanditanteile repräsentieren die gesamte Beteiligung am Vermögen sowie am Gewinn und Verlust der „ABC-GmbH & Co. KG“. Durch die Abtretung geht deren gesamtes Vermögen im Wege der Anwachsung auf die „ABC-GmbH“ über.
   - Im Innenverhältnis soll die bisherige „ABC-GmbH & Co. KG“ ab dem 1.1.02 als für Rechnung der „ABC-GmbH“ geführt gelten; die Gesellschafter treten ihre Kommanditanteile mit Gewinnbezugsrecht ab dem 1.1.02 an die „ABC GmbH“ ab. Der Einbringung werden im Innenverhältnis die in der als Anlage beigefügten Bilanz der „ABC-GmbH & Co. KG“ zum 31.12.01 angesetzten Werte zugrunde gelegt (Einbringungsbilanz), deren Buchwerte die aufnehmende „ABC-GmbH“ steuerlich fortführen wird.
3. Die in der Einbringungsbilanz zum 31.12.01 der „ABC-GmbH & Co. KG“ für die Kommanditisten ausgewiesenen Kapitalkonten in Höhe von insgesamt € ...... für Frau AB, insgesamt € ...... für Herrn BC und insgesamt € ...... für Herrn CD werden im Rahmen der Einbringung wie folgt behandelt:

   Sie werden zunächst jeweils in Höhe des Nennwerts auf die von den Gesellschaften übernommenen neuen Stammeinlagen an der „ABC-GmbH“ angerechnet.

   Darüber hinaus gehende Beträge stellen Verbindlichkeiten der „ABC-GmbH“ gegenüber den jeweiligen Gesellschaftern dar. Die Verbindlichkeiten sind ab der Eintragung der Kapitalerhöhung ins Handelsregister mit x % pa. zu verzinsen. Daraus ergibt sich voraussichtlich folgende Verwendung der Kapitalkonten:

Neue Geschäftsanteile		Darlehen	Gesamt
AB	€	€	€ ......
BC	€	€	€ ......
CD	€	€	€ ......

Unterschreitet der tatsächliche Wert der eingebrachten Kommanditanteile einschließlich der Gesellschafterkonten eines Gesellschafters an der „ABC-GmbH & Co. KG" im Zeitpunkt der Eintragung in das Handelsregister den Nennbetrag des jeweilig übernommenen Geschäftsanteils, entfällt der Ausweis einer Verbindlichkeit gegenüber dem betreffenden Gesellschafter und ist der Differenzbetrag durch Zuzahlung in bar des betreffenden Gesellschafters auszugleichen.

3.

Der Gesellschaftsvertrag der „ABC-GmbH" idF vom ...... wird in § 2 (Firma), § 3 (Stammkapital/Stammeinlagen) und § 4 (Unternehmensgegenstand) geändert und wie folgt neu gefasst:

1. § 2 (Firma) lautet wie folgt:
   „Die Firma der Gesellschaft lautet „ABC ......-GmbH."
2. § 3 (Stammkapital/Geschäftsanteile) lautet wie folgt:
   „Das Stammkapital der Gesellschaft beträgt € ...... Es ist eingeteilt in folgende Geschäftsanteile, die wie folgt gehalten werden:
   2.1 Frau AB mit Geschäftsanteilen von € ...... (Nr. 1) und € ...... (Nr. 4)
   2.2 Herr BC mit Geschäftsanteilen von € ...... (Nr. 2) und € ...... (Nr. 5)
   2.3 Herr CD mit Geschäftsanteilen von € ...... (Nr. 3) und € ...... (Nr. 6)."
3. § 4 (Unternehmensgegenstand) wird geändert und lautet wie folgt:
   „Gegenstand des Unternehmens ist ......"
4. Die Kosten dieser Urkunde, ihres Vollzugs und die daraus anfallenden Steuern trägt die „ABC-GmbH" bis zur Höhe von € ......, darüber hinaus die Kommanditisten im Verhältnis ihrer bisherigen Gewinnbeteiligung.

Der Notar wies darauf hin, dass
- die Kapitalerhöhung erst mit Eintragung wirksam wird,
- die Übernehmer, sollte der Wert der Kommanditanteile bei Eingang der Anmeldung der Kapitalerhöhung beim Registergericht den Betrag der dafür übernommenen Stammeinlage nicht erreichen, in Höhe des Fehlbetrags eine Einlage in Geld zu leisten haben,
- alle Gesellschafter für übernommene, aber nicht erbrachte Stammeinlagen und die Werthaltigkeit der Sacheinlagen haften.

Diese Niederschrift samt Anlagen wurde den Erschienenen vom Notar vorgelesen, von ihnen genehmigt und von ihnen und dem Notar eigenhändig wie folgt unterschrieben:

....	....	....
[Unterschrift AB]	[Unterschrift BC]	[Unterschrift CD]

....
[Unterschrift Notar]

Anlage:

Einbringungsbilanz der Firma „ABC-GmbH & Co. KG" zum 31. 12. 01 (mit Bescheinigung hinsichtlich Wertansätze: „Ich, der unterzeichnete WP/StB bescheinige hiermit, dass die Wertansätze in der vorstehenden Bilanz den gesetzlichen Vorschriften entsprechen und insb. die Aktiva nicht über- und die Passiva nicht unterbewertet sind").

Formular A. 3.04a Übernahmeerklärung gem. § 55 Abs. 1 GmbHG

1. Die Gesellschafter der „ABC-GmbH“ mit dem Sitz in ...... haben am ...... beschlossen, das Stammkapital der Gesellschaft von € ...... um € ...... auf € ...... zu erhöhen.
2. Zur Übernahme der neuen Stammeinlagen wurden zugelassen:
   2.1 Frau AB mit einem neuen Geschäftsanteil im Nennbetrag von € ......
   2.2 Herr BC mit einem neuen Geschäftsanteil im Nennbetrag von € ......
   2.3 Herr CD mit einem neuen Geschäftsanteil im Nennbetrag von € ......
   Die Einlagen auf die neuen Geschäftsanteile mit den laufenden Nummern 4, 5 und 6 sind als Sacheinlage durch die Gesellschafter in voller Höhe dadurch zu erbringen, dass diese ihre Kommanditgesellschaftsanteile einschließlich ihrer Gesellschafterkonten (nachfolgend Kapitalkonten genannt) an der Kommanditgesellschaft unter der Firma „ABC-GmbH & Co. KG“ mit dem Sitz in ... auf die Gesellschaft, unter Zugrundelegung der Einbringungsbilanz zum 31.12.01, übertragen. Die Kapitalkonten der Gesellschafter in der Einbringungsbilanz werden jeweils mit dem Nennwert auf die von den Gesellschaften übernommenen neuen Geschäftsanteile angerechnet, überschießende Beträge werden den Gesellschaftern als Darlehen gutgeschrieben, Fehlbeträge sind durch Bareinzahlungen auszugleichen.
3. Wir, Frau AB, Herr BC und Herr CD, übernehmen die neuen Geschäftsanteile mit den laufenden Nummern 4, 5 und 6 zu den im Kapitalerhöhungsbeschluss niedergelegten und den in vorstehender Ziff. 2 wiedergegebenen Bedingungen.

....	....	....
[Unterschrift AB]	[Unterschrift BC]	[Unterschrift CD]

....

[Beglaubigungsvermerk]

Formular A. 3.04b Vertragliche Abtretung der Kommanditgesellschaftsanteile an der „ABC-GmbH & Co. KG“ an die „ABC(Komplementär)-GmbH“

„ABC-GmbH“ (vertreten durch ihre beiden jeweils einzelvertretungsberechtigten und von den Beschränkungen des § 181 BGB befreiten Geschäftsführer, den Herren BC und CD) ist alleinige Komplementärin der Kommanditgesellschaft unter der Firma „ABC-GmbH & Co. KG“; Kommanditisten sind

- Frau AB mit einer Kommanditeinlage von € ......,
- Herr BC mit einer Kommanditeinlage von € ......,
- Herr CD mit einer Kommanditeinlage von € ......

1. Die vorstehenden Parteien vereinbaren was folgt:
   1.1 Frau AB, Herr BC und Herr CD treten ihre Kommanditgesellschaftsanteile einschließlich ihrer Gesellschafterkonten (Kapitalkonten) an der Kommanditgesellschaft unter der Firma „ABC-GmbH & Co. KG“ an die „ABC-GmbH“ ab, und zwar auf Grund der Übernahmeerklärung vom ...... zum Zwecke der Leistung ihrer Einlagen auf die neuen Geschäftsanteile bei der „ABC-GmbH“; diese nimmt die Abtretungen an.
   1.2 Die Abtretungen erfolgen mit sofortiger dinglicher Wirkung und mit schuldrechtlicher Wirkung zum 31.12.01 unter Zugrundelegung der zu diesem Stich-

tag aufgestellten Einbringungsbilanz der „ABC-GmbH & Co. KG", wonach die Kapitalkonten für Frau AB € ......, für Herrn BC € ...... und für Herrn CD € ...... betragen.

1.3 Frau AB, Herr BC sowie Herr CD garantieren, dass ihre Kommanditeinlagen voll einbezahlt sind.

2. Die Gesellschafter der „ABC-GmbH & Co. KG" erteilen hiermit ihre Zustimmung zur Abtretung der Kommanditgesellschaftsanteile an die „ABC-GmbH".

3. Sämtliche Gesellschafter der „ABC-GmbH & Co. KG" erklären sich damit einverstanden, dass die „ABC-GmbH" zur Fortführung der Firma ...... berechtigt ist.

....	....	....
[Unterschrift AB]	[Unterschrift BC]	[Unterschrift CD]

....

[ABC-GmbH]

Formular A. 3.04c Handelsregisteranmeldung der Kapitalerhöhung bei der „ABC-GmbH"

An das

Amtsgericht ......

– Handelsregister –

HRB ...... Firma „ABC-GmbH"

Als sämtliche Geschäftsführer der vorgenannten Gesellschaft überreichen wir, die Herren BC und CD:

1. Ausfertigung des Protokolls der Gesellschafterversammlung vom ...... UrkNr....... des Notars ...... in ...... mit Anlage (Bilanz der ABC-GmbH & Co. KG" zum 31.12.01 mit Wertbescheinigung des WP/StB ...... vom ......);
2. beglaubigte Übernahmeerklärungen von Frau AB, von Herrn BC und von Herrn CD vom ......;
3. vollständigen Wortlaut des Gesellschaftsvertrags mit Bescheinigung gem. § 54 Abs. 1 Satz 2 GmbHG;
4. neue Liste der Gesellschafter;
5. beglaubigte Kopie des Abtretungsvertrags vom ...... über die Abtretung sämtlicher Kommanditgesellschaftsanteile einschließlich aller Gesellschafterkonten (Kapitalkonten) an der „ABC-GmbH & Co. KG" an die Gesellschaft;
6. Sacherhöhungsbericht der Gesellschafter.

Zur Eintragung in das Handelsregister melden wir an:

– Das Stammkapital der Gesellschaft wurde von € ...... um € ...... auf € ...... erhöht.

– Die Firma der Gesellschaft wurde in „ABC ......-GmbH" geändert.

Der Gegenstand des Unternehmens wurde geändert und ist nun „ ...... ".

– Die §§ 2 (Firma) 3 (Stammkapital/Geschäftsanteile) und 4 (Unternehmensgegenstand) des Gesellschaftsvertrags wurden geändert.

Wir, die Geschäftsführer der Gesellschaft, versichern, dass die Kommanditgesellschaftsanteile von Frau AB, von Herrn BC und Herrn CD an der „ABC-GmbH & Co. KG" einschließlich ihrer Gesellschafterkonten (Kapitalkonten) auf die Gesellschaft übergegangen sind und sich damit das gesamte Vermögen der „ABC-GmbH & Co. KG" endgültig zu unserer freien Verfügung befindet.

Sämtliche Gesellschafter der „ABC-GmbH & Co. KG“, nämlich die Gesellschaft als alleinige Komplementärin, vertreten durch die Geschäftsführer der Gesellschaft, sowie Frau AB, Herr BC und Herr CD als sämtliche Kommanditisten, erklären die Einwilligung zur Fortführung der Firma ...... in der nunmehrigen Firma „......-GmbH“.

....

[Unterschrift AB] [Unterschrift BC] [Unterschrift CD]

....

[Beglaubigungsvermerk]

Formular A. 3.04d Handelsregisteranmeldung der Abtretung der Kommanditgesellschaftsanteile

An das

Amtsgericht ......

– Handelsregister –

HRA ...... Firma „ABC-GmbH & Co. KG“

Zur Eintragung in das Handelsregister melden wir an:

1. Sämtliche Kommanditgesellschaftsanteile an der Kommanditgesellschaft unter der Firma „ABC-GmbH & Co. KG“ wurden im Wege der Sonderrechtsnachfolge von den Kommanditisten auf die Komplementär-GmbH, unter der Firma „ABC-GmbH“ mit Sitz in ......, eingetragen im Handelsregister ...... unter HRB Nr......., übertragen nämlich
   1.1 Frau AB ihre Kommanditgeschäftsanteile von € ......,
   1.2 Herr BC seine Kommanditgeschäftsanteile von € ...... und
   1.3 Herr CD seine Kommanditgeschäftsanteile von € ......
2. Die Kommanditgesellschaft unter der Firma „ABC-GmbH & Co. KG“ ist damit beendet und ohne Liquidation aufgelöst und deren gesamtes Vermögen im Wege der Anwachsung auf die Komplementär-GmbH, die „ABC-GmbH“, übergegangen.
3. Das Geschäft wird von dem verbliebenen Gesellschafter, der „ABC-GmbH“ mit Geschäftsräumen in ......, ohne Liquidation mit allen Aktiven und Passiven fortgeführt.
4. Die Firma der „ABC-GmbH & Co. KG“ ist erloschen.

ABC-GmbH, vertreten durch

....

[Unterschrift BC] [Unterschrift CD]

....

[Unterschrift AB] [Unterschrift BC] [Unterschrift CD]

....

[Beglaubigungsvermerk]

Formular A. 3.04e Sacherhöhungsbericht entsprechend § 5 Abs. 4 GmbHG

Wir, die sämtlichen Gesellschafter der ABC-GmbH (im Folgenden „Gesellschaft") erstatten zur Angemessenheit der Leistungen für die im Kapitalerhöhungsbeschluss vom ...... (UrkR-Nr. ...... des Notars ......) festgelegten Sacheinlagen folgenden Bericht:

Das Vermögen der ABC-GmbH & Co. KG ist mit allen Aktiven und Passiven in die Gesellschaft eingebracht. Die Einbringung erfolgte durch Abtretung sämtlicher Kommanditanteile und sämtlicher Gesellschafterkonten gemäß der Einbringungsbilanz zum 31. Dezember 01 durch sämtliche Kommanditisten. Die dadurch eingetretene Netto-Betriebsvermögensmehrung der Gesellschaft ergibt sich aus der Summe der in der Einbringungsbilanz ausgewiesenen Kapitalkonten von insgesamt € ...... Die Summe dieser Kapitalkonten überschreitet um ...... den Gesamtbetrag der Kapitalerhöhung von € ...... Auch die jeweiligen Kapitalkonten der drei Gesellschafter überschreiten die von den jeweiligen Gesellschaftern übernommenen neuen Stammeinlagen wie folgt: ......

Bei den in der Einbringungsbilanz angegebenen Kapitalkonten handelt es sich um Buchwerte. Die Verkehrswerte liegen noch deutlich über den Buchwerten; dies ergibt sich insb. aus folgenden Tatsachen: ...... *[vgl. entsprechend die Angaben im Sachgründungsbericht im Formular A. 15.30 b].*

In der Zeit nach dem 31. Dezember 01 (Stichtag der Einbringungsbilanz) wurde ein positives Geschäftsergebnis erwirtschaftet. Entnahmen, welche das Geschäftsergebnis in dieser Zeit übersteigen würden, sind nicht vorgenommen worden. Daraus ergibt sich, dass sich der Wert des eingebrachten Vermögens in der Zeit seit dem Stichtag der Einbringungsbilanz nicht vermindert hat. Die Jahresergebnisse der ABC-GmbH & Co. KG für die beiden letzten Geschäftsjahre 00 und 01 betrugen ......

Aufgrund der vorstehenden Tatsachen stellen wir fest, dass der Wert des von den Gesellschaftern eingebrachten Vermögens auch unter Berücksichtigung der Verbindlichkeiten und der zusätzlich vereinbarten Darlehen auf jeden Fall die jeweiligen Nennbeträge der von den Gesellschaftern übernommenen Geschäftsanteile mit den Nummern 4, 5 und 6 von insgesamt € ...... erreicht, auf den sich diese Sacheinlagen beziehen.

............................, den ....

....	**...................................**	**...................................**
[Unterschrift AB]	**[Unterschrift BC]**	**[Unterschrift CD]**

II. ERLÄUTERUNGEN

Erläuterungen zu A. 3.04 Kapitalerhöhungsbeschluss der Komplementär-GmbH

1. Grundsätzliche Anmerkungen

a) Wirtschaftliches Vertragsziel

Vertragsziel ist die Überführung des Vermögens der GmbH & Co. KG auf die Komplementär-GmbH im Wege der **Gesamtrechtsnachfolge** mit der Möglichkeit des Verzichts auf eine ertragsteuerliche Realisierung stiller Reserven (Buchwertfortführung). 1

2 Das vorstehende Formular ermöglicht diese Ziele wie folgt:
- Durch Übertragung sämtlicher Kommanditgesellschaftsanteile an der GmbH & Co. KG auf die Komplementär-GmbH wird die GmbH & Co. KG aufgelöst, ihr Vermögen **wächst** der verbleibenden Gesellschafterin, der Komplementär-GmbH, im Wege der Gesamtrechtsnachfolge **an** (§ 738 BGB); eine Liquidation der GmbH & Co. KG gem. §§ 161 Abs. 2, 145 ff. HGB findet nicht statt (vgl. BGH II ZR 37/07 v. 7.7.08, NJW 08, 2992).
- Mit der Einbringung der Kommanditanteile durch die Kommanditisten in die Komplementär-GmbH als Sacheinlage gegen Kapitalerhöhung wird auf Antrag die Möglichkeit des Aufschubs der Besteuerung stiller Reserven gem. § 20 UmwStG durch Buchwertfortführung geschaffen. Die steuerlich dem Sonderbetriebsvermögen der Kommanditisten zugerechneten Anteile an der Komplementär-GmbH brauchen dazu nach Auffassung der FinVerw. nicht in die Komplementär-GmbH mit eingebracht werden (UmwSt-Erl. 2011 BMF v. 11.11.11, BStBl. I 11, 1314 Tz. 20.09; allerdings muss sich der Einbringende damit einverstanden erklären, dass aus diesen Anteilen sog. sperrfristbehaftete Anteile iSv. § 22 Abs. 1 UmwStG werden.).

b) Zivilrecht

3 Bei der im Formular vorgesehenen Gestaltung erfolgt die Überführung der GmbH & Co. KG auf die KG durch Einbringung sämtlicher Kommanditeinlagen in die Komplementär-GmbH unter gleichzeitiger Kapitalerhöhung (zu Alternativen s. Rz. 4–6); der Vermögensübergang auf die Komplementär-GmbH vollzieht sich im Wege der Anwachsung (die GmbH & Co. KG ist mit Ausscheiden des vorletzten Gesellschafters ohne Abwicklung aufgelöst). Es findet eine **Kapitalerhöhung gegen Einbringung von Sacheinlagen** statt (s. Rz. 14). Bei Anmeldung des Kapitalerhöhungsbeschlusses erstreckt sich die Prüfungspflicht des Registerrichters auch auf die **Werthaltigkeit der Sacheinlage**. Nach der Änderung des § 9c Abs. 1 GmbHG durch das MoMiG v. 23.10.08, BGBl. I 08, 2026), der nach § 57a GmbHG auf Kapitalerhöhungen entsprechend anzuwenden ist, hat der Registerrichter aber nur zu prüfen, ob die Sacheinlage **nicht unwesentlich überbewertet** ist. Eine umfassende Prüfung der Werthaltigkeit soll demnach nur erfolgen, wenn der Registerrichter eine nicht nur unwesentliche Überbewertung für gegeben hält. Hat der Registerrichter diesbzgl. begründete Zweifel, ist er weiterhin im Einzelfall berechtigt und verpflichtet, Nachweise über Anschaffungskosten oder Herstellungskosten, ein Sachverständigengutachten oder eine Bilanz (bei Einbringung eines Unternehmens) einzuholen, soweit dies zur Kontrolle der Werthaltigkeit notwendig erscheint (vgl. *Baumbach/Hueck* § 57a GmbHG Rz. 10; *MünchKommGmbHG/Lieder* § 56 Rz. 112). Bestehen allerdings keine Anhaltspunkte für eine Überbewertung, soll er dagegen keine Ausforschungsermittlung einleiten dürfen, ob denn zB eine wesentliche Überbewertung der Sacheinlage vorliegt oder überhaupt keine Geldleistungen erbracht worden sind (*Böhringer* BWNotZ 08, 104, 108). Erfolgt trotz dieses reduzierten Prüfungsmaßstabs eine Prüfung durch den Registerrichter und erreicht der Wert der Sacheinlage nicht den Nennbetrag der neuen Stammeinlage, wird die Eintragung abgelehnt (§§ 57a, 9c GmbHG). Der Einbringende haftet dann auf die Differenz zwischen dem Wert der Sacheinlage und dem Nominalbetrag der Stammeinlage (§§ 56 Abs. 2, 9 GmbHG). Auch nach Änderung des Prüfungsmaßstabs in § 9c Abs. 1 GmbHG durch das MoMiG v. 23.10.08, aaO, bleibt unklar, ob ein **Sacherhöhungsbericht** (in Anlehnung an einen Sachgründungsbericht gem. § 5 Abs. 4 GmbHG) zu erstatten und **Wertnachweisunterlagen** (entsprechend § 8 Abs. 1 Nr. 5 GmbHG) einzureichen sind. Der Gesetzgeber hat die Unklarheit, dass § 5 Abs. 4 GmbHG bzw. § 8 Abs. 1 Nr. 5 GmbHG in den Vorschriften über die Kapitalerhöhung durch Sacheinlagen, nämlich in den §§ 56 und 57 Abs. 3 GmbHG, nicht genannt sind (vgl. zum Meinungsstand *W/M/Mayer* Anh 5 Rz. 363 und *MünchKommGmbHG/Lieder* § 56

Rz. 111f. mwN; gegen Notwendigkeit eines Sacherhöhungsberichts zB *Lutter/Hommelhoff* § 56 GmbHG Rz. 7 und § 57a Rz. 2 mwN), nicht beseitigt. Um eine Verzögerung oder gar eine Ablehnung der Eintragung zu vermeiden, empfiehlt es sich, weiterhin einen Sacherhöhungsbericht (im Formular A. 3.04e vorgesehen) zu erstatten und als Wertnachweisunterlage die zugrunde gelegte Einbringungsbilanz mit einer Bescheinigung eines Wirtschaftsprüfers/Steuerberaters versehen zu lassen, dass keine Überbewertung von Aktiva und keine Unterbewertung von Passiva darin vorgenommen wurde und der Wert der Sacheinlage den Nominalbetrag der Kapitalerhöhung deckt (vgl. Formulierungsvorschlag des Formulars A. 3.04e für den Kapitalerhöhungsbeschluss).

c) Alternative Gestaltungsmöglichkeiten

Alternativ zu der hier behandelten Gestaltung kann eine „Umwandlung" in eine GmbH auch wie folgt gestaltet werden: 4

(1) Verschmelzung im Wege der Aufnahme durch Übertragung des Vermögens der GmbH & Co. KG (übertragender Rechtsträger) als Ganzes auf die Komplementär-GmbH (bestehender übernehmender Rechtsträger) gegen Gewährung von Anteilen an der Komplementär-GmbH an die Kommanditisten der bisherigen GmbH & Co. KG gem. § 2 Nr. 1 UmwG (vgl. Formular A. 15.80a).

(2) Anwachsung des Vermögens der GmbH & Co. KG auf Komplementär-GmbH durch Ausscheiden sämtlicher Kommanditisten.

(3) Sachgründung einer GmbH (vgl. Formular A. 6.01a) mit Einzelrechtsübertragung des Vermögens der GmbH & Co. KG sowie anschließender Auflösung und Liquidation der GmbH & Co. KG und der Komplementär-GmbH.

Die Nachteile der vorstehenden Alternativen gegenüber dem in diesem Formular behandelten Modell liegen im Wesentlichen in Folgendem:

Zu (1): Bei der Verschmelzung zur Aufnahme gem. § 2 Nr. 1 UmwG sind 5
insbes. die folgenden zusätzlichen Anforderungen bzw. Formalien zu beachten (vgl. dazu Formular A. 15.80a):

- Mindestinhalt des Verschmelzungsvertrags gem. § 5 Abs. 1 UmwG (zB Darstellung der Folgen der Verschmelzung für die Arbeitnehmer und ihre Vertretungen sowie die insoweit vorgesehenen Maßnahmen), Beurkundungspflicht des Verschmelzungsvertrags (§ 6 UmwG) mit der Kostenfolge auf der Grundlage der Bilanzsumme der übertragenden Gesellschaft.
- Zuleitung des Verschmelzungsvertrags oder dessen Entwurfs mindestens einen Monat vor Fassung der Zustimmungsbeschlüsse der Gesellschafterversammlung des übertragenden und des übernehmenden Rechtsträgers (§ 5 Abs. 3 UmwG) an sämtliche Betriebsräte (sofern dort vorhanden) des übertragenden und übernehmenden Rechtsträgers.
- Notariell beurkundete Zustimmungsbeschlüsse der Gesellschafterversammlungen des übertragenden und des übernehmenden Rechtsträgers (§ 13 UmwG) mit den sich daraus ergebenden Kostenfolgen (falls nicht Fassung zusammen mit dem Verschmelzungsvertrag in gleicher Urkunde).
- Zwingendes Angebot einer Barabfindung im Verschmelzungsvertrag bzgl. des Erwerbs von Anteilen der Anteilsinhaber des übertragenden Rechtsträgers für den Fall, dass diese der Verschmelzung widersprechen (§ 29 UmwG).
- Verschmelzungsbericht (§ 8 Abs. 1 UmwG), falls nicht alle Anteilsinhaber aller beteiligten Rechtsträger auf seine Erstattung in notariell beurkundeter Form verzichten (§ 8 Abs. 3 UmwG).
- Verschmelzungsprüfung und Prüfungsbericht (gem. §§ 9–12 und 30 Abs. 2 UmwG), falls nicht alle Anteilsinhaber aller beteiligten Rechtsträger in notariell beurkundeter Form auf diese verzichten (§ 8 Abs. 3 iVm. §§ 9 Abs. 3 und 12 Abs. 3 sowie 30 Abs. 2 UmwG).

– Verbot der Gewährung von Darlehen an bisherige Kommanditisten und Begrenzung der Barzuzahlungen auf 10% des Gesamtnennbetrags der gewährten Geschäftsanteile (§ 54 Abs. 4 UmwG).

6 **Zu (2): Ausscheiden mit Anwachsung:** Der Nachteil des „klassischen" Anwachsungsmodells liegt in der Realisierung der stillen Reserven in den Kommanditanteilen und den Anteilen der Komplementär-GmbH (UmwSt-Erl. 2011 BMF v. 11.11.11, BStBl. I 11, 1314 Tz E 20.10, *S/H/S/Schmitt* § 20 UmwStG Rz. 194), und zwar einschließlich eines selbstgeschaffenen Firmenwerts (vgl. BFH I R 202/83 v. 24.3.87, BStBl. II 87, 705).

Verzichten die Kommanditisten nicht auf ihre Abfindungsansprüche, führt dies insoweit zu einer (Gesellschafter-)Fremdfinanzierung des auf die Komplementär-GmbH übergehenden Betriebsvermögens der GmbH & Co. KG.

Vorteile des Anwachsungs-Modells könnten die erheblich geringeren Notar- und Registerkosten sein sowie im Vergleich zur Alternative 1 die einfache Durchführung. Weitere Vereinfachungen könnten sich durch Nichtanwendung von Sachgründungs- bzw. Sacherhöhungsvorschriften ergeben.

7 **Zu (3): Sachgründung mit der Übertragung des Vermögens der GmbH & Co. KG:** Bei der Sachgründung mit Übertragung des Betriebsvermögens der GmbH & Co. KG ist jeweils Einzelübertragung notwendig (bei Verbindlichkeiten ist die Zustimmung der Gläubiger einzuholen); die verbleibende GmbH & Co. KG und die Komplementär-GmbH sind aufzulösen und abzuwickeln.

8 Wegen der vorstehenden Nachteile ist uE die hier behandelte „Einbringung" der GmbH & Co. KG auf die Komplementär-GmbH durch Einbringung sämtlicher Kommanditanteile in die Komplementär-GmbH unter gleichzeitiger Kapitalerhöhung regelmäßig zu empfehlen.

d) Steuerrecht

aa) Ertragsteuern

9 Die Übertragung des Vermögens der GmbH & Co. KG auf die Komplementär-GmbH durch Einbringung sämtlicher Kommanditanteile in diese gegen Gewährung neuer Anteile aus einer Kapitalerhöhung fällt ertragsteuerlich in den Anwendungsbereich von § 20 UmwStG. Diese Vorschrift ermöglicht auf Antrag die Vermeidung einer Gewinnrealisierung durch Buchwertfortführung bzw. eine (steuerlich begünstigte: keine Gewerbesteuer unabhängig von der ertragsteuerlichen Begünstigung nach § 34 EStG) teilweise oder vollständige **Gewinnrealisierung.** Zwar gehen die Kommanditanteile mit der Einbringung in die Komplementär-GmbH unter (weil die Kommanditgesellschaft durch Ausscheiden des vorletzten Gesellschafters aufgelöst ist), dh. die Leistung der Kommanditisten besteht in ihrem Verzicht auf einen Abfindungsanspruch; die FinVerw. behandelt den Vorgang bisher aber unter wirtschaftlicher Betrachtungsweise der Einbringung von (fortbestehenden) Mitunternehmeranteilen gleich (vgl. UmwSt-Erl. 2011 BMF v. 11.11.11, BStBl. I 11, 1314 Tz E 20.10). Dies war in Folge des SEStEG v. 7.12.06 (BGBl. I 06, 2782) teilweise in der Literatur bezweifelt worden (vgl. *D/P/P/M/Patt* § 20 UmwStG Rz. 7; dagegen aber die wohl hM vgl. *R/H/L/Herlinghaus* § 20 UmwStG Rz. 39c mwN, *Orth* DStR 09, 192; *S/H/S/Schmitt* § 20 UmwStG Rz. 195). Der Umstand, dass die Kommanditisten nur ihren Mitunternehmeranteil, nicht aber ihre regelmäßig zum Sonderbetriebsvermögen gehörenden Geschäftsanteile an der Komplementär-GmbH in diese einbringen steht der Steuerneutralität nicht entgegen. Es ist anerkannt, dass die Beteiligung an der Komplementär-GmbH wenigstens dann nicht zu den funktional wesentlichen Betriebsgrundlagen gehört, wenn die KG im Rahmen der Umwandlung untergeht (BFH I R 97/08 v. 16.12.09, BStBl. II 10, 808).

Bezüglich der Voraussetzungen für die **Buchwertfortführung** bzw. der Fälle, in denen eine Realisierung zwingend vorgeschrieben ist (insb. negatives Kapitalkonto, Ausschluss des deutschen Besteuerungsrechts hinsichtlich des Gewinns aus der Veräußerung des eingebrachten Betriebsvermögens, sonstige Leistungen übersteigen Kapitalkonto) wird auf die allgemeinen Erläuterungen zur Verschmelzung einer Personenhandelsgesellschaft auf eine GmbH unter A. 15.80 Rz. 20ff. und Einbringung eines Teilbetriebs in eine GmbH unter A. 3.02 Rz. 15 verwiesen. Für die Besteuerung der einbringenden Kommanditisten ist auch hier der Ansatz in der Steuerbilanz der übernehmenden Komplementär-GmbH maßgebend (Buchwert, gemeiner Wert oder Zwischenwert). Soweit die Komplementär-GmbH – abweichend vom Regelfall – selbst am Vermögen der GmbH & Co. KG (bzw. am Gewinn und Verlust) beteiligt war, ist eine Aufstockung über den Buchwert hinaus allerdings nicht möglich. Soweit die GmbH das Betriebsvermögen über dem Buchwert ansetzt, ist beim Kommanditisten ein steuerbegünstigter Einbringungsgewinn gegeben (keine Gewerbesteuer; der Freibetrag gem. § 16 Abs. 4 EStG bzw. die Begünstigung nach § 34 Abs. 1 und 3 EStG wird allerdings nur bei voller Aufstockung auf den gemeinen Wert gewährt, § 20 Abs. 4 UmwStG). Soweit die Komplementär-GmbH das von einem Mitunternehmer eingebrachte (anteilige) Betriebsvermögen der GmbH & Co. KG unter dem gemeinen Wert ansetzt, führt eine Veräußerung (oder ein gleichgestellter Vorgang, § 22 Abs. 1 Satz 6 UmwStG) der Anteile des Kommanditisten an der Komplementär-GmbH innerhalb von sieben Jahren nach der Einbringung zur rückwirkenden Besteuerung des sog. Einbringungsgewinns I nach § 22 Abs. 1 UmwStG (beachte Abschmelzung pro rata temporis nach § 22 Abs. 1 Satz 3 UmwStG); dies gilt nach Auffassung der FinVerw. hinsichtlich der früheren sog. einbringungsgeborenen Anteile auch für die bereits vor der Einbringung von den Kommanditisten gehaltenen alten Anteilen an der Komplementär-GmbH (vgl. § 22 Abs. 7 UmwStG; UmwSt-Erl. 2011 BMF v. 11.11.11, BStBl. I 11, 1314 Tz. 22.43). 10

bb) Verkehrsteuern

Grunderwerbsteuer. Soweit zum Vermögen der anwachsenden GmbH & Co. KG Grundstücke gehören, unterliegt deren Übergang gem. § 1 Abs. 1 Nr. 3 GrEStG der Grunderwerbsteuer. Bemessungsgrundlage sind gem. § 8 Abs. 2 GrEStG die sog. Grundbesitzwerte nach § 138 Abs. 2 oder 3 BewG (FinMin BaWü v. 19.12.97, DStR 1998, 82 zu B.). Zu Zweifeln an der Verfassungsmäßigkeit der Grundbesitzwerte für GrESt-Zwecke vgl. BFH II R 64/08 v. 27.5.09, DStR 09, 1474 (Bescheide ergehen insoweit nur noch vorläufig, Gleichl. Ländererlasse v. 17.6.11, BStBl. I 11, 575). Der Grunderwerbsteuersatz ist von Bundesland zu Bundesland verschieden (zwischen 3,5% und 6,5%). § 6 Abs. 2 GrEStG scheidet in der Regel wegen § 6 Abs. 4 GrEStG aus. Vgl. auch § 1 Abs. 3a und § 6a GrEStG idF des AmtshilfeRLUmsG v. 26.6.13 (BGBl. I 13, 1809) und Oberste FinBeh der Länder v. 9.10.13, BStBl. I 13, 1364 und 1375; *Behrens* DStR 13, 2726. 11

Umsatzsteuer. Die im Formular vorgesehene Einbringungsvariante unterliegt im Ergebnis nicht der Umsatzsteuer. Ist der Einbringende kein Unternehmer, ist die Einbringung schon nicht umsatzsteuerbar. Ansonsten liegt idR eine nicht steuerbare Geschäftsveräußerung nach § 1 Abs. 1a UStG vor. 12

2. Einzelerläuterungen

Das Formular geht vom Regelfall aus, dass die Kommanditisten der GmbH & Co. KG gleichzeitig auch (und im selben Verhältnis) Gesellschafter der Komplementär-GmbH sind. 13

Zu 1.: Da es sich um eine Kapitalerhöhung gegen Einbringung von Sacheinlagen handelt, ist die Festsetzung der Sacheinlagen im Kapitalerhöhungsbeschluss erforderlich (gleichzeitig auch noch in der Übernahmeerklärung, vgl. Formular A. 3.04a), aber nicht im Gesellschaftsvertrag (*Scholz/Priester* § 56 GmbHG Rz. 82; anders als bei Sachgründung – § 5 Abs. 4 Satz 1 GmbHG).

14 Vorgesehen ist, dass die Einbringung in Höhe des Nominalbetrags der Kapitalkonten (Eigenkapitalanteil der Gesellschafter an der Personenhandelsgesellschaft) durch Verrechnung mit der Stammeinlage erfolgt und überschießende Beträge den Gesellschaftern als Darlehen von der Komplementär-GmbH gutgeschrieben werden bzw. Fehlbeträge durch Barzahlung auszugleichen sind. Der Betrag, der als Eigenkapitalanteil des Gesellschafters im Zeitpunkt der Einbringung gilt, ist durch Auslegung des Gesellschaftsvertrags zu ermitteln. Denn von Gesetzes wegen (§ 167 Abs. 2 HGB) ist dieser Kapitalanteil des Kommanditisten an der KG fest, allerdings sehen Gesellschaftsverträge regelmäßig vor, dass auch für Kommanditisten ein fester Kapitalanteil (auf dem Kapitalkonto I) und ein variabler Kapitalanteil (auf dem Kapitalkonto II) geführt werden; sog. System des gespaltenen Kapitalanteils (*MünchHdb GesR* Bd. 2 § 22 Rz. 18). Besteht ein solches Kapitalkonto II für den Kommanditisten, ist durch Auslegung zu ermitteln, ob es sich dabei um ein Beteiligungsrecht oder ein Forderungsrecht handelt (OLG Köln 22 U 139/99 v. 11.1.00, NZG 00, 979). Dabei ist zu berücksichtigen, welchen Zweck die Gesellschafter mit der Regelung erreichen wollten. In den meisten Fällen dürfte ein solches Kapitalkonto II als Beteiligungsrecht des Gesellschafters ausgestaltet sein; dies gilt insbes. dann, wenn es unverzinslich ausgestaltet ist und Verluste mit Guthaben auf dem Konto verrechnet werden dürfen (*MünchHdb GesR* Bd. 2 § 22 Rz. 52f.). Ist dies der Fall, besteht der Eigenkapitalanteil des Kommanditisten aus den Beträgen des Kapitalkontos I und II.

Die Beträge der Kapitalkonten müssen bestimmbar sein, eine Bezifferung ist nicht notwendig (vgl. *Scholz/Priester* § 56 GmbHG Rz. 78 mwN; aA OLG Stuttgart 8 W 295/81 v. 19.1.82, GmbHR 82, 110f.). Um ein Wiederaufleben der Kommanditistenhaftung wegen Rückzahlung der Kommanditeinlagen gem. § 172 Abs. 4 HGB zu vermeiden, empfiehlt es sich, die Beträge der neuen Stammeinlagen mindestens in Höhe der bisherigen Kommanditeinlagen iSd Hafteinlagen der einzelnen Kommanditisten zu bestimmen; ob die Gutschrift als Darlehen als Einlagenrückgewähr gem. § 172 Abs. 4 HGB gilt, ist strittig (verneint BGH II ZR 124/61 v. 9.5.63, BGHZ 39, 331).

Die bisherigen und neuen Geschäftsanteile werden durch Gesellschafterbeschluss mit laufenden Nummern versehen. Auch wenn hier keine weitere Teilung der Geschäftsanteile vorgenommen wird (was allerdings möglich wäre; vgl. hierzu Formular A. 3.02) und damit die einzelnen Geschäftsanteile unterscheidbar bleiben dürften, sind die Geschäftsanteile in der einzureichenden Gesellschafterliste zu nummerieren (vgl. *Katschinski/Rawert* ZIP 08, 1995). Diese Nummerierung soll hier durch Gesellschafterbeschluss dokumentiert werden.

15 **Zu 2.: Firma.** Vorgesehen ist, dass die Komplementär-GmbH die Firma der GmbH & Co. KG fortführt, und zwar ohne Anfügung eines Nachfolgezusatzes (§ 4 Satz 1 GmbH iVm § 22 HGB); Voraussetzung dafür ist neben dem Erwerb des Unternehmens (auch Einbringung als Sacheinlage gilt als Erwerb, vgl. *Baumbach/Hueck* § 4 Rz. 20) die Fortführung des Unternehmens der GmbH & Co. KG durch die GmbH sowie Zustimmung aller bisherigen Gesellschafter.

16 **Zu 3.: Stammkapital, Unternehmensgegenstand.** Die Bestimmung des Gesellschaftsvertrags über das Stammkapital und die Stammeinlagen ist an die Kapitalerhöhung anzupassen (s. Rz. 14). Ebenso dürfte eine Änderung des Unternehmensgegenstands erforderlich werden. War die GmbH als Komplementärin zuvor vorrangig für die Geschäftsführung des Unternehmens tätig, ist sie nach der Einbringung selbst Träger des Unternehmens.

Zu Anlage Einbringungsbilanz: Obwohl nach dem Gesetzeswortlaut auf die Sacherhöhung die Vorschriften einer Sachgründung (insb. Sachgründungsbericht und Wertnachweisunterlagen) nicht unmittelbar anwendbar sind, der Registerrichter aber unter Umständen die Werthaltigkeit der Sacheinlage prüfen kann (vgl. Rz. 3), empfiehlt sich, der Einbringung eine Bilanz der GmbH & Co. KG zugrunde zu legen, aus der die Werte der jeweils eingebrachten Kommanditgeschäftsanteile ersichtlich sind. Es empfiehlt sich auch, diese Bilanz mit einer Bestätigung eines Steuerberaters/Wirtschaftsprüfers versehen zu lassen, wonach die Wertansätze den gesetzlichen Vorschriften entsprechen und die Aktiva nicht überbewertet und die Passiva nicht unterbewertet sind und damit der Wert der Sacheinlage den Betrag der Stammeinlage deckt. **17**

Ein **Stichtag**, auf den diese Einbringungsbilanz aufgestellt sein muss, ist gesetzlich nicht bestimmt. Für steuerliche Zwecke ist gem. § 20 Abs. 5 iVm. Abs. 6 Satz 3 UmwStG eine **Rückwirkung bis zu acht Monaten** möglich, wenn den zuständigen Finanzämtern diesbezüglich eine Erklärung der aufnehmenden Kapitalgesellschaft vorliegt (UmwSt-Erl. 2011 BMF v. 11.11.11, BStBl. I 11, 1314 Tz. 20.14). Im Formular ist die Einbringung mit schuld- und steuerrechtlicher Rückwirkung zum Ablauf des 31.12.01 vorgesehen. **18**

Erläuterungen zu A. 3.04a Übernahmeerklärung gem. § 55 Abs. 1 GmbHG

Die Trennung der Übernahmeerklärung und des Erhöhungsbeschlusses (Formular A. 3.04a) erfolgt aus Kostengründen; während der Kapitalerhöhungsbeschluss notariell zu beurkunden ist, muss die Übernahmeerklärung lediglich notariell beglaubigt werden (§ 55 Abs. 1 GmbHG). **19**

Die Übernahmeerklärung wird gegenüber den Geschäftsführern der Komplementär-GmbH abgegeben. Da es sich um eine Kapitalerhöhung im Wege der Sacheinlage handelt, muss die Festlegung der Sacheinlage selbst auch in der Übernahmeerklärung enthalten sein (§ 56 Abs. 1 Satz 2 GmbHG). **20**

Erläuterungen zu A. 3.04b Vertragliche Abtretung der Kommanditgesellschaftsanteile an der „ABC-GmbH & Co. KG" an die „ABC(Komplementär)-GmbH"

Die Abtretung der Kommanditgesellschaftsanteile kann privatschriftlich erfolgen, auch wenn die GmbH & Co. KG Grundbesitz haben sollte. **21**

Im Formular ist im Hinblick auf mögliche Zustimmungserfordernisse für die Abtretung im Gesellschaftsvertrag der GmbH & Co. KG auch die Mitwirkung und Zustimmung der Komplementär-GmbH vorgesehen. **22**

Je nach Ausgestaltung der **Kapitalkonten** im Vertrag der GmbH & Co. KG sollte zusätzlich klargestellt werden, welche Gesellschafterdarlehenskonten (zB Privatkonten, Darlehenskonten) mit abgetreten werden (dh Eigenkapital in der GmbH werden), inwieweit sie auf die Stammeinlagen angerechnet werden, als Agio geschuldet werden oder aber als Gesellschafterdarlehen (gegenüber der GmbH) weiterbestehen. Im Kapitalerhöhungsbeschluss des Formulars ist lediglich die Aufteilung des Kapitalkontos (Kommanditeinlage) in Stammeinlage und Gesellschaftsdarlehen geregelt. **23**

Zu 3.: Die Zustimmung aller Gesellschafter der bisherigen GmbH & Co. KG zu der Fortführung der Firma der anwachsenden GmbH & Co. KG durch die Komplementär-GmbH ist gem. § 22 Abs. 1 HGB notwendig (s. Rz. 15). **24**

Erläuterungen zu A. 3.04c Handelsregisteranmeldung der Kapitalerhöhung bei der „ABC-GmbH“

25 Zur Anmeldung der Kapitalerhöhung im Allgemeinen wird auf A. 3.02 Rz. 40ff. verwiesen (vgl. insb. § 57 GmbHG und zur Form der Anmeldung § 12 HGB). Nach dem Gesetzeswortlaut ist ein Sacherhöhungsbericht (entsprechend dem Sachgründungsbericht) nicht einzureichen (s. Rz. 3, 17 und 27) und kann vom Registerrichter auch nicht von vornherein angefordert werden (*Baumbach/Hueck* § 57a GmbHG Rz. 10). Die Beifügung ist aber zu empfehlen; bzgl. der vom Registerrichter vorzunehmenden Prüfung der Werthaltigkeit der Sacheinlage ist auf die Einbringungsbilanz der GmbH & Co. KG zu verweisen (vgl. Rz. 17 und 27). Wegen der Einwilligung zur Firmenfortführung ist die Anmeldung – neben den Geschäftsführern der GmbH – auch von den Gesellschaftern der aufgelösten GmbH & Co. KG vorzunehmen (vgl. Rz. 24). Nach § 40 Abs. 1 GmbHG ist auch eine aktualisierte Liste der Gesellschafter, aus der Name, Vorname, Geburtsdatum und Wohnort der Gesellschafter sowie die Nennbeträge und die laufenden Nummern der von den Gesellschaftern übernommenen Geschäftsanteilen ersichtlich ist, beizufügen.

Erläuterungen zu A. 3.04d Handelsregisteranmeldung der Abtretung der Kommanditgesellschaftsanteile

26 Da die Personenhandelsgesellschaft mit Ausscheiden des vorletzten Gesellschafters, dh. mit Abtretung sämtlicher Kommanditgeschäftsanteile im Wege der Sonderrechtsnachfolge auf die Komplementär-GmbH, aufgelöst ist, daher keine Liquidation stattfindet, ist zum Handelsregister der KG deren Auflösung ohne Liquidation und das Erlöschen der Firma (und evtl. Prokuren) anzumelden. Eine Sonderrechtsnachfolge bei den Kommanditanteilen ist nicht gesondert anzumelden und einzutragen (vgl. OLG München 31 Wx 94/10 v. 16.6.10, NZG 10, 989).

Erläuterungen zu A. 3.04e Sacherhöhungsbericht entsprechend § 5 Abs. 4 GmbHG

27 Die Erstattung eines Sacherhöhungsberichts durch die Gesellschafter der GmbH, die Sacheinlagen erbringen, wird vorerst weiterhin empfohlen (s. Rz. 3 und Rz. 25), um jedenfalls Verzögerungen bei der Eintragung zu vermeiden. Der Sacherhöhungsbericht lehnt sich an § 5 Abs. 4 Satz 2 GmbHG an. Er hat die **Werthaltigkeit der Sacheinlage,** dh. die Deckung der Stammeinlage durch die Sacheinlagen **zu erläutern.** Die einzelnen Gegenstände der Sacheinlage sollten bzgl. ihrer Wertermittlung umfassend beschrieben werden (Angabe der historischen Anschaffungs- bzw. Herstellungskosten, der Abschreibungsmethode, der Wiederbeschaffungskosten bzw. Marktwerte; möglichst durch Gutachten belegt); bei Wirtschaftsgütern mit stillen Reserven bzw. gewinnträchtigen Vertragsverhältnissen können die über die Anrechnungswerte hinausgehenden Beträge der Abdeckung von evtl. zwischenzeitlichen Fehlbeträgen zwischen Einbringungsstichtag (s. Rz. 18: Stichtag, auf den die Einbringungsbilanz aufgestellt ist) und der Eintragung der Kapitalerhöhung im Handelsregister dienen. Denn für die Differenzhaftung gem. § 9 iVm. § 56 Abs. 2 GmbHG kommt es auf die Werthaltigkeit der Sacheinlage im Zeitpunkt der Eintragung der Kapitalerhöhung im Handelsregister an.

Gem. § 5 Abs. 4 Satz 2 2. Hs. GmbHG sind bei Übernahme eines Unternehmens die Jahresergebnisse der beiden letzten Geschäftsjahre anzugeben. Falls die Gesellschaft erst innerhalb der beiden letzten Geschäftsjahre den Betrieb aufgenommen haben sollte, ist darauf hinzuweisen. Wegen der Differenzhaftung ist auch die Geschäftsentwicklung nach dem Einbringungsstichtag zu erläutern.

A. 4. Europäisches Recht

Übersicht

A. 4.01 Europäische Wirtschaftliche Interessenvereinigung – EWIV
(mit Sitz in der Bundesrepublik Deutschland)

Gliederung

I. FORMULARE

Formular A. 4.01 Gesellschaftsvertrag – EWIV

GESELLSCHAFTSVERTRAG
der A, B & Co. Forschungs- und Entwicklungs-EWIV

§ 1 Firma, Sitz

(1) Die Firma der Vereinigung lautet A, B & Co. Forschungs- und Entwicklungs-EWIV.

(2) Sitz der Vereinigung ist …… *[Bundesrepublik Deutschland].*

§ 2 Gegenstand des Unternehmens

(1) Gegenstand des Unternehmens der EWIV ist die gemeinsame Forschung für die Mitglieder einschließlich der Registrierung der daraus entwickelten Europapatente. Die gemeinsame Forschung umfasst sowohl Grundlagenforschung als auch die Umsetzung von Produkten, Produktionsverfahren und Know-how eines einzelnen Mitglieds für die Anwendung durch ein anderes Mitglied auf dessen nationalem Markt.

(2) Die Vereinigung wird ausschließlich gegenüber den Mitgliedern und den mit diesen verbundenen Gesellschaften tätig, um deren Ergebnisse aus den in den jeweili-

gen nationalen Märkten durchgeführten Geschäften zu verbessern. Sie hat nicht den Zweck, Gewinn für sich selbst zu erzielen.

(3) Die Vereinigung ist berechtigt, sämtliche zur Erreichung des Unternehmensgegenstandes zweckdienlichen Geschäfte durchzuführen und Zweigniederlassungen, insbesondere am Sitz der Mitglieder, im In- und Ausland zu errichten.

(4) Die Vereinigung ist nicht berechtigt, Geschäftsanteile oder Aktien an einem Unternehmen der Mitglieder oder einem diesem nahe stehenden Unternehmen zu halten, und zwar weder unmittelbar noch mittelbar. Der Vereinigung ist es auch nicht gestattet, einem Leiter des Unternehmens eines der Mitglieder oder einer mit dieser verbundenen Person Darlehen zu gewähren. Die Vereinigung darf ferner nicht Mitglied einer anderen europäischen wirtschaftlichen Interessenvereinigung sein. Die Vereinigung darf auch weder die Leitungs- noch die Kontrollmacht über Tätigkeiten ihrer Mitglieder oder eines anderen Unternehmens, und zwar auch nicht teilweise ausüben.

§ 3 Dauer, Geschäftsjahr

(1) Die Vereinigung beginnt am 1.1.01, nicht jedoch vor Eintragung ins Handelsregister. Sie wird auf unbestimmte Dauer errichtet.

(2) Geschäftsjahr ist das Kalenderjahr.

§ 4 Mitglieder, Einlagen

(1) Unbeschränkt persönlich haftende Mitglieder sind:

1. Die Firma A GmbH mit Sitz in ......, eingetragen im Handelsregister des Amtsgerichts ...... unter HRB ...., und Geschäftsadresse in ...... *[Straße, Ort]*.
2. Die Firma ......, eine Gesellschaft/Personenvereinigung, errichtet und existierend nach dem Recht des Staates ...... *[Mitglied der Europäischen Union]* mit Sitz in ......, eingetragen im Handelsregister ...... unter Nr. ......, ... *[Straße, Ort]*.
3. Herr ......, mit Wohnsitz in ......, der als ......Kaufmann in ...... *[Ort in einem Land, das Mitglied der Europäischen Union ist]* tätig ist.

(2) Die Mitglieder haben folgende Einlagen zu leisten:

a) Als Bareinlagen jeweils € ......, fällig innerhalb von 14 Tagen und einzahlbar auf das Konto Nr. ...... der Vereinigung.

b) Als Sacheinlagen ......

c) Als Leistungen (Nutzungseinlage, laufende Zuschüsse) ......

§ 5 Geschäftsführung und Vertretung

(1) Zur Geschäftsführung und Vertretung ist ausschließlich der jeweils bestellte Geschäftsführer berechtigt. Sind mehrere Geschäftsführer bestellt, vertreten jeweils zwei Geschäftsführer gemeinsam.

(2) Zum ersten Geschäftsführer wird bestellt Herr ......, mit Wohnsitz in ......, auf den keiner der Ausschlussgründe nach Art. 19 Abs. 1 Satz 2 der EWG-Verordnung Nr. 2137/85 zutrifft. Die Bestellung weiterer Geschäftsführer ist nur durch einstimmigen Beschluss der Mitglieder möglich. Die Abberufung kann durch einfache Mehrheit der Mitglieder erfolgen, bei Vorliegen eines wichtigen Grundes iSd. § 38 Abs. 2 GmbHG auch durch ein Mitglied alleine.

(3) Der oder die Geschäftsführer sind an Beschlüsse der gemeinschaftlich handelnden Mitglieder (§ 6) gebunden.

§ 6 Beschlüsse der gemeinschaftlich handelnden Mitglieder (oberstes Organ der EWIV)

(1) Oberstes Organ der EWIV sind die gemeinschaftlich handelnden Mitglieder der Vereinigung. Dieses Organ ist dem oder den Geschäftsführern übergeordnet und kann jede Geschäftsführungsmaßnahme jederzeit an sich ziehen und der Geschäftsführung Weisung erteilen.

(2) Jedes Mitglied hat eine Stimme. Stimmabgabe kann im schriftlichen Verfahren erfolgen, soweit nicht ein Mitglied die Einberufung einer Versammlung verlangt. Vor jedem Beschluss ist eine Anhörung aller Mitglieder durchzuführen. Die Anhörung ist durch schriftliche Mitteilung des Beschlussgegenstandes und der Einzelbegründung zu ermöglichen. Daraufhin soll jedes Mitglied innerhalb von 14 Tagen seine Stellungnahme zu dem Beschlussgegenstand den jeweils anderen Mitgliedern schriftlich mitteilen.

(3) Zur Wirksamkeit der Beschlussfassung ist in folgenden Fällen die Einstimmigkeit erforderlich:

a) Änderung des Gründungsvertrags, insbesondere bezüglich des Unternehmensgegenstands, des Stimmrechts, der Bedingungen für die Beschlussfassung, der Vertragsdauer und der Beitragspflichten.

b) Sitzverlegung in einen anderen Mitgliedstaat.

c) Zustimmung zur Aufnahme eines neuen Mitglieds, zur Kündigung eines bisherigen Mitglieds, zur Rechtsnachfolge bei Tod eines Mitglieds bzw. zur Abtretung einer Beteiligung.

d) Änderungen von Regelungen in Bezug auf die Bestellung und Abberufung der Geschäftsführung.

(4) Für alle übrigen Beschlüsse ist die einfache Mehrheit der vorhandenen Stimmen ausreichend.

(5) Jedes Mitglied hat eine Person und einen Vertreter zu bevollmächtigen, welche ihn allein im Organ der gemeinsam handelnden Mitglieder vertritt. Ist diese Person nicht berechtigt, das Mitglied rechtswirksam allein zu vertreten, so ist der das Mitglied vertretenden Person und deren Vertreter eine entsprechende allgemeine Handlungsvollmacht zu erteilen. Jeder Widerruf oder jede Änderung der Vollmacht ist den anderen Mitgliedern durch eingeschriebenen Brief mit Rückschein, sowie der Geschäftsführung anzuzeigen. Bis auf weiteres werden hiermit zu alleinvertretungsberechtigten Personen der Mitglieder im Organ der gemeinsam handelnden Mitglieder bestellt:

a) für Firma A GmbH: Herr/Frau ......
und Herr/Frau ...... als dessen Vertreter;

b) für B ......: Herr/Frau . . .
und Herr/Frau ...... als dessen Vertreter;

c) für C ......: Herr/Frau ......
und Herr/Frau ...... als dessen Vertreter.

§ 7 Konten der Mitglieder

(1) Für jedes Mitglied wird ein Kapitalkonto und ein Verrechnungskonto gebildet.

(2) Auf dem Kapitalkonto werden die Bar- und Sacheinlagen gebucht. Das Kapitalkonto wird nicht verzinst.

(3) Auf dem Verrechnungskonto werden sämtliche anderen Vorgänge verbucht, insbesondere Leistungseinlagen, Zuschüsse, Gewinne, Entnahmen und sonstige Kostenverrechnungen. Der jeweilige Saldo des Verrechnungskontos am Monatsende ist von Beginn des darauf folgenden Monats an mit 7% im Soll und Haben zu verzinsen. Die Zinsberechnung erfolgt staffelmäßig.

§ 8 Jahresabschluss

(1) Die Geschäftsführung ist verpflichtet, innerhalb von sechs Monaten zum Ende jedes Geschäftsjahres einen handelsrechtlichen Jahresabschluss iSd. §§ 242ff. HGB aufzustellen.

(2) Der Jahresabschluss ist auf Verlangen eines Mitglieds auf seine Kosten durch einen von diesem bestellten Abschlussprüfer zu überprüfen.

(3) Der Jahresabschluss ist gegebenenfalls zusammen mit dem Prüfungsbericht des Abschlussprüfers den Mitgliedern zur Abstimmung gem. § 5 Abs. 2 zu übersenden. Der Jahresabschluss wird von den gemeinschaftlich handelnden Mitgliedern mit einfacher Mehrheit festgestellt.

§ 9 Ergebnisermittlung und -verteilung

(1) Zur Ermittlung des zur Verteilung gelangenden Jahresergebnisses werden Zinsen und sonstige den Mitgliedern auf Grund vertraglicher Abmachung zustehende Leistungsvergütungen als Aufwand der Vereinigung bzw. werden der Vereinigung zustehende Erstattungen durch Mitglieder für in Anspruch genommene Leistungen als Ertrag der Vereinigung behandelt.

(2) Eine evtl. bei einzelnen oder allen Mitgliedern gem. § 5 Abs. 1 Satz 4 GewStG erhobene Gewerbesteuer wird als Aufwand der Vereinigung behandelt; das jeweils in Anspruch genommene Mitglied hat diesbezüglich einen vollen Erstattungsanspruch gegen die Vereinigung. Zur Vereinfachung soll die Gewerbesteuer unmittelbar von der Vereinigung bezahlt werden.

(3) Ein danach verbleibendes positives Jahresergebnis wird zu gleichen Teilen auf die Mitglieder verteilt. Ein sich etwa ergebender Verlust ist von den Mitgliedern zu gleichen Teilen auszugleichen.

§ 10 Kündigung, Ausschluss

(1) Jedes Mitglied kann den Gesellschaftsvertrag innerhalb einer Frist von zwölf Monaten zum Ende eines Geschäftsjahres kündigen. Die Kündigung bedarf zur Wirksamkeit nicht der Zustimmung der übrigen Mitglieder. Die Kündigung ist durch eingeschriebenen Brief mit Rückschein an die Geschäftsführung und die übrigen Mitglieder zu richten.

(2) Wenn ein Mitglied grob gegen seine Pflichten zur Förderung des gemeinsamen Zwecks verstößt, kann dieses mit den Stimmen aller übrigen Mitglieder mit Wirkung zum Ablauf des laufenden Geschäftsjahres ausgeschlossen werden. Ein grober Verstoß gegen die Pflichten liegt insbesondere dann vor, wenn ein Mitglied mit Produkten oder Verfahren, die ein anderes Mitglied selbst entwickelt oder durch die Vereinigung hat entwickeln lassen, oder ähnlichen Produkten oder Verfahren auf dessen nationalem Markt in unmittelbare Konkurrenz tritt. Vor dem Ausschluss ist das seine Pflichten verletzende Mitglied durch die Geschäftsführung unter Setzung einer vierzehntägigen Frist zur Unterlassung aufzufordern. Gibt das seine Pflichten verletzende Mitglied eine Unterlassungserklärung mit Anerkennung einer Konventionalstrafe von € ...... für jede Zuwiderhandlung ab, ist ein Ausschluss nur zulässig, wenn das Mitglied der Unterlassungserklärung zuwiderhandelt.

§ 11 Auflösung

(1) Durch einstimmigen Beschluss aller Mitglieder kann die Vereinigung aufgelöst werden.

(2) Das nach Abwicklung verbleibende Vermögen wird an die Mitglieder zu gleichen Teilen verteilt.

§ 12 Schlussbestimmungen

(1) Änderungen und Ergänzungen dieses Vertrags bedürfen der Schriftform.

(2) Sollten sich einzelne Bestimmungen dieses Vertrags als ungültig erweisen, so wird dadurch die Gültigkeit dieses Vertrags im Übrigen nicht berührt.

(3) Die Rechtsverhältnisse der Mitglieder unterliegen dem Recht der Bundesrepublik Deutschland.

Formular A. 4.01a Handelsregisteranmeldung

Amtsgericht

– Registergericht –

......

Abt. A/neu A, B & Co. Forschungs- und Entwicklungs-EWIV

Als alleiniger Geschäftsführer überreiche ich den vollständigen Gründungsvertrag der A, B & Co. Forschungs- und Entwicklungs-EWIV vom ...... 20... Ich melde die Vereinigung und mich als deren alleinigen Geschäftsführer zur Eintragung in das Handelsregister an:

1. Die Firma der Vereinigung lautet „A, B & Co. Forschungs- und Entwicklungs-EWIV."

2. Der Sitz der Vereinigung ist in ......

3. Gegenstand des Unternehmens der Vereinigung ist die gemeinsame Forschung für die Mitglieder einschließlich der Registrierung der daraus entwickelten Europapatente. Die gemeinsame Forschung umfasst sowohl Grundlagenforschung, als auch die Umsetzung von Produkten, Produktionsverfahren und Know-how eines einzelnen Mitglieds für die Anwendung durch ein anderes Mitglied auf dessen nationalem Markt.

4. Mitglieder der Vereinigung sind:

4.1. Die Firma A GmbH, eine Gesellschaft mit beschränkter Haftung mit Sitz in ......, eingetragen im Handelsregister des Amtsgerichts ...... unter HRB ......

4.2. Die Firma ......, eine Gesellschaft/Personenvereinigung, errichtet und existierend nach dem Recht des Staates ...... mit Sitz in ......, eingetragen im Handelsregister ...... unter Nr. ......

4.3. Herr ......, mit Wohnsitz in ......, der als ...... Kaufmann in ...... tätig ist.

5. Als Geschäftsführer bin ich, ... im Gründungsvertrag bestellt. Die Gesellschaft wird durch einen Geschäftsführer allein vertreten, wenn er alleiniger Geschäftsführer ist. Sonst wird die Gesellschaft gemeinschaftlich durch zwei Geschäftsführer vertreten.

Ich versichere, dass keine Umstände vorliegen, die meiner Bestellung als Geschäftsführer nach Art. 19 Abs. 1 der EWG-Verordnung Nr. 2137/85 vom 25. Juli 1985 über die Schaffung einer Europäischen wirtschaftlichen Vereinigung (EWIV) entgegenstehen, nämlich dass ich weder nach dem auf mich persönlich anwendbaren ...... *[Recht des Wohnsitzlandes],* noch nach dem deutschen Recht *[als Recht des Sitzstaates der Vereinigung]* noch auf Grund einer in einem Mitgliedstaat ergangenen oder anerkannten gerichtlichen Entscheidung oder Verwaltungsentscheidung daran gehindert bin, dem Verwaltungs- oder Leitungsorgan von Gesellschaften angehören zu dürfen, Unternehmen leiten zu dürfen oder als Geschäftsführer einer Europäischen Wirtschaftlichen Interessenvereinigung handeln zu dürfen, insbesondere bin ich nicht wegen einer Insolvenzstraftat (Bankrott, Verletzung der Buchführungs-

pflicht, Gläubigerbegünstigung, Schuldnerbegünstigung – §§ 283 bis 283d StGB) rechtskräftig verurteilt worden und ist mir die Ausübung eines Berufs, Berufszweiges, Gewerbes oder Gewerbezweiges weder durch gerichtliches Urteil noch durch vollziehbare Entscheidung einer Verwaltungsbehörde untersagt. Ich versichere weiter, dass ich über meine unbeschränkte Auskunftspflicht gegenüber dem Gericht durch den Notar ...... *[Name des beglaubigenden Notars]* belehrt worden bin.

Die Vereinigung beginnt mit ihrer Eintragung im Handelsregister.

Die Geschäftsräume der Vereinigung befinden sich in ...... *[Ort, Straße].*

.................................*[Ort]*, den ....

.... **.................................**

[Beglaubigungsvermerk] **[Unterschrift CD]**

II. ERLÄUTERUNGEN

Erläuterungen zu A. 4.01 Gesellschaftsvertrag – EWIV

1. Grundsätzliche Anmerkungen

a) Wirtschaftliches Vertragsziel

1 Die Europäische Wirtschaftliche Interessenvereinigung („EWIV") ist eine grenzüberschreitende Rechtsform, die eine Kooperation von in mehreren Mitgliedsländern der EG tätigen Unternehmen für Hilfstätigkeiten ermöglicht. Die EWIV kann zB für folgende Bereiche eingesetzt werden (vgl. *Autenrieth* BB 89, 307):
- Zusammenlegung von Forschungsaktivitäten,
- gemeinsame Entwicklungsvorhaben,
- Poolung von Transportmitteln,
- Kunden- und Reparaturdienstgemeinschaften,
- gemeinsamer Ein- oder Verkauf,
- Transport- und Lagergemeinschaften,
- gemeinsame Teileherstellung,
- Markt- und Meinungsforschungsgemeinschaften,
- Inkassogemeinschaften,
- Zusammenlegung von Ausschreibungen,
- gemeinsame Durchführung von Großprojekten,
- Schulungs- und Fortbildungskooperationen,
- Poolung der Werbung und Marketingdokumentation,
- Nachfrage- und Versandhandelskooperationen,
- Fuhrparkgemeinschaften,
- Zusammenlegung von Marken.

2 Der **Unternehmensgegenstand** der EWIV **ist auf Hilfstätigkeiten beschränkt,** dh. Ziel der Vereinigung darf nur sein, die wirtschaftliche Tätigkeit ihrer Mitglieder zu fördern und deren Ergebnisse zu verbessern. Daher muss die Tätigkeit der EWIV im Zusammenhang mit der Tätigkeit der Mitglieder stehen. Die EWIV darf nicht die Haupttätigkeit ihrer Mitglieder ersetzen. Ausdruck der Beschränkung auf Hilfstätigkeiten ist auch das Verbot, „Gewinn für sich selbst" zu erzielen. Nicht möglich ist die EWIV als Leitungs- oder Kontrollstelle für die Mitgliedsunternehmen oder andere Unternehmen, und zwar auch nicht auf Teilbereichen (zB Personal-, Finanz- und Investitionswesen); sog. **Konzernleitungsverbot.** Darüber hinaus besteht ein **Hol-**

dingverbot, wonach es der EWIV verboten ist, unmittelbar oder mittelbar Aktien oder sonstige Anteile an einem Mitgliedsunternehmen zu halten; allerdings kann die EWIV Gesellschaftsanteile und Beteiligungen an Drittunternehmen für Rechnung der Mitglieder (als Treuhänder) halten, wenn diese Beteiligungen dazu dienen, den Zweck der Vereinigung zu erreichen. Eine EWIV darf schließlich nicht Mitglied einer anderen EWIV sein; sog. **Beteiligungsverbot**.

Die EWIV könnte ein Vehikel zur Umgehung der **Mitbestimmung** sein; daher darf die EWIV selbst nicht mehr als 500 Arbeitnehmer haben (allerdings können die Mitglieder durchaus mehr als 500 Arbeitnehmer haben). Um Kaskadeneffekte zu vermeiden, darf die EWIV ihrerseits nicht Mitglied einer anderen EWIV sein (allerdings können die Mitglieder bei verschiedenen EWIV Mitglieder sein). 3

Die praktische Bedeutung der EWIV ist wegen der Zweckbeschränkungen und der Einzelverbote, wie zB. dem Holdingverbot, gering. Hauptanwendungsfall der EWIV ist die grenzüberschreitende Zusammenarbeit von Anwaltskanzleien und anderen freien Berufen (*Baumbach/Hopt* HGB Anh § 160 Rz. 2). Mittelständische oder industrielle Gewerbetreibende nutzen die Rechtsform der EWIV dagegen selten. 4

b) Gesellschaftsrecht

Die EWIV wurde durch EWG-VO Nr. 2137/85 v. 25.7.85 (ABl. EG Nr. 199 S. 1, nachfolgend: EWIV-VO) als **erste multinationale Gesellschaftsform** für die Kooperation von Gesellschaften, natürlichen Personen und anderen juristischen Einheiten, die in verschiedenen Mitgliedsländern der EU ansässig sind, geschaffen. Aufgrund des EWIV-AusführungsG v. 14.4.88 (BGBl. I 88, 514, nachfolgend: EWIV-AG) kann eine EWIV auch mit Sitz in der Bundesrepublik Deutschland gegründet werden. Soweit sich aus der EWIV-VO nichts anderes ergibt, sind auf eine EWIV mit Sitz in der Bundesrepublik Deutschland im Wesentlichen die **Vorschriften für eine offene Handelsgesellschaft** (OHG) anzuwenden; die EWIV mit Sitz in Deutschland gilt als Handelsgesellschaft iSd. HGB (§ 1 EWIV-AG), aber nicht als OHG. Danach ist auf die EWIV das dreistufige Normengefüge in dieser Reihenfolge anzuwenden: 5

- die EWIV-VO,
- das EWIV-AG, bzw.
- Vorschriften für die OHG (§§ 105 bis 160 HGB iVm. §§ 705 bis 740 BGB).

Die wesentlichen **Abweichungen zu einer OHG** liegen im Folgenden: 6

- Die **Handelsregistereintragung** der EWIV **wirkt konstitutiv,** dh. erst ab Eintragung erlangt die EWIV die Fähigkeit, im eigenen Namen Träger von Rechten und Pflichten zu sein, Verträge zu schließen oder Rechtshandlungen vorzunehmen (Art. 1 Abs. 2 EWIV-VO).
- Die Mitglieder haben **jeweils eine Stimme** (ein Stimmrecht nach Kapitalanteilen ist nicht möglich; ein Mehr-Stimmrecht kann im Gründungsvertrag vorgesehen werden, solange keinem Mitglied Stimmenmehrheit eingeräumt wird, vgl. Art. 17 Abs. 1 Satz 2 EWIV-VO). Für eine Vielzahl von Maßnahmen ist das Mehrheitsprinzip durch obligatorische Einstimmigkeitsgebote (vgl. Katalog Art. 17 Abs. 2 Buchst. a bis e, Art. 14 Abs. 1 Satz 3, Art. 22 Abs. 1 Hs. 2, Art. 26 Abs. 1 EWIV-VO) und für eine Reihe von Maßnahmen durch ein subsidiäres Einstimmigkeitsprinzip (falls der Gesellschaftsvertrag nichts anderes bestimmt) ersetzt. 7
- Ein **Gewinn** der EWIV ist **ohne Feststellungsbeschluss** unmittelbar auf die Mitglieder **zu verteilen** (Art. 21 Abs. 1 EWIV-VO); damit korrespondiert die unmittelbare Verlustausgleichspflicht der Mitglieder (Art. 21 Abs. 2 EWIV-VO). 8

Die EWIV kennt **keine Selbstorganschaft.** Die EWIV hat obligatorisch mindestens zwei Organe: oberstes Organ sind zunächst die „gemeinschaftlich handelnden Mitglieder“ der EWIV, die jeden Beschluss fassen können, dh. auch die den Geschäftsführern vorbehaltenen Entscheidungen jederzeit an sich ziehen können (**Devolutivrecht**) und deshalb das den Geschäftsführern übergeordnete Organ sind. 9

Die als Organ handelnden Mitglieder der Vereinigung können allerdings nach außen nicht vertreten. **Notwendiges Vertretungsorgan** der EWIV sind der oder die Geschäftsführer (Art. 16 Abs. 1, Art. 20 EWIV-VO). Der oder die Geschäftsführer besorgen im Innenverhältnis die Geschäftsführung. Die Fremdgeschäftsführung dient den Bedürfnissen der Praxis, wonach die laufende Geschäftsführung unabhängig von den Mitgliedern professionell arbeiten können soll. Die Fremdgeschäftsführung schließt aber nicht aus, dass auch Mitglieder der EWIV bzw. Organe der Mitglieder der EWIV zu Geschäftsführern bestellt werden können.

10 – Unternehmensgegenstand ist gem. Art. 3 EWIV-VO auf **Hilfstätigkeiten** zur Förderung der wirtschaftlichen Tätigkeit ihrer Mitglieder beschränkt; ausdrücklich verboten sind die Konzernleitung durch eine EWIV (Art. 3 Abs. 2 Buchst. a) und die EWIV als Holding für Anteile an den Mitgliedern (Art. 3 Abs. 2 Buchst. b; möglich allerdings Treuhandholding für Mitglieder). Die EWIV darf nicht mehr als 500 Arbeitnehmer haben und darf nicht Mitglied einer anderen EWIV sein.

11 – Die **Haftung** von Mitgliedern **ist subsidiär:** Nach Art. 24 Abs. 2 EWIV-VO kann ein Gläubiger der EWIV ein Mitglied in Anspruch nehmen, wenn er die EWIV zur Zahlung aufgefordert hat und diese nicht in angemessener Frist gezahlt hat.

12 Soweit keine der vorstehenden Besonderheiten (in Abweichung vom Recht der offenen Handelsgesellschaft) eingreifen, wird auf A. 9.00 Rz. 3ff. verwiesen. Bezüglich der Besonderheiten der EWIV wird auf die Einzelerläuterungen (s. Rz. 42ff.) verwiesen. Insbesondere

– bezüglich der Mindestanforderungen für den EWIV-Gesellschaftsvertrag (s. Rz. 42),
– zur Firma (s. Einzelerläuterungen zu § 1 Abs. 1, Rz. 45),
– zum Unternehmensgegenstand (s. Einzelerläuterungen zu § 2, Rz. 48),
– zum Kreis der Mitglieder (s. Einzelerläuterungen zu § 4 Abs. 1, Rz. 62ff.),
– zur Geschäftsführung (s. Einzelerläuterungen zu § 5, Rz. 73ff.),
– zum obersten Organ, den gemeinschaftlich handelnden Mitgliedern (s. Einzelerläuterungen zu § 6, Rz. 81ff.).

13 Da auf die EWIV die Rechtsvorschriften für offene Handelsgesellschaften anzuwenden sind (s. Rz. 5), ist sie verschmelzungsfähiger Rechtsträger iSd. § 3 Abs. 1 Nr. 1 UmwG (*Beck PersGes-HB/Bärwaldt* § 19 Rz. 89; *S/St/Stengel* § 3 UmwG Rz. 14).

14 Die EWIV kann innerhalb der EU ihren **Sitz verlegen,** ohne dass dies zur Auflösung der Gesellschaft und dem Erfordernis einer Neugründung führt (Art. 13 Abs. 1 EWIV-VO, vgl. *MünchHdb GesR* Bd. 1, § 95 Rz. 22). Dabei ist jedoch das in Art. 14 EWIV-VO vorgeschriebene Verfahren einzuhalten. Die Geschäftsführer haben einen Verlegungsplan zu erstellen, der zum Handelsregister eingereicht und anschließend durch Hinweis auf die Einreichung bekannt gemacht werden muss (*Beck PersGes-HB/Bärwaldt* § 19 Rz. 79). Frühestens zwei Monate nach dieser Bekanntmachung kann die Sitzverlegung von den Mitgliedern (einstimmig) beschlossen werden. Diese wird mit der Eintragung im für den neuen Sitz zuständigen Register wirksam (Art. 14 Abs. 1 Satz 4 EWIV-VO).

c) Steuerrecht

aa) Transparenzprinzip bei Einkommensteuer/Körperschaftsteuer

15 Art. 40 EWIV-VO bestimmt, dass das Ergebnis der Tätigkeit der Vereinigung nur bei ihren Mitgliedern besteuert wird. Damit ist für alle Mitgliedstaaten das sog. **Transparenzprinzip** festgelegt und sichergestellt, dass Gewinne (bzw. Verluste) nicht bei der EWIV selbst, sondern nur auf der Ebene ihrer Mitglieder besteuert werden können (bzw. Verluste sich dort auswirken können). Damit ist auch von vorneherein eine Doppelbelastung etwaiger Gewinne im Sitzstaat der EWIV und im Ansässigkeitsstaat des Mitglieds ausgeschlossen. Neben dem Transparenzprinzip in Art. 40 enthält die EWIV-VO aber keine einzige weitere Regelung zur steuerlichen Behandlung.

Das vorliegende Formular beschränkt sich auf eine EWIV mit Sitz in der Bundesrepublik Deutschland. Diese unterliegt nach § 1 EWIV-AG den für eine OHG geltenden Rechtsvorschriften; dies gilt gem. EStH 15.8 Abs. 1 auch für das Einkommensteuerrecht. Da die EWIV aber keine OHG ist, muss für die Frage der **Ertragsbesteuerung** der EWIV anhand der tatsächlichen Tätigkeit der EWIV Folgendes (s. Rz. 17 ff., 21 und 22 f.) geprüft werden: 16

aaa) Gewerbliche Tätigkeit der EWIV iSd. § 15 Abs. 2 EStG?

Gewerbebetrieb setzt eine selbstständige nachhaltige Betätigung voraus, die mit der Absicht unternommen wird, Gewinn zu erzielen und sich als Beteiligung am allgemeinen Wirtschaftsverkehr darstellt (wobei die Betätigung weder als Ausübung von Land- und Forstwirtschaft noch als Ausübung selbstständiger Arbeit anzusehen ist). Von besonderer Bedeutung für die Qualifizierung der Tätigkeit einer EWIV als gewerblich ist die Beteiligung am allgemeinen Wirtschaftsverkehr und die Frage der Gewinnerzielungsabsicht. Fehlt es an einem der beiden Merkmale, erzielt die EWIV keine gewerblichen Einkünfte: 17

- Eine **Beteiligung am allgemeinen Wirtschaftsverkehr** liegt dann nicht vor, wenn die EWIV nur gegenüber ihren Mitgliedern tätig wird. 18
- Für die **Gewinnerzielungsabsicht** ist es nach § 15 Abs. 2 EStG ausreichend, wenn diese nur ein Nebenzweck ist. Zwar hat die EWIV nach Art. 3 Abs. 1 Satz 1 2. Hs. EWIV-VO nicht den Zweck, Gewinn für sich selbst zu erzielen, sie darf aber Gewinn erzielen; daher ist die Gewinnerzielungsabsicht regelmäßig zu bejahen. 19

In der Praxis wird daher die Gewerblichkeit nur dann vorliegen, wenn die EWIV nicht nur gegenüber ihren Mitgliedern tätig wird, sondern sich am allgemeinen wirtschaftlichen Verkehr beteiligt. Eine „gewerblich geprägte" EWIV iSd. § 15 Abs. 3 Nr. 2 EStG kann auf Grund Fremdorganschaft (s. Rz. 73 ff.) leicht vermieden werden (*Knobbe-Keuck* § 9 II 4. b. cc). Die Frage der **Gewerblichkeit** ist auch dafür maßgebend, ob eine deutsche EWIV gewerbesteuerpflichtig wird (s. Rz. 26 ff.). 20

bbb) Mitunternehmerschaft iSd. § 15 Abs. 1 Nr. 2 EStG?

Nur wenn die Tätigkeit der EWIV einen Gewerbebetrieb iSd. § 15 Abs. 2 EStG darstellt (s. Rz. 17–20), stellt sich die Frage, ob eine Mitunternehmerschaft vorliegt. Dies ist dann zu bejahen, wenn die Mitglieder Mitunternehmerrisiko tragen und Mitunternehmerinitiative entfalten können. Das **Mitunternehmerrisiko** ist auf Grund der unbeschränkten gesamtschuldnerischen Haftung der Mitglieder gem. Art. 24 Abs. 1 EWIV-VO gegeben. Auch die **Mitunternehmerinitiative** dürfte auf Grund des Einstimmigkeitsprinzips für die in Art. 17 Abs. 2 EWIV-VO vorgesehenen Beschlussgegenstände, bzw. für Beschlussgegenstände, die nicht gem. Art. 17 Abs. 3 vertraglich mit Mehrheit gefasst werden können, sowie auf Grund des Auskunfts- und Einsichtsrechts gem. Art. 18 EWIV-VO regelmäßig gegeben sein. Dem steht nicht entgegen, dass bei der EWIV durch die vorgesehene Fremdgeschäftsführung die Mitglieder regelmäßig nicht unmittelbar an unternehmerischen Entscheidungen teilhaben (vgl. *Autenrieth* EWIV S. 27 f.). Danach ist eine gewerbliche EWIV grds. auch als „andere Mitunternehmerschaft" iSv. § 15 Abs. 1 Nr. 2 EStG anzusehen. Dies hat zur Folge, dass Vergütungen, die ein Mitglied von der EWIV für seine Tätigkeit im Dienst der Gesellschaft oder für die Hingabe von Darlehen oder für die Überlassung von Wirtschaftsgütern bezogen hat, dem gewerblichen Gewinn der EWIV als **Sondervergütungen** gem. § 15 Abs. 1 Nr. 2 2. Hs. EStG hinzugerechnet werden. 21

ccc) Inländische Betriebsstätte der EWIV?

Für die Besteuerung ausländischer Mitglieder einer gewerblichen EWIV ist weiter von Bedeutung, ob die EWIV eine Betriebsstätte iSd. jeweiligen zwischen Deutschland mit dem Ansässigkeitsstaat des Mitglieds abgeschlossenen DBA im Inland hat. Nur wenn eine **Betriebsstätte iSd. jeweiligen DBA** vorliegt, hat nämlich Deutsch- 22 land das Recht, das Ergebnis des ausländischen Mitglieds im Rahmen der beschränkten deutschen Einkommensteuer/Körperschaftsteuer gem. § 49 Abs. 1 Nr. 2 Buchst. a EStG zu besteuern. Regelmäßig zu keiner Betriebsstätte iSd. DBA führen sonstige Geschäftseinrichtungen, die ausschließlich zu dem Zweck unterhalten werden, Tätigkeiten vorbereitender Art oder Hilfstätigkeiten auszuüben (vgl. Art. 5 Abs. 4 OECD-MA; vgl. insbes. BMF v. 16.4.10, BStBl. I 10, 354).

23 Die Frage der Betriebsstätte iSd. DBA ist ferner dafür maßgebend, ob eine ausländische gewerbliche EWIV mit deutscher Dependence gewerbesteuerpflichtig wird.

ddd) Ergebnisfeststellung

24 Das Ergebnis der EWIV wird **einheitlich und gesondert festgestellt:** Wenn es sich um eine gewerbliche EWIV handelt, gem. § 180 Abs. 1 Nr. 2a AO einschließlich von Sondervergütungen iSv. § 15 Abs. 1 Nr. 2 2. Hs. EStG; bei nicht gewerblichen EWIV gem. der Verordnung zu § 180 Abs. 2 AO, vgl. BMF v. 15.11.88, DB 89, 354, 355.

25 *(frei)*

bb) Gewerbesteuer

26 Nur eine EWIV mit gewerblicher Tätigkeit (s. Rz. 17ff.) unterliegt der Gewerbesteuer (die Begriffsbestimmung des Gewerbebetriebs iSd. § 15 Abs. 2 EStG gilt auch für den Begriff des Gewerbebetriebs iSd. § 2 Abs. 1 GewStG, vgl. GewStR 2.1 Abs. 1). Fehlt es an einem Gewerbebetrieb, entfällt die Gewerbesteuerpflicht.

27 Unterhält die EWIV einen Gewerbebetrieb, so bestimmt § 5 Abs. 1 Satz 4 GewStG (abweichend von § 5 Abs. 1 Satz 3 GewStG), dass die Gewerbesteuer von den **Mitgliedern als Gesamtschuldner** erhoben wird (bei Personengesellschaften ist Steuerschuldner ansonsten die Gesellschaft, § 5 Abs. 1 Satz 3 GewStG).

28 Der **Gewerbesteuermessbescheid** und der **Gewerbesteuerbescheid** werden gegen die Mitglieder der EWIV als Gesamtschuldner erlassen. Es ist in das Ermessen der Gemeinde gestellt, welchen Gesamtschuldner sie in Anspruch nimmt (GewStR 5.2); dies wird idR das inländische Mitglied sein. Im Gesellschaftsvertrag der EWIV sollte daher klargestellt werden, dass die **Gewerbesteuer als Aufwand der EWIV** behandelt wird (damit die Mitglieder im Ergebnis gleichmäßig belastet werden) und unmittelbar von der EWIV gezahlt werden soll (mit Wirkung für und gegen alle Mitglieder).

29 **Verlustanteile** eines deutschen Mitglieds einer nichtgewerblichen EWIV mindern den Gewerbeertrag des deutschen Mitglieds; Verlustanteile einer gewerblichen EWIV sind dagegen mit dem eigenen Gewerbeertrag eines Mitglieds nicht verrechenbar.

30–34 *(frei)*

cc) Gestaltungshinweis zur Steuerminimierung

35 Zur Minimierung der deutschen Belastung mit Ertragsteuer (Einkommensteuer, Körperschaftsteuer, Gewerbesteuer) sowie zur möglichst einfachen Abwicklung empfiehlt es sich, auf Folgendes zu achten:

36 – Die **Gewerblichkeit** der EWIV sollte von vorneherein **vermieden** werden, zB durch Beschränkung der Tätigkeit auf reine Hilfstätigkeiten für die Mitglieder (keine Beteiligung am allgemeinen wirtschaftlichen Verkehr) und den möglichst weitgehenden Ausschluss der Gewinnerzielungsabsicht, zB nur reine Kostenerstattung der Mitglieder ohne Verrechnung von Gewinnaufschlägen.

37 – Für den Fall, dass die Gewerblichkeit nicht dem Grunde nach ausgeschlossen werden kann, sollten zur Vermeidung von Hinzurechnungen gem. § 15 Abs. 1 Nr. 2 2. Hs. EStG **Sondervergütungen** nicht unmittelbar an die Mitglieder, sondern möglichst an Kapitalgesellschaften vereinbart werden, die diesen nahe stehen.

Darüber hinaus sollte darauf geachtet werden, dass die EWIV keine Betriebsstätte iSd. jeweils einschlägigen DBA begründet. 38

(frei) 39

dd) Umsatzsteuer

Umsatzsteuerlich ist die EWIV **grundsätzlich Unternehmer.** Die Unternehmereigenschaft ist selbst bei einer nicht gewerblichen EWIV gegeben, die nur gegenüber ihren Mitgliedern tätig wird (BMF v. 15.11.88, DB 89, 354, 355; *Busl* UR 89, 229f.). Allerdings werden regelmäßig sonstige Leistung die die EWIV an ausländische Mitglieder (= Unternehmer) ausführt, nicht der Umsatzsteuer unterliegen, weil als Ort der sonstigen Leistungen der Ort gilt von dem aus der Empfänger sein Unternehmen betreibt (§ 3a Abs. 2 UStG). Diese Leistungen unterliegen damit nicht der deutschen Umsatzsteuer, gleichzeitig bleibt der EWIV aber der Vorsteuerabzug gem. § 15 UStG erhalten. 40

(frei) 41

2. Einzelerläuterungen

Mindestanforderungen an die Gründung einer EWIV: 42

- Abschluss eines **schriftlichen Gesellschaftsvertrags,** der als Mindestangaben (vgl. Art. 5 EWIV-VO) enthalten muss:
  - den Namen der Vereinigung mit den voran- oder nachgestellten Worten „Europäische Wirtschaftliche Interessenvereinigung“ oder der Abkürzung „EWIV“,
  - den Sitz der Vereinigung,
  - den Unternehmensgegenstand,
  - Namen, Firma, Rechtsform mit Wohnsitz bzw. Sitz, sowie ggf. Nummer und Ort der Handelsregistereintragung eines jeden Mitglieds der Vereinigung und
  - die Dauer der Vereinigung, sofern sie nicht unbestimmt ist.
- Anmeldung und Eintragung der EWIV zum Handelsregister und
- die Hinterlegung des Gründungsvertrags und der Urkunde über die Bestellung der Geschäftsführer und ihre Befugnisse beim Handelsregister (Art. 7 Abs. 1 Abs. 2 Buchst. d EWIV-VO). Die Eintragungen im Handelsregister werden in einem elektronischen Informations- und Kommunikationssystem des jeweiligen Bundeslandes bekannt gemacht. (Art. 38 Abs. 1, Art. 8 EWIV-VO, § 1 EWIV-AG iVm. § 10 HGB, vgl. *Baumbach/Hopt* HGB § 10 Rz. 1). Daneben erfolgen Veröffentlichungen im Amtsblatt der EG (Art. 38 Abs. 1, Art. 11 EWIV-VO).

Die Mindestanforderungen für die Gründung werden in den nachfolgenden Einzelerläuterungen zum EWIV-Gesellschaftsvertrag erläutert. Hinsichtlich Anmeldung zum, Eintragung in das Handelsregister sowie Publizität vgl. Rz. 100ff. im Anschluss an das Formular zur Handelsregisteranmeldung.

(frei) 43, 44

Zu § 1 Abs. 1: Firma

Das Formular sieht eine Personenfirma vor. Danach muss die Firma der EWIV den Namen wenigstens eines ihrer Mitglieder und das Vorhandensein einer Gesellschaft andeutenden Zusatz enthalten. Nach **Neuregelung des Firmenrechts** darf die EWIV jede für die Individualisierung geeignete Firma führen, auch eine reine Sachfirma (§ 18 HGB; vgl. *Beck PersGes-HB/Bärwaldt* § 19 Rz. 24). 45

Streitig ist, ob bei einer EWIV, deren Mitglieder nur Kapitalgesellschaften sind, gem. § 19 Abs. 2 HGB ein die **Haftungsbeschränkung** zum Ausdruck bringender Zusatz in die Firma aufzunehmen ist (für die Aufnahme zB *Autenrieth* BB 89, 305, 309; gegen die Anwendung von § 19 Abs. 2 HGB: *Müller-Gugenberger* BB 89, 1923; *Gleichmann* EuZW 90, 136). 46

Zu § 1 Abs. 2: Sitz

47 Nach Art. 12 Satz 1 EWIV-VO muss der Sitz der EWIV in der Gemeinschaft liegen. Als Sitz ist zu bestimmen entweder der Ort, an dem die Vereinigung ihre Hauptverwaltung hat oder der Ort, an dem eines der Mitglieder der Vereinigung seine Hauptverwaltung hat, bzw. bei einer natürlichen Person als Mitglied, der Ort, an dem diese ihre Haupttätigkeit ausübt, sofern die Vereinigung dort auch tatsächlich eine Tätigkeit ausübt. Dies bedeutet einen Kompromiss zwischen der Sitz- und der Gründungstheorie (Art. 12 EWIV-VO; vgl. *Baumbach/Hopt* HGB Anh § 160 Rz. 20).

Das vorliegende Formular geht davon aus, dass als Sitz der EWIV ein Ort innerhalb der Bundesrepublik Deutschland bestimmt wird und damit das deutsche EWIV-AG zur Anwendung kommt.

Zu § 2: Gegenstand des Unternehmens

48 Art. 3 EWIV-VO enthält eine **Zweckbeschränkung** für den Unternehmensgegenstand einer EWIV. Wird dagegen verstoßen, ist auf Antrag eines Beteiligten oder einer zuständigen Behörde durch das Registergericht die Auflösung der Vereinigung auszusprechen. Die Zweckbeschränkung in Art. 3 ist zum einen in Abs. 1 positiv formuliert als wirtschaftliche Hilfstätigkeit für die Mitglieder (s. Rz. 49) und andererseits in Art. 3 Abs. 2 negativ abgegrenzt durch diverse Verwendungsverbote (s. Rz. 52ff.).

Zu § 2 Abs. 1 und 3: Zulässige Hilfstätigkeiten

49 Zweck der EWIV kann nur sein, die wirtschaftliche Tätigkeit ihrer Mitglieder zu fördern bzw. zu erleichtern oder zu entwickeln oder deren Ergebnisse zu verbessern oder zu steigern. Die EWIV soll nicht die Haupttätigkeit eines oder mehrerer Mitglieder ersetzen. Die Beschränkung des Unternehmensgegenstandes auf Hilfstätigkeiten verdeutlicht auch Art. 3 Abs. 1 Satz 1 2. Hs. EWIV-VO, wonach die EWIV nicht den Zweck hat, Gewinn für sich selbst zu erzielen (denn Gewinnerzielung ist gem. Art. 21 nicht verboten).

50 Die EWIV wird also als Unternehmensgegenstand im Gesellschaftsvertrag nur einen Teil des Unternehmensgegenstands der Mitglieder erfassen, allerdings mit einem wirtschaftlichen Zusammenhang zum Unternehmensgegenstand der Mitglieder. Damit eröffnet sich ein äußerst breiter Anwendungsbereich (vgl. die Beispiele oben Rz. 1, sowie *Brindlmayer* EWIV, S. 24–55).

Zu § 2 Abs. 2: Vermeidung der steuerlichen Gewerblichkeit

51 Die im Formular vorgesehene Beschränkung der Geschäftstätigkeit dient der Vermeidung der steuerlichen Gewerblichkeit (s. Rz. 17), insb. der Gewerbesteuer (s. Rz. 26).

Zu § 2 Abs. 4: Verwendungsverbote

52 **Absolutes Konzernleitungsverbot:** Art. 3 Abs. 2 Buchst. a EWIV-VO enthält ein Konzernleitungsverbot, und zwar auch ein Teilleitungsverbot (zB auf Gebieten des Personal-, Investitions- oder Finanzwesens).

53 **Holdingverbot:** Art. 3 Abs. 2 Buchst. b EWIV-VO bestimmt, dass die EWIV keine Anteile ihrer Mitgliedsunternehmen halten darf, und zwar weder unmittelbar noch mittelbar. Lediglich das Halten von Anteilen an Drittunternehmen ist unter der Voraussetzung gestattet, dass dies für Rechnung der Mitglieder geschieht und zur Erreichung des Zwecks der EWIV erforderlich ist. Die EWIV kann also für eine Treuhänderstellung bzgl. der Anteile an Drittunternehmen ausgestaltet werden.

54 **Arbeitnehmergrenze:** Die EWIV darf nach Art. 3 Abs. 2 Buchst. c EWIV-VO nicht mehr als 500 Arbeitnehmer beschäftigen. Zweck dieser Regelung ist wohl, die Umgehung der Regelungen über betriebliche Mitbestimmung zu verhindern (vgl. *Baumbach/Hopt* HGB Anh § 160 Rz. 6). Ob diese Bestimmung in der Praxis ihr Ziel

erreicht, ist fraglich, da neben dem Ausleihen von Arbeitnehmern auch mehrere EWIVs parallel gegründet werden können, die jeweils nur Teile eines gesamten Kooperationsprojekts durchführen.

Darlehensgewährung an leitende Personen eines Mitglieds oder verbundene Personen in Art. 3 Abs. 2 Buchst. d: Das Verbot zielt auf das britische Gesellschaftsrecht ab, wonach ein „conflict of interests" vermieden werden soll; für die Rechtsbeziehungen zu Mitgliedern in anderen EG-Ländern, insb. in Deutschland, hat diese Bestimmung kaum praktische Bedeutung. **55**

Kaskadenverbot: Schließlich enthält Art. 3 Abs. 2 Buchst. e das Verbot, dass eine EWIV nicht Mitglied einer anderen EWIV sein darf; allerdings dürfen Mitglieder auch gleichzeitig Mitglieder in weiteren EWIVs sein. **56**

Kapitalmarktausschluss: Die Vereinigung darf sich nicht öffentlich an den Kapitalmarkt wenden (Art. 23 EWIV-VO). Daher findet das Sonderrecht der Publikumspersonengesellschaften keine Anwendung (*Baumbach/Hopt* HGB Anh § 160 Rz. 56). **57**

(frei) **58, 59**

Zu § 3: Dauer, Geschäftsjahr

Das Formular sieht als Dauer der Gesellschaft eine unbestimmte Zeit vor. Falls die Dauer der EWIV beschränkt werden soll, ist es zweckmäßig, anstelle eines festen Termins die sachlichen Kriterien der Beendigung zu definieren (zB Verbrauch von Fördermitteln, Erteilung eines Patentes u. ä.). **60**

Das Formular geht weiter davon aus, dass die EWIV ihre Geschäftstätigkeit nach der konstitutiven Eintragung im Handelsregister zum 1. Januar eines Kalenderjahres aufnimmt und als Wirtschaftsjahr das Kalenderjahr bestimmt wird. Sollte aus praktischen Erwägungen die EWIV ihre Geschäftstätigkeit im Laufe eines Geschäftsjahres aufnehmen, wird entweder für den verbleibenden Zeitraum bis zum Ablauf des Kalenderjahres ein Rumpfwirtschaftsjahr gebildet oder es kann bereits bei Gründung ein vom Kalenderjahr abweichendes Wirtschaftsjahr (ohne Genehmigung des Finanzamts) bestimmt werden. **61**

Zu § 4 Abs. 1: Mitglieder

Art. 4 Abs. 1 EWIV-VO bestimmt, wer Mitglied einer EWIV werden kann. Es sind dies gem. Art. 4 Abs. 1 Buchst. a EWIV-VO Gesellschaften iSv. Art. 48 Abs. 2 EGV (jetzt: Art. 54 AEUV) mit Sitz und Hauptverwaltung innerhalb der EU (s. dazu unten Rz. 63–65) und gem. Art. 4 Abs. 1 Buchst. b **natürliche Personen** mit Erwerbstätigkeiten innerhalb der EU (s. dazu Rz. 66ff.). **62**

Als **Gesellschaften** iSd. Art. 48 Abs. 2 EGV (jetzt: Art. 54 AEUV) können Mitglieder einer EWIV werden insbes. **63**

- Gesellschaften des Handelsrechts (Personenhandelsgesellschaften, Kapitalgesellschaften),
- Gesellschaften des bürgerlichen Rechts,
- Genossenschaften und
- andere juristische Einheiten des öffentlichen und des privaten Rechts (auf deutscher Seite: sogenannte sonstige juristische Personen des privaten Rechts, zB Vereine, Stiftungen, Anstalten und dergl.; in anderen Ländern: „legal bodies" bzw. „entités juridiques").

Die Mitgliedschaft in der EWIV setzt für die vorgenannten Gesellschaften iSd. Art. 48 Abs. 2 EGV (jetzt: Art. 54 AEUV) voraus, dass diese nach dem Recht eines EG-Staates gegründet wurden und ihren satzungsmäßigen oder gesetzlichen **Sitz und ihre Hauptverwaltung** (zulässig auch in anderem Land als Sitzland) in der Gemeinschaft haben. Braucht nach dem Recht eines Mitgliedstaats eine Gesellschaft oder eine andere juristische Einheit keinen satzungsmäßigen oder gesetzlichen Sitz (zB eine eng- **64** lische „partnership", oder eine französische „Societé en Participation"), genügt es, wenn sich allein die Hauptverwaltung in der Gemeinschaft befindet.

65 Auch Gesellschaften und andere juristische Personen, die **keinen Erwerbszweck** verfolgen, können Mitglied einer EWIV werden (vgl. *Meyer-Landrut* EWIV, 1988, S. 127; *Gleichmann* ZHR 85, 638; *Ganske* DB 85, Beil. 20, 4). Damit können auch gemeinnützige Unternehmen, wie zB staatliche oder private Forschungsorganisationen, staatliche Regiebetriebe und gemeinwirtschaftliche Unternehmen Mitglieder einer EWIV werden.

66 **Natürliche Personen,** die eine gewerbliche, kaufmännische, handwerkliche, landwirtschaftliche oder freiberufliche Tätigkeit in der Gemeinschaft ausüben oder dort andere Dienstleistungen erbringen (Art. 3 Abs. 1 Buchst. b EWIV-VO), können Mitglieder einer EWIV sein. Demnach steht natürlichen Personen die Mitgliedschaft in einer EWIV offen, auch wenn sie in Nicht-EU-Staaten ansässig sind, sofern sie nur eine Tätigkeit in der Gemeinschaft ausüben. Deutschland hat von dem in Art. 4 Abs. 4 EWIV-VO vorgesehenen Recht, bestimmte Gruppen von natürlichen Personen, Gesellschaften oder anderen juristischen Einheiten von der Beteiligung auszuschließen, keinen Gebrauch gemacht. Damit dürfen auch **Freiberufler** (zB Notare, Rechtsanwälte, Wirtschaftsprüfer, Steuerberater, Apotheker, Architekten, Ärzte etc) Mitglied einer EWIV werden. Zu beachten ist aber, dass nach Erwägungsgrund Nr. 5 die EWIV selbst keinen freien Beruf ausüben darf und Erwägungsgrund Nr. 6 ausdrücklich auf die Standesvorschriften verweist.

Der Vertrag muss Mindestangaben zu den Mitgliedern enthalten, nämlich Name, Firma, Rechtsform, Wohnsitz oder Sitz, bei Gesellschaften auch Nummer und Ort der Registereintragung (Art. 5 Buchst. d EWIV-VO), vgl. Rz. 42.

67 **Grenzüberschreitender Charakter.** Entsprechend dem Ziel der EWIV, die wirtschaftliche Zusammenarbeit in Europa grenzüberschreitend zu erleichtern, müssen mindestens zwei Mitglieder einer Vereinigung verschiedenen Staaten der Gemeinschaft angehören. Bei Gesellschaften und juristischen Einheiten wird hierfür auf den Ort der Hauptverwaltung abgestellt, bei natürlichen Personen auf den Ort der Ausübung der Haupttätigkeit. Fällt der grenzüberschreitende Charakter einer EWIV nachträglich weg, ist ein zwingender Auflösungsgrund gegeben (Art. 31 Abs. 3 EWIV-VO).

68 Für die Gründung einer EWIV sind mindestens zwei Mitglieder notwendig (Art. 4 Abs. 2 EWIV-VO); von der Ermächtigung in Art. 4 Abs. 3 EWIV-VO, die Mitgliederzahl auf 20 zu begrenzen, hat der deutsche Gesetzgeber im EWIV-AG keinen Gebrauch gemacht.

Zu § 4 Abs. 2: Einlagen

69 Wegen der unbeschränkten und gesamtschuldnerischen Haftung der Mitglieder für jegliche Verbindlichkeiten der Vereinigung (Art. 24 Abs. 1 Satz 1 EWIV-VO) und der unmittelbaren Verlustausgleichsverpflichtung der Mitglieder gem. Art. 21 Abs. 2 EWIV-VO, kann die Vereinigung grds. auch **ohne festes Kapital** gegründet werden. Danach müssten die Mitglieder aber fortlaufend Nachschüsse in Höhe der Fehlbeträge gem. Art. 21 Abs. 2 EWIV-VO leisten. Zu diesem Zweck müssten Einnahme- und Ausgabenrechnungen als Budget erstellt und fortlaufend zur Ermittlung des jeweiligen Nachschussbedarfs fortgeschrieben werden. Dies erscheint nur schwer praktizierbar, daher wird im Formular vorgeschlagen, dass im Gründungsvertrag bereits die Einlagen, zumindest in Höhe der Anfangskapitalausstattung, als Kapitaleinlagen festgelegt werden. Dies erscheint auch aus haftungsrechtlichen Gesichtspunkten der Mitglieder empfehlenswert: Denn abweichend zur Haftung im deutschen OHG-Recht enthält Art. 24 Abs. 2 EWIV-VO eine nur subsidiäre Haftung der Mitglieder. Die Inanspruchnahme eines Mitglieds durch einen Gläubiger der EWIV setzt nämlich voraus, dass die Vereinigung zur Zahlung aufgefordert worden und die Zahlung nicht in angemessener Frist erfolgt ist.

Es empfiehlt sich darüber hinaus, auch alle weiteren Beiträge im Gründungsvertrag festzulegen, zB Sacheinlagen, Dienstleistungen, die Einlage von Rechten, gewerblichen Schutzrechten, Know-how und dergleichen. 70

Die **Quote** der Einlageleistungen ist dann gesondert anzugeben, wenn diese von der gleichmäßigen Verteilung auf die Mitglieder abweicht. 71

Die Einlage- und Beitragsregelungen sollten im Gründungsvertrag im Hinblick auf den konkreten Unternehmensgegenstand so detailliert und flexibel als möglich geregelt sein, weil Änderungen nach Art. 17 Abs. 2 Buchst. e EWIV-VO zwingend nur einstimmig, dh. durch die Gesamtheit der Mitglieder beschlossen werden können. 72

Zu § 5: Geschäftsführung und Vertretung

Der (oder die) Geschäftsführer ist (sind) neben den „gemeinschaftlich handelnden Mitgliedern" (s. Rz. 81 ff. zu § 6) das **zweite obligatorische Organ** der Vereinigung (Art. 16 Abs. 1 EWIV-VO). Diesem Organ obliegt im Innenverhältnis die **Geschäftsführung** (Art. 19 EWIV-VO) und im Außenverhältnis die **Vertretung** (Art. 20 EWIV-VO). Art. 19 Abs. 1 Satz 1 EWIV-VO bestimmt, dass die Geschäfte der Vereinigung von einer oder mehreren natürlichen Personen geführt werden, die durch den Gründungsvertrag oder durch Beschluss der Mitglieder bestellt werden. Zu beachten ist danach die Beschränkung der Geschäftsführung auf **natürliche Personen** und die Möglichkeit der Drittorganschaft **(Fremdgeschäftsführung).** Da das EWIV-AG von der Ausnahmemöglichkeit in Art. 19 Abs. 2 EWIV-VO, dass auch eine juristische Person Geschäftsführer werden kann, keinen Gebrauch gemacht hat, können bei einer deutschen EWIV nur natürliche Personen Geschäftsführer werden. 73

§ 5 Abs. 1 Satz 1 des Formulars gibt zur Klarstellung die Grundregel der Fremdgeschäftsführung wieder, wonach zur Geschäftsführung im Innenverhältnis und zur Vertretung nach außen nur das jeweilige Geschäftsführungsorgan berechtigt und verpflichtet ist. Satz 2 bestimmt die Vertretungsberechtigung im Außenverhältnis, wenn mehrere Geschäftsführer bestellt sind; er weicht damit von der in Art. 20 Abs. 1 EWIV-VO vorgesehenen Regel ab, dass auch bei Bestellung mehrerer Geschäftsführer jeder einzeln vertreten kann. Die Rechtsgrundlage hierfür liegt in Art. 20 Abs. 2 EWIV-VO, wonach im Gründungsvertrag auch die Gesamtvertretung angeordnet werden kann. Sie ist im Außenverhältnis allerdings nur dann wirksam, wenn sie gem. Art. 8 EWIV-VO veröffentlicht wird und (über Art. 9 Abs. 1 EWIV-VO) § 15 HGB beachtet wird, dh. die Gesamtvertretung kann Dritten erst auf Grund der Publizität des Handelsregisters entgegengesetzt werden (vgl. *Scriba* EWIV, 1988, S. 155). Die Gesamtvertretung muss darüber hinaus auch auf dem Briefkopf und allen anderen Schriftstücken der Vereinigung vermerkt werden (Art. 25 Buchst. d EWIV-VO). 74

Zu § 5 Abs. 2: Bestellung/Abberufung

Das Formular enthält in **Satz 1** aus Praktikabilitätsgründen bereits die Bestellung des ersten Geschäftsführers mit dem Hinweis, dass auf diesen keiner der Ausschlussgründe für „unwürdige" Personen zutrifft. Die **Ausschlussgründe** richten sich 75

1. nach dem auf die betreffende Person anzuwendenden einzelstaatlichen Recht (zB für britische Staatsbürger Ausschlussgründe von Sec. 295–310 des Corporation Act 1985 oder Teil II Kap. 1 des Insolvency Act 1985) und
2. nach dem innerstaatlichen Recht des Sitzstaats der Vereinigung (im Falle des Formulars nach deutschem Recht) sowie
3. nach gerichtlichen oder behördlichen Entscheidungen, die nur in einem Mitgliedstaat ergangen oder anerkannt sind (einschließlich Entscheidungen aus Drittstaaten, vgl. *Ganske* DB 85, Beil. 20, 8 Fn. 129).

Welche Vorschriften des deutschen Rechts in Bezug auf die zweite Alternative (Recht des Sitzstaats) anzuwenden sind, ist unklar. Nachdem § 1 EWIV-AG nur auf das subsidiäre Recht der OHG verweist, dieses aber nur Selbstorganschaft kennt (und 76 deshalb die Fähigkeit zum Geschäftsführer nur von den allgemeinen Regeln des BGB über die Geschäftsfähigkeit abhängig ist), dürfte die zweite Alternative bei einer deutschen EWIV leerlaufen. Dies wird als unbefriedigend empfunden; die an sich sachgerechte Regelung des § 6 Abs. 2 GmbHG (bzw. § 76 Abs. 2 AktG) wird wegen der eindeutigen Bestimmung von § 1 EWIV-AG auch nicht analog anwendbar sein (*Meyer-Landrut* aaO, S. 56). *Müller-Gugenberger* (NJW 89, 1457) will dagegen für den Bereich der Geschäftsführung die Vorschriften des GmbH-Rechts zur Ergänzung von § 19 EWIV-AG anwenden. Zu den sehr weitreichenden Folgen der dritten Alternative (vgl. *Scriba* aaO, S. 144). Wird eine Person unter Verstoß gegen eine (oder mehrere) der vorstehenden drei Ausschlussgründe zum Geschäftsführer bestellt, ist eine solche Bestellung nichtig.

77 Die im Formular vorgesehene Bestellung des ersten Geschäftsführers im Rahmen eines Gründungsvertrags ist aus Praktikabilitätsgründen vorgesehen (wegen der überragend wichtigen Bedeutung der Fremdgeschäftsführung). Natürlich kann die Bestellung auch außerhalb des Gründungsvertrags erfolgen.

78 **Satz 2** des Formulars weicht vom Regelstatut ab, wonach grds. (ohne anderweitige Regelung im Vertrag) die Bestellung von Geschäftsführern durch Mehrheitsbeschluss der Mitglieder möglich ist (vgl. *Meyer-Landrut* aaO, S. 56). Normalerweise reicht für die Bestellung einfache Mehrheit aus, wegen der für jedes einzelne Mitglied großen Tragweite der Fremdorganschaft ist in § 5 Abs. 2 Satz 2 hierfür aber die Einstimmigkeit vorgesehen, wiewohl man das damit verbundene Blockaderisiko beachten muss.

79 **Satz 3** des Formulars bestätigt zunächst die Grundregel, dass für den Widerruf grds. ein einfacher Mitgliederbeschluss ausreichend ist. Wegen der großen Bedeutung der Fremdorganschaft für jedes einzelne Mitglied wird zusätzlich vorgesehen, dass bei Vorliegen eines wichtigen Grundes iSd. § 38 Abs. 2 GmbHG auch jedes Mitglied alleine einen wirksam bestellten Geschäftsführer abberufen kann. Dies erscheint notwendig, weil auch bei Missbrauch der Befugnisse eines Geschäftsführers im Falle der EWIV die „Ultra-Vires" Lehre nicht weiter hilft (vgl. *Gleichmann* ZHR 85, 644; *Ganske* aaO, S. 8; *Wüst* JZ 89, 274; *Müller-Gugenberger* NJW 89, 1457).

Zu § 5 Abs. 3

80 Die im Vertragsmuster vorgesehene Formulierung wiederholt das Regelstatut, wonach das oberste Organ, die „gemeinschaftlich handelnden Mitglieder", jederzeit das Recht hat, auch die den Geschäftsführern vorbehaltenen Entscheidungen an sich zu ziehen und der Geschäftsführung Weisung zu erteilen (Devolutivrecht, vgl. dazu die Einzelerläuterungen zu § 6 Abs. 1 unter Rz. 82).

Zu § 6: Beschlüsse der gemeinschaftlich handelnden Mitglieder (oberstes Organ der EWIV)

81 Den gemeinschaftlich handelnden Mitgliedern der EWIV kommt wegen der fremdorganschaftlichen Struktur (den Geschäftsführern) eine eigenständige Organstellung zu (abweichend von der Struktur einer deutschen OHG, jedoch ähnlich der Struktur eines französischen Groupement).

Zu § 6 Abs. 1: Absolute Herrschaft der Mitglieder

82 Der im Vertragsformular vorgesehene Text wiederholt und umschreibt die in Art. 16 Abs. 1 Satz 1 und Abs. 2 EWIV-VO enthaltene Regelung: die absolute Herrschaft der Mitglieder über die Geschicke der Vereinigung (vgl. *Scriba* aaO, S. 113f.; *Meyer-Landrut* aaO, S. 36).

Zu § 6 Abs. 2: Beschlussfassung

83 Da in der EWIV-VO das Beschlussverfahren nicht geregelt ist, sondern lediglich in Art. 17 Abs. 4 EWIV-VO auf Veranlassung eines Geschäftsführers oder auf Verlangen eines Mitglieds durch die Geschäftsführung vor Beschlussfassung eine Anhörung der Mitglieder durchzuführen ist, empfiehlt es sich, das Beschlussverfahren vertraglich zu regeln.

Nach Art. 17 Abs. 1 Satz 1 EWIV-VO hat **jedes Mitglied eine Stimme;** in Ab- **84**
weichung zum deutschen Recht einer Personenhandelsgesellschaft ist ein variables Stimmrecht oder ein Stimmrecht nach Kapitalanteilen bei einer EWIV nicht möglich (*Meyer-Landrut* aaO, S. 39). Allerdings lässt Art. 17 Abs. 1 Satz 2 EWIV-VO für einzelne Mitglieder die Regelung von Mehrstimmrechten zu, soweit dadurch nicht ein Mitglied insgesamt die Stimmenmehrheit auf sich vereint.

Zu § 6 Abs. 3: Beschlussgegenstände mit Einstimmigkeitserfordernis

Art. 17 Abs. 2 EWIV-VO zählt **sieben Beschlussgegenstände** auf, von denen die **85**
unter den Buchst. a bis e genannten fünf Bestimmungen zwingende Einstimmigkeit erfordern, während die unter den Buchst. f und g bezeichneten Änderungen (andere Verpflichtungen eines Mitglieds als Beiträge zur Finanzierung und sonstige Änderungen des Gründungsvertrags) der dispositiven Regelung im Vertrag unterliegen. Der im Formular vorgesehene Text fasst die zwingend vorgeschriebenen Einstimmigkeitserfordernisse in Abs. 3 unter Buchst. a zusammen und ordnet darüber hinaus in Buchst. b, c und d (zT Klarstellung) weitere Einstimmigkeitserfordernisse an.

Soweit bei einer EWIV das Erfordernis der Einstimmigkeit für Beschlüsse besteht, **86**
bedeutet dies, dass alle Mitglieder zustimmen müssen, so dass Abwesenheit und Enthaltung einer wirksamen Beschlussfassung entgegenstehen (*Meyer-Landrut* aaO, S. 39; aA *Gleichmann* ZHR 85, 643, Fn. 15).

Zu § 6 Abs. 5: Vertretungspflicht der Mitglieder

Da die Verordnung keine Vorschrift über die Verfügungsmöglichkeit der Mitglie- **87**
der über ihre Stimmrechte vorsieht, und die Abstimmungs- und Anhörungsverfahren praktikabel sein müssen, wird im Formular vorgesehen, dass jedes Mitglied namentlich eine Person und einen Vertreter dieser Person benennt, die ihn bei allen Beschlussfassungen vertritt.

Zu § 7: Konten der Mitglieder

Wegen der besonderen rechtlichen Konzeption der EWIV enthält die EWIV-VO **88**
keinerlei Regelungen über die Eigentumsverhältnisse an der Vereinigung. Dies erklärt sich daraus, dass die Mitglieder unbeschränkt **haften** und damit Verluste von ihnen ausgeglichen werden und sie für Gewinnanteile einen direkten Auszahlungsanspruch haben. Gleichwohl wird die EWIV regelmäßig Vermögen haben, insb. wenn, wie im vorliegenden Formular vorgesehen, die Mitglieder Einlagen zu leisten haben (s. Rz. 69 ff.). Es bedarf dann einer Regelung der Vermögenszuordnung, die sich gem. Art. 2 Abs. 1 EWIV-VO iVm. § 1 EWIV-AG nach den Vorschriften für eine deutsche OHG richtet. Gem. § 105 Abs. 2 HGB iVm. §§ 718, 719 BGB steht das Vermögen der Vereinigung den Mitgliedern zur gesamten Hand zu. Das Formular sieht daher die Bildung von Mitgliederkonten nach dem Muster für eine OHG vor.

Zu § 8: Jahresabschluss

Die Verordnung enthält keine ausdrückliche Regelung über die Aufstellung eines **89**
Jahresabschlusses; lediglich Art. 21 Abs. 2 EWIV-VO setzt für den Verlustausgleich die Ermittlung des Betrags voraus, mit dem die Ausgaben die Einnahmen übersteigen. Über § 6 EWIV-AG und § 1 EWIV-AG iVm. § 242 HGB hat die Vereinigung aber einen Jahresabschluss **(Bilanz sowie Gewinn- und Verlustrechnung)** aufzustellen (vgl. zur Rechnungslegung und Prüfung *Frey* DB 92, 233). Die Gewinn- und Verlustrechnung wird gleichzeitig auch zur Bestimmung des Verlustausgleichsbetrags iSd. Art. 21 Abs. 2 EWIV-VO herangezogen werden können (vgl. *Meyer-Landrut* aaO, S. 79; *Scriba* aaO, S. 123).

90 Abweichend vom deutschen Recht für die OHG trifft die Verpflichtung zur ordnungsmäßigen Buchführung und den Jahresabschluss den oder die Geschäftsführer (nicht die Mitglieder), vgl. § 6 EWIV-AG.

Zu § 9 Abs. 1 und 2: Ergebnisermittlung

91 Die in § 9 Abs. 1 vorgesehene Regelung über Leistungsverrechnungen dient der Klarstellung der Abrechnung zwischen der EWIV und einzelnen Mitgliedern.

92 Die in § 9 Abs. 2 enthaltene Regelung soll sicherstellen, dass eine etwa anfallende **Gewerbesteuer** im Innenverhältnis als Aufwand der EWIV behandelt wird. Diese Regelung ist empfehlenswert, da § 5 Abs. 1 Satz 4 GewStG anordnet, dass die Mitglieder der EWIV die Gewerbesteuer als Gesamtschuldner schulden, und GewStR 36 Satz 6 es in das Ermessen der Gemeinde stellt, welches der Mitglieder als Gesamtschuldner in Anspruch genommen wird. Damit besteht die Gefahr, dass regelmäßig deutsche Mitglieder mit der Gewerbesteuer belastet werden (s. Rz. 28).

Zu § 9 Abs. 3: Ergebnisverteilung

93 Die im Formular vorgeschlagene gleichmäßige Verteilung des Jahresergebnisses (Jahresüberschuss bzw. Jahresfehlbetrag) auf die Mitglieder entspricht der in Art. 21 Abs. 1 und Abs. 2 EWIV-VO vorgesehenen Regelverteilung. Falls eine andere Verteilung gewünscht wird, können auch Quoten (zB Mitglied A: 40%, Mitglied B und C: jeweils 30%) vereinbart werden.

94 Anders als bei der OHG sind die Mitglieder unmittelbar am Ergebnis der EWIV beteiligt, so dass es auf die Feststellung des Jahresabschlusses insoweit nicht ankommen würde: Art. 21 Abs. 1 EWIV-VO ordnet an, dass Gewinne der EWIV als Gewinne der Mitglieder „gelten" und Art. 21 Abs. 2 EWIV-VO, dass die Mitglieder der Vereinigung eventuelle Verluste „tragen". Hieraus folgen ein unmittelbares Gewinnbezugsrecht und eine unmittelbare Verlustausgleichs- bzw. Nachschussverpflichtung. Gleichwohl ist im Formular in § 8 Abs. 3 Satz 2 aus Praktikabilitätsgründen und zur Vermeidung künftiger Streitigkeiten die Feststellung mit einfacher Mehrheit vorgesehen.

Zu § 10 Abs. 1: Kündigung

95 Art. 27 Abs. 1 EWIV-VO sieht für den Regelfall ein Austrittsrecht eines Mitglieds unter Fortsetzung der Vereinigung mit den übrigen Mitgliedern nur bei einstimmiger Zustimmung der übrigen Mitglieder oder aus wichtigem Grund vor. Damit wäre das ordentliche (einseitige) Kündigungsrecht praktisch fast gänzlich ausgeschlossen. Das Formular sieht vor, dass jedes Mitglied ohne Zustimmungserfordernis der übrigen Mitglieder mit einer zwölfmonatigen Frist zum Ende eines Geschäftsjahres kündigen kann. Je nach dem wirtschaftlichen Zweck der Vereinigung bedarf es aber der sorgfältigen Abwägung, ob mit der Zulassung der einseitigen ordentlichen Kündigung der Vereinigungszweck nicht zu Lasten der verbleibenden Mitglieder erheblich gestört wird (evtl. könnte auch die Kündigungsfrist über zwölf Monate hinaus ausgedehnt werden und/oder „Austrittsgeld" vereinbart werden). Ein Auseinandersetzungsguthaben darf auf Grund von Art. 33 Satz 2 EWIV-VO nicht im Voraus pauschal bestimmt werden; dessen niedrige Festsetzung ist daher als „pönale" Maßnahme nicht geeignet (allenfalls könnte ein „Austrittsgeld" zur Abgeltung von Leistungen der EWIV vereinbart werden).

96 Das Recht zur **außerordentlichen Kündigung aus wichtigem Grund** ist nicht abdingbar. Zur Frage, wann im Einzelfall ein wichtiger Grund vorliegt, kann auf die Kasuistik zu § 723 BGB, § 133 HGB verwiesen werden (vgl. *MünchHdb GesR* Bd. 1, § 96 Rz. 25).

Zu § 10 Abs. 2: Ausschluss aus wichtigem Grund

97 Art. 27 Abs. 2 EWIV-VO lässt die Möglichkeit des Ausschlusses aus wichtigem Grund (bei grobem Pflichtverstoß oder Verursachung schwerer Störungen der Arbeit

der Vereinigung) als nicht-dispositive Regelung zu. Darüber hinaus kann im Gründungsvertrag frei über andere Ausschlussgründe und das Ausschlussverfahren bestimmt werden.

Das Formular konkretisiert wichtige Ausschlussgründe beispielhaft (es macht damit Gebrauch von der Erweiterung der Ausschlussgründe im Gründungsvertrag). Darüber hinaus sieht es vor, dass das jeweilige Mitglied durch Unterlassungserklärung dem Ausschluss entgegenwirken kann.

Zum Ausscheiden eines Mitglieds in anderen Fällen als durch Kündigung oder Ausschluss, vgl. Art. 28 Abs. 1 EWIV-VO (Tod einer natürlichen Person als Mitglied, Verlust der Mitgliedereigenschaft nach Art. 4 Abs. 1 EWIV-VO, Eröffnung des Insolvenzverfahrens über das Vermögen eines Mitglieds gem. § 8 EWIV-AG).

Zu § 11: Auflösung

Art. 31 und 32 EWIV-VO enthalten eine **abschließende Aufzählung der Auflösungsgründe** für eine EWIV: 98
- Auflösung durch feststellenden Mitgliederbeschluss (Art. 31 Abs. 2 EWIV-VO)
- Auflösung durch gerichtliche Entscheidung (Art. 32 EWIV-VO) oder
- Eröffnung des Konkursverfahrens über das Vermögen der Vereinigung (Art. 36 EWIV-VO iVm. dem deutschen Insolvenzrecht)

Die **grundlose Auflösung** der Vereinigung nach Art. 31 Abs. 1 EWIV-VO durch Beschluss der Mitglieder erfordert nicht zwingend die Einstimmigkeit. Demgegenüber sieht das Formular die Einstimmigkeit vor. In jedem Fall bedarf es eines feststellenden Mitgliederbeschlusses oder einer gerichtlichen Entscheidung. Die Folgen der Auflösung sind: Die Geschäftsführer müssen die Urkunden über die Auflösung beim Registergericht hinterlegen und die Auflösung anmelden. Zweckmäßigerweise erfolgt die Auflösung durch Beschluss zum Ende des laufenden Geschäftsjahres. 99

Erläuterungen zu A. 4.01a Handelsregisteranmeldung

Die Vereinigung ist bei dem Gericht, in dessen Bezirk sie ihren im Gründungsvertrag genannten Sitz hat, zur **Eintragung ins Handelsregister** anzumelden (§ 2 Abs. 1 EWIV-AG). Die EWIV wird in die Abteilung A des Handelsregisters eingetragen (§ 3 Abs. 2 HRV). Die Anmeldung zur Eintragung ist durch sämtliche Geschäftsführer **höchstpersönlich** vorzunehmen (keine Vertretungsmöglichkeit, vgl. *Meyer-Landrut* aaO, S. 140 mwN in Fn. 99). Die Anmeldung ist elektronisch in öffentlich beglaubigter Form vorzunehmen (§ 12 Abs. 1 Satz 1 HGB, zur elektronischen Anmeldung siehe A. 3.02 Rz. 41). 100

Der **Inhalt** der Anmeldung der Eintragung der Vereinigung ist in § 2 Abs. 2 EWIV-AG aufgeführt. In der Anmeldung haben die Geschäftsführer zu versichern, dass keine Umstände vorliegen, die nach Art. 19 Abs. 1 EWIV-VO ihrer Bestellung entgegenstehen und dass sie über ihre unbeschränkte Auskunftspflicht belehrt worden sind (§ 3 Abs. 3 EWIV-AG). 101

Beizufügen ist der Anmeldung der vollständige Wortlaut des **Gründungsvertrags** (Art. 7 Satz 1 EWIV-VO, vgl. *Meyer-Landrut* aaO, S. 139). 102

Falls Geschäftsführer allgemein von der Beschränkung des **§ 181 BGB** befreit sind, ist auch diese Befreiung anzumelden. 103

Die Eintragung der errichteten EWIV hat **konstitutive Wirkung** (Art. 1 Abs. 2 EWIV-VO). Publizitätswirkungen entfalten die Eintragungen erst nach Bekanntmachung (Art. 9 Abs. 1 EWIV-VO zur Entgegensetzbarkeit bekanntmachungspflichtiger Urkunden und Angaben, Art. 9 Abs. 2 EWIV-VO zur Haftung für Handlungen vor Eintragung). 104

105 Gem. § 1 EWIV-AG iVm. § 9 HGB ist die **Öffentlichkeit** des Registers dadurch gegeben, dass jedermann das Handelsregister und die eingereichten Urkunden einsehen, einen Ausdruck bzw. eine Abschrift der Eintragungen und der hinterlegten Urkunden (einschließlich des vollständigen Wortlauts des Gründungsvertrags und aller Änderungen) verlangen kann und Bekanntmachungen nach Art. 8 EWIV-VO (in Deutschland: elektronisches Informations- und Kommunikationssystem des jeweiligen Bundeslandes) und Art. 11 EWIV-VO (Amtsblatt der Europäischen Gemeinschaft) erfolgen.

A. 4.02 Europäische Gesellschaft – Societas Europaea, SE
(mit Sitz in der Bundesrepublik Deutschland)

Gliederung

I. FORMULARE

Formular A. 4.02 Umwandlungsplan betreffend die formwechselnde Umwandlung einer AG mit Sitz in Deutschland in eine Europäische Gesellschaft (SE)

UMWANDLUNGSPLAN
betreffend die formwechselnde Umwandlung
der A-Software AG, mit Sitz in ......, Deutschland,
– nachfolgend „A AG" –
in die
Rechtsform der Europäischen Gesellschaft (*Societas Europaea*, SE)
– nachfolgend „A SE" –

Präambel

(1) Die A AG ist eine Aktiengesellschaft deutschen Rechts mit Sitz und Hauptverwaltung in Deutschland und damit innerhalb der Europäischen Gemeinschaft. Sie ist eingetragen im Handelsregister des Amtsgerichts ......, Deutschland unter HRB ...... und hat ihren Sitz in ....

(2) Das Grundkapital der A AG beträgt EUR 5.000.000,00 und ist in 5.000.000 nennwertlose Stückaktien eingeteilt. Der auf die einzelne Aktie entfallende anteilige Betrag am Grundkapital der A AG beträgt EUR 1,00 je Aktie. Die Aktien der AG lauten auf den Namen. Alleinige Aktionärin der A AG ist die B-GmbH mit Sitz in ......

(3) Es ist geplant, die A AG gemäß Art. 2 Abs. 4 iVm. Art. 37 der Verordnung (EG) Nr. 2157/2001 des Rates vom 8. Oktober 2001 über das Statut der Europäischen Gesellschaft (SE) („SE-VO") in eine Europäische Gesellschaft (*Societas Europaea*, SE) umzuwandeln.

(4) Der Wechsel der Rechtsform stellt nach der Überzeugung des Vorstands der A AG einen konsequenten Schritt in der Unternehmensentwicklung dar, der dem erfolgreichen Ausbau der internationalen Geschäftstätigkeit der A-Gruppe von Deutschland und Spanien aus folgt. Zudem bringt der Rechtsformwechsel von einer Aktiengesellschaft in eine Europäische Gesellschaft das Selbstverständnis der A AG als ein europäisch und weltweit ausgerichtetes Unternehmen auch äußerlich zum Ausdruck. Die Rechtsform der Europäischen Gesellschaft bietet ferner die Möglichkeit, die bisherige Unternehmensstruktur der A AG weiter zu entwickeln.

(5) Die A SE soll ihren Sitz und ihre Hauptverwaltung in Deutschland beibehalten.

Der Vorstand der A AG erstellt daher den folgenden Umwandlungsplan:

§ 1 Umwandlung der A AG in die A SE

(1) Die A AG wird gemäß Art. 2 Abs. 4 iVm. Art. 37 SE-VO in eine Europäische Gesellschaft (*Societas Europaea*, SE) umgewandelt.

(2) Die A AG ist alleinige Gesellschafterin der im Jahr 01 gegründeten A-Computadora S.L. in Spanien, Geschäftsadresse ......, die seit dem ...... im spanischen Handelsregister unter der Registernummer ...... eingetragen ist. Damit hat die A AG seit mehr als zwei Jahren eine Tochtergesellschaft, die dem Recht eines anderen Mitgliedstaats der Europäischen Union (EU) unterliegt. Die Voraussetzung für eine Umwandlung der A AG in die A SE gemäß Art. 2 Abs. 4 SE-VO ist damit erfüllt.

(3) Die Umwandlung der A AG in eine Europäische Gesellschaft hat weder die Auflösung der A AG zur Folge noch die Gründung einer neuen juristischen Person. Die Beteiligung der B-GmbH als bisherige Aktionärin an der Gesellschaft besteht aufgrund der Wahrung der Identität des formwechselnden Rechtsträgers fort.

§ 2 Wirksamwerden der Umwandlung

Die Umwandlung wird wirksam mit ihrer Eintragung im Handelsregister.

§ 3 Firma, Sitz, Grundkapital und Satzung der A SE

(1) Die Firma der SE lautet „A-Software SE".

(2) Der Sitz der A SE ist ......, Deutschland; dort befindet sich auch ihre Hauptverwaltung.

(3) Das Grundkapital der A AG in der zum Zeitpunkt der Eintragung der Umwandlung in das Handelsregister bestehenden Höhe (EUR 5.000.000,00) und in der zu diesem Zeitpunkt bestehenden Einteilung in auf den Namen lautende Stückaktien (Stückzahl: 5.000.000) wird zum Grundkapital der A SE. Die Personen und Gesellschaften, die zum Zeitpunkt der Eintragung der Umwandlung in das Handelsregister Aktionäre der A AG sind (derzeit nur die B-GmbH), werden Aktionäre der A SE und zwar in demselben Umfang und mit derselben Anzahl an Stückaktien am Grundkapital der A SE, wie sie unmittelbar vor Wirksamwerden der Umwandlung am Grundkapital der A AG beteiligt sind. Der rechnerische Anteil jeder Stückaktie am Grundkapital (EUR 1,00 je Stückaktie) bleibt so erhalten, wie er unmittelbar vor Wirksamwerden der Umwandlung besteht.

(4) Die A SE erhält die als Anlage beigefügte Satzung. Diese ist Bestandteil dieses Umwandlungsplans. Dabei entspricht zum Zeitpunkt des Wirksamwerdens der Umwandlung der A AG in eine SE die Grundkapitalziffer mit der Einteilung in Stückaktien der A SE (§ 4 Abs. 1 der als Anlage beigefügten Satzung der A SE) der Grundkapitalziffer mit der Einteilung in Stückaktien der A AG (§ 4 Abs. 1 der Satzung der A AG).

(5) Die Aktionäre, die der Umwandlung widersprechen, erhalten kein Angebot auf eine Barabfindung, da dies gesetzlich nicht vorgesehen ist.

§ 4 Vorstand

Es ist davon auszugehen, dass der Aufsichtsrat der A SE die bisher amtierenden Mitglieder des Vorstands der A AG zu Vorständen der A SE bestellen wird. Die derzeitigen Mitglieder des Vorstands der A AG sind die Herren ...... und ....

§ 5 Aufsichtsrat

(1) Gemäß § 8 der als Anlage beigefügten Satzung der A SE wird bei der A SE ein Aufsichtsrat gebildet, der ebenso wie der bisherige Aufsichtsrat der A AG aus drei Mitgliedern besteht. Die Mitglieder des Aufsichtsrats werden durch die Hauptversammlung gewählt, die nicht an Wahlvorschläge gebunden ist.

(2) Die Ämter der Aufsichtsratsmitglieder der A AG enden mit Wirksamwerden der Umwandlung.

(3) Die folgenden Mitglieder des Aufsichtsrats der A AG werden aufgrund Bestellung in der Satzung der A SE zu Mitgliedern des Aufsichtsrats der A SE bestellt:

- Herr ......, von Beruf ...., geboren ......, wohnhaft ......;
- Herr ......, von Beruf ...., geboren ......, wohnhaft ......;
- Frau ......, von Beruf ...., geboren ......, wohnhaft ....

§ 6 Angaben zum Verfahren zur Vereinbarung über die Beteiligung der Arbeitnehmer

(1) Zur Sicherung der Rechte der Arbeitnehmer der A AG auf Beteiligung an Unternehmensentscheidungen ist im Zusammenhang mit der Umwandlung in eine SE ein Verfahren über die Beteiligung der Arbeitnehmer in der A SE durchzuführen. Ziel ist der Abschluss einer Vereinbarung über die Beteiligung der Arbeitnehmer in der SE.

(2) Eine Mitbestimmung der Arbeitnehmer im Aufsichtsrat der A AG besteht derzeit nicht. Die Bestimmungen des MitbestG sowie des DrittelbG finden auf den Aufsichtsrat der A AG keine Anwendung. Bei der A-Computadora S. L. besteht entsprechend den spanischen Vorgaben eine Arbeitnehmervertretung. Die A AG verfügt über einen Betriebsrat am Standort ....

(3) Die Einleitung des Verfahrens zur Beteiligung der Arbeitnehmer erfolgt nach den Vorschriften des SEBG. Dieses sieht in § 4 SEBG vor, dass die Leitung der beteiligten Gesellschaft, dh. der Vorstand der A AG, die jeweiligen Arbeitnehmervertretungen über das Umwandlungsvorhaben informiert und sie zur Bildung eines besonderen Verhandlungsgremiums auffordert. Einzuleiten ist das Verfahren durch die entsprechende Information unaufgefordert und unverzüglich, nachdem der Vorstand der A AG den erstellten Umwandlungsplan offen gelegt hat. Die Offenlegung erfolgt durch Einreichung des Umwandlungsplans beim zuständigen Handelsregister in .... Die Information der Arbeitnehmervertretungen erstreckt sich insbesondere auf die Identität und Struktur der A AG, der betroffenen Tochtergesellschaft und der betroffenen Betriebe und deren Verteilung auf die Mitgliedstaaten der EU, die in diesen Gesellschaften und Betrieben bestehenden Arbeitnehmervertretungen, die Zahl der in diesen Gesellschaften und Betrieben jeweils beschäftigten Arbeitnehmer sowie die daraus zu errechnende Gesamtzahl der in einem Mitgliedstaat der EU beschäftigten Arbeitnehmer und die Zahl der Arbeitnehmer, denen Mitbestimmungsrechte in den Organen dieser Gesellschaften zustehen.

(4) Es ist gesetzlich vorgesehen, dass die Arbeitnehmer, ihre betroffenen Vertretungen bzw. zuständigen Gewerkschaften innerhalb von zehn Wochen nach der in vorstehendem Abs. 4 beschriebenen Information der Arbeitnehmer bzw. ihrer betroffenen Vertretungen die Mitglieder des besonderen Verhandlungsgremiums wählen oder bestellen sollen, das aus Vertretern der Arbeitnehmer aus allen betroffenen Mitgliedstaaten der EU zusammengesetzt ist. Hinsichtlich dieses besonderen Verhandlungsgremiums gilt folgendes:

a) Das besondere Verhandlungsgremium hat die Aufgabe, mit der Unternehmensleitung die Ausgestaltung des Beteiligungsverfahrens und die Festlegung der Beteiligungsrechte der Arbeitnehmer in der SE zu verhandeln. Bildung und Zusammensetzung des besonderen Verhandlungsgremiums richten sich im Grundsatz nach deutschem Recht.

b) Die Verteilung der Sitze im besonderen Verhandlungsgremium auf die Mitgliedstaaten der EU, in dem die A-Gruppe Arbeitnehmer beschäftigt, Deutschland und Spanien, folgt nach der Grundregel, dass Deutschland und Spanien jeweils mindestens einen Sitz erhalten. Die Anzahl der einem Mitgliedstaat der EU zugewiesenen Sitze erhöht sich jeweils um 1, soweit die Anzahl der in diesem Mitgliedstaat der EU beschäftigten Arbeitnehmer der A-Gruppe jeweils die Schwelle von 10 Prozent, 20 Prozent, 30 Prozent usw. aller Arbeitnehmer der A-Gruppe übersteigt. Zur Bestimmung der Sitzverteilung ist grundsätzlich abzustellen auf die Arbeitnehmerzahlen zum Zeitpunkt der Information der Arbeitnehmer bzw. ihrer jeweiligen Vertretungen. Ausgehend von den Beschäftigtenzahlen der A-Gruppe in Deutschland und Spanien zum ...... 09 ergibt sich die nachfolgende Sitzverteilung:

Land	Anzahl Arbeitnehmer	In %	Delegierte
Deutschland	160	80	8
Spanien	40	20	2
Gesamt (2 Länder)	200	100	10

c) Für die Wahl bzw. Bestellung der Mitglieder (sowie ggf. deren Stellvertreter) des besonderen Verhandlungsgremiums aus den einzelnen Mitgliedstaaten der EU gelten die jeweiligen nationalen Vorschriften. Es kommen daher verschiedene Verfahren zur Anwendung. Das deutsche Recht sieht die Wahl durch ein Wahlgremium, dh. dem Betriebsrat der A AG, vor.

d) Wählbar in das besondere Verhandlungsgremium sind in Deutschland Arbeitnehmer der A AG sowie Gewerkschaftsvertreter. Frauen und Männer sollen entsprechend ihrem zahlenmäßigen Verhältnis gewählt werden. Für jedes Mitglied ist ein Ersatzmitglied zu bestellen. Da dem besonderen Verhandlungsgremium mehr als zwei Mitglieder aus Deutschland angehören werden, ist jedes dritte Mitglied aus Deutschland auf Vorschlag einer Gewerkschaft zu wählen; Voraussetzung hierfür ist, dass die Gewerkschaft in der A AG oder einer deren inländischer Tochtergesellschaften vertreten ist. Gehören dem besonderen Verhandlungsgremium wie vorliegend mehr als sechs Mitglieder aus Deutschland an, ist mindestens jedes siebte Mitglied auf Vorschlag der Sprecherausschüsse und in Ermangelung solcher auf Vorschlag der leitenden Angestellten zu wählen.

e) Die Wahl bzw. Bestellung der Mitglieder sowie die Konstituierung des besonderen Verhandlungsgremiums liegen grundsätzlich in der Verantwortung der Arbeitnehmer, ihrer betroffenen Vertretungen bzw. zuständigen Gewerkschaften.

(5) Frühestens nachdem alle Mitglieder des besonderen Verhandlungsgremiums benannt sind, spätestens aber 10 Wochen nach der Information iSd. § 4 Abs. 2 und Abs. 3 SEBG, hat der Vorstand der A AG unverzüglich zur konstituierenden Sitzung des besonderen Verhandlungsgremiums einzuladen. Mit dem Tag, zu dem der Vor-

stand der A AG zu der konstituierenden Sitzung des besonderen Verhandlungsgremiums eingeladen hat, beginnen die Verhandlungen und die gesetzlich vorgesehene Frist von sechs Monaten, in der die Verhandlungen abgeschlossen werden sollen. Ziel der Verhandlungen ist der Abschluss einer schriftlichen Vereinbarung zwischen dem Vorstand der A AG und dem besonderen Verhandlungsgremium über die Beteiligung der Arbeitnehmer in der A SE.

(6) Die Satzung der A SE muss die Zahl der Mitglieder des Aufsichtsrats oder die Regeln für ihre Festlegung bestimmen. § 8 Abs. 1 der als Anlage beigefügten Satzung der A SE regelt, dass der Aufsichtsrat zukünftig aus drei Mitgliedern bestehen wird, die von der Hauptversammlung der A SE ohne Bindung an Wahlvorschläge gewählt werden. Die Satzung der SE darf zu keinem Zeitpunkt im Widerspruch zu der ausgehandelten Vereinbarung stehen. Daher ist die Satzung gegebenenfalls durch Beschluss der Hauptversammlung der A AG zu ändern, falls eine Regelung zur Mitbestimmung der Arbeitnehmer in einer Vereinbarung über die Beteiligung der Arbeitnehmer in der A SE davon abweicht. Die Umwandlung der A AG in eine SE würde erst nach entsprechender Satzungsänderung wirksam.

(7) In der Vereinbarung zwischen dem Vorstand und dem besonderen Verhandlungsgremium ist ferner ein Verfahren zur Unterrichtung und Anhörung der Arbeitnehmer in der SE festzulegen. Dies kann entweder dadurch erfolgen, dass die Verhandlungsparteien ein an den Gegebenheiten der A-Gruppe ausgerichtetes maßgeschneidertes Verfahren, welches die Unterrichtung und Anhörung der Arbeitnehmer der A SE gewährleistet, vereinbaren oder im Wege der Errichtung eines SE-Betriebsrats erreicht werden.

(8) Der Abschluss einer Vereinbarung zwischen der Unternehmensleitung und dem besonderen Verhandlungsgremium über die Beteiligung der Arbeitnehmer bedarf eines Beschlusses des besonderen Verhandlungsgremiums. Der Beschluss wird mit der Mehrheit der Mitglieder, die zugleich die Mehrheit der vertretenen Arbeitnehmer repräsentieren muss, gefasst.

(9) Das besondere Verhandlungsgremium kann beschließen, keine Verhandlungen aufzunehmen oder bereits aufgenommene Verhandlungen abzubrechen. Für diesen Beschluss ist eine Mehrheit von zwei Dritteln der Mitglieder erforderlich, die mindestens zwei Drittel der Arbeitnehmer in mindestens zwei Mitgliedsstaaten vertreten. Ein solcher Beschluss beendet das Verfahren zum Abschluss der Vereinbarung über die Beteiligung der Arbeitnehmer. Die Hauptversammlung der A AG kann sich im Rahmen ihres etwaigen zustimmenden Beschlusses zu diesem Umwandlungsplan und der Genehmigung der diesem Umwandlungsplan als Anlage beigefügten Satzung der A SE das Recht vorbehalten, die Eintragung der A SE davon abhängig zu machen, dass sie die geschlossene Vereinbarung über die Beteiligung der Arbeitnehmer in der A SE ausdrücklich genehmigt.

(10) Kommt eine Vereinbarung über die Beteiligung der Arbeitnehmer innerhalb der vorgesehenen Frist nicht zustande, findet eine gesetzliche Auffanglösung Anwendung; diese kann auch von vornherein als vertragliche Lösung vereinbart werden. Im Hinblick auf die unternehmerische Mitbestimmung im Aufsichtsrat findet die gesetzliche Auffanglösung im Fall einer durch Umwandlung gegründeten SE nur dann Anwendung, wenn in der Gesellschaft bereits vor der Umwandlung Bestimmungen über die Mitbestimmung der Arbeitnehmer im Aufsichts- oder Verwaltungsorgan galten. Die A AG unterliegt keinen der in Deutschland geltenden Gesetze zur Mitbestimmung der Arbeitnehmer im Aufsichtsrat. Insbesondere finden die Regelungen des MitbestG sowie des DrittelbG auf den Aufsichtsrat der A AG keine Anwendung. Da die Voraussetzungen für die Anwendung der Regelungen über die Mitbestimmung der Arbeitnehmer kraft Gesetz nicht verwirklicht sind, bliebe der Aufsichtsrat der A AG somit auch nach Umwandlung in die A SE mitbestimmungsfrei.

(11) Im Fall der gesetzlichen Auffanglösung ist alle zwei Jahre vom Tag der konstituierenden Sitzung des SE-Betriebsrats an gerechnet von der Leitung der SE unter Mitteilung an den SE-Betriebsrat zu prüfen, ob Änderungen der SE, ihrer Tochtergesellschaften und Betriebe, insbesondere bei den Arbeitnehmerzahlen in den einzelnen Mitgliedstaaten der EU eine Änderung der Zusammensetzung des SE-Betriebsrats erforderlich machen; in diesem Fall hat der SE-Betriebsrat entsprechende Maßnahmen zu veranlassen. Im Fall der gesetzlichen Auffanglösung hat der SE-Betriebsrat ferner vier Jahre nach seiner Einsetzung mit der Mehrheit seiner Mitglieder darüber zu beschließen, ob Verhandlungen über eine Vereinbarung zur Arbeitnehmerbeteiligung in der SE aufgenommen werden sollen oder die bisherige Regelung weiter gelten soll. Wird der Beschluss gefasst, über eine Vereinbarung über die Arbeitnehmerbeteiligung zu verhandeln, so tritt für diese Verhandlungen der SE-Betriebsrat an die Stelle des besonderen Verhandlungsgremiums.

(12) Die durch die Bildung und Tätigkeit des besonderen Verhandlungsgremiums entstehenden erforderlichen Kosten trägt die A AG sowie nach der Umwandlung die A SE. Die Kostentragungspflicht umfasst die erforderlichen sachlichen und persönlichen Kosten, die im Zusammenhang mit der Tätigkeit des besonderen Verhandlungsgremiums, einschließlich der Verhandlungen, entstehen. Insbesondere sind für die Sitzungen in erforderlichem Umfang Räume, sachliche Mittel (zB Telefon, Fax, notwendige Literatur), Dolmetscher und Büropersonal zur Verfügung zu stellen sowie die erforderlichen Reise- und Aufenthaltskosten der Mitglieder des besonderen Verhandlungsgremiums zu tragen.

§ 7 Sonstige Folgen der Umwandlung für die Arbeitnehmer und ihre Vertretungen

(1) Die Arbeitsverhältnisse der Arbeitnehmer der A AG sowie die Arbeitsverhältnisse der Arbeitnehmer der A-Gruppe bleiben von der Umwandlung unberührt. Arbeitsverhältnisse können nicht aus Anlass der Umwandlung gekündigt werden. Etwaige Versorgungsanwartschaften aktiver Mitarbeiter der A-Gruppe sowie etwaige Versorgungsanwartschaften bzw. -ansprüche ausgeschiedener Arbeitnehmer bzw. deren Angehörigen bleiben unberührt.

(2) Die Umwandlung führt zu keiner Veränderung in der betrieblichen Struktur und betrieblichen Organisation in den Betrieben des A-Konzerns. Die betriebsverfassungsrechtliche Identität der Betriebe wird durch die Umwandlung nicht berührt. Die in den Betrieben der A AG und der A-Computadora S. L. errichteten Betriebsräte bleiben unverändert im Amt und werden mit dem Wirksamwerden der Umwandlung Betriebsräte der A SE. Die bestehenden Betriebsvereinbarungen sowie Tarifverträge bleiben nach Maßgabe der jeweiligen Vereinbarung bestehen.

(3) Die Umwandlung der A AG in eine SE hat für die Arbeitnehmer der A-Gruppe mit Ausnahme des unter vorstehendem § 6 beschriebenen Verfahrens der Beteiligung der Arbeitnehmer keine Auswirkungen auf die Beteiligungsrechte der Arbeitnehmer in der A AG bzw. nach Wirksamwerden der Umwandlung in der A SE und der A-Computadora S. L.

(4) Aufgrund der Umwandlung sind auch vorbehaltlich der Ausführungen in vorstehendem Abs. 1 bis 3 keine anderweitigen Maßnahmen vorgesehen oder geplant, die Auswirkung auf die Situation der Arbeitnehmer oder ihre Vertretungen hätten.

§ 8 Abschlussprüfer

Zum Abschlussprüfer für das erste Geschäftsjahr der A SE wird die ……, geschäftsansässig ……, bestellt.

§ 9 Keine weiteren Rechte oder Sondervorteile

(1) Personen im Sinne von § 194 Abs. 1 Nr. 5 UmwG und/oder Art. 20 Abs. 1 Satz 2 lit. f) SE-VO werden über die in vorstehendem § 3 Abs. 3 genannten Aktien hinaus

keine Rechte gewährt und besondere Maßnahmen für diese Personen sind nicht vorgesehen; die Rechte der Aktionäre ergeben sich im Einzelnen aus der als Anlage beigefügten Satzung der A SE.

(2) Personen im Sinne von Art. 20 Abs. 1 Satz 2 lit. g) SE-VO sowie dem gemäß § 8 bestellten Abschlussprüfer werden im Zuge der Umwandlung keine Sondervorteile gewährt.

.... [Ort], den ....

A AG

Anlage: Satzung der A SE

Formular A. 4.02a Satzung der SE

SATZUNG
der A-Software SE

§ 1 Sitz und Geschäftsjahr

(1) Die Gesellschaft ist eine Europäische Gesellschaft (SE) und führt die Firma

„A-Software SE".

(2) Sie hat ihren Sitz in ....

(3) Das Geschäftsjahr ist das Kalenderjahr.

§ 2 Gegenstand des Unternehmens

(1) Gegenstand des Unternehmens ist der Entwicklung von Softwareprogrammen aller Art.

(2) Die Gesellschaft darf andere Unternehmen gleicher oder ähnlicher Art im In- und Ausland erwerben, vertreten oder sich an solchen Unternehmen beteiligen. Sie darf alle Geschäfte vornehmen, die der Erreichung und Förderung des Unternehmenszwecks dienlich sein können. Sie darf auch Zweigniederlassungen im In- und Ausland errichten.

§ 3 Bekanntmachungen

Bekanntmachungen der Gesellschaft erfolgen ausschließlich im elektronischen Bundesanzeiger.

§ 4 Höhe und Einteilung des Grundkapitals

(1) Das Grundkapital der Gesellschaft beträgt EUR 5.000.000,00 (in Worten: Euro fünf Millionen) und ist eingeteilt in 5.000.000 (in Worten: fünf Millionen) nennwertlose Stückaktien.

(2) Die Aktien lauten auf den Namen der Aktionäre.

(3) Die Form der Aktienurkunden und der Gewinnanteile und Erneuerungsscheine bestimmt der Vorstand. Über mehrere Aktien eines Aktionärs kann eine Urkunde ausgestellt werden. Der Anspruch auf Einzelverbriefung ist ausgeschlossen.

§ 5 Zusammensetzung des Vorstands

(1) Der Vorstand besteht aus mindestens zwei Personen. Der Aufsichtsrat bestimmt ihre Zahl.

(2) Der Aufsichtsrat bestellt die Vorstandsmitglieder für fünf Jahre. Er kann einen Vorsitzenden des Vorstands ernennen.

(3) Die Beschlüsse des Vorstands werden mit Stimmenmehrheit gefasst. Ist ein Vorstandsvorsitzender ernannt, gibt bei Stimmengleichheit seine Stimme den Ausschlag.

§ 6 Geschäftsführung

(1) Der Vorstand führt die Geschäfte der Gesellschaft nach Maßgabe der gesetzlichen Bestimmungen, dieser Satzung und seiner Anstellungsverträge.

(2) Der Vorstand bedarf zur Ausführung der nachfolgenden Geschäfte uns Maßnahmen:

- Erwerb von Unternehmen und Unternehmensteilen, Errichtung von Betriebsstätten und Zweigniederlassungen, wenn der Wert 5 % des Eigenkapitals der Gesellschaft übersteigt;
- Abschluss von Unternehmensverträgen und Verträgen nach dem Umwandlungsgesetz sowie die Beschlussfassung über derartige Maßnahmen bei Tochtergesellschaften;
- Ausgabe von Schuldverschreibungen und Schuldscheindarlehen, wenn das Ausgabevolumen EUR 1.000.000,00 übersteigt.

§ 7 Vertretungsbefugnis

(1) Die Gesellschaft wird durch zwei Vorstandsmitglieder oder durch ein Vorstandsmitglied in Gemeinschaft mit einem Prokuristen vertreten.

(2) Der Aufsichtsrat kann einem, mehreren oder allen Vorstandsmitgliedern Einzelvertretungsbefugnis erteilen.

(3) Jedes Vorstandsmitglied kann – soweit gesetzlich nichts anderes zwingend vorgeschrieben ist – für Rechtsgeschäfte mit Dritten durch Beschluss des Aufsichtsrates für einzelne Geschäfte oder ganz allgemein vom Verbot der Mehrfachvertretung gemäß § 181 BGB befreit werden.

§ 8 Zusammensetzung des Aufsichtsrats, Amtsdauer, Amtsniederlegung

(1) Der Aufsichtsrat besteht aus drei Mitgliedern. Er wählt aus seiner Mitte einen Vorsitzenden. Die ersten Mitglieder des Aufsichtsrats sind

- Herr ......, von Beruf ...., geboren ......, wohnhaft ......;
- Herr ......, von Beruf ...., geboren ......, wohnhaft ......;
- Frau ......, von Beruf ...., geboren ......, wohnhaft ....

(2) Die Aufsichtsratsmitglieder werden für die Zeit bis zur Beendigung der Hauptversammlung gewählt, die über ihre Entlastung für das vierte Geschäftsjahr nach dem Beginn der Amtszeit beschließt. Das Geschäftsjahr, in dem die Amtszeit beginnt, wird nicht mitgerechnet. Die Wahl des Nachfolgers eines vor Ablauf der Amtszeit ausscheidenden Mitglieds erfolgt für den Rest der Amtszeit des ausgeschiedenen Mitglieds. In jedem Fall kann die Hauptversammlung bei der Wahl eine kürzere Amtsdauer bestimmen.

(3) Die Mitglieder des Aufsichtsrats können ihr Amt durch ein an den Vorsitzenden des Aufsichtsrates oder, im Fall des Aufsichtsratsvorsitzenden, an den Vorstand zu richtende schriftliche Erklärung unter Einhaltung einer Frist von zwei Wochen jederzeit niederlegen.

§ 9 Wahl des Aufsichtsratsvorsitzenden

Im Anschluss an eine Hauptversammlung, in der alle von der Hauptversammlung zu wählenden Aufsichtsratsmitglieder neu gewählt worden sind, findet eine Aufsichtsratssitzung statt. In der Sitzung wählt der Aufsichtsrat für die Dauer seiner Amtszeit unter dem Vorsitz des an Lebensjahren ältesten Aufsichtsratsmitglieds aus seiner Mitte den Vorsitzenden des Aufsichtsrats und einen Stellvertreter. Scheidet der Aufsichtsratsvorsitzende oder sein Stellvertreter während der Amtszeit aus, so hat der Aufsichtsrat unverzüglich eine Ersatzwahl vorzunehmen.

§ 10 Einberufung, Beschlussfassung und Willenserklärungen des Aufsichtsrats

(1) Aufsichtsratssitzungen werden vom Vorsitzenden, im Falle seiner Verhinderung von seinem Stellvertreter einberufen, sofern das Gesetz und die Geschäfte es erfordern.

(2) Der Aufsichtsrat ist beschlussfähig, wenn die Mitglieder unter der zuletzt bekannt gegebenen Anschrift schriftlich, fernmündlich, oder auf elektronischem Wege eingeladen und drei Mitglieder des Aufsichtsrats anwesend sind.

(3) Den Vorsitz führt der Aufsichtsratsvorsitzende oder sein Stellvertreter. Die Art der Abstimmung bestimmt der Vorsitzende der Sitzung.

(4) Beschlüsse können auch ohne Einberufung einer Sitzung im Wege schriftlicher (auch per Telefax oder E-Mail) gefasst werden, wenn der Vorsitzende des Aufsichtsrates oder im Falle seiner Verhinderung sein Stellvertreter dies anordnet und kein Mitglied diesem Verfahren widerspricht.

(5) Die Beschlüsse werden mit einfacher Stimmenmehrheit gefasst. Bei Stimmengleichheit gibt die Stimme des Aufsichtsratsvorsitzenden, im Falle seiner Verhinderung die Stimme des Stellvertreters, den Ausschlag.

(6) Willenserklärungen des Aufsichtsrates und seiner Ausschüsse werden namens des Aufsichtsrates durch den Aufsichtsratsvorsitzenden abgegeben.

(7) Über Sitzungen des Aufsichtsrats ist eine Niederschrift anzufertigen, die der Aufsichtsratsvorsitzende zu unterzeichnen hat.

§ 11 Aufgaben und Rechte des Aufsichtsrats, Vergütung

(1) Der Aufsichtsrat hat die gesetzlich festgelegten Aufgaben und Rechte.

(2) Die Aufsichtsratsmitglieder haben über vertrauliche Angaben und Geheimnisse der Gesellschaft, namentlich Betriebs- und Geschäftsgeheimnisse, die ihnen durch die Tätigkeiten im Aufsichtsrat bekannt werden, Stillschweigen zu bewahren. Beabsichtigt ein Mitglied des Aufsichtsrats, Informationen an Dritte weiterzugeben, so hat er dies zuvor dem Aufsichtsratsvorsitzenden unter Bekanntgabe der Gründe und der Person, an die die Informationen weitergegeben werden sollten, mitzuteilen.

(3) Jedes Mitglied des Aufsichtsrates erhält nach Abschluss des Geschäftsjahres eine angemessene Vergütung, die durch Beschluss der Hauptversammlung festgelegt wird. Die Gesellschaft erstattet jedem Aufsichtsratsmitglied die baren Auslagen sowie die auf seine Bezüge entfallende Umsatzsteuer.

§ 12 Ort und Einberufung der Hauptversammlung

(1) Die Hauptversammlung findet am Sitz der Gesellschaft statt. Die Hauptversammlung wird durch den Vorstand oder in den gesetzlich vorgesehenen Fällen durch den Aufsichtsrat per eingeschriebenen Brief einberufen.

(2) Die Einberufung der Hauptversammlung erfolgt nach Maßgabe des auf die Gesellschaft anwendbaren Rechts mindestens 30 Tage vor dem Tag der Hauptversammlung, wobei der Tag der Versammlung bei der Fristberechnung nicht mitgerechnet wird. Fällt das Ende der vom Tage der Hauptversammlung zurückzurechnenden Frist auf einen Sonntag, einen am Sitz der Gesellschaft gesetzlich anerkannten Feiertag oder einen Sonnabend, so tritt an die Stelle dieses Tages der

zeitlich vorhergehende Werktag. Der Sonnabend gilt nicht als Werktag im Sinne dieses Absatzes.

(3) Zur Teilnahme an der Hauptversammlung und zur Ausübung des Stimmrechts sind die Aktionäre zugelassen, deren Aktien im Aktienregister eingetragen sind und die sich nicht später als am fünften Werktag vor der Hauptversammlung bei der Gesellschaft angemeldet haben.

§ 13 Vorsitz der Hauptversammlung

Den Vorsitz in der Hauptversammlung führt der Aufsichtsratsvorsitzende, im Falle seiner Verhinderung sein Stellvertreter. Wenn sowohl der Aufsichtsratsvorsitzende als auch sein Stellvertreter verhindert sind, wird der Vorsitzende durch die Hauptversammlung gewählt. Der Vorsitzende leitet die Verhandlungen und bestimmt die Reihenfolge der Tagesordnungspunkte.

§ 14 Beschlussfassung der Hauptversammlung

(1) Jede Stückaktie gewährt in der Hauptversammlung eine Stimme. Das Stimmrecht kann durch Bevollmächtigte ausgeübt werden. Für die Vollmacht ist die schriftliche Form erforderlich und ausreichend. Bei Zweifeln über die Gültigkeit einer Vollmacht entscheidet der Vorsitzende der Hauptversammlung.

(2) Die Beschlüsse der Hauptversammlung werden, soweit nicht zwingende gesetzliche Vorschriften entgegenstehen, mit einfacher Mehrheit der abgegebenen Stimmen und, sofern das Gesetz außer der Stimmenmehrheit eine Kapitalmehrheit vorschreibt, mit der einfachen Mehrheit des bei der Beschlussfassung vertretenen Grundkapitals gefasst.

(3) Bei Stimmengleichheit gilt ein Antrag als abgelehnt.

(4) Der Vorsitzende bestimmt die Form und die weiteren Einzelheiten der Abstimmung.

§ 15 Jahresabschluss

(1) Der Vorstand hat in den ersten drei Monaten des Geschäftsjahres den Jahresabschluss sowie den Lagebericht für das vorangegangene Geschäftsjahr aufzustellen und dem Abschlussprüfer vorzulegen. Unverzüglich nach Eingang des Prüfungsberichtes des Abschlussprüfers hat der Vorstand den Jahresabschluss und den Lagebericht dem Aufsichtsrat vorzulegen. Zugleich hat der Vorstand dem Aufsichtsrat einen Vorschlag vorzulegen, den er der Hauptversammlung für die Verwendung des Bilanzgewinns machen will.

(2) Der Aufsichtsrat hat den Jahresabschluss, den Lagebericht und den Vorschlag für die Verwendung des Bilanzgewinns zu prüfen. Billigt der Aufsichtsrat den Jahresabschluss, so ist dieser festgestellt.

(3) Wenn sich Vorstand und Aufsichtsrat für die Feststellung des Jahresabschlusses durch die Hauptversammlung entscheiden oder wenn der Aufsichtsrat den Jahresabschluss nicht billigt, hat der Vorstand unverzüglich die Hauptversammlung zur Feststellung des Jahresabschlusses einzuberufen. Stellen Vorstand und Aufsichtsrat den Jahresabschluss fest, so können sie Beträge bis zur Hälfte des Jahresüberschusses in andere Gewinnrücklagen einstellen. Solange die Gewinnrücklagen die Hälfte des Grundkapitals nicht übersteigen und soweit nach der Einstellung die Hälfte nicht übersteigen würden, sind Vorstand und Aufsichtsrat darüber hinaus ermächtigt, bis zu 75 % des Jahresüberschusses in andere Gewinnrücklagen einzustellen. Beträge, die in die gesetzliche Rücklage einzustellen sind ohne einen Verlustvortrag, sind vorab vom Jahresüberschuss abzuziehen.

§ 16 Gewinnverwendung

(1) Die Hauptversammlung beschließt gemäß Vorschlag des Vorstandes und Aufsichtsrates über die Verendung des Bilanzgewinns.

(2) Die Gewinnanteile der Aktionäre werden stets im Verhältnis der Zahl der Stückaktien verteilt.

(3) Bei Ausgabe neuer Aktien kann für diese eine andere Gewinnanteilsberechtigung festgesetzt werden.

§ 17 Satzungsänderung

(1) Satzungsänderungen beschließt die Hauptversammlung.

(2) Satzungsänderungen, die nur die Fassung betreffen, werden vom Aufsichtsrat beschlossen.

§ 18 Umwandlungskosten, Kapitalaufbringung

(1) Die Kosten des Formwechsels der A-Software AG in eine Europäische Gesellschaft trägt die Gesellschaft bis zu einem Gesamtbetrag von EUR ....

(2) Das Grundkapital der A-Software SE wurde dadurch aufgebracht, dass die A-Software AG in eine Europäische Gesellschaft (SE) umgewandelt wurde.

Formular A. 4.02b Vereinbarung über die Beteiligung der Arbeitnehmer

VEREINBARUNG ÜBER DIE BETEILIGUNG DER ARBEITNEHMER

zwischen der A-Software AG und dem Besonderen Verhandlungsgremium

Präambel

(1) Die A AG, eingetragen im Handelsregister des Amtsgerichts ......, Deutschland unter HRB ...... und mit Sitz in ...., ist eine Aktiengesellschaft deutschen Rechts mit Sitz und Hauptverwaltung in Deutschland. Die A AG ist alleinige Gesellschafterin der A-Computadora S. L., eingetragen im spanischen Handelsregister unter der Registernummer ......, Geschäftsadresse ....

(2) Die A AG soll gemäß Art. 2 Abs. 4 iVm. Art. 37 der Verordnung (EG) Nr. 2157/2001 des Rates vom 8.10.01 über das Statut der Europäischen Gesellschaft (SE) („SE-VO") in eine Europäische Gesellschaft (*Societas Europaea, SE*) umgewandelt werden. Nach Umwandlung soll die Gesellschaft als A-Software SE („A SE") firmieren.

(3) In der A SE soll das dualistische System von Aufsichtsrat und Vorstand beibehalten werden. Der Sitz der A SE bleibt unverändert.

(4) Aufgrund der Richtlinie des Rates zur Ergänzung des Statuts der Europäischen Gesellschaft hinsichtlich der Beteiligung der Arbeitnehmer (Richtlinie 201/86/EG vom 8.10.01) und auf Grundlage des Gesetzes über die Beteiligung der Arbeitnehmer in der Europäischen Gesellschaft („SEBG") schließen der Vorstand der A AG und das Besondere Verhandlungsgremium die nachfolgende Vereinbarung über die Beteiligung der Arbeitnehmer in der A SE („Vereinbarung").

§ 1 Anwendungsbereich der Vereinbarung,

(1) Diese Vereinbarung findet auf die Arbeitnehmer der A SE sowie ihrer Tochtergesellschaften, insbesondere der A-Computadora S. L., und Betrieben in den Mitgliedstaaten der Europäischen Union (EU) und den Vertragsstaaten des Abkommens über den Europäischen Wirtschaftsraum (EWR) („Arbeitnehmer") Anwendung und regelt deren Rechte auf Unterrichtung und Anhörung innerhalb der A-Gruppe.

(2) Diese Vereinbarung berührt nicht die den Arbeitnehmern nach nationalen Rechtsvorschriften und Regelungen zustehenden Beteiligungsrechte auf nationaler Ebene.

§ 2 Anwendbares Recht und Vertragssprache

(1) Auf diese Vereinbarung findet deutsches Recht Anwendung. Gerichtsstand, soweit zulässig vereinbar, ist ....

(2) Maßgeblich ist ausschließlich die deutsche Fassung der Vereinbarung.

§ 3 Errichtung eines SE-Betriebsrats

(1) Es wird gemäß § 22 Abs. 1 Nr. 1 SEBG vereinbart, dass in der A SE ein SE-Betriebsrat errichtet wird.

(2) Der SE-Betriebsrat hat 11 Mitglieder, die von den Arbeitnehmervertretungen oder Arbeitnehmer der A SE und der A-Computadora S. L. sowie deren Betrieben gewählt werden.

(3) Die Amtszeit des SE-Betriebsrats beträgt 4 Jahre. Sollte sich die Zahl der in der A SE beschäftigten Mitarbeiter während der Amtszeit des SE-Betriebsrats wesentlich ändern, so besteht dieser dennoch mit der Anzahl seiner Mitglieder fort, bis seine Amtszeit oder die Amtszeit eines Mitglieds aus einem anderen Grund beendet wird.

(4) Im Übrigen finden auf den SE-Betriebsrat die Vorschriften der §§ 23 bis 33 SEBG Anwendung.

§ 4 Mitbestimmung in der A SE

Eine unternehmerische Mitbestimmung der Arbeitnehmer im Aufsichtsrat der A SE erfolgt nicht. Die A AG unterliegt vor der Umwandlung keinen der in Deutschland geltenden Gesetze zur Mitbestimmung der Arbeitnehmer im Aufsichtsrat. Insbesondere finden die Regelungen MitbestG sowie des DrittelbG auf den Aufsichtsrat der A AG keine Anwendung. Auch die A-Computadora S. L. unterliegt keinen spanischen Mitbestimmungsregeln. Somit sind die gesetzlichen Voraussetzungen des § 34 SEBG nicht verwirklicht, so dass der Aufsichtsrat der A AG auch nach Umwandlung in die A SE mitbestimmungsfrei bleibt.

§ 5 Schlussbestimmungen

(1) Diese Vereinbarung tritt mit Eintragung der Umwandlung der A AG in eine SE im Handelsregister in Kraft.

(2) Die Vereinbarung wird auf unbestimmte Zeit geschlossen. Sie kann von beiden Seiten mit einer Frist von sechs (6) Monaten zum Jahresende, erstmals zum .... schriftlich gekündigt werden. Das Recht, diese Vereinbarung außerordentlich aus wichtigem Grund zu kündigen, bleibt für beide Parteien unberührt. Kündigungen haben schriftlich zu erfolgen. Diese Vereinbarung endet automatisch und vollständig, wenn und soweit die A SE nicht mehr die Rechtsform einer Europäischen Gesellschaft hat. Wird nach dem Ausspruch einer Kündigung bis zum Ablauf der Kündigungsfrist, soweit anwendbar, keine neue Vereinbarung abgeschlossen, gelten die Regelungen dieser Vereinbarung weiter, bis sie durch eine neue Vereinbarung ersetzt werden.

(3) Neuverhandlungen über diese Vereinbarung sind erforderlich, wenn strukturelle Änderungen gemäß § 18 Abs. 3 SEBG geplant sind. Der Vorstand der A SE wird in diesem Fall die Neuverhandlungen mit einem dazu zu bildenden besonderen Verhandlungsgremium führen und die betroffenen Arbeitnehmer über die geplante strukturelle Änderung informieren.

(4) Änderungen dieser Vereinbarung bedürfen der Schriftform. Dies gilt auch für eine Änderung dieser Schriftformklausel.

(5) Sollten einzelne Bestimmungen dieser Vereinbarung unwirksam sein oder unwirksam werden, bleibt die Vereinbarung im Übrigen wirksam. Die rechtsunwirksamen Bestimmungen werden in diesem Falle – soweit vorhanden – durch die ge-

setzlichen Bestimmungen und in Ermangelung gesetzlicher Regelungen durch ergänzende Vereinbarungen zwischen dem Vorstand der A SE und dem besonderen Verhandlungsgremium ersetzt.

Formular A. 4.02c Antrag auf Bestellung eines unabhängigen Sachverständigen

Landgericht ......

– Vorsitzender der Kammer für Handelssachen –

......

A AG; HRB ......

Antrag auf Bestellung eines unabhängigen Sachverständigen gemäß Art. 37 Abs. 6 SE-Verordnung (EG) Nr. 2157/2001 des Rates vom 8. Oktober 2001 über das Statut der Europäischen Gesellschaft (SE-VO) in Verbindung mit § 10 UmwG.

Die im Handelsregister des Amtsgerichts ...... unter der Nummer HRB ...... eingetragene A AG ist eine Aktiengesellschaft mit Sitz in .... Die A AG plant die Umwandlung in eine Europäische Gesellschaft (*Societas Europaea – SE*) nach Art. 2 Abs. 4 iVm. Art. 37 SE-VO (SE-VO beigefügt als Anlage 1).

Die A AG hat mit der A- Computadora S.L. in Spanien, ..., seit ...... – und damit seit mindestens zwei Jahren – eine dem Recht eines anderen Mitgliedstaats unterliegende Tochtergesellschaft und erfüllt somit die Voraussetzungen zur Umwandlung nach Art. 37 Abs. 1, Art. 2 Abs. 4 SE-VO. Gemäß Art. 37 Abs. 6 SE-VO ist vor der Hauptversammlung der A AG, die dem Umwandlungsplan zustimmt und die Satzung der Europäischen Gesellschaft genehmigt, von einem oder mehreren Sachverständigen zu bescheinigen, dass die A AG über Nettovermögenswerte mindestens in Höhe ihres Grundkapitals zuzüglich der kraft Gesetzes oder Statut nicht ausschüttungsfähigen Rücklagen verfügt.

Der Sachverständige, der die vorbezeichnete Bescheinigung auszustellen hat, ist nach den einzelstaatlichen Durchführungsbestimmungen zu Art. 10 der Richtlinie 78/855/EWG durch ein Gericht oder eine Verwaltungsbehörde des Mitgliedstaates, dessen Recht die sich in eine Europäische Gesellschaft umwandelnde Aktiengesellschaft unterliegt, zu bestellen. Art. 10 der Richtlinie 78/855/EWG ist umgesetzt durch § 10 UmwG. Eine Prüfung des Umwandlungsplans durch den Sachverständigen findet gemäß Art. 37 SE-VO nicht statt.

Der Vorstand der A AG beantragt daher hiermit,

die Bestellung eines Sachverständigen zur Erstellung einer Bescheinigung gemäß Art. 37 Abs. 6 SE-VO.

Für die Bestellung des Sachverständigen ist das Landgericht ...... zuständig, da die A AG ihren Sitz in ...... hat (§ 10 Abs. 2 UmwG).

Zur Auswahl des Sachverständigen dürfen wir auf folgende Gesichtspunkte hinweisen: Aus Sicht des Vorstands der A AG kommt aufgrund der erforderlichen Erfahrung auf dem Gebiet der Umwandlung einer Kapitalgesellschaft insbesondere eine überregionale Wirtschaftsprüfungsgesellschaft in Betracht. Die ...... Wirtschaftsprüfungsgesellschaft, ... erfüllt diese Anforderungen und hat sich nach vorgenommener interner Konfliktprüfung für den Fall ihrer entsprechenden gerichtlichen Bestellung zur Übernahme des Amtes bereit erklärt (Anlage 2).

......, den ......

A AG

Als Anlagen überreichen wir:

– Anlage 1: SE-VO in Kopie

– Anlage 2: Schreiben der ...... Wirtschaftsprüfungsgesellschaft, ...

Formular A. 4.02d Handelsregisteranmeldung

Amtsgericht ....

– Registergericht –

......

A AG; HRB ......

Wir, die Unterzeichnenden, als sämtliche Vorstandsmitglieder der im Betreff genannten Gesellschaft (formwechselnder Rechtsträger) und zugleich sämtliche Vorstandsmitglieder des neuen Rechtsträgers (SE) melden gemäß Art. 15 Abs. 1 SE-VO iVm. §§ 246, 198 Abs. 1 UmwG die Gründung der A SE durch Umwandlung der A AG zur Eintragung in das Handelsregister an und erklären was folgt:

1. **Der Vorstand der A AG hat am ...... den Umwandlungsplan über die formwechselnde Umwandlung der A AG in die A SE erstellt. Die Satzung der A SE ist wesentlicher Bestandteil des Umwandlungsplans.**
2. **Mit Urkunde des Notars ...... in ...... am ......, UrkR-Nr ...... hat die außerordentliche Hauptversammlung der A AG dem Umwandlungsplan zugestimmt und die Satzung der A SE genehmigt.**
3. **Der ...... hat als gerichtlich bestellter unabhängiger Sachverständiger die Bescheinigung zur Kapitaldeckung im Rahmen der Umwandlung der A AG in die A SE am ...... erstellt.**
4. **Die A AG und das besondere Verhandlungsgremium haben am ...... eine Vereinbarung über die Beteiligung der Arbeitnehmer in der A SE abgeschlossen.**
5. **Mitglieder des Vorstands sind, jeweils mit der Befugnis im Namen der Gesellschaft mit sich als Vertreter eines Dritten Rechtsgeschäfte abzuschließen: Herr ...., geb. ...., wohnhaft ......, Herr ...., geb. ...., wohnhaft ....**
6. **Die Vertretungsbefugnis ist in § 7 der Satzung der A SE wie folgt geregelt:**

   „Ist nur ein Vorstand bestellt, so vertritt dieser einzeln. Besteht der Vorstand aus mehreren Personen, so wird die Gesellschaft durch zwei Vorstandsmitglieder oder durch ein Vorstandsmitglied in Gemeinschaft mit einem Prokuristen vertreten. Sind mehrere Vorstandsmitglieder bestellt, so kann der Aufsichtsrat einem mehrer oder allen Aufsichtsratsmitgliedern Einzelvertretungsbefugnis erteilen."

   Sämtlichen Mitgliedern des Vorstandes wurde Einzelvertretungsbefugnis erteilt. Sämtliche Mitglieder des Vorstands sind befugt, im Namen der Gesellschaft mit sich als Vertreter eines Dritten Rechtsgeschäfte abzuschließen.
7. **Mitglieder des Aufsichtsrats der A SE sind:Herr ......, Herr ......, Frau .... Zum Vorsitzenden des Aufsichtsrat wurde Herr ...... und zum stellvertretenden Aufsichtsratsvorsitzenden wurde Herr ...... gewählt. Dies wird lediglich zur Kenntnisnahme, nicht zur Eintragung mitgeteilt.**
8. **Das Grundkapital der Gesellschaft beträgt EUR 5.000.000 und ist eingeteilt in 5.000.000 nennwertlose Stückaktien, die auf den Namen lauten**
9. **Die Gesellschaft hat den Kostenaufwand für die Umwandlung bis zu einem Gesamtbetrag von EUR ...... übernommen.**
10. **Die Geschäftsräume der Gesellschaft befinden sich in ....**

Wir legen in der Anlage – soweit erforderlich in zweifacher Ausfertigung – vor:

1. **Ausfertigung der Niederschrift des Umwandlungsbeschlusses der außerordentlichen Hauptversammlung der A AG vom ...... (Zustimmung zum Umwandlungsplan und Genehmigung der Satzung), UrkR-Nr ...... des Notars ......in ...... mit Bestellung des Abschlussprüfers (§ 8 des Umwandlungsplans), diese enthaltend**
   1.1. **den vom Vorstand der A AG erstellten Umwandlungsplan nebst Satzung vom ......;**
   1.2. **den Nachweis der Einreichung des Umwandlungsplans beim Amtsgericht .... (Anlage 1); und**
   1.3. **die Nachweise über die Zuleitung des Umwandlungsplans an den Betriebsrat der A AG (Anlage 2).**
2. **Kopie der Registerbescheinigung im Hinblick auf die spanische Tochtergesellschaft der A AG, A-Computadora S.L. mit Sitz in ......, Spanien, gegründet im Jahr ...... und eingetragen in das spanische Handelsregister (*Registro Mercantil*) unter der Registernummer (*numero de inscripcion*) ...... seit dem ...... zum Nachweis der Gründungsberechtigung im Sinne des Art. 2 Abs. 4 SE-VO.**
3. **Notariell beglaubigte Abschrift des Umwandlungsberichts.**
4. **Bescheinigung zur Kapitaldeckung im Rahmen der Umwandlung der A AG in die A SE gemäß Art. 37 Abs. 6 SE-VO des auf Antrag der A AG gerichtlich bestellten unabhängigen Sachverständigen ....**
5. **Beglaubigte Abschrift der Vereinbarung über die Beteiligung der Arbeitnehmer in der A SE.**
6. **Berechnung des Gründungsaufwands.**

Die alleinige Aktionärin des formwechselnden Rechtsträgers hat auf das Recht der Anfechtungs- und Nichtigkeitsklage verzichtet. Weiter wurde rein vorsorglich auf ein Abfindungsangebot verzichtet.

Wir, die unterzeichneten Mitglieder des Vorstands der A SE versichern, dass wir nicht wegen einer Straftat nach den §§ 283 bis 283d StGB (Bankrott, Verletzung der Buchführungspflicht, Gläubigerbegünstigung, Schuldnerbegünstigung) verurteilt worden sind und keinem von uns durch gerichtliches Urteil oder durch vollziehbare Entscheidung einer Verwaltungsbehörde die Ausübung eines Berufs, Berufszweigs, Gewerbes oder Gewerbezweigs untersagt worden ist, mithin keine Umstände vorliegen, die unserer Bestellung nach § 76 Abs. 3 AktG entgegenstehen.

Wir sind durch den beglaubigenden Notar über unsere uneingeschränkte Auskunftspflicht gegenüber dem Gericht belehrt worden.

Die unterfertigten Vorstände versichern rein vorsorglich, dass sich das Grundkapital in voller Höhe endgültig in ihrer freien Verfügung befindet.

............................., [Ort], den ....

A AG (als formwechselnder Rechtsträger)		**A SE, Vorstand**	
....	....	....	....
[Unterschrift]	**[Unterschrift]**	**[Unterschrift]**	**[Unterschrift]**

..

[Beglaubigungsvermerk]

Anlagen

II. ERLÄUTERUNGEN

Erläuterungen zu A. 4.02 Umwandlungsplan betreffend die formwechselnde Umwandlung einer AG mit Sitz in Deutschland in eine Europäische Gesellschaft (SE)

1. Grundsätzliche Anmerkungen

a) Wirtschaftliches Vertragsziel

Mit der Umwandlung soll die A AG, eine Aktiengesellschaft deutschen Rechts, in die A SE, eine Europäische (Aktien-)Gesellschaft, umgewandelt werden. Die Europäische (Aktien-)Gesellschaft oder Societas Europaea (abgekürzt: SE) ist eine Rechtsform, die seit der Verabschiedung der Verordnung (EG) Nr. 2157/2001 des Rates v. 8.10.01 (EU ABl. Nr. L 294 S. 1) über das Statut der Europäischen Gesellschaft (SE-VO) deutschen Unternehmen zur Verfügung steht. Voraussetzung ist nur, dass grenzüberschreitender Sachverhalt vorliegt. Die Rechtsform der SE kann dabei wie folgt erlangt werden: 1

- Verschmelzung von Aktiengesellschaften, sofern mindestens zwei von ihnen dem Recht verschiedener Mitgliedsstaaten der EU (immer einschließlich der Vertragsstaaten des EWR) unterliegen (Art. 2 Abs. 1 SE-VO).
- Gründung einer Holding-SE, sofern mindestens zwei der beteiligten Gesellschaften dem Recht verschiedener Mitgliedsstaaten der EU unterliegen oder seit mindestens zwei Jahren eine dem Recht eines anderen Mitgliedstaats unterliegende Tochtergesellschaft oder Zweigniederlassung haben (Art. 2 Abs. 2 SE-VO).
- Gründung einer Tochter-SE durch Zeichnung ihrer Aktien, sofern die Aktionäre dem Recht verschiedener Mitgliedsstaaten unterliegen oder seit mindestens 2 Jahren eine dem Recht eines anderen Mitgliedstaats unterliegende Tochtergesellschaft oder Zweigniederlassung haben (Art. 2 Abs. 3 SE-VO; Joint-Venture SE).
- Umwandlung einer Aktiengesellschaft, wenn sie seit mindestens zwei Jahren eine dem Recht eines anderen Mitgliedstaats unterliegende Tochtergesellschaft hat (Art. 2 Abs. 4 SE-VO).

Im Rahmen der Erlangung der **Rechtsform der SE** ist darauf hinzuweisen, dass 1a auch eine Gründung einer **deutschen Vorrats-SE** mit dem Unternehmensgegenstand „Verwaltung eigenen Vermögens" zulässig ist (*Lutter/Hommelhoff/Bayer* Art. 2 SE-VO Rz. 29). Hat die Vorrats-SE keine Arbeitnehmer, ist sie mitbestimmungsfrei und es bedarf nicht der Verhandlungen über die Arbeitnehmerbeteiligung (AG Düsseldorf HRB 52618 v. 16.1.06, ZIP 06, 287; AG München HRB 159649 v. 29.3.06, ZIP 06, 1300; *Janott/Frodermann/Kienast* Handbuch der Europäischen Aktiengesellschaft § 13 Rz. 210ff.; aA aber LG Hamburg 417 T 15/05 v. 30.9.05, BeckRS 2009, 12608). Die Anteile der Vorrats-SE können von einem Dritten, der im Anschluss die Gesellschaft für seine Zwecke einsetzen will, erworben werden. Aus deutscher Sicht sind bei einer geänderten Nutzung der Vorrats-SE die Grundsätze der wirtschaftlichen Neugründung zu beachten (*Lutter/Hommelhoff/Bayer* Art. 2 SE-VO Rz. 29). Wird die Vorrats-SE später „aktiviert", z.B. im Rahmen von Umstrukturierungen in Konzernen, und beschäftigt sie dann auch Arbeitnehmer, ist ggf. das Verfahren über die Beteiligung der Arbeitnehmer gemäß § 18 Abs. 3 SEBG nachzuholen (*Lutter/Hommelhoff/Bayer* Art. 2 SE-VO Rz. 30; *Jannott/Frodermann/Kienast* Handbuch der Europäischen Aktiengesellschaft § 13 Rz. 187ff.). Im Übrigen sind die in der SE-VO geregelten Gründungsformen abschließend (vgl. *Jannott/Frodermann/Jannott* Handbuch der Europäischen Aktiengesellschaft § 3 Rz. 1: „numerus clausus"). Insbesondere ist die Entstehung einer SE durch grenzüberschreitenden Formwechsel, so wie er nach der „Vale"-Rechtsprechung des EuGH (Rs. C-378/10 v. 12.7.12, NZG 12, 871; vgl. *Böttcher/Kraft* NJW 12, 2701) durchgeführt werden kann, nicht möglich, da dieser nur den Formwechsel von der nationalen Rechtsform eines Mitgliedstaats in die nationale Rechtsform eines anderen Mitgliedstaats der EU erlaubt.

2 Das Formular sieht letztere Möglichkeit, die Umwandlung einer deutschen AG in eine SE, vor (Art. 2 Abs. 4 SE-VO). Die Zulässigkeit im Formular folgt daraus, dass die A AG eine spanische Tochtergesellschaft hat. Die Umwandlung hat weder die Auflösung der deutschen AG noch die Gründung einer neuen juristischen Person zur Folge (Art. 37 Abs. 2 SE-VO). Der umzuwandelnde Rechtsträger erhält daher nur eine „neues Rechtskleid", rechtlich behält er aber seine Kontinuität. Dies entspricht dem Formwechsel nach § 190 UmwG. Die Umwandlung der AG in die SE führt folglich nicht zu einem Vermögensübergang (sog. **Identitätsprinzip**; vgl. § 202 Abs. 1 Nr. 1 UmwG).

3 Die Umwandlung einer nationalen Aktiengesellschaft in einer SE ist in §§ 2 Abs. 4, 37 SE-VO) geregelt. Hinsichtlich des hier vorliegenden Falls der Umwandlung einer deutschen AG in eine SE finden die Vorschriften der SE-VO, insbes. der genannten Vorschriften, vollumfänglich Anwendung. Daneben findet das SE-Ausführungsgesetz v. 22.12.04 (SEAG) Anwendung, in dem in der SE-VO offen gelassene Regelungsbereiche geregelt werden. Das hat zur Folge, dass Europäische Gesellschaften zwar ein – europäisch verordnetes – gleiches Grundgerüst haben, aber dennoch nationale Eigenarten besitzen, die es von Europäischen Gesellschaften anderer nationaler Prägungen, auch unterscheiden können. Subsidiär finden die Regelungen des AktG weiterhin Anwendung. Bezüglich der Rechte der Arbeitnehmer in den Gesellschaften, die an der Gründung der SE beteiligt sind, ist die Richtlinie 2001/86/EG v. 8.10.01 (EU ABl. Nr. L 294 S. 22) zur Ergänzung des Statuts der Europäischen Gesellschaft hinsichtlich der Beteiligung der Arbeitnehmer zu beachten, die der deutsche Gesetzgeber durch das Gesetz über die Beteiligung der Arbeitnehmer in einer Europäischen Gesellschaft (SE-Beteiligungsgesetz – SEBG) umgesetzt hat.

4 Aufgrund der Voraussetzung eines grenzüberschreitenden Sachverhalts kommt die **Gründung einer SE** für **europaweit agierende Gesellschaften oder Konzerne** in Betracht. Diese Gesellschaften können sich durch die Rechtsform der SE ein internationales Image geben und EU-weit als rechtliche Einheit mit nationalen Tochtergesellschaften und Zweigniederlassungen auftreten. Die SE kann zudem ihren Sitz unter der Wahrung der Identität in einen anderen Mitgliedstaat verlegen, ohne dass eine Auflösung im Wegzugsstaat oder Neugründung im Zuzugsstaat erforderlich wäre. Dies ist zunehmend nicht nur für Großkonzerne, sondern auch für mittelständische Unternehmen, die international tätig sind, attraktiv. Die Wahl der europäischen Rechtsform kann darüber hinaus nationale Empfindlichkeiten vermeiden, da nationale Interessen dann zwangläufig zurück stehen müssen. Die Wahl der SE kann aber auf lange Sicht Einsparungen bewirken. So kann bei der SE – anders als bei der deutschen AG – ein monistisches Leitungssystem bestehend aus zwei Personen etabliert werden. Ein gesonderter Aufsichtsrat ist dann nicht mehr erforderlich. Mittelständische Unternehmen können das monistische Systems innerhalb der SE auch nutzen, um die Unternehmensnachfolge stufenloser zu gestalten. Schließlich hat die Wahl der SE auch Auswirkung auf die Arbeitnehmermitbestimmung. Innerhalb der SE ist es möglich, die Mitbestimmung zu vermeiden oder auf einer niedrigen Stufe (zB auf der Stufe des Regimes unter dem Drittelbeteiligungsgesetz) „einzufrieren" (vgl. zu den Einsatzmöglichkeiten *Heckschen* in Fachanwaltshandbuch Handels- und Gesellschaftsrecht, S. 1504).

5 Die praktische Bedeutung der SE nimmt stetig zu, ohne im Vergleich zur AG oder GmbH überragende Bedeutung zu gewinnen. Etliche Großkonzerne (zB Allianz, BASF) sind nunmehr in der Rechtsform der SE organisiert. Aber auch kleinere, eher mittelständisch geprägte Unternehmen (Wackler Holding, RKW, Nolte) haben die

Rechtsform der SE gewählt. Schließlich wird die SE auch als Rechtsform für die Übernahme der Stellung des persönlich haftenden Gesellschafters gewählt (Fresenius). Durch rechtspolitische Initiativen zur Erweiterung der unternehmerischen Mitbestimmung bei Gesellschaften deutschen Rechts (vgl. *Schockenhoff* AG 12, 185) könnte die Attraktivität der Rechtsform der SE nochmals zunehmen.

b) Zivilrecht

Das Formular geht von einem einfach gelagerten Sachverhalt aus: Die A AG, deren Aktien zu 100% von der B-GmbH gehalten werden, soll in die A SE umgewandelt werden. Die A AG hat nur eine Tochtergesellschaft mit Sitz in Spanien. Bei dieser Umwandlung soll auf materielle und formelle Voraussetzungen, soweit möglich, verzichtet werden. Die Durchführung der Umwandlung bedarf grundsätzlich der folgenden Schritte: 6

- Aufstellung des **Umwandlungsplans**; der Umwandlungsplan ist gemäß Art. 37 Abs. 4 SE-VO von dem Vertretungsorgan aufzustellen. Da Ausgangsrechtsform für die Umwandlung in eine SE immer eine AG sein muss, ist der Umwandlungsplan vom Vorstand, hier dem der S AG, und zwar in vertretungsberechtigter Zahl aufzustellen. Die SE-VO sieht keine besondere Form vor. Der Umwandlungsplan kann daher auch schriftlich vom Vorstand aufgestellt werden. Teilweise wird aber eine notarielle Beurkundung gefordert (*Lutter/Hommelhoff/Seibt* Art. 37 SE-VO Rz. 36). Diesbezüglich ist eine vorherige Abstimmung mit dem Handelsregister erforderlich. Auch der Inhalt des Umwandlungsplans ist gesetzlich nicht geregelt. Um dem Informationsinteresse der Aktionäre zu genügen, sollte der Umwandlungsplan wenigstens folgende Informationen enthalten: vorgesehene Firma und vorgesehener Sitz der SE, Satzung der SE, Zahl und Gattung der Aktien, Beschreibung der Rechte, die Aktionäre als Sonderrechte zugewiesen bekommen und besondere Vorteile, die Sachverständige erhalten. Daneben können weitere Angaben im Umwandlungsplan enthalten sein, wie zB ein Abfindungsangebot widersprechender Aktionäre, Angaben zur Beteiligung der Arbeitnehmer oder die Bestellung eines Abschlussprüfers. 7
- **Offenlegung** des Umwandlungsplans; der Umwandlungsplan ist nach Art. 37 Abs. 5 SE-VO einen Monat vor der Hauptversammlung, die über die Umwandlung beschließt, auszulegen. Dieses Offenlegungsverfahren richtet sich nach nationalen Vorschriften. Weiterhin ist der Umwandlungsplan zum Handelsregister anzumelden, die die Anmeldung öffentlich bekannt zu machen hat. Dies ergibt aus analoger Anwendung des § 5 SEAG iVm. § 61 UmwG (*MünchKomm AktG/Schäfer* Art 37 SE-VO Rz. 19). Eine Zuleitung an den Betriebsrat ist nach richtiger, aber umstrittener Ansicht nicht erforderlich (vgl. *Lutter/Hommelhoff/Seibt* Art. 37 SE-VO Rz. 40). 8
- Erstellung eines **Umwandlungsberichts**; nach Art. 37 Abs. 4 SE-VO hat der Vorstand eine Umwandlungsbericht zu erstellen, der die rechtlichen und wirtschaftlichen Aspekte der Umwandlung erläutert und begründet sowie die Auswirkungen, die der Übergang zu der Rechtsform der SE für die Aktionäre und die Arbeitnehmer hat, darlegt. Notwendiger Inhalt ist daher: (a) rechtliche und wirtschaftliche Hintergründe der Umwandlung, (b) wesentliche Verfahrensschritte, (c) Erläuterung des Umwandlungsplans, (d) Auswirkungen auf die Aktionäre, (e) Auswirkungen für die Arbeitnehmer und ihre Vertretungsorgane, insbes. hinsichtlich einer abgeschlossenen oder abzuschließenden Mitbestimmungsvereinbarung, (f) steuerliche Auswirkungen und (g) Kosten der Umwandlung (*Lutter/Hommelhoff/Seibt* Art. 37 SE-VO Rz. 41). Da der Umwandlungsbericht auch der Information der Arbeitnehmer dient, kann auf ihn nicht verzichtet werden. Er ist rechtzeitig vor der Einladung zur Hauptversammlung aufzustellen, damit er entsprechend ausgelegt werden kann. 9
- **Umwandlungsprüfung** und Erstellung eines Prüfungsberichts; nach Art. 37 Abs. 6 SE-VO ist zu bescheinigen, dass die umzuwandelnde Gesellschaft am Tag der be- 10

schließenden Hauptversammlung über Nettovermögenswerte mindestens in Höhe ihres Grundkapitals zuzüglich der kraft Gesetzes oder Satzung nicht ausschüttungsfähigen Rücklagen verfügt. Zu den nicht ausschüttungsfähigen Rücklagen zählen die gesetzliche Rücklage (§ 150 Abs. 1 und 2 AktG) sowie die Kapitalrücklagen nach § 272 Abs. 2 Nr. 1 bis 3 HGB (*Habersack/Drinhausen/Bücker* Art. 37 SE-VO Rz. 49). Die Bescheinigung ist von einem oder mehreren unabhängigen Sachverständigen auszufertigen. Das ist in der Regel ein Wirtschaftsprüfer. Auf dessen Auswahl finden die §§ 9–11, 60 UmwG Anwendung. Der Wirtschaftsprüfer ist demnach auf Antrag des Vorstands gerichtlich zu bestellen (s. Formular A. 4.02c). Die Umwandlungsprüfung ist ebenfalls nicht durch Erklärung aller Aktionäre verzichtbar, da sie vor allem dem Schutz der Gläubiger dient (*Habersack/Drinhausen/Bücker* Art. 37 SE-VO Rz. 52). Die Prüfung muss zeitlich vor der umwandlungsbeschließenden Hauptversammlung erfolgen, da die Prüfungsbescheinigung einen Monat vor der Hauptversammlung zur Einsicht der Aktionäre bereitgehalten werden muss (*Louven/ Ernst* BB 14, 329).

11 – Einsetzung eines **besonderen Verhandlungsgremiums**; nach Offenlegung des Umwandlungsplans hat der Vorstand nach § 4 SEBG die Arbeitnehmervertretungen und Sprecherausschüsse in der AG und in deren Tochtergesellschaften und Betrieben über das Vorhaben eines Formwechsels zu informieren und zur Bildung eines sog. besonderen Verhandlungsgremiums aufzufordern. Bestehen keine solchen Gremien, sind die Arbeitnehmer direkt zu informieren. Die Information hat sich nach § 4 Abs. 3 SEBG insbes. auf die Identität und Struktur betroffenen Gesellschaften und Tochtergesellschaften, die in diesen Einheiten bestehenden Arbeitnehmervertretungen, Zahl der darin beschäftigten Arbeitnehmer sowie die Zahl der Arbeitnehmer, denen Mitbestimmungsrechte in Organen der jeweiligen Gesellschaft zustehen.

12 **Ziel des besonderen Verhandlungsgremiums** ist es mit dem Vorstand der formzuwechselnden AG eine Vereinbarung auszuhandeln, die die Beteiligung der Arbeitnehmer in der zukünftigen SE regelt. Diese Verhandlungen beginnen mit der Einsetzung des besonderen Verhandlungsgremiums und sollen regelmäßig sechs Monate dauern; eine Verlängerung auf 12 Monate möglich (§ 20 SEBG).

13 – **Zustimmungsbeschluss der Hauptversammlung**; nach Art. 37 Abs. 7 Satz 1 SE-VO muss die Hauptversammlung der formzuwechselnden AG dem Umwandlungsplan zustimmen und die Satzung der SE genehmigen. Dieser Beschluss bedarf einer Mehrheit von 75% des in der Hauptversammlung vertretenen Grundkapitals (Art. 37 Abs. 7 Satz 2 SE-VO iVm. § 65 Abs. 1 UmwG). Der Zustimmungsbeschluss ist notariell zu beurkunden. Weiterhin hat die Hauptversammlung Anteilseigner in den Aufsichtsrat, sofern das dualistische System aufrechterhalten wird, oder in den Verwaltungsrat, sofern ein Wechsel in das monistische System erfolgt, zu wählen. Diese Wahl sollte in der Hauptversammlung, die über die Umwandlung entscheidet, erfolgen, sofern die Aufsichtsratsmitglieder nicht durch Aufnahme in der Satzung bestellt werden. Im Anschluss kann der neu gewählte Aufsichtsrat die Vorstandsmitglieder für die SE bestellen. Darüber hinaus sind die Abschlussprüfer für das erste Rumpfgeschäftsjahr der SE zu bestellen. Entbehrlich sind jedoch ein Gründungsbericht, eine Gründungsprüfung sowie ein Angebot auf eine Barabfindung an Aktionäre, die dem Formwechsel widersprechen (*Lutter/Hommelhoff/Seibt* Art. 37 SE-VO Rz. 66).

14 – Die Hauptversammlung kann dem Formwechselbeschluss entweder vor dem Abschluss einer Vereinbarung über die Mitbestimmung der Arbeitnehmer fassen und diesen auch nicht vom Zustandekommen einer Vereinbarung abhängig machen (*Lutter/Hommelhoff/Seibt* Art. 37 SE-VO Rz. 65) oder den Formwechsel erst nach Abschluss des Arbeitnehmerbeteiligungsverfahrens beschließen. Welche Reihenfolge vorzugswürdig ist, hängt von den Umständen des Einzelfalls, insbesondere der

Frage ab, wie gewiss das Ergebnis der Verhandlungen mit den Arbeitnehmern ist. In der Praxis zeigt sich wohl eine Tendenz, den Hauptversammlungsbeschluss zuerst zu fassen und im Anschluss das Arbeitnehmerbeteiligungsverfahren durchzuführen (vgl. *Louven/Ernst* BB 14, 324 mit weiteren Ausführungen zum Zeitpunkt des Hauptversammlungsbeschlusses).

– Abschluss einer **Vereinbarung über die Mitbestimmung der Arbeitnehmer**; die Verhandlungen mit dem besonderen Verhandlungsgremium münden grundsätzlich in eine Vereinbarung über die Mitbestimmung der Arbeitnehmer in der SE. Der Inhalt dieser Vereinbarung richtet sich nach § 21 SEBG. Innerhalb des besonderen Verhandlungsgremiums muss die Mehrheit ihrer Mitglieder der gefundenen Einigung zustimmen (§ 15 Abs. 2 SEBG). Wenn eine Minderung der Mitbestimmungsrechte vorgesehen ist, gelten andere Zustimmungserfordernisse, um die Wirksamkeit der Vereinbarung herbeizuführen. Bei einer Umwandlung einer AG in eine SE gemäß Art. 37 SE-VO, wie in dem Formular vorgesehen, ist eine Minderung der Mitbestimmungsrechte nicht möglich (§ 15 Abs. 5 SEBG). Wird keine Einigung gefunden, kann entweder die gesetzliche Auffanglösung (§§ 23–33 SEBG) vereinbart werden oder diese findet automatisch Anwendung, wenn keine Einigung erzielt wurde und das besondere Verhandlungsgremium keinen Beschluss gefasst hat (§ 22 SEBG). 15

– **Anmeldung** der Umwandlung zum Handelsregister der formzuwechselnden AG; die Vertretungsorgane haben den Formwechsel in die SE zur Eintragung in das Handelsregister der AG anzumelden. Die Anmeldung und die beizufügenden Unterlagen richten sich nach deutschem Recht (Art. 15 SE-VO iVm. §§ 198ff. UmwG). 16

– **Eintragung** der SE; nach Art. 16 SE-VO entsteht die SE erst mit Eintragung in das in Art. 12 SE-VO genannte Register, bei einer SE mit Sitz in Deutschland, in das Handelsregister am Sitz der SE. Bei der Umwandlung ist keine besondere Rechtmäßigkeitskontrolle durch das Registergericht vorgesehen, was an dem im Formwechsel innewohnenden Identitätsprinzip liegt (*MünchKommAktG/Schäfer* Art. 37 SE-VO Rz. 32). Am Tag der Eintragung bestehen alle Rechte und Pflichten der AG in der Rechtsform der SE weiter. Die zuwendende Rechtsordnung ändert sich ebenfalls mit diesem Tag. 17

– **Bekanntmachung** der Eintragung; nach Art. 15 Abs. 2, Art. 13 SE-VO iVm. § 10 Abs. 1 HGB hat das Handelsregister die Eintragung der SE im elektronischen Bundesanzeiger bekannt zu machen. 18

Der dem Formular zugrunde gelegten Umwandlung einer deutschen nicht börsennotierten AG mit Sitz in Deutschland, die nur einen Aktionär hat, in eine SE mit Sitz in Deutschland, stellt einen einfach gelagerten Sachverhalt dar. Kapitalmarktrechtliche Fragen, wie eine Ad-hoc-Publizitätspflicht, stellen sich somit nicht (dazu *Louven/Ernst* BB 14, 325). Dennoch sind die Erstellung eines Umwandlungsberichts und die Durchführung einer Umwandlungsprüfung notwendig. Dennoch wurde auf ein Formular eines Umwandlungsberichts verzichtet; es wird im Ergebnis einem Verschmelzungsbericht bei einer grenzüberschreitenden Verschmelzung ähneln, s. dazu Formular A. 15.62b. Auch ein Hauptversammlungsprotokoll über die Zustimmung zu dem Formwechsel wurde nicht mit aufgenommen, da sich der Ablauf der Hauptversammlung nach nationalen Recht richtet; hierzu s. Formular A. 1.24. 19

(frei) 20

c) Steuerrecht

aa) Einkommensteuer/Körperschaftsteuer

Die formwechselnde Umwandlung einer deutschen AG in eine SE mit Sitz in Deutschland verändert die rechtliche Identität der umzuwandelnden Gesellschaft nicht. Dies folgt aus Art. 37 Abs. 2 SE-VO, der fordert, dass anlässlich der Umwandlung die Gesellschaft weder aufgelöst noch eine neue juristische Person gegründet 21 werden darf. Darüber hinaus ist bei einer formwechselnden Umwandlung gemäß Art. 37 Abs. 3 SE-VO eine Sitzverlegung ausgeschlossen. Aus diesem Grund ist die formwechselnde Umwandlung aus steuerrechtlicher Sicht kein relevanter Vorgang, zumal insbes. keine Vermögensübertragung erfolgt und die bisherigen Aktionäre der AG solche der SE bleiben (*Lutter/Hommelhoff/Schön* SE im Steuerrecht, Rz. 415). Folglich ist der Formwechsel aufgrund des Identitätsprinzips vollkommen neutral (*Lutter/Hommelhoff/Schön* SE im Steuerrecht, Rz. 416) und löst keinerlei Ertragssteuern und Verkehrssteuern aus (*Lutter/Hommelhoff/Seibt* Art. 37 SE-VO Rz. 3).

22 Da die formwechselnde Umwandlung auf Ebene der Aktionäre der deutschen AG und der zukünftigen SE zu keiner Veränderung der Beteiligung führt, ist sie auch auf Anteilseignerebene steuerlich neutral (*Kölner Komm./Wenz/Daisenberger* Schlussanh III Rz. 176).

23 Hinsichtlich der laufenden Besteuerung der SE stellen sich wesentliche Sachfragen vor allem bei der Unternehmensbesteuerung. Anders als bezüglich der gesellschaftsrechtlichen und arbeitsnehmerrechtlichen Regelungen stellt die SE-VO keinerlei Sondervorschriften für die steuerrechtliche Behandlung einer SE bereit (*MünchKomm-AktG/Fischer* SteuerR der SE, Rz. 59), so dass Fragen der laufenden Besteuerung aus den nationalen steuerrechtlichen Vorschriften abzuleiten sind. Dies folgt auch aus dem Diskriminierungsverbot des Erwägungsgrunds 5 der SE-VO und Art. 10 SE-VO (vgl. *Kölner Komm./Wenz/Daisenberger* Schlussanh III Rz. 177).

24 Die SE ist als Körperschaftssteuersubjekt und Kapitalgesellschaft explizit anerkannt, § 1 Abs. 1 Nr. 1 KStG (*Lutter/Hommelhoff/Schön* SE im Steuerrecht, Rz. 43). Folglich sind die Vorschriften des KStG und anderer steuerlicher Gesetze, die auf Kapitalgesellschaften Anwendung finden, auch auf die SE anwendbar.

25 Zwingende Voraussetzung der unbeschränkten Körperschaftsteuerpflicht der SE in Deutschland und der Anwendbarkeit der entsprechenden Normen des KStG und anderer steuerlicher Gesetze ist allerdings, dass die SE ihre Geschäftsleitung oder ihren Sitz in Deutschland hat. Da nach § 2 SEAG die Geschäftsleitung der SE zwingend am satzungsmäßigen Sitz sein muss, fällt dies bei der SE in Deutschland zusammen. Daher ist zu konstatieren, dass die SE mit Sitz in Deutschland dem deutschen KStG voll unterworfen ist. Die Besteuerung unterscheidet sich daher nicht von der deutschen AG (oder GmbH); vgl. zur Besteuerung der AG/GmbH: A. 6.00 Rz. 14.

26 Folge der unbeschränkten Körperschaftsteuerpflicht ist, dass das gesamte Welteinkommen der SE in Deutschland zur Körperschaftsteuer herangezogen wird. Einschränkungen ergeben sich nur dort, wo nach einem DBA das Besteuerungsrecht für bestimmte Einkünfte einem anderen Staat zugewiesen wird (*Kölner Komm./Wenz/Daisenberger* Schlussanh III Rz. 184).

27 Verfügt die SE – anders als in dem im Formular zugrunde liegenden Fall – weder über einen inländischen Sitz noch über einen inländischen Ort der Geschäftsleitung, ist die SE in Deutschland gemäß § 2 Nr. 1 KStG beschränkt körperschaftsteuerpflichtig, wenn sie im Inland Einkünfte erzielt (*Kölner Komm./Wenz/Daisenberger* Schlussanh III Rz. 185).

28, 29 *(frei)*

bb) Gewerbesteuer

30 Die SE mit Sitz oder Ort der Geschäftsleitung im Inland als Kapitalgesellschaft ist stets auch als Gewerbebetrieb einzuordnen. Daher ist die SE mit Sitz in Deutschland in vollem Umfang gewerbesteuerpflichtig, § 2 Abs. 2 Satz 1 GewStG (*Lutter/Hommelhoff/Schön* SE im Steuerrecht, Rz. 45; *Kölner Komm./Wenz/Daisenberger* Schlussanh III Rz. 186).

31 Eine SE mit Sitz oder Ort der Geschäftsleitung im Ausland ist dagegen nur dann in Deutschland gewerbesteuerpflichtig, wenn sie in Deutschland eine Betriebsstätte unterhält (*Kölner Komm./Wenz/Daisenberger* Schlussanh III Rz. 186).

cc) Verkehrssteuern

Die SE ist Unternehmer iSd. § 2 Abs. 1 UStG, wenn sie eine gewerbliche oder berufliche Tätigkeit ausübt. Als solche unterliegt sie – wie eine deutsche AG – dem deutschen Umsatzsteuerrecht. Da im Bereich der indirekten Steuern die Rechtsform des Steuerpflichtigen fast keine Rolle spielt, ergeben sich hier im Vergleich zu einer AG keine Besonderheiten (vgl. *Lutter/Hommelhoff/Schön* SE im Steuerrecht, Rz. 40). Die Umsatzsteuerpflicht der SE entfällt jedoch, wenn sie Organgesellschaft ist (§ 2 Abs. 2 Nr. 2 UStG). **32**

Erwirbt die SE ein Grundstück, so ist sie grunderwerbsteuerpflichtig. Im Rahmen des Grunderwerbsteuerrechts ist darüber hinaus zu beachten, dass Grunderwerbsteuer anfällt, wenn wenigstens 95% der Aktien an der SE in einer Person zusammenfallen (vgl. *Lutter/Hommelhoff/Schön* SE im Steuerrecht, Rz. 41). **33**

(frei) **34**

2. Einzelerläuterungen

Der Umwandlungsplan ist das zentrale Dokument bei der Umwandlung einer Aktiengesellschaft mit Sitz in Deutschland in eine SE mit Sitz in Deutschland. Er ist vom Vorstand der formzuwechselnden AG in vertretungsberechtigter Zahl aufzustellen. Dies folgt aus den Vorgaben des deutschen Aktienrechts, da die SE-VO diese Frage nicht regelt. **35**

Die SE-VO regelt nicht den **Inhalt des Umwandlungsplans**. Nach seinem Zweck und seiner Funktion muss der Umwandlungsplan jedoch dieser sämtliche Angaben enthalten, die zum Funktionieren des Formwechsels, einschließlich der Satzung der SE, erforderlich sind. Zum anderen muss er die Aktionäre angemessen über den bevorstehenden Formwechsel informieren, da diese über den Formwechsel abzustimmen haben (*MünchKommAktG/Schäfer* Art. 37 SE-VO Rz. 9). Zur Konkretisierung der inhaltlichen Vorgaben ist sich daher an den Art. 20 Abs. 1 Satz 2, Art. 32 Abs. 2 SE-VO zu orientieren, die Vorgaben für einen Verschmelzungsplan und Gründungsplan aufstellen. Der Umwandlungsplan muss infolgedessen wenigstens folgende Informationen enthalten: vorgesehene Firma und vorgesehener Sitz der SE, Satzung der SE, Zahl und Gattung der Aktien, Beschreibung der Rechte, die Aktionäre als Sonderrechte zugewiesen bekommen und besondere Vorteile, die Sachverständige erhalten (*Lutter/Hommelhoff/Seibt* Art. 37 SE-VO Rz. 33). **36**

Die SE-VO besagt nicht, welcher **besonderen Form** der Umwandlungsplan bedarf. Daher ist umstritten, ob der Umwandlungsplan notariell beurkundet werden muss. Die notarielle Form wird zT gefordert, um eine höhere materielle Richtigkeitsgewähr und eine Belehrung der Beteiligten zu bieten (*Heckschen* DNotZ 03, 264). Andere wollen die schriftliche Form genügen lassen (*Lutter/Hommelhoff/Seibt* Art. 37 SE-VO Rz. 36), was wohl richtig sein dürfte. Es ist aber darauf hinzuweisen, dass in der Praxis überwiegend der Umwandlungsplan notariell beurkundet wird. **37**

Zu § 1: Umwandlung

§ 1 des Umwandlungsplans beschreibt die Umwandlung der AG in eine SE und gibt in § 1 Abs. 1 die entscheidende Rechtsgrundlage an. **38**

In Abs. 2 wird ausgeführt, dass die **Voraussetzungen für eine solche Umwandlung** vorliegen. Nach Art. 2 Abs. 4 SE-VO kann die AG, die nach dem Recht Deutschlands gegründet wurde und ihren Sitz in Deutschland hat, in eine SE umgewandelt werden, wenn sei seit mindestens zwei Jahren eine dem Recht eines anderen Mitgliedsstaats unterliegende Tochtergesellschaft hat. Die Innehabung einer Zweigniederlassung ist hier nicht ausreichend (*MünchKommAktG/Oechsler* Art. 2 SE-VO Rz. 44). Dies ist in dem durch das Formular vorgegebenen Sachverhalt der Fall, da die A AG mit der A-Computadora S.L. in Spanien eine 100%ige Tochtergesellschaft hat. **39**

Diese besteht auch schon seit zwei Jahren. Zur Berechnung der Zweijahresfrist ist letztlich entscheidend, dass die Anmeldung der Umwandlung in die SE nach zwei Jahren seit Bestehen der Tochtergesellschaft angemeldet wurde *MünchKommAktG/Oechsler* Art. 2 SE-VO Rz. 34).

40 Durch die Umwandlung wird **kein neuer Rechtsträger geschaffen**, es gilt der Grundsatz der Identität beider Rechtsträger, der AG und der SE. Dies stellt Abs. 3 nochmals fest.

41 *(frei)*

Zu § 2: Wirksamwerden der Umwandlung

42 Die Umwandlung der SE mit Sitz in Deutschland wird mit der Eintragung in das Handelsregister wirksam. Dies folgt schon aus Art. 12 SE-VO iVm. § 3 SEAG und ist in § 2 klarstellend festgehalten.

Zu § 3 Abs. 1: Firma

43 § 3 Abs. 1 legt die Firma der SE fest. Art. 11 SE-VO schreibt bezüglich der Firma, dh. des Namens der Gesellschaft, nur fest, dass **Zusatz „SE"** in der Firma enthalten sein muss. Dieser Zusatz ist zwingende Voraussetzung für eine Eintragung ins Handelsregister. Ein weiterer Zusatz, wie zB „Europäische Aktiengesellschaft", ist dagegen wegen der Verwechslungsgefahr mit nationalen Aktiengesellschaften nicht zulässig (*Lutter/Hommelhoff/Langhein* Art. 11 SE-VO Rz. 4).

44 Im Übrigen gilt bezüglich der Wahl der Firma das nationale Aktien- und Handelsrecht, also insbes. die §§ 17 ff. HGB (*Lutter/Hommelhoff/Langhein* Art. 11 SE-VO Rz. 12).

Zu § 3 Abs. 2: Sitz

45 In § 3 Abs. 2 wird der Sitz der SE festgelegt. Nach Art. 7 SE-VO muss sich der **Sitz der SE im Gemeinschaftsgebiet**, dh. einem Land der EU oder des EWR, befinden. Der Sitz darf anlässlich der Umwandlung der AG in eine SE nicht in einen anderen Mitgliedsstaat verlegt werden, Art. 37 Abs. 3 SE-VO. Folglich muss sich der Sitz der SE weiterhin in Deutschland befinden, da auch die AG in Deutschland ihren registrierten Sitz hat.

46 Der **Sitz** der SE hat **entscheidende Bedeutung** für die SE. Er ist das entscheidende Anknüpfungskriterium für Generalklauseln und Spezialverweisungen und bestimmt daher das zur Anwendung kommende Subsidiärrecht sowie für viele administrative Zuständigkeiten (*Lutter/Hommelhoff/Zimmer/Ringe* Art. 7 SE-VO Rz. 1 f, in diesem Fall die Anwendung des SEAG und weiter des AktG.

47 Gleichzeitig wird klargestellt, dass sich die **Hauptverwaltung am Ort des Sitzes** der SE befindet. Die Hauptverwaltung muss sich nach Art. 7 Satz 1 SE-VO im gleichen Mitgliedsstaat wie der registrierte Sitz befinden. Satzungssitz und Verwaltungssitz müssen sich demnach im gleichen Mitgliedsland befinden. Darüber hinaus besagt § 2 SEAG (aufgrund der Ermächtigung des Art. 7 Satz 2 SE-VO), dass in der Satzung der SE als Sitz den Ort der Hauptverwaltung bestimmen muss. Folglich müssen bei einer SE mit Sitz in Deutschland Satzungs- und Verwaltungssitz am gleichen Ort sein. Dem kommt die Regelung in Abs. 2 hier nach. Das deutsche Recht der SE stellt damit hinsichtlich der Wahl des Sitzes und der Hauptverwaltung strengere Vorgaben auf, als für nationale AG gelten. Diese können gemäß § 5 AktG ihren Verwaltungssitz auch an einem anderen Ort als den Satzungssitz haben, wobei sogar ein Verwaltungssitz im Ausland in Betracht kommt.

Zu § 3 Abs. 3: Grundkapital und Satzung

48 In § 3 Abs. 3 sind das Grundkapital der SE und ihre Einteilung in Aktien aufgeführt. Das Formular sieht vor, dass die Einteilung der Aktien, die bei der AG besteht, in der SE beibehalten werden soll. Das Grundkapital muss nach Art. 4 Abs. 2 SE-VO jedoch mindestens 120.000 Euro betragen. Bei geringerem Kapital vor dem Form-

wechsel muss eine entsprechende Kapitalerhöhung durchgeführt werden (*Lutter/Hommelhoff/Seibt* Art. 37 SE-VO Rz. 23).

Abs. 4 macht die Satzung (s. Formular A. 4.02a) zum Bestandteil des Umwandlungsplans. Zwar ist sie nicht von Gesetzes wegen notwendiger Bestandteil des Umwandlungsplans, eine Beifügung ergibt sich aber wohl in analoger Anwendung des Art. 20 Abs. 1 lit. h SE-VO, der die Beifügung bei der Verschmelzung vorsieht. Die Beifügung dient auch dem wohlverstandenen Informationsinteresse der Aktionäre. **49**

Zu § 3 Abs. 5: Beteiligung der Aktionäre

Die Umwandlung von einer AG in eine SE gemäß Art. 2 Abs. 4, 37 SE-VO sieht nicht vor, dass Aktionäre, die der Umwandlung widersprechen, gegen Erhalt einer Barabfindung aus der Gesellschaft ausscheiden können. Dies folgt daraus, dass die Rechtsstellung eines Aktionärs einer AG dem eines Aktionärs in der SE vergleichbar ist (*Lutter/Hommelhoff/Seibt* Art. 37 SE-VO Rz. 66). Deshalb ist die AG **nicht verpflichtet**, bei einer Umwandlung eine **Barabfindung anzubieten**. Allerdings steht es ihr frei, ein solches Angebot zu unterbreiten. Im hier vorliegenden Umwandlungsplan wird jedoch festgehalten, dass die Gesellschaft kein Angebot auf eine Barabfindung abgibt, sollten Aktionäre der Umwandlung im Rahmen des Zustimmungsbeschlusses nicht zustimmen. **50**

Aktionäre können aber dennoch in der Hauptversammlung gegen die Umwandlung stimmen und Widerspruch gegen den Zustimmungsbeschluss einlegen. Im Anschluss können sie den Zustimmungsbeschluss nach allgemeinen aktienrechtlichen Regelungen anfechten und im Anfechtungsprozess eine Verletzung des Gesetzes oder der Satzung der AG bei Durchführung des Umwandlungsverfahrens rügen. **51**

Zu § 4: Vorstand

Es ist vorgesehen, dass auch nach Umwandlung in eine SE die Leitung der Gesellschaft durch zwei Organe, einem Leitungs- und einem Aufsichtsorgan (sog. dualistisches System), erfolgt; Art. 38 lit. b SE-VO. In diesem Fall bestimmt Art. 39 Abs. 2 SE-VO, dass die Mitglieder des Leitungsorgans vom Aufsichtsorgan bestellt und abberufen werden. Die Personen des Vorstands sind daher nicht im Umwandlungsplan festzusetzen. Die Vorschrift spiegelt somit die unter einer SE mit dualistischem System geltende Rechtslage wider. **52**

Zu § 5: Aufsichtsrat

In Abs. 1 wird deutlich gemacht, dass der wie bei der A AG als formwechselnde Gesellschaft auch bei der A SE ein Aufsichtsrat gebildet wird. Dies folgt auch aus der Entscheidung zum **dualistischen System** in der A SE. Anders als bei der AG (vgl. § 95 S. 3 AktG) muss die Zahl der Aufsichtsratsmitglieder nicht durch drei teilbar sein (LG Nürnberg-Fürth 1 H KO 8471/09 v. 8.2.10, NZG 10, 547). Da die A AG bisher weder Mitbestimmung nach dem Drittelbeteiligungsgesetz noch nach dem Mitbestimmungsgesetz unterlag, legt der Umwandlungsplan fest, dass auch die SE keinen mitbestimmten Aufsichtsrat hat und alle Mitglieder von der Hauptversammlung zu bestellen sind; Art. 40 Abs. 2 Satz 1 SE-VO. Zwar wäre es möglich im Zuge der Umwandlung in die SE die Mitbestimmung einzuführen, so im Wege der Vereinbarung mit dem besonderen Verhandlungsgremium, dies ist aber in aller Regel gerade nicht gewollt. Vielmehr soll der jeweilige Status Quo der Mitbestimmung im Unternehmen festgeschrieben werden. **53**

Für den **ersten Aufsichtsrat einer SE** stellt Art. 40 Abs. 2 Satz 2 SE-VO eine Sonderregelung bereit. Danach können die Mitglieder des ersten Aufsichtsrats auch in der Satzung bestellt werden. Die satzungsmäßige Bestellung ist jedoch nicht zwingend (*Lutter/Hommelhoff/Drygala* Art. 40 SE-VO Rz. 13), vor allem wenn, wie bei der Umwandlung einer AG in eine SE von einer Kontinuität des Rechtsträgers auszuge- **54** hen ist. In diesem Fall führt der Formwechsel nicht zu einer Änderung des rechtlichen Rahmens für den Aufsichtsrats, so dass eine Neubestellung des Aufsichtsrats entbehrlich ist (*MünchKommAktG/Reichert/Brandes* Art. 40 SE-VO Rz. 45). Das Formular nutzt jedoch die Möglichkeit des Art. 40 Abs. 2 Satz 2 SE-VO und stellt klar, dass die Amtszeit des bisherigen Aufsichtsrats mit der Umwandlung endet und die Satzung der A SE, die dem Umwandlungsplan beigefügt ist, die Bestellung der Mitglieder des ersten Aufsichtsrats der SE enthält. Dies kann der Rechtssicherheit dienen. Die Mitglieder des Aufsichtsrats der formwechselnden AG können dabei jederzeit Aufsichtsratsmitglieder der SE sein.

Zu § 6: Beteiligung der Arbeitnehmer

55 Der Umwandlungsplan muss grundsätzlich keine Angaben zu dem Verfahren zur Vereinbarung über die Beteiligung der Arbeitnehmer enthalten. In analoger Anwendung des Art. 20 Abs. 1 Satz 2 lit. i SE-VO, der dies für die Verschmelzungsvariante vorsieht, könnte man dies auch für den Umwandlungsplan fordern. Allerdings beginnt das Verfahren der Arbeitnehmerbeteiligung erst mit der Offenlegung des Umwandlungsplans, so dass im Umwandlungsplan selbst dieses Verfahren als Information der Aktionäre in abstrakter Weise dargestellt werden kann. Da im Umwandlungsbericht ebenfalls Angaben zu der Arbeitnehmerbeteiligung zu machen sind, kann man sich im Umwandlungsplan auf die kurze Darstellung der Grundzüge beschränken (vgl. *Lutter/Hommelhoff/Bayer* Art. 20 SE-VO Rz. 26).

56 Dieser Darstellung kommt das Formular in diesem § 6 nach. Das **Verfahren der Arbeitnehmerbeteiligung** wird **in abstrakter Weise** dargestellt. Konkret kann allerdings die Zusammensetzung des besonderen Verhandlungsgremiums erläutert werden; vgl. Abs. 4 Buchst. b des Umwandlungsplans. Darin wird der Berechnungsschlüssel dargestellt und, diesen auf die A Gruppe und deren Arbeitnehmer in den verschiedenen Mitgliedsstaaten, erläutert, welche Gesellschaft wie viele Delegierte in dem besonderen Verhandlungsgremium stellen darf.

Zu § 7: Sonstige Folgen für Arbeitnehmer

57 Eine Darstellung der sonstigen Folgen der Umwandlung für die Arbeitnehmer ist von Gesetzes wegen nicht erforderlich, zumal der Umwandlungsbericht Erläuterungen zu den Auswirkungen der Umwandlung auf die Arbeitnehmer enthalten muss; vgl. Art. 37 Abs. 4 SE-VO.

58 Da Formular enthält dennoch deskriptive Angaben zu den Folgen für die Arbeitnehmer, zumal aufgrund der fehlenden Mitbestimmung die Angaben kurz gehalten werden können. Es wird insbes. klargestellt, dass die Umwandlung keinen Einfluss auf die arbeitsvertragliche Situation der Arbeitnehmer hat und dass auch die betriebliche Struktur unverändert bleibt.

Zu § 8: Abschlussprüfer

59 Die Hauptversammlung, die über die Zustimmung zur Umwandlung in die SE beschließt, hat nach § 197 Satz 1 UmwG, § 30 Abs. 1 Satz 1 AktG analog den **Abschlussprüfer** für das **erste (Rumpf)-Geschäftsjahr der SE** zu bestellen (*Lutter/Hommelhoff/Seibt* Art. 37 SE-VO Rz. 74). Der Umwandlungsplan enthält daher die Bestimmung über die Bestellung von Abschlussprüfer. Denn mit der Zustimmung zu dem Umwandlungsplan, wir dessen Inhalt angenommen und daher zugleich die Bestellung der Abschlussprüfer vorgenommen.

Zu § 9: Keine weiteren Rechte oder Sondervorteile

60 Angaben zu Rechten an Aktionäre oder zur Gewährung von Sondervorteilen sind in den Umwandlungsplan in entsprechender Anwendung des Art. 20 Abs. 1 Satz 2 lit. f und lit. g SE-VO zu machen. Das Formular macht diese entsprechende Anwen-

dung dieser Vorschriften kenntlich, indem es die Vorschriften in den Umwandlungsplan mit aufnimmt.

Anzugebende Sonderrechte sind **sämtliche besondere Rechte**, auch solche, die nicht mitgliedschaftlicher Natur sind (*MünchKommAktG/Schäfer* Art. 20 SE-VO Rz. 18), wie zB die von Inhabern von Schuldverschreibungen. Darüber hinaus bezieht es sich die Angabepflicht aufgrund des eindeutigen Wortlauts auch auf Rechte, die allen Aktionären eingeräumt wurden. Als Sondervorteile sind solche gemeint, die den zukünftigen Mitgliedern des Vorstands und Aufsichtsrats gewährt wird. Dies soll dazu dienen, dass die Aktionäre die Unabhängigkeit dieser Personen einschätzen können. Anders als bei § 5 Abs. 1 Nr. 8 UmwG ist der Abschlussprüfer in Art. 20 Abs. 1 Satz 2 lit. g) SE-VO nicht erfasst. **61**

In dem hier zugrunde liegenden Sachverhalt sollen allerdings keine solche Rechte und Sondervorteile gewährt werden. Das Formular führt über die gesetzliche Notwendigkeit hinaus auf, dass auch dem Abschlussprüfer keine Sondervorteile gewährt werden. **62**

Erläuterungen zu A. 4.02a Satzung der SE

Zu § 1: Sitz und Geschäftsjahr

In § 1 enthält die Satzung der SE Angaben zu Firma (s. Rz. 43f.), Sitz (s. Rz. 45ff.) und Geschäftsjahr. **63**

Das Formular legt fest, dass das Geschäftsjahr das Kalenderjahr ist. Die SE-VO selbst enthält keine Regelungen zum Geschäftsjahr der SE. Daher findet auf das Geschäftsjahr nationales Recht Anwendung, dh. die Regelungen des AktG. **64**

Zu § 2: Gegenstand des Unternehmens

Der Gegenstand des Unternehmens ist notwendiger Satzungsbestandteil nach § 23 Abs. 3 Nr. 2 AktG. Da die SE-VO diesbezüglich keine Regelung enthält finden die aktienrechtlichen Normen ungehindert Anwendung. Aufgrund Art. 3 Abs. 2 SE-VO kann die A SE selbst eine oder mehrere Tochtergesellschaften als SE gründen, ohne dass dies im Unternehmensgegenstand enthalten sein muss. Das Erfordernis der Mehrstaatlichkeit soll für solche (sekundäre) Gründungen nicht mehr gelten (*Lutter/Hommelhoff/Bayer* Art. 2 SE-VO Rz. 10). **65**

Zu § 3: Bekanntmachungen

Die Vorschriften über Bekanntmachungen richten sich ausschließlich nach nationalem Recht, so dass hier die §§ 23 Abs. 4, 25 AktG anzuwenden sind. Die Veröffentlichungen haben daher im **elektronischen Bundesanzeiger** und nur dort zu erfolgen. **66**

Zu § 4: Grundkapital

Das Grundkapital ist zwingend in der Satzung anzugeben; Art. 9 Abs. 1 lit. c SE-VO iVm. § 23 Abs. 3 Nr. 3 AktG. Bei einer SE muss das Grundkapital zwingend mindestens 120.000 EUR betragen. Eine Obergrenze besteht nicht (*Lutter/Hommelhoff/Fleischer* Art. 4 SE-VO Rz. 7). **67**

Das Kapital der SE ist gemäß Art. 1 Abs. 2 Satz 1 SE-VO in Aktien zerlegt. Die Art der Aktien richtet sich aber wieder nach nationalem Recht. Sie können demnach als Nennbetrags- oder Stückaktionen ausgegeben werden. Gleiches gilt für die Einteilung in Inhaber- oder Namensaktien Das Formular sieht deswegen die Ausgabe von Namens-Stückaktien vor, die derzeit gängige Form von Aktien bei Aktiengesellschaften. **68**

Abs. 3 der Satzung regelt die Verbriefung der Aktien in Urkunden, die sich ebenfalls nach nationalem Recht bestimmt (*Lutter/Hommelhoff/Ziemons* Anh I Art. 5 SE-VO Rz. 17). Die Regelung gleicht einer Satzungsbestimmung wie für eine deutsche AG (s. A. 1.00 Rz. 39f.) **69**

Zu § 5: Zusammensetzung des Vorstands

70 § 5 der Satzung sieht vor, dass die SE einen Vorstand hat. Die Satzung, in Zusammenschau mit § 8 der Satzung, der den Aufsichtsrat regelt, geht daher davon aus, dass in der SE das dualistische System gemäß Art. 38 lit. b 1. Alt. SE-VO gelten soll. Das **dualistische System** ist geprägt von dem Bestehen eines **Leitungsorgans (Vorstand)** und eines **Aufsichtsorgans (Aufsichtsrat)**. Die SE-VO stellt hierfür die Art. 39 bis 42 SE-VO bereit, das SEAG die §§ 15 bis 19 SEAG. Das dualistische System in der SE entspricht im Wesentlichen dem der AG. Der deutsche Gesetzgeber wollte bei Wahl des dualistischen Systems auch einen Gleichlauf zwischen SE mit Sitz in Deutschland und deutscher AG schaffen (*MünchKommAktG/Reichert/Brandes* Art. 38 SE-VO Rz. 10). Ebenso wäre auch die Wahl des **monistischen Systems** nach Art. 38 lit. b 2. Alt. SE-VO iVm. Art. 43 bis 45 SE-VO, §§ 20 bis 49 SEAG möglich gewesen. Die SE hätte dann anstatt eines Leitungsorgans und Aufsichtsorgans ein Verwaltungsorgan, welches die Geschäfte der SE führt.

71 Abs. 1 legt fest, das der Vorstand aus einer oder mehreren Personen besteht. Nach Art. 39 Abs. 4 SE-VO ist die Zahl der Vorstandsmitglieder zwingend in der Satzung festzulegen. Bei einer SE mit einem Grundkapital von mehr als drei Millionen Euro hat gemäß § 16 SEAG das Leitungsorgan aus mindestens zwei Personen zu bestehen, außer die Satzung bestimmt, dass es einer Person bestehen soll. Die Satzung der A SE hat von dieser Ausnahme keinen Gebrauch gemacht und angesichts des Grundkapitals von fünf Millionen bestimmt, dass der Vorstand mindestens aus zwei Personen zu bestehen hat. Die Satzung ermächtigt den Aufsichtsrat, die genaue Anzahl der Vorstandsmitglieder festzulegen (Art. 39 Abs. 4 SE-VO iVm. § 16 SEAG).

72 Nach Art 39 Abs. 2 SE-VO werden die Mitglieder des Leitungsorgans vom Aufsichtsorgan bestellt und abberufen. Abs. 2 der Satzung legt fest, dass die Bestellung für fünf Jahre erfolgt. Nach Art. 46 Abs. 1 SE-VO darf der festgelegte Zeitraum sechs Jahre nicht überschreiten. Die Satzung gesteht auch das Recht zu, dass das Aufsichtsorgan einen Vorsitzenden des Leitungsorgans bestimmt (entsprechend § 84 Abs. 2 AktG).

73 Art. 50 SE-VO regelt die **Beschlussfähigkeit und die Beschlussfassung der Organe einer SE**, lässt aber abweichende Regelungen durch die Satzung zu. Danach ist zur Beschlussfassung ein Anwesenheitsquorum von mindestens der Hälfte der der Vorstandsmitglieder notwendig. Die Beschlüsse werden dann mit der einfachen Mehrheit der anwesenden oder vertretenen Mitglieder gefasst. Abs. 3 Satz 1 wiederholt diese Beschlussfähigkeitsregelung zur Verdeutlichung, denn das deutsche AktG geht aufgrund des Kollegialitätsprinzips grundsätzlich von der Einstimmigkeit bei Beschlussfassungen aus. Abweichende Regelungen können in der Satzung oder Geschäftsordnung des Vorstands festgehalten werden. (vgl. *MünchKommAktG/Reichert/Brandes* Art. 38 SE-VO Rz. 11). Um ein Patt bei Vorstandsbeschlüssen zu vermeiden, statuiert die Satzung, dass bei Stimmengleichheit die Stimme des Vorstandsvorsitzenden den Ausschlag gibt (Stichentscheidsrecht). Dies entspricht Art. 50 Abs. 2 Satz 1 SE-VO.

Zu §§ 6, 7: Geschäftsführung und Vertretungsbefugnis

74 Im dualistischen System führt der Vorstand die Geschäfte der SE in eigener Verantwortung (§ 39 Abs. 1 Satz 1 SE-VO). Er ist demnach zur Geschäftsführung befugt und unterliegt dabei keinen Weisungen.

75 Die **SE-VO** enthält bewusst **keine Regelungen zur Vertretungsmacht** der Vorstandsmitglieder. Es finden daher über Art. 9 Abs. 1 lit. c SE-VO die nationalen Vorschriften Anwendung (*Lutter/Hommelhoff/Seibt* Art. 39 SE-VO Rz. 9). Die SE wird daher vom Vorstand vertreten, gegenüber Vorstandsmitgliedern allerdings vom Aufsichtsrat (§ 112 AktG). Die Regelungen des § 7 entsprechen üblichen Vertretungsregelungen für Vorstandsmitglieder einer deutschen AG und sollen daher auch für die SE mit dualistischem System gelten.

Nach Art. 48 Abs. 1 SE-VO hat die Satzung zwingend Arten von Geschäften aufzuführen, für die das Leitungsorgan die Zustimmung des Aufsichtsorgans bedarf. § 19 SEAG in Ausübung der Ermächtigung des Art. 48 Abs. 1 Satz 2 SE-VO bestimmt, dass der Aufsichtsrat bestimmte Arten von Geschäften von seiner Zustimmung abhängig machen kann. Hier sieht bereits die Satzung die Arten von Geschäfte vor, die der Zustimmung des Aufsichtsrats bedürfen. Daneben kann der Aufsichtsrat weitere Geschäfte festlegen, die seiner Zustimmung bedürfen. **76**

Zu § 8: Zusammensetzung des Aufsichtsrats

Art. 40 Abs. 1 SE-VO besagt, dass das **Aufsichtsorgan** die **Führung der Geschäfte durch das Leitungsorgans überwacht** und **nicht berechtigt** ist, die **Geschäfte zu führen**. Die Zahl der Aufsichtsratsmitglieder wird in der Satzung bestimmt (Art. 40 Abs. 3 SE-VO). Daher bestimmt Abs. 1 Satz 1 die Anzahl der Aufsichtsratsmitglieder. Der Aufsichtsrat muss auch mindestens drei Mitglieder haben, wie sich aus § 17 SEAG ergibt. Abs. 1 Satz 2 wiederholt Art. 42 Satz 1 SE-VO, wonach ein Aufsichtsratsvorsitzender zu wählen ist. **77**

Nach Art. 46 Abs. 1 SE-VO darf die Amtszeit eines Mitglieds des Aufsichtsrats sechs Jahre nicht überschreiten. Die in Abs. 2 enthalten Regelung kommt dem nach und bestimmt die Amtszeit entsprechend der üblichen Regelung für die AG. **78**

Weder die SE-VO noch das SEAG enthalten Regelungen zur Amtsniederlegung. Diesbezüglich findet daher das nationale Recht Anwendung. Die Amtsniederlegung ist jedoch auch nicht im AktG geregelt, jedoch im Prinzip anerkannt (*Hüffer* AktG § 103 Rz. 17). Abs. 3 regelt das Prozedere der Amtsniederlegung, insb. eine Frist von zwei Wochen zwischen Niederlegungserklärung und Beendigung des Aufsichtsratsamts. **79**

Zu §§ 9 bis 11: Regelungen zu Aufsichtsrat

Die §§ 9 bis 11 der Satzung enthalten Vorschriften über die innere Ordnung des Aufsichtsrats. Die SE-VO enthält nur wenige Regeln über das Aufsichtsorgans und der Gesetzgeber will durch das SEAG auch einen Gleichlauf zwischen Aufsichtsorgan einer SE und Aufsichtsrat einer AG erreichen. Daher entsprechen diese Regeln denen des Aufsichtsrats einer AG (s. Formular A. 1.00). **80**

Zu §§ 12 bis 14: Regelungen zu Hauptversammlung

Nach Art. 38 lit. a SE-VO ist zwingendes Organ einer SE die Hauptversammlung der Aktionäre. Die Art 52 bis 60 SE-VO und die §§ 50, 51 SEAG enthalten weitere Vorschriften über die Hauptversammlung bei einer SE. Nach Art 52 Abs. 1 SE-VO ist die Hauptversammlung zuständig für Angelegenheiten, die ihr durch die SE-VO oder des SEBG als in Anwendung der RL 2001/86/EG erlassene Rechtsvorschrift zugewiesen sind. Darüber hinaus entscheidet die Hauptversammlung einer SE mit Sitz in Deutschland in Angelegenheiten, für die die Hauptversammlung einer deutschen AG kraft AktG oder kraft in Übereinstimmung mit deutschem Recht erlassener Satzung zuständig ist; Art. 52 Abs. 2 SE-VO. **81**

Art. 53 SE-VO bestimmt, dass – vorbehaltlich der Vorschriften der Art. 54 bis 60 SE-VO – hinsichtlich der Organisation und des Ablaufs der Hauptversammlung sowie für das Abstimmungsverfahren des Rechts des Sitzstaats der SE, hier deutsches Aktienrecht, Anwendung findet. Organisatorische Fragen betreffen zB die Einberufung, die Tagesordnung sowie Zeit und Dauer der Hauptversammlung. Der Ablauf beinhaltet zB die Teilnahme an der Hauptversammlung, das Frage- und Rederecht sowie die Versammlungsleitung. Die Satzungsregelungen sind daher zulässige Regelungen und können diesbezüglich Vorschriften statuieren. **82**

Zu §§ 15, 16: Jahresabschluss, Gewinnverwendung

83 Die SE-VO (und auch nicht das SEAG) enthält keine Vorschriften zu der Aufstellung des Jahresabschlusses und der Gewinnverwendung bei einer SE mit dualistischem System. Daher ist gemäß der Verweisung in Art. 9 Abs. 1 lit. c SE-VO deutsches Aktienrecht Anwendung.

Erläuterungen zu A. 4.02b
Vereinbarung über die Beteiligung der Arbeitnehmer

84 Nach Art. 12 Abs. 2 SE-VO kann eine SE erst dann eingetragen werden, wenn **entweder** eine **Vereinbarung über die Beteiligung der Arbeitnehmer geschlossen** wurde oder die **sechsmonatige Verhandlungsfrist erfolglos abgelaufen** ist. Das Formular zeigt eine solche Vereinbarung über die Beteiligung der Arbeitnehmer. In dieser Vereinbarung können die Parteien, für die Gesellschaft der Vorstand (bei dualistischen System) und für die Arbeitnehmer das besondere Verhandlungsgremium, autonom die Beteiligungs- und Mitbestimmungsrecht der Arbeitnehmer in der SE festlegen. Darüber hinaus enthält § 21 SEBG weitere Vorgaben bzgl. des Inhalts der Vereinbarung. Allerdings können die Parteien von einer solchen autonomen Regelung auch absehen und stattdessen vereinbaren, dass die Arbeitnehmer kraft Gesetzes beteiligt werden sollen (Auffanglösung); vgl. § 22 Abs. 1 Nr. 1 SEBG. Das Formular geht hier davon aus, dass die Parteien sich auf diese Auffanglösung geeinigt haben. Dies hat eventuell den Nachteil, dass für die Gesellschaft günstigere Lösungen auf dem Verhandlungswege nicht erreicht werden, vermeidet allerdings zeitaufwändige und unter Umständen beschwerliche Verhandlungen.

Zu § 1: Anwendungsbereich der Vereinbarung

85 Nach § 21 Abs. 1 Nr. 1 SEBG ist zwingend der Geltungsbereich der Vereinbarung einschließlich einbezogenen Unternehmen und Betriebe festzulegen. § 1 kommt dem nach, indem die Vorschrift klarstellt, dass die Vereinbarung auf die A SE und deren Tochtergesellschaft einschließlich deren Betriebe Anwendung finden soll.

Zu § 2: Anwendbares Recht und Vertragssprache

86 § 2 regelt as anwendbare Recht, den Gerichtsstand sowie gültige Vertragssprache. Da bei der Gründung der SE immer ein internationaler Sachverhalt, evtl. unter Beteiligung von Arbeitnehmern außerhalb Deutschlands, vorliegt, ist eine solche Vorschrift anzuraten. Dies hilft bei der Klärung im Falle von später auftretenden Streitigkeiten über die Vereinbarung.

Zu § 3: Errichtung eines SE-Betriebsrats

87 Das Formular sieht vor, dass ein SE-Betriebsrat errichtet wird. Auf diesen sollen grundsätzlich die Vorschriften der §§ 23 bis 33 SEBG Anwendung finden. Die Parteien haben daher in der Vereinbarung keine individuelle Regelung getroffen, wie die Arbeitnehmer in der A Gruppe beteiligt werden sollen, sondern nach § 22 Abs. 1 Nr. 1 SEBG die gesetzliche Auffanglösung vereinbart, welche die Errichtung des SE-Betriebsrats vorsieht. Der SE-Betriebsrat dient der **Sicherung des Rechts auf Unterrichtung und Anhörung von Arbeitnehmervertretern**. Die Zuständigkeit des SE-Betriebsrat ist vorrangig in §§ 27 ff. SEBG geregelt, ergibt sich aber auch aus anderen Vorschriften. Danach ist der SE-Betriebsrat zuständig für Angelegenheiten, die die SE, einer ihrer Tochtergesellschaften oder Betriebe in einem anderen Mitgliedsstaat betreffen, oder die über die Befugnisse der zuständigen Arbeitnehmerorgane auf Ebene des Mitgliedsstaats hinausgehen (sog. grenzüberschreitende Angelegenheiten; *MünchKommAktG/Jacobs* Vor § 23 SEBG Rz. 11). Nach § 28 SEBG ist der SE-

Betriebsrat mindestens einmal im Kalenderjahr über die Entwicklung der Geschäftsklage und die Perspektiven der SE zu unterrichten und anzuhören. Dazu gehören insbes. die wirtschaftliche und finanzielle Lage der SE, die voraussichtliche Entwicklung des Geschäfts, die Lage der Beschäftigung und deren Entwicklung und geplante Verlegungen von Unternehmen oder Zusammenschlüsse (vgl. § 28 Abs. 2 SEBG). Daneben ist der SE-Betriebsrat nach § 29 SEBG auch bei außergewöhnlichen Umständen, die erhebliche Auswirkungen auf die Interessen der Arbeitnehmer haben, zu unterrichten. Der SE-Betriebsrat hat dann wiederum die Arbeitnehmervertreter der SE, deren Tochtergesellschaften oder der Betriebe über die erhaltenen Informationen zu unterrichten.

Der SE-Betriebsrat hat mindestens zehn Mitglieder. Dies folgt aus § 23 Abs. 1 **88**
Satz 3 SEBG, der bzgl. dessen **Zusammensetzung** auf die Vorschriften zur Errichtung des besonderen Verhandlungsgremiums verweist. Die Vereinbarung sieht hier vor, dass der SE-Betriebsrat elf Mitglieder haben soll. Dies dient dazu, um Patt-Situationen im Gremium zu vermeiden. Der SE-Betriebsrat setzt sich aus Arbeitnehmern der SE, deren Tochtergesellschaften und Betriebe zusammen. Gewerkschaftsvertreter sind im SE-Betriebsrat nicht vertreten, da auf die entsprechende Vorschrift zur Bildung des besonderen Verhandlungsgremiums nicht verwiesen wird (*MünchKomm-AktG/Jacobs* Vor § 23 SEBG Rz. 4).

Die **Dauer der Amtszeit** aller Mitglieder des SE-Betriebsrats ist in der Vereinba- **89**
rung auf vier Jahre festgelegt. Die gesetzliche Amtszeit für aus Deutschland kommende Mitglieder (§ 23 Abs. 1 Satz 6 SEBG) wurde somit auch auf aus dem Ausland kommende Mitglieder erweitert. Die Dauer entspricht im übrigen der Dauer eines nationalen Betriebsrats nach § 21 BetrVG. Nach § 25 SEBG können alle zwei Jahren nach der konstituierenden Sitzung des SE-Betriebsrats Änderungen, insbes. bei den Arbeitnehmerzahlen, zu einer veränderten Zusammensetzung des SE-Betriebsrats führen. Dies ist jedoch unpraktikabel, da sich das Gremium während der Amtszeit von vier Jahren uU neu formieren muss. Daher sieht die Vereinbarung in Abweichung von § 25 SEBG vor, dass solche Änderungen während der Amtszeit unberücksichtigt bleiben sollen. Sie können vielmehr bei der nächsten Wahl des SE-Betriebsrats berücksichtigt werden.

Zu § 4: Mitbestimmung in der A SE

Die Mitbestimmung der Arbeitnehmer in den Organen der SE richtet sich, da die **90**
Parteien gemäß § 22 Abs. 1 Nr. 1 SEBG die Auffanglösung vereinbart haben, nach § 34 SEBG. Darin ist in Abs. 1 Nr. 1 geregelt, dass im Fall einer Umwandlung einer SE, wie sie hier im Formular vorgesehen ist, die Mitbestimmungsregeln des SEBG nur dann Anwendung finden, wenn bereits vor der Umwandlung Bestimmungen über die Mitbestimmung der Arbeitnehmer kraft Gesetzes galten. Dies ist allerdings in dem im Formular vorgesehnen Beispiel nicht der Fall, da davon ausgegangen wird, dass aufgrund der in Deutschland beschäftigten Arbeitnehmer weder das DrittelbG noch das Mitbestimmungsgesetz Anwendung finden und deswegen keine Arbeitnehmervertreter im Aufsichtsrat der A AG vertreten waren. § 4 der Vereinbarung hält diese rechtliche Situation nochmals klarstellend fest.

Zu § 5: Schlussbestimmungen

Abs. 1 enthält die zwingende Regelung über das Inkrafttreten der Vereinbarung **91**
(vgl. § 21 Abs. 1 Nr. 6 SEBG). Abs. 2 regelt die Dauer der Vereinbarung (§ 21 Abs. 1 Nr. 6 SEBG). Die Vereinbarung sieht vor, dass sie auf unbestimmte Zeit geschlossen werden soll. Dies macht die Regelung von Kündigungsrechten erforderlich. Das Recht auf eine außerordentliche Kündigung kann dabei nicht ausgeschlossen werden.

Abs. 3 enthält die zwingende Vorschrift der Fälle, wann diese Vereinbarung neu **92**
ausgehandelt werden soll (§ 21 Abs. 1 Nr. 6 SEBG). Die Vereinbarung beschränkt

sich hier auf einen Verweis auf § 18 Abs. 3 SEBG, der ohnehin zwingend ist (*MünchKommAktG/Jacobs* § 18 SEBG Rz. 8). Daher soll es nur in diesen Fällen zu Neuverhandlungen kommen. Da auch das auf diese Neuverhandlungen anzuwendende Verfahren aufzuführen ist, legt das Formular fest, dass dazu erneut ein besonderes Verhandlungsgremium zu bilden ist, das mit der SE die neue Vereinbarung entsprechend dem SEBG auszuhandeln hat.

Erläuterungen zu A. 4.02c Bestellung eines unabhängigen Sachverständigen

Vgl. zunächst Rz. 10.

93 Die Bestellung eines unabhängigen Sachverständigen erfolgt nach Art. 37 Abs. 6 SE-VO nach den nationalen Durchführungsbestimmungen des Art. 10 der nationalen Verschmelzungsrichtlinie (RL 78/855/EWG v. 9.10.78, ABl. EU L 295 S. 36ff.). Damit finden §§ 60, 10 Abs. 1 S. 1, Abs. 2 UmwG Anwendung. Der Antrag ist vom Vorstand der A AG in vertretungsberechtigter Zahl zu stellen. Zuständig ist das Landgericht, in dessen Bezirk die A AG ihren Sitz hat, vgl. § 10 Abs. 2 S. 1 UmwG (vgl. *Louven/Ernst* BB 14, 329). Ist bei dem Gericht eine Kammer für Handelssachen eingerichtet, so entscheidet deren Vorsitzender anstatt der Kammer, § 10 Abs. 2 S. 2 UmwG.

94 Als unabhängige Sachverständige kommen nur Wirtschaftsprüfer oder Wirtschaftsprüfungsgesellschaften in Betracht, vgl. §§ 60, 11 Abs. 1 UmwG, §§ 319, 319a HGB. Das Formular sieht die Bestellung einer überregionalen Wirtschaftsprüfungsgesellschaft vor, um damit dem Umstand der Komplexität der Prüfung Rechnung zu tragen. Da die Ausschlussgründe der §§ 319 Abs. 2 bis 5, 319a HGB Anwendung finden, empfiehlt es sich, dem Antrag ein Schreiben des vorgeschlagenen Sachverständigen beizufügen, in dem dieser vorab bestätigt, die Bestellung auch annehmen zu können, weil kein Mandatskonflikt vorliegt. Die Tätigkeit als Abschlussprüfer der formwechselnden AG stellt kein Bestellungshindernis dar (vgl. *Louven/Ernst* BB 14, 329).

Erläuterungen zu A. 4.02d Handelsregisteranmeldung

Vgl. zunächst Rz. 16ff.

95 Jede SE ist in das Register des entsprechenden Sitzstaats, bei der A SE in das Handelsregister einzutragen (Art. 12 Abs. 1 SE-VO, § 3 SEAG). Daher ist die Umwandlung der AG in die SE bei dem Gericht, in dessen Bezirk die AG und zukünftige SE ihren im Sitz, dh. den satzungsmäßigen Sitz, hat, zur **Eintragung ins Handelsregister** anzumelden. Die **Form der Anmeldung** und die **beizufügenden Unterlagen** legt das **nationale Recht** (Art. 15 SE-VO iVm. §§ 198ff. UmwG) fest, da die SE-VO die Anmeldung bei der Gründung durch Formwechsel keine Vorschriften dazu enthält (*Lutter/Hommelhoff/Seibt* Art. 37 SE-VO Rz. 79). Die Anmeldung bedarf demnach der notariellen Beglaubigung. Sie vom Vorstand in vertretungsberechtigter Zahl zu unterzeichnen (*MünchKommAktG/Schäfer* Art. 37 SE-VO Rz. 33).

96 Anzumelden ist daher zum einen die Umwandlung der AG in eine SE, die durch Abfassung des Umwandlungsplans und er Zustimmung zum Umwandlungsplan und Genehmigung der Satzung vollzogen worden ist. Da nach Art. 12 Abs. 2 SE-VO die Eintragung erst erfolgen kann, wenn eine Vereinbarung über die Beteiligung der Arbeitnehmer geschlossen wurde, ist anzumelden, dass eine solche Vereinbarung zwischen der Gesellschaft und dem besonderen Verhandlungsgremium abgeschlossen wurde. Gleichzeitig sind die Vertretungsorgane der SE anzumelden, hier bei der A SE mit dualistischen System die Mitglieder des Vorstands (*Lutter/Hommelhoff/Seibt* Art. 37 SE-VO Rz. 80). Dabei ist die abstrakte und konkrete Vertretungsbefugnis anzugeben.

Die Vertretungsorgane haben in der Anmeldung gemäß §§ 37 Abs. 2, 76 Abs. 3 Sätze 3 und 4 AktG zu versichern, dass sie nicht wegen einer Straftat verurteilt wurden.

Der Anmeldung sind **folgende Unterlagen** im Original oder öffentlich beglaubigter Abschrift **beizufügen**: 97

- Umwandlungsplan (str, da er dem Handelsregister bereits vorliegt; vgl. *Lutter/Hommelhoff/Seibt* Art. 37 SE-VO Rz. 81 aE);
- Niederschrift des Umwandlungsbeschlusses;
- Nachweis über Bestehen der ausländischen Tochtergesellschaft, regelmäßig durch entsprechenden Registerauszug;
- Notariell beglaubigte Abschrift des Umwandlungsberichts der A AG;
- Bescheinigung der Umwandlungsprüfer zur Kapitaldeckung;
- notariell beglaubigte Abschrift der Vereinbarung über die Beteiligung der Arbeitnehmer in der A SE; ist eine solche Vereinbarung nicht geschlossen worden, ist entweder der Beschluss nach § 16 SEBG oder die Vereinbarung zur einvernehmlichen Beendigung der Verhandlungen beizufügen oder der Ablauf der sechsmonatigen Verhandlungsfrist (§ 20 SEBG) nachzuweisen (*Lutter/Hommelhoff/Seibt* Art. 37 SE-VO Rz. 81);
- Berechnung der Kosten des Formwechsels (§ 197 UmwG iVm. § 37 Abs. 2 Nr. 2, 2. Alt. AktG).

Schließlich müssen die anmeldenden Vorstandsmitglieder ein Negativattest (vgl. § 16 Abs. 2 Satz 1 UmwG) abgeben, dass gegen den Umwandlungsbeschluss keine Anfechtungsklagen anhängig sind (*MünchKommAktG/Schäfer* Art. 37 SE-VO Rz. 33). In der Anmeldung wird hierzu auch darauf verwiesen, dass die alleinige Aktionären auf ihr Klagerecht von vornherein verzichtet hat. 98

Die Eintragung der SE hat **konstitutive Wirkung**. Nach Art. 16 Abs. 1 SE-VO erwirbt die SE erst am Tag ihrer Eintragung Rechtspersönlichkeit. 99

Nach Art. 15 Abs. 2 SE-VO iVm. Art. 13 SE-VO ist die Eintragung entsprechend offen zu legen. Diese **Offenlegung** hat nur deklaratorischen Charakter. Für eine SE mit Sitz in Deutschland bedeutet dies, dass die Eintragung vom Handelsregister im elektronischen Bundesanzeiger bekannt zu machen ist. Darüber hinaus ist die Gründung nach Art. 14 SE-VO im EU-Amtsblatt bekannt zu machen (*MünchKommAktG/Schäfer* Art. 13, 14 SE-VO Rz. 2). Auch wenn die Zuständigkeit für diese Bekanntmachung nicht geregelt ist, ist davon auszugehen, dass sie von Amts wegen, folglich durch das Registergericht, zu erfolgen hat (vgl. *MünchKommAktG/Schäfer* Art. 13, 14 SE-VO Rz. 3). 100

A. 5. Gesellschaft des bürgerlichen Rechts – GbR

Übersicht

A. 5.00 Vermögensverwaltende GbR

Gliederung

I. FORMULAR

Formular A. 5.00 Gesellschaftsvertrag Vermögensverwaltende GbR

Vorbemerkung

Im Grundbuch von A des Amtsgerichts A-Stadt sind in Band ...... Blatt ...... als Eigentümer der dort vorgetragenen Grundstücke

Flur ......

Flurstück ......

A, B, C, D und E in Gesellschaft bürgerlichen Rechts eingetragen.

Die vorgenannten Gesellschafter regeln ihre Beziehungen im Rahmen des Gesellschaftsverhältnisses nachstehend durch folgenden

GESELLSCHAFTSVERTRAG

§ 1 Name, Sitz, Rechtsform

(1) Der Name der Gesellschaft lautet:

A Grundstücksgesellschaft bürgerlichen Rechts.

(2) Sitz der Gesellschaft ist A-Stadt.

(3) Die Gesellschaft ist eine Gesellschaft bürgerlichen Rechts.

§ 2 Gesellschaftsgegenstand

(1) Im Gesamthandseigentum der Gesellschafter stehen die Grundstücke eingetragen im Grundbuch von A-Stadt

Band ......

Blatt ......

Flur ......

Flurstück ......

(2) Gegenstand der Gesellschaft ist die Verwaltung und Vermietung der Grundstücke zur Erzielung von Überschüssen.

(3) Die Gesellschaft ist berechtigt, alle Geschäfte und Tätigkeiten vorzunehmen, welche den Gegenstand der Partnerschaft unmittelbar oder mittelbar zu fördern geeignet sind. Die Gesellschaft ist jedoch nicht berechtigt, in irgendeiner Weise gewerblich tätig zu werden.

§ 3 Dauer, Kündigung

(1) Die Gesellschaft ist auf unbestimmte Dauer geschlossen.

(2) Jeder Gesellschafter kann seine Beteiligung an der Gesellschaft mit einer Frist von einem Jahr zum Ende eines jeden Rechnungsjahres der Gesellschaft kündigen, erstmals jedoch zum 31. Dezember 20.. .

(3) Die Kündigung hat schriftlich mittels Übergabe-Einschreiben an die Gesellschaft vertreten durch die Geschäftsführung mit Wirkung für und gegen die Mitgesellschafter oder an alle Mitgesellschafter persönlich zu erfolgen. Für die Rechtzeitigkeit der Kündigung kommt es auf das Datum des Postabgangsstempels an.

(4) Das außerordentliche Kündigungsrecht nach § 723 Abs. 1 S. 3 BGB bleibt unberührt.

§ 4 Gesellschaftsvermögen, Gesellschafter

(1) Das Gesellschaftsvermögen besteht aus den in § 2 Abs. 1 bezeichneten Grundstücken sowie dem sonstigen Gesellschaftsvermögen.

(2) Gesellschafter der Gesellschaft mit den nachstehend aufgeführten Anteilen am Gesellschaftsvermögen sind

a)	A	ohne Vermögensbeteiligung
b)	B	30 %
c)	C	30 %
d)	D	20 %
e)	E	20 %

(3) Änderungen im Bestand der Gesellschafter oder des Vermögens sind in einem durch die Geschäftsführer zu führendes Verzeichnis fortzuschreiben. Für die einzelnen Vermögensgegenstände sind die Anschaffungs- oder Herstellungskosten – ggf. gemindert durch die steuerlich zulässigen Abschreibungen- anzusetzen.

§ 5 Geschäftsführung und Vertretung

(1) Zur Geschäftsführung können grundsätzlich nur Gesellschafter berufen werden.

(2) Für die erste Geschäftsführung und Vertretung der Gesellschaft gilt Folgendes:

a) Die Gesellschafter zu § 4 Absatz 2a) und b) sind zur Geschäftsführung und Vertretung gemeinschaftlich berechtigt.
b) Die übrigen Gesellschafter sind von der Geschäftsführung und Vertretung ausgeschlossen.
c) Fällt einer der Geschäftsführer fort, so steht die Geschäftsführung und Vertretung allen Gesellschaftern gemeinschaftlich zu, bis die Gesellschafterversammlung einen Nachfolger für den fortgefallenen Geschäftsführer gewählt hat.

(3) Die Gesellschafterversammlung kann einzelnen Gesellschaftern das Recht zur Alleingeschäftsführung und -vertretung unter Befreiung von den Beschränkungen des § 181 BGB verleihen oder entziehen.

(4) Zur Vertretung der Gesellschaft gegenüber Dritten ist jedem Geschäftsführer eine Vollmacht auszuhändigen. Auf Wunsch des Geschäftsführers ist diese Vollmacht in grundbuchfähiger Form zu erteilen.

(5) Die Geschäftsführung erstreckt sich auf alle Maßnahmen, die im Interesse der Gesellschaft und zur Verwirklichung des Gesellschaftszwecks notwendig sind.

(6) Die Geschäftsführung bedarf zur Vornahme folgender Geschäfte eines zustimmenden Gesellschafterbeschlusses:

a) Erwerb, Veräußerung und Belastung von Grundstücken, grundstücksgleichen Rechten, sowie Rechten an Grundstücken und an grundstücksgleichen Rechten;
b) Abschluss, Änderung und Beendigung von Miet-, Pacht- oder Leasingverträgen;
c) Kreditaufnahme, Kreditgewährung, Übernahme von Bürgschaften, Wechselausstellungen und -annahmen;
d) Abschluss von Geschäften jeder Art mit einem höheren Gegenstandswert als € ...... oder einer längeren Vertragsdauer oder einer längeren Kündigungsfrist als ...... Jahren;
e) Abschluss aller Geschäfte, die über den üblichen Geschäftsbetrieb der Gesellschaft hinausgehen.

§ 6 Gesellschafterversammlungen, vereinfachte Beschlussfassung

(1) Beschlüsse der Gesellschaft werden in Gesellschafterversammlungen gefasst.

(2) Jeder Gesellschafter oder die Geschäftsführung können eine Gesellschafterversammlung einberufen. Die Einberufung der Gesellschafterversammlung erfolgt mit-

tels Übergabe-Einschreiben. Sie ist mit einer Frist von mindestens einer Woche zu bewirken. Die Tagesordnung der Gesellschafterversammlung muss in der Einladung angekündigt werden. Ist die Gesellschafterversammlung nicht ordnungsgemäß einberufen, so können Beschlüsse nur gefasst werden, wenn sämtliche Gesellschafter auf die Rüge der nicht ordnungsgemäßen Einberufung verzichten. Die Gesellschafterversammlung ist beschlussfähig, wenn alle Gesellschafter vertreten sind. Ist dies nicht der Fall, so ist eine zweite Gesellschafterversammlung mit derselben Tagesordnung entsprechend den Bestimmungen nach den Sätzen 1 bis 3 einzuberufen. Die zweite Gesellschafterversammlung ist ohne Rücksicht auf die Anzahl der vertretenen Gesellschafter beschlussfähig. In der Einladung ist hierauf hinzuweisen.

(3) Anstelle der Beschlussfassung in einer Gesellschafterversammlung ist auch eine schriftliche, fernmündliche, fernschriftliche oder Beschlussfassung per E-Mail zulässig, wenn sämtliche Gesellschafter hiermit einverstanden sind.

(4) Jeder Gesellschafter kann sich durch einen anderen Gesellschafter, durch einen zur Verschwiegenheit verpflichteten Berufsträger eines rechts- oder steuerberatenden Berufsstandes, durch einen Abkömmling, seinen Ehegatten oder Lebenspartner iSd. LPartG vertreten lassen. Der Vertreter hat sich durch eine schriftliche Stimmrechtsvollmacht auszuweisen.

(5) Über jeden Gesellschafterbeschluss ist eine Niederschrift anzufertigen, von welcher jedem Gesellschafter eine Abschrift zu übersenden ist.

§ 7 Stimmrecht, Mehrheits- und Einstimmigkeitserfordernisse

(1) Die Stimmen stehen den Gesellschaftern im Verhältnis ihrer Beteiligung am Gesellschaftsvermögen zu. Dabei gewährt jeder die Beteiligung am Gesellschaftsvermögen wiedergebende volle Prozentpunkt eine Stimme. Der Gesellschafter A hat überdies eine Stimme. Jeder Gesellschafter hat die ihm zustehenden Stimmen einheitlich abzugeben.

(2) Zur Beschlussfassung über die Änderung des Gesellschaftsvertrages bedarf es der Einstimmigkeit. Der Einstimmigkeit bedarf die Beschlussfassung über die Änderung des Gesellschaftsvertrages hinsichtlich der Gewinnverteilung, des Gesellschaftszwecks und der Stimmenzuteilungsregelung sowie die Abberufung der in § 5 Abs. 2a genannten Geschäftsführers.

(3) Einer Mehrheit $^{2}/_{3}$ Mehrheit der vorhandenen Stimmen bedürfen:

a) Änderungen des Gesellschaftsvertrages, soweit nicht Einstimmigkeit erforderlich ist,

b) Auflösung der Gesellschaft,

c) Ausschluss eines Gesellschafters,

d) Erbringung von zusätzlichen Einlagen der Gesellschafter im Verhältnis ihrer Beteiligungen am Gesellschaftsvermögen,

e) Beschlüsse zu zustimmungsbedürftigen Geschäftsführungsmaßnahmen (§ 5 Abs. 6).

(4) Der einfachen Mehrheit der vorhandenen Stimmen bedürfen:

a) Genehmigung der von der Geschäftsführung aufgestellten Überschussrechnung;

b) Genehmigung des von der Geschäftsführung aufzustellenden Wirtschaftsplans für das folgende Rechnungsjahr;

c) Bestellung und Abberufung sowie Entlastung der Geschäftsführung;

d) Erteilung oder Widerruf der Bevollmächtigung der Geschäftsführung vorbehaltlich der Sonderregelungen nach Abs. 2 S. 2;

e) Verwendung der Überschüsse einschließlich Festsetzung der Entnahmen auf die Gewinnanteile (§ 12 Abs. 2 und 3);

f) Verfügungen über den Gesellschaftsanteil (§ 13 Abs. 1);

g) alle sonstigen Fragen, welche die Geschäftsführung der Gesellschafterversammlung zur Beschlussfassung vorlegt.

§ 8 Rechnungsjahr

Rechnungsjahr ist das Kalenderjahr. Das erste Rechnungsjahr der Gesellschaft endet am 31. Dezember 20... .

§ 9 Überschussrechnung

Die Geschäftsführung ist verpflichtet, innerhalb der ersten drei Monate eines jeden Rechnungsjahres eine Überschussrechnung für das abgelaufene Rechnungsjahr aufzustellen und allen Gesellschaftern zu übermitteln.

§ 10 Beteiligung an Überschüssen und Verlusten

(1) An den Überschüssen und Verlusten der Gesellschaft nehmen die Gesellschafter im Verhältnis ihrer Vermögensbeteiligung teil.

(2) Mit A wird ein separater Geschäftsführervertrag abgeschlossen.

§ 11 Gesellschafterkonten

(1) Zur Abwicklung des Zahlungsverkehrs zwischen der Gesellschaft und den Gesellschaftern werden bei der Gesellschaft für jeden Gesellschafter gesondert Abrechnungskonten errichtet.

(2) Guthaben auf den Abrechnungskonten werden mit zwei und Schuldsalden mit drei Prozentpunkten über dem Basiszinssatz verzinst.

§ 12 Entnahmen

(1) Die Gesellschafter dürfen zu Lasten ihres laufenden Abrechnungskontos bei der Gesellschaft ohne Rücksicht auf die Einkünfte der Gesellschaft alle Steuerbeträge entnehmen, die mit ihrer Gesellschafterstellung, insbesondere mit ihrer Beteiligung an den Überschüssen und am Vermögen der Gesellschaft zusammenhängen; die Höhe der Steuerbeträge ist durch eine Berechnung des Steuerberaters des jeweiligen Gesellschafters nachzuweisen.

(2) Im Übrigen entscheidet über Entnahmen die Gesellschafterversammlung nach Maßgabe der Liquiditätslage der Gesellschaft insbesondere nach Bezahlung sämtlicher Ausgaben und Dotierung der gebotenen Rückstellungen auf der Grundlage eines Beschlussvorschlages der Geschäftsführung, wobei grundsätzlich alle Überschüsse der Gesellschaft entnommen werden sollen.

(3) Die Beteiligung an den Entnahmen entspricht der Überschussbeteiligung eines jeden Gesellschafters. Entnahmen werden an alle Gesellschafter gleichzeitig ausbezahlt.

§ 13 Verfügungen

(1) Verfügungen über Gesellschaftsanteile, einschließlich der Verpfändung, der Belastung mit einem Nießbrauch, die Einräumung einer Unterbeteiligung, die Eingehung eines Rechtsverhältnisses, durch das ein Gesellschafter hinsichtlich seines Gesellschaftsanteils in eine treuhänderische Stellung gerät oder die Ausübung seiner Gesellschafterrechte an die Zustimmung eines Dritten bindet, sowie jede sonstige Belastung sind nur mit Zustimmung der Gesellschafterversammlung wirksam.

(2) Der Zustimmung der Gesellschafterversammlung zu den in Abs. 1 genannten Verfügungen bedarf es nicht, soweit diese zugunsten des Ehegatten, Lebenspartners

iSd. LPartG oder eines Abkömmlings des betroffenen Gesellschafters erfolgen. Die Gesellschafter erteilen hiermit schon jetzt ihre Zustimmung zu derartigen Verfügungen. Als Inhalt eines Nießbrauchsrechts kann zwischen Nießbrauchsbesteller und Nießbraucher vereinbart werden, dass der Nießbraucher in laufenden Angelegenheiten der Gesellschaft ein eigenes – das Gesellschaftermitwirkungsrecht des Nießbrauchsbestellers – ausschließendes Stimmrecht hat.

(3) Ansonsten ist die Übertragung eines Gesellschaftsanteils ohne Zustimmung der Gesellschafterversammlung bzw. der übrigen Gesellschafter nur im Rahmen eines Verkaufs zu den nachfolgenden Bedingungen zulässig:

a) Will ein Gesellschafter seinen Gesellschaftsanteil veräußern, so ist er zuvor den übrigen Gesellschaftern zu dem von ihm in Aussicht genommenen Preis durch Übergabe-Einschreiben anzubieten. Diese können das Angebot innerhalb eines Monats ab Zugang des Angebots annehmen. Üben mehrere Gesellschafter das Erwerbsrecht aus, so steht es ihnen im Verhältnis ihrer Beteiligungen am Gesellschaftsvermögen zu.

b) Wird das Erwerbsrecht gem. Buchst. a) nicht ausgeübt, ist der betroffene Gesellschafter berechtigt, seinen Gesellschaftsanteil an Dritte zu veräußern, wenn sich der Dritte in dem Kaufvertrag verpflichtet, auch die Gesellschaftsanteile der übrigen Gesellschafter zu gleichen Konditionen zu erwerben, sofern sie ihm ihre Gesellschaftsanteile andienen (Andienungsrecht). Gesellschaftern, die von ihrem Andienungsrecht keinen Gebrauch machen, steht ein Vorkaufsrecht hinsichtlich aller veräußerten Gesellschaftsanteile zu. Üben mehrer Gesellschafter das Vorkaufsrecht aus, so steht es ihnen im Verhältnis ihrer Beteiligungen am Gesellschaftsvermögen zu.

§ 14 Auflösung der Gesellschaft

In allen Fällen, in denen das Gesetz an den Eintritt bestimmter Ereignisse in der Person eines Gesellschafters die Auflösung der Gesellschaft anknüpft, soll diese nicht eintreten. Vielmehr soll der betroffene Gesellschafter aus der Gesellschaft ausscheiden und die Gesellschaft unter den verbliebenen Gesellschaftern fortgesetzt werden.

§ 15 Ausscheiden aus der Gesellschaft

(1) Ein Gesellschafter scheidet aus der Gesellschaft insbesondere bei folgenden Ereignissen aus:

a) Tod,

b) Kündigung,

c) Eröffnung eines Insolvenz- oder ähnlichen Verfahrens über das Vermögen des betroffenen Gesellschafters oder Ablehnung desselben mangels Masse,

d) Kündigung durch Privatgläubiger gem. § 725 BGB,

e) Ausschluss.

(2) In den Fällen des Abs. 1c und d scheidet der betroffene Gesellschafter aus der Gesellschaft aus. Wird die gegen den Gesellschafter getroffene Maßnahme binnen sechs Monaten wieder aufgehoben, gilt der betroffene Gesellschafter als nicht ausgeschieden. Innerhalb dieser Frist dürfen in Ansehung des Gesellschaftsanteils des ausgeschiedenen Gesellschafters keine Veränderungen im Gesellschaftsverhältnis erfolgen

(3) Der Ausschluss eines Gesellschafters ist bei vorsätzlicher, grober Pflichtverletzung zulässig, wenn dem Auszuschließenden zuvor Gelegenheit zur Stellungnahme zu den gegen ihn erhobenen Vorwürfen gegeben worden ist. Der Auszuschließende hat kein Stimmrecht bei der Beschlussfassung über den Ausschluss. Der Ausschluss

wird mit Mitteilung des Gesellschafterbeschlusses gegenüber dem Auszuschließenden wirksam.

§ 16 Erbfolge

(1) Nur der Ehegatte, Lebenspartner im Sinne des LPartG oder Abkömmlinge des verstorbenen Gesellschafters können im Erbfall als Gesellschaftsnachfolger in die Gesellschaft eintreten. Das Eintrittsverlangen muss von den Erben gegenüber den verbliebenen Gesellschaftern innerhalb von 6 Monaten nach dem Tode des Gesellschafters schriftlich angezeigt werden. Bei dem Eintritt eines Erben wird kein Abfindungsguthaben an die übrigen Erben gezahlt. Etwaige Erbansprüche sind im Verhältnis zwischen dem Eintretenden und den übrigen Erben zu regeln. Die Gesellschaft ist in diesem Fall von sämtlichen Forderungen der übrigen Erben freigestellt.

(2) Mehrere Erben haben zur gemeinschaftlichen Ausübung ihrer Gesellschafterrechte, insbesondere des Stimmrechts, einen gemeinsamen Vertreter zu bestellen. Solange ein solcher Vertreter nicht bestellt ist, ruhen die Gesellschafterrechte mit Ausnahme der vermögensrechtlichen Ansprüche.

(3) Wenn kein Erbe gem. Abs. 1 eintritt oder eintreten kann, steht den Erben eine Abfindung in sinngemäßer Anwendung des § 17 zu.

§ 17 Abfindung

(1) Scheidet ein Gesellschafter aus der Gesellschaft aus, so erhält er eine Abfindung.

(2) Die Höhe der Abfindung bemisst sich nach dem Verkehrswert des Gesellschaftsvermögens zum Zeitpunkt des Ausscheidens des Gesellschafters im Verhältnis seiner Beteiligung am Gesellschaftsvermögen.

(3) Erzielen die Gesellschaft und der ausscheidende Gesellschafter über den Verkehrswert des Gesellschaftsvermögens binnen einer Frist von zwei Monaten nach dem Ausscheiden keine Einigkeit, wird dieser von zwei öffentlich vereidigten Grundstückssachverständigen, von denen je einer von der Gesellschaft und von dem ausscheidenden Gesellschafter benannt wird, festgestellt. Erzielen auch diese binnen einer Frist von einem weiteren Monat nach ihrer Bestellung keine Einigkeit, sollen die beiden Grundstückssachverständigen einen dritten unabhängigen öffentlich vereidigten Grundstückssachverständigen als Schiedsgutachter benennen, welcher den Verkehrswert für alle Gesellschafter verbindlich feststellt. Die Kosten dieses Verfahrens tragen die Gesellschaft und der ausscheidende Gesellschafter je zur Hälfte.

(4) Befreiung von oder Sicherheitsleistung wegen nicht fälliger Schulden kann der ausscheidende Gesellschafter nicht verlangen. Sobald diese fällig werden, kann er Befreiung verlangen.

(5) Änderungen der steuerlichen Feststellungen bspw. auf Grund einer finanzamtlichen Außenprüfung haben auf die Höhe des Abfindungsguthabens keinen Einfluss.

(6) Das Abfindungsguthaben ist in vier gleichen Jahresraten, von denen die Erste sechs Monate nach dem Ausscheidungstermin fällig wird, zu tilgen und mit ...... Prozentpunkten über dem Basiszinssatz ab dem Datum des Ausscheidens zu verzinsen.

(7) Die Gesellschaft ist zur vorzeitigen Zahlung auf das Abfindungsguthaben berechtigt.

§ 18 Liquidation

Wird die Gesellschaft aufgelöst, so sind die Gesellschafter am Liquidationserlös im Verhältnis ihrer Beteiligung am Gesellschaftsvermögen beteiligt.

§ 19 Schiedsverfahren

Für Streitigkeiten aus diesem Vertrag wird die ordentliche Gerichtsbarkeit ausgeschlossen und die Zuständigkeit eines Schiedsgerichts vereinbart. Für das Schiedsgericht, seine Zusammensetzung und sein Verfahren gilt der Schiedsvertrag, welcher in gesonderter Urkunde heute im Anschluss an diesen Vertrag abgeschlossen worden ist.

§ 20 Schriftform

Änderungen dieses Vertrages bedürfen zu ihrer Wirksamkeit der Schriftform. Auch wiederholte Verstöße gegen diese Bestimmung beseitigen nicht das Schriftformerfordernis.

§ 21 Teilnichtigkeit

Sollte eine Bestimmung dieses Vertrages nichtig, anfechtbar oder unwirksam sein, so soll die Wirksamkeit der übrigen Bestimmungen hiervon nicht berührt werden. Die angreifbare Bestimmung ist vielmehr so auszulegen, dass der mit ihr erstrebte wirtschaftliche und/oder ideelle Zweck nach Möglichkeit erreicht wird. Dasselbe gilt sinngemäß für die Ausfüllung von Vertragslücken.

...

(Unterschriften)

II. ERLÄUTERUNGEN

Erläuterungen zu A. 5.00 Gesellschaftsvertrag Vermögensverwaltende GbR

1. Grundsätzliche Anmerkungen

a) Wirtschaftliches Vertragsziel

1 Die Gesellschaft bürgerlichen Rechts (GbR) ist die Grundform aller Personengesellschaften. Konstitutives Merkmal jeder Personengesellschaft ist die Verfolgung eines gemeinsamen Zweckes. Der Unterschied zu anderen Personengesellschaften, bspw. den Personenhandelsgesellschaften oder Partnerschaftsgesellschaften, ist, dass der gesetzlich zulässige Rahmen für die Vereinbarung eines bestimmten Zwecks bei GbR wesentlich weiter ist. So sind Personenhandelsgesellschaften, wie bspw. die OHG (vgl. Formular A. 9.00) auf den Betrieb eines Handelsgewerbes (vgl. § 105 Abs. 1 HGB abgesehen von der Eintragungsmöglichkeit einer kleingewerblichen oder vermögensverwaltenden OHG nach § 105 Abs. 2 HGB) und Partnerschaftsgesellschaften (vgl. Formular A. 11.00) auf die gemeinschaftliche Ausübung Freier Berufe (§ 1 Abs. 1 PartGG) ausgerichtet. Bei der GbR kann hingegen jeder erlaubte, dauernde oder vorübergehende wirtschaftliche oder auch nur ideelle Zweck vereinbart werden (*Palandt/Sprau* § 705 BGB Rz. 20). Von daher können auf der Grundlage des Rechtes der GbR höchst unterschiedliche wirtschaftliche Vertragsziele verfolgt werden. Hinzukommt, dass die gesetzlichen Vorschriften, die auf die vertragliche Ausgestaltung einer GbR Anwendung finden, weitgehend dispositiver Natur sind. Damit ist in der Praxis eine **Vielfalt von Erscheinungsformen der GbR** anzutreffen: bspw. Pool- und Konsortialvereinbarungen, Arbeitsgemeinschaften in der Bauwirtschaft (ARGE). Auf nichteheliche Lebensgemeinschaften, unter Ehegatten sowie in Lebenspartnerschaften kann GbR-Recht mit der Folge eines schuldrechtlichen Ausgleichsanspruchs nach §§ 730 ff., 738 ff. BGB zur Anwendung kommen. Wegen der Einzelheiten wird hierzu auf das Formular A. 5.02 zum Erwerb eines Eigenheims durch eine nichteheliche Lebensgemeinschaft in GbR verwiesen.

Häufige Erscheinungsform der GbR ist die gemeinschaftliche Verwaltung eines oder mehrerer Vermögensgegenstände (zB Grundstück, Wertpapierdepot) mit dem Ziel der Erwirtschaftung von laufenden Überschüssen und der Mehrung des Gesellschaftsvermögens **(vermögensverwaltende GbR).** Besonders für die Verwaltung und Übertragung von Grundstücken kann die GbR vorteilhaft sein: Ein Wechsel im Mitgliederbestand stellt keine Eigentumsübertragung des Grundstückes selbst dar, sondern macht allenfalls das Grundbuch unrichtig (vgl. auch A. 5.10 Rz. 2). Der Eigenbedarf des Gesellschafters rechtfertigt die Eigenbedarfskündigung eines Wohnraummietvertrages einer GbR (BGH VIII ZR 74/11 v. 23.11.11 NJW-RR 12, 237). Bei einer OHG ist das jedoch nicht möglich (BGH VIII ZR 210/10 v. 15.12.10, NJW 11, 993). 2

Die Rechtsform der GbR kommt traditionell aber auch in Betracht zur gemeinschaftlichen Berufsausübung **(unternehmerische GbR)**. Für die Freiberufler sind hier die Steuerberater- oder Rechtsanwaltssozietät und die Gemeinschaftspraxis von Ärzten zu nennen (zu unterscheiden von der sog. Praxisgemeinschaft bzw. von der bloßen Bürogemeinschaft, vgl. *Palandt/Sprau* § 705 BGB Rz. 40, 49), wenn sich solche freiberuflichen Vereinigungen nicht zu neueren Gesellschaftsformen zusammenschließen (zB Partnerschaftsgesellschaft, vgl. A. 11.00, oder Rechtsanwalts GmbH, vgl. §§ 59c ff. BRAO). In Betracht kommt die Rechtsform der GbR zudem für Gewerbetreibende, wenn deren Unternehmen keinen in kaufmännischer Weise eingerichteten Geschäftsbetrieb erfordert und nicht im Handelsregister eingetragen werden soll (*Palandt/Sprau* § 705 BGB Rz. 41, zu der Frage, ob sich eine GbR an einer OHG oder KG beteiligen kann *Prütting* AnwBl. 14, 107, 109) und ferner zum gemeinschaftlichen Betrieb eines landwirtschaftlichen Unternehmens. Wegen der erheblichen Bedeutung der vorgenannten beiden Erscheinungsformen wird hier zunächst ein Muster für die **vermögensverwaltende GbR** (Formular A. 5.00) und eines für die **unternehmerische GbR** (vgl. Formular A. 5.01) vorgestellt. Auch für diese beiden Erscheinungsformen der GbR kann es freilich kein auf alle denkbaren Fälle passendes Formular geben. 3

Bei der Verfolgung unternehmerischer oder vermögensverwaltender Ziele mittels einer GbR ist deren **Haftungsverfassung** zu beachten. Die GbR haftet mit ihrem Gesellschaftsvermögen. Daneben haften die Gesellschafter mit ihrem Privatvermögen. Es handelt sich dabei um eine akzessorische Haftung, die nach derzeit h. M. angesichts der Anerkennung der Rechtsfähigkeit der GbR (vgl. Rz. 9) aus einer Analogie zu den die OHG betreffenden §§ 128 f. HGB hergeleitet wird (BGH II ZR 331/00 v. 29.1.01, NJW 01, 1056, nicht rkr. vgl. BGH II ZR 331/00 v. 18.2.02, NJW 02, 1207; BGH XI ZR 37/09 v. 12.1.10, DStR 10, 501). Die **Doppelverpflichtungstheorie,** wonach die Haftung der Gesellschafter mit der Überlegung begründet wurde, dass der Geschäftsführer bei Handlungen für die Gesellschaft im Zweifel nicht nur eine Verpflichtung der Gesamthand also der GbR begründet, sondern daneben kraft seiner Vertretungsmacht grundsätzlich auch eine solche der Gesellschafter persönlich, ist damit gegenstandslos geworden. Versuche, die Haftung einer GbR bspw. in Form einer „GbR mit beschränkter Haftung" oder „GbR mbH" durch Vertragsgestaltungen mit den jeweiligen Geschäftspartnern zu begrenzen, dürften sich angesichts der Aufgabe der Doppelverpflichtungstheorie und der kompletten Neuausrichtung der Rspr. des II. Zivilsenats des BGH in der Praxis als schwierig erweisen (vgl. bereits BGH II ZR 371/98 v. 27.9.99, DStR 99, 1704 sowie die Anmerkungen in der 5. Auflage unter A. 5.00 Rz. 2; vgl. auch BGH XI ZR 144/11 v. 27.11.12, DStR 13, 319 zur quotalen Gesellschafterhaftung, zu steuerlichen Konsequenzen bei Versuchen eines individualvertraglichen Haftungsausschlusses über eine „GmbH & Co. GbR" vgl. *Dornheim* DStR 14, 13). Gut zehn Jahre nach der Aufgabe der fast hundert Jahre lang geltenden Grundsätze zur Haftungsverfassung der GbR durch den II. Zivilsenat des BGH, ist Diskussion über die „GbR mbH" nicht verstummt sondern wieder aufgelebt. Nach 4 dieser Auffassung wird die Möglichkeit einer gesellschaftsvertraglichen Haftungsbeschränkung jedenfalls für nichtwirtschaftliche GbR in der Form der GbR mbH nach wie vor bejaht (*Beuthien* WM 12, 1). Vgl. aber BMF v. 17.3.14, DStR 14, 654.

5 Dennoch hat der II. Zivilsenat des BGH die Haftungsverfassung der GbR unter Aufgabe der traditionellen Auffassung weiter derjenigen angenähert, welche für die OHG gesetzlich geregelt ist. Neben der Akzessorietätstheorie soll dementsprechend grundsätzlich auch § 130 HGB anwendbar sein, wonach in Abkehr zu der früher h.M. auch der neueintretende Gesellschafter für **Altverbindlichkeiten** haftet (BGH II ZR 56/02 v. 7.4.03, NJW 03, 1803). § 28 HGB (iVm. § 128 HGB) gilt allerdings nicht und zwar auch nicht analog, wenn eine GbR durch Beitritt erstmals entsteht. Der II. Zivilsenat des BGH hat dies jedenfalls bei einem Zusammenschluss von Einzelanwälten verneint, weil bei persönlichen und eigenverantwortlichen Dienstleistungen der bei Kaufleuten maßgebende Gesichtspunkt der Unternehmens- und Haftungskontinuität nicht passe und ein Freiberufler seine Haftung auch nicht durch Eintragung in das Handelsregister nach § 128 Abs. 2 HGB ausschließen könne (BGH IX ZR 161/09 v. 17.11.11, NJW-RR 12, 239; BGH IX ZR 65/01 v. 22.1.04, DStR 04, 609). Ein Anleger, der sich als Treugeber über einen Treuhänder, der für sämtlichen Anleger nur einen einheitlichen Geschäftsanteil hält und ausdrücklich als „wirtschaftlicher Beteiligter" oder „wirtschaftlicher Gesellschafter der Gesellschaft" bezeichnet, unterliegt nach Auffassung des XI. Zivilsenats nicht der persönlichen Haftung entsprechend § 128 HGB (BGH XI ZR 148/08 v. 21.4.09, DStR 09, 1920). Mit Urteil BGH II ZR 385/99 v. 24.2.03, NJW 03, 1445 hat der II. Zivilsenat ebenfalls unter Aufgabe der bis dahin h.M. bestimmt, dass sich die GbR zu **deliktischem Schadensersatz** verpflichtendes Handeln ihrer (geschäftsführenden) Gesellschafter entsprechend § 31 BGB zurechnen lassen muss und die Gesellschafter daher insoweit persönlich als Gesamtschuldner dem Geschädigten gegenüber einzustehen haben (bestätigend BGH IX ZR 218/05 v. 3.5.07, DStR 07, 1736). Damit ist im Einklang mit der h.M. zur OHG de facto eine verschuldensunabhängige deliktische Haftung mit dem gesamten Privatvermögen der Gesellschafter geschaffen worden (vgl. *Altmeppen* NJW 03, 1553 für eine einschränkende Auslegung). In der Literatur wird zu Recht die Frage gestellt, ob „die Jurisprudenz vom Odium der Beliebigkeit affiziert würde, wenn eine entscheidende Wertungsfrage, wie die Ausweitung der persönlichen und deliktischen Haftung der Mitgesellschafter, von der Zufälligkeit abhängen würde, welcher dogmatischen Konstruktion zur Haftungsverfassung in der GbR die h.M. gerade zuneigt" (so *Altmeppen* NJW 03, 1553, 1554).

6 Immerhin hat der II. Zivilsenat des BGH im Nachhinein die Tragweite der Neuausrichtung seiner Rspr. zur Haftungsverfassung der GbR aus Gründen des **Vertrauensschutzes** für Altfälle eingeschränkt (BGH II ZR 56/02 v. 7.4.03, NJW 03, 1803 wg. Haftung des Beigetretenen für Altverbindlichkeiten; BGH II ZR 2/00 v. 21.1.02, NJW 02, 1642 wg. erkennbarer Haftungsbeschränkung ohne Individualvereinbarung), dies aber nicht ausnahmslos (BGH II ZR 300/08 v. 19.7.11, NZG 11, 1023; BVerfG 1 BvR 2266/11 v. 18.10.12, NJW 13, 523).

7 Für eine vertragliche **Unterlassungspflichterklärung der GbR** haften ihre Gesellschafter auf das Interesse und nicht persönlich auf Unterlassung (BGH I ZR 201/11 v. 20.6.13, NZG 13, 1095).

8 *(frei)*

b) Gesellschaftsrecht

9 **Wesensbestimmende Merkmale der GbR** sind der gemeinsame Zweck (vgl. Rz. 1) und die zu seinem Erreichen bestehende gegenseitige Förderungspflicht (*Jauernig/Stürner* § 705 BGB Rz. 1).

Ebenso wie die Personengesellschaften des Handelsrechts oder die Partnerschaftsgesellschaft (vgl. A. 11.00 Rz. 6) hat die GbR keine eigene Rechtspersönlichkeit. Auch wenn die GbR im Rechtsverkehr einen Namen führen darf (zu den Einzelheiten vgl. Rz. 31), ergibt sich im Unterschied zur OHG und der Partnerschaftsgesellschaft nicht schon aus der unmittelbaren Anwendung einer gesetzlichen Vorschrift (zB § 124 HGB, § 7 Abs. 2 PartGG), dass sie unter ihrem Namen Rechte erwerben, Verbindlichkeiten eingehen, Eigentum und andere dingliche Rechte erwerben, vor Gericht klagen oder verklagt werden könnte. Nach traditioneller Auffassung ist die GbR allenfalls teilrechtsfähig. So war u.a. bereits ihre Insolvenzfähigkeit (§ 11 InsO) und ihre Wechsel- und Scheckfähigkeit (BGH XI ZR 154/96 v. 15.7.97, DStR 97, 1501) anerkannt, nicht hingegen ihre Parteifähigkeit (BGH IX ZR 135/95 v. 10.10.96, NJW 97, 1236; BGH V ZR 141/98 v. 15.10.99, NJW 00, 291, 292) oder ihre Markenrechtsfähigkeit (BGH I ZR 168/97 v. 24.2.00, NJW-RR 01, 114, 116). Hiergegen hat der II. Zivilsenat des BGH mit Versäumnisurteil II ZR 331/00 v. 29.1.01, NJW 01, 1056; nicht rkr. vgl. Beschluss BGH II ZR 331/00 v. 18.2.02, NJW 02, 1.207, vgl. auch oben Rz. 4) entschieden, dass eine Außen-GbR **Rechtsfähigkeit** besitzt, soweit sie durch die Teilnahme am Rechtsverkehr eigene Rechte und Pflichten begründet. Dabei ist sie auch im Zivilprozess aktiv und passiv parteifähig. Diese Entwicklung ist kennzeichnend für eine rechtliche Verselbstständigung des Sondervermögens, welche zu einer Annäherung an die gesetzlich für die Personenhandelsgesellschaften oder die Partnerschaftsgesellschaft geltenden Grundsätze geführt hat.

Zur Verwirklichung des Gesellschaftszwecks wird sowohl bei der hier vorgestellten **10** unternehmerischen als auch bei der vermögensverwaltenden GbR „gemeinschaftliches Vermögen" gebildet (§ 718 BGB), das als vom übrigen Vermögen der Gesellschafter getrenntes Sondervermögen der **gesamthänderischen Bindung** aller Gesellschafter unterliegt (§ 719 BGB). Bewegliche Sachen sind der GbR also zB durch Einigung und Übergabe bzw. Übergabesurrogat zu übereignen, Grundstücke sind an sie aufzulassen. Im Unterschied zur bloßen Gemeinschaft iSd. §§ 741 ff. BGB existiert ein neben den Gesellschaftern bestehendes Gesellschaftsvermögen und ein Gesellschafter kann im Unterschied zum Teilhaber einer Gemeinschaft nicht über seinen Anteil am Gesellschaftsvermögen verfügen (§§ 719, 747 BGB).

Anders als bspw. bei der Partnerschaftsgesellschaft (vgl. A 11.00 Rz. 7) bedarf es bei **11** der **Gründung** einer GbR grds. nicht der Einhaltung einer bestimmten Form oder einer Registereintragung. Der Gesellschaftsvertrag kann sogar konkludent geschlossen werden. Allerdings können sich besondere Formerfordernisse aus dem Gesellschaftszweck ergeben (vgl. Rz. 34). Überdies dient die schriftliche Niederlegung auch ohne eine besondere gesetzliche Anordnung der Rechtssicherheit unter den Gesellschaftern und kann jedenfalls aus Sicht der Finanzverwaltung auch bei steuerlichen Auseinandersetzungen, zB bei der Familien-GbR, geboten oder für die Betroffenen bei derartigen Auseinandersetzungen wenigstens hilfreich sein.

c) Steuerrecht

aa) Einkommen- und Gewerbesteuer

Nicht die GbR als solche sondern die einzelnen Gesellschafter sind gem. § 1 EStG **12** einkommensteuerpflichtig. Um eine einheitliche Besteuerung sicherzustellen, werden die **Einkünfte einheitlich und gesondert festgestellt**, auf die Gesellschafter verteilt und diesen im Rahmen ihrer Einkommensbesteuerung zugerechnet (§§ 179, 180 Abs. 1 Nr. 2a, 182 Abs. 1 AO). Sind beschränkt Stpfl. an einer GbR beteiligt, so bedarf es einer Feststellung gemäß §§ 179, 180 Abs. 1 Nr. 2a AO nicht, wenn die ESt für die Einkünfte durch den gemäß § 50a EStG vorzunehmenden Steuerabzug als abgegolten gilt. Hierüber ist im Feststellungsverfahren zu befinden, in dem ansonsten diese Einkünfte festzustellen wären. § 50a EStG erfasst auch gesamthänderisch erzielte Einkünfte, soweit die Voraussetzungen der Vorschrift im Übrigen vorliegen (BFH I R 86/89 v. 23.10.91, DB 92, 510). Zur zivilrechtlichen und steuerlichen Behandlung von **Personengesellschaften mit Auslandsbezug** wird auf BMF v. 16.4.10,

BStBl. I 10, 359; *Plewka* DStR 10, 2554, 2557f.; *Beck PersGes-HB/Eberhard* § 25 Rz. 1ff. verwiesen.

13 Die Wahl der Gesellschaftsform der GbR kommt für sechs der sieben, in § 2 Abs. 1 EStG genannten Einkunftsarten (LuF, Gewerbebetrieb, selbstständige Arbeit, Kapitalvermögen, VuV, sonstige Einkünfte) in Betracht (zu Einkünften aus nichtselbstständiger Arbeit vgl. A. 5.01 Rz. 10). Grundsätzlich ist das Muster für vermögensverwaltende GbR (Formular A. 5.00) für Einkünfte aus VuV oder Kapitalvermögen gedacht, während das Muster für unternehmerische GbR (Formular A. 5.01) für Einkünfte aus Gewerbebetrieb, selbstständiger Arbeit oder LuF gedacht ist, wobei naturgemäß jeder Einzelfall einer individuellen Anpassung bedarf. Für die Zuordnung von Einkünften zu einer bestimmten Einkunftsart kommt es nicht nur auf die konkrete Vertragsgestaltung an, sondern vor allem auch auf die tatsächliche Durchführung. So gilt eine GbR, die nicht ausschließlich vermögensverwaltend sondern teilweise auch gewerblich tätig ist oder gewerbliche Einkünfte (bspw. über eine Tochtergesellschaft) bezieht, gem. § 15 Abs. 3 Nr. 1 EStG als in vollem Umfang gewerblich und nicht vermögensverwaltend u.a. mit der Folge der Gewerbesteuerpflicht und der idR ungünstigeren Stpfl. auch bezogen auf Veräußerungsgewinne, die bspw. aus der Veräußerung von Grundstücken erzielt werden **(Abfärbe- oder Infektionstheorie).** Diese Theorie gilt auch bei einer gemischt freiberuflich-gewerblichen GbR, u.a. mit der Folge, dass diese gewerbesteuerpflichtig wird. Auch die mitunternehmerische Beteiligung von Personen, die keine Freiberufler iSd. § 18 EStG sind, führt nach gefestigter Rspr. dazu, dass die GbR insgesamt zu einem Gewerbebetrieb wird (BFH VIII R 13/93 v. 14.12.93, BStBl. II 94, 922; zu StB/WP GmbH & Co. KG BFH III RV 42/10 v. 10.10.12, DStR 12, 2532). Eine Abfärbung auf den Gesamthandsbereich einer freiberuflich tätigen GbR erfolgt hingegen nicht, wenn gewerbliche Einkünfte im Sonderbereich eines Gesellschafters erzielt werden (BFH XI R 31/05 v. 28.6.06, DStR 06, 1934). Ansonsten kann schon eine geringfügige gewerbliche Tätigkeit zur Umqualifizierung der Einkünfte führen (zu den Problemen der ertragsteuerlichen Abgrenzung zwischen selbstständiger und gewerblicher Tätigkeit im Allgemeinen: *Korn* DStR 95, 1249). Allerdings hat der BFH (XI R 12/98 v. 11.8.99, BStBl. II 00, 229) im Fall einer Gemeinschaftspraxis für Krankengymnastik entschieden, dass nach Maßgabe des Verhältnismäßigkeitsgrundsatzes bei einem äußerst geringen Anteil der originär gewerblichen Tätigkeit die umqualifizierende Wirkung des § 15 Abs. 3 Nr. 1 EStG nicht eingreift. Im damals entschiedenen Fall wurde dies bei einem Anteil von 1,25% der Gesamtumsätze anerkannt. Die danach vertretbare Obergrenze für die originär gewerbliche Tätigkeit dürfte im Allgemeinen sogar höher liegen als im konkret entschiedenen Fall (vgl. *Bernütz* DStR 13, 886, 891 mwN zur Rspr.).

14 Vermögensverwaltende GbR, die Grundstücke verwalten, sowie deren Gesellschafter haben bei dem Erwerb und der Veräußerung von Grundstücken bzw. Beteiligungen an grundstücksverwaltenden Gesellschaften die besonderen Voraussetzungen zu beachten, die zu einer Umqualifizierung ihrer Einkünfte in gewerbliche nach § 15 EStG iSe. **gewerblichen Grundstückshandels** führen können (*Schmidt/Wacker* § 15 Rz. 70ff.; BFH GrS 1/93 v. 3.7.95, BStBl. II 95, 617).

15 Soweit von einer unternehmerischen GbR gewerbliche Einkünfte, Einkünfte aus LuF oder freiberufliche Einkünfte erzielt werden, gilt diese steuerlich als „andere Gesellschaft" iSd. § 15 Abs. 1 Nr. 2 EStG (bzw. iVm. § 18 Abs. 4 EStG, § 13 Abs. 7 EStG). Voraussetzung für eine entsprechende steuerliche Veranlagung ist auch, ob der betreffende Gesellschafter Mitunternehmer ist. **Mitunternehmer** ist nur, wer Mitunternehmerinitiative entfalten kann, Mitunternehmerrisiko trägt und eine Gewinnabsicht hinsichtlich des Gesamtgewinns verfolgt (zu den Einzelheiten *Schmidt/Wacker* § 15 Rz. 262ff., § 18 Rz. 42ff.).

16 Bei vermögensverwaltenden GbR, die bspw. negative Einkünfte aus VuV erzielen, stellt sich hingegen die Frage, ob der Werbungskostenabzug gem. § 9 EStG und die

damit möglicherweise beabsichtigte Verlustverrechnung mit positiven Einkünften aus anderen Einkunftsquellen gem. §§ 2 Abs. 3, 10d EStG schon deshalb ausgeschlossen ist, weil mangels Überschusserzielungsabsicht der Tatbestand der **Liebhaberei** vorliegt. Die Überschusserzielungsabsicht muss sowohl auf Ebene der GbR als auch auf Ebene der Gesellschafter vorliegen. Im Regelfall bedarf es allerdings insoweit keiner getrennten Beurteilung (BFH IX R 49/95 v. 8.12.98, BStBl. II 99, 468; BMF v. 8.10.04, BStBl. I 04, 933 Tz. 30).

Darüber hinaus ist sowohl für die unternehmerische als auch die vermögensverwaltende GbR generell das Verbot der Verlustverrechnung im Zusammenhang mit sog. **Steuerstundungsmodellen** zu beachten (§ 15b EStG).

Bei gewerblichen GbR ist – anders als bei der ESt – die GbR selbst Schuldnerin der **Gewerbesteuer** (§ 5 Abs. 1 Satz 3 GewStG). Die GewSt nebst aller Nebenleistungen sind keine Betriebsausgaben (§ 4 Abs. 5b EStG). Dafür kommt eine pauschalierte Ermäßigung der ESt gem. § 35 Abs. 1 Satz 1 Nr. 2 EStG zur Anwendung. Die tarifliche ESt ermäßigt sich danach um das 3,8fache des jeweils anteiligen GewSt-Messbetrages. Der Anteil eines Mitunternehmers an dem GewSt-Messbetrag richtet sich nach seinem Anteil am Gewinn nach Maßgabe des allgemeinen Gewinnverteilungsschlüssels ohne Berücksichtigung von Vorabgewinnzuweisungen (§ 35 Abs. 2 Satz 2 EStG). Dies wäre bei Vertragsgestaltungen mit Vorabgewinn zu beachten. 17

Bei der **Erbauseinandersetzung** gilt nach dem Beschluss des GrS des BFH GrS 2/89 v. 5.7.90 (BStBl. II 90, 837), dass Erbfall und Erbauseinandersetzung keine Einheit für die Einkommensbesteuerung bilden. Bei Gesellschaften mit Einkünften aus Gewerbebetrieb erzielen die der Erbengemeinschaft angehörenden Erben unabhängig von der Dauer der Gemeinschaft mitunternehmerische Einkünfte. Bei der freiberuflichen GbR kann ein Erbfall die Umqualifizierung der Einkünfte in gewerbliche bedeuten, wenn der Erbe nicht nach § 18 EStG qualifiziert ist (vgl. Rz. 13, BMF v. 14.3.06, BStBl. I 06, 253 Tz. 5). Nach Auffassung der FinVerw. ist in den Fällen der Auseinandersetzung von Erbengemeinschaften sowie Mitunternehmerschaften immerhin eine steuerlich unschädliche Rückwirkung auf den Zeitpunkt des Erbfalls in engen Grenzen anzuerkennen, da die Erbengemeinschaft eine gesetzliche Zufallsgemeinschaft ist, die auf Teilung angelegt ist. Danach wird bei einer Auseinandersetzungsvereinbarung in der Regel eine rückwirkende Zurechnung laufender Einkünfte für sechs Monate anerkannt. Soweit laufende Einkünfte rückwirkend zugerechnet werden, ist die Auseinandersetzung steuerlich so zu behandeln, als ob sich die Erbengemeinschaft unmittelbar nach dem Erbfall auseinandergesetzt hat (BMF v. 14.3.06, BStBl. I 06, 253 Tz. 7). Zu den ertragsteuerlichen Auswirkungen der Fortsetzung oder Auflösung der GbR im Erbfall sowie von Eintritts-, einfachen und qualifizierten Nachfolgeklauseln vgl. BMF v. 14.3.06, BStBl. I 06, 253 Tz. 69ff., *Schmidt/Kulosa* § 6 Rz. 131ff., *Schmidt/Wacker* § 16 Rz. 610ff. 18

bb) Abgabenordnung

Aus Sicht der FinVerw. müssen bei der **Bekanntgabe eines Steuerbescheids an die GbR** grds. alle Gesellschafter in dem Steuerbescheid angegeben werden. Dabei genügt es, dass im Bescheidsrubrum eine Kurzbezeichnung („GbR Peter Müller u.a.") eingesetzt und die einzelnen Mitglieder in einer Anlage oder in den Bescheiderläuterungen aufgeführt werden (AEAO zu § 122 Tz. 2.4.). Steuerbescheide sind an die GbR zu richten, wenn die GbR selbst Steuerschuldner ist. Dies gilt zB für die USt, die GewSt einschließlich der Festsetzung des Messbetrages und der Zerlegung, die Kfz-Steuer, wenn das Fahrzeug auf die Gesellschaft zugelassen ist, die pauschale Lohnsteuer, die Festsetzung des Grundsteuermessbetrages, wenn der Gesellschaft der Steuergegenstand zugerechnet worden ist, und die Grunderwerbsteuer, soweit Gesamthandseigentum der Gesellschaft besteht (AEAO zu § 122 Tz. 2.4.1). Die Auswechselung aller Gesellschafter berührt die Identität der Gesellschaft nicht, aber wirk- 19 sam bekanntgegeben werden kann ein an eine GbR gerichteter Steuerbescheid nur an die im Zeitpunkt seiner Bekanntgabe vertretungsberechtigten Personen (BFH II R 61/93 v. 12.12.96, DStR 97, 450 für Grunderwerbsteuerbescheid). Unter Berücksichtigung der neueren Rspr. des II. Zivilsenats des BGH (vgl. Rz. 1 ff. u. 9) können die Gesellschafter für Steuerschulden der GbR nur auf Grund eines Duldungsbescheides nach § 191 Abs. 1 AO in Anspruch genommen werden (*Tipke/Kruse* Vor § 69 AO Rz. 45 mwN). Im Übrigen sind nach Auffassung der FinVerw. **Steuerbescheide und Feststellungsbescheide an die Gesellschafter zu richten,** wenn die einzelnen Gesellschafter unmittelbar aus dem Steuerschuldverhältnis in Anspruch genommen werden sollen. Insbesondere Bescheide über gesonderte und einheitliche Feststellungen richten sich nicht an die GbR als solche, sondern an die einzelnen Gesellschafter, die den Gegenstand der Feststellung (vgl. Rz. 12) anteilig zu versteuern haben. Ein einheitlicher Feststellungsbescheid erlangt volle Wirksamkeit, wenn er allen Feststellungsbeteiligten bekannt gegeben wird. Mit seiner Bekanntgabe an einzelne Feststellungsbeteiligte entfaltet er nur diesen gegenüber Wirksamkeit (AEAO zu § 122 Tz. 2.4.2. ff.). Dennoch ist eine GbR auch im Feststellungsverfahren beteiligungsfähig und klagebefugt (BFH VIII R 83/05 v. 16.12.08, BFH/NV 09, 1118).

cc) Umsatzsteuer

20 Unabhängig davon, aus welchen Einkunftsarten die (vermögensverwaltende oder unternehmerische) GbR Einkünfte erzielt, kann sie **Unternehmer** iSd. § 2 UStG und Steuersubjekt der USt sein, da Unternehmer im umsatzsteuerlichen Sinne jedes selbstständig tätige Wirtschaftsgebilde ist, das nachhaltig Leistungen gegen Entgelt ausführt (vgl. UStAE 2.1). Für die Steuerbarkeit und Steuerpflicht der Umsätze und die Möglichkeit des Vorsteuerabzugs gelten im Grundsatz die allgemeinen Regeln. So kann bspw. eine grundstücksverwaltende GbR auf die Steuerbefreiung nach § 4 Nr. 12 UStG für ihre Vermietungsumsätze gem. § 9 UStG verzichten und mit dieser Maßgabe zum Vorsteuerabzug berechtigt sein.

21 Für die Frage der Steuerbarkeit von Leistungen einer Gesellschaft an ihre Gesellschafter kommt es darauf an, ob ein Leistungsaustausch vorliegt; das Umsatzsteuerrecht enthält insoweit keine besonderen Regelungen für Personenvereinigungen. Die Annahme einer Leistung gegen Entgelt erfordert eine zum Zwecke der Entgelterzielung erbrachte Leistung **(Leistungsaustausch);** es muss ein zweckgerichtetes Handeln der GbR gegeben sein, das sich auf eine gewollte, erwartete oder erwartbare Gegenleistung richtet und sie damit auslöst, so dass die wechselseitigen Leistungen nicht bloß äußerlich miteinander verbunden sind.

22 Ob ein Leistungsaustausch in diesem Sinne zu bejahen ist, hängt davon ab, ob die **Leistungen der Gesellschaft an den einzelnen Gesellschafter** im Gesamtinteresse der Gesellschaft liegen oder dem Individualinteresse des einzelnen Gesellschafters dienen, also die Gesellschaft nicht Gesamtbelange, sondern Sonderbelange des Gesellschafters verfolgt. Ob die Leistung im Gesellschaftsvertrag vereinbart wurde oder hierfür von den Gesellschaftern eine Vergütung oder ein Beitrag an die Gesellschaft zu zahlen ist, die dem Wert der erbrachten Leistung entspricht, ist lediglich als Beweisanzeichen bei der Prüfung des Vorliegens oder Nichtvorliegens eines Leistungsaustausches zu berücksichtigen (vgl. BFH V R 123/93 v. 18.4.96, BStBl. II 96, 387). Wenngleich es für die Annahme einer entgeltlichen Lieferung oder sonstigen Leistung nur nachrangig darauf ankommt, ob auf der Entgeltseite eine leistungsgerechte Gegenleistung des Gesellschafters vorliegt, so kann zumindest nicht mit der bloßen Überlegung, es läge ein Gewinnverzicht auf Gesellschafterseite vor, eine Gegenleistung oder angebliche Entgeltlichkeit konstruiert werden. Bei einer Wertabgabe durch die Gesellschaft an einen Gesellschafter mindert sich das Vermögen der Gesellschaft jedenfalls dann ohne Zufluss, wenn die anderen Gesellschafter einverstanden sind. Beim Gesellschafter führt die Entnahme zwar zu einem (möglicherweise für die Gesellschaft nach

§ 3 Abs. 9a UStG steuerbaren) Wertzufluss, doch steht diesem kein Aufwand, sondern nur eine Minderung des Gesellschaftsvermögens gegenüber (BFH V R 4/73 v. 3.11.83, BStBl. II 84, 169; V R 5/73 v. 3.11.83, BStBl. II 84, 170).

Bei der umsatzsteuerlichen Beurteilung von **Leistungen eines Gesellschafters an die Gesellschaft** ist zu unterscheiden zwischen Leistungen, die gegen (Sonder-)Entgelt ausgeführt werden und solchen, die als Gesellschafterbeitrag iSd. § 706 BGB durch das Gesellschaftsverhältnis veranlasst sind. Die Beteiligten haben es weitgehend in der Hand, Leistungen als – durch die Beteiligung an Gewinn und Verlust der Gesellschaft abgegoltenen (unentgeltlichen) – Gesellschafterbeitrag zu vereinbaren oder die entsprechenden Leistungen auf der Grundlage eines echten Austauschvertrages gegen Sonderentgelt zu erbringen. Ein solches kann auch in der Vereinbarung eines Gewinnvorabs liegen (vgl. UStAE 1.6 mwN). 23

Zur **PKW-Überlassung** vgl. A. 5.01 Rz. 18 ff.

dd) Grunderwerbsteuer

Beim Übergang eines Grundstücks vom Alleineigentümer oder von mehreren Miteigentümern auf eine Gesamthand, also eine GbR, wird die Grunderwerbsteuer insoweit nicht erhoben, als der Anteil des jeweiligen Miteigentümers bzw. des Alleineigentümers dem Anteil am Vermögen der Gesellschaft entspricht (§ 5 Abs. 1 u. 2 GrEStG). Geht ein Grundstück von einer Gesamthand, also der GbR, in das Miteigentum mehrerer an der GbR beteiligter Personen oder in das Alleineigentum einer an der GbR beteiligten Person über, so wird die Steuer in Höhe des Anteils nicht erhoben, zu dem der Erwerber am Vermögen der GbR beteiligt ist (§ 6 Abs. 1 u. 2 GrEStG). 24

Zur Grunderwerbsteuerpflicht bei **Änderung des Gesellschafterbestandes** vgl. A. 5.10 Rz. 6 f. 25

ee) Erbschaft- und Schenkungsteuer

Bis zum BFH-Urt. II R 150/85 v. 7.12.88 (BStBl. II 89, 237) konnten Erwerber im Erbschaft- und Schenkungsteuerrecht nur natürliche oder juristische Personen sein, nicht aber Personengesellschaften (vgl. zB BFH III R 72/70 v. 2.7.71, BStBl. II 71, 678). Nach BFH III R 72/70 v. 7.12.88 (aaO) konnten auch Gesamthandsgemeinschaften Erwerber u. a. mit der Folge sein, dass ihre Erwerbe im Rahmen der ungünstigsten Steuerklasse mit Erbschaft- und Schenkungsteuer belastet werden konnten. Der BFH hat diese stark kritisierte Auffassung (vgl. dazu *Beck StVFB/Meulenbergh,* 2. Aufl. A. 5.00 korrigiert (BFH II R 95/92 v. 14.9.94, BStBl. II 95, 81). Danach sind stets die **Gesellschafter Erwerber und damit Steuerschuldner** nach § 20 ErbStG, wenn einer GbR durch Schenkung oder Erbschaft Vermögen zufällt. Hieran ändert auch die zwischenzeitlich vom II. Zivilsenat des BGH forcierte rechtliche Verselbstständigung des Sondervermögens und die Annährung der GbR an die OHG (vgl. Rz. 1 ff. u. 9) nichts. Der BFH wendete nämlich schon vor dieser Änderung in der Zivilrechtsprechung auch auf Personenhandelsgesellschaften dieselben erbschaftsteuerlichen Grundsätze an (BFH II R 95/92 v. 14.9.94, BStBl. II 95, 81; BFH II R 82/96 v. 15.7.98, BStBl. II 98, 630). 26

Im Wege der Fiktion regelt § 3 Abs. 1 Nr. 2 ErbStG, dass der durch den Tod eines Gesellschafters bedingte Anteilsübergang auf die anderen Gesellschafter als Schenkung auf den Todesfall gilt, soweit der Steuerwert des Anteils zum Stichtag Abfindungsansprüche Dritter übersteigt. Erfolgt das Ausscheiden unter Lebenden, fingiert § 7 Abs. 7 ErbStG eine entsprechende Schenkung. Der Steuerwert nach § 12 ErbStG kann aufgrund der Änderungen des Bewertungsrechts durch das ErbStRG v. 24.12.08 (BGBl. I 08, 3018) zu wesentlich höheren Werten führen als nach bisherigen Recht (vgl. auch die Gleichl. Ländererlasse v. 25.6.09 (BStBl. I 09, 698) wegen der Anwen- 27 dung der §§ 11, 95, bis 109 und 199ff. BewG idF des ErbStRG; für eine einschränkende Auslegung *Kreutziger* ZEV 13, 252).

28 Insbes. bei der unternehmerischen GbR werden steuerliche Auswirkungen abgeschwächt, wenn die gesetzlichen Vergünstigungen für die Unternehmensnachfolge Anwendung finden. Soweit die diesbzgl. Voraussetzungen nach §§ 13a und 13b ErbStG erfüllt sind, kann es zu einer entsprechenden Verschonung bei dem bzw. den verbleibenden Gesellschaftern kommen. Einzuhalten sind vor allem die sog. Wohlverhaltensregelungen (Mindestlohnsummen) über fünf bzw. sieben Jahre gem. § 13a Abs. 1 S. 2 bzw. § 13a Abs. 8 Nr. 1 ErbStG. Zusammenfassend für die schenkungsteuerlichen Konsequenzen auch bei vermögensverwaltenden GbR *Beck PersGes-HB/Landsittel* § 8 Rz. 227ff. vgl. auch die Gleichl. Ländererlasse v. 25.6.09 (BGBl. I 09, 713) wegen der Anwendung der mit dem ErbStRG v. 24.12.08 (BGBl. I 08, 3018) geänderten Vorschriften des ErbStG.

29, 30 *(frei)*

2. Einzelerläuterungen

Zu § 1: Name, Sitz, Rechtsform

31 Die **Namensbildung und -führung** ist gesetzlich nicht geregelt. Allerdings kann im Gesellschaftsvertrag oder durch Gesellschafterbeschluss ein Name der GbR festgelegt werden. Grds. wird der Name einer GbR aus den Namen der Gesellschafter mit einem die Gesellschaftsform kennzeichnenden Zusatz (zB „GbR") gebildet. Dies kann freilich bei mehreren GbR mit Gesellschafteridentität oder bei einer großen Zahl von Gesellschaftern unpraktikabel sein. Zulässig ist daher auch die Bildung eines Gesamtnamens, bei dem nur ein Teil der Gesellschafter als Namensgeber auftreten oder auch ein Zusatz, der eine Sachbezeichnung beinhaltet (zB „Müller Objekt Hauptstr. GbR"). Unzulässig ist der Zusatz „& Partner" oder „Partnerschaft" o.ä., da diese Bezeichnungen gem. § 11 PartGG – abgesehen von einer Übergangsregelung für Altgesellschaften – der Partnerschaftsgesellschaft vorbehalten sind (BGH AnwZ (BrfG) 14/12 v. 24.10.12, BeckRS 2012, 24720: Keine verfassungsrechtliche Bedenken). Ferner sind bei der Bildung des Namens allgemeine wettbewerbsrechtliche und berufsrechtliche Vorschriften zu beachten. Da eine Außengesellschaft nach der neueren Rspr. des II. Zivilsenats des BGH parteifähig ist und der OHG angenähert wird, kann sie auch unter ihrem Namen klagen und verklagt werden (BGH II ZR 331/00 v. 29.1.01, NJW 01, 1056; *Bamberger/Roth/Schöne* § 705 BGB Rz. 150ff.). Eine GbR kann unter ihrem Namen (ihrer eigenen Bezeichnung) als Eigentümerin eingetragen werden, wenn sie im Gesellschaftsvertrag oder in einer Gerichtsentscheidung mit einem Namen ohne Auflistung der Gesellschafter bezeichnet ist (BGH V ZB 74/08 v. 4.12.08, DStR 09, 284). Allerdings sieht § 47 Abs. 2 S. 1 GBO nunmehr vor, dass auch deren Gesellschafter einzutragen sind. Zur Bezeichnung der Gesellschaft können – müssen aber nicht – zusätzlich deren Name und Sitz im Grundbuch angegeben werden (*Böttcher* NJW 12, 822 mwN zur Rspr.). Zur Frage einer eventuelle Grundbuchberichtigung nach einem Gesellschafterwechsels vgl. A. 5.10 Rz. 2.

32 Zum **Schutz ihres Namens** kann sich die GbR auf das Namensrecht aus § 12 BGB berufen, da dieser sich auch auf den Namen von Personenvereinigungen erstreckt (vgl. *Bamberger/Roth/Schöne* § 705 BGB Rz. 149 mwN).

33 Die GbR hat nicht notwendigerweise einen **Sitz**, wie das in § 106 Abs. 2 Nr. 2 HGB für die Personenhandelsgesellschaften vorgesehen ist. Dies bedeutet jedoch nicht, dass die vertragliche Begründung eines Sitzes bei der GbR unzulässig wäre; § 11 AO legt die Vereinbarung eines Sitzes vielmehr nahe.

Zu § 2: Gesellschaftsgegenstand

34 Das Formular geht davon aus, dass sich das Grundstück bereits im Gesamthandseigentum der Gesellschafter befindet und von daher der Gesellschaftsvertrag nicht der

notariellen Form bedarf. Sieht der Unternehmensgegenstand im Gesellschaftsvertrag hingegen eine Erwerbspflicht für ein bestimmtes Grundstück vor, bedarf er gem. § 311b BGB der notariellen Form (*MünchKommBGB/Ulmer/Schäfer* § 705 Rz. 36 ff., 35; BGH II ZR 331/99 v. 2.4.01, DStR 01, 1711: bei Gegenstandsangabe auch „der Erwerb ......"). Vgl. zB Formular A. 5.02 für eine Grundstückserwerbspflicht.

Mit dem Verbot der gewerblichen Betätigung in Abs. 3 soll vermieden werden, dass **35** § 15 Abs. 3 Nr. 1 EStG mit der Folge zum Zuge kommt, dass die VuV-Einkünfte in Einkünfte aus Gewerbebetrieb umqualifiziert werden. Steuerlich maßgeblich bleibt auch die tatsächlich durch die GbR ausgeübte Tätigkeit (vgl. Rz. 12).

Der im Gegenstand der Gesellschaft geregelte Geschäftszweck bestimmt auch die Haf- **36** tung der Geschäftsführung nach Maßgabe der **Geschäftschancenlehre**, welche auch auf eine GbR Anwendung findet (BGH II ZR 159/10 v. 4.12.12, DStR 13, 600).

Zu § 3: Dauer, Kündigung

Bei der GbR ist es nicht möglich, die Kündigung auf unbestimmte Zeit auszu- **37** schließen. Sie kann gegenüber den Bestimmungen des § 723 BGB lediglich erschwert werden. Auch kann – wie im Formular – vorgesehen werden, dass die Kündigung nur das Ausscheiden des kündigenden Gesellschafters zur Folge hat und das Gesellschaftsverhältnis unter den übrigen Gesellschaftern fortgesetzt werden kann (§§ 14, 15 Abs. 1) oder fortgesetzt wird. Nach § 723 Abs. 3 BGB ist eine Vereinbarung nichtig, durch welche das Kündigungsrecht (aus wichtigem Grund) ausgeschlossen oder der Vorschrift zuwider beschränkt wird (*Palandt/Sprau* § 723 BGB Rz. 7). Auch eine übermäßige zeitliche Beschränkung des ordentlichen Kündigungsrechts kann unzulässig sein (*Palandt/Sprau* § 723 BGB Rz. 2). Eine unter dem wirklichen Anteilswert liegende Abfindung, kann angreifbar sein, wenn wegen der seit dem Vertragsschluss eingetretenen Verhältnisse dem Ausscheidenden das Festhalten an der gesellschaftsvertraglichen Regelung auch unter Berücksichtigung der berechtigten Interessen der Mitgesellschafter nicht zugemutet werden kann. Dabei sind die gesamten Umstände des konkreten Falles in Betracht zu ziehen (zu Buchwertklauseln s. BGH II ZR 36/92 v. 24.5.93, NJW 93, 2.101; zu Belastung der Abfindung durch Versorgungsansprüche der verbliebenen Gesellschafter BGH II ZR 133/09 v. 21.6.10, DStR 10, 1898; *MünchKommBGB/Schäfer* § 723 Rz. 72, 76 und § 738 Rz. 41 ff. und *MünchKommBGB/Schäfer* § 738 Rz. 63 ff.). Eine unzulässige Benachteiligung des kündigungswilligen Gesellschafters durch eine Buchwertabfindung wurde bspw. in dem BGH II ZR 256/83 v. 24.9.84 (NJW 85, 192 f.) zugrundeliegenden Fall gesehen. Nach BGH II ZR 242/92 v. 6.12.93 (NJW 94, 796) ist eine Vereinbarung für wirksam befunden worden, wonach im Falle der Auflösung einer ärztlichen Gemeinschaftspraxis die Gesellschaft in der Weise aufgelöst werden sollte, dass das Praxisinventar geteilt wird und die Gesellschafter, ohne irgendwelchen Beschränkungen zu unterliegen, auch in Zukunft Patienten der früheren Praxis behandeln dürfen (vgl. auch A. 5.01 Rz. 35). Wegen der schenkungs- und erbschaftsteuerlichen Konsequenzen s. Rz. 27.

Hinsichtlich des Zugangserfordernis und der Empfangsvollmacht der Geschäftsfüh- **38** rung für die Kündigung eines Gesellschafters vgl. A. 5.14 Rz. 2.

Zu § 4: Gesellschaftsvermögen, Gesellschafter

Absatz 1: Die Bezeichnung des Gesellschaftsvermögens ist wegen des Grundsatzes **39** der Rechtsklarheit geboten. Das Gesellschaftsvermögen steht den Gesellschaftern nicht bruchteilsmäßig, sondern zur gesamten Hand zu (§§ 718 Abs. 1, 719 BGB). Seit Anerkennung der Rechtsfähigkeit der Außen-GbR durch den BGH soll es sich sogar um eigenes Vermögen der Gesellschaft handeln (vgl. Rz. 9). Nichtsdestotrotz wird das Gesamthandsvermögen abgabenrechtlich den Gesellschaftern gem. § 39 Abs. 2 Nr. 2 AO bruchteilsmäßig zugerechnet. Bei Vermögensübergängen zwischen Gesellschaft und Gesellschaftern sind dieselben Übertragungsbestimmungen des Sachenrechts maßgebend, wie sie für den Rechtsverkehr unter fremden Dritten vorgesehen sind. So geht Mobiliareigentum durch Einigung und Übergabe bzw. Übergabeersatz und Grundstückseigentum durch Auflassung und Eintragung über.

40 **Absatz 2:** Mit der vorgeschlagenen Beteiligung des A ohne Beteiligung am Vermögen der Gesellschaft (OLG Frankfurt 30 W 264/12 v. 20.9.12, NZG 13, 338; *Staudinger/Kessler* Vorb. § 705 BGB Rz. 84 ff.; aA wohl OLG Celle 9 U 84/06 v. 3.1.07, NZG 07, 542 zu restriktiv, soweit danach eine Vermögensbeteiligung Voraussetzung für eine Gesellschafterstellung sein soll) wird die Möglichkeit vorgestellt, eine Geschäftsführerstellung gesellschaftsvertraglich abzusichern. Dies kann zB im Generationengefüge zweckmäßig sein, wenn der Schenker sich zwar seines Eigentums entäußern, nichtsdestoweniger jedoch die Kontrolle über die Gegenstände der Schenkung behalten will. Zur Stellung von A vgl. auch Rz. 53 und A. 5.01 Rz. 10. Zu der Frage, ob eine GbR auch Anteile an sich selbst halten kann vgl. *Priester* ZIP 14, 245.

40a **Absatz 3:** Insbes. bei größeren GbR empfiehlt sich ein Gesellschafterverzeichnis, das zweckmäßigerweise von der Geschäftsführung geführt wird (vgl. Formular A. 5.22). Die Praxis hat nämlich gezeigt, dass Anteilsübergänge aufgrund von Einzel- und Gesamtrechtsnachfolgen häufig nicht hinreichend transparent dokumentiert sind und deshalb zu einem späteren Zeitpunkt nur noch schwer nachvollziehbar sind. Da für GbR keine dem Handelsregister ähnliche Einrichtung besteht, sollte diese Funktion durch die Geschäftsführung übernommen werden. Im Vermögensverzeichnis werden – wie in der Bilanz des Handelsunternehmens – die Vermögensgegenstände und Schulden der Gesellschaft buchhalterisch wiedergegeben.

Zu § 5: Geschäftsführung und Vertretung

41 **Absatz 1 und 2:** Im Gesetz ist die Geschäftsführung und Vertretung in den §§ 709, 714 BGB geregelt. Danach wird als Regelfall die Geschäftsführung und Vertretung der Gesellschaft durch alle Gesellschafter gemeinschaftlich (Gesamtgeschäftsführung) unterstellt. Dies ist unpraktikabel. Da die gesetzlichen Regelungen dispositiver Natur sind, wird im Formular eine dem Verfasser sinnvoll erscheinende abweichende Regelung vorgestellt, wonach nicht alle Gesellschafter geschäftsführungs- und vertretungsbefugt sind (vgl. auch § 710 BGB). Die vertragliche Regelung geht davon aus, dass die Geschäftsführer grundsätzlich von der Gesellschafterversammlung gewählt werden (vgl. auch § 7 Abs. 4c), dass aber zu Beginn der Gesellschaft zwei aktive – womöglich fachlich vorgebildete – Gesellschafter bereits im Gesellschaftsvertrag bestellt werden. Nur eingeschränkt ist die Bestellung eines Fremdgeschäftsführers möglich. Das Prinzip der Selbstorganschaft verbietet nämlich, dass in einer Personengesellschaft sämtliche Gesellschafter von der organschaftlichen, also mit der Gesellschafterstellung verbundenen Geschäftsführung und Vertretung, ausgeschlossen sind und diese vollständig auf gesellschaftsfremde Dritte übertragen werden (BGH V ZB 266/10 v. 20.1.11, DNotZ 11, 361; *Palandt/Sprau* Vor § 709 BGB Rz. 3a mwN). Die Bestellung eines Notgeschäftsführers analog § 29 BGB wird bei einer kleinen vermögensverwaltenden Familengesellschaft nicht für möglich gehalten (OLG Frankfurt 20 W 368/13 v. 30.1.14, NZG 14, 418).

42 **Absatz 3:** Die Befreiung vom Selbstkontrahierungsverbot nach § 181 BGB kann aus praktischen Gründen bspw. im Grundbuchverkehr zweckmäßig sein.

43 **Absatz 4:** Anders als bei den Handelsgesellschaften werden die Vertretungsrechte nicht in einem öffentlichen Register verlautbart. Gerade bei einer Grundstücksverwaltungsgesellschaft empfiehlt es sich daher, den geschäftsführenden Gesellschaftern eine beurkundete Vollmacht zu Verfügung zu stellen (bei der erstmaligen Eintragung der GbR als Eigentümerin und auch später kann die Praxis der Grundbuchämter hinsichtlich des Nachweises der Existenz und der Vertretung der GbR mitunter erheblich voneinander abweichen vgl. Formular A. 5.32 mwN).

Absatz 6: Der dort aufgeführte Katalog zustimmungsbedürftiger Geschäfte kann beliebig erweitert oder beschränkt werden. 44

Sollen die zur Vertretung befugten Geschäftsführer einen (bspw. gem. § 550 BGB) der Schriftform unterliegenden Vertrag unterzeichnen, so muss dies in der Urkunde durch einen das Vertretungsverhältnis anzeigenden Zusatz hinreichend deutlich zum Ausdruck kommen. Ohne einen solchen Zusatz wäre nämlich nicht auszuschließen, dass die Unterschriften der übrigen Gesellschafter noch fehlen. Es reicht allerdings, wenn neben den Unterschriften ein Stempelabdruck der Gesellschaft gesetzt wird (BGH XII ZR 35/11 v. 23.1.13 NJW 13, 1082. 45

Zu § 6: Gesellschafterversammlungen, vereinfachte Beschlussfassung

Absatz 1 und 2: Anders als im Recht der Personengesellschaften des Handelsrechts (vgl. §§ 114, 115, 119 HGB) ist bei der GbR die Beschlussfassung der Geschäftsführungsebene einerseits und der Gesellschafterebene andererseits nicht getrennt. Es erscheint bei einer kapitalistisch strukturierten GbR zweckmäßig, diese Ebenen wie bei Personenhandelsgesellschaften zu trennen. 46

Absatz 4: Das Formular stellt die Möglichkeit der Bevollmächtigung Dritter zur Teilnahme und Stimmabgabe bei Gesellschafterversammlungen ausdrücklich klar, da diese nach der Rspr. ohne eine vertragliche Grundlage nur in bestimmten Ausnahmefällen besteht (*Palandt/Sprau* Vorb § 709 BGB Rz. 12). 47

Zu § 7: Stimmrecht, Mehrheits- und Einstimmigkeitserfordernisse

Absatz 1: Nach § 709 Abs. 1 BGB kann die Entscheidung auf Grund von Stimmenmehrheit vereinbart werden. Auch kann für die Berechnung der Mehrheit abweichend von der gesetzlichen Vermutung einer Stimmenberechnung nach der Zahl der Gesellschafter (vgl. § 709 Abs. 2 BGB) auf Kapitalanteile abgestellt werden (*Palandt/Sprau* § 709 BGB Rz. 2). Vorliegend wurde dem nicht vermögensbeteiligten Gesellschafter A eine Stimme nicht zuletzt auch deshalb eingeräumt, um Pattsituationen bei der Abstimmung zu vermeiden. Zu Stimmverboten, die sich aus dem Grundsatz ergeben können, dass niemand Richter in eigener Sache sein kann, vgl. BGH II ZR 230/09 v. 7.2.12, NZG 12, 525. 48

Absatz 2: Die Rspr. hat für Vertragsänderungen, die auf Grund einer Klausel im Gesellschaftsvertrag mit Mehrheit – gegen den Willen einer Minderheit – beschlossen werden können, den sog. **Bestimmtheitsgrundsatz** entwickelt. Danach müssen Gegenstand und Umfang der möglichen Vertragsänderungen sich mit hinreichender Bestimmtheit aus dem Gesellschaftsvertrag ergeben. Dabei wird eine zweistufige Prüfungsreihenfolge angewandt: Enthält der Vertrag die Bestimmung, dass nicht nur gewöhnliche, sondern auch vertragsändernde Beschlüsse mit Mehrheit gefasst werden dürfen, sind davon nur übliche Vertragsänderungen erfasst (erste Stufe). Ungewöhnliche Vertragsänderungen hingegen dürfen nur dann mit Mehrheit beschlossen werden, wenn sich der Beschlussgegenstand unzweideutig, und sei es auch nur durch Auslegung aus dem Gesellschaftsvertrag ergibt (zweite Stufe). Zu den ungewöhnlichen Änderungen des Gesellschaftsvertrages können bspw. Änderung des Gesellschaftszwecks, die Änderung der Gewinnverteilung, die Umwandlung in eine Kapitalgesellschaft und die Änderung der Mehrheitserfordernisse für Vertragsänderungen gehören (vgl. zum Ganzen *Beck PersGes-HB/Sauter* § 2 Rz. 61 mwN). Nach der neueren Rspr. ist damit die Prüfung auf der zweiten Stufe noch nicht abgeschlossen, sondern unter dem Aspekt einer etwaigen Verletzung der gesellschaftlichen Treuepflicht der Mehrheit gegenüber der Minderheit zu prüfen. Dies gilt nicht nur für Maßnahmen, welche die gesellschaftlichen Grundlagen berühren (sog. **„Grundlagengeschäfte“**) oder in den „Kernbereich“ der Mitgliedschaftsrechte bzw. in absolut oder relativ unentziehbare Rechte der Minderheit eingreifen. Insbesondere in den zuletzt genannten Fällen liegt regelmäßig eine treupflichtwidrige Ausübung der Mehrheitsmacht vor. In sonstigen 49

Fällen hat die Minderheit den Nachweis einer treuepflichtwidrigen Mehrheitsentscheidung zu führen (BGH II ZR 116/08 v. 24.11.08, DStR 09, 280).

50 **Absatz 3:** Vertraglicher Gestaltungsspielraum bei den Mehrheitserfordernissen besteht nicht nur hinsichtlich der Quote, sondern auch hinsichtlich der Formulierung, ob es um die **Mehrheit der abgegebenen** (vgl. § 47 Abs. 1 GmbHG u. BGH II ZR 153/09 v. 19.7.11, DB 11, 2199: es zählen nur die Ja- und Nein-Stimmen), der **anwesenden** (vgl. BGH II ZR 153/09 v. 19.7.11, DB 11, 2199: es zählen auch die Enthaltungen) **oder** der **vorhandenen Stimmen** geht. Abweichend von der gesetzlichen Regel (§ 707 BGB) sieht das Formular vor, dass die Gesellschafter mit qualifizierter Mehrheit beschließen können, den vermögensbeteiligten Gesellschaftern Nachschusspflichten aufzuerlegen. Sachgerecht ist es, den Gesellschafter A, der nicht am Vermögen der GbR beteiligt ist, von Nachschusspflichten zu befreien (zu den allgemeinen Grundsätzen der Zustimmungspflicht zu Nachschüssen bei Publikums-GbR vgl. OLG Stuttgart 19 U 11/13 v. 11.7.13, NZG 13, 1061).

Zu § 8: Rechnungsjahr

51 Bei der nichtgewerblichen GbR muss das Rechnungsjahr das Kalenderjahr sein (§ 2 Abs. 7, § 4a EStG).

Zu § 9: Überschussrechnung

52 Die schnelle Vorlage der Überschussrechnung soll die Gesellschafter in die Lage versetzen, innerhalb der gesetzlichen Frist (idR 31. Mai des Folgejahres; vgl. §§ 109, 149 Abs. 2 S. 1 AO) die Steuererklärungen abzugeben. Vermögensverwaltende GbR, die ihre Einkünfte bspw. aus Kapitalvermögen oder VuV erzielen, haben ihren Gewinn nicht durch Betriebsvermögensvergleich bzw. Einnahme-Überschussrechnung iSd. § 4 EStG, sondern im Wege der Überschussrechnung iSd. § 2 Abs. 2 Nr. 2, § 8 EStG zu ermitteln. Zur Einkünfteermittlung bei im Betriebsvermögen gehaltenen Beteiligungen an vermögensverwaltenden Personengesellschaften (sog. Zebragesellschaften) vgl. BFH GrS 2/02 v. 11.4.05, BStBl. II 05, 679; BMF v. 17.7.07, DStR 07, 1347, Tz. 20, BMF v. 29.4.94, BStBl. I 94, 282, str. vgl. *Schmidt/Wacker* § 15 Rz. 200 ff. mwN.

Zu § 10: Beteiligung an Überschüssen und Verlusten

53 Nach der dispositiven gesetzlichen Regelung des § 722 BGB hat jeder Gesellschafter ohne Rücksicht auf Art und Größe seines Beitrags einen gleichen Anteil am Gewinn und Verlust. Bei einer vermögensverwaltenden GbR ist dieses Ergebnis lebensfremd. Daher wurde die Beteiligung an den Ergebnissen entsprechend der Beteiligung am Vermögen gleichgestellt. Der Gesellschafter A (zu § 4 Abs. 2a) erhält danach wegen seiner fehlenden Beteiligung am Gesellschaftsvermögen keinen Gewinnanteil. Für ihn kann eine Vergütung auf Grund eines gesondert abzuschließenden Dienstvertrages vorgesehen werden (zur Problematik der Qualifizierung des Gesellschafters als Arbeitnehmer vgl. A. 5.01 Rz. 10). Zur Verlagerung von Einkünften aus VuV auf Familienangehörige insbesondere durch eine von der Vermögensbeteiligung abweichende Gewinnbeteiligung eignet sich die GbR nur bedingt (vgl. hierzu *Herrmann* DB 92, 2104).

Zu § 11: Gesellschafterkonten

54 Die Einrichtung von Gesellschafterkonten, wie sie ausgehend von Kapitalgesellschaften bei Personenhandelsgesellschaften üblich geworden ist, empfiehlt sich aus Gründen der Klarheit auch für die GbR. Gleichwohl herrscht mangels gesetzlicher Regelungen spezifisch für die GbR Vertragsfreiheit. Zu den weiteren Gestaltungsmöglichkeiten vgl. *Wälzholz* DStR 11, 1815 ff., 1861 ff.).

55 *(frei)*

Zu § 12: Entnahmen

In § 721 BGB sieht das Gesetz – ausgehend von einer typischen Gelegenheitsgesellschaft (*MünchKommBGB/Schäfer* § 721 Rz. 1) – vor, dass der Gewinn bzw. Verlust nur einmalig nach Auflösung der Gesellschaft bezahlt bzw. belastet wird. **56**

§ 721 Abs. 2 BGB beinhaltet für Gesellschaften mit längerer Dauer den jährlichen Rechnungsabschluss. **57**

Die in § 12 vorgestellte Entnahmeregelung ist sehr restriktiv. Sie überlässt die Ausschüttung von nicht zur Steuerzahlung notwendigen Beträgen der Beschlussfassung in der Gesellschafterversammlung. Nachdem § 9 Abs. 5 EStG nicht mehr auf das Verbot des Schuldzinsenabzugs bei Überentnahmen (§ 4 Abs. 4a EStG) verweist, ist jedenfalls bei Einkünften aus VuV der Schuldzinsenabzug im Rahmen der sog Mehrkontenmodelle zulässig (Näheres vgl. *Schmidt/Loschelder* § 9 Rz. 8). Ebenso verweist § 9 EStG nicht auf die mit dem UntStRefG 2008 v. 14.8.07 (BGBl. I 07, 1912) eingeführte Zinsschranke nach § 4h EStG. Die ebenfalls mit dem UnStRefG 2008 eingeführte Begünstigung von thesaurierten, also nicht entnommenen, Gewinnen betrifft nur die hier nicht in Rede stehenden Gewinne aus Land und Forstwirtschaft, Gewerbebetrieb oder selbstständiger Arbeit (§ 34a EStG). **58**

Unabhängig von vertraglichen Entnahmebeschränkungen sind im Rahmen der GbR bezogene Überschusseinkünfte bei Verfügungsmöglichkeit in der GbR zugeflossen. **59**

Zu § 13: Verfügungen

Absatz 1: Bei Zustimmung aller Gesellschafter ist die Verfügung über den Gesellschaftsanteil zulässig (§ 719 Abs. 1 Fall 1 BGB). Der Gesellschaftsvertrag kann – wie hier in § 7 Abs. 4f – eine Zustimmung durch Mehrheitsentscheidung vorsehen (*Bamberger/Roth/Schöne* § 719 BGB Rz. 10). **60**

Einer besonderen Form bedarf die Übertragung nicht – und zwar auch dann nicht, wenn zum Vermögen der Gesellschaft ein Grundstück gehört (*MünchKommBGB/Schäfer* § 719 Rz. 33).

Absatz 2: Auch kann allgemein im Gesellschaftsvertrag die Abtretung zugelassen sein, so dass es eines besonderen Beschlusses nicht bedarf (*Palandt/Sprau* § 719 BGB Rz. 6). Bei Familiengesellschaften erscheint eine derartige Regelung schon mit Blick auf eine rechtzeitige Vorsorge für die Nachfolge geboten. Dabei sollte die Zustimmung auch schon für weitere Nachfolgegestaltungen erteilt werden, die sich steuerlich üblicherweise anbieten (zB Vorbehaltsnießbrauch). Dies wurde in der Systematik der Abs. 1 und 2 berücksichtigt. **61**

Absatz 3: Die Einräumung von Ankaufs-, Vorkaufs- und Beitrittsrechten zum Verkauf dürfte bei einer vermögensverwaltenden GbR mit wenigen Gesellschaftern, die aber gemeinsam erhebliche Vermögenswerte in GbR halten, der Interessenlage der Gesellschafter entsprechen. Zu Alternativgestaltungen mit sog. „chinesischen", „Russian-Roulette-Klauseln" oder „Texan-Shoot-Out-Klauseln" mit „sizilianischer Eröffnung" vgl. OLG Nürnberg 12 U 49/13 v. 20.12.13, NZG 14, 222. **62**

Zu § 14: Auflösung der Gesellschaft

Nach § 736 Abs. 1 BGB ist die Vereinbarung einer Fortsetzungsklausel zulässig. Der ausscheidende Gesellschafter oder seine Erben haben Anspruch auf Abfindung (vgl. § 17). Die Nachhaftung gegenüber Gläubigern der Gesellschaft bestimmt sich gem. § 736 Abs. 2 BGB, der auf die sinngemäße Anwendung der für Personenhandelsgesellschaften geltenden Regelungen verweist. Die in § 160 HGB vorgesehene Enthaftungsfrist von fünf Jahren ab Eintragung des Ausscheidens beginnt bei GbR mit Kenntnis des Gläubigers von dem Ausscheiden des Gesellschafters (OLG Dresden 7 U 981/96 v. 2.10.96, NJW-RR 97, 162; *Palandt/Sprau* § 736 BGB Rz. 14), es sei denn **63** die GbR wird in eine eintragungsfähige Personenhandelsgesellschaft umgewandelt. Letzterenfalls beginnt die Frist mit der Eintragung (*Palandt/Sprau* § 736 BGB Rz. 14.)

Zu § 15: Ausscheiden aus der Gesellschaft

64 **Absatz 2:** Entsprechend der gesetzlichen Regelung ist im Formular klargestellt, dass der auszuschließende Gesellschafter kein Stimmrecht hat (§ 737 Satz 2 BGB, *Palandt/Sprau* § 737 BGB Rz. 3). Dem Auszuschließenden soll aber nach hM rechtliches Gehör gewährt werden (*Palandt/Sprau* § 737 BGB Rz. 3). Bei Nichtgewährung rechtlichen Gehörs sind jedenfalls Schadensersatzansprüche möglich (*MünchKommBGB/Schäfer* § 737 Rz. 15). Grundsätzlich ist es abweichend vom Formular (vgl. § 14 Abs. 3) möglich, eine einfache Mehrheitsentscheidung vorzusehen (vgl. *MünchKommBGB/Schäfer* § 737 Rz. 13). Die Mitteilung an den Auszuschließenden ist gem. § 737 Satz 3 BGB Wirksamkeitsvoraussetzung für den Ausschluss. Sie kann innerhalb der Gesellschafterversammlung oder nachträglich erfolgen (*MünchKommBGB/Schäfer* § 737 Rz. 14); vgl. ferner A. 5.01 Rz. 21 f. und Formular A. 5.17.

65 **Absatz 4:** Bei Vermögensverfall ist keine Kündigung erforderlich; das Ausscheiden erfolgt ipso iure. Dies ist wegen der Gestaltungsfreiheit der Gesellschafter zulässig (vgl. *MünchKommBGB/Schäfer* § 736 Rz. 1). Alternativ käme eine Zwangsabtretungsklausel mit einem geringeren Entgelt als die nach § 19 vorgesehene Abfindung zum Verkehrswert in Betracht, um unnötige Liquiditätsabflüsse und Schenkungsteuer für den Differenzbetrag zu vermeiden (zum Diskussionsstand vgl. *Sommer/Müller/Leuchten* DB 13, 329).

Zur Nachhaftung des ausgeschiedenen Gesellschafters vgl. Rz. 63.

Zu § 16: Erbfolge

66 **Absatz 1:** Gemäß § 727 Abs. 1 BGB würde die Gesellschaft durch den Tod eines Gesellschafters aufgelöst werden, wenn der Gesellschaftsvertrag nichts anderes vorsehen würde. Zusammen mit der Fortsetzungsklausel des § 16 stellt die Bestimmung über ein Eintrittsrecht binnen einer Frist von sechs Monaten nach dem Tod eines Gesellschafters den Anteil im Ergebnis erblich (zu den steuerlichen Wirkungen vgl. Rz. 18, 27), wie dies bei Familiengesellschaften sinnvoll sein kann (zur Ausübung des Eintrittsrechts und zu anderen Gestaltungen vgl. A. 5.19 Rz. 1 ff.).

67 **Absatz 2:** Diese Regelung will die Gesellschaft vor einer Vielzahl von Erben schützen und soll diese zwingen, sich auf einen Vertreter zu einigen.

Zu § 17: Abfindung

68 Die Abfindungsklausel modifiziert die gesetzliche Regelung der §§ 738 bis 740 BGB. Sie geht allerdings – wie das Gesetz – von einer Abfindung zum Verkehrswert aus. Allerdings wird der Anspruch des ausgeschiedenen Gesellschafters auf Befreiung oder Sicherheitsleistung für noch nicht fällige Schulden (vgl. § 738 Abs. 1 Satz 3 BGB) abbedungen.

69 Grds. zulässig ist auch die Vereinbarung von Abfindungen unterhalb der Verkehrswerte – je nach Umständen des Einzelfalls bis hin zur Buchwertabfindung (vgl. Rz. 37). Zu den steuerlichen Konsequenzen vgl. Rz. 27. IdR handelt es sich dann um Abfindungen unter dem Steuerwert. Deshalb sollte jedenfalls bei derartigen Abfindungen zusätzlich eine Klarstellung aufgenommen werden, wer die Erbschaft- und Schenkungsteuer im Innenverhältnis trägt. Im Außenverhältnis ist der Erwerber Steuerschuldner, bei einer Schenkung auch der Schenker (§ 20 Abs. 1 ErbStG). Zum Einfluss des Bewertungs- und Erbschaftsteuerrechts auf Abfindungsklauseln vgl. *Wangler* DStR 09, 1501.

70 Anstelle der in Abs. 3 vorgeschlagenen Regelung kann auch die Zuständigkeit des Schiedsgerichts gem. § 19 vorgesehen werden.

Zu § 18: Liquidation

Vgl. Formular A. 5.13. 71

Zu § 19: Schiedsverfahren

Vgl. Teil A. 13. 72

A. 5.01 Unternehmerische GbR

Gliederung

I. FORMULAR

Formular A. 5.01 Unternehmerische GbR

§ 1 Gründung, Gegenstand, Name, Rechtsform

(1) A und B gründen hiermit mit Wirkung ab dem ...... 20.. zum gemeinschaftlichen Betrieb einer ...... eine Gesellschaft bürgerlichen Rechts. Die Gesellschaft tritt nach außen mit den Namen der Vertragschließenden in der Reihenfolge

A und B
Gesellschaft bürgerlichen Rechts

auf. Bei Aufnahme etwaiger weiterer Gesellschafter soll grundsätzlich die jetzt geltende Reihenfolge beibehalten werden.

(2) Die Gesellschaft ist eine Gesellschaft bürgerlichen Rechts.

§ 2 Sitz der Gesellschaft

Sitz der Gesellschaft ist A-Stadt.

§ 3 Gesellschaftskapital

(1) Die Gesellschaft hat ein festes Gesellschaftskapital von € 60.000.–.

(2) Am Gesellschaftskapital sind die Gesellschafter mit festen Kapitalanteilen wie folgt beteiligt:

a) A mit einem festen Kapitalanteil von € 40.000.–,

b) B mit einem festen Kapitalanteil von € 20.000.–.

§ 4 Vertragsdurchführung

(1) Die Gesellschafter widmen ihre ganze Arbeitskraft dem Unternehmen.

(2) Ein Gesellschafter, der das 60. Lebensjahr vollendet hat, kann das Ausmaß seiner Arbeit durch Teilzeittätigkeit reduzieren. Gewinnanteil und Gewinnvoraus (§ 14) sind in diesem Falle anteilig zu kürzen.

§ 5 Geschäftsführung und -vertretung

(1) Zur Geschäftsführung können grundsätzlich nur Gesellschafter berufen werden.

(2) Die Gesellschafterversammlung kann einzelnen Gesellschaftern das Recht zur Einzelgeschäftsführung und -Vertretung unter Befreiung von den Beschränkungen des § 181 BGB verleihen und wieder entziehen.

(3) Die Geschäftsführung und -vertretung erstreckt sich auf alle Maßnahmen im Interesse der Gesellschaft und zur Verwirklichung des Gesellschaftszwecks.

(4) Die Gesellschafter A und B sind zur gemeinschaftlichen Geschäftsführung befugt. Ihnen ist jeweils Einzelvertretungsbefugnis unter Befreiung von den Beschränkungen des § 181 BGB erteilt.

§ 6 Gesellschafterbeschlüsse, Stimmrecht

(1) Gesellschafterbeschlüsse werden stets einstimmig gefasst.

(2) Jeder Gesellschafter hat eine Stimme.

(3) Beschlüsse der Gesellschafter sind schriftlich zu dokumentieren.

§ 7 Informationspflicht

Es besteht eine gegenseitige Informationspflicht. Insbesondere ist jeder Gesellschafter verpflichtet, die von ihm für Rechnung der Gesellschaft getätigten Geschäfte in den Geschäftsunterlagen hinreichend zu dokumentieren. Jeder Gesellschafter ist berechtigt, Einsicht in die Geschäftsunterlagen der Gesellschaft zu nehmen.

§ 8 Anlagevermögen

(1) A bringt die in Anlage A aufgeführten Gegenstände zu Gesamthandseigentum in die Gesellschaft ein.

B bringt die in Anlage B aufgeführten Gegenstände zu Gesamthandseigentum in die Gesellschaft ein.

Die in den Anlagen A und B aufgeführten Gegenstände werden mit ihrem auf den Gründungsstichtag ermittelten Buchwerten aus den bisherigen Einzelunternehmen des A bzw. B von der Gesellschaft übernommen und die sich danach ergebenden Buchwerte auf die Einlageverpflichtungen nach § 3 Abs. 2 angerechnet.

(2) Anzuschaffendes Inventar wird Gesamthandsvermögen der Gesellschafter. Inventargegenstände, die ein Gesellschafter nachweislich auf eigene Kosten anschafft und die nicht Gesamthandseigentum werden sollen, sind entsprechend zu kennzeichnen; diese Gegenstände bleiben im Eigentum des betreffenden Gesellschafters, der sie aber dem Unternehmen unentgeltlich zur Mitbenutzung überlässt.

(3) Für Kraftfahrzeuge, die von der Gesellschaft angeschafft und einem Gesellschafter zur privaten Nutzung überlassen werden, trifft die Gesellschaft mit dem betreffenden Gesellschafter eine Vereinbarung über das hierfür zu entrichtende Entgelt.

§ 9 Geschäftsjahr, Buchführung, Rechnungsabschluss

(1) Geschäftsjahr der Gesellschaft ist das Kalenderjahr. Für das erste Geschäftsjahr wird ab dem Zeitpunkt der Gründung der Gesellschaft bis zum 31.12.20.. ein Rumpfgeschäftsjahr gebildet.

(2) Die Einnahmen und Ausgaben der Gesellschaft sind in einer geordneten Buchführung laufend aufzuzeichnen. Ferner sind alle Belege geordnet aufzubewahren.

(3) Innerhalb von drei Monaten nach Abschluss eines jeden Geschäftsjahres ist für das abgelaufene Geschäftsjahr ein Rechnungsabschluss zu erstellen, aus dem sich der Saldo zwischen den Einnahmen und Ausgaben (Überschuss oder Verlust) ergibt.

Der Rechnungsabschluss ist durch Gesellschafterbeschluss festzustellen. Mit der Feststellung wird der Rechnungsabschluss für die Gesellschafter und die Gesellschaft verbindlich.

§ 10 Gesellschafterkonten

(1) Für jeden Gesellschafter wird ein Kapitalkonto entsprechend § 3 Abs. 2 eingerichtet, das die Höhe der Beteiligung am Gesellschaftsvermögen wiedergibt. Die Kapitalkonten sind Festkonten; sie werden nicht verzinst.

(2) Daneben wird für jeden Gesellschafter ein Privatkonto eingerichtet, über das sich der Verrechnungsverkehr zwischen der Gesellschaft und den Gesellschaftern vollzieht. Guthaben auf den Privatkonten werden mit ...... Prozentpunkten über dem Basiszinssatz gem. § 247 BGB verzinst, Schulden ebenfalls mit ...... Prozentpunkten über diesem Basiszinssatz. Die Zinsen werden staffelmäßig berechnet; Grundlage ist der jeweilige Stand am 1. eines Kalendermonats. Die vorgenannten Zinsen auf Privatkonten stellen im Verhältnis der Gesellschafter zueinander Aufwand bzw. Ertrag dar.

§ 11 Einnahmen

Alle Einnahmen aus der Berufstätigkeit der Gesellschafter sind Einnahmen der Gesellschaft.

§ 12 Ausgaben

(1) Die durch den Betrieb des Unternehmens veranlassten Ausgaben sind Betriebsausgaben der Gesellschaft.

(2) Zu den Betriebsausgaben gehören nicht Ausgaben, die der einzelne Gesellschafter für zweckmäßig hält, ohne dass sie sämtlichen Gesellschaftern zugute kommen.

§ 13 Haftpflichtversicherung, Haftung im Innenverhältnis

(1) Die Gesellschaft schließt eine Haftpflichtversicherung in angemessener Höhe gegen die üblichen berufsbedingten Haftungsrisiken ab.

(2) Soweit die Haftpflichtversicherung Schadensersatzverpflichtungen gegenüber Dritten nicht deckt, sind Schadensersatzverpflichtungen auf Grund leichter Fahrlässigkeit im Innenverhältnis Betriebsausgaben der Gesellschaft, bei mittlerer Fahrlässigkeit im Innenverhältnis jeweils zur Hälfte von der Gesellschaft und vom verantwortlichen Gesellschafter zu tragen, und bei grober Fahrlässigkeit oder Vorsatz vom verantwortlichen Gesellschafter im Innenverhältnis allein zu tragen.

§ 14 Beteiligung an Gewinn und Verlust

(1) Am Gewinn und Verlust sind die Gesellschafter nach Maßgabe ihrer Beteiligung am Gesellschaftsvermögen gemäß § 3 Abs. 2 beteiligt.

(2) Die Gesellschafter entnehmen als Gewinnvoraus unter Anrechnung auf Ihren jeweiligen Gewinn- und Verlustanteil:

a) A: € 36.000.– p. a.

b) B: € 24.000.– p. a.

Der Gewinnvoraus kann in 12 gleichen Monatsraten jeweils zum 27. eines Monats zu entnommen werden.

§ 15 Entnahmen, Einlagen

(1) Soweit im Übrigen nicht ausdrücklich anders geregelt bedürfen Entnahmen eines Gesellschafterbeschlusses.

(2) Eine Verpflichtung zur Erbringung zusätzlicher Einlagen, die über die Beträge der Kapitalanteile gem. § 3 Abs. 2 hinausgehen, besteht nicht.

§ 16 Krankheit, Urlaub

(1) Wenn im Fall von Krankheit die Arbeitskraft eines Gesellschafters ausfällt, bleibt sein Recht auf anteiligen Gewinnvoraus nach § 14 Abs. 2 für die Dauer von acht Wochen unverändert.

(2) Wenn im Fall von Krankheit die Arbeitskraft eines Gesellschafters ausfällt, bleibt zudem seine Überschussquote gemäß § 14 Abs. 1 für die Dauer von sechs Monaten unverändert. Anschließend können die übrigen Gesellschafter wahlweise die Überschussquote des ausgefallenen nach billigem Ermessen für die Restdauer des Ausfalles reduzieren oder zu Lasten der Überschussquote des Ausgefallenen eine Ersatzkraft beschäftigen.

(3) Jedem Gesellschafter steht ein Jahresurlaub von 30 Arbeitstagen zu, der die Gewinn- und Verlustbeteiligung unberührt lässt.

§ 17 Schwangerschaft und Elternzeit

(1) Im Falle der Schwangerschaft ist eine Gesellschafterin berechtigt, sechs Wochen vor dem errechneten Datum der Entbindung und acht Wochen nach der Entbindung ihre Tätigkeit für die Gesellschaft zu unterbrechen. Ihren Anspruch auf Gewinnbeteiligung und Gewinnvoraus gem. § 14 behält sie voll.

(2) Eltern können Elternzeit bis zur Vollendung des dritten Lebensjahr eines Kindes in sinngemäßer Anwendung des § 15 BEEG geltend machen. Der Anspruch auf Gewinnbeteiligung und Gewinnvoraus gem. § 14 ruht für die Zeit der Unterbrechung.

§ 18 Dauer, Ausschluss, Kündigung, Abfindung, Übertragbarkeit der Beteiligung

(1) Die Dauer der Gesellschaft ist unbestimmt.

(2) Jeder Gesellschafter kann durch gemeinschaftliche schriftliche Erklärung aller übrigen Gesellschafter mit einer Frist von sechs Monaten zum Ende eines Kalenderjahres ausgeschlossen werden, wenn hierfür ein sachlicher Grund vorliegt. Liegt in der Person eines Gesellschafters ein wichtiger Grund vor, so kann dieser durch gemeinsame schriftliche Erklärung aller übrigen Gesellschafter fristlos ausgeschlossen werden.

(3) Ein einzelner Gesellschafter kann gegenüber den anderen Gesellschaftern seine Beteiligung mit einer Frist von sechs Monaten zum Ende eines Kalenderjahres gegenüber den übrigen Gesellschaftern kündigen. Kündigt ein Gesellschafter so kann jeder der übrigen Gesellschafter binnen eines Monats gegenüber dem kündigenden und den übrigen Gesellschaftern eine Anschlusskündigung mit der Maßgabe erklären, dass diese zum selben Zeitpunkt wirksam wird. Das Recht zur Kündigung aus wichtigem Grund bleibt unberührt. Jedwede Kündigung hat schriftlich zu erfolgen.

(4) Das Ausscheiden eines Gesellschafters gleich aus welchem Rechtsgrund hat auf den Bestand der Gesellschaft keinen Einfluss, solange nach dem Ausscheiden noch zwei Gesellschafter vorhanden sind. Ist nur noch ein Gesellschafter vorhanden, so geht das Gesellschaftsvermögen auf den zuletzt verbliebenen Gesellschafter über, sofern dieser nicht innerhalb einer Frist von einem Monat nach dem Ausscheiden die Auflösung der Gesellschaft verlangt.

(5) Ausgeschiedene Gesellschafter bzw. deren Erben haben einen Abfindungsanspruch in Höhe des ihnen nach den steuerlichen Vorschriften zuzurechnenden anteiligen Verkehrswertes des Betriebsvermögens.

(6) Die Gesellschafter gestatten der Gesellschaft, ihre Namen über ihr Ausscheiden aus der Gesellschaft hinaus fortzuführen, soweit dem nicht ein wichtiger Grund ent-

gegensteht. Die Gestattung erfasst auch den Fall der Umwandlung in eine andere Gesellschaftsform. Als wichtiger Grund gegen eine Fortführung des Namens gilt insbesondere der Betrieb eines Konkurrenzunternehmens.

(7) Die Gesellschafterstellung ist weder vererblich noch übertragbar. Eventuelle Erben sind auf den Abfindungsanspruch nach Abs. 5 verwiesen.

§ 19 Schriftform

Änderungen dieses Vertrages bedürfen zu ihrer Wirksamkeit der Schriftform. Auch wiederholte Verstöße gegen diese Bestimmung beseitigen nicht das Schriftformererfordernis.

§ 20 Teilnichtigkeit

Sollte eine Bestimmung dieses Vertrages nichtig, anfechtbar oder unwirksam sein, so soll die Wirksamkeit der übrigen Bestimmungen hiervon nicht berührt werden. Die angreifbare Bestimmung ist vielmehr durch eine wirksame zu ersetzen und/oder so auszulegen, dass der mit ihr erstrebte wirtschaftliche und/oder ideelle Zweck nach Möglichkeit erreicht wird.

..

(Unterschriften)

II. ERLÄUTERUNGEN

Erläuterungen zu A. 5.01 Unternehmerische GbR

1. Grundsätzliche Anmerkungen

a) Wirtschaftliches Vertragsziel

Lange Zeit war die GbR die einzige Organisationsform, welche Freiberuflern oder Kleingewerbetreibenden zur gemeinschaftlichen Berufsausübung zur Verfügung stand. Dies hat sich in den vergangenen Jahren sowohl für Freiberufler (vgl. A. 11.00 Rz. 2) als auch Kleingewerbetreibende geändert. Insbes. für Kleingewerbetreibende kommen nach § 105 Abs. 2 und § 161 Abs. 2 HGB in der Fassung vor dem **Handelsrechts-Reformgesetzes** v. 22.6.98 (BGBl. I 98, 1474) auch die Rechtsformen der KG und der OHG in Betracht (vgl. A. 5.00 Rz. 2). Allerdings bietet die Rechtsform der GbR für Kleinbetriebe den Vorteil, Handelsregisterformalitäten und die Risiken des anspruchsvolleren, auf Großunternehmen zugeschnittenen Kaufmannsrechts zu vermeiden. Trotz der mittlerweile bestehenden größeren Wahlmöglichkeiten wird in der Literatur auch angesichts der Begünstigung ausländischer Gesellschaftsformen durch die Rspr. des EuGH zur Niederlassungsfreiheit von Gesellschaften eine völlig neue Architektur des deutschen Personengesellschaftsrechts gefordert (*Henssler* BB Spezial, 3/2010, 2). 1

Das wirtschaftliche Vertragsziel der unternehmerischen GbR liegt in der Bündelung der Erträge und der Vereinbarung fester Quoten, um damit einer Verstetigung der individuellen Einkünfte nahezukommen. Vgl. im Übrigen A. 5.00 Rz. 1 ff. Das hier vorgestellte Formular ist vor allem auf kleinere unternehmerische Gesellschaften ausgerichtet, bei denen die persönlichen beruflichen Beiträge der Gesellschafter im Vordergrund stehen. Es geht zunächst von einer zweigliedrigen Gesellschaft aus. Da aber bspw. bei Wachstum des Unternehmens durchaus auch der Wunsch nach Aufnahme weiterer Gesellschafter an Bedeutung gewinnen kann, beinhaltet das Formular bereits vorbeugend zahlreiche Regelungen, die auch bei einer Gesellschaft mit mehr als zwei 2

Gesellschaftern praktikabel erscheinen. Freilich gibt es im Rahmen der für GbR weitgehend bestehenden Vertragsfreiheit noch zahlreiche Alternativgestaltungen, auf die sich die Parteien je nach den Umständen ihres unternehmerischen Vorhabens schon bei Gründung der Gesellschaft oder je nach Entwicklung ihres gemeinsamen Unternehmens zu einem späteren Zeitpunkt einigen können (vgl. Formular A. 5.31). Diese Flexibilität ist nach wie vor eine der Stärken der Rechtsform der GbR auch im unternehmerischen Bereich.

b) Gesellschaftsrecht

3 Es wird auf die Ausführungen unter A. 5.00 Rz. 4ff. verwiesen. Eine unternehmerische GbR wird kraft Gesetzes, also nicht erst durch Eintragung im Handelsregister, zu einer OHG, wenn ihr Zweck auf den Betrieb eines Handelsgewerbes gerichtet ist und und deren Betrieb einen nach Art und Umfang in kaufmännischer Weise eingerichteten Geschäftsbetrieb erfordert (§ 123 Abs. 2 HGB sowie *MünchKommHGB/Schmidt* § 123 Rz. 13). Damit kommt die unternehmerische GbR in erster Linie für Kleingewerbetreibende und Freiberufler in Betracht. Für Freiberufler dürfte jedoch regelmäßig die Partnerschaftsgesellschaft ggf. mit beschränkter Berufshaftung vorzugswürdig sein (vgl. Teil A. 11).

c) Steuerrecht

4 Es wird auf die Ausführungen unter A. 5.00 Rz. 12ff. verwiesen.

5 Aufgrund der Tatsache, dass die unternehmerische GbR regelmäßig eher für Kleingewerbetreibende und für Freiberufler in Betracht kommt (vgl. Rz. 3), besteht ein Wahlrecht hinsichtlich der Gewinnermittlungsmethode. Statt der Gewinnermittlung durch Bilanz kann der Gewinn nämlich auch durch eine Einnahmeüberschussrechnung ermittelt werden, wenn auch ansonsten keine gesetzliche Verpflichtung besteht Bücher zu führen und regelmäßige Abschlüsse zu machen (§ 4 Abs. 3 EStG).

6 Eine **Gewerbesteuerpflicht** besteht insoweit, als die in GbR ausgeübte Tätigkeit im Fall der Alleinausübung durch einen Gesellschafter gewerblich wäre (§ 15 EStG). GbR zwischen Selbstständigen, zB Rechtsanwälten, Steuerberatern und Ärzten, unterliegen § 18 EStG und sind damit nicht gewerbesteuerpflichtig (§ 2 Abs. 1 Satz 2 GewStG). Näheres zur sog. **Abfärbe- oder Infektionstheorie** s. A. 5.00 Rz. 13f.

2. Einzelerläuterungen

Zu § 1: Gründung, Gegenstand, Unternehmensbezeichnung

7 Es wird auf A. 5.00 Rz. 31–35 verwiesen. Der Name einer GbR, sofern er im geschäftlichen Verkehr benutzt wird, steht als Unternehmenskennzeichen (§ 5 Abs. 2 MarkenG) unter dem Schutz des § 15 MarkenG (*Bamberger/Roth/Schöne* § 705 BGB Rz. 149).

Zu § 2: Sitz der Gesellschaft

8 Anders als bei der Partnerschaft ist zwar ein Sitz nicht vorgeschrieben, jedoch aus steuerlichen Gründen wegen der einheitlichen und gesonderten Überschussfeststellung zweckmäßig. Vgl. im Übrigen A. 5.00 Rz. 33.

Zu § 3: Gesellschaftskapital

9 Die Einrichtung eines festen Gesellschaftskapitals rückt die GbR in die Nähe der kapitalistischen KG – oder auch OHG – und erleichtert den Verrechnungsverkehr zwischen den Gesellschaftern.

Zu § 4: Vertragsdurchführung

10 Nebentätigkeiten der Gesellschafter bedürfen der Einwilligung der Mitgesellschafter.

Wesentlicher Bestandteil der Beitragspflichten der Gesellschafter einer unternehmerischen GbR ist die Erbringung von Diensten. Die Möglichkeit der Begründung von Dienstleistungsverpflichtungen durch Gesellschaftsvertrag ist gesetzlich ausdrücklich anerkannt (§ 706 Abs. 3 BGB). Eine Qualifizierung als Arbeitsverhältnis im Sinne der §§ 611ff. BGB verbietet sich daher idR. Sie kommt nur in Betracht, wenn zwischen der Gesellschaft und dem Gesellschafter ausdrücklich ein gesonderter Arbeitsvertrag geschlossen wird oder im Einzelfall eine Umgehung der arbeitrechtlichen Schutzbestimmungen mittels gesellschaftsvertraglicher Gestaltung vorliegt (vgl. *Erfurter Kommentar ArbR/Preis* 230 § 611 BGB Rz. 18, 140). Fehlt es an der ausdrücklichen Vereinbarung eines Arbeitsverhältnisses, soll auf Grund einer Gesamtbetrachtung der tatsächlichen Ausgestaltung der Rechtsverhältnisse insbesondere unter Berücksichtigung des Merkmals der persönlichen Abhängigkeit geprüft werden, ob der mitarbeitende Gesellschafter neben seiner gesellschaftsrechtlichen Stellung auch Arbeitnehmer ist (vgl. *Erfurter Kommentar ArbR/Preis* 230 § 611 Rz. 18). Jedenfalls wer – wie hier – Mitsprache- und Informationsrechte sowie Beteiligung an stillen Reserven und Gewinn genießt, ist kein Arbeitnehmer (vgl. *Erfurter Kommentar ArbR/Preis* 230 § 611 BGB Rz. 18). Ebenso ist in der Regel ein Beschäftigungsverhältnis iSd. § 7 SGB IV für GbR-Gesellschafter abzulehnen (*Erfurter Kommentar ArbR/Rolfs* 545 § 7 SGB IV Rz. 19: Allgemein für persönlich haftende Gesellschafter).

Unabhängig davon, ob Vergütungen einer GbR auf Grund eines Arbeitsverhältnisses gezahlt werden – und zwar gleichgültig, ob die Arbeitnehmereigenschaft oder die Mitunternehmereigenschaft überwiegt, – werden diese selbst bei einer auch nur geringfügigen Beteiligung des Empfängers an der GbR steuerlich gem. § 15 EStG als gewerbliche Einkünfte (*Schmidt/Wacker* § 15 Rz. 581) erfasst. Dies dürfte gem. § 18 Abs. 4 Satz 2 EStG auch für Freiberufler-GbR gelten. **11**

Zu § 5: Geschäftsführung und -vertretung

Absatz 1 und 2: Vgl. A. 5.00 Rz. 41. **12**

Absatz 4: Die gesetzliche Regelung geht von der gemeinschaftlichen Geschäftsführungs- und Vertretungsbefugnis aller Gesellschafter aus. Wird einzelnen Gesellschaftern wie im Formular vorgeschlagen bereits im Vertrag Geschäftsführungs- und Vertretungsbefugnis erteilt, so ist deren Entzug nur im Falle eines wichtigen Grundes möglich (vgl. §§ 712, 715 BGB).

Zu § 6: Stimmrecht

Das Formular geht vom Einstimmigkeitsprinzip des BGB aus. Dies erscheint bei einer aus wenigen Personen bestehenden Berufsausübungsgemeinschaft sachgerecht. Zu den unterschiedlichen Ausgestaltungsmöglichkeiten des Stimmrechts vgl. A. 5.00 Rz. 48f. **13**

Zu der Problematik einer eventuellen Qualifizierung der Mitarbeit eines Gesellschafters als Arbeitnehmerverhältnis bei unangemessenen Beschränkungen des Stimmrechts vgl. Rz. 10. **14**

Zu § 7: Informationspflicht

Die Informationspflicht rechtfertigt sich schon aus haftungsrechtlichen Gesichtspunkten (vgl. § 12 des Formulars).beantragt. **15**

Zu der Problematik einer eventuellen Qualifizierung der Mitarbeit eines Gesellschafters als Arbeitnehmerverhältnis bei unangemessenen Beschränkungen des Informationsrechts vgl. Rz. 10. **16**

Zu § 8: Anlagevermögen

Absatz 1: Befanden sich die nach dieser Regelung eingebrachten Gegenstände in einem Betriebsvermögen der Gesellschafter, so erfolgt die Übertragung unter den Voraussetzungen des § 6 Abs. 5 EStG zwingend zu Buchwerten. Ein Wahlrecht zur **17**

Einbringung zu Teilwerten besteht nach hM in der Regel nicht (vgl. *Schmidt/Kulosa* § 6 Rz. 684). § 6 Abs. 1 Satz 4 des Formulars bezieht sich daher in diesen Fällen auf den Buchwert der eingebrachten Gegenstände. Sollten erhebliche stille Reserven vorhanden sein, wäre dies bei der Vertragsgestaltung auch aus wirtschaftlicher Sicht bspw. bei der Gewinnbeteiligung zu beachten. Bei der Einbringung eines Betriebes, Teilbetriebes oder Mitunternehmeranteils wird nach § 24 Abs. 2 UmwStG der gemeine Wert angesetzt, es sei denn es würde Buchwertfortführung beantragt.

18 **Absatz 3:** In der Praxis haben Gesellschafter häufig unterschiedliche Bedürfnisse und Vorstellungen zu den von ihnen betrieblich und gleichzeitig privat genutzten **PKW.** Steuerlich stellt sich dabei das Problem der optimalen Vertragsgestaltung für den Vorsteuerabzug. Denkbar sind im Ansatz zwei Gestaltungsmodelle: Entweder Anschaffung der PKW durch die Gesellschafter selbst oder Anschaffung durch die Gesellschaft.

19 Schafft ein Gesellschafter einen **PKW auf eigene Rechnung aus eigenen Mitteln** an und überlässt er ihn der Gesellschaft zur Nutzung mit der Maßgabe, dass er ihn selbst nutzt, und erfolgt die Überlassung des PKW an die Gesellschaft **unentgeltlich,** so soll weder die Gesellschaft noch der Gesellschafter die dem Gesellschafter beim Erwerb in Rechnung gestellte Umsatzsteuer als Vorsteuer abziehen dürfen (UStAE 1.6 Abs. 7 Nr. 1b). Die Vorteile des Vorsteuerabzugs lassen sich demnach nur sichern, wenn der Gesellschafter für die Überlassung des PKW eine Vergütung erhält und dabei als eigenständiger Unternehmer im umsatzsteuerlichen Sinne gegenüber der Gesellschaft auftritt. Insoweit haben der BFH und die FinVerw. anerkannt, dass der Gesellschafter einer (Personenhandels-)Gesellschaft mit der **entgeltlichen** Vermietung eines PKW an die Gesellschaft im Rahmen eines auf Leistungsaustausch gerichteten Geschäfts tätig werden kann, auch wenn er den PKW ausschließlich selbst nutzt (BFH XI R 45/90 v. 16.3.93, BStBl. II 93, 530; UStAE 1.6 Abs. 7 Nr. 1a). Ein Leistungsaustausch ist danach nicht bereits dann zu verneinen, wenn zwar entsprechende Vereinbarungen vorliegen, diese aber nicht vertragsgemäß vollzogen werden, oder wenn sie nicht dem entsprechen, was unter Fremden üblich ist (OFD Münster v. 29.7.93, StEK UStG 80 § 1 Abs. 1 Nr. 1 Ziff. 150). Nach BFH V R 108/93 v. 9.6.94 (BFH/NV 95, 644) reicht allerdings für die Annahme von entgeltlichen (Vermietungs-)Leistungen eine Vereinbarung nicht aus, wonach die Kosten für einen bei der Geschäftsführung vom Gesellschafter eingesetzten (eigenen) PKW von der Gesellschaft nach Anzahl der gefahrenen Kilometer pauschal erstattet werden. Soweit der Gesellschafter den der Gesellschaft entgeltlich überlassenen PKW für eigene unternehmensfremde Zwecke verwendet, liegt bei ihm eine nach § 3 Abs. 9a Satz 1 Nr. 1 iVm. § 10 Abs. 4 Nr. 1 UStG steuerbare unentgeltliche Wertabgabe vor.

20 Schafft die Gesellschaft einen **PKW auf eigene Rechnung aus Gesellschaftsmitteln** an und überlässt sie ihn einem Gesellschafter, ist wiederum zu unterscheiden, ob die Überlassung entgeltlich oder unentgeltlich erfolgt. Hat der Gesellschafter die private Nutzung des PKW zu bezahlen, z.B. durch Belastung seines Verrechnungskontos, erfolgt die Überlassung **entgeltlich**. Hinsichtlich der Privatfahrten liegt dann eine Vermietung des PKW durch die Gesellschaft vor. Ist das Entgelt niedriger als die Mindest-Bemessungsgrundlage, ist diese anzusetzen (§ 10 Abs. 5 Nr. 1 iVm. Abs. 4 Nr. 2 UStG, UStAE 1.6 Abs. 1 Bsp. 1, OFD Hannover v. 29.6.05, DStR 05, 1363). Der Gesellschaft steht der Vorsteuerabzug aus der Anschaffung des PKW zu (OFD Hannover v. 29.6.05, aaO). Ist kein Entgelt vereinbart und ist der Gesellschafter gegenüber der Gesellschaft nicht unternehmerisch tätig, kann in der Regel davon ausgegangen werden, dass der Gesellschafter den PKW **unentgeltlich** für seine Zwecke nutzt. Ein Leistungsaustausch liegt dann nicht vor. Die Gesellschaft kann den PKW ihrem Unternehmen nur zuordnen, wenn er neben der Überlassung mindestens zu 10% für unternehmerische Zwecke genutzt wird (§ 15 Abs. 1 Satz 2 UStG). Der Vorsteuerabzug steht der Gesellschaft nach § 15 Abs. 1 Nr. 1 UStG zu (OFD Hannover v. 29.6.05, aaO). Vgl. hierzu auch A. 5.00 Rz. 20f.

Zu § 9: Geschäftsjahr, Buchführung, Rechnungsabschluss

Das Wirtschafts- bzw. Geschäftsjahr ist regelmäßig das Kalenderjahr, da die GbR nicht in das Handelsregister eingetragen wird (vgl. § 2 Abs. 7, § 4a Abs. 1 EStG). Der Rechnungsabschluss ist die Grundlage für die Gewinnverteilung und für die Erstellung der Einnahme-Überschussrechnung (vgl. Rz. 5). Der Vorteil der Einnahme-Überschussrechnung liegt darin, dass die aufwändigeren Bilanzierungspflichten entfallen. Dies gilt allerdings nur für solche Unternehmer, die berechtigt sind, ihren Gewinn nach Einnahme-Überschussrechnung gem. § 4 Abs. 3 EStG zu ermitteln. Andernfalls ist der Gewinn nach § 4 Abs. 1 EStG durch Betriebsvermögensvergleich zu ermitteln. Dann müssen Forderungen allerdings vor Zufluss versteuert werden. Zum Wechsel zum Betriebsvermögensvergleich vgl. EStR 4.6. 21

Zu § 10: Gesellschafterkonten

Vgl. Rz. 19f. 22

Zu § 11: Einnahmen

Es entspricht der wirtschaftlichen Zielsetzung eines Gesellschaftsvertrages, alle berufsbedingten Einnahmen der Gesellschafter der Gesellschaft zuzuordnen. 23

Zu § 12: Ausgaben

Zu den typischen Betriebsausgaben, die ein Gesellschafter für zweckmäßig halten mag, die aber nicht direkt den übrigen Gesellschaftern zugute kommen, können die Kosten für die Teilnahme an Berufsfortbildungsveranstaltungen zählen. Durch den Formularvorschlag soll hier ein Zwang zur vorherigen Zustimmung aller Gesellschafter hergestellt werden. 24

Prämien für **Risikolebensversicherungen** von Gesellschaftern sind steuerlich nicht abzugsfähig, auch wenn sich die Gesellschafter hierzu im Gesellschaftsvertrag gegenseitig verpflichtet haben (BFH VIII R 4/10 v. 23.4.13, DStR 13, 1371). Ebenso steuerlich nicht abzugsfähig sind Aufwendungen eines Facharztes für die **Facharztausbildung seines Sohnes,** der als Nachfolger unentgeltlich in eine GbR eintreten soll, wenn eine solche Ausbildung einem fremden Dritten nicht gewährt worden wäre. Die Aufwendungen kommen auch nicht als Sonderbetriebsausgaben des Sohnes in Betracht, wenn dieser während der Ausbildung noch nicht Gesellschafter war (BFH VIII R 49/10 v. 6.11.12, DStR 13, 240). 25

Zu § 13: Haftpflichtversicherung, Haftung im Innenverhältnis

Im Innenausgleich haften die Gesellschafter grundsätzlich entsprechend ihrer Beteiligung am Gewinn und Verlust. Etwas anderes kann gelten, wenn die der gesamtschuldnerischen Haftung unterliegende Verbindlichkeit der Gesellschaft auf dem schuldhaften Verhalten eines der Gesellschafter beruht. Wie auch sonst im Gesamtschuldnerinnenausgleich kann dies unter Heranziehung des Gedankens des § 254 BGB im Innenverhältnis zu einer Alleinhaftung des schuldhaft handelnden Gesellschafters im Verhältnis zu seinen Mitgesellschaftern führen (BGH II ZR 268/07 v. 9.6.08, DStR 08, 2029). Nach der gesetzlichen Regelung des § 708 BGB haften die Gesellschafter untereinander nur für diejenige Sorgfalt, welche sie in eigenen Angelegenheiten anzuwenden pflegen. An den Beweis, in eigenen Angelegenheiten eine geringere als die im Verkehr erforderliche Sorgfalt anzuwenden, sind strenge Anforderungen zu stellen. Der Umstand, dass der Gesellschafter sich durch die schadensbegründende Handlung zugleich selbst geschädigt hat, reicht zum Nachweis der Entlastungsvoraussetzungen des § 708 BGB nicht aus (BGH II ZR 391/12 v. 24.9.13, DStR 14, 51). Die im Formular vorgeschlagene Klausel dient der Objektivierung der untereinander anzuwendenden Sorgfalt. Dies erscheint jedenfalls bei einer unternehmerischen GbR geboten. 26

Zu § 14: Beteiligung am Gewinn und Verlust

27 Das Formular enthält eine **starre, sich nicht verändernde Beteiligung am Ergebnis**. Das Modell basiert auf der Überlegung, dass A und B ihre bisherigen Einzelunternehmen in die Gesellschaft eingebracht haben und dass die Gewinnanteile anhand der Ergebnisse der bisherigen Einzelunternehmen ausgehandelt worden sind. Im Innenverhältnis ist der Gewinnvoraus als Aufwand anzusehen; steuerlich ist er als Einnahmen gem. § 15 EStG bzw. § 18 EStG zu erfassen.

Grds. herrscht **Vertragsfreiheit** bei der Gestaltung der Gewinn- und Verlustbeteiligung. Auch andere Modelle können sinnvoll und zulässig sein (vgl. auch A. 11.00 Rz. 29). Wegen der umsatzsteuerlichen Konsequenzen vgl. A. 5.00 Rz. 23. Vorliegend ist der Gewinnvoraus nicht als umsatzsteuerbares Sonderentgelt zu qualifizieren, weil eine Anrechnung auf den Gewinnanteil erfolgt (*Zugmaier* NJW 03, 801, 802). Zu der Problematik einer eventuellen Qualifizierung der Mitarbeit eines Gesellschafters als Arbeitnehmerverhältnis bei unangemessenen Beschränkungen der Gewinnbeteiligung vgl. Rz. 10. Zu Pensionsrückstellungen vgl. A. 9.00 Rz. 61 und A. 9.10 Rz. 7.

Zu § 15: Entnahmen, Einlagen

28 **Absatz 1:** In der Entnahmepraxis ist zu beachten, dass sog. Überentnahmen gem. § 4 Abs. 4a EStG den Schuldzinsenabzug für betriebliche Konten vereiteln können (vgl. BMF v. 17.11.05, BStBl. I 05, 1019; BMF v. 8.9.05, DStR 05, 1899; BMF v. 18.2.13, DStR 13, 415; *Keß* SteuK 13, 221).

29 **Absatz 2:** Die Regelung ist im Zusammenhang mit § 3 zu lesen. Zum einen führen Einlagen hier nicht zu einer höheren Beteiligung am Gesellschaftskapital, zum anderen soll die Regelung Streit über die Bewertung von Einlagen vermeiden helfen.

Zu § 16: Krankheit, Urlaub

30 **Absatz 1:** Von besonderer Dringlichkeit ist eine Regelung, wie hinsichtlich der Bezüge im Krankheitsfall eines Gesellschafters zu verfahren ist. Vereinbarungen, die unter dem Druck des Ernstfalls geschlossen werden, können das Gesellschaftsklima belasten. Gerade bei kleineren Unternehmen, sollte sich weitestgehend um Grundsatz orientiert werden, dass private Risiken privat und nur betriebliche Risiken betrieblich abzusichern sind.

31 Das Formular orientiert sich hinsichtlich der Fortzahlung des Gewinnvoraus an den Grundsätzen, die bei Arbeitsverhältnissen gelten. Dieser Gesichtspunkt ist für die Prüfung, ob auf Grund der sog. Gesamtbetrachtung der tatsächlichen Ausgestaltung der Rechtsverhältnisse ein Arbeitsverhältnis vorliegt (vgl. Rz. 10), eher zu vernachlässigen. M.E. gibt es keinen Grund, warum sich ein Gesellschafter bzw. Mitunternehmer im Krankheitsfall gesellschaftsvertraglich schlechter stellen müsste als seine Arbeitnehmer, um eine Mutation seines arbeits- und sozialrechtlichen Status in einen abhängig Beschäftigten oder Arbeitnehmer zu vermeiden. Dies wäre schon vor dem Hintergrund der Finanzierung eines Ausfalls aus dem gesamthänderischen Vermögen der Gesellschafter nicht nachvollziehbar.

32 **Absatz 2:** Nach der vorgeschlagenen Regelung hat die Entscheidung über die Reduzierung der Überschussquote nach billigem und nicht nach freiem Ermessen zu erfolgen. Sie ist damit gerichtlich überprüfbar (vgl. §§ 315 ff. BGB).

Zu § 17: Schwangerschaft und Elternzeit

33 Die Regelung ist rechtlich nicht zwingend. Sie kann aber praxisgerecht sein und orientiert sich an den Grundsätzen, die für Arbeitsverhältnisse gelten würden. Vgl. hierzu auch Rz. 9, 26.

Zu § 18: Dauer der Gesellschaft, Ausschluss, Kündigung, Übertragbarkeit der Beteiligung

Absatz 2: Die Bestimmung sieht ein ordentliches Hinauskündigungs- (oder Ausschluss-) -recht vor, wenn ein sachlicher Grund vorliegt. Angesichts der unbestimmten Dauer der Gesellschaft soll die Trennung von einzelnen Gesellschaftern auf Veranlassung der Gesellschaft durch gemeinschaftliche Erklärung der Mitgesellschafter bei Vorliegen eines sachlichen Grundes ermöglicht werden. Es bedarf also keines wichtigen Grundes iSd. § 737 Satz 1 BGB. Die gesetzliche Regelung wird nach hL für dispositiv gehalten (*MünchKommBGB/Schäfer* § 737 Rz. 16ff., *Palandt/Sprau* § 737 BGB Rz. 5), wenngleich der BGH hier strenge Maßstäbe an den Minderheitenschutz stellt (BGH II ZR 217/75 v. 20.1.77, BGHZ 68, 212; BGH II ZR 56/80 v. 13.7.81, BGHZ 81, 264). Zum Verfahren s. A. 5.00 Rz. 67 und Formular A. 5.17. **34**

Absatz 3: In einem Rechtsanwalts-Sozietätsvertrag stellt der Ausschluss des Rechts zur ordentlichen Kündigung für einen Zeitraum von 30 Jahren auch dann eine unzulässige Kündigungsbeschränkung i.S. des § 723 Abs. 3 BGB dar, wenn sie Teil der Alterssicherung der Seniorpartner ist (BGH II ZR 137/04 v. 18.9.06, NJW 07, 295). Zu Kündigungsbeschränkungen s. A. 5.00 Rz. 37. **35**

Absatz 4: Abweichend von der Regel des § 723 BGB wird durch die Kündigung bzw. das Ausscheiden eines Gesellschafters die Gesellschaft nicht aufgelöst. **36**

Absatz 5: Zur Höhe der Abfindung aus gesellschaftsrechtlicher Sicht vgl. A. 5.00 Rz. 37 sowie aus steuerlicher Sicht A. 5.00 Rz. 27 (Schenkungsteuer) und A. 5.17 Rz. 3f. (Einkommensteuer). **37**

Absatz 6: Es erscheint zweckmäßig, in Anlehnung an § 24 Abs. 2 HGB den Namen mit der Hauptbezeichnung der Gesellschaft fortzuführen, auch wenn der Namensgeber ausgeschieden ist. Die ausdrückliche Zustimmung der Namensfortführung für den Fall der Umwandlung der GbR in eine andere Gesellschaftsform soll nach Auffassung des LG München (13 T 6624/97 v. 11.6.97, NJW-RR 97, 1188) bei einer Umwandlung in eine Partnerschaftsgesellschaft erforderlich sein. Zutreffend ist der BGH dieser Auffassung entgegengetreten (BGH I ZR 195/99 v. 28.2.02, NJW 02, 2093). **38**

Zur Nachhaftung vgl. A. 5.00 Rz. 63. Die fünfjährige Enthaftungsfrist (§ 160 Abs. 1 HGB) soll für die Gewerbesteuer mit positiver Kenntnis der Gemeinde (nicht schon des für den Grundsteuermessbescheid zuständigen Finanzamtes) vom Ausscheiden des Gesellschafters beginnen (VGH München 4 ZB 121393 v. 2.5.13, DStR 13, 1791). Führt die Gesellschaft den Namen des ausgeschiedenen Gesellschafters allerdings fort, so stellt sich insbesondere bei Freiberuflersozietäten für den Ausgeschiedenen die Problematik der Rechtsscheinhaftung (*MünchKommBGB/Ulmer/Schäfer* Vor § 705 Rz. 36), so dass das Ausscheiden den Gläubigern gegenüber kenntlich zu machen ist. **39**

A. 5.02 Eigenheim GbR (nichteheliche Lebensgemeinschaft)

Gliederung

I. FORMULAR

Formular A. 5.02 Eigenheim GbR (nichteheliche Lebensgemeinschaft)

Nr. ...... der Urkundenrolle für 20..

Verhandelt

zu ......

am ......

Vor mir, dem unterzeichneten Notar

mit dem Amtssitz zu ......

erschienen:

1. A

(hiernach auch „Verkäufer" genannt)

2. B

3. C

Die Erschienenen sind dem Notar persönlich bekannt. ...

Sie erklärten mit der Bitte um

BEURKUNDUNG:

1. Der Verkäufer ist Eigentümer des im Grundbuch von ... eingetragenen Grundstücks.

2. Zum Zwecke des Erwerbs des unter Ziff. 1 näher bezeichneten Grundbesitzes gründen die Erschienenen zu 2. und 3. eine Gesellschaft bürgerlichen Rechts mit dem Namen „Villa Kunterbunt GbR" (hiernach auch „Käufer" genannt) und stellen den Gesellschaftsvertrag der neugegründeten Gesellschaft mit den in Anlage 1 enthaltenen Regelungen fest.

3. Der Verkäufer verkauft an den Käufer den unter Ziff. 1. näher bezeichneten Grundbesitz.

4. ....

Vorstehende Verhandlung nebst Anlage wurde den Erschienenen von dem Notar vorgelesen, von ihnen genehmigt und von ihnen und dem Notar eigenhändig wie folgt unterschrieben:

(Unterschriften)

Anlage 1

GESELLSCHAFTSVERTRAG

§ 1 Name, Rechtsform

(1) Die Bezeichnung der Gesellschaft lautet: B & C Villa Kunterbunt GbR.

(2) Die Gesellschaft ist eine Gesellschaft bürgerlichen Rechts. Soweit nachfolgend nicht ausdrücklich anders geregelt gelten die gesetzlichen Bestimmungen der §§ 705 ff. BGB.

§ 2 Gesellschaftszweck

(1) Zweck der Gesellschaft ist der gemeinsame Erwerb und die Renovierung der Immobilie ... sowie deren Nutzung als gemeinsamer Hauptwohnsitz der in nichtehelicher Lebensgemeinschaft zusammenlebenden Gesellschafter B und C.

(2) Die Gesellschaft ist berechtigt, alle Geschäfte vorzunehmen, die zur Unterhaltung und Verwaltung der in Abs. 1 näher bezeichneten Immobilie erforderlich sind.

§ 3 Gesellschafterbeiträge

(1) Die Gesellschafter sollen zu gleichen Teilen zur Finanzierung der Immobilie beitragen. Im Einzelnen handelt es sich hierbei um die Eigenkapitalleistung auf den Kaufpreis, Tilgungsleistungen auf die Fremdfinanzierung, Renovierungs-, Reparatur-, Betriebs- und Verwaltungskosten.

(2) Die Gesellschafter sind sich einig, dass anfangs nur B Eigenkapital stellt und zwar in Höhe eines Betrages von € ....

(3) Die Gesellschafter beabsichtigen, die Renovierung und anfallende Reparaturen nach Möglichkeit auch in Eigenregie zu bewerkstelligen.

(4) Ist ein Gesellschafter infolge der Geburt eines gemeinsamen Kindes oder eines Kindes, das die Gesellschafter einvernehmlich betreuen, ganz oder teilweise nicht erwerbstätig, einigen sich die Gesellschafter zeitnah nach Eintritt dieser Veränderung ihrer Lebensverhältnisse schriftlich auf einen Betrag, der dem betreffenden Gesellschafter hierfür auf die nach Abs. 1 zu erbringende Gesellschafterleistung gutgeschrieben werden soll.

§ 4 Gesellschafterkonten

(1) Über die geleisteten Gesellschafterbeiträge wird Buch geführt. Für jeden Gesellschafter wird ein Konto geführt, auf das die geleisteten Gesellschafterbeiträge verbucht werden.

(2) Auf den Konten werden auch Eigenleistungen nach § 3 Abs. 3 erfasst. Voraussetzung ist, dass der Wert der jeweiligen Eigenleistung zeitnah durch von beiden Gesellschaftern unterschriebene Stundenaufstellungen nebst anzusetzenden Stundensatz nachgewiesen ist. Ist kein Stundensatz aufgeführt, ist ein Stundensatz von € ... anzusetzen. Eventuelle Materialkosten sind durch Originalrechnungen nachzuweisen.

(3) Auf den Konten werden auch Gutschriften nach § 3 Abs. 4 erfasst.

§ 5 Angehörigenleistungen

Soweit Angehörige eines Gesellschafters Renovierungs- oder Reparaturleistungen erbringen, verpflichten sich die Gesellschafter, den jeweils anderen Gesellschafter und die Gesellschaft von eventuellen Ansprüchen der Angehörigen freizustellen. Die Gesellschafter werden gegenüber ihren jeweiligen Angehörigen klarstellen und möglichst schriftlich vereinbaren, dass sie derartige Leistungen allein ihrem eigenen Angehörigen zuwenden und dass sie gegen den anderen Gesellschafter bei Trennung oder Tod eines Gesellschafters keinerlei Ansprüche haben.

§ 6 Dauer der Gesellschaft, Kündigung, Auflösung, Anwachsung

(1) Die Dauer der Gesellschaft ist unbestimmt. Sie wird nicht durch Trennung, Eheschließung oder Scheidung aufgelöst.

(2) Die Gesellschaft kann von jedem Gesellschafter mit der Folge ihrer Auflösung mit einer Frist von drei Monaten zum Quartalsende gegenüber dem anderen Gesellschafter gekündigt werden. Die Kündigung hat schriftlich zu erfolgen.

(3) Im Falle des Todes eines Gesellschafters wird die Gesellschaft unter Ausschluss der Abfindung der Erben unter den verbliebenen Gesellschaftern fortgesetzt, sofern in diesem Zeitpunkt mehrere Gesellschafter vorhanden sind. Verbleibt nur ein Gesellschafter, so wächst diesem das Gesellschaftsvermögen unter Ausschluss einer Abfindung der Erben an.

§ 7 Auseinandersetzung, laufender Gewinn

(1) Der Anteil eines Gesellschafters an einem etwaigen Auseinandersetzungsguthaben entspricht dem Anteil an den bis zur Auflösung der Gesellschaft geleisteten Gesellschafterbeiträgen gem. §§ 3 und 4.

(2) Entsprechendes gilt bei einem vor der Auflösung realisierten Gewinn.

§ 8 Schriftform

Änderungen dieses Vertrages bedürfen zu ihrer Wirksamkeit der Schriftform. Auch wiederholte Verstöße gegen diese Bestimmung beseitigen nicht das Schriftformerfordernis.

II. ERLÄUTERUNGEN

Erläuterungen zu A. 5.02 Eigenheim GbR (nichteheliche Lebensgemeinschaft)

1. Grundsätzliche Anmerkungen

a) Wirtschaftliches Vertragsziel

1 Das Formular konzentriert sich auf mögliche Regelungen bei der Anschaffung großer Vermögenswerte, wie bspw. einer Immobilie, im Rahmen einer nichtehelichen Lebensgemeinschaft. Gerade mit Blick auf die für die Ausgestaltung von GbR bestehende große Vertragsfreiheit sind im Einzelfall sicherlich auch andere Lösungen denkbar und geboten, zumal nichteheliche Lebensgemeinschaften in den unterschiedlichsten Formen auftreten und von daher auch die Interessen der jeweiligen Partner stark variieren können.

2 Denkbar ist es auch, weiteren Aspekten einer nichtehelichen Lebensgemeinschaft, wie Altersversorgungsansprüche oder Unterhaltspflichten etc., das Rechtskleid der GbR zu geben (*Grziwotz* FF 10, 429). Im Einzelfall sollte jedoch geprüft werden, ob die sich daraus ergebende größere und umfassendere Verbindlichkeit und Verrechtlichung der Beziehung von den betroffenen Partnern überhaupt gewollt ist. Sofern es um steuerliche Vorteile und sozialrechtliche Versorgung geht, dürften die Ehe und die eingetragenen Lebenspartnerschaft Vorzüge bieten, die in der Regel durch einen Gesellschaftsvertrag nicht kompensiert werden können (*Grziwotz* FF 10, 429). Deshalb beschränkt sich das vorgestellte Formular auf die Problematik der Anschaffung eines Eigenheims im Rahmen einer nichtehelichen Lebensgemeinschaft (vgl. auch *Grziwotz* FF 10, 429, 441).

b) Gesellschaftsrecht

3 Die hM ist nach wie vor unter Hinweis darauf, dass die nichteheliche Lebensgemeinschaft vom Ansatz her **eine Verbindung ohne Rechtsbindungswillen** sei, eher zögerlich bei der Verrechtlichung der Beziehungen der jeweiligen Partner. Verfolgen die Partner der nichtehelichen Lebensgemeinschaft Zwecke, die nicht über die Verwirklichung der nichtehelichen Lebensgemeinschaft hinausgehen, bestehen grundsätzlich Zweifel an dem erforderlichen Rechtsbindungswillen. Denn die Partner haben in diesem Punkt regelmäßig keine über die Ausgestaltung ihrer Lebensgemeinschaft hinausgehenden rechtlichen Vorstellungen, so dass auch nicht davon ausgegangen werden kann, dass die Partner zumindest **konkludent** in Bezug auf das gemeinsam errichtete Haus einen **Gesellschaftsvertrag nach §§ 705 ff. BGB geschlossen haben** (BGH XII ZR 179/05 v. 9.7.08, NJW 08, 3277; XII ZR 132/12 v. 8.5.13, NJW 13, 2187). Allerdings hat der BGH immerhin anerkannt, dass es für gesellschaftsrechtliche

Ausgleichsansprüche unter Partnern einer nichtehelichen Lebensgemeinschaft nicht zwingend – wie unter Ehegatten sowie in eingetragenen Lebenspartnerschaften – einer über die Verwirklichung der eheähnlichen oder Ehegemeinschaft bzw. eingetragenen Lebenspartnerschaft hinausgehenden Zweckverfolgung bedarf und dass neben gesellschaftsrechtlichen Ausgleichsansprüchen auch Ansprüche aus **ungerechtfertigter Bereicherung** (§ 812 Abs. 1 2 Alt. 2 BGB) sowie nach den Grundsätzen über den **Wegfall der Geschäftsgrundlage** in Betracht kommen (Aufgabe der bisherigen Rspr. BGH XII ZR 179/05 v. 9.7.08, NJW 08, 3277; BGH XII ZR 190/08 v. 6.7.11, DStR 11, 1720; XII ZR 132/12 v. 8.5.13, NJW 13, 2187). Angesichts des Vorstehenden sind die Partner einer nichtehelichen Lebensgemeinschaft zumindest bei großen finanziellen Investitionen gehalten, sich über die rechtlichen Konsequenzen Gedanken zu machen und diese ggf. ausdrücklich abweichend zur Rechtslage nach Maßgabe der sich immer wieder im Fluss befindlichen Rspr. des BGH zu regeln. Dies kann in Form einer GbR erfolgen (vgl. auch A. 5.00 Rz. 9ff.).

c) Steuerrecht

Es wird zunächst auf A. 5.00 Rz. 12ff. verwiesen. Das vorgestellte Formular betrifft eine selbstgenutzte Immobilie. Da die **selbstgenutzte Immobilie** seit 1987 nicht mehr mit ihrem Nutzungswert steuerlich erfasst wird, können auch die mit der Nutzung der Immobilie wirtschaftlich zusammenhängenden Aufwendungen, einschließlich der AfA nicht als Werbungskosten abgezogen werden (§ 9 Abs. 1 S. 2 EStG). Es handelt sich um privatveranlasste Kosten, die steuerlich grundsätzlich irrelevant sind (§ 12 EStG). In Betracht kommen aber Abzugssätze gem. § 10f EStG für Baudenkmäler und Sanierungsgebiete, gem. § 10g EStG für schutzwürdige Kulturgüter oder nach § 7 FördG. Zu beachten sind allerdings mögliche steuerliche Konsequenzen im Zusammenhang mit der Frage des Objektverbrauchs und der Frage der Anteilszurechnung nach § 10f Abs. 3 u. 4 EStG. Bei Anteilsveräußerung oder Veräußerung der Immobilie kommt eine Besteuerung als sog. **privates Veräußerungsgeschäft** gem. § 23 EStG in Betracht (vgl. A. 5.10 Rz. 4). 4

Die Übernahme der Zins- und Tilgungsleistungen für die Finanzierung der gemeinsamen Wohnimmobilie durch einen Partner oder Ehegatten kann als **schenkungssteuerbare** unentgeltliche Zuwendung angesehen werden. Bei Ehegatten wirkt sich dies jedoch angesichts der Steuerbefreiung nach § 13 Nr. 4a. ErbStG nicht aus (*Schlünder/Geißler* ZEV 07, 64 f, 67). Bei einer **nichtehelichen Lebensgemeinschaft** käme allenfalls die Steuerbefreiung nach § 13 Nr. 12 ErbStG in Betracht (*Schlünder/Geißler* ZEV 07, 64). Greifen diese Befreiungstatbestände nicht, kann etwas anderes nur bei einer ausdrücklichen schuldrechtlichen Vereinbarung wie bspw. einem Gesellschaftsvertrag gelten, auf deren Grundlage die Zins- und Tilgungsleistungen erbracht werden (*Schlünder/Geißler* ZEV 07, 64f.). 4a

Angesichts der in dem vorgestellten Formular vorgesehenen variablen Vermögensbeteiligungsquoten (vgl. §§ 3, 4 u. 7 des Formulars) ist von folgenden **grunderwerbsteuerlichen** Grundsätzen auszugehen: Steuerschuldner für die beim Erwerb der Immobilie anfallenden Grunderwerbsteuer ist die GbR (§ 13 Nr. 1 GrEStG). Die Änderung der Beteiligungsquote infolge unterschiedlicher Gesellschafterbeiträge ist bis zur Grenze der Anwachsung nicht steuerbar (§ 1 Abs. 1 Nr. 3 S. 1 GrEStG). § 1 Abs. 3 GrEStG ist auch dann nicht einschlägig, wenn sich die Vermögensbeteiligungsquote eines Gesellschafters aufgrund stark unterschiedlicher Gesellschafterbeiträge auf 95% oder mehr erhöht (*v. Proff* NotBZ 10, 73, 78f. mwN). 5

2. Einzelerläuterungen

Zu § 1: Name, Rechtsform

6 **Absatz 1:** Zu der Möglichkeit der Namensgebung vgl. A. 5.00 Rz. 31f. Die Namensgebung ist zur Unterscheidung der GbR von anderen gemeinsamen GbR der Partner der nichtehelichen Lebensgemeinschaft vor allem sinnvoll, wenn in der anderen GbR Einkünfte in erzielt werden. Vor allem ist zur vermeiden, dass eine Vermischung des Vermögens mit anderen GbR vermieden wird, in denen gewerbliche Einkünfte erzielt werden (vgl. A. 5.00 Rz. 13) mittelbar mit den höheren Zinsen des anderen Gesellschafters zu belasten.

7 **Absatz 2:** Der Verweis auf die gesetzlichen Bestimmungen bedeutet hier insbesondere Gesamtgeschäftsführungs- und Vertretungsbefugnis nach §§ 709ff. BGB und zwar unabhängig von den Vermögensbeteiligungen nach §§ 3, 4 u. 7 des Formulars.

Zu § 2: Gesellschaftszweck

8 Vgl. A 5.00 Rz. 9. Wegen des Erfordernisses der Form der notariellen Beurkundung bei einer auf den Erwerb eines Grundstücks gerichteten GbR vgl. A. 5.00 Rz. 34. Bei der erstmaligen Eintragung der GbR als Eigentümerin, aber auch später, kann die Praxis der Grundbuchämter hinsichtlich des Nachweises der Existenz und der Vertretung der GbR mitunter erheblich voneinander abweichen vgl. Formular A. 5.32 mwN).

Zu § 3: Gesellschafterbeiträge

9 **Absatz 1:** Die Zinsen auf Fremddarlehen sind nicht als Gesellschafterleistung aufgeführt worden, da sich deren Höhe nach der individuellen Bonität des betreffenden Gesellschafters richtet und es unangemessen wäre, den Gesellschafter mit der besseren Bonität mittelbar mit den höheren Zinsen des anderen Gesellschafters zu belasten.

10 **Absatz 3:** Die Gesellschafterbeiträge können nach dieser Regelung nicht nur in Geld sondern auch dort, wo es möglich ist durch Eigenleistung erbracht werden. Eine derartige Regelung ist vor allem dann sinnvoll, wenn der Partner der nichtehelichen Lebensgemeinschaft oder beide in der Baubranche tätig und erfahren sind.

11 **Absatz 4:** Auch die Regelung einer Gutschrift für Erziehungsleistungen ist nicht zwingend, kann aber je nach den Verhältnissen in der Praxis als wünschenswert und als gerecht empfunden werden.

Zu § 4: Gesellschafterkonten

12 **Absatz 1:** § 3 führt iVm. § 7 des Formulars zu beweglichen Vermögensbeteiligungsquoten. Vor diesem Hintergrund muss über die jeweiligen Gesellschafterleistungen Buch geführt werden, indem die Leistungen der Gesellschafter auf separaten Konten erfasst und dokumentiert werden. Nur dies hilft, künftige Streitigkeiten über das, was gewesen und das, was hätte sein sollen, zu vermeiden. Zur Grunderwerbsteuer vgl. Rz. 5.

13 **Absatz 2:** Unentgeltlichen Arbeits- oder Dienstleistungen sind nach der Rspr. keine Schenkungen iSd. § 516 BGB (*v. Proff* NotBZ 10, 73, 79 mwN). Um unnötigen Streit zu vermeiden, ist sinnvoll, diese zeitnah einvernehmlich zu dokumentieren, ihren Wert festzustellen und zu verbuchen.

14 **Absatz 3:** Auch wenn die Anrechnung solcher Leistungen durch Gutschrift als wünschenswert und gerecht empfunden wird, birgt sie das Risiko der Schenkungsteuerbarkeit der von dem anderen Gesellschafter tatsächlich erbrachten Finanzierungsbeiträge in Bezug auf die Immobilie (*v. Proff* NotBZ 10, 73, 79). Das dürfte erst Recht gelten, wenn man die Möglichkeit der Gutschrifterteilung nach § 3 Abs. 4

iVm. § 7 des Formulars auf andere Leistungen wie Haushaltsführung oder auf die Übernahme der Kosten der allgemeinen Lebensführung erstreckt.

Zu § 5: Angehörigenleistungen

Mit der vorgeschlagenen Klausel soll einer weiteren häufig in derartigen Konstellationen auftretenden Streitquelle vorgebeugt werden. Sie ist natürlich nicht zwingend. Wenn allerdings Angehörigenleistungen erwünscht sind, sollten sich die Beteiligten von Anfang an Klarheit darüber verschaffen, wie sie diese in Zukunft bewertet und behandelt wissen wollen. 15

Zu § 6: Dauer der Gesellschaft, Kündigung, Auflösung, Anwachsung

Absatz 1 u. 2: Nach § 726 BGB endet eine Gesellschaft, wenn der vereinbarte Zweck erreicht oder dessen Erreichung unmöglich geworden ist. Mit der Regelung wird vorsorglich klargestellt, dass das Ende der nichtehelichen Lebensgemeinschaft, sei es durch Trennung, Eheschließung oder Scheidung, keinesfalls automatisch die Rechtsfolgen des § 726 BGB der Auflösung auslöst. Vielmehr bedarf es der Kündigung. 16

Absatz 3: Die Bestimmung wird von der hM nicht als unentgeltliche Vereinbarung eingestuft, so dass erstens die Vereinbarung jedenfalls nicht wegen § 2301 BGB iVm. § 2276 BGB der notariellen Beurkundung bedürfte und zweitens, der Wert des Gesellschaftsanteils des verstorbenen Gesellschafters nicht in die Bemessungsgrundlage für etwaige Pflichtteilsergänzungsansprüche (§ 2325 BGB) einfließt (*v. Proff* NotBZ 10, 73, 79 mwN auch zum Meinungsstand; *Werner* ZEV 13, 66). Schenkungs- und erbschaftssteuerlich ist allerdings von einem steuerpflichtigen Tatbestand im Todesfall auszugehen (§ 3 Abs. 1 Nr. 2 S. 2 ErbStG sowie *v. Proff* NotBZ 10, 73, 81). Die von Todes wegen erfolgende Anwachsung ist gem. § 1 Abs. 1 Nr. 3 S. 1 GrEStG iVm. § 3 Nr. 2 GrEStG von der Grunderwerbsteuer befreit (*v. Proff* NotBZ 10, 73, 81 f.). 17

Zu § 7: Auseinandersetzung

Zur Grunderwerbsteuer vgl. Rz. 5. 18

Zu § 8: Schriftform

Die Schriftform dient der Streitvermeidung. Angesichts der persönlichen Nähe der Gesellschafter liegt es nahe, dass häufig und viel über das gemeinsame Projekt möglicherweise auch noch im Beisein von und mit Angehörigen und Dritten geredet wird, die Schriftform aber erst eine gewisse Verbindlichkeit und mehr Rechtssicherheit unter den Gesellschaftern herstellen kann. 19

A. 5.10 Abtretung (Verkauf)

Gliederung

I. FORMULAR

Formular A. 5.10 Kaufvertrag

Zwischen

A – nachfolgend Verkäufer genannt –

und

B – nachfolgend Käufer genannt –

wird folgender

KAUFVERTRAG

abgeschlossen:

§ 1 Vertragsgegenstand

(1) Der Verkäufer ist zu 30% an der aus ihm sowie ...... unter der Bezeichnung „Grundstücksgesellschaft A" bestehenden Gesellschaft bürgerlichen Rechts beteiligt.

(2) Einziger Vermögensgegenstand der Gesellschaft ist das im Grundbuch von ...... Bezirk X Band Y Blatt Z

eingetragene Grundstück lfd. Nr. 1 Flur ...... Flurstück ......

(3) Die Verfügung über die Beteiligung an dieser Gesellschaft ist gem. § 13 Abs. 2 *[vgl. Formular A. 5.00]* des Gesellschaftsvertrages vom ...... ohne Zustimmung der Mitgesellschafter zulässig.

§ 2 Verkauf der Beteiligung und des Ergebnisbezugsrechts

Der Verkäufer verkauft hiermit seine Beteiligung an der in § 1 bezeichneten Gesellschaft im Wege der Abtretung mit Wirkung zum 1. ... 20.. (hiernach: Übertragungsstichtag) an den Käufer. Die Ergebnisse der Gesellschaft bis zum Übertragungsstichtag stehen dem Verkäufer und vom Übertragungsstichtag an dem Käufer zu.

§ 3 Kaufpreis

Der Kaufpreis beträgt € ...... und ist zum Übertragungsstichtag zur Zahlung auf das Konto des Verkäufers, Konto-Nr. ...... bei der ...... Bank (BLZ ......), fällig.

§ 4 Abtretung der Beteiligung

Der Verkäufer tritt seine Beteiligung hiermit an den dies annehmenden Käufer mit Wirkung zum Übertragungsstichtag unter der aufschiebenden Bedingung ab, dass der Kaufpreis rechtzeitig und vollständig gezahlt ist.

§ 5 Mitteilung

(1) Unverzüglich nach Eintritt der Bedingung gemäß § 4 werden die Parteien gemeinsam die Geschäftsführung der Gesellschaft über den Abschluss und die Durchführung dieses Vertrages unterrichten.

(2) Mit Vertragsunterzeichnung erkennt der Käufer gleichzeitig den Gesellschaftsvertrag vom ...... und die gemäß § 19 *[vgl. Formular A. 5.00]* des vorstehenden Gesellschaftsvertrages am selben Tage geschlossene Schiedsvereinbarung als für ihn in allen Bestimmungen verbindlich an.

§ 6 Haftung für Rechts- und Sachmängel

(1) Der Verkäufer garantiert dem Käufer (§ 276 BGB), dass ihm die Beteiligung an der Gesellschaft zusteht und er ihm die Beteiligung nach Maßgabe dieses Vertrages als neuem Berechtigten verschaffen wird.

(2) Der Käufer hat das Grundstück der Gesellschaft besichtigt und in alle wesentlichen Unterlagen Einsicht genommen. Der Verkäufer schuldet in Bezug auf das Grundstück der Gesellschaft keine besondere Beschaffenheit und keinen bestimmten Zustand. Garantien werden insoweit keine übernommen.

§ 7 Schiedsverfahren

Für Streitigkeiten aus diesem Vertrag wird die ordentliche Gerichtsbarkeit ausgeschlossen und die Zuständigkeit eines Schiedsgerichts vereinbart. Für das Schiedsgericht, seine Zusammensetzung und sein Verfahren gilt die Schiedsvereinbarung, welche in gesonderter Urkunde heute im Anschluss an diesen Vertrag abgeschlossen worden ist.

§ 8 Schriftform

Änderungen dieses Vertrages bedürfen zu ihrer Wirksamkeit der Schriftform. Auch wiederholte Verstöße gegen diese Bestimmung beseitigen nicht das Schriftformerfordernis.

§ 9 Teilnichtigkeit

Sollte eine Bestimmung dieses Vertrages nichtig, anfechtbar oder unwirksam sein, so soll die Wirksamkeit der übrigen Bestimmungen hiervon nicht berührt werden. Die angreifbare Bestimmung ist vielmehr durch eine wirksame zu ersetzen und/oder so auszulegen, dass der mit ihr erstrebte wirtschaftliche und/oder ideelle Zweck nach Möglichkeit erreicht wird.

....	....
(Unterschrift A)	**(Unterschrift B)**

II. ERLÄUTERUNGEN

Erläuterungen zu A. 5.10 Kaufvertrag

1. Grundsätzliche Anmerkungen

a) Wirtschaftliches Vertragsziel

Das vorgestellte Formular ist auf die Übertragung einer Minderbeteiligung an einer vermögensverwaltenden GbR, namentlich einer Grundstücks-GbR ausgerichtet, die in der Praxis regelmäßig Einkünfte aus VuV beziehen dürfte. Bei den nachfolgenden Anm. werden daher Sonderfragen, welche die unternehmerische GbR betreffen, nur am Rande erläutert. 1

b) Zivilrecht

Die Übertragung von Anteilen an einer GbR **bedarf keiner Form,** sie muss jedoch im Gesellschaftsvertrag oder ad hoc zugelassen sein (vgl. *Palandt/Sprau* § 719 BGB Rz. 6); aus Gründen der Nachweisbarkeit empfiehlt sich jedoch zumindest die Einhaltung der Schriftform. Die notarielle Form ist auch dann nicht vorgeschrieben, wenn einziger Vermögensgegenstand der Gesellschaft ein Grundstück ist, es sei denn 2 es läge ein Umgehungstatbestand vor (*Palandt/Grüneberg* § 311b BGB Rz. 5; *MünchKommBGB/Ulmer/Schäfer* § 705 Rz. 36). Die Rspr. hat einen Umgehungstatbestand bisher deshalb verneint, weil in den konkret zu entscheidenden Fällen jedenfalls eine Umgehungsabsicht nicht feststellbar war (BGH II ZR 288/81 v. 31.1.83, BGHZ 86, 367, 371; OLG Frankfurt 20 W 516/94 v. 15.4.96, NJW-RR 96, 1123, 1124; krit. *Ulmer/Löbbe* DNotZ 98, 711, 718ff.). Die Veränderung im Gesellschafterbestand ist nach §§ 899a BGB, 47 Abs. 2 GBO, 15 Abs. 3 GBV im Grundbuch einzutragen. Nach § 82 S. 3 GBO besteht ein Berichtigungszwang. Die Berichtigung muss in der Form des § 29 GBO durch alle Gesellschafter, auch den Ausgeschiedenen, erfolgen. Dies bedeutet, dass der Berichtigungsantrag oder sonstige zu der Eintragung erforderlichen Erklärungen durch öffentliche oder öffentlich beglaubigte Urkunden nachgewiesen werden müssen (vgl. auch *Böttcher* NJW 12, 822, 823; *Hirte* NJW 12, 581, 586; *Suttmann* NJW 13, 423). Nicht erforderlich ist hingegen der Nachweis des Gesellschaftsvertrages in der Form des § 29 GBO (OLG München 34 Wx 303/12 und 34 Wx 406/12 v. 27.11.12, NJW-Spezial 13, 113). Verfügt die Geschäftsführung über eine notariell beglaubigte Vollmacht oder – wie nach dem Formular A. 5.32 sogar über – eine notariell beurkundete Vollmacht, können Verkäufer und Käufer die Grundbuchberichtigung zusammen mit der Geschäftsführung der Gesellschaft ohne Mitwirkung der übrigen Gesellschafter bewirken. Der notariellen Form bedarf allerdings die Übertragung eines Anteils an einer GbR, deren Zweck erst der Erwerb eines bestimmten Grundstücks ist, wie auch der Gesellschaftsvertrag einer derartigen GbR der notariellen Form bedarf (*MünchKommBGB/Ulmer/Schäfer* § 705 Rz. 38; vgl. auch A. 5.00 Rz. 34). Das Verpflichtungsgeschäft zur Übertragung eines Gesellschaftsanteils an einer GbR, deren Gesellschaftsvermögen aus einem GmbH-Anteil besteht, bedarf nicht schlechthin der notariellen Beurkundung entsprechend § 15 Abs. 4 GmbHG. Formbedürftigkeit besteht nur dann, wenn das Geschäft dazu dient, die Formvorschrift des § 15 Abs. 4 GmbHG zu umgehen. In einem Fall, der eine Mitarbeiterbeteiligung betraf, wurde eine derartige Umgehungsabsicht nicht verzeichnet (BGH II ZR 312/06 v. 10.3.08, DStR 08, 1147).

3 Der II. Zivilsenat des BGH (II ZR 56/02 v. 7.4.03, DStR 03, 1084) hat in Abkehr zur bisher hM entschieden, dass ein neu in eine GbR eintretender Gesellschafter für bereits bei seinem Eintritt bestehende Verbindlichkeiten der Gesellschafter neben den bisherigen Gesellschaftern persönlich, dh. mit seinem Privatvermögen haftet. Dies passt zur dogmatischen Neuorientierung des Rechts der GbR, die der II. Zivilsenat schon in früheren Urteilen eingeleitet hat (vgl. A. 5.00 Rz. 5f.). Zur Nachhaftung des ausgeschiedenen Gesellschafters vgl. A. 5.00 Rz. 63.

c) Steuerrecht

4 Werden innerhalb der Gesellschaft Einkünfte aus VuV bezogen – was bei der **vermögensverwaltenden GbR** die Regel sein dürfte (vgl. A. 5.00 Rz. 13) –, so führt der Verkäufer ein **steuerpflichtiges privates Veräußerungsgeschäft** iSd. § 23 Abs. 1 Nr. 1 EStG aus, wenn der Zeitraum zwischen Anschaffung und der Veräußerung seiner Beteiligung an der Grundstücks-GbR nicht mehr als zehn Jahre beträgt, denn die Anschaffung oder Veräußerung einer unmittelbaren oder mittelbaren Beteiligung an einer Personengesellschaft gilt als Anschaffung oder Veräußerung der anteiligen Wirtschaftsgüter, also hier des Grundstücks (vgl. § 23 Abs. 1 Satz 4 EStG). Gewinn oder Verlust aus dem Veräußerungsgeschäft ist der Unterschied zwischen Veräußerungspreis einerseits und den Anschaffungs- und Herstellungskosten und den Werbungskosten andererseits. Die Anschaffungs- und Herstellungskosten mindern sich um die AfA, erhöhte Absetzungen und Sonderabschreibungen, soweit sie bei der Ermittlung der Einkünfte aus VuV abgezogen worden sind. Verluste dürfen nur bis zur Höhe des Gewinns, den der Verkäufer im gleichen Kalenderjahr aus privaten Veräußerungsgeschäften erzielt hat, ausgeglichen werden. Die Verluste mindern jedoch

nach Maßgabe des § 10d EStG die Einkünfte, die der Verkäufer in dem vorangegangenen VZ oder in den folgenden VZ aus privaten Veräußerungsgeschäften erzielt hat oder erzielt (vgl. § 23 Abs. 3 Satz 1, 4, 7, 8 EStG nF bzw. § 23 Abs. 3 Satz 1, 4, 8, 9 EStG aF). Zur möglichen Verfassungswidrigkeit der Verlängerung der Frist von zwei auf zehn Jahre und der Besteuerung der Einkünfte aus privater Veräußerung von Wertpapieren *Schmidt/Weber-Grellet* § 23 EStG Rz. 3ff. mwN zum Stand der Rspr.

Liegt hingegen eine **unternehmerische GbR** vor, also eine GbR, die gewerbliche 5
oder freiberufliche Einkünfte erzielt (vgl. A. 5.00 Rz. 13), so ist ein mit der Anteilsveräußerung erzielter **Veräußerungsgewinn** nach § 16 Abs. 1 Nr. 2 EStG (bzw. bei freiberuflichen Einkünften iVm. § 18 Abs. 3 Satz 2 EStG) steuerpflichtig. Hat der Verkäufer das 55. Lebensjahr vollendet oder ist er im sozialversicherungsrechtlichen Sinne dauernd berufsunfähig, so wird der Veräußerungsgewinn auf Antrag zur ESt nur herangezogen, soweit er € 45.000,– übersteigt. Dieser Freibetrag ist dem Steuerpflichtigen nur einmal zu gewähren. Er ermäßigt sich um den Betrag, um den der Veräußerungsgewinn € 136.000,– übersteigt (§ 16 Abs. 4 EStG). Überdies kann ein Verkäufer, der die vorgenannten persönlichen Voraussetzungen erfüllt, auf Antrag gem. § 34 Abs. 3 EStG den sog. ermäßigten Steuersatz auf den Veräußerungsgewinn „einmal im Leben" geltend machen. Verkäufer, welche die genannten persönlichen Voraussetzungen nicht erfüllen, können lediglich die sog. Tarifglättung nach § 34 Abs. 1 EStG beanspruchen. Alternativ kann für den Verkäufer die Bildung einer Rücklage bzw. eines Abzugs nach §§ 6b, 6c EStG als die steuerlich sinnvollere Gestaltung in Betracht kommen. Zur möglichen Verfassungswidrigkeit und des diesbzgl. Standes der Rspr. zu § 34 EStG s. *Kirchhof/Mellinghoff* § 34 EStG Rz. 4.

Zur **Gewerbesteuer** bei der Veräußerung von Anteilen an einer gewerblichen GbR, die auch dort nur in (str.) Ausnahmefällen greift, vgl. A. 9.10 Rz. 5.

Ändert sich bei einer GbR, zu deren Vermögen ein Grundstück gehört, innerhalb 6
von fünf Jahren der Gesellschafterbestand unmittelbar oder mittelbar dergestalt, dass mindestens 95% der Anteile am Gesellschaftsvermögen auf neue Gesellschafter übergehen, liegt ein **grunderwerbsteuerbarer** Vorgang vor (§ 1 Abs. 2a GrEStG). Für die Einzelheiten der Anwendung des § 1 Abs. 2a GrEStG wird auf Gleichl. Ländererlasse v. 26.2.03, DStR 03, 980 verwiesen. Subsidiär ist insbes. für vorgelagerte Rechtsgeschäfte § 1 Abs. 3 GrEStG anwendbar. Die Übertragung von mindestens 95% der Anteile an einer grundbesitzenden Personengesellschaft ist auch dann nach § 1 Abs. 2a GrEStG steuerbar, wenn der (Alt-)Gesellschafter nach der Übertragung der Anteile weiter mittelbar im vollen Umfang an der grundbesitzenden Personengesellschaft beteiligt bleibt. Allerdings ist die Steuer in entsprechender Anwendung von § 6 Abs. 3 S. 1 iVm. Abs. 1 GrEStG insgesamt nicht zu erheben (BFH II R 57/09 v. 29.2.12, DStR 12, 1181). Allgemein zur GrEStG bei Umstrukturierungen von Familiengesellschaften vgl. *Götz* DStR 12, 226.

Bemessungsgrundlage für die GrESt sind in den Fällen des § 1 Abs. 2a und Abs. 3 7
GrEStG in der Regel die Werte iSd. § 138 Abs. 2 oder 3 BewG (§ 8 Abs. 2 GrEStG).

2. Einzelerläuterungen

Zu § 1: Vertragsgegenstand

Wegen der Formerfordernisse vgl. Rz. 2. 8

Zu § 2: Verkauf der Beteiligung und des Ergebnisbezugsrechts

Für die steuerliche Anerkennung der Ergebnisverteilung empfiehlt sich eine eindeu- 9
tige nachvollziehbare Festlegung; die FinVerw. erkennt rückwirkende Vereinbarungen nur sehr eingeschränkt an (vgl. *Schmidt/Weber-Grellet* § 2 Rz. 50, *Schmidt/Wacker* § 15 Rz. 452f.)

Zu § 3: Kaufpreis

10 Die Kaufpreiszahlung bedingt die Wirksamkeit der Abtretung (vgl. § 4 des Formulars). Dies ist hier eine Sicherung für den Verkäufer.

Zu § 4: Abtretung der Beteiligung

11 Im Formular wird davon ausgegangen, dass nach dem Gesellschaftsvertrag die freie Abtretung von Gesellschaftsanteilen zulässig ist. Dies ist möglich (vgl. *Palandt/Sprau* § 719 BGB Rz. 6). Sieht der Gesellschaftsvertrag die Zulässigkeit der Abtretung ohne Zustimmung der übrigen Gesellschafter nicht vor, so wäre einem Kaufvertrag der in die Abtretung einwilligende Beschluss der Gesellschafterversammlung beizugeben. Dieser bedarf der Einstimmigkeit, soweit der Gesellschaftsvertrag auch insoweit keine Erleichterungen vorsieht. Vgl. im Übrigen Rz. 10.

Zu § 5: Mitteilung

12 **Absatz 1:** Die vorgeschlagene Mitteilung knüpft an § 16 GmbHG an. Sie ist insbes. dann erforderlich, wenn – wie im Musterfall – sich die Abtretung ohne Wissen der Mitgesellschafter vollzieht. Eine Bestimmung über die Anerkennung der Verbindlichkeit des Gesellschaftsvertrags durch den Käufer sollte vorsorglich aufgenommen werden.

13 **Absatz 2:** Der eintretende Gesellschafter ist auch an eine eventuell im Gesellschaftsvertrag getroffene Schiedsvereinbarung gebunden. Dies gilt auch dann, wenn der Gesellschaftsvertrag wiederum auf eine Schiedsvereinbarung zwischen den Gesellschaftern verweist (*Zilles,* Schiedsgerichtsbarkeit im Gesellschaftsrecht, 2002, S. 30f.). Angesichts der Formvorschrift des § 1032 ZPO sollte allerdings schriftlich eine eindeutige Verweisung auf die getroffene Schiedsvereinbarung vorgenommen werden.

14 *(frei)*

Zu § 6: Haftung für Sach- und Rechtsmängel

15 **Absatz 1:** Auf den Kauf von Rechten, also wie hier Gesellschaftsanteilen finden die Vorschriften über den Kauf von Sachen auf den Kauf von Rechten entsprechende Anwendung (§ 453 Abs. 1 BGB). Nach früherem Recht bestand beim Rechtskauf (Beteiligungskauf) noch ausdrücklich eine verschuldensunabhängige Haftung des Verkäufers für den rechtlichen Bestand des veräußerten Rechts (vgl. § 437 BGB aF). Im Schrifttum wird teilweise bemängelt, dass § 453 Abs. 1 BGB eine verschuldensunabhängige Haftung nicht ausdrücklich vorsieht. Wenn ein der früheren Rechtslage ähnliches Ergebnis im Interesse des Käufers gesichert werden soll, wäre vorsorglich eine (unselbstständige) Garantie iSd. § 276 Abs. 1 Satz 1 BGB aufzunehmen, wie dies auch in dem Formular vorgeschlagen wird (vgl. *Wälzholz* DStR 02, 500, 502).

16 **Absatz 2:** Ist ein Recht verkauft, das zum Besitz einer Sache berechtigt, so ist der Käufer verpflichtet, dem Käufer die Sache frei von Sach- und Rechtsmängeln zu übergeben (§ 453 Abs. 3 BGB). Letzteres dürfte jedoch insbes. auch angesichts der durch den II. Zivilsenat des BGH forcierten Annährung der GbR an die OHG (vgl. A. 5.00 Rz. 4ff.) als Grundlage für eine Haftung des verkaufenden Gesellschafters für Sach- und Rechtsmängel in Bezug auf **Sachen, die sich im Vermögen der GbR befinden,** eher zweifelhaft sein. Nach überwiegender Meinung hat die OHG auf Grund der Anordnung des § 124 HGB selbst Besitz, so dass – so wie bei dem Erwerb von GmbH-Anteilen – der Abs. 3 des § 453 BGB nicht einschlägig ist (vgl. *Palandt/Weidenkaff* § 453 BGB Rz. 21a, 23, *Wälzholz* DStR 02, 500, 502). Sofern gleichwohl eine Haftung des Verkäufers für Sach- und Rechtsmängel gewollt ist, wird man entsprechend der früheren Rspr. weiter verlangen müssen, dass eine derartige Haftung nur in Betracht kommt, wenn der Anteilskauf wirtschaftlich dem Kauf des gesamten Unternehmens bzw. des Grundbesitzes gleichkommt (*Weitnauer* NJW 02, 2511). Ab welcher Anteilsquote dies der Fall ist, hat der BGH bisher offen gelassen (vgl.

Palandt/Weidenkaff § 453 BGB Rz. 23, *Weitnauer* NJW 02, 2511, 2513). Um Vertragsunsicherheiten zu vermeiden, ist es daher sinnvoll, entweder weitergehende Haftungsklauseln in den Vertrag aufzunehmen (vgl. *Bisle* DStR 13, 364, 365 ff.) oder diese, falls eine umfassendere Haftung des Käufers in Bezug auf das Vermögen der Gesellschaft nicht gewollt ist, ausdrücklich auszuschließen, wie dies in Abs. 2 des Formulars weitgehend geschehen ist. Eine derartige Klausel lässt freilich die Haftung wegen arglistiger Täuschung unberührt (*Wälzholz* NJW 02, 500, 503; vgl. Näheres zur Haftung auch *Weitnauer* NJW 02, 2511; *Seibt/Reiche* DStR 02, 1135, 1181).

Zu § 7: Schiedsverfahren

Unabhängig von der in § 5 Abs. 2 des Formulars vereinbarten Bezugnahme auf die für die Gesellschaft bestehende Schiedsvereinbarung bedarf es einer gesonderten Schiedsvereinbarung für den Fall, dass der Käufer und der Verkäufer eventuelle Streitigkeiten in ihrem Verhältnis schiedsgerichtlich austragen wollen (vgl. Formular A. 13). **17**

A. 5.11 Abtretung (Schenkung)

Gliederung

I. FORMULAR

Formular A. 5.11 Abtretung (Schenkung)

Nr. ... der Urkundenrolle für 20 ...

Verhandelt

zu ......

am ......

Vor mir, dem unterzeichneten Notar ......

mit dem Amtssitz zu ......

erschienen:

1. Herr A – nachfolgend Schenker genannt –

2. Herr B – nachfolgend Beschenkter genannt –

Die Erschienenen sind dem Notar persönlich bekannt.

Die Erschienenen erklärten mit der Bitte um

BEURKUNDUNG

§ 1 Vertragsgegenstand

Der Schenker ist zu 30% an der aus ihm sowie ...... unter der Bezeichnung „Grundstücksgesellschaft A“ bestehenden Gesellschaft bürgerlichen Rechts beteiligt. Einziger Vermögensgegenstand der Gesellschaft ist das im Grundbuch von ......

Bezirk X Band Y Blatt Z

eingetragene Grundstück lfd. Nr. 1

Flur ...... Flurstück ......

Die Verfügung über die Beteiligung an dieser Gesellschaft ist gemäß § 13 Abs. 2 *[vgl. Formular A. 5.00]* des Gesellschaftsvertrages vom ...... ohne Zustimmung der Mitgesellschafter zulässig.

§ 2 Schenkung

Der Schenker schenkt hiermit dem dies annehmenden Beschenkten seine Beteiligung an der in § 1 bezeichneten Gesellschaft im Wege der Abtretung.

§ 3 Wirksamwerden

Der Schenker tritt hiermit die nach § 2 dem Beschenkten geschenkte Beteiligung mit sofortiger Wirkung an den dies annehmenden Beschenkten ab. Die Ergebnisse der Gesellschaft stehen seit dem letzten Jahresabschluss bis zum heutigen Tag dem Schenker und vom heutigen Tag an dem Beschenkten zu.

§ 4 Mitteilung

(1) In Vollzug dieses Vertrages werden die Parteien gemeinsam die Geschäftsführung unverzüglich vom Abschluss dieses Vertrages unterrichten.

(2) Mit Vertragsunterzeichnung erkennt der Beschenkte gleichzeitig den Gesellschaftsvertrag vom ...... und die gem. § 19 *[vgl. Formular A. 5.00]* des vorstehenden Gesellschaftsvertrages am selben Tage geschlossene Schiedsvereinbarung als für ihn in allen Bestimmungen verbindlich an.

§ 5 Haftung des Schenkers

Es gelten die gesetzlichen Bestimmungen der § 521 ff. BGB mit der Maßgabe, dass der Schenker nur Vorsatz zu vertreten hat.

Vorstehende Verhandlung wurde den Erschienenen von dem Notar vorgelesen, von ihnen genehmigt und von ihnen und dem amtierenden Notar eigenhändig wie folgt unterschrieben.

§ 6 Rückforderungsrecht

(1) Der Schenker ist berechtigt, die übertragene Beteiligung zurückzufordern, wenn

a) der Beschenkte vor dem Schenker verstirbt, ohne dass die Beteiligung auf einen Abkömmling des Beschenkten oder Schenkers übergeht,

b) über das Vermögen des Beschenkten das Insolvenzverfahren eröffnet oder mangels Masse abgelehnt wird.

(2) Die gesetzlichen Rückforderungsmöglichkeiten gem. §§ 528 ff. BGB bleiben von den vorstehenden Regelungen unberührt.

§ 7 Sonstiges

(1) Die Kosten der Schenkung und des Vollzugs einschließlich einer etwaigen Schenkungsteuer trägt der Beschenkte.

(2) Der Beschenkte hat sich diese Zuwendung beim Ableben des Schenkers auf den Pflichtteil anrechnen zu lassen.

..	**..**
(Unterschrift A)	**(Unterschrift B)**
..	**..**
(Beglaubigungsvermerk)	**(Unterschrift Notar)**

II. ERLÄUTERUNGEN

Erläuterungen zu A. 5.11 Abtretung (Schenkung)

1. Grundsätzliche Anmerkungen

a) Wirtschaftliches Vertragsziel

Das wirtschaftliche Vertragsziel einer Schenkung kann darin liegen, schon zu Lebzeiten für die Nachfolge Sorge zu tragen. Dies kann insbesondere für die wiederholte Ausnutzung der persönlichen Freibeträge bei der Erbschaft- und Schenkungsteuer sinnvoll sein (vgl. § 14 Abs. 1 Satz 1 iVm. § 16 ErbStG). Darüber hinaus ist zu erwägen, ob zugunsten des Schenkers gleichzeitig ein Vorbehaltsnießbrauch oder eine andere Absicherung von regelmäßigen Einnahmen sinnvoll ist (zum Vorbehaltsnießbrauch vgl. A. 5.26 Rz. 6, 12). 1

b) Zivilrecht

Gem. § 518 BGB ist für Schenkungsverträge die **notarielle Beurkundung** vorgeschrieben, wobei nicht schlechthin jeder im eigentlichen Sinn unentgeltliche Erwerb eines Gesellschaftsanteils als formbedürftige Schenkung qualifiziert wird. So kommt es insbes. bei der Aufnahme in eine Außengesellschaft darauf an, ob der Wert der Beteiligung die Belastungen des unentgeltlich aufgenommenen Gesellschafters die Belastung mit der persönlichen Haftung und mit einer etwaigen Tätigkeitspflicht erheblich übersteigt sowie ob Unentgeltlichkeit gewollt war (vgl. *Bamberger/Roth/Schöne* § 705 BGB Rz. 49, *MünchKommBGB/Ulmer/Schäfer* § 705 Rz. 43; zum Meinungsstand und in Abgrenzung zur Rechtslage der GbR zu oHG und KG vgl. *Werner* ZEV 13, 66). 2

Gem. § 518 Abs. 2 BGB wird der **Formmangel** durch die Bewirkung der versprochenen Leistung **geheilt.** Nach BGH II ZR 16/52 v. 29.10.52, BGHZ 7, 378 soll die Einbuchung des Anteils des Beschenkten in den Gesellschaftsbüchern jedenfalls bei einer Innengesellschaft keine Bewirkung der versprochenen Leistung darstellen. Richtigerweise ist allerdings die versprochene Leistung iSd. § 518 Abs. 2 BGB bereits bewirkt, wenn der Gesellschaftsanteil in Erfüllung des Schenkungsversprechens abgetreten wird (*Bamberger/Roth/Gehrlein* § 518 BGB Rz. 11). Deshalb hat die nach dem Formular vorgeschlagene notarielle Form lediglich vorsorglichen Charakter.

Zu Formerfordernissen, die sich aus anderen Vorschriften ergeben vgl. A. 5.10 Rz. 2. Zur Nachhaftung des ausscheidenden Gesellschafters vgl. A. 5.00 Rz. 64 und zur Haftung des neu eintretenden Gesellschafters für Altverbindlichkeiten vgl. A. 5.10 Rz. 3.

c) Steuerrecht

Zur Schenkungsteuer vgl. A. 5.00 Rz. 27. Ein nach § 1 Abs. 2a GrEStG mit Grunderwerbsteuer steuerbarer Gesellschafterwechsel bei schenkweiser Übertragung der Anteile an einer grundbesitzenden Personengesellschaft ist jedenfalls gem. § 3 Nr. 2a GrEStG steuerfrei (BFH II R 79/05 v. 12.10.06, BStBl. II 07, 409, FinMin Bayern v. 12.10.07, ZEV 07, 548). 3

2. Einzelerläuterungen

Zu § 3: Wirksamkeit

Zur Frage der Möglichkeit einer steuerlichen Rückwirkung vgl. A. 5.10 Rz. 9. 4

Zu § 4: Mitteilung

Vgl. A. 5.10 Rz. 12f. 5

Zu § 5: Haftung des Schenkers

6 Nach der gesetzlichen Regelung haftet der Schenker nur für Vorsatz und grobe Fahrlässigkeit (§ 521 BGB). Überdies ist es vertraglich zulässig, die Haftung auf Vorsatz zu beschränken (§ 276 Abs. 3 BGB, vgl. *Palandt/Weidenkaff* § 521 BGB Rz. 1).

Zu § 7: Sonstiges

7 **Absatz 1:** Übernimmt der Schenker diese Beträge, erhöht sich die Bemessungsgrundlage für die Schenkungssteuer entsprechend.

8 **Absatz 2:** Eine eventuelle Anrechnung auf den Pflichtteil muss schon bei der Zuwendung angeordnet worden sein (§ 2315 Abs. 1 BGB).

A. 5.12 Abtretung (Sicherungsabtretungsvertrag)

Gliederung

I. FORMULAR

Formular A. 5.12 Sicherungsabtretungsvertrag

Zwischen

A – nachfolgend Sicherungsgeber genannt –

und

B – nachfolgend Sicherungsnehmer genannt –

wird folgender

SICHERUNGSABTRETUNGSVERTRAG

geschlossen:

§ 1 Vertragsgegenstand

Der Sicherungsgeber ist zu 30% an der aus ihm sowie ...... unter der Bezeichnung „Grundstücksgesellschaft A" bestehenden Gesellschaft bürgerlichen Rechts beteiligt. Einziger Vermögensgegenstand der Gesellschaft ist das im Grundbuch von ......

Bezirk X Band Y Blatt Z

eingetragene Grundstück lfd. Nr. 1

Flur ...... Flurstück ......

Die Verfügung über die Beteiligung an dieser Gesellschaft ist gem. § ...... des Gesellschaftsvertrages vom ...... ohne Zustimmung der Mitgesellschafter zulässig.

§ 2 Sicherungsabtretung

Der Sicherungsnehmer hat dem Sicherungsgeber am ...... in Darlehen in Höhe von € ...... zuzüglich ...... % Zinsen p.a. gewährt. Zur Sicherung dieses Darlehens tritt

der Sicherungsgeber dem Sicherungsnehmer hiermit seine Stellung an der gem. § 1 bezeichneten Gesellschaft bürgerlichen Rechts ab, der Sicherungsnehmer nimmt diese Abtretung hiermit an.

§ 3 Offenlegung, Gesellschaftsrechte

(1) Es besteht Einvernehmen darüber, dass die Offenlegung dieser Sicherungsabtretung solange nicht erfolgt, wie der Sicherungsgeber seinen Verpflichtungen aus dem Darlehensvertrag vom …… pünktlich nachkommt. Der Sicherungsgeber ist daher berechtigt, die Rechte aus dem sicherungshalber abgetretenen Gesellschaftsanteil selbst auszuüben. Er verpflichtet sich, den Sicherungsnehmer über die Verhältnisse der Gesellschaft, insbesondere deren Vermögen, und des Gesellschaftsanteils unterrichtet zu halten. Der Sicherungsgeber wird sein Stimmrecht nach den Weisungen des Sicherungsnehmers ausüben.

(2) Kommt der Sicherungsgeber seinen Verpflichtungen aus dem Darlehensvertrag nicht nach, so wird der Sicherungsnehmer seine Rechte an dem sicherungshalber abgetretenen Gesellschaftsanteil selbst wahrnehmen. Er wird dies dem Sicherungsgeber durch schriftliche Erklärung mitteilen. Dem Sicherungsnehmer steht dieses Recht auch dann zu, wenn der Sicherungsgeber gegen eine wesentliche Verpflichtung aus diesem Vertrag verstößt oder wenn eine Veränderung des Sicherungsgegenstandes zu besorgen ist.

§ 4 Verwertung

Der Sicherungsnehmer ist berechtigt, den Gesellschaftsanteil freihändig zu verkaufen oder anderweitig zu verwerten – insbesondere durch öffentliche Versteigerung. Auf Verlangen des Sicherungsgebers ist er zur öffentlichen Versteigerung verpflichtet. Der Sicherungsnehmer hat den Sicherungsgeber von den Bedingungen eines etwaigen freihändigen Verkaufs spätestens eine Woche vor Vertragsschluss schriftlich zu unterrichten.

§ 5 Freigabe der Sicherheit

Der Sicherungsnehmer ist verpflichtet, dem Sicherungsgeber nach Rückzahlung des gesicherten Darlehens einschließlich aller Nebenansprüche den Gesellschaftsanteil zurückzuübertragen.

§ 6 Kosten

Die mit dem Abschluss und der Durchführung dieses Vertrages verbundenen Kosten trägt der Sicherungsgeber.

§ 7 Salvatorische Klausel

(1) Sollte eine Bestimmung dieses Vertrages nichtig, anfechtbar oder unwirksam sein, so soll die Wirksamkeit der übrigen Bestimmungen hiervon nicht berührt werden. Die angreifbare Bestimmung ist vielmehr so auszulegen, dass der mit ihr erstrebte wirtschaftliche und/oder ideelle Zweck nach Möglichkeit erreicht wird. Dasselbe gilt sinngemäß für die Ausfüllung von Vertragslücken.

(2) Gerichtsstand und Erfüllungsort ist der Sitz der Gesellschaft.

…………………………………………	…………………………………………………
(Unterschrift A)	**(Unterschrift B)**

II. ERLÄUTERUNGEN

Erläuterungen zu A. 5.12 Sicherungsabtretungsvertrag

1. Grundsätzliche Anmerkungen

a) Wirtschaftliches Vertragsziel

1 Der Sicherungswert von nicht notierten Beteiligungen ist zweifelhaft. Neben den Schwierigkeiten der Bewertung ist auf solche der Verwertung hinzuweisen. Im Einzelfall kann der Sicherungswert einer nicht notieren Beteiligung jedoch erheblich sein, wenn es sich um eine GbR mit wertvollem Grundbesitz und mit hohen Mieterträgen handelt. Im Hinblick auf die persönliche Haftung eines Gesellschafters ist allerdings bei Sicherungsabtretungen von Anteilen an GbR mit hohen Verbindlichkeiten Vorsicht geboten. Die Verwertung kann bspw. dadurch erleichtert werden, dass der freihändige Verkauf der Beteiligung zugelassen ist. Enthält der Gesellschaftsvertrag überdies vereinfachte Kündigungsmöglichkeiten und eine großzügige Regelung bezüglich des Abfindungshabens, vereinfacht dies die Verwertung erheblich.

b) Zivilrecht

2 Die sicherungsweise Hingabe – oder auch Verpfändung – eines Gesellschaftsanteils ist nur möglich, wenn seine Übertragung **im Gesellschaftsvertrag zugelassen** ist oder die Mitgesellschafter ihr ad hoc zustimmen (vgl. *Palandt/Sprau* § 719 BGB Rz. 6). Ist für die Übertragung an den Sicherungsnehmer die Zustimmung der Mitgesellschafter erforderlich, so ist in dieser Zustimmung in der Regel auch die Einwilligung zur Rückabtretung an die Gesellschafter zu sehen (vgl. *MünchKommBGB/Schäfer* § 719 Rz. 22; BGH II ZR 219/79 v. 30.6.80, NJW 80, 2708 zu Kommanditanteil; BGH II ZR 77/63 v. 8.4.65, NJW 65, 1376 zum GmbH-Anteil). Zur Zulässigkeit der Sicherungsabtretung der in § 717 Satz 2 BGB genannten Vermögensrechte vgl. auch *MünchKommBGB/Schäfer* § 719 Rz. 29. Zu den **Formerfordernissen** vgl. A. 5.10 Rz. 1a. Zur Nachhaftung des ausscheidenden Gesellschafters vgl. A. 5.00 Rz. 63 und zur Haftung des neu eintretenden Gesellschafters für Altverbindlichkeiten vgl. A. 5.10 Rz. 3.

c) Steuerrecht

3 Sicherungsweise oder treuhänderisch übereignete WG sind nicht dem zivilrechtlichen Eigentümer (Sicherungsnehmer), sondern dem Sicherungsgeber zuzurechnen (*Schmidt/Weber-Grellet* § 5 Rz. 154).

2. Einzelerläuterungen

Zu § 1: Vertragsgegenstand

4 Im Formular wird davon ausgegangen, dass der Gesellschaftsvertrag allgemein die freie Abtretung von Gesellschaftsanteilen für zulässig erklärt. Dies ist möglich (vgl. *Palandt/Sprau* § 719 BGB Rz. 6). Sieht der Gesellschaftsvertrag keine Freistellung vor, so wäre einer Sicherungsabtretung der in die Abtretung einwilligende Beschluss der Gesellschafterversammlung mit der darin vorgesehenen Mehrheit beizugeben.

Zu § 3: Offenlegung, Gesellschaftsrechte

5 Die Sicherungsabtretung kann vor den Mitgesellschaftern geheim gehalten oder ihnen offengelegt werden. Meist wird die Geheimhaltung gewünscht sein, solange der Sicherungsgeber seine Verpflichtungen aus dem Darlehensvertrag erfüllt.

Erfolgt keine Offenlegung, so bedarf es einer besonderen Ermächtigung des Sicherungsgebers durch den Sicherungsnehmer, das Stimmrecht auszuüben, da dieses durch die sicherungsweise Abtretung übergeht. 6

Zu § 4: Verwertung

Die Regelung des Formulars enthält insofern eine Einschränkung bei der Verwertung zugunsten der Vermögensinteressen den Sicherungsgebers, als dieser im Verwertungsfalle die öffentliche Versteigerung verlangen kann (vgl. auch Rz. 1). 7

A. 5.13 Auflösung (Beschluss)

I. FORMULAR

Formular A. 5.13 Auflösung (Beschluss)

Die unterzeichneten Gesellschafter der unter der Bezeichnung „Grundstücksgesellschaft A" bestehenden Gesellschaft bürgerlichen Rechts halten hiermit unter Verzicht auf alle gesetzlichen und/oder statutarischen Form- und/oder Fristvorschriften eine

AUSSERORDENTLICHE GESELLSCHAFTERVERSAMMLUNG

ab und beschließen was folgt:

Die Gesellschaft wird aufgelöst.

B wird zum Liquidator ernannt.

Aufgabe des Liquidators ist es, das Gesellschaftsvermögen bestmöglich im Wege der freihändigen Veräußerung zu verwerten, die Schulden der Gesellschaft zu bezahlen und alsdann das verbleibende Gesellschaftsvermögen den Gesellschaftern im Verhältnis ihrer Beteiligung gemäß § 4 Abs. 2 des Gesellschaftsvertrages *[vgl. Formular A. 5.00]* auszuzahlen.

....	....
(Unterschrift A)	**(Unterschrift B)**

II. ERLÄUTERUNGEN

Erläuterungen zu A. 5.13 Auflösung (Beschluss)

1. Zivilrecht

Durch die Auflösung der Gesellschaft tritt anstelle des werbenden ein auf die Abwicklung gerichteter Gesellschaftszweck. Es handelt sich um eine Vertragsänderung die – falls der Gesellschaftsvertrag nichts Gegenteiliges vorsieht – von allen Gesellschaftern einvernehmlich zu beschließen ist (*MünchKommBGB/Schäfer* Vor § 723 Rz. 18). 1

Die einem Gesellschafter nach dem Gesellschaftsvertrag zustehende Befugnis zur Geschäftsführung erlischt mit der Auflösung, wenn nicht aus dem Vertrag sich ein anderes ergibt. Die Geschäftsführung steht von der Auflösung an allen Gesellschaftern gemeinschaftlich zu (§ 730 BGB). Die Ernennung eines Liquidators ist – anders als bei den Personenhandelsgesellschaften – gesetzlich nicht ausdrücklich vorgesehen. Eine 2 solche Ernennung ist jedoch zweckmäßig. Das Prinzip der Selbstorganschaft steht der Bestellung eines Nichtgesellschafters zum Liquidator nicht entgegen. Das ist nach § 146 Abs. 1 HGB für Personenhandelsgesellschaften anerkannt und gilt entsprechend für die GbR (BGH II ZR 68/11 v. 17.9.13, NZG 14, 302; *MünchKommBGB/Schäfer* Vor § 730 Rz. 47).

3 Die auf dem Gesellschaftsverhältnis beruhenden Einzelansprüche eines Gesellschafters gegen die Gesellschaft oder gegen einen anderen Gesellschafter oder der Gesellschaft gegen Gesellschafter können nach der Auflösung wegen der sog. Durchsetzungssperre nur noch eingeschränkt geltend gemacht werden; sie werden dann Posten der Auseinandersetzungsrechnung (*Palandt/Sprau* § 730 BGB Rz. 6 ff. mwN).

4 Ansprüche gegen die Gesellschafter verjähren nach Auflösung der Gesellschaft grundsätzlich nach § 159 HGB in entsprechender Anwendung, wenngleich der lediglich das Ausscheiden eines Gesellschafters betreffende § 736 Abs. 2 BGB nicht unmittelbar gilt (BFH VII R 63/97 v. 26.8.97, BStBl. II 97, 745; *Palandt/Sprau* Vorb. v. § 723 BGB Rz. 3 und ferner zum Ausscheiden eines Gesellschafters vgl. A. 5.00 Rz. 64). Die Verjährungsfrist beginnt in dem Zeitpunkt, in dem der Gläubiger von dem Ausscheiden des Gesellschafters Kenntnis erlangt (BFH VII R 63/97 v. 26.8.97, aaO; *Palandt/Sprau* Vorb. § 723 BGB Rz. 3).

2. Steuerrecht

5 Handelt es sich um eine vermögensverwaltende GbR, so ist vor allem der Besteuerungstatbestand des § 23 EStG zu beachten (vgl. A 5.10 Rz. 2).

Handelt es sich um eine GbR mit gewerblichen Einkünften, vgl. A. 9.13 Rz. 4ff. Bei einer Freiberufler-GbR kann das Steuerrisiko einer Besteuerung des Praxiswerts bzw. Mandantenstamms vermieden werden, wenn die Voraussetzungen einer steuerneutralen Realteilung vorliegen (*Winkemann* NJW 09, 1308).

A. 5.14 Ausscheiden (Austrittsrecht)

I. FORMULAR

Formular A. 5.14 Ausscheiden (Austrittsrecht)

Grundstücksgesellschaft A,

vertreten durch deren Geschäftsführer ......

Hiermit kündige ich meine Gesellschafterstellung gemäß § 3 des Gesellschaftsvertrages vom ...... *[Formular A. 5.00]* und scheide demgemäß zum 31.12.20.. aus der Gesellschaft aus.

...

(Unterschrift)

II. ERLÄUTERUNGEN

Erläuterungen zu A. 5.14 Ausscheiden (Austrittsrecht)

1. Zivilrecht

1 Es handelt sich um eine Kündigung gem. § 3 des Formulars A. 5.00. Danach ist eine Fortsetzung der Gesellschaft gem. § 736 BGB vorgesehen (vgl. §§ 14, 15 des

Formulars A. 5.00). Der Anteil des ausscheidenden Gesellschafters am Gesellschaftsvermögen wächst den übrigen Gesellschaftern zu (§ 738 Abs. 1 BGB). Ohne eine derartige Klausel würde die Gesellschaft gem. §§ 732ff. BGB aufgelöst (*Palandt/Sprau* Vor § 723 BGB Rz. 1). Zur Nachhaftung des ausgeschiedenen Gesellschafters vgl. A. 5.00 Rz. 63.

Gem. § 3 Abs. 2 des Formulars A. 5.00 wurde der Geschäftsführung ausdrücklich **Vertretungsbefugnis** eingeräumt. Ist eine solche Vertretungsbefugnis nicht eingeräumt, ist die Kündigung vorsorglich auch gegenüber allen Mitgesellschaftern zu erklären (*Palandt/Sprau* § 723 BGB Rz. 1). 2

2. Steuerrecht

Sofern der Gesellschaftsvertrag eine Abfindungsregelung enthält, sind je nach Ausgestaltung dieser Regelung **schenkungsteuerliche Konsequenzen** zu beachten (vgl. A. 5.00 Rz. 27f.). 3

Handelt es sich um eine vermögensverwaltende GbR, so ist aus Sicht des Ausscheidenden vor allem § 23 EStG zu beachten (vgl. A. 5.10 Rz. 4), handelt es sich um eine unternehmerische GbR vgl. A. 5.10 Rz. 5. Zu steuerlichen Gestaltungsmöglichkeiten beim Ausscheiden aus einer Freiberufler-GbR vgl. *Ostermayer* BB 09, 1327. 4

A. 5.15 Ausscheiden (Ausscheidensvereinbarung)

I. FORMULAR

Formular A. 5.15 Ausscheiden (Ausscheidensvereinbarung)

Zwischen

Herrn A

Herrn B

Herrn C

Herrn D

(nachfolgend verbleibende Gesellschafter genannt)

und

Herrn E

(nachfolgend austretender Gesellschafter oder E genannt)

wird folgende

VEREINBARUNG ÜBER DAS AUSSCHEIDEN DES HERRN E AUS DER

A Grundstücksgesellschaft bürgerlichen Rechts

geschlossen:

§ 1 Vertragsgegenstand

Die Unterzeichneten sind die alleinigen Gesellschafter der A Grundstücksgesellschaft bürgerlichen Rechts (hiernach: Gesellschaft), an der E mit einem Anteil von 20% am Gesellschaftsvermögen beteiligt ist. A, B, C und D sind ebenfalls mit jeweils 20% am Gesellschaftsvermögen beteiligt. Alleiniger Vermögensgegenstand der Gesellschaft ist das im Grundbuch von ...... in Band ...... Blatt ...... unter der lfd. Nr. ...... eingetragene Grundstück. Der Gesellschaftsvertrag vom ...... enthält keine Regelung über das Ausscheiden von Gesellschaftern. E hat die Absicht, aus der Gesellschaft auszutreten.

§ 2 Austrittsstichtag, Anwachsung

Die Vertragschließenden sind sich darüber einig, dass E mit Wirkung vom 1. .. 20.. aus der Gesellschaft ausscheidet (Austrittsstichtag) und dass sein Anteil am Gesellschaftsvermögen den übrigen Gesellschaftern entsprechend ihrer jeweiligen Beteiligung am Gesellschaftsvermögen anwächst. Die Ergebnisbeteiligung an der Gesellschaft steht E bis zum Austrittsstichtag zu und vom Austrittsstichtag an den verbleibenden Gesellschaftern.

§ 3 Abfindung

Die Vertragschließenden vereinbaren, ohne in ein besonderes Bewertungsverfahren einzutreten, eine Abfindung von € 170.000.–, die wie folgt ausgezahlt wird:

……

§ 4 Haftungsfreistellung

Die verbleibenden Gesellschafter und die Gesellschaft stellen E von Schulden der Gesellschaft frei sobald diese fällig werden.

§ 5 Ausschluss der gesetzlichen Bestimmungen

Den Vertragschließenden stehen abgesehen von den nach §§ 3 und 4 vorgesehenen Ansprüchen keine weitergehenden Rechte nach den §§ 738 bis 740 BGB zu.

§ 6 Einsichts- und Auskunftsrechte, Grundbuchberichtigung

(1) Die Vertragschließenden sind sich einig, dass sie sich auch nach dem Austrittsstichtag gegenseitig Auskunft und Einsicht in Unterlagen geben, soweit dies für die Ergebnisermittlung zum Austrittsstichtag und deren steuerlichen Behandlung erforderlich ist.

(2) Die Vertragschließenden verpflichten sich, unverzüglich die Berichtigung im Grundbuch herbeizuführen. Die Vertragschließenden bewilligen und beantragen hiermit die Eintragung der mit dieser Vereinbarung getroffene Rechtsänderung im Grundbuch dergestalt, dass Eigentümer des in § 1 bezeichnete Grundstück nur noch A, B, C und D sind und E aus der GbR ausgeschieden ist.

§ 7 Salvatorische Klausel

(1) Sollte eine Bestimmung dieses Vertrages nichtig, anfechtbar oder unwirksam sein, so soll die Wirksamkeit der übrigen Bestimmungen hiervon nicht berührt werden. Die angreifbare Bestimmung ist vielmehr so auszulegen, dass der mit ihr erstrebte wirtschaftliche und/oder ideelle Zweck nach Möglichkeit erreicht wird. Dasselbe gilt sinngemäß für die Ausfüllung von Vertragslücken.

...	**...**
(Unterschrift A)	**(Unterschrift B)**

...

(Beglaubigungsvermerk)

II. ERLÄUTERUNGEN

Erläuterungen zu A. 5.15 Ausscheiden (Ausscheidensvereinbarung)

Zu § 1: Vertragsgegenstand

Neben dem einseitigen Ausschluss durch die Gesellschaft oder der Kündigung durch den Gesellschafter kommt ein einvernehmliches Ausscheiden aus der Gesellschaft in Betracht. Dies kann insbes. zur Verkürzung der Kündigungsfristen oder zur Vermeidung der Auflösung und Auseinandersetzung der Gesellschaft kraft Gesetzes (mangels einer Fortsetzungsvereinbarung) sinnvoll sein. Nach dem Grundsatz der Vertragsfreiheit können die Gesellschafter zu jeder Zeit jede beliebige Form des Ausscheidens vereinbaren. 1

Zu § 2: Austrittsstichtag, Anwachsung

Zur steuerlichen Rückwirkung von Vereinbarungen vgl. A. 5.10 Rz. 9. 2

Zu § 3: Abfindung

Handelt es sich um eine vermögensverwaltende GbR, so ist aus Sicht des Ausscheidenden vor allem § 23 EStG zu beachten (vgl. A. 5.10 Rz. 4), handelt es sich um eine unternehmerische GbR vgl. A. 5.10 Rz. 5. Für die Abfindung kann teilweise die Behandlung als sofort abzugsfähiger Aufwand unter dem Gesichtspunkt der Auszahlung eines lästigen Gesellschafters in Betracht kommen (vgl. *Schmidt/Wacker* § 16 Rz. 491). Ist die Abfindung höher als der Buchwert des Anteils des ausgeschiedenen Gesellschafters so besteht in ständiger Rspr. eine widerlegbare Vermutung dafür, dass der den Buchwert übersteigende Teil der Abfindung Entgelt für den Anteil des Gesellschafters an den (danach ebenso vermuteten) stillen Reserven oder an einem etwa vorhandenen Geschäftswert ist und danach von den verbleibenden Gesellschaftern als Anschaffungskosten für den Anteil des ausgeschiedenen Gesellschafters an den stillen Reserven bzw. dem Geschäftswert zu aktivieren sind (BFH IV R 79/82 v. 7.6.84, BStBl. II 84, 584; BFH VIII R 37/93 v. 14.6.94, BStBl. II 95, 246). Zu steuerlichen Gestaltungsmöglichkeiten beim Ausscheiden aus einer Freiberufler-GbR vgl. *Ostermayer* BB 09, 1327. 3

Zu § 4: Haftungsfreistellung

Gem. § 738 Abs. 1 Satz 3 BGB haben beim Ausscheiden eines Gesellschafters die verbleibenden Gesellschafter die Wahl, den Ausscheidenden von Gesellschaftsschulden zu befreien – und zwar durch Zahlung oder befreiende Schuldübernahme (vgl. *Palandt/Sprau* § 738 BGB Rz. 3) – oder für das Haftungsrisiko Sicherheit zu leisten. Dies alles kann zu erheblichen Kapitalabflüssen bei der Gesellschaft führen. Deshalb werden in der Praxis häufig diese Rechte des ausscheidenden Gesellschafters wie hier iVm. § 5 des Formulars eingeschränkt. Zur Nachhaftung des ausgeschiedenen Gesellschafters vgl. A. 5.00 Rz. 63. 4

Zu § 5: Ausschluss der gesetzlichen Bestimmungen

Insbes. ist hiernach die befreiende Schuldübernahme oder Sicherheitsleistung durch die verbleibenden Gesellschafter (vgl. Rz. 3), die Haftung für einen Fehlbetrag durch den Ausscheidenden (vgl. § 739 BGB), dessen Recht auf Rückgewähr von Gegenständen, die er der Gesellschaft überlassen hat (vgl. § 738 Abs. 1 Satz 2 BGB) und dessen Recht auf Ergebnisbeteiligung an schwebenden Geschäften (vgl. § 740 BGB) ausgeschlossen. 5

Zu § 6: Einsichts- und Auskunftsrechte, Grundbuchberichtigung

Sinnvoll für die registerrechtlichen Erfordernisse ist es, die Vereinbarung – wie vorgeschlagen – in notariell beglaubigter Form zu unterzeichnen, auch wenn sie ansonsten keiner besonderen Form bedarf (vgl. A. 5.10 Rz. 2). 6

A. 5.16 Ausscheiden des vorletzten Gesellschafters

I. FORMULAR

Formular A. 5.16 Ausscheiden des vorletzten Gesellschafters

AUSSCHEIDENSVEREINBARUNG

zwischen

A

und

B

§ 1 Vertragsgegenstand

A und B sind die alleinigen Gesellschafter der unter der Bezeichnung „A Grundstücksgesellschaft bürgerlichen Rechts“ (hiernach: Gesellschaft) bestehenden Gesellschaft bürgerlichen Rechts. B hat die Absicht, aus der Gesellschaft auszuscheiden.

§ 2 Austrittsstichtag, Anwachsung

Die Vertragschließenden sind darüber einig, dass B mit Wirkung vom ...... aus der Gesellschaft ausscheidet (Austrittsstichtag). Damit geht der alleinige Vermögensgegenstand der Gesellschaft, das im Grundbuch von ...... in Band ...... Blatt ...... unter lfd. Nr. ...... eingetragene Grundstück, im Wege der Anwachsung in das Alleineigentum des A über. Die Vertragschließenden bewilligen und beantragen die Eintragung dieser Rechtsänderung im Grundbuch dergestalt, dass künftig A als Alleineigentümer des Grundstücks eingetragen wird. Die Ergebnisbeteiligung an der Gesellschaft steht B bis zum Austrittsstichtag zu und vom Austrittsstichtag an steht A die alleinige Verwertungs- und Nutzungsbefugnis über das Gesellschaftsvermögen zu.

§ 3 Abfindung

Die Vertragschließenden vereinbaren, ohne in ein besonderes Bewertungsverfahren einzutreten, eine Abfindung von € 170.000.–, die wie folgt ausgezahlt wird:

......

§ 4 Haftungsfreistellung

A stellt B von Schulden der Gesellschaft frei sobald diese fällig werden.

§ 5 Ausschluss der gesetzlichen Bestimmungen

Den Vertragschließenden stehen abgesehen von den nach §§ 3 und 4 vorgesehenen Ansprüchen Rechten keine weitergehenden Rechte nach den §§ 738 bis 740 BGB zu.

§ 6 Einsichts- und Auskunftsrechte, Grundbuchberichtigung

(1) Die Vertragschließenden sind sich einig, dass sie sich auch nach dem Austrittsstichtag gegenseitig Auskunft und Einsicht in Unterlagen geben, soweit dies für die Ergebnisermittlung zum Austrittsstichtag und deren steuerlichen Behandlung erforderlich ist.

(2) Die Vertragschließenden verpflichten sich, unverzüglich die Berichtigung im Grundbuch herbeizuführen.

§ 7 Salvatorische Klausel

Sollte eine Bestimmung dieses Vertrages nichtig, anfechtbar oder unwirksam sein, so soll die Wirksamkeit der übrigen Bestimmungen hiervon nicht berührt werden. Die angreifbare Bestimmung ist vielmehr so auszulegen, dass der mit ihr erstrebte wirtschaftliche und/oder ideelle Zweck nach Möglichkeit erreicht wird. Dasselbe gilt sinngemäß für die Ausfüllung von Vertragslücken.

…………………………………………	…………………………………………
(Unterschrift A)	**(Unterschrift B)**

…………………………………………

(Beglaubigungsvermerk)

II. ERLÄUTERUNGEN

Erläuterungen zu A. 5.16 Ausscheiden des vorletzten Gesellschafters

Da das Gesetz keine Einmann-Personengesellschaft kennt, wird die Gesellschaft bei Ausscheiden des vorletzten Gesellschafters aufgelöst (*Palandt/Sprau* § 736 BGB Rz. 4). Enthält der Gesellschaftsvertrag eine Fortsetzungsklausel, so ist das Ausscheiden des vorletzten Gesellschafters unter Fortsetzung der Gesellschaft schon begrifflich nicht möglich (*MünchKommBGB/Schäfer* § 736 Rz. 9). Eine Fortsetzungsklausel kann dann als Übernahmeklausel ausgelegt werden (*MünchKommBGB/Schäfer* § 736 Rz. 9). Das Gesellschaftsvermögen geht in diesem Fall gem. §§ 738ff. BGB im Wege der Anwachsung auf den verbliebenen Gesellschafter über (*Palandt/Sprau* § 738 BGB Rz. 1). In diesem Fall ist von einer liquidationslosen Vollbeendigung der Gesellschaft auszugehen (BGB v. 7.7.08, DStR 08, 1792). Vorstehende Vereinbarung schafft insoweit Rechtsklarheit zwischen den Beteiligten. Vgl. im Übrigen die Anm. zu Formular A. 5.15.

A. 5.17 Ausschluss eines Gesellschafters

I. FORMULAR

Formular A. 5.17 Ausschluss eines Gesellschafters

Gesellschafterversammlung

der A Grundstücksgesellschaft bürgerlichen Rechts

Die unterzeichneten Gesellschafter der A Grundstücksgesellschaft bürgerlichen Rechts haben sich am … in der Gaststätte … zu einer

GESELLSCHAFTERVERSAMMLUNG

zusammengefunden mit dem einzigen Tagesordnungspunkt:

Ausschluss des Gesellschafters B aus wichtigem Grund.

Die Gesellschafter wählten alsdann in offener Abstimmung A einstimmig zum Versammlungsleiter. Dieser stellte fest, dass die Gesellschafterversammlung frist- und ordnungsgemäß durch Übergabe-Einschreiben des geschäftsführenden Gesellschafters A einberufen worden ist. Er stellte auch fest, dass alle Gesellschafter vertreten sind und damit Beschlussfähigkeit gegeben ist.

A rief sodann den einzigen Tagesordnungspunkt auf:

Ausschluss des Gesellschafters B aus wichtigem Grund.

Hierzu stellte A fest, dass B seit drei Jahren seine Mitgliedsbeiträge trotz ihm nachgewiesener Mahnungen durch die Geschäftsführung nicht gezahlt hat.

B gab hierzu keine Erklärungen ab.

A rief sodann den Tagesordnungspunkt zur Abstimmung auf und stellte fest, dass B als Betroffener kein Stimmrecht habe.

Es wurde sodann durch Handheben abgestimmt.

Von den vorhandenen 1.000 Stimmen stimmten 980 für den Ausschluss des B. B stimmte mit seinen 20 Stimmen gegen seinen Ausschluss.

Wegen der Abfindung des B wurde A als Geschäftsführer beauftragt, möglichst eine einvernehmliche Lösung herbeizuführen.

...

(Unterschriften)

II. ERLÄUTERUNGEN

Erläuterungen zu A. 5.17 Ausschluss eines Gesellschafters

1. Zivilrecht

1 Der Ausschluss eines Gesellschafters ist nur möglich, wenn im Gesellschaftsvertrag eine Fortsetzungsklausel vorgesehen ist (vgl. § 737 Satz 1 BGB), wie dies in den Formularen A. 5.00 und A. 5.01 vorgesehen ist. Anderenfalls ist nur der einvernehmliche Austritt (vgl. Formulare A. 5.15 und 5.16) oder die Auflösung der Gesellschaft und Gründung einer neuen Gesellschaft unter den übrigen Gesellschaftern, was allerdings für die aufgelöste Gesellschaft zu einem Auseinandersetzungsverfahren nach §§ 730ff. BGB und nicht zur unmittelbaren Anwendung des §§ 736, 739ff. BGB führt. Vgl. im Übrigen zum Ausschlussverfahren und zum vermeintlichen Stimmrecht des Ausgeschlossenen A. 5.00 Rz. 64, A. 5.01 Rz. 34f. Zur Nachhaftung des ausgeschiedenen Gesellschafters vgl. A. 5.00 Rz 63.

2. Steuerrecht

2 Sofern der Gesellschaftsvertrag eine Abfindungsregelung enthält, sind je nach Ausgestaltung dieser Regelung **schenkungsteuerliche Konsequenzen** zu beachten (vgl. A. 5.00 Rz. 27).

3 Handelt es sich um eine vermögensverwaltende GbR, so ist aus Sicht des Ausscheidenden vor allem § 23 EStG zu beachten (vgl. A. 5.10 Rz. 4), handelt es sich um eine unternehmerische GbR vgl. A. 5.10 Rz. 5.

4 Vgl. zur einkommensteuerlichen Behandlung der Abfindung auf Seiten der Gesellschaft A. 5.15 Rz. 3.

A. 5.18 Beirat (Vertragsänderung)

I. FORMULAR

Formular A. 5.18 Beirat (Vertragsänderung)

Die unterzeichneten Gesellschafter der unter der Bezeichnung A Grundstücksgesellschaft bürgerlichen Rechts bestehenden GbR haben sich heute unter Verzicht auf alle gesetzlichen und/oder statutarischen Form- und/oder Fristvorschriften zu einer

AUSSERORDENTLICHEN GESELLSCHAFTERVERSAMMLUNG

zusammengefunden und folgendes einstimmig beschlossen:

1. In den Gesellschaftsvertrages vom ...... wird als § 7a *[vgl. Formular A. 5.00]* folgende Regelung aufgenommen:

„§ 7a Beirat

(1) Die Gesellschaft hat einen Beirat. Die Mitglieder des Beirats werden von der Gesellschafterversammlung gewählt. Der Beirat besteht aus drei Mitgliedern, nämlich zwei ordentlichen Mitgliedern und einem Vorsitzenden. Die Mitglieder des Beirats werden für die Dauer von ...... Jahren gewählt.

(2) Die Aufgabe des Beirats ist es, die Geschäftsführung zu überwachen und der Gesellschafterversammlung hierüber zu berichten. Insoweit ist die Geschäftsführung verpflichtet, dem Beirat umfassend Auskunft und Einsicht in alle Geschäftsvorgänge zu geben. Der Beirat stellt gemeinsam mit den geschäftsführenden Gesellschaftern für jedes Jahr einen Finanzplan auf. Die von der Geschäftsführung zu erstellende Überschussrechnung ist von dem Beirat zu genehmigen. Bei Meinungsverschiedenheiten zwischen dem Beirat und der Geschäftsführung in der Finanzplanung entscheidet die Gesellschafterversammlung. Der Beirat ist überdies zur Schlichtung von Meinungsverschiedenheiten zwischen der Geschäftsführung und der Gesellschafterversammlung berufen. Auf Verlangen des Beirats hat die Geschäftsführung eine Gesellschafterversammlung einzuberufen. Im Übrigen steht dem Beirat gegenüber der Geschäftsführung kein Weisungsrecht zu. Daneben ist der Beirat in allen Angelegenheiten zuständig, die ihm von der Gesellschafterversammlung mit einer Mehrheit von drei der vorhandenen Stimmen zugewiesen werden.

(3) Jedes Beiratsmitglied hat eine Stimme. Der Beirat fasst seine Beschlüsse mit einfacher Mehrheit der Beiratsmitglieder.

(4) Der Beirat tritt ...... mal im Jahr zu einer Sitzung zusammen.

(5) Die Mitglieder des Beirats haben das Recht, an der Gesellschafterversammlung auch dann teilzunehmen, wenn sie nicht der Gesellschaft angehören.

(6) Die ordentlichen Beiratsmitglieder erhalten für ihre Tätigkeit eine jährliche Vergütung von € ......, der Vorsitzende eine jährliche Vergütung von € .... Auslagen werden nach Anfall gegen ordnungsgemäße Abrechnung erstattet.“

2. Für die erste Amtsperiode werden die anwesenden X, Y zu ordentlichen Mitgliedern und Z zum Vorsitzenden des Beirats ernannt, welche die Ernennung hiermit annehmen.

3. Die Geschäftsführung wurde beauftragt, den Gesellschaftsvertrag vom ...... unter Berücksichtigung der heute unter Ziffer 1. beschlossenen Änderung neu zu fassen und von allen Gesellschaftern im Umlaufverfahren in ......facher Ausfertigung unterzeichnen zu lassen.

..

(Unterschriften)

II. ERLÄUTERUNGEN

Erläuterungen zu A. 5.18 Beirat (Vertragsänderung)

1. Grundsätzliche Anmerkungen

1 Die Bildung eines Beirats bei der GbR empfiehlt sich insb. bei größeren Familiengesellschaften, bei denen eine Kontrolle der Geschäftsführung wegen der Vielzahl von Gesellschaftern mit unterschiedlicher Geschäftserfahrenheit auf praktische Schwierigkeiten trifft. Zweck der Einrichtung eines Beirats kann es aber auch sein, außerhalb des Gesellschafterkreises fachlichen Sachverstand oder Kapitalgeber für die Gesellschaft zu gewinnen oder den Generationenwechsel in der Geschäftsführung sicherzustellen, indem Geschäftsführer im vorgerückten Alter in eine lediglich überwachende und beratende Funktion, nämlich die eines Beirats überwechseln (*Knief/Hille* Teil E Kap. 6 Rz. 1304 ff., 1351.6 ff.; *Werner* ZEV 10, 619). Der Grundsatz der Vertragsfreiheit (§§ 305 ff. BGB) erlaubt es, den Beirat je nach den Bedürfnissen einflussreich auszustatten oder auf eine reine Beratungsfunktion ohne die rechtliche Möglichkeit der Durchsetzung von eigenen Vorstellungen gegenüber der Geschäftsführung zu reduzieren. Das Formular geht von diesem Leitbild aus. Bei weitreichenderen Befugnissen des Beirats kann die Mitgliedschaft gesellschaftsfremder Personen im Beirat unzulässig sein (vgl. Näheres *MünchKommBGB/Ulmer/Schäfer* § 705 Rz. 259 ff.).

2 Bei der Ausgestaltung der Kompetenzen des Beirats ist insbes. der bei Personengesellschaften gültige zwingende Grundsatz der Selbstorganschaft zu beachten. Diesem ist allerdings im Allgemeinen Genüge getan, wenn nach dem Gesellschaftsvertrag für die organschaftliche Vertretung der Gesellschaft die Mitwirkung mindestens eines (geschäftsführenden) Gesellschafters erforderlich ist (*Knief/Hille* Teil E Kap. 6 Rz. 1359.6). Eindeutig unzulässig wäre es, einem Beirat, dem nur Nichtgesellschafter angehören, die alleinige Vertretungsbefugnis der Gesellschaft zu überlassen (*Knief/Hille* Teil E Kap. 6 Rz. 1359.5). Auch ein Geschäftsführerbestellungs- und Abberufungsrecht des Beirats dürfte unzulässig sein. Letzteres dürfte auch dann gelten, wenn der Beirat aus Gesellschaftern besteht, aber Minderheitenrechte der übrigen Gesellschafter umgangen werden.

3 Zur Haftung von Beiratsmitgliedern vgl. (*Knief/Hille* Teil E Kap. 6 Rz. 1379).

4 Die Einrichtung eines Beirats hat Satzungscharakter, so dass sie nach den gesetzlichen Bestimmungen einstimmig durch die Gesellschafter zu erfolgen hat, wenn der Gesellschaftsvertrag für Satzungsänderungen dieser Art keine Mehrheitsentscheidungen vorsieht.

2. Einzelerläuterungen

Zu § 7a Absatz 1:

5 Insbes. bei Neueinrichtung eines Beirats sollte die erste Amtszeit nicht zu lange bemessen werden.

Zu § 7a Absatz 2:

6 Das Formular sieht im Wesentlichen nur Kontrollrechte des Beirats vor. Denkbar sind zudem Beratungs-, Initiativ-, Zustimmungs- und Weisungsrechte (*Knief/Hille* Teil E Kap. 6 Rz. 1351.7 ff.), wobei allerdings die Grenzen der Selbstorganschaft und des Minderheitenschutzes zu beachten sind (vgl. Rz. 2).

Zu § 7a Absatz 6:

7 Die Beiratsvergütungen bilden bei der Gesellschaft je nach Art der ausgeübten Tätigkeit Betriebsausgaben oder Werbungskosten, wenn die Beiratsmitglieder nicht

zugleich Gesellschafter sind. Bei den Mitgliedern des Beirats können in diesem Fall freiberufliche, gewerbliche oder sonstige Einkünfte in Betracht kommen. Wenn die Beiratsmitglieder Gesellschafter sind, so ist die Vergütung bei der einheitlichen und gesonderten Gewinnfeststellung der Gesellschaft zu berücksichtigen (vgl. A. 5.00 Rz. 12).

A. 5.19 Eintritt

I. FORMULAR

Formular A. 5.19 Eintritt

In § 16 des Gesellschaftsvertrages *[vgl. Formular A. 5.00]* der A Grundstücksgesellschaft bürgerlichen Rechts heißt es unter Absatz 1:

„Nur der Ehegatte, Lebenspartner im Sinne des LPartG oder Abkömmlinge des verstorbenen Gesellschafters können im Erbfall als Gesellschaftsnachfolger in die Gesellschaft eintreten. Das Eintrittsverlangen muss von den Erben gegenüber den verbliebenen Gesellschaftern innerhalb von sechs Monaten nach dem Tode des Gesellschafters schriftlich angezeigt werden. Bei einem Eintritt eines Erben wird kein Abfindungsguthaben an die übrigen Erben gezahlt. Etwaige Erbansprüche sind im Verhältnis zwischen dem Eintretenden und den übrigen Erben zu regeln. Die Gesellschaft wird in diesem Fall von sämtlichen Forderungen der Erben freigestellt.“

Nach dem vom Amtsgericht ... am ... eröffneten Testament des A hat dieser mich zu seinem Nachfolger in die Gesellschafterstellung bestimmt und mir darüber hinaus seine vermögensrechtlichen Ansprüche aus dem Gesellschaftsverhältnis vermacht.

Ich erkläre hiermit meinen Eintritt in die Gesellschaft und erkenne die Bestimmungen des Gesellschaftsvertrages und der am selben Tag gem. § 19 *[vgl. Formular A. 5.00]* geschlossenen Schiedsvereinbarung vom ... als in vollem Umfang für mich verbindlich an.

...

(Unterschrift)

II. ERLÄUTERUNGEN

Erläuterungen zu A. 5.19 Eintritt

Ohne eine sog. Eintritts- oder Nachfolgeklausel im Gesellschaftsvertrag würde beim Tod eines Gesellschafters gem. § 727 Abs. 1 BGB die Auflösung der Gesellschaft eintreten. Die Bestimmung lässt jedoch eine abweichende vertragliche Regelung zu. In Betracht kommen insb. die sog. **Eintritts-** oder **Nachfolgeklausel.** 1

Bei der **Eintrittsklausel,** von deren Existenz im Formular (vgl. § 16 Abs. 1 des Formulars A. 5.00 und A. 5.00 Rz. 66) ausgegangen wird, vollzieht sich die Nachfolge nicht ipso iure, sondern auf Grund einer besonderen Eintrittserklärung des Berechtigten. Bis zum Eintritt des Berechtigten wird die Gesellschaft unter den verbliebenen Gesellschaftern allein fortgesetzt und diese halten bis dahin den Kapitalanteil des verstorbenen zugunsten des Eintrittsberechtigten treuhänderisch (*Beck PersGes-HB/Müller* § 8 Rz. 96 mwN). Eine Bestimmung über den Abfindungsanspruch des verstorbenen Gesellschafters im Gesellschaftsvertrag empfiehlt sich, wenn der zum Eintritt Berech- 2 tigte nicht der Alleinerbe des verstorbenen Gesellschafters ist. Ohne eine entsprechende Regelung fällt der Abfindungsanspruch nämlich in den Nachlass und der Eintrittsberechtigte müsste sich die vermögensrechtliche Stellung des verstorbenen Gesellschafters erst durch Einlagen erwerben (*Beck PersGes-HB/Müller* § 8 Rz. 96 mwN). Parallel dazu empfiehlt es sich, dem Eintrittsberechtigten den Gesellschaftsanteil und den Abfindungsanspruch letztwillig durch Vermächtnis oder durch Schenkung von Todes wegen zuzuwenden.

3 Anders verhält es sich bei einer **Nachfolgeklausel** (etwa: „Die Gesellschaft wird mit den Erben fortgesetzt", vgl. Formular A. 5.28). Sie führt unmittelbar zum Eintritt des Berechtigten als Gesellschafter in die Gesellschaft. Nach hM tritt bei der Beerbung eines Gesellschafters durch mehrere Erben nicht die gesamthänderisch verbundene Erbengemeinschaft an die Stelle des verstorbenen Gesellschafters, sondern jeder einzelne Erbe als Einzelrechtsnachfolger in Höhe seines Erbteils, sog. Sondererbfolge (*Beck PersGes-HB/Müller* § 8 Rz. 65 mwN, *Bamberger/Roth/Schöne* § 727 BGB Rz. 16).

4 Denkbar sind auch sog. **qualifizierte Nachfolgeklauseln,** auf Grund derer nur einer von mehreren Erben zB ein solcher, der über eine bestimmte Ausbildung verfügt, – als Nachfolger in die Gesellschafterstellung einrücken kann (Näheres vgl. *Beck PersGes-HB/Müller* § 8 Rz. 73ff.).

5 Vgl. im Übrigen zu steuerlichen Fragen A. 5.00 Rz. 18, 27.

A. 5.20 Fortsetzung

I. FORMULAR

Formular A. 5.20 Fortsetzung

Durch den Tod des Gesellschafters A ist die A Grundstücksgesellschaft bürgerlichen Rechts gem. § 727 Abs. 1 BGB aufgelöst.

Wir, die ehemaligen Gesellschafter B, C, D und E beschließen hiermit die Fortsetzung der Gesellschaft und vereinbaren, dass für das Gesellschaftsverhältnis die Bestimmungen des Gesellschaftsvertrages vom ...... gelten sollen.

Des Weiteren wird folgende Fortsetzungsklausel vereinbart:

„Durch die Kündigung oder den Tod eines Gesellschafters sowie in allen Fällen, in denen das Gesetz an den Eintritt bestimmter Ereignisse in der Person eines Gesellschafters die Auflösung der Gesellschaft anknüpft, soll diese nicht eintreten. Vielmehr soll der betroffene Gesellschafter aus der Gesellschaft ausscheiden. Die übrigen Gesellschafter setzen alsdann die Gesellschaft mit dem vorhandenen Gesellschaftsvermögen und dem Recht der Fortführung der Bezeichnung fort."

..

(Unterschriften)

II. ERLÄUTERUNGEN

Erläuterungen zu A. 5.20 Fortsetzung

1 Gem. § 727 BGB wird die Gesellschaft grds. durch den Tod eines Gesellschafters aufgelöst.

2 Gem. § 736 BGB ist die Vereinbarung einer Fortsetzungsklausel möglich.

Hat eine Fortsetzungsklausel gefehlt, steht es den Gesellschaftern dennoch frei, die Fortsetzung nach eingetretener Auflösung zu beschließen. 3

Zu den Gestaltungsmöglichkeiten durch Nachfolge- und Eintrittsklauseln vgl. A. 5.19 Rz. 1ff. 4

A. 5.21 Geschäftsführung und Vertretung (Änderung)

I. FORMULAR

Formular A. 5.21 Geschäftsführung und Vertretung (Änderung)

Gesellschafterversammlung

der

A Grundstücksgesellschaft bürgerlichen Rechts

Sämtliche unterzeichneten Gesellschafter der Grundstücksgesellschaft A haben sich unter Verzicht auf alle gesetzlichen und/oder statutarischen Form- und/oder Fristvorschriften heute zu einer

AUSSERORDENTLICHEN GESELLSCHAFTERVERSAMMLUNG

zusammengefunden und folgendes beschlossen:

Unter Bezugnahme auf § 5 Abs. 1 und 3 des Gesellschaftsvertrages vom ...... wird C zum weiteren Geschäftsführer bestellt. C vertritt die Gesellschaft allein. Ihm wird insbesondere für den Grundbuchverkehr eine notariell protokollierte Vollmacht erteilt.

..

(Unterschriften)

II. ERLÄUTERUNGEN

Erläuterungen zu A. 5.21 Geschäftsführung und Vertretung (Änderung)

S. A. 5.00 Rz. 41ff. Wegen der Vollmacht s. Formular A. 5.32.

A. 5.22 Gesellschafterverzeichnis

I. FORMULAR

Formular A. 5.22 Gesellschafterverzeichnis

Gesellschafterverzeichnis der

A Grundstücksgesellschaft bürgerlichen Rechts mit beschränkter Haftung

Gesellschafter, Anschrift, Steuernummer	Beteiligung
1. A	ohne Beteiligung
2. B	30 %
3. C	30 %
4. D	20 %
5. E	20 %

II. ERLÄUTERUNGEN

Erläuterungen zu A. 5.22 Gesellschafterverzeichnis

Siehe Einzelerläuterungen zu A. 5.00 Rz. 41.

A. 5.23 Haftungsbeschränkung

I. FORMULAR

Formular A. 5.23 Haftungsbeschränkung

Vgl. Formular A. 5.00 Rz. 4.

II. ERLÄUTERUNGEN

Erläuterungen zu A. 5.23 Haftungsbeschränkung

Nach BGH II ZR 371/98 v. 27.9.99 (DStR 99, 1704) ist eine Haftungsbeschränkung in der Praxis durch eine nachweisbare Individualabrede mit dem jeweiligen Geschäftspartner sicherzustellen (Näheres s. A. 5.00 Rz. 4; zu früheren Alternativgestaltungen vgl. *Beck StVFB/Meulenbergh* 3. Auflage A. 5.00 Rz. 29 sowie dort Formular A. 5.23).

A. 5.24 Kündigung durch Gesellschafter

Formular A. 5.24 Kündigung durch Gesellschafter

Vgl. Formular A. 5.14.

A. 5.25 Kündigung durch Privatgläubiger eines Gesellschafters

I. FORMULAR

Formular A. 5.25 Kündigung durch Privatgläubiger eines Gesellschafters

An die
A, B, C, D + E
in Gesellschaft bürgerlichen Rechts
unter der Bezeichnung

„A Grundstücksgesellschaft bürgerlichen Rechts"

und die Herren A, B, C, D und E

Nach dem rechtskräftigen Urteil des Landgerichts ...... vom ...... habe ich gegen den Kaufmann A wegen einer Forderung von € ...... nebst % ...... Zinsen seit dem ...... zu vollstrecken versucht. Die Vollstreckung war fruchtlos. Eine einfache Kopie des Ur-

teils sowie eine Bescheinigung des Gerichtsvollziehers über die Fruchtlosigkeit der Zwangsvollstreckung überreiche ich in der Anlage.

Durch Beschluss des Amtsgerichts ...... vom ...... ist auf Grund dieses Urteils der Anteil des A am Gesellschaftsvermögen sowie der Gewinnanspruch des A mir überwiesen worden. Dieser Beschluss ist Ihnen am ...... zugestellt worden.

Ich kündige hiermit die Gesellschaft fristlos gem. § 725 Abs. 1 BGB.

..

(Unterschrift)

II. ERLÄUTERUNGEN

Erläuterungen zu A. 5.25 Kündigung durch Privatgläubiger eines Gesellschafters

1 Hat ein Gläubiger eines Gesellschafters die Pfändung des Anteils des Gesellschafters an dem Gesellschaftsvermögen erwirkt, so kann er die Gesellschaft ohne Einhaltung einer Kündigungsfrist kündigen, sofern der Schuldtitel nicht bloß vorläufig vollstreckbar ist (§ 725 Abs. 1 BGB). Ein erfolgloser Vollstreckungsversuch in andere Vermögenswerte des Gesellschafters ist idR nicht erforderlich, um die Wirksamkeit der Kündigung sicherzustellen. Die Kündigung ist vorsorglich gegenüber allen Gesellschaftern und der Geschäftsführung auszusprechen, auch wenn häufig in Gesellschaftsverträgen der Geschäftsführung eine entsprechende Empfangsvollmacht vorgesehen ist.

2 Die Kündigung führt zur Auflösung der Gesellschaft, es sei denn, im Gesellschaftsvertrag wäre eine Fortsetzungsklausel vorgesehen (vgl. A. 5.00 Rz. 63 ff.). Mit der Kündigung wandelt sich das Pfändungsrecht an dem Gesellschaftsanteil in ein Pfändungsrecht an dem Anspruch des Gesellschafters, die Auseinandersetzung – bzw. im Falle einer Fortsetzungsklausel Abfindung – zu verlangen.

3 Dem Gläubiger stehen allerdings auch in der Liquidationsgesellschaft keine Mitverwaltungsrechte zu (*Bamberger/Roth/Schöne* § 725 BGB Rz. 14 mwN). Enthält der Gesellschaftsvertrag Bestimmungen darüber, wie das Auseinandersetzungs-/Abfindungsguthaben festgestellt und ausbezahlt werden soll, gelten diese auch für den Pfändungsgläubiger. Beschränkungen des Auseinandersetzungs-/Abfindungsguthabens allein für den Fall der Anteilspfändung und der anschließenden Kündigung sind jedoch gem. § 138 Abs. 1 BGB unwirksam (*Bamberger/Roth/Schöne* § 725 BGB Rz. 17 mwN).

A. 5.26 Nießbrauch

Gliederung

I. FORMULAR

Formular A. 5.26 Nießbrauch

NIESSBRAUCHSBESTELLUNG

zwischen

A

– nachfolgend Nießbrauchbesteller genannt –

und N

– nachfolgend Nießbraucher genannt –

§ 1 Nießbrauchsbestellung

(1) Der Nießbrauchsbesteller ist zu 30 % an der aus ihm sowie ...... unter der Bezeichnung „A ...... GbR" bestehenden Gesellschaft bürgerlichen Rechts beteiligt.

(2) Der Nießbrauchsbesteller bestellt hiermit dem Nießbraucher den lebenslänglichen, unentgeltlichen Nießbrauch an dem in Abs. 1 bezeichneten Gesellschaftsanteil. Der Nießbrauch setzt sich im Falle des Ausscheidens des Nießbrauchbestsellers aus der Gesellschaft oder bei Auflösung der Gesellschaft an dem jeweiligen Surrogat, insbesondere an einer Abfindung oder einem Auseinandersetzungsguthaben, fort.

§ 2 Zustimmung der Mitgesellschafter

Der Zustimmung der Mitgesellschafter bedarf es gemäß § ...... des Gesellschaftsvertrages vom ...... nicht.

§ 3 Stimm- und sonstige Rechte

(1) Alle gesellschaftlichen Mitwirkungsrechte an dem belasteten Anteil werden der Nießbraucher und der Nießbrauchbesteller gegenüber der Gesellschaft gemeinschaftlich ausüben. Sie beraten sich regelmäßig – möglichst formlos – über die Angelegenheiten der Gesellschaft zur Vorbereitung ihrer gemeinschaftlichen Entscheidung.

(2) Wird intern keine Einigkeit nach Abs. 1 erzielt, gelten für die gemeinschaftliche Mitwirkung gegenüber der Gesellschaft die allgemeinen zivil- und gesellschaftsrechtlichen Grundsätze. Danach

a) besteht für den Nießbraucher in laufenden Angelegenheiten ein eigenes – das Gesellschaftermitwirkungsrecht des Nießbrauchsbestellers ausschließendes – Stimmrecht, das allerdings die Gesellschaftermitwirkungsrechte des Nießbrauchbestellers nicht weiter ausschließt, als dies nach § 164 HGB (in entsprechender Anwendung) vorgesehen ist.

b) behält der Nießbrauchbesteller seine Kompetenz als Gesellschafter, bei Beschlüssen, welche die Grundlagen der Gesellschaft oder den Kernbereich seiner Mitwirkungsrecht (wie etwa Verbot der Änderung der Gewinnbeteiligung oder der Beschneidung des Auseinandersetzungsguthabens) betreffen, wobei sich der Nießbraucher sein Zustimmungsrecht nach § 1071 BGB vorbehält.

§ 4 Auskunfts- und Informationsrechte

Der Nießbrauchbesteller und der Nießbraucher sind einander zur umfassenden Auskunft und Information über die Angelegenheiten der Gesellschaft verpflichtet und berechtigt.

§ 5 Erhöhung der Beteiligung

(1) Erfolgt eine Erhöhung der Beteiligung des Nießbrauchbestellers aus Gesellschaftsmitteln, so unterliegt der aus der Erhöhung auf A entfallende Betrag dem Nießbrauch.

(2) Erfolgt eine Kapitalerhöhung, bei welcher der Nießbrauchsbesteller aus eigenen Mitteln weitere Einlagen leistet, so ist der aus dieser Einlagenerhöhung hervorgehende Teil nicht vom Nießbrauch erfasst.

§ 6 Schlussbestimmungen

(1) Änderungen dieses Vertrages bedürfen zu ihrer Wirksamkeit der Schriftform. Auch wiederholte Verstöße gegen diese Bestimmung beseitigen nicht das Schriftformerfordernis.

(2) Sollte eine Bestimmung dieses Vertrages nichtig, anfechtbar oder unwirksam sein, so soll die Wirksamkeit der übrigen Bestimmungen hiervon nicht berührt werden. Die angreifbare Bestimmung ist vielmehr durch eine wirksame zu ersetzen und/oder so auszulegen, dass der mit ihr erstreckte wirtschaftliche und/oder individuelle Zweck nach Möglichkeit erreicht wird.

....	....
[Unterschrift A]	**[Unterschrift N]**

II. ERLÄUTERUNGEN

Erläuterungen zu A. 5.26 Nießbrauch

1. Grundsätzliche Anmerkungen

a) Zivilrecht

1 Nach § 1069 Abs. 2 BGB kann ein Nießbrauch nicht bestellt werden an Rechten, die nicht übertragbar sind. Nach hM und hL ist die Bestellung eines Nießbrauchs an dem Anteil einer GbR zulässig, wenn die Übertragbarkeit der Anteile nach dem Gesellschaftsvertrag oder auf Grund der Zustimmung der Mitgesellschafter zugelassen ist (vgl. *Jansen/Jansen*, Der Nießbrauch im Zivil- und Steuerrecht, 8. Auflage, Rz. 103 mwN). Zu unterscheiden von der Nießbrauchsbestellung am Gesellschaftsanteil ist die Bestellung eines Nießbrauchs, der sich lediglich auf die Gewinnanteile oder das Auseinandersetzungsguthaben bezieht. Eine derart eingeschränkte Nießbrauchsbestellung bedarf nicht einer Zulassung im Gesellschaftsvertrag oder durch die Mitgesellschafter (vgl. *Jansen/Jansen*, aaO Rz. 104, 113 ff.). Sie ist aber steuerlich nur eingeschränkt wirksam (vgl. Rz. 5 ff.).

2 Die Bestellung des Nießbrauchs an Gesellschaftsanteilen erfolgt in der gleichen Weise, wie diese übertragen werden (vgl. § 1069 BGB; vgl. A. 5.10 Rz. 2), wobei allerdings das Grundbuch im Falle einer Grundstücks GbR durch die Nießbrauchsbestellung nicht unrichtig wird und keiner Berichtigung bedarf (OLG München 34 Wx 148/10 v. 25.1.11, DStR 11, 533; OLG Celle 4 W 39/11 v. 25.5.11, ZIP 11, 1519).

3 Dem Nießbraucher steht zivilrechtlich nur der entnahmefähige Teil des Gewinns zu (BGH II ZR 143/69 v. 20.4.72, NJW 72, 1755; BFH VIII R 35/92 v. 1.3.94, BStBl. II 95, 241). Es besteht kein Anspruch des Nießbrauchers auf Gewinn, solange Verluste, welche die Einlage gemindert haben, nicht durch die Gewinne der folgenden Jahre wieder ausgeglichen sind (vgl. *Jansen/Jansen*, aaO Rz. 112 mwN).

4 Der nießbrauchbestellende Gesellschafter behält die Befugnis, bei Beschlüssen, die Grundlagen der Gesellschaft betreffen (zB Mitwirkung beim Rechnungsabschluss),

selbst abzustimmen (vgl. BGH II ZR 213/97 v. 9.11.98, NJW 99, 571). Der BGH hat in der vorgenannten Entscheidung offen gelassen hat, wem das Stimmrecht bei laufenden Angelegenheiten zusteht. Hierzu ist der BFH der Auffassung, dass dies dem Nießbraucher zusteht (BFH VIII R 35/92 v. 1.3.94, BStBl. II 95, 241). Insgesamt lassen die gesetzlichen Regelungen und die hierzu ergangene Rspr. viele Fragen offen und ungelöst. Dies führt zu einer gewissen Kompliziertheit der vertraglichen Ausgestaltung der beiderseitigen Rechte in der Praxis (vgl. Rz. 5 ff., 12, 14).

b) Steuerrecht

5 Für die **gewerbliche GbR** gilt, dass nicht nur der Gesellschafter Einkünfte aus Gewerbebetrieb erzielt, wenn er Mitunternehmer ist, sondern auch eine Person die zwar nicht Gesellschafter ist, aber mit anderen Personen in einem wirtschaftlich vergleichbaren Gemeinschaftsverhältnis steht. Diese Voraussetzungen erfüllt der Nießbraucher an einem Gesellschaftsanteil, wenn er die Verwaltungs- und Verfügungsbefugnisse eines Gesellschafters ausübt und wenn seine Bezüge in gleicher Weise wie die eines Anteilseigners erfolgshabhängig sind (vgl. Näheres *Jansen/Jansen,* aaO Rz. 467, 470; *Daragan* DStR 11, 1347, 1348 f.; *Schmidt/Wacker* § 15 Rz. 306). Die bloße Einräumung eines Nießbrauchs am Gewinnstammrecht, Gewinnanteil oder Auseinandersetzungsguthaben genügt nach hM hierfür nicht (BFH IX R 78/88 v. 9.4.91 BStBl. II 91, 809, 812; *Jansen/Jansen,* aaO Rz. 467, 470 mwN). Der Nießbrauchbesteller bleibt in der Regel Mitunternehmer. Er trägt Mitunternehmerrisiko, weil er am Gewinn und Verlust beteiligt ist, soweit diese nicht dem Nießbraucher zuzuordnen sind, und weil ihm Wertsteigerungen oder Verluste am Geschäftswert des Unternehmens zuzurechnen sind; er übt auch Mitunternehmerinitiative aus, weil er die Möglichkeit hat, Stimm-, Kontroll- und Widerspruchsrechte auszuüben (vgl. Näheres BFH VIII R 35/92 v. 1.3.94, BStBl. II 95, 241; *Jansen/Jansen,* aaO Rz. 464). Zur Problematik der Höhe des vom Nießbraucher zu versteuernden Gewinnanteils vgl. *Jansen/Jansen,* aaO Rz. 461 ff.

6 Für die vermögensverwaltende GbR, die zB **Einkünfte aus VuV** erzielt, ist insbes. der Nießbrauchserlass zu VuV (BMF v. 24.7.98, BStBl. I 98, 914) zu beachten. Danach erfüllt auch der Nießbraucher an einem Gesellschaftsanteil einer GbR mit Einkünften aus VuV den Tatbestand der Einkunftsart VuV, wenn ihm kraft seines Nießbrauchs eine Stellung eingeräumt ist, die der eines Gesellschafters entspricht. Hierfür genügt die bloße Einräumung eines Anspruchs auf Gewinnbezug nicht (BMF v. 24.7.98, aaO Tz. 1). Beim sog. **unentgeltlichen Zuwendungsnießbrauch** darf der Nießbraucher AfA auf das Gebäude nicht abziehen, während ihm dieses Recht bei von ihm in Ausübung des Nießbrauchs eingebauten Anlagen und Einrichtungen iSd. § 95 Abs. 1 BGB zusteht (BMF v. 24.7.98, aaO Tz. 19). Dem Nießbrauchbesteller sollen hingegen keine Einkünfte aus dem nießbrauchbelasteten Anteil zuzurechnen sein und er soll ebenfalls keine AfA auf das Gebäude und Grundstücksaufwendungen, die er getragen hat, als Werbungskosten abziehen können, da er keine Einnahmen erzielt (BMF v. 24.7.98, aaO Tz. 23, 24). Beim **entgeltlichen Zuwendungsnießbrauch** darf der Nießbraucher auf das entgeltlich erworbene Nießbrauchsrecht die nach der Dauer des Nießbrauchs bemessene AfA vornehmen und er darf Aufwendungen, die er auf Grund vertraglicher Bestimmungen oder – mangels solcher – die er auf Grund der §§ 1041, 1045 und 1047 BGB getragen hat, als Werbungskosten abziehen (BMF v. 24.7.98, aaO Tz. 26, 27). Beim Anteilseigner ist das für die Bestellung des Nießbrauchs gezahlte Entgelt im Jahr des Zuflusses als Einnahme aus VuV zu erfassen, sofern er nicht die Billigkeitsregelung der Verteilung der Zahlung auf maximal zehn Jahre beantragt (BMF v. 24.7.98, aaO Tz. 27, 29). Der Anteilseigner ist zur Vornahme von AfA berechtigt und darf daneben die von ihm auf Grund vertraglicher Bestimmungen oder in Ermangelung solcher die von ihm auf Grund der §§ 1041, 1045 und 1047 BGB getragenen Aufwendungen abziehen (BMF v. 24.7.98, aaO Tz. 30).

Zur Abgrenzung von entgeltlichem und unentgeltlichem Zuwendungsnießbrauch vgl. BMF v. 24.7.98, aaO Tz. 10ff. und zur Behandlung des teilweise entgeltlichen Zuwendungsnießbrauchs vgl. BMF v. 24.7.98, aaO Tz. 31. Vom unentgeltlichen, entgeltlichen und teilentgeltlichen Zuwendungsnießbrauch ist der Vorbehaltsnießbrauch zu unterscheiden. Ein **Vorbehaltsnießbrauch** liegt vor, wenn bei der Übertragung gleichzeitig ein Nießbrauchsrecht für den bisherigen Eigentümer an dem übertragenen Grundstück bestellt wird. Einem Vorbehaltsnießbraucher ist ein Schenker gleichzustellen, der mit dem Beschenkten im Voraus eine klare und eindeutige Schenkungsabrede über den Erwerb eines Anteils und die Bestellung eines Nießbrauchsrechts daran trifft (BMF v. 24.7.98, aaO Tz. 39). Im Wesentlichen erfolgt die steuerliche Zurechnung beim Vorbehaltsnießbraucher unabhängig davon, ob dieser entgeltlich oder unentgeltlich bestellt wurde (zur steuerlichen Behandlung iE vgl. BMF v. 24.7.98, aaO Tz. 41ff.).

Erzielt die GbR Einkünfte aus **Kapitalvermögen,** gelten insoweit noch Tz. 55 bis 59, 63 bis 65 des Nießbraucherlasses des BMF v. 23.11.83, BStBl. I 83, 508), wobei sich die Problematik des Anrechnungsguthabens auf Grund des Systemwechsels so nicht mehr stellt. **7**

Zu den erbschaft- und schenkungsteuerlichen Gestaltungsmöglichkeiten vgl. *Geck* DStR 09, 1005; *Fleischer* DStR 13, 902. **8**

(frei) **9, 10**

2. Einzelerläuterungen

Zu § 1: Nießbrauchsbestellung

Die Nießbrauchbestellung kann formlos erfolgen (vgl. Rz. 2) Aus steuerlichen Gründen ist jedoch die Einhaltung der Schriftform unbedingt anzuraten. **11**

Nach dem Formular erfolgt die Bestellung unentgeltlich als Zuwendungsnießbrauch. Dies kann zwar bei gewerblichen GbR steuerlich durchaus sinnvoll sein (vgl. Rz. 5), doch bei vermögensverwaltenden GbR könnte Abschreibungspotential verloren gehen. Dem zuletzt genannte Risiko könnte je nach den Umständen des Einzelfalls im Rahmen eines Vorbehaltsnießbrauchs entgegengewirkt werden (vgl. Rz. 6), bei dem A seinen Gesellschaftsanteil unter gleichzeitigem Vorbehalt des Nießbrauchs schenkt. **12**

Zu § 2: Zustimmung der Mitgesellschafter

Vgl. Rz. 1. **13**

Zu § 3: Stimm- und sonstige Rechte

Im Formular wird die Vergemeinschaftung der Gesellschafterrechte jedenfalls auf freiwilliger Basis angeregt, um bestmöglich aus eventuellen steuerlichen Gründen die Mitunternehmerstellung sowohl des Nießbrauchbestellers als auch des Nießbrauchers sicherzustellen (vgl. Rz. 5ff.). Auf der Hand liegt, dass dies bei Uneinigkeit zu erheblichen praktischen Schwierigkeiten führen kann, die auch nach den allgemeinen gesetzlichen Regelungen und Rechtsprechungsgrundsätzen, wie sie in Abs. 2 dargestellt sind, nicht immer einfach zu lösen sind. Sofern im konkreten Fall die Mitunternehmerstellung eines der Beteiligten nicht von erheblicher steuerlicher Bedeutung ist, wäre es denkbar, hier eindeutiger die Kompetenzen abzugrenzen. Ist aber umgekehrt die Mitunternehmerstellung von beiden Beteiligten von erheblicher Bedeutung, ist es riskant, bspw. dem Schenker im Rahmen des Nießbrauchs mehr Befugnisse zuzuordnen, als ihm nach den allgemeinen Grundsätzen zustehen. Derartiges kann nämlich die Mitunternehmerstellung des Beschenkten und Nießbrauchbestellers gefährden. Dabei würde auch die Option, dem Nießbrauchbesteller und dem Nießbraucher jeweils einen lastenfreien Zwerganteil zu belassen bzw. zu übertragen, keine verlässliche Grundlage für die Qualifizierung als Mitunternehmer bieten: Der Erwerb von Mitun- **14** ternehmeranteilen ist schenkungssteuerlich immer nur dann nach §§ 13a, 13b, und 19a ErbStG begünstigt, wenn der Schenker Mitunternehmer war und der Erwerber Mitunternehmer wird. Die Mitunternehmerstellung des Erwerbers muss gerade und aufgrund der Schenkung vermittelt werden (BFH II R 5/12 v. 16.5.13, DStR 13, 1380; *Wachter* DStR 13, 1929, 1931 mwN). Behält sich der Schenker bei der freigebigen Zuwendung einer Beteiligung den Nießbrauch zu einer bestimmten Quote hiervon einschließlich der Stimm- und Mitverwaltungsrechte vor, vermittelt der mit dem Nießbrauch belastete Teil der Beteiligung dem Erwerber für sich genommen keine Mitunternehmerstellung, weshalb für diesen Teil die Steuervergünstigungen nach § 13a Abs. 1 und 2 ErbStG nicht beansprucht werden können (BFH II R 5/12 v. 16.5.13, DStR 13, 1380).

Zu § 4: Auskunfts- und Informationsrechte

15 Diese Regelung dient der Stärkung der beiderseitigen Mitunternehmerstellung (vgl. Rz. 5 ff., 14) und erscheint auch im Hinblick auf die gegenseitige Interessenlage sachgerecht.

Zu § 5: Erhöhung der Beteiligung

16 Im Formular wird davon ausgegangen, dass Erhöhungen des Anteils dann vom Nießbrauch erfasst sein sollen, wenn die Erhöhung aus Gesellschaftsmitteln erfolgt. Erhöhungen infolge von Leistungen des Gesellschafters verbleiben demgegenüber vom Nießbrauch unberührt.

A. 5.27 Schenkung

Formular A. 5.27 Schenkung

Siehe Formular A. 5.11.

A. 5.28 Testamentsvollstreckung

I. FORMULAR

Formular A. 5.28 Testamentsvollstreckung

Die unterzeichneten Gesellschafter der unter der Bezeichnung A Grundstücksgesellschaft bürgerlichen Rechts bestehenden GbR haben sich heute unter Verzicht auf alle gesetzlichen und/oder statutarischen Form- und/oder Fristvorschriften zu einer

AUSSERORDENTLICHEN GESELLSCHAFTERVERSAMMLUNG

zusammengefunden und folgendes einstimmig beschlossen:

1. §§ 16 und 17 Abs. 1 des Gesellschaftsvertrages vom ...... *[vgl. Formular A. 5.00]* geändert und wie folgt neugefasst:

„§ 16 Erbfolge

(1) Die Gesellschaft wird mit den Erben des Gesellschafters fortgesetzt.

(2) Mehrere Erben haben zur gemeinschaftlichen Ausübung ihrer Gesellschafterrechte, insbesondere des Stimmrechts, einen gemeinsamen Vertreter zu bestellen. Solange ein solcher Vertreter nicht bestellt ist, ruhen die Gesellschafterrechte mit Ausnahme der vermögensrechtlichen Ansprüche.

(3) Hat der verstorbene Gesellschafter letztwillig Testamentsvollstreckung angeordnet, so werden sämtliche Gesellschaftsrechte und -pflichten des verstor-

benen Gesellschafters von den oder dem Testamentsvollstrecker(n) bis zur Beendigung der Testamentsvollstreckung ausgeübt.

§ 17 Abfindung

(1) Scheidet ein Gesellschafter aus der Gesellschaft aus, so erhält er eine Abfindung. Dies gilt nicht im Falle der Erbfolge nach § 16.“

2. Die Geschäftsführung wurde beauftragt, den Gesellschaftsvertrag vom ...... unter Berücksichtigung der heute unter Ziffer 1. beschlossenen Änderung neu zu fassen und von allen Gesellschaftern im Umlaufverfahren in ...facher Ausfertigung unterzeichnen zu lassen.

..

(Unterschriften)

II. ERLÄUTERUNGEN

Erläuterungen zu A. 5.28 Testamentsvollstreckung

Der BGH (IV ZB 21/94 v. 10.1.96, BB 96, 1128) die Testamentsvollstreckung ausdrücklich auch bzgl. eines GbR-Anteils anerkannt. Ein Nachlassgericht ist verpflichtet, ein entsprechendes Testamentsvollstreckerzeugnis zu erteilen. In dem Testamentsvollstreckerzeugnis sind etwaige gesetzliche Beschränkungen der Befugnisse des Testamentsvollstreckers, die sich aus dem Gesellschaftsrecht ergeben, nicht anzugeben. Nach der vom BGH in vorgenanntem Beschluss vertretenen Auffassung ist eine Testamentsvollstreckung bzgl. eines Anteil eines persönlich haftenden Gesellschafters jedenfalls insofern denkbar, als sie sich im Wesentlichen auf die Wahrnehmung und Erhaltung der mit dem Anteil verbundenen, übertragenen Vermögensrechte beschränkt. Der BGH verlangt allerdings, dass die Testamentsvollstreckung im Gesellschaftsvertrag oder ad hoc zugelassen wird (BGH II ZB 1/89 v. 3.7.89, NJW 89, 3152; vgl. auch *Bisle* DStR 13, 1037).

A. 5.29 Tod eines Gesellschafters (Fortsetzungsbeschluss)

Formular A. Tod eines Gesellschafters (Fortsetzungsbeschluss)

Siehe Formular A. 5.20.

A. 5.30 Verpfändung eines Gesellschaftsanteils

I. FORMULAR

Formular A. 5.30 Verpfändung eines Gesellschaftsanteils

§ 1 Verpfändung

A verpfändet hiermit B seinen Gesellschaftsanteil an der aus ihm sowie C und D unter der Bezeichnung „A Grundstücksgesellschaft bürgerlichen Rechts“ bestehenden Gesellschaft bürgerlichen Rechts.

§ 2 Überschüsse

Die auf den verpfändeten Gesellschaftsanteil entfallenden entnahmefähigen Überschüsse stehen B zu. B darf sie entnehmen, sofern A sie nach dem Gesellschaftsvertrag vom ...... entnehmen durfte.

§ 3 Gesicherter Anspruch

Die Verpfändung erfolgt zur Sicherung des dem A durch B gemäß Darlehensvertrag vom ...... am ...... gewährten Darlehens im Betrag von € ......, das gem. § ...... des Darlehensvertrages ohne Kündigung am ...... zur Rückzahlung fällig gewesen ist.

§ 4 Verwertung

Zahlt A das Darlehen nicht pünktlich am ...... zurück, so ist B berechtigt, den verpfändeten Gesellschaftsanteil öffentlich versteigern zu lassen. Die Versteigerung ist A vier Wochen vor dem Versteigerungstermin anzukündigen. Von B bezogene Überschüsse auf den Anteil des A sind auf die Darlehensverbindlichkeit anzurechnen.

..

(Unterschriften)

II. ERLÄUTERUNGEN

Erläuterungen zu A. 5.30 Verpfändung eines Gesellschaftsanteils

1 Die Verpfändung von Anteilen an Personengesellschaften ist kaum ein taugliches Sicherungsmittel. Insbes. darf vor Pfandreife nicht eine weniger komplizierte Verwertung als die öffentliche Versteigerung vereinbart werden. Verpfändet ein Gesellschafter monatlich entstehende Gewinnforderungen aus einer Beteiligung an einer GbR, erwirbt der Pfandgläubiger an den nach der Insolvenzeröffnung entstehenden Forderungen auch dann kein Pfandrecht, wenn außerdem der Gesellschaftsanteil selbst verpfändet wurde (BGH IX ZR 78/09 v. 14.1.10, DNotZ 10, 828).

2 Die Verpfändung ist gem. § 719 BGB nur mit Zustimmung der übrigen Mitgesellschafter möglich, sofern sie nicht im Gesellschaftsvertrag zugelassen ist.

3 Das Formular sieht vor, dass der Pfandgläubiger ein Nutzungspfandrecht gem. § 1213 BGB erhält.

A. 5.31 Vertragsänderung

I. FORMULAR

Formular A. 5.31 Vertragsänderung

Die unterzeichneten Gesellschafter der unter der Bezeichnung A Grundstücksgesellschaft bürgerlichen Rechts bestehenden GbR haben sich heute unter Verzicht auf alle gesetzlichen und/oder statutarischen Form- und/oder Fristvorschriften zu einer

AUSSERORDENTLICHEN GESELLSCHAFTERVERSAMMLUNG

zusammengefunden und folgendes beschlossen:

§ 3 des Gesellschaftsvertrages vom ...... wird in Abs. 1 geändert, und zwar dergestalt, dass die Kündigungsfrist auf zwei Jahre ausgedehnt wird.

§ 3 Absatz 1 lautet daher nunmehr wie folgt:

„Die Gesellschaft ist auf unbestimmte Dauer geschlossen. Jeder Gesellschafter kann seine Beteiligung an der Gesellschaft mit einer Frist von zwei Jahren zum Ende eines jeden Rechnungsjahres der Gesellschaft kündigen, erstmals jedoch zum 31.12.20..“

Die Geschäftsführung wurde beauftragt, den Gesellschaftsvertrag vom ...... unter Berücksichtigung der heute beschlossenen Änderung neu zu fassen und von allen Gesellschaftern im Umlaufverfahren in ...facher Ausfertigung unterzeichnen zu lassen.

..

(Unterschriften)

II. ERLÄUTERUNGEN

Erläuterungen zu A. 5.31 Vertragsänderung

Die Änderung eines GbR-Vertrages kann formlos – auch mündlich – beschlossen werden – und zwar auch dann, wenn der Gesellschaftsvertrag Schriftform vorschreibt. Voraussetzung ist aber, dass die gleichzeitige Aufhebung der Schriftform gewollt ist (*MünchKommBGB/Ulmer/Schäfer* § 705 Rz. 51). Die Änderung der Satzung muss einstimmig erfolgen, es sei denn die Satzung sieht eine abweichende Regelung vor (vgl. Näheres unter A. 5.00 Rz. 49). 1

Insbes. aus steuerlichen Gründen empfiehlt es sich aber dringend, bei allen Änderungen die Schriftform zu beachten. 2

Darüber hinaus lehrt die Praxis, dass bei Gesellschaftsvertragsänderungen stets Neufassungen des Gesellschaftsvertrages unter Berücksichtigung der beschlossenen Änderungen erstellt werden sollten, wie das zB bei Satzungsänderungen der GmbH vorgeschrieben ist. 3

A. 5.32 Vollmacht

I. FORMULAR

Formular A. 5.32 Vollmacht

Nr. ...... der Urkundenrolle für 20..

Verhandelt

zu ...

am ...

Vor mir, dem unterzeichneten Notar

mit dem Amtssitz zu ...

erschienen:

1. Herr A
2. Frau B
3. Herr C
4. Herr D
5. Frau E

Die Erschienenen sind dem Notar persönlich bekannt.

Sie erklärten mit der Bitte um

BEURKUNDUNG:

Wir haben heute bezüglich des von uns in Gesellschaft bürgerlichen Rechts gehaltenen Grundbesitzes, welche unter der Bezeichnung „A Grundstücksgesellschaft bürgerlichen Rechts“ besteht, den Vertrag über eine Gesellschaft bürgerlichen Rechts abgeschlossen und sind deren alleinigen Gesellschafter. In dem Gesellschaftsvertrag sind die Erschienenen zu 1) und 2) zu gesamtvertretungsberechtigten Geschäftsführern der Gesellschaft bestellt worden. Da eine Gesellschaft bürgerlichen Rechts nicht in ein öffentliches Register eingetragen wird und mithin auch die Vertretungsbefugnis der geschäftsführenden Gesellschafter nicht in einem solchen Verzeichnis verlautbart wird, erteilen wir hiermit

1. Herrn A

und

2. Frau B

GEMEINSCHAFTSVOLLMACHT,

uns in ihrer Eigenschaft als geschäftsführende Gesellschafter der A Grundstücksgesellschaft bürgerlichen Rechts gemeinschaftlich handelnd zu vertreten.
Die Vertretungsmacht besteht nur in Ansehung solcher Gegenstände, die uns in Gesellschaft „A Grundstücksgesellschaft bürgerlichen Rechts“ gehören oder gehören werden. Dies betrifft insbesondere die bereits für die Gesellschaft im Grundbuch von A-Stadt, Band…., Blatt….,Flur…., Flurstück….eingetragenen Grundstücke.

Die Bevollmächtigten sind insbesondere berechtigt, Grundbuchberichtigungen insbesondere auch hinsichtlich des Gesellschafterbestandes zu bewilligen, Willenserklärungen gegenüber Dritten, insbesondere auch Behörden und Gerichten, mit Wirkung für und gegen uns abzugeben und entgegenzunehmen und den jeweiligen Eigentümer der sofortigen Zwangsvollstreckung in das belastete Grundstück zu unterwerfen. Die Bevollmächtigten haben das Recht, gemeinschaftlich Untervollmachten zu erteilen und gemeinschaftlich Rechtsgeschäfte abzuschließen, an denen sie selbst oder als Vertreter dritter Personen beteiligt sind (Befreiung von den Beschränkungen gemäß § 181 BGB).

Der Notar ist angewiesen, jedem der Bevollmächtigten eine Ausfertigung dieser Vollmacht zu erteilen.

Vorstehende Verhandlung wurde den Erschienenen von dem Notar vorgelesen, von ihnen genehmigt und von ihnen und dem Notar eigenhändig wie folgt unterschrieben:

……………………………	**……………………………**	**……………………………**
(Unterschrift A)	**(Unterschrift B)**	**(Unterschrift C)**
……………………………	**……………………………**	**……………………………**
(Unterschrift D)	**(Unterschrift E)**	**(Unterschrift Notar)**

II. ERLÄUTERUNGEN

Erläuterungen zu A. 5.32 Vollmacht

Die Erteilung einer notariell beurkundeten Vollmacht empfiehlt sich für den **Grundbuchverkehr.** Bei der erstmaligen Eintragung der GbR als Eigentümerin weicht die Praxis der Grundbuchämter hinsichtlich des Nachweises der Existenz und der Vertretung der GbR mitunter erheblich voneinander ab (vgl. im Einzelnen BRAK-Stellungnahme-Nr. 15/2011 sowie OLG München 34 Wx 155/10 v. 14.1.11, DStR 11, 730 zur Frage der Veränderung des Gesellschafterbestandes nach dem Erwerb des Grundstücks).

Für Grundbuchgeschäfte ist nicht nur die ursprüngliche Erteilung sondern auch der **Fortbestand der Vollmacht** nachzuweisen. Der Nachweis des Fortbestandes lässt sich mit der Vermutung des Fortbestandes einer Vollmacht nach § 172 Abs. 2 BGB erbringen. Diese Vermutung setzt nach § 172 Abs. 1 BGB, § 29 GBO voraus, dass der Vollmachtgeber dem Bevollmächtigten eine Ausfertigung der Vollmachtsurkunde aushändigen lässt und der Bevollmächtigte diese Ausfertigung bei Abgabe der Erklärung vorweist, bei der er den Vollmachtgeber vertreten will.

Das könnte durch einen entsprechenden Vermerk in der Urkunde über die auf Grund der Vollmacht abgegebene Erklärung nachgewiesen werden. Die bloße nachträgliche Vorlage einer beglaubigten Abschrift der Vollmachtsurkunde würde die Wirkungen des § 172 Abs. 2 BGB nach Ansicht des BGH nicht auslösen (BGH V ZB 90/11 v. 13.10.11, NZG 12, 102).

A. 6. Gesellschaft mit beschränkter Haftung – GmbH

Übersicht

A. 6.00 Gesellschaftsvertrag

Gliederung

I. FORMULARE

Formular A. 6.00 Gesellschaftsvertrag

GESELLSCHAFTSVERTRAG

§ 1 Firma, Sitz, Geschäftsjahr

(1) Die Gesellschaft führt die Firma: ......

(2) Die Gesellschaft hat ihren Rechtssitz in ...... Die Geschäftsführung ist befugt, den Verwaltungssitz der Gesellschaft an jeden beliebigen Ort im Inland zu verlegen. Eine Verlegung ins Ausland bedarf der Zustimmung der Gesellschafterversammlung. Der Beschluss ist mit satzungsändernder Mehrheit zu fassen (§ 8).

(3) Das Geschäftsjahr ist das Kalenderjahr. Das erste Geschäftsjahr ist ein Rumpfgeschäftsjahr, das mit der Eintragung der Gesellschaft in das Handelsregister beginnt und an dem hierauf folgenden 31.12. endet.

§ 2 Gegenstand des Unternehmens

(1) Gegenstand des Unternehmens ist ......

Ferner hat die Gesellschaft die Beteiligung an anderen Unternehmen mit einem verwandten Unternehmenszweck sowie deren Geschäftsführung unter Übernahme der unbeschränkten Haftung zum Gegenstand.

(2) Die Gesellschaft darf alle Maßnahmen treffen, die geeignet sind, den Gesellschaftszweck zu fördern.

(3) Die Gesellschaft ist berechtigt, Zweigniederlassungen zu errichten, andere ihr ähnliche Unternehmen zu erwerben oder sich an solchen zu beteiligen.

(4) Gegenstand der Gesellschaft kann auch sein, Organ im Rahmen eines steuerlichen Organschaftsverhältnisses zu sein. Die Gesellschafterversammlung kann die Geschäftsführung ermächtigen, einen Beherrschungs- und Ergebnisabführungsvertrag abzuschließen.

§ 3 Stammkapital, Geschäftsanteil

(1) Das Stammkapital der Gesellschaft beträgt € ......

(2) Die Gesellschafter haben folgende Geschäftsanteile übernommen:

a) Herr ...... 12.500 Geschäftsanteile im Nennwert von jeweils € 1.– (Geschäftsanteile Nr. 1 bis 12.500).

b) Herr ...... 12.500 Geschäftsanteile im Nennwert von jeweils € 1.– (Geschäftsanteile Nr. 12.501 bis 25.000).

......

(3) Das Stammkapital ist in Geld einzuzahlen.

(4) Mehrere Geschäftsanteile eines Gesellschafters können nicht zusammengelegt werden, es sei denn, dies wäre zum Zweck einer Kapitalherabsetzung erforderlich. In diesem Fall und im Fall der Teilung von Geschäftsanteilen ist hierüber von der Gesellschafterversammlung mit satzungsändernder Mehrheit (§ 8) zu beschließen. Die Zustimmung des betroffenen Gesellschafters ist nicht erforderlich, es sei denn, sein Stimmrecht wird beeinträchtigt. Teilung und Zusammenlegung werden erst mit Aufnahme der geänderten Gesellschafterliste im Handelsregister wirksam.

(5) Jeder Gesellschafter ist verpflichtet, der Geschäftsführung Veränderungen in seiner Person oder seiner Beteiligung an der Gesellschaft innerhalb von vier Wochen schriftlich mitzuteilen. Nachweise sind durch Urschriften oder beglaubigte Abschriften zu führen. Im Fall der Erbfolge gilt § 35 GBO entsprechend.

§ 4 Vertretung, Geschäftsführung

(1) Die Gesellschaft hat einen oder mehrere Geschäftsführer, die von der Gesellschafterversammlung berufen und abberufen werden. Ist nur ein Geschäftsführer vorhanden, so ist er stets alleinvertretungsberechtigt. Sind mehrere Geschäftsführer vorhanden, so wird die Gesellschaft jeweils von zwei Geschäftsführern gemeinsam oder von einem Geschäftsführer und einem Prokuristen vertreten. Auch wenn mehrere Geschäftsführer vorhanden sind, kann einem oder mehreren Geschäftsführern das Recht der Alleinvertretung verliehen werden.

(2) Die Gesellschafterversammlung kann Geschäftsführer von den Beschränkungen des § 181 BGB generell befreien.

(3) Die Geschäftsführung bedarf für alle Geschäfte, die über den gewöhnlichen Betrieb des Unternehmens der Gesellschaft hinausgehen, der ausdrücklichen vorhergehenden Einwilligung der Gesellschafterversammlung (§ 7 Abs. 1 Satz 1). Hierzu zählen insbesondere:

a) alle Verfügungen über Grundstücke, Rechte an einem Grundstück oder Rechte an einem Grundstücksrecht, die Verpflichtung zur Vornahme derartiger Verfügungen;

b) die Veräußerung des Unternehmens im Ganzen, die Errichtung, Veräußerung und Aufgabe von Betrieben oder Betriebstätten;

c) der Erwerb anderer Unternehmen, der Erwerb, die Änderung oder Kündigung von – auch stillen – Beteiligungen einschließlich des Erwerbs von Geschäftsanteilen der Gesellschaft sowie der Abtretung eigener Geschäftsanteile der Gesellschaft; ferner die Stimmabgabe in Beteiligungsgesellschaften;

d) der Abschluss, die Änderung und die Kündigung von Verträgen über Organschaften (Beherrschungs- und Ergebnisabführungsverträge), Poolungen und Kooperationen;

e) der Abschluss, die Änderung und die Kündigung von Lizenzverträgen;

f) Anschaffungen und Investitionen, einschließlich der Vornahme von Baumaßnahmen, wenn die Anschaffungs- oder Herstellungskosten € ...... im Einzelfall oder € ...... im Geschäftsjahr übersteigen;

g) die nachhaltige Änderung der hergebrachten Art der Verwaltung, der Organisation, der Produktion oder des Vertriebes; ferner die Einstellung oder wesentliche Einschränkung betriebener Geschäftszweige und die Aufnahme neuer Geschäftszweige;

h) die Inanspruchnahme oder die Gewährung von Sicherheiten oder Krediten sowie die Übernahme fremder Verbindlichkeiten; ausgenommen sind Kunden- und Lieferantenkredite, soweit sie im Einzelfall € ...... oder insgesamt € ...... nicht übersteigen, sowie die Aufnahme und die Kündigung von Barkrediten bis zu € ...... im Einzelfall;

i) der Abschluss und die Kündigung von Dauerschuldverträgen mit einer Jahresbelastung von mehr als € ......;

j) die Einstellung und Entlassung von Arbeitnehmern mit monatlichen Bruttobezügen von mehr als € ......;

k) die Erteilung von Prokuren und Generalvollmachten;

l) die Einleitung von Rechtsstreitigkeiten mit einem Streitwert von mehr als € ......;

m) die Erteilung von Schenkungsversprechen sowie die Hingabe nicht marktüblicher Geschenke;

n) Vereinbarungen mit nahen Angehörigen von Gesellschaftern oder Geschäftsführern und mit Gesellschaften, an denen Gesellschafter oder Geschäftsführer oder ihre Angehörigen nicht nur unwesentlich beteiligt sind. Die nahen Angehörigen bestimmen sich nach § 15 AO. Unwesentlich im vorstehenden Sinn ist eine Beteiligung von nicht mehr als ......% am Kapital der jeweiligen Gesellschaft.

(4) Darüber hinaus kann die Gesellschafterversammlung einen Katalog zustimmungspflichtiger Geschäfte beschließen. Der Katalog ist nicht formeller, satzungsmäßiger Bestandteil des Gesellschaftsvertrages, sondern eine interne, bindende Richtlinie für die Geschäftsführung. Der Katalog kann daher durch einen formlosen Beschluss der Gesellschafterversammlung ohne Einhaltung der für eine Satzungsänderung vorgeschriebenen Formvorschriften – auch einzelnen Geschäftsführern gegenüber – beschlossen, erweitert oder beschränkt werden.

(5) Bei Abschluss, Änderung oder Beendigung von Anstellungsverträgen mit Geschäftsführern wird die Gesellschaft durch die Gesellschafterversammlung vertreten.

§ 5 Aufsichtsrat

(1) Die Gesellschafter können mit einer Mehrheit von ......% der abgegebenen Stimmen beschließen, dass die Gesellschaft einen aus drei oder mehr Mitgliedern bestehenden Aufsichtsrat erhält.

(2) Auf den Aufsichtsrat findet § 52 Abs. 1 GmbHG nur Anwendung, falls und soweit die Gesellschafter dies mit einer Mehrheit von ......% der abgegebenen Stimmen beschließen.

(3) Der Aufsichtsrat überwacht die Geschäftsführung. Die Gesellschafter können dem Aufsichtsrat durch Beschluss mit einer Mehrheit von ......% der abgegebenen Stimmen weitere Aufgaben und Befugnisse zuweisen.

(4) Jedes Mitglied des Aufsichtsrates hat Anspruch auf Ersatz seiner Aufwendungen sowie auf eine jährliche Vergütung zuzüglich Umsatzsteuer. Die Höhe wird durch Gesellschafterbeschluss festgesetzt. Die Vergütung ist jeweils nach Ablauf des Geschäftsjahres zahlbar.

§ 6 Gesellschafterversammlung

(1) Die ordentliche Gesellschafterversammlung findet in den ersten sieben Monaten eines jeden Geschäftsjahres statt. Gegenstand der ordentlichen Gesellschafterver-

sammlung ist die Feststellung des Jahresabschlusses und der Ergebnisverwendung, die Entlastung der Geschäftsführung und – vorbehaltlich § 12 Abs. 4 Satz 2 – die Wahl des Abschlussprüfers.

(2) Die Gesellschafterversammlungen werden schriftlich unter Beifügung der Tagesordnung einberufen. Das Schreiben ist mindestens drei Wochen vor dem Termin per Einschreiben/Rückschein zur Post zu geben oder gegen Quittung zu übergeben. Der Ladung per Post steht eine Ladung per Telefax gleich. Jeder Geschäftsführer ist zur Einberufung berechtigt. Die Geschäftsführung hat die Gesellschafterversammlung einzuberufen, wenn Gesellschafter, denen allein oder gemeinsam mindestens 10 % des Stammkapitals (§ 3 Abs. 1) zustehen, es verlangen. Kommt die Geschäftsführung einem solchen Verlangen nicht innerhalb einer Frist von zwei Wochen nach, ist der (sind die) Gesellschafter, der (die) ein solches Verlangen gestellt hat (haben), selbst berechtigt, die Gesellschafterversammlung einzuberufen. Ist die Gesellschaft führungslos und ein Geschäftsführer nicht vorhanden, sind Gesellschafter, denen allein oder gemeinsam mindestens 10 % des Stammkapitals (§ 3 Abs. 1) zustehen, unmittelbar zur Einberufung berechtigt. Die Gesellschafterversammlungen finden grundsätzlich am Verwaltungssitz der Gesellschaft statt.

(3) Die Gesellschafterversammlung ist beschlussfähig, wenn sie ordnungsgemäß einberufen ist und mindestens ......% des Stammkapitals (§ 3 Abs. 1) vertreten sind; eine zu Beginn beschlussfähige Gesellschafterversammlung bleibt auch bei nachträglicher Minderung des vertretenen Stammkapitals während laufender Gesellschafterversammlung beschlussfähig. Wird die zu Beginn der Gesellschafterversammlung erforderliche Mehrheit nicht erreicht, so ist innerhalb von drei Wochen eine zweite Gesellschafterversammlung mit gleicher Ladungsfrist und gleicher Tagesordnung einzuberufen. Diese Gesellschafterversammlung ist sodann ohne Rücksicht auf das vertretene Kapital beschlussfähig. Auf diese Rechtsfolge ist in der zweiten Einladung hinzuweisen.

(4) Jeder Gesellschafter kann sich in der Gesellschafterversammlung durch einen Angehörigen der rechts-, steuerberatenden oder wirtschaftsprüfenden Berufe, der gesetzlich zur Berufsverschwiegenheit verpflichtet ist, vertreten lassen oder sich des Beistandes einer solchen Person bedienen. Im Übrigen ist eine Vertretung nur durch Mitgesellschafter oder durch Testamentsvollstrecker gestattet. Gesetzliche Vertreter, die nicht zu den Personen nach Satz 1 oder 2 gehören, müssen sich in ihrer Eigenschaft als gesetzliche Vertreter durch einen zugelassenen Bevollmächtigten vertreten lassen. Die Vertreter müssen sich durch schriftliche Vollmacht oder amtliches Zeugnis ausweisen. Ein Testamentsvollstrecker, der nicht der Personengruppe nach Satz 1 angehört, kann durch einstimmigen Beschluss der übrigen in der Gesellschafterversammlung vertretenen Gesellschafter – ohne Angabe von Gründen – abgelehnt werden.

§ 7 Gesellschafterbeschlüsse

(1) Gesellschafterbeschlüsse werden mit einfacher Mehrheit der in der Gesellschafterversammlung abgegebenen Stimmen gefasst. Dies gilt nicht, soweit das Gesetz zwingend oder dieser Vertrag ausdrücklich etwas anderes bestimmen. Die Gesellschafter stimmen in eigenen Angelegenheiten mit ab, soweit nicht § 47 Abs. 4 GmbHG oder dieser Vertrag ausdrücklich etwas anderes bestimmen.

(2) Gesellschafterbeschlüsse können – vorbehaltlich zwingender gesetzlicher Formvorschriften –, wenn alle Gesellschafter mit diesem Verfahren einverstanden sind, auch telefonisch, durch Telefax oder per E-Mail, schriftlich oder mündlich oder in sonstiger medialer Form ohne förmliche Gesellschafterversammlung gefasst werden.

(3) Je € 1.– eines Geschäftsanteils (§ 3 Abs. 2) gewährt eine Stimme.

(4) Die Gesellschafterbeschlüsse, auch die formlos gefassten, sind zu protokollieren und von einem alleinvertretungsberechtigten Geschäftsführer oder von mindestens zwei Geschäftsführern zu unterzeichnen. Hat die Gesellschaft mehr als zwei Geschäftsführer, sind die Geschäftsführer, die nicht unterzeichnen, zu informieren. Jedem Gesellschafter ist das Protokoll in Kopie oder Abschrift zuzusenden.

(5) Die Unwirksamkeit oder Anfechtbarkeit von Gesellschafterbeschlüssen kann, sofern nicht gegen zwingende gesetzliche Vorschriften verstoßen wird, nur innerhalb eines Monats geltend gemacht werden. Die Frist beginnt mit Zugang des Protokolls. Sie endet in jedem Fall spätestens sechs Monate nach Beschlussfassung. Für die Fristwahrung ist die Klageerhebung erforderlich.

§ 8 Änderung des Gesellschaftsvertrags, Kapitalerhöhung, -herabsetzung, Liquidation

Änderungen des Gesellschaftsvertrages müssen mit mindestens 75 % der abgegebenen Stimmen beschlossen werden; dies gilt auch für Kapitalerhöhung, Kapitalherabsetzung und Liquidation sowie eine Umwandlung.

§ 9 Eigene und eingezogene Geschäftsanteile

Soweit in diesem Vertrag auf die Beteiligung an der Gesellschaft abgestellt ist, bleiben eigene und eingezogene Geschäftsanteile bei der Berechnung der Beteiligung außer Ansatz.

§ 10 Wahrnehmung der Gesellschafterrechte, Informations- und Kontrollrechte

(1) Außerhalb der Gesellschafterversammlungen können die Gesellschafter, die zu 10% oder mehr am Stammkapital (§ 3 Abs. 1) beteiligt sind, ihre Rechte auch durch einen Angehörigen der rechts-, steuerberatenden oder wirtschaftsprüfenden Berufe, der gesetzlich zur Berufsverschwiegenheit verpflichtet ist, ausüben lassen. Im Übrigen können Gesellschafter die Rechte nur selbst ausüben oder durch Mitgesellschafter, gesetzliche Vertreter oder einen Testamentsvollstrecker ausüben lassen. Die Vertreter müssen sich durch schriftliche Vollmacht oder amtliches Zeugnis ausweisen.

(2) Im Übrigen gilt § 51a GmbHG.

§ 11 Wettbewerbsverbot

(1) Für alle Gesellschafter gilt das gesetzliche Wettbewerbsverbot des § 112 Abs. 1 HGB entsprechend, mit der Weiterung, dass ein Gesellschafter außerhalb der Gesellschaft in deren Tätigkeitsbereich weder selbständig noch unselbständig noch beratend, auch nicht gelegentlich oder mittelbar, tätig werden darf. Ebenso ist eine Beteiligung an Konkurrenzunternehmen – außer in Gestalt von Aktien und Wandelanleihen –, auch als stiller Gesellschafter oder Unterbeteiligter, unzulässig.

(2) Das Wettbewerbsverbot endet zwei Jahre nach dem Ausscheiden des Gesellschafters.

(3) Jedem Gesellschafter kann durch Gesellschafterbeschluss, der mit mindestens ......% der abgegebenen Stimmen zu fassen ist, Befreiung vom Wettbewerbsverbot erteilt werden.

(4) Abs. 3 gilt entsprechend für Gesellschafter-Geschäftsführer.

(5) Verstößt ein Gesellschafter gegen das Wettbewerbsverbot des Abs. 1, so ist – ohne Rücksicht auf das Verschulden – für jeden Verstoß eine Vertragsstrafe in Höhe von € ...... verwirkt. Bei einem andauernden Verstoß gilt die Tätigkeit während eines Monats als jeweils ein selbständiger Verstoß im Sinne des Satzes 1. Die Vertrags-

strafe tritt neben die übrigen Ansprüche der Gesellschaft aus dem Wettbewerbsverbot.

(6) Abs. 5 gilt entsprechend für ausgeschiedene Gesellschafter während des in Abs. 2 genannten Zeitraums.

§ 12 Jahresabschluss

(1) Der Jahresabschluss hat den handelsgesetzlichen Vorschriften zu entsprechen und zugleich den steuerlichen Vorschriften zu genügen. Von der Steuerbilanz weicht die Handelsbilanz ab, soweit dies notwendig ist, um ein den tatsächlichen Verhältnissen entsprechendes Bild der Vermögens-, Finanz- und Ertragslage zu vermitteln.

(2) Weicht die steuerliche Veranlagung von der Steuerbilanz der Gesellschaft ab oder wird die Veranlagung nachträglich geändert, so ist die Handelsbilanz nach Bestandskraft des Bescheides unter Berücksichtigung von Abs. 1 anzupassen, sofern nicht die Gesellschafterversammlung etwas anderes beschließt.

(3) Die Geschäftsführung hat den Jahresabschluss (Bilanz, Gewinn- und Verlustrechnung sowie Anhang) und den Lagebericht bis zum 31. März des nachfolgenden Geschäftsjahres aufzustellen und jedem Gesellschafter unverzüglich in Abschrift zu übersenden.

(4) Der Jahresabschluss und der Lagebericht sind von einem Abschlussprüfer zu prüfen. Die Gesellschafterversammlung kann beschließen, von der Prüfung des Jahresabschlusses nach Satz 1 abzusehen, wenn die Voraussetzungen des § 267 Abs. 1 HGB vorliegen (kleine GmbH). Ihr obliegt die Wahl des Abschlussprüfers (§ 6 Abs. 1). Der Prüfungsbericht ist allen Gesellschaftern unverzüglich, spätestens mit der Einladung zur ordentlichen Gesellschafterversammlung zu übersenden.

(5) Die ordentliche Gesellschafterversammlung hat spätestens bis zum Ablauf der Ersten acht Monate über die Feststellung des Jahresabschlusses und des Lageberichts sowie die Entlastung der Geschäftsführung zu beschließen (§ 6 Abs. 1). Die Feststellung des Jahresabschlusses und des Lageberichts sowie die Entlastung der Geschäftsführung gelten als erfolgt durch Unterzeichnung durch die Gesellschafter, die dem aufgestellten Jahresabschluss zugestimmt haben.

(6) Kommt über den Jahresabschluss, den Lagebericht oder die Entlastung der Geschäftsführung kein Mehrheitsbeschluss im Sinne des § 7 Abs. 1 Satz 1 zustande, so entscheidet ein Sachverständiger, der vom (Haupt-)Geschäftsführer der zuständigen Industrie- und Handelskammer auf Antrag der Geschäftsführung bestellt wird, als Schiedsgutachter endgültig, wenn die Gesellschafterversammlung nicht einen Sachverständigen wählt. Kommt die Geschäftsführung ihrer Antragspflicht nicht binnen einer Frist von vierzehn Tagen nach der Gesellschafterversammlung nach, ist jeder Geschäftsführer berechtigt, den Antrag zu stellen.

§ 13 Gewinnverwendung

(1) Über die Verwendung des Jahresergebnisses (Summe aus Jahresüberschuss und Gewinnvortrag abzüglich Verlustvortrag) oder – soweit einschlägig – über die Verwendung des Bilanzgewinns entscheidet die Gesellschafterversammlung spätestens bis zum Ablauf der Ersten acht Monate des Geschäftsjahres mit einfacher Mehrheit (§ 7 Abs. 1 Satz 1).

(2) Die Gewinnausschüttung hat binnen einer Frist von ...... – gerechnet ab Beschlussfassung – zu erfolgen.

(3) Die Gewinnverwendung erfolgt grundsätzlich im Verhältnis der Geschäftsanteile. Durch Gesellschafterbeschluss, dem sämtliche Gesellschafter zustimmen müssen, kann eine abweichende Gewinnverwendung beschlossen werden. Ein solcher Beschluss wirkt für die jeweils beschlossene Gewinnverwendung.

§ 14 Offenlegung

(1) Der Geschäftsführer hat nach Maßgabe der §§ 325 ff. HGB den Jahresabschluss mit dem Bestätigungsvermerk des Abschlussprüfers, den Lagebericht und, soweit sich die Ergebnisverwendung nicht aus dem eingereichten Jahresabschluss ergibt, den Beschluss über die Ergebnisverwendung zum elektronischen Bundesanzeiger elektronisch einzureichen und bekanntzumachen.

(2) Von den größenabhängigen Erleichterungen nach §§ 326, 327, 327a HGB hat der Geschäftsführer bei Vorliegen der entsprechenden Voraussetzungen Gebrauch zu machen, sofern die Gesellschafterversammlung nichts anderes beschließt.

§ 15 Verfügung über Geschäftsanteile, Teilung von Geschäftsanteilen

(1) Die Gesellschafter können ihre Geschäftsanteile frei an Personen, die im Erbgang Nachfolger eines Gesellschafters werden können, abtreten oder zugunsten solcher Personen belasten, sofern es sich um eine unentgeltliche Übertragung im Wege der vorweggenommenen Erbfolge handelt. Im Übrigen bedarf die Abtretung oder Belastung der Geschäftsanteile oder von Teilen eines Geschäftsanteils der Zustimmung der Gesellschaft. Die Gesellschaft darf die Zustimmung nur erteilen, wenn sie hierzu durch Beschluss der Gesellschafterversammlung mit mindestens ......% der abgegebenen Stimmen ermächtigt worden ist.

(2) Die Regelung des Abs. 1 gilt entsprechend für die Bestellung eines Nießbrauchs sowie für die Einräumung von Unterbeteiligungen, auch an Teilanteilen.

(3) Die Ansprüche auf Gewinn und Liquidationserlös sind unter den Voraussetzungen des Abs. 1 abtretbar und belastbar.

§ 16 Einziehung von Geschäftsanteilen

(1) Die Gesellschafter können jederzeit die Einziehung von eingezahlten Geschäftsanteilen und von Teilen solcher Geschäftsanteile beschließen, wenn der betroffene Gesellschafter zustimmt. Zulässig ist auch die Einziehung von eigenen Anteilen der Gesellschaft.

(2) Ohne Zustimmung des betroffenen Gesellschafters kann die Einziehung voll eingezahlter Geschäftsanteile oder von Teilen solcher Geschäftsanteile eines Gesellschafters beschlossen werden, wenn

a) in seiner Person ein wichtiger Grund vorliegt, insbesondere wenn er gegen das Wettbewerbsverbot (§ 11) oder nachhaltig gegen die Geschäftsführungsbeschränkungen (§ 4 Abs. 3, 4) verstößt;

b) über sein Vermögen das Insolvenzverfahren eröffnet worden ist und nicht innerhalb von drei Monaten seit Eröffnung – ausgenommen mangels Masse – eingestellt wird; der Eröffnung des Insolvenzverfahrens steht die Nichteröffnung mangels Masse gleich;

c) in seinen Geschäftsanteil die Zwangsvollstreckung betrieben und diese nicht innerhalb von drei Monaten abgewandt wird;

d) ein Geschäftsanteil im Wege der Zwangsvollstreckung oder der Insolvenz eines Gesellschafters an einen Dritten gelangt ist, weil die Einziehung während des Verfahrens nach Abs. 4 nicht zulässig war;

e) er Nießbrauchsrechte oder Unterbeteiligungen über den Rahmen des § 15 Abs. 2 hinaus einräumt;

f) die Voraussetzungen des § 18 Abs. 2 gegeben sind.

(3) Ein Geschäftsanteil, der mehreren Inhabern gemeinsam zur gesamten Hand oder nach Bruchteilen zusteht, kann eingezogen werden, wenn die Voraussetzungen gem. Abs. 2 bei einem Mitberechtigten vorliegen.

(4) Die Einziehung erfolgt durch Beschluss der Gesellschafterversammlung, der der einfachen Mehrheit der abgegebenen Stimmen bedarf. Der betroffene Gesellschafter hat in den Fällen des Abs. 2 kein Stimmrecht.

(5) Die Nennbeträge der Geschäftsanteile der anderen Gesellschafter sind gleichzeitig mit der Einziehung durch Beschluss entsprechend aufzustocken, sofern die bei der Einziehung stimmberechtigten Gesellschafter nicht etwas anderes beschließen. Insbesondere kann statt einer Aufstockung der vorhandenen Geschäftsanteile eine Kapitalherabsetzung oder die Neubildung eines Geschäftsanteils und die Übernahme des Geschäftsanteils durch die Gesellschaft, einen Mitgesellschafter oder einen Dritten beschlossen werden. Soweit keine Aufstockung erfolgt, kann jeder Gesellschafter verlangen, dass ihm ein seiner Beteiligung am Stammkapital entsprechender Teil des Geschäftsanteils des betroffenen Gesellschafters übertragen wird.

(6) Statt der Einziehung kann die Gesellschafterversammlung in Fällen des Abs. 2 – auch im Fall des nicht oder nicht vollständig eingezahlten Geschäftsanteils – mit einfacher Mehrheit (ohne Stimmrecht des betroffenen Gesellschafters) beschließen, dass der betroffene Gesellschafter oder dessen Rechtsnachfolger verpflichtet wird, den Geschäftsanteil (nebst aller hierauf entfallender und bis zum Zeitpunkt der Beschlussfassung entstandener Gewinnansprüche, soweit eine Gewinnausschüttung beschlossen wurde oder wird) ganz oder teilweise auf die Gesellschaft, auf Mitgesellschafter oder andere von der Gesellschafterversammlung im Beschluss bezeichnete Empfänger zu übertragen (Zwangsabtretung). Die Gesellschaft, vertreten durch ihre Geschäftsführer in vertretungsberechtigter Zahl, ist dann ermächtigt, unter Befreiung von den Beschränkungen des § 181 BGB die Zwangsabtretung in Vollzug des Beschlusses vorzunehmen. Die Kosten der Zwangsabtretung sind vom betroffenen Gesellschafter und dem bzw. den Übernehmern des oder der Geschäftsanteile je zu gleichen Teilen zu tragen.

(7) Die Einziehung bzw. die Verpflichtung zur Abtretung wird mit Zugang der Mitteilung des Beschlusses an den betroffenen Gesellschafter – unabhängig von der Zahlung der Abfindung nach § 20 der Satzung – wirksam. Hat der betroffene Gesellschafter nicht an der den Beschluss fassenden Gesellschafterversammlung teilgenommen, so wird ihm der Beschluss von der Geschäftsführung schriftlich mitgeteilt und mit Zugang dieser Mitteilung wirksam.

(8) In den Fällen des Abs. 6 kann aus dem Geschäftsanteil, dessen Zwangsabtretung beschlossen wurde, das Stimmrecht vom betroffenen Gesellschafter ab Zugang der Mitteilung nach Abs. 7 nicht mehr ausgeübt werden.

(9) Die Einziehung oder Zwangsabtretung erfolgt gegen Zahlung einer Abfindung, die sich nach § 20 der Satzung bemisst. Diese ist bei der Einziehung von der Gesellschaft, im Fall der Zwangsabtretung vom jeweiligen Erwerber zu zahlen.

(10) Zahlt im Fall der Zwangsabtretung der in dem Beschluss nach Abs. 6 benannte Erwerber die Abfindung nicht Zug um Zug gegen Abtretung des Geschäftsanteils des betroffenen Gesellschafters, so ist die Gesellschaft auf Verlangen des betroffenen Gesellschafters verpflichtet, nach Ablauf von sechs Monaten seit Zugang eines formgerechten Abtretungsangebots des betroffenen Gesellschafters die Einziehung von dessen Geschäftsanteilen oder – wenn der Gesellschaft die Zahlung der Abfindung aus ungebundenem Vermögen oder mittels Dritter nicht möglich ist – die Auflösung der Gesellschaft zu beschließen. In letzterem Fall nimmt der betroffene Gesellschafter an der Liquidation teil und erhält statt der Abfindung den auf seinen Geschäftsanteil entfallenden Anteil am Liquidationserlös.

(11) Ist im Fall der Einziehung eine Abfindung (ggf. zuzüglich Zinsen) von der Gesellschaft nicht zu erlangen, haften die Gesellschafter, die im Zeitpunkt der Fassung des Einziehungsbeschlusses an der Gesellschaft beteiligt waren, dem betroffenen Ge-

sellschafter hierfür (ggf. zuzüglich Zinsen) als Gesamtschuldner (§§ 421 ff. BGB), untereinander anteilig entsprechend dem Verhältnis der Nennbeträge ihrer Geschäftsanteile im Zeitpunkt der Beschlussfassung (nachfolgend „Quote"). Gesellschafter, die als Gesamtschuldner auf Zahlung der Abfindung in Anspruch genommen werden und diese gezahlt haben, können von den anderen mithaftenden Gesellschaftern im Wege des Gesamtschuldnerausgleichs Zahlung desjenigen Betrags verlangen, den sie über ihre Quote hinaus an den ausscheidenden Gesellschafter erbracht haben. Wenn und soweit ein danach ausgleichspflichtiger Gesellschafter zu einer Zahlung nicht in der Lage oder die Zahlung von ihm nicht zu erlangen ist, kann der ausgleichsberechtigte Gesellschafter von ihm stattdessen die Übertragung von Gesellschaftsanteilen oder eines Teils eines Geschäftsanteils verlangen, der dem entspricht, was dieser oder seine Vorgänger unmittelbar oder mittelbar durch die Einziehung (insbesondere über die Aufstockung seiner Beteiligung) erlangt haben.

(12) Verbleibende Gesellschafter, die gegen die Einziehung gestimmt haben, können von anderen Gesellschaftern, die dem Beschluss zugestimmt haben, verlangen, dass sie von den anderen verbleibenden Gesellschaftern Zug um Zug gegen formgerechte Abtretung des (Teil-) Geschäftsanteils, den sie aufgrund der Einziehung unmittelbar oder mittelbar durch die Aufstockung ihres Geschäftsanteils erhalten haben, von der eventuellen persönlichen Haftung für die Abfindung freigestellt werden. Die Kosten dieser Abtretung hat der Gesellschafter zu tragen, der die Freistellung verlangt.

§ 17 Dauer der Gesellschaft, Kündigung

(1) Die Mitgliedschaft in der Gesellschaft kann mit einer Frist von ......, erstmals zum 31.12. ......, sodann zum Schluss eines jeden Geschäftsjahres gekündigt werden. Die Kündigung ist der Geschäftsführung gegenüber durch eingeschriebenen Brief (Einschreiben/Rückschein), der spätestens zum 31.12. zur Post zu geben ist, auszusprechen.

(2) Durch die Kündigung wird die Gesellschaft nicht aufgelöst. Der kündigende Gesellschafter hat seinen Geschäftsanteil auf die übrigen Gesellschafter gegen Abfindung durch diese im Verhältnis ihrer Stammeinlagen zueinander zu übertragen. Ist eine Teilung des Geschäftsanteils nicht möglich, so ist der Geschäftsanteil auf die übrigen Gesellschafter als Mitberechtigte im Sinne des § 18 GmbHG zu übertragen. Die übrigen Gesellschafter sind zur Übernahme des Geschäftsanteils verpflichtet.

(3) Die übrigen Gesellschafter können stattdessen mit ......% der abgegebenen Stimmen verlangen, dass der kündigende Gesellschafter seinen Geschäftsanteil nur auf einen Gesellschafter, auf die Gesellschaft oder auf einen oder mehrere Dritte(n) überträgt. Der kündigende Gesellschafter hat kein Stimmrecht, seine Stimmen zählen nicht mit. Der Erwerb durch die Gesellschaft ist nicht zulässig, wenn sie das Entgelt nicht zahlen kann, ohne ihr Stammkapital anzugreifen.

§ 18 Erbfolge

(1) Verstirbt ein Gesellschafter, so wird die Gesellschaft mit seinen Erben fortgesetzt. Zur Durchführung der Erbauseinandersetzung kann ein Geschäftsanteil auch ohne Beschlussfassung der Gesellschafterversammlung geteilt werden.

(2) Sind andere Personen als Abkömmlinge eines Gesellschafters oder Mitgesellschafters Erben des verstorbenen Gesellschafters und wird/werden der/die Geschäftsanteil/e des verstorbenen Gesellschafters auch nicht innerhalb von drei Monaten nach dem Tod des Gesellschafters auf einen oder mehrere Abkömmlinge eines Gesellschafters oder einen oder mehrere Mitgesellschafter übertragen, so unterliegt/unterliegen der/die Geschäftsanteil/e des verstorbenen Gesellschafters der Zwangseinziehung oder Zwangsabtretung gem. § 16 dieses Vertrags. Wird der dazu

gemäß § 16 notwendige Gesellschafterbeschluss nicht innerhalb von zwölf Monaten nach dem Tod des Gesellschafters gefasst, erlischt das Recht nach Satz 1 in Bezug auf diese Person.

§ 19 Ausscheiden eines Gesellschafters, Fortführung der Gesellschaft

Scheidet ein Gesellschafter – gleich aus welchem Grunde – aus der Gesellschaft aus, so können die verbleibenden Gesellschafter mit mindestens ......% der abgegebenen Stimmen, spätestens innerhalb von drei Monaten nach dem Ausscheiden des Gesellschafters, die Auflösung der Gesellschaft beschließen. Der ausscheidende Gesellschafter hat kein Stimmrecht, seine Stimme zählt nicht mit. Der ausgeschiedene Gesellschafter nimmt sodann an der Liquidation der Gesellschaft teil.

§ 20 Abfindung

(1) Scheidet ein Gesellschafter, gleich aus welchem Rechtsgrund, insbesondere nach §§ 16, 17 oder 18 aus der Gesellschaft aus, so erhält er eine Abfindung.

(2)

a) Maßgebend für die Ermittlung des Abfindungsguthabens ist der handelsrechtliche Bilanzkurs (eingezahlte Stammeinlage zuzüglich offene Rücklagen, zuzüglich Jahresüberschuss und Gewinnvortrag und abzüglich Jahresfehlbetrag und Verlustvortrag). Dieser ergibt sich aus der Handelsbilanz zum 31.12., der dem Tag des Ausscheidens vorangeht oder mit diesem zusammenfällt. Stille Reserven jeder Art und ein Firmenwert – gleichgültig ob originär oder erworben – bleiben außer Ansatz.

b) Der Ausscheidende erhält von dem nach Buchst. a) ermittelten Betrag einen Teilbetrag, der seiner prozentualen Beteiligung am Stammkapital der Gesellschaft entspricht.

c) Auf das Abfindungsguthaben ist anteilig eine nach dem nach Buchst. a) maßgebenden Stichtag erfolgte Gewinnausschüttung anzurechnen.

(3)

a) Das Abfindungsguthaben ist in ...... gleich hohen Jahresraten, beginnend ...... Monate nach dem Ausscheiden, auszuzahlen.

b) Das jeweilige Abfindungs(rest)guthaben ist mit ......% zu verzinsen. Die Zinsen sind jeweils mit den Jahresraten fällig.

c) Eine vorzeitige Auszahlung des Abfindungsguthabens ist jederzeit – auch in Teilbeträgen – zulässig.

d) Das Ergebnis einer Betriebsprüfung nach dem Ausscheiden beeinflusst das Abfindungsguthaben nicht.

(4) Soweit in den Fällen der §§ 16–18 Geschäftsanteile gegen Abfindung zu übertragen sind, hat die Übertragung des (der) Geschäftsanteils (Geschäftsanteile) auf den oder die Erwerber unverzüglich nach Entstehen des Erwerbsrechts oder der Erwerbspflicht in notarieller Urkunde zu erfolgen, und zwar unabhängig davon, ob die Höhe der Abfindung bereits feststeht und ob die Zahlung der Abfindung in einem Betrag oder in mehreren Raten erfolgt. Erwerben mehrere Personen, so haftet jeder Erwerber dem ausgeschiedenen Gesellschafter nur für den Teil des Gegenwertes, der auf den von ihm erworbenen Teilgeschäftsanteil bzw. Bruchteil oder Gesamthandsanteil in Fällen des § 18 GmbHG entfällt. Eine Gesamthaftung mehrerer Erwerber ist ausgeschlossen, sofern sie nicht ausdrücklich vereinbart wird.

§ 21 Schlussbestimmungen

(1) Die Bekanntmachungen der Gesellschaft erfolgen nur im elektronischen Bundesanzeiger.

(2) Die Ungültigkeit einzelner Bestimmungen des Vertrages berührt nicht seine Wirksamkeit. Anstelle der unwirksamen Bestimmung oder zur Ausfüllung einer Lücke ist eine angemessene Regelung zu vereinbaren, die dem am nächsten kommt, was die Vertragschließenden gewollt haben oder nach dem Sinn und Zweck des Vertrages gewollt hätten, sofern sie den Punkt bedacht hätten. Beruht die Ungültigkeit auf einer Leistungs- oder Zeitbestimmung, so tritt an ihre Stelle das gesetzlich zulässige Maß.

(3) Alle Streitigkeiten aus diesem Vertrag unterliegen dem Recht der Bundesrepublik Deutschland; sie sollen unter Ausschluss des ordentlichen Rechtsweges von einem Schiedsgericht entschieden werden. Es gelten hierfür die §§ 1025 ff. ZPO.

(4) Die Gesellschaft und die Gesellschafter verpflichten sich, alle diejenigen Maßnahmen zu erwägen und durchzuführen, die geeignet sind, die steuerliche Belastung der Gesellschaft und ihrer Gesellschafter zu ermäßigen.

(5) Die Gesellschaft trägt die mit der Errichtung der Gesellschaft anfallenden Kosten (Rechtsanwalts-, Notar- und Registergerichtsgebühren, einschließlich Veröffentlichungskosten) bis zur Höhe von insgesamt € ......

(6) Sämtliche gesetzlichen und vertraglichen Ansprüche zwischen der Gesellschaft und ihren Gesellschaftern, zwischen den Gesellschaftern untereinander, zwischen der Gesellschaft und deren Organen sowie zwischen den Gesellschaftern und den Organen der Gesellschaft verjähren, sofern vorstehend nichts Abweichendes geregelt ist, in zehn Jahren ab dem jeweiligen gesetzlichen Verjährungsbeginn.

Formular A. 6.00a Gründungsprotokoll

Urkundenrolle Nummer ......

Verhandelt am ...... zu ......

Vor dem Notar ...... erschienen:

1. Herr/Frau ......, geboren am ......,
wohnhaft in ......,

2. ......

3. ......

Die Erschienenen wiesen sich wie folgt aus: ......

Sie erklärten:

1. Wir errichten hiermit eine Gesellschaft mit beschränkter Haftung und schließen den dieser Niederschrift als Anlage beigefügten Gesellschaftsvertrag.

2. Wir bestellen Herrn/Frau ...... *[Beruf, Anschrift]* zum alleinvertretungsberechtigten Geschäftsführer. Der Geschäftsführer ist von der Beschränkung des § 181 BGB generell befreit.

Der Notar wies die Erschienenen darauf hin, dass ......

Diese Niederschrift nebst Anlage wurde den Erschienenen vorgelesen, von ihnen genehmigt und eigenhändig wie folgt unterschrieben:

....

(Unterschriften)

Formular A. 6.00b Handelsregisteranmeldung

Amtsgericht
– Registergericht –
Neue Handelsregistersache ...... GmbH.

Als Geschäftsführer überreiche ich:

1. Ausfertigung des notariellen Gründungsprotokolls vom ......
   (UR ...... des Notars ......)
   der ...... GmbH, die den Gesellschaftsvertrag und meine Bestellung zum Geschäftsführer enthält;
2. die von mir unterzeichnete Liste der Gesellschafter.

Ich melde die Gesellschaft und meine Bestellung zum Geschäftsführer zur Eintragung in das Handelsregister an.

Zur Vertretungsberechtigung:

Ist nur ein Geschäftsführer vorhanden, so ist er stets alleinvertretungsberechtigt. Sind mehrere Geschäftsführer vorhanden, so wird die Gesellschaft jeweils von zwei Geschäftsführern gemeinsam oder von einem Geschäftsführer und einem Prokuristen vertreten.

Ich vertrete die Gesellschaft allein und bin von der Beschränkung des § 181 BGB befreit.

Als Geschäftsführer zeichne ich wie folgt:

....	....
(Name)	(Unterschrift)

1. Ich versichere:
   – dass das gesamte Stammkapital von € ...... in voller Höhe in bar erbracht ist;
   (– dass auf die übernommenen Stammeinlagen vom Gesellschafter ...... ein Betrag von € ...... und vom Gesellschafter ...... ein Betrag von € ...... und damit auf jede Stammeinlage mindestens ein Viertel und auf das Stammkapital insgesamt mindestens ein Betrag von € 12.500,– einbezahlt worden ist;)
   (– dass die Sacheinlagen auf die Gesellschaft übertragen worden sind;)
   – dass sich die von den Gesellschaftern einbezahlten Beträge endgültig in meiner freien Verfügung befinden;
   (– dass sich der Gegenstand der vorstehenden Leistungen (Bareinlagen und Sacheinlagen) endgültig in meiner freien Verfügung befindet;)
   – dass ich nicht wegen Insolvenzverschleppung, einer Insolvenzstraftat (Bankrott, Verletzung der Buchführungspflicht, Gläubigerbegünstigung, Schuldnerbegünstigung – §§ 283–283d StGB), falscher Angabe nach § 82 GmbHG oder § 399 AktG, unrichtiger Darstellung nach §§ 400 AktG, 331 HGB, 313 UmwG oder § 17 PublizitätsG, oder Betrugs (§§ 263 bis 264a und §§ 265b bis 266a StGB) oder im Ausland wegen einer Tat, die mit den vorstehend genannten Taten vergleichbar ist, rechtskräftig verurteilt worden bin und mir die Ausübung eines Berufs, Berufszweiges, Gewerbes oder Gewerbezweiges weder durch gerichtliches Urteil noch durch vollziehbare Entscheidung einer Verwaltungsbehörde untersagt ist und dass ich über meine unbeschränkte Auskunftspflicht gegenüber dem Gericht durch den Notar ...... *[Name des beglaubigenden Notars]* belehrt worden bin.
2. Der Gegenstand des Unternehmens bedarf nicht der staatlichen Genehmigung.
3. Die Geschäftsräume der Gesellschaft befinden sich in ...... *[Ort, Straße].*

4. Ein Schreiben der IHK, in dem sich die IHK mit der Firmierung der Gesellschaft einverstanden erklärt, füge ich bei.

............................, den ....

(Unterschrift)

..

(Beglaubigungsvermerk)

II. ERLÄUTERUNGEN

Erläuterungen zu A. 6.00 Gesellschaftsvertrag

1. Grundsätzliche Anmerkungen

a) GmbH-Reform

1 Die deutsche GmbH ist die weltweit erste Form einer haftungsbeschränkten Kapitalgesellschaft: Das GmbHG trat am 20.4.1892 in Kraft (RGBl. 1892, S. 477ff.). Die letzte große Reform des GmbH-Rechts erfolgte durch das am 28.10.08 verkündete **MoMiG** v. 23.10.08 (BGBl. I 08, 2026). Durch das MoMiG ist die Effizienz und die Attraktivität insbesondere der GmbH gesteigert worden. Die Konkurrenzfähigkeit der GmbH wurde gestärkt, insbesondere im Vergleich zur englischen Private Limited Company. Erlaubt ist seither die Gründung einer Unternehmergesellschaft (haftungsbeschränkt) – im Folgenden „UG (haftungsbeschränkt)" – mit einem Stammkapital, das den Betrag des Mindeststammkapitals nach § 5 Abs. 1 GmbHG (€ 25.000,–) unterschreitet. Zugleich ist die Mobilität der GmbH gesteigert worden (Streichung von § 4a Abs. 2 GmbHG). Weiterer Bestandteil der Reform war die Einführung von Missbrauchsregelungen insbesondere im Zusammenhang mit einer führungslosen GmbH. Schließlich erlaubt § 16 Abs. 3 GmbHG bei unrichtiger Eintragung eines Nichtgesellschafters in der Gesellschafterliste ggf. den gutgläubigen Anteilserwerb (vgl. hierzu auch *Mohr* GmbH-StB 09, 283; *Wicke* NotBZ 09, 1, 12f.). Zusammenfassend zur Reform: *Wälzholz* GmbHR 08, 841; *Wachter* NotBZ 08, 361; *Fliegner* DB 08, 1668; *Oppenhoff* BB 08, 1630; *Meyer* BB 08, 1742; *Katschinski/Rawert,* ZIP 08, 1993; *Levedag* GmbHR 09, 13; *Wicke* NotBZ 09, 1; *Karsten* GewArch 08, 476; im Übrigen s. nachfolgende Einzelerläuterungen.

b) Wirtschaftliches Vertragsziel

2 Vertragsziel ist die **Bargründung** einer GmbH unter Beteiligung mehrerer Gesellschafter.

Der Gesellschaftsvertrag ist sowohl juristisches Fundament als auch „Gebrauchsanweisung" für den Umgang mit der GmbH. Der Vertrag wiederholt daher auch gesetzlich vorgegebene Formulierungen.

3 Eine Abstimmung auf den konkreten Einzelfall ist unentbehrlich. Zu den **Belehrungspflichten** des **Beraters** vgl. BGH IX ZR 205/01 v. 22.9.05, NJW-RR 06, 195; IVa ZR 162/85 v. 25.2.87, NJW-RR 87, 1377; *Schiffers* GmbH-StB 99, 346.

c) Gesellschaftsrecht

4 Der **Abschluss** des Gesellschaftsvertrages ist der Erste von fünf notwendigen Gründungsakten zur Errichtung einer GmbH. Es folgen die **Bestellung der Geschäftsführer** (§ 6 GmbHG, vgl. Rz. 149), die erforderliche **Leistung auf die Stammeinlage** (§ 7 Abs. 2 und 3 GmbHG), die **Anmeldung zum Handelsregister** (§ 7 Abs. 1 GmbHG, vgl. Rz. 151ff.) und die **registergerichtliche Prüfung, Eintra-**

gung und Bekanntmachung (§§ 9c, 10 GmbHG). Erst mit der Eintragung entsteht die GmbH (§ 11 Abs. 1 GmbHG).

Für die Neugründung einer GmbH stehen zwei unterschiedliche Verfahren zur Verfügung: Die Verwendung eines Musterprotokolls (§ 2 Abs. 1a GmbHG) und die herkömmliche Individualgründung. Das **Musterprotokoll** kann sowohl für die klassische GmbH als auch für die neu im Gesetz geschaffene „Gesellschaftsform" der **Unternehmergesellschaft (haftungsbeschränkt)** (s. § 5a GmbHG) verwendet werden. In ihm sind Gesellschaftsvertrag, Geschäftsführerbestellung und Gesellschafterliste in einem Dokument zusammengefasst. Zu weiteren Einzelheiten des Musterprotokolls s. Formular A. 6.02.

Eine GmbH kann zu jedem gesetzlich zulässigen erwerbswirtschaftlichen, anderen wirtschaftlichen oder ideellen **Zweck** errichtet werden (§ 1 GmbHG). Unzulässige Zwecke sind solche, die gegen ein gesetzliches Verbot verstoßen. In Ausnahmefällen ist die Rechtsform der GmbH ausgeschlossen (Beispiel: Betrieb einer Apotheke, § 8 ApothekenG; vgl. ferner *Baumbach/Hueck* § 1 Rz. 13ff.; *Lutter/Hommelhoff* § 1 Rz. 13ff.). Zulässig sind Steuerberatungs- und Wirtschaftsprüfungsgesellschaften (§ 49 StBerG, § 27 WPO), Rechtsanwalts-GmbH (§§ 59cff. BRAO, 52cff. PatAnwO), Zahnarzt-GmbH (BGH I ZR 281/91 v. 25.11.93, DStR 94, 469). 5

Gesellschafter kann jede natürliche oder juristische Person sein, aber auch Personenhandelsgesellschaften (OHG, KG) und Gesamthandgemeinschaften (GbR, Erbengemeinschaft; *Roth/Altmeppen* § 1 Rz. 30; zu ausländischen Gesellschaften als Gesellschafter OLG Frankfurt 20 W 191/06 v. 28.7.06, DB 06, 1156; KG Berlin 1 W 3412/96 v. 11.2.97, DB 97, 1124). Bei der Beteiligung minderjähriger Kinder sind die besonderen Vorschriften über die Vertretung (§§ 181, 1629 BGB) und die vormundschaftsgerichtliche Genehmigung (§§ 1643 Abs. 1, 1645, 1822 Nr. 3 BGB) zu beachten. Zur Gründung durch Treuhänder vgl. A. 6.47 Rz. 2. 6

Die Gründung der GmbH durch nur einen Gesellschafter ist zulässig, § 1 GmbHG (**Einmann-GmbH;** vgl. *Baumbach/Hueck* § 1 Rz. 49ff.); vgl. auch Formular A. 6.02. 7

Der Gesellschaftsvertrag bedarf der notariellen **Form** (§ 2 Abs. 1 GmbHG), dh. einer unter Beachtung der §§ 6ff. BeurkG aufgenommenen notariellen Niederschrift über die Erklärung der Gesellschafter, eine GmbH zu errichten (Gründungsprotokoll; s. Rz. 148). 8

Zwischen Vertragsabschluss und Eintragung in das Handelsregister existiert die GmbH als solche nicht (§ 11 Abs. 1 GmbHG). Sie ist in diesem Stadium eine Personenvereinigung eigener Art **(Vor-GmbH).** Auf die Vor-GmbH finden die Normen des GmbH-Rechts Anwendung, sofern sie nicht gerade die Rechtsfähigkeit voraussetzen (vgl. zu den Einzelheiten *Baumbach/Hueck* § 11 Rz. 6ff.). Wer für die Vor-GmbH nach außen auftritt, haftet gem. § 11 Abs. 2 GmbHG persönlich (s. *Lutter/Hommelhoff* § 11 Rz. 15ff. mwN; zur Haftung der Gesellschafter BAG v. 25.1.06, DB 06, 1146; BGH II ZR 204/00 v. 4.11.02, DStR 02, 2232). 9

Die Vor-GmbH kann bei Zustimmung aller Gesellschafter unbeschränkt am Geschäftsverkehr teilnehmen. Die durch die Geschäftstätigkeit entstandenen Rechtsbeziehungen gehen mit Eintragung der GmbH auf die juristische Person über. Sind bereits vor der Eintragung im Handelsregister Geschäftshandlungen für die Vor-GmbH vorgenommen worden, haften die Handelnden allerdings – ähnlich einer GbR – solidarisch und persönlich (sog. Handelndenhaftung, § 11 Abs. 2 GmbHG). Soweit durch die Tätigkeit der Vor-GmbH das Aktivvermögen im Zeitpunkt der Eintragung unter dem publizierten Stammkapital liegt, trifft die Gründer für die Differenz die persönliche Haftung (sog. **„Unterbilanzhaftung";** BGH II ZR 59/80 v. 16.3.81, NJW 81, 1452; BGH II ZR 190/97 v. 9.11.98, DStR 99, 206; BGH II ZR 65/04 v. 16.1.06, DStR 06, 711; *Lutter/Hommelhoff* § 11 Rz. 32 mwN). Nach den Grundsätzen des **existenzvernichtenden Eingriffs** haftet der Gesellschafter persönlich und der Höhe nach unbeschränkt, wenn er unter Außerachtlassung der gebotenen angemessenen 10

Rücksichtnahme die Existenz der GmbH durch Entzug von Vermögen gefährdet (BGH II ZR 178/99 v. 17.9.01, BGHZ 149, 10; II ZR 196/00 v. 25.2.02, BGHZ 150, 61, 64; II ZR 3/04 v. 16.7.07 , DStR 07, 1586 („Trihotel")). Seit der Entscheidung des BGH II ZR 3/04 v. 16.7.07, aaO, sieht das Gericht die Existenzvernichtungshaftung systematisch als besondere Fallgruppe der sittenwidrigen vorsätzlichen Schädigung iSd. § 826 BGB an (BGH II ZR 3/04 v. 16.7.07, aaO). Inhaber des Anspruchs ist die GmbH. Im Insolvenzfall der GmbH wird der Anspruch durch den Insolvenzverwalter durchgesetzt.

11 Ein gesellschaftsrechtlicher Zusammenschluss der Gründungsgesellschafter vor Abschluss des Gesellschaftsvertrages **(„Vorgründungsgesellschaft")** wird zivilrechtlich als BGB-Gesellschaft (§ 705 BGB) oder – wenn bereits ein Handelsgewerbe betrieben wird – als OHG behandelt (BGH II ZR 120/02 v. 26.4.04, DStR 04, 1094; *Baumbach/Hueck* § 11 Rz. 35 ff.; *Priester* GmbHR 95, 481). Aktiva und Passiva gehen von der Vorgründungsgesellschaft nur durch Einzelrechtsübertragung auf die GmbH über (BGH II ZR 366/96 v. 9.3.98, DStR 98, 821; *Lutter/Hommelhoff* § 11 Rz. 2; *Roth/Altmeppen* § 11 Rz. 72, jeweils mwN).

12 Die Gründung der Gesellschaft kann einen **kartellrechtlichen Zusammenschluss** darstellen (§ 37 GWB), der dem Bundeskartellamt (§ 39 Abs. 1 GWB) bzw. dem Europäischen Kartellamt anzumelden ist.

Zur Durchgriffshaftung *Lutter/Hommelhoff* § 13 Rz. 11 ff.; zur Haftung eines Gesellschafters nach Konzernrecht *Lutter/Hommelhoff* Anh. § 13 Rz. 20 ff.; *Hirtz* NJW 07, 817; *Altmeppen* ZIP 02, 1553.

13 *(frei)*

d) Steuerrecht

14 **Abgabenordnung:** Die Gründung sowie andere Umstände, die für die steuerliche Erfassung von Bedeutung sind, müssen binnen eines Monats dem FA, in dessen Bezirk sich die Geschäftsleitung der Gesellschaft befindet, angezeigt werden (§§ 137, 20 AO). Ferner ist die Anzeige über die Aufnahme einer Erwerbstätigkeit zu erstatten (§ 138 AO).

15 **Körperschaftsteuer:** Die GmbH ist Körperschaftsteuersubjekt. Die KSt entsteht mit Abschluss des Gesellschaftsvertrages (BFH I R 98–99/86 v. 13.12.89, BStBl.. II 90, 468). Streitig ist, ob dies auch gilt, wenn die Gründung scheitert (*Streck* § 1 Rz. 20). Die Vor-GmbH und die später eingetragene GmbH bilden steuerlich ein und dasselbe Rechtssubjekt (BFH I R 17/92 v. 14.10.92, BStBl. II 93, 352, auch bei Wechsel der Gesellschafter vor Eintragung). Gewinn und Verlust sind in dem Jahr der Eintragung einheitlich zu ermitteln (*H/H/R/Altendorf* § 1 KStG Rz. 69). Die Vorgründungsgesellschaft ist hingegen weder mit der Vor-GmbH noch mit der GmbH identisch. Sie ist im Zweifel eine Mitunternehmerschaft (BFH I R 174/86 v. 8.11.89, BStBl. II 90, 91).

16 *(frei)*

17 Durch das **Unternehmensteuerreformgesetz 2008** v. 14.8.07 (BGBl. I 07, 1912) wurde der Körperschaftsteuersatz **ab VZ 2008** von 25% auf 15% abgesenkt. Die Gewerbesteuer ist nicht mehr als Betriebsausgabe abzugsfähig. Die Gesamtsteuerbelastung der GmbH sinkt damit auf ca. 30%. Für natürliche Personen sowie Personengesellschaften mit natürlichen Personen als Gesellschaftern, die Anteile an Kapitalgesellschaften im Betriebsvermögen halten, sind nach dem 31.12.08 zufließende Dividenden zu 60% steuerpflichtig und unterliegen dem persönlichen Einkommensteuersatz des jeweiligen Gesellschafters (sog. Teileinkünfteverfahren, § 3 Nr. 40 Buchst. d EStG idF des UntStRefG 2008). Betriebsausgaben können entsprechend zu 60% steuermindernd berücksichtigt werden (§ 3c Abs. 2 Satz 1 EStG idF des UntStRefG 2008).

Werden die Anteile im Privatvermögen gehalten, unterliegen die Dividenden ab VZ 2009 grds. der **Abgeltungssteuer** von 25%; zu den Ausnahmen siehe § 32d

Abs. 2 EStG. Bei den körperschaftsteuerpflichtigen Anteilseignern ändert sich nichts. § 8b KStG bleibt insoweit unverändert. Allerdings wurden durch das **JStG 2008** v. 20.12.07 (BGBl. I 07, 3150) gesetzliche Abzugsverbote insbes. für kapitalersetzende Gesellschafterkredite in § 8b Abs. 3 KStG eingeführt; zu den Einzelheiten siehe *Streck* § 8b Rz. 89.

Gründungskosten sind unbeschränkt als Betriebsausgaben abziehbar; s. Rz. 147. 18

Gewerbesteuer: Die GmbH selbst ist kraft Rechtsform gewerbesteuerpflichtig (§ 2 Abs. 2 Nr. 2 GewStG). Nimmt die Vor-GmbH eine nach außen in Erscheinung tretende Tätigkeit auf, beginnt die Gewerbesteuerpflicht (BFH I R 98/87 v. 18.7.90, BStBl. II 90, 1073). 19

Umsatzsteuer: Die GmbH ist idR als Unternehmer iSd. § 2 Abs. 1 UStG Umsatzsteuersubjekt (Ausnahme: Organgesellschaft, § 2 Abs. 2 Nr. 2 UStG). Sie kann gem. § 15 Abs. 1 UStG Vorsteuern aus Lieferungen und Leistungen abziehen, die an die Vor-GmbH erbracht worden sind; Vorsteuern aus der Zeit vor Abschluss des Gesellschaftsvertrages kann die GmbH nicht geltend machen (FG RhPf. 3 K 219/81 v. 6.10.83, EFG 84, 318), aber ggf. die Vorgründungsgesellschaft als selbstständige Unternehmerin (*Bunjes/Heidner* § 15 Rz. 57f.). 20

Erwirbt die Vor-GmbH ein Grundstück, so ist die Vor-GmbH **grunderwerbsteuerpflichtig.** Der Übergang von der Vor-GmbH zur GmbH löst keine erneute Steuerpflicht aus (*Boruttau* § 1 Rz. 263ff.). Die Übertragung eines Grundstücks von einer Vorgründungsgesellschaft auf die Vor-GmbH oder die GmbH unterliegt der Grunderwerbsteuer (*Boruttau* § 1 Rz. 270). 21

Satzungsbestimmungen können zu **verdeckten Gewinnausschüttungen** führen. Gewährt die Satzung einem Anteilseigner ein Recht, das sich bei ihm mangels angemessener Gegenleistung als Vorteilszuwendung darstellt, besteht die Möglichkeit einer vGA (vgl. *Streck* § 8 Rz. 195ff.). Vgl. auch Rz. 102. 22

Betreibt ein Gesellschafter **neben** der **GmbH** noch ein **Einzelunternehmen** oder ist er aktiv in einer Personengesellschaft, die den gleichen Zweck wie die GmbH verfolgt, führt dies nur dann zu einer vGA, wenn „Geschäftschancen" der GmbH ausgenutzt werden (*Streck* § 8 Anh. Rz. 1407; vgl. auch Formular A. 6.18). 23

Unentgeltliche oder unangemessen niedrig entgoltene Lieferungs- und Leistungserbringungen von Seiten des Anteilseigners an die GmbH können als **verdeckte Einlagen** zu werten sein (vgl. *Streck* § 8 Rz. 81). 24

Gesellschafterdarlehen oder ähnliche obligatorische Kapitalüberlassungen führen nicht zu **verdecktem Stammkapital** (BFH I R 127/90 v. 5.2.92, BStBl. II 92, 532; *Groh* BB 93, 1882; *Wassermeyer* ZGR 92, 639; zur Besteuerung der Zinsen BFH VIII R 33/92 v. 16.11.93, BStBl. II 94, 632). Grenzen der Gesellschafter-Fremdfinanzierung bestanden für Anteilseigner, bei denen die Vergütung für die Kapitalüberlassung im Inland nicht erfasst wird. Da diese Regelung EG-rechtswidrig war (EuGH Rs. C-324/00 v. 12.12.02, DB 02, 2690; dazu *Prinz/Cordewener* GmbHR 03, 80) wurde § 8a KStG mit Wirkung zum 1.1.04 auf alle Gesellschafter ausgedehnt. Ab VZ 2008 gilt nunmehr die sog. Zinsschranke (§ 8a KStG iVm. § 4h Abs. 1 EStG), die die Absetzbarkeit von Finanzierungsaufwand generell einschränkt (BMF v. 4.7.08, BStBl. I 08, 718; *Streck* § 8a Rz. 1ff.).

Schenkungsteuer: Die Einziehung eines Geschäftsanteils gegen Gewährung einer Abfindung an den ausscheidenden Gesellschafter unterhalb des Verkehrswerts ist grundsätzlich als unentgeltliche Zuwendung des Gesellschafters an die Gesellschaft gemäß § 7 Abs. 7 Satz 2 ErbStG schenkungsteuerbar. Durch die Umstellung des steuerlichen Bewertungsverfahrens vom sog. Stuttgarter Verfahren auf das modifizierte Ertragswertverfahren (§ 12 Abs. 2 ErbStG iVm. § 11 BewG) kann dies zu erheblichem Steuerrisiko führen (vgl. *Casper/Altgen* DStR 08, 2319; *Klose* GmbHR 10, 300; *Groß* ErbStB 09, 154ff.; *Mohr* GmbH-StB 10, 73, 76 ff.). 25

(frei) 26–30

2. Einzelerläuterungen

Zu § 1: Firma, Sitz, Geschäftsjahr

31 **Firma:** Gem. § 18 Abs. 1 HGB muss die Firma zur Kennzeichnung des Kaufmanns geeignet sein und Unterscheidungskraft besitzen. Notwendig ist der Rechtsformzusatz „mbH", „GmbH" oder „Gesellschaft mit beschränkter Haftung", § 4 Satz 1 GmbHG (eingehend zur Firmenbildung *Schulenburg* NZG 00, 1156; *Müther* GmbHR 98, 1058; *Roth/Altmeppen* § 4 Rz. 2 ff.). Möglich ist auch – sofern nicht irreführend – die Nennung eines Nichtgesellschafters (OLG Karlsruhe 11 Wx 86/13 v. 22.11.13, GmbHR 14, 142; OLG Karlsruhe 11 Wx 50/09 v. 24.2.10, MDR 10, 1130). Gesellschaften, die ausschließlich und unmittelbar steuerbegünstigte Zwecke (§§ 51–68 AO) verfolgen, dürfen die Abkürzung „gGmbH" führen, § 4 Satz 2 GmbHG.

32 **Sitz:** Durch die Streichung des § 4a Abs. 2 GmbHG iRd MoMiG v. 23.10.08 (BGBl. I 08, 2026) besteht für eine GmbH die Möglichkeit, ihren Verwaltungssitz unmittelbar oder nachträglich an einen anderen Ort als ihren Satzungssitz zu verlegen, und zwar auch ins Ausland. Es soll der Export der KapGes deutschen Rechts ermöglicht werden. Die Briefkastengesellschaft deutschen Rechts ist damit möglich. Da die Verlegung des Verwaltungssitzes ins Ausland eine derart grundlegende Maßnahme darstellt, dass sie von der Geschäftsführungsbefugnis der Unternehmensleiter idR nicht gedeckt sein wird, ist eine Legitimation durch Beschluss der Gesellschafterversammlung vorgesehen. Ob durch die Streichung des § 4a Abs. 2 GmbHG tatsächlich eine umfassende Mobilität ermöglicht wird, ist umstritten; vgl. hierzu *Triebel/Otte* ZIP 06, 1326; *Flesner* NZG 06, 641; *Kindler* AG 07, 721; *Preuß* GmbHR 07, 57.

Steuerrechtlich gelten die allgemeinen Entstrickungsregeln des § 12 Abs. 1 KStG. Mit Verlegung des Verwaltungssitzes in einen DBA-Staat wird regelmäßig die steuerliche Ansässigkeit in dem DBA-Staat begründet (vgl. Art. 4 Abs. 1 und 3 OECD-MA). Bis 2009 hatte der BFH vertreten, die Verlegung des Betriebs in das Ausland führe stets zur sofortigen (fiktiven) Betriebsaufgabe; im Grundsatzurteil vom 28.10.09 hat der BFH die Sichtweise aufgegeben und für die Aufdeckung stiller Reserven auch nach der Verlegung des Sitzes in das Ausland auf die Entnahme oder Veräußerung des einzelnen Wirtschaftsguts abgestellt (BFH I R 99/08 v. 28.10.09, BFH/NV 10, 346). Der Gesetzgeber hat zwischenzeitlich reagiert: Durch das am 13.12.10 verkündete JStG 2010 v. 8.12.10 (BGBl. I 10, 1768) sind die allgemeinen Steuerentstrickungsregelungen der § 4 Abs. 1 EStG, § 12 Abs. 1 KStG jeweils um ein Regelbeispiel erweitert worden, wonach eine Besteuerung der stillen Reserven von Wirtschaftsgütern ua. dann erfolgt, wenn diese innerhalb eines Unternehmens nicht mehr einer inländischen, sondern einer ausländischen Betriebstätte zugeordnet werden. Der Zustand der alten Rspr. ist damit wiederhergestellt. Eine Realisierung der stillen Reserven im Betriebsvermögen der wegziehenden Körperschaft wird daher – nach wie vor – nur in den Fällen vermieden, in denen die Wirtschaftsgüter einer im Inland zurückbleibenden Betriebstätte zugeordnet werden können. Hinsichtlich inländischer Grundstücke besteht ein solches Besteuerungsrecht auch ohne Vorliegen einer Betriebstätte sowohl nach nationalem Recht als auch nach DBA (§ 49 Abs. 1 Nr. 2a und f EStG, Art. 6 OECD-MA).

33 Das **Geschäftsjahr** kann vom Kalenderjahr abweichen. Es kann kürzer, aber nicht länger als 12 Monate sein (§ 240 Abs. 2 Satz 2 HGB). Bei Gründung der GmbH während des Kalenderjahres und Übereinstimmung von Geschäfts- und Kalenderjahr bildet das erste Geschäftsjahr ein Rumpfgeschäftsjahr.

34 Dem Geschäftsjahr entspricht steuerrechtlich das **Wirtschaftsjahr** (§ 4a EStG). Die spätere Umstellung des Wj. auf einen vom Kalenderjahr abweichenden Zeitraum kann nur im Einvernehmen mit dem FA erfolgen (§ 4a Abs. 1 Nr. 2 Satz 2 EStG, § 8b EStDV); eine Umstellung auf das Kalenderjahr bedarf keiner Zustimmung. Verluste

des ersten (Rumpf-)Wj. können nach § 10d EStG vorgetragen werden. Zum Aufeinanderfolgen von zwei Rumpf-Wj. vgl. *Streck/Schwedhelm* BB 88, 679.

Die Umstellung des Geschäftsjahres/Wirtschaftsjahres ist **Satzungsänderung** und bedarf notarieller Form (§ 53 GmbHG). 35

Zu § 2: Gegenstand des Unternehmens

Der Gegenstand muss den Schwerpunkt der Geschäftstätigkeit klar erkennen lassen (*Heckschen* GmbHR 07, 198; *Baumbach/Hueck* § 3 Rz. 7 ff.; *Lutter/Hommelhof* § 3 Rz. 6). Der Unternehmensgegenstand ist ggf. Indiz für die Zurechnung von Geschäftschancen und kann damit vGA-relevant sein. 36

Abs. 1 S. 2 erlaubt der GmbH, die Stellung des persönlich haftenden Gesellschafters in einer **GmbH & Co KG** zu übernehmen. Zu den Anforderungen an die Bezeichnung des Unternehmensgegenstandes einer Komplementär-GmbH BayObLG 3Z BR 71/95 v. 22.6.95, DB 95, 1801. Ist dies nicht geplant, kann der Satz gestrichen werden. 37

Abs. 4 gibt die Ermächtigung zum Abschluss eines Ergebnisabführungsvertrags, dh. zur Gründung einer Organschaft (vgl. Formular A. 10.00); er ist nur erforderlich, falls eine Organschaft gewollt oder möglich ist. 38

Zu § 3: Stammkapital, Geschäftsanteile

Der Gesellschaftsvertrag muss den Betrag des **Stammkapitals** und die **Zahl und die Nennbeträge der Geschäftsanteile**, die jeder Gesellschafter gegen Einlage auf das Stammkapital übernimmt, gesondert ausweisen, § 3 Abs. 1 Nr. 3, 4 GmbHG. Das Stammkapital muss mindestens € 25.000,– betragen (§ 5 Abs. 1 GmbHG; abweichend für die Unternehmergesellschaft (haftungsbeschränkt): § 5a GmbHG). Im Übrigen steht die Festsetzung der Höhe des Stammkapitals im Ermessen der Gesellschafter (*Scholz* GmbHG § 5 Rz. 15). § 1 Abs. 1 Satz 1 EGGmbHG gestattet einer bis spätestens 31.12.01 im Handelsregister eingetragenen GmbH, das Stammkapital weiterhin in DM auszuweisen, solange keine Kapitaländerung vorgenommen wird (vgl. hierzu auch *Witte/Rousseau* GmbHR 10, R65-R66). 39

Gesellschafter kann nur sein, wer eine Stammeinlage übernimmt; jeder Gesellschafter kann bei Errichtung der Gesellschaft mehrere Geschäftsanteile übernehmen (§ 5 Abs. 2 Satz 2 GmbHG). Der Nennbetrag jedes Geschäftsanteils muss auf volle Euro lauten (§ 5 Abs. 2 Satz 1 GmbHG). Der Mindestnennbetrag eines Geschäftsanteils ist € 1,–. Die Höhe der Nennbeträge der einzelnen Geschäftsanteile kann verschieden bestimmt werden (§ 5 Abs. 3 Satz 1 GmbHG). Der Nennbetrag der Geschäftsanteile muss mit dem Stammkapital übereinstimmen (§ 5 Abs. 3 Satz 2 GmbHG, vgl. auch *Baumbach/Hueck* § 5 Rz. 9). In der Gesellschafterliste sind die Geschäftsanteile durchgehend zu nummerieren (§ 8 Abs. 1 Nr. 3 GmbHG). 40

Ein Viertel der auf jede Stammeinlage zu leistenden Geldeinlage ist vor Anmeldung einzubezahlen (§ 7 Abs. 2 Satz 1 GmbHG; vgl. Rz. 152). Insgesamt muss auf das Stammkapital vor Anmeldung soviel eingezahlt werden, dass der Gesamtbetrag der eingezahlten Geldeinlagen zuzüglich des Gesamtnennbetrages der Geschäftsanteile, für die Sacheinlagen zu leisten sind, € 12.500,– erreicht (§ 7 Abs. 2 Satz 2 GmbHG). Im Übrigen beschließt die Gesellschafterversammlung über die Einforderung von Geldeinlagen (§ 46 Nr. 2 GmbHG), sofern der Gesellschaftsvertrag nichts anderes bestimmt. Für rückständiges Stammkapital haften die Gesellschafter unter den Voraussetzungen des § 24 GmbHG kollektiv (zur Verzinsung § 20 GmbHG und *Wachter* GmbHR 02, 665), ebenso für überhöhten Gründungsaufwand (§ 9a Abs. 2 GmbHG) und falsche Angaben bei der Errichtung (§ 9a Abs. 1 GmbHG). 41

Zur sog. verdeckten Sacheinlage vgl. Rz. 152.

Der Gesellschaftsvertrag kann eine Verpflichtung zur Leistung einer den Nennwert der Stammeinlage übersteigenden Geldeinlage begründen **(Überpariemission).** Das 42

Aufgeld (Agio) ist als Kapitalrücklage auszuweisen (§ 272 Abs. 2 Nr. 1 HGB). Eine reine schuldrechtlich wirkende Vereinbarung über das Agio ist zulässig (BGH II ZR 216/06 v. 15.10.07, DStR 08, 60; *Görden* GmbH-StB 08, 7). Steuerrechtlich ist das Aufgeld Einlage (*Streck* § 8 Rz. 73). Eine Unterpariemission ist unzulässig (*Baumbach/Hueck* § 5 Rz. 11).

42a In Anlehnung an das Aktienrecht sieht § 55a GmbHG die Möglichkeit vor, dass der Geschäftsführer für höchstens fünf Jahre nach Eintragung der Gesellschaft das Stammkapital bis zu einem bestimmten Nennbetrag durch Ausgabe neuer Geschäftsanteile gegen Einlagen erhöhen kann **(genehmigtes Kapital).** Der Gesellschaftsvertrag muss eine entsprechende Ermächtigung des Geschäftsführers vorsehen. In der Praxis wird von § 55a GmbHG bislang wenig Gebrauch gemacht, da eine reguläre Kapitalerhöhung idR zügig umsetzbar ist. Zudem erfordert die Ausgabe des genehmigten Kapitals eine notarielle Übernahmeerklärung, so dass die Kostenersparnis im Vergleich zu der Kapitalerhöhung idR marginal ist (*Cramer* GmbHR 09, 406, 407). Der Weg über § 55a GmbHG bietet sich ggf. an, wenn die zukünftige Entwicklung der Gesellschafterinteressen unklar ist und die Geschäftsführung daher zur Ausgabe neuer Geschäftsanteile ohne die Ungewissheit berechtigt sein soll, ob zukünftige Gesellschafterquoren eine formale Kapitalerhöhung verhindern können. Formuliert werden kann wie folgt (vgl. § 3a unten auch *Lohr* GmbH-Stb 09, 51; *Wachter* NotBZ 08, 361, 374; weiteres Formulierungbeispiel: *Schelp* GmbH-StB 13, 58 ff.):

§ 3a Genehmigtes Kapital

(1) Die Geschäftsführer werden ermächtigt, bis zum ...... das Stammkapital von € ......,– um insgesamt € ......,– auf einen Betrag von € ......,– durch ein- oder mehrmalige Ausgabe einzelner oder mehrerer Geschäftsanteile gegen Bareinlage zu erhöhen. Die Bareinlagen sind sofort und in voller Höhe sofort zahlbar und fällig.

(2) Den bisherigen Gesellschaftern ist ein Bezugsrecht einzuräumen.

(3) Die Geschäftsführer können die weiteren Bedingungen der Ausgabe der neuen Geschäftsanteile regeln, insbesondere Regelungen zum Stimmrecht, zur Höhe der Einlagen sowie zur Zahlung von Aufgeldern und sonstigen Nebenleistungen treffen.

(4) Die jeweiligen Geschäftsführer werden ermächtigt, die Satzungsregelungen über das Stammkapital der Gesellschaft entsprechend anzupassen. Sofern keine gesetzliche Befugnis zur Anpassung besteht, wird hiermit vorsorglich eine entsprechende Vollmacht unter Befreiung vom Verbot des § 181 BGB erteilt.

42b **Kapitalerhaltung**: Durch das MoMiG v. 23.10.08 (BGBl. I 08, 2026) wurde das Recht der Kapitalerhaltung neu geregelt. Grundsätzlich verbleibt es auch nach § 30 Abs. 1 Satz 1 GmbHG nF dabei, dass das zur Erhaltung des Stammkapitals erforderliche Vermögen der Gesellschaft nicht an die Gesellschafter ausgezahlt werden darf. Nach bisher geltenden Grundsätzen des BGH war eine verbotene Einlagenrückgewähr auch dann gegeben, wenn Gesellschafterdarlehen ausgereicht werden, die nicht aus freien Rücklagen oder Gewinnvorträgen finanziert werden können, unabhängig von der Werthaltigkeit des Rückforderungsanspruchs (BGH II ZR 171/01 v. 24.11.03, DStR 04, 427). Der Verstoß gegen das Verbot der Einlagenrückgewähr führte zur entsprechenden Rückzahlungsverpflichtung des Gesellschafters, sowie zur Haftung des Geschäftsführers und der übrigen Gesellschafter. § 30 Abs. 1 Satz 2 GmbHG stellt nunmehr klar, dass eine Einlagenrückgewähr nicht gegeben ist, wenn der Rückforderungsanspruch werthaltig ist.

Ferner führt die Formulierung von § 30 Abs. 1 Satz 3 GmbHG nF sowie die Aufhebung von §§ 32a und 32b GmbHG aF dazu, dass die bisherigen Grundsätze zu eigenkapitalersetzenden Darlehen und sonstigen eigenkapitalersetzenden Leistungen abgeschafft werden. Mit der Regelung des § 39 Abs. 1 Nr. 5 InsO nF werden Gesellschafterdarlehen grundsätzlich in der Insolvenz zu nachrangigen Forderungen, unabhängig davon, ob sie kapitalersetzenden Charakter haben oder nicht. Zu den weiteren Einzelheiten s. *Baier* DB 14, 227ff.; *Wälzholz* GmbHR 08, 841; *Hoffmann* GmbH-StB 07, 257; *Fuhrmann* NWB Fach 4, 5391; *Bäuml* GmbHR 08, Sonderheft zum MoMiG; *Groh* FR 08, 264; *Heinze* ZIP 08, 110. Die Finanzverwaltung führt die bisherigen Grundsätze zum Eigenkapitalersatzrecht und zu der Frage, unter welchen Voraussetzungen der Forderungsausfall zu nachträglichen Anschaffungskosten der Beteiligung iSd. § 17 EStG führt, im Wesentlichen fort (BMF v. 21.10.10, BStBl. I 10, 832; *Schwedhelm/Olbing/Binnewies* GmbHR 10, 1233; *Levedag* GmbHR 10, 1228; *Pflüger* GStB 11, 229:

Zu § 4: Vertretung, Geschäftsführung

Die GmbH muss mindestens einen **Geschäftsführer** haben (§ 6 Abs. 1 GmbHG). Der Gesellschaftsvertrag kann eine Mindest- oder Höchstzahl vorschreiben. Eine dem Mitbestimmungsgesetz unterliegende GmbH hat mindestens zwei Geschäftsführer (§ 33 MitbestG; *Roth/Altmeppen* § 6 Rz. 70; *Lutter/Hommelhoff* § 6 Rz. 5). **43**

Geschäftsführer kann nur eine natürliche, unbeschränkt geschäftsfähige Person sein (§ 6 Abs. 2 Satz 1 GmbHG), deren Bestellung kein Tätigkeitsverbot nach § 6 Abs. 2 Satz 2 oder 3 GmbHG entgegensteht. Gesellschafter können zu Geschäftsführern bestellt werden (§ 6 Abs. 3 GmbHG). Deutsche Staatsangehörigkeit, Wohnsitz oder Aufenthalt im Inland sind nicht erforderlich. Damit können grds. auch Ausländer zu Geschäftsführern bestellt werden (OLG Stuttgart 8 W 164/04 v. 9.2.05, NZG 06, 789; LG Rostock 5 T 9/03 v. 22.3.03, NJW-RR 04, 398; eingehend auch zu den praktischen Grenzen *Wachter* ZIP 99, 1577; *Wachter* GmbHR 03, 538; *Lutter/Hommelhoff* § 6 Rz. 14, jeweils mwN). **44**

Die **Bestellung** zum Geschäftsführer kann im Gesellschaftsvertrag (§ 6 Abs. 3 Satz 2 GmbHG) oder durch Gesellschafterbeschluss (§ 46 Nr. 5 GmbHG) erfolgen. Der Gesellschaftsvertrag kann qualifizierte Mehrheiten für die Bestellung vorsehen oder das Bestellungsrecht auf andere Organe (zB Aufsichtsrat, einzelne Gesellschafter) übertragen. **45**

Von der Bestellung zum Geschäftsführer ist der Abschluss des **Anstellungsvertrages** zu unterscheiden (vgl. Formular A. 6.26). **46**

Geschäftsführungsbefugnisse (Innenverhältnis) und **Vertretungsmacht** (Außenverhältnis) sind zu unterscheiden. **47**

Die Geschäftsführung umfasst alle Maßnahmen im Rahmen des gewöhnlichen Geschäftsbetriebes (*Baumbach/Hueck* § 37 Rz. 2). Durch Gesellschaftsvertrag oder Gesellschafterbeschluss können die Geschäftsführungsbefugnisse einzelner oder aller Geschäftsführer erweitert oder beschränkt, bestimmte Geschäfte von der Zustimmung der Gesellschafter oder anderer Organe abhängig gemacht werden. Vgl. auch Formular A. 6.28. **48**

Vertreten wird die Gesellschaft durch ihre Geschäftsführer (§ 35 Abs. 1 GmbHG). Für die Aktiv-Vertretung gilt Gesamtvertretung, wenn der Gesellschaftsvertrag nichts anderes bestimmt. Für die Passiv-Vertretung gilt zwingend Einzelvertretung (§ 35 Abs. 2 Satz 2 GmbHG). Ist die GmbH ohne Geschäftsführer („Führungslosigkeit"), sind die Gesellschafter passivlegitimiert zum Empfang von Willenserklärungen, § 35 Abs. 1 Satz 2 GmbHG. Legt der einzige Geschäftsführer einer GmbH sein Amt nieder, ist eine gegen die Gesellschaft gerichtete Klage mangels gesetzlicher Vertretung unzulässig; in Betracht kommen dann aus Sicht des Prozessgegners der Antrag auf Bestellung eines Prozesspflegers oder auf Bestellung eines Notgeschäftsführers (BGH II ZR 115/09 v. 25.10.10 , DStR 10, 2643). **49**

Die Vertretungsmacht der Geschäftsführer kann im Außenverhältnis nicht beschränkt werden (§ 37 GmbHG). **50**

Grundsätzlich kann ein Geschäftsführer die GmbH bei einem mit ihm oder mit einem ebenfalls von ihm vertretenen Dritten abzuschließenden Geschäft nicht vertreten (§ 181 BGB). **51**

52 Von der Beschränkung des **§ 181 BGB** können abstrakt alle oder konkret einzelne Geschäftsführer **befreit** werden. Zur steuerlichen Bedeutung s. A. 6.26 Rz. 18. Eine Befreiung kann generell für alle oder nur für bestimmte Rechtsgeschäfte erteilt werden. Die Gestattung für *bestimmte* Rechtsgeschäfte kann durch einfachen Gesellschafterbeschluss herbeigeführt werden. Umstritten ist, ob eine *generelle* Befreiung einer Satzungsgrundlage bedarf (so KG Berlin 1 W 252/05 v. 21.3.06, DB 06, 1261; OLG Köln 2 Wx 33/92 v. 2.10.92, GmbHR 93, 37; *Theusinger/Liese* EWIR 06, 683; *Scholz* § 35 Rz. 143; aA *Baumbach/Hueck* § 35 Rz. 132, mwN). Nach BayObLG 3 Z 163/83 v. 7.5.84, DB 84, 1517, genügt es, wenn die Satzung die Gesellschafterversammlung zur Befreiung durch einfachen Gesellschafterbeschluss ermächtigt. Die generelle Befreiung von § 181 BGB ist ins Handelsregister einzutragen (§ 10 Abs. 1 Satz 2 GmbHG; OLG Frankfurt 10 U 8/96 v. 13.12.96, GmbHR 97, 349; OLG Düsseldorf 3 Wx 20/93 v. 1.7.94, DB 94, 1922). Ob auch die Ermächtigung zur Befreiung eintragungspflichtig ist, ist zweifelhaft, siehe OLG Hamm 15 W 224/91 v. 22.1.93, GmbHR 93, 500; LG Köln 87 T 19/93 v. 14.5.93, GmbHR 93, 501; OLG Frankfurt 20 W 175/93 v. 7.10.93, DB 93, 2174). Die Eintragung hat nur deklaratorische Bedeutung (*Priester* DStR 92, 254; *Tiedtke* GmbHR 93, 385; dem folgend BFH I R 64/94 v. 31.5.95, BStBl. II 96, 246).

53 Bei einem **geschäftsführenden Alleingesellschafter** kann die Befreiung von § 181 BGB (ob generell oder für einzelne Rechtsgeschäfte) nach hM nur durch den Gesellschaftsvertrag oder auf Grund einer im Gesellschaftsvertrag enthaltenen Ermächtigung erfolgen (§ 35 Abs. 3 GmbHG; vgl. BayObLG 3 Z 163/83 v. 7.5.84, DB 84, 1517; OLG Hamm 15 W 79/98 v. 27.4.98, DB 98, 1457; aA *Bachmann* ZIP 99, 85; *Roth/Altmeppen* § 35 Rz. 83). Im Falle einer Ermächtigung ist der die Ermächtigung nutzende Beschluss in der Form des § 48 Abs. 3 GmbHG zu fassen (BayObLG 3 Z 163/83 v. 7.5.84, DB 84, 1517). Auch hier ist die Eintragung der generellen Befreiung ins Handelsregister erforderlich, aber nicht Wirksamkeitsvoraussetzung, Rz. 52.

54 Die einem bestimmten Gesellschafter-Geschäftsführer einer mehrgliedrigen GmbH durch den Gesellschaftsvertrag erteilte Befreiung von der Beschränkung des § 181 BGB erlischt nicht, wenn aus der mehrgliedrigen GmbH eine Einmann-GmbH wird, deren alleiniger Gesellschafter dieser Geschäftsführer ist (BGH II ZB 3/91 v. 8.4.91, DStR 91, 782; BFH I R 1/90 v. 13.3.91, BStBl. II 91, 597; aA waren BayObLG BReg. 3 Z 163/86 v. 22.5.87, BB 87, 1482; dem folgend FG RhPf. 5 K 1218/89 v. 25.9.89, EFG 90, 124).

55 Der Katalog **zustimmungsbedürftiger Geschäfte** kann erweitert oder beschränkt werden. Diese interne Regelung beeinflusst grds. nicht die Wirksamkeit der im Außenverhältnis abgeschlossenen Rechtsgeschäfte, da die Vertretungsmacht des Geschäftsführers nicht beschränkt werden kann (§ 37 Abs. 2 GmbHG). Dieser Grundsatz gilt aber nicht für Rechtsgeschäfte zwischen der GmbH (vertreten durch den Geschäftsführer) und dem Gesellschafter. Hier ist die Innen-Beschränkung des Geschäftsführers zu beachten (BGH II ZR 353/95 v. 23.6.97, DStR 97, 1296; *Baumbach/Hueck* § 37 Rz. 41 ff.). Hat sich eine GmbH eine Geschäftsführungsordnung mit einem Katalog zustimmungsbedürftiger Geschäfte gegeben, kann die Gesellschafterversammlung die Geschäftsordnung auch mit einfacher Mehrheit aufheben (OLG Hamm 8 U 112/09 v. 28.7.10, GmbHR 10, 1033). Wird ein Kataloggeschäft ohne Zustimmung der Gesellschafterversammlung mit einem Gesellschafter abgeschlossen, ist das Rechtsgeschäft unwirksam. Bei einem beherrschenden Gesellschafter oder einer ihm nahe stehenden Person kann eine vGA vorliegen (FG Nds. VI 592/90 v. 7.6.91, GmbHR 92, 391; BFH I R 96/95 v. 16.12.98, NJW 99, 3070; kritisch *Paus* GmbHR 99, 1278).

56 Die **Abberufung** von Geschäftsführern ist jederzeit zulässig (§ 38 Abs. 1 GmbHG); durch den Gesellschaftsvertrag kann die Abberufung allerdings an das Vorliegen eines wichtigen Grundes geknüpft werden (§ 38 Abs. 2 Satz 1 GmbHG). Die Abberufung ist von der Kündigung des Anstellungsvertrags zu unterscheiden (vgl. A. 6.26 Rz. 63).

Die Bestimmung über die **Vertretung gegenüber** den **Geschäftsführern** (Abs. 5) dient der Klarstellung (BGH II ZR 169/90 v. 25.3.91, DStR 91, 751). **57**

Zum **Steuerrecht** vgl. A. 6.26 Rz. 15ff. u. 29. **58**

Zu § 5: Aufsichtsrat

Ein **Aufsichtsrat** ist nur bei einer GmbH mit mehr als 500 Beschäftigten obligatorisch (§ 1 Abs. 1 Nr. 3 DrittelbG; vgl. auch § 6 MitBestG). Ansonsten steht es den Gesellschaftern bei Gründung frei, einen Aufsichtsrat zu installieren. Der Gesellschaftsvertrag kann die entsprechende Regelung unmittelbar treffen oder die Gesellschafter zu einer Regelung ermächtigen. **59**

Die Rechtsstellung des Aufsichtsrates bestimmt sich nach § 52 GmbHG und den dort erwähnten Vorschriften des Aktienrechts, soweit der Gesellschaftsvertrag die entsprechende Anwendbarkeit nicht einschränkt (zu Einzelheiten vgl. *Altmeppen* ZGR 99, 241; *Baumbach/Hueck* § 52 Rz. 223ff. *Lutter/Hommelhoff* § 52 Rz. 3ff.; *Dahlbender* GmbH-StB 08, 21). **60**

Der Aufsichtsrat kann auch als **Beirat,** Verwaltungsrat etc. bezeichnet werden. Ein Organ iSd. § 52 GmbHG liegt aber nur vor, wenn diesem die Überwachung der Geschäftsführung als Aufgabe verbleibt (*Lutter/Hommelhoff* § 52 Rz. 13; *Roth/Altmeppen* § 52 Rz. 20; *Yanli* DStR 91, 1352). Zur Mitgliedschaft eines Geschäftsführers vgl. OLG Frankfurt 20 W 247/86 v. 21.11.86, BB 87, 22. **61**

Der Anspruch auf **Aufwandsentschädigung** besteht unabhängig von der Regelung im Gesellschaftsvertrag (§§ 675, 670 BGB). **62**

Eine Vergütung kann durch den Gesellschaftsvertrag oder durch Gesellschafterbeschluss gewährt werden (§ 113 Abs. 1, 2 AktG; s. auch BGH II ZR 268/90 v. 24.6.91, DStR 92, 551; *Roth/Altmeppen* § 52 Rz. 16; zu Gestaltungsmöglichkeiten *Mäger* DB 98, 1389). **63**

Die Vergütungen sind bei der Gesellschaft nur beschränkt abziehbar (§ 10 Nr. 4 KStG; zur Kritik vgl. *Streck* § 10 Rz. 30). Aufwandsentschädigungen fallen nicht unter § 10 Nr. 4 KStG, soweit sie den im Einzelfall erforderlichen Aufwand nicht übersteigen (KStR 50). Zur Berücksichtigung der **Umsatzsteuer** bei der Ermittlung des Einkommens der GmbH vgl. KStR 48. **64**

Die Vergütungen sind beim Aufsichtsratsmitglied **Einkünfte** aus sonstiger selbstständiger Arbeit (§ 18 Abs. 1 Nr. 3 EStG). Sie unterliegen der **Umsatzsteuer** (FG Hamburg 3 K 66/06 v. 25.7.06, EFG 07, 454; BFH V R 68/78 v. 2.10.86, BStBl. II 87, 42). **65**

Zu § 6: Gesellschafterversammlung

Der Aufgabenkreis der **Gesellschafterversammlung** ergibt sich im Grundsatz aus §§ 45, 46 GmbHG. Die Regelung ist dispositiv (zu den Grenzen *Baumbach/Hueck* § 45 Rz. 6ff.). **66**

Die Formalien regeln §§ 47–51 GmbHG, sofern der Gesellschaftsvertrag nichts anderes bestimmt (§ 45 Abs. 2 GmbHG). **67**

Die **Einberufung** obliegt den Geschäftsführern (§ 49 Abs. 1 GmbHG). Der Vertrag stellt klar, dass jeder Geschäftsführer allein zur Einberufung befugt ist. **68**

Form und Frist der Einberufung sind in § 51 Abs. 1 u. 4 GmbHG geregelt. Zum notwendigen Inhalt s. § 51 Abs. 2 GmbHG und *Roth/Altmeppen* § 51 Rz. 8ff.; zum Zugang der Ladung OLG München 7 U 2905/93 v. 3.11.93, DB 94, 320; zu Ladungsmängeln: *Baumbach/Hueck* § 51 Rz. 28; *Michalski* NZG 98, 319; *Stuppi* GmbHR 06, 54; *Gehrlein* BB 06, 852. Unzulässig ist eine Eventualeinberufung der zweiten Versammlung bereits vor der ersten Versammlung (OLG Düsseldorf 16 U 95/98 v. 14.11.03, ZIP 04, 1956; BGH II ZR 216/96 v. 8.12.97, NJW 98, 1317). Zwingend ist die Ladung aller Gesellschafter; unzulässig eine Regelung, wonach Beschlüsse ohne ordnungsgemäße Ladung gefasst werden können. Der Vertrag verlängert die Ladungs- **69**

frist von einer (§ 51 Abs. 1 Satz 2 GmbHG) auf drei Wochen. § 42a Abs. 2 Satz 1 GmbHG schreibt die Beschlussfassung über die Feststellung des Jahresabschlusses und die Ergebnisverwendung bis spätestens zum Ablauf der ersten acht Monate des Geschäftsjahres vor (Ausnahme: kleine GmbH bis zu elf Monaten). Es empfiehlt sich daher, für die ordentliche Gesellschafterversammlung vertraglich eine kürzere Frist festzulegen, um eine fristgemäße Beschlussfassung auch im Falle des § 6 Abs. 3 Satz 2 und 3 des Vertrages zu gewährleisten.

70 Der vorgeschlagene Vertragstext nimmt keine Rücksicht auf die gesetzlich **zulässigen längeren Fristen** bei der **kleinen GmbH** iSd. § 267 Abs. 1 HGB. Sollen diese ausgeschöpft werden können, so ist wie folgt zu formulieren:

§ 6

(1) Die ordentliche Gesellschafterversammlung findet in den ersten sieben Monaten, bei Vorliegen der Voraussetzungen des § 267 Abs. 1 HGB (kleine GmbH) innerhalb der Ersten zehn Monate eines jeden Geschäftsjahres statt.

§ 12

(3) Die Geschäftsführung hat den Jahresabschluss (Bilanz, Gewinn- und Verlustrechnung sowie Anhang) und den Lagebericht bis zum 31.3., bei Vorliegen der Voraussetzungen des § 267 Abs. 1 HGB (kleine GmbH) und soweit dies einem ordnungsgemäßen Geschäftsgang entspricht, spätestens bis zum 30.6. des nachfolgenden Geschäftsjahres aufzustellen und jedem Gesellschafter unverzüglich in Abschrift zu übersenden.

......

(5) Die ordentliche Gesellschafterversammlung hat spätestens bis zum Ablauf der Ersten acht Monate, bei Vorliegen der Voraussetzungen des § 267 Abs. 1 HGB (kleine GmbH) bis zum Ablauf der Ersten elf Monate über die Feststellungen des Jahresabschlusses und des Lageberichts sowie die Entlastung der Geschäftsführer zu beschließen (§ 6 Abs. 1). Die Feststellung des Jahresabschlusses und des Lageberichts sowie die Entlastung der Geschäftsführung gelten als erfolgt durch Unterzeichnung durch die ......

§ 13

(1) Über die Verwendung des Jahresergebnisses (Summe aus Jahresüberschuss und Gewinnvortrag abzgl. Verlustvortrag) entscheidet die Gesellschafterversammlung spätestens bis zum Ablauf der Ersten acht, bei Vorliegen der Voraussetzungen des § 267 Abs. 1 HGB (kleine GmbH) spätestens bis zum Ablauf der Ersten elf Monate des Geschäftsjahres mit einfacher Mehrheit (§ 7 Abs. 1 Satz 1).

71 Das Gesetz enthält keine Bestimmungen über **Ort, Vorsitz** und **Leitung** der Versammlung. Der Vertrag kann diese Fragen, muss sie aber nicht regeln.

72 Mindestanforderungen an die **Beschlussfähigkeit** der Gesellschafterversammlung bestehen nach dem Gesetz nicht. Es empfiehlt sich eine vertragliche Regelung (zB 75%). Geregelt sein sollte auch, ob die Beschlussfähigkeit – idR empfehlenswert – nur zu Beginn der Gesellschafterversammlung vorhanden sein muss.

73 Der Vertrag sieht eine Einschränkung der rechtsgeschäftlichen **Vertretung** in der Gesellschafterversammlung vor, die natürlich modifizierbar ist. Zur Zulässigkeit solcher Teilnahmeregelungen vgl. BGH II ZR 18/88 v. 17.10.88, NJW-RR 89, 347. Die Mitnahme eines Beistandes ist hingegen grds. nur mit Satzungsgrundlage zulässig, OLG Stuttgart 20 W 1/97 v. 7.3.97, GmbHR 97, 1107; OLG Düsseldorf 6 U 201/91 v. 14.5.92, GmbHR 92, 610; *Fingerhut/Schröder* BB 99, 1230; *Werner* GmbHR 06, 871.

Zu § 7: Gesellschafterbeschlüsse

Gesellschafterbeschlüsse werden mit einfacher Mehrheit der abgegebenen Stimmen gefasst, soweit Gesetz oder Gesellschaftsvertrag keine größeren Mehrheiten verlangen (§ 47 Abs. 1 GmbHG). Zulässig ist es, statt an die Mehrheit der abgegebenen Stimmen an die Mehrheit der vertretenen Stimmen oder an die Mehrheit aller Stimmen anzuknüpfen. 74

Der Gesellschafter ist bei den in § 47 Abs. 4 GmbHG genannten vier Tatbeständen vom **Stimmrecht** ausgeschlossen. Inwieweit vertragliche Abweichungen zulässig sind, ist umstritten (vgl. *Roth/Altmeppen* § 47 Rz. 58ff.; *Baumbach/Hueck* § 47 Rz. 106). Zu **§ 181 BGB** vgl. A. 6.29 Rz. 1. 75

Der Vertrag knüpft an § 48 GmbHG an. Durch Gesellschaftsvertrag oder einstimmigen Beschluss kann die Zulässigkeit von Beschlussfassungen außerhalb der Gesellschafterversammlung beschränkt oder erweitert werden (§ 48 Abs. 2 GmbHG). 76

Für die **Einmann-GmbH** gilt § 48 Abs. 3 GmbHG. 77

Jeder Euro eines Geschäftsanteils gewährt eine **Stimme** (§ 47 Abs. 2 GmbHG). Die Satzung kann einen geringeren oder höheren Betrag festlegen oder Abstimmung nach Köpfen vorschreiben. Anteile mit einem geringeren Betrag als dem festgesetzten sind stimmrechtslos. Zu Stimmrechtsvereinbarungen *Roth/Altmeppen* § 47 Rz. 38. 78

Das Gesetz verlangt keine **Protokollierung** (Ausnahme § 48 Abs. 3 GmbHG). Sie ist aus Beweisgründen zu empfehlen. Enthält die **Satzung Formerfordernisse** für die Beschlussfassung, führt eine Missachtung zur Unwirksamkeit (OLG Düsseldorf I – 16 U 104/04 v. 8.7.05, BB 05, 1984; BayObLG BReg. 3 Z 97/91 v. 19.9.91, BB 91, 2103). Eine Satzungsbestimmung, die für die Anfechtung des Gesellschafterbeschlusses eine Frist von weniger als einem Monat vorsieht, ist unwirksam (BGH II ZR 308/87 v. 21.3.88, NJW 88, 1844). Ohne Satzungsregelung gilt eine angemessene Frist (BGH II ZR 126/89 v. 14.5.90, NJW 90, 2625; II ZR 234/89 v. 10.6.91, DStR 91, 1055; OLG Düsseldorf I – 16 U 104/04 v. 8.7.05, DB 05, 1984, 1988). Ist ein Beschluss der Gesellschafter vom Versammlungsleiter formell festgestellt worden, so können formelle oder materielle Mängel des Beschlusses nur durch Erhebung der Anfechtungsklage geltend gemacht werden, BayObLG 3 Z BR 298/98 v. 2.7.99, NJW-RR 00, 181; BGH II ZR 41/96 v. 17.2.97, DStR 97, 788; zur Fristwahrung OLG Köln 19 U 167/94 v. 17.2.95, BB 95, 792 und BGH II ZR 40/97 v. 15.6.98, NJW 98, 3344: Zusammenfassend bei den Möglichkeiten der Anfechtung mit taktischen Empfehlungen *Klein* GmbH-StB 99, 227. Zweifelhaft ist, ob für die Anfechtung die Zuständigkeit eines Schiedsgerichts vereinbart werden kann (zum Meinungsstand *Lutter/Hommelhoff* Anh. § 47 Rz. 95ff. mwN). 79

Zu § 8: Änderung des Gesellschaftsvertrags, Kapitalerhöhung, -herabsetzung, Liquidation

§ 53 Abs. 2 GmbHG verlangt zur Änderung des Gesellschaftsvertrages eine $^3/_4$-Mehrheit der abgegebenen Stimmen. Durch die Satzung kann die erforderliche Mehrheit erhöht, **nicht** aber vermindert werden. 80

Der Beschluss ist **notariell** zu **beurkunden** (§ 53 Abs. 2 GmbHG). Vgl. Formulare A. 6.29, A. 6.31, A. 6.32 und A. 6.38. 81

Zu § 10: Wahrnehmung der Gesellschafterrechte, Informations- und Kontrollrechte

Die **Auskunfts-** und **Einsichtsrechte** des Gesellschafters sind in § 51a GmbHG geregelt (eingehend *Karl* DStR 95, 940; *Kahlen* GmbH-StB 04, 364). Die Vorschrift ist nicht dispositiv (§ 51a Abs. 3 GmbHG) und kann daher weder erweitert noch beschränkt werden. Verfahrensfragen können geregelt werden, dürfen das Informationsrecht jedoch nicht einschränken (BayObLG BReg. 3 Z 100/88 v. 27.10.88, GmbHR 89, 201). Die unberechtigte Verweigerung durch den Geschäftsführer kann diesem 82 gegenüber einen Kündigungsgrund des Anstellungsvertrages darstellen (OLG Frankfurt 5 U 67/90 v. 24.11.92, DB 93, 2324). Zum Auskunftsanspruch ausgeschiedener Gesellschafter: OLG München 31 Wx 80/05 v. 21.12.05, DB 06, 328; OLG Köln 16 Wx 114/88 v. 26.10.88, GmbHR 89, 207; BGH II ZR 258/88 v. 17.4.89, NJW 89, 3272; BayObLG 3 Z BR 96/93 v. 1.7.93, DStR 93, 1717; *Kiethe* DStR 93, 1708.

83 Der Gesellschafter kann sich zur Einsicht eines Sachverständigen bedienen. § 10 Abs. 1 stellt die Modalitäten klar. Zur gerichtlichen Geltendmachung vgl. § 51b GmbHG sowie BGH II ZR 86/87 v. 7.12.87, WM 88, 121; BayObLG BReg. 3 Z 157/88 v. 22.12.88, WM 89, 371; *Driesen* GmbHR 04, 500; *Gustavus* GmbHR 89, 181; zur Zuständigkeit eines Schiedsgerichts OLG Koblenz 6 W 834/89 v. 21.12.89, DB 90, 1813; OLG Hamm 15 W 355/99 v. 7.3.00, NZG 00, 1182.

Zu § 11: Wettbewerbsverbot

84 Gesellschafter der GmbH unterliegen grundsätzlich keinem **Wettbewerbsverbot** (*Scholz/Winter/Seibt* § 14 Rz. 59; *Baumbach/Hueck* § 13 Rz. 28; persönliche Bindung des Kleingesellschafters und Geschäftsführers an ein Wettbewerbsverbots der GmbH: BGH X ZR 109/02 v. 30.11.04, DStR 05, 485). Bei stark personenbezogenen Gesellschaften kann sich die allgemeine Treuepflicht zu einem Wettbewerbsverbot verdichten (*Scholz/Winter/Seibt* § 14 Rz. 59; *Rowedder/Schmidt-Leithoff* GmbHG § 13 Rz. 88 ff.).

85 Klarstellend oder ergänzend kann ein Wettbewerbsverbot vertraglich statuiert werden. § 112 HGB darf erweitert oder beschränkt werden. Es bedarf jedoch einer örtlichen, sachlichen und zeitlichen Begrenzung (OLG Düsseldorf 15 U 162/95 v. 23.10.96, GmbHR 98, 180; *Wulf* DStR 97, 2038; OLG Hamm 8 U 295/87 v. 9.11.88, GmbHR 89, 2594; mit Formulierungsbeispielen: *Fröhlich* GmbH-StB 12, 157). § 1 GWB ist zu beachten (OLG Karlsruhe 15 U 179/97 v. 6.11.98, GmbHR 99, 539; 8 U 127/86 v. 30.9.86, GmbHR 87, 309; BGH II ZR 2/89 v. 16.10.89, BB 90, 11; *Ivens* DB 88, 215). Die Vereinbarung eines Wettbewerbsverbotes gegen Vergütung macht den ausscheidenden GmbH-Gesellschafter nicht zum Unternehmer iSd. Umsatzsteuerrechts (BFH V R 41/76 v. 30.7.86, BStBl. II 86, 874; zur Gefahr einer vGA, vgl. A. 6.26 Rz. 36 u. Formular A. 6.18).

86 **Sanktion:** Vgl. § 16 Abs. 1 Buchst. a. Ohne Sanktion ist das Verbot wertlos.

Zu § 12: Jahresabschluss

87 Unabhängig vom Unternehmensgegenstand besteht **Buchführungspflicht** (§ 238 HGB). Die Buchführung ist Grundlage des **Jahresabschlusses.**

88 Der Jahresabschluss besteht aus **Bilanz, Gewinn- und Verlustrechnung** sowie dem **Anhang** (§ 264 Abs. 1 Satz 1 HGB iVm. §§ 242 ff., 284 ff. HGB). Der Jahresabschluss muss ein den tatsächlichen Verhältnissen entsprechendes Bild vermitteln (§ 264 Abs. 2 HGB; Grundsatz des „true and fair view"). Gegebenenfalls sind im Anhang zusätzliche Angaben zu machen. Daneben ist – mit Ausnahme kleiner GmbH (§ 264 Abs. 1 Satz 4 HGB) – ein **Lagebericht** aufzustellen (§ 289 HGB; vgl. dazu *Dörner/Bischof* WPg 99, 445).

89 **Buchführung** sowie **Aufstellung** von Jahresabschluss und Lagebericht **obliegen** zwingend den **Geschäftsführern** mit der Möglichkeit, die technische Durchführung auf einen Angehörigen der steuerberatenden oder wirtschaftsprüfenden Berufe zu übertragen (BGH II ZR 109/94 v. 26.6.95, DStR 95, 1852).

90 Die Maßgeblichkeit der Handelsbilanz für die Steuerbilanz und die umgekehrte Maßgeblichkeit sind seit Inkrafttreten des BilMoG v. 25.5.09 (BGBl. I 09, 1102) im Jahr 2009 gelockert worden (vgl. auch BMF v. 12.3.10, BStBl. I 10, 239). Der Vertrag sieht eine Anknüpfung der Handelsbilanz an das Steuerrecht vor, soweit dies gesetzlich möglich ist.

§ 264 Abs. 1 Satz 2 HGB zwingt zur **Aufstellung** des Jahresabschlusses und des Lageberichts innerhalb von **drei Monaten** nach Schluss des Geschäftsjahres. Eine Verlängerungsmöglichkeit durch die Satzung besteht nicht. Nur die **„kleine" GmbH** iSd. § 267 Abs. 1 HGB darf den Jahresabschluss auch später aufstellen, wenn dies einem ordnungsmäßigen Geschäftsgang entspricht (eingehend zum Jahresabschluss der kleinen GmbH *Farr* GmbHR 96, 92, 185; zum Begriff „ordnungsmäßiger Geschäftsgang" vgl. BFH VIII R 110/79 v. 6.12.83, BStBl. II 84, 227, 229), spätestens aber innerhalb von sechs Monaten. Anders lautende Satzungsbestimmungen sind **unwirksam** (BayObLG BReg 3 Z 29/87 v. 5.3.87, DB 87, 978). Zur Vertragsformulierung vgl. Rz. 70. 91

Die **Abschlussprüfung** ist bei der „großen" und „mittelgroßen" GmbH iSd. § 267 HGB obligatorisch, bei der „kleinen" GmbH fakultativ (§ 316 Abs. 1 HGB). Die fehlende Prüfung des Jahresabschlusses einer prüfungspflichtigen GmbH führt zur Nichtigkeit des Gewinnverteilungsbeschlusses (*Seitz* DStR 91, 315; *Rauch* BB 97, 35). Tantiemen werden somit nicht fällig. Werden sie dennoch ausgezahlt, ist der Verzicht auf eine Verzinsung ggf. eine vGA (BFH I R 70/97 v. 17.12.97, BStBl. II 98, 545). 92

Als **Abschlussprüfer** sind bei der „großen" GmbH nur Wirtschaftsprüfer und Wirtschaftsprüfungsgesellschaften, bei „mittelgroßen" Gesellschaften auch vereidigte Buchprüfer und Buchprüfungsgesellschaften zugelassen (§ 319 Abs. 1 HGB). Die gesetzliche Regelung ist **zwingend.** 93

Der Abschlussprüfer ist jeweils für ein Geschäftsjahr vor Ablauf desselben zu wählen (§ 318 Abs. 1 HGB). Eine längere Bestellungsperiode ist unzulässig, Wiederwahl unbeschränkt möglich. Wahlorgan ist grds. die Gesellschafterversammlung (§ 318 Abs. 1 Satz 1 HGB). Die Wahlkompetenz kann durch die Satzung einem anderen Organ, nicht aber dem Geschäftsführer übertragen werden. Die Wahl erfolgt – solange die Satzung nichts anderes bestimmt – mit einfacher Mehrheit. 94

Als Ergebnis der Abschlussprüfung ist ein **Prüfungsbericht** (§ 321 HGB) zu erstellen und den Gesellschaftern vorzulegen (§ 42a Abs. 1 S. 2 GmbHG). 95

Nach § 42a Abs. 3 GmbHG ist der Abschlussprüfer verpflichtet, auf Verlangen eines Gesellschafters an den Verhandlungen über die Feststellung des Jahresabschlusses teilzunehmen. 96

Vgl. zur Möglichkeit, einen Abschlussprüfer zu ersetzen, § 318 Abs. 3 HGB, zu den Gründen, die einen Abschlussprüfer von der Wahl ausschließen, § 319 Abs. 2 HGB und BGH IX ZR 3/91 v. 7.11.91, DB 92, 466; II ZR 317/95 v. 21.4.97, DStRE 97, 574; *Paal/Ebke* ZGR 05, 894; *Hommelhoff* ZGR 97, 550; im Übrigen zur Bestellung und Abberufung *Lutter/Hommelhoff* Anh. § 42 Rz. 4ff.; zur Haftung des Abschlussprüfers *Quick* BB 92, 1675. 97

Die **Feststellung** des Jahresabschlusses ist von seiner Aufstellung deutlich zu trennen. Durch die Feststellung wird der Jahresabschluss für verbindlich erklärt. Bis zur Feststellung ist eine Gestaltung durch das Feststellungsorgan in den Grenzen des Bilanzrechts möglich. Durch eine Änderung wird uU eine Nachtragsprüfung erforderlich (§ 316 Abs. 3 HGB). 98

Feststellungsorgan ist grds. die Gesellschafterversammlung. Die Abschlussfeststellung kann jedoch einem anderen Gesellschaftsorgan (Aufsichtsrat, Beirat, Bilanzausschuss) oder einzelnen Gesellschaftern übertragen werden. Nach hM ist selbst eine satzungsmäßige Feststellungskompetenz der Geschäftsführer zulässig (*Scholz* § 46 Rz. 46; aA *Hommelhoff/Priester* ZGR 86, 477). 99

Zur Entscheidung über die **Gewinnverwendung** im Jahresabschluss vgl. Rz. 103ff. 100

Frist zur Beschlussfassung über den Jahresabschluss vgl. § 42a Abs. 2 GmbHG und insbes. zur Vertragsformulierung Rz. 70. 101

In der Vergangenheit wurde versucht, die negativen ertragsteuerlichen Folgen einer vGA durch sog. **„Satzungsklauseln"** auszuschließen (zum Meinungsstand *Streck* § 8 102

Rz. 305 ff. mwN). Der BFH steht dieser Technik ablehnend gegenüber (BFH VIII R 10/07 v. 14.7.09, BFH/NV 09, 1815; I B 58/87 v. 2.3.88, BFH/NV 89, 460; I R 176/83 v. 29.4.87, BStBl. II 87, 733; I R 248/81 v. 23.10.85, BStBl. II 86, 178). Der Rückgewähranspruch beseitigt nicht die Ausschüttung (BFH I B 58/87 v. 2.3.88, aaO). Die Rückzahlung wird als Einlage behandelt (BFH I R 118/93 v. 29.5.96, BStBl. II 97, 92; VIII R 59/97 v. 25.5.99, BStBl. II 01, 226; VIII R 7/99 v. 29.8.00, BStBl. II 01, 173; zweifelnd BFH VIII B 38/98 v. 14.7.98, DStR 98, 1547; dazu *Gosch* DStR 98, 1550; *Wassermeyer* DB 98, 1997; *Ahmann* DStZ 99, 233). Schenkungsteuerlich sollen derartige Klauseln nach § 29 Abs. 1 Nr. 1 ErbStG iVm. § 15 Abs. 4 ErbStG Bedeutungszuwachs erlangt haben, nachdem eine vGA grundsätzlich auch Schenkungsteuer auslösen können soll (*Wälzholz* GmbH-StB 13, 120; *Geck* DNotZ 12, 329 (332)). Wie der II. Senat des BFH allerdings jüngst entschieden hat, soll eine vGA nur unter ertragsteuerrechtlichen Gesichtspunkten gewürdigt, nicht aber zusätzlich als freigebige Zuwendung iSd. § 7 Abs. 1 Nr. 1 ErbStG angesehen werden (BFH II R 6/ 12 v. 30.1.13, DStR 13, 649). Zweckmäßig ist eine Satzungsklausel aber in jedem Fall dann, wenn zivilrechtlich ein vertraglicher Rückgriff gewollt ist.

§ 12

(7) Die Geschäftsführung ist nicht befugt, außerhalb eines von der Gesellschafterversammlung ordnungsgemäß gefassten Gewinnverteilungsbeschlusses den Gesellschaftern oder ihnen nahe stehenden Personen oder Gesellschaften Vorteile irgendwelcher Art vertragsgemäß oder durch einseitige Handlungen zuzuwenden. Die Gesellschafter, die solche Zuwendungen erhalten haben oder denen die Zuwendungsempfänger nahe stehen, sind zur Rückgabe bzw. zum Wertersatz verpflichtet. Die Bilanzen der Gesellschaft sind durch Aktivierung des Rückforderungsanspruchs zu berichtigen.

Im Übrigen zur **gesellschaftsrechtlichen Zulässigkeit einer vGA:** *Baumbach/Hueck* § 29 Rz. 71; *Scholz* § 29 Rz. 118 ff.; 16; *Lutter/Hommelhoff* § 29 Rz. 48 ff.; *Roth/Altmeppen* § 29 Rz. 60 ff. Bei einvernehmlichem Handeln gilt nur die Grenze des § 30 GmbHG. Strenger ist die Rspr. der Strafsenate im Rahmen des § 266 StGB (BGH 3 StR 242/86 v. 29.5.87, DB 87, 1930; 3 StR 232/88 v. 24.8.88, NJW 89, 112; 3 StR 75/89 v. 11.8.88, GmbHR 89, 465; vgl. auch *Wassermeyer* BB 89, 1382).

Zu § 13: Gewinnverwendung

103 Die Gesellschafter sind in der Entscheidung über die **Gewinnverwendung** frei (§ 29 GmbHG). Sie können das Jahresergebnis **ausschütten** oder **thesaurieren** (zu Gewinnverwendungsklauseln in der Satzung *Walk* Die zweckmäßige Gewinnverwendungsklausel in der GmbH, Köln 1993; *Schwedhelm* DStR 93, 1760).

Das Gesetz eröffnet **verschiedene Wege:**

- Der Ergebnisanteil, der thesauriert werden soll, wird bei der Aufstellung des Jahresabschlusses in die Gewinnrücklagen eingestellt (§ 266 Abs. 3 A. III. 4. HGB). Die Bilanz weist nur den Ausschüttungsbetrag als Gewinn aus. Die Gesellschafter entscheiden mit der Abschlussfeststellung über die Ergebnisverwendung (Umfang von Ausschüttung und Thesaurierung; §§ 42a Abs. 2 S. 1, 46 Nr. 1 GmbHG). Der Verwendungsbeschluss bleibt erforderlich, um den Auszahlungsanspruch der Gesellschafter zu begründen (*Roth/Altmeppen* § 29 Rz. 49 ff.).
- Die Gesellschafter entscheiden nicht im Feststellungs-, sondern erst im Ergebnisverwendungsbeschluss über Ausschüttung und/oder Thesaurierung (§§ 29 Abs. 2, 46 Nr. 1 GmbHG). Die von der Verteilung ausgenommenen Beträge können entweder der Gewinnrücklage (§ 266 Abs. 3 A. III. 4. HGB) zugeführt oder als Gewinnvortrag (§ 266 Abs. 3 A. IV. HGB) ausgewiesen werden.
- Über die durch Feststellungsbeschluss thesaurierten Beträge hinaus werden im Verwendungsbeschluss weitere Beträge von der Ausschüttung ausgenommen.

- Umgekehrt: Alte Gewinnrücklagen werden durch den Gewinnverwendungsbeschluss aufgelöst und ausgeschüttet. Dies ist in den Grenzen des § 30 GmbHG (Erhaltung des Stammkapitals) unbedenklich (*Scholz* § 29 Rz. 745; *Rowedder/Schmidt-Leithoff* § 29 Rz. 121).
- Selbst die Ausschüttung erst im Feststellungsbeschluss thesaurierter Beträge ist uE grundsätzlich zulässig. Eine Umgehung der Publizitätsvorschriften liegt nicht vor, da auch der Gewinnverwendungsbeschluss der Öffentlichkeit zugänglich ist (vgl. Rz. 112ff.).
- Die Bildung oder Auflösung von Kapitalrücklagen (zB § 272 Abs. 2 HGB iVm. § 42 Abs. 2 GmbHG) oder gesetzlich festgelegten Gewinnrücklagen (zB Rücklagen für eigene Anteile, § 272 Abs. 4 HGB iVm. § 33 GmbHG) muss hingegen bereits bei der Bilanzerstellung, also im Jahresabschluss, berücksichtigt werden (*Beck Bil-Komm/Förschle* § 270 HGB Rz. 15ff.). Entsprechendes gilt, wenn der Gesellschaftsvertrag die Gewinnverwendung (teilweise oder ganz) zwingend vorschreibt.
- Möglich ist es auch, zunächst eine vollständige oder teilweise Ergebnisverwendung vorzunehmen und erst danach die Bilanz aufzustellen und den Jahresabschluss festzustellen (§§ 268 Abs. 1, 270 Abs. 2 HGB). Ein weiterer Verwendungsbeschluss bezieht sich dann auf den Bilanzgewinn (§ 268 Abs. 1 HGB).

Nach § 278 HGB sind für den handelsrechtlichen Jahresabschluss die **Steuern** vom **104** Einkommen und vom Ertrag auf der Grundlage des Beschlusses über die Verwendung des Ergebnisses zu berechnen. Liegt ein solcher Beschluss im Zeitpunkt der Feststellung des Jahresabschlusses nicht vor, so ist nach § 278 HGB vom Vorschlag über die Verwendung des Ergebnisses auszugehen. Da bei der GmbH eine Bindung der Gesellschafterversammlung an den von der Geschäftsführung aufgestellten Jahresabschluss nicht besteht, ist für die Berechnung letztlich die in der Feststellung des Jahresabschlusses vorgesehene Ausschüttung maßgeblich.

Werden der Beschluss über die Feststellung des Jahresabschlusses und der Gewinn- **105** verwendungsbeschluss nicht einheitlich gefasst, sondern werden auf Grund des Gewinnverwendungsbeschlusses über die im festgestellten Jahresabschluss vorgesehenen Thesaurierungen weitere Beträge von der Ausschüttung ausgenommen (vgl. Rz. 103), so braucht der Jahresabschluss nicht geändert zu werden (§ 278 Satz 2 HGB). Seit der Änderung des § 37 KStG durch das SEStEG v. 7.12.06 (BGBl. I 06, 2782) zum 13.12.06 und der nunmehr ausschüttungsunabhängigen, ratierlichen Auszahlung des KSt-Guthabens besteht ein potenzieller Anlass für eine Änderung des Jahresabschlusses bei abweichendem Ergebnisverwendungsbeschluss nur noch in Ausnahmefällen bzw. bei Ausschüttungen, die vor dem 1.1.07 erfolgt sind.

Die Gesellschafter beschließen über die Ergebnisverwendung – sofern der Gesell- **106** schaftsvertrag nichts anderes bestimmt – mit **einfacher Mehrheit** (§ 29 Abs. 2 iVm. § 47 Abs. 1 GmbHG). Damit besteht die Gefahr, dass Mehrheitsgesellschafter die Minderheit durch laufende Thesaurierung der Gewinne „aushungern". Ein Minderheitenschutz ergibt sich nur aus den gesellschaftsrechtlichen Treuepflichten (zum Meinungsstand *Lutter/Hommelhoff* § 29 Rz. 21 ff.); zu den Leitlinien der Ergebnisverwendung und Grenzen der Treuwidrigkeit, vgl. OLG Nürnberg 12 U 690/07 v. 9.7.08, DB 08, 2415.

Die Ergebnisverwendung ist **satzungsdispositiv** (§ 29 Abs. 1, 2 GmbHG). Der **107** Gesellschaftsvertrag kann die Ergebnisverwendung in vielfältiger Weise vorgeben, Ausschüttung und Thesaurierung Grenzen setzen; zur inkongruenten Ausschüttung s. A. 6.30.

Dic **Frist** zur Beschlussfassung über die Gewinnverwendung beträgt acht Monate, **108** bei der „kleinen" GmbH elf Monate (§ 42a Abs. 2 GmbHG; vgl. Rz. 69).

Körperschaftsteuer: Sofern die Gesellschaft im Geltungsbereich des Anrech- **109** nungsverfahrens über Altbestände an EK 40 oder EK 02 verfügte, wurde das aus diesen Beträgen hergeleitete Körperschaftsteuerguthaben gemäß § 37 Abs. 5 KStG idF des JStG 2008 v. 20.12.07 (BGBl. I 07, 3150) letztmals zum 31.12.06 festgestellt. Nunmehr hat die Körperschaft oder deren Rechtsnachfolger innerhalb eines Auszahlungszeitraums von 2008 bis einschließlich 2017 einen Anspruch auf Auszahlung des zuletzt festgestellten Körperschaftsteuerguthabens in zehn gleichen Jahresraten. Der erste Jahresbetrag wird erst im VZ 2008 ausgezahlt. Ab VZ 2009 wird zum jeweils 30. 9. die Rate ausgezahlt. Für das Jahr 2007 ist jegliche Körperschaftsteuerminderung gesperrt (vgl. im Einzelnen BMF v. 14.1.08, FR 08, 196; BMF v. 21.7.08, FR 08, 886; *Streck* § 37 Rz. 92ff.).

110 Soweit bei einer Kapitalerhöhung aus Gesellschaftsmitteln **EK 02** verwendet wurde, kann die Kapitalherabsetzung zur Körperschaftsteuererhöhung führen (§ 38 Abs. 2 KStG). Durch das **JStG 2008** (Rz. 109) wird ab dem VZ 2007 das System der Körperschaftsteuererhöhung durch eine zwingende, ausschüttungsunabhängige pauschale Abschlagzahlung ersetzt. Der Körperschaftsteuererhöhungsbetrag beträgt 3% des zum 31.12.06 festgestellten EK 02-Betrags. Er ist jedoch begrenzt auf den Betrag an Körperschaftsteuer, der sich bei Vollausschüttung zum 31.12.06 nach der alten Regelung ergeben hätte (§ 38 Abs. 4 bis 10 KStG). Zu den Einzelheiten vgl. *Streck* § 38 Rz. 1 und 5.

111 Zur alten Rechtslage wird auf die Ausführungen in der 5. Auflage (A. 6.00 Rz. 109f.) verwiesen.

Zu § 14: Offenlegung

112 Durch das Gesetz über elektronische Handelsregister und Genossenschaftsregister sowie das Unternehmensregister (EHUG) v. 15.11.06 (BGBl. I 06, 2553) wurde das Recht der **Unternehmenspublizität** mit Wirkung ab 1.1.07 neu geregelt. Das EHUG hat drei wesentliche Neuerungen gebracht: 1. Die Umstellung der Handels-Genossenschafts- und Partnerschaftsregister auf elektronischen Betrieb, 2. die Veröffentlichung von Rechnungslegungsinformationen auf elektronischen Betrieb und 3. die Schaffung des Unternehmensregisters.

Die §§ 325ff. HGB sehen keine einheitliche Offenlegung für alle GmbH vor. Der Umfang der **Publizitätspflicht** bestimmt sich nach der Größe des jeweiligen Unternehmens. Alle Gesellschaften sind zur Veröffentlichung ihrer festgestellten Bilanz und des Anhangs verpflichtet. Mittlere und große Gesellschaften iSd. § 267 HGB müssen überdies ihren vollständigen und testierten Jahresabschluss (also zusätzlich Gewinn- und Verlustrechnung) und den Lagebericht publizieren (§§ 325, 327 HGB).

113 § 325 Abs. 1 HGB sieht für mittlere und große Gesellschaften darüber hinaus vor, dass der Vorschlag über die Ergebnisverwendung und der endgültige Gewinnverwendungsbeschluss der Gesellschaft bekannt zu geben ist, sofern sich diese Informationen nicht bereits aus dem Jahresabschluss ergeben. Angaben über die Ergebnisverwendung brauchen jedoch von einer GmbH nicht gemacht zu werden, wenn sich anhand dieser Angaben die Gewinnanteile von natürlichen Personen feststellen lassen, die Gesellschafter sind, § 325 Abs. 1 Satz 4 HGB.

114 Der Gesetzeswortlaut des § 325 HGB verlangt ferner, dass der Jahresabschluss unverzüglich nach Vorlage an die Gesellschafter, spätestens aber zwölf Monate nach dem Bilanzstichtag eingereicht wird. Die wortgetreue Anwendung des Gesetzes würde aber dazu führen, dass nicht erst der durch die Gesellschafterversammlung festgestellte Jahresabschluss, sondern bereits dessen vorläufiger und jederzeit durch die Gesellschafterversammlung noch abänderbare Entwurf des Jahresabschlusses einzureichen wäre, was dem Zweck der Publizitätsvorschriften aber gerade zuwiderlaufen würde. UE zutreffend ist es daher, den Gesetzeswortlaut extensiv zu interpretieren und eine unverzügliche Vorlagepflicht erst für den Zeitraum nach der Beschlussfassung des Feststellungsorgans über den Jahresabschluss und die Gewinnverwendung anzunehmen. Nur wenn die entsprechenden Beschlüsse nicht innerhalb der 12-Monatsfrist zustande kommen, sind die Geschäftsführer zur Einreichung des aufgestellten Jahresabschlusses verpflichtet (ablehnend: *MünchKommHGB/Fehrenbacher* § 325 Rz. 58). Die endgültigen Unterlagen sind nachzureichen (§ 325 Abs. 1 Satz 5 HGB).

Die Einreichung der publizitätspflichtigen Unterlagen durch die gesetzlichen Vertreter der GmbH nach § 325 HGB erfolgt nicht mehr wie bisher zum Handelsregister, sondern nach dem EHUG wie schon nach § 325 Abs. 2 HGB aF betreffend die „große“ GmbH nunmehr einheitlich für alle GmbH zum elektronischen Bundesanzeiger. **115**

In welchem Format die Unterlagen im Einzelnen übermittelt werden müssen, lässt sich den Informationen des elektronischen Bundesanzeigers entnehmen *(https://www.unternehmensregister.de)*. Die elektronische Einreichung innerhalb von 12 Monaten nach dem Geschäftsjahresende ist für den Jahresabschluss und den Lagebericht zwingend. Die übrigen Unterlagen können nachgereicht werden, § 325 Abs. 1 Satz 5 HGB. Unterliegt das veröffentlichungspflichtige Unternehmen darüber hinaus der Konzernabschlusspflicht, so muss auch der Konzernabschluss zum elektronischen Bundesanzeiger eingereicht werden.

Im Falle der Nichtveröffentlichung droht gemäß § 335 HGB von Amts wegen die Androhung eines Ordnungsgelds bis zu € 25.000,– durch das neu geschaffene Bundesamt für Justiz.

Der elektronische Bundesanzeiger übermittelt die eingereichten Daten an das Unternehmensregister. Das Unternehmensregister ermöglicht für jedermann die unentgeltliche Einsichtnahme in die publizitätspflichtigen Unterlagen, § 8b Nr. 1 HGB. Handelsregisterauszüge sind kostenpflichtig, die Einsichtnahme auf der Geschäftsstelle ist kostenfrei. Zur Einführung des elektronischen Unternehmens- und Handelsregisters *Theile/Nitsche* WPg 06, 1141; *Clausnitz/Blatt* GmbHR 06, 1303; *Liebscher/Scharff* NJW 06, 3745; *Seibert/Wedemann* GmbHR 07, 17; *Schlotter* BB 07, 1; *Apfelbaum* DNotZ 07, 166; *Schlotter/Reiser* BB 08, 118.

Die Publizitätspflicht kann durch gesellschaftsvertragliche Abreden nur erweitert, nicht eingeschränkt werden (§ 325 Abs. 5 HGB; *MünchKommHGB/Fehrenbacher* § 325 Rz. 119). Es ist im Übrigen nicht notwendig, die Publizitätspflichten in die Satzung aufzunehmen, da sie per Gesetz gelten. Werden sie aufgenommen, besteht neben der gesetzlichen eine gesellschaftsvertragliche Pflicht zur Publizität. Zur Publizitätsverweigerung vgl. *Jansen* DStR 00, 596; *ders.* DStR 99, 1490, mwN. **116**

Zu § 15: Verfügung über Geschäftsanteile, Teilung von Geschäftsanteilen

Geschäftsanteile sind frei veräußerlich (§ 15 Abs. 1 GmbHG). Form: § 15 Abs. 3 GmbHG; zu den Formerfordernissen bei internationalen Transaktionen: *Link* DB 14, 579. **117**

Die **Veräußerung** und **Belastung** der Anteile kann durch den Gesellschaftsvertrag **beschränkt** werden (§ 15 Abs. 5 GmbHG; *Baumbach/Hueck* § 15 Rz. 37 ff.; BGH II ZR 211/87 v. 14.3.88, NJW 88, 2241; OLG Nürnberg 1 U 3651/87 v. 23.8.88, GmbHR 90, 166; LG Aachen 41 O 30/92 v. 19.5.92, DB 92, 1564; OLG Koblenz U 1053/87 v. 12.1.89, DB 89, 672; OLG Hamburg 11 W 30/92 v. 5.6.92, DStR 92, 1291; OLG Köln 22 U 175/91 v. 25.2.92, DStR 92, 1211; *Heckschen* GmbHR 07, 198; zur Einmann-GmbH BGH II ZR 209/90 v. 15.4.91, DStR 91, 952). Gem. § 15 Abs. 2 des Gesellschaftsvertrags ist allein die Übertragung im Wege der vorweggenommenen Erbfolge auf nachfolgeberechtigte Erben ohne Zustimmung der übrigen Gesellschafter gestattet. Durch den sonst greifenden Zustimmungsvorbehalt haben es die Gesellschafter in der Hand, einer möglichen Verlustvernichtung nach § 8c KStG durch Übertragung von mehr als 25% der Anteile (dann ggf. anteilige Verlustvernichtung) oder von mehr als 50% (dann ggf. vollständige Verlustvernichtung) vorzubeugen (vgl. hierzu auch BMF v. 4.7.08, BStBl. I 08, 718, Tz. 4; *Levedag* GmbHR 09, 13, 22 ff.). **118**

Nachträglich kann die Abtretung oder Belastung von Geschäftsanteilen nur mit Zustimmung aller Gesellschafter ausgeschlossen oder eingeschränkt werden (streitig, s. *Lutter/Hommelhoff* § 15 Rz. 62 ff., mwN). **119**

Gemäß § 46 Nr. 4 GmbHG ist die Gesellschafterversammlung sowohl für die Teilung als auch für die Zusammenlegung von Anteilen zuständig – es ist keine Satzungsänderung erforderlich. Im Einzelfall kann die Teilung auch durch bloße Zustimmung der Gesellschafter zur Veräußerung eines Teilgeschäftsanteils ausreichend sein, wenn in der Zustimmungserklärung auf die Teilungserklärung im Veräußerungs- oder Abtretungsvertrag Bezug genommen wird, in der der geteilte Geschäftsanteil, die neuen Geschäftsanteile und ihre Nennbeträge bestimmt sind (BGH II ZR 21/12 v. 17.12.13, DStR 14, 340; vgl. *Ulrich* GmbHR 14, R 53).

Vgl. Formular A. 6.10.

Zu § 16: Einziehung von Geschäftsanteilen

120 Die **Einziehung** ist – vorbehaltlich der Kaduzierung nach § 21 GmbHG – nur auf Grund einer Ermächtigung im Gesellschaftsvertrag zulässig (§ 34 Abs. 1 GmbHG). Voraussetzungen und Bedingungen für eine Einziehung ohne Zustimmung des Anteilseigners müssen konkret festgesetzt werden (§ 34 Abs. 2 GmbHG; eingehend *Gehrlein* ZIP 96, 1157; *Wehrstedt/Füssenich* GmbHR 06, 698). Erfolgt die Einziehung gegen den Willen des betroffenen Gesellschafters aus wichtigem Grund, hat dieser kein Stimmrecht (BGH II ZR 235/52 v. 1.4.53, BGHZ 9, 157; II ZR 115/75 v. 20.12.76, GmbHR 77, 81). Ein einseitiges Ausschließungsrecht nach freiem Ermessen ist nur in Ausnahmefällen zulässig (BGH II ZR 194/89 v. 9.7.90, NJW 90, 2622).

Bei der Einziehung ist – jedenfalls nach hM – zu beachten, dass nach dem sog. Korrespondenzgebot nach § 5 Abs. 3 Satz 3 GmbHG die Summe der Nennbeträge der Geschäftsanteile mit dem Betrag des Stammkapitals übereinstimmen muss. Fehlen Kapitalanpassungsmaßnahmen, ist der Einziehungsbeschluss nach wohl hM unwirksam (vgl. hierzu OLG München 7 U 2413/11 v. 15.11.11, juris; 7 U 2413/11 v. 21.9.11, juris; LG Essen 42 O 100/09 v. 9.6.10, NZG 10, 867; LG Neubrandenburg 10 O 62/09 v. 31.3.10, ZIP 11, 1214; *Gehrlein* Der Konzern 07, 771, 774; *Greitemann* in *Saenger/ Inhester*, GmbHG, § 34 Rz. 59; *Katschinski/Rawert* ZIP 08, 1993, 1997; *Meyer* NZG 09, 1201, 1202; *Scholz/Veil*, Nachtrag MoMiG, § 5 Rz. 10; aA: OLG Saarbrücken 8 U 315/10 v. 1.12.11, GmbHR 12, 209, mit Anm. Blunk; LG Dortmund 13 O 47/11 v. 1.3.12, BeckRS 2012, 13332; *Stehmman* GmbHR 13, 574). Soweit an der hM Kritik geübt wird (etwa *Baumbach/Hueck* § 34 Rz. 17a/b), wird regelmäßig angeführt, dass der Gesetzgeber gegenüber der bisherigen Rechtslage eine Änderung nicht gewollt, diese jedenfalls aber im Gesetzeswortlaut des § 5 Abs. 3 Satz 2 GmbHG nicht zum Ausdruck gebracht habe (OLG Saarbrücken 8 U 315/10 v. 1.12.11, GmbHR 12, 209; LG Dortmund 13 O 47/11 v. 1.3.12, aaO). Dagegen wendet zB das OLG München (7 U 2413/11 v. 15.11.11, aaO; 7 U 2413/11 v. 21.9.11, aaO) neben dem eindeutigen Wortsinn des § 15 Abs. 3 Satz 2 GmbHG („muss") die Formulierung in der Begründung des Gesetzentwurfs ein (BR-Drs. 16/6140, 31). Der Gesellschaftsvertrag sieht vor, dass zwingend im Rahmen des Einziehungsbeschlusses eine Kapitalanpassungsmaßnahme, vorzugsweise eine Aufstockung durchzuführen ist.

Weiterhin zu beachten ist, dass die Einziehung ebenso wie die Abtretung eines Geschäftsanteils eine Veränderung des Gesellschafterbestands nach sich zieht und daher stets eine neue Gesellschafterliste zum Handelsregister einzureichen ist.

121 Das im Vertrag alternativ vorgesehene Abtretungsverlangen dient dem Schutz der Liquidität der Gesellschaft – vgl. Formular A. 6.23. Das Formular ermächtigt die Gesellschaft in § 16 Abs. 6, die Abtretungserklärung im Namen des Ausgeschlossenen abzugeben; ohne diese Klausel müssten die Gesellschafter den Ausgeschlossenen zunächst auf Abgabe der Abtretungserklärung verklagen (vgl. dazu im Einzelnen: *Blath* GmbHR 12, 657).

122 Wenn sich die nach Einziehung verbleibenden Anteile zu 95% in einer Hand vereinigen, kann Grunderwerbsteuer anfallen (§ 1 Abs. 3 Nr. 2 GrEStG, BFH II R 193/85 v. 10.8.88, BStBl. II 88, 959) – vgl. im Übrigen Rz. 140 ff.

Ohne besondere Satzungsregelung ist der **Ausschluss** eines Gesellschafters aus wichtigem Grund zulässig (*Baumbach/Hueck* Anh. § 34 Rz. 2; OLG Thüringen 6 U 162/05 v. 5.10.05, BB 05, 2318; BGH II ZR 215/86 v. 9.3.87, GmbHR 87, 302). **123**

§ 16 Abs. 7 ordnet für den Fall des Ausschlusses eines Gesellschafters durch Gesell- **124**
schafterbeschluss an, dass der betroffene Gesellschafter seine Gesellschafterstellung mit sofortiger Wirkung, dh. schon vor Zahlung seiner Abfindung verliert; eine solche Bestimmung ist zwischenzeitlich höchstrichterlich bestätigt (BGH II ZR 263/07 v. 8.12.08, DStR 09, 439). Fehlte bislang eine entsprechende Bestimmung über die Beendigung der Gesellschafterstellung in der Satzung, ging die wohl hM nach der **Bedingungstheorie** davon aus, dass der wirksam ausgeschlossene Gesellschafter seine Gesellschafterstellung erst bei vollständiger Abfindungszahlung verliert (BGH II ZR 245/99 v. 17.9.01, DStR 01, 1898; II ZR 162/96 v. 28.4.97, DStR 97, 1336). Der BGH ist dieser Ansicht nunmehr entgegengetreten (BGH II ZR 109/11 v. 24.1.12, DB 12, 504): Ist ein Einziehungsbeschluss weder nichtig noch für nichtig erklärt, wird die Einziehung mit der Mitteilung des Beschlusses an den betroffenen Gesellschafter und nicht erst mit der Leistung der Abfindung wirksam, sofern die Satzung nichts anderes regelt. Die Gesellschafter, die den Einziehungsbeschluss gefasst haben, haften dem ausgeschiedenen Gesellschafter zudem anteilig, wenn sie nicht dafür sorgen, dass die Abfindung aus dem ungebundenen Vermögen der Gesellschaft geleistet werden kann oder sie die Gesellschaft nicht auflösen (BGH II ZR 109/11 v. 24.1.12, DB 12, 504; vgl. dazu: *Grunewald* GmbHR 12, 769; *Winkler* BB 12, 666f.; *Keil* DZWIR 12, 348; *Münnich* GmbHR 12, 390; *Blath* GmbHR 12, 657; *Klöckner* GmbHR 12, 1325; *Schmidt* GmbHR 13, 953; *Schwetlik* GmbH-StB 12, 110; *Trölitzsch* KSzW 13, 55; *Werner* StBW 12, 283). Nach wie vor ist die Frage, zu welchem Zeitpunkt ein Gesellschafter seine Gesellschafterstellung verlieren soll, allerdings dispositiv und kann im Gesellschaftsvertrag – ggf. auch konkludent – abweichend von den vorstehend dargestellten Rechtsprechungsgrundsätzen geregelt werden.

Zu § 17: Dauer der Gesellschaft, Kündigung

Der Gesellschaftsvertrag gilt als für unbestimmte Zeit geschlossen, sofern der Gesell- **125**
schaftsvertrag keine Befristung vorsieht (§§ 3 Abs. 2, 60 Abs. 1 Nr. 1 GmbHG). Eine Auflösung erfolgt dann nur aus den gesetzlich vorgesehenen Auflösungsgründen (vgl. § 60 GmbHG; zu weiteren gesetzlichen Auflösungsgründen *Baumbach/Hueck* § 60 Rz. 72ff.).

Der Gesellschaftsvertrag kann weitere Auflösungsgründe vorsehen (§ 60 Abs. 2 **126**
GmbHG).

Die Ausübung eines vertraglich vorgesehenen **Kündigungsrechts** führt nach hM **127**
zur Auflösung der GmbH, sofern der Gesellschaftsvertrag nichts anderes bestimmt (*Baumbach/Hueck* § 60 Rz. 90).

Der Vertrag (§§ 16 und 18) eröffnet bei Kündigung eines Gesellschafters die Mög- **128**
lichkeit, die Gesellschaft ohne den ausscheidenden Gesellschafter (§ 16 Abs. 2) oder mit einem Dritten (§ 16 Abs. 3) fortzuführen oder die Gesellschaft zu liquidieren (§ 18).

Zu § 18: Erbfolge

Die Gesellschaftsanteile der GmbH sind vererblich (§ 15 Abs. 1 GmbHG). Die **129**
Vererblichkeit als solche kann nicht ausgeschlossen werden (*Baumbach/Hueck* § 15 Rz. 12; *Roth/Altmeppen* § 15 Rz. 28).

Der Gesellschaftsvertrag kann den/die Erben verpflichten, den Geschäftsanteil an **130**
eine bestimmte Person, die GmbH, die übrigen Gesellschafter oder eine von den Gesellschaftern zu bestimmende Person abzutreten (Einzelheiten bei *Lessmann* GmbHR 86, 409).

131 Der Gesellschaftsvertrag kann allgemein oder unter bestimmten Voraussetzungen die **Einziehung** des auf einen Erben übergegangenen Geschäftsanteils vorsehen. Umstritten ist, ob eine Regelung zulässig ist, wonach die Einziehung des Geschäftsanteils automatisch mit dem Tod seines Inhabers als erfolgt gilt (*Scholz* § 34 Rz. 49; *Baumbach/Hueck* § 15 Rz. 13).

132 Der Vertrag sieht die Fortsetzung der Gesellschaft nur mit **bestimmten Erben** vor. Eine weitere Einschränkung des Personenkreises ist ebenso möglich wie der **vollständige Verzicht** auf diesen Passus. Soll die Teilung oder Übertragung von Anteilen im Falle der Erbauseinandersetzung eingeschränkt werden, muss dies ausdrücklich geregelt sein (OLG Düsseldorf 6 U 119/89 v. 28.12.89, GmbHR 90, 504).

133 Durch den Gesellschaftsvertrag kann eine **Abfindung** zugunsten der Erben ausgeschlossen oder auf eine bestimmte Höhe (zB Buchwert) festgesetzt werden (BGH II ZR 222/55 v. 22.11.56, NJW 57, 180). Die Einziehung oder Abtretung ohne Abfindung wird von der hM als Zuwendung auf den Todesfall angesehen (§ 2301 BGB; vgl. *Baumbach/Hueck* § 15 Rz. 14; aA *Scholz/Winter/Seibt* § 15 Rz. 31).

134, 135 *(frei)*

136 Der Vertrag sieht eine differenzierte Regelung vor. Zur Abfindung vgl. Rz. 137ff.; zur **Erbschaftsteuer** Rz. 141.

Zu § 20: Abfindung

137 Ohne gesellschaftsvertragliche Regelung ist der ausscheidende Gesellschafter mit dem Verkehrswert seines Anteils abzufinden, § 738 BGB analog (*Scholz/Winter/Seibt* § 34 Rz. 22; *Baumbach/Hueck* § 34 Rz. 22). Der Gesellschaftsvertrag kann eine **Abfindung** unter Verkehrswert vorsehen (im Einzelnen streitig, vgl. *Lutter/Hommelhoff* § 34 Rz. 78ff.; *Rowedder/Schmidt-Leithoff* § 34 Rz. 115ff.; *Scholz* § 34 Rz. 27ff.; *Grossfeld* AG 88, 217; *Carlé* KÖSDI 94, 9696; *Piltz* BB 94, 1021; *Sörgel/Engelmann* DStR 03, 1260; *Schröder* GmbR 02, 541; *Piehler/Schulte* in *MünchHdb GesR, Bd. 2* § 38 Rz. 23ff.).

138 Der Beschluss über die Zwangseinziehung eines Geschäftsanteils oder die Kündigung der Gesellschafterstellung eines Gesellschafters sind unwirksam, wenn bereits bei Beschlussfassung feststeht, dass die Abfindung nicht aus freiem, die Stammkapitalziffer nicht beeinträchtigenden Vermögen der Gesellschaft gezahlt werden kann (§§ 34 Abs. 3, 30 Abs. 1 GmbHG; dazu *Grunewald* GmbHR 91, 185; BGH II ZR 263/08 v. 5.4.11, ZIP 11, 1104; II ZR 263/07 v. 8.12.08, ZIP 09, 314; II ZR 73/99 v. 19.6.00, BGHZ 144, 365, 369f.). Ist in der Gesellschaft nicht ausreichend ungebundenes Kapital vorhanden, um die Abfindung zu zahlen, kann regelmäßig nur dann ein wirksamer Ausschluss erfolgen, wenn statt der Zwangseinziehung die Zwangsabtretung an einen Dritten oder Mitgesellschafter beschlossen wird, der dann – in Höhe des Abfindungsguthabens – als Gegenleistung ein entsprechendes Zwangsabtretungsentgelt schuldet.

139 Der Vertrag sieht grds. eine einheitliche Abfindung zum **Buchwert** vor. Dies ist idR nicht sittenwidrig, sondern führt bei nachträglicher erheblicher Abweichung vom Verkehrswert zur Anpassung der Abfindung im Wege der Vertragsauslegung (BGH II ZR 36/92 v. 24.5.93, NJW 93, 2101; II ZR 104/92 v. 20.9.93, NJW 93, 3193; II ZR 38/93 v. 13.6.94, NJW 94, 2536; OLG München 7 U 6152/99 v. 1.9.04, DB 04, 2207; zum aktuellen Meinungsstand *Lutter/Hommelhoff* § 34 Rz. 81ff.; *Baumbach/Hueck* § 34 Rz. 27ff.; *Lenz* INF 99, 560; *Hülsmann* GmbHR 01, 409; *Casper/Altgen* DStR 08, 2319; zur steuerlichen Beurteilung von Abfindungsklauseln: *Ivens* GmbHR 11, 465). Bei Unsicherheiten über die Wirksamkeit der Buchwertklausel kann es sich anbieten, für den Fall der Unzulässigkeit im Gesellschaftsvertrag eine salvatorische Abfindungsklausel mit einem dann höheren Abfindungsanspruch vorzusehen (BGH II ZR 279/09 v. 27.9.11, DZWIR 12, 194). Zum Gewinnbezugsrecht nach Einziehung s. BGH II ZR 172/97 v. 14.9.98, DStR 98, 1688; *Gehrlein* DB 98, 2355.

Die rechtliche Zulässigkeit der hier verwendeten Sachwertklausel ist in folgenden Fällen noch nicht höchstrichterlich geklärt: 1. Umwandlung eines Unternehmens ohne Buchwertklausel in eine GmbH mit Buchwertklausel; 2. sonstige Fälle der Einbringung zu Buchwerten; 3. erstmalige Vereinbarung bei einer bestehenden Gesellschaft.

Abfindungen sind nach hM keine Ausschüttungen, die beim Anteilseigner zu Einkünften iSv. § 20 Abs. 1 Nr. 1 EStG führen, sondern eine Veräußerung, die § 16 bzw. § 17 EStG unterfällt. Zur steuerlichen Behandlung s. A. 6.10 Rz. 15 ff. **140**

Die Einziehung eines Geschäftsanteils gegen Gewährung einer Abfindung an den ausscheidenden Gesellschafter unterhalb des Verkehrswerts ist grundsätzlich als unentgeltliche Zuwendung des Gesellschafters an die Gesellschaft gem. § 7 Abs. 7 Satz 2 ErbStG schenkungsteuerbar. Durch die Umstellung des steuerlichen Bewertungsverfahrens vom sog. Stuttgarter Verfahren auf das **modifizierte Ertragswertverfahren** (§ 12 Abs. 2 ErbStG iVm. § 11 BewG) kann dies zu einem erheblichen Steuerrisiko führen (vgl. *Casper/Altgen* DStR 08, 2319; *Klos* GmbHR 10, 300; *Groß* ErbStB 09, 154; *Mohr* GmbH-StB 10, 73, 76; *Ivens* GmbHR 11, 465). **141**

(frei) **142–145**

Zu § 21: Schlussbestimmungen

Bekanntmachung vgl. § 12 GmbHG. **146**

Der gesamte **Gründungsaufwand** ist von den Gesellschaftern zu tragen, soweit die Satzung nichts anderes bestimmt. Dies gilt auch hinsichtlich der Kosten, die nach außen von der GmbH geschuldet werden, wie die **Eintragungskosten** (§ 2 Nr. 1 KostO) und die Bekanntmachungskosten (§ 137 Nr. 4 KostO). Soll der Aufwand von der GmbH getragen werden, ist er in der **Satzung betragsmäßig** festzusetzen (BGH II ZB 10/88 v. 20.2.89, NJW 89, 1610; zuletzt: OLG Zweibrücken 3 W 28/13 v. 25.6.13, GmbHR 14, 427, mwN). Ansonsten droht eine vGA (BFH I R 12/87 v. 11.10.89, BStBl. II 90, 89; I R 42/96 v. 11.2.97, DStRE 97, 595; FG Nds. v. 15.2.00, GmbHR 00, 783; *Brenner* HFR 01, 603). Zur **Haftung** bei überhöhtem Gründungsaufwand vgl. § 9a GmbHG. **147**

Die **Verjährungsregelung** verlängert die ansonsten durch die Schuldrechtsreform abgekürzten und teilweise streitigen Fristen (eingehend *Müller* BB 02, 137; *Wachter* GmbHR 02, 665; *Mohr* GmbH-StB 02, 138). **147a**

Erläuterungen zu A. 6.00a Gründungsprotokoll

Die **Gründung** einer GmbH erfolgt durch die **notarielle Beurkundung** des **Gesellschaftsvertrages** (§ 2 Abs. 1 GmbHG). Der Gesellschaftsvertrag kann entweder in das Gründungsprotokoll aufgenommen oder unter Bezugnahme in der Niederschrift als Anlage beigefügt werden. Das Gründungsprotokoll ist von sämtlichen Gesellschaftern zu unterzeichnen (§§ 8 ff. BeurkG; zur Vertretung s. *Baumbach/Hueck* § 2 Rz. 20 ff.). **148**

Die **Bestellung der Geschäftsführer** kann im Gründungsprotokoll, durch einen gesonderten Beschluss (vgl. Formular A. 6.25) oder im Gesellschaftsvertrag erfolgen, § 6 Abs. 3 Satz 2 GmbHG. Zu den anfallenden Notargebühren OLG Frankfurt 20 W 264/04 v. 5.7.07, DB 07, 2593. Zur Befreiung von § 181 BGB vgl. Rz. 51 ff. **149**

Zur **Belehrungspflicht** des Notars § 17 BeurkG (vgl. OLG Oldenburg 13 U 73/05 v. 26.1.06, DB 06, 777; BGH IX ZR 15/89 v. 2.11.89, DNotZ 90, 437); zur steuerlichen Belehrungspflicht des Notars *Kapp* StVj 89, 360. Zur **Beurkundung im Ausland** *Kröll* ZGR 00, 111; *Goethe* DStR 96, 709; *Sick/Schwarz* NZG 98, 540; *Lutter/Hommelhoff* § 2 Rz. 18. **150**

Vgl. ferner Rz. 4 ff.

Erläuterungen zu A. 6.00b Handelsregisteranmeldung

151 Die GmbH ist bei dem Gericht, in dessen Bezirk sie ihren Sitz hat, zur Eintragung im Handelsregister **anzumelden** (§ 7 Abs. 1 GmbHG). Liegt der Verwaltungssitz im Ausland ist zwingend eine inländische Geschäftsanschrift anzugeben (§ 8 Abs. 4 GmbHG). Die Anmeldung ist von den Gesellschaftern **elektronisch in öffentlich beglaubigter** Form zu bewirken (§ 78 GmbHG, § 12 Abs. 1 HGB; zum Schutz der Privatanschrift im elektronischen Handelsregister: *Seibert/Wedemann* GmbHR 07, 17). Die Übermittlung der Anmeldung erfolgt durch ein mit einem einfachen elektronischen Zeugnis iSd. § 39a BeurkG versehenes Dokument. Zwecks Realisierung einer sicheren und fehlerfreien Datenübermittlung ist die Anmeldung zur Eintragung in das Handelsregister über das „Elektronische Gerichts- und Verwaltungspostfach" einzureichen. Voraussetzung ist die Installation einer EGVP-Client-Software und einer Java Runtime-Environment-Software (www.egvp.de/software/index.htm).

152 Die Eintragung darf erst erfolgen, wenn die Einlagen in dem von § 7 Abs. 2, 3 GmbHG vorgeschriebenen Umfang geleistet sind. Das Formular enthält entsprechende Formulierungsalternativen. Zur Art und Weise der Stammeinlagezahlung vgl. *Lutter/Hommelhoff* § 7 Rz. 10ff.; *Scholz* § 7 Rz. 26ff.; BGH II ZR 101/02 v. 2.12.02, DStR 03, 1131. Zum Vorbelastungsverbot BayObLG 3 Z BR 177/98 v. 7.10.98, DB 98, 2359; OLG Düsseldorf 3 Wx 293/96 v. 31.7.96, DB 96, 2122; KG Berlin 1 W 4534/95 v. 24.9.96, BB 97, 172; BayObLG BReg. 3 Z 110/91 v. 1.10.91, GmbHR 92, 109; OLG Frankfurt 20 W 134/92 v. 27.5.92, DB 92, 1282; OLG Hamm 15 W 275/92 v. 1.12.92, BB 93, 21; zur Haftung der Bank bei falscher Bescheinigung BGH II ZR 263/91 v. 13.7.92, ZIP 92, 1387; II ZR 104/90 v. 18.2.91, DStR 91, 915.

Zivilrechtlich und steuerrechtlich riskant sind sog. **„verdeckte Sacheinlagen"** (Bargründung mit anschließendem Kauf von Sachleistungen eines Gesellschafters). Zivilrechtlich drohte vor Inkrafttreten des MoMiG eine Haftung für die nicht erbrachte Bareinlage in voller Höhe ohne Anrechnung der Sachleistungen (BGH II ZR 235/01 v. 7.7.03, DStR 03, 1844; II ZR 303/96 v. 16.3.98, DStR 98, 730; *Lutter/ Hommelhoff* § 5 Rz. 54, § 19 Rz. 49ff.; *Scholz/Winter/Seibt* § 5 Rz. 76ff.; *Baumbach/Hueck* § 5 Rz. 18f.; *Bayer* ZIP 98, 1985; *Pentz* ZIP 03, 2093; zur Kapitalerhöhung BGH II ZR 272/05 v. 12.2.07, DStR 07, 541; OLG München 23 U 2381/05 v. 6.10.05, ZIP 05, 1923; OLG Brandenburg 7 U 17/98 v. 1.7.98, NJW-RR 99, 258; OLG Hamburg 11 W 36/96 v. 5.8.96, GmbHR 97, 70; OLG Düsseldorf 17 U 87/94 v. 18.11.94, DB 95, 135; zur Heilung BGH II ZB 8/95 v. 4.3.96, DStR 96, 795; *Roth/Altmeppen* § 19 Rz. 40ff.; *Schiessel/Rosengarten* GmbHR 97, 772; *Habetha* ZGR 98, 305; *Priester* GmbHR 98, 861; *Ettinger/Reiff* NZG 04, 258; *Wächter* GmbHR 06, 1084; zur Rückabwicklung *Reichert-Clauß* NZG 04, 273; zur Abgrenzung von gewöhnlichen Umsatzgeschäften OLG Hamm 27 U 189/03 v. 17.8.04, ZIP 05, 1138; s. auch A. 6.46 Rz. 2). Steuerrechtlich hat der Gesellschafter die stillen Reserven der Sachleistung zu realisieren (§ 6 Abs. 6 Satz 2 EStG; *Schmidt/Weber-Grellet* § 5 Rz. 639; *Altrichter-Herzberg* GmbHR 04, 1188; *Tillmann/Tillmann* DB 04, 1853).

Das MoMiG v. 23.10.08 (BGBl. I 08, 2026) hat in § 19 Abs. 4 GmbHG die Rechtsfolgen der **verdeckten Sacheinlage** neu geregelt. Liegt eine verdeckte Sacheinlage vor, besteht die Einlageverpflichtung des Gesellschafters fort. Allerdings ist die Vereinbarung über die Sacheinlage sowie die Übertragung der Wirtschaftsgüter seitens des Gesellschafters an die Gesellschaft nunmehr – im Gegensatz zu der nach altem Recht ergangenen Rspr. (vgl. Nachweise bei *Baumbach/Hueck* § 19 Rz. 45ff.) – wirksam. Der Wert des Vermögensgegenstands wird auf die Bareinlageverpflichtung angerechnet. Die Anrechnung erfolgt erst im Zeitpunkt der Eintragung der Gesellschaft im Handelsregister (§ 19 Abs. 4 Satz 3 und 4 GmbHG). Die Beweislast für die Werthaltigkeit des Vermögensgegenstands trägt der Gesellschafter (§ 19 Abs. 4 Satz 5

GmbHG). Zu Einzelproblemen iRd. § 19 Abs. 4 GmbHG vgl. *Sporré* DZWIR 10, 184ff.; *Blasche* GmbHR 10, 288; OLG Düsseldorf 18 U 25/08 v. 25.6.08, BB 08, 180; *Maier-Reimer/Wenzel* ZIP 08, 1450; *Ulmer* ZIP 09, 243.

Steuerlich hat die Neuregelung des § 19 Abs. 4 GmbHG zur Folge, dass der Gesellschafter, da er im Ergebnis nur noch einmal in Höhe seiner Einlageverpflichtung in Anspruch genommen wird, nur in dieser Höhe AK iSd. § 17 EStG hat.

Nach § 19 Abs. 5 GmbHG steht nunmehr auch das sog. **Hin- und Herzahlen** (d.h. der Geldbetrag, den die GmbH vom Gesellschafter zur Erbringung seiner Einlage erhalten hat, fließt aufgrund eines vereinbarten Darlehens an den Gesellschafter zurück) einer wirksamen Kapitalaufbringung nicht entgegen, wenn der Rückforderungsanspruch bei bilanzieller Betrachtung werthaltig und der Rückgewähranspruch jederzeit fällig oder durch fristlose Kündigung jederzeit kündbar ist (vgl. *Wälzholz* GmbHR 08, 841, 846; *Wachter* NotBZ 08, 361; zu Möglichkeiten der Bereinigung von Altfällen der Einlagenrückgewähr: *Wammer-Laufer* NJW 14, 36). Soll die geleistete Bareinlage an den Gesellschafter zurückgezahlt werden, kann sich folgende Formulierung in der Regelung der Satzung zur Einlagenerbringung anbieten (nach: *Wicke* NotBZ 09, 1, 3):

„Im Hinblick auf die Bareinlage, die der Gesellschafter ... auf den von ihm übernommenen Geschäftsanteil Nr. ... zum Nennbetrag von ... € geleistet hat, wurde gem. § 19 Abs. 5 GmbHG vereinbart, dass die Einlage in Höhe eines Geldbetrags von ... € als Darlehen wieder zurückgezahlt werden soll. Der entsprechende Darlehensvertrag ist dieser Anmeldung als Anlage beigefügt. Der Rückforderungsanspruch der Gesellschaft aus dem Darlehensvertrag ist vollwertig und kann jederzeit durch außerordentliche Kündigung fällig gestellt werden.“

Der **Anmeldung** sind **beizufügen** (§ 8 GmbHG): **153**
- Gründungsprotokoll nebst Gesellschaftsvertrag (vgl. Rz. 8);
- Beschluss über die Geschäftsführerbestellung (vgl. Rz. 149);
- Gesellschafterliste;
- ggf. Sachgründungsbericht (vgl. A. 6.01 Rz. 8) sowie die sonstigen auf die Sacheinlage bezogenen Verträge und Unterlagen gem. § 8 Abs. 1 Nr. 4 und 5 GmbHG;
- ggf. Urkunde über die Bestellung des Aufsichtsrates (vgl. Rz. 59ff.).

In der Anmeldung ist anzugeben, welche **Vertretungsbefugnisse** die **Geschäftsführer** haben (§ 8 Abs. 4 GmbHG). Dabei ist sowohl die abstrakte Regelung des Gesellschaftsvertrages oder – falls eine solche fehlt – des GmbHG (Alleinvertretung) als auch konkret die Vertretungsbefugnis der (des) angemeldeten Geschäftsführer(s) anzugeben. Nur die abstrakte Regelung muss eingetragen werden (OLG Frankfurt 20 W 107/87 v. 9.7.87, GmbHR 88, 65). **154**

Ferner ist eine allgemeine Befreiung von § 181 BGB anzumelden (vgl. Rz. 52). Des Weiteren ist der Geschäftsführer verpflichtet, auf den Fall des Hin- und Herzahlens (s. Rz. 152) hinzuweisen (§ 19 Abs. 5 Satz 2 GmbHG).

Die Versicherungen nach § 8 Abs. 2 und 3 GmbHG sind von sämtlichen Geschäftsführern in der Anmeldung höchstpersönlich abzugeben. **155**

Das Registergericht hat nur in **Zweifelsfällen** vor Eintragung das Gutachten der **IHK/HWK** über die Firma der GmbH einzuholen (§ 23 Handelsregisterverfügung). Im Übrigen wurden die Kontrollkompetenzen des Registergerichts durch das MoMiG v. 23.10.08 (BGBl. I 08, 2026) hinsichtlich der Erbringung von Bareinlagen und der Werthaltigkeit von Sacheinlagen eingeschränkt (vgl. § 8 Abs. 2 Satz 2 und § 9c Abs. 1 Satz 2 GmbHG). **156**

Die Lage der Geschäftsräume und der Unternehmensgegenstand sind anzugeben (§ 37 Abs. 1 Satz 2 Handelsregisterverfügung). Mit der Streichung des § 8 Abs. 1 Nr. 6 GmbHG iRd. MoMiG v. 23.10.08 (BGBl. I 08, 2026) ist bei Gesellschaften mit genehmigungsbedürftigem Unternehmensgegenstand die Erteilung der entsprechen- **157** den Konzession nicht mehr Voraussetzung für ihre Eintragung in das Handelsregister. Dies ändert freilich nichts an der Notwendigkeit, eventuell bestehende öffentlich-rechtliche Voraussetzungen für die Aufnahme der Geschäftstätigkeit herbeizuführen.

Das jeweilige Gericht macht die Eintragungen in das Handelsregister gemäß § 10 HGB in dem von der Landesjustizverwaltung bestimmten elektronischen Informations- und Kommunikationssystem in der zeitlichen Reihenfolge ihrer Eintragung bekannt.

158 **Steuerrecht:** vgl. Rz. 14ff.

A. 6.01 Gesellschaftsvertrag (Sachgründung)

Gliederung

I. FORMULAR

Formular A. 6.01 Gesellschaftsvertrag (Sachgründung)

§ 1 Firma, Sitz, Geschäftsjahr

(1) ......

(2) ......

(3) ......

§ 2 Gegenstand des Unternehmens

(1) ......

(2) ......

(3) ......

§ 3 Stammkapital, Geschäftsanteil

(1) Das Stammkapital der Gesellschaft beträgt € ......

(2) Die Gesellschafter haben folgende Geschäftsanteile übernommen:

......

......

(3) Die für den Geschäftsanteil mit der laufenden Nr. ... von ...... übernommene Stammeinlage von € ...... ist in Höhe von € ...... durch Einbringung der/des ...... zu leisten.

§ 4 Vertretung, Geschäftsführung

(1) ......

(2) ......

II. ERLÄUTERUNGEN

Erläuterungen A. 6.01 Gesellschaftsvertrag (Sachgründung)

1. Gesellschaftsrecht

Den Gesellschaftern steht die Wahl zwischen **Bar-** oder **Sachgründung** frei. Zwar sind Stammkapital und Stammeinlagen im Gesellschaftsvertrag als feste Euro-Beträge anzugeben, die konkrete Einlagepflicht kann jedoch außer auf Geldleistung auch auf Einbringung von Sachen oder sonstigen Vermögenswerten gerichtet sein. Bar- und Sachgründung können kombiniert werden. 1

Der **Gegenstand der Sacheinlage** und der Betrag der Stammeinlage, auf die sich die Sacheinlage bezieht, sind im Gesellschaftsvertrag festzusetzen (§ 5 Abs. 4 Satz 1 GmbHG). Ohne gesonderte vertragliche Regelung sind Einlagen notwendig in Geld zu leisten. 2

Die Sacheinlage kann unmittelbar durch Einbringung von Sachen bzw. sonstigen Vermögensgegenständen (Sacheinlage ieS) oder durch Übertragung derartiger Vermögenswerte gegen eine Vergütung, die auf die Stammeinlage verrechnet wird, erbracht werden (Sachübernahme; vgl. zu den Einzelheiten *Baumbach/Hueck* § 5 Rz. 16). 3

Gegenstand der Sacheinlage können Sachen, Rechte und sonstige übertragbare vermögenswerte Positionen sein (zB Auto, Grundstück, Lizenzen, Patente, Konzessionen, Forderungen, Handelsgeschäft, Unternehmen; vgl. ferner *Baumbach/Hueck* § 5 Rz. 23 ff.). Nicht einlagefähig sind obligatorische Rechte gegen einen einlagepflichtigen Gesellschafter sowie Verpflichtungen zur eigenen Dienstleistung (*Baumbach/Hueck* § 5 Rz. 24). 4

Der Gegenstand der Sacheinlage muss im Gesellschaftsvertrag so genau bezeichnet werden, dass er identifizierbar ist. Es genügt die verkehrsübliche Bezeichnung, etwa bei Handelsgeschäften Firma und Handelsregisternummer. 5

Die gesellschaftsvertragliche Einlageverpflichtung ist vor der Anmeldung der GmbH zur Eintragung in das Handelsregister zu erfüllen (§ 7 Abs. 3 GmbHG). 6

Deckt der Wert einer Sacheinlage im Zeitpunkt der Anmeldung der Gesellschaft nicht den Betrag der dafür übernommenen Stammeinlage, so hat der Gesellschafter den Fehlbetrag in bar einzulegen (**Differenzhaftung,** § 9 Abs. 1 GmbHG). Diese Haftung trifft im Ergebnis alle Gründer (§ 24 GmbHG). 7

Die für die Bewertung der Sacheinlage wesentlichen Umstände sind in einem **Sachgründungsbericht** darzulegen (§ 5 Abs. 4 Satz 2 GmbHG). 8

Der Bericht ist nicht Teil des Gesellschaftsvertrages, daher auch nicht mit diesem zu beurkunden (*Baumbach/Hueck* § 5 Rz. 54 ff.). Er bedarf jedoch der Schriftform (§ 8 Abs. 1 Nr. 4 GmbHG). Anhalt für den Inhalt bietet § 32 Abs. 2 AktG, der für die GmbH aber nicht bindend ist.

Anzugeben sind idR Art des Gegenstandes, Anschaffungs- bzw. Herstellungspreis, Marktpreis, Zustand, Nutzungsmöglichkeit, Bedeutung für das Unternehmen. Für die Einbringung eines Unternehmens ist die Angabe der beiden letzten Jahresergebnisse zwingend (§ 5 Abs. 4 Satz 2 GmbHG).

Mängel des Sachgründungsberichts hindern die **Handelsregistereintragung.** 9

2. Steuerrecht

Werden einzelne Wirtschaftsgüter aus dem Betriebsvermögen eines Gesellschafters als Sacheinlage verwendet, so führt dies zu einer **Gewinnrealisierung,** da die Sacheinlage aus dem Betriebsvermögen des Gesellschafters ausscheidet (Entnahme) und in das Vermögen eines anderen Steuerpflichtigen (GmbH) eingeht. Steuerlich handelt es 10 sich um ein Tauschgeschäft (*Schmidt/Weber-Grellet* § 6 Rz. 735ff.) bei dem jedes einzelne Wirtschaftsgut mit dem gemeinen Wert anzusetzen ist (§ 6 Abs. 6 Satz 1 EStG).

11 Eine **Buchwertverknüpfung** ist zulässig in den Fällen der Einbringung eines Betriebes, Teilbetriebes oder Mitunternehmeranteils in eine unbeschränkt körperschaftsteuerpflichtige GmbH gegen Gewährung von Geschäftsanteilen (§ 20 UmwStG, vgl. Formulare A. 3.02 und A. 3.03; zur „verdeckten Einlage" A. 6.00 Rz. 152; zur Betriebsaufspaltung A. 2.02 Rz. 25).

12 Einlagen aus einem **Privatvermögen** realisieren Gewinne nur bei Einlage einer Beteiligung iSd. § 17 EStG (*Schmidt/Weber-Grellet* § 17 Rz. 110ff.) bzw. nach § 20 Abs. 2 Satz 2 EStG.

13 Ist der Gesellschafter Unternehmer iSd. **Umsatzsteuerrechts,** so tätigt er mit der Einbringung eines Wirtschaftsgutes eine Lieferung, deren Entgelt in dem zu erwerbenden GmbH-Anteil besteht. Es handelt sich um einen Tausch iSd. § 3 Abs. 12 UStG. Steuerfrei sind Umsätze nach § 4 Nr. 8 oder 9 UStG, also etwa die Einbringung von Wertpapieren oder Grundstücken (*Sölch/Ringleb* § 4 Nr. 8 Rz. 35), es sei denn, es wird nach § 9 Abs. 1 UStG zur USt optiert. Nicht der USt unterliegt die Einbringung eines Unternehmens oder Teilbetriebes (§ 1 Abs. 1a UStG).

14 Der Gesellschafter kann die zur Anschaffung oder Herstellung des umsatzsteuerpflichtig eingebrachten Wirtschaftsgutes aufgewandte Vorsteuer geltend machen.

15 Die Einbringung von Grundstücken unterliegt der **Grunderwerbsteuer** (§ 1 Abs. 1 Nr. 1 GrEStG).

Vgl. ferner Formular A. 6.00.

A. 6.02 Gesellschaftsvertrag (Einmann-GmbH)

Gliederung

I. FORMULAR

Formular A. 6.02 Gesellschaftsvertrag (Einmann-GmbH)

Urkundenrolle Nummer ......

Verhandelt am ...... zu ......

Vor dem Notar erschienen:

Herr/Frau ......, geboren am ....,

wohnhaft in ......

Der Erschienene wies sich wie folgt aus: ......

Er erklärte: Ich errichte hiermit eine Gesellschaft mit beschränkter Haftung und stelle den nachstehenden Gesellschaftsvertrag fest.

§ 1 Firma, Sitz, Geschäftsjahr

(1) Die Gesellschaft führt die Firma: ......

(2) Die Gesellschaft hat ihren Rechts- und Verwaltungssitz in ......

(3) Das Geschäftsjahr ist das Kalenderjahr.

§ 2 Gegenstand des Unternehmens

(1) ……

(2) ……

II. ERLÄUTERUNGEN

Erläuterungen zu A. 6.02 Gesellschaftsvertrag (Einmann-GmbH)

1. Wirtschaftliches Vertragsziel

Anlass für die **Gründung** einer Einmann-GmbH wird in der Regel die Möglichkeit zur Haftungsbeschränkung sein. 1

2. Gesellschaftsrecht

Die **Einmann-GmbH** ist **gesetzlich anerkannt** (§ 1 GmbHG). Für die Einmann-GmbH gelten dieselben Grundsätze wie für eine GmbH mit mehreren Gesellschaftern (vgl. Formulare A. 6.00 und A. 6.01) mit den nachfolgend erläuterten Besonderheiten. 2

Im Rahmen des MoMiG v. 23.10.08 (BGBl. I 08, 2026) wurde für die Gründung von Ein-Personen-Gesellschaften ein neben der herkömmlichen Gründung stehendes vereinfachtes Verfahren durch Verwendung des Musterprotokolls (§ 2 Abs. 1a GmbHG) geschaffen. Bei Verwendung des Musterprotokolls tritt eine kostenrechtliche Privilegierung ein. Gemäß § 41d KostO findet der in §§ 39a, 41a KostO bestimmte Mindestgeschäftswert für die Notargebühren keine Anwendung. Dies kann zur Reduzierung der Notarkosten führen. Das Musterprotokoll kann jedoch nur für die Bargründung verwendet werden. Die Aufbringung der Stammeinlage muss entweder in voller Höhe oder zu 50 % erfolgen. Auf die Höhe des Stammkapitals kommt es bei der Verwendung des Musterprotokolls nicht an. Der Unternehmensgegenstand kann iRd. Musterprotokolls frei definiert werden. Der Geschäftsführer ist automatisch von § 181 BGB befreit. Das Musterprotokoll kann grds. durch satzungsändernden Beschluss abgeändert werden. Dieser bedarf nach den allgemeinen Regeln (§ 53 GmbHG) der notariellen Beurkundung. 3

Neben dem Musterprotokoll zur Gründung einer Ein-Personen-Gesellschaft findet sich im Anhang zum GmbHG auch ein Musterprotokoll für die Gründung einer Mehrpersonengesellschaft mit bis zu drei Gesellschaftern. 4

Unwirksamkeitsrisiken sind bei der Gründung der Einmann-GmbH zu beachten, wenn der Gründungsgesellschafter sich vertreten lässt: So ist die Gründung einer Einmann-GmbH durch einen vollmachtlosen Vertreter als einseitige nicht empfangsbedürftige Willenserklärung nach § 180 Satz 1 BGB unheilbar nichtig (KG Berlin 25 W 48/11 v. 14.12.11, GmbHR 12, 569). Die Einmann-GmbH kann nicht nur durch Gründung, sondern auch durch **spätere Anteilsvereinigung** entstehen. Beim Handelsregister ist eine neue Gesellschafterliste einzureichen (§ 40 Abs. 1 GmbHG). Zu § 181 BGB vgl. A. 6.00 Rz. 54. 5

Da bei der Einmann-GmbH die Gesellschafterversammlung nur aus dem Alleingesellschafter besteht, sind **Beschlussfassungen** unverzüglich zu protokollieren (§ 48 Abs. 3 GmbHG). Doch auch nicht protokollierte Beschlüsse sind wirksam. Die Protokollierung dient bei der Einmann-GmbH in erster Linie Beweiszwecken (vgl. *Baumbach/Hueck* § 48 Rz. 46ff.). **Rechtsgeschäfte** mit dem Geschäftsführer sind zu protokollieren (§ 35 Abs. 3 Satz 2 GmbHG). 6

Der Alleingesellschafter kann zugleich **Geschäftsführer** sein. Für ihn gilt § 181 BGB (§ 35 Abs. 3 Satz 1 GmbHG). Eine Befreiung von § 181 BGB kann nur auf der 7

Grundlage des Gesellschaftsvertrages erfolgen. Eine gesellschaftsvertragliche Ermächtigung soll genügen (BayObLG BReg. 3 Z 163/83 v. 7.5.84, DB 84, 1517; *Goette* DStR 00, 697; vgl. A. 6.00 Rz. 53). Der Beschluss ist dann in der Form des § 48 Abs. 3 GmbHG zu fassen. Eine generelle Befreiung von § 181 BGB ist ins Handelsregister einzutragen (§ 10 Abs. 1 Satz 2 GmbHG).

8 Zur sog. **Keinmann-GmbH** (Erwerb sämtlicher Geschäftsanteile durch die Gesellschaft) vgl. *Baumbach/Hueck* § 33 Rz. 19.

9 *(frei)*

3. Steuerrecht

10 Die Einmann-GmbH ist auch steuerrechtlich anerkannt (*Streck* § 1 Rz. 8). Sie ist grds. wie eine Mehrpersonen-GmbH zu behandeln (vgl. dazu Formular A. 6.00).

11 Für **Leistungsbeziehungen** zwischen der GmbH und dem alleinigen Gesellschafter gelten die Sonderbedingungen für beherrschende Gesellschafter (A. 6.26 Rz. 18). **Schriftform** ist zwar nicht zwingend, aber aus Beweisgründen dringend zu empfehlen. Es genügt, die wesentlichen Punkte – Entgelt und Leistung – festzulegen.

A. 6.03 Gesellschaftsvertrag (Unternehmergesellschaft (haftungsbeschränkt))

Gliederung

I. FORMULAR

Formular A. 6.03 Gesellschaftsvertrag (Unternehmergesellschaft (haftungsbeschränkt))

Urkundenrolle Nummer ......

Verhandelt am ...... zu ......

Vor dem Notar erschienen:

Herr/Frau ......, geboren am ....,

wohnhaft in ......

Der Erschienene wies sich wie folgt aus: ......

Er erklärte: Ich errichte hiermit eine Unternehmergesellschaft (haftungsbeschränkt) und stelle den nachstehenden Gesellschaftsvertrag fest.

§ 1 Firma, Sitz, Geschäftsjahr

(1) Die Gesellschaft führt die Firma: ...... Unternehmergesellschaft (haftungsbeschränkt)

(2) Die Gesellschaft hat ihren Rechts- und Verwaltungssitz in ......

(3) Das Geschäftsjahr ist das Kalenderjahr.

§ 2 Gegenstand des Unternehmens

(1) ……

(2) ……

……

§ 12 Jahresabschluss

(1) Der Jahresabschluss hat den handelsgesetzlichen Vorschriften zu entsprechen und zugleich den steuerlichen Vorschriften zu genügen. Von der Steuerbilanz weicht die Handelsbilanz ab, soweit dies notwendig ist, um ein den tatsächlichen Verhältnissen entsprechendes Bild der Vermögens-, Finanz- und Ertragslage zu vermitteln.

(1a) In der Bilanz des aufzustellenden Jahresabschlusses ist gemäß § 5a Abs. 3 Satz 1 GmbHG eine gesetzliche Rücklage zu bilden, in die ein Viertel des um einen Verlustvortrag aus dem Vorjahr geminderten Jahresüberschusses einzustellen ist. Die Rücklage darf nur für die in § 5a Abs. 3 Satz 2 GmbHG genannten Zwecke verwandt werden.

(2) ……

§ 13 Gewinnverwendung

(1) Über die Verwendung des nach Rücklagenbildung gem. § 12 Abs. 1a verbleibenden Jahresergebnisses (Summe aus Jahresüberschuss und Gewinnvortrag abzüglich Verlustvortrag) oder – soweit einschlägig – über die Verwendung des Bilanzgewinns entscheidet die Gesellschafterversammlung spätestens bis zum Ablauf der ersten acht Monate des Geschäftsjahres mit einfacher Mehrheit (§ 7 Abs. 1 Satz 1).

(2) ……

II. ERLÄUTERUNGEN

Erläuterungen zu A. 6.03 Gesellschaftsvertrag (Unternehmergesellschaft (haftungsbeschränkt))

1. Wirtschaftliches Vertragsziel

1 Die iRd. MoMiG v. 23.10.08 (BGBl. I 08, 2026) geschaffene neue „Gesellschaftsform“ der **Unternehmergesellschaft (haftungsbeschränkt)** bietet die Möglichkeit eine Kapitalgesellschaft mit beschränkter Haftung unterhalb des Mindeststammkapitals einer GmbH iHv. € 25.000,– zu errichten (§ 5a GmbHG).

2. Gesellschaftsrecht

2 Bei der Unternehmergesellschaft (haftungsbeschränkt) gelten sämtliche Regelungen des GmbHG. Die einzige Sonderregelung ist § 5a GmbHG mit den nachfolgend erläuterten Besonderheiten.

3 Das Stammkapital der Unternehmergesellschaft (haftungsbeschränkt) kann € 1,– betragen. Es gibt kein Mindeststammkapital. € 1,– ist allerdings der Mindestbetrag, den ein Geschäftsanteil repräsentieren muss (§ 5 Abs. 2 Satz 1 GmbHG).

4 Die Gesellschaft muss die Bezeichnung „Unternehmergesellschaft (haftungsbeschränkt)“ oder „UG (haftungsbeschränkt)“ führen.

5 In der Bilanz ist eine gesetzliche Rücklage zu bilden, in die $^1/_4$ des um einen Verlustvortrag aus dem Vorjahr geminderten Jahresüberschusses einzustellen ist (§ 5a Abs. 3 GmbHG). Die Rücklage darf nur für eine Kapitalerhöhung aus Gesellschaftsmitteln (§ 57c GmbHG) oder für den Ausgleich eines Jahresfehlbetrags oder eines

Verlustvortrags aus dem Vorjahr verwendet werden. Die Nichterfüllung der gesetzlichen Rücklageverpflichtung führt zur Nichtigkeit des Jahresabschlusses analog § 256 Abs. 1 Nr. 4 AktG. Zur Klarstellung und Warnung der Gesellschafter ist die gesetzliche Pflicht zur Rücklagenbildung im Formular unter § 12 Abs. 1a aufgenommen worden. Ob die Rücklage auch noch gebildet werden muss, wenn die Summe aus Stammkapital und Rücklage € 25.000,– erreicht hat, ist umstritten (vgl. *Bormann* GmbHR 07, 897; *Veil* GmbHR 07, 1080). Nach dem Gesetzeswortlaut entfällt die Pflicht zur Rücklagenbildung erst, wenn das Stammkapital € 25.000,– erreicht hat (§ 5a Abs. 5 GmbHG).

6 Die Gesellschaft kann nur im Wege der Bargründung und bei vollständiger Einzahlung der Einlageverpflichtung zum Zeitpunkt der Anmeldung errichtet werden (§ 5a Abs. 2 GmbHG).

7 Die Unternehmergesellschaft (haftungsbeschränkt) wird zu einer „normalen" GmbH, wenn durch Satzungsänderung das Stammkapital auf mindestens € 25.000,– erhöht wird. Mit Erhöhung des Stammkapitals auf mindestens € 25.000,– sind zwei Konsequenzen verbunden: Die Thesaurierungspflicht nach § 5a Abs. 3 GmbHG entfällt. In der Satzung kann die Firma geändert werden, dh. der Zusatz „GmbH" geführt werden (Vgl. § 4 GmbHG). Eine Pflicht zur Umfirmierung gibt es jedoch nicht.

Weitere Einzelheiten vgl. *Lange* NJW 10, 3686.

8 Die Unternehmergesellschaft (haftungsbeschränkt) kann Organgesellschaft sein. Das Thesaurierungsgebot iHv. 25% des Jahresüberschusses kollidiert nicht mit der Verpflichtung der Abführung des gesamten Gewinns an den Organträger gem. dem abzuschließenden Ergebnisabführungsvertrag. Die Durchführung des Ergebnisabführungsvertrags wird nicht in Frage gestellt, wenn gesetzlich zu bildende Rücklagen gebildet werden (vgl. zB die Zuführung zur gesetzlichen Rücklage gem. § 300 AktG; *Bäuml* StuB 08, 667).

9 Die Unternehmergesellschaft (haftungsbeschränkt) & Co KG wird von der hM für zulässig gehalten, sofern die Firma der KG auf die Rechtsform ihrer Komplementärin klarstellend hinweist (KG Berlin 1 W 244/09 v. 8.9.09, DStR 09, 2114; *Wachter* NZG 09, 1263ff.; *Stenzel* NZG 09, 168ff.; *Heeg* DB 09, 719ff.; *Kock/Vater/Mraz* BB 09, 848ff.).

Weitere Einzelheiten vgl. *Katschinski/Rawert* ZIP 08, 1993; *Dahlbender/Schelp* GmbH-StB 09, 23.

(frei)

3. Steuerrecht

10 Die Unternehmergesellschaft (haftungsbeschränkt) ist unbeschränkt stpfl. Körperschaftsteuersubjekt gemäß § 1 Abs. 1 Nr. 1 KStG. Dies ist zwingend, da sich der Satzungssitz der Unternehmergesellschaft (haftungsbeschränkt) gesellschaftsrechtlich zwingend im Inland befinden muss.

11 Damit kann sie auch Umwandlungssubjekt iSd. UmwG und UmwStG sein. Dies ist sie allerdings insofern nur eingeschränkt, als die Umwandlungskonstellationen, die mit einer Sachgründung verbunden sind, ausscheiden, da die Unternehmergesellschaft (haftungsbeschränkt) nur im Wege der Bargründung errichtet werden kann (OLG Frankfurt 20 W 7/10 v. 9.3.10, DStR 10, 2093; *Berninger* GmbHR 10, 63ff.; *Tettinger* Der Konzern 08, 75ff.; *Heinemann* NZG 08, 820ff.; *Patt* GmbH-Stb 11, 20).

12 Wird eine Unternehmergesellschaft (haftungsbeschränkt) in eine GmbH „umgewandelt", gilt steuerliche Kontinuität. Dies gilt sowohl für die Umsatzsteuer, die Körperschaftsteuer als auch für die Grunderwerbsteuer. Es findet kein Rechtsträgerwechsel statt. Steuerliche Konsequenzen ergeben sich nicht. Dies gilt auch iRd. Betriebsaufspaltung. Steuerrechtlich ist die Situation vergleichbar mit dem Übergang von der Vor-GmbH in die GmbH durch Eintragung in das Handelsregister.

Führt die Unternehmergesellschaft (haftungsbeschränkt) eine Kapitalerhöhung gem. § 5a Abs. 3 Nr. 1 iVm. § 57c GmbHG durch, kommt es steuerlich gem. § 1 KapErhG beim Gesellschafter nicht zu einem Zufluss. Es entstehen auch keine zusätzlichen AK auf die Anteile. Gemäß § 3 KapErhG werden die AK der Altanteile auf sämtliche Anteile verteilt. Die Kapitalerhöhung aus Gesellschaftsmitteln führt zu einem Sonderausweis gem. § 28 Abs. 1 Satz 3 KStG. Dies soll sicherstellen, dass bei einer späteren Kapitalherabsetzung gem. § 28 Abs. 2 Satz 1 KStG zunächst der Sonderausweis gemindert wird und seine Auskehrung an die Gesellschafter als Dividende zu versteuern ist. **13**

Die gewerbliche Prägung iSd. § 15 Abs. 3 Nr. 2 Satz 1 EStG kann mit Hilfe der Unternehmergesellschaft (haftungsbeschränkt) herbeigeführt werden. **14**

A. 6.10 Anteilsabtretung (Kauf)

Gliederung

I. FORMULAR

Formular A. 6.10 Anteilsabtretung (Kauf)

Urkundenrolle Nummer ......

Verhandelt am ...... zu ......

Vor dem Notar...... erschienen:

1. Herr/Frau ......, geboren am ......,
wohnhaft in ......,

2. ...... – nachfolgend Verkäufer genannt –

3. Herr/Frau ......, geboren am ......,
wohnhaft in ...... – nachfolgend Käufer genannt –

Die Erschienenen wiesen sich wie folgt aus: ......

Sie baten um die Beurkundung des nachstehenden

KAUF- UND ABTRETUNGSVERTRAGS

§ 1 Vertragsgegenstand

(1) Die Verkäufer sind die alleinigen Gesellschafter der im Handelsregister des Amtsgerichts ...... unter HRB ...... eingetragenen X-GmbH – im Folgenden „Gesellschaft" genannt.

Der Verkäufer zu 1. hält einen Geschäftsanteil an der Gesellschaft im Nennbetrag von € ...... (Geschäftsanteil Nr. ......), der Verkäufer zu 2. einen solchen im Nennbetrag von € ...... (Geschäftsanteil Nr. ......) des insgesamt € ...... betragenden Stammkapitals der Gesellschaft.

(2) Die Geschäftsanteile sind für die Verkäufer in der im Handelsregister der Gesellschaft HRB ...... aufgenommenen Gesellschafterliste vom ...... unter den Nrn. ...... widerspruchsfrei eingetragen. Der Notar hat die Gesellschafterliste einsehen lassen.

(3) Die Stammeinlagen sind in voller Höhe einbezahlt.

§ 2 Verkauf

(1) Die Verkäufer verkaufen die in § 1 bezeichneten Geschäftsanteile an den dieses Kaufangebot annehmenden Käufer.

(2) Der Kaufpreis für die Geschäftsanteile des Verkäufers zu 1. beträgt € ......, für die Geschäftsanteile des Verkäufers zu 2. € ......

(3) Der Kaufpreis ist spätestens am ...... auf ein von den Verkäufern zu benennendes Bankkonto spesenfrei zu bezahlen. Ab dem ...... ist er mit ......% p.a. zu verzinsen; diese Zinspflicht berührt die sonstigen Rechte der Verkäufer bei Nichtzahlung des Kaufpreises nicht.

§ 3 Abtretung

(1) Die Verkäufer treten die in § 1 bezeichneten Geschäftsanteile mit Wirkung zum ......, ... Uhr, an den Käufer ab, der die Abtretung annimmt.

(2) Die Verkäufer erklären hiermit jeweils gegenseitig als Gesellschafter gemäß § ...... der Satzung der Gesellschaft die Zustimmung zu der Abtretung. Die Zustimmung kann nicht widerrufen werden.

(3) Den Beteiligten ist bekannt, dass der Erwerber seine Gesellschafterrechte gegenüber der Gesellschaft erst dann wirksam ausüben kann, wenn er in die im Handelsregister aufgenommene Gesellschafterliste eingetragen ist. Die Verkäufer erteilen dem Erwerber bereits heute mit Wirkung über ihren Tod hinaus und unter Befreiung von den Beschränkungen des § 181 BGB unwiderruflich Vollmacht sämtliche Gesellschafterrechte aus den vertragsgegenständlichen Geschäftsanteilen in vollem Umfang und uneingeschränkt auszuüben.

§ 4 Jahresabschluss

(1) Der bestätigte Jahresabschluss (Bilanz nebst Gewinn- und Verlustrechnung) der Gesellschaft zum 31.12.20.. wurde dem Käufer vor Abschluss dieses Vertrags übergeben.

(2) Die Entwicklung der Aktiv- und Passivwerte der Bilanz zum 31.12.20... bis zum Zeitpunkt des Vertragsabschlusses ist den Parteien bekannt.

(3) Das Ergehen bzw. die Änderung von Steuerbescheiden – gleich aus welchem Rechtsgrund – für Veranlagungszeiträume, die vor oder auf den Zeitpunkt der Abtretung der Anteile (§ 3 Abs. 1) enden, ist – vorbehaltlich § 5 – ohne Auswirkung auf diesen Vertrag.

§ 5 Zusicherungen

Die Verkäufer sichern zu, dass
- sie Inhaber der Geschäftsanteile sind;
- die Anteile frei von Rechten Dritter sind;
- die Grundsätze ordnungsgemäßer Buchführung gewahrt werden;
- alle in der Bilanz zum ...... ausgewiesenen Forderungen werthaltig sind;
- keinerlei Verbindlichkeiten der Gesellschaft bestehen, die nicht aus den Buchführungsunterlagen oder der Anlage 1 ersichtlich sind;

- die Gesellschaft keinerlei Steuerrückstände hat, für die in der Bilanz zum ...... keine Rückstellungen gebildet wurden oder die nicht in der Anlage 2 zu diesem Vertrag aufgeführt sind;
- die Gesellschaft an keine Verträge, insbesondere keine Anstellungs- oder Dienstverträge, gebunden ist, die nicht in der Anlage 3 zu diesem Vertrag aufgeführt sind;
- die Gesellschaft über alle zur Fortführung des Geschäftsbetriebs erforderlichen Genehmigungen und Erlaubnisse verfügt;
- die Gesellschaft – vorbehaltlich der in der Anlage 4 bezeichneten Verfahren – weder an einem Verfahren vor staatlichen Gerichten oder Behörden noch an einem Verfahren vor Schiedsgerichten beteiligt ist;
- alle fälligen Leistungen auf die in § 1 bezeichneten Geschäftsanteile erbracht sind;
- alle Angaben in diesem Vertrag richtig sind;
- die Verkäufer mit diesem Vertrag nicht über ihr gesamtes Vermögen oder den wesentlichen Teil ihres Vermögens verfügen.

§ 6 Gewinn

Ein etwaiger Gewinn aus dem Geschäftsjahr 20.. steht dem Käufer zu. Entsprechendes gilt für einen etwaigen Gewinn aus vorangegangenen Geschäftsjahren, für den kein abweichender Beschluss über die Ergebnisverwendung gefasst worden ist.

§ 7 Wettbewerbsverbot

(1) Die Verkäufer verpflichten sich, mit der Gesellschaft auf den sachlichen und örtlichen Märkten, auf denen die Gesellschaft bei Abschluss dieses Vertrags tätig war, weder unmittelbar noch mittelbar in Wettbewerb zu treten.

(2) Die Verkäufer verpflichten sich für jeden Fall der Zuwiderhandlung gegen das Wettbewerbsverbot, eine Vertragsstrafe in Höhe von € ...... an den Käufer zu zahlen.

(3) Das Wettbewerbsverbot gilt bis zum ......

§ 8 Verjährung

Sämtliche Ansprüche aus diesem Vertrag verjähren in zwölf Monaten von dem Zeitpunkt an, in dem der Anspruchsberechtigte von der den Anspruch auslösenden Tatsache Kenntnis erlangt, spätestens in fünf Jahren nach Wirksamwerden dieses Vertrags.

§ 9 Sonstiges

(1) Die mit Abschluss und der Durchführung dieses Vertrags entstehenden Kosten tragen die Verkäufer.

(2) Sollte der Anteilsverkauf Umsatzsteuer auslösen, so zahlt der Käufer an die Verkäufer die auf die steuerpflichtigen Teile des Kaufpreises entfallende Umsatzsteuer, sobald er von den Verkäufern eine den Vorschriften des § 14 UStG entsprechende Rechnung über den Anteilskauf erhalten hat. Die Rechnung ist dann von den Verkäufern in Abstimmung mit dem Käufer aufzustellen.

(3) Die Grunderwerbsteuer trägt der Käufer.

(4) Sollte ein Teil dieses Vertrags nichtig oder unwirksam sein oder werden, so soll an die Stelle der nichtigen oder unwirksamen Bestimmung eine angemessene Ersatzregelung treten, die dem Geist dieses Vertrags gerecht wird und von der angenommen werden kann, dass die Vertragschließenden sie vereinbart hätten, wenn sie die Nichtigkeit gekannt hätten. Die übrigen Bestimmungen dieses Vertrags bleiben von der Nichtigkeit oder Unwirksamkeit unberührt.

(5) Gerichtsstand ist ...... Sämtliche Streitigkeiten aus diesem Vertrag unterliegen dem Recht der Bundesrepublik Deutschland.

Der Notar belehrte die Erschienenen darüber, dass der Käufer für die nichterbrachten Geldeinlagen oder Fehlbeträge nicht vollwertig geleisteter Sacheinlagen der Verkäufer unbeschränkt haftet.

Diese Niederschrift wurde den Erschienenen vom Notar vorgelesen, von ihnen genehmigt und von ihnen und dem Notar eigenhändig wie folgt unterschrieben:

....

(Unterschrift)

II. ERLÄUTERUNGEN

Erläuterungen zu A. 6.10 Anteilsabtretung (Kauf)

1. Grundsätzliche Anmerkungen

a) Wirtschaftliches Vertragsziel

1 Verkauf und Abtretung sämtlicher Geschäftsanteile dienen dem Erwerb des ganzen **Unternehmens.** Der Vertrag ist einfach gestaltet.

2 Die Veräußerung erfolgt auf der Grundlage der letzten erstellten **Bilanz** und der daraus bis zum Vertragsabschluss fortgeschriebenen Buchführung. Der Vertrag sieht daher keine Anpassung des Kaufpreises an eventuelle Wertveränderungen während des laufenden Geschäftsjahres vor. Dies unterstellt, dass der Käufer über die wirtschaftliche Lage des Unternehmens unterrichtet ist. Ist dies nicht der Fall, so sollte eine Kaufpreisanpassung vorgesehen oder eine Zwischenbilanz erstellt werden (vgl. Formular B. 21.02).

b) Zivilrecht

3 Zivilrechtlich ist bei der Veräußerung von Geschäftsanteilen – ebenso wie bei jeder sonstigen Veräußerung – zwischen dem **obligatorischen** und dem **dinglichen** Geschäft, also zwischen der Verpflichtung zur Abtretung und der Abtretung selbst, zu unterscheiden. Da beide Rechtsgeschäfte der **notariellen Beurkundung** bedürfen (§ 15 Abs. 3, Abs. 4 S. 1 GmbHG), empfiehlt es sich aus Kostengründen Verkauf und Abtretung in einem Vertrag zu regeln. Getrennte Vereinbarungen sind jedoch zulässig. Zur Beurkundung im Ausland siehe die Nachweise bei A. 6.00 Rz. 150; OLG Frankfurt 11 U 8/04 v. 25.1.05, GmbHR 05, 764.

4 Ein **Formmangel** führt zur Nichtigkeit des Rechtsgeschäfts (§ 125 BGB). Durch wirksame (notarielle) Abtretung wird der formnichtige obligatorische Vertrag allerdings geheilt, nicht aber umgekehrt (§ 15 Abs. 4 Satz 2 GmbHG; eingehend *Hadding* ZIP 03, 2133, *Loritz* DNotZ 00, 90; *Pohlmann* GmbHR 95, 412; *Roth/Altmeppen* § 15 Rz. 81 ff. BGH VIII ZR 185/96 v. 25.3.98, DStR 98, 1026; VIII ZR 257/93 v. 21.9.99, DNotZ 95, 557).

5 Die Veräußerung von Geschäftsanteilen ist ein **Rechtskauf** gem. § 453 BGB. Der Verkäufer haftet für den rechtlichen Bestand der Geschäftsanteile (zur Abgrenzung von Rechts- und Sachmängelhaltung beim Unternehmenskauf: *Palandt/Weidenhoff* § 453 Rz. 23 ff.).

6 Werden durch einen einheitlichen Vertrag, an dem auf Käufer- und Verkäuferseite auch mehrere Personen beteiligt sein können (RG I 111/28 v. 5.12.28, RGZ 122, 378), sämtliche Geschäftsanteile veräußert, so haftet der Verkäufer ggf. auch für etwai-

ge **Mängel** des von der GmbH betriebenen Unternehmens (*Palandt/Weidenhoff* § 434 Rz. 95; *Scholz/Winter/Seibt* § 15 Rz. 143 ff.). Umstritten ist, ob dies auch bei dem Erwerb einer beherrschenden Anteilsquote gilt (vgl. BGH VIII ZR 64/79 v. 2.6.80, NJW 80, 2408; *Schröder* ZGR 05, 63; *Mössle* BB 83, 2146) und was unter einem Sachmangel beim Unternehmenskauf im Einzelnen zu verstehen ist (vgl. BGH VIII ZR 222/87 v. 5.10.88, WM 88, 1700). Es empfiehlt sich daher, die Eigenschaften des Unternehmens, für welche der Verkäufer in jedem Fall haften soll, vertraglich zu fixieren (ausführlich zur Gewährleistung *Triebel/Hölzle* BB 02, 521; *Roschmann* ZIP 98, 1941). Der Vertragsentwurf (§ 5) enthält lediglich Beispiele.

Die (dingliche) Übertragung der Geschäftsanteile bedarf gem. § 413 iVm. § 398 BGB nur der Einigung (*MünchKommBGB/Roth* § 413 Rz. 14). Auch zukünftige Geschäftsanteile können abgetreten werden, nicht aber Anteile an der Vor-GmbH (streitig, s. *K. Schmidt* GmbHR 97, 869; *Scholz/Winter/Seibt* § 15 Rz. 12). Abtretungsempfänger und abzutretende Geschäftsanteile müssen genau bezeichnet sein (*Scholz/Winter/Seibt* § 15 Rz. 89). Werden Verpflichtung und Abtretung – wie hier – in einem Vertrag zusammengefasst, so ist deutlich zum Ausdruck zu bringen, dass neben der schuldrechtlichen Verpflichtung auch die dingliche **Abtretung** gewollt ist. Zur Absicherung der Verkäuferposition kann es sich ggf. anbieten, das Wirksamwerden der Abtretung aufschiebend bedingt an die vollständige Kaufpreiszahlung zu koppeln. 7

Ist der Verkäufer nicht Inhaber der Geschäftsanteile, etwa weil er sie bereits an einen Dritten abgetreten hat, so ist nach den iRd. MoMiG v. 23.10.08 (BGBl. I 08, 2026) geschaffenen Regelungen der §§ 16 Abs. 3 und 40 GmbHG nF ein **gutgläubiger Erwerb** möglich. Voraussetzung für einen gutgläubigen Erwerb ist, dass 1. der nicht berechtigte Veräußerer als Gesellschafter in der Gesellschafterliste eingetragen ist und dass die Gesellschafterliste im Erwerbszeitpunkt seit mindestens drei Jahren unrichtig ist, oder 2. die Gesellschafterliste seit weniger als drei Jahren unrichtig ist und die Unrichtigkeit dem wahren Berechtigten zuzurechnen ist, und 3. der Gesellschafterliste kein Widerspruch gegen ihre Richtigkeit zugeordnet ist. 8

Hierzu ausführlich *Harbath* ZIP 08, 57; *Mohr* GmbH-StB 09, 283; *Wicke* NotBZ 09, 1, 12 f.; vgl auch OLG München 31 Wx 162/10 v. 11.3.11, NZG 11, 473.

Zum sog **„Mantelkauf“** BGH II ZB 4/02 v. 7.7.03, WM 03, 1814; *Heyer/Reichert-Clauß* NZG 05, 193; *Bohrer* DNotZ 03, 888; *Altmeppen* DB 03, 2050. 9

Im Hinblick auf **§ 1365 BGB** ist festzusetzen, ob der Verkäufer durch die Anteilsübertragung über sein gesamtes Vermögen oder den wesentlichen Teil seines Vermögens verfügt. Weitere familien- und erbrechtliche Beschränkungen sind möglich (vgl. zB §§ 1419, 1450, 1643, 1822 Nr. 3, 2040 Abs. 1, 2112, 2211, 1984 BGB). Zur vormundschaftsgerichtlichen Genehmigung bei Erwerb durch **Minderjährige** vgl. BGH X ZR 199/99 v. 28.1.03, ZEV 03, 375; II ZR 148/88 v. 20.2.89, NJW 89, 1926. 10

Durch den Gesellschaftsvertrag kann die Abtretung der Geschäftsanteile an weitere Voraussetzungen geknüpft, insb. von der **Zustimmung** der Gesellschaft abhängig gemacht werden (§ 15 Abs. 5 GmbHG; zur Einmann-GmbH BGH II ZR 209/90 v. 15.4.91, DStR 91, 952). Die Vertragsgestaltung setzt daher die Kenntnis der GmbH-Satzung voraus. Zur Umgehung von solchen Vinkulierungsklauseln *Liebscher* ZIP 03, 825; *Lutter/Grunewald* AG 89, 109; *Transfeld* GmbHR 10, 185 ff. 11

Der Verkauf von Geschäftsanteilen kann bei umsatzstarken Unternehmen **kartellrechtlichen** Beschränkungen unterliegen (§§ 35 ff. GWB). Zur Haftung bei Scheitern eines Kaufs *Kapp* DB 89, 1224; bei arglistiger Täuschung: *Hübner* BB 10, 1483. 12

(frei) **13, 14**

c) Steuerrecht

Bei im **Privatvermögen** gehaltenen Beteiligungen unterlag der Veräußerungsgewinn vor Inkrafttreten des UntStRefG 2008 v. 14.8.07 (BGBl. I 07, 1912) nur unter den Voraussetzungen des § 17 EStG (Beteiligung von mindestens 1%), des § 23 EStG 15 (privates Veräußerungsgeschäft) oder des § 21 UmwStG bzw. § 22 UmwStG 2006 (einbringungsgeborene Anteile) der ESt.

15a Nach § 17 EStG ist eine Anteilsveräußerung steuerpflichtig, wenn der Veräußerer oder – bei unentgeltlichem Erwerb – sein Rechtsvorgänger zu irgendeinem Zeitpunkt innerhalb der letzten fünf Jahre zu mindestens 1% an der Kapitalgesellschaft beteiligt war. Diese Neuregelung gilt für Veräußerungen seit dem 1.1.02 (bei abweichendem Wj. der Gesellschaft, deren Anteile verkauft werden, ggf. auch später, s. § 52 Abs. 34a EStG). Hieran hat sich durch das UntStRefG 2008 (Rz. 15) grds. nichts geändert.

16 Natürliche Personen mit Wohnsitz im **Ausland** unterliegen über § 49 Abs. 1 S. 2 EStG ebenfalls der Steuerpflicht nach § 17 EStG, wenn die Kapitalgesellschaft, deren Anteile veräußert werden, Geschäftsleitung oder Sitz im Inland hat. Eine Besteuerung wird regelmäßig nur eintreten, wenn kein DBA existiert, da die Abkommen hier idR die Wohnsitzbesteuerung vorsehen (vgl. Art. 13 Abs. 4 OECD-MA).

17 Gewinne aus der Veräußerung unterlagen **bis zum 31.12.08** (bei abweichendem Wj. ggf. später, § 52 Abs. 4a EStG; zu Ausnahmen siehe Rz. 19) dem sog. **Halbeinkünfteverfahren** (§ 3 Nr. 40 EStG).

17a Bei Veräußerungen **seit dem 1.1.09** gilt das sog. **Teileinkünfteverfahren** (§ 3 Nr. 40 Buchst. a EStG, § 3c Abs. 2 Satz 1 EStG), dh. 60% des Veräußerungsgewinns sind zu versteuern, 60% der Anschaffungskosten sind zu berücksichtigen. Soweit das Teileinkünfteverfahren greift, entfällt die Tarifbegünstigung des § 34 EStG. Verbleibende Veräußerungsverluste sind iRd. § 10d EStG zu 60% ausgleichs- und vortragsfähig, es sei denn es gelten die Ausnahmeregelungen des § 17 Abs. 2 Satz 6 EStG.

18 Bei Anteilen im Privatvermögen und einer Beteiligung an der Kapitalgesellschaft, die 1% des Stammkapitals nicht erreicht, ist bei Veräußerungen bis einschließlich 31.12.08 eine Steuerpflicht nur gemäß § 23 EStG im Fall eines **Spekulationsgeschäfts** gegeben, dh. schuldrechtlicher Erwerb und schuldrechtliche Veräußerung innerhalb einer Jahresfrist. Seit 2009 gilt auch hier das Teileinkünfteverfahren (2002 bis 2008: Halbeinkünfteverfahren). Das Teileinkünfteverfahren gilt nicht bei Anteilen, die innerhalb der letzten sieben Jahre vor der Veräußerung durch die Einbringung eines Betriebes, Teilbetriebes oder Mitunternehmeranteils entstanden sind, bei der das eingebrachte Vermögen nicht mit dem Teilwert angesetzt wurde (**einbringungsgeborene Anteile,** § 3 Nr. 40 S. 3 und 4 EStG).

19 Bei Veräußerungen ab dem 1.1.09 wird der Veräußerungsgewinn als Einkünfte aus Kapitalvermögen gem. § 20 Abs. 2 Nr. 1 EStG idF des UntStRefG 2008 (Rz. 15) qualifiziert. Es gelten die Grundsätze der **Abgeltungssteuer** mit einer Definitivbelastung von 25%. Auf eine Haltefrist kommt es nicht an. Verluste aus der Veräußerung von GmbH-Anteilen können mit den übrigen Einkünften aus Kapitalvermögen verrechnet werden. Der Abzug der tatsächlichen Werbungskosten ist bei der Ermittlung der Einkünfte aus Kapitalvermögen ausgeschlossen (§ 20 Abs. 9 EStG). Zu den Einzelheiten s. *Binnewies* GmbH-StB 08, 16; *ders.* AG 08, 25 ff.

20 Auch für **Anteile im Betriebsvermögen** eines Einzelunternehmens oder einer Personengesellschaft gilt idR ab 2009 (s. Rz. 17a) das Teileinkünfteverfahren. Zur Rechtslage bis 2002 s. die 3. Auflage.

21 Gewinne aus der **Veräußerung** einer Beteiligung an einer GmbH **durch eine Kapitalgesellschaft** sind seit dem 1.1.02 (bei abweichendem Wj. ggf. später, § 34 Abs. 6d Nr. 2 KStG) steuerfrei (§ 8b Abs. 2 KStG). Seit dem 1.1.04 ist die Befreiung auf 95% des Veräußerungsgewinns beschränkt, da nach § 8b Abs. 3 S. 1 KStG 5% als nicht abzugsfähige Betriebsausgabe fingiert werden. Dies gilt sowohl für Beteiligungen an inländischen als auch für Beteiligungen an ausländischen Kapitalgesellschaften. Steuerpflichtig ist die Veräußerung nach § 21 Abs. 1 Satz 1 UmwStG bzw. § 22 Abs. 1 Satz 1 UmwStG 2006 einbringungsgeborener Anteile, sofern die Veräußerung nicht mehr als sieben Jahre nach dem Einbringungsvorgang liegt. **Verluste** aus einer

Teilwertabschreibung, einem Verkauf oder einer Liquidation sind – wohl auch innerhalb der Sperrfristen – steuerlich irrelevant (§ 8b Abs. 3 KStG).

Gehört zum Betriebsvermögen der GmbH ein Grundstück, so löst die Anteilsübertragung **Grunderwerbsteuer** aus, wenn sich durch den Erwerb 95% der Anteile mittelbar oder unmittelbar in der Hand des Erwerbers vereinigen (§ 1 Abs. 3 GrEStG zu den Einzelheiten: *Fabry/Pitzer* GmbHR 99, 766; *Mack/Schwedhelm/Olgemöller/Spatscheck* GmbHR 99, 1221; gleichl. Ländererlasse v. 2.12.99, BStBl. I 99, 991; *Baumann* UVR 00, 334). **22**

Die Veräußerung unterliegt nicht der **Umsatzsteuer.** Soweit der Verkäufer Unternehmer iSd. UStG ist, liegt zwar ein umsatzsteuerbarer Vorgang vor, der jedoch nach § 4 Nr. 8f UStG befreit ist. Es besteht die Möglichkeit, nach § 9 UStG zu optieren. **23**

(frei) **24, 25**

2. Einzelerläuterungen

Rubrum: Zu den Formerfordernissen vgl. Rz. 3ff.

Zu § 1: Vertragsgegenstand

Der Erwerber eines Geschäftsanteils haftet gem. §§ 16 Abs. 2, 22, 24 GmbHG für die von seinem Rechtsvorgänger und anderen Gesellschaftern nicht erbrachten Stammeinlagen, einschließlich nicht geleisteter Fehlbeträge (*Baumbach/Hueck* § 16 Rz. 23; *Krafczyk/Gerloch* GmbHR 06, 1038; *Schmidt* BB 85, 154). Diese Haftung kann vertraglich nicht beschränkt werden. **26**

Die Regelung in Absatz 2 ist der iRd. MoMiG geschaffenen Möglichkeit des gutgläubigen Erwerbs § 16 Abs. 2 GmbHG geschuldet und hat klarstellende Funktion. **26a**

Zu § 2 Abs. 2: Verkauf (Kaufpreis)

Ein für das **Gewinnbezugsrecht** des Veräußerers (§ 101 Nr. 2 Halbs. 2 BGB; vgl. unten Anm. zu § 6) gezahlter Kaufpreisanteil für privat gehaltene Geschäftsanteile unterfällt beim Verkäufer nicht den Einkünften aus Kapitalvermögen, sondern ist Teil des Veräußerungspreises (BFH VIII R 316/83 v. 22.5.84, BStBl. II 84, 746; FG Hamburg I 230/81 v. 15.8.84, EFG 85, 122). Der Erwerber kann einen anteiligen Kaufpreis für das Recht zum Bezug dieser Gewinnanteile nicht als Werbungskosten geltend machen; es handelt sich um Anschaffungskosten der Geschäftsanteile iSd. § 17 Abs. 2 EStG (BFH IX R 36/01 v. 21.9.04, BStBl. II 06, 12; VIII R 316/83 v. 22.5.84, BStBl. II 84, 746; *Dirrigl* DB 90, 1045). **27**

Entsprechendes gilt für den Erwerb eines zum **Betriebsvermögen** gehörenden Geschäftsanteils (BFH I R 199/84 v. 21.5.86, BStBl. II 86, 794; I R 190/81 v. 21.5.86, BStBl. II 86, 815; *Schmidt* FR 86, 465). Der gesamte Kaufpreis stellt Anschaffungskosten für die Beteiligung dar, auch wenn für das anteilige Gewinnbezugsrecht ein Entgelt gesondert ausgewiesen wird (BFH I R 190/81 v. 21.5.86, BStBl. II 86, 815). **28**

Zu § 2 Abs. 3: Verkauf (Fälligkeit des Kaufpreises)

Die Fälligkeit ist nicht an den Anteilsübergang gebunden. Die Zahlung kann auch auf einen früheren oder späteren Zeitpunkt vereinbart werden. **29**

Liegt zwischen Übertragung und Kaufpreiszahlung ein langer Zeitraum, wird der Kaufpreis gestundet oder Ratenzahlung ohne Verzinsung der Raten vereinbart, so hat zur Bewertung der Gegenleistung eine Abzinsung zu erfolgen. Für den Fall längerer Zahlungsziele sollten Sicherheiten, etwa eine selbstschuldnerische Bankbürgschaft, in Betracht gezogen oder der Übergang der Geschäftsanteile unter die aufschiebende Bedingung der vollständigen Kaufpreiszahlung gestellt werden. **30**

Zur Besteuerung von **Veräußerungsrenten** *Schmidt/Heinicke* § 4 Rz. 76ff. u. *Schmidt/Weber-Grellet* § 17 Rz. 205ff. **31**

Zu § 3 Abs. 1: Abtretung (Zeitpunkt)

32 Da die Übertragung der GmbH-Anteile dinglich der bloßen Einigung gem. § 413 iVm. § 398 BGB bedarf, können die Vertragschließenden den Übergang auf einen bestimmten künftigen **Zeitpunkt** legen (*MünchKommBGB/Roth* § 398 Rz. 81). Mit diesem Zeitpunkt wird die Übertragung Dritten gegenüber wirksam. Nur noch der Erwerber kann über den Geschäftsanteil verfügen (*Scholz/Winter/Seibt* § 16 Rz. 12). Gegenüber der GmbH gilt der Erwerber hingegen erst mit der Anmeldung bei der Gesellschaft gem. § 16 Abs. 1 Satz 1 GmbHG als Gesellschafter (eingehend *Müller* DStR 98, 296, mwN). Bis dahin ist die GmbH verpflichtet, den Veräußerer als Berechtigten zu behandeln, selbst wenn sie von der Abtretung weiß. Der Erwerber muss bis zur Anmeldung alle Rechtshandlungen zwischen der GmbH und dem Veräußerer (wie etwa eine Gewinnausschüttung) gegen sich gelten lassen. Nur auf Grund des Kaufvertrags kann er ggf. beim Verkäufer Regress nehmen (*Scholz/Winter/Seibt* § 16 Rz. 11 ff.).

33 Der Zeitpunkt, zu dem das wirtschaftliche Eigentum an der Beteiligung auf den Erwerber übergeht, ist **einkommensteuerrechtlich** für die Entstehung des Veräußerungsgewinns maßgeblich (FG München 1 K 4352/02 v. 28.1.04, EFG 04, 810; BFH IV R 113/81 v. 30.6.83, BStBl. II 83, 640). Er ist nach dem Vertragswortlaut unter Beachtung des wirtschaftlichen Gehalts der gesamten zwischen den Beteiligten getroffenen vertraglichen Vereinbarungen zu bestimmen (BFH VIII R 7/90 v. 22.9.92, BStBl. II 93, 228; IV R 107/92 v. 29.4.93, BStBl. II 93, 666; IV R 88/90 v. 23.1.92, BStBl. II 92, 525; IV R 47/73 v. 2.5.74, BStBl. II 74, 707; FG Köln XII 283/78 F v. 28.4.81, EFG 82, 80; FG Berlin VIII 491/85 v. 23.3.87, EFG 87, 505). Ist die Abtretung des Geschäftsanteils aufschiebend durch die vollständige Kaufpreiszahlung bedingt, geht das wirtschaftliche Eigentum idR gleichwohl bereits mit Wirksamwerden des schuldrechtlichen Vertrags über (vgl. hierzu BFH VIII R 28/02 v. 17.2.04, BStBl. ll 05, 46).

Erfolgt die Übertragung zum **Jahreswechsel,** so ist vertraglich klar zu bestimmen, ob die Übertragung noch in den abgelaufenen oder bereits in den neuen VZ fällt. Die Uhrzeit ist mit anzugeben, also „31.12.2007, 24.00 Uhr (Mitteleuropäische Zeit)" für den Übergang noch in 2007, „1.1.2008, 0.00 Uhr (Mitteleuropäische Zeit)" für den Übergang erst in 2008. Um Zweifeln aus dem Wege zu gehen, kann der Zeitpunkt des Anteilsübergangs um den Ablauf eines Tages verlegt werden („31.12.2007, 0.00 Uhr"; „1.1.2008, 24.00 Uhr").

34 Für das **Schachtelprivileg** bei der GewSt (§ 9 Nr. 2a GewStG) ist die Identität des Abtretungszeitpunkts mit dem Schnittpunkt des Geschäftsjahres bedeutsam. Sie ist ferner maßgeblich für die steuerliche Anerkennung einer **Organschaft.** Wechselt die Organgesellschaft (veräußertes Unternehmen) den Organträger (Veräußerer/Erwerber) zum Stichtag des Wirtschaftsjahres, so ist die finanzielle Eingliederung gem. § 14 KStG beim Veräußerer und beim Erwerber gegeben (KStR 59; *Streck* § 14 Rz. 61). Siehe im Übrigen A. 10.00 Rz. 20 ff.

Zu § 3 Abs. 2: Abtretung (Zustimmung)

35 Vgl. Rz. 11. Die Zustimmung ist hier in den Vertrag aufgenommen, da alle Anteilseigner verkaufen. Werden nicht alle Geschäftsanteile verkauft, muss die erforderliche Zustimmung gesondert herbeigeführt werden.

Alternativ zu der hier vorgeschlagenen unbedingten Übertragung kann zur Absicherung des Kaufpreisanspruchs ggf. die Wirksamkeit der Abtretung unter die aufschiebende Bedingung der vollständigen Kaufpreiszahlung gestellt werden.

Zu § 3 Abs. 3: Vollmacht

35a Eine Bevollmächtigung des Erwerbers für den Zeitraum bis zur Eintragung im Handelsregister ist wegen § 16 Abs. 1 Satz 1 GmbHG erforderlich.

Zu § 5: Zusicherungen

Vgl. zunächst Rz. 6. Die Zusicherungen sind nicht zwingend. Sie können – je nach Einzelfall – erweitert, beschränkt oder modifiziert werden (vgl. *Binz/Götz* DStR 91, 1629). **36**

Zu § 6: Gewinn

Gesellschaftsrechtlich stehen konkrete **Gewinnansprüche** gegen die Gesellschaft den im Zeitpunkt des Gewinnverteilungsbeschlusses beteiligten Gesellschaftern zu (§ 29 GmbHG), auch soweit sie auf die Beteiligungszeit eines Dritten entfallen. Die Gesellschaft schüttet an den nach außen hin Berechtigten aus. **37**

Im Verhältnis zwischen Käufer und Verkäufer gebühren die Gewinnanteile des laufenden Geschäftsjahres dem Veräußerer und dem Erwerber gem. § 101 Nr. 2 Halbs. 2 BGB nach dem Verhältnis der Dauer ihrer Beteiligung (BGH II ZR 45/94 v. 30.1.95, DStR 95, 537; *Loritz* DStR 98, 84). Diese Bestimmung ist jedoch dispositiv, so dass die Parteien eine abweichende Regelung treffen können. **38**

Steuerlich sind Ausschüttungen nach Anteilsübertragung dem Erwerber zuzurechnen und von ihm zu versteuern, selbst wenn es sich um Erträge aus der Zeit vor Abtretung handelt (§ 20 Abs. 5 EStG). **39**

Verluste können im Zusammenhang mit einer Anteilsübertragung ab dem 1.1.08 gemäß § 8c KStG nur noch begrenzt erhalten werden. Bei Anteils- oder Stimmrechtsübertragung von mehr als 25% aber weniger als 50% ist ein quotaler Untergang des Verlustabzugs vorgesehen. Ein schädlicher Anteilswechsel liegt vor, wenn innerhalb eines Zeitraums von fünf Jahren mittelbar oder unmittelbar mehr als 25% der Anteile an einen Erwerber, nahe stehende Personen oder eine Gruppe mit gleichgerichteten Interessen übertragen werden (§ 8c Satz 1 KStG). Werden innerhalb eines Zeitraums von fünf Jahren mittelbar oder unmittelbar mehr als 50% der Anteile an einen Erwerber, nahe stehende Personen oder eine Gruppe mit gleichgerichteten Interessen übertragen, geht der vorhandene Verlustvortrag vollständig verloren (§ 8c Satz 2 KStG). Bei der Feststellung der Grenze von 50% sind die schädlichen Anteilserwerbe, die bereits zu einem quotalen Untergang des Verlustvortrags geführt haben, mit zu berücksichtigen. Zu den Einzelheiten siehe *Streck* § 8c Rz. 1 ff.; zur Vorgängerregelung des § 8 Abs. 4 KStG aF vgl. 5. Auflage (A. 6.10 Rz. 40). **40**

Nach dem Wortlaut des § 8c Abs. 1a Satz 1 KStG führt ein grundsätzlich nach § 8c Abs. 1 KStG schädlicher Beteiligungserwerb, der zum Zweck der Sanierung des Geschäftsbetriebs der Körperschaft erfolgt, nicht zur Verlustvernichtung (sog. Sanierungsklausel). Sanierung ist gemäß § 8c Abs. 1a Satz 2 KStG eine Maßnahme, die darauf gerichtet ist, die Zahlungsunfähigkeit oder Überschuldung zu verhindern oder zu beseitigen und zugleich die wesentlichen Betriebsstrukturen zu erhalten. Durch Kommissionsbeschluss v. 26.1.11 (PM IP/11/65) wurde die **Sanierungsklausel** rückwirkend für **mit dem EU-Recht unvereinbar** erklärt (dazu *Drüen* DStR 11, 289, s. auch *Dörr* NWB 11, 690; *Dorfmueller* StuB 11, 147). Die BReg. sowie ein Unternehmen haben am 7.4.11 (Rs. T-205/11) und 6.6.11 (*Heitkamp Bau Holding,* Rs. T-287/11) gegen den Beschluss der Kommission Klage beim Gericht der Europäischen Union erhoben. Die Klage in der Rs. EuG T-205/11 ist zwischenzeitlich wegen verspäteter Klageerhebung durch die Bundesrepublik Deutschland abgewiesen worden (EuG T-205/11 v. 18.12.12, DStR 13, 132); das Rechtsmittelverfahren ist beim EuGH anhängig (Az: C-102/13 P).

Zu § 7: Wettbewerbsverbot

Ein gegenständlich, örtlich und zeitlich begrenztes **Wettbewerbsverbot** verstößt nicht gegen § 1 GWB. In der Rspr-Praxis wird idR die Dauer eines nachvertraglichen Wettbewerbsverbotes von zwei Jahren als angemessen angesehen (BGH II ZR 159/03 v. 18.7.05, NJW 05, 3061; I ZR 286/94 v. 29.1.96, NJW-RR 96, 741 f.; II ZR **41**

59/02 v. 29.9.03, NZG 04, 35). Sollte die zeitliche Begrenzung des Wettbewerbsverbots im Einzelfall den angemessenen Rahmen überschreiten, die örtliche und gegenständliche Begrenzung aber nicht zu beanstanden sein, kommt eine geltungserhaltende Reduktion des Wettbewerbsverbots auf einen zeitlich angemessenen Rahmen in Betracht (BGH II ZR 159/03 v. 18.7.05, NJW 05, 3061; *Lohr* GmbH-StB 10, 115).

42 **Steuerrechtlich** ist ein Wettbewerbsverbot, das nicht nur eine Nebenabrede zum Unternehmenskaufvertrag, sondern eine – ggf. gesondert vergütete – Hauptleistung darstellt, dem eigenständige wirtschaftliche Bedeutung zukommt, ein selbständig zu aktivierendes Wirtschaftsgut (BFH VIII B 26/06 v. 16.2.07, BFH/NV 07, 1113, mwN; vgl. auch *Wiesbrock/Wübbelsmann* GmbHR 05, 519; BFH VI 67/64 U, VI 68/64 U v. 23.7.65, BStBl. III 65, 612; I R 130/85 v. 30.3.89, BFH/NV 89, 780). Eine eigenständige wirtschaftliche Bedeutung ist dem Wettbewerbsverbot beizumessen, wenn es zeitlich begrenzt ist, sich in seiner wirtschaftlichen Bedeutung heraushebt und wenn dies in den getroffenen Vereinbarungen, vor allem in einem neben dem Kaufpreis für die Beteiligung geleisteten Entgelt, das auch verdeckt vereinbart sein kann, klar zum Ausdruck gelangt (BFH IX R 76/99 v. 11.3.03, BFH/NV 03, 1161). Ist ein aktivierungspflichtiges und aktivierungsfähiges selbstständiges Wirtschaftsgut anzunehmen, unterliegt dieses der AfA. Das hierfür gezahlte Entgelt unterfällt beim Verkäufer den Einkünften nach § 22 Nr. 2 EStG. Die Anwendung des ermäßigten Steuersatzes entfällt (BFH IX R 76/99 v. 11.3.03, BFH/NV 03, 1161; BFH VIII R 140/79 v. 21.9.82, BStBl. II 83, 289). Zur USt vgl. BFH V R 41/76 v. 30.7.86, BStBl. II 86, 874.

43 *(frei)*

Zu § 8: Verjährung

44 Die **Verjährung** der Gewährleistungsansprüche beim Anteilserwerb ist sehr umstritten (*Eidenmüller* NJW 02, 1625; *Palandt/Weidenhoff* § 453 Rz. 31 ff.). Die Verjährungsfristen sind daher vertraglich festzulegen.

Zu § 9 Abs. 1: Sonstiges (Kosten)

45 Beim Erwerber zählen zu den **Anschaffungskosten** neben dem Kaufpreis auch die anfallenden Nebenkosten, zB Kosten der Beratung, Notarkosten und etwaige Grunderwerbsteuer, aber auch Reisekosten etc. (BFH VIII R 52/02 v. 20.4.04, BStBl. II 04, 556; VIII R 13/90 v. 18.8.92, BStBl. II 93, 34).

46 Beim Verkäufer stellen diese Kosten **Betriebsausgaben, Veräußerungskosten** (§§ 16, 17 EStG) oder **Werbungskosten** dar. Zur steuerlichen Abzugsfähigkeit s. Rz. 15 ff.

Zu § 9 Abs. 2: Sonstiges (Umsatzsteuer)

47 USt fällt zwar grundsätzlich nicht an (vgl. Rz. 23), dennoch sollte auf eine vertragliche Klarstellung, dass sich der vereinbarte Kaufpreis ggf. um die gesetzliche USt erhöht, nicht verzichtet werden. Zu weiteren Steuerklauseln s. *Stümper/Walter* GmbHR 08, 31.

A. 6.11 Anteilsabtretung (Schenkung)

Gliederung

I. FORMULAR

Formular A. 6.11 Anteilsabtretung (Schenkung)

Urkundenrolle Nummer ......
Verhandelt am ...... zu ......
Vor dem Notar ...... erschienen:

1. **Herr ......, geboren am ......,**
   wohnhaft in ......, – nachfolgend Schenker genannt –
2. **dessen Sohn, Herr ...... – nachfolgend Beschenkter genannt –**

Die Erschienenen wiesen sich wie folgt aus: ......
Sie baten um die Beurkundung der nachstehenden

SCHENKUNG UND ANTEILSABTRETUNG

§ 1 Vertragsgegenstand

(1) Der Schenker ist an der im Handelsregister des Amtsgerichts ...... unter HRB ...... eingetragenen GmbH (im Folgenden „Gesellschaft") mit einem Geschäftsanteil im Nennbetrag von € ...... (Geschäftsanteil Nr. ......) beteiligt. Das Stammkapital der Gesellschaft beträgt € ...... (in Worten: ......).

(2) Die Stammeinlagen sind in voller Höhe einbezahlt.

§ 2 Schenkung und Abtretung

(1) Der Schenker tritt seinen Geschäftsanteil mit Wirkung zum ......, ... Uhr Mitteleuropäischer Zeit, an den Beschenkten unentgeltlich ab.

(2) Der Beschenkte nimmt die Schenkung und Abtretung an.

§ 3 Gewährleistung

Für die Sorgfaltspflichten sowie für die Haftung wegen Sach- oder Rechtsmangels gelten die §§ 521 bis 524 BGB, jedoch mit der Maßgabe, dass der Schenker nur Vorsatz zu vertreten hat.

§ 4 Widerruf

Der Schenker ist berechtigt, die Schenkung unter den Voraussetzungen des § 530 BGB zu widerrufen.

§ 5 Sonstiges

(1) Der Gesellschaftsvertrag sieht eine Beschränkung der Abtretung der Geschäftsanteile nicht vor.

(2) Die mit dem Abschluss und der Durchführung dieses Vertrags entstehenden Kosten sowie die ggf. entstehende Schenkungsteuer trägt der Beschenkte.

(3) Der Schenker verpflichtet sich, die Anteilsabtretung bei der Gesellschaft anzuzeigen.

(4) Sollte ein Teil dieses Vertrags nichtig oder unwirksam sein oder werden, so soll an die Stelle der nichtigen oder unwirksamen Bestimmung eine angemessene Ersatzregelung treten, die dem Geist dieses Vertrags gerecht wird und von der angenommen werden kann, dass die Vertragschließenden sie vereinbart hätten, wenn sie

die Nichtigkeit gekannt hätten. Die übrigen Bestimmungen dieses Vertrags bleiben von der Nichtigkeit oder Unwirksamkeit unberührt.

Der Notar belehrte die Erschienenen darüber, dass der Beschenkte für die nichterbrachten Geldeinlagen oder Fehlbeträge nicht vollwertig geleisteter Sacheinlagen unbeschränkt haftet.

Diese Niederschrift wurde den Erschienenen vom Notar vorgelesen, von ihnen genehmigt und von ihnen und dem Notar eigenhändig wie folgt unterschrieben:

....	....	....
(Unterschrift)	**(Unterschrift)**	**(Unterschrift Notar)**

II. ERLÄUTERUNGEN

Erläuterungen zu A. 6.11 Anteilsabtretung (Schenkung)

1. Grundsätzliche Anmerkungen

a) Wirtschaftliches Vertragsziel

1 Ziel des Vertrags ist die **unentgeltliche** Übertragung eines Geschäftsanteils. Häufigster Fall wird die Abtretung an Kinder etwa im Rahmen vorweggenommener Erbfolge sein. In diesem Fall ist in der Vereinbarung klarzustellen, ob eine Anrechnung auf den Erbteil und/oder den Pflichtteil erfolgen soll oder nicht (vgl. § 2315 BGB). Der Erblasser kann dabei den Anrechnungswert bis zur Höhe des Verkehrswerts bestimmen.

b) Zivilrecht/Gesellschaftsrecht

2 Zivilrechtlich enthält der Vertrag den sofortigen Vollzug der Schenkung durch Abtretung der Geschäftsanteile (zur Abtretung vgl. A. 6.10 Rz. 7).

3 Der Vertrag bedarf **notarieller Beurkundung** (§ 15 Abs. 4 Satz 1 GmbHG) und bei dem Anteilserwerb durch Minderjährige uU vormundschaftsgerichtlicher Genehmigung (§§ 1643, 1821, 1822 BGB; im Einzelnen streitig, vgl. BGH X ZR 199/99 v. 28.1.03, ZEV 03, 375; II ZR 167/88 v. 20.2.89, BGHZ 107, 23; *Wälzholz* GmbH-StB 06, 170; *Scholz/Winter/Seibt* § 15 Rz. 242f.; *Rowedder/Schmidt-Leithoff* § 15 Rz. 122ff.; *Baumbach/Hueck* § 15 Rz. 3ff.), die im Hinblick auf die steuerrechtliche Anerkennung der Schenkung stets eingeholt werden sollte (vgl. BFH IX R 216/84 v. 31.10.89, HFR 90, 297; FG BaWü 4 K 177/02 v. 19.9.06, EFG 06, 1824).

c) Steuerrecht

4 **Ertragsteuern:** Durch die zivilrechtlich wirksame (vgl. Rz. 3) Abtretung des Geschäftsanteils geht die Einkunftsquelle auf den Beschenkten über. Maßgeblicher Zeitpunkt ist der Übergang des wirtschaftlichen Eigentums.

5 **Erbschaftsteuer:** Die Anteilsschenkung ist schenkungsteuerpflichtig (§ 7 Abs. 1 Nr. 1 ErbStG). Da das BVerfG die alten Bewertungsregeln für erbschaft- und schenkungsteuerrechtliche Zwecke für verfassungswidrig erklärt hatte (BVerfG 1 BvL 10/02 v. 7.11.06, BStBl. II 07, 192), war der Gesetzgeber verpflichtet, bis zum 31.12.08 ein neues Gesetz zu schaffen. Am 1.1.09 trat das Erbschaftsteuerreformgesetz v. 24.12.08 (BGBl. I 08, 3018) in Kraft. Darin werden aus Sicht der GmbH insbes. die Bewertung von GmbH-Anteilen neu geregelt (§ 12 ErbStG), sowie Verschonungsregeln für die Schenkung oder Vererbung von Unternehmensvermögen eingeführt (§ 13a und § 13b ErbStG). Zu den Einzelheiten der Reform aus Sicht der GmbH vgl. *Piltz* DStR 08, 745; *Rödder* DStR 08, 997; *Kamps* FR 09, 353; *Riedel* ZErb 09, 2; *Schwedhelm/*

Fraedrich GmbH-StB 08, 110; *Fraedrich* GmbH-StB 09, 45; *Schilten/Korezkij* DStR 09, 73. Schenker und Beschenkter sind Gesamtschuldner der Schenkungsteuer; der Vertrag stellt klar, dass im Innenverhältnis die Schenkungsteuer durch den Beschenkten getragen werden soll.

Grunderwerbsteuer: Die Anteilsübertragung kann Grunderwerbsteuer auslösen (vgl. A. 6.10 Rz. 22). Im Fall der Schenkung greift jedoch die Befreiung nach § 3 Nr. 2 GrEStG. **6**

(frei) **7–9**

2. Einzelerläuterungen

Zu § 1: Vertragsgegenstand

Vgl. A. 6.10 Rz. 26. **10**

Zu § 2: Schenkung und Abtretung

Vgl. A. 6.10 Rz. 32ff. **11**

Zu § 3: Gewährleistung

Nach § 521 BGB haftet der Schenker grds. für Vorsatz und grobe Fahrlässigkeit. **12**
Zur **Haftung** für Rechts- und Sachmängel vgl. §§ 523, 524 BGB sowie A. 6.10 Rz. 6ff. Die Haftung für Vorsatz kann vertraglich nicht ausgeschlossen werden (§ 276 Abs. 3 BGB).

Zu § 4: Widerruf

Nach § 530 BGB kann die Schenkung **widerrufen** werden, wenn sich der Be- **13**
schenkte durch schwere Verfehlung groben Undanks schuldig macht (vgl. im Einzelnen *Palandt/Weidenkaff* § 530 Rz. 4ff.).

Zu § 5 Abs. 1: Sonstiges (Abtretungsbeschränkung)

Die Vereinbarung ist dem jeweiligen Gesellschaftsvertrag anzupassen (vgl. § 15 **14**
Abs. 5 GmbHG u. A. 6.10 Rz. 35).

A. 6.12 Anteilsverpfändung

Gliederung

I. FORMULAR

Formular A. 6.12 Anteilsverpfändung

Urkundenrolle Nummer ......

Verhandelt am ...... zu ......

Vor dem Notar ...... erschienen:

1. Herr A, wohnhaft in ......,

2. Herr B, wohnhaft in ......

Die Erschienenen wiesen sich wie folgt aus:

Sie baten um die Beurkundung nachstehender

VERPFÄNDUNG EINES GESCHÄFTSANTEILS

1. Herr A hält an der im Handelsregister des Amtsgerichts ...... unter HRB ...... (Geschäftsanteil Nr. ......) eingetragenen ......-GmbH einen Geschäftsanteil im Nennbetrag von € ...... des insgesamt € ...... betragenden Stammkapitals. Die Stammeinlagen sind in voller Höhe einbezahlt.
2. Herr A verpfändet den in Ziffer 1. genannten Geschäftsanteil an Herrn B. Die Verpfändung erstreckt sich nicht auf die Gewinnansprüche.
3. Die Verpfändung dient der Sicherung aller sich aus dem am ...... zwischen den Parteien abgeschlossenen Darlehensvertrag ergebenden Ansprüche des Herrn B gegen Herrn A.
4. Alle Mitgliedschaftsrechte, insbesondere das Stimmrecht, verbleiben bei Herrn A, der sich verpflichtet, alles zu unterlassen, was den Wert des Geschäftsanteils beeinträchtigen könnte.
5. Das Pfandrecht erlischt, sobald das Darlehen (Hauptsumme nebst Zinsen) getilgt ist.
6. Herr B kann den gepfändeten Geschäftsanteil ohne vollstreckbaren Titel öffentlich versteigern lassen, falls Herr A mit einer fälligen Verbindlichkeit aus dem Darlehensvertrag vom ...... mit mehr als 30 Kalendertagen in Verzug gerät. Die Versteigerung kann an jedem beliebigen Ort in der Bundesrepublik Deutschland stattfinden.
7. Die Einwilligung der Gesellschaft zur Verpfändung des Geschäftsanteils liegt vor. Sonstige Beschränkungen der Verpfändung durch den Gesellschaftsvertrag bestehen nicht.
8. Die mit dem Abschluss und der Durchführung dieses Vertrags entstehenden Kosten trägt Herr A.
9. Sollte ein Teil dieses Vertrags nichtig oder unwirksam sein oder werden, so soll an die Stelle der nichtigen oder unwirksamen Bestimmung eine angemessene Ersatzregelung treten, die dem Geist dieses Vertrags gerecht wird und von der angenommen werden kann, dass die Vertragschließenden sie vereinbart hätten, wenn sie die Nichtigkeit gekannt hätten. Die übrigen Bestimmungen dieses Vertrags bleiben von der Nichtigkeit oder Unwirksamkeit unberührt.
10. Gerichtsstand ist ......
11. Der Notar wird gebeten, die Verpfändung des Geschäftsanteils bei der Gesellschaft anzuzeigen.

Diese Niederschrift wurde den Erschienenen vom Notar vorgelesen, von ihnen genehmigt und von ihnen und dem Notar eigenhändig wie folgt unterschrieben:

....	....
(Unterschrift A)	(Unterschrift B)
	....
	(Unterschrift Notar)

II. ERLÄUTERUNGEN

Erläuterungen zu A. 6.12 Anteilsverpfändung

1. Grundsätzliche Anmerkungen

a) Wirtschaftliches Vertragsziel

Die Verpfändung des Geschäftsanteils dient der **Sicherung** einer Forderung, hier eines Darlehens (eingehend *Bruhns* GmbHR 06, 587; *Kupjetz* GmbHR 04, 1006; *Mertens* ZIP 98, 1787; *Rodewald* GmbHR 95, 418; mit Formulierungsvorschlag: *Dahlbender* GmbH-StB 12, 386). 1

Alternativ könnte der Geschäftsanteil zur **Sicherheit abgetreten** werden. Die Sicherungsabtretung unterliegt jedoch ggf. der Grunderwerbsteuer (vgl. A. 6.10 Rz. 22f.) und belastet den Sicherungsnehmer mit allen Verpflichtungen, die sich aus der Gesellschafterstellung ergeben. IdR ist daher die Verpfändung als Sicherungsmittel vorzuziehen. Ggf. kann das Pfandrecht auf die Gewinnansprüche ausgedehnt und der Pfandgläubiger zur Ausübung des Stimmrechts ermächtigt werden (vgl. Rz. 12). 2

b) Zivilrecht

Geschäftsanteile oder Teile eines Geschäftsanteils können verpfändet werden, soweit die Abtretung zulässig ist (§ 1274 Abs. 2 BGB). Schließt der Gesellschaftsvertrag die Abtretung aus oder macht er sie von bestimmten Voraussetzungen abhängig (§ 15 Abs. 5 GmbHG), so gilt dies auch für die Verpfändung. Die Teilverpfändung bedarf entsprechend § 46 Nr. 4 GmbHG der Beschlussfassung durch Gesellschafterversammlung. Darüber hinaus ist jeweils zu prüfen, ob der Gesellschaftsvertrag die Verpfändung von gesonderten Voraussetzungen abhängig macht. Sofern die GmbH selbst eigene ihrer Anteile hält, können auch diese ggf. verpfändet werden, vgl. *Jordans* GmbHR 13, R 246-R 248. 3

Auch zukünftige Geschäftsanteile vor Eintragung der GmbH oder vor Durchführung einer beschlossenen Kapitalerhöhung können wirksam verpfändet werden (*Scholz/Winter/Seibt* § 15 Rz. 172). 4

Die Verpfändung bedarf der **notariellen Form** (§ 15 Abs. 3 GmbHG, § 1274 Abs. 1 BGB). 5

Wird der verpfändete Geschäftsanteil **abgetreten,** so geht das Pfandrecht als dingliche Last mit über. Der gutgläubige lastenfreie Erwerb ist nicht geschützt: Das wirksam vereinbarte Pfandrecht bleibt also auch für den Fall des gutgläubigen Erwerbs vom Nichtberechtigten bestehen (§ 16 Abs. 3 Satz 1 GmbHG). 6

Das Pfandrecht kann jederzeit formfrei **aufgehoben** werden. 7

c) Steuerrecht

Die Verpfändung des Geschäftsanteils ist für die steuerrechtliche **Zuordnung** des Vermögensgegenstandes und der Erträge grds. unbeachtlich. Steuerlicher „Anteilseigner" ist der Sicherungsgeber (*Schmidt/Weber-Grellet* § 20 Rz. 172; vgl. auch § 20 Abs. 5 EStG, mwN). 8

Grunderwerbsteuer fällt ebenfalls nicht an. 9

Erst bei der Verwertung des Pfandrechts durch öffentliche Versteigerung oder freihändigen Verkauf entstehen steuerrechtliche Folgen aus dem Übergang des Geschäftsanteils (vgl. hierzu A. 6.10 Rz. 15ff.). 10

2. Einzelerläuterungen

11 **Zu 2: Gewinnansprüche** werden von dem Pfandrecht nicht erfasst, es sei denn, diese werden ausdrücklich mitverpfändet (Nutzungspfand). Das Gewinnbezugsrecht kann auch allein verpfändet werden (vgl. *Scholz/Winter/Seibt* § 15 Rz. 182).

12 **Zu 4:** Der Pfandgläubiger hat grds. nur das Recht zur Befriedigung aus dem Pfand. Die **Mitgliedschaftsrechte** werden von dem Pfandrecht nicht erfasst. Allerdings kann der Pfandgläubiger bevollmächtigt werden, das Stimmrecht auszuüben, soweit der Gesellschaftsvertrag dies nicht ausschließt (*Scholz/Winter/Seibt* § 15 Rz. 178f.).

13 Gegen **Beeinträchtigungen** des Pfandrechts durch Gesellschafterbeschlüsse oder rechtsgestaltende Akte der GmbH ist der Pfandgläubiger grds. nicht geschützt (vgl. *Scholz/Winter/Seibt* § 15 Rz. 191ff.). Ausnahme: Vorsätzliche sittenwidrige Schädigung.

14 **Zu 5:** Das Pfandrecht **erlischt** mit der Befriedigung des Pfandgläubigers, soweit nichts anderes vereinbart wird.

15 **Zu 6:** Grds. kann der Pfandgläubiger seine Befriedigung aus dem Pfandrecht nur auf Grund eines vollstreckbaren Titels im Wege der **Zwangsvollstreckung** suchen (§ 1277 BGB). Unter Beachtung von §§ 1229, 1245 Abs. 2 BGB können jedoch von der gesetzlichen Verwertungsart abweichende Vereinbarungen getroffen werden (*Palandt/Bassenge* § 1277 Rz. 3). So kann auf die Notwendigkeit eines dinglichen Titels verzichtet werden. Statt öffentlicher Versteigerung kann freihändiger Verkauf vereinbart werden (§§ 1245, 1235 BGB).

16 **Zu 7:** Der Vertragstext ist auf den jeweiligen Gesellschaftsvertrag hin abzustimmen (vgl. Rz. 3).

17 **Zu 11:** Ob die Verpfändung im Hinblick auf § 1280 BGB (*Bruhns* GmbHR 06, 587) der **Anzeige/Anmeldung** an die Gesellschaft bedarf, ist streitig (vgl. *Scholz/Winter/Seibt* § 15 Rz. 175; verneinend für die neue Rechtslage: *Pilger* GmbHR 09, R193–R194). Vorsorglich sollte eine Anmeldung erfolgen.

A. 6.13 Arbeitsvertrag

I. FORMULAR

Formular A. 6.13 Arbeitsvertrag

1. Herr/Frau ...... – nachfolgend Arbeitnehmer genannt –

und

2. X-GmbH – nachfolgend GmbH genannt –

schließen folgenden

ARBEITSVERTRAG

1. Mit Arbeitnehmer wird ab ...... ein Arbeitsverhältnis vereinbart.

2. Arbeitnehmer wird folgende Arbeiten verrichten:

......

......

3. Die Arbeitszeit beträgt ...... Stunden in der Woche; im Übrigen werden die Zeiten nach den Betriebserfordernissen festgelegt.

4. Arbeitnehmer erhält ein Gehalt von € ...... monatlich, das zum Ende eines Monats gezahlt wird. Im Dezember werden € ...... als Weihnachtsgeld gezahlt.

5. Das Gehalt wird im Fall vorübergehender Verhinderung – wie zB durch Krankheit – entsprechend den gesetzlichen Vorschriften weitergezahlt.

6. Arbeitnehmer erhält einen Erholungsurlaub von ...... Werktagen.

7. Für die Beendigung des Arbeitsverhältnisses gelten die gesetzlichen Bestimmungen.

II. ERLÄUTERUNGEN

Erläuterungen zu A. 6.13 Arbeitsvertrag

Der Vertrag regelt das **Verhältnis** zu einem **Gesellschafter-Arbeitnehmer.** Es 1
handelt sich um eine Kurzfassung, die Einzelregelungen auf Grund eines Interessengegensatzes zwischen GmbH und Arbeitnehmer weitgehend vermeidet. Der Vertrag bezweckt in erster Linie, dem Gebot klarer und rechtzeitiger, zivilrechtlich gültiger Verträge zur Vermeidung von vGA nachzukommen.

Ist der Gesellschafter Geschäftsführer, s. „Geschäftsführervertrag", Formular A. 6.26 2
und „Geschäftsführervertrag (Kurzfassung)", Formular A. 6.27.

Das mit einem Gesellschafter vereinbarte Gehalt muss angemessen sein, um vGA zu 3
vermeiden.

Der als Arbeitnehmer angestellte Alleingesellschafter ist nicht sozialversicherungs- 4
pflichtig (BSG B 12 KR 30/04 R v. 25.1.06, GmbHR 06, 645; 11 RAr 39/89 v. 9.11.89, GmbHR 90, 300; *Löw* GmbHR 06, 649). Bei Missachtung besteht die Gefahr einer vGA.

A. 6.14 Auftrag

Siehe Formular A. 6.24 „Geschäftsbesorgung".

A. 6.15 Aufwendungsersatz

Siehe hierzu Formular A. 6.26 § 8 „Geschäftsführervertrag". Die dort in den Geschäftsführervertrag eingebaute Vereinbarung über einen Aufwendungsersatz kann – nach Anpassung – auch in andere Verträge übernommen werden. Soweit die Vereinbarung mit einem beherrschenden Gesellschafter getroffen wird, muss sie klar, rechtzeitig und zivilrechtlich gültig sein, außerdem vertragsgemäß durchgeführt werden.

A. 6.16 Beirat

Siehe Formular A. 6.00 § 5 mit Anmerkungen.

A. 6.17 Beratungsvertrag

I. FORMULAR

Formular A. 6.17 Beratungsvertrag

1. Herr/Frau......
und
2. X-GmbH
schließen den nachfolgenden

BERATUNGSVERTRAG

1. Herr/Frau ...... steht der GmbH zur Beratung zur Verfügung.

2. Die Beratung erstreckt sich insbesondere auf folgende Bereiche:
......
......

3. Die Beratung erfolgt mündlich gegenüber der Geschäftsführung oder in Abstimmung mit der Geschäftsführung auch gegenüber anderen Mitarbeitern der GmbH. Nach Absprache im Einzelfall wird Herr/Frau ...... seine/ihre Überlegungen auch schriftlich niederlegen.

4. Als Entgelt erhält Herr/Frau ...... monatlich pauschal € ....../je Beratungstag € ....../je Beratungsstunde € ...... zuzüglich der gesetzlichen Umsatzsteuer, sofern diese ordnungsgemäß nach § 14 UStG in Rechnung gestellt wird. Nachgewiesene Aufwendungen, die durch die Beratungstätigkeit verursacht sind (zB Reisekosten), werden zusätzlich erstattet.

5. Der Vertrag ist auf unbestimmte Dauer abgeschlossen. Er kann von jeder Seite mit einer Frist von drei Monaten zum Quartalsende eines Kalenderjahres gekündigt werden.

II. ERLÄUTERUNGEN

Erläuterungen zu A. 6.17 Beratungsvertrag

1 Der **Zweck** eines Beratungsvertrages ist evident. Mit dem Alleingesellschafter oder einem beherrschenden Gesellschafter der GmbH wird er häufig dann vereinbart, wenn sich der Gesellschafter im Alter aus der Geschäftsführung zurückzieht und die unmittelbare Geschäftsführung durch Beratungsleistungen ablöst.

2 Der **zeitgerechte Abschluss** des Vertrages mit beherrschenden Gesellschaftern vermeidet verdeckte Gewinnausschüttungen. Das Problem liegt in der Angemessenheit des Beratungshonorars. Allerdings stellt sich das Problem nicht nur dem Berater, sondern auch der prüfenden FinVerw. Fälle wegen Unangemessenheit des Honorars sind daher relativ selten.

3 Der beratende Gesellschafter bezieht idR gewerbliche, also **gewerbesteuerpflichtige** Einkünfte, da der Tatbestand des § 18 Abs. 1 EStG selten erfüllt sein dürfte. Hierauf ist besonders hinzuweisen, weil in der Praxis die Steuerpflichtigen Beratereinkünfte spontan dem Freiberuflichen zuordnen und die Gewerbesteuerlast vergessen (viele Finanzämter auch).

A. 6.18 Betriebsabgrenzung

Gliederung

I. FORMULAR

Formular A. 6.18 Betriebsabgrenzung

Protokoll über die Gesellschafterversammlung der X-GmbH vom ......

Am ...... erschienen in ......

die Gesellschafter

......

......

sowie der Geschäftsführer

......

......

Unter Verzicht auf alle Frist- und Formerfordernisse beschließt die Gesellschafterversammlung den nachfolgenden Betriebsabgrenzungsvertrag, der hiermit mit dem Gesellschafter-Geschäftsführer abgeschlossen wird:

BETRIEBSABGRENZUNGSVERTRAG

zwischen

GmbH und dem Gesellschafter-Geschäftsführer

§ 1 Die abzugrenzenden Betriebe

(1) Herr ...... betreibt als Einzelunternehmer ein Unternehmen mit dem Unternehmenszweck ......

(2) Herr ...... ist zugleich Gesellschafter-Geschäftsführer der ...... GmbH, deren Gesellschaftszweck ...... ist.

§ 2 Befreiung vom Wettbewerbsverbot

(1) Herrn ...... ist es als Geschäftsführer gestattet, ohne Einschränkung das Einzelunternehmen zu betreiben.

(2) Herrn ...... ist es als Gesellschafter gestattet, ohne Einschränkung das Einzelunternehmen zu betreiben.

§ 3 Abgrenzung der Betriebe

(1) Die Vertragsparteien wollen durch diesen Vertrag eine Abgrenzung der in § 1 erwähnten Betriebe regeln.

(2) Herr ...... wird in seinem Einzelunternehmen folgende Geschäfte abwickeln:

......

(3) Die ...... GmbH wird im Rahmen ihres Gesellschaftszwecks folgende Geschäfte abwickeln: ......

(4) Die Vertragsparteien werden im Hinblick auf die vorstehende Abgrenzung nicht in dem jeweils anderen Geschäftsbereich tätig werden.

§ 4 Entgelt

Ein besonderes Entgelt wird nicht vereinbart. Bei der Bemessung des Geschäftsführer-Entgelts ist berücksichtigt, dass der ...... GmbH die Arbeitskraft des Gesellschafter-Geschäftsführers nur eingeschränkt zur Verfügung steht.

(Oder: Im Hinblick auf die Vorteilhaftigkeit des Vertrages für beide Seiten wird auf ein Entgelt verzichtet.)

§ 5 Dauer des Vertrages

(1) Der Vertrag ist auf unbestimmte Zeit abgeschlossen.

(2) Der Vertrag kann mit einer Kündigungsfrist von vier Wochen zum Quartalsende gekündigt werden.

(3) Der Vertrag endet, wenn die Geschäftsführerstellung des Gesellschafter-Geschäftsführers endet.

(4) Ausgleichs- oder Abfindungsansprüche nach Beendigung des Vertrages sind ausgeschlossen.

II. ERLÄUTERUNGEN

Erläuterungen zu A. 6.18 Betriebsabgrenzung

1. Wirtschaftliche Vertragsziele

1 Der Vertrag ist zweckmäßig, wenn der Gesellschafter-Geschäftsführer neben seiner Tätigkeit für die GmbH noch ein **eigenes Gewerbe** oder einen **eigenen freiberuflichen Betrieb** führt. Einmal muss er vom für den Geschäftsführer (und evtl. für den Gesellschafter) geltenden Wettbewerbsverbot befreit werden (s. Rz. 2); zum anderen ist aus steuerlichen Gründen eine klare Abgrenzung beider Betriebssphären empfehlenswert. Bei kleineren Familien-GmbH tritt der zivilrechtliche Zweck (Befreiung vom Wettbewerbsverbot) häufig zurück, da die Befreiung konkludent ausgesprochen wird. Hier ist der klare und eindeutige Abgrenzungsvertrag verbunden mit der ausdrücklichen Befreiung vom Wettbewerbsverbot in erster Linie ratsam, um vGA zu vermeiden. Die steuerlichen Zwecke stehen im Vordergrund.

2. Zivilrecht

2 Vom **Zivilrecht geboten** ist eine Regelung und evtl. **Befreiung** vom **Wettbewerbsverbot.** Jeder GmbH-**Geschäftsführer** muss grundsätzlich seine Arbeitskraft der GmbH zur Verfügung stellen; jede anderweitige Tätigkeit, die mit dem Gewerbe der GmbH **in Konkurrenz** tritt, muss **genehmigt** werden (BGH II ZR 168/79 v. 16.2.81, NJW 81, 1512; *Baumbach/Hueck* § 35 Rz. 42). Ob und inwieweit die Befreiung vom Wettbewerbsverbot in der Satzung vorgesehen sein muss, ist streitig (vgl. *Baumbach/Hueck* § 35 GmbHG Rz. 43f.). Bei Befreiung durch Mehrheitsentscheidung soll die GmbH für entstehende Nachteile entschädigt werden (*Baumbach/Hueck* § 35 GmbHG Rz. 43). Wird das Wettbewerbsverbot verletzt, so stehen der GmbH Schadensersatzanspruch und der Anspruch auf Vorteilsherausgabe zu (*Baumbach/Hueck* § 35 GmbHG Rz. 42). S. auch A. 6.26 Rz. 33.

Zum Wettbewerbsverbot für den GmbH-**Gesellschafter** s. A. 6.00 Rz. 84. Greift es ein, kann die Befreiung nur durch eine Satzungsänderung oder auf Grund einer Satzungsermächtigung durch Gesellschafterbeschluss erfolgen. Das Vertragsmuster setzt eine solche Satzungsermächtigung (Öffnungsklausel) voraus; es ist die praktikabelste und am häufigsten verwendete Möglichkeit, das Problem des Wettbewerbsverbots in den Griff zu bekommen.

Der **Betriebsabgrenzungsvertrag** ist zivilrechtlich allenfalls insoweit geboten, als er eine Regelung des Wettbewerbsverbots konkretisieren kann. Im Übrigen ist er ein **Instrument** des **Steuerrechts** (s. Rz. 3 ff.).

3. Steuerrecht

S. hierzu *Streck* § 8 Anh. Rz. 1406 ff.

Der Betriebsabgrenzungsvertrag und die Befreiung vom Wettbewerbsverbot sind nach der Rspr. des BFH im Einzelfall ratsam, um **verdeckte Gewinnausschüttungen** zu vermeiden. Die **Rechtsprechung** des **BFH** hat hierbei einen bewegten Verlauf unternommen. Seit langem verlangte die Rspr. bei einer konkurrierenden Tätigkeit des beherrschenden Gesellschafter-Geschäftsführers außerhalb der GmbH eine im Voraus getroffene klare Vereinbarung über die **Abgrenzung der Tätigkeiten** beider Gesellschaften. Fehlte eine solche Abgrenzung, wurde die Tätigkeit außerhalb der GmbH steuerlich der GmbH zugerechnet. Da sie dort nicht erfasst war, handelte es sich um vGA (s. BFH I 181/63 U v. 15.12.65, BStBl. III 66, 123; I R 130/68 v. 30.9.70, BStBl. II 71, 68; I R 79/68 v. 27.1.71, BStBl. II 71, 352; I R 128/77 v. 11.2.81, BStBl. II 81, 448; I R 229/81 v. 9.2.83, BStBl. II 83, 487). 3

Mit BFH I R 177/83 v. 11.2.87, BStBl. II 87, 461 ist die Rspr. einen Schritt weiter gegangen. Verstößt ein Gesellschafter-Geschäftsführer gegen das zivilrechtliche **Wettbewerbsverbot** und verzichtet die GmbH auf die Geltendmachung ihres Anspruchs auf Schadensersatz bzw. Vorteilsherausgabe, so lag nach der Rspr. des BFH eine vGA vor (BFH I R 8/85 v. 14.3.89, BStBl. II 89, 633; I R 142-143/85 v. 12.4.89, BStBl. II 89, 636; I R 172/87 v. 26.4.89, BStBl. II 89, 673). Vermieden wurde die vGA nur, wenn eine wirksame Befreiung vom Wettbewerbsverbot vorlag. Dabei ging die Rspr. des BFH davon aus, dass die GmbH die Befreiung idR nur dann erteilen wird, wenn sie hierfür eine angemessene Vergütung erhält. Verzichtet die GmbH hierauf, konnte auch dies eine vGA sein. 4

Mit BFH I R 155/94 v. 30.8.95 (DStR 95, 1873; bestätigt und fortgeführt in BFH I R 127/94 v. 12.10.95, DStR 96, 337; I R 45/95 v. 22.11.95, BFH/NV 96, 645; I R 97/95 v. 11.6.96, DStR 96, 1769; I R 149/94 v. 13.11.96, DStR 97, 323; I R 26/95 v. 18.12.96, DStR 97, 575; I R 126/95 v. 13.11.96, DStR 97, 918; I R 14/96 v. 12.6.97, HFR 97, 837) hat der BFH seine **Rechtsprechung grundlegend geändert** (s. dazu *Gosch* DStR 97, 442; *Wassermeyer* DStR 97, 681; *Höpken* DB 97, 702; *Weisser* GmbHR 97, 429): § 8 Abs. 3 Satz 2 KStG **erlaubt nicht,** die von einem Gesellschafter im eigenen Namen und für eigene Rechnung ausgeübte Tätigkeit und die daraus erzielten **Einkünfte** der GmbH **zuzurechnen,** selbst wenn sie dem Unternehmensgegenstand der GmbH unterfällt. Gegen einen **Alleingesellschafter** besteht – zumindest solange er der GmbH kein Vermögen entzieht, das zur Deckung des Stammkapitals erforderlich ist – kein Schadensersatzanspruch wegen einer konkurrierenden Tätigkeit, da der Alleingesellschafter **keinem Wettbewerbsverbot** gegenüber seiner Gesellschaft unterliegt. Selbst bei einem vertraglichen Wettbewerbsverbot für den Gesellschafter und/oder Geschäftsführer besteht bei Verstoß kein Schadensersatzanspruch gegen den Alleingesellschafter-Geschäftsführer. Entsprechendes gilt für eine **mehrgliedrige GmbH,** wenn die Gesellschafter gemeinschaftlich und in Ausübung gleichgerichteter Interessen handeln.

5 Das **Fehlen** eines zivilrechtlichen **Schadensersatzanspruchs schließt** die Annahme einer **vGA** durch Gewinnverlagerung zu Lasten der GmbH jedoch nach der BFH-Rspr. **nicht aus** (BFH I R 149/94 v. 13.11.96, DStR 97, 323). Dabei ist zu differenzieren, ob der Gesellschafter(-Geschäftsführer) als Subunternehmer für die GmbH oder für Dritte tätig wird. Bei Aufträgen, die der Gesellschafter(-Geschäftsführer) als **Subunternehmer** ausführt, handelt es sich um **Geschäftschancen** der GmbH. Ob die Ausführung des Geschäfts durch den Gesellschafter als Subunternehmer zur vGA führt, richtet sich nach dem Maßstab des ordentlichen und gewissenhaften Geschäftsleiters: War die Gesellschaft personell, finanziell und sachlich in der Lage, den Auftrag selbst aufzuführen oder war es kostengünstiger, einen Dritten zu beauftragen? Hierbei ist mit entscheidend, ob die an den Gesellschafter als Subunternehmer vergebene Tätigkeit nicht bereits zu seinen Geschäftsführeraufgaben gehörten (BFH I R 25/03 v. 17.12.03, BFH/NV 04, 819; I R 127/94 v. 12.10.95, DStR 96, 337; I R 149/94 v. 13.11.96, DStR 97, 323). Soweit der Gesellschafter-Geschäftsführer **von Dritten** beauftragt wird oder **mit Dritten** ein Geschäft abschließt, kann eine vGA nur angenommen werden, wenn konkrete Anhaltspunkte dafür festgestellt werden, dass der Gesellschafter hierbei Geschäftschancen der GmbH ausnutzt. Dabei können die Geschäftschancen nicht nach formalen Kriterien (etwa nach dem Unternehmensgegenstand) zugeordnet werden. Es besteht auch kein Gebot der Aufgabenabgrenzung.

6 Der BFH hat die Kriterien einer **„Geschäftschance"** bisher nicht handhabbar präzisiert (s. hierzu *Schwedhelm* BB 03, 605; *Thiel* DStR 93, 1801; *Schneider* DB 93, 1192; *Timm* GmbHR 91, 177; *Steck* GmbHR 05, 1157). Nach BFH I R 97/95 v. 11.6.96, DStR 96, 1769, ist zu prüfen, ob der Gesellschafter-Geschäftsführer sein Wissen von der Geschäftschance durch seine Tätigkeit bei der Gesellschaft erlangt hat. Dabei kann der Unternehmensgegenstand ein Indiz für die Zuordnung der Geschäftschance sein.

7 Der BFH hat mit der vorstehenden Rspr. das Erfordernis einer **Betriebsabgrenzung** bei konkurrierender Tätigkeit eines beherrschenden Gesellschafter-Geschäftsführers außerhalb der GmbH aufgegeben (BFH I R 149/94 v. 13.11.96, DStR 97, 323). Das Fehlen einer Betriebsabgrenzung führt damit nicht mehr automatisch zur vGA. Vereinbarungen über die jeweilige Geschäftstätigkeit begründen aber eine Vermutung für die jeweilige Zuordnung einer Geschäftschance. **Betriebsabgrenzungsvereinbarungen** sind daher in der Praxis weiterhin zu **empfehlen** (ebenso *Hoffmann* GmbH-StB 97, 75). Aus diesem Grund wird das Vertragsmuster hier fortgeführt.

7a Die **Unternehmenssteuerreform 2001** v. 23.10.00 (BGBl. I 00, 1433) mit der Abschaffung des Anrechnungsverfahrens hob das Problem nicht auf, da vGA weiterhin das Einkommen nicht mindern dürfen.

8 Das **Muster** enthält sowohl die Betriebsabgrenzung als auch die Befreiung vom Wettbewerbsverbot auf Grund einer Öffnungsklausel (s. Rz. 2). Es ist für den beherrschenden Gesellschafter-Geschäftsführer entworfen, kann jedoch auch für den nicht beherrschenden verwandt werden.

A. 6.19 Bürgschaft

I. FORMULAR

Formular A. 6.19 Bürgschaft

zwischen

1. X-GmbH **– nachfolgend GmbH genannt –**

und

2. Herr/Frau ...... **– nachfolgend Gesellschafter genannt –**

1. Die GmbH übernimmt für Verpflichtungen des Gesellschafters eine selbstschuldnerische Bürgschaft.

2. Für die Dauer der Bürgschaft zahlt der Gesellschafter an die GmbH eine Avalprovision in Höhe von ......% des verbürgten Betrags. Die Provision wird halbjährlich gezahlt.

3. GmbH und Gesellschafter können diesen Vertrag mit einer Frist von ...... Tagen kündigen. Unabhängig von dieser Kündigungsmöglichkeit bleibt der Gesellschafter jedoch zur Zahlung der Avalprovision (Nr. 2) verpflichtet, solange die Bürgschaftsverpflichtung der GmbH dem Gläubiger gegenüber wirksam ist.

II. ERLÄUTERUNGEN

Erläuterungen zu A. 6.19 Bürgschaft

Das Muster enthält nicht die Bürgschaftserklärung gegenüber dem Gläubiger, sondern befasst sich mit dem Verhältnis zwischen Bürge und Schuldner. 1

Das Muster ist hier aufgenommen, um durch eine rechtzeitige Vereinbarung zwischen GmbH und ihrem beherrschenden Gesellschafter eine vGA zu vermeiden, die möglich ist, wenn die GmbH eine Bürgschaft übernimmt, ohne eine Avalprovision zu erhalten, oder wenn der Gesellschafter die Bürgschaft für eine GmbH übernimmt und eine Avalprovision erhält, ohne dass ein rechtzeitig geschlossener Vertrag vorliegt. 2

Das Muster geht von einer Bürgschaft der GmbH aus; es ist jedoch problemlos auf die Bürgschaft des Gesellschafters umzuschreiben. 3

A. 6.20 Darlehen

I. FORMULAR

Formular A. 6.20 Darlehen

DARLEHENSVERTRAG

zwischen

X-GmbH **– nachfolgend Darlehensgeberin genannt –**

und

Herr/Frau ...... **– nachfolgend Darlehensnehmer genannt –**

§ 1 Darlehen

(1) Darlehensgeberin gewährt Darlehensnehmer ein Darlehen über € ......

(2) Darlehensnehmer bestätigt, den Darlehensbetrag erhalten zu haben.

§ 2 Zinsvereinbarung

(1) Das Darlehen wird mit ......% p. a. verzinst.

(2) Die Zinsabrechnung erfolgt vierteljährlich/jährlich, erstmals zum ......

§ 3 Kündigung

(1) Das Darlehen ist von beiden Seiten mit einer Frist von ...... zum Quartalsende, erstmals zum ......, in voller Höhe oder in Teilbeträgen kündbar. In dem Zeitpunkt, in

dem die Kündigung wirksam wird, wird der Darlehensbetrag nach § 1 gemeinsam mit den Zinsen in einer Summe fällig.

(2) Darlehensnehmer kann auch unabhängig von Abs. 1 Darlehensbeträge zurückzahlen.

§ 4 Sicherung

Nach Überprüfung der Bonität des Darlehensnehmers verzichtet Darlehensgeberin auf die Stellung einer Sicherheit.

(Oder: Der Darlehensnehmer stellt folgende Sicherheit: ......)

§ 5 Beendigung des Vertrags

(1) Vorbehaltlich § 3 endet der Vertrag am ...... Zu diesem Zeitpunkt wird der Darlehensbetrag nach § 1 gemeinsam mit den Zinsen in einer Summe fällig.

(2) Über eine Darlehensverlängerung werden sich die Parteien ggf. verständigen.

(3) Zwingendes Recht des Bürgerlichen Gesetzbuchs geht dem Vertrag vor und lässt ihn im Übrigen bestehen.

II. ERLÄUTERUNGEN

Erläuterungen zu A. 6.20 Darlehen

1 Es handelt sich um einfache Darlehensverträge zwischen GmbH und ihrem Gesellschafter. Die GmbH ist Darlehensgeberin. Sofern es sich bei dem Gesellschafterdarlehen ausnahmsweise um ein Verbraucherdarlehen handelt, muss der Vertrag zusätzlich die Pflichtangaben nach Art. 247 § 6 Abs. 2 EGBGB enthalten; der Darlehensnehmer hat in diesem Fall ein Widerrufsrecht nach § 495 BGB.

2 § 5 des Vertrags hat die Funktion klarzustellen, dass der Darlehensbetrag auf jeden Fall zurückgezahlt werden soll (Vermeidung einer verdeckten Gewinnausschüttung durch „Darlehensausschüttung", vgl. *Streck* § 8 Anh. Rz. 248 ff.).

A. 6.21 Dienstvertrag

Siehe Formulare A. 6.26 und A. 6.27.

A. 6.22 Einlage

1 Ein besonderer Einlagevertrag ist nicht erforderlich. Überweist der Gesellschafter seiner GmbH zur finanziellen Unterstützung € 50.000,– in seiner Eigenschaft als Gesellschafter ohne sonstigen Rechtsgrund, so handelt es sich um eine gesellschaftsrechtliche Einlage, die die GmbH der Rücklage zuführen wird. Ein besonderer Einlage-Vertrag ist nicht erforderlich, wird hier also *nicht als Formular vorgestellt.*

2 Allerdings kann sich die Einlage in sonstigen Verträgen als verdeckte Einlage verbergen. Kauft der Anteilseigner von seiner GmbH ein Grundstück für € 1 Mio., das € 600.000,– wert ist, so erbringt er in Höhe von € 400.000,– eine verdeckte Einlage.

A. 6.23 Einziehung

I. FORMULAR

Formular A. 6.23 Einziehung

Protokoll über die Gesellschafterversammlung der X-GmbH vom ......

1. Am ...... um ...... erschienen in ...... die Gesellschafter
- **Herr A ......**
- **Herr B ......**
- **Herr C ......**

sowie der Geschäftsführer Herr ......

2. Die Gesellschafterversammlung stellte fest:

a) Die Versammlung ist gem. § ...... des Gesellschaftsvertrages ordnungsgemäß einberufen worden.

b) Es sind ......% des Stammkapitals vertreten. Die Versammlung ist gem. § ...... des Gesellschaftsvertrages beschlussfähig.

c) Der Gesellschafter B hat bei der Beschlussfassung über die Einziehung seiner Geschäftsanteile gem. § ...... des Gesellschaftsvertrages kein Stimmrecht.

3. Die Gesellschafterversammlung beschließt einstimmig:

a) Der Geschäftsanteil des Gesellschafters B im Nennbetrag von € ...... wird gem. § ...... des Gesellschaftsvertrages eingezogen.

b) Der Geschäftsführer wird beauftragt, dem Gesellschafter B gegenüber die Einziehung schriftlich zu erklären.

c) Die Nennbeträge der nach der Einziehung verbleibenden Geschäftsanteile werden anteilig um den Nennbetrag des eingezogenen Geschäftsanteils im Verhältnis der Nennbeträge der verbleibenden Geschäftsanteile zum Stammkapital erhöht (Aufstockung).

d) Der Geschäftsführer wird mit der Ermittlung und Auszahlung des Abfindungsguthabens gem. § ...... des Gesellschaftsvertrages beauftragt.

4. Der Gesellschafter B gab keine Erklärung ab.

5. Die Gesellschafterversammlung wurde um ...... Uhr beendet.

II. ERLÄUTERUNGEN

Erläuterungen zu A. 6.23 Einziehung

Eine Einziehung ist nur auf Grund einer Ermächtigung im Gesellschaftsvertrag zulässig (§ 34 Abs. 1 GmbHG). Die Einziehung nicht voll eingezahlter Anteile ist unzulässig, sofern sie nicht mit einer entsprechenden Kapitalherabsetzung verbunden ist (eingehend *Zeilinger* GmbHR 02, 772). 1

Nach Beschlussfassung ist die Einziehung gegenüber dem betroffenen Gesellschafter durch den Geschäftsführer (schriftlich) zu erklären, wenn der Gesellschafter an der Beschlussfassung nicht teilgenommen hat. Eine Eintragung der Einziehung in das Handelsregister ist nicht erforderlich (*Baumbach/Hueck* § 34 GmbHG Rz. 18), wohl aber die Einreichung einer neuen Gesellschafterliste (§ 40 GmbHG). Durch die Einziehung wird das Beteiligungsrecht des betroffenen Geschäftsanteils vernichtet. 2

Seit Inkrafttreten des MoMiG v. 23.10.08 (BGBl. I 08, 2026) sind materielle wie formelle Fragen im Zusammenhang mit der Einziehung von Geschäftsanteilen unklar. 3

Ausgangspunkt ist der durch das MoMiG neugefasste § 5 Abs. 3 Satz 2 GmbHG: Danach muss die Summe der Nennbeträge aller Geschäftsanteile mit dem Stammkapital übereinstimmen. Die Übereinstimmung zwischen satzungsmäßig ausgewiesenem Stammkapital und Summe der Nennbeträge aller Geschäftsanteile entfällt naturgemäß im Zeitpunkt der Einziehung: Der eingezogene Geschäftsanteil erlischt (BGH II ZR 172/97 v. 14.9.98, DStR 98, 2212; BFH IX R 15/08 v. 22.7.08, BStBl. II 08, 927; BayObLG BReg 3 Z 125/91 v. 25.10.91, DNotZ 92, 183; *Ulmer/Habersack/Löbbe* GmbHG, Bd. 2, 2. Aufl. 2014, § 34 Rz. 1; *Vollhardt* GmbHR 95, 617, 618; *Roderwald* in *Centrale für GmbH* GmbH-Handbuch Rz. 1144; *Wälzholz* in *Gosch/Schwedhelm/Spiegelberger* GmbH-Beratung, Ausscheiden eines Gesellschafters, 6. „Kaduzierung"). Vor diesem Hintergrund soll nach wohl hM erforderlich sein, den Einziehungsbeschluss mit einem Beschluss zur Anpassung des Stammkapitals oder der Nennbeträge der Geschäftsanteile, sei es durch Schaffung weiterer Geschäftsanteile oder durch Aufstockung der verbleibenden Geschäftsanteile, zu verbinden; andernfalls ist der gefasste Einziehungsbeschluss ggf. nichtig, jedenfalls bis zur Durchführung von Kapitalanpassungsmaßnahmen schwebend unwirksam (vgl. hierzu OLG München 7 U 2413/11 v. 15.11.11, DNotI-Report 12, 30; 7 U 2413/11 v. 21.9.11, DNotI-Report 12, 30; LG Essen 42 O 100/09 v. 9.6.10, NZG 10, 867, mit Anm. *Schulze* juris-PR-HaGesR 12/2010 Anm. 5; *Haberstroh* NZG 10, 1094; *Wanner-Laufer* NJW 10, 1499; *Lange* DNotI-Report 10, 29; LG Neubrandenburg 10 O 62/09 v. 31.3.11, ZIP 11, 1214; *Gehrlein*, Der Konzern 07, 771, 774; *Greitemann* in *Saenger/Inhester*, GmbHG, 2. Aufl. 2013, § 34 Rz. 59; *Katschinski/Rawert*, ZIP 08, 1993, 1997; *Meyer* NZG 09, 1201, 1202; *Scholz/Veil*, Nachtrag MoMiG § 5 Rz. 10; **aA**: OLG Saarbrücken 8 U 315/10 v. 1.12.11, GmbHR 12, 209; *Blunk/Rabe* GmbHR 12, 212; *Rossa-Heise* GmbH-StB 12, 76).

4 Einziehung einerseits und Anpassung des Stammkapitals bzw. der Nennbeträge der Geschäftsanteile andererseits sollten mit Blick auf die unsichere Rechtslage in einer einheitlichen Gesellschafterversammlung beschlossen werden. Hieran knüpfen formelle Probleme an: Die Anpassung des Stammkapitals im Gesellschaftsvertrag als Satzungsänderung bedarf der notariellen Beurkundung. Gleiches soll nach herrschender – allerdings streitiger – Ansicht für den Fall der Ausgabe eines neuen Geschäftsanteils gelten (zum Streitstand: *Braun* GmbHR 10, 82). Jedenfalls für den Fall der Erhöhung der verbliebenen Anteile um den Nennbetrag des untergegangenen Geschäftsanteils („nominelle Aufstockung") wird die nicht notariell beurkundete Beschlussfassung überwiegend als zulässig angesehen (*Deutsches Notarinstitut* DNotI-Report 10, 29; *Braun* GmbHR 10, 82). Der BGH hat die Frage der Formbedürftigkeit einer Aufstockung bislang nicht abschließend entschieden (BGH II ZR 318/87 v. 6.6.98, NJW 89, 168).

5 Empfohlen wird zT, nach Ausschluss eines Gesellschafters dessen Anteil nicht einzuziehen, sondern – sofern die Satzung dies vorsieht – die Abtretung an die verbleibenden Gesellschafter oder an Dritte zu verlangen (*Lange* DNotI-Report 10, 29).

6 Vorliegendes Muster sieht – trotz verbleibender Formrisiken – die Aufstockung der verbleibenden Geschäftsanteile um den Nennbetrag des untergegangenen Geschäftsanteils vor. Restrisiken der formellen Unwirksamkeit können vermieden werden, wenn die Niederschrift über die gefassten Einziehungs- und Satzungsänderungs- oder Aufstockungsbeschlüsse durch einen in der Versammlung anwesenden Notar beurkundet wird.

7 In der Bilanz wird nach Einziehung das Stammkapital in alter Höhe ausgewiesen. Das gezahlte oder noch geschuldete Einziehungsentgelt muss wegen des Kapitalerhaltungsgebotes (§§ 34 Abs. 3, 30 Abs. 1 GmbHG) zu Lasten offener Rücklagen oder eines Gewinnvortrags verbucht werden (*Scholz/Westermann* § 34 Rz. 63).

Vgl. ferner – auch zur **steuerlichen Behandlung** – A. 6.00 Rz. 137ff. u. Rz. 120ff.

A. 6.24 Geschäftsbesorgung

I. FORMULAR

Formular A. 6.24 Geschäftsbesorgung

1. Herr/Frau ......
und
2. X-GmbH
schließen den nachfolgenden

GESCHÄFTSBESORGUNGSVERTRAG

1. Herr/Frau ...... übernimmt die nachfolgend umschriebene Geschäftsbesorgung für die GmbH:

......

2. Herr/Frau ...... wird sich bei der Geschäftsbesorgung ausschließlich vom Interesse der GmbH leiten lassen.

3. Herr/Frau ...... erhält als Entgelt € ...... zuzüglich der gesetzlichen Umsatzsteuer (also € ......), sofern diese ordnungsgemäß nach § 14 UStG in Rechnung gestellt wird. Das Entgelt wird zwei Wochen nach Inrechnungstellung fällig.

4. Herr/Frau ...... wird alles, was er/sie zur Ausführung der Geschäftsbesorgung erhält und was er/sie aus der Geschäftsbesorgung erlangt, herausgeben.

5. Die GmbH wird Herrn/Frau ...... alle Aufwendungen erstatten, die er/sie zur Besorgung des Geschäfts für erforderlich halten darf.

6. Der Vertrag endet mit der Beendigung des zu besorgenden Geschäfts.

(Oder: Der Vertrag kann jederzeit – mit zweiwöchiger Frist – gekündigt werden.)

II. ERLÄUTERUNGEN

Erläuterungen zu A. 6.24 Geschäftsbesorgung

Geschäftsbesorgungsverträge gibt es in typisierter Form (Rechtsanwalt, Steuerberater, Makler, Bank, Gebrauchtwagenverkauf usw.). Das hier abgedruckte Formular ist in erster Linie für atypische Fälle der **Geschäftsbesorgung im Einzelfall** geschaffen. 1

Geschäftsbesorgungsverträge werden in solchen Fällen selten schriftlich vereinbart. 2 Soll der Vertrag mit einem beherrschenden Gesellschafter abgeschlossen werden, so ist der rechtzeitige klare Vertragsabschluss zur Vermeidung verdeckter Gewinnausschüttungen erforderlich; hier empfiehlt sich auch die Schriftform.

Einkünfte aus Geschäftsbesorgungsverträgen sind idR gewerbliche Einkünfte, sofern 3 die Geschäftsbesorgung nicht Teil einer freiberuflichen Tätigkeit iSd. § 18 EStG ist.

Die **Umsatzklausel** der Nr. 3 setzt voraus, dass der Geschäftsbesorger Unterneh- 4 mer im umsatzsteuerlichen Sinn ist. Bei einer anhaltenden Geschäftsbesorgung ist dies die Regel; bei einer einmaligen muss dies nicht der Fall sein.

A. 6.25 Geschäftsführerbestellung

I. FORMULARE

Formular A. 6.25 Geschäftsführerbestellung

Die Gesellschafterversammlung der X-GmbH, bestehend aus

1. Herrn A ......

2. Herrn B ......

3. Herrn C ......

beschließt unter Verzicht auf alle Formen und Fristen für die Einberufung einer Gesellschafterversammlung gem. § ...... des Gesellschaftsvertrages einstimmig:

BESTELLUNG

1. **Die Bestellung des Herrn A zum Geschäftsführer wird mit Wirkung zum ...... widerrufen. Herrn A wird Entlastung erteilt.**
2. **Herr B wird mit Wirkung zum ...... zum Geschäftsführer bestellt. Herr B vertritt die Gesellschaft allein. Er ist von der Beschränkung des § 181 BGB generell befreit.**
3. **Mit Herrn B schließt die Gesellschaft den als Anlage beigefügten Anstellungsvertrag. Herr B ist insoweit von § 181 BGB befreit.**

............................., den ...... **..**

(Unterschrift)

Formular A. 6.25a Handelsregisteranmeldung

Titl.

Amtsgericht

– Registergericht –

Handelsregistersache X-GmbH

HRB ......

Wir überreichen den Gesellschafterbeschluss vom ...... und melden zur Eintragung an: ......

1. **Die Bestellung von Herrn A zum Geschäftsführer ist mit Wirkung zum ...... widerrufen worden.**
2. **Herr B ist mit Wirkung zum ...... zum Geschäftsführer bestellt worden. Herr B vertritt die Gesellschaft allein. Er ist von der Beschränkung des § 181 BGB generell befreit.**
3. **Herr B zeichnet seine Unterschrift wie folgt:**

....

(Unterschrift)

4. **Herr B versichert, dass er nicht wegen einer Insolvenzstraftat (Bankrott, Verletzung der Buchführungspflicht, Gläubigerbegünstigung, Schuldnerbegünstigung – §§ 283–283d StGB) rechtskräftig verurteilt worden ist und ihm die Ausübung eines**

Berufs, Berufszweiges, Gewerbes oder Gewerbezweiges weder durch gerichtliches Urteil noch durch vollziehbare Entscheidung einer Verwaltungsbehörde untersagt ist und dass er über seine unbeschränkte Auskunftspflicht gegenüber dem Gericht durch den Notar (Name des beglaubigenden Notars) belehrt worden ist.

…………………………, den …… **…………………………………………………**
(Geschäftsführer)

…………………………………………………
(Beglaubigungsvermerk)

II. ERLÄUTERUNGEN

Erläuterungen zu A. 6.25 Geschäftsführerbestellung

1 Bestellung und Abberufung eines Geschäftsführers erfolgt durch **Beschluss** der Gesellschafter, soweit der Gesellschaftsvertrag nichts anderes bestimmt (§ 46 Nr. 5 und 7 GmbHG). Bei der Gründung erfolgt die Bestellung idR im Gründungsprotokoll (vgl. A. 6.00 Rz. 148 ff.).

2 Unterliegt die GmbH der **Mitbestimmung,** so ist die Bestellung und Abberufung der Geschäftsführer zwingend dem Aufsichtsrat zugewiesen (§ 31 MitbestG, §§ 12, 13 MontanMitbestG).

3 Auch der Abschluss des **Anstellungsvertrages (Geschäftsführervertrag),** der von der Bestellung zu trennen ist, setzt einen Gesellschafterbeschluss voraus, der jedoch getrennt von der Bestellung gefasst werden kann. Vgl. hierzu A. 6.26 Rz. 12 ff.

Erläuterungen zu A. 6.25a Handelsregisteranmeldung

4 Die Bestellung und Abberufung eines Geschäftsführers sind zur Eintragung im Handelsregister anzumelden, § 39 Abs. 1 GmbHG. Die **Anmeldung** erfolgt elektronisch in öffentlich beglaubigter Form (§ 12 HGB; *Seibert/Wedemann* GmbHR 07, 17; *Clausnitzer/Blatt* GmbHR 06, 1303) durch die Geschäftsführer. Ein neu bestellter Geschäftsführer kann selbst die Anmeldung vornehmen (Einzelvertretung) oder an ihr mitwirken (Gesamtvertretung), ein abberufener Geschäftsführer nur dann, wenn er zurzeit der Anmeldung selbst noch Geschäftsführer ist (*Baumbach/Hueck* § 39 GmbHG Rz. 9; OLG Zweibrücken 3 W 209/05 v. 15.2.06, DB 06, 662; BayObLG 3 Z BR 183/03 v. 17.9.03, GmbHR 03, 1356; großzügig LG Berlin 98 T 25/92 v. 22.7.92, GmbHR 93, 291, für einen alleinigen Geschäftsführer).

5 Zur Befreiung v. § 181 BGB vgl. A. 6.00 Rz. 52 ff.

A. 6.26 Geschäftsführervertrag

Gliederung

I. FORMULAR

Formular A. 6.26 Geschäftsführervertrag

GESCHÄFTSFÜHRERVERTRAG

zwischen

1. X-GmbH, vertreten durch die Gesellschafterversammlung,

– nachfolgend Gesellschaft genannt –

und

2. Herr/Frau ...... – nachfolgend Geschäftsführer genannt –

§ 1 Geschäftsführung und Vertretung

(1) Der Geschäftsführer ist berechtigt und verpflichtet, die Gesellschaft nach Maßgabe der Gesetze, des Gesellschaftsvertrags und einer etwaigen Geschäftsführungsordnung allein zu vertreten und die Geschäfte der Gesellschaft allein zu führen. Weisungen der Gesellschafterversammlung sind zu befolgen, soweit Vereinbarungen in diesem Vertrag nicht entgegenstehen.

(2) Der Geschäftsführer hat die ihm obliegenden Pflichten mit der Sorgfalt eines ordentlichen und gewissenhaften Kaufmanns unter Wahrung der Interessen der Gesellschaft wahrzunehmen.

(3) Der Geschäftsführer ist von den Beschränkungen des § 181 BGB befreit.

§ 2 Einzelne Aufgaben

(1) Dem Geschäftsführer obliegt die Leitung und Überwachung des Unternehmens im Ganzen.

(2) Der Geschäftsführer nimmt die Rechte und Pflichten des Arbeitgebers im Sinne der arbeits- und sozialrechtlichen Vorschriften wahr.

(3) Der Geschäftsführer hat die steuerlichen Interessen der Gesellschaft zu wahren. Er ist verpflichtet, innerhalb von 3 Monaten nach Ablauf des Geschäftsjahres unter Beachtung der handels- und steuerrechtlichen Bilanzierungsregeln den Jahresabschluss (Bilanz, Gewinn- und Verlustrechnung sowie Anhang) zu erstellen. Ihm obliegt es, für eine den handels- und steuerrechtlichen Vorschriften entsprechende Buchführung und eine dem Unternehmen entsprechende Betriebsabrechnung zu sorgen.

(4) Der Geschäftsführer hat für die rechtzeitige und ordnungsgemäße Offenlegung des Jahresabschlusses nach § 325 HGB Sorge zu tragen. Von größenabhängigen Erleichterungen nach §§ 326, 327, 327a HGB ist Gebrauch zu machen, sofern die Gesellschafterversammlung nichts anderes beschlossen hat.

(5) Soweit kein abweichender Gesellschafterbeschluss gefasst wird, hat der Geschäftsführer die Gesellschafterversammlung ordnungsgemäß einzuberufen, sie zu leiten und ordnungsgemäß abzuwickeln sowie die Gesellschafterbeschlüsse zu protokollieren.

(6) Der Geschäftsführer hat der Gesellschafterversammlung einen Geschäftsbericht zu erstatten. Auf Verlangen sind schriftliche Zwischengeschäftsberichte und Auskünfte zu erteilen.

(7) Der Geschäftsführer hat die notwendigen Anmeldungen zum Handelsregister vorzunehmen.

(8) Genehmigungen zur Abtretung von Geschäftsanteilen und Teilgeschäftsanteilen darf der Geschäftsführer nur auf Grund des Gesellschaftsvertrags und der einschlägigen Gesellschafterbeschlüsse vornehmen. Dasselbe gilt für die Anforderung etwa noch ausstehender Stammeinlagen.

(9) Der Geschäftsführer hat gemäß § 40 GmbHG nach jeder Veränderung in den Personen der Gesellschafter oder des Umfangs ihrer Beteiligung unverzüglich eine von ihm unterschriebene Liste der Gesellschafter mit deren Namen, Vornamen, Stand, Wohnort und Stammeinlagen zum Handelsregister einzureichen.

§ 3 Genehmigungsbedürftige Geschäfte

Der Geschäftsführer bedarf für alle Geschäfte und Maßnahmen, die über den gewöhnlichen Betrieb des Handelsgewerbes der Gesellschaft hinausgehen, der ausdrücklichen Einwilligung der Gesellschafterversammlung. Hierzu zählen insbesondere:

a) Alle Verfügungen über Grundstücke, Rechte an einem Grundstück oder Rechte an einem Grundstücksrecht, die Verpflichtung zur Vornahme derartiger Verfügungen;
b) die Veräußerung des Unternehmens im Ganzen, die Errichtung, Veräußerung und Aufgabe von Betrieben oder Betriebstätten;
c) der Erwerb anderer Unternehmen, der Erwerb, die Änderung oder Kündigung von – auch stillen – Beteiligungen einschließlich des Erwerbs von Geschäftsanteilen der Gesellschaft sowie der Abtretung eigener Geschäftsanteile der Gesellschaft; ferner die Stimmabgabe in Beteiligungsgesellschaften;
d) der Abschluss, die Änderung und die Kündigung von Verträgen über Organschaften (Beherrschungs- und Ergebnisabführungsverträge), Poolungen und Kooperationen;
e) der Abschluss, die Änderung und die Kündigung von Lizenzverträgen;
f) Anschaffungen und Investitionen, einschließlich der Vornahme von Baumaßnahmen, wenn die Anschaffungs- oder Herstellungskosten € ...... im Einzelfall oder € ...... im Geschäftsjahr übersteigen;
g) die nachhaltige Änderung der hergebrachten Art der Verwaltung, der Organisation, der Produktion oder des Vertriebs; ferner die Einstellung oder wesentliche Einschränkung betriebener Geschäftszweige und die Aufnahme neuer Geschäftszweige;
h) die Inanspruchnahme oder die Gewährung von Sicherheiten oder Krediten sowie die Übernahme fremder Verbindlichkeiten; ausgenommen sind Kunden- und Lieferantenkredite, soweit sie im Einzelfall € ...... oder insgesamt € ...... nicht übersteigen, sowie die Aufnahme und die Kündigung von Barkrediten bis zu € ...... im Einzelfall;
i) der Abschluss und die Kündigung von Dauerschuldverträgen mit einer Jahresbelastung von mehr als € ......;
j) die Einstellung und Entlassung von Arbeitnehmern mit monatlichen Bruttobezügen von mehr als € ......;
k) die Erteilung von Prokuren und Generalvollmachten;
l) die Einleitung von Rechtsstreitigkeiten mit einem Streitwert von mehr als € ......;
m) die Erteilung von Schenkungsversprechen sowie die Hingabe nicht marktüblicher Geschenke;
n) Vereinbarungen mit nahen Angehörigen von Gesellschaftern oder Geschäftsführern und mit Gesellschaften, an denen Gesellschafter oder Geschäftsführer oder ihre Angehörigen nicht nur unwesentlich beteiligt sind. Die nahen Angehörigen bestimmen sich nach § 15 AO. Unwesentlich im vorstehenden Sinn ist eine Beteiligung von nicht mehr als ......% am Kapital der jeweiligen Gesellschaft.

§ 4 Dienstleistung

(1) Der Geschäftsführer hat seine ganze Arbeitskraft und seine gesamten Kenntnisse und Erfahrungen der Gesellschaft zur Verfügung zu stellen.

(2) An bestimmte Arbeitszeiten ist der Geschäftsführer nicht gebunden.

§ 5 Treuepflichten, Betriebsgeheimnisse

(1) Der Geschäftsführer ist verpflichtet, Dritten gegenüber strengstes Stillschweigen über alle Angelegenheiten der Gesellschaft zu wahren. Diese Pflicht besteht nach Beendigung des Anstellungsverhältnisses fort.

(2) Geschäftliche und betriebliche Unterlagen aller Art, einschließlich persönlicher Aufzeichnungen über dienstliche Angelegenheiten, dürfen nur zu geschäftlichen Zwecken verwandt werden und sind sorgfältig aufzubewahren. Bei Beendigung des Anstellungsverhältnisses sind vorstehende Unterlagen der Gesellschaft auszuhändigen.

(3) Zurückbehaltungsrechte können durch den Geschäftsführer nicht geltend gemacht werden. Der Geschäftsführer kann mit Ansprüchen gegen die Gesellschaft nicht aufrechnen.

§ 6 Nebentätigkeit, Wettbewerb

(1) Nebentätigkeit, auch die Wahrnehmung von Ehrenämtern, bedürfen der Einwilligung der Gesellschafterversammlung.

(2) Der Geschäftsführer verpflichtet sich, für die Dauer dieses Vertrags und der darauf folgenden zwei Jahre nach dessen Beendigung ohne Zustimmung der Gesellschaft in keiner Weise für ein Konkurrenzunternehmen der Gesellschaft oder ein mit diesem verbundenen Unternehmen tätig zu werden oder sich mittelbar oder unmittelbar an einem solchen zu beteiligen sowie Geschäfte für eigene oder fremde Rechnung auf dem Arbeitsgebiet der Gesellschaft zu machen.

(3) Das Wettbewerbsverbot gilt nicht, wenn dieser Vertrag von dem Geschäftsführer aus wichtigem Grund zulässigerweise fristlos gekündigt wird. Es gilt ferner nicht für Beteiligungen an Unternehmen in Gestalt von Wertpapieren, die an Börsen gehandelt und die zum Zwecke der Kapitalanlage erworben werden.

(4) Nach Beendigung des Vertrags zahlt die Gesellschaft, wenn sie nicht in entsprechender Anwendung des Grundsatzes des § 75a HGB ausdrücklich auf die Geltendmachung des Wettbewerbsverbots schriftlich verzichtet, an den Geschäftsführer eine Entschädigung in Höhe von 50% des durchschnittlichen festen Jahresgehalts der letzten drei Jahre pro Jahr für die Dauer des Wettbewerbsverbots.

(5) Für jeden Fall des Verstoßes gegen das Wettbewerbsverbot zahlt der Geschäftsführer der Gesellschaft eine Vertragsstrafe in Höhe eines $^{1}/_{24}$ des Jahresgehalts; steht er nicht mehr in den Diensten der Gesellschaft, gilt der letzte von dieser gezahlte Jahresbezug. Die Vertragsstrafe tritt neben die übrigen Ansprüche der Gesellschaft aus der Wettbewerbsvereinbarung. Bei einem andauernden Wettbewerbsverstoß gilt die Tätigkeit während eines Monats als jeweils selbstständiger Verstoß im Sinne des Satzes 1.

§ 7 Bezüge des Geschäftsführers

(1) Der Geschäftsführer erhält ein festes Jahresgehalt von € ...... Das Gehalt wird in monatlichen Teilbeträgen am jeweiligen Monatsletzten ausgezahlt.

(2) Besteht das Dienstverhältnis während eines gesamten Kalenderjahres, so erhält der Geschäftsführer eine zusätzliche Weihnachtsgratifikation in Höhe von € ...... Die Gratifikation wird mit dem letzten Gehalt des Jahres gezahlt.

(3) Ferner erhält der Geschäftsführer eine Tantieme in Höhe von ......% des Jahresüberschusses der Handelsbilanz vor Verrechnung mit Verlustvorträgen und vor Abzug der Körperschaft- und Gewerbesteuer. Die Bemessungsgrundlage ist nicht um Gewinnanteile stiller Gesellschafter, um die Tantieme selbst und um andere gewinnabhängige Aufwendungen der Gesellschaft zu kürzen.

Die Gewinntantieme ist einen Monat nach Genehmigung des Jahresabschlusses durch die Gesellschafterversammlung fällig.

Nachträgliche Änderungen der Handelsbilanz, insbesondere auf Grund abweichender steuerlicher Veranlagung, sind zu berücksichtigen. Überzahlte Beträge hat der Geschäftsführer zu erstatten.

Die Gewinntantieme entfällt, wenn dem Geschäftsführer aus wichtigem Grund gekündigt wird, für das Geschäftsjahr der Kündigung. Scheidet der Geschäftsführer aus sonstigen Gründen während des Geschäftsjahres aus seinem Amt aus, hat er Anspruch auf eine zeitanteilige Tantieme.

(4) Ein Anspruch auf Vergütung von Überstunden, Sonntags-, Feiertags- oder sonstiger Mehrarbeit besteht nicht.

(5) Im Krankheitsfall oder bei sonstiger unverschuldeter Verhinderung bleibt der Gehaltsanspruch (Abs. 1) für die Dauer von 6 Monaten bestehen. Dauert die Verhinderung länger als ununterbrochen 6 Monate an, so wird der Tantiemeanspruch (Abs. 2) entsprechend der 6 Monate überschreitenden Zeit zeitanteilig gekürzt.

(6) Stirbt der Geschäftsführer, so wird seinen Hinterbliebenen (der Witwe oder, wenn nur Kinder vorhanden sind, den Kindern, die minderjährig sind oder in einer Berufsausbildung stehen und vom Geschäftsführer unterhalten worden sind) das feste Gehalt (Abs. 1) anteilmäßig für die Dauer von ...... Monaten weitergezahlt. Der Tantiemeanspruch bleibt zeitanteilig bis zum Monatsletzten, der auf das Ableben folgt, bestehen.

(7) Eine Abtretung oder Verpfändung der Bezüge ist ohne Genehmigung der Gesellschaft unzulässig.

§ 8 Spesen, Aufwendungsersatz

(1) Trägt der Geschäftsführer im Rahmen seiner ordnungsmäßigen Geschäftsführertätigkeit Kosten und Aufwendungen, so werden sie ihm von der Gesellschaft erstattet, sofern der Geschäftsführer die Geschäftsführungs- und Betriebsbedingtheit belegt oder sie offenkundig sind.

(2) Reisespesen werden bis zu den jeweils steuerlich zulässigen Höchstsätzen ersetzt.

(3) Der Geschäftsführer hat Anspruch auf die Gestellung eines Pkw der Klasse ...... Der Geschäftsführer darf den Pkw auch privat nutzen; eine Kostenbeteiligung durch den Geschäftsführer erfolgt nicht. Die Gesellschaft wird den Vorteil ordnungsgemäß lohn- und umsatzversteuern.

(4) Soweit der Geschäftsführer für Zwecke der Geschäftsführung seinen privaten Pkw nutzt, ersetzt ihm die Gesellschaft die Aufwendung nach den jeweils steuerlich zulässigen Höchstsätzen, wobei die von der Finanzverwaltung zugelassene Berechnung nach einem pauschalierten km-Satz zugrunde gelegt wird.

(5) Der Geschäftsführer darf die erste Klasse der Bahn benutzen, bei Flugreisen im Inland die einfache Klasse, bei sonstigen Flügen ist er in der Wahl frei.

§ 9 Urlaub

(1) Der Geschäftsführer hat Anspruch auf ...... Arbeitstage (Samstag ist kein Arbeitstag) bezahlten Urlaub im Geschäftsjahr. Der Geschäftsführer hat den Zeitpunkt sei-

nes Urlaubs so einzurichten, dass den Bedürfnissen der Geschäftsführung Rechnung getragen wird. Der Urlaub ist mit dem weiteren Geschäftsführer, sofern einer bestellt ist, abzustimmen.

(2) Kann der Geschäftsführer seinen Jahresurlaub nicht nehmen, weil Interessen der Gesellschaft entgegenstehen, so hat er Anspruch auf Abgeltung des Urlaubs unter Zugrundelegung der Höhe des Grundgehalts (§ 7 Abs. 1). Die Abgeltung wird mit dem ersten Gehalt des folgenden Geschäftsjahres gezahlt.

§ 10 Ruhegehalt

(1) Nach ...... Dienstjahren besteht ein Anspruch auf Ruhegehalt für den Fall der vollen Berufsunfähigkeit oder mit Vollendung des 65. Lebensjahres.

(2) Das Ruhegehalt beträgt ......% des in den letzten drei Jahren vor dem Eintritt des Versorgungsfalles gezahlten festen durchschnittlichen Monatsgehalts.

(3) Die Witwe des Geschäftsführers hat Anspruch auf ...... % des Ruhegehalts, das der Geschäftsführer im Zeitpunkt seines Todes bezog bzw. das ihm zu diesem Stichtag zugestanden hätte.

(4) Kinder des verstorbenen Geschäftsführers haben Anspruch auf Waisenrente, solange sie unterhaltsberechtigt sind, höchstens jedoch bis zur Vollendung ihres 24. Lebensjahres. Die Waisenrente beträgt ......% der Witwenrente. Witwen- und Waisenrente betragen zusammen höchstens ......% des Ruhegehalts des verstorbenen Geschäftsführers. Alle Renten sind, soweit dies danach erforderlich ist, anteilig zu kürzen. Vollwaisen erhalten ......% der Witwenrente.

(5) § 7 Abs. 1 Satz 1 gilt für Witwen- und Waisenrenten entsprechend.

(6) Das Ruhegehalt sowie die Witwen- und Waisenrente verändern sich in dem selben Verhältnis wie die gesetzliche Angestelltenversicherungsrente.

(7) Die Gesellschaft behält sich vor, die Leistungen zu kürzen oder einzustellen, wenn

a) die wirtschaftliche Lage des Unternehmens sich nachhaltig so wesentlich verschlechtert hat, dass ihm eine Aufrechterhaltung der zugesagten Leistungen nicht mehr zugemutet werden kann, oder

b) die rechtliche, insbesondere die steuerrechtliche Behandlung der Aufwendungen, die zur planmäßigen Finanzierung der Versorgungsleistungen von der Gesellschaft gemacht werden oder gemacht worden sind, sich so wesentlich ändert, dass der Gesellschaft die Aufrechterhaltung der zugesagten Leistungen nicht mehr zugemutet werden kann, oder

c) der Pensionsberechtigte Handlungen begeht, die in grober Weise gegen Treu und Glauben verstoßen oder zu einer fristlosen Entlassung berechtigen würden.

(8) Der Fall der vollen Berufsunfähigkeit ist gegeben, wenn der Geschäftsführer zu mehr als ......% arbeitsunfähig ist. Die Berufsunfähigkeit ist durch einen amtlich anerkannten Sachverständigen auf Verlangen der Gesellschaft nachzuweisen.

(9) Die Gesellschaft ist berechtigt, ihre Ruhegehaltsverpflichtung dadurch abzulösen, dass sie für die Anspruchsberechtigten einen gleichwertigen Rentenanspruch bei einer Versicherung begründet.

(10) Die Gesellschaft ist zum Abschluss einer Rückdeckungsversicherung berechtigt. Der Geschäftsführer ist bereit, sich auf Anforderung der Rückdeckungsversicherung ärztlich untersuchen zu lassen.

§ 11 Dauer, Kündigung

(1) Die Tätigkeit als Geschäftsführer beginnt am ......

(2) Der Vertrag wird auf unbestimmte Zeit geschlossen und ist mit einer Frist von ...... Wochen zum Quartalsende kündbar.

(3) Der Vertrag ist jederzeit aus wichtigem Grund fristlos kündbar.

(4) Ein wichtiger Grund liegt für die Gesellschaft insbesondere vor, wenn

a) der Geschäftsführer gegen das Wettbewerbsverbot verstößt;

b) der Geschäftsführer ohne die erforderliche Einwilligung Geschäfte für die Gesellschaft tätigt und der Gesellschaft dadurch ein Schaden entsteht, es sei denn, dass dies wegen Eilbedürftigkeit geboten war;

c) der Geschäftsführer wissentlich einen unrichtigen Jahresabschluss aufstellt;

d) die Gesellschaft liquidiert wird.

(5) Die Kündigung ist schriftlich auszusprechen. Der Geschäftsführer hat sein Kündigungsschreiben an den Gesellschafter mit der höchsten Kapitalbeteiligung zu richten.

(6) Die Abberufung als Geschäftsführer ist jederzeit zulässig. Die Abberufung ist schriftlich auszusprechen. Sie gilt gleichzeitig als Kündigung des Anstellungsverhältnisses zu dem nächst zulässigen Zeitpunkt.

(7) Im Falle der Abberufung sowie der Kündigung endet das Geschäftsführeramt mit dem Zugang der Mitteilung über die Abberufung bzw. über die Kündigung.

(8) Endet die Geschäftsführertätigkeit vorzeitig, so kann die Gesellschaft aus Gründen der Billigkeit eine besondere, angemessene Abfindung zahlen.

§ 12 Schlussbestimmungen

(1) Die vertraglichen Vereinbarungen der Partner ergeben sich erschöpfend aus diesem Vertrag. Vertragsänderungen bedürfen der Schriftform sowie der ausdrücklichen Zustimmung der Gesellschafterversammlung. Eine Befreiung von der Schriftform durch mündliche Vereinbarung ist unwirksam.

(2) Die Ungültigkeit einzelner Bestimmungen berührt nicht die Rechtswirksamkeit des Vertrags im Ganzen. Anstelle der unwirksamen Vorschrift ist eine Regelung zu vereinbaren, die der wirtschaftlichen Zwecksetzung der Parteien am ehesten entspricht.

(3) Alle Streitigkeiten aus diesem Vertrag werden im ordentlichen Rechtsweg entschieden.

(4) Dieser Vertrag tritt am ...... in Kraft.

II. ERLÄUTERUNGEN

Erläuterungen zu A. 6.26 Geschäftsführervertrag

1. Grundsätzliche Anmerkungen

a) Wirtschaftliches Vertragsziel

Der Geschäftsführervertrag regelt die **obligatorischen** Beziehungen des Geschäfts- 1
führers zur Gesellschaft; es handelt sich um das **dienstvertragliche Innenverhältnis** im Gegensatz zur gesellschaftsrechtlichen Organstellung des Geschäftsführers (vgl. dazu Formular A. 6.25).

Allerdings kann das Anstellungsverhältnis statt in einem gesonderten schuldrechtli- 2
chen Vertrag auch unmittelbar im Gesellschaftsvertrag geregelt werden (vgl. *Scholz/Schneider* § 35 GmbHG Rz. 253). Hieran ist insbes. zu denken, wenn einem Gesellschafter die Geschäftsführung als **gesellschaftliches Sonderrecht** zugewiesen wird. Die nachstehenden Ausführungen, insbesondere zur steuerlichen Angemessenheit der Geschäftsführerausstattung, gelten dann entsprechend für die Satzung.

3 Die konkrete Ausgestaltung des Anstellungsvertrags wird weitgehend davon abhängen, ob der Geschäftsführer selbst an der GmbH – insbes.: beherrschend – beteiligt ist **(Gesellschafter-Geschäftsführer)** oder nicht **(Fremd-Geschäftsführer).** Während bei dem Gesellschafter-Geschäftsführer idR steuerliche Notwendigkeiten (Vermeidung verdeckter Gewinnausschüttungen) im Vordergrund stehen (vgl. Rz. 15ff.), dient der Geschäftsführervertrag mit dem Fremd-Geschäftsführer in erster Linie der Ausgestaltung des zivilrechtlichen Dienstverhältnisses (*Brandmüller,* Der GmbH-Geschäftsführer, 18. Aufl. 2006, Rz. 49ff.; zum „ruhenden Arbeitsverhältnis" nach Bestellung zum Geschäftsführer *Sasse/Schnitger* DB 07, 154; *Haase* GmbHR 06, 596; *Reiserer* DStR 00, 31; *Bauer/Baeck/Löseler* ZIP 03, 1821).

4 Auch das **Arbeits-** und **Sozialrecht** knüpfen an die jeweilige Stellung des Geschäftsführers unterschiedliche Rechtsfolgen (Übersicht bei *Goette* DStR 98, 1137). So ist der **Fremd-Geschäftsführer** idR **sozialversicherungspflichtig** (vgl. BSG 12 RK 24/72 v. 22.8.73, NJW 74, 207; LSG BaWü L 11 KR 2644/05 v. 17.4.07, BeckRS 2007, 44107; *Müller* DB 06, 614; s. aber LSG Hessen L 1 KR 763/03 v. 23.11.06, ZIP 07, 545), der Gesellschafter-Geschäftsführer hingegen nur, wenn er – wie ein Arbeitnehmer – in persönlicher Abhängigkeit zur Gesellschaft steht. Die persönliche Abhängigkeit wird dadurch bestimmt, dass der Geschäftsführer laufende Bezüge erhält, in den Arbeitsprozess des Betriebs integriert ist und ihm maßgeblicher Einfluss auf die Gesellschaft fehlt; zur Frage der abhängigen Beschäftigung des Gesellschafter-Geschäftsführers: BSG B 12 RA 1/04 R v. 24.11.05, GmbHR 06, 367; *Hillmann-Stadtfeld* GmbHR 06, 470; *Plogemann/Radke-Schwenzer* NZG 06, 281; *Gosch/Koch* NJW 06, 1089; *Schrader/Straube* NZA 06, 358, *Löw* GmbHR 06, 374. Nicht sozialversicherungspflichtig ist daher der **Gesellschafter-Geschäftsführer,** wenn er über die Mehrheit an Kapital und Stimmrechten oder zumindest über ein Vetorecht auf dem Gebiet der Geschäftsführung verfügt; ebenso ein nicht beherrschender Gesellschafter-Geschäftsführer, der selbstbestimmend tätig ist und dabei ein erhebliches Unternehmerrisiko trägt (eingehend mit Beispielen und mwN *Tillmann/Mohr* GmbH Geschäftsführer, 10. Aufl. 2013, Rz. 754ff.; *Koch* DNotZ 06, 333; *Knepper/Langner* DStR 06, 1283 *Reiserer* BB 99, 2026; *Figge* DNotZ 98, 20; *Winkler* DStR 97, 289).

Zur Anwendung des BetrAVG vgl. Rz. 48ff. Zum Anspruch auf Konkursausfallgeld BSG 10 RAr 10/87 v. 7.9.88, GmbHR 89, 34.

Zu den Hinweispflichten des Beraters vgl. OLG Düsseldorf 18 U 242/88 v. 15.11.90, GI 91, 150; KG Berlin 13 U 4954/00 v. 31.7.01, GI 03, 94; BGH IVa ZR 162/85 v. 25.2.87, StB 87, 242.

5 Der Vertrag ist ein **Vorschlag.** Er muss den Besonderheiten des Einzelfalls **angepasst** werden. Insb. ist darauf zu achten, dass die Vereinbarung im Geschäftsführervertrag mit der einschlägigen GmbH-Satzung übereinstimmt. Der Geschäftsführervertrag darf dem Geschäftsführer keine weitergehenden Rechte einräumen, als sie in dem Gesellschaftsvertrag oder in einem zulässigen Gesellschafterbeschluss vorgesehen sind.

6 Der Vertragsentwurf ist **umfassend** gestaltet. Er kann daher sowohl für den Fremd- wie für den Gesellschafter-Geschäftsführer benutzt werden. Bei einem Gesellschafter-Geschäftsführer, insb. bei einem beherrschenden (vgl. Rz. 18ff.), ist eine derart umfassende Regelung nicht in jedem Fall notwendig, da Interessengegensätze zwischen Gesellschaft und Geschäftsführer nicht bestehen. Der Vertrag kann dann auf das steuerrechtlich Notwendige beschränkt werden (vgl. Formular A. 6.27).

7 *(frei)*

b) Zivilrecht

8 Zivilrechtlich ist zwischen dem gesellschaftsrechtlichen Akt der **Geschäftsführerbestellung** (vgl. dazu Formular A. 6.25) und dem hier behandelten schuldrechtlichen **Anstellungsvertrag** zu unterscheiden. Die Bestellung gibt dem Geschäftsführer das Amt nach außen, der Anstellungsvertrag regelt das interne Rechtsverhältnis.

Der entgeltliche Geschäftsführungsvertrag ist ein den Bestimmungen der §§ 611ff. BGB entsprechender **Dienstvertrag,** kein Arbeitsvertrag. Es fehlt dazu die Voraussetzung der zivilrechtlichen Unselbstständigkeit (str., vgl. *Baumbach/Hueck* § 35 GmbHG Rz. 172; *Scholz/Schneider* § 35 GmbHG Rz. 261ff.). Sind die Dienste des Geschäftsführers ohne Entgelt zu leisten (was möglich ist), so ist ein **Auftrag** gegeben (§§ 662ff. BGB). 9

Der Anstellungsvertrag ist auch dann wirksam, wenn er nur mündlich geschlossen wird. Bei der Einmann-GmbH sind § 35 Abs. 3 und § 48 Abs. 3 GmbHG zu beachten. Nicht oder nicht vollständig schriftlich nachweisbare Anstellungsbedingungen führen aber leicht zu Streitigkeiten und erwecken überdies das Misstrauen des FA. Daher sollte in jedem Fall ein **schriftlicher** Anstellungsvertrag abgeschlossen werden (zu den Schriftformerfordernissen aus steuerrechtlichen Gründen vgl. Rz. 18). 10

Der Geschäftsführervertrag wird zwischen dem Geschäftsführer und dem zur Bestellung des Geschäftsführers berufenen Organ – idR also der **Gesellschafterversammlung** (vgl. § 46 Nr. 5 GmbHG) – abgeschlossen, sofern der Gesellschaftsvertrag nichts anderes bestimmt (*Baumbach/Hueck* § 35 GmbHG Rz. 167). Bei Gesellschaften, die dem MitbestG/MontanMitbestG unterliegen (vgl. A. 6.00 Rz. 59), ist zwingend der Aufsichtsrat zuständig (§ 31 MitbestG/§ 12 MontanMitbestG). Auch die Aufhebung und Änderung des Anstellungsvertrags fällt in den Kompetenzbereich der Gesellschafterversammlung (BGH II ZR 282/98 v. 3.7.00, DStR 00, 1743; II ZR 74/85 v. 27.10.86, NJW 87, 1889; II ZR 169/90 v. 25.3.91, DStR 91, 751; OLG Köln 13 U 195/89 v. 21.2.90, GmbHR 91, 156). 11

Voraussetzung ist ein entsprechender **Gesellschafterbeschluss** (vgl. A. 6.25 Rz. 3). Ist der Geschäftsführer Gesellschafter, kann er mit abstimmen. Das Stimmrechtsverbot des § 47 Abs. 4 GmbHG findet keine Anwendung (hM, vgl. *Scholz/K. Schmidt* § 47 GmbHG Rz. 118 u. *dies.* § 46 Rz. 74ff. mwN). Zu dem anschließenden **Abschluss des Vertrages** mit dem Geschäftsführer kann die Gesellschaftsversammlung einen Gesellschafter, Geschäftsführer oder Dritten (auch konkludent) bevollmächtigen (OLG Köln 13 U 195/89 v. 21.2.90, GmbHR 91, 156; siehe auch BFH I R 49/90 v. 11.12.91, BStBl. II 92, 434). 12

Umstritten ist die Frage, ob der Gesellschafter-Geschäftsführer für den Abschluss oder die Änderung des Anstellungsvertrages von § 181 BGB befreit sein muss. UE ist eine Befreiung nicht erforderlich, da es sich bei dem Vertragsabschluss um einen Annex zur Organbestellung handelt, für die § 181 BGB nicht gilt (ebenso *Heinemann* GmbHR 85, 176; *Baumbach/Hueck* § 35 GmbHG Rz. 167; aA *Scholz/Schneider* § 35 GmbHG Rz. 168; *Remmert/Schmalz* GmbHR 08, 85). Zur steuerrechtlichen Bedeutung Rz. 18. 13

Zur Haftung des Geschäftsführers insbesondere nach den Änderungen iRd. MoMiG v. 23.10.08 (BGBl. I 08, 2026) vgl. *Meyer* BB 08, 1742; *K. Schmidt* GmbHR 08, 449. Zu vertraglichen Möglichkeiten der Haftungsbegrenzung bei einfacher Fahrlässigkeit im Geschäftsführeranstellungsvertrag und im Geschäftsführerverhältnis: *Janert* BB 13, 3016. 14

c) Steuerrecht

Bei der GmbH sind die Aufwendungen für den Geschäftsführer **Betriebsausgaben.** Ihre steuerrechtliche Anerkennung wird jedoch versagt, soweit es sich um **verdeckte Gewinnausschüttungen** handelt (§ 8 Abs. 3 Satz 2 KStG). Eine vGA ist bei einer GmbH eine Vermögensminderung oder verhinderte Vermögensvermehrung, die durch das Gesellschaftsverhältnis veranlasst ist, sich auf die Höhe des Unterschiedsbetrags gem. § 4 Abs. 1 Satz 1 EStG iVm. § 8 Abs. 1 KStG auswirkt und in keinem Zusammenhang mit einer offenen Ausschüttung steht (BFH I R 2/02 v. 7.8.02, BStBl. II 04, 131; I R 32/06 v. 22.8.07, BStBl. II 07, 961). Die Rspr. des BFH nimmt eine Verursachung im Gesellschaftsverhältnis idR an, wenn ein ordentlicher und gewissenhafter Geschäftsleiter (§ 43 Abs. 1 GmbHG) den Vermögensvorteil einer Person, die 15 nicht Gesellschafter ist, unter sonst gleichen Umständen nicht gewährt hätte. Zudem verlangt der BFH, dass sich aus dem Vermögensvorteil beim Gesellschafter objektiv ein zurechenbarer (materieller) Vorteil iSd. § 20 Abs. 1 Nr. 1 Satz 2 EStG ergeben kann (BFH I R 2/02 v. 7.8.02, BStBl. II 04, 131). Zu Einzelheiten *Streck* § 8 Rz. 142ff. mwN.

16 VGA kommen nur in Betracht bei einem **Gesellschafter-Geschäftsführer** sowie bei einem Fremd-Geschäftsführer, der auf Grund persönlicher oder sachlicher Gründe (Verwandtschaft, Ehe, gesellschaftsrechtliche Bande, etc.; Übersicht bei *Streck* § 8 Rz. 191) einem Anteilseigner **nahe steht.**

17 Zur Vermeidung einer vGA darf die Vergütung des Gesellschafter-Geschäftsführers (bzw. eines dem Gesellschafter nahe stehenden Geschäftsführers) die Grenze der Angemessenheit nicht überschreiten. Maßgebend ist die Gesamtausstattung, dh. die Summe aller Vorteile und Entgelte, die der Geschäftsführer für seine Tätigkeit erhält (Festgehalt, Tantieme, Pensionszusage, Sachleistungen). Unübliche Gestaltungen sind nach der Rspr. des BFH Indizien für eine vGA (siehe BFH I B 139/05 v. 1.3.06, BFH/NV 06, 977; I R 27/04 v. 6.4.05, GmbHR 05, 1143; I R 24/97 v. 29.10.97, BStBl. II 98, 573; I R 39/96 v. 8.4.97, BFH/NV 97, 902; I R 99/87 v. 13.12.89, BStBl. II 90, 454; I R 54/91 v. 2.12.92, BStBl. II 93, 311, zur „Nur-Gewinntantieme"; BFH I R 2/92 v. 16.12.92, BStBl. II 93, 455; I R 147/93 v. 17.5.95, BStBl. II 96, 204, zur „Nur-Pension"; BFH I R 50/94 v. 5.10.94, BStBl. II 95, 549; I R 2/92 v. 16.12.92, BStBl. II 93, 455; *Streck* § 8 Anh. Rz. 897; *Schwedhelm* Stbg 95, 542). Daher empfiehlt es sich, in der Praxis gängige Vergütungsregeln (Festgehalt + Tantieme + ggf. Pensionszusage + Sachleistungen) zu vereinbaren. Siehe auch Rz. 36ff. Die Bestimmung der Angemessenheit ist schwierig. Feste Formeln lassen sich nicht aufstellen; zu berücksichtigen sind alle Umstände des Einzelfalls. Beurteilungskriterien sind Art und Umfang der Tätigkeit, die künftigen Ertragsaussichten des Unternehmens, das Verhältnis des Geschäftsführergehalts zum Gesamtgewinn und zur verbleibenden Kapitalverzinsung sowie Art und Höhe der Vergütungen, die gleichartige Betriebe ihren Geschäftsführern für entsprechende Leistungen gewähren (BFH I R 80, 81/01 v. 27.2.03, BFH/NV 03, 1346; I R 46/01 v. 27.2.03, BStBl. II 04, 132; I R 24/02 v. 4.6.03, BStBl. II 04, 136; I R 111/03 v. 14.7.04, BStBl. II 05, 307; *Peetz* GmbHR 01, 699; zu weiteren Einzelheiten vgl. *Streck* § 8 Anh. Rz. 275ff.). Gehaltsstrukturuntersuchungen bieten Anhaltspunkte (BFH I R 85/01 v. 18.12.02, BFH/NV 03, 822; hierzu ferner *Evers/Grätz/Näser,* Die Gehaltsfestsetzung bei GmbH-Geschäftsführern, 5. Aufl. 2001; einen Überblick über die in der Bundesrepublik gewährten Geschäftsführervergütungen bietet *Tänzer* GmbHR 03, 754, mwN; zur Sicht der FinVerw. BMF v. 1.2.02, BStBl. I 02, 219 und v. 14.10.02, BStBl. I 02, 972).

18 Zusätzliche Anforderungen gelten für den Geschäftsführervertrag mit einem **beherrschenden Anteilseigner.** Das Fehlen einer rechtzeitig, klar und eindeutig getroffenen, zivilrechtlich gültigen und durchgeführten Vereinbarung indiziert, dass die Vereinbarung nicht ernstlich gemeint und damit steuerlich nicht anzuerkennen ist (BFH I R 40/03 v. 11.8.04, BFH/NV 05, 248; I R 39/96 v. 8.4.97, BFH/NV 97, 902; I R 24/97 v. 29.10.97, BStBl. II 98, 573; I R 96/95 v. 16.12.98, GmbHR 99, 667; *Neu* EFG 05, 480). Schriftform ist nicht erforderlich (BFH I R 157/86 v. 24.1.90, BStBl. II 90, 645; I R 39/91 v. 26.2.92, BFH/NV 93, 385), aber dringend zu empfehlen. S. auch Rz. 71. Eine **Befreiung von § 181 BGB** kann – soweit überhaupt notwendig (s. Rz. 13) – mit steuerlicher Wirkung auf den Vertragsabschluss nachgeholt werden (BFH I R 71/95 v. 23.10.96, BStBl. II 99, 35). Im Übrigen werden **rückwirkende Vereinbarungen** – auch wenn sie zivilrechtlich wirksam sind – nicht anerkannt. Diese Sonderbedingungen sind den allgemeinen Kriterien einer vGA vorgeschaltet. Fehlen sie, so ist bereits aus diesem Grund eine vGA gegeben. Andernfalls ist gleichwohl nach den allgemeinen Regeln der vGA zu prüfen, ob die Ausstattung angemessen ist.

Die Gesellschaft wird beherrscht von einem Anteilseigner, der über die **Mehrheit** der für allgemeine Beschlüsse erforderlichen Stimmen verfügt, idR also bei einer Beteiligung von über 50% (*Streck* § 8 Rz. 395). Maßgebend sind die Stimmrechtsverhältnisse im Zeitpunkt des der Leistung zugrunde liegenden Vertragsabschlusses (BFH I R 139/94 v. 18.12.96, BStBl. II 97, 301; I R 43/96 v. 11.2.97, GmbHR 97, 909). Anteile von **Ehegatten** werden nicht automatisch zusammengerechnet (BFH I R 73/85 v. 1.2.89, BStBl. II 89, 522). Im Einzelfall kann Beherrschung auch dann vorliegen, wenn keine gesellschaftsrechtliche Beherrschung vorliegt, jedoch ein Gesellschafter mit anderen Gesellschaftern zusammen bzgl. eines Geschäfts auf Grund **gleichgerichteter Interessen** als beherrschender Gesellschafter anzusehen ist (BFH I B 48/98 v. 27.10.98, GmbHR 99, 666; I R 51/98 v. 18.2.99, DStRE 99, 630; I R 52/96 v. 9.4.97, GmbHR 97, 908; *Streck* § 8 Rz. 405). 19

Auch Verträge mit **Nahestehenden** (vgl. Rz. 16) von beherrschenden Gesellschaftern unterliegen den besonderen Bedingungen (*Streck* § 8 Rz. 292). 20

Verdeckte Gewinnausschüttungen haben auch nach Abschaffung des Anrechnungsverfahrens durch das StSenkG 2001 v. 23.10.00 (BGBl. I 00, 1433) zusätzliche Steuerbelastungen zur Folge. *Beispiel:* Der Gesellschafter-Geschäftsführer erhält € 120,– zu viel Gehalt. Als Gehalt unterliegt der Betrag nur der ESt zzgl. Solidaritätszuschlag und ggf. Kirchensteuer von – unterstellt – 45%, somit € 54,–. Wird der Betrag als vGA behandelt fällt an: GewSt € 20,– (Hebesatz 400 unterstellt), KSt € 18,– und ESt etc. (so.) € 32,– (120 × 60% × 45%). Somit fallen statt € 45,– insgesamt € 70,– als Steuerbelastung an. 21

Die **Einkünfte des Geschäftsführers** auf Grund des Dienstvertrags sind idR **Einkünfte aus nicht selbstständiger Arbeit** und damit lohnsteuerpflichtig (siehe FG Nds. XI 259/89 v. 15.10.92, GmbHR 93, 758). Zuschüsse zu Sozialversicherungsbeiträgen sind nur steuerfrei (§ 3 Nr. 62 EStG), wenn der Geschäftsführer Arbeitnehmer iSd. Sozialversicherungsrechts ist (siehe hierzu Rz. 4; *Büchter-Hole* EFG 04, 1035; FG Saarland 2 K 291/00 v. 29.4.04, EFG 04, 1035; FG Düsseldorf v. 17.12.93, EFG 94, 566; *Schwedhelm* GmbHR 93, 354; FG München 13 K 1924/94 v. 10.12.96, EFG 98, 196). Zum Zuflusszeitpunkt bei Tantiemen siehe FG Münster 2 K 5892/88 E v. 2.9.92, EFG 93, 152 u. FG BaWü 8 K 108/95 v. 7.11.96, EFG 97, 872. Steuerfreie Zuschläge für Sonntags-, Feiertags- oder Nachtarbeit sowie die Vereinbarung von Überstundenvergütungen werden vom BFH – auch für Fremd-Geschäftsführer – nicht mehr anerkannt (BFH I R 75/96 v. 19.3.97, BStBl. II 97, 577; VI R 12/97 v. 27.6.97, DStR 97, 1481; BFH I R 7/05 v. 3.8.05, BFH/NV 06, 131; *Wesselbaum-Neugebauer* DStZ 06, 691). Eine Ausgestaltung als Beratervertrag mit Einkünften nach §§ 15 oder 18 EStG ist möglich und auch umsatzsteuerlich anzuerkennen (BFH V R 29/03 v. 10.3.05, BStBl. II 05, 730 gegen FG Köln 6 K 5692/01 v. 30.4.03, DStRE 03, 1409, und BFH V R 43/01 v. 6.6.02, DStR 02, 1346; dazu *Hiller/Robisch* DStR 05, 1125; BMF v. 23.12.03, BStBl. I 04, 240 und v. 21.9.05, BStBl. I 05, 936; dazu *Widmann* DB 05, 2373; *Tigtemeyer* BB 06, 408). Zu den **Werbungskosten** (ggf. zu den Betriebsausgaben) können – neben den üblichen berufsbedingten Aufwendungen – auch Verluste aus einer zugunsten der GmbH übernommenen Bürgschaft gehören (BFH VI R 36/01 v. 2.3.05, BFH/NV 06, 33; VI R 48/88 v. 14.5.91, BStBl. II 91, 758; VI R 33/96 v. 7.2.97, BFH/NV 97, 400; aA für den Gesellschafter-Geschäftsführer BFH VIII R 64/02 v. 5.10.04, GmbHR 04, 1545; VI R 125/88 v. 17.7.92, BStBl. II 93, 111; FG Köln 7 K 198/86 v. 24.8.89, EFG 90, 229 „nachträgliche Anschaffungskosten"); ebenfalls sind Zahlungen als Werbungskosten bzw. Betriebsausgaben zu werten, die der Geschäftsführer erbringt, sofern er auf Grund des Geschäftsführungsverhältnisses in Haftung genommen wird. 22

Der Geschäftsführervertrag begründet keine ertragsteuerliche **Mitunternehmerschaft** zwischen der GmbH und dem Geschäftsführer, selbst wenn der Geschäftsführer an der GmbH beteiligt ist, ihm weitreichende Befugnisse innerhalb der GmbH einge- 23 räumt werden und er eine Gewinntantieme bezieht (vgl. BFH VIII R 303/81 v. 22.1.85, BStBl. II 85, 363; IV R 17/84 v. 22.10.87, BStBl. II 88, 62). Ausnahmen bleiben bei ungewöhnlichen Gestaltungen aber denkbar (vgl. BFH IV R 82/85 v. 11.9.86, BStBl. II 87, 111; FG Köln V 443/82 F v. 28.1.86, EFG 86, 232), insbes. wenn der Geschäftsführer an der GmbH als stiller Gesellschafter beteiligt ist (BFH VIII R 64/03 v. 26.11.03, GmbHR 04, 436; VIII R 42/90 v. 15.12.92, NJW 94, 480; *Schwedhelm* GmbHR 94, 445; *Weber* GmbHR 94, 144; *Horn/Maertius* GmbHR 94, 147; *Braun* EFG 05, 952; A. 14.02 Rz. 11 ff.).

24 Der Geschäftsführer hat – unabhängig von dem Bestehen eines Geschäftsführervertrags – als **Organ** der GmbH deren steuerliche Pflichten zu erfüllen (§ 34 AO). Er **haftet** nach § 69 AO. Daneben tritt die **steuerstrafrechtliche** Verantwortung. Eingehend zur Geschäftsführerhaftung *Müller* GmbHR 03, 389; *Wimmer* NJW 96, 2546; *Müller* GmbHR 96, 393. Zur Haftung des Geschäftsführers für Sozialversicherungsbeiträge KG Berlin 9 U 215/06 v. 25.9.07, GmbH-StB 08, 8; für eigenmächtige Vergütungszahlungen BGH II ZR 161/06 v. 26.11.07, DStR 08, 158; für nicht abgeführte Lohnsteuer FG Münster 8 K 2598/04 v. 16.11.06, EFG 07, 971).

25, 26 *(frei)*

2. Einzelerläuterungen

Zu § 1: Geschäftsführung und Vertretung

27 **Vertretungsmacht** (Außenverhältnis) und **Geschäftsführungsbefugnis** (Innenverhältnis) sind zu unterscheiden.

Der Geschäftsführer vertritt die GmbH nach außen. Für die Passiv-Vertretung gilt zwingend **Einzelvertretung** (§ 35 Abs. 2 Satz 2 GmbHG). Für die Aktiv-Vertretung gilt **Gesamtvertretung,** wenn der Gesellschaftsvertrag nichts anderes bestimmt. Das Muster sieht ein Alleinvertretungsrecht des Geschäftsführers vor. Voraussetzung hierfür ist eine entsprechende Regelung oder Ermächtigung im Gesellschaftsvertrag (vgl. A. 6.00 Rz. 49).

Die Vertretungsmacht der Geschäftsführer kann nicht **beschränkt** werden (§ 37 Abs. 2 GmbHG). Ebensowenig dürfen die Informationsrechte eines Mitgeschäftsführers auch bei spezifischer Ressortverteilung beschränkt werden (OLG Koblenz 6 U 1170/07 v. 22.11.07, GmbHR 08, 37).

28 Die Geschäftsführung umfasst alle Maßnahmen im Rahmen des **gewöhnlichen Geschäftsbetriebs** (*Baumbach/Hueck* § 37 GmbHG Rz. 2). Durch Gesellschaftsvertrag, Geschäftsführungsordnung oder Gesellschafterbeschluss können die Geschäftsführungsbefugnisse einzelner oder aller Geschäftsführer erweitert oder beschränkt, bestimmte Geschäfte von der Zustimmung der Gesellschafter oder anderer Organe abhängig gemacht werden.

29 Die **Befreiung von § 181 BGB** bedarf einer entsprechenden Satzungsermächtigung (vgl. A. 6.00 Rz. 52). Sie ist als Teil der Vertretungsregelung im elektronischen **Handelsregister** einzutragen (§§ 10 Abs. 1, 39 Abs. 1 GmbHG; § 12 HGB nF). Ist die Befreiung beschränkt, sind auch diese Beschränkungen bei der Anmeldung konkret zu benennen und einzutragen (OLG Stuttgart 8 W 412/07 v. 18.10.07, BB 07, 2428). Bei fehlender oder fehlerhafter Befreiung von § 181 BGB sind die von dem Geschäftsführer mit sich selbst abgeschlossenen Rechtsgeschäfte zivilrechtlich schwebend unwirksam. Zivilrechtlich wie steuerrechtlich (Rz. 18) ist eine Genehmigung mit rückwirkender Kraft möglich.

Zu § 2: Einzelne Aufgaben

30 § 2 enthält eine Auflistung der für den Geschäftsführer typischen **Aufgaben,** die sich bereits weitgehend aus dem Gesetz ergeben (vgl. § 34 AO, §§ 40, 41, 42a, 43, 49, 51a, 78 GmbHG, § 325 HGB) und soll der Orientierung beider Vertragsparteien dienen.

Zu § 3: Genehmigungsbedürftige Geschäfte

Die Liste der zustimmungsbedürftigen Geschäfte ist bei der individuellen Vertragsgestaltung sorgfältig **abzuwandeln.** Sie sollte mit der entsprechenden Regelung des GmbH-Gesellschaftsvertrags übereinstimmen. Zur steuerlichen Relevanz s. auch A. 6.00 Rz. 55. **31**

Zu § 4: Dienstleistung

Die Regelung ist zu **modifizieren,** falls der Geschäftsführer noch andere Aufgaben (zB die Geschäftsführung einer weiteren GmbH) übernommen hat, um vGA zu vermeiden (vgl. Formular A. 6.18). **32**

Zu § 6: Nebentätigkeit, Wettbewerb

Das **Wettbewerbsverbot** des Geschäftsführers ergibt sich für die Dauer der Amtszeit bereits aus der allgemeinen Treuepflicht gegenüber der Gesellschaft (*Baumbach/Hueck* § 35 GmbHG Rz. 38ff.; *Sina* DStR 91, 40; *Tillmann* GmbHR 91, 26). Ein Wettbewerbsverbot über die Amtszeit hinaus bedarf hingegen der vertraglichen Vereinbarung (*Baumbach/Hueck* § 35 GmbHG Rz. 195; *Manger* GmbHR 01, 89). Schriftformerfordernis und Vergütungspflicht der §§ 74ff. HGB gelten für den Geschäftsführer grds. nicht (*Baumbach/Hueck* § 35 GmbHG Rz. 197ff.; BGH II ZR 229/83 v. 26.3.84, NJW 84, 2366; zu § 75a HGB aber BGH II ZR 140/91 v. 17.2.92, DStR 92, 512; *von Hoyningen-Huene* EWIR 02, 521; *Heidenhain* NZG 02, 605). Nachvertragliche Wettbewerbsverbote, die den Geschäftsführer allerdings in zeitlicher, räumlicher und sachlicher Hinsicht unangemessen einschränken, sind nichtig (§ 138 BGB; s. *Scholz/Schneider* § 43 GmbHG Rz. 176; *Bauer/Diller* BB 95, 1134; OLG Düsseldorf 17 U 133/99 v. 10.3.00, NZG 00, 737); zum Wettbewerbsverbot des Geschäftsführers beim Unternehmenserwerb: *Gresbrand* GmbHR 13, 119. **33**

Der Verstoß eines Gesellschafter-Geschäftsführers gegen das Wettbewerbsverbot führt nur dann zur vGA, wenn eine konkrete Geschäftschance der GmbH ausgenutzt wird (BFH I R 155/94 v. 30.8.95, DStR 95, 1873; *Streck* § 8 Anh. Rz. 1406; sowie A. 6.18 Rz. 3ff.). Ebenso bedarf die Entschädigung für ein nachvertragliches Wettbewerbsverbot bei einem beherrschenden Gesellschafter-Geschäftsführer zur Vermeidung verdeckter Gewinnausschüttungen klarer, im Voraus getroffener Vereinbarungen, was die Höhe bzw. Bemessungsgrundlage der Entschädigung und die Dauer der Zahlung angeht.

Zu § 7: Bezüge des Geschäftsführers

Der **Vergütungsanspruch** des Geschäftsführers ergibt sich aus § 612 BGB. Als Vergütung kann ein festes Gehalt ggf. zuzüglich erfolgsabhängiger Bezüge (Gewinn-, Umsatzbeteiligung, Provisionen) vereinbart werden. Hinzu können sonstige Vergütungen kommen, wie Gratifikationen, Übernahme von Beiträgen für Kranken-, Haftpflicht-, Invaliditäts- und Pflegefallversicherung, Überlassung zinsloser Darlehen oder betriebseigener Fahrzeuge zur privaten Nutzung. Der Vertrag sieht eine Mischform vor. **34**

Für **Fremdgeschäftsführer** besteht bei der Bemessung der Vergütung zivilrechtlich und steuerrechtlich (soweit es sich nicht um eine nahe stehende Person handelt, vgl. Rz. 16, 20) volle Vertragsfreiheit hinsichtlich Höhe und Bewertungsgrundlage. **35**

Die Bezüge eines **Gesellschafter-Geschäftsführers** unterliegen gewissen Beschränkungen. Gesellschaftsrechtlich können überhöhte Bezüge als **verdeckte Einlagenerstattung** gegen § 30 GmbHG verstoßen, wenn die Zahlung der überhöhten Vergütung aus dem gebundenen Vermögen erfolgt (*Scholz/Schneider* § 35 GmbHG Rz. 353f.; allgemein zur gesellschaftsrechtlichen vGA *Scholz/Emmerich* § 29 GmbHG Rz. 115). Gleichbehandlungsgrundsatz und Treuepflicht verpflichten zur Wahrung der Angemessenheit (BGH I R 4/04 v. 20.10.04, GmbHR 05, 494; II ZR 126/89 v. 14.5.90, BB 90, 1293). **36**

36a Steuerrechtlich besteht bei dem Gesellschafter-Geschäftsführer und bei dem Fremd-Geschäftsführer, der zu den nahe stehenden Personen eines Gesellschafters gehört, die Gefahr **verdeckter Gewinnausschüttungen,** wenn die Vergütung überhöht oder unüblich ist (vgl. Rz. 15ff.). Gleiches gilt bei nur bedingt gewährter Vergütung (BFH I R 99/87 v. 13.12.89, BStBl. II 90, 454; I R 21/90 v. 29.4.92, BStBl. II 92, 851; kritisch *Hoffmann* GmbHR 94, 234) oder wenn das Vereinbarte nicht vollzogen wird (BFH I R 136/84 v. 20.7.88, BFH/NV 90, 64; FG Sachsen 6 K 1217/00 v. 5.4.06, EFG 06, 1004).

37 Ein Anspruch auf Tantieme kann entweder in der Form einer Gewinnbeteiligung **(Gewinntantieme)** oder als Umsatzbeteiligung **(Umsatztantieme)** gewährt werden. **Umsatzabhängige Tantiemen** sind bei Gesellschafter-Geschäftsführern und Geschäftsführern, die Gesellschaftern nahe stehen, nach der Rspr. des BFH nur ausnahmsweise steuerlich anzuerkennen, wenn hierfür besondere Gründe vorliegen (BFH I B 70/10 v. 12.10.10, BFH/NV 11, 301; *Streck* § 8 Anh. Rz. 310 mit Nachweisen der Rspr.). Für die Praxis muss vor Umsatztantiemen wegen der derzeitigen Rspr. nachdrücklich gewarnt werden.

Gewinntantiemen sind zulässig und üblich (s. *Evers/Rainer/Schwedhelm/Mack,* GmbH-Geschäftsführer in Bedrängnis I, 1993, S. 63ff.; *Frischholz* StBp. 95, 11). Bei beherrschenden Gesellschaftern ist auf die Klarheit der Regelung zu achten. Die Bezugsgröße der Tanieme muss eindeutig sein (s. BFH I R 63/90 v. 4.12.91, BStBl. II 92, 362; FG Nürnberg I 334–97 v. 6.6.00, EFG 00, 965, rkr.; FG Berlin VIII 261/95 v. 20.12.95, GmbHR 96, 706: „Gewinn vor Steuern" ist unklar). Bei einem Anknüpfen an den Jahresüberschuss ist zu regeln, ob der Jahresüberschuss der Handels- oder Steuerbilanz gemeint ist (s. FG Hamburg VI 156/00 v. 13.2.01, EFG 01, 774). Eindeutig als Bezugsgröße ist das zu versteuernde Einkommen. Jegliche Vorbehaltsklauseln, die die Höhe der Tantieme in das Ermessen der Gesellschaft stellen, sind zu vermeiden (s. BFH I R 21/90 v. 29.4.92, BStBl. II 92, 851; hierzu kritisch *Hoffmann* GmbHR 94, 234). Wird die Tantieme im Laufe eines Veranlagungszeitraums vereinbart, ist sie zeitanteilig zu kürzen (BFH I R 70/97 v. 17.12.97, BStBl. II 98, 545; FG Hamburg VII 314/04 v. 10.3.06, EFG 06, 1364).

38 Ist **Bemessungsgrundlage der Gegenleistung** die Handels- oder Steuerbilanz, so sind Änderungen, zB durch eine Betriebsprüfung – positiv wie negativ – zu berücksichtigen. Eine entsprechende Vertragsformulierung ist empfehlenswert (FG Nds. 6 K 547/95 v. 9.11.99, EFG 00, 807), uE aber nicht notwendig (BFH I R 114/70 v. 22.4.71, BStBl. II 71, 600). Ist Bemessungsgrundlage der Tantieme das nach dem KStG zu versteuernde Einkommen, so führen Änderungen auch ohne Vertragsklausel zur Anpassung der Tantieme (FG Köln 13 K 6741/98 v. 15.2.00, DStRE 00, 804). Zur Formulierung s. A. 6.27.

Die **Nichtberücksichtigung von Verlustvorträgen** bei der Tantiemebemessung wird teilweise von der Rspr. als Indiz für eine vGA gewertet (BFH I R 22/03 v. 17.12.03, BStBl. II 04, 524; FG Saarland 1 K 118/01 v. 5.2.03, EFG 03, 565; FG Köln 13 K 3037/00 v. 14.9.00, EFG 01, 309; *Janssen* StB 04, Nr. 8, I). UE ist dies allenfalls in Ausnahmefällen gerechtfertigt (*Streck* § 8 Anh. Rz. 315, mwN; zur Formulierung einer „Verlustvortragsklausel" s. *Korn* KÖSDI 96, 10815).

Die **Modifizierung der Bemessungsgrundlage** (zB im Hinblick auf Sonderabschreibungen etc.) ist möglich (zur rohgewinnbezogenen Tantieme BFH I R 9/95 v. 25.10.95, BStBl. II 97, 703; I R 33/98 v. 10.11.98, DStRE 99, 142; I B 119/98 v. 26.1.99, BStBl. II 99, 241; *Mertes* GmbH-Stpr. 04, 293), setzt aber eine präzise Vertragsformulierung voraus (Beispiele bei *Carlé* KÖSDI 89, 7719; *Schnittler/Best* GmbHR 02, 565).

39 Zur **Ermittlung des Prozentsatzes** der Tantieme ist eine Prognoseberechnung anzustellen. Ziel – so der BFH – soll sein, die Jahresgesamtbezüge zu rd. 75% als Festgehalt und zu rd. 25% als erfolgsabhängige Tantieme zu zahlen (BFH I R 50/94 v.

5.10.94, BStBl. II 95, 549); teils eingeschränkt durch BFH I R 80, 81/01 v. 27.2.03, BFH/NV 03, 1346; aber nicht aufgegeben s. BFH I R 42/03 v. 19.11.03, GmbHR 04, 512; *Hoffmann*-GmbHR 04, 1538; *Trassen* EFG 04, 1482.

Beispiel (eingehend und mit weiteren Beispielen *Neumann* GmbHR 96, 740, 822):
Die angemessene Gesamtvergütung beträgt € 200.000,–, das anteilige Festgehalt somit € 150.000,– (75%). Im Zeitpunkt der Vertragsvereinbarung erwartet die Gesellschaft einen zukünftig durchschnittlich erzielbaren Jahresüberschuss vor Abzug der KSt, GewSt und Tantieme (= Bemessungsgrundlage) von € 500.000,–. Als Tantieme werden daher 10% der Bemessungsgrundlage vereinbart. Die sich nachfolgend auf Grund der Vereinbarung ergebende tatsächliche Tantieme ist angemessen, gleichgültig, ob sie unter oder über der Prognose liegt.

Die Prognoseberechnung sollte für spätere Diskussionen mit der Betriebsprüfung dokumentiert, nicht aber zum Vertragsbestandteil gemacht werden.

Tantiemeversprechen gegenüber einem oder mehreren **Geschäftsführern** dürfen grds. insgesamt den Satz von 50% des Gewinns vor Steuern und Tantieme nicht übersteigen (s. BFH I B 99/05 v. 1.2.06, BFH/NV 06, 982; I B 223/03 v. 6.5.04, BFH/NV 04, 1294; I R 50/94 v. 5.10.94, BStBl. II 95, 549; zur Bemessungsgrundlage: BFH I R 24/02 v. 4.6.03, BStBl. II 04, 136; BMF v. 1.2.02, BStBl. I 02, 219: Dies gilt auch bei einem nicht beherrschenden Gesellschafter; BFH I R 74/99 v. 15.3.00, BStBl. II 00, 547; I B 99/05 v. 1.2.06, BFH/NV 06, 982). Der BFH hat Ausnahmen bisher nur für die Anlaufphase zugelassen (BFH I R 74/99 v. 15.3.00, BStBl. II 00, 547). 40

Abweichende Fälligkeitsregelungen stehen in der Gefahr, als unüblich angesehen zu werden (BFH I R 88/94 v. 6.12.95, BStBl. II 96, 383; s. auch *Frischholz* StBp. 95, 11, mwN; kritisch zum Kriterium der Üblichkeit *Hoffmann* GmbHR 96, 664; *Schmidt* GmbH-StB 04, 242).

Streitig ist, ob die **Fälligkeit des Tantiemeanspruchs** durch den Gesellschafter bestimmt werden kann (so FG Düsseldorf 12 K 4927/94 E v. 10.2.98, EFG 98, 870 anders nachfolgend BFH VIII R 24/98 v. 17.11.98, BStBl. II 99, 223) oder ob die Tantiemezahlungen dem beherrschenden Gesellschafter bereits in dem Zeitpunkt zufließen, in dem sie der Höhe nach feststehen (im Streitfall mit der Bilanzaufstellung, FG Münster 2 K 5892/88 E v. 2.9.92, EFG 93, 152, rkr.; FG Hamburg VI 275/02 v. 9.3.04, FGReport 04, 57; BFH VIII B 121/04 v. 10.5.05, BFH/NV 05, 1776; *Steinkamp* Stbg 05, 25, 32; anders, wenn sich die Bilanzaufstellung verzögert, FG BaWü 8 K 108/95 v. 7.11.96, EFG 97, 872). Wird eine Tantieme vor Fälligkeit ausbezahlt, so ist der Verzicht auf eine Verzinsung vGA (BFH I R 70/97 v. 17.12.97, BStBl. II 98, 545).

Ein Anspruch auf **Gratifikation** (Weihnachtsgeld, Urlaubsgeld) besteht bereits dann, wenn sie dem Geschäftsführer mehrfach vorbehaltlos gewährt wurden (OLG München 7 U 4750/83 v. 15.2.84, WM 84, 896). 41

Urlaubs- und Weihnachtsgelder werden vom BFH als Vergütung für Dienste im laufenden Geschäftsjahr angesehen (BFH I R 49/90 v. 11.12.91, BStBl. II 92, 434; s. auch FG Saarland 1 K 225/93 v. 8.2.94, EFG 94, 675). Sie sind daher beim beherrschenden Gesellschafter nur zeitanteilig anzuerkennen, wenn sie nicht bereits zu Beginn des Jahres vereinbart waren. Eine Zahlung „entsprechend der betrieblichen Übung“ ist ausreichend, wenn eine solche Übung nachweisbar ist (FG Saarland 1 K 102/93 v. 5.4.94, GmbHR 94, 334).

Bei **vorübergehender Verhinderung** (Krankheit etc.) bleibt der Vergütungsanspruch für sechs Wochen bestehen (§ 616 Abs. 1 BGB), sofern die Verhinderung nicht schuldhaft herbeigeführt ist (*Scholz/Schneider* § 35 Rz. 413). Solange ruht der Anspruch auf Krankengeld (§ 49 SGB V). 42

Der Vergütungsanspruch des Geschäftsführers verjährt drei Jahre nach Kenntnis des Anspruchs, spätestens nach zehn Jahren (§§ 195, 199 Abs. 4 BGB). 43

Bei wesentlicher Veränderung der wirtschaftlichen Verhältnisse kann die Gesellschaft bzw. der Geschäftsführer analog § 87 AktG eine **Anpassung der Tätigkeits-** 44

vergütung verlangen (*Baumbach/Hueck* § 35 GmbHG Rz. 187; *Scholz/Sethe* § 35 GmbHG Rz. 368ff.). Die Anpassung beinhaltet eine Vertragsänderung. **Steuerrechtlich** ist bei Gesellschafter-Geschäftsführern und Geschäftsführern, die einem Gesellschafter nahe stehen, zur Vermeidung einer vGA eine regelmäßige Überprüfung der Vergütung erforderlich. Der BFH (I R 50/94 v. 5.10.94, BStBl. II 95, 549; *Engelsing* StuB 03, 363; *Zimmers* LGp 07, 30) geht davon aus, dass das Gehalt eines Geschäftsführers laufenden Anpassungen unterliegt. Die Gewinntantieme ist anlässlich jeder tatsächlich vorgenommenen Gehaltsanpassung, spätestens jedoch nach Ablauf von drei Jahren, auf ihre Angemessenheit zu überprüfen. Die Vereinbarung einer absoluten Obergrenze der Tantieme vermeidet die Notwendigkeit, die Vertragsvereinbarung alle drei Jahre zu überprüfen und ggf. anzupassen. Die Obergrenze kann uE großzügig (zB Begrenzung auf ein Jahresfestgehalt) bemessen werden, wenn die Prognoseberechnung bei Vertragsabschluss realistisch war. Eine Vertragsvereinbarung, wonach das Festgehalt im gleichen Prozentsatz steigt oder fällt, in dem Gehälter nach einem bestimmten Tarifvertrag und Tarifklasse steigen oder fallen, ist steuerlich unproblematisch (vgl. *Streck* § 8 Anh. Rz. 339). Die zivilrechtliche Wirksamkeit solcher Wertsicherungsklauseln richtet sich nach dem Preisklauselgesetz; wird die Wertsicherung an die allgemeine Lohnentwicklung gekoppelt, dürfte die Klausel gemäß § 1 Abs. 1 Preisklauselgesetz unproblematisch sein. Weitergehende Vertragsvereinbarungen im Hinblick auf eine Anpassung der Bezüge (s. zB *Korn* KÖSDI 96, 10815; *Tillmann/Schmidt* GmbHR 95, 796; *Fritsche/Köhl* GmbHR 96, 677; *Neumann* GmbHR 96, 740, 822; *Prühs* GmbH-Stpr 05, 10; *ders.* GmbH-Stpr. 06, 363) halten wir weder für erforderlich noch für zweckmäßig. Sie beinhalten vielmehr das Risiko, als „Vorbehaltsklausel" angesehen zu werden und gefährden damit die Anerkennung der gesamten Vergütung.

Zu § 8: Spesen, Aufwendungsersatz

45 Der Anspruch des Geschäftsführers auf Ersatz seiner **Auslagen** ergibt sich aus §§ 669f., 675 BGB. Besteht kein Anstellungsvertrag, folgt der Ersatzanspruch aus § 683 BGB. Bei beherrschenden Gesellschafter-Geschäftsführern (vgl. Rz. 18) ist jedoch eine rechtzeitige klare Vereinbarung erforderlich, selbst wenn sich der zivilrechtliche Ersatzanspruch bereits aus dem Gesetz ergibt (vgl. BFH I R 98/75 v. 3.11.76, BStBl. II 77, 172; aA: FG Nds. VI 110/97 v. 29.6.99, EFG 00, 235; 6 K 302/00 v. 26.11.02, EFG 03, 1196). UE gilt dies allerdings nicht für überraschend notwendige Aufwendungen, die der Geschäftsführer für die GmbH tätigt (vgl. *Streck* GmbHR 87, 104). Vorsorglich sollte der Anspruch auf Aufwendungsersatz jedoch vereinbart werden.

Zu § 9: Urlaub

46 Ein **Urlaubsanspruch** ist auch ohne besondere Vereinbarung anzunehmen (vgl. BGH II ZR 201/61 v. 3.12.62, NJW 63, 535). Das BUrlG gilt nicht (*Baumbach/Hueck* § 35 GmbHG Rz. 177; *Haase* GmbHR 05, 265; *ders.* GmbHR 05, 338). Ist eine Freizeit wegen Beendigung des Anstellungsverhältnisses nicht mehr möglich oder aus Unternehmensinteressen ausgeschlossen, besteht ein Anspruch auf Abgeltung (BGH II ZR 201/61 v. 3.12.62, aaO). Bei Gesellschafter-Geschäftsführern liegt in der Abgeltung daher keine vGA (BFH I R 21/68 v. 8.1.69, BStBl. II 69, 327; I R 119/70 v. 10.1.73, BStBl. II 73, 322; I R 50/03 v. 28.1.04, BStBl. II 05, 524).

Zu § 10: Ruhegehalt

47 **Ruhegehaltsansprüche** können dem Geschäftsführer aus der gesetzlichen Rentenversicherung, aus einer privaten Direktversicherung, für die die Gesellschaft die Zahlung der Versicherungsbeiträge übernimmt, oder aus einer Direktzusage zustehen. Ob und welches Ruhegehalt die Gesellschaft ihrem Geschäftsführer und dessen Hin-

terbliebenen zahlt, unterliegt – abgesehen von der Sozialversicherungspflicht (vgl. Rz. 4) – der freien Vereinbarung. Vereinbart werden kann, dass
- dem Geschäftsführer sofort ein fester Versorgungsanspruch zusteht,
- ihm ein solcher nur zusteht, wenn er eine Mindestzeit Organmitglied war (so der Vertrag),
- ein Versorgungsanspruch nur zusteht, wenn der Geschäftsführer bei Eintritt des Versorgungsfalls (Altersgrenze, Tod, Invalidität) noch Organmitglied ist.

Bei der Gestaltung ist darauf zu achten, dass Pensionsvereinbarungen mit **„abhängigen" Geschäftsführern** im betriebsrentenrechtlichen Sinn den Bestimmungen der **§§ 1 ff. BetrAVG** unterliegen (zur Abgrenzung vgl. nachfolgend Rz. 49). Scheidet ein abhängiger Geschäftsführer vor Eintritt des Versorgungsfalls aus, so behält er seine Anwartschaft, wenn er zu diesem Zeitpunkt das 25. Lebensjahr vollendet hat und die Versorgungszusage seit mindestens fünf Jahren bestand (§ 1b BetrAVG). Eine vertragliche Unverfallbarkeitsregel, die eine längere Betriebstreue verlangt, ist unwirksam (§ 17 Abs. 3 BetrAVG; BGH I ZR 15/80 v. 18.3.82, WM 82, 1123). 48

Nicht anwendbar sind die Bestimmungen der §§ 1–16 BetrAVG auf den als Geschäftsführer tätigen Alleingesellschafter (BGH II ZR 254/78 v. 28.4.80, BGHZ 77, 94), den geschäftsführenden Mehrheitsgesellschafter (BGH II ZR 254/78 v. 28.4.80, aaO; FG RhPf. 5 K 105/87 v. 26.2.87, EFG 87, 496), wobei Anteile von Familienangehörigen nicht ohne weiteres hinzugerechnet werden, sowie jeden von mehreren Gesellschafter-Geschäftsführern, die zusammen über die Mehrheit der Stimmen verfügen, wenn die eigene Beteiligung nicht ganz unbedeutend ist (BGH II ZR 255/78 v. 9.6.80, NJW 80, 2257; vgl. ferner BGH II ZR 259/88 v. 25.9.89, NJW 90, 49, für den Minderheitsgesellschafter neben einem Mehrheitsgesellschafter sowie BGH II ZR 29/90 v. 28.1.91, DStR 91, 320, für den nur treuhänderisch beteiligten Gesellschafter und BAG 3 AZR 869/95 v. 16.4.97, GmbHR 98, 84; LG Bamberg 3 T 122/05 v. 8.12.05, ZInsO 06, 47). Diese **„Unternehmer-Geschäftsführer"** stehen den vorstehend behandelten „abhängigen" Geschäftsführern gegenüber. 49

Zulässig und unbedenklich ist es, vor Eintritt der Unverfallbarkeit vorzusehen, dass der Versorgungsanspruch entfällt, wenn der Anstellungsvertrag durch die Gesellschaft gekündigt wird, weil der Geschäftsführer gröblich seine Pflichten verletzt hat (BGH II ZR 219/75 v. 8.12.77, WM 78, 109; OLG Frankfurt 1 U 67/98 v. 22.4.99, GmbHR 00, 664). Fehlt eine solche Vereinbarung, so kann die Versorgungszusage nur bei außerordentlich schweren Verfehlungen entfallen (BGH II ZR 71/83 v. 19.12.83, NJW 84, 1529; *Fleck* WM 85, 677, 682). 50

Der Vertrag sieht eine **Anpassung** der Versorgungsbezüge durch eine Wertsicherungsklausel vor, die nicht genehmigungsbedürftig ist (§ 1 Preisklauselgesetz, früher § 3 WährG, vgl. OLG München 24 U 332/86 v. 29.1.87, GmbHR 87, 478, und Rz. 44). Bei abhängigen Geschäftsführern ist § 16 BetrAVG zu beachten. Fehlt eine vertragliche Vereinbarung über die Anpassung, so richtet sich diese für Unternehmer-Geschäftsführer nach § 242 iVm. § 315 BGB (BGH II ZR 252/79 v. 6.4.81, NJW 81, 2059; BAG 3 AZR 156/83 v. 23.4.85, ZIP 85, 889, 890; BAG 3 AZR 881/94 v. 17.10.95, BB 96, 1388). 51

Auch Ruhegehaltszahlungen unterliegen dem **Rückzahlungsverbot** nach § 30 GmbHG (BGH II ZR 55/86 v. 8.12.86, NJW 87, 779). 52

Steuerrechtlich gehört die Pensionszusage zur **Gesamtausstattung** des Geschäftsführers (vgl. Rz. 17), die bei Gesellschafter-Geschäftsführern dem Angemessenheitsgebot genügen muss (Zur Obergrenze der angemessenen Gesamtbezüge BFH I R 79/08 v. 17.2.10, BFH/NV 10, 1307: eingehend zur steuerlichen Anerkennung *Arteaga* GmbHR 98, 265; *Schmidt* GmbH-StB 99, 169; *Langohr-Plato* Stbg. 02, 393, 458; *Veh* UG 2007, Nr. 1, 18; *Hallerbach* NWB Fach 17, 2043; *Harle/Kulemann* GmbHR 05, 1275; *Lenz/Teckentrup* INF 06, 907). Bewertet wird die Pensionszusage mit einer fiktiven Jahresnettoversicherungsprämie ohne Abschluss- und Verwaltungskosten, 53 die,abgestellt auf das Alter im Zusagezeitpunkt, für eine entsprechende Versicherung gezahlt werden müsste (BFH I 4/59 S v. 4.8.59, BStBl. III 59, 374); Zinsfuß: 5,5%.

54 Pensionszusagen bedürfen schon auf Grund des § 6a EStG (und damit auch bei nicht beherrschenden Gesellschaftern) der Schriftform und der Rechtsverbindlichkeit. Zweifelhaft ist, ob ein Beschluss der Gesellschafterversammlung die **Schriftform** ersetzen kann (ablehnend FG Saarland 1 K 239/86 v. 13.7.88, EFG 88, 592; aA FG Nds. 6 K 256/99 v. 28.2.02, EFG 02, 1021; *Hoffmann* GmbHR 05, 1314). Eine Regelung, wonach die Versorgungsverpflichtung durch eine einmalige Zahlung abgefunden werden kann, ist ein schädlicher Vorbehalt gem. § 6a Abs. 1 Nr. 1 EStG (BFH I R 49/97 v. 10.11.98, GmbHR 99, 303; *Ott* StuB 06, 249).

54a Pensionszusagen sind „unangemessen" (und damit vGA auch bei nicht beherrschenden Gesellschaftern), wenn sie dem Berechtigten erstmals in einem Alter gewährt werden, zu dem ein ordentlicher Geschäftsleiter eine solche Zusage nicht erteilt hätte. Zusagen nach Vollendung des **60. Lebensjahres** führen daher zur vGA (BFH I R 78/08 v. 28.4.10, BFHE 229, 234; I R 138/93 v. 5.4.95, BStBl. II 95, 478; I R 80/02 v. 23.7.03, DB 03, 2575, großzügiger: FG Münster 9 K 491/01 K, G, F v. 19.12.03, DStRE 04, 649; auch BFH I R 14/04 v. 14.7.04, DStRE 04, 1287); ebenso eine Zusage nach Ausbruch einer lebensbedrohenden Erkrankung (BFH I R 108/03 v. 11.8.04, BFH/NV 05, 385).

55 Bei einem beherrschenden Gesellschafter-Geschäftsführer müssen zwischen dem **Zeitpunkt der Zusage** und dem vorgesehenen Zeitpunkt für den Eintritt in den Ruhestand mindestens zehn Jahre liegen (sog. Erdienbarkeit, BFH I R 98/93 v. 21.12.94, BStBl. II 95, 419; FG Münster 9 K 4626/01 v. 9.1.04, EFG 04, 600). Eine kurzfristige Unterbrechung der Dienstzeit ist unschädlich (BFH I R 56/01 v. 30.1.02, GmbHR 02, 795). Bei einem nicht beherrschenden Gesellschafter-Geschäftsführer kann hingegen auch eine vor der Zusage liegende Dienstzeit berücksichtigt werden, wenn der Geschäftsführer vor Zusage seit mehr als zwölf Jahren im Betrieb tätig gewesen ist und eine aktive Dienstzeit von mindestens drei Jahren verbleibt (BFH I R 41/95 v. 24.1.96, BStBl. II 97, 440; FG München 7 K 4780/02 v. 25.8.04, EFG 04, 1963; FG Sachsen 5 K 52/04 v. 20.1.05, GmbH-St. 06, 281; vgl. zu anrechenbaren Vordienstzeiten auch: BFH I R 39/12 v. 26.6.13, DStR 13, 2750). Diese dem BetrAVG aF entnommenen Fristen sollen auch für Zeiträume nach Änderung des BetrAVG gelten (BMF v. 9.12.02, BStBl. I 02, 1393). Zeiträume, in denen das Unternehmen noch nicht als GmbH geführt wurde, sind zu berücksichtigen (BFH I R 40/99 v. 15.3.00, BStBl. II 00, 504). Durch nachträgliche Verlängerung des Zeitraums kann die vGA verhindert werden (BFH I R 36/97 v. 19.5.98, BStBl. II 98, 689; *Hoffmann* DStR 98, 1625).

55a Die **Gewährung** einer Pensionszusage **unmittelbar nach Anstellung** des Gesellschafter-Geschäftsführers ist nach Ansicht der FinVerw. (KStH 38 „Warte-/Probezeit") und nach Rspr. (BFH I R 2/92 v. 16.12.92, BStBl. II 93, 455; I R 70/04 v. 23.2.05, BStBl. II 05, 882) „unüblich" und damit idR vGA. Vielmehr setzt die Erteilung einer Pensionszusage an den Gesellschafter-Geschäftsführer idR die Einhaltung einer Probezeit voraus (BFH I R 19/09 v. 17.3.10, BFH/NV 10, 1310). Etwas anderes gilt, wenn die GmbH aus einem bestehenden Unternehmen hervorgegangen ist (BFH I R 52/97 v. 29.10.97, BStBl. II 99, 318; FG Hamburg 5 K 193/03 v. 21.6.06, BeckRS 2006, 26021834; im Falle: Management-buy-out BFH I R 18/01 v. 24.4.02, BStBl. II 02, 670). Eine Wartezeit von fünf Jahren ist in jedem Fall ausreichend (BFH I R 42/97 v. 15.10.97, BStBl. II 99, 316). Bei einem Geschäftsführer mit Branchenerfahrung genügen 18 Monate (BFH I R 99/02 v. 20.8.03, BFH/NV 04, 373; 1 B 131/97 v. 4.5.98, GmbHR 98, 1049). Ohne Branchenerfahrung genügen 15 Monate nicht (BFH I R 73/97 v. 11.2.98, GmbHR 98, 893). Die Vereinbarung einer sofortigen ratierlichen Unverfallbarkeit ist unschädlich (BMF v. 9.12.02, BStBl. I 02, 1393; BFH I B 75/01 v. 22.1.02, BFH/NV 02, 952).

Weitere Voraussetzung für die steuerliche Anerkennung ist die **Finanzierbarkeit** der Pensionszusage (KStH 38 „Finanzierbarkeit"; BFH I R 79/00 v. 7.11.01, BStBl. II 05, 659; I R 65/03 v. 31.3.04, DStR 04, 1209; *Paus* INF 06, 70; *Hallerbach* NWB Fach 17, 2043; *Briese* DStR 05, 272). Stehen keine ausreichenden (stillen) Reserven zur Erfüllung der Zusage bei vorzeitigem Eintritt des Versorgungsfalls zur Verfügung, ist der Abschluss einer Rückdeckversicherung empfehlenswert (zur vGA trotz Rückdeckversicherung FG Nds. VI 607/93 v. 9.12.97, GmbHR 98, 388). Aus dem Fehlen einer Rückdeckungsversicherung allein ergibt sich jedoch nicht, dass die Zusage eine vGA ist (BFH I R 42/97 v. 15.10.97, BStBl. II 99, 316; I R 52/97 v. 29.10.97, BStBl. II 99, 318; I R 29/98 v. 22.10.98, GmbHR 99, 487). Die Zahlungen für eine Rückdeckversicherung sind keine vGA, auch wenn die Pensionszusage als vGA anzusehen ist (BFH I R 2/02 v. 7.8.02, BStBl. II 04, 131 gegen FG Köln 13 K 6733/00 v. 15.3.01, EFG 02, 712). **55b**

Der betrieblich bedingte Verzicht des Gesellschafter-Geschäftsführers auf eine unverfallbare Pensionszusage gegen Zahlung einer angemessenen Abfindung ist grds. keine vGA. Die Abfindung einer Pensionszusage ist für den Regelfall betrieblich veranlasst, wenn sie in Zusammenhang mit dem Verkauf der Geschäftsanteile der GmbH steht und diesen erst ermöglichen soll (BFH I R 78/08 v. 28.4.10, BFHE 229, 234; *Binnewies/Wollweber* GmbH-Stb 09, 307). Etwas anderes kann gelten bei einer Beteiligung des Geschäftsführers unter 10%, einer Beteiligung von 10 bis 49% und fehlender unternehmerischer Leitungsmacht, sofern nicht die Geschäftsanteile mehrerer Gesellschafter insgesamt zu einer Mehrheit der Anteile zusammenzurechnen sind (§ 3 BetrAVG; BFH I R 78/08 v. 28.4.10, BFHE 229, 234). Die Höhe der Abfindung darf die Grenze der Angemessenheit und damit den Barwert der künftigen Pensionsleistungen zum Zeitpunkt der Abfindung nicht überschreiten. Die Abfindung einer verfallbaren Pensionszusage hingegen ist vGA. Zu den Einzelheiten *Streck* § 8 Anh. Rz. 937f. mwN. **55c**

Die Höhe der Pensionszusage einschließlich der gesetzlichen Rentenanwartschaften darf **75% der Aktivbezüge (= tatsächlich gezahltes Entgelt)** nicht überschreiten (BFH I R 147/93 v. 17.5.95, BStBl. II 96, 204; I R 70/03 v. 31.3.04, BStBl. II 04, 937; *Brenner* DStR 96, 65; *Höfer* BB 96, 41; *Gosch* DStZ 97, 1; *Doetsch/Lenz* DB 06, 1028). Dabei ist auf eine klare Formulierung zu achten. Insbes. ist klarzustellen, auf welches Jahr oder auf den Durchschnitt welcher Jahre sich der Prozentsatz bezieht (s. BFH I R 29/88 v. 22.10.98, BFH/NV 99, 972; I R 20/98 v. 24.3.99, BFH/NV 99, 1643; zur Anrechnung von Direktversicherungen FG BaWü 5 K 255/97 v. 18.2.98, BB 98, 1201). Bei einer Überversorgung ist die Pensionsrückstellung in Höhe der Überversorgung aufzulösen (BFH I R 70/03 v. 31.3.04, BStBl. II 04, 937; zur Berechnung bei Betriebsaufspaltung: BFH I R 78/08 v. 28.4.10, BFHE 229, 234). Eine Dynamisierung der Rente ist zulässig (BFH I R 105/94 v. 17.5.95, BStBl. II 96, 423; I R 34/95 v. 25.10.95, BStBl. II 96, 403). Von der Prüfung einer Überversorgung wird abgesehen, wenn die laufenden Aufwendungen für die Altersversorgung (Sozialversicherungsbeiträge und Zuführung zur Pensionsrückstellung) 30% des steuerpflichtigen Arbeitslohns nicht übersteigen (BFH I R 220/82 v. 8.10.86, BStBl. II 87, 205). Eine Umwandlung von Barlohn in Versorgungsleistungen ist bei entsprechender Absicherung des Versorgungsanspruchs zulässig (BFH I R 62/03 v. 15.9.04, DStR 05, 63). **56**

Das Fehlen einer Pensionszusage an übrige Arbeitnehmer ist – wenn diese nicht die gleiche Tätigkeit wie der Gesellschafter ausüben – ebenso wenig ein Indiz einer vGA wie eine **Widerrufsklausel** entsprechend § 6a Abs. 1 Nr. 2 EStG (BFH I R 52/97 v. 29.10.97, BStBl. II 99, 318; I R 42/97 v. 15.10.97, BStBl. II 99, 316). **56a**

Die **Rechtsprechung** berechnet Pensionszusagen an beherrschende Anteilseigner unter der Voraussetzung, dass sie bis zum **65. Lebensjahr** tätig sind (BFH I R 25/04 v. 28.6.05, BFH/NV 05, 2252; I R 80/02 v. 23.7.03, BStBl. II 03, 926; I R 113/88 **57**

v. 23.1.91, BStBl. II 91, 379; zur Kritik *Streck* § 8 Anh. Rz. 925). Für die Vertragspraxis ist wichtig, dass die Rspr. nur die Berechnungsweise der Rückstellungen bestimmt, die Pensionszusage aber das gewollte Alter des Versorgungsbeginns nennen kann (zB Pensionszusage auf das 60. Lebensjahr; Berechnung der Rückstellung aber auf das 65. Lebensjahr).

58 Neben der Altersversorgung für den tätigen Geschäftsführer sind **Hinterbliebenenzusagen** zusätzlich möglich und steuerrechtlich anerkannt (st. Rspr. BFH I 193/62 S v. 15.12.65, BStBl. III 66, 202; I 227/63 v. 8.2.66, BStBl. III 66, 323; zur erbschaftsteuerrechtlichen Behandlung vgl. BFH II B 40/04 v. 24.5.05, BFH/NV 05, 1571; II R 23/85 v. 13.12.89, BStBl. II 90, 322; FG Hamburg III 214/05 v. 14.2.06, EFG 06, 1076; FinMin NRW v. 21.1.91, BB 91, 403; *Gail/Jöst* DB 91, 987).

59 Auch bei Hinterbliebenenrenten gilt das **Rückwirkungsverbot** (BFH I R 51/76 v. 28.4.82, BStBl. II 82, 612). Entscheidend ist hier, ob der tätige Geschäftsführer beherrschender Anteilseigner war, nicht ob die Hinterbliebenen beherrschend sind (BFH I 43/61 v. 31.7.63, StRK EStG § 5 R 381).

60 Eine unangemessene oder steuerrechtlich nicht anerkannte Pensionszusage kann **vor Auszahlung** vGA sein, da bereits die Bildung der Rückstellung für eine solche Zusage bei der GmbH als vGA behandelt wird (*Streck* § 8 Anh. Rz. 936; BMF v. 28.5.02, BStBl. I 02, 603). Weil beim Anteilseigner jedoch noch kein Zufluss vorliegt, hat der Gesellschafter die Ausschüttung erst dann zu versteuern, wenn das Ruhegehalt gezahlt wird (eingehend BMF v. 28.5.02, aaO).

61 Tritt der Geschäftsführer mit dem vereinbarten Zeitpunkt in den Ruhestand, sind die Pensionen **Betriebsausgaben,** die zum Teil durch die Auflösung der Rückstellung neutralisiert werden. Liegt eine Zusage auf das 60. Lebensjahr vor, deren Rückstellung wegen Beherrschung auf das 65. Lebensjahr berechnet werden musste, und scheidet der Geschäftsführer mit dem 60. (oder zB 63.) Lebensjahr aus, so ist sodann eine **Einmalrückstellung** bis auf den Teilwert möglich (vgl. BFH I R 112/72 v. 20.6.74, BStBl. II 74, 694); ob dies auch rückwirkend für noch nicht bestandskräftige Veranlagungen möglich ist, ist zweifelhaft, uE aber zu bejahen. Gibt der Berechtigte mit dem Zusagezeitpunkt – zB 65. Lebensjahr – noch nicht seine Tätigkeit auf, handelt es sich um einen sog. **technischen Rentner** (dazu *Schmidt/Weber-Grellet* § 6a Rz. 67). Wurde keine Rückstellung gebildet, sind angemessene Alterszahlungen Betriebsausgaben.

62 Für eine **Direktversicherung** als Altersversorgung für den Geschäftsführer gelten die gleichen steuerrechtlichen Grundsätze wie für Pensionszusagen (vgl. zu Einzelheiten: *Reuter* GmbHR 97, 1081; *Otto* DStR 99, 743; *Langohr-Plato* INF 99, 266; *Feldkamp* Stbg. 01, 277; *Schneider/Schneider* GmbHR 05, 1229).

Zu § 11: Dauer, Kündigung

63 **Hinsichtlich der Kündigung** ist zwischen der **Organstellung** und dem **Anstellungsvertrag** zu unterscheiden. Die Bestellung zum Geschäftsführer ist jederzeit widerruflich (§ 38 Abs. 1 GmbHG). Durch den Gesellschaftsvertrag – nicht durch den Geschäftsführervertrag – kann die Abberufung von dem Vorliegen eines **wichtigen Grundes** abhängig gemacht werden (§ 38 Abs. 2 GmbHG). Zu den Besonderheiten der Amtsniederlegung des Einmann-Gesellschafter-Geschäftsführers vgl. BayObLG 3 Z BR 35/99 v. 15.6.99, ZIP 99, 1599; OLG Düsseldorf 3 Wx 393/00 v. 6.12.00, ZIP 01, 25. Entsprechend der gesellschaftsvertraglichen Regelung ist § 12 Abs. 7 zu fassen. Das (eigentliche) Dienstverhältnis **endet** mit Ablauf der Zeit, für die es eingegangen wurde, oder bei unbefristeter Dauer durch Kündigung (§ 620 Abs. 2 BGB).

64 Für die **Kündigungsfrist** gelten die §§ 621, 622 BGB (BGH II ZR 92/80 v. 29.1.81, NJW 81, 1270; II ZR 120/83 v. 26.3.84, BB 84, 1892; *Scholz/Schneider* § 35 GmbHG Rz. 447), sofern der Dienstvertrag – wie hier – nichts Abweichendes vorsieht.

Der arbeitsrechtliche **Kündigungsschutz** findet auf Geschäftsführer keine Anwendung (§ 14 Abs. 1 Nr. 1 KSchG; BAG 6 AZR 1045/06 v. 25.10.07, NJW 08, 1018; *Hümmerich* NJW 95, 1177; *Reiserer* DB 94, 1822; zu Ausnahmen BAG 5 AZB 22/98 v. 6.5.99, NJW 99, 3069; 5 AZR 664/98 v. 26.5.99, DB 99, 1906; 2 AZR 207/99 v. 8.6.00, ZIP 00, 1844; allgemein zum Verhältnis von Arbeits- und Zivilrecht beim Geschäftsführervertrag: *Werner* StBW 13, 379). Somit ist eine fristgerechte Kündigung ohne Angabe von Gründen möglich. 65

Ein Dienstvertrag kann jederzeit ohne Einhaltung einer Frist aus **wichtigem Grund** gekündigt werden (§ 626 BGB; BGH II ZR 225/93 v. 13.2.95, DStR 95, 695). Der Anstellungsvertrag kann einzelne, eine fristlose Kündigung rechtfertigende Gründe festschreiben. So kann vereinbart werden, dass jede Beendigung der Organstellung eine fristlose Kündigung des Anstellungsvertrages rechtfertigt (vgl. BGH II ZR 220/88 v. 29.5.89, NJW 89, 2683, sowie Rz. 69). 66

Liegt der Geschäftsführertätigkeit ein (unentgeltliches) **Auftragsverhältnis** zugrunde (vgl. Rz. 9), so kann dieses von der Gesellschaft **widerrufen,** von dem Geschäftsführer gekündigt werden (§ 671 Abs. 1 BGB). Der Geschäftsführer hat allerdings dabei die Interessen der Gesellschaft zu berücksichtigen (Verbot der Kündigung zur Unzeit, Rechtsfolge: Schadensersatz, § 671 Abs. 2 BGB). 67

Jede Kündigung setzt den Zugang einer Kündigungserklärung voraus (§§ 130ff. BGB). Außerordentliche Kündigungen müssen innerhalb von zwei Wochen seit Kenntnis vom wichtigen Grund erfolgen (§ 626 Abs. 2 BGB; zum Fristbeginn BGH II ZR 318/96 v. 15.6.98, DStR 98, 1101). Für die Kenntnis der die Zweiwochenfrist nach § 626 Abs. 2 BGB auslösenden Tatsachen kommt es auf den Wissensstand des zur Entscheidung über die fristlose Kündigung berufenen und bereiten Gremiums der Gesellschaft an, idR also auf die Kenntnis der Gesellschafterversammlung (BGH II ZR 273/11 v. 9.4.13, MDR 13, 730). Die Zweiwochenfrist beginnt damit bei zügiger Einberufung mit Durchführung der Gesellschafterversammlung, in der die wichtigen Kündigungsgründe erstmals thematisiert und ggf bereits Abberufung und Kündigung beschlossen werden. 68

Die Beendigung der Organstellung führt nicht automatisch zur Beendigung des Anstellungsvertrages (vgl. *Baumbach/Hueck* § 35 GmbHG Rz. 209). Umgekehrt beinhaltet die Kündigung des Anstellungsvertrages nicht immer gleichzeitig den Widerruf bzw. die Niederlegung der Organstellung. Einzelheiten sind umstritten (*Baumbach/Hueck* § 38 GmbHG Rz. 96). Es empfiehlt sich daher, das Verhältnis von Abberufung und Kündigung vertraglich zu regeln. Die Koppelung der automatischen Beendigung des Geschäftsführeranstellungsvertrags an die wirksame Abberufung des Geschäftsführers ist als auflösende Bedingung jedenfalls dann zulässig, wenn der Geschäftsführer zugleich Gesellschafter ist und damit auf Entscheidungsprozesse der Gesellschafterversammlung Einfluss nehmen kann (OLG Saarbrücken 1 U 154/12 v. 8.5.13, DB 13, 2321; BGH II ZR 27/98 v. 21.6.99, DStR 99, 1743; teils aA *Bauer/ Diller* GmbHR 98, 809 unter Hinweis auf BGH II ZR 232/96 v. 1.12.97, DStR 98, 861). 69

Abberufung und Kündigung fallen in die Kompetenz der **Gesellschafterversammlung** (BGH II ZR 240/85 v. 27.10.86, NJW 87, 1890; OLG Köln 13 U 195/89 v. 21.2.90, GmbHR 91, 156). 70

Zur Rechtsstellung des Geschäftsführers in der Insolvenz der Gesellschaft *Fichtelmann* GmbHR 08, 76.

Zu § 12: Schlussbestimmungen

Schriftformklauseln – auch qualifiziert – können mündlich abgeändert werden. Steuerlich wird die Aufhebung nur anerkannt, wenn sich der Wille der Vertragsparteien zur Aufhebung der Schriftformklausel nachweisen lässt (BFH I R 115/95 v. 24.7.96, BStBl. II 97, 138). Wegen der Gefahr verdeckter Gewinnausschüttungen sollte bei Gesellschafter-Geschäftsführern auf eine solche Klausel verzichtet werden. 71

A. 6.27 Geschäftsführervertrag (Kurzfassung)

I. FORMULAR

Formular A. 6.27 Geschäftsführervertrag (Kurzfassung)

GESCHÄFTSFÜHRERVERTRAG

zwischen

1. X-GmbH, vertreten durch die Gesellschafterversammlung

– nachfolgend Gesellschaft genannt –

und

2. Herrn/Frau ...... – nachfolgend Geschäftsführer genannt –

§ 1 Geschäftsführung und Vertretung

(1) Der Geschäftsführer ist berechtigt und verpflichtet, die Gesellschaft nach Maßgabe der Gesetze, des Gesellschaftsvertrages und einer etwaigen Geschäftsführungsordnung allein zu vertreten und die Geschäfte der Gesellschaft allein zu führen. Weisungen der Gesellschafterversammlung sind zu befolgen, soweit Vereinbarungen in diesem Vertrag nicht entgegenstehen.

(2) Der Geschäftsführer hat die ihm obliegenden Pflichten mit der Sorgfalt eines ordentlichen und gewissenhaften Kaufmanns wahrzunehmen.

(3) Der Geschäftsführer ist von den Beschränkungen des § 181 BGB befreit.

§ 2 Bezüge des Geschäftsführers

(1) Der Geschäftsführer erhält ein festes Jahresgehalt von € ...... Das Gehalt wird in monatlich gleichen Teilbeträgen am jeweiligen Monatsletzten ausgezahlt.

(2) Ferner erhält der Geschäftsführer eine Tantieme in Höhe von ......% des Jahresüberschusses der Handelsbilanz vor Verrechnung mit Verlustvorträgen und vor Abzug der Körperschaft- und Gewerbesteuer. Die Bemessungsgrundlage ist (nicht) um Gewinnanteile stiller Gesellschafter, um die Tantieme selbst und um andere gewinnabhängige Aufwendungen der Gesellschaft zu kürzen.

Die Gewinntantieme ist einen Monat nach Genehmigung des Jahresabschlusses durch die Gesellschafterversammlung fällig.

Nachträgliche Änderungen der Handelsbilanz, insbesondere auf Grund abweichender steuerlicher Veranlagung, sind zu berücksichtigen. Überzahlte Beträge hat der Geschäftsführer zinslos zu erstatten.

Scheidet der Geschäftsführer während des Geschäftsjahres aus seinem Amt aus, hat er Anspruch auf eine zeitanteilige Tantieme.

(3) Im Krankheitsfall oder bei sonstiger unverschuldeter Verhinderung bleibt der Gehaltsanspruch für die Dauer von 6 Monaten bestehen. Dauert die Verhinderung länger als ununterbrochen 6 Monate an, so wird der Tantiemeanspruch entsprechend der 6 Monate übersteigenden Zeit zeitanteilig gekürzt.

(4) Stirbt der Geschäftsführer, so wird seinen Hinterbliebenen (der Witwe oder, wenn nur Kinder vorhanden sind, den Kindern, die minderjährig sind oder in einer Berufsausbildung stehen und vom Geschäftsführer unterhalten worden sind) das feste Gehalt (Abs. 1) anteilsmäßig für die Dauer von 3 Monaten weitergezahlt. Der Tantiemeanspruch bleibt zeitanteilig bis zum Monatsletzten, der auf das Ableben folgt, bestehen.

§ 3 Aufwendungsersatz

(1) Trägt der Geschäftsführer im Rahmen seiner ordnungsmäßigen Geschäftsführertätigkeit Kosten und Aufwendungen, so werden sie ihm von der Gesellschaft erstattet, sofern der Geschäftsführer die Geschäftsführungs- und Betriebsbedingtheit belegt oder sie offenkundig sind.

(2) Der Geschäftsführer hat Anspruch auf die Gestellung eines Pkw der Klasse ...... Der Geschäftsführer darf den Pkw auch privat nutzen; eine Kostenbeteiligung durch den Geschäftsführer erfolgt nicht. Die Gesellschaft wird den Vorteil ordnungsgemäß lohn- und umsatzversteuern.

(3) Die Gesellschaft ersetzt dem Geschäftsführer seine Reisespesen nach den jeweils steuerlich zulässigen Höchstsätzen. Der Geschäftsführer muss seine Auslagen belegen können, soweit üblicherweise Belege erteilt werden. Im Übrigen reichen Eigenbelege aus (zB für Telefonate und Trinkgelder).

(4) Der Geschäftsführer darf die erste Klasse der Bahn benutzen, bei Flugreisen im Inland die einfache Klasse, bei sonstigen Flügen ist er in der Wahl frei.

§ 4 Urlaub

(1) Der Geschäftsführer hat Anspruch auf ...... Arbeitstage (Samstag ist kein Arbeitstag) bezahlten Urlaub im Geschäftsjahr.

(2) Kann der Geschäftsführer seinen Jahresurlaub nicht nehmen, weil Interessen der Gesellschaft entgegenstehen, so hat er Anspruch auf Abgeltung des Urlaubs unter Zugrundelegung der Höhe des Grundgehaltes (§ 2 Abs. 1). Die Abgeltung wird mit dem ersten Gehalt des folgenden Geschäftsjahres gezahlt.

§ 5 Dauer, Kündigung

(1) Die Tätigkeit als Geschäftsführer beginnt am ......

(2) Der Vertrag wird auf unbestimmte Zeit abgeschlossen.

§ 6 Schlussbestimmungen

(1) Die Ungültigkeit einzelner Bestimmungen berührt nicht die Rechtswirksamkeit des Vertrages im ganzen. Anstelle der unwirksamen Vorschrift ist eine Regelung zu vereinbaren, die der wirtschaftlichen Zwecksetzung der Parteien am ehesten entspricht.

(2) Dieser Vertrag tritt am ...... in Kraft.

II. ERLÄUTERUNGEN

Erläuterungen zu A. 6.27 Geschäftsführervertrag (Kurzfassung)

Bei einem beherrschenden Gesellschafter-Geschäftsführer entfällt der Interessengegensatz zwischen Gesellschaft und Geschäftsführer. Der Geschäftsführervertrag kann daher auf das steuerrechtlich Notwendige reduziert werden. Im Einzelnen vgl. Formular A. 6.26. 1

Zu § 3 Abs. 2: Pkw-Gestellung

Trägt die Kosten der Privatnutzung die GmbH, so ist dieser Vorteil nicht nur lohn- 2
und umsatzsteuerpflichtig, der Vorteil ist auch bei dem Gesellschafter-Geschäftsführer in die Angemessenheitsprüfung einzubeziehen. Wird der Geschäftsführer bezüglich der Privatnutzung mit einer Kostenbeteiligung belastet, so muss diese bei einem beherrschenden Gesellschafter-Geschäftsführer klar und eindeutig vereinbart sein. Ein

Verweis auf den vom FA festgesetzten Privatanteil ist nicht ausreichend (BFH I R 122/83 v. 13.3.85, BFH/NV 86, 48).

3 Der geldwerte Vorteil ist mit monatlich 1% des Listen-Kaufpreises des Kraftfahrzeugs zu berechnen (§ 8 Abs. 2 Satz 2–5 EStG) es sei denn, es wird ein Fahrtenbuch geführt (s. im Einzelnen *Schmidt/Krüger* § 8 EStG Rz. 40ff.).

Die freie Verfügung über den Dienstwagen setzt eine rechtzeitige Vereinbarung voraus. Ist eine private Pkw-Nutzung nicht gestattet, so liegt in der privaten Nutzung eine vGA. Nach BFH ist die Höhe der vGA auf der Ebene der GmbH nach Fremdvergleichsmaßstäben und nicht mit dem lohnsteuerlichen Wert (1%-Regelung) anzusetzen, was idR zum Ansatz des gemeinen Werts führt (BFH I R 70/04 v. 23.2.05, BStBl. II 05, 882; krit. *Hoffmann* GmbHR 05, 775; eingehend auch *Briese* GmbHR 05, 1271; *Pust* StuW 06, 324).

A. 6.28 Geschäftsführungsordnung

Gliederung

I. FORMULAR

Formular A. 6.28 Geschäftsführungsordnung

1. Herr A ......

2. Herr B ......

3. Herr C ......

sind die Gesellschafter der X-GmbH.

Sie sind zugleich die alleinvertretungsberechtigten Geschäftsführer der X-GmbH.

Durch die Geschäftsführungsordnung soll die Geschäftsführung der Geschäftsführer untereinander geregelt werden.

I. Gesellschafterbeschluss

Die zu 1.–3. Genannten treten unter Verzicht auf alle Frist- und Formerfordernisse zu einer Gesellschafterversammlung zusammen und beschließen die nachfolgende Geschäftsführungsordnung für die Geschäftsführung der Gesellschaft. Die Geschäftsführer werden angewiesen, entsprechend dieser Geschäftsführungsordnung zu verfahren.

II. Geschäftsführungsordnung

§ 1

(1) Geschäftsführer der X-GmbH sind

1. Herr A ......
2. Herr B ......
3. Herr C ......

(2) Jeder Geschäftsführer ist alleinvertretungsberechtigt.

(3) Die Geschäftsführung unterliegt dieser Geschäftsführungsordnung, den Bestimmungen des Gesellschaftsvertrages, den Beschlüssen der Gesellschafter und dem Gesetz.

§ 2

(1) Die Geschäftsführung bezweckt eine einheitliche, einvernehmliche und effektive Leitung der GmbH. Zu diesem Zweck haben die Geschäftsführer bestimmte Zuständigkeiten, die wie folgt bestimmt werden:

......

......

......

(2) Im Verhinderungsfall gilt:

......

§ 3

(1) Im Rahmen seiner Zuständigkeit ist jeder Geschäftsführer zur alleinigen Geschäftsführung berechtigt.

(2) Jeder Geschäftsführer kann durch die Geschäftsführerkonferenz angewiesen werden, im Übrigen nach dem Recht des Gesellschaftsvertrages und des Gesetzes durch die Gesellschafter.

§ 4

Jeder Geschäftsführer ist jedem Geschäftsführer auskunftspflichtig über alle Maßnahmen der Geschäftsführung. Jeder Geschäftsführer unterrichtet die anderen Geschäftsführer unaufgefordert über alle Maßnahmen, Ereignisse und Umstände, die für das Unternehmen insgesamt von Bedeutung sind.

§ 5

(1) Oberstes Organ der Geschäftsführung ist die Geschäftsführerkonferenz. Sie dient der Koordination der Geschäftsführung, der Entscheidungsfindung und der Information.

(2) Die Geschäftsführer vereinbaren einen regelmäßig wiederkehrenden Zeitpunkt für die Geschäftsführerkonferenz, um Fragen der Geschäftsführung zu erörtern und um anliegende Beschlüsse fassen zu können. Darüber hinaus hat jeder Geschäftsführer das Recht, jederzeit die Einberufung der Geschäftsführerkonferenz zu verlangen.

(3) Für folgende Geschäftsführungsmaßnahmen ist ein Beschluss der Geschäftsführer herbeizuführen:

a) Geschäftsführungsmaßnahmen, die nach dem Gesetz oder dem Gesellschaftsvertrag einer Zustimmung der Gesellschafterversammlung bedürfen. Unbeschadet des rechtlichen Vorrangs des Beschlusses der Gesellschafterversammlung ist die Maßnahme zur Entscheidung zu stellen.
b) Buchst. a) gilt entsprechend für den Jahresabschluss.
c) Maßnahmen, die ein Geschäftsführer ausdrücklich zur Beschlusssache schriftlich den beiden übrigen Geschäftsführern gegenüber erklärt.
d) Maßnahmen von offensichtlich für das Unternehmen wesentlicher Bedeutung (Grundsatzentscheidungen, Zielprojektionen, Zukunftsplanungen, größere Investitionen etc.).

(4) Über erforderliche Beschlüsse sind alle Gesellschafter eine Woche vor der Beschlussfassung mündlich oder schriftlich zu unterrichten. Erfolgt diese Unterrichtung

nicht, so können – abweichend von Abs. 5 – Beschlüsse nur einstimmig gefasst werden.

(5) Die Geschäftsführer treffen Beschlüsse mit der einfachen Mehrheit ihrer Stimmen. Jeder Geschäftsführer verfügt über eine Stimme.

§ 6

Diese Geschäftsführungsordnung wird durch Beschluss der Gesellschafterversammlung aufgehoben und geändert.

II. ERLÄUTERUNGEN

Erläuterungen zu A. 6.28 Geschäftsführungsordnung

1. Grundsätzliche Anmerkungen

a) Wirtschaftliches Vertragsziel

1 Die Geschäftsführungsordnung bezweckt, das **Verhältnis** zwischen **mehreren Geschäftsführern** einer GmbH zu regeln.

b) Zivilrecht

2 Die **Vertretungsbefugnis** umfasst die Befugnis des Geschäftsführers, für die GmbH mit Außenwirkung aufzutreten. Sie ist in § 35 GmbHG geregelt.

3 Die **Geschäftsführung** ist die Tätigkeit, die entscheidet, in welcher Weise tagtäglich der Gesellschaftszweck verfolgt wird; sie obliegt den Geschäftsführern, soweit sie nicht anderen Organen durch Gesetz, Gesellschaftsvertrag oder Gesellschafterbeschluss zugewiesen ist. § 35 GmbHG befasst sich mit der Geschäftsführung. Die Geschäftsführung umfasst für den Geschäftsführer den ganzen Bereich der möglichen Geschäftsführungen. Die mögliche Geschäftsführung kann durch das Gesetz, den Gesellschaftsvertrag oder Gesellschafterbeschlüsse beschränkt werden. Diese Beschränkungen sind im Innenverhältnis – unbeschadet des Vertretungsrechts nach außen – zu beachten (§ 37 Abs. 1 GmbHG).

4 Sind **mehrere Geschäftsführer** bestellt, so steht ihnen – unabhängig vom Vertretungsrecht – das Geschäftsführungsrecht nur gemeinschaftlich zu (gesetzlich nicht geregelt, aber hA, *Baumbach/Hueck* § 37 GmbHG Rz. 29). Gemeinschaftlich heißt, Entscheidungen müssen einstimmig gefasst werden (*Baumbach/Hueck* § 37 GmbHG Rz. 29).

5 Die Geschäftsführung kann – hiervon abweichend – durch den Gesellschaftsvertrag oder durch Gesellschafterbeschluss geregelt werden; so kann die Alleinvertretung mit der Alleingeschäftsführung verknüpft werden. Eine solche Regelung der Geschäftsführung stellt die **Geschäftsführungsordnung** dar. Sie regelt das Verhältnis der Geschäftsführungspflicht und -befugnis mehrerer Geschäftsführer untereinander.

6 Eine Geschäftsführungsordnung kann der **Gesellschaftsvertrag** enthalten (*Scholz/Schneider* § 37 GmbHG Rz. 69) oder durch **Gesellschafterbeschluss** aufgestellt werden (*Scholz/Schneider* § 37 GmbHG Rz. 71). In diesen Fällen handelt es sich um Beschränkungen iSv. § 37 GmbHG, die **Anweisungscharakter** für die Geschäftsführer haben. Die Geschäftsführungsordnung kann auch von den **Geschäftsführern untereinander** – einstimmig – vereinbart werden (*Scholz/Schneider* § 37 GmbHG Rz. 75 f.). In diesem Fall handelt es sich auch bei der Geschäftsführungsordnung um eine Maßnahme der Geschäftsführung, die die grds. Verantwortung eines jeden Geschäftsführers für die Insgesamtgeschäftsführung nicht aufhebt (*Scholz/Schneider* § 37 GmbHG Rz. 76). Wir haben die Form der Geschäftsführungsordnung durch Gesellschafterbeschluss als Muster gewählt. Der Beschluss grenzt einmal auch im Verhältnis

zu den Gesellschaftern die Geschäftsführung ein. Die Beschlussform ist auf der anderen Seite gegenüber der Bestimmung im Gesellschaftsvertrag flexibler, da sie einfacher änderbar ist.

Eine **Form** ist für die Geschäftsführungsordnung gesetzlich nicht vorgeschrieben, jedoch wird in der Literatur die Schriftform gefordert (*Scholz/Schneider* § 37 GmbHG Rz. 69). Dieselben Autoren vertreten die Ansicht, dass die Geschäftsführungsordnung mit der für die Satzung erforderlichen Mehrheit beschlossen wird; als Anweisung an die Geschäftsführung kann sie jedoch auch mit einfacher Mehrheit beschlossen werden (vgl. hierzu *Scholz/Schneider* § 37 GmbHG Rz. 71). 7

c) Steuerrecht

Aus steuerlicher Sicht hat die Geschäftsführungsordnung für die Frage Bedeutung, inwieweit sich ein nach §§ 34, 69 AO für **Steuerschulden** in **Anspruch genommener** Geschäftsführer hierauf berufen kann. Die Entscheidungen des BFH V R 128/79 v. 26.4.84, BStBl. II 84, 776; VII B 353/02 v. 21.10.03, BFH/NV 04, 157; VII S 33/85 v. 4.3.86, BStBl. II 86, 384; VII R 90/85 v. 17.5.88, BFH/NV 89, 4, und VII R 4/98 v. 23.6.98, BStBl. II 98, 761, haben sich hiermit auseinandergesetzt. Sie folgen der gesellschaftsrechtlichen Ordnung. Eine Geschäftsordnung des Gesellschaftsvertrags oder eines Gesellschafterbeschlusses ist erheblicher als die interne Ordnung unter den Geschäftsführern. In jedem Fall fordert der BFH eine eindeutige – idR schriftliche – Zuweisung von Zuständigkeiten. 8

Im Übrigen ist die Geschäftsführungsordnung in erster Linie eine Sache des Zivilbzw. Gesellschaftsrechts und nicht des Steuerrechts. 9

2. Einzelerläuterungen

Für die Geschäftsführungsordnung gibt es keine Standardformulierungen. Das vorgelegte Formular ist ein Beispiel; es kann und muss den Gegebenheiten und dem Interesse des Einzelfalles angepasst werden. 10

A. 6.29 Gesellschafterbeschlüsse

Gliederung

I. FORMULARE

Formular A. 6.29 Beschlussfassung in einer Gesellschafterversammlung

Protokoll über die Gesellschafterversammlung der ......-GmbH vom ......

1. Am ...... um ...... erschienen in ...... die Gesellschafter

- **Herr ......**
- **Herr ......**
- **Frau ......**

so wie der Geschäftsführer Herr ......

2. Die Gesellschafterversammlung stellte fest:
   a) Die Versammlung ist gem. § ...... des Gesellschaftsvertrages ordnungsgemäß einberufen worden.
   b) Es sind ......% des Stammkapitals vertreten. Die Versammlung ist gem. § ...... des Gesellschaftsvertrages beschlussfähig.
3. Die Gesellschafterversammlung beschließt
   a) einstimmig, ...;
   b) mit ...... zu ...... Stimmen.
4. Die Gesellschafterversammlung wurde um ...... Uhr beendet.

.............................., den ....

(Unterschrift)

Formular A. 6.29a Beschlussfassung im schriftlichen Verfahren

Die Gesellschafterversammlung der ......-GmbH, bestehend aus
1. Herrn ......
2. Frau ......
3. Herrn ......

beschließt unter Verzicht auf alle Formen und Fristen für die Einberufung einer Gesellschafterversammlung gem. § ...... des Gesellschaftsvertrages einstimmig:
1. ......
2. ......

.............................., den ....

(Unterschrift)

Formular A. 6.29b Beschlussfassung bei Einmann-GmbH

Niederschrift über einen Gesellschafterbeschluss der ......-GmbH vom ......

Ich, ..., bin alleiniger Gesellschafter der ......-GmbH.

Ich beschließe,
1. ......
2. ......

.............................., den ....

(Unterschrift)

Formular A. 6.29c Beschlussfassung über eine Satzungsänderung

Urkundenrolle Nummer ......

Verhandelt am ...... zu ......

Vor dem Notar ...... erschienen:
1. Herr/Frau ......, geboren am ......,
   wohnhaft in ......
2. ......

Die Erschienenen wiesen sich wie folgt aus:

Die Erschienenen erklärten:

Wir sind die alleinigen Gesellschafter der im Handelsregister des Amtsgerichts ...... unter HRB ...... eingetragenen ......-GmbH. Wir halten jeweils einen Geschäftsanteil im Nennbetrag von € ...... des insgesamt € ...... betragenden Stammkapitals.

Unter Verzicht auf alle Formen und Fristen für die Einberufung einer Gesellschafterversammlung gem. § ...... des Gesellschaftsvertrags halten wir hiermit eine außerordentliche Gesellschafterversammlung ab und beschließen einstimmig:

1. Die Firma der Gesellschaft wird in ......-GmbH geändert.

2. Der Sitz der Gesellschaft wird nach ...... verlegt.

3. § 1 des Gesellschaftsvertrags wird damit wie folgt neu gefasst:

§ 1 Firma, Sitz, Geschäftsjahr

(1) Die Gesellschaft führt die Firma ......-GmbH.

(2) Die Gesellschaft hat ihren Sitz in ......

(3) Das Geschäftsjahr ist das Kalenderjahr.

Die Erschienenen erklärten die Gesellschafterversammlung sodann für beendet.

Der Notar wies die Erschienenen darauf hin, dass die gefassten Beschlüsse die Gesellschafter zwar untereinander binden, die Änderung des Gesellschaftsvertrags aber erst mit Eintragung im Handelsregister wirksam wird.

Diese Niederschrift wurde den Erschienenen vom Notar vorgelesen, von ihnen genehmigt und von ihnen und dem Notar eigenhändig wie folgt unterschrieben:

..	**..**
(Unterschrift)	**(Unterschrift)**
	..
	(Unterschrift Notar)

Formular A. 6.29d Handelsregisteranmeldung

Amtsgericht

– Registergericht –

Handelsregistersache ......-GmbH

– HRB –

Als alleinvertretungsberechtigter Geschäftsführer überreiche ich:

1. Ausfertigung der notariellen Niederschrift über die außerordentliche Gesellschafterversammlung vom ...... (UR-Nr. ...... des Notars ......) sowie

2. den vollständigen Wortlaut des Gesellschaftsvertrags mit der Bescheinigung des Notars nach § 54 Abs. 1 Satz 2 GmbHG

und melde zur Eintragung an:

Die Firma der Gesellschaft ist in ......-GmbH geändert, der Sitz der Gesellschaft ist nach ...... verlegt worden.

§ 1 des Gesellschaftsvertrags wurde damit wie folgt neu gefasst:

§ 1 Firma, Sitz

(1) Die Gesellschaft führt die Firma ......-GmbH.

(2) Die Gesellschaft hat ihren Sitz in ......

(3) Das Geschäftsjahr ist das Kalenderjahr.

Die IHK ...... hat der Änderung der Firma mit beigefügtem Schreiben vom ...... zugestimmt. Die Geschäftsräume der Gesellschaft befinden sich in ......

............................, den ...... **..**

(Unterschrift)

..

(Beglaubigungsvermerk)

II. ERLÄUTERUNGEN

Erläuterungen zu A. 6.29 bis A. 6.29d Gesellschafterbeschlüsse

1 Das Gesetz verlangt keine Protokollierung von Gesellschafterbeschlüssen (Ausnahme: Einmann-GmbH, § 48 Abs. 3 GmbHG). Aus **Beweisgründen** ist Schriftform zu empfehlen. Stimmt ein Gesellschafter für sich und als Vertreter für einen anderen Gesellschafter oder ein Dritter als Vertreter mehrerer Gesellschafter ab, so bedarf es idR einer Befreiung von § 181 BGB (BGH II ZR 318/87 v. 6.6.88, NJW 89, 168; II ZR 167/89 v. 24.9.90, DStR 91, 89; *Kirstgen* GmbHR 89, 406).

2 Das Muster zum schriftlichen Verfahren knüpft an § 48 GmbHG an. Es ist zu prüfen, ob der Gesellschaftsvertrag die Zulässigkeit von Beschlussfassungen außerhalb der Gesellschafterversammlung beschränkt (§ 45 Abs. 1 GmbHG).

Vgl. ferner A. 6.00 Rz. 74 ff. und Formulare A. 6.23; A. 6.25; A. 6.30; A. 6.31; A. 6.32; A. 6.38.

3 Zu Satzungsänderungen vgl. zunächst A. 6.00 Rz. 80 f. sowie § 53 GmbHG.

4 Nicht jede Änderung einer Vertragsbestimmung ist Satzungsänderung. Unter § 53 GmbHG fallen nur solche Regeln, die die Grundlage der Gesellschaft betreffen und derzeitige wie künftige Gesellschafter binden (vgl. *Scholz/Priester/Veil* § 53 GmbHG Rz. 18 ff.).

5 **Beispiele** (+ = Satzungsänderung; – = keine Satzungsänderung):

Abfindungsregelung (+); Auflösung (–, § 60 GmbHG); Aufsichtsrat (+); Ausschließung (–); Austrittsrecht (+); Beirat (+); Beteiligungserwerb (–); Dauer (+); Einziehungsmöglichkeit (+); Firma (+); Gegenstand des Unternehmens (idR –); Geschäftsführung, Vertretung (+); Geschäftsjahr (+, streitig); Kündigungsrechte (+); Nachschusspflicht (+, § 53 Abs. 3 GmbHG); Selbstkontrahierung (im Einzelfall –, generell +, vgl. Formulare A. 6.01 Rz. 52); Sitz (+); Stammkapital (+, vgl. Formulare A. 6.31 und A. 6.32); Zweckänderung (+); Aufstockung der verbleibenden Geschäftsanteile nach (Zwangs-) Einziehung (–, streitig).

Zu weiteren Einzelfällen vgl. *Scholz/Priester/Veil* § 53 GmbHG Rz. 110 ff.

6 Satzungsänderungen sind zum elektronischen Handelsregister anzumelden (§ 54 GmbHG; § 12 HGB nF). Bei Satzungsänderungen, die Regelungen nach § 10 Abs. 1 oder Abs. 2 GmbHG zum Gegenstand haben (zB Firma, Sitz), genügt nicht die Bezugnahme auf das Beschlussprotokoll (BGH II ZB 12/86 v. 16.2.87, NJW 87, 3191; OLG Hamm 15 W 136/01 v. 12.7.01, GmbHR 02, 64). Es empfiehlt sich die inhaltliche Wiedergabe der geänderten Satzungsbestimmung. Zur Satzungsänderung zwischen Anmeldung und Eintragung BayObLG BReg. 3 Z 85/88 v. 14.9.88, DB 88, 2354; zur registergerichtlichen Kontrolle bei einer Vorrats-GmbH BGH II ZB 12/02 v. 9.12.02, DNotZ 03, 443; OLG Celle 9 W 47/02 v. 30.4.02, GmbHR 02, 1066.

A. 6.30 Gewinnausschüttung

I. FORMULAR

Formular A. 6.30 Gewinnausschüttung

Protokoll über die Gesellschafterversammlung der ......-GmbH vom ......

1. Am ...... um ...... erschienen in ...... die Gesellschafter
- **Herr ......**
- **Herr ......**
- **Frau ......**

sowie der Geschäftsführer Herr ......

2. Die Gesellschafterversammlung stellte fest:
a) Die Versammlung ist gem. § ...... des Gesellschaftsvertrages ordnungsgemäß einberufen worden.
b) Es sind ......% des Stammkapitals vertreten. Die Versammlung ist gem. § ...... des Gesellschaftsvertrages beschlussfähig.

3. Die Gesellschafterversammlung fasst einstimmig folgende Beschlüsse:
a) Der Jahresabschluss zum ...... wird gemäß Anlage festgestellt.
b) Der Jahresüberschuss in Höhe von € ...... zuzüglich des Gewinnvortrags in Höhe von € ...... und abzüglich des Verlustvortrags in Höhe von € ......, somit insgesamt € ......, wird zu einem Teilbetrag von € ...... an die Gesellschafter ausgeschüttet, zu einem Teilbetrag von € ...... in die freien Rücklagen eingestellt und zu einem Teilbetrag von € ...... als Gewinn vorgetragen.
c) ......
d) ......

4. Die Gesellschafterversammlung wurde um ...... Uhr beendet.

.............................., den ...... **...**
(Unterschrift)

II. ERLÄUTERUNGEN

Erläuterungen zu A. 6.30 Gewinnausschüttung

Vgl. zunächst A. 6.00 Rz. 87ff. und 103ff. 1

Die Formulierung des Gewinnverwendungsbeschlusses knüpft an den Wortlaut des **§ 29 Abs. 1 GmbHG** an. Sie ist sorgsam auf den Einzelfall abzustimmen.

Wird die Bilanz unter Berücksichtigung einer teilweisen Ergebnisverwendung aufgestellt oder werden Rücklagen aufgelöst, so haben die Gesellschafter Anspruch auf den **Bilanzgewinn** iSd. §§ 268, 270 HGB (§ 29 Abs. 1 Satz 2 GmbHG). 2

Zur Gewinnverteilung nach Bilanzberichtigung vgl. BFH I R 38/89 v. 11.4.90, BStBl. II 90, 998. Eine vom Verhältnis der Geschäftsanteile zueinander abweichende Gewinnverteilung ist nach § 29 Abs. 3 Satz 2 GmbHG zivilrechtlich jedenfalls zulässig, wenn in der Satzung eine anderweitige Verteilung vorgesehen wird. Zulässig ist auch eine Öffnungsklausel, welche der Gesellschafterversammlung überlässt, die Gewinnverteilung abweichend vom gesetzlichen Verteilungsmechanismus zu beschließen. Handelt es sich um eine einmalige Abweichung von der Regelgewinnverteilung, 3 ist ein solcher Beschluss als Satzungsdurchbrechung zu qualifizieren und mit der hM zivilrechtlich anzuerkennen, auch ohne Satzungsgrundlage. Ein solcher Beschluss bedarf analog § 53 Abs. 3 GmbHG der Zustimmung der bei der konkreten Gewinnverteilung benachteiligten Gesellschafter (vgl. *Binnewies,* Die Konzerneingangskontrolle in der abhängigen Gesellschaft, 1996, S. 175 ff.). Der BFH hat die gesellschaftsrechtlich wirksame inkongruente Ausschüttung steuerlich anerkannt (BFH I R 77/96 v. 19.8.99, BStBl. II 01, 43; I R 97/05 v. 28.6.06, BFH/NV 06, 2207). Die FinVerw. hatte die Rspr. ursprünglich mit einem Nichtanwendungserlass belegt (BMF v. 7.12.00, BStBl. I 01, 47; hiergegen *Schwedhelm/Binnewies* DB 01, 503, mwN), zwischenzeitlich aber anerkannt unter der Voaussetzung, dass die von der Verteilung des Stammkapitals abweichende Gewinnverteilung zivilrechtlich wirksam bestimmt ist: Dies soll nach Ansicht des BMF der Fall sein, wenn im Gesellschaftsvertrag gem. § 29 Abs. 3 Satz 2 GmbHG ein anderer Maßstab als das Verhältnis der Geschäftsanteile im Gesellschaftsvertrag festgesetzt wurde. Für eine nachträgliche Satzungsänderung zur Regelung einer ungleichen Gewinnverteilung ist gem. § 53 Abs. 3 GmbHG die Zustimmung aller Gesellschafter erforderlich (BMF v. 17.12.13, BStBl. I 14, 63; vgl. hierzu auch: *Levedag* GmbHR 14, R 22-R 24).

A. 6.31 Kapitalerhöhung

Gliederung

I. FORMULARE

Formular A. 6.31 Beschluss

Urkundenrolle Nummer ......

Verhandelt am ...... zu ......

Vor dem Notar ...... erschienen:

1. Herr ......, geboren am ......, wohnhaft in ......;

2. Frau ......

3. Herr ......

Die Erschienenen wiesen sich wie folgt aus:

Sie erklärten:

Wir sind die alleinigen Gesellschafter der im Handelsregister des Amtsgerichts ...... unter HRB ...... eingetragenen ......-GmbH – im Folgenden Gesellschaft genannt. Wir halten hiermit eine gem. § ...... des Gesellschaftsvertrages ordnungsgemäß einberufene außerordentliche Gesellschafterversammlung ab und beschließen einstimmig:

1. Das derzeit durch den Geschäftsanteil lfd. Nr. ...... im Nennbetrag von € 50.000,– repräsentierte Stammkapital der Gesellschaft wird neu eingeteilt in 50.000 Geschäftsanteile im Nennbetrag von je € 1,– mit den Nrn. 1 bis 50.000.

2. Das Stammkapital der GmbH wird von ......*[zB € 50.000,–]* um ...... *[zB € 50.000,–]* auf ...... *[zB € 100.000,–]* gegen Ausgabe von ...... *[zB 50.000]* Geschäftsanteilen im Nennbetrag von je € 1,–mit den Nrn. ...... *[zB 50.001 bis 100.000]* erhöht. Die Einlage auf die neuen Geschäftsanteile ist sofort in bar ohne Aufgeld zu erbringen.
3. Die neuen Geschäftsanteile sind vom Beginn des bei der Eintragung der Kapitalerhöhung im Handelsregister laufenden Geschäftsjahres am Gewinn der Gesellschaft beteiligt.
4. § ...... des Gesellschaftsvertrages wird wie folgt geändert:

   „§ ...... Stammkapital

   (1) Das Stammkapital der Gesellschaft beträgt € ......Es ist eingeteilt in ...... *[zB 100.000]* Geschäftsanteile im Nennbetrag von je € 1,–.

   (2) An dem Stammkapital sind beteiligt:

   a) Herr ...... mit ...... *[zB 50.000]* Geschäftsanteilen im Nennwert von jeweils € 1,– (Geschäftsanteile Nr. ...... bis ......) *[zB Nr. 1 bis 50.000]*.

   b) Herr ...... mit ...... *[zB 50.000]* Geschäftsanteilen im Nennwert von jeweils € 1,– (Geschäftsanteile Nr. ...... bis ...... *[zB Nr. 50.001 bis 100.000]*."
5. Zur Übernahme der neuen Geschäftsanteile werden zugelassen:
   - der Erschienene zu 1 zur Übernahme der Geschäftsanteile lfd. Nr. ...... bis ......;
   - der Erschienene zu 2 zur Übernahme der Geschäftsanteile lfd. Nr. ...... bis ......;
   - ......
6. Die Gesellschaft trägt die mit der Kapitalerhöhung anfallenden Kosten (Rechtsanwalts-, Notar- und Registergebühren, einschließlich Veröffentlichungskosten) in Höhe von insgesamt € ......

Die Gesellschafterversammlung ist beendet.

Der Notar wies die Erschienenen darauf hin, dass die Kapitalerhöhung erst mit ihrer Eintragung ins Handelsregister wirksam wird und die Gesellschafter für die Einlagen auf die neuen Geschäftsanteile gesamtschuldnerisch haften.

Diese Niederschrift wurde den Erschienenen vorgelesen, von ihnen genehmigt und eigenhändig wie folgt unterschrieben:

.............................., den ....

(Unterschrift)

Formular A. 6.31a Übernahmeerklärung

Das Stammkapital der ......-GmbH ist durch Gesellschafterbeschluss vom ...... (UR ...... des Notars ......) um € ...... auf € ......gegen Ausgabe von ... *[zB 50.000]* Geschäftsanteilen von je € 1,– mit den Nrn. ... bis ... *[zB 50.001 bis 100.000]* erhöht worden.

Auf das erhöhte Stammkapital übernehme ich entsprechend dem Kapitalerhöhungsbeschluss ...... *[zB 50.000]* Geschäftsanteile im Nennbetrag von je € 1,– mit den Nrn. ... bis ... *[zB 50.001 bis 100.000]*.

.............................., den ....

(Unterschrift)

....

(Beglaubigungsvermerk)

Formular A. 6.31b Handelsregisteranmeldung

Amtsgericht
– Registergericht –
Handelsregistersache ......-GmbH, HRB ......

Als Geschäftsführer überreichen wir:

1. **Ausfertigung der notariellen Niederschrift über die außerordentliche Gesellschafterversammlung vom ...... (UR ...... des Notars ......);**
2. **notariell beglaubigte Übernahmeerklärungen des Herrn ......, der Frau ...... und des Herrn ......**
3. **von dem Geschäftsführer unterzeichnete Liste der Übernehmer der neuen Stammeinlagen und von dem Notar errichtete und mit der Bescheinigung des Notars gem. § 40 Abs. 2 Satz 2 GmbHG versehene Liste der Gesellschafter sowie ......**
4. **den vollständigen Wortlaut des Gesellschaftsvertrages mit der Bescheinigung des Notars nach § 54 Abs. 1 Satz 2 GmbHG**

und melden zur Eintragung an:

Das Stammkapital der Gesellschaft ist im Wege der Bareinlage von € ...... *[zB € 50.000,–]* um € ... *[zB € 50.000,–]* durch Ausgabe von ... *[zB 50.000]* Geschäftsanteilen im Nennbetrag von je € 1,–mit den Nrn. ... bis ... *[zB Nr. 50.001 bis 100.000]* erhöht worden. § ...... des Gesellschaftsvertrages wurde entsprechend wie folgt neu gefasst:

„§ ...... Stammkapital

(1) Das Stammkapital der Gesellschaft beträgt € ...... Es ist eingeteilt in ...... [zB 100.000] Geschäftsanteile im Nennbetrag von je € 1,–.

(2) An dem Stammkapital sind beteiligt:

a) Herr ...... mit ...... *[zB 50.000]* Geschäftsanteilen im Nennwert von jeweils € 1,– (Geschäftsanteile Nr. ...... bis ......) *[zB Nr. 1 bis 50.000]*.

b) Herr ...... mit ...... *[zB 50.000]* Geschäftsanteilen im Nennwert von jeweils € 1,– (Geschäftsanteile Nr. ...... bis Nr. ...... *[zB Nr. 50.001 bis 100.000]*.“

Wir versichern, dass auf jeden neuen Geschäftsanteil mindestens ein Viertel und insgesamt auf das Stammkapital mindestens soviel eingezahlt ist, dass der Gesamtbetrag der eingezahlten Geldeinlagen zuzüglich des Gesamtnennbetrages der Geschäftsanteile, für die Sacheinlagen zu leisten sind, die Hälfte des Mindeststammkapitals gemäß § 5 Abs. 1 GmbHG erreicht. Ferner versichern wir, dass die eingezahlten Beträge sich endgültig in unserer freien Verfügung befinden.

............................., den ...... **...**
(Unterschrift des Geschäftsführers)

...
(Beglaubigungsvermerk)

II. ERLÄUTERUNGEN

Erläuterungen zu A. 6.31 bis A. 6.31b Kapitalerhöhung

1. Zivilrecht

1 Die Kapitalerhöhung ist **Satzungsänderung.** Sie bedarf eines notariell beurkundeten Gesellschafterbeschlusses mit einer Mehrheit von drei Viertel der abgegebenen Stimmen bzw. einer im Gesellschaftsvertrag für Satzungsänderungen vorgesehenen größeren Mehrheit (§ 53 GmbHG). Die vollständige Einzahlung des bestehenden Stammkapitals ist nicht Voraussetzung.

2 Der **Kapitalerhöhungsbeschluss** muss den Betrag der Erhöhung angeben. Zulässig ist die Festlegung eines Maximalbetrages. Gleichzeitig kann ein Mindestbetrag festgelegt werden. Die Kapitalerhöhung ist dann der Höhe nach bedingt durch die Deckung mit neuen Stammeinlagen.

3 Die Einlage kann in **Geld-** oder **Sachleistungen** bestehen. Durch das MoMiG v. 23.10.08 (BGBl. I 08, 2026) wurden die Kapitalaufbringungsvorschriften wesentlich modifiziert. Die nunmehr in § 19 Abs. 4 GmbHG gesetzlich definierte verdeckte Sacheinlage bleibt zwar verboten, führt aber nicht zur Unwirksamkeit der Sacheinlagevereinbarung. Vgl. im Einzelnen *Pentz* GmbHR 09, 126; *Wälzholz* GmbHR 08, 841, 845; *Heinze* GmbHR 08, 1065. Ohne ausdrückliche Regelung im Beschluss über die Kapitalerhöhung ist die Einlage in bar zu erbringen (s. auch Formular A. 6.01; zur Kapitalaufbringung *Heidinger* GmbHR, 02, 1045; BGH II ZR 11/01 v. 18.3.02, DStR 02, 1538). Bei der Kapitalerhöhung durch Sacheinlage muss der Beschluss den Gegenstand der Sacheinlage und den Nennbetrag des Geschäftsanteils, auf den sich die Sacheinlage bezieht, nennen (§ 56 GmbHG). Noch ungeklärt ist die Notwendigkeit eines dem Sachgründungsbericht entsprechenden Sacherhöhungsberichts analog § 5 Abs. 4 GmbHG (Nachweise der widersprüchlichen OLG-Rspr. bei *Lutter/Hommelhoff* § 56 GmbHG Rz. 7; LG Memmingen 2 HT 278/04 v. 18.10.04, NZG 05, 322). Jedenfalls bedarf es eines Wertnachweises (BayObLG 3 Z BR 276/94 v. 2.11.94, DB 95, 35). Zur Kapitalerhöhung aus Gesellschaftsmitteln vgl. Rz. 7.

4 **Forderungen des Gesellschafters** gegen die Gesellschaft (zB Darlehen) können nur als Sacheinlage eingebracht werden. Eine Verrechnung mit einer Bareinlageverpflichtung ist unter den Voraussetzungen des durch das MoMiG v. 23.10.08 (BGBl. I 08, 2026) neu gefassten § 19 Abs. 4 GmbHG möglich.

5 Einer näheren Bestimmung, wann und in welchem Umfang die Stammeinlage einzuzahlen ist, bedarf es in dem Erhöhungsbeschluss nicht. Sie ist idR aber **zweckmäßig.** Die Einlagen können auch später durch einfachen Gesellschafterbeschluss eingefordert werden. Im Rahmen der Kapitalerhöhung ist es zweckmäßig, die bislang ausgegebenen Geschäftsanteile zu teilen in Geschäftsanteile von je € 1,–; dies erübrigt zukünftig die Teilung von Geschäftsanteilen und erleichtert die Anteilsübertragung. Entsprechend ist die Teilung des bestehenden Geschäftsanteils in Geschäftsanteile mit je € 1,– im Muster vorgesehen. Der Beschluss beinhaltet eine Änderung des Gesellschaftsvertrages und muss den geänderten Wortlaut hinsichtlich der Summe des Stammkapitals festlegen (vgl. § 54 Abs. 1 Satz 2 GmbHG). Wer welche Anteile übernimmt, braucht nicht in den Gesellschaftsvertrag aufgenommen zu werden.

6 Der Erhöhungsbeschluss kann die zur Übernahme berechtigten Personen bestimmen. Als Übernehmer kommen die alten oder neuen Gesellschafter in Betracht. Problematisch ist in diesem Zusammenhang, dass die Gesellschafter nach inzwischen wohl hM ein **Bezugsrecht** auf das erhöhte Stammkapital entsprechend ihrer bisherigen Beteiligung am Stammkapital haben sollen (vgl. *Scholz/Priester* § 55 GmbHG Rz. 42ff.;

Baumbach/Hueck § 55 GmbHG Rz. 22; *Lutter/Hommelhoff* § 55 GmbHG Rz. 17ff.). Mißachtet der Zulassungsbeschluss nach § 55 Abs. 2 Satz 1 GmbHG dieses Bezugsrecht, so unterliegt der Beschluss der materiellen Beschlusskontrolle insbes. im Fall der Abhängigkeitsbegründung durch den Bezugsrechtsausschluss (ausführl. *Binnewies*, Die Konzerneingangskontrolle in der abhängigen Gesellschaft, 1996, S. 183). Ist die Übernahme der neuen Stammeinlagen abweichend von den bisherigen Beteiligungen oder durch neue Gesellschafter vorgesehen, so empfiehlt sich zur Vermeidung von Rechtsunsicherheiten die Festlegung in dem Erhöhungsbeschluss mit der dort erforderlichen qualifizierten Mehrheit.

7 Eine **Kapitalerhöhung aus Gesellschaftsmitteln** durch Umwandlung von Rücklagen in Stammkapital ist zulässig (§ 57c GmbHG; *Wissmann* INF 95, 528; *Toka* StB 01, 452). Ein solcher Erhöhungsbeschluss setzt die Feststellung des letzten Jahresabschlusses und den Beschluss über die Ergebnisverwendung voraus (§ 57c Abs. 2 GmbHG). Nach LG Duisburg 12 T 8/88 v. 9.12.88, GmbHR 90, 85, ist eine bedingte Kapitalerhöhung zulässig. Dem Erhöhungsbeschluss ist die letzte Jahresbilanz oder eine Zwischenbilanz zugrunde zu legen (§§ 57c Abs. 3, 57e, 57f GmbHG). Die Bilanz muss von einem Abschlussprüfer geprüft und mit einem Bestätigungsvermerk versehen sein. Ihr Stichtag darf nicht mehr als acht Monate vor dem Tag der Eintragung liegen (§§ 57e Abs. 1, 57f Abs. 1 GmbHG). Umwandlungsfähig sind Rücklagen nur unter den Voraussetzungen des § 57d GmbHG. Ausgeführt werden kann die Kapitalerhöhung durch Bildung neuer oder Erhöhung des Nennbetrages bestehender Geschäftsanteile (§ 57h GmbHG); bei teileingezahlten Geschäftsanteilen nur durch Erhöhung des Nennbetrages (§ 57l Abs. 2 GmbHG). Die neuen Geschäftsanteile stehen den Gesellschaftern im Verhältnis ihrer bisherigen Beteiligungen am Stammkapital zu (§ 57j GmbHG). Ein anderslautender Beschluss ist nichtig (§ 57j Satz 2 GmbHG).

8 Die Kapitalerhöhung aus Gesellschaftermitteln muss durch die Übernahme von Stammeinlagen gedeckt werden. Die neuen Geschäftsanteile und die Geschäftsanteile, deren Nennbetrag erhöht wird, müssen auf einen Betrag gestellt werden, der auf volle Euro lautet (§ 57h Abs. 1 Satz 2 GmbHG).

9 Wird der fest bestimmte Betrag oder der Mindestbetrag nicht erreicht, so ist die Kapitalerhöhung **gescheitert** (zu den Rechtsfolgen BGH II ZR 170/98 v. 11.1.99, NZG 99, 495).

10 Die **Übernahmeerklärung** durch den Übernahmeberechtigten bedarf der notariellen Beurkundung oder Beglaubigung (§ 55 Abs. 1 GmbHG). Sie kann vor, nach oder getrennt von dem Kapitalerhöhungsbeschluss abgegeben werden. Eine getrennte notariell beglaubigte Erklärung ist kostengünstiger (§ 45 Abs. 1 statt § 36 Abs. 1 KostO). Ob die Übernahme einer neuen Stammeinlage durch einen **Minderjährigen** der vormundschaftsgerichtlichen Genehmigung bedarf, ist streitig (§ 1822 Nr. 3 u. Nr. 10 BGB; vgl. *Scholz/Priester* § 55 GmbHG Rz. 106–108). Die Erklärung muss den Betrag der Stammeinlage und – im Fall neuer Gesellschafter – etwaige Nebenleistungspflichten enthalten (§ 55 Abs. 2 Satz 2 GmbHG). Zur Kündigung der Erklärung bei Konkurseintritt vor Einzahlung vgl. OLG Hamm 8 U 2/88 v. 15.6.88, DB 89, 167.

11 Die **Annahme** der Erklärung erfolgt idR formlos durch den (stillschweigend) ermächtigten Geschäftsführer. § 181 BGB ist hierbei zu beachten.

12 Der Übernehmer neuer Stammeinlagen **haftet** für nicht erbrachte Stammeinlagen anderer Gesellschafter gem. § 24 GmbHG. Bei Kapitalerhöhung mit Sacheinlage gilt die Differenzhaftung des § 19 Abs. 2 GmbHG (§ 56 Abs. 2 GmbHG).

13 Die Übernahme neuer Stammeinlagen kann einen **kartellrechtlichen Zusammenschluss** nach § 37 Abs. 1 Nr. 3 GWB darstellen und anmelde- oder anzeigepflichtig sein (§ 39 GWB).

14 Der Beschluss über die Kapitalerhöhung ist durch sämtliche Geschäftsführer (§ 78 GmbHG) in öffentlich beglaubigter Form (§ 12 HGB) zur **Eintragung im elektronischen Handelsregister** anzumelden, nachdem das erhöhte Kapital oder der Min-

destbetrag des erhöhten Kapitals durch Übernahme von Stammeinlagen gedeckt ist (§ 57 Abs. 1 GmbHG), ein Viertel der Bareinlagen eingezahlt wurde und endgültig zur freien Verfügung der Geschäftsführer steht (§ 57 Abs. 2 Satz 1, § 7 Abs. 2 Satz 1 GmbHG). Zur Bewirkung der Einlage BGH II ZR 203/89 v. 24.9.90, NJW 91, 226; II ZR 248/93 v. 11.7.94, DStR 95, 498; OLG SchlHol 5 U 71/99 v. 7.9.00, NZG 01, 137. Bei der Kapitalerhöhung der **Einmann-GmbH** gilt § 7 Abs. 2 Satz 3 GmbHG (§ 56a GmbHG).

Die **Anmeldung** muss den Inhalt des Kapitalerhöhungsbeschlusses, insbesondere die geänderten Satzungsbestandteile angeben (BGH II ZB 12/86 v. 16.2.87, NJW 87, 3191; *Keilbach* MittRhNotK 00, 365). Die Geschäftsführer haben zu versichern, dass ein Viertel der Bareinlage eingezahlt wurde und sich endgültig in ihrer freien Verfügung befindet (§ 57 Abs. 2 Satz 1, § 7 Abs. 2 GmbHG). Bei der **Einmann-GmbH** ist, falls die Bareinlagen nicht voll geleistet worden sind, die Versicherung gem. § 8 Abs. 2 Satz 2 GmbHG abzugeben (§ 57 Abs. 2 Satz 2 GmbHG). **15**

Der Anmeldung sind die Niederschrift des Beschlusses über die Kapitalerhöhung in Ausfertigung oder beglaubigter Abschrift, die Übernahmeerklärungen oder beglaubigte Abschriften derselben (§ 57 Abs. 3 Nr. 1 GmbHG), die Liste der Übernehmer (§ 57 Abs. 3 Nr. 2 GmbHG), eine geänderte Gesellschafterliste iSd. § 40 GmbHG und der vollständige Wortlaut des Gesellschaftsvertrages mit der Bescheinigung des Notars nach § 54 Abs. 1 Satz 2 GmbHG, bei der Kapitalerhöhung durch Sacheinlage ferner die Verträge, die den Festsetzungen nach § 56 Abs. 1 GmbHG zugrunde liegen oder zu ihrer Ausführung geschlossen worden sind, beizufügen (§ 57 Abs. 3 Nr. 3 GmbHG). Zur Anmeldung der Kapitalerhöhung aus Gesellschaftsmitteln vgl. § 57i GmbHG. **16**

Die Kapitalerhöhung wird mit der Eintragung im Handelsregister **wirksam** (§ 54 Abs. 3 GmbHG). Erst dann darf das erhöhte Nennkapital in der Bilanz ausgewiesen werden (vgl. *Beck Bil-Komm/Förschle/Hoffmann* § 272 HGB Rz. 20; vgl. auch BFH II R 231/81 v. 6.3.85, BStBl. II 85, 388; II R 244/81 v. 19.11.85, BStBl. II 86, 249). **17**

(frei) **18, 19**

2. Steuerrecht

Die Kapitalerhöhung durch Zuführung neuer Mittel wirft idR **ertragsteuerlich** keine Besonderheiten auf. **20**

Die Vermögensmehrung auf Grund der Kapitalerhöhung ist eine **Einlage,** die ohne Auswirkung auf das körperschaftsteuerpflichtige Einkommen der GmbH ist. **21**

Für anlässlich einer Kapitalerhöhung anfallende Kosten gilt das Veranlassungsprinzip. Übernimmt die GmbH die Kosten, die mit der eigentlichen Kapitalerhöhung zusammenhängen, liegt keine vGA vor, ohne dass es einer besonderen Satzungsregelung bedarf. Trägt die GmbH hingegen auch Kosten, die auf die Übernahme der neuen Anteile zurückzuführen sind, liegt eine vGA vor (BFH I R 21/99 v. 17.5.00, GmbHR 01, 117; I R 24/99 v. 19.1.00, BStBl. II 00, 546; gegen vGA FG Düsseldorf 6 K 79–97 K, G, F, BB, H und FG Düsseldorf v. 29.2.00, EFG 00, 586; *Tiedkte/Wälzholz* GmbHR 01, 223; *Brenner* HFR 01, 603). **22**

Die Ausgabe neuer Geschäftsanteile zu einem besonders günstigen Bezugskurs ist keine **verdeckte Gewinnausschüttung** der kapitalerhöhenden Gesellschaft, da nicht die Gesellschaft, sondern die das Bezugsrecht nicht ausübenden Gesellschafter den Vermögensnachteil erleiden (BFH VIII R 64/69 v. 24.9.74, BStBl. II 75, 230; *Wassermeyer* FR 93, 532), möglicherweise aber eine vGA einer an der kapitalerhöhenden Gesellschaft beteiligten Kapitalgesellschaft, wenn sie ihre Gesellschafter neue Stammeinlagen aus der Kapitalerhöhung günstig erwerben lässt (BFH I 261/63 v. 16.3.67, BStBl. III 67, 626); oder bei Nichtteilnahme an Kapitalerhöhung (BFH I R 6/04 v. 15.12.04, BStBl. II 09, 197; *Bucick* DStZ 05, 279; *Fritsche* GmbHR 05, 635). **23**

24 Für die **Bewertung von Sacheinlagen** sowie hinsichtlich der Gewinnrealisierung bei den Gesellschaftern gelten grundsätzlich die gleichen Rechtsfolgen wie bei der Sachgründung (vgl. A. 6.01 Rz. 10; zu den Verkehrsteuern bei Sacheinlagen vgl. A. 6.01 Rz. 13 ff.). Die Veräußerung eines konkreten Bezugsrechts auf Grund des Kapitalerhöhungsbeschlusses (vgl. Rz. 6) ist bei einer wesentlichen Beteiligung des Gesellschafters gem. § 17 EStG einkommensteuerpflichtig. Auch die entgeltliche Nichtteilnahme an einer Kapitalerhöhung ist Veräußerung einer „Anwartschaft" iSd. § 17 EStG (BFH VIII R 68/04 v. 19.4.05, BStBl. II 05, 762; VIII R 3/89 v. 13.10.92, BStBl. II 93, 477; *Moritz* INF 05, 686, *Schimmele* GmbH-StB 05, 261; *Schmidt/Weber-Grellet* § 17 Rz. 27 u. 104).

25 Eine Kapitalerhöhung bei sog. **„einbringungsgeborenen Anteilen"** iSd. § 22 UmwStG führt nicht zu einer Besteuerung der auf andere Anteile übergehenden stillen Reserven, sondern zur Mitverstrickung der anderen Anteile (§ 22 Abs. 7 UmwStG).

26 Die **Kapitalerhöhung aus Gesellschaftsmitteln** nach §§ 57c ff. GmbHG ist steuerneutral (vgl. § 1 KapErhStG). Zu den Anschaffungskosten vgl. § 3 KapErhStG. Die Erhöhung ist dem FA zu melden (§ 4 KapErhStG). Die auf dem Einlagenkonto (§ 27 KStG) ausgewiesenen Beträge gelten als vor sonstigen Rücklagen (zB Gewinnrücklagen) verwendet (§ 28 KStG; zu Einzelheiten s. *Schaumburg/Rödder,* Unternehmenssteuerreform 2001, S. 577 ff.). Soweit versteuerte Rücklagen als verwendet gelten, sind diese steuerlich getrennt auszuweisen und gesondert festzustellen. Spätere Kapitalrückzahlungen führen insoweit zu Einnahmen aus Kapitalvermögen.

27 Zur Kapitalerhöhung aus Gesellschaftsmitteln außerhalb des KapErhG vgl. Formular A. 6.46.

28 Die **fehlgeschlagene Kapitalerhöhung** führt nicht zur Mitunternehmerschaft (FG Saarland 1 K 205/88 v. 24.8.90, EFG 91, 81; FG Hamburg VI 252/99 v. 11.7.01, EFG 01, 1435).

A. 6.32 Kapitalherabsetzung

Gliederung

I. FORMULARE

Formular A. 6.32 Beschluss

Urkundenrolle Nummer ......

Verhandelt am ...... zu ......

Vor dem Notar ...... erschienen:

1. Herr ......, geboren am ......, wohnhaft in ......

2. Herr ......

3. Frau ......

Die Erschienenen wiesen sich wie folgt aus:

Sie erklärten:

Wir sind die alleinigen Gesellschafter der im Handelsregister des Amtsgerichts ...... unter HRB ...... eingetragenen ......-GmbH – im folgenden Gesellschaft genannt. Wir sind wie folgt an der Gesellschaft beteiligt:

1. Herr ...... mit ...... *(zB 100.000)* Geschäftsanteilen im Nennbetrag von je € 1,– mit den Nrn. ...... bis ...... *(zB 1 bis 100.000)*;
2. Herr ...... *(zB 100.000)* Geschäftsanteilen im Nennbetrag von je € 1,– mit den Nrn. ...... bis ...... *(zB 200.001 bis 300.000)*;
3. Frau ...... *(zB 100.000)* Geschäftsanteilen im Nennbetrag von je € 1,– mit den Nrn. ...... bis ...... *(zB 200.001 bis 300.000)*;

Wir halten hiermit eine gem. § ...... des Gesellschaftsvertrages ordnungsgemäß einberufene außerordentliche Gesellschafterversammlung ab und beschließen einstimmig:

1. Das Stammkapital der Gesellschaft wird von ...... *(zB € 300.000,–)* um ...... *(zB € 150.000,–)* auf ...... *(zB € 150.000,–)* herabgesetzt.
2. Den Gesellschaftern werden geleistete Stammeinlagen in Höhe von je € ...... ausgezahlt.
3. Die Herabsetzung des Stammkapitals wird folgendermaßen durchgeführt:
   a) Die Geschäftsanteile mit den Nrn. ......bis ...... *(zB 50.001 bis 100.000)*, Nrn. ...... bis ...... *(zB 150.001 bis 200.000)* sowie Nrn. ...... bis ...... *(zB 250.001 bis 300.000)*, im Gesamtnennbetrag von insgesamt ...... bis ...... *(zB € 150.000,–)* werden entschädigungslos eingezogen.
   b) Die Geschäftsanteile mit den Nrn. ...... bis ...... *(zB 100.001 bis 150.000)* erhalten die Nrn. ...... bis ...... *(zB 50.001 bis 100.000)*, Geschäftsanteile mit den Nrn. ...... bis ...... *(zB 200.001 bis 250.000)* erhalten die Nrn. ...... bis ...... *(zB 100.001 bis 150.000)*.
4. Nach Durchführung der Kapitalherabsetzung sind die Herren ...... und ...... sowie Frau ... ...wie folgt an der Gesellschaft beteiligt:
   a) Herr ...... mit ...... *(zB 50.000)* Geschäftsanteilen im Nennbetrag von je € 1,– mit den Nrn. ...... bis ...... *(zB 1 bis 50.000)*.
   b) Herr ......mit ...... *(zB 50.000)* Geschäftsanteilen im Nennbetrag von je € 1,– mit den Nrn. ...... bis ...... *(zB 50.001 bis 100.000)*.
   c) Frau ...... mit 50.000 Geschäftsanteilen im Nennbetrag von je € 1,– mit den Nrn. ...... bis ...... *(zB 100.001 bis 150.000)*.
5. § ...... des Gesellschaftsvertrages wird wie folgt geändert:

   „§ ...... Stammkapital

   (1) Das Stammkapital der Gesellschaft beträgt € ...... Es ist eingeteilt in ...... *(zB 150.000)* Geschäftsanteile im Nennbetrag von je € 1,–.

   (2) An dem Stammkapital sind beteiligt:

   a) Herr ......mit ...... *(zB 50.000)* Geschäftsanteilen im Nennbetrag von je € 1,– mit den Nrn. ...... bis ...... *(zB 1 bis 50.000)*.
   b) Herr ...... mit ...... *(zB 50.000)* Geschäftsanteilen im Nennbetrag von je € 1,– mit den Nrn. ...... bis ...... *(zB 50.001 bis 100.000)*.
   c) Frau ......mit ...... *(zB 50.000)* Geschäftsanteilen im Nennbetrag von je € 1,– mit den Nrn. ...... bis ...... *(zB 100.001 bis 150.000)*.“

Die Gesellschafterversammlung ist beendet.

Der Notar wies die Erschienenen darauf hin, dass ......

Diese Niederschrift wurde den Erschienenen vorgelesen, von ihnen genehmigt und eigenhändig wie folgt unterschrieben:

............................., den ....

(Unterschrift)

Formular A. 6.32a Bekanntmachung

Das Stammkapital der ......-GmbH in ...... ist durch Beschluss der Gesellschafter vom ...... von € ...... um € ...... auf € ...... herabgesetzt worden.

Die Gläubiger werden aufgefordert, sich bei der Gesellschaft zu melden.

............................, den ...... **...**

(Unterschrift)

Formular A. 6.32b Handelsregisteranmeldung

Amtsgericht

– Registergericht –

Handelsregistersache ......-GmbH, HRB ......

Als Geschäftsführer überreichen wir:

1. **Ausfertigung der notariellen Niederschrift über die außerordentliche Gesellschafterversammlung vom ......**
   (UR ...... des Notars ......),
2. **Belegexemplar der Nrn. ......, ... und ...... des Bundesanzeigers vom ......, welche die Bekanntmachung der Herabsetzung des Stammkapitals der Gesellschaft und die Aufforderung an die Gläubiger der Gesellschaft enthalten, sowie**
3. **den vollständigen Wortlaut des Gesellschaftsvertrages mit der Bescheinigung des Notars nach § 54 Abs. 1 Satz 2 GmbHG gemeinsam mit der geänderten Liste der Gesellschafter mit der Bescheinigung des Notars gemäß § 40 Abs. 2 Satz 2 GmbHG**

und melden zur Eintragung an:

Das Stammkapital der Gesellschaft ist von € ...... um € ...... auf € ...... herabgesetzt worden. § ...... des Gesellschaftsvertrages wurde entsprechend geändert.

Wir versichern, dass alle Gläubiger, welche sich bei der Gesellschaft gemeldet und der Herabsetzung des Stammkapitals nicht zugestimmt haben, befriedigt oder sichergestellt worden sind.

............................, den ...... **...**

(Unterschrift des Geschäftsführers)

...

(Beglaubigungsvermerk)

II. ERLÄUTERUNGEN

Erläuterungen zu A. 6.32 bis A. 6.32b Kapitalherabsetzung

1. Zivilrecht

1 Die Kapitalherabsetzung ist **Satzungsänderung.** A. 6.31 Rz. 1 gilt entsprechend. Der Beschluss über die Kapitalherabsetzung muss den Betrag angeben, um den das Kapital herabgesetzt werden soll. Das Mindeststammkapital von € 25.000,– muss jedoch erhalten bleiben (§ 58 Abs. 2 Satz 1, § 5 Abs. 1 GmbHG).

2 Der **Zweck** der Kapitalherabsetzung muss im Beschluss angegeben werden (*Scholz/Priester* § 58 GmbHG Rz. 37 f.). In Betracht kommt die Rückzahlung von

Stammeinlagen, der Erlass ausstehender Einlagen, die Beseitigung einer Unterbilanz, die Einstellung in Rücklagen oder die Abfindung ausscheidender Gesellschafter (vgl. zu den Einzelheiten *Scholz/Priester* § 58 GmbHG Rz. 10ff.).

Bei einer Kapitalherabsetzung zur Freisetzung von Vermögen ändert sich der **Nennwert** der einzelnen Geschäftsanteile entsprechend. In anderen Fällen ist dies nach hM nicht zwingend, aber zweckmäßig (*Scholz/Priester* § 58 GmbHG Rz. 21–24). Die Kapitalherabsetzung kann auch durch Zusammenlegung mit der Einziehung von Anteilen vollzogen werden (vgl. *Scholz/Priester* § 58 GmbHG Rz. 17f.; *Baumbach/Hueck* § 58 GmbHG Rz. 9). Zur Behandlung eigener Geschäftsanteile vgl. *Felix* GmbHR 89, 286. 3

Der Beschluss über die Kapitalherabsetzung ist von den Geschäftsführern **im elektronischen Bundesanzeiger bekanntzumachen.** Die Gläubiger der Gesellschaft sind aufzufordern, sich bei der Gesellschaft zu melden (§ 58 Abs. 1 Nr. 1 GmbHG). Die Gläubiger, die sich bei der Gesellschaft melden und der Kapitalherabsetzung widersprechen, sind zu befriedigen oder sicherzustellen (§ 58 Abs. 1 Nr. 2 GmbHG). 4

Die **Anmeldung zum elektronischen Handelsregister** kann erst nach Ablauf des Sperrjahres erfolgen (§ 58 Abs. 1 Nr. 3 GmbHG). Zum **Inhalt** vgl. § 58 Abs. 1 Nr. 4 GmbHG, zur **Form** § 78 GmbHG, § 12 HGB nF. Mit Eintragung in das elektronische Handelsregister wird die Kapitalherabsetzung **wirksam** (§ 54 Abs. 3 GmbHG; nach dem am 1.1.07 in Kraft getretenen EHUG v. 10.11.06 (BGBl. I 06, 2553) wird die Eintragung im elektronischen Handelsregister gemäß § 8a Abs. 1 HGB wirksam, sobald sie in den für die Eintragung bestimmten Datenspeicher aufgenommen ist und auf Dauer inhaltlich unverändert in lesbarer Form wiedergegeben werden kann). 5

(frei) 6

2. Steuerrecht

Die Kapitalherabsetzung ist ein betriebsfremder Vorgang, der grds. **steuerneutral** zu behandeln ist. 7

Die Auszahlung des freigewordenen Stammkapitals an die Gesellschafter hat grds. keine Auswirkung auf die **Körperschaftsteuerschuld** der GmbH. Vielmehr wird die Rückzahlung unmittelbar mit dem Nennkapital verrechnet. 8

Wurde das Stammkapital der GmbH nach dem 31.12.00 durch Umwandlung von Rücklagen erhöht, gilt für die Auszahlung zunächst der Teil des Nennkapitals als verwendet, der aus der Umwandlung von Gewinnrücklagen entstanden ist (§ 28 Abs. 2 Satz 1 KStG). Die Rückzahlung führt dann zu **Einkünften aus Kapitalvermögen** (§ 28 Abs. 2 Satz 2 KStG, § 20 Abs. 1 Nr. 2 KStG). 9

(frei) 10

Die Gefahr **verdeckter Gewinnausschüttung** durch Kapitalherabsetzung besteht nur dann, wenn gesellschaftsrechtliche Formalien einer Kapitalherabsetzung missachtet werden (vgl. BFH VIII R 72/70 v. 6.4.76, BStBl. II 76, 341), ein Gestaltungsmissbrauch vorliegt (vgl. BFH VIII R 69/93 v. 29.6.95, BStBl. II 95, 725; VIII R 46/76 v. 25.10.79, BStBl. II 80, 247) oder eigene Anteile von der GmbH gehalten werden (BFH I R 31/91 v. 29.7.92, BStBl. II 93, 369; vgl. hierzu auch: *Lieder* GmbHR 2014, 57). 11

Erfolgt die **Kapitalherabsetzung ohne Kapitalrückgewähr,** so verringert sich das Nennkapital, während sich das steuerliche Einlagenkonto erhöht. 12

Verkehrsteuern werden durch die Kapitalherabsetzung nicht ausgelöst, es sei denn, die Rückzahlung von Stammkapital erfolgt durch Sachleistungen. Hier gelten die Anmerkungen A. 6.01 Rz. 13ff. entsprechend. 13

A. 6.33 Kaufvertrag

I. FORMULAR

Formular A. 6.33 Kaufvertrag

1. Die X-GmbH – nachfolgend Käufer genannt –

und

2. Herr/Frau ...... – nachfolgend Verkäufer genannt –

schließen folgenden Kaufvertrag ab:

1. Der Verkäufer verkauft dem Käufer ...... Übergabe und Eigentumsübergang erfolgen am ......

2. Der Kaufpreis beträgt ...... zuzüglich Umsatzsteuer, insgesamt € ...... Der Kaufpreis ist fällig am ......

3. Der Kaufgegenstand ist besichtigt und bekannt.

II. ERLÄUTERUNGEN

Erläuterungen zu A. 6.33 Kaufvertrag

1 Es handelt sich um ein einfaches Muster eines Kaufvertrags, der zwischen der GmbH und einem ihrer Gesellschafter abgeschlossen ist, wobei ein Interessengegensatz keine nennenswerte Rolle spielt.

2 Der Vertrag ist insbes. notwendig, um eine vGA zwischen der GmbH und ihrem beherrschenden Gesellschafter nicht deshalb zu verursachen, weil es an einem rechtzeitigen und klaren Vertrag fehlt.

A. 6.34 Kontokorrentvertrag

I. FORMULAR

Formular A. 6.34 Kontokorrentvertrag

KONTOKORRENTVERTRAG

zwischen

der X-GmbH – nachfolgend GmbH genannt –

und

Herrn/Frau ...... – nachfolgend Gesellschafter genannt –

1. Gesellschafter ist der alleinige Gesellschafter der GmbH. Soweit Entgelte auf Grund gesellschaftsrechtlicher oder obligatorischer Verträge zwischen GmbH und Gesellschafter oder auf Grund gesetzlicher Ansprüche über das Darlehenskonto des Gesellschafters bei der GmbH abgewickelt werden, gilt dieser Vertrag.

2. GmbH und Gesellschafter führen das Darlehenskonto in Kontokorrentform (§ 355 HGB). Es dient der Abwicklung des laufenden Zahlungsverkehrs zwischen GmbH und Gesellschafter. Insbesondere werden über das Konto abgewickelt:

- Gehaltsgutschriften,
- Kostenersatz,
- Reisekosten,
- Auszahlungen an Gesellschafter,
- positive und negative Zinsen aus Darlehensverpflichtungen,
- ......,
- ......

3. GmbH und Gesellschafter gehen davon aus, dass auf längere Zeit gesehen das Konto ausgeglichen bleibt und nicht zu Lasten einer Partei nachhaltig eine Verpflichtung ausweist. Auf eine Verzinsung wird daher verzichtet. (Alternative: Der jeweilige Schuldsaldo wird mit ......% verzinst.)

4. Der Vertrag kann mit einer Frist von ...... Tagen gekündigt werden. Die Schuldverpflichtung zum Kündigungstag ist innerhalb von acht Wochen vom Schuldner auszugleichen.

II. ERLÄUTERUNGEN

Erläuterungen zu A. 6.34 Kontokorrentvertrag

Der Kontokorrentvertrag regelt die laufende Abrechnung zwischen GmbH und Gesellschafter über ein Darlehenskonto. Er ist allgemein in §§ 355–357 HGB geregelt. 1

Auf eine Verzinsung sollte nur dann verzichtet werden, wenn tatsächlich der Bestand so schwankt, dass keine Seite begünstigt wird. Je mehr eine Seite kontinuierlich Gläubiger ist, umso mehr umkleidet das Kontokorrentverhältnis einen Darlehensvertrag; daraus folgt im Verhältnis der GmbH zu ihrem Gesellschafter zur Vermeidung einer vGA die Notwendigkeit einer angemessenen Verzinsung. Vgl. Formular A. 6.20 „Darlehensvertrag". 2

A. 6.35 Kostenersatz

Siehe Formular A. 6.15 „Aufwendungsersatz".

A. 6.36 „Leg-ein-Hol-zurück"-Verfahren

I. FORMULAR

Formular A. 6.36 „Leg-ein-Hol-zurück"-Verfahren

Siehe hierzu Formular A. 6.22 „Einlage".

II. ERLÄUTERUNGEN

Erläuterungen zu A. 6.36 „Leg-ein-Hol-zurück"-Verfahren

Das „Leg-ein-Hol-zurück"-Verfahren bezweckte, der Körperschaft (GmbH) im Wege der Einlage Kapital zur Verfügung zu stellen, das sie ausschütten und wodurch sie im System des Anrechnungsverfahrens gespeicherte KSt realisieren konnte (vgl. 1

Streck KStG, Beratungs-ABC „Leg-ein-Hol-zurück"-Verfahren). Durch die Unternehmenssteuerreform 2001 hat das Verfahren an Bedeutung verloren.

2 Die Ausschüttungsmasse wird durch eine Einlage des Gesellschafters erhöht. S. hierzu Formular A. 6.22 „Einlage".

3 Ein besonderer „Leg-ein-Hol-zurück"-Vertrag ist nicht erforderlich.

A. 6.37 Lieferungsvertrag

I. FORMULAR

Formular A. 6.37 Lieferungsvertrag

1. Die X-GmbH – nachfolgend Käufer genannt –
2. und die Y-GmbH – nachfolgend Verkäufer genannt –

vereinbaren folgenden

LIEFERUNGSVERTRAG

1. Die Verkäuferin wird dem Käufer im laufenden Geschäftsverkehr folgende Waren liefern:

......

......

2. Die Inrechnungstellung erfolgt mit den Preisen und zu den Konditionen, die der Verkäufer im Rahmen seines laufenden Geschäftsverkehrs nach seinen Preislisten und Üblichkeiten auch Dritten berechnet. Die Preise erhöhen sich um die gesetzliche Umsatzsteuer.

3. Die Parteien vereinbaren folgende Zahlungsbedingungen:

......

......

4. Der Verkäufer behält sich das Eigentum an der dem Käufer gelieferten Ware bis zur vollständigen Bezahlung des Kaufpreises sowie bis zur Erfüllung aller zum Zeitpunkt der Lieferung bestehenden oder später entstehenden Forderungen aus diesem Vertrag vor.

5. Die Vertragsparteien gehen davon aus, dass der Käufer mit den gelieferten Waren und nach den vereinbarten Preisen einen hinreichenden Gewinn erwirtschaftet. Der Verkäufer ist zu einer Preiskorrektur bereit, wenn der Käufer in den Jahren ...... mit einem Verlust abschließt. Die Preiskorrektur ist so zu bemessen, dass der Verlust ausgeglichen wird. Dieser Ausgleich erfolgt im Interesse des Verkäufers, um auf diese Weise dem Käufer ein Eindringen in den Markt zu ermöglichen und Anlaufschwierigkeiten zu bewältigen. Die Preiskorrektur ist nach Ansicht der Vertragspartner kein Beleg dafür, dass die ursprünglich berechneten Preise nicht angemessen im Sinn eines Fremdvergleichs sind und Teile einer Gewinnausschüttung enthalten.

6. Dieser Vertrag tritt am ...... in Kraft. Er wird für die Dauer von ...... Zeitjahren geschlossen. Wird er nicht jeweils ...... Monate vor Ablauf gekündigt, verlängert er sich jeweils um ...... Jahre.

II. ERLÄUTERUNGEN

Erläuterungen zu A. 6.37 Lieferungsvertrag

Der Lieferungsvertrag bezweckt die vertragliche Regelung des Lieferverkehrs zwischen einer GmbH und ihrem Gesellschafter zur Vermeidung von vGA, die allein deshalb angenommen werden könnten, weil ein rechtzeitiger Vertrag fehlt. 1

Das Formular geht davon aus, dass die Muttergesellschaft (Verkäufer) die Tochtergesellschaft (Käufer) beliefert.

Nr. 5 ist von großer Wichtigkeit. Die Formulierung muss auf den Einzelfall zugeschnitten werden. Behandelt wird das Problem der **Preiskorrektur,** das, im Nachhinein vereinbart und durchgeführt, im Verhältnis Mutter-/Tochtergesellschaft regelmäßig zu vGA oder – je nach der Richtung der Korrektur – zu verdeckten Einlagen führt (vgl. *Streck* § 8 Anh. Rz. 797 ff.). Das Muster könnte auf eine ausländische Mutter-Produktionsgesellschaft angewandt werden, die mit ihrer inländischen Vertriebs-Tochtergesellschaft in den inländischen Markt eindringen will. Hier sind Preiskorrekturen als Unterstützung in der Anlaufphase angemessen. Werden sie jedoch nicht rechtzeitig vereinbart, wird die Betriebsprüfung vermuten, dass die ursprünglichen Lieferpreise unangemessen hoch sind. 2

A. 6.38 Liquidation

Gliederung

I. FORMULARE

Formular A. 6.38 Auflösungsbeschluss

Die Gesellschafterversammlung der ......-GmbH, bestehend aus

1. Herrn ......

2. Herrn ......

3. Herrn ......

beschließt unter Verzicht auf alle Formen und Fristen für die Einberufung einer Gesellschafterversammlung gem. § ...... des Gesellschaftsvertrages einstimmig:

1. Die Gesellschaft wird mit Ablauf des ...... aufgelöst.

2. Die Herren ...... und ...... werden als Geschäftsführer abberufen.

3. Herr ...... wird zum alleinigen Liquidator bestellt.

4. Herr ...... vertritt die Gesellschaft allein, solange er alleiniger Liquidator ist. Ansonsten vertritt er die Gesellschaft gemeinschaftlich mit einem anderen Liquidator.

5. Die Bücher und Schriften der Gesellschaft werden nach Beendigung der Liquidation durch den Gesellschafter ...... verwahrt.

.............................., den ....

(Unterschrift)

Formular A. 6.38a Handelsregisteranmeldung der Auflösung

Amtsgericht

– Registergericht –

Handelsregistersache ......-GmbH, HRB ......

Als alleiniger Liquidator der Gesellschaft überreiche ich den Gesellschafterbeschluss vom ...... und melde zur Eintragung an:

1. Die Gesellschaft ist mit Ablauf des ...... aufgelöst.
2. Die Herren ...... und ...... sind nicht mehr Geschäftsführer.
3. Ich bin zum Liquidator bestellt.
4. Ich vertrete die Gesellschaft allein, solange ich alleiniger Liquidator bin. Ansonsten vertrete ich die Gesellschaft gemeinschaftlich mit einem anderen Liquidator.

Als Liquidator zeichne ich wie folgt:

....

(Name) (Unterschrift)

Ich versichere, dass ich nicht wegen einer Insolvenzstraftat (Bankrott, Verletzung der Buchführungspflicht, Gläubigerbegünstigung, Schuldnerbegünstigung – §§ 283 bis 283d StGB) rechtskräftig verurteilt worden bin und mir die Ausübung eines Berufs, Berufszweiges, Gewerbes oder Gewerbezweiges weder durch gerichtliches Urteil noch durch vollziehbare Entscheidung einer Verwaltungsbehörde untersagt ist und dass ich über meine unbeschränkte Auskunftspflicht gegenüber dem Gericht durch den Notar ...... *[Name des beglaubigenden Notars]* belehrt worden bin.

.............................., den ....

(Unterschrift)

....

(Beglaubigungsvermerk)

Formular A. 6.38b Bekanntmachung der Auflösung

Die ......-GmbH mit Sitz in ...... ist aufgelöst. Die Gläubiger der Gesellschaft werden aufgefordert, sich bei ihr zu melden.

.............................., den ....

(GmbH i. L.) Der Liquidator

Formular A. 6.38c
Handelsregisteranmeldung der Beendigung der Liquidation

Amtsgericht

– Registergericht –

Handelsregistersache ......-GmbH, HRB ......

Als alleiniger Liquidator der Gesellschaft melde ich zur Eintragung an, dass die Liquidation der Gesellschaft beendigt und deren Firma erloschen ist.

Ich überreiche die Belegexemplare der Nrn. ...... des Bundesanzeigers vom ......, aus denen sich ergibt, dass die Auflösung der Gesellschaft und die Aufforderung an die Gläubiger, sich bei der Gesellschaft zu melden, im elektronischen Bundesanzeiger bekannt gemacht worden ist. Nach § ...... des Gesellschaftsvertrages haben Bekanntmachungen der Gesellschaft nur im elektronischen Bundesanzeiger zu erfolgen.

Der Gesellschafter ...... hat die Bücher und Schriften der Gesellschaft zur Verwahrung übernommen.

..............................., den ...... **...**
(Unterschrift)

...
(Beglaubigungsvermerk)

II. ERLÄUTERUNGEN

Erläuterungen zu A. 6.38 bis A. 6.38c Liquidation

1. Zivilrecht

Zu den **Auflösungsgründen** vgl. zunächst A. 6.00 Rz. 125ff. sowie § 60 GmbHG.

1 Bei **Auflösung** der Gesellschaft **durch Beschluss** ist eine Mehrheit von 75% der abgegebenen Stimmen erforderlich, soweit der Gesellschaftsvertrag nichts anderes bestimmt (§ 60 Abs. 1 Nr. 2 GmbHG).

2 **Notarielle Beurkundung** ist nur dann erforderlich, wenn der Auflösungsbeschluss eine Satzungsänderung beinhaltet (§ 53 Abs. 2 GmbHG). Dies ist etwa dann der Fall, wenn der Gesellschaftsvertrag die Zeitdauer der Gesellschaft bestimmt oder die Auflösung durch Beschluss in sonstiger Weise modifiziert (im Einzelnen streitig, vgl. *Baumbach/Hueck* § 60 GmbHG Rz. 18). Ansonsten kann der Beschluss formlos gefasst werden (*Baumbach/Hueck* § 60 GmbHG Rz. 19). Ein Auflösungsbeschluss kann auch darin liegen, dass alle Gesellschafter die Kündigung aussprechen (BayObLG 3 Z BR 152/94 v. 2.11.94, DB 95, 261).

3 Die Auflösung wird mit dem im Beschluss bezeichneten Zeitpunkt **wirksam.** Nennt der Beschluss keinen Termin, so tritt die Auflösung mit Beschlussfassung ein (*Baumbach/Hueck* § 60 GmbHG Rz. 21). Beinhaltet die Auflösung eine Satzungsänderung, so tritt die Wirksamkeit erst mit Eintragung ins Handelsregister ein (§ 54 Abs. 3 GmbHG).

4 Mit Wirksamwerden der Auflösung tritt die Gesellschaft in das **Liquidationsstadium.** Sie besteht mit dem Zweck der Liquidation fort (vgl. §§ 69 bis 73 GmbHG). Bis zur Vollbeendigung (vgl. Rz. 11) kann die Gesellschaft durch einen entsprechenden

Beschluss grds. in das Stadium der werbenden Tätigkeit zurückgeführt werden (vgl. im Einzelnen *Scholz/K. Schmidt* § 69 GmbHG Rz. 1ff., § 60 GmbHG Rz. 79ff.).

5 Die Liquidation erfolgt durch die **Geschäftsführer** als Liquidatoren, wenn durch Gesellschaftsvertrag oder Gesellschafterbeschluss nicht andere Personen berufen werden (§ 66 Abs. 1 GmbHG). In diesem Fall verlieren die Geschäftsführer ihr Amt. Eine Regelung im Auflösungsbeschluss dient der Klarstellung.

6 Für die Befähigung zum **Liquidator** gilt das Gleiche wie für die zum Geschäftsführer (§§ 66 Abs. 4, 6 Abs. 2 Satz 2 u. 3 GmbHG), mit der Ausnahme, dass auch juristische Personen zu Liquidatoren bestellt werden können (§ 66 Abs. 4 GmbHG verweist nicht auf § 6 Abs. 2 Satz 1 GmbHG).

7 Die **Vertretungsbefugnis** der Liquidatoren entspricht der von Geschäftsführern (vgl. §§ 68, 70 GmbHG).

8 Die Auflösung der Gesellschaft sowie die Liquidatoren und ihre Vertretungsbefugnis sind in öffentlich beglaubigter Form (§ 12 HGB nF; § 39a BeurkG) zum **elektronischen Handelsregister** anzumelden (§§ 65, 67 GmbHG).

9 Anmeldepflichtig sind idR die **Liquidatoren** als gesetzliche Vertreter der Gesellschaft (siehe *Scholz/K. Schmidt* § 65 GmbHG Rz. 7, § 67 GmbHG Rz. 8). Dies gilt auch bei einer Löschung kraft Gesetzes (BayObLG BReg. 3 Z 75/87 v. 30.6.87, GmbHR 87, 468).

10 Die Auflösung ist von den Liquidatoren **im elektronischen Bundesanzeiger bekannt zu machen** (§ 65 Abs. 2 GmbHG iVm. § 12 Satz 1 GmbHG). Im Zuge der Bekanntmachung sind die Gläubiger der Gesellschaft aufzufordern, sich bei derselben zu melden (§ 65 Abs. 2 Satz 2 GmbHG). Die Veröffentlichung ist Voraussetzung für die Ingangsetzung der **Sperrfrist** gem. § 73 Abs. 1 GmbHG.

11 Die Gesellschaft **erlischt** kraft Gesetzes, sobald kein verteilbares Gesellschaftsvermögen mehr vorhanden ist **(Vollbeendigung).** Das Erlöschen ist anmeldepflichtig (§ 13 Abs. 3 GmbHG iVm. §§ 6 Abs. 1, 29, 31 Abs. 2 HGB). Die **Eintragung** hatte nach früher hM nur deklaratorische Wirkung (str. vgl. *Scholz/K. Schmidt* § 74 GmbHG Rz. 13; *K. Schmidt* GmbHR 88, 209; *Schmelz* NZG 07, 135). Nunmehr wird ihr überwiegend konstitutive Bedeutung beigemessen (zu den Nachweisen: *Scholz/K. Schmidt* § 74 Rz. 13). Vor Ablauf des Sperrjahres gem. § 73 Abs. 1 GmbHG dürfen die Beendigung der Liquidation und das Erlöschen der Firma nur angemeldet und eingetragen werden, wenn das Vermögen der GmbH zur Erfüllung von Verbindlichkeiten verbraucht worden ist (*Scholz/K. Schmidt* § 74 GmbHG Rz. 12). Stellt sich nach Löschung heraus, dass noch Gesellschaftsvermögen vorhanden ist oder weitere Abwicklungsmaßnahmen erforderlich sind, so ist eine **Nachtragsliquidation** erforderlich (dazu *Baumbach/Hueck* § 60 GmbHG Rz. 104ff.; BGH II ZR 92/88 v. 10.10.88, NJW 89, 220; *Hohfeld* GmbHR 01, 255; *Galla* GmbHR 06, 635; *Küster* DStR 06, 209).

12 **Bücher und Schriften** sind für die Dauer von zehn Jahren nach Beendigung der Liquidation zu verwahren (§ 147 AO) – zu **Bilanzierungspflichten** vgl. § 71 GmbHG.

13, 14 *(frei)*

2. Steuerrecht

15 Die Gesellschaft bleibt während der Liquidation **Körperschaftsteuersubjekt.** Lediglich die **Gewinnermittlung** ändert sich (vgl. § 11 KStG). Der Gewinnermittlungszeitraum beginnt mit dem Schluss des dem Auflösungsbeginn vorangehenden Wj. und endet mit der vollständigen Verteilung des Vermögens an die Anteilseigner, frühestens mit Ablauf des Sperrjahres gem. § 73 GmbHG (*Streck* § 11 Rz. 7). Der Besteuerungszeitraum soll drei Jahre nicht übersteigen (§ 11 Abs. 1 Satz 2 KStG). Liquidationsgewinn ist die Differenz aus Abwicklungs-Endvermögen und Abwicklungs-

Anfangsvermögen (§ 11 Abs. 2 KStG). Der Liquidationsgewinn umfasst die Realisierung der stillen Reserven und die im Liquidationszeitraum erzielten Erträge. Zu Einzelheiten vgl. *Streck* § 11 Rz. 5–22.

Der Liquidationsgewinn unterliegt bei der Gesellschaft der **Körperschaftsteuer** **16** nach dem allgemein für die Körperschaft geltenden Tarifsatz.

Beim **Anteilseigner** teilt sich der Liquidationserlös in **Kapitalerträge** gem. § 20 **17** Abs. 1 Nr. 2 Satz 1 EStG und **Kapitalrückzahlungen.**

Steuerpflichtige **Einkünfte aus Kapitalvermögen** liegen bei einer Liquidation **18** vor, soweit die Rückzahlung das Stammkapital und das Einlagekonto (§ 27 KStG) abzüglich der in Nennkapital umgewandelten Rücklagen (§ 28 Satz 4 KStG) übersteigt. Bei natürlichen Personen gilt seit VZ 2009 das Teileinkünfteverfahren (§ 3 Nr. 40 EStG), bei körperschaftsteuerpflichtigen Gesellschaftern bleiben die Bezüge zu 95% außer Ansatz (§ 8b Abs. 1, Abs. 5 KStG). Der in Kapitalerträgen bestehende Teil des Liquidationserlöses ist kapitalertragsteuerpflichtig (§ 43 Abs. 1 Nr. 1 EStG).

Die im Liquidationserlös enthaltene Kapitalrückzahlung führt gemäß §§ 17, 23 **19** EStG, § 22 UmwStG zu steuerpflichtigen Einkünften, wenn der Buchwert bzw. die Anschaffungskosten der Anteile unter der Kapitalrückzahlung liegen. Es gelten die Anmerkungen zu A. 6.10 Rz. 15 ff. entsprechend.

(frei) **20, 21**

Liegen der Buchwert bzw. die Anschaffungskosten über dem Betrag der Kapital- **22** rückzahlung, entsteht ein **Aufgabeverlust.** IdR entsteht der Verlust in dem Zeitpunkt, in dem mit einer Auskehrung von Gesellschaftsvermögen und mit einer Änderung der durch die Beteiligung veranlassten Aufwendungen nicht mehr zu rechnen ist (BFH VIII R 36/00 v. 27.11.01, BStBl. II 02, 731), spätestens mit Abschluss der Liquidation (BFH VIII B 308/04 v. 22.11.05, BFH/NV 06, 539; nach FG Düsseldorf 13 K 7553/95 v. 14.10.99, GmbHR 00, 502 ggf. schon bei Auflösungsbeschluss; FG Düsseldorf 11 K 2442/03 v. 16.3.06, EFG 06, 881), im Insolvenzverfahren mit Abschluss des Verfahrens (BFH VIII R 63/98 v. 25.1.00, BStBl. II 00, 343). Zur steuerlichen Berücksichtigung eines solchen Verlustes s. A. 6.10 Rz. 17 u. 21. Als (nachträgliche) Anschaffungskosten sind ggf. auch verdeckte Einlagen (BFH VIII R 46/98 v. 12.10.99, GmbHR 00, 500; FG Düsseldorf 14 K 230/88 E v. 5.8.93, EFG 94, 39; *Flies* DStZ 96, 197; *Hoffmann* GmbH-StB 00, 227), (verlorene) kapitalersetzende Darlehen (BFH VIII R 52/02 v. 20.4.04, BStBl. II 04, 556; VIII R 31/98 v. 13.7.99, BStBl. II 99, 724, mit Anm. *Hoffmann* GmbHR 99, 1041; BFH VIII R 16/94 v. 24.4.97, BStBl. II 99, 339; VIII R 23/93 v. 24.4.97, GmbHR 97, 1161; VIII R 18/94 v. 4.11.97, BStBl. II 99, 344; VIII R 6/96 v. 10.11.98, BStBl. II 99, 348 „krisenbestimmtes Darlehen"; FG Köln 10 K 862/95 v. 10.2.99, EFG 99, 547; FG Düsseldorf 11 K 2558/04 v. 17.10.05, EFG 06, 110; *Zimmers* GmbH-Stpr 06, 168; zu den Anschaffungskosten bei teilweise kapitalersetzenden Darlehen; *Hoffmann* GmbHR 97, 1140; *ders.* GmbHR 98, 174; *Gebhard* DStR 98, 225; *Gschwendtner* NJW 99, 2165; *Ostermayer/Erhart* BB 03, 449; eigenkapitalersetzende Grundsicherheiten: BFH VIII B 186/04 v. 15.5.06, BFH/NV 06, 1472) oder Inanspruchnahmen aus einer Bürgschaft (BFH VIII R 22/92 v. 12.12.00, BFH/NV 01, 761; VIII R 9/98 v. 6.7.99, BStBl. II 99, 817, mit Anm. *Hoffmann* GmbHR 99, 1302; VIII B 87/92 v. 26.2.93, BFH/NV 93, 364; FG Köln 2 K 4286/87 v. 23.11.93, EFG 94, 351, auch bei Nichtzahlung des Bürgen; s. auch FG Münster 2 K 766/93 E v. 29.2.96, EFG 96, 1034; BFH VIII R 32/96 v. 26.1.99, BFH/NV 99, 922; bei Ratenzahlung nur abgezinst –; nicht „Partronatserklärung", FG Düsseldorf 14 K 2511/93 E v. 17.7.96, EFG 96, 1035; BFH VIII R 21/94 v. 8.4.98, BStBl. II 98, 660, keine Anschaffungskosten, wenn Zahlungsunfähigkeit feststeht) zu berücksichtigen (BFH VIII R 99/90 v. 8.12.92, BFH/NV 93, 654; *Schmidt/Weber-Grellet* § 17 Rz. 175; BFH VIII R 87/89 v. 27.10.92, BStBl. II 93, 340). Allerdings erhöhen kapitalersetzende Maßnahmen nicht den Anteil an der GmbH, was für die Anwendung des § 17 EStG von Bedeutung ist

(BFH VIII R 16/88 v. 19.5.92, BStBl. II 92, 902). Nicht zu berücksichtigen sind Aufwendungen nahe stehender Personen (sog. „Drittaufwand"; BFH VIII R 52/93 v. 12.12.00, DB 01, 570; s. aber auch BFH VIII R 22/92 v. 12.12.00, BStBl. II 01, 385, zur Bürgschaft des Ehegatten). Wird der Liquidation eine Veräußerung der Anteile vorgeschaltet (sog. „Anteilsrotation"), so ist dies idR kein Gestaltungsmissbrauch (s. BFH I R 4/97 v. 23.8.00, BStBl. II 01, 260; I R 48/97 v. 18.7.01, BFH/NV 01, 1636; Anm. *Streck/Binnewies* GmbHR 01, 1056; *Lorenz* EStB 04, 42; *Neu* EFG 02, 561).

23 Die GmbH bleibt bis zur Beendigung der Liquidation **gewerbesteuerpflichtig** (§ 4 GewStDV). Der Liquidationsgewinn der GmbH unterliegt der Gewerbeertragsteuer (§ 16 GewStDV).

24 Die GmbH bleibt im Liquidationsstadium als **Unternehmer** iSd. § 2 UStG tätig. Diese Eigenschaft erlischt idR erst mit Löschung der GmbH im Handelsregister.

A. 6.39 Mietvertrag

I. FORMULAR

Formular A. 6.39 Mietvertrag

Zwischen

der ......-GmbH, vertreten durch ...... **– nachfolgend Mieter genannt –**

und

Herrn/Frau **– nachfolgend Vermieter genannt –**

wird folgender

MIETVERTRAG

vereinbart:

1. Der Vermieter vermietet an den Mieter folgende Räume:

......

......

2. Das Mietverhältnis beginnt am ...... Es kann mit sechswöchiger Frist jeweils zum Quartalsende gekündigt werden.

3. Die monatliche Miete beträgt € ...... zuzüglich der gesetzlichen USt (= € ......), insgesamt € ...... Sollte dieser Vertrag als Rechnung im Sinn von § 14 UStG nicht ausreichen, wird der Vermieter eine umsatzsteuerrechtlich ordnungsgemäße Rechnung ausstellen; solange dem Verlangen nach dieser Rechnung nicht Genüge getan ist, muss die Umsatzsteuer nicht gezahlt werden.

4. Für die Nebenkosten gilt:

......

......

5. Die Instandsetzung und Wiederbeschaffungen obliegen dem Vermieter, die Schönheitsreparaturen dem Mieter.

6. Die gemieteten Räume sind bei Beendigung des Vertrags in vertragsgemäßem Zustand zurückzugeben.

II. ERLÄUTERUNGEN

Erläuterungen zu A. 6.39 Mietvertrag

Es ist ein Miet-Kurzvertrag, der ein Mietverhältnis zwischen **beherrschendem Gesellschafter** und **seiner GmbH über gewerblich genutzte Räume** regelt. Im Mittelpunkt stehen die Höhe der Miete, die Nebenkostenregelung und die Zahlungsweise. Die Vertragsformulierung bzgl. der USt setzt voraus, dass der Vermieter zur Regelbesteuerung optieren konnte und optiert hat. Diese Regelungen sind erforderlich, um den Bedingungen rechtzeitiger und klarer Verträge zu genügen. Sofern ein Mietvertrag mit Dritten geschlossen wird, sollte bei umsatzsteuerpflichtiger Vermietung in jedem Fall eine Steuerklausel aufgenommen werden, nach der sich der Mieter verpflichtet, den Mietgegenstand ausschließlich für Zwecke zu nutzen, die den Vorsteuerabzug beim Vermieter nicht ausschließen. Andernfalls drohen dem Vermieter erhebliche Nachzahlungen aus den Rückforderungen von Vorsteuer, die er für die Anschaffungs- und Herstellungskosten des Mietobjekts erstattet erhalten hat. 1

Der Mietvertrag muss durchgeführt werden. Ist eine monatliche Miete vereinbart, muss sie auch monatlich gezahlt werden. Ggf. sollten andere Zahlungszeiträume vereinbart werden. 2

S. auch Formular A. 6.41.

A. 6.40 Nießbrauch

Gliederung

I. FORMULARE

Formular A. 6.40 Vorbehaltsnießbrauch

Urkundenrolle Nummer ......

Verhandelt am ...... zu ......

Vor dem Notar ...... erschienen:

1. Herr/Frau ...... **– nachfolgend Nießbrauchbesteller genannt –**

2. Herr/Frau ...... **– nachfolgend Nießbraucher genannt –**

Die Erschienenen wiesen sich wie folgt aus:

Sie baten um die Beurkundung nachstehender Anteilsabtretung unter Vorbehalt des Nießbrauchs.

§ 1 Vertragsgegenstand

(1) Der Nießbraucher ist an der im Handelsregister des Amtsgerichts ...... unter HRB ...... eingetragenen ......-GmbH – im Folgenden „Gesellschaft" genannt – mit einem Geschäftsanteil im Nennbetrag von € ...... (lfd. Nr. ......) beteiligt. Das Stammkapital der Gesellschaft beträgt € ...... (in Worten: ......).

(2) Die Stammeinlagen sind in voller Höhe einbezahlt.

§ 2 Schenkung und Abtretung

(1) Der Nießbraucher schenkt den in § 1 bezeichneten Geschäftsanteil dem Nießbrauchbesteller.

(2) Der Nießbrauchbesteller nimmt die Schenkung hiermit an.

(3) Der Nießbraucher tritt seine Geschäftsanteile an den Nießbrauchbesteller ab; der Nießbrauchbesteller nimmt die Abtretung an.

(4) Schenkung und Abtretung erfolgen mit Wirkung zum ......

(5) Der Nießbraucher ist berechtigt, die Schenkung der Beteiligung zu widerrufen, falls

- **die Voraussetzungen des § 530 BGB vorliegen;**
- **der Nießbrauchbesteller stirbt;**
- **der Nießbrauchbesteller seinen Verpflichtungen aus diesem Vertrag nicht ordnungsgemäß nachkommt.**

§ 3 Nießbrauch

(1) Der Nießbrauchbesteller räumt dem Nießbraucher an der Beteiligung (§ 1) den lebenslänglichen unentgeltlichen Nießbrauch ein.

(2) Die Bestellung des Nießbrauchs an der Beteiligung erfolgt mit Wirkung zu dem in § 2 Abs. 4 genannten Zeitpunkt.

(3) Dem Nießbraucher gebühren die während des Nießbrauchs auf die Beteiligung entfallenden Gewinnanteile. Wird der Nießbrauch im Laufe eines Geschäftsjahres bestellt oder aufgehoben, so hat der Nießbraucher Anspruch auf einen der Zeitdauer entsprechenden Teil der Gewinne.

(4) Die mit der Beteiligung verbundenen Mitgliedschaftsrechte, insbesondere die Stimmrechte, stehen dem Nießbrauchbesteller zu. Der Nießbrauchbesteller verpflichtet sich jedoch, alles zu unterlassen, was den Nießbrauch an der Beteiligung beeinträchtigen oder vereiteln könnte.

(5) Der Nießbrauchbesteller ist verpflichtet, dem Nießbraucher auf Verlangen unverzüglich Auskunft über alle Angelegenheiten der Gesellschaft zu erteilen.

§ 4 Kündigung

(1) Der Nießbraucher ist berechtigt, die Nießbrauchbestellung durch einseitige an den Nießbrauchbesteller zu richtende Erklärung zu beenden.

(2) Die Aufhebung des Nießbrauchs durch formlosen zwischen den Erschienenen zu schließenden Vertrag bleibt unberührt.

§ 5 Sonstiges

(1) Die gem. § ...... des Gesellschaftsvertrags notwendige Zustimmung zur Abtretung der Geschäftsanteile sowie zur Bestellung des Nießbrauchs wurde durch Beschluss der Gesellschafterversammlung vom ...... erteilt.

(2) Die mit dem Abschluss und der Durchführung dieses Vertrags entstehenden Kosten trägt der Nießbraucher.

(3) Eventuell anfallende Verkehrsteuern trägt der Nießbraucher.

(4) Sollte ein Teil dieses Vertrags nichtig oder unwirksam sein, so soll an die Stelle der nichtigen oder unwirksamen Bestimmung eine angemessene Ersatzregelung treten, die dem Geist dieses Vertrags gerecht wird und von der angenommen werden kann, dass die Vertragschließenden sie vereinbart hätten, wenn sie die Nichtigkeit gekannt hätten. Die übrigen Bestimmungen dieses Vertrags bleiben von der Nichtigkeit oder Unwirksamkeit unberührt.

(5) Jede Änderung dieses Vertrags bedarf der Schriftform, soweit gesetzlich nicht notarielle Beurkundung vorgeschrieben ist.

Der Notar wird gebeten, die Abtretung der Geschäftsanteile und die Bestellung des Nießbrauchs an den Geschäftsanteilen nach § 16 GmbHG bei der Gesellschaft anzumelden.

Diese Niederschrift wurde den Erschienenen vom Notar vorgelesen, von ihnen genehmigt und von ihnen und dem Notar eigenhändig wie folgt unterschrieben:

....	....	....
(Unterschrift)	(Unterschrift)	(Unterschrift Notar)

Formular A. 6.40a Zuwendungsnießbrauch

Urkundenrolle Nummer ......

Verhandelt am ...... zu ......

Vor dem Notar ...... erschienen:

1. Herr/Frau ...... – nachfolgend Nießbrauchbesteller genannt –

2. Herr/Frau ...... – nachfolgend Nießbraucher genannt –

Die Erschienenen wiesen sich wie folgt aus:

Sie baten um die Beurkundung nachstehender Nießbrauchbestellung:

§ 1 Vertragsgegenstand

(1) Der Nießbrauchbesteller ist an der im Handelsregister des Amtsgerichts ...... unter HRB ...... eingetragenen ......-GmbH – im Folgenden „Gesellschaft" genannt – mit einem Geschäftsanteil im Nennbetrag von € ...... beteiligt. Das Stammkapital der Gesellschaft beträgt € ...... (in Worten: ......).

(2) Die Stammeinlagen sind in voller Höhe einbezahlt.

§ 2 Nießbrauch

(1) Der Nießbrauchbesteller räumt dem Nießbraucher an der Beteiligung (§ 1) den lebenslänglichen unentgeltlichen Nießbrauch ein.

(2) Die Bestellung des Nießbrauchs erfolgt mit Wirkung zum ......

(3) Dem Nießbraucher gebühren die während des Nießbrauchs auf die Beteiligung entfallenden Gewinnanteile. Wird der Nießbrauch im Laufe eines Geschäftsjahres bestellt oder aufgehoben, so hat der Nießbraucher Anspruch auf einen der Zeitdauer entsprechenden Teil des Gewinns.

(4) Die mit der Beteiligung verbundenen Mitgliedschaftsrechte, insbesondere die Stimmrechte, stehen dem Nießbrauchbesteller zu. Der Nießbrauchbesteller verpflichtet sich jedoch, alles zu unterlassen, was den Nießbrauch an der Beteiligung beeinträchtigen oder vereiteln könnte.

(5) Der Nießbrauchbesteller ist verpflichtet, dem Nießbraucher auf Verlangen unverzüglich Auskunft über alle Angelegenheiten der Gesellschaft zu erteilen.

§ 3 Kündigung

(1) Der Nießbraucher ist berechtigt, die Nießbrauchbestellung durch einseitige an den Nießbrauchbesteller zu richtende Erklärung zu beenden.

(2) Die Aufhebung des Nießbrauchs durch formlosen zwischen den Erschienenen zu schließenden Vertrag bleibt unberührt.

§ 4 Sonstiges

(1) Der Gesellschaftsvertrag der Gesellschafter enthält keine Beschränkungen für die Abtretung von Geschäftsanteilen oder die Bestellung eines Nießbrauchs an Geschäftsanteilen.

(2) Die mit dem Abschluss und der Durchführung dieses Vertrags entstehenden Kosten trägt der Nießbraucher.

(3) Eventuell anfallende Verkehrsteuern trägt der Nießbraucher.

(4) Sollte ein Teil dieses Vertrags nichtig oder unwirksam sein, so soll an die Stelle der nichtigen oder unwirksamen Bestimmung eine angemessene Ersatzregelung treten, die dem Geist dieses Vertrags gerecht wird und von der angenommen werden kann, dass die Vertragschließenden sie vereinbart hätten, wenn sie die Nichtigkeit gekannt hätten. Die übrigen Bestimmungen dieses Vertrags bleiben von der Nichtigkeit oder Unwirksamkeit unberührt.

(5) Jede Änderung dieses Vertrags bedarf der Schriftform, soweit gesetzlich nicht notarielle Beurkundung vorgeschrieben ist.

(6) Der Nießbrauchbesteller verpflichtet sich, die Bestellung des Nießbrauchs an den Geschäftsanteilen nach § 16 GmbHG bei der Gesellschaft anzumelden.

(7) Gerichtsstand ist ......

Diese Niederschrift wurde den Erschienenen vom Notar vorgelesen, von ihnen genehmigt und von ihnen und dem Notar eigenhändig wie folgt unterschrieben:

....	....	....
(Unterschrift)	**(Unterschrift)**	**(Unterschrift Notar)**

II. ERLÄUTERUNGEN

Erläuterungen zu A. 6.40 und A. 6.40a
Vorbehalts- und Zuwendungsnießbrauch

1. Grundsätzliche Anmerkungen

a) Wirtschaftliches Vertragsziel

1 Eine Nießbrauchbestellung dient in erster Linie dazu, die auf den Geschäftsanteil entfallenden wirtschaftlichen Vorteile einem anderen als dem Gesellschafter selbst zukommen zu lassen. Man unterscheidet folgende typische Gestaltungen:

- Der Geschäftsanteil wird schenkweise übertragen. Der Schenker behält sich den Nießbrauch an dem Anteil vor **(Vorbehaltsnießbrauch).**
- Der Erbe ist auf Grund letztwilliger Verfügung des Erblassers verpflichtet, einem Dritten den Nießbrauch an dem ererbten Geschäftsanteil einzuräumen **(Vermächtnisnießbrauch).**
- Der Gesellschafter räumt einem Dritten – entgeltlich oder unentgeltlich – einen Nießbrauch ein, ohne dass ein Zusammenhang mit einem Anteilsübergang besteht **(Zuwendungsnießbrauch).**

2 Dem entgeltlichen Zuwendungsnießbrauch kommt ua. wegen der steuerrechtlichen Folgen (vgl. Rz. 16) kaum praktische Bedeutung zu.

b) Zivilrecht

Nießbrauch an einem Gesellschaftsanteil ist zivilrechtlich Nießbrauch an einem Recht. Es gelten die **§§ 1068 ff. BGB.** Voraussetzung der Bestellung ist danach die Übertragbarkeit des Geschäftsanteils. Schließt der Gesellschaftsvertrag dies aus, so ist die Bestellung unzulässig. 3

Enthält der **Gesellschaftsvertrag Einschränkungen** (zB Genehmigungserfordernis der Gesellschafterversammlung, § 15 Abs. 5 GmbHG), so sind diese zu beachten. Der Nießbrauch kann nach hM auch an dem Teil eines Geschäftsanteils bestellt werden (vgl. *Scholz/Winter/Seibt* § 15 GmbHG Rz. 212). 4

Bei Anordnung des Nießbrauchs durch **Testament** ist der Erbe als Anteilseigner verpflichtet, dem Vermächtnisnehmer den Nießbrauch unter Beachtung von § 15 Abs. 3 und 5 GmbHG zu bestellen und gem. § 16 Abs. 1 GmbHG anzumelden. Die Nießbrauchbestellung ist notariell zu beurkunden (§ 1069 BGB iVm. § 15 Abs. 3 GmbHG). Die Geltendmachung des Nießbrauchs gegenüber der GmbH bedarf der Anzeige an die GmbH gem. § 16 Abs. 1 GmbHG. 5

Der Nießbraucher hat das Recht, die **Nutzungen** aus dem Geschäftsanteil zu ziehen (§§ 1030, 1068 BGB). Er kann unmittelbar von der GmbH den auf den Geschäftsanteil entfallenden Jahresgewinn verlangen. Der Anspruch entsteht mit dem Gewinnverteilungsbeschluss. Gewinnausschüttungen, die den Zeitraum der Nießbrauchbestellung oder -aufhebung betreffen, sind zeitanteilig zu verteilen (vgl. § 101 Nr. 2 BGB), sofern vertraglich nichts anderes vereinbart wird. Vergütungen für besondere Leistungen des Gesellschafters, zB für eine Geschäftsführertätigkeit, gehören hingegen nicht zu den Nutzungen. 6

Kapitalzahlungen, also etwa Abfindungsguthaben, Rückgewähr von Stammeinlagen oder Anteile am Liquidationserlös sind an den Gesellschafter und den Nießbraucher gemeinsam zu leisten (§ 1077 BGB). 7

Bei einer **Kapitalerhöhung aus Gesellschaftsmitteln** erwirbt der Nießbraucher auch an einem neuen Gesellschaftsanteil, der dem Nießbrauchbesteller zufällt, ein Nießbrauchsrecht. Bei einer Kapitalerhöhung gegen Einlagen besteht ein schuldrechtlicher Anspruch gegen den Gesellschafter auf anteilige Ausweitung des Nießbrauchs auf die neuen Anteile. 8

Alle **Mitverwaltungsrechte** (Stimmrecht, Mitwirkungs-, Auskunftsrechte etc.) verbleiben nach hM bei dem Gesellschafter (vgl. *Scholz/Winter/Seibt* § 15 GmbHG Rz. 217; *Baumbach/Hueck* § 15 GmbHG Rz. 53; *Palandt/Bassenge* § 1068 BGB Rz. 3), der bei der Rechtsausübung die Interessen des Nießbrauchers zu beachten hat. Aus Gründen der Rechtssicherheit sollte dieser Punkt stets vertraglich geregelt werden. 9

Der Nießbrauch erlischt mit dem **Tod** des Nießbrauchers (§§ 1061, 1068 BGB). Der Nießbrauch kann, sofern der Vertrag nichts anderes bestimmt, jederzeit durch formlosen Vertrag oder durch einseitige Erklärung des Nießbrauchers aufgehoben werden (§§ 1064, 1072 BGB). Die Aufhebung ist der GmbH gem. § 16 Abs. 1 GmbHG anzuzeigen. 10

Der Gesellschafter kann ohne Zustimmung des Nießbrauchers den Geschäftsanteil veräußern oder verpfänden (zur Verpfändung: *Jordans* GmbHR 13, R 246 – R 248). Der Nießbrauch wird hiervon nicht berührt. Der Nießbrauch erlischt auch dann nicht, wenn der Erwerber den wirksam mit einem Nießbrauchsrecht belasteten Geschäftsanteil von einem Nichtberechtigten gutgläubig gem. § 16 Abs. 3 Satz 1 GmbHG erwirbt. 11

(frei) 12

c) Steuerrecht

Ertragsteuerlich steht die bis heute heftig umstrittene Frage im Vordergrund, wem bei einem Nießbrauch die Einkünfte aus dem Geschäftsanteil zuzurechnen sind (s. *K/S/M/Jochen* § 20 EStG Rz. B 56 ff.; *Schmidt/Weber-Grellet* § 20 EStG Rz. 174 ff., 13 jeweils mit zahlreichen Nachweisen; FG Münster 7 K 2638/00 E v. 14.1.03, EFG 03, 690).

14 Beim **Vorbehalts-** und **Vermächtnisnießbrauch** sind die Einnahmen und Veräußerungserlöse im Regelfall dem Nießbraucher zuzurechnen (vgl. BFH IX R 51/10 v. 24.1.12, DB 12, 776).

15 Beim **unentgeltlichen Zuwendungsnießbrauch** wird die Übertragung einer Einkunftsquelle idR nicht anerkannt (BFH VIII R 146/73 v. 14.12.76, BStBl. II 1977, 115; FG BaWü 14 K 210/97 v. 13.12.01, EFG 02, 826; FG Münster 7 K 2638/00 E v. 14.1.03, EFG 03, 690). Die Einnahmen werden dem Nießbrauchbesteller zugerechnet.

16 Unklar ist die Rechtslage bei einer **entgeltlichen Nießbrauchbestellung.** Nach Auffassung der FinVerw. hat der Nießbrauchbesteller das Entgelt nach § 20 Abs. 2 Nr. 2 EStG zu versteuern, während der Nießbraucher lediglich eine Forderung einziehe, so dass die Kapitalerträge bei ihm nicht zu besteuern seien (*Schmidt/Weber-Grellet* § 20 EStG Rz. 214).

17 Soweit das Nießbrauchsverhältnis steuerlich nicht anerkannt wird, kann der Nießbrauch auch auf den Wert begrenzt werden, mit dem der Gewinnanspruch nach Abzug der persönlichen Einkommensteuerbelastung unter Berücksichtigung der Kapitalertragsteuer dem Nießbrauchbesteller zugerechnet wird. Ebenso können vertragliche Regelungen zur Erstattungsfähigkeit anrechenbarer Körperschaftsteuerbeträge getroffen werden (vgl. hierzu *Reichert/Schlitt/Düll* GmbHR 98, 565, 572).

18 *(frei)*

19 Der **Vermächtnisnießbrauch** erfüllt den Tatbestand des § 3 Abs. 1 Nr. 1 **ErbStG;** der unentgeltliche Zuwendungsnießbrauch ist nach § 7 Abs. 1 ErbStG steuerpflichtig. Für die Ermittlung des Werts des Nießbrauchs sind die §§ 13–15 BewG anzuwenden. Ist der Nießbraucher danach zur Errichtung von Erbschaftsteuer verpflichtet, so steht ihm ein Wahlrecht zu, ob er den Kapitalwert des Nießbrauchs als einmalige Zuwendung oder aber jährlich den Jahreswert des Nießbrauchs der Steuer unterwerfen will (§ 23 Abs. 1 ErbStG). Wählt der Nießbraucher zunächst den Jahreswert, der nach §§ 15, 16 BewG ermittelt wird, so hat er das Recht, die Jahressteuer zum jeweils nächsten Fälligkeitstermin mit ihrem Kapitalwert abzulösen (§ 23 Abs. 2 ErbStG). Bis zum Inkrafttreten der Erbschaftsteuerreform (ErbStReformG v. 24.12.08, BGBl. I 08, 3018) zum 1.1.09 wurde beim **Vorbehaltsnießbrauch** der Erwerb des Anteils, dessen Nutzen dem Schenker oder dem Ehegatten des Erblassers/Schenkers zusteht, ohne Berücksichtigung dieser Belastung der Erbschaftsteuer unterworfen (§ 25 Abs. 1 Satz 1 ErbStG aF), allerdings, soweit die Erbschaftsteuer auf den Kapitalwert des Nießbrauchs entfiel, bis zum Erlöschen des Nießbrauchs zinslos gestundet (§ 25 Abs. 1 Satz 2 ErbStG aF). § 25 ErbStG aF ist im Zuge der Erbschaftsteuerreform aufgehoben worden. Durch die Streichung des § 25 ErbStG aF wird nunmehr ermöglicht, den gem. §§ 13 bis 15 BewG kapitalisierten Wert des Vorbehaltsnießbrauchs der Zuwendung abzuziehen (vgl. hierzu etwa *Mohr/Jainty* GmbH-StB 10, 269, mwN).

20 Eine **Umsatzsteuerpflicht** entsteht ggf., wenn die Nießbrauchbestellung entgeltlich erfolgt oder ein Eigenverbrauch vorliegt (*Jansen/Jansen* Der Nießbrauch im Zivil- und Steuerrecht, 8. Aufl. 2009, 177 ff.).

21 Grunderwerbsteuer fällt bei Bestellung eines Nießbrauchs an einem GmbH-Anteil nicht an.

2. Einzelerläuterungen

a) Vorbehaltsnießbrauch

Zu § 2: Schenkung und Abtretung

22 Zur Schenkung und Abtretung eines GmbH-Anteils vgl. Formular A. 6.11.

Zu § 5 Abs. 1: Sonstiges (Zustimmung)

Diese Vertragspassage ist auf den entsprechenden Gesellschaftsvertrag abzustimmen. **23**

Zu § 5 Abs. 3: Sonstiges (Verkehrsteuern)

Vgl. Rz. 21 sowie A. 6.11 Rz. 6f. **24**

b) Zuwendungsnießbrauch

Zu § 4 Abs. 1: Sonstiges (Beschränkungen)

Diese Vertragspassage ist auf den entsprechenden Gesellschaftsvertrag abzustimmen. **25**

A. 6.41 Pacht

Formular A. 6.41 Pacht

Siehe hierzu Formular A. 6.39 „Mietvertrag".

Erläuterungen zu A. 6.41 Pacht

Insbesondere der **Pachtvertrag** der **Betriebsaufspaltung** (Formular A. 2.02) kann für das Verhältnis beherrschender Gesellschafter/GmbH gekürzt übernommen werden.

A. 6.42 Pensionszusage

Siehe hierzu A. 6.26 Rz. 47ff.

A. 6.43 Pkw-Gestellung

Formular A. 6.43 Pkw-Gestellung

Siehe hierzu § 3 des Formular A. 6.27 „Geschäftsführervertrages (Kurzfassung)".

Erläuterungen zu A. 6.43 Pkw-Gestellung

Die dort in den Geschäftsführervertrag eingebaute Vereinbarung einer Pkw-Gestellung kann auch in andere Verträge übernommen werden. Soweit dem Gesellschafter auch für nicht betriebliche Zwecke ein Pkw gestellt wird, muss eine angemessene Gegenleistung vorliegen, um eine vGA zu vermeiden. Finden die Regeln für beherrschende Gesellschafter Anwendung, muss die Vereinbarung klar und rechtzeitig vereinbart sein, außerdem vertragsgemäß durchgeführt werden.

A. 6.44 Reisekosten

Formular A. 6.44 Reisekosten

Siehe hierzu § 8 des Formulars A. 6.26 „Geschäftsführervertrages".

Erläuterungen zu A. 6.44 Reisekosten

Die Vereinbarung einer Reisekostenerstattung kann – nach entsprechender Anpassung – in andere Verträge übernommen werden. Bei der Vereinbarung mit einem beherrschenden Gesellschafter ist eine zivilrechtlich gültige, klare, rechtzeitige und durchgeführte Vereinbarung erforderlich.

A. 6.45 Steuerklausel

Im Recht der GmbH versteht man unter diesem Stichwort die Satzungsklausel, die sich mit der vGA befasst; vgl. A. 6.00 Rz. 102.

A. 6.46 „Schütt-aus-Hol-zurück"-Vertrag

Gliederung

I. FORMULAR

Formular A. 6.46 „Schütt-aus-Hol-zurück"-Vertrag

VEREINBARUNG FÜR EIN DARLEHENSVERHÄLTNIS

zwischen

1. Herrn A ......

2. Herrn B ......

3. Frau C ......

4. X-GmbH ......

§ 1

(1) Die Vertragschließenden zu 1.–3. sind Gesellschafter (nachfolgend: Gesellschafter) der X-GmbH, der Vertragschließenden zu 4. (nachfolgend: GmbH).

(2) Die Gesellschafter der GmbH verpflichten sich durch diesen Vertrag, bestimmte Beträge ausgeschütteter Gewinne der GmbH als Darlehen zur Verfügung zu stellen.

§ 2

(1) Die Gesellschafter sind verpflichtet, ...% der ausgeschütteten Gewinne der GmbH als Darlehen zur Verfügung zu stellen.

(2) Bemessungsgrundlage für Abs. 1 ist der in dem Gewinnausschüttungsbeschluss genannte Ausschüttungsbetrag ohne Körperschaftsteuerguthaben, soweit er auf jeden Gesellschafter entfällt.

(3) Abs. 1 und 2 gelten nicht, wenn im Gewinnausschüttungsbeschluss bestimmt wird, dass die Wiederanlageverpflichtung aus diesem Vertrag keine Anwendung findet.

§ 3

(1) Die Geschäftsführung ist berechtigt, den Gewinnanteil, der nach § 2 als Darlehen zu gewähren ist, einzubehalten und mit dem auszuschüttenden Betrag zu verrechnen.

(2) Abs. 1 gilt nicht, wenn der Gesellschafter widerspricht. In diesem Fall ist dem Gesellschafter der Gewinn entsprechend dem Gewinnverteilungsbeschluss auszuzahlen. Das Widerspruchsrecht berührt nicht die Pflicht nach § 2, den dort bestimmten Teil der GmbH als Darlehen zur Verfügung zu stellen; der Gesellschafter ist im Fall des Widerspruchs frei in der Finanzierung der Anlageverpflichtung.

§ 4

(1) Für das Darlehensverhältnis gilt der in der Anlage beigefügte Darlehensvertrag.

(2) Mit der Ausschüttung können Gesellschafter und GmbH auch abweichende Bedingungen vereinbaren.

§ 5

(1) Die Gesellschafter verpflichten sich, im Fall der Abtretung von Geschäftsanteilen die Pflichten und Rechte aus diesem Vertrag auf die Einzelrechtsnachfolger zu übertragen.

(2) Die GmbH und die Gesellschafter stimmen bereits heute dieser Übertragung zu.

§ 6

(1) Dieser Vertrag gilt bis zum ...... und kann sodann mit zwölfmonatiger Frist, erstmals zum ...... gekündigt werden.

(2) Im Übrigen ist der Vertrag aus wichtigem Grund kündbar.

(3) Hat ein Gesellschafter oder die GmbH einem Gesellschafter gegenüber den Vertrag wirksam gekündigt, so endet er zum Kündigungszeitpunkt auch den anderen Vertragschließenden gegenüber.

II. ERLÄUTERUNGEN

Erläuterungen zu A. 6.46 „Schütt-aus-Hol-zurück"-Vertrag

1. Grundsätzliche Anmerkungen

a) Wirtschaftliche Vertragsziele

Zweck des Vertrages war es, unter Geltung des Anrechnungsverfahrens die Gesellschafter zur Ausnutzung des „Schütt-aus-Hol-zurück"-Verfahrens zur Wiederanlage bestimmter Teile ausgeschütteter Gewinne zu verpflichten. Die Gewinne waren bei der GmbH mit 40% KSt belastet. Die Ausschüttung und Wiederanlage führte zu einem Belastungsaustausch; anstelle der körperschaftsteuerlichen Belastung trat die steuerliche Belastung nach den persönlichen Bedingungen des Anteilseigners. Ist dessen Steuerbelastung niedriger, lohnte dieser Belastungsaustausch, vgl. *Streck* KStG Beratungs-ABC „Schütt-aus-Hol-zurück"-Verfahren. 1

Nach dem **StSenkG 2001** v. 23.10.00 (BGBl. I 00, 1433) wird das „Schütt-aus-Hol-zurück-Verfahren" in Einzelfällen noch Bedeutung haben. Aus diesem Grund ist das entsprechende Formular hier weiterhin enthalten.

b) Zivilrecht

Das „Hol-zurück" kann im Wege einer **Darlehensgewährung,** einer **stillen Beteiligung,** einer **Einlage** oder einer **Kapitalerhöhung** erfolgen. Die Rückgewähr kann **freiwillig** geschehen oder auf Grund eingegangener obligatorischer oder gesellschaftsrechtlicher **Verpflichtungen.** Die Verpflichtung zur Rückgewähr muss nicht 2 mit der Körperschaft vereinbart werden; dies kann auch durch einen Vertrag unter den Anteilseignern geschehen. Eine Wiederanlageverpflichtung – in Form eines Darlehens, über eine stille Gesellschaft oder als Einlage – kann auch die GmbH-Satzung vorsehen, zB über § 3 Abs. 2 GmbHG als Nebenleistungsverpflichtung (*Baumbach/Hueck* § 3 GmbHG Rz. 39; *Esch* NJW 78, 2531), evtl. auch als Nachschusspflicht gem. §§ 26ff. GmbHG (vgl. *Esch* NJW 78, 2531). Soweit die Rückholung durch Rücklagenbildung erfolgt, ist darauf zu achten, dass die Rücklagen als Kapitalrücklagen iSv. § 272 Abs. 2 Nr. 4 HGB ausgewiesen werden (*Orth* GmbHR 87, 195). Bei einer Kapitalerhöhung sind idR die Sachgründungsvorschriften zu beachten (BGH II ZR 104/90 v. 18.2.91, DStR 91, 915 – dazu *Sernetz* ZIP 95, 173; *Sigel* GmbHR 95, 487; OLG Köln 22 U 272/89 v. 22.5.90, GmbHR 90, 510; vgl. auch A. 6.01 Rz. 1ff.; A. 6.31 Rz. 4).

3 Das hier vorgestellte **Muster** sieht die (formfreie) obligatorische Verpflichtung vor, Teile der Gewinnausschüttung als **Darlehen** zurückzugewähren. Es ist ohne Schwierigkeiten zB auf eine stille Gesellschaft umzuschreiben.

4 Bei **Familiengesellschaften** sind die zivilrechtlichen Formen zu beachten. Für die Wiederanlage in Form eines Darlehens (oder einer stillen Beteiligung) ist, sofern sie freiwillig von einem Minderjährigen erfolgt, während die GmbH von dem Vater vertreten wird, Pflegerbestellung erforderlich. Das gilt nicht, wenn die Wiederanlage geschuldet wird (§ 181 letzter Halbs. BGB). Natürlich muss in diesem Fall der zur Wiederanlage verpflichtende Vertrag ggf. mit einem Pfleger abgeschlossen werden.

c) Steuerrecht

5 Das „Schütt-aus-Hol-zurück"-Verfahren funktionierte im Anrechnungsverfahren **körperschaftsteuerlich** nur, wenn der ausgeschüttete Gewinn ab- und dem Gesellschafter vor der Wiederanlage zufließt, da nur auf diese Weise der Belastungsaustausch eintrat.

6 Die Grenzen des **Missbrauchs** (§ 42 AO) sind noch nicht endgültig durch die Rspr. bestimmt; wir meinen jedoch, dass dann, wenn eine echte, für den Gesellschafter verfügbare Ausschüttung vorliegt, § 42 AO auf keinen Fall eingreift, vgl. hierzu *Streck* KStG Beratungs-ABC „Schütt-aus-Hol-zurück"-Verfahren Rz. 8f. positiv zum „Schütt-aus-Hol-zurück"-Verfahren BFH I R 77/96 v. 19.8.99, BFH/NV 00, 112.

7 *(frei)*

2. Einzelerläuterungen

Zu § 1:

8 Die Vertragschließenden können die Gesellschafter sein oder die Gesellschafter und die GmbH. Ist die GmbH nicht Vertragschließende, kann nur die Verpflichtung zur Wiederanlage, nicht jedoch der Vertrag über die Anlage, zB der Darlehensvertrag, vereinbart werden.

Zu § 2:

9 Der wiederanzulegende Betrag sollte so bemessen sein, dass der Gesellschafter – unter Berücksichtigung des Körperschaftsteuerguthabens – die auf die Ausschüttung entfallende Steuer zahlen kann.

Zu § 3:

10 ***Abs. 2*** stellt den Zufluss der Ausschüttung beim Gesellschafter sicher, denn er behält die volle Verfügungsmacht über den ihm zustehenden Gewinn. Er kann die Verrechnung hinnehmen, ihr aber auch widersprechen und der Wiederanlageverpflichtung in anderer Weise nachkommen.

Zu § 4:

Abs. 1 verweist auf eine Anlage, die die Bedingungen des Darlehensvertrages formuliert. Diese Anlage ist hier nicht beigefügt; Hinweis auf das Formular A. 6.20 „Darlehen". 11

Zu § 5:

Bei der Abtretung von Geschäftsanteilen gehen schuldrechtliche Verpflichtungen nicht zwingend auf den Rechtsnachfolger über. § 5 sieht eine obligatorische Pflicht vor, auch den Rechtsnachfolger in den Vertrag einzubeziehen. Eine weitere Sicherung ist dadurch möglich, dass die Übertragung der Geschäftsanteile nur mit Genehmigung der GmbH möglich ist und diese die Genehmigung nur erteilen darf, wenn der Erwerber der Anteile die Wiederanlageverpflichtung übernimmt (vgl. *Priester* ZGR 77, 467). 12

Zu § 6:

Zu Abs. 3: Die „Schütt-aus-Hol-zurück"-Vereinbarung setzt ihrer Natur nach idR voraus, dass alle Gesellschafter gleichförmig handeln. Wird eine Beziehung gelöst, so ist es daher sinnvoll, auch die anderen Beziehungen zu beenden. 13

A. 6.47 Treuhandvertrag

Gliederung

I. FORMULAR

Formular A. 6.47 Treuhandvertrag

TREUHANDVERTRAG

zwischen

Herr/Frau ...... **– nachfolgend Treugeber genannt –**

und

Herrn/Frau ...... **– nachfolgend Treuhänder genannt –**

§ 1 Gegenstand des Auftrags und Begründung des Treuhandverhältnisses

(1) Der Treuhänder wird bei der Gründung der ......-GmbH mit Sitz in ...... – nachstehend GmbH genannt – eine Stammeinlage in Höhe von € ...... übernehmen. Er wird diese zukünftigen Geschäftsanteile treuhänderisch für den Treugeber halten.

(2) Der Treugeber beauftragt den Treuhänder, einen Gesellschaftsvertrag für die GmbH abzuschließen.

§ 2 Zurechnung der Beteiligung; Anspruchsabtretung

(1) Im Außenverhältnis ist der Treuhänder Gesellschafter, im Innenverhältnis der Treugeber. Steuerrechtlich wird der Geschäftsanteil dem Treugeber zugerechnet.

(2) Der Treuhänder tritt seine Ansprüche gegen die GmbH auf Gewinn, Auseinandersetzungsguthaben und Liquidationserlös bereits jetzt an den Treugeber ab, der diese Abtretung annimmt.

§ 3 Pflichten des Treuhänders

(1) Der Treuhänder ist verpflichtet, alles, was er als Gesellschafter auf Grund dieses Treuhandverhältnisses erlangt, an den Treugeber herauszugeben, sofern er es nicht einvernehmlich für den Treugeber verwaltet.

(2) Sofern der Treugeber seine Rechte und Pflichten bei der GmbH nicht selbst wahrnimmt, ist der Treuhänder verpflichtet, diese Rechte und Pflichten nach den Anweisungen des Treugebers auszuüben bzw. zu erfüllen. Falls dem Treuhänder keine Weisungen erteilt werden, hat der Treuhänder im Interesse des Treugebers unter Beachtung seiner gesellschaftsrechtlichen Treuepflichten gegenüber der GmbH zu handeln.

(3) Der Treuhänder ist verpflichtet, dem Treugeber auf Anforderung jede Auskunft zu erteilen, die der Treuhänder als Gesellschafter von der GmbH verlangen kann.

(4) Der Treuhänder wird über den Geschäftsanteil nur nach vorheriger Zustimmung oder auf Weisung des Treugebers verfügen.

§ 4 Pflichten des Treugebers

(1) Der Treugeber stellt dem Treuhänder die zur Leistung der Einlage erforderlichen Mittel (vgl. § 1 Abs. 1) vor Gründung der GmbH zur Verfügung.

(2) Der Treugeber ist verpflichtet, den Treuhänder von allen Ansprüchen freizustellen, die gegen diesen mit Rücksicht darauf geltend gemacht werden, dass er den Geschäftsanteil treuhänderisch verwaltet.

§ 5 Kostenersatz und Entgelt

(1) Der Treugeber hat dem Treuhänder alle mit der Treuhandschaft verbundenen Kosten zu ersetzen. Der Treuhänder kann für Kosten angemessene Vorschüsse verlangen.

(2) Der Treuhänder erhält für die Treuhandschaft ein Entgelt in Höhe von jährlich € ......, das im Voraus zu entrichten ist. Erstmals wird dieses Entgelt am ...... in Höhe von € ...... fällig.

§ 6 Kapitalerhöhung und -herabsetzung, Änderung der Rechtsform

(1) Im Falle der Erhöhung oder Herabsetzung des treuhänderisch gehaltenen Anteils gilt das Treuhandverhältnis auch hinsichtlich des veränderten Gesellschaftsanteils.

(2) Sollte der Geschäftsanteil durch Umwandlung, Verschmelzung oder ähnliche Vorgänge eine rechtliche Umformung erfahren, wird das Treuhandverhältnis in möglichst enger Anlehnung an die Bestimmungen dieses Vertrags auf die neue Beteiligung übertragen.

§ 7 Kündigung, Beendigung des Treuhandverhältnisses

(1) Das Treuhandverhältnis kann vom Treugeber jederzeit gekündigt werden. Eine Kündigung des Treuhandverhältnisses durch den Treuhänder kann durch schriftliche Erklärung ohne Angabe von Gründen mit einer Kündigungsfrist von einem Monat zum Ablauf eines Halbjahres – erstmals zum ...... – erfolgen.

(2) Der Treuhänder hat ein fristloses Kündigungsrecht,

- **wenn die Einlage nicht bis zum vorgesehenen Gründungstermin (§ 4 Abs. 1) erbracht wurde,**

- **wenn Kostenersatz oder ein Kostenvorschuss (§ 5 Abs. 1) nicht innerhalb von vier Wochen nach Anforderung geleistet wurde,**
- **wenn das vereinbarte Entgelt (§ 5 Abs. 2) nicht fristgemäß gezahlt ist,**
- **oder wenn der Treugeber seine Treugeberstellung ohne vorherige Zustimmung des Treuhänders überträgt.**

(3) Nach Beendigung des Treuhandverhältnisses ist der Treuhänder verpflichtet, den Geschäftsanteil auf den Treugeber zu übertragen.

§ 8 Schadensersatzansprüche, Verjährung

(1) Bei der Ausübung der Rechte und Pflichten aus diesem Vertrag haftet der Treuhänder für diejenige Sorgfalt, die er in eigenen Angelegenheiten anzuwenden pflegt.

(2) Ansprüche gegen den Treuhänder wegen Verletzung seiner gesellschaftsrechtlichen und treuhänderischen Obliegenheiten verjähren in zwölf Monaten.

(3) Die Verjährung beginnt mit Beendigung der ordentlichen Gesellschafterversammlung der GmbH für alle Ansprüche, die in dem jeweils vorhergehenden Geschäftsjahr der GmbH entstanden sind.

§ 9 Schlussbestimmungen

(1) Die Wirksamkeit des Treuhandvertrags soll durch die Unwirksamkeit einzelner in ihm enthaltener Bestimmungen nicht berührt werden. Die Vertragschließenden sind verpflichtet, etwaige Vertragslücken unter Berücksichtigung des Vertragszwecks und der beiderseitigen wirtschaftlichen Belange auszufüllen.

(2) Soweit Leistungen umsatzsteuerpflichtig sind, erhöht sich das Entgelt um die gesetzliche Umsatzsteuer.

II. ERLÄUTERUNGEN

Erläuterungen zu A. 6.47 Treuhandvertrag

1. Grundsätzliche Anmerkungen

a) Wirtschaftliche Funktion

1 Die treuhänderische Gründung einer GmbH wird gewählt, wenn der Gründer selbst nicht in Erscheinung treten will. Er bedient sich eines Treuhänders (sog. **fremdnützige Verwaltungstreuhand**).

2 Das Treuhandverhältnis kann vor Gründung der GmbH eingegangen werden. Der Treuhänder wirkt für den Treugeber bei der Gründung mit **(Gründungstreuhand).**

Später ist eine Treuhandschaft in unterschiedlichen Formen möglich: Der Gesellschafter wird Treugeber. Er tritt seinen Geschäftsanteil an den Treuhänder ab. Oder: Der Gesellschafter vereinbart mit einem Dritten, dass er zukünftig den Gesellschaftsanteil als Treuhänder für den Dritten (Treugeber) hält **(Vereinbarungstreuhand).** Oder: Der Treuhänder verpflichtet sich für Rechnung des Treugebers einen existierenden GmbH-Anteil zu erwerben **(Erwerbstreuhand).**

3 Die Treuhand kann ferner dazu dienen, **rechtlichen Beschränkungen** des Treugebers aus dem Weg zu gehen oder aus **Vereinfachungsgründen** Anteile zu bündeln.

4 Die **Sicherungstreuhand** dient demgegenüber dem Interesse des Treuhänders (vgl. *MünchKommBGB/Schramm* Vor § 164 Rz. 28 ff.).

b) Zivilrecht

5 Einen gesetzlichen **Vertragstypus** „Treuhandvertrag" gibt es nicht. Die rechtliche Bewertung richtet sich in erster Linie nach den Vertragsvereinbarungen, ergänzend

nach Auftrags- und Geschäftsbesorgungsrecht (§§ 662, 675 BGB eingehend *Armbrüster* GmbHR 01, 941; *ders.* GmbHR 01, 1021).

6 Die Gründung und Verwaltung der GmbH durch einen Treuhänder ist – abgesehen von Fällen echter Schädigungsabsicht – weder Scheingeschäft (§ 117 BGB) noch gesetz- oder sittenwidrige Umgehung von Gründungs- und Haftungsvorschriften (BGH II ZB 11/56 v. 9.10.56, NJW 57, 19; II ZR 187/57 v. 14.12.59, NJW 60, 285; *Scholz/Emmerich* § 2 GmbHG Rz. 56; *Baumbach/Hueck* § 1 GmbHG Rz. 40).

7 Der Treuhänder ist in vollem Umfang **Gesellschafter.** Er ist schuldrechtlich verpflichtet, diese Stellung im Interesse und auf Rechnung des Treugebers wahrzunehmen. Er unterliegt den Weisungen des Treugebers (§ 665 BGB). Die gesetzlichen und vertraglichen Rechte und Pflichten des Gesellschafters treffen grds. allein den Treuhänder.

8 Das Treuhandverhältnis ist – sofern offenkundig – gesellschaftsrechtlich zu berücksichtigen, soweit der Normzweck das im Einzelnen gebietet. Die **Einzelheiten** sind streitig (*Scholz/Emmerich* § 2 GmbHG Rz. 58ff.; *Baumbach/Hueck* § 1 GmbHG Rz. 42f.; *Roth/Altmeppen* § 1 Rz. 35ff.; *Grage* RNotZ 05, 251). In den Fällen der Gründungshaftung und der Haftung für Gesellschafterdarlehen ist der Treugeber dem Gesellschafter gleichgestellt (§§ 9a Abs. 4, 39 Abs. 1 Nr. 5 GmbHG, § 135 InsO). Außerdem haftet der Treugeber uU neben dem Treuhänder für die Aufbringung und Erhaltung des Stammkapitals entsprechend §§ 19, 24, 30, 31 GmbHG (BGH II ZR 187/57 v. 14.12.59, NJW 60, 285; teils aA *Baumbach/Hueck* § 1 GmbHG Rz. 44; *Ehlke* DB 85, 795). Ein Durchgriff auf die Person des Treugebers ist ferner möglich, wenn in seiner Person die Gründe für einen Stimmrechtsausschluss, einen Ausschluss oder eine Auflösung vorliegen (BGH II ZR 22/59 v. 25.1.60, NJW 60, 866).

9 Die Geschäftsanteile haften grds. nicht für Verbindlichkeiten des Treuhänders. Der Treugeber kann **Drittwiderspruchsklage** erheben (§ 771 ZPO), bei **Insolvenz** des Treuhänders Aussonderung gem. § 47 InsO verlangen; *Haas/Müller* ZIP 03, 49. Dies gilt jedenfalls, wenn das Treugut – also der Geschäftsanteil – aus dem Vermögen des Treugebers übertragen wird (*Uhlenbruck* InsO, 13. Aufl., 2010, § 47 Rz. 33). Bei der Erwerbstreuhand ist dies umstritten (gegen ein Aussonderungsrecht *Rowedder/Schmidt-Leithoff* § 15 GmbHG Rz. 79; dafür *Scholz/Winter/Seibt* § 15 GmbHG Rz. 257). Dem Treugut droht im Fall der Insolvenz des Treuhänders also Gefahr.

10 **Formerfordernisse:** Der notariellen Form bedarf nach § 15 Abs. 4 GmbHG ein Treuhandvertrag, dessen Gegenstand ein bestehender Geschäftsanteil ist (BGH II ZR 330/04 v. 12.12.05, DStR 06, 1378; *Nuckel/Panknin* INF 04, 422; *Große-Wilde* GmbH-StB 06, 256). Beurkundungspflichtig sind daher die Vereinbarungstreuhand (Rz. 2), auch wenn sie sich auf die Rechte an einer Vor-GmbH beziehen (BGH II ZR 365/97 v. 19.4.99, DStR 99, 861), sowie Fälle der Erwerbstreuhand, sofern die GmbH bereits gegründet ist (so auch FG SchlHol 1 K 359/00 v. 2.12.05, EFG 06, 1782). Formfrei ist nur die Gründungstreuhand.

11 **Schriftform** ist zweckdienlich, aber nicht zwingend.

12 Die **dingliche Übertragung,** also die Abtretung der Anteile vom Treuhänder an den Treugeber oder einen Dritten, bedarf der notariellen Beurkundung gem. § 15 Abs. 3 GmbHG. Sie kann gesellschaftsvertraglichen Beschränkungen unterliegen, § 15 Abs. 5 GmbHG: *Tebben* GmbHR 07, 63.

13 Ein **Wechsel in der Person des Treugebers** ist notariell zu beurkunden (*Baumbach/Hueck* § 15 GmbHG Rz. 57; *Scholz/Winter/Seibt* § 15 GmbHG Rz. 230). Vereinbarungen zwischen dem Treugeber und einem neuen Treuhänder sind formfrei (BGH II ZR 222/54 v. 17.11.55, NJW 56, 58). Für die Abtretung der Anteile von dem alten auf den neuen Treuhänder gilt § 15 Abs. 3 GmbHG.

14 **Bilanzierung:** Zur Bilanzierung des Treuguts vgl. *BeckBil-Komm./Förschle/Kroner* § 246 HGB Rz. 9ff.

c) Steuerrecht

Abgabenordnung: Die Geschäftsanteile sind gem. § 39 Abs. 2 AO grds. dem **Treugeber** zuzuordnen. Er hat unmittelbar die mit dem Treugut verbundenen Steuern zu zahlen (*Tipke/Kruse* § 39 AO Rz. 42). **15**

Der **Treuhänder** ist Verfügungsberechtigter iSd. § 35 AO. Er hat gem. § 34 AO die steuerlichen Pflichten des Treugebers hinsichtlich der Geschäftsanteile zu erfüllen, soweit er hierzu rechtlich und tatsächlich in der Lage ist. **16**

Gem. § 159 AO hat der Treuhänder die Treuhandschaft nachzuweisen. Erforderlich ist eine eindeutige und tatsächlich durchgeführte Vereinbarung sowie eine entsprechende Bilanzierung (*Tipke/Kruse* § 39 AO Rz. 41).

Ertragsteuern: Die Gewinnanteile unterfallen unmittelbar beim **Treugeber** der Einkommen- oder Körperschaftsteuer (BFH IV R 47/76 v. 24.5.77, BStBl. II 77, 737; *Nuckel/Panknin* INF 04, 468). Die Aufwendungen des Treugebers (Aufwendungsersatz, § 670 BGB; Geschäftsbesorgungsentgelt) sind Betriebsausgaben (BFH IV 400/55 U v. 23.8.56, BStBl. III 56, 302) oder Werbungskosten. **17**

Der **Treuhänder** hat nur das Geschäftsbesorgungsentgelt der ESt zu unterwerfen. Die Tätigkeit des Treuhänders ist grds. eine sonstige selbstständige Arbeit iSd. § 18 Abs. 1 Nr. 3 EStG (*Schmidt/Wacker* § 18 EStG Rz. 141, 155), im Übrigen eine umsatzsteuerpflichtige sonstige Leistung. Zur Frage gewerblicher Treuhandtätigkeit vgl. BFH I R 122/81 v. 23.5.84, BStBl. II 84, 823; *Nuckel/Panknin* INF 04, 468; *Sender/Weilbach* StuB 03, 695. **18**

Die treuhänderische Übertragung der Geschäftsanteile ist **umsatzsteuerfrei,** § 4 Nr. 8 Buchst. f. UStG). **19**

Gehört zum Vermögen einer GmbH ein Grundstück, führt die Übertragung von Geschäftsanteilen zur **Grunderwerbsteuer,** wenn sich 95% der Anteile in der Hand des Erwerbers vereinigen (§ 3 Abs. 3 GrEStG). Die Anteilsvereinigung ist auch mittels eines Treuhandverhältnisses möglich (BFH II R 8/95 v. 16.7.97, BFH/NV 98, 81; II R 17/88 v. 31.7.91, BFH/NV 92, 56). Vgl. dazu und speziell zu der Frage der Steuerpflicht von Rückübertragungen auf den Treugeber gleichl. Ländererlasse v. 25.5.84, BStBl. I 84, 380; FM Thüringen v. 7.12.93, DStR 94, 505; *Boruttau* § 1 GEStG Rz. 921 ff. **20**

(frei) **21–24**

2. Einzelerläuterungen

Zu § 2 Abs. 2:

Die Regelung dient dem Schutz des Treugebers, der damit einen unmittelbaren Zahlungsanspruch gegen die GmbH erlangt. **25**

Zu § 3 Abs. 2:

Weisungen des Treugebers, die einen Verstoß gegen die gesellschaftsrechtliche Treuepflicht bedeuten würden, sind nicht bindend (*Scholz/K. Schmidt* § 47 GmbHG Rz. 42 ff.). **26**

Zu § 7:

Wesentliches Kriterium eines Treuhandverhältnisses ist u. a. die Verpflichtung des Treuhänders zur jederzeitigen Rückgabe des Treuguts (BFH VIII R 56/93 v. 15.7.97, BStBl. II 98, 152; VIII R 14/05 v. 4.12.07, BFH/NV 08, 745; *Tipke/Kruse* § 39 AO Rz. 33). Die Übertragung ist formbedürftig gem. § 15 Abs. 3 GmbHG. **27**

A. 6.48 Unterbeteiligungsvertrag über einen Geschäftsanteil an der GmbH

Gliederung

I. FORMULAR

Formular A. 6.48
Unterbeteiligungsvertrag über einen Geschäftsanteil an der GmbH

Herr/Frau ...... – nachfolgend Gesellschafter genannt – hält an der GmbH einen Geschäftsanteil.

Der Gesellschafter vereinbart mit

1. Herrn ......

2. Frau ......

3. Herrn ...... – nachfolgend Unterbeteiligter 1 (2, 3) genannt – ein Unterbeteiligungsverhältnis.

Die Unterbeteiligten sind im Innenverhältnis so gestellt, als hielten sie in Höhe ihres Unterbeteiligtenanteils unmittelbar einen Geschäftsanteil an der GmbH. Daher gelten die Vorschriften in dem Gesellschaftsvertrag der GmbH für den Gesellschafter, soweit sie für ihn anwendbar und rechtlich zulässig sind, auch für die Unterbeteiligten im Innenverhältnis, falls die nachfolgenden Vereinbarungen nicht ausdrücklich andere Regelungen enthalten.

Dies vorausgeschickt, vereinbaren die Beteiligten im Einzelnen folgendes:

§ 1 Gesellschaft, Geschäftsjahr

(1) Die Unterbeteiligten bilden zusammen mit dem Gesellschafter eine Innengesellschaft in der Rechtsform einer einheitlichen Gesellschaft des bürgerlichen Rechts. Im Innenverhältnis stehen die Gesellschafter zueinander, als ob sie gesamthänderisch an dem Geschäftsanteil an der GmbH beteiligt wären. Der Hauptgesellschafter verwaltet die Beteiligung nach den Grundsätzen, die für ordnungsgemäß handelnde GmbH-Gesellschafter gelten.

(2) Das Geschäftsjahr der Innengesellschaft ist das Kalenderjahr. Das erste Geschäftsjahr läuft vom ...... bis zum ...... Das Geschäftsjahr dieser Gesellschaft ändert sich entsprechend der Änderung des Geschäftsjahres der Hauptgesellschaft.

§ 2 Beteiligungen

(1) Der Gesellschafter hält an der GmbH einen Geschäftsanteil im Nennbetrag von € ...... mit lfd. Nr. ......

(2) An dem Geschäftsanteil sind beteiligt:

der Gesellschafter mit ...... % = € ......

und der

Unterbeteiligte 1 mit ...... % = € ......,

Unterbeteiligte 2 mit ...... % = € ......,

Unterbeteiligte 3 mit ...... % = € ......

(3) Die Unterbeteiligten haben ihre Einlagen zur Unterbeteiligung wie folgt erbracht ......

(4) Wird das Stammkapital in der GmbH erhöht, haben die Unterbeteiligten das Recht, entsprechend ihrer Unterbeteiligung im Innenverhältnis an der Kapitalerhöhung teilzunehmen.

§ 3 Geschäftsführung

(1) Der Gesellschafter ist entsprechend der gesetzlichen Rechtslage allein zur Wahrnehmung der Rechte und Pflichten aus der Beteiligung an der GmbH berechtigt.

(2) Die Geschäftsführung der Innengesellschaft obliegt dem Gesellschafter allein, soweit dieser Vertrag nichts Abweichendes bestimmt.

(3) Das Recht zur Geschäftsführung in der Innengesellschaft ist dem Gesellschafter nicht entziehbar, ausgenommen beim Vorliegen eines wichtigen Grundes.

§ 4 Kontrollrechte, Geheimhaltung

(1) Die Unterbeteiligten haben Anspruch auf alle Informationen, die der Gesellschafter von der GmbH als Gesellschafter erhält.

(2) Auf Beschluss der Gesellschafterversammlung der Innengesellschaft ist der Gesellschafter verpflichtet, gegenüber der GmbH seine Kontroll- und Auskunftsrechte auszuüben. Ist der Gesellschafter berechtigt, seine Rechte durch einen Dritten ausüben zu lassen, so bestimmt die Gesellschafterversammlung dieser Gesellschaft durch Beschluss die Person des Dritten.

(3) Auf Beschluss der Gesellschafterversammlung dieser Gesellschaft hat der Gesellschafter die Übersendung von Betriebsprüfungsberichten und von Steuerbescheiden der GmbH an sich zu verlangen, sofern dies rechtlich möglich ist.

(4) Über das Ergebnis der Rechtsausübung hat der Gesellschafter die Unterbeteiligten unverzüglich und ausreichend zu unterrichten.

(5) Die Unterbeteiligten verpflichten sich zur Geheimhaltung in dem Maße, in der der Gesellschafter zur Geheimhaltung verpflichtet ist.

§ 5 Wettbewerbsverbot

(1) Die Unterbeteiligten erkennen ein besonderes Wettbewerbsverbot für den Gesellschafter auf Grund des Gesellschaftsvertrages der GmbH ausdrücklich auch als für sich bindend an.

(2) Das Gleiche gilt entsprechend für Sanktionen, die bei der Verletzung des Wettbewerbsverbots eingreifen. Insoweit schulden die Unterbeteiligten der Innengesellschaft die hiernach im Fall der Verletzung vereinbarten Strafen, Geldzahlungen usw.

§ 6 Gesellschafterversammlung, Gesellschafterbeschlüsse

(1) Jährlich hält die Innengesellschaft zwei Gesellschafterversammlungen ab.

(2) Eine Gesellschafterversammlung findet innerhalb von vierzehn Tagen nach Unterrichtung des Gesellschafters über Termin und Gegenstand der jeweiligen ordentlichen Gesellschafterversammlung der GmbH, auf jeden Fall vor dieser Gesellschafterversammlung, statt. Gegenstand dieser Gesellschafterversammlungen ist die Beschlussfassung über die Stimmabgabe des Gesellschafters in der Gesellschafterversammlung der GmbH.

(3) Binnen einer Frist von einem Monat nach der Gesellschafterversammlung der GmbH wird die zweite ordentliche Gesellschafterversammlung der Innengesellschaft durchgeführt. Diese hat insbesondere zum Gegenstand:

a) Bericht des Gesellschafters über den Jahresabschluss der Hauptgesellschaft,

b) Rechnungslegung der Innengesellschaft,

c) Aufteilung des Jahresergebnisses,

d) Entlastung des Gesellschafters wegen seiner Geschäftsführung für die Innengesellschaft.

(4) Jeder Unterbeteiligte kann von dem Gesellschafter verlangen, dass aus wichtigen Gründen eine außerordentliche Gesellschafterversammlung einberufen wird, die innerhalb angemessener Frist abzuhalten ist.

(5) Die Einladung zu den Gesellschafterversammlungen erfolgt durch den Gesellschafter; sie enthält die Tagesordnung, die Versammlungszeit und den Tagungsort und ist mindestens vierzehn Tage vor dem Tage der Gesellschafterversammlung zur Post zu geben. Die Einberufungsfrist beträgt im Fall des Abs. 2 nach Möglichkeit mindestens vier Tage.

(6) Die Gesellschafterversammlung ist beschlussfähig, wenn mindestens ......% aller den Innengesellschaftern zustehenden Stimmen vertreten sind. Wird diese Mehrheit nicht erreicht, so ist eine zweite Gesellschafterversammlung mit denselben Gegenständen einzuberufen, die frühestens vierzehn Tage nach der ersten Gesellschafterversammlung stattzufinden hat und die ohne Rücksicht auf das vertretene Kapital beschlussfähig ist; hierauf ist in der erneuten Ladung hinzuweisen. Vorsitzender der Gesellschafterversammlung ist der Gesellschafter oder derjenige Unterbeteiligte, auf den sich die erschienenen Gesellschafter mit einfacher Mehrheit einigen. Sätze 1 und 2 gelten nicht für die Gesellschafterversammlungen im Sinne des Abs. 2; diese sind stets beschlussfähig.

(7) Die Gesellschafter können sich in der Gesellschafterversammlung durch Mitgesellschafter, durch ihre Testamentsvollstrecker, durch Gesellschafter der GmbH, ferner durch unabhängige Personen, die zur Berufsverschwiegenheit verpflichtet sind, vertreten lassen. Die Vertreter und Beistände müssen sich gegenüber der Gesellschafterversammlung durch eine schriftliche Vollmacht ausweisen.

(8) Mit Einverständnis aller Gesellschafter kann auf alle Frist- und Formerfordernisse in den Abs. 1–7 verzichtet werden.

(9) Je € 100,– Beteiligung an der Stammeinlage (§ 2 Abs. 2) gewähren eine Stimme.

(10) Soweit dieser Vertrag und die Gesetze nichts Abweichendes vorschreiben, werden die Gesellschafterbeschlüsse mit einfacher Mehrheit der vertretenen Stimmen gefasst. Beschlüsse über Änderungen dieses Gesellschaftsvertrags bedürfen der Zustimmung von ......% aller den Gesellschaftern zustehenden Stimmen.

§ 7 Ergebnisverteilung

(1) Der Gesellschafter erhält für die Geschäftsführung der Innengesellschaft und für seine Verantwortung nach außen vorab ......% der Ausschüttung, die auf den Geschäftsanteil entfällt, der Gegenstand des Unterbeteiligungsvertrags ist, mindestens jährlich € ......; außerdem erhält er Ersatz seiner Aufwendungen, sofern diese durch die Geschäftsführung für die Unterbeteiligung verursacht sind.

(2) An den um den Vorab nach Abs. 1 geminderten Ausschüttungen sind sodann Gesellschafter und Unterbeteiligte im Verhältnis ihrer Beteiligung am Geschäftsanteil (§ 2 Abs. 2) beteiligt.

(3) Der auf jeden Beteiligten entfallende Betrag ist vom Hauptgesellschafter vierzehn Tage nach Beschluss der Gesellschafterversammlung gem. § 6 Abs. 3 auszuzahlen.

(4) Ist der Vorab nach Abs. 1 höher als der Ausschüttungsbetrag, sind die Unterbeteiligten nach Aufforderung durch den Gesellschafter zu dem Zeitpunkt des Abs. 3 zum Ausgleich dem Gesellschafter gegenüber verpflichtet.

§ 8 Vermögensverfall

Für den Insolvenz-, Vergleichs- und Pfändungsfall von Innengesellschaftern gelten die Vereinbarungen im Gesellschaftsvertrag der GmbH entsprechend.

§ 9 Ausschließung von Gesellschaftern

(1) Durch Gesellschafterbeschluss kann ein Unterbeteiligter ausgeschlossen werden, wenn in seiner Person ein wichtiger Grund vorliegt, namentlich, wenn er seine Gesellschafterpflichten zum Nachteil der Gesellschaft verletzt – insbesondere, wenn er gegen das Wettbewerbsverbot verstößt – oder die Zwangsvollstreckung in seine Beteiligung betrieben wird.

(2) Tritt ein wichtiger Grund in der Person des Gesellschafters ein, so wird auf Beschluss die Innengesellschaft aufgelöst. Abweichend von Satz 1 kann der Hauptbeteiligte durch Beschluss verpflichtet werden, die Hauptbeteiligung an denjenigen Unterbeteiligten abzutreten, der von den Unterbeteiligten aus ihrer Mitte benannt wird.

(3) Der von der Ausschließung betroffene Gesellschafter hat bei der Beschlussfassung über die Ausschließung kein Stimmrecht. Sein Stimmrecht gilt bei der Abstimmung als nicht vorhanden. Der Gesellschafterbeschluss ist mit einer Mehrheit von 75% der den übrigen Gesellschaftern zustehenden Stimmen zu fassen.

(4) Der ausgeschlossene Gesellschafter wird nach § 13 abgefunden.

§ 10 Verfügungen

(1) Unterbeteiligungen sind an die Personen abtretbar, denen die Unterbeteiligung nach § 11 vererbt werden kann. Im Übrigen ist eine Abtretung möglich, wenn die Gesellschafterversammlung mit einer Mehrheit von ......% der vertretenen Stimmen zustimmt.

(2) Der Gesellschafter kann seine Beteiligung an der Hauptgesellschaft abtreten, wenn die Gesellschafterversammlung mit einer Mehrheit von ......% der vertretenen Stimmen zustimmt.

(3) Abtretungen können nur mit Wirkung zu Beginn des folgenden Geschäftsjahres erfolgen.

(4) Ansprüche jeglicher Art des Gesellschafters aus dem Gesellschaftsverhältnis sind nicht abtretbar, soweit sich aus diesem Vertrag nicht ausdrücklich Abweichendes ergibt.

§ 11 Erbfolge

(1) Unterbeteiligungen können im Wege der Erbeinsetzung oder des Vermächtnisses ganz oder teilweise nur an Abkömmlinge oder Mitgesellschafter dieser Innengesellschaft übergehen.

(2) Für den Gesellschafter gilt bezüglich der Erbfolge das gesetzliche oder vertragliche Recht der GmbH.

(3) Geht von Todes wegen eine Beteiligung auf eine Person über, die nicht unter Abs. 1 fällt, so folgt sie nicht in die Gesellschaft nach. Sie wird nach § 13 abgefunden.

(4) Geht der Geschäftsanteil, der Gegenstand dieses Vertrags ist, an eine Person über, die nicht nachfolgeberechtigt ist, wird die Innengesellschaft aufgelöst.

§ 12 Dauer der Gesellschaft, Kündigung, Beendigung

(1) Die Gesellschaft wird für ...... Jahre fest vereinbart. Sie verlängert sich jeweils um ...... Jahre, wenn sie nicht gekündigt wird. Die Kündigungsfrist beträgt ...... Monate, so dass die erste Kündigung am ...... zum ...... erfolgen kann. Die Kündigung erfolgt eingeschrieben gegenüber jedem Gesellschafter.

(2) Liegt ein wichtiger Grund vor, der nach § 133 Abs. 2 HGB zur Erhebung der Auflösungsklage berechtigen würde, kann jeder Gesellschafter auch fristlos kündigen. Abs. 1 Satz 3 gilt entsprechend.

(3) Unterbeteiligte, die gekündigt haben, scheiden aus der Gesellschaft aus. Satz 1 gilt entsprechend, wenn der Gläubiger eines Unterbeteiligten die Gesellschaft kündigt.

(4) Kündigt der Gesellschafter, wird die Gesellschaft beendet. Das Gleiche gilt, wenn die Beteiligung an der GmbH durch Abtretung, Liquidation usw. endet. Für den Fall der Umwandlung gilt § 14.

(5) Die Abfindung ausscheidender Unterbeteiligter und die Verteilung des Vermögens im Fall der Auflösung richtet sich nach § 13.

(6) Im Fall der Beendigung der Innengesellschaft obliegt dem Hauptbeteiligten deren Abwicklung.

§ 13 Abfindung

(1) Unterbeteiligte erhalten im Fall ihres Ausscheidens und bei Beendigung der Unterbeteiligung eine Abfindung.

(2) Die Abfindung schulden die verbleibenden Gesellschafter nach dem Verhältnis, zu dem sie nach dem Ausscheiden des Abzufindenden an der Innengesellschaft beteiligt sind. Verbleibt nur der Gesellschafter, schuldet er die Abfindung.

(3) Zum Zweck der Abfindungsbemessung wird das Vermögen, insbesondere der GmbH-Geschäftsanteil, an dem die Gesellschafter im Innenverhältnis beteiligt sind, zu Verkehrswerten bewertet. Die Unterbeteiligten haben einen Geldanspruch gegen den Abfindungsschuldner, der ihrem Anteil an der Unterbeteiligung entspricht (§ 2 Abs. 2). Dieser Anspruch ist in ...... Jahresraten, beginnend ...... Monate nach der Beendigung, zu erfüllen und mit ......% zu verzinsen.

(4) An einem etwaigen Veräußerungsgewinn aus der Abtretung der Hauptbeteiligung sind die Unterbeteiligten entsprechend ihrer Beteiligung (§ 2 Abs. 2) beteiligt.

(5) Die Grundsätze der Abs. 3 und 4 gelten entsprechend für den Anteil des Gesellschafters am Liquidationserlös der GmbH und für das Abfindungsguthaben, das der Gesellschafter für sein Ausscheiden aus der GmbH erhält.

(6) Wenn ein Unterbeteiligter das vorzeitige Ausscheiden des Gesellschafters aus der GmbH verursacht, hat er den dadurch entstandenen Schaden dem Gesellschafter und ggf. den übrigen Innengesellschaftern zu ersetzen. Eine Abfindung an den Verpflichteten erfolgt solange nicht, wie eine Vereinbarung über die Ersatzpflicht nicht herbeigeführt worden ist. Satz 1 gilt entsprechend für den Gesellschafter, wenn er selbst das vorzeitige Ausscheiden verursacht.

§ 14 Umwandlung

Im Falle der Umwandlung der GmbH gehen die Rechte und Pflichten aus dieser Innengesellschaft auf die neue Beteiligung über, die an die Stelle des Geschäftsanteils tritt, an dem die Unterbeteiligung besteht. Die Beteiligten sind verpflichtet, diesen Vertrag so abzuändern, dass er ohne Schmälerung der Rechte und Pflichten der Beteiligten der neuen formalrechtlichen Rechtslage entspricht.

§ 15 Schlussbestimmungen

(1) Soweit dieser Vertrag nicht Besonderheiten vorsieht, gelten die Bestimmungen des Gesellschaftsvertrags der GmbH analog. Maßgebend ist dessen jeweilige Fassung. Als Anlage wird der Gesellschaftsvertrag der GmbH beigefügt.

(2) Ergänzend gilt das Recht der Gesellschaft des bürgerlichen Rechts.

(3) Auf keinen Fall gehen die Rechte der Unterbeteiligten bezüglich der Beteiligung an der GmbH weiter als die Rechte, die der Gesellschafter gegenüber der GmbH hat.

(4) Etwa ungültige Bestimmungen dieses Vertrags berühren nicht die Rechtswirksamkeit des Vertrags im Ganzen. Sollten Bestimmungen dieses Vertrags unwirksam sein oder werden oder sollten sich in diesem Vertrag Lücken herausstellen, so wird infolgedessen die Gültigkeit der übrigen Bestimmungen nicht berührt. Anstelle der unwirksamen Bestimmungen oder zur Ausfüllung einer Lücke ist eine angemessene Regelung zu vereinbaren, die, soweit rechtlich zulässig, dem am nächsten kommt, was die Vertragschließenden gewollt haben oder nach dem Sinn und Zweck des Vertrags gewollt haben würden, sofern sie den Punkt bedacht hätten. Beruht die Ungültigkeit einer Bestimmung auf einem darin angegebenen Maß der Leistung oder Zeit, so hat unter Berücksichtigung des vorstehend Gesagten ein gesetzlich zulässiges Maß an die Stelle zu treten.

II. ERLÄUTERUNGEN

Erläuterungen zu A. 6.48
Unterbeteiligungsvertrag über einen Geschäftsanteil an der GmbH

1. Grundsätzliche Anmerkungen

a) Wirtschaftliche Vertragsziele

Die Unterbeteiligung **bezweckt,** den Unterbeteiligten **„intern"** an einem Gesellschaftsanteil zu **beteiligen.** Im Verhältnis zum Hauptbeteiligten ist er Mitteilhaber; im Verhältnis zur Gesellschaft ist nur der Hauptgesellschafter beteiligt. 1

Vom **Nießbrauch** an einem Geschäftsanteil **unterscheidet** sich die Unterbeteiligung dadurch, dass bei ihr keine dingliche Berechtigung besteht und dass im Fall der atypischen Unterbeteiligung diese selbst Rechte an der Substanz vermittelt. Der **Treuhandschaft** ist die Unterbeteiligung ähnlich. Sie lässt sich als Gesellschaftsbeteiligung mit einem 100%igen Unterbeteiligten verstehen. 2

Bei der Unterbeteiligung kann wie bei der Stillen Gesellschaft (s. Formular A. 14.) zwischen **typischer** und **atypischer** unterschieden werden. Die Erstere beteiligt nur am Ertrag, die zweite auch (intern) an der Substanz. Ob eine typische Unterbeteiligung an einem GmbH-Anteil anzuerkennen ist, ist sehr zweifelhaft. Diese Gestaltung wird hier nicht vorgestellt. Die atypische Unterbeteiligung an dem GmbH-Anteil ist uE auch steuerlich anzuerkennen, wenn auch im Hinblick auf die Problematik eines Nießbrauchs am GmbH-Anteil (s. Formular A. 6.40) Zweifel nicht zu leugnen sind (s. Rz. 12). Hier wird die **atypische Unterbeteiligung** behandelt. 3

Motive für die Vereinbarung einer Unterbeteiligung können alle Gründe sein, die die Beteiligung eines Dritten an der Gesellschaft, hier: einer GmbH, rechtfertigen. In einer Familiengesellschaft kann zB der Generationenwechsel Grund für eine Unterbeteiligung werden. Da die Unterbeteiligung möglich ist, wenn die Abtretung an GmbH-Anteilen rechtlich beschränkt ist (s. Rz. 9), kann sie auch eingeräumt werden, um zumindest „intern" diese Schranken zu überschreiten. Da die Unterbeteiligung der Gesellschaft nicht offenbart werden muss, kann sie auch **geheim** bleiben. 4

5 Die Unterbeteiligung wird häufiger in Bezug auf Beteiligungen an Personengesellschaften vereinbart. Bei Anteilen an Kapitalgesellschaften – GmbH – ist sie seltener. Zur Unterbeteiligung an einer Personengesellschaft s. Formular A. 16.00.

6 *(frei)*

b) Zivilrecht

7 Die Unterbeteiligung stellt zivilrechtlich eine Gesellschaft des Bürgerlichen Rechts in Form einer **Innengesellschaft** dar (BGH II ZR 179/66 v. 11.7.68, NJW 68, 2003; BFH VIII R 34/01 v. 18.5.05, BStBl. II 05, 857; *Braun* EFG 01, 1386). Das Formular vereinbart eine solche Innengesellschaft. Unklar ist, ob und inwieweit ergänzend das Recht der Stillen Gesellschaft (§§ 230 ff. HGB) anzuwenden ist (so zB *Scholz/Winter/Seibt* § 15 GmbHG Rz. 225). Dieser Unsicherheit sollte durch einen Vertrag, der alle problematischen Punkte regelt, begegnet werden. Vgl. hierzu insbes. *Blaurock/Berninger* GmbHR 90, 11, 87.

8 Die Vereinbarung ist **formfrei** möglich, wenn sich auch die Schriftform (nahezu zwingend) empfiehlt. Die Einräumung der Unterbeteiligung bedarf nicht der Form des § 15 GmbHG (OLG SchlHol 5 U 58/01 v. 23.5.02, GmbHR 02, 652; OLG Frankfurt 15 U 233/83 v. 8.8.85, GmbHR 87, 57; *Scholz/Winter/Seibt* § 15 GmbHG Rz. 224). Wird die Unterbeteiligung **geschenkt,** bedarf der Vertrag allerdings der notariellen Beurkundung (§ 518 BGB; BGH II ZR 16/52 v. 29.10.52, NJW 53, 138; BFH I R 82/76 v. 8.8.79, BStBl. II 79, 768).

9 Sieht der Gesellschaftsvertrag der GmbH eine **Genehmigung** oder andere Bedingungen für die Abtretung von Geschäftsanteilen vor, gilt dies nicht für die Einräumung einer Unterbeteiligung (hM; *Baumbach/Hueck* § 15 GmbHG Rz. 59; OLG Frankfurt 15 U 233/83 v. 8.8.85, aaO). Allerdings kann die Einräumung einer Unterbeteiligung in der GmbH-Satzung den Gesellschaftern verboten werden; bei einem Verstoß gegen das Verbot sind Sanktionen möglich (zB Einziehung; vgl. *Scholz/Winter/Seibt* § 15 GmbHG Rz. 224).

Für die Vereinbarung einer Unterbeteiligung mit **Minderjährigen** gelten die allgemeinen Regeln.

10 Bei der Vertragsgestaltung ist darauf zu achten, dass der Hauptgesellschafter nicht **Pflichten** übernimmt, die er **nicht realisieren** kann (zB Informationspflichten gegenüber dem Unterbeteiligten über die Hauptgesellschaft, die er gegenüber dieser nicht durchsetzen kann). Insoweit kann die Unterbeteiligung nicht mehr Rechte vermitteln, als der Hauptgesellschafter hat.

11 *(frei)*

c) Steuerrecht

12 Zweifelhaft und im Einzelfall zu klären ist, ob die Unterbeteiligung am GmbH-Anteil **steuerlich anzuerkennen** ist (für weitgehende Anerkennung *Blaurock/Berninger* GmbHR 90, 87; zur einkommensteuerlichen Einordnung einer atypisch stillen Unterbeteiligung BFH VIII R 34/01 v. 18.5.05, BStBl. II 05, 857; *Moritz* AktStR 06, 61; *Braun* EFG 01, 1386). Wer an Anteilen einer Kapitalgesellschaft unterbeteiligt ist, aber die Gesellschaftsrechte nicht ausüben kann und von den Entscheidungen des Hauptgesellschafters abhängig ist, überdies nur über ein begrenztes Gewinnbezugsrecht verfügt, soll nach Ansicht des BFH – jedenfalls noch – kein wirtschaftlicher Eigentümer der Anteile sein (BFH IX R 6/11 v. 1.8.12, BFH/NV 13, 9). Der Übergang des wirtschaftlichen Eigentums auf den Unterbeteiligten ist uE andererseits zumindest für die hier vorgestellte atypische Unterbeteiligung zu bejahen; denn wenn die Innengesellschafts-Beteiligung an einem Personengesellschaftsanteil möglich ist (vgl. zB BFH I R 127/78 v. 18.3.82, BStBl. II 82, 546; IV R 103/83 v. 24.7.86, BStBl. II 87, 54), gibt es keine grds. Erwägung, die Innengesellschafts-Beteiligung am GmbH-Anteil zu verneinen. Die Zweifel bzgl. der Anerkennung des Nießbrauchs am

Geschäftsanteil (vgl. Formular A. 6.40 und A. 6.40 Rz.) stehen dem nicht entgegen, sofern der Unterbeteiligte – intern – Vollrechts-Geschäftsanteilseigentümer wird. Vgl. *Baier* NWB F 18, 2865. Zur steuerrechtlichen Anerkennung einer formunwirksam vereinbarten Unterbeteiligung zwischen Ehegatten: BFH IX R 19/09 v. 11.5.10, BStBl. II 10, 823).

Die **atypische** Unterbeteiligung ist auch bzgl. eines GmbH-Anteils eine Beteiligung mehrerer an einer Einkunftsquelle; ein gesondertes **Feststellungsverfahren** ist ggf. notwendig. Eine Mitunternehmerschaft liegt nicht vor, ist aber für ein Feststellungsverfahren auch nicht erforderlich (vgl. *Tipke/Kruse* § 180 AO Rz. 15 ff.). Im Feststellungsverfahren werden die Einkünfte aus der Beteiligung dem Hauptgesellschafter und den Unterbeteiligten zugerechnet (vgl. *Blaurock/Berninger* GmbHR 90, 93). Das gilt auch dann, wenn die Einkünfte beim Hauptgesellschafter und beim Unterbeteiligten unterschiedlichen Einkunftsarten zuzurechnen sind (nicht unstreitig: Vgl. *Tipke/Kruse* § 180 AO Rz. 13 ff.). UE war in diesem Feststellungsverfahren auch das KSt-Guthaben des Hauptbeteiligten zu verteilen. 13

Stellt die Unterbeteiligung beim Unterbeteiligten **Privatvermögen** dar, bezieht er Einkünfte aus Kapitalvermögen, stellt sie **Betriebsvermögen** dar, sind es Einkünfte der Betriebseinkunftsarten (vgl. *Blaurock* 7. Aufl. 2010 Rz. 31.2 ff.). Auch dies wird uE im Feststellungsverfahren festgestellt (s. Rz. 13). 14

Die **Gewinnverteilung** in der Innengesellschaft wird regelmäßig der vereinbarten prozentualen Beteiligung folgen. Vereinbaren einander Fremde eine hiervon abweichende Verteilung, wird dem steuerrechtlich idR zu folgen sein. Auch für eine Unterbeteiligung unter Familienangehörigen – auch mit minderjährigen Kindern – gilt uE für die Ertragsbeteiligung die vereinbarte Quote am Geschäftsanteil, sofern das Familienmitglied intern ohne Beschränkung wie ein Geschäftsanteilsinhaber gestellt ist (keine Absicherung durch die Rspr.; wie hier *Felix* KÖSDI 85, 5801). 15

Im **Veräußerungsfall,** bei **Kapitalherabsetzungen oder im Fall der Liquidation** wird uE der Unterbeteiligte so behandelt, als sei er unmittelbar Anteilseigner (uE auch im Fall des § 17 EStG; glA *Blaurock/Berninger* GmbHR 90, 94; *Schmidt/Weber-Grellet* § 17 Rz. 51; *Pupeter* GmbHR 06, 910; *Schulze zur Wiesche* GmbHR 06, 630). Dies ist notwendige Folge, wenn die Unterbeteiligung als solche anerkannt wird. Wie vieles im Recht der Unterbeteiligung ist auch dies streitig; wie hier *Felix* KÖSDI 85, 5801. 16

Stellt die Beteiligung bei dem Hauptgesellschafter und Unterbeteiligten Privatvermögen dar, fällt **Gewerbesteuer** nicht an. Ist die Beteiligung der Hauptgesellschafter Betriebsvermögen, greift die Hinzurechnungsvorschrift des § 8 Nr. 3 GewStG aF (BFH IV R 196/69 v. 8.10.70, BStBl. II 71, 59, betreffend eine Unterbeteiligung an einem Mitunternehmeranteil). Ist die Beteiligung des Unterbeteiligten Betriebsvermögen, unterliegt sie der Gewerbesteuer. 17

Ab VZ 2008 greift die Hinzurechnungsvorschrift des § 8 Nr. 1 Buchst. c GewStG idF des UntStRefG 2008 v. 14.8.07 (BGBl. I 07, 1912) unabhängig davon, ob die Zahlungen beim Unterbeteiligten der Gewerbesteuer unterliegen.

(frei) 18–20

2. Einzelerläuterungen

Es handelt sich um einen Vertrag mit mehreren Unterbeteiligten, der jedoch unschwer auf einen Vertrag mit nur einem Unterbeteiligten reduziert werden kann. 21

Zu § 2: Beteiligungen

In § 2 Abs. 3 kann der Rechtsgrund für die Unterbeteiligung aufgenommen werden (Schenkung, Kauf, usw.). Dieser Rechtsgrund kann auch außerhalb des Vertrags über die Unterbeteiligung geregelt werden. In diesem Fall kann der Satz aufgenommen werden: „Die Unterbeteiligten haben ihre Einlage erbracht." 22

Zu § 5: Wettbewerbsverbot

23 Gerade im Fall der Unterbeteiligung kann die Vereinbarung eines solchen Wettbewerbsverbots auch entfallen.

Zu § 6 Abs. 7: Gesellschafterversammlung (Vertretung)

24 Die Vertretungsmöglichkeit kann auch vollständig ausgeschlossen oder in anderer Weise modifiziert werden.

Zu § 11 Abs. 1: Erbfolge

25 Die Vererbungsmöglichkeit kann natürlich auch ausgedehnt werden, zB auf Ehegatten, oder vollkommen freigestellt werden. Auf den Bezug zu § 10 sollte man achten; zu den Gestaltungsmöglichkeiten im Erbfall s. *Carlé* AnwZert ErbR 18/2013, Anm. 2.

Zu § 13: Abfindung

26 Die Vollbeteiligung des Unterbeteiligten an dem Geschäftsanteil ist wesentlich für die Qualifizierung des Gesellschaftsverhältnisses als atypische Unterbeteiligung (vgl. Rz. 3).

A. 6.49 Wettbewerbsgestattung

Siehe Formular A. 6.18 „Betriebsabgrenzungsvertrag".

A. 6.50 Stimmbindungsvertrag

Gliederung

I. FORMULAR

Formular A. 6.50 Stimmbindungsvertrag

STIMMBINDUNGSVERTRAG

zwischen

Herr/Frau ......

und

Herrn/Frau ...... **– beide nachfolgend auch Gesellschafter genannt –**

Vorbemerkung

Herr/Frau ...... ist mit Geschäftsanteilen im Nennbetrag von ...... (lde. Nr.), Herr/Frau ...... mit Geschäftsanteilen im Nennbetrag von ...... (lde. Nr.) an der im Handelsregister des Amtsgerichts ...... unter HRB ...... eingetragenen...... GmbH (nachfolgend „Gesellschaft") mit Sitz in ...... beteiligt. Die Gesellschafter beabsichtigen, ihre Stimmmacht zu bündeln, hierdurch ihren Einfluss auf die Gesellschaft zu stärken und Patt-Situationen zu vermeiden.

§ 1 Einheitliche Stimmabgabe

(1) Die Gesellschafter verpflichten sich, in Zukunft übereinstimmend abzustimmen oder sich übereinstimmend der Stimme zu enthalten. Der Stimmbindungsvertrag gilt für alle Gesellschafterbeschlüsse, die bei der Gesellschaft zu treffen sind.

(2) Auch Grundlagenbeschlüsse (zB Zustimmung zu Unternehmensverträgen, Umwandlungen, Liquidationen, zur Auflösung der Gesellschaft) und Beschlüsse, die nach dem Gesellschaftsvertrag der Gesellschaft einer qualifizierten Mehrheit bedürfen, unterliegen diesem Vertrag.

§ 2 Interne Beschlussfassung

Intern stimmen die Gesellschafter über ihr Abstimmungsverhalten ab. Beschlüsse über das künftige Abstimmungsverhalten bedürfen der einfachen Mehrheit der abgegebenen Stimmen, dies auch dann, wenn der anstehende Beschluss der Gesellschaft nach der Satzung oder dem Gesetz einer qualifizierten Mehrheit bedarf. Je ein Euro gewährt eine Stimme.

§ 3 Stimmverbote

Die Stimmverbote des § 47 Abs. 4 GmbHG finden entsprechend Anwendung für die Beschlussfassung über das künftige Abstimmungsverhalten.

§ 4 Vertragsstrafe

Im Falle der Zuwiderhandlung gegen einen Beschluss über das künftige Abstimmungsverhalten hat der Zuwiderhandelnde für jeden Fall der Zuwiderhandlung eine sofort fällige Vertragsstrafe von ...... an die Gesellschaft als Gesamtgläubiger zu zahlen. Im Innenverhältnis steht den anderen Gesellschaftern die Vertragsstrafe im Verhältnis ihrer Beteiligungsquote zu. Die Vertragsstrafe tritt neben sonstige Ersatzansprüche wegen Verstößen gegen Pflichten aus dieser Vereinbarung.

§ 5 Weitere Regelungen

(ggf. Regelungen zur Vertretungsberechtigung/Geschäftsführung, Poolung bei Veräußerung, Kündigung, Dauer der Gesellschaft, salvatorische Klausel, Schriftform)

II. ERLÄUTERUNGEN

Erläuterungen zu A. 6.50 Stimmbindungsvertrag

1. Zivilrecht

Formanforderungen: Der Stimmbindungsvertrag begründet im Regelfall zwischen den beteiligten Gesellschaftern eine Innen-GbR (vgl. hierzu BGH II ZR 116/08 v. 24.11.08, NJW 09, 669). Stimmbindungsverträge können formlos – ggf. auch mündlich – geschlossen werden, dies auch in den Fällen, in denen der Beschluss als solcher beurkundungspflichtig ist (für Satzungsänderungen: *Schulte* GmbHR 02, 1050ff.; *Lohr* GmbH-StB 09, 287). Zu Stimmrechtsvereinbarungen im Gesellschaftsvertrag s. *Carle* KÖSDI 13, 18569. 1

Regelungsgehalt des Stimmbindungsvertrages: Grds. kann jeder Beschluss, auch Grundlagenbeschlüsse und Beschlüsse der Gesellschaft, für die eine qualifizierte Mehrheit erforderlich ist, Gegenstand der Stimmbindungsvereinbarung sein (BGH II ZR 116/08 v. 24.11.08, NJW 09, 669). 2

Unstreitig kann jede Gesellschaftergruppe, die Teil einer Stimmrechtsbindungsvereinbarung ist, aus ihrer Mitte einen **Vertreter** für die Gesellschafterversammlung bestimmen. Streitig ist, ob dies auch eine Fremde dritte Person sein kann (zum Streitstand s. *Carle* KÖSDI 13, 18569, 18572).

3 **Mehrheiten:** Die Parteien der Stimmbindungsvereinbarung können grds. die einfache Mehrheit auch dann vereinbaren, wenn der zu treffende Beschluss bei der GmbH einer qualifizierten Mehrheit bedarf (BGH II ZR 116/08 v. 24.11.08, NJW 09, 669).

4 **Stimmverbote:** Vorliegender Stimmbindungsvertrag erklärt die Stimmverbote des § 47 Abs. 4 GmbHG für anwendbar. Andernfalls könnte der Mehrheitsgesellschafter mittelbar Stimmergebnisse durchsetzen, die bei der Abstimmung der GmbH-Gesellschafter am Stimmverbot scheitern würden (*Lohr* GmbH-StB 09, 287).

5 **Sanktion:** Verstöße beim Stimmverhalten der Gesellschafterversammlung gegen die internen Beschlüsse aufgrund des Stimmbindungsvertrages sind mit einer Vertragsstrafe sanktioniert.

6 **Weitere Regelungen:** Die Gesellschafter können weitere Regelungen treffen in Form von Verpflichtungen zu einer einheitlichen Anteilsveräußerung oder zur Einräumung wechselseitiger Ankaufs- oder Vorkaufsrechte. Sie können ggf. auch regeln, dass die Stimmen in der Gesellschafterversammlung einheitlich durch einen Bevollmächtigten abgegeben werden, der die Gesellschafter insoweit in der Gesellschafterversammlung vertritt.

2. Steuerrecht

7 **Schenkung-/Erbschaftsteuer:** Durch den Abschluss eines Stimmbindungs-/poolungsvertrages kann ggf. erreicht werden, dass auch Gesellschafter, die an einer Gesellschaft mit nicht mehr als 25% beteiligt sind, diese Beteiligung als steuerbegünstigtes Betriebsvermögen (85%ige oder ggf. 100%ige Steuerfreistellung) übertragen können. Begünstigt gem. § 13b Abs. 1 Nr. 3 ErbStG ist die Übertragung von Anteilen an Kapitalgesellschaften mit Sitz im Inland oder der EU/EWR, wenn der Erblasser oder Schenker am Nennkapital der Gesellschaft zu mehr als 25% unmittelbar beteiligt ist. Ob der Erblasser oder Schenker die Mindestbeteiligung erfüllt, ist nach der Summe der dem Erblasser oder Schenker unmittelbar zuzurechnenden Anteile und der Anteile weiterer Gesellschafter zu bestimmen, wenn der Erblasser oder Schenker und die weiteren Gesellschafter untereinander verpflichtet sind, über die Anteile nur einheitlich zu verfügen oder ausschließlich auf andere, derselben Verpflichtung unterliegende Anteilseigner zu übertragen und das Stimmrecht gegenüber nicht gebundenen Gesellschaftern einheitlich auszuüben (vgl. hierzu auch *Kamps* FR 09, 353 (358); *ders.* ErbR 09, 136 ff.; *Hannes/Steger* ErbStB 09, 113).

8 **Körperschaftsteuer:** Stimmrechtsvereinbarungen können nach Auffassung der Finanzverwaltung zum Untergang des Verlustvortrages nach § 8c KStG führen. Verluste einer Kapitalgesellschaft gehen unter, wenn innerhalb von fünf Jahren mittelbar oder unmittelbar mehr als 25% des gezeichneten Kapitals oder der Stimmrechte an einer Körperschaft an einen Erwerber oder eine diesem nahe stehende Person übertragen werden oder ein vergleichbarer Sachverhalt vorliegt, § 8c Abs. 1 Satz 1 KStG. Ein vergleichbarer Sachverhalt iSd. Vorschrift soll nach Ansicht der FinVerw. (BMF v. 4.7.08, BStBl. I 08, 736 Rz. 7) bei Stimmrechtsvereinbarungen vorliegen können (*Kamps* FR 09, 353 (358); *ders.* ErbR 09, 136 ff.; *Bron* FR 10, 208 ff.; *Roser* FR 09, 937).

A. 6.51 Rangrücktrittsvereinbarung

Gliederung

I. FORMULAR

Formular A. 6.51 Rangrücktrittsvereinbarung

RANGRÜCKTRITTSVEREINBARUNG

zwischen

Herr/Frau ...... – nachfolgend Darlehensgeber –

und

der ...... GmbH – nachfolgend Gesellschaft –

§ 1 Vertragsgegenstand

Der Darlehensgeber ist Gesellschafter der Gesellschaft. Mit Darlehensvertrag vom ...... hat der Darlehensgeber der Gesellschaft ein Darlehen i. H. v. € ......, verzinslich mit ...... Prozent Zinsen pro Jahr gewährt. Der Darlehensvertrag ist dieser Vereinbarung als Anlage beigefügt. Der Darlehensbetrag ist in voller Höhe in der Bilanz der Gesellschaft passiviert.

§ 2 Rangrücktritt

(1) Der Darlehensgeber tritt hiermit mit sämtlichen Ansprüchen aus dem in § 1 genannten Darlehen gem. § 19 Abs. 2 S. 3 InsO im Rang hinter sämtliche Forderungen anderer Gläubiger in der Weise zurück, dass Tilgung und Verzinsung des Darlehens nur nachrangig nach allen anderen Gläubigern im Rang des § 39 Abs. 1 Nr. 1 bis 5 InsO, also im Rang des § 39 Abs. 2 InsO aus sonstigem freien Vermögen, künftigen Jahresüberschüssen oder aus einem Liquidationsüberschuss verlangt werden können. Ein Verzicht auf die Forderung wird nicht vereinbart.

(2) Im Übrigen ist der Darlehensgeber uneingeschränkt befugt, seine Rechte aus dem Darlehen geltend zu machen und Erfüllung zu verlangen.

II. ERLÄUTERUNGEN

Erläuterungen zu A. 6.51 Rangrücktrittsvereinbarung

1. Zivilrecht

Der hier formulierte Rangrücktritt hat zur Folge, dass die im Rang zurücktretenden Forderungen gem. § 19 Abs. 2 InsO iVm. § 39 InsO im Zuge des Überschuldungsstatuts nicht berücksichtigt werden, bei der Prüfung der insolvenzrechtlichen Überschuldung also außer Acht bleiben. Der Rangrücktritt lässt den Bestand der Forderung und deren Fälligkeit grundsätzlich unberührt, gewährt dem Darlehensnehmer aber im 1 sachlichen Anwendungsbereich des Rangrücktritts ein Leistungsverweigerungsrecht, das ihn zur Rückzahlungsverweigerung berechtigt, solange bevorrechtigte Forderungen bestehen bzw. solange kein ausreichend freies Vermögen für die Befriedigung vorhanden ist.

2 Im Insolvenzfall sind damit Masseverbindlichkeiten und normale Insolvenzforderungen bevorrechtigt vor der im Rang zurückgetretenen Forderung zu befriedigen. Tatsächlich wird damit der Rangrücktritt für den Fall der Insolvenz regelmäßig zum Totalverlust der Forderung führen.

2. Steuerrecht

3 **Bilanzsteuerrecht:** (Steuer-)bilanziell bleibt der insolvenzrechtlich formulierte Rangrücktritt grundsätzlich ohne Folgen: Der Darlehensnehmer hat die Darlehensverbindlichkeit weiter zu bilanzieren; im Unterschied zum Verzicht mit Besserungsschein führt der vorliegend formulierte Rangrücktritt nicht zur Gewinnrealisierung auf Ebene des Darlehensnehmers (*Neumann* GmbH-StB 09, 192; *Funk* BB 09, 867; *Brinkmeier* GmbH-StB 09, 176; zur alten Rechtslage vor MoMiG: BMF v. 8.9.06, BStBl. I 06, 497; *Wälzholz* GmbH-Stb 09, 75, *Ronneberger* Stbg 13, 201). Anders ist die Situatioin, wenn in der Rangrücktrittsvereinbarung eine Tilgung des betreffenden Gesellschafterdarlehens aus „sonstigem Vermögen" oder „freiem Vermögen" nicht vorgesehen ist: Dann soll nach Ansicht des BFH die Darlehensverbindlichkeit auf Ebene der Darlehensnehmerin ggf. erfolgswirksam auszubuchen sein (BFH I R 100/10 v. 30.11.11, BStBl. II 12, 332; kritisch: *Schmid* FR 12, 837; *Rätke* StuB 12, 338; *Rätke* BBK 13, 27; *Braun* DStR 12, 1360; *Hoffmann* StuB 12, 209).

4 Auf Ebene des Darlehensgebers bleibt der Rangrücktritt im Grundsatz erfolgsneutral. Erfolgt allerdings – in der Praxis nicht selten – der Rangrücktritt während der Krise der Darlehensnehmerin und ist die Durchsetzbarkeit der Darlehensforderung dauerhaft ungewiss, wird nach den allgemeinen Bewertungsvorschriften eine Teilwertabschreibung in Betracht kommen, wenn die Darlehensforderung ihrerseits – etwa im Rahmen einer Betriebsaufspaltung – Betriebsvermögen auf Ebene des Gesellschafters ist. Ist die Darlehensforderung Privatvermögen, kann ein Verlust der im Rang zurückgetretenen Darlehensforderung nachträgliche Anschaffungskosten auf die Beteiligung darstellen, die einen Liquidations- oder Veräußerungsgewinn iSd. § 17 EStG mindern.

A. 7. Gewinngemeinschaft

Übersicht

A. 7.00 Gewinngemeinschaftsvertrag

Gliederung

I. FORMULAR

Formular A. 7.00 Gewinngemeinschaftsvertrag

GEWINNGEMEINSCHAFTSVERTRAG

zwischen

1. der A-GmbH, vertreten durch ......

2. der B-GmbH, vertreten durch ......

– nachfolgend Vertragsparteien genannt –

Die Vertragsparteien beabsichtigen, ihre bisherige geschäftliche Zusammenarbeit unter Aufrechterhaltung der rechtlichen Selbstständigkeit durch die Vereinbarung einer Gewinngemeinschaft (Gewinnpoolung) zu vertiefen, und vereinbaren dazu Folgendes:

§ 1 Gewinngemeinschaft

Die Vertragsparteien verpflichten sich, ihr gesamtes Jahresergebnis zur Aufteilung des gemeinschaftlichen Ergebnisses zusammenzulegen.

§ 2 Vorbilanzen

(1) Ihr gesamtes Jahresergebnis im Sinne des § 1 dieses Vertrages ermitteln die Vertragsparteien auf Grund einer nach den für sie geltenden handelsrechtlichen Vorschriften erstellten Bilanz (Vorbilanz).

(2) Beide Vertragsparteien stellen ihre Vorbilanzen nach den gleichen handelsrechtlichen Grundsätzen auf. Das gilt insbesondere für die Ausübung von bilanziellen

Wahlrechten und die Bildung und Auflösung von Rücklagen. Abweichungen hiervon, z. B. aus steuerlichen Gründen, bedürfen der Zustimmung der anderen Vertragspartei; diese darf in ihrer Vorbilanz einen Ausgleich vornehmen. Die Vertragsparteien bestellen den gleichen Abschlussprüfer, der für die Einhaltung dieser Verpflichtung Sorge trägt.

(3) Die Vorbilanzen sind binnen drei Monaten nach Abschluss des Geschäftsjahres aufzustellen.

§ 3 Ergebnisaufteilung

(1) Die nach § 2 ermittelten Jahresergebnisse werden zum gemeinschaftlichen Ergebnis addiert. Das gemeinschaftliche Ergebnis wird auf die Vertragsparteien im Verhältnis ihres Eigenkapitals im Sinne des § 272 HGB aufgeteilt.

(2) Wenn die Entwicklung der Verhältnisse erweist, dass dieser Verteilungsschlüssel nicht mehr angemessen ist, werden ihn die Vertragsparteien gemeinschaftlich in anderer Weise festsetzen.

§ 4 Jahresbilanzen

(1) Bei der Aufstellung ihrer Jahresbilanzen sind die Abführungen und Empfänge auf Grund dieses Vertrages von den Vertragsparteien zu berücksichtigen.

(2) Forderungen und Verbindlichkeiten auf Grund dieses Vertrages werden auf einem Sonderkonto verbucht und bis zu der gemeinschaftlich zu beschließenden Zahlung mit ...... Prozentpunkten über dem jeweiligen Basiszinssatz gem. § 247 BGB verzinst.

§ 5 Vertragsdauer

(1) Der Vertrag wird auf die Dauer von ...... Jahren abgeschlossen. Er ist erstmals für das Geschäftsjahr ...... anzuwenden.

(2) Der Vertrag verlängert sich um weitere drei Jahre, falls er nicht mindestens ein Jahr vor Ablauf von einer der Vertragsparteien gekündigt wird.

§ 6 Schiedsgericht

(1) Die Beilegung von Meinungsverschiedenheiten aus diesem Vertrage, die die Ergebnisaufteilung nach § 3 dieses Vertrages betreffen, obliegt den Geschäftsführungen der Vertragsparteien. Einigen sie sich nicht, gilt Abs. 3.

(2) Zur Beilegung von Meinungsverschiedenheiten bei der Aufstellung der Vorbilanzen nach § 2 dieses Vertrages bestellen die Vertragsparteien den gemeinsamen Abschlussprüfer als Schiedsgutachter.

(3) Über die nach Abs. 1 und 2 nicht beigelegten Meinungsverschiedenheiten entscheidet ein Schiedsgericht.

II. ERLÄUTERUNGEN

Erläuterungen zu A. 7.00 Gewinngemeinschaftsvertrag

1. Grundsätzliche Anmerkungen

Schrifttum: *Emmerich/Habersack* Konzernrecht, 10. Aufl. 2010 § 13 und § 32 Rz. 52f.; *H/H/R/Rosenberg* § 5 EStG Anm. 1395ff.; *Knepper* BB 82, 2061; *Kessler* in: *Herzig* Organschaft, 2003 S. 574ff.; *Krieger* in: MünchHdB AG, § 72 Anm. 8ff.; *Lechner* Die Gewinnpoolung im Ertragsteuerrecht, 1983; *Luther/Happ* in: Formular-Kommentar, Bd. II, 21. Aufl. 1982, Form. 2.124; *Mann* Steuerliche Probleme bei der Poolung von Unternehmensgewinnen, in: *Hintner/Linhardt* Zur Besteuerung der Unternehmung, FS Scherpf, 1969, S. 223ff.; *Meister* in: *Grotherr* Handbuch der internationalen Steuerplanung, 3. Aufl. 2011, S. 759; *Reuter* Die Besteuerung der verbundenen Unternehmen, 1970, S. 343 ff.; *Reuter* Konzernsteuerliche Fragen, JbFfSt 1971/72 S. 180; *Schubert/Küting* Unternehmenszusammenschlüsse, 1981; *Strobl u. a.* Gewinnpoolung, JbFfSt 1987/88, 312; *Veil* Unternehmensverträge, 2003; *v. Wallis* Besteuerung der Unternehmenszusammenfassungen, 5. Aufl. 1979, 168; *Walter* BB 95, 1876; *ders.* in: *Ernst & Young, KStG,* § 14 Rz. 537 ff.; *Wöhe,* Interessengemeinschaften, DStR 90, Beihefter zu Heft 7 S. 22.

a) Wirtschaftliche Vertragsziele

Wie bei den meisten Unternehmenszusammenschlüssen liegt der Zweck der Gewinngemeinschaft in der Erzielung eines Gemeinschaftsgewinns, der größer ist als die Summe der Einzelgewinne der Unternehmen vor dem Bestehen der Gewinngemeinschaft. Einzelzwecke können zB sein: Sicherung des Unternehmenswachstums, Risikostreuung, Fusionsersatz, Erhalt der Wettbewerbsfähigkeit, Ausschüttungskontinuität, Steuerminderung bzw. Vermeidung zusätzlicher Steuerbelastungen. Zur Durchsetzung der Ziele wird oft gemeinsame Leitung vereinbart, durch Personalunion oder Bildung eines Gemeinschaftsorgans, das die Geschäftspolitik festlegt. 1

b) Zivilrecht

§ 292 Abs. 1 Nr. 1 AktG zählt den Gewinngemeinschaftsvertrag zu den „anderen" Unternehmensverträgen. Nach hM besteht sein **wesentlicher Inhalt** darin, dass zwei oder mehrere Unternehmen ihren Gewinn zusammenlegen und den gemeinschaftlichen Gewinn nach einem bestimmten Verteilungsschlüssel auf die beteiligten Unternehmen aufteilen. Der einzubringende Gewinn kann jener des ganzen Unternehmens oder eines Teilbetriebes oder nur ein Teil des Unternehmensgewinns sein. Auch Verluste können dazu zählen, dann liegt genau genommen ein Ergebnisgemeinschaftsvertrag vor (vgl. § 722 Abs. 2 BGB). Entscheidend ist, dass der Jahresgewinn vergemeinschaftet wird und nicht nur der Gewinn eines oder mehrerer bestimmter Geschäfte, wie es bei einer Arbeitsgemeinschaft oder einer Meta-Verbindung (s. Formular A. 7.01) der Fall ist. Statt von Gewinngemeinschaft wird gleichbedeutend auch von Gewinnpoolung und Interessengemeinschaft gesprochen. 2

Gewinngemeinschaften sind **zwischen Unternehmen jeder Rechtsform** möglich. Soweit eine AG oder KGaA beteiligt ist, bedarf der Vertrag als Unternehmensvertrag der qualifizierten Zustimmung ihrer Hauptversammlung (§ 293 Abs. 1 AktG) sowie der Eintragung ins Handelsregister (§ 294 AktG). Für die GmbH gilt nach hM Entsprechendes (analog § 292 Abs. 1 Nr. 1 AktG oder §§ 53, 54 GmbHG, *Emmerich/Habersack* § 292 AktG Rz. 21 f.); es empfiehlt sich, die Frage der Eintragungsfähigkeit insoweit mit dem Registergericht möglichst vorab zu klären. 3

Der Gewinngemeinschaftsvertrag begründet zwischen den Beteiligten eine **Gesellschaft bürgerlichen Rechts** (§§ 705 ff. BGB) als Innengesellschaft, da sie nach außen nicht auftritt (BGH II ZR 250/55 v. 23.5.57, BGHZ 24, 279; OLG Frankfurt 9 U 80/84 v. 23.3.88, AG 88, 267). 4

Schwerpunkte der Vertragsgestaltung sind die Aufstellung der Vorbilanzen und die Bestimmung des Gewinnverteilungsschlüssels (vgl. Rz. 18 f.). Wenn eine AG oder KGaA eine Gewinngemeinschaft mit ihrem Aktionär eingeht, muss der Gewinnverteilungsschlüssel angemessen sein; denn die §§ 57, 58 und 60 AktG werden durch die Gewinngemeinschaft nicht suspendiert (*Hüffer* § 292 AktG Rz. 11). 5

Gewinngemeinschaften **mit ausländischen Partnern** sind möglich, jedoch ist bei der Ausgestaltung den nationalen konzernrechtlichen Schutzsystemen Rechnung zu tragen. Für eine deutsche AG oder KGaA soll daher nach hM stets deutsches Recht gelten (*MünchKommAktG/Altmeppen* § 292 AktG Rz. 44; für grundsätzlich freie Rechtswahl hingegen *Meister* aaO S. 425). 6

Für Gewinngemeinschaften zwischen **Wettbewerbern** sind §§ 1, 37 Abs. 1 Nr. 2 GWB, Art. 101 AEUV zu beachten, besonders bei einheitlicher Leitung (*Haarmann* JbFfSt 1.992/93, 525). 7

c) Steuerrecht

aa) Einkommensteuer/Körperschaftsteuer

8 Die Parteien des Gewinngemeinschaftsvertrages bleiben **selbstständige Steuerrechtssubjekte.** Die Gewinngemeinschafts-GbR ist weder Körperschaftsteuersubjekt iSd. §§ 1, 3 KStG noch Mitunternehmerschaft iSd. § 15 Abs. 1 Nr. 2 EStG (RFH VI A 833/33 v. 9.5.34, RStBl. 34, 658; BFH VI 317/62 U v. 9.10.64, BStBl. III 65, 71; aA *Lechner* aaO S. 265). Es liegt auch keine Organschaft im Sinne des § 14 KStG vor. Der für die körperschaftsteuerliche Organschaft erforderliche Gewinnabführungsvertrag und der Gewinngemeinschaftsvertrag schließen sich vielmehr begrifflich aus.

9 Der Gewinngemeinschaftsvertrag wird grds. auch steuerlich anerkannt, wenn er betrieblich veranlasst ist. Der abgeführte Gewinnanteil ist **Betriebsausgabe,** der erhaltene Gewinnanteil ist **Betriebseinnahme** (zB RFH I 238/38 v. 22.11.38, RStBl. 39, 476; BFH VI 317/62 U v. 9.10.64, BStBl. III 65, 71; *Reuter* JbFfSt 1971/72 S. 182 mit umfassenden Rspr.-Nachweisen). Auf diese Art und Weise können auch Verluste des einen Unternehmens mit Gewinnen des anderen Unternehmens ausgeglichen werden. Damit lassen sich der Organschaft vergleichbare Wirkungen auch ohne Vorliegen von deren Voraussetzungen herbeiführen. Die steuerliche Anerkennung hängt davon ab, dass der Vertrag ernst gemeint ist und tatsächlich durchgeführt wird und wirtschaftlich begründet ist. Insb. muss der Gewinnverteilungsschlüssel leistungsgerecht sein. Da einander Fremde sich im Geschäftsleben nichts zu schenken pflegen, kann die Erfüllung dieser Voraussetzungen bei Verträgen zwischen ihnen unterstellt werden.

10 Gewinngemeinschaftsverträge zwischen **nahe stehenden Unternehmen** werden zwar grds. ebenfalls steuerlich anerkannt, jedoch unter engeren Voraussetzungen. Die gegenseitigen Abführungen und Empfänge müssen angemessen sein, dh. dem entsprechen, was einander Fremde vereinbart hätten (BFH I 155/54 U v. 6.12.55, BStBl. III 56, 95). Nach BFH I 155/54 U v. 6.12.55, aaO kommt es für die Prüfung der Angemessenheit auf das Jahr der Abführung oder des Empfangs der Leistung an, nicht auf das Jahr des Vertragsabschlusses; uE unrichtig. Häufig wird sich der „gerechte Ausgleich“ erst über einen Zeitraum von mehreren Jahren einstellen, je nachdem wie die Geschäfte der einzelnen Unternehmen laufen (so mit Recht *Reuter* JbFfSt 1971/72, 184). Welchen Sinn hätte der Vertrag, wenn die Beteiligten für die Abführung ihres Gewinnanteils einen Anspruch in gleicher Höhe für das gleiche Jahr erwarten? Einzelheiten s. *Walter* BB 95, 1876. Aus BFH IV R 73/93 v. 26.1.95 (BStBl. II 95, 589) folgt, dass ein Gewinngemeinschaftsvertrag zwischen personenidentischen Personengesellschaften nur dann steuerlich anerkannt wird, wenn der Vertrag eine auch unter Freunden denkbare ausgeglichene Leistungsbeziehung begründet (s.a. BFH IV R 50/99 v. 21.9.00, BStBl. II 01, 299).

11 Folge der steuerlichen **Nichtanerkennung** der Gewinngemeinschaft ist für Körperschaften die Annahme von vGA oder verdeckten Einlagen (RFH VI A 629/32 v. 4.4.33, RStBl. 33, 969), soweit Nahestehende beteiligt sind. Unter nahe stehenden Personenunternehmen liegen dann statt Betriebseinnahmen und -ausgaben Einlagen bzw. Entnahmen vor (BFH IV R73/93 v. 26.1.1.995, aaO). Nicht klar ist, ob auch eine steuerlich schlichte Negierung des Vertrages in Betracht kommt. BFH VI 155/54 U v. 6.12.55, aaO und VI 317/62 U v. 9.10.64, aaO könnten dafür sprechen, obwohl die Tendenz zu erkennen ist, den angemessenen Gewinnanteil durch einen Fremdvergleich zu ermitteln, und falls dies nicht möglich ist, die von der Rspr. entwickelten Grundsätze zur Gewinnermittlung in einer Familienpersonengesellschaft heranzuziehen (BFH IV R 50/99 v. 21.9.00, aaO). Bei Gewinngemeinschaften „im Interesse der Gesellschafter“ sind auch § 4 Abs. 4 und § 12 EStG zu prüfen.

12 Nach Auffassung der FinVerw. bis einschl. 1992 konnten Gewinngemeinschaften zwischen **Produktions-** und **Vertriebsgesellschaften** und einem Einzelkaufmann

mit Produktionsbetrieb und einer Einmanngesellschaft als Vertriebsgesellschaft steuerlich nicht anerkannt werden (Abschn. 138b Abs. 4 und 5 EStR bis 1992). Dagegen mit Recht *Mann* aaO S. 238 ff. Ob solche Gewinngemeinschaften ab 1993 steuerlich möglich sind, ist offen.

Grds. wird auch die Gewinngemeinschaft zwischen einem **in-** und einem **ausländischen Unternehmen** anerkannt (*Ernst & Young* KStG § 14 Rz. 562). Soweit es sich um nahe stehende Unternehmen handelt, sind die oben entwickelten Grundsätze zu beachten. Zusätzlich gilt § 1 AStG. Im Sinne der DBA sind die Erträge auf Grund des Vertrages Unternehmensgewinne (Art. 7 OECD-MA), nicht etwa Dividenden (*Döllerer* JbFfSt 1.987/88, 316). Zu grenzüberschreitenden Aspekten *Meister* aaO, S. 438 ff. 13

Soweit bei steuerlicher Nichtanerkennung eine vGA anzunehmen ist, liegen dagegen bei aus dem Ausland ins Inland fließenden Erträgen **Schachteldividenden** vor und es sind die einschlägigen Bestimmungen der DBA (insbes. Schachtelprivileg) und des nationalen Rechts (§ 26 KStG) zu beachten. 14

bb) Gewerbesteuer

Durch eine Gewinngemeinschaft verbundene Unternehmen bleiben für die GewSt selbstständige Rechtssubjekte. Abführungen und Empfänge wirken sich auf den Gewerbeertrag (§ 7 GewStG) aus. Eine gewerbesteuerliche Organschaft (§ 2 Abs. 2 Satz 2 GewStG) zwischen den Beteiligten der Gewinngemeinschaft ist ab EZ 2002 nicht mehr möglich, da nunmehr dieselben Voraussetzungen wie für eine körperschaftsteuerliche Organschaft erfüllt sein müssen, dh. also Abschluss eines die Gewinngemeinschaft ausschließenden Gewinnabführungsvertrages. 15

cc) Umsatzsteuer

USt fällt nicht an, weil die Ausgleichszahlungen auf Grund der Gewinngemeinschaft allein noch keinen Leistungsaustausch iSd. Umsatzsteuerrechts beinhalten (BFH V R 42/70 v. 26.7.73, BStBl. II 73, 766; UStAE 1.1 Abs. 17; *Sölch/Ringleb* § 1 UStG Rz. 85). Die Innengesellschaft (s. Rz. 4) ist kein Unternehmer iSd. UStG, nur die Vertragspartner sind es (UStAE 2.1 Abs. 5; *Wöhe* aaO S. 24). 16

dd) Abgabenordnung

Da die Vertragsparteien der Gewinngemeinschaft keine Mitunternehmer sind, findet keine einheitliche Gewinnfeststellung nach § 180 Abs. 1 Nr. 2 AO statt (BFH VI 317/62 U v. 9.10.64, BStBl. III 65, 71; *Tipke/Kruse* § 180 AO Rz. 28). Möglich ist eine Konzernprüfung durch die FinVerw. nach einheitlichen Gesichtspunkten, wenn die Voraussetzungen des § 13 Abs. 1 und 2 BpO vorliegen (*Reuter* JbFfSt 1.971/72, 182). Die Gewinngemeinschaft allein begründet keine Haftung für Steuerschulden des anderen Vertragspartners. 17

2. Einzelerläuterungen

Zu § 2: Vorbilanzen

Anstelle der handelsrechtlichen können auch die steuerrechtlichen Vorschriften herangezogen werden. Statt solcher Generalverweisungen können auch einzelne Grundsätze über die Bewertung der Bestände, Höhe der Abschreibungen und Wertberichtigungen, Bildung von Rückstellungen usw. vorgesehen werden (vgl. den Vertragstext bei OLG Frankfurt 5 U 257/84 v. 21.1.86, AG 87, 43). Ebenso können bestimmte Posten vollständig herausgenommen werden, zB die Bezüge leitender Angestellter. 18

Zu § 3: Ergebnisaufteilung

Andere mögliche Gewinnverteilungsschlüssel sind der Unternehmenswert (wenig empfehlenswert, da schwer zu bestimmen, vgl. *WPH II* Abschn. A Rz. 7 ff.), der Umsatz, der Absatz bestimmter Waren, Personal der beteiligten Unternehmen. Weitere Möglichkeiten bei *Schubert/Küting* aaO S. 193 und *Meister* aaO S. 429. 19

A. 7.01 Metageschäft

Gliederung

I. FORMULAR

Formular A. 7.01 Vertrag Metageschäft

VERTRAG

zwischen

Handelshaus A-GmbH, vertreten durch ......

und

Handelshaus B-KG, vertreten durch ......

– nachfolgend Vertragsparteien genannt –

Die Vertragsparteien beabsichtigen die gemeinsame Erschließung des brasilianischen Marktes für den Export von Spritzgussmaschinen für die Kunststoffverarbeitung und vereinbaren dazu Folgendes:

§ 1 Funktionen

(1) A übernimmt den Einkauf der Maschinen, ihren Transport nach Brasilien und die Abladefunktion am Seehafen in Brasilien.

(2) B übernimmt die Akquisition der Kunden, die Bearbeitung der Lieferverträge bis zum Abschluss, den Transport vom Seehafen zum Standort des Kunden und die nachvertragliche Bearbeitung (Einweisung in den Gebrauch der Maschinen, Mängelbearbeitung, Inkassowesen).

(3) B hat das Recht, in Brasilien eine Zweigniederlassung oder Tochtergesellschaft zu gründen und ihr die in Absatz 2 genannten Funktionen zu übertragen. Die Übertragung bedarf der Genehmigung von A.

§ 2 Vertretung

Jede Vertragspartei tritt für die ihr gemäß § 1 zugewiesenen Funktionen nach außen im eigenen Namen auf.

§ 3 Gewinnverteilung

(1) Jede Vertragspartei trägt die Kosten der ihr nach § 1 zugewiesenen Funktionen selbst.

(2) Von dem aus dem Verkauf der Maschinen erzielten Bruttogewinn (Einkaufspreis von A ./. Verkaufspreis von B) erhält

– A 40%,

– B 60%.

B überweist vierteljährlich von den von ihr vereinnahmten Verkaufspreisen an A den A zustehenden Anteil.

§ 4 Vertragsdauer

Das Vertragsverhältnis beginnt mit der Unterzeichnung dieses Vertrages und endet am 31.12.20.. Es verlängert sich jeweils um zwei Jahre, wenn es nicht von einer der Vertragsparteien ein halbes Jahr vor dem jeweiligen Ablauf durch eingeschriebenen Brief gekündigt wird.

§ 5 Kontroll- und Einsichtsrecht

Jede Vertragspartei hat das Recht auf Auskunft und Einsicht in die Bücher, Papiere und sonstigen Unterlagen der anderen Vertragspartei über die in § 1 bezeichneten Geschäfte. Sie darf dieses Recht jedoch nur durch einen zur Verschwiegenheit verpflichteten Sachverständigen ausüben.

§ 6 Steuerliche Dokumentationspflichten

(1) Zur Erfüllung ihrer steuerlichen Dokumentationspflicht gem. § 90 Abs. 3 AO ist jede Vertragspartei von ihrer Verschwiegenheitsverpflichtung hinsichtlich der in § 1 bezeichneten Geschäfte entbunden.

(2) Jede Vertragspartei verpflichtet sich, die jeweils andere bei der Erfüllung der Pflichten gem. § 90 Abs. 3 AO hinsichtlich Informationsbeschaffung zu unterstützen.

§ 7 Schiedsgericht

Über Meinungsverschiedenheiten aus diesem Vertrage entscheidet ein Schiedsgericht.

II. ERLÄUTERUNGEN

Erläuterungen zu A. 7.01 Vertrag Metageschäft

1. Grundsätzliche Anmerkungen

Schrifttum: *E. Müller* Die Metagesellschaft im Steuerrecht, Stbg 62, 158; *Richter* Zum Begriff des Metageschäfts, ZBlfHR 28, 150; *Soergel/Hadding/Kießling* BGB 13. Aufl. 2012, vor § 705 Anm. 46; *Strobl u. a.* Meta-Gesellschaft, JbFfSt 1988/89, 246.

a) Wirtschaftliche Vertragsziele

Das Metageschäft ähnelt der Gewinngemeinschaft (vgl. Formular A. 7.00) insoweit, 1
als es auch hier um die Vergemeinschaftung eines Gewinns geht, jedoch beim Metageschäft um den Gewinn eines oder mehrerer einzelner Geschäfte, nicht des gesamten Unternehmensgewinns. Hauptmotive sind die Risikoverteilung, wenn zB ein bestimmtes Geschäft die finanziellen, personellen oder technischen Möglichkeiten eines Unternehmens übersteigt und die Arbeitsteilung in der Weise sinnvoll ist, dass die Beteiligten sich ergänzende Tätigkeiten vornehmen, die sie besonders gut beherrschen, zB kann A eine Ware günstig einkaufen, B sie bearbeiten und C sie verkaufen, D ggf. das Geschäft finanzieren. Häufig findet sich das Metageschäft auch bei der Auswertung

von Lizenzen und sonstigen Rechten, zB Filmen. Das Metageschäft ist somit eine Erscheinungsform der Unternehmenskooperation.

b) Zivilrecht

2 Der Metavertrag ist als Vertragstypus gesetzlich nicht ausdrücklich geregelt. Sein **wesentlicher Inhalt** besteht darin, dass zwei oder mehr Personen eine Verbindung eingehen, um ein oder mehrere Geschäfte auf gemeinschaftliche Rechnung, aber nach außen im eigenen Namen abzuschließen (BGH VIII ZR 142/62 v. 27.11.63, DB 64, 67; II ZR 125/81 v. 11.10.82, WM 82, 1403; II ZR 128/88 v. 26.6.89, NJW 90, 573; OLG Köln 4 U 13/96 v. 7.3.97, VersR 98, 760; *Soergel/Hadding* aaO). Trotz des Wortlautes a meta (= zur Hälfte) ist anerkannt, dass nicht nur zwei Personen, sondern auch mehrere mitwirken können und dass der Gewinn nicht nur gehälftelt, sondern auch in anderer Weise verteilt werden kann. Gleichbedeutend wird auch von Metaverbindung und Metagesellschaft gesprochen, die Vertragsparteien werden als Metisten bezeichnet.

3 Metaverträge sind **zwischen Unternehmen jeder Rechtsform** möglich. Der Vertrag ist formfrei. Bei Aktiengesellschaften gilt § 292 Abs. 1 Nr. 1 AktG für den Metavertrag nicht.

4 Der Metavertrag begründet zwischen den Beteiligten eine **Gesellschaft bürgerlichen Rechts** (§§ 705 ff. BGB) als Innengesellschaft, da sie nach außen nicht auftritt. Wenn den Parteien die sich aus den §§ 705 ff. BGB ergebenden Rechtsfolgen nicht angemessen erscheinen, müssen sie diese, soweit möglich, abbedingen, zB die gesamtschuldnerische Haftung. Üblicherweise hat die Gesellschaft kein Gesellschaftsvermögen. Eine andere Vereinbarung, zB Einbringung eines „Startkapitals“, ist möglich.

5 **Schwerpunkte der Vertragsgestaltung** sind die Zuweisung der von den Vertragsparteien wahrzunehmenden Funktionen und die Gewinnverteilung (vgl. Rz. 16 ff.).

6 Metaverträge **mit ausländischen Partnern** sind möglich.

7 Zur Erfassung im Jahresabschluss s. HFA-Stellungnahme 1/1993: Zur Bilanzierung von Joint Ventures, WPg 93, 441 und Kommentare zu §§ 275, 277 HGB.

c) Steuerrecht

aa) Einkommensteuer/Körperschaftsteuer

8 Die Parteien des Metavertrages bleiben **selbstständige Steuerrechtssubjekte.** Die Metagesellschaft ist insbesondere kein Körperschaftsteuersubjekt iSd. §§ 1, 3 KStG. Ob die Metagesellschaft Mitunternehmerschaft i.S. des § 15 Abs. 1 Satz 1 Nr. 2 EStG ist, hängt von der Ausgestaltung des Vertrages und der Tätigkeit der Gesellschaft ab. Die Metagesellschaft ist Mitunternehmerschaft, wenn ihre Tätigkeit als gewerblich i.S.v. § 15 Abs. 2 EStG einzuordnen ist und die Metisten dem Typus eines Mitunternehmers entsprechen, also Mitunternehmerinitiative entfalten können und Mitunternehmerrisiko tragen. Wird die Metavereinbarung für ein einmaliges Gelegenheitsgeschäft geschlossen, liegt keine Mitunternehmerschaft vor (BFH X R 108/91 v. 26.5.93, BStBl. II 94, 96; s. auch: RFH VI A 2120/29 v. 23.7.30, RStBl. 30, 716; VI A 182/31 v. 25.3.31, StuW 31 Nr. 434; FG Hamburg I 73/73 v. 3.9.75, EFG 76, 136; FG BaWü 12 K 247/88 v. 20.5.92, EFG 93, 225).

Für den Spezialfall der gemeinsamen Verwertung von Filmrechten hat die Rspr. allerdings Mitunternehmerschaft angenommen, unabhängig davon, ob ein Metageschäft oder ein anderes Rechtsverhältnis vorlag (BFH IV R 152/76 v. 19.2.81, BStBl. II 81, 602; BFH I R 25/79 v. 28.10.81, BStBl. II 82, 186); uE nicht für alle Metageschäfte zu verallgemeinern. Es kommt auf die Vertragsgestaltung im Einzelfall an. Für den Fall einer Beurteilung einer Metagesellschaft als Mitunternehmerschaft s. BFH I R 92/01 v. 18.12.02, IStR 03, 388 mit Anm. *Wassermeyer; Strunk/Kaminski* Stbg 03, 280;

Weninger SWI 03, 389; FG Hamburg 6 K 162/10 v. 27.2.12, BeckRS 2012, 95061, sowie folgend Rz. 11.

Liegt zwischen den Metisten keine Mitunternehmerschaft i.S. des § 15 Abs. 1 Satz 1 Nr. 2 EStG vor, so mindert der aus dem Metageschäft abzuführende Gewinn als **Betriebsausgabe** den Gewinn des abführenden Metisten und erhöht als **Betriebseinnahme** den Gewinn des anderen Metisten (zu den Buchungsvorgängen vgl. *E. Müller* Stbg 62, 158). 9

Metaverträge zwischen **nahe stehenden Personen** werden grds. ebenso anerkannt wie solche zwischen einander Fremden. Die allgemeinen Bedingungen für die steuerrechtliche Anerkennung von Verträgen zwischen nahe stehenden Personen sind zu beachten. Insb. im Verhältnis Kapitalgesellschaft zu ihrem Gesellschafter finden die Grundsätze der vGA und verdeckten Einlage auch in Ansehung eines Metavertrages Anwendung (BFH I 178/61 v. 27.2.63, BeckRS 1963, 21007642). Danach muss der Gewinnverteilungsschlüssel dem entsprechen, was einander fremde Personen vereinbart hätten. 10

Bei Metaverträgen mit ausländischen Metisten begründet der inländische Metist für den ausländischen weder eine **Betriebsstätte** (§ 12 AO) noch einen **ständigen Vertreter** (§ 13 AO) im Inland und folglich besteht keine beschränkte Steuerpflicht im Sinne des § 49 EStG unter diesem Gesichtspunkt (RFH VI A 2120/29 v. 23.7.30, RStBl. 30, 718 und VI A 182/31 v. 25.3.31, StuW 31 Nr. 434). Ebensowenig begründet der ausländische Metist für den inländischen eine Betriebsstätte oder einen ständigen Vertreter im Ausland mit den einschlägigen Rechtsfolgen, zB §§ 34c, 34d EStG. Im Einzelfall kann die Metaverbindung auf Grund besonderer vertraglicher Vereinbarungen oder besonderen tatsächlichen Verhaltens so „verdichtet" sein, dass Mitunternehmerschaft iSd. § 15 Abs. 1 Satz 1 Nr. 2 EStG vorliegt und damit der eine Metist eine Betriebsstätte am Ort des anderen Metisten hat (vgl. RFH I R 92/01 v. 25.4.33, RStBl. 33, 1019). So für den gemeinsamen Kunsthandel durch einen Schweizer Galeristen und eine deutsche OHG (BFH I R 92/01 v. 18.12.02, IStR 03, 388 mit Anm. *Wassermeyer; Teichgräber*, IStR 04, 804; sa. BFH IV R 152/76 v. 19.2.81, BStBl. II 81, 602). Es liegt dann eben kein Metageschäft mehr vor. Bei Metaverträgen mit ausländischen nahe stehenden Personen ist neben vGA und verdeckter Einlage auch § 1 AStG und § 90 Abs. 3 AO zu beachten. 11

Bei Verlust der einem ausländischen Geschäftspartner überlassenen Meta-Einlage greift das Abzugsverbot des § 2a Abs. 1 Nr. 5 EStG ein (FG BaWü 12 K 247/88 v. 20.5.92, EFG 93, 225). 12

bb) Gewerbesteuer

Meta-Gesellschaften sind als Nicht-Mitunternehmerschaften keine Gewerbesteuerrechtssubjekte. Nur die Metisten sind gewerbesteuerpflichtig (*Glanegger/Güroff* § 2 GewStG Rz. 32; *Glanegger/Selder* § 7 GewStG Rz. 217). Abführung und Empfänge auf Grund des Metavertrages wirken sich auf den Gewerbeertrag aus. Liegt eine Mitunternehmerschaft vor, so ist diese nach allgemeinen Grundsätzen Gewerbesteuersubjekt, ggf. ist die Metagesellschaft von der Arbeitsgemeinschaft abzugrenzen vgl. § 2a GewStG). 13

cc) Umsatzsteuer

Die Meta-Innengesellschaft ist nicht selbst Unternehmer im Sinne des § 2 UStG (UStAE 2.1 Abs. 5; *R/D/F/G/Stadie* § 2 Rz. 286 ff.). Folglich sind Umsätze zwischen der Meta-Innengesellschaft und den ihr angehörenden einzelnen Unternehmen nicht möglich (*Sölch/Ringleb* § 2 UStG Rz. 41). Die Geschäfte zwischen den Metisten sind umsatzsteuerbar, weil die Metisten weiterhin selbstständige Unternehmer iSd. § 2 UStG sind. Zum Entgelt für jede Lieferung gehört auch der auf den Metisten entfallende Gewinnanteil (vgl. *E. Müller* Stbg 62, 158). 14

dd) Abgabenordnung

15 Sofern die Vertragsparteien des Metavertrages keine Mitunternehmer sind, findet keine einheitliche Gewinnfeststellung nach § 180 Abs. 1 Nr. 2a AO statt (*Tipke/Kruse* § 180 AO Rz. 38). Anders, falls im Einzelfall doch Mitunternehmerschaft vorliegt (BFH IV R 152/76 v. 19.2.81, BStBl. II 81, 602). Wird der Metavertrag mit einer ausländischen nahe stehenden Person iSd. § 1 Abs. 2 AStG geschlossen, so ist der inländische Steuerpflichtige ab VZ 2003 verpflichtet, diese Geschäftsbeziehungen einschließlich der Grundlagen ihrer Entscheidungen über Festsetzung von Verrechnungspreisen und sonstigen Geschäftsbedingungen zu dokumentieren (§ 90 Abs. 3 AO iVm der GewinnaufzeichnungsVO). Kommt er dieser Pflicht nicht nach so findet § 162 Abs. 3 und Abs. 4 AO Anwendung.

2. Einzelerläuterungen

Zu § 1: Funktionen

16 Die Funktionszuweisung ist, neben der Gewinnverteilung, Schwerpunkt des Vertrages. Insbes. dann, wenn, wie im Formular, jede Partei die ihr entstehenden Kosten selbst trägt, muss die Funktionszuweisung detailliert erfolgen.

Zu § 3: Gewinnverteilung

17 Die Gewinnverteilung hängt in der Regel von der Funktionszuweisung ab. Eine hälftige Aufteilung bei zwei Partnern findet sich häufig, ist aber nicht zwingend. Wenn auch die Kosten ganz oder zum Teil vergemeinschaftet werden, fällt die Gewinnverteilung in der Regel anders aus. Bei längere Zeit laufenden Metaverträgen ist es empfehlenswert, eine Überprüfung der Gewinnverteilung ins Auge zu nehmen, die davon abhängig gemacht werden kann, dass sich die von den Beteiligten zu tragenden Kosten in bestimmten Größenordnungen verändert haben.

18 Die Abrechnungsmodalitäten zwischen den Metisten, insbesondere der Zeitpunkt der Abrechnung, hängt in der Regel von der Natur des Geschäfts ab. Beim Massengeschäft ist jährliche Abrechnung anzutreffen, bei großvolumigen Einzelgeschäften Abrechnung von Fall zu Fall.

Zu § 5: Kontroll- und Einsichtsrecht

19 Die Beschränkung von Kontroll- und Einsichtsrechten auf die gemeinschaftlichen Geschäfte ist idR aus Wettbewerbsgründen geboten.

Zu § 6: Steuerliche Dokumentationspflichten

20 Diese Klausel dient der Erfüllung der steuerlichen Dokumentationspflichten aus § 90 Abs. 3 AO.

A. 8. Kommanditgesellschaft und GmbH & Co. KG

Übersicht

A. 8.00 Gesellschaftsvertrag (einfach) mit Anmeldung

Gliederung

I. FORMULARE

Formular A. 8.00 Gesellschaftsvertrag (einfach)

GESELLSCHAFTSVERTRAG DER KUNTERBUNT-KG

§ 1 Firma, Sitz, Rechtsform

(1) Die Firma lautet:

Kunterbunt-KG

(2) Sitz der Gesellschaft ist ......

§ 2 Gegenstand des Unternehmens

(1) Gegenstand des Unternehmens ist die Fertigung von und der Handel mit Textilien.

(2) Die Gesellschaft ist berechtigt, alle Geschäfte vorzunehmen, die den Gesellschaftszweck

unmittelbar oder mittelbar zu fördern geeignet sind, einschließlich der Beteiligung an anderen Unternehmen sowie der Errichtung von Zweigniederlassungen im In- und Ausland.

§ 3 Beginn und Dauer der Gesellschaft, Geschäftsjahr

(1) Die Gesellschaft beginnt am 1.7.20.. Sie wird auf unbestimmte Dauer errichtet. Im Außenverhältnis besteht die Gesellschaft ebenfalls ab diesem Zeitpunkt. Bis zur Eintragung im Handelsregister haben die Kommanditisten nur die Rechtsstellung von atypisch still beteiligten Gesellschaftern, für die die Bestimmungen dieses Vertrages entsprechend gelten.

(2) Geschäftsjahr ist das Kalenderjahr. Das erste Geschäftsjahr ist ein Rumpfgeschäftsjahr und dauert vom 1.7.20.. bis 31.12.20..

§ 4 Gesellschafter, Kapitalanteile und Einlagen

(1) Persönlich haftende Gesellschafter (Komplementäre) sind:

a) ....., geboren am ...., wohnhaft in .....

b) ....., geboren am ...., wohnhaft in .....

(2) Kommanditisten sind:

a) ....., geboren am ...., wohnhaft in ..... mit einer im Handelsregister einzutragenden Hafteinlage in Höhe von .... EUR

b) ....., geboren am ...., wohnhaft in ..... mit einer im Handelsregister einzutragenden Hafteinlage in Höhe von .... EUR.

c) ....., geboren am ...., wohnhaft in ..... mit einer im Handelsregister einzutragenden Hafteinlage in Höhe von .... EUR.

Sofern und soweit die von einem Kommanditisten nach § 4 Abs. 4 zu erbringende Pflichteinlage die Höhe seiner Hafteinlage übersteigt, kann hieraus eine Haftung des Kommanditisten gegenüber den Gläubigern der Gesellschaft iSv. § 171 Abs. 1 HGB nicht abgeleitet werden.

(3) Die Gesellschaft hat ein vollständig durch Einlagen zu erbringendes Festkapital von .... EUR.

Hieran sind die Gesellschafter wie folgt beteiligt:

a) der persönlich haftende Gesellschafter .... mit einem festen Kapitalanteil von .... EUR, dh. zu .... Prozent;

b) der persönlich haftende Gesellschafter .... mit einem festen Kapitalanteil von .... EUR, dh. zu .... Prozent;

c) der Kommanditist .... mit einem festen Kapitalanteil von .... EUR, dh. zu .... Prozent;

d) der Kommanditist .... mit einem festen Kapitalanteil von .... EUR, dh. zu .... Prozent.

Der feste Kapitalanteil ist maßgeblich für die Beteiligung des Gesellschafters am Ergebnis und am Vermögen sowie an einem etwaigen Auseinandersetzungsguthaben der Gesellschaft sowie für sein Stimmrecht.

(4) Die von den Gesellschaftern zur Deckung des Gesellschaftskapitals zu leistenden Einlagen (Pflichteinlagen) werden wie folgt erbracht:

a) der Beitrag des Gesellschafters .... durch Einbringung aller Aktiva und Passiva des von ihm bisher unter der Firma .... betriebenen Einzelunternehmens mit dem Sitz in .... gemäß den Bestimmungen des diesem Gesellschaftsvertrag als Anlage .... beigefügten Einbringungsvertrages; zur näheren Bezeichnung nehmen die Gesellschafter auf die von Herrn Steuerberater .... zum .... aufgestellte und diesem Gesellschaftsvertrag als Anlage .... beigefügte Schlussbilanz des Einzelunternehmens Bezug; diese Sacheinlage wird von den Gesellschaftern mit .... EUR bewertet;

b) der Beitrag des Gesellschafters .... durch Einlage eines Geldbetrages in Höhe von .... EUR;

c) der Beitrag des Gesellschafters .... durch Einlage eines Geldbetrages in Höhe von .... EUR;

d) der Beitrag des Gesellschafters ... durch Übereignung des Grundbesitzes Flurstück ... der Gemarkung ... sowie weiteren beweglichen Anlagevermögens gemäß den Bestimmungen des diesem Gesellschaftsvertrag als Anlage .... beigefügten Einbringungsvertrages; diese Sacheinlage wird von den Gesellschaftern mit ... EUR bewertet;

Die Barbeträge sind am .... zur Zahlung fällig.

(5) Soweit der Wert der Einlagen insgesamt die Höhe des Festkapitals übersteigt, wird der überschießende Betrag in die Kapitalrücklage der Gesellschaft eingestellt und auf den Rücklagenkonten der Gesellschafter im Verhältnis ihrer festen Kapitalanteile gemäß § 4 Abs. 3 verbucht.

(6) Die Gesellschafter sind weder berechtigt noch verpflichtet, ihre Einlage zu erhöhen. Dies gilt auch dann, wenn der Kapitalanteil eines Gesellschafters negativ wird.

§ 5 Geschäftsführung und Vertretung

(1) Zur Geschäftsführung und Vertretung der Gesellschaft sind die Komplementäre jeweils gemeinsam berechtigt und verpflichtet. Scheidet ein Komplementär aus, so ist der verbliebene Komplementär allein zur Geschäftsführung und Vertretung berechtigt und verpflichtet.

(2) Zur Vornahme von Geschäften und Rechtshandlungen, die über den üblichen Rahmen des Geschäftsbetriebes hinausgehen, ist die Einwilligung der Gesellschafterversammlung erforderlich.

§ 6 Aufwendungsersatz, Geschäftsführervergütung

(1) Die Komplementäre haben Anspruch auf Ersatz aller ihnen durch die Geschäftsführung erwachsenden Aufwendungen.

(2) Darüber hinaus steht den Komplementären eine Tätigkeitsvergütung zu, die alljährlich mit Feststellung des Jahresabschlusses für das Folgejahr von der Gesellschafterversammlung festgelegt wird.

§ 7 Konten der Gesellschafter

(1) Für jeden Gesellschafter werden ein festes Kapitalkonto, ein Verlustvortragskonto und ein Rücklagenkonto bei der Gesellschaft geführt.

a) Das feste Kapitalkonto spiegelt seine Beteiligung am Gesellschaftsvermögen und an den Gesellschaftsrechten wider. Dieses Kapitalkonto entspricht bei den Kommanditisten der zum Handelsregister angemeldeten Pflichteinlage.

b) Um die Feststellung aufgelaufener Verluste zu vereinfachen, ist für jeden Gesellschafter ein Verlustvortragskonto einzurichten. Buchungen auf diesem Konto werden durch spätere Gewinne wieder ausgeglichen.

c) Für jeden Gesellschafter wird außerdem ein Rücklagenkonto als weiteres Kapitalkonto eröffnet, auf welchem eine anteilige Kapitalrücklage sowie die im Rahmen der Gewinnverteilung in die Rücklage einzustellenden Beträge verbucht werden.

(2) Kapital-, Rücklagen- und Verlustvortragskonten gem. Abs. 1 werden nicht verzinst.

(3) Des Weiteren wird für jeden Gesellschafter ein Privatkonto eingerichtet, über das sich der Verrechnungsverkehr zwischen der Gesellschaft und den Gesellschaftern vollzieht. Alle sonstigen Beträge wie Einlagen, Entnahmen, Zinsen oder nicht zum Verlustausgleich benötigte bzw. in die Rücklage eingestellte Gewinne, sind auf diesem Privatkonto zu verbuchen.

Guthaben und Verbindlichkeiten auf dem Privatkonto werden mit dem jeweils marktüblichen Zinssatz p.a. verzinst. Die Zinsberechnung erfolgt am Jahresende. Die Zinsen gelten im Verhältnis der Gesellschafter zueinander als Aufwand bzw. Ertrag.

§ 8 Gesellschafterversammlung

(1) Beschlüsse der Gesellschafter, die nach diesem Vertrag oder dem Gesetz erforderlich sind, werden in Gesellschafterversammlungen gefasst.

(2) Die ordentliche Gesellschafterversammlung findet innerhalb eines Monats nach Fertigstellung und – soweit erforderlich – Prüfung des Jahresabschlusses für das vorangegangene Geschäftsjahr statt. Außerordentliche Gesellschafterversammlungen finden statt, wenn dies im Interesse der Gesellschaft erforderlich ist.

(3) Alle Gesellschafterversammlungen finden am Sitz der Gesellschaft statt, sofern sich nicht alle Gesellschafter mit der Abhaltung an einem anderen Ort einverstanden erklären.

(4) Die Gesellschafterversammlung wird von den persönlich haftenden Gesellschaftern einberufen und geleitet, sofern die Leitung nicht einem anderen Gesellschafter übertragen wird. Die Einberufung erfolgt formlos unter Bekanntgabe der zu behandelnden Tagesordnungspunkte. Widerspricht ein Gesellschafter der formlosen Einberufung, so ist die Gesellschafterversammlung von den Komplementären durch eingeschriebenen Brief an alle Gesellschafter einzuberufen. Zwischen der Absendung des Briefes und dem Tag der Versammlung müssen mindestens zwei Wochen liegen. Bei der Einberufung ist die Tagesordnung mitzuteilen.

(5) Die persönlich haftenden Gesellschafter sind zur Einberufung verpflichtet, wenn es im Interesse der Gesellschaft erforderlich erscheint oder ein Kommanditist, der mit mindestens 10% am Kapital beteiligt ist, es unter Angabe des Zwecks und der Gründe verlangt. Entspricht der persönlich haftende Gesellschafter einem solchen

Verlangen nicht unverzüglich, kann der Kommanditist selbst eine Gesellschafterversammlung einberufen. Abs. 4 Satz 3 ff. gilt für diesen Fall entsprechend.

(6) Die Gesellschafterversammlung ist beschlussfähig, wenn 50 % des Festkapitals anwesend oder vertreten ist. Fehlt es an dieser Voraussetzung, so ist unverzüglich eine weitere Gesellschafterversammlung einzuberufen, die ohne Rücksicht auf die Zahl der anwesenden oder vertretenen Gesellschafter beschlussfähig ist. Auf diesen Umstand ist in der erneuten Ladung hinzuweisen. Für die Einberufung der weiteren Gesellschafterversammlung kann in dringenden Fällen die Ladungsfrist auf eine Woche verkürzt werden.

(7) Jeder Gesellschafter kann sich in der Gesellschafterversammlung durch einen anderen Gesellschafter oder durch eine von Gesetzes wegen zur Berufsverschwiegenheit verpflichteten Person vertreten bzw. beraten lassen. Die Vollmacht ist schriftlich zu erteilen und in der Versammlung vorzulegen.

(8) Über die Beschlüsse der Gesellschafterversammlung ist eine Niederschrift anzufertigen und von dem Vorsitzenden der Gesellschafterversammlung zu unterzeichnen.

§ 9 Gesellschafterbeschlüsse

(1) Gesellschafterbeschlüsse werden mit einfacher Mehrheit der abgegebenen Stimmen gefasst, sofern nicht dieser Vertrag oder das Gesetz eine andere Mehrheit vorschreiben.

(2) Je € 1.000.– auf dem festen Kapitalkonto gem. § 7 Abs. 1 gewähren eine Stimme.

(3) Gesellschafterbeschlüsse können – vorbehaltlich zwingender vertraglicher oder gesetzlicher Formvorschriften – wenn alle Gesellschafter damit einverstanden sind, auch telefonisch, durch Telefax oder per E-Mail schriftlich oder mündlich oder in sonstiger medialer Form ohne förmliche Gesellschafterversammlung gefasst werden. Die gefassten Beschlüsse sind durch den persönlich haftenden Gesellschafter zu protokollieren.

§ 10 Jahresabschluss

(1) Die geschäftsführenden Gesellschafter haben innerhalb einer Frist von sechs Monaten nach Ablauf des Geschäftsjahres den Jahresabschluss für das abgelaufene Geschäftsjahr aufzustellen. Soweit nicht zwingende handelsrechtliche Vorschriften entgegenstehen, hat die Handelsbilanz der für Zwecke der Einkommensbesteuerung aufzustellenden Steuerbilanz zu entsprechen. Eine Abschrift ist den Gesellschaftern zusammen mit der Ladung zur ordentlichen Gesellschafterversammlung zuzuleiten.

(2) Die nach diesen Grundsätzen aufgestellte Bilanz ist maßgeblich für die Gewinn- und Verlustverteilung nach § 11 dieses Vertrages. Sollte sich zum Zwecke der steuerlichen Gewinnermittlung eine zwingende Abweichung von der Handelsbilanz ergeben, ist letztere für die Gewinn- und Verlustverteilung maßgeblich.

(3) Wird die Steuerbilanz im Rahmen des Veranlagungsverfahrens oder auf Grund einer Außenprüfung durch das Finanzamt bestandskräftig geändert, so ist die Handelsbilanz zum nächstmöglichen Zeitpunkt an die Steuerbilanz anzupassen, sofern nicht zwingende handelsrechtliche Bestimmungen entgegenstehen.

§ 11 Ergebnisverteilung

(1) Zur Ermittlung des zur Verteilung gelangenden Jahresergebnisses werden Tätigkeitsvergütungen sowie Pensionszahlungen an Gesellschafter oder deren Hinterbliebene als abzugsfähiger Aufwand der Gesellschaft behandelt.

(2) Zinsen für Guthaben oder Schulden auf Privatkonten werden zur Ermittlung des verteilungsfähigen Ergebnisses als Aufwand bzw. Ertrag der Gesellschaft behandelt.

(3) Das danach verbleibende Ergebnis wird nach dem Verhältnis der festen Kapitalkonten auf die Gesellschafter verteilt. Dabei wird ein sich ergebender Verlust dem Verlustvortragskonto gem. § 7 Abs. 1 c) belastet; Gewinnanteile werden zu 25% den Verlustvortragskonten, solange diese einen Saldo ausweisen, gutgeschrieben. Darüber hinaus können die Gesellschafter mit der einfachen Mehrheit der Stimmen beschließen, dass ein bestimmter Anteil des Gewinns, höchstens jedoch 25%, den Rücklagenkonten gutgeschrieben wird. Der verbleibende Gewinn ist den Privatkonten gutzuschreiben.

§ 12 Einlagen und Entnahmen

(1) Einlagen zum Ausgleich negativer Beträge auf den Privatkonten gemäß § 7 sind jederzeit zulässig.

(2) Eine Entnahme von Guthaben von dem Privatkonto eines Kommanditisten ist unzulässig, wenn die Summe sämtlicher Kapitalkonten negativ ist (steuerlich negatives Kapitalkonto) und sich dieses negative Konto durch die Entnahmen erhöht oder ein solches negatives Kapitalkonto durch die Entnahmen entsteht.

(3) Im Übrigen sind Entnahmen auf Grund eines mit einfacher Mehrheit zu fassenden Gesellschafterbeschlusses zulässig.

(4) Tätigkeitsvergütungen eines Gesellschafters können bei Fälligkeit entnommen werden.

§ 13 Auflösung der Gesellschaft, Fortführung der Firma

(1) Die Gesellschaft wird in den gesetzlich vorgesehenen Fällen aufgelöst. Die Auflösung der Gesellschaft durch Erhebung der Auflösungsklage nach § 133 HGB wird – soweit rechtlich möglich – ausgeschlossen.

(2) Bei Auflösung der Gesellschaft erfolgt die Liquidation durch die persönlich haftenden Gesellschafter. Der Umfang ihrer Geschäftsführungs- und Vertretungsmacht wird durch die Eröffnung der Liquidation nicht verändert.

(3) Für alle Fälle des Ausscheidens aus der Gesellschaft gibt jeder Gesellschafter seine Einwilligung zur Fortführung der Firma.

§ 14 Kündigung

(1) Eine ordentliche Kündigung der Gesellschaft ist bis zum .... ausgeschlossen. Danach ist eine Kündigung zum Schluss jedes Geschäftsjahres mit einer Frist von .... Monaten zulässig. Darüber hinaus ist jeder Gesellschafter berechtigt, die Gesellschaft mit sofortiger Wirkung aus wichtigem Grund zu kündigen.

(2) Die Kündigung bedarf zu ihrer Wirksamkeit einer schriftlichen Erklärung gegenüber allen Gesellschaftern.

(3) Kündigt ein Kommanditist, so scheidet er aus der Gesellschaft aus. Diese wird mit den verbleibenden Gesellschaftern fortgesetzt. Entsprechendes gilt für die Kündigung durch einen von mehreren persönlich haftenden Gesellschaftern. Verbleibt nur noch ein persönlich haftender Gesellschafter, ist dieser berechtigt, das Handelsgeschäft unter Übernahme sämtlicher Aktiva und Passiva und ohne vorherige Liquidation fortzuführen.

(4) Kündigt der einzige persönlich haftende Gesellschafter das Gesellschaftsverhältnis, wird die Gesellschaft mit Ablauf der Kündigungsfrist aufgelöst und tritt in Liquidation, es sei denn, die übrigen Gesellschafter beschließen bis zum Ablauf der Kündigungsfrist mit einer Mehrheit von 75 % ihrer Stimmen unter gleichzeitiger Bestellung eines neuen persönlich haftenden Gesellschafters die Fortsetzung der Ge-

sellschaft bzw. der verbleibende alleinige Gesellschafter beschließt die Fortführung des Handelsgeschäfts unter Übernahme aller Aktiven und Passiven ohne Liquidation. Der kündigende persönlich haftende Gesellschafter scheidet in diesem Falle mit Ablauf der Kündigungsfrist aus der Gesellschaft aus.

§ 15 Ausscheiden und Ausschluss eines Gesellschafters

(1) Ein Gesellschafter scheidet aus der Gesellschaft aus, im Falle

a) der Zwangsvollstreckung in den Gesellschaftsanteil, den Gewinnanteil oder das Auseinandersetzungsguthaben eines Gesellschafters mit Zustellung des Pfändungs- und Überweisungsbeschlusses an die Gesellschaft, wenn dieser nicht innerhalb von drei Monaten wieder aufgehoben wird und die Voraussetzungen des § 135 HGB vorliegen, oder

b) der rechtskräftigen Eröffnung des Insolvenzverfahrens über das Vermögen eines Gesellschafters oder der Ablehnung eines entsprechenden Antrags mangels Masse, oder

c) der Abgabe einer eidesstattlichen Versicherung nach § 807 ZPO durch einen Gesellschafter oder Anordnung der Haftung zur Erzwingung ihrer Abgabe, oder

d) der Erhebung der Auflösungsklage nach § 133 HGB, oder

e) der Kündigung durch den Gesellschafter gemäß § 14.

(2) Gesellschafter, die in ihrer Person einen wichtigen Grund im Sinne des § 133 Abs. 1 HGB erfüllen, können durch einstimmigen Beschluss aller übrigen Gesellschafter aus der Gesellschaft ausgeschlossen werden.

(3) Scheidet ein Gesellschafter nach Abs. 1 oder 2 aus der Gesellschaft aus, wird diese mit den übrigen Gesellschaftern fortgesetzt. Es gelten die Bestimmungen gemäß § 14 Abs. 3 und 4 entsprechend.

§ 16 Tod eines Gesellschafters

(1) Im Fall des Todes eines Kommanditisten wird die Gesellschaft mit dessen Erben fortgesetzt. Die Konten des verstorbenen Gesellschafters sind entsprechend aufzuteilen.

(2) Stirbt einer von mehreren Komplementären, so steht demjenigen Erben oder Vermächtnisnehmer des Verstorbenen das Recht zu, als Komplementär in die Gesellschaft einzutreten, den der Verstorbene letztwillig zu seinem Nachfolger ernannt hat. Der somit benannte Nachfolger-Komplementär hat seinen Eintritt gegenüber allen Mitgesellschaftern durch eingeschriebenen Brief zu erklären, der spätestens sechs Monate nach dem Tod des verstorbenen Komplementärs zugegangen sein muss. Im Übrigen gilt die Bestimmung des § 139 HGB entsprechend.

(3) Hat der verstorbene Gesellschafter letztwillig Testamentsvollstreckung angeordnet, so werden sämtliche Gesellschaftsrechte und -pflichten des verstorbenen Gesellschafters von den oder dem Testamentsvollstrecker(n) bis zur Beendigung der Testamentsvollstreckung ausgeübt.

§ 17 Übertragung und Belastung von Gesellschaftsanteilen, Abtretung von Ansprüchen aus dem Gesellschaftsverhältnis

(1) Verfügungen über die Gesellschaftsbeteiligung, insbesondere die Übertragung, Sicherungsabtretung oder Verpfändung, sind nur mit Zustimmung aller Gesellschafter möglich.

(2) Die Abtretung von Ansprüchen aus dem Gesellschaftsverhältnis ist ausgeschlossen.

§ 18 Abfindung

(1) Scheidet ein Gesellschafter aus der Gesellschaft aus, erhält er als Abfindung den Buchwert seiner Beteiligung zuzüglich seines Anteils an den stillen Reserven des Anlagevermögens. Der Buchwert wird durch Saldierung sämtlicher Konten des Gesellschafters einschließlich seines Anteils an etwaigen gemeinschaftlichen Konten in der letzten Jahresschlussbilanz ermittelt, die stillen Reserven des Anlagevermögens durch einen Vergleich der Buchwerte mit den Teilwerten, die gegebenenfalls durch Gutachten eines von der zuständigen Wirtschaftsprüferkammer zu bestimmenden Sachverständigen zu ermitteln sind. Die Kosten des Gutachtens tragen Gesellschafter und Gesellschaft zu gleichen Teilen. Ein selbst geschaffener Unternehmenswert sowie sonstige nicht bilanzierungsfähige Wirtschaftsgüter bleiben ebenso außer Betracht wie schwebende Geschäfte oder der Unternehmensertrag.

(2) Die Auszahlung der Abfindung erfolgt zur Hälfte binnen sechs Monaten und zur anderen Hälfte binnen weiteren sechs Monaten, nachdem das Abfindungsguthaben festgestellt worden ist. Das Abfindungsguthaben ist marktüblich vom Zeitpunkt des Ausscheidens an verzinslich.

§ 19 Ehelicher Güterstand

(1) Die Gesellschafter sind verpflichtet, durch Abschluss eines Ehevertrages dafür Sorge zu tragen, dass Wertsteigerungen der Beteiligung und Ansprüche aus dem Gesellschaftsverhältnis keine Rechnungsposten bei der Berechnung des Zugewinnausgleichs bilden, also im Fall der Scheidung nicht auszugleichen sind.

(2) Im Fall einer Verletzung der vorstehenden Verpflichtung ist ein Ausschlussgrund gegeben (§ 15 Abs. 2).

§ 20 Schlussbestimmungen

(1) Änderungen und Ergänzungen dieses Vertrages bedürfen der Schriftform. Mündliche Nebenabreden bestehen nicht. Kein Gesellschafter kann sich auf eine vom Vertrag abweichende tatsächliche Übung berufen, solange die Abweichung nicht schriftlich fixiert ist.

(2) Sollten sich einzelne Bestimmungen dieses Vertrages als ungültig erweisen, so wird dadurch die Gültigkeit des Vertrages im Übrigen nicht berührt. In einem solchen Fall sind die Gesellschafter verpflichtet, durch Beschluss die ungültige Bestimmung durch diejenige gesetzlich zulässige Bestimmung zu ersetzen, die den Zweck der ungültigen Bestimmung, insbesondere das, was die Vertragsparteien gewollt haben, mit der weitestgehend möglichen Annährung erreicht. Entsprechendes gilt, wenn sich bei Durchführung des Vertrages eine ergänzungsbedürftige Lücke ergeben sollte.

(3) Erfüllungsort und Gerichtsstand für sämtliche Streitigkeiten aus diesem Vertrag und über das Zustandekommen dieses Vertrages ist der Sitz der Gesellschaft, soweit dies zulässig vereinbart werden kann.

(4) Die Kosten der Gründung trägt die Gesellschaft.

§ 21 Schiedsklausel

(1) Über alle Streitigkeiten aus diesem Vertrag, insbesondere auch über seine Wirksamkeit oder die Wirksamkeit einzelner seiner Bestimmungen, ausgenommen derjenigen Streitigkeiten, die von Gesetzes einem Schiedsgericht nicht zur Entscheidung zugewiesen werden können, entscheidet unter Ausschluss des ordentlichen Rechtswegs ein Schiedsgericht. Zuständigkeit, Zusammensetzung und Verfahren des Schiedsgerichts haben die Gesellschafter im Schiedsvertrag vom ...... näher geregelt.

(2) Jeder neue Gesellschafter, der in die Gesellschaft eintritt, gleichgültig auf Grund welchen Rechtsvorgangs, unterwirft sich dem Schiedsgericht entsprechend den im Schiedsvertrag getroffenen Vereinbarungen.

Formular A. 8.00a Handelsregisteranmeldung

An das
Amtsgericht
– Handelsregister A –
A-Stadt
Betrifft: Neu gegründete Firma Kunterbunt-KG

Die Unterzeichneten melden hiermit zur Eintragung in das Handelsregister an:

Wir haben unter der Firma

Kunterbunt-KG

eine Kommanditgesellschaft mit Sitz in ...... errichtet, die mit der Eintragung in das Handelsregister beginnt.

Persönlich haftende Gesellschafter sind:
Herr Dieter A *(Name, Vorname, Geburtsdatum, Wohnort)*,
Frau Christa B *(Name, Vorname, Geburtsdatum, Wohnort)*,
beide Kaufleute in A-Stadt.

Kommanditisten sind:
Herr Josef C *(Name, Vorname, Geburtsdatum, Wohnort)*
mit einer Kommanditeinlage von € ...... –
Herr Christoph D *(Name, Vorname, Geburtsdatum, Wohnort)*
mit einer Kommanditeinlage von € ...... –
Frau Monika E *(Name, Vorname, Geburtsdatum, Wohnort)*,
mit einer Kommanditeinlage von € ...... –
sämtlich A-Stadt.

Die persönlich haftenden Gesellschafter sind zur gemeinschaftlichen Vertretung der Gesellschaft berechtigt.

Die Gesellschaft betreibt die Fertigung von und den Handel mit Textilien.

Das Geschäftslokal befindet sich in A-Stadt, Z-Straße 7.

... **...**
(Unterschriften) **(Beglaubigungsvermerk)**

...
(Notar)

II. ERLÄUTERUNGEN

Erläuterungen zu A. 8.00 Gesellschaftsvertrag (einfach)

1. Grundsätzliche Anmerkungen

a) Wirtschaftliches Vertragsziel

Die KG gem. §§ 161 ff. HGB in ihrem Grundtypus, nämlich mit einem oder mehreren natürlichen Personen als persönlich haftenden Gesellschaftern und einer oder mehreren nicht notwendigerweise natürlichen Personen als beschränkt haftenden Gesellschaftern – Kommanditisten –, ist häufig die für eine reine Familiengesellschaft an- 1 gemessene Rechtsform zum Betrieb eines vollkaufmännischen Handelsgewerbes iSd. § 1 Abs. 2 HGB oder eines Handelsgewerbes gem. § 2 HGB. Die weitgehende Nachgiebigkeit des KG-Rechts erlaubt es, einen als natürlich zu bezeichnenden Interessengegensatz zwischen Komplementärin und Kommanditisten auszugleichen.

2 Häufig entstehen **Familien-KG aus Einzelunternehmen,** insb. dann, wenn der Unternehmensgründer im Wege der sog. vorweggenommenen Erbfolge Familienmitglieder – den Ehepartner und/oder Kinder – als beschränkt haftende Gesellschafter (Kommanditisten) in das Unternehmen aufnimmt. Dabei wird der Firmengründer für eine gewisse Zeit als Komplementär die Unternehmensverantwortung behalten, wobei der eigentliche Unternehmensnachfolger, der den Betrieb aktiv weiterführen soll, später gegen den Senior als Komplementär ausgetauscht werden kann. Die nicht zur Unternehmensnachfolge bestimmten Familienmitglieder werden demgegenüber an der unternehmerischen Substanz beteiligt, ohne in die Führung der täglichen Geschäfte eingreifen zu können.

3 Neben den mehr in erbrechtlichen Erwägungen liegenden Gründen kann für das Entstehen einer KG – sei es durch erstmalige Gründung oder durch Aufnahme von Gesellschaftern in ein bestehendes Unternehmen – das **Motiv** maßgebend sein, das für den Betrieb eines Unternehmens erforderliche Kapital zur Verwirklichung eines bestimmten Unternehmenszwecks zusammenzubringen. Beispielhaft für eine solche KG-Entstehung ist etwa der Erfinder, der das geistige Produkt seiner Erfindertätigkeit im eigenen Unternehmen verwirklichen will, dem aber hierzu die notwendigen Mittel fehlen. Er wird sich seine Kapitalgeber als Kommanditisten suchen, die mit der Volleinzahlung ihrer Einlagen ihr Risiko absolut und endgültig beschränken können.

b) Gesellschaftsrecht

4 Die Kommanditgesellschaft ist eine Gesellschaft, deren **Zweck auf den Betrieb eines Handelsgewerbes** unter gemeinschaftlicher Firma gerichtet ist und bei der bei einem oder bei einigen von den Gesellschaftern die Haftung gegenüber den Gesellschaftsgläubigern auf den Betrag einer bestimmten Vermögenseinlage beschränkt ist, während bei einem oder mehreren anderen Gesellschaftern eine Beschränkung der Haftung nicht stattfindet. Es wird also unterschieden zwischen Kommanditisten einerseits und persönlich haftenden Gesellschaftern (Komplementären) andererseits (§ 161 Abs. 1 HGB). Als Abwandlung von der OHG haftet also mindestens ein Komplementär unbeschränkt nach §§ 128ff. HGB, während die anderen Gesellschafter (Kommanditisten) nur beschränkt nach §§ 171ff. HGB haften. Die §§ 171 bis 176 HGB betreffen die Haftung des Kommanditisten und bilden dabei den Kern des Rechts der KG, während die übrigen Vorschriften (§§ 161 bis 170, 177 HGB) durch diesen Hauptunterschied veranlasste weitere Abweichungen vom Recht der OHG mit sich bringen.

4a Im Hinblick auf das Erfordernis eines gewerblichen Unternehmens können sich **freiberuflich Tätige** nach wie vor im Regelfall nicht zu einer KG zusammenschließen. Etwas anderes gilt allerdings dann, wenn die Gesellschaft gewerblichen Zuschnitt hat (*Baumbach/Hopt* § 105 Rz. 3 und § 1 Rz. 20). Jederzeit besteht neben der Möglichkeit der Begründung einer GbR die Möglichkeit zum Zusammenschluss in einer Partnerschaft nach dem PartGG.

5 Bei der KG handelt es sich ebenso wie bei der OHG um eine **Personengesellschaft;** kraft der gesetzlichen Verweisung in § 161 Abs. 2 HGB finden auf die Kommanditgesellschaften mangels ausdrücklicher abweichender Regelung die für die OHG geltenden Vorschriften Anwendung.

6 Als **Träger des Gesellschaftsvermögens** ist die KG Gesamthandsgemeinschaft mit einer weitgehenden **Teilrechtsfähigkeit** (vgl. hierzu A. 9.00 Rz. 10). Als Handelsgesellschaft ist ihr Zweck auf den Betrieb eines Handelsgewerbes unter gemeinschaftlicher Firma gerichtet. Unter ihrer Firma tritt die Gesellschaft im Rechtsverkehr

selbstständig auf und ist auch delikts- wie verfahrensrechtlich weitgehend selbstständiges Rechtsobjekt. Zur Zwangsvollstreckung in das Gesellschaftsvermögen ist ein gegen die Gesellschaft gerichteter vollstreckbarer Schuldtitel ausreichend und erforderlich (§§ 161 Abs. 2, 124 Abs. 2 HGB).

Die Gesellschaft muss **mindestens einen Komplementär** haben, der persönlich und unbeschränkt haftet. Neben dem Komplementär muss mindestens ein nur beschränkt haftender Kommanditist vorhanden sein. Dieser haftet nach außen nur in Höhe der im Handelsregister eingetragenen Haftsumme (Hafteinlage). Die Hafteinlage ist mit der Pflichteinlage, dh. der Einlage zu deren Leistung sich der Kommanditist seinen Mitgesellschaftern gegenüber verpflichtet hat, nicht identisch. Das Gesetz spricht allerdings immer nur von „Einlage" und unterscheidet nicht zwischen Haft- und Pflichteinlage. Ist die Hafteinlage geleistet, so ist eine Haftung des Kommanditisten gegenüber den Gläubigern der Gesellschaft ausgeschlossen (§ 171 Abs. 1 HGB). Dabei ist zu beachten, dass im Verhältnis zu den Gläubigern der Gesellschaft nach der Eintragung in das Handelsregister die Einlage eines Kommanditisten durch den in der Eintragung angegebenen Betrag bestimmt wird. Zu beachten ist auch, dass vor Eintragung des Kommanditisten und der Höhe seiner Hafteinlage im Handelsregister eine unbeschränkte persönliche Haftung des Gesellschafters für die mit seiner Zustimmung getätigten Geschäfte besteht, die Haftungsbeschränkungen der §§ 171 f. HGB nicht greifen (§ 176 HGB). **7**

Komplementär kann jeder sein, der auch persönlich haftender Gesellschafter der oHG sein kann, also jede natürliche und juristische Person und jede Personenhandelsgesellschaft (oHG oder KG) sowie eine unter das Partnerschaftsgesetz fallende Partnerschaft. Gleiches gilt für die Partenreederei und die EWIV (*MünchKommHGB/K. Schmidt* § 105 Rz. 95). Verneint wurde in der Vergangenheit die Fähigkeit der GbR, Gesellschafterin einer (anderen) Gesellschaft zu werden. Der BGH (II ZR 331/00 v. 29.1.01, NJW 01, 1056) hat die Rechtsfähigkeit der Außen-GbR ausdrücklich anerkannt und auch entschieden, dass die Außen-GbR Kommanditistin einer KG sein kann (BGH II ZB 23/00 v. 16.7.01, NJW 01, 3121). In einem solchen Fall sind neben der GbR als solcher auch die ihr zum Zeitpunkt ihres Beitritts zu der KG angehörenden Gesellschafter mit Namen, Geburtstag und Wohnort zur Eintragung in das Handelsregister anzumelden. Auch ein späterer Wechsel in der Zusammensetzung der Gesellschafter der GbR ist anzumelden. Für die Komplementärstellung kann nichts anderes als für die Kommanditistenstellung gelten (vgl. hierzu bereits *MünchKommHGB/K. Schmidt* § 105 Rz. 96 ff.; *Steinbeck* DStR 01, 1162; *Wertenbruch* BB 01, 737; s. auch LG Berlin 102 T 6/03 v. 8.4.03, BB 03, 1351; kritisch *MünchKommBGB/Ulmer* § 705 Rz. 316 ff.). Mit Urteil BGH V ZB 74/08 v. 4.12.08, NJW 09, 594 hat der BGH darüber hinaus ausdrücklich entschieden, dass die GbR unter der Bezeichnung in das Grundbuch eingetragen werden kann, die ihre Gesellschafter im Gesellschaftsvertrag für sie vorgesehen haben. Jedoch hat das Gesetz zur Einführung des elektronischen Rechtsverkehrs und der elektronischen Akte im Grundbuchverfahren sowie zur Änderung weiterer grundbuch-, register- und kostenrechtlicher Vorschriften (ERVGBG 2009) v. 11.8.09 (BGBl. I 09, 2713) mit Wirkung zum 1.1.09 gesetzliche Sonderregelungen geschaffen, und zwar zwingende Eintragung aller Gesellschafter (§ 47 Abs. 2 GBO) und fakultative Eintragung des Namens und des Sitzes der Gesellschafter (§ 15 Buchst. c GBV). Hinzu kommen noch neue Vermutungs- und Gutglaubensvorschriften (§ 899a BGB). **7a**

Zu beachten ist, dass die Ausführungen unter Rz. 7a für die **reine Innengesellschaft** (auch als GbR und insbesondere für die stille Gesellschaft) nicht gelten; eine solche kann daher weder Komplementär noch Kommanditist sein (vgl. *Baumbach/Hopt* § 105 Rz. 29). Eine ausländische rechtsfähige Gesellschaft kann persönlich haftender Gesellschafter einer deutschen KG sein (BayOLG BReg 3 Z 148/85 v. 21.3.86, NJW 86, 3029). Nach hM kann eine Erbengemeinschaft oder auch die eheliche Güterge- **7b** meinschaft nicht Gesellschafterin sein (BGH IVa ZR 229/81 v. 4.5.83, NJW 83, 2376; BGH II ZR 120/75 v. 10.2.77, NJW 77, 1339; BayOLG 3Z BR 238/02, 239/02 und 240/02 v. 22.1.03, NJW-RR 03, 899). Dieser Auffassung ist nach der Änderung der Rspr. zur Außen-GbR nicht mehr zuzustimmen (vgl. hierzu *MünchKommHGB/K. Schmidt* § 105 Rz. 104).

8 Wird die **Hafteinlage** nach Leistung durch den Kommanditisten an diesen **zurückgezahlt,** gilt sie den Gläubigern gegenüber als nicht geleistet. Gleiches gilt, soweit der Kommanditist Gewinnanteile entnimmt, während sein Kapitalanteil durch Verlust oder durch Entnahme unter den eingetragenen Haftbetrag absinkt. Allerdings muss der Kommanditist nicht zurückzahlen, was er auf Grund ordnungsgemäßer „in gutem Glauben" errichteter Bilanz in Unkenntnis der Fehlerhaftigkeit der Bilanz bezogen hat (§ 172 Abs. 4 und 5 HGB). Die Anwendung von § 172 HGB setzt aber zwingend eine unrichtige Bilanz voraus. Weiter ist zu beachten, dass die Frage, ob der Kapitalanteil eines Kommanditisten unter den Betrag der geleisteten Einlage herabgemindert ist oder durch eine Gewinnentnahme iSv. § 172 Abs. 4 S. 2 HGB herabgemindert wird, sich allein nach dem Inhalt der Bilanz und nicht nach dem guten Glauben des Gesellschafters beurteilt (vgl. BGH II ZR 88/08 v. 20.4.09, NJW 09, 2126).

Zu beachten ist weiterhin, dass gegenüber den Gläubigern einer Gesellschaft, bei der kein persönlich haftender Gesellschafter eine natürliche Person ist (also insbes. der GmbH & Co. KG) die Einlage eines Kommanditisten nicht in der Form geleistet werden kann, dass Anteile an der oder den persönlich haftenden Gesellschaftern eingebracht werden (§ 172 Abs. 6 Satz 1 HGB).

9 Wie die OHG muss die KG ein **Handelsgewerbe** unter gemeinsamer Firma betreiben. Nach der Legaldefinition des § 1 Abs. 2 HGB ist Handelsgewerbe jeder Gewerbebetrieb, es sei denn, dass das Unternehmen nach Art und Umfang einen in kaufmännischer Weise eingerichteten Geschäftsbetrieb nicht erfordert. Allerdings ist in diesen Fällen oder dann, wenn nur eigenes Vermögen verwaltet wird, die Gesellschaft gleichwohl eine KG, wenn die Firma des Unternehmens in das Handelsregister eingetragen ist.

10 Die **KG entsteht** grundsätzlich mit der Aufnahme ihrer Geschäfte; die erforderliche Eintragung im Handelsregister hat lediglich deklaratorische Wirkung, soweit das Unternehmen nach Art oder Umfang einen in kaufmännischer Weise eingerichteten Geschäftsbetrieb unterhält. Wenn kein in kaufmännischer Weise eingerichteter Gewerbebetrieb vorhanden ist oder die Gesellschaft nur eigenes Vermögen verwaltet, entsteht sie erst mit der Eintragung ins Handelsregister, dh. die Eintragung in das Register wirkt insoweit konstitutiv. Die Eintragung dient hinsichtlich der Kommanditisten der **Haftungsbeschränkung.** Da die Gesellschafter einer neu gegründeten KG häufig mit dem Beginn der Geschäftstätigkeit nicht bis zur Eintragung im Handelsregister abwarten wollen, ist zu empfehlen, den Kommanditisten zur Vermeidung ihrer persönlichen Haftung bis zur Eintragung nur die Rechtsstellung von atypisch still beteiligten Gesellschaftern einzuräumen.

10a Werden **Minderjährige** an der Gesellschaft beteiligt, so sollten diese zur Vermeidung der mit der unbeschränkten Haftung verbundenen Konsequenzen als Kommanditisten beteiligt werden. Der Abschluss des Gesellschaftervertrages zur Errichtung der KG bedarf bei der Beteiligung von Minderjährigen gem. §§ 1822 Nr. 3, 1629 Abs. 2 BGB der vormundschaftsgerichtlichen Genehmigung (vgl. BGH II ZR 202/53 v. 30.4.55, NJW 55, 1067). Nach BGH II ZR 209/61 v. 20.9.62, NJW 62, 2344 bedarf bei Beteiligung eines Minderjährigen allerdings nicht jede Änderung des Gesellschaftsvertrages der vormundschaftlichen Genehmigung. Bei der Aufnahme von Minderjährigen ist weiter das auf einen Zeitraum von drei Monaten begrenzte Sonderkündigungsrecht des § 723 Abs. 1 Nr. 2 BGB zu beachten; dies gilt allerdings nur für den Ausnahmefall, dass die Gesellschaft auf bestimmte Zeit errichtet ist. Vgl. zur Vertretung Minderjähriger *Maier-Reimer/Marx* NJW 05, 3025; *Baumbach/Hopt* § 105 Rz. 26.

Bei der Errichtung von Familiengesellschaften ist zu beachten, dass die Notwendigkeit der Bestellung eines Ergänzungspflegers bei Gründung der Gesellschaft besteht, wenn zumindest ein Elternteil ebenfalls an dieser beteiligt ist (§ 1909 Abs. 1 S. 1 iVm. §§ 1629 Abs. 2, 1795 Abs. 2 BGB), siehe hierzu ausführlich Formular A. 9.00 Rz. 4.

Zur **Haftung nach dem Ausscheiden** eines Gesellschafters aus der Gesellschaft sowie der Nachhaftung vgl. A. 9.00 Rz. 12ff. Wie bei der OHG haftet die KG für das Verschulden ihrer Organe nach zutreffender hM gem. § 31 BGB (*MünchKommBGB/Ulmer* § 705 Rz. 260ff.; BGH I ZR 92/51 v. 8.2.52, NJW 52, 537; BGH II ZR 385/99 v. 24.2.03, NJW 03, 1445, 1446). **11**

Der **Abschluss des Gesellschaftsvertrages** kann grds. **formfrei** erfolgen, wobei sich aus Beweisgründen allerdings Schriftform empfiehlt. Notarielle Beurkundung des Vertrages ist erforderlich, sofern er ein Rechtsgeschäft enthält, das seinerseits formbedürftig ist, zB. ein Gesellschafter übernimmt die Verpflichtung zur Einbringung eines Grundstücks oder eines GmbH-Geschäftsanteils (§§ 311b BGB, 15 Abs. 4 Satz 1 GmbHG, siehe hierzu auch BGH II ZR 312/06 v. 10.3.08, DStR 08, 1147 betreffend die Formbedürftigkeit der Übertragung von GbR-Anteilen). Grds. kann der Gesellschaftsvertrag auch durch schlüssiges Verhalten abgeschlossen werden (BGH II ZR 282/55 v. 29.11.56, NJW 57, 218), wobei allerdings in diesem Fall die Haftungsbeschränkungen der Kommanditisten im Außenverhältnis nicht greift, es sei denn, die Gesellschaft ist im Handelsregister eingetragen und die Einlage erbracht. Zur – nicht bestehenden – Möglichkeit der stillschweigenden Abänderung des Vertrages vgl. BGH II ZR 55/03 v. 18.4.05, DStR 05, 1236. **12**

Abgrenzung gegenüber anderen Rechtsbeziehungen: Von der OHG unterscheidet sich die KG dadurch, dass bei ihr neben den unbeschränkt persönlich haftenden Gesellschaftern beschränkt haftende Kommanditisten Gesellschafter sind. Gesellschaftszweck kann gem. §§ 161 Abs. 2 iVm. 105 Abs. 2 HGB nunmehr auch die Verwaltung eigenen Vermögens sein. Zu beachten ist allerdings, dass bei einer Vermögensverwaltungstätigkeit die Wirksamkeit der Gesellschaft im Außenverhältnis nicht bereits mit Aufnahme der Geschäfte nach außen eintritt, sondern erst mit Eintragung in das Handelsregister (§§ 161 Abs. 2 iVm. 123 Abs. 1 und 2, § 2 HGB). **13**

c) Steuerrecht

Die KG als Personengesellschaft ist für einige Steuerarten **steuerrechtsfähig,** zB die Umsatzsteuer, Gewerbesteuer, die Grundsteuer, die Grunderwerbsteuer sowie die Zölle und Verbrauchssteuern. Für die Einkommensteuer (ESt) ist die KG **nicht steuerrechtsfähig.** Nicht sie ist Steuersubjekt für die ESt, sondern deren Gesellschafter. Deren Einkommen bzw. Betriebsvermögen wird mit den auf die Gesellschafter entfallenden Anteilen einheitlich und gesondert gem. § 180 Abs. 1 Nr. 2a AO festgestellt. Das gilt auch für Veräußerungsgewinne beim Ausscheiden und die Ergebnisse etwaiger Ergänzungs- und Sonderbilanzen. **14**

Ertragssteuerrechtlich werden die Gesellschafter einer Personengesellschaft als „Mitunternehmer" bezeichnet (§ 15 Abs. 1 Nr. 2 EStG). Eine gesetzliche Definition der Mitunternehmerschaft fehlt. Der Begriff deckt sich nicht mit dem Begriff der Personengesellschaft (*Blümich/Bode* § 15 EStG Rz. 222). Mitunternehmer im Sinne des § 15 Abs. 1 Satz 1 Nr. 2 EStG ist, wer zivilrechtlich Gesellschafter einer Personengesellschaft ist und eine gewisse unternehmerische Initiative entfalten kann sowie unternehmerisches Risiko trägt. Beide Merkmale können jedoch im Einzelfall mehr oder weniger ausgeprägt sein (BFH VIII R 74/03 v. 25.4.06, DStRE 06, 912, BFH GrS 4/82 v. 25.6.84, NJW 85, 93 und BFH VIII R 154/85 v. 15.7.86, BStBl. II 86, 896; EStR 15.8) **15**

Nach der Aufgabe der sog. Bilanzbündeltheorie durch den BFH (GrS 4/82 v. 25.6.84, BStBl. II 84, 751), durch welche früher die handelsrechtliche und betriebliche Einheit der Personengesellschaft aufgelöst und in eine Vielzahl von Einzelbetrieben der einzelnen Gesellschafter zerlegt wurde, ist bei der Beantwortung der Frage, ob **16** der Tatbestand einer Einkunftsart verwirklicht ist, von der Gesellschaft und nicht mehr vom Gesellschafter auszugehen. Obwohl selbst nicht steuerrechtsfähig, ist die Personengesellschaft und damit die KG seit dieser Entscheidung als **partielles Steuersubjekt** anzusehen (GrS 4/82 v. 25.6.84, BStBl. II 84, 751).

17 Seit BFH v. 22.8.51 (BFH IV 246/50 S v. 22.8.51, BStBl. III 51, 181) sind sog. **Familienpersonengesellschaften** steuerlich anzuerkennen. Es muss allerdings eine Mitunternehmerschaft vorliegen. Der Gesellschaftsvertrag muss in die Tat umgesetzt werden, der tatsächliche Ablauf der vertraglichen Gestaltung muss mit der Wirklichkeit übereinstimmen, insb. müssen die Familienangehörigen volle Gesellschafterrechte genießen (BFH IV R 153/78 v. 3.5.79, BStBl. II 79, 515; EStH 15.9 Abs. 1).

18 Da durch die Bildung von Familiengesellschaften die Progressionswirkung der Besteuerung gemildert werden kann, ist bei den Finanzbehörden gegenüber Familienpersonengesellschaften ein erhebliches Misstrauen vorgegeben. **Familienmitglieder werden Mitunternehmer** iSd. § 15 Abs. 1 Nr. 2 EStG, wenn sie in vollem Umfang Gesellschafter werden. Hierzu gehört in erster Linie, dass sie ihre Einlagen erbringen und an den stillen Reserven des Gesellschaftsvermögens beteiligt sind (BFH IV R 138/67 v. 1.2.73, DB 73, 553). Die rein formale Beteiligung von Kindern an einer KG ist nicht ausreichend (BFH IV R 73/73 v. 29.1.76, BStBl. II 74, 404). Schädlich ist es insb., wenn sich ein Elternteil bei der unentgeltlichen Einräumung einer Beteiligung an einem Anteil an einer Personengesellschaft das Recht vorbehält, jederzeit eine unentgeltliche Rückübertragung der Anteile von dem Kind zu verlangen. In diesem Fall wird keine Einkunftsquelle auf das Kind übertragen. Gleiches gilt bei schenkweiser Übertragung eines Gesellschaftsanteils mit Rückübertragungsverpflichtung wie auch bei einer von vornherein befristeten Gesellschafterstellung des Kindes (vgl. hierzu BFH IV R 73/73 v. 29.1.76, BStBl. II 76, 324). Werden Kinder von ihren Eltern schenkweise in die KG aufgenommen, so müssen sie wenigstens annähernd diejenigen Rechte eingeräumt erhalten, die einem Kommanditisten nach dem gesetzlichen Leitbild des HGB zustehen. Maßgeblich ist das gesetzliche Regelstatut (BFH IV R 103/83 v. 24.7.86, BStBl. II 87, 54). Dazu gehören auch die gesetzlichen Regelungen, die im Gesellschaftsvertrag abbedungen werden können (BMF v. 5.10.89, BStBl. I 89, 378; EStR 15.9 Abs. 2). Um die steuerliche Wirksamkeit einer Übertragung auf Kinder nicht zu gefährden, sollten diesen eher stärkere Rechte eingeräumt werden (vgl. hierzu ausführlich *Schmidt/Wacker* § 15 Rz, 740).

19 Der BFH (IV R 73/73 v. 29.1.76, BStBl. II 76, 325) verlangt bei der **Beteiligung Minderjähriger** nicht die Bestellung von Dauerpflegern (*MünchKommBGB/Schwab* § 1909 Rz. 38). Bei der Beteiligung von Familienangehörigen im Wege der Schenkung ist unbedingt die gem. § 518 Abs. 1 BGB vorgeschriebene notarielle Beurkundungsform zu beachten, da nach der – sehr umstrittenen – Entscheidung des BGH II ZR 16/52 v. 29.10.52 (NJW 53, 138) in der bloßen Einbuchung des Anteils des Beschenkten keine Bewirkung der versprochenen Leistung zu sehen ist.

20 Nach dem Beschluss des Großen Senats des BFH GrS 4/71 v. 21.5.72, BStBl. II 73, 5 wird bei der Beteiligung nicht im Betrieb mitarbeitender Familienangehöriger bei denjenigen Kommanditisten, die ihre Beteiligung unentgeltlich erworben haben, ein **Gewinnverteilungsschlüssel** anerkannt, der eine durchschnittliche Rendite von nicht mehr als 15% des tatsächlichen Werts der Kommanditeinlage ergibt. Gewinnanteile, welche 15% übersteigen, sind den übrigen Gesellschaftern zuzurechnen, sofern nicht auch für diese die vom Großen Senat gezogenen Begrenzungen gelten (vgl. EStH 15.9 Abs. 3). Der **Angemessenheitsprüfung** unterliegt nicht der tatsächlich dem betreffenden Kommanditisten zugeflossene Gewinn, sondern die Abrede, nach welcher die Gewinnverteilung erfolgt (vgl. *Streck* FR 1973, 462). Zur Angemessenheitsprüfung s. auch BFH IV R 103/83 v. 24.7.86, BStBl. II 87, 54; BFH IV R 50/99 v. 21.9.00, DStR 01, 115; FG Bremen 1 K 53/05 v. 1.9.05, DStRE 07, 939 sowie *Schmidt/Wacker* § 15 Rz. 776ff.).

Auch die Einkünfte des Kommanditisten sind als Einkünfte aus Gewerbebetrieb gem. § 15 Abs. 1 Nr. 2 EStG zu erfassen und sowohl als positive wie auch als negative Einkünfte grundsätzlich entsprechend den allgemeinen Grundsätzen zu versteuern. Nach § 15a Abs. 1 EStG dürfen jedoch einem Kommanditisten zuzurechnende Anteile am Verlust der KG weder mit anderen Einkünften aus Gewerbebetrieb noch mit Einkünften aus anderen Einkunftsarten ausgeglichen werden, soweit ein negatives Kapitalkonto des Kommanditisten entsteht oder sich erhöht; ein solcher Verlust darf auch nicht nach § 10d EStG abgezogen werden. **21**

Haftet der Kommanditist am Bilanzstichtag den Gläubigern der Gesellschaft wegen nicht erbrachter Einlage nach § 171 Abs. 1 HGB, so können bis zur Höhe der ausbedungenen Einlage Verluste ausgeglichen oder abgezogen werden. Wegen der Anwendung und Auslegung der gesetzestechnisch und systematisch verfehlten Regelung muss auf die Erläuterungswerke zum EStG – zB *Schmidt/Wacker* § 15a Rz. 120ff.; *H/H/R/Lüdemann* § 15a Rz. 105ff. – verwiesen werden. Aus Erweiterung des steuerlichen Verlustausgleichspotentials ist insbesondere an eine rechtzeitige Erhöhung der im Handelsregister eingetragenen Hafteinlage zu denken. **22**

Wegen der steuerlichen Folgen des Wechsels im Bestand der Gesellschafter wird auf die Erläuterungen zu den Formularen A. 8.10ff. verwiesen. Für den Fall des Todes eines Gesellschafters bzw. der Erbauseinandersetzung vgl. A. 8.20 Rz. 3f. sowie insbes. A. 9.00 Rz. 73ff. **23**

Gewerbesteuer: Die KG selbst und nicht deren Gesellschafter ist, wenn sie einen Gewerbebetrieb unterhält, gewerbesteuerpflichtig. Dies folgt aus dem Charakter der Gewerbesteuer als einer Objektsteuer. Unter einem Gewerbebetrieb ist zunächst gem. § 2 Abs. 1 Satz 2 GewStG ein gewerbliches Unternehmen iSd. EStG, also des § 15 EStG, zu verstehen. Von einer im Handelsregister eingetragenen Gesellschaft wird vermutet, dass sie gewerblich tätig ist und damit der Gewerbesteuerpflicht unterliegt. Die Vermutung ist grds. widerlegbar. Die Gesellschaft kann im Einzelfall auch Einkünfte aus Land- und Forstwirtschaft, Kapitalvermögen oder VuV erzielen. **24**

Die Gewerbesteuer und die darauf entfallenden Nebenleistungen (z.B. Verspätungszinsen) sind seit der Unternehmensteuerreform 2008 (Gesetz v. 14.9.07, BGBl. I 07, 1912) **nicht mehr als Betriebsausgabe absetzbar** (vgl. § 4 Abs. 5b EStG). Die Gewerbesteuer mindert weder die Bemessungsgrundlage für die Einkommensteuer noch für die Gewerbesteuer selbst. Zu einer weiteren Verschärfung kam es durch die **Erweiterung der Hinzurechnungstatbestände** in § 8 GewStG. Während in der Vergangenheit „nur" sog. „Dauerschuldzinsen" zu 50% dem Gewerbeertrag hinzugerechnet wurden, werden jetzt alle Entgelte für Schulden (Zinsen) generell mit 25% hinzugerechnet. Auch Renten und Dauernde Lasten führen zu einer Hinzurechnung von 25%, Ausnahme: Pensionszahlungen auf Grund einer unmittelbar vom Arbeitgeber erteilten Versorgungszusage. Außerdem erfolgt eine Hinzurechnung der Gewinnanteile des stillen Gesellschafters von 25% (unabhängig davon, ob die Zahlungen bei diesem der Gewerbesteuer unterliegen). Schließlich werden Miet- und Pachtzinsen für bewegliches Anlagevermögen von 25% × 20% (also 5%) und bei unbeweglichem Anlagevermögen von 25% × 65% (also 16,25 %) bzw. ab Verlangungszeitraum 10 von 25% × 50% (also 12,5%) hinzugerechnet. Die Hinzurechnung erfolgt aber nur dann, wenn die Summe der hinzuzurechnenden Beträge den Betrag von EUR 100.000 übersteigt. **24a**

Eine weitere wesentliche Änderung besteht darin, dass der Staffeltarif für die Ermittlung der **Gewerbesteuermesszahl** bei Personenunternehmen entfallen ist. Die Steuermesszahl für den Gewerbeertrag beträgt nunmehr einheitlich **3,5%** (§ 11 Abs. 2 GewStG) für alle Unternehmen.

Die durch das **StSenkG 2001** v. 23.10.00 (BStBl. I 00, 1433) eingeführte pauschalierte Anrechnung der Gewerbesteuer auf die Einkommenssteuerschuld des Gesellschafters wurde ausgeweitet, indem die Hinzurechnung iHv bisher des 1,8-fachen des

Gewerbesteuermessbetrages auf das **3,8-fache des Gewerbesteuermessbetrages** erhöht wird. Faktisch ist damit die Gewerbesteuer Teil der Einkommensteuervorauszahlung des Gesellschafters. § 35 Abs. 1 Satz 2 EStG sieht eine Beschränkung des Ermäßigungsbetrages auf die tatsächlich zu zahlende Gewerbesteuer vor. Verfahrensrechtlich ist anzumerken, dass sowohl der Gewerbesteuermessbetrag, der anteilige Gewerbesteuermessbetrag und die anteilig zu zahlende Gewerbesteuer für jeden Gesellschafter der Personengesellschaft gesondert und einheitlich festgestellt werden, § 35 Abs. 2 bis 4 EStG.

24b Der **Anteil eines Mitunternehmers am Gewerbesteuermessbetrag** richtet sich dabei nach seinem Anteil am Gewinn der Mitunternehmerschaft nach Maßgabe des allgemeinen Gewinnverteilungsschlüssels. Ein Gewinnvorab ist für die Bemessung des Anteils eines Mitunternehmers am Gewerbsteuermessbetrag nicht zu berücksichtigen, § 35 Abs. 2 S. 2 EStG (vgl. BFH IV B 109/08 v. 7.4.08, BStBl. II 10, 116; vgl. auch BMF v. 22.12.09, BStBl. II 10, 43). Zum Aufteilungsmaßstab bei unterjähriger Veräußerung des Mitunternehmeranteils s. FG Rheinland-Pfalz 3 K 2305/10 v. 16.11.12, DStRE 13, 1439 (Rev. IV R 48/12) und FG Baden-Württemberg 5 K 1181/10 v. 10.12.13, BeckRS 2014, 94551 (Rev. IV R 48/12).

Die Verteilung nach dem **allgemeinen Gewinnverteilungsschlüssel** führt unter Umständen zu verzerrten Ergebnissen: Erhält bspw. nur ein Gesellschafter hohe, deutlich gegenüber den anderen Gesellschaftern abgehobene Vergütungen, so führt dies zu einer Gewerbesteuermehrbelastung. Die hieraus resultierende Anrechnung ist allen Gesellschaftern gleichmäßig nach allgemeinem Gewinnverteilungsschlüssel zuzurechnen. Sachgerechter wäre demgegenüber eine Lösung, die im Wege einer gesellschaftsvertraglichen Bestimmung eine Zuweisung des auf den Sonderbetriebsbereich entfallenden Gewerbesteueraufwands zu dem verursachenden Gesellschafter ermöglicht; diesem wäre dann auch die Ermäßigung zu gewähren (vgl. hierzu *Plambeck* DStR 10, 1553). *Levedag* GmbHR 09, 13 (17) schlägt hierbei folgende Klausel vor:

„Belastungen der Gesellschaft durch Gewerbesteuer, die ihre Ursache im Bereich des Sonderbetriebsvermögens und den Vergütungen nach § 15 Abs. 1 Nr. 2 Alt. 2 EStG sowie den Ergebnissen eventueller Ergänzungsbilanzen haben, sind bei der Gewinnverteilung vorweg bei dem Gesellschafter als besonderer Aufwand zu berücksichtigen, dem das Sonderbetriebsvermögen, die Vergütungen sowie die Ergebnisse eventueller Ergänzungsbilanzen zuzurechnen sind. Bei Minderungen der Gewerbesteuer auf Grund von Sonderbetriebsausgaben oder Ergänzungsbilanzverlusten ist S. 1 sinngemäß anzuwenden und dem Gesellschafter ein besonderer Ertrag zuzuweisen.

Entstehen durch die Anrechnung der Gewerbesteuer (§ 35 EStG) einkommensteuerliche Entlastungseffekte, so sind die Gesellschafter untereinander verpflichtet, in Höhe des sie begünstigenden Entlastungseffekts Ausgleichszahlungen an den Gesellschafter zu leisten, in dessen Sphäre die der Anrechnung zugrunde liegenden Umstände entstanden sind. Die Ausgleichzahlung bemisst sich nach dem 3,8fachen des dem begünstigten Gesellschafter aufgrund des allgemeinen Gewinnverteilungsschlüssels „zu hoch zugewiesenen Gewerbesteuermessbetrags“, höchstens jedoch nach dem Betrag, der von der Gesellschaft gezahlt wird und nach dem allgemeinen Gewinnverteilungsschlüssel gemäß § 35 Abs. 4 EStG anteilig auf den ausgleichspflichtigen Gesellschafter entfällt. Der „zu hoch zugewiesene Gewerbesteuermessbetrag“ entspricht dem Teil des Gewerbesteuermessbetrags, der auf die Sonderbetriebseinnahmen, die gewinnabhängige Sondervergütungen nach dem BMF-Schreiben v. 19.9.07, BStBl. I 07, 701 und/oder Ergänzungsbilanz entfällt.“

24c Im Zuge der Unternehmenssteuerreform 2008 (Gesetz v. 14.8.07, BGBl. I 07, 1912) wurde die **Thesaurierungsbesteuerung** (§ 34a EStG vgl. hierzu *Blümich/Ratschow* § 34a EStG Rz. 1 ff.) eingeführt. Der Unternehmer besitzt ein Wahlrecht, ob er einen **nicht entnommenen Gewinn** aus seiner Gesellschaft mit seinem persönlichen Einkommensteuersatz (zB Spitzensteuersatz von 45%, zzgl. SolZ 47,47%, sog. **Reichensteuer**, gilt ab 08 auch für alle Gewinneinkünfte) oder **auf Antrag** mit dem **Thesaurierungssteuersatz** von 28,25% (zzgl. SolZ 29,8%) versteuern will. Bei einer späteren Entnahme des günstiger besteuerten Gewinns kommt es dann zu einer **Nachversteuerung** mit 25% (zzgl. SolZ 26,37%). Die Nachversteuerung entspricht der Abgeltungssteuer mit 25% auf Ausschüttungen einer Kapitalgesellschaft und soll die von der Unternehmenssteuerreform 2008 angestrebte Gleichstellung von Kapitalgesellschaften und Personengesellschaften gewährleisten. Bemessungsgrundlage für die Nachversteuerung ist der nicht entnommene Gewinn abzüglich gezahlter Thesaurierungssteuer. Zur Thesaurierungsbesteuerung ist anzumerken, dass sich diese auf den ersten Blick als günstig darstellt, jedoch die Nachversteuerung bei jeder Gewinnentnahme zwangsläufig ist, dh. es insb. bei unfreiwilligen Entnahmen (Gesellschaft macht keine Gewinne, Unternehmer braucht aber Geld zum Leben), zu einer erheblichen Steuernachzahlung kommt, für die dann möglicherweise keine Mittel mehr zur Verfügung stehen (vgl. hierzu auch *Düll/Reichert* ZIP 08, 1249ff.). Die Wahlmöglichkeit zwischen Regelbesteuerung und Thesaurierungsbesteuerung wird jedem Gesellschafter einer Personengesellschaft, dessen Gewinnanteil in dem betreffenden Jahr mehr als 10% beträgt und EUR 10.000 übersteigt, gesondert zugestanden (vgl. BMF v. 11.8.08, DStR 08, 1637). Zur Notwendigkeit der Anpassung von Gesellschaftsvertragsklauseln aufgrund der gesetzlichen Neuregelung s. *Levedag* GmbHR 09, 13 (17ff.).

Umsatzsteuer: Unabhängig von der Art ihrer Einkünfte ist die KG Unternehmerin iSv. § 2 UStG und unterliegt mit ihren steuerpflichtigen Umsätzen der USt. Der Gesellschafter als solcher ist nicht Unternehmer iSd. UStG. Zur Umsatzsteuer bei Geschäftsführungs- und Vertretungsleistungen gegenüber der Gesellschaft siehe Rz. 38b. 25

Grunderwerbsteuer: Die KG ist besonderer Rechtsträger iSd. Grunderwerbsteuerrechts (s. hierzu *Boruttau* § 1 Rz. 76ff.). Ein Wechsel im Personenstand der Gesellschaft durch Eintritt oder Austritt eines Gesellschafters unterliegt darum auch dann nicht der Grunderwerbsteuer, wenn sich im Gesellschaftsvermögen ein Grundstück befindet. Voraussetzung ist allerdings ein Fortbestand der Gesellschaft. Zu beachten sind jedoch die Restriktionen des § 1 Abs. 2a GrEStG. Danach löst ein unmittelbarer oder mittelbarer Wechsel von 95% des Gesellschafterbestandes der Personengesellschaft innerhalb von fünf Jahren Grunderwerbsteuer aus (s. hierzu *Boruttau* § 1 Rz. 808ff. (826)). 25a

2. Einzelerläuterungen

Zu § 1: Firma, Sitz, Rechtsform

Gem. § 17 Abs. 1 HGB ist die **Firma** eines Kaufmanns **der Name,** unter dem er im Handel seine Geschäfte betreibt und die Unterschrift abgibt. Unter der Firma kann die KG klagen und verklagt werden (§§ 17, 124 BGB). Das Firmenrecht der KG ist – entsprechend den allgemeinen Grundsätzen – durch die Grundsätze der Firmenwahrheit in Form eines allgemeinen Täuschungsverbots, der Firmenklarheit (oder Firmenunterscheidbarkeit) in Form des Ausschlusses der Verwechslungsgefahr, der Firmeneinheit (*Baumbach/Hopt* § 17 Rz. 7) und der Firmenbeständigkeit gekennzeichnet. 26

Der **Firmenname der KG kann** – im Rahmen der oben genannten grundsätzlichen Einschränkungen – **frei gewählt werden** (vgl. §§ 18, 19 HGB). Danach können auch eine Sachfirma oder eine „Fantasiefirma" gebildet werden, die nicht dem Unternehmensgegenstand entnommen ist. Die Firma muss jetzt lediglich noch zur Kennzeichnung geeignet sein, Unterscheidungskraft besitzen und keine irreführenden Angaben enthalten. Die Aufnahme des Namens eines Gesellschafters ist nicht mehr erforderlich. Anders als bisher muss die Firma der KG jetzt zwingend die Bezeichnung „Kommanditgesellschaft" oder eine allgemein verständliche Abkürzung enthalten. Ist keiner der Gesellschafter eine natürliche Person, muss sich wie bisher aus der Firma darüber hinaus die Haftungsbeschränkung ergeben (§ 19 Abs. 2 HGB); zu den notwendigen Angaben auf den Geschäftsbriefen in diesen Fällen s. § 125a HGB (zur Firmierung ausführlich *Baumbach/Hopt* § 18 Rz. 1 ff.). 27

28 Die KG muss einen Sitz haben. Der **Sitz der Gesellschaft** befand sich bisher am Ort der Geschäftsführung, ggf. der zentralen Geschäftsbüroführung (vgl. *MünchKomm-HGB/Langhein* § 106 Rz. 26, *Baumbach/Hopt* § 106 Rz. 8). Strittig ist, ob mit Aufgabe der Sitztheorie für Kapitalgesellschaften durch das MoMiG v. 23.10.08, BGBl. I 08, 2026, auch für die Personengesellschaften einen vom tatsächlichen Sitz unterschiedenen gesellschaftsvertraglichen bzw. satzungsmäßigen Sitz anzunehmen ist (vgl. zB § 3 Abs. 1 Nr. 1 GmbHG bzw. §§ 5, 23 Abs. 3 Nr. 1 AktG). Der BGH hat allerdings entschieden, dass bis zu einer Änderung durch den Gesetzgeber der tatsächliche Sitz weiterhin maßgebend ist (BGH II ZR 158/06 v. 27.10.08, NJW 09, 289; s. hierzu ausführlich *Baumbach/Hopt* § 106 Rz. 8 und Einl. 29 vor § 105). Sie kann nur einen Sitz haben (vgl. *MünchKommHGB/Langhein* § 106 Rz. 27). Eine hiervon abweichende Bestimmung im Gesellschaftsvertrag ist unbeachtlich. Am Ort des Sitzes ist die Anmeldung zum Registergericht vorzunehmen (§ 106 HGB).

Aufgrund mehrerer Urteile des EuGH (Rs. C-208/00 v. 5.11.02, NJW 02, 3614 „Überseering"; C-167/01 v. 30.9.03, NJW 03, 3331 „Inspire Art"; C-9/02 v. 11.3.04, NJW 2004, 2439 „Hughes de Lasteyrie du Saillant"), war umstritten, **welche Folgen die Verlegung des Verwaltungssitzes einer KG vom Inland in das EU-Ausland hat;** die wohl hM geht davon aus, dass dies die Auflösung der Gesellschaft bedingt. Bestätigt wird diese Rechtsauffassung ausdrücklich durch das Urteil des EuGH C-210/06 v. 16.12.08, DStR 09, 121 „Cartesio", vgl. auch NJW-Spezial 09, 48); (siehe hierzu *Oetker/Weitemeyer* HGB § 105 Rz. 89). Anders ist es in Zuzugsfällen. Verlegt eine EU- oder EWR-Gesellschaft ihren Sitz ins Inland, verdrängt die Niederlassungsfreiheit die Sitztheorie und es gilt das Recht es Gründungsstaates (s. auch *Frobenius* DStR 09, 487 ff.). Dies gilt nicht für nicht EU- oder EWR-Staaten (vgl. hierzu auch BGH II ZR 158/06 v. 27.10.08, DStR 09, 59 zur Nichtanwendbarkeit auf eine Schweizer AG; zur Problematik ausführlich *Baumbach/Hopt* HGB, Einl. 29 ff. vor § 105).

Zu § 2: Gegenstand des Unternehmens

29 Jede Gesellschaft, deren Gewerbebetrieb nicht schon nach § 1 Abs. 2 HGB Handelsgewerbe ist, weil sie über einen vollkaufmännisch eingerichteten Geschäftsbetrieb verfügt, oder die nur eigenes Vermögen verwaltet, kann KG werden. Voraussetzung ist lediglich, dass die **Firma** des Unternehmens **in das Handelsregister eingetragen** wird.

29a Rechtlich nicht möglich ist eine **Freiberufler KG** (*Ammon* DStR 98, 1474, 1476; *Schön* DB 98, 1169, 1174; *Baumbach/Hopt* § 105 Rz. 3). Demgegenüber wird die Auffassung vertreten, dass es sich bei § 105 Abs. 2 HGB um einen Auffangtatbestand handelt, mit der Folge, dass jede zu einem gesetzlich zulässigen Zweck gebildete rechtfähige Personengesellschaft, dh. jede Außengesellschaft – als OHG oder KG eingetragen werden kann (*MünchKommHGB/K. Schmidt* § 105 Rz. 58). Da die Bestimmungen nach ihrem Wortlaut und der Begründung nur auf die bisher nicht eintragungsfähigen Vermögensverwaltungsgesellschaften wie Immobilienverwaltungs-, Holding- und Grundbesitzgesellschaften abzielen, ist für die von *K. Schmidt* vorgeschlagene „ausdehnende Auslegung" kein Raum.

Zu § 3: Dauer/Geschäftsjahr

30 Die KG wird durch den **Abschluss des Gesellschaftsvertrages** gegründet. Im Innenverhältnis entsteht sie mit dem Zeitpunkt, der in dem Gesellschaftsvertrag für den Beginn festgelegt wird, mangels einer solchen Bestimmung mit Abschluss des Vertrages. Im Außenverhältnis entsteht die Gesellschaft mit ihrer Eintragung im Handelsregister. Betreibt die Gesellschaft jedoch ein Handelsgewerbe gem. § 1 Abs. 2 HGB und nimmt sie ihre Tätigkeit bereits vor Eintragung im Handelsregister auf, so entsteht sie mit dem Geschäftsbeginn (§ 161 Abs. 2 iVm. § 123 Abs. 2 HGB). Etwas

anderes gilt für KG, die erst mit ihrer Eintragung in das Handelsregister entstehen (§§ 105 Abs. 2, 2 HGB). In diesen Fällen besteht vor Eintragung in das Handelsregister eine GbR.

Steuerlich beginnt die KG als **Subjekt der Gewinnerzielung und -ermittlung** mit Aufnahme der Geschäftstätigkeit; eine Mitunternehmerschaft kann bereits vor oder auch ohne Abschluss eines Gesellschaftsvertrages bestehen (BFH IV R 152/76 v. 19.2.81, BStBl. II 81, 602). Die Errichtung auf unbestimmte Dauer entspricht § 132 HGB. **30a**

Die KG kann ein vom Kalenderjahr **abweichendes Wirtschaftsjahr** wählen (*Beck Bil-Komm/Budde* § 240 HGB Rz. 60 ff.). Sie ist hierin bei der Neugründung frei. Beim lebenden Betrieb darf die Umstellung vom Kj. auf ein abweichendes Wj. nur im Einvernehmen mit dem FA erfolgen (§§ 4a Abs. 1 Nr. 2 EStG, § 8b Nr. 2 Satz 2 EStDV). **30b**

Zu § 4: Gesellschafter, Kapitalanteile und Einlagen

Dazu, dass jede natürliche oder juristische Person und auch eine Personenhandelsgesellschaft (KG, OHG, jetzt auch GbR, vgl. Rz. 7) Gesellschafter einer KG sein kann vgl. Rz. 7a. **31**

Einlagen können gem. §§ 161 Abs. 2, 105 Abs. 1 HGB iVm. 706 BGB alle übertragbaren Vermögenswerte sein, zB Geld, Sachen, Dienstleistungen, Goodwill, Rechte, gewerbliche Schutzrechte, Know how etc. Art und Höhe der Einlagen sollten im Gesellschaftsvertrag geregelt sein. Soweit im Gesellschaftsvertrag abweichende Regelungen nicht getroffen sind, haben die Gesellschafter gleiche Beiträge zu leisten. **32**

Bei der Bewertung von Sacheinlagen sind die Gesellschafter untereinander grds. frei, nicht aber im Verhältnis zu den Gläubigern der Gesellschaft (vgl. BGH II ZR 269/84 v. 8.7.85, NJW 85, 2947). Die Grenze besteht dort, wo die Bewertung sittenwidrig ist (BGH II ZR 24/73 v. 5.12.74, WM 75, 325 mwN). Der von den Gesellschaftern festgelegte Wert der Einlage findet seinen Niederschlag im festen Kapitalkonto. Bei **Mängeln hinsichtlich der eingebrachten Sacheinlagen** sind nach überwiegender Auffassung von Literatur und Rspr. (BGH II ZR 219/63 v. 2.5.66, NJW 66, 1311 zur Rechtsmängelhaftung bei der GmbH) die kaufrechtlichen Vorschriften der § 434 ff. BGB bei der Einbringung mangelhafter Sachen in entsprechender Weise anwendbar, soweit sie mit den Besonderheiten der Einbringung einer Sacheinlage vereinbar sind. Bei **Mängeln einer zum Gebrauch überlassenen Sache** kommen die Vorschriften des Mietrechts (§§ 536 ff. BGB), bei **mangelhaften Dienstleistungen** die Regeln des Dienstvertragsrechts mit Ausnahme der §§ 616, 617 BGB (Verhinderung bei Krankheit) sowie § 624 BGB (Kündigungsfrist) und § 630 BGB (Zeugnis) entsprechend zur Anwendung. Der Gesellschafter schuldet bei Erbringung mangelhafter Leistungen Schadensersatz aus positiver Vertragsverletzung. Die hM zur Gewährleistung wird zu Recht kritisiert, weil die genannten Vorschriften allein auf synallagmatische Verträge zugeschnitten sind, in denen eine Partei eine Leistung erbringt, um eine andere zu erhalten (vgl. ua. *Münch-KommHGB/K. Schmidt* § 105 Rz. 183 ff.). Soweit Sacheinlagen im Gesellschaftsvertrag vorgesehen sind, sollten demzufolge im Hinblick auf die hM klare Regeln zur Gewährleistung im Vertrag vereinbart werden. **33**

Zur **ertragsteuerlichen Behandlung von Sacheinlagen und Nutzungen:** Ist ein Gesellschafter gegen Gewährung von Gesellschaftsrechten zur Einbringung eines Wirtschaftsgutes aus dem Privatvermögen verpflichtet, so ist diese Einlage grds. mit dem Teilwert anzusetzen (§ 6 Abs. 1 Nr. 5, 6 EStG). Dies gilt nicht, wenn das eingebrachte Wirtschaftsgut innerhalb der letzten drei Jahre vor dem Zeitpunkt der Einlage angeschafft oder hergestellt worden ist oder wenn es sich bei dem eingebrachten Wirtschaftsgut um eine Beteiligung an einer Kapitalgesellschaft iSv. § 17 Abs. 1 oder Abs. 6 EStG bzw. um ein Wirtschaftsgut iSv § 20 Abs. 2 EStG handelt. In diesem Fall ist die Einlage mit den Anschaffungs- oder Herstellungskosten anzusetzen (vgl. § 6 Abs. 1 Nr. 5 EStG). **34**

34a Nach § 6 Abs. 5 Satz 3ff. EStG sind **steuerneutrale Übertragungen** von Wirtschaftsgütern zu Buchwerten zwischen (Sonder-)Betriebsvermögen eines Mitunternehmers und Gesamthandsvermögen einer Mitunternehmerschaft sowie zwischen Sonderbetriebsvermögen verschiedener Mitunternehmer derselben Mitunternehmerschaft möglich. Ausgeschlossen sind Übertragungen zum Buchwert, soweit sich durch die Übertragung der Anteil einer Körperschaft, Personenvereinigung oder Vermögensmasse an dem Wirtschaftsgut mittelbar oder unmittelbar erhöht; in diesen Fällen ist der Teilwert anzusetzen (zum Ganzen s. auch BMF v. 8.12.11, BStBl. I 11, 1279). Zur Übertragung von Wirtschaftsgütern hat der BFH in drei neueren Entscheidungen (BFH IV R 11/12 v. 19.9.12, DStR 12, 2051; IV R 1/08 v. 21.6.12, DStR 12, 1500 und BFH IV R 41/11 v. 2.8.12, DStR 12, 2118) gegen die von der FinVerw. vertretenen Rechtsauffassung (BMF v. 8.12.11, aaO) entschieden. Die FinVerw. hat hierauf mit (BMF v. 12.9.13, BStBl. I 13, 1164) reagiert. Dort werden die og. Entscheidungen des BFH ausdrücklich zitiert.

34b Soweit der Gesellschafter ein Wirtschaftsgut nicht einlegt, sondern der Gesellschaft zur **Nutzung** zur Verfügung stellt, entsteht nicht Betriebsvermögen der Gesellschaft, sondern Sonderbetriebsvermögen des Gesellschafters (zB Vermietung von Betriebsgrundstücken etc.). Dass Nutzungsrechte einlegbar und entnehmbar sind, ist durch die Rspr. des BFH (GrS 2/86 v. 26.10.87, BStBl. II 88, 348; vgl. hierzu eingehend *Schmidt/Heinicke* § 4 Rz. 303ff. mwN) ausdrücklich geklärt. Grds. Fragen wie die in der Praxis bedeutsame Frage des Abzugs von Drittaufwand bei unentgeltlicher Nutzung und Überlassung lässt der BFH allerdings ausdrücklich offen. Nicht Gegenstand einer Einlage kann nach der hM die eigene Arbeitskraft des Mitunternehmers sein. – Eingelegte Wirtschaftsgüter nehmen am Betriebsvermögensvergleich grundsätzlich in vollem Umfang teil. Bei Wirtschaftsgütern, die bis dahin der Einkünfteerzielung im Rahmen einer Überschusseinkunftsart (zB Vermietung und Verpachtung) gedient haben, bemisst sich die Abschreibung nicht mehr nach dem Einlagewert, sondern nach den ursprünglichen Anschaffungs- und Herstellungskosten des Wirtschaftsgutes abzüglich der bereits vorgenommenen Abschreibung (§ 7 Abs. 1 Satz 5 EStG).

Zu § 5: Geschäftsführung und Vertretung

35 Gem. §§ 161 Abs. 2, 114ff., 125ff. HGB sind die Komplementäre zur Geschäftsführung und Vertretung berufen – und zwar im Regelfall jeder einzeln. Gem. § 125 Abs. 2 HGB kann Gesamtvertretung – wie im Formular – vorgesehen werden. Diese ist im Handelsregister einzutragen (§ 106 Abs. 2 Nr. 4 HGB). Darüber hinaus ist eine Beschränkung des Umfangs der Vertretungsmacht Dritten gegenüber unwirksam (§ 126 Abs. 2 HGB). Die vereinbarte Gesamtvertretung berührt im Übrigen nie die passive Vertretung der Gesellschaft bei der Entgegennahme von Willenserklärungen; hier gilt zwingend immer Einzelvertretung, dh. die Erklärung braucht nur einem Gesamtvertreter zuzugehen (§ 125 Abs. 2 Satz 3 HGB).

36 Es ist möglich, die gem. § 164 HGB von der Geschäftsführung ausgeschlossenen Kommanditisten an der Geschäftsführung zu beteiligen. Von der organschaftlichen Vertretung der KG sind sie aber zwingend ausgeschlossen (§ 170 HGB). Es ist aber möglich, Kommanditisten Prokura zu erteilen. Der einzige persönlich haftende Komplementär darf aber nicht an die Mitwirkung eines Kommanditisten mit Prokura gebunden werden (vgl. *Baumbach/Hopt* § 170 Rz. 1 mwN).

37 Bei kleineren KG genügt anstelle eines ausführlichen Einwilligungskatalogs, wie im Formular A. 8.01 § 8 Abs. 3, ein allgemeiner Einwilligungsvorbehalt der vorgeschlagenen Art.

Zu § 6: Aufwendungsersatz, Geschäftsführervergütung

38 **Tätigkeitsvergütungen** an Gesellschafter sind handelsrechtlich Aufwand der Gesellschaft und mindern deren Gewinn. Dabei kann eine Verpflichtung dahingehend

bestehen, die Tätigkeitsvergütung an veränderte Verhältnisse der Gesellschaft und der Gesellschafter anzupassen (OLG Koblenz 6 U 637/78 v. 20.9.79, DB 80, 247 mwN; hierzu auch *MünchKommHGB/Rawert* § 114 Rz. 82). Die Anpassung kann auch in einer Herabsetzung der Vergütung bestehen. Aus Gründen der Klarheit empfiehlt sich in der Praxis der Abschluss eines entsprechenden Anstellungsvertrages. Hierfür kann weitgehend auf die für die GmbH geltenden Bestimmungen und verwendeten Formulare zurückgegriffen werden, jedoch ohne die für eine GmbH spezifischen Bestimmungen (vgl. Formular A. 6.27, jedoch ohne dort § 2 Abs. 2). Soweit Kommanditisten in die Geschäftsführung eingebunden sind (vgl. hierzu Rz. 36) oder in sonstiger Weise für die Gesellschaft tätig sind, ist eine schriftliche Vereinbarung schon im Hinblick darauf zwingend zu empfehlen, dass Zahlungen, die als Gegenleistung für eine Mitarbeit gewährt werden, keine Einlagenrückgewähr darstellen und demgemäß nicht gemäß § 173 Abs. 4 HGB zu einem Wiederaufleben der Haftung wegen (ggf. vermuteter) Einlagenrückgewähr führt.

Steuerlich gehören Tätigkeitsvergütungen ebenso wie sonstige Vergütungen an die Gesellschafter (zB Miet- oder Darlehenszinsen) zum einheitlich und gesondert festzustellenden Gewinn (§ 15 Abs. 1 Nr. 2 EStG). Die Hinzurechnung zum steuerlichen Gewinn gilt unabhängig von der zivilrechtlichen Grundlage des Vertrages, also unabhängig davon, ob die Vergütung unmittelbar im Gesellschaftsvertrag oder auf Grund eines speziellen Anstellungsvertrages geschuldet wird. **38a**

Umsatzsteuer: Die FinVerw. vertrat bisher die Ansicht, dass natürliche Personen, die als Gesellschafter Geschäftsführungs- und Vertretungsleistungen ausführen, unter den Voraussetzungen des § 2 Abs. 1 UStG selbständig tätig sind. Die Frage der **Selbständigkeit** natürlicher Personen soll für die Umsatzsteuer, Einkommensteuer und Gewerbesteuer nach denselben Grundsätzen zu beurteilen, sein, wobei das **Gesamtbild der Verhältnisse** maßgebend ist. Danach war Gesellschafter umsatzsteuerlich selbständig tätig, soweit er für seine Geschäftsführertätigkeit eine Tätigkeitsvergütung erhält. Auf die Form der Vergütung kam es nicht an; relevant war nur, dass die Tätigkeit gesondert vergütet wurde (vgl. hierzu BFH V R 43/01 v. 6.6.02, BStBl. II 03, 36). Auch ein gesellschaftsvertraglich vereinbartes Weisungsrecht der Gesellschaft gegenüber ihrem Gesellschafter führte nicht zu einer Weisungsgebundenheit nach § 2 Abs. 1 UStG (vgl. hierzu BMF v. 31.5.07, BStBl. I 07, 503). BFH XI R 14/09 v. 14.4.10 (DStR 10, 1985) entschied allerdings, dass die Tätigkeit eines geschäftsführenden Komplementärs einer Kommanditgesellschaft umsatzsteuerlich auch nicht selbständig ausgeübt werden kann. Bei einer natürlichen Person als Komplementär ist in Zukunft jeder **Einzelfall nach dem Gesamtbild der Verhältnisse** genau zu prüfen. Sofern der Komplementär als Geschäftsführer weisungsgebunden ist, liegt regelmäßig keine umsatzsteuerpflichtige Geschäftsführungsleistung durch den Geschäftsführer vor. Im Urteilsfall war die Weisungsgebundenheit gegeben, da ein Verwaltungsrat den Geschäftsführer beraten und überwacht hat und darüber hinaus berechtigt war, den Geschäftsführer jederzeit nach eigenem Ermessen abzuberufen. **38b**

Die FinVerw. hat mit BMF v. 2.5.11, BeckVerw 249330) reagiert und klargestellt, dass die Regelungen des BFH-Urteils **spätestens ab 1.7.11 umzusetzen** sind. Für vor diesem Datum ausgeführte Umsätze wird es nicht beanstandet, wenn die Tätigkeit eines Gesellschafters einer Personengesellschaft trotz eines gesellschaftsvertraglich vereinbarten Weisungsrechts der Gesellschaft als selbständig iSd. § 2 Abs. 1 UStG behandelt wird. Die neue Rechtsauffassung gilt **nur für natürliche Personen** als Geschäftsführer einer Personengesellschaft. Juristische Personen als Gesellschafter-Geschäftsführer, die Geschäftsführungs- und Vertretungsleistungen an die Gesellschaft erbringen, sind weiterhin grundsätzlich selbständig. Ein Weisungsrecht der Gesellschafterversammlung gegenüber der juristischen Person als Geschäftsführerin führt nicht zur Unselbständigkeit derselben (vgl. hierzu *Raab* SteuK 10, 478 und *Gerz* SteuK 12, 10). **38c**

Zu § 7: Konten der Gesellschaft

39 Das Formular sieht feste Kapitalkonten, ein Rücklagenkonto und ein Verlustvortragskonto vor (vgl. *MünchKommHGB/Grunewald* § 167 Rz. 13ff.). Je nach Qualifizierung der Konten als Eigen- oder Fremdkapitalkonten können diese den Charakter von Kapital bzw. Forderungen oder Verbindlichkeiten im Verhältnis zum Gesellschafter haben. Dies kann einerseits haftungsrechtlich von Bedeutung sein, zB im Hinblick auf § 172 Abs. 4 HGB. Unter bestimmten Voraussetzungen (zB bei einem beschränkt steuerpflichtigen Gesellschafter können sich daneben auch unterschiedliche steuerliche Konsequenzen ergeben (zB für § 15a EStG und die Frage der nur verrechenbaren Verluste von den ausgleichsfähigen Verlusten, für die Ermittlung der nicht abziehbaren Schuldzinsen gemäß § 4 Abs. 4a EStG, für die Ermittlung der Eigenkapitalquote bei Anwendung der Zinsschranke gemäß § 4h EStG (vgl. zum Charakter der Konten *Beck Bil-Komm/Förschle/Hoffmann* § 247 HGB Rz. 150ff; zur steuerlichen Behandlung der jeweiligen Konten siehe grundlegend BFH IV R 98/06 v. 16.10.08, DStR 09, 212, hierzu *Ley* DStR 09, 613ff.; sowie zu steuerlichen Besonderheiten BFH I R 81/00 v. 5.6.02, DStR 02, 1480).

Durch das **feste Kapitalkonto,** das der vertraglich bedungenen Einlage des Gesellschafters entspricht, wird die Beteiligung des Gesellschafters in einem unverändert verbleibenden Verhältnis quotenmäßig festgelegt. Diese Regelung weicht von der gesetzlichen Grundregel der §§ 177ff. iVm. §§ 120ff. HGB ab, wonach grundsätzlich von variablen Kapitalkonten auszugehen und daneben gem. § 167 Abs. 2 HGB dem Kommanditisten sein Gewinn nur so lange zuzuschreiben ist, als dieser den Betrag der angemeldeten Kommanditeinlage nicht erreicht. Die Ausgestaltung und die durch das Kapitalkonto I (festes Kapitalkonto) zum Ausdruck kommende Beteiligungsquote ist maßgeblich für die Beteiligung am Ergebnis und am Vermögen, an den stillen Reserven im Fall der Auseinandersetzung und für das Stimmrecht. Neben dem festen Kapitalkonto werden ein **Rücklagekonto** und ein **Verlustvortragskonto** für jeden Gesellschafter geführt. Zur Zuweisung der Ergebnisanteile zu den Konten vgl. § 11 des Formulars. Die Einrichtung eines gesonderten Verlustvortragskontos dient der Vereinfachung der Feststellung jeweils aufgelaufener Verluste sowie für steuerliche Zwecke vor allem auch der Feststellung der Verrechenbarkeit von Verlusten gem. § 15a EStG hinsichtlich der Kommanditisten.

39a Festes Kapitalkonto, Rücklagen- und Verlustvortragskonto sind unverzinslich. Daneben wird ein Privatkonto eingeführt, über das Entnahmen und freie Einlagen verbucht werden. Dieses ist im Gegensatz zu den anderen genannten Konten, die bei vertragsgemäßer Durchführung stets im gleichen Verhältnis zueinander stehen müssen, grds. variabel. Um diesem Gesichtspunkt Rechnung zu tragen, werden Guthaben und Schulden auf dem Privatkonto verzinst. Guthaben auf dem Privatkonto sind grds. entnahmefähig, soweit nicht die Regelung in § 12 Abs. 2 entgegensteht.

Zu § 8: Gesellschafterversammlung

40 Dazu allgemein *MünchKommHGB/Jickeli* § 116 Rz. 1ff. Nach dem Gesetz kommen Gesellschafterbeschlüsse ohne Beachtung einer bestimmten Form zustande. Gesellschafterbeschlüsse bedürfen ohne abweichende vertragliche Regelung grds. der Zustimmung aller Gesellschafter (§§ 161 Abs. 2, 119 Abs. 1 HGB). Die strikte Anwendung des Einstimmigkeitsprinzips würde die Gesellschaftsform unpraktikabel machen. Es empfiehlt sich daher, grds. das einfache Mehrheitsprinzip vorzusehen. Darüber hinaus kann ein besonderer Katalog für die Zuständigkeiten der Gesellschafterversammlung aufgestellt werden. Auf Formular A. 8.01 § 9 Abs. 1a bis 1g wird verwiesen. Da das Stimmrecht als Mitgliedschaftsrecht dem Gesellschafter höchst persönlich zusteht (vgl. *Baumbach/Hopt* § 119 Rz. 5 und Rz. 21), empfiehlt es sich, die Vertretung bei der Teilnahme an der Gesellschaftsversammlung vorzusehen, wenn dies gewünscht wird.

Zu § 9: Gesellschafterbeschlüsse

Grds. sind Gesellschafterbeschlüsse in allen Angelegenheiten der Gesellschaft zulässig. Während sie nach § 119 Abs. 1 HGB grds. einstimmig zu fassen sind, geht das Formular von Mehrheitsbeschlüssen aus. Solche Mehrheitsbeschlüsse sind auch dann zulässig, wenn es um Grundlagen der Gesellschaft geht, bspw. Aufnahme oder Entlassung von Gesellschaftern, Änderung des Gesellschaftszwecks sowie andere Änderungen des Gesellschaftsvertrages oder Liquidation der Gesellschaft (*Baumbach/Hopt/Roth* § 119 Rz. 1f.; BGH II ZR 116/08,v. 24.11.08, NJW 09, 669 BayObLG BReg. 3 Z 107/86 v. 20.11.86, BB 87, 713). Dies muss im Gesellschaftsvertrag nach dem Bestimmtheitsgrundsatz allerdings eindeutig klargestellt werden bzw. muss sich durch die Auslegung des Gesellschaftsvertrages ergeben (vgl. hierzu grundlegend BGH II ZR 245/05, 15.1.07, DStR 07, 494). Das Formular sieht keine Berechtigung zur Änderung des Gesellschaftsvertrages mit einfacher oder qualifizierter Mehrheit vor. Solche Maßnahmen sind ggf. ausdrücklich und einzeln zu benennen (Änderung des Gesellschaftsvertrages; Ausschließung eines Gesellschafters; Aufnahme eines Gesellschafters; Auflösung der Gesellschaft). Besonders ungewöhnliche Änderungen des Gesellschaftsvertrages bedürfen im Hinblick auf gesellschaftsrechtlich geschützten Kernbereich und dem Bestimmtheitsgrundsatz gleichwohl einer einstimmigen Beschlussfassung (vgl. hierzu *Baumbach/Hopt* § 119 Rz. 35ff.). **40a**

Zu § 10: Jahresabschluss

Die Aufstellung der Bilanz ist die Angelegenheit der Komplementäre, ihre Feststellung aber fällt in die Zustimmung aller Gesellschafter (BGH II ZR 263/94 v. 29.3.96 (NJW-RR 96, 989). Das Formular geht mit dem BGH von der Zuständigkeit der Geschäftsführung für die Aufstellung und der Genehmigung (Feststellung) durch die Gesellschafterversammlung aus *(MünchKommHGB/Grunewald* § 167 Rz. 2). **41**

Die dem Kaufmann obliegenden Buchführungs- und Bilanzierungspflichten sind in §§ 238ff. HGB geregelt. Da die Steuerbilanz auf der Handelsbilanz aufbaut, die sie grds. anerkennt, empfiehlt sich für kleinere Gesellschaften die Erstellung einer Einheitsbilanz, die den steuerlichen Vorschriften entspricht. Eine Verpflichtung zur Aufstellung einer eigenen Steuerbilanz besteht nicht (§ 60 Abs. 1 und 2 EStDV).

Für Zwecke der Besteuerung sind eventuell **Sonder- und Ergänzungsbilanzen** der Gesellschafter zu erstellen. In Sonderbilanzen ist das Sonderbetriebsvermögen einzelner Gesellschafter ausgewiesen. Hierbei wird unterschieden zwischen dem Sonderbetriebsvermögen I (Wirtschaftsgüter, die der Gesellschafter der Gesellschaft zur Benutzung überlässt) und dem Sonderbetriebsvermögen II (Wirtschaftsgüter, die in unmittelbarem Zusammenhang mit der Beteiligung stehen und der Beteiligung zu dienen bestimmt sind, zB Bankdarlehen zur Finanzierung der Einlage). Ergänzungsbilanzen sind aufzustellen, wenn ein Gesellschafter seinen Anteil von einem (ausgeschiedenen) Gesellschafter erworben hat und der Kaufpreis vom steuerlichen Buchwert des Anteils abweicht. Der Mehr- oder Minderbetrag wird in der Ergänzungsbilanz des Erwerbers als Auf- bzw. Abstockung der Buchwerte der Wirtschaftsgüter der Gesellschaft berücksichtigt. Die Steuerbilanz der Gesellschaft sowie die Sonder- und Ergänzungsbilanzen der Gesellschafter bilden zusammen die Gesamtbilanz der Gesellschaft. **42**

Die Zugehörigkeit eines WG zum **Sonderbetriebsvermögen** hat zur Folge, dass Einnahmen und Ausgaben im Zusammenhang mit diesem WG für die Ertragsbesteuerung maßgeblich sind. Verfahrensmäßig werden diese Einnahmen und Ausgaben im Rahmen der einheitlichen und gesonderten Feststellung für die Gesellschaft miterfasst (§ 180 AO).

Der Jahresabschluss ist von allen persönlich haftenden Gesellschaftern zu unterschreiben (§ 245 Satz 2 HGB), wobei das Fehlen der Unterschrift den Jahresabschluss nicht unwirksam macht (*Baumbach/Hopt* § 245 Rz. 1). Eine bestimmte Aufstellungsfrist ist im Gesetz nicht vorgesehen; § 243 Abs. 3 HGB schreibt lediglich die Aufstel- **42a** lung innerhalb der einem ordnungsgemäßen Geschäftsgang entsprechenden Zeit vor. Grds. sollte jedoch die für kleine Kapitalgesellschaften vorgesehene Sechs-Monatsfrist (§ 264 Abs. 1 Satz 3 HGB) nur geringfügig überschritten werden (nach BFH VIII R 110/79 v. 6.12.83, ZIP 84, 882 darf die Frist jedenfalls ein Jahr nicht überschreiten).

Die in Abs. 3 vorgesehene **Anpassung der Handelsbilanz** an Änderungen der **Steuerbilanz** auf Grund einer Betriebsprüfung entspricht der im Formular vorgesehenen Aufstellung einer Einheitsbilanz und soll vermeiden, dass bei späteren Änderungen einer Steuerbilanz künftig Handels- und Steuerbilanz auseinander fallen.

Zu § 11: Ergebnisverteilung

43 Vgl. hierzu A. 9.00 Rz. 60ff.

Zu § 12: Einlagen und Entnahmen

44 Das Entnahmeverbot gem. Abs. 2 ist im Hinblick auf § 15a Abs. 3 EStG sinnvoll. Entnahmen, die zu einem negativen Kapitalkonto führen, werden danach dem betreffenden Gesellschafter als Gewinn zugerechnet. Wegen der Einzelheiten vgl. *Schmidt/Wacker* § 15a Rz. 150ff. Hinsichtlich der Tätigkeitsvergütungen ist vereinbart, dass diese bei Fälligkeit jederzeit entnommen werden können. Dabei ist zu beachten, dass auch hierdurch uU steuerlich ein negatives Kapitalkonto entstehen kann, wenn es sich um Tätigkeitsvergütungen eines Kommanditisten handelt. Hierauf sollte im Einzelfall geachtet und ggf. eine abweichende Regelung bzw. ein Verzicht auf die Entnahme im konkreten Fall vereinbart werden.

Zu § 13: Auflösung, Firmenfortführung

45 Dazu allgemein *MünchKommHGB/K. Schmidt* §§ 131ff. Rz. 1ff. Gem. §§ 161 Abs. 2, 131 HGB wird die Gesellschaft aufgelöst
- durch den Ablauf der Zeit für welche sie eingegangen ist;
- durch Beschluss der Gesellschafter;
- durch die Eröffnung des Insolvenzverfahrens über das Vermögen der Gesellschaft;
- durch gerichtliche Entscheidung.

In allen anderen Fällen wird die Gesellschaft seit Inkrafttreten des HRefG v. 26.6.98 (BGBl. I 98, 1474) nicht mehr aufgelöst, sondern scheidet der Komplementär aus der Gesellschaft aus. Beim Tod eines Kommanditisten wird die Gesellschaft mangels abweichender vertraglicher Bestimmung mit den Erben fortgesetzt (§ 177 HGB).

46 Gem. § 24 Abs. 2 HGB bedarf es bei Ausscheiden eines Gesellschafters, dessen Name in der Firma enthalten ist, zur Fortführung der Firma der ausdrücklichen Einwilligung des Gesellschafters oder seiner Erben. Diese Einwilligung wird in Abs. 3 generell erteilt. Die Regelung ist erforderlich, weil der BGH dem Interesse der verbleibenden Gesellschafter großes Gewicht einräumt (BGH II ZR 83/88 v. 9.1.89, NJW 89, 2685). Zum Ausscheiden des letzten Gesellschafters vgl. A. 9.15 Rz. 8.

Zu § 14: Kündigung

47 Die Kündigung ist formlos gegenüber allen anderen Gesellschaftern zu erklären. Die Kündigung führt nach § 131 Abs. 3 Nr. 3 HGB grds. zum Ausscheiden des kündigenden Gesellschafters. Der Gesellschaftsvertrag kann allerdings abweichende Kündigungsfolgen vorsehen. Bei der KG ist es nicht zulässig, die Kündigung der Gesellschaft auf unbestimmte Zeit auszuschließen. Sie kann jedoch gegenüber der nach §§ 161 Abs. 2, 131 Abs. 3, 132 HGB geltenden gesetzlichen Regelung erschwert werden. Wegen der Einzelheiten vgl. A. 9.00 Rz. 80ff.

Zu § 15: Ausscheiden und Ausschluss eines Gesellschafters

48 Die Regelung stimmt im Wesentlichen mit der Rechtslage gem. §§ 161 Abs. 2, 131 Abs. 3 HGB überein, wonach in bestimmten Fällen ein Ausscheiden des Gesell-

schafters anstelle der früher üblichen Auflösung der Gesellschaft vorgesehen ist. Wegen der Einzelheiten vgl. A. 9.00 Rz. 75 ff.

Die Regelung des Abs. 2, wonach bei Zurlastlegung eines Verstoßes gegen eine Bestimmung des Gesellschaftsvertrages dem betroffenen Gesellschafter kein Stimmrecht zusteht, entspricht der gesetzlichen Ausgangslage und dient der ausdrücklichen Klarstellung. Mit dem Ausscheiden endet die Gesellschafterstellung des Ausgeschiedenen; seine Gesellschafterrechte und -pflichten erlöschen grundsätzlich. Der Anteil des Ausgeschiedenen am Gesellschaftsvermögen wächst zwingend den übrigen Gesellschaftern an (vgl. *MünchKommBGB/Ulmer/Schäfer* § 738 Rz. 6 ff.).

Zu § 16: Tod eines Gesellschafters

Abs. 1: Diese Regelung entspricht der Bestimmung des § 177 HGB für den Kommanditisten.

Abs. 2: Beim Tod eines Komplementärs wird die Gesellschaft nicht aufgelöst (§§ 161 Abs. 2, 131 Abs. 3 HGB); stattdessen scheidet der Komplementär aus der Gesellschaft aus. Etwas anderes gilt nur für den Tod des einzigen Komplementärs (hierzu *MünchKommHGB/K. Schmidt* § 131 Rz. 46 ff.). Dennoch bietet sich an, eine ausdrückliche Regelung im Gesellschaftsvertrag zu treffen. Der Tod des Kommanditisten führt grundsätzlich weder zur Auflösung der Gesellschaft noch zu dessen Ausscheiden; im Zweifel ist der Gesellschaftsanteil des Kommanditisten vererblich, § 177 HGB. Die gesetzlichen Regelungen sind sowohl für den Komplementär als auch für den Kommanditisten dispositiv, dh. der Gesellschaftsvertrag kann die Vererbbarkeit des Gesellschaftsanteile zB beschränken, ausschließen usw. Das Formular sieht vorliegend ein Eintrittsrecht bestimmter Erben vor. Zu den Alternativen und den dringend erforderlichen gesellschaftsvertraglichen Regelungen sowie zu den steuerrechtlichen Auswirkungen s. A. 9.00 Rz. 67 ff., Rz. 73 ff. 49

Abs. 3: Die Anordnung der Testamentsvollstreckung kann insb. den Interessen der verbleibenden Mitgesellschafter entsprechen. Unter Umständen ist die Anordnung eines gemeinsamen Vertretungsberechtigten bei mehreren Erben allerdings sinnvoller. Im Hinblick auf die grds. Unübertragbarkeit der Personengesellschaftsbeteiligung (§ 717 S. 1 BGB) ist im Übrigen für die Ausübung von Testamentsvollstreckerrechten an Personengesellschaften Voraussetzung, dass die Zulässigkeit einer Testamentsvollstreckung im Gesellschaftsvertrag vorgesehen ist oder die übrigen Gesellschafter der Rechtsausübung durch den Testamentsvollstrecker nachträglich zustimmen (vgl. zu den Grenzen der Einheitlichkeit der Mitgliedschaft einer Personengesellschaft, BGH IV ZB 21/94 v. 10.1.96, NJW 96, 1284, 1286). 50

Zu § 17: Verfügung über Gesellschaftsanteile

Verfügungen über den Gesellschaftsanteil sind nur auf Grund entsprechender Bestimmungen im Gesellschaftsvertrag zulässig (*MünchKommBGB/Ulmer/Schäfer* § 719 Rz. 21 ff.). Die im Formular vorgestellte eingeschränkte Verfügungsmöglichkeit entspricht der in einer Familiengesellschaft vorgegebenen Interessenlage. Ausführliche Regelung s. Formular A. 9.00 § 13. 51

Zu § 18: Abfindung

Wegen der Höhe der Abfindung herrscht grds. Vertragsfreiheit (*MünchKommBGB/Ulmer/Schäfer* § 738 Rz. 39 ff.). Allerdings wäre eine Vereinbarung gem. § 723 Abs. 3 BGB nichtig, durch welche das Kündigungsrecht ausgehöhlt werden würde. Einen solchen Fall behandelt BGH II ZR 230/83 v. 4.6.84, MDR 85, 122. Die im Formular vorgestellte Regelung dürfte nicht angreifbar sein. Zu den Alternativen s. Formular A. 9.00 § 17; vgl. zur Zulässigkeit von Buchwertabfindungsklauseln und zur steuerlichen Behandlung der Abfindung iÜ A. 9.00 Rz. 87f bzw. A. 9.00 Rz. 92. 52

Durch Abs. 2 wird klargestellt, dass im Verhältnis der Gesellschafter zueinander Guthaben und Schulden auf Privatkonten nicht zur Beteiligung gehören, wie dies gem. § 15 Abs. 1 Nr. 2 EStG steuerlich der Fall ist.

Zu § 19 Güterstandsklausel

52a Die Geltendmachung von **Zugewinnausgleichsansprüchen** im Falle einer Ehescheidung würde dazu führen, dass in aller Regel der betroffene Gesellschafter hohe Entnahmen tätigen und sich darüber hinaus sogar noch verschulden muss, um die entsprechenden Ansprüche zu erfüllen. Da dies die wirtschaftlichen Grundlagen der Gesellschaft nicht unerheblich beeinträchtigen würde, empfiehlt es sich für jeden Gesellschafter, dieses Risiko durch Abschluss eines solche Ansprüche eingrenzenden **Ehevertrages** auszuschließen. Darüber hinaus sollte eine derartige vertragliche Gestaltung auch im Gesellschaftsvertrag selbst zur Verpflichtung gemacht werden, nicht zuletzt, um die Durchsetzung der vertraglichen Vereinbarung gegenüber dem Ehegatten zu erleichtern.

Zu § 21 Schiedsklausel

52b Die Vereinbarung einer Schiedsklausel im Gesellschaftsvertrag hat sich in der Praxis bewährt. Der Vorteil eines Schiedsverfahrens liegt darin, dass es unter Ausschluss der Öffentlichkeit geführt wird und gerade bei gesellschaftsvertraglichen Auseinandersetzungen, die sich häufig auch sehr persönlich gestalten, flexibler ist (vgl. SchiedsVfG, §§ 1025 ff. ZPO, vgl. hierzu allgemein *Baumbach/Lauterbach/Albers/Hartmann* § 1025 ZPO Rz. 6 ff.). Der Schiedsvertrag bedarf der Form des § 1031 ZPO (zur Auslegung einer Schiedsklausel vgl. OLG Koblenz 6 U 1371/06 v. 3.5.07, NJOZ 07, 5922 und BGH II ZR 108/07 v. 6.3.08, NJW-Spezial 08, 464). Siehe hierzu auch A. 13.00.

Erläuterungen zu A. 8.00a Handelsregisteranmeldung

53 Die Verpflichtung zur Anmeldung ergibt sich aus §§ 161 Abs. 2, 106, 162 Abs. 1 HGB. Alle Gesellschafter, auch die Kommanditisten, müssen anmelden (vgl. *Baumbach/Hopt* § 108 Rz. 1). Die Unterschriften und die Firmenzeichnung sind notariell zu beglaubigen.

54 Die Anmeldung muss für die Gesellschafter Namen, Vornamen, Geburtsdatum und Wohnort enthalten (§§ 161 Abs. 2, 106 Abs. 2 Nr. 1 HGB) und gem. § 162 Abs. 1 HGB die Bezeichnung der Kommanditisten und den Betrag der Einlage. Mit der Einlage ist die Haftsumme und nicht die Pflichteinlage gemeint (vgl. A. 8.00 Rz. 7). Zu den Besonderheiten bei Beteiligung einer GbR vgl. A. 8.00 Rz. 7a. Die Verpflichtung zur Angabe der Vertretungsverhältnisse ergibt sich aus § 106 Abs. 2 Nr. 4 HGB. Gem. § 24 HRV sollen Unternehmensgegenstand und Lage der Geschäftsräume angegeben werden.

55 Gem. § 12 Abs. 1 HGB müssen die Anmeldung und die Unterschriftszeichnungen in öffentlich beglaubigter Form vorgelegt werden.

56 Zuständig für die Führung der Register sind die Amtsgerichte. Um die Verwaltung der Register zu beschleunigen, können Unterlagen seit 1.1.07 nur noch elektronisch (vom Notar) eingereicht werden. Aus Gründen der Rechtssicherheit bleibt für die Anmeldungen zur Eintragung eine öffentliche Beglaubigung erforderlich. Zur Beschleunigung der Eintragungsverfahren ist über Anmeldungen zur Eintragung grundsätzlich „unverzüglich" zu entscheiden; zudem sind die Ausnahmen vom Erfordernis eines Kostenvorschusses erweitert worden.

Weil die Register elektronisch geführt werden, werden Handelsregistereintragungen auch elektronisch bekannt gemacht – eine preiswerte und für jeden Interessenten aus dem In- und Ausland in gleicher Weise leicht zugängliche Form.

57 *(frei)*

A. 8.01 Gesellschaftsvertrag (ausführlich – GmbH & Co. KG) mit Anmeldung

Gliederung

I. FORMULARE

Formular A. 8.01 Gesellschaftsvertrag (ausführlich – GmbH & Co. KG)

GESELLSCHAFTSVERTRAG DER A-GMBH & CO. KG

§ 1 Firma, Sitz, Rechtsform

(1) Die Firma lautet:

A-GmbH & Co. KG

(2) Sitz der Gesellschaft ist ......

§ 2 Gegenstand des Unternehmens

(1) Gegenstand des Unternehmens ist die Fertigung von und der Handel mit Textilien.

(2) Die Gesellschaft ist auch berechtigt, den Betrieb oder Teile ihres Betriebes an nahe stehende Unternehmen zu verpachten oder in sonstiger Weise zur Nutzung zu überlassen und Betriebe mit gleichem oder ähnlichem Unternehmensgegenstand ganz oder teilweise zu pachten.

(3) Im Übrigen ist die Gesellschaft befugt, alle Geschäfte durchzuführen oder Maßnahmen vorzunehmen, die den Gesellschaftszweck unmittelbar oder mittelbar zu fördern geeignet sind, Zweigniederlassungen zu errichten, sich an gleichartigen oder ähnlichen Unternehmen zu beteiligen und Organschaftsverhältnisse einzugehen.

§ 3 Dauer, Geschäftsjahr

(1) Die Gesellschaft beginnt am 1.8.20.. Sie wird auf unbestimmte Dauer errichtet. Im Außenverhältnis besteht die Gesellschaft ebenfalls ab diesem Zeitpunkt. Bis zur Eintragung im Handelsregister haben die Kommanditisten nur die Rechtsstellung von atypisch still beteiligten Gesellschaftern, für die die Bestimmungen dieses Vertrages entsprechend gelten.

(2) Geschäftsjahr ist das Kalenderjahr. Das erste Geschäftsjahr ist ein Rumpfgeschäftsjahr und dauert vom 1.8.20.. bis 31.12.20..

§ 4 Gesellschafter, Kapitalanteile und Einlagen

(1) Persönlich haftende Gesellschafterin ist die ... GmbH (Komplementär-GmbH).

(2) Kommanditisten sind:

a) ..., geboren am ..., wohnhaft in ... mit einer im Handelsregister einzutragenden Hafteinlage in Höhe von ... EUR;

b) ..., geboren am ..., wohnhaft in ... mit einer im Handelsregister einzutragenden Hafteinlage in Höhe von ... EUR.

Sofern und soweit die von einem Kommanditisten nach § 4 Absatz 4 zu erbringende Pflichteinlage die Höhe seiner Hafteinlage übersteigt, kann hieraus eine Haftung des Kommanditisten gegenüber den Gläubigern der Gesellschaft iSv. § 171 Abs. 1 HGB nicht abgeleitet werden.

(3) Die Gesellschaft hat ein vollständig durch Einlagen zu erbringendes Festkapital von ... EUR.

Hieran sind die Gesellschafter wie folgt beteiligt:

a) der Kommanditist ... mit einem festen Kapitalanteil von ... EUR, dh. zu ... Prozent;

b) der Kommanditist ... mit einem festen Kapitalanteil von ... EUR, dh. zu ... Prozent;

c) Die Komplementär-GmbH verfügt über keinen Kapitalanteil, ist also am Festkapital mit 0 Prozent beteiligt.

Der feste Kapitalanteil ist maßgeblich für die Beteiligung des Gesellschafters am Ergebnis und am Vermögen sowie an einem etwaigen Auseinandersetzungsguthaben der Gesellschaft sowie für sein Stimmrecht.

(4) Die von den Gesellschaftern zur Deckung des Gesellschaftskapitals zu leistenden Einlagen (Pflichteinlagen) werden wie folgt erbracht:

a) der Beitrag des Gesellschafters ... durch Einbringung aller Aktiva und Passiva des von ihm bisher unter der Firma ... betriebenen Einzelunternehmens mit dem Sitz in ... gemäß den Bestimmungen des diesem Gesellschaftsvertrag als Anlage ... beigefügten Einbringungsvertrages; zur näheren Bezeichnung nehmen die Gesellschafter auf die von Herrn Steuerberater ... zum ... aufgestellte und diesem Gesellschaftsvertrag als Anlage ... beigefügte Schlussbilanz des Einzelunternehmens Bezug; diese Sacheinlage wird von den Gesellschaftern mit ... EUR bewertet;

b) der Beitrag des Gesellschafters ... durch Einlage eines Geldbetrages in Höhe von ... EUR;

Die Barbeträge sind am ... zur Zahlung fällig.

(5) Soweit der Wert der Einlagen insgesamt die Höhe des Festkapitals übersteigt, wird der überschießende Betrag in die Kapitalrücklage der Gesellschaft eingestellt und auf den Rücklagenkonten der Gesellschafter im Verhältnis ihrer festen Kapitalanteile gemäß § 4 Abs. 3 verbucht.

(6) Die Gesellschafter sind weder berechtigt noch verpflichtet, ihre Einlage zu erhöhen. Dies gilt auch dann, wenn der Kapitalanteil eines Gesellschafters negativ wird.

§ 5 Konten der Gesellschafter

(1) Für jeden Gesellschafter werden ein festes Kapitalkonto, ein Verlustvortragskonto, und ein Rücklagenkonto bei der Gesellschaft geführt.

a) Das feste Kapitalkonto spiegelt seine Beteiligung am Gesellschaftsvermögen und an den Gesellschaftsrechten wider. Dieses Kapitalkonto entspricht bei den Kommanditisten der zum Handelsregister angemeldeten Pflichteinlage.

b) Um die Feststellung aufgelaufener Verluste zu vereinfachen, ist für jeden Gesellschafter ein Verlustvortragskonto einzurichten. Buchungen auf diesem Konto werden durch spätere Gewinne wieder ausgeglichen.

c) Für jeden Gesellschafter wird außerdem ein Rücklagenkonto als weiteres Kapitalkonto eröffnet, auf welchem eine anteilige Kapitalrücklage sowie die im Rahmen der Gewinnverteilung in die Rücklage einzustellenden Beträge verbucht werden.

(2) Kapital-, Rücklagen- und Verlustvortragskonten gem. Abs. 1 werden nicht verzinst.

(3) Des Weiteren wird für jeden Gesellschafter ein Privatkonto eingerichtet, über das sich der Verrechnungsverkehr zwischen der Gesellschaft und den Gesellschaftern vollzieht. Alle sonstigen Beträge wie Einlagen, Entnahmen, Zinsen oder nicht zum Verlustausgleich benötigte bzw. in die Rücklage eingestellte Gewinne sind auf diesem Privatkonto zu verbuchen.

(4) Guthaben und Verbindlichkeiten auf dem Privatkonto werden mit dem jeweils marktüblichen Zinssatz verzinst. Die Zinsberechnung erfolgt am Jahresende. Die Zinsen gelten im Verhältnis der Gesellschafter zueinander als Aufwand bzw. Ertrag.

§ 6 Kapitalerhöhung

(1) Erhöhungen der Kapitalkonten gem. § 5 Abs. 1 Buchst. a) (Kapitalerhöhungen) sollen grundsätzlich nur auf Grund von einstimmigen Gesellschafterbeschlüssen erfolgen.

(2) Kapitalerhöhungen gemäß Abs. 1 sollen grundsätzlich nur aus Gesellschaftsmitteln zulasten des Rücklagekontos vorgenommen werden.

(3) Besteht ein für die Existenz des Unternehmens unabweisbares Bedürfnis auf Kapitalerhöhung, so ist jeder Gesellschafter verpflichtet, an etwaigen Kapitalerhöhungsbeschlüssen mitzuwirken, und zwar auch in solchen Fällen, in denen ein Gesellschafter nicht imstande ist, die für die Durchführung der Kapitalerhöhung notwendigen Mittel einzuschießen. In diesen Fällen wird der Erhöhungsbetrag in Höhe des nicht eingeschossenen Teils gegenüber dem betreffenden Gesellschafter als „Forderung aus Kapitalerhöhung" gebucht und ist gem. § 5 Abs. 3 zu verzinsen.

§ 7 Geschäftsführung und Vertretung

(1) Zur Geschäftsführung und Vertretung der Gesellschaft ist die Komplementärin allein berechtigt und verpflichtet.

(2) Die Geschäftsführer der persönlich haftenden Gesellschafterin sind für Rechtsgeschäfte zwischen der persönlich haftenden Gesellschafterin und der Gesellschaft von den Beschränkungen des § 181 BGB befreit.

(3) Zur Vornahme von Geschäften und Rechtshandlungen, die über den üblichen Rahmen des Geschäftsbetriebes hinausgehen, ist die Einwilligung der Gesellschafterversammlung erforderlich. Dies gilt – aber nicht ausschließlich – für die nachstehenden Rechtshandlungen und Rechtsgeschäfte:

a) der Erwerb und die Veräußerung von Unternehmen;

b) die Erteilung von Bürgschaften und Sicherheiten;

c) der Erwerb, die Veräußerung und die Belastung von Grundstücken und grundstücksgleichen Rechten (Erbbaurechten);

d) Rechtsgeschäfte zwischen der Gesellschaft und den Gesellschaftern;

e) die Erteilung und der Widerruf von Prokuren und Handlungsvollmachten;

f) der Erwerb, die wesentliche Erweiterung sowie die Veräußerung von Beteiligungen;

g) die Neuaufnahme oder Aufgabe von Betätigungsfeldern, soweit dies nicht ohnehin eine Änderung des Unternehmensgegenstandes ist;

h) alle sonstigen Geschäfte, die über den gewöhnlichen Betrieb des Handelsgewerbes der Gesellschaft hinausgehen.

§ 8 Aufwendungsersatz, Geschäftsführervergütungen

(1) Die persönlich haftende Gesellschafterin hat Anspruch auf Ersatz aller ihr durch die Geschäftsführung erwachsenden Aufwendungen.

(2) Für die Übernahme der persönlichen Haftung erhält die persönlich haftende Gesellschafterin eine Vergütung in Höhe von ...... % ihres Kapitals p. a.

(3) Soweit Kommanditisten geschäftsführend tätig sind, steht ihnen eine Tätigkeitsvergütung zu, die von Fall zu Fall von der Gesellschafterversammlung festgelegt wird. Diese Tätigkeitsvergütungen stellen im Verhältnis der Gesellschafter zueinander Aufwand dar.

§ 9 Gesellschafterversammlung

(1) Beschlüsse der Gesellschafter, die nach diesem Vertrag oder dem Gesetz erforderlich sind, werden in Gesellschafterversammlungen gefasst. Die ordentliche Gesellschafterversammlung findet jährlich, spätestens zwei Monate nach Fertigstellung und – soweit erforderlich – nach Prüfung des Jahresabschlusses statt. Sie ist in folgenden Fällen zuständig:

a) Genehmigung des von der Geschäftsführung aufgestellten Jahresabschlusses;
b) Beschlussfassung über die Zuführung von Teilen des Jahresgewinns auf das Rücklagekonto und deren Höhe;
c) Entlastung der Geschäftsführung;
d) Wahl und Bestellung der Person, die den Abschluss prüft;
e) Zustimmung wegen Befreiung vom Wettbewerbsverbot;
f) Festsetzung der Tätigkeitsvergütungen der Geschäftsführer der persönlich haftenden Gesellschafterin.
g) in allen Fällen, die ein Gesellschafter als weiteren Gegenstand der Gesellschafterversammlung unverzüglich nach Eingang der Einladung benennt.

(2) Eine außerordentliche Gesellschafterversammlung findet statt, wenn das Wohl und Interesse der Gesellschaft es erforderlich erscheinen lassen.

(3) Die Gesellschafterversammlungen finden am Sitz der Gesellschaft statt, sofern sich nicht alle Gesellschafter mit der Abhaltung an einem anderen Ort einverstanden erklären.

§ 10 Einberufung der Gesellschafterversammlung und Beschlussfassung

(1) Die ordentliche Gesellschafterversammlung ist von der Komplementär-GmbH einzuberufen. Der Einberufung zur ordentlichen Gesellschafterversammlung ist der Entwurf des Jahresabschlusses beizufügen.

(2) Außerordentliche Gesellschafterversammlungen sind von der Komplementär-GmbH einzuberufen, wenn nach diesem Vertrag oder den gesetzliche Bestimmungen eine Beschlussfassung notwendig wird (§ 9 Abs. 2) oder wenn Gesellschafter mit wenigstens 10 % Kapitalanteil es verlangen.

(3) Die Einberufung der Gesellschafterversammlung erfolgt schriftlich durch den Geschäftsführer der Komplementär-GmbH. Die Ladungsfrist beträgt drei Wochen und beginnt mit der Aufgabe des Ladungsschreibens per eingeschriebenem Brief an die letzte bekannte Anschrift der Gesellschafter zur Post oder mit der Übergabe des Schreibens gegen Empfangsbekenntnis. Mit der Einladung ist die Tagesordnung zu übermitteln.

(4) Die Leitung der Gesellschafterversammlung steht in jedem Fall dem Geschäftsführer der Komplementär-GmbH zu, im Falle seiner Verhinderung demjenigen Kommanditisten, der über den größten Anteil am Festkapital der Gesellschaft verfügt.

(5) Die Gesellschafterversammlung ist beschlussfähig, wenn 50 % des Festkapitals anwesend oder vertreten ist. Fehlt es an dieser Voraussetzung, so haben die geschäftsführenden Gesellschafter innerhalb von vier Wochen eine neue Gesellschafterversammlung einzuberufen, die dann in jedem Fall beschlussfähig ist. Hierauf ist in der Ladung hinzuweisen.

(6) Je € 1.000.– Festkapitaleinlage und/oder Kommanditeinlage gewähren eine Stimme.

(7) Zur Wirksamkeit der Beschlüsse ist im Allgemeinen eine einfache Mehrheit der abgegebenen Stimmen genügend, sofern das Gesetz oder dieser Vertrag nicht zwingend eine höhere Mehrheit vorschreibt. Stimmenthaltungen gelten als nicht abgegebene Stimmen.

(8) Die Gesellschafter können sich in der Gesellschafterversammlung durch einen Mitgesellschafter oder durch von Berufs wegen zur Verschwiegenheit verpflichtete Angehörige der rechts- und steuerberatenden Berufe vertreten lassen. Der Gesellschafter, der sich im vorstehenden Sinne vertreten lassen will, hat diese Absicht spätestens bis zum Ablauf des zehnten Tages vor der Gesellschafterversammlung der einberufenden Stelle mitzuteilen. Erfolgt eine solche Vertretung, so haben auch die übrigen Gesellschafter das Recht, in der Gesellschafterversammlung mit einem von Berufs wegen zur Verschwiegenheit verpflichteten Angehörigen der rechts- und steuerberatenden Berufe zu erscheinen, ohne dies zuvor gesondert mitteilen zu müssen.

(9) Gesellschafterbeschlüsse können – vorbehaltlich zwingender vertraglicher oder gesetzlicher Formvorschriften – wenn alle Gesellschafter damit einverstanden sind, auch telefonisch, durch Telefax oder per E-Mail schriftlich oder mündlich oder in sonstiger medialer Form ohne förmliche Gesellschafterversammlung gefasst werden. Die Gesellschafterversammlung kann ferner auf die Einhaltung sämtlicher Frist-, Form- und Ladungsvorschriften für eine ordnungsgemäße Einberufung verzichten, wenn alle Gesellschafter damit einverstanden sind oder in der Versammlung anwesend oder vertreten sind.

§ 11 Protokolle über die Beschlüsse

(1) Über die Beschlüsse der Gesellschafterversammlung, gleichviel ob sie in förmlicher Versammlung oder im Umlaufverfahren gefasst worden sind, ist eine Niederschrift anzufertigen und von dem Vorsitzenden der Gesellschafterversammlung bzw. – im Falle des Umlaufverfahrens – der Geschäftsführung der Komplementär-GmbH zu unterzeichnen.

(2) Die Niederschrift ist den Gesellschaftern schriftlich zuzustellen. Die Belege über die rechtzeitige Einladung der förmlichen Gesellschafterversammlung sind in geeigneter Weise aufzubewahren.

§ 12 Anfechtung von Beschlüssen

(1) Beschlüsse der Gesellschafterversammlung sind aus den gleichen Gründen nichtig oder anfechtbar, aus denen sie nichtig oder anfechtbar wären, wenn es sich um eine Gesellschaft mit beschränkter Haftung handeln würde.

(2) Die Frist zur Erhebung einer Anfechtungsklage beträgt einen Monat.

§ 13 Rechnungswesen, Jahresabschluss

(1) Die geschäftsführenden Gesellschafter haben den Jahresabschluss für das abgelaufene Geschäftsjahr innerhalb eines ordnungsgemäßen Geschäftsganges, längstens aber innerhalb einer Frist von sechs Monaten nach Ablauf des Geschäftsjahres aufzustellen.

(2) Der Jahresabschluss ist unter Beachtung der handels- und steuerrechtlichen Vorschriften aufzustellen. Soweit nicht zwingende handelsrechtliche Vorschriften entgegenstehen, hat die Handelsbilanz der für Zwecke der Einkommensbesteuerung aufzustellenden Steuerbilanz zu entsprechen.

(3) Die nach diesen Grundsätzen aufgestellte Bilanz ist maßgeblich für die Gewinn- und Verlustverteilung nach § 15 dieses Vertrages. Sollte sich zum Zwecke der steuerlichen Gewinnermittlung eine zwingende Abweichung von der Handelsbilanz ergeben, ist letztere für die Gewinn- und Verlustverteilung maßgeblich.

(4) Wird die Steuerbilanz durch das Finanzamt bestandskräftig geändert, so ist die Handelsbilanz, sofern nicht zwingende handelsrechtliche Bestimmungen zu beachten sind, an die Steuerbilanz zum nächstmöglichen Zeitpunkt anzupassen.

§ 14 Offenlegung

(1) Der Geschäftsführer hat nach Maßgabe der §§ 325 ff. HGB den Jahresabschluss beim elektronischen Bundesanzeiger einzureichen und bekanntzumachen.

(2) Von den größenabhängigen Erleichterungen nach §§ 326, 327 HGB hat der Geschäftsführer bei Vorliegen der entsprechenden Voraussetzungen Gebrauch zu machen, sofern die Gesellschafterversammlung nichts anderes beschließt.

§ 15 Gewinnermittlung und -verteilung

(1) Der Gewinn ergibt sich nach Berücksichtigung der Posten, die im Verhältnis der Gesellschafter zueinander betriebswirtschaftlich Aufwand oder Ertrag darstellen. Es handelt sich dabei um folgende Aufwendungen bzw. Erträge:

a) Zinsen auf Guthaben/Schulden der Privatkonten;

b) Zinsen auf Forderungen auf Kapitaleinzahlungskonten;

c) Haftungsvergütung für die Komplementär-GmbH;

d) sämtliche Bezüge der Gesellschafter-Geschäftsführer sowie sonstiger angestellter Geschäftsführer;

e) etwaige Pensions- und/oder Ruhegehaltsbezüge von Gesellschafter-Geschäftsführern, Geschäftsführern und deren Hinterbliebenen;

f) Zuführungen zu Rückstellungen für Pensions- und/oder Ruhegehaltszusagen.

(2) Die Gesellschafterversammlung kann bis zu ......% von dem verbleibenden Gewinn dem Rücklagekonto der Gesellschaft zuführen. Soll dem Rücklagekonto ein ......% dieses Betrages übersteigender Betrag zugeführt werden, bedarf der Beschluss einer Stimmenmehrheit von mehr als ......% der insgesamt vorhandenen Stimmen.

(3) Der nach Abs. 1 und 2 verbleibende Gewinn oder Verlust wird im Verhältnis der festen Kapitalkonten gemäß § 5 auf die Gesellschafter verteilt. Die persönlich haftende Gesellschafterin nimmt am Verlust der Gesellschaft nicht teil.

(4) Der verbleibende Gewinn oder Verlust gemäß Abs. 3 wird wie folgt verbucht:

a) Verluste werden auf den Verlustvortragskonten gemäß § 5 Abs. 1 Buchst. b gebucht;

b) Gewinnanteile werden auf den Privatkonten gemäß § 5 Abs. 3 gebucht, sofern nicht Verlustvortragskonten gemäß § 5 Abs. 1 Buchst. b auszugleichen sind.

(5) Wird die Gewerbesteuerbelastung der Gesellschaft dadurch beeinflusst, dass im Sonderbetriebsvermögensbereich eines Gesellschafters Geschäftsvorfälle stattfinden, die den Gewerbeertrag vermindern bzw. erhöhen, hat zwischen der Gesellschaft und dem Gesellschafter ein Ausgleich zu erfolgen. Die Gesellschaft und der betroffene Gesellschafter sind im Ergebnis so zu stellen, als hätten sich Ergebnisse im Sonderbetriebsvermögensbereich auf den Gewerbeertrag nicht ausgewirkt.

§ 16 Einlagen und Entnahmen

(1) Einlagen zum Ausgleich von Verlustvortragskonten oder Privatkonten mit negativem Saldo sind jederzeit auch ohne Zustimmung der übrigen Gesellschafter zulässig.

(2) Einlagen sind auf Privatkonten zu verbuchen, insofern nicht Verlustvortragskonten ausgeglichen werden sollen.

(3) Einlagen dürfen nicht zu einer Änderung der Beteiligungsverhältnisse oder der Gewinnverteilung führen.

(4) Im Fall einer Kapitalerhöhung, die nicht aus der Umwandlung von Rücklagen erfolgt, können die Gesellschafter ihre Beiträge nach freier Wahl durch eine Einlage oder die Umbuchung von Guthaben von den Privatkonten erbringen.

(5) Tätigkeitsvergütungen einschließlich Tantiemen können bei Fälligkeit frei entnommen werden, auch wenn hierdurch ein steuerlich negatives Kapitalkonto im Sinne des Abs. 7 dieser Bestimmung entsteht.

(6) Entsprechendes gilt für Steuern, die mit der Gesellschafterstellung bei dieser Gesellschaft im Zusammenhang stehen. Dies gilt auch für Erbschaftsteuern – nicht aber für Schenkungsteuern – und zwar insoweit, als die Steuer auf dem Übergang einer Beteiligung an dieser Gesellschaft beruht. Dabei ist davon auszugehen, dass die durch die Gesellschaftsbeteiligung ausgelösten Steuern in der höchsten Progressionsstufe des betreffenden Gesellschafters ausgelöst werden.

(7) Eine Entnahme von Guthaben von dem Privatkonto eines beschränkt haftenden Gesellschafters ist unzulässig, wenn die Summe aller Kapitalkonten eines Kommanditisten (Festkapital-, Darlehens-, Verlustvortrags-, Privat- und anteiliges Rücklagekonto) negativ ist (steuerlich negatives Kapitalkonto) und sich dieses negative Kapitalkonto durch die Entnahmen erhöht oder ein solches negatives Kapitalkonto durch die Entnahmen entsteht.

(8) Im Übrigen sind Entnahmen auf Grund eines mit einfacher Mehrheit zu fassenden Gesellschafterbeschlusses zulässig.

§ 17 Auflösung oder Fortsetzung der Gesellschaft, Ausscheiden eines Gesellschafters

(1) Die Gesellschaft wird durch Beschluss der Gesellschafter, durch die Eröffnung des Insolvenzverfahrens über das Vermögen der Gesellschaft oder durch gerichtliche Entscheidung aufgelöst. § 144 HGB bleibt unberührt.

(2) Ein Gesellschafter scheidet aus der Gesellschaft aus im Falle

a) der Zwangsvollstreckung in den Gesellschaftsanteil, den Gewinnanteil oder das Auseinandersetzungsguthaben eines Gesellschafters mit Zustellung des Pfändungs- und Überweisungsbeschlusses an die Gesellschaft, wenn dieser nicht innerhalb von drei Monaten wieder aufgehoben wird und die Voraussetzungen des § 135 HGB vorliegen, oder

b) der rechtskräftigen Eröffnung des Insolvenzverfahrens über das Vermögen eines Gesellschafters oder der Ablehnung eines entsprechenden Antrags mangels Masse, oder

c) der Abgabe einer eidesstattlichen Versicherung nach § 807 ZPO durch einen Gesellschafter oder Anordnung der Haftung zur Erzwingung ihrer Abgabe, oder

d) der Erhebung der Auflösungsklage nach § 133 HGB, oder

e) der Kündigung durch den Gesellschafter gemäß § 19.

(3) Gesellschafter, die in ihrer Person einen wichtigen Grund im Sinne des § 133 Abs. 1 HGB erfüllen, können durch einstimmigen Beschluss aller übrigen Gesellschafter aus der Gesellschaft ausgeschlossen werden.

(4) Scheidet ein Gesellschafter nach Absatz 2 oder 3 aus der Gesellschaft aus, wird diese mit den übrigen Gesellschaftern fortgesetzt. Verbleibt nur noch ein Gesellschafter, ist er berechtigt, das Handelsgeschäft unter Übernahme aller Aktiva und Passiva fortzuführen. Scheidet die Komplementär-GmbH als alleiniger persönlich haftender Gesellschafterin aus, ist die Gesellschaft aufgelöst und tritt in Liquidation, es sei denn, die übrigen Gesellschafter beschließen mit einer Mehrheit von 75 % ihrer Stimmen unter gleichzeitiger Bestellung eines neuen persönlich haftenden Gesellschafters die Fortsetzung der Gesellschaft bzw. der verbleibende alleinige Gesellschafter beschließt die Fortführung des Handelsgeschäfts unter Übernahme aller Aktiven und Passiven ohne Liquidation.

§ 18 Tod eines Kommanditisten

(1) Stirbt ein Kommanditist, so wird das Gesellschaftsverhältnis mit seinen Erben fortgeführt.

(2) Insoweit Gesellschafter Erben eines Gesellschafters werden, wächst ihnen der Kapitalanteil des ausgeschiedenen Gesellschafters zu.

(3) Hat der verstorbene Gesellschafter letztwillig Testamentsvollstreckung angeordnet, so werden sämtliche Gesellschaftsrechte und -pflichten des verstorbenen Gesellschafters von dem oder den Testamentsvollstrecker(n) bis zur Beendigung der Testamentsvollstreckung ausgeübt.

(4) § 17 Abs. 4 gilt entsprechend.

§ 19 Kündigung

(1) Das Gesellschaftsverhältnis kann von jedem Gesellschafter mit einer Frist von ... Monaten zum Ende eines Geschäftsjahres mit eingeschriebenem Brief gekündigt werden, erstmals jedoch zum 31.12.20... Darüber hinaus ist jeder Gesellschafter berechtigt, die Gesellschaft mit sofortiger Wirkung aus wichtigem Grund zu kündigen. Das Recht, nach § 133 HGB Auflösungsklage zu erheben, wird, soweit gesetzlich zulässig, abbedungen.

(2) Die Kündigung bedarf zu ihrer Wirksamkeit einer schriftlichen Erklärung gegenüber allen Gesellschaftern.

(3) Kündigt ein Kommanditist, so scheidet er aus der Gesellschaft aus. Diese wird mit den verbleibenden Gesellschaftern fortgesetzt.

(4) Kündigt die Komplementär-GmbH als einzige persönlich haftende Gesellschafterin das Gesellschaftsverhältnis, wird die Gesellschaft mit Ablauf der Kündigungsfrist aufgelöst und tritt in Liquidation, es sei denn, die übrigen Gesellschafter beschließen bis zum Ablauf der Kündigungsfrist mit einer Mehrheit von 75 % ihrer Stimmen unter gleichzeitiger Bestellung eines neuen persönlich haftenden Gesellschafters die Fortsetzung der Gesellschaft. Die kündigende Komplementär-GmbH scheidet in diesem Falle mit Ablauf der Kündigungsfrist aus der Gesellschaft aus.

(5) Besteht die Gesellschaft im Zeitpunkt der Kündigung eines Gesellschafters nur aus zwei Gesellschaftern, ist der andere Gesellschafter berechtigt, das Handelsgeschäft unter Übernahme aller Aktiva und Passiva fortzuführen.

(6) § 17 Abs. 4 gilt entsprechend.

§ 20 Verfügungen über Gesellschaftsanteile

(1) Jeder Gesellschafter kann seinen Gesellschaftsanteil ganz oder teilweise auf seine Abkömmlinge oder andere Gesellschafter übertragen. Für Übertragungen auf andere Personen ist ein Einwilligungsbeschluss der Gesellschafter erforderlich, der ei-

ner Mehrheit von ......% aller nach dem Gesellschaftsvertrag vorhandenen Stimmen bedarf.

(2) Zur Verpfändung oder Belastung oder zur Einräumung einer Unterbeteiligung an einem Gesellschaftsanteil und zur Verfügung über Rechte und Ansprüche aus dem Gesellschaftsverhältnis zugunsten anderer als in Abs. 1 genannter Personen bedarf ein Gesellschafter gleichfalls eines Einwilligungsbeschlusses der Gesellschafterversammlung mit einer Mehrheit von ......% aller nach dem Gesellschaftsvertrag vorhandenen Stimmen.

§ 21 Auseinandersetzungsguthaben

(1) Scheidet ein Gesellschafter aus der Gesellschaft aus, erhält er als Auseinandersetzungsguthaben den Buchwert seiner Beteiligung zuzüglich seines Anteils an den stillen Reserven des Anlagevermögens. Der Buchwert wird durch Saldierung sämtlicher Konten des Gesellschafters einschließlich seines Anteils an etwaigen gemeinschaftlichen Konten in der letzten Jahresschlussbilanz ermittelt, die stillen Reserven des Anlagevermögens durch einen Vergleich der Buchwerte mit den Teilwerten, die gegebenenfalls durch Gutachten eines von der zuständigen Wirtschaftsprüferkammer zu bestimmenden Sachverständigen zu ermitteln sind. Die Kosten des Gutachtens tragen Gesellschafter und Gesellschaft zu gleichen Teilen. Ein selbst geschaffener Unternehmenswert sowie sonstige nicht bilanzierungsfähige Wirtschaftsgüter bleiben ebenso außer Betracht wie schwebende Geschäfte oder der Unternehmensertrag.

(2) Scheidet ein Gesellschafter aus einem der in § 17 Abs. 2 Buchst. a) bis c) und Abs. 3 genannten Gründe aus der Gesellschaft aus, so verringert sich das nach § 22 Abs. 1 geschuldete Auseinandersetzungsguthaben um 30 Prozent.

(3) Das nach vorstehenden Grundsätzen ermittelte Auseinandersetzungsguthaben ist vom Beginn des dem Tage des Ausscheidens folgenden Geschäftsjahres marktüblich zu verzinsen.

(4) Sofern sich die Beteiligten nicht über eine anderweitige Regelung einigen, ist das Auseinandersetzungsguthaben in fünf gleichen Jahresraten zu entrichten, von denen die Erste sechs Monate nach Beginn des dem Ausscheiden des betreffenden Gesellschafters folgenden Geschäftsjahres fällig wird. Die folgenden Raten sind jeweils ein Jahr nach Fälligkeit der vorangegangenen Raten zu entrichten. Zusammen mit den Raten sind die Zinsen für den jeweils vorausgegangenen Zeitraum zu entrichten.

(5) Die die Gesellschaft fortführenden Gesellschafter sind berechtigt, die Abfindungssumme ganz oder teilweise vorzeitig zur Rückzahlung zu bringen. Außerordentliche Zahlungen erfolgen dann jeweils für Rechnung der nächsten fällig werdenden Rate bzw. Raten.

(6) Die die Gesellschaft fortsetzenden Gesellschafter sind berechtigt, die Herabsetzung der jährlichen Raten und eine Hinausschiebung der Zahlungstermine zu verlangen, wenn die Liquidität der Gesellschaft durch die Zahlung der Raten gefährdet wird. Mehrere Berechtigte haben sich den Auszahlungsbetrag im Verhältnis ihrer zu tilgenden Ansprüche zu teilen. Die Zahlungen können jedoch höchstens auf zehn Jahre verteilt hinausgeschoben werden. Die Gefährdung der Liquidität ist den Berechtigten nachzuweisen.

(7) Wird der ausgeschiedene Gesellschafter von Gläubigern der Gesellschaft in Anspruch genommen, so ist er von der Gesellschaft und den verbleibenden Gesellschaftern von den Ansprüchen freizustellen.

(8) Ergibt sich ein negativer Betrag, so ist dieser innerhalb von drei Monaten nach Festsetzung vom ausgeschiedenen Gesellschafter auszugleichen.

§ 22 Güterstandsvereinbarung

(1) Gesellschafter, die natürliche Personen sind, sind verpflichtet, bei Eingehen einer Ehe durch ehevertragliche Regelung sicherzustellen, dass ihre Beteiligung an dieser Gesellschaft bei der Berechnung eines etwaigen Zugewinns außer Ansatz bleibt.
(2) Ein Verstoß gegen diese Bestimmung gilt als wichtiger Grund im Sinne von § 17 Abs. 2.

§ 23 Wettbewerbsverbot

(1) Jedem Gesellschafter ist es untersagt, während seiner Zugehörigkeit zur Gesellschaft dieser Gesellschaft mittelbar oder unmittelbar, gelegentlich oder gewerbsmäßig, unter eigenem oder fremdem Namen, für eigene oder fremde Rechnung im Geschäftszweig der Gesellschaft Konkurrenz zu machen. Dies gilt auch für solche Geschäftszweige, in denen die Gesellschaft beim Abschluss dieses Vertrages noch nicht tätig war. Entsprechendes gilt für eine Beteiligung von mehr als ......% am stimmberechtigten Kapital von Konkurrenzgesellschaften.
Als Konkurrenzgesellschaften gelten nicht bereits bei Abschluss dieses Vertrages bestehende Beteiligungen sowie solche Gesellschaften, die zwar im Geschäftszweig der Gesellschaft tätig sind, jedoch nicht mit ihr in konkretem Wettbewerb stehen. Über Befreiungen vom Wettbewerbsverbot entscheidet die Gesellschafterversammlung.
(2) Für das Geltungsgebiet des Grundgesetzes bleibt das Wettbewerbsverbot für die Dauer von zwei Jahren nach dem Ausscheiden des Gesellschafters aus der Gesellschaft bestehen. Eine Entschädigung für die Einhaltung dieses Wettbewerbsverbots durch den Gesellschafter wird nicht gezahlt.

§ 24 Schlussbestimmungen

(1) Änderungen und Ergänzungen dieses Vertrages bedürfen der Schriftform. Mündliche Nebenabreden bestehen nicht. Kein Gesellschafter kann sich auf eine vom Vertrag abweichende tatsächliche Übung berufen, solange die Abweichung nicht schriftlich fixiert ist.
(2) Sollten sich einzelne Bestimmungen dieses Vertrages als ungültig erweisen, so wird dadurch die Gültigkeit des Vertrages im Übrigen nicht berührt. In einem solchen Fall sind die Gesellschafter verpflichtet, durch Beschluss die ungültige Bestimmung durch diejenige gesetzliche zulässige Bestimmung zu ersetzen, die den Zweck der ungültigen Bestimmung, insbesondere das, was die Vertragsparteien gewollt haben, mit der weitestgehend möglichen Annäherung erreicht. Entsprechendes gilt, wenn sich bei Durchführung des Vertrages eine ergänzungsbedürftige Lücke ergeben sollte.
(3) Erfüllungsort und Gerichtsstand für sämtliche Streitigkeiten aus diesem Vertrag und über das Zustandekommen dieses Vertrages ist der Sitz der Gesellschaft, soweit dies zulässig vereinbart werden kann.
(4) Die Kosten der Gründung trägt die Gesellschaft.

§ 25 Schiedsgericht

(1) Über alle Streitigkeiten aus diesem Vertrag, insbesondere auch über seine Wirksamkeit oder die Wirksamkeit einzelner seiner Bestimmungen, ausgenommen derenigen Streitigkeiten, die von Gesetzes wegen einem Schiedsgericht nicht zur Entscheidung zugewiesen werden können, entscheidet unter Ausschluss des ordentlichen Rechtswegs ein Schiedsgericht. Zuständigkeit, Zusammensetzung und

Verfahren des Schiedsgerichts haben die Gesellschafter im Schiedsvertrag vom .... näher geregelt.

(2) Jeder neue Gesellschafter, der in die Gesellschaft eintritt, gleichgültig auf Grund welchen Rechtsvorgangs, unterwirft sich dem Schiedsgericht entsprechend den im Schiedsvertrag getroffenen Vereinbarungen.

Formular A. 8.01a Handelsregisteranmeldung

An das

Amtsgericht

– Handelsregister A –

A-Stadt

Neu gegründete Firma A-GmbH & Co. KG

Die unterzeichneten Gesellschafter der im Rubrum genannten Gesellschaft melden hiermit zur Eintragung in das Handelsregister an:

1. Wir haben unter der Firma „A-GmbH & Co. KG" eine Kommanditgesellschaft errichtet, die am ...... begonnen hat. Die Gesellschaft betreibt den Handel mit Textilien und hat ihren Sitz in A-Stadt.

2. Persönlich haftende Gesellschafterin ist die A-GmbH.

3. Kommanditisten sind:

B (Name, Vorname, Geburtsdatum, Wohnort) mit einer Kommanditeinlage von € ......,

C (Name, Vorname, Geburtsdatum, Wohnort) mit einer Kommanditeinlage von € ......

Das Geschäftslokal befindet sich in ......

Das Gesellschaftsvermögen beträgt € ......

..	**..**
(Unterschriften)	**(Beglaubigungsvermerk)**

II. ERLÄUTERUNGEN

Erläuterungen zu A. 8.01 Gesellschaftsvertrag (ausführlich – GmbH & Co. KG)

1. Grundsätzliche Anmerkungen

a) Wirtschaftliches Vertragsziel

Wesentlicher Grund für die Wahl der GmbH & Co. KG bildet regelmäßig das 1
Bestreben, die haftungs- und organisationsrechtlichen Vorzüge einer Kapitalgesellschaft einerseits mit den gesellschafts- und steuerrechtlichen Vorzügen der Personengesellschaft andererseits zu kombinieren (s. hierzu *MünchKommHGB/Grunewald* § 161 Rz. 45ff.). Dabei besteht die einheitliche Unternehmensform „GmbH & Co. KG" zwar aus zwei gesellschaftsrechtlich selbstständigen Gesellschaften, sie wird jedoch als Personengesellschaft qualifiziert.

Die GmbH & Co. KG ist heute im Bereich der gewerblichen Wirtschaft in Deutschland eine der verbreitetsten Rechtsformen. Grund hierfür ist zum einen der

Umstand, dass die **Haftungsrisiken** zunehmend höher eingeschätzt werden und gleichzeitig die Bereitschaft sinkt, die volle und unbeschränkte persönliche Haftung für alle Schulden der Gesellschaft zu unternehmen. Daneben sind Personengesellschaften in vielerlei Hinsicht flexibler handhabbar als Kapitalgesellschaften, insb. hinsichtlich der weitgehend disponiblen Natur der inneren Verfassung der Gesellschaft wie der hohen Kapitalflexibilität.

Häufiges **wirtschaftliches Motiv** für die Wahl der Rechtsform der GmbH & Co. KG ist weiterhin die Möglichkeit der sog. „Fremdorganschaft", also die Trennung der Geschäftsführerstellung einerseits von der Gesellschafterstellung andererseits. Daneben wird das Nachfolgeproblem durch die Unternehmenspetuierung häufig einfacher lösbar, die Kapitalbeschaffung ist durch besseren Zugang zum Finanz- und Kapitalmarkt eher gegeben und es kann eine faktische Beherrschung der Gesellschaft ermöglicht werden, ohne dass an dieser eine Kapitalmehrheit erforderlich ist. Weiterhin kann nach wie vor eine Vermeidung der unternehmerischen Mitbestimmung im Aufsichtsrat nach BetrVG sowie eine Entschärfung derjenigen nach dem Mitbestimmungsgesetz erfolgen. Weggefallen ist im Jahre 2000 durch die Einführung von § 264a HGB durch das Kapitalgesellschaften und Co.-Richtlinie-Gesetz v. 24.4.00 (BGBl. I 00, 154) allerdings die Befreiung der GmbH & Co. KG von den Prüfungs- und Publizitätspflichten des Bilanzrichtliniengesetzes v. 19.12.85 (BGBl. I 85, 2355).

b) Gesellschaftsrecht

2 Zur Gründung einer GmbH & Co. KG ist zunächst die Gründung der Komplementär-GmbH erforderlich (vgl. *MünchKommHGB/Grunewald* § 161 Rz. 55 ff.). Grundsätzlich können rechtsfähige Gesellschaften aus dem EU-Ausland Komplementäre einer deutschen KG sein (vgl. hierzu *MünchKommHGB/Grunewald* § 161 Rz. 101 mwN).

3 Die GmbH & Co. KG ist eine vollwertige KG. Auf die grundsätzlichen Anmerkungen zu Ziff. II des Formulars A. 8.00 wird daher zunächst verwiesen. Gegenüber der (gesetzestypischen) KG tritt an die Stelle des persönlich haftenden Komplementärs bei der GmbH & Co. KG eine GmbH, die im Regelfall nur über das gesetzliche Mindeststammkapital von € 25.000.– verfügt und die typischerweise am Vermögen der KG nicht beteiligt ist. Demgegenüber ist an der sog. unechten GmbH & Co. KG eine natürliche Person als weiterer Vollhafter beteiligt. In der Praxis häufig sind beteiligungsidentische GmbH & Co. KG's, bei denen die Gesellschafter der Komplementär-GmbH im gleichen Verhältnis als Kommanditisten beteiligt sind. Schließlich existiert die sternförmige GmbH & Co. KG, deren Komplementär als Vollhafter für verschiedene Kommanditgesellschaften auftritt und die Einheitsgesellschaft, bei der die GmbH & Co. KG selbst sämtliche Geschäftsanteile an ihrer Komplementär-GmbH hält.

3a Die durch das MoMiG v. 23.10.08 (BGBl. I 08, 2026) geschaffene **neue „Gesellschaftsform" der Unternehmergesellschaft (haftungsbeschränkt; UG)** bietet die Möglichkeit, eine Kapitalgesellschaft mit beschränkter Haftung unterhalb des Mindeststammkapitals einer GmbH iHv. € 25.000,– zu errichten (§ 5a GmbHG). Bei der UG gelten im Grundsatz sämtliche Regelungen des GmbHG mit Ausnahme der in § 5a GmbHG genannten Änderungen. Wichtigste Ausnahme ist hierbei der Verzicht auf ein Mindeststammkapital. Es genügt ein Kapital von EUR 1,–. Die Gesellschaft muss die Bezeichnung „Unternehmergesellschaft (haftungsbeschränkt)" oder „UG (haftungsbeschränkt)" führen (zu den Einzelheiten s. Formular 6.03). Die UG kann Komplementärin einer KG sein (*Baumbach/Hopt* Anh. § 177a Rz. 4 und 11). Die gewerbliche Prägung iSv. § 15 Abs. 3 Nr. 2 Satz 1 EStG liegt immer dann vor, wenn ausschließlich eine (oder mehrere) Kapitalgesellschaft(en) persönlich haftende Gesellschafter ist (bzw. sind) und nur diese oder Personen, die nicht Gesellschafter sind, zur Geschäftsführung befugt (gewerblich geprägte Personengesellschaft) sind. Die Unternehmergesellschaft (haftungsbeschränkt) gleicht weitgehend einer GmbH und damit auch einer Kapitalgesellschaft. Die bisher teilweise praktizierte Gründung einer Ltd. & Co. KG, durch die gleichfalls mit geringem Kapitalaufwand eine gewerbliche Prägung erreicht werden kann (BFH XI R 15/05 v. 14.3.07, NZG 07, 479), wird dadurch entbehrlich.

Die haftungsmäßigen Beschränkungen bei der GmbH & Co. KG führen im Wesentlichen dazu, dass deren Gläubigern nur eine ähnlich beschränkte Haftungsmasse wie den Gläubigern einer Kapitalgesellschaft zusteht. 4

Hinsichtlich **Insolvenzverfahren**, die **vor dem 1.11.08** eröffnet wurden, regelt die Übergangsvorschrift des Art. 103d EGInsO, dass durch § 172a aF HGB bei einer GmbH & Co. KG die §§ 32a aF, 32b aF GmbHG sinngemäß zur Anwendung kommen (*Baumbach/Hopt/Roth* Hinweis vor § 172a Rz. 1). § 172a aF HGB erfasst auch eigenkapitalersetzende Darlehen von Kommanditisten, wobei diese nicht einmal gleichzeitig Gesellschafter der Komplementär-GmbH sein müssen (*Baumbach/Hopt* § 172a Rz. 3, str.). Die Anwendung der genannten Vorschriften führt dazu, dass eine Auszahlung bzw. Rückgewähr von gewährten Gesellschafterdarlehen an den Kommanditisten zu einem gesetzlichen Rückforderungsanspruch der KG führt, wenn die Rückgewähr des Darlehens zu einem mittelbaren Herabsinken des Vermögens der GmbH unter den Nennwert des Stammkapitals führt. Dies gilt nach der Rspr. des BGH auch, wenn der Kommanditist der GmbH & Co. KG nicht zugleich der GmbH gehört, also auch bloßer Anleger ist (außer bei Publikumspersonengesellschaften, vgl. BGH II ZR 268/88 v. 19.2.90, NJW 90, 1725, s. zur Problematik der Kapitalerhaltung auch BGH II ZR 180/06 v. 10.12.07, DStR 08, 311). 4a

Für **Insolvenzverfahren**, die **nach dem 1.11.08** eröffnet wurden sind durch das MoMiG in §§ 39 Abs. 1 Nr. 5, Abs. 4 und 5 nF, 44a nF, 135 nF und 143 nF InsO und §§ 6, 6a AnfG nF Vorschriften in die Insolvenzordnung eingefügt worden, die inhaltlich weitgehend den §§ 32a, 32b aF GmbHG entsprechen, jedoch unter Aufgabe der Rechtsfigur des eigenkapitalersetzenden Darlehens (*Frankfurter Kommentar zur InsO/Schumacher* § 39 Rz. 13a). Diese gelten nach § 39 Abs. 4 InsO auch für die KG ohne natürliche Person als zumindest mittelbar persönlich haftende Gesellschafterin (*Frankfurter Kommentar zur InsO/Schumacher* § 39, Rz. 13b). Die Regelungen in den §§ 32a und 32b GmbHG, §§ 129a und 172a HGB wurden ersatzlos gestrichen. Mit der Abkehr vom entscheidenden Merkmal der Krisenfinanzierung (vgl. dazu Begründung des RegEntwurfs BT-Drs. 16/6140 S. 57, krit. *Eidenmüller* ZGR 07, 168, 208) entfällt damit der Unterschied zwischen Gesellschafterdarlehen und Fremddarlehen. Dies hat zur Folge, dass nach § 39 Abs. 1 Nr. 5 InsO erst in der Insolvenz eine rechtliche Sonderbehandlung in Form einer Benachteiligung des Rückzahlungsanspruchs eines Gesellschafters aus der Hingabe eines Darlehens entstehen kann (vgl. ausführlich und kritisch *Roth/Altmeppen* Anh. §§ 32a, 32b Rz. 12). 4b

Da bei der GmbH & Co. KG keine natürliche Person unbeschränkt mit ihrem Vermögen haftet, muss auf **Geschäftsbriefen** weiterhin die Rechtsform und der Sitz der Gesellschaft, das Registergericht des Sitzes der Gesellschaft und die Handelsregister-Nr. angegeben werden. Ferner muss die Firma der persönlich haftenden Gesellschafterin, deren Rechtsform und Sitz, ihr Registergericht und die Handelsregister-Nr. sowie alle Geschäftsführer ausgewiesen werden. Hat die Gesellschaft einen Aufsichtsrat gebildet, so ist zusätzlich der Name des Aufsichtsratsvorsitzenden mit mindestens einem ausgeschriebenen Vornamen anzugeben (§ 177a iVm. § 125a HGB). Geschäftsbriefe sind dabei alle Mitteilungen des Kaufmanns über geschäftliche Angelegenheiten nach außen, die an einen bestimmten Empfänger gerichtet sind (z. B. Angebote, Annahmen, Mängelrügen und Bestellscheine, nicht aber Drucksachen und Postwurfsendungen (*Baumbach/Hopt/Roth* § 125a Rz. 7 ff., § 37a Rz. 4 ff.). 5

Auch bei einer GmbH & Co. KG ist im Falle einer **Überschuldung** oder **Zahlungsunfähigkeit** der KG die Eröffnung des Insolvenzverfahrens zu beantragen, im Falle einer Beantragung vor dem 1.11.08 nach Art. 103d EGInsO gem. § 130a aF 6

HGB, sonst gem. § 15a InsO. Jedenfalls ist der Antrag dabei ohne schuldhaftes Zögern, spätestens aber drei Wochen nach Eintritt der Zahlungsunfähigkeit oder der Überschuldung der Gesellschaft zu stellen. Ein Verstoß gegen die vorgenannten Bestimmungen ist gem. § 130b aF HGB, bzw. § 15a Abs. 4, 5 InsO mit Freiheitsstrafe bis zu drei Jahren oder mit Geldstrafe bedroht. Bei Führungslosigkeit der Gesellschaft, § 10 Abs. 2 Satz 2 InsO, ist korrespondierend zu § 15 Abs. 3 nF InsO eine Antragspflicht für Gesellschafter und Aufsichtsratsmitglieder eingeführt worden, auf die sich die strafrechtlichen Vorschriften des § 15a Abs. 4, 5 InsO beziehen. Von dieser Neuregelung unberührt bleibt die Rechtsprechung zum faktischen Geschäftsführer (BT-Drucks. 16/6140 S. 127f.); dieser ist ebenfalls zur Antragstellung verpflichtet.

7 Soweit die Gesellschaft ihre Geschäfte begonnen hat, bevor sie in das Handelsregister eingetragen ist, **haftet** jeder Kommanditist für die **bis zur Eintragung** begründeten Verbindlichkeiten der Gesellschaft wie ein persönlich haftender Gesellschafter, soweit er dem Geschäftsbeginn zugestimmt hat (§ 176 HGB). Gleiches gilt für die handelnden Personen der Komplementär-GmbH, wenn diese im Zusammenhang mit der Gründung nicht vor Geschäftsaufnahme eingetragen wird. Eine Haftungsbeschränkung ist daneben dann nicht gegeben, wenn bei Neueintritt eines Kommanditisten oder bei Übernahme eines Kommanditanteils die Eintragung in das Handelsregister (vorübergehend) unterbleibt (§ 176 Abs. 2 HGB). Nach neuerer Auffassung des OLG Frankfurt (13 U 195/06 v. 9.5.07, NZG 07, 625) reicht allerdings für eine Haftungsbeschränkung des Kommanditisten vor Eintragung aus, wenn die Gesellschaft als GmbH & Co. KG firmiert. Das OLG Frankfurt begründet seine Auffassung mit den aktuellen Regelungen des Firmenrechts, wonach im Rechtsverkehr niemand mehr damit rechnen kann, dass bei einer GmbH & Co. KG ein nicht eingetragener Gesellschafter (natürliche Person) kein Kommanditist ist (zustimmend *Baumbach/Hopt/Roth* HGB Anh. § 177a Rz. 19).

c) Steuerrecht

8 Die GmbH & Co. ist keine Kapitalgesellschaft iSd. § 1 Abs. 1 Nr. 1 KStG und als solche nicht körperschaftsteuerpflichtig. Danach spricht für die GmbH & Co. der Vorzug, dass eventuelle negative Ergebnisse gem. § 15 Abs. 1 Nr. 2 EStG unmittelbar in der Person des einzelnen Gesellschafters entstehen. Sie können dort – allerdings im durch § 15a EStG eingeschränkten Rahmen – mit anderen positiven Einkünften ausgeglichen werden. Für Verluste aus so genannten Steuerstundungsmodellen (Medienfonds, Schiffbeteiligungen, New Energy Fonds, Leasingsfonds, Wertpapierhandelsfonds und Videogamefonds) sind die Einschränkungen des § 15b EStG zu beachten: § 15b EStG idF des **Gesetzes zur Beschränkung der Verlustverrechnung** v. 22.12.05 (BGBl. I 05, 3683) findet Anwendung für Verluste aus Steuerstundungsmodellen, denen der Stpfl. nach dem 10.11.05 beigetreten ist oder die nach diesem Zeitpunkt mit dem Außenvertrieb begonnen haben. Das JStG 2007 v. 13.12.06 (BGBl. I 06, 2878) enthält weitere rückwirkende Einschränkungen der Verlustberücksichtigung bei Steuerstundungsgestaltungen (allgemein hierzu *H/H/R/Hallerbach* § 15b EStG Rz. 1ff.). Anders verhält es sich bei der GmbH: Dort können Verluste nur in der Gesellschaft vorgetragen und überhaupt nicht in die persönliche Einkommensteuersphäre des einzelnen Gesellschafters transportiert werden.

9 Nach § 15 Abs. 3 Nr. 2 EStG gilt eine mit Einkunftserzielungsabsicht unternommene Betätigung einer GmbH & Co. auch dann als gewerblich, wenn sie keine Tätigkeit iSd. § 15 Abs. 1 Satz 1 Nr. 1 EStG ausübt. Dies ist zB der Fall bei einer lediglich Immobilien verwaltenden GmbH & Co. Dieses Ergebnis kann allerdings dadurch vermieden werden, dass zB ein Kommanditist als Geschäftsführer berufen wird; denn in diesem Fall tritt die Fiktionswirkung der gewerblichen Betätigung nicht ein (vgl. *Schmidt/Wacker* § 15 Rz. 231ff.).

Die Anteile an der Komplementär-GmbH, die einem Kommanditisten gehören, stellen bei diesem grundsätzlich notwendiges **Sonderbetriebsvermögen II** dar, weil die GmbH-Anteile einen Einfluss auf die Geschäftsführung der KG vermitteln (vgl. BFH VIII R 18/93 v. 16.5.95, BStBl. II 95, 714mwN). Eine Ausnahme kann dann gelten, wenn die Komplementär-GmbH noch eine andere Geschäftstätigkeit von nicht ganz untergeordneter Bedeutung ausübt (BFH VIII R 14/87 v. 11.12.90, BStBl. II 91, 510 mwN; nach Auffassung des BFH und der FinVerw. liegt allerdings in diesen Fällen auch Sonderbetriebsvermögen II vor, wenn die Komplementär-GmbH zusätzlich mit der KG erheblich wirtschaftlich verflochten ist, beispielsweise als Vertriebsgesellschaft (so OFD München v. 2.4.01, DStR 01, 1032; BFH VIII R 57/94 v. 29.7.97, BStBl. II 98, 652, 655). Gewinnausschüttungen der Komplementär-GmbH auf die Anteile im Sonderbetriebsvermögen der Kommanditisten sind bei diesen Sonderbetriebseinnahmen und im Gesamtgewinn der KG enthalten (BFH VIII R 18/93 v. 16.5.95, BStBl. II 1995, 714 zu 1. d; BFH IV R 65/94 v. 21.9.95, BStBl. II 96, 66 aE). Zu den Sonderbetriebseinnahmen gehört auch der Erlös der Veräußerung der GmbH-Anteile, wobei der Gewinn laufender Gewinn ist (BFH I R 230/70 v. 5.7.72, BStBl. II 72, 928); etwas anderes gilt nur dann, wenn alle Anteile von allen Gesellschaftern gleichzeitig veräußert werden oder die Anteile zusammen mit dem KG-Anteil veräußert werden. **10**

Zu den Grundzügen der Besteuerung iÜ vgl. A. 8.00 Rz. 14 ff. Die dortigen Anmerkungen gelten vollumfänglich auch für die GmbH & Co. KG, soweit sich nicht aus Vorstehendem etwas anderes ergibt. Zur Möglichkeit der Eingliederung einer GmbH & Co. KG als Organgesellschaft in das Unternehmen eines Organträgers bei einer umsatzsteuerlichen Organschaft s. FG München 3 K 235/10 v. 13.3.13, DStR 13, 1471 (Rev. V R 25/13). **10a**

2. Einzelerläuterungen

Zu § 1: Firma, Sitz, Rechtsform

Siehe A. 8.00 Rz. 26 ff. zu § 1. **11**

Gem. § 19 Abs. 2 HGB muss aus der Firma ersichtlich sein, dass einziger persönlich haftender Gesellschafter eine juristische Person ist. Diesem Erfordernis wird durch den Zusatz „GmbH & Co. KG" genügt.

Zu § 2: Gegenstand des Unternehmens

Siehe A. 8.00 Rz. 29 f. zu § 2. **12**

Im Gesellschaftsvertrag der Komplementär-GmbH muss der Gegenstand des Unternehmens konkret und individuell bezeichnet werden; die Angabe des Geschäftszweiges der KG ist nach neuerer Auffassung nicht nötig, es genügt als Unternehmensgegenstand die „Übernahme der Komplementärstellung bei der X KG" anzugeben (vgl. BayOLG XI ZR 8/94 v. 22.6.95, NJW 95, 2221), str. aus Sicherheitsgründen empfiehlt es sich, bei der GmbH auch noch den Unternehmensgegenstand der KG aufzunehmen.

Zu § 3: Dauer, Geschäftsjahr

Siehe A. 8.00 Rz. 30 ff. zu § 3. **13**

Zu § 4: Gesellschafter

Siehe A. 8.00 Rz. 31 ff. zu § 4. **14**

Häufig sind bei der GmbH & Co. KG die Gesellschafter der Komplementär-GmbH einerseits und die Kommanditisten andererseits als deren wirtschaftliche Träger identisch. Die GmbH dient in diesen Fällen lediglich dazu, im formalrechtlichen Sinne die Aufgaben des Komplementärs zu erfüllen. Das Formular setzt dies nicht zwangsläufig **15** voraus. Soll eine entsprechende Vereinbarung getroffen werden, so könnte sie folgenden Wortlaut haben:

(...) „Die Gesellschafterstellung bei dieser Gesellschaft ist wirtschaftlich verbunden mit der Gesellschafterstellung an der Komplementärin, der X-GmbH. Deshalb darf jeder Gesellschafter nur in dem Verhältnis am Stammkapital der Komplementärin beteiligt sein, das seiner Beteiligung am Festkapital der Gesellschaft entspricht. Jeder Gesellschafter verpflichtet sich gegenüber der Gesellschaft und gegenüber jedem einzelnen Gesellschafter, bei Übertragungen und sonstigen Verfügungen (Testamenten) entsprechend zu verfahren."

Zur Sicherung der verhältnismäßigen Beteiligung kann im KG-Vertrag ein besonderes Recht zur Ausschließung und im Gesellschaftsvertrag der Komplementär-GmbH ein besonderes Recht zur Einziehung vereinbart werden (vgl. hierzu *MünchKomm-HGB/Grunewald* § 161 Rz. 94).

16 Zu beachten ist, dass die Koppelung bei Vereinbarung im KG-Vertrag regelmäßig dazu führt, dass der Vertrag insgesamt **notariell zu beurkunden** ist. Dies gilt, wenn die Anteilsabtretung eines KG-Anteils nur erfolgen darf, soweit gleichzeitig eine Verpflichtung zur Übertragung eines entsprechenden Geschäftsanteils an der Komplementär-GmbH erfolgt (§ 15 Abs. 4 GmbHG). Eine entsprechende Bestimmung sollte dann auch im Gesellschaftsvertrag der Komplementär-GmbH verankert werden.

Da die GmbH lediglich der formalrechtlichen Wahrnehmung der Aufgaben des Komplementärs dient, soll sie in der Regel keine Einlage erbringen, keinen Kapitalanteil erhalten und auch kein Stimmrecht haben.

17 **Steuerlich** ist streitig, inwieweit die Komplementär-GmbH auch dann Mitunternehmer sein kann, wenn sie nicht am Vermögen und Verlust beteiligt und im Innenverhältnis weisungsgebunden ist. Diese Frage ist zu bejahen (*Schmidt/Wacker* § 15 Rz. 709 mwN; BFH VIII R 74/03 v. 25.4.06, DStRE 06, 912). Auch eine gewinnabhängige Vergütung für Tätigkeit und Haftungsrisiko wird nicht als zwingend erforderlich angesehen (*Schmidt/Wacker* aaO; *H/H/R/Haep* § 15 Rz. 373; BFH IV R 122/73 v. 3.2.77, BStBl. II 77, 346). Andererseits betont der BFH in st. Rspr., dass eine Mitunternehmerstellung Mitunternehmerrisiko voraussetzt. Mitunternehmerrisiko ist die „gesellschaftsrechtliche Teilhabe" am Erfolg oder Misserfolg eines Unternehmens. Dieses Risiko wird regelmäßig durch Beteiligung am Gewinn und Verlust sowie an den stillen Reserven des Gesellschaftsvermögens einschließlich des Geschäftswerts vermittelt (BFH VIII R 66–70/97 v. 28.10.99, BStBl. II 00, 183). Die Entscheidung ist zwar zu einem Kommanditisten ergangen, gleichwohl sollte eine gewisse Gewinnbeteiligung neben dem Auslagenersatz vorgesehen werden.

Unter bestimmten Voraussetzungen kann iÜ eine verdeckte Mitunternehmerschaft des nicht als Kommanditisten beteiligten Geschäftsführers der Komplementär-GmbH vorliegen (faktische Mitunternehmerschaft, vgl. *Schmidt/Wacker* § 15 Rz. 280ff. und Rz. 356; Übersicht bei *H/H/R/Haep* § 15, Rz. 375).

Zu § 5: Konten der Gesellschafter

18 Vgl. zunächst A. 8.00 Rz. 39.

19 **Abs. 1:** Grds. ist der „Kapitalanteil" des Gesellschafters keine feste Größe. Dies folgt aus § 120 Abs. 2 HGB, wonach Gewinne und Verluste dem Kapitalanteil gutgeschrieben und belastet werden; ebenso vollzieht sich der Geldverkehr über den Kapitalanteil. Es empfiehlt sich jedoch, zur Herstellung klarer Verhältnisse **feste Kapitalkonten** einzurichten und diese der festen Kommanditeinlage, also der zum Handelsregister angemeldeten Hafteinlage des Gesellschafters, oder alternativ einer darüberhinausgehenden Pflichteinlage (wenn die Hafteinlage gering gehalten werden soll) gleichzusetzen. Das Guthaben auf dem Kapitalkonto ist eine bloße Berechnungsziffer, nicht aber die Fixierung einer Forderung des Gesellschafters gegen die Gesell-

schaft. Bei der Fixierung des gesamten Festkapitals – und ggf. der Rücklagen – muss einer Unterkapitalisierung vorgebeugt werden. UU kann Durchgriffshaftung eingreifen (BGH II ZR 204/76 v. 30.11.78, NJW 79, 2104). Zu beachten ist auch § 172 Abs. 6 HGB; danach gilt gegenüber den Gläubigern einer GmbH & Co., an der keine natürliche Person beteiligt ist, die KG-Einlage als nicht geleistet, soweit sie in Geschäftsanteilen an den persönlich haftenden Gesellschaftern besteht. (Wegen der Unterkapitalisierung s. für Fälle vor dem 1.11.08 *Baumbach/Hopt* § 172a Rz. 1ff., *Frankfurter Kommentar zur InsO/Schumacher* § 135 Rz. 26ff.).

Die Einrichtung von gesonderten **Verlustvortragskonten** hat zunächst handelsrechtliche Bedeutung im Verhältnis der Gesellschafter zueinander; sie dient insbesondere der Vereinfachung der Feststellung aufgelaufener Verluste. **20**

Die **Privatkonten** wurden früher zumeist Darlehenskonten genannt. Sie dienen der Aufnahme des Geldverkehrs zwischen der Gesellschaft und den Gesellschaftern. **21**

Das globale **Rücklagenkonto** ist dafür bestimmt, erforderlichenfalls gesellschaftssteuerfreie Kapitalerhöhungen aus Gesellschaftsmitteln vornehmen zu können (BFH II R 48/77 v. 27.2.80, BStBl. II 80, 404). Die Regelung trägt zugleich § 264c Abs. 2 Satz 8 HGB Rechnung, wonach nur auf gesellschaftsvertraglicher Basis Rücklagen gebucht werden dürfen. **22**

Zu § 6: Kapitalerhöhung

Gilt grds. das einfache Mehrheitsprinzip, wie in § 10 Abs. 6 vorgesehen, so könnten auch Kapitalerhöhungen mit einfacher Mehrheit beschlossen werden (vgl. *Baumbach/Hopt/Roth* Anhang § 177a Rz. 69aff.). Da dies zu erheblichen Benachteiligungen von kapitalschwachen Minderheitsgesellschaftern führen kann, ist in Abs. 1 das Einstimmigkeitsprinzip als Regel und für Ausnahmefälle (Abs. 3) vorgesehen, dass zB bei dringendem Kapitalbedarf, jeder Gesellschafter an dem Kapitalerhöhungsbeschluss mitwirken muss. **23**

Zu § 7: Geschäftsführung und Vertretung

Abs. 1: S. A. 8.00 Rz. 35ff. zu § 5.

Abs. 2: Der ausdrücklichen Befreiung von den Beschränkungen des § 181 BGB bedarf es, wenn sie gewollt ist, da die Komplementär-GmbH einerseits und die KG andererseits verschiedene Rechtsträger sind. Alleinige Befreiung bei der GmbH – s. § 35 Abs. 4 GmbHG – genügt nicht. **24**

Abs. 3: Es ist zweckmäßig, auch im Gesellschaftsvertrag der KG einen Katalog zustimmungsbedürftiger Rechtsgeschäfte aufzustellen und sich nicht damit zu begnügen, dies bei der GmbH vorzusehen. Dies schon deshalb, da die Gesellschafter der KG nicht unbedingt auch Gesellschafter der GmbH sein müssen. **25**

Zu § 8: Aufwendungsersatz, Geschäftsführervergütungen

Abs. 1: Der Komplementärin muss ein Anspruch auf Ersatz der ihr für die KG erwachsenden Aufwendungen zustehen; eine Versagung dieses Anspruchs würde aus der Sicht der GmbH zu vGA führen. **26**

Abs. 2: Zur ertragsteuerlichen Notwendigkeit der Haftungsvergütung vgl. Rz. 17. **27**

Abs. 3: Von der Komplementärin gezahlte Tätigkeitsvergütungen sind normaler Gewinnvorab iSv. § 15 Abs. 1 Nr. 2 EStG, wenn die Empfänger zugleich Kommanditisten der KG sind. Es empfiehlt sich daher, sämtliche Tätigkeitsvergütungen für die Geschäftsführung direkt von der KG zu bezahlen, die auch über die Mittel hierzu verfügt; bei Fremdgeschäftsführung sind die entsprechenden Vergütungen bei der KG-Betriebsausgaben.

Umsatzsteuer auf Tätigkeitsvergütungen: Die Komplementär-GmbH als juristische Person erbringt durch ihre Geschäftsführungs- und Vertretungstätigkeiten gegenüber der KG umsatzsteuerpflichtige Leistungen (BFH V R 43/01 v. 6.6.02, **27a**

BStBl. II 03, 36; BMF v. 31.5.07, BStBl. I 07, 503, Tz. 5.). Die Komplementär-GmbH einer sog. Einheits-GmbH & Co. KG (100%ige unmittelbare Beteiligung der KG an der GmbH) übt ihre Tätigkeit allerdings nicht selbständig aus (vgl. UStAE 2.2 Abs. 6). Die **Haftungsvergütung** gemäß Abs. 2 unterliegt nach geänderter Auffassung der Finanzverwaltung als zusätzliches Entgelt der Umsatzsteuer, weil im Falle der Übernahme der Haftung bei gleichzeitiger Erbringung von Geschäftsführerleistungen eine einheitliche steuerpflichtige Leistung vorliegt (BMF v. 31.5.07, BStBl. I 07, 503, Tz. 13). Diese Rechtsauffassung wurde vom BFH bestätigt (BFH V R 24/10 v. 3.3.11, BStBl. II 11, 951).

Zu § 9: Gesellschafterversammlung

28 S. A. 8.00 Rz. 40 zu § 8.

Zu § 10: Einberufung der Gesellschafterversammlung und Beschlussfassung und zu § 11: Protokolle über die Beschlüsse

29 Die vorgeschlagenen Förmlichkeiten für das Einberufungs- und das Beschlussverfahren sowie auch hinsichtlich der Protokollierung sind wegen des weitgehenden Schweigens des Gesetzes zweckmäßig. Sie sind grds. auch Wirksamkeitsvoraussetzungen für die solcherart zustande gekommenen Beschlüsse. Dies gilt allerdings mit der Einschränkung, dass Gesellschaftsverträge einer KG auch formlos geändert werden können. Hiervor schützt letztlich auch nicht die Schriftformvorschrift (§ 24 Abs. 1).

30 Die Frage der Vertretung in der Gesellschafterversammlung bedarf der Regelung. Das Stimmrecht als Mitgliedschaftsrecht steht dem Gesellschafter höchstpersönlich zu (vgl. *Baumbach/Hopt/Roth* § 119 Rz. 5).

Zu § 12: Anfechtung von Beschlüssen

31 **Abs. 1:** Die Anfechtung von Gesellschafterbeschlüssen ist im GmbHG wie im HGB für die Personengesellschaften nicht geregelt. Es gibt zur „Anfechtbarkeit von Gesellschafterbeschlüssen" jedoch eine umfangreiche Rspr., auf die hier nicht eingegangen werden kann. Es muss diesbezüglich auf die Erläuterungswerke zum GmbHG verwiesen werden (vgl. zB *Baumbach/Hueck* Anhang § 47 Rz. 81 ff.). Als Anfechtungsgründe kommen zB Verstöße gegen vertraglich vereinbarte Einberufungsformalitäten in Betracht.

Da im Gesetz weder für die GmbH noch für die KG eine ausdrückliche Anfechtungsfrist vorgesehen ist, sollte diese im Vertrag der Klarheit halber eindeutig vereinbart werden. Die Rspr. greift im Zweifelsfall regelmäßig auf § 246 Abs. 1 AktG zurück, wonach die Frist für die Klageerhebung einen Monat beträgt.

Zu § 13: Rechnungswesen, Jahresabschluss

S. zunächst generell A. 8.00 Rz. 41 f. zu § 10.

32 **Abs. 4:** Die Anpassungsverpflichtung auf Grund bestandskräftiger steuerlicher Außenprüfungen ist sinnvoll, da aus der steuerlichen Verpflichtung nicht unbedingt eine handelsrechtliche im Innenverhältnis zwischen den Gesellschaftern folgt.

Zu § 14: Offenlegung

33 Nach § 264a HGB haben Kapitalgesellschaften & Co. wie Kapitalgesellschaften Rechnung zu legen (vgl. hierzu in *Baumbach/Hopt* § 264a Rz. 1).

Für die GmbH & Co. KG, bei der nicht wenigstens eine natürliche Person persönlich unbeschränkt haftet, sondern ausschließlich Gesellschaften, deren Haftung auf das Gesellschaftsvermögen beschränkt ist, die Komplementärstellung übernehmen, sind grds. die ergänzenden Rechnungslegungsvorschriften für Kapitalgesellschaften anzuwenden (Drittes Buch, 2. Abschn. des HGB). Diese betreffen den Jahresabschluss und Lagebericht, §§ 264 bis 289 HGB, den Konzernabschluss und Konzernlagebericht, §§ 290 bis 315 HGB, die Pflicht für mittelgroße und große Gesellschaften iSv. § 267

Abs. 2 und 3 HGB, den Jahresabschluss und den Lagebericht von einem Abschlussprüfer nach §§ 315 bis 324 HGB prüfen zu lassen sowie die Vorschriften über die Offenlegung des Jahresabschlusses (§§ 325 bis 329 HGB).

Nach den §§ 325 ff. HGB besteht allerdings **keine einheitliche Offenlegungspflicht.** Der Umfang der Publizitätspflicht bestimmt sich vielmehr nach der Größe des jeweiligen Unternehmens. Dabei sind grundsätzlich alle Gesellschaften zur Veröffentlichung ihrer festgestellten Bilanz und des Anhangs verpflichtet. Mittlere und große Gesellschaften iSd. § 267 HGB müssen darüber hinaus sämtliche in § 325 HGB genannten Unterlagen einreichen. Diese sind: 34

- der Jahresabschluss mit dem Bestätigungsvermerk des Abschlussprüfers,
- der Lagebericht,
- (der Bericht des Aufsichtsrats),
- der Ergebnisverwendungsvorschlag und -beschluss (nicht erforderlich, wenn sich anhand dieser Angaben die Gewinnanteile von natürlichen Personen feststellen lassen, die Gesellschafter sind, § 325 Abs. 1 S. 4 HGB).
- (die Entsprechenserklärung nach § 161 AktG. Für eingetragene Genossenschaften gelten Besonderheiten; vgl. § 339 HGB).

Kleine Gesellschaften können von der Erleichterung nach § 326 HGB und mittelgroße Gesellschaften von den Erleichterungen nach § 327 HGB Gebrauch machen. Einzureichen und offenzulegen sind von kleinen Gesellschaften nur Bilanz und Anhang.

Offenlegungspflichtige Unternehmen müssen die Rechnungslegungsunterlagen nach § 325 HGB beim Betreiber des elektronischen Bundesanzeigers einreichen und bekannt machen lassen. Die Rechnungslegungsunterlagen müssen innerhalb von zwölf Monaten eingereicht werden, für kapitalmarktorientierte Unternehmen iSd. § 325 Abs. 4 HGB beträgt die Frist vier Monate. Die Frist ist nicht verlängerbar. 35

Nachdem die Unterlagen zum elektronischen Bundesanzeiger eingereicht und hier bekannt gemacht wurden, übermittelt dessen Betreiber die Unterlagen an das Unternehmensregister. Sie werden auf der Internetseite www.unternehmensregister.de eingestellt. Darüber hinaus können die Daten auch im elektronischen Bundesanzeiger kostenlos eingesehen werden.

Der Betreiber des **elektronischen Bundesanzeigers** prüft, ob die einzureichenden Unterlagen **fristgemäß und vollzählig** eingereicht worden sind (§ 329 Abs. 1 Satz 1 HGB). Fällt die Prüfung negativ aus, unterrichtet der Betreiber des elektronischen Bundesanzeigers das für die Durchführung von Ordnungsgeldverfahren zuständige Bundesamt für Justiz. 35a

Für Verstöße sieht das Gesetz einen **Ordnungsgeldrahmen** von 2.500 bis 25.000 Euro vor (§ 335 Abs. 1 Satz 4 HGB). Das Verfahren wird von Amts wegen eingeleitet. Das Ordnungsgeld kann sowohl gegen die Gesellschaft als auch gegen ihre gesetzlichen Vertreter festgesetzt werden. Es muss vorher angedroht werden und kann bei Nichtbefolgung mehrfach festgesetzt werden. Der Einspruch gegen die Androhung des Ordnungsgeldes hat keine aufschiebende Wirkung. Gegen die Ablehnung eines Einspruchs und gegen die Festsetzung des Ordnungsgeldes kann die sofortige Beschwerde erhoben werden, über die das LG Bonn entscheidet.

Sinnvoll und erforderlich ist eine Regelung, wonach von größenabhängigen Erleichterungen Gebrauch zu machen ist. Andernfalls kann – jedenfalls bei ausdrücklicher gegenteiliger Regelung – kraft Anordnung in der Satzung eine gesetzlich nicht statuierte Pflicht zur Offenlegung begründet werden (vgl. BGH II ZR 227/06 v. 26.11.07, DStR 08, 629).

Zu § 15: Gewinnermittlung und -verteilung

Abs. 1: Aufbauend auf dem steuerlichen Ergebnis (§ 13) weicht die Gewinnverteilung von § 15 Abs. 1 Satz 1 Nr. 2 EStG ab und erklärt zum verteilungsfähigen Ge- 36

winn den Betrag, der nach Abzug der steuerlich nicht abziehbaren Aufwendungen verbleibt. Diese Bestimmung macht die Aufstellung einer eigenen Handelsbilanz überflüssig.

37 **Abs. 2:** Im Interesse der Stärkung der Eigenmittel der Gesellschaft sollte insbes. bei vielköpfigen Gesellschaften die Möglichkeit vorgesehen werden, mit einfacher oder qualifizierter Mehrheit bestimmte Teile des Jahresergebnisses dem Rücklagekonto zuzuführen. Vgl. iÜ Rz. 22.

38 **Abs. 3:** Es entspricht der fehlenden kapitalmäßigen Beteiligung der Komplementärin an der Gesellschaft, ihr auch keine Verluste zuzuordnen. Aufgrund der einheitlich und gesondert vorzunehmenden Gewinnfeststellung (§ 180 AO) treten die Verluste vielmehr direkt bei den Kommanditisten ein. Steuerlich wirken sich die Verluste der Kommanditisten auf deren persönlicher Ebene im Rahmen der Beschränkungen des § 15a EStG aus.

Abs. 4: Die Einrichtung von Verlustvortragskonten ist aus den zu Rz. 20 genannten Gründen sinnvoll.

Zu § 16: Einlagen und Entnahmen

39 **Abs. 1:** Aus der Bestimmung folgt, dass auch Einlagen nur in den eigens dafür vorgesehenen Fällen zulässig sind. Ist zB der Zinssatz für Guthaben auf Privatkonten günstig, so soll die Gesellschaft nicht als „Depositenkasse" für ihre Gesellschafter fungieren.

40 **Abs. 2 und 3** stellen sicher, dass Einlagen zu keiner Änderung in den Beteiligungsverhältnissen führen.

41 **Abs. 4:** Bei einer Kapitalerhöhung im Wege der Umbuchung gem. § 16 Abs. 4 müssen die umgebuchten Guthaben auf den Privatkonten werthaltig vorhanden sein, um zur Haftungsbeschränkung zu führen.

42 **Abs. 5:** Die Bestimmung beschränkt sich auf Tätigkeitsvergütungen einschließlich Tantiemen. Diese Beträge sollen ohne entsprechenden Gesellschafterbeschluss entnommen werden dürfen, auch wenn steuerlich ein negatives Kapitalkonto mit den entsprechenden Folgen gemäß § 15a EStG bei dem betreffenden Gesellschafter entsteht. Der geschäftsführende Gesellschafter empfängt betriebswirtschaftlich seinen Lohn von der Gesellschaft als Entgelt für seine Tätigkeit. Er wird in der Regel die Vergütung zum Bestreiten seines Lebensunterhalts benötigen, auch wenn ihm diese steuerlich als Einlageminderung und damit als Gewinnerhöhung zugerechnet wird (§ 15a Abs. 3 Satz 1 EStG).

43 **Abs. 6:** Ebenfalls unter Inkaufnahme der nachteiligen Folgen gemäß § 15a EStG wird man den Gesellschaftern die Entnahmen der Steuern gestatten müssen, die mit der Gesellschafterstellung unausweichlich verbunden sind. Hingegen kann der Anfall von Schenkungsteuer durch Unterlassen der Schenkung vermieden werden.

44 **Abs. 7:** Ansonsten soll im Interesse aller Gesellschafter dem Entstehen von steuerlich negativen Kapitalkonten entgegengewirkt werden.

Abs. 8: Für nicht in § 16 ausdrücklich zugelassene Entnahmen ist ein Gesellschafterbeschluss erforderlich (einfache Mehrheit).

Zu § 17: Ausscheiden und Ausschluss eines Gesellschafters

45 **Abs. 1:** S. A. 8.00 Rz. 48 zu § 15.

Abs. 2: Aus § 140 HGB folgt, dass der Stimmrechtsausschluss im Fall des § 17 Abs. 3 zulässig ist.

46 *(frei)*

Zu § 18: Tod eines Gesellschafters

47 **Abs. 1:** Bereits § 177 HGB bestimmt, dass beim Tod eines Kommanditisten die Gesellschaft mangels abweichender vertraglicher Bestimmung mit dessen Erben fortge-

setzt wird. Abs. 1 wiederholt dies. Das Formular geht damit von einer sogenannten **Nachfolgeklausel** aus (*Baumbach/Hopt/Roth* § 139 Rz. 10ff.). Der oder die Erben treten sodann ohne weiteres mit dem Tod des Erblassers in die Gesellschaft ein, ohne dass es einer besonderen Erklärung der Erben oder einer besonderen Aufnahme durch die übrigen Gesellschafter bedarf. Bei Minderjährigkeit des Erben ist keine Genehmigung des Vormundschaftsgerichts nach § 1822 Nr. 3 und 10 BGB erforderlich (*Palandt/Götz* § 1822 BGB Rz. 10). Wird der Gesellschafter von mehreren Personen beerbt, so erben diese die Beteiligung nicht in Erbengemeinschaft. Die Miterben werden auf Grund des Erbrechts entsprechend ihrem Erbanteil Gesellschafter, BGH II ZR 120/75 v. 10.2.77, NJW 77, 1339; BGH IVa ZR 229/81 v. 4.5.83, NJW 83, 2377).

Von einer sog. **qualifizierten Nachfolgeklausel** spricht man, wenn bestimmte – möglicherweise bereits im Gesellschaftsvertrag benannte – Personen mit bestimmten Fähigkeiten Nachfolger werden sollen.

Eine **Eintrittsklausel** liegt demgegenüber vor, wenn bestimmten Personen – ggf. 48
unter im Gesellschaftsvertrag aufzuführenden Voraussetzungen – der Anspruch auf Eintritt in die Gesellschaft eingeräumt wird (BGH II ZR 180/64 v. 23.6.66, DNotZ 67, 387). In diesem Fall wird die Gesellschaft unter den übrigen Gesellschaftern fortgesetzt (§ 736 BGB), der Erblasser gilt als mit dem Tod ausgeschieden, sein Gesellschaftsanteil wächst den übrigen Gesellschaftern zu, die Erben erhalten einen Abfindungsanspruch und ggf. gegen Verrechnung mit diesem kann dann der Eintritt erfolgen. Eine entsprechende Klausel könnte wie folgt lauten:

„Beim Tod eines Kommanditisten steht dem ältesten Sohn des Verstorbenen das Recht zu, seinen Eintritt in die Gesellschaft zu erklären. Die Eintrittserklärung ist allen Gesellschaftern gegenüber durch Einschreibebrief abzugeben, und zwar innerhalb von ...... Monaten seit dem Todesfall."

Zur Ausübung des Eintrittsrechts brauchen minderjährige Gesellschafter die Genehmigung des Vormundschaftsgerichts (*Palandt/Götz* § 1822 BGB Rz. 9).

Umfassend zu den möglichen Nachfolgeregelungen sowie den steuerlichen Auswir- 48a
kungen vgl. A. 9.00 Rz. 67ff.

Die Eröffnung des Insolvenzverfahrens über das Vermögen der Komplementär-GmbH einer GmbH & Co. KG mit einem einzigen Kommanditisten führt zum Ausscheiden der Komplementär-GmbH aus der KG und zur liquidationslosen Vollbeendigung der KG unter Gesamtrechtsnachfolge des Kommanditisten (vgl. BGH II ZR 247/01 v. 15.3.04, DStR 04, 1137).

Zu § 19: Kündigung:

Bei der KG ist es nicht zulässig, die Kündigung der Gesellschaft auf unbestimmte 49
Zeit auszuschließen. Sie kann jedoch gegenüber der nach §§ 161 Abs. 2, 131 Abs. 3, 132 HGB geltenden gesetzlichen Regelung erschwert werden. Wegen der Einzelheiten vgl. A. 9.00 Rz. 80ff.

Zu § 20: Verfügungen über Geschäftsanteile

Entgegen dem Wortlaut des § 719 Abs. 1 BGB ist die Übertragung des Anteils oder 50
eines Teilanteils durch den Gesellschafter an einen Mitgesellschafter oder einen Dritten, der dadurch Gesellschafter wird, möglich, wenn dies im Gesellschaftsvertrag vorgesehen ist (*Baumbach/Hopt/Roth* § 124 Rz. 18 und *ders.* § 105 Rz. 69). Es kommt auf den Einzelfall an, ob die Abtretung von Gesellschaftsanteilen erschwert oder erleichtert werden soll. Der das Gesellschaftsrecht grds. beherrschende Gedanke der Vertragsfreiheit bietet weiten Gestaltungsraum. Soll der veräußerungswillige Gesellschafter vor der beabsichtigten Übertragung die Zustimmung erhalten wie im Musterfall, so ist die

Einwilligung (§ 183 BGB) erforderlich. Soll die nachträgliche Zustimmung genügen (§ 184 BGB), so ist ein Genehmigungsbeschluss erforderlich.

Zu § 21: Auseinandersetzungsguthaben

51 Die vorgeschlagene Regelung entspricht dem Stand der Rspr., welche die sog. Buchwertklausel nach wie vor anerkennt (vgl. BGH II ZR 258/88 v. 17.4.89, DB 89, 1399), wenn gewisse Grenzen beachtet werden (kritisch zur Buchwertklausel *Leuering* NJW-Spezial 09, 239). Zu den Einzelheiten vgl. A. 9.00 Rz. 87. Dabei ist auch die Außerachtlassung des Goodwill zulässig. Allerdings steht nach BGH II ZR 258/88 v. 17.4.89, aaO dem zum Buchwert oder einem anderen nicht nach dem wirklichen Wert seiner Beteiligung berechneten Betrag ausgeschiedenen Gesellschafter ein Recht auf Einsicht in die Unterlagen der Gesellschaft zu, wenn er konkrete Anhaltspunkte dafür hat, dass der Abfindungsbetrag erheblich unter dem Beteiligungswerk liegen könnte. Für unzulässig hält der BGH eine zu lang gestreckte zeitliche Auszahlung der Abfindung (BGH II ZR 83/88 v. 9.1.89, NJW 89, 2685); im Urteilsfall war eine ratierliche Auszahlung über fünfzehn Jahre vorgesehen. Das OLG Dresden (21 U 3559/99 v. 18.5.00, DB 00, 1221) hält bereits eine Streckung der Abfindung über bis zu zehn Jahre für unzulässig. Grds. ist allerdings nicht ein einzelner Aspekt (etwa die Auszahlungsdauer oder die Art und Weise der Bemessung maßgeblich, sondern eine Gesamtbetrachtung aller Umstände vorzunehmen. Dabei spielt auch die Sicherung des Bestandes der Gesellschaft und die etwaige Absicherung des ausscheidenden Gesellschafters sowie die Verzinsung des Guthabens eine Rolle).

51a Der Abfindungsanspruch des ausscheidenden Gesellschafters entsteht gemäß § 738 Abs. 1 Satz 2 BGB im Zeitpunkt des Ausscheidens. §§ 738 ff. BGB sind nicht zwingend, einschränkende Abfindungsklauseln können jedoch gegen die guten Sitten verstoßen. Der vollständige Ausschluss des Abfindungsanspruchs wird heute als sittenwidrig iSd. § 138 BGB angesehen. Zu den **Besonderheiten im Todesfall** vgl. A. 9.00 Rz. 88.

52 Auch sollen Bestimmungen nicht wirksam sein, die weit unter den Verkehrswerten liegende Abfindungen vorsehen, wenn dadurch das Kündigungsrecht des Gesellschafters unangemessen eingeschränkt wird (§ 723 Abs. 3 BGB); nach BGH II ZR 104/92 v. 20.9.93 (NJW 93, 3193) wird eine gesellschaftsvertragliche Abfindungsklausel, die eine unter dem wirklichen Anteilswert liegende Abfindung vorsieht, nicht deswegen unwirksam, weil sie infolge eines im Laufe der Zeit eingetretenen groben Missverhältnisses geeignet ist, das Kündigungsrecht des Gesellschafters zu beeinträchtigen. Die Klausel ist vielmehr unter Berücksichtigung aller Umstände des konkreten Falles entsprechend den veränderten Verhältnissen neu zu ermitteln (BGH II ZR 104/92 v. 20.9.93, aaO, s. hierzu auch BGH II ZR 295/04 v. 13.3.06, DStR 06, 1005, Abfindung zum Ertragswert bei höherem Liquidationswert). Vgl. iÜ zur steuerlichen Behandlung der Abfindung A. 9.00 Rz. 92.

Zu § 22: Güterstandsvereinbarung

53 Werden **Angehörige der Folgegeneration** in die Gesellschaft aufgenommen, so sollte in Güterstandsvereinbarungen unbedingt sichergestellt werden, dass etwaige Wertsteigerungen der Gesellschaftsbeteiligung nicht in einen ggf. ausgleichspflichtigen Zugewinn fallen.

Zu § 23: Wettbewerbsverbot

54 Kommanditisten unterliegen keinem Wettbewerbsverbot (§ 165 HGB). Es kann nützlich sein, ein solches zu vereinbaren. Der Kommanditist kann jedoch ausnahmsweise einem Wettbewerbsverbot unterliegen, wenn er nach dem Gesellschaftsvertrag Geschäftsführungsbefugnis oder sonst einen maßgeblichen Einfluss auf die Geschäftsführungsbefugnis hat (zB Weisungsrecht oder Mehrheitsbeteiligung, vgl. BGH X ZR

167/99 v. 4.12.01, NJW 02, 1046, 1047; BGH X ZR 109/02 v. 30.11.04, WM 05, 391).

Zu § 25: Schiedsklausel

Vgl. A. 8.00 Rz. 52a und A. 13.00. **55**

Erläuterungen zu A. 8.01a Handelsregisteranmeldung

S. zunächst Anmerkungen zur Handelsregisteranmeldung bei A. 8.00 Rz. 53ff.

Nach § 19 Abs. 1 Nr. 3, Abs. 2 HGB muss die Haftungsbeschränkung durch einen **56** Zusatz wie „GmbH & Co. KG" deutlich gemacht werden (vgl. *Baumbach/Hopt* § 19 Rz. 24ff.) und daneben die Bezeichnung Kommanditgesellschaft oder eine allgemein verständliche Abkürzung enthalten.

Zum elektronischen Handelsregister s. A. 8.00 Rz. 56. **57**

A. 8.10 Abtretung (Verkauf) mit Anmeldung im Wege der Sonderrechtsnachfolge

Gliederung

I. FORMULARE

Formular A. 8.10 Abtretung (Verkauf) im Wege der Sonderrechtsnachfolge

VERTRAG

zwischen

1. Kaufmann A **– nachfolgend Verkäufer genannt –**

und

2. Kaufmann B **– nachfolgend Käufer genannt –**

§ 1 Vertragsgegenstand

Der Verkäufer ist als Kommanditist mit einer voll eingezahlten Kommanditeinlage von € 100.000.– an der aus ihm sowie ...... bestehenden Kommanditgesellschaft in Firma „A-GmbH & Co. KG" beteiligt. Gegenstand des Unternehmens ist die Fertigung von und der Handel mit Textilien. Zu Übertragungen an familienfremde Personen ist gem. § ...... des Gesellschaftsvertrages vom ...... die Einwilligung der übrigen Gesellschafter erforderlich. Der Einwilligungsbeschluss ist am ...... einstimmig gefasst worden und liegt in Abschrift dieser Vereinbarung bei.

§ 2 Verkauf, Abtretung

(1) Der Verkäufer verkauft die in § 1 genannte Beteiligung in vollem, tatsächlich bestehendem Umfang samt allen damit verbundenen Rechten und Pflichten mit Wirkung im Innenverhältnis zum 1. Januar 20.. (Abtretungsstichtag) an den Erwerber, soweit nicht in diesem Vertrag etwas anderes geregelt ist.

(2) Der Verkäufer tritt seinen Anteil an der Gesellschaft an den Erwerber ab; die Abtretung ist aufschiebend bedingt durch die vollständige Entrichtung des Kaufpreises und die Eintragung des Erwerbers als Kommanditist kraft Sonderrechtsnachfolge im Handelsregister. Der Erwerber nimmt die Abtretung an.

§ 3 Gewinn

Das Ergebnis des laufenden Geschäftsjahres steht dem Veräußerer zu. Ein Guthaben auf dem Privatkonto geht nicht über; ein Schuldsaldo ist vom Veräußerer auszugleichen.

§ 4 Kaufpreis, Fälligkeit

Der Kaufpreis beträgt € ...... (in Worten: Euro ......)

Er ist wie folgt zur Zahlung fällig:

a) € ......

b) € ......

c) € ......

§ 5 Mitteilung, Gesellschaftsvertrag

In Vollzug dieses Vertrages werden die Parteien gemeinsam der Geschäftsführung der Gesellschaft Mitteilung vom Abschluss dieses Vertrages machen.

Mit Vertragsunterzeichnung erkennt der Verkäufer gleichzeitig den Gesellschaftsvertrag vom ...... als für ihn in allen Bestimmungen verbindlich an.

§ 6 Gewährleistung

(1) Der Verkäufer versichert und steht dafür ein, dass

a) der gemäß § 1 veräußerte Gesellschaftsanteil rechtlich wirksam begründet ist;

b) der vertragsgegenständliche Kommanditanteil nicht durch Verluste gemindert und/oder ganz oder teilweise zurückgezahlt ist;

c) der vertragsgegenständliche Kommanditanteil frei von Rechten Dritter – insbesondere von Pfand-, Pfändungspfand- oder sonstigen Sicherungsrechten ist;

d) der diesem Vertrag beigegebene von Herrn Steuerberater ...... auf den 30.6.20.. errichtete Vermögensstatus das Vermögen der Gesellschaft richtig und vollständig wiedergibt und dass die Gesellschaft keinen nicht bilanzierungsfähigen Verbindlichkeiten ausgesetzt ist, welche nicht in einer besonderen Anlage zu diesem Vertrag aufgeführt sind;

e) die in weiterer Anlage dargestellten Arbeitsverhältnisse vollständig und richtig sind und dass den Arbeitnehmern der Kommanditgesellschaft insbesondere keine Zusagen gewährt oder versprochen worden sind, welche sich nicht aus den aufgelisteten Dienst- und Arbeitsverträgen ergeben;

f) ...... *[Raum für weitere Zusicherungen]*.

(2) Sollten die abgegebenen Erklärungen unrichtig oder unvollständig sein, ist der Verkäufer dem Käufer zum Schadensersatz verpflichtet, soweit sich ein bezifferbarer Vermögensnachteil für den Käufer ergibt. Zwischen den Vertragsparteien besteht Einigkeit, dass die dem Käufer zur Verfügung gestellten Unterlagen und Informationen,

unabhängig davon, ob sie vorstehend erwähnt sind oder nicht, keine Beschaffenheitsgarantie und/oder Beschaffenheitsvereinbarung begründen sollen, soweit sich nicht aus vorstehenden § 6 Abs. 1 Buchst. a–d ausdrücklich etwas anderes ergibt; der Umfang der vorstehend gemachten Zusicherungen ist vielmehr ausdrücklich auf den übernommenen Inhalt beschränkt. Weitergehende Ansprüche bestehen nicht. Etwaige Schadensersatzansprüche verjähren zum ....

(3) Sollte die persönliche Haftung des Verkäufers für Verbindlichkeiten der „A-GmbH & Co KG" auf Grund von Maßnahmen der in § 172 Abs. 4 HGB genannten Art, die nach der Übertragung des in § 1 genannten Gesellschaftsanteils vom Käufer oder seinem Rechtsnachfolger vorgenommen werden, wieder aufleben, so hat der Käufer den Verkäufer von dieser persönlichen Haftung freizustellen.

§ 7 Änderungen in Folge steuerlicher Außenprüfungen

Änderungen, welche sich auf Grund von steuerlichen Außenprüfungen ergeben, die Zeiträume vor dem Wirksamwerden dieses Vertrages betreffen, haben auf den Kaufpreis keinen Einfluss und betreffen im Übrigen nur den Verkäufer.

§ 8 Abwicklung

Mit Rücksicht auf die gem. § 2 Abs. 2 vereinbarte aufschiebende Wirkung des Inkrafttretens dieses Vertrages wird hiermit vereinbart, dass die heute vor Herrn Notar ...... unterzeichnete Anmeldung zum Handelsregister erst dann dem Register vorgelegt wird, wenn dem Notar die Zahlung gemäß § 4 Buchst. ...... nachgewiesen worden ist.

§ 9 Teilnichtigkeit

Sollte eine Bestimmung dieses Vertrages nichtig, anfechtbar oder unwirksam sein, so soll die Wirksamkeit der übrigen Bestimmungen hiervon nicht berührt werden. Die angreifbare Bestimmung ist vielmehr so auszulegen, dass der mit ihr erstrebte wirtschaftliche und/oder ideelle Zweck nach Möglichkeit erreicht wird. Dasselbe gilt sinngemäß für die Ausfüllung von Vertragslücken.

Formular A. 8.10a Handelsregisteranmeldung

An das

Amtsgericht

– Handelsregister A –

A-Stadt

HRA

Firma A-GmbH & Co. KG

Die unterzeichneten Gesellschafter der im Rubrum genannten Gesellschaft melden hiermit zur Eintragung in das Handelsregister an:

Der Kommanditist A hat seinen Kommanditanteil durch Vertrag vom ...... an den Kaufmann B veräußert und ist damit aus der Gesellschaft ausgeschieden. An seiner Stelle ist der Kaufmann B (*Name, Vorname, Geburtsdatum, Wohnort)* als Kommanditist im Wege der Sonderrechtsnachfolge in die Gesellschaft eingetreten.

Die Kommanditeinlage von Herrn B beträgt € 100.000.–.

Der ausgeschiedene Kommanditist A ist mit der unveränderten Fortführung der Firma einverstanden.

Die Gesellschafter vertreten die Gesellschaft wie folgt: ......

Die persönlich haftende Gesellschafterin sowie die unterzeichneten Kaufleute A und B versichern, dass die Gesellschaft dem Veräußerer keine Abfindung aus dem Gesellschaftsvermögen gewährt oder versprochen hat.

Die Firma bleibt unverändert.

Das Geschäftslokal befindet sich weiterhin in A-Stadt, D-Straße.

....	....
(Unterschriften)	**(Beglaubigungsvermerk)**

II. ERLÄUTERUNGEN

Erläuterungen zu
A. 8.10 Abtretung (Verkauf) im Wege der Sonderrechtsnachfolge

1. Grundsätzliche Anmerkungen

a) Wirtschaftliche Funktion

1 Ein Abtretungsvertrag über einen Kommanditanteil wird dann geschlossen werden, wenn ein Kommanditist nicht in der Gesellschaft verbleiben möchte und sein Gesellschaftsanteil unmittelbar auf einen neuen Gesellschafter übergehen soll.

Ob und inwieweit im Hinblick auf die bei der KG häufig gegebene enge Bindung der Gesellschafter untereinander die Zustimmung der übrigen oder aller übriger Mitgesellschafter erforderlich ist, sollte im Gesellschaftsvertrag geregelt werden (vgl. hierzu Formular A. 8.01 Rz. 50 zu § 20).

b) Zivilrecht

2 Der Vertrag ist Rechtskauf, Kauf des Geschäftsanteils. Hierbei ist zwischen dem Verpflichtungsgeschäft, dh. dem Kauf, und der Übertragung des Gesellschaftsanteils, dem Erfüllungsgeschäft zu unterscheiden.

Die Übertragung von Kommanditanteilen bedarf keiner Form, sie muss jedoch im Gesellschaftsvertrag oder ad hoc von allen Gesellschaftern zugelassen sein (vgl. *Palandt/Sprau* § 719 BGB Rz. 6). Die notarielle Form ist auch dann nicht vorgeschrieben, wenn zum Gesellschaftsvermögen Grundstücke gehören.

Der Form der notariellen Beurkundung bedarf die Übertragung jedoch dann, wenn es sich um den KG-Anteil an einer GmbH & Co. KG handelt und im Gesellschaftsvertrag der GmbH & Co. KG vorgesehen ist, dass mit der Übertragung des KG-Anteils die gleichzeitige Übertragung des Geschäftsanteils an der Komplementär-GmbH erforderlich ist. Soll in diesem Fall der GmbH-Anteil gleichzeitig mit übertragen werden oder übernimmt der Verkäufer auch nur die Verpflichtung, demnächst den Geschäftsanteil an der GmbH abzutreten, so ergibt sich die Beurkundungspflicht aus § 15 Abs. 3 und 4 GmbHG – letzterenfalls allerdings mit der Möglichkeit der Heilung gem. § 15 Abs. 4 Satz 2 GmbHG. Zur Abtretung des Anteils eines Komplementärs an einer KG mit einer natürlichen Person als Komplementär wird auf das Formular A. 9.10 verwiesen. Lebt der Veräußerer im Güterstand der Zugewinngemeinschaft ist § 1365 BGB zu beachten. Die Veräußerung eines Komplementär- oder eines Kommanditanteils durch oder an einen Minderjährigen bedarf der vormundschaftlichen Genehmigung nach § 1822 Nr. 3 BGB (BGH II ZR 202/53 v. 30.4.55, NJW 55, 1067).

c) Steuerrecht

3 Die Veräußerung eines Kommanditanteils entspricht steuerlich einer **Veräußerung der Mitunternehmeranteile** des Altgesellschafters an den Neugesellschafter. Die

vom Altgesellschafter bei der Veräußerung erzielten Gewinne sind dabei nach § 16 Abs. 1 Nr. 2 EStG zu einem besonderen Steuersatz (§ 34 EStG) zu versteuern; dieser beträgt 56% vom Durchschnittssteuersatz. Hiervon sind Veräußerungsgewinne bis zu einem Betrag von € 5 Mio. begünstigt. Weitere Voraussetzung ist danach, dass der Steuerpflichtige das 55. Lebensjahr vollendet hat oder im sozialversicherungsrechtlichen Sinne dauernd berufsunfähig wird. Die Begünstigung kann nur einmal im Leben in Anspruch genommen werden. Der Steuersatz beträgt jedoch mind. 15%. Zu den Freibeträgen vgl. § 16 Abs. 4 EStG. Der Veräußerungsgewinn ist gewerbesteuerfrei, wenn er auf eine natürliche Person als unmittelbar beteiligter Mitunternehmer entfällt, § 7 Abs. 1 S. 2 GewStG. Ein Veräußerungsgewinn ist aber als laufender Gewinn zu versteuern, wenn auf Seiten des Veräußerers und Erwerbers dieselben Personen Unternehmer bzw. Mitunternehmer sind (§ 16 Abs. 2 S. 3 EStG; BFH VIII R 7/01 v. 15.6.04, BStBl. II 04, 754). Ggf. bietet es sich wie im Formular an, im Vertrag eine Gewerbesteuerklausel mitaufzunehmen, damit sie von dem Gesellschafter getragen wird, der sie verursacht.

Für die Gewinnrealisierung und die Abgrenzung der Ergebniszurechnung auf Verkäufer und Käufer ist grds. der **Zeitpunkt des Anteilsübergangs** maßgeblich. Schuldrechtliche Vereinbarungen, die einen Rückbezug etwa auf den Jahresbeginn vorsehen, sind steuerrechtlich grds. unbeachtlich (vgl. *Schmidt/Wacker* § 16 Rz. 442). Ausnahmen gelten bei kurzen Zeitspannen (bis zu drei Monaten) oder wenn in einem gerichtlichen oder außergerichtlichen Vergleich der Rückbezug das Ergebnis eines gegenseitigen Nachgebens ist (*Schmidt/Wacker* § 16 Rz. 443). Steuerpflichtig ist der Gewinn, den der Verkäufer über den Buchwert seiner Beteiligung hinaus erzielt. Ggf. ist ein negatives Kapitalkonto dem Veräußerungsgewinn hinzuzurechnen, egal, ob es durch Verluste oder Entnahmen entstanden ist. Dies gilt auch für solche negativen Kapitalkonten, auf die § 15a EStG nicht anzuwenden ist (*Schmidt/Wacker* § 16 Rz. 473). 4

In für den neu eintretenden Gesellschafter aufzustellenden **Ergänzungsbilanzen** ist der Mehr- oder Minderwert als **Auf- bzw. Abstockung der Buchwerte** der Wirtschaftsgüter der Gesellschaft zu berücksichtigen. Ein evtl. erworbener Geschäftswert ist als abnutzbares Wirtschaftsgut mit einer gesetzlich festgelegten Nutzungsdauer von 15 Jahren abschreibungsfähig (§ 7 Abs. 1 Satz 3 EStG). 5

Wird ein **bisheriger Arbeitnehmer** neuer **Gesellschafter,** so muss die Pensionsrückstellung für diesen Arbeitnehmer nicht gewinnerhöhend aufgelöst werden, da die Pensionszusage insoweit keine Vergütung für die Tätigkeit eines Gesellschafters ist (BFH I R 142/72 v. 8.1.75, BStBl. II 75, 437; BFH VIII R 40/03 v. 14.2.06, DStR 06, 741, 744; IV R 25/04 v. 30.3.06, BB 06, 2064, 744; IV R 25/04 v. 30.3.06, DStRE 06, 1033; *H/H/R/Köster* § 15, Rz. 514 aE; *Schmidt/Wacker* § 15 Rz. 590). Die fortzuführende Pensionsrückstellung ist mit dem Barwert der zukünftigen Pensionsleistung anzusetzen (§ 6a Abs. 3 Satz 2 EStG) und in den folgenden Jahren um die jährlichen Zinsen zu erhöhen (BMF v. 29.1.08, DStR 08, 299). 6

Gehören zum Gesellschaftsvermögen Grundstücke, so entsteht **Grunderwerbsteuer** nur in Ausnahmefällen (Anteilsvereinigung von mindestens 95%, § 1 Abs. 3 Nr. 1 GrEStG; unmittelbarer oder mittelbarer Wechsel von 95% des Gesellschafterbestandes der KG innerhalb von fünf Jahren, § 1 Abs. 2a GrEStG). 7

2. Einzelerläuterungen

Zu § 1: Vertragsgegenstand

Das Formular geht davon aus, dass die Abtretung zwar entgegen der gesetzlichen Regelung grds. zulässig ist (vgl. *Baumbach/Hopt* § 105 Rz. 69 ff.), dass sie aber außerhalb des Familienkreises der Einwilligung der Mitgesellschafter bedarf. Dem Kaufvertrag ist daher eine Abschrift des Einwilligungsbeschlusses beizugeben. 8

Zu § 2: Verkauf, Abtretung

9 Schuldrechtliches Verpflichtungs- und dingliches Erfüllungsgeschäft sind in einer Vorschrift zusammengefasst. Die Sonderrechtsnachfolge unterscheidet sich vom Austritt eines Kommanditisten und dem Eintritt eines Nachfolgers in der Höhe der gleichen Haftsumme dadurch, dass bei ihr Alt- und Neugesellschafter haftungsfrei werden, wenn nur einer von ihnen die Haftsumme geleistet und keiner etwas darauf zurückerhalten hat (vgl. RG – GZS v. 30.9.44, DNotZ 44, 195), s. auch die Anmerkungen zu § 6 (Rz. 14). Vom Verkauf nicht erfasst sind Ansprüche des Verkäufers aus etwaigen Guthaben auf Nebenkonten wie zB Privat- und Darlehenskonten. Nach dem Vertragsformular verbleibt der Verkäufer hinsichtlich solcher Konten Gläubiger der Gesellschaft. Gegebenenfalls muss er mit der Gesellschaft wegen der Rückzahlung solcher Guthaben gesonderte Vereinbarungen treffen.

10 Die Vereinbarung der Übertragung der Gesellschafterstellung unter der aufschiebenden Bedingung der vollständigen Kaufpreiszahlung ist zur Sicherung des Verkäufers sinnvoll. Vgl. hierzu auch Rz. 15.

10a Gemäß § 176 Abs. 2 HGB haftet der Kommanditist, der in eine bestehende Gesellschaft eintritt, für die in der Zweit zwischen seinem Eintritt und dessen Eintragung in das Handelsregister begründeten Verbindlichkeiten der Gesellschaft gleich einem persönlich haftenden Gesellschafter, d. h. unbeschränkt, es sei denn, dem Gläubiger war seine Beteiligung als Kommanditist bekannt oder er hatte genaue Kenntnis von allen persönlich haftenden Gesellschaftern (vgl. BGH II ZR 167/85 v. 7.7.86, NJW-RR 87, 416). Um diese Haftung zu vermeiden, empfiehlt es sich, die Wirksamkeit der Abtretung des Geschäftsanteils vom Vollzug der Eintragung des Erwerbers im Handelsregister abhängig zu machen. Zur Haftung des Erwerbers vgl. auch Rz. 14.

Zu § 3: Gewinn

11 Zu den steuerlichen Folgen der Veräußerung s. Rz. 3ff. Wird anstelle eines Barkaufpreises der Betrieb gegen eine Leibrente veräußert, so hat der Veräußerer ein Wahlrecht:

Er kann den entstandenen Gewinn **sofort** in vollem Umfang **versteuern;** in diesem Fall ist § 16 mit der Maßgabe anzuwenden, dass Veräußerungsgewinn der Unterschiedsbetrag zwischen dem versicherungsmathematischen Barwert der Rente vermindert um etwaige Veräußerungskosten des Steuerpflichtigen und den Buchwert des steuerlichen Kapitalkontos im Zeitpunkt des Betriebs ist. Die in den Rentenzahlungen enthaltenen Ertragsanteile sind sonstige Einkünfte iSd. § 22 Abs. 1 Buchst. a EStG. Bei Ermittlung des Barwerts der wiederkehrenden Bezüge ist von einem Zinssatz von 5,5% auszugehen, wenn nicht vertraglich ein anderer Satz vereinbart ist.

12 **Wahlweise** kann der Steuerpflichtige gem. EStR 16 Abs. 11 Satz 1 anstatt dessen die Rentenzahlung **als nachträgliche Betriebseinnahme** iSd. § 15 iVm. § 24 Nr. 2 EStG behandeln. Der Gewinn entsteht in diesem Fall erst dann, wenn die Rentenzahlungen das steuerliche Kapitalkonto des Veräußerers zuzügl. etwaiger Veräußerungskosten des Veräußerers übersteigen. Es werden weder Freibeträge nach § 16 Abs. 4 EStG noch der ermäßigte Steuersatz des § 34 EStG gewährt. Zu den Mischformen (Barpreis gekoppelt mit Leibrente) s. EStR 16 Abs. 11 Satz 9.

13 Während es nach früherer Rechtslage insb. bei hohen Veräußerungsgewinnen häufig attraktiv gewesen ist, für die sofortige Besteuerung zu optieren und den Veräußerungsgewinn im Rahmen der §§ 16, 34 EStG bis zu den vorgesehenen Höchstbeträgen zum halben durchschnittlichen Steuersatz zu versteuern, ist es nach den Einschränkungen hinsichtlich der Begünstigung von Veräußerungsgewinnen häufig ratsamer, die **Rentenzahlung als nachträgliche Betriebseinnahme** zu vereinbaren und mit dem normalen Steuersatz zu besteuern. Die Frage ist im Einzelfall sorgfältig zu prüfen; vgl. hierzu auch Rz. 3.

Zu § 6: Gewährleistung

Die Volleinzahlung der Kommanditeinlage und die nicht erfolgte Rückzahlung ist wichtig im Hinblick auf §§ 171, 172 HGB, da der Käufer auch bei Sonderrechtsnachfolge den Gesellschaftsgläubigern haften würde, wenn Rückzahlungen aus der Kommanditeinlage an den Altgesellschafter erfolgt wären. Die Kommanditeinlage kann allerdings durch Verluste gemindert werden, ohne dass ein Wiederaufleben der Haftung eintritt. Nach der Entscheidung des OLG Rostock 1 U 59/99 v. 8.2.01 (NJW-RR 02, 244) haften der alte und der neue Kommanditist in entspr. Anwendung des § 173 HGB als Gesamtschuldner. **14**

Zum Umfang der Gewährleistung und zur Verjährung vgl. A. 9.10 Rz. 16.

Nach der Rspr. des BGH (II ZR 214/74 v. 20.10.75, NJW 76, 751 f.) wirkt eine Rückgewähr der Einlage an den Erwerber auch zu Lasten des Veräußerers. Die Richtigkeit dieser Rspr. wird in der Literatur bezweifelt (vgl. hierzu ausführlich *MünchKommHGB/K. Schmidt* § 173 Rz. 33 ff.). Rein vorsorglich sieht das Formular in § 6 Abs. 3 einen Freistellungsanspruch des Verkäufers vor. **14a**

Zu § 8: Abwicklung

Die Vereinbarung, dass nur der Notar nach ihm nachgewiesener Kaufpreiszahlung die Anmeldungsurkunde dem Registergericht vorlegen soll, erfolgt zur Sicherung der Kaufpreiszahlung zugunsten des Verkäufers; eine Haftung gemäß § 176 Abs. 2 HGB kann nicht eintreten, da der Eintritt des Kommanditisten aufschiebend bedingt durch die vollständige Kaufpreiszahlung ist. – Soweit die Kaufpreiszahlungen durch Ratenzahlung langfristig gestreckt sind, ist die in § 2 vereinbarte aufschiebende Bedingung für den vollständigen Anteilsübergang unter Umständen zu modifizieren und dem Sicherungsbedürfnis des Verkäufers auf andere Art und Weise, bspw. durch Hergabe einer Bankbürgschaft, Rechnung zu tragen. Andernfalls wird die Handelsregisteranmeldung unter Umständen über Gebühr lange hinausgezögert, was weder im Interesse des Veräußerers noch im Interesse des Erwerbers liegt. **15**

Erläuterungen zu A. 8.10a Handelsregisteranmeldung

Die Anmeldung der Sonderrechtsnachfolge mit der Versicherung, dass die Kommanditeinlage voll erbracht und nicht zurückgezahlt worden ist sowie die entsprechende Eintragung im Handelsregister müssen zur Herbeiführung der Haftungsfreistellung erfolgen (vgl. zum Nachfolgevermerk *MünchKommHGB/K. Schmidt* § 173 Rz. 26). **16**

Die Verpflichtung zur Anmeldung folgt aus §§ 161 Abs. 2, 107, 143 Abs. 1 und 2, 162 HGB. Die Anmeldung ist von allen Gesellschaftern, auch dem Veräußerer zu bewirken, §§ 162 Abs. 2, 108 Abs. 1 HGB. Gem. § 24 Abs. 2 HGB muss auch der ausscheidende Kommanditist, dessen Name in der Firma enthalten ist, ausdrücklich seine Einwilligung mit der unveränderten Firmenfortführung erklären (*Baumbach/Hopt* § 24 Rz. 11). Die Unterschriften der Anmeldenden sind notariell zu beglaubigen (§ 12 HGB). **17**

Insoweit die Einlage gezahlt gewesen ist, kommt das dem Erwerber voll zugute und der ausgeschiedene Kommanditist wird von der Haftung frei. Diese Sonderrechtsnachfolge ist besonders anzumelden, und es muss von den Beteiligten versichert werden, dass der Kommanditist keine Abfindung aus dem Gesellschaftsvermögen erhalten hat, die seine Haftung nach § 172 Abs. 4 HGB neuerlich begründen würde (OLG Köln 2 Wx 43/91 v. 24.6.92, BB 92, 1742; BayObLG BReg. 3 Z 98/82 v. 10.12.82, DB 83, 384, dagegen *Jeschke* DB 83, 541, KG Berlin 1 W 685/03 v. 8.6.04, BB 04, 1521, bestätigt durch BGH II ZB 11/04 v. 19.9.05, DStR 06, 50). **18**

19 Die Vertretungsverhältnisse müssen nach der geänderten Bestimmung des § 106 Abs. 2 Nr. 4 HGB nunmehr in jedem Fall angegeben werden, dies gilt auch, wenn sie den gesetzlichen Bestimmungen entsprechen. Nach der Übergangsregelung des Art. 52 EGHGB gilt dies für Altgesellschaften zwar grds. erst bei einer vom gesetzlichen Regelfall abweichenden Änderung der Vertretungsverhältnisse; da solche in der Praxis häufig sind, ist hierauf ggf. zu achten.

20 Zur elektronischen Form der Anmeldung vgl. A. 8.00a Rz. 56.

A. 8.11 Abtretung (Schenkung) mit Anmeldung

Gliederung

I. FORMULARE

Formular A. 8.11 Abtretungs-(Schenkungs-)vertrag

VERTRAG

zwischen

1. Herr A ...... **– nachfolgend Schenker genannt –**

und

2. Herr B ...... **– nachfolgend Beschenkter genannt –**

2. Herr B ......

§ 1 Vertragsgegenstand

Der Schenker ist mit einer voll eingezahlten Kommanditeinlage iHv. € ...... an der unter der Firma „A GmbH & Co. KG" bestehenden Kommanditgesellschaft beteiligt. Gegenstand des Unternehmens ist die Herstellung von und der Handel mit Textilien. Die Verfügung über Kommanditanteile ist gem. § ...... des Gesellschaftsvertrages vom ...... mit Zustimmung der Mitgesellschafter zulässig. Die Gesellschafterversammlung hat ihre Zustimmung zu dieser Schenkung in der Gesellschafterversammlung vom ...... erteilt.

§ 2 Schenkung

(1) Der Schenker schenkt hiermit dem dies annehmenden Beschenkten seine Kommanditeinlage an der in § 1 bezeichneten Gesellschaft. Alle Ansprüche aus dem für den Schenker geführten Privatkonto bleiben unberührt.

(2) In Vollzug der vorstehenden Schenkungsabrede tritt der Schenker hiermit die Kommanditeinlage in Höhe von € ...... sowie an den sonstigen für ihr geführten Konten mit Ausnahme des Privatkontos an den Beschenkten ab.

§ 3 Wirksamwerden

Die Abtretung erfolgt mit sofortiger Wirkung, die Ergebnisse der Gesellschaft stehen seit dem letzten Jahresabschluss bis zum heutigen Tag dem Schenker und vom heutigen Tag dem Beschenkten zu.

§ 4 Mitteilung

In Vollzug dieses Vertrages werden die Parteien gemeinsam der Geschäftsführung Mitteilung vom Abschluss dieses Vertrages machen.

§ 5 Gewährleistung

Die Gewährleistung wird ausgeschlossen, soweit gesetzlich zulässig.

§ 6 Sonstiges

Die etwa anfallende Schenkungsteuer sowie die Kosten dieses Vertrages und seiner Durchführung trägt der Beschenkte. Die Vertragsparteien verpflichten sich, unverzüglich die Eintragung der Beteiligungsänderung im Handelsregister in der erforderlichen Form herbeizuführen.

..	**..**
(Unterschrift A)	**(Unterschrift B)**

Formular A. 8.11a Handelsregisteranmeldung

An das Amtsgericht ......

– Handelsregister A –

– A-Stadt –

HRA ......

Firma A-GmbH & Co. KG

Die unterzeichneten Gesellschafter der im Rubrum genannten Gesellschaft melden hiermit zur Eintragung in das Handelsregister an:

Der Kommanditist A hat seinen Kommanditanteil durch Vertrag vom ...... an den Kaufmann B übertragen und ist damit aus der Gesellschaft ausgeschieden. An seine Stelle ist der Kaufmann B (*Name, Vorname, Geburtsdatum, Wohnort*) als Kommanditist im Wege der Sonderrechtsnachfolge in die Gesellschaft eingetreten.

Die Kommanditeinlage von Herrn B beträgt € ......

Die Gesellschafter vertreten die Gesellschaft wie folgt: ......

Der ausgeschiedene Kommanditist A ist mit der unveränderten Fortführung der Firma einverstanden.

Die persönlich haftende Gesellschafterin sowie die unterzeichneten Kaufleute A und B versichern, dass die Gesellschaft dem Veräußerer keine Abfindung aus dem Gesellschaftsvermögen gewährt oder versprochen hat.

Die Firma bleibt unverändert.

Das Geschäftslokal befindet sich weiterhin in A-Stadt, D-Straße.

..	**..**
(Unterschriften)	**(Beglaubigungsvermerk)**

II. ERLÄUTERUNGEN

Erläuterungen zu A. 8.11 Abtretungs-(Schenkungs-)vertrag

1. Grundsätzliche Anmerkungen

a) Zivilrecht

1 Vgl. zur zivilrechtlichen Ausgangslage zunächst A. 8.10 Rz. 2.

Neben der Abtretung des gesamten Anteils ist auch eine Abtretung eines Teils eines Geschäftsanteils zulässig.

2 Das Schenkungsversprechen bedarf gem. § 518 BGB grds. der notariellen Form. Der Formmangel wird jedoch durch Vollzug der Schenkung geheilt, der in der Einrichtung neuer Konten und der Umbuchung auf Grund der Abtretung des Gesellschaftsanteils erfolgt. Wegen der Einzelheiten vgl. A. 9.11 Rz. 4.

b) Steuerrecht

3 Wegen der steuerrechtlichen Folgen der Schenkung eines Kommanditanteils, der steuerrechtlich einen Mitunternehmeranteil darstellt, vgl. insgesamt A. 9.11 Rz. 6ff. Zu den Entwicklungen im Erbschaftsteuerecht s. A. 9.00 Rz. 76ff.

4 Zur **Europarechtswidrigkeit** des bisher geltenden deutschen Erbrechts – insbes., was die unterschiedliche Bewertung von gleichartigem In- und Auslandsvermögen betrifft – s. EuGH C-256/06 v. 17.1.07, DStRE 08, 174.

2. Einzelerläuterungen

Zu § 2: Schenkung

5 **Zu Abs. 1:** Das Formular sieht die Schenkung an einen fremden Dritten vor. Häufiger Regelfall wird demgegenüber die Schenkung an einen als Nachfolger vorgesehenen Abkömmling sein. Für diesen Fall sollte angeordnet werden, dass der beschenkte Abkömmling die Schenkung zur Ausgleichung bringen und sich ggf. auf den Pflichtteil anrechnen lassen muss (zur Formulierung vgl. Formular A. 9.11 Nr. 1). Durch eine entspr. Formulierung wird die Ausgleichspflicht für den Fall der gesetzlichen Erbfolge (§ 2050 Abs. 3 BGB) und die Pflicht zur Anrechnung auf den Pflichtteil (§ 2315 BGB) angeordnet. Die schenkweise Übertragung eines Kommanditanteils auf Minderjährige bedarf der familiengerichtlichen Genehmigung, unabhängig davon, ob der Kommanditanteil voll eingezahlt ist (strittig vgl. OLG Frankfurt 20 W 123/08 v. 27.5.08, NJW-RR 08, 1568, aA OLG Bremen 2 W 38/08 v. 16.6.08, NZG 08, 750).

Zu § 3: Wirksamwerden

6 Um die Aufstellung einer Zwischenbilanz zu vermeiden, empfiehlt es sich im Regelfall, auf das Jahresende abzustellen, ggf. kann eine zeitanteilige Beteiligung am Ergebnis des laufenden Geschäftsjahres vereinbart werden.

Zu § 5: Gewährleistung

7 Gem. § 523 BGB haftet der Schenker lediglich für einen arglistig verschwiegenen Mangel. Soweit weitergehende Zusicherungen erfolgen sollen, insb. der Schenker eine Versicherung dahingehend abgeben soll, dass die Kommanditeinlage von ihm in voller Höhe erbracht worden ist und dass keine Rückzahlungen aus dem Gesellschaftsvermögen an ihn erfolgt sind mit sich daraus etwa ergebenden Haftungsfolgen für den Beschenkten, bedarf der Schenkungsvertrag der notariellen Beurkundung (§ 518 BGB; *Palandt/Weidenkaff* § 518 BGB Rz. 7). Bei Verträgen unter fremden Dritten kann es sich auch anbieten, eine Versicherung dahingehend aufzunehmen,

dass dem Schenker weder bestehende noch drohende künftige oder schwebende Verbindlichkeiten bekannt sind, welche zur Illiquidität oder Überschuldung der Gesellschaft führen können.

Erläuterungen zu A. 8.11a Handelsregisteranmeldung

Vgl. A. 8.10 Rz. 16ff. 8

A. 8.12 Abtretung (Sicherungsabtretung) mit Anmeldung

Gliederung

I. FORMULARE

Formular A. 8.12 Abtretung (Sicherungsabtretungsvertrag)

VERTRAG

Zwischen

Herrn A ...... **– nachfolgend Sicherungsgeber genannt –**

und

Herrn B ...... **– nachfolgend Sicherungsnehmer genannt –**

§ 1 Vertragsgegenstand

Der Sicherungsgeber ist mit einer voll eingezahlten Kommanditeinlage von € 100.000.– an der aus ihm sowie ...... mit der Firma „A GmbH & Co. KG“ bestehenden Kommanditgesellschaft beteiligt. Gegenstand des Unternehmens ist die Herstellung von und der Handel mit Textilien.

Die Verfügung über die Beteiligung an dieser Gesellschaft ist gem. § ...... des Gesellschaftsvertrages vom ...... ohne Zustimmung der Mitgesellschafter zulässig.

§ 2 Sicherungsabtretung

(1) Der Sicherungsnehmer hat dem Sicherungsgeber am ...... ein Darlehen in Höhe von € ...... zuzüglich ......% Zinsen p. a. gewährt. Zur Sicherung dieses Darlehens tritt der Sicherungsgeber dem Sicherungsnehmer hiermit seine Stellung an der gem. § 1 bezeichneten Kommanditgesellschaft ab, der Sicherungsnehmer nimmt diese Abtretung hiermit an.

(2) Der Sicherungsgeber übergibt dem Sicherungsnehmer die von beiden Vertragsparteien vor dem Notar ...... unterschriebene und beglaubigte Anmeldung an das Handelsregister des Amtsgerichts ...... Die Abtretung (dingliche Übertragung) des Gesellschaftsanteils ist aufschiebend bedingt durch die Eintragung des Sicherungsnehmers als Kommanditist kraft Sonderrechtsnachfolge im Handelsregister.

§ 3 Offenlegung, Gesellschaftsrechte

(1) Es besteht Einvernehmen darüber, dass die Offenlegung dieser Sicherungsabtretung solange nicht erfolgt, als der Sicherungsgeber seinen Verpflichtungen aus dem Darlehensvertrag vom ...... pünktlich nachkommt. Der Sicherungsgeber ist daher berechtigt, die Rechte aus dem sicherungshalber abgetretenen Gesellschaftsanteil selbst auszuüben. Er verpflichtet sich, den Sicherungsnehmer über die Verhältnisse der Gesellschaft, insbesondere deren Vermögen, und der Gesellschaftsanteile unterrichtet zu halten. Der Sicherungsgeber wird sein Stimmrecht nach den Weisungen des Sicherungsnehmers ausüben.

(2) Kommt der Sicherungsgeber seinen Verpflichtungen aus dem Darlehensvertrag nicht nach, so wird der Sicherungsnehmer seine Rechte an dem sicherungshalber abgetretenen Gesellschaftsanteil selbst wahrnehmen. Er wird dies dem Sicherungsnehmer durch schriftliche Erklärung mitteilen.

Der Sicherungsnehmer hat alsdann auch das Recht, die unterzeichnete und notariell beglaubigte Anmeldung an das Handelsregister dem Amtsgericht ...... vorzulegen.

Dem Sicherungsnehmer steht dieses Recht auch dann zu, wenn der Sicherungsgeber gegen eine wesentliche Verpflichtung aus diesem Vertrag verstößt oder wenn eine Veränderung des Sicherungsgegenstandes zu besorgen ist.

§ 4 Verwertung

Der Sicherungsnehmer ist berechtigt, den Gesellschaftsanteil freihändig zu verkaufen oder anderweitig zu verwerten – insbesondere durch öffentliche Versteigerung. Auf Verlangen des Sicherungsgebers ist er zur öffentlichen Versteigerung verpflichtet. Der Sicherungsnehmer hat den Sicherungsgeber von den Bedingungen eines etwaigen freihändigen Verkaufs schriftlich zu unterrichten.

§ 5 Freigabe der Sicherheit

(1) Der Sicherungsnehmer ist verpflichtet, dem Sicherungsgeber nach Rückzahlung des gesicherten Darlehens einschließlich aller Nebenansprüche den Gesellschaftsanteil zurückzuübertragen und dem Sicherungsgeber die unterschriebene und notariell beglaubigte Anmeldung an das Handelsregister zurückzugeben.

(2) Sollte der Sicherungsnehmer diese Anmeldung bereits dem Registergericht vorgelegt haben, so ist er verpflichtet, vor einem deutschen Notar eine Anmeldung über die Rückübertragung des Gesellschaftsanteils auf den Sicherungsgeber zu unterzeichnen und beglaubigen zu lassen.

§ 6 Kosten

Die mit dem Abschluss und der Durchführung dieses Vertrages verbundenen Kosten trägt der Sicherungsgeber.

§ 7 Salvatorische Klausel

(1) Sollte eine Bestimmung dieses Vertrages nichtig, anfechtbar oder unwirksam sein, so soll die Wirksamkeit der übrigen Bestimmungen hiervon nicht berührt werden. Die angreifbare Bestimmung ist vielmehr so auszulegen, dass der mit ihr er-

strebte wirtschaftliche und/oder ideelle Zweck nach Möglichkeit erreicht wird. Dasselbe gilt sinngemäß für die Ausfüllung von Vertragslücken.

(2) Gerichtsstand und Erfüllungsort ist der Sitz der Gesellschaft.

Formular A. 8.12a Handelsregisteranmeldung

Vgl. Formular A. 8.10a.

II. ERLÄUTERUNGEN

Erläuterungen zu A. 8.12 Abtretung (Sicherungsabtretungsvertrag)

1. Grundsätzliche Anmerkungen

a) Wirtschaftliche Funktionen

Eine Sicherungsabtretung eines Gesellschaftsanteils wird dann erfolgen, wenn Kredite des Gesellschafters in Anspruch genommen worden sind und keine anderweitige Sicherheit zur Verfügung steht. Vgl. zum Sinn und Zweck der Sicherungsabtretung iÜ § 2 des Vertrages. 1

b) Zivilrecht

Die sicherungsweise Übereignung oder Verpfändung (vgl. Formular A. 8.34) eines Gesellschaftsanteils ist grds. nur dann möglich, wenn seine Übertragung im Gesellschaftsvertrag zugelassen ist. Ist dies der Fall, so ist in dieser Zustimmung auch die Einwilligung zur Rückabtretung an die Gesellschafter zu sehen (BGH II ZR 77/63 v. 8.4.65, NJW 65, 1376 zu GmbH-Anteil). 2

Zur grds. Zulässigkeit der Sicherungsabtretung eines Gesellschaftsanteils vgl. auch *MünchKommBGB/Ulmer/Schäfer* § 717 Rz. 30ff.

Zur Zulässigkeit der Abtretung vgl. iÜ die grds. Anmerkungen zu Formular A. 8.10. Zivilrechtlich ist die Sicherungsabtretung eine voll wirksame Abtretung. Die Abtretung ist gemäß § 2 Abs. 2 aufschiebend bedingt dahingehend ausgestaltet, dass der Sicherungsnehmer die ihm zu übergebende Handelsregisteranmeldung dem Registergericht vorlegt (vgl. hierzu auch Rz. 5). Diese Regelung soll verhindern, dass der Sicherungsnehmer, der mit der Abtretung zivilrechtlich vollumfänglich Gesellschafter (Kommanditist) mit allen Rechten und Pflichten wird, wegen fehlender Eintragung im Handelsregister für die nach seinem Eintritt begründeten Verbindlichkeiten im Außenverhältnis voll haftet (vgl. § 176 HGB).

c) Steuerrecht

Steuerrechtlich hat die Sicherungsübereignung keine Auswirkungen. Vielmehr sind die sicherungsweise bzw. treuhänderisch übereigneten Wirtschaftsgüter nicht in der Bilanz des zivilrechtlichen Eigentümers (Sicherungsnehmers) auszuweisen, sondern ausschließlich in der des Sicherungsgebers (§ 246 HGB Abs. 1 HGB; *Beck Bil-Komm* § 246 HGB Rz. 19). 3

2. Einzelerläuterungen

Zu § 1: Vertragsgegenstand

Das Formular geht davon aus, dass die Übertragung (Abtretbarkeit) von Gesellschaftsanteilen im Gesellschaftsvertrag für zulässig erklärt ist. Anderenfalls wäre ein Beschluss der Gesellschafterversammlung mit der gem. Vertrag vorgesehenen Mehrheit beizufügen. 4

Zu § 2: Sicherungsabtretung

5 Der Vertrag sieht vor, dass eine unterschriebene und beglaubigte Handelsregisteranmeldung übergeben wird, die Vorlage an das Handelsregister jedoch in das Ermessen des Sicherungsnehmers gestellt bleibt. Vgl. hierzu auch Rz. 2.

Zu § 3: Offenlegung, Gesellschaftsrechte

6 Solange der Sicherungsgeber den gewährten Kredit ordnungsgemäß bedient, soll die Sicherungsabtretung nach außen hin nicht aufscheinen. Dies wird durch die entsprechenden Regelungen in § 3 sichergestellt.

Zu § 4: Verwertung

7 Hinsichtlich der Verwertung ist ausdrücklich geregelt, dass der Sicherungsnehmer nach seinem Belieben freihändig den Anteil verkaufen oder anderweitig verwerten, insb. eine öffentliche Versteigerung des Anteils vornehmen kann. Dies wird sich idR allerdings nicht anbieten. – Anstelle der Anteilsverwertung durch Versteigerung oder freihändigen Verkauf (Vereinbarung allerdings erst nach Pfandreife wirksam zulässig, § 1245 Abs. 2 BGB) hat der Pfandgläubiger auch die Möglichkeit der Kündigung. Auf diesem Wege kann er das Auseinandersetzungsguthaben liquidieren und es sich gem. § 835 Abs. 1 ZPO zur Einziehung überweisen lassen. Im Hinblick auf die zwingende Regelung des § 725 BGB bedarf es bei dieser Art der Verwertung allerdings eines rechtskräftigen, dh. nicht bloß vorläufig vollstreckbaren Titels. Für diese Art der Verwertung müsste der Pfandgläubiger daher trotz seines schon bestehenden vertraglichen Pfandrechts den Gesellschaftsanteil nochmals gem. § 857 ZPO auf Grund eines Vollstreckungstitels pfänden (*Thomas/Putzo* § 857 Rz. 1, str.). Zur Kündigung durch den Pfandgläubiger s. auch Formular A. 9.22.

Zu § 5: Freigabe der Sicherheit

8 Auch wenn die Handelsregisteranmeldung dem Registergericht bereits vorgelegt wurde, wird dies regelmäßig keine besonderen gravierenden Nachteile für den Abtretenden mit sich bringen. Denn im Hinblick auf das Erfordernis der Unterzeichnung der Anmeldung durch alle Gesellschafter (vgl. A. 8.00 Rz. 53) werden sich hieraus noch keine Konsequenzen in Form einer Eintragung ergeben.

Erläuterungen zu A. 8.12a Handelsregisteranmeldung

9 Vgl. hierzu Formular A. 8.10a. Anstelle der dortigen Formulierung „veräußert" sollte von einer Übertragung geredet werden.

A. 8.13 Auflösung (Beschluss ohne Liquidation) mit Anmeldung

I. FORMULARE

Formular A. 8.13 Auflösung (Beschluss ohne Liquidation)

BESCHLUSS

Die unterzeichneten Gesellschafter der A-GmbH & Co. KG haben sich heute unter Verzicht auf alle gesetzlichen und/oder statutarischen Form- und/oder Fristvorschriften zu einer

AUSSERORDENTLICHEN GESELLSCHAFTERVERSAMMLUNG

zusammengefunden und Folgendes beschlossen:

1. Die Gesellschaft ist aufgelöst.

2. Das Gesellschaftsvermögen ist an die Gesellschafter verteilt worden.

3. Eine Liquidation findet nicht statt.

.............................., den ...... **..**

(Unterschrift)

Formular A. 8.13a Handelsregisteranmeldung

An das
Amtsgericht
– Registergericht –
A-Stadt
HRA
A-GmbH & Co. KG

Die unterzeichneten Gesellschafter der im Rubrum genannten Gesellschaft melden hiermit zur Eintragung in das Handelsregister an:

Die Gesellschaft ist durch Beschluss der Gesellschafter aufgelöst worden. Eine Liquidation findet nicht statt.

... **..**

(Unterschriften) **(Beglaubigungsvermerk)**

II. ERLÄUTERUNGEN

Erläuterungen zu A. 8.13 Auflösung (Beschluss ohne Liquidation)

1. Wirtschaftliche Funktion

1 Eine Auflösung ohne Liquidation kommt dann in Betracht, wenn alle Gesellschafter sich in das Privatleben zurückziehen bzw. eine andere Tätigkeit ausüben möchten und sich ein Käufer für das Geschäft nicht findet.

2. Zivilrecht

2 Gem. §§ 161 Abs. 2, 145 Abs. 1 HGB ist der Normalfall der Auflösung die Auseinandersetzung unter den Gesellschaftern im Wege der Liquidation. § 145 Abs. 1 HGB lässt jedoch auch andere Arten der Auseinandersetzung zu. Insb. kann der Gesellschaftsvertrag etwas anderes bestimmen. Die Gesellschafter können aber auch ad hoc die andere Art vereinbaren. Das Formular geht von der Verteilung des Gesellschaftsvermögens aus. Gläubiger der Gesellschaft können dem Ausschluss der Liquidation nicht widersprechen, sie sind durch die fortdauernde Haftung der Gesellschafter gem. §§ 161 Abs. 2, 128ff., 159f. HGB geschützt. Gem. §§ 161 Abs. 2, 131 Abs. 1 Nr. 2 wird die Gesellschaft durch Beschluss der Gesellschafter aufgelöst. IdR muss der Auflösungsbeschluss einstimmig gefasst werden (*Baumbach/Hopt* § 119 Rz. 1).

3 Unabhängig von der Auflösung der KG ist die Komplementär-GmbH unter Berücksichtigung der hierfür geltenden Bestimmungen zu liquidieren (vgl. Formular A. 6.38).

3. Steuerrecht

4 Zu den steuerlichen Konsequenzen der Aufgabe vgl. A. 9.12 Rz. 5ff. Die dortigen Ausführungen gelten auch für Kommanditisten.

Erläuterungen zu A. 8.13a Handelsregisteranmeldung

5 Vgl. hierzu A. 9.13 Rz. 1ff.

A. 8.14 Auflösung (Beschluss mit Liquidation) mit Anmeldung

I. FORMULARE

Formular A. 8.14 Auflösung (Beschluss mit Liquidation)

BESCHLUSS

Die unterzeichneten Gesellschafter der A-GmbH & Co. KG haben sich heute unter Verzicht auf alle gesetzlichen und/oder statutarischen Form- und/oder Fristvorschriften zu einer

AUSSERORDENTLICHEN GESELLSCHAFTERVERSAMMLUNG

zusammengefunden und folgendes beschlossen:

Die Gesellschaft wird zum 31.12.20.. aufgelöst.

Es findet eine Liquidation statt. Zum alleinigen Liquidator wird Herr A bestellt.

Der Liquidator übt sein Amt in eigener Verantwortung aus. Zu folgenden Maßnahmen ist jedoch die Zustimmung der Gesellschafterversammlung erforderlich:

......

Während der Liquidation werden Beschlüsse der Gesellschafterversammlung mit einfacher Mehrheit gefasst.

Der Liquidator erhält für seine Tätigkeit eine Vergütung von € ......

Formular A. 8.14a Handelsregisteranmeldung

An das

Amtsgericht

– Handelsregister A –

A-Stadt

HRA

A-GmbH & Co. KG

Die unterzeichneten Gesellschafter der im Rubrum genannten Gesellschaft melden hiermit zur Eintragung in das Handelsregister an:

Die Gesellschaft ist durch Beschluss der Gesellschafterversammlung vom ...... aufgelöst worden. Zum Liquidator wurde Herr A *[Name, Vorname, Geburtsdatum, Wohnort]* bestellt.

Der Liquidator ist zur alleinigen Vertretung der Gesellschaft berechtigt.

Die Geschäftsräume befinden sich weiter in ......

....	....
(Unterschriften)	**(Beglaubigungsvermerk)**

II. ERLÄUTERUNGEN

Erläuterungen zu A. 8.14 Auflösung (Beschluss mit Liquidation)

1. Wirtschaftliche Funktion

1 Eine Auflösung mit Liquidation findet statt, wenn der Geschäftsbetrieb der Gesellschaft insgesamt eingestellt werden soll, also nicht von einem Gesellschafter oder einem Dritten übernommen wird. In diesem Fall muss das Vermögen der Gesellschaft einzeln veräußert oder von den Gesellschaftern privat übernommen werden.

2. Gesellschaftsrecht

2 Gem. §§ 161 Abs. 2, 131 Abs. 1 Nr. 2 HGB erfolgt die Liquidation auf Grund eines Gesellschafterbeschlusses. Für den Beschluss bedarf es der im Gesellschaftsvertrag vorgesehenen Mehrheit.

3 Nach dem Gesetz erfolgt die **Liquidation durch alle Gesellschafter,** auch durch diejenigen, welche vor Auflösung nicht geschäftsführungsbefugt und vertretungsberechtigt waren. Hierzu zählen auch die Kommanditisten (*Baumbach/Hopt* § 146 Rz. 2). Die Gesellschafter können jedoch etwas anderes bestimmen. Hiervon geht das Formular aus.

4 Soweit **mehrere Liquidatoren bestellt** werden, können diese nach dem Gesetz grds. nur gemeinsam handeln. Demgegenüber ist die Erteilung einer Einzelvertretungsberechtigung zulässig (§ 150 HGB). Mit der Fassung des Auflösungsbeschlusses bzw. zu dem im Auflösungsbeschluss genannten Zeitpunkt erfolgt der Übergang aus der dem Gesellschaftszweck gewidmeten, werbenden Tätigkeit in die Auseinandersetzung unter den Gesellschaftern. Zu den Einzelheiten des Liquidationsverfahrens vgl. im Übrigen §§ 145ff. HGB, 730ff. BGB.

Zu beachten ist, dass die Komplementär-GmbH gesondert zu liquidieren ist (vgl. hierzu Formular A. 6.38).

5 Nach BGH IV ZR 7/55 v. 21.5.55, NJW 55, 1227 können geschäftsführende Gesellschafter einer Personengesellschaft ohne Vereinbarung keine **Vergütung** verlangen (vgl. *Baumbach/Hopt* § 110 Rz. 19). Dies gilt auch für die Liquidatoren (*Baumbach/Hopt* § 146 Rz. 4). Deshalb empfiehlt sich für den der Gesellschaft angehörenden Liquidator eine entsprechende Regelung. Zur Behandlung des Privatkontos im Falle der Liquidation vgl. BFH IV R 29/06 v. 26.6.07, DStR 08, 31.

3. Steuerrecht

6 Zu den steuerlichen Konsequenzen der Liquidation vgl. A. 9.13 Rz. 4ff.

Erläuterungen zu A. 8.14a Handelsregisteranmeldung

7 Vgl. hierzu A. 9.13 Rz. 10ff.

A. 8.15 Ausscheiden (Kündigung) mit Anmeldung

I. FORMULARE

Formular A. 8.15 Kündigung

An die

A-KG

vertreten durch deren persönlich haftende Gesellschafter ......

Hiermit kündige ich meine Gesellschafterstellung gem. § ...... des Gesellschaftsvertrages vom ...... und scheide demgemäß nach § ...... zum 31.12.20.. aus der Gesellschaft aus.

..

(Unterschrift)

Formular A. 8.15a Handelsregisteranmeldung

An das

Amtsgericht

– Handelsregister A –

A-Stadt

HRA

Firma A-KG

Die unterzeichneten Gesellschafter melden hiermit zur Eintragung in das Handelsregister an:

Der Kommanditist B ist aus der Gesellschaft ausgeschieden. Die Gesellschaft wird unter derselben Firma unter den verbliebenen Gesellschaftern fortgesetzt.

.. **..**

(Unterschriften) **(Beglaubigungsvermerk)**

II. ERLÄUTERUNGEN

Erläuterungen zu A. 8.15 Kündigung

1. Wirtschaftliche Funktion

1 Ein Gesellschafter möchte nicht in der Gesellschaft verbleiben. Da ein außerordentlicher Kündigungsgrund nicht vorliegt, kündigt er seine Beteiligung fristgerecht zum nächsten Kündigungstermin.

2. Gesellschaftsrecht

Zur Kündigung bzw. deren Zulässigkeit vgl. zunächst A. 8.00 Rz. 47 sowie Formular A. 9.00 § 16 u. A. 9.00 Rz. 80 ff. Der Formulierungsvorschlag geht davon aus, dass im Gesellschaftsvertrag eine Kündigungsfrist festgeschrieben ist. Ansonsten gilt die gesetzliche Frist gem. § 132 HGB, wonach eine Kündigung mit sechs Monaten zum Ende des Geschäftsjahres zulässig ist. Durch die Kündigung eines Gesellschafters wird die Gesellschaft nicht aufgelöst (§ 131 Abs. 3 Nr. 3 HGB). Vielmehr scheidet der kündigende Gesellschafter mangels abweichender vertraglicher Bestimmungen aus der Gesellschaft aus. 2

3. Steuerrecht

Die steuerlichen Folgen entsprechend denen bei Ausscheiden eines Gesellschafters; s. A. 9.14 Rz. 6 f. 3

Erläuterungen zu A. 8.15a Handelsregisteranmeldung

Die Anmeldepflicht ergibt sich aus §§ 161 Abs. 2, 143 Abs. 1 und 2 und 162 HGB. Anmeldepflichtig ist auch der ausgeschiedene Gesellschafter. Die Unterschriften bedürfen der notariellen Beglaubigung (§ 12 HGB). 4

A. 8.16 Ausscheiden (Ausscheidensvereinbarung) mit Anmeldung

Gliederung

I. FORMULARE

Formular A. 8.16 Ausscheidensvereinbarung

VERTRAG

Vertrag über das Ausscheiden eines Gesellschafters aus der A-KG

zwischen

1. Herrn A

2. Herrn C

3. Herrn D und

4. Herrn B

Vorbemerkungen:

An der A-KG sind Herr A als Komplementär mit einem Festkapital von € 200.000.– (40 %) sowie als Kommanditisten Herr B mit € 150.000.– (30%), Herr C mit € 100.000.– (20 %) und Herr D mit € 50.000.– (10 %) beteiligt. Aus Altergründen möchte B sich zum 31. Dezember 20.. aus der Gesellschaft zurückziehen.

Die verbleibenden Gesellschafter wollen die Gesellschaft fortführen und übernehmen die Anteile des ausscheidenden B nach Maßgabe der nachfolgenden Bestimmungen:

§ 1

Von dem Festkapital von B übernimmt C € 50.000.– (10 %) und D € 100.000.– (20 %). Demzufolge sind C und D zukünftig mit je 30 % beteiligt.

§ 2

Das Ergebnis des laufenden Geschäftsjahres steht den Gesellschaftern entsprechend den bisherigen Beteiligungsverhältnissen zu. Die auf dem Privatkonto verbuchten Ansprüche von B gehen nicht auf die verbleibenden Gesellschafter über. Ein positiver oder negativer Saldo auf dem Privatkonto ist binnen eines Monats nach Feststellung der Bilanz für das laufende Geschäftsjahr und Verbuchung der Gewinnanteile glattzustellen.

§ 3

Als Abfindung für die Aufgabe seines Geschäftsanteils erhält B ein Auseinandersetzungsguthaben in Höhe von € ...... Dieser Betrag ist wie folgt auszuzahlen:

a) Ein Barbetrag in Höhe von € ...... ist zum ...... auf folgendes Konto des B zu zahlen: Kto-Nr.: ...... bei XY-Bank ......

b) Der verbleibende Abfindungsbetrag in Höhe von € ...... wird verrentet und ist auf Lebensdauer des B in monatlichen Teilbeträgen in Höhe von € ...... zum Ende eines jeden Monats auf das vorstehend genannte Konto von B zu überweisen.

c) Die Auszahlung des Auseinandersetzungsguthaben obliegt anteilig C mit jeweils € ...... und D mit € ...... C und D haften jedoch B als Gesamtschuldner.

§ 4

Die verbleibenden Gesellschafter A, C und D verpflichten sich, B im Innenverhältnis von allen A-KG betreffenden Verbindlichkeiten freizustellen. Sicherheitsleistung kann B nicht verlangen, Befreiung erst und insoweit, als er für Verbindlichkeiten in Anspruch genommen wird.

§ 5

Der Gesellschaftsvertrag vom ...... gilt fort, soweit sich nicht daraus etwas anderes ergibt, dass B ausscheidet.

§ 6

Änderungen und Ergänzungen dieses Vertrages bedürfen zu ihrer Wirksamkeit der Schriftform. Mündliche Nebenabreden bestehen nicht. Den Vertragsparteien stehen keine über diesen Vertrag hinausgehenden gegenseitigen Ansprüche zu. Erfüllungsort und Gerichtsstand für sämtliche Streitigkeiten aus diesem Vertrag ist der Sitz der Gesellschaft, soweit dies zulässig vereinbart werden kann.

§ 7

Die Vertragsparteien verpflichten sich, unverzüglich die Eintragung der Beteiligungsänderung im Handelsregister in der erforderlichen Form herbeizuführen.

Formular A. 8.16a Handelsregisteranmeldung

An das Amtsgericht

– Registergericht –

A-KG

HRA ......

Zur Eintragung in das Handelsregister wird angemeldet:

B ist mit Wirkung zum ...... aus der Gesellschaft ausgeschieden. Die Gesellschaft wird unter der bisherigen Firma fortgeführt. Die Geschäftsräume befinden sich nach wie vor in ......

...	**...**
(Unterschriften)	**(Beglaubigungsvermerk)**

II. ERLÄUTERUNGEN

Erläuterungen zu A. 8.16 Ausscheidensvereinbarung

1. Grundsätzliche Anmerkungen

a) Wirtschaftliche Funktion

Der Kommanditist B möchte aus der Gesellschaft aus Altersgründen ausscheiden. 1
Da ein Nachfolger nicht vorhanden ist, wollen die verbleibenden Gesellschafter das Geschäft allein fortführen. Es soll auch kein Dritter (Nichtgesellschafter) den Anteil erwerben; vielmehr sollen die bisherigen Minderheitsgesellschafter in stärkerem Maße an der Gesellschaft beteiligt werden.

b) Gesellschaftsrecht

Wegen der gesellschaftsrechtlichen Auswirkungen wird auf A. 9.14 Rz. 2ff. verwie- 2
sen.

Zur Haftung: Soweit der ausgeschiedene Kommanditist mit seiner Abfindung 3
wertmäßig seine Einlage aus dem Gesellschaftsvermögen zurück erhält, lebt seine persönliche Haftung wieder auf, maximal bis zur Höhe der Haftsumme, §§ 172 Abs. 4, 171 Abs. 1 HGB. Die Rechtsfolge des § 172 Abs. 4 HGB tritt aber nur gegenüber den Gesellschaftsgläubigern ein, deren Ansprüche vor dem Ausscheiden des Kommanditisten und nach dessen Eintragung im Handelsregister begründet worden waren. Nach zutreffender hM unterliegt der ausgeschiedene Kommanditist der Haftung nach § 172 Abs. 4 Satz 1 HGB erst, wenn der Abfindungsbetrag an ihn ausgezahlt ist (zum Stand der Meinungen vgl. *MünchKommHGB/K. Schmidt* §§ 171, 172 Rz. 73). Das Nachhaftungsbegrenzungsgesetz begrenzt die Haftung des ausgeschiedenen Kommanditisten auf die Dauer von fünf Jahren (vgl. hierzu iE A. 9.00 Rz. 12ff.).

c) Steuerrecht

Zu den steuerlichen Folgen des Ausscheidens vgl. A. 9.14 Rz. 6ff. 4

2. Einzelerläuterungen

Vgl. hierzu A. 9.14 Rz. 8ff. 5

Erläuterungen zu A. 8.16a Handelsregisteranmeldung

6 Vgl. A. 9.15 Rz. 9ff. Soweit der Name von B in der Firma erscheint und nach seinem Ausscheiden die Firma fortgeführt werden soll, ist dies in der Handelsregisteranmeldung wie im Vertrag als solchen im Hinblick auf § 24 Abs. 2 HGB ausdrücklich aufzunehmen. Die Anmeldung bedarf notarieller Beurkundung (§ 12 HGB), ebenso die Unterschrift des ausgeschiedenen Kommanditisten.

A. 8.17 Ausscheiden des letzten Kommanditisten mit Anmeldung

Gliederung

I. FORMULARE

Formular A. 8.17 Ausscheidensvereinbarung

VEREINBARUNG

Zwischen

Herrn B ...... **– nachfolgend Komplementär genannt –**

und

Herrn A ...... **– nachfolgend Kommanditist genannt –**

§ 1

Der Gesellschaftsvertrag der A-KG vom ...... enthält keine Regelung über das Ausscheiden von Gesellschaftern. Der Kommanditist hat die Absicht, aus der Gesellschaft auszuscheiden.

§ 2

Die Vertragschließenden sind sich darüber einig, dass der Kommanditist mit Wirkung vom ...... aus der Gesellschaft ausscheidet und dass sein Anteil am Gesellschaftsvermögen dem Komplementär anwächst.

§ 3

Der Komplementär hat das Recht, das bisher in Kommanditgesellschaft geführte Unternehmen unter Beibehaltung der Firma fortzuführen.

§ 4

Die etwaigen Folgen einer steuerlichen Außenprüfung der Veranlagungszeiträume, in denen A der Gesellschaft angehört hat, treffen A, ohne dass die Höhe seines Abfin-

dungsanspruchs hiervon berührt wird. Die Gesellschaft wird A daher die Möglichkeit einräumen, bei einer ihn danach mitbetreffenden steuerlichen Außenprüfung mitzuwirken.

§ 5

Die Vertragschließenden vereinbaren, ohne in ein besonderes Bewertungsverfahren einzutreten, eine Abfindung von € ....–, die wie folgt ausgezahlt wird:

§ 6

(1) Sollte eine Bestimmung dieses Vertrages nichtig, anfechtbar oder unwirksam sein, so soll die Wirksamkeit der übrigen Bestimmungen hiervon nicht berührt werden. Die angreifbare Bestimmung ist vielmehr so auszulegen, dass der mit ihr erstrebte wirtschaftliche und/oder ideelle Zweck nach Möglichkeit erreicht wird. Dasselbe gilt sinngemäß für die Ausfüllung von Vertragslücken.

(2) Gerichtsstand und Erfüllungsort ist der Sitz der Gesellschaft.

Formular A. 8.17a Handelsregisteranmeldung

An das

Amtsgericht

– Handelsregister A –

A-Stadt

HRA

A-KG

Die unterzeichneten Gesellschafter der vormaligen A-KG melden hiermit zur Eintragung in das Handelsregister an:

1. Der Kommanditist A ist aus der Gesellschaft ausgeschieden.

2. Der vormalige Komplementär B führt das Geschäft unter Beibehaltung der Firma im ausdrücklichen Einverständnis mit A fort.

Das Geschäftslokal ist unverändert.

..	**..**
(Unterschriften)	**(Beglaubigungsvermerk)**

II. ERLÄUTERUNGEN

Erläuterungen zu A. 8.17 Ausscheidensvereinbarung

1. Grundsätzliche Anmerkungen

a) Wirtschaftliche Funktion

1 Ein Gesellschafter möchte sich aus der Gesellschaft zurückziehen, der Mitgesellschafter das Geschäft fortführen.

b) Gesellschaftsrecht

2 Siehe zunächst A. 9.14 Rz. 2ff. Nach hM gelten die Vorschriften der §§ 738 bis 740 BGB für die Übernahme der Gesellschaft durch den verbleibenden Gesellschafter

beim Ausscheiden des vorletzten Gesellschafters entsprechend (*MünchKommBGB/Ulmer* § 738 Rz. 11; BGH II ZR 10/64 v. 13.12.65, NJW 66, 827, 828; BGH II ZR 37/07 v. 7.7.08, NJW 08, 2992). Die Gesellschaft erlischt, wenn von den zwei Gesellschaftern nur noch einer übrig bleibt (Konfusion). Das Gesellschaftsvermögen geht im Wege der Gesamtrechtsnachfolge über (*MünchKommBGB/Ulmer* § 738 Rz. 11; *Baumbach/Hopt* § 131 Rz. 35).

Wird über das Vermögen der Komplementär-GmbH einer GmbH & Co. KG mit einem Kommanditisten das Insolvenzverfahren eröffnet, führt dies zum Ausscheiden der Komplementär-GmbH aus der KG und zur liquiditätslosen Vollbeendigung der KG unter Gesamtrechtsnachfolge des Kommanditisten (vgl. BGH II ZR 247/01 v. 15.3.04, DStR 04, 1137).

c) Steuerrecht

3 Zu den **ertragsteuerlichen Konsequenzen** s. A. 9.14 Rz. 6f. mit den dort genannten weiteren Nachweisen.

4 **Grunderwerbsteuer:** Soweit sich im Vermögen der Gesellschaft Grundstücke befinden, unterliegt der Vorgang gem. § 1 Abs. 3 Nr. 1 GrEStG der Grunderwerbsteuer (Vereinigung aller Anteile in einer Hand). Die Steuer bemisst sich in diesem Fall nach dem Einheitswert des Grundstücks (§§ 8 Abs. 2 Nr. 2, 10 GrEStG, § 99 Abs. 1 Nr. 1 BewG).

2. Einzelerläuterungen

Zu §§ 1, 2:

5 Das Formular geht von der vertraglichen Übernahme des Geschäfts durch einen Gesellschafter aus. Das Gesellschaftsvermögen geht auf den Verbliebenen im Wege der Gesamtrechtsnachfolge (nicht Anwachsung) über (*MünchKommBGB/Ulmer* § 718 Rz. 21; *Baumbach/Hopt* § 131 Rz. 35) was Konsequenzen für die Haftung hat (der verbleibende Kommanditist haftet als Gesamtrechtsnachfolger unbeschränkt für alle Altschulden der Gesellschaft). Einzelübertragungsakte, insbes. Auflassungen, etc. sind nicht erforderlich. Das Grundbuch wird ggf. unrichtig. Der Nachweis der Unrichtigkeit muss in der Form des § 29 GBO geführt werden.

Erläuterungen zu A. 8.17a Handelsregisteranmeldung

6 Das Ausscheiden ist gem. § 143 Abs. 2 HGB zum Handelsregister anzumelden. Bei Ausscheiden des vorletzten Gesellschafters einer KG ist die Fortführung der Firma trotz § 22 HGB nur unter Beifügung eines Nachfolgezusatzes zulässig (*Baumbach/Hopt* § 22 Rz. 17). Die Anmeldung ist von sämtlichen Gesellschaftern zu unterzeichnen, auch von demjenigen, dessen Ausscheiden den Gegenstand der Anmeldung bildet (*Baumbach/Hopt* § 143 Rz. 3). Sie ist notariell zu beglaubigen (§ 12 HGB).

Die **Angabe des Zeitpunkts** des Ausscheidens ist nicht zwingend erforderlich (vgl. *GroßKommHGB/Ulmer* § 143 Rz. 31).

A. 8.18 Ausschluss eines Gesellschafters

I. FORMULARE

Formular A. 8.18 Ausschluss eines Gesellschafters

Gesellschafterversammlung

der

A-GmbH & Co. KG

Die unterzeichneten Gesellschafter der A-GmbH & Co. KG haben sich am ...... in der Gaststätte ...... zu einer

AUSSERORDENTLICHEN GESELLSCHAFTERVERSAMMLUNG

zusammengefunden mit dem einzigen Tagesordnungspunkt:

Ausschluss des Gesellschafters B aus wichtigem Grund.

Die Gesellschafter wählten in offener Abstimmung A zum Versammlungsleiter. Dieser stellte fest, dass die Gesellschafterversammlung ordnungsgemäß durch die Geschäftsführung der Komplementärin einberufen worden ist. Er stellte auch fest, dass alle Gesellschafter vertreten sind und damit Beschlussfähigkeit gegeben ist.

A rief sodann den einzigen Tagesordnungspunkt auf: Ausschluss des Gesellschafters B aus wichtigem Grund gem. § 17 Abs. 2 Satz 2 iVm. Abs. 1 Buchst. d) des Gesellschaftsvertrages vom ...... *[Formular A. 8.01].* Hierzu stellte A fest, dass B seit drei Jahren unter dem Namen seiner Ehefrau in B-Stadt ein mit dem Unternehmen der Gesellschaft in Wettbewerb stehendes Unternehmen betreibt und damit gegen § 24 des Gesellschaftsvertrages verstößt.

B gab hierzu keine Erklärungen ab.

A rief sodann den Tagesordnungspunkt zur Abstimmung auf.

Es wurde durch Handaufheben abgestimmt.

Von den vorhandenen 1.000 Stimmen stimmten 800 für den Ausschluss des B. B stimmt mit seinen 200 Stimmen gegen seinen Ausschluss. Hierzu stellte A fest, dass B gem. § 17 Abs. 2 letzter Satz des Gesellschaftsvertrages kein Stimmrecht hat.

Wegen der Abfindung des B wurde die Geschäftsführung der Komplementärin beauftragt möglichst eine einvernehmliche Lösung herbeizuführen; dabei ein Abschlag auf den sich nach § 22 ergebenden Betrag im Hinblick auf § 23 des Gesellschaftsvertrages vorzunehmen.

Formular A. 8.18a Handelsregisteranmeldung

An das Amtsgericht

– Registergericht –

A-GmbH & Co. KG

HRA ......

Zur Eintragung in das Handelsregister wird angemeldet:

1. Der Kommanditist B ist aus der Gesellschaft ausgeschieden.
2. Die Firma der Gesellschaft wird unverändert fortgeführt.
3. Die Geschäftsräume der Gesellschaft befinden sich weiterhin in ......

....	....
(Unterschriften)	(Beglaubigungsvermerk)

II. ERLÄUTERUNGEN

Erläuterungen zu A. 8.18 Ausschluss eines Gesellschafters

1 Zu den gesellschaftsrechtlichen Auswirkungen vgl. A. 9.16 Rz. 2ff., zu den steuerrechtlichen Auswirkungen A. 9.16 Rz. 9ff. und A. 9.14 Rz. 6f.

Erläuterungen zu A. 8.18a Handelsregisteranmeldung

2 Vgl. zur Handelsregisteranmeldung A. 9.16 Rz. 14ff.

A. 8.19 Beirat

I. FORMULAR

Formular A. 8.19 Beirat

§ 1 Zugehörigkeit zum Beirat

(1) Die Gesellschaft hat einen Beirat, der aus ... Mitgliedern besteht.

(2) Dem Beirat können Gesellschafter oder gesellschaftsfremde Personen angehören.

(3) Die Mitglieder der Geschäftsführung der Gesellschaft oder der Komplementärin oder andere Bedienstete beider Gesellschaften können dem Beirat nicht angehören.

§ 2 Wahl der Beiratsmitglieder

(1) Die Mitglieder des Beirats werden von der Gesellschafterversammlung in geheimer Wahl mit einfacher Mehrheit gewählt. Die Amtsdauer der Beiratsmitglieder endet mit der ordentlichen Gesellschafterversammlung, in welcher über die Entlastung für das vierte Geschäftsjahr nach ihrer Wahl beschlossen wird. Dabei wird das Geschäftsjahr, in welchem die Wahl stattgefunden hat, nicht mitgerechnet. Nach Amtsablauf bleibt jedes Beiratsmitglied bis zur Wahl seines Nachfolgers im Amt.

(2) Fällt ein Beiratsmitglied fort, so wählen die verbliebenen Beiratsmitglieder einen Ersatzmann, dessen Amtszeit mit der Regelamtszeit des fortgefallenen Beiratsmitglieds endet.

§ 3 Vorsitz, Beschlussfähigkeit

(1) Der Beirat wählt aus seiner Mitte einen Vorsitzenden. Der Vorsitzende vertritt den Beirat gegenüber der Komplementärin. Der Vorsitzende bestimmt für den Fall seiner Verhinderung einen Vertreter.

(2) Der Vorsitzende des Beirats beruft dieses Gremium ein, wenn es die Geschäfte der Gesellschaft erfordern, mindestens jedoch zweimal jährlich. Er ist zur Einberufung verpflichtet, falls ein Mitglied des Beirats oder ein Geschäftsführer der Gesellschaft es verlangt. Die Einberufung erfolgt rechtzeitig unter Mitteilung der Tagesordnung, des Ortes und der Zeit der Sitzung.

(3) Beschlüsse des Beirats können auch ohne Einberufung einer Sitzung durch schriftliche, fernschriftliche oder telegrafische Stimmabgabe gefasst werden, wenn der Vorsitzende dies vorschlägt und kein Mitglied des Beirats unverzüglich widerspricht.

(4) Der ordnungsgemäß einberufene Beirat ist beschlussfähig, wenn ...... Mitglieder an der Beschlussfassung teilnehmen. Abgestimmt wird mit einfacher Mehrheit. Jedes Beiratsmitglied hat eine Stimme. Bei Stimmengleichheit gibt die Stimme des Vorsitzenden den Ausschlag. Wenn kein Mitglied des Beirats widerspricht, kann auch schriftlich, fernschriftlich, telegrafisch oder fernmündlich abgestimmt werden.

(5) Über Beschlüsse des Beirats – gleichviel auf welche Art sie zustande kommen – ist ein Protokoll anzufertigen, das von dem Vorsitzenden zu unterzeichnen ist.

§ 4 Aufgaben und Befugnisse des Beirats sind:

a) Bestimmung der Grundzüge der Geschäftspolitik der Gesellschaft,

b) laufende Beratung der Geschäftsführung in allen Zweigen der Geschäftstätigkeit und Überwachung des Geschäftsablaufs,

c) laufende Entgegennahme der Berichterstattung der Geschäftsführung, Einsicht in die Bücher und Schriften der Gesellschaft und Überprüfung des Bestands des Gesellschaftsvermögens,

d) Genehmigung des von der Geschäftsführung alljährlich zu erstellenden Budgets (Ertrags-, Kosten-, Investitions-Finanzbudget) vor Beginn des betreffenden Wirtschaftsjahres und Überwachung von dessen Einhaltung,

e) Erörterung des Jahresabschlusses und Prüfung des Vorschlags der Geschäftsführung für die Gewinnverwendung,

f) Zustimmungen zu Geschäftsführungsmaßnahmen, die nach § ... des Gesellschaftsvertrages der Zustimmung des Beirats bedürfen sowie die Erteilung genereller oder bestimmter Anweisungen an die Geschäftsführung,

g) Erledigung aller Angelegenheiten, die nach nicht zwingender gesetzlicher Vorschrift im Allgemeinen in die Zuständigkeit der Gesellschafterversammlung fallen.

h) Die Gesellschafterversammlung kann dem Beirat weitere Aufgaben übertragen.

§ 5 Vergütung

Die Mitglieder des Beirats erhalten eine Vergütung von jährlich € ...... Der Vorsitzende erhält das Eineinhalbfache dieses Betrages.

Im Übrigen befindet über die Höhe der Beiratsvergütung die Gesellschafterversammlung.

II. ERLÄUTERUNGEN

Erläuterungen zu A. 8.19 Beirat

1. Wirtschaftliches Vertragsziel

Ziel der Einrichtung eines Beirats kann es insb. in Familiengesellschaften sein, die Geschäftsführung von einer nicht notwendigerweise sachlich entscheidenden Gesellschafterversammlung abzuschirmen. Der vorgeschlagene Beirat ist außerordentlich stark. Mit der Ausnahme des Rechts der Bestellung und Abberufung der Geschäftsführung kann er mit dem Aufsichtsrat einer AG verglichen werden. 1

Das Formular geht von der Vorgabe aus, dass es sich bei der Gesellschaft um eine GmbH & Co. handelt. Dabei erhebt sich die Frage, ob man einen Beirat – auch oder ausschließlich – bei der Komplementär-GmbH einrichtet. Diesem könnte dann das Recht erteilt werden, die Geschäftsführung zu bestellen und abzuberufen. 2

2. Gesellschaftsrecht

3 Der Grundsatz der Vertragsfreiheit lässt breiten Gestaltungsspielraum. Für die GmbH & Co. schreibt das Gesetz nicht zwingend die Bildung eines Aufsichtsorgans vor. Lediglich § 4 iVm. § 1 MitbestG 1976 sieht vor, dass bei einer GmbH & Co. mit mehr als 2000 Arbeitnehmern diese der Komplementärgesellschaft zugerechnet werden, sofern Mehrheitsidentität besteht. Vgl. zum Beirat ergänzend A. 9.17 Rz. 3ff.

3. Steuerrecht

4 Vergütungen an Beiratsmitglieder, die gleichzeitig Gesellschafter sind, fallen unter § 15 Abs. 1 Nr. 2 EStG. An gesellschaftsfremde Beiratsmitglieder gezahlte Vergütungen sind Betriebsausgaben.

5 An ausländische Beiratsmitglieder gezahlte Vergütungen unterliegen nicht der Aufsichtsratssteuer gem. § 50a EStG, da diese Bestimmung nicht auf Mitunternehmerschaften Anwendung findet. Ist der Beirat bei der GmbH eingerichtet, so kommt es darauf an, ob der Beirat eine dem Aufsichtsrat ähnlich starke Stellung hat. Ist dies der Fall, ist die Abzugssteuer einzubehalten und abzuführen.

6 Die Beiratsvergütungen sind umsatzsteuerpflichtig (BFH V R 136/71 v. 27.7.72, BStBl. II 72, 810).

A. 8.20 Eintritt eines Kommanditisten

I. FORMULARE

Formular A. 8.20 Eintritt eines Kommanditisten

Erklärung

In § ...... des Gesellschaftsvertrages der A-KG heißt es unter Absatz 1:

„Stirbt der Kommanditist A, so steht demjenigen das Recht zu, in die Gesellschaft an seiner Stelle einzutreten, welcher von A durch Verfügung von Todes wegen als sein Nachfolger bestimmt worden ist."

Gemäß Erbschein des Amtsgerichts A-Stadt vom ...... bin ich Alleinerbe des am ...... verstorbenen A. Ich erkläre hiermit meinen Eintritt in die Gesellschaft und erkenne die Bestimmungen des Gesellschaftsvertrages vom ...... als in vollem Umfang für mich verbindlich an.

..

(Unterschrift)

Formular A. 8.20a Handelsregisteranmeldung

An das

Amtsgericht

– Handelsregister A –

A-Stadt

HRA

A-KG

Die unterzeichneten Gesellschafter der im Rubrum genannten Gesellschaft melden hiermit zur Eintragung in das Handelsregister an:

1. **Der Kommanditist A ist durch Tod aus der Gesellschaft ausgeschieden.**
2. **Der Kaufmann B (*Name, Vorname, Geburtsdatum, Wohnort*) ist auf Grund testamentarischer Verfügung im Wege der Sonderrechtsnachfolge in die Gesellschaft eingetreten. Die Kommanditeinlage des neuen Kommanditisten beträgt unverändert € ......**

Für die Komplementärin und für die Kommanditisten wird versichert, dass dem bisherigen Kommanditisten sowie den Miterben nach dem verstorbenen Kommanditisten, keine Abfindung aus dem Geschäftsvermögen der Kommanditgesellschaft gewährt oder versprochen worden ist.

....	....
(Unterschriften)	**(Beglaubigungsvermerk)**

II. ERLÄUTERUNGEN

Erläuterungen zu A. 8.20 Eintritt eines Kommanditisten

1. Wirtschaftliche Bedeutung

1 Der Gesellschaftsvertrag der A-KG enthält eine sog. Eintrittsklausel. Danach tritt der Erbe nicht automatisch in die Gesellschafterstellung des verstorbenen Gesellschafters ein, sondern hat lediglich einen schuldrechtlichen Anspruch gegen die verbleibenden Gesellschafter auf Aufnahme in die Gesellschaft anstelle des verstorbenen Gesellschafters. Der Eintritt in die Gesellschaft vollzieht sich also nicht selbst kraft Erbrechts, sondern auf Grund rechtsgeschäftlichen Aufnahmevertrages. Von diesem Recht macht der Erbe Gebrauch.

2. Zivilrecht

2 Die Eintrittsklausel im Gesellschaftsvertrag stellt, wenn sie ohne Mitwirkung des Eintrittsberechtigten vereinbart wird, einen Vertrag zugunsten Dritter (§ 328 Abs. 1 BGB) dar. Dabei findet die Formvorschrift des § 2301 Abs. 1 BGB nach hM auf die Vereinbarung einer Eintrittsklausel grds. keine Anwendung (*MünchKommBGB/Musielak* § 2301 Rz. 45, *Palandt/Weidlich* § 2301 BGB Rz. 17). Der Abschluss des die Aufnahme in die Gesellschaft vollziehenden Aufnahmevertrages des Eintrittsberechtigten mit den verbliebenen Gesellschaftern steht im freien Ermessen des Eintrittsberechtigten.

Vgl. im Übrigen zu den Klauseln beim Tod eines Gesellschafters A. 9.00 Rz. 67 ff.

3. Steuerrecht

3 **Einkommensteuer:** Ertragsteuerlich kommt es in erster Linie darauf an, ob der oder die Eintrittsberechtigten ihr Eintrittsrecht ausüben. Üben sie ihr Eintrittsrecht innerhalb von sechs Monaten nach dem Erbfall aus, so treten die ertragsteuerlichen Konsequenzen der einfachen Nachfolgeklausel ein, wenn alle Erben von ihrem Eintrittsrecht Gebrauch machen (BMF v. 14.3.06, BStBl. I 06, 253 Tz. 70; vgl. zu den Hintergründen der Neufassung des BMF-Schreibens auch OFD Karlsruhe v. 13.11.06, BeckVerw 086732). Danach setzen die Erben ertragsteuerlich die Mitunternehmerstellung des verstorbenen Gesellschafters fort. Steuerlich wird der Fall so behandelt, als sei der Anteil unmittelbar auf die Erben übergegangen, ohne dass es einer Auseinandersetzung bedurfte. Einkommensteuerrechtlich liegt ein Fall der Buchwertfortführung nach § 6 Abs. 3 EStG vor mit der Folge, dass in der Person des Erblassers weder ein Veräußerungs- noch ein Entnahmegewinn entsteht und der einzelne Miterbe keine zusätzlichen Anschaffungskosten hat.

Machen demgegenüber nur ein bzw. nicht alle Erben von ihrem Eintrittsrecht Gebrauch, gelten die Regeln der qualifizierten Nachfolgeklausel entsprechend (BMF v. 14.3.06, aaO). Danach wird der Nachfolgegesellschafter, nicht aber die weichenden Erben, Mitunternehmer iSd. § 15 Abs. 1 Nr. 1 EStG. Lediglich der Gesellschafter-Nachfolger führt die Buchwerte des Erblassers fort.

Zu den Einzelheiten vgl. A. 9.00, Rz. 73ff.

4 **Erbschaftsteuer:** Erbschaftsteuerlich liegt bis zur Ausübung des Eintrittsrechts ein auflösend bedingter Erwerb der Mitgesellschafter nach § 3 Abs. 1 Nr. 2 Satz. 2 ErbStG vor. Dieser ist nach § 5 Abs. 1 BewG wie ein unbedingter Erwerb zu behandeln. Die Höhe des erbschaftsteuerlichen Erwerbs ist je nach Fallgestaltung davon abhängig, in welcher Höhe nicht nachfolgeberechtigten Erben eine Abfindung gezahlt wird, wie hoch die Einlage des Eintretenden ist und ob bei den verbleibenden Gesellschaftern im Zeitraum zwischen Erbfall und Eintritt des nachfolgeberechtigten Gesellschafters eine Bereicherung eingetreten ist. – Macht der Erbe von seinem Eintrittsrecht Gebrauch, liegt darin ein steuerpflichtiger Erwerb von Todes wegen iSd. § 3 Abs. 1 Nr. 2 Satz 1 ErbStG. Die Höhe der steuerpflichtigen Bereicherung entspricht grds. dem auf den Erblasser entfallenden anteiligen Steuerwert des Betriebsvermögens der Gesellschaft.

Wegen der Einzelheiten insbes. zur Besteuerung des Betriebsvermögens vgl. A. 9.00 Rz. 74f.

5 **Grunderwerbsteuer:** Gehört zum Betriebsvermögen der Gesellschaft ein inländisches Grundstück, so fällt grds. keine Grunderwerbsteuer an. Etwas anderes gilt lediglich bei Vorliegen der Missbrauchsvoraussetzungen des § 1 Abs. 2a GrEStG.

Erläuterungen zu A. 8.20a Handelsregisteranmeldung

6 Die Anmeldung ist von sämtlichen Gesellschaftern zu unterzeichnen. Wegen der Sonderrechtsnachfolge wird auf A. 8.10 Rz. 9 und 18 verwiesen. Die Unterschriften bedürfen der notariellen Beglaubigung (§ 12 HGB).

A. 8.21 Eintritt eines Kommanditisten in das Geschäft eines Einzelkaufmannes

I. FORMULARE

Formular A. 8.21 Eintrittsvertrag

Zwischen

A – im folgenden Vertragschließender zu 1) genannt –

und

B – im folgenden Vertragschließender zu 2) genannt –

wird folgender

EINTRITTSVERTRAG

abgeschlossen:

§ 1 Vertragsgegenstand

Der Vertragschließende zu 1) betreibt in A-Stadt unter der Firma Josef A ein Handelsgewerbe, das die Herstellung von und den Handel mit Textilien zum Gegenstand hat.

§ 2 Eintritt des B

Der Vertragschließende zu 2) tritt in das in § 1 beschriebene Handelsgewerbe des Vertragschließenden zu 1) als Kommanditist mit einer Kommanditeinlage von € 100.000,– ein.

§ 3 Haftungsausschluss

Die Haftung des Vertragschließenden zu 2) für die im Geschäftsbetrieb des bisherigen Alleininhabers entstandenen Verbindlichkeiten wird ausgeschlossen.

§ 4 Beteiligung der Vertragschließenden

(1) Es besteht Einigkeit darüber, dass die Beteiligung des Vertragschließenden zu 1) am Vermögen der entstehenden Kommanditgesellschaft seinem steuerlichen Eigenkapital – abgerundet auf einen durch zehntausend teilbaren Betrag – entspricht, das sich aus seiner auf den 31.12.20.. erstellten Steuerbilanz ergibt. Bei der Teilung durch zehntausend verbleibende Spitzenbeträge werden dem Privatkonto des Vertragschließenden zu 1) gutgeschrieben. Entsprechendes gilt für Mehr- oder Minderergebnisse auf Grund bestandskräftiger Änderungen der Steuerbilanz.

(2) Die Beteiligung des Vertragschließenden zu 2) am Gesellschaftsvermögen entspricht seiner angemeldeten Kommanditeinlage. Hierauf nicht eingezahlte Beträge sind dem Vertragschließenden zu 2) auf Privatkonto zu belasten.

§ 5 Stille Reserven – Aufgeld

Es besteht Einigkeit zwischen den Parteien darüber, dass im Betriebsvermögen des bisherigen Einzelunternehmens stille Reserven nicht vorhanden sind, so dass die Zahlung eines Aufgeldes nicht in Betracht kommt.

§ 6 Gesellschaftsvertrag

Für das Gesellschaftsverhältnis der Vertragschließenden untereinander soll der diesem Eintrittsvertrag in der ANLAGE beigegebene Gesellschaftsvertrag maßgebend sein *[Formular A. 8.00]*.

§ 7 Beginn

Die Gesellschaft beginnt mit ihrer Eintragung in das Handelsregister.

Formular A. 8.21a Handelsregisteranmeldung

An das

Amtsgericht

– Handelsregister A –

A-Stadt

Firma Josef A – nunmehr Josef A-KG

Die unterzeichneten Gesellschafter der vorgenannten Gesellschaft melden hiermit zur Eintragung in das Handelsregister an:

Der bisherige Einzelkaufmann Josef A hat den Kaufmann B als Kommanditisten in sein Handelsgeschäft aufgenommen. B haftet nicht für die vor seinem Eintritt entstandenen Verbindlichkeiten. Die Firma der damit entstandenen KG lautet nunmehr

Josef A-KG

Persönlich haftender Gesellschafter ist:

Herr Josef A (*Name, Vorname, Geburtsdatum, Wohnort*).

Kommanditist ist:

Herr Fritz B (*Name, Vorname, Geburtsdatum, Wohnort*) mit einer Kommanditeinlage von € … .

Die Gesellschaft beginnt mit ihrer Eintragung in das Handelsregister. Sie hat ihren Sitz in A-Stadt. Der Gesellschaftszweck ist die Herstellung von und der Handel mit Textilien. Die Geschäftsräume befindet sich unverändert in ……

……………………………………………… ………………………………………………

(Unterschriften) (Beglaubigungsvermerk)

II. ERLÄUTERUNGEN

Erläuterungen zu A. 8.21 Eintrittsvertrag

1. Grundsätzliche Anmerkungen

a) Wirtschaftliches Vertragsziel

1 Der Einzelunternehmer A möchte einen Mitgesellschafter in seine Firma aufnehmen, wobei der Mitgesellschafter als Kommanditist lediglich beschränkt haften soll. Demzufolge schließen die Vertragsparteien einen Vertrag über den Eintritt einerseits und parallel hierzu einen Gesellschaftsvertrag für die KG (vgl. Formular A. 8.00) andererseits.

b) Gesellschaftsrecht

2 Der Eintritt eines Gesellschafters in das Unternehmen eines Einzelkaufmanns ist ein Sonderfall der Gründung einer Personenhandelsgesellschaft. Zivilrechtlich ist diese zulässig, an eine besondere Form ist die Aufnahme des Kommanditisten grds. nicht gebunden. Aus Gründen der Klarheit empfiehlt sich jedoch Schriftform.

3 Rechtlich handelt es sich um die Neugründung einer Personengesellschaft, bei der das bisherige Einzelunternehmen als Sacheinlage im Wege der Einzelrechtsnachfolge (*MünchKommHGB/Lieb* § 28 Rz. 1) in das Gesellschaftsvermögen eingebracht wird. Es ist also eine Einzelübertragung aller zum Unternehmen gehörenden Aktiva und Passiva erforderlich. Arbeitsverträge gehen allerdings gem. § 613a BGB über. Die Haftung nach § 28 HGB bewirkt einen Schuldbeitritt; Einzelkaufmann und Gesellschaft sind Gesamtschuldner (*MünchKommHGB/Lieb* § 28 Rz. 27).

c) Steuerrecht

4 Der Eintritt eines Gesellschafters in das Einzelunternehmen durch Gründung einer Personenhandelsgesellschaft stellt für den bisherigen Einzelunternehmer eine Einbringung iSd. § 24 UmwStG dar (vgl. *W/M* § 24 UmwStG Rz. 7812; vgl. auch *Haritz/Menner* § 24 UmwStG Rz. 62). Die Gesellschaft kann demzufolge das eingebrachte Betriebsvermögen auf Antrag in ihrer Bilanz einschließlich der Ergänzungsbilanzen zum Buchwert, oder zu einem Zwischenwert ansetzen (§ 24 Abs. 2 S. 2 UmwStG). Ohne Antrag erfolgt der Ansatz zum gemeinen Wert (§ 24 Abs. 2 S. 1 UmwStG). Dieser Wertansatz gilt für den einbringenden Einzelunternehmer zugleich als Veräußerungspreis (§ 24 Abs. 3 UmwStG). Zur steuerlichen Behandlung der Einbringung mit „Mischentgelt" (Einbringung gegen Gesellschaftsanteile zzgl. weiteren Gegenleistungen (vgl. BFH X R 42/10 v. 18.9.13, DStR 13, 2380).

5 Soweit im Zusammenhang mit der Einbringung stille Reserven aufgedeckt werden kommt der ermäßigte Steuersatz des § 34 EStG zur Anwendung (vgl. hierzu A. 8.10 Rz. 3).

2. Einzelerläuterungen

Zu § 3: Haftungsausschluss

Der Haftungsausschluss wirkt im Außenverhältnis nur, wenn eine entspr. Eintragung in das Handelsregister erfolgt und bekannt gemacht worden ist oder der Haftungsausschluss von einem der Gesellschafter dem Gläubiger mitgeteilt worden ist (§ 28 Abs. 2 HGB). 6

Zu § 4: Beteiligung der Vertragschließenden

Bei einer kapitalistisch gewünschten Struktur der Gesellschaft, die heute üblich ist, empfiehlt es sich, die Beteiligung der Gesellschafter auf Festkonten festzuschreiben. Sonst würde u. a. insb. für die Gewinn- und Verlustverteilung die sehr unpräzise Regelung des § 168 HGB gelten. 7

Zu § 5: Stille Reserven – Aufgeld

Sind keine stillen Reserven vorhanden oder sollen solche nicht abgegolten werden, so empfiehlt sich eine Regelung der vorgeschriebenen Art. Anderenfalls wäre das Agio zu fixieren. In seiner Höhe würden beim Eintretenden zusätzliche Anschaffungskosten entstehen, die dieser in einer Ergänzungsbilanz aktivieren müsste. Für den bisherigen Einzelunternehmer gilt dann § 24 UmwStG, vgl. Rz. 4. 8

Erläuterungen zu A. 8.21a Handelsregisteranmeldung

Zur Handelsregisteranmeldung vgl. A. 8.00 Rz. 53ff. 9

A. 8.22 Firma (Änderung)

I. FORMULARE

Formular A. 8.22 Änderung der Firma

BESCHLUSS

Die unterzeichneten Gesellschafter der A-KG, nämlich A und B als persönlich haftende Gesellschafter und C und D als Kommanditisten, haben sich heute unter Verzicht auf alle gesetzlichen und/oder statutarischen Form- und/oder Fristvorschriften zu einer

AUSSERORDENTLICHEN GESELLSCHAFTERVERSAMMLUNG

zusammengefunden und Folgendes einstimmig beschlossen:

Die bisherige Firma A-KG wird geändert. Die Gesellschaft soll nunmehr

A- und B-KG

heißen.

Weitere Beschlüsse wurden nicht gefasst.

...

(Unterschriften)

Formular A. 8.22a Handelsregisteranmeldung

An das
Amtsgericht
– Handelsregister A –
A-Stadt
HRA
A-KG

Die unterzeichneten Gesellschafter der im Rubrum genannten Gesellschaft melden hiermit zur Eintragung in das Handelsregister an:

Die Gesellschaft führt nunmehr die Firma

A & B-KG

Das Geschäftslokal befindet sich weiterhin in ......

.. **..**
(Unterschriften) **(Beglaubigungsvermerk)**

II. ERLÄUTERUNGEN

Erläuterungen zu A. 8.22 Änderung der Firma

1 Die Änderung der Firma der KG bedarf eines Gesellschafterbeschlusses mit der nach Vertrag erforderlichen Mehrheit. Zur nunmehr weitgehenden Freiheit bei der Firmierung vgl. A. 8.00 Rz. 26ff.

Erläuterungen zu A. 8.22a Handelsregisteranmeldung

2 Die Änderung ist im Hinblick auf die Vorschriften der §§ 161 Abs. 2, 107f. HGB von allen Gesellschaftern, also auch den Kommanditisten anzumelden. Die Unterschriften bedürfen der notariellen Beglaubigung (§ 12 HGB).

A. 8.23 Fortsetzungsbeschluss

I. FORMULARE

Formular A. 8.23 Fortsetzungsbeschluss

BESCHLUSS

Die unterzeichneten Gesellschafter der in Liquidation befindlichen A-KG iL haben sich heute unter Verzicht auf alle gesetzlichen und/oder statutarischen Form- und/ oder Fristvorschriften zu einer

AUSSERORDENTLICHEN GESELLSCHAFTERVERSAMMLUNG

zusammengefunden und folgendes einstimmig beschlossen:

Der Liquidationsbeschluss vom ...... wird aufgehoben. Die Gesellschaft wird fortgesetzt.

Weitere Beschlüsse wurden nicht gefasst.

..
(Unterschriften)

Formular A. 8.23a Handelsregisteranmeldung

An das

Amtsgericht

– Handelsgericht A –

A-Stadt

HRA

A-KG

Die unterzeichneten Gesellschafter der im Rubrum genannten Gesellschaft nehmen Bezug auf die am ...... angemeldete Liquidation der Gesellschaft und melden zur Eintragung in das Handelsregister hiermit an:

Wir haben einstimmig den Beschluss über die Liquidation der Gesellschaft aufgehoben und beschlossen, dass die Gesellschaft mit sofortiger Wirkung wieder werbend tätig wird. Die Firma bleibt unverändert.

Die Geschäftsräume befindet sich nach wie vor in ......

....	....
(Unterschriften)	**(Beglaubigungsvermerk)**

II. ERLÄUTERUNGEN

Erläuterungen zu A. 8.23 Fortsetzungsbeschluss

Stellt sich während der Liquidationsphase aber vor Vollbeendigung der Gesellschaft und Beendigung der Liquidation heraus, dass die Gesellschaft fortgeführt werden soll, so ist hierfür ein Gesellschafterbeschluss erforderlich und ausreichend. 1

Erläuterungen zu A. 8.23a Handelsregisteranmeldung

Die Fortführung der Gesellschaft ist zum Handelsregister anzumelden, wobei die Anmeldung notarieller Beurkundung bedarf (§ 12 HGB). 2

A. 8.24 Geschäftsführung und Vertretung (Änderung)

I. FORMULARE

Formular A. 8.24 Änderung der Geschäftsführung und Vertretung

BESCHLUSS

Die unterzeichneten Gesellschafter der „A-KG“ haben sich heute unter Verzicht auf alle gesetzlichen und/oder statutarischen Form- und/oder Fristvorschriften zu einer

AUSSERORDENTLICHEN GESELLSCHAFTERVERSAMMLUNG

zusammengefunden und folgendes beschlossen:

Der Komplementär B ist nicht mehr zur Geschäftsführung und Vertretung befugt. Die Gesellschaft wird nunmehr allein von dem Komplementär A vertreten, der auch die Geschäftsführung innehat.

Weitere Beschlüsse wurden nicht gefasst.

..

(Unterschriften)

Formular A. 8.24a Handelsregisteranmeldung

An das

Amtsgericht

– Handelsregister A –

A-Stadt

HRA

A-KG

Die unterzeichneten Gesellschafter der im Rubrum genannten Gesellschaft melden hiermit zur Eintragung in das Handelsregister an:

Der Komplementär B ist nicht mehr zur Vertretung der Gesellschaft berechtigt. Diese wird nunmehr allein durch den Komplementär A *[Name, Vorname, Geburtsdatum, Wohnort]* vertreten.

Die Geschäftsräume befinden sich weiterhin in ......

Der zuletzt festgestellte Einheitswert des Betriebsvermögens beträgt € ......

.. **..**

(Unterschriften) **(Beglaubigungsvermerk)**

II. ERLÄUTERUNGEN

Erläuterungen zu A. 8.24 Änderung der Geschäftsführung und Vertretung

1 Gem. §§ 161 Abs. 2, 114 Abs. 2, 125 Abs. 1 Halbs. 2 HGB kann einem von mehreren persönlich haftenden Gesellschaftern die Geschäfts- und Vertretungsbefugnis entzogen werden (vgl. auch BGH II ZR 217/07 v. 11.2.08, NJW-Spezial 09, 240).

Erläuterungen zu A. 8.24a Handelsregisteranmeldung

2 Der Ausschluss des Vertretungsrechts – nur dieses – ist gem. §§ 106 Abs. 2 Nr. 4, 107 HGB zur Eintragung in das Handelsregister anzumelden. Die Unterschriften der Gesellschafter sind notariell zu beglaubigen (§ 12 HGB).

A. 8.25 Gesellschafterverzeichnis

I. FORMULAR

Formular A. 8.25 Gesellschafterverzeichnis

Gesellschafterverzeichnis der A-GmbH & Co.

Gesellschafter	Kommanditeinlage
1. A	100.000.– €
2. B	100.000.– €
3. C	100.000.– €
4. D	100.000.– €
5. E	100.000.– €
Stand der Einzahlung:	
A	50.000.– €
B	40.000.– €
C	30.000.– €
D	20.000.– €
E	10.000.– €

Gesellschafter	Rückzahlungen
A	0.– €
B	5.000.– €
C	8.000.– €
D	0.– €
E	0.– €

II. ERLÄUTERUNGEN

Erläuterungen zu A. 8.25 Gesellschafterverzeichnis

Grds. dürfte sich die Führung eines Gesellschafterverzeichnisses bei der KG erübrigen, da ihre Gesellschafter – anders als bei der GbR (s. Formular A. 5.22) – in das Handelsregister eingetragen sind. Bei Massen-KG kann sich die Führung eines solchen Verzeichnisses aber insbes. empfehlen, wenn mit bestimmten Kommanditanteilen Sonderrechte verbunden sind. 1

A. 8.26 Handlungsvollmacht

I. FORMULAR

Formular A. 8.26 Handlungsvollmacht

Hierdurch wird

Frau Ilse A

für unser unter der Firma „A-GmbH & Co." betriebenes Handelsgeschäft

Handlungsvollmacht

im Sinne von § 54 HGB erteilt.

....

(Unterschriften)

II. ERLÄUTERUNGEN

Erläuterungen zu A. 8.26 Handlungsvollmacht

1 Das vorstehende Formular ermächtigt zum Betrieb des gesamten Handelsgewerbes. Inhaltlich handelt es sich um eine Generalhandlungsvollmacht (vgl. *Baumbach/Hopt* § 54 Rz. 9f.). Die Handlungsvollmacht kann auch beschränkt als Arthandlungsvollmacht erteilt werden, zB mit Bezug auf einen bestimmten Geschäftszweig; sie kann nicht ins Handelsregister eingetragen werden. Die Handlungsvollmacht kann vom Geschäftsinhaber (Einzelkaufmann, Komplementär) aber auch vom Prokuristen erteilt werden. Die Unterschrift bedarf nicht der notariellen Beglaubigung.

A. 8.27 Kündigung durch Privatgläubiger eines Gesellschafters

I. FORMULAR

Formular A. 8.27 Kündigung

KÜNDIGUNG

An die

A-GmbH & Co. KG

z. H. der Geschäftsführung

deren Komplementärin, der

B-GmbH

Nach dem rechtskräftigen Urteil des Landgerichts ...... v. ...... habe ich gegen Herrn A wegen einer Forderung von € ...... nebst ......% Zinsen seit dem ...... ohne Erfolg in dessen bewegliches Vermögen zu vollstrecken versucht. Eine einfache Kopie des Urteils sowie eine Bescheinigung des Gerichtsvollziehers über die Fruchtlosigkeit der Zwangsvollstreckung überreiche ich in der Anlage.

Durch Beschluss des AG ...... v. ...... ist auf Grund dieses Urteils der Anteil des Herrn A am Gesellschaftsvermögen gepfändet sowie sein Gewinnanspruch mir überwiesen worden. Dieser Beschluss ist Ihnen am ...... zugestellt worden.

Ich kündige hiermit die Gesellschaft unter Einhaltung der gesetzlich vorgeschriebenen Sechsmonatsfrist zum Ende des Geschäftsjahres, also zum 31.12.20....

..

(Unterschriften)

Formular A. 8.27a Handelsregisteranmeldung

1 Siehe Formular A. 8.16a bzw. bei Ausscheiden des letzten Kommanditisten Formular A. 8.17a.

II. ERLÄUTERUNGEN

Erläuterungen zu A. 8.27 Kündigung

1. Zivilrecht

1a In Gesellschaftsverträgen ist regelmäßig vorgesehen, dass ein Ausscheiden des von einer Kündigung bzw. einer Pfändung des Geschäftsanteils betroffenen Gesellschafters bereits mit der Pfändung erfolgt (vgl. zB Formular A. 8.00 § 15 und Formular A. 8.01 § 17). Enthält der Gesellschaftsvertrag keine entspr. Bestimmung, so kann der Privatgläubiger des Gesellschafters unter den Voraussetzungen des § 135 HGB die Gesellschaft kündigen und das Abfindungsguthaben sowie Gewinnansprüche etc. pfänden.

Entgegen der früheren Rechtslage führt die Kündigung nicht mehr zur Auflösung 2
der Gesellschaft, sondern auch ohne entspr. gesellschaftsvertragliche Regelung gem. § 131 Abs. 3 Nr. 4 HGB zum Ausscheiden des betroffenen Gesellschafters. Zu den Einzelheiten vgl. A. 9.22 Rz. 1 ff.; vgl. dort auch zu den geltenden Übergangsvorschriften und einem etwa erforderlichen Fortsetzungsbeschluss.

2. Steuerrecht

Der ausscheidende Gesellschafter veräußert seinen Anteil an die verbleibenden Ge- 3
sellschafter (Folge: Ein Veräußerungsgewinn unterliegt gem. § 16 Abs. 1 Nr. 2 iVm. § 34 EStG dem begünstigten Steuersatz: Die gilt auch für die Gewerbesteuer, vgl. GewStR 7.1 Abs. 3 S. 3 ; BFH VIII R 7/01 v. 15.6.05, BStBl. II 04, 754). Zu den Einzelheiten vgl. A. 9.10 Rz. 5 ff.

Erläuterungen zu A. 8.27a Handelsregisteranmeldung

Für den Fall der Fortsetzung der Gesellschaft ist lediglich das Ausscheiden des Ge- 4
sellschafters anzumelden. Erläuterungen hierzu s. unter A. 8.16 Rz. 5. Bei Ausscheiden des letzten Kommanditisten s. A. 8.17 mwN.

A. 8.28 Nießbrauch

Gliederung

I. FORMULAR

Formular A. 8.28 Nießbrauchsbestellung

NIESSBRAUCHSBESTELLUNG

zwischen

A

und

N

§ 1 Nießbrauchsbestellung

(1) A bestellt N an seinem Kommanditanteil an der „A-KG" den lebenslänglichen, unentgeltlichen Nießbrauch.

(2) Der Nießbrauch besteht an dem gesamten Kommanditanteil des A, jedoch nicht an etwaigen Forderungskonten. Der Nießbrauch setzt sich im Falle des Ausschei-

dens des A aus der Gesellschaft oder bei Auflösung der Gesellschaft an dem jeweiligen Surrogat, insbesondere an einer Abfindung oder einem Auseinandersetzungsguthaben, fort. Erlischt die Gesellschaft durch Anteilsvereinigung, erhält N einen entsprechenden Nießbrauch am Gesellschaftsvermögen.

§ 2 Erträge

Für die Dauer der Nießbrauchsbestellung stehen N sämtliche auf den Gesellschaftsanteil entfallenden entnahmefähigen Gewinnanteile – ausgenommen solche aus außerordentlichen Erträgen – sowie die auf die Gesellschafterkonten entfallenden entnahmefähigen Zinsen zu. Die Entnahmefähigkeit ergibt sich aus Gesetz, Gesellschaftsvertrag, festgestellten Jahresabschlüssen und sonstigen Gesellschafterbeschlüssen. An Verlusten ist der Nießbraucher nicht beteiligt.

§ 3 Stimm- und sonstige Rechte

Die mit der Kommanditistenstellung verbundenen Stimm- und sonstigen Rechte stehen A zu.

§ 4 Einsichtsrecht

Die Vertragschließenden räumen sich gegenseitig in Ansehung sämtlicher die Kommanditistenstellung betreffenden Unterlagen ein umfassendes Einsichtsrecht ein.

§ 5 Erhöhung der Beteiligung

(1) Erfolgt eine Erhöhung der Beteiligung des A aus Gesellschaftsmitteln, so unterliegt der aus der Erhöhung auf A entfallende Betrag dem Nießbrauch.
(2) Erfolgt eine Kapitalerhöhung, bei welcher A weitere Einlagen leistet, so ist der aus der Einlagenerhöhung hervorgehende Teil nicht vom Nießbrauch erfasst.

§ 6 Vorbehalt der Zustimmung der Mitgesellschafter

Es besteht Einigkeit darüber, dass zur Wirksamkeit dieser Nießbrauchsbestellung die Zustimmung der Mitgesellschafter des A erforderlich ist.

..

(Unterschriften)

II. ERLÄUTERUNGEN

Erläuterungen zu A. 8.28 Nießbrauchsbestellung

1. Grundsätzliche Anmerkungen

a) Zivilrecht

1 Der **Nießbrauch am Anteil an einer Personengesellschaft** ist nach ganz hM als echter Nießbrauch an einem Recht ohne Vollübertragung des Gesellschaftsanteils auf den Nießbraucher zulässig, § 1068 BGB (vgl. BGH II ZR 143/69 v. 20.4.72, BGHZ 58, 316 und *MünchKommBGB/Ulmer* § 705 Rz. 96 und *MünchKommBGB/Ulmer/Schäfer* § 717 Rz. 7 ff.). Wegen näherer Einzelheiten vgl. A. 9.23 Rz. 1 ff. (vgl. dortiges Vertragsmuster und Regelungen zur Nießbrauchsbestellung bei Auseinanderfallen von Stammrecht einerseits und Nießbrauch andererseits bspw. wegen Vererbung des Stammrechts an die Kinder und des Nießbrauchs an den überlebenden Ehegatten).

b) Steuerrecht

Einkommensteuer: Die ertragsteuerlichen Folgen der Nießbrauchsbestellung richten sich danach, in welchem Umfang dem Nießbraucher neben dem reinen Gewinnbezugsrecht weitere Rechte, insbes. Stimmrechte übertragen werden. Grds. gilt, dass bei Vollrechtsübertragung der Nießbraucher Mitunternehmer wird. Bei der **Bestellung eines abgespaltenen, echten Nießbrauchs** an der Mitgliedschaft ohne Übertragung des Gesellschaftsanteils wird der Nießbraucher dann Mitunternehmer, wenn er insb. die Stimmrechte ausüben kann und im Einzelfall Mitunternehmerinitiative entfaltet. 2

Verlustanteile: Insoweit kommt es darauf an, wie das Rechtsverhältnis zwischen Nießbraucher und dem Nießbrauchsbesteller ausgestaltet ist und wer danach den Verlust erlitten hat. Ohne besondere Regelung geht die hM davon aus, dass sie dem Besteller zuzurechnen sind (*Schmidt/Wacker* § 15 Rz. 311 mwN). Bei **Nießbrauchsbestellung** durch Belastung des **Gewinnstammrechts** oder der Gewinnansprüche wird der Nießbraucher nicht Mitunternehmer. Die Bezüge des Nießbrauchers sind entweder nichtsteuerpflichtige Einnahme und beim Nießbrauchsbesteller entsprechend nicht abzugsfähige Einkommensverwendung gem. § 12 Nr. 2 EStG oder es handelt sich um wiederkehrende Bezüge iSv. § 22 Nr. 1 EStG (dann beim Nießbrauchsbesteller entsprechend Sonderausgaben, § 10 Abs. 1 Nr. 1a EStG). 3

Wegen der Einzelheiten vgl. A. 9.23 Rz. 6 ff.

Erbschafts- und Schenkungsteuer: Vgl. hierzu zunächst ebenfalls A. 9.23 Rz. 10. 4

Wird der Nießbraucher ertragsteuerlich Mitunternehmer, so erbt er Betriebsvermögen, siehe auch A. 9.00 Rz. 76 ff. Wird der Erwerb von Vermögen bei nach dem 31.12.08 ausgeführten Erwerben mit einem Nießbrauch belastet, ist der Kapitalwert der Belastung unabhängig davon, zu wessen Gunsten die Last zu erbringen ist, bei der Berechnung des steuerpflichtigen Erwerbs abzuziehen (zu den Einzelheiten hierzu, insbesondere zur Schenkungsteuerpflicht des vorzeitigen unentgeltlichen Verzichts auf den Nießbrauch s. A 9.23 Rz. 10).

2. Einzelerläuterungen

Zu § 1: Nießbrauchsbestellung

Die Bestellung des Nießbrauchs erfolgt nach den für die Übertragung des Gesellschaftsanteils geltenden Vorschriften (§ 1069 Abs. 1 BGB). Grds. reicht also ein formloser Vertrag aus. Schon aus steuerlichen Gründen ist jedoch die Einhaltung der Schriftform anzuraten. 5

Zu § 2: Erträge

Dem Nießbraucher stehen kraft Gesetzes (§§ 1068 Abs. 2, 1030, 100 BGB) die Früchte des Gesellschaftsanteils (§ 99 BGB) sowie die Vorteile, welche der Gebrauch des Anteils gewährt, zu. Der Nießbraucher kann jedoch die Früchte nur insoweit in Anspruch nehmen, als sie dem Anteilsinhaber nach dem Gesellschaftsvertrag zustehen. Er ist also insbes. an **Entnahmebeschränkungen** gebunden. Für die Frage der steuerlichen Zurechnung ist es unbeachtlich, ob Gewinne entnommen werden können oder nicht. Durch die Übertragung der Mitgliedschaft können die Anteile an der Gesellschaft in einer Hand zusammenfallen. Erlischt hierdurch die Gesellschaft, so erlischt auch der Nießbrauch am Anteil (OLG Düsseldorf 3 Wx 209/98 v. 14.9.98, NJW RR 99, 619). Ein Verfügungsschutz nach § 1071 BGB besteht insoweit nicht. Für diesen Fall kann jedoch ein entsprechender Quotennießbrauch am Gesellschaftsvermögen vereinbart werden. 6

Vgl. hierzu ergänzend A. 9.23 Rz. 13 f.

Zu § 3: Stimm- und sonstige Rechte

7 Wird zwischen Nießbrauchsbesteller und Nießbrauchsberechtigtem eine Mitunternehmerschaft gewünscht, empfiehlt es sich, mit Rücksicht auf BFH IV R 67/69 v. 11.4.73, BFHE 109, 133 dem Nießbraucher das gesamte Stimmrecht zuzuweisen. Zu den möglichen Alternativen vgl. Formular A. 9.23 § 3 (Gesellschafterrechte) sowie A. 9.23 Rz. 15.

Zu § 4: Einsichtsrecht

8 Das beiderseitige Einsichtsrecht empfiehlt sich, um möglichen Schwierigkeiten auf der Gesellschaftsebene zu begegnen. Der Nießbraucher hat keinen eigenen Informationsanspruch gegenüber der Gesellschaft.

Zu § 5: Erhöhung der Beteiligung

9 Das Formular geht davon aus, dass Erhöhungen des Anteils dann vom Nießbrauch erfasst sein sollen, wenn die Erhöhung aus Gesellschaftsmitteln erfolgt. Erhöhungen infolge von Leistungen des Gesellschafters verbleiben demgegenüber außerhalb des Nießbrauchs.

Zu möglichen Alternativen vgl. Formular A. 9.23 § 5 (Änderung der Kapitalverhältnisse) und A. 9.23 Rz. 17.

Zu § 6: Vorbehalt der Zustimmung der Mitgesellschafter

10 Die Bestellung eines Nießbrauchs ist nur zulässig, wenn der Gesellschaftsanteil als solcher übertragbar ist (§ 1069 Abs. 2 BGB). Da hierfür die Zustimmung der Gesellschafter erforderlich ist, wird diese auch für die Einräumung des Nießbrauchs benötigt. Vgl. weiter A. 9.23 Rz. 2.

A. 8.29 Prokura (Erteilung) mit Anmeldung

I. FORMULARE

Formular A. 8.29 Prokura

PROKURA

Herrn A

……

Wir freuen uns, ihnen hiermit für unsere Gesellschaft Prokura in der Form der Gesamtprokura erteilen zu können. Sie vertreten die Gesellschaft in Gemeinschaft mit einem anderen Prokuristen oder zusammen mit der persönlich haftenden Gesellschafterin.

……………………………………………

(Unterschriften)

Formular A. 8.29a Handelsregisteranmeldung

An das

Amtsgericht

– Handelsregister A –

A-Stadt

HRA

A-GmbH & Co. KG

Die unterzeichnete persönlich haftende Gesellschafterin der im Rubrum genannten Gesellschaft meldet hiermit zur Eintragung in das Handelsregister an:

Herrn A (Name, Vorname, Geburtsdatum, Wohnort)

ist Prokura in der Form der Gesamtprokura erteilt worden. Der Prokurist vertritt die Gesellschaft in Gemeinschaft mit einem anderen Prokuristen oder in Gemeinschaft mit der persönlich haftenden Gesellschafterin.

....	....
(Unterschriften)	**(Beglaubigungsvermerk)**

II. ERLÄUTERUNGEN

Erläuterungen zu A. 8.29 Prokura

Die Erteilung der Prokura erfolgt formlos durch den Geschäftsinhaber gemäß § 48 Abs. 1 HGB. 1

Im Fall der GmbH & Co. KG erfolgt die Erteilung durch die persönlich haftende Gesellschafterin gem. §§ 161 Abs. 2, 116 Abs. 3 Satz 1, 126 Abs. 1 HGB. Die Prokura kann auch als Alleinprokura erteilt werden. Die Anmeldepflicht sowie die Pflicht zur notariellen Beglaubigung ergibt sich aus §§ 53 Abs. 1, 12 Abs. 1 HGB.

Bei der GmbH & Co. KG kann Prokura auch bei der GmbH erteilt werden. Dann handelt der Prokurist – entweder allein oder in Gesamtvertretung – mittelbar für die KG. 2

A. 8.30 Schenkung

Siehe Formular A. 8.11.

A. 8.31 Sitzverlegung mit Anmeldung

I. FORMULARE

Formular A. 8.31 Sitzverlegung

BESCHLUSS

Die unterzeichneten Gesellschafter der A-KG haben sich heute unter Verzicht auf alle gesetzlichen und/oder statutarischen Form- und/oder Fristvorschriften zu einer

AUSSERORDENTLICHEN GESELLSCHAFTERVERSAMMLUNG

zusammengefunden und Folgendes beschlossen:

Der Sitz der Gesellschaft wird verlegt nach A-Stadt.

Die Geschäftsräume befinden sich dort in der B-Straße.

....

(Unterschriften)

Formular A. 8.31a Handelsregisteranmeldung

An das

Amtsgericht

– Handelsregister A –

A-Stadt

HRA

A-KG

Die unterzeichneten Gesellschafter der im Rubrum genannten Gesellschaft melden hiermit zur Eintragung in das Handelsregister an:

Der Sitz der Gesellschaft ist von Z-Stadt nach A-Stadt verlegt worden. Die Geschäftsräume der Gesellschaft befinden sich in A-Stadt in der B-Straße.

....	....
(Unterschriften)	**(Beglaubigungsvermerk)**

II. ERLÄUTERUNGEN

Erläuterungen zu
A. 8.31 und A. 8.31a Sitzverlegung, Handelsregisteranmeldung

1 Die Sitzverlegung stellt sich als Änderung des Gesellschaftsvertrages dar und ist mit der für solche Änderungen notwendigen Mehrheit zu beschließen. Die Anmeldepflicht ergibt sich aus § 107 HGB. Anzumelden haben alle Gesellschafter, ihre Unterschriften müssen gem. § 12 HGB notariell beglaubigt werden. Zu den Folgen der Sitzverlegung ins Ausland siehe A. 8.00 Rz. 28.

A. 8.32 Tod eines Gesellschafters

1 Siehe Formular A. 8.20. Gemäß § 177 HGB wird durch den Tod des Kommanditisten die Gesellschaft nicht aufgelöst. Gleiches gilt nach § 131 Abs. 3 Nr. 1 HGB auch beim Tod des Komplementärs.

A. 8.33 Verpfändung eines Kommanditanteils

I. FORMULAR

Formular A. 8.33 Verpfändung eines Kommanditanteils

Vorbemerkungen

An der A-KG sind als Komplementäre A ...... B ...... und als Kommanditist C ...... beteiligt. Die Gesellschaft ist im Handelsregister des Amtsgerichts ...... (HRA ......) eingetragen. C hat gegenüber der XY-Bank Verbindlichkeiten in Höhe von € 90.000.–. Der Gesellschaftsvertrag vom ...... sieht vor, dass die Verpfändung von Gesellschaftsanteilen nur mit ausdrücklicher Zustimmung aller Gesellschafter der A-KG zulässig ist. Die Gesellschafterversammlung der A-KG hat gem. Gesellschaftsbeschluss vom ...... einer Verpfändung des Gesellschaftsanteils des C an die XY-Bank zum Zwecke der Sicherung des Kredits einstimmig mit der Maßgabe zugestimmt,

dass in dem Vertrag über die Verpfändung den Gesellschaftern A und B ein Ablösungsrecht eingeräumt wird. Dies vorausgeschickt vereinbaren C und die XY-Bank was folgt:

§ 1 Verpfändung

Zur Sicherung eines C am ...... gewährten und am ...... rückzahlbaren Darlehens in Höhe von € ....– nebst ... Zinsen p.a. verpfändet C der XY-Bank seinen Gesellschaftsanteil an der oben bezeichneten A-KG.

§ 2 Rechte des Pfandnehmers/Pflichten des Verpfänders

(1) Alle auf den verpfändeten Gesellschaftsanteil entfallenden und nach dem Gesellschaftsvertrag entnahmefähigen Gewinne stehen der XY-Bank bis zur Höhe der jeweils fälligen Ansprüche aus dem Darlehensvertrag zu. Die übrigen Gesellschaftsrechte stehen C weiterhin zu.

(2) C ist verpflichtet, seiner Tätigkeit als Prokurist und seiner besonderen Mitarbeitspflicht auch weiterhin nachzukommen.

§ 3 Ablösungsrecht

(1) Den Mitgesellschaftern A und B der A-KG wird das Recht eingeräumt, den von der XY-Bank dem C gewährten Kredit bei Fälligkeit abzulösen, soweit C seinen Verpflichtungen nicht nachkommt.

(2) Das Pfandrecht geht für den Fall der Ablösung auf A und B über.

§ 4 Pfandverwertung

Die XY-Bank ist berechtigt, aus dem ihr verpfändeten Gesellschaftsanteil Befriedigung zu suchen, wenn C seine Verpflichtungen aus dem ihm gewährten Darlehen nicht rechtzeitig erfüllt und die Mitgesellschafter A und B von ihrem Ablöserecht gem. § 3 Abs. 1 keinen Gebrauch machen. Die Befriedigung hat durch öffentliche Versteigerung zu erfolgen, die in ...... vorzunehmen ist und von der XY-Bank mit einer Frist von vier Wochen anzudrohen ist.

II. ERLÄUTERUNGEN

Erläuterungen zu A. 8.33 Verpfändung eines Kommanditanteils

S. A. 9.25 Rz. 1 ff. Die Verpfändung ist eine Alternative zur Sicherungsübereignung (vgl. Formular A. 8.12). **1**

A. 8.34 Vertretung (Entziehung durch gerichtliche Entscheidung)

I. FORMULAR

Formular A. 8.34 Vertretung (Entziehung durch gerichtliche Entscheidung)

Gesellschafterversammlung der

A-KG

Die unterzeichneten Gesellschafter der A-KG haben sich am ...... in der Gaststätte ...... zu einer

AUSSERORDENTLICHEN GESELLSCHAFTERVERSAMMLUNG

zusammengefunden mit dem einzigen Tagesordnungspunkt:

Entziehung der Geschäftsführungs- und Vertretungsbefugnis des Komplementärs A durch das Gericht.

Die Gesellschafter wählten alsdann in offener Abstimmung den Komplementär B zum Versammlungsleiter. Dieser stellte fest, dass die Gesellschafterversammlung ordnungsgemäß durch seine an alle Gesellschafter ergangenen Einschreiben vom ...... einberufen worden ist. B stellte auch fest, dass alle Gesellschafter vertreten sind und damit Beschlussfähigkeit gegeben ist und dass A bei der Beschlussfassung kein Stimmrecht zustehe.

B rief sodann den einzigen Tagesordnungspunkt auf:

Beschlussfassung über die Klage auf Entziehung der Geschäftsführungs- und Vertretungsbefugnis des A.

B teilte hierzu mit, dass ihm beweisfähige Informationen darüber vorliegen, dass A in der Nachbarstadt B durch seine Frau als Treuhänderin ein in Wettbewerb mit der Gesellschaft stehendes Unternehmen betreibt und damit gegen § 112 HGB verstößt.

A gab hierzu keine Erklärungen ab.

B rief sodann den Tagesordnungspunkt zur Abstimmung auf.

Es wurde durch Handaufheben abgestimmt.

Von den vorhandenen 1.000 Stimmen stimmten 800 für die Klageerhebung.

....

(Unterschriften)

II. ERLÄUTERUNGEN

Erläuterungen zu
A. 8.34 Vertretung (Entziehung durch gerichtliche Entscheidung)

1 § 117 HGB sieht vor, dass einem Gesellschafter auf Antrag der übrigen Gesellschafter durch gerichtliche Entscheidung die Geschäftsführungsbefugnis entzogen werden kann, wenn ein wichtiger Grund vorliegt. Für die Vertretungsbefugnis enthält § 127 HGB die entsprechende Bestimmung. Das Entziehungsverfahren ist ein streitiges Verfahren, kein Verfahren der freiwilligen Gerichtsbarkeit.

2 Geschäftsführungs- und Vertretungsbefugnis können auch in getrennten Verfahren entzogen werden; zumeist geschieht das eine jedoch nicht ohne das andere (*Baumbach/Hopt* § 127 Rz. 8). Als minderschwerwiegende Maßnahme ist auch die Beschränkung der Geschäftsführungs- und Vertretungsbefugnis möglich – etwa die Reduzierung von der Alleingeschäftsführungs- und Alleinvertretungsbefugnis auf die Kollektivgeschäftsführungs- und -vertretungsbefugnis.

3 Die Entziehung durch das Gericht ist zum Handelsregister anzumelden.

A. 8.35 Wechsel der Gesellschafterstellung

Gliederung

I. FORMULARE

Formular A. 8.35 Vertrag über den Wechsel der Stellung eines Komplementärs in die eines Kommanditisten und umgekehrt

VERTRAG ÜBER DEN WECHSEL DER STELLUNG EINES KOMPLEMENTÄRS IN DIE EINES KOMMANDITISTEN UND UMGEKEHRT

1. Herrn A

2. Herrn B

3. Herrn C

Vorbemerkung:

An der Kommanditgesellschaft in Firma A und B KG mit Sitz in ...... sind A und B als Komplementäre und C als Kommanditist beteiligt.

A möchte aus Altersgründen mit Ablauf des Kalenderjahres zum 31.12.20.. aus der Stellung des Komplementärs in die eines Kommanditisten wechseln und sich aus der aktiven Tätigkeit für die Gesellschaft zurückziehen; dafür soll C mit Wirkung ab dem gleichen Zeitpunkt Komplementär der Gesellschaft werden.

Dies vorausgeschickt, vereinbaren die Parteien folgende Abänderungen des Gesellschaftsvertrages vom ......

§ 1 Wechsel von A in die Stellung des Kommanditisten

(1) Die bisherige Stellung von A als Komplementär wird mit Wirkung ab 1.1.20.. in die eines Kommanditisten geändert. Sein fester Kapitalanteil von € 100.000.– bleibt unverändert und wird als seine Hafteinlage in das Handelsregister eingetragen. Die Eintragung ist unverzüglich vorzunehmen.

(2) Die Tätigkeitsvergütung von A sowie der Gewinnvoraus von ......% entfallen mit Wirkung ab dem in Abs. 1 genannten Zeitpunkt. Im Übrigen verbleibt es bei den vertraglich vereinbarten Regelungen über die Beteiligung am Gewinn und die Entnahmen.

§ 2 Wechsel von C in die Stellung des Komplementärs

(1) C wird mit Wirkung ab 1.1.20.. persönlich haftender Gesellschafter. Seine gegenüber den Gesellschaftsgläubigern bestehende Haftungsbeschränkung auf die im

Handelsregister eingetragene Hafteinlage wird aufgehoben. Sein fester Kapitalanteil von € 50.000.– bleibt unverändert.

(2) C ist verpflichtet, zukünftig seine ganze Arbeitskraft in den Dienst der Gesellschaft zu stellen. Ihm steht eine Tätigkeitsvergütung in Höhe von jährlich € ...... zu; die Tätigkeitsvergütung ist in zwölf gleich bleibenden monatlichen Raten zu zahlen. Im Verhältnis der Gesellschafter zueinander wird die Vergütung als Aufwand behandelt.

(3) Neben der Tätigkeitsvergütung (Abs. 2) erhält C einen Gewinnvoraus von ......% für die Übernahme der persönlichen Haftung. Maßgeblich ist der Gewinn, der nach Berücksichtigung der Beträge verbleibt, die im Verhältnis der Gesellschafter zueinander als Aufwand und Ertrag zu behandeln sind.

§ 3 Firma

Die Firma der Gesellschaft wird unverändert fortgeführt.

§ 4 Fortgeltung des Gesellschaftervertrages

Der Gesellschaftsvertrag vom ...... gilt unverändert fort, soweit sich aus den vorstehenden Bestimmungen nichts Gegenteiliges ergibt.

§ 5 Teilnichtigkeit

Sollte eine Bestimmung dieses Vertrages nichtig, anfechtbar oder unwirksam sein, so soll die Wirksamkeit der übrigen Bestimmungen hiervon nicht berührt werden. Die angreifbare Bestimmung ist vielmehr so auszulegen, dass der mit ihr erstrebte wirtschaftliche und/oder ideelle Zweck nach Möglichkeit erreicht wird. Dasselbe gilt sinngemäß für die Ausfüllung von Vertragslücken.

§ 6 Kosten

Die Kosten dieses Vertrages sowie der Handelsregisteranmeldung trägt die Gesellschaft.

Formular A. 8.35a Handelsregisteranmeldung

An das Amtsgericht

– Registergericht –

A-Stadt

Betr.: A- und B-KG

HRA-Nr ......

Zur Eintragung in das Handelsregister wird angemeldet:

1. **Der bisherige persönlich haftende Gesellschafter A ist mit Ablauf des 31.12.20.. als persönlich haftender Gesellschafter ausgeschieden und mit Wirkung zum 1.1.20.. als Kommanditist mit einer Hafteinlage von € 100000.– eingetreten.**
2. **Der bisherige Kommanditist C ist mit Ablauf des 31.12.20.. als Komplementär aus der Gesellschaft ausgeschieden und zugleich mit Wirkung ab 1.1.20.. als persönlich haftender Gesellschafter in die Gesellschaft eingetreten.**
3. **Die Firma der Gesellschaft wird unverändert fortgeführt. A willigt in die Fortführung ein.**
4. **Die persönlich haftenden Gesellschafter A und C vertreten die Gesellschaft je einzeln.**

5. C zeichnet seine Namensunterschrift unter Angabe der Firma zur Aufbewahrung bei Gericht

....	....	....
(Unterschrift A)	**(Unterschrift B)**	**(Unterschrift C)**

....

(Beglaubigungsvermerk)

II. ERLÄUTERUNGEN

Erläuterungen zu A. 8.35 Vertrag über den Wechsel der Stellung eines Komplementärs in die eines Kommanditisten und umgekehrt

1. Grundsätzliche Anmerkungen

a) Wirtschaftliche Funktion

1 Die KG besteht aus den beiden Komplementären A und B sowie dem (jüngeren) Kommanditisten C. Während A sich aus Altersgründen in den Ruhestand verabschieden möchte, soll der bisherige Kommanditist C in die Geschäftsführung eintreten und zukünftig die Rolle eines vollhaftenden und tätigen Gesellschafters übernehmen. Der Tausch der Gesellschafterrollen von Komplementär zu Kommanditist kommt nicht selten im Rahmen der Unternehmensnachfolge innerhalb eines Familienunternehmens vor.

2 Damit stehen A zukünftig (nur) noch die Rechte eines Kommanditisten zu, wobei seine Gewinnbeteiligung und sein Gesellschaftsanteil grds. unverändert bleiben. Für ihn entfallen die Geschäftsführervergütung sowie der Gewinn vorab für die bisherige Haftungsübernahme. An seine Stelle tritt insofern C, der neben seinem Gewinnanteil im Zusammenhang mit seiner Beteiligung am Festkapital zukünftig eine Tätigkeitsvergütung sowie die Vorwegvergütung für die Übernahme der persönlichen Haftung erhält.

b) Gesellschaftsrecht

3 Die Umwandlung der Stellung eines Komplementärs in die eines Kommanditisten und umgekehrt ist eine Änderung des Gesellschaftsvertrages (vgl. *Baumbach/Hopt* § 161 Rz. 6). Dabei ist die Beteiligungsumwandlung kein Gesellschafterwechsel, die Mitgliedschaft dauert also fort (BayObLG BReg. 2 Z 24/70 v. 21.5.70, NJW 70, 1796). Für den Abschluss des Vertrages ist die Zustimmung aller Gesellschafter nötig, soweit der Gesellschaftsvertrag nicht ausdrücklich etwas anderes bestimmt. Eine Verpflichtung des Kommanditisten, in Anbetracht der vom Formular vorgegebenen Situation – ein Komplementär möchte in den Ruhestand treten und sich daher auf die zukünftige Stellung eines Kommanditisten beschränken – aus dem Gesichtspunkt der gesellschaftrechtlichen Treuepflicht, bei dieser Ausgangslage seinerseits einem Wechsel in die Person des Komplementärs zuzustimmen, kann sich nur ganz ausnahmsweise ergeben (OLG München 7 U 4069/96 v. 5.2.97, NJW-RR 97, 611).

4 Wie der Gesellschaftsvertrag selbst bedarf auch der Aufnahmevertrag grds. keiner bestimmten Form. Sinnvollerweise sollte allerdings Schriftform vereinbart werden. Die von allen Gesellschaftern vorzunehmende Handelsregisteranmeldung hat lediglich noch deklaratorische Bedeutung. Dritte sind durch § 15 HGB geschützt. Durch die Änderung in der Gesellschafterstellung ergeben sich bei beiden Beteiligten **haftungsrechtliche Konsequenzen.** Für jeden Kommanditisten muss kraft Gesetzes seine Haftungssumme vereinbart und im Handelsregister eingetragen sein. Nach zutreffender Auffassung entfaltet die Haftsumme grds. für alle Verbindlichkeiten, die nach dem

Zeitpunkt begründet werden, auf den die Umwandlung der Rechtsstellung vereinbart wurde, haftungsbegrenzende Wirkung (*K. Schmidt* ZHR 144, 192). Insb. muss der künftige Kommanditist zur Vermeidung der persönlichen Haftung nach § 171 Abs. 1 Halbs. 2 HGB für künftige Verbindlichkeiten eine wertmäßig erfassbare Einlage in Höhe der Haftsumme leisten. Nach der Rspr. des BGH kann dies dadurch geschehen, dass dem Kommanditisten sein Kapitalanteil, den er bisher als Komplementär hatte, als Kommanditeinlage gutgeschrieben wird (BGH II ZR 259/86 v. 1.6.87, NJW 87, 3184). Voraussetzung hiernach ist, dass der zum Zeitpunkt der Änderung der Gesellschafterstellung bestehende Anteil am Gesellschaftsvermögen bei objektiver Bewertung die Haftsumme erreicht oder übersteigt, weil dieser Anteil als Sacheinlage zur Kommanditbeteiligung wird.

5 Für **frühere Verbindlichkeiten** haftet der ehemalige Komplementär entsprechend den zur Nachhaftung gemäß §§ 159, 160 HGB geltenden Regelungen (vgl. hierzu iE A. 9.00 Rz. 11ff.). Insb. ist damit die Haftung des früheren Komplementärs für alle Verbindlichkeiten bei Dauerschuldverhältnissen auf den Zeitraum von fünf Jahren nach Eintragung der Änderung der Rechtsstellung begrenzt.

6 Der künftige **Komplementär** steht **haftungsrechtlich** einem in eine OHG eintretenden Gesellschafter gleich und haftet wie ein solcher auch für alle bereits bestehenden Verbindlichkeiten der Gesellschaft entspr. § 130 HGB persönlich. Ein Haftungsausschluss kann nicht wirksam gegenüber Dritten vereinbart werden (§ 130 Abs. 2 HGB).

7, 8 *(frei)*

c) Steuerrecht

9 Die Änderung hinsichtlich der Gesellschafterstellung iRd. bestehenden Mitunternehmerschaft unter Beibehaltung des Mitunternehmeranteils stellt grds. **keinen Veräußerungsvorgang** dar, der zu einem steuerpflichtigen Gewinn führen könnte (BFH IV R 36/79 v. 16.3.83, BStBl. II 83, 459). Etwas anderes kann sich dann ergeben, wenn die Gewinnverteilung entgeltlich geändert wird, d.h. hierfür eine besondere Vergütung entrichtet wird. Insoweit kann steuerrechtlich die teilweise Veräußerung des Mitunternehmeranteils mit der Folge vorliegen, dass ein steuerpflichtiger Gewinn in Höhe des Entgeltes entsteht. Da die Mitunternehmerschaft fortbesteht, bedarf es grds. keiner Aufstellung einer Zwischenbilanz.

10 Zukünftig gehören Tätigkeitsvergütung, Pensionszusagen und Pensionszahlungen an den Komplementär steuerrechtlich zum Gewerbeertrag der Gesellschaft und den gewerblichen Einkünften des Gesellschafters (§ 15 Abs. 1 Nr. 2 EStG; BFH I R 124/95 v. 9.4.97, BStBl. II 97, 910). Pensionsrückstellungen können steuerrechtlich nicht mehr gebildet werden; etwas anderes gilt nur für die Zeit, in der der Pensionsberechtigte noch nicht Mitunternehmer war (vgl. hierzu A. 9.10 Rz. 7).

11 Änderungen ergeben sich im Hinblick auf § 15a EStG hinsichtlich des **Verlustabzuges**. Während diese Beschränkungen beim bisherigen Kommanditisten grds. entfallen, unterliegt den entspr. Einschränkungen zukünftig der bisherige Komplementär. Insofern ist umstritten, ob beim Wechsel eines Komplementärs in die Stellung eines Kommanditisten der Verlustanteil bis zur Eintragung des Wechsels im Handelsregister (also vom Zeitpunkt der Vereinbarung der Änderung der Rechtsstellung) ebenfalls bereits der Abzugsbeschränkung des § 15a EStG unterliegt. Nach zutreffender Auffassung ist dies nicht der Fall. Die entgegenstehende Regelung der Verwaltung (EStH 15a) widerspricht dem Normzweck des § 15a EStG und steht dem handelsrechtlichen Haftungsvorgaben entgegen, wurde aber durch BFH IV R 70/02 v. 12.2.04, BStBl. II 04, 678 ausdrücklich bestätigt (im Anschluss an FG München 1 K 2710/01 v. 21.8.02, DStRE 03, 646).

12 Weiter hat der BFH Folgendes entschieden: 1.) Wechselt der Komplementär während des Wirtschaftsjahres in die Rechtsstellung des Kommanditisten, so ist die Ver-

lustverrechnungsverwertungsbeschränkung des § 15a EStG für das gesamte Wirtschaftsjahr und damit für den dem Gesellschafter insgesamt zuzurechnenden Anteil am Gewinn der KG zu beachten (BFH VIII R 81/02 v. 14.10.03, DStR 04, 29). 2.) Allein auf Grund der Umwandlung der Rechtstellung eines Kommanditisten in diejenige eines Komplementärs ist der für ihn bisher festgestellte verrechenbare Verlust (§ 15a Abs. 4 EStG) nicht in einen ausgleichsfähigen Verlust umzuqualifizieren (BFH VIII R 81/02 v. 14.10.03, DStR 04, 31).

(frei) **13**

2. Einzelerläuterungen

Zu § 1:

Das Formular geht davon aus, dass der Gesellschaftsvertrag feste Kapitalanteile vorsieht. Dies ist üblicherweise der Fall. **14**

Da der Komplementär ausweislich der Vorbemerkung seine aktive Tätigkeit für die Gesellschaft einstellt, muss ggf. vereinbart werden, dass zum einen seine bisherige Tätigkeitsvergütung entfällt, zum anderen auch eine Vorausvergütung für die Übernahme der persönlichen Haftung zukünftig nicht mehr gezahlt wird. Unter Umständen kann es angemessen sein, die Haftungsvergütung schrittweise abzusenken (zB bei erheblichen Nachhaftungsrisiken, die eine Weiterzahlung der Haftungsvergütung jedenfalls teilweise rechtfertigen, vgl. hierzu auch Rz. 5). **15**

Zu § 2:

Siehe hierzu Rz. 14f., die im umgekehrten Verhältnis gelten. **16**

Zu § 3:

Zur **Firmenfortführung** vgl. § 24 HGB. Häufig ist die Einwilligung schon im Gesellschaftsvertrag vorgesehen; sie kann sodann entfallen. **17**

Zu § 4:

Die Regelung über die Fortgeltung des Gesellschaftsvertrages hat vor allem klarstellenden Charakter. Häufig wird der grundlegende Eingriff in die Gesellschaft, die der Wechsel in der Beteiligtenstellung mit sich bringt, Anlass sein, den bisherigen Gesellschaftsvertrag den aktuellen Entwicklungen anzupassen. Dies kann allerdings uU erhebliche Konsequenzen mit sich bringen, bspw. für die Gültigkeit von Abfindungsklauseln im Fall des Ausscheidens eines Gesellschafter (vgl. hierzu A. 9.00 Rz. 85ff.). **18**

(frei) **19, 20**

Erläuterungen zu A. 8.35a Handelsregisteranmeldung

Die Änderung der Stellung von Komplementär und Kommanditist ist gemäß §§ 161 Abs. 2, 143 Abs. 2, 161 Abs. 1 und 3 HGB anmeldepflichtig (vgl. *Baumbach/Hopt* § 162 Rz. 10). Anmeldepflichtig sind dabei grds. alle Gesellschafter einschließlich der Kommanditisten, §§ 161 Abs. 2, 108 Abs. 1 HGB. **21**

Im Handelsregister wird die Änderung der Stellung eines Komplementärs in die eines Kommanditisten und umgekehrt als Ausscheiden des Komplementärs bzw. Kommanditisten und anschließender Eintritt eingetragen. Allerdings ist die Anmeldung in dieser Form nicht zwingend erforderlich. Vielmehr genügt die Anmeldung, dass der namentlich bezeichnete Kommanditist die Rechtstellung eines persönlich haftenden Gesellschafters erlangt hat (vgl. BayObLG 2 Z 24/70 v. 21.5.70, BB 70, 940; BayObLG BReg. 3 Z 184/87 v. 3.3.88, WM 88, 710). **22**

23 Zur Firmenfortführung und dem Einverständnis hierfür vgl. § 24 HGB.

24 Die Vertretungsverhältnisse sind auch dann ausdrücklich anzugeben, wenn diese den gesetzlichen Bestimmungen entsprechen.

25 Die Anmeldung bedarf öffentlicher Beglaubigung, § 12 Abs. 1 HGB.

A. 8.36 Zweigniederlassung (Errichtung) mit Anmeldung

I. FORMULARE

Formular A. 8.36 Errichtung einer Zweigniederlassung

BESCHLUSS

Die unterzeichneten Gesellschafter der A-GmbH & Co. KG haben sich heute unter Verzicht auf alle gesetzlichen und/oder statutarischen Form- und/oder Fristvorschriften zu einer

AUSSERORDENTLICHEN GESELLSCHAFTERVERSAMMLUNG

zusammengefunden und einstimmig folgendes beschlossen:

Der von der Komplementärin gewünschten Errichtung einer Zweigniederlassung in B-Stadt wird gem. § 7 Abs. 3 Buchst. j des Gesellschaftsvertrages vom ...... zugestimmt.

...

(Unterschriften)

Formular A. 8.36a Handelsregisteranmeldung

An das

Amtsgericht

– Handelsregister A –

A-Stadt

HRA

A-GmbH & Co. KG

Die unterzeichnete Komplementärin der im Rubrum genannten Gesellschaft meldet hiermit zur Eintragung in das Handelsregister an:

Die Gesellschaft hat eine Zweigniederlassung in B-Stadt errichtet. Diese Zweigniederlassung wird mit dem nachgestellten Zusatz Zweigniederlassung B-Stadt geführt.

A B

Die Geschäftsräume befinden sich in B-Stadt, C-Straße

... **...**

(Unterschriften) **(Beglaubigungsvermerk)**

II. ERLÄUTERUNGEN

Erläuterungen zu A. 8.36 Errichtung einer Zweigniederlassung

1 Die Anmeldung der Zweigniederlassung ist Geschäftsführungsmaßnahme und unterliegt grds. daher nicht der Beschlussfassung durch die Gesellschafterversammlung.

Dem Registergericht genügt die Anmeldung durch die Komplementärin. Gem. § 7 Abs. 3 Buchst. h des Formulars A. 8.01 bedarf die Geschäftsführung jedoch der Zustimmung der Gesellschafterversammlung für die Errichtung und Aufhebung der Zweigniederlassung.

Erläuterungen zu A. 8.36a Handelsregisteranmeldung

Die Anmeldung ist an das Gericht der Hauptniederlassung zu richten. Eine beglaubigte Ablichtung für die Zweigniederlassung ist beizufügen. Die Anmeldepflicht ergibt sich aus § 13 HGB. Die Geschäftsräume sind nach § 24 HRV anzugeben. Die Beifügung eines Zusatzes zur Unterscheidung ist nicht notwendig aber zulässig, Firmenkern der Hauptniederlassung und der Zweigniederlassung müssen jedoch einheitlich sein (*Baumbach/Hopt* § 13 Rz. 7). Die Unterschriften der vertretungsberechtigten Geschäftsführer sowie die Firmenbezeichnungen sind notariell zu beglaubigen (§ 12 HGB). 2

A. 9. Offene Handelsgesellschaft – OHG

Übersicht

A. 9.00 Gesellschaftsvertrag (ausführliches Muster)

Gliederung

I. FORMULARE

Formular A. 9.00 Gesellschaftsvertrag

GESELLSCHAFTSVERTRAG DER FANTASIE OHG

§ 1 Firma, Sitz

(1) Die Firma der Gesellschaft lautet Fantasie OHG.

(2) Sitz der Gesellschaft ist ......

§ 2 Gegenstand des Unternehmens

(1) Gegenstand des Unternehmens der Gesellschaft ist die Entwicklung und der Vertrieb von Computersoftware. Die Gesellschaft kann auch alle Service- und Reparaturarbeiten und ähnliche Arbeiten durchführen.

(2) Die Gesellschaft ist berechtigt, sämtliche zur Erreichung des Unternehmensgegenstandes zweckdienlichen Geschäfte durchzuführen, sich an anderen Unternehmen zu beteiligen sowie Zweigniederlassungen im In- und Ausland zu errichten.

§ 3 Dauer, Geschäftsjahr

(1) Die Gesellschaft beginnt am 1.10.20.. Sie wird auf unbestimmte Dauer errichtet.

(2) Geschäftsjahr ist das Kalenderjahr. Das erste Geschäftsjahr ist ein Rumpfgeschäftsjahr und dauert vom 1.10.20.. bis 31.12.20..

§ 4 Gesellschafter, Kapitalanteile und Einlagen

(1) Gesellschafter sind ..... .

a) ....., geboren am ...., wohnhaft in .....

b) ....., geboren am ...., wohnhaft in .....

c) ....., geboren am ...., wohnhaft in .....

Alle Gesellschafter haften unbeschränkt und persönlich.

(2) Die Gesellschaft hat ein vollständig durch Einlagen zu erbringendes Festkapital von .... EUR

Hieran sind die Gesellschafter wie folgt beteiligt:

a) .... mit einem festen Kapitalanteil von .... EUR, dh. zu .... Prozent;

b) .... mit einem festen Kapitalanteil von .... EUR, dh. zu .... Prozent;

c) .... mit einem festen Kapitalanteil von .... EUR, dh. zu .... Prozent.

(3) Der feste Kapitalanteil ist maßgeblich für die Beteiligung des Gesellschafters am Ergebnis und am Vermögen sowie an einem etwaigen Auseinandersetzungsguthaben der Gesellschaft sowie für sein Stimmrecht.

(4) Die von den Gesellschaftern zur Deckung des Gesellschaftskapitals zu leistenden Einlagen werden wie folgt erbracht:

a) der Beitrag des Gesellschafters .... durch Einbringung aller Aktiva und Passiva des von ihm bisher unter der Firma .... betriebenen Einzelunternehmens mit dem Sitz in .... gemäß den Bestimmungen des diesem Gesellschaftsvertrag als Anlage .... beigefügten Einbringungsvertrages; zur näheren Bezeichnung nehmen die Gesellschafter auf die von Herrn Steuerberater .... zum .... aufgestellte und diesem Gesellschaftsvertrag als Anlage .... beigefügte Schlussbilanz des Einzelunternehmens Bezug; diese Sacheinlage wird von den Gesellschaftern mit .... EUR bewertet;

b) der Beitrag des Gesellschafters .... durch Einlage eines Geldbetrages in Höhe von .... EUR;

c) der Beitrag des Gesellschafters .... durch Einlage eines Geldbetrages in Höhe von .... EUR.

Die Einlagen sind innerhalb von 14 Tagen nach Unterzeichnung dieses Gesellschaftsvertrages zur Zahlung fällig und auf das Konto der Gesellschaft einzuzahlen.

(5) Soweit der Wert der Einlagen insgesamt die Höhe des Festkapitals übersteigt, wird der überschießende Betrag in die Kapitalrücklage der Gesellschaft eingestellt und auf den Rücklagenkonten der Gesellschafter im Verhältnis ihrer festen Kapitalanteile gemäß § 4 Abs 3 verbucht.

(6) Die Gesellschafter sind weder berechtigt noch verpflichtet, ihre Einlage zu erhöhen. Dies gilt auch dann, wenn der Kapitalanteil eines Gesellschafters negativ wird.

§ 5 Konten der Gesellschafter

(1) Für jeden Gesellschafter werden ein festes Kapitalkonto, ein Verlustvortragskonto und ein Rücklagenkonto bei der Gesellschaft geführt.

a) Das feste Kapitalkonto spiegelt seine Beteiligung am Gesellschaftsvermögen und an den Gesellschaftsrechten wider. Es ist unveränderbar.

b) Um die Feststellung aufgelaufener Verluste zu vereinfachen, ist für jeden Gesellschafter ein Verlustvortragskonto einzurichten. Buchungen auf diesem Konto werden durch spätere Gewinne wieder ausgeglichen.

c) Für jeden Gesellschafter wird außerdem ein Rücklagenkonto als weiteres Kapitalkonto eröffnet, auf welchem eine anteilige Kapitalrücklage sowie die im Rahmen der Gewinnverteilung in die Rücklage einzustellenden Beträge verbucht werden.

(2) Kapital-, Rücklagen- und Verlustvortragskonten gem. Abs. 1 werden nicht verzinst.

(3) Des Weiteren wird für jeden Gesellschafter ein Privatkonto eingerichtet, über das sich der Verrechnungsverkehr zwischen der Gesellschaft und den Gesellschaftern vollzieht. Alle sonstigen Beträge wie Einlagen, Entnahmen, Zinsen oder nicht zum Verlustausgleich benötigte bzw. in die Rücklage eingestellte Gewinne sind auf diesem Privatkonto zu verbuchen.

(4) Guthaben und Verbindlichkeiten auf dem Privatkonto werden mit dem jeweils marktüblichen Zinssatz p.a. verzinst. Die Zinsberechnung erfolgt am Jahresende. Die Zinsen gelten im Verhältnis der Gesellschafter zueinander als Aufwand bzw. Ertrag.

§ 6 Geschäftsführung und Vertretung

(1) Zur Geschäftsführung und Vertretung ist jeder Gesellschafter allein berechtigt und verpflichtet.

(2) Maßnahmen, die über den üblichen Rahmen des Geschäftsbetriebes hinausgehen, dürfen nur mit vorheriger Zustimmung der Gesellschafterversammlung oder – bei Unaufschiebbarkeit – von zwei Geschäftsführern gemeinschaftlich vorgenommen werden. Dies gilt insbesondere für nachstehende Maßnahmen:

a) Erwerb, Veräußerung und Belastung von Grundstücken;

b) Eingehen von Wechselverbindlichkeiten über mehr als € .... im Einzelfall und mehr als € ... insgesamt;

c) Übernahme von Bürgschaften; Vornahme von Zinsswap-Geschäften und sonstigen risikoreichen Finanzgeschäften;

d) Eingehen von Verbindlichkeiten gegenüber Lieferanten im Einzelfall von mehr als € ..... und Überschreiten eines Gesamtbetrages an Lieferantenverbindlichkeiten von mehr als € .....;

e) Aufnahme von Gelddarlehen, sei es bei Banken oder anderwärts, von mehr als € ..... insgesamt, worauf etwaige Wechselverbindlichkeiten nach b) anzurechnen sind;

f) Gründung von Filialbetrieben, Zweigniederlassungen, Übernahme von Beteiligungen an Gesellschaften gleich welcher Rechtsform, Aufnahme stiller Gesellschafter und partiarischer Darlehen gleich welcher Höhe;

g) Abschluss und Kündigung von Lizenz-, Nutzungs- und Verwertungsverträgen;

h) Abschluss und Kündigung von Anstellungsverträgen bei Monatsgehältern von mehr als der Beitragsbemessungsgrenze zur gesetzlichen Angestelltenversicherung;

i) Abschluss und Kündigung von Mietverträgen über Grundstücke oder Geschäftsräume;

j) Abschluss von Anschaffungs- und Verkaufsverträgen über Gegenstände des Anlagevermögens im Einzelwert von mehr als € ... und Abschluss und Kündigung von

Miet- und Leasingverträgen sowie sonstige Dauerschuldverhältnisse über Gegenstände, die bei Erwerb durch die Gesellschaft unter diese Bestimmung fallen würden; insgesamt darf ein Volumen von € ... innerhalb eines 12-Monatszeitraumes nicht überschritten werden;

k) Rechtsgeschäfte aller Art zwischen der Gesellschaft auf der einen sowie den Gesellschaftern , deren Angehörigen im Sinne des § 15 der Abgabenordnung oder nichtehelichen Lebenspartnern auf der anderen Seite und Rechtsgeschäfte zwischen der Gesellschaft und Unternehmen, die Gesellschaftern, deren Angehörigen oder nichtehelichem Lebenspartner gehören oder an denen Gesellschafter bzw. deren Angehörige oder nichteheliche Lebenspartner beteiligt sind;

l) Hingabe von nicht marktüblichen Geschenken.

(3) Das Widerspruchsrecht nach § 115 Abs. 1 HGB des nichtmitwirkenden Geschäftsführers wird auf die Fälle des Abs. 2 beschränkt, in denen zwei Geschäftsführer wegen Unaufschiebbarkeit gehandelt haben.

§ 7 Regelung der Geschäftsführungstätigkeit

(1) Die Gesellschafter grenzen ihre Geschäftsführungsbereiche wie folgt voneinander ab:

A: Werbung, Marketing, Vertrieb
B: Technische Betriebsleistung
C: Verwaltung, Rechnungswesen, Personal

(2) Die geschäftsführenden Gesellschafter erhalten als Tätigkeitsvergütung ein monatliches Gehalt von € ......, das jeweils zum Monatsende fällig ist.

(3) Den geschäftsführenden Gesellschaftern steht jährlich ein Urlaub von ... Wochen zu. Der Urlaub soll nur nach Absprache mit den Mitgeschäftsführern genommen werden.

(4) Im Krankheitsfall wird die Tätigkeitsvergütung für sechs Monate weitergezahlt.

(5) Ist ein Geschäftsführer ununterbrochen mindestens drei Monate infolge Krankheit oder sonstiger unverschuldeter Umstände an der Ausführung seiner Geschäftsführertätigkeit gehindert, so können die Mitgesellschafter zu Lasten seiner Tätigkeitsvergütung eine Hilfskraft einstellen. Das Monatsgehalt der Hilfskraft darf die Hälfte der letzten monatlichen Tätigkeitsvergütung des verhinderten Geschäftsführers nicht übersteigen.

(6) Weitere Einzelheiten können in einem gesonderten Dienstvertrag geregelt werden. Dabei haben alle geschäftsführenden Gesellschafter grundsätzlich Anspruch auf Gleichbehandlung.

(7) Jeder geschäftsführende Gesellschafter hat in den Angelegenheiten der Gesellschaft die Sorgfalt eines ordentlichen Geschäftsmannes zu beachten. Schadenersatzansprüche verjähren in fünf Jahren.

§ 8 Gesellschafterversammlung

(1) Die ordentliche Gesellschafterversammlung findet innerhalb eines Monats nach Aufstellung der Bilanz für das vorangegangene Geschäftsjahr statt. Außerordentliche Gesellschafterversammlungen finden statt, wenn dies im Interesse der Gesellschaft erforderlich ist.

(2) Alle Gesellschafterversammlungen finden am Sitz der Gesellschaft statt, sofern sich nicht alle Gesellschafter mit der Abhaltung an einem anderen Ort einverstanden erklären.

(3) Gesellschafterversammlungen können von jedem Gesellschafter formlos unter Bekanntgabe der zu behandelnden Tagesordnungspunkte einberufen werden.

Widerspricht ein Gesellschafter der formlosen Einberufung der Gesellschafterversammlung, so kann jeder Gesellschafter eine Gesellschafterversammlung durch eingeschriebenen Brief an die Gesellschafter einberufen. Zwischen der Absendung des Briefes und dem Tag der Versammlung müssen mindestens zwei Wochen liegen. Bei der Einberufung ist die Tagesordnung mitzuteilen.

(4) Die Gesellschafterversammlung ist beschlussfähig, wenn Gesellschafter anwesend oder vertreten sind, die mindestens drei Viertel aller vorhandenen Stimmen auf sich vereinigen. Ist eine Gesellschafterversammlung nicht beschlussfähig, so ist unverzüglich eine weitere Gesellschafterversammlung einzuberufen, die ohne Rücksicht auf die Zahl der anwesenden oder vertretenen Gesellschafter beschlussfähig ist. Auf diesen Umstand ist in der erneuten Ladung hinzuweisen. Für die Einberufung der weiteren Gesellschafterversammlung kann in dringenden Fällen die Ladungsfrist auf eine Woche verkürzt werden.

(5) Jeder Gesellschafter kann sich in der Gesellschafterversammlung durch einen anderen Gesellschafter oder durch eine von Gesetzes wegen zur Berufsverschwiegenheit verpflichtete Person vertreten bzw. beraten lassen. Die Vollmacht ist schriftlich zu erteilen und in der Versammlung vorzulegen.

(6) Zu Beginn jeder Gesellschafterversammlung wird mit einfacher Mehrheit ein Versammlungsleiter gewählt. Bei Stimmengleichheit entscheidet die Stimme des ältesten Gesellschafters. Der Versammlungsleiter erstellt über die Gesellschafterversammlungen ein Protokoll, von dem jeder Gesellschafter eine Kopie erhält. Das Protokoll gilt als genehmigt, wenn ihm nicht innerhalb von drei Wochen nach Erhalt widersprochen wird. Über Widersprüche eines Gesellschafters gegen das Protokoll einer Gesellschafterversammlung entscheidet verbindlich die nächste Gesellschafterversammlung.

§ 9 Gesellschafterbeschlüsse

(1) Gesellschafterbeschlüsse werden mit einfacher Mehrheit der abgegebenen Stimmen gefasst, sofern nicht dieser Vertrag oder das Gesetz eine andere Mehrheit vorschreiben. Die einfache Mehrheit aller abgegebenen Stimmen ist auch erforderlich, um die Durchführung einer Maßnahme nach § 6 Abs. 2 zu beschließen, der ein Gesellschafter gem. § 6 Abs. 3 widersprochen hat. In diesem Fall gilt als wirksam festgestellt, dass der Widerspruch unbeachtlich ist.

(2) Je € ... auf den festen Kapitalkonten gem. § 5 Abs. 1 Buchst. a) gewähren eine Stimme. Stimmenthaltungen gelten als nicht abgegebene Stimmen. Bei Stimmengleichheit gilt ein Antrag als abgelehnt, sofern nicht dieser Vertrag etwas anderes vorschreibt.

(3) Gesellschafterbeschlüsse können – vorbehaltlich zwingender vertraglicher oder gesetzlicher Formvorschriften – wenn alle Gesellschafter damit einverstanden sind, auch telefonisch, durch Telefax oder per E-Mail schriftlich oder mündlich oder in sonstiger medialer Form ohne förmliche Gesellschafterversammlung gefasst werden. Die gefassten Beschlüsse sind den Gesellschaftern durch den die Abstimmung herbeiführenden Gesellschafter zu bestätigen.

§ 10 Jahresabschluss

(1) Die geschäftsführenden Gesellschafter haben innerhalb einer Frist von sechs Monaten nach Ablauf des Geschäftsjahres den Jahresabschluss für das abgelaufene Geschäftsjahr aufzustellen. Soweit nicht zwingende handelsrechtliche Vorschriften entgegenstehen, hat die Handelsbilanz der für Zwecke der Einkommensbesteuerung aufzustellenden Steuerbilanz zu entsprechen. Eine Abschrift ist den Gesellschaftern zusammen mit der Ladung zur ordentlichen Gesellschafterversammlung zuzuleiten.

(2) Die nach diesen Grundsätzen aufgestellte Bilanz ist maßgeblich für die Gewinn- und Verlustverteilung nach § 11 dieses Vertrages. Sollte sich zum Zwecke der steuerlichen Gewinnermittlung eine zwingende Abweichung von der Handelsbilanz ergeben, ist letztere für die Gewinn- und Verlustverteilung maßgeblich.

(3) Wird die Steuerbilanz im Rahmen des Veranlagungsverfahrens oder auf Grund einer Außenprüfung durch das Finanzamt bestandskräftig geändert, so ist die Handelsbilanz zum nächstmöglichen Zeitpunkt an die Steuerbilanz anzupassen, sofern nicht zwingende handelsrechtliche Bestimmungen entgegenstehen.

§ 11 Ergebnisverteilung

(1) Zur Ermittlung des zur Verteilung gelangenden Jahresergebnisses werden Tätigkeitsvergütungen sowie Pensionszahlungen an Gesellschafter oder deren Hinterbliebene als abzugsfähiger Aufwand der Gesellschaft behandelt.

(2) Zinsen für Guthaben oder Schulden auf Privatkonten werden zur Ermittlung des verteilungsfähigen Ergebnisses als Aufwand bzw. Ertrag der Gesellschaft behandelt.

(3) Das danach verbleibende Ergebnis wird nach dem Verhältnis der festen Kapitalkonten auf die Gesellschafter verteilt. Mit diesen Gewinnanteilen sind zunächst die Verlustvortragskonten auszugleichen. Von dem verbleibenden Gewinn ist ein Anteil von .... Prozent in die Rücklage einzustellen und auf den Rücklagenkonten zu verbuchen. Der restliche Gewinn ist den Privatkonten zuzuschreiben.

§ 12 Einlagen und Entnahmen

(1) Einlagen zum Ausgleich von Verlustvortragskonten oder Privatkonten mit negativem Saldo sind jederzeit auch ohne Zustimmung der übrigen Gesellschafter zulässig. Solche Einlagen dürfen nicht zu einer Änderung der Beteiligungsverhältnisse bei der Gewinnverteilung führen.

(2) Tätigkeitsvergütungen eines Gesellschafters können bei Fälligkeit entnommen werden.

(3) Guthaben auf den Privatkonten können nach Feststellung des Jahresabschlusses entnommen werden. Daneben kann monatlich als Abschlagszahlung auf den Gewinn des laufenden Jahres $^1/_{24}$ des Vorjahresgewinns entnommen werden. Die Gesellschafterversammlung kann mit $^3/_4$-Mehrheit höhere oder geringere Entnahmen zulassen. Die Gesellschafter haben selbst dafür Sorge zu tragen, dass für erforderliche Steuerzahlungen ggf. ausreichende Guthaben auf dem Privatkonto zur Verfügung stehen.

§ 13 Abtretung und sonstige Verfügungen

(1) Die Abtretung, Sicherungsabtretung und Verpfändung von Gesellschaftsanteilen, die Bestellung eines Nießbrauchsrechts und die Einräumung einer stillen Beteiligung oder einer Unterbeteiligung ist nur mit Zustimmung der Gesellschafterversammlung mit einer Mehrheit von drei Vierteln aller vorhandenen Stimmen zulässig. Hierbei ist der zur Verfügung entschlossene Gesellschafter berechtigt, mitzustimmen. Keiner Zustimmung bedarf die Abtretung usw. an Ehegatten und/oder eheliche Abkömmlinge.

(2) Will ein Gesellschafter seinen Gesellschaftsanteil oder einen Teil seines Geschäftsanteils an andere Personen als seinen Ehegatten, seinen nichtehelichen Lebenspartner und/oder seine Abkömmlinge veräußern, so hat er ihn unbeschadet des Abs. 4 den anderen Gesellschaftern im Verhältnis ihrer Kapitalanteile zum Kauf anzubieten. Das Angebot hat durch eingeschriebenen Brief an alle übrigen Gesellschafter zu erfolgen.

(3) Jeder Angebotsempfänger hat sich innerhalb einer Frist von zwei Monaten, gerechnet ab Zugang des Einschreibebriefes an ihn, zu entscheiden, ob er das Angebot annimmt oder nicht. Nimmt ein Gesellschafter das Angebot nicht an, so erhöht sich das Erwerbsrecht der übrigen Gesellschafter im Verhältnis ihrer Kapitalanteile. Wird das Angebot angenommen, so ist unverzüglich zwischen den Beteiligten ein Vertrag über Verkauf und Abtretung des Gesellschaftsanteils abzuschließen.

(4) Macht keiner der anderen Gesellschafter von dem Ankaufsrecht Gebrauch oder ist es für alle anderen Gesellschafter erloschen, so sind die anderen Gesellschafter verpflichtet, die nach Abs. 1 nötige Zustimmung zur Abtretung des Gesellschaftsanteils oder eines Teils des Anteils des veräußerungswilligen Gesellschafters an einen oder mehrere Dritte zu erteilen. Vorstehende Verpflichtung gilt nicht, wenn der veräußerungswillige Gesellschafter seinen Anteil oder Teile seines Anteils an dritte Personen zu für diese günstigeren Bedingungen veräußert, als er seine Anteile den anderen Gesellschaftern angeboten hat. Vorstehende Verpflichtung der anderen Gesellschafter besteht weithin nicht, wenn die Veräußerung an einen oder mehrere Dritte zu einem späteren Zeitpunkt als sechs Monate nach Absendung der Angebote an die anderen Gesellschafter gem. Abs. 2 erfolgt oder wenn gegen die Person des Erwerbers wichtige Gründe sprechen. Veräußert ein Gesellschafter seinen Gesellschaftsanteil oder einen Teil seines Gesellschaftsanteils an einen oder mehrere Dritte, obwohl die anderen Gesellschafter zu einer Zustimmung nicht verpflichtet sind und/oder eine notwendige Zustimmung nicht erteilt haben, so ist diese Veräußerung gegenüber den anderen Gesellschaftern unwirksam; insoweit steht den anderen Gesellschaftern ein Vorkaufsrecht am Gesellschaftsanteil des veräußernden Gesellschafters zu.

Wird das Vorkaufsrecht nicht innerhalb von zwei Monaten seit schriftlicher Mitteilung der Veräußerung an die anderen Gesellschafter ausgeübt, so gilt die Veräußerung als genehmigt. Der veräußernde Gesellschafter hat den anderen Gesellschaftern unverzüglich nach Abschluss des bzw. der Kaufverträge über seine Beteiligung die Veräußerung unter Beifügung einer Kopie des bzw. der Kaufverträge durch eingeschriebenen Brief oder gegen Empfangsbekenntnis mitzuteilen.

§ 14 Tod eines Gesellschafters

(1) Bei Tod eines Gesellschafters scheidet dieser aus der Gesellschaft aus, die Gesellschaft wird unter den verbleibenden Gesellschaftern fortgeführt; Abs. 2 bleibt unberührt.

(2) Soweit eheliche Abkömmlinge eines verstorbenen Gesellschafters vorhanden sind, die dessen Erben werden, wird die Gesellschaft mit diesen fortgesetzt. Sind mehrere Erben vorhanden, so haben diese sich durch einen gemeinsamen Bevollmächtigten vertreten zu lassen. Die verbleibenden Gesellschafter können binnen drei Monaten nach dem Zeitpunkt, in welchem sie von der bzw. den Personen der Erben Kenntnis erlangt haben, verlangen, dass der bzw. die Erbe(n) als Kommanditist ohne Geschäftsführungs- und Vertretungsbefugnis in der Gesellschaft verbleibt bzw. verbleiben. Sind mehrere Erben vorhanden, kann dieses Verlangen auf einen oder einzelne Erben beschränkt werden. Nimmt der betreffende Erbe einen dahingehenden Antrag der Mitgesellschafter nicht an, so scheidet er aus der Gesellschaft aus.

(3) Das Abfindungsguthaben von nicht in der Gesellschaft verbleibenden Erben bemisst sich nach § 17; maßgeblicher Stichtag ist der Todestag.

(4) § 139 HGB bleibt unberührt.

§ 15 Ausschließung eines Gesellschafters

(1) Ein Gesellschafter kann mit einer Mehrheit von mindestens drei Viertel der Stimmen der verbleibenden Gesellschafter aus der Gesellschaft ausgeschlossen werden,

wenn ein wichtiger Grund vorliegt. Ein wichtiger Grund ist gegeben, wenn ein Gesellschafter die Interessen der Gesellschaft schuldhaft grob verletzt hat oder wenn den übrigen Gesellschaftern eine weitere Zusammenarbeit nicht zuzumuten ist. Bei der Beschlussfassung ist der betreffende Gesellschafter nicht stimmberechtigt.

(2) Ohne dass es eines Beschlusses bedarf, scheidet ein Gesellschafter aus, wenn:

a) über sein Vermögen das Insolvenzverfahren eröffnet oder die Eröffnung mangels Masse abgelehnt wird;

b) er eine eidesstattliche Versicherung gem. § 807 ZPO abgibt oder gegen ihn Haft zur Abgabe dieser eidesstattlichen Versicherung angeordnet wird;

c) in seinen Gesellschaftsanteil, seinen Gewinnanteil oder sein Auseinandersetzungsguthaben die Zwangsvollstreckung betrieben wird.

(3) Das Ausscheiden gem. Abs. 2 wird wirksam im Falle

a) des Abs. 2 Buchst. a

mit der Rechtskraft des entsprechenden Beschlusses;

b) des Abs. 2 Buchst. b

am Tage des ersten für die Abgabe der eidesstattlichen Versicherung angesetzten Termins;

c) des Abs. 2 Buchst. c

mit Zustellung des Pfändungs- und Überweisungsbeschlusses an die Gesellschaft, wenn die Voraussetzungen des § 135 HGB vorliegen und wenn dieser nicht innerhalb von drei Monaten nach Zustellung wieder aufgehoben wird.

§ 16 Kündigung

(1) Das Gesellschaftsverhältnis kann von jedem Gesellschafter mit einer Frist von zwölf Monaten zum Ende eines Geschäftsjahres gekündigt werden, erstmals zum 31.12.20.... Darüber hinaus ist jeder Gesellschafter berechtigt, die Gesellschaft mit sofortiger Wirkung aus wichtigem Grund zu kündigen.

(2) Die Kündigung bedarf zu ihrer Wirksamkeit einer schriftlichen Erklärung gegenüber der Gesellschaft. Die Gesellschaft teilt nach Zugang der Kündigung diese den übrigen Gesellschaftern unverzüglich mit.

(3) Mit Wirksamwerden der Kündigung scheidet der kündigende Gesellschafter aus der Gesellschaft aus. Die Gesellschaft wird von den verbleibenden Gesellschaftern fortgeführt.

(4) In allen Fällen des Ausscheidens des vorletzten Gesellschafters ist der verbleibende Gesellschafter berechtigt, aber nicht verpflichtet das Geschäft ohne Liquidation mit allen Aktiven und Passiven zu übernehmen.

(5) Die Kündigung eines Privatgläubigers eines Gesellschafters steht der Kündigung eines Gesellschafters gleich.

§ 17 Auseinandersetzungsguthaben

(1) Scheidet ein Gesellschafter aus der Gesellschaft aus oder ist ein Erbe eines Gesellschafters, der nicht Gesellschafter wird bzw. bleibt, auszubezahlen, so berechnet sich sein Auseinandersetzungsguthaben nach dem Buchwert seiner Beteiligung (Summe sämtlicher für ihn bei der Gesellschaft geführter Konten gemäß § 5 Abs. 1) zuzüglich seines Anteils an den stillen Reserven der Gesellschaft im Zeitpunkt des Ausscheidens.

(2) Zur Ermittlung der stillen Reserven der Gesellschaft ist auf den Zeitpunkt des Ausscheidens eine Auseinandersetzungsbilanz zu erstellen, in der die Aktiva bzw. Passiva der Gesellschaft mit folgenden Werten anzusetzen sind:

a) Grundstücke werden mit dem vom zuständigen Gutachterausschuss amtlich festgestellten Schätzwert angesetzt.

b) Alle sonstigen bilanzierten Aktiva und Passiva werden mit dem Mittelwert zwischen Buchwert gemäß Steuerbilanz und Verkehrswert angesetzt, höchstens jedoch mit dem Verkehrswert, wenn dieser niedriger ist als der Buchwert. Der ausscheidende Gesellschafter kann verlangen, dass der Verkehrswert auf seine Kosten von einem vereidigten Sachverständigen geschätzt wird. Der Sachverständige ist von der für die Gesellschaft zuständigen Industrie- und Handelskammer zu benennen.

c) Ein selbstgeschaffener Geschäfts- oder Firmenwert und sonstige nicht bilanzierungsfähige Wirtschaftsgüter werden nicht berücksichtigt; dies gilt insbesondere für schwebende Geschäfte.

(3) Das nach vorstehenden Grundsätzen ermittelte Abfindungsguthaben ist vom Beginn des dem Tage des Ausscheidens folgenden Geschäftsjahres an marktüblich zu verzinsen.

(4) Sofern sich die Beteiligten nicht über eine anderweitige Regelung einigen, ist das Auseinandersetzungsguthaben in fünf gleichen Jahresraten zu entrichten, von denen die Erste sechs Monate nach Beginn des dem Ausscheiden des betreffenden Gesellschafters folgenden Geschäftsjahres fällig wird. Die folgenden Raten sind jeweils ein Jahr nach Fälligkeit der vorangegangenen Raten zu entrichten. Zusammen mit den Raten sind die Zinsen für den jeweils vorausgegangenen Zeitraum zu entrichten.

(5) Die die Gesellschaft fortführenden Gesellschafter sind berechtigt, die Abfindungssumme ganz oder teilweise vorzeitig zur Rückzahlung zu bringen. Außerordentliche Zahlungen erfolgen dann jeweils für Rechnung der nächsten fällig werdenden Rate bzw. Raten.

(6) Die die Gesellschaft fortsetzenden Gesellschafter sind berechtigt, die Herabsetzung der jährlichen Raten und eine Hinausschiebung der Zahlungstermine zu verlangen, wenn die Liquidität der Gesellschaft durch die Zahlung der Raten gefährdet wird. Mehrere Berechtigte haben sich den Auszahlungsbetrag im Verhältnis ihrer zu tilgenden Ansprüche zu teilen. Die Zahlungen können jedoch höchstens auf zehn Jahre verteilt hinausgeschoben werden. Die Gefährdung der Liquidität ist den Berechtigten nachzuweisen.

(7) Wird der ausgeschiedene Gesellschafter von Gläubigern der Gesellschaft in Anspruch genommen, so ist er von der Gesellschaft und den verbleibenden Gesellschaftern von den Ansprüchen freizustellen.

(8) Ergibt sich ein negativer Betrag, so ist dieser innerhalb von drei Monaten nach Festsetzung vom ausgeschiedenen Gesellschafter auszugleichen.

(9) Der Anteil des ausscheidenden Gesellschafters wächst den verbleibenden Gesellschaftern im Verhältnis ihrer festen Kapitalkonten an.

§ 18 Auflösung der Gesellschaft, Fortführung der Firma

(1) Bei Auflösung der Gesellschaft erfolgt die Liquidation durch die geschäftsführenden Gesellschafter. Der Umfang ihrer Geschäftsführungs- und Vertretungsmacht wird durch die Eröffnung der Liquidation nicht verändert.

(2) Für den Fall des Ausscheidens aus der Gesellschaft gibt jeder Gesellschafter seine Einwilligung zur Fortführung der Firma.

§ 19 Wettbewerbsverbot

(1) Jeder Gesellschafter hat die Interessen der Gesellschaft nach besten Kräften zu fördern. Geschäftsbeziehungen der Gesellschaft dürfen von keinem Gesellschafter für Konkurrenzgeschäfte auf eigene oder fremde Rechnung ausgenutzt werden.

(2) Jeder Gesellschafter verpflichtet sich, während seiner Zugehörigkeit zur Gesellschaft und auf die Dauer von zwei Jahren nach seinem Ausscheiden aus der Gesellschaft nur mit vorheriger Zustimmung der übrigen Gesellschafter mit einer Mehrheit von drei Viertel aller Stimmen im Tätigkeitsbereich der Gesellschaft tätig zu werden, sich mittelbar oder unmittelbar an Unternehmen zu beteiligen, die in einem irgendwie gearteten Konkurrenzverhältnis zur Gesellschaft stehen, oder in sonstiger Weise selbstständig oder unselbstständig für solche Unternehmen tätig zu werden. Das Wettbewerbsverbot gilt für folgendes Gebiet: ......

(3) Für jeden Fall der Zuwiderhandlung gegen das Wettbewerbsverbot schuldet der gegen das Wettbewerbsverbot verstoßende Gesellschafter eine Vertragsstrafe in Höhe der gesamten Bezüge, Vergütungen und/oder Gewinnanteile, die ihm auf Grund seiner gegen das Wettbewerbsverbot verstoßenden Tätigkeit zustehen, mindestens jedoch € ...... für jeden angefangenen Monat des Wettbewerbsverstoßes. Zur Ermittlung der Höhe der Vertragsstrafe verpflichtet sich der gegen das Wettbewerbsverbot verstoßende Gesellschafter hiermit ausdrücklich zur Vorlage der erforderlichen Nachweise (z.B. Steuerbescheide, Berichtigungsbescheide, Betriebsprüfungsberichte, Bilanzen etc.). Die Vertragsstrafe wird der Gesellschaft geschuldet. Die Geltendmachung eines weitergehenden Schadens sowie von Unterlassungsansprüchen durch die Gesellschaft sowie durch die Gesellschafter bleibt unberührt.

§ 20 Güterstandsklausel

Die Gesellschafter sind verpflichtet, hinsichtlich ihrer Beteiligung an dieser Gesellschaft mit ihren Ehegatten den Ausschluss des Güterstandes der Zugewinngemeinschaft zu vereinbaren. Der Abschluss des entsprechenden Ehevertrages ist der Gesellschaft nachzuweisen. Solange der Nachweis nicht geführt ist, sind Gewinnentnahmen nur in der Höhe an den betreffenden Gesellschafter auszuzahlen, dass die Steuerlast des Gesellschafters aus der Beteiligung gezahlt werden kann. Die Höhe dieser Steuerlast unter Berechnung nach dem Durchschnittssatz ist durch Bestätigung eines Angehörigen der rechts- oder steuerberatenden Berufe nachzuweisen. Der nach den vorstehenden Bestimmungen nicht auszahlbare Teil des entnahmefähigen Gewinns ist bis zum Nachweis des Abschlusses der entsprechenden Vereinbarung auf das Rücklagenkonto des Gesellschafters zu buchen.

§ 21 Schlussbestimmungen

(1) Änderungen und Ergänzungen dieses Vertrages bedürfen der Schriftform. Mündliche Nebenabreden bestehen nicht. Kein Gesellschafter kann sich auf eine vom Vertrag abweichende tatsächliche Übung berufen, solange die Abweichung nicht schriftlich fixiert ist.

(2) Sollten sich einzelne Bestimmungen dieses Vertrages als ungültig erweisen, so wird dadurch die Gültigkeit des Vertrages im Übrigen nicht berührt. In einem solchen Fall sind die Gesellschafter verpflichtet, durch Beschluss die ungültige Bestimmung durch diejenige gesetzlich zulässige Bestimmung zu ersetzen, die den Zweck der ungültigen Bestimmung, insbesondere das, was die Vertragsparteien gewollt haben, mit der weitestgehend möglichen Annäherung erreicht. Entsprechendes gilt, wenn sich bei Durchführung des Vertrages eine ergänzungsbedürftige Lücke ergeben sollte.

(3) Erfüllungsort und Gerichtsstand für sämtliche Streitigkeiten aus diesem Vertrag und über das Zustandekommen dieses Vertrages ist der Sitz der Gesellschaft, soweit dies zulässig vereinbart werden kann.

(4) Die Kosten der Gründung trägt die Gesellschaft.

§ 22 Schiedsgericht

(1) Über alle Streitigkeiten aus diesem Vertrag, insbesondere auch über seine Wirksamkeit oder die Wirksamkeit einzelner seiner Bestimmungen, ausgenommen derjenigen Streitigkeiten, die von Gesetzes wegen einem Schiedsgericht nicht zur Entscheidung zugewiesen werden können, entscheidet unter Ausschluss des ordentlichen Rechtswegs ein Schiedsgericht. Zuständigkeit, Zusammensetzung und Verfahren des Schiedsgerichts haben die Gesellschafter im Schiedsvertrag vom .... näher geregelt.

(2) Jeder neue Gesellschafter, der in die Gesellschaft eintritt, gleichgültig auf Grund welchen Rechtsvorgangs, unterwirft sich dem Schiedsgericht entsprechend den im Schiedsvertrag getroffenen Vereinbarungen.

Formular A. 9.00a Handelsregisteranmeldung

An das

Amtsgericht

– Registergericht –

Betrifft: A, B & Co. OHG mit dem Sitz in ......

Neuanmeldung

Zur Eintragung in das Handelsregister wird angemeldet:

Wir, die Unterzeichnenden A *(Name, Vorname, Geburtsdatum, Wohnort*), B (*Name, Vorname, Geburtsdatum, Wohnort)*, C (*Name, Vorname, Geburtsdatum, Wohnort*) und D (*Name, Vorname, Geburtsdatum, Wohnort*) haben eine offene Handelsgesellschaft gegründet. Die Firma der Gesellschaft lautet:

Fantasie OHG.

Gegenstand des Unternehmens der Gesellschaft ist die Entwicklung und der Vertrieb von Computer-Software und der zugehörigen Hardware. Die Gesellschaft hat ihren Sitz in ...... Die Geschäftsräume befinden sich in der ......-straße.

Jeder Gesellschafter ist allein zur Vertretung der Gesellschaft berechtigt.

....	....	....
(Unterschrift A)	**(Unterschrift B)**	**(Unterschrift C)**

....

(Unterschrift D)

II. ERLÄUTERUNGEN

Erläuterungen zu A. 9.00 Gesellschaftsvertrag

1. Grundsätzliche Anmerkungen

a) Wirtschaftliches Vertragsziel

Die OHG ist die **Grundform der Personengesellschaft des Handelsrechts.** Sie 1
ist ein Zusammenschluss von mindestens zwei natürlichen oder juristischen Personen zum Betrieb eines Handelsgeschäfts oder eines landwirtschaftlichen oder sonstigen gewerblichen Unternehmens mit kaufmännischem Geschäftsbetrieb unter gemeinschaftlicher Firma. Die OHG findet sich im Bereich des Handels ebenso wie im industriel-

len Sektor. Für die OHG als traditionelle Grundform der Zusammenarbeit von Kaufleuten ist typisch, dass alle Gesellschafter ihre Arbeitskraft voll in den Dienst der Gesellschaft stellen und darüber hinaus häufig ihr besonderes Know-how in die Gesellschaft einbringen. Neben der typischerweise vollen Einbringung der Arbeitskraft ist kennzeichnend die unbeschränkte gesamtschuldnerische Haftung aller Gesellschafter gegenüber den Gesellschaftsgläubigern mit ihrem gesamten Vermögen. Daraus ergibt sich im Allgemeinen eine starke personenrechtliche Verbundenheit und damit die Notwendigkeit eines besonderen Vertrauensverhältnisses der Gesellschafter untereinander. Es kommt hinzu, dass die Mitgliedschaft in der Gesellschaft grds. nicht übertragbar ist, sofern nicht der Gesellschaftsvertrag eine Übertragung allgemein oder nur auf bestimmte Personen zulässt und dass das Vermögen der Gesellschaft den Gesellschaftern nur in ihrer gesamthänderischen Verbundenheit zusteht, dh. kein Gesellschafter alleiniger Eigentümer des Gesellschaftsvermögens sein kann.

2 Die persönliche, kapitalmäßige und haftungsrechtliche Bindung der Gesellschafter untereinander hat **positive** wie **negative Folgen:** Einerseits erzeugt sie eine breite Kreditbasis und damit weitgehende Elastizität, Anpassungsfähigkeit und Krisenfestigkeit. Andererseits besteht für alle Gesellschafter ein hohes Haftungsrisiko. Die häufig engen Beziehungen und oft auch unübersichtlichen persönlichen Verhältnisse der Gesellschafter untereinander können aber auch – insbes. wenn es zum Streit unter den Gesellschaftern kommt oder die Zuführung von Kapital und damit möglicherweise der Beitritt neuer Gesellschafter erforderlich wird – ein schweres Hemmnis sein. Schwierige Konfliktsituationen können sich insb. im Erbfall ergeben. Die OHG ist häufig nur die Rechtsform der ersten Generation der Gesellschafter. Langfristig geht die Tendenz meist zur KG. Dies nicht zuletzt schon deshalb, weil jeder Erbe nach der unabdingbaren Vorschrift des § 139 Abs. 1 HGB sein Verbleiben in der Gesellschaft davon abhängig machen kann, dass ihm die Stellung eines Kommanditisten eingeräumt wird.

b) Gesellschaftsrecht

3 Die **OHG** ist eine Gesellschaft, deren Zweck auf den **Betrieb eines Handelsgewerbes unter gemeinsamer Firma** gerichtet ist (§ 105 HGB). Die Ausübung des Gewerbebetriebs muss auf Dauer angelegt sein; eine Gelegenheitsgesellschaft ist keine OHG. Gesellschafter kann jede natürliche oder juristische Person und jede Personenhandelsgesellschaft (OHG oder KG) sowie eine unter das PartGG fallende Partnerschaft sein. Der BGH (II ZR 331/00 v. 29.1.01, NJW 01, 1056) hat die Rechtsfähigkeit der Außen-GbR ausdrücklich anerkannt und auch entschieden, dass die Außen-GbR Kommanditistin einer KG sein kann (BGH II ZB 23/00 v. 16.7.01, NJW 01, 3121). In einem solchen Fall sind neben der GbR als solcher auch die ihr zum Zeitpunkt ihres Beitritts zu der KG angehörenden Gesellschaftern mit Namen, Geburtstag und Wohnort zur Eintragung in das Handelsregister anzumelden. Auch ein späterer Wechsel in der Zusammensetzung der Gesellschafter der GbR ist anzumelden. Für die den bei der OHG regelmäßig vollhaftenden Gesellschafter kann nichts anderes als für den Kommanditisten gelten (vgl. hierzu bereits *MünchKommHGB/K. Schmidt* § 105 Rz. 96ff; *Steinbeck* DStR 01, 1162; *Wertenbruch* BB 01, 737ff.; s. auch LG Berlin 102 T 6/03 v. 8.4.03, BB 03, 1351; kritisch *MünchKommBGB/Ulmer* § 705 Rz. 316ff.). Mit Urteil BGH V ZB 74/08 v. 4.12.08, NJW 09, 594 hat der BGH darüber hinaus ausdrücklich entschieden, dass die GbR unter der Bezeichnung in das Grundbuch eingetragen werden kann, die ihre Gesellschafter im Gesellschaftsvertrag für sie vorgesehen haben. Jedoch hat das Gesetz zur Einführung des elektronischen Rechtsverkehrs und der elektronischen Akte im Grundbuchverfahren sowie zur Änderung weiterer grundbuch-, register- und kostenrechtlicher Vorschriften (ERVGBG 2009) v. 11.8.09 (BGBl. I 09, 2713) mit Wirkung zum 1.1.09 gesetzliche Sonderregelungen geschaffen, und zwar die zwingende Eintragung aller Gesellschafter (§ 47 Abs. 2 GBO) und fakul-

tative Eintragung des Namens und des Sitzes der Gesellschafter (§ 15 Buchst. c GBV). Hinzu kommen noch neue Vermutungs- und Gutglaubensvorschriften (§ 899 BGB). Auch eine Außen-GbR kann als Kommanditistin vollhaftende Gesellschafterin sein (*Baumbach/Hopt* § 105 Rz. 28). Zu beachten ist, dass die vorstehenden Ausführungen für die reine Innengesellschaft (auch als GbR und insbes. für die stille Gesellschaft) nicht gelten; eine solche kann daher nicht Gesellschafter einer OHG sein (vgl. *Baumbach/Hopt* § 105 Rz. 29). Nach hM kann eine Erbengemeinschaft oder auch die eheliche Gütergemeinschaft nicht Gesellschafterin sein (BGH II ZR 120/75 v. 4.5.83, BGHZ 68, 237 mwN). Dieser Auffassung ist nach der Änderung der Rspr. zur Außen-GbR nicht mehr zuzustimmen (vgl. hierzu *MünchKommHGB/K. Schmidt* § 105 Rz. 104). Vgl. zur OHG allgemein auch *MünchKommHGB/K. Schmidt* § 105 Rz. 1ff.

Von einer **Beteiligung Minderjähriger an einer OHG** ist vom zivilrechtlichen 4
Standpunkt aus **abzuraten.** Inwieweit Minderjährige beim Abschluss des Vertrages durch ihre Eltern vertreten werden können (vgl. hierzu allgemein *Palandt/Diederichsen* § 1629 BGB Rz. 1ff.), erscheint nach der Entscheidung des BVerfG 1 BvR 1542/84 v. 13.5.86 (NJW 86, 1859) fraglich. Da das BVerfG in dieser Entscheidung ausgesprochen hat, dass es mit dem allgemeinen Persönlichkeitsrecht Minderjähriger nicht vereinbar ist, dass Eltern ihre Kinder kraft elterlicher Vertretungsmacht bei Fortführung eines ererbten Handelsgeschäfts in ungeteilter Erbengemeinschaft finanziell unbegrenzt verpflichten können, ist nunmehr zweifelhaft, ob Minderjährige bei einer Beteiligung an einer OHG überhaupt von ihren Eltern vertreten werden können. Hält man die Beteiligung Minderjähriger und die Vertretung durch die Eltern für zulässig, so ist Folgendes zu beachten:

Soweit es sich um ein **Familienunternehmen** handelt, an dem die Eltern selbst beteiligt sind, dürfen die Eltern das Kind nicht vertreten (§ 181 BGB). Das Kind darf auch nicht vom anderen Elternteil vertreten werden, wenn nur ein Elternteil beteiligt ist (§§ 1629 Abs. 2, 1795 Abs. 1 Nr. 1 BGB). Eine Vertretung des Kindes durch die Eltern scheidet auch aus, wenn die Eltern zwar nicht selbst an der Gesellschaft beteiligt sind, aber andere (volljährige) Abkömmlinge (§ 1795 Abs. 1 Nr. 1 iVm. § 1629 Abs. 2 Satz 1 BGB). In den vorgenannten Fällen muss zum Zwecke des Abschlusses des Gesellschaftsvertrages ein Pfleger durch das zuständige Amtsgericht bestellt werden (BGH II ZR 209/61 v. 20.9.62, NJW 62, 2344). Der Pfleger braucht lediglich zum Zwecke des Abschlusses des Gesellschaftsvertrages bestellt zu werden; eine Dauerpflegschaft für die Zeit der Gesellschaft ist weder erforderlich noch zulässig (BFH IV R 102/73 v. 29.1.76, BStBl II 76, 328; BGH II ZB 6/74 v. 18.9.75, NJW 76, 49). In jedem Fall bedarf der mit dem Minderjährigen geschlossene Gesellschaftsvertrag der vormundschaftgerichtlichen Genehmigung gem. § 1822 Nr. 3 BGB, sofern der Gesellschaftsvertrag den Betrieb eines Erwerbsgeschäfts zum Gegenstand hat. – Bei der Aufnahme von Minderjährigen ist weiter das auf einen Zeitraum von drei Monaten begrenzte Sonderkündigungsrecht des § 723 Abs. 1 Nr. 2 BGB zu beachten; dies gilt allerdings nur für den Ausnahmefall, dass die Gesellschaft auf bestimmte Zeit errichtet ist. Vgl. zur Vertretung Minderjähriger *Maier-Reimer/Marx* NJW 05, 3025ff.; *Baumbach/Hopt* § 105 Rz. 26.

Besonderheiten können sich dann ergeben, wenn **ein Gesellschafter verheira-** 5
tet ist und im gesetzlichen **Güterstand der Zugewinngemeinschaft** lebt. In diesem Fall kann der Gesellschaftsvertrag nur mit Einwilligung des anderen Ehegatten rechtswirksam abgeschlossen werden, wenn der eintretende Gesellschafter sich zur Einbringung seines ganzen oder nahezu ganzen Vermögens verpflichtet (§ 1365 BGB). Das ganze Vermögen kann auch in einem einzelnen Vermögensgegenstand (zB Grundstück) bestehen. Soweit die Eheleute nicht vor Abschluss des Gesellschaftsvertrages Gütertrennung vereinbaren, kann der Ausschluss der Verfügungsbeschränkung des § 1365 BGB in notarieller Form erfolgen. Um im Fall einer Auflösung der Ehe die Gesellschaft nicht mit einer Zugewinnausgleichsforderung zu gefährden, kann es sich

darüber hinaus empfehlen, den Zugewinnausgleichsanspruch zumindest insoweit auszuschließen, als die Anteile an der Gesellschaft betroffen sind (s. Formular A. 9.00 § 20). Auch eine solche Vereinbarung bedarf notarieller Form.

6 Es ist weiterhin auch möglich, dass **dieselben Personen mehrere OHGs** bilden und diese Gesellschaften untereinander in Rechtsverkehr treten. Jede Gesellschaft muss dann aber eine eigene Firma (Namen) haben.

7 Die Gesellschaft muss ein **Handelsgewerbe** unter gemeinsamer Firma betreiben. Handelsgewerbe ist nach der Legaldefinition des § 1 Abs. 2 HGB jeder Gewerbebetrieb, es sei denn, dass das Unternehmen nach Art oder Umfang einen in kaufmännischer Weise eingerichteten Geschäftsbetrieb nicht erfordert. In diesen Fällen oder dann, wenn nur eigenes Vermögen verwaltet wird, ist die Gesellschaft eine OHG, wenn die Firma des Unternehmens in das Handelsregister eingetragen ist. Die OHG entsteht grds. mit der Aufnahme ihrer Geschäfte; die erforderliche Eintragung im Handelsregister hat lediglich deklaratorische Wirkung, soweit das Unternehmen nach Art oder Umfang einen in kaufmännischer Weise eingerichteten Geschäftsbetrieb unterhält. Ist dieser demgegenüber nicht erforderlich oder verwaltet die Gesellschaft nur eigenes Vermögen, entsteht die OHG erst mit Eintragung in das Handelsregister, dh. die Eintragung in das Handelsregister wirkt konstitutiv.

8 Auch **land- und forstwirtschaftliche Unternehmen** können bei Vorliegen eines in kaufmännischer Weise eingerichteten Gewerbebetriebes in das Handelsregister eingetragen und in Form einer OHG geführt werden (§ 3 HGB). Eine Verpflichtung zur Eintragung besteht jedoch insoweit nicht.

9 Im Hinblick auf das Erfordernis eines gewerblichen Unternehmens können sich **freiberuflich Tätige** nach wie vor im Regelfall nicht zu einer OHG zusammenschließen. Etwas anderes gilt allerdings dann, wenn die Gesellschaft gewerblichen Zuschnitt hat (*Baumbach/Hopt* § 105 Rz. 3, § 1 Rz. 20). Jederzeit besteht neben der Möglichkeit der Begründung einer GbR die Möglichkeit zum Zusammenschluss in einer Partnerschaft nach dem PartGG.

10 **Teilrechtsfähigkeit:** Die OHG kann unter ihrer Firma Rechte erwerben und Verbindlichkeiten eingehen, im Grundbuch eingetragen und vor Gericht klagen und verklagt werden (§ 124 HGB). Gleichwohl ist die OHG keine juristische Person, sondern lediglich rechtlich weitgehend selbstständig und deshalb als Übergangsform zur juristischen Person weithin den gleichen Regeln unterworfen (*Baumbach/Hopt* Einl. vor § 105 Rz. 12). Gleichwohl geht die rechtliche Verselbstständigung (§ 124 HGB) nicht soweit wie bei Kapitalgesellschaften; so kann die Personenhandelsgesellschaft bspw. nicht ihr eigener Gesellschafter sein (anders § 71 AktG, § 33 GmbHG). Eigentümer des Gesellschaftsvermögens sind bei der OHG die einzelnen Gesellschafter zur gesamten Hand. Es gelten insoweit die Vorschriften des BGB über die GbR (§ 105 Abs. 2 HGB, §§ 705ff., 718–720 BGB).

11 **Haftung:** Für Verbindlichkeiten der Gesellschaft haften neben der Gesellschaft als selbstständiger Trägerin von Rechten und Pflichten (§ 124 HGB) die einzelnen Gesellschafter persönlich und unbeschränkt als Gesamtschuldner (§ 128 HGB). Eine Einschränkung der Haftung erfordert in jedem Einzelfall eine Vereinbarung mit dem jeweiligen Vertragspartner (RG IV 847/26 v. 9.5.27, RGZ 117, 102). Die Haftung beginnt mit Gründung der Gesellschaft bzw. im Zeitpunkt des Eintritts als Gesellschafter (§ 130 HGB). Sie erstreckt sich auf alle während der Dauer der Gesellschaft entstandenen Verbindlichkeiten, gleich aus welchem Rechtsgrund. Im Innenverhältnis können die Gesellschafter untereinander bestimmen, dass für einzelne oder für alle Geschäfte gewisse Gesellschafter überhaupt nicht oder nur in bestimmtem Umfang haften (Freistellungsanspruch gegenüber den Mitgesellschaftern).

12 **Nach dem Ausscheiden** eines Gesellschafters aus der Gesellschaft sowie nach deren Auflösung besteht die Haftung des ausgeschiedenen Gesellschafters bzw. der ehemaligen Gesellschafter fort. Die Verjährungsfrist bzw. die Frist für die Nachhaftung

des ausgeschiedenen Gesellschafters bzw. der ehemaligen Gesellschafter beträgt gemäß §§ 159, 160 HGB längstens fünf Jahre und beginnt mit der Auflösung der Gesellschaft bzw. dem Ausscheiden des Gesellschafters. Maßgeblicher Stichtag ist die Eintragung der Auflösung (§ 159 Abs. 2 HGB) bzw. des Ausscheidens im Handelsregister (§ 160 Abs. 1 Satz 2 HGB). Wird das Ausscheiden eines Gesellschafters nicht in das Handelsregister eingetragen, beginnt der Lauf der **Enthaftungsfrist** mit der **positiven Kenntnis** des Gesellschaftsgläubigers vom Ausscheiden des Gesellschafters (vgl. BGH II ZR 284/05 v. 24.9.07, NJW 07, 3784), §§ 159, 160 HGB begrenzen die Nachhaftung umfassend. Die Fünfjahresfrist ist nicht nur eine Obergrenze, sondern regelt die Haftungseinschränkungen abschließend (*Baumbach/Hopt* § 159 Rz. 2, § 128 Rz. 31, BGH II ZR 330/00 v. 29.4.02, NJW 02, 2170; so schon BGH II ZR 235/81 v. 8.2.82, NJW 82, 2443).

Die Begrenzung auf fünf Jahre gilt für alle Ansprüche aus der persönlichen Haftung (§§ 128ff. HGB) für Gesellschaftsverbindlichkeiten. Die Bestimmung gilt insbes. auch für Ansprüche aus betrieblicher Altersversorgung von Arbeitnehmern und Ansprüche aus sämtlichen Dauerschuldverhältnissen. Sie betrifft weiterhin Ansprüche aus Delikt (Schadensersatzansprüche). Dabei spielt es keine Rolle, ob der Anteil veräußert, wird, der Gesellschafter ausscheidet oder auch beim Ausscheiden des zweitletzten Gesellschafters eine Anwachsung beim verbleibenden letzten Gesellschafter erfolgt (BGH II ZR 120/98 v. 11.10.99, NJW 00, 210; vgl. hierzu auch *Baumbach/Hopt* § 160 Rz. 2). 13

Nach wie vor von der **Nachhaftungsbegrenzung nicht erfasst** sind Ansprüche gegen den ehemaligen Gesellschafter, die auf besonderen Rechtsgründen beruhen, zB aus eigener persönlicher Sicherung für Verbindlichkeiten der Gesellschaft wie Bürgschaften (*Baumbach/Hopt* § 160 Rz. 2). Voraussetzung für das Bestehen des Anspruches gegen den ausgeschiedenen Gesellschafter ist insbes., dass bei Ansprüchen ein schriftliches Anerkenntnis ausreicht (§ 160 Abs. 2 HGB); die gerichtliche Geltendmachung ist nicht zwingend erforderlich. Bei öffentlich-rechtlichen Verbindlichkeiten (zB Steuerschulden) genügt die Geltendmachung durch Erlass eines Verwaltungsaktes (Steuerbescheid). Für ein **Verschulden ihrer Organe** haftet die OHG nach hM gemäß § 31 BGB (*MünchKommBGB/Ulmer* § 705 Anm. 260ff.; BGH I ZR 92/51 v. 8.2.52, NJW 52, 537; BGH II ZR 385/99 v. 24.3.02, NJW 03, 1445, 1446). 14

Form: Der Abschluss des Gesellschaftsvertrages ist formfrei; aus Beweisgründen ist Schriftform empfehlenswert. Übernimmt ein Gesellschafter die Verpflichtung zur Einbringung eines Grundstücks oder eines GmbH-Geschäftsanteils, ist notarielle Beurkundung des Gesellschaftsvertrages erforderlich (§ 311b BGB; § 15 Abs. 4 Satz 1 GmbHG; siehe hierzu BGH II ZR 312/06 v. 10.3.08, DStR 08, 1147 betreffend die Formbedürftigkeit der Übertragung von GbR-Anteilen). Der Gesellschaftsvertrag kann auch durch schlüssiges Verhalten (stillschweigend) abgeschlossen werden (BGH II ZR 282/55 v. 29.11.56, NJW 57, 218; *Baumbach/Hopt* § 105 Rz. 54). 15

Abgrenzung gegenüber anderen Rechtsbeziehungen: Von der GbR unterscheidet sich die OHG dadurch, dass sie – bei im Übrigen gleichen Voraussetzungen – ein Handelsgewerbe betreibt. Nach der Neufassung des § 105 Abs. 2 HGB kann Gesellschaftszweck einer OHG auch die Verwaltung eigenen Vermögens sein. Zu beachten ist allerdings, dass bei einer Vermögensverwaltungstätigkeit die Wirksamkeit der Gesellschaft im Außenverhältnis nicht bereits mit Aufnahme der Geschäfte nach außen eintritt, sondern erst mit Eintragung ins Handelsregister (§ 123 Abs. 1 und Abs. 2 HGB). Eng verwandt mit der OHG ist die KG; diese unterscheidet sich von der OHG dadurch, dass bei ihr neben einem oder mehreren persönlich unbeschränkt haftenden Gesellschaftern einer oder mehrere beschränkt haftende Gesellschafter vorhanden sind. 16

(frei) 17

c) Steuerrecht

18 Die OHG als Personengesellschaft ist für einige Steuerarten **steuerrechtsfähig,** zB die Umsatzsteuer, die Gewerbesteuer, die Grundsteuer, die Grunderwerbsteuer sowie die Zölle und Verbrauchsteuern. Für die Einkommensteuer (ESt) ist die OHG **nicht steuerrechtsfähig;** nicht sie ist Steuersubjekt für die ESt, sondern deren Gesellschafter. Deren Einkommen bzw. Betriebsvermögen wird mit den auf die Gesellschafter entfallenden Anteilen einheitlich und gesondert gem. § 180 Abs. 1 Nr. 2a AO festgestellt. Das gilt auch für Veräußerungsgewinne beim Ausscheiden und die Ergebnisse etwaiger Sonder- und Ergänzungsbilanzen. Die Feststellung erfolgt durch Bescheid gegenüber der Gesellschaft, wobei eine Zustellung an jeden Gesellschafter nur ausnahmsweise in Betracht kommt (§ 183 AO). Einwendungen gegen den Feststellungsbescheid können nur durch eine Anfechtung dieses Bescheides erhoben werden. Die Veranlagung des Gesellschafters ist nicht mit der Begründung anfechtbar, der Feststellungsbescheid sei unrichtig (§§ 182, 351 Abs. 2 AO).

19 Die Gesellschafter der OHG erzielen steuerlich idR **Einkünfte aus Gewerbebetrieb** iSv. § 15 Abs. 1 Nr. 2 EStG. Die Gesellschafter einer OHG sind als Mitunternehmer einzustufen, wenn die Gesellschaft ein gewerbliches Unternehmen betreibt. Dies ist bei einer OHG regelmäßig der Fall, soweit nicht Einkünfte aus Land- und Forstwirtschaft erzielt werden oder die Gesellschaft ausschließlich vermögensverwaltend tätig wird. Ein Gesellschafter ist dann nicht Mitunternehmer, wenn seine rechtliche Stellung durch den Gesellschaftsvertrag so stark beschnitten wird, dass sie mit dem typischen Leitbild eines OHG-Gesellschafters nichts mehr gemein hat (BFH I R 174/73 v. 30.7.75, BStBl. II 75, 818). Nicht jeder, der zivilrechtlich Gesellschafter einer OHG ist, genügt den Kriterien, die den Mitunternehmer im Sinne von § 15 EStG ausmachen (BFH IV B 28/73 v. 21.2.74, BStBl. II 74, 404; IV R 163/76 v. 8.2.79, BStBl. II 79, 405), vgl. hierzu A. 8.00 Rz. 15.

20 **Gewerbesteuer:** Die OHG selbst und nicht deren Gesellschafter ist, wenn sie einen Gewerbebetrieb unterhält, gewerbesteuerpflichtig. Dies folgt aus dem Charakter der Gewerbesteuer als einer Objektsteuer. Unter einem Gewerbebetrieb ist gem. § 2 Abs. 1 Satz 2 GewStG ein gewerbliches Unternehmen iSd. EStG, also des § 15 EStG zu verstehen. Von einer im Handelsregister eingetragenen Gesellschaft wird vermutet, dass sie gewerblich tätig ist und damit der Gewerbesteuerpflicht unterliegt. Die Vermutung ist grds. widerlegbar. Die Gesellschaft kann im Einzelfall auch Einkünfte aus Land- und Forstwirtschaft, Kapitalvermögen oder VuV erzielen.

21 Das **UntStRefG 2008** v. 14.8.07 (BGBl. I 07, 1912) hat eine wesentliche Änderung der Gewerbesteuer mit Wirkung zum 1.1.08 gebracht. Dies liegt zum einen daran, dass die Gewerbesteuer und die darauf entfallenden Nebenleistungen (z.B. Verspätungszinsen) **nicht mehr als Betriebsausgabe absetzbar ist** (vgl. § 4 Abs. 5b EStG). Die Gewerbesteuer mindert jetzt weder die Bemessungsgrundlage für die Einkommensteuer noch für die Gewerbesteuer selbst (zu den verfassungsrechtlichen Bedenken *Blümich/Wied* § 4 EStG Rz. 922). Zu einer weiteren Verschärfung kam es durch die **Erweiterung der Hinzurechnungstatbestände** in § 8 GewStG. Alle Entgelte für Schulden (Zinsen) werden mit 25% hinzugerechnet. Auch Renten und dauernde Lasten führen zu einer Hinzurechnung von 25%, Ausnahme: Pensionszahlungen auf Grund einer unmittelbar vom Arbeitgeber erteilten Versorgungszusage. Außerdem erfolgt eine Hinzurechnung der Gewinnanteile des stillen Gesellschafters von 25% (unabhängig davon, ob die Zahlungen bei diesem der Gewerbesteuer unterliegen). Schließlich werden Miet- und Pachtzinsen für bewegliches Anlagevermögen von 25 × 20% (also 5%) und bei unbeweglichem Anlagevermögen von 25% × 65% (also 16,25%) bzw. ab Verlangungszeitraum 10 von 25% × 50% (also 12,5%) hinzugerechnet. Die Hinzurechnung erfolgt aber nur dann, wenn die Summe der hinzuzurechnenden Beträge den Betrag von EUR 100.000 übersteigt.

Es gibt keinen Staffeltarif mehr für die Ermittlung der **Gewerbesteuermesszahl** bei Personenunternehmen. Die Steuermesszahl für den Gewerbeertrag beträgt jetzt einheitlich **3,5 %** für alle Unternehmen.

Die durch das **StSenkG 2001** v. 23.10.00 (BGBl. I 00, 1433) eingeführte pauschalierte Anrechnung der Gewerbesteuer auf die Einkommensteuerschuld des Gesellschafters wurde ausgeweitet, indem die Hinzurechnung iHv. bisher des 1,8-fachen des Gewerbesteuermessbetrages auf das **3,8-fache des Gewerbesteuermessbetrages** erhöht wurde. Faktisch ist damit die Gewerbesteuer Teil der Einkommensteuervorauszahlung des Gesellschafters. Während in der Vergangenheit die Anrechnung allerdings betragsmäßig nicht beschränkt war, sieht § 35 Abs. 1 Satz 2 EStG eine Beschränkung des Ermäßigungsbetrages auf die tatsächlich zu zahlende Gewerbesteuer vor. Verfahrensrechtlich ist anzumerken, dass sowohl der Gewerbesteuermessbetrag, der anteilige Gewerbesteuermessbetrag und die anteilig zu zahlende Gewerbesteuer für jeden Gesellschafter der Personengesellschaft gesondert und einheitlich festgestellt werden, § 35 Abs. 2 bis 4 EStG. 22

Der Anteil eines Mitunternehmers am Gewerbesteuermessbetrag richtet sich nach seinem Anteil am Gewinn der Mitunternehmerschaft nach Maßgabe des allgemeinen Gewinnverteilungsschlüssels. Ein Gewinnvorab ist für die Bemessung des Anteils eines Mitunternehmers am Gewerbsteuermessbetrags nicht zu berücksichtigen, § 35 Abs. 2 S. 2 EStG (vgl. BFH IV B 109/08 v. 7.4.08, BStBl. II 10, 116; vgl. auch BMF v. 22.12.09, BStBl. I 10, 43). 23

Die Verteilung nach dem allgemeinen Gewinnverteilungsschlüssel führt unter Umständen zu verzerrten Ergebnissen: Erhält bspw. nur ein Gesellschafter hohe, deutlich gegenüber den anderen Gesellschaftern abgehobene Vergütungen, so führt dies zu einer Gewerbesteuermehrbelastung. Die hieraus resultierende Anrechnung ist allen Gesellschaftern gleichmäßig nach allgemeinem Gewinnverteilungsschlüssel zuzurechnen. Sachgerechter ist demgegenüber eine Lösung, die im Wege einer gesellschaftsvertraglichen Bestimmung eine Zuweisung des auf den Sonderbetriebsbereich entfallenden Gewerbesteueraufwands zu dem verursachenden Gesellschafter ermöglicht; diesem ist dann auch die Ermäßigung zu gewähren (vgl. hierzu *Plambeck* DStR 10, 1553 mwN.). *Levedag* GmbHR 09, 13 (17) schlägt hierbei folgende Klausel vor:

„Belastungen der Gesellschaft durch Gewerbesteuer, die ihre Ursache im Bereich des Sonderbetriebsvermögens und den Vergütungen nach § 15 Abs. 1 Nr. 2 Alt. 2 EStG sowie den Ergebnissen eventueller Ergänzungsbilanzen haben, sind bei der Gewinnverteilung vorweg bei dem Gesellschafter als besonderer Aufwand zu berücksichtigen, dem das Sonderbetriebsvermögen, die Vergütungen sowie die Ergebnisse eventueller Ergänzungsbilanzen zuzurechnen sind. Bei Minderungen der Gewerbesteuer auf Grund von Sonderbetriebsausgaben oder Ergänzungsbilanzverlusten ist S. 1 sinngemäß anzuwenden und dem Gesellschafter ein besonderer Ertrag zuzuweisen.

Entstehen durch die Anrechnung der Gewerbesteuer (§ 35 EStG) einkommensteuerliche Entlastungseffekte, so sind die Gesellschafter untereinander verpflichtet, in Höhe des sie begünstigenden Entlastungseffekts Ausgleichszahlungen an den Gesellschafter zu leisten, in dessen Sphäre die der Anrechnung zugrunde liegenden Umstände entstanden sind. Die Ausgleichzahlung bemisst sich nach dem 3,8fachen des dem begünstigten Gesellschafter aufgrund des allgemeinen Gewinnverteilungsschlüssels „zu hoch zugewiesenen Gewerbesteuermessbetrags", höchstens jedoch nach dem Betrag, der von der Gesellschaft gezahlt wird und nach dem allgemeinen Gewinnverteilungsschlüssel gemäß § 35 Abs. 4 EStG anteilig auf den ausgleichspflichtigen Gesellschafter entfällt. Der „zu hoch zugewiesene Gewerbesteuermessbetrag" entspricht dem Teil des Gewerbesteuermessbetrags, der auf die Sonderbetriebseinnahmen, die gewinnabhängige Sondervergütungen nach dem BMF-Schreiben v. 19.9.07, BStBl. I 07, 701 und/oder Ergänzungsbilanz entfällt."

Im Zuge der Unternehmenssteuerreform 2008 wurde die sog. **Thesaurierungsbesteuerung (§ 34a EStG;** vgl. hierzu *Blümich/Ratschow* § 34a EStG Rz. 1ff.) eingeführt. Danach hat der Unternehmer ein Wahlrecht, ob er einen **nichtentnommenen**

Gewinn aus seiner OHG mit seinem persönlichen Einkommensteuersatz (zB Spitzensteuersatz von 45%, zzgl. Solidaritätszuschlag 47,47%, sog. **Reichensteuer,** gilt ab 2008 auch für alle Gewinneinkünfte) oder **auf Antrag** mit dem **Thesaurierungssteuersatz** von 28,25% (zzgl. Solidaritätszuschlag 29,8%) versteuern will. Bei einer späteren Entnahme des günstiger besteuerten Gewinns kommt es zu einer **Nachversteuerung** mit 25% (zzgl. Solidaritätszuschlag 26,37%). Die Nachversteuerung entspricht der Abgeltungssteuer mit 25% auf Ausschüttungen einer Kapitalgesellschaft und soll die von der Unternehmenssteuerreform 2008 angestrebte Gleichstellung von Kapitalgesellschaften und Personengesellschaften gewährleisten. Bemessungsgrundlage für die Nachversteuerung ist der nicht entnommene Gewinn abzüglich gezahlter Thesaurierungssteuer. Zur Thesaurierungsbesteuerung ist anzumerken, dass sich diese auf den ersten Blick als günstig darstellt, jedoch die Nachversteuerung bei jeder Gewinnentnahme zwangsläufig ist, dh es insbes. bei unfreiwilligen Entnahmen (OHG macht keine Gewinne, Unternehmer braucht aber Geld zum Leben), zu einer erheblichen Steuernachzahlung kommt, für die dann möglicherweise keine Mittel mehr zur Verfügung stehen (vgl. hierzu auch *Düll/Reichert* ZIP 08, 1249ff.). Die Wahlmöglichkeit zwischen Regelbesteuerung und Thesaurierungsbesteuerung wird jedem Gesellschafter einer Personengesellschaft, dessen Gewinnanteil in dem betreffenden Jahr mehr als 10% beträgt und EUR 10.000 übersteigt, gesondert zugestanden (vgl. BMF v. 11.8.08, DStR 08, 1637). Zur Notwendigkeit der Anpassung von Gesellschaftsvertragsklauseln aufgrund der gesetzlichen Neuregelung siehe *Levedag* GmbHR 09, 13 (17ff.).

24 **Umsatzsteuer:** Unabhängig von der Art ihrer Einkünfte ist die OHG Unternehmer iSv. § 2 UStG und unterliegt mit ihren stpfl. Umsätzen der Umsatzsteuer. Der Gesellschafter ist als solcher nicht Unternehmer iSd. UStG – siehe hierzu auch Rz. 48.

25 **Grunderwerbsteuer:** Die OHG ist besonderer Rechtsträger iSd. Grunderwerbsteuerrechts (s. hierzu *Boruttau* § 1 Rz. 76ff.). Ein Wechsel im Personenstand der Gesellschaft durch Eintritt oder Austritt eines Gesellschafters unterliegt darum auch dann nicht der Grunderwerbsteuer, wenn sich im Gesellschaftsvermögen ein Grundstück befindet. Voraussetzung ist allerdings ein Fortbestand der Gesellschaft. Zu beachten sind jedoch die Restriktionen des § 1 Abs. 2a GrEStG. Danach löst ein unmittelbarer oder mittelbarer Wechsel von 95% des Gesellschafterbestandes der Personengesellschaft innerhalb von fünf Jahren Grunderwerbsteuer aus (s. hierzu *Boruttau* § 1 Rz. 808ff. (826)).

2. Einzelerläuterungen

Zu § 1: Firma, Sitz

26 Gem. § 17 Abs. 1 HGB ist die **Firma** eines Kaufmanns der Name, unter dem er im Handel seine Geschäfte betreibt und die Unterschrift abgibt. Unter der Firma kann die OHG daneben klagen und verklagt werden (§§ 17, 124 BGB). Das Firmenrecht der OHG ist – entspr. den allgemeinen Grundsätzen – durch die Grundsätze der Firmenwahrheit in Form eines allgemeinen Täuschungsverbots, der Firmenklarheit (oder Firmenunterscheidbarkeit) in Form des Ausschlusses der Verwechslungsgefahr, der Firmeneinheit (*Baumbach/Hopt* § 17 Rz. 7) und der Firmenbeständigkeit gekennzeichnet. Der Firmaname kann im Rahmen der oben genannten grds. Einschränkungen frei gewählt werden (vgl. §§ 18, 19 HGB). Es können auch eine Sachfirma oder eine „Fantasiefirma" gebildet werden, die nicht dem Unternehmensgegenstand entnommen ist. Die Firma muss lediglich zur Kennzeichnung geeignet sein, Unterscheidungskraft besitzen und keine irreführenden Angaben enthalten. Die Aufnahme des Namens eines Gesellschafters ist nicht erforderlich. Die Firma der OHG muss zwingend die Bezeichnung „Offene Handelsgesellschaft" oder eine allgemein verständliche Abkürzung (zB „OHG") enthalten. Ist keiner der Gesellschafter eine natürliche Person, muss sich aus der Firma darüber hinaus die Haftungsbeschränkung ergeben (§ 19

Abs. 2 HGB); zu den notwendigen Angaben auf den Geschäftsbriefen in diesen Fällen s. § 125a HGB (zur Firmierung ausführlich *Baumbach/Hopt* § 18 Rz. 1ff.).

Die OHG muss einen **Sitz** haben. Der Sitz der Gesellschaft befand sich bisher am Ort der Geschäftsführung, ggf. der zentralen Geschäftsbüroführung (vgl. *MünchKommHGB/Langhein* § 106 Rz. 26, *Baumbach/Hopt* § 106 Rz. 8). Strittig ist, ob mit Aufgabe der Sitztheorie für Kapitalgesellschaften durch das MoMiG v. 23.10.08 (BGBl. I 08, 2026) auch für die Personengesellschaften einen vom tatsächlichen Sitz unterschiedenen gesellschaftsvertraglichen bzw. satzungsmäßigen Sitz anzunehmen ist (vgl. zB. § 3 Abs. 1 Nr. 1 GmbHG bzw. §§ 5, 23 Abs. 3 Nr. 1 AktG). Der BGH hat allerdings entschieden, dass bis zu einer Änderung durch den Gesetzgeber der tatsächliche Sitz weiterhin maßgebend ist (BGH II ZR 158/06 v. 27.10.08, NJW 09, 289; s. hierzu ausführlich *Baumbach/Hopt* § 106 Rz. 8 und Einl. 29 vor § 105). Die OHG kann nur einen Sitz haben (vgl. *MünchKommHGB/Langhein* aaO § 106 Rz. 27). Eine hiervon abweichende Bestimmung im Gesellschaftsvertrag ist unbeachtlich. Am Ort des Sitzes ist die Anmeldung zum Registergericht vorzunehmen (§ 106 HGB). 27

Aufgrund mehrerer Urteile des EuGH (Rs C-208/00 v. 5.11.02, ZIP 02, 2037 „Überseering"; C-167/01 v. 30.9.03, ZIP 03, 1885 „Inspire Art"; C-9/02 v. 11.3.04, ZIP 04, 662, „Hughes de Lasteyrie du Saillant"), war umstritten, welche Folgen die Verlegung des Verwaltungssitzes einer OHG vom Inland in das EU-Ausland hat; die wohl hM geht davon aus, dass dies die Auflösung der Gesellschaft bedingt. Bestätigt wird diese Rechtsauffassung nunmehr ausdrücklich durch das Urteil des EuGH C-210/06 v. 16.12.08, DStR 09, 121 („Cartesio", vgl. auch NJW-Spezial 09, 48; (siehe hierzu *Oetker/Weitemeyer* § 105 Rz. 1ff.). Anders ist es in Zuzugsfällen. Verlegt eine EU- oder EWR-Gesellschaft ihren Sitz ins Inland, verdrängt die Niederlassungsfreiheit die Sitztheorie und es gilt das Recht des Gründungsstaates (siehe auch *Frobenius* DStR 09, 487ff.). Dies gilt nicht für nicht EU- oder EWR-Staaten (vgl. hierzu auch BGH II ZR 158/06 v. 27.10.08, NJW 09, 289 zur Nichtanwendbarkeit auf eine Schweizer AG; zur Problematik ausführlich *Baumbach/Hopt* Einl. 29ff. vor § 105).

Zu § 2: Gegenstand des Unternehmens

Jede Gesellschaft, deren Gewerbebetrieb nicht schon nach § 1 Abs. 2 HGB Handelsgewerbe ist, weil sie über einen vollkaufmännisch eingerichteten Geschäftsbetrieb verfügt, oder die nur eigenes Vermögen verwaltet, kann zur OHG werden. Voraussetzung ist lediglich, dass die **Firma** des Unternehmens **in das Handelsregister eingetragen** wird (vgl. BT-Drs. 13/8044 S. 63). 28

Nach wie vor rechtlich nicht möglich ist eine **Freiberufler-OHG** (*Ammon* DStR 98, 1474, 1476; *Schön* DB 98, 1169, 1174; *Baumbach/Hopt/Roth* § 105 Rz. 3). Demgegenüber wird die Auffassung vertreten, dass es sich bei § 105 Abs. 2 HGB um einen Auffangtatbestand handelt, mit der Folge, dass jede zu einem gesetzlich zulässigen Zweck gebildete rechtfähige Personengesellschaft, d.h. jede Außengesellschaft, als OHG oder KG eingetragen werden kann (*MünchKommHGB/K. Schmidt* § 105 Rz. 58). Da die Bestimmungen nach ihrem Wortlaut und der Begründung nur auf die bisher nicht eintragungsfähigen Vermögensverwaltungsgesellschaften wie Immobilienverwaltungs-, Holding- und Grundbesitzgesellschaften abzielen, ist für die von *K. Schmidt* vorgeschlagene „ausdehnende Auslegung" kein Raum. Etwas anderes gilt allerdings für den Fall, dass die Gesellschaft bzw. deren Betätigung einen gewerblichen Zuschnitt hat (vgl. Rz. 9). 28a

Zu § 3: Dauer, Geschäftsjahr

Die OHG wird durch Abschluss des Gesellschaftsvertrages gegründet; im Innenverhältnis entsteht sie mit dem Zeitpunkt, der im Gesellschaftsvertrag für den Beginn festgelegt wird, oder mangels einer solchen Bestimmung mit Abschluss des Vertrages. 29

Im Außenverhältnis entsteht die Gesellschaft mit ihrer Eintragung im Handelsregister; betreibt die Gesellschaft jedoch ein Handelsgewerbe gem. § 1 Abs. 2 HGB, nimmt sie ihre Tätigkeit bereits vor Eintragung im Handelsregister auf, so entsteht die OHG nach außen mit dem Geschäftsbeginn (§ 123 Abs. 2 HGB). Rückwirkend ab Beginn bedeutet idR, dass zwischenzeitlich vorgenommene Geschäfte für Rechnung der Gesellschaft gehen sollen (s. hierzu BGH II ZR 207/74 v. 24.5.76, DB 76, 1860).

30 Ist die OHG nicht Kaufmann iSd. § 1 HGB, weil sie ein Kleingewerbe i. S. v. § 1 Abs. 2 HGB betreibt, so entsteht die OHG immer erst, wenn die Firma des Unternehmens in das Handelsregister eingetragen ist (Kann-Kaufmann, § 2 Satz 1 HGB) (*MünchKommHGB/K. Schmidt* § 6 Rz. 5). Die Eintragung ist in diesem Fall konstitutiv (*MünchKommHGB/K. Schmidt* § 105 Rz. 40). Gleiches gilt gem. § 105 Abs. 2 HGB für eine Gesellschaft, die nur eigenes Vermögen verwaltet (*MünchKommHGB/K. Schmidt* § 105 Rz. 41). Vor Eintragung besteht in diesen Fällen eine GbR; diese kann als „OHG in Gründung" bereits im Grundbuch eingetragen werden (BayObLG BReg. 2 Z 61/84 v. 24.5.85, NJW 86, 30); bei Entstehen der OHG (durch Eintragung in das Handelsregister) geht das Vermögen der GbR wegen Identität der beiden Gesellschaften ohne Einzelübertragung über. Zum Entstehen der OHG durch formwechselnde Umwandlung, Verschmelzung und Spaltung vgl. *MünchKommHGB/K.Schmidt* § 105 Rz. 107ff.

31 Steuerlich beginnt die **OHG** als **Subjekt der Gewinnerzielung und -ermittlung** mit Aufnahme der Geschäftstätigkeit; eine Mitunternehmerschaft kann bereits vor oder auch ohne Abschluss eines (schriftlichen) Gesellschaftsvertrages bestehen (BFH IV R 152/76 v. 19.2.81, BStBl. II 81, 602). Die Errichtung auf unbestimmte Dauer entspricht § 132 HGB.

32 Die OHG kann ein vom Kalenderjahr **abweichendes Wirtschaftsjahr** wählen (*Beck-BilKomm* § 240 HGB Rz. 60ff.). Sie ist hierin bei der Neugründung frei. Beim lebenden Betrieb darf die Umstellung vom Kj. auf ein abweichendes Wj. nur im Einvernehmen mit dem FA erfolgen (§§ 4a Abs. 1 Nr. 2 EStG, § 8b Nr. 2 Satz 2 EStDV).

Zu § 4: Gesellschafter, Kapitaleinlagen

33 Gemäß § 105 Abs. 1 HGB iVm. § 706 BGB können **Einlagen** alle übertragbaren Vermögenswerte sein, zB Geld, Sachen, Dienstleistungen, Good-Will, Rechte, gewerbliche Schutzrechte, Know-how etc. Art und Höhe der Einlagen sind im Gesellschaftsvertrag zu regeln. Soweit im Gesellschaftsvertrag abweichende Regelungen nicht getroffen werden, haben die Gesellschafter gleiche Beiträge zu leisten, § 706 Abs. 1 BGB, § 105 Abs. 3 HGB.

34 Bei der Bewertung von Sacheinlagen sind die Gesellschafter untereinander grds. frei, nicht aber im Verhältnis zu den Gläubigern der Gesellschaft (vgl. BGH II ZR 269/84 v. 8.7.85, NJW 85, 2947). Die Grenze besteht dort, wo die Bewertung sittenwidrig ist (BGH II ZR 24/73 v. 5.12.74, WM 75, 325, 327 mwN). Der von den Gesellschaftern festgelegte Wert der Einlage findet seinen Niederschlag im festen Kapitalkonto. Bei **Mängeln hinsichtlich der eingebrachten Sacheinlagen** sind nach überwiegender Auffassung von Literatur und Rspr. (BGH II ZR 219/63 v. 2.5.1966, NJW 66, 1311 zur Rechtsmängelhaftung bei der GmbH) die kaufrechtlichen Vorschriften der §§ 434ff. BGB bei der Einbringung mangelhafter Sachen in entsprechender Weise anwendbar, soweit sie mit den Besonderheiten der Einbringung einer Sacheinlage vereinbar sind. Bei **Mängeln einer zum Gebrauch überlassenen Sache** kommen die Vorschriften des Mietrechts (§§ 536ff. BGB), bei **mangelhaften Dienstleistungen** die Regeln des Dienstvertragsrechts mit Ausnahme der §§ 616, 617 BGB (Verhinderung bei Krankheit) sowie § 624 BGB (Kündigungsfrist) und § 630 BGB (Zeugnis) entsprechend zur Anwendung. Der Gesellschafter schuldet bei Erbringung mangelhafter Leistungen Schadensersatz aus positiver Vertragsverletzung. Die hM zur Gewährleistung wird zu Recht kritisiert, weil die genannten Vorschriften allein auf synallagmatische Verträge zugeschnitten sind, in denen eine Partei eine Leistung erbringt, um eine andere zu erhalten (vgl. ua. *MünchKommHGB/K. Schmidt* § 105 Rz. 183ff.). Soweit Sacheinlagen im Gesellschaftsvertrag vorgesehen sind, sollten demzufolge im Hinblick auf die hM klare Regeln zur Gewährleistung im Vertrag vereinbart werden.

Zur **ertragsteuerlichen Behandlung von Sacheinlagen** vgl. A. 8.00 Rz. 34ff. **35**

Zu § 5: Konten der Gesellschafter

Das Formular sieht feste Kapitalkonten, ein Rücklagenkonto und ein Verlustvortragskonto vor (vgl. *MünchKommHGB/Grunewald* § 167 HGB Rz. 13ff.; zu steuerlichen Behandlung der jeweiligen Konten siehe grundlegend BFH IV R 98/06 v. 12.10.08, DStR 09, 212; hierzu *Ley* DStR 09, 613). Vgl. hierzu A. 8.00 Rz. 39ff. Dieses **stark ausdifferenzierte Kontenmodell** hat den Vorteil größtmöglicher Transparenz, eignet sich für alle Arten und Größen von Gesellschaften und wird deshalb auch im Formular als Standard dargestellt. **36**

Festes Kapitalkonto (Kapitalkonto I): Durch das feste Kapitalkonto, das der vertraglichen Einlageverpflichtung des Gesellschafters entspricht, wird die Beteiligung des Gesellschafters in einem unverändert bleibenden Verhältnis quotenmäßig festgelegt. Die darin zum Ausdruck kommende Beteiligungsquote ist maßgebend für die Beteiligung am Ergebnis und am Vermögen, für die Beteiligung an den stillen Reserven im Fall der Auseinandersetzung und für das Stimmrecht. Die Vereinbarung eines Festkapitals weicht vom gesetzlichen Leitbild ab (§ 120 Abs. 2 HGB), das von einer variablen Größe ausgeht. **37**

Verlustvortragskonto: Die Einrichtung eines gesonderten Verlustvortragskontos dient der Vereinfachung der Feststellung jeweils aufgelaufener Verluste. Gewinne sind zunächst zum Ausgleich von Verlusten zu nutzen. Übersteigt das Verlustvortragskonto das Kapitalkonto I und wird somit der Kapitalanteil negativ, so wird dadurch eine **Nachschusspflicht** der Gesellschafter während der Dauer der Gesellschaft nicht begründet. Zur Begründung einer Nachschusspflicht vgl. BGH II ZR 22/06 v. 26.3.07, DStR 07, 1313. Im Fall der Liquidation kann sich jedoch eine Ausgleichsverpflichtung des betroffenen Gesellschafters ergeben (*Baumbach/Hopt* § 120 HGB Rz. 22; vgl. auch OLG München 23 U 4240/08 v. 2.7.09, BeckRS 2009, 20731). **38**

Rücklagenkonto (Kapitalkonto II): Die Vereinbarung, wonach von Gewinnanteilen der Gesellschafter je 25% auf Kapitalkonto II zu verbuchen sind, soll zu einer nachhaltigen Stärkung des Eigenkapitals der Gesellschaft führen, da insoweit der Gewinn vom Gesellschafter nicht entnommen werden kann. Die auf Kapitalkonto II gebuchten Beträge haben Einlagencharakter, sind also nicht mehr wie ein Darlehen auszahlbar. **39**

Privatkonto: Während die Kapitalkonten I und II sowie das Verlustkonto bei vertragsmäßiger Durchführung stets im gleichen Verhältnis zueinander stehen müssen (Ausnahme: Gewinne werden vorläufig auf Grund der Regelung des § 20 Satz 5 des Formulars gutgeschrieben), ist das Privatkonto eine variable Größe, da darauf Entnahmen und freie Einlagen verbucht werden. Um dem Rechnung zu tragen, werden Guthaben und Schulden auf dem Privatkonto verzinst. Guthaben auf dem Privatkonto sind grds. entnahmefähig. **40**

Zu § 6: Geschäftsführung und Vertretung

Die Regelung der Geschäftsführung und Vertretung in Abs. 1 (Alleingeschäftsführung und Alleinvertretung jedes Gesellschafters) entspricht der gesetzlichen Regelung der §§ 114, 125 HGB. Geschäftsführungs- und Vertretungsbefugnis können vertraglich eingeschränkt werden. Gegenüber Dritten ist eine Einschränkung der Vertretungsbefugnis dergestalt möglich, dass alle oder einige Gesellschafter nur gemeinsam **41** zur Vertretung ermächtigt sind (Gesamtvertretung, § 125 Abs. 2 HGB). Ist Gesamtvertretung durch Gesellschafter angeordnet, so kann außerdem auch Gesamtvertretung durch einen oder mehrere Gesellschafter mit einem oder mehreren Prokuristen angeordnet werden (gemischte oder unechte Gesamtvertretung). Häufig ist die Anordnung der Vertretung durch entweder zwei Gesellschafter oder einen Gesellschafter mit einem Prokuristen (*Baumbach/Hopt* § 125 Rz. 19, siehe auch *MünchKommHGB/K. Schmidt* § 125 Rz. 34ff.). Die vereinbarte Gesamtvertretung berührt nie die passive Vertretung der Gesellschaft bei der Entgegennahme von Willenserklärungen; hier gilt zwingend immer Einzelvertretung, dh. die Erklärung braucht nur einem Gesamtvertreter zuzugehen (§ 125 Abs. 2 Satz 3 HGB).

42 Die Vertretungsverhältnisse sind zwingend im Handelsregister einzutragen (§ 106 Abs. 2 Nr. 4 HGB; *MünchKommHGB/K. Schmidt* § 106 Rz. 32). Dies gilt sowohl für den Fall der Beibehaltung der gesetzlichen Regelung als auch den der Gesamtvertretung. Darüber hinaus ist eine Beschränkung des Umfangs der Vertretungsmacht Dritten gegenüber unwirksam (§ 126 Abs. 2 HGB).

43 Vertreter iSv. §§ 125ff. HGB können idR nur Gesellschafter sein (**Selbstorganschaft;** BGH II ZR 203/80 v. 5.10.81, NJW 82, 1817, str.; vgl. *Baumbach/Hopt* § 125 Rz. 5).

44 Die in Abs. 2 enthaltene Aufzählung von **Rechtsgeschäften,** die **nur von zwei Geschäftsführern gemeinsam** vorgenommen werden dürfen, führt lediglich zu einer Beschränkung der Geschäftsführungsbefugnis, jedoch nicht zu einer Einschränkung der Vertretungsbefugnis. Bei Verstoß besteht ein Unterlassungsanspruch der übrigen Gesellschafter-Geschäftsführer sowie ggf. Anspruch auf Schadensersatz.

45 Bei der **Alleingeschäftsführung** und **Alleinvertretung** hat gem. § 115 Abs. 1 HGB jeder andere geschäftsführende Gesellschafter ein Recht zum Widerspruch gegen Geschäftsführungsmaßnahmen eines anderen geschäftsführenden Gesellschafters.

46 Das **Widerspruchsrecht** nach § 115 Abs. 1 HGB ist nach dem Formular auf die Fälle der Maßnahmen, die über den üblichen Rahmen des Geschäftsbetriebs hinausgehen, beschränkt, wenn ein Gesellschafterbeschluss die Maßnahme nicht deckt. Auch bzgl. des Widerspruchsrechts sind zum Gesetz abweichende Regelungen im Gesellschaftsvertrag in weitestgehendem Umfang zulässig. Das Widerspruchsrecht kann bspw. für Geschäftsführungsmaßnahmen einzelner Gesellschafter ausgeschlossen werden. Es kann auch ganz ausgeschlossen oder nur allen oder einzelnen Geschäftsführern gegeben werden. Zulässig ist auch die Einräumung des Widerspruchsrechts an einen Dritten (BGH VII ZR 83/59 v. 22.2.60, NJW 60, 963, str. *MünchKommHGB/Rawert* § 115 Rz. 41). Schließlich kann es von bestimmten Voraussetzungen abhängig gemacht werden (*MünchKommHGB/Rawert* § 115 Rz. 42; *Baumbach/Hopt* § 114 Rz. 28). Es ist auch möglich, einem Geschäftsführer stets Alleingeschäftsführungsbefugnis zu erteilen und anderen nicht. Der Widerspruch betrifft nur das Innenverhältnis, eine Außenwirkung kommt dem nicht zu, § 126 Abs. 2 HGB (RG I 80/12 v. 11.12.12, RGZ 81, 92). Etwas anderes gilt lediglich dann, wenn der Widerspruch des Mitgesellschafters gleichzeitig mit der Willenserklärung des Vertreters dem Dritten bekannt gegeben werden würde (RG I 80/12 v. 11.12.12, aaO).

47 *(frei)*

Zu § 7: Regelung der Geschäftsführungstätigkeit

48 Die in dieser Bestimmung enthaltenen Regelungen können auch in Geschäftsführerverträgen mit den einzelnen Gesellschaftern oder in einer allgemeinen Geschäftsordnung für Geschäftsführer enthalten sein. Sie wurden hier in das Vertragsmuster übernommen, weil erfahrungsgemäß häufig der Abschluss separater Geschäftsführerverträge unterbleibt. Die Aufnahme im Gesellschaftsvertrag ist dann nicht empfehlenswert, wenn der Gesellschaftsvertrag nur einstimmig geändert werden kann und für

die Regelung der Geschäftsführungstätigkeit aus Gründen der Flexibilität eine einfachere Änderung möglich sein soll.

Der **Umfang der Geschäftsführung** (Abs. 1 der Vorschrift) bestimmt sich nach den Bedürfnissen des Unternehmens, soweit der Gesellschaftsvertrag diesen nicht näher regelt (s. hierzu *MünchKommHGB/Rawert* § 114 Rz. 6ff.). Zur Klarheit sind im Formular die Geschäftsführungsbereiche aufgeteilt und einzelnen Geschäftsführern zugewiesen. Dies ändert jedoch nichts daran, dass im Außenverhältnis alle Geschäftsführer für die Einhaltung der Verpflichtungen der Gesellschaft verantwortlich sind. **49**

Die **Tätigkeitsvergütungen** sind handelsrechtlich Aufwand der Gesellschaft und mindern deren Gewinn. Es kann eine Verpflichtung dahingehend bestehen, die Tätigkeitsvergütung an veränderte Verhältnisse der Gesellschaft und der Gesellschafter anzupassen (OLG Koblenz 6 U 637/78 v. 20.9.79, BB 80, 855 mwN; hierzu auch *MünchKommHGB/Rawert* § 114 Rz. 82). Die Anpassung kann auch in einer Herabsetzung der Vergütung bestehen (*Dänzer-Vanotti* BB 1983, 999). Steuerlich sind die Tätigkeitsvergütungen Teil des gewerblichen Gewinns der Gesellschaft und den Gesellschaftern vorab zuzurechnen (§ 15 Abs. 1 Nr. 2 EStG). **50**

Da die Gesellschaft auf den Arbeitseinsatz jedes der Geschäftsführer angewiesen ist, haben die Mitgeschäftsführer bei längerer Dauer einer Verhinderung eines Geschäftsführerkollegen das Recht, auf dessen Kosten eine **Hilfskraft** anzustellen. Das Gehalt der Hilfskraft ist limitiert, um den verhinderten Geschäftsführer nicht unzumutbar zu belasten. **51**

Ertragssteuerlich gehören Tätigkeitsvergütungen ebenso wie sonstige Vergütungen an die Gesellschafter (zB Miet- oder Darlehenszinsen) zum einheitlich und gesondert festzustellenden Gewinn (§ 15 Abs. 1 Nr. 2 EStG). Die Hinzurechnung zum steuerlichen Gewinn gilt unabhängig von der zivilrechtlichen Grundlage des Vertrages, also unabhängig davon, ob die Vergütung unmittelbar im Gesellschaftsvertrag oder auf Grund eines speziellen Anstellungsvertrages geschuldet wird. **52**

Umsatzsteuer: s. hierzu ausführlich unter A.8.00 Rz. 38b **53**

Zu § 8: Gesellschafterversammlung

Die Abhaltung von Gesellschafterversammlungen ist im Gesetz nicht geregelt. Fehlt eine vertragliche Regelung, so kann jeder Gesellschafter eine Gesellschafterversammlung einberufen. Strittig ist, ob eine vorherige Bekanntgabe der Tagesordnung erforderlich ist und ob mangels Bekanntgabe einer solchen Tagesordnung eine Vertagung der Gesellschafterversammlung verlangt werden kann (vgl. hierzu *MünchKommHGB/Enzinger* § 119 Rz. 48ff.). Da es im Streitfall für die Wirksamkeit von Gesellschafterbeschlüssen entscheidend auf die Rechtmäßigkeit der Einberufung und Durchführung von Gesellschafterversammlungen ankommen kann, empfiehlt sich eine detaillierte Regelung im Vertrag. **54**

Zu § 9: Gesellschafterbeschlüsse

Dazu allgemein *MünchKommHGB/Jickeli* § 116 Rz. 1ff. Gesellschafterbeschlüsse sind in allen Angelegenheiten der Gesellschaft zulässig. Nach § 119 Abs. 1 HGB sind Beschlüsse grds. einstimmig zu fassen. Demgegenüber geht das Formular in § 8 Abs. 1 von Mehrheitsbeschlüssen aus. Mehrheitsbeschlüsse sind zulässig auch wenn es um Grundlagen der Gesellschaft geht, bspw. Aufnahme oder Entlassung von Gesellschaftern, Änderung des Gesellschaftszwecks sowie andere Änderungen des Gesellschaftsvertrages und Liquidation der Gesellschaft geht (*Baumbach/Hopt* § 119 Rz. 34f.; BGH II ZR 116/08 v. 24.11.08, NJW 09, 669; BayObLG BReg. 3 Z 107/86 v. 20.11.86, BB 87, 713). In diesem Fall muss im Gesellschaftsvertrag nach dem Bestimmtheitsgrundsatz (BGH II ZR 89/74 v. 24.11.75, BGHZ 66, 82 mwN; BGH 24.11.75 v. 10.5.1976, NJW 76, 958) eindeutig klargestellt werden, dass ein Mehrheitsbeschluss auch für die vorzunehmende Maßnahme zulässig sein soll bzw. muss sich durch die **55**

Auslegung des Gesellschaftsvertrages ergeben (vgl. hierzu grundlegend BGH II ZR 245/05 v. 15.1.07, DStR 07, 494). Das Formular sieht keine Berechtigung zur Änderung des Gesellschaftsvertrages mit einfacher oder qualifizierter Mehrheit vor. Soll eine Änderung des Gesellschaftsvertrages mit einfacher oder qualifizierter Mehrheit zulässig sein, so sind die Maßnahmen (Änderung des Gesellschaftsvertrages; Ausschließung eines Gesellschafters; Aufnahme eines Gesellschafters; Auflösung der Gesellschaft), die zulässig sein sollen, ausdrücklich einzeln aufzunehmen. Besonders ungewöhnliche Änderungen des Gesellschaftsvertrages bedürfen im Hinblick auf gesellschaftsrechtlich geschützten Kernbereich und dem Bestimmtheitsgrundsatz gleichwohl einer einstimmigen Beschlussfassung (vgl. hierzu *Baumbach/Hopt* § 119 Rz. 35ff.; zur Kritik am Bestimmtheitsgrundsatz vgl. *MünchKommBGB/Ulmer/Schäfer* § 709 Rz. 84ff. mwN).

Zu § 10: Jahresabschluss

56 Nach dem Vertragsmuster erfolgt die Gewinnermittlung auf Grund einer einheitlichen Handels- und Steuerbilanz **(Einheitsbilanz).** Grds. ist von der Maßgeblichkeit der Handels- für die Steuerbilanz auszugehen (§§ 242ff. HGB, 5 Abs. 1 EStG; zur Maßgeblichkeit s. *Schmidt/Weber-Grellet* § 5 Rz. 26ff. mwN). Für steuerliche Zwecke ist zwischen dem Betriebsvermögen der Gesellschaft und dem Sonderbetriebsvermögen jedes Gesellschafters zu unterscheiden. Die Steuerbilanz der Gesellschaft ist die um steuerliche Besonderheiten modifizierte Handelsbilanz. In ihr ist das zum Gesamthandsvermögen gehörende Betriebsvermögen der Gesellschaft ausgewiesen. Daneben sind für Zwecke der Besteuerung evtl. **Sonder- und Ergänzungsbilanzen** der Gesellschafter zu erstellen. In den Sonderbilanzen ist das Sonderbetriebsvermögen einzelner Gesellschafter ausgewiesen. Hierbei wird unterschieden zwischen dem **Sonderbetriebsvermögen I** (WG, die der Gesellschafter der Gesellschaft zur Nutzung überlässt) und dem **Sonderbetriebsvermögen II** (WG, die in unmittelbarem Zusammenhang mit der Beteiligung stehen und der Beteiligung zu dienen bestimmt sind, zB Bankdarlehen zur Finanzierung der Beteiligung). Ergänzungsbilanzen sind aufzustellen, wenn ein Gesellschafter seinen Anteil von einem (ausgeschiedenen) Gesellschafter erworben hat und der Kaufpreis vom steuerlichen Buchwert des Anteils abweicht. Der Mehr- oder Minderwert wird in der Ergänzungsbilanz des Erwerbers als Auf- bzw. Abstockung der Buchwerte der WG der Gesellschaft berücksichtigt. Die Steuerbilanz der Gesellschaft sowie die Sonder- und Ergänzungsbilanzen der Gesellschafter bilden zusammen die Gesamtbilanz der Gesellschaft.

57 Die Zugehörigkeit eines WG zum **Sonderbetriebsvermögen** hat zur Folge, dass Einnahmen und Ausgaben im Zusammenhang mit diesem WG für die Ertragsbesteuerung maßgeblich sind. Verfahrensmäßig werden diese Einnahmen und Ausgaben im Rahmen der einheitlichen und gesonderten Feststellung für die Gesellschaft miterfasst (§ 180 AO).

58 Der Jahresabschluss ist von allen persönlich haftenden Gesellschaftern zu unterschreiben (§ 245 Satz 2 HGB), wobei die Unterschrift aber nicht Wirksamkeitsvoraussetzung ist (*Baumbach/Hopt* § 245 Rz. 1).

59 Eine bestimmte Aufstellungsfrist ist im Gesetz nicht vorgesehen; § 243 Abs. 3 HGB schreibt lediglich die Aufstellung innerhalb der einem ordnungsgemäßen Geschäftsgang entsprechenden Zeit vor. Grds. sollte jedoch die für kleine Kapitalgesellschaften vorgesehene Sechs-Monatsfrist (§ 264 Abs. 1 Satz 3 HGB) nur geringfügig überschritten werden (nach BFH VIII R 110/79 v. 6.12.83, ZIP 198,882 darf die Frist jedenfalls ein Jahr nicht überschreiten).

60 Die in Abs. 3 vorgesehene **Anpassung der Handelsbilanz** an Änderungen der **Steuerbilanz** auf Grund einer Betriebsprüfung entspricht der im Formular vorgesehenen Aufstellung einer Einheitsbilanz und soll vermeiden, dass bei späteren Änderungen einer Steuerbilanz künftig Handels- und Steuerbilanz auseinanderfallen.

Zu § 11: Ergebnisverteilung

Die Regelung, wonach Tätigkeitsvergütungen und Zinsen an Gesellschafter wie Aufwand bzw. Ertrag der Gesellschaft behandelt werden, entspricht der handelsrechtlichen Betrachtungsweise, nach der Rechtsbeziehungen zwischen einer Personengesellschaft und einem Gesellschafter anzuerkennen sind. **Tätigkeitsvergütungen** und **Zinsen** sind deshalb bei Ermittlung des zu verteilenden Ergebnisses zu berücksichtigen. Steuerlich bestehen die Einkünfte eines Gesellschafters (Mitunternehmers) aus der Gesellschaft aus seinem Anteil am Gewinn zuzüglich Sondervergütungen (Tätigkeitsvergütungen, Zinsen) abzüglich Sonderbetriebsausgaben. **61**

Die **Verbuchung des Ergebnisses** (Abs. 3) wiederholt nochmals die in § 5 (Gesellschafterkonten) getroffene Regelung. **62**

Abweichend von der gesetzlichen Regelung, die eine Verteilung des nach Verzinsung der Einlagen verbleibenden Gewinns nach Köpfen vorsieht (§ 121 Abs. 3 HGB), ist im Formular wie allgemein üblich vereinbart, dass das Ergebnis entsprechend den Beteiligungsquoten verteilt wird. Die Verlustverteilung erfolgt ebenfalls abweichend von § 121 Abs. 3 HGB entspr. den Beteiligungsquoten (Kapitalkonten I). **63**

Zu § 12: Einlagen und Entnahmen

Die Regelung, wonach **Einlagen,** soweit sie nicht zum Ausgleich von Verlustvortragskonten oder Privatkonten mit negativem Saldo verwendet werden, nur mit Zustimmung der übrigen Gesellschafter zulässig sind, empfiehlt sich im Hinblick auf die Verzinsungspflicht von Guthaben auf dem Privatkonto. **64**

Unabhängig vom Gewinn können die Gesellschafter ihre Tätigkeitsvergütungen **entnehmen.** Darüber hinaus können lediglich 75% der Gewinnanteile zzgl. der Zinsen für Guthaben auf dem Privatkonto entnommen werden, da 25% der Gewinnanteile zur Verstärkung der Eigenkapitalbasis auf Rücklagenkonto zu verbuchen sind. Sind Verlustvortragskonten aufzufüllen, vermindert sich das Entnahmerecht auf 50% des Gewinnanteils. Dadurch soll erreicht werden, dass Entnahmen in Höhe der etwaigen Steuerbelastung auf Gewinnanteile auch dann möglich sind, wenn zuvor Verluste erwirtschaftet worden sind. Für das laufende Jahr sind Abschlagszahlungen vorgesehen. – Fakultativ kann eine vollständige oder teilweise Begrenzung der Entnahmemöglichkeit von 50% vorgesehen werden, wenn von der Thesaurierungsgewinnbesteuerung (vgl. Rz. 23) Gebrauch gemacht werden soll. **65**

Zu § 13: Abtretung und sonstige Verfügungen

Entgegen dem Wortlaut des § 719 Abs. 1 BGB ist die Übertragung eines Gesellschaftsanteils möglich, wenn dies im Gesellschaftsvertrag ausdrücklich vorgesehen ist (s. iE *Baumbach/Hopt* § 105 Rz. 69). Die Übertragung des Anteils eines Minderjährigen bedarf der Genehmigung des Vormundschaftsgerichts (BGH II ZR 202/53 v. 30.4.55, WM 55, 828). Der Umfang der auf den Erwerber übergehenden Rechte und Verbindlichkeiten bestimmt sich nach der Vereinbarung zwischen Verkäufer und Erwerber. Im Hinblick auf die enge personenrechtliche Verbindung der Gesellschafter bei einer typischen OHG empfiehlt sich, die Übertragung nur unter engen Voraussetzungen zuzulassen (Zustimmung entweder aller anderen Gesellschafter oder zumindest einer qualifizierten Mehrheit). Im Formular ist weiter vorgesehen, dass der abtretungswillige Gesellschafter zunächst seinen Anteil den Mitgesellschaftern im Verhältnis von deren Beteiligung zum Kauf anbieten muss. Für ein solches Vorgehen ist eine möglichst detaillierte Darstellung des einzuhaltenden Verfahrens dringend empfehlenswert. **66**

Zu § 14: Tod eines Gesellschafters

Gesellschaftsrecht: Die Gesellschaft wird durch den Tod eines Gesellschafters nicht aufgelöst, vielmehr scheidet dieser – falls keine anderweitige vertragliche Rege- **67**

lung besteht – aus der Gesellschaft aus, § 131 Abs. 3 Nr. 1 HGB. Eine ausdrückliche Regelung, wie im Fall des **Todes eines Gesellschafters** zu verfahren ist, ist dringend anzuraten. Insbes. ist zu berücksichtigen, dass bei Fehlen einer entspr. Regelung ein erhebliches „Nötigungspotential" auf Seiten der Erben besteht, weil diese hinsichtlich der ihnen zustehenden Abfindung nach den gesetzlichen Regelungen behandelt werden und insbes. Teilhabe an den vollen stillen Reserven verlangen können. Auch deshalb ist im Gesellschaftsvertrag hinsichtlich der Gesellschafternachfolge regelmäßig eine Regelung zu treffen, die gegenüber den erbrechtlichen Bestimmungen Vorrang hat. Hinsichtlich der **Fortführung einer Personengesellschaft** im Fall des Todes eines Gesellschafters ergeben sich im Wesentlichen **folgende Möglichkeiten:**

- Die Gesellschaft wird allein durch die verbleibenden Gesellschafter fortgeführt (**Fortsetzungsklausel bzw. Übernahmerecht** der verbleibenden bisherigen Gesellschafter unter Ausschluss der Erben).
- Die Gesellschaft wird mit allen Erben fortgeführt (sog. **einfache Nachfolgeklausel**).
- Die Gesellschaft wird mit einem oder einzelnen Erben fortgeführt (sog. **qualifizierte Nachfolgeklausel**).
- Die Gesellschaft wird mit den verbleibenden Gesellschaftern fortgeführt; es besteht aber ein Eintrittsrecht eines Dritten oder bestimmter Erben (sog. **Eintrittsklausel**).

Welche Regelung im Einzelfall zur Anwendung kommen soll, bedarf sorgfältiger Überlegung und Abstimmung mit den Beteiligten, da hiermit auch und insb. erhebliche steuerliche Konsequenzen verbunden sind (s. hierzu auch Rz. 73f.).

68 Nach der Regelung des Formulars wird im Fall des Todes eines Gesellschafters die Gesellschaft unter den verbleibenden Gesellschaftern fortgeführt; an die ausgeschiedenen Erben des verstorbenen Gesellschafters ist ein Abfindungsguthaben auszuzahlen. Abweichend von dieser grds. Regelung ist in Abs. 2 des Formulars festgelegt, dass Abkömmlinge eines verstorbenen Gesellschafters, die dessen Erben werden, in der Gesellschaft verbleiben. Allerdings können die anderen Gesellschafter innerhalb von drei Monaten verlangen, dass die Erben Kommanditisten werden; zur Klarstellung ist darauf hingewiesen, dass dann keine Geschäftsführungs- und Vertretungsbefugnis besteht. Widerspricht ein Erbe diesem Verlangen, so scheidet er aus der Gesellschaft aus. Umgekehrt kann jeder Erbe sein Verbleiben in der Gesellschaft davon abhängig machen, dass er Kommanditist wird (§ 139 HGB). Diese Regelung ist nicht abbedingbar, lediglich eine Beschränkung des Gewinnanteils ist möglich (§ 139 Abs. 5 HGB).

69 Ein **minderjähriger** Erbe wird Gesellschafter ohne Genehmigung des Vormundschaftsgerichts (BGH II ZR 258/67 v. 21.12.70, NJW 71, 1268; BGH II ZR 109/70 v. 28.9.72, BB 72, 1475). Seine Rechte übt der gesetzliche Vertreter, uU ein Pfleger, aus.

70 Die erbrechtliche **Nachfolgeklausel** für Abkömmlinge in Abs. 2 gilt im Zweifel auch für Vor- und Nacherben (*Baumbach/Hopt* § 139 Rz. 19). Der Vorerbe kann über den Anteil verfügen, aber nicht unentgeltlich (§ 2113 Abs. 2 BGB). Anfallende Gewinnanteile gebühren dem Vorerben als Nutzung iSd. § 2111 Abs. 1 Satz 1 BGB (BGH II ZR 268/79 v. 6.10.80, NJW 81, 115).

71 Treten **mehrere Erben** (Abkömmlinge) an die Stelle des verstorbenen Gesellschafters, so werden sie es durch eine Sondererbfolge (Einzelnachfolge) außerhalb der Erbengemeinschaft nach §§ 2032ff. BGB, da eine Erbengemeinschaft nach wohl hM (vgl. hierzu Rz. 3) nicht Mitglied einer OHG werden kann. Die Erben werden Gesellschafter je mit dem ihrem Anteil entsprechenden Teil des Gesellschaftsanteiles des Verstorbenen (BGH II ZR 222/55 v. 22.11.56, NJW 57, 180; II ZR 120/75 v. 10.2.77, NJW 77, 1339; IVa ZR 229/81 v. 4.5.83, NJW 83, 2376). Ob diese Auffassung nach der geänderten Rspr. zur GbR (BGH II ZR 249/96 v. 2.10.97, NJW 98, 376; aA *MünchKommBGB/Dütz* § 2032 Rz. 14) noch zutreffend ist und nunmehr auch die Erbengemeinschaft als solche Gesellschafterin werden kann, ist noch nicht entschieden (vgl. hierzu Rz. 4; *Baumbach/Hopt* § 139 Rz. 14; *MünchKommHGB/K. Schmidt* § 139 Rz. 13).

Nach hM ist es auch zulässig, für den Todesfall aller oder bestimmter Gesellschafter einen **Abfindungsausschluss** zu vereinbaren. Es handelt sich dabei um eine vorweggenommene, auf den Todesfall bezogene gesellschaftsvertragliche Verfügung über den Anteilswert (*MünchKommBGB/Ulmer/Schäfer* § 738 Rz. 40). Ein solcher Ausschluss stellt steuerlich uU eine Schenkung des Gesellschaftsanteils an die Mitgesellschafter dar (s. § 7 Abs. 7 ErbStG, hierzu *Troll* § 7 Rz. 395 ff. und unten Rz. 88). Zu den möglichen erbrechtlichen Nachfolge- und Eintrittsklauseln allgem: *MünchKommHGB/K. Schmidt* § 139 Rz. 11 ff. 72

Steuerrecht: Ertragssteuer. Nach der geänderten Rspr. des BFH zur **Erbengemeinschaft** und **Erbauseinandersetzung** (BFH GrS 2/89 v. 5.7.90, NJW 91, 249 u. GrS 4–6/89 v. 5.7.90, BStBl II 90, 847) wurde die sog. Einheitstheorie aufgegeben, und zwar in gleicher Weise für einen Nachlass nur aus Betriebsvermögen, nur aus Privatvermögen oder einen Mischnachlass. Nicht nur zivilrechtlich, sondern auch einkommensteuerrechtlich wird die Erbauseinandersetzung jetzt als Vorgang angesehen, der „dem Erbfall als selbstständigem Rechtsvorgang nachfolgt und mit diesem keine rechtliche Einheit bildet". Die FinVerw. hat sich dieser Änderung der Rspr. angeschlossen (BMF v. 14.3.06, BStBl. I 06, 253; vgl. zu den Hintergründen der Neufassung des BMF-Schreibens auch OFD Karlsruhe 13.11.06, BeckVerw 086732). 73

Dies hat zur Konsequenz, dass eine **Erbengemeinschaft** von Erben eines OHG-Gesellschafters stets und ausnahmslos **gewerbliche Einkünfte erzielt.** Die Erben erlangen mit dem Erbfall die Eigenschaft als Mitunternehmer („geborene Mitunternehmer"). **Setzen sich die Erben auseinander,** so erzielt der weichende Miterbe bei einer Abfindung in Geld, die die Buchwerte übersteigt, einen **Veräußerungsgewinn** (§ 16 Abs. 1 Nr. 2 EStG). Der übernehmende Miterbe hat **Anschaffungskosten** in Höhe der Abfindung (wegen der Einzelheiten vgl. *Schmidt/Wacker* § 16 Rz. 605 ff. mwN und *H/H/R/Geissler* § 16 EStG Rz. 83 ff.). Der BFH (IX R 23/02 v. 14.12.04, DStRE 05, 383; bestätigt durch IX R 48/08 v. 14.7.09, BFH/NV 09, 1808) hat entschieden, dass die von einem Miterben im Rahmen einer Erbauseinandersetzung übernommenen Schulden der Erbengemeinschaft auch insoweit Anschaffungskosten der von ihm übernommenen Nachlassgegenstände darstellen, als sie seinen Anteil am Nachlass übersteigen Die Finanzverwaltung ist dem mit einem Nichtanwendungserlass entgegengetreten, weil die Entscheidung der Rspr. des GrS (BFH GrS 2/89 v. 5.7.90, BStBl. II 91, 249) entgegenstehen soll (BMF v. 30.3.06, BStBl. I 06, 306). 73a

Der Formulierungsvorschlag des Formulars enthält eine sog. **qualifizierte Nachfolgeklausel** (vgl. Rz. 68), nach der die Gesellschaftsanteile im Wege der Sonderrechtsnachfolge unmittelbar auf die ehelichen Abkömmlinge des verstorbenen Gesellschafters übergehen, soweit diese Erben werden. Die Abkömmlinge werden mit dem Erbfall Gesellschafter und übernehmen anteilig die Buchwerte des verstorbenen Gesellschafters; sonstige Erben (zB Ehegatten) werden nicht Gesellschafter. Eine Übertragung von Gesellschaftsanteilen zwischen dem Ehegatten, der zwar Erbe, aber nicht Gesellschafter werden soll, und den ehelichen Abkömmlingen, erfolgt nicht. Es entstehen demzufolge **weder** ein **Veräußerungsgewinn** (auf Seiten des Ehegatten) **noch** zusätzliche **Anschaffungskosten** (auf Seiten der ehelichen Abkömmlinge) hinsichtlich der Gesellschaftsanteile. 74

Sollen nicht alle ehelichen Abkömmlinge Gesellschafter werden, so empfiehlt sich eine weitere Einschränkung der qualifizierten Nachfolgeklausel dahingehend, dass nur eine bestimmte (möglicherweise im Gesellschaftsvertrag unmittelbar bezeichnete Person) Gesellschafter wird.

Unterbleibt im Gesellschaftsvertrag eine solche qualifizierte Nachfolgeklausel, wird jedoch andererseits im Testament eine **Teilungsanordnung** dahingehend getroffen, dass nur eine der im Gesellschaftsvertrag als mögliche Nachfolger bezeichneten Perso- 75 nen tatsächlich Gesellschafter werden soll, so hat die Aufgabe der Einheitstheorie durch die Rspr. zur Konsequenz, dass die Übertragung des Gesellschaftsanteils von den im Gesellschaftsvertrag genannten Nachfolgern auf den testamentarisch in der Teilungsanordnung bestimmten Nachfolger einen grds. **steuerpflichtigen Veräußerungstatbestand** auslöst (§§ 16, 34 EStG). Als allgemeine **Empfehlung** ist daher folgendes festzuhalten: **Wenn** eine **steuerpflichtige Auseinandersetzung** über den Gesellschaftsanteil zwischen mehreren Miterben **vermieden werden soll,** empfiehlt sich die Aufnahme einer **qualifizierten Nachfolgeklausel** in den Gesellschaftsvertrag, durch die festgelegt wird, wer Gesellschafter wird.

Ist kein zum Verbleib in der Gesellschaft qualifizierter Erbe vorhanden (nach dem Formular bei Fehlen ehelicher Abkömmlinge), so ist der verstorbene Gesellschafter mit seinem Tod aus der Gesellschaft ausgeschieden. Aus steuerlicher Sicht realisiert deshalb der Erblasser durch Aufgabe seines Mitunternehmeranteils unter Anwachsung bei den verbleibenden Gesellschaftern einen Aufgabegewinn in Höhe des Unterschieds zwischen dem Abfindungsanspruch und dem Buchwert seines Kapitalkontos im Todeszeitpunkt. Gleiches gilt hinsichtlich des Sonderbetriebsvermögens.

76 **Erbschaftsteuer.** Erbschaftsteuerlich wird der Erwerb des Gesellschaftsanteils an einer gewerblich tätigen Gesellschaft als solcher wie Betriebsvermögen behandelt. Die Besteuerung richtet sich nach § 13a ErbStG iVm. §§ 199ff. BewG idF des ErbStRG v. 24.12.08 (BGBl. I 08, 3018), geändert durch das WachstBeschlG v. 22.12.09 (BGBl. I 09, 3950) mit rückwirkender Geltung für alle Erwerbe nach dem 31.12.08 (zum Übergang siehe § 37 Abs. 3 ErbStG). Einen Schwerpunkt der Reform bildete die Besteuerung des Betriebsvermögens. Den Änderungen lagen hierbei kontroverse Diskussionen zugrunde (vgl. hierzu *Crezelius* DStR 07, 2277; *Damas* ZRP 08, 8; *Roth/Fischl* NJW 08, 401), die sich letztendlich auch in den rückwirkenden Änderungen durch das Wachstumsbeschleunigungsgesetz und dem StVereinfG 2011 v. 1.11.11 (BGBl. I 11, 2131) niedergeschlagen haben.

77 Zum Hintergrund der **Erbschaftsteuerreform** vgl. Anmerkungen in der 6. Auflage unter A. 9.00 Rz. 74a ff.

78 Zur **alten Rechtslage** vgl. Anmerkungen in der 7. Auflage unter A.9.00 Rz. 74b ff.

79 § 13a bzw. § 13b ErbStG sehen einen **Verschonungsabschlag** von 85% und einen „gleitender“ Abzugsbetrag von bis zu 150.000 EUR vor **(„Grundmodell“).** Unter bestimmten Umständen kann der Verschonungsabschlag sogar 100% betragen, so dass das gesamte begünstigte Vermögen steuerfrei übertragen werden kann (**„Alternativmodell“**, § 13a Abs. 8 ErbStG). Beide Modelle sind jedoch an zahlreiche Voraussetzungen zum Zeitpunkt der Übertragung und strenge Bedingungen nach der Übertragung geknüpft, so dass die Betriebsvermögensnachfolge – trotz der scheinbar günstigeren Rahmenbedingungen – für viele Unternehmen deutlich erschwert wurde (vgl. hierzu *Scholten/Dr. Korezkij* DStR 09, 73).

80 Grundvoraussetzung für die Inanspruchnahme der vorgesehenen Begünstigungen ist, dass **„begünstigtes Vermögen“** übertragen wird. Hierbei handelt es sich um land- und forstwirtschaftliches Vermögen, um Betriebsvermögen sowie um Beteiligungen an Kapitalgesellschaften, an deren Nennkapital der Erblasser oder Schenker zu mehr als 25% unmittelbar beteiligt ist (§ 13b Abs. 1 ErbStG). In diesem Zusammenhang sieht das **reformierte ErbStG** eine erhebliche Erweiterung des begünstigten Vermögens vor: Zum einen ist nunmehr auch das im EU-Ausland bzw. im EWR-Raum belegene Betriebs- und land- und forstwirtschaftliche Vermögen begünstigt, wenn es einem inländischen Gewerbebetrieb oder einer inländischen Betriebsstätte zuzurechnen ist oder einer Betriebsstätte im EU- oder EWR-Raum dient. **Drittlandsvermögen** einer Personengesellschaft gehört zum begünstigten Vermögen, wenn es Teil einer wirtschaftlichen Einheit im Inland oder der EU oder dem EWR ist. Dies ist insbesondere der Fall, wenn es als Beteiligung an einer Personengesellschaft oder Anteil an einer Kapitalgesellschaft Teil einer solchen wirtschaftlichen Einheit ist, nicht aber wenn es eine Betriebsstätte in einem Drittstaat bildet oder einer solchen Drittlandsbetriebsstätte zuzurechnen ist (ErbStR E 13 b.5 Abs. 4).

Es wird nur „tatsächliches" unternehmerisches Vermögen begünstigt. Vom begünstigten gewerblichen Vermögen ist das sog. **„Verwaltungsvermögen"** abzugrenzen (§ 13b Abs. 2 Satz 1 ErbStG, vgl. hierzu *Scholten/Korezkij* DStR 09, 147). Im Grundmodell darf das Verwaltungsvermögen nicht mehr als 50% ausmachen. Wählt der Steuerpflichtige den erweiterten Verschonungsabschlag (Alternativmodell) von 100%, so darf das Verwaltungsvermögen nicht mehr als 10% ausmachen. Werden diese Grenzen eingehalten, ist das gesamte Vermögen, also auch das Verwaltungsvermögen, begünstigt. Bei einem Verstoß ist das gesamte Vermögen, also auch das eigentlich unternehmerische Vermögen, nicht begünstigt. Um missbräuchlichen Gestaltungen vorzubeugen, ist Verwaltungsvermögen, auch wenn die Grenze von 50% (bzw. 10%) nicht überschritten wird, nur dann begünstigt, wenn es länger als zwei Jahre dem Unternehmen zuzurechnen war (§ 13b Abs. 2 Satz 3 ErbStG). Kurzfristige Gestaltungen, bei denen „frisches" Verwaltungsvermögen bis zur schädlichen Grenze in das Unternehmen eingebracht und dann anschließend die Schenkung vollzogen werden soll, sollen dadurch vermieden werden. 81

Die Verwaltungsvermögensquote ist streng **stichtagsbezogen**. Maßgeblich sind die Verhältnisse zum Zeitpunkt der Entstehung der Steuer, dh. zum Zeitpunkt des Erbfalls oder der Ausführung der Schenkung (§ 9 ErbStG). Verschiebt sich die Verwaltungsvermögensquote nach dem Stichtag über die kritische Grenze von 50% (bzw. 10%), ist dies für die Gewährung der Begünstigungen unschädlich.

Der Begriff des Verwaltungsvermögens wird im Gesetz nicht ausdrücklich definiert, sondern das Gesetz stellt in § 13b Abs. 2 ErbStG einen abschließenden Katalog auf. Zum Verwaltungsvermögen gehören danach auch Beteiligungen an Mitunternehmerschaften (jeder Quote sowohl im In- als auch im Ausland), wenn sie ihrerseits mehr als 50% Verwaltungsvermögen halten (§ 13b Abs. 2 Nr. 3 ErbStG).
Für die Ermittlung der maßgeblichen Verwaltungsvermögensquote ist die Summe der gemeinen Werte der Einzelwirtschaftsgüter des Verwaltungsvermögens zu ermitteln und dem Wert des Betriebs gegenüberzustellen (§ 13b Abs. 2 Satz 4 ErbStG). Zum Verwaltungsvermögen, insbesondere auch zu sog. jungem Verwaltungsvermögen auch ErbStR E 13b.19ff.

Die Begünstigungen (Verschonungsabschlag, Abzugsbetrag und Tarifbegrenzung) sind an mehrere Bedingungen geknüpft, bei deren Verletzung rückwirkende Nachversteuerung droht. Im Einzelnen sind folgende zwei Bedingungen zu unterscheiden: 82

- **Lohnsummenprüfung** (§ 13a Abs. 1 und 4 ErbStG) und
- **Behaltensregelungen** (§ 13a Abs. 5 ErbStG).

(Vgl. hierzu *Scholten/Dr. Korezkij* DStR 09, 253 und 304 und zu den Änderungen durch das WachstBeschlG v. 22.12.09 (Rz. 74), *Scheunemann/Dennisen/Behrens* BB 10, 23ff.)

Zum Hintergrund der Lohnsummenprüfung führt die Gesetzesbegründung Folgendes aus:

> „Bedingung für diese weitgehende Verschonung ist, dass der Erwerber das Unternehmen fortführt. Ein geeigneter Indikator für die Unternehmensfortführung und insbesondere die Erhaltung der Arbeitsplätze in einem erworbenen Unternehmen ist die jeweilige Lohnsumme, also die Summe der im Unternehmen gezahlten Löhne und Gehälter in Form eines Durchschnittsbetrags über die dem Unternehmensübergang vorangegangenen fünf Jahre. …

Unter **Lohnsumme** versteht der Gesetzgeber den im betreffenden Unternehmen erbrachten Jahres-Lohnaufwand (§ 13a Abs. 1 Satz 3 iVm. § 4 ErbStG). Die aufaddierte jährliche Lohnsumme der nach dem Übertragungsstichtag folgenden fünf (ursprünglich sieben) Jahre darf 400% (ursprünglich 650%) der Ausgangslohnsumme 83 nicht unterschreiten (§ 13a Abs. 1 Satz 2 ErbStG). Andernfalls erfolgt eine anteilige Kürzung des gewährten Verschonungsabschlags (§ 13a Abs. 1 Satz 5 ErbStG). Vergleichsmaßstab für diese Prüfung ist die durchschnittliche Lohnsumme der letzten fünf vor dem Zeitpunkt der Entstehung der Steuer endenden Wirtschaftsjahre (sog. **„Ausgangslohnsumme").** Optiert der Steuerpflichtige zur vollständigen Verschonung, beträgt der Beobachtungszeitraum nunmehr sieben Jahre und es dürfen 70% der Ausgangslohnsumme nicht unterschritten werden, wenn eine Nachversteuerung vermieden werden soll. Der Steuerpflichtige selbst hat die Einhaltung dieser Vorgaben zu überprüfen und bei einem Verstoß der Finanzverwaltung eine entsprechende Anzeige zu machen (§ 13a Abs. 6 Satz 1 ErbStG). Die Lohnsummenprüfung unterbleibt, wenn der „Betrieb" zum Besteuerungszeitpunkt maximal zwanzig „Beschäftigte" hat (§ 13a Abs. 1 Satz 4 ErbStG) (vgl. hierzu ausführlich *Scholten/Korezkij* DStR 09, 247 und *Scheunemann/Dennisen/Behrens* BB 10, 23ff.). Hierzu nunmehr im Details und zu Zweifelsfragen ErbStR E 13a.4.

84 Nur derjenige enthält die vorgesehenen Begünstigungen, der den erworbenen Betrieb für eine bestimmte Zeit fortführt. Die **Behaltensfrist** betrug ursprünglich sieben Jahre und wurde rückwirkend durch das WachstBeschlG v. 22.12.09 (Rz. 74) auf fünf Jahre reduziert (§ 13a Abs. 5 Satz 1 ErbStG). Sie verlängert sich bei Wahl der vollständigen Steuerbefreiung auf sieben (vormals zehn) Jahre. Wird gegen die Behaltensvorgaben verstoßen, erfolgt eine zeitanteilige Nachversteuerung **(„Abschmelzungsmodell").** Die Nachsteuertatbestände entsprechen im Wesentlichen denen des früheren § 13a Abs. 5 ErbStG aF. Schädlich sind also insbesondere die vollständige oder teilweise Veräußerung des Betriebs oder einer Gesellschaft oder die Veräußerung oder Entnahme wesentlicher Betriebsgrundlagen (§ 13a Abs. 6 Nr. 1 ErbStG). Der maßgebliche Betrag einer schädlichen Überentnahme wurde jedoch auf 150.000 Euro erhöht und bezieht sich auch auf Ausschüttungen aus Kapitalgesellschaften (§ 13a Abs. 5 Nr. 3 ErbStG). Die Verstöße gegen die Behaltensfrist müssen vom Steuerpflichtigen angezeigt werden (§ 13a Abs. 6 Satz 2 ErbStG). Das Gesetz gewährt jedoch eine Ausnahme von der Nachversteuerung: Wer den bei einer Veräußerung wesentlicher Betriebsgrundlagen oder von Teilbetrieben erzielten Veräußerungserlös im Betrieb innerhalb von sechs Monaten reinvestiert, ist vor einer Nachsteuer geschützt (§ 13a Abs. 5 Satz 3, 4 ErbStG).

Wird – wie im Formular vorgesehen – eine **qualifizierte Nachfolgeklausel** vereinbart, wird der Erwerb des Gesellschaftsanteils ausschließlich dem Nachfolgeerben zugerechnet. Diesem stehen die steuerlichen Vergünstigungen zu. So sieht § 13a Abs. 3 ErbStG eine Sonderregelung für den Fall der Weitergabe begünstigt erworbenen Vermögens vor: Ein Erwerber kann den Verschonungsabschlag und den Abzugsbetrag nach § 13a ErbStG nicht in Anspruch nehmen, soweit er begünstigtes Vermögen aufgrund einer letztwilligen Verfügung des Erblassers oder einer rechtsgeschäftlichen Verfügung des Erblassers oder Schenkers auf einen Dritten übertragen muss. Gleiches gilt, wenn ein Erbe im Rahmen der Teilung des Nachlasses begünstigtes Vermögen auf einen Miterben überträgt. Eine inhaltlich gleiche Regelung ist in § 19a Abs. 2 Sätze 2 und 3 ErbStG in Bezug auf die Tarifbegrenzung enthalten.

85 Mit Wirkung **ab 1.7.11** wurde durch das StVereinfG 2011 v. 1.11.11 (BGBl. I 11, 2131) **§ 13a Abs. 1a ErbStG** eingefügt. Danach hat das für die Bewertung der wirtschaftlichen Einheit örtlich zuständige Finanzamt iSd. § 152 Nr. 1 bis 3 BewG die Ausgangslohnsumme, die Anzahl der Beschäftigten und die Summe der maßgebenden jährlichen Lohnsummen **gesondert festzustellen.** Die Feststellung findet nur auf entsprechende Entscheidung des Erbschaft- bzw. Schenkungsteuerfinanzamts oder des Feststellungsfinanzamts iSd. § 151 Abs. 1 Nr. 1–3 BewG statt, wenn die Angaben für die Erbschaftsteuer oder eine andere Feststellung iS dieser Vorschrift entsprechende Bedeutung haben. Die gesonderte Feststellung hat die bisherige nachrichtliche Übermittlung abgelöst, der die Bindungswirkung fehlte. Wegen der Verzögerungen im

Gesetzgebungsverfahren hat das StVereinfG 2011 Rückwirkung auf Erwerbe ab 1.7.11 (vgl. § 37 Abs. 6 ErbStG, vgl. hierzu *Troll/Jülicher* § 13a ErbStG Rz. 35 mwN).

Die FinVerw. hatte bisher in zahlreichen Erlassen zu Zweifelsfragen bei der Umset- **86**
zung der neuen gesetzlichen Bestimmungen zum Erbschaftsteuer- und Bewertungsrecht Stellung genommen. Die Erlasse erfolgten im Vorgriff auf die dann ergangenen **Erbschaftsteuer-Richtlinien 2011** v. 19.12.11 (BStBl. I 2011, Sonder-Nr. 1 S. 2), die diese Erlasse zusammenfassen und sie, sowie die bisher geltenden ErbSt-Richtlinien 2003, ersetzten.

Ist **Sonderbetriebsvermögen** vorhanden, so ist uU Folgendes zu beachten: Bei **87**
Vereinbarung der einfachen Nachfolgeklausel bleibt Sonderbetriebsvermögen des Gesellschafter-Erblassers Betriebsvermögen. Diese Rechtsfolge folgt der ertragsteuerlichen Betrachtung, wonach alle Erben unmittelbar Mitunternehmer bleiben und demzufolge auch die personelle Verflechtung hinsichtlich des Sonderbetriebsvermögens erhalten bleibt. Dieses fällt in den Nachlass, so dass es uU mangels entsprechender Gestaltungen an Dritte fallen kann mit der Folge, dass die WG nicht mehr zum Betriebsvermögen gehören.

Die Erbschaft- und Schenkungsteuer befindet sich seit Jahren in einem unbefriedi- **88**
genden Schwebezustand. **Aktuell wird die Steuer nur vorläufig erhoben.** Damit ist die **Nachfolgeregelung** vor allem für kleine und mittelständische Unternehmen **unklar**. Insbesondere bei der vorweggenommenen Erbfolge gibt es für die Stpfl. keine Rechtssicherheit. Der II. Senat des BFH (II R 9/11 v. 27.9.12, , DStR 13, 2063) hält die Erbschafteuer vor allem wegen der Begünstigungen des Betriebsvermögens für **verfassungswidrig** und hat daher das komplette Erbschaft- und Schenkungsteuergesetz **dem BVerfG zur Prüfung vorgelegt** (BVerfG 1 BvL 21/12)**.** Eine Entscheidung soll voraussichtlich noch in 2014 ergehen, lag bei Redaktionsschluss aber noch nicht vor. Der BFH hat in seiner og. Entscheidung insbesondere auch die sog. **Cash-GmbH** gerügt. Mit dem AmtshilfeRLUmsG v. 26.6.13 (BGBl I 13, 1809) hat der Gesetzgeber **rückwirkend zum 7.6.13** hierauf bereits reagiert und **Änderungen der erbschaftsteuerlichen Verschonungsregeln für Betriebsvermögen** zu Lasten der Steuerpflichtigen vorgenommen und die **„Cash-Gesellschaften" abgeschafft,** also die steuerfreie Übertragung von Gesellschaften, deren Betriebsvermögen ausschließlich aus Bankguthaben oder vergleichbaren Forderungen besteht (§ 13b Abs. 2 S. 2 Nr. 4a ErbStG). Mit den Gleichl. Ländererlassen v. 10.10.13 (BStBl. I 13, 1272) hat die FinVerw. ihre Sichtweise zu den neuen Bestimmungen veröffentlicht (vgl. hierzu auch *Viskorf/Haag* ZEV 14, 21).

Zu § 15: Ausschließung eines Gesellschafters

Im Gesetz ist der Ausschluss eines Gesellschafters durch Gesellschafterbeschluss nicht **89**
vorgesehen. Gem. § 140 HGB können die Gesellschafter den gerichtlichen Ausschluss eines Gesellschafters durch Klage beantragen, wenn ein wichtiger Grund vorliegt (§ 133 HGB). Ausdrücklich geregelt ist in § 142 Abs. 1 Satz 2 HGB, dass auch in einer zweigliedrigen Gesellschaft die Ausschließungsklage zulässig ist. § 140 HGB ist jedoch nicht zwingend; von der Vorschrift kann – wie im Formular – dahingehend abgewichen werden, dass ein Gesellschafter durch Beschluss der übrigen Gesellschafter aus der Gesellschaft ausgeschlossen wird (bei Stimmrechtsausschluss des Auszuschließenden; s. BGH II ZR 217/75 v. 20.1.77, NJW 77, 1292; *Ulmer* JZ 76, 97). Darüber hinaus kann auch ein einseitiges Ausschlussrecht bestimmter Gesellschafter vereinbart werden. Ein Ausschluss eines Gesellschafters ohne wichtigen Grund bedarf einer eindeutigen Vereinbarung und ist nur ausnahmsweise bei besonderen Gründen zulässig (BGH II ZR 217/75 v. 20.1.77, NJW 77, 1292; II ZR 56/80 v. 13.7.81, NJW 81, 2565; s. iE *Baumbach/Hopt* § 140 Rz. 31; A. 9.16 Rz. 2 ff.).

Mit dem Ausscheiden endet die Gesellschafterstellung des Ausgeschiedenen; seine Gesellschafterrechte und -pflichten (mit Ausnahme evtl. Nachhaftungen) erlöschen grundsätzlich. Der Anteil des Ausgeschiedenen am Gesellschaftsvermögen wächst zwingend den übrigen Gesellschaftern an (vgl. *MünchKommBGB/Ulmer/Schäfer* § 738 Rz. 6ff.).

90 **Ausscheiden durch Gesellschafterinsolvenz:** Durch die Eröffnung des Insolvenzverfahrens über das Vermögen eines Gesellschafters wird die Gesellschaft nach § 131 HGB nicht aufgelöst. Eine Auflösung im Insolvenzfall erfolgt vielmehr nur, wenn die Eröffnung des Insolvenzverfahrens über das Vermögen der Gesellschaft erfolgt. – Es ist sinnvoll, für den Fall der persönlichen Insolvenz eines Gesellschafters vorzusehen, dass dieser aus der Gesellschaft ausscheidet und die Gesellschaft unter den übrigen Gesellschaftern fortgeführt wird. Diese Regelung entspricht § 131 Abs. 3 Nr. 2 HGB, der für den Fall der Eröffnung des Insolvenzverfahrens über das Vermögen des Gesellschafters dessen Ausscheiden mangels abweichender vertraglicher Bestimmungen vorsieht.

91 **Ausscheiden bei eidesstattlicher Versicherung:** Da die eidesstattliche Versicherung gem. § 807 ZPO häufig der Insolvenz des Gesellschafters oder der Pfändung vorausgeht, wird das automatische Ausscheiden in diesem Fall vorverlegt.

92 **Pfändung des Anteils (Abs. 2c iVm. Abs. 3c):** Das Ausscheiden des betroffenen Gesellschafters empfiehlt sich wegen § 135 HGB: Der Privatgläubiger, der die Pfändung bewirkt hat, kann sonst die Gesellschaft mit einer Frist von sechs Monaten zum Ende des Geschäftsjahres kündigen. Die vertragliche vorgesehene Regelung entspricht im Grundsatz der Rechtslage nach § 131 Abs. 3 Nr. 4 HGB, wonach die Kündigung durch den Privatgläubiger des Gesellschafters mangels abweichender vertraglicher Bestimmungen zu seinem Ausscheiden – und nicht zur Liquidation – führt. Vorverlagert wird durch die vertragliche Regelung insb. der Zeitpunkt des Wirksamwerdens des Ausscheidens. Nach der gesetzlichen Regelung (§ 131 Abs. 3 Satz 2 HGB) wird das Ausscheiden im Falle der Kündigung nicht vor Ablauf der Kündigungsfrist wirksam.

93 Um ausgesprochene **Härtefälle zu vermeiden,** empfiehlt es sich, im Gesellschaftsvertrag klarzustellen, dass das Ausscheiden des Gesellschafter-Schuldners nur dann zu erfolgen hat, wenn sein Anteil auf Grund eines nicht nur für vorläufig vollstreckbar erklärten Schuldtitels gepfändet wird und ein Vollstreckungsversuch des Gläubigers in jüngerer Zeit erfolglos geblieben ist. Dies wird durch die Verweisung auf § 135 HGB erreicht. Weiterhin ist vorgesehen, dass die Folgen der Zwangsvollstreckung, die zu der Kündigung geführt haben, nicht innerhalb von drei Monaten durch den Gesellschafter-Schuldner wieder beseitigt werden, bevor der Ausschluss endgültig wirksam wird.

Zu § 16: Kündigung

94 Abweichend von § 132 HGB, der eine **Kündigungsfrist** von sechs Monaten zum Ende des Geschäftsjahres vorsieht, ist im Formular die Frist auf zwölf Monate verlängert. Außerdem ist eine Mindestdauer der Gesellschaft vorgesehen, vor deren Ablauf eine Kündigung unzulässig ist. Eine Kündigung schon in den ersten Jahren der Gesellschaft kann uU als Missbrauch des Kündigungsrechts unwirksam sein (BGH II ZR 166/55 v. 20.12.56, NJW 57, 461).

95 Trotz der weitgehenden Vertragsfreiheit wäre ein **Ausschluss der Kündigung auf Dauer** unzulässig (Rechtsgedanke des § 723 Abs. 3 BGB; BGH II ZR 232/52 v. 14.11.53, NJW 54, 106). Eine feste zeitliche Grenze gibt es nicht. Unzulässig wäre auch eine Anordnung so gravierender wirtschaftlicher Nachteile für den Kündigenden, dass dies einem Ausschluss eines ordentlichen Kündigungsrechts gleich käme (zB durch Gestaltung des Abfindungsguthabens, s. hierzu Rz. 85, 87). Unzulässigkeit eines Kündigungsausschlusses führt idR nicht zur Nichtigkeit des Vertrages (§ 139 BGB), sondern zur Umdeutung in Gesellschaft auf unbestimmte Zeit mit Kündigungsrecht nach § 132 (BGH II ZR 232/52 v. 14.11.53, aaO).

In § 131 Abs. 3 Nr. 3 HGB ist für den Fall der Kündigung eines Gesellschafters mangels abweichender vertraglicher Bestimmungen das Ausscheiden des kündigenden Gesellschafters vorgesehen. Entspr. der in § 131 Abs. 3 Satz 2 HGB vorgesehenen Rechtslage scheidet in diesem Fall der kündigende Gesellschafter mit dem Wirksamwerden der Kündigung aus der Gesellschaft aus, diese wird unter den verbleibenden Gesellschaftern fortgeführt. Dem ausscheidenden kündigenden Gesellschafter steht das Abfindungsguthaben zu. Abweichend von der gesetzlichen Regelung, wonach die Kündigung nur für den Schluss eines Geschäftsjahres erfolgen kann und mindestens sechs Monate vor diesem Zeitpunkt stattfinden muss, kann eine kürzere oder längere Kündigungsfrist vereinbart werden. Die Grenzen der Vertragsgestaltung bestehen insoweit darin, dass keine **übermäßig lange Bindung** vereinbart werden darf (*Baumbach/Hopt* § 132 Rz. 13). Eine feste zeitliche Grenze gibt es grundsätzlich nicht, es kommt auf die Umstände des Einzelfalles an (nach BGH II ZR 27/ 65 v. 19.1.67, WM 67, 315, 316 sind unter bestimmten Voraussetzungen selbst 30 Jahre unbedenklich; vgl. aber BGH II ZR 137/04 v. 18.9.06, NJW 07, 295: über 14 Jahre hinausgehende Bindung nicht hinnehmbar und damit sittenwidrig nach § 138 BGB). **96**

Auch bei **Ausscheiden des vorletzten Gesellschafters** soll gem. Abs. 3 des Formulars der verbleibende Gesellschafter zur Übernahme des Geschäfts ausdrücklich berechtigt sein. **97**

Diese Regelung entspricht § 140 Abs. 1 Satz 2 HGB und wird durch das Vertragsmuster ausdrücklich auf alle Fälle des Ausscheidens erstreckt. **98**

Zu § 17: Auseinandersetzungsguthaben

Der Wert des Gesellschaftsvermögens setzt sich zusammen aus dem Buchwert sämtlicher Kapitalkonten und den vorhandenen stillen Reserven. Dementsprechend bemisst sich das Abfindungsguthaben eines ausscheidenden Gesellschafters nach dem Buchwert seiner Beteiligung (Summe sämtlicher für ihn geführter Kapitalkonten, also Kapitalkonten I und II, Verlustvortragskonto, Privatkonto) und seinem Anteil an den stillen Reserven der Gesellschaft entspr. seiner Beteiligungsquote, die dem Verhältnis seines Kapitalkontos I zu den Kapitalkonten I der anderen Gesellschafter entspricht. Zur Ermittlung der stillen Reserven ist eine Auseinandersetzungsbilanz zu erstellen, die im Formular bestimmte Bewertungsmaßstäbe vorschreibt. Ohne eine derartige Regelung müsste eine Bewertung des Unternehmens bei Unterstellung des Verkaufs als Einheit samt stillen und offenen Reserven einschließlich Geschäftswert erfolgen. Demgegenüber gibt das Formular den Interessen der verbleibenden Gesellschafter den Vorrang, indem nicht sämtliche stillen Reserven und diese nicht in voller Höhe aufzulösen sind. Insbes. bleiben der Firmenwert sowie nicht bilanzierungsfähige immaterielle WG und schwebende Geschäfte außer Ansatz. Stille Reserven des Anlagevermögens sind nur zur Hälfte anzusetzen außer bei Grundstücken (amtlicher Schätzwert). **99**

Generell ist bei Abfindungsklauseln Folgendes zu beachten: Unproblematisch sind **Abfindungsklauseln,** die Abfindungsguthaben in Höhe des tatsächlichen Werts einer Beteiligung vorsehen (vgl. zu den möglichen Auswirkungen der Erbschaftsteuerreform auf Abfindungsklauseln *Caspar/Altgen* DStR 08, 2319 und *Wangler* DStR 09, 1501 ff.). **100**

Bei sog. **Buchwertklauseln** sind hingegen gewisse Grenzen zu beachten. Die Buchwertabfindungsklausel darf nicht lediglich auf den Fall beschränkt sein, dass der Gesellschafter persönlich Insolvenz anmeldet oder sein Gesellschaftsanteil gepfändet wird. In diesem Fall ist in der Buchwertklausel eine einseitig die Gläubiger benachteiligende und damit unzulässige Regelung zu sehen. Buchwertklauseln sind weiter dann unzulässig, wenn sie wegen eines erheblichen Missverhältnisses zwischen Buchwert und tatsächlichem Wert die Freiheit des Gesellschafters zu einer Kündigung unvertretbar einengen (§ 723 Abs. 3 BGB; BGH II ZR 295/04 v. 13.3.06, DStR 06, 1005; BGH II ZR 87/13 v. 21.1.14, DStR 14, 1404; s. auch BGH II ZR 83/88 v. 9.1.89, NJW 89, 2685; kritisch zur Buchwertklausel *Leuering* NJW-Spezial 09, 239). In der **101**

Literatur werden verschiedentlich 50% des tatsächlichen Wertes als allerunterste Grenze genannt. Eine solche pauschale Betrachtung wird jedoch häufig den Umständen des Einzelfalls nicht gerecht und bietet daher allenfalls einen ersten Anhaltspunkt für die Bewertung. Eine gesellschaftsvertragliche Abfindungsklausel, die eine unter dem wirklichen Anteilswert liegende Abfindung vorsieht, wird insbesondere auch nicht deswegen wirksam, weil sie infolge eines im Laufe der Zeit eingetretenen groben Missverhältnisses zwischen dem Betrag, der sich auf Grund der vertraglichen Vereinbarung ergibt, und dem wirklichen Anteilswert geeignet ist, das Kündigungsrecht des Gesellschafters in tatsächlicher Hinsicht zu beeinträchtigen. Entspricht in solchen Fällen die vorgesehene Abfindung dadurch nicht mehr den aktuellen Umständen, dass eine ursprünglich wirksame Abfindungsklausel sich dadurch als untragbar erweist, dass sich Abfindungsanspruch und tatsächlicher Anteilswert im Laufe der Jahre immer weiter voneinander entfernt haben, so sind diese so entstandenen Lücken in Gesellschaftsverträgen im Wege der ergänzenden Vertragsauslegung in der Weise auszufüllen, dass die Grundzüge des konkreten Vertrages „zu Ende gedacht" werden. Im Ergebnis wird danach in solchen Fällen ein Mittelwert zwischen Buchwert und tatsächlichem Wert anzusetzen sein (vgl. BGH II ZR 104/92 v. 20.9.93, DB 93, 2265 und II ZR 36/92 v. 24.5.93, DStR 93, 1109).

102 **Besonderheiten im Todesfall:** Für den Fall des Todes eines Gesellschafters kann der Gesellschaftsvertrag einen völligen Abfindungsausschluss für den nicht eintretenden Erben des verstorbenen Gesellschafters wirksam vorsehen. Der Anteil des Gesellschafters geht dann an die Mitgesellschafter, an einzelne von ihnen oder aber an Dritte (BGH III ZR 91/70 v. 14.7.71, WM 71, 1339). Eine solche Vereinbarung setzt jedoch voraus, dass sie gleichmäßig für alle Gesellschafter gilt. Unter diesen Voraussetzungen ist sie auch keine Schenkung (umstr., *Meincke* § 7 Rz. 170; *Troll/Gebel* § 3 ErbStG Rz. 257).

Vgl. zu den Besonderheiten im Todesfall iÜ Rz. 67ff. und A. 9.24 Rz. 1ff.

103 Der unbeschränkten Haftung aller Gesellschafter entspricht es, dass ein ausscheidender Gesellschafter in dem Fall, dass der Buchwert seiner Beteiligung zzgl. des Anteils an den stillen Reserven negativ ist, zum **Nachschuss verpflichtet** ist.

104 **Befreiung von Verbindlichkeiten (Abs. 7):** Gem. § 159 HGB haftet ein ausgeschiedener Gesellschafter noch fünf Jahre nach seinem Ausscheiden für Verbindlichkeiten der Gesellschaft (vgl. iE Rz. 12f.). Gem. § 105 Abs. 2 HGB iVm. § 738 BGB ist der ausgeschiedene Gesellschafter im Innenverhältnis von den Schulden der Gesellschaft, für die er gem. § 128 HGB persönlich haftet, freizustellen (zur Haftung für Verbindlichkeiten aus Dauerschuldverhältnissen s. Rz. 13). Dies würde bedeuten, dass die Gesellschaft bei Ausscheiden eines Gesellschafters die Gläubiger zu befriedigen oder mit diesen eine befreiende Schuldübernahme zu vereinbaren hat. Um dieses Verfahren zu vermeiden ist im Formular vorgesehen, dass die Freistellung erst dann erfolgt, wenn der ausgeschiedene Gesellschafter von Gesellschaftsgläubigern in Anspruch genommen wird.

105 **Anwachsung (Abs. 9):** Die Bestimmung entspricht § 738 Abs. 1 Satz 1 BGB.

106 Soweit das **Abfindungsguthaben** des ausscheidenden Gesellschafters den Buchwert seiner Beteiligung übersteigt, erzielt er einen **Veräußerungsgewinn** gem. § 16 EStG, der nach Abzug evtl. Freibeträge gem. Abs. 4 dieser Vorschrift der ESt zu einem begünstigten Steuersatz unterliegt (§ 34 EStG). Gewerbesteuer fällt nicht an (hM, GewStR 7.1 Abs. 3 Satz 3). Ein Veräußerungsgewinn ist allerdings insoweit als laufender Gewinn zu versteuern, als auf Seiten des Veräußerers und Erwerbers dieselben Personen Unternehmer bzw. Mitunternehmer sind (§ 16 Abs. 2 S. 3 EStG, BFH VIII R 7/01 v. 15.6.04, BStBl. II 04, 754).

107–109 *(frei)*

Zu § 18: Auflösung der Gesellschaft, Fortführung der Firma

Die Bestellung sämtlicher geschäftsführender Gesellschafter zu Liquidatoren entspricht § 146 Abs. 1 HGB. Abweichend von der gesetzlichen Regelung in § 150 Abs. 1 HGB sind die Liquidatoren nach dem Formular einzeln vertretungsberechtigt. S. auch A. 9.13 Rz. 3. 110

Die **Liquidatoren** und ihre Vertretungsmacht sind von sämtlichen Gesellschaftern zur Eintragung in das Handelsregister anzumelden; anmeldepflichtig sind sämtliche Gesellschafter (§ 148 HGB). 111

Firmenfortführung bei Ausscheiden: Gem. § 24 Abs. 2 HGB bedarf es bei Ausscheiden eines Gesellschafters, dessen Name in der Firma enthalten ist, zur Fortführung der Firma der ausdrücklichen Einwilligung des Gesellschafters oder seiner Erben. Die Einwilligung wird in Abs. 2 generell erteilt. Der BGH räumt dem Interesse der verbleibenden Gesellschafter großes Gewicht ein (BGH II ZR 142/88 v. 9.1.89, NJW 89, 1798). Zum Ausscheiden des letzten Gesellschafters vgl. A. 9.14 Rz. 8. 112

Zu § 19: Wettbewerbsverbot

Für die Dauer der Beteiligung eines Gesellschafters enthalten die §§ 112, 113 HGB ein gesetzliches Wettbewerbsverbot. Es ist Ausfluss der Treuepflicht. Dieses Wettbewerbsverbot wird im Formular für die Dauer von zwei Jahren nach Ausscheiden erweitert. Die Wirksamkeit eines nachvertraglichen Wettbewerbsverbots ist nicht von der Zahlung einer Karenzentschädigung abhängig, da die §§ 74ff. HGB für den Gesellschafter nicht gelten. 113

Die in Abs. 3 des Formulars festgelegten Rechtsfolgen eines Wettbewerbsverstoßes entsprechen im wirtschaftlichen Ergebnis weitgehend § 113 HGB mit der Ausnahme, dass eine Vertragsstrafe in vereinbarter Mindesthöhe zu zahlen ist. 114

Steuerlich sind Zahlungen des gegen das Wettbewerbsverbot verstoßenden Gesellschafters an die Gesellschaft bei dem Gesellschafter Sonderbetriebsausgaben, bei der Gesellschaft Betriebseinnahmen. 115

Zu § 20: Güterstandsklausel

Die Verpflichtung zum Ausschluss des Güterstands der Zugewinngemeinschaft hinsichtlich der Gesellschaftsbeteiligung soll verhindern, dass bei Ehescheidung eines Gesellschafters gegen diesen uU erhebliche **Zugewinnausgleichsansprüche** geltend gemacht werden, die der betroffene Gesellschafter nur durch erhöhte Entnahmen aus der Gesellschaft befriedigen könnte. Ob und inwieweit eine solche Bestimmung durchsetzbar ist, muss in jedem Einzelfall geprüft werden. UU empfiehlt es sich, einen modifizierten Zugewinnausgleich in der Form zu vereinbaren, dass lediglich die Anteile am Gesellschaftsvermögen ausgeschlossen sind. 116

In **erbschaftsteuerlicher Hinsicht** zu beachten ist allerdings, dass mit der Vereinbarung einer Güterstandsklausel den Gesellschaftern die Möglichkeit genommen wird, bei Übergang von Gesellschaftsanteilen an den Ehegatten in den Genuss der Vergünstigung des § 5 ErbStG zu kommen. Nach dieser Bestimmung unterliegt der Zugewinn des überlebenden Ehegatten nicht der Erbschaftsteuer. Während es in der Vergangenheit möglich war, durch Ehevertrag den Güterstand der Gütertrennung auch mit steuerlicher Wirksamkeit rückwirkend ab Eheschließung durch Vereinbarung der Zugewinngemeinschaft aufzuheben, gilt nach jetziger Rechtslage in steuerlicher Hinsicht, dass Zeitpunkt des Eintritts des Güterstandes der Tag des Vertragsabschlusses ist (§ 5 Abs. 1 Satz 4 ErbStG). Insoweit bedarf die Vereinbarung der (zivilrechtlich häufig sinnvollen) Güterstandsklausel unter steuerlichen Überlegungen uU einer Überprüfung. 117

Zu § 22 Schiedsklausel

Die Vereinbarung einer Schiedsklausel im Gesellschaftsvertrag hat sich in der Praxis bewährt. Der Vorteil eines Schiedsverfahrens liegt darin, dass es unter Ausschluss der 118

Öffentlichkeit geführt wird und gerade bei gesellschaftsvertraglichen Auseinandersetzungen, die sich häufig auch sehr persönlich gestalten, flexibler ist (vgl. SchiedsVfG, §§ 1025ff. ZPO, vgl. hierzu allgemein *Baumbach/Lauterbach* ZPO, Grundz. § 1025 Rz 6ff. ZPO). Der Schiedsvertrag bedarf der Form des § 1031 ZPO. Zur Reichweite einer Schiedsklausel (OLG Koblenz 6 U 1371/06 v. 3.5.07, NJOZ 07, 5922 und BGH II ZR 108/07 v. 6.3.08, NJW-Spezial 08, 464). Siehe hierzu auch A 13.00.

119 *(frei)*

Erläuterungen zu A. 9.00a Handelsregisteranmeldung

120 Gem. § 106 iVm. § 14 HGB ist die Gründung der Gesellschaft zur Eintragung in das Handelsregister anzumelden. Die Anmeldung muss unverzüglich nach Aufnahme des Geschäftsbetriebs erfolgen; sie kann schon vorher erfolgen, wenn die Gesellschaft bereits entstanden ist (*Baumbach/Hopt* § 106 Rz. 5).

Gem. § 106 Abs. 2 HGB **muss** die **Anmeldung enthalten:**

- den Namen, Vornamen, Geburtsdatum und Wohnort jedes Gesellschafters;
- die Firma der Gesellschaft, den Ort, an dem sie ihren Sitz hat, und die inländische Geschäftsanschrift;
- die Vertretungsmacht der Gesellschafter.

121 Gem. § 24 Abs. 2 Handelsregisterverfügung ist daneben darauf hinzuwirken, dass bei den Anmeldungen auch der **Geschäftszweig,** soweit er sich nicht aus der Firma ergibt, und die **Lage der Geschäftsräume** angegeben werden. Um Verzögerungen bei der Eintragung zu vermeiden, sind diese Angaben daher im Rahmen der Anmeldung zu machen.

122 Gem. § 108 Abs. 1 HGB ist die Anmeldung **von allen Gesellschaftern zu bewirken,** auch wenn sie nicht vertretungsbefugt sind. Die Angabe, dass jeder Gesellschafter allein zur Vertretung der Gesellschaft berechtigt ist, entspricht der gesetzlichen Regelung des § 125 Abs. 1 HGB; die Vertretungsmacht ist nunmehr in jedem Fall anzumelden.

Die Anmeldung bedarf gem. § 12 Abs. 1 HGB der **notariellen Beglaubigung.**

123 Zuständig für die Führung der Register sind die Amtsgerichte. Um die Verwaltung der Register zu beschleunigen, können Unterlagen seit dem 1.1.07 nur noch elektronisch (vom Notar) eingereicht werden. Aus Gründen der Rechtssicherheit bleibt für die Anmeldungen zur Eintragung eine öffentliche Beglaubigung erforderlich. Zur Beschleunigung der Eintragungsverfahren ist über Anmeldungen zur Eintragung grundsätzlich „unverzüglich" zu entscheiden; zudem sind die Ausnahmen vom Erfordernis eines Kostenvorschusses erweitert worden.

Weil die Register elektronisch geführt werden, werden Handelsregistereintragungen auch elektronisch bekannt gemacht – eine preiswerte und für jeden Interessenten aus dem In- und Ausland in gleicher Weise leicht zugängliche Form.

A. 9.01 Gesellschaftsvertrag (einfaches Muster)

I. FORMULARE

Formular A. 9.01 Gesellschaftsvertrag

GESELLSCHAFTSVERTRAG DER FIRMA A & B OHG

§ 1 Firma, Sitz

(1) Die Firma der Gesellschaft lautet

A & B OHG.

(2) Sitz der Gesellschaft ist ......

§ 2 Gegenstand des Unternehmens

(1) Gegenstand des Unternehmens ist der Einzelhandel mit Lebensmitteln aller Art.

(2) Die Gesellschaft ist berechtigt, sämtliche zur Erreichung des Unternehmensgegenstandes zweckdienlichen Geschäfte durchzuführen.

§ 3 Dauer, Geschäftsjahr

(1) Die Gesellschaft wird zum ...... auf unbestimmte Dauer errichtet.

(2) Geschäftsjahr ist das Kalenderjahr.

§ 4 Einlagen

(1) Die Gesellschafter A und B haben eine Bareinlage in Höhe von jeweils € ...... zu leisten.

(2) Die Einlagen sind innerhalb von 14 Tagen nach Unterzeichnung des Gesellschaftsvertrages zur Zahlung fällig und auf das Konto der Gesellschaft einzuzahlen.

§ 5 Geschäftsführung und Vertretung

(1) Zur Geschäftsführung und Vertretung ist jeder Gesellschafter allein berechtigt und verpflichtet.

(2) Maßnahmen, die über den üblichen Rahmen des Geschäftsbetriebes hinausgehen, dürfen nur von beiden Geschäftsführern gemeinsam vorgenommen werden. Dies gilt insbesondere für den Erwerb, die Veräußerung und die Belastung von Grundstücken und grundstücksgleichen Rechten, die Bestellung von Prokuristen, den Abschluss von Rechtsgeschäften aller Art zwischen der Gesellschaft auf der einen sowie den Gesellschaftern oder deren Angehörigen im Sinne des § 15 der Abgabenordnung auf der anderen Seite sowie den Abschluss von Verträgen mit einmaligen oder laufenden Verpflichtungen, die einen Gesamtbetrag von € ... übersteigen.

§ 6 Jahresabschluss

Der Jahresabschluss ist als Handels- und Steuerbilanz innerhalb von sechs Monaten seit Ende des Geschäftsjahres zu erstellen. Soweit nicht zwingende handelsrechtliche Vorschriften entgegenstehen, hat die Handelsbilanz der für Zwecke der Einkommensteuerbesteuerung aufzustellenden Steuerbilanz zu entsprechen.

§ 7 Ergebnisverteilung

Von dem festgestellten Jahresgewinn erhält jeder Gesellschafter vorab einen Anteil in Höhe von 12 % seines Kapitalanteils. Der darüber hinausgehende Gewinn entfällt je zur Hälfte auf A und B.

§ 8 Entnahmen

Jeder Gesellschafter ist berechtigt, 75 % des auf ihn entfallenden Gewinnanteils für das letzte Geschäftsjahr zu entnehmen. Während des Geschäftsjahres kann monatlich darüber hinaus 1/24 des Vorjahresgewinns entnommen werden. Weitergehende Entnahmen sind nur mit Zustimmung aller Gesellschafter zulässig.

§ 9 Kündigung

(1) Die Gesellschaft kann von jedem Gesellschafter unter Einhaltung einer Frist von sechs Monaten zum Ende eines Geschäftsjahres gekündigt werden, erstmals jedoch zum ......

(2) Die Kündigung bedarf der Schriftform.

§ 10 Schlussbestimmungen

(1) Änderungen und Ergänzungen dieses Vertrages bedürfen der Schriftform.

(2) Sollten sich einzelne Bestimmungen dieses Vertrages als ungültig erweisen, so wird dadurch die Gültigkeit dieses Vertrages im Übrigen nicht berührt.

Formular A. 9.01a Handelsregisteranmeldung

Siehe Formular A. 9.00a.

II. ERLÄUTERUNGEN

Erläuterungen zu A. 9.01 Gesellschaftsvertrag

1. Grundsätzliche Anmerkungen

1 S. hierzu A. 9.00 Rz. 1 ff. Zur Abhaltung von Gesellschafterversammlungen und Gesellschafterbeschlüssen s. daneben A. 9.00 Rz. 54 ff.

2. Einzelerläuterungen

Zu § 1: Firma, Sitz

2 Siehe A. 9.00 Rz. 26 f.

Zu § 2: Gegenstand des Unternehmens

3 Siehe A. 9.00 Rz. 28 f.

Zu § 3: Dauer, Geschäftsjahr

4 Siehe zunächst A. 9.00 Rz. 29 ff.

Mangels abweichender Regelung im Gesellschaftsvertrag wird die Gesellschaft aufgelöst (1.) durch den Ablauf der Zeit, für welchen sie sie eingegangen ist, (2.) durch Beschluss der Gesellschafter, (3.) durch die Eröffnung des Insolvenzverfahrens über das Vermögen der Gesellschaft und (4.) durch gerichtliche Entscheidung (§ 131 Abs. 1 HGB). Mangels abweichender vertraglicher Bestimmung zum Ausscheiden eines Gesellschafters führen demgegenüber insbes. der (1.) Tod eines Gesellschafters, (2.) die Eröffnung des Insolvenzverfahrens über das Vermögen des Gesellschafters, (3.) die Kündigung des Gesellschafters und (4.) die Kündigung durch den Privatgläubiger des Gesellschafters nicht zur Auflösung der Gesellschaft. Der Gesellschafter scheidet vielmehr mit dem Eintritt des ihn betreffenden Ereignisses aus, im Fall der Kündigung aber nicht vor Ablauf der Kündigungsfrist (§ 131 Abs. 3 HGB). Zu den Einzelheiten vgl. A. 9.00 Rz. 29 ff.

Zu § 4: Einlagen

Siehe A. 9.00 Rz. 33ff. und Rz. 64. 5

Zu § 5: Geschäftsführung- und Vertretung

Siehe A. 9.00 Rz. 36ff. 6

Zu § 6: Jahresabschluss

Siehe A. 9.00 Rz. 56ff. 7

Zu § 7: Ergebnisverteilung

Nach der gesetzlichen Regelung in § 121 Abs. 1 HGB gebührt jedem Gesellschafter 8
zunächst ein Anteil iHv. 4% seines Kapitalanteils (sog. Vorzugsgewinnanteil). Damit wird den Gesellschaftern eine besondere Vergütung für ihre Kapitalbeteiligung gewährt. Fehlt allerdings ein Gewinn, so erhalten die Gesellschafter nichts, dh. die 4% stellten keinen Kapitalzins dar (*Baumbach/Hopt* § 121 Rz. 1 aE). Im Formular ist ein höherer, den tatsächlichen wirtschaftlichen Verhältnissen näher kommender Zinssatz zugrunde gelegt.

IÜ entspricht die Ergebnisverteilungsabrede in § 7 der gesetzlichen Regelung des 9
§ 121 HGB. Damit gilt weiterhin folgendes: Soweit der Jahresgewinn zur Bedienung der Vorzugsdividende nicht ausreicht, erhalten die Gesellschafter einen entspr. verminderten Satz (§ 121 Abs. 1 Satz 2 HGB). Einlagen und Entnahmen im Laufe des Kalenderjahres **(Veränderungen des Kapitalanteils)** werden für die Ermittlung des Vorzugsgewinnanteils jedes Gesellschafters gem. § 121 Abs. 2 HGB zeitanteilig zum Vorzugsgewinnsatz verzinst.

Der **Vorzugsgewinnanteil entfällt** ganz, wenn kein Gewinn erzielt worden ist. 10
Gleiches gilt, wenn gem. Gesellschaftsvertrag (s. hier die Entnahmebeschränkung des § 8) zwar ein Gewinn erzielt wurde, dieser aber nicht verteilt werden darf (vgl. hierzu *MünchKommHGB/Priester* § 121 Rz. 27ff.).

Nach der gesetzlichen Regelung des § 121 Abs. 3 HGB ist der über die Vorzugsdi- 11
vidende **hinausgehende Gewinnanteil** sowie der Verlust nach Köpfen auf die Gesellschafter zu verteilen. Dieser Regelung folgt das Vertragsmuster.

Die **Gewinnverteilungsabrede** kann abweichend vom Gesetz und von dem hier 12
erfolgten Formulierungsvorschlag **beliebig anders ausgestaltet** werden, beispielsweise kann die Vorzugsdividende erhöht oder abgesenkt werden, der Mehrgewinn anders als nach Köpfen verteilt werden etc. Insb. ist auch eine Gewinnverteilung nach Festkapitalanteilen möglich und allgemein üblich. Eine solche Gewinnverteilungsabrede setzt allerdings die Einrichtung mindestens eines festen Kapitalkontos und eines variablen Kontos (Privatkontos) voraus.

Zu § 8: Entnahmen

Siehe zunächst A. 9.00 Rz. 64f. 13

Nach dem Vertragsmuster ist vorgesehen, dass alle Gesellschafter in der Gesellschaft voll mitarbeiten und demzufolge auch keine Tätigkeitsvergütung erhalten. Dies bedeutet, dass sie ihren gesamten Lebensunterhalt aus der Gesellschaft bestreiten müssen und daher auf großzügige Entnahmen angewiesen sind. Da die Gesellschaft andererseits für Investitionen etc. Kapitalbedarf hat, ist abweichend von § 122 HGB das Entnahmerecht auf 75% des Gewinns beschränkt. Der Gesellschaftsvertrag kann auch ein gewinnunabhängiges Entnahmerecht vorsehen.

Zu § 9: Kündigung

Die Kündigungsregelung entspricht der gesetzlichen Vorschrift in § 132 HGB. Aus 14
Beweissicherungsgründen ist allerdings im Formular Schriftform vorgeschrieben, während nach dem Gesetz die Kündigung grds. auch formfrei zulässig ist.

Zur Kündigung s. iÜ A. 9.00 Rz. 94ff. sowie Formular A. 9.21. 15

Erläuterungen zu A. 9.01a Handelsregisteranmeldung

16 Siehe A. 9.00a Rz. 120ff.

A. 9.10 Abtretung (Verkauf)

Gliederung

I. FORMULARE

Formular A. 9.10 Anteilsabtretungsvertrag

VERTRAG ÜBER DIE ABTRETUNG EINES ANTEILS AN DER A, B & C OHG

Zwischen

Herrn C **– nachfolgend Veräußerer genannt –**

und

Herrn D **– nachfolgend Erwerber genannt –**

Vorbemerkungen

An der A, B & C OHG ist Herr C mit einem Festkapital von € ... = 30% des Gesellschaftskapitals beteiligt. Aus Altersgründen möchte C sich zum 31. Dezember ...... aus der Gesellschaft zurückziehen.

Da C in der Familie keine geeigneten Nachfolger hat, veräußert er mit Zustimmung der Gesellschafter A und B seinen Anteil an der Gesellschaft an den bereits seit vielen Jahren als Prokurist für die Gesellschaft tätigen D gemäß nachstehenden Bestimmungen:

§ 1 Veräußerung

Der Veräußerer verkauft die in der Vorbemerkung genannte Beteiligung in vollem, tatsächlich bestehendem Umfang samt allen damit verbundenen Rechten und Pflichten mit Wirkung im Innenverhältnis zum 1. Januar 20.. (Abtretungsstichtag) an den Erwerber, soweit nicht in diesem Vertrag etwas anderes geregelt ist.

§ 2 Abtretung

Der Veräußerer tritt seinen Anteil an der Gesellschaft an den Erwerber ab; die Abtretung ist aufschiebend bedingt durch die vollständige Entrichtung des Kaufpreises. Der Erwerber nimmt die Abtretung an.

§ 3 Gewinn

Das Ergebnis des laufenden Geschäftsjahres steht dem Veräußerer zu. Ein Guthaben auf dem Privatkonto geht nicht über; ein Schuldsaldo ist vom Veräußerer auszugleichen.

§ 4

Mit Vertragsunterzeichnung erkennt der Verkäufer gleichzeitig den Gesellschaftsvertrag vom ...... als für ihn in allen Bestimmungen verbindlich an.

§ 5 Kaufpreis

Der Kaufpreis für den abgetretenen Gesellschaftsanteil beträgt € ...... Der Kaufpreis ist wie folgt zu entrichten: ...... Ab dem ...... ist er mit ...... Prozentpunkten p. a. zu verzinsen; die Zinspflicht lässt die sonstigen Rechte des Veräußerers unberührt.#

§ 6 Gewährleistung

Der Veräußerer gewährleistet und steht dafür ein, dass

a) der gemäß Vorbemerkung veräußerte Gesellschaftsanteil rechtlich wirksam begründet ist;

b) der vertragsgegenständliche Gesellschaftsanteil nicht mit irgendwelchen Rechten Dritter belastet ist;

c) der diesem Vertrag als Anlage beigefügte Jahresabschluss der A, B & C OHG zum 31.12.20.. das Vermögen der Gesellschaft richtig und vollständig wiedergibt und dass alle bilanzierungsfähigen Verbindlichkeiten richtig und vollumfänglich erfasst sind;

d) zum Zeitpunkt des Vertragsabschlusses keine Umstände erkennbar sind, die für das laufende Geschäftsjahr ein niedrigeres Jahresergebnis erwarten lassen, als im Jahresabschluss der A, B & C OHG zum 31.12.20.. (Anlage) ausgewiesen ist.

Soweit die abgegebenen Erklärungen und insbesondere die beigefügte Bilanz zum 31. Dezember 20.. unrichtig oder unvollständig sein sollen, ist der Veräußerer dem Erwerber zum Schadensersatz verpflichtet, soweit sich ein bezifferbarer Vermögensnachteil für den Erwerber ergibt. Zwischen den Vertragsparteien besteht Einigkeit, dass die dem Käufer zur Verfügung gestellten Unterlagen und Informationen, unabhängig davon, ob sie vorstehend erwähnt sind oder nicht, keine Beschaffenheitsgarantie und/oder Beschaffenheitsvereinbarung begründen sollen, soweit sich nicht aus vorstehenden Buchst. a–d ausdrücklich etwas anderes ergibt; der Umfang der vorstehend gemachten Zusicherungen ist vielmehr ausdrücklich auf den übernommenen Inhalt beschränkt. Weitergehende Ansprüche bestehen nicht. Etwaige Schadensersatzansprüche verjähren zum ......

§ 7 Haftungsfreistellung

D verpflichtet sich, C im Innenverhältnis von allen A, B & C OHG betreffenden Verbindlichkeiten, für die C unbeschränkt mithaftet, freizustellen. D wird – in Abstimmung mit den Mitgesellschaftern A und B – auch im Außenverhältnis alles unternehmen, um baldmöglichst eine Haftungsfreistellung von C von folgenden Gläubigern zu erlangen: ......

§ 8 Firmenfortführung

C willigt in die Fortführung der Firma ein.

§ 9 Handelsregisteranmeldung

Die Vertragsparteien verpflichten sich, unverzüglich nach der vollständigen Entrichtung des Kaufpreises die Eintragung der Beteiligungsänderung im Handelsregister in

der erforderlichen Form herbeizuführen. Die Kosten der Anmeldung zum Handelsregister trägt D.

§ 10 Sonstiges

Erfüllungsort und Gerichtsstand für sämtliche Streitigkeiten aus diesem Vertrag ist der Sitz der Gesellschaft, soweit dies zulässig vereinbart werden kann. Sollten sich einzelne Bestimmungen des Abtretungsvertrages als ungültig erweisen, so wird dadurch die Gültigkeit des Vertrages im Übrigen nicht berührt. In einem solchen Fall ist die ungültige Bestimmung durch eine gültige Bestimmung zu ersetzen, die mit der weitestmöglichen Annäherung den Zweck der ungültigen Bestimmung erreicht.

....	....
(Unterschrift C)	**(Unterschrift D)**

Als weitere Gesellschafter der A, B & C OHG stimmen wir der mit vorstehendem Vertrag vorgenommenen Abtretung zu:

....	....
(Unterschrift A)	**(Unterschrift B)**

Formular A. 9.10a Handelsregisteranmeldung

An das
Amtsgericht
Registergericht
X-Stadt
Betrifft: A, B & C OHG
HRA Nr. ......

Zur Eintragung in das Handelsregister wird angemeldet:

1. **Mit Wirkung zum ...... ist der Gesellschafter C aus der Gesellschaft ausgeschieden. Die Gesellschaft wird unter der bisherigen Firma fortgeführt. C willigt in die Fortführung dieser Firma ein.**
2. **Mit Wirkung zum ...... ist auf Grund Abtretung des Anteils des C der D *(Name, Vorname, Geburtsdatum, Wohnort)* in die Firma eingetreten.**
3. **Die Gesellschafter vertreten die Gesellschaft wie folgt: ......**
4. **Die Geschäftsräume befinden sich weiterhin in X-Stadt in der XY-Straße:**

Die Prokura für D ist erloschen.

....	....
(Unterschrift A)	**(Unterschrift B)**
....	....
(Unterschrift C)	**(Unterschrift D)**

....

(Beglaubigungsvermerk)

II. ERLÄUTERUNGEN

Erläuterungen zu A. 9.10 Anteilsabtretungsvertrag

1. Grundsätzliche Anmerkungen

a) Wirtschaftliche Funktion

Ein Kauf- und -abtretungsvertrag über einen Gesellschaftsanteil wird dann geschlossen werden, wenn ein Gesellschafter nicht in der Gesellschaft verbleiben möchte und sein Gesellschaftsanteil unmittelbar auf einen neuen Gesellschafter übergehen soll. 1

Im Hinblick auf die bei der OHG typischerweise gegebene enge Bindung der Gesellschafter untereinander wird die Abtretung eines Gesellschaftsanteils regelmäßig nur mit **Zustimmung aller** übrigen **Mitgesellschafter** vorgenommen werden. Sofern der Gesellschaftsvertrag eine Übertragung nicht allgemein oder auf bestimmte Personen zulässt, ist daneben schon aus Rechtsgründen eine Übertragung der Gesellschafterstellung ohne ausdrückliche Zustimmung der Mitgesellschafter unzulässig (§ 105 HGB iVm. § 717 BGB). 2

b) Gesellschaftsrecht

Die Abtretung der Beteiligung setzt einen rechtsgültigen **Abtretungsvertrag** voraus (vgl. hierzu *MünchKommBGB/Ulmer/Schäfer* § 719 Rz. 21ff.). Der Vertrag ist Rechtskauf, Kauf des Geschäftsanteils. Hierbei ist zwischen dem Verpflichtungsgeschäft, dh. dem Kauf, und der Übertragung des Gesellschaftsanteils, dem Erfüllungsgeschäft zu unterscheiden. 3

Der Abtretungsvertrag über einen Gesellschaftsanteil an einer OHG kann regelmäßig **formlos** geschlossen werden. Aus Beweisgründen empfiehlt sich jedoch Schriftform. Auch soweit das Gesellschaftsvermögen im Wesentlichen aus Grundbesitz besteht, ist der Vertrag formlos gültig (BGH II ZR 288/81 v. 31.1.83, DNotZ 84, 169). Lebt der Veräußerer im Güterstand der Zugewinngemeinschaft ist § 1365 BGB zu beachten. Die Veräußerung des OHG-Anteils durch oder an einen Minderjährigen bedarf der vormundschaftlichen Genehmigung nach § 1822 Nr. 3 BGB. 4

c) Steuerrecht

Die Veräußerung eines OHG-Gesellschaftsanteils entspricht steuerlich einer **Veräußerung des Mitunternehmeranteils** des Altgesellschafters an den Neugesellschafter. Der vom Altgesellschafter bei der Veräußerung erzielte Gewinn ist nach § 16 Abs. 1 Nr. 2 EStG zu einem besonderen Steuersatz (§ 34 EStG) zu versteuern; dieser beträgt 56% vom Durchschnittssteuersatz. Hiernach sind Veräußerungsgewinne bis zu einem Betrag von € 5 Mio. begünstigt. Weitere Voraussetzung ist, dass der Stpfl. das 55. Lebensjahr vollendet hat oder im sozialversicherungsrechtlichen Sinne dauernd berufsunfähig wird. Die Begünstigung kann nur einmal im Leben in Anspruch genommen werden. Der Steuersatz beträgt jedoch mind. 15%. Zu den Freibeträgen s. § 16 Abs. 4 EStG. Der Veräußerungsgewinn ist gewerbesteuerfrei, wenn er auf eine natürliche Person als unmittelbar beteiligter Mitunternehmer entfällt, § 7 Abs. 1 S. 2 GewStG. Ein Veräußerungsgewinn ist aber als laufender Gewinn zu versteuern, wenn auf Seiten des Veräußerers und Erwerbers dieselben Personen Unternehmer bzw. Mitunternehmer sind (§ 16 Abs. 2 S. 3 EStG; BFH VIII R 7/01 v. 15.6.04, BStBl. II 04, 754). Ggf. bietet es sich an, im Vertrag eine Gewerbesteuerklausel mitaufzunehmen, damit sie von dem Gesellschafter getragen wird, der sie verursacht. 5

In für den neu eintretenden Gesellschafter aufzustellenden **Ergänzungsbilanzen** ist der Mehr- oder Minderwert als **Auf- bzw. Abstockung der Buchwerte** der WG der Gesellschaft zu berücksichtigen. Ein evtl. erworbener Geschäftswert ist als abnutz- 6 bares WG mit einer gesetzlich festgelegten Nutzungsdauer von 15 Jahren abschreibungsfähig (§ 7 Abs. 1 Satz 3 EStG).

7 Wird ein bisheriger Arbeitnehmer neuer Gesellschafter, so muss die **Pensionsrückstellung** für diesen Arbeitnehmer nicht gewinnerhöhend aufgelöst werden, da die Pensionszusage insoweit keine Vergütung für die Tätigkeit eines Gesellschafters ist (BFH I R 142/72 v. 8.1.75, BStBl. II 75, 437). Die fortzuführende Pensionsrückstellung ist mit dem Barwert der zukünftigen Pensionsleistung anzusetzen (§ 6a Abs. 2 Satz 2 EStG) und in den folgenden Jahren um die jährlichen Zinsen zu erhöhen (BMF v. 20.12.77, BStBl. I 78, 8, Tz. 85 ff.). Soweit ein Mitunternehmer, der zugleich Arbeitnehmer der Gesellschaft ist, zwar als Gesellschafter ausscheidet, dabei aber Arbeitnehmer bleibt, kann für ihn eine Pensionsrückstellung gebildet werden. Diese Rückstellung umfasst auch Ansprüche aus einer ihm während der Zugehörigkeit zur Personengesellschaft erteilten Pensionszusage, da die auf § 15 Abs. 1 Nr. 2 EStG beruhende steuerrechtliche Nichtanerkennung mit seinem Ausscheiden als Mitunternehmer entfällt (BFH I R 124/95 v. 9.4.97, BStBl. II 97, 910). Gewerbesteuerlich mindern die Zinsen, die ein Mitunternehmer für ein Darlehen aufwendet, das er zum Erwerb eines Mitunternehmeranteils aufgenommen hat, nach § 7 GewStG den Gewerbeertrag. Die Zinsen sind ab VZ 08 zu 25% dem Gewerbeertrag hinzuzurechnen. Dabei kommt es nicht darauf an, ob durch die Schuldaufnahme das Betriebskapital der Mitunternehmerschaft verstärkt worden ist (BFH IV R 178/80 v. 9.4.81, BB 81, 1505).

8 *(frei)*

2. Einzelerläuterungen

Zu § 1: Veräußerung

9 Infolge der Abtretung tritt der eintretende Gesellschafter **mit allen Rechten und Pflichten** an die Stelle des abtretenden. Auf den neuen Gesellschafter gehen grds. alle Vermögens- und Verwaltungsrechte über (BGH II ZR 98/70 v. 7.12.72, NJW 73, 328). Dies gilt auch für evtl. Ansprüche aus Privatkonten und für den Gewinnanteil und die Gewinnquote des Abtretenden. Ebenso gehen dessen Informations- und Kontrollrechte einschließlich Stimmrecht und das Recht auf die Geschäftsführung über. Etwas anderes gilt nur dann, wenn es sich um ein höchstpersönliches Recht des abtretenden Gesellschafters gehandelt hat.

10 Erfolgt die Übertragung auf der Grundlage einer Bilanz, sollen im Zweifel diejenigen Ansprüche vom Übergang ausgeschlossen sein und beim Veräußerer verbleiben, die aus der Bilanz nicht ersichtlich sind (BGH II ZR 120/64 v. 25.4.66, NJW 66, 1307).

Zu § 2: Abtretung

11 Nach dem Formular ist vorgesehen, dass die **Abtretung aufschiebend bedingt** ist durch die vollständige Entrichtung des Kaufpreises. Dies dient der Sicherung des Verkäufers, insbes. wenn ein erheblicher Anteil des Kaufpreises erst nach dem im Innenverhältnis vereinbarten Stichtag für den Anteilsübergang gezahlt wird. Auf der anderen Seite ist zu berücksichtigen, dass damit auch die Anmeldung zum Handelsregister möglicherweise erheblich verzögert wird, was den Interessen beider Vertragspartner zuwiderlaufen kann. Die aufschiebende Bedingung kann in solchen Fällen zB an eine Teilzahlung geknüpft sein, die Absicherung des Verkäufers ggf. durch Stellung anderer Sicherheiten gewährleistet werden.

Zu § 3: Gewinn

12 Soweit keine ausdrückliche oder stillschweigende Vereinbarung getroffen wird, gehen nach dem zu § 1 (Rz. 9f.) Gesagten **alle Ansprüche** auf den Erwerber über. Es

ist daher ausdrücklich klarzustellen, welche Ansprüche beim Veräußerer verbleiben sollen.

Zu § 5: Kaufpreis

Zu den steuerlichen Folgen der Veräußerung s. Rz. 5ff. Wird anstelle eines Barkaufpreises der Betrieb **gegen** eine **Leibrente veräußert,** so hat der Veräußerer ein **Wahlrecht:** 13

Er kann den entstandenen Gewinn sofort **in vollem Umfang versteuern;** in diesem Fall ist § 16 EStG mit der Maßgabe anzuwenden, dass Veräußerungsgewinn der Unterschiedsbetrag zwischen dem versicherungsmathematischen Barwert der Rente vermindert um etwaige Veräußerungskosten des Stpfl. und den Buchwert des steuerlichen Kapitalkontos im Zeitpunkt der Veräußerung des Betriebs ist. Die in den Rentenzahlungen enthaltenen Ertragsanteile sind sonstige Einkünfte iSd. § 22 Abs. 1 Buchst. a EStG. Bei der Ermittlung des Barwerts der wiederkehrenden Bezüge ist von einem Zinssatz von 5,5% auszugehen, wenn nicht vertraglich ein anderer Satz vereinbart ist. 14

Wahlweise kann der Steuerpflichtige gem. EStR 16 Abs. 11 Satz 1 anstatt dessen die **Rentenzahlung als nachträgliche Betriebseinnahme** iSd. § 15 iVm. § 24 Nr. 2 EStG behandeln. Der Gewinn entsteht in diesem Fall erst dann, wenn die Rentenzahlungen das steuerliche Kapitalkonto des Veräußerers zuzgl. etwaiger Veräußerungskosten des Veräußerers übersteigen. Es werden weder Freibeträge nach § 16 Abs. 4 EStG noch der ermäßigte Steuersatz des § 34 EStG gewährt. Zu den Mischformen (Barpreis gekoppelt mit Leibrente) s. EStR 16 Abs. 11 Satz 9. 15

Während es nach früherer Rechtslage insbes. bei höheren Veräußerungsgewinnen häufig attraktiv gewesen ist, für die sofortige Besteuerung zu optieren und den Veräußerungsgewinn im Rahmen der §§ 16, 34 EStG bis zu den vorgesehenen Höchstbeträgen zum halben durchschnittlichen Steuersatz zu versteuern, ist es nach den Einschränkungen hinsichtlich der Begünstigung von Veräußerungsgewinnen möglicherweise ratsamer, die Rentenzahlung als nachträgliche Betriebseinnahme zu vereinbaren und mit dem normalen Steuersatz zu besteuern (vgl. zur Wiedereinführung des halben Steuersatzes Rz. 5). 15a

Zu § 6: Gewährleistung

Der Kauf von Gesellschaftsanteilen ist regelmäßig Rechtskauf, §§ 453, 434ff. BGB. Soweit keine ausdrücklichen anderweitigen Zusicherungen des Verkäufers gegeben werden, haftet der Veräußerer nur dafür, dass der Anteil in der entsprechenden Größe und die betreffende Gesellschaft bestanden hat und sich nicht in Liquidation befindet sowie für die rechtliche Eigenschaft des Gesellschaftsanteils, etwa die Höhe der Gewinnbeteiligung. Grds. keine Haftung ergibt sich danach für den Wert des Anteils sowie für Mängel des von der Gesellschaft betriebenen Unternehmens oder der Bestandteile des Gesellschaftsvermögens. Etwas anderes gilt nur dann, wenn sich der Rechtskauf wirtschaftlich als Unternehmenskauf darstellt (vgl. BGH VIII ZR 32/00 v. 4.4.01, NZG 01, 751, 752; *Weitnauer* NJW 02, 2511, 2514ff., *Palandt/Weidenkaff* § 453 BGB Rz. 23). Wann von einem Unternehmenskauf ausgegangen werden, kann hängt von der Höhe des übertragenen Geschäftsanteils ab. Bei welchem Prozentsatz die Grenze zu ziehen ist, ist allerdings offen; der BGH VIII ZR 64/79 v. 2.6.80 (NJW 80, 2408) hat bei einem Beteiligungserwerb eines GmbH-Anteils von 75% die Anwendung der Regelungen über den Unternehmenskauf offen gelassen (bejahend OLG München 7 U 4926/97 v. 25.3.98, DB 98, 1321); in der Literatur wird ein Erwerb von 80% verlangt (vgl. *Weitnauer* aaO). 16

Nach dem Formular wird die Gewährleistung des Verkäufers gegenüber der gesetzlichen Regelung deshalb modifiziert. Eine ausdrückliche Klarstellung, in welchem Umfang der Verkäufer des Geschäftsanteils haften soll, empfiehlt sich. Der Verkäufer 17 haftet danach ausdrücklich für die Richtigkeit der in Nr. 4 gemachten Zusagen bzw. die Vollständigkeit der Bilanz. Strittig war nach den Änderungen des Schuldrechtsmodernisierungsgesetzes, inwieweit die ausdrücklichen vertraglichen Garantien unter die Regelung von § 444 BGB fallen. Nach § 444 BGB ist eine Vereinbarung, durch welche die Rechte des Käufers wegen eines Mangels ausgeschlossen oder beschränkt werden unwirksam, soweit der Mangel arglistig verschwiegen oder eine Garantie für die Beschaffenheit der Sache übernommen wurde. Insofern wurde die Frage diskutiert, ob die Übernahme bestimmter Garantien im Vertrag möglicherweise dazu führt, dass Vereinbarungen über Haftungsbeschränkungen iÜ nicht mehr möglich ist (vgl. hierzu sowie zu den Auswirkungen der Schuldrechtsreform auf Unternehmens- und Anteilsverkäufe zB: *Wolf/Kaiser* DB 02, 411; *Wälzholz* DStR 02, 500; *Seipt/Reiche* DStR 02, 1135; *Kazele* INF 03, 74, jeweils mwN). Die Frage wurde von der hM von Anfang an verneint; der Gesetzgeber hat sich dieser Auffassung angeschlossen, indem er im Gesetzestext das Wort „wenn" durch „soweit" ersetzt hat. Das Formular sieht aber aus Vorsichtsgründen weiterhin eine Klarstellung in diesem Sinne vor.

17a Beim Rechtskauf galt in der Vergangenheit grds. die 30-jährige Verjährung der Haftung (§ 195 BGB a.F.). Nach jetziger Rechtlage kommt es nicht mehr zu einer einheitlichen Verjährungsfrist, sondern kann diese für einzelne Aspekte unterschiedlich lang sein (etwa die zweijährige Verjährung gem. § 438 Abs. 1 Nr. 3 BGB einerseits, demgegenüber dreijährige Verjährung hinsichtlich der Garantien, § 195 BGB). Darüber hinaus ist der Beginn der Verjährung jetzt abhängig von der Art des Anspruchs. Da § 202 BGB nunmehr weitgehende Dispositionsfreiheit belässt (Ausnahme: Haftung wegen Vorsatz), empfiehlt sich nach wie vor dringend eine Vereinbarung im Vertrag. M.E. sollte die zu vereinbarende Frist nicht unter einem und nicht über zwei Jahren liegen; als Beginn kann die dingliche Übertragung der Gesellschaftsanteile wie vorgesehen vereinbart werden oder es wird – wie im Formular vorgehen – ein bestimmter Zeitpunkt festgelegt, zu dem die Verjährung insgesamt endet.

Zu § 7: Haftungsfreistellung

18 Der ausgeschiedene Gesellschafter haftet den Gläubigern der Gesellschaft für die vor seinem Ausscheiden entstandenen Verbindlichkeiten grds. weiter. Die Verjährungsfrist beträgt gem. § 159 HGB fünf Jahre. Wegen der Einzelheiten, auch zur teilweise geänderten Rechtslage, s. A. 9.00 Rz. 11 ff. Sofern im Außenverhältnis eine Forthaftung ausgeschlossen werden soll, muss dies mit jedem Gläubiger gesondert vereinbart werden. Nach dem Formular verpflichtet sich der Käufer alles zu unternehmen, von bestimmten Gläubigern (insbesondere regelmäßig Banken) eine Haftungsfreistellung des Veräußerers zu erreichen. Hierzu werden ggf. vom Erwerber auch weitere Sicherheiten zu stellen sein.

19 Im Innenverhältnis steht es nach der (im Schrifttum auf Kritik gestoßenen) Rspr. des BGH den Vertragsparteien grds. frei, nach eigenem Ermessen zu vereinbaren, in welchem Umfang Verbindlichkeiten beim Veräußerer verbleiben und vom Erwerber übernommen werden sollen (BGH II ZR 120/64 v. 25.4.66, NJW 66, 1307; II ZR 118/66 v. 6.6.68, NJW 68, 2006).

Zu § 8: Firmenfortführung

20 Die Fortführung der Firma bedarf der Einwilligung des ausscheidenden Gesellschafters, § 24 HGB. Nach dem Formular ist die Erlaubnis hierzu nicht bereits im Gesellschaftsvertrag enthalten. Sie erfolgt daher im Abtretungsvertrag.

21 **Zustimmungserklärung.** Soweit die Zustimmung der Mitgesellschafter nicht im Hinblick auf das Fehlen einer Bestimmung im Gesellschaftsvertrag, wonach die Übertragung der Anteile zulässig ist, ohnehin erforderlich ist, empfiehlt sie sich im Hinblick auf die gerade bei der OHG sehr personalistische Ausgestaltung der Gesellschaft.

22 *(frei)*

Erläuterungen zu A. 9.10a Handelsregisteranmeldung

Das Ausscheiden eines Gesellschafters ist gem. § 143 Abs. 2 HGB und das Eintreten gem. § 107 HGB zur Eintragung in das Handelsregister anzumelden. Gem. § 106 Abs. 2 Nr. 1 HGB muss die Anmeldung des eintretenden Gesellschafters dessen Namen, Vornamen, Geburtsdatum und Wohnort enthalten. **23**

D ist – mangels anderweitiger Regelung im Gesellschaftsvertrag – vertretungsbefugt. Die bisher erteilte Prokura erlischt, da D jetzt kraft Gesetzes vertretungsbefugt ist; dies sollte der Klarheit halber gem. § 53 Abs. 2 HGB angemeldet werden. **24**

Die Vertretungsverhältnisse müssen nach der geänderten Bestimmung des § 106 Abs. 2 Nr. 4 HGB angegeben werden, dies gilt auch, wenn sie den gesetzlichen Bestimmungen entsprechen. Nach der Übergangsregelung des Art. 52 EGHGB gilt dies für Altgesellschaften zwar grds. erst bei einer vom gesetzlichen Regelfall abweichenden Änderung der Vertretungsverhältnisse; da solche in der Praxis häufig sind, ist hierauf ggf. zu achten. Gem. § 12 HGB bedarf die Anmeldung notarieller Beglaubigung. Zum elektronischen Handelsregister s. A. 9.00 Rz. 123. **25**

A. 9.11 Abtretung (Schenkung)

Gliederung

I. FORMULARE

Formular A. 9.11 Schenkungsvertrag

VERTRAG ÜBER DIE SCHENKUNG EINES ANTEILS AN DER A & B OHG

zwischen

Herrn A sen.

und

Herrn A jun.

Vorbemerkungen

An der A & B OHG ist Herr A sen. mit einem Festkapital von € .... = 60% des Gesellschaftskapitals beteiligt. Herr A jun. arbeitet seit einigen Jahren erfolgreich in der A & B OHG mit und ist in Absprache mit dem weiteren Gesellschafter, Herrn B, als Nachfolger von Herrn A sen. vorgesehen.

Dies vorausgeschickt vereinbaren die Parteien was folgt:

1. **Herr A sen. schenkt seinem Sohn einen Teilbetrag von € ... seiner festen Kapitaleinlage an der A & B OHG. Die Schenkung erfolgt mit der Maßgabe, dass das Gewinnbezugsrecht aus der geschenkten Beteiligung ab dem ...... übergeht. Alle Ansprüche aus dem für Herrn A sen. geführten Privatkonto bleiben unberührt. Im Erbfall muss A jun. die Schenkung zur Ausgleichung bringen und sich ggf. auf den Pflichtteil anrechnen lassen.**
2. **In Vollzug der vorstehenden Schenkungsabrede tritt Herr A sen. hiermit den Teilbetrag von € ... an dem für ihn bei der A & B OHG geführten Festkapitalkonto an seinen Sohn A jun. ab.**
3. **Herr A jun. nimmt die Schenkung und die in ihrem Vollzug erfolgende Abtretung an.**
4. **Die Gewährleistung wird ausgeschlossen, soweit gesetzlich zulässig.**
5. **Die etwa anfallende Schenkungsteuer sowie die Kosten dieses Vertrages und seiner Durchführung trägt A jun. Die Vertragsparteien verpflichten sich, unverzüglich die Eintragung der Beteiligungsänderung im Handelsregister in der erforderlichen Form herbeizuführen.**

Formular A. 9.11a Handelsregisteranmeldung

An das
Amtsgericht
Registergericht
Betrifft: Firma A & B OHG
HRA Nr. ......

Wir sind die alleinigen Gesellschafter der A & B OHG und melden zur Eintragung in das Handelsregister an, dass A jun. (Name, Vorname, Geburtsdatum, Wohnort) als weiterer persönlich haftender Gesellschafter in die Gesellschaft eingetreten ist. Das Geschäft wird unter der bisherigen Firma fortgeführt. Die Geschäftsräume der Gesellschaft befinden sich weiterhin in X-Stadt in der XY-Straße.

Die Gesellschafter vertreten die Gesellschaft stets einzeln.

.. ....
(Unterschrift A sen.) (Unterschrift B)

..
(Unterschrift A jun.)

..
(Beglaubigungsvermerk)

II. ERLÄUTERUNGEN

Erläuterungen zu A. 9.11 Schenkungsvertrag

1. Grundsätzliche Anmerkungen

a) Wirtschaftliche Funktion

1 Der als Nachfolger vorgesehene und gemäß Gesellschaftsvertrag nachfolgeberechtigte Sohn arbeitet bereits seit einiger Zeit erfolgreich in der Gesellschaft mit. Er soll da-

her in die unternehmerische Verantwortung genommen und schon jetzt an dem Unternehmen beteiligt werden, ohne dass der Vater sich bereits endgültig aus dem Unternehmen und der aktiven Tätigkeit zurückzieht.

b) Gesellschaftsrecht

Siehe hierzu zunächst A. 9.10 Rz. 3. Neben der Abtretung des gesamten Anteils ist auch die **Abtretung eines Teils eines Gesellschaftsanteils zulässig.** Soweit der Sohn nicht nach den Bestimmungen des Gesellschaftsvertrages durch Schenkung eines Anteils in die Gesellschaft aufgenommen werden kann, ist die Zustimmung aller weiteren Gesellschafter erforderlich. 2

Zu beachten ist, dass nach den gesetzlichen Bestimmungen sowohl für die Beschlussfassung in der Gesellschafterversammlung (§ 119 HGB) als auch für die Verteilung des Ergebnisses (§ 121 HGB) entscheidend **auf die Anzahl der Gesellschafter abgestellt** wird. Soweit der Gesellschaftsvertrag nicht von den gesetzlichen Bestimmungen abweicht, wird sich regelmäßig eine entspr. Änderung des Gesellschaftsvertrages empfehlen, dh. sowohl für die Beschlussfassung als auch für Verteilung von Gewinn und Verlust wird nicht mehr auf die Zahl der Köpfe, sondern auf die festen Kapitalanteile abgestellt (zu entspr. Regelungen s. Formular A. 9.00 §§ 8 und 11 sowie die Erläuterungen hierzu). 3

Das Schenkungsversprechen bedarf gem. § 518 BGB der **notariellen Form.** Der Formmangel wird jedoch durch Vollzug der Schenkung geheilt. Vollzug liegt hier in Gestalt der Einrichtung neuer Konten und der Umbuchung auf Grund der Abtretung eines Gesellschaftsanteils vor. Anders als bei der schenkweisen Einräumung einer Beteiligung, bei der die Einbuchung der Beteiligung keinen heilenden Vollzug darstellt, weil dadurch lediglich ein schuldrechtlicher Anspruch des beschenkten neuen Gesellschafters gegen den Schenker begründet wird (so für die stille Gesellschaft BGH II ZR 136/51 v. 24.9.52, NJW 52, 1412 und II ZR 16/52 v. 29.10.52, NJW 53, 138), hat die Abtretung eines bestehenden Gesellschaftsanteils heilende Wirkung, da durch die Abtretung die Beteiligung mit dinglicher Wirkung vom Schenker auf den Abtretungsempfänger übergeht. Wegen der unbeschränkten Haftung nicht empfehlenswert ist die Schenkung eines OHG-Anteils an einen Minderjährigen (zu den Bedenken gegen die Beteiligung eines Minderjährigen an einer OHG s. auch A. 9.00 Rz. 4). Soll ein Minderjähriger beteiligt werden, sollte eine andere vertragliche Gestaltung gewählt werden, zB die Einräumung einer stillen Beteiligung, Unterbeteiligung oder allenfalls die Verschaffung einer Kommanditistenstellung. 4

(frei) 5

c) Steuerrecht

Einkommensteuer: Gem. § 6 Abs. 3 EStG hat der Rechtsnachfolger (Beschenkte) die Werte des bisherigen Gesellschafters fortzuführen. Beim Übertragenden ist demzufolge eine Gewinnverwirklichung durch Aufdeckung stiller Reserven grds. verboten. Nach der Rspr. des Großen Senats (BFH GrS 4–6/89 v. 5.7.90, BStBl. II 90, 847 und GrS 1/90 v. 15.7.91, BStBl. II 92, 78; vgl. hierzu BMF v. 13.1.93, NJW 91, 254) kann allerdings je nach vertraglicher Gestaltung die Übertragung eines Betriebs (Teilbetriebs, Mitunternehmeranteils) in vorweggenommener Erbfolge unabhängig davon, ob der Übergabevertrag zivilrechtlich gemischte oder Auflagenschenkung ist, einkommensteuerrechtlich unentgeltliche Übertragung iSv. § 6 Abs. 3 EStG) oder vollbzw. teilentgeltliche Veräußerung durch den Übergeber und Anschaffung durch den Übernehmer sein (zu den Einzelheiten vgl. BMF v. 13.1.93, BStBl. I 96, 1508; v. 26.8.02, BStBl. I 02, 893 und v. 16.9.04, BStBl. I 04, 922; *Schmidt/Wacker* § 16 Rz. 45 ff.). 6

Schenkungsteuer: Die unentgeltliche Übertragung des Anteils unterliegt als freigebige Zuwendung unter Lebenden der Erbschafts- bzw. Schenkungsteuer (§ 7 Abs. 1 7

Nr. 1 ErbStG). Für die Schenkung von Betriebsvermögen an den Sohn gelten ab dem 1.1.09 die Änderungen durch das Erbschaftsteuerreformgesetz 2009, dh Verschonungsabschlag von 85% oder 100% und gleitender Abzugsbetrag von bis zu 150.000 EUR bei Übertragung von begünstigtem Betriebsvermögen (vgl. hierzu A. 9.00 Rz. 79).

Dabei werden Schenkungen und andere Zuwendungen innerhalb von jeweils zehn Jahren zusammengerechnet, § 14 Abs. 1 ErbStG.

8 Zur Bewertung des Betriebsvermögens nach den Änderungen durch das Erbschaftsteuerreformgesetz 2009 siehe A. 9.00 Rz. 79ff.

9 *(frei)*

2. Einzelerläuterungen

Zu Nr. 1:

10 Soweit andere Abkömmlinge vorhanden sind, die nicht in die Gesellschaft eintreten, wird es regelmäßig angemessen sein, die Berücksichtigung der Schenkung im Erbfall vorzuschreiben. Dies geschieht durch Anordnung einer Ausgleichspflicht für den Fall der gesetzlichen Erbfolge (§ 2050 Abs. 3 BGB) und die Pflicht zur Anrechnung auf den Pflichtteil (§ 2315 BGB).

Zu Nr. 4:

11 Gem. § 523 BGB haftet der Schenker lediglich für einen arglistig verschwiegenen Mangel. Dem folgt das Vertragsmuster.

Eine Erweiterung oder Beschränkung der Haftung des Schenkers ist zulässig. In diesem Fall bedarf der Vertrag jedoch notarieller Beurkundung (§ 518 BGB; *Palandt/Weidenkaff* § 521 BGB Rz. 1). Eine Beschränkung der Haftung für Vorsatz oder gar Arglist ist ausgeschlossen, § 276 Abs. 3 BGB.

Erläuterungen zu A. 9.11a Handelsregisteranmeldung

12 Zur Anmeldepflicht des Eintritts eines persönlich haftenden Gesellschafters und des Inhalts der Anmeldung vgl. A. 9.10 Rz. 23f. – Die Anmeldung bedarf notarieller Beglaubigung (§ 12 HGB). Zum elektronischen Handelsregister s. A. 9.00 Rz. 123.

A. 9.12 Auflösung ohne Liquidation

I. FORMULARE

Formular A. 9.12 Gesellschafterbeschluss

Gesellschafterbeschluss

Wir, die Unterzeichner A, B und C, sind die alleinigen Gesellschafter der A, B & C OHG und beschließen einstimmig, dass die Gesellschaft mit Wirkung zum 31. Dezember 20.. aufgelöst wird. Eine Liquidation findet nicht statt. Mit Wirkung zum gleichen Tage wird das Geschäft mit allen Aktiven und Passiven auf Herrn G übertragen. Der Kaufpreis ist durch Herrn G unmittelbar an die Gesellschafter nach dem Verhältnis ihrer festen Kapitalanteile zu bezahlen; eine entsprechende Bestimmung ist in den abzuschließenden Kaufvertrag aufzunehmen.

Formular A. 9.12a Handelsregisteranmeldung

An das

Amtsgericht

– Registergericht –

Firma A, B & C OHG

HRA ...

Wir sind die alleinigen Gesellschafter der A, B & C OHG und melden zur Eintragung in das Handelsregister an: Die Gesellschaft ist durch Beschluss der Gesellschafter aufgelöst. Eine Liquidation findet nicht statt. Die Firma ist erloschen.

....	....	....
(Unterschrift A)	**(Unterschrift B)**	**(Unterschrift C)**

....

(Beglaubigungsvermerk)

II. ERLÄUTERUNGEN

Erläuterungen zu A. 9.12 Gesellschafterbeschluss

1. Wirtschaftliche Funktion

Eine **Auflösung ohne Liquidation** kommt dann in Betracht, wenn alle Gesellschafter sich in das Privatleben zurückziehen bzw. eine andere Tätigkeit ausüben möchten und sich ein anderweitiger Käufer für das Unternehmen nicht findet. 1

2. Gesellschaftsrecht

Gemäß § 131 Abs. 1 Nr. 2 HGB wird die Gesellschaft durch Beschluss der Gesellschafter aufgelöst. IdR muss der Auflösungsbeschluss einstimmig gefasst werden (*Baumbach/Hopt* § 119 Rz. 1). 2

Regelmäßig wird die werbende Gesellschaft durch Liquidation beendet (§§ 145ff. HGB, 730ff. BGB). Die Liquidation kann jedoch dann unterbleiben, wenn die Gesellschafter eine **andere Art der Auseinandersetzung vereinbart** haben, bspw. das Geschäft unmittelbar mit allen Aktiven und Passiven an einen Dritten veräußern. Damit eine Auseinandersetzung unter den Gesellschaftern nicht mehr erforderlich ist, sieht das Formular vor, dass das Entgelt für das übertragene Geschäft unmittelbar an die Gesellschafter und nicht an die Gesellschaft geleistet wird. Die Gesellschaft endet unmittelbar mit der Übertragung ihres Vermögens auf den Käufer (hM; nach Ansicht des BFH X R 28/80 v. 24.3.87, DB 87, 2503 ist die Gesellschaft erst dann vollbeendet, wenn das Rechtsverhältnis zwischen ihr und dem Finanzamt beendet ist). 3

(frei) 4

3. Steuerrecht

Ertragsteuern: Die Mitunternehmerschaft endet im Fall der Veräußerung des Betriebes zu dem Zeitpunkt, zu dem das wirtschaftliche Eigentum auf den Erwerber übergeht. Die Betriebsveräußerung führt grds. zur Gewinnrealisierung. Soweit alle 5 wesentlichen Betriebsgrundlagen in einem einheitlichen Vorgang auf einen Erwerber übertragen werden und damit die bisherige gewerbliche Betätigung des Veräußerers endet, liegt ein steuerbegünstigter Veräußerungsgewinn vor (§ 16 Abs. 1 Nr. 1 EStG; Freibetrag § 16 Abs. 4 EStG; Steuersatz § 34 EStG vgl. hierzu A. 9.10 Rz. 5). Der Veräußerungsgewinn ist gewerbesteuerfrei, soweit er auf eine natürliche Person als unmittelbar beteiligter Mitunternehmer entfällt (GewStR 7.1 Abs. 3 S. 4). Dies gilt auch dann, wenn die Beteiligung ihrerseits zu einem Betriebsvermögen gehört (GewStR 7.1 Abs. 3 S. 3).

6 Wird ein Teil der wesentlichen Betriebsgrundlagen dem Erwerber nur **zur Nutzung überlassen,** zum Beispiel vermietet, lässt sich nach der Zwecksetzung der §§ 16, 34 EStG keine Veräußerung des ganzen Gewerbebetriebes bejahen. Soweit iÜ lediglich WG zurückbehalten werden, die nicht zu den wesentlichen Betriebsgrundlagen gehören, steht dies der Wertung des Vorgangs als begünstigter Veräußerung des gesamten Gewerbebetriebs nicht entgegen (BFH IV R 88/81 v. 28.3.85, BStBl. II 85, 508). Nach der Rspr. gehören regelmäßig Betriebsgrundstücke zu den wesentlichen Betriebsgrundlagen (BFH IV R 119/76 v. 26.4.79, BStBl. II 79, 557; IV R 41/07 v. 17.3.10, BFH/NV 10, 1196; *Schmidt/Wacker* § 16 Rz. 103). Nach BFH VIII R 342/82 v. 12.11.85, BStBl. II 1985, 299, ist ein Grundstück allerdings dann nicht als wesentliche Betriebsgrundlage anzusehen, „wenn es für die Betriebsgesellschaft von geringer wirtschaftlicher Bedeutung ist". Andererseits soll die „Austauschbarkeit" des Grundstücks die Eigenschaft als wesentliche Betriebsgrundlage nicht wegfallen lassen (BFH X R 78/91 v. 26.5.93, BStBl. II 93, 718; X R 21/93 v. 2.4.97, BStBl. II 97, 565; vgl. auch *Schmidt/Wacker* § 15 Rz. 811 ff.).

7 **Grunderwerbsteuer:** Befinden sich im Gesellschaftsvermögen Grundstücke, so unterliegt der Erwerbsvorgang der Grunderwerbsteuer (§ 1 Abs. 1 Nr. 1 GrEStG). Die Steuer bemisst sich nach dem Wert der Gegenleistung (§ 8 Abs. 1 GrEStG), wobei als Gegenleistung der Kaufpreis einschließlich der vom Käufer übernommenen sonstigen Leistungen gilt (§ 9 Abs. 1 Nr. 1 GrEStG). Die Steuer wird jedoch in Höhe des Anteils nicht erhoben, zu dem der Erwerber am Vermögen der Gesamthand beteiligt war oder – sofern eine vom Beteiligungsverhältnis abweichende Auseinandersetzungsquote vereinbart wurde – zu dem Anteil, der seiner Auseinandersetzungsquote entspricht (§ 6 Abs. 2 iVm. Abs. 1 GrEStG).

8 *(frei)*

9 **Umsatzsteuer:** Die Geschäftsveräußerung unterliegt nach § 1 Abs. 1a UStG nicht der **Umsatzsteuer.** Eine Geschäftsveräußerung im umsatzsteuerlichen Sinne liegt vor, wenn ein Unternehmen oder ein in der Gliederung eines Unternehmens gesondert geführter Betrieb im Ganzen entgeltlich oder unentgeltlich übereignet oder in eine Gesellschaft eingebracht wird (§ 1 Abs. 1a Satz 2 UStG; vgl. hierzu auch UStAE 1.5 BFH V R 45/02 v. 24.2.05, BStBl II 05, 61; V R 14/05 v. 23.8.07, DStRE 08, 180; BFH XI R 27/08v.14.7.10, DStR 10, 1937 (Vorlage zum EuGH, ob § 1 Abs. 1a UStG anwendbar ist, wenn Ladenlokal „nur" vermietet wird)).

10 **Haftung des Erwerbers:** Gem. § 75 AO haftet der Übernehmer des Unternehmens für die Betriebssteuern und für Steuerabzugsbeträge, soweit die Steuern seit dem Beginn des letzten, vor der Übereignung liegenden Kalenderjahres entstanden sind und bis zum Ablauf von einem Jahr nach der Anmeldung des Betriebs durch den Erwerber festgesetzt oder angemeldet werden. Steuererstattungsansprüche stehen dem Erwerber zu. Neben der Haftung für Steuerabzugsbeträge (insbes. Lohnsteuer und Kapitalertragsteuer) kommt daher eine Haftung in erster Linie für die Gewerbesteuer, Umsatzsteuer und Verbrauchsteuern bei bestimmten Herstellungsbetrieben in Betracht. Eine Haftung kommt nicht für persönliche Steuern der ehemaligen Inhaber, insbes. Einkommensteuer in Betracht. Kenntnis des Erwerbers von den Steuerschulden ist nicht erforderlich (*Tipke/Kruse* § 75 AO Rz. 39).

11 *(frei)*

Erläuterungen zu A. 9.12a Handelsregisteranmeldung

§ 143 Abs. 1 HGB schreibt die Anmeldung der Auflösung der Gesellschaft zur Eintragung in das Handelsregister vor. Zeitpunkt und Grund der Auflösung müssen nicht angegeben werden (vgl. *MünchKommHGB/K.Schmid* § 143 Rz. 11 ff.). Streitig ist dies hinsichtlich des Grundes der Auflösung. Nach *MünchKommHGB/K. Schmidt* § 143 Rz. 3 muss der Grund der Auflösung angegeben werden, damit dem Registergericht die Prüfung der Richtigkeit der angemeldeten Auflösung ermöglicht wird. **12**

Nach Vollbeendigung der Liquidation ist das **Erlöschen der Firma** von den Liquidatoren **anzumelden.** Gem. § 31 Abs. 2 HGB ist das Erlöschen der Firma jedoch mit der Auflösung anzumelden, wenn die Firma ohne Liquidation erlischt (*Baumbach/Hopt* § 31 Rz. 7 ff.). Die Anmeldung hat durch sämtliche Gesellschafter zu erfolgen (§ 143 Abs. 1). Gem. § 12 HGB ist notarielle öffentliche Beglaubigung erforderlich. Zum elektronischen Handelsregister s. A. 9.00 Rz. 123. **13**

A. 9.13 Auflösung mit Liquidation

I. FORMULARE

Formular A. 9.13 Gesellschafterbeschluss

Gesellschafterbeschluss

Als alleinige Gesellschafter der A & B OHG beschließen wir die Auflösung der Gesellschaft zum 31. Dezember 20.. Zu Liquidatoren werden die Gesellschafter A und B bestellt. Jeder Liquidator ist berechtigt, einzeln die Liquidation vorzunehmen.

Formular A. 9.13a Handelsregisteranmeldung

An das

Amtsgericht

– Registergericht –

Betrifft: Firma A & B OHG
HRA ......

Wir sind die alleinigen Gesellschafter der A & B OHG. Wir melden zur Eintragung in das Handelsregister an, dass die Gesellschaft durch Beschluss der Gesellschafter aufgelöst ist. Liquidatoren sind die Gesellschafter A und B, die die Liquidation einzeln vornehmen können. Die Geschäftsräume der Gesellschaft befinden sich weiterhin in X-Stadt in der XY-Straße.

....	....
(Unterschrift A)	**(Unterschrift B)**
....	....
(Unterschrift C)	**(Unterschrift D)**
....	
(Beglaubigungsvermerk)	

II. ERLÄUTERUNGEN

Erläuterungen zu A. 9.13 Gesellschafterbeschluss

1. Wirtschaftliche Funktion

1 Eine Auflösung mit Liquidation findet statt, wenn der Geschäftsbetrieb der Gesellschaft insgesamt eingestellt, also nicht von einem Gesellschafter oder einem Dritten übernommen wird. In diesem Fall muss das Vermögen der Gesellschaft einzeln veräußert oder von den Gesellschaftern privat übernommen werden.

2. Gesellschaftsrecht

2 Gemäß § 131 Abs. 1 Nr. 2 HGB wird die Gesellschaft durch Beschluss der Gesellschafter aufgelöst. IdR muss der Auflösungsbeschluss einstimmig gefasst werden (*Baumbach/Hopt* § 119 Rz. 1). Auf die Auflösung der Gesellschaft folgt die Auseinandersetzung unter den Gesellschaftern, die in §§ 145ff. HGB iVm. §§ 730ff. BGB geregelt ist.

3 Grds. erfolgt die Liquidation durch sämtliche Gesellschafter als Liquidatoren. Sie kann aber durch Beschluss der Gesellschafter **einzelnen Gesellschaftern** oder auch anderen Personen **übertragen** werden (§ 146 Abs. 1 Satz 1 HGB). Mehrere Liquidatoren können nach dem Gesetz grds. nur gemeinsam handeln. Das Formular sieht Einzelvertretungsberechtigung vor, die auf Gesellschaftsbeschluss hin ebenfalls zulässig ist (§ 150 HGB). Mit Fassung des Auflösungsbeschlusses bzw. zu dem im Auflösungsbeschluss genannten Zeitpunkt erfolgt der Übergang aus der dem Gesellschaftszweck gewidmeten, werbenden Tätigkeit in die Auseinandersetzung unter den Gesellschaftern. Zu den Einzelheiten des Liquidationsverfahrens vgl. iÜ §§ 145ff. HGB, 730ff. BGB, *MünchKommHGB/K.Schmidt* §§ 145ff. Rz. 1ff.

3. Steuerrecht

4 **Ertragsteuern:** Nach § 16 Abs. 3 Satz 1 EStG gilt auch die **Aufgabe des Gewerbebetriebs** als Veräußerung. Diese führt damit grds. zur **Gewinnrealisierung.** In der Regel kommt damit der ermäßigte Steuersatz (§ 34 EStG) zur Anwendung (zur Gewerbesteuer vgl. Rz. 7). Die Betriebsaufgabe ist zu unterscheiden und begrifflich abzugrenzen von der allmählichen Abwicklung (Auflösung) eines Gewerbebetriebs. In diesem Fall kommt es zu einer sukzessiven Gewinnrealisierung, die nicht begünstigt ist. Weiterhin ist die Betriebsaufgabe von einer vorübergehenden Betriebseinstellung (Betriebsunterbrechung), die zu keiner Gewinnrealisierung führt, und schließlich einer innerbetrieblichen Strukturänderung oder Betriebsverlegung, die ebenfalls als solche nicht zur Gewinnrealisierung führen, bei denen aber Gewinne aus der Veräußerung oder Entnahme einzelner WG zu laufendem Gewinn gehören, zu unterscheiden. Voraussetzung der Steuerbegünstigung für die Liquidation ist, dass diese ein **einheitlicher** Vorgang ist und in einem engen zeitlichen Zusammenhang steht. Der BFH hat einen **engen zeitlichen Zusammenhang** bejaht bei einem Zeitraum von sechs Monaten, auch wenn danach noch schwebende Geschäfte abgewickelt werden (BFH IV 350/64 v. 25.6.70, BStBl II 70, 719). Entscheidend ist, dass alle wesentlichen Betriebsgrundlagen in einem einheitlichen Vorgang in das Privatvermögen überführt und/oder an verschiedene Erwerber veräußert werden. Zu den Einzelheiten vgl. *Schmidt/Wacker* § 16 Rz. 193; *H/H/R/Kulosa* § 16 Rz. 431). Gewinne, die während und nach der Aufgabe eines Betriebes aus normalen Geschäften und ihrer Abwicklung anfallen, insbes. aus der Veräußerung des Umlaufvermögens, gehören nicht zu dem begünstigten Veräußerungsgewinn. Etwas anderes gilt dann, wenn Gewinne aus der Veräußerung

von Umlaufvermögen nicht den Charakter einer normalen gewerblichen Betätigung haben, weil bspw. die Waren an frühere Lieferanten veräußert werden (BFH IV R 136/79 v. 2.7.81, BStBl. II 81, 798).

Im Hinblick auf die Einschränkung der Vergünstigungen des § 34 EStG kommt uU vermehrt die Inanspruchnahme des **Wahlrechts** der Verpachtung des Gewerbebetriebs in Betracht. Hierfür ist erforderlich, dass der Steuerpflichtige einen (noch lebenden) Gewerbebetrieb oder einen Teilbetrieb, dessen Eigentümer oder Nutzungsberechtigter er ist (BFH VIII R 120/86 v. 22.5.90, BStBl. II 90, 780) einem anderen zur Nutzung überlässt. Dem ist nur dann genügt, wenn der Steuerpflichtige entweder den Betrieb im Ganzen als „geschlossenen Organismus" oder zumindest alle wesentlichen Grundlagen des Betriebs verpachtet, so dass der Pächter den Betrieb „im Wesentlichen fortsetzen" kann (BFH VIII R 2/95 v. 17.4.97, BStBl. II 97, 388; XI R 2/96 v. 6.3.97, BStBl. II 97, 460; X R 31/95 v. 26.2.97, BStBl. II 97, 561). Dabei muss dem Verpächter bzw. seinem Rechtsnachfolger objektiv die Möglichkeit verbleiben, den vorübergehend eingestellten Betrieb identitätswahrend wieder aufzunehmen und fortzuführen (BFH IX R 2/95 v. 3.6.97, BStBl. II 98, 373; IV R 20/02 v. 28.8.03, BStBl. II 04, 1785 und X R 39/04 v. 11.10.07, BStBl. II 08, 220). Es müssen alle wesentlichen Grundlagen des Betriebs verpachtet werden (vgl. auch EStR 16 Abs. 5, EStH 16 Abs. 5). 5

Nachträgliche Einnahmen gehören zu den Einkünften aus Gewerbebetrieb (§ 24 Nr. 2 EStG); sie sind nicht tarifbegünstigt. Nach der Rspr. des BFH GrS 1/92 v. 19.7.93 (BStBl II 93, 894) können steuerrelevante Ereignisse, die nach einer Veräußerung bzw. Aufgabe des ganzen Gewerbebetriebs eintreten, auch zu einer rückwirkenden Änderung des Veräußerungs- bzw. Aufgabegewinns oder -verlustes führen. Die Veranlagung für das Jahr der Veräußerung ggf. nach § 175 Abs. 1 Nr. 2 AO ist nicht nur bei einem Ausfall der Kaufpreisforderung aus der Betriebsveräußerung zu ändern, sondern auch bei Ereignissen, die „nach Veräußerung neu hinzutreten" und ergeben, „dass der der Besteuerung zugrunde gelegte Wert des Betriebsvermögens zu hoch oder zu niedrig" angesetzt ist (wie zB bei Inanspruchnahme des Veräußerers für an sich vom Erwerber übernommene Betriebsschulden). In diesen Fällen liegt materiellrechtlich eine Rückwirkung auf den Zeitpunkt der Veräußerung vor. 6

Die **Gewerbesteuerpflicht erlischt**, wenn die Gesellschaft nicht mehr werbend tätig ist, dh. mit der tatsächlichen Einstellung des Betriebes (BFH IV R 68/77 v. 24.4.80, BStBl. II 80, 658; GewStR 2.6.). Zu unterscheiden ist zwischen der Vorbereitung der Betriebsaufgabe und deren tatsächlichem Beginn (BFH IV R 36/81 v. 5.7.84, BStBl. II 94, 711). 7

Bis zur Beendigung der Mitunternehmerschaft gelten die Vorschriften über die **einheitliche und gesonderte Feststellung** von Besteuerungsgrundlagen (s. hierzu A. 9.00 Rz. 19). 8

Grunderwerbsteuer: Übernimmt im Rahmen der Liquidation ein Gesellschafter ein Grundstück in sein Privatvermögen, so unterliegt dieser Vorgang der Grunderwerbsteuer. Bemessungsgrundlage ist der sog. Grundbesitzwert ermittelt nach § 138 Abs. 2 oder 3 BewG (§ 8 Abs. 2 Nr. 2 GrEStG), (s. iE *Boruttau* § 8 Rz. 76). Die Steuer wird jedoch in Höhe des Anteils nicht erhoben, zu dem der Erwerber am Vermögen der Gesamthand beteiligt war oder – sofern eine vom Beteiligungsverhältnis abweichende Auseinandersetzungsquote vereinbart wurde – zu dem Anteil, der seiner Auseinandersetzungsquote entspricht (§ 6 Abs. 2 iVm. Abs. 1 GrEStG). 9

Erläuterungen zu A. 9.13a Handelsregisteranmeldung

Zur Anmeldung der Auflösung der Gesellschaft gem. § 143 Abs. 1 HGB vgl. A. 9.12 Rz. 13. Gem. § 148 HGB sind die **Liquidatoren und ihre Vertretungsmacht anzumelden** (*Baumbach/ Hopt* § 148 Rz. 1). 10

11 Das **Erlöschen der Firma** ist erst **mit Beendigung der Liquidation** anzumelden (§ 157 Abs. 1 HGB), weil die Firma nicht bereits mit Auflösung der Gesellschaft erlischt (vgl. A. 9.12 Rz. 13).

12 **Auflösung** der Gesellschaft **und Bestellung** der Liquidatoren sind **durch sämtliche Gesellschafter anzumelden** (§§ 143 Abs. 1, 148 Abs. 1 HGB (*MünchKomm-HGB/K.Schmidt* § 148 Rz. 6. Gem. § 153 HGB ist die Firma im Rechtsverkehr mit Dritten als Liquidationsfirma zu bezeichnen; dies kann durch den Zusatz „in Liquidation", „i. L." oder „in Abwicklung" erfolgen (vgl. *Baumbach/Hopt* § 153 Rz. 1).

13 Die Anmeldung bedarf notarieller **Beglaubigung,** § 12 HGB. Zum elektronischen Handelsregister s. A. 9.00 Rz. 123.

A. 9.14 Ausscheiden eines Gesellschafters

I. FORMULARE

Formular A. 9.14 Ausscheiden eines Gesellschafters

VERTRAG ÜBER DAS AUSSCHEIDEN EINES GESELLSCHAFTERS AUS DER A, B & C OHG

zwischen

1. Herrn A

2. Herrn C

3. Herrn D

und

4. Herrn B

Vorbemerkungen

An der A, B & C OHG sind Herr A und Herr C mit einem Festkapital von je € 150.000.– = je 30 %, Herr B und Herr D mit je € 100.000.– = je 20% des Gesellschaftskapitals beteiligt. Aus Altersgründen möchte B sich zum 31. Dezember .... aus der Gesellschaft zurückziehen.

Die verbleibenden Gesellschafter wollen die Gesellschaft fortführen und übernehmen die Anteile des ausscheidenden B daher nach Maßgabe der nachfolgenden Bestimmungen:

1. Von dem Festkapital von B übernehmen A und C jeweils € 37.500.– = je 7,5 %; D übernimmt € 25.000.– = 5 % am Festkapital der Gesellschaft. Demzufolge sind A und C zukünftig mit je 37,5 % und D mit 25 % beteiligt.

2. Das Ergebnis des laufenden Geschäftsjahres steht den Gesellschaftern entsprechend den bisherigen Beteiligungsverhältnissen zu. Die auf dem Privatkonto verbuchten Ansprüche von B gehen nicht auf die verbleibenden Gesellschafter über. Ein positiver oder negativer Saldo auf dem Privatkonto ist binnen einen Monats nach Feststellung der Bilanz für das laufende Geschäftsjahr und Verbuchung der Gewinnanteile glattzustellen.

3. Als Abfindung für die Aufgabe seines Gesellschaftsanteiles erhält B ein Auseinandersetzungsguthaben in Höhe von € ...... Dieser Betrag ist wie folgt auszuzahlen:

a) Ein Barbetrag in Höhe von € ...... ist zum ...... auf folgendes Konto von B zu zahlen: Kto.-Nr. ...... bei XY-Bank.

b) Der verbleibende Abfindungsbetrag in Höhe von € ...... wird verrentet und ist auf Lebensdauer des B in monatlichen Teilbeträgen in Höhe von € ...... zum

Ende eines jeden Monats auf das vorstehend genannte Konto von B zu überweisen.

c) Die Auszahlung des Auseinandersetzungsguthabens obliegt anteilig A und C mit jeweils € ...... und D mit € ...... A, C und D haften jedoch B als Gesamtschuldner.

4. Die verbleibenden Gesellschafter A, C und D verpflichten sich, B im Innenverhältnis von allen A, B & C OHG betreffenden Verbindlichkeiten freizustellen.

5. Der Gesellschaftsvertrag vom ...... gilt fort, soweit sich nicht daraus etwas anderes ergibt, dass B ausscheidet. B willigt in die Fortführung der Firma A, B & C OHG ein.

6. Die Vertragsparteien verpflichten sich, unverzüglich die Eintragung der Beteiligungsänderung im Handelsregister in der erforderlichen Form herbeizuführen.

7. Änderungen und Ergänzungen dieses Vertrages bedürfen zu ihrer Wirksamkeit der Schriftform. Mündliche Nebenabreden bestehen nicht. Den Vertragsparteien stehen keine über diesen Vertrag hinausgehenden gegenseitigen Ansprüche zu. Erfüllungsort und Gerichtsstand für sämtliche Streitigkeiten aus diesem Vertrag ist der Sitz der Gesellschaft, soweit dies zulässig vereinbart werden kann.

Formular A. 9.14a Handelsregisteranmeldung

An das

Amtsgericht

– Registergericht –

Betrifft: A, B & C OHG
HRA ......

Zur Eintragung in das Handelsregister wird angemeldet:

B ist mit Wirkung zum ...... aus der Gesellschaft ausgeschieden. Die Gesellschaft wird unter der bisherigen Firma fortgeführt. Die Gesellschafter vertreten die Gesellschaft wie folgt: .... Die Geschäftsräume der Gesellschaft befinden sich weiterhin in X-Stadt in der XY-Straße. B willigt in die Fortführung dieser Firma ein.

............................, den ......

..	**..**
(Unterschrift A)	**(Unterschrift C)**
..	**..**
(Unterschrift B)	**(Unterschrift D)**

..

(Beglaubigungsvermerk)

II. ERLÄUTERUNGEN

Erläuterungen zu A. 9.14 Ausscheiden eines Gesellschafters

1. Grundsätzliche Anmerkungen

a) Wirtschaftliche Funktion

Ein Gesellschafter der A, B & C OHG möchte aus der Gesellschaft ausscheiden und sich zur Ruhe setzen. Ein Nachfolger ist nicht vorhanden, die verbleibenden Gesellschafter wollen das Geschäft allein untereinander fortführen. Es soll auch kein Dritter (Nichtgesellschafter) den Anteil erwerben. 1

b) Gesellschaftsrecht

2 Die gesetzlichen Vorschriften sehen ein freiwilliges Ausscheiden aus der OHG nicht vor. Nicht zu verwechseln ist das freiwillige Ausscheiden mit der Kündigung der Gesellschaft durch einen Gesellschafter nach § 132 HGB (s. hierzu Formular A. 9.21). Ein **freiwilliges Ausscheiden** aus der Gesellschaft ist möglich, wenn im Gesellschaftsvertrag dem Gesellschafter eine entspr. Befugnis eingeräumt ist oder wenn alle anderen Gesellschafter zustimmen.

3 Die **Rechtsfolgen des Ausscheidens** sind in §§ 738 ff. BGB geregelt. Danach wächst der Anteil des Ausgeschiedenen am Gesellschaftsvermögen den anderen Gesellschaftern zu (§ 738 Abs. 1 Satz 1 BGB), ohne dass ein besonderer Übertragungsakt erforderlich ist. Der Klarheit halber sollte eindeutig vereinbart werden, in welchem Verhältnis die Anteile des ausscheidenden Gesellschafters den verbleibenden Gesellschaftern anwachsen sollen.

4 Gem. §§ 738 Abs. 1 Satz 2, 732 BGB sind Gegenstände, die ein Gesellschafter zur Nutzung überlassen hat, ihm zurückzugeben. Ggf. ist eine **Rückgaberegelung** aufzunehmen; das Formular sieht eine solche nicht vor.

5 *(frei)*

c) Steuerrecht

6 Die steuerlichen Folgen des Ausscheidens eines Gesellschafters und der Übernahme seiner Gesellschaftsanteile durch die verbleibenden Gesellschafter entsprechen denen bei dem Verkauf (Abtretung) des Anteils an einem neueintretenden Gesellschafter. S. insoweit A. 9.10 Rz. 5 ff. und 13 ff.

7 Liegt der Abfindungsbetrag **über dem Buchwert** der Beteiligung, sind die aktivierten WG in der Bilanz der Gesellschaft aufzustocken und ggf. abzuschreiben (BFH VIII R 67/92 v. 28.9.93, BStBl. II 94, 449). Entsprechendes gilt für die von der Gesellschaft mit erworbenen Wirtschaftsgüter des Sonderbetriebsvermögens. Eine Ergänzungsbilanz ist insoweit nicht aufzustellen (BFH VIII R 67/92 v. 28.9.93, aaO; *Schmidt/Wacker* § 16 Rz. 482). Die Aufwendungen für den Gesellschaftsanteil sind auch dann zu aktivieren, wenn im Gesellschaftsvertrag Buchwertabfindung vereinbart ist, der Ausgeschiedene aber gleichwohl mehr erhält. Liegt der Abfindungsbetrag **unter dem Buchwert** der Beteiligung, sind die Buchwerte abzustocken; die Abstockung kann nicht durch Passivierung des Minderbetrages als negativer Geschäftswert vermieden werden (BFH IV R 77/93 v. 12.12.96, BStBl. II 98, 180; siehe hierzu auch *Schmidt/Wacker* § 16 Rz. 511 mwN.). Soweit allerdings nachgewiesen ist, dass **der ausgeschiedene Gesellschafter „lästig" war,** sich beispielsweise betriebsschädigend verhalten hat, ist die Vermutung widerlegt, dass die über den Buchwert hinausgehenden Aufwendungen einen Anteil des Ausgeschiedenen an stillen Reserven und einem etwaigen Geschäftswert abgeben (vgl. hierzu *Schmidt/Wacker* § 16 Rz. 491). Die Aufwendungen für die Abfindung sind insoweit sofort abzugsfähig.

2. Einzelerläuterungen

Zu Nr. 1 und 2:

8 S. zunächst Rz. 2 ff. Gem. § 740 BGB nimmt der Ausgeschiedene an dem Gewinn und dem Verlust teil, welcher sich aus den zurzeit seines Ausscheidens schwebenden Geschäften ergibt. Das Formular geht demgegenüber von einem festen Abfindungsanspruch aus. Die Ergebnisbeteiligung endet mit dem Ausscheiden. Gleichzeitig wird geregelt, dass die Ansprüche auf dem Privatkonto dem ausgeschiedenen Gesellschafter noch zustehen bzw. – sofern dieses negativ ist – vom ausgeschiedenen Gesellschafter auszugleichen ist.

Zu Nr. 4:

9 Die im Formular vorgesehene Freistellung von Verbindlichkeiten entspricht der gesetzlichen Regelung in § 738 Abs. 1 Satz 2 2. Hs. BGB.

Den Gesellschaftsgläubigern kann dies nicht entgegengehalten werden. Zur Forthaftung gegenüber den Gläubigern der Gesellschaft s. A. 9.00 Rz. 11 ff.

Das Formular sieht keine Verpflichtung der verbleibenden Gesellschafter vor, eine **Haftungsfreistellung** auch **im Außenverhältnis** herbeizuführen. Eine solche Haftungsfreistellung erfordert eine Vereinbarung mit jedem Gläubiger. Es kann sinnvoll sein, eine Verpflichtung zur Haftungsfreistellung im Außenverhältnis für einzelne Gläubiger, insbes. Banken und wesentliche Lieferanten, vorzusehen (s. A. 9.10 Rz. 18 f.). Soweit der ausscheidende Gesellschafter über seine Stellung als Gesellschafter hinaus persönliche Sicherheiten gestellt hat (zB Grundschulden an Privatgrundstücken), sollte hierfür ebenfalls eine gesonderte Vereinbarung getroffen werden. **10**

Zu Nr. 5:

Die Bestimmung über die Fortgeltung des Gesellschaftsvertrages gilt lediglich der Klarstellung. Die Zustimmung zur Fortführung der Firma ist gem. § 24 Abs. 2 HGB erforderlich, weil die Firma den Namen des B enthält. Die Zustimmungserklärung kann unterbleiben, soweit sie bereits im Gesellschaftsvertrag verankert ist. **11**

Erläuterungen zu A. 9.14a Handelsregisteranmeldung

Das Ausscheiden eines Gesellschafters ist gem. § 143 Abs. 2 HGB zum Handelsregister anzumelden. Die Anmeldung ist **von sämtlichen Gesellschaftern zu unterzeichnen,** auch von demjenigen, dessen Ausscheiden den Gegenstand der Anmeldung bildet (*Baumbach/Hopt* § 143 Rz. 3). Sie ist notariell zu beglaubigen (§ 12 HGB). **12**

Die **Angabe des Zeitpunktes** des Ausscheidens ist nicht zwingend erforderlich. **13**

Mit Einwilligung des ausscheidenden Gesellschafters kann die **bisherige Firma fortgeführt** werden (§ 24 Abs. 3 HGB). Die Einwilligung kann bereits im Gesellschaftsvertrag erteilt werden. **14**

Die Vertretungsverhältnisse müssen nach der geänderten Bestimmung des § 106 Abs. 2 Nr. 4 HGB nunmehr in jedem Fall angegeben werden, dies gilt auch, wenn sie den gesetzlichen Bestimmungen entsprechen. Nach der Übergangsregelung des Art. 52 EGHGB gilt dies für Altgesellschaften zwar grds. erst bei einer vom gesetzlichen Regelfall abweichenden Änderung der Vertretungsverhältnisse; da solche in der Praxis häufig sind, ist hierauf ggf. zu achten. Gem. § 12 HGB bedarf die Anmeldung notarieller Beglaubigung. Zum elektronischen Handelsregister s. A. 9.00 Rz. 123. **15**

A. 9.15 Ausscheiden des vorletzten Gesellschafters

I. FORMULARE

Formular A. 9.15 Ausscheiden des vorletzten Gesellschafters

**VERTRAG ÜBER DAS AUSSCHEIDEN VON HERRN B
AUS DER A & B OHG**

zwischen

1. Herrn A

und

2. Herrn B

Vorbemerkungen

An der A & B OHG sind Herr A mit einem Festkapital von € ...... = 60 % und Herr B mit einem Festkapital von € ...... = 40 % beteiligt. Aus Altersgründen möchte B sich zum 31. Dezember .... aus der Gesellschaft zurückziehen.

Herr A möchte das Geschäft fortführen und übernimmt daher alle Anteile des ausscheidenden B nach Maßgabe der nachfolgenden Bestimmungen:

§ 1 Gewinnverteilung

Das Ergebnis des laufenden Geschäftsjahres steht den Gesellschaftern entsprechend den bisherigen Beteiligungsverhältnissen zu. Die auf dem Privatkonto verbuchten Ansprüche von B gehen nicht über. Der Saldo auf dem Privatkonto ist binnen eines Monats nach Feststellung der Bilanz für das laufende Geschäftsjahr und Verbuchung der Gewinnanteile glattzustellen.

§ 2 Abfindung

Als Abfindung für die Aufgabe seines Gesellschaftsanteiles erhält B ein Abfindungsguthaben in Höhe von € ...... Dieser Betrag ist am ...... auszuzahlen.

§ 3 Haftungsfreistellung

A verpflichtet sich, B im Innenverhältnis von allen A & B OHG betreffenden Verbindlichkeiten freizustellen. A wird auch im Außenverhältnis alles unternehmen, um baldmöglichst eine Haftungsfreistellung des B von folgenden Gläubigern zu erlangen.

§ 4 Firmenfortführung

A führt die Firma A & B OHG mit dem Zusatz „Nachfolger A" fort. B willigt in die Fortführung der Firma ein.

§ 5 Handelsregistereintragung

Die Vertragsparteien verpflichten sich, unverzüglich die Eintragung der Beteiligungsänderung im Handelsregister in der erforderlichen Form herbeizuführen.

§ 6 Sonstiges

Änderungen und Ergänzungen dieses Vertrages bedürfen zu ihrer Wirksamkeit der Schriftform. Mündliche Nebenabreden bestehen nicht. Den Vertragsparteien stehen keine über diesen Vertrag hinausgehenden gegenseitigen Ansprüche zu. Erfüllungsort und Gerichtsstand für sämtliche Streitigkeiten aus diesem Vertrag ist ..., soweit dies zulässig vereinbart werden kann.

Formular A. 9.15a Handelsregisteranmeldung

(Anmeldung des Ausscheidens des vorletzten Gesellschafters – Auflösung einer offenen Handelsgesellschaft – und Fortführung des Geschäfts als Einzelfirma)

An das

Amtsgericht

– Registergericht -

Betrifft: Firma A & B OHG

HRA ......

Zur Eintragung in das Handelsregister wird angemeldet:

Der Gesellschafter B ist mit Wirkung zum ...... aus der Gesellschaft ausgeschieden. Damit ist die Gesellschaft aufgelöst. A führt das Geschäft als Einzelkaufmann unter der Firma A & B e. K. fort. B ist mit der Fortführung der Firma einverstanden. Die Ge-

schäftsräume der Gesellschaft befinden sich weiterhin in der X-Stadt in der XY-Straße. A zeichnet die Firma wie folgt:

............................., den ......

.. ....

(Unterschrift A) (Unterschrift B)

..

(Beglaubigungsvermerk)

II. ERLÄUTERUNGEN

Erläuterungen zu A. 9.15 Ausscheiden des vorletzten Gesellschafters

1. Grundsätzliche Anmerkungen

a) Wirtschaftliche Funktion

Siehe zunächst Vorbemerkungen zum Formular. B möchte aus der Gesellschaft ausscheiden, A will, da ein Nachfolger nicht vorhanden ist, das Geschäft allein fortführen. 1

b) Gesellschaftsrecht

Siehe zunächst A. 9.14 Rz. 2ff. Nach hM gelten die Vorschriften der §§ 738 bis 740 BGB auf die Übernahme der Gesellschaft durch den verbleibenden Gesellschafter beim Ausscheiden des vorletzten Gesellschafters entsprechend (*MünchKomm/Ulmer/Schäfer* § 738 BGB Rz. 11; BGH II ZR 10/64 v. 13.12.65, NJW 66, 827). Die Gesellschaft erlischt, wenn von den zwei Gesellschaftern nur noch einer übrig bleibt (Konfusion).Das Gesellschaftsvermögen geht im Wege der Gesamtrechtsnachfolge über (*MünchKommBGB/Ulmer/Schäfer* § 738 BGB Rz. 11; *Baumbach/Hopt* § 131 Rz. 35). 2

c) Steuerrecht

Zu den **ertragsteuerlichen Konsequenzen** s.A. 9.14 Rz. 6f. mit den dort genannten weiteren Nachweisen. 3

Grunderwerbsteuer: Soweit sich im Vermögen der Gesellschaft Grundstücke befinden, unterliegt der Vorgang gem. § 1 Abs. 3 Nr. 1 GrEStG der Grunderwerbsteuer (Vereinigung aller Anteile in einer Hand). Die Steuer bemisst sich in diesem Fall nach dem Einheitswert des Grundstücks (§§ 8 Abs. 2 Nr. 2, 10 GrEStG, §§ 99 Abs. 1 Nr. 1, 138 Abs. 3 BewG). Die Steuer wird jedoch in Höhe des Anteils nicht erhoben, zu dem der verbleibende Gesellschafter am Vermögen der Gesamthand beteiligt war (§ 6 Abs. 2 GrEStG). 4

(frei) 5

2. Einzelerläuterungen

Zu § 1:

Siehe A. 9.14 Rz. 8. 6

Zu § 3:

Siehe zunächst A. 9.14 Rz. 9. – Das Formular sieht vor, dass der das Geschäft fortführende ehemalige Mitgesellschafter den Ausscheidenden auch im Außenverhältnis von den wesentlichen Verbindlichkeiten freistellen muss. Hierzu bedarf es der Mitwirkung der einzelnen Gläubiger. Da diese zu einer Haftungsfreistellung nicht verpflichtet sind, bedarf es möglicherweise der Stellung zusätzlicher Sicherheiten. 7

Zu § 4:

8 Die Fortführung der Firma ist gem. § 24 HGB nur mit Zustimmung des ausscheidenden Gesellschafters B zulässig. Die Firmenfortführung ist nach der insoweit geänderten Rechtslage allerdings nur noch unter Beachtung von § 19 Abs. 1 Nr. 1 HGB möglich (*MünchKommHGB/Heidinger* § 24 Rz. 14ff.). Dies bedeutet, dass die Firma nunmehr unter ausdrücklichem Hinweis auf das Bestehen der Einzelfirma geführt, das heißt ein Zusatz wie „eingetragener Kaufmann" oder „e.K." angebracht werden muss.

Erläuterungen zu A. 9.15a Handelsregisteranmeldung

9 Das Ausscheiden ist gem. § 143 Abs. 2 HGB zum Handelsregister **anzumelden** (*Baumbach/Hopt* § 143 Rz. 2). Bei Ausscheiden des vorletzten Gesellschafters einer OHG ist die Fortführung der Firma trotz § 22 HGB nur unter Beifügung eines Nachfolgezusatzes zulässig (*Baumbach/Hopt* § 22 Rz. 17). Die Anmeldung ist von sämtlichen Gesellschaftern zu unterzeichnen, auch von demjenigen, dessen Ausscheiden den Gegenstand der Anmeldung bildet (*Baumbach/Hopt* § 143 Rz. 3). Sie ist notariell zu beglaubigen (§ 12 HGB).

10 Zum elektronischen Handelsregister s. A. 9.00 Rz. 123.

A. 9.16 Ausschluss eines Gesellschafters

I. FORMULARE

Formular A. 9.16 Ausschluss eines Gesellschafters

Protokoll

der außerordentlichen Gesellschafterversammlung der A, B & C OHG

Zeit: ......

Ort: ......

Anwesend: sämtliche Gesellschafter (A, B und C)

Zu Beginn der Versammlung wird mit den Stimmen der Gesellschafter A und B A als Versammlungsleiter gewählt. Er stellt fest, dass die Einladung zur Gesellschafterversammlung form- und fristgerecht ergangen ist und dass die Gesellschafterversammlung beschlussfähig ist.

Sodann ruft er den einzigen Tagesordnungspunkt „Ausschluss des Gesellschafters C" auf. Die Gesellschafter A und B stellen fest, dass der Gesellschafter C seine Geschäftsführungs- und Mitarbeitspflichten seit ca. sechs Monaten erheblich vernachlässigt hat und trotz Abmahnungen nicht mehr in der Firma erschienen ist. C bringt vor, dass er wegen des Baues seines neuen Hauses keine Zeit gehabt hat, für die Gesellschaft tätig zu sein.

A und B beschließen sodann einstimmig, C aus der Gesellschaft auszuschließen. C stimmt gegen diesen Beschluss. A stellt fest, dass C nicht stimmberechtigt ist.

Sodann fassen A und B folgenden Beschluss:

Die Firma der Gesellschaft wird geändert und lautet nunmehr wie folgt:

A & B OHG

.............................., den ......

..	**..**
(Unterschrift A)	**(Unterschrift B)**

Formular A. 9.16a Handelsregisteranmeldung

(Anmeldung des Ausschlusses eines Gesellschafters und Änderung der Firma zum Handelsregister)

An das

Amtsgericht

– Registergericht -

Betrifft: **A, B & C OHG**

HRA ......

Zur Eintragung in das Handelsregister wird angemeldet:

1. **Der persönlich haftende Gesellschafter C ist mit Wirkung zum ...... aus der Gesellschaft ausgeschieden.**
2. **Die Firma der Gesellschaft wird geändert; sie lautet nunmehr wie folgt: A & B OHG**
3. **A und B vertreten die Gesellschaft stets einzeln.**
4. **Die Geschäftsräume der Gesellschaft befinden sich weiterhin in X-Stadt in der XY-Straße.**

.............................., den ......

....	....	....
(Unterschrift A)	**(Unterschrift B)**	**(Unterschrift C)**

....

(Beglaubigungsvermerk)

II. ERLÄUTERUNGEN

Erläuterungen zu A. 9.16 Ausschluss eines Gesellschafters

1. Wirtschaftliche Funktion

1 Im Gesellschaftsvertrag der A, B & C OHG, die von A, B und C betrieben wird, ist der Ausschluss eines Gesellschafters aus wichtigem Grund durch Gesellschafterbeschluss der übrigen Gesellschafter zugelassen. Der Gesellschafter C hat seine Geschäftsführungspflichten und Mitarbeitspflichten seit geraumer Zeit erheblich vernachlässigt, er ist kaum noch in der Firma erschienen. Abmahnungen sind ergebnislos gewesen. A und B beschließen daher, C aus der Gesellschaft auszuschließen.

2. Gesellschaftsrecht

2 Nach der gesetzlichen Regelung des § 140 Abs. 1 HGB können die übrigen Gesellschafter gerichtlich den Ausschluss eines Gesellschafters beantragen, wenn in der Person des auszuschließenden Gesellschafters ein wichtiger Grund vorliegt. Abweichend von dieser gesetzlichen Regelung ist der Ausschluss nach hM kraft Gesellschafterbeschluss zulässig, sofern er im Gesellschaftsvertrag vorgesehen ist (*Baumbach/Hopt* § 140 Rz. 28ff., *dies.* § 133 Rz. 18ff.; BGH II ZR 32/59 v. 17.12.59, NJW 60, 625 und II ZR 217/75 v. 20.1.77, NJW 77, 1292). Der BGH hat mit Urt. II ZR 97/96 v. 15.9.97 (NJW 98, 146) ausdrücklich anerkannt, dass die Regelung des § 140 Abs. 1 HGB nicht zwingend ist, vielmehr der Gesellschaftsvertrag das Ausschließungs- oder Übernahmerecht ohne weiteres erschweren oder sogar ganz beseitigen kann; im letz-

teren Fall verbleibt nur die Auflösung (BGH II ZR 42/67 v. 9.12.68, NJW 69, 793). Bei der Beschlussfassung ist der auszuschließende Gesellschafter nicht stimmberechtigt (*Baumbach/Hopt* § 119 Rz. 8). Liegt ein wichtiger Grund in der Person des auszuschließenden Gesellschafters nicht vor, so wird von der Rspr. ein Ausschluss eines Gesellschafters durch Gesellschaftsbeschluss für unzulässig gehalten; dies gilt jedenfalls bei Gewährung „freien Ermessens" zur Ausschließung an die Mitgesellschafter (BGH II ZR 56/80 v. 13.7.81, NJW 81, 2565 mwN, str.; differenzierend *Hennerkes/Binz* NJW 1983, 73), es sei denn, dass eine solche Regelung wegen außergewöhnlicher Umstände sachlich gerechtfertigt ist.

3 Sieht der Gesellschaftsvertrag nicht ausdrücklich einen Mehrheitsbeschluss für den Ausschluss vor, so bedarf es der Mitwirkung aller übrigen Gesellschafter (vgl. hierzu *MünchKommHGB/K. Schmidt* § 140 Rz. 88ff.).

4 Da eine **gerichtliche Nachprüfung** des Ausschließungsbeschlusses möglich ist (BGH II ZR 32/59 v. 17.12.59, NJW 60, 625) und diese Möglichkeit der Überprüfung der Wirksamkeit des Ausschließungsbeschlusses auch nicht vertraglich ausgeschlossen werden kann (BGH II ZR 32/59 v. 17.12.59, aaO), ist es erforderlich, dass die nach dem Gesellschaftsvertrag einzuhaltenden Regularien über die Beschlussfassung genau eingehalten werden (s. hierzu Formular A. 9.00 § 7 und § 8 sowie Rz. 49f.).

5 **Wirksam wird die Ausschließung** mit der Zustellung des Beschlusses an den auszuschließenden Gesellschafter, wenn der wichtige Grund tatsächlich vorliegt. Ein wichtiger Grund ist gem. § 140 iVm. § 133 Abs. 2 HGB „insbesondere vorhanden, wenn ein anderer Gesellschafter eine ihm nach dem Gesellschaftsvertrag obliegende wesentliche Verpflichtung vorsätzlich oder aus grober Fahrlässigkeit verletzt oder wenn die Erfüllung einer solchen Verpflichtung unmöglich wird". Diese Aufzählung ist nach dem Gesetzeswortlaut („insbesondere") nicht abschließend. Nach der Rspr. ist ein **wichtiger Grund** „immer dann gegeben, wenn in der Person eines Gesellschafters Umstände vorliegen, die den anderen Gesellschaftern bei verständiger Abwägung aller in Betracht kommenden Tatsachen die Fortsetzung des Gesellschaftsverhältnisses unzumutbar machen" (BGH II ZR 32/59 v. 17.12.59, NJW 60, 625). Die nachhaltige Verletzung der Geschäftsführungspflichten und insb. der herausgestellten Mitarbeitspflicht des Gesellschafters C stellt einen solchen Grund dar (BGH II ZR 57/55 v. 26.3.56, NJW 56, 906). Verschulden des wichtigen Grundes ist nicht notwendige Voraussetzung, uU kann also auch die Unmöglichkeit der Erfüllung einer Verpflichtung wegen langer Krankheit zum Ausschluss führen (*Baumbach/Hopt* § 133 Rz. 9). In solchen Fällen wird allerdings regelmäßig zu prüfen sein, ob nicht ein milderes Mittel als die Ausschließung in Betracht kommt. S. iÜ Formular A. 9.00 § 15 und Rz. 75. Zur Notwendigkeit eines wichtigen Grundes für die Ausschließung vgl. *MünchKommHGB/K.Schmidt* § 140 Rz. 98 mwN).

6 Die **Gesellschaft besteht** auf Grund des wirksamen Ausschließungsbeschlusses als solche mit dem bisherigen Gesellschaftsvertrag **fort.** Ggf. kann sich die Notwendigkeit einer Anpassung einzelner Regelungen ergeben oder die gleichzeitige Aufnahme eines neuen Gesellschafters in Betracht kommen (s. hierzu Formular A. 9.18; der Ausschluss und der Eintritt können in einem Formular verbunden werden). Dem ausscheidenden Gesellschafter steht eine Abfindung zu. Soweit der Gesellschaftsvertrag hierzu keine Bestimmungen enthält (s. iE A. 9.00 Rz. 100ff.) richten sich die Ansprüche nach §§ 738 bis 740 BGB (s. hierzu auch A. 9.14 Rz. 3f.).

7 Soweit der Name des ausgeschlossenen Gesellschafters in der Firma enthalten ist, bedarf es zur Fortführung der Firma seiner **Zustimmung** (§ 24 HGB). Diese kann auch im Gesellschaftsvertrag erteilt sein. Das Formular geht davon aus, dass C nicht einwilligt und die Firma daher zu ändern ist.

8 *(frei)*

3. Steuerrecht

Zu den steuerlichen Folgen des Ausscheidens eines Gesellschafters s. A. 9.14 Rz. 6f. **9**
Übersteigt die Abfindung den Buchwert seiner Beteiligung, so erzielt der Ausgeschlossene grds. einen begünstigten Veräußerungsgewinn; die verbleibenden Gesellschafter haben bei einem über dem Buchwert der Beteiligung liegenden Abfindungsbetrag die aktivierten Wirtschaftsgüter in der Bilanz aufzustocken; ggf. ist ein Firmenwert zu aktivieren. Der Veräußerungsgewinn ist vom laufenden Gewinn ggf. durch Schätzung abzugrenzen (pauschal, zeitanteilig oder nach wirtschaftlicher Zuordnung), wenn auf den Zeitpunkt des Ausscheidens nicht eine Auseinandersetzungsbilanz erstellt wird.

Zum Veräußerungspreis gehört beim Ausgeschiedenen auch ein Betrag, der bei den **10**
verbleibenden Gesellschaftern als **Abfindung eines lästigen Gesellschafters** nicht aktivierungspflichtig, sondern sofort abzugsfähig ist (s. hierzu *H/H/R/Kobor* § 16 Rz. 313). Nach der Rspr. sind die Zahlungen an einen ausgeschiedenen Gesellschafter, der „lästig" gewesen ist, nur dann nicht zu aktivieren, soweit die Zahlungen die vorhandenen stillen Reserven und/oder den Geschäftswert (jeweils anteilig) übersteigen und daneben außerbetriebliche Gründe für die Mehrleistung über den Buchwert der Beteiligung ausscheiden (BFH IV R 56/75 v. 25.1.79, BStBl. II 79, 302; BFH IV R 107/88 v. 5.10.89, BFH/NV 90, 496).

Da mit der Ausschließung eines Gesellschafters regelmäßig ernstliche Meinungsver- **11**
schiedenheiten einhergehen werden, empfiehlt sich spätestens jetzt für alle Beteiligten eine Anzeige an das Betriebsfinanzamt der Gesellschaft. Gem. § 183 Abs. 2 AO entfällt damit die bisher bestehende gemeinsame Empfangsvollmacht.

(frei) **12, 13**

Erläuterungen zu A. 9.16a Handelsregisteranmeldung

Das Ausscheiden eines Gesellschafters ist nach § 143 Abs. 1 HGB anzumelden. **14**
Zeitpunkt und Grund des Ausscheidens müssen nicht angegeben werden. Str. hinsichtlich des Grundes des Ausscheidens: Nach *MünchKommHGB/K. Schmidt* § 143 Rz. 3 muss der Grund der Auflösung angegeben werden, damit dem Registergericht die Prüfung der Richtigkeit des angemeldeten Ausscheidens ermöglicht wird (aA: *Koller/Roth/Morck* HGB § 143 Rz. 2).

C ist hinsichtlich seines Ausscheidens ebenfalls anmeldepflichtig. Weigert er sich, an **15**
der Anmeldung mitzuwirken, so müssen die verbleibenden Gesellschafter Leistungsklage erheben. Das obsiegende Urteil ersetzt sodann die Unterschrift (§ 894 ZPO). Das Registergericht kann seinerseits die Unterschrift erzwingen (§ 14 HGB).

Die Vertretungsverhältnisse müssen nach der geänderten Bestimmung des § 106 **16**
Abs. 2 Nr. 4 HGB nunmehr in jedem Fall angegeben werden, dies gilt auch, wenn sie den gesetzlichen Bestimmungen entsprechen. Nach der Übergangsregelung des Art. 52 EGHGB gilt dies für Altgesellschaften zwar grds. erst bei einer vom gesetzlichen Regelfall abweichenden Änderung der Vertretungsverhältnisse; da solche in der Praxis häufig sind, ist hierauf ggf. zu achten. Gem. § 12 HGB bedarf die Anmeldung notarieller Beglaubigung. Die Unterschriften sind notariell zu **beglaubigen,** § 12 HGB. Zum elektronischen Handelsregister s. A. 9.00 Rz. 123.

A. 9.17 Beirat

I. FORMULARE

Formular A. 9.17 Zusätzliche Bestimmungen im Gesellschaftsvertrag

§ 5a Beirat

(1) Die Gesellschaft hat einen Beirat, der aus drei Mitgliedern besteht. Die Mitglieder des Beirats werden von der Gesellschafterversammlung mit einer Mehrheit von $^{2}/_{3}$ der Gesellschafter gewählt. Die Wahl erfolgt für einen Zeitraum von vier Geschäftsjahren. Die Tätigkeit des Beirats beginnt mit Ablauf der Gesellschafterversammlung, in der die Wahl stattfindet und endet mit Ablauf der Gesellschafterversammlung, in der der Folgebeirat gewählt wird.

(2) Beiratsmitglieder können nur Nichtgesellschafter sein, die über die notwendige Sachkenntnis und wirtschaftliche Erfahrung verfügen. Die Beiratsmitglieder können ihr Amt ohne Angabe von Gründen jederzeit durch schriftliche Erklärung gegenüber der Gesellschaft niederlegen. Jedes Mitglied kann durch Gesellschafterbeschluss, der der Mehrheit von $^{3}/_{4}$ aller Gesellschafter bedarf, fristlos abberufen werden. Für den Fall des Wegfalls eines Beiratsmitgliedes ist von der Gesellschafterversammlung für die restliche Amtsperiode ein neues Mitglied in den Beirat zu wählen.

(3) Der Beirat hat die Aufgabe, die geschäftsführenden Gesellschafter zu beraten und deren Geschäftsführung zu überwachen. Er ist berechtigt an den Gesellschafterversammlungen beratend teilzunehmen und ist zu den Gesellschafterversammlungen zu laden. Er kann die Bücher und Schriften der Gesellschaft sowie die Vermögensgegenstände einsehen und prüfen. Er kann damit auch einzelne Mitglieder oder für bestimmte Aufgaben besondere Sachverständige beauftragen.

Der Beirat hat das Recht, Maßnahmen, die über den üblichen Rahmen des Geschäftsbetriebs hinausgehen (§ 5 Abs. 2), zu widersprechen mit der Folge, dass diese unterbleiben müssen. Der vorherigen Zustimmung des Beirats bedürfen darüber hinaus nachfolgende Maßnahmen:

a) Erwerb, Veräußerung und Belastung von Grundstücken;

b) Gründung von Filialbetrieben, Zweigniederlassungen, Übernahme von Beteiligungen an Gesellschaften gleich welcher Rechtsform, Aufnahme stiller Gesellschafter und partiarischer Darlehen gleich welcher Höhe;

c) Bestellung von Prokuristen

d) Rechtsgeschäfte aller Art zwischen der Gesellschaft auf der einen sowie den Gesellschaftern oder deren Angehörigen iSd. § 15 der Abgabenordnung auf der anderen Seite und Rechtsgeschäfte zwischen der Gesellschaft und Unternehmen, die Gesellschaftern oder deren Angehörigen gehören oder an denen Gesellschafter bzw. deren Angehörige beteiligt sind.

(4) Widerspricht der Beirat einer Geschäftsführungsmaßnahme gem. Abs. 3 oder verweigert er seine Zustimmung, so ist er neben den Gesellschaftern berechtigt, eine Gesellschafterversammlung einzuberufen. § 7 gilt entsprechend. Die Gesellschafterversammlung kann mit einer Mehrheit von $^{3}/_{4}$ aller vorhandenen Stimmen beschließen, dass die Geschäftsführungsmaßnahme ohne Zustimmung bzw. gegen den Widerspruch des Beirats vorgenommen werden kann.

(5) Der Beirat gibt sich selbst eine Geschäftsordnung und wählt aus seiner Mitte einen Vorsitzenden und dessen Stellvertreter. Seine Beschlüsse fasst er mit einfacher Mehrheit in Sitzungen, die mit einer Frist von sieben Tagen unter Bekanntgabe der

Tagesordnung vom Vorsitzenden und bei dessen Verhinderung von seinem Stellvertreter schriftlich einzuberufen sind. Die Geschäftsführer sind zu laden.

Die Beiratsmitglieder erhalten Auslagenersatz sowie jährlich eine angemessene Vergütung, deren Höhe von der Gesellschafterversammlung festzusetzen ist.

Die Bestimmungen des Aktiengesetzes sind nicht entsprechend anzuwenden.

Formular A. 9.17a Geschäftsordnung des Beirats

Geschäftsordnung des Beirats der A, B & Co. OHG

§ 1

Der Beirat führt seine Geschäfte nach den Vorschriften des Gesellschaftsvertrages und der Satzung.

§ 2

Alle Beiratsmitglieder sind verpflichtet, alle Kenntnisse über das Unternehmen und ihre Gesellschafter, die sie im Rahmen ihrer Beiratstätigkeit erlangen, geheim zu halten.

Die Beiratsmitglieder haben die Unterlagen, die sie im Rahmen ihrer Beiratstätigkeit erhalten, bei Beendigung ihrer Tätigkeit unverzüglich an den Beiratsvorsitzenden oder die Gesellschaft zurückzugeben.

§ 3

Der Beirat wählt einen Vorsitzenden, dessen Stellvertreter und den Schriftführer. Eine Neuwahl hat jeweils stattzufinden bei Änderung der Zusammensetzung des Beirats.

§ 4

Der Vorsitzende des Beirats oder bei dessen Verhinderung sein Stellvertreter hat Sitzungen immer dann einzuberufen, wenn es die Interessen der Gesellschaft erfordern. Jeder Geschäftsführer kann unter Angabe des Zwecks und der Gründe die Einberufung des Beirats verlangen.

§ 5

Zu den Beiratssitzungen sind die Geschäftsführer zu laden.

§ 6

Der Beirat ist beschlussfähig, wenn mindestens zwei seiner Mitglieder anwesend sind. Die Beschlussfassung erfolgt mit einfacher Mehrheit. Bei Stimmengleichheit entscheidet die Stimme des Vorsitzenden, bei seiner Abwesenheit die des Stellvertreters.

Schriftliche, telegraphische und fernmündliche Beschlussfassungen sind zulässig, wenn kein Beiratsmitglied einer solchen Beschlussfassung unverzüglich widerspricht.

§ 7

Über die Sitzungen des Beirats sowie über gem. § 6 Abs. 2 gefasste Beschlüsse sind Niederschriften anzufertigen. Diese sind vom Vorsitzenden, bei dessen Verhinderung vom Stellvertreter zu unterzeichnen und allen Beiratsmitgliedern sowie den Geschäftsführern der A, B & Co. OHG zuzuschicken.

§ 8

Der beigefügte Auszug aus dem Gesellschaftsvertrag ist Bestandteil dieser Ordnung:

„§ 5a Beirat

[Text der Bestimmung aus dem Gesellschaftsvertrag].“

II. ERLÄUTERUNGEN

Erläuterungen zu A. 9.17 Zusätzliche Bestimmungen im Gesellschaftsvertrag und A. 9.17a Geschäftsordnung des Beirats

1. Wirtschaftliche Funktion

1 Der Beirat ist ein gesetzlich nicht vorgesehenes Kontrollorgan. Die Motive für seine Errichtung sind vielfältig. Einerseits können Kontroll- und/oder Entscheidungsbefugnisse auf ein anderes Organ als die Gesellschafterversammlung übertragen werden. Andererseits können Sinn und Zweck der Errichtung eines Beirats auch die Einholung zusätzlichen Know-hows sein.

2 Soweit zwingende gesetzliche Vorschriften nicht entgegenstehen, sind die Gesellschafter berechtigt, ihrer Gesellschaft eine von der gesetzlichen Regelung **abweichende Organisation** zu geben (BGH II ZR 164/65 v. 23.10.67, WM 68, 98). Die dem Beirat angehörenden Mitglieder stehen – soweit es sich nicht um Gesellschafter handelt – in einem Rechtsverhältnis zur Gesellschaft und sind allein dieser verantwortlich (BGH II ZR 164/65 v. 23.10.67, aaO). Nach dem Formular können lediglich Nichtgesellschafter Beiratsmitglieder werden, wenn sie über die nötige Sachkenntnis verfügen. Bei einem größeren Gesellschafterkreis, von denen nicht alle Gesellschafter-Geschäftsführer sind, kann es sich empfehlen, auch Gesellschafter als Beiratsmitglieder zuzulassen. Als Bindeglied zwischen der Beirats- und der Gesellschafterebene sowie der Geschäftsführung kommt dem Beiratsvorsitzenden häufig eine besondere Rolle zu. Unter Umständen bietet es sich an, bspw. den Vorsitzenden der Geschäftsführung aus dem einen Familienstamm, den Beiratsvorsitzenden aus dem anderen Familienstamm zu bestimmen. Häufig wird zum Beiratsvorsitzenden auch eine familienfremde, erfahrene Vertrauensperson bestimmt.

2. Gesellschaftsrecht

3 Die vorgeschlagene Bestimmung im Gesellschaftsvertrag ist bei gewünschter Errichtung eines Beirats als zusätzliche Bestimmung im Vertrag aufzunehmen. Die Verweisungen auf andere Vorschriften beziehen sich auf Formular A. 9.00.

4 Im Hinblick auf die gesellschaftsrechtlich bestehende weitgehende **Dispositionsfreiheit** besteht bei der Ausgestaltung weitgehender Spielraum (zum Beirat allgemein vgl. *Hölters* Der Beirat der GmbH und GmbH & Co. KG; vgl. zu den zu beachtenden Problemfeldern auch *Hille* Steuerberater Handbuch Unternehmensberatung, 2. Aufl., Kapitel 6 E). Das Formular gewährt dem Beirat relativ weitgehende Kontroll- und auch Zustimmungs- bzw. Widerspruchsrechte. Eine Erweiterung oder Beschränkung dieser Rechte ist möglich.

5 Die **innere Ordnung des Beirats** kann im Übrigen im Gesellschaftsvertrag im Einzelnen festgelegt werden; sie kann andererseits den Beiratsmitgliedern überlassen werden. Nach dem Formular sind im Gesellschaftsvertrag die wesentlichen Grundzüge festgehalten. Die vorgeschlagene Geschäftsordnung für den Beirat regelt darüber hinaus weitere Details.

6 Die Bestimmung des Gesellschaftsvertrages sieht vor, dass Beiratsmitglieder ihr **Amt niederlegen** können. Da aus Sicht der Gesellschaft kein Interesse an amtsmüden Beiratsmitgliedern bestehen kann, empfiehlt sich eine entspr. Regelung.

Eine **Vergütung** der Beiratsmitglieder ist allgemein üblich, wenn – wie hier – Außenstehende Beiratsmitglieder werden können. 7

Pflichtverletzungen der Beiratsmitglieder können Schadensersatzansprüche auslösen. Der Schadensersatzanspruch steht der Gesellschaft zu (vgl. hierzu *Hölters* Der Beirat der GmbH und GmbH & Co. KG, S. 64f.; BGH II ZR 151/77 v. 22.10.79, DB 80, 71ff.). 8

(frei) 9

3. Steuerrecht

Die Vergütungen an gesellschaftsfremde Beiratsmitglieder sind **Betriebsausgaben** der Gesellschaft. Vergütungen an Beiratsmitglieder, die gleichzeitig Gesellschafter sind, gehören gem. § 15 Abs. 1 Nr. 2 EStG zu den Einkünften aus Gewerbebetrieb. 10

Bei den gesellschaftsfremden Beiratsmitgliedern stellen die Beiratsbezüge **Einkünfte aus selbstständiger Tätigkeit** dar. 11

Die Beiratsvergütungen sind **umsatzsteuerpflichtig** (BFH V R 136/71 v. 27.7.72, BStBl. II 1972, 810). 12

A. 9.18 Eintritt eines Gesellschafters

Gliederung

I. FORMULARE

Formular A. 9.18 Vertrag über die Aufnahme eines Gesellschafters

VERTRAG ÜBER DIE AUFNAHME EINES GESELLSCHAFTERS

zwischen

A

sowie

B

Einerseits – nachfolgend auch Altgesellschafter genannt –

und

C

Andererseits – nachfolgend auch Neugesellschafter genannt –

Vorbemerkungen

A und B betreiben unter der Firma A & B OHG in ...... eine offene Handelsgesellschaft. Gegenstand des Unternehmens der Gesellschaft ist der Handel mit Textilien. Mit Gesellschafterbeschluss vom ...... haben die Altgesellschafter vereinbart, C als

weiteren tätigen Gesellschafter aufzunehmen. Zu diesem Zweck vereinbaren die Parteien was folgt:

§ 1 Eintritt, Einlage des C

(1) C tritt mit Wirkung vom ...... als weiterer persönlich haftender Gesellschafter in die A & B OHG ein. Er erkennt die Bestimmungen des Gesellschaftsvertrages der A & B OHG vom ...... als verbindlich an.

(2) C erbringt eine Bareinlage in Höhe von € 100.000.–. Davon sind € 50.000.– bei Unterzeichnung dieses Vertrages zur Zahlung fällig; die restlichen € 50.000.– sind in vier gleichen Raten zu je € 12.500.– jeweils am ...... fällig. Ist C mit der Einzahlung einer Rate mehr als 14 Tage in Verzug, so wird die gesamte rückständige Einlage sofort zur Einzahlung fällig. Erbringt C die gesamte rückständige Einlage nicht innerhalb von weiteren 14 Tagen, so sind die Altgesellschafter berechtigt, C aus wichtigem Grund aus der Gesellschaft auszuschließen. In diesem Fall erhält C als Abfindungsguthaben lediglich die bisher von ihm eingezahlten Kapitaleinlagen, soweit sich nicht nach dem Gesellschaftsvertrag vom ...... ein niedrigeres Abfindungsguthaben ergibt.

§ 2 Beteiligungsverhältnis

(1) Nach dem Eintritt des C sind die Gesellschafter wie folgt beteiligt:

A mit einem Festkapital von € 250.000.– (= 50 % des Gesellschaftskapitals)

B mit einem Festkapital von € 150.000.– (= 30 % des Gesellschaftskapitals)

C mit einem Festkapital von € 100.000.– (= 20 % des Gesellschaftskapitals)

(2) Zwischen den Parteien besteht Einigkeit darüber, dass die Kapitaleinlagen der Altgesellschafter in der in Abs. 1 genannten Höhe dadurch erbracht sind, dass die Kapitalanteile der Altgesellschafter an der A & B OHG unter Berücksichtigung der vorhandenen stillen Reserven den in Abs. 1 genannten Werten entsprechen. Die bisher für die Altgesellschafter geführten und für die Beteiligung am Ergebnis und am Vermögen der Gesellschaft maßgeblichen Festkonten werden auf die in Abs. 1 genannten Beträge aufgestockt. Die sonstigen für die Altgesellschafter geführten Konten (Verlustkonto, Privatkonto) werden unverändert fortgeführt.

§ 3 Geschäftsführung und Vertretung

A und B sind je einzeln zur Geschäftsführung und Vertretung der Gesellschaft berechtigt. C ist nur gemeinsam mit einem anderen Geschäftsführer zur Geschäftsführung und Vertretung der Gesellschaft berechtigt. Nach Ablauf eines Jahres soll C gleichfalls allein zur Geschäftsführung und Vertretung der Gesellschaft berechtigt werden.

§ 4 Gesellschaftsvertrag der OHG

Der Gesellschaftsvertrag der offenen Handelsgesellschaft in Firma A & B OHG wird mit Wirkung vom Eintritt des C wie folgt geändert:

a) § 4 erhält folgenden Wortlaut:

„§ 4 Gesellschafter, Kapitaleinlagen

(1) Unbeschränkt persönlich haftende Gesellschafter sind A, B und C.

(2) Die Gesellschafter erbringen folgende Einlagen:

A € 250.000.– = 50 % des Gesellschaftskapitals

B € 150.000.– = 30 % des Gesellschaftskapitals

C € 100.000.– = 20 % des Gesellschaftskapitals

Die Einlagen von A und B sind dadurch erbracht, dass die bisher für A und B geführten Festkapitalkonten unter Berücksichtigung der vorhandenen stillen Reser-

ven auf die in Abs. 2 genannten Beträge aufgestockt werden. C erbringt eine Bareinlage, die zu 50 % bei Unterzeichnung dieses Vertrages fällig ist, zu 50 % in vier gleichen Raten à € 12.500.– jeweils am ......"

b) § 5 Abs. 1 wird wie folgt geändert:

„§ 5 Geschäftsführung und Vertretung

(1) Zur Geschäftsführung und Vertretung sind A und B jeweils einzeln, C jeweils zusammen mit einem anderen Geschäftsführer, zur Vertretung auch mit einem Prokuristen, berechtigt und verpflichtet.

(2) Im Übrigen bleibt der Gesellschaftsvertrag der A und B OHG vom ...... unverändert."

Formular A. 9.18a Handelsregisteranmeldung

(Anmeldung des Eintritts eines persönlich haftenden Gesellschafters in eine bestehende OHG zum Handelsregister)

An das

Amtsgericht

– Registergericht –

Betrifft: **Offene Handelsgesellschaft in Firma A & B OHG**
HRA ......

Zur Eintragung in das Handelsregister wird angemeldet:

1. C (Name, Vorname, Geburtsdatum, Wohnort) ist mit Wirkung vom ...... als weiterer persönlich haftender Gesellschafter in die Gesellschaft eingetreten. Das Geschäft wird unter der bisherigen Firma fortgeführt.

2. C ist nur gemeinsam mit einem anderen persönlich haftenden Gesellschafter zur Vertretung der Gesellschaft berechtigt. A und B sind weiterhin einzelvertretungsberechtigte Geschäftsführer der Gesellschaft.

3. Die Geschäftsräume der Gesellschaft befinden sich weiterhin in X-Stadt in der XY-Straße.

............................, den ...... **..**
(Unterschrift)

.... **................................** **................................**
(Unterschrift A) **(Unterschrift B)** **(Unterschrift C)**

....
(Beglaubigungsvermerk)

II. ERLÄUTERUNGEN

Erläuterungen zu A. 9.18 Vertrag über die Aufnahme eines Gesellschafters

1. Grundsätzliche Anmerkungen

a) Wirtschaftliche Funktion

Der Eintritt eines persönlich haftenden tätigen Gesellschafters in eine OHG kann, wenn der Eintretende keine Einlage erbringt, zur Stärkung ausschließlich der personalen Struktur der Gesellschaft erfolgen; ist wie im Formular vorgesehen, dass der Eintretende eine Kapitaleinlage erbringt, so wird zusätzlich die Kapitalbasis gestärkt. 1

b) Gesellschaftsrecht

2 Der Eintritt eines Gesellschafters (außerhalb Erbgangs) findet grundsätzlich statt durch einen Gesellschaftsvertrag zwischen dem Eintretenden und den vorhandenen Gesellschaftern. Dieser sog. Gesellschaftsvertrag ist ein **Beitrittsvertrag** zwischen sämtlichen Altgesellschaftern, auch soweit diese nicht geschäftsführungs- und vertretungsberechtigt sind, und dem neuen Gesellschafter. Er ist zugleich für die der Gesellschaft bereits angehörenden Gesellschafter eine **Vertragsänderung** (*MünchKomm-HGB/K. Schmidt* § 105 Rz. 206; BGH II ZR 353/96 v. 3.11.97, NJW 98, 1225, 1226). Allerdings kann der Gesellschaftsvertrag die Entscheidung auf einzelne oder mehrere Gesellschafter sowie auf Dritte übertragen. Die Gesellschafter können die Gesellschaft ermächtigen, im eigenen Namen neue Gesellschafter aufzunehmen (BGH II ZR 95/76 v. 14.11.77, NJW 78, 1000). Unter bestimmten Voraussetzungen kann sogar eine Verpflichtung der Mitgesellschafter bestehen, eine andere Person als Gesellschafter aufzunehmen, etwa bei Ausscheiden des Vaters den bereits tätigen Sohn.

3 Wie der Gesellschaftsvertrag selbst bedarf auch der Aufnahmevertrag grds. **keiner bestimmten Form.** Dies gilt auch dann, wenn die Gesellschaft Grundbesitz hat (§ 311b BGB), weil der hinzutretende Gesellschafter nicht durch rechtsgeschäftliche Übertragung Miteigentum erlangt, sondern ihm die Anteile am Gesellschaftsvermögen entspr. § 738 Abs. 1 BGB anwachsen (BGH IV ZR 16/57 v. 5.6.57, NJW 57, 1316). Formbedürftigkeit gem. § 311b BGB besteht allerdings dann, wenn sich der eintretende Gesellschafter zur Einbringung eines Grundstücks im Rahmen des Aufnahmevertrages verpflichtet.

4 Der eintretende Gesellschafter **haftet** gem. § 130 HGB auch für die vor seinem Eintritt begründeten Verbindlichkeiten der Gesellschaft. Ein Haftungsausschluss kann nicht wirksam gegenüber Dritten vereinbart werden (§ 130 Abs. 2 HGB).

5 *(frei)*

c) Steuerrecht

6 Der Eintritt eines weiteren Gesellschafters in eine bestehende OHG gegen Geldeinlage oder Einlage anderer WG entspricht steuerlich der **Einbringung der Mitunternehmeranteile** der Altgesellschafter in eine neue, durch den neu hinzutretenden Gesellschafter „vergrößerte" Personengesellschaft (BFH VIII R 17/95 v. 6.7.99, DStRE 99, 911; BMF v. 25.3.98, BStBl. I 98, 268 Tz. 24.01c). Gem. § 24 Abs. 2 S. 2 UmwStG kann die – neue – Personengesellschaft das eingebrachte Betriebsvermögen auf Antrag mit dem Buchwert oder mit einem höheren Wert ansetzen. Ohne Antrag erfolgt die Einbringung mit dem gemeinen Wert, § 24 Abs. 2 S. 1 UmwStG. Der Wert, mit dem das eingebrachte Betriebsvermögen in der Bilanz der Personengesellschaft angesetzt wird, gilt nach § 24 Abs. 3 UmwStG für den Einbringenden als Veräußerungspreis. Ein dabei entstehender Veräußerungsgewinn ist insoweit als laufender (auch für die Gewerbesteuer, vgl. GewStR 7.1 Abs. 3 S. 3 ; BFH VIII R 7/01 v. 15.6.04, DStRE 04, 1032) Gewinn anzusehen, als der einbringende Gesellschafter an der aufnehmenden Personengesellschaft beteiligt ist (§ 34 Abs. 3 Satz 2 iVm. § 16 Abs. 2 Satz 3 EStG). Die sofortige Besteuerung des Einbringungsgewinns kann jedoch durch Aufstellung einer negativen Ergänzungsbilanz vermieden werden. Offen ist allerdings, ob es zulässig ist, bei einer Aufstockung hinsichtlich des begünstigten und des nicht begünstigten Teils unterschiedlich zu verfahren, dh. grds. die gemeinen Werte anzusetzen, gleichzeitig aber nur auf die bisherigen Gesellschafter entfallenden nicht begünstigten Teil des Aufstockungsgewinns durch negative Ergänzungsbilanzen zu neutralisieren (so – mE zu Recht – wohl *Schmidt/Wacker* § 16 Rz. 562; *Streck/Schwedhelm* BB 93, 2420; *Breidenbach* DB 95, 296; aA wohl *Pfalzgraf/B. Meyer* DStR 94, 1329).

7 Bei der **Aufnahme eines weiteren Gesellschafters** in eine OHG ergibt sich häufig die Notwendigkeit, die Buchwerte der Kapitalkonten der Altgesellschafter aufzustocken, um beim Vorhandensein stiller Reserven die Kapitalkonten der Gesellschafter

im richtigen Verhältnis zueinander auszuweisen. Eine solche Aufstockung ist auch im Formular vorgesehen. Soll der Ausweis eines stpfl. Veräußerungsgewinns für die Altgesellschafter trotz Aufstockung der Kapitalkonten vermieden werden, so haben die Altgesellschafter die Möglichkeit, eine negative Ergänzungsbilanz zu erstellen und dadurch die Buchwerte ihrer Beteiligung im Ergebnis fortzuführen. Ob die Erstellung von Ergänzungsbilanzen sinnvoll ist, muss im Einzelfall geprüft werden.

Anstelle einer Aufstockung der Buchwerte der Altgesellschafter kann auch vereinbart **8**
werden, dass der eintretende Gesellschafter einen **höheren Betrag leisten** muss, als ihm in der Bilanz der Personengesellschaft als Kapitalkonto gutgeschrieben wird (die Differenz wird als offene Rücklage ausgewiesen). In diesem Fall muss der beitretende Gesellschafter eine Ergänzungsbilanz aufstellen, in der der Mehrbetrag seiner Einlage auf die vorhandenen WG zu aktivieren *ist* (s. zum Gesamtbereich den UmwSt-Erl. 2011, BMF v. 11.11.11, BStBl. I 11, 1314, Tz. 24.13–14).

Bei Aufnahme eines neuen Gesellschafters besteht alternativ auch die Möglichkeit, **9**
dass der Gesellschafter keine Einlage in die OHG erbringt, sondern der neue Gesellschafter kann seinen Gesellschaftsanteil von den bisherigen Gesellschaftern erwerben. In diesem Fall veräußern die bisherigen Gesellschafter einen Teil-Mitunternehmeranteil an den eintretenden Gesellschafter. Die bisherigen Gesellschafter haben die Differenz zwischen den anteiligen Kapitalkonten und der Zahlung des neuen Gesellschafters als laufenden Gewinn zu versteuern, § 16 Abs. 1 Satz 2 EStG. Dieser Gewinn unterliegt zudem der Gewerbesteuer (vgl. *Schmidt/Wacker* § 16 Rz. 563; UmwSt-Erl. 2011 BMF v. 11.11.11, aaO Tz. 24.16ff.).

Die Aufstellung einer **Zwischenbilanz** ist beim Eintritt im laufenden Kalenderjahr **10**
nicht erforderlich (BFH IV R 34/73 v. 9.12.76, BStBl. II 77, 241). Zur Frage der Behandlung bisher bestehender Pensionsrückstellungen für einen als Gesellschafter eintretenden früheren Arbeitnehmer und von Zinsen, die dieser für ein Darlehen zum Erwerb aufwendet s. A. 9.10 Rz. 7.

Zu den steuerlichen Konsequenzen des **Eintritts** eines Gesellschafters **in ein be-** **11**
stehendes Einzelunternehmen s. UmwSt-Erl. 2011 BMF v. 11.11.11, aaO Tz. 24.12ff. und *Schmidt/Wacker* § 16 Rz. 565.

Grunderwerbsteuer: Die Aufnahme eines Gesellschafters führt bei Vorhandensein **12**
von Grundvermögen nicht zu einer Grunderwerbsteuerpflicht. Etwas anderes gilt lediglich bei Vorliegen der Voraussetzungen des § 1 Abs. 2a GrEStG (insbes. Übergang von mehr als 95% der Anteile innerhalt von fünf Jahren).

(frei) **13, 14**

2. Einzelerläuterungen

Zu § 2: Beteiligungsverhältnisse

Das Formular geht davon aus, dass im Vermögen der OHG stille Reserven vorhan- **15**
den sind und dass deshalb eine Aufstockung der Buchwerte der Kapitalkonten der Altgesellschafter durchgeführt wird, um zu Beteiligungsquoten zu gelangen, die den tatsächlichen Werten der Einlagen der Altgesellschafter einerseits und des eintretenden Neugesellschafters andererseits entsprechen. Ein dadurch entstehender Veräußerungsgewinn der Altgesellschafter unterliegt nur dann dem begünstigten Steuersatz, wenn alle stille Reserven einschließlich eines Firmenwerts aufgedeckt werden (§ 24 Abs. 3 Satz 2 UmwStG). Soll trotz Aufstockung der Buchwerte der Kapitalkonten das Entstehen eines steuerpflichtigen Veräußerungsgewinns vermieden werden, müssen die Altgesellschafter negative Ergänzungsbilanzen aufstellen (s. hierzu iE Rz. 6ff.).

Zu § 3: Geschäftsführung und Vertretung

Obwohl der Eintretende tätiger Gesellschafter wird, kann es sich empfehlen, jeden- **16**
falls für eine Übergangszeit ihm die Geschäftsführungs- und Vertretungsbefugnisse le-

diglich zusammen mit einem anderen Geschäftsführer zu geben (s. hierzu iE Formular A. 9.00 § 5 und A. 9.00 Rz. 36 ff.).

Zu § 4: Gesellschaftsvertrag der OHG

17 Die Aufnahmevereinbarung bewirkt eine Änderung des bisherigen Gesellschaftsvertrages (*Baumbach/Hopt* § 105 Rz. 67; s. Rz. 2). Aus Gründen der Klarheit empfiehlt sich, die durch den Eintritt eingetretenen Änderungen des Gesellschaftsvertrages ausdrücklich zu beschließen; im Formular sind dies die Bestimmungen über Gesellschafter und Kapitaleinlagen sowie über die Geschäftsführung. Die Verweisungen beziehen sich auf Formular A. 9.00.

18 *(frei)*

Erläuterungen zu A. 9.18a Handelsregisteranmeldung

19 Es wird auf A. 9.10 Rz. 23 f. verwiesen.

A. 9.19 Firmenänderung

I. FORMULARE

Formular A. 9.19 Gesellschafterbeschluss

Gesellschafterbeschluss

Die Gesellschafter der A & B OHG, A, B und C, treten unter Verzicht auf die Einhaltung aller Form- und Fristvorschriften zu einer außerordentlichen Gesellschafterversammlung zusammen und beschließen einstimmig was folgt:

Die bisherige Firma der Gesellschaft A & B OHG wird geändert. Die Firma lautet nunmehr:

A, B & C OHG

Die Änderung ist unverzüglich in der erforderlichen Form zum Handelsregister anzumelden.

Formular A. 9.19a Handelsregisteranmeldung

An das

Amtsgericht

– Registergericht –

Betrifft: A & B OHG

HRA ......

Zur Eintragung in das Handelsregister wird angemeldet:

Die Firma der Gesellschaft ist geändert. Sie lautet nunmehr wie folgt:

A, B & C OHG

Die Geschäftsräume der Gesellschaft befinden sich weiterhin in X-Stadt in der XY-Straße. Die Gesellschafter vertreten die Gesellschaft wie folgt: ......

....	....	....
(Unterschrift A)	**(Unterschrift B)**	**(Unterschrift C)**

....

(Beglaubigungsvermerk)

II. ERLÄUTERUNGEN

Erläuterungen zu A. 9.19 Gesellschafterbeschluss

1. Wirtschaftliche Funktion

C ist seit längerer Zeit Gesellschafter der A & B OHG. Um dies gegenüber den Geschäftspartnern der Gesellschaft kenntlich zu machen, beschließen alle Gesellschafter, den Namen des C zusätzlich in der Firma zu führen. 1

2. Gesellschaftsrecht

Zur Beschlussfassung s. A. 9.00 Rz. 55. Die Firma ist Bestandteil des Gesellschaftsvertrages. Sie kann daher nur mit der Mehrheit geändert werden, die auch sonst für eine Änderung des Gesellschaftsvertrages erforderlich ist. 2

Grds. kann gem. § 24 HGB auch bei Aufnahme eines neuen Gesellschafters die **bisherige Firma,** dh. der Name, unter dem der Kaufmann im Handel seine Geschäfte betreibt, **fortgeführt** werden. Es steht den Gesellschaftern jedoch frei, auch den Namen des neuen Gesellschafters mit in die Firma aufzunehmen. 3

Bei der Wahl der Firma besteht weitgehende Freiheit. Wichtig ist , dass durch die Firma ausreichend unterscheidungskräftig die Gesellschafts- und Haftungsverhältnisse offengelegt sind und die Firma nicht irreführend ist. Sowohl Sachfirmen als auch Fantasiefirmen sind grds. erlaubt (vgl. A. 9.00 Rz. 26). 4

Erläuterungen zu A. 9.19a Handelsregisteranmeldung

Gemäß §§ 107, 108 HGB ist die Änderung der Firma dem Handelsregister anzuzeigen; die Anmeldung ist von sämtlichen Gesellschaftern zu bewirken. Sie bedarf notarieller Beglaubigung (§ 12 HGB). 5

Die Vertretungsverhältnisse müssen nach § 106 Abs. 2 Nr. 4 HGB angegeben werden, dies gilt auch, wenn sie den gesetzlichen Bestimmungen entsprechen. Nach der Übergangsregelung des Art. 52 EGHGB gilt dies für Altgesellschaften zwar grds. erst bei einer vom gesetzlichen Regelfall abweichenden Änderung der Vertretungsverhältnisse; da solche in der Praxis häufig sind, ist hierauf ggf. zu achten. 6

A. 9.20 Geschäftsführung und Vertretung (Änderung)

I. FORMULARE

Formular A. 9.20 Gesellschafterbeschluss

Gesellschafterbeschluss

Die unterzeichnenden A, B, C und D sind die alleinigen Gesellschafter der A & B OHG und treten unter Verzicht auf Form- und Fristerfordernisse zu einer Gesellschafterversammlung zusammen. Sie beschließen einstimmig was folgt:

1. **A und B sind zukünftig allein geschäftsführungs- und vertretungsberechtigt. C und D sind nur gemeinschaftlich geschäftsführungs- und vertretungsberechtigt.**
2. **C und D können die Gesellschaft nur gemeinsam mit einem anderen Geschäftsführer oder mit einem Prokuristen vertreten.**

Formular A. 9.20a Handelsregisteranmeldung

(Anmeldung der Änderung der Vertretungsmacht zum Handelsregister)

An das

Amtsgericht

– Registergericht –

Betrifft: A & B OHG

HRA ......

Zur Eintragung in das Handelsregister wird angemeldet:

Die Vertretungsbefugnis der Gesellschafter wurde durch Gesellschafterbeschluss vom ...... wie folgt geändert:

1. A und B sind jeweils einzeln zur Vertretung der Gesellschaft berechtigt.

2. C und D können die Gesellschaft nur gemeinschaftlich mit einem anderen Geschäftsführer oder mit einem Prokuristen vertreten.

3. Die Geschäftsräume der Gesellschaft befinden sich weiterhin in X-Stadt in der XY-Straße.

....	....
(Unterschrift A)	**(Unterschrift B)**
....	....
(Unterschrift C)	**(Unterschrift D)**
....	
(Beglaubigungsvermerk)	

II. ERLÄUTERUNGEN

Erläuterungen zu A. 9.20 Gesellschafterbeschluss

1. Wirtschaftliche Funktion

1 Bei der Gesellschaft waren bisher alle Geschäftsführer nur gemeinschaftlich mit einem anderen Geschäftsführer geschäftsführungs- und vertretungsberechtigt. Zukünftig sollen die beiden Hauptgesellschafter auch allein zur Vornahme von Geschäftsführungs- und Vertretungsmaßnahmen berechtigt sein.

2. Gesellschaftsrecht

2 Sowohl die gesellschaftsvertraglichen Bestimmungen über die Geschäftsführung als auch die über die Vertretung können auf Grund eines späteren Beschlusses geändert werden; Mehrheitserfordernisse sind zu beachten.

Zur Frage der Beschlussfassung s. A. 9.00 Rz. 55. Zur Geschäftsführung und Vertretung s. A. 9.00 Rz. 41 ff.

Erläuterungen zu A. 9.20a Handelsregisteranmeldung

3 Gem. § 125 Abs. 4 HGB ist jede Änderung in der Vertretungsmacht eines Gesellschafters von sämtlichen Gesellschaftern zur Eintragung in das Handelsregister anzu-

melden. Anzumelden ist nach dieser Vorschrift auch der Ausschluss eines Gesellschafters von der Vertretung, die Anordnung einer Gesamtvertretung sowie eine etwa angeordnete gemischte Gesamtvertretung (Vertretung durch Gesellschafter gemeinsam mit einem Prokuristen, § 125 Abs. 4 Satz 1 iVm. Abs. 3 HGB). Auch wenn die Prokura selbst noch nicht gem. § 53 HGB angemeldet ist, ist die gemischte Vertretung zur Eintragung ins Handelsregister anzumelden. Es bedarf jedoch keiner Mitwirkung des Prokuristen bei der Anmeldung (vgl. *Baumbach/Hopt* § 108 Rz. 1). Sollen einer oder mehrere Geschäftsführer von den Beschränkungen des § 181 BGB (Verbot des Selbstkontrahierens) befreit werden, so muss auch dies zum Handelsregister angemeldet werden.

Gem. § 12 HGB ist die Anmeldung notariell zu **beglaubigen.** Zum elektronischen Handelsregister s. A. 9.00 Rz. 123. 4

A. 9.21 Kündigung durch Gesellschafter

I. FORMULARE

Formular A. 9.21 Kündigung

KÜNDIGUNG

Einschreiben

Herrn A ......

Herrn C ......

Kündigung meiner Beteiligung

Sehr geehrter Herr A,

sehr geehrter Herr C,

hiermit kündige ich meine Beteiligung an der A, B & C OHG fristgerecht zum 31. Dezember .... Das Abfindungsguthaben bitte ich auf folgendes Konto zu überweisen: ....

Formular A. 9.21a Handelsregisteranmeldung

Vgl. Formular A. 9.14a und Rz. 4.

II. ERLÄUTERUNGEN

Erläuterungen zu A. 9.21 Kündigung

1. Wirtschaftliche Funktion

Gesellschafter B möchte nicht in der Gesellschaft verbleiben. Da ein außerordentlicher Kündigungsgrund nicht vorliegt, kündigt er seine Beteiligung fristgerecht zum nächsten Kündigungstermin. 1

2. Gesellschaftsrecht

Zur Kündigung s. Formular A. 9.00 § 16 und A. 9.00 Rz. 94ff. Der Formulierungsvorschlag geht davon aus, dass im Gesellschaftsvertrag eine Kündigungsfrist festgeschrieben ist (ansonsten gesetzliche Frist gem. § 132 HGB: sechs Monate zum Ende 2 des Geschäftsjahres) und durch Kündigung eines Gesellschafters die Gesellschaft nicht aufgelöst wird. Soweit der Gesellschaftsvertrag keine Regelung zur Kündigung enthält, wird nach der nunmehr geänderten Rechtslage gem. § 131 Abs. 3 Nr. 3 HGB im Fall der Kündigung eines Gesellschafters die Gesellschaft nicht aufgelöst, sondern scheidet der kündigende Gesellschafter mangels abweichender vertraglicher Bestimmungen aus der Gesellschaft aus. Gem. § 131 Abs. 3 Satz 2 HGB erfolgt das Ausscheiden mit dem Eintritt des den ausscheidenden Gesellschafter betreffenden Ereignisses, im Fall der Kündigung aber nicht vor Ablauf der Kündigungsfrist, soweit nichts anderes vertraglich vereinbart ist (vgl. hierzu auch A. 9.00 Rz. 82f.).

3. Steuerrecht

3 Die steuerlichen Folgen entsprechen denen bei Ausscheiden eines Gesellschafters; s. A. 9.14 Rz. 6f. mwN.

Erläuterungen zu A. 9.21a Handelsregisteranmeldung

4 Siehe A. 9.14a Rz. 12. Die Anmeldung zum Handelsregister entspricht der beim Ausscheiden eines Gesellschafters.

Im Formular wird davon ausgegangen, dass der Gesellschaftsvertrag die Einwilligung des B zur Fortführung der Firma nach seinem Ausscheiden enthält. Enthält der Vertrag diese Einwilligung nicht, so bedarf es der Einwilligung des B im Rahmen der Kündigung oder bis zum Anmelden des Ausscheidens (§ 24 HGB).

A. 9.22 Kündigung durch Privatgläubiger eines Gesellschafters (mit Fortsetzungsbeschluss)

I. FORMULARE

Formular A. 9.22 Kündigung

An die

Gesellschafter der A, B & C OHG

Herrn A in ......

Herrn B in ......

Herrn C in ......

Gem. rechtskräftigem Urteil des Oberlandesgerichts ...... vom ......, Aktenzeichen: ......, steht mir gegen den Gesellschafter A in ...... eine Forderung in Höhe von € ... nebst 10% Zinsen hieraus seit dem ...... zu. Die Vollstreckung war fruchtlos. Eine Bescheinigung des Gerichtsvollziehers über die Fruchtlosigkeit der Zwangsvollstreckung wird in der Anlage überreicht.

Durch Beschluss des Amtsgerichts ...... vom ...... ist auf Grund des vorstehend genannten Urteils der Anspruch des A auf Auszahlung des Auseinandersetzungsguthabens als Gesellschafter der A, B & C OHG gepfändet und mir zur Einziehung überwiesen worden. Dieser Beschluss ist den anderen Gesellschaftern B und C am ...... zugestellt worden.

Ich kündige die Gesellschaft A, B & C OHG zum 31. Dezember ......

.............................., den ......

..

(Unterschrift P)

Formular A. 9.22a Fortsetzungsbeschluss

Fortsetzungsbeschluss nach Kündigung der Gesellschaft durch einen Privatgläubiger

Mit Wirkung zum 31. Dezember .... hat der Privatgläubiger P des Gesellschafters A die Gesellschaft gekündigt. Wir, B und C, sind die verbleibenden weiteren Gesellschafter und beschließen einstimmig die Fortsetzung der Gesellschaft unter uns übrigen Gesellschaftern vom 1. Januar 20.. an. A scheidet zum 31. Dezember .... als Gesellschafter aus der Gesellschaft aus.

............................, den ......

.. **..**

(Unterschrift B) **(Unterschrift C)**

Formular A. 9.22b Erklärung an den kündigenden Privatgläubiger über das Fortbestehen der Gesellschaft

Herrn P ......

Auf Ihre Kündigung unserer Gesellschaft als Privatgläubiger unseres Gesellschafters A teilen wir mit, dass wir als weitere Gesellschafter der A, B & C OHG beschlossen haben, dass die Gesellschaft unter uns vom 1. Januar 20.. an fortbestehen wird. A scheidet mit Ende des Geschäftsjahres am 31. Dezember .... aus der Gesellschaft aus.

.. **..**

(Unterschrift A) **(Unterschrift B)**

Formular A. 9.22c Handelsregisteranmeldung

Vgl. Formular A. 9.14a und Rz. 13.

II. ERLÄUTERUNGEN

Erläuterungen zu A. 9.22 Kündigung, A. 9.22a Fortsetzungsbeschluss und A. 9.22b Erklärung an den kündigenden Privatgläubiger

1. Wirtschaftliche Funktion

Vgl. hierzu das Kündigungsschreiben des Privatgläubigers. 1

2. Gesellschaftsrecht

Kündigungsschreiben: Gem. § 135 HGB kann ein Gläubiger eines Gesellschaf- 2
ters auf Grund eines nicht bloß vorläufig vollstreckbaren Schuldtitels die Pfändung und Überweisung des Auseinandersetzungsguthabens eines Gesellschafters erwirken, wenn er innerhalb der letzten sechs Monate eine Zwangsvollstreckung in das bewegliche Vermögen des Gesellschafters erfolglos unternommen hat. Nach Erwirkung des Pfändungs- und Überweisungsbeschlusses ist er berechtigt, die Gesellschaft mit einer Frist von sechs Monaten zum Ende des Geschäftsjahres zu kündigen.

3 Die **Kündigungserklärung** muss **gegenüber allen Gesellschaftern,** insb. auch gegenüber dem Schuldner des Gläubigers abgegeben werden (BGH II ZR 156/55 v. 29.11.56, LM Nr. 7 zu § 142 HGB). Keinesfalls genügt die Kündigung gegenüber der Gesellschaft.

4 Die **Voraussetzungen der Kündigung** sind in § 135 HGB abschließend normiert, so. Rz. 2. Auf die Reihenfolge der verschiedenen Voraussetzungen (Vollstreckungsversuch, Rechtskraft des Schuldtitels, Pfändungs- und Überweisungsbeschluss) kommt es nach der Rspr. nicht an (BGH II ZR 233/81 v. 28.6.82, NJW 82, 2773). Entscheidend ist lediglich, dass zum Zeitpunkt der Kündigung alle Voraussetzungen vorliegen.

5 Die Kündigung durch den Privatgläubiger des Gesellschafters führt zum Ausscheiden dieses Gesellschafters mit dem Eintritt des ihn betreffenden Ereignisses aus, im Fall der Kündigung aber nicht vor Ablauf der Kündigungsfrist (§ 131 Abs. 3 Satz 1 Nr. 4, Satz 2 HGB). Unter Umständen bietet es sich deshalb an, hinsichtlich des Zeitpunkts des Ausscheidens eine abweichende vertragliche Bestimmung zu treffen (vgl. hierzu Formular A. 9.00 § 15 Abs. 2 Buchst. c, Abs. 3 Buchst. c und A. 9.00 Rz. 90ff.). § 135 HGB ist zum Schutz des Privatgläubigers zwingend, kürzere Kündigungsfristen stellen aber eine Erleichterung für ihn dar und sind grundsätzlich zulässig (vgl. *Baumbach/Hopt*, § 135 Rz. 12ff.).

6 **Fortsetzungsbeschluss:** Sofern der Gesellschaftsvertrag für den Fall der Kündigung eines Privatgläubigers die Auflösung der Gesellschaft vorsieht, bedarf es eines Fortsetzungsbeschlusses der verbleibenden Gesellschafter. Mangels einer anderen Bestimmung im Gesellschaftsvertrag muss die Fortsetzung von den Mitgesellschaftern einstimmig beschlossen werden. Am Geschäftsjahresende wird dann nicht die Gesellschaft aufgelöst, sondern der Gesellschafter (Schuldner), dessen Anteil gepfändet wurde, scheidet aus. Der Gläubiger kann sich aus dem ihm überwiesenen Auseinandersetzungsguthaben befriedigen. Er hat volles Auskunftsrecht bzgl. der Ermittlung des Auseinandersetzungsguthabens und der Ermittlung der Bemessungsgrundlage dieses Guthabens.

7 Etwaige Bestimmungen des Gesellschaftsvertrages über die Höhe des Auseinandersetzungsguthabens (zB Nichtberücksichtigung von stillen Reserven, Geschäftswert) sind auch gegenüber dem Gläubiger wirksam, wenn sie nicht gerade zum Nachteil der Privatgläubiger der Gesellschafter getroffen wurden; zur Wirksamkeit von Abfindungsklauseln s. A. 9.00 Rz. 85ff. Zur Rechtsstellung des Privatpfandgläubigers *Baumbach/Hopt* § 135 Rz. 16, *MünchKommHGB/K. Schmidt* § 135 Rz. 35.

8 Der Beschluss über die Fortsetzung und die Erklärung an den Gläubiger können regelmäßig nur bis zum Kündigungstermin **(Geschäftsjahresende)** erfolgen. Mit Zustimmung des Gläubigers ist eine Verlängerung der Frist über den Auflösungszeitpunkt hinaus unter Aufschub der Liquidation zulässig (BGH II ZR 78/68 v. 25.11.68, NJW 69, 505).

9 **Erklärung der Gesellschafter gegenüber dem kündigenden Privatgläubiger:** Der Beschluss über die Fortsetzung der Gesellschaft muss im Fall der Fortgeltung bisherigen Rechts gegenüber dem Privatgläubiger geklärt werden (§ 141 Abs. 1 Satz 1 HGB aF). In diesem Fall scheidet der betreffende Gesellschafter mit dem Ende des Geschäftsjahres aus der Gesellschaft aus (§ 141 Abs. 1 Satz 2 HGB aF). Wie der Fortsetzungsbeschluss selbst muss auch die Erklärung vor Ablauf des Geschäftsjahres, zu dessen Ende gekündigt wurde, erfolgen. Die Verlängerung der Frist über den Auflösungszeitpunkt hinaus ist auch insoweit mit Zustimmung des Privatgläubigers möglich (BGH II ZR 78/68 v. 25.11.68, aaO).

10 *(frei)*

3. Steuerrecht

11 Der ausscheidende Gesellschafter veräußert bei Fortsetzung der Gesellschaft seinen Anteil an die verbleibenden Gesellschafter (Folge: ein Veräußerungsgewinn unterliegt

gem. § 16 Abs. 1 Nr. 2 iVm. § 34 EStG dem begünstigten Steuersatz; Gewerbesteuer fällt nicht an, GewStR 7.1 Abs. 3 S. 3 . Zu den Einzelheiten s. A. 9.10 Rz. 5ff.

Für den Fall der Liquidation auf Grund der Kündigung vgl. A. 9.13 Rz. 4ff. **12**

Erläuterungen zu A. 9.22c Handelsregisteranmeldung

Für den Fall der Fortsetzung der Gesellschaft ist lediglich das Ausscheiden des Gesellschafters anzumelden, nicht die Auflösung und die Fortsetzung. Siehe A. 9.14 Rz. 12ff.; soweit der Anteil des zweitletzten Gesellschafters gepfändet wird s. A. 9.15 Rz. 9f. **13**

Für den Fall der Liquidation s. A. 9.13 Rz. 10ff. In Abweichung zum Formular A. 9.13 ist als Grund für die Auflösung Kündigung durch den Privatgläubiger anzugeben.

A. 9.23 Nießbrauch

Gliederung

I. FORMULAR

Formular A. 9.23 Vertrag über die Einräumung des Nießbrauchs an einem OHG-Anteil

VERTRAG ÜBER DIE EINRÄUMUNG DES NIESSBRAUCHS AN EINEM OHG-ANTEIL

Zwischen

S **– nachfolgend Gesellschafter genannt –**

Und

seiner Mutter Frau N **– nachfolgend Nießbraucher genannt –**

Vorbemerkungen

S ist als Alleinerbe nach seinem verstorbenen Vater an der offenen Handelsgesellschaft in Firma S & T OHG mit einem Kapitalanteil von € ...... beteiligt. Die für S im Rahmen der OHG geführten Konten weisen zum letzten Bilanzstichtag folgende Salden auf:

Kapitalkonto I	**€ ......**
Verlustvortragskonto	**€ ......**
Kapitalkonto II	**€ ......**
Privatkonto	**€ ......**

Der Gesellschaftsvertrag der OHG ist den Parteien bekannt. Aufgrund testamentarischer Anordnung ist S verpflichtet, seiner Mutter den Nießbrauch an dem Gesellschaftsanteil einzuräumen. Zu diesem Zweck vereinbaren die Parteien Folgendes:

§ 1 Einräumung des Nießbrauchs

Der Gesellschafter räumt dem Nießbraucher mit Wirkung zum ...... (Todestag des Erblassers) den lebenslänglichen unentgeltlichen Nießbrauch an seinem Gesellschaftsanteil an der offenen Handelsgesellschaft in Firma S & T OHG ein.

§ 2 Umfang des Nießbrauchs

(1) Aufgrund des Nießbrauchs stehen dem Nießbraucher die auf den Anteil des Gesellschafters entfallenden, nach Gesellschaftsvertrag und Gesellschafterbeschlüssen entnahmefähigen Gewinnanteile zu (ohne Sondervergütungen für Tätigkeiten im Dienste der Gesellschaft und Überlassung von Wirtschaftsgütern an die Gesellschaft mit Ausnahme einer Verzinsung des Privatkontos). Der Nießbrauch setzt sich im Falle des Ausscheidens des S aus der Gesellschaft oder bei Auflösung der Gesellschaft an dem jeweiligen Surrogat, insbesondere an einer Abfindung oder einem Auseinandersetzungsguthaben, fort. Erlischt die Gesellschaft durch Anteilsvereinigung, erhält der Nießbraucher einen entsprechenden Nießbrauch am Gesellschaftsvermögen.

(2) An Verlusten nimmt der Nießbraucher nur insoweit teil, als die auf den Gesellschafter entfallenden Verlustanteile den entnahmefähigen Gewinn mindern; zu Nachschüssen irgendwelcher Art ist der Nießbraucher nicht verpflichtet.

§ 3 Gesellschafterrechte

(1) Die Wahrnehmung der Gesellschafterrechte (Stimm- und Mitverwaltungsrechte) aus dem OHG-Anteil obliegt weiterhin S als dem Gesellschafter.

(2) N ist bevollmächtigt, während der Dauer des Nießbrauches die auf S entfallenden Gesellschafterrechte bei Gesellschafterversammlungen und sonstigen Beschlussfassungen auszuüben; unbeschadet bleibt das Recht des Gesellschafters, diese Rechte selbst auszuüben.

(3) Nimmt S die Gesellschafterrechte selbst wahr, so ist er bei Beschlussfassungen, die die Rechte des Nießbrauchers berühren können, an dessen Weisungen gebunden. Vor der Fassung solcher Gesellschafterbeschlüsse wird der Gesellschafter Weisungen des Nießbrauchers einholen. Erteilt der Nießbraucher keine Weisung, so wird der Gesellschafter sein Stimmrecht nach bestem Wissen und Gewissen ausüben.

§ 4 Informationspflicht

Der Gesellschafter ist verpflichtet, dem Nießbraucher im Rahmen der ihm von Gesetz und Gesellschaftsvertrag eingeräumten Informationsrechte auf Verlangen Auskunft über die Angelegenheiten der Gesellschaft zu erteilen, soweit nicht ausdrückliche Geheimhaltungsvorschriften dem entgegenstehen.

§ 5 Änderung der Kapitalverhältnisse

Erhöht der Gesellschafter seinen Kapitalanteil in der OHG, so verringert sich der dem Nießbraucher zustehende Gewinnanteil auf den Anteil am entnahmefähigen Gewinn, der dem Verhältnis des Kapitalanteils des Gesellschafters vor der Kapitalerhöhung zum Kapitalanteil nach der Kapitalerhöhung entspricht, es sei denn, der Nießbraucher stellt dem Gesellschafter die zur Kapitalerhöhung erforderlichen Mittel als unverzinsliches Darlehen zur Verfügung. Das unverzinsliche Darlehen ist bei Beendigung des Nießbrauchs an den Nießbraucher zurückzuzahlen.

§ 6 Zustimmung

Der Gesellschafter verpflichtet sich, unverzüglich die gem. § ...... des Gesellschaftsvertrages erforderliche Zustimmung der Gesellschafter zu beantragen.

II. ERLÄUTERUNGEN

Erläuterungen zu A. 9.23 Vertrag über die Einräumung des Nießbrauchs an einem OHG-Anteil

1. Grundsätzliche Anmerkungen

a) Wirtschaftliche Funktion

Der Nießbrauch an Personengesellschaften, insbesondere an Mitunternehmeranteilen, ist in der Praxis ein interessantes Gestaltungsmittel. Der Nießbrauch bietet die Möglichkeit, Vermögenssubstanz von dem Ertrag zu trennen und damit unterschiedlichen Interessen Rechnung zu tragen. Beim mitunternehmerischen Vorbehaltsnießbrauch überträgt der bisherige Gesellschafter/Mitunternehmer seinen Gesellschaftsanteil (Vermögenssubstanz) und behält sich den Nießbrauch (im Wesentlichen den Ertrag) daran zurück. Hierdurch wird dem Übergeber die Übertragung der Substanz erleichtert, weil ihm neben der Fruchtziehung auch noch Mitspracherechte eingeräumt werden. Der vom BFH (II R 67/09 v. 1.9.11, BStBl. II 13, 210) nunmehr ausdrücklich entschiedene und mittlerweile von der FinVerw. (vgl. hierzu Gleichl. Ländererlasse v. 2.11.12, BStBl. I 12, 1101), auch anerkannte – umgekehrte - Fall des mitunternehmerischen Zuwendungsnießbrauchs, bei dem der bisherige und zukünftige Gesellschafter/Mitunternehmer einem Dritten (der zivilrechtlich weder Gesellschafter sein noch werden muss) den Nießbrauch (Ertrag) an der Beteiligung einräumt, sich aber seinen Gesellschaftsanteil (Vermögenssubstanz) zurückbehält, ist die zielgerichtete Verlagerung von Erträgen unter Zurückbehaltung der Vermögenssubstanz. Die Anwendungsfälle des Nießbrauchs in der Praxis sind vielgestaltig (vgl. hierzu z.B. *Wälzholz* DStR 10, 1930) und doch sind in der Praxis noch viele Fragen ungeklärt. 1

b) Gesellschaftsrecht

Der Nießbrauch gibt dem Berechtigten das Recht, die Nutzungen des Gesellschaftsanteils, insb. den Gewinn, zu ziehen (§§ 1030ff., 1068 BGB). Die Bestellung eines Nießbrauchs setzt voraus, dass der Gesellschaftsanteil als solcher übertragbar ist (§ 1069 Abs. 2 BGB); da die Übertragung eines Gesellschaftsanteils jedoch nur zulässig ist, wenn dies im Gesellschaftsvertrag vorgesehen ist oder die Mitgesellschafter zustimmen, ist auch für die Bestellung eines Nießbrauchs entweder die allgemeine Zulässigkeit im Gesellschaftsvertrag oder die Zustimmung der Mitgesellschafter im Einzelfall erforderlich (*Palandt/Bassenge* § 1069 BGB Rz. 3). 2

Zivilrechtlich ist strittig, in welcher **Form** und mit welchem **Inhalt** ein Nießbrauch als dingliches Recht am Anteil an einer Personengesellschaft begründet werden kann (zu den einzelnen Theorien, s. Anmerkungen in der 7. Auflage unter A.9.23 Rz. 3). Nach der im Schrifttum überwiegend vertretenen Auffassung kann der Nießbrauch durch Abspaltung bestimmter Rechte und Pflichten aus der Mitgliedschaft begründet werden: Der Nießbraucher wird nicht Gesellschafter, sondern übt im Verhältnis zur Gesellschaft nur bestimmte **Einzelrechte** aus. Dementsprechend bleibt der Nießbrauchsbesteller selbst Gesellschafter, haftet im Außenverhältnis für Schulden der Gesellschaft und übt im Wesentlichen die Gesellschafterrechte gegenüber der Gesellschaft aus (vgl. hierzu *MünchKommBGB/Ulmer* § 705 Rz. 96 und *MünchKommBGB/Ulmer/Schäfer* § 717 Rz. 7ff.); *Baumbach/Hopt* § 105 Rz. 44; s. weiter die Übersicht bei *Bitz* DB 1987 S. 1506). Nach dieser Auffassung führt die Nießbrauchs- 3 bestellung zu einer Aufspaltung der Mitgliedschaft zwischen Nießbraucher und Besteller. *Schmidt/Wacker* (§ 15 Rz. 305) spricht insofern von der zwischenzeitlich heute hL, wonach ein Personengesellschaftsanteil mit einem beschränkten dinglichen Recht belastet und damit eine **„echte Nießbrauchslösung"** gefunden werden kann.

4 Das Formular geht von der **Bestellung eines Nießbrauches ohne Übertragung des Gesellschaftsanteils** aus. Im Hinblick darauf, dass der BGH die Mitgliedschaft und das Stimmrecht grds. für nicht trennbar hält (BGH IV ZR 248/52 v. 8.10.53, BB 53, 926; BGH II ZR 96/86 v. 17.11.86, NJW 87, 780: das Stimmrecht kann regelmäßig nicht von der Aktie abgespalten und ohne diese übertragen werden) und auch die unwiderrufliche Stimmrechtsvollmacht unter gleichzeitigem Stimmrechtsverzicht des Gesellschafters für unzulässig erklärt (BGH II ZR 111/50 v. 10.11.51, NJW 52, 178; sa. BayObLG BReg. 3 Z 146/85 v. 21.11.85, DNotZ 86, 373; *Petzold* BB 75, Beil. 6 S. 11), ist im Formular vorgesehen, dass der Nießbrauchsbesteller weiterhin die Gesellschafterrechte ausüben kann, jedoch dem Nießbraucher Vollmacht zur Ausübung erteilt.

5 Der Nießbrauch ist bei **Anteilsübertragungen gewerblich tätiger Gesellschaften** weniger gebräuchlich, obwohl es die behaupteten Unsicherheiten in der zivilrechtlichen Durchführung (vgl *Carlé* KÖSDI 98, 11 569) bei richtiger Vertragsgestaltung nicht gibt. Durch die Aufnahme entsprechender Regelungen in den Gesellschaftsvertrag selbst und eine konkrete Ausgestaltung des Nießbrauchs kann hier allerdings ausreichende Rechtssicherheit geschaffen werden.

c) Steuerrecht

6 **Einkommensteuer:** Der Nießbraucher ist ertragsteuerlich als **Mitunternehmer** anzusehen, wenn er Mitunternehmerrisiko und Mitunternehmerinitiative entfalten kann (st. BFH-Rspr., vgl. BFH VIII R 35/92 v. 1.3.94, , BStBl. II 95, 241; zuletzt BFH II R 5/12 v. 16.5.13, , DStR 13, 1380). Ein nach den (dispositiven) Vorgaben des BGB ausgestalteter Nießbrauch lässt die Stellung des Nießbrauchsbestellers als Mitunternehmer nicht entfallen. Bestimmen die Vertragsparteien aber über die Vorgaben des BGB hinaus, dass die mit der übertragenen Beteiligung an der Personengesellschaft verbundenen Stimm- und Mitverwaltungsrechte hinsichtlich des mit dem Nießbrauch belasteten Teils der Gesellschaftsbeteiligung dem Nießbraucher zustehen sollen, und verfahren die Gesellschafter danach, ist dies unabhängig von der zivilrechtlichen Beurteilung zumindest **gemäß § 41 Abs. 1 AO steuerrechtlich beachtlich** und führt dazu, dass der Bedachte hinsichtlich des nießbrauchsbelasteten Anteils nicht Mitunternehmer ist (so ausdrücklich BFH II R 5/12 v. 16.5.13, , DStR 13, 1380; zu den erbschaftsteuerlichen Folgen s. nachfolgend Rz. 10). Liegt keine Mitunternehmerschaft vor, besteht steuerlich ein sog. **reiner Ertragsnießbrauch**, der als Einkommensverwendung des Nießbrauchsbestellers (Gesellschafters) ertragsteuerlich unbeachtlich ist *Schmidt/Wacker* § 15 Rz.314, mwN). Der Nießbrauchsbesteller, der zivilrechtlich auf bestimmte Zeit aus der Gesellschaft ausscheidet, verliert dennoch idR seine Mitunternehmerstellung nicht, sondern bleibt neben dem Nießbraucher Mitunternehmer (vgl. BFH VIII R 35/92 v. 1.3.94, BStBl. II 95, 241; BFH VIII R 18/93 v. 16.5.95, BStBl. II 95, 714. Dies ist anders, wenn der (Vorbehalts-) Nießbraucher die Gesellschafterrechte wahrnimmt (BFH II R 34/07 v. 10.12.08, BStBl. II 09, 312: *Schmidt/Wacker* § 15 Rz. 309).

7 Bei der **Bestellung eines abgespaltenen, echten Nießbrauchs** an der Mitgliedschaft ohne Übertragung des Gesellschaftsanteils wie es das Formular vorsieht wird der Nießbraucher dann Mitunternehmer, wenn er auf Grund der im Einzelfall getroffenen Abreden eine rechtliche und tatsächliche Stellung erlangt, die dem typischen Begriff des Mitunternehmers entspricht (*Schmidt/Wacker* § 15 Rz. 306 mwN); dazu ist idR erforderlich, dass der Nießbraucher die mit der Mitgliedschaft verbunden Verwaltungsrechte, zB die Stimmrechte ausüben kann und diese im Einzelfall praktische Bedeutung iS einer

Unternehmerinitiative haben (BFH IV R 89/75 v. 29.1.76, BStBl. II 76, 374) oder dass der Nießbraucher im Verhältnis zu Dritten als weiterer Gesellschafter in Erscheinung tritt, insbes. für Schulden der Gesellschaft mithaftet (*Schmidt/Wacker* § 15 Rz. 306; s. auch die Übersicht bei *Petzold* GmbHR 87, 433). Der Nießbrauchsbesteller bleibt auch bei dieser Gestaltung idR Mitunternehmer. Gewinnanteil des Nießbrauchsbestellers ist der ihm gebührende Gewinnanteil, dh. der auf den Gesellschaftsanteil entfallende Anteil an den offenen Rücklagen und der nichtentnahmefähige Teil des Bilanzgewinns (BFH VIII R 35/92 v. 1.3.94, DStR 95, 1803; *Schmidt/Wacker* § 15 Rz. 310 ff.; *Schulze zur Wiesche* DStR 95, 318). Gewerbliche Einkünfte des Nießbrauchsbestellers als Mitunternehmer sind auch etwaige Sondervergütungen und ein etwaiges Entgelt für die Nießbrauchsbegründung (*Biergans* DStR 85, 327).

Verlustanteile: Für die Zurechnung von Verlustanteilen kommt es darauf an, wie 8
das Rechtsverhältnis zwischen dem Nießbraucher und dem Nießbrauchsbesteller ausgestaltet ist und wer danach den Verlust erlitten hat, grds. sind sie dem Besteller zuzurechnen (*Schmidt/Wacker* § 15 Rz. 311 mwN).

Bei **Nießbrauchsbestellung durch Belastung des Gewinnstammrechts** oder 9
der Gewinnansprüche wird der Nießbraucher nicht Mitunternehmer. Einkommensteuerlich ist das Rechtsverhältnis wie eine Vorausabtretung künftiger Gewinnansprüche zu werten (BFH IV R 83/75 v. 13.5.76, BStBl. II 76, 592; *Biergans* DStR 85, 327; *Schmidt/Wacker* § 15 Rz. 314; *Petzold* GmbHR 87, 438). Der Gewinnanteil ist allein dem Nießbrauchsbesteller zuzurechnen. Die Bezüge des Nießbrauchers sind entweder nichtsteuerpflichtige Einnahmen und dementsprechend beim Nießbrauchsbesteller nichtabzugsfähige Einkommensverwendung gem. § 12 Nr. 2 EStG oder es handelt sich um wiederkehrende Bezüge iSv. § 22 Nr. 1 EStG (dann beim Nießbrauchsbesteller entspr. Sonderausgaben gem. § 10 Abs. 1 Nr. 1a EStG).

Erbschaft- und Schenkungsteuer: Der Nießbraucher erwirbt als Erbe bzw. 10
Vermächtnisnehmer vom Erblasser, nicht vom Erben als dem Nießbrauchsbesteller. Der Erwerb erfolgt erbschaftsteuerlich demgemäß beim Tod des Erblassers, nicht bei der Nießbrauchsbestellung

Bis zum BFH-Urteil II R 67/09 v. 1.9.11 (DStRE 12,38) war mit H 51 Abs. 1 11
ErbStH 2003 davon auszugehen, dass die Zuwendung von Nießbrauchsrechten an Personengesellschaftsanteilen erbschaftsteuerlich nicht begünstigt war. Dies hat sich durch das genannte BFH-Urteil geändert. Mit Gleichl. Ländererlassen v. 2.11.12 (DStR 12, 2440; **„neuer Nießbrauchserlass"**) setzt die FinVerw. nunmehr die BFH-Rspr. um. Zugleich wird die Anwendbarkeit der Grundsätze auch für den **Nießbrauchsverzicht** klargestellt, wenn die Mitunternehmerstellung auf den Gesellschafter übergeht. Für den Stpfl. wird damit Rechtssicherheit geschaffen. Nach der neuen Verwaltungsansicht kann nunmehr ein nach den allgemeinen Bewertungsvorschriften der §§ 13–16 BewG zu bewertendes Nießbrauchsrecht die Begünstigungsvoraussetzungen des §§ 13a, 13b ErbStG erfüllen. Voraussetzung ist, dass das Nießbrauchsrecht so ausgestaltet ist, dass der Nießbraucher ertragsteuerlich Mitunternehmer der Personengesellschaft wird. In diesem Fall gehört das Nießbrauchsrecht als immaterielles Wirtschaftsgut ertragsteuerlich und damit auch bewertungsrechtlich zum Sonderbetriebsvermögen, da es unmittelbare und untrennbare Voraussetzung für die Erzielung der gewerblichen Einkünfte ist. Dies gilt unabhängig davon, ob der Nießbraucher zivilrechtlich Gesellschafter der Personengesellschaft ist. Entsprechendes gilt auch, wenn ein Nießbraucher auf sein Nießbrauchsrecht verzichtet und dadurch eine Mitunternehmerstellung des Nießbrauchers auf den Gesellschafter übergeht (zu den Einzelheiten s. Nießbrauchserlass Gleichl. Ländererlasse v. 2.11.12, aaO; hierzu auch *Stein* DStR 13, 567).

Zu der in der Praxis bedeutsamen Frage, wann der Übergeber und der begünstigte 12
Zuwendungsnießbraucher sowie der Erwerber des Geschäftsanteils **im konkreten Einzelfall tatsächlich Mitunternehmer** sind, d.h. wie die einzelnen Rechte zwi-

schen dem Nießbraucher und dem Gesellschafter verteilt werden müssen, trifft der Nießbrauchserlass (Gleichl. Ländererlasse v. 2.11.12, DStR 12, 2440) **keine Aussage** (vgl. hierzu *Fleischer* ZIV 12, 466, *Wälzholz* die DStR 10, 1930). Die jüngere Rspr. nimmt eine zunehmend **kritische Prüfung der Voraussetzungen der Mitunternehmerstellung** vor (BFH II R 3/07 v. 10.12.08, BStBl. II 09, 312; II R 42/08 v. 23.2.10, BStBl. II 10, 555; aber auch BFH II R 44/08 v. 16.12.09, BFH/NV 10, 690). So hat der BFH (II R 5/12 v. 16.5.13, DStR 13, 1380) zuletzt ausdrücklich entschieden, dass für den mit dem Nießbrauch belasteten Anteil der übertragenen Beteiligung an einer Personengesellschaft keine Steuervergünstigungen nach § 13a Abs. 1 und 2 ErbStG in Anspruch genommen werden können, wenn sich der Übertragende insoweit die Stimm- und Mitverwaltungsrechte am übertragenen Anteil umfassend vorbehalten hat, er vom Erwerber zu deren Ausübung bevollmächtigt wurde und dieser sich verpflichtet hat, von seinem eigenen Stimmrecht insoweit keinen Gebrauch zu machen, ersatzweise auf Wunsch nach den Weisungen des Übertragenden zu handeln, und die Beachtung dieser Vereinbarungen durch das eingeräumte Recht, bei einem Verstoß dagegen die Schenkung zu widerrufen, abgesichert ist. In diesem Fall – so der BFH – liege ertragsteuerrechtlich keine Mitunternehmerschaft vor und dies sei auch für die schenkungsteuerrechtliche Beurteilung maßgebend.

13 Ausführlich hat BFH II R 67/09 v. 1.9.11 (DStRE 12, 38) auch unter Bezugnahme auf BFH II R 42/08 v. 23.2.10, (DStR 10, 868) dargelegt, dass die Steuervergünstigungen nur dann für den schenkweisen Erwerb eines Anteils an einer Personengesellschaft beansprucht werden können, wenn die Mitunternehmerstellung des Erwerbers durch den erworbenen Gesellschaftsanteil vermittelt wird. **Es reiche nicht aus,** wenn dem Erwerber hinsichtlich des erworbenen Anteils nur deshalb eine Mitunternehmerstellung zukäme, weil er **bereits vor dem Erwerb der Beteiligung Mitunternehmer war.** Unabhängig von der herkömmlichen Meinung, nach der die Mitgliedschaft eines Gesellschafters in einer Personengesellschaft unteilbar ist, ist nach BFH II R 67/09 v. 1.9.11, aaO dem § 13a Abs. 4 Nr. 1 ErbStG nur Genüge getan, wenn die Mitunternehmerstellung durch den erworbenen Gesellschaftsanteil vermittelt wird.

14 Der Nießbrauchserlass (Gleichl. Ländererlasse v. 2.11.12, DStR 12, 2440) ist auf alle Erwerber **anzuwenden,** für die die **Steuer nach dem 2.11.11 entstanden ist und die noch nicht bestandskräftig veranlagt sind.** Für Erwerbe, für die die Steuer vor dem 3.11.11 entstanden ist, ist dieser Erlass entsprechend anzuwenden, soweit Steuerbescheide noch nicht bestandskräftig sind (Nießbrauchserlass Gleichl. Ländererlasse v. 2.11.12, aaO, Tz. 3).

2. Einzelerläuterungen

Zu § 1: Einräumung des Nießbrauchs

15 **Form:** Die Bestellung des Nießbrauchs erfolgt nach den für die Übertragung des Gesellschaftsanteils geltenden Vorschriften (§ 1069 Abs. 1 BGB), also durch formlosen Vertrag.

16 Da die Nießbrauchsbestellung testamentarisch vorgesehen ist, erfolgt sie zweckmäßigerweise mit Wirkung zum Todestag des Erblassers (so auch die erbschaftsteuerliche Regelung, s. Rz. 10). Einkommensteuerlich liegt darin keine unzulässige Rückwirkung, da lediglich der testamentarischen Anordnung gefolgt wird.

Zu § 2: Umfang des Nießbrauchs

17 Gewinnanteil des Nießbrauchers ist der ihm zivilrechtlich im Verhältnis zum Nießbrauchsbesteller gebührende Gewinnanteil, dh. der nach Gesellschaftsvertrag oder Gewinnverwendungsbeschluss der Gesellschaft entnahmefähige Teil des Anteils am festgestellten Gewinn (*Schmidt/Wacker* § 15 Rz. 307 mwN). Dieser Regelung entspricht die vertragliche Ausgestaltung. Der restliche Teil des Gewinns (zB der in offene Rücklagen einzustellende oder dem Kapitalkonto II zuzuschreibende Gewinnanteil) ist dem Nießbrauchsbesteller als weiteren Mitunternehmer zuzurechnen (vgl. *Biergans* DStR 85, 327). Ist der Nießbrauchsbesteller nicht Mitunternehmer, muss der gesamte auf den nießbrauchbelasteten Gesellschaftsanteil entfallende Gewinnanteil gem. Steuerbilanz, auch soweit er nicht entnahmefähig ist, dem Nießbraucher zugerechnet werden. Ein steuerlicher Ausgleich kommt in diesem Fall erst bei Beendigung des Nießbrauchs in Betracht (*Schmidt/Wacker* aaO; aA *Schulze zur Wiesche* DStR 80, 224: Der Nießbraucher hat den ihm nicht zustehenden Gewinnanteil zu passivieren).

Da Verlustanteile den Nießbraucher nur insoweit belasten, als sie den entnahmefähigen Gewinn mindern, aber keine Nachschusspflicht des Nießbrauchers auslösen, sind die Verluste mE dem **Nießbrauchsbesteller steuerlich zuzurechnen** (vgl. zur Problematik der Verlustanteile *Schmidt/Wacker* § 15 Rz. 311 mit zahlreichen Nachweisen). Nach verbreiteter Auffassung (zB *Schön* StbJb. 96/97, 72 mwN) und auch der Rspr. des BFH VIII R 35/92 v. 1.3.94, BStBl. II 95, 241 zu III. 3. c) sind Verlustanteile in der Regel dem Besteller zuzurechnen. Eine Ausnahme gilt allerdings für den Fall, dass nach einer Vereinbarung zwischen Besteller und Nießbraucher letzterer den Verlust im Innenverhältnis zu tragen hat (so auch *Schön* aaO S. 73 mwN). 18

Zu § 3: Gesellschafterrechte

Im Hinblick darauf, dass die Rspr. einer Abspaltung des Stimmrechts von der Mitgliedschaft ablehnend gegenübersteht (s. Rz. 4), andererseits jedoch dem Nießbraucher gem. §§ 1068 Abs. 2, 1030 BGB nicht nur Nutzungs- sondern auch Verwaltungsrechte an dem belasteten Gesellschaftsanteil zustehen, ist im Formular eine Stimmrechtsvollmacht vorgesehen. Da diese Vollmacht die eigenen Stimmrechte des Gesellschafters nicht ausschließen kann, ist für den Fall der Eigenabstimmung durch den Gesellschafter ein Widerspruchsrecht des Nießbrauchers vorgesehen (s. hierzu auch *Wälzholz* DStR 10, 1786). 19

Zu § 4: Informationspflicht

Da der Nießbraucher nicht Gesellschafter wird, hat er keinen originären eigenen Informationsanspruch gegenüber der Gesellschaft. Im Vertrag ist deshalb vorgesehen, dass der Nießbrauchsbesteller den Nießbraucher umfassend zu informieren hat. 20

Zu § 5: Änderung der Kapitalverhältnisse

Erhöht der Nießbrauchsbesteller aus eigenen Mitteln seinen Kapitalanteil, so nimmt zweckmäßigerweise der Nießbraucher am Ergebnis des so erhöhten Kapitalanteils nur noch anteilig teil. Die im Muster vorgesehene Bestimmung, wonach es auf das Verhältnis der Kapitalanteile vor bzw. nach Erhöhung ankommt, berücksichtigt allerdings nicht stille Reserven im Gesellschaftsvermögen. Um Unbilligkeiten zu vermeiden, hat der Nießbraucher jedoch das Recht, dem Nießbrauchsbesteller den Betrag der Kapitalerhöhung als unverzinsliches Darlehen zur Verfügung zu stellen und dementsprechend am Ergebnis des erhöhten Kapitalanteils teilzunehmen. 21

Zu § 6: Zustimmung

Die Bestellung eines Nießbrauchs ist nur zulässig, wenn der Gesellschaftsanteil als solcher übertragbar ist (§ 1069 Abs. 2 BGB). Da hierfür die Zustimmung der Gesellschafter erforderlich ist, wird diese auch für die Einräumung des Nießbrauchs benötigt (s. Rz. 2). 22

A. 9.24 Tod eines Gesellschafters

I. FORMULAR

Formular A. 9.24 Handelsregisteranmeldung

An das

Amtsgericht

– Registergericht –

Betrifft: A, B & C OHG

HRA ......

Zur Eintragung in das Handelsregister wird angemeldet:
Der Gesellschafter A ist am ...... verstorben. Ausweislich des in Ausfertigung beigefügten Erbscheins des Amtsgerichts – Nachlassgerichts ...... vom ...... – AZ: ...... – wurde A von seiner Witwe W, geborene F, und seinem Sohn S beide wohnhaft in ...... beerbt. Die Gesellschaft ist durch den Tod des A aufgelöst. Die Geschäftsräume der Gesellschaft befinden sich weiterhin in X-Stadt in der XY-Straße.
Die Liquidation erfolgt durch B und C.

.... **.................................** **.................................**
(Unterschrift B) **(Unterschrift C)** **(Unterschrift W)**

....
(Unterschrift S)

....
(Beglaubigungsvermerk)

II. ERLÄUTERUNGEN

Erläuterungen zu A. 9.24 Handelsregisteranmeldung

1. Gesellschaftsrecht

1 Die Handelsregisteranmeldung geht davon aus, dass der Gesellschaftsvertrag abweichend von § 131 Abs. 3 Nr. 1 HGB und in Übereinstimmung mit dem alten Recht eine Klausel enthält, wonach durch den Tod eines Gesellschafters die Gesellschaft aufgelöst wird. Schon in der Vergangenheit fanden sich in Gesellschaftsverträgen demgegenüber häufig Bestimmungen, die eine Fortsetzung der Gesellschaft mit oder ohne Erben nach dem Tod eines Gesellschafters vorgesehen haben (vgl. hierzu Formular A. 9.00 § 14 sowie A. 9.00 Rz. 67ff.). Den Gesellschaftern ist es in den genannten Fällen unbenommen, auch in diesem Stadium jederzeit die Fortsetzung der Gesellschaft zu beschließen. Der Fortsetzungsbeschluss bedarf der Zustimmung aller Erben, auch soweit deren Ausscheiden oder das Ausscheiden einzelner Erben vereinbart wird. Soweit die Erben im Übrigen den Verbleib in der Gesellschaft davon abhängig machen, dass sie unter Belassung des bisherigen Gewinnanteils die Stellung eines Kommanditisten eingeräumt erhalten, bestimmen sich die Konsequenzen nach § 139 HGB. Ein diesbzgl. Recht der Erben ist nicht abbedingbar.

Ist im Gesellschaftsvertrag die Auflösung der Gesellschaft beim Tod eines Gesellschafters vorgesehen, so ist die Anmeldung entsprechend dem Formular vorzunehmen. Andernfalls ist der Tod des Gesellschafters anzuzeigen und ebenfalls anzuzeigen, in welcher Funktion (ggf. als Kommanditisten, vgl. Rz. 1) die Erben in der Gesellschaft verbleiben. Sie ist von sämtlichen Gesellschaftern und sämtlichen Erben des Verstorbenen zu bewirken (BayObLG BReg. 1 Z 102/78 v. 12.10.78, DB 79, 86). Soweit der Mitwirkung der Erben besondere Hindernisse entgegenstehen, bedarf es ihrer Unterschrift unter die Anmeldung nicht (§ 143 Abs. 3 HGB). 2

Für die Anmeldung ist gem. § 12 Abs. 2 Satz 2 HGB die Erbfolge durch öffentliche Urkunde nachzuweisen. Daher ist regelmäßig die Vorlage eines Erbscheins erforderlich, falls die Rechtsnachfolge sich nicht aus den Akten des Registergerichts selbst oder aus den Nachlassakten ergibt, die bei demselben Gericht geführt werden (BayObLG BReg. 3 Z 122/83 v. 13.7.83, WM 83, 1092).

Die Anmeldung geht davon aus, dass in Abweichung von der Regelung des § 146 HGB nur die **früheren Gesellschafter als Liquidatoren tätig** sind, nicht jedoch die Erben. 3

Gem. § 150 HGB können mehrere Liquidatoren nur gemeinschaftlich tätig werden, es sei denn, es wird bestimmt, dass sie einzeln handeln können; eine solche Bestimmung ist in das Handelsregister einzutragen. Das Formular geht von der gemeinschaftlichen Tätigkeit aus. Gem. § 12 Abs. 1 HGB bedarf die Anmeldung der notariellen Beglaubigung. Zum elektronischen Handelsregister s. A. 9.00 Rz. 114. 3a

2. Steuerrecht

Nach der Rspr. des BFH (GrS 2/89 Beschl. v. 5.7.90, BStBl. II 90, 837) werden die Miterben einkommensteuerrechtlich mit dem Erbfall Mitunternehmer (s. hierzu auch A. 9.00 Rz. 67ff.; s. auch BMF v. 14.3.06, BStBl. I 06, 253; vgl. zu den Hintergründen der Neufassung des BMF-Schreibens auch OFD Karlsruhe 13.11.06, BeckVerw 086732). Zu den steuerlichen Folgen der Liquidation im Übrigen s. A. 9.13 Rz. 4ff. Zu den steuerlichen Folgen von Fortsetzungs- und Nachfolgeklauseln s. A. 9.00 Rz. 73ff. 4

A. 9.25 Verpfändung eines Gesellschaftsanteils

I. FORMULAR

Formular A. 9.25 Verpfändung eines Gesellschaftsanteils

Vorbemerkungen

An der A & B OHG sind als Gesellschafter A ...... B ...... und C ...... beteiligt. Die Gesellschaft ist im Handelsregister des Amtsgerichts ...... (HRA ......) eingetragen. C hat gegenüber der XY-Bank Verbindlichkeiten in Höhe von € ... . Der Gesellschaftsvertrag vom ...... sieht vor, dass die Verpfändung von Gesellschaftsanteilen nur mit ausdrücklicher Zustimmung aller Gesellschafter der A & B OHG zulässig ist. Die Gesellschafterversammlung der A & B OHG hat gem. Gesellschaftsbeschluss vom ...... einer Verpfändung des Gesellschaftsanteils des C an die XY-Bank zum Zwecke der Sicherung des Kredits einstimmig mit der Maßgabe zugestimmt, dass in dem Vertrag über die Verpfändung den Gesellschaftern A und B ein Ablösungsrecht eingeräumt wird. Dies vorausgeschickt vereinbaren C und die XY-Bank was folgt:

§ 1 Verpfändung

Zur Sicherung eines C am ...... gewährten und am ...... rückzahlbaren Darlehens in Höhe von € 90.000.– nebst 12% Zinsen p. a. verpfändet C der XY-Bank seinen Gesellschaftsanteil an der oben bezeichneten A & B OHG.

§ 2 Rechte des Pfandnehmers/Pflichten des Verpfänders

(1) Alle auf den verpfändeten Gesellschaftsanteil entfallenden und nach dem Gesellschaftsvertrag entnahmefähigen Gewinne stehen der XY-Bank bis zur Höhe der jeweils fälligen Ansprüche aus dem Darlehensvertrag zu. Die übrigen Gesellschaftsrechte stehen C weiterhin zu.

(2) C ist verpflichtet, seiner Tätigkeit als Geschäftsführer und seiner besonderen Mitarbeitspflicht auch weiterhin nachzukommen.

§ 3 Ablösungsrecht

(1) Den Mitgesellschaftern A und B der A & B OHG wird das Recht eingeräumt, den von der XY-Bank dem C gewährten Kredit bei Fälligkeit abzulösen, soweit C seinen Verpflichtungen nicht nachkommt.

(2) Das Pfandrecht geht für den Fall der Ablösung auf A und B über.

§ 4 Pfandverwertung

Die XY-Bank ist berechtigt, aus dem ihr verpfändeten Gesellschaftsanteil Befriedigung zu suchen, wenn C seine Verpflichtungen aus dem ihm gewährten Darlehen nicht rechtzeitig erfüllt und die Mitgesellschafter A und B von ihrem Ablöserecht gem. § 3 Abs. 1 keinen Gebrauch machen. Die Befriedigung hat durch öffentliche Versteigerung zu erfolgen, die in ...... vorzunehmen ist und von der XY-Bank mit einer Frist von vier Wochen anzudrohen ist.

II. ERLÄUTERUNGEN

Erläuterungen zu A. 9.25 Verpfändung eines Gesellschaftsanteils

1. Grundsätzliche Anmerkungen

a) Wirtschaftliche Funktion

1 S. hierzu die Vorbemerkungen zum Formular. Eine Verpfändung der Gesellschaftsanteile sollte nur dann erfolgen, wenn eine anderweitige Sicherung des Kredits nicht möglich ist (s. Rz. 4).

b) Gesellschaftsrecht

2 Gem. § 719 BGB ist die Verpfändung nur mit Zustimmung der Mitgesellschafter möglich. M. E. bedarf es der ausdrücklichen Zulassung der Verpfändung; die Zulassung der Veräußerlichkeit im Gesellschaftsvertrag als solche ist nicht ausreichend (str.; *Baumbach/Hopt* § 124 Rz. 20; aA *MünchKomm/Ulmer/Schäfer* § 719 Rz. 52).

3 Der **Pfandgläubiger** wird auf Grund der Einräumung des Pfandrechts **nicht Gesellschafter.** Ihm stehen damit insbesondere neben den vermögensrechtlichen Ansprüchen keinerlei sonstige Ansprüche, beispielsweise Stimmrecht etc. zu. Soweit im Verpfändungsvertrag nicht ausdrücklich etwas anderes geregelt ist, gelten die gesetzlichen Vorschriften der §§ 1273 ff. iVm §§ 1204 ff. BGB.

4 Eine Verpfändung von Gesellschaftsanteilen sollte nur vorgenommen werden, wenn dies zwingend erforderlich ist. Die Verpfändung eines Gesellschaftsanteils der OHG ist

als Sicherungsmittel außerordentlich problematisch: So müssen der Pfändungsgläubiger und im Fall der Versteigerung der Anteile der Ersteher die Entwicklung der Rechtstellung des verpfändeten Gesellschafters in vollem Umfang gegen sich gelten lassen.

Dies gilt auch hinsichtlich der Entwicklung der Konten. Außerdem ist die Verwertungsmöglichkeit stark eingeschränkt: Vor dem Eintritt der Verkaufsberechtigung, also zum Zeitpunkt des Vertragsabschlusses kann auf Grund zwingender gesetzlicher Vorschriften (§ 1245 Abs. 2 BGB) eine Verwertung im Wege des freihändigen Verkaufs nicht wirksam vereinbart werden; vielmehr sind die Vertragsparteien zunächst an eine Verwertung im Wege der Versteigerung gebunden. Zwar kann bei Eintritt der Pfandreife noch eine abweichende Vereinbarung getroffen werden, doch kann zweifelhaft sein, ob zu diesem Zeitpunkt noch die Bereitschaft der Vertragsparteien zu einer einvernehmlichen Handlungsweise besteht, insb. der Schuldner und die Mitgesellschafter noch kooperationswillig sind.

Zur Abmilderung der Nachteile ist in § 3 des Vertrages ausdrücklich geregelt, dass 5
die **Mitgesellschafter ein Recht zur Ablösung des Kredits** bei Eintritt der Fälligkeit haben und sodann das Pfandrecht auf sie übergeht. Damit wird den Mitgesellschaftern zumindest die Möglichkeit eingeräumt, eine Lösung der Probleme ohne die unmittelbare Einwirkung der Bank herbeizuführen. Die entsprechende Regelung im Verpfändungsvertrag ergänzt § 268 BGB, der ein entspr. Ablösungsrecht bereits einräumt und dient der ausdrücklichen Klarstellung.

Die Übertragung eines OHG-Gesellschaftsanteils ist **formlos** möglich; dementspre- 6
chend kann auch die Verpfändung formlos erfolgen (§ 1274 Abs. 1 Satz 1 BGB). Eine Anmeldung der Verpfändung zum Handelsregister ist nicht erforderlich.

(frei) 7

c) Steuerrecht

Die Verpfändung des Gesellschaftsanteils und die Bestimmung, dass die entnahme- 8
fähigen Gewinne dem Pfändungsgläubiger zustehen, ändern nichts an der Mitunternehmerstellung des Verpfändenden. Steuerlich ist der Anteil am Ergebnis und Vermögen der OHG weiterhin dem Verpfändenden zuzurechnen (§ 39 Abs. 2 Nr. 1 Satz 2 2. Alt. AO; die Verpfändung steht insoweit der Sicherungsübereignung gleich, *H/H/Sp/Fischer* § 39 AO Rz. 221 ff.).

Erst die **Pfandverwertung** gem. § 4 würde zum Ausscheiden des Verpfändenden 9
aus der Gesellschaft mit der Folge eines Veräußerungsgewinns oder -verlusts führen. Zu den steuerlichen Folgen des Ausscheidens s. A. 9.10 Rz. 5 ff.

2. Einzelerläuterungen

Zu § 4: Pfandverwertung

S. zunächst Rz. 2 ff. Anstelle der Anteilsverwertung durch Versteigerung oder frei- 10
händigen Verkauf (Vereinbarung allerdings erst nach Pfandreife zulässig, § 1245 Abs. 2 BGB) hat der Pfandgläubiger auch die Möglichkeit der Kündigung nach § 725 BGB. Auf diesem Wege kann er das Auseinandersetzungsguthaben liquidieren und es sich gem. § 835 Abs. 1 ZPO zur Einziehung überweisen lassen. Im Hinblick auf die zwingende Regelung des § 725 BGB bedarf es bei dieser Art der Verwertung allerdings eines rechtskräftigen, dh. nicht bloß vorläufig vollstreckbaren Titels. Für diese Art der Verwertung müsste der Pfandgläubiger daher trotz seines schon bestehenden vertraglichen Pfandrechts den Gesellschaftsanteil nochmals gem. § 857 ZPO auf Grund eines Vollstreckungstitels pfänden (*Thomas/Putzo* ZPO § 857 Rz. 1 ff., str.). Zur Kündigung durch den Pfandgläubiger s. auch Formular A. 9.22.

A. 10. Unternehmensverträge

Übersicht

A. 10.00 Überblick zur ertragsteuerlichen Organschaft

Gliederung

I. Steuerrechtliche Bedeutung

1. Körperschaftsteuerliche Organschaft

1 Verpflichtet sich eine Kapitalgesellschaft durch einen Gewinnabführungsvertrag im Sinne des § 291 Abs. 1 AktG, ihren ganzen Gewinn an ein einziges anderes gewerbliches Unternehmen abzuführen, ist das Einkommen der Organgesellschaft für körperschaftsteuerliche Zwecke unter bestimmten weiteren Voraussetzungen dem Träger des Unternehmens (Organträger) zuzurechnen (§§ 14 ff. KStG).

2 Für den Abschluss eines **Gewinnabführungsvertrages**, ggf. in Kombination mit einem Beherrschungsvertrag, sind damit steuerliche Erwägungen vielfach entscheidend: Die **körperschaftsteuerliche Organschaft** ermöglicht die **sofortige Verlustverrechnung** zwischen der zur Gewinnabführung verpflichteten Gesellschaft als der Organgesellschaft und dem anderen Unternehmen als dem Organträger. Ohne Organschaft könnten die beteiligten Gesellschaften erlittene Verluste jeweils nur selbst vor- und zurücktragen. Demgegenüber erlaubt die Organschaft die sofortige Saldierung von Verlusten und Gewinnen aller an der Organschaft beteiligten Gesellschaften (Organkreis) auf der Ebene des Organträgers. Die Steuerbelastung im Organkreis wird deshalb im Jahr der Entstehung des Verlustes häufig bereits gemildert (vgl. *Orth* WPg 2003, Sonderheft S. 13).

Ein weiterer steuerlicher Vorteil ist, dass der Gewinntransfer zwischen Organgesellschaft und Organträger grundsätzlich (zur Ausschüttung vororganschaftlicher Rücklagen siehe Rz. 251 ff. und zu § 14 Abs. 3 KStG siehe Rz. 413 ff.) nicht über den Weg einer nach § 8b Abs. 1 und Abs. 5 KStG im Ergebnis zu 5% steuerpflichtigen Ausschüttung, sondern über die Gewinnabführung erfolgt, die körperschaftsteuerlich durch die Einkommenszurechnung nach § 14 Abs. 1 Satz 1 KStG substituiert wird (vgl. hierzu KStR 61 Abs. 1). Hierdurch **vermeidet** die Organschaft die sich ansonsten aus § 8b Abs. 1 und Abs. 5 KStG ergebende **5%-Kaskadenbesteuerung**. Hiermit ist auch der Vorteil verbunden, dass an sich bei einer Ausschüttung gem. § 43 Abs. 1 Nr. 1 EStG Kapitalertragsteuer einzubehalten wäre; dem stünde auch der Umstand nicht entgegen, dass die Ausschüttung im Ergebnis wegen § 8b Abs. 1 KStG steuerbefreit ist (ggf. mit Anrechnungs- bzw. Erstattungsmöglichkeit). Da aber die organschaftliche Gewinnabführung keine Ausschüttung iSd. § 43 Abs. 1 Nr. 1 EStG ist, ist **keine KapESt** einzubehalten. Insoweit entsteht ein Liquiditätsvorteil. 3

Die **Zinsschranke** (§ 4h Abs. 1 EStG, § 8a KStG) ist nach § 15 Satz 1 Nr. 3 Satz 1 KStG bei der Organgesellschaft nicht anzuwenden. Organträger und Organgesellschaft gelten vielmehr als ein Betrieb im Sinne der Zinsschranke (§ 15 Satz 1 Nr. 3 Satz 2 KStG). Zinsaufwendungen und Zinserträge der Organgesellschaft, die in dem dem Organträger zuzurechnenden Einkommen der Organgesellschaft enthalten sind, werden in die Ermittlung der Zinsschranke **beim Organträger einbezogen** (§ 15 Satz 1 Nr. 3 Satz 3 KStG). Nur auf dessen Ebene wirkt sich die Zinsschranke dementsprechend aus. Entsprechendes gilt für die bei der Ermittlung des steuerlichen EBITDA hinzuzurechnenden Abschreibungen nach § 6 Abs. 2 Satz 1 und Abs. 2a Satz 2 und § 7 EStG (BMF v. 4.7.08, BStBl. I 08, 718 Tz. 45). 4

Dieses gesetzliche Vorgehen ist für den Steuerpflichtigen mit beachtlichen Vorteilen verbunden. So sind Zinsaufwendungen des Organträgers mit Zinserträgen der Organgesellschaft im Rahmen der Bildung des Zinssaldos (§ 4h Abs. 1 1. Halbsatz EStG) uneingeschränkt saldierbar (et vice versa). Das steuerliche EBITDA des Organgesellschaft kann beim Organträger zum Abzug eines negativen Zinssaldos im Rahmen der 30%-Grenze der Zinsschranke (§ 4h Abs. 1 2. Halbsatz EStG) verwendet werden (und umgekehrt). 5

Dieser Effekt ist vor allem bei **Holdinggesellschaften** von Bedeutung. Wegen der Steuerbefreiung von Holdingerträgen durch § 8b KStG verfügen diese in der Regel über kein ausreichend hohes steuerliches EBITDA, um bspw. Zinsen aus dem fremdfinanzierten Erwerb von Tochtergesellschaften im Rahmen der Zinsschranke zum Abzug zu bringen. Durch die Begründung einer Organschaft kann die Holding das steuerliche EBITDA der Organgesellschaften nutzen (was ggf. einen ansonsten notwendigen Debt-Push-Down per Down-Stream-Merger o. ä. ersparen kann). 6

Der als ein Betrieb geltende Organkreis bildet für sich alleine keinen Konzern im Sinne der Zinsschranke (vgl. BMF v. 4.7.08, BStBl. I 08, 718 Tz. 65). Halten die Gesellschaften eines Organkreises keine Anteile an außerhalb des Organkreises befindlichen Konzerngesellschaften im Sinne des § 4h Abs. 3 Satz 5 und 6 EStG und werden die Gesellschaften des Organkreises auch nicht von Anteilseignern gehalten, die zusammen mit dem Organkreis einen Konzern im Sinne des § 4h Abs. 3 Satz 5 EStG bilden oder zu einem Gleichordnungskonzern im Sinne des § 4h Abs. 3 Satz 6 EStG führen, so kann der Organkreis den sog. Stand-Alone-Escape nach § 4h Abs. 2 Satz 1 Buchst. b EStG – ggf. unter Beachtung des § 8a Abs. 2 KStG – nutzen (vgl. zB *H/H/R/Herlinghaus* § 15 KStG Rz. 67). 7

Für Zwecke des sog. Eigenkapitalescapes (§ 4h Abs. 2 Satz 1 Buchst. c EStG, § 8a Abs. 3 KStG) ist dem Konzerneigenkapital das für den Organkreis ermittelte Eigenkapital gegenüberzustellen. Damit ist für den Organkreis ein Teilkonzernabschluss aufzustellen (vgl. zB *H/H/R/Herlinghaus* § 15 KStG Rz. 67). Eine für den Steuerpflichtigen nachteilige Wirkung der Betriebsfiktion des § 15 Satz 1 Nr. 3 Satz 2 KStG ergibt sich 8 daraus, dass die Freigrenze des § 4h Abs. 2 Satz 1 Buchst. a EStG iHv. 3 Mio. Euro nur einmal für den gesamten Organkreis in Anspruch genommen werden kann (vgl. BMF v. 4.7.08, BStBl. I 08, 718 Tz. 57), während sie sonst jeder der Gesellschaften zustehen würde.

9 Ein weiterer Vorteil der Organschaft ist, dass abkommensrechtlich **steuerfreie ausländische Betriebsstättengewinne** der Organgesellschaft ohne weitere Steuerbelastung an den Organträger weitergereicht werden können. Ohne eine Organschaft würden die Betriebsstättengewinne nur auf der Ebene der Tochterkapitalgesellschaft steuerfrei sein; eine Weiterausschüttung dieser Gewinne an den Anteilseigner würde im Rahmen des § 8b Abs. 1 und Abs. 5 KStG bzw. im Rahmen des Teileinkünfteverfahrens bzw. der Abgeltungssteuer zu einer zusätzlichen Steuerbelastung führen. Diesen Vorteil der Organschaft (ggf. kombiniert mit einer ausländischen Körperschaftsteuer an Stelle einer in der Regel höheren ausländischen Einkommensteuer) macht sich zB das sog. **„Organschaftsmodell"** zunutze (vgl. hierzu zB *Haase* PIStB 08, 295 ff.).

10 Die körperschaftsteuerliche Organschaft kann für Zwecke der Rechnungslegung auch zur Glättung bzw. Stabilisierung der **„(Konzern-)Steuerquote"** führen (vgl. hierzu *Herzig/Dempfle* DB 02, 1 ff.; *Breuninger/Prinz* JbFfStR 99/00, 538 ff.; *Krebühl* DB 95, 744).

11–15 *(frei)*

2. Gewerbesteuerliche Organschaft

16 Gewerbesteuerrechtlich bewirkt die Organschaft, dass die Organgesellschaft als Betriebsstätte des Organträgers gilt (§ 2 Abs. 2 Satz 2 GewStG). Der einheitliche Gewerbesteuermessbetrag für den Organkreis wird grundsätzlich nach Maßgabe der Lohnsummen der einzelnen Organgesellschaften – sie werden als Betriebsstätten des Organträgers betrachtet – auf die Betriebsstättengemeinden zerlegt. Die **Unterschiede zwischen den Hebesätzen** in den verschiedenen Betriebsstättengemeinden können hier unabhängig von der Möglichkeit des sofortigen Verlustausgleichs zu einem Steuervorteil, aber auch zu einer Erhöhung der gewerbesteuerlichen Gesamtbelastung im Organkreis führen.

17 Im Rahmen der gewerbesteuerlichen Organschaft treten die vorbeschriebenen **Vorteile** der körperschaftsteuerlichen Organschaft (sofortige Verlustverrechnung, Vermeidung einer 5%-Kaskadenbesteuerung, Organkreis als Betrieb im Rahmen der Zinsschranke, Weiterleitung steuerfreier ausländischer Betriebsstättengewinne) ebenfalls ein. Ein weiterer, speziell gewerbesteuerlicher Vorteil der Organschaft liegt darin, dass Hinzurechnungen nach **§ 8 GewStG** unterbleiben, soweit die Hinzurechnungen zu einer doppelten gewerbesteuerlichen Belastung führen würden (vgl. GewStR 7.1 Abs. 5 Satz 4; Gleichl. Ländererlasse v. 2.7.12, BStBl. I 12, 654 Tz. 4). Dies ist v. a. im Hinblick auf Nutzungsüberlassungen im Sinne des § 8 Nr. 1 GewStG zwischen Organträger und Organgesellschaft bzw. zwischen verschiedenen Organgesellschaften desselben Organkreises von Bedeutung. So unterliegen bspw. die Zinsen, die eine Organgesellschaft dem Organträger zahlt, nicht der 25%igen Hinzurechnung des § 8 Nr. 1 Buchst. a GewStG. Dadurch werden Mehrfachbelastungen innerhalb des Organkreises vermieden.

18–31 *(frei)*

II. Gesellschaftsrechtliche Rahmenbedingungen der Organschaft

1. Unternehmensverträge als Mittel der Konzernorganisation

32 Der zur Begründung einer ertragsteuerlichen Organschaft erforderliche Gewinnabführungsvertrag zählt gesellschaftsrechtlich zu den **Unternehmensverträgen im engeren Sinne**. Dies sind nach § 291 Abs. 1 Satz 1 AktG Verträge, durch die eine AG oder KGaA die Leitung ihrer Gesellschaft einem anderen Unternehmen unterstellt (Beherrschungsvertrag) oder sich verpflichtet, ihren ganzen Gewinn an ein anderes Unternehmen abzuführen (Gewinnabführungsvertrag). Dem Gewinnabführungsvertrag wird zivilrechtlich – nicht auch steuerlich – der Geschäftsführungsvertrag gleichgestellt (Satz 2). Der Begriff des Unternehmensvertrages erschien bei diesen Verträgen passend, weil sie typischerweise die Struktur des Unternehmens ändern und regelmäßig auch nur zwischen Unternehmen geschlossen werden.

Solche Unternehmensverträge sind **Mittel der Konzernorganisation**. Ein „Konzern" ist die Verbindung mehrerer rechtlich selbständiger Gesellschaften zu einer funktionalen unternehmerischen Einheit. Aus dem Wirtschaftsleben ist der Konzern nicht mehr wegzudenken: Nach Erkenntnissen der Monopolkommission gehören zwar nur 6,3% der Unternehmen in Deutschland einer Unternehmensgruppe an. Diese Unternehmen vereinen jedoch 70% der Umsätze und etwas mehr als die Hälfte der Beschäftigten auf sich (Achtzehntes Hauptgutachten der Monopolkommission, Rz. 142, BT-Drs. 17/2600, 80). Angesichts dieser wirtschaftlichen Bedeutung hat sich der deutsche Gesetzgeber im Zuge der Aktienrechtsreform von 1965 für eine umfassende Reglementierung entschieden; er hielt es gesellschaftsrechtlich für *„unumgänglich, ... dass solche Unternehmensverbindungen rechtlich erfasst und durchsichtig gemacht, dass die Aktionäre und Gläubiger gegen die mit ihnen verbundenen Gefahren und Nachteile besser geschützt und dass Leitungsmacht und Verantwortlichkeit in Einklang gebracht werden"* (Begr. RegE zum AktG 1965, abgedruckt bei *Stangl/Winter*, Organschaft 2013/2014, S. 332). 33

Ein herrschendes Unternehmen und die von ihm abhängigen Gesellschaften sollen sich seitdem möglichst als Vertragskonzern organisieren, d.h. einen **Beherrschungsvertrag** abschließen (§ 291 Abs. 1 Satz 1, 1. Alt. AktG). Erst dieser Beherrschungsvertrag gibt dem herrschenden Unternehmen das Recht, die abhängige Gesellschaft unter seine Leitung zu stellen und sie hierbei auch zu für sie nachteiligen Maßnahmen anzuweisen (§ 308 AktG). Der **Gewinnabführungsvertrag** (§ 291 Abs. 1 Satz 1, 2. Alt. AktG) verpflichtet demgegenüber eine (Organ-)Gesellschaft, ihren ganzen Gewinn an ein anderes Unternehmen (den Organträger) abzuführen. Beide Vertragstypen sind in den §§ 291ff. AktG im Wesentlichen parallel geregelt. Sie können miteinander zu einem *einheitlichen* Beherrschungs- und Gewinnabführungsvertrag kombiniert werden (OLG Karlsruhe 11 Wx 77/00 v. 12.4.01, GmbHR 01, 523), der traditionell auch als **Organschaftsvertrag** bezeichnet wird. 34

Dass das herrschende Unternehmen der abhängigen Gesellschaft Weisungen erteilen darf bzw. der Organträger den Gewinn der Organgesellschaft erhält, hat allerdings seinen Preis: Beherrschungs- und Gewinnabführungsvertrag müssen besondere Sicherungen für die verpflichtete Gesellschaft, ihre Aktionäre und Gläubiger vorsehen; insbesondere hat der andere Vertragsteil etwaigen außenstehenden Aktionären der verpflichteten Gesellschaft einen Ausgleich zu zahlen (§ 304 AktG) und eine Abfindung anzubieten (§ 305 AktG) sowie während der Vertragsdauer jeden bei der verpflichteten Gesellschaft sonst entstehenden Jahresfehlbetrag auszugleichen (§ 302 AktG). 35

(frei) **36–39**

2. Konzernsteuerung durch Beherrschungsvertrag

Der Abschluss eines Beherrschungsvertrages dient idR. der Vereinfachung der Konzernsteuerung. Im **Aktienkonzern** schafft erst der Beherrschungsvertrag die Rechtsgrundlage für Weisungen gegenüber dem Vorstand der abhängigen Gesellschaft: Der Vorstand einer AG hat diese unter eigener Verantwortung zu leiten, § 76 Abs. 1 AktG. Ohne Beherrschungsvertrag darf daher auch ein Mehrheitsaktionär die Gesellschaft nicht zu einem für sie nachteiligen Rechtsgeschäft veranlassen, es sei denn, dass er entstehende 40

Nachteile ausgleicht (§ 311 AktG); anderenfalls ist Schadensersatz zu leisten (§ 317 AktG). Bei Bestehen eines Beherrschungsvertrages rechtfertigt dagegen das Konzerninteresse, dh. der angestrebte wirtschaftliche Erfolg des Gesamtunternehmens, auch die Erteilung von Weisungen, die für einzelne Unternehmensteile nachteilig sein mögen (§ 308 AktG). Insofern entfällt auch die Erstellung eines Abhängigkeitsberichts nach § 312 AktG und der damit einhergehende ggf. erhebliche Prüfungsaufwand.

41 Im **GmbH-Konzern** sind die Geschäftsführer dagegen bereits kraft Gesetzes an Weisungen der Gesellschafterversammlung gebunden, so dass eine besondere Beherrschungsabrede zumeist entbehrlich ist (§ 37 Abs. 1 GmbHG). Wenn sie dennoch getroffen wird, kann Motiv hierfür zB die Sicherstellung einer umsatzsteuerlichen Organschaft sein. Außerdem befreit seit der GmbH-Reform durch das MoMiG v. 23.10.08 (BGBl. I 08, 2026) das Bestehen eines Beherrschungs- oder eines Gewinnabführungsvertrages bei der abhängigen bzw. zur Gewinnabführung verpflichteten Gesellschaft ausdrücklich von der Beachtung der Kapitalerhaltungsvorschriften (§ 30 Abs. 1 Satz 2 GmbHG bzw. § 57 Abs. 1 Satz 3 AktG; näher *Winter* DStR 07, 1484, 1489ff.).

42 Im Einzelfall kann die **Beherrschungsabrede auch nachteilig** sein, vor allem in mitbestimmungsrechtlicher Hinsicht: Gemäß § 2 Abs. 2 DrittelbG sind Arbeitnehmer eines Konzernunternehmens dem herrschenden Unternehmen zuzurechnen, wenn zwischen beiden ein Beherrschungsvertrag besteht. Infolge der Zurechnung kann die Schwelle von 500 Arbeitnehmern für die drittelparitätische Mitbestimmung überschritten werden. Der Abschluss eines isolierten Gewinnabführungsvertrages führt demgegenüber nach dem DrittelbG nicht zur Zurechnung von Arbeitnehmern.

43 Soweit neben der Gewinnabführungs- auch eine Beherrschungsabrede erforderlich ist (zB im Aktienkonzern oder zur Absicherung einer umsatzsteuerlichen Organschaft), kann es sich ggf. anbieten, anstelle eines einheitlichen Beherrschungs- und Gewinnabführungsvertrages **beide Unternehmensverträge parallel, aber gesondert** abzuschließen. Dies erleichtert ggf. spätere Vertragsänderungen, zB die spätere Beendigung nur des Beherrschungsvertrages ohne Gefährdung der steuerlichen Mindestlaufzeit des Gewinnabführungsvertrages (s. hierzu Rz. 333).

44–50 *(frei)*

3. Entsprechende Anwendung der §§ 291ff. AktG auf die GmbH

51 Das Aktiengesetz kodifiziert nur das Aktienkonzernrecht, nicht auch das GmbH-Konzernrecht. Die §§ 291 bis 310 AktG finden auf die abhängige GmbH jedoch *grundsätzlich* entsprechende Anwendung (BGH II ZB 7/88 v. 24.10.88, BGHZ 105, 324 „Supermarkt"; *Lutter/Hommelhoff* Anh § 13 Rz. 43). Die Einzelheiten sind streitig. Ausgangspunkt des Streits ist zumeist die Frage, ob die Gesellschafter der vertragstypisch verpflichteten GmbH dem Abschluss eines Beherrschungs- und/oder Gewinnabführungsvertrages mit qualifizierter Mehrheit (entsprechend § 293 Abs. 1 AktG bzw. §§ 53, 54 GmbHG) oder aber einstimmig (entsprechend § 33 Abs. 1 Satz 2 BGB) zustimmen müssen (ausführlich Rz. 124ff.). Lässt man eine qualifizierte Mehrheit genügen, ist der Schutz der ggf. überstimmten Minderheit über eine analoge Anwendung zB auch der §§ 304, 305 AktG zu gewährleisten. Verlangt man dagegen GmbH-spezifisch Einstimmigkeit, kann sich jeder Gesellschafter selbst schützen und sind Analogien zum Aktienkonzernrecht nur ausnahmsweise veranlasst. Auch die in § 5a GmbHG als Unterform zur GmbH geregelte **Unternehmergesellschaft (haftungsbeschränkt)** kann verpflichtete Gesellschaft eines Beherrschungs-, insbes. aber auch eines Gewinnabführungsvertrages entspr. § 291 AktG sein. Das Erfordernis der Rücklagenbildung nach § 5a Abs. 3 Satz 1 GmbHG steht dem nach zutreffender Ansicht nicht entgegen (*Rubel* GmbHR 10, 470; **aA** *Weber* BB 09, 842, 847, der deshalb nur einen Teilgewinnabführungsvertrag für zulässig hält).

Die folgende Aufstellung gibt einen **Überblick über den Meinungsstand zur analogen Anwendbarkeit der §§ 291 ff. AktG im GmbH-Konzern**: 52

Norm	Awend-bar?	Ansicht
§ 291	(+)	**Beherrschungs- und Gewinnabführungsverträge** können nach allgem. Meinung auch mit einer GmbH als Organgesellschaft abgeschlossen werden, vgl. § 30 Abs. 1 Satz 2 GmbHG idF des MoMiG (zB *Emmerich/Habersack* § 291 Rz. 41, 66); zur UG (haftungsbeschränkt) vgl. Rz. 51 aE.
§ 293 Abs. 1	(+)	Für den bei der **Organgesellschaft** zu fassenden **Zustimmungsbeschluss** genügt nach teilweiser Ansicht eine qualifizierte Mehrheit, entsprechend § 293 Abs. 1 AktG, § 53 Abs. 2 Satz 1 GmbHG (zB *Lutter/Hommelhoff* Anh § 13 Rz. 65 f.; *Krafka/Kühn* Registerrecht 9. Aufl. 2013 Rz. 1110).
		Folgt man dem, so wird z.T. weitergehend angenommen, dass dann der Organträger entsprechend § 47 Abs. 4 GmbHG vom Stimmrecht ausgeschlossen ist (*Roth/Altmeppen* Anh § 13 Rz. 39 f.; *Baumbach/Hueck* Schlussanhang Rz. 55; anders jedoch BGH II ZR 109/10 v. 31.5.11, DStR 11, 1576).
	(–)	Nach aA verändert der Unternehmensvertrag den Zweck der Organgesellschaft und bedarf deshalb entsprechend § 33 Abs. 1 Satz 2 BGB der **Zustimmung aller Gesellschafter** (z.B. *Roth/ Altmeppen* Anh § 13 Anh Rz. 37, 40; *Emmerich/Habersack* § 293 Rz. 43a).
§ 293 Abs. 2	(+)	Ist der Organträger eine GmbH, so bedarf auch hier der **Zustimmungsbeschluss bei dem Organträger** einer Mehrheit von mindestens 3/4 der bei der Beschlussfassung vertretenen Gesellschafter, weil sich namentlich aus der Verlustausgleichspflicht ein „erhöhtes Geschäftsrisiko" ergibt. Es genügt die einfache Schriftform, wobei der Vertrag der Urkunde als Anlage beizufügen ist (zB BFH I R 66/07 v. 22.10.08, DStR 09, 100; BGH II ZB 7/88 v. 24.10.88, BGHZ 105, 324, 333 ff. „Supermarkt").
	(–)	Nach vereinzelter Ansicht ist § 293 Abs. 2 AktG auf den Organträger in der Rechtsform einer GmbH (wortlautgetreu) nicht anwendbar, da hier keine Abfindung in Aktien (§ 305 AktG) möglich ist (*Roth/Altmeppen* Anh § 13 Rz. 45).
§ 293 Abs. 3	(+)	Für den Vertrag genügt **Schriftform**. Sofern der Vertrag jedoch ein Abfindungsangebot analog § 305 AktG enthält, bedarf er nach § 15 Abs. 4 GmbHG der notariellen Beurkundung (zB *Emmerich/Habersack* § 293 Rz. 41).
§§ 293a ff.	(+)	Die Analogiefähigkeit der **Prüfungs- und Berichtspflichten** wird überwiegend kritisch beurteilt. Zwar bilden nach teilweiser Ansicht die §§ 293a ff. AktG die Basis für dann erst wirklich sinnvolle Frage- und Einsichtsrechte aus § 51a GmbHG (*Lutter/ Hommelhoff* Anh § 13 Rz. 59).
	(–)	Sofern man jedoch die Zustimmung aller Gesellschafter für erforderlich hält (s. o. zu § 293 Abs. 1 AktG), sind gesetzlich angeordnete Prüfungs- und Berichtspflichten entbehrlich (zB *Emmerich/Habersack* § 293a Rz. 11).
		Nach wiederum aA sind die §§ 293a ff. AktG auf Publikumsgesellschaften zugeschnitten. Sie finden daher auf die GmbH (Organträger wie Organgesellschaft) keine Anwendung, unabhängig von den Mehrheitserfordernissen (zB *Roth/Altmeppen* Anh § 13 Rz. 48 f.).
§ 294	(+)	Der Unternehmensvertrag bedarf zu seiner Wirksamkeit der **Eintragung** in das Handelsregister der Organgesellschaft analog § 294 AktG oder § 54 Abs. 3 GmbHG (BFH I R 66/07 v. 22.10.08, DStR 09, 100; BGH II ZB 7/88 v. 24.10.88, BGHZ 105, 324, 342 f. „Supermarkt").

Norm	Awendbar?	Ansicht
§ 295 Abs. 1 Satz 1	(+)	Die **Änderung** eines Unternehmensvertrages erfordert bei der Organgesellschaft einen Zustimmungsbeschluss mit (mindestens) qualifizierter Mehrheit, ggf. sogar Einstimmigkeit (s. o. zu § 293 Abs. 1 AktG) (BFH I R 66/07 v. 22.10.08, DStR 09, 100; *Emmerich/Habersack* § 295 Rz. 4).
§§ 295 Abs. 1 Satz 2, 293 Abs. 3	(+)	Nach h. A. erfordert die Änderung auch einen Zustimmungsbeschluss bei dem Organträger. Dies gilt zunächst, wenn es sich um eine AG oder KGaA handelt, aber auch im Fall einer GmbH, weil die Interessenlage dieselbe ist (zB *Emmerich/Habersack* § 295 Rz. 5).
	(–)	Nach vereinzelter Ansicht müssen die Gesellschafter des Organträgers GmbH nicht einmal dem Vertragsschluss zustimmen, damit auch nicht seiner Änderung (*Roth/Altmeppen* § 13 Anh Rz. 103).
§ 295 Abs. 2	(+)	Sofern man für die Änderung eine qualifizierte Mehrheit genügen lässt, ist zusätzlich ein Sonderbeschluss der Minderheitsgesellschafter erforderlich (*Roth/Altmeppen* Anh § 13 Anh Rz. 101).
	(–)	Nach aA bedarf die Änderung ohnehin der Zustimmung aller Gesellschafter (zB *Emmerich/Habersack* § 295 Rz. 4a).
§ 296 Abs. 1 Satz 1	(+)	Nach teilweiser Ansicht ist eine **Aufhebung** nur zum Ende eines Abrechnungszeitraums zulässig, daher ist ggf. ein Rumpfgeschäftsjahr zu bilden (OLG München 31 Wx 70/12 v. 16.3.12, NZG 12, 590; *MünchKomm-GmbHG/Liebscher* § 13 Rz. 904; im Ergebnis auch BFH I R 38/11 v. 6.6.13, DStR 13, 1987).
	(–)	Nach aA ist eine Aufhebung auch unterjährig auf der Grundlage einer Zwischenbilanz zulässig (*Priester* NZG 12, 641; *Baumbach/Hueck* Schlussanhang Rz. 72).
§ 296 Abs. 1 Satz 2	(+)	Eine rückwirkende Aufhebung ist auch dann unzulässig, wenn die Organgesellschaft eine GmbH ist (BGH II ZR 119/00 v. 5.11.01, NJW 02, 822).
§ 296 Abs. 1 Satz 3	(+)	Der Aufhebungsvertrag bedarf der Schriftform (*Emmerich/Habersack* § 296 Rz. 7b).
§ 296 Abs. 2	(+)	Nach teilweiser, älterer Ansicht ist eine Aufhebung ohne Zustimmung der Gesellschafterversammlung der Organgesellschaft möglich (OLG Frankfurt 20 W 317/93 v. 11.11.93, ZIP 93, 1790; OLG Karlsruhe 4 W 122/93 v. 3.6.94, ZIP 94, 1022; *Krieger/Jannott* DStR 95, 1475, 1477).
	(–)	Zumindest für die Organgesellschaft ist die Aufhebung keine bloße Geschäftsführungsmaßnahme. Sie bedarf eines Gesellschafterbeschlusses, bei dem auch der Organträger stimmberechtigt ist (vgl. BGH II ZR 109/10 v. 31.5.11, DStR 11, 1576 zur Kündigung). Offen ist, ob ein Zustimmungsbeschluss mit einfacher Mehrheit genügt (dafür *Baumbach/Hueck* Schlussanhang Rz. 72) oder die Aufhebung dieselbe Bedeutung wie der Abschluss hat *(actus contrarius)* mit der Folge, dass die §§ 53, 54 GmbHG entsprechend anzuwenden sind (AG Hamburg HRB 38053 v. 4.2.13, GmbHR 13, 311; OLG Oldenburg 1 U 75/99 v. 23.3.00, NZG 00, 1138, 1139; *Emmerich/Habersack* § 296 Rz. 7b).
§ 297 Abs. 1	(+)	Für die **Kündigung** gilt § 297 Abs. 1 AktG entsprechend (OLG München 31 Wx 163/11 v. 20.6.11, NZG 11, 867; OLG Oldenburg 1 U 75/99 v. 23.3.00, NZG 00, 1138, 1140; *Emmerich/Habersack* § 297 Rz. 3a).

Norm	Awend-bar?	Ansicht
§ 297 Abs. 2	(–)	Zumindest für die Organgesellschaft ist die Kündigung keine der Geschäftsführung obliegende bloße Geschäftsführungsmaßnahme. Sie bedarf eines Gesellschafterbeschlusses, bei dem auch der Organträger stimmberechtigt ist (BGH II ZR 109/10 v. 31.5.11, DStR 11, 1576; dazu *Peters/Hecker* DStR 12, 86). Dieser Beschluss bedarf der notariellen Beurkundung (so AG Hamburg HRB 38053 v. 4.2.13, GmbHR 13, 311; *Beck* DNotZ 13, 90).
§ 297 Abs. 3	(+)	Die Kündigung bedarf der Schriftform (OLG München 31 Wx 80/11 v. 21.3.11, NZG 11, 1183).
§ 298	(+)	Nach hM hat die **Eintragung der Beendigung** – wie bei der AG – nur deklaratorische Bedeutung (OLG München 31 Wx 163/11 v. 20.6.11, NZG 11, 867; OLG Düsseldorf 3 Wx 302/95 v. 22.8.97, DB 97, 2425). In der Folge genügt es, wenn die Beendigung erst nach Vertragsende angemeldet und eingetragen wird (nach BayObLG 3 Z BR 232/02 v. 5.2.03, DB 03, 761 ist dies sogar zwingend).
		Nach aA wirkt die Eintragung – im Fall von Aufhebung und Kündigung – analog § 54 Abs. 3 GmbHG konstitutiv (zB *Emmerich/Habersack* § 296 Rz. 7b und § 297 Rz. 3a).
§ 299	(+)	Die Organgesellschaft kann nicht angewiesen werden, den Vertrag zu ändern, aufrechtzuerhalten oder zu beendigen (*Emmerich/Habersack* § 299 Rz. 2).
§ 300	(–)	Das GmbH-Recht kennt keine gesetzliche Rücklage (*Emmerich/ Habersack* § 300 Rz. 5).
§ 301	(+)	§ 301 AktG bestimmt auch für die GmbH den **Höchstbetrag der Gewinnabführung**, jedoch ist mangels gesetzlicher Rücklage die Verweisung auf § 300 AktG auszunehmen (*Emmerich/ Habersack* § 301 Rz. 6).
§ 302	(+)	Die **Verlustübernahmepflicht** ist unlösbar mit dem Abschluss des Unternehmensvertrages verbunden (allgem. Meinung, zB BGH II ZB 7/88 v. 24.10.88, BGHZ 105, 324, 334 „Supermarkt"). – Beachte das steuerliche Erfordernis einer ausdrücklichen Vereinbarung nach § 17 Satz 2 Nr. 2 KStG (s. hierzu Rz. 230 ff.).
§ 303	(+)	§ 303 AktG gilt entsprechend (KG 14 U 9216/98 v. 1.8.00, NZG 01, 80 (für den „qualifiziert faktischen Konzern"); *Emmerich/ Habersack* § 303 Rz. 3).
§§ 304, 305	(+)	Sofern man für den Abschluss die Zustimmung einer qualifizierten Mehrheit genügen lässt (s. o. zu § 293 Abs. 1 AktG), müssen die Minderheitsgesellschafter durch Ausgleichs- und Abfindungsrechte geschützt werden (*Roth/Altmeppen* Anh § 13 Rz. 88 f.; anders noch BGH II ZB 7/88 v. 24.10.88, BGHZ 105, 324, 335 „Supermarkt").
	(–)	Verlangt man hingegen für den Abschluss die Zustimmung aller Gesellschafter (s. o. zu § 293 Abs. 1 AktG), können diese ihre Rechte selbst wahren (*Emmerich/Habersack* § 304 Rz. 11).
§ 307	(+)	Nach teilweiser Ansicht gilt der Beendigungsgrund des § 307 AktG entsprechend, weil später hinzutretende außenstehende Gesellschafter keine Möglichkeit hatten, für eine Regelung über Ausgleichszahlungen zu sorgen (*Krieger/Jannott* DStR 95, 1473, 1476; s. auch die Diskussion bei *E & Y/Walter* § 14 KStG Rz. 728 ff.).
	(–)	Nach aA spielt der Schutz außenstehender Gesellschafter wegen der größeren Transparenz der Gesellschafterverhältnisse und der Möglichkeit, beim (gegenüber der AG erschwerten) Anteilserwerb eine Kompensation zu vereinbaren, keine große Rolle (*Priester* FS Peltzer, 01, S. 327; *Pluskat* Der Konzern 04, 525).

Norm	Awend-bar?	Ansicht
§ 308	(+)	OLG Stuttgart 20 U 8/97 v. 29.10.97, NZG 98, 601; *Emmerich/ Habersack* § 308 Rz. 9.
§ 309	(+)	*Emmerich/Habersack* § 309 Rz. 7.
§ 310	(+)	*Emmerich/Habersack* § 310 Rz. 5.
Spruch G (§ 306 aF)	(+)	Bei analoger Anwendung der §§ 304, 305 AktG liegt auch eine Analogie zum **Verfahrensrecht** nahe (zB *Simon* SpruchG, 2007, § 1 Rz. 39 ff.). Eine solche Analogie hat der BGH in anderen gesetzlich nicht geregelten Fällen bereits eröffnet (so zunächst BGH II ZR 13/01 v. 25.11.02, NZG 03, 280 „Macrotron"; aufgegeben in BGH II ZB 26/12 v. 8.10.13, DStR 13, 2526) (zB *Simon* SpruchG, 2007, § 1 Rz. 39 ff.).
	(–)	*Kölner Komm.-SpruchG/Wasmann,* 2005, § 1 Rz. 46.

53, 54 *(frei)*

III. Personelle Voraussetzungen der körperschaftsteuerlichen Organschaft

1. Organträger (§ 14 Abs. 1 Satz 1 Nr. 2 KStG)

55 Der Einleitungsteil des **§ 14 Abs. 1 Satz 1 KStG** grenzt den Kreis potenzieller Organträger zunächst auf **gewerbliche Unternehmen** ein und bezeichnet den Träger dieses Unternehmens per Klammerdefinition als „Organträger". Die Gewerblichkeit bestimmt sich hierbei nach hM anhand des § 2 Abs. 1 Satz 2 iVm. § 2 Abs. 1 GewStDV, § 15 Abs. 2 Satz 1 EStG (vgl. *Blümich/Danelsing* § 14 KStG Rz. 66; *E&Y/Walter* § 14 KStG Rz. 188 und Rz. 192; *Gosch/Neumann* § 14 KStG Rz. 105). Eine Gewerblichkeit kraft Rechtsform nach § 8 Abs. 2 KStG ist insoweit ausreichend (vgl. *Gosch/Neumann* § 14 KStG Rz. 111; *S/F/Brink* § 14 KStG Rz. 93). Land- und Forstwirte (§ 13 EStG) und Selbständige (§ 18 EStG) kommen nicht als Organträger in Betracht (vgl. *D/P/M/Dötsch* § 14 KStG Rz. 78). Die Finanzverwaltung forderte bisher, dass die Voraussetzung des „gewerblichen Unternehmens" bereits vom Beginn des Wirtschaftsjahrs der Organgesellschaft an erfüllt sein musste (vgl. BMF v. 10.11.05, BStBl. I 05, 1038 Tz. 21; kritisch *D/P/M/Dötsch* § 14 KStG Rz. 71 und Rz. 99 sowie *F/M/Frotscher* § 14 KStG Rz. 85). Der BFH hat diese Verwaltungsauffassung abgelehnt (vgl. BFH I R 40/12 v. 24.7.13, BStBl. II 14, 372), nach nunmehr im BStBl. II veröffentlichten Ansicht des BFH reicht eine unterjährige Begründung der Gewerblichkeit – und theoretisch auch erst eine Begründung zum Wirtschaftsjahrende – aus. Die Forderung nach der Eingliederung in ein „einziges" gewerbliches Unternehmen ist vor dem Hintergrund der gesetzgeberischen Bestrebung zu sehen, der Mehrmütterorganschaft die Anerkennung zu versagen (vgl. *Gosch/Neumann* § 14 KStG Rz. 118).

56 Weitere Anforderungen an den Organträger werden in **§ 14 Abs. 1 Satz 1 Nr. 2 KStG** spezifiziert. Die Norm wurde im Rahmen der **„kleinen Organschaftsreform"** (UntStReiseKÄndG v. 20.2.13, BGBl. I 13, 285) im Hinblick auf die Frage eines ggf. notwendigen Inlandsbezugs des Organträgers grundlegend geändert und der bisherige § 18 KStG in diesem Zusammenhang vollkommen gestrichen. In der **neuen Konzeption** stellt die Norm nicht mehr allgemein auf eine unbeschränkte oder beschränkte Steuerpflicht des Organträgers ab, sondern versucht – in Reaktion auf BFH I R 54-55/10 v. 9.2.11 (BStBl. II 12, 106) – im Ergebnis eine Organschaft nur noch dann zuzulassen, wenn die Ergebnisabführung in einer inländischen Betriebsstätte des Organträgers anfällt und wenn dieses Betriebsstättenergebnis nach nationalen und abkommensrechtlichen Normen auch in Deutschland besteuert werden kann. Hierbei

verwendet die Neuregelung ein äußerst komplexes Konstrukt von – teilweise ineinander verwobenen – Tatbestands- und Rechtsfolgenelementen. Im Ergebnis werden folgende **Regelungselemente** bemüht (vgl. ausführlich zu der Neuregelung *Stangl/Brühl* Der Konzern 13, 77, 79ff.; *Weigert/Strohm* Der Konzern 13, 249):

- **§ 14 Abs. 1 Satz 1 Nr. 2 Satz 1 KStG:** Der Organträger muss eine natürliche Person oder eine nicht von der Körperschaftsteuer befreite Körperschaft, Personenvereinigung oder Vermögensmasse sein.
- **§ 14 Abs. 1 Satz 1 Nr. 2 Satz 2 und Satz 3 KStG:** Organträger kann auch eine gewerblich tätige Personengesellschaft sein, wobei die Voraussetzungen des § 14 Abs. 1 Satz 1 Nr. 1 KStG im Verhältnis zur Personengesellschaft selbst erfüllt sein müssen.
- **§ 14 Abs. 1 Satz 1 Nr. 2 Satz 4 und 5 KStG:** Die Beteiligung an der Organgesellschaft muss ununterbrochen während der gesamten Dauer der Organgesellschaft einer inländischen Betriebsstätte iSd. § 12 AO zuzuordnen sein. Bei mittelbaren Beteiligungen gilt dies für die Beteiligung an der vermittelnden Gesellschaft entsprechend. Bei der Zwischenschaltung von Personengesellschaften gilt dies ebenfalls sinngemäß.
- **§ 14 Abs. 1 Satz 1 Nr. 2 Satz 6 KStG:** Das inländische Einkommen der Organgesellschaft ist der inländischen Betriebsstätte des Organträgers zuzurechnen.
- **§ 14 Abs. 1 Satz 1 Nr. 2 Satz 7 KStG:** Für das Vorliegen einer inländischen Betriebsstätte iSd. vorstehenden Regelungen ist es zusätzlich erforderlich, dass die der Betriebsstätte zuzurechnenden Einkünfte sowohl nach innerstaatlichem Steuerrecht als auch nach Abkommensrecht einer inländischen Besteuerung unterliegen.

Im Ergebnis versucht die Neuregelung, eine Besteuerung des zuzurechnenden Organeinkommens als Voraussetzung (und als Rechtsfolge) einer Organschaft abzusichern. Dies ist u. a. bei ausländischen Organträgern von Bedeutung. Diese sollen im Ergebnis nur noch dann als Organträger agieren können, wenn die Voraussetzungen an eine das Organeinkommen umfassende beschränkte Steuerpflicht nach § 49 Abs. 1 Nr. 2 Buchst. a EStG erfüllt sind und die Ausübung dieses deutschen Besteuerungsrechts auch nicht durch ein DBA eingeschränkt bzw. versagt wird (im Folgenden kurz **„Betriebsstättenerfordernis"**). Auf den ersten Blick betrifft die Neuregelung nur Fälle mit einem internationalen Bezug („ausländischer Organträger"). Im Schrifttum wird teilweise aber auch die Auffassung vertreten, dass hiervon auch **reine Inlandsfälle** betroffen sind und die Neuregelung zum **„Tod vieler Organschaften"** führen kann (vgl. *Schirmer* FR 13, 605, 608; *Schirmer* GmbHR 13, 797). Begründet wird dies damit, dass das Betriebsstättenerfordernis auch bei reinen Inlandsfällen eine funktionale Zuordnung zu einer Betriebsstätte erfordert, an der es zB bei mangelnden wirtschaftlichen Beziehungen fehlen kann; im Ergebnis werde das Kriterium einer „wirtschaftlichen Eingliederung" wieder durch die Hintertür eingeführt. Dies ist bei Lichte betrachtet unzutreffend. Selbst wenn bei reinen Inlandsfällen eine funktionale Zuordnung erforderlich wäre, muss beachtet werden, dass es zB auch bei ausschließlich vermögensverwaltenden Holdinggesellschaften eine Betriebsstätte im Inland geben wird (vgl. § 12 Satz 2 Nr. 1 AO) die letztlich das Stammhaus bildet. Wenn die Beteiligung zu keiner anderen Betriebsstätte zuzuordnen ist, ist sie letztlich dem Stammhaus und der hierdurch repräsentierten Betriebsstätte zuzuordnen, womit das Betriebsstättenerfordernis erfüllt ist. Dies entspricht letztlich auch der von der Finanzverwaltung bisher noch angewendeten „Zentralfunktion des Stammhauses" (BMF v. 24.12.99, BStBl. I 99, 1076 Tz. 2.4; BMF v. 11.11.11, BStBl. I 11, 1314 Tz. 03.20). Eine „Nichtzuordnung" von Beteiligungen kann es somit nicht geben. 57

Die Neuregelung in der Fassung der kleinen Organschaftsreform gilt **erstmals ab VZ 2012** (§ 34 Abs. 1 KStG). Im Folgenden wird daher sowohl die alte als auch die neue Rechtslage im Überblick dargestellt. 58

59 Nach **§ 14 Abs. 1 Satz 1 Nr. 2 KStG** kommen als Organträger in Betracht:

- **Natürliche Personen** (§ 14 Abs. 1 Satz 1 Nr. 2 Satz 1 1. Halbsatz KStG).

  Rechtslage bis VZ 2011: Erforderlich war, dass die natürliche Person unbeschränkt steuerpflichtig war. Ein weitergehender Inlandsbezug war insoweit in § 14 KStG nicht enthalten (*F/M/Frotscher* § 14 KStG Rz. 108). Dies führte zu der Frage, wie mit Fällen umzugehen ist, in denen die unbeschränkt steuerpflichtige natürliche Person die Beteiligung an der Organgesellschaft in einer ausländischen Betriebsstätte eines DBA-Staats mit Freistellung hält (vgl. hierzu *Lüdicke* IStR 11, 740, der hierbei eine Besteuerungslücke sieht).

  Rechtslage ab VZ 2012: Eine Organschaft setzt nach dem neuen Betriebsstättenerfordernis voraus, dass die Beteiligung an der Organgesellschaft (bzw. an der vermittelnden Gesellschaft) einer deutschen Betriebsstätte der natürlichen Person zuzuordnen ist und dass Deutschland das Besteuerungsrecht für das Organeinkommen – das wegen § 14 Abs. 1 Satz 1 Nr. 2 Satz 6 KStG dieser Betriebsstätte zuzurechnen ist – auch unter Beachtung von DBA effektiv ausüben kann.

- Nicht steuerbefreite Körperschaften, Personenvereinigungen oder Vermögensmassen.

  Rechtslage bis VZ 2011: Zusätzliche Voraussetzung war, dass es sich um Körperschaften, Personenvereinigungen oder Vermögensmassen iSd. § 1 KStG mit Geschäftsleitung im Inland handelte (§ 14 Abs. 1 Satz 1 Nr. 2 Satz 1 2. Halbsatz KStG a.F.). Vor dem UntStFG v. 20.12.01 (BGBl. I 00, 3858) war noch erforderlich, dass sich auch der Sitz im Inland befindet, was vom BFH als ein Verstoß gegen das abkommensrechtliche Diskriminierungsverbot gesehen wurde (vgl. BFH I R 5/99 v. 29.1.03, BStBl. II 04, 1043). Die Finanzverwaltung vertrat die Auffassung, dass diese Entscheidung nicht auf Gesellschaften mit Sitz und Ort der Geschäftsleitung im Ausland übertragbar war (vgl. BMF v. 8.12.04, BStBl. I 04, 1181). Der BFH war der Ansicht, dass auch eine Gesellschaft mit Sitz und Ort der Geschäftsleitung im Ausland Organträger sein kann, wenn im entsprechenden DBA ein Diskriminierungsverbot vereinbart war (vgl. BFH I R 54, 55/10 v. 9.2.11, DStR 11, 762 zur gewerbesteuerlichen Organschaft; vgl. zu den evtl. weit reichenden Folgen dieser Rspr. zB *Rödder/Schönfeld* DStR 11, 886; *Tetzlaff/Pockelwald* StuB 11, 414). Diese Rspr. war schließlich Hauptgrund für die Änderungen des § 14 Abs. 1 Satz 1 Nr. 2 KStG idF der „kleinen Organschaftsreform". Teile des Schrifttums sprachen sich unter europarechtlichen Gesichtspunkten dafür aus, dass innerhalb der EU/des EWR zumindest ein inländischer Sitz bei einer ausländischen Geschäftsleitung ausreichen sollte (vgl. *S/F/Brink* § 14 KStG Rz. 96).

  Rechtslage ab VZ 2012: Eine Geschäftsleitung im Inland ist nicht mehr erforderlich. Dafür greift das neue (oben in Rz. 57 dargestellte) Betriebsstättenerfordernis.

  Eine **juristische Person des öffentlichen Rechts** kann mit ihrem Betrieb gewerblicher Art Organträger sein, wenn er die in Rz. 55 erläuterten Voraussetzungen an ein gewerbliches Unternehmen erfüllt (vgl. BFH I R 20/09 v. 2.9.09 BFH/NV 10, 391; *D/P/M/Dötsch* § 14 KStG Rz. 83; *E&Y/Walter* § 14 KStG Rz. 194). **Ab VZ 2012** dürfte auch hierbei das neue Betriebsstättenerfordernis (s. Rz. 57) zu beachten sein.

- Eine **Personengesellschaft** iSd. § 15 Abs. 1 Nr. 2 EStG, die eine Tätigkeit iSd. § 15 Abs. 1 Nr. 1 EStG ausübt, kann ebenfalls Organträger sein (§ 14 Abs. 1 Satz 1 Nr. 2 Satz 2 KStG). Hierbei müssen die Voraussetzungen des § 14 Abs. 1 Satz 1 Nr. 1 KStG im Verhältnis zur Personengesellschaft selbst erfüllt sein (§ 14 Abs. 1 Satz 1 Nr. 2 Satz 3 KStG). **Bis VZ 2011** war es noch erforderlich, dass die Personengesellschaft ihre Geschäftsleitung im Inland hatte. Dies wurde ab **VZ 2012** durch das neue Betriebsstättenerfordernis (s. Rz. 57) ersetzt.

Das Erfordernis der Tätigkeit im Sinne des § 15 Abs. 1 Nr. 1 EStG (sog. originäre gewerbliche Tätigkeit) hat seinen Hintergrund in den Bestrebungen des Gesetzgebers, eine Mehrmütterorganschaft zu vermeiden. Nach Ansicht der Finanzverwaltung **genügt eine gewerbliche Prägung nach § 15 Abs. 3 Nr. 2 EStG, eine nur geringfügige gewerbliche Tätigkeit, eine reine Holdingtätigkeit oder eine Abfärbung qua Beteiligung an einer anderen, gewerblich tätigen Personengesellschaft** für die Qualifikation einer Personengesellschaft als Organträger **nicht** (vgl. BMF v. 10.11.05, BStBl. I 05, 1038 Tz. 15, 17f. und 20). Die Tätigkeit als Besitzgesellschaft im Rahmen einer Betriebsaufspaltung und die Erbringung fremdüblich abgerechneter konzerninterner Dienstleistungen soll hingegen ausreichend sein (vgl. BMF v. 10.11.05, BStBl. I 05, 1038 Tz. 16 und 19; hinsichtlich der Betriebsaufspaltung bestätigt durch BFH I R 40/12 v. 24.7.13, BStBl. II 14, 272). Mit dieser besonderen Abgrenzung scheint die Finanzverwaltung die Gewerblichkeit iSd. § 14 Abs. 1 Satz 1 Nr. 2 Satz 2 KStG als eine solche eigener Art zu verstehen. Nach aA müsste auch eine gewerbliche Infektion oder Prägung im Sinne des § 15 Abs. 3 EStG genügen (vgl. die Nachweise bei *D/P/M/Dötsch* § 14 KStG Rz. 91 und Rz. 98; zur gewerblichen Infektion vgl. auch *F/M/Frotscher* § 14 KStG Rz. 129). Vgl. hierzu bspw. auch *Löwenstein/Maier/Lohrmann* DStR 03, Beilage 4; *Hageböke/Heinz* Der Konzern 05, 228. Nach bisheriger Ansicht der Finanzverwaltung musste die Gewerblichkeit während des gesamten Wirtschaftsjahrs der Organgesellschaft vorliegen (s. Rz. 55). Der BFH ordnet hingegen auch die unterjährige Begründung der Gewerblichkeit als ausreichend an (BFH I R 40/12 v. 24.7.13, BStBl. II 14, 272), womit es theoretisch ausreichend sein müsste, dass die Gewerblichkeit spätestens zum Ablauf des Wirtschaftsjahrs vorliegt. Die FinVerw. hat diese Entscheidung im BStBl. II veröffentlicht.

Auch **§ 14 Abs. 1 Satz 1 Nr. 2 Satz 3 KStG** soll Mehrmütterorganschaften vermeiden. Voraussetzung für die Anerkennung einer Organschaft zu einer Personengesellschaft ist demnach, dass sich zumindest die die Stimmrechtsmehrheit sichernde Beteiligung an der Organgesellschaft im Gesamthandsvermögen der Personengesellschaft befindet, eine Zuordnung zum Sonderbetriebsvermögen ist nicht ausreichend (vgl. BMF v. 10.11.05, BStBl. I 05, 1038 Tz. 13; *D/P/M/Dötsch* § 14 KStG Rz. 100 und Rz. 143).

Der Kreis potenzieller Organträger wurde bis VZ 2011 durch **§ 18 KStG aF** auf **60** ausländische gewerbliche Unternehmen erweitert, die im Inland eine im Handelsregister eingetragene Zweigniederlassung unterhalten. Hierbei musste der Gewinnabführungsvertrag unter der Firma der Zweigniederlassung abgeschlossen werden (§ 18 Satz 1 Nr. 1 KStG aF) und die für die finanzielle Eingliederung erforderliche Beteiligung musste zum Betriebsvermögen der Zweigniederlassung gehören (§ 18 Satz 1 Nr. 2 KStG aF). § 18 KStG aF ist im Rahmen der „kleinen Organschaftsreform" vollumfänglich gestrichen worden. **Seit VZ 2012** werden auch ausländische Organträger von § 14 Abs. 1 Satz 1 Nr. 2 KStG erfasst und es ist (gerade) auch für sie das „Betriebsstättenerfordernis" (s. Rz. 57) zu beachten.

Im Hinblick auf die Person des Organträgers spricht **§ 17 Abs. 1 Satz 1 KStG** **61** von einem „andere(n) Unternehmen im Sinne des § 14 KStG". Damit kann zur Bestimmung des Organträgers auf die obigen Ausführungen zu § 14 KStG verwiesen werden.

(frei) **62–66**

2. Organgesellschaft (§ 14 Abs. 1 Satz 1, 17 Abs. 1 Satz 1 KStG)

Nach der Klammerdefinition des § 14 Abs. 1 Satz 1 KStG können als Organgesell- **67** schaften **SE, AG** und **KGaA** fungieren. Der Katalog der organgesellschaftsfähigen Rechtsformen wird durch § 17 Abs. 1 Satz 1 KStG auf andere als die in § 14 Abs. 1

Satz 1 KStG bezeichneten Kapitalgesellschaften ausgedehnt, was v.a. zum Einbezug der **GmbH** führt. Damit können alle Kapitalgesellschaften iSd. § 1 Abs. 1 Nr. 1 KStG Organgesellschaft sein. **Personengesellschaften** können demnach keine Organgesellschaften sein (für den Fall einer GmbH & Co KG vgl. bspw. BFH I R 119/71 v. 7.3.73, BStBl. II 73, 562). Unerheblich ist, ob die Organgesellschaft selbst eine originäre gewerbliche Tätigkeit ausübt oder nicht (vgl. *E&Y/Walter* § 14 KStG Rz. 84; *M/S/Müller* § 14 KStG Rz. 61; *S/F/Brink* § 14 KStG Rz. 71).

68 Sowohl § 14 Abs. 1 Satz 1 KStG aF als auch § 17 Satz 1 KStG aF (s. hierzu auch Rz. 73) forderten, dass die Organgesellschaft Geschäftsleitung und Sitz im Inland hat. Während die §§ 14, 18 KStG aF für den Organträger auch einen gewissen Auslandsbezug akzeptieren, enthielten die §§ 14, 17 KStG aF für die Organgesellschaft einen strikten **doppelten Inlandsbezug**. Die Europäische Kommission war der Auffassung, dass dieser doppelte Inlandsbezug gegen Europarecht verstößt und hatte demzufolge ein Vertragsverletzungsverfahren gegen Deutschland eingeleitet. Vor diesem Hintergrund hat die FinVerw. den doppelten Inlandsbezug zunächst **aufgegeben** (BMF v. 28.3.11, BStBl. I 11, 300). Dies war aber der Europäischen Kommission nicht genug; sie forderte eine Gesetzesänderung. Dieser Forderung ist der deutsche Gesetzgeber im Rahmen der sog „kleinen Organschaftsreform" (UntStReisekÄndG v. 20.2.13, BGBl. I 13, 285) nachgekommen. Der doppelte Inlandsbezug in den §§ 14, 17 KStG aF wurde gestrichen. Hiernach kann nunmehr auch eine ihren Sitz im EU/EWG-Ausland habende Kapitalgesellschaft mit Geschäftsleitung in Deutschland Organgesellschaft sein. Eine Organschaft kann jedoch auch in diesem Fall nur dann begründet werden, wenn auch die übrigen Voraussetzungen der §§ 14 ff. KStG für die Anerkennung einer steuerlichen Organschaft erfüllt sind. Dies bedeutet, dass auch in diesen Fällen der Abschluss eines Gewinnabführungsvertrages erforderlich ist (vgl. zB *Stangl/Brühl* Der Konzern 13, 77, 79). Somit führen die mit einem „grenzüberschreitenden Gewinnabführungsvertrag" verbundenen Rechtsunsicherheiten unverändert zu Problemen. Die europarechtliche Frage in Bezug auf eine „grenzüberschreitende Organschaft" (vgl. hierzu zB die Diskussion und die Nachweise bei *D/P/M/Dötsch* § 14 KStG Rz. 21 ff.) sind hiermit also weiterhin nicht in hinreichendem Umfang gelöst.

69 Das mit dem StVergAbG v. 16.5.03 (BGBl. I 03, 660) in § 14 Abs. 2 KStG ab VZ 2002 eingefügte Verbot einer körperschaftlichen Organschaft zu **Lebens- und Krankenversicherungsunternehmen** wurde mit dem JStG 2009 v. 19.12.08 (BGBl. I 08, 2794) ab dem VZ 2009 wieder aufgehoben.

70 Auch die **Vorgesellschaft** (d.h. die „Gesellschaft" zwischen notariellem Vertragsschluss und konstitutiver Eintragung in das Handelsregister) kann Organgesellschaft sein (so wohl BFH IV R 38/07 v. 3.9.09, BStBl. II 10, 60; ebenso zB *Gosch/Neumann* § 14 KStG Rz. 48; *D/P/M/Dötsch* § 14 KStG Rz. 56 mwN; *M/S/Müller* § 14 KStG Rz. 37; *S/F/Brink* § 14 KStG Rz. 53; aA *F/M/Frotscher* § 14 KStG Rz. 194). Sie wird auch als mit der dann durch Eintragung in das Handelsregister entstandenen Gesellschaft identisch betrachtet, so dass bei der Berechnung der fünfjährigen Mindestdauer des Vertrages die Zeit, in der die Vorgesellschaft Vertragsteil ist, mitgerechnet werden kann (BFH IV R 38/07 v. 3.9.09, BStBl. II 10, 60). Erforderlich ist, dass der Gewinnabführungsvertrag mit der Vorgesellschaft wirksam ist, was insbesondere seine Eintragung in das Handelsregister voraussetzt.

71 Die hM vertritt die Auffassung, dass eine **Vorgründungsgesellschaft** keine Organgesellschaft sein kann (vgl. *D/P/M/Dötsch* § 14 KStG Rz. 56; *F/M/Frotscher* § 14 KStG Rz. 195; *Gosch/Neumann* § 14 KStG Rz. 47; *M/S/Müller* § 14 KStG Rz. 37; *S/F/Brink* § 14 KStG Rz. 52; vgl. hierzu auch die Diskussion bei *E&Y/Walter* § 14 KStG Rz. 64 ff.). Der BFH (I R 174/86 v. 8.11.89, BStBl. II 90, 91) hat entschieden, dass ein zu einer Vorgründungsgesellschaft geschlossener „Gewinnabführungsvertrag" nicht ipso iure („automatisch") auf die spätere Vorgesellschaft/Kapitalgesellschaft übergeht.

Nach **§ 17 Abs. 1 Satz 1 KStG** gelten die §§ 14 bis 16 KStG entsprechend, wenn eine andere als die in § 14 Abs. 1 Satz 1 KStG bezeichnete Kapitalgesellschaft mit Geschäftsleitung und Sitz im Inland sich wirksam verpflichtet, ihren ganzen Gewinn an ein anderes Unternehmen im Sinne des § 14 KStG abzuführen. 72

§ 17 Abs. 1 Satz 1 KStG dehnt damit den Kreis potenzieller **Organgesellschaften** über die in § 14 Abs. 1 Satz 1 KStG Genannten (SE, AG, KGaA) auf andere Kapitalgesellschaften und damit vor allem auf die **GmbH** aus (s. a. Rz. 67). Erfasst wird hiervon auch die **Unternehmergesellschaft (haftungsbeschränkt)** (*D/P/M/Dötsch* § 17 KStG Rz. 6; *Rubel* GmbHR 10, 470, 471 ff. mwN auch zur aA). Erwerbs- und Wirtschaftsgenossenschaften, Betriebe gewerblicher Art von Körperschaften des öffentlichen Rechts, Stiftungen, wirtschaftliche Vereine und VVaG werden als „Nicht-Kapitalgesellschaften" nicht von § 17 Abs. 1 Satz 1 KStG erfasst (*D/P/M/Dötsch* § 17 KStG Rz. 7). Wie § 14 Abs. 1 Satz 1 KStG forderte auch der Wortlaut des § 17 KStG bis zur Änderung durch die **„kleine Organschaftsreform"** einen **doppelten Inlandsbezug** (Sitz und Ort der Geschäftsleitung im Inland). Mit BMF v. 28.3.11 (BStBl. I 11, 300) hat die Finanzverwaltung auch diesen doppelten Inlandsbezug innerhalb EU/EWR auch für Zwecke des § 17 Abs. 1 Satz 1 KStG **aufgegeben**. Diese Aufgabe wurde mit der „kleinen Organschaftsreform" auch gesetzgeberisch in § 17 KStG vollzogen (s. Rz. 68). 73

(frei) 74–77

IV. Sachliche Voraussetzungen der körperschaftsteuerlichen Organschaft

Das Rechtsinstitut der Organschaft zieht die rechtlichen Folgerungen aus dem wirtschaftlichen Tatbestand der Verflechtung von Unternehmen. 78

Die körperschaftliche Organschaft im Sinne des § 14 KStG setzt sachlich grundlegend voraus, dass **zwei Kernerfordernisse** erfüllt sind: 79

- Bestehen einer finanziellen Eingliederung (vgl. Rz. 81 ff.),
- Abschluss und tatsächliche Durchführung eines Gewinnabführungsvertrages (vgl. Rz. 104 ff.).

Über den Abschluss eines Gewinnabführungsvertrages kann der Steuerpflichtige das Entstehen einer körperschaft- und gewerbesteuerlichen Organschaft „steuern".

(frei) 80

1. Finanzielle Eingliederung (§ 14 Abs. 1 Satz 1 Nr. 1 KStG)

a) Sachliche Anforderungen an die finanzielle Eingliederung

Der Organträger muss an der Organgesellschaft vom Beginn ihres Wirtschaftsjahrs an ununterbrochen in einem solchen Maße **beteiligt** sein, dass ihm die **Mehrheit der Stimmrechte** aus den Anteilen an der Organgesellschaft zusteht (finanzielle Eingliederung, § 14 Abs. 1 Satz 1 Nr. 1 Satz 1 KStG). Hierbei sind mittelbare Beteiligungen zu berücksichtigen, wenn die Beteiligung an jeder vermittelnden Gesellschaft die Mehrheit der Stimmrechte gewährt (§ 14 Abs. 1 Satz 1 Nr. 1 Satz 2 KStG). 81

§ 14 Abs. 1 Satz 1 Nr. 1 Satz 1 KStG fordert, dass der Organträger an der Organgesellschaft **„beteiligt"** ist. Eine mittelbare Beteiligung reicht aus (§ 14 Abs. 1 Satz 1 Nr. 1 Satz 2 KStG). Maßgeblich für die Prüfung der Beteiligung ist das wirtschaftliche Eigentum an den Anteilen an der Organgesellschaft (vgl. *Blümich/Danelsing* § 14 KStG Rz. 79; *D/P/M/Dötsch* § 14 KStG Rz. 121; *H/H/R/Kolbe* § 14 KStG Rz. 102; *Gosch/Neumann* § 14 KStG Rz. 128). Eine unmittelbare Beteiligung liegt somit vor, wenn der Organträger das wirtschaftliche Eigentum an Anteilen an der Organgesell- 82 schaft besitzt. Bei der mittelbaren Beteiligung ist erforderlich, dass der Organträger wirtschaftlicher Eigentümer der Anteile an der vermittelnden Gesellschaft ist und dass die vermittelnde Gesellschaft wirtschaftlicher Eigentümer der Anteile an der Organgesellschaft ist (vgl. *H/H/R/Kolbe* § 14 KStG Rz. 104; entsprechendes gilt, falls die Vermittlung über mehrere Beteiligungsstufen gehalten wird). Unter Berücksichtigung des § 14 Abs. 1 Satz 1 Nr. 2 Satz 4 und 5 KStG idF der „kleinen Organschaftsreform" besteht das zusätzliche Erfordernis, dass die Beteiligung an der Organgesellschaft bzw. die Beteiligung an der vermittelnden Gesellschaft einer deutschen Betriebsstätte iSd. § 12 AO zuzuordnen ist (vgl. näher hierzu Rz. 57).

83 Nach § 14 Abs. 1 Satz 1 Nr. 1 Satz 1 KStG ist erforderlich, dass dem Organträger die Mehrheit der Stimmrechte **„aus den Anteilen an der Organgesellschaft"** zusteht. Die Stimmrechtsmehrheit muss demnach auf diesen Anteilen beruhen (vgl. *H/H/R/Kolbe* § 14 KStG Rz. 113; *S/F/Brink* § 14 KStG Rz. 173). Eine sich nicht aus den Anteilen ableitende Befugnis, die Stimmrechtsausübung wirtschaftlich zu beeinflussen (zB Stimmrechtsvollmachten, Stimmrechtsverbote), ist nach hM bei der Berechnung der finanziellen Eingliederung nicht einzubeziehen (vgl. *D/P/M/Dötsch* § 14 KStG Rz. 122; *E/S/Erle/Heurung* § 14 KStG Rz. 110; *E&Y/Walter* § 14 KStG Rz. 276; *F/M/Frotscher* § 14 KStG Rz. 220; *Gosch/Neumann* § 14 KStG Rz. 133; *H/H/R/Kolbe* § 14 KStG Rz. 113; *S/F/Brink* § 14 KStG Rz. 173; *Streck/Olbing* § 14 KStG Rz. 44; vgl. hierzu auch *Walter* Der Konzern 13, 472, 472 ff.). Demzufolge soll zB auch ein Stimmbindungsvertrag alleine nicht zur finanziellen Eingliederung führen (so FG Nds. VI 626/88 v. 7.6.90, GmbHR 91, 290). Krit. hierzu *M/S/Müller* § 14 KStG Rz. 164 unter Hinweis auf BFH V R 50/00 v. 22.11.01, BStBl. II 02, 167.

84 Fraglich ist, wie mit Situationen umzugehen ist, in denen der wirtschaftliche Eigentümer der Anteile und die Person, der gesellschaftsrechtlich die Stimmrechte zustehen, auseinander fallen (zB **Treuhandverhältnisse, Sicherungsübereignung**). Teile des Schrifttums wollen hier auf den konkreten Einzelfall abstellen und eine finanzielle Eingliederung in den wirtschaftlichen Eigentümer der Anteile bejahen, wenn dieser aus steuerlicher Sicht auch die Befugnis zur Ausübung der Stimmrechte hat (so *Blümich/Danelsing* § 14 KStG Rz. 80; *Gosch/Neumann* § 14 KStG Rz. 133; *Stadler/Bindl* GmbHR 10, 412, 415 f.). Eine Organschaft zum Treugeber sollte bspw. möglich sein, wenn der Treuhänder hinsichtlich der Stimmrechtsausübung an die Weisungen des Treugebers gebunden ist (so zutreffend *E&Y/Walter* § 14 KStG Rz. 277; *F/M/Frotscher* § 14 KStG Rz. 221; *Streck/Olbing* § 14 KStG Rz. 43).

85 § 14 Abs. 1 Satz 1 Nr. 1 Satz 1 KStG stellt auf die **Mehrheit der Stimmrechte** ab. Der Umfang der kapitalmäßigen Beteiligung ist nicht entscheidend (vgl. *D/P/M/Dötsch* § 14 KStG Rz. 122; *E&Y/Walter* § 14 KStG Rz. 273; *H/H/R/Kolbe* § 14 KStG Rz. 111). Die einfache Stimmenmehrheit reicht aus, wenn der Gesellschaftsvertrag keine Besonderheiten vorsieht (vgl. *Blümich/Danelsing* § 14 KStG Rz. 77; *D/P/M/Dötsch* § 14 KStG Rz. 122; *Gosch/Neumann* § 14 KStG Rz. 131; *H/H/R/Kolbe* § 14 KStG Rz. 111). Sind übliche Beschlüsse der Gesellschaft gesellschaftsvertraglich an höhere Stimmrechtsmehrheiten gebunden, soll diese maßgeblich sein (vgl. *Blümich/Danelsing* § 14 KStG Rz. 77; *D/P/M/Dötsch* § 14 KStG Rz. 122 unter Hinweis auf BFH V R 50/00 v. 22.11.01, BStBl. II 02, 167; *Gosch/Neumann* § 14 KStG Rz. 131; *H/H/R/Kolbe* § 14 KStG Rz. 111; *S/F/Brink* § 14 KStG Rz. 179; krit. hierzu *E&Y/Walter* § 14 KStG Rz. 274). **Eigene Anteile** sind bei der Ermittlung der Stimmrechtsmehrheit nicht zu beachten (vgl. *D/P/M/Dötsch* § 14 KStG Rz. 122; *H/H/R/Kolbe* § 14 KStG Rz. 112). Auch **stimmrechtslose Aktien** sind nicht zu berücksichtigen (vgl. *D/P/M/Dötsch* § 14 KStG Rz. 122; *M/S/Müller* § 14 KStG Rz. 165). Bei einer **KGaA** ermittelt sich die Stimmrechtsmehrheit ausschließlich anhand der Stimmrechte aus den Kommanditaktien (vgl. *D/P/M/Dötsch* § 14 KStG Rz. 123; *E&Y/Walter* § 14 KStG Rz. 276; *F/M/Frotscher* § 14 KStG Rz. 213; *Gosch/Neumann* § 14 KStG Rz. 134; *H/H/R/Kolbe* § 14 KStG Rz. 113; *S/F/Brink*

§ 14 KStG Rz. 180). Bei einer **Wertpapierleihe** ist der Entleiher zivil- und steuerrechtlicher Eigentümer der entliehenen Anteile, so dass ihm die entsprechenden Stimmrechte für Zwecke der finanziellen Eingliederung zuzurechnen sind (vgl. *F/M/Frotscher* § 14 KStG Rz. 228; *S/F/Brink* § 14 KStG Rz. 177).

Nach § 16 Abs. 1 GmbHG bildet die **Gesellschafterliste** eine Legitimations- **86**
grundlage für die Wahrnehmung mitgliedschaftlicher Rechte wie bspw. des Stimmrechts. Dies wirft die Frage auf, ob eine finanzielle Eingliederung daran scheitert, wenn der Organträger zum Beginn des Wirtschaftsjahrs der Organgesellschaft (zu diesem zeitlichen Aspekt vgl. Rz. 96ff.) nicht in der Gesellschafterliste eingetragen ist. Nach zutreffender Ansicht sollte die Organschaft hieran nicht scheitern (vgl. *Blümich/Danelsing* § 14 KStG Rz. 92; *D/P/M/Dötsch* § 14 KStG Rz. 121; *F/M/Frotscher* § 14 KStG Rz. 217f.; *Stadler/Bindl* GmbHR 10, 412).

Bei der Prüfung der Stimmrechtsmehrheit sind **mittelbare Beteiligungen** zu be- **87**
rücksichtigen, wenn die Beteiligung an jeder vermittelnden Gesellschaft die Mehrheit der Stimmrechte gewährt (§ 14 Abs. 1 Satz 1 Nr. 1 Satz 2 KStG). Auch eine Vermittlung über mehrere Konzernstufen ist möglich (vgl. zB *E/S/Erle/Heurung* § 14 KStG Rz. 122). Hierbei ist es nicht erforderlich, dass die vermittelnde Gesellschaft selbst Organgesellschaft sein könnte (vgl. KStH 57 „Mittelbare Beteiligung"), womit zB auch die über eine **zwischengeschaltete Personengesellschaft** gehaltenen Beteiligungen Beachtung finden (vgl. BFH I R 143/75 v. 2.11.77, BStBl. II 78, 74; KStR 57 Beispiel Nr. 3; *Blümich/Danelsing* § 14 KStG Rz. 85; *E&Y/Walter* § 14 KStG Rz. 290ff.; *F/M/Frotscher* § 14 KStG Rz. 249ff.; *Gosch/Neumann* § 14 KStG Rz. 149). Die zutreffende hM des Schrifttums hält demzufolge auch die Vermittlung einer finanziellen Eingliederung über eine **zwischengeschaltete ausländische Gesellschaft** für zulässig (vgl. zB *D/P/M/Dötsch* § 14 KStG Rz. 130; *E/S/Erle/Heurung* § 14 KStG Rz. 119 und Rz. 125; *E&Y/Walter* § 14 KStG Rz. 293; *Gosch/Neumann* § 14 KStG Rz. 150; *Streck/Olbing* § 14 KStG Rz. 52).

Die genaue Art der Berechnung der mittelbaren Stimmrechte ist umstritten. **88**

Beispiel (vgl. *F/M/Frotscher* § 14 KStG Rz. 236): M-AG hält 60 % an T-GmbH und T-GmbH hält 60 % an E-GmbH. Ist E-GmbH in M-AG finanziell eingegliedert?

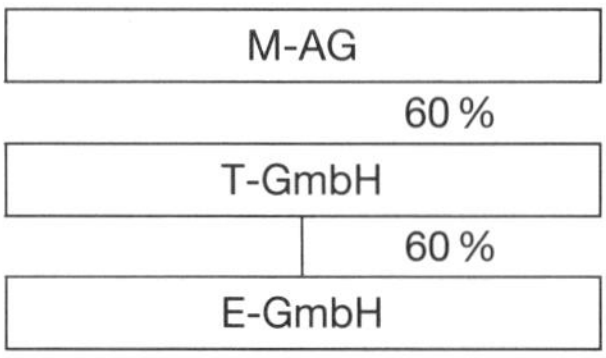

Auffassung 1 – **Durchrechnungsmethode**: Nach der Durchrechnungsmethode **89**
hält M-AG nur 36% der Stimmrechte an E-GmbH (= 60% x 60%). Damit ist E-GmbH nicht in M-AG finanziell eingegliedert. Für die Durchrechnungsmethode spricht sich zB aus: *Gosch/Neumann* § 14 KStG Rz. 139. Die Finanzverwaltung scheint – zumindest bei zwischengeschalteten Personengesellschaften – zu der Durchrechnungsmethode zu tendieren (vgl. KStR 57 Beispiel Nr. 3).

Auffassung 2 – **Additionsmethode**: Nach der Additionsmethode ist es ausreichend, **90**
dass M-AG die Stimmrechtsmehrheit an der vermittelnden Gesellschaft (T-GmbH) hält um die von der vermittelnden Gesellschaft an der Organgesellschaft (E-GmbH) gehaltenen Stimmrechte bei der Ermittlung der finanziellen Eingliederung im vollen Umfang zu berücksichtigen. Damit ist E GmbH in M AG finanziell eingegliedert, da M-AG die Stimmrechtsmehrheit bei der T-GmbH hat und Letztere die Stimmrechtsmehrheit bei der E-GmbH besitzt. Für die u.E. zutreffende Additionsmethode sprechen sich zB aus: *Blümich/Danelsing* § 14 KStG Rz. 84; *D/P/M/Dötsch* § 14 KStG Rz. 127 mwN und Rz. 132; *E/S/Erle/Heurung* § 14 KStG Rz. 117; *E&Y/Walter*

§ 14 KStG Rz. 295.1; *F/M/Frotscher* § 14 KStG Rz. 237; *H/H/R/Kolbe* § 14 KStG Rz. 113; *S/F/Brink* § 14 KStG Rz. 159.

91 Die Stimmrechtsmehrheit kann sowohl ausschließlich aus einer unmittelbaren oder ausschließlich aus einer mittelbaren Beteiligung resultieren. Auch eine Addition der Stimmrechte aus unmittelbaren und mittelbaren Beteiligungen ist möglich (**kein Additionsverbot**, das diesbezügliche Verbot ist ab 2001 entfallen; vgl. KStR 57 Satz 3; *Blümich/Danelsing* § 14 KStG Rz. 76 und Rz. 83; *Gosch/Neumann* § 14 KStG Rz. 137f.; *D/P/M/Dötsch* § 14 KStG Rz. 132). Hierbei ist es nur erforderlich, dass der Organträger an der vermittelnden Gesellschaft die Stimmrechtsmehrheit hat. Eine Mehrheit zwischen vermittelnder Gesellschaft und Organgesellschaft ist nicht notwendig. Vgl. Beispiel bei *D/P/M/Dötsch* § 14 KStG Rz. 133.

92–95 *(frei)*

b) Zeitliche Anforderungen an die finanzielle Eingliederung

96 Die finanzielle Eingliederung muss **vom Beginn des Wirtschaftsjahres der Organgesellschaft ununterbrochen** bestehen (§ 14 Abs. 1 Satz 1 Nr. 1 Satz 1 KStG). „Ununterbrochen" bedeutet, dass diese Eingliederung vom Beginn des Wirtschaftsjahres der Organgesellschaft an ohne Unterbrechung bis zum Ende dieses Wirtschaftsjahres bestehen muss, was auch im Falle eines Rumpfwirtschaftsjahres gilt (KStR 59 Abs. 1 Satz 2 und Satz 3). Hierbei soll bereits eine kurze Unterbrechung der finanziellen Eingliederung schädlich sein (so zB *F/M/Frotscher* § 14 KStG Rz. 272).

97 Die Finanzverwaltung akzeptiert die Vornahme von sog. **„Mitternachtsgeschäften"**, d.h. von Geschäften, in denen die Beteiligung an der Organgesellschaft zum Ende ihres Wirtschaftsjahres (d.h. um 24:00 Uhr) veräußert wird. In diesem Fällen soll für das alte Wirtschaftsjahr die finanzielle Eingliederung zum Veräußerer noch in einem ausreichendem Maße bestanden haben, während der Käufer ab Beginn des neuen Wirtschaftsjahres die ausreichende finanzielle Eingliederung in Bezug auf die Organgesellschaft besitzt (KStR 59 Abs. 2 Satz 1 und Satz 2; *D/P/M/Dötsch* § 14 KStG Rz. 153; *F/M/Frotscher* § 14 KStG Rz. 278f.; *S/F/Brink* § 14 KStG Rz. 191ff.).

98 Eine lückenlose Organschaft ist auch in den Fällen einer unterjährigen Beteiligungsveräußerung möglich, wenn die Organgesellschaft auf den Zeitpunkt der Beteiligungsveräußerung ihr **Wirtschaftsjahr** mit Zustimmung der Finanzverwaltung **umstellt** (KStR 59 Abs. 2 Satz 3). Die dafür nach § 7 Abs. 4 Satz 3 KStG erforderliche Zustimmung der Finanzverwaltung ist nach KStR 59 Abs. 3 Satz 1 zu erteilen, was auch dann gilt, wenn anschließend das Wirtschaftsjahr ein zweites Mal umgestellt wird, um den Abschlussstichtag der Organgesellschaft mit demjenigen des Organträgers zu synchronisieren (KStR 59 Abs. 3 Satz 2). Hierbei ist allerdings zu beachten, dass eine Geschäftsjahrumstellung eine Änderung des Gesellschaftsvertrags erfordert, erst mit Eintragung im Handelsregister wirksam wird und daher keine Rückwirkung entfaltet (vgl. BFH I R 105/86 v. 13.9.89, BFH/NV 90, 326; *Blümich/Danelsing* § 14 KStG Rz. 89; *D/P/M/Dötsch* § 14 KStG Rz. 154).

99 Ob im Rahmen von **Umwandlungen** die finanzielle Eingliederung an der umwandlungssteuerrechtlichen Rückwirkung teilnimmt, hat der BFH bisher nicht explizit entschieden, allerdings hat er einen Übergang der finanziellen Eingliederung im Rahmen der umwandlungssteuerrechtlichen Rechtsnachfolge bejaht (vgl. BFH I R 89/09 v. 28.7.10, DStR 10, 2182; BFH I R 111/09 v. 28.7.10, BFH/NV 11, 67). Im UmwSt-Erlass BMF v. 11.11.11 (BStBl. I 11, 1314 Tz. Org.02f., 08, 14f.) misst die FinVerw. neben einer steuerlichen Rechtsnachfolge – zumindest grundsätzlich – auch der steuerlichen Rückwirkung Bedeutung für den Übergang der finanziellen Eingliederung bei. Vgl. näher hierzu zB *Stangl/Winter* Organschaft 2013/2014 Rz. 473 ff.

100 Ein **unterjähriger Wechsel von einer unmittelbaren zu einer mittelbaren finanziellen Eingliederung (und umgekehrt)** ist nach zutreffender Ansicht für das

Zeitkriterium unschädlich (vgl. *D/P/M/Dötsch* § 14 KStG Rz. 151; *E/S/Erle/Heurung* § 14 KStG Rz. 113; *E & Y/*Walter § 14 KStG Rz. 281; *Gosch/Neumann* § 14 KStG Rz. 155; *Streck/Olbing* § 14 KStG Rz. 53; *S/F/Brink* § 14 KStG Rz. 197 f.). Diese Auffassung wird wohl auch von der FinVerw. geteilt (vgl. BMF v. 11.11.11, BStBl. I 11, 1314 Tz. Org.16).

(frei) **101–103**

2. Gewinnabführungsvertrag

a) Rechtsnatur

Der Gewinnabführungsvertrag ist – ebenso wie der Beherrschungsvertrag – Unternehmensvertrag im engeren Sinne. Damit ist er nach Ansicht von BGH und BFH **Organisationsvertrag**: *„Der Unternehmensvertrag des § 291 AktG ist kein schuldrechtlicher Vertrag, sondern ein gesellschaftsrechtlicher Organisationsvertrag; er ändert satzungsgleich den rechtlichen Status der beherrschten Gesellschaft, indem er insbesondere den Gesellschaftszweck am Konzerninteresse ausrichtet und in das Gewinnbezugsrecht der Gesellschafter eingreift.“* (BGH II ZR 170/87 v. 14.12.87, BGHZ 103, 1, 4 f.; entsprechend BFH I R 94/06 v. 28.11.07, BFHE 220, 51). **104**

In der Folge sind auf den Vertrag grundsätzlich die **Auslegungsgrundsätze** anzuwenden, die für Satzungsbestimmungen mit körperschaftlichem Charakter gelten (objektivierte Auslegung, vgl. BFH I R 94/06 v. 28.11.07, DStRE 08, 878; BFH IV R 38/07 v. 3.9.09, BStBl. II 10, 60; BFH I B 27/10 v. 28.7.10, BStBl. II 10, 932 (geändert durch BFH I B 27/10 v. 15.9.10, BStBl. II 10, 935); BFH I B 71/10 v. 2.11.10, BFH/NV 11, 849; BFH I R 1/12 v. 23.1.13, BFH/NV 13, 98; FG Bremen 1 K 46/05 v. 7.7.05, EFG 05, 1554). **105**

Die §§ 291 ff. AktG stellen zwingende **Mindestanforderungen** an die inhaltliche Ausgestaltung der Unternehmensverträge dar, ebenso wie auch andere zwingende aktienrechtliche Regelungen beachtet werden müssen. Im Übrigen besteht jedoch grundsätzlich auch hier Vertragsfreiheit mit entsprechenden Gestaltungsspielräumen (BGH II ZR 238/91 v. 5.4.93, BGHZ 122, 211, 217, 227 f. „SSI“; *Hirte* ZGR 94, 644). Dabei sind allerdings stets die zusätzlichen Erfordernisse des Steuerrechts zu berücksichtigen (vgl. zB Rz. 230 ff.). **106**

§ 292 Abs. 1 AktG erklärt noch vier weitere Vertragstypen zu Unternehmensverträgen, nämlich die Gewinngemeinschaft, den Teilgewinnabführungsvertrag, den Betriebspachtvertrag und den Betriebsüberlassungsvertrag. In diesen **„anderen Unternehmensverträgen“** hat der Gesetzgeber keine (in die Verfassung der Gesellschaft eingreifenden) Organisationsverträge, sondern rein schuldrechtliche Verträge zum Austausch von Leistung und Gegenleistung gesehen (Begr. RegE zu § 292 AktG 1965, abgedruckt bei *Stangl/Winter*, Organschaft 2013/2014, S. 337). **107**

(frei) **108–111**

b) Vertragsparteien

Die aktienkonzernrechtlichen Vorschriften der §§ 291 ff. AktG sind unmittelbar anwendbar, sofern es sich bei der abhängigen bzw. zur Gewinnabführung verpflichteten Gesellschaft (**Organgesellschaft**) um eine **AG, KGaA oder SE** mit Sitz in Deutschland handelt (zur SE vgl. Art. 9 Abs. 2 lit. C) ii) SE-VO und ihre Erwähnung in § 14 Abs. 1 Satz 1 KStG). Für andere Rechtsformen ist das Konzernrecht nicht kodifiziert. Unternehmensverträge mit einer **Personengesellschaft** als verpflichteter Gesellschaft sind selten, aber möglich (vgl. BGH II ZR 210/76 v. 5.2.79, NJW 79, 2245 „Gervais“; OLG Düsseldorf 19 W 3/00 Akt/E v. 27.2.04, AG 04, 324, 326 f. „EVA“; BayObLG 3 Z BR 130/92 v. 10.12.92, NJW 93, 1804 „BSW“; OLG München 31 Wx 2/11 v. 8.2.11, GmbHR 11, 376, 377). Zu Gewinnabführungsverträgen mit nach Deutschland zugezogenen EU-/EWR-Gesellschaften vgl. *Winter/Marx* DStR 11, 1001. **112**

113 Ein Beherrschungs- oder Gewinnabführungsvertrag kann nach allgem., durch § 30 Abs. 1 Satz 2 GmbHG bestätigter Meinung auch mit einer **GmbH** abgeschlossen werden; dies ist sogar der praktisch häufigste Fall. Auch die in § 5a GmbHG als Unterform zur GmbH geregelte **Unternehmergesellschaft (haftungsbeschränkt)** kann sich entsprechend verpflichten. Das Erfordernis der Rücklagenbildung nach § 5a Abs. 3 Satz 1 GmbHG steht dem Abschluss eines Gewinnabführungsvertrages nach zutreffender Ansicht nicht entgegen (*Rubel* GmbHR 10, 470; **aA** *Weber* BB 09, 842, 847, der deshalb nur einen Teilgewinnabführungsvertrag für zulässig hält).

114 Die Rechtsform des anderen Vertragsteils (**Organträger**) ist gleichgültig. Vertragspartner kann damit zB auch eine natürliche Person werden, sofern diese **„Unternehmen“** im konzernrechtlichen Sinne, nicht nur „Privataktionär“ ist (näher hierzu *Rubner* Der Konzern 03, 735). Auch juristische Personen des Öffentlichen Rechts kommen in Frage, etwa kommunale Gebietskörperschaften. Bei Letzteren ist allerdings zu prüfen, ob nicht die betreffende Gemeindeordnung des Landes den Abschluss von Beherrschungs- und Gewinnabführungsverträgen mit kommunalen Beteiligungsunternehmen wegen der damit verbundenen Verlustausgleichspflicht verbietet (vgl. OLG München 31 Wx 16/09 v. 14.7.09, AG 09, 706 zu Art. 72 Abs. 2 BayGO); die zivilrechtliche Wirksamkeit eines dennoch geschlossenen Unternehmensvertrages bliebe hiervon unberührt (*Keßler* GmbHR 01, 320).

115 Zu den aus steuerlicher Sicht bestehenden personellen Anforderungen an den Organträger und die Organgesellschaft siehe Rz. 55 ff. und Rz. 67 ff.

116–118 *(frei)*

c) Abschluss des Vertrages

119 Das Aktiengesetz unterscheidet auf dem Weg zum wirksamen Unternehmensvertrag verschiedene Stufen: Der Vorstand entscheidet auf Grund seiner Leitungskompetenz (§ 76 Abs. 1 AktG) über die Vorbereitung, den Abschluss und den Inhalt des Unternehmensvertrages. Zu seiner Wirksamkeit bedarf der Vertrag als Organisationsvertrag (Rz. 104) zusätzlich jedoch noch der Zustimmung der jeweiligen Hauptversammlung (§ 293 Abs. 1 bzw. 2 AktG) und der Eintragung in das Handelsregister der abhängigen bzw. zur Gewinnabführung verpflichteten Gesellschaft (§ 294 AktG).

120 Der **Vertragsschluss** erfolgt für beide Vertragspartner durch den **Vorstand** (bzw. im Fall einer KGaA durch den persönlich haftenden Gesellschafter). Theoretisch kann die jeweilige Hauptversammlung den Vorstand hierzu auch (mit qualifizierter Mehrheit) anweisen, § 83 Abs. 1 AktG. Für den Vertrag genügt die **Schriftform,** § 293 Abs. 3 AktG.

121 Auch bei der **GmbH** kann der Unternehmensvertrag von den Geschäftsführern (in vertretungsberechtigter Zahl) **privatschriftlich** abgeschlossen werden (§ 293 Abs. 3 AktG analog). Sofern der Vertrag ausnahmsweise ein Abfindungsangebot analog § 305 AktG enthält, bedarf er allerdings nach § 15 Abs. 4 GmbHG der notariellen Beurkundung (zB *Emmerich/Habersack* § 293 Rz. 41).

d) Zustimmungsbeschlüsse

122 Der **Zustimmungsbeschluss** der jeweiligen Hauptversammlung bedarf einer **qualifizierten Mehrheit** von drei Vierteln des bei der Beschlussfassung vertretenen Grundkapitals (§ 293 Abs. 1 Satz 2 AktG) sowie der einfachen Stimmenmehrheit (§ 131 Abs. 1 AktG), sofern die Satzung nicht noch weitergehende Erfordernisse bestimmt. Die Zustimmung kann dem Vertragsschluss sowohl nachfolgen (als Genehmigung gem. § 184 BGB) als auch vorangehen (als Einwilligung gem. § 183 BGB) (*Spindler/Stilz/Veil* AktG § 293 Rz. 16). Es ist also möglich, über einen Entwurf des Unternehmensvertrages Beschluss zu fassen und den Vertrag erst anschließend – dann allerdings unverändert – abzuschließen.

Zur **Form** des Zustimmungsbeschlusses enthält § 293 AktG keine spezielle Regelung. Bei AG, KGaA oder SE bedarf er daher nach § 130 Abs. 1 Satz 1 AktG der **notariellen Beurkundung** (Satz 3 ist nicht einschlägig). 123

Im **GmbH-Konzern** ist zwischen dem Zustimmungsbeschluss bei der verpflichteten Gesellschaft und bei dem anderen Vertragsteil zu differenzieren, in Bezug sowohl auf die Mehrheits- als auch auf die Formerfordernisse: 124

- Bei der Organgesellschaft kann der Zustimmungsbeschluss nach zutreffender Ansicht mit qualifizierter Mehrheit, nach aA dagegen nur einstimmig gefasst werden. Dieser Beschluss ist notariell zu beurkunden.
- Bei dem Organträger genügt für den Zustimmungsbeschluss eine qualifizierte Mehrheit und Schriftform.

Im Einzelnen gilt für die GmbH:

aa) GmbH als Organgesellschaft

Bei der **Organgesellschaft** kommt der Abschluss eines Beherrschungs- und/oder Gewinnabführungsvertrages einer Änderung des Gesellschaftsvertrages so nahe, dass ihre Gesellschafter dem durch **vertragsändernden, somit notariell zu beurkundenden Beschluss** entsprechend §§ 53, 54 GmbHG und § 293 Abs. 1 AktG zustimmen müssen (BGH II ZB 7/88 v. 24.10.88, BGHZ 105, 324, 331f., 338 „Supermarkt"; *Emmerich/Habersack* § 293 Rz. 42). Streitig ist die erforderliche Mehrheit: 125

Nach einer Ansicht genügt eine **qualifizierte Mehrheit**, analog § 293 Abs. 1 AktG und § 53 Abs. 2 Satz 1 GmbHG (zB *Lutter/Hommelhoff* Anh § 13 Rz. 65f.; *Krafka/Kühn* Registerrecht 9. Aufl. 2013 Rz. 1110; *MünchKommGmbHG/Liebscher* Rz. 717f. für kapitalistisch strukturierte Gesellschaften). Kritiker dieser Ansicht wollen dem anderen Vertragsteil dann jedoch zumindest nach § 47 Abs. 4 Satz 2 GmbHG das Stimmrecht absprechen (*Roth/Altmeppen* Anh § 13 Rz. 39f.; *Baumbach/Hueck* Schlussanhang Rz. 55; anders jedoch der BGH II ZR 109/10 v. 31.5.11, DStR 11, 1576). 126

Die Gegenansicht verlangt entsprechend § 33 Abs. 1 Satz 2 BGB die **Zustimmung aller Gesellschafter**: Der Abschluss eines Unternehmensvertrages bewirke eine Änderung des Gesellschaftszwecks (nur) der verpflichteten Gesellschaft, die entsprechend § 33 Abs. 1 Satz 2 BGB der Einstimmigkeit bedürfe. Hierdurch sollen Minderheitsgesellschafter effektiv geschützt und nicht auf eine analoge Anwendung der §§ 304, 305 AktG und ggf. des § 1 SpruchG verwiesen werden (*Roth/Altmeppen* Anh § 13 Anh Rz. 37, 40; *Emmerich/Habersack* § 293 Rz. 43a; *MünchKommGmbHG/Liebscher* Rz. 716 für personalistisch strukturierte Gesellschaften). 127

Relevant wird dieser Meinungsstreit nur dann, wenn außenstehende Gesellschafter bei der verpflichteten Gesellschaft tatsächlich überstimmt werden. Denn selbstverständlich muss den außenstehenden Gesellschaftern nicht gegen deren Willen in analoger Anwendung des § 304 AktG eine Ausgleichszahlung aufgedrängt werden, sondern kann *einstimmig* auch ein Unternehmensvertrag ohne jede Ausgleichszahlung abgeschlossen werden (was insbesondere bei Konzernzugehörigkeit auch der außenstehenden Gesellschafter oder bei anderweitiger Kompensation nahe liegt). 128

In den wenigen danach noch verbleibenden Fällen **überzeugt der Rückgriff auf § 33 BGB nicht.** Im GmbH-Recht wirkt diese Bestimmung wie ein Fremdkörper: Das GmbH-Recht lässt für Beschlüsse über Änderungen des Gesellschaftsvertrages (einschließlich des Unternehmensgegenstandes), die Liquidation der Gesellschaft und auch Umwandlungsmaßnahmen jeweils qualifizierte Mehrheitsentscheidungen genügen (§§ 53 Abs. 2, 60 Abs. 1 Nr. 2 GmbHG; §§ 50 Abs. 1, 233 Abs. 2, 240 Abs. 1 UmwG). Für den Formwechsel eines Vereins führt § 275 UmwG dagegen die Differenzierung des § 33 Abs. 1 BGB fort und verlangt bei Zweckänderung Einstimmigkeit. 129

Eine prominent vertretene, wenn auch vereinzelt gebliebene Ansicht bezweifelt daher aus guten Gründen schon die **Analogiefähigkeit des § 33 BGB**: *„Diese Vorschrift ist eine Sondernorm des eingetragenen Vereins, der die Mitglieder vor einer Verfälschung* 130 *ihrer idealen Ziele schützen soll. Sowohl ihr dispositiver Charakter als auch der Vergleich mit gesetzlich geregelten Fällen der Zweckänderung sprechen dagegen, in § 33 BGB einen Satz gesellschaftsrechtlichen Naturrechts zu sehen."* (*Wiedemann* Gesellschaftsrecht I, 80, S. 156; gleichsinnig *Flume* Die juristische Person, 1983, S. 264; vgl. § 40 BGB zur Dispositivität des § 33 BGB). Die hM geht gleichwohl davon aus, dass die Vorschrift auch auf GmbH und AG Anwendung findet, sofern diese ihren (vom Unternehmensgegenstand zu unterscheidenden) Gesellschaftszweck ändern wollen (*Baumbach/Hueck* § 53 Rz. 29; *Hüffer* § 23 AktG Rz. 22 und § 179 AktG Rz. 33).

131 Eine solche **Zweckänderung** setzt aber voraus, dass der **oberste Leitsatz** für die Tätigkeit des Vereins bzw. der Gesellschaft betroffen ist, mit dessen Abänderung das Mitglied bei seinem Beitritt schlechterdings nicht rechnen kann (so BGH II ZB 5/85 v. 11.11.85, BGHZ 96, 245, 251f. und *MünchKommBGB/Reuter* § 33 Rz. 3, beide für den Verein). Eines der wenigen anerkannten Beispiele hierfür ist der Übergang von einer erwerbswirtschaftlichen zu einer gemeinnützigen Tätigkeit (und umgekehrt) (vgl. *MünchKommBGB/Reuter* § 33 Rz. 3; *Hüffer* § 23 AktG Rz. 22). Dem müsste der Abschluss eines Unternehmensvertrages qualitativ in etwa gleichkommen. Dies ist aber weder für das Außen- noch für das Innenverhältnis der verpflichteten Gesellschaft der Fall.

132 **Nach außen hin** lässt der Abschluss eines Beherrschungs- oder Gewinnabführungsvertrages die erwerbswirtschaftliche Ausrichtung der Gesellschaft unberührt; die Gesellschaft tritt weiterhin unternehmerisch am Markt auf, mit dem Zweck der Umsatz- und Gewinnerzielung.

133 **Im Innenverhältnis der Gesellschafter** „erkauft" der andere Vertragsteil das Weisungsrecht und/oder die Gewinnabführung durch die Verpflichtung zum Verlustausgleich nach § 302 AktG und zur Leistung angemessener Ausgleichszahlungen an die Minderheitsgesellschafter. Die erwerbswirtschaftliche Ausrichtung der Beteiligungen der Minderheitsgesellschafter bleibt damit, wenn auch mit Einschränkungen, erhalten. Mit solchen Einschränkungen aufgrund eines Mehrheitsbeschlusses muss, wie § 293 Abs. 1 Satz 2 AktG zeigt, aber zumindest der Aktionär einer AG rechnen; jedenfalls dort bewirkt der Unternehmensvertrag also keine Zweckänderung iSd. § 33 BGB. Für die GmbH ist dann nicht anders zu entscheiden.

134 Schließlich schützt auch **§ 53 Abs. 3 GmbHG**, der regelmäßig als weiterer Beleg für das angebliche Einstimmigkeitserfordernis angeführt wird, nur vor einer Vermehrung von Leistungspflichten, nicht aber umgekehrt vor einer – entsprechend §§ 304, 305 AktG „abzufedernden" – Verkürzung von Rechten.

135 Zum **Stimmverbot des § 47 Abs. 4 Satz 2 GmbHG** hat der BGH im „Supermarkt-Beschluss" offen gelassen, ob die Vorschrift auch Beschlüsse über innere Angelegenheiten der Gesellschaft betrifft und die Zustimmung zum Unternehmensvertrag als ein solcher innergesellschaftlicher Akt zu werten ist. Jedenfalls bezweckt § 47 Abs. 4 Satz 2 GmbHG den Schutz des Gesellschaftsvermögens nur zugunsten der übrigen Gesellschafter bzw. der Gesellschaftergesamtheit und erfasst deshalb keine Geschäfte des Alleingesellschafters mit sich selbst (BGH II ZB 7/88 v. 24.10.88, BGHZ 105, 324, 332f. „Supermarkt"). Nach BGH II ZR 109/10 v. 31.5.11, DStR 11, 1576 ist der Organträger bei der Beschlussfassung über die ordentliche Kündigung eines Beherrschungs- und Gewinnabführungsvertrages stimmberechtigt. Dann kann für den Abschluss nichts anderes gelten.

136–138 *(frei)*

bb) GmbH als Organträger

139 Auch wenn der Organträger eine GmbH ist, ist bei ihm entsprechend § 293 Abs. 2 AktG ein Zustimmungsbeschluss mit einer **qualifizierten Mehrheit** von mindestens drei Vierteln der bei der Beschlussfassung vertretenen Gesellschafter (= abgegebene Stimmen) erforderlich. Das Zustimmungserfordernis in § 293 Abs. 2 AktG rechtfertigt

.sich aus der Sicherung außenstehender Aktionäre, der Verlustübernahme und der Sicherheitsleistung (§§ 302–305 AktG). Hieraus ergibt sich für den anderen Vertragsteil ein „erhöhtes Geschäftsrisiko", welches die Übernahme des aktienrechtlichen Zustimmungserfordernisses auch für die GmbH rechtfertigt (BGH II ZB 7/88 v. 24.10.88, BGHZ 105, 324, 333ff. „Supermarkt").

Bei der GmbH als Organträger genügt für den Zustimmungsbeschluss die **einfache Schriftform**, wobei der Vertrag der Niederschrift als Anlage beizufügen ist (BGH II ZB 15/91 v. 30.1.92, WM 92, 524). Im Falle einer AG wäre dagegen gemäß § 130 Abs. 1 Satz 1 AktG notarielle Beurkundung erforderlich (s. Rz. 123). 140

e) Wirksamwerden des Vertrages

Nach erteilter Zustimmung ist die Organgesellschaft gegenüber dem anderen Vertragsteil verpflichtet, die **(konstitutive) Eintragung** des Vertrages in das Handelsregister und damit seine Wirksamkeit auch im Außenverhältnis herbeizuführen (§ 294 AktG). Anderenfalls kann sie wegen Verletzung einer vertraglichen Nebenpflicht zum Schadensersatz verpflichtet sein (§ 280 Abs. 1 BGB, *Spindler/Stilz/Veil* AktG § 293 Rz. 28). Diese Anmeldung und Eintragung nach § 294 AktG betrifft nach ihrem Wortlaut und der heute ganz hM nur das Handelsregister der Organgesellschaft, nicht auch das Handelsregister des anderen Vertragsteils (*Spindler/Stilz/Veil* AktG § 294 Rz. 2 mwN; vgl. OLG Celle 9 W 80/14 v. 4.6.02, BeckRS 2014, 70290). Erleichterungen gelten für Gewinnabführungsverträge mit Gesellschaften, die iSd. §§ 319ff. AktG eingegliedert sind, § 324 Abs. 2 AktG (heute selten). 141

Auch bei der **GmbH** bedarf der Unternehmensvertrag zu seiner Wirksamkeit der Eintragung in das Handelsregister der Organgesellschaft. Dies folgt aus einer Analogie zu § 294 AktG oder § 54 Abs. 3 GmbHG (BFH I R 66/07 v. 22.10.08, DStR 09, 100; BGH II ZB 7/88 v. 24.10.88, BGHZ 105, 324, 342 f. „Supermarkt"). 142

Die konstitutive Wirkung der Eintragung schließt es nicht grundsätzlich aus, dass sich der Vertrag **rückwirkende Kraft** beilegt. Gewinnabführungsverträge gelten daher regelmäßig bereits für das gesamte Geschäftsjahr, in dem sie durch Eintragung wirksam werden. Nach hM gilt diese Rückbeziehungsmöglichkeit allerdings – aufgrund ihrer organisationsrechtlichen Auswirkungen – nicht für Beherrschungsverträge (BayObLG 3 Z BR 370/01 v. 23.10.02, NZG 03, 36, 37; OLG Hamburg 11 U 30/90 v. 13.7.90, NJW 90, 3024; *Spindler/Stilz/Veil* AktG § 294 Rz. 26; gegen diese hM *MünchKommAktG/Altmeppen* § 294 Rz. 53). 143

Gesellschaftsrechtlich könnte beim Gewinnabführungsvertrag insbesondere auch ein in einem früheren Geschäftsjahr liegender Zeitpunkt gewählt werden, sofern für das frühere Geschäftsjahr der Jahresabschluss noch nicht erstellt ist (*Hüffer* AktG § 294 Rz. 20). Steuerrechtlich ist hingegen eine Rückwirkung nur im Rahmen des § 14 Abs. 1 Satz 2 KStG möglich. D.h. eine zivilrechtliche Rückwirkung ist steuerrechtlich nur insoweit beachtlich, als es sich um das Wirtschaftsjahr der Organgesellschaft handelt, in welchem die Eintragung des Unternehmensvertrages in das Handelsregister erfolgt. 144

Möglich ist es, den Unternehmensvertrag zusätzlich mit einer **aufschiebenden Bedingung** zu versehen, zB zusätzlich von der Zustimmung des Aufsichtsrates eines Vertragspartners abhängig zu machen (*Emmerich/Habersack* § 293 Rz. 18; vgl. auch § 111 Abs. 4 Satz 2 AktG). Diese Bedingung muss dann vor der Eintragung in das Handelsregister ebenfalls eingetreten sein. Zulässig ist auch die Vereinbarung eines **späteren Anfangstermins**, etwa ein Inkrafttreten zum Beginn des nachfolgenden Geschäftsjahres (*Hüffer* AktG § 294 Rz. 18). 145

Etwaige **Anfechtungsklagen** gegen einen Zustimmungsbeschluss bewirken rechtlich zwar keine Registersperre, das Registergericht kann die Entscheidung über den Eintragungsantrag jedoch aussetzen (§§ 21, 381 FamFG). Die faktische Registersperre kann durch ein Freigabeverfahren (§ 246a AktG) überwunden werden. 146

(frei) 147, 148

f) Information der Gesellschafter

149 Die §§ 293a bis 293g AktG sollen nach dem Vorbild der §§ 8 bis 12 UmwG (und damit mittelbar der Verschmelzungsrichtlinie) die **umfassende Information** der Aktionäre bereits im Vorfeld und während der Hauptversammlung sicherstellen.

150 Ähnlich wie bei der Verschmelzung ist zunächst ein schriftlicher **Bericht über den Unternehmensvertrag** durch den Vorstand jeder daran beteiligten AG, KGaA oder SE erforderlich (§ 293a AktG). Dieser kann von den Vorständen auch gemeinsam erstattet werden (Satz 1, 2. Halbsatz); er ist durch die Organmitglieder in vertretungsberechtigter Zahl zu unterzeichnen (BGH II ZR 266/04 v. 21.5.07, NZG 07, 714). Im Bericht sind **(1)** der Abschluss des Unternehmensvertrages, **(2)** der Vertrag im Einzelnen und **(3)** insbesondere Art und Höhe des Ausgleichs nach § 304 AktG und der Abfindung nach § 305 AktG rechtlich und wirtschaftlich zu erläutern (vgl. LG Frankfurt 3-05 0 96/12 v. 18.12.12, NZG 13, 140). Durch diese Informationen sollen die Aktionäre in die Lage versetzt werden, die rechtliche Zulässigkeit und die wirtschaftliche Sinnhaftigkeit des Vertrages einer Plausibilitätsprüfung zu unterziehen. Zu erläutern ist insbesondere auch eine von der gewöhnlichen, nach dem Gesetz bestehenden Vertragssituation abweichende Regelung. Das Kammergericht hielt deshalb auch eine Kündigungsregelung für erläuterungsbedürftig, die zwar üblich war, aber gegenüber der gesetzlichen Regelung Besonderheiten aufwies (KG Berlin 2 W 101/07 v. 9.6.08, AG 09, 30, 34f.).

151 Der Bericht ist nach § 293a Abs. 3 AktG nicht erforderlich, wenn alle Anteilsinhaber aller beteiligten Unternehmen auf seine Erstattung durch öffentlich beglaubigte Erklärung **verzichten**. Durch dieses Erfordernis einer Beglaubigung anstelle der in der als Vorbild dienenden Norm § 8 Abs. 3 Satz 2 UmwG geforderten notariellen Beurkundung wollte der Gesetzgeber die mit der notariellen Beurkundung einhergehenden höheren Kosten vermeiden (RegBegr BT-Drs. 12/6699, S. 178). Da die Einholung derartiger beglaubigter Verzichtserklärungen jedoch bei größerem Aktionärskreis schnell unpraktisch wird, muss zur Erfüllung des Formerfordernisses auch ein einstimmig gefasster, beurkundeter Beschluss genügen (*Spindler/Stilz/Veil* AktG § 293a Rz. 23).

152 § 293a Abs. 3 AktG erklärt einen Vertragsbericht nur dann für entbehrlich, wenn alle Anteilsinhaber aller beteiligten Unternehmen auf seine Erstattung verzichten. Demgegenüber fehlt eine Ausnahme für 100%ige Tochtergesellschaften, anders als für die Vertragsprüfung (§ 293b Abs. 1 Hs. 2 AktG).

153 Gem. § 293b Abs. 1 AktG muss der Unternehmensvertrag **durch sachverständige Prüfer geprüft** werden – es sei denn, dass sich alle Aktien der abhängigen Gesellschaft in der Hand des herrschenden Unternehmens befinden oder alle Anteilsinhaber aller beteiligten Unternehmen auch hierauf durch öffentlich beglaubigte Erklärung verzichten (Abs. 2 iVm. § 293a Abs. 3 AktG).

154 Die Vertragsprüfung dient dem Schutz der außenstehenden Aktionäre und der Entlastung eines ggf. nachfolgenden Spruchverfahrens, in dem das Gericht über die Angemessenheit des im Vertrag bestimmten Ausgleichs und der vorgesehenen Abfindung entscheidet (vgl. §§ 304 Abs. 3 Satz 3, 305 Abs. 5 Satz 2 AktG). § 293e AktG legt daher den Schwerpunkt des von den Vertragsprüfern zu erstellenden schriftlichen Prüfungsberichts – und damit auch der Vertragsprüfung selbst – auf die Ermittlung und die Angemessenheit von Ausgleich und Abfindung. Die Vertragsprüfer genügen ihrer Aufgabe, wenn sie neben einer Überprüfung des Vertrages auf das Vorhandensein der zwingenden Bestandteile eben diese Leistungen einer **„sachkundigen Plausibilitätskontrolle“** unterziehen (KG Berlin 2 W 101/07 v. 9.6.08, AG 09, 30, 35).

155 Die Vertragsprüfer werden auf Antrag durch das Gericht, nicht mehr wie früher durch die beteiligten Gesellschaften ausgewählt und bestellt (§ 293c Abs. 1 AktG). In aller Regel wird ein Wirtschaftsprüfer oder eine Wirtschaftsprüfungsgesellschaft bestellt (§ 319 Abs. 1 Satz 1 HGB). Auf gemeinsamen, d.h. inhaltlich übereinstimmen-

den Antrag aller Vorstände kann ein gemeinsamer Prüfer für beide vertragschließenden Gesellschaften bestimmt werden.

Von der Einberufung der Hauptversammlung an sind der Unternehmensvertrag, die Jahresabschlüsse und Lageberichte der vertragschließenden Unternehmen für die letzten drei Geschäftsjahre sowie die Berichte der Vorstände und die Prüfungsberichte in den Geschäftsräumen zur Einsicht der Aktionäre **auszulegen** und ihnen auf Verlangen auch zu übersenden, § 293f AktG. Konzernabschlüsse sind in der Vorschrift nicht genannt und somit regelmäßig auch nicht auszulegen (KG Berlin 2 W 101/07 v. 9.6.08, AG 09, 30, 36; anders OLG Celle 9 U 55/03 v. 29.9.03, AG 04, 206, 207 für eine Holding-AG). 156

Während der Hauptversammlung müssen die genannten Dokumente ebenfalls ausgelegt werden; der Niederschrift über die Hauptversammlung ist der Vertrag als Anlage beizufügen, § 293g Abs. 1 und 2 AktG. Der Vorstand hat den Unternehmensvertrag zu Beginn der Verhandlung **mündlich zu erläutern** und jedem Aktionär auf Verlangen **Auskunft** auch über alle für den Vertragsabschluss wesentlichen Angelegenheiten des anderen Vertragsteils zu geben, § 293g Abs. 3 AktG. Die Vorschrift erweitert insoweit das allgemeine Auskunftsrecht des Aktionärs aus § 131 AktG, das sich nur auf die Angelegenheiten der Gesellschaft selbst sowie ihre rechtlichen und geschäftlichen Beziehungen zu verbundenen Unternehmen erstreckt. Ob dem Vorstand insoweit auch das allgemeine Auskunftsverweigerungsrecht nach § 131 Abs. 3 AktG zusteht, hat der BGH bisher offen gelassen (BGH II ZR 18/91 v. 15.6.92, BGHZ 119, 1, 16f.); die Frage ist zu bejahen, da das Auskunftsrecht der Aktionäre des Vertragspartners über die andere Gesellschaft kaum weitergehen kann als das Auskunftsrecht ihrer eigenen Aktionäre (*Spindler/Stilz/Veil* AktG § 293g Rz. 13). 157

Für die **GmbH** wird die Analogiefähigkeit der Prüfungs- und Berichtspflichten zu Recht überwiegend kritisch beurteilt. Zwar bilden nach teilweiser Ansicht die §§ 293aff. AktG die Basis für dann erst wirklich sinnvolle Frage- und Einsichtsrechte aus § 51a GmbHG (*Lutter/Hommelhoff* Anh § 13 Rz. 59). Sofern man jedoch die Zustimmung aller Gesellschafter für erforderlich hält (s. Rz. 126ff. zu § 293 Abs. 1 AktG), sind gesetzlich angeordnete Prüfungs- und Berichtspflichten entbehrlich (zB *Emmerich/Habersack* § 293a Rz. 11). Nach wiederum aA sind die §§ 293aff. AktG auf Publikumsgesellschaften zugeschnitten. Sie sollen daher auf die GmbH (Organträger wie Organgesellschaft) keine Anwendung finden, unabhängig von den Mehrheitserfordernissen (zB *Roth/Altmeppen* Anh § 13 Rz. 48 f.). Da somit nicht abschließend geklärt ist, ob ggf. entsprechend §§ 293a ff. AktG ein Bericht über den Unternehmensvertrag und dessen Prüfung erforderlich sein könnte, sollten hierauf in beiden Gesellschafterversammlungen vorsorglich alle Gesellschafter verzichten. Im Hinblick auf § 293a Abs. 3 AktG sollten die Verzichtserklärungen zudem vorsorglich notariell beglaubigt werden (*Lutter/ Hommelhoff* Anh zu § 13 Rz. 58, jedoch einschränkend für 100%-Gesellschafter). 158

(frei) 159–161

g) Erteilung von Weisungen (§ 308 AktG)

Nur bei Bestehen eines Beherrschungsvertrages ist das herrschende Unternehmen nach § 308 Abs. 1 AktG berechtigt, dem Vorstand der abhängigen Gesellschaft hinsichtlich der Leitung der Gesellschaft Weisungen zu erteilen. Eine **„Weisung"** ist eine Willensäußerung des herrschenden Unternehmens, die aus der Perspektive des Vorstands der abhängigen Gesellschaft für den Einzelfall oder generell in der Erwartung erfolgt, dass der Vorstand sein Verhalten danach ausrichtet, damit auch schon eine bloße „Anregung" oder „Empfehlung" (*Hüffer* AktG § 308 Rz. 10). **Weisungsberechtigter** ist das herrschende Unternehmen, handelnd durch sein Vertretungsorgan; jedoch ist eine Delegation zumindest an Angestellte des herrschenden Unternehmens, etwa Prokuristen, zulässig (*Hüffer* AktG § 308 Rz. 5). **Weisungsempfänger** ist 162 (nur) der Vorstand der abhängigen Gesellschaft; nachgeordnete Angestellte der abhängigen Gesellschaft dürfen also nicht am Vorstand vorbei angewiesen werden. Der Vorstand kann jedoch seine Angestellten anweisen, unmittelbare Weisungen des herrschenden Unternehmens zu befolgen (RegBegr zu § 308 AktG, abgedruckt bei *Stangl/Winter,* Organschaft 2013/2014, S. 363).

163 Das **Weisungsrecht** betrifft den gesamten Bereich, in dem der Vorstand die Gesellschaft nach § 76 Abs. 1 AktG zu leiten hat. Das herrschende Unternehmen kann damit beispielsweise die Unternehmensplanung und die Besetzung der Führungspositionen im Einzelnen bestimmen; zu bilanzpolitischen Entscheidungen siehe BGH II ZB 9/96 v. 20.5.97, BGHZ 135, 374. Nach § 308 Abs. 1 Satz 2 AktG ist es sogar berechtigt, auch Weisungen zu erteilen, die für die abhängige Gesellschaft nachteilig sind, solange sie nur im Übrigen im Konzerninteresse liegen, also dem Erfolg des Gesamtunternehmens dienen. Hierdurch wird die Funktion des Beherrschungsvertrages transparent, eine wirtschaftliche Fusion zu ermöglichen (*Spindler/Stilz/Veil* AktG § 308 Rz. 23).

164 Der Beherrschungsvertrag kann das **Weisungsrecht einschränken**, zB nachteilige Weisungen generell ausschließen (vgl. § 308 Abs. 1 Satz 2 AktG), bestimmte Geschäfte ausnehmen oder für Weisungen die Schriftform anordnen. Gem. § 299 AktG darf der Gesellschaft nicht die Weisung erteilt werden, den zugrunde liegenden Unternehmensvertrag zu ändern, aufrechtzuerhalten oder zu beendigen. Auch existenzgefährdende Weisungen sind unzulässig (hM, etwa *Hüffer* AktG § 308 Rz. 19; aA *Spindler/Stilz/Veil* AktG § 308 Rz. 31 unter Hinweis auf die Verlustausgleichspflicht).

165 Der Vorstand der abhängigen Gesellschaft ist verpflichtet, die Weisungen des herrschenden Unternehmens **zu befolgen**, § 308 Abs. 2 AktG. Dies gilt auch dann, wenn eine Weisung iSd. § 308 Abs. 1 Satz 2 AktG nachteilig ist; es gilt dagegen nicht, wenn die Weisung rechtswidrig, insbesondere für die abhängige Gesellschaft existenzgefährdend ist.

166–169 *(frei)*

h) Gewinnabführung (§ 291 Abs. 1 Satz 1, 2. Alt., § 301 AktG, § 14 Satz 1 KStG)

aa) Aktienrechtliche Obergrenze und steuerrechtliche Untergrenze

170 Durch Gewinnabführungsvertrag verpflichtet sich die Gesellschaft gem. § 291 Abs. 1 Satz 1, 2. Alt. AktG, ihren *ganzen* Gewinn an ein anderes Unternehmen abzuführen; im Gegenzug übernimmt der andere Vertragsteil einen sonst entstehenden Jahresfehlbetrag (§ 302 AktG, dazu Rz. 220 ff.). Beim hiervon zu unterscheidenden – und für eine ertragsteuerliche Organschaft nicht ausreichenden – Teilgewinnabführungsvertrag schuldet die Gesellschaft hingegen nur die Abführung eines Teilgewinns (§ 292 Abs. 1 Nr. 2 AktG), der andere Vertragsteil dafür umgekehrt auch keinen Verlustausgleich nach § 302 AktG.

171 **§ 301 Satz 1 AktG** regelt die **Obergrenze** des abzuführenden Gewinns: Um zu verhindern, dass letztlich die Substanz der Organgesellschaft an den Organträger ausgekehrt wird, darf als Gewinn höchstens der ohne die Gewinnabführung entstehende Jahresüberschuss abgeführt werden, und zwar vermindert **(1)** um einen Verlustvortrag aus dem Vorjahr, **(2)** um den Betrag, der nach § 300 AktG in die gesetzlichen Rücklagen einzustellen ist und **(3)** um den nach § 268 Abs. 8 HGB ausschüttungsgesperrten Betrag (s. näher Rz. 174 ff.). Zwar ließe sich aufgrund dieses Regelungsziels im Gewinnabführungsvertrag gesellschaftsrechtlich durchaus auch die Abführung eines geringeren Gewinns vereinbaren; steuerrechtlich würde dies dann aber nicht gem. § 14 Abs. 1 KStG als Abführung des ganzen Gewinns anerkannt (dazu sogleich Rz. 172).

172 **Ertragsteuerlich ist Folgendes zu beachten:** Die in § 301 AktG geregelte Obergrenze für den abführbaren Gewinn darf auch steuerlich nicht überschritten werden. Denn dann würde es an der tatsächlichen Durchführung des Gewinnabführungsvertrags (§ 14 Abs. 1 Satz 1 Nr. 3 Satz 1 KStG) fehlen, da dann gegen den von § 14 Abs. 1 Satz 1 KStG mit Verweis auf § 291 Abs. 1 AktG geforderten Gewinnabführungsvertrag verstoßen würde. Andererseits fordert § 14 Abs. 1 Satz 1 KStG, dass sich die Organgesellschaft zur Abführung des „ganzen Gewinn(s)" verpflichten muss. Diese Grenze darf somit steuerrechtlich nicht unterschritten werden, woraus abzuleiten ist, dass die von § 301 AktG festgezurrte Höchstgrenze steuerlich auch ausgeschöpft werden muss. Im Ergebnis ist für die steuerliche Anerkennung der Organschaft somit eine **„Punktlandung"** notwendig: Die Höchstgrenze des § 301 AktG darf nicht überschritten und die Mindestgrenze des § 14 Abs. 1 Satz 1 KStG darf nicht unterschritten werden (vgl. *D/P/M/Dötsch* § 14 KStG Rz. 173; *S/F/Brink* § 14 KStG Rz. 321).

(frei) 173

bb) Ermittlung des abzuführenden Betrags

Nach § 301 AktG ergibt sich der **Höchstbetrag der Gewinnabführung** (= ertragsteuerlicher Mindestbetrag der Abführung des „gesamten Gewinns") für eine GmbH, eine KGaA und eine nicht eingegliederte AG als Organgesellschaft nach folgendem **Schema** (*D/P/M/Dötsch* § 14 KStG Rz. 179; s. dort auch zur eingegliederte AG): 174

	(1)	Ohne die Gewinnabführung sich ergebender Jahresüberschuss (Rz. 176 ff.)
./.	(2)	Verlustvortrag aus dem Vorjahr (Rz. 180 ff.)
./.	(3)	Betrag, der nach § 300 AktG in die gesetzlichen Rücklagen einzustellen ist (Rz. 184 ff.)
./.	(4)	nach § 268 Abs. 8 HGB ausschüttungsgesperrter Betrag (Rz. 187 ff.)
+	(5)	Entnahmen aus während der Vertragsdauer gebildeten anderen Gewinnrücklagen (Rz. 190)
=		abzuführender Gewinn bzw. auszugleichender Verlust

Bei der Bestimmung dieses abzuführenden Gewinns ist auch **ertragsteuerlich** jeweils die **geltende Fassung des § 301 AktG** zu beachten. Dies gilt unabhängig von eventuell anderslautenden vertraglichen Vereinbarungen innerhalb des Gewinnabführungsvertrags (vgl. bspw. zu den Änderungen des § 301 AktG im Rahmen des BilMoG: BMF v. 14.1.09, BStBl. I 10, 65; vgl. zu dem „Abführungsverbot" für in organschaftlicher Zeit gebildete Kapitalrücklagen BMF v. 27.11.03, BStBl. I 03, 647). 175

Ad (1) – Ohne die Gewinnabführung sich ergebender Jahresüberschuss: § 301 AktG orientiert sich an dem Jahresüberschuss der Handelsbilanz. Der fiktive Jahresüberschuss, der ohne die Gewinnabführung entstehen würde, ist in einer Vorbilanz zu ermitteln und entspricht grundsätzlich der Position des § 275 Abs. 2 Nr. 20 bzw. Abs. 3 Nr. 19 HGB. Jedoch ist nach § 277 Abs. 3 Satz 2 HGB der aufgrund eines Gewinnabführungsvertrages abgeführte Gewinn in der GuV unter entsprechender Bezeichnung gesondert auszuweisen, i. d. R. direkt vor dem „Jahresüberschuss/Jahresfehlbetrag". In der Bilanz ist er sodann als Verbindlichkeit gegenüber verbundenen Unternehmen unter § 266 Abs. 3 C.6 HGB zu zeigen (*Emmerich/Habersack* § 291 Rz. 64). 176

Nach ganz hM dürfen insoweit auch **vorvertraglich gebildete stille Reserven** aufgelöst und abgeführt werden (BVerfG 1 BvR 1638/94 v. 27.1.99, NJW 99, 1701; BGH II ZB 9/96 v. 20.5.97, NJW 97, 2242; *Hüffer* AktG § 301 Rz. 4). Dies ist auch steuerrechtlich zu akzeptieren (vgl. *D/P/M/Dötsch* § 14 KStG Rz. 180). 177

Die Orientierung des § 301 AktG an der Handelsbilanz gilt im Ergebnis **ertragsteuerlich** auch für § 14 KStG. Denn der **„ganze Gewinn"** im Sinne des § 14 Abs. 1 Satz 1 KStG ist ebenfalls als handelsrechtliche Größe zu interpretieren (vgl. *D/P/M/Dötsch* § 14 KStG Rz. 173). Maßgeblich ist somit im Ausgangspunkt der handelsbilanzielle Jahresüberschuss bzw. Jahresfehlbetrag vor Gewinnabführung (BFH I R 68/01 v. 18.12.02, Der Konzern 03, 564). Die Rechtsprechung des BGH stellt 178 hierbei auf den sich bei **objektiv ordnungsgemäßer Bilanzierung zum Bilanzstichtag ergebenden (fiktiven) Jahresüberschuss bzw. Jahresfehlbetrag** ab, der nicht zwingend mit dem im Rahmen des festgestellten Jahresabschluss tatsächlich ermittelten Jahresüberschuss bzw. Jahresfehlbetrag übereinstimmen muss (BGH II ZR 172/88 v. 5.6.89, DB 89, 1863; BGH II ZR 120/98 v. 11.10.99, DStR 99, 1998; BGH II ZR 361/02 v. 14.2.05, DStR 05, 750). Dem wird sich im Steuerrecht angeschlossen (BFH I R 156/93 v. 5.4.95, DB 95, 1593; BFH IV R 21/07 v. 21.10.10, DStR 10, 2505; *D/P/M/Dötsch* § 14 KStG Rz. 177; *Meining* GmbHR 10, 309; *S/F/Brink* § 14 KStG Rz. 332).

Das Erfordernis der Abführung des „objektiv richtigen Gewinns" führt u.a. vor dem Hintergrund, dass für viele **handelsrechtliche Bilanzierungsfragen keine klare („objektiv richtige") Auffassung** besteht und dass diese Unsicherheit sich dann auf die steuerliche Organschaft auswirkt (vgl. auch Rz. 199ff.), zu erheblichen praktischen Problemen. **Beispiele** für die kontroverse Diskussion sind:

- Ist das **Körperschaftsteuerguthaben iSd. § 37 KStG** einer Organgesellschaft auf der Ebene des Organträgers oder der Organgesellschaft zu erfassen? BMF v. 14.1.08 (DStR 08, 301) spricht sich für eine Erfassung auf der Ebene der Organgesellschaft aus. Ob die andere Ansicht zu einer fehlerhaften Durchführung des Gewinnabführungsvertrags führt, ist umstritten (abl. OFD Hannover v. 5.11.08, DB 08, 483; bej. *D/P/M/Dötsch* § 14 KStG Rz. 177; *Dötsch* Der Konzern 09, 171, 173). Vgl. hierzu auch Rz. 202.
- Sind **latente Steuern (§ 274 HGB)** auf der Ebene des Organträgers oder der Organgesellschaft zu erfassen? Im Rahmen des BilMoG v. 26.5.09 (BGBl. I 09, 102) wurde die Bedeutung der latenten Steuern (§ 274 HGB) für den handelsrechtlichen Jahresabschluss ausgeweitet. Insoweit stellt sich die Frage, ob die Organgesellschaft betreffende latente Steuern handelsbilanziell auf der Ebene der Organgesellschaft oder auf der Ebene des Organträgers zu erfassen sind. Bei „laufender" Organschaft führen diejenigen handels- und steuerbilanziellen Divergenzen, die sich voraussichtlich auch während des Organschaftsverhältnisses wieder ausgleichen, grundsätzlich zu einem Ansatz der latenten Steuern auf Organträgerebene, ein Ansatz auf Ebene der Organgesellschaft ist insoweit nicht zulässig *(IDW* DRS 18 Tz. 32; ebenso der inzwischen aufgehobene *IDW* ERS HFA 27 Rz. 21 ff.). Eine Ausnahme hiervon liegt vor, wenn die mit den latenten Steuern zusammenhängende Steuerbe- und -entlastungen durch Steuerumlageverträge wirtschaftlich von der Organgesellschaft zu tragen sind. In diesem Fall sollen die latenten Steuern auch auf Organgesellschaftsebene zu berücksichtigen sein *(IDW* DRS 18 Tz. 35). Wenn zu erwarten ist, dass sich die Umkehrung der den Steuerlatenzen zugrundeliegenden Divergenz erst nach der Beendigung der Organschaft einstellt, erfolgt eine Bildung der damit zusammenhängenden latenten Steuern auf Ebene der Organgesellschaft *(IDW* DRS 18 Tz. 34).

Die Beispiele zeigen, dass das Erfordernis der Abführung des „objektiv richtigen Gewinns" für die ertragsteuerliche Anerkennung einer Organschaft von großer Bedeutung ist. Deshalb ist die Frage wichtig, ob ein Verstoß gegen dieses Erfordernis durch eine spätere **Korrektur von Bilanzierungsfehlern geheilt** werden kann (vgl. hierzu Rz. 199ff.).

179 Der „ganze Gewinn" iSd. § 14 Abs. 1 Satz 1 KStG umfasst auch Gewinne, die nach einem **DBA** in Deutschland **steuerbefreit** sind (BFH I B 177/10 v. 31.3.11, BFH/NV 11, 1397). Die Begründung einer **atypisch stillen Beteiligung** bei der Organgesellschaft soll einer Abführung des „ganzen Gewinns" iSd. § 14 Abs. 1 Satz 1 KStG entgegenstehen (BFH I B 177/10 v. 31.3.11, BFH/NV 11, 1397; OFD Frankfurt v. 30.1.13, BB 13, 1128; hiergegen mit überzeugenden Gründen *Hageböke* Der Konzern 13, 334; vgl. auch *S/F/Brink* § 14 KStG Rz. 342).

Ad (2) – Verminderung um einen Verlustvortrag aus dem Vorjahr: Der fiktive Jahresüberschuss ist gem. § 301 Satz 1 AktG zunächst um einen etwaigen **Verlustvortrag** aus dem Vorjahr zu kürzen; dieser kann wegen der Verlustübernahme nach § 302 AktG nur aus dem letzten vor Inkrafttreten des Gewinnabführungsvertrages aufgestellten Jahresabschluss stammen (*Hüffer* AktG § 301 Rz. 5; anders beim – für eine ertragsteuerliche Organschaft nicht ausreichenden – Teilgewinnabführungsvertrag, für den § 301 AktG ebenfalls gilt, nicht jedoch § 302 AktG). 180

Ertragsteuerlich legt die Rechtsprechung an die Beachtung dieses Kriteriums **strenge Maßstäbe** an. Das „Vergessen" der Verminderung des abzuführenden Gewinns um einen Verlustvortrag aus dem Vorjahr wird nicht als Verletzung einer bloßen Nebenpflicht verstanden und führt demnach als „fehlende tatsächliche Durchführung" grds. zur steuerlichen Nichtanerkennung der Organschaft (vgl. BFH IV R 21/07 v. 21.10.10, BStBl. II 14, 481). Dies soll unabhängig von der Höhe der „vergessenen" Verlustverrechnung gelten (BFH IV R 21/07 v. 21.10.10, aaO). Damit bestätigt der BFH diejenigen Stimmen in der Literatur, nach denen auch das „Vergessen" der Verrechnung eines geringfügigen Verlustvortrags steuerschädlich ist (so zB *D/P/M/Dötsch* § 14 KStG Rz. 181 und *S/F/Brink* § 14 KStG Rz. 355; nach **aA** soll das „Vergessen" einer Verrechnung eines geringfügigen Verlusts hingegen als bloße Nebenpflichtverletzung für die steuerliche Anerkennung der Organschaft unschädlich sein, so *Baldamus* Ubg 09, 484, 486; *E&Y/Walter* § 14 KStG Rz. 680.2). Diese restriktive Auffassung kann sich bspw. auch bei der in der Praxis nicht unüblichen Nutzung von Vorratsgesellschaften als Organgesellschaften als problematisch erweisen, wenn diese aus der Gründungszeit noch über geringe Verlustvorträge verfügen und diese bei der Ermittlung der ersten Gewinnabführung nicht zum Abzug gebracht werden. Zur Frage einer möglichen **Heilung** einer vergessenen Verlustvortragsverrechnung vgl. unter Rz. 207. 181

Eine Verrechnung der vororganschaftlichen Verlustvorträge mit **vororganschaftlichen Gewinnrücklagen** wird nach hM steuerlich akzeptiert (vgl. *Cahn/Simon* Der Konzern 03, 1, 6; *D/P/M/Dötsch* § 14 KStG Rz. 181; *Kreidl/Riehl* BB 06, 1880; *Rohrer/von Goldacker/Huber* DB 09, 360, 362). 182

Während der vorvertragliche Verlustvortrag die handelsrechtliche Gewinnabführung nach § 301 AktG mindert, erfolgt wegen § 15 Satz 1 Nr. 1 KStG (vgl. hierzu Rz. 375) keine korrespondierende Verringerung der steuerlichen Einkommenszurechnung. Dies führt zu einer **Minderabführung**. KStR 63 Abs. 2 hat diese Minderabführung als organschaftlich verursacht eingeordnet mit der Folge der Bildung eines aktiven Ausgleichspostens. Nach aA liegt eine vororganschaftlich verursachte Minderabführung und damit im Ergebnis eine Einlage vor (so *D/P/M/Dötsch* § 14 Rz. 181). 183

Ad (3) – Betrag, der nach § 300 AktG in die gesetzlichen Rücklagen einzustellen ist: Abzuziehen ist weiter der nach § 300 AktG in die gesetzliche Rücklage (§ 266 Abs. 3 A.III.1 HGB) einzustellende Betrag. Gesetzliche Rücklagen sind auch während des Bestehens des Gewinnabführungsvertrags zu bilden. Die Höhe der in die gesetzlichen Rücklagen einzustellenden Beträge ergibt sich im Falle einer AG als Organgesellschaft nach § 300 Nr. 1 AktG iVm. § 150 Abs. 2 AktG. 184

Die Bildung der gesetzlichen Rücklagen wird auch **ertragsteuerlich** akzeptiert (vgl. § 14 Abs. 1 Satz 1 Nr. 4 KStG). Das „Vergessen" der Einstellung in die gesetzliche Rücklage führt zur steuerlichen Gefährdung der Organschaft (vgl. *D/P/M/Dötsch* § 14 KStG Rz. 181b; zur evtl. möglichen Heilung s. Rz. 208). 185

(frei) 186

Ad (4) – Nach § 268 Abs. 8 HGB ausschüttungsgesperrter Betrag: Als dritter Abzugsposten ist durch das BilMoG v. 26.5.09 (BGBl. I 09, 1102) der nach **§ 268 Abs. 8 HGB** ausschüttungsgesperrte Betrag eingeführt worden. Diese Ausschüttungssperre erstreckt sich auf drei verschiedene Arten von Bilanzposten: **(1)** Selbst geschaffene immaterielle Vermögensgegenstände des Anlagevermögens (§ 248 Abs. 2 Satz 1 187

HGB), **(2)** aktive latente Steuern (§ 274 Abs. 1 Satz 2 HGB), sofern sie die insgesamt anzusetzenden passiven latenten Steuern übersteigen, und **(3)** in einem Pensionsschema (zB CTA) dem Gläubigerzugriff entzogene und mit dem Zeitwert zu bewertende Deckungsmassen für Altersversorgungsverpflichtungen, soweit ihr Wert die Anschaffungskosten sowie die durch sie abgesicherten Langzeitverpflichtungen übersteigt (§ 246 Abs. 2 Satz 3 HGB; ausführlich hierzu *Simon* NZG 09, 1081).

188 Diese Ausschüttungssperren sind im Rahmen eines Gewinnabführungsvertrags nach § 301 AktG als **Abführungssperren** zu beachten (vgl. *F/M/Frotscher* § 14 KStG Rz. 388; *Lanfermann/Röhricht* DStR 09, 1216). Wird gegen sie verstoßen, so führt dies grundsätzlich zur ertragsteuerlichen Nichtanerkennung der Organschaft (vgl. *D/P/M/Dötsch* § 14 KStG Rz. 182a). Dies ist auch bei Gewinnabführungsverträgen zu beachten, die vor dem BilMoG abgeschlossen wurden (eine explizite Vertragsanpassung ist insoweit allerdings nicht erforderlich, vgl. BMF v. 14.1.10, BStBl. I 10, 65). Zur Frage nach einer Heilungsmöglichkeit siehe unter Rz. 208.

189 Die Ausschüttungssperren für aktivierte immaterielle Wirtschaftsgüter des Anlagevermögens (§ 268 Abs. 8 Satz 1 HGB) und für Vermögensgegenstände im Zusammenhang mit Schulden aus Altersversorgungsverpflichtungen (§ 268 Abs. 8 Satz 3 HGB) sind um die hierfür gebildeten **passiven latenten Steuern** zu vermindern. Vergleichbares gilt im Rahmen des § 268 Abs. 8 Satz 2 HGB für aktive latente Steuern, die ebenfalls nur insoweit zu einer Ausschüttungssperre führen, als diese die passiven latenten Steuern übersteigen. Dies ist auch im Rahmen der Abführungssperre des § 301 AktG zu beachten. Unter Berücksichtigung der Auffassung, nach der die Organgesellschaft betreffende passive latente Steuern grundsätzlich auf der Ebene des Organträgers zu bilden sind (vgl. Rz. 178), stellt sich die bisher noch nicht final entschiedene Frage, ob diese passiven latenten Steuern dennoch bei der Ermittlung der Abführungssperre zu beachten sind (vgl. zu dieser Frage s. *D/P/M/Dötsch* § 14 KStG Rz. 182a).

190 **Ad (5) – Entnahmen aus während der Vertragsdauer gebildeten anderen Rücklagen:** Während der Geltungsdauer des Gewinnabführungsvertrags gebildete Gewinnrücklagen dürfen während der Dauer des Vertrages auch aufgelöst und an den Organträger abgeführt werden (vgl. Rz. 251 ff.).

191 *(frei)*

cc) Entstehung, Fälligkeit und Verzinsung

192 Der **Gewinnabführungsanspruch entsteht** mit Ablauf des Bilanzstichtags der Organgesellschaft (*MünchHdb GesR Bd. 4/Krieger* § 71 Rz. 15; *Gelhausen/Heinz* NZG 05, 775, 778; *Philippi/Neveling* BB 03, 1685, 1691; *Altmeppen* DB 99, 2453, 2455; *Gosch/Neumann* § 14 KStG Rz. 317). Wird der Gewinnabführungsvertrag während eines Geschäftsjahrs der Organgesellschaft unterjährig beendet, so vertreten Teile des Schrifttums unter Hinweis auf die Rechtsprechung zur Verlustübernahmeverpflichtung (vgl. hierzu Rz. 223) die Ansicht, dass auch ein anteiliger Gewinn noch abzuführen ist (vgl. *Hüffer* § 302 AktG Rz. 13 mwN).

193 Fraglich ist, wann dieser Anspruch **fällig** wird. Der BFH ging ursprünglich davon aus, dass der Gewinnabführungsanspruch mit der Feststellung der Bilanz der Organgesellschaft fällig wird (vgl. BFH II 246/60 Urt. v. 22.4.64, BStBl. III 64, 753). Im gesellschaftsrechtlichen Schrifttum wird dagegen zum Teil davon ausgegangen, dass die Vertragsparteien in der Bestimmung der Fälligkeit des Gewinnabführungsanspruchs frei sind (so *Emmerich/Habersack* § 301 AktG Rz. 10). Vor dem Hintergrund der BGH-Rechtsprechung zur Fälligkeit des Verlustübernahmeanspruchs (s. hierzu Rz. 224) tendiert die Praxis allerdings dazu, auch den Gewinnabführungsanspruch bereits zum Bilanzstichtag der Organgesellschaft fällig zu stellen (vgl. *Emmerich/Habersack* § 301 AktG Rz. 10; vgl. zB auch *Behrens/Renner* AG 07, 278, 278).

194 Auch im **steuerrechtlichen Schrifttum** ist die Frage nach der Fälligkeit des Gewinnabführungsanspruchs umstritten (vgl. die Nachweise bei *E/S/Erle/Heurung* § 14

KStG Rz. 169). Finanzverwaltungsnahe Stimmen im Schrifttum sprechen sich für die Fälligkeit des Gewinnabführungsanspruchs zum Bilanzstichtag der Organgesellschaft aus (vgl. *Gosch/Neumann* § 14 KStG Rz. 317). Vor diesem Hintergrund empfiehlt sich sicherheitshalber eine vertragliche Regelung, die den Fälligkeitszeitpunkt auf den Bilanzstichtag der Organgesellschaft legt (*E&Y/Walter* § 14 KStG Rz. 649).

Hiermit verbunden ist dann auch eine Pflicht zur **Verzinsung**. Eine fehlende Verzinsung wird im Schrifttum als nicht einlagefähige Nutzungsüberlassung gewertet, die der tatsächlichen Durchführung des Gewinnabführungsvertrages im Sinne des § 14 Abs. 1 Satz 1 Nr. 3 Satz 1 KStG nicht entgegenstehen soll (so *Behrens/Renner* AG 07, 278, 279; *E&Y/Walter* § 14 KStG Rz. 649; vgl. zur Verzinsung der Verlustübernahme Rz. 225f.). **195**

(frei) **196–198**

dd) Rechtsfolge und Korrektur von Bilanzierungs-/Durchführungsfehlern

Erweist sich die der Gewinnabführung zugrunde gelegte **Bilanz** später als **unrichtig**, ist umstritten, ob diese (außerhalb der allgemeinen Regeln zur Nichtigkeit nach § 256 AktG) gleichwohl maßgebend bleibt (dafür *Hennrichs* ZHR 174 (2010), 683; *Wolf* NZG 07, 641) oder im Rahmen des § 301 AktG von denselben Regeln wie bei § 302 AktG auszugehen ist (so *Emmerich/Habersack* § 301 Rz. 10a; vgl. Rz. 221). Rspr. und hM gehen von der Maßgeblichkeit des objektiv richtigen Gewinns aus (vgl. Rz. 178 mwN). **199**

Wird nicht dieser „objektiv richtige“ Gewinn (bzw. Verlust; s. Rz. 221) abgeführt bzw. ausgeglichen, so fehlt es **ertragsteuerlich** an einer tatsächlichen Durchführung im Sinne des § 14 Abs. 1 Satz 1 Nr. 3 Satz 1 KStG (*E/S/Erle/Heurung* § 14 KStG Rz. 176) und die Organschaft ist grundsätzlich steuerlich nicht anzuerkennen. Geschieht dies innerhalb der Fünfjahresfrist des § 14 Abs. 1 Satz 1 Nr. 3 Satz 1 KStG, so führt dies grundsätzlich dazu, dass die Organschaft rückwirkend von Anfang an nicht anzuerkennen ist (zur „ex tunc“-Wirkung vgl. BFH IV R 21/07 v. 21.10.10, DStR 10, 2505). Diesem Problem wird nunmehr durch § 14 Abs. 1 Satz 1 Nr. 3 Satz 4 und 5 KStG i.d.F der sog **„kleinen Organschaftsreform“** (UntStReisekÄndG v. 20.2.13, BGBl. I 13, 285) begegnet. Im Folgenden wird zunächst die diesbezügliche Diskussion bis zur Gesetzesänderung aufgezeigt (Rz. 201ff.), um anschließend die Änderungen aufgrund der Neuregelungen zu erläutern (Rz. 205ff.). **200**

Rechtslage bis zur sog. „kleinen Organschaftsreform“: Das in Rz. 199f. geschilderte Problem führte zu dem erheblichen Risiko, dass **handelsrechtliche Bilanzierungsfehler** zu einem **steuerrechtlichen Scheitern der Organschaft** führen können (vgl. *Dötsch* Der Konzern 09, 171; *Meining* GmbHR 10, 309). Dies war u.a. vor dem Hintergrund der zahlreichen ungeklärten Bilanzierungsfragen problematisch, wobei sich diese durch das BilMoG v. 26.5.09 (BGBl. I 09, 1102) weiter potenziert haben. Damit gewann die Frage, wann die Handelsbilanz im vorstehenden Sinne „objektiv richtig“ ist, beachtliche steuerliche Bedeutung. Zumindest während der Betriebsprüfung ausgetragene Meinungsverschiedenheiten zwischen Organgesellschaft und Finanzverwaltung über den handelsrechtlichen Ansatz oder die Bewertung von Bilanzposten führten im Grundsatz auch dann nicht zur Nichtanerkennung der Organschaft, wenn diese zu Mehrergebnissen aufgrund der Betriebsprüfung führen (BFH I R 156/93 v. 5.5.95, DStR 95, 1109; BFH IV R 21/07 v. 21.10.10, BStBl. II 14, 481). Dennoch ist es auch nach Ansicht des BFH *„nicht auszuschließen, daß im Einzelfall unrichtige Handelsbilanzansätze Ausdruck einer mangelnden tatsächlichen Durchführung … des EAV sein und zur Versagung der körperschaftsteuerlichen Anerkennung der Organschaft und damit der Gewinnabführung führen können“* (BFH I R 156/93 v. 5.5.95, aaO). **201**

In Teilen der Literatur wurde in diesem Zusammenhang darauf abgestellt, ob der Jahresabschluss den Voraussetzungen an einen ordnungsmäßigen Jahresabschluss ge- **202** nügt, wobei **Bilanzierungsfehler „dem Grunde nach"** (im Sinne von Nichtansatz einer zwingend auszuweisenden Bilanzposition) außer in den Fällen nur geringfügiger Beträge immer zu einem Scheitern der Organschaft führen sollen, während **Bilanzierungsfehler „der Höhe nach"** nur dann zu einer Versagung der Organschaft führen sollen, wenn damit das Bilanzergebnis wesentlich verfälscht wird (so *D/P/M/Dötsch* § 14 KStG Rz. 177). Vor dem Hintergrund der zahlreichen ungeklärten (gerade auch im Hinblick auf das BilMoG neuen) Bilanzierungsfragen und der mit dem Scheitern einer steuerlichen Organschaft verbundenen drastischen Rechtsfolgen nahm das vorstehende Problem immer größere Ausmaße an. Dies galt vor allem vor dem Hintergrund, dass das BMF zu der „richtigen" Bilanzierungspraxis nur sehr sparsam und wenn, dann mit beachtlicher zeitlichen Verzögerung Stellung nimmt (eine umfassende offizielle Antwort auf die zahlreichen Fragen anlässlich des BilMoG ist zB nicht erfolgt). Als erfreuliche Ausnahme ist zB die hier in Rz. 178 bereits dargestellte Verfügung der OFD Hannover v. 5.11.08 (DB 08, 483) zur handelsbilanziellen Erfassung des Körperschaftsteuerguthabens einer Organgesellschaft im Sinne von § 37 KStG zu begrüßen nach der die Organschaft auch dann steuerlich anzuerkennen ist, wenn das Guthaben fälschlicherweise auf Ebene des Organträges aktiviert wird. Allerdings ist zu beachten, dass diese Praxis der OFD Hannover von Vertretern der Finanzverwaltung auch abgelehnt wird (so zB *D/P/M/Dötsch* § 14 KStG Rz. 177; *Dötsch* Der Konzern 09, 171, 173: „die Unternehmen sollten sich in anderen Fällen des Nichtausweises zwingender Bilanzpositionen sowie der wesentlichen Falschbewertung von Bilanzpositionen eher auf eine restriktive Haltung der Finanzverwaltung einstellen").

203 Als weiteres Beispiel für die aus handelsrechtlichen Fragen resultierenden Gefahren für die Organschaft lässt sich die Bilanzierung **latenter Steuern** nennen (vgl. hierzu Rz. 178). Bis zur „kleinen Organschaftsreform" bestand das hohe Risiko, dass eine den in Rz. 178 dargestellten Grundsätzen nicht entsprechende bilanzielle Behandlung der latenten Steuern im Organkreis als Verstoß gegen die Abführung des „richtigen" Gewinns nach Ansicht der FinVerw organschaftsschädlich sein könnte.

204 Ist dem Steuerpflichtigen ein zur Nichtanerkennung der Organschaft führender Bilanzierungsfehler unterlaufen, so ließ sich die **Organschaft** auch schon vor der „kleinen Organschaftsreform" nach zutreffender Auffassung **noch retten**, wenn die betreffende Handelsbilanz rückwirkend berichtigt und die Gewinnabführung bzw. der Verlustausgleich entsprechend angepasst wird (so *Berger* DB 05, 903, 905; *Cahn/Simon* Der Konzern 03, 1, 6; *D/P/M/Dötsch* § 14 KStG Rz. 177; *E/S/Erle/Heurung* § 14 KStG Rz. 176; *Kreidl/Riehl* BB 06, 1880; im Ergebnis ebenso OFD Karlsruhe v. 16.1.14, FR 14, 434, 439). Teilweise wurde hierbei zu Recht auch die – handelsrechtlich akzeptierte (*IDW RS* HFA 6 Tz. 21 f.; *Breker/Kuhn* WPg 07, 770, 772 f.) – Korrektur in laufender Rechnung als ausreichend erachtet (so *Meining* GmbHR 10, 309, 311 f.; demnach kann die Korrektur auch in einem späteren Jahresabschluss erfolgen). Nach **aA** konnte eine fehlerhafte Vertragsdurchführung hierdurch nicht mehr geheilt werden (so wohl *Gosch/Neumann* § 14 KStG Rz. 310). Der BFH hat die Frage nach einer solchen Heilungsmöglichkeit bisher explizit offen gelassen (BFH IV R 21/07 v. 21.10.10, BStBl. II 14, 481).

205 **Rechtslage nach der „kleinen Organschaftsreform":** Mit der Einführung der Sätze 4 und 5 in § 14 Abs. 1 Satz 1 Nr. 3 KStG hat der Gesetzgeber erfreulicherweise auf die vorstehend in Rz. 201 ff. geschilderten Probleme reagiert. Die Neuregelung gilt für alle noch nicht bestandskräftig veranlagten Fälle (§ 34 Abs. 9 Nr. 7 KStG idF vor Gesetz v. 25.7.14, BGBl. I 14, 1266; zur Frage auf welche Steuerbescheide hierbei abzustellen ist vgl. *F/M/Frotscher* § 14 KStG Rz. 445c). Nach § 14 Abs. 1 Satz 1 Nr. 3 Satz 4 KStG gilt ein Gewinnabführungsvertrag unter den drei dort näher genannten kumulativen Voraussetzungen auch dann als durchgeführt, wenn die Gewinnabführung bzw. die Verlustübernahme auf einem Jahresabschluss beruht, der fehlerhafte Bilanzansätze enthält. Die Regelung enthält somit eine „Durchführungsfiktion". Sie greift nur bei **„fehlerhaften Bilanzansätzen"**, was auf Basis des handelsrechtlichen Fehlerbegriffs auszulegen ist (*Dötsch/Pung* DB 13, 305, 309; *Rödder* Ubg 12, 717, 720; *Schneider/Sommer* GmbHR 13, 22, 24f.; *Stangl/Brühl* Der Konzern 13, 77, 87). Unklar ist, inwieweit die Norm auch für Fehler gilt, die nicht „lupenreine" bilanzielle Fehler sind (zB Verstoß gegen das Verlustverrechnungsgebot und Abführungssperren; fehlerhafte Rücklagenbildung; vgl. hierzu Rz. 207f.).

Die **drei kumulativen Voraussetzungen** für die Durchführungsfiktion sind (vgl. hierzu auch OFD Karlsruhe v. 16.1.14, FR 14, 434, 436 ff.): 206

- Der Jahresabschluss ist wirksam festgestellt (vgl. näher hierzu *D/P/M/Dötsch* § 14 KStG Rz. 209f.; *F/M/Frotscher* § 14 KStG Rz. 445c; *Stangl/Brühl* Der Konzern 13, 77, 88 mwN).
- Die Fehlerhaftigkeit hätte bei Erstellung des Jahresabschlusses unter Anwendung der Sorgfalt eines ordentlichen Kaufmanns nicht erkannt werden müssen. Hierfür enthält § 14 Abs. 1 Satz 1 Nr. 3 Satz 5 KStG eine Fiktion, nach der ein schädliches „Erkennenmüssen" nicht vorliegt, wenn ein uneingeschränkter Bestätigungsvermerk (o. ä.) vorliegt. Vgl. näher hierzu *D/P/M/Dötsch* § 14 KStG Rz. 209h; *F/M/Frotscher* § 14 KStG Rz. 445 ff.; *Stangl/Brühl* Der Konzern 13, 77, 88 f. mwN.
- Ein von der Finanzverwaltung beanstandeter Fehler muss spätestens in dem nächsten nach dem Zeitpunkt der Beanstandung des Fehlers aufzustellenden Jahresabschluss der Organgesellschaft und des Organträgers korrigiert und das Ergebnis entsprechend abgeführt oder ausgeglichen werden. Dieses „Korrekturerfordernis" soll aber nur gelten, soweit es sich um einen Fehler handelt, der in der Handelsbilanz zu korrigieren ist. Vgl. näher hierzu *D/P/M/Dötsch* § 14 KStG Rz. 209i ff.; *F/M/Frotscher* § 14 KStG Rz. 445g ff.; *Stangl/Brühl* Der Konzern 13, 77, 89 ff.

Auch im Hinblick auf die **Verlustvortragsverrechnung** (siehe hierzu allgemein unter Rz. 180ff.) stellt sich die Frage, ob das „Vergessen" der Verlustvortragsverrechnung über eine nachträgliche Korrektur der Gewinnabführung **geheilt** werden kann. Die wohl überwiegende Auffassung im Schrifttum bejaht dies schon vor der „kleinen Organschaftsreform" aus allgemeinen Erwägungen heraus (*Berger* DB 05, 903, 905; *D/P/M/Dötsch* § 14 KStG Rz. 181; *E/S/Erle/Heurung* § 14 KStG Rz. 176; *Krau* StBp 10, 65; *Kreidl/Riehl* BB 06, 1880; *Schneider/Hintz* Ubg 09, 238, 745). Hierbei war es allerdings umstritten, ob die Korrektur zwingend für das Jahr erfolgen muss, in dem die Verlustverrechnung „vergessen" wurde (so im Grundsatz *D/P/M/Dötsch* § 14 KStG Rz. 181) oder ob eine Korrektur für laufende Verrechnung ausreichend ist (so zB *Meining* GmbHR 10, 309, 311f.). Nunmehr sollte u. E. eine „vergessene" Verlustvortragsverrechnung zumindest über die Regelung des § 14 Abs. 1 Satz 1 Nr. 3 Satz 4 und 5 KStG idF der „kleinen Organschaftsreform" heilbar sein (vgl. BT-Drs. 17/10774 (Begründung zu § 14 Abs. 1 Satz 1 Nr. 3); *D/P/M/Dötsch* § 14 KStG Rz. 181a und 209d; *E&Y/Walter* § 14 KStG Rz. 652.1; *F/M/Frotscher* § 14 KStG Rz. 445f.; *H/H/R/Dorenkamp* § 14 KStG Rz. J 12-8; *Stangl/Brühl* Der Konzern 13, 77, 87f. mwN). 207

Nach zutreffender Ansicht sollte auch auf einen Verstoß gegen die **rücklagenbezogenen Abführungssperren** (vgl. allgemein hierzu Rz. 184 und Rz. 251ff.) und die Abführungssperre gem. **§ 268 Abs. 8 HGB** (vgl. hierzu Rz. 187ff.) die Heilungsmöglichkeit nach § 14 Abs. 1 Satz 1 Nr. 3 Satz 4 und 5 KStG idF der „kleinen Organschaftsreform" anwendbar sein (*Dötsch/Pung* DB 13, 305, 309; *E&Y/Walter* § 14 KStG Rz. 652.2; *F/M/Frotscher* § 14 KStG Rz. 445f.; *Stangl/Brühl* Der Konzern 13, 77, 88; ebenso OFD Karlsruhe v. 16.1.14, FR 14, 434, 436 ff.). Zu § 14 Abs. 1 Satz 1 Nr. 4 KStG s. Rz. 254. 208

Fraglich ist, ob die vor der Neuregelung diskutierten **Korrekturmöglichkeiten** (vgl. hierzu Rz. 204) neben den § 14 Abs. 1 Satz 1 Nr. 3 Satz 4 und 5 KStG weiter anzuwenden sind, oder ob sie durch die Neuregelung vollständig verdrängt werden. 209

Nach Auffassung der FinVerw. (OFD Karlsruhe v. 16.1.14, FR 14, 434, 426: *„Eine rückwirkende Korrektur ist unabhängig von der Heilungsmöglichkeit des § 14 Abs. 1 Satz 1 Nr. 3 Sätze 5 und 5 KStG wie bereits bisher möglich."*) und im Schrifttum vertretener Auffassung (vgl. *Dötsch/Pung* DB 13, 305, 311; *Schneider/Sommer* GmbHR 13, 22, 24; *Streck/Olbing* § 14 KStG Rz. 129; *Stangl/Brühl* Der Konzern 13, 77, 86f.) ist dies möglich. Diese Frage ist z.B. in Fällen relevant, in denen es strittig ist, ob die Voraussetzungen des § 14 Abs. 1 Satz 1 Nr. 3 Satz 4 Buchst. b (ggf. iVm. Satz 5) KStG bezüglich der Anwendung der Neuregelung vorliegen.

210–212 *(frei)*

ee) Keine Besonderheiten bei einer GmbH als Organgesellschaft (§ 17 Abs. 1 Satz 2 Nr. 1 KStG)

213 § 17 Abs. 1 Satz 1 KStG fordert eine Verpflichtung zur Abführung des **„ganzen Gewinns"**. Als zusätzliche Voraussetzung nennt **§ 17 Abs. 1 Satz 2 Nr. 1 KStG**, dass eine Gewinnabführung den in § 301 AktG genannten Betrag nicht überschreitet. Daraus ergibt sich das steuerliche Erfordernis, die handelsrechtliche Obergrenze einerseits nicht zu unterschreiten und andererseits nicht zu überschreiten („Punktlandung", vgl. Rz. 172). Nach Verwaltungsauffassung muss die letztere Voraussetzung des § 17 Abs. 1 Satz 2 Nr. 1 – im Gegensatz zu § 17 Abs. 1 Satz 2 Nr. 2 KStG (vgl. Rz. 230ff.) – für Organgesellschaften in der Rechtsform einer GmbH nicht explizit Eingang in den Gewinnabführungsvertrag finden, es ist vielmehr ausreichend, wenn die Grenze tatsächlich eingehalten wird (vgl. BMF v. 24.3.94, DB 94, 708; BMF v. 14.1.10, BStBl. I 10, 65; vgl. auch *D/P/M/Dötsch* § 17 KStG Rz. 17; *S/F/Brink* § 17 KStG Rz. 66; zu der besonderen Problematik bei der UG (haftungsbeschränkt) vgl. Rz. 186 sowie *Rubel* GmbHR 10, 470). Wird eine explizite auf § 301 AktG Bezug nehmende Regelung in den Gewinnabführungsvertrag aufgenommen, so empfiehlt sich eine **„dynamische Verweisung"** auf diese Norm „in der jeweils gültigen Fassung", da damit sichergestellt ist, dass auch künftige – nach Gesellschaftsrecht (vgl. Rz. 52) und nach § 17 Abs. 1 Satz 2 Nr. 1 KStG in der tatsächlichen Durchführung zwingend zu beachtende – Änderungen des § 301 AktG automatisch Vertragsbestandteil werden (vgl. hierzu *D/P/M/Dötsch* § 17 KStG Rz. 17, dort auch mit Hinweis auf die Rechtsfolgen einer statischen Wiedergabe des Wortlauts des § 301 AktG im Vertrag bei einer künftigen Änderung des § 301 AktG (insoweit Unwirksamkeit des ansonsten (ggf. verdeutlicht durch eine Salvatorische Klausel) weitergeltenden Vertrags mit zwingender Beachtung der neuen Höchstgrenze).

214 Zur Bestimmung der vorstehend genannten Grenzen („ganzer Gewinn" und Obergrenze im Sinne des § 301 AktG) kann grds auf die allgemeinen Ausführungen zu § 14 KStG unter Rz. 170ff. verwiesen werden. Eine Ausnahme gilt für die in § 301 AktG angesprochenen gesetzlichen Rücklagen nach § 300 AktG. Da § 300 AktG bei einer GmbH nicht entsprechend anzuwenden ist (vgl. Rz. 186), ist bei der Ermittlung der Obergrenze im Sinne der entsprechenden Anwendung des § 301 AktG auch keine Einstellung in diese Rücklagen zu fordern (zur Problematik bei der UG (haftungsbeschränkt) vgl. Rz. 186). Erfolgt dies doch, so soll dies nach im Schrifttum vertretener Auffassung nur dann nicht organschaftsschädlich sein, wenn die Voraussetzungen des § 14 Abs. 1 Satz 1 Nr. 4 KStG (vgl. hierzu Rz. 254) eingehalten sind (vgl. *D/P/M/Dötsch* § 17 KStG Rz. 19 mwN).

215–219 *(frei)*

i) Verlustübernahme (§ 302 AktG, §§ 14 Satz 1, 17 Abs. 1 Satz 2 Nr. 2 KStG)

aa) Allgemein

220 Gem. § 302 Abs. 1 AktG hat der Organträger der Organgesellschaft „jeden sonst entstehenden Jahresfehlbetrag auszugleichen", soweit nicht ein Ausgleich durch Verwendung von Rücklagen möglich ist, die während der Dauer des Vertrages gebildet

worden sind. Auf diese Ansprüche kann nur nach Maßgabe des § 302 Abs. 3 AktG verzichtet werden.

221 *„Die **Höhe des Ausgleichsanspruchs** wird nicht durch den festgestellten Jahresabschluss verbindlich festgelegt, sondern durch den zum Bilanzstichtag **zutreffend ausgewiesenen Fehlbetrag** bestimmt."* (so BGH II ZR 361/02 v. 14.2.05, ZIP 05, 854; BGH II ZR 120/98 v. 11.10.99, NJW 00, 210; BGH II ZR 172/88 v. 5.6.89, BB 89, 1518; BFH I R 156/93 v. 5.4.95, BFHE 177, 429; aA *Hennrichs* ZHR 174 (2010), 683; *Krieger* NZG 05, 787; vgl. zur Maßgeblichkeit des „objektiv richtigen" handelsbilanziellen Ergebnisses allgemein auch Rz. 178). Zur erfolgreichen prozessualen Geltendmachung eines Verlustausgleichsanspruchs ist es daher nicht erforderlich, die Nichtigkeit der zugrunde gelegten Bilanz gemäß § 256 AktG nachzuweisen. Es genügt vielmehr, den bei objektiv ordnungsgemäßer Bilanzierung sich ergebenden Fehlbetrag darzulegen und zu beweisen (BGH II ZR 361/02 v. 14.2.05, aaO).

222 **Ertragsteuerlich** gelten die Ausführungen zu den Bilanzierungsfehlern und zu § 14 Abs. 1 Satz 1 Nr. 3 Sätze 4 und 5 KStG idF der „kleinen Organschaftsreform" unter Rz. 199 ff. ebenfalls für die Ermittlung des auszugleichenden Verlusts.

223 Für die Beantwortung der Frage, wie der Umfang des bei **Beendigung des Vertrages auszugleichenden Verlustes** zu ermitteln ist, ist wie folgt zu differenzieren: Fällt der Zeitpunkt der Beendigung des Gewinnabführungsvertrags mit dem Bilanzstichtag der Organgesellschaft zusammen, ist der auf diesen Stichtag zu ermittelnde Verlust maßgeblich für die Verlustausgleichsverpflichtung (*Hüffer* AktG § 302 Rz. 13). Zu diesem Zeitpunkt tritt zugleich Fälligkeit des Anspruchs ein (siehe Rz. 224). Fällt der Beendigungszeitpunkt in das Geschäftsjahr der Organgesellschaft, so ist ein auf die Zeit bis zur Beendigung angefallener Verlust in einer Zwischenbilanz zu ermitteln und noch auszugleichen (BGH II ZR 170/87 v. 14.12.87, NJW 88, 1326; BGH II ZR 255/87 v. 19.9.88, NJW 88, 3143). Zum Gewinnabführungsanspruch bei unterjähriger Vertragsbeendigung s. Rz. 192.

224 Nach der Rechtsprechung des BGH **entsteht** der Verlustübernahmeanspruch am Stichtag der Bilanz der Organgesellschaft und er wird auch unmittelbar mit seiner Entstehung **fällig** (vgl. BGH II ZR 120/98 v. 11.10.99, DStR 99, 1998; BGH II ZR 361/02 v. 14.2.05, NZG 05, 481; ebenso zB *Hüffer* AktG § 302 Rz. 15 mwN).

225 Der Anspruch ist demgemäß bis zu seiner Erfüllung zu **verzinsen** (vgl. BGH II ZR 120/98 v. 11.10.99, DStR 99, 1998; ebenso zB *Hüffer* AktG § 302 Rz. 16 mwN).

226 Auch die **Finanzverwaltung** bejaht das Entstehen und die Fälligkeit des Verlustausgleichsanspruchs zum Bilanzstichtag und eine Pflicht zur Verzinsung des Anspruchs (vgl. BMF v. 15.10.07, BStBl. I 07, 765; LfSt Bayern v. 10.4.07, DStR 07, 994). Eine unterlassene oder unzutreffende Verzinsung soll als bloße Nebenpflichtverletzung nach Verwaltungsauffassung jedoch einer tatsächlichen Durchführung des Gewinnabführungsvertrags im Sinne des § 14 Abs. 1 Satz 1 Nr. 3 Satz 1 KStG nicht entgegenstehen, womit dies nicht zur steuerlichen Nichtanerkennung der Organschaft führt, sondern lediglich als verdeckte Gewinnausschüttung und daher im Rahmen der Organschaft als vorweggenommen Gewinnabführung zu behandeln ist (vgl. BMF v. 15.10.07, BStBl. I 07, 765; LfSt Bayern v. 10.4.07, DStR 07, 994; ebenso zB *D/P/M/Dötsch* § 14 KStG Rz. 20). Fraglich ist, ob dies auch dann gilt, wenn die Verzinsung explizit im Vertrag vereinbart ist und anschließend nicht tatsächlich erfolgt. Nach uE zutreffender Ansicht sollte auch in diesen Fällen die Organschaft steuerlich anerkannt werden, da es sich weiterhin nur um die Verletzung einer Nebenpflicht handelt (vgl. *Blümich/Danelsing* § 14 KStG Rz. 134 mwN). Nach aA ist die Organschaft in diesen Fällen körperschaftsteuerlich nicht anzuerkennen (so tendenziell wohl *D/P/M/ Dötsch* § 14 KStG Rz. 201 mwN zum Diskussionsstand). Vor dem Hintergrund dieser unsicheren Rechtslage empfiehlt es sich u.E. im Gewinnabführungsvertrag **keine explizite Regelung zur Verzinsung** aufzunehmen. Sie ist dann nach den allgemeinen Grundsätzen durchzuführen und ein Fehler bei dieser Durchführung

sollte nach vorstehender Verwaltungsauffassung nicht organschaftsschädlich sein. Teilweise wird auch empfohlen, im Gewinnabführungsvertrag explizit einen Verzicht auf die Verzinsung zu vereinbaren (so *E&Y/Walter* § 14 KStG Rz. 649).

227–229 *(frei)*

bb) Spezielle Anforderungen bei GmbH als Organgesellschaft (§ 17 Abs. 1 Satz 2 Nr. 2 KStG)

230 Die wohl kritischste Voraussetzung des § 17 KStG ist in **§ 17 Abs. 1 Satz 2 Nr. 2 KStG** enthalten. Hierbei ist zwischen der Gesetzesfassung („aF") vor der „kleinen Organschaftsreform" (s. allgemein hierzu Rz. 231 ff.) und der Gesetzesfassung („n. F.") nach dieser Reform (siehe hierzu Rz. 238 ff.) zu unterscheiden. Dabei ist die Altfassung auf Gewinnabführungsverträge anzuwenden, die bis zum 26.2.13 abgeschlossen wurden, und die Neufassung gilt für ab dem 27.2.13 abgeschlossene Gewinnabführungsverträge und für davor geschlossene Verträge, die nach dem 26.2.13 geändert werden (§ 17 Abs. 2 KStG iVm. § 34 Abs. 10b Satz 1 KStG idF des Gesetzes v. 18.12.13 (BGBl. I 13, 4318)). Ein Vertrag ist dann „abgeschlossen", wenn er unterzeichnet wird, eine ggf. noch ausstehende Zustimmung der Hauptversammlung ist insoweit nicht von Relevanz (vgl. *D/P/M/Dötsch* § 17 KStG Rz. 31; *F/M/Frotscher* § 17 KStG Rz. 44; s. zur vergleichbaren Situation bei § 34 Abs. 9 Nr. 3 Satz 1 KStG aF: BMF v. 10.11.05, BStBl. I 05, 1038).

231 **§ 17 Satz 2 Nr. 2 KStG idF vor der „kleinen Organschaftsreform"** (bis zum 26.2.13 abgeschlossene Gewinnabführungsverträge): Nach § 17 Satz 2 Nr. 2 KStG aF muss **„eine Verlustübernahme entsprechend den Vorschriften des § 302 des Aktiengesetzes vereinbart"** werden. Die Norm hat ihren Ursprung in einer Zeit, in der es noch nicht geklärt war, ob § 302 AktG auch auf eine GmbH entsprechend anwendbar ist. Hierbei sollte sichergestellt werden, dass ein körperschaftsteuerliche Organschaft nur dann erreicht werden kann, wenn eine vertragliche Verpflichtung zur Verlustübernahme besteht, die der des § 302 AktG gleichkommt. Gesellschaftsrechtlich ist es nunmehr allerdings geklärt, dass § 302 AktG auch bei einer GmbH Anwendung findet (vgl. Rz. 52). Vor diesem Hintergrund ist eine Aufnahme einer dem § 302 AktG entsprechenden Verlustübernahmeverpflichtung in den Gewinnabführungsvertrag zu einer GmbH an sich rein deklaratorisch. Dennoch hat der BFH in einer beeindruckenden Vielzahl von Urteilen entschieden, dass der Wortlaut des § 17 Satz 2 Nr. 2 KStG aF („vereinbart") dazu zwingt, dass ein Gewinnabführungsvertrag zu einer GmbH zwingend eine Klausel für die Verlustübernahme entsprechend den Vorschriften des § 302 AktG enthalten muss (vgl. BFH I R 220/78 v. 17.12.80, BStBl. II 81, 383; BFH I R 43/99 v. 29.3.00, BFH/NV 00, 1250; BFH I R 73/05 v. 22.2.06, GmbHR 06, 890; BFH I R 74/05 v. 22.2.06, DStR 06, 1224; BFH I R 68/09 v. 3.3.10, BFH/NV 10, 1132; BFH I B 27/10 v. 28.7.10, BStBl. II 10, 932 (geändert durch BFH I B 27/10 v. 15.9.10, BStBl. II 10, 935); BFH I B 83/10 v. 22.12.10, DStR 11, 219; BFH I R 40/12 v. 24.7.13, BStBl. II 14, 272). Die Vereinbarung sollte sich auch unmittelbar im Gewinnabführungsvertrag befinden, eine Vereinbarung in einer Nebenabrede etc wird nicht akzeptiert (so zB FG Baden-Württemberg II 196/82 v. 26.6.85, EFG 86, 88; *F/M/Frotscher* § 17 KStG Rz. 29; *Gosch/Neumann* § 17 KStG Rz. 11). Vor dem Hintergrund des rein deklaratorischen gesellschaftsrechtlichen Charakters einer solchen Klausel enthält § 17 Satz 2 Nr. 2 KStG aF somit – zumindest im Falle einer GmbH als Organgesellschaft (vgl. zur Unternehmergesellschaft (haftungsbeschränkt) Rz. 186 sowie *Rubel* GmbHR 10, 470 mwN) – eine **rein steuerliche Formvorschrift**.

232 Die vorstehende Rechtsprechung zu § 17 Satz 2 Nr. 2 KStG aF ist zu Recht einer beachtlichen **Kritik** ausgesetzt (vgl. hierzu zB *Crezelius* Ubg 09, 733; *Hahn* DStR 09, 1834; *Lenz* Ubg 10, 179; *Schneider/Hinz* Ubg 09, 741). Diese Kritik haben sich auch einige Finanzgerichte zu Herzen genommen, was schon ein Blick auf die Vielzahl von

Revisionsverfahren zeigt (vgl. zB FG Köln 13 K 4779/04 v. 13.5.09, EFG 09, 1969; vgl. nunmehr aber FG Köln 13 K 3136/04 v. 12.4.11, BeckRS 2011, 95710). Eine sich gegen die BFH-Rechtsprechung richtende **Verfassungsbeschwerde** wurde jedoch nicht zur Entscheidung angenommen (BVerfG 2 BvR 998/10 v. 31.8.10, nv). Auch eine im Rahmen des Gesetzgebungsverfahren zum JStG 2010 diskutierte **Gesetzesinitiative** zur Änderung des § 17 Satz 2 Nr. 2 KStG a.F. (vgl. BR-Drs 318/10, S. 59ff.) wurde leider nicht umgesetzt. Zur Änderung des § 17 Satz 2 Nr. 2 KStG (jetzt: § 17 Abs. 1 Satz 2 Nr. 2 KStG) durch die „kleine Organschaftsreform" siehe Rz. 238ff.

Das Scheitern der vorstehenden Gesetzgebungsinitiative ist zwar einerseits im Zu- **233**
sammenhang mit der unter Rz. 231 dargestellten Rechtsprechungsentwicklung aber andererseits auch in einem gewissen Zusammenhang mit der nunmehr eröffneten Möglichkeit einer EU-/EWR-Gesellschaft als Organgesellschaft (vgl. Rz. 68) zu sehen (vgl. hierzu die Hinweise auf zugezogene Kapitalgesellschaften bei BFH I R 68/09 v. 3.3.10, DStR 10, 858 und *E/S/Erle/Heurung* § 17 KStG Rz. 42; kritisch hierzu *Kutsch* GmbHR 10, 953, 957). Zu der Problematik des „grenzüberschreitenden Gewinnabführungsvertrags" vgl. *Winter/Marx* DStR 11, 1101ff.

Nach der vorstehenden Rechtsprechung muss sich die Vereinbarung im Sinne des **234**
§ 17 Satz 2 Nr. 2 KStG a.F. auf **Absatz 1** und **Absatz 3** des § 302 AktG beziehen (vgl. zB BFH I R 220/78 v. 17.12.80, BStBl. II 81, 383; BFH I R 43/99 v. 29.3.00, BFH/NV 00, 1250; BFH I R 74/05 v. 22.2.06, DStR 06, 275; KStR 66 Abs. 3 Satz 2). Mit dem *Gesetz zur Anpassung von Verjährungsvorschriften an das Gesetz zur Modernisierung des Schuldrechts* v. 9.12.04 (BGBl. I 04, 3214) wurde in § 302 AktG ein neuer Absatz 4 eingefügt (vgl. *Schothöfer* GmbHR 05, 982). § 17 Satz 2 Nr. 2 KStG aF erfordert, dass sich die „Vereinbarung" auch auf diesen **Absatz 4** erstreckt (BFH I B 27/10 v. 28.7.10, BStBl. II 10, 932 (geändert durch BFH I B 27/10 v. 15.9.10, BStBl. II 10, 935) BFH I R 40/12 v. 24.7.13, BStBl. II 14, 272; BMF v. 16.12.05, BStBl. I 06, 12). Die Finanzverwaltung beanstandet es jedoch nicht, wenn vor dem 1.1.06 abgeschlossene Gewinnabführungsverträge einen Hinweis auf § 302 Abs. 4 AktG nicht enthalten; auch eine Anpassung dieser (Alt-)Verträge wird nicht gefordert (BMF v. 16.12.05, BStBl. I 06, 12). Der BFH hat die Anerkennung dieser Übergangsregel der Finanzverwaltung aber zumindest für nach dem Inkrafttreten des § 302 Abs. 4 AktG (also seit dem 15.12.04) geschlossene Gewinnabführungsverträge abgelehnt (BFH I R 40/12 v. 24.7.13, BStBl. II 14, 272; vgl. hierzu Rz. 240). Eine Übernahme des den Fall der Betriebsverpachtung/-überlassung betreffenden **Absatz 2** des § 302 AktG in einen regulären Gewinnabführungsvertrag wird hingegen nicht gefordert (so zB *E&Y/Walter* § 17 KStG Rz. 12 und *D/P/M/Dötsch* § 17 KStG Rz. 26 unter Hinweis auf BFH I B 83/10 v. 22.12.10, DStR 11, 219; vgl. hierzu auch *Gosch* BFH/PR 11, 144f.; auch KStR 66 Abs. 3 Satz 2 weist nur auf Abs. 1 und Abs. 3 des § 302 AktG hin).

Gestärkt durch die in Rz. 231 erläuterte Rechtsprechung hatte die Finanzverwal- **235**
tung Gewinnabführungsverträge zu einer GmbH vermehrt unter dem Gesichtspunkt der formalen Anforderungen des § 17 Satz 2 Nr. 2 KStG aF geprüft. Hierbei hat sie zunächst eine sehr restriktive Auslegungsvariante verfolgt (vgl. OFD Rheinland v. 12.8.09, DStR 10, 1136; OFD Magdeburg v. 6.4.10, KSt-Kartei ST § 17 KStG Karte 2), die dazu geführt hätte, dass folgende – in der Praxis nicht unübliche – Formulierung nicht mehr den steuerlichen Anforderungen des § 17 Satz 2 Nr. 2 KStG aF genügt hätte (vgl. hierzu zB *Rödder* DStR 10, 1218):

„Die ... GmbH verpflichtet sich, entsprechend § 302 AktG jeden während der Vertragsdauer sonst entstehenden Jahresfehlbetrag der ... GmbH auszugleichen, soweit dieser nicht dadurch ausgeglichen wird, dass den freien Gewinnrücklagen Beträge entnommen werden, die während der Vertragsdauer in sie eingestellt worden sind."

236 Die Finanzverwaltung sah hierin zunächst keine für Zwecke des § 17 Satz 2 Nr. 2 KStG aF ausreichende Formulierung, da mit der wörtlichen Wiedergabe des Wortlauts des § 302 Abs. 1 AktG der in der Formulierung enthaltene Verweis auf § 302 AktG einschränkend zu interpretieren sei, womit es an einer Bezugnahme auf § 302 Abs. 3 (und Abs. 4) AktG fehle. Dieser restriktiven Auslegungsalternative ist der BFH zu Recht nicht gefolgt [vgl. BFH I B 27/10 v. 28.7.09, BStBl. II 10, 932 (geändert durch BFH I B 27/10 v. 15.9.10, BStBl. II 10, 935)]. Die Finanzverwaltung hat sich dieser Rechtsprechung zwischenzeitlich angeschlossen und hält an ihrer alten Auffassung nicht länger fest (BMF v. 19.10.10, BStBl. I 10, 836).

237 Das Vorstehende zeigt, dass die Vereinbarung der Verlustübernahme im Sinne des § 17 Satz 2 Nr. 2 KStG aF bei der Gestaltung eines Gewinnabführungsvertrags zu einer GmbH ein steuerlich hochsensibler Bereich mit schwer vermeidbaren Risiken ist. In der Praxis finden sich zu § 17 Satz 2 Nr. 2 KStG aF unterschiedliche **„vertragliche Konzeptionen“**:

– **Wortlautklausel:** Einer eher älteren Vertragspraxis entsprach es, den Wortlaut des § 302 Abs. 1, Abs. 3 und Abs. 4 AktG unmittelbar in den Gewinnabführungsvertrag aufzunehmen. Die Finanzverwaltung akzeptierte dies. Nach KStR 66 Abs. 3 Satz 2 und Satz 3 ist es ausreichend, wenn der „Vertragstext entsprechend dem Inhalt dieser Vorschriften gestaltet wird.“ Mit „diesen Vorschriften“ ist § 302 Abs. 1 und Abs. 3 AktG angesprochen (KStR 66 Abs. 3 Satz 2). Nach der Erweiterung des § 302 AktG um einen Abs. 4 (vgl. Rz. 234) dürfte für diesen Absatz entsprechendes gelten. Tendenziell strenger formuliert die – zwischenzeitlich aufgehobene (vgl. Rz. 236) OFD Rheinland v. 12.8.09 (DStR 10, 1136), wenn sie fordert, dass der Gewinnabführungsvertrag „den Wortlaut der Vorschrift des § 302 AktG wörtlich übernehmen“ muss. Eine Differenzierung im Hinblick auf § 302 Abs. 2 AktG wird von der OFD Rheinland hier nicht vorgenommen.
  Obwohl die Übernahme des Wortlauts des § 302 Abs. 1, Abs. 3 und Abs. 4 AktG demnach steuerlich vor der Änderung durch die „kleine Organschaftsreform“ (s. hierzu Rz. 238ff.) zu akzeptieren ist, erschien eine Wortlautklausel dennoch als suboptimal, wenn die Möglichkeit in Betracht gezogen wurde, dass § 302 AktG gesetzlichen Änderungen unterzogen werden kann. So hat die Einführung von § 302 Abs. 4 AktG bei Verträgen mit solchen Klauseln zunächst für Unruhe gesorgt. Die Finanzverwaltung hat zwar in diesem Fall mit einer Übergangsregelung reagiert, die jedoch vom BFH (zumindest teilweise) abgelehnt wird (vgl. Rz. 234). Darüber hinaus ist nicht ganz sicher, ob die Finanzverwaltung diese Praxis für noch unter § 17 Satz 2 Nr. 2 KStG aF fallende Gewinnabführungsverträge auch bei allen künftigen Änderungen des § 302 AktG beibehält.
– **Verweisklausel:** In jüngerer Zeit verbreitete sich ein Vorgehen, wonach sich der Gewinnabführungsvertrag schlicht an den Wortlaut des § 17 Satz 2 Nr. 2 KStG hält und dementsprechend im Vertrag eine Klausel aufgenommen wird, wonach „eine Verlustübernahme entsprechend den Vorschriften des § 302 AktG vereinbart wird“. Ein Verweis auf den § 302 AktG innerhalb des Vertragstextes wird von KStR 66 Abs. 3 Satz 2 akzeptiert. Die – zwischenzeitlich aufgehobene (vgl. Rz. 235) – Verfügung der OFD Rheinland v. 12.8.09 (DStR 10, 1136) hat es ebenfalls als ausreichend erachtet, wenn die Verpflichtung zur Verlustübernahme – ohne jegliche Einschränkung – „entsprechend den Regelungen des § 302 AktG“ vereinbart wird.
  Diese Alternative erschien für Verträge, die noch unter § 17 Satz 2 Nr. 2 KStG aF fallen, vorzugswürdig. Zwar gibt sie dem Vertragsanwender wenig dafür in die Hand, wie der Verlustausgleich zu berechnen bzw. durchzuführen ist (hierfür ist dann ein Blick in den § 302 AktG selbst notwendig). Allerdings ist die Vertragsregel einfach ausgestaltet und lässt keinen Raum für eine evtl. steuerschädliche Auslegung. Beachtet man zusätzlich die Möglichkeit künftiger gesetzlicher Änderungen

des § 302 AktG empfahl es sich schon vor der „kleinen Organschaftsreform“, **die Klausel zu dynamisieren,** indem auf „alle“ Vorschriften des § 302 AktG „in der jeweils gültigen Fassung“ verwiesen wird. Zwar verließ man hiermit den reinen Wortlaut des § 17 Satz 2 Nr. 2 KStG aF, dafür vermied man aber etwaige Unsicherheiten bei künftigen Gesetzesänderungen. Dementsprechend empfahl auch letztlich die wohl hM zu § 17 Satz 2 Nr. 2 KStG aF im Schrifttum eine Dynamisierung (vgl. *E&Y/Walter* § 17 KStG Rz. 12 mit zahlreichen weiteren Nachweisen; im Ergebnis auch *E/S/Erle/Heurung* § 17 KStG Rz. 44). Zum Dynamisierungszwang für Verträge, die von § 17 Satz 2 Nr. 2 KStG n. F. erfasst werden, siehe Rz. 238 ff.

– **Kombinationsklausel:** Eine Zwischenlösung zwischen den beiden vorstehenden Alternativen ist es, auf den (gesamten) § 302 AktG zu verweisen und ergänzende Erläuterungen in den Vertragstext aufzunehmen. Eine solche Zwischenlösung (Verweis auf § 302 AktG mit gleichzeitiger Wiedergabe des Wortlauts des § 302 Abs. 1 AktG) wurde von der Finanzverwaltung zunächst nicht akzeptiert, wurde aber dann anschließend vom BFH und auch der Verwaltung anerkannt (vgl. Rz. 235). Die Finanzverwaltung lehnt die Anerkennung einer solchen Klausel allerdings dann ab, wenn die ergänzenden Erläuterungen *„erkennbar darauf gerichtet sind, die umfassende Bezugnahme auf § 302 AktG zu relativieren und bestimmt Absätze der Vorschrift von der Einbeziehung in die Vereinbarung über die Verlustübernahme auszuschließen“,* wobei *„von einer erkennbaren eingeschränkten Vereinbarung … nur dann auszugehen (ist), wenn der Wortlaut der Vereinbarung die Einschränkung eindeutig vorsieht oder über den Wortlaut hinaus konkrete weitere Anhaltspunkte vorliegen“* (BMF v. 19.10.10, BStBl. I 10, 836). Durch diese Einschränkung wurde wieder eine gewisse Grauzone eröffnet.
  Eine Vertragsklausel die „1 : 1“ der vom BFH und dem BMF zwischenzeitlich „abgesegneten“ Klausel entspricht, ist somit unter Geltung des § 17 Satz 2 Nr. 2 KStG aF unzweifelhaft anzuerkennen. Abweichungen hiervon sind allerdings insoweit als kritisch anzusehen, als man sich hiermit in die „Grauzone“ des BMF-Schreibens v. 19.10.10 (BStBl. I 10, 836) bewegt. Des Weiteren war auch in dieser Vertragsvariante über eine Dynamisierung des Verweises nachzudenken.

§ 17 Satz 2 Nr. 2 KStG idF der „kleinen Organschaftsreform“ (ab dem 27.2.13 abgeschlossene Gewinnabführungsverträge und davor abgeschlossene Gewinnabführungsverträge, die nach dem 26.2.13 geändert werden): Im Rahmen der „kleinen Organschaftsreform“ wurde § 17 Satz 2 Nr. 2 KStG so gefasst, dass nunmehr „eine Verlustübernahme durch Verweis auf die Vorschriften des § 302 Aktiengesetz in seiner jeweils gültigen Fassung vereinbart“ werden muss. Damit hat der Gesetzgeber nicht nur an dem strengen Formalerfordernis festgehalten, er hat es sogar **verschärft** (*Lenz/Adrian/Handwerker* BB 12, 2851, 2855; *Rödder* Ubg 12, 717, 718; *Stangl/Brühl* Der Konzern 13, 77, 94): Die Vereinbarung der Verlustübernahme muss nunmehr durch einen „Verweis“ vorgenommen werden und sie ist zwingend zu dynamisieren. Mit der Aufnahme eines Verweises auf § 34 Abs. 10b KStG idF der „kleinen Organschaftsreform“ in den neuen § 17 Abs. 2 KSG durch KroatienAnpG v. 25.7.14, BGBl. I 14, 1266) wurde § 17 Satz 2 Nr. 2 KStG ohne inhaltliche Änderung zu § 17 Abs. 1 Satz 2 Nr. 2 KStG. 238

Die genauen Anforderungen der Neufassung des § 17 Abs. 1 Satz 2 Nr. 2 KStG an die Vereinbarung einer Verlustübernahme sind **zweifelhaft** (vgl. *Mayer/Wiese* DStR 13, 629; *Scheifele/Hörner* DStR 13, 553; *Stangl/Brühl* DB 13, 538). Reine Wiedergaben des Wortlauts des geltenden § 302 AktG ohne Dynamisierungshinweis dürften – entgegen der bisherigen Praxis zu § 17 Abs. 1 Satz 2 Nr. 2 KStG aF (Rz. 237) – für § 17 Abs. 1 Satz 2 Nr. 2 KStG nF nicht mehr ausreichend sein. Vor dem Hintergrund des „Verweiserfordernisses“ wird nach hM empfohlen, in den Vertrag schlicht den Wortlaut des § 17 Abs. 1 Satz 2 Nr. 2 KStG nF aufzunehmen (vgl. *D/P/M/Dötsch* 239

§ 17 KStG Rz. 30; *Dötsch/Pung* DB 13, 305, 314; *E&Y/Walter* § 17 KStG Rz. 13; *Mayer/Wiese* DStR 13, 629, 630; *Rödder* Ubg 12, 717, 718; *Scheifele/Hörner* DStR 13, 553, 554; *Schneider/Sommer* GmbHR 13, 21, 29; *Stangl/Brühl* Der Konzern 13, 77, 93; vgl. auch den Formulierungsvorschlag bei OFD Karlsruhe v. 16.1.14, FR 14, 434, 439). Zweifelhaft ist, ob die bisher nicht unübliche (Rz. 237) Kombination eines (dynamischen) Generalverweises auf § 302 AktG iVm. der Wiedergabe ausgewählter Bereiche des geltenden § 17 Abs. 1 Satz 2 Nr. 2 KStG künftig noch anzuerkennen ist. Auch wenn für eine Anerkennung eines solchen Vorgehens überzeugende und u.E. zutreffende Gründe bestehen (vgl. *E&Y/Walter* § 17 KStG Rz. 13; *F/M/Frotscher* § 17 KStG Rz. 31f.; *H/H/R/Dorenkamp* § 17 KStG Rz. J 12-6; *Stangl/Brühl* DB 13, 538) und die Finanzverwaltung etwaige über den dynamischen Verweis hinausgehende Zusätze akzeptiert, wenn diese den Verweis nicht in Frage stellen (OFD Karlsruhe v. 16.1.14, FR 14, 434, 439), sollte darauf geachtet werden, sich im Gewinnabführungsvertrag auf den Verweis auf § 302 AktG in der jeweils geltenden Fassung zu beschränken und Wiedergaben des Wortlauts des geltenden § 302 AktG zu unterlassen.

240 Ein Kernstück der Neuregelung ist die in **§ 34 Abs. 10b KStG idF des Gesetzes v. 18.12.13, BGBl. I 13, 4318** eingeführte **Übergangsregelung**, die eine Heilung von vor dem 27.2.13 geschlossenen Gewinnabführungsverträgen („Altverträge") ermöglicht, die den Anforderungen des § 17 Satz 2 Nr. 2 KStG aF nicht genügen. Durch das KroatienAnpG v. 25.7.14 (BGBl. I 1266) wurde § 34 Abs. 10d KStG gestrichen, dessen Fortgeltung aber durch § 17 Abs. 2 KStG explizit angeordnet. Im Kern ist die Übergangsregelung nach hier vertretener Auffassung so zu lesen, dass eine rückwirkende Heilung solch mangelhafter Altverträge eintritt, wenn diese spätestens bis zum 31.12.14 an die Anforderungen des § 17 Abs. 1 Satz 2 Nr. 2 KStG n.F. angepasst werden und wenn eine Gewinnabführung entsprechend § 301 AktG bzw. eine Verlustübernahme entsprechend § 302 AktG auch tatsächlich erfolgt ist (§ 34 Abs. 10b Satz 2 KStG aF iVm. § 17 Abs. 2 KStG). Wird die Organschaft vor dem 1.1.15 beendet, tritt eine Heilung auch ohne die vorstehende Vertragsanpassung ein (§ 34 Abs. 10b Satz 3 KStG). Die Vertragsanpassung gilt nicht als Neuabschluss (§ 34 Abs. 10b Satz 4 KStG aF iVm. § 17 Abs. 2 KStG), womit keine neue fünfjährige Mindestlaufzeit zu vereinbaren ist und eine Vertragsanpassung während dieser Laufzeit nicht rückwirkend organschaftsschädlich ist. Das BMF hat zu dieser Neuregelung bisher nur in einem an den BDI gerichteten inoffiziellen Schreiben vom 29.5.13 Stellung genommen. Der BFH hatte in der Entscheidung I R 40/12 v. 24.7.13, BStBl. II 14, 272 bereits Gelegenheit, die Neuregelung anzuwenden. Im Einzelnen ergeben sich bei der Auslegung der Übergangsregelung aber **erhebliche Zweifelsfragen** (vgl. *Benecke/ Schnitger* IStR 13, 143; *Mayer/Wiese* DStR 13, 629; *Scheifele/Hörner* DStR 13, 553; *Stangl/Brühl* DB 13, 538; *Stangl/Brühl* Der Konzern 13, 77, 94ff.):

– **Sind Altverträge, die den Anforderungen des § 17 Satz 2 Nr. 2 KStG aF genügen, zwingend an die Neuregelung anzupassen?** Grundsätzlich besteht solange kein Anpassungszwang, als die Altverträge nicht geändert werden (§ 34 Abs. 10b Satz 1 KStG aF iVm. § 17 Abs. 2 KStG). Zweifel hieran werden allerdings geäußert, weil § 34 Abs. 10b Satz 2 KStG aF iVm. § 17 Abs. 2 KStG davon spricht, dass ein Altvertrag, der keinen § 17 Satz 2 Nr. 2 KStG aF „entsprechenden Verweis" enthält, einer Anerkennung der Organschaft nicht entgegensteht, wenn der Vertrag bis spätestens zum 31.12.14 an die Neuregelung angepasst und der Verlustausgleich entsprechend § 302 AktG tatsächlich durchgeführt wurde (vgl. *Scheifele/ Hörner* DStR 13, 553, 555 f.). § 17 Satz 2 Nr. 2 KStG aF forderte aber gerade keinen „Verweis" auf § 302 AktG. So ist u. a. für die Konzeption der Wortlautwiederholung (siehe Rz. 237) fraglich, ob ein Anpassungszwang besteht. Nach hier vertretener Auffassung ist dies abzulehnen (gl. A. *E&Y/Walter* § 17 KStG Rz. 14; *F/M/Frotscher* § 17 KStG Rz. 45 f.). Die Nennung eines „Verweises" in § 34 Abs. 10b Satz 2 KStG ist ein redaktioneller Fehler. Vor dem Finanzausschuss war noch ein Anpassungszwang vorgesehen (Verweis entsprechend § 17 Satz 2 KStG n. F.). Nachdem der Finanzausschuss hiervon abgerückt ist, hat der in § 34 Abs. 10b Satz 2 KStG aus dem n. F. schlicht ein aF gemacht (vgl. hierzu die Gesetzesmaterialien zur „kleinen Organschaftsreform“) und dabei vergessen, den Hinweis auf den „Verweis“ mit zu korrigieren. Dies dürfte auch dem Verständnis des BFH in BFH I R 40/12 v. 24 7.13, BStBl. II 14, 272 entsprechen.

- **Sind Altverträge, die keinen Verweis auf § 302 Abs. 4 AktG enthalten, zwingend anzupassen?** Für vor dem 1.1.06 abgeschlossene Gewinnabführungsverträge beanstandet es die Finanzverwaltung im Hinblick auf § 17 Satz 2 Nr. 2 KStG aF nicht, wenn diese keinen Bezug auf § 302 Abs. 4 AktG enthalten (vgl. Rz. 234). Im Schrifttum werden teilweise Zweifel daran geäußert, ob diese Verträge weiterhin anzuerkennen sind (siehe *D/P/M/Dötsch* § 17 KStG Rz. 34). Diese Zweifel sind u. E. zumindest für vor dem 15.12.04 geschlossene Verträge ungerechtfertigt – unter Zugrundelegung der Verwaltungsauffassung – und sollten letztlich auch nicht für nach dem 14.12.04 und vor dem 1.1.06 geschlossene Altverträge greifen (so letztlich im Ergebnis wohl auch *D/P/M/Dötsch* § 17 KStG Rz. 34). Für die Altverträge ist (bis zu einer evtl. Vertragsänderung) auch nach dem 26.2.13 weiterhin § 17 Satz 2 Nr. 2 KStG a.F. anzuwenden (§ 34 Abs. 10b Satz 1 KStG aF iVm. § 17 Abs. 2 KStG; vgl. aber Rz. 241). Diese Norm wurde im Hinblick auf § 302 Abs. 4 AktG von der Finanzverwaltung bisher so angewendet, dass ein vor dem 1.1.06 geschlossener Vertrag ohne Bezugnahme auf § 302 Abs. 4 AktG nicht zwingend anzupassen ist (vgl. Rz. 234). Der BFH folgt dieser Regelung zumindest für nach dem 14.12.04 geschlossene Verträge nicht und fordert auch für diese bereits eine Inkludierung des § 302 Abs. 4 AktG (vgl. BFH I R 40/12 v. 24.7.13, BStBl. II 14, 272). Aus dieser Rechtsprechung ist u. E. aber abzuleiten, dass auch nach Ansicht des BFH vor dem 15.12.04 geschlossene Verträge nicht auf § 302 Abs. 4 AktG verweisen müssen. Diese sind also nach § 17 Satz 2 Nr. 2 KStG aF weiterhin anzuerkennen. Aus § 34 Abs. 10b KStG kann unseres Erachtens nichts Gegenteiliges abgeleitet werden, da diese Altverträge – bis zu einer Änderung – weiterhin unter § 17 Satz 2 Nr. 2 KStG aF fallen (s § 34 Abs. 10b Satz 1 KStG). Die FinVerw. fordert zwar nach wie vor keine Anpassung der vor dem 1.1.06 geschlossenen Verträge, weist aber auf das Rechtsprechungsrisiko hin (vgl. OFD Niedersachsen v. 13.9.13, DStR 13, 2634; s. auch OFD Karlsruhe v. 16.1.14, FR 14, 434, 440).
- **Fällt auch ein vor dem 27.2.13 abgeschlossener aber erst nach dem 26.2.13 wirksam gewordener Gewinnabführungsvertrag unter die Übergangsregelung?** § 34 Abs. 10b Satz 1 KStG aF iVm. § 17 Abs. 2 KStG stellt lediglich auf den Abschluss eines Vertrages, d. h. auf dessen Unterschreibung (Rz. 230), ab. § 34 Abs. 10b Satz 2 KStG aF iVm. § 17 Abs. 2 KStG greift hingegen nur für nach dem 26.2.13 „wirksam abgeschlossene“ Verträge. Wurde ein Vertrag somit vor dem 27.2.13 abgeschlossen und erst nach dem 26.2.13 in das Handelsregister eingetragen, so fällt er nach dem Wortlaut der Norm noch unter § 17 Satz 2 Nr. 2 KStG aF (§ 34 Abs. 10b Satz 1 KStG aF iVm. § 17 Abs. 2 KStG), kann aber nicht von der Heilungsmöglichkeit nach § 34 Abs. 10b Satz 2 KStG aF iVm. § 17 Abs. 2 KStG Gebrauch machen. Dieses Ergebnis wird zu Recht als unbillig eingestuft (*Benecke/Schnitger* IStR 13, 143, 157; *D/P/M/Dötsch* § 17 KStG Rz. 31) und kann auch durch Auslegung behoben werden (vgl. *E&Y/Walter* § 17 KStG Rz. 14).
- **Wann muss eine Vertragsanpassung bei abweichendem Wirtschaftsjahr spätestens wirksam werden?** Es ist umstritten, ob eine Vertragsanpassung auch bei einem abweichenden Wirtschaftsjahr spätestens bis zum 31.12.14 (so *Stangl/Brühl* Der Konzern 13, 77, 95 f.; im Ergebnis auch *E&Y/Walter* § 17 KStG Rz. 17; *Scheifele/ Hörner* DStR 13, 553, 557) oder spätestens schon zum Ablauf des Wirtschaftsjahrs 13/14 (so *Benecke/Schnitger* IStR 13, 143, 156; *D/P/M/Dötsch* § 17 KStG Rz. 33) wirksam werden muss.

- **Wird auch der VZ 2014 geheilt; wenn ja, wie?** Die Heilung hat nach dem ursprünglichen Wortlaut des § 34 Abs. 10b Satz 2 KStG nur für „Veranlagungszeiträume, die vor dem 31.12.2014 enden" gegriffen, was strenggenommen den VZ 2014 nicht umfasste (Heilung ab VZ 2014 aber evtl. über die Vertragsänderung selbst; Hinweis auf BFH I B 27/10 v. 28.7.10, BStBl. II 10, 932, geändert durch BFH I B 27/10 v. 15.9.10, BStBl. II 10, 935). Unseres Erachtens handelte es sich hierbei um ein redaktionelles Versehen und dieser VZ wird von der Heilung ebenfalls erfasst (vgl. *Stangl/Brühl* DB 13, 538, 540 f.). Diese Auffassung wurde im Ergebnis auch vom BMF geteilt (s. BMF v. 29.5.13, GmbHR 13, 728), wobei dort darauf hingewiesen wird, dass eine klarstellende Gesetzesänderung geplant ist. Entsprechende Planungen wurden mit dem *AIFM-Steueranpassungsgesetz* v. 18.12.13 (BGBl. I 13, 4318) umgesetzt. Nach der Neuregelung greift die Heilung des § 34 Abs. 10b Satz 2 KStG aF iVm. § 17 Abs. 2 KStG für Veranlagungszeiträume, die vor dem 1.1.15 enden.
- **Greift die Heilung auch für Fälle mit Gewinnabführung (also ohne Verlustübernahme)?** Der Wortlaut des § 34 Abs. 10b Satz 2 KStG aF iVm. § 17 Abs. 2 KStG setzt für die Heilung voraus, dass eine Verlustübernahme entsprechend § 302 AktG tatsächlich erfolgt ist. Nach zutreffender Auffassung des BFH (I R 40/12 v. 24.7.13, BStBl. II 14, 272) gilt die Heilung aber auch für die Fälle, in denen bisher keine Verluste entstanden sind und demzufolge nur Gewinnabführungen tatsächlich erfolgt sind (vgl. *F/M/Frotscher* § 17 KStG Rz. 48; *Stangl/Brühl* DB 13, 538, 541; ebenso OFD Karlsruhe v. 16.1.14, FR 14, 434, 440).
- **Ist eine Vertragsanpassung auch in den Fällen notwendig, in denen eine GmbH zwischenzeitlich in eine AG formgewechselt wurde?** Unseres Erachtens ist in diesen Fällen für eine Heilung eines Vertragsmangels während der „GmbH-Zeit" eine Vertragsanpassung nicht notwendig, da mit dem Formwechsel qua Gesetz § 302 AktG in seiner jeweils geltenden Fassung unabhängig vom Vertragstext greift.
- **Greift die Heilung des § 34 Abs. 10b Satz 3 KStG aF iVm. § 17 Abs. 2 KStG auch für Organschaften, die vor dem 27.2.13 beendet worden sind?** Nach unserer Ansicht greift die Heilung des § 34 Abs. 10b Satz 3 KStG aF iVm. § 17 Abs. 2 KStG auch für vor dem 27.2.13 beendete Organschaften (vgl. näher hierzu *Schneider/Sommer* GmbHR 12, 22, 30; *Stangl/Brühl* Der Konzern 13, 77, 96; *Stangl/Brühl* DB 13, 538, 542). In BFH I R 40/12 v. 24.7.13, BStBl. II 14, 272 scheint das Gericht dieser Auffassung ebenfalls zuzustimmen.
- **Greift § 34 Abs. 10b Satz 4 KStG aF iVm. § 17 Abs. 2 KStG auch für die prophylaktische Änderung von Verträgen, die den Anforderungen des § 17 Satz 2 Nr. 2 KStG aF genügen?** Die Verneinung eines Neuabschlusses in § 34 Abs. 10b Satz 4 KStG aF iVm. § 17 Abs. 2 KStG ist sehr bedeutend. Denn zum einen wird hieraus ersichtlich, dass bei einer Vertragsanpassung keine neue fünfjährige Mindestlaufzeit in den Vertrag aufgenommen werden muss. Zum anderen wird deutlich, dass eine Vertragsanpassung während der fünfjährigen Mindestvertragslaufzeit nicht zum rückwirkenden Wegfall der Organschaft führt. Vgl. hierzu zB *Weber* Ubg 10, 556, 559. Der Wortlaut der Norm stellt auf eine „Änderung im Sinne des Satzes 2" ab, womit fraglich ist, ob auch eine Änderung von Verträgen erfasst ist, die – trotz evtl. bestehender Zweifel – die Anforderungen des § 17 Satz 2 Nr. 2 KStG aF erfüllen. Nach zutreffender Auffassung ist dies zu bejahen (vgl. *D/P/M/Dötsch* § 17 KStG Rz. 35: i.E. auch *E&Y/Walter* § 17 KStG Rz. 19; *Scheifele/Hörner* DStR 13, 553, 557 f.; *F/M/Frotscher* § 17 KStG Rz. 52; *H/H/R/Dorenkamp* § 17 KStG Rz. J 12-8; *Stangl/Brühl* DB 13, 538, 541; *Stangl/Brühl* Der Konzern 13, 77, 97). Dies entspricht nach BMF v. 29.5.13 (GmbHR 13, 728) und OFD Karlsruhe v. 16.1.14 (FR 14, 434, 440) auch der Auffassung der Finanzverwaltung.

241 *(frei)*

Die Ausführungen in Rz. 240 zeigen, dass in vielen Fällen nicht mit Sicherheit beurteilt werden kann, **ob ein Altvertrag anzupassen ist.** Besonders kritisch ist dies in den Fällen, in denen die fünfjährige Mindestvertragslaufzeit noch nicht abgelaufen ist, da das Risiko nicht vollständig ausgeschlossen werden kann, dass dies zu einem retroaktiven Wegfall der Organschaft für vergangene VZ führt. Daher ist zwar die schnelle Klarstellung durch das BMF-Schreiben v. 29.5.13 (GmbHR 13, 728), das letztlich auch rein prophylaktische Änderungen akzeptiert, sehr hilfreich. Gleiches gilt für OFD Karlsruhe v. 16.1.14, FR 14, 434, 440. Es wäre aber der Rechtssicherheit dienlicher, wenn diese Verwaltungsauffassung auch ihren Weg in das BStBl. I finden würde. Trotz dieser Unklarheiten scheint unter Berücksichtigung aller Umstände die Empfehlung zutreffend, Altverträge, die den von § 17 Abs. 1 Satz 2 Nr. 2 KStG nun geforderten dynamischen Verweis nicht enthalten – ggf. vorsorglich – an die Neuregelung anzupassen (vgl. auch *D/P/M/Dötsch* § 17 KStG Rz. 36; *H/H/R/Dorenkamp* § 17 KStG Rz. J 12-8). 242

(frei) 243–250

j) Auflösung und Bildung von Rücklagen

Im Hinblick auf die **Auflösung** von **in vororganschaftlicher Zeit gebildeten** 251 **Gewinnrücklagen** ist zu beachten, dass diese im Falle einer **nicht eingegliederten Organgesellschaft** während der Vertragsdauer nicht aufgelöst und abgeführt werden dürfen. Geschieht dies dennoch, so führt dies grundsätzlich zur steuerlichen Nichtanerkennung der Organschaft (KStR 60 Abs. 4 Satz 1; *E/S/Erle/Heurung* § 14 KStG Rz. 321). Gleiches gilt für den **in vororganschaftlicher Zeit gebildeten Gewinnvortrag** (KStR 60 Abs. 4 Satz 2; *D/P/M/Dötsch* § 14 KStG Rz. 185; *E&Y/Walter* § 14 KStG Rz. 680; *F/M/Frotscher* § 14 KStG Rz. 381). Auch eine Verrechnung von Aufwand gegen vororganschaftliche Rücklagen bedeutet nach Verwaltungsauffassung Nichtdurchführung des Vertrages (KStR 60 Abs. 4 Satz 3). Sollte ein Verstoß gegen die vorstehenden Abführungsverbote vorliegen, so besteht nach zutreffender – aber nicht unumstrittener – Auffassung die Möglichkeit, dies im Rahmen des § 14 Abs. 1 Satz 1 Nr. 3 Satz 4 und 5 KStG idF der „kleinen Organschaftsreform" zu heilen (OFD Karlsruhe v. 16.1.14, FR 14, 434, 436; *Dötsch/Pung* DB 13, 305, 309; *F/M/Frotscher* § 14 KStG Rz. 375 und 381; *Stangl/Brühl* Der Konzern 13, 77, 88; vgl. auch Rz. 208). Eine Ausschüttung der in vororganschaftlicher Zeit gebildeten Gewinnrücklagen und Gewinnvorträge während der Dauer der Organschaft ist hingegen zulässig, verhindert nicht die steuerliche Anerkennung der Organschaft und ist als Ausschüttung zu besteuern (KStR 60 Abs. 4 Satz 4 und Satz 5; *D/P/M/Dötsch* § 14 KStG Rz. 187; *E&Y/Walter* § 14 KStG Rz. 666; *F/M/Frotscher* § 14 KStG Rz. 377 und 557 unter Hinweis auf BMF v. 25.7.94, DB 94, 1546). Die in vororganschaftlicher Zeit gebildeten Gewinnrücklagen können nach hM auch organschaftsunschädlich mit vororganschaftlichen Verlustvorträgen der Organgesellschaft verrechnet werden (vgl. Rz. 182).

Bei einer im Sinne des § 319 AktG **eingegliederten Organgesellschaft** können 252 vororganschaftliche Gewinnrücklagen während des Organschaftsverhältnisses hingegen aufgelöst und abgeführt werden, ohne dass dies die steuerliche Anerkennung der Organschaft gefährdet (*D/P/M/Dötsch* § 14 KStG Rz. 186; s. a. KStR 60 Abs. 3 Satz 2 und 3); die Abführung unterliegt nicht dem § 14 KStG, sondern den allgemeinen steuerlichen Vorschriften (*D/P/M/Dötsch* § 14 KStG Rz. 186; KStR 60 Abs. 3 Satz 4).

Nach im Schrifttum vertretener Auffassung gilt das in Rz. 251 f. zu in vororgan- 253 schaftlicher Zeit gebildeten Gewinnrücklagen Ausgeführte auch für die **Auflösung** von in **vororganschaftlicher Zeit gebildeten Kapitalrücklagen** (so *D/P/M/Dötsch* § 14 KStG Rz. 183; *Gosch/Neumann* § 14 KStG Rz. 313; *S/F/Brink* § 14 KStG Rz. 395). Demnach können diese für den Fall einer nicht eingegliederten Organgesellschaft nicht aufgelöst und abgeführt, sondern lediglich aufgelöst und ausgeschüttet werden, wenn das Organschaftsverhältnis steuerrechtlich anerkannt werden soll. Auch insoweit besteht bei einem anderen Vorgehen nach zutreffender – aber nicht unumstrittener – Auffassung die Möglichkeit, dies im Rahmen des § 14 Abs. 1 Satz 1 Nr. 3 Satz 4 und 5 KStG idF der „kleinen Organschaftsreform" zu heilen (OFD Karlsruhe v. 16.1.14, FR 14, 434, 436; *Dötsch/Pung* DB 13, 305, 309; *Stangl/Brühl* Der Konzern 13, 77, 88; vgl. auch Rz. 208). Bei einer nach § 319 AktG eingegliederten Organgesellschaft wird die Auflösung und Abführung hingegen steuerlich akzeptiert (so *D/P/M/Dötsch* § 14 KStG Rz. 186).

254 Für die **Bildung** von **Gewinnrücklagen in organschaftlicher Zeit** ist für die einzelnen Arten der Gewinnrücklagen im Sinne des § 272 Abs. 3 HGB wie folgt zu differenzieren:

- **Gesetzliche Rücklagen** sind zwingend zu bilden und vermindern den nach § 301 AktG abzuführenden Gewinn (vgl. Rz. 184 ff.). § 14 Abs. 1 Satz 1 Nr. 4 KStG enthält hierfür keine besonderen steuerlichen Restriktionen (*D/P/M/Dötsch* § 14 KStG Rz. 203; *H/H/R/Sterner* § 14 KStG Rz. 239; *F/M/Frotscher* § 14 KStG Rz. 386 und 423). Eine über die aktienrechtlichen Grenzen hinausgehende Dotierung der gesetzlichen Rücklagen soll jedoch wie die Bildung einer anderen Gewinnrücklage anhand der Maßstäbe des § 14 Abs. 1 Satz 1 Nr. 4 KStG zu werten sein (vgl. KStR 60 Abs. 5 Satz 1 Nr. 2 Satz 2; *E/S/Erle/Heurung* § 14 KStG Rz. 317; *F/M/Frotscher* § 14 KStG Rz. 427; *H/H/R/Sterner* § 14 KStG Rz. 239). Bei einer GmbH als Organgesellschaft sind – mit Ausnahme für die Unternehmergesellschaft (haftungsbeschränkt) nach § 5a Abs. 3 GmbHG – keine gesetzlichen Rücklagen vorgesehen, so dass bei einer GmbH bei der Bildung einer Rücklage § 14 Abs. 1 Satz 1 Nr. 4 KStG zu beachten ist (*§ E&Y/Walter* § 14 KStG Rz. 659).
- **Satzungsmäßige und andere („freie") Gewinnrücklagen** können nach Auffassung der Finanzverwaltung wegen § 14 Abs. 1 Satz 1 Nr. 4 KStG nur insoweit gebildet werden, „als dies bei vernünftiger kaufmännischer Beurteilung wirtschaftlich begründet ist" (KStR 60 Abs. 5 Satz 1 Nr. 3 Satz 1; ebenso *D/P/M/Dötsch* § 14 KStG Rz. 203; *S/F/Brink* § 14 KStG Rz. 412; **aA** *F/M/Frotscher* § 14 KStG Rz. 428, wonach satzungsmäßige Rücklagen nicht unter § 14 Abs. 1 Satz 1 Nr. 4 KStG fallen). Hierzu wird ein konkreter Anlass gefordert, der nach objektiven unternehmerischen Maßstäben eine Rücklagenbildung rechtfertigt, wobei die KStR als Beispiele eine geplante Betriebsverlegung, Werkserneuerung oder Kapazitätsausweitung nennen (KStR 60 Abs. 5 Satz 1 Nr. 3 Satz 3). Diese Aufzählung ist nicht abschließend, wobei es jeweils einer Einzelfallprüfung bedarf (vgl. BFH I R 61/77 v. 29.10.80, BStBl. II 81, 336 zur Rücklagenbildung zur Abdeckung besonderer Risiken). Denjenigen Stimmen im Schrifttum ist zuzustimmen, die der Organgesellschaft hierbei einen großen Beurteilungsspielraum einräumen (so zB *E/S/Erle/Heurung* § 14 KStG Rz. 319; *Gosch/Neumann* § 14 KStG Rz. 323; *H/H/R/Sterner* § 14 KStG Rz. 240). Als weitere konkrete Anlässe für eine zulässige Rücklagenbildung nennt das Schrifttum Betriebserweiterung, Umsatzerweiterung, Rationalisierung, Modernisierung und Abwicklung eines flüssigen Geldverkehrs (vgl. *H/H/R/Sterner* § 14 KStG Rz. 240). Keinen Verstoß gegen § 14 Abs. 1 Satz 1 Nr. 4 KStG stellt es dar, wenn der Gewinn nach Abführung alsbald wieder im Rahmen eines „Führ-ab-hol-zurück-Verfahrens" in die Organgesellschaft als Kapitalrücklage eingelegt wird (vgl. *D/P/M/Dötsch* § 14 KStG Rz. 207; *E&Y/Walter* § 14 KStG Rz. 654). Die Schranke des § 14 Abs. 1 Satz 1 Nr. 4 KStG betrifft nur die „Einstellung" in die Rücklagen, mithin deren erstmalige Bildung. Das Weiterführen einer einmal zulässigerweise gebildeten Rücklage in den kommenden Geschäftsjahren ist nicht mehr den Restriktionen des § 14 Abs. 1 Satz 1 Nr. 4 KStG unterworfen (vgl. *D/P/M/Dötsch* § 14 KStG Rz. 208; *E&Y/Walter* § 14 KStG Rz. 663; *F/M/Frotscher* § 14 KStG Rz. 432; *H/H/R/Sterner* § 14 KStG

Rz. 241; *S/F/Brink* § 14 KStG Rz. 41). Enthält der Gewinnabführungsvertrag weitergehende Einschränkungen für die Bildung von Gewinnrücklagen, führt ein Verstoß gegen diese – unabhängig von § 14 Abs. 1 Satz 1 Nr. 4 KStG – zu einer „Nichtdurchführung" des Vertrags und damit zu der steuerlichen Versagung der Organschaft (vgl. *E/S/Erle/Heurung* § 14 KStG Rz. 318; *E&Y/Walter* § 14 KStG Rz. 660; *Gosch/Neumann* § 14 KStG Rz. 323; *H/H/R/Sterner* § 14 KStG Rz. 241; *S/F/Brink* § 14 KStG Rz. 41). Es ist zweifelhaft, ob ein Verstoß gegen § 14 Abs. 1 Satz 1 Nr. 4 KStG über § 14 Abs. 1 Satz 1 Nr. 3 Satz 4 und 5 KStG idF der „kleinen Organschaftsreform" (Rz. 205 ff.) geheilt werden kann (*Stangl/Brühl* Der Konzern 13, 77, 88; eine solche Heilung ablehnend OFD Karlsruhe v. 16.1.14, FR 14, 434, 437; *Dötsch/Pung* DB 13, 305, 309; *F/M/Frotscher* § 14 KStG Rz. 445g).
- Die **Rücklage für Anteile an einem herrschenden oder mit Mehrheit beteiligten Unternehmen iSd. § 272 Abs. 4 HGB** unterliegt nach zutreffender Ansicht nicht den Beschränkungen des nur Rücklagen iSd. § 272 Abs. 3 HGB ansprechenden § 14 Abs. 1 Satz 1 Nr. 4 KStG (vgl. *D/P/M/Dötsch* § 14 KStG Rz. 204; *E&Y/Walter* § 14 KStG Rz. 661; *F/M/Frotscher* § 14 KStG Rz. 423). Allerdings spricht sich KStR 60 Abs. 5 Satz 1 Nr. 3 dafür aus, dass die Beschränkung des § 14 Abs. 1 Satz 1 Nr. 4 KStG auch für die Rücklage für eigene Anteile im Sinne des § 272 Abs. 4 HGB idF vor BilMoG gilt. Nach § 272 Abs. 4 Satz 3 HGB „darf" die Rücklage aus anderen frei verfügbaren Rücklagen gebildet werden. Nach restriktiver Ansicht wird aus diesem „darf" ein steuerliches „muss", da ansonsten nicht der „ganze" Gewinn abgeführt wird (so *D/P/M/Dötsch* § 14 KStG Rz. 204; *F/M/Frotscher* § 14 KStG Rz. 423). Nach etwas milderer Ansicht gilt dies nur, wenn für das Stehenlassen der anderen frei verfügbaren Rücklagen nicht Gründe im Sinne des § 14 Abs. 1 Satz 1 Nr. 4 KStG vorliegen (so *S/F/Brink* § 14 KStG Rz. 407).
- Die handelsrechtlich zulässige **Bildung stiller Reserven** unterliegt nicht den Beschränkungen des § 14 Abs. 1 Satz 1 Nr. 4 KStG (KStR 60 Abs. 5 Satz 1 Nr. 3 Satz 4; *D/P/M/Dötsch* § 14 KStG Rz. 205; *F/M/Frotscher* § 14 KStG Rz. 433). Gleiches gilt für die Rücklagen im Sinne des **§ 6b EStG** oder **R 6.6 EStR** (KStR 60 Abs. 5 Satz 1 Nr. 3 Satz 4; zu § 6b EStG vgl. bspw. *H/H/R/Sterner* § 14 KStG Rz. 235); da nach BilMoG v. 26.5.09 (BGBl. I 09, 1102) in diesen Fällen in der Handelsbilanz keine Sonderposten mehr gebildet werden können, sollte es nach hier vertretener Auffassung zulässig sein, die entsprechenden Beträge nach § 14 Abs. 1 Satz 1 Nr. 4 KStG in die Gewinnrücklagen einzustellen. § 14 Abs. 1 Satz 1 Nr. 4 KSG gilt **nicht** für die Bildung von **Rückstellungen** (*F/M/Frotscher* § 14 KStG Rz. 435).

Für die **Auflösung** von **in organschaftlicher Zeit gebildeten Gewinnrücklagen** erlaubt § 301 Satz 2 AktG die Auflösung und Abführung von Beträgen aus den in vertraglicher Zeit gebildeten anderen Gewinnrücklagen. Dies ist auch steuerlich zu akzeptieren (vgl. *D/P/M/Dötsch* § 14 KStG Rz. 189 und Rz. 209; *E&Y/Walter* § 14 KStG Rz. 664; *F/M/Frotscher* § 14 KStG Rz. 378). **255**

Die **Bildung** von **Kapitalrücklagen in organschaftlicher Zeit** beeinflusst nicht den Gewinn und unterliegt nicht den Schranken des § 14 Abs. 1 Satz 1 Nr. 4 KStG (KStR 60 Abs. 5 Satz 1 Nr. 3 Satz 2; *D/P/M/Dötsch* § 14 Rz. 202; *E&Y/Walter* § 14 Rz. 663; *F/M/Frotscher* § 14 Rz. 422). **256**

Die **Auflösung** von **in organschaftlicher Zeit gebildeten Kapitalrücklagen** unterliegt nach der Rechtsprechung des BFH – entgegen der noch in R 55 Abs. 3 Satz 4 Nr. 2 Satz 2 KStR 1995 enthaltenen Verwaltungsauffassung – nicht der Abführung, sondern kann lediglich ausgeschüttet werden (BFH I R 25/00 v. 8.8.01, BStBl. II 03, 923; vgl. auch *Gosch/Neumann* § 14 KStG Rz. 315 u. *Emmerich/Habersack* § 301 Rz. 17). Die Finanzverwaltung wendet diese Rechtsprechung ab 2004 zwingend an, fordert aber nicht eine entsprechende Anpassung von alten Gewinnabführungsverträgen (BMF v. **257**

27.11.03, BStBl. I 03, 647; vgl. hierzu auch *Richter* GmbHR 04, 79, 79 ff.). Auch insoweit besteht bei einem Verstoß gegen dieses Abführungsverbot nach zutreffender – aber nicht unumstrittener – Auffassung die Möglichkeit, dies im Rahmen des § 14 Abs. 1 Satz 1 Nr. 3 Satz 4 und 5 KStG idF der „kleinen Organschaftsreform" zu heilen (s. Rz. 208; vgl. auch OFD Karlsruhe v. 16.1.14, FR 14, 434, 436; *Dötsch/Pung* DB 13, 305, 309; *Stangl/Brühl* Der Konzern 13, 77, 88).

258 Im Rahmen des **BilMoG** v. 26.5.09 (BGBl. I 09, 1102) sind mehrere Wahlrechte bzw. (Sonder-)Posten weggefallen (§§ 247 Abs. 3, 249 Abs. 1 Satz 3 und Abs. 2, 250 Abs. 1 Satz 2, 253 Abs. 3 Satz 2 und Abs. 4, 273 HGB idF vor BilMoG), wobei entweder eine Beibehaltung (str., vgl. *Kröner/Bolik/Gageur* Ubg 10, 237, 238) oder eine Auflösung gegen unmittelbare Verbuchung in den Gewinnrücklagen erfolgen kann (Art. 66 Abs. 5, 67 Abs. 3 EGHGB; *IDW RS* HFA 28 Rz. 7 ff.). Bei einer Auflösung unter Verbuchung in den Gewinnrücklagen stellt sich die Frage, ob hierbei gegen § 14 Abs. 1 Satz 1 Nr. 4 KStG verstoßen wird. Dies wird von der Finanzverwaltung zumindest im Hinblick auf Aufwandsrückstellungen iSd. § 249 Abs. 1 Satz 3 und Abs. 2 HGB verneint (BMF v. 14.1.10, BStBl. I 10, 65). Gleiches sollte dann im Ergebnis auch für die übrigen Posten/Wahlrechte gelten (so im Ergebnis *D/P/M/Dötsch* § 14 KStG Rz. 209a; *F/M/Frotscher* § 14 KStG Rz. 426; *Görden* GmbH-StB 10, 67; *S/F/Brink* § 14 KStG Rz. 415).

259–263 *(frei)*

k) Erfüllung und tatsächliche Durchführung der Gewinnabführung bzw. des Verlustausgleichs

264 Der Anspruch auf Gewinnabführung bzw. Verlustausgleich richtet sich **grundsätzlich** auf eine **Geldleistung** (*Kölner Komm./Koppensteiner* § 302 Rz. 50; *MünchKommAktG/Altmeppen* § 302 Rz. 67; *Hüffer* AktG § 302 Rz. 15). Das schließt nicht aus, dass der Anspruch durch Einräumung eines Ausgleichsanspruchs und/oder dessen Umwandlung in eine Darlehensforderung erfüllt wird. Dies führt dann zwar nur zu einem bilanziellen Ausgleich. Aus der Gesetzesformulierung in § 302 Abs. 1 AktG „sonst entstehenden Jahresfehlbetrag" folgt aber, dass der Gesetzgeber eine solche bilanzielle Erfüllung als ausreichend angesehen hat. Ebenso ist, wie BGH II ZR 238/04 v. 10.7.06, BB 06, 1759 (Anm. *Theiselmann* GmbHR 06, 928 gegen OLG Thüringen 8 U 1187/03 v. 21.9.04, GmbHR 05, 1058) klargestellt hat, die **Erfüllung durch Aufrechnung** mit einer Gegenforderung zulässig, wenn und soweit diese werthaltig ist. Im Hinblick auf dieses Werthaltigkeitserfordernis ist allerdings zu beachten, dass es sich bei dem vom BGH entschiedenen Fall um eine Aufrechnung im Hinblick auf eine Verlustausgleichsverpflichtung handelte, wobei die Aufrechnung erst nach Beendigung des Gewinnabführungsvertrags ausgesprochen wurde. Somit ist unklar, ob das Werthaltigkeitserfordernis auch für die Gewinnabführung bzw. bei fortbestehendem Gewinnabführungsvertrag gilt (s. näher hierzu *Stangl/Ritzer* Der Konzern 12, 529, 532 ff.). In der Praxis kommen Buchungen auf einem Verrechnungskonto vor, ebenso die Umwandlung in ein Darlehen. Insoweit tritt dann lediglich bilanziell ein Ausgleich ein. Dies entspricht einer im Zivilrecht (*MünchKommAktG/Altmeppen* § 302 AktG Rz. 67; *Kölner Komm./Koppensteiner* § 302 Rz. 25) vertretenen Ansicht, die Erfüllungssurrogate unter der Voraussetzung ihrer Werthaltigkeit zulassen will (*Priester* BB 05, 2483). Teilweise werden hiergegen allerdings Bedenken vor dem Hintergrund des § 302 Abs. 3 AktG geäußert, der jedenfalls eine Verzicht oder Vergleich vor Ablauf einer Sperrfrist von drei Jahren untersagt (vgl. etwa *Emmerich/Habersack* § 302 AktG Rz. 40a f., 50).

265 **Ertragsteuerlich** stellt sich die Frage, welche konkrete Erfüllung dem Erfordernis der tatsächlichen Durchführung (§ 14 Abs. 1 Satz 1 Nr. 3 Satz 1 KStG) gerecht wird:

– In der Praxis erfolgt regelmäßig zunächst eine Erfassung des Anspruchs auf Gewinnabführung bzw. Verlustausgleich als **Verbindlichkeit bzw. Forderung**. Dies ist steuerlich grundsätzlich zu akzeptieren (vgl. *D/P/M/Dötsch* § 14 KStG Rz. 210; *E&Y/Walter* § 14 KStG Rz. 653; *F/M/Frotscher* § 14 KStG Rz. 447; *H/H/R/Sterner* § 14 KStG Rz. 204; *Suchanek/Herbst* FR 05, 665, 666). Umstritten ist, ob und ggf. wann diese Verbindlichkeit/Forderung auch tatsächlich beglichen werden muss. In der Praxis soll die Finanzverwaltung eine Begleichung in „angemessener Zeit" fordern (so berichtet *D/P/M/Dötsch* § 14 KStG Rz. 210). Teile des Schrifttums schließen sich dieser Forderung an (vgl. *Gosch/Neumann* § 14 KStG Rz. 317; *Suchanek/Herbst* FR 05, 665, 666). Nach aA ist es ausreichend, wenn die Begleichung (ggf. mittels Substitute) spätestens mit Beendigung der Organschaft erfolgt (vgl. *D/P/M/Dötsch* § 14 KStG Rz. 210; *E&Y/Walter* § 14 KStG Rz. 653; *F/M/Frotscher* § 14 KStG Rz. 450; *H/H/R/Sterner* § 14 KStG Rz. 204; *S/F/Brink* § 14 KStG Rz. 482; wohl auch *E/S/Erle/Heurung* § 14 KStG Rz. 174). Vgl. hierzu auch *Stangl/Ritzer* Der Konzern 12, 529, 531.

- Nach im Schrifttum vertretener Auffassung ist es für die „tatsächliche Durchführung" ausreichend, wenn die zunächst eingebuchte Verbindlichkeit/Forderung später **per Novation in ein Darlehensverhältnis** überführt wird (vgl. *E&Y/Walter* § 14 KStG Rz. 653; *H/H/R/Sterner* § 14 KStG Rz. 205; wohl auch *Gosch/Neumann* § 14 KStG Rz. 321; einschränkend *D/P/M/Dötsch* § 14 KStG Rz. 210a, der dies nur dann als ausreichend erachtet, wenn der Schuldner zahlungsfähig ist (vgl. hierzu aber *Stangl/Ritzer* Der Konzern 12, 529, 532); restriktiver auch *Suchanek/Herbst* FR 05, 665, 667f., die eine Novation nur dann als ausreichend ansehen, wenn sie im Interesse des Gläubigers erfolgt und *F/M/Frotscher* § 14 KStG Rz. 453, der die Novation in ein Darlehensverhältnis nur akzeptiert, wenn das Darlehen im Zeitpunkt seiner Begründung vollwertig ist). Teilweise wird zusätzlich gefordert, dass dieses Darlehensverhältnis verzinslich und ausreichend besichert ist (vgl. *Müller/Stöcker* Organschaft, 8. Aufl., Rz. 246: „übliche Konditionen"). Nach zutreffender aA ist dies nicht erforderlich (vgl. *E&Y/Walter* § 14 KStG Rz. 653; *F/M/Frotscher* § 14 KStG Rz. 453; *H/H/R/Sterner* § 14 KStG Rz. 205; *S/F/Brink* § 14 KStG Rz. 477), da mit der Novation eine Erfüllung des Gewinnabführungsanspruchs bzw. des Verlustausgleichsanspruchs erfolgt ist und das Darlehen anschließend nach eigenständigen Gesichtspunkten zu prüfen ist.
- Eine **Stundung** des Gewinnabführungsanspruchs bzw. der Verlustausgleichsverpflichtung mit einer **Verrechnung mit zukünftigen Ansprüchen** wird von der hM als Verstoß gegen die „tatsächliche Durchführung" im Sinne des § 14 Abs. 1 Satz 1 Nr. 3 Satz 1 KStG gewertet und führt demnach zur körperschaftsteuerlichen Nichtanerkennung der Organschaft (vgl. *E&Y/Walter* § 14 KStG Rz. 653; *Gosch/Neumann* § 14 KStG Rz. 317; grds. auch *Streck/Olbing* § 14 KStG Rz. 121).
- Die Finanzverwaltung akzeptiert die vom BGH (vgl. Rz. 264) zivilrechtlich zugelassene Erfüllung des Gewinnabführungs- bzw. Verlustausgleichsanspruchs per **Aufrechnung** mit einer werthaltigen Gegenforderung auch für steuerliche Zwecke (vgl. BMF v. 25.8.06, Der Konzern 06, 651; ebenso zB *Blümich/Danelsing* § 14 KStG Rz. 132; *E&Y/Walter* § 14 KStG Rz. 653; *Gosch/Neumann* § 14 KStG Rz. 321; *S/F/Brink* § 14 KStG Rz. 476; zur richtigerweise nur eingeschränkten Bedeutung der Werthaltigkeitsanforderung vgl. *E&Y/Walter* § 14 KStG Rz. 653.1; *Stangl/Ritzer* Der Konzern 12, 529, 532 ff.).
- Auch die Erfüllung über ein regelmäßig auszugleichendes **laufendes Verrechnungskonto** soll körperschaftsteuerlich zu akzeptieren sein (vgl. *D/P/M/Dötsch* § 14 KStG Rz. 210b; *E/S/Erle/Heurung* § 14 KStG Rz. 171; *E&Y/Walter* § 14 KStG Rz. 653; *Suchanek/Herbst* FR 05, 665, 668 f.).
- Eine Begleichung des Anspruchs auf Gewinnabführung bzw. Verlustausgleich über einen **physischen Cash-Pool** ist ebenfalls steuerlich ausreichend, wenn festgelegt wird, welcher Abführungs- bzw. Ausgleichsanspruch durch die Zahlung beglichen wird (vgl. *E/S/Erle/Heurung* § 14 KStG Rz. 171; *E&Y/Walter* § 14 KStG

Rz. 653). Hierbei wird gefordert, dass der Ausgleich über den Cash-Pool werthaltig ist, sich also die Muttergesellschaft nicht in einer entsprechenden Krisensituation befindet (vgl. *D/P/M/Dötsch* § 14 KStG Rz. 210b und Rz. 210d; *Suchanek/Herbst* FR 05, 665, 668 f.; im Ergebnis wohl auch *Blümich/Danelsing* § 14 KStG Rz. 136).

- **Vorschüsse** bzw. **Abschlagszahlungen**, die vom BGH (vgl. BGH II ZR 238/04 v. 10.7.06, BB 06, 1759) als zulässig erachtet werden, sofern klar ist, dass sie auf einen künftigen Verlustausgleich geleistet werden, werden auch steuerrechtlich akzeptiert (vgl. FG Münster 9 K 2134/00, K, F v. 12.3.04, EFG 04, 921; *E/S/Erle/Heurung* § 14 KStG Rz. 172; *E&Y/Walter* § 14 KStG Rz. 649; *S/F/Brink* § 14 KStG Rz. 478).
- Steuerlich ist auch das **„Führ-ab-hol-zurück-Verfahren"** zu akzeptieren, also wenn der Betrag der Gewinnabführung nach der Abführung wieder in die Organgesellschaft eingelegt wird bzw. wenn die Gewinnabführungsverpflichtung mit einer Einlageverpflichtung des Organträgers in die Organgesellschaft verrechnet wird (vgl. *D/P/M/Dötsch* § 14 KStG Rz. 207 und 212; *E&Y/Walter* § 14 KStG Rz. 654; *S/F/Brink* § 14 KStG Rz. 480; *Streck/Olbing* § 14 KStG Rz. 120).

266 Die obigen Erfüllungsmöglichkeiten stehen nach einer im Schrifttum teilweise vertretenen Auffassung unter dem Vorbehalt, dass der Schuldner sich in keiner solchen **Krisensituation** befindet, dass der Erfüllungsanspruch als nicht werthaltig erscheint. Daher ist in Krisensituationen der „tatsächlichen Durchführung" des Gewinnabführungsvertrags besondere Sorgfalt zu widmen (vgl. hierzu *Blümich/Danelsing* § 14 KStG Rz. 127; *D/P/M/Dötsch* § 14 KStG Rz. 210cf.; *Suchanek/Herbst* FR 05, 665, 670ff.; krit. hierzu *E&Y/Walter* § 14 KStG Rz. 653.1; *Stangl/Ritzer* Der Konzern 13, 529, 531ff.).

267 Nach § 302 Abs. 3 Satz 1 AktG kann die abhängige Gesellschaft auf einen Verlustausgleichsanspruch erst drei Jahre nach dem Tage, an dem die Eintragung der Beendigung des Vertrags in das Handelsregister nach § 10 HGB bekannt gemacht worden ist, **verzichten** oder sich über ihn **vergleichen**. Dies gilt allerdings nicht, wenn der Ausgleichspflichtige zahlungsunfähig ist und sich zur Abwendung des Insolvenzverfahrens mit seinen Gläubigern vergleicht oder wenn die Ersatzpflicht in einem Insolvenzplan geregelt wird (Satz 2). Sofern außenstehende Gesellschafter bestehen, ist für den Verzicht bzw. den Vergleich erforderlich, dass diese durch einen Sonderbeschluss zustimmen und nicht eine Minderheit (Anteile ≥ 10% des bei der Beschlussfassung vertretenen Grundkapitals) zur Niederschrift Widerspruch erhebt (Satz 3). Dieses Verzichts- und Vergleichsverbot wird zumeist weit ausgelegt, weshalb etwa eine Stundung des Verlustausgleichs (als temporärer „Verzicht") auch zivilrechtlich problematisch sein kann (*Emmerich/Habersack* § 302 AktG Rz. 40af., 50).

268 **Ertragsteuerlich** stellt jedenfalls ein gegen § 302 Abs. 3 AktG verstoßender Verzicht einen Verstoß gegen das Gebot der „tatsächlichen Durchführung" im Sinne des § 14 Abs. 1 Satz 1 Nr. 3 Satz 1 KStG dar (vgl. *F/M/Frotscher* § 14 KStG Rz. 459). Auch ein dem § 302 Abs. 3 AktG entsprechender Verzicht wird überwiegend als Grund für die Nichtanerkennung der körperschaftsteuerlichen Organschaft gewertet (vgl. *D/P/M/Dötsch* § 14 KStG Rz. 212; *F/M/Frotscher* § 14 KStG Rz. 459f.; *S/F/Brink* § 14 KStG Rz. 459; *Streck/Olbing* § 14 KStG Rz. 121).

269–271 *(frei)*

l) Ausgleich und Abfindung außenstehender Gesellschafter

aa) Überblick

272 Beim Abschluss eines Beherrschungs- oder Gewinnabführungsvertrages haben die außenstehenden Aktionäre die Wahl, die Gesellschaft gegen angemessene Abfindung zu verlassen (§ 305 AktG) oder aber gegen angemessene Ausgleichszahlungen in ihr zu verbleiben (§ 304 AktG). Die im Vertrag zwingend vorzusehenden Ausgleichzahlungen sollen die außenstehenden Aktionäre im Fall ihres Verbleibs gegen wirtschaftliche Beeinträchtigungen ihres Gewinnbezugsrechts sichern (vgl. § 58 Abs. 4 AktG; BGH II ZB 5/97 v. 4.3.98, BGHZ 138, 136, 139 „ASEA/BBC"). Diese können sich daraus ergeben, dass beim Gewinnabführungsvertrag der ganze Gewinn der Organgesellschaft an den Organträger abgeführt wird bzw. beim Beherrschungsvertrag die abhängige Gesellschaft sich der Leitung des herrschenden Unternehmens unterstellt, obwohl dieses nicht ausschließlich die Interessen der abhängigen Gesellschaft im Blick hat.

Tatbestandlich setzt § 304 AktG voraus: 273
- einen Beherrschungs- und/oder Gewinnabführungsvertrag – andere Unternehmensverträge, wie sie in § 292 AktG geregelt sind, genügen nicht;
- mit einer AG, KGaA oder SE;
- die Beteiligung außenstehender Aktionäre an dieser Organgesellschaft.

274 Ob die §§ 304, 305 AktG darüber hinaus auch auf Gesellschaften anderer Rechtsformen, namentlich die **GmbH**, entsprechend angewendet werden können, ist offen. Es handelt sich um eine Folgefrage. Vorrangig ist hierfür die Frage zu beantworten, ob die Gesellschafter der vertragstypisch verpflichteten GmbH dem Abschluss eines Unternehmensvertrages mit qualifizierter Mehrheit (entsprechend § 293 Abs. 1 AktG bzw. §§ 53, 54 GmbHG) oder aber einstimmig (entsprechend § 33 Abs. 1 Satz 2 BGB) zustimmen müssen (ausführlich Rz. 125 ff.). Lässt man zutreffend eine qualifizierte Mehrheit genügen, ist der Schutz der ggf. überstimmten Minderheit über eine analoge Anwendung auch der §§ 304, 305 AktG zu gewährleisten. Verlangt man dagegen GmbH-spezifisch Einstimmigkeit, kann sich jeder Gesellschafter selbst schützen und ist eine Analogie zu den §§ 304, 305 AktG nicht veranlasst. Vor- und Folgefrage können dann offen bleiben, wenn alle Gesellschafter dem Vertrag in Kenntnis des Umstands, dass dieser keine Abfindungs- und Ausgleichszahlungen vorsieht, tatsächlich zustimmen (in Konzernverhältnissen oder bei anderweitiger Kompensation dürfte dies sogar die Regel sein). Denn auch dann fehlt das für eine Analogie erforderliche Schutzbedürfnis. In der Folge ist der Vertrag dann auch nicht nichtig, weil er „entgegen § 304 Abs. 3 Satz 1 AktG" keinen Ausgleich vorsieht; zusätzlich absichern lässt sich dieses Ergebnis durch die ausdrückliche Festlegung eines „Null-Ausgleichs" im Vertrag (vgl. BGH II ZR 392/03 v. 13.2.06, BGHZ 166, 195 „Bochum-Gelsenkirchener Straßenbahnen").

„Außenstehend" sind alle Gesellschafter, die nicht selbst als anderer Vertragsteil Partei des Unternehmensvertrages werden und dem anderen Vertragsteil auch nicht zuzurechnen sind. Dem anderen Vertragsteil zuzurechnen sind Gesellschafter, 275
- die zu 100% an dem anderen Vertragsteil beteiligt sind,
- an denen umgekehrt der andere Vertragsteil zu 100% beteiligt ist oder
- die mit dem anderen Vertragsteil durch Beherrschungs- oder Gewinnabführungsvertrag verbunden sind (gleich in welcher Richtung) (hM, zB *Emmerich/Habersack* § 304 Rz. 15 ff.; zu Zweifelsfragen *Baldamus* ZGR 07, 819).

(frei) 276

Als **Rechtsfolge** muss der Unternehmensvertrag zugunsten der außenstehenden Gesellschafter Ausgleichszahlungen in Form von auf die Anteile am Grundkapital bezogenen, jährlich wiederkehrenden Geldleistungen vorsehen. Schuldnerin der Ausgleichszahlungen ist nicht die abhängige bzw. zur Gewinnabführung verpflichtete Gesellschaft, sondern allein der andere Vertragsteil (*Hüffer* AktG § 304 Rz. 4). Sieht der Unternehmensvertrag überhaupt keine Ausgleichszahlungen vor, obwohl außenstehende Gesellschafter vorhanden sind, ist er grundsätzlich nichtig (§ 304 Abs. 1 Satz 3, Abs. 3 Satz 1 AktG). Hat die verpflichtete Gesellschaft zunächst keine außenstehenden Gesellschafter und treten solche später neu hinzu, endet der Unternehmensvertrag automatisch mit dem Ende des betreffenden Geschäftsjahres (§ 307 AktG). Steuerlich 277 führen Ausgleichszahlungen zu einem Einkommen, das von der Organgesellschaft zu versteuern ist (§ 16 KStG, vgl. dazu Rz. 301 ff.).

278–280 *(frei)*

bb) Gesellschafts- und steuerrechtliche Rahmenbedingungen des Ausgleichs (§ 304 AktG, § 16 KStG)

aaa) Arten des Ausgleichs

281 Inhaltlich unterscheidet das Gesetz zwei Arten von Ausgleichszahlungen, den festen und den variablen Ausgleich:

In der Regel wird ein **„fester Ausgleich"** vereinbart (§ 304 Abs. 2 Satz 1 AktG). Dieser wird bei Abschluss des Unternehmensvertrages festgelegt und ist danach grundsätzlich unveränderlich. Durch den festen Ausgleich sollen die außenstehenden Gesellschafter so gestellt werden, als ob die abhängige bzw. zur Gewinnabführung verpflichtete Gesellschaft unabhängig geblieben wäre und weiterhin im gemeinsamen Interesse aller Gesellschafter geführt würde. Zu diesem Zweck ist ihnen mindestens die jährliche Zahlung des Betrages zuzusichern, der – unter der **Fiktion fortbestehender Unabhängigkeit** – nach der bisherigen Ertragslage der Organgesellschaft und ihren künftigen Ertragsaussichten voraussichtlich als durchschnittlicher Gewinnanteil auf die einzelne Aktie (den Geschäftsanteil) verteilt werden könnte.

282 Ist der andere Vertragsteil eine AG oder KGaA (oder SE mit Sitz im Inland), kann statt des festen Ausgleichs ein **variabler Ausgleich** vereinbart werden (§ 304 Abs. 2 Sätze 2 und 3 AktG). Bei diesem ist die Höhe der Ausgleichszahlung nicht an die bisherige Ertragskraft der Organgesellschaft, sondern an die jährlich wechselnde Höhe der Dividendenausschüttung des Organträgers an die eigenen Aktionäre gekoppelt. Zur Bestimmung des variablen Ausgleichs bedient sich das Gesetz der **Fiktion einer Verschmelzung** der Organgesellschaft auf den Organträger: Als Ausgleichszahlung kann die Zahlung des Betrags zugesichert werden, der unter Herstellung eines angemessenen Umrechnungsverhältnisses auf Aktien des Organträgers jeweils als Gewinnanteil entfällt. Die Angemessenheit der Umrechnung bestimmt sich nach dem Verhältnis, in dem bei einer Verschmelzung auf eine Aktie der Organgesellschaft Aktien des Organträgers zu gewähren wären.

283 Eine **Kombination von festem Ausgleich und** einem am Ertrag der Organgesellschaft orientierten zusätzlichen **variablen Ausgleich** hat zwar BMF v. 13.9.91, DB 91, 2110 **ertragsteuerlich** als unbedenklich angesehen, weil es § 304 Abs. 2 AktG nicht verbietet, neben der nur als Mindestgröße vorgegebenen festen Ausgleichszahlung einen Zuschlag zu gewähren (vgl. *Mensching* BB 04, 1421). Der BFH sieht durch eine zumindest teilweise Koppelung der Ausgleichszahlung an das Ergebnis der Organgesellschaft vor Gewinnabführung jedoch die tatsächliche Durchführung der Gewinnabführungsverpflichtung infrage gestellt (BFH I R 1/08 v. 4.3.09, BStBl. II 10, 407). Die Finanzverwaltung hat hierauf mit einem Nichtanwendungserlass reagiert (vgl. BMF v. 20.4.10, BStBl. I 10, 372) und will auch weiterhin den Mindestbetrag übersteigende Ausgleichszahlungen als organschaftsunschädlich behandeln (dazu auch Rz. 304).

284 Eine Besonderheit besteht beim **isolierten Beherrschungsvertrag**. Hier kann – mangels Gewinnabführung – bei der abhängigen Gesellschaft durchaus noch ein Gewinn entstehen und auch an die außenstehenden Gesellschafter ausgeschüttet werden. § 304 Abs. 1 Satz 2 AktG verpflichtet den anderen Vertragsteil daher insoweit nicht schlechthin zur Leistung von Ausgleichszahlungen, sondern zur Auffüllung der von der abhängigen Gesellschaft gezahlten Dividende bis zur Höhe des bei fortbestehender Unabhängigkeit voraussichtlich gezahlten Betrages. Diese besondere Form der Ausgleichszahlung wird als **Garantiedividende** bezeichnet.

285 *(frei)*

bbb) Angemessenheit des Ausgleichs

§ 304 Abs. 2 AktG enthält Mindesterfordernisse für die Angemessenheit des Ausgleichs („mindestens“). Die Bestimmung eines angemessenen Ausgleichs (und ebenso einer angemessenen Abfindung) hat aber auch verfassungsrechtliche Implikationen – die das BVerfG vor allem in seiner „DAT/Altana“-Entscheidung aufgezeigt hat (BVerfG 1 BvR 1613/94 v. 27.4.99, BVerfGE 100, 289, 304ff. *„DAT/Altana“;* BVerfG 1 BvR 1805/94 v. 27.1.99, AG 99, 218, 219 *„SEN/KHS“;* BVerfG 1 BvR 704/03 v. 29.11.06, NJW 07, 828 mit Anm. *Winter* BVerfG EWiR Art. 14 GG 1/07, 235). Danach gewährleistet die **Eigentumsgarantie des Art. 14 Abs. 1 GG** auch das in einer Aktie verkörperte „Anteilseigentum“. Eine Strukturmaßnahme, die nicht zum Wohl der Allgemeinheit, sondern im Interesse des Hauptaktionärs erfolgt, erfordert daher eine „volle“ Entschädigung der außenstehenden Aktionäre. Diese muss einen vollen Ausgleich für den hinzunehmenden Verlust bieten und darf deshalb insbesondere nicht unter dem Verkehrswert liegen. 286

Angemessenheit des festen Ausgleichs. Der **feste Ausgleich** tritt an die Stelle der Dividendenzahlungen durch die Organgesellschaft und bewirkt eine Verzinsung des Beteiligungsvermögens der außenstehenden Gesellschafter in Form einer „Rentengarantie“. Er hat daher dem voraussichtlichen durchschnittlichen Gewinnanteil zu entsprechen. 287

Zur Ermittlung ist eine Unternehmensbewertung (nur) der Organgesellschaft erforderlich. Eine bestimmte Bewertungsmethode ist nicht vorgeschrieben. In der Praxis wird regelmäßig das **Ertragswertverfahren** angewendet und von der Rechtsprechung auch durchweg anerkannt (zB BGH II ZB 17/01 v. 21.7.03, AG 03, 627, 628 *„Ytong“*; OLG München 31 Wx 85/06 v. 2.4.08, OLGR München 08, 446; vgl. auch *Wüstemann* BB 09, 1518). Zulässig wären aber auch andere kapitalwertorientierte Bewertungsverfahren, insbesondere das Discounted Cashflow-Verfahren (*WP-Handbuch 2008*, Band II, Rz. A 488). Allen Verfahren ist gemein, dass sich der maßgebliche Unternehmenswert nicht mathematisch exakt, sondern nur näherungsweise ermitteln lässt. Daher sind auch die Gerichte nicht auf die von dem Bewertungsgutachter oder einem später hinzugezogenen gerichtlichen Sachverständigen ermittelten Werte festgelegt. Den Gerichten kommt vielmehr ein Schätzungsermessen zu, aufgrund dessen sie aus einer Bandbreite möglicher Werte denjenigen Wert auswählen und als angemessenen Ausgleich festsetzen können, den sie – unter Anwendung betriebswirtschaftlicher Methoden – für zutreffend erachten (§ 287 Abs. 2 ZPO; zu § 305 AktG OLG München 31 Wx 60/06 v. 17.7.07, BB 07, 2395, 2396; weitere Nachweise bei *Simon/Winter* SpruchG 2007 § 17 Rz. 19 Fn. 74). 288

Für die Bemessung des festen Ausgleichs gilt: 289

- **Nicht betriebsnotwendiges Vermögen** bleibt außen vor, wenn es keinen unmittelbaren Ertrag bringt und auch seine Veräußerung nicht unmittelbar bevorsteht.
- Eine marktgerechte Verzinsung des **Liquidationswertes** ist nicht erforderlich, so dass der Ausgleich im Fall einer dauerhaft defizitären Organgesellschaft auch auf null festgesetzt werden kann (sog. **Null-Ausgleich**, BGH II ZR 392/03 v. 13.2.06, BGHZ 166, 195 „Bochum-Gelsenkirchener Straßenbahnen“).
- Ein **Börsenkurs** der Aktien ist irrelevant. *„Soweit das BVerfG ... eine Berücksichtigung des Börsenkurses der Aktien auch im Rahmen des § 304 AktG gefordert hat, betrifft das nur das Umtauschverhältnis im Rahmen des variablen Ausgleichs gem. § 304 Abs. 2 Satz 3, 4 AktG, nicht jedoch den festen Ausgleich gem. § 304 Abs. 2 Satz 1 AktG.“* (BGH II ZR 392/03 v. 13.2.06, aaO, S. 201, Tz. 13). Ohnehin wäre kein überzeugender Rechenweg ersichtlich, wie vom Börsenkurs auf die angemessene Ausgleichszahlung geschlossen werden könnte; insbesondere kann der Börsenkurs nicht einfach mit dem Ertragswert gleich gesetzt und verzinst werden (*Popp* WPg 08, 23, 24; zu einem Ausnahmefall siehe OLG Hamburg 11 W 29/94 v. 31.7.01, AG 02, 406, 408).

– Nach der Rechtsprechung des BGH (BGH II ZB 17/01 v. 21.7.03, BGHZ 156, 57 „Ytong"; s. auch Rz. 289) ist bei der Berechnung des angemessenen Ausgleichs auf den Bruttogewinnanteil je Aktie abzustellen. Hiervon ist die **Körperschaftsteuerbelastung** in der jeweils gesetzlich angegebenen Höhe abzusetzen (nach § 16 KStG hat die Organgesellschaft in Höhe von derzeit 20/17 der geleisteten Ausgleichszahlung ein eigenes Einkommen zu versteuern, vgl. hierzu unter Rz. 301f.). Motiviert ist diese Rechtsprechung durch **mehrere Tarif- und sogar Systemänderungen** beim Körperschaftsteuerrecht, die erheblichen Einfluss auf die Bestimmung fester Ausgleichszahlungen haben und – abweichend vom Stichtagsprinzip – deshalb auch nachträglich noch Berücksichtigung finden sollen, sowohl zugunsten als auch (theoretisch) zulasten der außenstehenden Aktionäre. Im Einzelnen hat der BGH in der Entscheidung **„Ytong"** erklärt, dass *„... bereits bei der Festlegung des festen Ausgleichs im Beherrschungs- und Gewinnabführungsvertrag stets (mögliche) künftige Änderungen der körperschaftsteuerlichen Ausschüttungsbelastung zu berücksichtigen sind. Dabei ist als Ausgleichszahlung iSd. § 304 Abs. 1 Satz 1, Abs. 2 Satz 1 AktG der verteilungsfähige durchschnittliche (feste) Bruttogewinnanteil abzüglich der von dem Unternehmen hierauf zu entrichtenden (Ausschüttungs-)Körperschaftsteuer in Höhe des jeweils gültigen Steuertarifs zuzusichern."* Denn: *„Als erwirtschafteter Gewinn ist – auch betriebswirtschaftlich – der Gewinn vor Körperschaftsteuer anzusehen, weil die Höhe der – der Kapitalgesellschaft als solcher auferlegten – Körperschaftsteuer von der Gesellschaft selbst nicht beeinflusst werden kann, sondern lediglich Ausfluss des von ihr erwirtschafteten Gewinns ist."* (BGH II ZB 17/01 v. 21.7.03, aaO, S. 60). Der BGH hat als Gewinn somit den Gewinn vor Körperschaftsteuer angesehen, der dann in einem zweiten (variablen) Schritt um die jeweilige Körperschaftsteuer zu mindern ist.

289a Die Literatur hat die *„Ytong"-Entscheidung* zutreffend als inkonsequent kritisiert:

– Der **Solidaritätszuschlag** und die **Gewerbesteuer** können kaum anders behandelt werden als die Körperschaftsteuer. Alle drei Steuerarten sind in der Gewinn- und Verlustrechnung als Aufwandsposten auszuweisen und mindern so den ausschüttungsfähigen Gewinn. Sie werden von der Körperschaft geschuldet und belasten diese definitiv. Änderungen des Steuersystems und der Steuersätze sind auch in Bezug auf die Solidaritätszuschlag und die Gewerbesteuer jederzeit möglich bzw. bereits erfolgt. Die Instanzgerichte berücksichtigen daher inzwischen jedenfalls auch die gesetzlich bestimmte Höhe des Solidaritätszuschlages (BayObLG 3Z BR 071/00 v. 28.10.05, AG 06, 41, 45; OLG München 31 Wx 059/06 v. 30.11.06, AG 07, 411, 414).

– Es ist kaum begründbar, warum das Stichtagsprinzip in Bezug auf den Körperschaftsteuertarif durchbrochen wird, Veränderungen etwa der körperschaftsteuerlichen **Bemessungsgrundlage** aber unberücksichtigt bleiben sollen.

Der Gewinn der Kapitalgesellschaft bzw. die ausgeschütteten Dividenden sind keineswegs einheitlich mit dem jeweils geltenden Körperschaftsteuersatz vorbelastet. Unmittelbar einsichtig ist dies für Gewinne ausländischer **Tochtergesellschaften**; aber auch bei inländischen Tochtergesellschaften hängt die Steuerbelastung z.B. von deren Rechtsform und (Nicht-)Einbindung in einen Organkreis ab (vgl. das Beispiel bei *Baldamus* AG 05, 77, 83 f. und OLG München 31 Wx 60/06 v. 17.7.07, BB 07, 2395, 2400).

290 **Angemessenheit des variablen Ausgleichs.** Als variabler Ausgleich kann gem. § 304 Abs. 2 Satz 2 AktG *„... die Zahlung des Betrags zugesichert werden, der unter Herstellung eines angemessenen Umrechnungsverhältnisses auf Aktien der anderen Gesellschaft jeweils als Gewinnanteil entfällt. Die Angemessenheit der Umrechnung bestimmt sich nach dem Verhältnis, in dem bei einer Verschmelzung auf eine Aktie der Gesellschaft Aktien der anderen Gesellschaft zu gewähren wären."*

291 Diese Vorgabe eines **„angemessenen Umrechnungsverhältnisses"** entspricht dem Verschmelzungsrecht (§§ 12 Abs. 2 Satz 1, 15 UmwG). Die Aktionäre der Organgesellschaft sollen wirtschaftlich hinsichtlich ihres Gewinnanspruchs so gestellt werden, als ob beide Gesellschaften miteinander verschmolzen worden wären (BGH II ZB 15/00 v. 12.3.01, BGHZ 147, 108, 117 „DAT/Altana"; *Hirte/Hasselbach* in Großkommentar AktG, 4. Aufl. 2005, § 304 Rz. 100). Bei der Festsetzung des variablen Ausgleichs ist daher ebenso wie bei der Verschmelzung die sog. **Verschmelzungswertrelation** maßgebend, d. h. das Verhältnis der beiden Unternehmenswerte zueinander. Damit genügt es anders als für die Ermittlung des festen Ausgleichs nicht, nur die Organgesellschaft zu bewerten; die Ermittlung der Verschmelzungswertrelation erfordert vielmehr auch eine Bewertung des Organträgers. Da es um das Verhältnis der Unternehmenswerte und nicht um Ausschüttungserwartungen geht, finden die allgemeinen Bewertungsgrundsätze Anwendung, die auch im Umwandlungsrecht und zur Ermittlung der Abfindung nach § 305 AktG gelten (OLG Düsseldorf 19 W 1/93 AktE v. 25.5.00, AG 00, 422, 425; *Schmidt/Lutter*, 2. Aufl. 2010, AktG, § 304 AktG Rz. 101).

In der Folge ergeben sich Unterschiede gegenüber der Ermittlung des festen Ausgleichs: 292

- **Nicht betriebsnotwendiges Vermögen** ist grundsätzlich gesondert zu bewerten und zum Ertragswert der jeweiligen Gesellschaft zu addieren (*WP-Handbuch* 14. Aufl. 2014, Rz. A 486 f. und 500 f.).
- Der **Liquidationswert** ist als Untergrenze des jeweiligen Unternehmenswertes zu berücksichtigen (einschränkend *WP-Handbuch* 14. Aufl. 2014, Rz. A 490).
- Der **Börsenkurs** bildet eine weitere Untergrenze der Bewertung (BVerfG 1 BvR 1613/94 v. 27.4.99, BVerfGE 100, 289 *„DAT/Altana"*).

Unter dem **Gewinnanteil** im Sinne des § 304 Abs. 2 Satz 2 AktG wird überwiegend die vom Organträger tatsächlich ausgeschüttete Dividende verstanden (BVerfG 1 BvR 301/89 v. 8.9.99, AG 00, 40, 41 *„Hartmann & Braun"; Hüffer* AktG § 304 Rz. 15), nicht ein Anteil am Jahresüberschuss des Organträgers (dafür *Emmerich/Habersack* § 304 Rz. 49). Durch eine restriktive Ausschüttungspolitik kann daher der variable Ausgleich beschränkt werden. Kapitalmaßnahmen, insbesondere bei einer Kapitalerhöhung aus Gesellschaftsmitteln, können einen ähnlichen Effekt haben. Im Ergebnis führt daher der variable Ausgleich häufig zu geringeren Ausgleichszahlungen als der feste Ausgleich. Dies lässt ihn für den Organträger oft als günstigere Variante erscheinen. 293

(frei) 294–296

ccc) Entstehen und Fälligkeit des Ausgleichs

Der **Ausgleichsanspruch entsteht als Stammrecht** mit dem Wirksamwerden des Vertrages durch Eintragung in das Handelsregister (*Emmerich/ Habersack* § 304 Rz. 42). 297

Hiervon zu unterscheiden sind das **Entstehen und die Fälligkeit des konkreten Zahlungsanspruchs.** Insoweit hatte es der BGH (II ZR 6/09 v. 31.5.10, NZG 10, 905) zunächst noch offen gelassen, ob der feste Ausgleich zu Beginn des Folgejahres oder nach der vertraglichen Vereinbarung, spätestens mit der Hauptversammlung nach dem jeweiligen Geschäftsjahr fällig wird – wie das Berufungsgericht „mit beachtlichen Gründen und in Übereinstimmung mit der herrschenden Meinung" angenommen hatte (OLG Düsseldorf 6 U 139/07 v. 18.12.08 BeckRS 09, 13461; *Kölner Komm./ Koppensteiner* § 304 Rz. 9; *MünchKommAktG/Paulsen* § 304 Rz. 108; *Hüffer* AktG § 304 Rz. 13). Die Gesetzmäßigkeit einer solchen vertraglich vorgesehenen Leistungsmodalität könne weder im Anfechtungs- noch im Spruchverfahren, sondern nur im Rahmen eines nachfolgenden Leistungsprozesses geklärt werden. Der BGH hat sich nun aber darauf festgelegt, dass der Anspruch auf die Zahlung des festen Ausgleichs jedes Jahr mit dem **Ende der** auf ein Geschäftsjahr folgenden **ordentlichen Hauptversammlung** der Organgesellschaft neu entsteht, sofern nicht im Vertrag zu- 298 gunsten der außenstehenden Aktionäre etwas anderes vereinbart ist (BGH II ZR 237/09 v. 9.4.11, AG 11, 514 „Wella AG I", Tz. 14). Fällig wird er sodann – entsprechend der Praxis für die Dividendenzahlung börsennotierter Gesellschaften – jeweils am Tag nach dieser ordentlichen Hauptversammlung (BGH aaO, Tz. 15).

299 Eine **Verzinsung** ist anders als bei der Barabfindung (§ 305 Abs. 3 Satz 3 AktG) nicht vorgesehen. Im Falle eines **Squeeze-out** (§ 327a AktG) haben die außenstehenden Aktionäre keinen Anspruch mehr auf Zahlung des festen Ausgleichs für das Geschäftsjahr, wenn der Beschluss vor dem Entstehen des Anspruchs auf Ausgleichszahlung in das Handelsregister eingetragen wird. Ein Anspruch ergibt sich auch nicht aus § 101 Nr. 2 Halbs. 2 BGB (BGH II ZR 244/09 v. 19.4.11, NZG 11, 780; hierzu BVerfG 1 BvR 1577/11 v. 5.12.12, AG 13, 255; vgl. *Winter* EWiR 06, 418).

300 *(frei)*

ddd) Steuerliche Folgen des Ausgleichs (§ 16 KStG)

301 Grundsätzliche Rechtsfolge der körperschaftsteuerlichen Organschaft ist, dass das Einkommen der Organgesellschaft dem Organträger zugerechnet wird (vgl. Rz. 373). Hiernach hat die Organgesellschaft kein eigenes zu versteuerndes Einkommen und unterliegt damit auch keiner Verpflichtung zur Zahlung von Körperschaftsteuer. Eine Ausnahme hiervon gilt im Hinblick auf die Ausgleichszahlung an außenstehende Gesellschafter. Nach **§ 16 Satz 1 KStG** hat die Organgesellschaft ihr Einkommen in Höhe von 20/17 der geleisteten Ausgleichszahlungen selbst zu versteuern. Ist die Verpflichtung zum Ausgleich vom Organträger erfüllt worden, so hat die Organgesellschaft **nach § 16 Satz 2 KStG** 20/17 der geleisteten Ausgleichszahlungen anstelle des Organträgers zu versteuern. Nach **§ 4 Abs. 5 Nr. 9 EStG** dürfen Ausgleichszahlungen, die in den Fällen der §§ 14, 17 und 18 KStG an außenstehende Anteilseigner geleistet werden, den Gewinn nicht mindern.

302 **Zielsetzung** des § 16 KStG ist es, dass (bestimmte) Zahlungen an die außenstehenden Gesellschafter im steuerlichen Ergebnis aus Einkommen geleistet werden, welches von der Organgesellschaft selbst versteuert wurde. Vor dem Hintergrund einer nicht die Bemessungsgrundlage mindernden Körperschaftsteuer von 15% „benötigt" die Organgesellschaft für eine Zahlung i. H. v. 17 ein eigenes steuerliches Einkommen von 20 (d. h. 20 ./. 0,15 × 20 = 17 als für eine Ausschüttung zur Verfügung stehender Betrag; da § 16 KStG einen festen Bruch vorgibt, wird der Solidaritätszuschlag im Ergebnis hierbei nicht berücksichtigt, vgl. *H/H/R/Pache* § 16 KStG Rz. 24). Insoweit wird also die Wirkung der Organschaft im Ergebnis suspendiert.

303 § 16 KStG spricht von **„geleisteten Ausgleichzahlungen"**, ohne diese näher zu definieren. Als „geleistete Ausgleichszahlungen" im diesem Sinne sind in erster Linie die an außenstehende Gesellschafter erfolgenden Zahlungen nach § 304 AktG anzusehen (vgl. *H/H/R/Pache* § 16 KStG Rz. 9). Vgl. zu den gesellschaftsrechtlichen Grundlagen des festen und des variablen Ausgleichs unter Rz. 281 ff. und zu der Problematik deren steuerlicher Anerkennung unter Rz. 304. **Verdeckte Gewinnausschüttungen** an außenstehende Gesellschafter sind nach der Verwaltungsauffassung (vgl. KStR 61 Abs. 4 Satz 4) und der hM (vgl. *Blümich/Danelsing* § 16 KStG Rz. 21; *E&Y/Walter* § 16 KStG Rz. 10; *F/M/Frotscher* § 16 KStG Rz. 48; *H/H/R/Pache* § 16 KStG Rz. 28) von der Regelung des § 16 KStG erfasst. Nicht von § 16 KStG erfasst sind hingegen Abfindungszahlungen nach § 305 AktG oder Zahlungen im Rahmen eines Squeeze Out gemäß § 327a AktG (vgl. *H/H/R/Pache* § 16 KStG Rz. 25). Als **„geleistet"** sind Ausgleichszahlungen anzusehen, wenn sie aus dem Betriebsvermögen der Organgesellschaft abfließen (vgl. *Blümich/Danelsing* § 16 KStG Rz. 24; *F/M/Frotscher* § 16 KStG Rz. 47). Das Jahr der Leistung soll allerdings nicht zwingend mit dem Jahr übereinstimmen, in dem das Einkommen im Sinne des § 16 KStG zu versteuern ist. Für Letzteres soll das Jahr relevant sein, für das die Ausgleichszahlung geleistet wird (vgl. *D/P/M/Dötsch* § 16 KStG Rz. 39).

Umstritten ist, ob auch den Mindestbetrag des § 304 AktG an festen Ausgleichszahlungen übersteigende **variable Ausgleichszahlungen** an außenstehende Gesellschafter unter § 16 KStG zu subsumieren sind. Der BFH verfolgt hier in seiner Entscheidung BFH I R 1/08 v. 4.3.09 (BStBl. II 10, 407) eine restriktive Sichtweise: Eine zumindest teilweise Koppelung der Ausgleichszahlung an das Ergebnis der Organgesellschaft vor Gewinnabführung soll die tatsächliche Durchführung der Gewinnabführung infrage stellen und zur steuerlichen Nichtanerkennung der Organschaft mangels Abführung des ganzen Gewinns führen. Die Finanzverwaltung hat hierauf mit einem Nichtanwendungserlass reagiert (vgl. BMF v. 20.4.10, BStBl. I 10, 372) und will auch weiterhin den Mindestbetrag übersteigende Ausgleichszahlungen als organschaftsunschädlich behandeln. Vgl. hierzu bspw. die Nachweise bei *Blümich/Danelsing* § 16 KStG Rz. 16ff. und *D/P/M/Dötsch* § 16 KStG Rz. 24ff. **304**

Zur gesellschaftsrechtlichen Festlegung eines sog. **„Nullausgleichs"** für gewinnlose Gesellschaften vgl. Rz. 289. Solche Nullausgleiche sind auch steuerlich zu akzeptieren und führen nicht zur steuerlichen Nichtanerkennung der Organschaft (vgl. *H/H/R/Pache* § 16 KStG Rz. 30). Zur Möglichkeit der Nutzung eines Nullausgleichs in Situationen, in denen das Bestehen einer Ausgleichsverpflichtung unklar ist, vgl. Rz. 274. **305**

Der Wortlaut des § 16 KStG legt nicht fest, wer **Empfänger** der geleisteten Ausgleichszahlung sein muss. Nach hM sind hierunter ausschließlich außenstehende Gesellschafter im Sinne des § 304 AktG (ggf. analog) zu verstehen (vgl. zB *H/H/R/Pache* § 16 KStG Rz. 29 mwN). Vgl. zum Begriff des außenstehenden Aktionärs im Sinne des § 304 AktG hier unter Rz. 275. § 16 KStG umfasst hierbei auch Ausgleichszahlungen an außenstehende Anteilseigner einer GmbH (vgl. *Blümich/Danelsing* § 16 KStG Rz. 15). **306**

§ 16 KStG erfordert, dass das **Einkommen** der Organgesellschaft **aufgeteilt** wird (vgl. *H/H/R/Pache* § 16 KStG Rz. 20). Nach hM sollen auf der Ebene der Organgesellschaft ohne Beachtung der Organschaft grundsätzlich steuerfreie Einkommensbestandteile (zB § 8b KStG oder Investitionszulagen) oder nicht abziehbare Betriebsausgaben im Rahmen der Ermittlung des nach § 16 KStG steuerpflichtigen Einkommens nicht anteilig berücksichtigt werden können (vgl. *E&Y/Walter* § 16 KStG Rz. 28; *H/H/R/Pache* § 16 KStG Rz. 21; für steuerfreie Einnahmen vgl. auch *Blümich/Danelsing* § 16 KStG Rz. 27; *D/P/M/Dötsch* § 16 KStG Rz. 44). Auch vorvertragliche und laufende Verluste der Organgesellschaft oder des Organträgers sollen an der Versteuerung nach § 16 KStG nichts ändern (vgl. *Blümich/Danelsing* § 16 KStG Rz. 25f.; *E&Y/Walter* § 16 KStG Rz. 27; *F/M/Frotscher* § 16 KStG Rz. 59; *H/H/R/Pache* § 16 KStG Rz. 21). Nach § 4 Abs. 5 Nr. 9 EStG wird das Einkommen der Organgesellschaft auch dann nicht um die Ausgleichszahlung gemindert, wenn die Organgesellschaft die Ausgleichszahlung leistet (Hinzurechnung als nicht abziehbare Ausgabe; vgl. *E&Y/Walter* KStG, § 16 Rz. 17 und Rz. 37, Nichtabziehbarkeit gilt auch in der GewSt). **307**

Rechtsfolge für die Organgesellschaft ist, dass sie in Höhe ihres Einkommens im Sinne von § 16 KStG selbstständig zur Körperschaftsteuer und zum Solidaritätszuschlag herangezogen wird. Diese Rechtsfolgen tritt unabhängig davon ein, ob die Organgesellschaft (§ 16 Satz 1 KStG) oder der Organträger (§ 16 Satz 2 KStG) die Ausgleichszahlung leistet (vgl. *H/H/R/Pache* § 16 KStG Rz. 44). Das nach § 16 KStG ermittelte Einkommen unterliegt nicht der Gewerbesteuer vgl. *D/P/M/Dötsch* § 16 KStG Rz. 35; *E&Y/Walter* § 16 KStG Rz. 1; *F/M/Frotscher* § 16 KStG Rz. 50; s. auch GewStR 71 Abs. 5 Satz 10. **308**

Rechtsfolge für den Organträger ist, dass das auf Grundlage des § 16 KStG von der Organgesellschaft zu versteuernde Einkommen nicht noch einmal vom Organträger zu versteuern ist (vgl. zu der entsprechenden Technik bspw. KStR 65 Abs. 2 Satz 3; *D/P/M/Dötsch* § 16 KStG Rz. 38 und Rz. 41). Zahlt der Organträger die Ausgleichszahlung, so mindert diese das Einkommen des Organträgers nach § 4 Abs. 5 **309**

Nr. 9 EStG nicht (nicht abziehbare Ausgabe, die auch in der GewSt nicht abziehbar ist, vgl. *E&Y/Walter* § 16 KStG Rz. 22 und Rz. 37). Zu der Frage, inwieweit die Ausgleichszahlung auf das steuerliche Einlagekonto zugreift, vgl. die Diskussion bei *D/P/M/Dötsch* § 16 KStG Rz. 58ff. und *F/M/Frotscher* § 16 KStG Rz. 56.

310 Bei dem **zahlungsempfangenden außenstehenden Gesellschafter** unterliegen die Zahlungen als sonstige Bezüge im Sinne des § 20 Abs. 1 Nr. 1 Satz 1 EStG regulär den Vorschriften über die Dividendenbesteuerung (d.h. § 8b KStG bzw. Teileinkünfteverfahren und Kapitalertragsteuer; vgl. *Blümich/Danelsing* § 16 KStG Rz. 9f.; *H/H/R/Pache* § 16 KStG Rz. 10). Bei Minderheitsgesellschaften, die ihre Minderheitsanteile im Privatvermögen halten, greift ab 2009 für die Ausgleichszahlungen die Abgeltungsteuer (vgl. *D/P/M/Dötsch* § 16 KStG Rz. 66).

311–313 *(frei)*

cc) Gesellschafts- und steuerrechtliche Rahmenbedingung der Abfindung (§ 305 AktG)

314 Bei gesellschaftsrechtlichen Strukturmaßnahmen gehört das **„Recht zum Austritt aus wichtigem Grund"**, hier nach § 305 AktG, zum gesetzgeberischen Standardprogramm: Die Minderheitsgesellschafter können die Strukturmaßnahme selbst zwar nicht verhindern, sie aber zum Anlass nehmen, die Gesellschaft gegen angemessene Abfindung zu verlassen (vgl. §§ 29f., 122i, 207 UmwG; § 7 SEAG; § 320b AktG; §§ 327a, 327b AktG bzw. § 39a WpÜG sehen sogar den Ausschluss der Minderheitsaktionäre vor). Daher muss ein Beherrschungs- oder Gewinnabführungsvertrag im Falle außenstehender Aktionäre außer der Verpflichtung zum Ausgleich nach § 304 AktG auch ein Abfindungsangebot des anderen Vertragsteils enthalten, § 305 Abs. 1 AktG.

aaa) Arten der Abfindung

315 § 305 Abs. 2 AktG enthält Vorgaben für die **Art der Abfindung**:
- Ist der andere Vertragsteil eine unabhängige AG oder KGaA mit Sitz in der EU oder dem EWR (Norwegen, Island, Liechtenstein), muss die Abfindung in Aktien dieser AG/KGaA bestehen (Nr. 1).
- Ist der andere Vertragsteil dagegen selbst eine nachgeordnete Konzerngesellschaft, dürfen die Vertragsparteien (!) wählen, ob sie eine Barabfindung oder eine Abfindung in Aktien der Konzernspitze anbieten wollen; diese Konzernspitze muss wiederum eine AG oder KGaA mit Sitz in der EU oder dem EWR sein (Nr. 2). Zwar setzt der Wortlaut weiter voraus, dass auch der andere Vertragsteil selbst eine AG oder KGaA ist; die Vorschrift soll jedoch auf Gesellschaften anderer Rechtsform (GmbH, KG …) entsprechend anzuwenden sein (*Spindler/Stilz/Veil* AktG § 305 Rz. 40; aA *Schmidt/Lutter,* 2. Aufl. 2010, § 305 AktG Rz. 44 f.).
- In allen anderen Fällen ist eine Barabfindung anzubieten (Nr. 3).

316 Selbstverständlich dürfen die Beteiligten den außenstehenden Aktionären *zusätzlich* zu der gesetzlich vorgeschriebenen Abfindungsart auch andere Abfindungsarten anbieten, den Aktionären also insbesondere die Wahl zwischen einer Abfindung in eigenen Aktien oder einer Barabfindung ermöglichen (*Emmerich/Habersack* § 305 Rz. 12). Es ist nicht rechtsmissbräuchlich, wenn die Konzernspitze zur Vermeidung einer Abfindung in eigenen Aktien (Nr. 1) eine GmbH „zwischenschaltet" (OLG Frankfurt 23 U 69/08 v. 26.8.09, AG 10, 368, 372).

bbb) Angemessenheit der Abfindung

317 § 305 Abs. 3 AktG trifft nur wenige Aussagen zur **Angemessenheit der Abfindung**. Im Fall einer Abfindung in Aktien sind danach ebenso viele Aktien zu gewähren, wie auch im Falle einer Verschmelzung zu gewähren wären; maßgeblich ist also die Verschmelzungswertrelation (Satz 1). Dies macht neben der Bewertung der Organgesellschaft, die für die Festlegung einer Barabfindung bereits ausreichend wäre, zusätzlich auch eine Bewertung des Organträgers erforderlich (vgl. bereits Rz. 291).

Die Bewertungspraxis versteht Ausgleich und Abfindung verbreitet als **zwei Seiten einer Medaille**, die notwendig äquivalent sein müssen: Der Ausgleich ist eine verrentete Abfindung und die Abfindung ein kapitalisierter Ausgleich. Deshalb wird der feste Ausgleich regelmäßig direkt aus der Abfindung abgeleitet und entspricht dann der Verzinsung des Unternehmenswertes je Aktie bezogen auf die voraussichtliche Dauer des Unternehmensvertrages (*WP-Handbuch* 14. Aufl. 2014 Bd. II, Rz. A 498; *Maul* DB 02, 1423, 1424f.; *Emmerich/Habersack* § 304 Rz. 37ff.). **318**

Nach herrschender Rechtsmeinung sind Abfindung und Ausgleich dagegen Elemente eines einheitlichen Schutzsystems mit **unterschiedlicher Zielrichtung**. Der BGH hat diese unterschiedliche Zielrichtung auf folgende Formel gebracht: *„Die Abfindung gemäß § 305 AktG ersetzt den Wert der Beteiligung insgesamt, der Ausgleich gemäß § 304 AktG die Gewinnanteile des außenstehenden Aktionärs bei fortbestehender Beteiligung an der abhängigen Gesellschaft.“* (BGH II ZR 392/03 v. 13.2.06, BGHZ 166, 195, 200 „Bochum-Gelsenkirchener Straßenbahnen“). Die Abfindung muss deshalb so bemessen sein, dass die außenstehenden Aktionäre den Gegenwert ihrer Gesellschaftsbeteiligung erhalten. Die Ausgleichszahlungen dienen als Ersatz für die infolge des Unternehmensvertrages ausfallende Dividende. Der BGH hat es daher abgelehnt, die **Äquivalenz von Abfindung und Ausgleich** in den Rang eines zwingenden Prinzips zu erheben. Es genügt, wenn die Abfindung den Wert der Beteiligung und der Ausgleich die ausfallende Dividende ersetzt; ökonomisch gleichwertig oder aus Sicht der außenstehenden Aktionäre gleichermaßen attraktiv müssen Abfindung und Ausgleich hierfür nicht sein (BGH II ZR 392/03 v. 13.2.06, aaO). **319**

Aus dieser unterschiedlichen Zielrichtung von Abfindung und (festem) Ausgleich ergeben sich insbesondere die folgenden Differenzierungen: **320**

- **Nicht betriebsnotwendiges Vermögen** ist dem Ertragswert nur für Zwecke der Abfindung nach § 305 AktG hinzuzurechnen; bei der Bemessung des festen Ausgleichs nach § 304 AktG bleibt es dagegen außen vor, wenn es keinen unmittelbaren Ertrag bringt und auch seine Veräußerung nicht unmittelbar bevorsteht (vgl. Rz. 289).
- Der **Liquidationswert** bildet eine Untergrenze des Unternehmenswertes nur für die Ermittlung der Abfindung (hierzu *Fleischer/Schneider* DStR 13, 1736). Der feste Ausgleich muss diesen Liquidationswert nicht marktgerecht verzinsen (vgl. Rz. 289).
- Der **Börsenkurs** bildet eine weitere Untergrenze für die Ermittlung der Abfindung (BVerfG 1 BvR 1613/94 v. 27.4.99, BVerfGE 100, 289, 292 „DAT/Altana“). Für die Bemessung des – festen – Ausgleichs ist er dagegen irrelevant (vgl. Rz. 289).

(frei) **321**

ccc) Befristung, Entstehen und Verzinsung des Abfindungsanspruchs

Das Abfindungsangebot kann und sollte im Vertrag **befristet** werden, § 305 Abs. 4 Satz 1 AktG. Wenn ein Spruchverfahren eingeleitet wird (was bei börsennotierten Aktiengesellschaften die Regel ist), kann der Organträger gleichwohl noch lange nach dem vertraglich vorgesehenen Fristende zur Abfindung verpflichtet bleiben; denn § 305 Abs. 4 Satz 3 AktG schiebt das Fristende in diesem Fall hinaus auf das Ende des Spruchverfahrens, genauer zwei Monate nach Bekanntmachung der (rechtskräftigen, vgl. § 14 SpruchG) gerichtlichen Entscheidung im Bundesanzeiger. Da Spruchverfahren in erster und zweiter Instanz durchaus zehn Jahre und länger dauern können (näher *Simon/Winter* SpruchG 2007 Vor § 7 Rz. 5), sind sog. **vertragsüberdauernde Spruchverfahren** keine Seltenheit. Bei ihnen ist der Unternehmensvertrag längst beendet, der Organträger bleibt wegen der „Guano“-Entscheidung des BGH (II ZB **322**

9/96 v. 20.5.97, BGHZ 135, 374) und der Verlängerung der Annahmefrist durch § 305 Abs. 4 Satz 3 AktG dennoch zur Leistung der Abfindung verpflichtet.

323 Die **Rechtsnatur** des Abfindungsanspruchs hat der BGH in seiner Jenoptik-Entscheidung geklärt, die ebenfalls ein vertragsüberdauerndes Spruchverfahren betraf (BGH II ZR 27/05 v. 8.5.06, ZIP 06, 1392 mit Anm. *Braun/Krämer*). Gestritten wurde über die Frage, ob ein Aktionär die Abfindung sogar dann verlangen kann, wenn die Aktien **(1)** von ihm erst nach dem Ende des Unternehmensvertrages erworben wurden und **(2)** wahrscheinlich sogar aus einer nachvertraglichen Kapitalerhöhung stammen. Das OLG Jena hat dies bejaht, weil **(1)** das Recht auf Abfindung vom abfindungsberechtigten Veräußerer auf den jeweiligen Erwerber übergehe und **(2)** Jenoptik es versäumt habe, die an sich nicht abfindungsberechtigten Aktien aus den nachvertraglichen Kapitalerhöhungen besonders zu kennzeichnen (OLG Jena 7 U 391/03 v. 22.12.04, NZG 05, 400). Der BGH hat demgegenüber schon die Prämisse, dass das Recht auf Abfindung übertragbar sei, für falsch erklärt (BGH II ZR 27/05 v. 8.5.06, ZIP 06, 1392 mit Anm. *Braun/Krämer*). Danach ist das Recht auf Abfindung kein wertpapiermäßig in der Aktie verkörpertes Mitgliedschaftsrecht, sondern ein **schuldrechtlicher Anspruch** gegen den Organträger auf der Grundlage des Unternehmensvertrages. Dieser Anspruch **entsteht** bei der Veräußerung der Aktie stets originär in der Person des Erwerbers, sofern auch er zum Kreis der außenstehenden Aktionäre gehört. Nach dem Ende des Unternehmensvertrages kann diese Rechtsstellung eines außenstehenden Aktionärs jedoch nicht mehr neu erworben werden.

324 **Fällig** wird der Abfindungsanspruch mit Einreichung der Aktien; ab diesem Zeitpunkt steht dem außenstehenden Aktionär kein Ausgleichsanspruch mehr zu (*Spindler/Stilz/Veil* AktG § 305 Rz. 18).

325 Empfangene **Ausgleichszahlungen** sind nach BGH ausschließlich auf die Abfindungszinsen nach § 305 Abs. 3 Satz 3 AktG, nicht jedoch auf die Barabfindung selbst **anzurechnen** (BGH II ZR 284/01 v. 16.9.02, BGHZ 152, 29 „Rütgers AG"; aA *Kamanabrou*, BB 05, 449). Diese gesetzliche Verzinsung samt richterrechtlicher Anrechnung ist durch die in Rz. 323 erwähnte „Jenoptik"-Entscheidung des BGH (BGH II ZR 27/05 v. 8.5.06, ZIP 06, 1392 mit Anm. *Braun/Krämer*) begründungsbedürftig geworden: Wenn das Recht auf Abfindung nicht vom Vorbesitzer der Aktie abgeleitet wird, sondern in der Person des Erwerbers originär entsteht, ist unklar, warum das Gesetz dem Erwerber eine Verzinsung auch für Vorbesitzzeiten zugesteht und der Erwerber sich hierauf (ohne gesetzliche Anordnung) Ausgleichszahlungen anrechnen lassen soll, die nicht er, sondern der Vorbesitzer erhalten hat (*Simon/Winter* SpruchG 2007 § 17 Rz. 20).

326, 327 *(frei)*

ddd) Steuerrechtliche Rahmenbedingungen der Abfindung

328 Aus Sicht des **außenstehenden Gesellschafters** ist die Inanspruchnahme der Abfindung als steuerlicher Realisationsakt zu werten (entweder in Form eines Tauschvorgangs oder eines Verkaufs gegen Geldanspruch). Der hierbei realisierte Gewinn unterliegt bei ihm den Regelungen der §§ 3 Nr. 40, 3c Abs. 2 EStG bzw. des § 8b KStG oder des § 20 Abs. 2 Satz 1 Nr.1 EStG. Aus Sicht des **herrschenden Unternehmens** liegt eine Anschaffung der im Rahmen der Abfindung auf dieses Unternehmen übergehenden Anteile am beherrschten Unternehmen vor. Falls der herrschende Unternehmer als Gegenleistung eigene Anteile ausgibt, sind die diesbezüglichen Regelungen der Finanzverwaltung (vgl. BMF v. 27.11.13, DStR 13, 2700) zu beachten.

329 *(frei)*

m) Änderung des Vertrages (§ 295 AktG)

330 Nach § 295 Abs. 1 AktG sind bei der Änderung eines Unternehmensvertrages die **gleichen Erfordernisse wie beim erstmaligen Abschluss** zu beachten. Es ist daher ein schriftlicher Änderungsvertrag abzuschließen (§ 293 Abs. 3 AktG), dem die

Hauptversammlung der verpflichteten Gesellschaft mit qualifizierter Mehrheit zustimmen muss (§ 293 Abs. 1 AktG) und ebenso die Hauptversammlung des anderen Vertragsteils (§ 293 Abs. 2 AktG). Darüber hinaus bedarf es ggf. eines Sonderbeschlusses der außenstehenden Aktionäre, § 295 Abs. 2 AktG. Wirksam wird die Änderung erst mit ihrer Eintragung in das Handelsregister (§ 294 AktG). Nachdem § 295 Abs. 1 Satz 2 AktG auf die „§§ 293 *bis* 294“ verweist, gelten für die Vertragsänderung grundsätzlich auch die Berichts-, Prüfungs-, Auslage- und sonstigen Informationspflichten nach den §§ 293aff. AktG. Dies kann die Vertragsänderung zu einem aufwändigen Unterfangen werden lassen.

Eine **Änderung** des Unternehmensvertrages ist jede einverständliche inhaltliche Abänderung, die noch während der Laufzeit wirksam werden soll (BGH II ZR 139/78 v. 7.5.79, NJW 79, 2103). Dabei ist nach dem BFH nicht zwischen „wesentlichen“ und „unwesentlichen“ Änderungen zu unterscheiden; auch die subjektive Motivation der Vertragsparteien, aufgrund derer eine Bestimmung in den Vertrag aufgenommen oder geändert wird, spielt keine Rolle (BFH I R 66/07 v. 22.10.08, DStR 09, 100; die Parteien hatten behauptet, bei der Änderung handele es sich um eine bloße „Klarstellung“). Bestätigt hat der BFH hingegen, dass die Änderung eines Gewinnabführungsvertrages auf den Beginn des im Eintragungszeitpunkt bereits laufenden Wirtschaftsjahres zurückwirkt (BFH I B 27/10 v. 15.9.10, BStBl. II 10, 935 = GmbHR 10, 1159 mit Anm. *Walter*; *E&Y/Walter* § 14 KStG aF iVm. § 17 Abs. 2 KStG Rz. 638 mwN). **331**

Steuerrechtlich stellen sich die brisanten Fragen, ob bei einer Vertragsänderung die fünfjährige Frist des § 14 Satz 1 Nr. 3 Satz 1 KStG neu zu berücksichtigen ist und ob eine Vertragsänderung während der fünfjährigen Mindestlaufzeit zu einem organschaftsschädlichen Verstoß gegen diese Mindestlaufzeit führt. Vgl. hierzu bspw. *D/P/M/Dötsch* § 14 KStG Rz. 218a; *E&Y/Walter* § 14 KStG Rz. 638 mwN. Vgl. speziell zur Änderung im Zusammenhang mit § 34 Abs. 10b KStG aF iVm. § 17 Abs. 2 KStG Rz. 240. **332**

Stets ist zu prüfen, ob eine beabsichtigte Vertragsänderung tatsächlich im Wege des § 295 AktG möglich ist oder aber nur durch **Aufhebung** (§ 296 AktG) des bestehenden **und Neuabschluss** des neuen Vertrages (§ 293 AktG) zu erreichen ist. So wird insbesondere die Änderung des Vertragstypus verbreitet als Aufhebung und Neuabschluss gewertet (näher *Emmerich/Habersack* § 295 Rz. 12). Hingegen sollte die Beendigung nur der Gewinnabführungs- oder der Beherrschungsabrede eines kombinierten Beherrschungs- und Gewinnabführungsvertrages durch Vertragsänderung möglich sein; mithin also auch innerhalb der fünfjährigen Mindestlaufzeit nicht organschaftsschädlich sein und für sich kein Erfordernis einer neuen fünfjährigen Mindestlaufzeit auslösen (vgl. *H/H/R/Sterner* § 14 KStG Rz. 201; *Schneider/Hinz* Ubg 09, 738, 742f.; ähnlich wohl auch *F/M/Frotscher* § 14 KStG Rz. 304 und tendenziell wohl auch *D/P/M/Dötsch* § 14 KStG Rz. 218). Um Unsicherheiten insofern zu vermeiden, kann es sich empfehlen, statt eines kombinierten Beherrschungs- und Gewinnabführungsvertrages von vornherein zwei getrennte Verträge abzuschließen. **333**

Ein echter **Parteiwechsel** ist bei Unternehmensverträgen (ebenso wie bei gewöhnlichen Schuldverträgen) durch dreiseitigen Vertrag oder durch Vertrag zwischen der alten und der neuen Partei möglich, mit Zustimmung der verbleibenden Partei. In beiden Fällen handelt es sich aktienkonzernrechtlich um eine Vertragsänderung iSd. § 295 AktG (*Emmerich/ Habersack* § 295 Rz. 13; *Spindler/Stilz/Veil* AktG § 295 Rz. 2). Auch nach allgemeinem Zivilrecht ist eine privatautonome, rechtsgeschäftliche Vertragsübernahme unstreitig zulässig (*Palandt/Grüneberg* § 398 BGB Rz. 41 mwN). Sie bewirkt, dass der Vertrag im Übrigen unverändert zwischen den neuen Vertragsparteien fortgesetzt wird; die Rechtsstellung des eintretenden Vertragspartners entspricht derjenigen, welche der ausscheidende Vertragspartner innehatte. Im Übrigen gelten die Rechtsfolgen der §§ 398ff., 414ff. BGB grundsätzlich entsprechend. Die **334** zivilrechtliche Konstruktion – unveränderte Fortsetzung des Vertrages mit ausdrücklicher Zustimmung der schutzwürdigen verbleibenden Vertragspartei – spricht dafür, dass keine Zwischenabrechnung des Gewinnabführungsvertrags auf den Stichtag der Vertragsübernahme vorzunehmen ist.

335 Der **Beitritt** eines Unternehmens zu einem Unternehmensvertrag auf Seiten des herrschenden Unternehmens führt nicht zur Festsetzung eines neuen (festen) Ausgleichs und einer neuen Barabfindung (BGH II ZB 5/97 v. 4.3.98, BGHZ 138, 136 „ASEA/BBC II").

336 § 295 AktG ist auch auf die abhängige bzw. zur Gewinnabführung verpflichtete **GmbH** anzuwenden. Die Änderung des Unternehmensvertrages erfordert daher neben einer schriftlichen Änderungsvereinbarung bei der **Organgesellschaft** einen Zustimmungsbeschluss mit (mindestens) qualifizierter Mehrheit, ggf. sogar Einstimmigkeit (vgl. Rz. 125 ff.) (BFH I R 66/07 v. 22.10.08, DStR 09, 100; *Emmerich/Habersack* § 295 Rz. 4). Sofern man für die Änderung eine qualifizierte Mehrheit genügen lässt, ist zusätzlich ein Sonderbeschluss der Minderheitsgesellschafter erforderlich, sofern sich die Änderung auf ihre Rechtsstellung nachteilig auswirkt (*Roth/Altmeppen* § 13 Anh Rz. 101). Nach hM erfordert die Änderung zusätzlich auch einen Zustimmungsbeschluss bei dem **Organträger**. Dies gilt zunächst, wenn es sich um eine AG oder KGaA handelt, aber auch im Fall einer GmbH, weil die Interessenlage dieselbe ist (zB *Emmerich/Habersack* § 295 Rz. 5). Lediglich nach vereinzelter Ansicht müssen die Gesellschafter des Organträgers GmbH nicht einmal dem Vertragsschluss zustimmen, damit auch nicht seiner Änderung (*Roth/Altmeppen* § 13 Anh Rz. 103).

337 *(frei)*

n) Beendigung des Vertrages und steuerliche Mindestlaufzeit (§§ 296, 297 AktG, § 14 Abs. 1 Satz 1 Nr. 3 Satz 1 KStG)

aa) Zivilrechtliche Beendigungsmöglichkeiten

338 Zivilrechtlich ist für einen Beherrschungs- und/oder Gewinnabführungsvertrag keine Mindestvertragslaufzeit vorgesehen. Damit ein Gewinnabführungsvertrag jedoch zu einer körperschaft- und gewerbesteuerlich anzuerkennenden Organschaft führt, muss er gem. § 14 Abs. 1 Satz 1 Nr. 3 Satz 1 KStG auf **mindestens fünf Jahre fest abgeschlossen** und während seiner gesamten Geltungsdauer durchgeführt werden (vgl. sogleich Rz. 351 ff.).

339 Vorzeitig **beenden** lässt sich ein Unternehmensvertrag

- durch einvernehmliche Aufhebung (§ 296 AktG)
- durch ordentliche oder außerordentliche Kündigung (§ 297 AktG) sowie
- ferner durch den erstmaligen Beitritt eines außenstehenden Aktionärs (§ 307 AktG); s. hierzu auch Rz. 356 und 367.

340 Die Eintragung der Beendigung in das Handelsregister (§ 298 AktG) wirkt deklaratorisch.

341 Für die **GmbH** wird angenommen, dass für die Aufhebung oder Kündigung bei der verpflichteten GmbH ein Gesellschafterbeschluss zu fassen ist (so jetzt BGH II ZR 109/10 v. 31.5.11, DStR 11, 1576 zur Kündigung). Sofern man der Aufhebung dieselbe Bedeutung wie dem Abschluss beimisst (als actus contrarius), kann dies die entsprechende Anwendbarkeit der §§ 53, 54 GmbHG zur Folge haben und die Eintragung der Beendigung in das Handelsregister somit konstitutiv wirken (dafür zB *Emmerich/Habersack* § 296 Rz. 7b und *dies.* § 297 Rz. 3a). Nach zutreffender und zugleich praxisgerechterer hM hat die Eintragung der Beendigung – wie bei der AG – jedoch nur deklaratorische Bedeutung (OLG München 31 Wx 163/11 v. 20.6.11, NZG 11, 867; OLG Düsseldorf 3 Wx 302/95 v. 22.8.97, DB 97, 2425). In der Folge genügt es, wenn die Beendigung erst nach Vertragsende angemeldet und eingetragen wird (nach BayObLG 3 Z BR 232/02 v. 5.2.03, DB 03, 761 ist dies sogar zwingend).

Gem. § 296 AktG kann ein Unternehmensvertrag **aufgehoben** werden. Hierzu ist ein schriftlicher Aufhebungsvertrag zu schließen. Der Abschluss des Aufhebungsvertrages ist bei AG und KGaA grundsätzlich eine reine Geschäftsführungsmaßnahme, d.h. der Aufhebungsvertrag bedarf – anders als der Abschluss oder die Änderung des Vertrages – keiner Zustimmung der Hauptversammlung einer beteiligten AG oder KGaA (Begr. RegE zu § 296 AktG 1965, abgedruckt bei *Stangl/Winter,* Organschaft 2013/2014, S. 345). Eine Ausnahme gilt nach Abs. 2 für Verträge, die einen Ausgleich oder eine Abfindung zugunsten außenstehender Aktionäre vorsehen; ihre Aufhebung erfordert einen **Sonderbeschluss der außenstehenden Aktionäre**. 342

Die Aufhebung kann nach dem eindeutigen Gesetzeswortlaut nur zum Ende des Geschäftsjahres der Organgesellschaft erfolgen. Eine unterjährige Aufhebung bedarf daher einer Änderung des Geschäftsjahres im Wege der Satzungsänderung (*Emmerich/Habersack* § 296 Rz. 15; krit. *Paschos/ Goslar* Der Konzern 06, 479, 483f.). Sofern durch die Aufhebung die **steuerliche Mindestfrist von fünf Jahren unterschritten wird,** entfallen die Wirkungen der steuerlichen Organschaft rückwirkend seit dem Zeitpunkt ihres Wirksamwerdens (s. Rz. 356). 343

Der Aufhebungsvertrag bedarf auch bei der **GmbH** der Schriftform (*Emmerich/ Habersack* § 296 Rz. 7 b). Nach teilweiser, älterer Ansicht ist eine Aufhebung auch bei der GmbH als reine Geschäftsführungsmaßnahme, dh. ohne Zustimmung der Gesellschafterversammlung der Organgesellschaft möglich (OLG Frankfurt 20 W 317/93 v. 11.11.93, ZIP 93, 1790; OLG Karlsruhe 4 W 122/93 v. 3.6.94, ZIP 94, 1022; Krieger/Jannott DStR 95, 1475, 1477). Mit Blick auf BGH II ZR 109/10 v. 31.5.11, DStR 11, 1576 (zur Kündigung) wird jedoch auch die Aufhebung auf Seiten der Organgesellschaft eines Gesellschafterbeschlusses bedürfen, bei dem auch der Organträger stimmberechtigt ist. Offen ist, ob ein Zustimmungsbeschluss mit einfacher Mehrheit genügt (dafür *Baumbach/Hueck* Schlussanhang Rz. 72) oder die Aufhebung dieselbe Bedeutung wie der Abschluss hat (actus contrarius) mit der Folge, dass die §§ 53, 54 GmbHG entsprechend anzuwenden sind (AG Hamburg HRB 38053 v. 4.2.03, GmbHR 13, 311; OLG Oldenburg 1 U 75/99 v. 23.3.00, NZG 00, 1138, 1139; *Emmerich/Habersack* § 296 Rz. 7 b). Der Beschluss ist dann mit qualifizierter Mehrheit zu fassen und notariell zu beurkunden. Für eine Organträger-GmbH gilt dies jeweils nicht; ein hier ggf. gleichwohl zu fassender Gesellschafterbeschluss (Aufhebung als außergewöhnliche und damit zustimmungsbedürftige Geschäftsführungsmaßnahme) hat nur interne Bedeutung (*Emmerich/Habersack* § 296 Rz. 7c). 344

Nach teilweiser Ansicht ist eine Aufhebung auch bei der GmbH nur zum Ende eines Abrechnungszeitraums zulässig, daher ist ggf. ein Rumpfgeschäftsjahr zu bilden (OLG München 31 Wx 70/12 v. 16.3.12, NZG 12, 590; OLG München 7 U 5025/11 v. 20.11.13, NZG 14, 545; *MünchKommGmbHG/Liebscher* § 13 Rz. 904). Dem scheint auch der BFH zuzuneigen (BFH I R 40/12 v. 24.7.13, BStBl. II 14, 272). Nach aA ist eine Aufhebung auch unterjährig auf der Grundlage einer Zwischenbilanz zulässig (*Priester* NZG 12, 641; *Baumbach/Hueck* Schlussanhang Rz. 72). Eine rückwirkende Aufhebung ist unzulässig (BGH II ZR 119/00 v. 5.11.01, NJW 02, 822).

Auch die **Kündigung** eines Unternehmensvertrages gem. § 297 AktG ist bei AG und KGaA grundsätzlich eine reine Geschäftsführungsmaßnahme. Auch hier muss jedoch vor einer ordentlichen Kündigung durch die Organgesellschaft ggf. ein Sonderbeschluss der außenstehenden Aktionäre herbeigeführt werden (§ 297 Abs. 2 AktG). Im Vertrag können Gründe vereinbart werden, die zu einer solchen ordentlichen oder auch außerordentlichen Kündigung berechtigen (vgl. BGH II ZR 238/91 v. 5.4.93, BGHZ 122, 211, 217f.). Die Vereinbarung eines Rechts zur außerordentlichen Kündigung empfiehlt sich namentlich für die Fälle, in denen in Betracht kommt, dass die Beteiligungen an den Organgesellschaften veräußert oder eingebracht werden oder auf andere Gesellschaften verschmolzen werden (vgl. dazu *Fenzl/Antoszkiewicz* FR 03, 1061). 345

346 Für die Kündigung eines Unternehmensvertrages mit einer **GmbH** gilt § 297 AktG nur mit Modifikationen, was die Beschlussfassung angeht: Zumindest für die Organgesellschaft ist die Kündigung keine der Geschäftsführung obliegende bloße Geschäftsführungsmaßnahme. Sie erfordert vielmehr einen Gesellschafterbeschluss, bei dem auch der Organträger stimmberechtigt ist (BGH II ZR 109/10 v. 31.5.11, DStR 11, 1576; dazu *Peters/Hecker* DStR 12, 86). Dieser Beschluss bedarf der notariellen Beurkundung (so AG Hamburg HRB 38053 v. 4.2.03, GmbHR 13, 311; Beck DNotZ 13, 90). Für die Kündigung selbst genügt Schriftform (OLG München 31 Wx 80/11 v. 21.3.11, NZG 11, 1183).

347–350 *(frei)*

bb) Ertragsteuerliche Fünfjahresfrist

351 Zivilrechtlich ist für den Gewinnabführungsvertrag zwar keine Mindestvertragslaufzeit vorgesehen (vgl. Rz. 338). Soll der Gewinnabführungsvertrag jedoch zu einer körperschaft- und gewerbesteuerlich anzuerkennenden Organschaft führen, so muss der Gewinnabführungsvertrag gem. § 14 Abs. 1 Satz 1 Nr. 3 Satz 1 KStG auf **mindestens fünf Jahre abgeschlossen** sein und während seiner gesamten Geltungsdauer durchgeführt werden. Nach § 14 Abs. 1 Satz 1 Nr. 3 Satz 1 KStG muss der Gewinnabführungsvertrag auf mindestens fünf Jahre „abgeschlossen" sein, woraus überwiegend abgeleitet wird, dass sich die fünfjährige Mindestlaufzeit **aus dem Vertrag selbst ergeben** muss **(Formerfordernis)**; eine nur tatsächliche fünfjährige Durchführung ist demnach nicht ausreichend (vgl. *E&Y/Walter* § 14 KStG Rz. 636 mwN; *F/M/Frotscher* § 14 KStG Rz. 465; *Gosch/Neumann* § 14 KStG Rz. 212; *Müller/Stöcker/Lieber* Organschaft, Rz. 206). Der BFH legt bei der vertraglichen Vereinbarung der fünfjährigen Mindestlaufzeit einen (zu) strengen Maßstab an (vgl. zB BFH I R 1/12 v. 23.1.13, BFH/NV 13, 989).

352 Fünf Jahre bedeutet nach Auffassung des I. Senats des BFH und der Finanzverwaltung **fünf volle Zeitjahre** (vgl. BFH I R 3/10 v. 12.1.11, DStR 11, 717 mwN zum Diskussionsstand im Schrifttum; KStR 60 Abs. 2; offen gelassen in BFH IV R 38/07 v. 3.9.09, BStBl. II 10, 60). Spricht der Vertrag selbst nur von „mindestens fünf Jahren" (also weder von „Geschäftsjahren"/„Wirtschaftsjahren" noch von „Zeitjahren"), so soll dies zugunsten des Steuerpflichtigen als „Zeitjahre" interpretiert werden, wenn der Vertrag tatsächlich mindestens fünf Zeitjahre durchgeführt wird (so *D/P/M/Dötsch* § 14 KStG Rz. 219; *S/F/Brink* § 14 KStG Rz. 303; § 14 Abs. 1 Satz 1 Nr. 3 Satz 1 KStG spricht selbst nur von „Jahren", was von der Rspr. als Zeitjahre ausgelegt wird). Die vertragliche Unterschreitung der Fünfjahresfrist nur um einen oder wenige Tage wird von der Rechtsprechung schon als schädlich angesehen, wobei dies zumindest nach Ablauf der Fünfjahresfrist auch durch einen notariellen Berichtigungsbeschluss nicht mehr geheilt werden könne (vgl. BFH I R 1/12 v. 23.1.13, BFH/NV 13, 989).

353 Die Festlegung der Mindestlaufzeit kann dadurch erfolgen, dass der Gewinnabführungsvertrag grundsätzlich auf unbestimmte Zeit abgeschlossen und eine ordentliche Kündigung während der ersten fünf Zeitjahre ausgeschlossen ist (vgl. *D/P/M/Dötsch* § 14 KStG Rz. 216; *H/H/R/Sterner* § 14 KStG Rz. 200). Möglich ist auch, den Vertrag fix auf fünf Zeitjahre abzuschließen (ohne Möglichkeit einer ordentlichen Kündigung) und im Vertrag eine Verlängerung um jeweils ein Jahr vorzusehen, wenn der Vertrag nach Ablauf der Mindestlaufzeit nicht bis zu einem festgelegten Stichtag gekündigt wird (vgl. *D/P/M/Dötsch* § 14 KStG Rz. 216; *S/F/Brink* § 14 KStG Rz. 302).

354 Der Fünfjahreszeitraum **beginnt** mit dem Anfang des Wirtschaftsjahres, für das die Rechtsfolgen des § 14 Abs. 1 Satz 1 KStG erstmals eintreten (KStR 60 Abs. 2 Satz 2). Nach BMF v. 10.11.05 (BStBl. I 05, 1038 Tz. 4) ist die Mindestdauer nicht erfüllt, wenn der Vertrag zwar auf fünf Jahre abgeschlossen ist, aber erst in einem auf das Jahr des Abschlusses folgenden Jahr ins Handelsregister eingetragen wird (vgl. *F/M/*

Frotscher § 14 KStG Rz. 467; vgl. in diesem Zusammenhang auch BFH I R 66/07 v. 22.10.08, BStBl. II 09, 972 und BFH IV R 38/07 v. 3.9.09, BStBl. II 10, 60). Wegen Änderungen der Bestimmung über den Zeitpunkt des Wirksamwerdens der Organschaft und davon ausgehender praktischer Schwierigkeiten wird teilweise empfohlen, nicht eine anfängliche Vertragsdauer von fünf Jahren, wie sie steuerlich als Mindestdauer gefordert ist, sondern eine von sechs Jahren zu wählen (*Rödder/Schumacher* DStR 03, 805; eingehend hierzu, allerdings teilweise überholt, *Kerssenbrock* BB 98, Beil. 3). Diesem Problem kann aber auch mit einer **zeitlichen Gleitklausel** begegnet werden, die den Beginn der fünfjährigen Mindestvertragsdauer mit dem Zeitpunkt des Wirksamwerdens des Gewinnabführungsvertrags verknüpft (vgl. *F/M/Frotscher* § 14 KStG Rz. 469; *S/F/Brink* § 14 KStG Rz. 305). Solche Vereinbarungen werden von der Finanzverwaltung nicht beanstandet (vgl. BMF v. 10.11.05, BStBl. I 05, 1038 Tz. 4; vgl. auch *D/P/M/Dötsch* § 14 KStG Rz. 216).

Für den Fall, dass der Gewinnabführungsvertrag in einem **Rumpfwirtschaftsjahr** 355
beginnt, vertritt die hM die Auffassung, dass die Mindestlaufzeit nicht nur mindestens fünf volle Zeitjahre, sondern – unter Beachtung des Umstands, dass die Beendigung der Organschaft nach § 14 Abs. 1 Satz 1 Nr. 3 Satz 1 KStG auf den Beginn des Wirtschaftsjahrs zurückwirkt – auch das volle letzte Wirtschaftsjahr umfassen muss, was letztlich zu einer fünf Jahre übersteigenden Mindestlaufzeit führt (vgl. *D/P/M/Dötsch* § 14 KStG Rz. 217; *E/S/Erle/Heurung* § 14 KStG Rz. 177; *E&Y/Walter* § 14 KStG Rz. 637; *H/H/R/Sterner* § 14 KStG Rz. 200; ebenso FG Hessen 12 K 4237/01 v. 15.11.06, BeckRS 2006, 26024229; im Ergebnis bestätigt durch BFH IV R 38/07 v. 3.9.09, BStBl. II 10, 60). Gleiches soll für den Fall gelten, dass ein Gewinnabführungsvertrags ausnahmsweise während eines Wirtschaftsjahrs zu laufen beginnt (vgl. *Gosch/Neumann* § 14 KStG Rz. 212). Wird während der fünfjährigen Mindestlaufzeit ein Rumpfwirtschaftsjahr eingelegt, so stellt sich bei einer zeitlich fixen Mindestlaufzeit von 60 Monaten die Frage, ob ein Risiko für ein Scheitern der Organschaft besteht. Evtl. dennoch verbleibenden Zweifel kann u. E. durch die vertragliche Vereinbarung eines gleitenden Endzeitpunktes der Mindestlaufzeit begegnet werden.

Kommt es zu einer Beendigung des Gewinnabführungsvertrages während der Fünf- 356
jahresfrist, hat dies grundsätzlich den vollumfänglichen rückwirkenden Wegfall der ertragsteuerlichen Organschaft zur Folge. Dies gilt ausnahmsweise nicht, wenn die Beendigung qua Kündigung oder Aufhebung auf einem wichtigen Grund beruht (näher hierzu Rz. 361ff.). Teile des Schrifttums wenden den Maßstab des wichtigen Grundes auch für eine Vertragsbeendigung qua Gesetz an (s. zu § 307 AktG näher unter Rz. 367 f.).

(frei) 357–360

cc) Außerordentliche Kündigung aus wichtigem Grund

Eine Beendigung des Gewinnabführungsvertrages innerhalb des Fünfjahreszeitraums 361
des § 14 Abs. 1 Satz 1 Nr. 3 Satz 1 KStG führt grundsätzlich dazu, dass die körperschaft- und gewerbesteuerliche Organschaft von Anfang an steuerlich nicht anzuerkennen ist. Eine Ausnahme hiervon gilt jedoch dann, wenn der Gewinnabführungsvertrag aus **wichtigem Grund** gekündigt wird.

Gesellschaftsrechtlich sieht **§ 297 Abs. 1 Satz 1 AktG** eine Kündigung des 362
Vertrages aus wichtigem Grund vor. Satz 2 nennt als wichtigen Grund beispielhaft den Umstand, dass „der andere Vertragsteil voraussichtlich nicht in der Lage sein wird, seine auf Grund des Vertrages bestehenden Verpflichtungen zu erfüllen". Diese Regelung ist nicht abschließend. Ein wichtiger Grund iSd. Zivilrechts liegt allgemein dann vor, wenn dem Vertragsteil infolge einer nicht in seine Risikosphäre gehörenden Veränderung der Verhältnisse die Fortsetzung des Vertrages unter Abwägung des Interesses der Parteien bis zum Ablauf der ordentlichen Kündigungsfrist oder bis zum Ablauf des vereinbarten Beendigungstermins nicht mehr zuzumuten ist (*Emmerich/Habersack*

§ 297 AktG Rz. 19; vgl. BGH II ZR 109/10 v. 31.5.11, BGHZ 190, 45). Dazu gehören die von der FinVerw. in KStR 60 Abs. 6 genannten Gründe (vgl. hierzu Rz. 364) nicht ohne weiteres. Andererseits steht es den Beteiligten gesellschaftsrechtlich frei, weitere Gründe als „wichtige Gründe" zu vereinbaren (BGH II ZR 238/91 v. 5.4.93, BGHZ 122, 211). Bei der Vereinbarung sollte aber aus steuerlichen Gründen Zurückhaltung geübt werden (siehe Rz. 366).

363 **Körperschaftsteuerrechtlich** ist nach **§ 14 Abs. 1 Satz 1 Nr. 3 Satz 2 KStG** eine Kündigung aus wichtigem Grund auch innerhalb der Fünfjahresfrist des § 14 Abs. 1 Satz 1 Nr. 3 Satz 1 KStG für die körperschaftsteuerliche Anerkennung der Organschaft unschädlich. Gleiches gilt nach KStR 60 Abs. 6 Satz 1 auch für die **Aufhebung** (vgl. auch *Blümich/Danelsing* § 14 KStG Rz. 139; *Müller/Stöcker/Lieber* Organschaft, Rz. 207; FG Berlin-Brandenburg 12 K 12078/08 v. 19.10.11, EFG 12, 443). Es kommt somit auch in diesen Fällen nicht zu einem vollständigen retroaktiven Wegfall der Organschaft, diese endet im Fall einer unterjährigen Vertragsbeendigung nach § 14 Abs. 1 Satz 1 Nr. 3 Satz 3 KStG vielmehr dann lediglich regulär auf den Beginn des Wirtschaftsjahres der Kündigung. Was ein „wichtiger Grund" im Sinne des § 14 Abs. 1 Satz 1 Nr. 3 Satz 2 KStG ist, wird vom Gesetz nicht näher definiert. Nach hM ist dieser Begriff steuerrechtlich autonom, d.h. losgelöst vom Zivilrecht, auszulegen (vgl. zB *H/H/R/Sterner* § 14 KStG Rz. 213 mwN; *Stangl/Brühl* Ubg 12, 657, 661 mwN; ebenso BFH I R 45/12 v. 13.11.13, DStR 14, 643).

364 **KStR 60 Abs. 6 Satz 2** nennt die „Veräußerung oder Einbringung" der Organbeteiligung durch den Organträger sowie die Fälle der Verschmelzung, Spaltung und der Liquidation des Organträgers oder der Organgesellschaft als **wichtige Gründe** im Sinne des § 14 Abs. 1 Satz 1 Nr. 3 Satz 2 KStG. Stand bereits im Zeitpunkt des Vertragsabschlusses fest, dass der Gewinnabführungsvertrag vor Ablauf der ersten fünf Jahre beendet werden wird, soll ein wichtiger Grund nicht anzunehmen sein (vgl. KStR 60 Abs. 6 Satz 3). Dies soll nicht für die Beendigung des Gewinnabführungsvertrags durch Verschmelzung oder Spaltung oder aufgrund der Liquidation der Organgesellschaft gelten (vgl. KStR 60 Abs. 6 Satz 4). Da sich die in KStR 60 Abs. 6 Satz 2 genannten Gründe nicht mit den wichtigen Gründen im Sinne des § 297 Abs. 1 AktG decken (vgl. Rz. 363), empfiehlt es sich, (zumindest) diese Gründe explizit in den Gewinnabführungsvertrag als wichtige Gründe aufzunehmen (vgl. *Müller/Stöcker/ Lieber* Organschaft, Rz. 209; s. auch Rz. 366). Dies ist zivilrechtlich möglich (siehe Rz. 362). Teile des Schrifttums sehen in einer **Veräußerung innerhalb eines Konzerns** keinen wichtigen Grund, da es der Stpfl. ansonsten in der Hand hätte, „willkürlich" einen wichtigen Grund zu schaffen (*D/P/M/ Dötsch* § 14 KStG Rz. 223; *F/M/Frotscher* § 14 KStG Rz. 682). Diesem folgt – allerdings für einen speziellen Einzelfall – auch der BFH (I R 45/12 v. 13.11.13, DStR 14, 643). Teilweise wird im Zusammenhang hiermit die Auffassung vertreten, dass ein Gewinnabführungsvertrag von Anfang an steuerlich nicht anzuerkennen ist, wenn der **Vertrag wichtige Gründe definiert, die steuerlich nicht von § 14 Abs.1 Satz 1 Nr. 3 KStG erfasst sind** (vgl. *Herzberg* GmbHR 14, 85). Diese Auffassung würde zu einem flächendeckenden Wegfall steuerlicher Organschaften führen. Sie ist auch unzutreffend und wird vom BFH (I R 45/12 v. 13.11.13, DStR 14, 643) zu Recht abgelehnt. Denn die Frage nach der steuerlichen Anerkennung eines wichtigen Grundes stellt sich nur im Fall der Kündigung und nicht schon abstrakt bei Vertragsabschluss. Nach zutreffender Ansicht kann auch einer **Veräußerung eines Teils der Anteile** an der Organgesellschaft ein wichtiger Grund sein, wenn hierdurch die finanzielle Eingliederung erlischt (vgl. *D/P/M/Dötsch* § 14 KStG Rz. 224; *Lange* GmbHR 11, 806, 811; zu § 307 AktG s. Rz. 367).

365 Die Ansicht, nach der eine konzerninterne Veräußerung kein steuerlich anzuerkennender wichtiger Grund sei (Rz 364) beruft sich u.a. auch darauf, dass KStR 60 Abs. 6 Satz 2 nur davon spricht, dass eine Veräußerung ein wichtiger Grund sein „kann". Hierbei handelt es sich u.E. um eine unzutreffende Interpretation der Verwaltungsauffassung. Das „kann" in KStR 60 Abs. 6 Satz 2 bezieht sich richtigerweise nur auf die Ausnahme in KStR 60 Abs. 6 Satz 3. Auch die in KStR 60 Abs. 6 Satz 2 genannten Umwandlungsmaßnahmen sind mit einem „kann" umschrieben. Der Umwandlungssteuererlass 2011 (BMF v. 11.11.11, BStBl. I 11, 1314 Tz. Org.04, Org.12 und Org.26) spricht allerdings klar davon, dass eine Umwandlung ein wichtiger Grund „ist"; darüber hinaus stellt er Umwandlungen und Veräußerungen in den Tz. 00.02ff. steuersystematisch gleich. Wenn somit Umwandlungen – die typischerweise konzernintern erfolgen – nach Verwaltungsauffassung als wichtige Gründe anerkannt werden, so sollte die FinVerw auch eine konzerninterne Veräußerung als wichtigen Grund anerkennen. Vgl. näher hierzu *Stangl/Brühl* Ubg 13, 657, 661ff. Siehe aber auch BFH I R 45/12 v. 13.11.13, DStR 14, 643.

Zivilrechtlich ist es möglich, auch **weitere wichtigen Gründe** im Gewinnabführungsvertrag zu regeln (vgl. Rz. 362). In der Praxis wird hiervon in unterschiedlicher Intensität Gebrauch gemacht. Jedenfalls einer extensiven Nutzung dieser Möglichkeit ist mit Vorsicht zu begegnen. Zum einen ist mit der Aufführung eines Grundes im Gewinnabführungsvertrag noch nicht rechtssicher die Frage beantwortet, ob hierin auch ein wichtiger Grund im Sinne des § 14 Abs. 1 Satz 1 Nr. 3 Satz 3 KStG zu sehen ist (hierfür ist immer eine autonome steuerrechtliche Prüfung erforderlich, s. Rz. 363). Zum anderen wird teilweise die Auffassung vertreten, dass ein extensiver Katalog wichtiger Gründe im Gewinnabführungsvertrag im Ergebnis zu einer „jederzeitigen" Kündigungsmöglichkeit und damit zu der Nichtanerkennung der ertragsteuerlichen Organschaft führen kann. Dem Vernehmen nach wird dieser Punkt in jüngerer Zeit von der FinVerw. öfter angesprochen. Vor diesem Hintergrund wird in Formular A.10.01 eine „schlanke" Lösung gewählt, die nur die wichtigen Gründe im Sinne von KStR 60 Abs. 6 Satz 2 aufzählt. Soweit die Auffassung vertreten wird, dass jegliche vertragliche Vereinbarung eines nicht von § 14 Abs. 1 Satz 1 Nr. 3 Satz 2 KStG erfassten „wichtigen Grundes" organschaftsschädlich ist, ist dies uE zu weitgehend und unzutreffend (vgl. Rz. 364). **366**

Nach **§ 307 AktG** endet ein Gewinnabführungsvertrag zu einer AG bzw. KGaA zwingend, wenn der Organgesellschaft erstmals außenstehende Aktionäre beitreten. Diese Beendigung wird im steuerrechtlichen Schrifttum als Beendigung aus wichtigem Grund angesehen (vgl. *E&Y/Walter* § 14 KStG Rz. 726; *F/M/Frotscher* § 14 KStG Rz. 683; *S/F/Brink* § 14 KStG Rz. 587; **aA** *Bredow/Liebscher* BB 03, 393, 395), d.h., dass eine solche Beendigung auch innerhalb der Fünfjahresfrist des § 14 Abs. 1 Satz 1 Nr. 3 Satz 1 KStG nicht zum Wegfall der körperschaftsteuerlichen Organschaft von Anfang an führt. **367**

Fraglich ist, ob die Ausführungen in Rz. 367 auch für Organgesellschaften in der Rechtsform einer **GmbH** gelten. Hier ist die analoge Anwendung des § 307 AktG gesellschaftsrechtlich umstritten (vgl. *Pluskat* Der Konzern 04, 525). Daher erkennen Teile des steuerlichen Schrifttums eine Beendigung des Gewinnabführungsvertrags zu einer GmbH beim erstmaligen Eintritt außenstehender Gesellschafter nur dann als Beendigung aus wichtigem Grund an, wenn dieser Grund im Gewinnabführungsvertrag explizit genannt wird (vgl. *D/P/M/Dötsch* § 14 KStG Rz. 223 mwN; für das Vorliegen eines wichtigen Grundes – wohl auch ohne entsprechende vertragliche Regelung – s. *F/M/Frotscher* § 14 KStG Rz. 683a). Siehe hierzu auch A. 10.02 Rz. 6ff. **368**

(frei) **369–372**

V. Rechtsfolgen der körperschaftsteuerlichen Organschaft

1. Einkommenszurechnung

Körperschaftsteuerliche Rechtsfolge der Organschaft ist die **Zurechnung des Einkommens** der Organgesellschaft zum Einkommen des Organträgers (vgl. zB BFH I **373**

R 51/01 v. 18.12.02, BStBl. II 05, 49; vgl. auch KStR 29 Abs. 1; vgl. zu den Berechnungsschritten *H/H/R/Kolbe* § 14 KStG Rz. 80ff.). Die Zurechnung erfolgt nach § 14 Abs. 1 Satz 2 KStG erstmals für das Kalenderjahr, in dem das Wirtschaftsjahr der Organgesellschaft endet und der Gewinnabführungsvertrag wirksam wird (vgl. auch Rz. 144). Nach § 14 Abs. 1 Satz 1 Nr. 2 Satz 6 KStG idF der „kleinen Organschaftsreform" ist das Organeinkommen der Betriebsstätte des Organträgers zuzurechnen, der auch die Anteile an der Organgesellschaft bzw. an der vermittelnden Gesellschaft zuzuordnen ist (vgl. näher hierzu Rz. 56ff.). Das Einkommen der Organgesellschaft wird selbstständig ermittelt nach den allgemeinen Regeln (vgl. zB BFH I R 167/86 v. 11.4.90, BStBl. II 90, 772). Auch der eigene Gewinn des Organträgers ist nach den allgemeinen Regeln zu ermitteln. Die Einkommenszurechnung erfolgt nicht laufend, sondern erst mit Ablauf des Wirtschaftsjahres der Organgesellschaft, was zB bei unterjährigem Gesellschafterwechsel bei Organträger-Personengesellschaften von Bedeutung ist (vgl. BFH IV R 50/09 v. 28.2.13, BStBl. II 13, 494).

374 Die körperschaftsteuerliche Organschaft ändert nichts daran, dass Organgesellschaft und Organträger **selbstständige Rechtssubjekte** sind und bleiben (vgl. zB BFH VIII R 20/85 v. 9.9.86, BFH/NV 87, 442). Die Gewinnabführung an den Organträger ist für die Organgesellschaft Gewinnverwendung iSd. § 8 Abs. 3 KStG. Sie erhöht den handelsbilanziellen Gewinn des Organträgers und daher dessen Steuerbilanzgewinn. Eine Verlustübernahme des Organträgers mindert dessen Handelsbilanzgewinn (vgl. *D/P/M/Dötsch* § 14 KStG Rz. 320). **Verträge**, zB Kaufverträge u.ä., zwischen Organgesellschaft und Organträger sind wegen der Selbstständigkeit der Rechtssubjekte **steuerlich anzuerkennen**. Deshalb treten im Organkreis durch auf Leistungsaustausch gerichtete Geschäfte Gewinnrealisierungen ein (keine „Zwischenergebniseliminierung").

2. Ermittlung des Einkommens der Organgesellschaft (§§ 15, 16 KStG)

375 Nach **§ 15 Satz 1 Nr. 1 KStG** ist ein **Verlustabzug** im Sinne des § 10d EStG bei der Organgesellschaft nicht zulässig. Daher können vororganschaftliche Verluste der späteren Organgesellschaft während der Dauer der Organschaft weder beim Organträger noch bei der Organgesellschaft verrechnet werden, sie werden vielmehr „eingefroren". Ein Abzug dieser Verlustvorträge ist deshalb erst nach Beendigung der Organschaft und dann auch nur auf der Ebene der ehemaligen Organgesellschaft im Wege des Verlustvortrags möglich. Es ist deshalb stets zu untersuchen, ob mit dem Abschluss eines Gewinnabführungsvertrages gewartet werden soll, bis die Verlustvorträge der Organgesellschaft verbraucht sind (zu der Frage eines auf den vollständigen Verlustverbrauch aufschiebend bedingten Gewinnabführungsvertrags vgl. *Blümich/Danelsing* § 14 KStG Rz. 14, *Orth* WPg-Sonderheft 2003, 22).

376 **§ 15 Satz 1 Nr. 2 KStG** kodifiziert die sog. **„Bruttomethode"**, die durch **§ 15 Satz 2 KStG** ergänzt wird. Hiernach sind § 8b Abs. 1 bis Abs. 6 KStG, § 4 Abs. 6 UmwStG und ein abkommensrechtliches Schachtelprivileg auf der Ebene der Organgesellschaft nicht anzuwenden. Die insoweit erzielten Einkommensbestandteile werden auf der Ebene der Organgesellschaft somit nicht freigestellt, sondern in deren Einkommen erfasst und mit diesem Einkommen dem Organträger „brutto" zugerechnet. Auf der Ebene des Organträgers erfolgt die Behandlung dieser Einkommensbestandteile dann nach Maßgabe der für den konkreten Organträger geltenden Rechtsnormen.

- **Ausschüttungen** einer Kapitalgesellschaft an die Organgesellschaft sind demzufolge auf Ebene der Organgesellschaft nicht nach § 8b Abs. 1 und Abs. 5 KStG zu 95 % steuerfrei, sondern sie sind vollumfänglich dem Organträger zuzurechnen. Dort sind sie dann bei körperschaftsteuerpflichtigen Organträgern zu 95 % (§ 8b Abs. 1 und Abs. 5 iVm. § 15 Satz 1 Nr. 2 Satz 2 KStG) bzw. bei einem einkommensteuerpflichtigen Organträger zu 40 % (§ 3 Nr. 40 EStG iVm. § 15 Satz 1 Nr. 2 Satz 2 KStG) steuerfrei. § 15 Satz 1 Nr. 2 Satz 4 KStG regelt, dass Beteiligungen des Organträgers und der Organgesellschaft für Zwecke der Beteiligungsgrenze des § 8b Abs. 4 KStG getrennt zu betrachten sind. Zur Bedeutung der „Bruttomethode in der GewSt s. Rz. 539. Zu § 8b Abs. 7, 8 oder 10 KStG s. Rz. 377.

- Bei der Einführung der Bruttomethode hatte der Gesetzgeber ursprünglich eine Regelung zu **abkommensrechtlichen Schachteldividenden** vergessen. Der BFH hat es auch abgelehnt, die Bruttomethode auf diese Situationen entsprechend anzuwenden (vgl. BFH I R 47/08 v. 14.1.09, BStBl. II 11, 131), womit anfänglich auch einkommensteuerpflichtige Organträger im Ergebnis in den Genuss des abkommensrechtlichen Schachtelprivilegs kamen. Hierauf hat der Gesetzgeber im Rahmen des StVergAbG v 16.5.03 (BGBl. I 03, 660) mit der Einführung des **§ 15 Satz 2 KStG** reagiert. Nimmt eine ausländische Kapitalgesellschaft eine Ausschüttung an die Organgesellschaft vor und ist mit dem Ansässigkeitsstaat der ausschüttenden Gesellschaft und Deutschland ein DBA abgeschlossen, das ein abkommensrechtliches Schachtelprivileg vorsieht, so ist dieses Privileg nach § 15 Satz 2 KStG auf der Ebene der Organgesellschaft nicht anzuwenden und die Ausschüttung ist über die Einkommenszurechnung dem Organträger zuzurechnen. Auf dessen Ebene ist dann zu entscheiden, ob das abkommensrechtliche Schachtelprivileg greift (also regelmäßig nur bei körperschaftsteuerpflichtigen Organträgern).
- Im wirtschaftlichen Zusammenhang mit Einnahmen oder Vergütungen im Sinne des § 3 Nr. 40 EStG stehende **Ausgaben** sind auf Ebene der Organgesellschaft zunächst voll abzuziehen und dem Organträger zuzurechnen. Sofern der Organträger einkommensteuerpflichtig ist, ist insoweit auf seiner Ebene anschließend § 3c Abs. 2 EStG (iVm. § 15 Satz 1 Nr. 2 Satz 2 KStG) anzuwenden.
- Gewinne und Verluste, die der Organgesellschaft aus der **Veräußerung eines Anteils an einer Kapitalgesellschaft** entstehen, sind auf Ebene der Organgesellschaft in deren Einkommen zu erfassen und dem Organträger zuzurechnen. Auf der Ebene des Organträgers ist dann § 8b KStG (körperschaftsteuerpflichtiger Organträger) bzw. §§ 3 Nr. 40, 3c Abs. 2 EStG (einkommensteuerpflichtiger Organträger) anzuwenden.
- Ein bei einer Umwandlung einer Kapital- auf eine Personengesellschaft **(§§ 3 ff. UmwStG)** auf der Ebene der Organgesellschaft entstehender **Übernahmeverlust** ist bei der Organgesellschaft abweichend von § 4 Abs. 6 UmwStG abziehbar und mindert das dem Organträger zuzurechnende Einkommen. Auf der Ebene des Organträgers kommt es anschließend nach § 15 Satz 1 Nr. 2 Satz 2 KStG zur Anwendung des § 4 Abs. 6 UmwStG. Damit ist der Übernahmeverlust nicht (bei körperschaftsteuerpflichtigen Organträgern, vgl. § 4 Abs. 6 Satz 1 UmwStG iVm. § 15 Satz 1 Nr. 2 Satz 2 KStG) bzw. im Grundsatz zu 60 % (bei einkommensteuerpflichtigen Organträgern, allerdings gedeckelt auf grundsätzlich 60 % des Dividendenteils im Sinne des § 7 UmwStG, vgl. § 4 Abs. 6 Satz 4 (s. aber auch Satz 5) UmwStG iVm. § 15 Satz 1 Nr. 2 Satz 2 KStG) abzugsfähig. Entsteht bei einer Umwandlung einer Kapital- auf eine Personengesellschaft hingegen ein Übernahmegewinn, so unterliegt dieser nach § 4 Abs. 7 UmwStG bei Körperschaften dem § 8b KStG. § 4 Abs. 7 UmwStG wird innerhalb des § 15 Satz 1 Nr. 2 KStG nicht erwähnt, so dass man der Auffassung zuneigen könnte, dass ein Übernahmegewinn auf Ebene der Organgesellschaft unabhängig von der Rechtsform des Organträgers zu 95% steuerfrei wäre. Die Finanzverwaltung scheint jedoch insoweit unmittelbar auf die Einbeziehung des § 8b KStG in die Bruttomethode abstellen zu wollen (so *D/P/M/Dötsch* § 15 KStG Rz. 62; ebenso *E/M/Frotscher* § 15 KStG Rz. 62; *S/F/Dallwitz* § 15 KStG Rz. 90). Demnach wäre der Übernahmegewinn im Einkommen der Organgesellschaft enthalten und dem Organträger zuzurechnen. Auf der Ebene des Organträgers kommt dann je nach Rechtsform § 8b KStG bzw. §§ 3 Nr. 40, 3c Abs. 2 EStG zur Anwendung.

– Der einen **Übernahmegewinn** im Rahmen einer Verschmelzung von Kapitalgesellschaften **(§§ 11 ff. UmwStG)** regelnde § 12 Abs. 2 UmwStG wird innerhalb des § 15 KStG nicht erwähnt. Dennoch will die Finanzverwaltung in Tz. 12.07 des UmwSt-Erlasses (BMF v. 11.11.11 BStBl. I 11, 1314) ein mit der Bruttomethode vergleichbares Ergebnis erreichen, also insbesondere im Falle eines Up-Stream-Mergers einen Übernahmegewinn der Organgesellschaft bei einem einkommensteuerpflichtigen Organträger den Regelungen des Teileinkünfteverfahrens und bei einem körperschaftsteuerlichen Organträger der 5%-Besteuerung unterwerfen. Vor dem Hintergrund, dass der BFH eine teleologische Extension der Bruttomethode bereits beim abkommensrechtlichen Schachtelprivileg abgelehnt hat (s. o. (zweiter Spiegelstrich)), erscheint die Vorgehensweise des UmwSt-Erlasses als zumindest angreifbar (s. zB *Rödder/Schmidt-Fehrenbacher* in *FGS/BDI,* Der Umwandlungssteuer-Erlass 2011, 2012, S. 260f.; für eine generell völlige Steuerfreiheit *R/H/vL/Rödder* § 12 UmwStG Rz. 91; *S/F/Dallwitz* § 15 KStG Rz. 92; für eine 5 %-Besteuerung unabhängig von der Rechtsform des Organträgers *D/P/M/Dötsch* § 15 KStG Rz. 65; *F/M/Frotscher* § 15 KStG Rz. 66ff.

377 § 15 Satz 1 Nr. 2 Satz 1 KStG suspendiert nicht die Anwendung der **Absätze 7 bis 10 des § 8b KStG** auf Ebene der Organgesellschaft. § 8b Abs. 7, 8 oder 10 KStG sind dem zufolge dann nach § 15 Satz 1 Nr. 2 Satz 3 KStG auch nicht auf der Ebene des Organträgers anzuwenden. Vgl. hierzu zB *D/P/M/Dötsch* § 15 KStG Rz. 38ff.

378 **§ 15 Satz 1 Nr. 3 KStG** regelt die Anwendung der **Zinsschranke** innerhalb eines Organkreises. Hierzu kann auf die entsprechenden Ausführungen unter Rz. 4ff. verwiesen werden.

379 **§ 15 Satz 1 Nr. 4 und Nr. 5 KStG** wurden im Rahmen des JStG 2009 v. 19.12.08 (BGBl. I 08, 2794) eingeführt und flankieren die körperschaftsteuerlichen Regelungen des § 8 Abs. 7 Satz 2 und Abs. 9 KStG, deren Ziel u.a. die Kodifizierung des steuerlichen Querverbunds bei **dauerdefizitären Geschäften der öffentlichen Hand** ist (gesetzgeberische Reaktion auf BFH I R 32/06 v. 22.8.07, BStBl. II 07, 961). Vgl. näher hierzu zB *D/P/M/Dötsch* § 15 KStG Rz. 64ff.

380 Zur steuerlichen Behandlung von Ausgleichszahlung an Minderheitsaktionäre nach **§ 16 KStG** vgl. Rz. 301ff.

381–384 *(frei)*

3. Ermittlung des Einkommens des Organträgers

a) Allgemein

385 Der Organträger ermittelt im Ausgangspunkt sein eigenes Einkommen nach den **allgemeinen Vorschriften**. In der Steuerbilanz des Organträgers haben sich die handelsrechtliche Gewinnabführung bzw. der Verlustausgleich zunächst ertrags- bzw. aufwandswirksam niedergeschlagen. Steuerlich erfolgt über § 14 Abs. 1 Satz 1 KStG eine originäre ertragsteuerliche Zurechnung des Einkommens bzw. des Verlusts der Organgesellschaft. Zur **Verhinderung einer Doppelbesteuerung** ist nach KStR 61 Abs. 1 Satz 2 bei der Ermittlung des Einkommens des Organträgers der von der Organgesellschaft an den Organträger abgeführte Gewinn außer Ansatz zu lassen; ein vom Organträger an die Organgesellschaft zum Ausgleich eines sonst entstehenden Jahresfehlbetrags geleisteter Betrag darf nicht abgezogen werden.

386 Die **Zurechnung des Einkommens der Organgesellschaft** stellt, ebenso wenig wie die Gewinnabführung, eine Ausschüttung dar (BFH I R 51/01 v. 18.12.02, BStBl. II 05, 49), so dass die mit einer Ausschüttung an sich verbundenen Rechtsfolgen nicht eintreten (vgl. *Wassermeyer* GmbHR 03, 313). Somit fällt auch nicht die mit einer Ausschüttung ansonsten verbundene „5 %-Besteuerung" nach den § 8b Abs. 1 und Abs. 5 KStG an (vgl. Rz. 3). Das zugerechnete Einkommen unterliegt der Besteuerung beim Organträger, und zwar in der Steuerart und mit dem Steuersatz, der

für ihn gilt. Ist er eine natürliche Person, so ist es deren persönlicher Steuersatz bei der Einkommensteuer. Handelt es sich beim Organträger um eine körperschaftsteuerpflichtige Person, so unterliegt die Einkommenszurechnung bei dieser der Körperschaftsteuer.

Das Einkommen der Organgesellschaft ist dem Organträger für das Kalenderjahr (**Veranlagungszeitraum**) zuzurechnen, in dem die Organgesellschaft das Einkommen bezogen hat (KStH 62; BFH I R 240/72 v. 29.10.74, BStBl. II 75, 126). Diese Regel führt zu keinen Besonderheiten, wenn die Geschäftsjahre bei Organgesellschaft und Organträger übereinstimmen. Das am 31.12.01 entstehende und zuzurechnende Einkommen der Organgesellschaft erhöht das Einkommen des Organträgers zum 31.12.01. Wenn jedoch das Geschäftsjahr des Organträgers zB am 30.6.01 endet und dasjenige der Organgesellschaft am 30.9.01, so ist das Einkommen der Organgesellschaft gleichwohl im Jahr 01 beim Organträger zu berücksichtigen (vgl. *Walter/Stümper* GmbHR 03, 652). **387**

Geschäfte zwischen Organträger und Organgesellschaft, die dem Fremdvergleich nicht genügen, führen zu **verdeckten Gewinnausschüttungen** (vgl. zB BFH I R 99/80 v. 1.8.84, BStBl. II 85, 18; *Blümich/Danelsing* § 14 KStG Rz. 236 ff.). Dies stellt jedoch die Durchführung des Vertrages nicht in Frage, denn die verdeckte Gewinnausschüttung wird steuerlich als vorweggenommene Gewinnabführung qualifiziert (vgl. KStR 61 Abs. 4 Satz 1). Dies hat u.a. zur Folge, dass die verdeckte Gewinnausschüttung nicht mit der „5%-Besteuerung" nach § 8b Abs. 1 und Abs. 5 KStG belastet ist (vgl. Rz. 3 und Rz. 386). Im Hinblick auf die technische Umsetzung dieser Vorgabe vertreten Finanzverwaltung und Rechtsprechung unterschiedliche Vorgehensweisen. Die Finanzverwaltung will erst bei der Ermittlung des Einkommens des Organträgers den von der Organgesellschaft an den Organträger abgeführten Gewinn insoweit außer Ansatz lassen (KStR 61 Abs. 4 Satz 2). Der BFH will hingegen die verdeckte Gewinnausschüttung bereits bei dem hinzuzurechnenden Einkommen der Organgesellschaft nicht berücksichtigen (BFH I R 150/82 v. 20.8.86, BStBl. II 87, 455). Vgl. hierzu zB *D/P/M/Dötsch* § 14 KStG Rz. 336 f. **388**

Eigene **Verluste** des **Organträgers**, die vor der Begründung der Organschaft entstanden sind (vororganschaftliche Verluste), können nach den allgemeinen Regeln vor- und zurückgetragen werden. Nachorganschaftliche Verluste des Organträgers können ebenfalls im Wege des Rücktrags und im Übrigen mit künftigen positiven Einkünften verrechnet werden. Auch während des Bestehens der Organschaft gelten hinsichtlich des Verlustabzugs auf Ebene des Organträgers die allgemeinen Regelungen (vgl. zB *S/F/Dallwitz* § 15 KStG Rz. 44). Spezielle Vorschriften hinsichtlich der Verrechenbarkeit von Verlusten – zB in den §§ 2a, 15 Abs. 4, 15a EStG – gelten auch innerhalb von Organschaftsverhältnissen sowohl für den Organträger als auch für die Organgesellschaft; wobei auf der Ebene der Organgesellschaft nach hM auch insoweit § 15 Satz 1 Nr. 1 KStG anwendbar sein soll (vgl. z.B. *D/P/M/Dötsch* § 15 KStG Rz.6; *E/S/Erle/Heurung* § 15 KStG Rz. 15; *E&Y/Walter* § 15 KStG Rz. 8; *F/M/Frotscher* § 15 KStG Rz. 11; zweifelnd betreffend § 15a EStG *S/F/Dallwitz* § 15 KStG Rz. 50). **389**

Mit Urteil BFH I R 101/75 v. 26.1.77, BStBl. II 77, 441 hat das Gericht entschieden, dass der Organträger für **drohende Verluste** aus der Übernahme des Verlusts der Organgesellschaft **keine Rückstellung** bilden darf (vgl. auch KStH 64). Handelsrechtlich wird eine solche Rückstellung als Rückstellung für drohende Verluste aus schwebenden Geschäften qualifiziert (vgl. *Blümich/Danelsing* § 14 KStG Rz. 228; zum Handelsrecht vgl. auch *Kropff* FS Döllerer S. 351, *Hahn* FS L. Schmidt S. 655), womit einer solchen Abschreibung seit 1997 ohnehin § 5 Abs. 4a EStG entgegensteht. **390**

Eine **Teilwertabschreibung auf die Beteiligung an der Organgesellschaft** ist steuerbilanziell unter den allgemeinen Voraussetzungen zulässig (KStR 62 Abs. 3 Satz 1). Eine Teilwertabschreibung soll allerdings nicht schon deshalb gerechtfertigt **391** sein, weil die Organgesellschaft ständig Verluste erwirtschaftet (KStR 62 Abs. 3 Satz 2). Im Falle eines einkommensteuerpflichtigen Organträgers unterliegt die Teilwertabschreibung § 3c Abs. 2 EStG (vgl. § 3c Abs. 2 Satz 3 EStG; vgl. zB auch *Blümich/ Danelsing* § 14 KStG Rz. 231) und ist somit nur zu 60% steuerlich abzugsfähig. Im Falle eines körperschaftsteuerpflichtigen Organträgers kann die Teilwertabschreibung wegen § 8b Abs. 3 Satz 3 KStG steuerlich im Ergebnis keine Wirkung entfalten. Vielmehr ist mit ihr in diesen Fällen das Risiko einer späteren Wertaufholung verbunden, die grundsätzlich nach § 8b Abs. 2 und Abs. 3 Satz 1 KStG zu 5% steuerpflichtig ist (vgl. hierzu bspw. die Diskussion bei *H/H/R/Watermeyer* § 8b KStG Rz. 83). Aus steuerlicher Sicht kann daher ein freiwilliges Unterlassen einer grundsätzlich möglichen Teilwertabschreibung sogar vorteilhaft sein. Ein solches freiwilliges Unterlassen wird mittlerweile von der Finanzverwaltung akzeptiert (vgl. BMF v. 12.3.10, BStBl. I 10, 239 Tz. 15).

392 Die beim Organträger vorzunehmende Kürzung der Gewinnabführung und ihre Substitution durch die Einkommenszurechnung (vgl. Rz. 385) führt nach zutreffender Ansicht nicht dazu, dass der Organträger hiermit steuerfreie Einkünfte im Sinne des § 3c Abs. 1 EStG bzw. § 3c Abs. 2 EStG bezieht (die aA von *Thiel* DB 02, 1340 wird von der zutreffenden hM abgelehnt; vgl. nur die zahlreichen weiteren Nachweise bei *D/P/M/Dötsch/Witt* § 14 KStG Rz. 322). Demnach können **Ausgaben des Organträgers im Zusammenhang mit der Organbeteiligung** (zB Zinsen für Schulden, die der Organträger zum Erwerb der Beteiligung an der Organgesellschaft aufgenommen hat) bei der Ermittlung des Einkommens des Organträgers abgezogen werden (KStR 62 Abs. 1).

393 Zu den Auswirkungen der Organschaft auf die **Zinsschranke** vgl. Rz. 4ff.

394 **Gewinne aus der Veräußerung** von Beteiligungen an der Organgesellschaft sind bei einem körperschaftsteuerpflichtigen Organträger gem. § 8b Abs. 2 iVm. Abs. 3 Satz 1 KStG im Ergebnis zu 95% steuerfrei (vgl. zB *D/P/M/Dötsch/Witt* § 14 KStG Rz. 323). In Konsequenz dessen sind Verluste aus der Veräußerung der Beteiligung an der Organgesellschaft für den körperschaftsteuerpflichtigen Organträger steuerlich im Ergebnis unbeachtlich (§ 8b Abs. 3 Satz 3 KStG). Das gilt auch für abführungsbedingte Teilwertabschreibungen; BFH I R 9/02 v. 13.11.02, BStBl. II 03, 570 ist damit im Ergebnis insoweit gegenstandslos. Bei einem einkommensteuerpflichtigen Organträger unterliegen Gewinne und Verluste aus der Veräußerung der Beteiligung an der Organgesellschaft regulär den §§ 3 Nr. 40, 3c Abs. 2 EStG (siehe insbesondere § 3c Abs. 2 Satz 3 EStG).

395 Auch im Hinblick auf den **Spendenabzug** findet eine getrennte Betrachtung von Organträger und Organgesellschaft statt. Maßstab für den Höchstbetrags des Spendenabzugs auf der Ebene des Organträgers ist das eigene Einkommen des Organträgers ohne Beachtung des von der Organgesellschaft zugerechneten Einkommens (vgl. KStR 47 Abs. 5; *Blümich/Danelsing* § 14 KStG Rz. 242; *D/P/M/Dötsch* § 14 KStG Rz. 338; Hinweis auf FG Düsseldorf 6 K 3767/10 F v. 26.6.12, EFG 12, 1876 (wegen mangelnder Beschwer bestätigt durch BFH I R 55/12 v. 23.10.13, BFH/NV 14, 903).

396–400 *(frei)*

b) Bruttomethode

401 Die Bruttomethode führt zur Suspendierung des § 8b Abs. 1 bis Abs. 6 KStG, eines abkommensrechtlichen Schachtelprivilegs und des § 4 Abs. 6 UmwStG auf der Ebene der Organgesellschaft. Innerhalb des § 15 KStG wird für die von der Suspendierung betroffenen Einkommensbestandteile angeordnet, dass diese Normen (bzw. ihr Substitut für Nichtkapitalgesellschaften, z.B. §§ 3 Nr. 40, 3c Abs. 2 EStG) dann ggf. auf der Ebene des Organträgers – abhängig von dessen Rechtsform – nachzuholen sind. Vgl. näher hierzu Rz. 376.

c) Ausländische Verluste (§ 14 Abs. 1 Satz 1 Nr. 5 KStG)

Als 2002 mit dem **UntStFG** das Erfordernis eines inländischen Sitzes eines **Organträgers** entfiel, sah sich der Gesetzgeber zur Vermeidung des Risikos einer doppelten Verlustnutzung („double-dip") dazu veranlasst, eine neue Nr. 5 in § 14 Abs. 1 Satz 1 KStG aufzunehmen. Nach dieser Norm blieb ein negatives Einkommen des Organträgers bei der inländischen Besteuerung unberücksichtigt, soweit es in einem ausländischen Staat im Rahmen einer der deutschen Besteuerung des Organträgers entsprechenden Besteuerung berücksichtigt wurde. Bereits diese Regelung wurde überwiegend als misslungen und kaum auslegbar angesehen (vgl. nur *D/P/M/Dötsch* § 14 KStG Rz. 241: *„Die Regelung ... ist in vielerlei Hinsicht so diffus und unausgegoren, dass sie im Schrifttum durchgängig und uE zu Recht mangels ausreichender Bestimmtheit als rechtswidrig und darüber hinaus als nicht praktizierbar eingestuft wird."*; im Original mit Hervorhebungen). Im Rahmen der **„kleinen Organschaftsreform"** ist nunmehr auch offiziell der doppelte Inlandsbezug für die **Organgesellschaft** entfallen (s Rz. 68). Dies hat den Gesetzgeber veranlasst, auch § 14 Abs. 1 Satz 1 Nr. 5 KStG zu ändern. Nach der Neuregelung bleiben negative Einkünfte des Organträgers oder der Organgesellschaft bei der inländischen Besteuerung unberücksichtigt, soweit sie in einem ausländischen Staat im Rahmen der Besteuerung des Organträgers, der Organgesellschaft oder einer anderen Person berücksichtigt werden. Die Änderung ist nach § 34 Abs. 9 Nr. 8 KStG idF des Gesetzes v. 18.12.13, BGBl. I 13, 4318 in allen noch nicht bestandskräftig veranlagten Fällen anzuwenden (unter dem Gesichtspunkt des Vertrauensschutzes ggf. bedenklich, vgl. *Blümich/Danelsing* § 14 KStG Rz. 157; *H/H/R/Dorenkamp* § 14 KStG Rz. J 12-12; *F/M/Frotscher* § 14 KStG Rz. 528 ff. ordnet § 14 Abs. 1 Satz 1 Nr. 5 KStG generell als verfassungswidrig ein). Sie leidet wie die Vorgängerregelung unter einer **Vielzahl von ungeklärten Zweifelsfragen**, wobei die Liste der Fragen sogar noch erweitert wurde (vgl. zB *D/P/M/Dötsch* § 14 KStG Rz. 247). Daneben bestehen beachtliche **europarechtliche Bedenken** (vgl. zB *Benecke/Schnitker* IStR 13, 143, 151; *Blümich/ Danelsing* § 14 KStG Rz. 158; *Schaden/Polatzky* IStR 13, 131). 402

Der Wortlaut der Neuregelung würde eine restriktive Auslegung zulassen, die auch für Fälle zu einem Verlustverrechnungsverbot kommt, die von dem Telos der Norm nicht erfasst sind. 403

Beispiele (angelehnt an *D/P/M/Dötsch* § 14 KStG Rz. 246):

Beispiel 1:
Die deutsche D-AG unterhält in einem Staat, mit dem Deutschland kein DBA geschlossen hat, eine Betriebsstätte, die Verluste erwirtschaftet.
Diese Verluste können im Rahmen der unbeschränkten Körperschaftsteuerpflicht der D-AG in Deutschland grundsätzlich abgezogen werden. Des Weiteren hält D-AG 100 % der Anteile an der in Deutschland ansässigen und auch ausschließlich in Deutschland tätigen D-GmbH. Schließt D-AG mit der D-GmbH einen Gewinnabführungsvertrag ab, so ist der Anwendungsbereich des § 14 KStG eröffnet. Bei den Verlusten aus der Betriebsstätte könnte es sich begrifflich um „negative Einkünfte des Organträgers" iSd. § 14 Abs. 1 Satz 1 Nr. 5 KStG handeln. Da diese auch im Rahmen der beschränkten Steuerpflicht im Nicht-DBA-Staat berücksichtigt werden, können sie nach dem Wortlaut der Neuregelung von der Verlustverrechnungsbeschränkung erfasst sein.

Beispiel 2:
Die in einem Staat, der mit Deutschland kein DBA abgeschlossen hat, ansässige F-Inc unterhält in Deutschland eine Betriebsstätte, wobei sie für diese Betriebsstätteneinkünfte in ihrem Ansässigkeitsstaat der Anrechnungsmethode unterliegt. Die Betriebsstätte unterhält zwei Teilbetriebe („TB"). Im TB 1 erwirtschaftet sie einen hohen Verlust und im TB 2 einen moderaten Gewinn. Den Betriebsstättenverlust kann die F-Inc in ihrem Ansässigkeitsstaat steuerlich zum Abzug bringe. Schließt nun F-Inc über ihre Betriebsstätte mit der funktional dem TB 2 zuzurechnenden D-GmbH einen Gewinnabführungsvertrag ab, entsteht unter den Vorausset-

zungen des § 14 Abs. 1 Satz 1 Nr. 2 KStG (vgl. hierzu Rz. 56 ff.) eine Organschaft und der Anwendungsbereich des § 14 KStG ist eröffnet. Bei den Verlusten aus dem TB 1 könnte es sich begrifflich um „negative Einkünfte des Organträgers" iSd. § 14 Abs. 1 Satz 1 Nr. 5 KStG handeln. Da diese auch im Ansässigkeitsstaat der F-Inc berücksichtigt werden, könnte die Verlustverrechnungsbeschränkung nach der Neuregelung greifen.

404, 405 *(frei)*

406 Das Eingreifen von § 14 Abs. 1 Satz 1 Nr. 5 KStG in den vorstehenden Beispielsfällen ist vom Zweck der Norm – der Vermeidung einer doppelten Verlustnutzung in Organschaftsfällen – keinesfalls gedeckt. Im *Beispiel 1* ist die Organschaft rein inlandsbezogen und der Organträger kann die Verluste der ausländischen Betriebsstätte im Grundsatz unabhängig davon nutzen, ob er zu der D-GmbH eine Organschaft unterhält oder nicht. Im *Beispiel 2* hat die Organschaft ebenfalls nichts mit den Verlusten aus dem TB 1 zu tun. Die Begründung einer Organschaft würde in beiden Beispielsfällen zu einer Verlustverrechnungsbeschränkung für mit der Organschaft nicht zusammenhängenden Verlusten führen („Sonder(un)recht").

407 Das vorstehend in Rz. 403ff. skizzierte extensive Verständnis der Neuregelung ist abzulehnen (vgl. näher zB *H/H/R/Dorenkamp* § 14 KStG Rz. J 12-12; *Stangl/Brühl* Der Konzern 13, 77, 99f.). Die Verknüpfung einer Verlustverrechnungsbeschränkung für eine sachlich hiermit nicht verbundene Organschaft wäre willkürlich und kann auch nicht mit einem „Sonder(un)recht" für Organträger begründet werden. Sie hat auch nichts mit dem Zweck der Norm (Vermeidung einer doppelten Verlustberücksichtigung) zu tun. Auch der Wortlaut der Norm, der auf die im Rahmen des § 14 KStG nicht eindeutig definierte Größe „Einkünfte" abstellt, zwingt nicht zu einem extensiven Verständnis. Nach hier vertretener Auffassung sollte die Norm entsprechend ihrem Zweck und ihrer historischen Entwicklung nur auf doppelansässige Gesellschaften anzuwenden sein und sie sollte sich auf im Ausland berücksichtigte Verluste der Organgesellschaft beschränken, die dem Organträger wegen der Organschaft zugerechnet werden (vgl. näher *Stangl/Brühl* Der Konzern 13, 77, 100ff.).

408 Ob die Finanzverwaltung zu den zahlreichen Zweifelsfragen der Neuregelung Stellung beziehen wird, ist fraglich. Bereits zu der Vorgängerregel hat sie dem Steuerpflichtigen keine weitreichenden offiziellen Auslegungsregeln an die Hand gegeben. Das BMF-Schreiben v. 29.5.13 (GmbHR 13, 728) will zunächst die Bewertung von konkreten Einzelfällen abwarten, um darauf aufbauend zu prüfen, ob ein BMF-Schreiben erforderlich ist (iE ähnlich OFD Karlsruhe v. 16.1.14, FR 14, 434, 436). Wenn es sich wie mit der Vorgängerregelung verhält, so ist wohl kaum eine klärende Verwaltungsverlautbarung zu erwarten. Dies könnte zwei Gründe haben, nämlich zum einen dass die Finanzverwaltung die Norm mit Augenmaß anwendet und sie letztlich nur auf „missbräuchliche" Fälle beschränkt und zum anderen dass die Steuerpflichtigen die Organschaft in der Praxis nicht im Rahmen aggressiver Steuermodelle zur doppelten Verlustberücksichtigung nutzen. In diesem Fall würde der Neuregelung – wie bereits die Vorgängerregelung – überwiegend eine aus fiskalischer Sicht „prophylaktische" („abschreckende") Bedeutung zukommen.

409–412 *(frei)*

4. Mehr- und Minderabführungen

a) Überblick

413 Die Regelungen über Mehr- und Minderabführungen sind in den §§ 14 Abs. 3 und Abs. 4, 27 Abs. 6, 37 Abs. 2 Satz 2 KStG sowie in § 44 Abs. 7 EStG geregelt. Sie dienen zum einen als „Schrankenwärter" zwischen der regulären Besteuerung von Kapitalgesellschaften und der Besteuerungsform der Organschaft (vororganschaftliche Mehr- und Minderabführungen) bzw. sie sollen innerhalb des Organschaftsregimes Doppel- bzw. Keinmalbesteuerungen des Organträgers vermeiden (organschaftliche

Mehr- und Minderabführungen). Die gesetzliche Kodifizierung von Mehr- und Minderabführungen lässt sich wie folgt darstellen:

	vororganschaftlich		organschaftlich	
	Minder-abführung	Mehr-abführung	Minder-abführung	Mehr-abführung
Organträger	Einlage	Gewinnausschüttung § 44 Abs. 7 EStG: Kapitalertrag-steuer	§ 14 Abs. 4 Satz 1 KStG: aktiver Ausgleichs-posten	§ 14 Abs. 4 Satz 2 KStG: passiver Ausgleichs-posten
Organgesellschaft	§ 14 Abs. 3 Satz 2 KStG: Einlage	§ 14 Abs. 3 Satz 1 KStG: Gewinnausschüttung (§ 37 Abs. 2 Satz 2 KStG)	§ 27 Abs. 6 KStG: Zugang Einlagekonto	§ 27 Abs. 6 KStG: Abgang Einlagekonto

b) Vororganschaftliche Mehr- und Minderabführungen (§ 14 Abs. 3 KStG)

R 59 Abs. 4 Satz 3 und Satz 5 KStR 1995 ordnete an, dass Mehr- bzw. Minderabführungen, die eine Folgewirkung von Geschäftsvorfällen aus vororganschaftlicher Zeit sind, wie Gewinnausschüttungen bzw. Einlagen zu behandeln sind. Mit BFH I R 51/01 v. 18.12.02, BStBl. II 05, 49, hat der BFH demgegenüber entschieden, dass Mehrabführungen nicht als Gewinnausschüttungen, sondern als Gewinnabführungen anzusehen sind (bestätigt durch BFH I R 38/11 v. 6.6.13, DStR 13, 1987 und BFH I R 36/13 v. 27.11.13, DStRE 14, 976). Die Finanzverwaltung wendete dieses Urteil unter Gewährung einer Übergangsregelung an (vgl. BMF v. 22.12.04, BStBl. I 04, 65; BMF v. 28.6.05, BStBl. I 05, 813). Im Rahmen des EURLUmsG v. 9.12.04 (BGBl. I 04, 3310) hat der Gesetzgeber auf diese BFH-Rechtsprechung reagiert und § 14 Abs. 3 KStG eingeführt, wonach vororganschaftliche Mehr- bzw. Minderabführungen als Gewinnausschüttungen bzw. Einlagen behandelt werden sollen. § 14 Abs. 3 KStG gilt erstmals ab 2004, was der BFH zumindest in bestimmten Fällen als verfassungswidrig einstuft und dem BVerfG vorgelegt hat (vgl. BFH I R 38/11 v. 6.6.13, DStR 13, 1987; BVerfG – Az. 2 BvL 7/13; BFH I R 36/13 v. 27.11.13, DStRE 14, 976; BVerfG – Az. 2 BvL 18/14). **414**

Hintergrund der Regelungen zu vororganschaftlichen Mehr- und Minderabführungen ist eine Art **„Schrankenwärterfunktion"** zwischen der regulären Besteuerung mit Körperschaftsteuer/Besteuerung von Ausschüttungen und der besonderen Besteuerung innerhalb einer Organschaft. Wenn eine Kapitalgesellschaft in einer Zeit ohne Organschaft aus steuerlicher Sicht „ausschüttbaren Gewinn" produziert hat, so soll sie diesen auch nach einer Qualifikation als Organgesellschaft nicht ohne weitere steuerliche Folgen an den nunmehrigen Organträger abführen können. Die Auskehrung des aus steuerlicher Sicht vor der Organschaft entstandenen „ausschüttbaren Gewinns" der nunmehrigen Organgesellschaft an den Organträger via Gewinnabführung soll vielmehr weiterhin wie eine reguläre Ausschüttung besteuert werden. Den Minderabführungen liegt hingegen die Fiktion zugrunde, dass das entsprechende Einkommen bereits in der vororganschaftlichen Zeit steuerlich ausgeschüttet und dann anschließend während der Organschaftszeit in die Organgesellschaft eingelegt wird. **415**

Aus fiskalischer Sicht dient § 14 Abs. 3 KStG somit im Wesentlichen zur **Sicherstellung der Besteuerung von Gewinnausschüttungen** innerhalb des Regimes des § 8b KStG (also Sicherstellung der 5%-Besteuerung bei körperschaftsteuerlichen Organträgern) bzw. innerhalb des Teileinkünfteverfahrens des § 3 Nr. 40 EStG (also Sicherstellung der 60%-Besteuerung bei einkommensteuerpflichtigen Organträgern). Zu der Zeit der Einführung des § 14 Abs. 3 KStG war die Besteuerung der Körper- **416** schaftsteuererhöhungen des **§ 38 KStG** noch ausschüttungsabhängig ausgestaltet. In diesem Zusammenhang verfolgt(e) § 14 Abs. 3 KStG den (Haupt-)Zweck, in der Zeit vor der Organschaft gebildetes EK 02 aus Zeiten des Anrechnungsverfahrens auch dann einer Körperschaftsteuererhöhung nach § 38 KStG zuzuführen, wenn es nach der Etablierung einer Organschaft via Abführungen an den Organträger transportiert wird. Dies hatte v.a. eine Bedeutung im Bereich der ehemalig gemeinnützigen Wohnbauunternehmen, die wegen der steuerlichen Teilwertbilanzierung zum Zeitpunkt des Eintritts in die Körperschaftsteuerpflicht über sehr hohe Bestände an EK 02 verfügten (vgl. exemplarisch nur den Sachverhalt bei BFH I R 38/11 v. 6.6.13, DStR 13, 1987 und BFH I R 36/13 v. 27.11.13, DStRE 14, 976). Mit der ab 2007 Wirkung entfaltenden Änderung der Systematik des § 38 KStG weg von einem ausschüttungsabhängigen hin zu einem ausschüttungsunabhängigen Regime hat der letztere Punkt jedoch weitgehend seine Bedeutung verloren (zur Übergangsregelung für ehemals gemeinnützige Wohnbauunternehmen vgl. § 34 Abs. 16 KStG idF vor dem Gesetz v. 25.7.14, BGBl. I 14, 1266).

417 § 14 Abs. 3 KStG enthält keine **Definition der Mehr- und Minderabführung**. Nach im Schrifttum vertretener Auffassung gilt die diesbezügliche Definition für organschaftliche Mehr- und Minderabführungen in § 14 Abs. 4 Satz 6 KStG zumindest im Ergebnis auch für vororganschaftliche Mehr- und Minderabführungen (vgl. *D/P/M/Dötsch* § 14 KStG Rz. 404; *E/S/Erle/Heurung* § 14 KStG Rz. 390; im Ergebnis auch *Gosch/Neumann* § 14 KStG Rz. 416a)416a). Demnach liegen Minder- oder Mehrabführungen insbesondere dann vor, wenn der an den Organträger abgeführte Gewinn von dem Steuerbilanzgewinn der Organgesellschaft abweicht („steuerbilanzielle Sichtweise"). Demzufolge hat ein Vergleich des handelsrechtlich abzuführenden Gewinns (bzw. des handelsrechtlich auszugleichenden Verlusts) mit dem Steuerbilanzgewinn bzw. -verlust zu erfolgen (vgl. im Ergebnis auch *H/H/R/Pache* § 14 KStG Rz. 320; *F/M/Frotscher* § 14 KStG Rz. 749; *S/F/Brink* § 14 KStG Rz. 1206). Nach dieser Definition spielen Elemente der zweiten (außerbilanziellen) Ebene der steuerlichen Gewinnermittlung für Mehr- und Minderabführungen keine Rolle. Es ist zweifelhaft, ob der BFH dieser Ansicht uneingeschränkt folgt. Für § 14 Abs. 3 KStG hat der BFH einerseits die entsprechende Anwendung des § 14 Abs. 4 Satz 6 KStG verneint, die Mehr- und Minderabführungen sind für Zwecke des § 14 Abs. 3 KStG originär auszulegen, wobei der BFH aber auch in dieser originären Auslegung zu der „steuerbilanziellen Sichtweise" tendiert (BFH I R 38/11 v. 6.6.13, DStR 13, 1987). Andererseits hat der BFH I R 65/11 v. 29.8.12, BStBl. II 13, 555, für die organschaftlichen Minderabführung iSd. § 14 Abs. 4 KStG entschieden, dass die außerbilanzielle Neutralisation eines Verlustes nach § 15a EStG die Bildung eines passiven Ausgleichspostens verhindert (vgl. hierzu zB *Aichberger/Ritzer* Der Konzern 14, 219ff.).

418 Es ist offen, ob diese Rspr. zu § 14 Abs. 4 KStG auch auf § 14 Abs. 3 KStG durchschlagen könnte. Die Reichweite die vorgenannte Rspr. – zB ob sie eine generelle Abkehr von der steuerbilanziellen Sichtweise hin zu einer gewinnorientierten Sichtweise unter Einbezug der zweiten (außerbilanziellen) Gewinnermittlungsstufe darstellt – ist derzeit noch unklar (vgl. näher hierzu zB *Gosch* BFH/PR 13, 53; *Heurung/Engel/Schröder* BB 13, 663; *Hoheisel* SteuK 12, 508; *Trautmann/Faller* DStR 13, 293). Die Finanzverwaltung wendet die Entscheidung BFH I R 65/11 v. 29.8.12, BStBl. II 13, 555 nur auf Fälle an, die dem konkret entschiedenen Sachverhalt gleich sind (BMF v 15.7.13, BStBl. I 13, 921). Als Ursachen für Mehr- und Minderabführungen können – auch bei Zugrundelegung der steuerbilanziellen Sichtweise – zB das steuerbilanzielle Verbot für Drohverlustrückstellungen (§ 5 Abs. 4a EStG) oder die steuerbilanzielle Bewertung von Pensionsrückstellungen nach § 6a EStG genannt werden (zu weiteren Beispielen vgl. *E&Y/Walter* § 14 KStG Rz. 979). Besondere Anlässe für Mehr- und Minderabführungen können bspw. Umwandlungen (vgl. hierzu

UmwSt-Erlass 2011 BMF v. 11.11.11, BStBl. I 11, 1314 Tz. Org.33f.) und Beteiligungen der Organgesellschaften an Personengesellschaften (vgl. hierzu *D/P/M/Dötsch* § 14 KStG Rz. 549; erneut aber auch Hinweis auf BFH I R 65/11 v. 29.8.12, BStBl. II 13, 555) sein.

Es ist umstritten, ob eine Mehr- oder Minderabführung nur als **bloße rechnerische Differenzgröße** zu verstehen ist (so *D/P/M/Dötsch* § 14 KStG Rz. 403; *F/M/Frotscher* § 14 KStG Rz. 749) oder ob diese auch eine tatsächliche **betragsmäßige Abführung** erfordert (so *Wassermeyer* GmbHR 03, 313, 316; *Flutgraf/Fuchs/Stifter* DB 04, 2012, *Rödder* DStR 05, 217; kritisch zu der Abführung eines Verlusts auch *Gosch/Neumann* § 14 KStG Rz. 420). Nach ersterer Auffassung kann eine Mehrabführung bspw. auch dann vorliegen, wenn die Organgesellschaft im betreffenden Wirtschaftsjahr – bspw. aufgrund eines ausgeglichenen Ergebnisses – tatsächlich betraglich keine Gewinnabführung vornimmt. Der BFH hat sich der ersten Auffassung (rechnerische Differenzgröße) angeschlossen (vgl. BFH I R 38/11 v. 6.6.13, DStR 13, 1987). 419

Der Wortlaut des § 14 Abs. 3 KStG lässt auch die Frage unbeantwortet, ob die vororganschaftlichen Mehr- und Minderabführungen getrennt für jeden Geschäftsvorfall zu ermitteln und zu würdigen sind (**Saldierungsverbot**) oder ob zunächst eine Saldierung mehrerer Mehrabführungen bzw. Minderabführungen mit einer anschließenden Saldierung der Summe der Mehrabführungen mit der Summe der Minderabführungen vorzunehmen ist (entweder beschränkt auf vororganschaftliche oder auch unter Einbezug von organschaftlichen Mehr- und Minderabführungen), bevor die rechtlichen Konsequenzen aus § 14 Abs. 3 KStG zu ziehen sind (saldierende Betrachtungsweise). Unter Geltung der KStR 1995 hat sich die Finanzverwaltung für ein Saldierungsverbot ausgesprochen (vgl. BMF v. 28.10.97, BStBl. I 97, 939 Tz. III). Hieran soll nach wohl hM auch unter Geltung des § 14 Abs. 3 KStG festgehalten werden (vgl. *D/P/M/Dötsch* § 14 KStG Rz. 442; *F/M/Frotscher* § 14 KStG Rz. 764; *Gosch/Neumann* § 14 KStG Rz. 422; *S/F/Brink* § 14 KStG Rz. 1216). Der BFH hat sich jüngst für ein Verbot der Saldierung zwischen vororganschaftlichen Mehr- und Minderabführungen untereinander und zwischen vororganschaftlichen und organschaftlichen Mehr- und Minderabführungen ausgesprochen (BFH I R 38/11 v. 6.6.13, DStR 13, 1987). Das Saldierungsverbot wird im Schrifttum zum Teil kritisiert und zumindest eine Saldierung aller vororganschaftlichen Mehrabführungen eines Wirtschaftsjahrs gefordert (vgl. *H/H/R/Pache* § 14 KStG Rz. 325; *Rödder* DStR 05, 217, 221). 420

§ 14 Abs. 3 KStG definiert auch nicht, wann Mehr- und Minderabführungen ihre **„Ursache in vororganschaftlicher Zeit"** haben. Nach BFH I R 51/01 v. 18.12.02, BStBl. II 05, 49 haben Mehr- und Minderabführungen unabhängig von ihrer ursprünglichen Ursache immer eine Ursache in der organschaftlichen Zeit, da sie über den Gewinnabführungsvertrag erfolgen und sich der Abführungsbegriff nach den Regelungen des Zivilrechts ergibt (m. a. W. sind die Mehr- und Minderabführungen unmittelbar durch den Gewinnabführungsvertrag selbst und damit innerhalb der Organschaft verursacht). Legt man dieses Verständnis zugrunde, so kann es im Ergebnis begrifflich keine vororganschaftlich verursachten Mehr- oder Minderabführungen geben und die Regelung des § 14 Abs. 3 KStG würde leer laufen (vgl. *H/H/R/Pache* § 14 KStG Rz. 321; *Rödder* DStR 05, 217). Vor diesem Hintergrund wird im Schrifttum teilweise die Auffassung vertreten, dass der Begriff der **Ursache** im Sinne des § 14 Abs. 3 KStG abweichend von dieser BFH-Rechtsprechung auszulegen ist. Hiernach soll nicht auf die direkte Ursache für die Mehr- oder Minderabführung abzustellen sein, sondern es sollen stattdessen die „eigentlichen, tiefer liegenden Ursachen" maßgeblich sein (so *D/P/M/Dötsch* § 14 KStG Rz. 407). Nach diesem Verständnis ist eine vororganschaftliche Verursachung v. a. dann zu bejahen, wenn die Mehr- und Minderabführung die Umkehrung einer Divergenz zwischen Handels- und Steuer- 421 bilanz ist, die bereits vor der Organschaft entstanden ist (vgl. *Blümich/Danelsing* § 14 KStG Rz. 166). Der Zeitpunkt der Erfassung eines Geschäftsvorfalls in der Handels- bzw. Steuerbilanz soll demnach das entscheidende zeitliche Differenzierungskriterium sein (so *H/H/R/Pache* § 14 KStG Rz. 321). Der BFH scheint dieser Auslegung zuzustimmen (BFH I R 38/11 v. 6.6.13, DStR 13, 1987). Nach dieser Auffassung kommt es bspw. zu einer vororganschaftlichen Mehrabführung, wenn vor der Organschaft handelsbilanziell eine Drohverlustrückstellung gebildet wurde und der Rückstellungsfall dann während der Geltung der Organschaft eintritt. Der Rückstellungsfall soll nach dem vorstehenden Verständnis zu einer Mehrabführung führen, da der handelsrechtlich abzuführende Betrag den steuerbilanziellen Gewinn übersteigt, und diese soll vororganschaftlich verursacht sein, da diese Mehrabführung der Reflex aus der handelsbilanziellen Bildung und der steuerbilanziellen Nichtbildung der Drohverlustrückstellung in der Zeit vor der Organschaft ist.

422 Im Hinblick auf die **vororganschaftliche Zeit** wird die Auffassung vertreten, dass dies die Zeit vor dem Beginn des ersten Wirtschaftsjahrs der Organgesellschaft ist, für das erstmals die Organschaft steuerlich anzuerkennen ist (so *Blümich/Danelsing* § 14 KStG Rz. 166; *D/P/M/Dötsch* § 14 KStG Rz. 408, *F/M/Frotscher* § KStG 14 Rz. 750).

423 Beim Übergang von einer Körperschaftsteuerbefreiung zu einer regulären Körperschaftsteuerpflicht können die Wirtschaftsgüter in der Steuerbilanz nach § 13 Abs. 2 und Abs. 3 KStG mit dem Teilwert angesetzt werden, so dass die in der körperschaftsteuerbefreiten Zeit entstandenen stillen Reserven nicht steuerverstrickt werden. Dieser Teilwertansatz ist nach ausdrücklicher Anordnung in **§ 14 Abs. 3 Satz 4 KStG** der vororganschaftlichen Zeit zuzurechnen. Auch dies zielt insbesondere auf den Bereich der ehemals gemeinnützigen Wohnbauunternehmen im Zusammenhang mit § 38 KStG aF ab (vgl. *H/H/R/Pache* § 14 KStG Rz. 340 und den Sachverhalt bei BFH I R 38/11 v. 6.6.13, DStR 13, 1987; siehe hierzu Rz. 416).

424 Umstritten ist, auf **welches Organschaftsverhältnis** bei der Bestimmung der vororganschaftlichen Verursachung abzustellen ist. Nach einer engen Auffassung, ist immer auf das konkrete Organschaftsverhältnis abzustellen, in dessen Rahmen die Mehr- oder Minderabführung eintritt (so *F/M/Frotscher* § 14 KStG Rz. 751; *S/F/Brink* § 14 KStG Rz. 1258; im Ansatz auch *D/P/M/Dötsch* § 14 KStG Rz. 432f. und *Gosch/Neumann* § 14 KStG Rz. 418 (Letzterer allerdings für eine Ausnahme bei steuerlicher Gesamtrechtsnachfolge)). Nach aA ist ausschließlich auf die Sicht der Organgesellschaft abzustellen (so *Schumacher* DStR 06, 310). Der bloße Austausch des Gewinnabführungsvertrags bei einem ununterbrochen fortbestehenden Organschaftsverhältnis soll jedenfalls nicht dazu führen, das Geschäftsvorfälle unter Geltung des alten Gewinnabführungsvertrags im Hinblick auf den neuen Gewinnabführungsvertrag als vororganschaftlich zu qualifizieren sind (vgl. *F/M/Frotscher* § 14 KStG Rz. 751; *Gosch/Neumann* § 14 KStG Rz. 418).

425 Es kann sich die Frage stellen, ob auch während der Organschaft von außerhalb der Organschaft der Organgesellschaft zugeführte Abweichungen zwischen Handels- und Steuerbilanz bei deren späterer Umkehrung zu den Rechtsfolgen des § 14 Abs. 3 KStG führen (Problem der sog. **außerorganschaftlichen Mehr- und Minderabführungen**). Solche Konstellationen treten v.a. in Umwandlungsfällen auf, in denen solche Abweichungen entweder vom übertragenden Rechtsträger auf die Organgesellschaft als übernehmenden Rechtsträger übergehen oder aufgrund der handels- bzw. steuerbilanziellen Zugangsbewertung auf der Ebene der Organgesellschaft als übernehmenden Rechtsträger eintreten. Der Wortlaut des § 14 Abs. 3 Satz 1 und Satz 2 KStG spricht eindeutig von der Ursache in vororganschaftlicher „Zeit", womit es schwer fällt, auch außerorganschaftlich verursachte Mehr- und Minderabführungen – die zeitlich gesehen klar während der Geltungsdauer der Organschaft verursacht sind – unter den Wortlaut der Norm zu subsumieren. Gleichwohl vertritt die FinVerw. im UmwSt-Erlass 2011 BMF

v. 11.11.11 (BStBl. I 11, 1314) unter Tz. Org.33f. die Auffassung, dass die außerorganschaftlichen Mehr- und Minderabführungen von § 14 Abs. 3 KStG erfasst sind (i.E. ebenso zB *Blümich/Danelsing* § 14 KStG Rz. 166; *F/M/Frotscher* § 14 KStG Rz. 759; *H/H/R/Pache* § 14 KStG Rz. 321; **aA** *Grube/Behrendt* GmbHR 05, 1172; *Grube/Behrendt/Heg* GmbHR 06, 1026, 1079; *Meining* BB 09, 1444; *Sedemund* DB 10, 1255), und sie will dieses Ergebnis für eine Verschmelzung auf bzw. Einbringung in eine Organgesellschaft mit Nichtkapitalgesellschaften als Organträger über „Einverständniserklärungen" der an der Umwandlung beteiligten Rechtsträger absichern (vgl. Tz. 11.08 und 20.19 des UmwSt-Erlasses 2011 BMF v. 11.11.11; vgl. kritisch zu diesem Vorgehen *Hageböke/Stangl* GmbHR 11, 744).

Rechtsfolge der Anwendung des § 14 Abs. 3 KStG auf der **Ebene der Organgesellschaft** ist, dass Mehrabführungen als Gewinnausschüttungen und Minderabführungen als Einlagen gelten. Sie gelten nach § 14 Abs. 3 Satz 3 KStG als in dem Zeitpunkt als erfolgt, in dem das Wirtschaftsjahr der Organgesellschaft endet. Die Qualifikation als vororganschaftliche Mehr- oder Minderabführung hat auf die Ermittlung des Einkommens der Organgesellschaft keine strukturellen Auswirkungen (vgl. *H/H/R/Pache* § 14 KStG Rz. 323). **426**

Für die Frage, ob die Organgesellschaft für eine als Gewinnausschüttung geltende **vororganschaftliche Mehrabführung** auf Organgesellschaftsebene auf ausschüttbaren Gewinn oder auf das Einlagekonto im Sinne des § 27 KStG zugreift, ist nach zutreffender Ansicht die allgemeine Verwendungsreihenfolge des § 27 Abs. 1 Satz 3ff. KStG anzuwenden (vgl. *E/S/Erle/Heurung* § 14 KStG Rz. 395; *F/M/Frotscher* § 14 KStG Rz. 769; *S/F/Brink* § 14 KStG Rz. 1234; **aA** wohl *H/H/R/Pache* § 14 KStG Rz. 302, der eine Verrechnung mit dem Einlagekonto generell ausschließt). Solange die Übergangsregelungen der §§ 37, 38 KStG noch ausschüttungsabhängig ausgestaltet waren, führten vororganschaftliche Mehrabführungen auch zu Körperschaftsteuerminderungen (§ 37 Abs. 2 Satz 2 KStG) bzw. zu Körperschaftsteuererhöhungen (§§ 38 Abs. 2 Satz 1, 14 Abs. 3 Satz 1 KStG) (vgl. *F/M/Frotscher* § 14 KStG Rz. 770f.). **427**

Eine **vororganschaftliche Minderabführung** erhöht als Einlage i.R. des § 27 Abs. 1 KStG das steuerliche Einlagekonto der Organgesellschaft (vgl. *Blümich/Danelsing* § 14 KStG Rz. 163; *D/P/M/Dötsch* § 14 KStG Rz. 443; *E/S/Erle/Heurung* § 14 KStG Rz. 400; *F/M/Frotscher* § 14 KStG Rz. 775). **428**

Aus dem Wortlaut des § 14 Abs. 3 KStG geht nicht eindeutig hervor, ob diese Norm auch die **Rechtsfolgen auf der Ebene des Organträgers** anordnet (vgl. *Gosch/Neumann* § 14 Rz. 416). Nach vermutlicher Ansicht des BFH (BFH I R 38/11 v. 6.6.13, DStR 13, 1987) und der hM ist dies allerdings der Fall (vgl. *D/P/M/Dötsch* § 14 KStG Rz. 425 und 444 unter Hinweis auf die Diskussion und Rechtsprechung zu § 8a KStG 1999; *E/S/Erle/Heurung* § 14 KStG Rz. 396; *F/M/Frotscher* § 14 KStG Rz. 772ff.; *S/F/Brink* § 14 KStG Rz. 1238). Das heißt, dass eine vororganschaftliche Mehrabführung auf der Ebene des Organträgers wie die Vereinnahmung einer Gewinnausschüttung und dass die vororganschaftliche Minderabführungen auf der Ebene des Organträgers wie die Vornahme einer Einlage zu behandeln ist. **429**

Eine **vororganschaftliche Mehrabführung** ist beim Organträger somit als Gewinnausschüttung zu erfassen, die grundsätzlich zu 5% (beim körperschaftsteuerpflichtigen Organträger) bzw. zu 60 % (beim einkommensteuerpflichtigen Organträger) steuerpflichtig ist (vgl. *E/S/Erle/Heurung* § 14 KStG Rz. 397; *F/M/Frotscher* § 14 KStG Rz. 773ff.). Die Einordnung als Gewinnausschüttung führt auch dazu, dass von der Organgesellschaft für den Organträger **Kapitalertragsteuer** einzubehalten ist (vgl. *F/M/Frotscher* § 14 KStG Rz. 784; *S/F/Brink* § 14 KStG Rz. 1241; zweifelnd *Schumann/Kempf* FR 06, 219). Nach § 44 Abs. 7 Satz 1 EStG entsteht die Kapitalertragsteuer in dem Zeitpunkt der Feststellung der Handelsbilanz der Organgesellschaft; sie entsteht spätestens acht Monate nach Ablauf des Wirtschaftsjahres der Organgesellschaft. Die so entstandene Kapitalertragsteuer ist an dem auf den Entste- **430** hungszeitpunkt nachfolgenden Werktag an das Finanzamt abzuführen, das für die Besteuerung der Organgesellschaft nach dem Einkommen zuständig ist (§ 44 Abs. 7 Satz 2 EStG). Im Übrigen ist § 44 Abs. 1 bis Abs. 4 EStG entsprechend anzuwenden (§ 44 Abs. 7 Satz 3 EStG).

431 Die Gleichstellung einer vororganschaftlichen Mehrabführung mit einer Gewinnausschüttung gilt allerdings nach zutreffender Auffassung nicht, soweit für die Gewinnausschüttung auf Basis der allgemeinen Verwendungsreihenfolge des § 27 Abs. 1 Satz 3 ff. KStG auf das Einlagekonto der Organgesellschaft zugegriffen wird (vgl. hierzu Rz. 427).

432 Eine **vororganschaftliche Minderabführung** führt beim Organträger zu einer steuerbilanziellen Erhöhung des Buchwerts und der Anschaffungskosten für die Beteiligung an der Organgesellschaft (vgl. *D/P/M/Dötsch* § 14 KStG Rz. 443; *E/S/Erle/Heurung* § 14 KStG Rz. 400; *F/M/Frotscher* § 14 KStG Rz. 783; *S/F/Brink* § 14 KStG Rz. 1250; **aA** wohl *Gosch/Neumann* § 14 KStG Rz. 421 (aktiver Ausgleichsposten); ähnlich auch *Blümich/Danelsing* § 14 KStG Rz. 167).

433–435 *(frei)*

c) Organschaftliche Mehr- und Minderabführungen (§ 14 Abs. 4 KStG)

436 Nach R 59 Abs. 2 bis Abs. 7 KStR 1995 führten organschaftliche Mehr- und Minderabführungen in der Steuerbilanz zu sog. organschaftlichen Ausgleichsposten. Nach R 59 Abs. 5 Satz 2 und Satz 3 KStR 1995 waren diese Ausgleichsposten bei der Veräußerung der Beteiligung an der Organgesellschaft erfolgswirksam aufzulösen. Vergleichbares regelte KStR 63 Abs. 3. Mit Urteil BFH I R 5/05 v. 7.2.07 (BStBl. II 07, 796) hat der BFH demgegenüber entschieden, dass ein passiver organschaftlicher Ausgleichsposten erfolgsneutral aufzulösen ist. Hierauf hat die Finanzverwaltung mit einem Nichtanwendungserlass reagiert (vgl. BMF v. 5.10.07, BStBl. I 07, 743). Der Gesetzgeber hat anschließend im Rahmen des JStG 2008 v. 20.12.07 (BGBl. I 07, 3150) § 14 Abs. 4 KStG eingeführt, wobei diese Änderung nach § 34 Abs. 9 Nr. 5 KStG idF vor dem Gesetz v. 25.7.14 (BGBl. I 14, 1266) auch auf VZ vor 2008 anzuwenden sein soll (kritisch zu dieser zeitlichen Anwendungsregelung *F/M/Frotscher* § 14 KStG Rz. 796; *Gosch/Neumann* § 14 KStG Rz. 446; *H/H/R/von Freeden* § 14 KStG Rz. 343; *S/F/Brink* § 14 KStG Rz. 992 ff.).

437 **Zielsetzung** des § 14 Abs. 4 KStG ist die Sicherstellung des Prinzips der Einmalbesteuerung im Organkreis (vgl. zB *E/S/Erle/Heurung* § 14 KStG Rz. 421; *H/H/R/von Freeden* § 14 KStG Rz. 341; vgl. auch BMF v. 5.10.07, BStBl. I 07, 743; BFH I R 65/11 v. 29.8.12, BStBl. II 13, 555). Ohne aktive organschaftliche Ausgleichsposten könnte es zu einer „Doppelbesteuerung“ kommen, wenn vom Organträger zu versteuernde Einkommensbestandteile mangels entsprechender Abführung noch im Vermögen der Organgesellschaft enthalten sind und wenn der Organträger später die so im Wert noch erhöhte Beteiligung an der Organgesellschaft veräußert. Umgekehrt besteht die Gefahr einer „Keinmalbesteuerung“ wenn der Wert der Beteiligung an der Organgesellschaft durch eine Abführung gemindert ist, ohne dass das entsprechende Einkommen bereits dem Organträger zugerechnet und von diesem versteuert wurde und wenn der Organträger dann die Beteiligung an der so im Wert geminderten Organgesellschaft veräußert.

438 Die **systematische Einordnung** der organschaftlichen Ausgleichsposten war (und ist) umstritten (vgl. hierzu zB *H/H/R/von Freeden* § 14 KStG Rz. 352). Nach Ansicht der Finanzverwaltung sind sie ein steuerbilanzielles Korrektiv zum Ansatz der Beteiligung an der Organgesellschaft in der Steuerbilanz des Organträgers (KStR 63 Abs. 2). Der BFH hatte diese Posten vor Einführung des § 14 Abs. 3 KStG demgegenüber als einen außerhalb der Steuerbilanz zu bildenden bilanztechnischen Erinnerungsposten eingestuft (vgl. BFH I R 5/05 v. 7.2.07, BStBl. II 07, 796; BFH I R 31/08 v. 29.10.08, BFH/NV 09, 790); nach der Einführung des § 14 Abs. 3 KStG definiert der

BFH die Posten als lediglich technische Korrekturposten bzw. Bilanzierungshilfen innerhalb der Steuerbilanz (vgl. BFH I R 65/11 v. 29.8.12, BStBl. II 13, 555). Als Alternative zu der Ausgleichspostenmethode wird vielfach die direkte Beachtung von organschaftlichen Mehr- und Minderabführungen im Ansatz der Beteiligung an der Organgesellschaft beim Organträger diskutiert (sog „Einlagelösung"; vgl. zB *E/S/Erle/Heurung* § 14 KStG Rz. 613). Mit § 14 Abs. 4 KStG hat sich der Gesetzgeber zumindest für die Beibehaltung der Ausgleichspostenmethode entschieden (zu der aber weiterhin nicht völlig geklärten Rechtsnatur der Ausgleichsposten vgl. BFH I R 65/11 v. 29.8.12, BStBl. II 13, 555; *D/P/M/Dötsch* § 14 KStG Rz. 485 ff.; *E/S/Erle/Heurung* § 14 KStG Rz. 513 ff.; *F/M/Frotscher* § 14 KStG Rz. 842 ff.).

Nach § 14 Abs. 4 Satz 6 KStG liegen **Minder- oder Mehrabführungen** „insbesondere" dann vor, wenn der an den Organträger abgeführte Gewinn von dem Steuerbilanzgewinn der Organgesellschaft abweicht. Obwohl die Regelung nur von Gewinnen spricht, sollen Minder- oder Mehrabführungen auch in Unterschieden bei der handelsbilanziell determinierten Verlustübernahme und einem Steuerbilanzverlust vorliegen (steuerbilanzielle Sichtweise, vgl. *E/S/Erle/Heurung* § 14 KStG Rz. 457; vgl. zur rechnerischen Betrachtungsweise auch die entsprechende Diskussion zu 14 Abs. 3 KStG unter Rz. 419). Steuerbilanzgewinn bzw. -verlust in diesem Sinne ist das steuerbilanzielle Ergebnis vor Gewinnabführung bzw. Verlustübernahme (vgl. *D/P/M/Dötsch* § 14 KStG Rz. 483; *F/M/Frotscher* § 14 KStG Rz. 799 ff.). Ursache für die so definierten Minder- oder Mehrabführungen sind bspw. unterschiedliche Ansatz- und Bewertungsvorschriften in Handels- und Steuerbilanz (also zB das steuerbilanzielle Verbot zum Ansatz von Drohverlustrückstellungen nach § 5 Abs. 4a EStG) oder auch die Bildung von Rücklagen bei der Organgesellschaft (vgl. *D/P/M/Dötsch* § 14 KStG Rz. 494 ff.; *F/M/Frotscher* § 14 KStG Rz. 322); vgl. zu weiteren Beispielen *F/M/Frotscher* § 14 KStG Rz. 805 und Rz. 811. Auch die Beteiligung der Organgesellschaft an einer Personengesellschaft kann Quelle von Minder- oder Mehrabführungen sein (vgl. *D/P/M/Dötsch* § 14 KStG Rz. 497; Hinweis aber auf BFH I R 65/11 v. 29.8.12, BStBl. II 13, 555). Nach in der Literatur vertretener Auffassung sind sich auf der zweiten (außerbilanziellen) Ebene der Steuerbilanz ergebende Unterschiede zur Handelsbilanz nicht geeignet Minder- oder Mehrabführungen zu kreieren oder zu vermeiden (vgl. *E/S/Erle/Heurung* § 14 KStG Rz. 464; Hinweis aber auch auf BFH I R 65/11 v. 29.8.12, BStBl. II 13, 555; *Aichberger/Ritzer* Der Konzern 14, 219 ff.; *F/M/Frotscher* § 14 KStG Rz. 801; vgl. im Grundsatz auch *D/P/M/Dötsch* § 14 KStG Rz. 499). Dieser Auffassung hat sich der BFH nicht vollumfänglich angeschlossen. BFH I R 65/11 v. 29.8.12, BStBl. II 13, 555, hat entschieden, dass die außerbilanzielle Neutralisation eines Verlustes nach § 15a EStG die Bildung eines passiven Ausgleichspostens verhindert. Diesem soll § 14 Abs. 4 Satz 6 KStG nicht entgegenstehen, da dieser nur „insbesondere" auf die Unterschiede zwischen Handels- und Steuerbilanz abstellt. Die Reichweite dieser Rspr. – zB ob sie einen generelle Abkehr von der steuerbilanziellen Sichtweise hin zu einer gewinnorientierten Sichtweise unter Einbezug der zweiten (außerbilanziellen) Gewinnermittlungsstufe darstellt – ist derzeit noch unklar (vgl. näher hierzu zB *Gosch* BFH/PR 13, 53; *Heurung/Engel/Schröder* BB 13, 663; *Hoheisel* SteuK 12, 508; *Trautmann/Faller* DStR 13, 293; Hinweis auf die evtl. entgegengesetzten Tendenzen bei BFH I R 38/11 v. 6.6.13, DStR 13, 1987). Die Finanzverwaltung wendet die Rechtsprechung nur auf Fälle an, die mit dem entschiedenen Sachverhalt identisch sind (BMF v. 15.7.13, BStBl. I 13, 921). Vgl. zur fraglichen Übertragung auch auf vororganschaftliche Mehr- und Minderabführungen Rz. 417 f. **439**

Die Frage der **„Ursache in organschaftlicher Zeit"** kann negativ zu der unter Rz. 421 ff. dargestellten Frage zur „Ursache in vororganschaftlicher Zeit" abgegrenzt werden (vgl. zB *E/S/Erle/Heurung* § 14 KStG Rz. 471). Demnach ist nach hM die **Ursache** nicht die unmittelbare Ursache für die Minder- oder Mehrabführung, sondern die mittelbare Ursache, deren Umkehreffekt zur Minder- oder Mehrabführung führt. Maß- **440** geblich soll mithin auch hier der **Zeitpunkt** der buchhalterischen Erfassung des ursächlichen Geschäftsvorfalls in der Handels- bzw. Steuerbilanz sein (vgl. zB *E/S/Erle/ Heurung* § 14 KStG Rz. 471). Dieser liegt in der **organschaftlichen Zeit**, wenn diese Erfassung in dem ersten organschaftlichen Wirtschaftsjahr der Organgesellschaft oder in einem späteren Jahr des Bestehens der Organschaft erfolgt (vgl. *E/S/Erle/Heurung* § 14 KStG Rz. 471; *F/M/Frotscher* § 14 KStG Rz. 808). Auch hinsichtlich der Frage, auf welches **Organschaftsverhältnis** es ankommt und der Frage der **außerorganschaftlichen Mehr- und Minderabführungen** kann spiegelbildlich auf die diesbezüglichen Ausführungen zu § 14 Abs. 3 KStG (vgl. Rz. 424f.) verwiesen werden.

441 Der Wortlaut des § 14 Abs. 4 KStG lässt die Frage unbeantwortet, ob für jede einzelne Minder- oder Mehrabführung ein konkreter Ausgleichsposten zu bilden ist, oder ob in gewissem Umfang auch eine **saldierende Betrachtungsweise** möglich ist. Gegen eine saldierende Betrachtungsweise bspw. *D/P/M/Dötsch* KStG § 14 Rz. 508; *S/F/Brink* § 14 KStG Rz. 1099. BFH I R 38/11 v. 6.6.13, DStR 13, 1987, hat diese Frage i. E. nicht beantwortet.

442 Die **Rechtsfolgen für den Organträger** sind in **§ 14 Abs. 4 Satz 1 bis Satz 5 KStG** geregelt. Nach § 14 Abs. 4 Satz 1 KStG führen organschaftliche Minderabführungen in der Steuerbilanz des Organträgers zu einem aktiven Ausgleichsposten und organschaftliche Mehrabführungen zu einem passiven Ausgleichsposten. Die Bildung der Ausgleichsposten ist für den Organträger steuerneutral (vgl. *Blümich/Danelsing* § 14 KStG Rz. 180; *E/S/Erle/Heurung* § 14 KStG Rz. 531f.; *H/H/R/von Freeden* § 14 KStG Rz. 354; vgl. auch KStR 63 Abs. 1; BFH I R 31/08 v. 29.10.08, BFH/NV 09, 790), wobei die innerhalb der Steuerbilanz eintretenden Effekte aus der Ausgleichpostenbildung außerbilanziell neutralisiert werden (vgl. *D/P/M/Dötsch* § 14 KStG Rz. 504; *F/M/Frotscher* § 14 KStG Rz. 831 und Rz. 849; vgl. zum passiven Ausgleichsposten auch *Gosch/Neumann* § 14 KStG Rz. 449). Ein passiver Ausgleichsposten ist selbst dann erfolgsneutral zu bilden, soweit der den Buchwertansatz der Beteiligung übersteigt (worin ein bedeutender Unterschied zur „Einlagelösung" liegt, vgl. *D/P/M/Dötsch* § 14 KStG Rz. 489 und Rz. 476ff. zu hiermit verbundenen Gestaltungsmöglichkeiten; vgl. zu letzterem Aspekt auch *Dötsch/Pung* in FS Frotscher, 2013 S. 51, 68ff.). Der Ausgleichsposten wird nach § 14 Abs. 4 Satz 1 KStG in Höhe des Betrags gebildet, der dem Verhältnis der Beteiligung des Organträgers am Nennkapital der Organgesellschaft entspricht (ggf. **anteilige Bildung** des Ausgleichspostens, vgl. hierzu zB *D/P/M/Dötsch* § 14 KStG Rz. 513ff.).

443 Die Ausgleichsposten sind nach ihrer Bildung grundsätzlich unverändert fortzuführen. Ein Ausgleichsposten soll jedoch wieder aufzulösen sein, soweit sich die zu seiner Bildung führende **Ursache** während des Bestehens der Organschaft wieder **umgekehrt** und zu einer gegenläufigen Mehr- bzw. Minderabführung führt (vgl. *D/P/M/Dötsch* § 14 KStG Rz. 505f.), diese Auflösung soll erfolgsneutral erfolgen (vgl. *Gosch/Neumann* § 14 KStG Rz. 460). Umstritten ist, ob ein aktiver organschaftlicher Ausgleichsposten einer **Teilwertabschreibung** zugänglich ist (ablehnend BFH I R 65/11 v. 29.8.12, BStBl. II 13, 555) und ob ein passiver organschaftlicher Ausgleichsposten bei der Frage, ob der Teilwert einer Beteiligung unter deren Buchwert ist, zu berücksichtigen ist (bejahend zB *E/S/Erle/Heurung* § 14 KStG Rz. 525 und 529).

444 Nach **§ 14 Abs. 4 Satz 2 KStG** sind die Ausgleichsposten in dem Zeitpunkt aufzulösen, in dem die Beteiligung an der betreffenden Organgesellschaft veräußert wird. Wird nur ein Teil der Beteiligung an der Organgesellschaft veräußert, so soll dies auch nur eine anteilige Auflösung der Ausgleichposten zur Folge haben (vgl. *D/P/M/ Dötsch* § 14 KStG Rz. 523). Nach **§ 14 Abs. 4 Satz 5 KStG** sind insbesondere die Umwandlung der Organgesellschaft auf eine Personengesellschaft oder eine natürliche Person, die verdeckte Einlage der Beteiligung an der Organgesellschaft und die Auflösung der Organgesellschaft der Veräußerung gleichgestellt (dh., dass sie zur Auflösung

der Ausgleichsposten führen). Die schlichte **Auflösung des Gewinnabführungsvertrages** alleine führt hingegen nach zutreffender hM noch nicht zur Auflösung der Ausgleichposten (vgl. *Blümich/Danelsing* § 14 KStG Rz. 181; *D/P/M/Dötsch* § 14 KStG Rz. 535; *Gosch/Neumann* § 14 KStG Rz. 462; *S/F/Brink* § 14 KStG Rz. 1126). Umstritten ist, inwieweit auch **Umwandlungen** zwischen Kapitalgesellschaften zu der Auflösung von Ausgleichsposten führen können (vgl. hierzu zB *D/P/M/Dötsch* § 14 KStG Rz. 530 ff. mwN). Der UmwSt-Erlass 2011 BMF v. 11.11.11 (BStBl. I 11,1314) vertritt in Tz. Org.05, Org.16 f. und Org.21 f., Org.24 eine sehr restriktive Auffassung, wonach bspw. auch bei einer Verschmelzung einer Organgesellschaft auf eine Schwesterorgangesellschaft die auf der übertragenden Organgesellschaft beruhenden Ausgleichsposten aufzulösen sind (Tz. Org.21). Vgl. hierzu auch Rz. 488 f.

Die Auflösung der Ausgleichsposten erhöht oder mindert das Einkommen des Organträgers (§ 14 Abs. 4 Satz 3 KStG). Nach § 14 Abs. 4 Satz 4 KStG ist hierauf entweder §§ 3 Nr. 40, 3c Abs. 2 EStG (bei einkommensteuerpflichtigem Organträger) oder § 8b KStG (bei körperschaftsteuerpflichtigem Organträger) anzuwenden. Zum Zusammenhang mit den Sperrfristen nach § 8b Abs. 4 KStG aF bzw. § 3 Nr. 40 Satz 3 EStG aF vgl. zB *D/P/M/Dötsch* § 14 KStG Rz. 534). 445

§ 14 Abs. 4 KStG lässt auch die Frage unbeantwortet, ob die Rechtsfolgen der Ausgleichsposten getrennt von dem jeweiligen Beteiligungsbuchwert (**Bruttobetrachtung**) oder zusammen mit diesem Buchwert (**Nettobetrachtung**) zu ziehen sind. Die Antwort kann in den Fällen aktiver Ausgleichsposten beachtliche praktische Auswirkungen haben (vgl. zB von *Freeden/Joisten* Ubg 14, 512, 514 ff.). 446

Während es den Anschein erweckte, dass sich BMF v. 28.4.03 (BStBl. I 03, 292 Tz. 26) noch der Bruttobetrachtung angeschlossen hat, vertritt die FinVerw. in BMF v. 26.8.03 (BStBl. I 03, 437 Tz. 43 f.) wohl die Nettobetrachtung (ebenso OFD Frankfurt v. 8.11.05, DB 05, 2608; nach *Breier* Der Konzern 11, 11, 21 rechnen die Programme der Finanzverwaltung aber nach der Bruttobetrachtung). Nach der zutreffenden hM im Schrifttum soll die Nettobetrachtung auch nach dem Inkrafttreten von § 14 Abs. 4 KStG die maßgebliche Sichtweise sein (vgl. *Breier* Der Konzern 11, 11, 20 f.; *Blümich/Danelsing* § 14 KStG Rz. 182; *S/F/Brink* § 14 KStG Rz. 1095; *von Freeden/Joisten* Ubg 14, 512, 518 f.; *F/M/Frotscher* § 14 KStG Rz. 911; offen lassend hingegen *D/P/M/Dötsch* § 14 KStG Rz. 534). 447

Die **Rechtsfolgen auf Ebene der Organgesellschaft** sind in **§ 27 Abs. 6 KStG** geregelt. Demnach erhöhen organschaftliche Minderabführungen das Einlagekonto der Organgesellschaft und organschaftliche Mehrabführungen mindern dieses Konto. Durch die Einlagekontominderung nach § 27 Abs. 6 KStG kann das Einlagekonto der Organgesellschaft auch negativ werden. 448

(frei) 449–455

5. Steuerabzug vom Organträger (§ 19 KStG)

Das Körperschaftsteuerrecht kennt einige besondere Tarifvorschriften (insbesondere § 26 Abs. 1 KStG, § 26 Abs. 6 KStG iVm. § 34 EStG, § 12 AStG). Die Anwendung dieser Vorschriften auf die Organgesellschaft ist problembehaftet, da diese Gesellschaft – mit Ausnahme des Einkommens im Sinne des § 16 KStG (vgl. hierzu Rz. 301 ff.) – über kein eigenes Einkommen verfügt, bei dem diese Tarifvorschriften Beachtung finden könnten (vgl. *D/P/M/Dötsch* § 19 KStG Rz. 8). § 19 KStG begegnet diesem Problem, indem die Norm die Anwendung dieser Tarifvorschriften auf die Ebene des Organträgers verschiebt. Die Norm verschiebt allerdings nur die Rechtsfolgen dieser Tarifvorschriften, die Prüfung, ob die Voraussetzungen für diese Tarifvorschriften erfüllt sind, ist weiterhin auf Ebene der Organgesellschaft selbst durchzuführen (vgl. *Blümich/Danelsing* § 19 KStG Rz. 9). So kann ein von einer Organgesellschaft erzielter Veräußerungsgewinn beim einkommensteuerpflichtigen Organträger nicht nach den 456

§§ 16, 34 EStG begünstigt werden, da die Organgesellschaft die (personellen) Voraussetzungen dieser Normen nicht erfüllt (vgl. BFH III R 19/02 v. 22.1.04, BStBl. II 04, 515; KStR 67 Abs. 2; *D/P/M/Dötsch* § 19 KStG Rz. 11; *Gosch/Neumann* § 19 KStG Rz. 15; vgl. auch Rz. 458). Sofern die Tarifvorschriften mit Höchstbetragsberechnungen verknüpft sind, sind diese Berechnungen auf Ebene des Organträgers durchzuführen (vgl. KStR 67 Abs. 1 Satz 4; *D/P/M/Dötsch* § 19 KStG Rz. 13). Zu § 19 Abs. 1 bis 4 KStG s. Rz. 457 ff. Zu § 19 Abs. 5 KStG s. zB *D/P/M/Dötsch* § 19 KStG Rz. 22 ff. Die Technik des § 19 KStG wurde an die des § 14 Abs. 1 Satz 1 Nr. 2 KStG im Rahmen des KroatienAnpG v. 25.7.14 (BGBl. I 14, 1266) mit Wirkung vom 31.7.14 angepasst.

457 Für einen **unbeschränkt körperschaftsteuerpflichtigen Organträger** bestimmt **§ 19 Abs. 1 KStG**, dass dieser die Tarifvorschriften so anzuwenden hat, als ob die Voraussetzungen hierfür bei ihm selbst erfüllt wären. So kann der Organträger bspw. eine Anrechnung nach § 26 Abs. 1 KStG auch dann vornehmen, wenn er von der Organgesellschaft selbst kein positives Einkommen zugerechnet bekommt (vgl. *D/P/M/Dötsch* § 19 KStG Rz. 16; *F/M/Frotscher* § 14 KStG Rz. 15).

458 Für **unbeschränkt einkommensteuerpflichtige Organträger** bestimmt **§ 19 Abs. 2 KStG**, dass auch dieser die Tarifvorschriften anwenden darf, als ob die Voraussetzungen hierfür bei ihm selbst erfüllt wären. Voraussetzung ist jedoch, dass das EStG vergleichbare Tarifvorschriften wie das KStG vorsieht. Dies ist zB bei der Anrechnung § 26 Abs. 1 KStG und § 34c EStG erfüllt. Rein einkommensteuerliche Tarifvorschriften (wie zB §§ 34, 34a, 34g, 35, 35a EStG) sind von der Norm hingegen nicht erfasst (vgl. *Blümich/Danelsing* § 19 KStG Rz. 17 f.; *Gosch/Neumann* § 19 KStG Rz. 6).

459 Unterliegt der Organträger nicht der unbeschränkten Körperschaft- oder Einkommensteuerpflicht, gelten § 19 Abs. 1 und Abs. 2 KStG nach **§ 19 Abs. 3 KStG** entsprechend, soweit die besonderen Tarifvorschriften bei beschränkt Steuerpflichtigen anwendbar sind.

460 Für **Personengesellschaften als Organträger** regelt **§ 19 Abs. 4 KStG**, dass die von der jeweiligen Tarifvorschrift betroffenen Beträge auf die hinter der Personengesellschaft stehenden Gesellschafter aufzuteilen sind. Die Aufteilung richtet sich nach der steuerlichen Verteilung des Gewinns der Personengesellschaft (vgl. *D/P/M/Dötsch* § 19 Rz. 20; idR Gewinnverteilungsschlüssel, siehe *Blümich/Danelsing* § 19 KStG Rz. 20; *Gosch/Neumann* § 19 KStG Rz. 17). Bei diesen Gesellschaftern unterliegen die ihnen jeweils zugerechneten Teilbeträge dann den Regelungen des § 19 Abs. 1 KStG (unbeschränkt körperschaftsteuerpflichtige Gesellschafter) bzw. § 19 Abs. 2 KStG (unbeschränkt einkommensteuerpflichtige Gesellschafter).

461, 462 *(frei)*

VI. Gewerbesteuerliche Organschaft

1. Personelle Voraussetzungen der gewerbesteuerlichen Organschaft

a) Organträger

463 Bis Erhebungszeitraum 2001 stellte § 2 Abs. 2 Satz 2 GewStG auf die Eingliederung in ein „inländisches gewerbliches Unternehmen" ab. Durch die Angleichung der Voraussetzungen der gewerbesteuerlichen Organschaft an diejenigen der körperschaftsteuerlichen Organschaft (vgl. GewStR 2.3 Abs. 1 Satz 1) stellt § 2 Abs. 2 Satz 2 GewStG nur noch auf einen „Organträger" ab. Durch den Verweis auf die §§ 14 und 17 KStG erfolgt auch insoweit eine vollumfängliche **Bezugnahme auf das Körperschaftsteuerrecht.** Auch gewerbesteuerlich kann die Organschaft nur gegenüber einem anderen gewerblichen Unternehmen bestehen (GewStR 2.3 Abs. 2 Satz 1 und Satz 2). Daher kann zur Bestimmung des gewerbesteuerlichen Organträgers auf die diesbezüglichen körperschaftsteuerlichen Ausführungen verwiesen werden (vgl. Rz. 55 ff.).

Die Verknüpfung mit dem Körperschaftsteuerrecht gilt auch für die strengen Anforderungen des § 14 Abs. 1 Satz 1 Nr. 2 Satz 2 und Satz 3 KStG an die Organträgerstellung einer Personengesellschaft. Auch in der Gewerbesteuer muss die Personengesellschaft eine eigene gewerbliche Tätigkeit im Sinne des § 15 Abs. 1 Satz 1 Nr. 1 EStG ausüben (vgl. GewStR 2.3 Abs. 3 Satz 2). Wie im Körperschaftsteuerrecht (vgl. Rz. 59) versagt die Finanzverwaltung auch in der Gewerbesteuer einer gewerblich geprägten Personengesellschaft die Organträgerstellung (vgl. GewStR 2.3 Abs. 3 Satz 3), während sie bei einem Besitzunternehmen im Rahmen einer Betriebsaufspaltung die Befähigung zur Organträgerstellung bejaht (vgl. GewStR 2.3 Abs. 3 Satz 4 und Satz 5; Hinweis insoweit auch auf BFH I R 40/12 v. 24.7.13, DStR 13, 1939). **464**

(frei)

b) Organgesellschaft

§ 2 Abs. 2 Satz 2 GewStG stellte bis zur „kleinen Organschaftsreform" auf eine „Kapitalgesellschaft" ab, die eine „Organgesellschaft im Sinne der §§ 14, 17 oder 18" KStG ist. Ab VZ 2012 wird nun wegen der Streichung des § 18 KStG im Rahmen der „kleinen Organschaftsreform" auch in § 2 Abs. 2 Satz 2 GewStG nur noch auf eine Kapitalgesellschaft abgestellt, die „Organgesellschaft iSd. § 14 oder § 17" KStG ist. Auch insoweit findet also ein vollumfänglicher Verweis auf das Körperschaftsteuerrecht statt, womit zur Bestimmung der Organgesellschaft auf die diesbezüglichen körperschaftsteuerlichen Ausführungen verwiesen werden kann (vgl. Rz. 67 ff.). **465**

2. Sachliche Voraussetzungen der gewerbesteuerlichen Organschaft

Seit der Synchronisierung der Voraussetzungen einer gewerbesteuerlichen Organschaft mit denjenigen einer körperschaftsteuerlichen Organschaft durch das StSenkG 2001 v. 23.10.00 (BGBl. I 00, 1433) und das UntStFG v. 20.12.01 (BGBl. I 01, 3858) ist auch für die gewerbesteuerliche Organschaft sachlich nur noch die finanzielle Eingliederung und zusätzlich der Abschluss eines Gewinnabführungsvertrages erforderlich. Daher kann für die Gewerbesteuer auf die diesbezüglichen körperschaftsteuerlichen Ausführungen unter Rz. 78 ff. verweisen werden. **466**

3. Rechtsfolgen der gewerbesteuerlichen Organschaft

Gewerbesteuerrechtlich bewirkt die Organschaft, dass die Organgesellschaft als Betriebsstätte des Organträgers gilt (§ 2 Abs. 2 Satz 2 GewStG). Diese Betriebsstättenfiktion führt jedoch nicht dazu, dass die Organgesellschaft gewerbesteuerlich vollständig zu negieren und mit dem Organträger zusammen als ein einheitliches Unternehmen anzusehen wäre (vgl. GewStR 2.3 Abs. 1 Satz 3 und 7.1 Abs. 5 Satz 1). Organträger und Organgesellschaft bleiben trotz der gewerbesteuerlichen Organschaft selbständige Gewerbebetriebe, deren Gewerbeerträge selbständig zu ermitteln sind (vgl. GewStR 2.3 Abs. 1 Satz 4; sog **„gebrochene Einheitstheorie"**, vgl. hierzu zB *Glanegger/Güroff* § 2 Rz. 488 mwN). **467**

Die Organschaft bewirkt, dass die Gewerbeerträge des Organträgers und der Organgesellschaften zusammengerechnet werden (vgl. GewStR 7.1 Abs. 5 Satz 10) und dass der Organträger Steuerschuldner der aus diesen zusammenzurechnenden Gewerbesteuerbeträgen resultierenden Gewerbesteuer ist (vgl. *Glanegger/Güroff* § 2 Rz. 488). Der einheitliche Gewerbesteuermessbetrag wird grundsätzlich nach Maßgabe der Lohnsummen der einzelnen Organgesellschaften – sie werden als Betriebsstätten des Organträgers betrachtet – auf die Betriebsstättengemeinden **zerlegt**, wobei sich die Hebesatzunterschiede vorteilhaft oder nachteilig auswirken können (vgl. Rz. 16). **468**

469 Die für die körperschaftsteuerliche Organschaft unter Rz. 373ff. ausgeführten Rechtsfolgen gelten im Grundsatz auch für die gewerbesteuerliche Organschaft. Allerdings ist auf die folgenden gewerbesteuerlichen Besonderheiten hinzuweisen.

- Die **Bruttomethode** des § 15 KStG (vgl. hierzu Rz. 376) gilt auch in der Gewerbesteuer (BMF v. 26.8.03, BStBl. I 03, 437 Tz. 28; s. Anhang II. 6.). Allerdings führt diese nicht zur Suspendierung des § 9 Nr. 2a, Nr. 7 und Nr. 8 GewStG auf der Ebene der Organgesellschaft. Dies hat zur Folge, dass diese Kürzungsvorschriften auf die von der Organgesellschaft vereinnahmten Ausschüttungen regulär anzuwenden sind (BMF v. 26.8.03, BStBl. I 03, 437 Tz. 30). Nach Verwaltungsauffassung soll bei einem körperschaftsteuerpflichtigen Organträger die „5%-Besteuerung" nach § 8b Abs. 5 KStG auch gewerbesteuerlich greifen (vgl. zB OFD Münster v. 4.9.06, BeckVerw 276042) und die Hinzurechnung des § 8 Nr. 5 GewStG soll auch auf Ebene des Organträgers zu prüfen sein (BMF v. 26.8.03, BStBl. I 03, 437 Tz. 32). Diese Verwaltungspraxis ist mangels Rechtsgrundlage abzulehnen (vgl. zB *Blümich/Gosch* § 9 GewStG Rz. 187a, 314 und 346a mwN; so nunmehr auch FG Münster 10 K 1007/13 G v. 14.5.14, BB 14, 1830; s. hierzu *Pyszka/Nienhaus* DStR 14, 1585).
- Nach § 10a Satz 3 GewStG kann die Organgesellschaft den maßgebenden Gewerbeertrag nicht um Fehlbeträge kürzen die sich vor dem rechtwirksamen Abschluss des Gewinnabführungsvertrags ergeben haben. Damit werden **vororganschaftliche Verluste** der Organgesellschaft – wie in der Körperschaftsteuer (vgl. hierzu Rz. 375) – während der Dauer der Organschaft „eingefroren" (vgl. *Müller/Stöcker/Lieber* Organschaft, Rz. 988).
- Während der Dauer der Organschaft anfallende Verluste der Organgesellschaft werden über die Organschaft dem Organträger zugerechnet. Fehlt es dort an einem Gewinn, so entsteht auf der Ebene des Organträgers ein **Verlustvortrag**. Dieser Verlustvortrag ist auch nach Beendigung der Organschaft ausschließlich auf Ebene des Organträgers abzugsfähig; eine Aufteilung zwischen Organgesellschaft und Organträger findet nicht statt (BFH I R 183/85 v. 27.6.90, BStBl. II 90, 916; BFH I R 158/87 v. 27.6.90, BFH/NV 91, 116; GewStH 10a.4 „Organschaftliche Verluste").

470 Innerhalb des Organkreises kommt es zu keinen Hinzurechnungen nach **§ 8 GewStG**, soweit diese zu einer doppelten steuerlichen Belastung führen würden (vgl. GewStR 7.1 Abs. 5 Satz 4; siehe auch Rz. 17).

471 Trotz der Organschaft sind die Voraussetzungen des **§ 19 GewStDV** isoliert für jedes Unternehmen des Organkreises zu prüfen (BFH I 198/65 v. 29.5.68, BStBl. II 68, 807). Gleiches gilt für die erweiterte Kürzung im Sinne des **§ 9 Nr. 1 Satz 2ff. GewStG** (GewStH 9.2 Abs. 2 „Organschaft") und Steuerbefreiungen nach **§ 3 GewStG** (GewStH 2.3 Abs. 1 „Steuerbefreiung im Organkreis").

A. 10.01 Beherrschungs- und Gewinnabführungsvertrag zwischen AG mit außenstehenden Aktionären

Gliederung

I. FORMULAR

Formular A. 10.01 Beherrschungs- und Gewinnabführungsvertrag

BEHERRSCHUNGS- UND GEWINNABFÜHRUNGSVERTRAG

zwischen

M-AG, Bonn (AG Bonn, HRB 1234) – nachfolgend M genannt –

und

T-AG, Bonn (AG Bonn, HRB 2345) – nachfolgend T genannt –

§ 1 Beherrschung

Die T unterstellt die Leitung ihrer Gesellschaft der M. Die M ist demgemäß berechtigt, dem Vorstand der T hinsichtlich der Leitung der Gesellschaft Weisungen zu erteilen. Unbeschadet des Weisungsrechts obliegt die Geschäftsführung und die Vertretung der T weiterhin dem Vorstand der T.

§ 2 Gewinnabführung

(1) Die T verpflichtet sich, ihren ganzen Gewinn gemäß allen Vorschriften des § 301 AktG in seiner jeweils gültigen Fassung an die M abzuführen.

(2) Während der Dauer dieses Vertrages gebildete andere Gewinnrücklagen sind auf Verlangen der M von der T aufzulösen und als Gewinn abzuführen.

(3) Die T kann mit Zustimmung der M Beträge aus dem Jahresüberschuss insoweit in die Gewinnrücklagen (§ 272 Abs. 3 HGB) mit Ausnahme der gesetzlichen Rücklagen einstellen, als dies handelsrechtlich zulässig und bei vernünftiger kaufmännischer Beurteilung wirtschaftlich begründet ist.

(4) Der Anspruch auf Gewinnabführung entsteht zum Ende des Geschäftsjahres der T. Er ist mit Wertstellung zu diesem Zeitpunkt fällig.

§ 3 Verlustübernahme

Die Vorschriften des § 302 AktG in seiner jeweils gültigen Fassung gelten (ggf. entsprechend).

§ 4 Ausgleichszahlung

(1) Die M verpflichtet sich, den außenstehenden Aktionären der T für die Dauer des Vertrages als angemessenen Ausgleich für jedes volle Geschäftsjahr der T eine feste Ausgleichszahlung in Höhe von brutto ...... € pro Aktie abzüglich Körperschaftsteuer

und Solidaritätszuschlag nach den jeweils für das betreffende Geschäftsjahr der T geltenden Steuersätzen (Ausgleichsbetrag) zu zahlen. Unter Berücksichtigung der für das Geschäftsjahr 2014 geltenden Steuersätze ergibt sich für das Geschäftsjahr 2014 ein Ausgleichsbetrag von ...... € pro Aktie. Der Ausgleichsbetrag umfasst die nach den jeweiligen gesetzlichen Regeln einzubehaltende Kapitalertragsteuer und den nach den jeweiligen gesetzlichen Regeln einzubehaltenden Solidaritätszuschlag. Der Ausgleichsbetrag ist jeweils einen Tag nach der ordentlichen Hauptversammlung der T für das abgelaufene Geschäftsjahr zur Zahlung fällig. Der Ausgleichsbetrag entsteht erstmals für das Geschäftsjahr der T, in dem dieser Vertrag wirksam wird, und bezieht sich auf das gesamte Geschäftsjahr der T.

(2) Die Auszahlung des Ausgleichsbetrages an die außenstehenden Aktionäre erfolgt durch die T namens und für Rechnung der M als der Schuldnerin des Ausgleichsbetrages vorweg aus dem sich aus dem Jahresabschluss der T ergebenden und an die M abzuführenden Gewinn. Reicht der abzuführende Gewinn der T hierzu nicht aus, wird die M den Differenzbetrag der T zur Verfügung stellen.

(3) Falls der Vertrag während eines Geschäftsjahres der T endet oder die T während der Dauer des Vertrages ein weniger als 12 Monate dauerndes Rumpfgeschäftsjahr bildet, vermindert sich der Ausgleichsbetrag zeitanteilig.

(4) Falls das Grundkapital der T aus Gesellschaftsmitteln gegen Ausgabe neuer Aktien erhöht wird, vermindert sich die feste Ausgleichszahlung (bei Abschluss dieses Vertrages brutto ...... €) je Aktie in dem Maße, dass der Gesamtbetrag der festen Ausgleichszahlungen unverändert bleibt.

(5) Falls das Grundkapital der T durch Bareinlagen unter Gewährung eines Bezugsrechts an die außenstehenden Aktionäre erhöht wird, gelten die Rechte aus diesem Paragraphen auch für die von außenstehenden Aktionären bezogenen Aktien aus der Kapitalerhöhung entsprechend.

§ 5 Abfindung

(1) Die M verpflichtet sich, auf Verlangen eines außenstehenden Aktionärs der T dessen Aktien an der T gegen Aktien der M *[alternativ: der Konzernspitze Z]* zu erwerben, wobei je T-Aktie ...... M-Aktien *[alternativ: Z-Aktien]* gewährt werden.

(2) Die M verpflichtet sich, auf Verlangen eines außenstehenden Aktionärs der T, anstelle des in Absatz 1 dieses § 5 geregelten Umtausches, dessen Aktien an der T gegen eine Barabfindung in Höhe von ...... € je Aktie zu erwerben.

(3) Die in den Absätzen 1 und 2 dieses § 5 festgelegten Verpflichtungen der M sind befristet. Die Frist endet zwei Monate nach dem Tage, an dem die Eintragung des Bestehens dieses Vertrages im Handelsregister der T nach § 10 HGB bekannt gemacht worden ist. Eine Verlängerung der Frist nach § 305 Abs. 4 Satz 3 AktG bleibt hiervon unberührt.

§ 6 Wirksamwerden und Dauer

(1) Der Vertrag wird mit seiner Eintragung in das Handelsregister der T wirksam. Der Vertrag gilt bezüglich § 1 für die Zeit ab Eintragung dieses Vertrages in das Handelsregister der T. Im Übrigen gilt er rückwirkend ab dem Beginn des Geschäftsjahres der T, in dem dieser Vertrag in das Handelsregister der T eingetragen wird.

(2) Der Vertrag wird für fünf Zeitjahre, gerechnet ab dem Beginn seiner Geltung nach Abs. 1 Satz 3, fest geschlossen. Sofern diese fünf Zeitjahre während eines laufenden Geschäftsjahres der T enden, verlängert sich die Mindestvertragsdauer nach Satz 1 bis zum Ablauf dieses Geschäftsjahres. Der Vertrag setzt sich danach auf unbestimmte Zeit fort, sofern er nicht unter Beachtung der vorstehenden Mindestver-

tragsdauer mit einer Frist von einem Monat schriftlich gekündigt wird. § 297 Abs. 2 AktG bleibt unberührt.

(3) Darüber hinaus kann der Vertrag bei Vorliegen eines wichtigen Grundes ohne Einhaltung einer Kündigungsfrist schriftlich gekündigt werden. Ein wichtiger Grund liegt insbesondere auch dann vor, wenn die M nicht mehr mit der Mehrheit der Stimmrechte an der T beteiligt ist, die M die Anteile an der T veräußert oder einbringt oder die M oder die T verschmolzen, gespalten oder liquidiert wird.

§ 7 Salvatorische Klausel

Sollten einzelne oder mehrere Bestimmungen dieses Vertrages unwirksam oder undurchführbar sein oder werden oder dieser Vertrag eine oder mehrere Regelungslücken enthalten, wird hierdurch die Gültigkeit der übrigen Bestimmungen dieses Vertrages nicht berührt. Statt der unwirksamen oder undurchführbaren Bestimmung soll eine Bestimmung gelten, die dem wirtschaftlichen Ergebnis der unwirksamen oder undurchführbaren Bestimmung in zulässiger Weise am nächsten kommt. Statt der lückenhaften Regelung soll eine Regelung gelten, die von den Parteien im Hinblick auf ihre wirtschaftliche Absicht getroffen worden wäre, wenn sie die Regelungslücke erkannt hätten. Bei der Auslegung einzelner Bestimmungen dieses Vertrages sind die Vorgaben des § 14 KStG in seiner jeweils geltenden Fassung bzw. gegebenenfalls die entsprechende Nachfolgereglung zu beachten.

Bonn, den ....

Für die M-AG:	**Für die T-AG:**
....	....
Vorstand	**Vorstand**

II. ERLÄUTERUNGEN

Erläuterungen zu A. 10.01 Beherrschungs- und Gewinnabführungsvertrag

1. Grundsätzliche Anmerkungen

Das Formular betrifft einen kombinierten Beherrschungs- und Gewinnabführungs- 1
vertrag (Organschaftsvertrag) zwischen zwei Aktiengesellschaften M und T, wobei an der Organgesellschaft T auch außenstehende Aktionäre beteiligt sind. Dementsprechend enthält das Vertragsmuster auch Ausgleichs- und Abfindungsregelungen (§§ 4, 5). Bei Beteiligung einer AG ist zur Information der Aktionäre grundsätzlich auch ein Vertragsbericht zu erstellen und eine Prüfung durch einen gerichtlich bestellten Vertragsprüfer vorzunehmen. Beide Hauptversammlungsbeschlüsse sind notariell zu beurkunden (§ 130 Abs. 1 Satz 3 AktG). Anzumelden und einzutragen ist der Vertrag nur bei dem Handelsregister der Organgesellschaft.

S. zur ertragsteuerlichen Organschaft allgemein zunächst die Erläuterungen unter A. 10.00 Rz. 1 ff.

2. Einzelerläuterungen

Zu § 1 Beherrschung

§ 1 enthält die Beherrschungsabrede, die den Vertrag zum Beherrschungsvertrag 2
iSd. § 291 Abs. 1 Satz 1, 1. Alt. AktG macht. Satz 1 ist insoweit konstitutiv, die Sätze 2 und 3 sind uE lediglich klarstellend. Ohnehin ist der notwendige **Mindestinhalt**

eines Beherrschungsvertrages mit einer abhängigen AG oder KGaA überschaubar: Zwingend erforderlich ist lediglich die Unterstellung der abhängigen AG bzw. KGaA unter fremde Leitung; wenn außenstehende Aktionäre vorhanden sind, ist zudem zwingend eine Vereinbarung über Ausgleichsleistungen aufzunehmen, da sonst nach § 304 Abs. 3 Satz 1 AktG die Nichtigkeit des Vertrages droht. Nicht erforderlich ist es dagegen, den Beherrschungsvertrag gerade als solchen zu bezeichnen (hieran wird es etwa im Falle eines „verdeckten" Beherrschungsvertrages fehlen, bei dem sich die Parteien regelmäßig nicht bewusst sind, dass sie inhaltlich eine Beherrschungsabrede treffen).

3 Streitig ist, ob die Parteien ggf. das aus § 308 AktG resultierende Weisungsrecht näher beschreiben müssen. Dies wird zT bejaht, weil die Aktionäre sonst uU. nicht wüssten, *wozu* sie gem. § 293 Abs. 1 bzw. 2 AktG ihre Zustimmung geben (*Emmerich/Habersack* § 291 Rz. 17); dagegen spricht jedoch neben der Formulierung des § 308 Abs. 1 Satz 1 AktG (Weisungsrecht nicht als Voraussetzung, sondern als Rechtsfolge eines Beherrschungsvertrages), dass die §§ 293aff. AktG heute umfassende Sicherungen zur Information der Aktionäre (insoweit außerhalb des Beherrschungsvertrages) enthalten (zutr. *Schmidt/Lutter* 2. Aufl. 2010, § 291 AktG Rz. 25). Bereits diese Diskussion zeigt jedoch, dass es mindestens sinnvoll ist, in den Beherrschungsvertrag **klarstellend** noch weitere Bestimmungen aufzunehmen, etwa zum Weisungsrecht (Satz 2 des Vertragsformulars). Das Weisungsrecht bezieht sich auf alle Fragen der Geschäftsführung und der Vertretung der Gesellschaft (näher A. 10.00 Rz. 162ff.); es ändert aber nichts daran, dass die Geschäftsführung und Vertretung (§§ 77, 78 AktG) weiterhin durch den Vorstand erfolgen (§ 1 Satz 3 des Formulars).

4 **Zusätzliche Abreden** sind möglich: Über die in den §§ 291ff. AktG geregelten (Mindest-)Anforderungen hinaus können die Parteien weitere vertragliche Regelungen treffen, soweit nicht zwingende aktienrechtliche Normen entgegenstehen (BGH II ZR 238/91 v. 5.4.93, BGHZ 122, 211, 217 „SSI"). Möglich sind daher auch die Kombination von Beherrschungs- und Gewinnabführungsvertrag in einem einheitlichen Vertrag und sonstige ggf. konstitutive Regelungen, etwa zur Zahlstellenfunktion der Organgesellschaft (§ 4 Abs. 2 des Vertragsformulars). Zulässig wäre ferner die Vereinbarung einer aufschiebenden Bedingung (die bis zur Eintragung in das Handelsregister eingetreten sein muss; zu Bedingungen und Befristungen *Emmerich/Habersack* § 293 Rz. 18).

5 Die Möglichkeit, das **Weisungsrecht einzuschränken**, ist ebenfalls bereits in § 308 Abs. 1 Satz 2 AktG angelegt („Bestimmt der Vertrag nichts anderes ..."). Derartige Einschränkungen können sowohl formeller (zB Schriftformerfordernis) als auch inhaltlicher Natur sein; letzteres zB beim **Teilbeherrschungsvertrag**, bei dem sich das Weisungsrecht auf einzelne Sachbereiche beschränkt bzw. bestimmte Sachbereiche vom Weisungsrecht ausgenommen werden (näher *Emmerich/Habersack* § 293 Rz. 21; zurückhaltend *Kölner Komm./Koppensteiner* § 291 Rz. 46ff.).

6 Die Beherrschungsabrede ist **steuerlich** für die körperschaft- und gewerbesteuerliche Organschaft keine Voraussetzung. Im Hinblick auf die umsatzsteuerliche Organschaft dient sie allerdings nach zutreffender Auffassung der Finanzverwaltung zur Sicherstellung der Voraussetzung der organisatorischen Eingliederung (vgl. USTAE 2.8 Abs. 10 Satz 4 und 5).

Zu § 2 Gewinnabführung

7 § 2 enthält die Gewinnabführungsabrede, die den Vertrag daneben auch zum Gewinnabführungsvertrag iSd. § 291 Abs. 1 Satz 1, 2. Alt. AktG macht. **Abs. 1** ist insoweit konstitutiv, der zusätzliche Verweis auf § 301 AktG, der die Obergrenze der Gewinnabführung definiert, allerdings nur klarstellend. Diese Obergrenze darf unter ertragsteuerlichen Gesichtspunkten nicht überschritten und nicht unterschritten

werden („Punktlandung"; vgl. A. 10.00 Rz. 172). Daher ist die Vereinbarung, „den ganzen Gewinn" abzuführen, von besonderer Bedeutung, da hierdurch die für die Anerkennung der ertragsteuerlichen Organschaften notwendige Abführung der Obergrenze des § 301 AktG vereinbart wird. Die Bezugnahme auf „alle Vorschriften" des § 301 AktG „in seiner jeweils gültigen Fassung" erscheint hingegen auch ertragsteuerlich nicht als zwingend notwendig, da die Finanzverwaltung es zumindest bisher akzeptiert hat, wenn die Obergrenze des jeweils gültigen § 301 AktG tatsächlich abgeführt wird, auch wenn der Vertrag selber auf eine ältere Fassung des § 301 AktG Bezug nimmt (vgl. zur GmbH A. 10.00 Rz. 175; entsprechendes muss erst Recht für die AG gelten). Dennoch erscheint die Aufnahme dieser Formulierung in den Vertag als sinnvoll, um auch im Falle einer (künftig) restriktiveren Auffassung der Finanzverwaltung gewappnet zu sein.

Abs. 2 wiederholt zur **Auflösung von Gewinnrücklagen** im Wesentlichen § 301 Satz 2 AktG, ergänzt um den Einschub, dass die Rücklagen „auf Verlangen der M" aufzulösen sind. Hintergrund dieses Einschubs ist, dass für die Auflösung der während der Dauer des Vertrages gebildeten Gewinnrücklagen grundsätzlich der Vorstand der Organgesellschaft zuständig ist. Ohne den Einschub müsste die M als herrschendes Unternehmen insoweit ggf. auf ihr allgemeines Weisungsrecht nach § 308 AktG zurückgreifen. Ein solches besteht hier zwar aufgrund der Verbindung von Beherrschungs- und Gewinnabführungsvertrag (anders im Fall eines isolierten Gewinnabführungsvertrages!), nach *Spindler/Stilz/Veil* AktG § 291 Rz. 18f. soll es sich jedoch nicht auf bilanzpolitische Entscheidungen erstrecken (anders die hM, etwa BGH II ZB 9/96 v. 20.5.97, BGHZ 135, 374; *MünchHdb AG/Krieger* § 71 Rz. 20). Der Einschub ist daher möglicherweise konstitutiv und sollte auf jeden Fall in einen isolierten Gewinnabführungsvertrag aufgenommen werden (zulässig auch nach *Spindler/Stilz/Veil* AktG § 291 Rz. 38f. und *ders.* § 301 Rz. 15). 8

Ertragsteuerlich ist die Auflösung und Abführung von während der Geltungsdauer des Gewinnabführungsvertrags gebildeten Gewinnrücklagen zulässig (A. 10.00 Rz. 255). Vor der Geltungsdauer des Vertrags gebildete Gewinnrücklagen bzw. ein in dieser Zeit gebildeter Gewinnvortrag und Kapitalrücklagen (egal ob vor oder während der Geltungsdauer des Vertrags gebildet) dürfen hingegen bei einer nicht eingegliederten Organgesellschaft nicht aufgelöst und abgeführt, sondern nur aufgelöst und ausgeschüttet werden (A. 10.00 Rz. 253 und 257). Ein diesbezüglicher Hinweis ist im Gewinnabführungsvertrag nicht zwingend notwendig (wenngleich auch möglich). Im Muster ist keine entsprechende Regelung enthalten. Dies auch, um eine gewisse Flexibilität im Hinblick auf eventuelle Rechtsprechungsänderungen zu haben. Es muss aber in der praktischen Durchführung gewährleistet sein, dass keine die steuerliche Anerkennung der Organschaft gefährdenden Rücklagenabführungen vorgenommen werden. 9

Abs. 3 wiederholt zur **Bildung von Gewinnrücklagen** die einschränkende Bestimmung des § 14 Abs. 1 Satz 1 Nr. 4 KStG (vgl. hierzu A. 10.00 Rz. 254), erweitert um den relativ weit verbreiteten Hinweis auf die (selbstverständliche) Voraussetzung, dass die Rücklagenbildung auch handelsrechtlich zulässig sein muss. Zur Absicherung des Organträgers ist zu seinen Gunsten zusätzlich ein Zustimmungserfordernis vorgesehen, da sich die Einstellung in andere Gewinnrücklagen im Übrigen verfahrensmäßig nach § 58 Abs. 2 AktG richtet. 10

Abs. 4 schreibt fest, dass der Gewinnabführungsanspruch mit Ablauf des Bilanzstichtags der Organgesellschaft **entsteht** und mit Wertstellung zu diesem Zeitpunkt **fällig** wird (letzteres wäre ohne die vertragliche Regelung streitig, vgl. die Nachweise und die Empfehlung einer entsprechenden vertraglichen Regelung bei A. 10.00 Rz. 193f.). 11

Auf eine explizite vertragliche Regelung zur **Verzinsung** wurde im Formular bewusst verzichtet (vgl. hierzu A. 10.00 Rz. 195).

Zu § 3 Verlustübernahme

12 § 3 ist im Fall einer abhängigen AG oder KGaA lediglich klarstellend. Anders wäre dies allerdings insbesondere im Fall einer GmbH als Organgesellschaft, da hier gem. § 17 Abs. 1 Satz 2 Nr. 2 KStG die Vereinbarung einer Verlustübernahme entsprechend den Vorschriften des § 302 AktG in seiner jeweils gültigen Fassung zwingend wäre (näher s. A. 10.00 Rz. 230ff.). Bei einer AG als Organgesellschaft ist zwar eine entsprechende Formulierung im Gewinnabführungsvertrag weder zivilrechtlich noch steuerlich erforderlich. Dennoch erscheint es unter praktischen Gesichtspunkten empfehlenswert, eine den Anforderungen des § 17Abs. 1 Satz 2 Nr. 2 KStG entsprechende Klausel auch im Fall einer abhängigen AG oder KGaA zu verwenden. Im Konzernalltag ist es nicht unüblich, für Gewinnabführungsverträge Muster zu verwenden. Hier kann es passieren, dass versehentlich ein für eine AG konzipiertes Muster auch für eine GmbH als Organgesellschaft verwendet wird. In diesem Fall ist es von Vorteil, wenn dieses Muster sich (zumindest im Grundsatz – s. Formulierung „ggf. entsprechend") ebenfalls an den Anforderungen des § 17 Abs. 1 Satz 2 Nr. 2 KStG orientiert.

13 Der Zeitpunkt der Entstehung und Fälligkeit eines Verlustübernahmeanspruchs ist höchstrichterlich geklärt (vgl. A. 10.00 Rz. 224). Auf die Aufnahme einer nur insoweit klarstellenden Regelung wird im Muster verzichtet. Auch dies geschieht im Hinblick auf die strengen steuerrechtlichen Regelungen bei einer GmbH als Organgesellschaft (näher s. A. 10.00 Rz. 230ff.). Aus den in A. 10.00 Rz. 226 dargestellten Gründen ist ebenfalls keine explizite vertragliche Regelung zur Verzinsung vorgesehen.

Zu § 4 Ausgleichszahlung

14 § 4 sieht zugunsten der außenstehenden Aktionäre (zu ihrer Definition A. 10.00 Rz. 275) einen festen Ausgleich vor (zu den Voraussetzungen eines ggf. alternativ möglichen variablen Ausgleichs siehe A. 10.00 Rz. 282). Bei Vorhandensein außenstehender Aktionäre kann auf eine Ausgleichsregelung nicht verzichtet werden, ansonsten ist der Vertrag nichtig (§ 304 Abs. 3 Satz 1 AktG). Die Nichtigkeit des Vertrags führt zugleich auch zur Nichtanerkennung der körperschaft- und gewerbesteuerlichen Organschaft (zur in bestimmten Fällen gegebenen Möglichkeit der Vereinbarung eines sog. „Nullausgleichs" siehe A. 10.00 Rz. 289).

15 Nach der Rechtsprechung des BGH (BGH II ZB 17/01 v. 21.7.03, BGHZ 156, 57 „Ytong") ist bei der Berechnung des angemessenen Ausgleichs auf den Bruttogewinnanteil je Aktie abzustellen. Hiervon ist die **Körperschaftsteuerbelastung** in der jeweils gesetzlich angegebenen Höhe abzusetzen (nach § 16 KStG hat die Organgesellschaft in Höhe von derzeit 20/17 der geleisteten Ausgleichszahlung ein eigenes Einkommen zu versteuern). Vgl. näher zu der „Ytong"-Entscheidung unter A. 10.00 Rz. 289f. und Rz. 301f.

16 Zur in Abs. 1 Satz 4 geregelten **Fälligkeit** des Ausgleichs siehe A. 10.00 Rz. 298. Abs. 1 Satz 5 bestimmt, dass der Ausgleich auch bei unterjährigem Wirksamwerden des Vertrages **für das gesamte Geschäftsjahr** der Organgesellschaft, nicht nur anteilig, zu zahlen ist. Die Regelung korrespondiert mit der Rückwirkung der Gewinnabführungsabrede gem. § 6 Abs. 1 (vgl. *Schmidt/Lutter/Stephan*, 2. Aufl. 2010, § 304 AktG, Rz. 41) und ist deshalb zwingend.

17 Abs. 2 bestimmt, dass die Organgesellschaft als **Zahlstelle** für den Organträger fungiert. Die Schuldnerstellung des Organträgers (vgl. A. 10.00 Rz. 277) wird hierdurch nicht berührt. Die Regelung ist daher zulässig (*Spindler/ Stilz/Veil* AktG § 304 Rz. 33), aber nicht zwingend: Falls eine Zahlstellenfunktion der Organgesellschaft nicht gewünscht ist, ist sie zu streichen. Die Versteuerung von 20/17 der geleisteten Ausgleichszahlung auf Ebene der Organgesellschaft nach § 16 KStG ist unabhängig davon, ob der Organträger oder die Organgesellschaft als Zahlstelle fungiert.

Gem. Abs. 3 wird der Ausgleich bei unterjähriger Beendigung des Vertrages oder Bildung eines Rumpfgeschäftsjahres nur **zeitanteilig** geschuldet (Klarstellung, vgl. *Schmidt/Lutter*, 2. Aufl. 2010, § 304 AktG Rz. 42). Die Regelung greift nicht, wenn die außen stehenden Aktionäre lediglich durch Squeeze-out aus der Organgesellschaft herausgedrängt werden und der Vertrag – anders als bei der Eingliederung – nicht endet, sondern fortbesteht (BGH II ZR 244/09 v. 19.4.11, NZG 11, 780; hierzu BVerfG 1 BVR 1577/1 v. 5.12.12, AG 13, 255; OLG Frankfurt 23 U 69/08 v. 26.8.09, AG 10, 368; OLG München 7 U 3515/06 v. 11.10.06, BeckRS 2006, 15342; vgl. auch *Winter* EWiR 06, 418). 18

Abs. 4 trifft Vorsorge für den Fall einer **nominellen Kapitalerhöhung** bei der Organgesellschaft. In diesem Fall erhöht sich die Zahl der von außenstehenden Aktionären gehaltenen Aktien. Ein fester oder variabler Ausgleich ist daher entsprechend dem Verhältnis der Kapitalerhöhung zu ermäßigen (§ 216 Abs. 3 AktG; *Emmerich/Habersack* § 304 Rz. 72). In dem durch Abs. 5 angesprochenen Fall einer **effektiven Kapitalerhöhung** ist der feste oder variable Ausgleich dagegen auch auf von außenstehenden Aktionären gehaltene neue Aktien zu zahlen. Vergleichbarer Anpassungsbedarf kann sich auch im Fall einer (in der Praxis seltenen) Kapitalherabsetzung oder eines Aktiensplits ergeben. 19

Zu § 5 Abfindung

§ 305 Abs. 2 AktG bestimmt, ob der Organträger den außenstehenden Aktionären der Organgesellschaft eine **Abfindung in Aktien** oder eine **Barabfindung** anzubieten hat (vgl. A. 10.00 Rz. 314 ff.). Sofern der Organträger eine AG oder KGaA mit Sitz in der EU/dem EWR ist, die selbst nicht abhängig ist und nicht in Mehrheitsbesitz steht, hat er als Abfindung eigene Aktien anzubieten; in diesem Fall ist § 5 Abs. 1 des Vertragsformulars zwingend, Abs. 2 dagegen optional. Ist der Organträger dagegen nachgeordnete Konzerngesellschaft, hat er unter den Voraussetzungen des § 305 Abs. 2 Nr. 2 AktG entweder Aktien der Konzernspitze oder eine Barabfindung anzubieten. Da das diesbezügliche Wahlrecht nicht dem außenstehenden Aktionär, sondern den Vertragsparteien zusteht (ganz hM, zB OLG Düsseldorf 26 W 5/08 v. 31.3.09, AG 09, 873, 874), ist in diesem Fall nur einer der Abs. 1 und 2 des Vertragsformulars zwingend (wobei dann in Abs. 1 auf die Konzernspitze Z anstelle der M abzustellen ist). In allen anderen Fällen ist die Barabfindung anzubieten (§ 305 Abs. 2 Nr. 3 AktG). Optional können die Vertragsparteien den außenstehenden Aktionären jedoch stets auch gesetzlich nicht geschuldete Abfindungsarten anbieten (vgl. A. 10.00 Rz. 316). 20

Zwar „muss" der Vertrag, wenn an der Organgesellschaft außenstehende Aktionäre beteiligt sind, nach § 305 Abs. 1 und 2 AktG ein Abfindungsangebot enthalten. Wenn ein solches Abfindungsangebot fehlt, ist der Vertrag jedoch nicht nichtig (anders § 304 Abs. 3 Satz 1 AktG für den Ausgleich): Sieht der Vertrag überhaupt keine oder eine den Abs. 1 bis 3 nicht entsprechende Abfindung vor, ist diese auf Antrag im Spruchverfahren zu bestimmen, § 305 Abs. 5 Satz 2 AktG. 21

Abs. 3 des Vertragsformulars **befristet** das Abfindungsangebot in Übereinstimmung mit § 305 Abs. 4 AktG auf den hiernach frühestmöglichen Zeitpunkt (vgl. zu der entsprechenden Empfehlung A. 10.00 Rz. 322). Da das Abfindungsangebot gem. § 305 Abs. 4 Satz 3 AktG insbesondere während eines Spruchverfahrens „offen" bleiben muss, kann es in praxi oftmals nicht nur während einiger Monate, sondern auch noch Jahre später angenommen werden, damit ggf. sogar noch nach dem Ende des zugrunde liegenden Vertrages (vertragsüberdauerndes Spruchverfahren, vgl. A. 10.00 Rz. 322). 22

Zu § 6 Wirksamwerden und Dauer

Abs. 1 Satz 1 ist lediglich klarstellend (§ 294 AktG). Satz 2 und Satz 3 tragen der Tatsache Rechnung, dass sich der Vertrag nach ganz hM hinsichtlich der Beherr- 23 schungsrede keine Rückwirkung beilegen darf (A. 10.00 Rz. 143), eine Rückwirkung im Hinblick auf die Gewinnabführung dagegen zivilrechtlich und steuerlich möglich ist: Das Einkommen der Organgesellschaft ist dem Organträger erstmals für das Kalenderjahr zuzurechnen, in dem das Wirtschaftsjahr der Organgesellschaft endet, in dem der Gewinnabführungsvertrag wirksam wird, § 14 Abs. 1 Satz 2 KStG (vgl. hierzu aus gesellschaftsrechtlicher Sicht A. 10.00 Rz. 143). Zur korrespondierenden Ausgleichszahlung, die sich bei Gewinnabführungsverträgen auch auf den Rückwirkungszeitraum zu erstrecken hat, vgl. § 4 Abs. 1 Satz 5 des Vertragsformulars. Die variable Formulierung in Satz 3 berücksichtigt, dass sich die Eintragung des Unternehmensvertrages in das Handelsregister evtl. verzögern könnte und deshalb nicht mit festen Jahreszahlen gearbeitet werden sollte (vgl. A. 10.00 Rz. 354).

24 **Abs. 2 Satz 1 bis 3** enthält die für die körperschaft- und gewerbesteuerrechtliche Anerkennung einer Organschaft zwingende Festlegung eines fünfjährigen Mindestzeitraums. Gem. § 14 Abs. 1 Satz 1 Nr. 3 Satz 1 KStG muss der Gewinnabführungsvertrag auf **mindestens fünf Jahre fest abgeschlossen** und während seiner gesamten Geltungsdauer durchgeführt werden (vgl. A. 10.00 Rz. 351 ff.). Das Vertragsmuster verfolgt hierbei die Konzeption einer fixen fünfjährigen Grundlaufzeit in Satz 1 und 2 mit anschließender Fortgeltung auf unbestimmte Zeit in Satz 3 (vgl. hierzu und zu der weiteren denkbaren Konzeption einer Kombination einer grundsätzlich unbestimmten Vertragslaufzeit mit einem Ausschluss der ordentlichen Kündigung für die ersten fünf Zeitjahre A. 10.00 Rz. 353). Die Formulierung berücksichtigt, dass es sich insoweit nach der Rechtsprechung des BFH zwingend um Zeitjahre handeln muss (vgl. A. 10.00 Rz. 352). Der Verweis auf § 6 Abs. 1 Satz 3 beachtet, dass sich der angenommene Starttermin der Organschaft bei Verzögerungen der Eintragung in das Handelsregister verschieben könnte (zeitliche „Gleitklausel“, vgl. A. 10.00 Rz. 354). Satz 2 verhindert es, dass die Mindestlaufzeit evtl. organschaftsschädlich während eines laufenden Wirtschaftsjahrs endet (vgl. zu der entsprechenden Diskussion A. 10.00 Rz. 355 und die dortigen Hinweise auf die neuere BFH-Rechtsprechung).

25 **Abs. 2 Satz 4** ist ein lediglich klarstellender Hinweis auf das etwaige Erfordernis eines **Sonderbeschlusses** der außenstehenden Aktionäre im Fall einer ordentlichen Kündigung.

26 Das in **Abs. 3 Satz 1** angesprochene Recht zur **außerordentlichen, fristlosen Kündigung** kann vertraglich nicht abbedungen werden. **Satz 2** definiert einige wichtige Gründe im Sinne des Vertrages – und orientiert sich dabei an den in KStR 60 Abs. 6 Satz 2 beispielhaft genannten, damit steuerlich jedenfalls als solchen anerkannten wichtigen Gründen der „Veräußerung oder Einbringung der Organbeteiligung durch den Organträger, der Verschmelzung, Spaltung oder Liquidation des Organträgers oder der Organgesellschaft“. Vgl. näher zur Empfehlung, die in den KStR aufgezählten wichtigen Gründe in den Vertragstext aufzunehmen und andererseits den Katalog der wichtigen Gründe nicht zu umfassend zu gestalten A. 10.00 Rz. 366. Insoweit hat das OLG München (31 Wx 163/11 v. 20.6.11, NZG 11, 867) eine vom Alleingesellschafter „ohne ersichtlichen objektiven Grund“ beschlossene Auflösung der Organgesellschaft nicht als wichtigen Grund anerkannt; denn der kündigende Organträger habe den Tatbestand, auf den er die Kündigung stütze, selbst willkürlich geschaffen. Vgl. zur evtl. ertragsteuerlichen Schädlichkeit der „willkürlichen“ Schaffung eines wichtigen Grunds A. 10.00 Rz. 364 f. und zu der uE unzutreffenden und daher vom BFH auch zu Recht abgelehnten Auffassung, dass schon die undifferenzierte vertragliche Erwähnung der Veräußerung ggf. organschaftsschädlich sein könnte, A. 10.00 Rz. 364 und Rz. 366.

Zu § 7 Salvatorische Klausel

27 § 7 enthält eine umfassende salvatorische Klausel, mit einem Verweis auf § 14 KStG in seiner jeweils geltenden Fassung als Auslegungshilfe.

A. 10.02 Beherrschungs- und Gewinnabführungsvertrag mit GmbH

Gliederung

I. FORMULAR

Formular A. 10.02 Beherrschungs- und Gewinnabführungsvertrag mit GmbH

BEHERRSCHUNGS- UND GEWINNABFÜHRUNGSVERTRAG

zwischen

M-GmbH, Bonn (AG Bonn, HRB 1234) **– nachfolgend M genannt –**

und

T-GmbH, Bonn (AG Bonn, HRB 2345) **– nachfolgend T genannt –**

§ 1 Beherrschung

Die T unterstellt die Leitung ihrer Gesellschaft der M. Die M ist demgemäß berechtigt, der Geschäftsführung der T hinsichtlich der Leitung der Gesellschaft Weisungen zu erteilen. Unbeschadet des Weisungsrechts obliegt die Geschäftsführung und die Vertretung der T weiterhin den Geschäftsführern der T.

§ 2 Gewinnabführung

(1) Die T verpflichtet sich, ihren ganzen Gewinn entsprechend allen Vorschriften des § 301 AktG in seiner jeweils gültigen Fassung an die M abzuführen.

(2) Während der Dauer dieses Vertrages gebildete andere Gewinnrücklagen sind auf Verlangen der M von der T aufzulösen und als Gewinn abzuführen.

(3) Die T kann mit Zustimmung der M Beträge aus dem Jahresüberschuss insoweit in die Gewinnrücklagen (§ 272 Abs. 3 HGB) einstellen, als dies handelsrechtlich zulässig und bei vernünftiger kaufmännischer Beurteilung wirtschaftlich begründet ist.

(4) Der Anspruch auf Gewinnabführung entsteht zum Ende des Geschäftsjahres der T. Er ist mit Wertstellung zu diesem Zeitpunkt fällig.

§ 3 Verlustübernahme

Die Vorschriften des § 302 AktG in seiner jeweils gültigen Fassung gelten entsprechend.

§ 4 Wirksamwerden und Dauer

(1) Der Vertrag wird mit seiner Eintragung in das Handelsregister der T wirksam. Der Vertrag gilt bezüglich § 1 für die Zeit ab Eintragung dieses Vertrages in das Handelsregister der T. Im Übrigen gilt er rückwirkend ab dem Beginn des Geschäftsjahres der T, in dem dieser Vertrag in das Handelsregister der T eingetragen wird.

(2) Der Vertrag wird für fünf Zeitjahre, gerechnet ab dem Beginn seiner Geltung nach Abs. 1 Satz 3 fest geschlossen. Sofern diese fünf Zeitjahre während eines laufenden Geschäftsjahres der T enden, verlängert sich die Mindestvertragsdauer nach Satz 1 bis zum Ablauf dieses Geschäftsjahres. Der Vertrag setzt sich danach auf unbestimmte Zeit fort, sofern er nicht unter Beachtung der vorstehenden Mindestvertragsdauer mit einer Frist von einem Monat schriftlich gekündigt wird.

(3) Darüber hinaus kann der Vertrag bei Vorliegen eines wichtigen Grundes ohne Einhaltung einer Kündigungsfrist schriftlich gekündigt werden. Ein wichtiger Grund liegt insbesondere auch dann vor, wenn die M nicht mehr mit der Mehrheit der Stimmrechte an der T beteiligt ist, die M die Anteile an der T veräußert oder einbringt, die M oder die T verschmolzen, gespalten oder liquidiert wird oder an der T iSd. § 307 AktG erstmals ein außenstehender Gesellschafter beteiligt wird.

§ 5 Schlussbestimmungen

(1) Sollten einzelne oder mehrere Bestimmungen dieses Vertrages unwirksam oder undurchführbar sein oder werden oder dieser Vertrag eine oder mehrere Regelungslücken enthalten, wird hierdurch die Gültigkeit der übrigen Bestimmungen dieses Vertrages nicht berührt. Statt der unwirksamen oder undurchführbaren Bestimmung soll eine Bestimmung gelten, die dem wirtschaftlichen Ergebnis der unwirksamen oder undurchführbaren Bestimmung in zulässiger Weise am nächsten kommt. Statt der lückenhaften Regelung soll eine Regelung gelten, die von den Parteien im Hinblick auf ihre wirtschaftliche Absicht getroffen worden wäre, wenn sie die Regelungslücke erkannt hätten.

(2) Bei der Auslegung einzelner Bestimmungen dieses Vertrages sind die Vorgaben der §§ 14 und 17 KStG in ihrer jeweils geltenden Fassung bzw. gegebenenfalls die entsprechenden Nachfolgereglungen zu beachten. Soweit einzelne Bestimmungen dieses Vertrages mit § 3 in Konflikt stehen sollten, geht § 3 diesen Bestimmungen vor.

Bonn, den ....

Für die M-GmbH:	**Für die T-GmbH:**
....	....
Geschäftsführer	**Geschäftsführer**

II. ERLÄUTERUNGEN

Erläuterungen zu A. 10.02 Beherrschungs- und Gewinnabführungsvertrag zwischen GmbH

1. Grundsätzliche Anmerkungen

1 Das Formular betrifft einen kombinierten Beherrschungs- und Gewinnabführungsvertrag (Organschaftsvertrag) zwischen zwei GmbH M und T, wobei die Organgesellschaft T eine **100%-Tochter** der M ist. Schon deshalb enthält das Vertragsmuster keine Ausgleichs- oder Abfindungsregelungen. Bei Beteiligung nur von GmbHs ist nach zutreffender Ansicht nicht zwingend ein Vertragsbericht zu erstellen; eine Prüfung durch einen gerichtlich bestellten Vertragsprüfer entfällt bereits aufgrund des 100 %igen Mutter-Tochterverhältnisses (§ 293b Abs. 1 Hs. 2 AktG). Der Zustimmungsbeschluss bei der Organgesellschaft ist notariell zu beurkunden, beim Organträger genügt ein privatschriftlich protokollierter Gesellschafterbeschuss. Anzumelden und einzutragen ist der Vertrag nur bei dem Handelsregister der Organgesellschaft.

Zur ertragsteuerlichen Organschaft allgemein s. zunächst die Erläuterungen unter A.10.00 Rz. 1 ff.

2. Einzelerläuterungen

Zu § 1 Beherrschung

Die Beherrschungsabrede entspricht derjenigen für AG unter Formular A. 10.01 § 1. An die Stelle des „Vorstands" tritt die „Geschäftsführung"; im Übrigen sind Änderungen für die GmbH nicht veranlasst. Auf A. 10.01 Rz. 2–6 wird verwiesen. 2

Zu § 2 Gewinnabführung

Die Gewinnabführungsabrede entspricht weitgehend derjenigen für AG im Formular A.10.01 unter § 2, so dass zunächst auf A.10.01 Rz. 7 f. verwiesen wird. 3

Eine erste, rein sprachliche Änderung betrifft Abs. 1: Da § 301 AktG auf die GmbH nicht direkt, sondern nur entsprechend anwendbar ist (vgl. § 17 Abs. 1 Satz 2 Nr. 1 KStG), verpflichtet sich die T auch nicht „gemäß", sondern nur „entsprechend" allen Vorschriften des § 301 AktG zur Abführung ihres ganzen Gewinns. Zur steuerlichen Bedeutung vgl. A. 10.01 Rz. 7. Die dynamische Bezugnahme auf § 301 AktG in seiner jeweils geltenden Fassung ist steuerlich kein „Formalerfordernis" des Vertrags (vgl. A. 10.00 Rz. 213; anders jedoch betr. § 302 AktG, vgl. Rz. 5).

In Abs. 3 fehlt gegenüber dem Formular für die AG unter A. 10.01 § 2 der Hinweis auf die „gesetzlichen Rücklagen", da solche bei der GmbH anders als bei der AG (§§ 300, 150 AktG) nicht existieren. Vgl. hierzu unter steuerlichen Gesichtspunkten unter A. 10.00 Rz. 254. 4

Zu § 3 Verlustübernahme

Die Regelung zur Verlustübernahme entspricht derjenigen im Formular für AG unter A. 10.01 § 3. Während sie bei der AG jedoch nur klarstellend ist, ist sie für die steuerliche Anerkennung eines Gewinnabführungsvertrages mit einer GmbH nach Ansicht von BFH und Finanzverwaltung **zwingend erforderlich**. Daher wird – im Gegensatz zum Muster für die AG – die entsprechende Anwendung ohne den (Klammer)Zusatz „ggf." vereinbart. Vgl. hierzu A. 10.00 Rz. 230 ff. Die Musterformulierung erfolgt nach dem Konzept der schlichten Wiedergabe des Wortlauts des § 17 Abs. 1 Satz 2 Nr. 2 KStG über einen Verweis auf § 302 AktG erweitert um eine Dynamisierung. Die in § 5 Abs. 2 Satz 2 vorgesehene Auslegungsregel soll die steuerlich notwendige Dynamisierung zusätzlich absichern (vgl. Rz. 11). Für nach dem 26.2.13 abgeschlossene Gewinnabführungsverträge ist dieses Konzept (schlichter Verweis und Dynamisierung) das einzige derzeit völlig rechtssichere Vorgehen (vgl. A. 10.00 Rz. 239 f.). Da es nicht vollumfänglich ausgeschlossen werden kann, dass in einer Regelung zur Entstehung und Fälligkeit (unzutreffend) ein der zwingenden Dynamisierung entgegenstehendes Element gesehen wird (s. näher *Stangl/Brühl* DB 13, 538, 540), wird auf eine diesbezügliche – ohnehin nur deklaratorische – Regelung höchst vorsorglich verzichtet. Entsprechendes gilt für eine Regelung zur Nutzung von während der Vertragslaufzeit gebildeten Gewinnrücklagen zum Ausgleich eines Jahresfehlbetrags (s. auch hierzu *Stangl/Brühl* aaO). 5

Zu § 4 Wirksamwerden und Dauer

Die Regelung entspricht grds. wörtlich derjenigen im Formular für AG unter A. 10.01 § 6. Auf A. 10.01 Rz. 23 ff. wird verwiesen. 6

Im Gegensatz zum Formular unter A. 10.01 enthält § 4 allerdings eine explizite Regelung zu Fällen, die mit denen des **§ 307 AktG** vergleichbar sind. Dies sind Sachverhalte, in denen an der Organgesellschaft – wie im Formular oben vorausgesetzt –

zum Zeitpunkt des Abschlusses des Beherrschungs- und Gewinnabführungsvertrags **keine außenstehenden Gesellschafter** beteiligt sind und in denen sich zu einem späteren Zeitpunkt solche außenstehenden Gesellschafter an der Organgesellschaft beteiligen. Diese Fälle kommen praktisch zB vor, wenn sich an einer Organgesellschaft später ein Joint-Venture-Partner beteiligen will. In diesen Fällen besteht vielfach ein praktisches Bedürfnis zur Beendigung des Gewinnabführungsvertrages.

7 **Gesellschaftsrechtlich** ist die entspr. Anwendung des § 307 AktG auf die GmbH umstritten (s. A. 10.00 Rz. 368). Hält man § 307 AktG bei einer GmbH für entspr. anwendbar, so endet der Gewinnabführungsvertrag spätestens zum Ende des Geschäftsjahres, in dem ein außenstehender Gesellschafter beteiligt ist. Hält man § 307 AktG hingegen nicht für entsprechend anwendbar, so kann eine Vertragsbeendigung per Aufhebung oder nach Maßgabe der Regelungen des Gewinnabführungsvertrags erfolgen. In letzterem Fall ist es denkbar, dass der Gewinnabführungsvertrag im Falle eines Beitritts außenstehender Gesellschafter **(a)** eine entsprechende Anwendung des § 307 AktG anordnet oder **(b)** eine außerordentliche Kündigung aus wichtigem Grund vorsieht. Im Fall (a) kommt es mit Ablauf des Jahres des Beitritts der außenstehenden Gesellschafter automatisch zu einer vertraglichen Beendigung des Gewinnabführungsvertrags. Im Fall (b) wird der Gewinnabführungsvertrag nur beendet, wenn die entspr. Kündigung ausgesprochen wird.

8 Kommt es im Falle des Beitritts außenstehender Gesellschafter zu einer Beendigung des Gewinnabführungsvertrags innerhalb der Fünfjahresfrist des § 14 Abs. 1 Satz 1 Nr. 3 Satz 1 KStG (vgl. hierzu A. 10.00 Rz. 351 ff.), so stellt sich **ertragsteuerlich** die Frage, ob es zu einem rückwirkenden Wegfall der Organschaft von Anfang an oder nur zu einem Wegfall der ertragsteuerlichen Organschaft ab dem Jahr der Vertragsbeendigung kommt (vgl. auch A. 10.00 Rz. 363 ff.). Teile des Schrifttums verneinen einen retroaktiven Wegfall der ertragsteuerlichen Organschaft von Anfang an in diesem Zusammenhang nur dann, wenn eine Vertragsbeendigung gemäß § 307 AktG in dem Gewinnabführungsvertrag vereinbart ist, da nur dann ein wichtiger Grund vorläge (vgl. A. 10.00 Rz. 368). Allerdings lässt das Schrifttum die Frage offen, ob der Vertrag hierfür eine entsprechende Anwendung des § 307 AktG oder nur eine entspr. Kündigungsmöglichkeit (s. Rz. 7 Fälle (a) und (b)) vorsehen muss. Die Qualifikation als **„wichtiger Grund"** bietet hierfür keine hinreichende Klarheit, da dieser nicht nur für die Vertragsbeendigung im Wege der Kündigung gefordert wird (vgl. A. 10.00 Rz. 363).

9 Das Vertragsmuster ordnet den Beitritt außenstehender Gesellschafter als wichtigen Grund zur außerordentlichen Kündigung des Gewinnabführungsvertrags ein (Rz. 7 Fall (b)). Dies sollte vor dem Hintergrund, dass der wichtige Grund neben der Kündigung (§ 14 Abs. 1 Satz 1 Nr. 3 Satz 2 KStG) auch für eine Vertragsbeendigung qua Gesetz diskutiert wird (vgl. A. 10.00 Rz. 367 f.) auch im Hinblick auf die vorstehende Schrifttumsauffassung als ausreichend zu qualifizieren sein. Eine gewisse **Rechtsunsicherheit** verbleibt allerdings, womit je nach Bedeutung der Organschaft für den zu entscheidenden Fall vor einer Vertragsbeendigung eine Klärung der ertragsteuerlichen Folgen des Beitritts außenstehender Gesellschafter mit der FinVerw. im Rahmen einer **verbindlichen Auskunft** versucht werden sollte. Die Bezugnahme auf § 307 AktG sollte uE selbst in dem Fall nicht organschaftsschädlich sein, in dem in dem Beitritt außenstehender Gesellschafter – uE unzutreffend – kein wichtiger Grund iSd. § 14 Abs. 1 Satz 1 Nr. 3 Satz 2 KStG gesehen wird (s. auch A. 10.00 Rz. 364 und Rz. 366).

Zu § 5 Schlussbestimmungen

10 Die salvatorische Klausel in **§ 5 Abs. 1** des Musters entspricht derjenigen im Formular für AG unter A. 10.01 § 7 Satz 1 bis 3.

§ 5 Abs. 2 Satz 1 des Musters entspricht der Auslegungsregel im Formular für AG unter A. 10.01 § 7 Satz 4, wobei jedoch im letzten Satz für die Auslegung zusätzlich auch auf die Vorgaben des § 17 KStG verwiesen wird. Dies ist zB vor dem Hintergrund der Diskussion bzgl. § 17 Abs. 1 Satz 2 Nr. 2 KStG von Bedeutung (vgl. A. 10.00 Rz. 230ff. und oben Rz. 5). **§ 5 Abs. 2 Satz 2** des Musters enthält eine besondere Auslegungsregelung, wonach der dynamische Verweis auf § 302 AktG im Zweifel einer anderen der Dynamik entgegenstehenden Vertragsbestimmung vorgeht. Dies soll klarstellen, dass die Dynamik immer Vorrang hat und somit auch sämtliche künftig denkbaren Änderungen des § 302 AktG von § 3 des Musters erfasst werden. Eine solche Regelung ist zwar unseres Erachtens nicht notwendig (vgl. *Stangl/Brühl* DB 13, 538, 540), dennoch wird sie rein vorsorglich in das Muster aufgenommen (vgl. auch Rz. 5). 11

A. 10.03 Gewinnabführungsvertrag mit GmbH

Gliederung

I. FORMULAR

Formular A. 10.03 Gewinnabführungsvertrag mit GmbH

GEWINNABFÜHRUNGSVERTRAG

zwischen

M-AG, Bonn (AG Bonn, HRB 1234) **– nachfolgend M genannt –**

und

T-GmbH, Bonn (AG Bonn, HRB 2345) **– nachfolgend T genannt –**

§ 1 Gewinnabführung

(1) Die T verpflichtet sich, ihren ganzen Gewinn entsprechend allen Vorschriften des § 301 AktG in seiner jeweils gültigen Fassung an die M abzuführen.

(2) Während der Dauer dieses Vertrages gebildete andere Gewinnrücklagen sind auf Verlangen der M von der T aufzulösen und als Gewinn abzuführen.

(3) Die T kann mit Zustimmung der M Beträge aus dem Jahresüberschuss insoweit in die Gewinnrücklagen (§ 272 Abs. 3 HGB) einstellen, als dies handelsrechtlich zulässig und bei vernünftiger kaufmännischer Beurteilung wirtschaftlich begründet ist.

(4) Der Anspruch auf Gewinnabführung entsteht zum Ende des Geschäftsjahres der T. Er ist mit Wertstellung zu diesem Zeitpunkt fällig.

§ 2 Verlustübernahme

Die Vorschriften des § 302 AktG in seiner jeweils gültigen Fassung gelten entsprechend.

§ 3 Wirksamwerden und Dauer

(1) Der Vertrag wird mit seiner Eintragung in das Handelsregister der T wirksam. Der Vertrag gilt rückwirkend ab dem Beginn des Geschäftsjahres der T, in dem dieser Vertrag in das Handelsregister der T eingetragen wird.

(2) Der Vertrag wird für fünf Zeitjahre, gerechnet ab dem Beginn seiner Geltung nach Abs. 1 Satz 2 fest geschlossen. Sofern diese fünf Zeitjahre während eines laufenden Geschäftsjahres der T enden, verlängert sich die Mindestvertragsdauer nach Satz 1 bis zum Ablauf dieses Geschäftsjahres. Der Vertrag setzt sich danach auf unbestimmte Zeit fort, sofern er nicht unter Beachtung der vorstehenden Mindestvertragsdauer mit einer Frist von einem Monat schriftlich gekündigt wird.

(3) Darüber hinaus kann der Vertrag bei Vorliegen eines wichtigen Grundes ohne Einhaltung einer Kündigungsfrist schriftlich gekündigt werden. Ein wichtiger Grund liegt insbesondere auch dann vor, wenn die M nicht mehr mit der Mehrheit der Stimmrechte an der T beteiligt ist, die M die Anteile an der T veräußert oder einbringt, die M oder die T verschmolzen, gespalten oder liquidiert wird oder an der T iSd. § 307 AktG erstmals ein außenstehender Gesellschafter beteiligt wird.

§ 4 Schlussbestimmung

(1) Sollten einzelne oder mehrere Bestimmungen dieses Vertrages unwirksam oder undurchführbar sein oder werden oder dieser Vertrag eine oder mehrere Regelungslücken enthalten, wird hierdurch die Gültigkeit der übrigen Bestimmungen dieses Vertrages nicht berührt. Statt der unwirksamen oder undurchführbaren Bestimmung soll eine Bestimmung gelten, die dem wirtschaftlichen Ergebnis der unwirksamen oder undurchführbaren Bestimmung in zulässiger Weise am nächsten kommt. Statt der lückenhaften Regelung soll eine Regelung gelten, die von den Parteien im Hinblick auf ihre wirtschaftliche Absicht getroffen worden wäre, wenn sie die Regelungslücke erkannt hätten.

(2) Bei der Auslegung einzelner Bestimmungen dieses Vertrages sind die Vorgaben der §§ 14 und 17 KStG in ihrer jeweils geltenden Fassung bzw. gegebenenfalls die entsprechenden Nachfolgereglungen zu beachten. Soweit einzelne Bestimmungen dieses Vertrages mit § 2 in Konflikt stehen sollten, geht § 2 diesen Bestimmungen vor.

Bonn, den ....

Für die M-AG:	**Für die T-GmbH:**
....	....
Vorstand	**Geschäftsführer**

II. ERLÄUTERUNGEN

Erläuterungen zu A. 10.03 Gewinnabführungsvertrag mit GmbH

1. Grundsätzliche Anmerkungen

1 Das Formular betrifft einen isolierten Gewinnabführungsvertrag (ohne gleichzeitige Beherrschungsabrede) zwischen der M-AG als Organträger und ihrer **100%-Tochter** T-GmbH als Organgesellschaft. Schon deshalb enthält das Vertragsmuster keine Ausgleichs- oder Abfindungsregelungen. Die M-AG ist eine Einmann-AG, weshalb auch bei ihr auf einen Vertragsbericht verzichtet werden kann; eine Prüfung durch einen

gerichtlich bestellten Vertragsprüfer entfällt bereits wegen des 100%igen Mutter-Tochterverhältnisses (§ 293b Abs. 1 Hs. 2 AktG). Beide Zustimmungsbeschlüsse sind hier notariell zu beurkunden: Bei der Organgesellschaft als Satzungsänderung, beim Organträger dagegen aufgrund der Rechtsform „AG". Anzumelden und einzutragen ist der Vertrag nur bei dem Handelsregister der Organgesellschaft.

S. zur ertragsteuerlichen Organschaft allgemein zunächst die Erläuterungen unter A. 10.00 Rz. 1ff.

2. Einzelerläuterungen

Zu § 1 Gewinnabführung

Die Gewinnabführungsabrede entspricht derjenigen im Formular unter A. 10.02 § 2. Auf die dortigen GmbH-spezifischen Erläuterungen unter A. 10.02 Rz. 3f. sowie auf die grundsätzlichen Erläuterungen unter A. 10.00 Rz. 170 ff. wird verwiesen. 2

Zu § 2 Verlustübernahme

Die Regelung zur Verlustübernahme entspricht wörtlich derjenigen im Formular unter A. 10.02 § 3. Während sie bei der AG nur klarstellend ist, ist sie für die steuerliche Anerkennung eines Gewinnabführungsvertrages mit einer GmbH nach Ansicht von BFH und Finanzverwaltung **zwingend erforderlich**. Vgl. hierzu A. 10.00 Rz. 230ff. Die Musterformulierung erfolgt nach dem einfachen Konzept der schlichten Wiedergabe des Wortlauts des § 17 Abs. 1Satz 2 Nr. 2 KStG unter Verweis auf § 302 AktG zuzüglich Dynamisierung. Dies ist für nach dem 26.2.13 abgeschlossene Verträge das nach hM sicherste Vorgehen (vgl. A. 10.00 Rz. 239 und A. 10.02 Rz. 5). 3

Zu § 3 Wirksamwerden und Dauer

Die Regelung entspricht weitgehend derjenigen im Formular unter A. 10.02 § 4. Abs. 1 Satz 1 ist lediglich klarstellend (§ 294 AktG analog bzw. § 54 GmbHG). Satz 2 trägt der Tatsache Rechnung, dass eine Rückwirkung im Hinblick auf die Gewinnabführung zivilrechtlich und steuerlich möglich ist: Das Einkommen der Organgesellschaft ist dem Organträger erstmals für das Kalenderjahr zuzurechnen, in dem das Wirtschaftsjahr der Organgesellschaft endet, in dem der Gewinnabführungsvertrag wirksam wird, § 14 Abs. 1 Satz 2 KStG (vgl. hierzu aus gesellschaftsrechtlicher Sicht A. 10.00 Rz. 143). Die variable Formulierung berücksichtigt, dass sich die Eintragung des Unternehmensvertrages in das Handelsregister evtl. verzögern könnte und deshalb nicht mit festen Jahreszahlen gearbeitet werden sollte, was v.a. unter steuerlichen Gesichtspunkten im Hinblick auf die Fünfjahresfrist des § 14 Abs. 1 Satz 1 Nr. 3 Satz 1 KStG von Bedeutung ist (vgl. A. 10.00 Rz. 354). Satz 2 verhindert, dass die Mindestlaufzeit evtl. organschaftsschädlich während eines laufenden Wirtschaftsjahres endet (vgl. zu der entsprechenden Diskussion A. 10.00 Rz. 355 und die dortigen Hinweise auf die neue BFH-Rechtsprechung; s. auch A. 10.01 Rz. 24). 4

Abs. 2 entspricht der Regelung im Formular unter A. 10.01 § 6 Abs. 2. Auf die entsprechenden Erläuterungen zu A. 10.01 Rz. 24 wird verwiesen. 5

Für Abs. 3 wird auf A. 10.01 Rz. 26 verwiesen.

Zu § 4 Schlussbestimmung

Die Schlussbestimmung entspricht derjenigen im Formular unter A. 10.02 § 5. 6

A. 10.04 Beherrschungsvertrag mit GmbH

Gliederung

I. FORMULAR

Formular A. 10.04 Beherrschungsvertrag mit GmbH

BEHERRSCHUNGSVERTRAG

zwischen

M-GmbH, Bonn (AG Bonn, HRB 1234) – nachfolgend M genannt –

und

T-GmbH, Bonn (AG Bonn, HRB 2345) – nachfolgend T genannt –

§ 1 Beherrschung

Die T unterstellt die Leitung ihrer Gesellschaft der M. Die M ist demgemäß berechtigt, der Geschäftsführung der T hinsichtlich der Leitung der Gesellschaft Weisungen zu erteilen. Unbeschadet des Weisungsrechts obliegt die Geschäftsführung und die Vertretung der T weiterhin den Geschäftsführern der T.

§ 2 Verlustübernahme

Die Vorschriften des § 302 AktG in seiner jeweils gültigen Fassung gelten entsprechend.

§ 3 Wirksamwerden und Dauer

(1) Der Vertrag wird mit seiner Eintragung in das Handelsregister der T wirksam. Der Vertrag gilt bezüglich § 1 für die Zeit ab Eintragung dieses Vertrages in das Handelsregister der T und im Übrigen rückwirkend ab dem Beginn des Geschäftsjahres der T, in dem dieser Vertrag in das Handelsregister der T eingetragen wird.

(2) Der Vertrag ist auf unbestimmte Zeit geschlossen. Er kann ordentlich mit einer Frist von einem Monat zum Ende eines jeden Geschäftsjahres der T schriftlich gekündigt werden.

(3) Darüber hinaus kann der Vertrag bei Vorliegen eines wichtigen Grundes ohne Einhaltung einer Kündigungsfrist schriftlich gekündigt werden. Ein wichtiger Grund liegt insbesondere auch dann vor, wenn die M nicht mehr mit der Mehrheit der Stimmrechte an der T beteiligt ist, die M die Anteile an der T veräußert oder einbringt oder die M oder die T verschmolzen, gespalten oder liquidiert wird oder an der T iSd. § 307 AktG erstmals ein außen stehender Gesellschafter beteiligt wird.

§ 4 Salvatorische Klausel

Sollten einzelne oder mehrere Bestimmungen dieses Vertrages unwirksam oder undurchführbar sein oder werden oder dieser Vertrag eine oder mehrere Regelungs-

lücken enthalten, wird hierdurch die Gültigkeit der übrigen Bestimmungen dieses Vertrages nicht berührt. Statt der unwirksamen oder undurchführbaren Bestimmung soll eine Bestimmung gelten, die dem wirtschaftlichen Ergebnis der unwirksamen oder undurchführbaren Bestimmung in zulässiger Weise am nächsten kommt. Statt der lückenhaften Regelung soll eine Regelung gelten, die von den Parteien im Hinblick auf ihre wirtschaftliche Absicht getroffen worden wäre, wenn sie die Regelungslücke erkannt hätten.

II. ERLÄUTERUNGEN

Erläuterungen zu A. 10.04 Beherrschungsvertrag mit GmbH

1. Grundsätzliche Anmerkungen

Das Formular betrifft einen reinen Beherrschungsvertrag mit einer 100%igen Tochter-GmbH. Schon deshalb enthält das Vertragsmuster keine Ausgleichs- oder Abfindungsregelungen. Die Mutter-GmbH und ihre Gesellschafter können auf einen evtl. entsprechend § 293a AktG erforderlichen Vertragsbericht verzichten; eine etwaige Vertragsprüfung entfällt bereits entsprechend § 293b Abs. 1 AktG. Der Zustimungsbeschluss kann bei der Mutter-GmbH privatschriftlich gefasst werden, bei der Tochter-GmbH ist er als Satzungsänderung zu beurkunden. Anzumelden und einzutragen ist der Vertrag nur bei dem Handelsregister der Tochter-GmbH. 1

Der Beherrschungsvertrag gemäß § 291 Abs. 1 Satz 1, 1. Alt. AktG dient der **Konzernsteuerung** (A. 10.00 Rz. 40ff.). Mit einer abhängigen GmbH wird er isoliert nur selten abgeschlossen, weil hier die Geschäftsführer bereits kraft Gesetzes an Weisungen der Gesellschafterversammlung gebunden sind (§ 37 Abs. 1 GmbHG). Jedoch kann der Beherrschungsvertrag zumindest in der **mehrgliedrigen GmbH** organisatorische Vorteile bieten, da es für die Ausübung des Weisungsrechtes nicht mehr des Umwegs über die Gesellschafterversammlung bedarf (*Keßler* Handbuch des GmbH-Konzerns, 2004 Rz. A 84) und die Beherrschungsabrede insbesondere auch *nachteilige* Weisungen erlaubt (§ 308 AktG). Ferner befreit das Bestehen eines Beherrschungsvertrages von der Beachtung der Kapitalerhaltungsvorschriften (§ 30 Abs. 1 Satz 2 GmbHG; näher *Winter* DStR 07, 1484, 1489ff.). Zu mitbestimmungsrechtlichen Konsequenzen (§ 2 Abs. 2 DrittelbG) vgl. A. 10.00 Rz. 42. 2

Vgl. **zivilrechtlich** A. 10.00 Rz. 104ff. zum Abschluss von Unternehmensverträgen sowie A. 10.00 Rz. 51ff. zu den GmbH-spezifischen Besonderheiten, insbesondere zur analogen Anwendbarkeit der §§ 291ff. AktG auf die GmbH. 3

Steuerlich hat der Beherrschungsvertrag für die Anerkennung einer körperschaft- und gewerbesteuerlichen Organschaft keine Bedeutung. Ohne einen Gewinnabführungsvertrag entsteht kein ertragsteuerliches Organschaftsverhältnis, und die mit einem Gewinnabführungsvertrag verbundenen steuerlichen Vorgaben spielen beim reinen Beherrschungsvertrag keine Rolle. Damit ist die mit dem isolierten Beherrschungsvertrag dennoch verbundene Verlustübernahme nach § 302 AktG analog nach allgemeinen ertragsteuerlichen Grundsätzen zu behandeln. Besteht zwischen Ober- und Untergesellschaft kein Beteiligungsverhältnis, so soll der Verlustausgleich auf der Ebene der Obergesellschaft eine steuerlich sofort abzugsfähige Betriebsausgabe sein (*H/H/R/Rosenberg* § 5 EStG Rz. 1386). Ist die Obergesellschaft hingegen an der Untergesellschaft beteiligt, so ist die Verlustübernahme ertragsteuerlich zumindest grundsätzlich als **(verdeckte) Einlage** der Ober- in die Untergesellschaft zu behandeln (*H/H/R/Rosenberg* § 5 EStG Rz. 1386, der eine Ausnahme hiervon bejaht, wenn der Verlustausgleich einem Fremdvergleich standhält). Der isolierte Beherrschungsvertrag 4 kann nach zutreffender Ansicht der Finanzverwaltung zur Herstellung bzw. Absicherung einer organisatorischen Eingliederung im Hinblick auf die **umsatzsteuerliche Organschaft** dienen (UStAE 2.8 Abs. 10 Satz 4 und 5).

2. Einzelerläuterungen

Zu § 1 Beherrschung

5 Die Beherrschungsabrede entspricht derjenigen in Formular A. 10.01, § 1. An die Stelle des „Vorstands" tritt die „Geschäftsführung"; im Übrigen sind Änderungen für die GmbH nicht veranlasst. Auf die Erläuterungen zu A. 10.01 Rz. 2ff. wird verwiesen.

Zu § 2 Verlustübernahme

6 Die Regelung zur Verlustübernahme entspricht wörtlich derjenigen in Formular A. 10.01, § 3. Zivilrechtlich ist sie nicht zwingend erforderlich, da die Verlustübernahmepflicht unlösbar mit dem Abschluss des Unternehmensvertrages verbunden ist (heute allgem. Meinung, zB BGH II ZB 7/88 v. 24.10.88, BGHZ 105, 324, 334 „Supermarkt"), auch ohne ausdrückliche Regelung. Auch die steuerlichen Vorgaben des § 17 Satz 2 Nr. 2 KStG betreffen nur den Gewinnabführungsvertrag, nicht auch den isolierten Beherrschungsvertrag. Ertragsteuerlich führt die Verlustübernahme zu einer (verdeckten) Einlage (vgl. Rz. 4).

Zu § 3 Wirksamwerden und Dauer

7 Die Regelung entspricht weitgehend derjenigen in Formular A. 10.01, § 6. Es wird daher zunächst auf die Erläuterungen zu A. 10.01 Rz. 23ff. verwiesen.

Das herrschende Unternehmen muss sämtliche Verluste übernehmen, die in den „Jahresfehlbetrag" eingehen, bei unterjährigem Beginn damit auch vorvertragliche Verluste des laufenden Jahres. Dies gilt schon deshalb, weil sich vor- und nachvertragliche Verluste ohne weitere Vorkehrungen nicht abgrenzen lassen (*Kölner Komm./Koppensteiner* § 302 Rz. 28; *Schmidt/Lutter*, 2. Aufl. 2010, § 302 AktG Rz. 33: typisierte Vertragsauslegung). Das herrschende Unternehmen kann sich dem entziehen, indem es die abhängige Gesellschaft veranlasst, bis zum Stichtag des Inkrafttretens des Beherrschungsvertrages ein **Rumpfgeschäftsjahr** zu bilden. Verlangt wird insoweit nicht durchgehend die Änderung des satzungsmäßigen Geschäftsjahres, ggf genügt bereits die Erstellung einer Zwischenbilanz (*MünchKomm AktG/Altmeppen* § 302 Rz. 21; *Schmidt/Lutter*, 2. Aufl. 2010, § 302 AktG Rz. 34 unter Hinweis auf § 296 Abs. 1 Satz 1 AktG, „sonst vertraglich bestimmter Abrechnungszeitraum"). Zulässig wäre auch die Vereinbarung eines **späteren Anfangstermins**, damit ein Inkrafttreten zum Beginn des nachfolgenden Geschäftsjahres (*Hüffer* § 294 Rz. 18).

Da die fünfjährige Mindestfrist des § 14 Abs. 1 Satz 1 Nr. 3 Satz 1 KStG für den isolierten Beherrschungsvertrag keine Rolle spielt, erlaubt Abs. 2 Satz 2 des Formulars die Kündigung zum Ende eines jeden Geschäftsjahres.

Zu § 4 Salvatorische Klausel

8 Die salvatorische Klausel entspricht derjenigen in Formular A. 10.02 § 5 Abs. 1. § 5 Abs. 2 mit dem Hinweis auf die nur für die ertragsteuerliche Organschaft bedeutsamen Vorgaben der §§ 14 und 17 KStG und des Dynamisierungsvorrangs entfällt.

A. 10.05 Teilgewinnabführungsvertrag mit AG

Gliederung

I. FORMULAR

Formular A. 10.05 Teilgewinnabführungsvertrag mit AG

TEILGEWINNABFÜHRUNGSVERTRAG

zwischen

der A-AG

vertreten durch ......

und

der B-GmbH

vertreten durch ......

§ 1 Gewinnabführung

(1) Die A-AG verpflichtet sich, die Hälfte ihres Jahresgewinns an die B-GmbH abzuführen.

(2) Der Jahresgewinn der A-AG ist nach den Grundsätzen ordnungsmäßiger Buchführung und den handelsrechtlichen Vorschriften über die Gewinnermittlung unter Beachtung der Vorschriften der §§ 301, 300 Nr. 2 AktG zu ermitteln.

(3) Die B-GmbH ist berechtigt, bei der Erstellung der Bilanz der A-AG mitzuwirken, um die Einhaltung der o.a. Grundsätze zu sichern.

§ 2 Fälligkeit

Der Anspruch der B-GmbH auf die Abführung des Teilgewinns entsteht mit dem Tage, an dem die Hauptversammlung der A-AG den Jahresabschluss feststellt.

§ 3 Entgelt

Die B-GmbH verpflichtet sich, an die A-AG ein jährliches festes Entgelt in Höhe von ...... € zu entrichten. Das Entgelt wird fällig an dem Tage, an dem die Hauptversammlung der A-AG den Jahresabschluss feststellt.

§ 4 Vertragsdauer

Dieser Vertrag ist erstmals für das Geschäftsjahr ...... anzuwenden. Er wird auf unbestimmte Zeit geschlossen. Der Vertrag kann von beiden Seiten mit einer Frist von einem halben Jahr zum Ablauf eines jeden Jahres schriftlich gekündigt werden.

§ 5 Schlussvorschriften

Sollten einzelne oder mehrere Bestimmungen dieses Vertrages unwirksam oder undurchführbar sein oder werden oder sollte dieser Vertrag eine oder mehrere Rege-

lungslücken enthalten, wird hierdurch die Gültigkeit der übrigen Bestimmungen dieses Vertrages nicht berührt. Statt der unwirksamen oder undurchführbaren Bestimmung soll eine Bestimmung gelten, die dem wirtschaftlichen Ergebnis der unwirksamen oder undurchführbaren Bestimmung in zulässiger Weise am nächsten kommt. Statt der lückenhaften Regelung soll eine Regelung gelten, die von den Parteien im Hinblick auf ihre wirtschaftliche Absicht getroffen worden wäre, wenn sie die Regelungslücke erkannt hätten.

II. ERLÄUTERUNGEN

Erläuterungen zu A. 10.04 Teilgewinnabführungsvertrag mit AG

Schrifttum: *Berninger* Errichtung einer stillen Gesellschaft an einer Tochter-AG, DB 04, 297; *Böhmer,* Die deutsche Besteuerung grenzüberschreitender Unternehmensverträge, 1991; *Habersack* Festvergütung des stillen Gesellschafters – ein Problem des § 301 AktG? in: FS Happ, 2006, S. 49; *Reuter* Die Besteuerung der verbundenen Unternehmen, S. 210 ff., 355 ff.; *Rubel* Konzerneinbindung einer UG (haftungsbeschränkt) durch Gewinnabführungsverträge, GmbHR 10, 470; *Schulte/Waechter,* Atypische stille Beteiligungen und § 294 AktG – neue Fassung, alte Probleme?, GmbHR 02, 189.

1. Wirtschaftliche Vertragsziele

1 Durch den Teilgewinnabführungsvertrag soll ein anderer den Gewinn eines Unternehmens (nicht zur Gänze, dann liegt ein Gewinnabführungsvertrag vor) sondern (nur) zu einem Teil erhalten. Einzelzwecke können sein: beim abführenden Unternehmen Risikominderung und Verstetigung des eigenen Einkommens, wenn der andere ein festes Entgelt zahlt; beim anderen die Teilhabe an der fremden Gewinnchance. Teilgewinnabführungsverträge können auch der Beteiligung der gesamten Arbeitnehmerschaft am Unternehmensgewinn dienen. Die Teilgewinnabführung kann auch die Gegenleistung für die Inanspruchnahme von Finanzierungsmitteln darstellen (partiarisches Darlehen). In der Rechtswirklichkeit kommen Teilgewinnabführungsverträge fast nur als stille Beteiligung vor.

2. Zivilrecht

2 § 292 Abs. 1 Nr. 2 AktG zählt den Teilgewinnabführungsvertrag zu den („anderen") Unternehmensverträgen (vgl. A. 10.00 Rz. 107). **Inhalt des Vertrages** ist, dass sich ein Unternehmen verpflichtet, einen Teil seines Gewinns oder den Gewinn einzelner seiner Betriebe ganz oder zum Teil an einen anderen abzuführen. Obwohl unter diese Definition fallend, sind Gewinnbeteiligungsverträge mit Vorstands-, Aufsichtsratsmitgliedern oder einzelnen Arbeitnehmern (Tantiemeverträge) sowie Gewinnbeteiligungen im Rahmen von Verträgen des laufenden Geschäftsverkehrs oder Lizenzverträgen keine Teilgewinnabführungsverträge (§ 292 Abs. 2 AktG). Eine Gewinnbeteiligung der gesamten Belegschaft ist dagegen Teilgewinnabführung im o.a. Sinne (*Emmerich/Habersack* § 292 Rz. 34). Nach einhelliger Auffassung sind **stille Beteiligungen** an einer AG konzernrechtlich als Teilgewinnabführungsvertrag gem. § 292 Abs. 1 Nr. 2 AktG anzusehen (BGH II ZR 123/05 v. 8.5.06, BB 06, 1405; BGH II ZR 109/02 v. 21.7.03, DStR 03, 2031). Dies gilt auch bei atypisch stillen Beteiligungen (*Hüffer* § 292 AktG Rz. 15).

3 Kennzeichnendes Merkmal ist die Abführung des **Periodengewinns,** entweder des ganzen Unternehmens oder eines seiner Betriebe, nicht des Gewinns aus einem oder mehreren Geschäften (dann liegt ein Metageschäft vor, vgl. Formular A. 7.01). Entgeltlichkeit ist zwar kein zwingendes Merkmal (hM, etwa *Hüffer* § 292 AktG Rz. 14;

aA *Spindler/Stilz/Veil* § 292 Rz. 18ff.); gegenüber Fremden wird Unentgeltlichkeit aber praktisch nicht vorkommen.

Eine **Aktiengesellschaft** oder KGaA darf einen Teilgewinnabführungsvertrag mit einem Aktionär nur schließen, wenn der Vertrag für die Gesellschaft eine angemessene Gegenleistung vorsieht. Sonst ist, wenn die Gesellschaft von dem Aktionär abhängig ist, gemäß § 311 AktG Nachteilsausgleich bzw. gemäß §§ 317, 318 AktG Schadensersatz zu leisten. Im Übrigen sind die §§ 57, 58 und 60 AktG anwendbar; sie führen bei Fehlen einer angemessenen Gegenleistung zur Nichtigkeit des Teilgewinnabführungsvertrages (§ 134 BGB; vgl. OLG Düsseldorf 17 U 201/95 v. 12.7.96, AG 96, 473; *Münch Hdb GesR Bd. 4/Krieger* § 72 Rz. 23). 4

Bei der abführenden Aktiengesellschaft bedarf der Vertrag als („anderer") Unternehmensvertrag der Zustimmung der Hauptversammlung mit einer 3/4 Mehrheit gem. § 293 Abs. 1 Satz 2 AktG sowie der Eintragung im Handelsregister gem. § 294 AktG, wobei der Gesetzgeber im Falle einer Vielzahl von Eintragungen von stillen Anlegern ein vereinfachtes Handelsregisterverfahren in § 294 Abs. 1 Satz 1 2. Halbs. AktG eingeführt hat (*Schulte/Waechter* GmbHR 02, 189). Ist über mehrere stille Beteiligungen auf einer Hauptversammlung abzustimmen, so ist eine sog. Blockabstimmung zulässig, wenn sie sachlich zusammenhängen (BGH II ZR 109/02 v. 21.7.03, DStR 03, 2031). Das OLG München hat zudem eine Berichtspflicht des Vorstands nach § 293a Abs. 1 AktG bejaht (OLG München 5 HKO 13585/09 v. 5.11.09, ZIP 10, 522 zu einem stillen Beteiligungsvertrag). 5

Die Teilgewinnabführung verpflichtet weder zur **Verlustübernahme** noch zur Leistung eines angemessenen **Ausgleichs** und einer angemessenen Abfindung an außenstehende Aktionäre. Durch Abschluss eines Teilgewinnabführungsvertrages können folglich die – mit einer Abführung des ganzen Gewinns zwingend verbundenen – Rechtsfolgen der §§ 302ff. AktG vermieden werden; dies allerdings um den Preis der fehlenden körperschaft- und gewerbesteuerlichen Organschaft (s. Rz. 10, 13). 6

Außer AG und KGaA können sich auch Unternehmen anderer Rechtsform zur Teilgewinnabführung verpflichten, insbesondere die **GmbH** (vgl. *Scholz/Emmerich* Anhang § 13 Rz. 214; *MünchKommGmbHG/Liebscher* § 292 Rz. 679) und die **UG (haftungsbeschränkt)** – wobei für letztere streitig ist, ob das Thesaurierungsgebot in § 5a Abs. 3 Satz 1 GmbHG eine Abführung des ganzen Gewinns iSd. § 291 AktG überhaupt zuließe (*Rubel* GmbHR 10, 470, vgl. hierzu A. 10.00 Rz. 113). Offen ist auch, ob der Abschluss eines Teilgewinnabführungsvertrages mit einer GmbH bereits von der Vertretungsmacht der Geschäftsführer gedeckt ist (§ 37 Abs. 2 GmbHG) oder aber der Zustimmung der Gesellschafterversammlung bedarf, ggf. qualifiziert (analog § 293 Abs. 1 AktG oder §§ 53, 54 GmbHG) oder – bei Fehlen einer angemessenen Gegenleistung – sogar einstimmig (§ 33 Abs. 1 Satz 2 BGB; vgl. *Scholz/Emmerich* aaO Rz. 215). Jedenfalls bedarf ein Teilgewinnabführungsvertrag mit einer abführenden GmbH zu seiner Wirksamkeit nicht der Eintragung in das Handelsregister; er soll auch nicht eintragungsfähig sein (BayObLG 3Z BR 233/02 v. 18.2.03, DStR 03, 1218; OLG München 31 Wx 68/11 v. 17.3.11, DB 11, 1912). 7

Der **empfangende Vertragsteil** braucht kein Unternehmen, sondern kann eine sonstige Person oder ein Personenzusammenschluss sein. Auch Teilgewinnabführungsverträge mit ausländischen Partnern sind grundsätzlich möglich. Zur Anwendung der §§ 292ff. AktG muss die abführende AG oder KGaA ihren Sitz im Inland haben (*Kölner Komm./Koppensteiner* § 292 Rz. 4). 8

(frei) 9

3. Steuerrecht

Die **einkommensteuer-/körperschaftsteuerliche** Behandlung des Teilgewinnabführungsvertrages ist unsicher. Anerkannt ist lediglich, dass ein Teilgewinnabfüh- 10 rungsvertrag nicht die Voraussetzungen der körperschaftsteuerlichen Organschaft gemäß § 14 KStG erfüllt (*E&Y/Walter* § 14 KStG Rz. 584), weil sich die organschaftlichen Rechtsfolgen nur für Verträge ergeben, die auf die Abführung des ganzen Gewinns gerichtet sind. Ein Teilgewinnabführungsvertrag mit einem Gesellschafter wird zum Teil als „verunglückte Organschaft" gewertet (*Knepper* BB 82, 2064; zu den Folgen *Gonella/Starke* DB 96, 248). Klar ist, dass die Parteien des Vertrages **selbstständige Steuerrechtssubjekte** bleiben. Sie bilden keine Mitunternehmerschaft. Ausnahme: Atypische stille Gesellschaft (= Mitunternehmerschaft), wenn man die stille Gesellschaft als Teilgewinnabführung ansieht (vgl. hierzu A. 10.00 Rz. 179).

11 Im Hinblick auf seinen schuldrechtlichen Charakter ist der Teilgewinnabführungsvertrag uE auch steuerlich anzuerkennen, woraus folgt: Der abgeführte Gewinnanteil mindert als Betriebsausgabe den Gewinn des abführenden Unternehmens (wenn man in der stillen Gesellschaft einen Teilgewinnabführungsvertrag sieht, ist das für die typische stille Gesellschaft auch steuerlich seit jeher anerkannt). Das empfangende Unternehmen vereinnahmt eine gewinnerhöhende Betriebseinnahme. Wenn die Teilgewinnabführung an die gesamte Belegschaft des Unternehmens geht, begründet sie bei den Arbeitnehmern Einkünfte aus nichtselbstständiger Arbeit. Soweit die Gegenleistung für die Teilgewinnabführung in Geld oder geldeswerten Gütern besteht, erhöht sie als Betriebseinnahme den Gewinn des abführenden Unternehmens.

Im Verhältnis zu **nahe stehenden Unternehmen** ist die Angemessenheit von Gewinnabführung und Entgelt zu prüfen. Bei Unangemessenheit liegt eine verdeckte Gewinnausschüttung bzw. eine verdeckte Einlage vor.

12 Im Hinblick auf die für die ESt/KSt ungesicherte steuerliche Rechtslage beim Teilgewinnabführungsvertrag empfiehlt sich die Einholung einer **verbindlichen Auskunft** über die steuerliche Beurteilung beim zuständigen Finanzamt (§ 89 Abs. 2 AO).

13 Bei der **Gewerbesteuer** ergeben sich keine Besonderheiten außer bei stiller Gesellschaft, für die § 8 Nr. 1c GewStG gilt. § 2 Abs. 2 Satz 2 GewStG (gewerbesteuerliche Organschaft) greift mangels Vorliegen der körperschaftsteuerlichen Organschaft nicht ein.

A. 10.06 Betriebsführungsvertrag

Gliederung

I. FORMULAR

Formular A. 10.06 Betriebsführungsvertrag

BETRIEBSFÜHRUNGSVERTRAG

zwischen

A GmbH – nachfolgend „Betriebseigentümerin" –

und

A GmbH – nachfolgend „Betriebsführerin" –

Präambel

Die Betriebseigentümerin befasst sich mit der Herstellung von .... Dieser Bereich soll innerhalb der Unternehmensgruppe bei der B GmbH konzentriert werden. Zu diesem Zweck schließt die Betriebseigentümerin mit der B GmbH als Betriebsführerin diesen Betriebsführungsvertrag ab.

§ 1 Definition des zu führenden Betriebs

Zu führen ist der gesamte Betrieb der Betriebseigentümerin. Dieser besteht aus den nachfolgend genannten Teilbereichen (nachfolgend der „zu führende Betrieb"):

......

§ 2 Betriebsführungsabrede

(1) Die Betriebseigentümerin beauftragt die Betriebsführerin mit Wirkung zum 1.7.14, 00:00 Uhr (nachfolgend „Beginn der Betriebsführung") mit der Führung des in § 1 definierten zu führenden Betriebs.

(2) Die Betriebsführung umfasst alle Geschäfte und Maßnahmen, die zur Führung des zu führenden Betriebs notwendig oder nach dem pflichtgemäßen Ermessen der Betriebsführerin sinnvoll sind.

(3) Die Betriebsführung erfolgt in jedem Fall für Rechnung der Betriebseigentümerin und grundsätzlich im Namen der Betriebsführerin, soweit nicht die Betriebseigentümerin die Betriebsführerin bevollmächtigt, im Einzelfall im Namen der Betriebseigentümerin aufzutreten.

(4) Die Betriebseigentümerin behält das volle wirtschaftliche Risiko und die wirtschaftlichen Chancen hinsichtlich des zu führenden Betriebs. Sowohl Gewinne als auch Verluste aus dem zu führenden Betrieb stehen der Betriebseigentümerin zu bzw. sind von dieser auszugleichen.

§ 3 Überlassung des zu führenden Betriebs

(1) Die Betriebseigentümerin überlässt der Betriebsführerin mit Beginn der Betriebsführung die für die Betriebsführung notwendigen Flächen, die Betriebs- und Geschäftsausstattung sowie sonstiges unbewegliches, bewegliches und immaterielles (bilanziertes ebenso wie nichtbilanziertes) Vermögen für die Dauer dieses Vertrages unentgeltlich zur Nutzung. Satz 1 gilt entsprechend für während der Vertragslaufzeit von der Betriebseigentümerin neu angeschafftes oder bei ihr entstehendes, jeweils für die Betriebsführung notwendiges Vermögen.

(2) Die Betriebsführerin tritt mit Wirkung zum Beginn der Betriebsführung im Außenverhältnis in alle Verträge und Vertragsbeziehungen der Betriebseigentümerin ein, die dem zu führenden Betrieb zuzuordnen sind. Soweit ein Vertragseintritt der Betriebsführerin nicht möglich ist, weil insbesondere der Vertragspartner eine ggf. er-

forderliche Zustimmung nicht erteilt, wird die Betriebsführerin im Außenverhältnis als Erfüllungsgehilfin der Betriebseigentümerin tätig.

(3) Mit dem Beginn der Betriebsführung gehen Besitz, Verantwortung und Verkehrssicherungspflicht hinsichtlich des zu führenden Betriebs auf die Betriebsführerin über. Das rechtliche und wirtschaftliche Eigentum verbleibt jedoch in jedem Fall insgesamt bei der Betriebseigentümerin.

§ 4 Arbeitsverhältnisse

(1) Die Betriebsführerin wird ab dem Beginn der Betriebsführung für den zu führenden Betrieb die betriebliche Leitungs- und Organisationskompetenz ausüben und den zu führenden Betrieb auch gegenüber den Arbeitnehmern im eigenen Namen führen. Zu diesem Zeitpunkt gehen sämtliche dem zu führenden Betrieb zuzuordnenden Arbeitsverhältnisse gemäß § 613a BGB mit allen Rechten und Pflichten von der Betriebseigentümerin auf die Betriebsführerin über.

(2) Neueinstellungen spricht die Betriebsführerin in eigenem Namen, aber für Rechnung der Betriebseigentümerin aus.

§ 5 Geschäfte für Rechnung der Betriebseigentümerin

(1) Die Betriebsführerin handelt bei allen Geschäften und Maßnahmen gegenüber Dritten (einschließlich den Arbeitnehmern), die sich auf den zu führenden Betrieb beziehen, stets für Rechnung der Betriebseigentümerin. Sie tritt hierbei grundsätzlich im eigenen Namen auf, so dass im Außenverhältnis sie selbst zivilrechtlich berechtigt und verpflichtet wird.

(2) Vorsorglich und jederzeit widerruflich bevollmächtigt die Betriebseigentümerin die Betriebsführerin hiermit, die Betriebseigentümerin gegenüber Dritten zu vertreten.

(3) Die Betriebsführerin ist gemäß § 185 Abs. 1 BGB ermächtigt, über ihr gemäß § 3 Abs. 1 überlassene Gegenstände zu verfügen.

(4) Erwirbt die Betriebsführerin Vermögensgegenstände, insbesondere Ersatz- und Neubeschaffungen, im eigenen Namen für fremde Rechnung, wird sie zivilrechtlich berechtigt und verpflichtet. Die Betriebsführerin wird dafür Sorge tragen, dass die Vermögensgegenstände identifizierbar sind, damit sie ihren Herausgabepflichten nach § 11 Abs. 3 nachkommen kann.

§ 6 Sorgfaltspflicht, Vertraulichkeit

(1) Die Betriebsführerin wird den zu führenden Betrieb mit der Sorgfalt eines ordentlichen Kaufmanns und Betriebsleiters führen und sämtliche nach dem Gesetz und den einschlägigen technischen Vorschriften bestehenden Sicherheitsbestimmungen einhalten.

(2) Die Betriebsführerin hat über vertrauliche Angaben und Geheimnisse des zu führenden Betriebs, insbesondere über Betriebs- und Geschäftsgeheimnisse, die ihr im Rahmen der Betriebsführung bekannt werden, gegenüber Dritten Stillschweigen zu bewahren. Die Betriebsführerin ist jedoch berechtigt, vertrauliche Daten gegenüber Behörden, soweit diese aufgrund rechtlicher Vorschriften zur Datenerhebung ermächtigt sind, und gegenüber Mitarbeitern oder solchen Beratern, die beruflich zur Verschwiegenheit verpflichtet sind, offenzulegen.

§ 7 Weisungsrecht, Zustimmungsvorbehalt, Information

(1) Die Betriebseigentümerin kann der Betriebsführerin in allen Angelegenheiten der Betriebsführung Weisungen erteilen.

(2) Die Betriebseigentümerin kann festlegen, dass bestimmte Geschäfte und Maßnahmen, soweit sie den zu führenden Betrieb betreffen, ihrer vorherigen Zustimmung oder Information bedürfen.

(3) Die Betriebseigentümerin und die Betriebsführerin werden sich in wichtigen Angelegenheiten, die den zu führenden Betrieb betreffen, gegenseitig informieren. Die Betriebseigentümerin ist berechtigt, von der Betriebsführerin jederzeit darüber hinausgehende Auskunft über die Betriebsführung zu verlangen.

(4) Die Rechte und Pflichten der Organe der Betriebseigentümerin und der Betriebsführerin nach Gesetz, Gesellschaftsvertrag sowie bestehenden Geschäftsordnungen und Unternehmensverträgen werden von diesem Vertrag nicht berührt.

§ 8 Betriebsführungsentgelt, Aufwendungsersatz, Freistellung

(1) Die Betriebsführerin erhält für ihre Tätigkeit jeweils ein monatliches Betriebsführungsentgelt. Dieses beträgt ...... % der nach Abs. 2 jeweils erstattungsfähigen Aufwendungen. Das Betriebsführungsentgelt ist monatlich zzgl. der etwaig gesetzlich geschuldeten Umsatzsteuer zu zahlen.

(2) Die Betriebseigentümerin erstattet der Betriebsführerin alle erforderlichen Aufwendungen, die ihr durch die Betriebsführung nach Maßgabe dieses Vertrages entstehen. Die Betriebsführerin wird die entsprechenden Aufwendungen monatlich abrechnen.

(3) Die Betriebseigentümerin stellt die Betriebsführerin von allen Ansprüchen Dritter frei, die aus der Betriebsführung nach Maßgabe dieses Vertrages entstehen.

§ 9 Haftung, Versicherungen

(1) Gegenüber der Betriebseigentümerin haftet die Betriebsführerin nach den gesetzlichen Bestimmungen für alle Schäden, die von ihr, ihrem Personal oder ihren Erfüllungsgehilfen an dem zu führenden Betrieb verursacht werden, soweit die von der Betriebseigentümerin unter Einschluss der Betriebsführerin oder von der Betriebsführerin selbst abgeschlossenen (Betriebs- und Umwelt-)Haftpflichtversicherungen für den zu führenden Betrieb hierfür Deckung gewähren. Eine darüber hinausgehende Haftung ist im Rahmen des gesetzlich Zulässigen ausgeschlossen.

(2) Gegenüber Dritten haftet die Betriebsführerin nach den gesetzlichen Bestimmungen. Die Betriebseigentümerin stellt die Betriebsführerin von allen Ansprüchen Dritter, die auf die Betriebsführung zurückzuführen sind, frei, soweit die von der Betriebseigentümerin abgeschlossenen (Betriebs- und Umwelt-)Haftpflichtversicherungen unter Einschluss der Betriebsführerin für den zu führenden Betrieb hierfür Deckung gewähren. Weitergehende Freistellungsansprüche nach § 8 Abs. 3 bleiben unberührt.

(3) Sachversicherungen sind von der Betriebseigentümerin in Abstimmung mit der Betriebsführerin abzuschließen.

§ 10 Vertragsdauer

(1) Dieser Vertrag beginnt mit dem Beginn der Betriebsführung und ist auf unbestimmte Zeit geschlossen.

(2) Jede Partei ist berechtigt, diesen Vertrag mit Wirkung zum Ende eines jeden Kalendermonats zu kündigen. Das Recht zur fristlosen Kündigung aus wichtigem Grund bleibt unberührt.

§ 11 Rückgabe des zu führenden Betriebs

(1) Die Betriebsführerin wird durch geeignete Maßnahmen sicherstellen, dass die Betriebseigentümerin den zu führenden Betrieb nach Beendigung dieses Vertrages wieder eigenständig führen und betreiben kann.

(2) Bei Vertragsende ist eine Endabrechnung betreffend das bis dahin noch zu zahlende Betriebsführungsentgelt sowie die herauszugebenden Erträge und zu ersetzenden Aufwendungen durchzuführen. Eventuell während der Betriebsführung geschaffene Vorteile sind der Betriebsführerin nicht zu vergüten.

(3) Die Betriebsführerin hat auf ein schriftliches Herausgabeverlangen der Betriebseigentümerin jederzeit, spätestens jedoch bei Vertragsende alles, was sie zwecks Betriebsführung von der Betriebseigentümerin erhalten oder aus der Betriebsführung erlangt hat, unverzüglich an die Betriebseigentümerin herauszugeben.

§ 12 Schlussbestimmungen

Sollten einzelne oder mehrere Bestimmungen dieses Vertrages unwirksam oder undurchführbar sein oder werden oder dieser Vertrag eine oder mehrere Regelungslücken enthalten, wird hierdurch die Gültigkeit der übrigen Bestimmungen dieses Vertrages nicht berührt. Statt der unwirksamen oder undurchführbaren Bestimmung soll eine Bestimmung gelten, die dem wirtschaftlichen Ergebnis der unwirksamen oder undurchführbaren Bestimmung in zulässiger Weise am nächsten kommt. Statt der lückenhaften Regelung soll eine Regelung gelten, die von den Parteien im Hinblick auf ihre wirtschaftliche Absicht getroffen worden wäre, wenn sie die Regelungslücke erkannt hätten.

II. ERLÄUTERUNGEN

Erläuterungen zu A. 10.06 Betriebsführungsvertrag

1. Grundsätzliche Anmerkungen

Schrifttum: *Breuninger/Prinz*, JbFfSt 1998/1999, 367; *Fenzl,* Betriebspacht-, Betriebsüberlassungs- und Betriebsführungsverträge in der Konzernpraxis, 2007; *ders.*, Betriebspacht und Betriebsführungsvertrag, Der Konzern 06, 18; *Gembruch/Schönfeld*, Umsatzsteuerliche Aspekte der „unechten" Betriebsführung, UR 10, 793; *dies.*, Buchhalterische und bilanzielle Abbildung von „unechten" Betriebsführungsverträgen, Ubg 11, 619; *Haarmann* JbFfSt 1992/93, 526; *Hoffmann,* Betriebspacht-, Betriebsüberlassungs- und Betriebsführungsverträge, EStB 05, 195; *Kamlah,* Die organisatorische Verselbständigung von Geschäftszweigen im Konzern zwischen Steuerrecht, Arbeitsrecht und Konzernrecht, BB 03, 109; *Köhn,* Vertragsbericht und Prüfungsbericht beim Betriebsführungsvertrag, Der Konzern 13, 323; *Priester,* Betriebsführungsverträge im Aktienkonzern, FS Hommelhoff, 2012, S. 875; *Rieble,* Betriebsführungsvertrag als Gestaltungsinstrument, NZA 10, 1145; *Weißmüller,* Der Betriebsführungsvertrag – eine Alternative zum Unternehmenskauf?, BB 00, 1949; *Winter/Theisen,* Betriebsführungsverträge in der Konzernpraxis, AG 11, 662.

a) Wirtschaftliches Vertragsziel

1 Durch einen Betriebsführungsvertrag räumt ein Unternehmen (die Betriebseigentümerin) einer anderen Gesellschaft (der Betriebsführerin) das Recht ein, den Betrieb der Betriebseigentümerin für Rechnung der Betriebseigentümerin zu führen. Geschieht dies auch im Namen der Betriebseigentümerin, spricht man von einem **echten Betriebsführungsvertrag**; handelt die Betriebsführerin im eigenen Namen, spricht man von einem **unechten Betriebsführungsvertrag**.

2 Die **Wahl zwischen echter und unechter Betriebsführung** hängt zunächst davon ab, ob das Unternehmen am Markt gegenüber Dritten (Kunden, Lieferanten usw) weiterhin unter der „Marke" der Betriebseigentümerin auftreten (dann echte Betriebsführung) oder mit dem Zeitpunkt des Betriebsführungsbeginns die **Außendarstellung** auf die Betriebsführerin umstellen will (dann unechte Betriebsführung).

3 Die Wahl entscheidet zudem darüber, ob die Arbeitnehmer des zu führenden Betriebs bei der Betriebseigentümerin verbleiben (echte Betriebsführung) oder aber

durch **Betriebsübergang** nach § 613a BGB auf die Betriebsführerin übergehen (unechte Betriebsführung). Sofern die Betriebsführerin auch gegenüber den Arbeitnehmern im eigenen Namen auftritt und die betriebliche Leitungs- und Organisationskompetenz ausübt, bewirkt dies einen Betriebsinhaberwechsel und damit einen Betriebsübergang gemäß § 613a BGB (*W/H/S/S/Willemsen* Rz. G 109ff.). Entsprechend kommt es zu einem Betriebsteilübergang gemäß § 613a BGB, wenn die Betriebsführerin zwar nicht die Führung des ganzen Betriebs, aber doch von einem oder mehreren Betriebsteilen iSd. § 613a BGB im eigenen Namen übernimmt (vgl. auch Rz. 9).

Betriebsführungsverträge haben insbesondere in der **Konzernpraxis** große Bedeu- 4
tung. Hierbei gibt es betriebswirtschaftlich zwei unterschiedliche Stoßrichtungen:

Zum einen kann die Betriebsführung dazu dienen, im Konzern eine weitere **Konzentration** herbeizuführen. Im Verhältnis zwischen Mutter- und Tochterunternehmen wird hier regelmäßig die Muttergesellschaft die Rolle der Betriebsführerin übernehmen; das Tochterunternehmen ist die Betriebseigentümerin.

Zum anderen kann die Betriebsführung aber auch eine **Dezentralisierung** der Entscheidungen und damit eine organisatorische Verankerung der Spartenorganisation verwirklichen. Im Verhältnis zwischen Mutter- und Tochterunternehmen würde die Mutter einzelne oder auch jede ihrer Sparten jeweils durch ein anderes Tochterunternehmen führen lassen (vgl. *Huber* ZHR 152 (88) 123, 127, 149; *Keller* DB 94, 2097; *MünchHdb GesR Bd. 4/Krieger*, § 72 Rz. 47).

Betriebsführungsverträge stellen insoweit eine attraktive Alternative zur **umwand-** 5
lungsrechtlichen Verschmelzung oder Spaltung dar, zB wenn der mit einer Umwandlung verbundene Aufwand gescheut wird oder – im Fall der Spaltung – die steuerliche Teilbetriebseigenschaft sowohl des abzuspaltenden wie auch des zurückbleibenden Vermögens nicht gesichert erscheint. Betriebsführungsverträge können einer Umwandlungsmaßnahme auch „vorgeschaltet" werden, um insbesondere das Problem zu lösen, dass die Umwandlung erst mit Eintragung im Handelsregister wirksam wird (§§ 20, 131 UmwG) und dieser Zeitpunkt meist nicht genau vorhersehbar ist. Durch Vorschaltung eines unechten Betriebsführungsvertrages kann der Betriebsübergang genau terminiert werden, mit entsprechenden Vorteilen in der Kommunikation gegenüber Kunden, Lieferanten und nicht zuletzt den Arbeitnehmern. Dies sollte nach richtigem Verständnis auch nicht für die steuerliche Teilbetriebseigenschaft schädlich sein (was aber ggf. über eine bei Teilbetriebsfragen ohnehin häufig notwendige verbindliche Auskunft im Sinne des § 89 Abs. 2ff. AO mit der Finanzverwaltung abgestimmt werden sollte).

Selbstverständlich kann ein Betriebsführungsvertrag auch außerhalb eines Konzerns 6
mit Dritten abgeschlossen werden. So kann aus Sicht der Eigentümergesellschaft eine Betriebsführung dazu dienen, als Outsourcing-Maßnahme Kosten einzusparen (vgl. *Breuninger/Prinz* JbFfSt 1998/1999, 367, 367ff.). Ebenso kann das Ziel verfolgt werden, mit der Betriebsführung Management-Leistungen einzukaufen, weil zB das eigene Management nicht über entsprechend hohes Know-How oder genügend Kapazitäten verfügt (vgl. *MünchKommAktG/Altmeppen* § 292 Rz. 143). Schließlich wird eine Betriebsführung in der Literatur vereinzelt und nicht ganz überzeugend als Alternative zum Unternehmenskauf angeboten (*Weißmüller* BB 00, 1949, 1955).

b) Zivilrecht

aa) Rechtsnatur

Durch einen Betriebsführungsvertrag beauftragt die Betriebseigentümerin eine an- 7
dere Gesellschaft, ihren ganzen Betrieb für ihre Rechnung zu führen. Wenn die Betriebsführerin hierbei im Namen der Betriebseigentümerin auftreten soll, spricht man von **„echter" Betriebsführung**, wenn sie im eigenen Namen handeln soll, von **„unechter" Betriebsführung** (vgl. *Raiser/Veil* Kapitalgesellschaften, 5. Aufl. 2010,

§ 57 Rz. 19f.; *Fenzl* Der Konzern 06, 18, 26; *Forst/Hoffmann* EStB 05, 195, 196f.; *Huber* ZHR 152 (88) 123, 124; *Kölner Komm./Koppensteiner* § 292 Rz. 79; *MünchKommAktG/Altmeppen* § 292 Rz. 143f.). Nur ein solches Auftreten im eigenen Namen bewirkt arbeitsrechtlich einen Betriebsinhaberwechsel und damit einen Betriebsübergang gemäß § 613a BGB (vgl. *W/H/S/S/Willemsen* Rz. G 109ff.).

8 Der Betriebsführungsvertrag ist gesetzlich nicht geregelt. Er ähnelt jedoch den in **§ 292 Abs. 1 Nr. 3 AktG** geregelten „anderen" Unternehmensverträgen, durch die eine AG oder KGaA den Betrieb ihres Unternehmens einem anderen verpachtet oder sonst überlässt (Betriebspachtvertrag, Betriebsüberlassungsvertrag). Die hM wendet § 292 Abs. 1 Nr. 3 AktG auf einen Betriebsführungsvertrag jedenfalls dann analog an, wenn es sich bei der Betriebseigentümerin um eine **Aktiengesellschaft** handelt (vgl. *MünchKommAktG/Altmeppen* § 292 Rz. 146ff.; zur GmbH nachstehend Rz. 10ff.).

9 Aus dieser Anlehnung an § 292 Abs. 1 Nr. 3 AktG folgt auch, dass ein (entsprechend § 294 AktG eintragungsbedürftiger) Betriebsführungsvertrag nur dann vorliegen kann, wenn sich die Betriebsführung auf den **gesamten Betrieb**, nicht nur auf einzelne Betriebsteile erstreckt: Wenn die Gesellschaft lediglich einzelne (nicht alle) Betriebe *verpachtet*, während sie andere noch selbst weiter betreibt, ist § 292 Abs. 1 Nr. 3 AktG nicht anwendbar; die Gesellschaft muss sich vielmehr insgesamt zur „Rentnergesellschaft" wandeln (vgl. *MünchKommAktG/Altmeppen* § 292 Rz. 97; *Fenzl* Der Konzern 06, 18, 29). Für Betriebsführungsverträge kann dann nichts anderes gelten, auch wenn dies nur selten ausgesprochen wird (*MüHdb GesR*, Bd. 3/*Decher*, 3. Aufl. 2009, § 70 Rz. 44 aE; *MünchHdb GesR Bd. 4/Krieger* § 72 Rz. 48). Bezieht sich ein „Betriebsführungsvertrag" nur auf einzelne Betriebe und sind diese als Betriebsteile im Sinne des § 613a BGB zu qualifizieren, kommt es unabhängig von der vorstehenden Frage betreffend § 292 Abs. 1 Nr. 3 AktG zu einem Übergang der Arbeitnehmer des betroffenen Betriebsteile auf die Betriebsführerin gemäß § 613a BGB.

bb) Betriebsführungsvertrag mit GmbH

10 Betriebsführungsverträge mit GmbH bedürfen nach hM zu ihrer Wirksamkeit der Schriftform, eines qualifizierten, notariell zu beurkundenden Gesellschafterbeschlusses bei der Betriebseigentümerin sowie der Eintragung in das Handelsregister der Betriebseigentümerin. Vorsorglich sollte auch bei der Betriebsführerin ein zustimmender Gesellschafterbeschluss herbeigeführt werden.

aaa) HM: „Anderer Unternehmensvertrag"

11 Die hM will für eine **GmbH als Betriebseigentümerin**
- die aktienkonzernrechtliche Bestimmung des § 292 Abs. 1 Nr. 3 AktG analog anwenden (*MünchKommGmbHG/Liebscher* § 13 Anh. Rz. 686f.; *Emmerich/Habersack* § 292 Rz. 59 iVm. 21, 37, 53) und/oder
- GmbH-spezifisch auf die Vorschriften zu Satzungsänderungen, dh die §§ 53, 54 GmbHG, rekurrieren (vgl. *MünchHdb GesR/Decher,* Bd. 3, § 70 Rz. 44; *Beck'sches Formularbuch GmbH-Recht*, 2010, L.IV.1 Anm. 10).

12 Beide Ansätze führen im Wesentlichen zu dem Ergebnis, dass bei der Betriebseigentümerin ein qualifizierter, notariell zu beurkundender Zustimmungsbeschluss (analog § 293 Abs. 1 AktG bzw. § 53 GmbHG) und die Eintragung des Betriebsführungsvertrages im Handelsregister erforderlich ist (analog § 294 AktG bzw. § 54 GmbHG). Materiell wird dies damit begründet, dass der Betriebsführungsvertrag einen erheblichen Eingriff in die Struktur der Betriebseigentümerin, insbesondere in den materiellen Gehalt der Organkompetenzen sowie die interne Geschäftsverteilung, bewirke. Der Betriebsführungsvertrag sei demnach „satzungsähnlich" und mindestens vorsorglich den diesbezüglichen Vorschriften zu unterwerfen.

13 Auf Seiten der **Betriebsführerin** wird die Haupt- bzw. Gesellschafterversammlung dann mitwirken müssen, wenn die Betriebsführung für die Betriebsführerin satzungs-

ändernden Charakter hat oder der Betriebsführungsvertrag als „verdeckter Beherrschungsvertrag" zu qualifizieren ist. Nach Möglichkeit sollte die Zustimmung zumindest vorsorglich eingeholt werden. Im Übrigen verlangt § 293 Abs. 2 AktG die Zustimmung der Hauptversammlung des anderen Teils nur für einen Beherrschungs- und Gewinnabführungsvertrag. Auch die §§ 293a bis 293g AktG sind nicht anwendbar, da sie eine gerade nach § 293 AktG bestehende Zustimmungspflicht voraussetzen.

bbb) Gegenansicht: Geschäftsbesorgung

Die Gegenansicht sieht demgegenüber im (konzerninternen) Betriebsführungsvertrag mit einer GmbH grds. keinen Unternehmensvertrag, sondern ein **auftrags- oder geschäftsbesorgungsähnliches Rechtsverhältnis** (*Winter/Theisen* AG 11, 662; *GmbH-Handbuch/Fuhrmann* Form. M 208, Fußnote 1). Dieses bedarf dann bei der Betriebseigentümerin (vorbehaltlich abweichender Regelungen in Satzung oder Geschäftsordnung) ggf. schon keines Gesellschafterbeschlusses und erst recht keiner Eintragung in das Handelsregister der Betriebseigentümerin. 14

Nach unseren Erfahrungen behandeln die Registergerichte Betriebsführungsverträge mit GmbH gleichwohl als mindestens **eintragungs*fähig***. In der Regel ist (unter Hinweis auf einschlägige Präzedenzfälle) eine Vorabstimmung mit dem betreffenden Registergericht möglich und empfehlenswert. 15

cc) Betriebsführungsvertrag als „verdeckter Beherrschungsvertrag"?

Diskutiert wird, ob ein Betriebsführungsvertrag im Einzelfall als **„verdeckter Beherrschungsvertrag"** anzusehen ist. Ein solcher liegt vor, wenn der Betriebsführerin durch Vertrag so weitgehende Rechte eingeräumt werden, dass es sich in Wirklichkeit um einen Beherrschungsvertrag handelt (*Emmerich/Habersack* § 292 Rz. 57). Insoweit differenziert ein Teil der Literatur danach, ob das herrschende Unternehmen die Rolle des Betriebsführers oder jene des Betriebseigentümers übernimmt; außerdem kommt es einigen darauf an, ob neben dem Betriebsführungsvertrag auch ein Beherrschungs- und/oder Gewinnabführungsvertrag zwischen den Parteien existiert. 16

Isolierte Betriebsführungsverträge hält eine Ansicht für unwirksam, wenn das **herrschende Unternehmen als Betriebsführer** den Betrieb der abhängigen Betriebseigentümerin führt (*Huber* ZHR 152 (88) 123, 140f.). Denn hierin sei ein verdeckter Beherrschungsvertrag zu sehen, der mangels Offenlegung der Beherrschungssituation und Einhaltung der einschlägigen Formvorschriften ungültig sei. 17

Die **hM** geht demgegenüber davon aus, dass isolierte Betriebsführungsverträge grundsätzlich wirksam sind, und zwar unabhängig davon, welche vertragliche Rolle dem herrschenden Unternehmen zukommt (*MünchKommAktG/Altmeppen* § 292 Rz. 166ff.; *Hüffer* § 292 AktG Rz. 24). 18

Anders entscheidet die hM nur dann, wenn dem Betriebsführungsvertrag ein **vertragliches Weisungsrecht** entspringt, welches dem herrschenden Unternehmen im Einzelfall Einflussmöglichkeiten gewährt, die dem Weisungsrecht nach § 308 AktG entsprechen (*MünchHdb GesR Bd. 4/Krieger* § 72 Rz. 54, 39; *MünchKommAktG/Altmeppen* § 292 Rz. 166ff.; *Rieble* NZA 2010, 1145, 1146; s. auch *Hüffer* § 292 AktG Rz. 24). Dann handele es sich um einen Beherrschungsvertrag, der zwar nicht als solcher bezeichnet werden müsse, aber insbesondere der Zustimmung der Hauptversammlung auch zum Beherrschungssachverhalt und einer Ausgleichsregelung bedürfe (*Hüffer* aaO).

Unseres Erachtens ist mit der hM ein Betriebsführungsvertrag auch dann, wenn er zwischen einer Konzernobergesellschaft als Betriebsführerin und deren Untergesellschaft als Betriebseigentümerin geschlossen wird, nicht *per se* als verdeckter Beherrschungsvertrag zu werten; vielmehr ist die vertragliche Ausgestaltung entscheidend. So setzt **§ 302 Abs. 2 AktG** für Betriebspacht- und -überlassungsverträge voraus, dass 19 ein solcher Vertrag isoliert auch mit einer abhängigen Gesellschaft geschlossen werden kann. Für Betriebsführungsverträge kann dann nichts anderes gelten (vgl. *MünchHdb GesR Bd. 4/Krieger* § 72 Rz. 54). Typischerweise räumt ein Betriebsführungsvertrag zudem gerade der Betriebseigentümerin das Recht ein, der Betriebsführerin umfassende Weisungen hinsichtlich des zu führenden Betriebes zu erteilen (§ 665 BGB). Dieses Weisungsrecht der Betriebseigentümerin darf schon aus steuerlichen Gründen nicht abbedungen werden (dazu Rz. 30f., 52). Voraussetzung für das Vorliegen eines „verdeckten Beherrschungsvertrages" müsste hingegen gerade die Annahme eines gegenläufigen Weisungsrechts nach § 308 AktG sein. Ein solches wird jedoch typischerweise nicht vereinbart.

20 Wird ein Betriebsführungsvertrag mit einem Beherrschungs- und/oder Gewinnabführungsvertrag **kombiniert**, so sind nach heute allgemeiner Meinung grundsätzlich beide Verträge wirksam (*Huber* ZHR 152 (88) 123, 128ff.; *Hüffer* § 292 AktG Rz. 21).

dd) Auswirkungen auf IP, Haftungsrecht, öffentlich-rechtliche Genehmigungen

21 Vor Abschluss eines Betriebsführungsvertrages ist sorgfältig zu prüfen, wie sich die Betriebsführung auf außerhalb des Vertragsrechts liegende Bereiche auswirkt, etwa auf den Umgang mit Schutzrechten (Arbeitnehmererfindungen etc), das Haftungsrecht (Versicherungsschutz etc) und das öffentliche Recht (Umschreibung oder Neubeantragung bestehender Genehmigungen etc).

22 Ob die Betriebsführung auf **öffentlich-rechtliche Genehmigungen** Auswirkungen hat, hängt unter anderem davon ab, welche Art der Genehmigung vorliegt.

Handelt es sich um eine rein anlagen- bzw. allgemeiner **sachbezogene Genehmigung**, kann grundsätzlich unter der ursprünglichen Genehmigung weiter gearbeitet werden, da sich die Anlage selbst durch die Betriebsführung nicht verändert. In diesem Fall ist eine Neubeantragung also nicht nötig; zu beachten sind lediglich etwaige Meldepflichten. Ein Beispiel für eine solche anlagenbezogene Genehmigung ist diejenige nach § 4 Bundesimmissionsschutzgesetz: Selbst wenn durch die Betriebsführung ein Betreiberwechsel stattfinden sollte, führt dieser nicht zu einer neuer Genehmigungsbedürftigkeit. Denn selbst eine Veräußerung der Anlage würde keine neue Genehmigungspflicht auslösen (vgl. BVerwG 4 C 36/86 v. 15.12.89, NVwZ 90, 464).

Personenbezogene Genehmigungen können nicht übertragen oder umgeschrieben werden, sondern sind grundsätzlich neu zu beantragen, wenn das Unternehmen gekauft wird (*Grabowski/Harrer* DStR 93, 20, 21). Selbst bei Umwandlungen kann die Genehmigung, wenn sie an persönliche Qualifikationen anknüpft, nicht einfach im Wege der Gesamtrechtsnachfolge mit übergehen. Sofern mit der Betriebsführung ein Wechsel der genehmigungspflichtigen Person einhergeht, müssen daher personenbezogene Genehmigungen grundsätzlich eine neue Genehmigung beantragt werden. Ob ein solcher Wechsel tatsächlich stattfindet, muss im Einzelfall und anhand des Tatbestands der jeweiligen Norm entschieden werden. Fordert der Tatbestand beispielsweise eine Genehmigung von demjenigen, der faktischen Einfluss bzw. die tatsächliche Verfügungsgewalt über den genehmigungsbedürftigen Sachverhalt ausübt, spricht dies dafür, dass (trotz des vertraglichen Weisungsrechts der Betriebseigentümerin) eine neue Genehmigung für die Betriebsführerin erforderlich sein könnte.

23–29 *(frei)*

c) Steuerrecht

30 Im Hinblick auf die **ertragsteuerliche Wirtschaftsgutzurechnung** muss sichergestellt sein, dass die der Betriebsführung zugrunde liegenden Wirtschaftsgüter steuerlich weiterhin der Betriebsinhaberin zuzurechnen sind. Dh, dass mit dem Abschluss des Betriebsführungsvertrags **kein Übergang des wirtschaftlichen Eigentums** be-

züglich der Wirtschaftsgüter des Betriebs von der Betriebseigentümerin auf die Betriebsführerin erfolgen darf. Denn ein solcher Übergang würde im Regelfall zur Aufdeckung der stillen Reserven in diesen Wirtschaftsgütern führen. Die Voraussetzungen des UmwStG an eine Steuerneutralität dürften regelmäßig nicht erfüllt sein (kein von § 1 UmwStG erfasster Akt bzw. keine Gewährung von Gesellschaftsrechten im Sinne der §§ 20, 21, 24 UmwStG). Die Frage nach dem steuerrechtlichen Übergang des wirtschaftlichen Eigentums ist anhand der Maßstäbe des § 39 AO zu messen, der nach zutreffender Ansicht auch im Steuerbilanzrecht gilt (vgl. hierzu bspw. *Schmidt/Weber-Grellet* § 5 Rz. 151).

Da Betriebsführungsverträge einem Treuhandverhältnis ähnlich sind, kann bzgl des 31
Übergangs des wirtschaftlichen Eigentums ergänzend auf die von der Rechtsprechung zu **Treuhandverhältnissen** entwickelten Maßstäbe zurückgegriffen werden (vgl. hierzu auch *Gembruch/Schönfeld* Ubg 11, 619f.). Bei steuerlich anerkannten Treuhandverhältnissen liegt das wirtschaftliche Eigentum beim Treugeber und nicht beim Treuhänder, § 39 Abs. 2 Nr. 1 Satz 2 AO. Die für die steuerlich Anerkennungen eines Treuhandverhältnis im Sinne des § 39 Abs. 2 Nr. 1 Satz 2 AO bedeutenden Kriterien sind vorwiegend die strikte Gebundenheit des Treuhänders an die Weisungen des Treugebers und die Möglichkeit des Treugebers, jederzeit die Herausgabe des Treuguts zu verlangen; weitere Kriterien sind, dass der Treuhänder für Rechnung des Treugebers handelt, dass der Treugeber die kurzfristige Kündigung des Treuhandverhältnisses verlangen kann und dass das Treuhandverhältnis in Buchhaltung und Bilanz transparent abgebildet wird (BFH I R 12/09 v. 24.11.09, BStBl. II 10, 590; vgl. hierzu bspw. auch *Pahlke/Koenig* AO § 39 Rz. 53). Wickelt die Betriebsführerin daher ihre Geschäfte für Rechnung der Betriebseigentümerin ab, unterliegt sie den Weisungen der Betriebseigentümerin, ist sie zur jederzeitigen Herausgabe von sämtlichen Wirtschaftsgütern, Vertrags- und Kundenbeziehungen und sonstigen aus der Geschäftsführung erlangten Vorteilen verpflichtet und kann die Betriebseigentümerin den Betriebsführungsvertrag jederzeit kurzfristig kündigen, liegt das wirtschaftliche Eigentum an den Wirtschaftsgütern des geführten Betriebes klar unverändert bei der Betriebseigentümerin. Ohne Übergang des wirtschaftlichen Eigentums kommt es anlässlich des Betriebsführungsvertrags auch nicht zur Aufdeckung der in den Wirtschaftsgütern enthaltenen stillen Reserven.

Im Hinblick auf die **ertragsteuerliche Einkünftezurechnung** sind bei Betriebs- 32
führungen die allgemeinen Regeln anzuwenden (*Lüdicke/Sistermann* Unternehmensteuerrecht, 2008, § 4 Rz. 70; § 39 AO gilt nur für die Zurechnung von Wirtschaftsgütern, nicht für die Zurechnung von Einkommen). Demnach sind Einkünfte demjenigen zuzurechnen, der den Tatbestand der Einkunftserzielung erfüllt, also demjenigen, der über die zur Einkunftsentstehung führende Leistung disponiert (vgl. hierzu die Diskussion bei *H/H/R/Musil* § 2 Rz. 125ff.; vgl. hierzu grundlegend *Ruppe* DStJG 1, 7, 18f.). Im Rahmen eines Betriebsführungsvertrags der die in Rz. 31 ausgeführten Voraussetzungen zur Zurechnung des wirtschaftlichen Eigentums bei der Betriebseigentümerin erfüllt, liegt die Dispositionsbefugnis über die zur Entstehung der zu den Betriebseinkünften führenden Leistung ebenfalls bei der Betriebseigentümerin (strenge Weisungsgebundenheit der Betriebsführerin und jederzeitige Möglichkeit den Betrieb wieder heraus zu verlangen). Damit sind die aus dem Betrieb stammenden Einkünfte in diesen Fällen auch der Betriebseigentümerin steuerlich zuzurechnen. Dies gilt unabhängig davon, ob eine echte oder eine unechte Betriebsführung vorliegt (*H/H/R/ Rosenberg* § 5 Rz. 1421f.; *Lüdicke/Sistermann,* Unternehmensteuerrecht, 2008, § 4 Rz. 71f.). Lediglich das von der Betriebseigentümerin an die Betriebsführerin zu zahlende Betriebsführungsentgelt zählt in diesen Fällen zu den steuerlichen Einkünften der Betriebsführerin.

Vorstehendes führt **steuer- und auch handelsbilanziell** dazu, dass die Betriebsei- 33
gentümerin die Wirtschaftsgüter des Betriebs weiterhin in ihrer Steuer- und Handels-

bilanz ausweist und dass die auf Rechnung der Betriebseigentümerin erzielten Einkünfte ausschließlich in ihrer Gewinnermittlung zu erfassen sind. Die Betriebsführerin weist hingegen die Wirtschafsgüter des Betriebs nicht in ihrer Steuerbilanz aus und die mit dem Betrieb auf Rechnung der Betriebseigentümerin erzielten Beträge sind nicht in der steuerlichen Gewinnermittlung der Betriebsführerin zu erfassen. Lediglich das Betriebsführungsentgelt und ggf. weitere „eigene" Kosten (Steuern etc.) wird von der Betriebsführerin steuerlich als Betriebseinnahme erfasst, die Betriebseigentümerin hat insoweit Betriebsausgaben. Vgl. zu der steuerbilanziellen Behandlung auch *H/H/R/Rosenberg* § 5 Rz. 1421f. und *Gembruch/Schönfeld* Ubg 11, 619, 620ff.

34 Von den unter Rz. 33 genannten steuer- und handelsbilanziellen Folgen gibt es bei der **unechten Betriebsführung** einige Besonderheiten (vgl. hierzu *H/H/R/Rosenberg* § 5 Rz. 1422). Diese sind darauf zurückzuführen, dass die Betriebsführerin zivilrechtlich nach außen im eigenen Namen auftritt. Die bedeutendste Besonderheit liegt darin, dass die Betriebsführerin im eigenen Namen eingegangene **Außenverpflichtungen** selbst passivieren muss (*Beck Bil-Komm/Förschle/Kroner* § 246 HGB Rz. 50; *A/D/S* Teilband 6, § 246 HGB Rz. 300 und 416). Zugleich ist der aufgrund der Betriebsführungsvereinbarung erwachsende Freistellungs- oder Erstattungsanspruch der Betriebsführerin gegen die Betriebseigentümerin zu aktivieren (*A/D/S* Teilband 6, § 246 HGB Rz. 300 und 416). Die Betriebseigentümerin muss infolge der vertraglichen Verpflichtung zur Freistellung/Erstattung eine entsprechende Verbindlichkeit gegenüber den Betriebsführer passivieren (*Beck Bil-Komm/Förschle/Kroner* § 246 HGB Rz. 50). Zur Diskussion möglicher vereinfachender Verbuchungen und Bilanzierungen vgl. *Gembruch/Schönfeld* Ubg 11, 619, 624f.

35 Nach Maßgabe des **Umsatzsteuerrechts** unterfallen die Geschäfte, die die Betriebsführerin im eigenen Namen, aber für Rechnung der Betriebseigentümerin (**unechte Betriebsführung**) abschließt, § 3 Abs. 11 UStG. Nach dieser Norm ist die Betriebsführerin einerseits Empfänger einer Leistung und andererseits Erbringer einer Leistung (*R/D/Nieskens* § 3 Rz. 2476; *Bunjes/Leonard* § 3 Rz. 296). Erbringt die Betriebsführerin eine Leistung im eigenen Namen für Rechnung der Betriebseigentümerin, ist der Betriebsführerin hiernach selbst (auch) die Leistungserbringung zuzurechnen (*Gembruch/Schönfeld* UR 10, 793, 794). Infolgedessen treffen die Betriebsführerin dieselben steuerlichen Verpflichtungen, denen unterliegt, wer nicht für fremde Rechnung tätig ist. Dementsprechend muss die Betriebsführerin eigenständig Rechnungen für Dritte (Kunden) unter Angabe der eigenen USt-IdNr. erstellen, die den Umsatzsteuerbetrag gesondert ausweisen. Ferner muss die Betriebsführerin die Umsatzsteuer abführen und Umsatzsteuererklärungen abgeben. Hat die Betriebsführerin beim Erwerb von Vermögensgegenständen oder bei der Inanspruchnahme von Dienstleistungen in eigenem Namen Umsatzsteuer gezahlt, ist sie als Leistungsempfängerin insoweit ggf. (dh. unter Beachtung der allgemeinen umsatzsteuerlichen Regelungen) vorsteuerabzugsberechtigt (*Gembruch/Schönfeld* UR 10, 793, 794). Auch das Leistungsverhältnis zwischen Betriebsführerin und Betriebseigentümerin ist regulär umsatzsteuerlich nach den allgemeinen Grundsätzen abzurechnen. Für umsatzsteuerliche Zwecke werden zwischen der Betriebsführerin und Betriebseigentümerin nach den Grundsätzen der Ein- und Verkaufskommission entsprechende Lieferungsbeziehungen fingiert (*Gembruch/ Schönfeld* UR 10, 793, 794).

36 Liegt hingegen eine **echte Betriebsführung** im Namen und auf Rechnung der Betriebseigentümerin vor, so sind von der Betriebsführerin vorgenommene Ein- und Ausgangsleistungen **umsatzsteuerlich** der Betriebseigentümerin zuzurechnen (*Gembruch/Schönfeld* UR 10, 793, 794). Die Betriebsführerin erbringt an die Betriebseigentümerin umsatzsteuerlich eine Vermittlungsleistung.

37–49 *(frei)*

2. Einzelerläuterungen

Zu § 1 Definition des zu führenden Betriebs

Das Vertragsformular geht davon aus, dass der ganze Betrieb der Betriebseigentümerin geführt werden soll. Zur Klarstellung sollten die von der Betriebsführung umfassten Bereiche gleichwohl (kurz) umschrieben werden. Dies ist zwingend erforderlich, wenn lediglich **einzelne Betriebsteile** geführt werden sollen – was auch möglich und sogar einfacher ist, weil der Vertrag dann wohl unstreitig nicht als Unternehmensvertrag analog § 292 Abs. 1 Nr. 3 AktG, sondern als einfacher Geschäftsbesorgungsvertrag zu qualifizieren ist (vgl. Rz. 9, 14). 50

Zu § 2 Betriebsführungsabrede

§ 2 Abs. 3 des Vertragsformulars macht den Vertrag zu einem **unechten Betriebsführungsvertrag**, weil die Betriebsführerin den Betrieb zwar für Rechnung der Betriebseigentümerin, jedoch im eigenen Namen führt. Dieses Auftreten im eigenen Namen hat Bedeutung erstens für die Außendarstellung gegenüber Kunden und Lieferanten und zweitens für die Arbeitnehmer (Rz. 2f.): Nur wenn die Betriebsführerin auch gegenüber den Arbeitnehmern im eigenen Namen auftritt, gehen die Arbeitsverhältnisse des zu führenden Betriebs gemäß § 613a BGB auf sie über (vgl. § 4). Zu den mit der unechten Betriebsführung verbundenen umsatzsteuerlichen Folgen s. Rz. 35. 51

§ 2 Abs. 4 stellt klar, dass die Betriebseigentümerin das volle wirtschaftliche Risiko und die Chancen des zu führenden Betriebs behält. Die Ausgestaltung des Betriebsführungsvertrages soll insgesamt sicherstellen, dass das **wirtschaftliche Eigentum** an den zum Betrieb gehörenden Vermögensgegenständen für bilanzielle (vgl. § 246 Abs. 1 Satz 2 HGB) und steuerliche Zwecke (vgl. § 39 AO) bei der Betriebseigentümerin verbleibt bzw. dieser künftig zusteht (vgl. hierzu Rz. 30ff.). Von besonderer Bedeutung für die Zurechnung des wirtschaftlichen Eigentums sind hierbei die Regelungen in § 7 Abs. 1 (Weisungsrecht) und § 11 Abs. 3 (jederzeitiges Herausgaberecht), wobei die Zurechnung des wirtschaftlichen Eigentums auch durch § 3 Abs. 3 Satz 2 und § 5 Abs. 4 Satz 2 flankiert wird. 52

(frei) 53

Zu § 3 Überlassung des zu führenden Betriebs

§ 3 Abs. 1 und 3 des Vertragsformulars regeln zwar die Übergabe und kostenlose Überlassung des zu führenden Betriebs an die Betriebsführerin (zur Vereinbarung eines Entgelts siehe *Weißmüller,* BB 00, 1949, 1954). Das zivilrechtliche Eigentum an allen Vermögensgegenständen verbleibt jedoch bei der Betriebseigentümerin; insbesondere wird insoweit auch auf eine (mögliche) **Übereignung des Umlaufvermögens** an die Betriebsführerin verzichtet. Die Betriebsführerin muss in der Folge wenigstens ermächtigt werden, gemäß § 185 Abs. 1 BGB als Nichtberechtigte (mit Einwilligung der Betriebseigentümerin) über die ihr überlassenen Vermögensgegenstände (insbesondere des Umlaufvermögens) zu verfügen, siehe § 5 Abs. 3 des Vertragsformulars. 54

Der in Abs. 2 vorgesehene Vertragseintritt dient der konsequenten Umsetzung der Betriebsführung im eigenen Namen (der Betriebsführerin). Die Betriebsführerin soll nicht nur neue Verträge im eigenen Namen eingehen, sondern grundsätzlich auch bestehende **Vertragsverhältnisse übernehmen**. Hierzu ist selbstverständlich die Zustimmung des jeweiligen Vertragspartners erforderlich (*Palandt/Grüneberg* § 398 BGB Rz. 41ff.). Wo diese nicht erteilt wird, wird die Betriebsführerin bei der Erfüllung der weiterhin der Betriebseigentümerin obliegenden Verbindlichkeiten als deren Erfüllungsgehilfin tätig (vgl. § 278 S. 1 BGB). Aus dieser im Außenverhältnis wirksamen 55

Verpflichtung der Betriebsführerin leitet sich auch der Umstand ab, dass diese Verpflichtungen bei der Betriebsführerin nach hM handels- und steuerbilanziell als Verbindlichkeiten zu erfassen sind (vgl. Rz. 34).

Zu § 4 Arbeitsverhältnisse

56 Die Arbeitsverhältnisse des zu führenden Betriebs gehen mit Beginn der Betriebsführung auf die Betriebsführerin über, **§ 613a BGB**, dh. der Vertragspartner wird auf Arbeitgeberseite im Wege der Sonderrechtsnachfolge kraft Gesetzes durch die Betriebsführerin „vollständig" ersetzt. Dies ist eine Folge des Auftretens der Betriebsführerin im eigenen Namen und damit (nur) der unechten Betriebsführung (vgl. Rz. 3, 7).

Zu § 5 Geschäfte für Rechnung der Betriebseigentümerin

57 § 5 **Abs. 1 Satz 1** des Vertragsformulars detailliert noch einmal die Für-Rechnung-Abrede für Geschäfte gegenüber Dritten. Der Klammerzusatz „(einschließlich den Arbeitnehmern)" stellt klar, dass dies ungeachtet des arbeitsrechtlichen Betriebsübergangs auch für die Arbeitnehmer gilt; auch ihnen gegenüber handelt die Betriebsführerin nicht für eigene, sondern für fremde Rechnung. Aus dem Tätigwerden für Rechnung und dem Weisungsrecht nach § 7 Abs. 1 leitet sich auch die ausschließliche handels- und steuerbilanzielle Erfassung der betrieblichen Erträge und Aufwendungen auf der Ebene der Betriebseigentümerin ab (vgl. Rz. 32f.).

58 **Abs. 2** trifft Vorsorge für den Fall, dass die Betriebsführerin ausnahmsweise in offener Stellvertretung für die Betriebseigentümerin handelt (§§ 164ff. BGB). Dies bietet sich insbesondere dort an, wo die Betriebseigentümerin auch im Außenverhältnis unmittelbar berechtigt und verpflichtet werden soll, wie etwa (zur Vermeidung doppelter Grunderwerbsteuer) beim Erwerb von Grundstücken. Für solche (Ausnahme-) Fälle bietet sich an, zusätzlich noch eine gesonderte **Vollmachtsurkunde** auszustellen, die den Geschäftspartnern vorgelegt werden kann.

59 Zu **Abs. 3** vgl. Rz. 54.

60 **Abs. 4 Satz 2** soll insbesondere die Herausgabemöglichkeit am Ende des Betriebsführungsvertrages absichern. Dies soll sicherstellen, dass die Betriebseigentümerin von ihrem Herausgaberecht nach § 11 Abs. 3 auch jederzeit effektiv Gebrauch machen kann. Dies ist ertragsteuerlich für die Zurechnung des wirtschaftlichen Eigentums zur Betriebsführerin von Relevanz (vgl. Rz. 31).

Zu § 7 Weisungsrecht, Zustimmungsvorbehalt, Information

61 Das Weisungsrecht der Betriebseigentümerin ist unbeschränkt, um den Betriebsführungsvertrag möglichst treuhandähnlich auszugestalten (Rz. 53). Das umfassende Weisungsrecht ist für die Zurechnung des wirtschaftlichen Eigentums zur Betriebseigentümerin von herausragender Bedeutung (vgl. Rz. 31). Bei Bedarf kann in § 7 weitergehend ein konkreter Zustimmungskatalog und ein detailliertes Berichtssystem aufgenommen werden.

Zu § 8 Betriebsführungsentgelt, Aufwendungsersatz, Freistellung

62 Abs. 1 regelt ein Betriebsführungsentgelt in Abhängigkeit der erstattungsfähigen Aufwendungen. Denkbar ist auch eine Vereinbarung eines fixen Entgelts. **Arbeitsrechtlich** stehen nach zutreffender Auffassung beide Entgeltvarianten mit dem Betriebsübergang nach § 613a BGB im Einklang (*W/H/S/S/Willemsen* Rz. G 109ff.). Auch **steuerrechtlich** dürften beide Entgeltvarianten zu akzeptieren sein. Dies gilt, wenn sich Betriebseigentümerin und Betriebsführerin als Dritte gegenüberstehen schon alleine aufgrund des natürlichen Interessengegensatzes. Im Grundsatz gilt dies bis zur Grenze der Fremdüblichkeit auch zwischen gesellschaftsrechtlich verbundenen

Betriebsführerinnen und Betriebseigentümerinnen. Zur Bestimmung der Fremdüblichkeit ist es hierbei in der Praxis nicht unüblich, die Grundsätze zur Bestimmung der fremdüblichen Haftungsvergütung einer Komplementär-GmbH heranzuziehen. Dies ist insoweit plausibel, als sich auch die Betriebsführerin im Außenverhältnis wirksam für die Schulden des Betriebs verpflichtet.

Zu § 9 Haftung, Versicherungen

Gesetzlich haftet die Betriebsführerin der Betriebseigentümerin bereits bei einfacher **63**
Fahrlässigkeit. Die haftungsrechtliche Situation der Betriebseigentümerin würde sich dadurch, verglichen mit derjenigen vor der Übertragung der Betriebsführung, sehr verbessern. § 9 des Vertragsformulars zielt daher auf einen am bestehenden Versicherungsschutz orientierten Interessenausgleich (vgl. *Weißmüller* BB 00, 1949, 1954 f.).

Zu § 10 Vertragsdauer

Die in § 10 Abs. 2 des Vertragsformulars vorgesehene Kündigungsfrist ist sehr kurz, **64**
um die Betriebsführung möglichst treuhandähnlich auszugestalten (Rz. 53) und damit auch eine Zurechnung des wirtschaftlichen Eigentums zur Betriebseigentümerin sicherzustellen (Rz. 31). In Konzernverhältnissen sollte dies unproblematisch sein, im Ausnahmefall eines Betriebsführungsvertrages mit einem außenstehenden Dritten würde man eine deutlich längere Frist vorsehen.

Zu § 11 Rückgabe des zu führenden Betriebs

§ 11 Abs. 3 will durch die jederzeitige Herausgabemöglichkeit sicherstellen, dass die **65**
Betriebsführung treuhandähnlich ist (Rz. 53). Dies ist ein entscheidendes Kriterium für die Zurechnung des wirtschaftlichen Eigentums zur Betriebseigentümerin (Rz. 31). Weitergehend könnte hinsichtlich der Forderungen, die aus der Betriebsführung erlangt werden, auch eine **Vorausabtretung** vorgesehen werden; die Betriebsführerin müsste dann ermächtigt werden, die Forderungen im eigenen Namen geltend zu machen und einzuziehen. Im Hinblick auf dingliche Erwerbsgeschäfte kann zudem ein **antizipiertes Besitzmittlungsverhältnis** iSd § 930 BGB vereinbart werden (vgl. *Fenzl* Betriebspacht-, Betriebsüberlassungs- und Betriebsführungsverträge in der Konzernpraxis, S. 154).

A. 11. Partnerschaft und Partnerschaft mit beschränkter Berufshaftung

Übersicht

A. 11.00 Partnerschaft

Gliederung

I. FORMULAR

Formular A. 11.00 Partnerschaftsvertrag

Vorbemerkung

1. Rechtsanwalt A ......

2. Rechtsanwältin B ......

3. Steuerberater C ......

haben die Absicht, ihre Berufe gemeinschaftlich auszuüben. Sie schließen daher den nachstehenden

PARTNERSCHAFTSVERTRAG

§ 1 Name, Sitz, Rechtsform

(1) Der Name der Partnerschaft lautet

„A, B und Partner
– Rechtsanwälte, Steuerberater –"

(2) Sitz der Partnerschaft ist ......

(3) Die Gesellschaft ist eine Partnerschaft im Sinne der §§ 1 ff. PartGG.

§ 2 Gegenstand der Partnerschaft

(1) Gegenstand der Partnerschaft ist die gemeinschaftliche Berufsausübung der Partner in ihrer jeweiligen Eigenschaft als Rechtsanwälte oder Steuerberater.

(2) Die Partnerschaft ist berechtigt, alle Geschäfte und Tätigkeiten vorzunehmen, welche den Gegenstand der Partnerschaft unmittelbar oder mittelbar zu fördern geeignet sind.

§ 3 Zusammenarbeit, Mandate

(1) Die Partner widmen ihre ganze Arbeitskraft der Partnerschaft und verpflichten sich untereinander, die dieser übertragenen Mandate mit der erforderlichen Sorgfalt zu bearbeiten.

(2) Alle Mandate gehen vorbehaltlich anderweitiger gesetzlicher oder berufsrechtlicher Regelungen an die Partnerschaft. Die Partner bringen ihre bisherigen Einzelmandate und Geschäftsbeziehungen in die Partnerschaft ein. Bei solchen Mandaten und Beziehungen, die wegen fehlender Einwilligung der Mandanten und Auftraggeber nicht auf die Partnerschaft übertragen werden können, bleiben die Vertragsverhältnisse bei dem betreffenden Partner. Für das Innenverhältnis gilt, dass die Abrechnung für Rechnung der Partnerschaft erfolgt. Entsprechendes gilt im Fall neuer Mandate, die entgegen obiger Regel nicht an die Partnerschaft gehen.

(3) Jeder Partner entscheidet über die Annahme und Ablehnung von Mandaten selbstständig. Bei der Annahme von Mandaten sind Interessenkollisionen, berufsrechtliche und Standesgrundsätze durch den jeweils annehmenden Partner zu prüfen. Bei Mandaten, die aus dem Rahmen der einvernehmlich festzulegenden Geschäftspolitik der Partnerschaft herausfallen, berät sich der jeweilige Partner mit den übrigen Partnern über die Mandatsannahme.

(4) Die Partner unterrichten sich gegenseitig über alle neuen Mandate fortlaufend und beraten sich auf der Grundlage einer vertrauensvollen und kollegialen Zusammenarbeit erforderlichenfalls bei der Betreuung der Mandate.

(5) Bei einer Kollision voneinander abweichenden standes- und berufsrechtlichen Regelungen gelten die jeweils strengeren Regelungen, die auch von den Partnern anzuwenden sind, für welche sie an sich nicht gelten.

§ 4 Vertretung, Geschäftsführung, Partnerschaftsbeschlüsse

(1) Im Außenverhältnis ist jeder Partner in allen Angelegenheiten der Partnerschaft alleinvertretungsbefugt.

(2) Bei der Erbringung der jeweiligen freiberuflichen Leistungen steht jedem Partner Alleingeschäftsführungsbefugnis zu. Außerhalb dieses Bereiches ist jeder Partner nur bei Gefahr in Verzug alleingeschäftsführungsbefugt, ansonsten ist er gesamtgeschäftsführungsbefugt.

(3) Die Gesamtgeschäftsführungsbefugnis wird durch Partnerschaftsbeschlüsse ausgeübt. Bestimmte Geschäftsbereiche, Geschäfte oder Aufgaben können einzelnen oder mehreren Partnern durch Partnerschaftsbeschluss jeweils zur gemeinsamen oder alleinigen Geschäftsführung übertragen werden.

(4) Partnerschaftsbeschlüsse werden einstimmig gefasst. Partnerschaftsbeschlüsse unterliegen der Schriftform, soweit dies gesetzlich geboten oder in diesem Partnerschaftsvertrag ausdrücklich vereinbart ist. Im Übrigen können sie mündlich gefasst werden und sollen zu Dokumentationszwecken schriftlich protokolliert werden.

§ 5 Partner, Einlagen

(1) Partner sind

A (...... *[Vornamen und Name]*), wohnhaft ......, der in der Partnerschaft den Beruf des Rechtsanwalts ausübt,

B (…… *[Vornamen und Name]*), wohnhaft ……, die in der Partnerschaft den Beruf der Rechtsanwältin ausübt,

C (…… *[Vornamen und Name]*), wohnhaft ……, der in der Partnerschaft den Beruf des Steuerberaters ausübt.

(2) Die Partner bringen jeweils die in den Anlagen A, B und C aufgeführten, bisher in ihrem jeweiligen Alleineigentum stehenden Gegenstände unter Ausschluss der Gewährleistung mit den in den Anlagen A, B und C festgestellten Buchwerten zu Gesamthandseigentum in die Partnerschaft ein. Die hiernach eingebrachten Werte werden dem Einlage-/Kapitalkonto des jeweiligen Partners gutgeschrieben.

(3) Nach Abschluss dieses Vertrages anzuschaffendes Inventar wird Gesamthandsvermögen der Partnerschaft. Inventargegenstände, die ein Partner nachweislich auf eigene Kosten anschafft, sind entsprechend zu kennzeichnen; diese Gegenstände bleiben im Eigentum des betreffenden Partners, der sie aber der Partnerschaft unentgeltlich zur Mitbenutzung überlässt.

(4) Für Kraftfahrzeuge, die von der Partnerschaft angeschafft und einem Partner zur privaten Nutzung überlassen werden, trifft die Partnerschaft mit dem betreffenden Partner eine Vereinbarung über das hierfür zu entrichtende Entgelt.

§ 6 Geschäftsjahr, Gewinnermittlung, Buchführung, Rechnungsabschluss

(1) Geschäftsjahr ist das Kalenderjahr. Für den Zeitraum ab Eintragung der Partnerschaft bis zum 31.12.20.. wird ein Rumpfgeschäftsjahr gebildet.

(2) Die Gewinnermittlung erfolgt gemäß § 4 Abs. 3 EStG. Die Partner können nur einstimmig beschließen, dass die Gewinnermittlung durch Vermögensvergleich (§ 4 Abs. 1 EStG) erfolgt. Die Änderung der Gewinnermittlung ist nur zu Beginn eines Geschäftsjahres zulässig.

(3) Einnahmen und Ausgaben sind in einer geordneten Buchführung laufend aufzuzeichnen. Alle Belege sind nach Maßgabe der einschlägigen Vorschriften geordnet aufzubewahren.

(4) Innerhalb von drei Monaten nach Abschluss eines jeden Geschäftsjahres ist für das abgelaufene Geschäftsjahr ein Rechnungsabschluss zu erstellen, aus dem sich der Saldo zwischen den Einnahmen und Ausgaben (Überschuss oder Verlust) ergibt. Der Rechnungsabschluss ist durch Beschluss der Partnerschaft festzustellen. Mit der Feststellung wird der Rechnungsabschluss für die Partner untereinander verbindlich.

(5) Die vorstehende Regelung gilt entsprechend, wenn die Gewinnermittlung durch Vermögensvergleich erfolgt.

§ 7 Partnerkonten

Neben dem in § 5 Abs. 2 Satz 2 bezeichneten Einlage-/Kapitalkonto wird für jeden Partner ein Partnerkonto eingerichtet, über welches sich der Zahlungsverkehr zwischen dem Partner und der Partnerschaft vollzieht. Guthaben auf dem Partnerkonto werden mit 2 Prozentpunkten p. a. über dem jeweiligen Basiszinssatz gemäß § 247 BGB verzinst, Schulden mit 3 Prozentpunkten p. a. über diesem.

§ 8 Einnahmen

(1) Alle Einnahmen aus der Berufstätigkeit der Partner sind Einnahmen der Partnerschaft. Dies gilt auch für Einnahmen aus einer Tätigkeit als Schiedsrichter, als Testamentsvollstrecker sowie aus der Mitgliedschaft in Aufsichtsräten, Beiräten oder ähnlichen Einrichtungen. Gehen Zahlungen, welche die Partnerschaft betreffen, auf ein Konto eines Partners ein, so hat er sie unverzüglich auf eines der Konten der Partnerschaft zu überweisen.

(2) Zu den Betriebseinnahmen gehören nicht die Einkünfte aus schriftstellerischer oder vortragender Tätigkeit. Soweit solche Einkünfte auf dem Konto der Partnerschaft eingehen, sind sie unverzüglich auf ein privates Konto des betreffenden Partners weiterzuleiten. Durch Partnerbeschluss kann eine angemessene Anrechnung auf den Überschussanteil erfolgen, wenn der betreffende Partner die Tätigkeit im Sinne des Satzes 1 zu einem erheblichen Teil während der üblichen Arbeitszeit und mit Arbeitsmitteln der Partnerschaft verrichtet hat.

§ 9 Ausgaben

(1) Die durch den Betrieb der Partnerschaft veranlassten Ausgaben sind Betriebsausgaben der Partnerschaft.

(2) Zu den Betriebsausgaben der Partnerschaft gehören nicht Ausgaben, die zwar der einzelne Partner für zweckmäßig hält, die aber nicht sämtlichen Partnern zugutekommen.

(3) Reisekosten sind Betriebsausgaben. Sie werden nach Wahl der Partner mit den effektiven Aufwendungen oder nach den steuerlich ohne Nachweis zulässigen Sätzen abgerechnet. Bei Bahnfahrten wird die 1. Wagenklasse erstattet; bei Flugreisen grundsätzlich die Economy-Klasse, sofern nicht eine höhere Klasse gegenüber dem betreffenden Mandanten abrechenbar ist.

(4) Bewirtungsspesen, die im Verkehr mit Mandanten oder Berufskollegen oder anlässlich von Tagungen entstehen, sind Betriebsausgaben.

(5) Die Kosten der beruflichen Fortbildung sind im angemessenen Umfang Betriebsausgaben. Die Einzelheiten werden durch Partnerbeschluss geregelt.

(6) Beim Nachweis der Aufwendungen haben die betreffenden Partner dafür Sorge zu tragen, dass der Nachweis alle Angaben enthält, die nach den jeweils anwendbaren steuerlichen Vorschriften für den Betriebsausgaben- bzw. Vorsteuerabzug erforderlich sind.

§ 10 Haftpflichtversicherung, Haftung, Ausgleich im Innenverhältnis

(1) Für Verbindlichkeiten aus Schäden wegen fehlerhafter Berufsausübung unterhält die Partnerschaft eine Berufshaftpflichtversicherungen mit einer Versicherungssumme von € ...... für jeden Versicherungsfall. Angemessen abzusichern sind auch persönliche Haftungsrisiken der Partner aus Mandaten nach § 8 Abs. 1 S. 2. Die Angemessenheit des Versicherungsschutzes wird von den Partnern jährlich überprüft. Der Versicherungsschutz der Partnerschaft und der für sie tätigen Berufsträger entspricht mindestens dem gesetzlichen Mindestversicherungsschutz nach Maßgabe des jeweils strengeren Berufsrechts gem. § 3 Abs. 5.

(2) Die mit der Bearbeitung eines Mandats befassten Partner haben dafür Sorge zu tragen, dass Umfang und Inhalt ihrer Bearbeitungsbeiträge hinreichend dokumentiert sind, so dass eine über das Partnerschaftsvermögen hinausgehende persönliche Haftung der Partner, die nicht im Sinne des § 8 Abs. 2 PartGG mit der Bearbeitung des Mandats befasst waren, ausgeschlossen ist.

(3) Den jeweils verantwortlichen Partnern im Sinne des § 8 Abs. 2 PartGG obliegt es, namens der Partnerschaft eine Haftungsbeschränkungs- und -begrenzungsvereinbarung nach den jeweiligen berufsrechtlichen Vorgaben mit dem Mandanten zu schließen. Bei der erkennbaren Möglichkeit, dass das potentielle Schadensrisiko die Deckungssumme des Versicherungsschutzes überschreiten könnte, sind sie hierzu verpflichtet.

(4) Soweit kein Versicherungsschutz besteht, sind Schadensersatzleistungen bei leichter Fahrlässigkeit im Innenverhältnis als Betriebsausgaben der Partnerschaft zu behandeln. Bei mittlerer Fahrlässigkeit werden sie zur Hälfte als Betriebsausgaben

von der Partnerschaft und im Übrigen von den jeweiligen verantwortlichen Partnern übernommen. Soweit die Partnerschaft nach vorstehenden Regelungen die Schadensersatzleistungen im Innenverhältnis übernimmt, ist die Haftung im Innenverhältnis auf das Partnerschaftsvermögen beschränkt. Schäden aufgrund von wissentlicher Pflichtverletzung oder Vorsatz sind im Innenverhältnis von dem verursachenden Partner allein zu tragen.

(5) Nachschusspflichten iS. des § 735 BGB aus Anlass der Liquidation der Gesellschaft, der Insolvenz der Partnerschaft oder aus Anlass des Ausscheidens eines Partners aus der Partnerschaft sind ausgeschlossen, soweit der Verlust auf einem Berufshaftpflichtfall beruht.

§ 11 Beteiligung am Vermögen sowie am Gewinn und Verlust, Entnahmen

(1) Die Beteiligung am Vermögen der Partnerschaft entspricht der Beteiligung am Gewinn und Verlust.

(2) Die Gewinnanteile der Partner sind von Geschäftsjahr zu Geschäftsjahr variabel. Der jeweilige Gewinnanteil wird auf Basis eines Punktesystems ermittelt und entspricht dem Anteil der persönlichen Punktzahl eines Partners an der Gesamtzahl der vergebenen Punkte. Die persönliche Punktzahl eines Partners ermittelt sich wie folgt:

a) Je 30 Punkte pauschal vorab.

b) A 4 Punkte, B 2 Punkte und C 2 Punkte.

c) Je 2 Punkte für jedes Kalenderjahr der Berufsausübung des in der Partnerschaft registrierten freien Berufs. Maximal können hierdurch 30 Punkte pro Partner zusätzlich erreicht werden. Bei Doppelzulassungen in verschiedenen Berufen zählen die Punkte der jeweils längeren Zulassungszeit. Die Punkte für das erste Zulassungsjahr werden anteilig auf das jeweilige Kalenderjahr ermittelt.

d) Je 4 Punkte für den Erwerb von berufsbezogenen akademischen Titeln sowie je 2 Punkte pro Fachanwaltsbezeichnung oder Ähnlichem.

e) Je 4 Punkte für die Übernahme der Verantwortung in den internen Bereichen Abrechnungswesen, Personal, ...

f) Je 2 Punkte pro angefangene € 10.000.– persönlich abgearbeiteten Umsatzes ab einem persönlich abgearbeiteten Jahresumsatz von € ......

g) Je 2 Punkte pro angefangene € 10.000.– persönlich akquiriertem Umsatz ab einem persönlich akquirierten Jahresumsatz von € ......

(3) Für den Fall, dass ein Geschäftsjahr mit einem Verlust abschließt, bemessen sich die jeweiligen Verlustanteile entsprechend Abs. 1 unter Außerachtlassung der Punkte gemäß Abs. 2 Buchst. e und f.

(4) Die Partner beschließen zu Beginn eines jeden Geschäftsjahres, welche Beträge jeder Partner unter Anrechnung auf seinen Gewinnanteil monatlich entnehmen kann (Monatsentnahme).

§ 12 Urlaub

Jedem Partner steht ein Jahresurlaub von 30 Arbeitstagen zu. Während des Urlaubs vertreten sich die Partner gegenseitig, soweit sie auf Grund ihrer berufsrechtlichen Zulassung hierzu berechtigt sind; falls die Terminslage im Übrigen keine andere Lösung zulässt, wird ein externer Vertreter bestellt.

§ 13 Krankheit

(1) Wenn im Fall von Krankheit die Arbeitskraft eines Partners ausfällt, bleibt seine Gewinnbeteiligung gemäß § 11 Abs. 2 für folgende Zeiträume unverändert:

a) Bei einer Partnerschaftszugehörigkeit bis zu zehn Jahren auf die Dauer von drei Monaten;

b) bei einer Partnerschaftszugehörigkeit über zehn Jahre auf die Dauer von sechs Monaten.

(2) Anschließend können die übrigen Partner durch Partnerbeschluss die Gewinnbeteiligung des Ausgefallenen nach billigem Ermessen für die Restdauer des Ausfalles reduzieren oder eine Ersatzkraft unter Anrechnung auf den Gewinnanteil des Ausgefallenen beschäftigen.

(3) Für die Vertretung des erkrankten Partners gilt § 12 entsprechend.

§ 14 Schwangerschaft und Elternzeit

(1) Im Falle der Schwangerschaft ist eine Partnerin berechtigt, sechs Wochen vor dem errechneten Datum der Entbindung und acht Wochen nach der Entbindung ihre Tätigkeit für die Partnerschaft zu unterbrechen. Ihren Anspruch auf Gewinnbeteiligung gemäß § 11 behält sie voll.

(2) Eltern können Elternzeit bis zur Vollendung des dritten Lebensjahres eines Kindes in sinngemäßer Anwendung des § 15 BEEG geltend machen. Der Anspruch auf Gewinnbeteiligung und Gewinnvoraus gem. § 11 ruht für die Zeit der Unterbrechung.

§ 15 Dauer der Partnerschaft, Kündigung

(1) Die Dauer der Partnerschaft ist unbestimmt. Sie beginnt mit ihrer Eintragung im Partnerschaftsregister.

(2) Jeder Partner kann durch gemeinsamen Beschluss aller übrigen Partner mit einer Frist von zwölf Monaten zum Ende eines Kalenderjahres aus sachlichem Grund und mit vorheriger Gelegenheit zur Stellungnahme von der Partnerschaft ausgeschlossen werden.

(3) Liegt in der Person eines Partners ein wichtiger Grund vor, so kann er, nachdem ihm zuvor Gelegenheit zur Stellungnahme gegeben worden ist, durch gemeinsamen schriftlichen und einstimmigen Beschluss aller übrigen Partner fristlos ausgeschlossen werden.

(4) Die ordentliche Kündigung des Partnerschaftsverhältnisses durch einen Partner ist unter Einhaltung einer Frist von zwölf Monaten bis zum Ende eines Kalenderjahres – vorbehaltlich des Rechts zur fristlosen Kündigung aus wichtigem Grund – gegenüber den übrigen Partnern möglich.

(5) Jedweder Ausschluss eines Partners und jedwede Kündigung gegenüber allen Partnern hat schriftlich zu erfolgen.

§ 16 Ausscheiden, Abfindung

(1) Ein Partner, der gekündigt hat oder der ausgeschlossen wurde, scheidet mit Wirksamkeit der Kündigung oder des Ausschlusses aus der Partnerschaft aus. Entsprechendes gilt bei der Kündigung durch einen Privatgläubiger eines Partners.

(2) Bei dauernder Berufsunfähigkeit im Sinne der jeweiligen berufsrechtlichen Regelungen scheidet der Partner spätestens mit Erlass des Rentenbescheids oder mit Verlust der berufsrechtlichen Zulassung aus. Entsprechendes gilt für den Fall des Verlustes der berufsrechtlichen Zulassung aus anderen Gründen.

(3) Hat ein Partner das 63. Lebensjahr vollendet, so kann er im Einvernehmen mit den übrigen Partnern unter angemessener Anpassung seines Gewinnanteils seine Tätigkeit in der Partnerschaft einschränken. Zum Eintritt des gesetzlichen Rentenalters haben jeweils der betroffene Partner oder die Gesamtheit der übrigen Partner ein Sonderkündigungsrecht, das unter Einhaltung einer Frist von sechs Monaten ausge-

übt werden kann. Mit Vollendung des 70. Lebensjahres scheidet der Partner aus, es sei denn, es wird mit seiner Zustimmung durch Partnerschaftsbeschluss eine andere Regelung getroffen.

(4) Wird über das Vermögen eines Partners ein Insolvenzverfahren eröffnet, so scheidet er aus der Partnerschaft vorbehaltlich künftiger individueller Regelungen aus.

(5) Die Beteiligung an der Partnerschaft ist nicht vererblich.

(6) Scheidet ein Partner nach obigen Bestimmungen oder wegen Todes aus der Partnerschaft aus, so hat dies auf den Bestand der Partnerschaft keinen Einfluss.

(7) Ausgeschiedene Partner bzw. deren Erben haben einen Abfindungsanspruch in Höhe des ihnen nach den steuerlichen Vorschriften zuzurechnenden anteiligen Verkehrswertes des Betriebsvermögens. Die Partner sind sich einig, dass die Richtlinien zur Bewertung von Anwaltskanzleien der Bundesrechtsanwaltskammer sowie die Hinweise der Bundessteuerberaterkammer für die Ermittlung des Wertes einer Steuerberaterpraxis mit der Maßgabe Anwendung finden, dass die eingebrachten Mandate jedenfalls nach derzeitigem Stand in der Regel als personenbezogen zu qualifizieren sind.

§ 17 Namensfortführung

Die Partner gestatten einander, ihre Namen über ihr eventuelles Ausscheiden aus der Partnerschaft hinaus in dem Namen der Partnerschaft fortzuführen. In der Außendarstellung der Partnerschaft ist auf den Briefbögen, in Broschüren, im Internetauftritt u. ä. das Ausscheiden kenntlich zu machen. Die jeweils betroffenen Partner können der Namensfortführung im Einzelfall aus wichtigem Grund widersprechen. Ein wichtiger Grund ist insbesondere eine anderweitige Tätigkeit des Ausgeschiedenen auf seinem freiberuflichen Gebiet.

§ 18 Anteilsübertragung

Die Übertragung der Beteiligung an der Partnerschaft ist mit Zustimmung aller Partner zulässig. Sie kann nur auf solche Personen übertragen werden, welche Partner im Sinne von § 1 Abs. 1 und Abs. 2 PartGG sein können, und wenn berufsrechtliche Bestimmungen dem nicht entgegenstehen.

§ 19 Schiedsgericht

Alle Streitigkeiten aus diesem Vertrag sollen unter Ausschluss des ordentlichen Rechtsweges von einem Schiedsgericht endgültig entschieden werden. Die Schiedsvereinbarung wird in gesonderter Urkunde vereinbart, die diesem Vertrag als Anlage beigegeben ist.

§ 20 Schriftform

Änderungen dieses Vertrages bedürfen zu ihrer Wirksamkeit der Schriftform. Auch wiederholte Verstöße gegen diese Bestimmungen beseitigen nicht das Schriftformerfordernis.

§ 21 Teilnichtigkeit

Sollte eine Bestimmung dieses Vertrages nichtig, anfechtbar oder unwirksam sein, so soll die Wirksamkeit der übrigen Bestimmungen hiervon nicht berührt werden. Die angreifbare Bestimmung ist vielmehr durch eine wirksame zu ersetzen und/oder so auszulegen, dass der mit ihr erstrebte wirtschaftliche und/oder ideelle Zweck nach Möglichkeit erreicht wird.

II. ERLÄUTERUNGEN

Erläuterungen zu A. 11.00 Partnerschaftsvertrag

1. Grundsätzliche Anmerkungen

a) Wirtschaftliches Vertragsziel

1 Das Partnerschaftsgesellschaftsgesetz (PartGG) v. 25.7.94 (BGBl. I 94, 1744) trat am 1.7.95 in Kraft und war die **erste gesellschaftsrechtliche Neuschöpfung** seit Inkrafttreten von BGB, HGB, GmbHG, AktG und GenG. Es hatte zum Ziel, den Angehörigen Freier Berufe eine Gesellschaftsform anzubieten, die auf ihre Bedürfnisse zugeschnitten ist. Nachdem die neue Gesellschaftsform in der Praxis nicht den erhofften Zulauf gefunden hatte (Anfang 1997 gab es im Bereich der Rechtsanwälte gerade einmal 78 Partnerschaftsgesellschaften), hat der Gesetzgeber im Rahmen des Handelsrechts-Reformgesetzes v. 22.6.98 (BGBl. I 98, 1474) und des Gesetzes zur Änderung des Umwandlungsgesetzes v. 22.7.98 (BGBl. I 98, 1878) einen weiteren Anlauf unternommen, um mit mehreren klarstellenden Änderungen und mit einer Haftungsverfassung, welche die Partnerschaftsgesellschaft noch stärker gegenüber der GbR privilegiert (vgl. § 8 Abs. 2 PartGG, Näheres unter Rz. 27), die Attraktivität der Partnerschaftsgesellschaft für Freiberufler zu erhöhen. Die Anzahl erhöhte sich sodann bis zum 1.1.07 auf 1725 Partnerschaftsgesellschaften (BRAK-Mitt. 2007 S. 110). Am 31.12.13 gab es 10.829 Partnerschaftsgesellschaften (*Lieder/Hoffmann* NZG 14, 127 exkl. PartG mbB). Insbes. bei größeren Gesellschaften, bei denen angesichts der Vielzahl von Berufsträgern eine gemeinsame Betreuung der einzelnen Aufträge faktisch nicht mehr möglich ist, ist die besondere Haftungsverfassung der Partnerschaftsgesellschaft ein angemessenes Instrument, um eine (faktisch verschuldensunabhängige) Haftung mit dem Privatvermögen derjenigen Gesellschafter auszuschließen, die mit dem haftungsauslösenden Auftrag konkret nicht befasst waren.

2 Die Partnerschaftsgesellschaft (oder „Partnerschaft"; vgl. § 2 Abs. 1 Satz 1 PartGG) ist allerdings nicht mehr die einzige neue Gesellschaftsform für Freiberufler. Zwischenzeitlich hat auch die **Rechtsanwalts-GmbH** durch den Gesetzgeber Anerkennung gefunden (Gesetz v. 31.8.98, BGBl. I 98, 2600). In Betracht kommen aber auch **andere Formen von Kapitalgesellschaften** (vgl. *Henssler* PartGG Einf. Rz. 30ff.). Von den Kapitalgesellschaften unterscheidet sich die Partnerschaft als Personengesellschaft vor allem durch die größere Gestaltungsfreiheit, die geringeren registerrechtlichen Anforderungen und ihre steuerliche Behandlung. Vor allem steuerlich ist die Partnerschaft idR noch die für Freiberufler günstigere Rechtsform. Nicht zuletzt sind hier auch höhere berufsrechtliche Hürden in Rechnung zu stellen, welche für eine Kapitalgesellschaft bestehen (vgl. zB §§ 59c ff. BRAO). Angesichts neuer angelsächsischer Alternativen wie die LLP entstand allerdings Reformdruck in Richtung einer Kombination der Haftungsvorteile von Kapitalgesellschaften mit den steuerlichen Besonderheiten von Personengesellschaften (vgl. *Rehm/Henssler/Bank/Leicht/Schnittker/Eilers/Roth* BB-Special 10 Heft 3 S. 1ff.; *Kilian* NJW 11, 3413). Dazu beigetragen hatte sicherlich auch eine Rechtsprechung des BGH, die im Nachhinein den Vorteilen, die der Gesetzgeber mit dem Haftungsprivileg nach § 8 Abs. 2 PartGG schaffen wollte, nahezu vollständig den Boden entzog (vgl. Rz. 27 sowie *Römermann* AnwBl 12, 288, 289) und die bei lebensnaher Betrachtungsweise einen vernünftigen Mandanten- bzw. Verbraucherschutz vorhersehbar konterkarieren wird (vgl. Rz. 27). Überdies dürfte die Abneigung des BGH gegenüber Freiberufler-GmbH & Co. KG, soweit es jedenfalls um Rechtsanwaltsgesellschaften geht (BGH AnwZ (Brfg) 18/10 v. 18.7.11, NJW 11, 3036f.), einen letzten Schub für das schließlich am 19.7.13 in Kraft getrete-

ne *Gesetz zur Einführung einer Partnerschaft mit beschränkter Berufshaftung und zur Änderung des Berufsrechts der Rechtsanwälte, Patentanwälte und Wirtschaftsprüfer* v. 15.7.13 (BGBl. I 13, 2386) gegeben haben (*Henssler* AnwBl 14, 96, 105; *Wälzholz* DStR 13, 2637, 2641; *Leuering* NZG 13, 1001, 1002). In Teil A.11.20 wird dementsprechend als weitere Variante der Partnerschaft die **PartG mbB** vorgestellt.

Die Partnerschaft steht als Gesellschaftsform ausschließlich Freiberuflern offen. Nach § 1 Abs. 2 Satz 1 PartGG haben die **Freien Berufe** im Allgemeinen auf der Grundlage besonderer beruflicher Qualifikation oder schöpferischer Begabung die persönliche, eigenverantwortliche und fachlich unabhängige Erbringung von Dienstleistungen höherer Art im Interesse der Auftraggeber oder der Allgemeinheit zum Inhalt. Der umfangreiche Katalog Freier Berufe in § 1 Abs. 2 Satz 2 PartGG ist nicht abschließend (zu den einzelnen Katalogberufen vgl. *Henssler* PartGG § 1 Rz. 98ff.). 3

Die Partnerschaft ermöglicht zwar den interprofessionellen Zusammenschluss zwischen verschiedenen freien Berufen, doch ist hierbei das jeweilige Berufsrecht (zB § 59a BRAO, § 50 Abs. 4 StBerG, 28 Abs. 2, § 4 WPO) zu beachten (§ 1 Abs. 3 PartGG). Der BGH (II ZB 7/11 v. 16.5.13, BeckRS 2013, 11592) hält das Verbot der gemeinschaftlichen Berufsausübung von Rechtsanwälten mit Ärzten und Apothekern für verfassungswidrig und hat diese Frage dem BVerfG (Az. 1 BvL 6/13) zur Entscheidung vorgelegt. Auch eine gemischt gewerblich-freiberufliche Tätigkeit (Journalist/Verlag/Buchverkauf) soll gesellschaftsrechtlich zulässig sein, solange nicht ein Partner entgegen § 1 Abs. 1 Satz 1, 2 PartGG ausschließlich gewerblich tätig ist (*Meilicke* PartGG § 1 Rz. 88; aA *Henssler* PartGG § 1 Rz. 91). Mit Blick auf die sog. Abfärbetheorie ist eine gemischt freiberuflich-gewerbliche Partnerschaft allerdings steuerlich problematisch (vgl. Rz. 9 und A. 5.00 Rz. 13). 4

Reine Kapitalbeteiligungen durch Personen, die keinen freiberuflichen Beitrag zur Partnerschaft leisten oder zumindest geleistet haben, sind unzulässig. Der Wortlaut des § 1 Abs. 1 Satz. 1 PartGG setzt für die Partnerschaft den Zusammenschluss Angehöriger Freier Berufe „zur Ausübung" ihrer Berufe voraus. Ungeklärt ist die Frage, ob immerhin solche Partner in der Partnerschaft verbleiben können, die zB aus Altersgründen ihre aktive Tätigkeit eingestellt haben. Richtigerweise ist das Merkmal „Ausübung" weit auszulegen (*Meilicke* PartGG § 1 Rz. 100). Zumindest sprechen Praktikabilitätsgründe dafür, da entsprechende Kontrollmöglichkeiten ohnehin fehlen (*Henssler* PartGG § 1 Rz. 25). Unabhängig hiervon verlangt § 9 Abs. 3 PartGG, dass derartige Partner nur Partner bleiben können, wenn sie die Zulassung zu ihrem freien Beruf behalten. 5

Zur Abgrenzung von Gesellschafter- bzw. Partnerstellung und Arbeitnehmerstellung (vgl. A. 5.01 Rz. 9, 11, 12, 20).

b) Gesellschaftsrecht

Die Partnerschaft ist – ohne eine Handelsgesellschaft zu sein (§ 1 Abs. 1 Satz 1 PartGG) – als eine **bedingt rechtsfähige Personengesellschaft** konzipiert; sie ist als „Schwesterfigur zur OHG" zu sehen (BT-Drs. 12/6152, 8; *Seibert* DB 94, 2381). Ohne juristische Person zu sein, ist sie dieser jedoch weitgehend angenähert (BT-Drs. 12/6152; *Leutheusser-Schnarrenberger* BRAK-Mitt. 1995, 90). Die Partnerschaft hat einen Namen, unter dem sie eigene Rechte hat, klagen und verklagt werden kann (§§ 2, 7 Abs. 2 PartGG iVm § 124 HGB). Auf eine derart klare gesetzliche Grundlage konnte für die GbR nicht verwiesen werden. Erst die neuere Rspr. des II. Zivilsenats des BGH näherte schließlich auch die GbR der OHG an (vgl. A. 5.00 Rz. 4). Die Partnerschaft kann als Prozess- oder Verfahrensbevollmächtigte beauftragt werden, sie handelt dabei durch ihre Partner und Vertreter und kann im gleichen Umfange wie diese postulationsfähig sein (§ 7 Abs. 4 PartGG, anders noch die frühere Rechtslage vgl. BFH XI R 66/97 v. 26.2.99, BStBl. II 99, 363). 6

7 Anders als bei der GbR bedarf es bei der **Gründung** einer Partnerschaft der Einhaltung der Schriftform für den Gesellschaftsvertrag (§ 3 Abs. 1 PartGG) sowie der Registereintragung der Partnerschaft (§§ 4, 5, 7 Abs. 1 PartGG). Die Nichteinhaltung der Schriftform hat im Zweifel gem. §§ 125, 139 BGB die Nichtigkeit des gesamten Vertrages zur Folge. In der Literatur wird zu Recht vertreten, dass sich das gesetzliche Schriftformerfordernis trotz des unklaren Wortlauts des § 3 Abs. 1 PartGG lediglich auf den gesetzlich gebotenen Mindestinhalt des Vertrages beziehen darf (zum Meinungsstand und zum Schriftformerfordernis *Beck PersGes-HB/Bärwaldt* § 18 Rz. 17ff.; aA *Henssler* PartGG § 3 Rz. 18). Im Innenverhältnis beginnt die Partnerschaft mit Abschluss des Partnerschaftsvertrages. Im Außenverhältnis wird sie erst mit Eintragung in das Partnerschaftsregister wirksam (§ 7 Abs. 1 PartGG). Zur Anmeldung und Eintragung (vgl. Formular A. 11.10).

8 Die **Umwandlung** einer GbR in eine Partnerschaft ist gem. § 2 Abs. 2 Halbs. 2 PartGG möglich. Im Gegensatz zu den Verhältnissen bei der GbR sieht das UmwG für die Partnerschaft zahlreiche weitere Umwandlungsvorgänge vor, die zur Entstehung einer Partnerschaft führen können oder bei denen die Partnerschaft in eine andere Rechtsform umgewandelt werden kann (vgl. §§ 3, 124, 191 UmwG). Zur Umwandlung der Partnerschaft in eine PartG mbB (vgl. A. 11.00 Rz. 3).

c) Steuerrecht

9 Als Personengesellschaft ist die Partnerschaft kein selbstständiges Steuersubjekt. Vielmehr werden die einzelnen Partner wie die Gesellschafter einer Freiberufler GbR nach den Grundsätzen der freiberuflichen Mitunternehmerschaft (§ 18 Abs. 1 Nr. 1, Abs. 4, 15 Abs. 1 Nr. 2 EStG steuerlich behandelt und unterliegen mit ihren anteilig erzielten Einkünften der **Einkommensteuer.** Kraft Rechtsform dürfen sich an der Partnerschaft nur Freiberufler beteiligen (§ 1 Abs. 1 Satz 1. § 9 Abs. 3 PartGG). Gleichwohl können ihre Einkünfte ähnlich wie bei der Freiberufler GbR steuerlich in gewerbliche umqualifiziert werden (vgl. A. 5.00 Rz. 13) – ua. mit der Folge der Gewerbesteuerpflicht.

10 Da die Partnerschaft Unternehmer iSd. § 2 UStG ist, hat sie grds. für ihre Umsätze **Umsatzsteuer** abzuführen und ist vorsteuerabzugsberechtigt, es sei denn, ihre Umsätze sind aus anderen Gründen nicht steuerbar oder steuerbefreit (zB Ärztepartnerschaft iSd. § 4 Nr. 14 UStG). Ein umsatzsteuerbarer Leistungsaustausch ist auch zwischen einer Partnerschaft und einem Partner möglich (vgl. A. 5.00 Rz. 23). Für die Umsatzsteuerschulden der Partnerschaft haften die Partner auch mit ihrem Privatvermögen nach § 8 Abs. 1 Satz 1 PartGG. Gem. § 20 Abs. 1 Nr. 3 UStG besteht (auf Antrag) die Möglichkeit, die Umsatzsteuer nicht nach vereinbarten Entgelten (Soll-Besteuerung), sondern nach vereinnahmten Entgelten (Ist-Besteuerung) zu berechnen. Für die **Grunderwerbsteuer** vgl. A. 5.00 Rz. 11f. sowie für die **Erbschaft- und Schenkungsteuer** A. 5.00 Rz. 24f.

2. Einzelerläuterungen

Zu § 1: Name, Sitz, Rechtsform

11 **Absatz 1:** Der Name der Partnerschaft gehört zum Mindestinhalt des Partnerschaftsvertrages (§ 3 Abs. 2 Nr. 1 PartGG). Nach § 2 Abs. 1 muss der Name der Partnerschaft den Namen mindestens eines Partners, den Zusatz „und Partner" oder „Partnerschaft" sowie die Berufsbezeichnung aller in der Partnerschaft vertretenen Berufe enthalten. Wenn bereits alle Partner im Namen der Partnerschaft genannt sind, soll der Zusatz „und Partner" irreführend und damit unzulässig sein (*Henssler* PartGG § 2 Rz. 9). Über den Wortlaut des Gesetzes hinaus sind auch andere Zusätze zulässig, die deutlich machen, dass es sich um eine Partnerschaftsgesellschaft handelt (vgl. *Beck PersGes-HB/Bärwaldt* § 18 Rz. 23 mwN). Bei der Namensangabe ist nur der jeweilige

Nachname erforderlich (§ 2 Abs. 1 Satz 2 PartGG). Die Namen anderer Personen als der Partner dürfen nicht in den Namen der Partnerschaft aufgenommen werden (§ 2 Abs. 1 Satz 3 PartGG). Dies trifft jedoch nicht auf den als Namensgeber ausgeschiedenen Partner zu. Die Partnerschaft darf mit seiner Einwilligung seinen Namen weiterführen, denn § 2 Abs. 2 PartGG verweist für die Einzelheiten des Namensrechts neben den § 18 Abs. 2, §§ 21, 22 Abs. 1, §§ 23, 30, 31 Abs. 2, § 32 und § 37 HGB auch auf § 24 HGB, der ausdrücklich die Namensfortführung eines früheren Geschäftsinhabers regelt (vgl. BGH I ZR 195/99 v. 28.2.02, NJW 02, 2093). Eine unzulässige Irreführung im Falle einer anderweitigen Berufstätigkeit des ausgeschiedenen Namensgebers an anderer Stelle soll nicht vorliegen, wenn das Ausscheiden aus der Partnerschaft hinreichend kenntlich gemacht wird (vgl. BGH I ZR 195/99 v. 28.2.02, aaO).

Absatz 2: Zum Mindestinhalt des Partnerschaftsvertrages gehört auch der Sitz der Partnerschaft (§ 3 Abs. 2 Nr. 1 PartGG). Bei mehreren Standorten wäre der Standort als Sitz zu bestimmen, der am ehesten als Verwaltungssitz qualifiziert werden kann (*Beck PersGes-HB/Bärwaldt* § 18 Rz. 27; *Henssler* PartGG § 3 Rz. 26; aA *Meilicke* PartGG § 3 Rz. 20). Die übrigen Standorte sind gem. § 5 Abs. 2 PartGG als Zweigniederlassungen in das Partnerschaftsregister einzutragen (vgl. Formular A. 11.11). **12**

Zu § 2: Gegenstand der Partnerschaft

Absatz 1: Der Gegenstand der Partnerschaft muss als Mindestinhalt des Partnerschaftsvertrages angegeben werden (§ 3 Abs. 2 Nr. 3 PartGG). Der Gegenstand der Partnerschaft deckt sich idR mit den im Namen der Partnerschaft angegebenen Berufen und hat mittelbar Bedeutung für das im Innenverhältnis greifende Wettbewerbsverbot (§ 6 Abs. 3 Satz 2 PartGG iVm. § 112 HGB). Wird ein angegebener Beruf vorübergehend nicht abgedeckt, weil etwa der betreffende Partner aus der Partnerschaft ausgeschieden ist, so hat dies nach hL keinen Einfluss auf die Wirksamkeit der Vereinbarung des Unternehmensgegenstandes (*MünchKommBGB/Ulmer* § 3 PartGG Rz. 23; *Beck PersGes-HB/Bärwaldt* § 18 Rz. 31). **13**

Absatz 2: Es handelt sich lediglich um eine ergänzende salvatorische Klausel, die vorsorglich Annexgeschäfte und -tätigkeiten wie zB Veröffentlichungen im geringeren Umfang abdeckt. Spielen diese Tätigkeiten jedoch eine erhebliche Rolle, wären sie mit Rücksicht auf das Schriftformerfordernis ausdrücklich im Gegenstand der Partnerschaft aufzuführen. **14**

Zu § 3: Zusammenarbeit, Mandate

Die Grundsätze, die für die interne Zusammenarbeit gelten müssen, werden auf der einen Seite durch § 6 PartGG vorgegeben, der sich an dem Leitbild der unabhängigen und eigenverantwortlichen Tätigkeit der Freiberufler orientiert (vgl. § 1 Abs. 2 Satz. 1 PartGG) und auf die jeweiligen berufsrechtlichen Grundsätze verweist. Sie werden vor allem durch Abs. 3 (Mandatsannahme) und Abs. 5 (Berufsrecht) in der vorgeschlagenen Regelung konkretisiert. Dem steht auf der anderen Seite der Grundsatz des solidarischen Verhaltens unter Gesellschaftern und hierbei insbesondere der Gedanke der Beitragspflicht (§ 1 Abs. 4 PartGG, § 706 Abs. 3 BGB) gegenüber. In der vorgeschlagenen Regelung wird dies durch Leistungspflichten (Abs. 1 und 2), Informations- und Beratungspflichten (Abs. 3 und 4) sowie Kollisionsregelungen (Abs. 5) berücksichtigt. Im Schrifttum wird zudem im Hinblick auf § 6 Abs. 2 PartGG die Möglichkeit streitig erörtert, ob den einzelnen Partnern zB im Partnerschaftsvertrag oder durch Partnerschaftsbeschlüsse generelle Vorgaben zur Geschäftspolitik im Bereich der freiberuflichen Tätigkeit gemacht werden dürfen oder in diesem Bereich auch Gesamtgeschäftsführungsbefugnis vorgesehen werden kann (zustimmend *Henssler* PartGG § 6 Rz. 55, aM *Michalski/Römermann* PartGG § 6 Rz. 16). ME ist jedenfalls die hier in Abs. 3 vorgeschlagene Beratungspflicht bei der Annahme von bestimmten Mandaten zulässig. **15**

Zu § 4: Vertretung, Geschäftsführung, Partnerschaftsbeschlüsse

16 **Absatz 1:** Die Alleinvertretungsbefugnis eines jeden Partners entspricht der gesetzlichen Regel (§ 7 Abs. 3 PartGG iVm. § 125 Abs. 1 HGB). Sie ist auch für die sonstigen Geschäfte iSv. § 6 Abs. 2 PartGG sinnvoll, um die Handlungsfähigkeit der Partnerschaft sicherzustellen. Jedenfalls für den zuletzt genannten Bereich ist sie dispositiv und kann als Gesamtvertretungsbefugnis ausgestaltet werden (vgl. *Beck PersGes-HB/Bärwaldt* § 18 Rz. 66). Eine Abweichung von der gesetzlichen Regel ist allerdings gem. §§ 7 Abs. 3, 11 Abs. 2 PartGG iVm. § 125 Abs. 1 und 2 HGB, § 5 Abs. 3 Satz 2 PRV in das Partnerschaftsregister einzutragen.

17 **Absätze 2 und 3:** Im Innenverhältnis ist bis auf den freiberuflichen Kernbereich nach § 6 Abs. 2 PartGG (vgl. Rz. 15) abweichend von der Alleinvertretungsbefugnis gem. Abs. 1 und der gesetzlichen Regel nicht Alleingeschäftsführungsbefugnis (§ 6 Abs. 3 Satz 2 PartGG iVm. § 115 Abs. 1 HGB), sondern Gesamtgeschäftsführungsbefugnis iSv. § 6 Abs. 3 Satz 2 PartGG iVm. § 115 Abs. 2 HGB vorgesehen (zum Verhältnis von Vertretungsbefugnis und eingeschränkter Geschäftsführungsbefugnis vgl. *Beck PersGes-HB/Stengel* § 3 Rz. 235, 258, zum Widerspruchsrecht gem. § 115 Abs. 1 HGB vgl. A. 9.00 Rz. 41). Je größer die Partnerschaft wird und je mehr die Partner mit den Geschäftsgepflogenheiten ihrer übrigen oder neuer Partner vertraut sind, bietet sich an, von der im Formular vorgesehenen Möglichkeit der Übertragung von Alleingeschäftsführungsbefugnis auf einzelne Partner durch Partnerschaftsbeschluss Gebrauch zu machen. Letzteres setzt im Übrigen § 11 Abs. 2 Buchst. e des Formulars im Zusammenhang mit der Gewinnbeteiligung voraus.

18 **Absatz 4:** Die gemeinsame Willensbildung der Partnerschaft erfolgt im Einklang mit der dispositiven gesetzlichen Regel durch Fassung einstimmiger Beschlüsse (§ 6 Abs. 3 PartGG iVm. § 119 HGB). Die Beschlussfassung unterliegt grds. nicht bestimmten Förmlichkeiten. Allerdings bedürfen zB Beschlüsse, die Änderungen des Mindestinhalts des Partnerschaftsvertrages zum Gegenstand haben, schon von Gesetzes wegen der Schriftform (§ 3 PartGG). Für die Einzelheiten zur ordnungsgemäßen Beschlussfassung und der Rechtsmittel hiergegen wird auf die einschlägige Kommentarliteratur zu § 119 HGB verwiesen.

Zu § 5: Partner, Einlagen

19 **Absatz 1:** Nach § 3 Abs. 2 Nr. 2 PartGG muss der Partnerschaftsvertrag als Mindestinhalt den Namen und „den" Vornamen sowie den in der Partnerschaft ausgeübten Beruf und den Wohnort jedes Partners enthalten. Bei mehreren Vornamen dürfte nach sachgerechter Auslegung der Vorschrift die Angabe eines der Vornamen ausreichend sein. Vorsorglich können jedoch alle angegeben werden (*Henssler* PartGG § 3 Rz. 31; *Meilicke* PartGG § 3 Rz. 21). Bei Doppelnamen genügt dies hingegen nicht. Zu den Berufen, die in der Partnerschaft ausgeübt werden können vgl. Rz. 3. Hinsichtlich der gesetzlichen Verpflichtung, den Wohnort anzugeben, ist unklar, ob es sich um den Wohnsitz nach den Kriterien des § 7 BGB oder nach denen des § 8 AO handelt. Vorsichtshalber wird empfohlen, alle in Betracht kommenden Wohnorte anzugeben (*Meilicke* PartGG § 3 Rz. 24) und jeweils zu konkretisieren, ob es sich um den Wohnort nach § 8 AO oder § 7 BGB handelt. Zum Kapitalkonto vgl. Rz. 23.

20 **Absatz 2 und 3:** Die Partnerschaft ist eine Gesamthand und als solche Trägerin des Gesellschaftsvermögens (§ 1 Abs. 4 PartGG iVm. §§ 718 ff. BGB). Vgl. zur Buchwerteinbringung A. 5.01 Rz. 13.

21 **Absatz 4:** Die Regelung über die Kraftfahrzeuge stellt einen Vorschlag dar, da erfahrungsgemäß die Bedürfnisse der Partner sehr unterschiedlich sind. Zur steuerlichen Problematik vgl. A. 5.01 Rz. 14.

Zu § 6: Geschäftsjahr, Gewinnermittlung, Buchführung, Rechnungsabschluss

Zur **ertragsteuerlichen Behandlung** vgl. Rz. 9. Der Rechungsabschluss ist die Grundlage für die Gewinnverteilung und für die Erstellung der Überschussrechnung gemäß § 4 Abs. 3 EStG. Der Vorteil der Überschussrechnung liegt darin, dass keine allgemeine steuerliche Buchführungspflicht nach § 141 AO gegeben ist. Die Partnerschaft kann auch anstelle einer Überschussrechnung eine Bilanz und eine Gewinn- und Verlustrechnung erstellen und ihren Gewinn gemäß § 4 Abs. 1 EStG ermitteln (vgl. *Beck PersGes-HB/Bärwaldt* § 18 Rz. 94). Eine Partnerschaftsgesellschaft dürfte trotz registerrechtlicher Erfassung nicht gem. § 4a Abs. 1 EStG einen anderen Gewinnermittlungszeitraum als das Kalenderjahr wählen können (vgl. A. 5.01 Rz. 18 sowie *Beck PersGes-HB/Bärwaldt* § 18 Rz. 95). 22

Zu § 7: Partnerkonten

Die Einrichtung von Partnerkonten dient der Klarheit im Abrechnungsverkehr zwischen Partnerschaft und Partner. Die Partnerkonten und die Kapitalkonten nach § 5 Abs. 1 Satz 2 berühren nach der vorgeschlagenen Gestaltung insbesondere unter Berücksichtigung von § 11 Abs. 2 nicht die Höhe der Beteiligung am Gesellschaftsvermögen. Zur Beteiligung am Gesellschaftsvermögen vgl. Rz. 29. 23

Zu § 8: Einnahmen

Es entspricht der wirtschaftlichen Zielsetzung eines Partnerschaftsvertrages, alle berufsbedingten Einnahmen der Partner der Partnerschaft zuzuordnen. Dies soll auch für Sondereinnahmen für Tätigkeiten in Aufsichtsräten und ähnlichen Gremien gelten. Mit der Freistellung von Autoren- und Vortragshonoraren in Abs. 2 kann allerdings ein Anreiz gesetzt werden, im Interesse der Partnerschaft publizistisch tätig zu werden, wobei davon ausgegangen wird, dass die Berufsträger solche Tätigkeiten idR überobligatorisch außerhalb des üblichen Geschäftsbetriebes erbringen. 24

Zu § 9: Ausgaben

Zu den typischen Betriebsausgaben, die ein Partner für zweckmäßig halten mag, die aber nicht direkt den übrigen Partnern zugutekommen, können die Kosten für die Teilnahme an Fachkongressen zählen. Durch den Formularvorschlag soll hier ein Zwang zur vorherigen Planung aller Partner hergestellt werden. 25

Zu § 10: Haftpflichtversicherung, Haftung, Ausgleich im Innenverhältnis

Absatz 1: Der Abschluss von Berufshaftpflichtversicherungen ist für bestimmte Freiberufler gesetzlich vorgeschrieben (zB § 51 Abs. 1 BRAO, § 67 Abs. 1 StBerG, §§ 54 Abs. 1, 130 Abs. 1 WPO, § 45 Abs. 1 PAO). Nach § 3 Abs. 5 gilt es, den Grundsatz der Anwendbarkeit des strengsten Berufsrechts zu beachten. 26

Absätze 2 und 3: Gem. § 8 Abs. 1 PartGG können die Gläubiger der Partnerschaft grds. in entsprechender Anwendung der §§ 129 und 130 HGB neben dem Vermögen der Partnerschaft auch die Partner persönlich mit ihrem Privatvermögen als Gesamtschuldner in Anspruch nehmen. Für die Partner weist die Partnerschaft gegenüber der GbR (wie auch der OHG) allerdings insofern eine günstigere Haftungsverfassung auf, als bei der Bearbeitung von Aufträgen, die Gegenstand der freiberuflichen Tätigkeit sind, neben dem Partnerschaftsvermögen nur die Partner haften, die mit der Bearbeitung des betreffenden Auftrages befasst waren und deren Bearbeitungsbeiträge nicht lediglich von untergeordneter Bedeutung waren (§ 8 Abs. 2 PartGG). Der Wortlaut des Gesetzes setzt nicht voraus, dass der haftungserhebliche Bearbeitungsbeitrag eines Partners dem Auftraggeber gegenüber in Erscheinung getreten ist. Streitig 27 ist, ob es für die **Haftungskonzentration** auf einen bestimmten Partner genügt, wenn er nach der internen Zuständigkeitsverteilung für den Auftrag zuständig gewesen wäre (zum Meinungsstand *Henssler* PartGG § 8 Rz. 66ff; *Meilicke* PartGG § 8 Rz. 56ff). Jedenfalls eine abstrakte allgemeine Zuständigkeitsverteilung (zB durch die Zuordnung von Fachbereichen) kann mE für sich allein genommen eine Haftungskonzentration nicht rechtfertigen. Das Gesetz verlangt schon nach dem Wortlaut mehr: Es verlangt nämlich, dass der Partner mit der Bearbeitung „befasst war" und nicht bloß für die Bearbeitung „zuständig gewesen wäre oder hätte sein können." Von einer Befassung kann nur ausgegangen werden, wenn ein bestimmter Partner durch den Auftraggeber bzw. von der Partnerschaft hierzu beauftragt war oder, wenn der Partner den Auftrag so an sich gezogen hat, dass er sich damit befassen musste oder befasst hat. Nach einem Urteil des IX. Zivilsenats des BGH soll ein Partner, der sich mit der Bearbeitung eines Auftrages befasst, selbst dann haften, wenn der Fehler vor dem Eintritt in die Partnerschaft begangen wurde und im Zeitpunkt der Befassung nicht mehr korrigierbar ist (BGH IX ZR 12/09 v. 19.11.09, DStR 10, 463). Auf eine **kausale Beteiligung** des Partners am konkreten Bearbeitungsfehler komme es nach § 8 Abs. 2 PartGG nicht an. Unabhängig von der Frage, ob mangelnde Kausalität einen Entlastungsgrund darstellen kann, überzeugt die Entscheidung nicht. Schon die im Gesetzestext verwendete Vergangenheitsform gibt Anlass zu einer einschränkenden Auslegung zumindest bezogen auf den Begriff „Auftrag". In dem fraglichen Fall ging es um eine fehlerhafte Klageerhebung, die sich bereits irreparabel ereignet hatte, als der betroffene Partner eingetreten war. Ohne nähere Begründung ist der Senat davon ausgegangen, dass sämtliche Folgetätigkeiten nach einer Klageerhebung Bestandteile ein und desselben Auftrages iSd. § 8 Abs. 2 PartGG sein können. Hier wäre eine differenziertere Betrachtungsweise angemessen. Überdies würde die extensive Auslegung nicht zum Gesetzeszweck passen, so wie ihn der historische Gesetzgeber ausdrücklich vorgegeben hat: Kalkulierbarkeit von Haftungsrisiken für Angehörige der freien Berufe. Bei lebensnaher Betrachtung wären neu hinzutretende Partner nach der Rspr. des IX. Senats gut beraten, sich mit komplizierten Mandaten aus dem Bestand der Partnerschaft gar nicht erst zu befassen. Das gilt vor allem dann, wenn sie eine nur schwer überschaubare Auftrags- und Beratungshistorie haben oder sogar schon ein Beratungsfehler aus der Vergangenheit bekannt ist, der das Mandat für jeden Partner, der helfen will, haftungsträchtig infiziert hat. An diesen Konsequenzen der Überlegungen des IX. Senats können auch die von einem solchen Fehler geschädigten Mandanten oder Patienten kein zu billigendes Interesse haben. Die im Formular vorgeschlagene Dokumentationspflicht hinsichtlich des Umfangs und Inhalts der individuellen Bearbeitungsbeiträge dient der internen und externen Absicherung aller Partner, da der Führung bzw. der nicht ordnungsgemäßen Führung der Akten oder der Erfassung der Zeiten bei Vereinbarung von Zeithonoraren im Falle eines Regresses erheblicher Beweiswert zukommt. Haften Angestellte oder freie Mitarbeiter als sog. „Scheinpartner", bspw. weil sie im Briefkopf der Partnerschaft genannt werden (OLG München 29 U 2962/00 v. 18.1.01, BB 01, 592), so haftet im Außenverhältnis nur der handelnde **„Schein-Partner"** bei Bearbeitung eines Auftrags neben dem Vermögen der Partnerschaft nach den Grundsätzen der Rechtsscheinhaftung (*Henssler* PartGG § 8 Rz. 46ff.; *Meilicke* PartGG § 8 Rz. 37). Die privilegierende Haftungsverfassung gilt nur für Ansprüche auf Schadensersatz wegen fehlerhafter Berufsausübung, nicht aber für sonstige Ansprüche wie Löhne, Mieten etc. (Näheres zur Haftungsverfassung *Beck PersGes-HB/Bärwaldt* § 18 Rz. 70ff.; *Jawanski* DB 01, 2281).

28 **Absatz 4:** Die Ausgleichsverpflichtungen der vorgeschlagenen Regelung weichen von den dispositiven gesetzlichen Regelungen der § 6 Abs. 3 Satz 2 PartGG iVm. § 110 HGB und § 426 BGB sowie § 1 Abs. 4 PartGG iVm. § 708 BGB ab (vgl. A. 5.01 Rz. 22, *Beck PersGes-HB/Bärwaldt* § 18 Rz. 74). Soweit die vorgeschlagene Regelung dem Partner einen Erstattungsanspruch für die Inanspruchnahme aus Be-

rufshaftung zubilligt, war vorsorglich und ausdrücklich klarzustellen, dass sich angesichts der Haftungsverfassung der Partnerschaft die Haftung für den Erstattungsanspruch auf das Gesellschaftsvermögen beschränkt.

Absatz 5: Ein Nachschussanspruch für Verluste, die auf einem **Berufshaftpflichtfall** beruhen, würde die Beschränkung der Haftung auf das Gesellschaftsvermögen der Partnerschaft im Ergebnis unterlaufen. Zu Recht wird hierzu in der Literatur die Auffassung vertreten, dass er bei Fehlen einer ausdrücklichen Regelung als konkludent abbedungen gilt (*Henssler* AnwBl, 14, 96, 102; *Wertenbruch* NZG 13, 1006, 1010; *Wälzholz* DStR 13, 2637, 2639). Die vorgeschlagene Regelung hat daher nur deklaratorischen und klarstellenden Charakter. **28a**

Zu § 11: Beteiligung am Vermögen sowie an Gewinn und Verlust, Entnahmen

Das Gesetz enthält in § 6 Abs. 3 Satz. 2 PartGG keinen Verweis auf §§ 120 bis 122 HGB, so dass gem. § 1 Abs. 4 PartGG ohne eine besondere vertragliche Regelung gem. §§ 721 ff. BGB eine Beteiligung nach Köpfen zur Anwendung kommen würde (vgl. hierzu und zu den steuerlichen Auswirkungen A. 5.00 Rz. 34 bis 38). Dies ist in der Praxis nicht immer sachgerecht. Auf der anderen Seite wäre aber auch eine rein kapitalistische Beteiligung nach der Höhe der erbrachten Einlagen idR unangemessen, weil der Erfolg der Partnerschaft letztendlich von der Qualität und Quantität der freiberuflichen Beiträge der einzelnen Partner abhängt. Aus diesem Grunde sind in der Praxis die unterschiedlichsten Regelungen anzutreffen. **29**

Absatz 2: Die im Formular vorgeschlagene Gewinn-(und Vermögens-)beteiligung auf Basis eines Punktesystems trägt Faktoren Rechnung, die bei Vertragsverhandlungen über Gewinnverteilung in der Praxis häufig eine Rolle spielen. Denkbar sind freilich noch weitere Faktoren wie die Höhe des individuell akquirierten Umsatzes, Lehr- und schriftstellerische Tätigkeit etc. Naturgemäß birgt die Materie in der Praxis viel Zündstoff. Aus diesem Grunde sollten sich alle Partner im Voraus über die Gewichtung der im konkreten Fall in Betracht kommenden Faktoren klar werden. Hierfür bedarf es jeweils Modellrechnungen und Prognosen auf Grund der individuellen Verhältnisse des Unternehmens. Zu beachten ist dabei ua., dass die Punktwerte je nach Unternehmen und Systematik der Punktevergabe stark variieren können (zB Verwässerungseffekte durch die Neuaufnahme von Partnern etc.). Gleichwohl dient die wohl durchdachte Gewichtung der Faktoren über ein Punktesystem im Voraus nicht nur der späteren Streitvermeidung zwischen den Partnern, sondern eine nachträgliche Gewinnverteilungsabsprache kann auch steuerlich unzulässig sein (BFH IV R 55/06 v. 24.6.09, DStR 09, 2252, 2253; FG Hessen 13 K 4288/04 v. 7.7.05, BeckRS 2005, 26022238; FG Hessen 12 K 4197/01 v. 11.3.08, BeckRS 2008, 26028533; FG Sachsen 8 K 378/07 v. 20.2.13, BeckRS 2013, 94899). Im Einzelnen ist zu den im Formular genannten Faktoren a bis f Folgendes zu erläutern:

a) trägt dem Solidaritätsprinzip Rechnung, indem sich die Gewinnanteile zum Teil nach dem Kopfteilungsprinzip durch eine pauschale und gleich hohe Grundpunktzahl bemessen.

b) trägt dem von jedem Partner zur Verfügung gestellten Eigenkapital Rechnung. Dabei wäre es im Einzelfall zu beachten, wie hoch der Wert der jeweils eingebrachten Gegenstände ist (vgl. § 5). Sachgerecht erscheint es, sich bei der Höhe der Punktzahl an der allgemeinen Zinsertragslage unter Berücksichtigung der individuellen unternehmerischen Risiken zu orientieren.

c) trägt dem sog. Senioritätsprinzip Rechnung.

d) trägt der Förderung fachlicher Qualifikation und den damit für die Partnerschaft verbundenen sonstigen positiven Effekten (Werbeeffekte, Kompetenz etc.) Rechnung. Zur Bestimmung der Höhe der Punktzahl wird vermutet, dass der Erwerb eines zusätzlichen akademischen Titels idR zu dem Verlust von einem Berufsjahr iSv. c) führt, so dass eine angemessene Honorierung mehr als zwei Punkte pro Qualifikation erfordern würde.

e) trägt zur Motivation bei, Verwaltungsaufgaben zu übernehmen, die für den reibungslosen Ablauf der betrieblichen Vorgänge zu bewältigen sind. Die Übertragung derartiger Verwaltungsaufgaben erfolgt nach § 4 Abs. 3 des vorgeschlagenen Formulars.

f) trägt dem nicht zu vernachlässigenden Umstand Rechnung, dass auch ein Betrieb von Freiberuflern Erträge erwirtschaften muss, wenngleich daneben die in § 1 Abs. 2 Satz 1 PartGG genannte „Erbringung von Dienstleistungen höherer Art im Interesse der Allgemeinheit" für Freiberufler weiterhin Bedeutung hat. Buchhalterisch und technisch ist die Erfassung der hier maßgeblichen Umsatzbeiträge in der Praxis nicht immer einfach, aber möglich und verbreitet. Das Formular geht von einem Freiberuflerbetrieb aus, in dem alle umsatzbezogenen Tätigkeiten zeitlich erfasst werden. Stundenhonorare lassen sich danach unmittelbar zuordnen. Gegenstandsgebühren und Pauschalen könnten anhand eines internen Regelstundensatzes über eine Dreisatzrechnung den jeweiligen Partnern zugeordnet werden.

g) Darüber hinaus können zusätzliche Punkte für Akquisitionsleistungen vergeben werden. Dennoch ist hier besondere Umsicht geboten. In der Praxis bestehen oft sehr unterschiedliche Vorstellungen darüber, was Akquise ist und wer diese wofür und für wen tatsächlich geleistet hat. Dies kann zu einer Vielzahl von kaum zu lösenden Streitigkeiten führen.

Absatz 3: Sachgerecht dürfte es idR sein, bei Verlusten am Ende des Geschäftsjahres nicht etwa diejenigen Partner zusätzlich zu benachteiligen, die zB auf Grund eines individuell hohen Umsatzes oder anderer Leistungen dazu beigetragen haben, dass der Verlust nicht etwa noch höher ausgefallen wäre, als er tatsächlich war. Deshalb sollten bei der Berechnung der Verlustanteile jedenfalls die Punkte Abs. 1e und f entfallen. Anderenfalls würden sich die durch das Punktesystem gesetzten Anreize betriebswirtschaftlich in ihr Gegenteil verkehren und den Niedergang des Betriebes beschleunigen.

In der Praxis gibt es freilich noch zahlreiche andere Gewinn- und Verlustbeteiligungsgestaltungen (vgl. A. 5.01 Rz. 25). Zur Problematik der Bildung von Pensionsrückstellungen vgl. A. 9.00 Rz. 61 und A. 9.10 Rz. 7. Zur Umsatzsteuerbarkeit bei Sondervergütungen vgl. A. 5.00 Rz. 23 und UStAE 1.6 Abs. 4.

Zu § 12: Urlaub

30 Das Formular unterbreitet lediglich einen Vorschlag bei ansonsten gegebener Vertragsfreiheit im Rahmen der jeweiligen berufsrechtlichen Vorschriften.

Zu § 13: Krankheit

31 Die vorgeschlagene Regelung könnte bei Partnerschaften in Betracht kommen, die auf einen generationenübergreifenden Zuwachs durch Beitritt jüngerer Partner angelegt sind. Vgl. im Übrigen A. 5.01 Rz. 26f.

Zu § 14: Schwangerschaft und Elternzeit

31a Vgl. A. 5.01 Rz. 28.

Zu § 15: Dauer der Partnerschaft, Kündigung

32 **Absatz 2 und 3:** Vertragliche Abweichungen von der Ausschließungsklage nach § 9 Abs. 1 PartGG iVm. § 140 HGB werden einer strengen richterlichen Kontrolle unterliegen. Dies hat bereits die zur OHG und KG ergangene höchstrichterliche Rspr. gezeigt (vgl. BGH II ZR 56/80 v. 13.7.81, BGHZ 81, 264; II ZR 217/75 v. 20.1.77, BGHZ 68, 212). Die im Formular vorgeschlagene Gestaltung dürfte jedoch interes-

sengerecht und selbst im Hinblick auf vorgenannte Rspr. vertretbar sein. Jedenfalls ist in der neueren BGH-Rspr. eine Tendenz zu erkennen, die die Voraussetzungen für eine „Hinauskündigungsklausel" für die Hinauskündigung eines Gesellschafters aus einer Freiberuflergesellschaft nicht mehr allzu hoch ansetzt (BGH II ZR 281/05 v. 7.5.07, NJW-RR 07, 1256ff.). Allerdings ist es ratsam, die Klausel mit einem nicht abschließenden Katalog von konkreten Tatbeständen zu ergänzen, welche die Partner schon bei Vertragsschluss als sachlichen oder wichtigen Grund zur Rechtfertigung einer Kündigung anerkennen, um der hier noch immer zurückhaltenden Rspr. entgegenzukommen. Vgl. auch A. 9.00 Rz. 75ff.

Absatz 4: Hier ist abweichend von der gesetzlichen Regel für die ordentliche Kündigung durch einen Partner eine längere Frist als sechs Monate vorgesehen (§ 9 Abs. 1 PartGG iVm. § 132 HGB). Erleichterungen und Erschwerungen des Kündigungsrechts durch gesellschaftsvertragliche Regelung sind grundsätzlich zulässig (*Baumbach/Hopt* § 132 HGB Rz. 8f) **33**

Zu § 16: Ausscheiden, Abfindung

Absatz 1: Die Regelung entspricht der dispositiven gesetzlichen Regel gem. § 9 Abs. 1 PartGG iVm. § 131 Abs. 3 HGB. **34**

Absatz 2 und 3: Anstelle eines Ausschlusses wegen Alters oder Berufsunfähigkeit ist hier das automatische Ausscheiden vorgesehen (vgl. *Beck PersGes-HB/Sauter* § 7 Rz. 90, 109). Für den Verlust der Zulassung ergibt sich dies unmittelbar aus § 9 Abs. 2 PartGG. **35**

Absatz 4: Für das Ausscheiden wegen Eröffnung eines Insolvenzverfahrens vgl. § 9 Abs. 1 PartGG iVm. § 131 Abs. 3 Nr. 2 HGB. **36**

Absatz 5: Die Nichtvererblichkeit der Beteiligung entspricht der gesetzlichen Regel (vgl. § 9 Abs. 4 Satz 1 PartGG). Allerdings kann im Partnerschaftsvertrag auch bestimmt werden, dass die Beteiligung an Dritte vererblich ist, die Partner iSv. § 1 Abs. 1 u. 2 PartGG sein können (§ 9 Abs. 4 Satz 2, 3 PartGG). Zu den steuerlichen Gesichtspunkten vgl. A. 5.00 Rz. 18 u. 27. **37**

Absatz 7: Grds. zulässig ist eine Abfindung unter den Verkehrswerten – je nach Umständen des Einzelfalls bis hin zur Buchwertabfindung (A. 5.00 Rz. 19, 50). Zu den steuerlichen Konsequenzen der Höhe der Abfindung vgl. A. 5.00 Rz. 18 u. 27; A. 5.17 Rz. 2ff. und A. 11.00 Rz. 41. Die im Formular vorgeschlagene Reglung verweist auf Bewertungsgrundsätze, die jedenfalls von den jeweiligen Berufskammern für die Verkehrswertermittlung anerkannt sind. Darüber hinaus enthält die Regelung eine Art tatsächliche Verständigung zwischen den Gesellschaftern über die tatsächlichen Verhältnisse zu dem wertsenkenden Merkmal der Personenbezogenheit der im Zeitpunkt der Gründung vorhandenen Mandate. Derartiges wäre immerhin als Indiz für die tatsächlichen Verhältnisse bei der steuerlichen und zivilrechtlichen Ermittlung des Verkehrswertes heranzuziehen. **38**

Die **Nachhaftung** des ausgeschiedenen Partners ist nach den Regelungen des § 10 Abs. 2 PartGG iVm. § 160 HGB auf maximal fünf Jahre nach der Eintragung des Ausscheidens im Partnerschaftsregister begrenzt. Vgl. auch A. 9.00 Rz. 12f. zur Nachhaftung bei Dauerschuldverhältnissen und Ansprüchen auf Grund besonderen Rechtsgrundes. **39**

Zu § 17: Namensfortführung

Vgl. Rz. 11 sowie weiteres bei A. 5.01 Rz. 33. **40**

Zu § 18: Anteilsübertragung

Liegt der Anteilsübertragung ein Verkauf zugrunde, so ist der Veräußerungsgewinn gem. § 18 Abs. 3 EStG steuerpflichtig. Zu den Möglichkeiten einer Steuerentlastung nach § 34 Abs. 1 EStG vgl. A. 5.10 Rz. 3. **41**

Zu § 19: Schiedsgericht

42 Über die Zweckmäßigkeit von Schiedsvereinbarungen s. A. 13.00 Rz. 1 ff.

Zu §§ 20, 21: Schriftform, Teilnichtigkeit

43 Zur Reichweite des gesetzlichen Schriftformerfordernisses vgl. Rz. 7. Hier ist das Schriftformerfordernis vertraglich im Interesse einer besseren Nachweisbarkeit auf den gesamten Vertragsinhalt ausgedehnt worden. Allerdings soll ein Verstoß hiergegen in Abweichung zur gesetzlichen Regelung nicht zu Nichtigkeit des gesamten Vertrages führen (§§ 125, 139 BGB). Vielmehr werden die Partner durch die Teilnichtigkeitsregelung in § 21 des Formulars zur nachträglichen schriftlichen Niederlegung angehalten werden. Zur Einhaltung der Schriftform sind alle Partner verpflichtet, den Vertrag zu unterzeichnen (§§ 126, 127 BGB).

A. 11.10 Handelsregisteranmeldung (Neugründung)

I. FORMULAR

Formular A. 11.10 Handelsregisteranmeldung (Neugründung)

Amtsgericht
– Registergericht –
Betrifft: A, B und Partner, Rechtsanwälte, Steuerberater mit dem Sitz in *[PLZ Ort]*......

Neuanmeldung

Zur Eintragung in das Partnerschaftsregister wird angemeldet:

Wir, die Unterzeichneten, haben eine Partnerschaft

mit dem Namen

A, B und Partner
Rechtsanwälte, Steuerberater

gegründet.

Gegenstand der Partnerschaft ist die gemeinschaftliche Berufsausübung der Partner in ihrer jeweiligen Eigenschaft als Rechtsanwälte oder Steuerberater.

Die Partnerschaft hat ihren Sitz in *[PLZ Ort]*...... Die Geschäftsräume der Partnerschaft befinden sich in ...... *[Anschrift]*.

Partner sind die Unterzeichneten:

A ...... *[Namen und Vornamen]*, geb. am ......, wohnhaft ......, der in der Partnerschaft den Beruf des Rechtsanwalts ausübt,

B ...... *[Namen und Vornamen]*, geb. am ......, wohnhaft ......, die in der Partnerschaft den Beruf der Rechtsanwältin ausübt,

C ...... *[Namen und Vornamen]*, geb. am ......, wohnhaft ......, der in der Partnerschaft den Beruf des Steuerberaters ausübt.

Die Partnerschaft wird durch jeden Partner allein vertreten. Sämtliche hierdurch angemeldeten Partner sind zur alleinigen Vertretung der Partnerschaft berechtigt.

Der Anmeldung sind öffentlich beglaubigte Abschriften der Urkunden über die Zulassung der jeweiligen Partner zu den von ihnen in der Partnerschaft ausgeübten Berufen beigefügt.

Die Unterzeichneten erklären hiermit, dass Vorschriften über die einzelnen Berufe, die in der Partnerschaft ausgeübt werden, insbesondere solche über die Zusammenarbeit von Angehörigen verschiedener in der Partnerschaft ausgeübter Berufe, der Eintragung nicht entgegenstehen.

Die zuständige Rechtsanwaltskammer ist: ......, *[Anschrift]*

Die zuständige Steuerberaterkammer ist: ......, *[Anschrift]*

....	....	....
(Unterschrift A)	**(Unterschrift B)**	**(Unterschrift C)**

....

(Beglaubigungsvermerk)

II. ERLÄUTERUNGEN

Erläuterungen zu A. 11.10 Handelsregisteranmeldung (Neugründung)

1 Grundlage für die Anmeldungsverpflichtungen und Eintragungen sind §§ 4, 5 PartGG iVm. §§ 8 bis 12, 13, 13c, 13d, 13h,14 bis 16, 106 Abs. 1 und 108 HGB in entsprechender Anwendung sowie die Partnerschaftsregisterverordnung (PRV). Sie ist durch alle Partner zu bewirken (§ 108 Abs. 1 HGB). Die Angabe der Geschäftsanschrift ist nicht zwingend (§ 5 Abs. 2 PartGG). Die abstrakte und eine hiervon abweichende konkrete Vertretungsbefugnis sind anzumelden (§ 4 Abs. 1 S. 2 PartGG).

2 Anstelle der im Formular genannten beglaubigten Abschriften der Urkunden über die Zulassung können Zeugnisse über den Beruf vorgelegt werden. Statt der beglaubigten Abschriften genügt auch die Vorlage der Urschriften oder weiterer Ausfertigungen. Besteht für die angestrebte Tätigkeit keine anerkannte Ausbildung, kann der Nachweis auf sonstige Weise, notfalls durch schlichte Erklärung erbracht werden (§ 3 Abs. 1 PRV).

3 Die anmeldenden Partner sollen zusätzlich eine schlichte Erklärung darüber abgeben, dass Vorschriften über einzelne Berufe, insbesondere solche über die Zusammenarbeit von Angehörigen verschiedener Freier Berufe, einer Eintragung nicht entgegenstehen (§ 3 Abs. 2 PRV). Bedarf die Partnerschaft auf Grund von Vorschriften über einzelne Berufe der staatlichen Zulassung, so wäre die Bestätigung der jeweils zuständigen Behörde beizubringen, dass eine solche erfolgen kann (§ 3 Abs. 3 PRV). Mit der Anmeldung sollen auch die zuständigen Berufskammern angegeben werden (§ 4 Satz 2 PRV).

4 Zweigniederlassungen (§ 5 Abs. 2 PartGG) sind ebenfalls zur Eintragung anzumelden. Die Vorlage des Partnerschaftsvertrages ist idR nicht erforderlich.

A. 11.11 Handelsregisteranmeldung (Aufnahme eines neuen Partners, Zweigniederlassung)

I. FORMULAR

Formular A. 11.11 Handelsregisteranmeldung (Aufnahme eines neuen Partners, Zweigniederlassung)

An das

Amtsgericht

– Registergericht -

Betrifft: A, B und Partner, Rechtsanwälte, Steuerberater mit dem Sitz in *[PLZ Ort]*......

RegisterNr.:

Zur Eintragung in das Partnerschaftsregister wird angemeldet:

1. Mit Wirkung zum ...... ist der Partner D ...... *[Vornamen und Namen]*, geb. am ......, wohnhaft in ......, der Partnerschaft beigetreten, der in der Partnerschaft den Beruf des Rechtsanwalts ausübt.

Die Partnerschaft wird durch jeden Partner allein vertreten. Sämtliche hierdurch angemeldeten Partner sind zur alleinigen Vertretung der Partnerschaft berechtigt.

2. Die Partnerschaft hat eine Zweigniederlassung unter folgender Adresse errichtet: ......

Die Unterzeichneten erklären hiermit, dass Vorschriften über die einzelnen Berufe, die in der Partnerschaft ausgeübt werden, insbesondere solche über die Zusammenarbeit von Angehörigen verschiedener in der Partnerschaft ausgeübter Berufe, der Eintragung nicht entgegenstehen.

Die zuständige Rechtsanwaltskammer ist: ......, *[Anschrift]*

Die zuständige Steuerberaterkammer ist: ...... *[Anschrift]*

....	**.....................**	**.....................**	**.....................**
(Unterschrift A)	**(Unterschrift B)**	**(Unterschrift C)**	**(Unterschrift D)**

...

(Beglaubigungsvermerk)

II. ERLÄUTERUNGEN

Erläuterungen zu A. 11.11 Handelsregisteranmeldung (Aufnahme eines neuen Partners, Zweigniederlassung)

1 Vgl. zunächst A. 11.10 Rz. 1ff. Auch bei Änderungen haben alle Gesellschafter die Anmeldung zu unterzeichnen (§ 4 Abs. 1 PartGG iVm. § 108 Abs. 1 HGB).

2 Zweigniederlassungen und die sie betreffenden Änderungen sind beim Registergericht des Hauptsitzes anzumelden (§ 5 Abs. 2 PartGG iVm § 13 HGB). In der Praxis wird entgegen dem gesetzlich verwendeten Begriff „Zweigniederlassung" (vgl. § 5 Abs. 2 PartGG) in der Registeranmeldung auch die Formulierung „Niederlassung in überörtlicher Sozietät in ......" verwendet und unzutreffender Weise gelegentlich von gerichtlicher Seite sogar verlangt.

A. 11.20 Partnerschaft mit beschränkter Berufshaftung

Gliederung

I. FORMULAR

Formular A. 11.20 Gesellschaftsvertrag

Vorbemerkung

1. Rechtsanwalt A ......

2. Rechtsanwältin B ......

3. Steuerberater C ......

sind die alleinigen Partner der „A, B und Partner – Rechtsanwälte, Steuerberater -" eingetragen unter PR Nr. ...... beim AG ....und haben die Absicht, ihre Partnerschaft in eine Partnerschaft mit beschränkter Berufshaftung umzuwandeln. Sie fassen daher ihren Gesellschaftsvertrag vom ...... wie folgt neu:

PARTNERSCHAFTSVERTRAG gem. § 8 Abs. 4 PartGG

§ 1 Name, Sitz, Rechtsform

(1) Der Name der Partnerschaft lautet

**„A, B und C
– Rechtsanwälte, Steuerberater –
PartG mbB"**

(2) Sitz der Partnerschaft ist ......

(3) Die Gesellschaft ist eine Partnerschaft im Sinne der §§ 1 ff. PartGG.

(4) Die Haftung der Partnerschaft aus Schäden wegen fehlerhafter Berufsausübung wird gem. § 8 Abs. 4 des PartGG auf das Gesellschaftsvermögen beschränkt.

§ 2 Gegenstand der Partnerschaft

(1) Gegenstand der Partnerschaft ist die gemeinschaftliche Berufsausübung der Partner in ihrer jeweiligen Eigenschaft als Rechtsanwälte oder Steuerberater.

(2) Die Partnerschaft ist berechtigt, alle Geschäfte und Tätigkeiten vorzunehmen, welche den Gegenstand der Partnerschaft unmittelbar oder mittelbar zu fördern geeignet sind.

§ 3 Zusammenarbeit, Mandate

(1) Die Partner widmen ihre ganze Arbeitskraft der Partnerschaft und verpflichten sich untereinander, die dieser übertragenen Mandate mit der erforderlichen Sorgfalt zu bearbeiten.

(2) Alle Mandate gehen vorbehaltlich anderweitiger gesetzlicher oder berufsrechtlicher Regelungen an die Partnerschaft.

(3) Jeder Partner entscheidet über die Annahme und Ablehnung von Mandaten selbstständig. Bei der Annahme von Mandaten sind Interessenkollisionen, berufsrechtliche und Standesgrundsätze durch den jeweils annehmenden Partner zu prüfen. Bei Mandaten, die aus dem Rahmen der einvernehmlich festzulegenden Geschäftspolitik der Partnerschaft herausfallen, berät sich der jeweilige Partner mit den übrigen Partnern über die Mandatsannahme.

(4) Die Partner unterrichten sich gegenseitig über alle neuen Mandate fortlaufend und beraten sich auf der Grundlage einer vertrauensvollen und kollegialen Zusammenarbeit erforderlichenfalls bei der Betreuung der Mandate.

(5) Bei einer Kollision voneinander abweichenden standes- und berufsrechtlichen Regelungen gelten die jeweils strengeren Regelungen, die auch von den Partnern anzuwenden sind, für welche sie an sich nicht gelten.

§ 4 Vertretung, Geschäftsführung, Partnerschaftsbeschlüsse

(1) Im Außenverhältnis ist jeder Partner in allen Angelegenheiten der Partnerschaft alleinvertretungsbefugt.

(2) Bei der Erbringung der jeweiligen freiberuflichen Leistungen steht jedem Partner Alleingeschäftsführungsbefugnis zu. Außerhalb dieses Bereiches ist jeder Partner nur bei Gefahr in Verzug alleingeschäftsführungsbefugt, ansonsten ist er gesamtgeschäftsführungsbefugt.

(3) Die Gesamtgeschäftsführungsbefugnis wird durch Partnerschaftsbeschlüsse ausgeübt. Bestimmte Geschäftsbereiche, Geschäfte oder Aufgaben können einzelnen oder mehreren Partnern durch Partnerschaftsbeschluss jeweils zur gemeinsamen oder alleinigen Geschäftsführung übertragen werden.

(4) Partnerschaftsbeschlüsse werden einstimmig gefasst. Partnerschaftsbeschlüsse unterliegen der Schriftform, soweit dies gesetzlich geboten oder in diesem Partnerschaftsvertrag ausdrücklich vereinbart ist. Im Übrigen können sie mündlich gefasst werden und sollen zu Dokumentationszwecken schriftlich protokolliert werden.

§ 5 Partner, Einlagen

(1) Partner sind

A (...... *[Vornamen und Name]*), wohnhaft ......, der in der Partnerschaft den Beruf des Rechtsanwalts ausübt,

B (...... *[Vornamen und Name]*), wohnhaft ......, die in der Partnerschaft den Beruf der Rechtsanwältin ausübt,

C (...... *[Vornamen und Name]*), wohnhaft ......, der in der Partnerschaft den Beruf des Steuerberaters ausübt.

(2) Die bei Gründung der Partnerschaft von einzelnen Partnern eingebrachten Gegenstände wurden ihren jeweiligen Einlage-/Kapitalkonten gutgeschrieben.

(3) Auf Kosten der Partnerschaft angeschafftes Inventar ist Gesamthandsvermögen der Partnerschaft. Inventargegenstände, die ein Partner nachweislich auf eigene Kosten anschafft, sind entsprechend zu kennzeichnen; diese Gegenstände bleiben im Eigentum des betreffenden Partners, der sie aber der Partnerschaft unentgeltlich zur Mitbenutzung überlässt.

(4) Für Kraftfahrzeuge, die von der Partnerschaft angeschafft und einem Partner zur privaten Nutzung überlassen werden, trifft die Partnerschaft mit dem betreffenden Partner eine Vereinbarung über das hierfür zu entrichtende Entgelt.

§ 6 Geschäftsjahr, Gewinnermittlung, Buchführung, Rechnungsabschluss

(1) Geschäftsjahr ist das Kalenderjahr.

(2) Die Gewinnermittlung erfolgt gemäß § 4 Abs. 3 EStG. Die Partner können nur einstimmig beschließen, dass die Gewinnermittlung durch Vermögensvergleich (§ 4 Abs. 1 EStG) erfolgt. Die Änderung der Gewinnermittlung ist nur zu Beginn eines Geschäftsjahres zulässig.

(3) Einnahmen und Ausgaben sind in einer geordneten Buchführung laufend aufzuzeichnen. Alle Belege sind nach Maßgabe der einschlägigen Vorschriften geordnet aufzubewahren.

(4) Innerhalb von drei Monaten nach Abschluss eines jeden Geschäftsjahres ist für das abgelaufene Geschäftsjahr ein Rechnungsabschluss zu erstellen, aus dem sich der Saldo zwischen den Einnahmen und Ausgaben (Überschuss oder Verlust) ergibt. Der Rechnungsabschluss ist durch Beschluss der Partnerschaft festzustellen. Mit der Feststellung wird der Rechnungsabschluss für die Partner untereinander verbindlich.

(5) Die vorstehende Regelung gilt entsprechend, wenn die Gewinnermittlung durch Vermögensvergleich erfolgt.

§ 7 Partnerkonten

Neben dem in § 5 Abs. 2 Satz 2 bezeichneten Einlage-/Kapitalkonto besteht für jeden Partner ein Partnerkonto, über welches sich der Zahlungsverkehr zwischen dem Partner und der Partnerschaft vollzieht. Guthaben auf dem Partnerkonto werden mit 2 Prozentpunkten p. a. über dem jeweiligen Basiszinssatz gemäß § 247 BGB verzinst, Schulden mit 3 Prozentpunkten p. a. über diesem.

§ 8 Einnahmen

(1) Alle Einnahmen aus der Berufstätigkeit der Partner sind Einnahmen der Partnerschaft. Dies gilt auch für Einnahmen aus einer Tätigkeit als Schiedsrichter, als Testamentsvollstrecker sowie aus der Mitgliedschaft in Aufsichtsräten, Beiräten oder ähnlichen Einrichtungen. Gehen Zahlungen, welche die Partnerschaft betreffen, auf ein Konto eines Partners ein, so hat er sie unverzüglich auf eines der Konten der Partnerschaft zu überweisen.

(2) Zu den Betriebseinnahmen gehören nicht die Einkünfte aus schriftstellerischer oder vortragender Tätigkeit. Soweit solche Einkünfte auf dem Konto der Partnerschaft eingehen, sind sie unverzüglich auf ein privates Konto des betreffenden Partners weiterzuleiten. Durch Partnerbeschluss kann eine angemessene Anrechnung auf den Überschussanteil erfolgen, wenn der betreffende Partner die Tätigkeit im Sinne des Satzes 1 zu einem erheblichen Teil während der üblichen Arbeitszeit und mit Arbeitsmitteln der Partnerschaft verrichtet hat.

§ 9 Ausgaben

(1) Die durch den Betrieb der Partnerschaft veranlassten Ausgaben sind Betriebsausgaben der Partnerschaft.

(2) Zu den Betriebsausgaben der Partnerschaft gehören nicht Ausgaben, die zwar der einzelne Partner für zweckmäßig hält, die aber nicht sämtlichen Partnern zugutekommen.

(3) Reisekosten sind Betriebsausgaben. Sie werden nach Wahl der Partner mit den effektiven Aufwendungen oder nach den steuerlich ohne Nachweis zulässigen Sätzen abgerechnet. Bei Bahnfahrten wird die 1. Wagenklasse erstattet; bei Flugreisen grundsätzlich die Economy-Klasse, sofern nicht eine höhere Klasse gegenüber dem betreffenden Mandanten abrechenbar ist.

(4) Bewirtungsspesen, die im Verkehr mit Mandanten oder Berufskollegen oder anlässlich von Tagungen entstehen, sind Betriebsausgaben.

(5) Die Kosten der beruflichen Fortbildung sind im angemessenen Umfang Betriebsausgaben. Die Einzelheiten werden durch Partnerbeschluss geregelt.

(6) Beim Nachweis der Aufwendungen haben die betreffenden Partner dafür Sorge zu tragen, dass der Nachweis alle Angaben enthält, die nach den jeweils anwendbaren steuerlichen Vorschriften für den Betriebsausgaben- bzw. Vorsteuerabzug erforderlich sind.

§ 10 Haftpflichtversicherung

(1) Für Verbindlichkeiten aus Schäden wegen fehlerhafter Berufsausübung unterhält die Partnerschaft eine Berufshaftpflichtversicherungen mit einer Versicherungssumme von € ...... für jeden Versicherungsfall. Angemessen abzusichern sind auch persönliche Haftungsrisiken der Partner aus Mandaten nach § 8 Abs. 1 S. 2. Die Angemessenheit des Versicherungsschutzes wird von den Partnern jährlich überprüft. Der Versicherungsschutz der Partnerschaft und der für sie tätigen Berufsträger entspricht aber mindestens dem gesetzlichen Mindestversicherungsschutz nach Maßgabe des jeweils strengeren Berufsrechts gem. § 3 Abs. 5, welcher erforderlich ist, um die Haftungsbeschränkung auf das Gesellschaftsvermögen für Verbindlichkeiten der Partnerschaft aus Schäden wegen fehlerhafter Berufsausübung gem. § 8 Abs. 4 PartGG zu bewirken.

(3) Verursacht ein Partner einen Berufshaftpflichtfall, für den nach § 8 Abs. 4 PartGG nur das Gesellschaftsvermögen haftet, so sind Rückgriffsansprüche der Partnerschaft gegen den Partner ausgeschlossen – außer bei vorsätzlichem Handeln des Partners.

(4) Nachschusspflichten i.S. des § 735 BGB aus Anlass der Liquidation der Gesellschaft, der Insolvenz der Partnerschaft oder aus Anlass des Ausscheidens eines Partners aus der Partnerschaft sind ausgeschlossen, soweit der Verlust auf einem Berufshaftpflichtfall beruht, für den nach § 8 Abs. 4 nur das Gesellschaftsvermögen haftet.

§ 11 Beteiligung am Vermögen sowie am Gewinn und Verlust, Entnahmen

(1) Die Beteiligung am Vermögen der Partnerschaft entspricht der Beteiligung am Gewinn und Verlust.

(2) Die Gewinnanteile der Partner sind von Geschäftsjahr zu Geschäftsjahr variabel. Der jeweilige Gewinnanteil wird auf Basis eines Punktesystems ermittelt und entspricht dem Anteil der persönlichen Punktzahl eines Partners an der Gesamtzahl der vergebenen Punkte. Die persönliche Punktzahl eines Partners ermittelt sich wie folgt:

a) Je 30 Punkte pauschal vorab.

b) A 4 Punkte, B 2 Punkte und C 2 Punkte.

c) Je 2 Punkte für jedes Kalenderjahr der Berufsausübung des in der Partnerschaft registrierten freien Berufs. Maximal können hierdurch 30 Punkte pro Partner zusätzlich erreicht werden. Bei Doppelzulassungen in verschiedenen Berufen zählen die Punkte der jeweils längeren Zulassungszeit. Die Punkte für das erste Zulassungsjahr werden anteilig auf das jeweilige Kalenderjahr ermittelt.

d) Je 4 Punkte für den Erwerb von berufsbezogenen akademischen Titeln sowie je 2 Punkte pro Fachanwaltsbezeichnung oder Ähnlichem.

e) Je 4 Punkte für die Übernahme der Verantwortung in den internen Bereichen Abrechnungswesen, Personal, ...

f) Je 2 Punkte pro angefangene € 10.000.– persönlich abgearbeiteten Umsatzes ab einem persönlich abgearbeiteten Jahresumsatz von € ......

g) Je 2 Punkte pro angefangene € 10.000.– persönlich akquiriertem Umsatz ab einem persönlich akquirierten Jahresumsatz von € ......

(3) Für den Fall, dass ein Geschäftsjahr mit einem Verlust abschließt, bemessen sich die jeweiligen Verlustanteile entsprechend Abs. 1 unter Außerachtlassung der Punkte gemäß Abs. 2 Buchst. e und f.

(4) Die Partner beschließen zu Beginn eines jeden Geschäftsjahres, welche Beträge jeder Partner unter Anrechnung auf seinen Gewinnanteil monatlich entnehmen kann (Monatsentnahme).

§ 12 Urlaub

Jedem Partner steht ein Jahresurlaub von 30 Arbeitstagen zu. Während des Urlaubs vertreten sich die Partner gegenseitig, soweit sie auf Grund ihrer berufsrechtlichen Zulassung hierzu berechtigt sind; falls die Terminslage im Übrigen keine andere Lösung zulässt, wird ein externer Vertreter bestellt.

§ 13 Krankheit

(1) Wenn im Fall von Krankheit die Arbeitskraft eines Partners ausfällt, bleibt seine Gewinnbeteiligung gemäß § 11 Abs. 2 für folgende Zeiträume unverändert:

a) Bei einer Partnerschaftszugehörigkeit bis zu zehn Jahren auf die Dauer von drei Monaten;

b) bei einer Partnerschaftszugehörigkeit über zehn Jahre auf die Dauer von sechs Monaten.

(2) Anschließend können die übrigen Partner durch Partnerbeschluss die Gewinnbeteiligung des Ausgefallenen nach billigem Ermessen für die Restdauer des Ausfalles reduzieren oder eine Ersatzkraft unter Anrechnung auf den Gewinnanteil des Ausgefallenen beschäftigen.

(3) Für die Vertretung des erkrankten Partners gilt § 12 entsprechend.

§ 14 Schwangerschaft und Elternzeit

(1) Im Falle der Schwangerschaft ist eine Partnerin berechtigt, sechs Wochen vor dem errechneten Datum der Entbindung und acht Wochen nach der Entbindung ihre Tätigkeit für die Partnerschaft zu unterbrechen. Ihren Anspruch auf Gewinnbeteiligung gemäß § 11 behält sie voll.

(2) Eltern können Elternzeit bis zur Vollendung des dritten Lebensjahres eines Kindes in sinngemäßer Anwendung des § 15 BEEG geltend machen. Der Anspruch auf Gewinnbeteiligung und Gewinnvoraus gem. § 11 ruht für die Zeit der Unterbrechung.

§ 15 Dauer der Partnerschaft, Kündigung

(1) Die Dauer der Partnerschaft ist unbestimmt. Sie beginnt mit ihrer Eintragung im Partnerschaftsregister.

(2) Jeder Partner kann durch gemeinsamen Beschluss aller übrigen Partner mit einer Frist von zwölf Monaten zum Ende eines Kalenderjahres aus sachlichem Grund und mit vorheriger Gelegenheit zur Stellungnahme von der Partnerschaft ausgeschlossen werden.

(3) Liegt in der Person eines Partners ein wichtiger Grund vor, so kann er, nachdem ihm zuvor Gelegenheit zur Stellungnahme gegeben worden ist, durch gemeinsamen schriftlichen und einstimmigen Beschluss aller übrigen Partner fristlos ausgeschlossen werden.

(4) Die ordentliche Kündigung des Partnerschaftsverhältnisses durch einen Partner ist unter Einhaltung einer Frist von zwölf Monaten bis zum Ende eines Kalenderjahres – vorbehaltlich des Rechts zur fristlosen Kündigung aus wichtigem Grund – gegenüber den übrigen Partnern möglich.

(5) Jedweder Ausschluss eines Partners und jedwede Kündigung gegenüber allen Partnern hat schriftlich zu erfolgen.

§ 16 Ausscheiden, Abfindung

(1) Ein Partner, der gekündigt hat oder der ausgeschlossen wurde, scheidet mit Wirksamkeit der Kündigung oder des Ausschlusses aus der Partnerschaft aus. Entsprechendes gilt bei der Kündigung durch einen Privatgläubiger eines Partners.

(2) Bei dauernder Berufsunfähigkeit im Sinne der jeweiligen berufsrechtlichen Regelungen scheidet der Partner spätestens mit Erlass des Rentenbescheids oder mit Verlust der berufsrechtlichen Zulassung aus. Entsprechendes gilt für den Fall des Verlustes der berufsrechtlichen Zulassung aus anderen Gründen.

(3) Hat ein Partner das 63. Lebensjahr vollendet, so kann er im Einvernehmen mit den übrigen Partnern unter angemessener Anpassung seines Gewinnanteils seine Tätigkeit in der Partnerschaft einschränken. Zum Eintritt des gesetzlichen Rentenalters haben jeweils der betroffene Partner oder die Gesamtheit der übrigen Partner ein Sonderkündigungsrecht, das unter Einhaltung einer Frist von sechs Monaten ausgeübt werden kann. Mit Vollendung des 70. Lebensjahres scheidet der Partner aus, es sei denn, es wird mit seiner Zustimmung durch Partnerschaftsbeschluss eine andere Regelung getroffen.

(4) Wird über das Vermögen eines Partners ein Insolvenzverfahren eröffnet, so scheidet er aus der Partnerschaft vorbehaltlich künftiger individueller Regelungen aus.

(5) Die Beteiligung an der Partnerschaft ist nicht vererblich.

(6) Scheidet ein Partner nach obigen Bestimmungen oder wegen Todes aus der Partnerschaft aus, so hat dies auf den Bestand der Partnerschaft keinen Einfluss.

(7) Ausgeschiedene Partner bzw. deren Erben haben einen Abfindungsanspruch in Höhe des ihnen nach den steuerlichen Vorschriften zuzurechnenden anteiligen Verkehrswertes des Betriebsvermögens. Die Partner sind sich einig, dass die Richtlinien zur Bewertung von Anwaltskanzleien der Bundesrechtsanwaltskammer sowie die Hinweise der Bundessteuerberaterkammer für die Ermittlung des Wertes einer Steuerberaterpraxis mit der Maßgabe Anwendung finden, dass die eingebrachten Mandate jedenfalls nach derzeitigem Stand in der Regel als personenbezogen zu qualifizieren sind.

§ 17 Namensfortführung

Die Partner gestatten einander, ihre Namen über ihr eventuelles Ausscheiden aus der Partnerschaft hinaus in dem Namen der Partnerschaft fortzuführen. In der Außendarstellung der Partnerschaft ist auf den Briefbögen, in Broschüren, im Internetauftritt u.ä. das Ausscheiden kenntlich zu machen. Die jeweils betroffenen Partner können der Namensfortführung im Einzelfall aus wichtigem Grund widersprechen. Ein wichtiger Grund ist insbesondere eine anderweitige Tätigkeit des Ausgeschiedenen auf seinem freiberuflichen Gebiet.

§ 18 Anteilsübertragung

Die Übertragung der Beteiligung an der Partnerschaft ist mit Zustimmung aller Partner zulässig. Sie kann nur auf solche Personen übertragen werden, welche Partner

im Sinne von § 1 Abs. 1 und Abs. 2 PartGG sein können, und wenn berufsrechtliche Bestimmungen dem nicht entgegenstehen.

§ 19 Schiedsgericht

Alle Streitigkeiten aus diesem Vertrag sollen unter Ausschluss des ordentlichen Rechtsweges von einem Schiedsgericht endgültig entschieden werden. Die Schiedsvereinbarung wird in gesonderter Urkunde vereinbart, die diesem Vertrag als Anlage beigegeben ist.

§ 20 Schriftform

Änderungen dieses Vertrages bedürfen zu ihrer Wirksamkeit der Schriftform. Auch wiederholte Verstöße gegen diese Bestimmungen beseitigen nicht das Schriftformerfordernis.

§ 21 Teilnichtigkeit

Sollte eine Bestimmung dieses Vertrages nichtig, anfechtbar oder unwirksam sein, so soll die Wirksamkeit der übrigen Bestimmungen hiervon nicht berührt werden. Die angreifbare Bestimmung ist vielmehr durch eine wirksame zu ersetzen und/oder so auszulegen, dass der mit ihr erstrebte wirtschaftliche und/oder ideelle Zweck nach Möglichkeit erreicht wird.

II. ERLÄUTERUNGEN

Erläuterungen zu A. 11.20 Gesellschaftsvertrag für Partnerschaft mit beschränkter Berufshaftung

1. Grundsätzliche Anmerkungen

a) Wirtschaftliches Vertragsziel

Mit dem am 19.7.13 in Kraft getretenen *Gesetz zur Einführung einer Partnerschaftsgesellschaft mit beschränkter Berufshaftung und zur Änderung des Berufsrechts der Rechtsanwälte, Patentanwälte, Steuerberater und Wirtschaftsprüfer* v. 15.7.13 (BGBl I 13, 2386) reagierte der Gesetzgeber auf die fortschreitende Aushöhlung der Haftungsverfassung der herkömmlichen Partnerschaft durch die Rechtsprechung (vgl. A. 11.00 Rz. 2 und A. 11.00 Rz. 27) und auf das Phänomen, dass sich einige größere Anwaltskanzleien trotz bestehender Rechtsunsicherheiten von angelsächsischen Gesellschaftsformen wie der LLP eine berufsangemessenere Haftungsverfassung versprachen (vgl. A 11.00 Rz. 2). Wie bei der herkömmlichen Partnerschaft bezieht sich die Haftungsprivilegierung nur auf Verbindlichkeiten aus beruflichen Fehlern. Anders als bei der herkömmlichen Partnerschaft ermöglicht die **Partnerschaft mit beschränkter Berufshaftung** (oder kurz: PartG mbB) aber eine Haftungsbeschränkung auf das Partnerschaftsvermögen auch für die Partner, die ansonsten mit ihrem gesamten Vermögen persönlich haften würden, weil sie mit der Bearbeitung des fehlerträchtigen Auftrages iSd. § 8 Abs. 2 PartGG befasst waren. Den Schritt, auch für Verbindlichkeiten außerhalb der Berufshaftung die Haftung auf das Partnerschaftsvermögen zu begrenzen, wie es bei der LLP der Fall sein soll, ist der Gesetzgeber hingegen nicht gegangen. Dennoch waren bereits am 28.2.14 immerhin schon 721 PartG mbB im Partnerschaftsregister eingetragen. 1

Das Formular betrifft eine **schon bestehende Partnerschaft** nach Maßgabe der Bestimmungen des Formulars A. 11.00, die in eine PartG mbB umgewandelt werden soll. Das Formular eignet sich aber mit geringfügigen Modifikationen (in der Vorbemerkung sowie in § 3 Abs. 2 und § 5 Abs. 2 u. 3) auch für eine **Neugründung.** 2

b) Gesellschaftsrecht

3 Die PartG mbB ist keine neue Rechtsform, sondern – insoweit vergleichbar mit der UG (haftungsbeschränkt) als Variante der GmbH – eine Partnerschaft mit besonderem Haftungsregime (*Leitzen* DNotZ 13, 596). Soweit das PartGG für die PartG mbB keine Sondervorschriften enthält, gelten für sie die allgemeinen, für sämtliche Partnerschaften geltenden Regelungen. Bestehende Partnerschaften können wie in den vorgestellten Formularen aufgezeigt in eine PartG mbB umgestaltet werden. Eine **Umwandlung** iSd. UmwG liegt darin nicht.

3a Schon allein wegen der nach § 8 Abs. 4 S. 3 gebotenen Namensänderung bedarf es für die Umgestaltung in eine PartG mbB der **Änderung des Gesellschaftsvertrages** (§ 3 Abs. 2 Nr. 1 PartGG). Welches Mehrheitserfordernis hierfür beachtet werden muss, richtet sich nach dem Gesellschaftsvertrag. Einstimmigkeit ist insoweit nicht zwingend (*Wälzholz* DStR 13, 2637, 2641; *Leuering* NZG 13, 1001, 1005). Der Abschluss der Berufshaftpflichtversicherung gehört nicht zur laufenden Geschäftsführung, sondern stellt ein **außergewöhnliches Geschäft** dar, für dessen Vornahme nach § 6 Abs. 2 PartGG iVm. § 116 Abs. 2 HGB eine Entscheidung der Partner erforderlich ist (*Sommer/Treptow* NJW 13, 3269, 3270). Die PartG mbB kann ebenso wie die Partnerschaft ohne weiteres auch Zielrechtsform einer Umwandlung nach dem UmwG sein (*Leitzen* DNotZ 13, 596). Zur Möglichkeit, eine Sozietät auch durch Einzelgüterübertragung oder Einbringung der Sozietätsanteile in eine PartG mbB zu überführen s. *Binnewies/Wollweber* AnwBl. 14, 9 ff.

3b Das Haftungskonzept für Schadensersatzansprüche aus Berufshaftung, welche vor der Umgestaltung bzw. Umwandlung in die PartG mbB begründet wurden, ändert sich hierdurch nicht. Allerdings kommt nach hM im Schrifttum die **fünfjährige Ausschlussfrist** (jedenfalls analog) gem. §§ 736 BGB, 160 HGB, 10 Abs. 2 PartGG sowie §§ 224 Abs. 2-4 UmwG ab Eintragung der PartG mbB im Handelsregister zur Anwendung (*Sommer/Treptow* NJW 13, 3269, 3273; *Wälzholz* DStR 13, 2637, 2641; *Henssler* AnwBl. 14, 96, 99). Dabei wird mit guten Gründen vertreten, dass bei Dauerschuldverhältnissen, wie sie bspw. bei Dauermandaten vorliegen können, für den Zeitpunkt der Begründung des Schadensersatzanspruchs abweichend von der hM nicht auf die Begründung des Dauerschuldverhältnisses, sondern nach dem Verstoßprinzip auf den Zeitpunkt der Pflichtverletzung abzustellen ist (*Henssler* AnwBl. 14, 96, 99; a.A. *Sommer/Treptow* NJW 13, 3269, 3273; *Wälzholz* DStR 13, 2637, 2641).

c) Steuerrecht

4 Vgl. A.11.00 Rz. 9f. Auch nach der Finanzverwaltung führt die Beschränkung der Berufshaftung nicht dazu, dass die PartG mbB kraft Rechtsform der GewSt-Pflicht unterliegt. (OFD NRW v. 12.12.13, DB 14, 214). Als Personengesellschaft ist die PartG mbB selbst nicht Steuersubjekt. Vielmehr erzielen die Gesellschafter in ihrer mitunternehmerischen Verbundenheit gemeinschaftliche Einkünfte, die ihnen nach dem sog. Transparenzprinzip als originäre eigene Einkünfte gem. § 18 Abs. 4 S. 2 iVm. § 15 Abs. 1 S. 1 Nr. 2 EStG zuzurechnen sind (OFD NRW v. 12.12.13, DStR 14, 214).

4a Mangels Rechtsträgerwechsels und damit mangels Vermögensübergangs ist auch der identitätswahrende Formwechsel durch bloße Vertragsänderung steuerneutral möglich (*Binnewies/Wollweber* AnwBl. 14.9.12).

2. Einzelerläuterungen

Zu § 1: Name, Sitz, Rechtsform

5 **Absatz 1:** Der Name der Partnerschaft muss den Zusatz „mit beschränkter Berufshaftung" oder die Abkürzung „mbB" oder eine andere allgemein verständliche Ab-

kürzung dieser Bezeichnung enthalten; anstelle der **Namenszusätze** nach § 2 Abs. 1 S. 1 PartGG kann der Name der Partnerschaft mit beschränkter Berufshaftung den Zusatz „Part" oder „PartG" enthalten (§ 8 Abs. 4 PartGG). Der Namenszusatz „mbH" genügt nach der Gesetzesbegründung nicht (BT-Drs. 17/10487, S. 14). Die Namensänderung und die Eintragung des Namenszusatzes im Partnerschaftsregister soll keine Voraussetzung für die Haftungsbeschränkung sein. Sie wirken lediglich deklaratorisch (*Leuering* NZG 13, 1001, 1005; *Sommer/Treptow* NJW 13, 3269, 3271; *Henssler* AnwBl. 14, 96, 98; *Ruppert* DStR 13, 1623, 1627; *Leitzen* DNotZ 13, 596, 601; aA *Wälzholz* DStR 13, 2637, 2641). Ohne Namensänderung dürfte allerdings die mit der Berufshaftpflichtversicherung erstrebte Haftungsbeschränkung aus Rechtsscheingründen leerlaufen (*Leuering* NZG 13, 1001, 1003; *Henssler* AnwBl. 14, 96, 100f.). Vgl. im Übrigen A. 11.00 Rz. 11.

Absatz 2: Vgl. A. 11.00 Rz. 12. 6

Absatz 4: Ob es sich bei der herkömmlichen Partnerschaft und der Partnerschaft mit beschränkter Berufshaftung um zwei unterschiedliche Rechtformen handelt, ist zu bezweifeln. Gleichwohl ist eine entsprechende Festlegung schon bei der Regelung der Rechtsform sinnvoll. 7

Zu § 2 bis § 4:

Vgl. A. 11.00 Rz. 13–18. 8

Zu § 5: Partner, Einlagen

Absatz 1: Vgl. A. 11.00 Rz. 19. 9

Absatz 2 und 3: Die Regelungen berücksichtigen die unterstellte Tatsache, dass es vorliegend um die Neufassung eines Gesellschaftsvertrages einer bereits gegründeten Partnerschaft geht. Für einen Formulierungsvorschlag bei einer Neugründung vgl. A. 11.00 § 5 Abs. 2 u. 3. 10

Absatz 4: Vgl. A. 11.00 Rz. 21. 11

Zu § 6 bis § 9:

Vgl. A. 11.00 Rz. 22–25. 12

Zu § 10: Haftpflichtversicherung

Absatz 1: Die Modalitäten für die in der Klausel und in § 8 Abs. 4 S. 1 PartGG angesprochene gesetzlich vorgegebene Berufshaftpflichtversicherung sind bisher lediglich für vier Berufe gesetzlich geregelt: Für Rechtsanwälte und Patentanwälte ist eine Mindestversicherungssumme von € 2.500.000 (§ 51a BRAO, § 45a PatAO), und für Steuerberater sowie Wirtschaftsprüfer ist eine Mindestversicherungssumme von € 1.000.000 (§ 76 Abs. 2 StBerG, § 54 Abs. 1 S. 1 WPO) vorgesehen. Bei Rechtsanwälten und Patentanwälten ist es Berufshaftpflichtversicherungen zudem neuerdings untersagt, einen Ausschluss für wissentliche Pflichtverletzung zu erklären – jedenfalls wenn es um die PartG mbB geht (§ 45a Abs 1 S. 2 iVm. § 45 Abs 3 PatAO; § 51a Abs. 1 S. 2 iVm. § 51 Abs. 3 BRAO). 13

Bei der in dem Formular vorgestellten Partnerschaft handelt es sich um eine **gemischte Partnerschaft** von Rechtsanwälten und Steuerberater. Dies bedeutet nach dem auch in § 3 Abs. 5 niedergelegten Grundsatz der Anwendbarkeit des strengsten Berufsrechts, dass eine Mindestversicherungssumme von € 2.500.000 erforderlich ist (*Ruppert* DStR 13, 1623, 1626; *Gladys* DStR 13, 2416f.; *Wälzholz* DStR 13, 2637, 2639). Überdies darf kein versicherungsseitiger Ausschluss für wissentliche Pflichtverletzung erklärt werden (zweifelnd: *Ruppert* DStR 13, 1623, 1627). 14

Soweit für einen partnerschaftsfähigen Beruf keine für die Bildung einer PartG mbB gesetzlich geregelte Versicherungspflicht (in bestimmter Höhe) gilt, steht die Rechtsform der PartG mbB diesen Berufen nicht offen. Versicherungspflichten nach dem Satzungsrecht einer Berufskammer genügen nicht (*Leitzen* DNotZ 13, 596, 599). 15

16 **Absatz 2:** Enthält der Gesellschaftsvertrag keine ausdrückliche Regelung zur Binnenhaftung so kommt jedenfalls für den Bereich der einfachen Fahrlässigkeit ein **konkludenter Haftungsausschluss** in Betracht, da davon auszugehen ist, dass die Partner mit der Wahl des Haftungsprivilegs nach § 8 Abs. 4 PartGG gerade nicht dasselbe wieder mit einem Binnenhaftungsanspruch unterlaufen wollten (*Henssler* AnwBl. 2014, 96, 103; *Wertenbruch* NZG 13, 1006, 1008; aA ohne Begr. *Sommer/Treptow* NJW 13, 3269, 3274f., offen *Wälzholz* DStR 13, 2637, 2638f.). Für den Bereich der groben Fahrlässigkeit dürfte die Annahme eines solchen konkludenten Haftungsausschlusses zu bezweifeln sein (*Henssler* AnwBl. 2014, 96, 103). In jedem Fall dürfte eine ausdrückliche Klarstellung der tatsächlich gewollten Reichweite des Haftungsausschlusses sinnvoll sein. Im Einzelfall ist zu prüfen, wie weit der Versicherungsschutz geht: Hat sich die Berufshaftpflichtversicherung einen Regressanspruch für den Fall der wissentlichen Gesetzesverletzung vorbehalten oder ist nur die Mindestversicherungssumme eingedeckt worden, kann allerdings die Interessenlage der übrigen Partner gegen den hier vorgeschlagenen weitreichenden Ausschluss der Binnenhaftung sprechen. Überdies wird im Schrifttum vorgeschlagen, die Geltendmachung konkreter Regressansprüche gegenüber einem Partner zusätzlich von einer formellen Partnerentscheidung abhängig zu machen, um eine Gläubigerpfändung eines solchen Anspruchs zu erschweren (vgl. *Sommer/Treptow* NJW 13, 3269, 3274).

17 **Absatz 3:** Vgl. A. 11.00 Rz 28a.

Zu § 11 bis § 21:

18 Vgl. A. 11.00 Rz. 29–43.

A. 11.21 Handelsregisteranmeldung (Umwandlung in Partnerschaft mbB)

I. FORMULAR

Formular A. 11.21 Handelsregisteranmeldung (Umwandlung in Partnerschaft mbB)

Amtsgericht

– Registergericht –

Betrifft: A, B und Partner, Rechtsanwälte, Steuerberater mit dem Sitz in *[PLZ Ort]*......

Zur Eintragung in das Partnerschaftsregister wird angemeldet:

Der Name der Partnerschaft ist geändert in:

A, B und C

– Rechtsanwälte, Steuerberater –

PartG mbB“

Der Anmeldung ist eine Versicherungsbescheinigung gem. § 113 Abs. 2 VVG im Original beigefügt.

....	**..................................**	**..................................**
(Unterschrift A)	**(Unterschrift B)**	**(Unterschrift C)**

....

(Beglaubigungsvermerk)

II. ERLÄUTERUNGEN

Erläuterungen zu A. 11.21 Handelsregisteranmeldung (Umwandlung in Partnerschaft mbB)

Nicht die Anmeldung einer Umwandlung im engeren Sinne ist erforderlich (vgl. 1
A. 11.20 Rz. 3), sondern lediglich eine **Anmeldung des geänderten Namens** und diese hat lediglich deklaratorischen Charakter (vgl. A. 11.20 Rz. 5).

Der Anmeldung ist eine **Versicherungsbescheinigung** gem. § 113 Abs. 2 VVG 2
beizufügen (§ 4 Abs. 3 PartGG). Zu den Einzelheiten des erforderlichen Versicherungsschutzes vgl. A. 11.20 Rz. 13. Zu den Nachweispflichten gegenüber den jeweiligen Berufskammern vgl. bspw. § 55 Abs. 3 DVStB.

A. 12. Joint Venture und Realteilung einer Personengesellschaft

Übersicht

A. 12.00 Joint Venture in Form einer Personengesellschaft: Joint-Venture-Vertrag und Gesellschaftsvertrag

Gliederung

I. FORMULARE

Formular A. 12.00 Joint-Venture Vertrag

Joint-Venture-Vertrag

zwischen

A-Batterien GmbH,...... – „A-GmbH" –

und

B-Zweirad GmbH, ... – „B-GmbH" –

A-GmbH und B-GmbH einzeln auch die „Partei" oder zusammen auch „Parteien"

Präambel

A. A-GmbH und B-GmbH stehen in langjähriger Geschäftsverbindung hinsichtlich der Forschung und Entwicklung von Elektroantrieben bei Fahrrädern und Motorrädern.

B. Diese Forschungs- und Entwicklungsaktivitäten wollen die Parteien nun weiter bündeln und in Zukunft durch ein Gemeinschaftsunternehmen in der Rechtsform einer Kommanditgesellschaft (GmbH & Co. KG) nach deutschem Recht („JV-KG") betreiben. Ziel des Gemeinschaftsunternehmens soll es sein, das Know-how und die bestehenden Erfahrungen der Parteien im Bereich der Elektroantriebe bei Fahrrädern und Motorrädern zu bündeln und deren Marktreife herzustellen.

Dies vorausgeschickt, schließen die Parteien zur Regelung der Errichtung und der Finanzierung der JV-KG, der Zusammenarbeit in der JV-KG sowie der Grundsätze und der möglichen Beendigung der Zusammenarbeit folgenden Joint-Venture-Vertrag („Vertrag"):

§ 1 Status

(1) Die A-GmbH ist Eigentümerin der folgenden Vermögensgegenstände: *[Auflistung von Patenten, Know-how und Verträgen]*.

(2) Die B-GmbH ist Eigentümerin der folgenden Vermögensgegenstände: *[Auflistung von Beteiligungen an BB-GmbH, Know-how und Verträgen]*.

(3) Die Parteien werden am Vollzugstag die ERAD Entwicklungs GmbH & Co.KG als JV-KG errichten. Die A-GmbH und die B-GmbH werden sich an der JV-KG als Kommanditisten mit einer Einlage und Haftsumme im Betrag von jeweils EUR 50.000,00 beteiligen. Persönlich haftende Gesellschafterin der JV-KG soll die ERAD Geschäftsführungs GmbH („Komplementärin") werden, die von der A-GmbH und der B-GmbH mit einem Stammkapital von EUR 25.000,00 zu gründen ist und an der beide Parteien jeweils einen Geschäftsanteil von EUR 12.500,00 halten sollen.

(4) Die Parteien werden am Vollzugstag jeweils die in Abs. 1 und 2 aufgeführten Vermögensgegenstände in die JV-KG einbringen sowie die in § 3 Abs. 3 genannten Darlehen gewähren.

§ 2 Unterzeichnungstag; Vollzugstag

(1) Unterzeichnungstag ist der Tag, an dem die Parteien diesen Vertrag unterzeichnen.

(2) Vollzugstag ist der Tag, an dem der Vollzug aller Maßnahmen und Rechtshandlungen nach Maßgabe von § 3 stattfinden.

§ 3 Errichtung des Gemeinschaftsunternehmens

(1) Die Parteien gründen die Komplementärin. Der Gesellschaftsvertrag der Komplementärin ist als Anlage 3.1 beigefügt. Die Parteien ernennen Herrn ...... und Herrn ...... zu gesamtvertretungsberechtigten Geschäftsführern der Komplementärin. Eine Befreiung der Geschäftsführer von dem Selbstkontrahierungsverbot des § 181 BGB wird nicht erteilt.

(2) Die Parteien gründen mit der Komplementärin die JV-KG durch Abschluss des Gesellschaftvertrags, der diesem Vertrag als Anlage 3.2 beigefügt ist („JV-Gesellschaftsvertrag"). Mit Abschluss des JV-Gesellschaftvertrags der JV-KG haben die Parteien ihre im JV-Gesellschaftvertrag vereinbarte Einlage gemäß § 1 Abs. 4 an die JV-KG zu erbingen.

(3) Die A-GmbH gewährt der JV-KG ein Darlehen im Betrag von EUR ...... und die B-GmbH gewährt der JV-KG ein Darlehen im Betrag von EUR ....

(4) Die Durchführung sämtlicher Handlungen gemäß Abs. 1 bis 3 gilt als „Errichtung des Gemeinschaftsunternehmens".

§ 4 Vollzugsbedingungen

Die Verpflichtung zur Vornahme der in § 3 genannten Handlungen steht unter den nachfolgend genannten aufschiebenden Bedingungen:

a) Das Bundeskartellamt hat den in diesem Vertrag vereinbarten Zusammenschluss freigegeben.

b) Der Aufsichtsrat der A-GmbH hat diesem Vertrag und den darin vereinbarten Rechtsgeschäften zugestimmt. Diese Vollzugsbedingung gilt als eingetreten, so-

bald die A-GmbH der B-GmbH schriftlich mitgeteilt hat, dass die Zustimmung erteilt wurde.

c) Die B-GmbH hat den Kooperationsvertrag mit der Z-AG bezüglich des Baus von Elektrofahrrädern beendet. Diese Vollzugsbedingung gilt als eingetreten, sobald die B-GmbH der A-GmbH die Beendigung des Kooperationsvertrags nachgewiesen hat.

§ 5 Rücktrittsrecht

(1) Jede Partei kann von diesem Vertrag durch schriftliche Erklärung gegenüber der anderen Partei zurücktreten, wenn die Vollzugsbedingung gemäß § 4 lit. a) nicht spätestens bis zum ...... eingetreten ist.

(2) Die A-GmbH kann von diesem Vertrag durch schriftliche Erklärung gegenüber der B-GmbH zurücktreten, wenn eine der Vollzugsbedingungen gemäß § 4 lit. b) und c) nicht bis zum ... eingetreten ist.

(3) Der Rücktritt gemäß den Abs. 1 und 2 ist innerhalb von zehn Bankarbeitstagen nach positiver Kenntnis von dem Rücktrittsrecht zu erklären. Die Rücktrittserklärung bedarf der Schriftform und muss den in § 16 Abs. 1 genannten Empfängern zugehen.

§ 6 Finanzausstattung des Gemeinschaftsunternehmen

(1) Zum Zwecke der Ausstattung der JV-KG mit Liquidität verpflichtet sich jede Partei zu einer Einzahlung in Höhe von insgesamt EUR ...... auf ihr Kapitalkonto II bei der JV-KG nach Maßgabe der nachfolgenden Abs. 2 bis 4.

(2) Die Einzahlung des Betrags nach Abs. 1 ist in zwei gleichen Raten wie folgt zu leisten:

a) Rate 1 innerhalb von sechs Monaten nach Errichtung des Gemeinschaftsunternehmens gemäß § 3.

b) Rate 2 innerhalb von drei Monaten nach Abschluss des in Anlage 6.2 beschriebenen Projekts.

(3) § 6 verpflichtet nur die Parteien untereinander und begründet keine Ansprüche der JV-KG gegen die Parteien.

(4) Kommt eine Partei ihrer Zahlungsverpflichtung aus § 6 Abs. 1 und 2 nicht nach, kann die jeweils andere Partei den Fehlbetrag ausgleichen und von der säumigen Partei den ausgeglichenen Fehlbetrag zuzüglich Zinsen in Höhe von ... % vom Tag der Ausgleichung des Fehlbetrags bis zum Tag der Rückzahlung des Betrags durch die säumige Partei verlangen. Das Recht zur Kündigung gemäß § 14 Abs. 2 sowie das Recht gemäß § 13 Abs. 1 lit. c) bleiben unberührt.

§ 7 Stärkung des Eigenkapitals des Gemeinschaftsunternehmens

(1) Hält eine Partei die Stärkung des Eigenkapitals der JV-KG für erforderlich, hat sie gegenüber der anderen Partei eine Erhöhung des Eigenkapitals der JV-KG unter Bezugnahme auf die Finanzplanung der JV-KG in einer schriftlichen Stellungnahme, in der die für den erhöhten Kapitalbedarf wesentlichen Gründe dargelegt werden, vorzuschlagen. Einigen sich die Parteien nicht innerhalb von 20 Bankarbeitstagen auf eine Stärkung des Eigenkapitals, ist die Partei, die die Stärkung des Eigenkapitals verlangt, nach ihrer Wahl berechtigt, (i) das erforderliche Kapital in Höhe des insgesamt für erforderlich gehaltenen Kapitalbedarfs gemäß nachfolgendem Abs. 2 bereitzustellen (in diesem Fall „Verlangende Partei") oder (ii) von ihrem Recht gemäß § 13 Abs. 1 lit. d) oder § 13 Abs. 3 lit. d) Gebrauch zu machen.

(2) Will die die Verlangende Partei nach Abs. 1 das erforderliche Kapital bereitstellen, ist sie berechtigt, von der anderen Partei durch schriftliche Erklärung zu verlangen,

dass diese einer unverzüglich zu beschließenden Erhöhung des Festkapitals bei der JV-KG zustimmt, bei der die Verlangende Partei eine weitere Einlage als Kommanditistin übernimmt. Der Nennbetrag der zusätzlichen Einlage ist durch Teilung des Betrags der zu erbringenden Kapitaleinlage durch den Nennbetragswert gemäß § 7 Abs. 3 zu ermitteln. Der den Nennbetrag der neuen Kommanditeinlage übersteigende Teil der Kapitaleinlage ist auf das Kapitalkonto II des Kommanditisten bei der JV-KG einzuzahlen.

(3) Der Nennbetragswert ist der vor einer Kapitalerhöhung auf einen Euro Festkapital entfallende, nach dem [DCF-Verfahren gemäß IDW Standard S 1] ermittelte, anteilige Unternehmenswert („Nennbetragswert"). Soweit der so ermittelte Nennbetragswert kleiner als eins (1) ist, ist der Nennbetragswert mit eins (1) anzusetzen. Können sich die Parteien bei einer Kapitalerhöhung gemäß Abs. 2 nicht binnen zehn Bankarbeitstagen auf einen Nennbetragswert einigen, ist dieser durch einen Schiedsgutachter zu ermitteln. Der Schiedsgutachter wird durch ...... auf Antrag einer der Parteien bestimmt. Die Kosten und Auslagen für den Schiedsgutachter und das Schiedsgutachterverfahren werden von den Parteien je zur Hälfte verauslagt und getragen. Der Schiedsgutachter hat binnen 20 Bankarbeitstagen ab Beauftragung ein Gutachten über den Nennbetragswert zu erstellen und den Parteien zu übermitteln. Stichtag für die Ermittlung des Nennbetragswerts ist der Zugang der schriftlichen Stellungnahme nach Abs. 1 Satz 1. Die Feststellungen des Schiedsgutachters sind für die Parteien bindend.

§ 8 Anmeldung des Zusammenschlusses beim Bundeskartellamt

(1) Die Parteien werden das in diesem Vertrag vereinbarte Vorhaben unverzüglich nach dem Unterzeichnungstag gemeinsam beim Bundeskartellamt anmelden. Sie verpflichten sich, alle Dokumente, Daten und anderen Informationen zur Verfügung zu stellen, die notwendig sind, um die kartellrechtliche Anmeldung vorzubereiten, zu ändern oder zu ergänzen. Weiterhin verpflichten sie sich, mit dem Bundeskartellamt zusammenzuarbeiten, soweit dies erforderlich wird.

(2) Soweit das Bundeskartellamt den in diesem Vertrag vereinbarten Zusammenschluss nur unter Bedingungen oder Auflagen freigibt, die von einer der Parteien oder jeweils mit ihnen verbundenen Unternehmen im Sinne von § 15 AktG zu erfüllen sind, ist keine Partei verpflichtet, diese Bedingungen oder Auflagen zu erfüllen oder deren Erfüllung sicherzustellen. Dies gilt nicht, wenn und soweit die von dem Bundeskartellamt erteilten Bedingungen oder Auflagen unwesentlicher Natur sind, deren Erfüllung von der betreffenden Partei unter Berücksichtigung des damit verbundenen Aufwands einerseits und dem Interesse beider Parteien an einer Freigabe des in diesem Vertrag vereinbarten Zusammenschlusses andererseits nicht verweigert werden darf.

(3) Soweit das Bundeskartellamt den in diesem Vertrag vereinbarten Zusammenschluss untersagt und eine Partei dagegen Rechtsmittel einlegen will, hat die andere Partei sie dabei zu unterstützen.

§ 9 Leitung des Gemeinschaftsunternehmens

(1) Das Gemeinschaftsunternehmen wird durch die Komplementärin, diese vertreten durch ihre Geschäftsführer, geleitet. Unbeschadet § 3 Abs. 2 Satz 3 des Vertrags ist jede Partei berechtigt, einen Geschäftsführer vorzuschlagen. Im Übrigen gilt der Gesellschaftsvertrag der Komplementärin.

(2) Die Parteien werden durch Gesellschafterbeschluss der Komplementärin eine Geschäftsordnung für die Geschäftsführung der Komplementärin, die als Anlage 9.2

beigefügt ist, beschließen. Die Geschäftsordnung für die Geschäftsführung kann nur durch einstimmigen Gesellschafterbeschluss der Komplementärin geändert werden.

(3) Können sich die Geschäftsführer in einer Angelegenheit, in der ihnen die Befugnis zur Geschäftsführung nach der gemäß Abs. 2 verabschiedeten Geschäftsordnung zusteht, nicht einigen, haben sie die Gesellschafterversammlung der JV-KG mit der streitigen Frage zu befassen. Trifft auch die Gesellschafterversammlung keine Entscheidung, legen die Geschäftsführer der Komplementärin die Frage den Gesellschaftern der Parteien zur Entscheidung vor. Einigen sich diese nicht untereinander innerhalb von einem Monat ab Vorlage, haben sie dies den Geschäftsführern der Komplementärin und den Parteien mitzuteilen.

§ 10 Weitere Verpflichtungen der Parteien

(1) Die A-GmbH verpflichtet sich, am Vollzugstag mit der JV-KG einen Mietvertrag, wie in Anlage 10.1 beigefügt, über die von der JV-KG für das Gemeinschaftsunternehmen benötigten Büro- und Betriebsräume und Lagerflächen auf dem Gelände ...... abzuschließen. Die A-GmbH wird ferner an die JV-KG unentgeltlich Leistungen im Bereich Buchführung und Personal erbringen.

(2) Die B-GmbH verpflichtet sich, am Vollzugstag der JV-KG die in Anlage 10.2 (a) aufgelisteten Werkzeuge und Maschinen unentgeltlich zur Nutzung zu überlassen. Die B-GmbH wird der JV-KG Leistungen im Bereich Produktprüfung und Produktkontrolle zu den Bedingungen des Dienstleistungsvertrags gemäß Anlage 10.2 (b) erbringen.

(3) Bezüglich der in die JV-KG eingebrachten oder zur Verfügung gestellten Vermögensgegenstände versichern beide Parteien, dass diese sich in einem ordnungsgemäßen und gebrauchstauglichen Zustand befinden und alle erforderlichen Wartungsarbeiten durchgeführt wurden und frei von Rechten Dritter sind.

(4) Die Parteien verpflichten sich, unverzüglich jeden Umstand mitzuteilen, der den Vollzug dieses Vertrags gefährden, beeinträchtigen oder verhindern oder ein Rücktrittsrecht nach § 5 begründen könnte.

§ 11 Wettbewerbsverbot während der Dauer und nach Beendigung des Gemeinschaftsunternehmens

(1) Die Parteien verpflichten sich, für die Dauer dieses Vertrags wechselseitig zum Wettbewerbsverbot. Sie verpflichten sich, jegliche Betätigung zu unterlassen, mit der sie unmittelbar oder mittelbar in Wettbewerb zum Geschäftsbetrieb der JV-KG treten würden. Sachlich umfasst das Wettbewerbsverbot ausschließlich die Tätigkeiten gemäß § 2 des Gesellschaftsvertrags der JV-KG in den geographischen Gebieten, in denen die JV-KG im Rahmen des Gesellschaftszwecks tätig ist. Die Parteien werden auch kein Unternehmen, das mit den Aktivitäten der JV-KG unmittelbar oder mittelbar in Wettbewerb steht, gründen oder erwerben oder sich an einem solchen Unternehmen unmittelbar oder mittelbar in irgendeiner Weise beteiligen. Ausgenommen von diesem Wettbewerbsverbot ist der Erwerb von bis zu ... % der Aktien an börsennotierten Gesellschaften, sofern jeglicher Einfluss der Partei auf die Leitungsorgane dieser Gesellschaften ausgeschlossen ist. Die Parteien stehen dafür ein, dass auch von ihnen beherrschte Gesellschaften entsprechend den vorstehenden Regelungen nicht in Wettbewerb zu den Aktivitäten der Gesellschaft treten werden.

(2) Vom Wettbewerbsverbot ausgenommen sind folgende Aktivitäten der Parteien: A-GmbH ......; B-GmbH ....

(3) Scheidet eine Partei als Gesellschafter aus der JV-KG aus, gleich aus welchem Grund, ist es ihr für die Dauer von zwei Jahren seit ihrem Ausscheiden untersagt, für Kunden, Lieferanten sowie Forschungs- und Entwicklungspartner der JV-KG, gleich in welcher Art und Weise, ob als Berater, auf eigene oder fremde Rechnung, mittel-

bar oder unmittelbar tätig zu werden oder sie auf andere Weise zu unterstützen. Die JV-KG hat dem ausscheidenden Gesellschafter zum Termin seines Ausscheidens eine vollständige Liste der Kunden, Lieferanten sowie Forschungs- und Entwicklungspartner zu übergeben.

(4) Im Fall einer Zuwiderhandlung gegen eine Verpflichtung aus den Abs. 1 und 3 hat die abmahnende Partei die zuwiderhandelnde Partei zunächst schriftlich unter Setzung einer angemessenen Frist aufzufordern, die Zuwiderhandlung zu unterlassen bzw. für eine Unterlassung der Zuwiderhandlung durch die von ihr beherrschten Gesellschaften zu sorgen. Nach fruchtlosem Ablauf der Frist gemäß Satz 1 hat die zuwiderhandelnde Partei an die abmahnende Partei für jeden folgenden Fall der Zuwiderhandlung eine Vertragsstrafe in Höhe von EUR ...... zu zahlen. Im Falle eines fortgesetzten Verstoßes wird die Vertragsstrafe für jeden angefangenen Monat, in dem der Verstoß anhält, erneut fällig. Eine Abmahnung gemäß Satz 1 ist entbehrlich, wenn die zuwiderhandelnde Partei das Unterlassen der Zuwiderhandlung ernsthaft und endgültig verweigert.

(5) Im Falle einer Zuwiderhandlung gegen eine Verpflichtung aus den Abs. 1 und 3 kann die abmahnende Partei über die Vertragsstrafe gemäß Abs. 4 hinaus von der zuwiderhandelnden Partei verlangen, dass die JV-KG so gestellt wird, als wäre das gegen die Abs. 1 und 3 verstoßende Geschäft auf ihre Rechnung geführt worden, insbesondere, dass der JV-KG alle im Zusammenhang mit der Zuwiderhandlung stehenden Vorteile der zuwiderhandelnden Partei bzw. einer von ihr beherrschten Gesellschaft herausgegeben werden. Vorbehalten bleibt der Ersatz weitergehender Schäden, die der abmahnenden Partei oder der JV-KG durch das verbotswidrige Verhalten entstehen.

§ 12 Abwerbeverbot

(1) Die Parteien verpflichten sich, es zu unterlassen selbst oder durch einen Dritten zum Zwecke der mittelbaren oder unmittelbaren Abwerbung, der Anwerbung oder Erbringung externer Leistungen Kontakt zu Personen aufzunehmen, die innerhalb der letzten 6 Monate ihrer beruflichen Tätigkeit in einem Anstellungsverhältnis mit der JV-KG standen. Das Abwerbeverbot gilt für die Dauer des Bestehens der JV-KG.

(2) Im Falle einer Verletzung einer der vorstehenden Verpflichtungen hat die verletzende Partei an die JV-KG für jeden Fall der Zuwiderhandlung eine Vertragsstrafe von EUR ...... zu zahlen. Jeder Mitarbeiter, zu dem in verbotswidriger Weise Kontakt aufgenommen wird, erfüllt jeweils gesondert den Tatbestand einer einzelnen Zuwiderhandlung im vorstehenden Sinne.

(3) Die Parteien und die JV-KG sind berechtigt, den Ersatz eines weitergehenden Schadens gegen die verbotswidrig handelnde Partei geltend zu machen.

§ 13 Put-Option/Call-Option

(1) Nach Errichtung des Gemeinschaftsunternehmens gemäß § 3 hat jede Partei bei Vorliegen der nachfolgenden Ereignisse (jeweils „Put-Options-Ereignis") das Recht, ihren Kommanditanteil an der JV-KG und ihren Geschäftsanteil an der Komplementärin der jeweils anderen Partei mit der Folge anzudienen („Put-Option"), dass diese verpflichtet ist, den Kommanditanteil und den Geschäftsanteil der andienenden Partei zu übernehmen. Kommanditanteil an der JV-KG und Geschäftsanteil an der Komplementärin können immer nur gemeinsam angedient und übernommen werden.

a) Bei Nichterreichbarkeit eines marktfähigen Produkts. Die Gründe für die Nichterreichung sind dabei unmaßgeblich. *[Angabe weiterer Gründe möglich.]*

b) Im Falle von dringend gebotenen Sanierungsmaßnahmen zur Abwendung der Insolvenzgefahr (Überschuldung oder wenigstens drohende Zahlungsunfähigkeit im Sinne der InsO) der JV-KG.

c) Nichteinzahlung der Beträge gemäß § 6 Abs. 2.

d) Nichteinigung auf Kapitalerhöhung zur Stärkung des Eigenkapitals nach § 7 Abs. 1.

e) Nichteinigung gemäß § 9 Abs. 3 Satz 3.

(2) Zur Durchführung der Put-Option machen hiermit die A-GmbH gegenüber der B-GmbH und die B-GmbH gegenüber der A-GmbH das unwiderrufliche Angebot, ihren jeweiligen Kommanditanteil an der JV-KG („Put-Options-Anteil"), wobei sich der Begriff „Put-Options-Anteil" auch auf sämtliche weiteren Anteile an der JV-KG erstreckt, die die jeweilige Partei zum Zeitpunkt der Ausübung der Put-Option hält, zu kaufen und zu erwerben. Die berechtigte Partei kann die Put-Option bei Vorliegen eines Put-Options-Ereignisses jederzeit ausüben. Die Put-Option ist durch eine schriftliche Annahmeerklärung („Put-Options-Erklärung") auszuüben.

(3) Die A-GmbH ist berechtigt, den nach dem Vollzugstag von der B-GmbH gehaltenen Kommanditanteil an der der JV-KG zu erwerben („Call-Option"), wenn folgende Ereignisse vorliegen:

a) Bei Nichterreichbarkeit eines marktfähigen Produkts. Die Gründe für die Nichterreichung sind dabei unmaßgeblich. [Angabe weiterer Gründe möglich.]

b) Ablauf von ...... Jahren seit Errichtung des Gemeinschaftsunternehmens gemäß § 3.

c) Nichteinigung auf Kapitalerhöhung zur Stärkung des Eigenkapitals nach § 7 Abs. 1.

d) Erwerb von mehr als 50 % der Stimmrechte und/oder Kapitalanteile an der B-GmbH durch einen Dritten.

(4) Zur Durchführung der Call-Option macht die A-GmbH hiermit gegenüber der B-GmbH das unwiderrufliche Angebot, den Kommanditanteil der B-GmbH an der JV-KG („Call-Options-Anteil"), wobei sich der Begriff „Call-Options-Anteil" auch auf sämtliche weiteren Anteile der B-GmbH an der JV-KG erstreckt, an die A-GmbH zu verkaufen und zu übertragen. Die A-GmbH kann die Call-Option bei Vorliegen eines Call-Options-Ereignisses jederzeit ausüben. Die Call-Option ist durch eine schriftliche Annahmeerklärung („Call-Options-Erklärung") auszuüben.

(5) Mit der Abgabe der Put-Options-Erklärung kommt ohne weiteres ein Kauf- und Übertragungsvertrag über den Put-Options-Anteil zustande. Mit der Abgabe der Call-Options-Erklärung kommt ohne weiteres ein Verkauf- und Übertragungsvertrag über den Call-Options-Anteil zustande.

(6) Der Vertragsinhalt eines Kauf- und Übertragungsvertrags nach Abs. 5 bestimmt sich wie folgt:

a) Verkauf und Übertragung erfolgen gegen Kaufpreiszahlung eines Betrags in Höhe des Nominalbetrags zuzüglich eines Betrages von 6 % p.a. ab vollständiger Einzahlung der auf den Put-Options-Anteil bzw. Call-Options-Anteil gezahlten Einlagen und anderer Zuzahlungen in das Eigenkapital der JV-KG, jedoch vermindert um die auf den Put-Options-Anteil bzw. Call-Options-Anteil entfallenden und ausgeschütteten Gewinne. Wurde die Put-Option aufgrund Abs. 1 lit. c) oder die Call-Option aufgrund Abs. 3 lit. c) oder lit. d) ausgeübt, ist der Kaufpreis des Put-Options-Anteils bzw. Call-Options-Anteils der Verkehrswert zum Zeitpunkt der Put-Options-Erklärung bzw. Call-Options-Erklärung. Der Verkehrswert ist der nach dem [DCF-Verfahren gemäß IDW Standard S 1] ermittelte, anteilige Unternehmenswert. Im Übrigen findet auf die Verkehrswertermittlung § 7 Abs. 3 entsprechend Anwendung.

b) Es wird garantiert, dass jede Partei alleiniger Eigentümer des Put-Options-Anteils bzw. Call-Options-Anteils und diese frei von Rechten Dritter sind, dass sie über diese frei verfügen können und die Einlagen vollständig erbracht sind. Weitere Garantien werden jeweils nicht übernommen und sind ausgeschlossen.

c) Der Verkauf und die Übertragung stehen unter der aufschiebenden Bedingung der fusionsrechtlichen Freigabe. § 8 des JV-Vertrags findet entsprechende Anwendung.

d) Die Übertragung erfolgt mit wirtschaftlicher Wirkung auf den Tag, der dem Tag der Ausübungserklärung folgt.

§ 14 Laufzeit; Kündigung

(1) Dieser Vertrag läuft bis zum .... Er verlängert sich um jeweils ein weiteres Jahr, wenn er nicht von einer Partei mit einer Frist von sechs Monaten zu seinem jeweiligen Enddatum gekündigt wird. Das Kündigungsrecht der Parteien nach § 723 Abs. 1 Satz 1 BGB (jederzeitiges Kündigungsrecht) ist ausgeschlossen.

(2) Das Recht jeder Partei zur Kündigung dieses Vertrages aus wichtigem Grund bleibt unberührt. Ein wichtiger Grund liegt insbesondere in den nachfolgenden Fällen vor.

a) Die andere Partei hat eine wesentliche Pflicht aus diesem Vertrag oder aus einer auf Grundlage dieses Vertrags abgeschlossenen Vereinbarung verletzt und trotz schriftlicher Abmahnung, die die Verletzung spezifiziert, die Pflichtverletzung nicht innerhalb von vier Wochen abgestellt.

b) Über das Vermögen der anderen Partei oder eines mit ihr verbundenen Unternehmens gemäß § 15 AktG, das auf der Grundlage dieses Vertrags eine Vereinbarung mit der JV-KG geschlossen hat, wird ein Insolvenzverfahren eröffnet, wird die Eröffnung eines Insolvenzverfahrens beantragt, wird die Eröffnung eines Insolvenzverfahrens mangels Masse abgelehnt oder wird der Geschäftsanteil der anderen Partei gepfändet; ist ein verbundenes Unternehmen betroffen, so gilt dies nicht, wenn der JV-KG und der ansonsten kündigungsberechtigten Partei innerhalb von fünf Bankarbeitstagen eine unbedingte und unbefristete Einstandserklärung der anderen Partei für die Verpflichtungen des mit der anderen Partei verbundenen Unternehmens gegenüber der JV-KG zugegangen ist.

c) Eine Person oder eine Gesellschaft, die am Unterzeichnungstag keinen beherrschenden Einfluss im Sinne des § 17 Abs. 1 AktG auf die andere Partei ausübt, erlangt einen solchen beherrschenden Einfluss. Die Partei, die von der Änderung der Beherrschungsverhältnisse betroffen ist, ist verpflichtet, dies der anderen Partei unverzüglich schriftlich mitzuteilen.

d) *[Weitere wichtige Gründe]*

(3) Eine Kündigung aus wichtigem Grund ist der anderen Partei innerhalb von 2 (zwei) Wochen nach Kenntnis des zur Kündigung berechtigenden Grundes zu erklären. Sie führt zum Ausscheiden des kündigenden Gesellschafters entsprechend § 13.3 des JV-Gesellschaftsvertrags.

(4) Jede Kündigung ist durch eingeschriebenen Brief gegenüber der anderen Partei zu erklären.

§ 15 Übertragungsverbot für Rechte und Pflichten

Die Parteien sind nicht berechtigt, den Vertrag oder einzelne Rechte oder Pflichten aus diesem JV-Vertrag ohne vorherige schriftliche Zustimmung der jeweils anderen Partei ganz oder teilweise auf Dritte zu übertragen. Die Zustimmung ist zu erteilen, wenn Rechte oder Pflichten an ein mit der die Übertragung beabsichtigenden Partei verbundenes Unternehmen (§§ 15 ff. AktG) übertragen werden.

§ 16 Vertraulichkeit und Pressemitteilungen

(1) Jede Partei wird die Informationen, die sie im Zusammenhang mit dem Abschluss dieses Vertrags über dessen Inhalt, die jeweils andere Partei sowie die mit dieser verbundenen Unternehmen im Sinne von §§ 15 ff. AktG erhalten hat, streng vertraulich behandeln, vor dem Zugriff Dritter wirksam schützen und solche vertraulichen Informationen nicht für eigene oder fremde Zwecke nutzen. Von der vorstehenden Verpflichtung nicht umfasst sind Tatsachen, die öffentlich bekannt sind oder ohne eine Verletzung dieser Verpflichtung öffentlich bekannt werden oder deren Offenlegung durch Gesetz oder durch für die Partei verbindliche kapitalmarktrechtliche Vorschriften vorgeschrieben oder aufgrund der Durchführung dieses Vertrags notwendig ist.

(2) Die Parteien werden sich über Form und Inhalt jeder Pressemitteilung oder anderer freiwilliger Verlautbarung zu den in diesem Vertrag vereinbarten Rechtsgeschäften vor deren Veröffentlichung abstimmen. Sofern Veröffentlichungen durch Gesetz oder durch für die Partei verbindliche kapitalmarktrechtliche Vorschriften vorgeschrieben sind, werden sie sich um eine vorherige Abstimmung bemühen.

(3) Die Pflichten gemäß Abs. 1 und 2 bestehen auch nach Beendigung dieses Vertrags unbefristet fort.

§ 17 Mitteilungen

(1) Alle rechtgeschäftlichen Erklärungen und andere Mitteilungen (zusammen „Mitteilungen" und einzeln „Mitteilung") im Zusammenhang mit diesem Vertrag bedürfen der Schriftform nach § 126 BGB, soweit nicht notarielle Beurkundung oder eine andere Form durch zwingendes Recht oder durch den Vertrag vorgeschrieben ist. Der Schriftform genügt eine Übermittlung per Telefax (nicht aber eine sonstige telekommunikative Übermittlung) oder ein Briefwechsel. Die elektronische Form (zB E-Mail) ersetzt die Schriftform nicht, selbst wenn sie den Anforderungen des § 126a BGB entspricht.

Alle Mitteilungen an A-GmbH sind zu richten an: ....

Alle Mitteilungen an B-GmbH sind zu richten an: ....

(2) Die Parteien haben Änderungen ihrer in diesem § 17 Abs. 1 genannten Ansprechpartner, Anschriften und Telefaxnummern der jeweils anderen Partei unverzüglich schriftlich mitzuteilen. Bis zu dieser Mitteilung gilt die bisherige Anschrift als wirksam.

§ 18 Kosten, Steuern

(1) Jede Partei trägt ihre eigenen Kosten und Auslagen im Zusammenhang mit der Vorbereitung, Verhandlung und Durchführung dieses Vertrags, einschließlich der Honorare, Kosten und Auslagen ihrer Berater.

(2) Die Kosten und die Gebühren des Bundeskartellamts sowie etwaiger kartellrechtlicher Gerichtsverfahren im Zusammenhang mit dem Zusammenschlussvorhaben werden von den Parteien je zur Hälfte getragen.

(3) Die Parteien tragen Verkehrssteuern, die aufgrund des Abschlusses oder der Durchführung dieses Vertrags anfallen, je zur Hälfte, soweit nicht die JV-KG Steuerschuldner ist. Im Übrigen hat jede Partei die auf sie anfallenden Steuern selbst zu tragen.

§ 19 Schlussbestimmungen

(1) Änderungen, Ergänzungen oder die Aufhebung dieses Vertrags, einschließlich der Änderung dieser Bestimmung, bedürfen der Schriftform, sofern nicht nach zwingendem Recht eine strengere Form (zB notarielle Beurkundung) erforderlich ist.

(2) Dieser Vertrag hat Vorrang vor allen Verträgen, die in Ausführung des Vertrags abgeschlossen werden. Soweit ein Widerspruch zwischen diesem Vertrag und einer in Ausführung des Vertrags geschlossenen Vereinbarung entstanden ist oder entstehen sollte, sind die Parteien verpflichtet, die andere Vereinbarung entsprechend diesem Vertrag auszulegen bzw. – wenn dies nicht möglich ist – zu ändern. Lässt sich ein Widerspruch nicht iSd. dieser Regelungen auflösen, verpflichten sich die Parteien bereits jetzt dazu, die Regelungen der betreffenden in Vollzug dieses Vertrages geschlossenen Vereinbarung zu ändern.

(3) Dieser Vertrag enthält sämtliche Vereinbarungen der Parteien zu seinem Gegenstand und ersetzt alle mündlichen oder schriftlichen Verhandlungen, Vereinbarungen und Abreden, die zuvor zwischen den Parteien im Hinblick auf den Vertragsgegenstand geschlossen wurden. Nebenabreden zu diesem Vertrag bestehen mit Ausnahme der in diesem Vertrag genannten Anlagen und den aufgrund dieses Vertrags abzuschließenden Verträgen nicht.

(4) „Bankarbeitstage" im Sinne dieses Vertrags sind die Tage, an denen die Banken in ...... zum gewöhnlichen Geschäftsverkehr geöffnet sind. Alle Fristen in diesem Vertrag beginnen, soweit nicht ausdrücklich ein anderes bestimmt ist, jeweils am ersten Bankarbeitstag nach dem Zugang der Erklärungen bei dem Adressaten per Telefax.

(5) Sollten Bestimmungen dieses Vertrags ganz oder teilweise unwirksam oder undurchführbar sein oder werden oder sollte dieser Vertrag eine Lücke enthalten, so wird hierdurch die Gültigkeit der übrigen Bestimmungen dieses Vertrags nicht berührt. An die Stelle unwirksamer oder undurchführbarer Bestimmungen oder zur Ausfüllung der Lücke tritt eine Regelung, die, soweit rechtlich möglich, wirtschaftlich dem am nächsten kommt, was die Parteien wollten oder nach dem Sinn und Zweck dieses Vertrags gewollt hätten, wenn sie bei Abschluss dieses Vertrags oder der späteren Aufnahme einer Bestimmung den Punkt bedacht hätten. Dies gilt auch dann, wenn die Unwirksamkeit einer Bestimmung auf einem in diesem Vertrag normierten Maß einer Leistung oder einer Zeit (Frist oder Termin) beruht; es tritt in solchen Fällen ein dem Gewollten möglichst nahekommendes, rechtlich zulässiges Maß der Leistung und der Zeit (Frist oder Termin) an die Stelle des vereinbarten.

(6) Dieser Vertrag unterliegt deutschem Recht.

(7) Sämtliche Streitigkeiten, die sich aus diesem Vertrag oder über seine Gültigkeit ergeben, werden nach der Schiedsgerichtsordnung der Deutschen Institution für Schiedsgerichtsbarkeit e.V. unter Ausschluss des ordentlichen Rechtsweges endgültig entschieden. Das Schiedsgericht besteht aus drei Schiedsrichtern. Das schiedsrichterliche Verfahren wird in deutscher Sprache durchgeführt. Das schiedsrichterliche Verfahren ist in ...... durchzuführen.

(8) Folgende Anlagen sind wesentliche Bestandteile dieses Vertrags: *[Auflistung der Anlagen]*.

Formular A. 12.00a Gesellschaftsvertrag der Joint-Venture Gesellschaft

GESELLSCHAFTSVERTRAG DER ERAD ENTWICKLUNGS GMBH & CO. KG

§ 1 Firma, Sitz und Dauer

1.1 Die Firma der Gesellschaft lautet:

ERAD Entwicklungs GmbH & Co. KG

1.2 Sitz der Gesellschaft ist ....

1.3 Die Gesellschaft beginnt am 1.1.14. Die Gesellschaft besteht auf unbestimmte Zeit.

§ 2 Gegenstand des Unternehmens

Gegenstand des Unternehmens ist die Forschung und Entwicklung von auf elektromotorischer Basis funktionierenden Fahrrädern und Motorrädern, Prüfung der Produktion und Vermarktbarkeit derartiger Fahrräder und Motorräder sowie alle im Zusammenhang damit stehenden Geschäfte.

§ 3 Gesellschaftskapital und Gesellschafter

3.1 Gesellschafter sind:

a) ERAD Geschäftsführung GmbH mit Sitz in ......, eingetragen im Handelsregister des Amtsgerichts ...... unter HRB ......, als persönlich haftende Gesellschafterin („Komplementärin"). Sie ist am Vermögen der Gesellschaft nicht beteiligt.

b) A-Batterien GmbH mit Sitz in ......, eingetragen im Handelsregister des Amtsgerichts ...... unter HRB ......, als Kommanditistin mit einem festen Kapitalanteil von EUR *[50.000,00]* („A-GmbH").

c) B-Zweirad GmbH mit Sitz in ......, eingetragen im Handelsregister des Amtsgerichts ...... unter HRB ......, als Kommanditistin mit einem festen Kapitalanteil von EUR *[50.000,00]* („B-GmbH").

3.2 Die Kommanditisten erbringen ihre Einlagen auf ihre Kapitalanteile bar. Die Einlagen sind sofort und in voller Höhe zu erbringen. Als Haftsummen sind die festen Kapitalanteile in das Handelsregister einzutragen.

§ 4 Gesellschafterkonten

4.1 Für jeden Kommanditisten wird ein Kapitalkonto I geführt. Auf dieses wird der feste Kapitalanteil des Kommanditisten verbucht. Das Kapitalkonto I ist unverzinslich.

4.2 Daneben wird für jeden Kommanditisten ein Kapitalkonto II geführt. Auf diesem Konto sind die festgestellten, aber nicht entnahmefähigen Gewinnanteile, etwaige auf ihn entfallende Verluste, von den Gesellschaftern beschlossene nicht entnahmefähige Rücklagen sowie von etwaigen eintretenden Gesellschaftern gezahlte Aufgelder zu buchen. Das Kapitalkonto II ist unverzinslich.

4.3 Außerdem wird für jeden Kommanditisten ein Privatkonto geführt. Auf diesem Konto werden die entnahmefähigen Gewinnanteile, Tätigkeitsvergütungen, Zinsen und der Zahlungsverkehr zwischen der Gesellschaft und den Gesellschaftern einschließlich sonstiger Einlagen und Entnahmen verbucht. Das Konto ist im Soll und Haben mit ... % über dem Hauptrefinanzierungssatz der Europäischen Zentralbank, jedoch nicht weniger als mit 1,5 % zu verzinsen. Die Zinsen gelten im Verhältnis zueinander als Aufwand und Ertrag.

§ 5 Geschäftsführung und Vertretung

5.1 Zur Geschäftsführung und Vertretung ist die Komplementärin berechtigt und verpflichtet. Die Komplementärin vertritt die Gesellschaft einzeln und ist von den Beschränkungen des § 181 BGB befreit.

5.2 Die Komplementärin hat die Einwilligung der Gesellschafterversammlung, die mit einer Mehrheit von 75% der Stimmen zu erteilen ist, für nachfolgende Geschäfte einzuholen:

a) Geschäfte, die über den gewöhnlichen Geschäftsbetrieb der Gesellschaft hinausgehen.

b) Erwerb, Gründung, Auflösung von Beteiligungen sowie deren Belastung oder Veräußerung.

c) Übernahme (Kauf, Pacht, Nießbrauch oder sonstiger Erwerb) von fremden Grundstücken und Gebäuden sowie die Aufgabe derartiger Übernahmen und die Veräußerung und Belastung eigener Grundstücke.

d) Errichtung von Betriebsstätten und Zweigniederlassungen sowie Aufnahme neuer sowie die Veräußerung, Ausgliederung und Aufgabe bestehender Geschäftszweige und Betriebsteile.

e) Abschluss von Verträgen über eine stille Gesellschaft sowie die Einräumung von Unterbeteiligungen.

f) Abschluss von Beherrschungs- und Ergebnisabführungsverträgen.

g) Erwerb von Gegenständen des Anlagevermögens, ausgenommen geringwertige Wirtschaftsgüter.

h) Abschluss von Miet-, Pacht- Leasing- oder sonstigen Nutzungsverträgen für Grundstücke, Gebäude oder sonstige Gegenstände der Betriebsausstattung sowie von sonstigen Verträgen mit einer Verpflichtung von über EUR ...... (ohne Nebenkosten) über die gesamte Vertragslaufzeit.

i) Veräußerung von betriebsnotwendigem Anlagevermögen und Gegenständen des Anlagevermögens mit über EUR ...... Restbuchwert sowie alle Fälle, in denen mit einem Veräußerungsverlust (Veräußerungserlös abzüglich Restbuchwert) zu rechnen ist.

j) Abschluss von Entwicklungs- und Forschungsverträgen mit einer Laufzeit von mehr als sechs Monaten oder einem Umsatz von mehr als EUR ...... pro Jahr.

k) Anmeldung, Löschung und jedwede Verfügung, insbesondere Veräußerung und Verpfändung, sowie die Einräumung von Patenten, Gebrauchsmustern und Marken.

l) Vereinbarung von Zahlungszielen über 30 Tagen nach Fälligkeit hinaus.

m) Aufnahme von Krediten und Übernahme von Bürgschaften, Garantien und sonstigen Eventualverbindlichkeiten.

n) Gewährung von Darlehen jeder Art an Dritte und Mitarbeiter der Gesellschaft, die einen Wert von EUR ...... pro Einzelfall oder EUR ...... pro Jahr übersteigen.

o) Abschluss von Anstellungsverträgen, welche ein Jahresgehalt von insgesamt mehr als EUR ...... vorsehen und die Übernahme von Pensionsverpflichtungen.

p) Zusage und Erteilung von Handlungsvollmachten und Prokuren.

q. Vereinbarung von Abfindungen an ausscheidende Mitarbeiter von mehr als drei Monatsgehältern.

r) Abschluss von Beratungsverträgen.

s) Führung von Gerichtsverfahren.

t) Verträge mit Gesellschaftern oder mit gemäß §§ 15 f. AktG verbundenen Unternehmen eines Gesellschafters.

u) alle sonstigen Geschäfte, die über den gewöhnlichen Geschäftsbetrieb der Gesellschaft hinausgehen.

Das Widerspruchsrecht gemäß § 164 S. 1 Hs. 2 HGB ist ausgeschlossen.

§ 6 Haftungs- und Geschäftsführungsvergütung

6.1 Die Komplementärin erhält als Gegenleistung für die Übernahme der Haftung eine jährliche Vergütung in Höhe von 5% des Stammkapitals, das die Komplementärin zu Beginn des Geschäftsjahres aufweist. Die Vergütung ist jeweils zahlbar zum Ende eines Geschäftsjahres.

6.2 Die Vergütung nach Ziffer 6.1 gilt im Verhältnis der Gesellschafter zueinander als Aufwand bzw. Ertrag.

§ 7 Gesellschafterversammlung

7.1 Beschlüsse der Gesellschafter, die nach diesem Gesellschaftsvertrag oder dem Gesetz erforderlich sind, werden in Gesellschafterversammlungen gefasst.

7.2 Die Gesellschafterversammlung wird von der Komplementärin einberufen. Die Einberufung erfolgt formlos. Widerspricht ein Gesellschafter der formlosen Einberufung, so ist die Gesellschafterversammlung durch eingeschriebenen Brief an alle Gesellschafter einzuberufen. Zwischen der Absendung des Briefes und dem Tag der Versammlung müssen mindestens zwei (2) Wochen – bei Eilbedürftigkeit eine (1) Woche – liegen. Bei dieser Form der Einberufung ist die Tagesordnung mitzuteilen.

7.3 Die Komplementärin ist zur Einberufung verpflichtet, wenn es im Interesse der Gesellschaft erforderlich erscheint oder Gesellschafter, die 25 % der Kapitalanteile repräsentieren, es unter Angabe von Gründen verlangen. Entspricht die Komplementärin einem solchen Verlangen nicht unverzüglich, können die übrigen Gesellschafter selbst eine Gesellschafterversammlung einberufen. Ziffer 7.2 Satz 2 ff. gilt für diesen Fall entsprechend.

7.4 Den Vorsitz der Gesellschafterversammlung führt die Komplementärin, sofern dieser nicht einem anderen Gesellschafter übertragen wird.

7.5 Der Vorsitzende hat für die Protokollierung der Ergebnisse der Gesellschafterversammlung, insbesondere der Gesellschafterbeschlüsse, Sorge zu tragen und allen Gesellschaftern das von ihm unterzeichnete Protokoll zuzuleiten. Das Protokoll gilt als durch den einzelnen Gesellschafter genehmigt, wenn dieser der Richtigkeit des Protokolls nicht binnen zwei Wochen nach Erhalt gegenüber der Gesellschaft schriftlich und unter Angabe der Gründe widerspricht. Die Anfertigung des Protokolls ist nicht Wirksamkeitsvoraussetzung für einen gefassten Gesellschafterbeschluss.

7.6 Jeder Gesellschafter kann sich in der Gesellschafterversammlung durch einen Mitgesellschafter oder durch eine von Gesetzes wegen zur Berufsverschwiegenheit verpflichtete Person vertreten bzw. beraten lassen. Die Vollmacht ist schriftlich zu erteilen und in der Versammlung vorzulegen.

7.7 In jedem Geschäftsjahr findet innerhalb der ersten sechs (6) Monate eine ordentliche Gesellschafterversammlung statt.

§ 8 Gesellschafterbeschlüsse

8.1 Die Gesellschafterversammlung ist beschlussfähig, wenn Gesellschafter anwesend oder vertreten sind, die mind. ¾ aller vorhandenen Stimmen auf sich vereinigen. Ist eine Gesellschafterversammlung nicht beschlussfähig, so hat die Komplementärin unverzüglich unter Beachtung von Ziffer 7.2 Satz 3 ff. eine weitere Gesellschafterversammlung einzuberufen, die ohne Rücksicht auf die Zahl der anwesenden oder vertretenen Gesellschafter beschlussfähig ist. Auf diesen Umstand ist in der erneuten Ladung hinzuweisen.

8.2 Gesellschafterbeschlüsse werden mit einfacher Mehrheit der abgegebenen Stimmen gefasst, sofern nicht dieser Vertrag oder das Gesetz eine andere Mehrheit vorschreiben.

8.3 Abgestimmt wird nach festen Kapitalanteilen. Jeder EUR 1,00 eines festen Kapitalanteils gewährt eine Stimme.

8.4 Gesellschafterbeschlüsse können – vorbehaltlich zwingender gesetzlicher Formvorschriften – auch telefonisch, durch Telefax oder per E-Mail schriftlich oder mündlich oder in sonstiger medialer Form ohne förmliche Gesellschafterversammlung gefasst werden, wenn sämtliche Gesellschafter damit einverstanden sind. Die gefassten Beschlüsse sind durch die Komplementärin zu protokollieren.

8.5 Über die Beschlüsse der Gesellschafterversammlung fertigt der Vorsitzende der Gesellschafterversammlung eine von ihm zu unterzeichnende Niederschrift an.

§ 9 Geschäftsjahr und Jahresabschluss

9.1 Geschäftsjahr ist das Kalenderjahr. Das erste Geschäftsjahr beginnt am 1.1.01 und endet am 31.12.01.

9.2 Der Jahresabschluss mit Bilanz nebst Gewinn- und Verlustrechnung sowie erläuterndem Anhang und Lagebericht – soweit gesetzlich vorgeschrieben – ist von der Geschäftsführung innerhalb von drei Monaten nach Geschäftsjahresende aufzustellen und, soweit die Gesellschaft einer Prüfungspflicht unterfällt, sodann einem Wirtschaftsprüfer oder vereidigten Buchprüfer zur Prüfung vorzulegen. Alsdann ist er der Gesellschafterversammlung zuzuleiten, damit diese ihn spätestens bis zum Ablauf der ersten acht (8) Monate nach Geschäftsjahresschluss feststellen und über die Ergebnisverwendung beschließen kann. Der Abschlussprüfer ist von der Gesellschafterversammlung zu bestellen.

§ 10 Gewinnverteilung

10.1 Die Gewinnverteilung unter den Kommanditisten erfolgt entsprechend ihrer Anteile am Festkapital.

10.2 Die Gewinnanteile der Kommanditisten sind, solange und soweit deren Kapitalkonto I den Betrag des festen Kapitalanteils nicht erreicht, dem Kapitalkonto I gutzuschreiben. Weitere Gewinnanteile sind, solange und soweit das Kapitalkonto II negativ ist, diesem zuzubuchen. Verbleibende Gewinnanteile werden den Gesellschaftern auf ihrem Privatkonto gutgeschrieben.

§ 11 Entnahmen

11.1 Mit Zustimmung der Gesellschafterversammlung darf jeder Gesellschafter diejenigen Beträge entnehmen, die er benötigt, um die jeweilige Ertragsteuer (derzeit Körperschaftsteuer und Solidaritätszuschlag) auf seinen Gewinnanteil zu bezahlen. Die Höhe der Ertragsteuer wird durch Anwendung des Spitzensteuersatzes (einschließlich etwaiger Kirchensteuer und Solidaritätszuschlag) auf seinen Gewinnanteil ermittelt, unabhängig davon, ob Steuern in dieser Höhe anfallen oder nicht.

11.2 Darüber hinaus dürfen die Kommanditisten, soweit und solange ihr Privatkonto ein Guthaben aufweist, dieses entnehmen.

§ 12 Verfügungen über Gesellschaftsanteile

Verfügungen jeglicher Art über einen Gesellschaftsanteil oder Teile davon, insbesondere die Übertragung, Veräußerung oder Verpfändung von Gesellschaftsanteilen oder Teilen davon, bedürfen der Einwilligung durch einstimmigen Beschluss der Gesellschafterversammlung.

§ 13 Kündigung

13.1 Jeder Gesellschafter kann mit einer Kündigungsfrist von sechs (6) Monaten zum Ende eines Geschäftsjahres sein Ausscheiden aus der Gesellschaft erklären, frühestens jedoch zum Ende des Geschäftsjahres .... Darüber hinaus ist jeder Gesellschafter berechtigt, die Gesellschaft mit sofortiger Wirkung aus wichtigem Grund zu kündigen.

13.2 Jede Kündigung ist schriftlich gegenüber der Gesellschaft zu erklären und an die Komplementärin zu richten. Die Komplementärin teilt nach Zugang der Kündigung diese den übrigen Gesellschaftern unverzüglich mit.

13.3 Mit Wirksamwerden der Kündigung scheidet der kündigende Gesellschafter aus der Gesellschaft aus. Die Gesellschaft wird von den verbleibenden Gesellschaftern fortgeführt.

§ 14 Änderungen des Gesellschaftsvertrags

Änderungen dieses Gesellschaftsvertrags können nur durch einen einstimmigen Beschluss der Gesellschafterversammlung unter Beteiligung beider Gesellschafter erfolgen.

§ 15 Schlussbestimmungen

15.1 Änderungen des Gesellschaftsvertrags bedürfen zu ihrer Wirksamkeit der Schriftform, soweit nicht kraft Gesetzes notarielle Beurkundung vorgeschrieben ist. Auf die Schriftform kann nur schriftlich verzichtet werden.

15.2 Ausschließlicher Gerichtsstand für alle auf dem Gesellschaftsverhältnis beruhenden Auseinandersetzungen der Gesellschafter untereinander und mit der Gesellschaft ist der Sitz der Gesellschaft.

15.3 Sollte eine Bestimmung des Gesellschaftsvertrags ganz oder teilweise unwirksam oder undurchführbar sein oder werden, so wird dadurch die Gültigkeit der übrigen Bestimmungen dieses Vertrages nicht berührt. Das Gleiche gilt, wenn und soweit sich in diesem Vertrag eine Lücke herausstellen sollte. Anstelle der unwirksamen oder undurchführbaren Bestimmung oder zur Ausfüllung der Lücke soll eine angemessene Regelung gelten, die, soweit rechtlich möglich, dem am nächsten kommt oder entspricht, was die Vertragsparteien wirtschaftlich gewollt haben oder nach dem Sinn und Zweck dieser Vereinbarung gewollt hätten, sofern sie diesen Punkt bedacht hätten.

§ 16 Schiedsklausel

Sämtliche Streitigkeiten, die sich aus diesem Gesellschaftsvertrag oder über seine Gültigkeit ergeben, ausgenommen derjenigen Streitigkeiten, die aufgrund Gesetz einem Schiedsgericht nicht zur Entscheidung zugewiesen werden können, werden nach der Schiedsgerichtsordnung der Deutschen Institution für Schiedsgerichtsbarkeit e.V. unter Ausschluss des ordentlichen Rechtsweges endgültig entschieden. Das Schiedsgericht besteht aus drei Schiedsrichtern. Das schiedsrichterliche Verfahren wird in deutscher Sprache durchgeführt. Das schiedsrichterliche Verfahren ist in ...... durchzuführen. Ist eine Angelegenheit aus oder im Zusammenhang mit diesem Gesellschaftsvertrag oder seiner Durchführung durch ein ordentliches Gericht zu entscheiden, ist Gerichtsstand ....

II. ERLÄUTERUNGEN

Erläuterungen zu A. 12.00 Joint-Venture Vertrag

1. Grundsätzliche Anmerkungen

a) Wirtschaftliches Vertragsziel

1 Ziel der A-GmbH und der B-GmbH ist, ein Joint Venture hinsichtlich Forschung und Entwicklung eines bestimmten Produkts einzugehen. **Joint Venture** ist der international gebräuchliche Begriff für eine wirtschaftliche Kooperation zweier oder mehrerer Partner, die mit der Kooperation vielfältige Interessen, die teilweise übereinstimmen, teilweise aber auch gegenläufig sein können, verfolgen. Beschränkt sich die wirtschaftliche Kooperation der Partner auf eine dauerhafte und über einen punktuellen Leistungsaustausch hinausgehende Zusammenarbeit, deren tragendes Element aber nur eine schuldrechtliche Vereinbarung ist, so spricht man von einem **Contractual Joint Venture**. Die Partner können bei einem Contractual Joint Venture allerdings auch in Form einer Innengesellschaft bürgerlichen Rechts zusammengefasst sein. Eine weitere kapitalmäßige Verflechtung ist jedoch beim Contractual Joint Venture nicht vorgesehen. Gründen die Partner zur Verfolgung der wirtschaftlichen Kooperation jedoch eine rechtlich selbständige Gesellschaft, so spricht man von einem **Equity Joint Venture**. Diese rechtlich selbständige Gesellschaft, das Gemeinschaftsunternehmen, wird mit einer eigenen Kapitalausstattung durch die beteiligten Partner versehen.

2 Als **Gemeinschaftsunternehmen** kommen sowohl **Personen- als auch Kapitalgesellschaften** in Betracht. Aus Sicht des deutschen Rechts sind die KG (mit einer Kapitalgesellschaft als alleiniger Komplementärin) und die GmbH die verbreitetsten Rechtsformen für ein Gemeinschaftsunternehmen. Das Formular sieht für das Gemeinschaftsunternehmen die Rechtsform der GmbH & Co. KG vor. Auch wenn die Rechtsform der GmbH die wohl geläufigste Rechtsform, auch bei Joint Venture, ist, so kann für die Wahl einer Personengesellschaft anstatt einer Kapitalgesellschaft sprechen, dass die formalen Anforderungen bei einer Personengesellschaft geringer sind. Dies gilt zB für die Aufbringung des Kapitals und Einhaltung der Kapitalerhaltungsgrundsätze, Formerfordernisse etc. Daneben können steuerliche Gründe für die Wahl der Personengesellschaft sprechen (s. Rz. 5 ff.).

b) Zivilrecht

3 Das Formular sieht vor, dass die Partner zur Eingehung des Joint Venture einen **Joint-Venture-Vertrag** (Formular A 12.00) schließen. Dieser stellt die Grundvereinbarung dar, in der die beteiligten Partner Gegenstand, Ziel und Modalitäten der geplanten Zusammenarbeit festlegen. Dazu gehört insbesondere die Errichtung und finanzielle Ausstattung der Joint-Venture-Gesellschaft, hier der JV-KG als Personengesellschaft. Diese benötigt auch einen Gesellschaftsvertrag, der in dem Formular als Anlage zum Joint-Venture-Vertrag vorgesehen ist. Der **Gesellschaftsvertrag der Joint-Venture-Gesellschaft** ist als Formular A. 12.00a enthalten. Bei einer Personengesellschaft als Joint-Venture-Gesellschaft wäre diese Zweiteilung nicht erforderlich, wenn sämtliche beteiligten Partner den Joint-Venture-Vertrag unterzeichnen würden, da dieser dann materiell Teil des Gesellschaftsvertrags wäre. Gemäß dem Formular unterzeichnen nur die A-GmbH und die B-GmbH als die Joint-Venture-Partner den Joint-Venture-Vertrag, den Gesellschaftsvertrag der Joint-Venture-Gesellschaft hat neben den beiden Partnern auch die Komplementär-GmbH zu unterzeichnen. Eine Personenidentität liegt daher nicht vor. Die Trennung von Joint-Venture-Vertrag und Gesellschaftsvertrag der Joint-Venture-Gesellschaft ist daher zwingend und entspricht so auch den üblichen Gepflogenheiten.

Die Aufteilung von Regelungen in Joint-Venture-Vertrag und Gesellschaftsvertrag der Joint-Venture-Gesellschaft ist üblicherweise so, dass der **Joint-Venture-Vertrag** die **Hauptabreden der Parteien** enthält und der **Gesellschaftsvertrag** nur die **notwendigen formellen Bestimmungen**. So ist auch die Aufteilung in den Formularen gewählt. 4

c) Ertragsteuerrecht

Beim **Equity Joint Venture** unterliegt die rechtlich selbständige Joint-Venture-Gesellschaft den allgemeinen steuerrechtlichen Regelungen. Aus der Tatsache, dass diese ein Gemeinschaftsunternehmen ist, folgen keine steuerlichen Besonderheiten. Für die Errichtung einer GmbH & Co. KG gelten daher die **allgemeinen** auf sie **anwendbaren steuerlichen Grundsätze**; vgl. Formular A. 8.00. 5

Die Nutzung einer GmbH & Co. KG als Joint-Venture-Gesellschaft hat aus Sicht der Joint-Venture-Partner die **folgenden steuerlichen Vorteile** beim Eintritt in das Joint Venture, bei dessen laufender Besteuerung sowie beim Austritt aus dem Joint Venture: Auf die Einbringung eines Betriebs, eines Teilbetriebs, wozu nach Auffassung der Finanzverwaltung auch eine zu einem Betriebsvermögen gehörende 100%ige Beteiligung an einer Kapitalgesellschaft gehört (UmwStErl. BMF v. 11.11.11, BStBl. I 11, 1314, Tz. 24.02), oder von Mitunternehmeranteilen findet § 24 UmwStG Anwendung. Darüber hinaus ist bei Kapitalgesellschaftsanteilen ein zu 95% steuerfreier Verkauf nach § 8b Abs. 2 KStG möglich, soweit die Gesellschafter KST-Subjekte sind. Verluste der KG können für Zwecke der Körperschaftsteuer (nicht aber der Gewerbesteuer) anteilig den Gesellschaftern zugerechnet werden. Teilwertabschreibungen auf die Beteiligungen an den Tochtergesellschaften oder Verluste aus deren Veräußerung sind hingegen steuerlich nicht abzugsfähig (§ 8b Abs. 3 und § 8b Abs. 6 KStG). 6

Erzielte Gewinne aus der Veräußerung von Tochterkapitalgesellschaften unterliegen zu 95% weder der Körperschaftsteuer noch der Gewerbesteuer (§ 8b Abs. 6 iVm. § 8b Abs. 2 KStG iVm. § 7 Satz 4 2. Halbsatz. GewStG). Zudem unterliegen die in den Tochtergesellschaften erzielten Gewinne keiner wirtschaftlichen Doppelbelastung. Denn **Dividenden** sind einerseits bei den Joint-Venture-Partnern der Tochtergesellschaften zu 95% von der Körperschaftsteuer (§ 8b Abs. 6 iVm. § 8b Abs. 5 iVm. § 8b Abs. 1 KStG) und andererseits bei der Joint-Venture-Gesellschaft von der Gewerbesteuer ausgenommen. 7

Allerdings bestehen bei **Wahl einer Personengesellschaft als Joint-Venture-Gesellschaft** folgende **steuerlichen Nachteile**: So ist die Übertragung von Einzelwirtschaftsgütern (zB Patente) auf das Gemeinschaftsunternehmen nicht vollständig steuerneutral möglich. Denn § 6 Abs. 5 Satz 5 EStG fordert bspw. die **Aufdeckung** und Versteuerung von 50% der in den Einzelwirtschaftsgütern gebundenen **stillen Reserven**, da sich durch deren Übertragung in das Gesamthandsvermögen der Personengesellschaft insoweit der Anteil einer Körperschaft an dem Wirtschaftsgut erhöht. Zu beachten sind daneben § 6 Abs. 5 Satz 4 und 6 EStG, die zur rückwirkenden Aufdeckung stiller Reserven führen können. 8

Beabsichtigt ein Joint-Venture-Partner, seine Beteiligung zu veräußern und sich aus dem Joint Venture zurückzuziehen, unterliegt der erzielte Veräußerungsgewinn grundsätzlich der Körperschaftsteuer und gem. § 7 Satz 2 GewStG auch der Gewerbesteuer. Der Veräußerungsgewinn ist allerdings insoweit von der Körperschaft- und Gewerbesteuer befreit, als er auf mittelbar veräußerte Anteile an Tochterkapitalgesellschaften entfällt (§ 8b Abs. 6 KStG iVm. § 7 Satz 4 2. Halbsatz GewStG). 9

(vorläufig frei) **10–18**

2. Einzelerläuterungen

a) Gesellschaftsrecht

Zu Präambel:

19 Die Präambel beschreibt die **Ausgangslage der Parteien** sowie auch die Absichten der zukünftigen Joint-Venture Partner. Sie enthält noch keine rechtlich bindenden Verpflichtungen, sondern kann allenfalls als Auslegungshilfe für die Interpretation des Joint-Venture-Vertrags dienen. Der zweite Abschnitt der Präambel, der mit „dies vorausgeschickt" beginnt, beschreibt in Stichworten den Inhalt des Vertrags.

Zu § 1:

20 § 1 beschreibt die **Beiträge,** die die Partner für das Joint Venture einzubringen haben. Bei einem Equity Joint Venture, wie hier vorliegend, muss die Gesellschaft mit Vermögensgegenständen und/oder Kapital ausgestattet werden, um selbständig agieren zu können. Die **Vermögensgegenstände** müssen **zivilrechtlich** auf die **Joint-Venture-Gesellschaft** übertragen werden. Dies bedarf gesonderter Übertragungsverträge. Dabei sind dafür erforderlichen Formvorschriften zu beachten. In dieser Regelung wird dagegen nur die Verpflichtung der Partner statuiert, wer welche Vermögensgegenstände zu übertragen hat. Die Aufzählung der Vermögensgegenstände kann entweder in Vertrag selbst erfolgen oder durch Beifügung von Anlagen dokumentiert werden.

21 Es sind nicht nur Vermögensgegenstände beschrieben, sondern auch die Gesellschaft, die **Adressat der Übertragung** ist. **Abs. 3** sieht vor, dass die Partner eine KG gründen und welche Beiträge als Kommanditisten sie erbringen. Um die Gesellschaftsform einer GmbH & Co. KG zu formen, ist zugleich festgeschrieben, dass die Partner auch eine GmbH, die die Funktion der Komplementärin zu erfüllen hat, errichten. Das Formular geht davon aus, dass beide Partner gleichberechtigt im Joint Venture vertreten sind. Daher halten sie gleiche Kommanditanteile und gleiche Geschäftsanteile an der Komplementär-GmbH.

Zu § 2:

22 § 2 macht deutlich, dass mit der Unterschrift unter den Joint-Venture-Vertrag das Joint-Venture- oder das Gemeinschaftsunternehmen noch nicht besteht. Vielmehr enthält der Vertrag gerade die Pflicht das Gemeinschaftsunternehmen zu errichten. Der Tag, an dem dies erfolgt, soll der **Vollzugstag** sein. Diese Definition ist hier den Regelungen (§§ 3–6), die die Errichtung des Gemeinschaftsunternehmens regeln, voran gestellt.

Zu § 3:

23 In § 3 ist die Errichtung des Gemeinschaftsunternehmens, dh. der **Joint-Venture-Gesellschaft**, geregelt. Dazu sind bei einer GmbH & Co. KG als Gesellschaftsform sowohl die GmbH als auch im Anschluss die KG zu gründen

Abs. 3 sieht vor, dass die Partner zugleich die neu gegründete Joint-Venture-Gesellschaft jeweils mit einem **Darlehen** ausstatten, um die Gesellschaft lebensfähig zu halten. Die Gewährung von solchen Gesellschafterdarlehen ist einerseits eine Frage der Finanzausstattung der Gesellschaft, die auch in § 6 geregelt ist. Die Darlehensvergabe wurde im Formular jedoch als Maßnahme der Errichtung des Gemeinschaftsunternehmens statuiert, vgl. **Abs. 4**, da sich an deren Nichterfüllung besondere Rechtsfolgen knüpfen, insbesondere das Rücktrittsrecht (§ 5 des Formulars).

Zu § 4:

24 Die Errichtung des Gemeinschaftsunternehmens und damit des Joint Venture als solches kann von der Erfüllung **bestimmter Bedingungen** abhängig gemacht wer-

den. Diese Vollzugsbedingungen qualifizieren als aufschiebende Bedingungen gemäß § 158 BGB. Werden sie nicht erfüllt, kommt das Joint Venture endgültig nicht zustande.

Das Formular sieht beispielshaft verschiedene Arten von Vollzugsbedingungen vor. Unter **lit. a** ist als Bedingung die **Zustimmung des Bundeskartellamts** aufgeführt. Dazu haben die Parteien das Joint Venture beim Bundeskartellamt anzumelden (siehe § 8 des Formulars). Gegebenenfalls bedarf das Joint Venture die Zustimmung weiterer Kartellbehörden, hierbei kommt insbes. die Zustimmung der europäischen Kartellbehörden in Betracht. Ferner kann die **Zustimmung von Leitungsgremien** der Partner erforderlich sein, damit dieser das Gemeinschaftsunternehmen errichten darf.

Daher sieht **lit. b** die Zustimmung des Aufsichtsrats der A-GmbH vor. Schließlich sind evtl. vor Beginn des Joint-Venture bestehende Verträge, die einzelne Partner mit Dritten haben, zu beenden, insbes., wenn solche Verträge **Wettbewerbsverbote** vorsehen. Dann muss der Joint-Venture-Partner zuerst diesen Vertrag mit den Dritten beenden, um dann das Joint Venture zu beginnen. Daher sieht **lit. c** die Beendigung eine Kooperationsvertrags der am Joint Venture beteiligten B-GmbH mit der Z-AG vor.

Joint-Venture-Verträge werden meistens nur wenige Vollzugsbedingungen vorsehen. Diese sind dann jedoch von so großer Wichtigkeit, dass die Möglichkeit eines Verzichts auf diese Bedingungen, wie man ihn regelmäßig in Unternehmenskaufverträgen findet, nicht möglich ist. Allenfalls, wenn eine Material Adverse Change Klausel als Vollzugbedingung aufgenommen wird, was selten ist, könnte die Möglichkeit eines Verzichts sinnvoll sein.

Zu § 5:

Zwischen dem Unterzeichnungstag und dem Vollzugstag ist nicht sicher, ob das Gemeinschaftsunternehmen errichtet wird. Dies hängt davon ab, ob die Vollzugsbedingungen erfüllt werden. Den Parteien des Joint Venture wird das **Recht** eingeräumt, **von dem Vertrag zurückzutreten** und sich so von der Verpflichtung, das Gemeinschaftsunternehmen zu errichten, wieder zu lösen, sollten die Vollzugsbedingungen nicht bis zu einem bestimmten Zeitpunkt eingetreten sein. So soll vermieden werden, dass eine längere Schwebephase entsteht, in der die Parteien nicht wissen, ob das Gemeinschaftsunternehmen errichtet werden kann. 25

Der **Rücktritt** erfolgt durch Erklärung gegenüber dem anderen Teil, im Übrigen sind die Vorschriften der §§ 346 ff. BGB anwendbar. Eine Rückabwicklung infolge eines Rücktritts dürfte keine erheblichen Probleme aufwerfen, da das Gemeinschaftsunternehmen noch nicht errichtet wurde und die Kooperation infolge des Joint Venture noch nicht begonnen hat. Sofern jedoch nichts anderes im Vertag geregelt ist, kann keine Partei von der jeweils anderen Ersatz für Aufwendungen, die zur Eingehung des Joint Venture gemacht wurden, verlangen.

Zu § 6:

Bei Errichtung des Gemeinschaftsunternehmens haben die Partner jeweils nur ihre Kommanditeinlage zu leisten und ein Gesellschafterdarlehen zu gewähren. Darüber hinaus werden regelmäßig weitere Finanzmittel benötigt, um den Geschäftsbetrieb zu beginnen oder zu einem späteren Zeitpunkt den Markteintritt zu bewerkstelligen. § 6 regelt daher die Verpflichtung der Partner, **Nachschüsse zu leisten**. Dabei handelt es sich um schuldrechtliche und nicht um gesellschaftsvertraglich geregelte Nachschusspflichten. 26

Die Nachschüsse sollen bei Vorliegen bestimmter Voraussetzungen zu leisten sein. Dazu sieht das Formular folgende Nachschusspflichten vor: Gemäß **Abs. 1** sind die Partner verpflichtet, einen bestimmten Nachschussbetrag zu leisten, der Betrag wird jedoch in zwei Raten fällig. Die Fälligkeitszeitpunkte sind in **Abs. 2** geregelt: der erste

Fälligkeitszeitpunkt stellt sich als bloße Datumsregelung dar, der zweite Fälligkeitszeitpunkt tritt ein, wenn bestimmte Bedingungen erfüllt sind, namentlich ein bestimmtes Forschungsprojekt erfolgreich durchgeführt ist. Nachschüsse können somit zeitlich gestaffelt werden oder vom Eintritt bestimmter Milestones abhängig gemacht werden. Dies gibt den Partnern Sicherheit, dass Finanzmittel ordnungsgemäß verwendet werden und spart Kontrollaufwand.

Abs. 4 regelt die Rechtsfolge, falls eine Partei, den fälligen Nachschuss nicht leistet. Um die Finanzausstattung der Joint-Venture-Gesellschaft nicht zu gefährden, ist bei Verzug eines Partners der andere berechtigt, den Nachschuss zu leisten und vom Partner Ersatz zu verlangen. Der vertragstreue Partner kann jedoch die Gesellschaft kündigen mit der Folge, dass der säumige Partner aus dem Joint Venture ausscheidet. Der säumige Partner dagegen ist berechtigt, seinen Anteil dem anderen Partner anzudienen; ihm steht diesbezüglich eine Put-Option zu.

Zu § 7:

27 Während § 6 des Formulars die von vornherein geplante Finanzausstattung regelt, können während des Joint Ventures Fälle auftreten, in denen **außerplanmäßig Eigenkapital** zugeführt werden muss. Sind sich die Partner einig, dürfte eine weitere außerplanmäßige Zuführung von Finanzmitteln kein Problem sein. Für den Fall, dass sich die Partner darüber nicht einig sind, kann eine Partei gemäß § 7 des Formulars die andere Partei zur Mitwirkung an einer Kapitalerhöhung zwingen und so die Verwässerung dieser Partei herbeiführen. Die Klausel hat zuallererst präventive Wirkung, denn sie erhöht die Bereitschaft der Partner, konsensuale Lösungen zu finden.

Zu § 8:

28 Gemeinschaftsunternehmen mit größerem Gewicht oder bei der Beteiligung von größeren Joint-Venture-Partnern werden regelmäßig der **kartell- bzw. fusionskontrollrechtlichen Freigabe** bedürfen. Je nach den wirtschaftlichen Gegebenheiten kann daher eine Anmeldung zum Bundeskartellamt oder zur Europäischen Kommission erforderlich sein. Im internationalen Kontext sind gegebenenfalls auch Anmeldungen zu anderen nationalen Kartellbehörden zu prüfen.

Das Formular geht davon aus, dass eine Freigabe des Joint Venture durch das **Bundeskartellamt** notwendig ist. Im Regelfall haben die Parteien bereits in den Verhandlungen zu dem Joint Venture ausgelotet, inwieweit kartellrechtliche Hürden bestehen und wie diese zu lösen sind. Diese Erkenntnisse fließen in die Regelung zur Zusammenarbeit bei der Anmeldung des Gemeinschaftsunternehmens mit ein.

§ 8 sieht dazu die Verpflichtung der Parteien vor, das Gemeinschaftsunternehmen **gemeinsam** beim Bundeskartellamt anzumelden und dabei zusammen zu arbeiten. **Abs.2** sieht eine Regelung vor für den Fall, dass die Freigabe unter **Bedingungen und Auflagen** erteilt wird. Anders als in Unternehmenskaufverträgen, besteht grundsätzlich keine Verpflichtung, solche Bedingungen und Auflagen zu erfüllen. Die Errichtung des Gemeinschaftsunternehmens soll nicht dazu führen, dass ein Joint-Venture-Partner in seinen übrigen Geschäftsaktivitäten behindert wird. Etwas anderes soll nur gelten, wenn Bedingungen oder Auflagen so geringfügig sind, dass der verpflichtete Partner gegen Treu und Glauben verstoßen würde, wenn er deren Erfüllung verweigern und damit die Errichtung des Gemeinschaftsunternehmens verhindern würde.

Zu § 9:

29 § 9 regelt die **Leitung des Unternehmens**. Dabei wird klargestellt, dass die Leitung durch die Komplementärin erfolgt und dabei das Gemeinschaftsunternehmen paritätisch durch beide Joint-Venture-Partner geleitet wird. Deshalb hat jeder Partner das Recht, einen Geschäftsführer bei der Komplementärin zu benennen. Dieses Be-

nennungsrecht muss ebenfalls im Gesellschaftsvertrag der Komplementär-GmbH (der nicht als Formular enthalten ist) abgebildet werden. **Abs. 2** sieht vor, dass die Partner, die zugleich Gesellschafter der Komplementärin sind, der Geschäftsführung der Komplementärin eine Geschäftsordnung geben werden.

Die **Geschäftsordnung für die Geschäftsführung** soll dazu dienen, um **Konflikte** zwischen den Geschäftsführern bei Führung der Geschäfte **zu vermeiden**. **Abs. 3** enthält eine Regelung, falls solche Konflikte doch nicht vermieden werden können. In der Regelung wird die Konfliktlösung auf einer ersten Stufe zuerst der Gesellschafterversammlung der Joint-Venture-Gesellschaft zugewiesen. Kann hier keine Einigung erzielt werden, müssen sich auf einer zweiten Stufe die Gesellschafter der Joint-Venture-Partner mit der streitigen Frage auseinandersetzen und eine Lösung herbeiführen. Ist dies nicht möglich liegt ein Fall einer **endgültigen Nichteinigung** der Joint-Venture-Partner vor. Der Vertrag sieht nicht vor, dass in einer solchen Situation das Gemeinschaftsunternehmen aufgelöst wird. Die Partner werden so zu einer Lösung des Konflikts und Fortführung des Gemeinschaftsunternehmens angehalten. Allerdings ist jede Partei berechtigt, ihren Anteil an die andere Partei zu veräußern; vgl. § 13 Abs. 1 lit. e des Formulars.

Zu § 10:

Sollen die Joint-Venture-Partner neben ihren Finanzierungspflichten noch **weitere Leistungen** an das Gemeinschaftsunternehmen erbringen, so ist dies im Joint-Venture-Vertrag zu regeln. § 10 zählt einige übliche Pflichten von Partnern auf, wie zB die Pflicht Geschäftsräume mietweise zu überlassen, Werkzeuge oder Maschinen zu überlassen oder Dienstleistungen zu erbringen. Dies kann entgeltlich oder unentgeltlich geschehen. Bei einem paritätisch besetzten Joint Venture werden die Partner aber darauf achten, dass beide Partner wirtschaftlich äquivalente Leistungen erbringen. **30**

Zu § 11:

§ 11 enthält ein **Wettbewerbsverbot** für die Joint-Venture-Partner bezogen auf den Geschäftsbetrieb der Joint-Venture-Gesellschaft. Denn § 112 HGB gilt für die Joint-Venture-Partner, die Kommanditisten des Gemeinschaftsunternehmen sind, aufgrund § 165 HGB nicht. Daher ist eine vertragliche Regelung notwendig. Das Wettbewerbsverbot gilt auch zwei Jahre nach Ausscheiden einer Partei. **Abs. 4 und 5** regeln Unterlassungspflichten und Schadensersatzpflichten, darunter die Pflicht zur Vertragsstrafe, sollte gegen das Wettbewerbsverbot verstoßen werden. **31**

Zu § 12:

§ 12 enthält ähnlich dem Wettbewerbsverbot ein Verbot, Mitarbeiter der Joint-Venture-Gesellschaft für sich abzuwerben. Das **Abwerbeverbot** gilt allerdings nur für die Dauer des Gemeinschaftsunternehmens. **32**

Zu § 13:

Sind **Konflikte** zwischen den Joint-Venture-Partnern unüberbrückbar, können die Partner das Joint Venture beenden, indem sie die Joint-Venture-Gesellschaft gemäß den §§ 145 ff. HGB auflösen. Im Zuge der **Auflösung der Gesellschaft** können die Gesellschafter die Vermögensgegenstände liquidieren und den Erlös pro rata an die Gesellschafter auskehren. In Frage kommt jedoch auch eine Naturalteilung als andere Art der Auseinandersetzung gemäß § 145 Abs. 1, 2. Alt. HGB. Danach können die Gesellschafter vereinbaren, dass die Vermögensgegenstände der Gesellschaft auf die Gesellschafter verteilt werden. Eine solche Verteilung kann als steuerliche **Realteilung** steuerlich begünstigt sein (vgl. Formular A. 12.01). **33**

Für den Fall von unlösbaren Konflikten können die Parteien aber im Vertrag auch Regelungen treffen, wonach einem Partner das Recht eingeräumt wird, aus dem Gemeinschaftsunternehmen auszuscheiden. Dies kann auf verschiedene Weise vereinbart werden, zB durch Verkauf der Anteile an dem Gemeinschaftsunternehmen, wobei der andere Partner ein Vorkaufsrecht hat, durch Andienungsrechte, kombinierte Verfahren wie zB Russian Roulette (s. OLG Nürnberg 12 U 49/13 v. 20.12.13, NJW-RR 14, 1419) und Texas Shoot-Out-Verfahren oder durch **Put-/Call-Optionen**. Letztere Form der Konfliktbewältigung sieht § 13 vor. Jeder Partner kann durch Ausübung einer Put-Option seinen Anteil bei Vorliegen bestimmter zu definierender Ereignisse an den jeweils anderen Partner veräußern. Darüber hinaus wurde einem Partner, hier der A-GmbH, eine Call-Option eingeräumt. Die A-GmbH ist demnach bei Vorliegen bestimmter zu definierender Ereignisse auch berechtigt, die Anteile des anderen Partners zu erwerben. Die Einräumung einer solchen Call-Option hängt von der Verhandlungssache der Joint-Venture Partner ab.

Der Vertrag sieht vor, dass mit Ausübung der Put- oder Call-Option bereits der Kaufvertrag über den Kommanditanteil zustande kommt; vgl. **Abs. 2** und **Abs. 4,** jeweils iVm. **Abs. 5.** In **Abs. 6** sind dann bereits die wichtigsten Parameter des Anteilskaufvertrags enthalten, insbesondere der Kaufpreis. Zu beachten ist, dass zudem sichergestellt ist, dass der ausscheidende Joint-Venture Partner auch seinen Geschäftsanteil an der Komplementär GmbH überträgt. Da Optionsverträge auf GmbH-Geschäftsanteile der notariellen Beurkundung bedürfen, wurde davon abgesehen, derartige Optionen in den Joint-Venture-Vertrag aufzunehmen. Es ist daher sicherzustellen, dass der Gesellschaftsvertrag der Komplementär GmbH, der hier nicht abgedruckt ist, solche Regelungen enthält.

Zu § 14:

34 Das Joint Venture wird nur für eine bestimmte **Laufzeit** vereinbart. Daher hat auch der Joint-Venture-Vertrag – anders als der Gesellschaftsvertrag der Joint-Venture-Gesellschaft – nur eine begrenzte Laufzeit. Allerdings sieht **Abs. 1** vor, dass durch Erklärung die Laufzeit verlängert werden kann.

Abs. 2 regelt die **außerordentliche Kündigung des Vertrags** aus wichtigem Grund; eine ordentliche Kündigung ist während der Laufzeit nicht vorgesehen. Als Kündigungsgrund kommen insbes. Verletzungen von wesentlichen Vertragspflichten, die Eröffnung des Insolvenzverfahrens oder ein Wechsel des Anteilseigentums (Change of Control) bei dem anderen Partner in Betracht. Die außerordentliche Kündigung führt zum Ausscheiden des kündigenden Partners.

Zu § 15:

35 § 15 enthält ein **Übertragungsverbot** in Form einer **Vinkulierung**. Eine Übertragung von Gesellschaftsanteilen an der Joint-Venture-Gesellschaft ist nur mit Zustimmung des anderen Partners zulässig. Eine Ausnahme besteht dann, wenn Rechte und Pflichten auf ein verbundenes Unternehmen übertragen werden sollen; dann ist die Zustimmung zu erteilen. Diese Regelung konkretisiert damit die allgemeine Vinkulierungsklausel in § 12 des Gesellschaftsvertrags der Joint-Venture-Gesellschaft.

Zu § 16:

36 § 16 enthält **allgemeine Verschwiegenheitsverpflichtungen** der Joint-Venture-Partner. Im Kontext eines Joint Ventures ist zu beachten, dass Veröffentlichungspflichten aufgrund des Bilanzrechts oder des Kapitalmarktrechts bestehen können.

Zu §§ 18 und 19:

37 Die §§ 18 und 19 enthalten allgemeine Regelungen zu **Kosten** und sonstigen **Schlussbestimmungen.** In einem paritätischen Joint Venture sollen die Partner grundsätzlich ihre Kosten und Steuern selbst tragen. Eventuell anfallende Kosten für ein Fusionskontrollverfahren sollen die Partner daher ebenso gemeinsam je zur Hälfte tragen.

Abs. 7 enthält eine **Schiedsgerichtsklausel**. Sie ist dem Wortlaut entlehnt, der von der Deutschen Institution für Schiedsgerichtsbarkeit e.V. (DIS) vorgeschlagen wird. Der Vorteil des Schiedsverfahren liegt in der vertraulichen und nicht öffentlichen Streitbeilegung.

b) Kartellrecht

Bei der Errichtung eines Equity Joint Venture, das die Gründung eines Gemeinschaftsunternehmens beinhaltet, sind zwingend die Vorgaben des **Kartellrechts** zu beachten. Dabei sind zwei Ebenen zu unterscheiden. Einerseits muss je nach Größe des Gemeinschaftsunternehmens und Größe bzw. Marktmacht der beteiligten Partner **deutsches Kartellrecht** und/oder **europäisches Kartellrecht** beachtet werden. Andererseits ist bei der Errichtung eines Gemeinschaftsunternehmens darauf hinzuweisen, dass die Errichtung sowohl einen **Fusionsaspekt** als auch einen **Kartellaspekt** hat. 38

Die Errichtung eines Gemeinschaftsunternehmens kann nämlich einen **fusionskontrollrechtlich anmeldepflichtigen Zusammenschluss** darstellen. Die deutsche Fusionskontrolle ist in §§ 35ff. GWB geregelt. Die Errichtung des Gemeinschaftsunternehmens muss ein Zusammenschluss nach § 37 GWB sein, wobei insbesondere **§ 37 Abs. 1 Nr. 3 S. 3 GWB** von Bedeutung ist, der für Gemeinschaftsunternehmen und deren Mutterunternehmen ein zusätzlichen Zusammenschlusstatbestand fingiert. Darüber hinaus sind die Umsatzschwellen nach § 35 GWB zu prüfen. Hier ist insbes. auf die **Bagatellklausel** (§ 35 Abs. 2 S. 1 GWB) hinzuweisen: Eine Fusionskontrollprüfung erfolgt demnach nicht, soweit ein beteiligtes Unternehmen, das selbst nicht abhängig ist, im letzten Geschäftsjahr vor dem Zusammenschluss weltweit Umsatzerlöse von weniger als 10 Millionen Euro erzielt hat. 39

Auf europäischer Ebene richtet sich die Fusionskontrolle nach der EU-Fusionskontrollverordnung (VO 139/2004/EG v. 20.1.04, ABl. EG 2004 Nr. L 24 S. 1). Nach **Art. 3 Abs. 4 EU-Fusionskontrollverordnung** stellt die Gründung eines Gemeinschaftsunternehmens, das auf Dauer alle Funktionen einer selbständigen wirtschaftlichen Einheit erfüllt, einen Zusammenschluss dar. Die EU-Fusionskontrollverordnung ist jedoch nur anwendbar, wenn ihr Anwendungsbereich nach Art. 1 FusionskontrollVO, die darin genannten Umsatzschwellen in den jeweiligen Regionen erfüllt sind. 40

Der Kartellaspekt wird virulent, wenn die Gründung des Gemeinschaftsunternehmens zu Wettbewerbsbeschränkungen zwischen den beteiligten Joint-Venture-Partnern führt. Dann ist dieses Gemeinschaftsunternehmen nach deutschem Recht an § 1 GWB zu messen und europarechtlich an Art. 101 Abs. 1 AEUV. Diesbezüglich ist das deutsche Recht stark hinter das europäische Recht zurück getreten, da § 1 GWB an die europäischen Regelungen angepasst wurde. 41

Erläuterungen zu A. 12.00a Gesellschaftsvertrag der Joint-Venture Gesellschaft

Zu § 1:

§ 1 enthält die notwendigen Angaben zu **Firma und Sitz** der Joint-Venture-Gesellschaft. § 1.3 regelt die Dauer der Gesellschaft. Das Formular sieht vor, dass die **Gesellschaft** auf **unbestimmte Zeit** besteht, wie dies regelmäßig unter Gesellschaftern vereinbart wird. Im Kontext eines Joint Venture ist zu beachten, dass der Joint-Venture-Vertrag meist nur eine **bestimmte Laufzeit** hat. Eine Kündigung des Gesellschaftsvertrags soll daher erst zum Zeitpunkt der erstmaligen Beendigungsmöglichkeit des Joint-Venture-Vertrags möglich sein; vgl. § 13.1. 42

Zu § 2:

43 Der **Gegenstand des Unternehmens** beschreibt den Zweck des Joint Venture, vgl. die Präambel des Joint-Venture-Vertrags. Aus der Tatsache, dass es sich bei der Gesellschaft um ein Gemeinschaftsunternehmen handelt, ergeben sich keine Besonderheiten für den Unternehmensgegenstand; s. dazu auch A.8.00 Rz. 29.

Zu §§ 3 und 4:

44 In den §§ 3 und 4 sind die Gesellschaft, das von ihnen **eingebrachte Festkapital** sowie die Festlegung der Gesellschafterkonten enthalten. In § 3.2 ist festgehalten, dass als Haftsumme der Betrag der Einlage in das Handelsregister einzutragen ist.

Das Formular sieht **drei Konten** vor: ein Kapitalkonto I, ein Kapitalkonto II sowie ein Privatkonto. Auf das Kapitalkonto I wird der Festkapitalanteil jedes Gesellschafters gebucht, wobei die Komplementär-GmbH keinen Festkapitalanteil hält. Dem Kapitalkonto II werden nicht entnahmefähige Gewinne oder entfallende Verluste sowie die beschlossenen Rücklagen zugewiesen. Beide Kapitalkonten sind unverzinslich. Aufgrund ihrer Ausgestaltung haben sie **Eigenkapitalcharakter.** Das Privatkonto ist verzinslich. Über dieses erfolgt der Zahlungsverkehr zwischen Gesellschaft und den Gesellschaftern. Ferner werden diesem Konto die entnahmefähigen Gewinnanteile sowie Tätigkeitsvergütungen und Zinsen zugewiesen. Es hat daher Forderungs- und somit aus Sicht der Gesellschaft **Fremdkapitalcharakter.** S. dazu auch A.8.00 Rz. 39f.

Zu § 5:

45 Bei einer KG werden die Geschäfte von dem **persönlich haftenden Gesellschafter** geführt. Kommanditisten sind grundsätzlich von der Geschäftsführung ausgeschlossen; § 164 S. 1, 1. Halbs. HGB. Den Handlungen des geschäftsführenden Gesellschafters können sie auch nur dann widersprechen, wenn es sich um eine Maßnahme handelt, die über den gewöhnlichen Betrieb hinausgeht; § 164 S. 1, 2. Halbs. HGB. Die gesetzliche Anordnung wird bei einer GmbH & Co. KG regelmäßig durch vertragliche Regelungen ergänzt.

Dies ist insbes. bei einem paritätisch besetzen Joint Venture erforderlich. § 5 sieht daher in § 5.2 einen **ausführlichen Zustimmungskatalog** vor, wonach die darin aufgezählten Geschäftsführungsmaßnahmen und Rechtshandlungen der vorherigen Zustimmung der Gesellschafterversammlung und damit der Kommanditisten bedarf. Damit ist der Einfluss der Joint-Venture-Partner auf die Geschäftsführung sichergestellt, allerdings um den preis, dass die Geschäftsführung schwerfälliger wird. Denn zustimmungspflichtige Geschäfte sind zuerst der Gesellschafterversammlung vorzulegen.

Zu § 6:

§ 6 enthält die Tätigkeitsvergütung für die Komplementär GmbH und setzt dafür eine übliche Vergütung von 5% des Stammkapitals der GmbH fest. § 6.1 dokumentiert, dass die Vergütung handelsrechtlich als Aufwand zu behandeln ist. S. dazu auch A.8.00 Rz. 38.

46 **Zu §§ 7 und 8:**

In den §§ 7 und 8 sind übliche Regelungen zu Gesellschafterversammlungen und Gesellschafterbeschlüssen aufgenommen. Bei einem Joint Venture dürften die Joint-Venture-Partner im Regelfall durch Umlaufbeschlüsse handeln und nur in Ausnahmefällen zu physischen Gesellschafterversammlungen zusammen kommen. S. zu Gesellschafterversammlungen und Gesellschafterbeschlüssen auch A.8.00 Rz. 40f.

Zu § 13:

47 Jeder Gesellschafter einer KG kann die Gesellschaft kündigen und durch Kündigung aus der Gesellschaft ausscheiden; vgl. §§ 131 Abs. 3 Nr. 3, 132 HGB. Die gesetzlichen

Regelungen über das **Kündigungsrecht** des Gesellschafters einer KG werden regelmäßig durch gesellschaftsvertragliche Regelung abbedungen. So auch durch § 13.

§ 13.1 sieht daher vor, dass die **Gesellschaft erst gekündigt** werden kann, wenn zum **ersten Mal der Joint-Venture-Vertrag beendet** werden kann. Damit soll ein Gleichlauf von Joint-Venture-Vertrag und Gesellschaftsvertrag erreicht werden. Im Übrigen ist eine Kündigung nur aus wichtigem Grund möglich.

Zu § 16:

§ 16 enthält wie § 19 Abs. 7 eine **Schiedsklausel**. Es gilt zu verhindern, dass Streitigkeiten auf den Gesellschaftsvertrag gestützt werden und damit öffentlich ausgetragen werden. Im Gesellschaftsvertrag ist allerdings die Ausnahme enthalten, dass eine Zuweisung von Streitigkeiten an das Schiedsgericht nur in Betracht kommt, soweit sie gesetzlich zulässig ist. **48**

So ist für **Beschlussmängelstreitigkeiten** bei Personenhandelsgesellschaften nicht höchstrichterlich geklärt, inwieweit solche Streitigkeiten schiedsfähig sind (vgl. für die GmbH BGH II ZR 255/08 v. 6.4.09, NJW 09, 1962 – *Schiedsfähigkeit II*; für Personenhandelsgesellschaften fehlt eine derartige Klarstellung). Hinsichtlich solcher Streitigkeiten, sollte man zu dem Ergebnis kommen, dass die staatlichen Gerichte zuständig sind, wäre man verpflichtet, ein öffentliches Gerichtsverfahren durchzuführen.

Hinsichtlich des Schiedsgerichts und des Schiedsverfahrens wird im Grundsatz auf die **Schiedsgerichtsordnung der Deutschen Institution für Schiedsgerichtsbarkeit e.V. (DIS)** verwiesen. Jedoch werden bezüglich Schiedsgericht, Verfahrenssprache und Schiedsort individualvertragliche Regelungen getroffen, die damit insofern die Schiedsgerichtsordnung der DIS abbedingen.

A. 12.01 Realteilung: Auseinandersetzungsvertrag mit Übertragung von Teilbetrieben unter Buchwertfortführung ohne Spitzenausgleich

Gliederung

I. FORMULARE

Formular A. 12.01 Auseinandersetzungsvertrag

Sämtliche Gesellschafter der Kommanditgesellschaft unter der Firma „A & B-GmbH & Co. KG" in ......, eingetragen im Handelsregister des Amtsgerichts unter ...... HRA ...... treten unter Verzicht auf alle Frist- und Formvorschriften für die Einberufung und Abhaltung von Gesellschafterversammlungen zu einer Gesellschaftervollversammlung zusammen. Anwesend sind

- **die A-GmbH als Kommanditist, geschäftsansässig in ......, mit einem festen Kapitalanteil von € 125.000.–, vertreten durch Herrn A als einzelvertretungsberechtigten Geschäftsführer,**
- **Herr B als Kommanditist, geschäftsansässig in ......, mit einem festen Kapitalanteil von € 125.000.–,**
- **die AB-Geschäftsführung GmbH als persönlich haftende Gesellschafterin, geschäftsansässig in ......, mit keinem festen Kapitalanteil, vertreten durch Herrn B als einzelvertretungsberechtigten Geschäftsführer.**

Die Gesellschafterversammlung beschließt einstimmig:

1. Die unter der Firma „A & B-GmbH & Co. KG" bestehende Kommanditgesellschaft wird zum 31.12.01 beendet. Abweichend von §§ 161 Abs. 2, 145 ff. HGB bzw. §§ 730 ff. BGB wird als Abwicklungsverfahren die Auseinandersetzung im Wege der Realteilung der KG wie folgt vereinbart:

1.1 Die A-GmbH übernimmt den Teilbetrieb 1 ...... *[Beschreibung]*, Herr B den Teilbetrieb 2 ...... *[Beschreibung]*, mit den jeweils zugehörigen Forderungen, Verbindlichkeiten und Vertragsverhältnissen einschließlich schwebender Geschäfte und halbfertiger Arbeiten im Innenverhältnis ab 1.1.02. Die AB-Geschäftsführung GmbH übernimmt keine Vermögensgegenstände.

1.2 Der Realteilung wird die Schlussbilanz der A & B-GmbH & Co. KG zum 31.12.01 zugrunde gelegt. Diese ist unter Fortführung der bisherigen Praxis und gemäß den Vorschriften des Gesellschaftsvertrags zu erstellen. Insbesondere ist darin keine Auflösung stiller Reserven vorzunehmen, auch der Ausweis eines Firmenwerts entfällt (Buchwertansatz). Die in der Schlussbilanz der A & B-GmbH & Co. KG anzusetzenden Buchwerte werden zu diesen Werten auf die Teilbetriebe 1 ...... und 2 ...... aufgeteilt.

1.3 Im Hinblick auf die für die steuerliche Buchwertfortführung notwendigen Kapitalkontenanpassungen in den Fortführungs-Eröffnungs- (bzw. Fortführungs-Einbringungs-)bilanzen der Realteiler wird vereinbart, dass bereits in der Schlussbilanz die festen Kapitalkonten der beiden Gesellschafter erfolgsneutral an die Summe der Nettobuchwerte (Aktiva ./. Verbindlichkeiten) der von jedem Gesellschafter übernommenen Teilbetriebe anzupassen sind.

1.4 Die auf den Privatkonten zum 31.12.01 ausgewiesenen Beträge (anteiliger Jahresgewinn 01) kann jeder Gesellschafter entnehmen.

1.5 Die Gesellschafter der AB-Geschäftsführung GmbH haben der Beendigung der A & B-GmbH & Co. KG und der Zustimmung der AB-Geschäftsführung GmbH zu diesem Vertrag durch Beschluss zugestimmt; dieser Gesellschafterbeschluss ist als Anlage beigefügt.

2. Die Kommanditisten sind nach § 16 Abs. 3 Satz 2 2. Hs. EStG verpflichtet, die auf sie zu übertragenden Teilbetriebe jeweils als gewerbliche Einzelunternehmen mit den in der Schlussbilanz der A & B-GmbH & Co. KG einschließlich der steuerlichen

Ergänzungsbilanzen auf die betreffenden Teilbetriebe entfallenden Nettobuchwerten fortzuführen.

3. Ausgleichszahlungen zwischen den Kommanditisten sind nicht zu leisten, da die Parteien von der Gleichwertigkeit der beiden Teilbetriebe ausgehen. Ausgleichszahlungen werden auch insoweit ausgeschlossen, als stille Reserven in unterschiedlichem Umfang auf die einzelnen Gesellschafter übergehen. Ausgleichszahlungen sind weiter ausgeschlossen, soweit als Folge einer Änderung der in der Schlussbilanz der A & B-GmbH & Co. KG auszuweisenden Werte durch eine steuerliche Außenprüfung eine Änderung der Nettobuchwerte und eine abweichende Angleichung der Kapitalkonten erfolgt; die Gesellschafter verpflichten sich, in diesem Fall die auf Grund der Betriebsprüfung geänderten Buchwerte gemäß § 175 Nr. 2 AO und der vorstehenden Ziff. 2 fortzuführen.

4. Zur Ausführung der beschlossenen Beendigung und Realteilung wird hiermit das Gesellschaftsvermögen gemäß den in der Anlage beigefügten Aufstellungen, in denen sämtliche materiellen und immateriellen Vermögensgegenstände, Verbindlichkeiten, Vertragsverhältnisse, schwebenden Geschäfte und halbfertigen Arbeiten usw. aufgeführt und den betreffenden Teilbetrieben zugeordnet sind, übertragen:

4.1 Die KG überträgt hiermit an die A-GmbH sämtliche in der Anlage 1 aufgeführten dem Teilbetrieb 1 ...... zugeordneten Vermögensgegenstände (Aktiva und Passiva) und Vertragsverhältnisse; die A-GmbH nimmt diese Übertragungen hiermit an.

4.2 Die KG überträgt an Herrn B sämtliche in der Anlage 2 aufgeführten und dem Teilbetrieb 2 ...... zugeordneten Vermögensgegenstände (Aktiva und Passiva) und Vertragsverhältnisse auf Herrn B; Herr B nimmt diese Übertragungen hiermit an.

4.3 Die AB-Geschäftsführung GmbH wird unverzüglich sämtliche zum Übergang von Rechten und zur Übernahme von Verbindlichkeiten durch den jeweiligen Gesellschafter ab 1.1.02 **notwendigen Zustimmungen von Vertragspartnern einholen. Solange derartige Zustimmungen nicht vorliegen, übernehmen die A-GmbH und Herr B diese Forderungen und Verbindlichkeiten im Innenverhältnis auf eigene Rechnung und verpflichten sich, sich so zu stellen, als wären die Zustimmungen erteilt. Die A-GmbH und Herr B stellen sich auf erste Anforderung gegenseitig von der Haftung für bisher gemeinschaftliche Gesellschaftsverbindlichkeiten frei.**

4.4 Die Arbeitsverhältnisse gehen im Wege des Betriebsteilübergangs gem. § 613a BGB mit allen Rechten und Pflichten zum Zeitpunkt der Auseinandersetzung der Gesellschaft auf die übernehmenden A-GmbH (Arbeitnehmer des Teilbetriebs 1) bzw. Herrn B (Arbeitnehmer des Teilbetriebs 2) über. Die A-GmbH und Herr B haben die Arbeitnehmer der Gesellschaft gemäß den Erfordernissen des § 613a BGB über Zeitpunkt, Grund und Folgen des jeweiligen Übergangs sowie die etwaig geplanten Maßnahmen schriftlich unterrichtet bzw. verpflichten sich hierzu, soweit eine Unterrichtung noch nicht stattgefunden hat.

5. Die Übertragung von zwei gesondert geführten Betrieben (Teilbetrieben) ist gem. § 1 Abs. 1a UStG nicht steuerbar, weil jeweils ein in der Gliederung des Unternehmens gesondert geführter Betrieb im Ganzen an die A-GmbH und Herrn B als Unternehmer für dessen Unternehmen übereignet wird. Die A-GmbH und Herr B treten gem. § 1 Abs. 1a Satz 3 UStG insbesondere für Zwecke der Berichtigung des Vorsteuerabzugs gem. § 15a Abs. 10 UStG für die jeweils von ihnen zu übernehmenden Gegenstände an die Stelle der aufgelösten Personengesellschaft. Für die zukünftig evtl. durchzuführenden Vorsteuerberichtigungen wegen geänderter Verwendungsverhältnisse werden folgende Angaben gemacht: ...... ***[Angabe nach***

§ 15a Abs. 10 Satz 2 UStG mit Bezeichnung der Wirtschaftsgüter und des Berichtigungszeitraums].

6. Die mit dem Abschluss dieser Vereinbarung und deren Durchführung entstehenden Kosten (einschließlich Kosten der Beratung, der Aufstellung der Schlussbilanz, der Anmeldung zum Handelsregister) trägt noch die aufzulösende A & B-GmbH & Co. KG. Die Kosten sind in der Schlussbilanz auszuweisen und im Rahmen der Gewinnverteilung für das Geschäftsjahr 01 als Aufwand gemäß dem bisherigen Gewinnverteilungsschlüssel zu behandeln.

Formular A. 12.01a Handelsregisteranmeldung

An das
Amtsgericht ......
– Registergericht –
HRA-Nr. ......, „A & B-GmbH & Co. KG", mit Sitz in ......

Zur Eintragung in das Handelsregister wird hiermit angemeldet:

Die vorgenannte KG ist aufgelöst und mit Wirkung zum Ablauf des 31.12.01 beendet. Ihr Vermögen wurde durch Auseinandersetzung im Wege der Realteilung von den Gesellschaftern wie folgt übernommen:

1. Die A-GmbH übernimmt den Teilbetrieb 1 ...... mit allen Aktiven und Passiven.
2. Herr B übernimmt den Teilbetrieb 2 ...... mit allen Aktiven und Passiven.
3. Die AB-Geschäftsführung GmbH übernimmt keine Vermögensgegenstände.

Die A-GmbH und Herr B melden hiermit die Beendigung der A & B-GmbH & Co. KG zur Eintragung in das Handelsregister an.

Vorgenannte A-GmbH führt den in der vorstehenden Ziffer 1 genannten, ihr als Abfindung zugewiesenen Teilbetrieb 1 ...... *[Beschreibung]* in der A-GmbH weiter, und zwar mit Wirkung vom 1.1.02 an. Die Geschäftsräume der A-GmbH befinden sich weiterhin in ......

Vorgenannter Herr B führt den in der vorstehenden Ziffer 2 genannten, ihm als Abfindung zugewiesenen Teilbetrieb 2 ...... *[Beschreibung]* als Einzelfirma weiter, und zwar mit Wirkung vom 1.1.02 an, und unter der Firma ...... Er meldet hiermit diese Firma zur Eintragung ins Handelsregister an. Sitz der Firma ist ...... Die Geschäftsräume befinden sich in ......

.............................., den ....

....	....
(Unterschrift A-GmbH)	(Unterschrift B)

....
(Unterschrift AB-Geschäftsführung GmbH)

....
(Beglaubigungsvermerk)

II. ERLÄUTERUNGEN

Erläuterungen zu A. 12.01 Auseinandersetzungsvertrag

1. Grundsätzliche Anmerkungen

a) Wirtschaftliches Vertragsziel

Ziel der Realteilung einer **Personenhandelsgesellschaft** ist die **Beendigung** dieser unter Zuteilung jeweils bestimmter Vermögensgegenstände auf bestimmte Gesellschafter (Auseinandersetzung), die das wirtschaftliche Engagement der bisherigen Personengesellschaft getrennt (im Fall des Formulars als Einzelunternehmen) fortführen. Dies wird sich vor allem dann anbieten, wenn das Unternehmen der Personengesellschaft aus Teilbetrieben besteht, die auch allein weiter bestehen können. Die Gestaltung wird in diesen Fällen regelmäßig deshalb als Realteilung (Auseinandersetzung mit Buchwertfortführung) vorgenommen, um die ansonsten eintretende steuerpflichtige Gewinnrealisierung auf Grund Betriebsaufgabe durch die Personengesellschaft zu vermeiden (s. Rz. 5 ff.). 1

Das Formular kann seit 2001 entsprechend angepasst verwendet werden, wenn

- nicht (nur) Teilbetriebe Realteilungsmasse sind, sondern auch Einzelwirtschaftsgüter (bei Gebäuden, Grund und Boden und wesentlichen Betriebsgrundlagen Veräußerungssperre drei Jahre ab Steuererklärung gem. § 16 Abs. 3 Satz 3 EStG zu beachten, s. Rz. 9) oder
- eine Erbengemeinschaft mit (ausschließlich/oder teilweise) Betriebs- und Privatvermögen (sog Mischnachlass) auseinanderzusetzen ist (vgl. *Schmidt/Wacker* § 16 Rz. 538 mwN; vgl. BMF v. 14.3.06, BStBl. I 06, 253; *Heß* DStR 06, 777 f.).

Das mit dem Formular angestrebte Ziel, das bisher in einer Personenhandelsgesellschaft geführte gemeinsame wirtschaftliche Engagement zukünftig getrennt jeweils als Einzelunternehmen durch die bisherigen Gesellschafter fortzuführen, lässt sich auch **nicht** durch eine **Aufspaltung** gem. § 123 Abs. 1 UmwG auf die A-GmbH und B als übernehmende Rechtsträger erreichen, weil Herr B als Einzelkaufmann nach dem Katalog des § 3 Abs. 1 UmwG, der gem. § 124 UmwG auch für die Aufspaltung maßgebend ist, nicht übernehmender Rechtsträger sein kann. Als Hilfslösung könnte allerdings die Aufspaltung einer Personenhandelsgesellschaft in anderen als dem Formular zugrunde liegenden Fällen dann gem. § 123 Abs. 1 UmwG gestaltet werden (vgl. *Schmidt/Wacker* § 16 Rz. 542), wenn zB 2

- die Gesellschafter der aufzuspaltenden Personenhandelsgesellschaft ihrerseits die Rechtsform von Personenhandelsgesellschaften, **EWIV** oder **Partnerschaftsgesellschaft** (nicht jedoch BGB-Gesellschaften) bzw. **Kapitalgesellschaften** haben und auf diese als bestehende übernehmende Rechtsträger gem. § 123 Abs. 1 Nr. 1 UmwG aufgespalten wird (allerdings versagt § 16 Abs. 3 Satz 4 EStG die Buchwertfortführung, soweit Einzelwirtschaftsgüter einschließlich eines Teilbetriebs auf Kapitalgesellschaften übergehen, s. Rz. 8); vgl. dazu zB das Formular C. 2 Aufspaltung in *Engl,* Formularbuch Umwandlungen, 3. Aufl. 2013, oder
- die Aufspaltung gem. § 123 Abs. 1 Nr. 2 UmwG auf dadurch neu gegründete Rechtsträger in der Rechtsform von Personenhandelsgesellschaften erfolgt (vgl. Formular A. 15.30 zur Ausgliederung aus dem Vermögen eines Einzelkaufmanns in eine GmbH durch Neugründung, das entsprechend für die Aufspaltung – vgl. Formular A. 15.20 – bzw. für die Abspaltung – vgl. Formular A. 15.10 – auf Personenhandelsgesellschaften bzw. Formular C. 2 in *Engl,* Formularbuch Umwandlungen, 3. Aufl. 2013 verwendet werden kann; vgl. weiter *W/M/Engl* Anh 10 Rz. 371–373).

Mit Blick auf die durch § 6 Abs. 5 Satz 3ff. EStG erweiterten bzw. neu hinzugekommenen Möglichkeiten, Übertragungen von Einzelwirtschaftsgütern im Bereich von Mitunternehmerschaften zu Buchwerten und damit steuerneutral durchzuführen, lässt sich das mit einer Spaltung verfolgte Ziel – neben der Realteilung – künftig auch durch mehrstufige Akte (sog unechte Realteilung) erreichen (vgl. *Carlé/Bauschatz* KÖSDI 02, 13133ff., 13139ff.).

b) Zivilrecht

3 Bei der Realteilung einer Personenhandelsgesellschaft handelt es sich um eine besondere Form der Auflösung, die gesetzlich nicht geregelt ist. Abweichend von den Regelungen in §§ 730ff. BGB und §§ 145ff. HGB wird anstelle der Liquidation des Gesellschaftsvermögens durch „Versilberung" (§ 149 HGB) die Naturalteilung (handelsrechtlicher Begriff für Realteilung), dh. Aufteilung des Gesellschaftsvermögens auf die Gesellschafter, beschlossen und durchgeführt („andere Art der Auseinandersetzung" iSd. § 145 HGB); vgl. *Baumbach/Hopt* § 145 Rz. 10. Es handelt sich nicht um Gesamtrechtsnachfolge (wie etwa bei Verschmelzung, Formwechsel oder Anwachsung) oder Teilgesamtrechtsnachfolge (wie bei Aufspaltung gem.§§ 123 Abs. 1, 131 Abs. 1 Nr. 1 UmwG), sondern um **Einzelrechtsnachfolge**. Notwendig ist also die Einzelübertragung sämtlicher Vermögensgegenstände, Vertragsverhältnisse, Verbindlichkeiten usw. dh. jeder einzelne Vermögensgegenstand, jedes Vertragsverhältnis muss entsprechend den jeweils anwendbaren Vorschriften von der KG auf den jeweils übernehmenden Gesellschafter übertragen werden. Insbesondere ist zu beachten: bei formbedürftigen Grundstücks- und GmbH-Anteilsabtretungen notarielle Beurkundung, bei Abtretung von Rechten Prüfung auf Übertragbarkeit, bei Übertragung von Verbindlichkeiten Zustimmung der Gläubiger zum Schuldnerwechsel; soweit derartige Zustimmungen nicht erreicht werden, kann die Übernahme im Innenverhältnis vereinbart werden.

4 Für bis zur vollständigen Beendigung der Personenhandelsgesellschaft durch diese begründete Verbindlichkeiten **haften** die persönlich haftenden Gesellschafter der KG weiterhin persönlich gesamtschuldnerisch, die Kommanditisten haften dagegen gem. § 172 Abs. 4 HGB nur bei einer Rückgewähr von Einlagen; auch bei Aufspaltung iSv. § 123 Abs. 1 UmwG tritt gesamtschuldnerische Haftung gem. § 133 Abs. 1 UmwG ein). Aufgrund § 159 HGB ist die Nachhaftung auf fünf Jahre nach Beendigung der KG begrenzt. Die Nachhaftung gilt für Verbindlichkeiten, wenn sie vor Ablauf von fünf Jahren nach der Eintragung der Auflösung ins Handelsregister fällig sind und daraus Ansprüche gegen einen ehemaligen Gesellschafter gerichtlich geltend gemacht werden; bei öffentlich-rechtlichen Verbindlichkeiten genügt zur Geltendmachung der Erlass eines Verwaltungsakts. Einer gerichtlichen Geltendmachung bedarf es nicht, soweit der Anspruch durch die KG oder durch einen ehemaligen Gesellschafter der KG schriftlich anerkannt ist.

c) Ertragsteuerrecht

5 Der steuerrechtliche Begriff der „Realteilung" und dessen Rechtsfolgen wurden erstmals in § 16 Abs. 3 Satz 1 und 2 EStG (idF StEntlG 1999/2000/2002 v. 24.3.99, BGBl. I 99, 402) geregelt. Die gesetzliche Regelung galt erstmals für Realteilungen, die nach dem 31.12.98 erfolgten (§ 52 Abs. 34 Satz 3 EStG).

Nachfolgend wird nur die Rechtslage ab 2001 in Grundzügen dargestellt; ausführlich s. *Engl,* Formularbuch Umwandlungen, 3. Aufl. 2013: Formular C. 1 und Alternativen in den Formularen C. 2 (Aufspaltung PartG) und Formular C. 3 (Ausscheiden gegen Sachwertabfindung ins Betriebsvermögen); s. ferner die zT abweichenden Auffassungen der FinVerw. in BMF v. 28.2.06, BStBl. I 06, 228.

aa) Einkommensteuer

§ 16 Abs. 3 Sätze 2–4 idF des UntStFG v. 20.12.01 (BGBl. I 01, 3858) gilt für Realteilungen nach dem 31.12.00 (§ 52 Abs. 34 Satz 4 EStG idF des UntStFG). 6

Vgl. zur Realteilung ausführlich BMF v. 28.2.06, BStBl. I 06, 228 und v. 27.3.07, BeckVerw 097781; *H/H/R/Kulosa* § 16 EStG Rz. 440ff.; *Engl/Schaflitzl* DB 02, Beil. 1 S. 32ff., 34; *Heß* DStR 06, 777; *Blümich/Schallmoser* § 16 EStG Rz. 390ff.; *Carlé/Bauschatz* KÖSDI 02, 13133; *Rödder/Schumacher* DStR 02, 105, 107; *Sauter/Heurung/Oblau* FR 02, 1101; *Littmann/Hörger* § 16 EStG Rz. 186ff., 197mff.; *H/H/R/Apitz* § 16 EStG Rz. J 01–11ff.; *Paus* FR 02, 866; *Röhrig* EStB 02, 231; *Brandenberg* DStZ 02, 594; *Musil* DB 05, 1291; *Schulze zur Wiesche* DB 06, 921.

Bei einer Realteilung sind **zwingend** die **Buchwerte** anzusetzen, wenn im Zuge 7 der Realteilung Teilbetriebe (dazu gehören auch 100%ige Beteiligungen an einer Kapitalgesellschaft), Mitunternehmeranteile (auch Teile von Mitunternehmeranteilen) oder Einzelwirtschaftsgüter in das jeweilige Betriebsvermögen der einzelnen Mitunternehmer (Realteiler) übertragen werden, sofern die Besteuerung der stillen Reserven sichergestellt ist (§ 16 Abs. 3 Satz 2 EStG). Zu Einzelheiten hinsichtlich der **begünstigten Übertragungsobjekte** vgl. *Sauter/Heurung/Oblau* FR 02, 1103; *Littmann/Hörger* § 16 EStG Rz. 197q und 197r; *H/H/R/Apitz* § 16 EStG Rz. J 01–11 und *H/H/R/Kulosa* § 16 EStG Rz. 443.

Allerdings erfuhr die Steuerneutralität der Realteilung mit **Zuteilung von Einzelwirtschaftgütern** durch das UntStFG ab 2001 zwei **Einschränkungen** (sog. „Sicherungsklauseln"):

- Zum einen wird eine Steuerneutralität der Realteilung gem. § 16 Abs. 3 Satz 4 8 EStG idF des UntStFG nicht gewährt, „soweit die Einzelwirtschaftsgüter unmittelbar oder mittelbar auf eine Körperschaft, Personenvereinigung oder Vermögensmasse übertragen werden" und die Körperschaft nicht schon bisher mittelbar oder unmittelbar an dem Übertragenen Wirtschaftsgut beteiligt war; (zu dieser **Kapitalgesellschaftsklausel** vgl. BMF v. 28.2.06, BStBl. I 06, 228 und *Schmidt/Wacker* § 16 Rz. 553; *Heß* DStR 06, 777f. gegen OFD Berlin v. 3.3.03, StuB 03, 609; *H/H/R/Kulosa* § 16 EStG Rz. 465ff.; *Engl* DStR 01, 1725, 1728f.; *Engl/Schaflitzl* DB 02, Beil. 1 S. 32ff., 34).
- Zum anderen ist nach § 16 Abs. 3 Satz 3 EStG eine **dreijährige Behaltefrist** 9 **(Sperrfrist)** zu beachten. Nach dieser Vorschrift führt eine Veräußerung oder Entnahme bestimmter, im Rahmen der Realteilung übertragener Einzelwirtschaftsgüter (Grund und Boden, Gebäude oder andere wesentlichen Betriebsgrundlagen) innerhalb von drei Jahren nach Abgabe der Steuererklärung der Mitunternehmerschaft für den VZ der Realteilung zu einer **rückwirkenden Gewinnrealisierung** zum gemeinen Wert. Diese rückwirkende Realisierung bezieht sich auf den jeweiligen Übertragungsvorgang, lässt also die Steuerneutralität der Übertragung der übrigen Wirtschaftsgüter unberührt (*H/H/R/Kulosa* § 16 EStG Rz. 460ff.; *Rödder/Schumacher* DStR 02, 107; vgl. auch *Engl* DStR 02, 119).

Von der Rechtstechnik her wurde für VZ 99–00 bei einer Realteilung die **fiktive Aufgabe** des betreffenden Mitunternehmeranteils an der real zu teilenden Mitunternehmerschaft angeordnet; strittig ist, ob diese Rechtsfolge ab 01 entfallen ist (vgl. zur Definition der „Realteilung" *H/H/R/Kulosa* § 16 EStG Rz. 441, wonach zumindest eine Teilbetriebsaufgabe erforderlich sein soll). Demgegenüber ging die Rspr. für die Rechtslage bis 98 und geht die hM wohl ab 01 wieder von einer Aufgabe des Betriebs aus (*H/H/R/Kulosa* § 16 EStG Rz. 441; *Schmidt/Wacker* § 16 Rz. 535); so auch BMF v. 28.2.06, BStBl. I 06, 228 und *Heß* DStR 06, 777f.

Gegenüber dem Recht vor 1999 sind ab 2001 auch die bisher von der Rspr. des BFH gewährten und teilweise von der FinVerw. akzeptierten **Wahlrechte** (vgl. *W/M/Engl* Anh. 10 Rz. 302) **entfallen.**

10 **Subjekt der Realteilung** (die sog. Realteilungsgesellschaft) kann jede Mitunternehmerschaft iSv. § 15 EStG sein, insbes. jede Personenhandelsgesellschaft, die Partnerschaftsgesellschaft **(PartG), eine gewerbliche EWIV** (s. Formular A. 4.01), eine Erben- oder Gütergemeinschaft sowie auch eine reine Innengesellschaft (zB atypisch stille Gesellschaft, sofern diese entweder gewerblich ist oder über die Verweisungsvorschriften der §§ 14, 14a EStG Einkünfte aus Land- und Forstwirtschaft oder über § 18 Abs. 3 EStG Einkünfte aus selbstständiger Arbeit vermittelt; vgl. *H/H/R/Kulosa* § 16 EStG Rz. 442; *W/M/Engl* Anh. 10 Rz. 303, 309–311).

11 Unter den Begriff der steuerrechtlichen Realteilung iSv. § 16 Abs. 3 Satz 2 EStG fällt **nicht** das ganze oder teilweise Ausscheiden eines Mitunternehmers einer fortbestehenden Personengesellschaft (sog. **Ausscheiden gegen Sachwertabfindung;** vgl. BMF v. 28.2.06, BStBl. I 06, 228; FinSen Berlin v. 3.2.12, BeckVerw 258010; FG Hamburg 3 K 89/11 v. 18.4.12, EFG 12, 1744, rkr). Die Grundsätze der Realteilung sollen auch nicht anwendbar sein, wenn im Rahmen einer Realteilung Wirtschaftsgüter auf eine Personengesellschaft übertragen werden, an der ausschließlich dieselben Gesellschafter beteiligt sind, wie an der Realteilungsgesellschaft (FG Düsseldorf 3 K 1348/10 F v. 9.2.12, Rev. BFH IV R 8/12).

12 **Ausgleichszahlungen** auf Gesellschafterebene führen nach BFH VIII R 57/90 v. 1.12.92, BStBl. II 94, 607 iHd. Ausgleichszahlung – ohne Gegenrechnung von Buchwert –, zu laufendendem Gewinn für Zwecke der ESt; entstehen in diesem Sinn für die Rechtslage ab 1.1.01: *Littmann/Hörger* § 16 EStG Rz. 1197y; *Paus* FR 02, 870; *Schmidt/Wacker* § 16 Rz. 548 mwN; *Sauter/Heurung/Oblau* FR 02, 1106; *H/H/R/Apitz* § 16 EStG Rz. J 01–15); **nach FinVerw.** in BMF v. 28.2.06, BStBl. I 06, 228 allerdings Gegenrechnung der anteiligen Buchwerte (s. *Heß* DStR 06, 777). Der Gewinn unterlag aber, obwohl „laufender Gewinn" nicht der GewSt – BFH VIII R 13/94 v. 17.2.94, BStBl. II 94, 809 (zur Rechtslage ab 1.1.01 ebenso: BMF v. 28.2.06, BStBl. I 06, 228; *H/H/R/Apitz* § 16 EStG Rz. J 01–16; *Littmann/Hörger* § 16 EStG Rz. 197y), ist aber ab EZ 2002 nach § 7 Satz 2 GewStG als Gewerbeertrag zu erfassen, soweit er nicht auf eine natürliche Person als unmittelbar beteiligter Mitunternehmer entfällt.

13 **Kapitalkontenanpassung** (technische Umsetzung der Buchwertfortführung). Bis zum 31.12.00 waren im Rahmen der Realteilung nach hM (BFH VIII R 69/86 v. 10.12.91, BStBl. II 92, 385; *Littmann/Hörger* § 16 EStG Rz. 194 und 197h; *Schmidt/Wacker* § 16 Rz. 530) auch die steuerlichen Kapitalkonten an die übernommenen Buchwerte anzupassen (vgl. *W/M/Engl* Anh. 10 Rz. 158f.). Dies gilt auch **ab 2001 als hM** BMF v. 28.2.06, BStBl. I 06, 228; *Littmann/Hörger* § 16 EStG Rz. 197w; *Schmidt/Wacker* § 16 Rz. 547; *Sauter/Heurung/Oblau* FR 02, 1106; *H/H/R/Apitz* § 16 EStG Rz. J 01–11; *H/H/R/Kulosa* § 16 EStG Rz. 451). Im Falle des Formulars wird von der Anpassung der Kapitalkonten ausgegangen (entsprechend der hM in Rz. 13).

14 In dem Fall, der dem vorliegenden Formular zugrunde liegt, werden jeweils **Teilbetriebe** zugeteilt. Dabei muss es sich um Teilbetriebe iSd. BFH-Rspr. zu § 16 EStG (vgl. EStR 16 Abs. 3) handeln (vgl. *W/M/Engl* Anh. 10 Rz. 523–526). Sofern dabei Ausgleichszahlungen – wie im Formular vorgesehen – vermieden werden, ist der Vorgang insgesamt neutral und die Realteiler haben die bisherigen Buchwerte fortzuführen. In dem Fall, dass keine Ausgleichszahlungen geleistet werden, kann bei Einnahme-Überschussrechnern auch ein (vorübergehender) Übergang zur Bilanzierung unterbleiben (BFH III R 32/12 v. 11.4.13, BFH/NV 13, 1679).

15 Soweit – abweichend vom Formular – auch **Mitunternehmeranteile** übertragen würden, ist zur Erfüllung der steuerlichen Neutralität auch die Übertragung von **Sonderbetriebsvermögen** notwendig. Dies ergibt sich daraus, dass der steuerrechtliche Begriff des Mitunternehmeranteils auch das jeweils dazugehörende Sonderbetriebsvermögen umfasst (vgl. *W/M/Engl* Anh. 10 Rz. 543ff.).

16–20 *(frei)*

bb) Gewerbesteuer

Soweit durch die Realteilung ein **Aufgabegewinn** entsteht, unterliegt dieser als laufender Gewinn der GewSt, soweit auf der Seite des Veräußerers und auf der Seite des Erwerbers dieselben Personen Unternehmer oder Mitunternehmer sind (§ 16 Abs. 3 Satz 5 EStG). 21

Der **Verlustabzug** nach § 10a GewStG bei Einzelunternehmen und Personengesellschaften setzt sowohl die Unternehmens- als auch die Unternehmeridentität voraus. Bei der Realteilung von Personengesellschaften besteht zwischen dem Gewerbebetrieb der Personengesellschaft und den hieraus im Wege der Realteilung hervorgegangenen Betrieben nur dann Unternehmensidentität, wenn das auf einen Gesellschafter übergehende Vermögen bei der Personengesellschaft einen Teilbetrieb gebildet hat und der diesem Teilbetrieb sachlich zuzuordnende Verlust sich ohne weiteres aus dem Rechenwerk der Personengesellschaft ergibt (vgl. BFH X R 20/89 v. 5.9.90, BStBl. II 91, 25; GewStH 10a.2 „Realteilung"). Sind die Voraussetzungen der Unternehmensidentität erfüllt, kann jeder Inhaber des aus der Realteilung hervorgegangenen Teilbetriebs vom Gewerbeertrag dieses Unternehmens den vortragsfähigen Fehlbetrag der Personengesellschaft nur insoweit abziehen, als ihm dieser entsprechend des Gewinnverteilungsbeschlusses im Verlustentstehungsjahr zuzurechnen war. Es kann jedoch höchstens der Teil des Fehlbetrages abgezogen werden, der dem übernommenen Teilbetrieb tatsächlich zugeordnet werden kann (vgl. GewStR 10a.3 Abs. 3 Satz 9 Nr. 7 Satz 1). Im Ergebnis kann es insoweit zum Verlust von Abzugspotential kommen. Dies kann durch eine verhältniswahrende Auf- bzw. Abspaltung vermieden werden (GewStR 10a.3 Abs. 3 Satz 9 Nr. 7 Satz 2). 22

cc) Sonstige Folgen

Soweit steuerlich begünstigte Sachgesamtheiten (Teilbetrieb einschließlich 100%ige Beteiligung an einer Kapitalgesellschaft, Mitunternehmeranteil) **oder einzelne Wirtschaftsgüter** im Rahmen der Realteilung übergehen, ist nach § 16 Abs. 3 Satz 2 2. Hs. EStG die **Buchwertfortführung** zwingend. Der übernehmende Realteiler tritt damit auch in vollem Umfang in die steuerlichen Rechtsfolgen der bisherigen Mitunternehmerschaft ein. Soweit nicht nur einzelne Wirtschaftsgüter übertragen werden, stellt die Realteilung keinen Verstoß gegen die Behaltensregelung nach § 13a Abs. 5 EStG dar (ErbStR E 13a.6 Abs. 3 Satz 2). 23

Für die Realteilung außerhalb der Regelungen der Aufspaltung nach §§ 123ff. UmwG gibt es **keine Rückwirkung** (weder handelsrechtlich noch steuerrechtlich). Bei Realteilung im Wege der Aufspaltung gem. §§ 123ff. UmwG 1995 kann handelsrechtlich gem. § 17 Abs. 2 Satz 3 iVm. § 125 UmwG ein Stichtag angesetzt werden, der im Zeitpunkt der Anmeldung ins Handelsregister nicht länger als acht Monate zurückliegt. Auch steuerrechtlich ergibt sich für den Fall der Aufspaltung auf Kapitalgesellschaften (und auf Grund § 24 Abs. 4 2. Hs. UmwStG) aus § 20 Abs. 6 Satz 2 UmwStG mE die entsprechende Anwendung der in § 20 Abs. 6 Satz 1 UmwStG angeordneten bis zu achtmonatigen Rückwirkung, wenn dieser Stichtag höchstens acht Monate vor der Anmeldung zum Handelsregister liegt (*S/St/Moszka*, Anh. UmwStG Rz. 585). In diesen Fällen ist das Einkommen gem. § 20 Abs. 5 UmwStG auf Antrag so zu ermitteln, als wenn auch das eingebrachte Betriebsvermögen mit Ablauf des steuerlichen Übertragungsstichtags auf die Übernehmerin übergegangen wäre (allerdings nicht bzgl. Entnahmen und Einlagen, die nach dem steuerlichen Übertragungsstichtag erfolgen, vgl. § 20 Abs. 5 Satz 2 UmwStG). 24

2. Einzelerläuterungen

a) Handelsrecht

Zu Ziff. 1:

25 Die Auflösung und die Abwicklung in Abweichung von den gesetzlichen Regelungen in den §§ 161 Abs. 2, 145ff. HGB bzw. §§ 730ff. BGB bedarf grds eines **einstimmigen Beschlusses** der Gesellschafter, § 131 Abs. 1 Nr. 2 HGB (*Baumbach/Hopt* § 131 Rz. 12), **der in dem Vertragsformular zu sehen ist.** Ein Mehrheitsbeschluss ist allenfalls möglich, soweit der Gesellschaftsvertrag dies ausdrücklich vorsieht. Die Regelung muss aber nach dem Bestimmtheitsgrundsatz hinreichend klar sein (*MünchKommHGB/K. Schmidt* § 131 Rz. 15). Bei in gesetzlichem Güterstand lebenden verheirateten Gesellschaftern ist § 1365 BGB anwendbar (hM; *MünchKomm-HGB/K. Schmidt* § 131 Rz. 18). Mit dem Auflösungsbeschluss ist die KG noch nicht beendet: Sie stellt nur ihre „werbende" Tätigkeit ein und geht in die Abwicklungsphase über. Erst mit Durchführung der Realteilung, dh. der vollständigen Verteilung des Gesellschaftsvermögens, ist die Gesellschaft beendet. Sowohl die Auflösung als auch die Beendigung der KG sind durch alle Gesellschafter zum Handelsregister anzumelden, fallen Auflösung und Beendigung jedoch zeitlich zusammen, können beide Tatsachen in einer Anmeldung zusammengefasst werden.

26 Die Zuteilung und Übertragung aller Vermögensgegenstände, Rechte und Verbindlichkeiten, sowie laufender Vertragsverhältnisse der Personengesellschaft müssen im Wege der **Einzelrechtsnachfolge** vorgenommen werden (keine Gesamtrechtsnachfolge, s. Rz. 3). Dies erfordert die listenmäßige Aufführung sämtlicher Vermögensgegenstände, schwebender Vertragsverhältnisse, halbfertiger Arbeiten, Rechte, Verbindlichkeiten und Vertragsverhältnisse, deren Zuteilung an bestimmte Gesellschafter sowie deren rechtswirksame Übertragung auf diese. Das Formular enthält hierzu in dem Beschluss schuldrechtliche Vereinbarungen **(Auseinandersetzungsvertrag)**. Die Übertragung des Vermögens ist grds. formlos möglich (die Übertragung von Grundstücken oder GmbH-Anteilen bedarf aber der notariellen Beurkundung). Zur Übertragung von Verbindlichkeiten und anderen Schuldverhältnissen ist die Zustimmung des jeweiligen Gläubigers im Außenverhältnis notwendig (s. Rz. 3). Im Innenverhältnis sollte regelmäßig vereinbart werden, dass der übernehmende Gesellschafter den nicht übernehmenden Gesellschafter bei einer evtl. Inanspruchnahme freizustellen hat. Die Komplementär GmbH übernimmt keine Vermögensgegenstände, da sie nicht am Kapital der KG beteiligt war. Sie scheidet ohne Gegenleistung aus der KG aus. Da die Komplementär GmbH durch die Beendigung der KG ihren Zweck verliert, ist die Beteiligung an dem Auseinandersetzungsvertrag ein Grundlagengeschäft der GmbH, das der Zustimmung der Gesellschafter bedarf. Das Formular sieht daher einen solchen Beschluss vor, der dem Auseinandersetzungsvertrag als Anlage beigefügt ist. Durch die Realteilung wird die Komplementär GmbH nicht per se aufgelöst. Sie muss von deren Gesellschaftern eigens aufgelöst oder einer anderen Verwendung zugeführt werden.

Zu Ziff. 2:

27 Trotz der zwingenden steuerlichen Buchwertfortführung nach § 16 Abs. 3 Satz 2 2. Hs. EStG empfiehlt sich zur Klarstellung die Aufnahme einer entsprechenden Bestimmung im Auseinandersetzungsvertrag.

Zu Ziff. 3:

28 Da bei späteren Änderungen der Schlussbilanzansätze, zB im Anschluss an eine steuerliche Außenprüfung, sich auch die entsprechenden vom Gesellschafter fortzuführen-

den Buchwerte gem. § 175 Nr. 2 AO ändern und daraus evtl. steuerpflichtige Ausgleichsansprüche (s. Rz. 12) entstehen könnten, empfiehlt sich eine diesbezügliche Regelung in der Vereinbarung (s. Rz. 13f.).

b) Ertragsteuerrecht

Zu Ziff. 1–4:

Ertragsteuerlich geht das Formular davon aus, dass zum Stichtag der Realteilung zwei Teilbetriebe (iSv. EStR 16 Abs. 3) bestehen und diese von jeweils einem der beiden Gesellschafter unter zwingender steuerlicher Buchwertfortführung übernommen werden. Zur Sicherstellung der künftigen Besteuerung der stillen Reserven ist die Angleichung der Kapitalkonten (s. Rz. 13) an die von jedem Gesellschafter übernommenen Nettobuchwerte in Ziff. 1.3 vorgesehen. Dies kann dazu führen, dass ein Gesellschafter zukünftig einen höheren Betrag an stillen Reserven zu versteuern hat als ein anderer Gesellschafter; auch die zeitliche Verteilung der Abschreibung kann unterschiedlich sein und zu unterschiedlichen Barwerten der zukünftigen Steuerbelastung führen. Darüber hinaus werden regelmäßig die Teilwerte nicht den Buchwerten entsprechen. Diese Besonderheiten sind im Einzelfall bei der Aufteilung des Betriebsvermögens auf die einzelnen Teilbetriebe (zB durch entsprechende Zuteilung von Geld und Forderungskonten) zu berücksichtigen. Im Formular wird in Ziff. 3 ausdrücklich davon abgesehen, diesbezüglich Ausgleichszahlungen (Spitzenausgleich) zu vereinbaren, um damit evtl. steuerpflichtige Gewinne zu vermeiden (vgl. Rz. 12). 29

c) Verkehrsteuerrecht

aa) Umsatzsteuer

Zu Ziff. 5:

Bei der Übertragung von Wirtschaftsgütern im Rahmen der Realteilung soll ein entgeltlicher Leistungsaustausch iSd. § 1 Abs. 1 Nr. 1 UStG vorliegen. Das Entgelt ist die Aufgabe der Gesellschaftsrechte (vgl. BFH V 170/58 U v. 17.11.60, BStBl. III 61, 86). Bei der im Formular vorgesehenen Übertragung von zwei Teilbetrieben handelt es sich umsatzsteuerlich um die Übertragung von jeweils in der Gliederung des Unternehmens gesondert geführten Betrieben im Ganzen auf die Herren A und B als Unternehmer zur Fortführung in deren Unternehmen. Diese Übertragungen unterliegen daher im Ergebnis gem. § 1 Abs. 1a UStG nicht der Umsatzsteuer. Da damit aber die Verpflichtung zu etwaigen zukünftigen Vorsteuerberichtigungen die jeweiligen Realteiler trifft (§ 1 Abs. 1a Satz 3 iVm. § 15a Abs. 10 UStG), ist im Formular auf diese Verpflichtung hingewiesen und vorgeschlagen, die dafür notwendigen Angaben bereits im Formular zu machen. 30

Handelt es sich nicht um die Übertragung von jeweils gesondert geführten Betrieben, bleibt die Realteilung umsatzsteuerbar. Bemessungsgrundlage ist im Ergebnis der gemeine Wert der übertragenen Wirtschaftsgüter (gemeiner Wert der aufgegebenen Gesellschaftsrechte zuzüglich übernommener Verbindlichkeiten = gemeiner Wert sämtlicher übergehender Vermögensgegenstände). Der gemeine Wert wird regelmäßig über den Buchwerten liegen, da umsatzsteuerlich auch stille Reserven und ein evtl. Firmenwert zu berücksichtigen sind. Zu prüfen ist, ob es sich umsatzsteuerlich empfiehlt, durch Option gem. § 9 UStG auf Steuerbefreiungstatbestände nach § 4 Nr. 8 Buchst. b, c, e, f, g sowie nach § 4 Nr. 9 Buchst. a UStG zu verzichten (zur Vermeidung von Nachteilen beim Vorsteuerabzug, insb. gem. § 15a UStG, bzw. zur Vereinfachung), soweit der übernehmende Gesellschafter voll vorsteuerabzugsberechtigt ist. Evtl. vom übernehmenden Realteiler getragene Grunderwerbsteuer gehört nicht länger zum umsatzsteuerlichen Entgelt (vgl. UStAE 10.1 Abs. 7 Satz 6).

bb) Grunderwerbsteuer

Zu Ziff. 6:

31 Gehört zum Vermögen der aufgelösten und realgeteilten Personengesellschaft ein Grundstück, so unterliegt die Übertragung des Grundstücks von der Gesamthand auf einen Gesellschafter grds. der Grunderwerbsteuer gem. § 1 Abs. 1 Nr. 1 GrEStG. Die Grunderwerbsteuer ist jedoch in Höhe der Beteiligungsquote des übernehmenden Gesellschafters an der Personengesellschaft im Zeitpunkt der Realteilung gem. § 6 Abs. 2 GrEStG nicht zu erheben (jedoch Fünf-Jahresfristen gem. § 6 Abs. 4 und § 1 Abs. 2a GrEStG beachten!). Hinweis auch auf § 1 Abs. 3a GrEStG idF nach dem AmtshilfeRLUmsG.

32 **Bemessungsgrundlage** für die Grunderwerbsteuer ist gem. § 8 Abs. 2 GrEStG der sog. Grundbesitzwert iSd. § 138 Abs. 2 oder 3 BewG des übertragenen Grundstücks (FinMin. BaWü v. 19.12.97, DStR 98, 82; zur möglichen Verfassungswidrigkeit der Grundbesitzwerte vgl. BFH II R 64/08 v. 2.3.11, BFH/NV 11, 1009 und anhängiges Normenkontrollverfahren BVerfG 1 BvL 14/11 (Bescheide ergehen insoweit nur noch vorläufig, Gleichl. Ländererlasse v. 17.6.11, BStBl. I 11, 575).

d) Arbeitsrecht

33 Gehen im Zuge der Realteilung Betriebe oder Betriebsteile auf die übernehmenden Gesellschafter über, sind die Rechtsfolgen eines **Betriebsübergangs nach § 613a BGB** für das einzelne Arbeitsverhältnis wie auch für die Weitergeltung bzw. Ablösung von Kollektivvereinbarungen (Betriebsvereinbarungen, Tarifverträge) zu beachten.

§ 613a BGB enthält **keine eigenständige Definition des Betriebsbegriffs.** Ein Betrieb im Sinne dieser Vorschrift liegt entsprechend der Betriebsübergangsrichtlinie (RL (EG) Nr. 2001/23 v. 12.3.01, ABl. EG Nr. L 082 S. 16) bei einer „ihre Identität bewahrenden wirtschaftlichen Einheit im Sinne einer organisierten Zusammenfassung von Ressourcen zur Verfolgung einer wirtschaftlichen Haupt- oder Nebentätigkeit" vor. Entscheidend ist, dass durch den Übergang einer wirtschaftlichen Einheit die bisher in der Einheit geleistete Tätigkeit im Wesentlichen unverändert fortgeführt werden kann. Die wirtschaftliche Einheit ergibt sich aus dem Personal, ihrer Arbeitsorganisation, ihren Betriebsmethoden sowie den zur Verfügung stehenden Betriebsmitteln (*Erfurter Kommentar ArbR/Preis* § 613a BGB Rz. 6). Dagegen reicht nach der Rechtsprechung eine bloße Fortführung einer Tätigkeit ohne Übernahme einer organisatorischen Einheit (Funktionsnachfolge) nicht aus (EuGH Rs. C-13/95 v. 11.3.97, NJW 97, 2039 – *Ayse Süzen*; BAG 8 AZR 243/95 v. 22.1.98, NZA 98, 638; *W/H/S/S* S. 811 f.). Ein Übergang iSd. § 613a BGB liegt darüber hinaus nur bei einem Übergang durch Rechtsgeschäft vor. Dies ist bei einer Realteilung durch Naturalteilung gem. § 145 Abs. 1, 2. Alt. HGB der Fall, da die Gesellschafter die Realteilung und damit die eventuelle Übertragung von Betrieben oder Betriebsteilen gemäß des Gesellschaftsvertrags oder Auseinandersetzungsvertrags durchführen. Bei der Durchführung der Realteilung durch eine Aufspaltung nach § 123 Abs. 1 Nr. 1 UmwG ordnet § 324 UmwG die Geltung des § 613a Abs. 1, 4 bis 6 BGB an. Die Voraussetzung, ob ein Betriebsübergang durch die Aufspaltung betroffen ist, ist jedoch selbstständig zu prüfen (*S/St/Simon* § 324 UmwG Rz. 3).

34 Ob ein Betriebsübergang vorliegt, überprüft die Rechtsprechung anhand des folgenden **7-Punkte-Katalogs** (*Erfurter Kommentar/Preis* § 613a BGB Rz. 11 ff.; *MünchKommBGB/Müller-Glöge* § 613a Rz. 25 ff.):

1. Art des bisherigen Betriebs/Unternehmens;
2. Etwaiger Übergang der materiellen Aktiva (Gebäude, bewegliche Güter);
3. Wert der übergegangenen immateriellen Aktiva (Patente, Schutzrechte, Lizenzen) bei Übergang;
4. Etwaige Übernahme der Hauptbelegschaft durch den jeweiligen Realteiler;

5. Etwaiger Übergang der Kundschaft;
6. Grad der Ähnlichkeit zwischen den vor und nach dem Übergang verrichteten Tätigkeiten;
7. Dauer einer eventuellen Unterbrechung der Tätigkeit (nur vorübergehende Schließung der wirtschaftlichen Einheit schließt den Betriebsübergang nicht aus).

Folge der Anwendbarkeit des § 613a BGB ist der **gesetzliche Übergang der Arbeitsverhältnisse** der in dem **übergehenden** Betrieb oder Betriebsteil beschäftigten Arbeitnehmer mit sämtlichen Rechten und Pflichten auf den Gesellschafter, der den betreffenden Betrieb oder Betriebsteil übernimmt (§ 613a Abs. 1 Satz 1 BGB). Nicht auf § 613a BGB berufen kann sich ein Arbeitnehmer, der dem übertragenen Betriebsteil nicht zugeordnet ist, zB weil er in übergeordneter Funktion tätig und daher keinem speziellen Betrieb zugeordnet ist (vgl. *W/M/Schwarz* Einf. UmwG Rz. 21.11). 35

Der bisherige oder neue Arbeitgeber hat gem. **§ 613a Abs. 5 BGB** zwingend eine **Unterrichtungsverpflichtung,** wonach er die von einem Betriebsübergang betroffenen Arbeitnehmer informieren muss (unabhängig von dem Bestehen einer Arbeitnehmervertretung). 36

Inhaltlich hat der bisherige Arbeitgeber (hier die KG) oder der neue Inhaber vor dem Übergang den Arbeitnehmer in Textform (ausreichend ist ein gedruckter Text ohne Unterschriftserfordernis, zB Kopien, Telefax oder E-Mail) zu unterrichten über (1) **Zeitpunkt** bzw. geplanter Zeitpunkt des Übergangs, (2) **Grund** für den Übergang, (3) **rechtliche, wirtschaftliche und soziale Folgen** des Übergangs für den Arbeitnehmer, und (4) hinsichtlich der Arbeitnehmer **in Aussicht genommene Maßnahmen** (vgl. iE *Gaul/Otto* DB 02, 634f. und 638ff.). Die Rechtsprechung hat die Hürden für eine ordnungsgemäße Unterrichtung sehr hoch gelegt. So sind die Firmenbezeichnung und Adressen anzugeben und die Darstellung der rechtlichen Folgen darf keine juristischen Fehler beinhalten (BAG 8 AZR 305/05 v. 13.7.06, DB 06, 2408). Insgesamt muss die Unterrichtung in einer klaren, für juristische Laien verständlichen Sprache erfolgen (*Erfurter Kommentar ArbR/Preis* § 613a BGB Rz. 86). Allerdings wurden die strengen Anforderungen auf prozessualer Ebene wieder relativiert. So muss der Arbeitnehmer im Rahmen einer abgestuften Darlegungslast nach § 138 Abs. 3 ZPO einen behaupteten Mangel näher darlegen, wenn die Unterrichtung zunächst formal den gesetzlichen Anforderungen, insbes. denen des § 613a Abs. 5 BGB, genügt und nicht offensichtlich fehlerhaft ist. Der bisherige Arbeitgeber und/oder der Erwerber – je nachdem, wer die Unterrichtung vorgenommen hat – hat dann die Darlegungs- und Beweislast für die ordnungsgemäße Erfüllung der Unterrichtungspflicht, indem er mit entsprechenden Ausführungen und Beweisen die Einwände des Arbeitnehmers entkräftet (BAG 8 AZR 430/10 v. 10.11.11, NZA 12, 584; vgl. *Erfurter Kommentar ArbR/Preis* § 613a BGB Rz. 86a)86a).

Der betroffene Arbeitnehmer kann dem Übergang des Arbeitsverhältnisses gem. § 613a Abs. 6 BGB grundsätzlich **widersprechen** (das gesetzlich normierte Widerspruchsrecht bestätigt die langjährige Rspr. des BAG; vgl. nur BAG 2 AZR 449/91 v. 7.4.93, ZIP 93, 1176; *Gaul/Otto* DB 02, 636 mwN). 37

Anforderungen hinsichtlich **Form, Inhalt** und **Frist** für den Widerspruch ergeben sich aus § 613a Abs. 6 BGB: Der Widerspruch ist in eigenhändig unterzeichneter, **schriftlicher** Form zu erklären (bloß konkludentes Handeln oder Schweigen reicht insoweit nicht mehr) und hat den Willen zum Ausdruck zu bringen, einen Übergang des Arbeitsverhältnisses zu verhindern. Die Erklärung ist **innerhalb eines Monats** nach Zugang der Unterrichtung abzugeben.

Zu beachten sind in diesem Zusammenhang die Folgen einer **fehlenden bzw. fehlerhaften Unterrichtung:** Dies führt zunächst dazu, dass die einmonatige Frist nicht in Lauf gesetzt wird. Zu weiteren Einzelheiten, insbes. sich hieraus möglicherweise ergebenden Schadensersatzansprüche des Arbeitnehmers, vgl. *Gaul/Otto* DB 02, 638ff.

38 Der ordnungsgemäß und fristgerecht erklärte Widerspruch führt dazu, dass der betroffene Arbeitnehmer bei dem übertragenden Rechtsträger beschäftigt bleibt. In den Fällen der Realteilung ist allerdings zu beachten, dass der übertragende Rechtsträger erlischt. Das Widerspruchsrecht läuft damit im Ergebnis ins Leere (vgl. *Wlotzke* DB 95, 40, 43; *Heinrichs* ZIP 95, 794).

Nach herrschender Auffassung führt daher die Ausübung des Widerspruchs zur Beendigung des Arbeitsverhältnisses (*Boecken* ZIP 94, 1087, 1092; einschränkend *Kallmeyer/Willemsen* § 324 UmwG Rz. 8, andere halten die Ausübung des Widerrufsrechts für gar nicht möglich bzw. gegenstandslos, vgl. *S/H/S/Hörtnagel* § 131 UmwG Rz. 58 mwN). Das BAG (8 AZR 157/07 v. 21.2.08, NZA 08, 815) hat sich bei Erlöschen des übertragenden Rechtsträgers infolge einer Anwachsung für die letztgenannte Ansicht entschieden. Das BAG hält einen Widerspruch nicht für möglich, wenn der bisherige Arbeitgeber durch die gesellschaftsrechtliche Gestaltung erlischt. Ein Widerspruch kann auch nicht als Kündigung oder andere Beendigungserklärung ausgelegt werden. Ist daher die A & B-GmbH & Co. KG endgültig erloschen, ist ein Widerspruch gegen den Übergang des Arbeitsverhältnisses nicht mehr möglich.

39 Das Arbeitsverhältnis besteht nach dem Betriebsübergang mit allen Rechten und Pflichten unter Anerkennung der Vordienstzeiten fort. Wegen der Rechtsfolgen des § 613a BGB sei iE auf *Engl/Ebener,* A. 1 Rz. 150 ff. verwiesen. Im Übrigen wird für weitere Einzelheiten auf die einschlägige Kommentarliteratur verwiesen (vgl. nur *Palandt/Weidenkaff* § 613a BGB Rz. 5 ff.; *Erfurter Kommentar ArbR/Preis* § 613a BGB Rz. 66 ff.).

40 Ferner sind **Informations- und Beteiligungsrechte** der Arbeitnehmervertretungen zu prüfen: Auf betriebsverfassungsrechtlicher Ebene stellt sich die Frage des **Bestands** und der Zusammensetzung von **Betriebsräten** sowie eines etwaigen **Übergangsmandats** nach § 21a BetrVG. Die Teilung von Unternehmen durch Ausgliederung einzelner Aktivitäten kann schließlich eine **sozialplanpflichtige Betriebsänderung** iSd. §§ 111 ff. BetrVG darstellen.

A. 13. Schiedsvereinbarung und Mediationsklausel

Übersicht

A. 13.00 Schiedsvereinbarung (zweigliedrige Personengesellschaft)

Gliederung

I. FORMULAR

Formular A. 13.00 Schiedsvereinbarung (zweigliedrige Personengesellschaft)

Vorbemerkung

Die Unterzeichneten A und B haben in § ...... des Vertrages vom ...... über die Gründung einer GbR zum Betrieb eines ...... vereinbart, dass sie eine Schiedsvereinbarung in einer gesonderten Urkunde schließen werden. Sie schließen hiermit auch für die mitunterzeichnete GbR folgende

SCHIEDSVEREINBARUNG

§ 1 Schiedsabrede

(1) Alle Streitigkeiten, die sich zwischen der Gesellschaft und Gesellschaftern oder zwischen Gesellschaftern aus, in Durchführung oder im Zusammenhang mit dem zwischen den Parteien am ...... unterzeichneten GbR-Vertrag über den Betrieb eines ...... ergeben, und die Einwendungen, die gegen die sich hieraus ergebenden Ansprüche erhoben werden, werden unter Ausschluss der staatlichen Gerichtsbarkeit der Entscheidung eines Schiedsgerichts durch Schiedsspruch unterworfen, soweit die staatlichen Gerichte nicht zwingend zuständig sind oder in dieser Vereinbarung nicht ausdrücklich etwas anderes bestimmt ist.

(2) Die Schiedsabrede schließt nicht aus, dass ein Gericht vor oder nach Beginn des schiedsrichterlichen Verfahrens auf Antrag einer Partei eine vorläufige oder sichernde Maßnahme in Bezug auf den Streitgegenstand des schiedsrichterlichen Verfahrens anordnet. Jede Partei ist berechtigt, Maßnahmen des einstweiligen Rechtsschutzes beim Schiedsgericht gemäß § 1041 ZPO zu beantragen, solange sie noch nicht eine entsprechende Maßnahme nach Satz 1 beantragt hat.

§ 2 Zusammensetzung und Bestellung des Schiedsgerichts

(1) Die Zahl der Schiedsrichter ist drei, nämlich zwei Schiedsrichter und ein Obmann. Der Obmann muss Volljurist sein und über hinreichende Erfahrungen in wirtschaftsrechtlichen Angelegenheiten verfügen. Die Schiedsrichter dürfen nicht in einem Abhängigkeits- oder ständigen Geschäftsverhältnis zu den Parteien stehen.

(2) Die Kläger- und die Beklagtenseite bestellen jeweils einen der beiden Schiedsrichter. Sollte eine Bestellung auf Kläger- oder Beklagtenseite nicht binnen einer Frist von zwei Wochen nach Beginn des schiedsrichterlichen Verfahrens erfolgt sein, so wird die jeweilige Bestellung auf Antrag der jeweils betreibenden Partei durch den Präsidenten der Industrie- und Handelskammer in ...... binnen einer Frist von zwei Wochen ab Antragstellung vorgenommen.

(3) Binnen zwei Wochen nach Bestellung des zweiten Schiedsrichters bestellen die beiden Schiedsrichter den Obmann. Sollte die Bestellung des Obmanns nicht innerhalb der vorgenannten Frist erfolgt sein, so wird die Bestellung auf Antrag einer der Parteien durch den Präsidenten der Industrie- und Handelskammer in ...... binnen einer Frist von zwei Wochen ab Antragstellung vorgenommen.

(4) Die jeweils betreibenden Beteiligten fordern die Person, der sie das Amt eines Schiedsrichters oder des Obmanns antragen, auf, die Übernahme des Amtes auf der Grundlage dieser Schiedsvereinbarung durch Unterzeichnung einer Kopie dieser Schiedsvereinbarung zu bestätigen und sich gemäß § 7 Abs. 1 zu erklären. Der jeweils betreibende Beteiligte ist an die durch ihn vorgenommene Bestellung gebunden, sobald er eine der Parteien von der Bestellung unterrichtet hat.

§ 3 Konstituierung, Ablehnungsverfahren

(1) Das Schiedsgericht ist konstituiert, sobald die Personen der Schiedsrichter und des Obmanns den Parteien bekannt gegeben worden sind und das Schiedsgericht erste Verfahrensanordnungen gegenüber den Parteien getroffen hat.

(2) Gründe zur Ablehnung eines Schiedsrichters oder des Obmanns, die der ablehnenden Partei noch vor der Konstituierung des Schiedsgerichts bekannt geworden sind, müssen innerhalb von zwei Wochen nach der Konstituierung des Schiedsgerichts schriftlich geltend gemacht werden. Für später bekannt werdende Ablehnungsgründe beträgt die Frist zwei Wochen ab Kenntnisnahme. Im Übrigen gelten für das Ablehnungsverfahren die Regelungen der §§ 1037 Abs. 2 Satz 2 und Abs. 3, 1039 ZPO.

(3) Für die Ersetzung des abgelehnten Schiedsrichters oder Obmanns gelten die Bestimmungen des § 2 entsprechend.

§ 4 Verfahrensort, zuständiges Oberlandesgericht, anwendbares Verfahrensrecht

(1) Der Ort des Schiedsverfahrens ist .... Zuständiges Oberlandesgericht im Sinne von § 1062 Abs. 1 ZPO ist das Oberlandesgericht ....

(2) Auf das Schiedsverfahren finden die Vorschriften des zehnten Buches der Zivilprozessordnung der Bundesrepublik Deutschland Anwendung, soweit sich nicht aus dieser Schiedsvereinbarung etwas anders ergibt.

(3) Die Teilnichtigkeit, -unwirksamkeit oder -undurchführbarkeit führt in der Regel nicht zur Nichtigkeit der Schiedsvereinbarung insgesamt. Die Vorschriften des Zehnten Buches der Zivilprozessordnung der Bundesrepublik Deutschland finden auch dann ergänzend oder hilfsweise Anwendung, wenn eine Regelung dieser Schiedsvereinbarung teilweise oder insgesamt nichtig, unwirksam oder undurchführbar ist.

§ 5 Verfahrenssprache

Die Verfahrenssprache ist Deutsch, soweit die Parteien sich nicht mit einer anderen Verfahrenssprache einverstanden erklären.

§ 6 Anwendbares materielles Recht, Kollisionsrecht, Entscheidung nach Billigkeit

(1) Das Schiedsgericht hat der Entscheidung über den Streitgegenstand als materielles Recht und als Kollisionsrecht das Recht der Bundesrepublik Deutschland zugrunde zu legen.

(2) Das Schiedsgericht hat nur dann nach Billigkeit zu entscheiden, wenn die Parteien es ausdrücklich hierzu ermächtigen.

§ 7 Schiedsrichterverträge

(1) Eine Person, der das Amt des Schiedsrichters oder Obmanns angetragen wird, hat alle Umstände offen zu legen, die Zweifel an ihrer Unparteilichkeit, Unabhängigkeit oder Qualifizierung nach § 2 Abs. 1 wecken können. Diese Verpflichtung besteht auch nach Bestellung bis zum Ende des schiedsgerichtlichen Verfahrens fort.

(2) Die Tätigkeit der Schiedsrichter und des Obmanns wird nach Maßgabe des Rechtsanwaltsvergütungsgesetzes (RVG) vergütet, wobei abweichend von den danach vorgesehenen Aktgebühren ausschließlich die folgenden Gebührentatbestände vereinbart werden: Jeder der Schiedsrichter und der Obmann erhalten pauschal je zwei Gebühren zu einem Satz von ...... nach Maßgabe des RVG. Die erste Gebühr entsteht mit der Konstituierung des Schiedsgerichts, die zweite mit Beendigung des Verfahrens durch Schiedsspruch, Vergleich, Klagerücknahme, Anerkenntnis oder sonstige Erledigung des Verfahrens nach Konstituierung. Der Obmann erhält zusätzlich eine Gebühr zu einem Satz von .... nach Maßgabe des RVG. Die Parteien haften den Schiedsrichtern und dem Obmann als Gesamtschuldner.

(3) Verletzt ein Schiedsrichter oder der Obmann seine Amtspflichten, so ist er für den daraus entstehenden Schaden nur dann verantwortlich, wenn die Pflichtverletzung in einer Straftat besteht.

(4) Der Schiedsrichtervertrag gilt mit der Unterrichtung nach § 2 Abs. 4 Satz 2 als zustande gekommen.

§ 8 Kostenvorschüsse

(1) Das Schiedsgericht ist berechtigt, für die Auslagen und Gebühren der Schiedsrichter und des Obmanns von den Parteien angemessene Kostenvorschüsse zu gleichen Anteilen anzufordern.

(2) Die Schiedsrichter erteilen dem Obmann Vollmacht zur Kostenvorschussanforderung und zu der Entgegennahme der Zahlungen hierauf. Der Obmann hat hierüber Buch zu führen und gegenüber den Schiedsrichtern und Parteien abzurechnen. Überzahlungen werden nach Abschluss des Verfahrens an die jeweiligen Parteien ausgekehrt.

(3) Befindet sich eine Partei mit der Zahlung eines Kostenvorschusses in Verzug, so steht es der anderen Partei frei, den Kostenvorschuss vor den staatlichen Gerichten geltend zu machen und/oder die Zahlung zum Zwecke des Fortgangs des Verfahrens selbst zu verauslagen. Alternativ kann sie der sich in Verzug befindenden Partei unter Androhung der Kündigung der Schiedsvereinbarung eine Nachfrist von zwei Wochen zur Begleichung der Kostenvorschussanforderung setzen.

§ 9 Kosten, Kostenentscheidungen

(1) Das Schiedsgericht entscheidet auf Antrag über die Höhe des Streitwerts (Streitwertentscheidung) und in entsprechender Anwendung der §§ 91 ff. ZPO darüber, in

welchem Verhältnis zueinander die Parteien die Kosten des Schiedsverfahrens, einschließlich der den Parteien zur zweckentsprechenden Rechtsverfolgung entstandenen Kosten, zu tragen haben (Kostenlastentscheidung).

(2) Das Schiedsgericht setzt auf Antrag die Höhe der erstattungsfähigen Kosten fest (Kostenfestsetzungsentscheidung). Erstattungsfähig sind auch Anwaltskosten, die aufgrund einer berufsrechtlich zulässigen Honorarvereinbarung nach Zeitaufwand in Rechnung gestellt werden. Der maximal erstattungsfähige Stundensatz beträgt € ...... zzgl. MwSt. Erbrachter Zeitaufwand ist zeitnah, hinreichend und glaubhaft zu dokumentieren.

(3) Streitwert-, Kostenlast- und Kostenfestsetzungsentscheidung müssen nicht miteinander verbunden werden. Die Anberaumung einer mündlichen Verhandlung liegt im freien Ermessen des Schiedsgerichts. Die Entscheidungen sind lediglich im Verhältnis zu den Parteien, nicht aber im Verhältnis zum Schiedsgericht verbindlich.

II. ERLÄUTERUNGEN

Erläuterungen zu A. 13.00 Schiedsvereinbarung (zweigliedrige Personengesellschaft)

1. Grundsätzliche Anmerkungen

a) Wirtschaftliches Vertragsziel

1 Mit dem am 1.1.98 in Kraft getretenen **Schiedsverfahrens-Neuregelungsgesetz** v. 22.12.97 (BGBl. I 97, 3224) wurde das Schiedsverfahrensrecht in Deutschland komplett neu gefasst. Das frühere Schiedsverfahrensrecht, das in großen Teilen noch in der ursprünglichen Fassung der ZPO aus dem Jahre 1879 Anwendung fand, galt als veraltet (BT-Drs. 13/5274). Das neue Recht wurde unter besonderer Berücksichtigung des UNCITRAL-Modellgesetzes geschaffen, wie dies bereits weltweit in zahlreichen anderen Staaten geschehen war. Im Hinblick auf die immer größere Bedeutung der internationalen Handelsschiedsgerichtsbarkeit, von der auch der Standort Deutschland profitieren sollte, war eine Harmonisierung mit anderen Prozess- und Schiedsverfahrensrechten erwünscht (Näheres vgl. BT-Drs. 13/5274).

2 Für die Streitbeilegung durch ein schiedsrichterliches Verfahren sind als besondere Vorteile zu nennen: Die Vertraulichkeit (Ausschluss der Öffentlichkeit), das schnellere Verfahren (schon wegen der Beschränkung der Rechtsmittel gegen den Schiedsspruch), die Möglichkeit, Schiedsrichter mit besonderer Eignung und besonderen Fähigkeiten auszuwählen (zB Sprachkenntnisse, Branchenkenntnisse etc.), die größere Verfahrensfreiheit, die meist leichtere internationale Durchsetzbarkeit der Schiedssprüche, die idR größere Vergleichsbereitschaft und je nach Umständen des Falles auch das Kostenargument. Schiedsverfahren dürften eher für umfangreiche und fachlich schwierig gelagerte Streitigkeiten in Betracht kommen, nicht aber zB für einfache Inkassofälle. Sinnvoll können Schiedsvereinbarungen daher insb. bei Investitions- und Bauprojekten, Unternehmensverkäufen, Konsortialverträgen und gesellschaftsrechtlichen Auseinandersetzungen sein.

3 Neben dem Ad-hoc-Schiedsgericht (vgl. Formulare A. 13.00 und A. 13.01) haben in der Praxis die sog. institutionellen Schiedsgerichte große Bedeutung. Für den europäischen Raum sind hier u. a. der Internationale Schiedsgerichtshof bei der Internationalen Handelskammer in Paris (ICC International Court of Arbitration, www.iccwbo.org) und die Deutsche Institution für Schiedsgerichtsbarkeit e. V. (www.dis-arb.de) zu nennen. Derartige Institutionen verfügen meist über administrative Einrichtungen, die das Schiedsverfahren von der Konstituierung bis zum Schieds-

spruch begleiten. Sie halten vorformulierte Schiedsklauseln bereit, die für die Einzelheiten des Verfahrens auf die jeweilige Schiedsordnung Bezug nehmen. Dennoch empfiehlt sich, derartige Klauseln um Regelungen zu ergänzen, die den besonderen Interessen der Parteien im Einzelfall gerecht werden, soweit die jeweilige Schiedsordnung dies zulässt. Vgl. überdies Kostengegenüberstellung *Lachmann* Hdb. Schiedsgerichtspraxis, 3. Aufl. 2008, Rz. 4666 ff.

Mit der Reform des Schiedsverfahrensrechts wurde die **objektive Schiedsfähigkeit,** also die Gegenstände, über die ein Schiedsgericht verbindlich entscheiden kann, beträchtlich erweitert. Grds. ist jeder vermögensrechtliche Anspruch schiedsfähig, nur bei nichtvermögensrechtlichen Streitigkeiten bedarf es nach wie vor noch der Vergleichsfähigkeit des Streitgegenstandes (§ 1030 Abs. 1 ZPO). Die Regelung besagt aber unmittelbar nichts dazu, ob und in welchem Umfang ein Dritter an eine Schiedsabrede gebunden ist (BGH III ZB 59/10 v. 30.6.11, BeckRS 2011, 18678, wonach die grundsätzliche Bindung des Insolvenzverwalters an eine vom Gemeinschuldner vor der Eröffnung des Insolvenzverfahrens abgeschlossene Schiedsabrede nicht gilt, wenn insolvenzspezifische Rechte betroffen sind; vgl. Rz. 6). Nach § 1030 Abs. 2 ZPO ist die schiedsrichterliche Streitbeilegung in Mietstreitigkeiten über Wohnraum unzulässig. Die Regelungen des Zehnten Buches der ZPO über die Schiedsfähigkeit sind nicht abschließend; Einschränkungen können sich auch aus anderen gesetzlichen Regelungen, zB in arbeitsrechtlichen Angelegenheiten gem. § 1030 Abs. 3 ZPO iVm. §§ 4, 101 ff. ArbGG ergeben. Ausführlich zur Schiedsfähigkeit *Lachmann* Hdb. Schiedsgerichtspraxis, 3. Aufl. 2008 Rz. 279 ff. und *Schütze* Schiedsgericht und Schiedsverfahren, 5. Aufl. 2012 Rz. 200 ff. 4

Die nach hM noch zum alten Recht angenommene Schiedsunfähigkeit bestimmter **gesellschaftsrechtlicher Anfechtungs- und Nichtigkeitsklagen** lässt sich nach der Gesetzesbegründung nicht mehr mit dem Argument der ausschließlichen Zuständigkeit der Landgerichte – etwa nach § 246 Abs. 3 Satz 1 AktG – herleiten. Grds. bestehen danach keine Bedenken gegen Schiedssprüche mit rechtsgestaltender Wirkung. Soweit die gesetzlichen Regelungen offen lassen, inwieweit ein Schiedsspruch rechtsgestaltend für und gegen Dritte wirken kann, zB ob ein Schiedsspruch über eine aktienrechtliche Anfechtungsklage für und gegen alle Aktionäre wirkt, ist es die ausdrückliche Intention des Gesetzgebers gewesen, diese Problematik „angesichts ihrer Vielschichtigkeit in tatsächlicher und rechtlicher Hinsicht weiterhin der Lösung durch die Rspr. unter Berücksichtigung der konkreten Umstände des Einzelfalls" zu überlassen (vgl. BT-Drs. 13/5274 zu § 1030 BGB). Noch während der Vorbereitung der Reform des Schiedsverfahrensrechts nahm der BGH II ZR 124/95 v. 29.3.96 (NJW 96, 1753 „Schiedsfähigkeit I") im Rahmen eines Falles, der das alte Recht betraf, auch zu den Gesichtspunkten Stellung, die nach neuem Recht für die Frage der Schiedsfähigkeit von Beschlussmängelstreitigkeiten insb. bei einer GmbH oder AG maßgeblich geworden sind. Danach geht es hier weniger um die Frage der objektiven Schiedsfähigkeit als um die Frage der hinreichenden Mitwirkung aller Parteien bei der Konstituierung des Schiedsgerichts. Sie ist durch eine den jeweiligen Verhältnissen angemessene Gestaltung der Schiedsvereinbarung zu lösen (vgl. BGH II ZR 124/95 v. 29.3.96, NJW 96, 1753, iÜ zum Meinungsstand mwN *Baumbach/Lauterbach* § 1030 ZPO Rz. 4). BGH II ZR 255/08 v. 6.4.09 (NJW 09, 1962 „Schiedsfähigkeit II") hat die Vorgaben für Schiedsvereinbarungen über Beschlussmängelstreitigkeiten im Recht der GmbH weiter konkretisiert. Zur Regelung der Zusammensetzung und Bestellung des Schiedsgerichts bei Mehrparteienschiedsverfahren vgl. A. 13.01 Rz. 5. 5

Der Insolvenzverwalter ist grundsätzlich hinsichtlich der dem Gemeinschuldner zustehenden Rechte an die Schiedsvereinbarung gebunden. Hinsichtlich ihm originär zustehender Rechte (bspw. das Wahlrecht nach § 103 InsO) hingegen nicht (*Kröll* SchiedsVZ 13, 185 mwN zur Rspr; vgl. a. Rz. 4). Das Einziehungsrecht nach § 166 Abs. 2 InsO steht der Schiedsfähigkeit nicht entgegen (BGH IX ZR 49/12 v. 25.4.13, 6

ZIP 13, 1539). Der Anspruch einer GmbH auf Einzahlung der Stammeinlage ist (auch im Falle ihrer Insolvenz) objektiv schiedsfähig (BGH II ZR 65/03 v. 19.7.04, NJW 04, 2898, 2900).

b) Verfahrensrecht

7 Die Schiedsvereinbarung muss in einer **Form** geschlossen werden, die den Nachweis ihres Inhalts ermöglicht. Erforderlich ist nicht in jedem Fall die Schriftform im Sinne einer eigenhändig unterzeichneten Urkunde, sondern es genügt ein Telefaxwechsel oder andere Formen der Nachrichtenübermittlung, die diesen Nachweis sicherstellen können (§ 1031 Abs. 1 ZPO). Ausreichend nach jeweiliger Verkehrssitte kann auch die stillschweigende Zustimmung durch Schweigen auf ein entsprechendes Schreiben (§ 1031 Abs. 2 ZPO), insb. ein kaufmännisches Bestätigungsschreiben (*Baumbach/Lauterbach* § 1031 ZPO Rz. 6) sein, sowie die Bezugnahme nach den dargestellten Formerfordernissen auf ein Schriftstück im vorgenannten Sinne (§ 1031 Abs. 3 ZPO). Nach hM genügt die Übermittlung per E-Mail (*Lachmann* Hdb. Schiedsgerichtspraxis, 3. Aufl. 2008 Rz. 346). Im Verkehr mit den jeweiligen Vertragspartnern sollte aber, wie im Formular vorgeschlagen, idR die Schriftform eingehalten werden, auch um unnötige Auseinandersetzungen über die Nachweisbarkeit der Schiedsvereinbarung iSd. § 1031 ZPO und deren Inhalt von vornherein zu vermeiden.

8 Die Formerleichterungen in Bezug auf die Schriftform gelten nicht für Schiedsvereinbarungen, an denen **Verbraucher** beteiligt sind (§ 1031 Abs. 5 ZPO). Gegenüber Verbrauchern bedürfen Schiedsvereinbarungen stets der eigenhändigen Unterschrift und die betreffende Urkunde darf keine anderen Vereinbarungen enthalten, als solche, die sich auf das schiedsrichterliche Verfahren beziehen. Nach der in vorgenannter Vorschrift enthaltenen Legaldefinition sind Verbraucher natürliche Personen, die bei dem Geschäft, das Gegenstand der Streitigkeit ist, zu einem Zweck handeln, der weder ihrer gewerblichen noch ihrer selbständigen beruflichen Tätigkeit zugerechnet werden kann. Da die Verbrauchereigenschaft eines Gesellschafters bei der Beteiligung an einer Gesellschaft, eines Geschäftsführers oder Vorstandes nicht rundweg ausgeschlossen werden kann (vgl. *Graf von Westphalen* ZIP 13, 2184), sollten bei Schiedsvereinbarungen in Bezug auf **Gesellschafts- und Gesellschafterstreitigkeiten** stets die strengeren Formerfordernisse des § 1031 Abs. 5 ZPO beachtet werden, also Schriftform und separate Urkunde. Eine separate Urkunde ist allerdings nicht erforderlich, wenn die Schiedsvereinbarung in einer notariellen Beurkundung mitenthalten ist (§ 1031 Abs. 5 S. 3 ZPO). Zu besonderen Formerfordernissen bei GmbH, AG und korporativen Klausen (§ 1066 ZPO) vgl. A.13.00 Rz. 3.

9 Das auf die Schiedsvereinbarung im Falle einer Streitigkeit folgende Verfahren zur Konstituierung des Schiedsgerichts (§§ 1034ff. ZPO) ist zu unterscheiden von dem Verfahren, welches das Schiedsgericht selbst durchführt (§§ 1042ff. ZPO) und letzteres wiederum vom Verfahren zur Überprüfung und Durchsetzung eines Schiedsspruchs durch die staatlichen Gerichte (§§ 1059ff. ZPO). **Eingriffe eines staatlichen Gerichts** sind nur zulässig, soweit dies ausdrücklich in den §§ 1025 bis 1061 ZPO vorgesehen ist (§ 1026 ZPO). Bei der Konstituierung und bis zum Erlass des Schiedsspruches sind Eingriffe des zuständigen staatlichen Gerichts, des örtlich zuständigen Oberlandesgerichts (§ 1062 ZPO), auf Antrag der Partei vor allem zur konstruktiven Unterstützung der privaten Streitbeilegung zulässig; namentlich bei der Bestellung des Schiedsgerichts (§ 1035 ZPO), bei der Beendigung des Schiedsrichteramtes und Ersatzbestellung eines Schiedsrichters (§§ 1035, 1037, 1038, 1039 ZPO) sowie bei der Vollziehung von Maßnahmen des einstweiligen Rechtsschutzes, die durch das Schiedsgericht angeordnet worden sind (§ 1041 Abs. 2 ZPO). Ferner kann das gem. § 1062 Abs. 4 ZPO zuständige Amtsgericht auf Antrag des Schiedsgerichts oder einer Partei mit Zustimmung des Schiedsgerichts um Unterstützung bei der Beweisaufnah-

me ersucht werden (§ 1050 ZPO). Andererseits wird auf Antrag einer Partei auch eine frühzeitige Kontrolle durch das staatliche Gericht (das gem. § 1062 örtlich zuständige Oberlandesgericht) möglich; namentlich im Ablehnungsverfahren von Schiedsrichtern (§ 1037 Abs. 3 ZPO) und bei der Prüfung, ob eine schiedsrichterliche Streitbeilegung überhaupt zulässig ist (§ 1032 Abs. 2 ZPO). Nach Konstituierung des Schiedsgerichts bis zum Schiedsspruch ist eine Überprüfung der grds. Zulässigkeit des Schiedsverfahrens zulässig, wenn es einen Zwischenbescheid über seine Zuständigkeit gem. § 1040 Abs. 3 ZPO erlässt. Wird während eines laufenden Schiedsverfahrens von einer Partei vor einem staatlichen Gericht Klage erhoben, prüft das staatliche Gericht die rechtzeitig erhobene Einrede der Schiedsvereinbarung (§ 1032 Abs. 1 ZPO). Das bereits laufende Schiedsverfahren kann dabei bis zu einer anderslautenden und rechtskräftigen Entscheidung des staatlichen Gerichts fortgeführt werden (§ 1032 Abs. 3 ZPO).

Das vom Schiedsgericht und den Parteien bei der Sachverhaltsermittlung und **10** Rechtsfindung einzuhaltende Verfahren können die Parteien durch Vereinbarung selbst bestimmen, soweit die jeweiligen Vorschriften des zehnten Buches der ZPO einen ausdrücklichen Vorbehalt für anderweitige Parteivereinbarungen vorsehen (§ 1042 Abs. 3 ZPO, *Baumbach/Lauterbach* § 1042 ZPO Rz. 7). Soweit das Zehnte Buch der ZPO schweigt und keine ausdrückliche Parteivereinbarung vorliegt, werden die Verfahrensregeln nach freiem Ermessen des Schiedsgerichts bestimmt (§ 1042 Abs. 4 ZPO). Zum anwendbaren materiellen Recht vgl. Rz. 22.

Nachdem ein formell wirksamer (§ 1054 ZPO) inländischer Schiedsspruch ergan- **11** gen ist, kann er durch das staatliche Gericht nur noch anhand der Katalogtatbestände des § 1059 ZPO aufgehoben werden oder ein Antrag auf Vollstreckbarerklärung wegen derselben Tatbestände zurückgewiesen werden (§ 1060 ZPO). Möglich ist es aber auch, schon in der Schiedsvereinbarung ein weiteres Schiedsgericht als Berufungsinstanz zu vereinbaren, wenngleich dies dem besonderen Vorteil der zügigen Streitbeilegung im schiedsrichterlichen Verfahren nicht zuträglich ist. Im Falle der Aufhebung des Schiedsspruches durch das staatliche Gericht geht das neue Recht nicht mehr – wie die hL zum alten Recht – davon aus, dass die Schiedsvereinbarung verbraucht und nunmehr der Weg zu den staatlichen Gerichten offen ist. Vielmehr sieht § 1059 Abs. 5 ZPO vor, dass die Aufhebung des Schiedsspruchs im Zweifel das Wiederaufleben der Schiedsvereinbarung zur Folge hat. Das Oberlandesgericht kann die Sache auf Antrag einer Partei sogar wieder an das Schiedsgericht zurückverweisen (§ 1059 Abs. 4 ZPO). Bei ausländischen Schiedssprüchen besteht die Möglichkeit der Aufhebung durch die deutsche Gerichtsbarkeit nicht (*Zöller/Geimer* § 1059 ZPO Rz. 1b). Ihre Anerkennung und Vollstreckung richtet sich nach den entsprechenden Bestimmungen des UN-Übereinkommens v. 10.6.58 über die Anerkennung und Vollstreckung ausländischer Schiedssprüche (BGBl. II 61, 121) unter Vorbehalt anderer staatsvertraglicher Regelungen (§ 1061 Abs. 1 ZPO). Zur Abgrenzung von inländischen gegenüber ausländischen Schiedssprüchen vgl. Rz. 20.

2. Einzelerläuterungen

Zur Vorbemerkung:

Die Form einer eigenhändig unterzeichneten und gesonderten Urkunde für die **12** Schiedsvereinbarung ist nur noch in Ausnahmefällen erforderlich (vgl. Rz. 7f. A. 13.01 Rz. 3).

Zu § 1: Schiedsabrede

Abs. 1: Die Schiedsabrede wird von den staatlichen Gerichten nur auf Rüge vor **13** Beginn der mündlichen Verhandlung zur Hauptsache berücksichtigt (§ 1032 Abs. 1 ZPO). Die sachliche Erstreckung der Schiedsabrede ist hinreichend zu bestimmen (genaue Bezeichnung und Beschreibung des in Bezug genommenen Vertrages). Für

Einzelheiten zur sachlichen Erstreckung einer Schiedsabrede, deren Gegenstand künftige Streitigkeiten aus einem Vertragsverhältnis sind, vgl. *Baumbach/Lauterbach* § 1029 ZPO Rz. 21. Streitig ist die Frage, ob auch die Aufrechnung mit einer der Schiedsabrede nicht unterworfenen Forderung der Entscheidung des Schiedsgerichts unterliegt. Wer dem Schiedsgericht die Entscheidung über einen Anspruch überträgt, überlässt ihm diese notwendig auch über erhobene Einwendungen (*Baumbach/Lauterbach* § 1029 ZPO Rz. 22 mwN zum Meinungsstand). In der vorgeschlagenen Regelung wurde dies klarstellend berücksichtigt. Die Wirksamkeit einer Schiedsklausel in einem Gesellschaftsvertrag hängt nicht vom Fortbestand der Gesellschaft ab und greift ggf. auch im Liquidationsstadium ein (OLG Karlsruhe 17 U 72/11 v. 28.2.12, BeckRS 12, 05996).

14 Noch zum früheren Recht vertrat die hM die Auffassung, das Schiedsgericht könne bei einer schiedsvertraglich vorgesehenen Kompetenz-Kompetenz-Klausel auch abschließend über seine eigene Zuständigkeit entscheiden. Das ist nach neuem Recht überholt. Zwar kann das Schiedsgericht nach § 1040 Abs. 1 ZPO über die eigene Zuständigkeit und über das Bestehen einer wirksamen Schiedsvereinbarung entscheiden, jedoch bindet seine Entscheidung nicht die staatlichen Gerichte (§§ 1040 Abs. 3 Satz 2, 1062 Abs. 1 Ziff. 2 ZPO). Es handelt sich um zwingendes Recht (BGH III ZR 265/03 v. 13.1.05, NJW 05, 1125; *Lachmann* Hdb. Schiedsgerichtspraxis, 3. Aufl. 2008 Rz. 687 ff.). Gleichwohl sieht das neue Recht mit der kompetenzbegründenden rügelosen Einlassung vor dem Schiedsgericht immer noch eine Lösung zugunsten der schiedsrichterlichen Streitbeilegung vor (§§ 1027, 1040 Abs. 2 und 3 ZPO).

15 **Abs. 2:** Nach den §§ 1033, 1041 ZPO sind Doppelentscheidungen der staatlichen Gerichte einerseits und des Schiedsgerichts andererseits in Eilsachen denkbar (*Baumbach/Lauterbach* § 1033 ZPO Rz. 5, 7) – nicht allerdings, wenn das Schiedsgericht bereits in der Hauptsache entschieden hat (vgl. OLG Frankfurt 26 SchH 6/13 v. 13.6.13, BeckRS 2013, 10147). Der Gefahr von Doppelentscheidungen soll nach der vorgeschlagenen Regelung im Kosteninteresse beider Parteien vorgebeugt werden.

15a Mit einer Schiedsvereinbarung ist grundsätzlich auch der Urkundenprozess vor den staatlichen Gerichten ausgeschlossen (BGH III ZR 214/05 v. 12.1.06, NJW 06, 779). Bei Wechselstreitigkeiten gilt dieser Grundsatz nur eingeschränkt (BGH III ZR 214/05 v. 12.1.06, aaO; BGH III ZR 175/92 v. 28.10.93, NJW 94, 136; *Lachmann* Hdb. Schiedsgerichtspraxis, 3. Aufl. 2008 Rz. 2491 ff.).

Zu § 2: Zusammensetzung und Bestellung des Schiedsgerichts

16 **Abs. 1:** Das Formular geht von der gesetzlichen Regel eines Dreierschiedsgerichts aus. Abweichungen sind durch Parteivereinbarung möglich. Allerdings erhöht die Vereinbarung eines Einpersonenschiedsgerichts die Gefahr, dass sich die Parteien nicht auf einen gemeinsamen Schiedsrichter einigen können und deshalb staatliche Hilfe oder die Hilfe eines Dritten bei der Bestellung in Anspruch genommen werden muss. Ein Zweierschiedsgericht – wie es noch das alte Recht als Regel vorsah – war und ist wegen der großen Wahrscheinlichkeit eines Patts bei der Entscheidungsfindung des Schiedsgerichts unpraktikabel.

17 Zwingend ist die Unparteilichkeit und Unabhängigkeit der Schiedsrichter sicherzustellen (§ 1036 Abs. 1 ZPO). Nicht zwingend sind die sonstigen Qualifikationen der Schiedsrichter. Allerdings sollten die Parteien verbindlich vereinbaren, dass zumindest einer der Schiedsrichter Volljurist ist, da das Schiedsgericht vorbehaltlich einer anderen Parteivereinbarung nicht nach Billigkeit, sondern nach dem jeweils in der Sache anwendbaren Recht zu entscheiden hat (§ 1051 ZPO) und auch prozessrechtliche Gesichtspunkte zu beachten sind, um einen nach §§ 1059 ff. ZPO unangreifbaren Schiedsspruch zu erlassen. In Betracht kommt auch die Vereinbarung weiterer Qualifikationen wie bestimmte technische oder Fremdsprachenkenntnisse oder die Kenntnis eines ausländischen Rechts. Sind Zusatzqualifikationen vereinbart, aber nicht beachtet worden, so rechtfertigt dies die Ablehnung nach § 1036 Abs. 2 Satz 1 ZPO. Schiedsrichter müssen immer natürliche Personen sein (*Baumbach/Lauterbach* § 1029 ZPO Rz. 4).

Die in **Abs. 2 u. 3** vorgesehenen Fristen für die Bestellung sollen mehr Klarheit darüber verschaffen, ab wann die Hilfe des staatlichen Gerichts, also des örtlich zuständigen Oberlandesgericht gem. §§ 1035, 1062 ZPO, in Betracht kommt. Für den Beginn der Fristen zur Bestellung der Schiedsrichter ist der Beginn des schiedsrichterlichen Verfahrens maßgeblich. Das schiedsrichterliche Verfahren beginnt nach § 1044 ZPO mit dem Tag, an dem der Beklagte den Antrag, die Streitigkeit einem Schiedsgericht vorzulegen, empfangen hat. Der Antrag muss die Bezeichnung der Parteien, die Angabe des Streitgegenstandes und einen Hinweis auf die Schiedsvereinbarung enthalten. **18**

Zu § 3: Konstituierung, Ablehnungsverfahren

Abs. 2 stellt Ausschlussfristen für die Ablehnung klar, um die Effizienz des schiedsgerichtlichen Verfahrens zu erhalten. Tritt ein abgelehnter Schiedsrichter von seinem Amt nicht zurück oder stimmt die andere Partei der Ablehnung nicht zu, so entscheidet das Schiedsgericht über die Ablehnung (vgl. § 1037 Abs. 2 Satz 2 ZPO). Bleibt das Ablehnungsgesuch erfolglos, besteht die Möglichkeit des Rechtsschutzes gegen die Zusammensetzung des Schiedsgerichts bei dem zuständigen staatlichen Gericht nach Maßgabe des § 1037 Abs. 3 ZPO. Die erfolgreiche Ablehnung eröffnet die Möglichkeit der Ersatzbestellung eines Schiedsrichters bzw. Obmanns (vgl. § 1039 ZPO). **19**

Zu § 4: Verfahrensort, zuständiges Oberlandesgericht, anwendbares Verfahrensrecht

Der Verfahrensort bestimmt die örtliche Zuständigkeit des Oberlandesgerichts iSv. § 1062 Abs. 1 ZPO für etwaige richterliche Eingriffe in das Schiedsverfahren sowie für die Aufhebung (§ 1059 ZPO) und Vollstreckung (§ 1060 ZPO) inländischer Schiedssprüche (vgl. Rz. 9–11), falls die Parteien ausdrücklich keine andere Vereinbarung getroffen haben. Ebenso führt der Verfahrensort zur Anwendbarkeit des deutschen Schiedsverfahrensrechts, wobei auch hier die Parteien ausdrücklich eine andere Regelung – bspw. Verfahrensort Schweiz und gleichzeitige Vereinbarung des deutschen Verfahrensrechts – vorsehen können (*Baumbach/Lauterbach* § 1025 ZPO Rz. 4). Allerdings führt die Vereinbarung eines Verfahrensortes im Ausland dazu, dass der Schiedsspruch als ausländischer Schiedsspruch anzusehen ist und sich dessen Anerkennung und Vollstreckung nach den in § 1061 ZPO in Bezug genommenen Abkommen richtet (*Baumbach/Lauterbach* § 1061 ZPO Rz. 1) sowie dazu, dass die örtliche Zuständigkeit des Oberlandesgerichts gem. § 1062 Abs. 2 ZPO und §§ 1025 Abs. 3, 1062 Abs. 3, ZPO verlagert wird. Das vorgestellte Formular geht nicht davon aus, dass der Verfahrensort im Ausland liegt. **20**

Zu § 5: Verfahrenssprache

Die Verfahrenssprache unterliegt grds. der Parteidisposition. Regeln die Parteien diese Frage nicht, so bestimmt hierüber das Schiedsgericht (§ 1045 Abs. 1 Satz 1 und 2 ZPO). Bei der Wahl der Verfahrenssprache sind je nach Umständen des Einzelfalls zB der Kostenfaktor (vgl. § 1045 Abs. 2 ZPO) oder auch der Ort, wo der Schiedsspruch später vollstreckt werden soll, zu berücksichtigen. Differenzierende Regelungen sind möglich (§ 1045 Abs. 1 Satz 3 ZPO). **21**

Zu § 6: Anwendbares materielles Recht, Kollisionsrecht, Entscheidung nach Billigkeit

Abs. 1: Das Formular sieht vor, dass das Schiedsgericht wie ein staatliches deutsches Gericht auf der Basis der Gesamtrechtsordnung (inkl. des Kollisionsrechts) der Bundesrepublik Deutschland entscheiden muss. Das materielle Recht, das ein Schiedsgericht bei **22**

seiner Entscheidung zur Hauptsache anzuwenden hat, ist nicht wie bei staatlichen Richtern durch die lex fori oder zwingend durch den Schiedsort vorgegeben, entscheidend ist vielmehr der Wille der Parteien (§ 1051 Abs. 1 ZPO). Zur Möglichkeit zwingende Vorschriften, bspw. das AGB-Recht, als anwendbares materielles Recht isoliert abzubedingen (vgl. *Pfeiffer* NJW 12, 1169). Sie können nicht nur auf eine Gesamtrechtsordnung eines Staates oder ein Teilgebiet, sondern auch auf einzelne Bestimmungen einer Rechtsordnung oder einer Kombination von Vorschriften nationaler oder internationaler Herkunft verweisen (*Baumbach/Lauterbach* § 1051 ZPO Rz. 2). Soll bei der Rechtswahl auch auf das Kollisionsrecht der jeweiligen Rechtsordnung verwiesen werden, so haben die Parteien dies ausdrücklich zu vereinbaren (§ 1051 Abs. 1 ZPO). Dies gilt auch für das Kollisionsrecht nach den Rom I- und Rom II-VO, welche das für Schiedsgerichte geltende Sonderkollisionsrecht nicht ändern (*Schilf* RIW 13, 678 unter Hinweis auf Art. 1 Abs. 3 Rom I-VO). Treffen die Parteien keine Rechtswahl, so hat das Schiedsgericht das Recht des Staates anzuwenden, mit dem der Gegenstand des Verfahrens die engste Verbindung aufweist (§ 1051 Abs. 2 ZPO).

23 **Abs. 2:** Eine Entscheidung nach Billigkeit (ex aequo et bono) kann nur mit dem ausdrücklichen Willen der Parteien erfolgen (§ 1051 Abs. 3 ZPO). Eine Ermächtigung des Schiedsgerichts zu einer derartigen Entscheidung dürfte erst bei einem besonderen Vertrauensverhältnis zwischen den Verfahrensbeteiligten in Betracht kommen oder dann, wenn das Schiedsgericht bestimmte Leitlinien seiner Entscheidung zu erkennen gibt oder die Parteien sich hierauf verständigt haben. Eine Schadensschätzung entsprechend dem Rechtsgedanken des § 287 ZPO gilt allerdings nicht als Billigkeitsentscheidung sondern als eine Entscheidung von Rechts wegen (*Kröll* NJW 13, 3135, 3141 mwN zur Rspr.).

Zu § 7: Schiedsrichterverträge

24 Um das Schiedsgericht möglichst zügig zu konstituieren und unnötige Auseinandersetzungen auch noch über die Bedingungen, zu denen die Schiedsrichter tätig werden sollen, zu vermeiden, kann es sinnvoll sein, diese – wie hier vorgeschlagen – in den Grundzügen schon in der Schiedsvereinbarung festzulegen.

25 **Abs. 1** sieht neben den in § 1036 Abs. 1 ZPO enthaltenen Offenlegungspflichten der Schiedsrichter auch solche in Bezug auf eventuelle Mängel hinsichtlich ihrer Qualifikation vor.

26 **Abs. 2:** Nach der vom Deutschen Anwaltverein im Einvernehmen mit dem Deutschen Richterbund ausgearbeiteten Mustervereinbarung für die Vergütung der Schiedsrichter (www.anwaltverein.de) wird empfohlen, den Gebührensatz des Obmanns mit 2,0 für jeden Gebührentatbestand und den Gebührensatz der Schiedsrichter nach denen eines in zweiter Instanz tätigen Rechtsanwalts zu bemessen. Danach kämen zudem als Aktgebühren die Verfahrens-, Termins- und die Einigungsgebühr in Betracht. Die Schiedsrichter sollten im Ergebnis nicht schlechter vergütet werden als die Prozessbevollmächtigten. Dem ist über die individuelle Bemessung des Gebührensatzes bei den in dem Formular vorgesehenen zwei Gebühren pro Schiedsrichter und drei Gebühren für den Obmann Rechnung zu tragen. Näheres zur Vergütung der Schiedsrichter und alternative Gestaltungsvorschläge s. *Lachmann* Hdb. Schiedsgerichtspraxis, 3. Aufl. 2008 Rz. 4319 ff.

26a Nach Auffassung der FinVerw. bestimmt sich der Ort der Leistung des Schiedsrichters nach § 3a Abs. 1 UStG (bei B2C-Umsätzen) bzw. nach § 3a Abs. 2 UStG (bei B2B-Umsätzen). Dies gilt auch, wenn ein Rechtsanwalt als Schiedsrichter beauftragt wurde. § 3a Abs. 4 Nr. 3 UStG bestimmt zwar, dass für die sonstigen Leistungen eines Rechtsanwalts oder anderen Freiberuflern das Empfängerortsprinzip des § 3a Abs. 3 UStG unter den dort erwähnten Voraussetzungen gilt; dies betrifft jedoch nur die berufsspezifischen Leistungen. Zu diesen zählt die Leistung als Schiedsrichter nicht (OFD Frankfurt v. 18.8.10, S 7117 A – 1/84 – St 110 n.v.).

Abs. 3: Die vorgeschlagene Klausel beinhaltet den Haftungsmaßstab nach dem Spruchrichterprivileg gem. § 839 Abs. 2 S. 1 BGB – zur Problematik der analogen Anwendung oder einer darauf gerichteten konkludenten Vereinbarung vgl. *Götz* SchiedsVZ 12, 311. 27

Zu § 8: Kostenvorschüsse

Abweichend von dem Grundsatz der alleinigen Vorschusspflicht der jeweils antragstellenden oder Beweis antretenden Partei bei ordentlichen Zivilverfahren, wird hier eine quotale Vorschusspflicht vorgesehen. Die Durchsetzung der Vorschusspflicht muss über die staatlichen Gerichte erfolgen, da anderenfalls die Gefahr besteht, dass das Schiedsgericht in eigener Sache entscheidet (vgl. Rz. 29). 28

Zu § 9: Kosten, Kostenentscheidungen

Das Formular konkretisiert die Regelungen des § 1057 ZPO. Zu den gem. § 92 ZPO erstattungsfähigen Anwaltsgebühren gehören bei Auseinandersetzungen vor staatlichen Gerichten nur die gesetzlichen Gebühren als Kosten der zweckentsprechenden Rechtsverfolgung. Bei komplexen Streitigkeiten sind jedoch abweichende Honorarvereinbarungen üblich. Diesem Umstand trägt die besondere Regelung in Abs. 2 Rechnung. Danach können auch anwaltliche Zeithonorare zugesprochen werden, die über den Rahmen des RVG hinausgehen (OLG München 34 Sch 21/11 v. 11.4.12, SchiedsVZ 12, 156). 29

Die Schiedsrichter können nicht in eigener Sache entscheiden. Dies betrifft auch die verbindliche Bestimmung der Höhe ihrer eigenen Ansprüche im Rahmen des lediglich zwischen den Parteien wirkenden Schiedsspruches über die Kostenhöhe (BT-Drs. 13/5274 zu § 1057 BGB). Allerdings ist eine Streitwertfestsetzung durch Schiedsspruch auch dann möglich, wenn von der Höhe des Streitwerts zugleich die Höhe der Gebühren der Schiedsrichter abhängen, da eine solche Festsetzung nur im Verhältnis der Parteien zueinander verbindlich wäre (BGH II ZB 63/10 v. 28.3.12, NJW 12, 1811).

A. 13.01 Schiedsvereinbarung (Mehrparteienstreitigkeit)

Gliederung

I. FORMULAR

Formular A. 13.01 Schiedsvereinbarung (Mehrparteienstreitigkeit)

Vorbemerkung

Die Unterzeichneten A, B, C halten alle Gesellschaftsanteile der ebenso unterzeichneten ABC GmbH mit Sitz in ......, eingetragen im Handelsregister ...... Die Unterzeichneten schließen hiermit folgende

SCHIEDSVEREINBARUNG

§ 1 Schiedsabrede

(1) Alle Streitigkeiten, die sich zwischen der Gesellschaft und Gesellschaftern oder zwischen Gesellschaftern aus, in Durchführung oder im Zusammenhang mit der Sat-

zung, Gesellschafterverträgen und über den Geschäftsbetrieb der ABC GmbH ergeben, und die Einwendungen, die gegen die sich hieraus ergebenden Ansprüche erhoben werden, werden unter Ausschluss der staatlichen Gerichtsbarkeit der Entscheidung eines Schiedsgerichts durch Schiedsspruch unterworfen, soweit die staatlichen Gerichte nicht zwingend zuständig sind oder in dieser Vereinbarung nicht ausdrücklich etwas anderes bestimmt ist.

(2) Die Schiedsabrede schließt nicht aus, dass ein Gericht vor oder nach Beginn des schiedsrichterlichen Verfahrens auf Antrag einer Partei eine vorläufige oder sichernde Maßnahme in Bezug auf den Streitgegenstand des schiedsrichterlichen Verfahrens anordnet. Jede Partei ist berechtigt, Maßnahmen des einstweiligen Rechtsschutzes beim Schiedsgericht gemäß § 1041 ZPO zu beantragen, solange sie noch nicht eine entsprechende Maßnahme nach Satz 1 beantragt hat.

§ 2 Zusammensetzung und Bestellung des Schiedsgerichts

(1) Die Zahl der Schiedsrichter ist drei, nämlich zwei Schiedsrichter und ein Obmann. Der Obmann muss Volljurist sein und über hinreichende Erfahrungen in wirtschaftsrechtlichen Angelegenheiten verfügen. Die Schiedsrichter dürfen nicht in einem Abhängigkeits- oder ständigen Geschäftsverhältnis zu den Parteien stehen.

(2) Die Kläger- und die Beklagtenseite bestellen jeweils einen der beiden Schiedsrichter. Sollte die Bestellung auf Kläger- oder Beklagtenseite nicht binnen einer Frist von zwei Wochen nach Beginn des schiedsrichterlichen Verfahrens erfolgt sein, so wird die jeweilige Bestellung auf Antrag der jeweils betreibenden Partei durch den Präsidenten der Industrie- und Handelskammer in ... binnen einer Frist von zwei Wochen ab Antragstellung vorgenommen.

(3) Binnen zwei Wochen nach Bestellung des zweiten Schiedsrichters bestellen die beiden Schiedsrichter den Obmann. Sollte die Bestellung des Obmanns nicht innerhalb der vorgenannten Frist erfolgt sein, so wird die Bestellung auf Antrag einer oder beider Parteien durch den Präsidenten der Industrie- und Handelskammer in ...... binnen einer Frist von zwei Wochen ab Antragstellung vorgenommen.

(4) Die jeweils die Bestellung eines Schiedsrichters oder die Bestellung des Obmanns betreibenden Beteiligten fordern die Person, der sie das Amt eines Schiedsrichters oder des Obmanns antragen, auf, die Übernahme des Amtes auf der Grundlage dieser Schiedsvereinbarung durch Unterzeichnung einer Kopie dieser Schiedsvereinbarung zu bestätigen und sich gemäß § 8 Abs. 1 zu erklären. Der jeweils betreibende Beteiligte ist an die durch ihn vorgenommene Bestellung gebunden, sobald er eine der Parteien von der Bestellung unterrichtet hat.

§ 3 Mehrparteienstreitigkeiten

(1) Bei Beschlussmängelstreitigkeiten oder Streitigkeiten, an denen auf Kläger- oder Beklagtenseite mehrere Parteien dieser Schiedsvereinbarung als notwendige Streitgenossen (§ 62 ZPO) beteiligt sind, oder weitere Parteien dieser Schiedsvereinbarung auf Veranlassung der jeweils betreibenden Partei sonst als Streitgenossen beteiligt werden sollen (Mehrparteienstreitigkeiten) gilt § 2 mit der Maßgabe, dass der Kläger, bevor er einer Person das Amt eines Schiedsrichters anträgt, alle übrigen Parteien, die an diese Schiedsvereinbarung gebunden sind, unter Angabe des Streitgegenstands und der Person, der er das Amt eines Schiedsrichters anzutragen beabsichtigt, schriftlich auffordert, ihm gegenüber binnen einer Frist von zwei Wochen schriftlich zu erklären, ob sie unter Anerkennung der geltend gemachten Rechtspositionen des Klägers auf Klägerseite dem Streit beitreten und mit dem Kläger einen gemeinsamen Schiedsrichter bestellen oder ob sie dem Streit auf Beklagtenseite beitreten und mit dieser einen gemeinsamen Schiedsrichter bestellen. Letzterenfalls

ist die nach Satz 1 aufgeforderte Partei verpflichtet, gleichzeitig die Beklagtenseite schriftlich zu unterrichten.

(2) Bestellen die Beteiligten, die gemäß Abs. 1 der Kläger- oder Beklagtenseite beigetreten sind, nicht innerhalb einer weiteren Frist von zwei Wochen jeweils einen gemeinsamen Schiedsrichter, so wird das gesamte Schiedsgericht durch den Präsidenten der Industrie- und Handelskammer in ...... binnen einer Frist von zwei Wochen ab Antragstellung durch die jeweils betreibende Partei bestellt. § 2 Abs. 4 findet in diesem Fall entsprechende Anwendung.

(3) Für diejenigen Parteien, die nach Abs. 1 weder der Kläger- noch der Beklagtenseite beigetreten sind, entfaltet der Schiedsspruch Rechtskraft, es sei denn, sie erklären innerhalb der Frist nach Abs. 1, dass sie mit der Bestellung des Schiedsgerichts im Parteibetrieb nach Abs. 1 iVm. § 2 nicht einverstanden sind. Letzterenfalls wird das gesamte Schiedsgericht nach Abs. 2 bestellt und das so bestellte Schiedsgericht gilt als von allen Beteiligten ermächtigt, einen Schiedsspruch zu fällen, der für alle Beteiligten Rechtskraft entfaltet.

(4) Beteiligte, die an der Bestellung des Schiedsgerichts im Parteibetrieb gem. Abs. 1 nicht mitgewirkt haben oder ihr widersprochen haben, bleiben berechtigt, dem Streit auf Kläger- oder Beklagtenseite nach Konstituierung des Schiedsgerichts gemäß Abs. 3 beizutreten.

(5) Die Beteiligten sind sich einig, dass das schiedsrichterliche Verfahren über eine bestimmte Streitigkeit mit dem Tag beginnt, an dem die Aufforderung des Klägers nach Abs. 1 den übrigen Parteien zugegangen ist, und dass an diesem Tag alle Rechtswirkungen des § 1044 ZPO eintreten.

(6) Bei Beschlussmängelstreitigkeiten ist der Antrag nach Abs. 1 gleichzeitig der Geschäftsführung anzuzeigen. § 246 Abs. 3 AktG gilt sinngemäß. Sollte sich eine Bestimmung dieser Schiedsvereinbarung im Rahmen einer Beschlussmängelstreitigkeit als unklar, nichtig, unwirksam oder undurchführbar erweisen, ist die Schiedsvereinbarung im Zweifel nach Maßgabe der Grundsätze des Urteils des Bundesgerichtshofs vom 6.4.09 – II ZR 255/08 (NJW 09, 1962) durchzuführen.

§ 4 Konstituierung, Ablehnungsverfahren

(1) Das Schiedsgericht ist konstituiert, sobald die Personen der Schiedsrichter und des Obmanns den Parteien bekannt gegeben worden sind und das Schiedsgericht erste Verfahrensanordnungen gegenüber den Parteien getroffen hat.

(2) Gründe zur Ablehnung eines Schiedsrichters oder des Obmanns, die der ablehnenden Partei noch vor der Konstituierung des Schiedsgerichts bekannt geworden sind, müssen innerhalb von zwei Wochen nach der Konstituierung des Schiedsgerichts schriftlich geltend gemacht werden. Für später bekannt werdende Ablehnungsgründe beträgt die Frist zwei Wochen ab Kenntnisnahme. Im Übrigen gelten für das Ablehnungsverfahren die Regelungen der §§ 1037 Abs. 2 Satz 2 und Abs. 3, 1039 ZPO.

(3) Für die Ersetzung des abgelehnten Schiedsrichters oder Obmanns gelten die Bestimmungen der §§ 2, 3 entsprechend.

§ 5 Verfahrensort, zuständiges Oberlandesgericht, anwendbares Verfahrensrecht

(1) Der Ort des Schiedsverfahrens ist .... Zuständiges Oberlandesgericht im Sinne von § 1062 Abs. 1 ZPO ist das Oberlandesgericht ....

(2) Auf das Schiedsverfahren finden die Vorschriften des Zehnten Buches der Zivilprozessordnung der Bundesrepublik Deutschland Anwendung, soweit sich nicht aus dieser Schiedsvereinbarung etwas anders ergibt.

(3) Die Teilnichtigkeit, -unwirksamkeit oder -undurchführbarkeit führt in der Regel nicht zur Nichtigkeit der Schiedsvereinbarung insgesamt. Die Vorschriften des zehnten Buches der Zivilprozessordnung der Bundesrepublik Deutschland finden auch dann ergänzend oder hilfsweise Anwendung, wenn eine Regelung dieser Schiedsvereinbarung teilweise oder insgesamt nichtig, unwirksam oder undurchführbar ist.

§ 6 Verfahrenssprache

Die Verfahrenssprache ist Deutsch, soweit die Parteien sich nicht mit einer anderen Verfahrenssprache einverstanden erklären.

§ 7 Anwendbares materielles Recht, Kollisionsrecht, Entscheidung nach Billigkeit

(1) Das Schiedsgericht hat der Entscheidung über den Streitgegenstand als materielles Recht und als Kollisionsrecht das Recht der Bundesrepublik Deutschland zugrunde zu legen.

(2) Das Schiedsgericht hat nur dann nach Billigkeit zu entscheiden, wenn die Parteien es ausdrücklich hierzu ermächtigen.

§ 8 Schiedsrichterverträge

(1) Eine Person, der das Amt des Schiedsrichters oder Obmanns angetragen wird, hat alle Umstände offen zu legen, die Zweifel an ihrer Unparteilichkeit, Unabhängigkeit oder Qualifizierung nach § 2 Abs. 1 wecken können. Diese Verpflichtung besteht auch nach Bestellung bis zum Ende des schiedsgerichtlichen Verfahrens fort.

(2) Die Tätigkeit der Schiedsrichter und des Obmanns wird nach Maßgabe des Rechtsanwaltsvergütungsgesetzes (RVG) vergütet, wobei abweichend von den danach vorgesehenen Aktgebühren ausschließlich die folgenden Gebührentatbestände vereinbart werden: Jeder der Schiedsrichter und der Obmann erhalten pauschal je zwei Gebühren zu einem Satz von ......nach Maßgabe des RVG. Die erste Gebühr entsteht mit der Konstituierung des Schiedsgerichts, die zweite mit Beendigung des Verfahrens durch Schiedsspruch, Vergleich, Klagerücknahme, Anerkenntnis oder sonstige Erledigung des Verfahrens nach Konstituierung. Der Obmann erhält zusätzlich eine Gebühr zu einem Satz von .... nach Maßgabe des RVG. Die Parteien haften den Schiedsrichtern und dem Obmann als Gesamtschuldner.

(3) Verletzt ein Schiedsrichter oder der Obmann seine Amtspflichten, so ist er für den daraus entstehenden Schaden nur dann verantwortlich, wenn die Pflichtverletzung in einer Straftat besteht.

(4) Der Schiedsrichtervertrag gilt mit der Bestellung durch den jeweils betreibenden Beteiligten als zustande gekommen.

§ 9 Kostenvorschüsse

(1) Das Schiedsgericht ist berechtigt, für die Auslagen und Gebühren der Schiedsrichter und des Obmanns von den Parteien angemessene Kostenvorschüsse zu gleichen Anteilen anzufordern.

(2) Die Schiedsrichter erteilen dem Obmann Vollmacht zur Kostenvorschussanforderung und zu der Entgegennahme der Zahlungen hierauf. Der Obmann hat hierüber Buch zu führen und gegenüber den Schiedsrichtern und Parteien abzurechnen. Überzahlungen werden an die jeweiligen Parteien ausgekehrt.

(3) Befindet sich ein Kostenvorschusspflichtiger mit Zahlung des Kostenvorschusses in Verzug, so steht es der anderen Partei bzw. den übrigen Streitgenossen auf beiden Seiten frei, den Kostenvorschuss vor den staatlichen Gerichten geltend zu machen und/oder die Zahlung unter Vorbehalt der Kostenentscheidung nach § 10 zum Zwecke des Fortgangs des Verfahrens selbst vorzunehmen.

§ 10 Kosten, Kostenentscheidungen

(1) Das Schiedsgericht entscheidet auf Antrag über die Höhe des Streitwerts (Streitwertentscheidung) und in entsprechender Anwendung der §§ 91 ff. ZPO darüber, in welchem Verhältnis zueinander die Parteien die Kosten des Schiedsverfahrens, einschließlich der den Parteien zur zweckentsprechenden Rechtsverfolgung entstandenen Kosten, zu tragen haben (Kostenlastentscheidung).

(2) Das Schiedsgericht setzt auf Antrag die Höhe der erstattungsfähigen Kosten fest (Kostenfestsetzungsentscheidung). Erstattungsfähig sind auch Anwaltskosten, die aufgrund einer berufsrechtlich zulässigen Honorarvereinbarung nach Zeitaufwand in Rechnung gestellt werden. Der maximal erstattungsfähige Stundensatz beträgt € ... zzgl. MwSt. Erbrachter Zeitaufwand ist zeitnah, hinreichend und glaubhaft zu dokumentieren.

(3) Streitwert-, Kostenlast- und Kostenfestsetzungsentscheidung müssen nicht miteinander verbunden werden. Die Anberaumung einer mündlichen Verhandlung liegt im freien Ermessen des Schiedsgerichts. Die Entscheidungen sind lediglich im Verhältnis zu den Parteien, nicht aber im Verhältnis zum Schiedsgericht verbindlich.

II. ERLÄUTERUNGEN

Erläuterungen zu A. 13.01 Schiedsvereinbarung (Mehrparteienstreitigkeit)

1. Grundsätzliche Anmerkungen

Vgl. zunächst zum wirtschaftlichen Vertragsziel A. 13.00 Rz. 1–5 und zum Verfahrensrecht A. 13.00 Rz. 6–11. 1

Auch bei Gesellschaften und gesellschaftsrechtlichen Streitigkeiten, die notwendigerweise mehr als zwei Personen betreffen, besteht ein erhebliches Interesse an Diskretion und den sonstigen Vorteilen einer schiedsgerichtlichen Streitbeilegung (vgl. A. 13.00 Rz. 2). Soll aber der Schiedsspruch für mehr als zwei Parteien rechtsgestaltend wirken, bedarf es besonderer Regelungen in der Schiedsvereinbarung (vgl. A. 13.00 Rz. 5). 2

2. Einzelerläuterungen

Zur Vorbemerkung:

Grds. sieht das Schiedsverfahrensrecht diverse Formerleichterungen vor (vgl. A. 13.00 Rz. 7f., 12). Allerdings wäre bei einer GmbH vorsorglich die Beurkundungspflicht für satzungsändernde korporative Klauseln zu beachten (vgl. *Zilles,* Schiedsgerichtsbarkeit im Gesellschaftsrecht, S. 20ff.). Sinnvoll ist es daher, die Schiedsvereinbarung zumindest als Anlage zur Satzung mit zu beurkunden und in der Satzung auf sie als Bestandteil der Satzung zu verweisen sowie klarzustellen, dass sie auch für künftige Gesellschafter gelten soll (vgl. *Zilles,* Schiedsgerichtsbarkeit im Gesellschaftsrecht, 2002 S. 21ff.). Die Möglichkeit statuarischer Schiedsklauseln (§ 1066 ZPO), also Klauseln, die Bestandteil der Satzung sind, wird bei der AG unter Hinweis auf den Grundsatz der Satzungsstrenge bestritten (*Heskamp* RNotZ 12, 415, 424f. mwN). Als Ersatz können Schiedsvereinbarungen zwischen den Beteiligten einer AG außerhalb der Satzung geschlossen werden (*Heskamp* RNotZ 12, 415, 425 mwN). 3

Zu § 2: Zusammensetzung und Bestellung des Schiedsgerichts

Das Formular sieht hier eine im Vergleich zu § 3 des Formulars vereinfachte und schnellere Konstituierung des Schiedsgerichts für den Fall vor, dass ein Rechtsstreit lediglich zwischen zweien der Beteiligten entschieden werden muss. 4

Zu § 3: Mehrparteienstreitigkeiten

5 Die Frage der detaillierten schiedsvertraglichen Regelung von Mehrparteienstreitigkeiten erlangt vor allem bei gesellschaftsrechtlichen Auseinandersetzungen größte Bedeutung (vgl. A. 13.00 Rz. 5). In einem Fall, der noch nach altem Recht (s. A. 13.00 Rz. 5) zu entscheiden war – aber bei dem der BGH offenbar am Rande die Reformvorhaben in seinen Ausführungen berücksichtigte – hielt es der BGH für denkbar, dass ohne eine vertragliche Regelung des Bestellungsverfahrens, ein Schiedsverfahren in derartigen Streitigkeiten möglicherweise gar nicht durchführbar ist. Umgekehrt sah er jedoch „zumindest denkbare Lösungswege" in einer Vertragsgestaltung, die insbes. auch dem Grundsatz der Gleichbehandlung der Parteien gerecht wird (BGH II ZR 124/95 v. 29.3.96, NJW 96, 1753 „Schiedsfähigkeit I", vgl. § 1034 Abs. 2 ZPO). Auch international ist diese Frage höchst umstritten. Die französische Cour de Cassation hält einen Verzicht auf den vorgenannten Grundsatz offenbar erst nach Entstehen der jeweiligen Streitigkeit für möglich (Cour de Cassation v. 7.1.92, BB 92, Beilage 15, S. 27). Die Praxis wird sich, wie auch hier vorgeschlagen, mit vertraglichen Lösungen befassen müssen, die der einvernehmlichen Bestellung von Schiedsrichtern jeweils auf Kläger- und auf der Beklagtenseite (nach Entstehung der Streitigkeit) einen möglichst breiten Raum lässt. Sollte Einvernehmlichkeit nicht erzielt werden, bleibt nur die Bestellung des gesamten Schiedsgerichts durch einen zuvor ausgewählten unabhängigen Dritten (hL, *Baumbach/Lauterbach* § 1034 ZPO Rz. 6 mwN, *Lachmann* Hdb. Schiedsgerichtspraxis, 3. Aufl. 2008 Rz. 2818; *Schütze* Schiedsgericht und Schiedsverfahren 5. Aufl. 2012 Rz. 149ff.; vgl. auch Art. 10 Abs. 2 der Schiedsordnung ICC 98). BGH II ZR 255/08 v. 6.4.09 (NJW 09, 1962 „Schiedsfähigkeit II") hat die Vorgaben für Schiedsvereinbarungen über Beschlussmängelstreitigkeiten im Recht der GmbH weiter konkretisiert (kritisch *Nolting* SchiedsVZ 11, 319). Danach setzt die Wirksamkeit einer Schiedsklausel zu Beschlussmängelstreitigkeiten – am Maßstab des § 138 BGB gemessen – die Erfüllung der folgenden Mindestanforderungen voraus:

1. Die Schiedsabrede muss grundsätzlich mit Zustimmung sämtlicher Gesellschafter in der Satzung verankert sein; alternativ reicht eine außerhalb der Satzung unter Mitwirkung sämtlicher Gesellschafter und der Gesellschaft getroffene Absprache aus.
2. Jeder Gesellschafter muss – neben den Gesellschaftsorganen – über die Einleitung und den Verlauf informiert und dadurch in die Lage versetzt werden, dem Verfahren zumindest als Nebenintervenient beizutreten.
3. Sämtliche Gesellschafter müssen an der Auswahl und Bestellung der Schiedsrichter mitwirken können, sofern nicht die Auswahl durch eine neutrale Stelle erfolgt; im Rahmen der Beteiligung mehrerer Gesellschafter auf einer Seite des Streitverhältnisses kann dabei grundsätzlich das Mehrheitsprinzip zur Anwendung gebracht werden.
4. Schließlich muss gewährleistet sein, dass alle denselben Streitgegenstand betreffenden Beschlussmängelstreitigkeiten bei einem Schiedsgericht konzentriert werden.

Zu § 9: Kostenvorschüsse

6 Im Unterschied zu der entsprechenden Regelung in § 8 Abs. 3 des Formulars A. 13.00, ist es bei Mehrparteienschiedsvereinbarungen nicht sinnvoll, einem der Beteiligten die Kündigung der Schiedsvereinbarung wegen nicht erfüllter Kostenvorschusspflichten zu gestatten. Dies ginge nämlich willkürlich zum Nachteil aller übrigen Beteiligten, die sich vertragstreu verhalten haben.

A. 13.02 Mediationsklausel

Gliederung

I. FORMULAR

Formular A. 13.02 Mediationsklausel

§ […] Mediationsklausel

(1) Alle Streitigkeiten, die sich aus, in Durchführung oder im Zusammenhang mit dem Gesellschaftsvertrag, Gesellschaftervereinbarungen oder über den Geschäftsbetrieb der ABC OHG zwischen der Gesellschaft und Gesellschaftern oder zwischen Gesellschaftern ergeben, werden einvernehmlich durch ein Mediationsverfahren beigelegt.

(2) Können sich die Parteien nicht innerhalb einer Frist von drei Wochen nach Zugang des Mediationsantrags auf einen Mediator einigen, wird dieser von dem Präsidenten der Rechtsanwaltskammer in ...... bestimmt.

(3) Die Parteien einigen sich innerhalb einer vom Mediator zu bestimmenden Frist auf einen vom Mediator vorgeschlagenen Termin, zu dem der Mediator die Parteien zu einer ersten Mediationsverhandlung lädt. Anderenfalls lädt der Mediator die Parteien zu der ersten Mediationsverhandlung mit einer Ladungsfrist von mindestens zwei Wochen zu einem von ihm zu bestimmenden Termin. Ladungen erfolgen schriftlich oder in Textform.

(4) Die Beschreitung des Rechtsweges ist vorbehaltlich der Bestimmungen des Abs. 5 erst zulässig, wenn

1. **eine Partei dem Mediator und den anderen Parteien eine Frist von mindestens vier Wochen gesetzt hat und innerhalb dieser Frist die erste Meditationsverhandlung nicht stattgefunden hat,**
2. **eine oder mehrere Parteien der ersten Mediationsverhandlung fern bleiben,**
3. **eine Partei oder der Mediator die Mediation nach der ersten gemeinsamen Mediationsverhandlung schriftlich für gescheitert erklärt oder**
4. **zwei Monate seit Zugang des Mediationsantrages vergangen sind und kein Mediator bestimmt ist.**

(5) Die Einrede der Mediationsklausel schließt die Zulässigkeit von Klagen, Rechtsmitteln oder Rechtsbehelfenzur Wahrung gesetzlicher Ausschlussfristen sowie die Zulässigkeit von Anträgen auf Eilrechtsschutz und auf Beweissicherung vor oder während des Mediationsverfahrens nicht aus. Unabhängig hiervon sind die Parteien jedoch im Rahmen der Mediation gehalten, freiwillig die einvernehmliche Aufrechterhaltung, Änderung oder Ergänzung darauf gerichteter Maßnahmen zu überprüfen und zu regeln.

(6) Verjährungsfristen und vertragliche Ausschlussfristen werden mit Zugang des Mediationsantrags bis zum Abschluss oder Scheitern der Mediation gehemmt. Die Parteien sind sich einig, dass sodann die Dreimonatsfrist nach § 203 Satz 2 BGB gilt.

(7) Die Kosten des Mediationsverfahrens bis einschließlich der ersten Mediationsverhandlung tragen die Parteien kopfteilig. Ansonsten trägt jede Partei von den bis dahin entstandenen Kosten ihre eigenen Kosten und die ihrer Berater. Die Aufteilung aller weiteren Kosten wird in der ersten Mediationsverhandlung durch Mediationsvertrag oder spätestens bei Abschluss des Mediationsverfahrens in der abschließenden Mediationsvereinbarung geregelt. Kommt keine Regelung zustande, sind Satz 1 und 2 entsprechend anwendbar. Im Falle des Abs. 4 Ziff. 2 tragen die Parteien, die der Mediationsverhandlung fern geblieben sind, die Kosten des Mediationsverfahrens und die eines folgenden Gerichtsverfahrens als Gesamtschuldner unabhängig von dessen Ausgang.

II. ERLÄUTERUNGEN

Erläuterungen zu A. 13.02 Mediationsklausel

1. Grundsätzliche Anmerkungen

a) Wirtschaftliches Vertragsziel

1 **Mediation** ist ein vertrauliches und strukturiertes Verfahren, bei dem Parteien mit Hilfe eines oder mehrerer Mediatoren freiwillig und eigenverantwortlich eine einvernehmliche Beilegung ihres Konflikts anstreben. So die **Legaldefinition** des § 1 Abs. 1 S. 1 des Gesetzes zur Förderung der Mediation und anderer Verfahren der außergerichtlichen Streitbeilegung v. 21.7.12 (BGBl. I 12, 1577 – MediationsG), das am 26.7.12 in Kraft getreten ist. Das Gesetz soll die Mediationsrichtlinie (mit mehr als einjähriger Verspätung) umsetzen (vgl. Richtlinie 2008/52/EG v. 21.5.08, EU Abl. L 136/3) und schafft erstmals in Deutschland eine umfassende gesetzliche Regelung für die Konfliktbeilegungsmethode der Mediation, die seit Beginn dieses Jahrhunderts vor allem auch bei wirtschaftlichen Auseinandersetzungen immer mehr Anklang gefunden hat. Nach dem MediationsG sollen Mediationen nicht nur in Zivilsachen, sondern auch in Rechtsstreitigkeiten anderer Gerichtszweige, bspw. Finanzgerichtssachen (§ 155 FGO), möglich sein. In Steuersachen zeigt sich die FinVerw. bundeseinheitlich abgestimmt allerdings wenig aufgeschlossen (vgl. *FinBeh Hamburg* v. 26.9.12, DStR 12, 2340). Der Mediator ist eine unabhängige neutrale Person ohne Entscheidungsbefugnis, die die Parteien durch die Mediation führt (§ 1 Abs. 2 MediationsG). Von der Schiedsrichterrolle unterscheidet sich die Rolle des Mediators dadurch, dass der Schiedsrichter den Streit durch ein Schiedsspruch für beide Parteien bindend entscheidet, während dem Mediator diese Befugnis nicht zusteht, sondern nur einvernehmliche Erklärungen der Parteien verbindlich werden können. Insoweit gleicht die Mediation der Schlichtung. Doch anders als der Schlichter unterbreitet der Mediator den Parteien nicht einen von ihm selbst entwickelten Entscheidungsvorschlag in Form eines unverbindlichen Schlichterspruchs, sondern er leitet die Parteien ergebnisoffen über einen strukturierten Austausch der Fakten, Positionen und Interessen an, gemeinsam eigene Lösungswege zu suchen und zu entwickeln. Gelingt dies den Beteiligten, mündet die Mediation in eine Abschlussvereinbarung, auch Mediationsvereinbarung genannt. Die Mediationsvereinbarung wird materiell-rechtlich in der Regel als ein verbindlicher Vergleich iSd. § 779 Abs. 1 BGB zu qualifizieren sein.

2 **Für die Streitbeilegung durch Mediation spricht:** Die Vertraulichkeit (Ausschluss der Öffentlichkeit), das schnellere Verfahren (auch wegen der Endgültigkeit der Mediationsvereinbarung), die Möglichkeit, Mediatoren mit besonderer Eignung und besonderen Fähigkeiten auszuwählen (zB Sprachkenntnisse, Branchenkenntnisse etc.), die größere Verfahrensfreiheit, die leichtere Durchsetzbarkeit einer Mediationsvereinbarung vor allem im gesamten EU-Raum nach Maßgabe der Mediationricht-

linie v. 21.5.08 (ABl. EU L 136/3) und nicht zuletzt auch in vielen Fällen das Kostenargument. Entscheidend für die Durchführung eines Mediationsverfahrens und gegen Gerichtsverfahren oder Schiedsverfahren können Sachverhaltskonstellationen sprechen, in denen der Erhalt und die Fortdauer einer gemeinsamen Geschäftsbeziehung oder eines gedeihlichen Gesellschaftsverhältnisses für alle Beteiligen von übergeordneter Bedeutung sind. Daher käme Mediation bspw. bei Auseinandersetzungen in noch laufende Investitions- und Bauprojekten, Personengesellschaften, personalistisch strukturierten Kapitalgesellschaften, Konsortialverträgen oder zwischen widerstreitenden Akteuren in Konzernverflechtungen in Betracht. Das Formular stellt eine Mediationsklausel für einen Gesellschaftsvertrag einer Personengesellschaft vor, nämlich einer OHG.

b) Verfahrensrecht

Mediationsklauseln bedürfen **keiner besonderen Form.** Auch § 1031 Abs. 1 ZPO findet keine analoge Anwendung (*Töben* RNotZ 13, 321, 324, str. mwN). Grundsätzlich gilt Formfreiheit. Eine Mediationsklausel bildet auch mit dem Vertrag, auf den sie sich bezieht, kein einheitliches Rechtsgeschäft iSd. § 139 BGB, so dass auch kein abgeleiteter Formzwang besteht (*Fabian/Friedrich* SchiedsVZ 07, 31f.; *Töben* RNotZ 13, 321, 324, str. mwN). Empfehlenswert ist allerdings zumindest die Einhaltung der Textform. Bei der redaktionellen Einbeziehung einer solchen Klausel in eine GmbH-Satzung ist naturgemäß die notarielle Form zu beachten. Nach hM sollen Mediationsklauseln der **AGB-Kontrolle** nach §§ 305ff. BGB unterliegen (*Unberath* NJW 11, 1320, 1323 mwN). 3

Mediationsklauseln ergeben nur einen Sinn, wenn sie von den Parteien – wie hier in dem vorgestellten Formular – als **dilatorischer Klageverzicht** ausgestaltet sind, dh. die Einklagbarkeit der im Streit stehenden Ansprüche vorübergehend nämlich für die Dauer des Mediationsverfahrens ausgeschlossen wird, ohne die materiell-rechtlichen Ansprüche selbst zu beeinträchtigen. Das Mediationsverfahren ist grundsätzlich ergebnisoffen zu gestalten und führt daher nicht stets zu einem Abschluss mit einer vollstreckbaren Mediationsvereinbarung. In solchen Fällen muss jeder Partei die Möglichkeit erhalten bleiben, bestehende oder vermeintliche Ansprüche noch in einem streitigen Verfahren prüfen und geltend machen zu können. Als dilatorische Einrede führt die Mediationsklausel daher nur zu einem Prozessurteil, wonach die Klage als zurzeit unzulässig abzuweisen ist. Insoweit ist die Rspr. zur Wirkung von Schlichtungsklausen übertragbar (*Fabian/Friedrich* SchiedsVZ 07, 31, 32 mwN zur Rspr. betreffend Schlichtungsklauseln; *Wagner* ZKM 11, 29ff). Die Wirkung als dilatorische Einrede entfällt auch nicht allein deshalb, weil eine Mediationsklausel so ausgestaltet ist, dass die Mediation (anders als nach der im Formular vorgeschlagenen Klausel) jederzeit einschränkungslos abgebrochen werden kann (aA OLG Frankfurt 14 Sch 4/09 v. 12.5.09, NJW-RR 10, 788; LG Heilbronn 4 O 259 v. 10.9.10, ZKM 11, 29 m.krit.Anm. *Wagner*). Vielmehr bedarf es auch bei derartigen Klauseln der ausdrücklichen Feststellung des angerufenen Gerichts, dass die Mediation abgebrochen oder von vornherein verweigert worden ist, weshalb die dilatorische Einrede nicht mehr greifen kann und eine Sachentscheidung zu ergehen hat (vgl. auch *Wagner* aaO; *Loos/Brewitz* SchiedsVZ 12, 305; *Töben* RNotZ 13, 321, 324 mwN). 4

Der Mediation kommt verjährungshemmende Wirkung zu. Die **Verjährung** ist gem. § 203 S. 1 BGB gehemmt, wenn zwischen den Parteien Verhandlungen über den Anspruch oder über die den Anspruch begründenden Umstände schweben; eine Mediation stellt eine solche Verhandlung dar. Eine Mediation, aber auch Gespräche über den Vorschlag, eine Mediation einzuleiten, sind als Verhandlungen im Sinne dieser Vorschrift anzusehen. Schlägt zum Beispiel eine Partei eine Mediation vor und die Gegenpartei signalisiert, den Vorschlag zu prüfen und das Ergebnis der Prüfung mitzuteilen, ist die Verjährung nach § 203 BGB gehemmt. Die Hemmung endet in diesem 5

Fall, wenn eine der Parteien eindeutig und klar zu erkennen gibt, eine Mediation nicht beginnen zu wollen. Lassen die Parteien die Mediation zwischenzeitlich ruhen, um die bisher erzielten Ergebnisse zu überprüfen und dann über eine mögliche Fortführung zu entscheiden, endet die Hemmung erst, wenn eine der Parteien die Fortsetzung der Mediation klar und deutlich ablehnt (vgl. MediationsG RegE Begr A II, BR-Drs. 60/11). Wenn die Verhandlungen zwischen den Parteien aber „einschlafen", ist der BGH allerdings nicht mehr ganz so großzügig (BGH IX ZR 158/07 v. 6.11.08, NJW 09, 1806). Vor diesem Hintergrund wurde im Formular ausdrücklich geregelt, dass die Hemmung bereits mit Zugang des Mediationsantrags beginnt und erst endet, wenn die Mediation abgeschlossen oder gescheitert ist (vgl. auch Rz. 10). Die Hemmung greift nicht für **gesetzliche Ausschlussfristen** (bspw. § 246 Abs. 1 AktG, § 4 KSchG).

6 Zu Beginn der Mediation wird üblicherweise ein sog. **Mediationsvertrag** zwischen den Parteien und dem Mediator geschlossen. In ihm werden die Spielregeln der weiteren Verhandlungen festgelegt (Einzelheiten zur Vertraulichkeit, organisatorische Fragen, eventuell einstweilige Maßnahmen zum Streitgegenstand und nicht zuletzt die Kostenfrage). Die Mediationsklausel kann den später zu schließenden Mediationsvertrag, der schon Teil des Mediationsverfahrens ist, nicht ersetzen, da er auf die Besonderheiten des konkreten Streitfalls hin zu verhandeln und auszugestalten ist und auch der Mediator hier Vertragsbeteiligter wird.

7 Vom Mediationsvertrag (vgl. Rz. 6) zu unterscheiden ist die sog. **Mediationsvereinbarung,** die nach einer erfolgreich verlaufenden Mediation geschlossen wird und die Regelung der Maßnahmen zur einvernehmlichen Beilegung des Rechtsstreits enthält. Die Mediationsvereinbarung können die Parteien auf mehrfache Weise nicht nur verbindlich ausgestalten, sondern unter Beachtung der jeweiligen prozessualen Voraussetzungen zusätzlich in eine gerichtlich **vollstreckbare Urkunde** wandeln, nämlich **(a)** bei einer gerichtsnahen oder außergerichtlichen Mediation durch eine vollstreckbare notarielle Urkunde nach Maßgabe des § 794 Abs. 1 Nr. 5 ZPO, **(b)** durch einen nach §§ 796a bis 796c ZPO für vollstreckbar zu erklärenden Anwaltsvergleich, oder **(c)** bei einem Rechtsstreit, der schon rechtshängig ist, durch eine Protokollierung der Vereinbarung bei dem betreffenden Gericht oder durch gerichtliche Feststellung als gerichtlicher Vergleich oder gerichtlichen Vergleich nach § 278 Abs. 6 ZPO.

2. Einzelerläuterungen

Zu Abs 2

7a Denkbar ist es hier, weitere Vorgaben hinsichtlich der Person oder der Qualifikation des Mediators zu machen (bspw. Zulassung als Rechtsanwalt, Sprachkenntnisse etc.).

Zu Abs 4

8 Vgl. Rz. 4. **Gesetzliche Ausschlussfristen** unterliegen nicht der Parteidisposition. Lediglich ausnahmsweise kann dem Lauf einer Ausschlussfrist der Einwand der unzulässigen Rechtsausübung nach § 242 BGB entgegengehalten werden (*Töben* RNotZ 13, 321, 332 mwN. Deshalb wird hier die Klageerhebung zur Wahrung derartiger Fristen zugelassen. Die Parteien können dann aber angehalten sein, bei Gericht auf ein Ruhen des Verfahrens für die Zeit der Mediation hinzuwirken (§§ 251, 278a ZPO). Da im GmbH-Recht anders als im Aktienrecht nicht der Grundsatz der Satzungsstrenge gilt, wäre die Möglichkeit zu erwägen, die Ausschlussfrist für Anfechtungsklagen in der GmbH-Satzung den Bedürfnissen des Mediationsverfahrens anzupassen (*Töben* RNotZ 13, 321, 335 mwN). Allerdings sollte beachtet werden, dass der BGH eine Verlängerung der Ausschlussfristen für GmbH-Anfechtungsklagen bei der versuchten Herbeiführung einer einvernehmlichen Lösung lediglich für möglich gehalten

hat, wenn mit der nötigen Beschleunigung vorgegangen wurde. Vor diesem Hintergrund ist die sicherste Variante auch in diesem Fall die Erhebung der Anfechtungsklage parallel zum Mediationsverfahren (*Töben* RNotZ 13, 321, 336 mwN).

Zu Abs. 5

Vgl. Rz. 5 aE. 9

Zu Abs. 6

Die Regelung lässt die Hemmung bereits mit Zugang des Mediationsantrags eintre- 10
ten, ohne dass es darauf ankommt, ob der Empfänger seine Bereitschaft zur Prüfung der geltend gemachten Ansprüche signalisiert hätte. Damit geht die Regelung im Interesse der mediationswilligen Partei etwas weiter als es die aktuelle Rechtslage nach dem insoweit dispositiven § 203 BGB vorsieht (vgl. Rz. 5). Das dient der Rechtssicherheit.

Zu Abs. 7

Eine Mediationsklausel muss und soll noch nicht alle Einzelheiten der späteren Me- 11
diation regeln. Vielmehr ist es Aufgabe des Mediators, die Parteien schon zu Beginn der Mediation zu einem Mediationsvertrag zu führen, in dem die Besonderheiten des Streitfalls und die Spielregeln für das weitere Verfahren festgelegt werden. Der Mediator ist Partei dieses Vertrages. Dort können auch die Kosten umfassend geregelt werden (vgl. Rz. 6). Denkbar ist es bspw, die Kosten der Gesellschaft aufzuerlegen.

Diese Regelung sieht in Satz 5 eine Kostensanktion für eine in der ersten Media- 12
tionsverhandlung säumige Partei vor. Sie ist deshalb aus zweierlei Sicht näher zu beleuchten: Erstens, unter dem Gesichtspunkt des in der Mediation geltenden Grundsatzes der „Freiwilligkeit"; zweitens, unter dem Gesichtspunkt, dass der Mediator normalerweise „keine Entscheidungsbefugnis" hat. Hierzu ist zu sagen, dass es keineswegs so ist, als wäre in der Mediation „am Ende alles freiwillig" (vgl. auch *Töben* RNotZ 13, 321, 331; *Loos/Brewitz* SchiedsVZ 12, 305 f.): In der Mediation geht es genau genommen um nichts weniger, als dass sich die Parteien (zwar Schritt für Schritt, aber dabei dennoch) immer umfassender und schließlich verbindlich auf gemeinsam entwickelte Regeln und Lösungen festlegen. Der erste Schritt ist eine mehr oder weniger umfangreiche Mediationsklausel, der zweite der Mediationsvertrag und der letzte die Mediationsvereinbarung. Was, wann und wie verbindlich festgelegt wird, kann von Mediation zu Mediation variieren. Wer eine Mediationsklausel unterschreibt, sollte sie auch ernst nehmen und dies dadurch bekräftigen, dass er vorab (und dabei freiwillig) zwingende Kostenfolgen für den Fall der eigenen Säumnis akzeptiert. Die vorstehende Regelung steht weiterhin nur vordergründig im Widerspruch zu dem allgemeinen Grundsatz, dass der Mediator „keine Entscheidungsbefugnis" hat. Dieser Grundsatz bedeutet nämlich nicht, dass der Mediator zum Spielball der Parteien werden darf, sondern er muss dem gesamten Verfahren eine Struktur geben können, dh. „die Parteien durch die Mediation führen" (vgl. § 1 Abs. 2 aE MediationsG). Im Idealfall gelingt das natürlich ohne die Androhung der Kostenlastfolge, weil die Parteien sich an die von ihnen selbst vereinbarte und unterzeichnete Mediationsklausel halten.

A. 14. Stille Gesellschaft

Übersicht

A. 14.00 Vertrag über die Errichtung einer typisch stillen Gesellschaft

Gliederung

I. FORMULAR

Formular A. 14.00 Vertrag über die Errichtung einer typisch stillen Gesellschaft

Vertrag

zwischen

Offene Handelsgesellschaft in Firma X & Co. mit dem Sitz in ......

vertreten durch ihre persönlich haftenden Gesellschafter

– nachfolgend Inhaberin genannt –

und

Herrn A, wohnhaft in ......

– nachfolgend stiller Gesellschafter genannt –

Vorbemerkungen

Die Inhaberin betreibt in ...... ein Handelsgewerbe.

Gegenstand des Unternehmens ist ......

Herr A beabsichtigt, sich zur Stärkung des Unternehmenskapitals als stiller Gesellschafter iSd. §§ 230 ff. HGB am Handelsgewerbe der Inhaberin zu beteiligen. Zu diesem Zweck vereinbaren die Parteien was folgt:

§ 1 Einlage des stillen Gesellschafters

Der stille Gesellschafter erbringt eine Bareinlage von € ......

Die Einlage ist sofort fällig.

§ 2 Dauer der Gesellschaft, Geschäftsjahr

(1) Die Gesellschaft beginnt am ......; sie wird auf unbestimmte Dauer abgeschlossen.

(2) Das Geschäftsjahr entspricht dem der Inhaberin.

§ 3 Geschäftsführung

(1) Die Geschäftsführung steht allein der Inhaberin zu.

(2) Die Inhaberin darf jedoch folgende Maßnahmen nur mit Zustimmung des stillen Gesellschafters vornehmen:

a) Änderungen des Gegenstandes des Unternehmens und der Unternehmensform;

b) Erwerb von oder Beteiligungen an anderen Unternehmen sowie deren Veräußerung;

c) Veräußerung oder Verpachtung des Unternehmens oder eines Teils des Unternehmens;

d) Errichtung von Zweigniederlassungen;

e) Abschluss, Änderung oder Aufhebung von Gewinn- und Verlustübernahmeverträgen;

f) vollständige oder teilweise Einstellung des Gewerbebetriebes.

(3) Beabsichtigt die Inhaberin die Vornahme einer der in Abs. 2 genannten Maßnahmen, so hat sie dies dem stillen Gesellschafter mitzuteilen und ihn zur Erteilung seiner Zustimmung aufzufordern. Der stille Gesellschafter ist verpflichtet, unverzüglich Stellung zu nehmen. Liegt eine Stellungnahme des stillen Gesellschafters nicht innerhalb von vier Wochen seit Absendung der Aufforderung vor, so gilt dies als Zustimmung; auf diese Rechtsfolge ist in der Aufforderung zur Abgabe einer Stellungnahme ausdrücklich hinzuweisen.

§ 4 Informations- und Kontrollrechte

(1) Dem stillen Gesellschafter stehen die gesetzlichen Informations- und Kontrollrechte des § 233 HGB zu. Dies gilt auch nach Beendigung der Gesellschaft in dem zur Überprüfung des Auseinandersetzungsguthabens erforderlichen Umfang.

(2) Der stille Gesellschafter kann seine Informations- und Kontrollrechte durch einen Rechtsanwalt, Steuerberater oder Wirtschaftsprüfer wahrnehmen lassen.

(3) Der stille Gesellschafter hat über alle ihm bekannt gewordenen Angelegenheiten der Gesellschaft Stillschweigen zu bewahren.

§ 5 Jahresabschluss

(1) Die Inhaberin ist auf Grund handelsrechtlicher und steuerrechtlicher Vorschriften verpflichtet, Bücher zu führen und Jahresabschlüsse zu erstellen. Sie hat diese Pflichten auch im Interesse des stillen Gesellschafters zu erfüllen.

(2) Der handelsrechtliche und steuerrechtliche Jahresabschluss (Bilanz, Gewinn- und Verlustrechnung) ist innerhalb von sechs Monaten nach Ablauf eines jeden Geschäftsjahres zu erstellen und dem stillen Gesellschafter unverzüglich zuzusenden. Zusammen mit dem Jahresabschluss ist dem stillen Gesellschafter eine Darstellung der Entwicklung des maßgebenden Ertrages gemäß § 7 zu übermitteln.

(3) Einwendungen des stillen Gesellschafters sind innerhalb eines Monats nach Zugang des Jahresabschlusses schriftlich geltend zu machen. Nach Ablauf dieser Frist gilt der Jahresabschluss als genehmigt.

§ 6 Gesellschafterkonten

(1) Die Einlage des stillen Gesellschafters wird auf einem Einlagekonto verbucht.

(2) Verlustanteile werden auf einem Verlustkonto gebucht. Solange dieses Konto des stillen Gesellschafters Verlustanteile aufweist, werden Gewinnanteile hälftig dem Verlustkonto und dem Privatkonto gutgeschrieben.

(3) Alle sonstigen den stillen Gesellschafter betreffenden Buchungen, insbesondere Gewinngutschriften und Auszahlungen, erfolgen über ein Privatkonto.

§ 7 Maßgebender Ertrag

(1) Der Ergebnisbeteiligung des stillen Gesellschafters wird der im steuerlichen Jahresabschluss ausgewiesene Ertrag vor Berücksichtigung des Gewinn- und Verlustanteils des stillen Gesellschafters nach Durchführung folgender Korrekturen zugrunde gelegt:

a) erhöhte Absetzungen und Sonderabschreibungen sind nach Wahl der Inhaberin durch degressive oder lineare Absetzungen zu ersetzen;

b) steuerfreie Rücklagen sind bei ihrer Bildung dem Ergebnis zuzurechnen, bei ihrer Auflösung abzusetzen;

c) soweit Vergütungen an Mitunternehmer der Inhaberin gem. § 15 Abs. 1 Nr. 2 EStG in der Steuerbilanz nicht als Aufwand abgesetzt sind, sind diese abzuziehen;

d) soweit Leistungen eines Mitunternehmers, die handelsrechtlich einen Ertrag darstellen (zB Zinsen), in der Steuerbilanz nicht als Einnahmen enthalten sind, sind diese hinzuzurechnen;

e) außerordentliche Aufwendungen und Erträge, die auf Geschäftsvorfällen aus der Zeit vor Beginn der stillen Gesellschaft beruhen, sind hinzuzurechnen bzw. abzuziehen;

f) Gewinne und Verluste aus Abgängen von Wirtschaftsgütern des Anlagevermögens, die bei Beginn der stillen Gesellschaft zum Betriebsvermögen der Inhaberin gehören, sind insoweit abzuziehen bzw. hinzuzurechnen, als solche Gewinne bzw. Verluste auf Vorfällen aus der Zeit vor Beginn der stillen Gesellschaft beruhen.

(2) Wird der Jahresabschluss der Inhaberin (zB auf Grund einer Betriebsprüfung) bestandskräftig geändert, so ist diese Änderung auch bei der Ergebnisbeteiligung des stillen Gesellschafters zu berücksichtigen; Ausgleichszahlungen erfolgen innerhalb von vier Wochen nach bestandskräftiger Änderung des Jahresabschlusses.

§ 8 Ergebnisverteilung

(1) An einem gem. § 7 ermittelten Gewinn nimmt der stille Gesellschafter mit ......% teil. Dieser Quote liegen die Kapitalverhältnisse bei Abschluss dieses Vertrages zugrunde.

(2) Am Verlust nimmt der stille Gesellschafter entsprechend dem in Abs. 1 beschriebenen Verhältnis teil, jedoch nur bis zur Höhe seiner Einlage.

§ 9 Entnahmen

Der stille Gesellschafter ist berechtigt, den seinem Privatkonto gutgeschriebenen Gewinnanteil zu entnehmen. Als Abschlagszahlung darf er im laufenden Geschäftsjahr jeweils zum Quartalsende Entnahmen in Höhe von einem Viertel des zuletzt festgestellten Gewinnanteils vornehmen (im Gründungsjahr in Höhe des zu schät-

zenden Gewinnanteils). Restzahlungen auf den Gewinnanteil bzw. die Rückzahlung überhöhter Abschlagszahlungen sind innerhalb von vier Wochen nach Feststellung der Bilanz vorzunehmen. Die Inhaberin kann die Auszahlung des Gewinnanteils bzw. der Abschlagszahlungen ganz oder teilweise verweigern, soweit dies die Liquiditätslage gebietet oder sich im Laufe des Geschäftsjahres herausstellt, dass der dem Privatkonto gutzuschreibende Gewinnanteil geringer sein wird als die Summe der gemäß Satz 2 möglichen Abschlagszahlungen.

§ 10 Änderung der Kapitalverhältnisse; Aufnahme weiterer stiller Gesellschafter

(1) Ändern sich die Kapitaleinlagen der Gesellschafter der Inhaberin, so ist der stille Gesellschafter berechtigt, seine Einlage in dem Verhältnis zu ändern, in dem sich die Kapitaleinlagen der Gesellschafter der Inhaberin gegenüber dem Wert, der ihnen bei Begründung der stillen Gesellschaft für die Ergebnisbeteiligung (§ 8 Abs. 1) zugemessen wurde, geändert haben. Macht er von diesem Recht keinen Gebrauch, so können die Inhaberin und der stille Gesellschafter mit Wirkung vom Zeitpunkt der Kapitaländerung gemäß Satz 1 eine angemessene Neufestsetzung des Ergebnisverteilungsschlüssels verlangen.

(2) Im Falle des Eintritts weiterer stiller Gesellschafter ist die Höhe der Gewinn- und Verlustbeteiligung unter besonderer Berücksichtigung der Kapitalbeteiligungen neu festzusetzen.

§ 11 Abtretung und Belastung von Anteilen

(1) Abtretung, Veräußerung und Verpfändung des stillen Gesellschaftsanteils sowie Vereinbarung einer Unterbeteiligung, Einräumung von Treuhandverhältnissen und Nießbrauchsbestellung bedürfen der vorherigen schriftlichen Zustimmung der Inhaberin. Die Zustimmung darf nur aus wichtigem Grund versagt werden.

(2) Entsprechendes gilt für die Abtretung und Verpfändung von Gewinnansprüchen und Guthaben auf dem Privatkonto.

§ 12 Tod des stillen Gesellschafters

Im Falle des Todes des stillen Gesellschafters treten seine Erben in seine Rechtsstellung ein. Mehrere Erben haben sich gegenüber der Inhaberin durch einen gemeinsamen Bevollmächtigten vertreten zu lassen. Der Bevollmächtigte hat der Inhaberin seine Vertretungsbefugnis auf Verlangen durch notariell beglaubigte Vollmacht nachzuweisen. Bis zum Nachweis der Bevollmächtigung ruhen die Rechte der Erben aus diesem Vertrag mit Ausnahme des Gewinnbezugsrechtes.

§ 13 Kündigung

(1) Die stille Gesellschaft kann mit einer Frist von sechs Monaten zum Ablauf eines Geschäftsjahres gekündigt werden, erstmals jedoch zum ......

Das Recht zur Kündigung aus wichtigem Grund bleibt unberührt; als wichtiger Grund gilt neben den in § 234 HGB iVm. § 723 BGB genannten Gründen insbesondere auch:

a) die Liquidation der Inhaberin;

b) die Eröffnung des Insolvenzverfahrens über das Vermögen des stillen Gesellschafters;

c) Zwangsvollstreckungsmaßnahmen in Gesellschaftsrechte des stillen Gesellschafters, wenn diese Maßnahmen nicht innerhalb von drei Monaten wieder aufgehoben werden.

(2) Die Kündigung hat durch eingeschriebenen Brief gegen Rückschein oder gegen schriftliches Empfangsbekenntnis gegenüber dem anderen Vertragspartner zu erfolgen. Zur Wahrung der Frist kommt es auf den Zugang der Kündigung an.

§ 14 Umwandlung der Inhaberin

Das stille Gesellschaftsverhältnis endet nicht, wenn im Zusammenhang mit der Umwandlung der Inhaberin in eine andere Rechtsform eine Auflösung der Inhaberin eintritt und das Vermögen der Inhaberin auf das neu errichtete Unternehmen der anderen Rechtsform übertragen wird. In diesem Fall besteht die Einlage des stillen Gesellschafters mit dem gleichen Nennbetrag weiter.

§ 15 Auseinandersetzungsguthaben

(1) Bei Beendigung der stillen Gesellschaft hat der stille Gesellschafter Anspruch auf ein Auseinandersetzungsguthaben, das auf den Tag der Beendigung festzustellen ist.

(2) Der Auseinandersetzungsanspruch berechnet sich aus dem Saldo des unter Berücksichtigung von § 7 ermittelten Einlage-, Privat- und Verlustkontos; ein negativer Saldo des Privatkontos ist auszugleichen. Am Ergebnis schwebender Geschäfte, die nicht bilanzierungspflichtig sind, nimmt der stille Gesellschafter nicht teil.

(3) Fällt der Tag der Beendigung nicht auf einen Bilanzstichtag, so ist zur Ermittlung der Kontostände das Ergebnis des laufenden Geschäftsjahres zeitanteilig aufzuteilen.

(4) § 7 Abs. 2 gilt entsprechend; das Abfindungsguthaben ist unter Berücksichtigung der neuen Bescheide zu berichtigen.

(5) Die Auszahlung des Auseinandersetzungsguthabens erfolgt in ...... gleichen Vierteljahresraten, von denen die Erste drei Monate nach dem Tag der Beendigung der stillen Gesellschaft fällig wird. Steht die Höhe des Auseinandersetzungsguthabens noch nicht fest, ist die Höhe der Rate zu schätzen; der Ausgleich erfolgt, sobald das Auseinandersetzungsguthaben feststeht. Die Auszahlung des Auseinandersetzungsguthabens ist angemessen zu strecken, wenn die Zahlung nach Satz 1 unter Berücksichtigung der Vermögens- und Einkommenslage der Inhaberin nicht zu vertreten ist. Bei Beendigung der stillen Gesellschaft wegen Liquidation der Inhaberin ist das Auseinandersetzungsguthaben innerhalb von ...... Monaten nach seiner Feststellung fällig.

(6) Das Auseinandersetzungsguthaben ist in seiner jeweiligen Höhe mit ......% p.a. zu verzinsen. Die Zinsen werden mit der letzten Rate fällig.

§ 16 Schriftform, Salvatorische Klausel

(1) Änderungen und Ergänzungen dieses Vertrages bedürfen zu ihrer Wirksamkeit der Schriftform. Mündliche Nebenabreden bestehen nicht.

(2) Sollten sich einzelne Bestimmungen des Gesellschaftsvertrages als ungültig erweisen, so wird dadurch die Gültigkeit des Vertrages im Übrigen nicht berührt. In einem solchen Fall sind die Gesellschafter verpflichtet, durch Beschluss die ungültige Bestimmung durch diejenige gesetzlich zulässige Bestimmung zu ersetzen, die den Zweck der ungültigen Bestimmung, insbesondere das, was die Vertragsparteien gewollt haben, mit der weitestgehend möglichen Annäherung erreicht. Entsprechendes gilt, wenn sich bei Durchführung des Vertrages eine ergänzungsbedürftige Lücke ergeben sollte.

(3) Gerichtsstand für sämtliche Streitigkeiten aus diesem Vertrag ist ......, soweit dies zulässig vereinbart werden kann.

II. ERLÄUTERUNGEN

Erläuterungen zu A. 14.00 Vertrag über die Errichtung einer typisch stillen Gesellschaft

1. Grundsätzliche Anmerkungen

a) Wirtschaftliche Funktion

1 Die stille Gesellschaft nimmt in ihrer wirtschaftlichen Funktion eine Mittelstellung zwischen Darlehen (partiarischem Darlehen) einerseits und Personengesellschaft andererseits ein. Für den kapitalsuchenden Inhaber eines Handelsgewerbes bietet sich die Möglichkeit, risikobehaftetes Kapital (bei Verlustbeteiligung) aufzunehmen, dessen Verzinsung vom Gewinn seines Unternehmens abhängig ist, ohne gesellschaftsrechtliche Mitspracherechte in größerem Umfang einräumen zu müssen. Da die stille Gesellschaft Innengesellschaft ist, die nach außen nicht in Erscheinung tritt, ist weder eine Änderung der Firmenbezeichnung des Inhabers noch eine Handelsregister-Eintragung erforderlich. Dies gilt nicht bei Aktiengesellschaften, bei denen gem. §§ 292, 294 AktG die stille Gesellschaft in das Handelsregister eingetragen werden muss (vgl. *Hüffer* § 292 AktG Rz. 15). Der Inhaber bleibt alleiniger Eigentümer aller Vermögensgegenstände und führt das Unternehmen im eigenen Namen wie bisher fort.

2 Für den Kapitalanleger bietet die stille Gesellschaft die Möglichkeit einer unternehmerischen Kapitalanlage mit allen Chancen und Risiken – wobei die Teilnahme an laufenden Verlusten ausgeschlossen werden kann –, jedoch ohne Verpflichtung und Berechtigung zur aktiven Einflussnahme auf den Geschäftsbetrieb. Eine Haftung des stillen Gesellschafters gegenüber Gläubigern des Inhabers besteht nicht, und zwar anders als beim Kommanditisten auch nicht bei ganzer oder teilweiser Rückzahlung seiner Einlage.

3 Besondere Bedeutung hat die stille Gesellschaft als Finanzierungsinstrument für Kapitalgesellschaften durch ihre Gesellschafter (s. hierzu Formular A. 14.02) und für Familiengesellschaften; bei letzteren bietet sie die Möglichkeit, Familienangehörige (Kinder) am Unternehmenserfolg zu beteiligen und an die unternehmerische Verantwortung heranzuführen, ohne gleichzeitig Mitwirkungsrechte in größerem Umfang einräumen zu müssen (s. Gestaltungsempfehlungen bei *Autenrieth* DStZ 92, 86).

b) Gesellschaftsrecht

4 Eine stille Gesellschaft entsteht, wenn sich eine Person am Handelsgewerbe eines anderen mit einer Vermögenseinlage beteiligt (§ 230 HGB). Stiller Gesellschafter kann jede natürliche oder juristische Person und jede Personenhandelsgesellschaft sein. **Mehrere stille Gesellschafter** können entweder je für sich in einem stillen Gesellschaftsverhältnis zum Inhaber stehen – die stille Gesellschaft ist von Gesetzes wegen eine zweigliedrige Gesellschaft –, so dass zwischen den mehreren stillen Gesellschaftern keine gesellschaftsrechtliche Bindung besteht, oder sie können eine gemeinsame stille Gesellschaft mit einer Mehrheit von stillen Gesellschaftern bilden. Die Rechtsbeziehungen können auch so gestaltet werden, dass sich die mehreren stillen Gesellschafter zu einer Gesellschaft des bürgerlichen Rechts zusammenschließen, die sich ihrerseits still am Handelsgewerbe des anderen beteiligt (vgl. im Einzelnen *Paulick* S. 73ff.; *Baumbach/Hopt* § 230 Rz. 6, 7; s. auch BFH VIII R 106/87 v. 19.2.91, BStBl. II 91, 569).

5 Der „andere" (Inhaber) muss ein **Handelsgewerbe** betreiben; möglich ist auch die stille Beteiligung an einem Teil eines Handelsgewerbes wie zB an einer Zweigniederlassung oder an einem anderen selbstständig abgrenzbaren Geschäftszweig (BFH I R

11/72 v. 27.2.75, BStBl. II 75, 611). Der Inhaber des Handelsgewerbes muss Kaufmann im Sinne der §§ 1–6 HGB sein (Einzelheiten vgl. *Baumbach/Hopt* § 230 Rz. 5 sowie unten Rz. 23).

Die stille Gesellschaft ist **Innengesellschaft;** der stille Gesellschafter tritt nach außen nicht hervor. Aus den im Betrieb geschlossenen Geschäften wird allein der Inhaber berechtigt und verpflichtet (§ 230 Abs. 2 HGB). 6

Der Gesellschaftsvertrag ist grundsätzlich **formfrei** und kann auch stillschweigend abgeschlossen werden (*MünchKommHGB/Schmidt* § 230 Rz. 95). Soll der stille Gesellschafter als Einlage ein Grundstück einbringen, so ist allerdings notarielle Beurkundung erforderlich, § 311b Abs. 1 BGB, nicht jedoch, wenn zum Vermögen des Inhabers Grundstücke gehören, da diese Alleineigentum des Inhabers bleiben. 7

Die **schenkweise Zuwendung** einer stillen Beteiligung bedarf grds. der notariellen Beurkundung gem. § 518 BGB. Zur Frage der Heilung des Formmangels durch Vollzug der Schenkung gilt Folgendes: Bei einer bereits bestehenden stillen Beteiligung erfolgt der Vollzug (und damit die Heilung) durch Umbuchung im Rechnungswerk der Gesellschaft; soll die stille Beteiligung schenkweise vom Inhaber des Handelsgewerbes begründet werden, so stellt die Umbuchung vom Privatkonto keinen heilenden Vollzug dar (BGH II ZR 136/51 v. 24.9.52, NJW 52, 1412; BGH II ZR 16/52 v. 29.10.52, NJW 53, 138). Nach BFH IV R 95/73 v. 19.9.74, BStBl. II 75, 141 ist in letzterem Fall für die steuerliche Anerkennung nicht nur die Beurkundung des Schenkungsvertrages, sondern auch des stillen Gesellschaftsvertrages erforderlich (ebenso BFH I S 4/85 v. 5.6.85, BFH/NV 86, 725 unter Ablehnung des Billigkeitserlasses der FinVerw., s. BMF v. 8.12.75, BStBl. I 75, 1130; s. auch BGH II ZR 243/89 v. 2.7.90, BB 90, 1507; BFH III R 91/87 v. 31.5.89, BStBl. II 90, 10, und IV R 126/88 v. 21.9.89, BFH/NV 90, 692). 8

Bei **minderjährigen Kindern** als stillen Gesellschaftern bedarf der Gesellschaftsvertrag der vormundschaftsgerichtlichen Genehmigung (§§ 1643, 1822 Nr. 3 BGB), wenn Teilnahme am Verlust vereinbart wird (BGH III ZR 155/55 v. 28.1.57, NJW 57, 672; BFH I R 101/72 v. 28.11.73, BStBl. II 74, 289). Außerdem ist sowohl für den Schenkungsvertrag als auch für den stillen Gesellschaftsvertrag Ergänzungspflegschaft notwendig (§§ 1909, 1629 Abs. 2, 1795 BGB; BFH I R 176/77 v. 19.12.79, BStBl. II 80, 242; jedoch keine Dauerpflegschaft erforderlich, BFH IV R 102/73 v. 29.1.76, BStBl. II 76, 328). Zur schenkweisen Zuwendung einer stillen Beteiligung an ein minderjähriges Kind ausführlich BFH IV R 95/85 v. 9.7.87, BStBl. II 88, 246; krit. *Tiedke* BB 88, 946. 9

Die die stille Gesellschaft regelnden **§§ 230–236 HGB** sind weitgehend **dispositiv** und erlauben daher vielfältige Vertragsgestaltungen, die von dem gesetzlichen Vertragstypus der stillen Gesellschaft mehr oder weniger abweichen können. 10

Abgrenzungen gegenüber anderen Rechtsbeziehungen: Vom **partiarischen Darlehen** unterscheidet sich die stille Gesellschaft durch den gemeinsamen Zweck, der an die Stelle der gegenläufigen Interessen bei der Darlehensgewährung bzw. -aufnahme tritt. Entscheidend ist das Gesamtbild der Verhältnisse (BFH III R 115/76 v. 10.2.78, BStBl. II 78, 256; OLG Frankfurt 5 U 114/81 v. 1.12.81, DB 82, 540; II ZR 284/91 v. 29.6.92, DStR 92, 1370; II ZR 32/94 v. 10.10.94, DB 94, 2610; *Jestädt* DStR 93, 387); zur Abgrenzung von partiarischem Darlehen und stiller Gesellschaft zwischen Vater und Kindern vgl. BFH I R 31/80 v. 8.3.84, DB 84, 1709; *Lienau/Lotz* DStR 91, 618; zur Abgrenzung zwischen Darlehen mit ausgeprägten Kontrollrechten und atypischer stiller Gesellschaft vgl. BFH IV R 1/92 v. 27.5.93, BStBl. II 94, 700). Bei **Beteiligung** an einzelnen Geschäften (Metageschäft) liegt keine stille Gesellschaft vor (regelmäßig GbR – Innengesellschaft –, vgl. *Baumbach/Hopt* § 230 HGB Rz. 4). Zur Abgrenzung zwischen partiarischem Austauschvertrag und Gesellschaftsverhältnis vgl. BFH IV R 17/84 v. 22.10.87, BStBl. II 88, 62. Zur Abgrenzung der stillen Gesellschaft zum Genussrecht vgl. BFH VIII R 3/05 v. 8.4.08, BStBl. II 08, 852. 11

12 **Abgrenzung typische – atypische stille Gesellschaft:** Nach der gesetzlichen Regelung (§§ 230ff. HGB) hat der stille Gesellschafter keine Kontroll- und Verwaltungsrechte. Er hat lediglich Anspruch auf eine abschriftliche Mitteilung der jährlichen Bilanz. Bei Beendigung der stillen Gesellschaft erhält der Stille als Abfindungsguthaben den Betrag seiner Einlage, vermindert um ihm zugerechnete Verluste und vermehrt um ihm zustehende Gewinnanteile; die Aufstellung einer Vermögensbilanz ist nicht erforderlich.

13 Diese für die stille Gesellschaft typische Rechtslage kann jedoch vertraglich dahingehend abgeändert werden, dass dem stillen Gesellschafter erweiterte Kontroll- und Mitbestimmungsrechte (Zustimmungs- und Weisungsrechte) eingeräumt werden, und es kann im Innenverhältnis vereinbart werden, dass der stille Gesellschafter auch bei Fehlen eines gesamthänderisch gebundenen Vermögens an den stillen Reserven des Anlagevermögens sowie an einem evtl. Geschäftswert beteiligt wird. Unter diesen Voraussetzungen liegt eine atypische stille Gesellschaft vor, die einer Kommanditgesellschaft angenähert ist (zur Beteiligung des stillen Gesellschafters am laufenden Gewinn und an den stillen Reserven des Unternehmens einschließlich eines Geschäftswerts als Voraussetzungen für die Annahme einer atypischen stillen Gesellschaft vgl. BFH IV R 1/92 v. 27.5.93, BStBl. II 94, 700). Zur Abgrenzung typisch – atypisch stille Gesellschaft vgl. auch OFD Frankfurt v. 26.6.96, DStR 96, 1406; OFD Frankfurt v. 14.3.01, DStR 01, 1159.

14 *(frei)*

c) Steuerrecht

15 Der stille Gesellschafter bezieht Einkünfte aus **Kapitalvermögen** (§ 20 Abs. 1 Nr. 4 EStG); die Auszahlung sowie die Gutschrift (auch auf Verlustkonto) der Gewinnanteile unterliegen der **Kapitalertragsteuer** (§ 43 Abs. 1 Nr. 3 EStG). Verlustanteile des stillen Gesellschafters, die ihm auf Grund des Vertrages zugerechnet werden, sind bis zum Veranlagungsjahr 2008 **Werbungskosten** bei den Einkünften aus Kapitalvermögen. Zur Rechtslage ab dem Veranlagungsjahr 2009 vgl. Rz. 52.

16 Die stille Beteiligung ist bei Anschaffungen bis zum 31.12.08 steuerlich **Privatvermögen** (sofern sie nicht in einem Betriebsvermögen gehalten wird); dementsprechend ist ein Veräußerungserlös, der den Nennbetrag der stillen Einlage übersteigt, steuerfrei (allerdings ist die bei Auflösung der stillen Beteiligung gezahlte Abfindung seitens des Inhabers, die den Nennbetrag der stillen Beteiligung übersteigt, als Einkünfte aus Kapitalvermögen zu erfassen, BFH VIII R 126/82 v. 14.2.84, BStBl. II 84, 580); umgekehrt ist in diesen Fällen ein Verlust der Einlage, zB bei Insolvenz des Inhabers, nicht berücksichtigungsfähig. Bei Anschaffungen nach dem 31.12.08 ist ein eventueller Veräußerungsgewinn, der beim Verkauf der stillen Beteiligung entsteht, gem. §§ 20 Abs. 2 Nr. 4, 52a Abs. 10 Satz 4 EStG, steuerpflichtig.

17 Beim Inhaber sind Gewinnanteile des stillen Gesellschafters abzugsfähige Betriebsausgaben, Verlustanteile Betriebseinnahmen. **Gewerbesteuerlich** werden die – beim Inhaber abzugsfähigen – Gewinnanteile wieder hinzugerechnet (§ 8 Nr. 1 Buchst. c GewStG) und zwar iHv. 25% nach Abzug eines Freibetrages von € 100 000 für sämtliche Hinzurechnungsbeträge gemäß § 8 Nr. 1 Buchst. a bis f GewStG.

18 Ist der stille Gesellschafter **beschränkt steuerpflichtig,** so unterliegen die auf ihn entfallenden Gewinnanteile der Besteuerung in Deutschland (§ 49 Abs. 1 Nr. 5a iVm. § 20 Abs. 1 Nr. 4 EStG); die Steuerpflicht ist mit der Kapitalertragsteuer in Höhe von 25% zzgl. 5,5% Solidaritätszuschlag auf die Kapitalertragsteuer abgegolten (§ 50 Abs. 2 EStG, § 3 Abs. 1 Nr. 5 SolZG). Die Forderung auf Auszahlung des Gewinnanteils gehört nicht zum Inlandsvermögen des beschränkt steuerpflichtigen stillen Gesellschafters (BFH III R 66–67/74 v. 17.10.75, BStBl. II 76, 275; zu stillen Beteiligungen an deutschen Personengesellschaften im Verhältnis zur Schweiz vgl. BMF v. 31.3.80, DB 80,

904). Zur atypisch stillen Beteiligung an einer Schweizer Kapitalgesellschaft vgl. BFH II R 70/97 v. 30.6.99, BStBl. II 99, 742.

Der **atypische stille Gesellschafter** ist demgegenüber in der Regel steuerlich Mitunternehmer und erzielt Einkünfte aus Gewerbebetrieb. Die Ergebnisanteile des Inhabers einerseits und des atypischen stillen Gesellschafters andererseits werden einheitlich und gesondert gem. § 180 AO festgestellt. **19**

Grunderwerbsteuer: Die Einbringung von Grundstücken als stille Einlagen ist auch dann nicht gem. § 5 Abs. 1 GrEStG – teilweise – grunderwerbsteuerfrei, wenn der einbringende stille Gesellschafter Mitunternehmer wird (BFH II R 30/69 v. 11.12.74, BStBl. II 75, 417). **20**

Umsatzsteuer: Beteiligt sich ein Unternehmer im Rahmen seines Unternehmens als stiller Gesellschafter mit einer Geldeinlage an einem anderen Unternehmen, so unterliegt der Gewinnanteil des stillen Gesellschafters der Umsatzsteuer (vgl. OFD D'dorf v. 2.6.86, DB 86, 1589) (zur umsatzsteuerlichen Behandlung der stillen Gesellschaft vgl. *Dziadkowski/Beranek* UR 90, 265). **21**

Bewertungsrechtlich ist die typische stille Beteiligung als Kapitalforderung (sonstiges Vermögen) anzusehen (zur Bewertung vgl. *Christoffel* DB 88, 255). **21a**

Familiengesellschaften: Nach der stRspr. des BFH sind Gesellschaftsverträge ebenso wie sonstige Vertragsverhältnisse zwischen nahen Angehörigen nur zu berücksichtigen, wenn sie zivilrechtlich wirksam sind, inhaltlich dem unter Dritten Üblichen entsprechen und auch wie unter Dritten vollzogen werden. Dies gilt auch für stille Gesellschaften (BFH v. 31.5.89, BStBl. II 90, 10 mwN). Die von der Rspr. für die steuerliche Anerkennung von Darlehensverhältnissen zwischen nahen Angehörigen aufgestellten Grundsätze sind auf typische stille Gesellschaften zwischen Familienangehörigen nicht uneingeschränkt übertragbar; so steht zB die fehlende Sicherung des in mehreren Jahren zu tilgenden Auseinandersetzungsguthabens einer steuerlichen Anerkennung der stillen Gesellschaft jedenfalls dann nicht entgegen, wenn die Rechtsstellung der schenkweise in das väterliche Unternehmen aufgenommenen Kinder dem Regelstatut des HGB entspricht (BFH III R 91/87 v. 31.5.89, BStBl. II 90, 10; IV R 126/88 v. 21.9.89, BFH/NV 90, 692). **Tatsächlich durchgeführt** ist ein Vertrag über eine stille Beteiligung zwischen Familienangehörigen nur dann, wenn die Gewinnanteile entweder ausbezahlt werden oder im Falle einer Gutschrift eindeutig bis zur Auszahlung jederzeit abrufbar gutgeschrieben bleiben (BFH I R 203/84 v. 18.10.89, BStBl. II 90, 68). **22**

Zur angemessenen Gewinnverteilung in Familiengesellschaften s. Rz. 60.

Einkommensteuerliche Anerkennung schenkweise begründeter stiller Beteiligungen: Bis zum Urteil des X. Senats des BFH X R 121/88 v. 12.1.92 (DStR 92, 678) war die schenkweise Begründung einer stillen Beteiligung nach einhelliger Auffassung von Rspr. (BFH IV R 103/83 v. 24.7.86, BStBl. II 87, 54; III R 91/87 v. 31.5.89 BStBl. II 90, 10; IV R 35/89 v. 21.2.91, DStR 91, 1078) und Literatur (vgl. *Groh* BB 87, 1505 mwN) ertragsteuerlich unabhängig davon anzuerkennen, ob die stille Beteiligung im Wege des Doppelgeschäfts, also durch Schenkung des Geldbetrags und seiner Verwendung als Einlage, oder durch Abbuchung vom Kapitalkonto des Geschäftsinhabers erfolgte. In seiner Entscheidung v. 12.1.92 hat der X. Senat des BFH die Frage aufgeworfen, ob schenkweise begründete stille Beteiligungen einkommensteuerlich ebenso wie schenkweise begründete Darlehensforderungen zu beurteilen sind. In BFH X R 99/88 v. 21.10.92, BStBl. II 93, 289) hat der X. Senat sodann entschieden, dass eine typische stille Gesellschaft dann nicht anzuerkennen ist, wenn ein Steuerpflichtiger seinen minderjährigen Kindern Geldbeträge mit der Auflage zuwendet, diese ihm sogleich wieder als Einlage im Rahmen einer typischen stillen Gesellschaft zur Verfügung zu stellen, wenn eine Verlustbeteiligung ausgeschlossen ist. Eine solche Gestaltung sei der Darlehensgewährung ähnlich, so dass für die einkommensteuerliche Anerkennung die gleichen Grundsätze zu gelten haben. Die FinVerw. **22a**

hat sich dieser Auffassung angeschlossen und in BMF v. 1.12.92 (BStBl. I 92, 729), Tz. 12 die Grundsätze zu schenkweise begründeten Darlehen auch für nach dem 31.12.92 schenkweise begründete stille Beteiligungen für anwendbar erklärt, wenn keine Beteiligung am Verlust vereinbart und der stille Gesellschafter nicht als Mitunternehmer anzusehen ist.

2. Einzelerläuterungen

Zur Vorbemerkung:

23 Ist der Inhaber kein Kaufmann, so kann eine stille Gesellschaft im Rechtssinn nicht entstehen. Zwar ist der Gesellschaftsvertrag gültig, doch wird in der Regel eine Innengesellschaft in Form einer Gesellschaft des bürgerlichen Rechts vorliegen (BFH IV R 126/88 v. 21.9.89, BFH/NV 90, 692), wobei die Beteiligten infolge der Vertragsvereinbarungen im Innenverhältnis die Gültigkeit der Regelungen über die stille Gesellschaft vereinbaren können, soweit diese passen (vgl. *Baumbach/Hopt* § 230 HGB Rz. 1). Nach BFH I R 133/93 v. 10.8.94 (BStBl. II 95, 171) kann eine atypische stille Gesellschaft auch an einer freiberuflichen Praxis (Steuerberaterpraxis) bestehen. Zur Frage der Fehlerhaftigkeit oder Nichtigkeit einer stillen Beteiligung an einem Unternehmen, das die Besorgung fremder Rechtsangelegenheiten betreibt, sowie zur Beteiligung eines Nichtapothekers an einer Apotheke vgl. BGH II ZR 95/78 v. 24.9.79, DB 79, 2478. Ist der Inhaber Kaufmann, erzielt jedoch steuerlich nicht Einkünfte aus Gewerbebetrieb (sondern zB aus Vermietung und Verpachtung bei einer Immobilien-KG), so steht dies einer stillen Gesellschaft nicht im Wege. Der stille Gesellschafter erzielt auch in diesem Fall Einkünfte aus Kapitalvermögen (bei atypischer stiller Gesellschaft aus VuV).

Zu § 1: Einlage des stillen Gesellschafters

24 Die Einlage des stillen Gesellschafters kann in jedem bewertbaren Vorteil bestehen, also auch zB in der Einbringung von Know-how, der Übernahme einer Unterlassungspflicht, der Umwandlung einer Darlehensforderung sowie in der Überlassung von geldwerten Informationen. Die Vermögenseinlage kann auch in Diensten bestehen. Die Übernahme einer Gesellschaftsschuld durch den typisch stillen Gesellschafter ist nur dann eine „geleistete Einlage" iSv. § 15a EStG, wenn die Gesellschaft endgültig von ihrer Schuld befreit wird (BFH VIII B 90/02 v. 7.8.02, DStRE 02, 1363).

25 Die Einlage ist so zu leisten, dass sie in das Vermögen des Inhabers übergeht; idR ist also Übereignung vom stillen Gesellschafter an den Inhaber erforderlich. Der stille Gesellschafter erhält lediglich obligatorische Rechte, nicht dingliche. Die Einlage des stillen Gesellschafters ist jedoch nicht „Leihkapital", sondern „verantwortliches Kapital". Die Behandlung der Einlage des stillen Gesellschafters als Fremdkapital oder Eigenkapital kann unterschiedlich sein (vgl. *MünchKommHGB/K. Schmidt* § 230 Rz. 170).

26 Wird eine Sacheinlage erbracht, so sind die Beteiligten in der Bewertung frei; eine Überbewertung der Einlage kann jedoch uU Schenkung an den stillen Gesellschafter sein.

Verwendet der Inhaber die Einlage des stillen Gesellschafters nicht bestimmungsgemäß, so verletzt er seine gesellschaftsvertraglichen Pflichten und macht sich gegenüber dem stillen Gesellschafter schadensersatzpflichtig (BGH II ZR 173/86 v. 29.6.87, GmbHR 88, 56).

Zu § 2: Dauer der Gesellschaft, Geschäftsjahr

27 Da für die stille Gesellschaft als solche ein Jahresabschluss nicht erstellt wird, empfiehlt es sich, das Geschäftsjahr dem der Inhaberin anzupassen.

Zu § 3: Geschäftsführung

Abs. 1 entspricht der gesetzlichen Regelung, wonach der stille Gesellschafter von der Geschäftsführung ausgeschlossen und auch nicht zum Widerspruch gegen einzelne Geschäftsführungsmaßnahmen berechtigt ist (*HGB-Großkomm./Schilling* § 335 Anm. 47/59). Da der stille Gesellschafter jedoch Anspruch darauf hat, dass das Unternehmen, an dem er sich beteiligt hat, fortgeführt und in seinen wesentlichen Grundlagen nicht ohne seine Zustimmung geändert wird (BGH II ZR 144/79 v. 21.4.80, BB 80, 958), sollte klargestellt werden, dass für bestimmte wesentliche Maßnahmen, wie zB die Beendigung oder Veräußerung des Geschäftsbetriebs oder die Änderung wesentlicher Grundlagen, die Zustimmung des stillen Gesellschafters erforderlich ist. Ein Gesellschafterwechsel bei der Inhaberin bedarf nicht der Zustimmung des stillen Gesellschafters (*HGB-Großkomm./Zutt* § 230 Rz. 90; su. Rz. 69). **28**

Eine Regelung der Vertretungsmacht ist nicht erforderlich, da es bei der stillen Gesellschaft eine Vertretung im rechtstechnischen Sinn nicht gibt. Nach außen tritt allein der Inhaber unter seiner Firma auf, er allein wird aus den von ihm abgeschlossenen Geschäften berechtigt und verpflichtet (§ 230 Abs. 2 HGB). Da der Inhaber weder die Gesellschaft noch den stillen Gesellschafter vertritt, kann er weder von der „Vertretung“ ausgeschlossen noch kann ihm diese entzogen werden. **29**

Zu § 4: Informations- und Kontrollrechte

Gem. § 233 HGB stehen dem stillen Gesellschafter lediglich eingeschränkte Informations- und Kontrollrechte zur Verfügung. Sollen diese erweitert werden, empfiehlt es sich, vertraglich die Rechte des § 716 BGB einzuräumen, der insbesondere das Recht zur persönlichen Unterrichtung von den Angelegenheiten der Gesellschaft unter Einsichtnahme der Geschäftsbücher und der Papiere gibt. Da nach Beendigung der stillen Gesellschaft alle Informations- und Kontrollrechte entfallen und der Gesellschafter sich nur noch auf die allgemeinen Vorschriften der §§ 810, 242 BGB stützen kann (BGH II ZR 203/74 v. 8.4.76, DB 76, 2106), empfiehlt sich eine Ausdehnung der Rechte auf die Zeit nach Beendigung der Gesellschaft. Zu beachten ist, dass die Kontrollrechte des § 233 HGB unabhängig davon sind, ob der stille Gesellschafter seine eigenen Verpflichtungen erfüllt, insbesondere seine vereinbarte Einlage geleistet hat (*Baumbach/Hopt* § 233 HGB Rz. 1). **30**

Die Ausübung der Kontrollrechte durch einen bevollmächtigten Buchsachverständigen ist im Allgemeinen zuzulassen. Die Regelung des § 4 Abs. 2 dient der ausdrücklichen Klarstellung. Zum Einsichtsrecht eines stillen Gesellschafters einer Publikums-KG vgl. BGH II ZR 36/83 v. 16.1.84, DB 84, 1460. **31**

Zu § 5: Jahresabschluss

Die stille Gesellschaft ist selbst nicht bilanzierungspflichtig, weil sie nicht Kaufmann iSv. § 238 iVm. §§ 1 ff. HGB ist. Der Geschäftsinhaber erteilt dem Stillen daher nur eine interne Abrechnung (*Blaurock* § 13 Rz. 13.94). Auch steuerrechtlich besteht jedenfalls für die typische stille Gesellschaft keine Buchführungs- und Bilanzierungspflicht. Die stille Gesellschaft als reine Innengesellschaft ist kein gewerblicher Unternehmer im Sinne von § 141 Abs. 1 AO, so dass auch auf Grund dieser Vorschrift keine Buchführungspflicht besteht (BFH VIII R 364/83 v. 12.11.85, BStBl. II 86, 311; *Blaurock* § 13 Rz. 13.96; aA *Semler* in *Münchner Vertragshandbuch,* Bd. 1 Form. VIII 1. Anm. 9). Zur stillen Gesellschaft im Bilanzrecht vgl. *Westerfelhaus* DB 88, 1173. **32**

(frei) **33**

Zu § 6: Gesellschafterkonten

Die Aufteilung auf Einlage-, Verlust- und Privatkonto empfiehlt sich zur besseren Übersichtlichkeit. Dies gilt insbesondere auch für die Trennung von Verlust- und Pri- **34** vatkonto, da dadurch Entnahmen bzw. Verlustanteile ohne Hinzuziehung weiterer Unterlagen sofort erkennbar sind. Verlustanteile des stillen Gesellschafters müssen uE offen von der Einlage abgesetzt werden, da eine verdeckte Verrechnung die Grundsätze der Bilanzklarheit (§ 243 Abs. 2 HGB) und des Verrechnungsverbots (§ 246 Abs. 2 HGB) verletzen würde.

35 Das Einlagekonto des stillen Gesellschafters bringt nicht seine wirtschaftliche Beteiligung am Geschäftsvermögen zum Ausdruck, wie dies bei den Kapitalkonten der OHG oder KG der Fall ist. Das Konto drückt vielmehr eine echte Verbindlichkeit des Inhabers gegenüber dem stillen Gesellschafter aus und ist deshalb bei der Prüfung einer etwaigen Überschuldung des Inhabers als Verbindlichkeit zu behandeln, soweit es nicht durch Verluste aufgezehrt ist oder eine Rangrücktrittserklärung abgegeben wurde (*Scholz/Schmidt* § 63 Rz. 28, str.: aA *Wahl* GmbHR 75, 169; OLG Brandenburg 7 U 39/97 v. 26.11.97, GmbHR 98, 190; auch bei Rangrücktrittsvereinbarung bleibt die Einlage – eigenkapitalersetzendes – Fremdkapital und wird nicht zu Eigenkapital, BFH IV R 1/92 v. 27.5.93, BStBl. II 94, 700). Auch das Privatkonto stellt ein Gläubigerkonto dar. Häufig wird das Privatkonto auch als Darlehenskonto bezeichnet. Diese Bezeichnung ist jedoch irreführend, da sich die Rechtsbeziehung zwischen Inhaber und Stillem nach den gesellschaftsvertraglichen Vereinbarungen richtet. Die Bezeichnung Darlehenskonto sollte daher den Fällen vorbehalten bleiben, in denen der Stille dem Inhaber neben seiner stillen Beteiligung ein echtes Darlehen (iSv. §§ 488 ff. BGB) gewährt. Für die Ermittlung des Gesamtwerts der Beteiligung sind die drei Konten zu saldieren.

36 Bei Eröffnung des Insolvenzverfahrens über das Vermögen **der Inhaberin** kann der stille Gesellschafter seine Einlage, soweit sie nicht durch Verluste aufgezehrt ist, sowie Guthaben auf dem Privatkonto als Insolvenzgläubiger geltend machen (§ 236 HGB). Zur Anfechtung der Einlagenrückgewähr vgl. § 136 InsO.

37 Zur Frage eines Schadensersatzanspruches wegen Verlust der Einlage bei Insolvenz des Inhabers, wenn im Gesellschaftsvertrag vereinbart ist, dass die Einlage erst nach Befriedigung der übrigen Gläubiger zurückgefordert werden darf, vgl. BGH II ZR 157/81 v. 12.7.82, DB 82, 1923. Zur Behandlung der stillen Einlage bei Insolvenz der Publikums-KG, wenn der Stille gleichzeitig Kommanditist ist, vgl. BGH II ZR 38/80 v. 9.2.81, DB 81, 1717.

38 **Wiederauffüllung des Verlustkontos:** Nach der gesetzlichen Regelung (§ 232 Abs. 2 Satz 2 HGB) sind Gewinnanteile des Stillen, solange seine Einlage durch Verlust vermindert ist, in vollem Umfang zur Deckung des Verlustes zu verwenden. Die hier vorgeschlagene Regelung, wonach lediglich die Hälfte der Gewinne zur Wiederaufnahme der Einlage zu verwenden ist, während die verbleibende Hälfte vom stillen Gesellschafter entnommen werden kann, ist daher eine gesellschafterfreundliche Regelung. Hier nicht vorgeschlagen aber möglich ist eine Verzinsung von Salden des Privatkontos (uU empfehlenswert, wenn Teile des Gewinns nicht entnommen werden dürfen, sondern dem Privatkonto zugeschlagen werden).

Zu § 7: Maßgebender Ertrag

39 Der Ermittlung des Ergebnisanteils des Stillen kann sowohl die Handels- als auch die Steuerbilanz zugrunde gelegt werden (*Blaurock* § 14 Rz. 14.6). Dabei hat die Zugrundelegung der Steuerbilanz für den Anteil des Stillen am Ertrag den Vorteil, dass die steuerlichen Gewinnermittlungsvorschriften insofern „genauer" sind, als sie handelsrechtlich zulässige Unterbewertungen nicht enthalten. Die Zugrundelegung der Steuerbilanz ist somit in der Regel für den Stillen günstiger. *Blaurock* (aaO) empfiehlt die Verwendung des Steuerbilanzgewinns als Grundlage für die Berechnung des Anteils des Stillen. Er begründet dies damit, dass der Geschäftsinhaber ansonsten doppelt begünstigt wäre. Einmal auf Grund der geringeren Bemessungsgrundlage der KSt. und zum anderen aus der Abwälzung eines Teils der KSt. auf den stillen Gesellschafter

(*Blaurock* § 14 Rz. 14.6), wobei dies größere Bedeutung nur bei Kapitalgesellschaften hat. UE ist es zweckmäßig, die Steuerbilanz zur Ermittlung des maßgeblichen Ertrages zugrunde zu legen, wobei erforderlichenfalls vereinbart werden kann, dass nichtabzugsfähige Betriebsausgaben iSd. § 4 Abs. 5 EStG abzuziehen sind. Damit ist gewährleistet, dass der Stille in vollem Umfang am „wirklichen" Gewinn der Inhaberin beteiligt ist, da handelsrechtlich zulässige Unterbewertungen den Gewinnanteil des Stillen nicht mindern. Die Zugrundelegung der Steuerbilanz hat für den stillen Gesellschafter den weiteren Vorteil, dass die seinem Ergebnisanteil zugrunde liegende Bilanz von den Finanzbehörden geprüft wird.

Der Formulierungsvorschlag geht demzufolge von der Zugrundelegung des steuerlichen Jahresabschlusses aus. Da der Gewinnanteil des Stillen Betriebsausgabe gem. § 4 Abs. 4 EStG beim Inhaber ist und den in der Steuerbilanz auszuweisenden Gewinn mindert, muss die Steuerbilanz vor Berücksichtigung dieses Gewinnanteils zugrunde gelegt werden. Durch die vorgeschlagenen weiteren Korrekturen sollen betrieblich nicht begründete Faktoren ausgeschaltet werden. **40**

Zu a) Erhöhte Absetzungen/Sonderabschreibungen: Erhöhte Absetzungen und Sonderabschreibungen lässt das Steuerrecht aus nichtfiskalischen, lenkungszweckorientierten Gründen heraus in vielen Fällen zu (s. §§ 7a bis 7k EStG). Diese Absetzungen gehen regelmäßig über die nach betriebswirtschaftlichen Grundsätzen vorzunehmenden Absetzungen hinaus und sollen daher im Verhältnis zum Stillen auf das betriebswirtschaftlich gebotene Maß zurückzuführen sein. Betriebswirtschaftlich geboten sind regelmäßig degressive oder lineare Absetzungen. **41**

Zu b) Steuerfreie Rücklagen: Steuerfreie Rücklagen (zB gem. § 6b EStG) mindern ebenfalls das steuerliche Ergebnis, ohne dass nach betriebswirtschaftlichen Grundsätzen ein erzielter Gewinn geschmälert worden ist. Allerdings sind Gewinne aus der Auflösung der steuerfreien Rücklagen vom Gewinn des Stillen wieder abzusetzen. Anderenfalls würde dem Stillen zweimal ein Gewinn für nur einen Gewinnrealisierungsvorgang zugerechnet werden. **42**

Zu c) Vergütungen an Mitunternehmer der Inhaberin: Vergütungen an Mitunternehmer für eine Tätigkeit im Dienst der Gesellschaft, die Hingabe von Darlehen oder die Überlassung von Wirtschaftsgütern mindern das steuerliche Ergebnis nicht. Handelsrechtlich und betriebswirtschaftlich stellen diese Positionen jedoch Aufwand der Gesellschaft dar und sind deshalb bei der Ermittlung des Ergebnisanteiles des Stillen zu berücksichtigen. Die Bestimmung ist erforderlich, da trotz Aufgabe der Bilanzbündeltheorie (BFH I R 142/72 v. 8.1.75, BStBl. II 75, 437; GrS des BFH GrS 4/82 v. 25.6.84, BStBl. II 84, 751) der Gewinn der Handelsgesellschaften in den Steuerbilanzen häufig unter Einbeziehung von Zinsen und Tätigkeitsvergütungen ausgewiesen wird. **43**

Zu d) Steuerneutrale Zahlungen der Mitunternehmer an die Inhaberin: Entsprechend c) sind Leistungen des Gesellschafters an die Gesellschaft dem Gewinn hinzuzurechnen, soweit sie nicht als Einnahmen in der Steuerbilanz enthalten sind (zB Zinszahlungen eines Gesellschafters für ein an ihn ausgereichtes Darlehen oder Vergütungen für andere Leistungen der Gesellschaft an den Mitunternehmer). **44**

Zu e) Außerordentliche Aufwendungen und Erträge: Außerordentliche Aufwendungen und Erträge, die auf Geschäftsvorfällen aus der Zeit vor Beginn der stillen Gesellschaft beruhen, sollen den Gewinn des Stillen nicht erhöhen oder schmälern. Sie haben mit der Beteiligung des stillen Gesellschafters nichts zu tun. Soweit neben außerordentlichen auch außergewöhnliche Erträge oder Aufwendungen zu erwarten sind, sollten diese im Anschluss an Buchst. e) im Gesellschaftsvertrag noch ausdrücklich genannt werden. In Betracht kommen hier insbesondere Ausgleichsansprüche von Handelsvertretern gem. § 89b HGB. Wenn diese Ausgleichsansprüche nicht gegenüber einem neuen Vertreter belastet werden können, können sie zu einer erheblichen wirtschaftlichen Belastung führen, an der der Stille nicht teilhaben sollte. Entsprechendes gilt für Erträge im umgekehrten Fall. **45**

46 **Zu f) Abgänge von Wirtschaftsgütern des Anlagevermögens:** Auch die Gewinne und Verluste aus Abgängen von Wirtschaftsgütern des Anlagevermögens, die vor Beginn der stillen Gesellschaft angeschafft wurden, sind vom Gewinn des Stillen insoweit abzuziehen bzw. ihm hinzuzurechnen, als sie ihren Ursprung in der Zeit vor Beginn der stillen Gesellschaft haben (zB Wertminderungen bzw. Steigerungen vor Beginn der stillen Gesellschaft). Das aus dem Abgang resultierende Ergebnis ist insoweit nicht während der Dauer der stillen Gesellschaft erzielt worden und sollte darum auf das Ergebnis keinen Einfluss haben. Um spätere Bewertungsprobleme zu vermeiden, empfiehlt es sich, Wirtschaftsgüter mit erheblichen stillen Reserven (zB Grundstücke) zu Beginn der stillen Gesellschaft zu bewerten. Stille Reserven sind hingegen immer dann zu berücksichtigen, wenn sie während der Dauer der stillen Gesellschaft im Zusammenhang mit dem üblichen Geschäftsbetrieb des Inhabers entstanden und realisiert sind (vgl. iE ausführlich *MünchHdb.GesR/Bezzenberger* § 20 Rz. 1 ff./24).

47 *(frei)*

Zu § 8: Ergebnisverteilung

48 **Gesellschaftsrecht:** Die Bestimmungen über die Verteilung des Gewinns und Verlustes sind im HGB nur unzureichend geregelt. Zwingend ist eine Beteiligung des Stillen am Gewinn des Inhabers vorgesehen; die Beteiligung am Verlust kann ausgeschlossen werden. Gem. § 231 Abs. 1 HGB „gilt ein den Umständen nach angemessener Anteil als bedungen", wenn der Anteil des stillen Gesellschafters am Gewinn und Verlust nicht bestimmt ist. Die Höhe der Gewinnbeteiligung kann zwischen den Vertragspartnern grds. frei vereinbart werden (zu den Besonderheiten bei Familiengesellschaften s. Rz. 60). Ein angemessener Maßstab ist das Verhältnis des Werts der stillen Einlage zum Wert des Handelsgewerbes unter Einbeziehung aller stiller Reserven einschließlich des Firmenwerts.

49 **Steuerrecht:** Der auf den stillen Gesellschafter entfallende Gewinnanteil ist für die Inhaberin Betriebsausgabe des Jahres, in dem er entstanden ist. Soweit der Gewinnanteil nicht bereits im Wege der Vorabentnahme entnommen ist, ist deshalb in der Bilanz der Inhaberin eine entsprechende Verbindlichkeit auszuweisen. Es liegt jedoch dann keine Betriebsausgabe vor, wenn der Geschäftsinhaber die Vermögenseinlage des stillen Gesellschafters zu privaten Zwecken verwendet (BFH XI R 24/02 v. 6.3.03, BStBl. II 03, 656).

50 Beim stillen Gesellschafter erfolgt der **Zufluss** in dem Zeitpunkt, in dem der stille Gesellschafter über den Gewinnanteil verfügen kann: Dies erfolgt in der Regel im Zeitpunkt der Verbuchung des Gewinnanteils auf seinem Privatkonto, also bei Aufstellung der maßgebenden Bilanz der Inhaberin. Erfolgt die Auszahlung früher, so kann der maßgebliche Zufluss bereits vor der Verbuchung des Gewinnanteils erfolgen. Die in Abs. 1 vorgesehenen vierteljährlichen Abschlagszahlungen gelten deshalb, auch wenn sie auflösend bedingt sind, als zugeflossen (*Blaurock* § 22 Rz. 22.182; *Schmidt/Weber-Grellet* § 20 Rz. 22). Sind die erhaltenen **Abschlagszahlungen** ganz oder teilweise zurückzuzahlen, so stellen die Rückzahlungen Werbungskosten bei den Einkünften aus Kapitalvermögen dar. Ein steuerlicher Zufluss liegt auch insoweit vor, als nicht der gesamte Gewinnanteil entnommen werden darf, sondern ein bestimmter Prozentsatz der stillen Einlage zugeschlagen wird oder auf dem Privatkonto stehen bleibt.

51 **Mehrgewinne auf Grund einer Betriebsprüfung** gelten gleichfalls im Zeitpunkt der Gutschrift als zugeflossen (nicht bereits bei der Feststellung durch die Betriebsprüfung; BFH VI 208/60 U v. 4.8.61, BStBl. III 61, 468).

52 **Verluste des stillen Gesellschafters:** Zu unterscheiden ist zwischen der Beteiligung an laufenden Verlusten des Handelsgewerbes und dem Vermögensverlust der Einlage. Nimmt der stille Gesellschafter nach dem Gesellschaftsvertrag an laufenden Verlusten der Inhaberin teil, so sind bis zum Veranlagungszeitpunkt 2008 die auf ihn

entfallenden Verlustanteile nach hM Werbungskosten bei den Einkünften aus Kapitalvermögen (FG München V (IX) 57/76 E 2 v. 5.11.80, EFG 81, 341; *H/H/R* § 20 EStG Rz. 162; *Schmidt/Weber-Grellet* § 20 Rz. 143; *Döllerer* BB 81, 1317, zur typischen stillen Unterbeteiligung; nach *Littmann* § 20 EStG Rz. 525, handelt es sich dagegen um negative Einnahmen). FG Berlin IV 371/83 v. 19.9.85 vertrat die Auffassung, negative Einkünfte des stillen Gesellschafters könnten dann nicht als Werbungskosten berücksichtigt werden, wenn diese auf einem gesonderten Verlustkonto verbucht werden, da ein Abfluss iSv. § 11 EStG mangels einer Verrechnung mit dem Einlagekonto nicht vorliege. UE ist dies unzutreffend, da auch die Verbuchung des Verlustes auf einem gesonderten Verlustkonto die Einlageforderung unmittelbar mindert und deshalb zu einem Abfluss iSd. § 11 EStG führt. BFH IV R 38/05 v. 11.10.07 (DStR 08, 38) entschied, dass Verlustanteile eines typisch stillen Gesellschafters steuerlich erst dann als Werbungskosten berücksichtigt werden dürfen, wenn der Jahresabschluss des Geschäftsinhabers festgestellt und der Verlustanteil des stillen Gesellschafters berechnet worden ist.

Ab VZ 2009 entfällt grundsätzlich die Möglichkeit, Werbungskosten (Fahrtkosten, Schuldzinsen etc.) geltend zu machen, da mit der Abgeltungssteuer iHv 25% zzgl. Solidaritätszuschlag iHv. 5,5% auf die Abgeltungssteuer, dh. mit insgesamt 26,375% kein Werbungskostenabzug mehr möglich ist, § 32d Abs. 1 iVm. § 20 Abs. 9 EStG (der Sparer-Pauschbetrag bleibt jedoch erhalten; € 801 bzw. € 1602). Die Abgeltungssteuer kommt jedoch unter den Voraussetzungen der § 32d Abs. 2 EStG nicht zur Anwendung (Schuldner und Gläubiger sind einander nahe stehende Personen, Gläubiger ist an der Kapitalgesellschaft zu mindestens 10% beteiligt etc.). Ist die Abgeltungssteuer nicht anwendbar, werden diese Einkünfte im Rahmen der Veranlagung der tariflichen Einkommensteuer unterworfen. Nach Auffassung des BMF sollen die Verluste, die ein stiller Gesellschafter aus seiner Unternehmensbeteiligung erleidet, abweichend von der bisherigen Verwaltungsauffassung, nicht als Werbungskosten, sondern als negative Einnahmen aus Kapitalvermögen behandelt werden, BMF v. 22.12.09, BStBl. I 10, 94 Tz. 4.

Negatives Einlagekonto, sinngemäße Anwendung des § 15a EStG: Abweichend von § 232 Abs. 2 Satz 1 HGB kann vereinbart werden, dass der stille Gesell- 53
schafter über seine Einlage hinaus am Verlust teilnimmt, so dass ein negatives Einlagekonto entstehen kann, das grds. durch spätere Gewinnanteile wieder aufzufüllen ist (*Baumbach/Hopt* § 232 HGB Rz. 7). Im Zweifel gilt die Beteiligung des stillen Gesellschafters am Gewinn auch für die Beteiligung am Verlust. Soweit der stille Gesellschafter am Verlust des Geschäftsinhabers beteiligt ist, ist ihm der Verlustanteil steuerrechtlich nicht nur bis zum Verbrauch seiner Einlage, sondern auch in Höhe seines negativen Einlagekontos zuzurechnen. Spätere Gewinne sind zunächst mit den auf diesem Konto ausgewiesenen Verlusten zu verrechnen (vgl. BFH VIII R 36/01 v. 23.7.02, BStBl. II 02, 858). Für diesen Fall soll die in § 20 Abs. 1 Nr. 4 Satz 2 EStG angeordnete sinngemäße Anwendung des § 15a EStG verhindern, dass Verlustanteile, die zum Entstehen eines negativen Einlagekontos führen würden, beim stillen Gesellschafter ausgleichsfähig sind. Was unter „sinngemäßer Anwendung" zu verstehen ist, muss die Rspr. zeigen; zur Kritik an der unklaren gesetzlichen Regelung: vgl. *Knobbe-Keuk* StuW 81, 97 und *dies.* NJW 80, 2557; *H/H/R* § 20 EStG Grüne Bl. S. 22; *Schmidt/Weber-Grellet* § 20 Rz. 144). Für den Bereich der KG hat BFH VII R 31/88 v. 14.5.91 (BStBl. II 92, 167) entschieden, dass bei der Ermittlung der Höhe des Kapitalkontos iSd. § 15a Abs. 1 EStG das positive oder negative Sonderbetriebsvermögen des Kommanditisten außer Betracht zu lassen sei. Die FinVerw. hat daraufhin ihre bisherige entgegengesetzte Auffassung (BMF v. 22.12.89, BStBl. I 89, 484) ausdrücklich aufgegeben (BMF v. 20.2.92, BStBl. I 92, 123). Dies gilt uE gleichermaßen für die (typische und atypische) stille Gesellschaft. Strittig war, ob der Verlustausgleich auf die geleistete Einlage beschränkt ist (so *Bordewin/Söffing/Uelner,* Verlustverrechnung bei

negativem Kapitalkonto, S. 114) oder auf die vereinbarte Einlage (*Schmidt/Weber-Grellet* § 20 Rz. 145). BFH IV B 4/93 v. 26.5.94 (BFH/NV 94, 784) (Aussetzungsbeschluss) entschied, dass die Haftung für die eigene Einlageverpflichtung nicht zum erweiterten Verlustausgleich führt, so dass das Verlustausgleichsvolumen auf die geleistete Einlage beschränkt ist (so auch BFH VIII R 21/06 v. 16.10.07, DStR 08, 35 zur typisch stillen Gesellschaft).

54 Soweit der Verlust der Einlage nicht auf der Beteiligung an laufenden Verlusten beruht, sondern zB auf Insolvenz oder Liquidation der Inhaberin, ist der Verlust als ein Wirtschaftsgut des Privatvermögens betreffend einkommensteuerlich irrelevant (FG München V (IX) 57/76 E v. 5.11.80, EFG 81, 341), soweit die Rechte bis zum 31.12.08 erworben wurden, § 52a X S 4 EStG. Bei Erwerben nach dem 31.12.08 werden diese Einkünfte gem. § 20 Abs. 2 Nr. 4 EStG erfasst.

55 **Auslandsverluste** sind gem. § 2a Abs. 1 Nr. 5 EStG nur beschränkt abzugsfähig.

56 **Steuerabzug vom Kapitalertrag:** Die ESt auf die Einkünfte aus der stillen Beteiligung wird, wenn die Inhaberin Wohnsitz, Geschäftsleitung oder Sitz im Inland hat, durch Abzug vom Kapitalertrag erhoben (§ 43 Abs. 1 Nr. 3 EStG). Die Kapitalertragsteuer entsteht am Tag des Zuflusses, wobei sich der Zeitpunkt des Zuflusses nach § 44 Abs. 3 Satz 1 iVm. Abs. 2 EStG bestimmt (BFH I R 111/88 v. 28.11.90, BStBl. II 91, 313 für typische Unterbeteiligungen).

57 **Steuerschuldner der Kapitalertragsteuer** ist der stille Gesellschafter als Gläubiger des Kapitalertrags (§ 44 Abs. 1 Satz 1 EStG); die Inhaberin haftet jedoch für die Kapitalertragsteuer, die sie einzubehalten und abzuführen hat (§ 44 Abs. 5 EStG).

58 Die Kapitalertragsteuer **beträgt** 25% des Kapitalertrags zzgl. 5,5% Solidaritätszuschlag auf die Kapitalertragsteuer (§ 3 Abs. 1 Nr. 5 SolZG), wenn der stille Gesellschafter die Steuer trägt, und 33 1/3% des tatsächlich ausgezahlten Betrags, wenn der Schuldner (Inhaber) die Kapitalertragsteuer übernimmt (§ 43a Abs. 1 Nr. 2 EStG). Dem Steuerabzug unterliegen die vollen Kapitalerträge ohne Berücksichtigung evtl. Werbungskosten oder Betriebsausgaben. Dies ist insbesondere bei **beschränkt steuerpflichtigen stillen Gesellschaftern** von Bedeutung, bei denen die Kapitalertragsteuer Abgeltungscharakter hat (§ 50 Abs. 5 EStG); stehen den Kapitalerträgen erhebliche Werbungskosten oder Betriebsausgaben gegenüber (zB Darlehenszinsen), so kann durch die Kapitalertragsteuer eine konfiskatorische Besteuerung entstehen. Ab dem VZ 09 unterliegen die erzielten Kapitalerträge gem. § 32d Abs. 1 EStG grundsätzlich der Abgeltungssteuer.

59 Der Kapitalertragsteuerabzug ist in dem **Zeitpunkt** vorzunehmen, in dem der Kapitalertrag dem stillen Gesellschafter zufließt; die einbehaltene Steuer ist jeweils bis zum 10. des folgenden Monats an das FA abzuführen. Der Zeitpunkt des Zufließens iSd. Kapitalertragsteuer kann vom Zufluss iSd. § 11 EStG abweichen (*Schmidt/Weber-Grellet* § 44 Rz. 2 mwN). Als Zeitpunkt des Zufließens gilt für Zwecke der Kapitalertragsteuer der Zeitpunkt der tatsächlichen Auszahlung des Gewinnanteils an den stillen Gesellschafter. Deshalb unterliegen auch die Vorabausschüttungen der Kapitalertragsteuer. Ist allerdings im Gesellschaftsvertrag über den Zeitpunkt der Ausschüttung keine Vereinbarung getroffen, so gilt der Kapitalertrag am Tag nach der Aufstellung der Bilanz oder der sonstigen Feststellung des Gewinnanteils des stillen Gesellschafters als zugeflossen, spätestens jedoch sechs Monate nach Ablauf des Wj., für das der Kapitalertrag ausgeschüttet oder gutgeschrieben werden soll (§ 44 Abs. 3 EStG). Eine gesellschaftsvertragliche Regelung des Ausschüttungszeitpunkts empfiehlt sich daher dringend. Bei Vereinbarung einer Stundung der Auszahlung wegen Liquiditätsschwierigkeiten der Inhaberin ist der Steuerabzug erst mit Ablauf der Stundungsfrist vorzunehmen (§ 44 Abs. 4 EStG).

60 Angemessene Gewinnverteilung in **Familiengesellschaften:** Nach der Rspr. unterliegt die Ergebnisverteilung in Familiengesellschaften einer Angemessenheitskontrolle, wobei zwischen geschenkten Kapitaleinlagen und entgeltlich erworbenen Beteiligungen unterschieden wird. Bei **geschenkten Kapitaleinlagen** (notarielle Beurkundung erforderlich, § 518 Abs. 1 BGB) wird ein Gewinnanteil bis zu 15% des gemeinen Werts der Beteiligung anerkannt. Allerdings ist in besonderen Fällen, wie etwa bei Ausschluss der Verlustbeteiligung, der Gewinnanteil auf höchstens 12% zu begrenzen (BFH IV R 56/70 v. 29.3.73, BStBl. II 73, 650; IV R 126/88 v. 21.9.89, BFH/NV 90, 692 mwN). Bei **entgeltlich erworbenen Beteiligungen** kommt es entscheidend darauf an, welcher Gewinnanteil einem Fremden zugestanden worden wäre. Dabei sind alle üblicherweise im kaufmännischen Verkehr herangezogenen und zum Zeitpunkt des Vertragsabschlusses erkennbaren Umstände heranzuziehen (FG BaWü I 224/78 v. 25.2.82, EFG 82, 458, rkr.). Der BFH hat bei Ausschluss der Verlustbeteiligung eine Rendite bis zu 25% für angemessen gehalten (BFH I R 131/70 v. 14.2.73, BStBl. II 73, 395). Soweit der Stille am Verlust beteiligt ist, hat er auch eine Rendite von 35% nicht als überhöht angesehen (BFH I R 167/78 v. 16.12.81, BStBl. II 82, 387). Das FG Köln hat auch eine Rendite von 40% berücksichtigt (FG Köln X (XIV) 533/77 F v. 14.1.81, EFG 81, 278, rkr.). Die FinVerw. folgt im Wesentlichen der BFH-Rspr. (EStH 15.9 Abs. 3). Sind die Gewinne als unangemessen hoch anzusehen, so erfolgt eine Herabsetzung auf den angemessenen Betrag. Insoweit sind die Gewinnanteile des Stillen keine Betriebsausgaben für den Inhaber; der Stille erzielt keine Einnahmen. Zur Angemessenheit eines Gewinnanteils eines Angehörigen als typisch stiller Gesellschafter bei Veränderung der tatsächlichen Verhältnisse (Gewinnsprung) und der Notwendigkeit von Gewinnkorrekturen vgl. BFH IV R 83/06 v. 19.2.09, BStBl. II 09, 798. Zur steuerlichen Anerkennung **schenkweise eingeräumter stiller Beteiligungen** vgl. Rz. 22.

(frei) **61**

Zu § 9: Entnahmen

Gesellschaftsrecht: Gem. § 232 HGB ist der auf den stillen Gesellschafter entfallende Gewinn am Schluss des Geschäftsjahres zu errechnen und an den stillen Gesellschafter auszuzahlen. Die hier vorgesehene Regelung, wonach der stille Gesellschafter bereits während des laufenden Geschäftsjahres vierteljährliche Abschlagszahlungen entnehmen darf, ist deshalb gesellschafterfreundlich. **62**

Die Regelung, wonach der volle auf den stillen Gesellschafter entfallende Gewinnanteil entnommen werden darf, kann den Inhaber uU in **Liquiditätsschwierigkeiten** bringen. Alternativ kommen deshalb Regelungen in Betracht, wonach nur ein bestimmter Prozentsatz des Gewinnanteils entnommen werden darf, während der verbleibende Prozentsatz entweder der stillen Einlage zugeschlagen wird oder als verzinsliches Guthaben auf dem Privatkonto stehen bleibt. Soweit das Verlustkonto einen Saldo ausweist, tritt diese Rechtsfolge ohnehin ein, da gem. § 6 Abs. 2 Gewinnanteile je hälftig dem Verlustkonto und dem Privatkonto gutgeschrieben werden, bis das Verlustkonto ausgeglichen ist. **63**

Bei einer Beschränkung der Entnahmemöglichkeiten sollte sichergestellt sein, dass der stille Gesellschafter mindestens Beträge in Höhe der auf seine Beteiligung entfallenden Steuerbelastung entnehmen darf. Hierbei ist Folgendes zu beachten: Zum einen muss klargestellt werden, ob der stille Gesellschafter in Höhe der tatsächlich auf seinen Anteil entfallenden Steuerbelastung entnehmen darf oder ob für die Entnahmemöglichkeit eine pauschalierte Steuerbelastung unterstellt werden soll. Richtet sich die Entnahme nach der tatsächlichen Steuerbelastung, so ist zum anderen klarzustellen, ob Einkommensteuer- sowie Kirchensteuerbelastung und Solidaritätszuschlag, berücksichtigt werden sollen. Weiter sollte in diesem Fall geregelt werden, wie die tatsächliche Steuerbelastung ermittelt wird (sollen zB Verluste aus Beteiligungen außer Betracht bleiben, so dass nur der Durchschnittssteuersatz auf die positiven Einkünfte maßgeblich ist) und ob der stille Gesellschafter seine tatsächliche Steuerbelastung nachweisen muss, zB durch Vorlage seiner Steuerbescheide. Bei mehreren stillen Ge- **64** sellschaftern empfiehlt sich uE eine pauschalierte Entnahmemöglichkeit, da die Berücksichtigung der individuellen Steuerbelastungen zu sehr unterschiedlichen Entnahmemöglichkeiten führen kann. Die Berechnung der tatsächlichen Steuerbelastung für Entnahmezwecke wird ab dem Veranlagungsjahr 2009 vereinfacht, da die Abgeltungssteuer einen einheitlichen Steuersatz zur Folge hat (vgl. Rz. 52).

65 **Steuerrecht:** Zur steuerlichen Behandlung der Gewinnanteile sowie zur Kapitalertragsteuer auf Ausschüttungen s. die Anm. zu § 8 Rz. 49f. und 56. Bei **Familiengesellschaften** ist die für die steuerliche Anerkennung der stillen Gesellschaft erforderliche tatsächliche Durchführung nur dann gegeben, wenn Gewinnanteile entweder ausbezahlt werden oder im Fall einer Gutschrift eindeutig bis zur Auszahlung jederzeit abrufbar gutgeschrieben bleiben. Der Abschluss eines Darlehensvertrages zwischen stillem Gesellschafter und Inhaber steht der Auszahlung des Gewinnanteils nur dann gleich, wenn der Darlehensvertrag zivilrechtlich wirksam zustande kommt. Liegt ein zivilrechtlich wirksamer Vertrag nicht vor (zB wegen Verstoßes gegen § 181 BGB), so ist die stille Gesellschaft mangels tatsächlicher Durchführung nicht anzuerkennen (BFH I R 203/84 v. 18.10.89, BStBl. II 90, 68).

66 **§ 15a EStG:** Im Rahmen der sinngemäßen Anwendung des § 15a EStG ist auch dessen Abs. 3 zu berücksichtigen, wonach Entnahmen, durch die ein negatives Kapitalkonto entsteht oder sich erhöht, grds. als Gewinn zuzurechnen sind. Nach dem hier vorgeschlagenen Vertragsmuster kann ein negatives Einlagekonto nicht entstehen, da dem stillen Gesellschafter zum einen Verluste nur bis zur Höhe seiner Einlage zuzurechnen sind, zum anderen nur die ihm gutgeschriebenen Gewinnanteile entnommen werden dürfen. Sollte jedoch abweichend hiervon im Gesellschaftsvertrag geregelt werden, dass dem stillen Gesellschafter Verluste auch über den Betrag seiner Einlage hinaus zugerechnet werden, so ist zu berücksichtigen, dass Entnahmen evtl. zu einer fiktiven Gewinnzurechnung gem. § 15a Abs. 3 EStG führen können.

Zu § 10: Änderung der Kapitalverhältnisse, Aufnahme weiterer stiller Gesellschafter

67 Der stille Gesellschafter kann weder nach der gesetzlichen Regelung noch nach den Bestimmungen dieses Vertrages Kapitaländerungen der Inhaberin oder der Aufnahme weiterer stiller Gesellschafter widersprechen (str; vgl. hierzu *Sudhoff* GmbHR 81, 235). Da der Beteiligungsquote des stillen Gesellschafters die Kapitalverhältnisse im Zeitpunkt des Abschlusses des stillen Gesellschaftsvertrages zugrunde liegen (s. Formular § 8), müssen bei einer Änderung der Kapitalverhältnisse der Inhaberin beide Gesellschafter eine angemessene Anpassung verlangen können. Des Weiteren empfiehlt sich, dem stillen Gesellschafter eine entsprechende Anpassung seiner Einlage zu ermöglichen, so dass eine Änderung der Beteiligungsquote überflüssig wird. Dabei ist zu berücksichtigen, dass für die Anpassung der stillen Einlage nicht maßgeblich sein kann, in welchem Verhältnis sich die Kapitaleinlagen der Gesellschafter der Inhaberin gegenüber den Nominalwerten dieser Einlagen bei Beginn der stillen Beteiligung geändert haben, sondern in welchem Verhältnis die Änderung der Kapitaleinlagen der Gesellschafter der Inhaberin zu den Werten stehen, die den Kapitaleinlagen bei Beginn der stillen Beteiligung zur Ermittlung der Beteiligungsquote des stillen Gesellschafters beigemessen wurden.

68 Aus den gleichen Erwägungen ist beim Eintritt weiterer stiller Gesellschafter sowie bei deren Ausscheiden die Ergebnisbeteiligung neu anzupassen. Mögliche Alternativregelungen: Weitere stille Einlagen sind zunächst dem stillen Gesellschafter anzubieten.

Zu § 11: Abtretung und Belastung von Anteilen

69 **Gesellschaftsrecht:** Die Vorschrift betrifft nur Verfügungen über die stille Beteiligung. Der Anteil des Geschäftsinhabers an der stillen Gesellschaft ist untrennbar mit

dem Unternehmen verbunden; veräußert der Geschäftsinhaber sein Unternehmen, so wird hiervon auch der Gesellschaftsanteil an der stillen Gesellschaft erfasst; die Zustimmung des stillen Gesellschafters hierzu ist Wirksamkeitsvoraussetzung (*MünchHdb. GesR/Bezzenberger* § 24 Rz. 2ff.). Die Übertragung einer stillen Beteiligung ist im Gesetz nicht vorgesehen, da es der personenrechtlichen Verbundenheit widersprechen würde, wenn ein Gesellschafter seine Beteiligung ohne Zustimmung des anderen auf eine dritte Person übertragen könnte, mit der der andere nunmehr zusammenarbeiten müsste (§ 717 Satz 1 BGB). Ansprüche auf den Gewinn und auf das künftige Auseinandersetzungsguthaben sind hingegen übertragbar, da es sich hier um vermögensrechtliche Geldansprüche handelt, die nicht mehr in den Gesellschaftsbereich gehören, sondern bereits der vermögensrechtlichen Individualsphäre des stillen Gesellschafters zugeordnet sind (§ 717 Satz 2 BGB; vgl. auch *MünchKommHGB/K. Schmidt* § 230 Rz. 174). Im Formular ist allerdings vorgesehen, dass auch Gewinnansprüche und Guthaben auf dem Privatkonto nur mit Zustimmung der Inhaberin abgetreten bzw. belastet werden dürfen. Es versteht sich, dass das Einlagekonto nur zusammen mit einem evtl. Verlustkonto übertragen werden darf. Sind mehrere stille Gesellschafter vorhanden, sollte geregelt werden, ob auch die Zustimmung der anderen stillen Gesellschafter erforderlich ist (*MünchHdb.GesR/Bezzenberger* § 25 Rz. 3ff.).

Steuerrecht: Die Veräußerung der stillen Beteiligung an dritte Personen (nicht an die Inhaberin) stellt einkommensteuerlich bei Anschaffungsvorgängen bis 31.12.08 die Veräußerung eines Wirtschaftsgutes des Privatvermögens dar (es sei denn, die Beteiligung wird in einem Betriebsvermögen gehalten). Ein evtl. Veräußerungsgewinn ist daher in diesem Fall nicht steuerpflichtig. Soweit der Veräußerungspreis jedoch auf Gewinnanteile aus einem bereits abgelaufenen Wj. entfällt, handelt es sich beim Veräußerer um Einkünfte iSd. § 20 Abs. 1 Nr. 4 EStG (BFH I R 98/76 v. 11.2.81, BStBl. II 81, 465). Bei Anschaffungen nach dem 31.12.08 ist ein Veräußerungsgewinn, der beim Verkauf der stillen Beteiligung anfällt, gem. §§ 20 Abs. 2 Nr. 4, 52a Abs. 10 Satz 4 EStG steuerpflichtig. 70

Werden lediglich Gewinnansprüche ohne die stille Beteiligung veräußert, so erzielt der Veräußerer vorgezogene Kapitaleinkünfte gem. § 20 Abs. 1 Nr. 4 EStG. 71

Wird die Gewinnbeteiligung unentgeltlich übertragen, so wird sie für schenkungsteuerliche Zwecke selbstständig bewertet ErbStR B 12.4. 72

Zu § 12: Tod des stillen Gesellschafters

Gesellschaftsrecht: Die im Formular vorgesehene Regelung, wonach die Erben eines stillen Gesellschafters in dessen Rechtsstellung eintreten, entspricht dem Gesetz (§ 234 Abs. 2 HGB). Mehrere Erben treten als Erbengemeinschaft ein. Die Anordnung der gemeinsamen Vertretung ist im Sinne der Inhaberin sinnvoll. Es kann auch vereinbart werden, dass die stille Gesellschaft nur mit bestimmten Erben, zB Ehefrau oder Abkömmlingen, weitergeführt wird. Wesentlich ist, dass dann die erbrechtlichen Verfügungen auf die gesellschaftsvertragliche Regelung abgestimmt werden. 73

Steuerrecht: Die erbschaftsteuerliche Bewertung richtet sich nach § 12 ErbStG. Grds. ist der Nennwert anzusetzen, wenn nicht besondere Umstände einen höheren oder geringeren Wert begründen. Eine höhere Bewertung kann gerechtfertigt sein, wenn der auf Dauer zu erwartende Ertrag über 10% der Einlage liegt und wenn die stille Gesellschaft nach den Verhältnissen des Veranlagungszeitpunkts für eine Dauer von mindestens fünf Jahren besteht, also nicht jederzeit zB zum Schluss eines Geschäftsjahres vom Inhaber gekündigt werden kann (BFH III R 7/69 v. 7.5.71, BStBl. II 71, 642). Gehört die stille Beteiligung zu einem Betriebsvermögen, so ist bei einer Erbauseinandersetzung der Beschluss des Großen Senats des BFH GrS 2/89 v. 5.7.90 (BStBl. II 90, 837) zu beachten, wonach Erbfall und Erbauseinandersetzung keine Einheit bilden. 74

Zu § 13: Kündigung

75 Wie jedes Dauerrechtsverhältnis kann auch die stille Gesellschaft aus wichtigem Grund jederzeit gekündigt werden; das Kündigungsrecht aus wichtigem Grund kann nicht ausgeschlossen werden. Ein wichtiger Grund ist insbes. vorhanden, wenn der andere Gesellschafter eine ihm nach dem Gesellschaftsvertrag obliegende wesentliche Verpflichtung vorsätzlich oder aus grober Fahrlässigkeit verletzt oder wenn die Erfüllung einer solchen Verpflichtung unmöglich wird (§ 723 BGB; zur fristlosen Kündigung einer stillen Gesellschaft wegen nachhaltiger Zerstörung des gesellschaftlichen Vertrauensverhältnisses vgl. BGH II ZR 34/75 v. 8.7.76, DB 77, 87). Daneben enthält die Vorschrift weitere Gründe, die eine fristlose Kündigung rechtfertigen (zur Frage, ob die Auflösung einer KG, die Inhaberin in einer stillen Gesellschaft ist, die Beendigung der stillen Gesellschaft zur Folge hat oder einen wichtigen Grund zur außerordentlichen Kündigung darstellt, vgl. BGH II ZR 157/81 v. 12.7.82, DB 82, 1923). Zur Anfechtung der Rückgewähr der Einlage bei Insolvenz der Inhaberin vgl. § 136 InsO.

76 Das Erfordernis der Schriftform empfiehlt sich aus Beweisgründen. Die hier vorgesehene Form der Zustellung (Einschreiben gegen Rückschein) kann allerdings nur den Zugang einer Sendung, nicht deren Inhalt beweisen.

Zu § 14: Umwandlung der Inhaberin

77 Die Bestimmung regelt die Rechtsfolgen einer **übertragenden Umwandlung** des Unternehmens der Inhaberin. Die Inhaberin ist ohne Zustimmung des stillen Gesellschafters regelmäßig nicht berechtigt, die zurzeit der Errichtung der stillen Gesellschaft bestehende Unternehmensform zu verändern (§ 3 Abs. 2 Buchst. a des Formulars). Die Änderung der Unternehmensform sollte im Interesse des stillen Gesellschafters nicht automatisch zur Auflösung der stillen Gesellschaft führen. Durch eine bloße **formwechselnde Umwandlung** der Inhaberin (zB bei Umwandlung einer OHG in eine KG) wird das Rechtsverhältnis mit dem stillen Gesellschafter ohnehin nicht berührt, da die rechtliche Identität der Inhaberin erhalten bleibt (*MünchHdb. GesR/ Bezzenberger* § 24 Rz. 19).

Zu § 15: Auseinandersetzungsguthaben

78 **Gesellschaftsrecht:** Anders als bei GbR, OHG oder KG findet bei Beendigung der stillen Gesellschaft keine Liquidation unter Versilberung des Gesellschaftsvermögens und Begleichung der Schulden statt. Vielmehr ist lediglich das Endguthaben des Stillen aus seiner Beteiligung zu ermitteln, auf dessen Auszahlung er Anspruch hat (§ 235 Abs. 1 HGB; zur Auflösung einer stillen Gesellschaft vgl. iE *Geck* DStR 94, 657). Die Beschränkung des Auseinandersetzungsguthabens auf den Betrag der ursprünglichen stillen Einlage, ggf. vermindert um Verluste, sowie auf den positiven Saldo des Privatkontos entspricht dem Charakter der typischen stillen Beteiligung, die keinen Anspruch auf Beteiligung an stillen Reserven gibt. Zum Meinungsstand über das Auseinandersetzungsguthaben des stillen Gesellschafters vgl. *MünchHdb. GesR/ Bezzenberger* § 28 Rz. 4ff. Allerdings sind auch bei Ermittlung des Auseinandersetzungsguthabens die besonderen, in § 7 des Vertragsmusters enthaltenen Geschäftsvorfälle zu berücksichtigen. Ein negativer Saldo des Privatkontos muss ausgeglichen bzw. verrechnet werden, da er nur auf Überentnahmen und damit einer teilweisen Rückführung der Einlage beruhen kann. Ist der Stille am Verlust nicht beteiligt und soll er in jedem Fall seine Einlage zurückerhalten, bedarf es nach BGH II ZR 181/90 v. 4.3.91 (DStR 91, 623) keiner Gesamtabrechnung.

79 Sieht der Gesellschaftsvertrag allerdings vor, dass Entnahmen auch über den Gewinnanteil hinaus vorgenommen werden dürfen (zB anteilige Entnahme der vorhandenen Liquidität), so ist durch Auslegung zu ermitteln, ob darin eine teilweise Rück-

zahlung der Einlage liegt (mit der Folge einer entsprechenden Verringerung des Abfindungsguthabens), oder ob eine Beteiligung an den stillen Reserven gewollt ist, so dass sich das Abfindungsguthaben durch die Überentnahme nicht mindert (in diesem Fall evtl. atypische stille Gesellschaft).

Werden dem Stillen – anders als im hier verwendeten Formular – Verluste auch **80**
über den Betrag der Einlage hinaus zugerechnet, so führt ein dabei entstehender negativer Saldo des Einlagekontos nicht zu einer Ausgleichspflicht des Stillen.

Nach der gesetzlichen Regelung (§ 235 Abs. 2 Satz 2 HGB) nimmt der stille Ge- **81**
sellschafter auch an den zurzeit der Auflösung schwebenden Geschäften teil. Aus Gründen der Vereinfachung bei der Berechnung werden nach dem hier verwendeten Formular schwebende Geschäfte jedoch nicht berücksichtigt, mit Ausnahme solcher schwebender Geschäfte, bei denen ein Verlust zu erwarten ist und die deshalb bilanzierungspflichtig sind. Der Verweis auf § 7 Abs. 2 hat zur Folge, dass bei einer Ergebnisänderung infolge einer Betriebsprüfung auch das Abfindungsguthaben des Stillen sich entsprechend ändert.

Steuerrecht: Erhält ein typischer stiller Gesellschafter bei Beendigung der stillen **82**
Gesellschaft eine Abfindung, die den Betrag seiner Einlage übersteigt, so gehört der Mehrerlös grundsätzlich zu den Einkünften aus Kapitalvermögen gem. § 20 Abs. 2 Nr. 4 EStG (BFH VII R 126/82 v. 14.2.84, BStBl. II 84, 580; BFH IX R 7/04 v. 18.10.06, BStBl. II 07, 258). Nach dem BFH liegt in der Kündigung einer typischen stillen Gesellschaft und der Vereinnahmung des Auseinandersetzungsguthabens für Sachverhalte bis zum VZ 08 keine entgeltliche Veräußerung iSd. § 23 EStG (BFH IX R 7/04 v. 18.10.06, BStBl. II 07, 258). Zur Rechtslage für Anschaffungen ab dem 31.12.08, vgl. Rz. 70.

A. 14.01 Vertrag über die Errichtung einer atypisch stillen Gesellschaft

Gliederung

I. FORMULAR

Formular A. 14.01 Vertrag über die Errichtung einer atypisch stillen Gesellschaft

Vertrag

zwischen

Offene Handelsgesellschaft in Firma Y & Co. mit dem Sitz in ......

vertreten durch ihren persönlich haftenden Gesellschafter

– nachfolgend Inhaberin genannt –

und

Herrn B, wohnhaft in ......

– nachfolgend stiller Gesellschafter genannt –

Vorbemerkungen

Die Inhaberin betreibt in ...... ein Handelsgewerbe. Gegenstand des Unternehmens ist ...... Herr B beabsichtigt, sich zur Stärkung des Unternehmenskapitals als stiller Gesellschafter im Sinne der §§ 230 ff. HGB am Handelsgewerbe der Inhaberin zu beteiligen. Zu diesem Zweck vereinbaren die Parteien was folgt:

§ 1 Einlage des stillen Gesellschafters

Die Einlage des stillen Gesellschafters beträgt € ...... Sie ist in bar zu erbringen und bis spätestens ...... fällig.

§ 2 Dauer der Gesellschaft, Geschäftsjahr

(1) Die Gesellschaft beginnt am ...... Sie wird auf unbestimmte Dauer geschlossen.

(2) Das Geschäftsjahr entspricht dem der Inhaberin; dieses ist das Kalenderjahr.

§ 3 Geschäftsführung

(1) Die Geschäftsführung der atypischen stillen Gesellschaft obliegt ausschließlich der Inhaberin.

(2) Die Inhaberin darf jedoch folgende Maßnahmen nur mit Zustimmung des stillen Gesellschafters vornehmen:

a) Änderungen des Gegenstandes des Unternehmens und der Rechtsform;

b) Aufnahme weiterer stiller Gesellschafter;

c) Erwerb von oder Beteiligung an anderen Unternehmen sowie deren Veräußerung;

d) Veräußerung oder Verpachtung des Unternehmens oder eines Teils des Unternehmens;

e) Errichtung von Zweigniederlassungen;

f) Abschluss, Änderung oder Aufhebung von Gewinn- und Verlustübernahmeverträgen sowie anderen stillen Gesellschaftsverträgen;

g) Abschluss und Kündigung von Dauerschuldverhältnissen einschließlich Dienstverträgen, durch die die Gesellschaft jährlich mit mehr als € ...... belastet wird bzw. ist;

h) Investitionen über einen Betrag von mehr als € ......

i) Erwerb, Veräußerung und Belastung von Grundstücken und grundstücksgleichen Rechten;

j) Rechtsgeschäfte zwischen der Inhaberin und Gesellschaftern der Inhaberin sowie deren Angehörigen, die über den Betrag von € ...... bzw. bei Dauerschuldverhältnissen von € ...... p. a. hinausgehen;

k) vollständige oder teilweise Einstellung des Gewerbebetriebes.

(3) Beabsichtigt die Inhaberin die Vornahme einer der in Abs. 2 genannten Maßnahmen, so hat sie dies dem stillen Gesellschafter mitzuteilen und ihn zur Erteilung seiner Zustimmung aufzufordern.

Der stille Gesellschafter ist verpflichtet, unverzüglich Stellung zu nehmen. Der stille Gesellschafter ist berechtigt, Einsicht in alle den genehmigungsbedürftigen Geschäften zugrunde liegenden Unterlagen zu nehmen. Liegt eine Stellungnahme des stillen Gesellschafters nicht innerhalb von vier Wochen seit Übersendung der Aufforderung vor, so gilt dies als Zustimmung; auf diese Rechtsfolge ist in der Aufforderung zur Abgabe einer Stellungnahme ausdrücklich hinzuweisen.

§ 4 Stellung des stillen Gesellschafters

(1) Der stille Gesellschafter ist am Ergebnis, Vermögen und an den stillen Reserven der Gesellschaft beteiligt. Die Beteiligungsquote bemisst sich nach § 9.

(2) Das Vermögen der Gesellschaft wird unbeschadet der Tatsache, dass rechtlich kein Gesamthandsvermögen besteht, im Innenverhältnis wie gemeinschaftliches Vermögen behandelt. Insbesondere erstreckt sich die Beteiligung des stillen Gesellschafters auch auf den Vermögenszuwachs und die stillen und offenen Reserven der Gesellschaft.

§ 5 Informations- und Kontrollrechte

(1) Neben den gesetzlichen Informations- und Kontrollrechten gemäß § 233 HGB stehen dem stillen Gesellschafter auch die Rechte gemäß §§ 716 BGB, 118 HGB zu. Die Informations- und Kontrollrechte beziehen sich auch auf alle Bücher und Unterlagen, die der Ermittlung der Besteuerungsgrundlagen dienen. Sie umfassen die Steuerbilanz und die Betriebsprüfungsberichte.

Dies gilt auch nach Beendigung der Gesellschaft in dem zur Überprüfung des Auseinandersetzungsguthabens erforderlichen Umfang.

(2) Der stille Gesellschafter kann seine Informations- und Kontrollrechte durch einen Rechtsanwalt, Steuerberater oder Wirtschaftsprüfer wahrnehmen lassen.

(3) Der stille Gesellschafter hat über alle ihm bekannt gewordenen Angelegenheiten der Inhaberin Stillschweigen zu bewahren.

§ 6 Jahresabschluss

(1) Die Inhaberin ist auf Grund handelsrechtlicher und steuerrechtlicher Vorschriften verpflichtet, Bücher zu führen und Jahresabschlüsse zu erstellen. Die Gesellschaft hat diese Pflichten auch im Interesse des stillen Gesellschafters zu erfüllen.

(2) Der Jahresabschluss (Bilanz, Gewinn- und Verlustrechnung) ist innerhalb von sechs Monaten nach Ablauf des Geschäftsjahres von der Inhaberin zu erstellen.

(3) Der Jahresabschluss muss den handelsrechtlichen Grundsätzen ordnungsmäßiger Buchführung und Bilanzierung entsprechen. Weiterhin sind die Vorschriften über die einkommensteuerliche Gewinnermittlung maßgebend.

(4) Dem stillen Gesellschafter ist eine Abschrift des Jahresabschlusses zuzusenden. Einwendungen gegen den Jahresabschluss hat der stille Gesellschafter spätestens einen Monat nach Zugang des Jahresabschlusses schriftlich per Einschreibebrief zu erheben. Versäumt er diese Frist, gilt der Jahresabschluss als genehmigt. Können die Gesellschafter einen schriftlich erhobenen Einwand des stillen Gesellschafters gegen den Jahresabschluss nicht durch Einvernehmen klären, so entscheidet ein durch die für die Inhaberin örtlich zuständige Steuerberaterkammer eingesetzter Schiedsgutachter.

§ 7 Gesellschafterkonten

(1) Die Einlage des stillen Gesellschafters wird auf einem Einlagekonto gebucht.

(2) Verlustanteile werden auf einem Verlustkonto gebucht. Solange dieses Konto des stillen Gesellschafters Verlustanteile aufweist, werden Gewinnanteile hälftig dem Verlustkonto und dem Privatkonto gutgeschrieben.

(3) Alle sonstigen den stillen Gesellschafter betreffenden Buchungen, insbesondere Gewinngutschriften und Auszahlungen, erfolgen über ein Privatkonto.

§ 8 Maßgebender Ertrag

(1) Der Ergebnisbeteiligung des stillen Gesellschafters wird der im steuerlichen Jahresabschluss ausgewiesene Ertrag vor Berücksichtigung des Gewinn- oder Verlust-

anteils des stillen Gesellschafters zugrunde gelegt. Soweit Vergütungen an Mitunternehmer der Inhaberin gemäß § 15 Abs. 1 Nr. 2 EStG in der Steuerbilanz nicht als Aufwand abgesetzt sind, sind diese abzuziehen; soweit Leistungen eines Mitunternehmers, die handelsrechtlich einen Ertrag darstellen (zB Zinsen), in der Steuerbilanz nicht als Einnahmen enthalten sind, sind diese hinzuzurechnen.

(2) Wird der Jahresabschluss der Gesellschaft im Rahmen der Veranlagung oder bei späteren Berichtigungsveranlagungen, insbesondere auf Grund einer Betriebsprüfung, bestandskräftig geändert, so ist diese Änderung auch bei der Ergebnisbeteiligung des stillen Gesellschafters zu berücksichtigen; Ausgleichszahlungen erfolgen innerhalb von vier Wochen nach bestandskräftiger Änderung des Jahresabschlusses.

§ 9 Ergebnisbeteiligung

An dem gemäß § 8 ermittelten Ergebnis nimmt der stille Gesellschafter im Verhältnis des Werts seiner Einlage zum Gesamtwert des Unternehmens der Inhaberin teil. Die sich daraus ergebende Beteiligungsquote wird von den Beteiligten mit ......% festgelegt. Verluste werden dem stillen Gesellschafter auch insoweit zugerechnet, als sie den Betrag seiner Einlage übersteigen.

§ 10 Entnahmen

(1) Der stille Gesellschafter ist berechtigt, den seinem Privatkonto gutgeschriebenen Gewinnanteil zu entnehmen. Als Abschlagszahlung darf er im laufenden Geschäftsjahr jeweils zum Quartalsende Entnahmen in Höhe von 1/4 des zuletzt festgestellten Gewinnanteils vornehmen (im Gründungsjahr in Höhe des zu schätzenden Gewinnanteils), soweit ein Gewinnanteil des laufenden Jahres gemäß § 7 Abs. 2 dem Privatkonto gutzuschreiben sein wird. Restzahlungen auf den Gewinnanteil bzw. die Rückzahlungen überhöhter Abschlagszahlungen sind innerhalb von vier Wochen nach Feststellung der Bilanz vorzunehmen.

(2) Die Inhaberin kann die Auszahlungen des Gewinnanteils bzw. der Abschlagszahlungen ganz oder teilweise verweigern, soweit dies die Liquiditätslage zwingend gebietet oder sich im Laufe des Geschäftsjahres herausstellt, dass der dem Privatkonto gutzuschreibende Gewinnanteil geringer sein wird als die Summe der gemäß Abs. 1 Satz 2 möglichen Abschlagszahlungen.

§ 11 Änderung der Kapitalverhältnisse, Aufnahme weiterer stiller Gesellschafter

Ändern sich die Kapitaleinlagen der Gesellschafter der Inhaberin, so ist der stille Gesellschafter berechtigt, seine Einlage in dem Verhältnis zu ändern, in dem sich die Kapitaleinlagen der Gesellschafter der Inhaberin gegenüber dem Wert, der ihnen bei Begründung der stillen Gesellschaft für die Ergebnisbeteiligung (§ 9) zugemessen wurde, geändert haben. Macht er von diesem Recht keinen Gebrauch, so können die Inhaberin und der stille Gesellschafter mit Wirkung vom Zeitpunkt der Kapitaländerung gem. Satz 1 eine angemessene Neufestsetzung des Ergebnisverteilungsschlüssels verlangen. Gleiches gilt im Fall des Eintritts oder des Ausscheidens weiterer stiller Gesellschafter. Kommt eine Einigung über die Neufassung nicht zustande, so entscheidet ein von der zuständigen Industrie- und Handelskammer einzusetzender Schiedsgutachter verbindlich für beide Parteien.

§ 12 Abtretung und Belastung von Anteilen

(1) Abtretung, Veräußerung und Verpfändung des stillen Gesellschaftsanteils sowie Vereinbarung einer Unterbeteiligung, Einräumung von Treuhandverhältnissen und Nießbrauchsbestellung bedürfen der vorherigen schriftlichen Zustimmung der Inhaberin. Die Zustimmung darf nur aus wichtigen Gründen versagt werden.

(2) Entsprechendes gilt für die Abtretung und Verpfändung von Gewinnansprüchen und Guthaben.

§ 13 Tod des stillen Gesellschafters

Im Fall des Todes des stillen Gesellschafters treten seine Erben in seine Rechtsstellung ein. Mehrere Erben haben sich gegenüber der Inhaberin durch einen gemeinsamen Bevollmächtigten vertreten zu lassen. Der Bevollmächtigte hat der Inhaberin seine Vertretungsbefugnis auf Verlangen durch notariell beglaubigte Vollmacht nachzuweisen. Bis zum Nachweis der Bevollmächtigung ruhen die Rechte der Erben aus diesem Vertrag mit Ausnahme des Gewinnbezugsrechts.

§ 14 Kündigung

Die Gesellschaft kann mit einer Frist von sechs Monaten zum Ablauf eines Geschäftsjahres gekündigt werden, erstmals jedoch zum ...... Das Recht zur Kündigung aus wichtigem Grund bleibt unberührt. Als wichtiger Grund gilt neben den in § 234 HGB in Verbindung mit § 723 BGB genannten Gründen insbesondere auch:

a) die Liquidation der Inhaberin;

b) die Eröffnung des Insolvenzverfahrens über das Vermögen des stillen Gesellschafters;

c) Zwangsvollstreckungsmaßnahmen in Gesellschaftsrechte des stillen Gesellschafters, wenn diese Maßnahmen nicht innerhalb von drei Monaten wieder aufgehoben werden.

§ 15 Umwandlung

Das stille Gesellschaftsverhältnis endet nicht, wenn im Zusammenhang mit der Umwandlung der Inhaberin in eine andere Rechtsform eine Auflösung der Inhaberin eintritt und das Vermögen der Inhaberin auf das neuerrichtete Unternehmen der anderen Rechtsform übertragen wird. In diesem Fall besteht die Einlage eines stillen Gesellschafters mit dem gleichen Nennbetrag weiter.

§ 16 Auseinandersetzungsguthaben

(1) Bei Beendigung der stillen Gesellschaft hat der stille Gesellschafter Anspruch auf ein Auseinandersetzungsguthaben, das auf den Tag der Beendigung festzustellen ist.

(2) Der Auseinandersetzungsanspruch setzt sich zusammen aus:

a) dem Saldo des unter Berücksichtigung von § 8 ermittelten Einlage-, Privat- und Verlustkontos;

b) dem seiner Beteiligungsquote entsprechenden Anteil des stillen Gesellschafters an den stillen Reserven der Inhaberin (Abs. 4).

Ergibt sich ein negativer Betrag, so ist dieser nur bis zur Höhe eines negativen Privatkontos vom stillen Gesellschafter auszugleichen.

(3) Fällt der Tag der Beendigung nicht auf einen Bilanzstichtag, ist zur Ermittlung der Kontenstände das Ergebnis des laufenden Geschäftsjahres zeitanteilig aufzuteilen.

(4) Zur Ermittlung der stillen Reserven (Abs. 2 Buchst. b) sind sämtliche Vermögensgegenstände der Gesellschaft mit ihren Verkehrswerten anzusetzen; ein selbstgeschaffener Firmenwert ist zu berücksichtigen. Kommt eine Einigung über die Verkehrswerte nicht zustande, so entscheidet ein von der zuständigen Industrie- und Handelskammer einzusetzender Schiedsgutachter verbindlich für beide Parteien.

(5) § 8 Abs. 2 gilt entsprechend. Das Abfindungsguthaben ist unter Berücksichtigung der neuen Bescheide zu berichtigen.

(6) Endet die stille Beteiligung bei Liquidation der Inhaberin, so ist für die Ermittlung der stillen Reserven der Liquidationserlös maßgebend.

(7) Die Auszahlung des Auseinandersetzungsguthabens erfolgt – außer im Fall der Liquidation – in ...... gleichen Vierteljahresraten, von denen die Erste drei Monate nach dem Tag der Beendigung der stillen Gesellschaft fällig wird. Solange die Höhe des Auseinandersetzungsguthabens noch nicht feststeht, ist die Höhe der Raten zu schätzen; der Ausgleich erfolgt bei der Ersten nach Feststellung des Auseinandersetzungsguthabens fälligen Rate. Die Auszahlung des Auseinandersetzungsguthabens ist angemessen zu strecken, wenn die Zahlung nach Satz 1 unter Berücksichtigung der Vermögens- und Einkommenslage der Inhaberin nicht zu vertreten ist. Bei Beendigung der stillen Gesellschaft wegen Liquidation der Inhaberin ist das Auseinandersetzungsguthaben innerhalb von ...... Monaten nach seiner Feststellung fällig.

(8) Das Auseinandersetzungsguthaben ist in seiner jeweiligen Höhe mit ......% p.a. zu verzinsen. Die Zinsen werden mit der letzten Rate fällig.

§ 17 Schriftform, salvatorische Klausel

(1) Änderungen und Ergänzungen dieses Vertrages bedürfen zu ihrer Wirksamkeit der Schriftform. Mündliche Nebenabreden bestehen nicht.

(2) Sollten sich einzelne Bestimmungen des Gesellschaftsvertrages als ungültig erweisen, so wird dadurch die Gültigkeit des Vertrages im Übrigen nicht berührt. In einem solchen Fall sind die Gesellschafter verpflichtet, durch Beschluss die ungültige Bestimmung durch diejenige gesetzlich zulässige Bestimmung zu ersetzen, die den Zweck der ungültigen Bestimmung, insbesondere das, was die Vertragspartner gewollt haben, in der weitestgehend möglichen Annäherung erreicht. Entsprechendes gilt, wenn sich bei Durchführung des Vertrages eine ergänzungsbedürftige Lücke ergeben sollte.

(3) Gerichtsstand für sämtliche Streitigkeiten aus diesem Vertrag ist ......, soweit dies zulässig vereinbart werden kann.

II. ERLÄUTERUNGEN

Erläuterungen zu A. 14.01 Vertrag über die Errichtung einer atypisch stillen Gesellschaft

1. Grundsätzliche Anmerkungen

a) Wirtschaftliche Funktion

1 Die atypische stille Gesellschaft ist eine auf Grund des dispositiven Charakters der §§ 230 ff. HGB vom gesetzlichen Typ der stillen Gesellschaft abweichende Ausprägung dieser Gesellschaftsform. Sie ist im Innenverhältnis der Personenhandelsgesellschaft angenähert und kann so ausgestaltet werden, dass der stille Gesellschafter die gleichen Rechte und Pflichten wie ein Kommanditist hat, wobei auch über die typischen Kommanditistenrechte hinausgehende Kontroll- und Mitsprachemöglichkeiten eingeräumt werden können. Trotz dieser Ausgestaltung tritt der atypische stille Gesellschafter nach außen nicht in Erscheinung. Wie bei der typischen stillen Gesellschaft wird aus den im Betrieb geschlossenen Geschäften nur der Inhaber berechtigt und verpflichtet; eine Haftung des stillen Gesellschafters gegenüber Gläubigern des Inhabers wird nicht begründet. Die atypische stille Gesellschaft eröffnet die Möglichkeit einer mitunternehmerschaftlichen Beteiligung an einem Handelsgewerbe mit allen Chancen und Risiken, also insbesondere die Beteiligung an Gewinn und Verlust, stillen Reserven und unternehmerischen Entscheidungen, ohne dass damit ein Auftreten

des stillen Gesellschafters nach außen und eine persönliche Haftung verbunden ist. Sie stellt somit eine Alternative zur Kommanditgesellschaft dar, wobei allerdings mangels Eintragung des stillen Gesellschafters im Handelsregister eine Außendokumentation der stillen Einlage als haftendes Eigenkapital unterbleibt (s. iÜ zur wirtschaftlichen Funktion der stillen Gesellschaft A. 14.00 Rz. 1).

b) Gesellschaftsrecht

Die atypische stille Gesellschaft folgt, auch wenn sie steuerlich als Mitunternehmerschaft qualifiziert und ähnlich wie Personenhandelsgesellschaften behandelt wird, zivilrechtlich den Bestimmungen der §§ 230 ff. HGB. Infolge der weitgehenden Dispositionsfreiheiten dieser Bestimmungen finden sich bei der atypischen stillen Gesellschaft Abweichungen von der gesetzlichen Norm idR in folgenden Bereichen: Erweiterung der Mitteilungspflichten des Inhabers, Einräumung von Kontroll- und Mitspracherechten; Teilnahme am Verlust (gem. § 231 Abs. 2 HGB ist die Verlustbeteiligung nicht zwingend); Vermögensbeteiligung auf Grund schuldrechtlicher Vereinbarung wie bei Gesamthandsgemeinschaften (s. iE A. 14.00 Rz. 1 ff.). Der BGH hat die Grundsätze der fehlerhaften Gesellschaft auf eine mehrgliedrige stille Gesellschaft unter bestimmten Voraussetzungen in Zusammenhang mit geltend gemachten Rückabwicklungsansprüchen bei Publikumsgesellschaften für anwendbar erklärt, vgl. BGH II ZR 383/12 v. 19.11.13, DB 13, 2792. 2

c) Steuerrecht

Steuerlich ist der atypische stille Gesellschafter **Mitunternehmer** und erzielt aus seiner Beteiligung Einkünfte aus Gewerbebetrieb gem. § 15 Abs. 1 Nr. 2 EStG, wenn die Voraussetzungen einer Mitunternehmerschaft vorliegen. Diese sind: Beteiligung am Unternehmerrisiko, dh. insbes. Beteiligung am Gewinn und Verlust und an den stillen Reserven und Unternehmerinitiative (BFH GrS 4/82 v. 25.6.84, BStBl. II 84, 751). Mitunternehmerschaft liegt idR vor, wenn der stille Gesellschafter nicht nur am laufenden Gewinn und Verlust teilnimmt, sondern schuldrechtlich an den stillen Reserven und am Geschäftswert teilhaben soll. Hierzu ist erforderlich, dass er bei Auflösung der Gesellschaft nicht nur seine Einlage, sondern auch einen Anteil an den Wertsteigerungen des Betriebsvermögens einschließlich Geschäftswert erhält (BFH I R 22/75 v. 5.7.78, BStBl. II 78, 644; II R 116/69 v. 14.6.72, BStBl. II 72, 734; VIII R 364/83 v. 12.11.85, BStBl. II 86, 311; BGH II ZR 284/91 v. 29.6.92, DStR 92, 1370; BFH VIII R 57/91 v. 13.10.92, BFH/NV 93, 518; IV R 132/91 v. 18.2.93, BFH/NV 93, 647; IV R 1/92 v. 27.5.93, BStBl. II 94, 700). Dabei muss die Beteiligung am Geschäftswert nach verkehrsüblichen Methoden berechnet werden; die Vereinbarung einer Pauschalabfindung genügt nicht (BFH IV R 61/78 v. 25.6.81, BStBl. II 82, 59; VIII R 364/83 v. 12.11.85, aaO). Eine Beteiligung am Firmenwert kann allerdings für den Fall des vorzeitigen Ausscheidens des stillen Gesellschafters ausgeschlossen oder eingeschränkt werden (BFH v. 25.6.84, aaO und v. 12.11.85, aaO). Gesellschaftsrechtlich ist eine Buchwertklausel auch dann wirksam, wenn vereinbart ist, die stille Gesellschaft wie eine Kommanditgesellschaft zu führen (OLG München 7 U 1562/91 v. 8.7.92, DB 93, 2325). 3

Zur Annahme einer **Mitunternehmerinitiative** ist idR die Einräumung der einem Kommanditisten zustehenden Überwachungsrechte ausreichend (s. hierzu BFH IV R 135/78 v. 25.6.81, BStBl. II 81, 779; VIII R 364/83 v. 12.11.85, BStBl. II 86, 311). Da die zu einer atypischen stillen Gesellschaft führenden Abweichungen vom gesetzlichen Leitbild der stillen Gesellschaft vielfältiger Art sein können, ist letztlich das Gesamtbild der Verhältnisse entscheidend. Trotz Fehlens einer Beteiligung an Verlusten und damit am Unternehmerrisiko sowie an den stillen Reserven kann eine mitunternehmerschaftliche stille Beteiligung gegeben sein, wenn andere Anhaltspunkte für eine Mitunternehmerstellung sprechen, insbes. wenn auf Grund der vertraglichen Gesamt- 4 gestaltung einer Beteiligung das Ergebnis des Betriebes im Wesentlichen den stillen Gesellschaftern zugute kommt, zB wenn durch Höhe der Beteiligungsquote sowie Vergütungen für Dienstleistungen und verpachtete Wirtschaftsgüter das Betriebsergebnis im Wesentlichen dem stillen Gesellschafter zusteht (BFH IV B 51/85 v. 2.9.85, BStBl. II 86, 10; FG Münster X 7530/82F v. 25.2.86, EFG 87, 23). Ebenso kann Mitunternehmerschaft trotz Ausschlusses der Beteiligung an Verlust, stillen Reserven und Geschäftswert gegeben sein, wenn dem stillen Gesellschafter die Führung des Unternehmens überlassen ist (BFH IV R 197/79 v. 28.1.82, BStBl. II 82, 389). Nach BFH VIII R 122/86 v. 11.12.90 (FR 91, 236) ist der Alleingesellschafter einer Komplementär-GmbH, der zugleich an der GmbH & Co. KG still beteiligt ist, auch dann als atypischer stiller Gesellschafter (Mitunternehmer) anzusehen, wenn er am Verlust und an den stillen Reserven der GmbH & Co. KG nicht beteiligt ist.

5 Gegen eine Mitunternehmerschaft spricht, wenn der stille Gesellschafter zwar vertraglich an den stillen Reserven und am Geschäftswert beteiligt ist, diese jedoch keine wirtschaftliche Bedeutung haben, insbes. wenn nur eine theoretische Möglichkeit besteht, dass sich stille Reserven bilden und der stille Gesellschafter bei Auflösung der Gesellschafter einen Anteil daran verlangt. Bei Ausschluss der Gewinnbeteiligung liegt bereits zivilrechtlich kein stilles Gesellschaftsverhältnis und damit auch keine Mitunternehmerschaft vor (BFH I R 188/67 v. 9.7.69, BStBl. II 69, 690; IV R 178/68 v. 22.1.70, BStBl. II 70, 416; BFH GrS 4/82 v. 25.6.84, BStBl. II 84, 751; s. auch BFH IV R 1/92 v. 27.5.93, BStBl. II 94, 700 zur Beteiligung des stillen Gesellschafters am laufenden Gewinn und an den stillen Reserven einschließlich eines Geschäftswerts als Voraussetzung für die Annahme einer atypischen stillen Gesellschaft). Zur steuerrechtlichen Anerkennung der atypischen stillen Beteiligung eines minderjährigen Kindes an einer **Familien-GmbH** vgl. BFH VIII R 47/85 v. 13.6.89 (GmbHR 90, 181: keine Anerkennung, wenn der Vater die GmbH beherrscht und wenn weder der Gewinnanteil ausgezahlt wird, noch eine Vereinbarung über das darlehensweise Stehenlassen des Gewinnanteils vorliegt; s. iE *Schulze zur Wiesche* DB 90, 552; BMF v. 5.10.89, DB 89, 2099 zu schenkweise als Kommanditisten aufgenommenen minderjährigen Kindern).

6 Im Einzelnen ergeben sich bei der atypischen stillen (mitunternehmerschaftlichen) Beteiligung folgende Besonderheiten gegenüber der typischen stillen Beteiligung:

- Zu den **gewerblichen Einkünften** des atypischen stillen Gesellschafters gehört gem. § 15 Abs. 1 Nr. 2 EStG alles, was er als Vergütung für seine Tätigkeit im Dienste des Inhabers oder für die Hingabe von Darlehen oder für die Überlassung von Wirtschaftsgütern bezieht. Diese Vergütungen sind deshalb keine den steuerlichen Gewinn mindernden Betriebsausgaben.
- Wirtschaftsgüter, die der atypische stille Gesellschafter dem Inhaber zur Nutzung überlässt, bilden beim atypischen stillen Gesellschafter **Sonderbetriebsvermögen I** (*Döllerer* DStR 85, 295; BFH VIII R 122/86 v. 11.12.90, FR 91, 236).
- Gewinnauszahlungen unterliegen nicht der Kapitalertragsteuer.
- Gewinne aus der Veräußerung einer atypischen stillen Beteiligung unterliegen gem. §§ 16 Nr. 1, 34 Abs. 2 EStG der ESt mit einem uU begünstigten Steuersatz; gem. § 34 Abs. 3 EStG kann ggf. der halbe Steuersatz in Anspruch genommen werden; der Gewerbesteuer unterliegen die Gewinne nicht (GewStR 7.1 Abs. 3).
- Ist der atypische stille Gesellschafter im Ausland ansässig, so ist er **beschränkt steuerpflichtig** mit inländischen Einkünften gem. § 49 Abs. 1 Nr. 2a EStG. Eine inländische Betriebsstätte des ausländischen stillen Gesellschafters ist anzunehmen, obwohl der stille Gesellschafter nur schuldrechtliche Beziehungen zum inländischen Geschäftsinhaber hat (JbFfSt 1986/87, 295).
- Bei atypischen stillen Beteiligungen an ausländischen Unternehmen können unterschiedliche Qualifikationen des Quellenstaates und des Wohnsitzstaates auftreten, zumal wenn im betreffenden Staat das Rechtsinstitut der stillen Gesellschaft nicht

bekannt ist (zur atypischen stillen Beteiligung an einer Schweizer Kapitalgesellschaft vgl. OFD Düsseldorf v. 8.1.91, RIW 91, 173).

- Gewinne und Verluste des Inhabers und des stillen Beteiligten werden gem. § 180 Abs. 1 Nr. 2a AO gesondert und einheitlich festgestellt.

Eine Klärung diverser offener Fragen der atypischen stillen Gesellschaft (vgl. hierzu *Döllerer* DStR 85, 295) hat das Grundsatzurteil des BFH VIII R 364/83 v. 12.11.85 (BStBl. II 86, 311) gebracht. Daraus ergibt sich: 7

- Die atypische stille Gesellschaft als solche betreibt – anders als die Personenhandelsgesellschaft – **kein gewerbliches Unternehmen.** Lediglich der Inhaber betreibt ein gewerbliches Unternehmen, auch wenn das Ergebnis dieser Betätigung wegen der schuldrechtlichen Beteiligung des stillen Gesellschafters einkommensteuerrechtlich zum Teil diesem zugerechnet wird.
- Die atypische stille Gesellschaft ist nicht **„Subjekt der Gewinnerzielung“** (vgl. hierzu BFH GrS 4/82 v. 25.6.84, BStBl. II 84, 751).
- Da die atypische stille Gesellschaft handelsrechtlich und steuerrechtlich kein Gesellschaftsvermögen (Betriebsvermögen) hat, kann für sie auch **kein Betriebsvermögensvergleich** (§ 4 Abs. 1, § 5 EStG) durchgeführt werden. Handelsrechtlich und steuerrechtlich gibt es nur einen Vermögensvergleich und einen Gewinn oder Verlust des Inhabers des Handelsgeschäftes und einen Anteil des atypischen stillen Gesellschafters an diesem Gewinn oder Verlust.
- Da die atypische stille Gesellschaft als solche kein Betriebsvermögen hat, kann es auch **keinen Einheitswert des Betriebsvermögens** der atypischen stillen Gesellschaft geben, sondern nur einen Einheitswert des Gewerbebetriebes des Inhabers des Handelsgeschäftes (an dem allerdings der atypische stille Gesellschafter schuldrechtlich beteiligt ist). Nach dem koord. Ländererlass v. 13.11.89 (BStBl. I 89, 452) ist der Einheitswert bei einer atypischen stillen Gesellschaft wie bei anderen Personengesellschaften einheitlich und gesondert festzustellen und auf den Inhaber und den atypischen stillen Gesellschafter aufzuteilen. Der Feststellungsbescheid ist den Gesellschaftern bekannt zu geben (zur steuerlichen Vermögenszuordnung bei der atypischen stillen Gesellschaft s. *Ohlers/Busse* DB 89, 448; *MünchHdb GesR/Bezzenberger* § 19 Rz. 1 ff.).
- Die atypische stille Gesellschaft ist – anders als die Personengesellschaft – nicht **Subjekt der Gewerbesteuer.** Steuerschuldner ist vielmehr nur der Inhaber; der atypische stille Gesellschafter kann nicht als Steuerschuldner in Anspruch genommen werden (s. hierzu BMF v. 26.11.87, DB 87, 2545). Ein Gewerbesteuermessbescheid muss sich deshalb gegen den Geschäftsinhaber richten (BFH IV R 85/88 v. 14.9.89, BFH/NV 90, 591; VIII R 42/90 v. 15.12.92, BStBl. II 94, 702; FG BaWü 6 K 179/88 v. 29.10.92, EFG 93, 337).
- In Finanzstreitverfahren über die einheitliche Feststellung der Einkünfte aus Gewerbebetrieb für eine atypische stille Gesellschaft ist nicht die Gesellschaft klagebefugt, sondern der Inhaber des Handelsgeschäfts (BFH VIII B 203/86 v. 29.7.87, BFH/NV 88, 101; VIII B 90/87 v. 24.11.88, BStBl. II 89, 145). Auch die Prüfungsanordnung, die die gesonderte und einheitliche Feststellung des Gewinns einer atypisch stillen Gesellschaft betrifft, ist an den Geschäftsinhaber zu richten (vgl. BFH IV B 62/10 v. 3.11.11, BFH/NV 12, 369).

Der **Zeitpunkt der** Entstehung des Anspruchs und damit die **Verpflichtung zur Aktivierung** des Gewinnanteils ist streitig. Nach zutreffender Auffassung hängt die Entstehung von der Feststellung der Bilanz des Geschäftsinhabers ab (so *Döllerer* DStR 84, 383; *Hense,* Die stille Gesellschaft im handelsrechtlichen Jahresabschluss, 1990, 380). Demgegenüber wird allerdings auch vertreten, der Gewinnanspruch entstehe ohne weiteres zum Bilanzstichtag des Geschäftsinhabers (*HGB-Großkomm./Zutt* § 232 Rz. 23; BFH III R 37/77 v. 16.2.79, BStBl. II 79, 278). Jedenfalls ist bei Hinzutreten bestimmter Voraussetzungen der Gewinnanspruch schon vor Feststellung der Bilanz 8 des Geschäftsinhabers zu aktivieren (s. hierzu BFH VIII R 106/87 v. 19.2.91, BStBl. II 91, 569), so insbes., wenn das Geschäftsjahr des Inhabers vor oder mit dem des stillen Gesellschafters endet und der stille Gesellschafter an der Inhaberin mehrheitlich beteiligt ist.

9 *(frei)*

2. Einzelerläuterungen

Zur Vorbemerkung

10 Ist der Inhaber kein Kaufmann, so kann eine stille Gesellschaft im Rechtssinn nicht entstehen (idR liegt dann eine GbR vor, s. hierzu A. 14.00 Rz. 23). Ist der Inhaber Kaufmann, erzielt jedoch steuerlich nicht Einkünfte aus Gewerbebetrieb (sondern zB aus VuV bei einer Immobilien-KG), so steht dies einer stillen Gesellschaft nicht im Wege. Der atypische stille Gesellschafter erzielt in diesem Fall ebenso Einkünfte aus VuV wie die Gesellschafter der Inhaberin, weil die Ausgestaltung als atypische stille Beteiligung eine weitgehende steuerliche Gleichstellung von Inhaberin bzw. deren Gesellschaftern einerseits sowie atypischem stillen Gesellschafter andererseits nach sich zieht.

Übt der Inhaber eine freiberufliche und daneben eine gewerbliche Tätigkeit aus, so sind gem. § 15 Abs. 3 Nr. 1 EStG sämtliche Einkünfte der atypischen stillen Gesellschaft (Mitunternehmerschaft) gewerblich (BFH I R 133/93 v. 10.8.94, BStBl. II 95, 171).

Zu § 1: Einlage des stillen Gesellschafters

11 Die Einlage des stillen Gesellschafters kann in jedem bewertbaren Vorteil bestehen (s. iE A. 14.00 Rz. 24). Auch bei der atypischen stillen Beteiligung ist die Einlage so zu leisten, dass sie in das Vermögen des Inhabers übergeht. Der stille Gesellschafter erhält lediglich obligatorische Rechte, nicht dingliche. Die Beteiligung am Vermögen und an den stillen Reserven (§ 4) begründet nur einen schuldrechtlichen Anspruch auf Beteiligung an diesen Vermögenswerten. Wird das Darlehen, das ein Nichtgesellschafter einer Personengesellschaft gewährt hat, in eine atypisch stille Beteiligung umgewandelt, so können dem stillen Gesellschafter ertragsteuerlich nur Verluste iH des gemeinen Werts der Darlehensforderung im Zeitpunkt der Umwandlung zugewiesen werden, vgl. BFH VII R 10/00 v. 29.5.01, BStBl. II 01, 747.

Zu § 2: Dauer der Gesellschaft, Geschäftsjahr

12 Da die atypische stille Gesellschaft nicht Subjekt der Gewinnerzielung ist und ein Betriebsvermögensvergleich für die atypische stille Gesellschaft als solche nicht vorgenommen wird (BFH VIII R 364/83 v. 12.11.85, BStBl. II 86, 311; s. Rz. 7) empfiehlt es sich, das Geschäftsjahr der stillen Gesellschaft dem der Inhaberin anzupassen.

Zu § 3: Geschäftsführung

13 Abs. 1 entspricht der gesetzlichen Regelung, wonach der stille Gesellschafter von der Geschäftsführung ausgeschlossen ist. Eine Regelung der Vertretungsmacht ist nicht erforderlich, da es bei der stillen Gesellschaft eine Vertretung im rechtstechnischen Sinn nicht gibt; nach außen tritt allein der Inhaber unter seiner Firma auf (s. iE A. 14.00 Rz. 28).

14 Daneben können jedoch auch dem stillen Gesellschafter weitgehende Geschäftsführungs- und Vertretungsbefugnisse für das Unternehmen der Inhaberin eingeräumt werden (Vertretungsbefugnis zB in Gestalt einer Handlungsvollmacht oder Prokura). Die in Abs. 2 enthaltene Aufzählung zustimmungsbedürftiger Geschäftsführungsmaßnahmen begründet die für die Annahme einer Mitunternehmerschaft erforderliche Mitunternehmerinitiative. Der Zustimmungskatalog kann beliebig erweitert werden; auch eine Einschränkung des Zustimmungskataloges führt so lange nicht zur Ableh-

nung der Mitunternehmerinitiative, als dem Stillen die für den Kommanditisten gesetzestypischen Mitwirkungs- und Kontrollrechte erhalten bleiben (s. hierzu BFH IV R 135/78 v. 25.6.81, BStBl. II 81, 779). BFH VIII R 166/84 v. 10.11.87, BStBl. II 89, 758 hat schenkweise als Kommanditisten aufgenommene minderjährige Kinder als Mitunternehmer anerkannt, obwohl das Widerspruchsrecht nach § 164 HGB ausgeschlossen, das Gewinnentnahmerecht weitgehend beschränkt, das Kündigungsrecht langfristig abbedungen und das Abfindungsguthaben bei vorzeitigem Ausscheiden auf den Buchwert reduziert war (s. zu diesem Urteil allerdings den Nichtanwendungserlass des BMF v. 5.10.89, DB 89, 2099).

Zu § 4: Stellung des stillen Gesellschafters

Die Beteiligung am Vermögen und an den stillen Reserven stellt die entscheidende 15
vermögensrechtliche Besonderheit der atypischen stillen Gesellschaft dar. Bedeutung gewinnt die Regelung erst bei Beendigung der stillen Gesellschaft. Während der typische stille Gesellschafter hier lediglich Anspruch auf Rückgewähr seiner Einlage (gegebenenfalls vermindert um Verluste) hat, erhält der atypische stille Gesellschafter ein Abfindungsguthaben, das seiner Vermögensbeteiligung entspricht. Dass dadurch kein Gesamthandsvermögen entsteht, sondern der Stille vermögensrechtlich nur so zu stellen ist, als ob Gesamthandsvermögen bestünde, stellt Abs. 2 klar.

Zu § 5: Informations- und Kontrollrechte

Gem. § 233 HGB stehen dem stillen Gesellschafter lediglich eingeschränkte Infor- 16
mations- und Kontrollrechte zur Verfügung. Entspr. dem Charakter der atypischen stillen Gesellschaft sind dem Stillen hier die weitergehenden Rechte des § 716 BGB eingeräumt, der insbesondere das Recht zur persönlichen Unterrichtung von den Angelegenheiten der Gesellschaft unter Einsichtnahme der Geschäftsbücher und -papiere gibt. Da nach Beendigung der stillen Gesellschaft alle Informations- und Kontrollrechte entfallen und der Gesellschafter sich nur noch auf die allgemeinen Vorschriften der §§ 810, 242 BGB stützen kann (BGH v. 11.7.68, BGHZ 50, 324; II ZR 203/74 v. 8.4.76, DB 76, 2106), sind die Informations- und Kontrollrechte auf die Zeit nach Beendigung der Gesellschaft ausgedehnt (iÜ s. A. 14.00 Rz. 30 und oben Rz. 14).

Zu § 6: Jahresabschluss

Ebenso wie die typische stille Gesellschaft ist auch die atypische stille Gesellschaft 17
selbst nicht zur Buchführung und Bilanzierung verpflichtet (BFH VIII R 364/83 v. 12.11.85, BStBl. II 86, 311). Handels- und steuerrechtlich gibt es nur einen Vermögensvergleich und einen Gewinn oder Verlust des Inhabers des Handelsgeschäftes und einen Anteil des atypischen stillen Gesellschafters an diesem Gewinn oder Verlust (s. iÜ A. 14.00 Rz. 32). Zu den Bilanzierungsmöglichkeiten der stillen Beteiligung s. *MünchHdb GesR/Bezzenberger* § 18 Rz. 5ff.

Zu § 7: Gesellschafterkonten

Die Aufteilung auf Einlage-, Verlust- und Privatkonto empfiehlt sich zur besseren 18
Übersichtlichkeit und im Hinblick auf die Grundsätze der Bilanzklarheit (§ 243 Abs. 2 HGB) und des Verrechnungsverbots (§ 246 Abs. 2 HGB; s. iE A. 14.00 Rz. 34). Auch bei der atypischen stillen Gesellschaft bringt das Einlagekonto des stillen Gesellschafters nicht seine Beteiligung am Geschäftsvermögen zum Ausdruck, wie dies bei den Kapitalkonten der OHG oder der KG der Fall ist, da ein Gesamthandsvermögen nicht besteht. Das Konto drückt vielmehr eine echte Verbindlichkeit des Inhabers gegenüber dem stillen Gesellschafter aus und ist deshalb bei der Prüfung einer etwaigen Überschuldung des Inhabers als Verbindlichkeit zu behandeln, soweit es nicht durch Verluste aufgezehrt ist oder eine Rangrücktrittserklärung abgegeben wurde (*Scholz/Schmidt* § 63 Rz. 28, str.; aA *Wahl* GmbHR 75, 169; auch bei Rangrücktrittserklärung

bleibt die Einlage – eigenkapitalersetzendes – Fremdkapital und wird nicht zu Eigenkapital (BFH IV R 1/92 v. 27.5.93, BStBl. II 94, 700).

Gem. § 9 des Formulars werden dem Stillen auch Verluste zugerechnet, die seine Einlage übersteigen. Ein dadurch entstehendes negatives Kapitalkonto ist in der Bilanz der Inhaberin als nicht durch Einlagen gedeckter Verlustanteil des stillen Gesellschafters am Ende der Aktivseite von den Vermögenswerten des Geschäftsinhabers abgesetzt auszuweisen (*MünchHdb. GesR/Bezzenberger* § 18 Rz. 14; str.).

19 Auch das Privatkonto stellt ein Gläubigerkonto dar (s. iE A. 14.00 Rz. 34).

20 Zur Stellung des stillen Gesellschafters bei Insolvenz über das Vermögen der Inhaberin s. iE A. 14.00 Rz. 36. Zur Wiederauffüllung des Verlustkontos durch künftige Gewinne s. iE A. 14.00 Rz. 38.

Zu § 8: Maßgebender Ertrag

21 Ebenso wie bei der typischen stillen Gesellschaft kann der Ermittlung des Ergebnisanteils des Stillen sowohl die Handels- als auch die Steuerbilanz zugrunde gelegt werden (*Blaurock* § 14 Rz. 14.6). Dabei hat die hier gewählte Zugrundelegung der Steuerbilanz für den Anteil des Stillen am Ertrag den Vorteil, dass die steuerlichen Gewinnermittlungsvorschriften insofern „genauer" sind, als sie handelsrechtlich zulässige Unterbewertungen nicht enthalten (iÜ wird auf A. 14.00 Rz. 39 verwiesen). Eine Korrektur der Steuerbilanz um erhöhte Absetzungen, Sonderabschreibungen und steuerfreie Rücklagen wie bei der typischen stillen Gesellschaft ist bei der atypischen stillen Gesellschaft wegen der Beteiligung an den stillen Reserven nicht erforderlich. Lediglich Tätigkeitsvergütungen und sonstige Vergütungen, die steuerlich Vorabgewinn darstellen, sind zu berücksichtigen (s. hierzu iE A. 14.00 Rz. 43).

22 Die bei der typischen stillen Beteiligung vorgenommene Ausgliederung von Geschäftsvorfällen aus der Zeit vor Beginn der stillen Gesellschaft ist bei der atypischen stillen Beteiligung nicht erforderlich, da der atypische stille Gesellschafter so gestellt wird, als wäre er am Vermögen der Inhaberin wie ein Gesamthänder beteiligt.

Zu § 9: Ergebnisbeteiligung

23 **Gesellschaftsrecht:** Die Bestimmungen über die Verteilung des Gewinnes und Verlustes sind im HGB nur unzureichend geregelt. Gem. § 231 Abs. 1 HGB „gilt ein den Umständen nach gemessener Anteil als bedungen", wenn der Anteil des stillen Gesellschafters am Gewinn und Verlust nicht bestimmt ist. Da der atypische stille Gesellschafter vermögensrechtlich wie ein Gesamthänder behandelt wird, sollte die Beteiligungsquote auf Grund einer Bewertung des Unternehmens der Inhaberin einerseits unter Berücksichtigung aller stiller Reserven und eines Firmenwerts und der stillen Einlage andererseits ermittelt werden.

24 **Steuerrecht:** Der auf den atypischen stillen Gesellschafter entfallende Anteil am Gewinn oder Verlust des Inhabers gehört bei ihm zu den Einkünften aus Gewerbebetrieb (§ 15 Abs. 1 Nr. 2 EStG). Ebenso gehören Vergütungen, die der atypische stille Gesellschafter für Dienstleistungen oder für die Überlassung von Wirtschaftsgütern erhält, zu seinen Einkünften aus Gewerbebetrieb. Allerdings betreibt nicht die atypische stille Gesellschaft als solche – anders als die Personenhandelsgesellschaft – ein Gewerbe, sondern nur der Inhaber. Eine Tätigkeit der atypischen stillen Gesellschaft gibt es nicht, auch wenn das Ergebnis dieser Betätigung wegen der schuldrechtlichen Beteiligung des stillen Gesellschafters einkommensteuerrechtlich zum Teil diesem zugerechnet wird (BFH VIII R 364/83 v. 12.11.85, BStBl. II 86, 311). Tätigkeitsvergütungen, die eine oHG an atypisch still Beteiligte zahlt, sind dem Gesamtgewinn der oHG zuzurechnen (BFH IV R 75/96 v. 2.10.97, BStBl. II 98, 137). Auch die Prüfungsanordnung zur Feststellung des Gewinns einer atypisch stillen Beteiligung ist an den Geschäftsinhaber zu richten (BFH VIII B 39/02 v. 3.2.03, BFH/NV 03, 1028).

Die atypische stille Beteiligung ist Betriebsvermögen. Wirtschaftsgüter, die der atypische stille Gesellschafter der Inhaberin zur Nutzung überlässt, gehören zu seinem Sonderbetriebsvermögen (Wirtschaftsgüter des Inhabers sind hingegen stets dessen Betriebsvermögen, nicht Sonderbetriebsvermögen (BFH VIII R 276/81 v. 2.5.84, FR 84, 535; aA *Schulze zur Wiesche* GmbHR 85, 160, 164). 25

Negatives Einlagekonto: Wird im Gesellschaftsvertrag vereinbart, dass dem stillen Gesellschafter abweichend von § 232 Abs. 2 Satz 1 HGB Verluste auch über den Betrag seiner Einlage hinaus zugerechnet werden, so dass ein negatives Einlagekonto entstehen kann, kommt § 15a EStG zur Anwendung. Das Verlustausgleichsvolumen ist dabei auf die tatsächlich geleistete stille Einlage begrenzt; eine höhere vereinbarte stille Einlage ist nicht maßgeblich, da sich die erhöhte Haftung nicht auf Grund einer Eintragung im Handelsregister ergibt (§ 15a Abs. 1 Satz 2 und 3 EStG; vgl. BFH IV B 4/93 v. 26.5.94, BFH/NV 94, 784; VIII R 33/01 v. 11.3.03, BStBl. II 03, 705). Strittig war, ob Sonderbetriebsvermögen (negatives und positives) des stillen Gesellschafters bei der Ermittlung des Verlustausgleichsvolumens mit einzubeziehen ist. Für die KG hat der BFH zunächst entschieden, dass unabhängig vom Streit über den Begriff des Kapitalkontos Verlustanteile, die ein kreditfinanziertes positives Kapitalkonto des Kommanditisten in der Steuerbilanz aufzehren, ausgleichsfähig sind, dh., dass jedenfalls passives Sonderbetriebsvermögen in der Form eines zur Finanzierung der tatsächlich geleisteten Kommanditeinlage aufgenommenen Kredits ein in der Steuerbilanz der KG ausgewiesenes Kapital nicht mindert (BFH IV R 19/88 v. 1.6.89, BStBl. II 89, 1018, s. hierzu den Nichtanwendungserlass des BMF v. 22.12.89, BStBl. I 89, 484). Für einen atypischen stillen Gesellschafter kann insoweit uE nichts anderes als für einen Kommanditisten gelten (*Schmidt/Wacker* EStG § 15a Rz. 198). Für die KG hat BFH VIII R 31/88 v. 14.5.91 (BStBl. II 92, 167) entschieden, dass sowohl das negative als auch das positive Sonderbetriebsvermögen des Kommanditisten bei der Ermittlung des Kapitalkontos iSd. § 15a Abs. 1 EStG außer Betracht zu lassen ist. Die FinVerw. hat sich der BFH-Rspr. ausdrücklich angeschlossen (BMF v. 20.2.92, BStBl. I 92, 123). Auch hier kann für die stille Gesellschaft nichts anderes gelten. Die Entscheidung ist bereits auf berechtigte Kritik gestoßen (*LS* DStR 91, 1346). 26

Gewerbesteuerlich ist die atypische stille Gesellschaft als solche nicht Subjekt der GewSt; alleiniger Schuldner der GewSt ist der Inhaber (BFH VIII R 364/83 v. 12.11.85, BStBl. II 86, 311; s. auch Rz. 7). 27

Die Ermittlung der Beteiligungsergebnisse des atypischen stillen Gesellschafters erfolgt durch einen Vermögensvergleich beim Inhaber; da die atypische stille Gesellschaft handelsrechtlich und steuerrechtlich kein Gesellschaftsvermögen (Betriebsvermögen) hat, kann für die stille Gesellschaft als solche kein Betriebsvermögensvergleich durchgeführt werden (BFH VIII R 364/83 v. 12.11.85, aaO). Allerdings kann sich für den atypischenen stillen Gesellschafter die Notwendigkeit einer Ergänzungsbilanz ergeben, wenn er die Beteiligung von einem Dritten erworben und einen den Buchwert übersteigenden Kaufpreis bezahlt hat. 28

Zur angemessenen Gewinnverteilung in **Familiengesellschaften** s. A. 14.00 Rz. 60. 29

Die Einräumung einer überhöhten Gewinnbeteiligung kann Schenkung sein (§ 7 Abs. 6 ErbStG). 30

Steuerfolgen der Einräumung einer atypischen stillen Beteiligung beim Inhaber: Übersteigt die Einlage des Stillen im Hinblick auf vorhandene stille Reserven der Inhaberin seine Beteiligungsquote (im Verhältnis zu den Kapitaleinlagen der Gesellschafter der Inhaberin), so liegt darin uE keine anteilige Veräußerung der stillen Reserven durch die Gesellschafter der Inhaberin an den atypischen stillen Gesellschafter. Da nur die Inhaberin bilanzierungspflichtig ist und ein Vermögensvergleich nur für die Inhaberin stattfindet, sind die Buchwerte des Betriebsvermögens der Inhaberin 31 bei Aufnahme eines stillen Gesellschafters unverändert fortzuführen (*Döllerer* DStR 85, 295; str. s. zB *W/M* § 24 Rz. 87; *Schmidt/Wacker* § 15 Rz. 350, mwN).

32 *(frei)*

Zu § 10: Entnahmen

33 **Gesellschaftsrecht:** Gegenüber der gesetzlichen Regelung, die die Möglichkeit der Entnahme des festgestellten Gewinnanteils jeweils nach Ablauf eines Geschäftsjahres vorsieht (§ 232 HGB), ist die hier vorgesehene Möglichkeit vierteljährlicher Abschlagszahlungen gesellschafterfreundlich. Zur Schonung der Liquidität des Unternehmens kann jedoch auch vereinbart werden, dass nur Teilbeträge des auf den atypischen stillen Gesellschafter entfallenden Gewinnes entnommen werden dürfen (s. hierzu A. 14.00 Rz. 62).

34 **Steuerrecht:** Anders als bei der typischen stillen Beteiligung fällt bei der atypischen stillen Gesellschaft auf Entnahmen keine Kapitalertragsteuer an. Zu den steuerpflichtigen gewerblichen Einkünften gehört der festgestellte Gewinnanteil des atypischen stillen Gesellschafters, unabhängig von der Höhe der Entnahmen. Bei **Familiengesellschaften** ist zu beachten, dass die nicht vereinbarungsgemäße Auszahlung des Gewinnanteils einer tatsächlichen Durchführung des Vertrages und damit einer steuerlichen Anerkennung entgegenstehen kann, wenn nicht gleichzeitig eine Vereinbarung über das darlehensweise Stehenbleiben des Gewinnanteils vorliegt (BFH VIII R 47/85 v. 13.6.89, BStBl. II 89, 720).

§ 15a EStG: Nach dem Vertragsmuster werden dem stillen Gesellschafter Verluste auch insoweit zugerechnet, als sie den Betrag seiner Einlage übersteigen (§ 9 Satz 3). Die Entnahmeregelung in § 10 iVm. § 7 Abs. 2 kann dazu führen, dass sich durch die Entnahme ein negatives Kapitalkonto erhöht. Dies führt zu einer fiktiven Besteuerung gemäß § 15a Abs. 3 EStG.

Zu § 11: Änderung der Kapitalverhältnisse, Aufnahme weiterer stiller Gesellschafter

35 Nach dem Gesellschaftsvertrag (§ 3 Abs. 2 Buchst. b) kann die Inhaberin weitere stille Gesellschafter nur mit Zustimmung des Stillen aufnehmen. Änderungen in den Kapitalverhältnissen der Inhaberin selbst, zB durch Aufnahme weiterer Gesellschafter oder Kapitalerhöhungen vorhandener Gesellschafter, kann der stille Gesellschafter jedoch nicht widersprechen. Da der Beteiligungsquote des stillen Gesellschafters die Kapitalverhältnisse im Zeitpunkt des Abschlusses des stillen Gesellschaftsvertrages zugrunde liegen (s. § 9), müssen bei einer Änderung der Kapitalverhältnisse der Inhaberin oder bei Aufnahme weiterer stiller Gesellschafter beide Gesellschafter eine angemessene Anpassung der Beteiligungsquote des stillen Gesellschafters verlangen können (vgl. iÜ A. 14.00 Rz. 67).

Zu § 12: Abtretung und Belastung von Anteilen

36 **Gesellschaftsrecht:** Die Übertragung einer stillen Beteiligung ist im Gesetz nicht vorgesehen, kann jedoch durch den Gesellschaftsvertrag zugelassen werden (s. iE A. 14.00 Rz. 69).

37 **Steuerrecht:** Gewinne aus der Veräußerung einer atypischen stillen Beteiligung unterliegen gem. §§ 16 Abs. 1 Nr. 2, 34 Abs. 2 EStG uU einer begünstigten Besteuerung. Gem. § 34 Abs. 3 EStG kann ggf. ein Steuersatz iHv. 56% des durchschnittlichen Steuersatzes in Anspruch genommen werden. Der Erwerber hat den Mehrbetrag, den er über den Buchwert der erworbenen stillen Beteiligung hinaus bezahlt, in einer Ergänzungsbilanz zu aktivieren. Zahlt eine Kapitalgesellschaft einem ausscheidenden atypisch stillen Gesellschafter eine Abfindung, die auch den selbst geschaffenen, bisher nicht bilanzierten Geschäftswert abgilt, hat die Kapitalgesellschaft den darauf entfallenden Anteil der Abfindung als derivativen Geschäftswert zu aktivieren, vgl.

BFH III R 45/98 v. 16.5.02, BStBl. II 03, 10. Gewerbesteuerlich werden Veräußerungsgewinne nicht erfasst (GewStR 7.1 Abs. 3). Verluste aus der Veräußerung einer atypischen stillen Beteiligung sind als gewerbliche Verluste mit anderen positiven Einkünften auszugleichen.

Zu § 13: Tod des stillen Gesellschafters

Gesellschaftsrecht: Die Regelung entspricht der Bestimmung des § 234 Abs. 2 HGB (s. iE A. 14.00 Rz. 73). 38

Steuerrecht: Erbschaftsteuerliche Bemessungsgrundlage ist der Teil des betrieblichen Einheitswertes der Inhaberin, der der Beteiligungsquote des stillen Gesellschafters entspricht. Ein Einheitswert des Betriebsvermögens der atypischen stillen Gesellschaft als solcher besteht nicht, sondern nur ein Einheitswert des Gewerbebetriebes der Inhaberin (BFH VIII R 364/83 v. 12.11.85, aaO). 39

Findet über die atypische stille Beteiligung eine Erbauseinandersetzung statt, so ist der Beschluss des BFH GrS 2/89 v. 5.7.90 (BStBl. II 90, 837) zu beachten, wonach Erbfall und Erbauseinandersetzung keine Einheit bilden mit der Folge, dass die Aufteilung des Nachlasses bei den beteiligten Erben zu Anschaffungs- bzw. Veräußerungsvorgängen führt (vgl. iE *Schmidt/Wacker* § 16 Rz. 610). 40

Zu § 14: Kündigung

Zur Kündigung aus wichtigem Grund wird auf A. 14.00 Rz. 75 verwiesen. Zur Kündigung bei stiller Gesellschaft mit mehreren stillen Gesellschaftern durch einen Gesellschafter bei wesentlicher Änderung des Gesellschaftsvertrages ohne Zustimmung des stillen Gesellschafters s. BGH II ZR 144/79 v. 21.4.80, BB 80, 958. 41

Zu § 15: Umwandlung

Gem. § 3 Abs. 2a des Gesellschaftsvertrages bedarf die Änderung der Rechtsform des Unternehmens der Inhaberin der Zustimmung des stillen Gesellschafters. In Ergänzung hierzu bestimmt § 15, dass bei einer Umwandlung die stille Gesellschaft nicht beendet wird (s. iÜ A. 14.00 Rz. 77). 42

Zu § 16: Auseinandersetzungsguthaben

Gesellschaftsrecht: Entspr. der vermögensrechtlichen Beteiligung des atypischen stillen Gesellschafters wie bei einer gesamthänderischen Beteiligung sind bei der Ermittlung des Abfindungsguthabens die stillen Reserven einzubeziehen. Eine Regelung zur Ermittlung der stillen Reserven sieht das Formular nicht vor. Bei umfangreichem Betriebsvermögen der Inhaberin mit erheblichen stillen Reserven kann es empfehlenswert sein, zur Vermeidung von Auseinandersetzungen über das Abfindungsguthaben detaillierte Ermittlungsvorschriften in den Gesellschaftsvertrag aufzunehmen. Hierzu kommen zB folgende Wertermittlungsvorschriften in Betracht: 43

- Schätzung von Grundstücken und Gebäuden durch den nach dem Baugesetzbuch bestellten Gutachterausschuss;
- Ansatz sonstiger aktiver Wirtschaftsgüter nach den vermögensteuerlichen Bewertungsvorschriften;
- Bewertung von Beteiligungen nach den Ertragsaussichten;
- Auflösung steuerfreier Rücklagen, die während der Dauer der stillen Gesellschaft gebildet worden sind.

Ein stiller Gesellschafter, der bei seinem Beitritt zur Gesellschaft stille Reserven bezahlt und sich dies auf seinem Einlagekonto widerspiegelt, danach wieder aus der Gesellschaft austritt, dürfte bei der Feststellung des Auseinandersetzungsguthabens nur einen Ausgleich für den Zuwachs an stillen Reserven erhalten.

Die für die atypisch stille Gesellschaft erforderliche Mitunternehmerstellung mit einer Beteiligung am Gewinn und Verlust und den stillen Reserven schließt grds. eine 44

Beteiligung am selbst geschaffenen Firmenwert, zumindest bei Auflösung der Gesellschaft mit ein. Bei vorzeitigem Ausscheiden des atypisch stillen Gesellschafters könnte eine Beteiligung am selbst geschaffenen Firmenwert entbehrlich sein (BFH IV R 61/78 v. 25.6.81, BStBl. II 82, 59; IV R 1/92 v. 27.5.93, BStBl. II 94, 700; *Schmidt/Wacker* § 15 Rz. 343f).

45 Die Bestimmung, wonach ein rechnerisches negatives Abfindungsguthaben nur bis zur Höhe eines negativen Privatkontos auszugleichen ist, entspricht dem Charakter der stillen Beteiligung, bei der grundsätzlich ein Nachschuss ausgeschlossen ist. Das negative Kapitalkonto kann bei ordnungsgemäßer Durchführung des Vertrages nur auf Überentnahmen beruhen, die zurückzuführen sind.

46 Abs. 3 enthält eine Vereinfachungsregelung für eine Beendigung der stillen Gesellschaft im Laufe eines Geschäftsjahres. Dadurch wird erreicht, dass keine Zwischenbilanz auf den Beendigungsstichtag aufzustellen ist.

47 Der Verweis auf § 8 Abs. 2 (in Abs. 5) hat zur Folge, dass bei einer Ergebnisänderung infolge einer Betriebsprüfung auch das Abfindungsguthaben des Stillen sich entsprechend ändert.

Zur Auflösung einer stillen Gesellschaft vgl. iE *Geck* DStR 94, 657.

48 **Steuerrecht:** Übersteigt das Abfindungsguthaben den Buchwert der atypischen stillen Beteiligung, so unterliegt der Gewinn gem. §§ 16 Abs. 1 Nr. 2, 34 Abs. 2 EStG uU einer begünstigten Besteuerung; ggf. kann ein Steuersatz iHv. 56% des durchschnittlichen Steuersatzes in Anspruch genommen werden (§ 34 Abs. 3 EStG). GewSt fällt nicht an. Ist das Abfindungsguthaben geringer als der Buchwert der Beteiligung, so entstehen negative Einkünfte aus Gewerbebetrieb. Zur Beendigung der atypisch stillen Gesellschaft durch Umwandlung in Stammkapital der GmbH vgl. *Schulze zur Wiesche* DB 11, 1477.

49 Scheidet ein atypischer stiller Gesellschafter mit negativem Kapitalkonto ohne Zahlung eines Abfindungsguthabens aus, so entsteht in Höhe des negativen Kapitalkontos ein uU begünstigter Aufgabegewinn (§§ 16 Abs. 1 Nr. 2, 34 Abs. 1–3 EStG). Soweit Verluste gem. § 15a EStG nicht ausgleichsfähig waren, sind sie mit dem Aufgabegewinn zu verrechnen (§ 15a Abs. 2 EStG). Der Aufgabegewinn entsteht unabhängig vom Zeitpunkt der Zahlung beim Ausscheiden aus der Gesellschaft. Wird das Abfindungsguthaben in wiederkehrenden Bezügen (Leib- oder Zeitrenten, Gewinnbeteiligung) bezahlt, so hat der Ausgeschiedene ein Wahlrecht zwischen begünstigter Sofortbesteuerung und nichtbegünstigter Zuflussbesteuerung (*Schmidt/Wacker* § 16 Rz. 454, vgl. auch BFH III R 45/98 v. 16.5.02, BStBl. II 03, 10).

50 Der Inhaber hat die den Buchwert übersteigende Abfindung als Anschaffungskosten für die WG des Betriebsvermögens zu aktivieren, obwohl er sachenrechtlich bereits vorher Alleineigentümer des Betriebsvermögens war (*Schmidt/Wacker* § 16 Rz. 487f.). Liegt das Abfindungsguthaben unter dem Buchwert des ausgeschiedenen atypischen stillen Gesellschafters, so sind die Buchwerte der bilanzierten WG des Betriebsvermögens des Inhabers anteilig herabzusetzen (*Schmidt/Wacker* § 16 Rz. 511, str; aA *Knobbe-Keuk* § 23 I 3b:3b: Abstockung nur bis zum Teilwert der WG, im übrigen Ansatz eines negativen Geschäftswerts).

A. 14.02 Vertrag über die Errichtung einer typisch stillen Gesellschaft mit einer GmbH (GmbH & Still)

Gliederung

I. FORMULAR

Formular A. 14.02 Vertrag über die Errichtung einer typisch stillen Gesellschaft mit einer GmbH (GmbH & Still)

Vertrag

zwischen

Firma Z-GmbH mit dem Sitz in ......

vertreten durch den alleinvertretungsberechtigten, von den Beschränkungen des § 181 BGB befreiten Geschäftsführer Herrn C, wohnhaft in ......

– nachfolgend Inhaberin genannt –

und

1. Herrn A, wohnhaft in ......

2. Herrn B, wohnhaft in ......

– nachfolgend stille Gesellschafter genannt –

Vorbemerkungen

Die Inhaberin betreibt in ...... ein Handelsgewerbe.

Gegenstand des Unternehmens ist ...... A und B sind an dem € 100 000.– betragenden Stammkapital der am heutigen Tag gegründeten Z-GmbH wie folgt beteiligt:

A mit einem Geschäftsanteil von € 60.000.– (= 60%),

B mit einem Geschäftsanteil von € 40.000.– (= 40%).

Sie beabsichtigen, sich zur Stärkung des Unternehmenskapitals als stille Gesellschafter iSd. §§ 230 ff. HGB am Handelsgewerbe der Inhaberin zu beteiligen. Zu diesem Zweck vereinbaren die Parteien was folgt:

§ 1 Einlagen der stillen Gesellschafter

(1) Die stillen Gesellschafter erbringen folgende Bareinlagen:

A € 240.000.–

B € 160.000.–

(2) Die Einlagen sind innerhalb von zwei Wochen nach schriftlicher Aufforderung der Inhaberin fällig; die Anforderung in Teilbeträgen ist zulässig, wobei jeder stille Ge-

sellschafter berechtigt ist, Teilbeträge entsprechend seiner Beteiligungsquote zu leisten.

§ 2 Rechtsnatur der stillen Gesellschaft

Mit Unterzeichnung dieses Vertrages entsteht eine einheitliche stille Gesellschaft mit zwei stillen Gesellschaftern. Die Rechtsbeziehungen zwischen den Gesellschaftern sind in diesem Vertrag abschließend geregelt.

§ 3 Dauer der Gesellschaft, Geschäftsjahr

(1) Die Gesellschaft beginnt mit der Eintragung der Inhaberin in das Handelsregister; sie wird auf unbestimmte Dauer abgeschlossen.

(2) Das Geschäftsjahr entspricht dem der Inhaberin.

§ 4 Geschäftsführung

Die Geschäftsführung steht allein der Inhaberin zu. Die stillen Gesellschafter sind nicht berechtigt, Geschäftsführungsmaßnahmen der Inhaberin zu widersprechen.

§ 5 Informations- und Kontrollrechte

(1) Den stillen Gesellschaftern stehen die gesetzlichen Informations- und Kontrollrechte des § 233 HGB zu. Dies gilt auch nach Beendigung der Gesellschaft in dem zur Überprüfung des Auseinandersetzungsguthabens erforderlichen Umfang.

(2) Jeder stille Gesellschafter kann seine Informations- und Kontrollrechte durch einen Rechtsanwalt, Steuerberater oder Wirtschaftsprüfer wahrnehmen lassen.

(3) Die stillen Gesellschafter haben über alle ihnen bekannt gewordenen Angelegenheiten der Gesellschaft Stillschweigen zu bewahren.

§ 6 Jahresabschluss

(1) Die Inhaberin ist auf Grund handelsrechtlicher und steuerrechtlicher Vorschriften verpflichtet, Bücher zu führen und Jahresabschlüsse zu erstellen. Die Gesellschaft hat diese Pflichten auch im Interesse der stillen Gesellschafter zu erfüllen.

(2) Der handelsrechtliche und steuerrechtliche Jahresabschluss (Bilanz, Gewinn- und Verlustrechnung) ist innerhalb von sechs Monaten nach Ablauf eines jeden Geschäftsjahres zu erstellen und den stillen Gesellschaftern unverzüglich zuzusenden. Zusammen mit dem Jahresabschluss ist den stillen Gesellschaftern eine Darstellung der Entwicklung des maßgebenden Ertrages gem. § 8 zu übermitteln.

(3) Einwendungen eines stillen Gesellschafters sind innerhalb eines Monats nach Zugang des Jahresabschlusses schriftlich geltend zu machen. Nach Ablauf dieser Frist gilt der Jahresabschluss als genehmigt.

§ 7 Gesellschafterkonten

(1) Die Einlage jedes stillen Gesellschafters wird auf einem Einlagenkonto verbucht.

(2) Verlustanteile werden auf einem Verlustkonto gebucht. Solange dieses Konto eines stillen Gesellschafters Verlustanteile aufweist, werden Gewinnanteile hälftig dem Verlustkonto und dem Privatkonto gutgeschrieben. Übersteigt das Verlustkonto das Einlagekonto, werden künftige Gewinnanteile solange voll dem Verlustkonto gutgeschrieben, bis Verlustkonto und Einlagekonto den gleichen Stand erreicht haben.

(3) Alle sonstigen die stille Gesellschaft betreffenden Buchungen, insbesondere Gewinngutschriften und Auszahlungen, erfolgen über ein Privatkonto.

§ 8 Maßgebender Ertrag

(1) Der Ergebnisbeteiligung der stillen Gesellschafter wird der im steuerlichen Jahresabschluss ausgewiesene Ertrag vor Berücksichtigung des Gewinn- und Verlustanteils der stillen Gesellschafter und vor Abzug der Körperschaftsteuer der Inhaberin zugrunde gelegt.

(2) Wird der Jahresabschluss der Inhaberin (zB auf Grund einer Betriebsprüfung) bestandskräftig geändert, so ist diese Änderung auch bei der Ergebnisbeteiligung der stillen Gesellschafter zu berücksichtigen; Ausgleichszahlungen erfolgen innerhalb von vier Wochen nach bestandskräftiger Änderung des Jahresabschlusses.

§ 9 Ergebnisverteilung

(1) An einem gem. § 8 ermittelten Gewinn nimmt jeder stille Gesellschafter entsprechend dem Verhältnis seiner stillen Einlage zum Stammkapital der Inhaberin zuzüglich aller stillen Einlagen teil, wobei das Stammkapital der Inhaberin zur Ermittlung der Beteiligungsquote mit dem ...... fachen zu bewerten ist. Maßgebend sind die bis zum Ende des Jahres, dessen Ergebnis zu verteilen ist, geleisteten stillen Einlagen. Einlagezuführungen gem. § 10 Abs. 1 berühren die Ergebnisverteilung nicht.

(2) Am Verlust nimmt der stille Gesellschafter entsprechend dem in Abs. 1 beschriebenen Verhältnis teil. Verluste sind dem Stillen auch insoweit zuzurechnen, als die Verluste den Betrag seiner Einlage übersteigen. Solche den Betrag der Einlage übersteigenden Verlustanteile sind jedoch nur mit künftigen Gewinnanteilen auszugleichen; eine Nachschusspflicht des stillen Gesellschafters entsteht dadurch nicht.

§ 10 Entnahmen

(1) Der stille Gesellschafter ist berechtigt, 80% des seinem Privatkonto gutgeschriebenen Gewinnanteils zu entnehmen. Die verbleibenden 20% seines Gewinnanteils sind für die Ersten fünf Geschäftsjahre der Inhaberin zur Erhöhung der stillen Einlage zu verwenden und dem Einlagenkonto jedes stillen Gesellschafters gutzuschreiben. Ab dem sechsten Geschäftsjahr kann der gesamte auf die stillen Gesellschafter entfallende Gewinnanteil entnommen werden.

(2) Auszahlungen auf den Gewinnanteil sind innerhalb von vier Wochen nach Feststellung der Bilanz vorzunehmen. Die Inhaberin kann die Auszahlung des Gewinnanteils ganz oder teilweise verweigern, soweit dies die Liquiditätslage gebietet.

§ 11 Änderung der Stammkapitals

Ändert sich das Stammkapital der Inhaberin, so ist die Ergebnisverteilung entsprechend der Änderung des Stammkapitals gegenüber dem Wert, der dem Stammkapital zur Ermittlung der Beteiligungsquoten gem. § 9 Abs. 1 zugemessen wurde, zu ändern.

§ 12 Abtretung und Belastung von Anteilen

Abtretung, Veräußerung und Verpfändung des stillen Gesellschaftsanteils sowie Vereinbarung einer Unterbeteiligung, Einräumung von Treuhandsverhältnissen und Nießbrauchsbestellung sind nur mit Zustimmung der Inhaberin zulässig. Die Verfügung kann nur einheitlich für die gesamte stille Beteiligung (Einlage-, Verlust- und Privatkonto) erfolgen.

§ 13 Tod des stillen Gesellschafters

(1) Im Falle des Todes eines stillen Gesellschafters treten seine Erben in seine Rechtstellung ein. Die Erben haben ihr Erbrecht auf Verlangen der Gesellschaft

durch Vorlage eines Erbscheins nachzuweisen. Mehrere Erben haben sich gegenüber der Gesellschaft durch einen gemeinsamen Bevollmächtigten vertreten zu lassen. Der Bevollmächtigte hat der Gesellschaft seine Vertretungsbefugnis auf Verlangen durch notariell beglaubigte Vollmacht nachzuweisen. Bis zum Nachweis der Bevollmächtigung und im Fall des Satzes 2 bis zur Vorlage des Erbscheins ruhen die Rechte der Erben aus diesem Vertrag mit Ausnahme des Gewinnbezugsrechts.

(2) Die Auseinandersetzung über den Nachlass des verstorbenen stillen Gesellschafters hat so zu erfolgen, dass dieselben Personen im gleichen Verhältnis Inhaber des Geschäftsanteils und der stillen Beteiligung sind.

§ 14 Kündigung

(1) Die stille Gesellschaft kann mit einer Frist von sechs Monaten zum Ablauf eines Geschäftsjahres gekündigt werden, erstmals jedoch zum ...... Eine teilweise Kündigung ist zulässig. Seitens der Inhaberin kann eine ordentliche Kündigung nur gleichmäßig gegenüber allen stillen Gesellschaftern ausgesprochen werden.

(2) Das Recht zur Kündigung aus wichtigem Grund bleibt unberührt; als wichtiger Grund gilt neben den in § 234 HGB iVm. § 723 BGB genannten Gründen insbesondere auch:

a) die Liquidation der Inhaberin;

b) die Eröffnung des Insolvenzverfahrens über das Vermögen des stillen Gesellschafters;

c) Zwangsvollstreckungsmaßnahmen in Gesellschaftsrechte des stillen Gesellschafters, wenn diese Maßnahmen nicht innerhalb von drei Monaten wieder aufgehoben werden.

(3) Die Kündigung hat durch eingeschriebenen Brief gegen Rückschein oder gegen schriftliches Empfangsbekenntnis gegenüber dem anderen Vertragspartner zu erfolgen. Zur Wahrung der Frist kommt es auf den Zugang der Kündigung an.

§ 15 Auseinandersetzungsguthaben

(1) Bei Beendigung der stillen Gesellschaft hat der stille Gesellschafter Anspruch auf ein Auseinandersetzungsguthaben, das auf den Tag der Beendigung festzustellen ist.

(2) Der Auseinandersetzungsanspruch berechnet sich aus dem Saldo des unter Berücksichtigung von § 8 ermittelten Einlage-, Privat- und Verlustkontos; ein negativer Saldo des Privatkontos ist auszugleichen. Am Ergebnis schwebender Geschäfte, die nicht bilanzierungspflichtig sind, nimmt der stille Gesellschafter nicht teil.

(3) Fällt der Tag der Beendigung nicht auf einen Bilanzstichtag, so ist zur Ermittlung der Kontostände das Ergebnis des laufenden Geschäftsjahres zeitanteilig aufzuteilen.

(4) § 8 Abs. 2 gilt entsprechend; das Abfindungsguthaben ist unter Berücksichtigung der neuen Bescheide zu berichtigen.

(5) Die Auszahlung des Auseinandersetzungsguthabens erfolgt in ...... gleichen Vierteljahresraten, von denen die Erste drei Monate nach dem Tag der Beendigung der stillen Gesellschaft fällig wird. Die Auszahlung des Auseinandersetzungsguthabens ist angemessen zu strecken, wenn die Zahlung nach Satz 1 unter Berücksichtigung der Vermögens- und Einkommenslage der Inhaberin nicht zu vertreten ist. Bei Beendigung der stillen Gesellschaft wegen Liquidation der Inhaberin ist das Auseinandersetzungsguthaben innerhalb von ...... Monaten nach seiner Feststellung fällig.

(6) Das Auseinandersetzungsguthaben ist in seiner jeweiligen Höhe mit ......% p.a. zu verzinsen. Die Zinsen werden mit der letzten Rate fällig.

§ 16 Schriftform, Salvatorische Klausel

(1) Änderungen und Ergänzungen dieses Vertrages bedürfen zu ihrer Wirksamkeit der Schriftform. Mündliche Nebenabreden bestehen nicht.

(2) Sollten sich einzelne Bestimmungen des Gesellschaftsvertrages als ungültig erweisen, so wird dadurch die Gültigkeit des Vertrages im Übrigen nicht berührt. In einem solchen Fall sind die Gesellschafter verpflichtet, durch Beschluss die ungültige Bestimmung durch diejenige gesetzlich zulässige Bestimmung zu ersetzen, die den Zweck der ungültigen Bestimmung, insbesondere das, was die Vertragsparteien gewollt haben, mit der weitestgehend möglichen Annäherung erreicht. Entsprechendes gilt, wenn sich bei Durchführung des Vertrages eine ergänzungsbedürftige Lücke ergeben sollte.

(3) Gerichtsstand für sämtliche Streitigkeiten aus diesem Vertrag ist ......, soweit dies zulässig vereinbart werden kann.

II. ERLÄUTERUNGEN

Erläuterungen zu A. 14.02 Vertrag über die Errichtung einer typisch stillen Gesellschaft mit einer GmbH (GmbH & Still)

1. Grundsätzliche Anmerkungen

a) Wirtschaftliche Funktion

Die stille Beteiligung an einer GmbH hat seit der grds. Anerkennung dieser Gesellschaftsform durch den BFH im Jahr 1954 (BFH VIII R 237/80 v. 21.6.83, BStBl. II 83, 563) als **Finanzierungsinstrument** für die GmbH zunehmend an Bedeutung gewonnen. Wie bei zahlreichen Gesellschaftsformen waren hierfür hauptsächlich steuerliche Gesichtspunkte maßgebend. Ursprünglich wurde die „GmbH & Still" (vgl. zum Begriff *Felix* StbKongrRep. 71, 207) in erster Linie zur Vermeidung der Doppelbelastung mit KSt und ESt gewählt. 1

Der stille Gesellschafter kann gleichzeitig Gesellschafter der GmbH sein (BFH I R 50/76 v. 6.2.80, BStBl. II 80, 477; VIII R 237/80 v. 21.6.83, BStBl. II 83, 563). Dies bietet die Möglichkeit, dass der bzw. die Gesellschafter einer GmbH der Gesellschaft das notwendige Betriebskapital zum (geringeren) Teil in Form von Stammkapital, zum (größeren) Teil als stille Einlage zur Verfügung stellen. Dabei kann die stille Einlage als typische oder als atypische stille Gesellschaft ausgestaltet werden. Im Formular wurde die **typische** stille Gesellschaft gewählt, da diese den Vorteil bietet, dass Tätigkeitsvergütungen an den Gesellschafter/Geschäftsführer der GmbH, der gleichzeitig stiller Gesellschafter ist, sowie sonstige Vergütungen, zB für die Vermietung von Grundstücken, nicht der GewSt unterliegen (s. hierzu A. 14.01 Rz. 6). Allerdings ist zu berücksichtigen, dass der BFH eine stille Beteiligung eines beherrschenden Gesellschafters einer GmbH, der gleichzeitig alleiniger Geschäftsführer dieser GmbH war, als atypische Gesellschaft (Mitunternehmerschaft) qualifiziert hat (BFH VIII R 42/90 v. 15.2.92, BStBl. II 94, 702; aA *Schmidt/Wacker* § 15 Rz. 356 mwN). 2

Die Rechtsform der typischen stillen Beteiligung von GmbH-Gesellschaftern an ihrer GmbH bietet daher gegenüber der reinen GmbH einerseits und der GmbH & Co. KG andererseits folgende Vorteile: 3

Tätigkeitsvergütungen sowie sonstige Vergütungen an stille Gesellschafter unterliegen nicht der Gewerbesteuer (anders als bei der GmbH & Co. KG und bei der atypisch stillen Beteiligung; str.; s. Rz. 15);
– die stille Einlage kann jederzeit ganz oder vollständig zurückgezahlt werden (ohne Verfahren der Kapitalherabsetzung gem. §§ 58ff. GmbHG);

- der stille Gesellschafter haftet gegenüber Gläubigern des Unternehmens auch dann nicht unmittelbar, wenn seine Einlage ganz oder teilweise zurückgezahlt wird;
- die Eintragung des stillen Gesellschafters in das Handelsregister entfällt.

4 Die GmbH & Still ist somit eine beachtenswerte Alternative sowohl zur GmbH als auch zur GmbH & Co. KG, wobei sie gegenüber der letzteren Rechtsform im Hinblick auf Tätigkeitsvergütungen gewerbesteuerliche Vorteile hat.

5 *(frei)*

b) Gesellschaftsrecht

6 Die GmbH & Still ist gesellschaftsrechtlich eine **Innengesellschaft,** bei der die GmbH das Handelsgewerbe iSd. § 230 HGB betreibt. Als stille Gesellschafter kommen dritte Personen, die an der GmbH nicht beteiligt sind, sowie die Gesellschafter der GmbH in Betracht (auch bei Ein-Mann-GmbH, BFH III R 115/76 v. 10.2.78, BStBl. II 78, 256; *Schulze zur Wiesche* GmbHR 83, 202; BFH IV R 47/72 v. 9.12.76, BStBl. II 77, 155). Wie jede stille Gesellschaft kann die GmbH & Still entsprechend §§ 230ff. HGB typisch oder vertraglich davon abweichend atypisch ausgestaltet sein, indem dem stillen Gesellschafter erhöhte Mitwirkungsrechte oder eine Vermögensbeteiligung zugestanden werden.

7 Die GmbH & Still bietet gegenüber der **GmbH & Co. KG** handelsrechtlich den Vorteil der einfacheren Gründung, die keine Anmeldung der Gesellschaft zum Handelsregister erfordert. Mangels Eintragung der stillen Gesellschaft und des stillen Gesellschafters in das Handelsregister kann eine vollständige Anonymität des stillen Gesellschafters gewahrt werden. Eine Firma der stillen Gesellschaft besteht nicht, es bleibt bei der Firmenbezeichnung der GmbH.

8 Auch **haftungsrechtlich** ist die Position des stillen Gesellschafters günstiger als die des Kommanditisten, da er den Gesellschaftsgläubigern auch dann nicht unmittelbar haftet, wenn seine Einlage ganz oder teilweise zurückgezahlt ist. Bei Insolvenz der Inhaberin ist § 136 InsO zu beachten. Allerdings hat der BGH unter bestimmten Voraussetzungen die Vorschrift des § 32a Abs. 3 S. 1 GmbHG aF für anwendbar erklärt (Normadressat der Eigenkapitalersatzregeln) vgl. BGH II ZR 39/12 v. 24.9.13, DB 13, 2728.

Im Übrigen wird auf die Erläuterungen zur typischen und zur atypischen stillen Gesellschaft verwiesen (A. 14.00 Rz. 4ff. und A. 14.01 Rz. 2).

9 Zur Zulässigkeit stiller Gesellschaften im **GmbH-Konzern** vgl. BGH II ZB 7/88 v. 24.10.88 (DB 88, 2623) sowie *Schneider/Rensch* (DB 89, 713; sa. *Sarrazin* FR 89, 11).

c) Steuerrecht

10 Bei der stillen Beteiligung eines GmbH-Gesellschafters an „seiner" GmbH ergeben sich gegenüber der „normalen" stillen Gesellschaft Fragen zum einen bei der Abgrenzung zwischen typischer und atypischer – mitunternehmerschaftlicher – stiller Beteiligung, zum anderen bei der Angemessenheit der Ergebnisverteilung. Weiter ist die Grenze zum verdeckten Nennkapital zu berücksichtigen.

Die stille Beteiligung eines GmbH-Gesellschafters am Unternehmen der GmbH ist steuerrechtlich nur anzuerkennen, wenn ein solches Gesellschaftsverhältnis klar und eindeutig vereinbart ist und die Vereinbarungen tatsächlich durchgeführt werden (BFH I R 92/84 v. 25.5.88, BFH/NV 89, 258). Ist der still beteiligte Gesellschafter keine natürliche Person, können die anteiligen Verluste aus der stillen Beteiligung mit Kapitalgesellschaften nicht mehr mit eigenen positiven Einkünften ausgeglichen werden. Der Verlust aus der stillen Beteiligung darf in diesen Fällen nur noch im Rahmen des § 10d EStG mit Gewinnen verrechnet werden, die der stille Gesellschafter im unmittelbar vorangegangenen VZ oder in den folgenden VZ aus derselben stillen Beteiligung erzielt (§ 15 Abs. 4 Satz 6 und 7 iVm. § 20 Abs. 1 Nr. 4 S. 2 EStG). Damit ist die Möglichkeit, Verluste von einer Kapitalgesellschaft auf eine andere zu verlagern, verbaut. Der BFH hat das BMF aufgefordert, einem Verfahren beizutreten, in dem über die Verlustverrechnungsmöglichkeit einer Kapitalgesellschaft als typisch stille Gesellschafterin verhandelt wird (vgl. BFH I R 62/08 v. 20.10.10, DB 11, 26). Der BFH lässt in diesem Beschluss erhebliche Zweifel erkennen, ob die gesetzlichen Regelungen zur Verlustabzugsbeschränkung nur für Kapitalgesellschaften mit dem Gleichheitssatz gem. Art. 3 Abs. 1 GG in Einklang stehen. Jedoch besteht weiterhin die Möglichkeit mit einer stillen Gesellschaft Gewinne einer Kapitalgesellschaft auf eine Verlust-Kapitalgesellschaft zu transferieren, oder überhaupt Gewinne von einer Kapitalgesellschaft auf eine andere ohne die nachteiligen Folgen des § 8b Abs. 5 KStG (Betriebsausgabenabzugsverbot iHv. 5%) zu transferieren.

d) Abgrenzung typische – atypische stille Beteiligung

Im Schrifttum (*Knobbe-Keuk* StuW 82, 201 ff.) wird zT die Auffassung vertreten, **11**
dass der Alleingesellschafter einer GmbH, der sich an seiner GmbH still beteiligt, steuerlich Mitunternehmer ist, weil er auf Grund seiner Stellung als GmbH-Gesellschafter an den stillen Reserven beteiligt sei und durch seine Geschäftsführer-Position Unternehmerinitiative entfalten könne. Der BFH sah die stille Beteiligung eines beherrschenden Gesellschafters, der auch alleiniger Geschäftsführer dieser GmbH war als atypische stille Gesellschaft (Mitunternehmerschaft) an (BFH VIII R 42/90 v. 15.12.92, BStBl. II 94, 702). Der BFH begründete seine Auffassung damit, dass der Gesellschafter/Geschäftsführer, von dem das Stammkapital der GmbH mehrheitlich stammt, durch die stille Beteiligung an ihm so viele Befugnisse und Möglichkeiten zur Entfaltung von Unternehmerinitiative in sich vereinigt, dass seine Stellung als die eines Mitunternehmers gewertet werden muss. Demgegenüber wird jedoch mehrheitlich uE zu Recht die Auffassung vertreten, dass aus der Gesellschafterstellung in der GmbH nicht auf eine mitunternehmerschaftliche Beteiligung des stillen Gesellschafters geschlossen werden könne (s. ausführliche Nachweise bei *Schwedhelm* Die GmbH & Still als Mitunternehmerschaft, Köln 1987 S. 17; *Schmidt/Wacker* § 15 Rz. 356 mwN; *Lienau/Lotz* DStR 91, 618). Nach BFH VIII R 237/80 v. 21.6.83 (BStBl. II 83, 563) kann sich auch ein beherrschender Gesellschafter typisch still an seiner GmbH beteiligen. FG Münster X 7530/82 F v. 25.2.86 (EFG 87, 23) nimmt eine mitunternehmerschaftliche stille Beteiligung des Mehrheitsgesellschafters und alleinigen Geschäftsführers einer GmbH trotz fehlender Beteiligung an Verlust und stillen Reserven an, wenn auf den stillen Gesellschafter nahezu das gesamte Ergebnis des Unternehmens entfällt (im Urteilsfall ca. 97%) und wesentliche stille Reserven im Unternehmen der GmbH nicht entstehen können, weil die Betriebsgrundstücke der GmbH vom Stillen verpachtet wurden. Zur Abgrenzung zwischen typischer und atypischer stiller Gesellschaft, wenn dem stillen Gesellschafter nahezu das gesamte Unternehmensergebnis zukommt vgl. BFH IV R 197/79 v. 28.1.82, BStBl. II 82, 389.

Im Grundsatzurteil BFH VIII R 122/86 v. 12.11.90 (FR 91, 236) hat das Gericht **12**
entschieden, dass der alleinige Anteilseigner einer Komplementär-GmbH, der zugleich stiller Gesellschafter der GmbH & Co. KG ist und als alleiniger Geschäftsführer der Komplementär-GmbH auch deren Geschäfte führt, selbst dann atypisch stiller Gesellschafter ist, wenn er weder am Verlust noch an den stillen Reserven noch am Geschäftswert der GmbH & Co. KG beteiligt ist. Aus dem Urteil kann uE nicht gefolgert werden, dass auch eine stille Gesellschaft zwischen GmbH und GmbH-Gesellschafter grds. als Mitunternehmerschaft anzusehen ist. Entscheidend war im Urteilsfall, dass die stille Beteiligung an einer GmbH & Co. KG, also an einer Mitunternehmerschaft bestand und dass der Stille als alleiniger Geschäftsführer der Komplementär-GmbH Mitunternehmerinitiative entfalten konnte (vgl. hierzu *Schulze zur Wiesche* GmbHR 91, 533; *Weber* DB 92, 546; *Autenrieth* DStZ 92, 86).

13 Zur **Angemessenheit der Ergebnisverteilung** wird auf die Erläuterungen zu § 9 des Formulars (s. Rz. 27 ff.) verwiesen.

14 UU kann die GmbH & Still Nachteile gem. § 8a KStG vermeiden, die bei der Finanzierung der Gesellschaft eintreten können.

15 *(frei)*

16 Strittig ist, ob bei einer **atypischen stillen Beteiligung** an einer GmbH die GmbH-Anteile des stillen Gesellschafters bei diesem Sonderbetriebsvermögen darstellen mit der Folge, dass Gewinnausschüttungen zu den gewerblichen Einkünften gehören (vgl. die Darstellung des Meinungsstandes bei *Schwedhelm,* Die GmbH & Still als Mitunternehmerschaft, 1987, S. 101 ff. Ebenso ist umstritten, ob bei einem atypischen stillen Gesellschafter, der gleichzeitig Geschäftsführer der GmbH ist, das Geschäftsführergehalt zu den gewerblichen Einkünften zählt (**bejahend:** *Schmidt/Wacker* § 15 Rz. 358 mwN; einschränkend *Döllerer* DStR 85, 295; **verneinend:** *Sudhoff* DB 69, 2069; *Schulze zur Wiesche* DB 76, 408; *ders.* GmbHR 80, 168; *Costede* StuW 83, 308; *Schwedhelm* aaO S. 113). Die FinVerw. nimmt regelmäßig gewerbliche Einkünfte an. Entsprechendes gilt für die Vergütungen für die Überlassung von WG an die GmbH durch den stillen Gesellschafter.

17 Zum **Zeitpunkt der Verpflichtung zur Aktivierung** s. A. 14.01 Rz. 8. Ist bei **Betriebsaufspaltung** eine GbR als stille Gesellschafterin an der GmbH beteiligt, so ist der Gewinnanspruch bereits mit Ablauf des Wj. realisiert, in dem der Gewinn bei der GmbH erwirtschaftet wurde. Dies gilt allerdings nur dann, wenn beide Gesellschaften von denselben Gesellschaftern beherrscht werden (BFH VIII R 106/87 v. 19.2.91, BStBl. II 91, 569). Ob der Anspruch bereits entstanden oder fällig ist, ist nach Auffassung des BFH nicht entscheidend, da jedenfalls mit seiner Entstehung sicher zu rechnen ist.

2. Einzelerläuterungen

Zur Vorbemerkung:

18 Das Vertragsmuster geht davon aus, dass die stille Gesellschaft unmittelbar nach Gründung der GmbH errichtet wird und dass die Gesellschafter im gleichen Verhältnis an der GmbH und an der stillen Gesellschaft beteiligt sind. Ist die Beteiligung **atypisch still** ausgestaltet und beschränkt sich die GmbH auf die Verwaltung ihres eigenen Vermögens, so erzielt der stille Gesellschafter dennoch Einkünfte aus Gewerbebetrieb; der Beschluss des GrS des BFH GrS 4/82 v. 25.6.84, BStBl. II 84, 751 ist auf die GmbH & Still nicht anwendbar (*Bordewin* FR 85, 8998; *Jurkat* GmbHR 85, 62; *Döllerer* DStR 85, 295; *Uelner* StbJb 85/86, 247; aA *Schulze zur Wiesche* WPg 85, 65; *Groh* WPg 84, 655; *Herzig/Kessler* DB 85, 2528; s. iÜ die Übersicht über den Meinungsstand bei *Schwedhelm* aaO S. 95 ff.).

Zu § 1: Einlage der stillen Gesellschafter

19 Die Regelung, dass bei Teileinzahlung jeder stille Gesellschafter entsprechend seiner Beteiligungsquote zu Teileinzahlungen berechtigt ist, empfiehlt sich im Hinblick auf § 9 (Ergebnisverteilung), da nach dieser Bestimmung für die Ergebnisverteilung die bis zum Ende eines Jahres geleisteten stillen Einlagen maßgebend sind.

Für die steuerliche Anerkennung einer stillen Beteiligung eines GmbH-Gesellschafters am Unternehmen der GmbH ist erforderlich, dass die Einlage klar und eindeutig vereinbart ist und die Vereinbarungen tatsächlich durchgeführt werden. Geschäftsbeziehungen, die der stille Gesellschafter als Inhaber einer Einzelfirma bei deren Einbringung in eine von ihm gegründete GmbH zurückbehalten hat, kommen als stille Einlage nicht in Betracht (BFH I R 92/84 v. 25.5.88, BFH/NV 89, 258).

Zu § 2: Rechtsnatur der stillen Gesellschaft

Zu den Gestaltungsmöglichkeiten bei mehreren stillen Gesellschaftern (einheitliche stille Gesellschaft bzw. aufgespaltete stille Gesellschaften) s. A. 14.00 Rz. 4. **20**

Zu § 3: Dauer der Gesellschaft, Geschäftsjahr

Da die GmbH als solche erst mit Eintragung in das Handelsregister entsteht, kann die stille Beteiligung an der GmbH erst zu diesem Zeitpunkt beginnen. Wird die GmbH jedoch bereits vor Eintragung tätig, so kann auch vereinbart werden, dass die stille Gesellschaft sofort beginnt; es handelt sich dann um eine stille Beteiligung an der Vorgesellschaft. **21**

Zum Geschäftsjahr s. A. 14.00 Rz. 27.

Zu § 4: Geschäftsführung

Die Bestimmung entspricht der gesetzlichen Regelung, wonach der stille Gesellschafter von der Geschäftsführung ausgeschlossen und auch nicht zum Widerspruch gegen einzelne Geschäftsführungsmaßnahmen berechtigt ist. Um den Charakter als typische stille Gesellschaft nicht zu gefährden, empfiehlt es sich, dem stillen Gesellschafter keine weitergehenden Rechte einzuräumen, zumal er gleichzeitig die Rechte eines GmbH-Gesellschafters hat (s. iÜ A. 14.00 Rz. 28). **22**

Zu § 5: Informations- und Kontrollrechte

Die Einschränkung auf die Informations- und Kontrollrechte gem. § 233 HGB entspricht dem Charakter der typischen stillen Gesellschaft. Weitergehende Rechte sind nicht erforderlich, da der Stille gleichzeitig die Rechte eines GmbH-Gesellschafters hat (s. iÜ A. 14.00 Rz. 30). **23**

Zu § 6: Jahresabschluss

Die stille Gesellschaft selbst ist nicht bilanzierungspflichtig, weil sie nicht Kaufmann iSv. § 238 iVm. §§ 1 ff. HGB ist. Die Inhaberin erteilt dem Stillen daher nur eine interne Abrechnung (vgl. iÜ A. 14.00 Rz. 32 f.). **24**

Zu § 7: Gesellschafterkonten

Das Formular sieht vor, dass dem Stillen Verluste auch über die Einlage hinaus zugerechnet werden, diese allerdings nur mit künftigen Gewinnen auszugleichen sind. Da solche die Einlage übersteigenden Verluste wegen § 15a EStG nicht ausgleichsfähig sind und zunächst mit den späteren Gewinnen verrechnet werden, können die späteren Gewinne in voller Höhe zum Verlustausgleich verwendet werden; Entnahmen für Steuerzahlungen sind nicht erforderlich. S. iÜ die Erläuterungen zur typischen stillen Gesellschaft, A. 14.00 Rz. 34 f. Ist der stille Gesellschafter eine Kapitalgesellschaft, sind die Verluste nur noch eingeschränkt verrechenbar, vgl. Rz. 10. **25**

Zu § 8: Maßgebender Ertrag

Zu den Gestaltungsmöglichkeiten, sowohl die Handelsbilanz als auch die Steuerbilanz zur Grundlage der Ertragsbeteiligung des stillen Gesellschafters zu machen s. die Erläuterungen zur typischen stillen Gesellschaft A. 14.00 Rz. 39 f. Eine Korrektur des zugrunde liegenden Steuerbilanzergebnisses ist nicht erforderlich, da die stillen Gesellschafter über ihre GmbH-Beteiligung im gleichen Verhältnis an der Inhaberin beteiligt sind. **26**

Ist im Gesellschaftsvertrag nicht bestimmt, ob das Ergebnis lt. Steuerbilanz vor oder nach Abzug der KSt maßgebend ist, so ist dies durch Auslegung zu ermitteln, wobei der ständigen Übung der Vertragsparteien eine entscheidende Bedeutung zukommt. Zur Klarstellung empfiehlt sich daher eine entsprechende Regelung im Vertrag.

Zu § 9: Ergebnisverteilung

27 Das Vertragsmuster geht für die Ergebnisbeteiligung von einer Gleichwertigkeit der GmbH einerseits und der stillen Beteiligungen anderseits aus. Dies entspricht der Zielsetzung, zum einen evtl. anfängliche Verluste möglichst unmittelbar bei den Gesellschaftern entstehen zu lassen und zum anderen spätere Gewinne gleichfalls so weit als möglich unmittelbar den Gesellschaftern zuzurechnen.

28 Zur **Angemessenheit der Gewinnverteilung** bei einer GmbH & Still hat BFH I R 50/76 v. 6.2.80, BStBl. II 80, 477, bestätigt durch BFH I R 78/79 v. 16.7.86, BFH/NV 87, 326) grundlegend Stellung genommen. Danach hängt die Angemessenheit der Gewinnanteile der stillen Gesellschafter ua. von den erbrachten Kapitalleistungen und deren Verzinsung, den eingegangenen Risiken, dem Arbeitseinsatz und den Ertragsaussichten des Unternehmens sowie uU von der Dringlichkeit des Kapitalbedarfs und der wirtschaftlichen Bedeutung der Kapitalzuführung ab. Die Anwendung der Grundsätze zur Prüfung der Angemessenheit der Gewinnverteilung bei Familien-Personen-Gesellschaften lehnt der BFH für die GmbH & Still ausdrücklich ab (BFH I R 50/76 v. 6.2.80, BStBl. II 80, 477, 479). Aus dem Urteil ergibt sich iE Folgendes:

29 Eine **gesonderte Vergütung für den Arbeitseinsatz** ist nicht erforderlich, wenn die Tätigkeit der Gesellschafter/Geschäftsführer angemessen vergütet wird, da diese Tätigkeit gleichzeitig für die stille Gesellschaft erbracht wird und besondere Arbeiten für die stille Gesellschaft durch die Inhaberin nicht ersichtlich sind (BFH I R 50/76 v. 6.2.80, BStBl. II 80, 477, 479). Eine Regelung der **Verzinsung** des eingesetzten Kapitals enthält der Vertrag weder für die GmbH noch für die stillen Beteiligungen. Bei einer solchen Gestaltung ist der Verzinsungsgedanke grds. auch bei der Verteilung des Gewinns zu berücksichtigen, wobei bei der hier vorgesehenen Gewinnverteilung entspr. dem eingesetzten Kapital von Inhaberin einerseits und stillen Gesellschaftern andererseits dies automatisch der Fall ist.

30 Hinsichtlich des **Verlustrisikos** weist der BFH zu Recht darauf hin, dass darunter nicht nur das Risiko des Kapitalverlustes zu verstehen ist, sondern auch „das Risiko, in dem einen oder dem anderen Jahr keinen Gewinnanteil zu erhalten (Ertragsausfallrisiko)". Im Urteilsfall hat der BFH das Ertragsausfallrisiko und das Kapitalverlustrisiko als für Inhaberin und stille Gesellschafter gleichwertig erachtet. Für eine Gleichwertigkeit des Verlustrisikos spricht im Formular insbesondere die Bestimmung über die Verlusttragung auch über die Einlage hinaus (s. Rz. 36f.).

31 *(frei)*

32 **Kapitaleinsatz:** Die Angemessenheit der Gewinnverteilung wird bei stillen Gesellschaften im Wesentlichen von dem Verhältnis zwischen dem Wert der stillen Einlagen einerseits und dem Wert der „Beteiligung" der GmbH andererseits beeinflusst. Bei der erforderlichen Bewertung der stillen Einlagen einerseits und des Unternehmens der GmbH andererseits sind die Bareinlagen der stillen Gesellschafter mit dem Nominalwert anzusetzen, während auf der anderen Seite der wirkliche Wert des Gesamtunternehmens der GmbH maßgeblich ist. Hierbei hat der BFH im Urteilsfall den Geschäftswert in Anlehnung an die sog. indirekte Methode ermittelt und dementsprechend einen vorsichtig zu schätzenden nachhaltig erzielbaren Jahresgewinn zugrunde gelegt.

33 Maßgebend sind nach Auffassung des BFH die Wertverhältnisse der GmbH, wie sie sich im Zeitpunkt des Abschlusses der stillen Gesellschaftsverträge darstellen. Werden GmbH und stille Beteiligungen gleichzeitig begründet und beginnen gemeinsam den Geschäftsbetrieb, so entspricht uE der Wert des Unternehmens der GmbH dem Eigenkapital; ein darüber hinausgehender Geschäftswert kann nicht angesetzt werden. Deshalb ist es vertretbar, bei gleichzeitiger Gründung von GmbH und stiller Gesellschaft die Ergebnisverteilung nach eingezahltem Eigenkapital einerseits und erbrachten stillen Einlagen andererseits festzulegen.

Die **Dringlichkeit des Kapitalbedarfes** ist insofern von Bedeutung, als ein ordentlicher und gewissenhafter Geschäftsführer für eine stille Einlage, die nicht benötigt wird, keine Gewinnbeteiligung einräumen wird. 34

Verlustbeteiligung: Gem. § 232 Abs. 2 HGB nimmt der stille Gesellschafter am Verlust nur bis zum Betrag seiner eingezahlten oder rückständigen Einlage teil. Abweichend hiervon ist im Formular bestimmt, dass Verluste dem Stillen auch über den Betrag seiner Einlage hinaus zugerechnet werden, dass allerdings solche Verluste nur mit künftigen Gewinnanteilen auszugleichen sind; eine Nachschusspflicht ist ausdrücklich ausgeschlossen. Eine solche Nachschusspflicht könnte zwar vereinbart werden, würde jedoch ein starkes Indiz für das Vorliegen einer Mitunternehmerschaft darstellen (*Schwedhelm* aaO S. 77). 35

Die Vereinbarung einer Verlustbeteiligung über den Betrag der Einlage hinaus stellt stille Gesellschafter und Inhaberin im Hinblick auf das Ertragsausfallrisiko weitestgehend gleich und rechtfertigt damit eine Gleichbehandlung bei der Ergebnisverteilung von Inhaberin einerseits und stillen Gesellschaftern andererseits (s. Rz. 27). 36

Das für die steuerliche Anerkennung der stillen Beteiligung eines GmbH-Gesellschafters am Unternehmen der GmbH erforderliche Merkmal der klaren und eindeutigen Vereinbarung und der tatsächlichen Durchführung erfordert, dass von vornherein eindeutig ist, nach welcher Bemessungsgrundlage die Vergütung errechnet werden soll. Die Vereinbarung eines „angemessenen Anteils am Gewinn, der 100% der Einlage nicht übersteigen dürfe" genügt nicht (BFH I R 96/85 v. 26.4.89, BFH/NV 90, 63). 37

Zu § 10: Entnahmen

Gem. § 232 HGB ist der stille Gesellschafter zur Entnahme des vollen auf ihn entfallenden Gewinnanteils berechtigt. Die Vertragsbestimmung, dass in den ersten fünf Jahren 20% des Gewinnanteils zur Erhöhung der stillen Einlage zu verwenden sind, dient der Kapitalstärkung des Unternehmens in den Aufbaujahren. 38

Zu § 11: Änderung der Kapitalverhältnisse

Die Bestimmung soll es dem stillen Gesellschafter ermöglichen, auch nach einer Änderung des Stammkapitals durch Anpassung seiner stillen Einlage im gleichen Verhältnis wie zuvor beteiligt zu bleiben. 39

Zu § 12: Abtretung und Belastung von Anteilen

Zum Zustimmungserfordernis s. A. 14.00 Rz. 69. Zu den steuerlichen Auswirkungen einer Abtretung der stillen Beteiligung s. A. 14.00 Rz. 70f. 40

Zu § 13: Tod des stillen Gesellschafters

Auch durch diese Bestimmung soll sichergestellt werden, dass die Beteiligungen an der GmbH und an der stillen Gesellschaft identisch bleiben. Zu den steuerlichen Auswirkungen bei Vererbung einer stillen Beteiligung s. iÜ A. 14.00 Rz. 74. 41

Zu § 14: Kündigung

Nach dem Vertragsmuster kann ab einem bestimmten Zeitraum die stille Gesellschaft von beiden Parteien gekündigt werden. Denkbar ist auch eine Regelung, wonach die Kündigung der stillen Beteiligung für die Dauer der Zugehörigkeit des stillen Gesellschafters zur Inhaber-GmbH ausgeschlossen ist. Die Bestimmung, dass die Inhaberin eine ordentliche Kündigung nur gleichmäßig gegenüber allen stillen Gesellschaftern aussprechen kann, ist im Interesse der Gleichbehandlung der Gesellschafter erforderlich. S. iÜ A. 14.00 Rz. 75f. 42

Zu § 15: Auseinandersetzungsguthaben

Zu den gesellschaftsrechtlichen und steuerlichen Auswirkungen wird auf A. 14.00 Rz. 78ff. verwiesen. 43

A. 14.03 Vertrag über die Errichtung einer atypisch stillen Gesellschaft mit einer GmbH (GmbH & atypisch Still)

Gliederung

I. FORMULAR

Formular A. 14.03 Vertrag über die Errichtung einer atypisch stillen Gesellschaft mit einer GmbH (GmbH & atypisch Still)

Vertrag

zwischen

Firma Z-GmbH mit dem Sitz in ......

vertreten durch den einzelvertretungsberechtigten, von den Beschränkungen des § 181 BGB befreiten Geschäftsführer Herrn A, wohnhaft in ......

– nachfolgend „Inhaberin" genannt –

und

1. Herrn A, wohnhaft in ......

2. Herrn B, wohnhaft in ......

– nachfolgend „stille oder atypische stille Gesellschafter" genannt –

Vorbemerkungen

Die Inhaberin betreibt in ...... ein Handelsgewerbe

Gegenstand des Unternehmers ist ...... A und B sind an dem € 100.000.– betragenden Stammkapital der am heutigen Tage gegründeten Z-GmbH wie folgt beteiligt:

A mit einem Geschäftsanteil von € 60.000.– (= 60%)

B mit einem Geschäftsanteil von € 40.000.– (= 40%).

Sie beabsichtigen, sich zur Stärkung des Unternehmenskapitals als stille Gesellschafter iSd. §§ 230 ff. HGB am Handelsgewerbe der Inhaberin zu beteiligen. Zu diesem Zweck vereinbaren die Parteien was folgt:

§ 1 Einlagen der stillen Gesellschafter

(1) Die stillen Gesellschafter erbringen folgende Bareinlagen:

A: € 60.000.–

B: € 40.000.–

(2) Die Einlagen sind bis spätestens ...... fällig.

§ 2 Rechtsnatur der stillen Gesellschaft

Mit Unterzeichnung dieses Vertrages entsteht eine einheitliche atypische stille Gesellschaft mit zwei atypischen stillen Gesellschaftern. Die Rechtsbeziehungen zwischen den Gesellschaftern sind in diesem Vertrag abschließend geregelt.

§ 3 Dauer der Gesellschaft, Geschäftsjahr

(1) Die Gesellschaft beginnt mit der Eintragung der Inhaberin in das Handelsregister, sie wird auf unbestimmte Dauer abgeschlossen.

(2) Das Geschäftsjahr entspricht dem der Inhaberin.

§ 4 Geschäftsführung

(1) Die Geschäftsführung der atypischen stillen Gesellschaft obliegt ausschließlich der Inhaberin.

(2) Die Inhaberin darf jedoch folgende Maßnahmen nur mit Zustimmung der stillen Gesellschafter vornehmen:

a) Aufnahme weiterer stiller Gesellschafter;

b) Erwerb von oder Beteiligung an anderen Unternehmen sowie deren Veräußerung;

c) Veräußerung oder Verpachtung des Unternehmens oder eines Teiles des Unternehmens;

d) Errichtung von Zweigniederlassungen;

e) Abschluss, Änderung oder Aufhebung von Gewinn- oder Verlustübernahmeverträgen sowie weiteren stillen Gesellschaftsverträgen;

f) Abschluss und Kündigung von Dauerschuldverhältnissen einschließlich Dienstverträgen, durch die die Gesellschaft jährlich mit mehr als € ...... belastet wird bzw. ist;

g) Investitionen über einen Betrag von mehr als € ......;

h) Erwerb, Veräußerung und Belastung von Grundstücken und grundstücksgleichen Rechten;

i) Rechtsgeschäfte zwischen der Inhaberin und Gesellschaften der Inhaberin sowie deren Angehörigen, die über den Betrag von € ...... bzw. bei Dauerschuldverhältnissen von € ...... p. a. hinausgehen;

j) vollständige oder teilweise Einstellung des Handelsbetriebs der Inhaberin.

(3) Beabsichtigt die Inhaberin die Vornahme einer der in Abs. 2 genannten Maßnahmen, so hat sie dies den stillen Gesellschaftern mitzuteilen und sie zur Erteilung ihrer Zustimmung aufzufordern.

Die stillen Gesellschafter sind verpflichtet, unverzüglich Stellung zu nehmen. Die stillen Gesellschafter sind berechtigt, Einsicht in alle den genehmigungsbedürftigen Geschäften zugrunde liegenden Unterlagen zu nehmen. Liegt eine Stellungnahme der stillen Gesellschafter nicht innerhalb von vier Wochen seit Übersendung der Aufforderung vor, so gilt dies als Zustimmung; auf diese Rechtsfolge ist in der Aufforderung zur Abgabe einer Stellungnahme ausdrücklich hinzuweisen.

§ 5 Stellung der stillen Gesellschafter

(1) Die stillen Gesellschafter sind am Ergebnis, Vermögen und an den stillen Reserven der Gesellschaft beteiligt. Die Beteiligungsquote bemisst sich nach § 10.

(2) Das Vermögen der Gesellschaft wird unbeschadet der Tatsache, dass rechtlich kein Gesamthandsvermögen besteht, im Innenverhältnis wie gemeinschaftliches Vermögen behandelt. Insbesondere erstreckt sich die Beteiligung der stillen Gesell-

schafter auch auf den Vermögenszuwachs und die stillen und offenen Reserven der Gesellschaft.

§ 6 Informations- und Kontrollrechte

(1) Den stillen Gesellschaftern stehen die gesetzlichen Informations- und Kontrollrechte des § 233 HGB sowie die Rechte gemäß § 716 BGB zu. Dies gilt auch nach Beendigung der Gesellschaft in dem zur Überprüfung des Auseinandersetzungsguthabens erforderlichen Umfang.

(2) Jeder stille Gesellschafter kann seine Informations- und Kontrollrechte durch einen Rechtsanwalt, Steuerberater oder Wirtschaftsprüfer wahrnehmen lassen.

(3) Die stillen Gesellschafter haben über alle ihnen bekannt gewordenen Angelegenheiten der Gesellschaft Stillschweigen zu bewahren.

§ 7 Jahresabschluss

(1) Die Inhaberin ist auf Grund handelsrechtlicher und steuerrechtlicher Vorschriften verpflichtet, Bücher zu führen und jährliche Jahresabschlüsse zu erstellen. Die Gesellschaft hat diese Pflichten auch im Interesse der stillen Gesellschafter zu erfüllen.

(2) Der Jahresabschluss (Bilanz, Gewinn- und Verlustrechnung) ist innerhalb der gesetzlichen Fristen nach Ablauf des Geschäftsjahres von der Inhaberin zu erstellen.

(3) Der Jahresabschluss muss den handelsrechtlichen Grundsätzen ordnungsmäßiger Buchführung und Bilanzierung entsprechen. Weiterhin sind die Vorschriften über die steuerliche Gewinnermittlung maßgebend.

(4) Jedem stillen Gesellschafter ist eine Abschrift des Jahresabschlusses zuzusenden. Einwendungen gegen den Jahresabschluss hat der stille Gesellschafter spätestens einen Monat nach Zugang des Jahresabschlusses schriftlich geltend zu machen. Nach Ablauf dieser Frist gilt der Jahresabschluss als genehmigt.

§ 8 Gesellschafterkonten

(1) Die Einlage jedes stillen Gesellschafters wird auf einem Einlagekonto verbucht.

(2) Verlustanteile werden auf einem Verlustkonto gebucht. Solange dieses Konto eines stillen Gesellschafters Verlustanteile aufweist, werden die Gewinnanteile ausschließlich diesem Verlustkonto gutgeschrieben.

(3) Alle sonstigen die stillen Gesellschafter betreffenden Buchungen, insbesondere Gewinngutschriften – soweit sie nicht dem Verlustkonto gutgeschrieben werden müssen – und Auszahlungen erfolgen über ein Privatkonto.

§ 9 Maßgebender Ertrag

(1) Der Ergebnisbeteiligung der stillen Gesellschafter wird der im steuerlichen Jahresabschluss ausgewiesene Ertrag vor Berücksichtigung des Gewinn- und Verlustanteils der stillen Gesellschafter und vor Abzug der Körperschaftsteuer der Inhaberin zugrunde gelegt.

(2) Wird der Jahresabschluss der Inhaberin (zB auf Grund einer Betriebsprüfung) bestandskräftig geändert, so ist diese Änderung auch bei der Ergebnisbeteiligung der stillen Gesellschafter zu berücksichtigen; Ausgleichszahlungen erfolgen innerhalb von vier Wochen nach bestandskräftiger Änderung des Jahresabschlusses.

§ 10 Ergebnisbeteiligung

(1) An einem gemäß § 9 ermittelten Gewinn nimmt jeder stille Gesellschafter entsprechend dem Verhältnis seiner stillen Einlage zum Stammkapital der Inhaberin zzgl. aller stillen Einlagen teil. Maßgebend sind die bis zum Beginn des Jahres, dessen Ergebnis zu verteilen ist, geleisteten stillen Einlagen.

(2) Am Verlust nimmt der stille Gesellschafter entsprechend dem in Abs. 1 beschriebenen Verhältnis teil. Verluste sind dem Stillen auch insoweit zuzurechnen, als die Verluste den Betrag seiner Einlage übersteigen. Solche den Betrag der Einlage übersteigenden Verlustanteile sind jedoch nur mit künftigen Gewinnanteilen auszugleichen. Eine Nachschusspflicht des stillen Gesellschafters entsteht dadurch nicht.

§ 11 Entnahmen

(1) Jeder stille Gesellschafter ist berechtigt, den seinem Privatkonto gutgeschriebenen Gewinnanteil zu entnehmen.

(2) Auszahlungen auf den Gewinnanteil sind innerhalb von vier Wochen nach Feststellung der Bilanz vorzunehmen. Die Inhaberin kann die Auszahlung des Gewinnanteils ganz oder teilweise verweigern, soweit dies die Liquiditätslage gebietet.

§ 12 Änderung des Stammkapitals

Ändert sich das Stammkapital der Inhaberin, so ist die Ergebnisverteilung entsprechend der Änderung des Stammkapitals gegenüber dem Wert, der dem Stammkapital zur Ermittlung der Beteiligungsquoten gemäß § 10 Abs. 1 zugemessen wurde, zu ändern, jedoch ist jeder stille Gesellschafter berechtigt, seine Einlage in dem Verhältnis zu ändern, in dem sich das Stammkapital der Gesellschaft der Inhaberin gegenüber dem Wert, der seiner Einlage bei Begründung der stillen Gesellschaft für die Ergebnisbeteiligung zugemessen wurde, geändert hat.

§ 13 Abtretung und Belastung von Anteilen

(1) Abtretung, Veräußerung und Verpfändung des stillen Gesellschaftsanteils sowie Vereinbarung einer Unterbeteiligung, Einräumung von Treuhandverhältnissen und Nießbrauchsbestellung bedürfen der vorherigen schriftlichen Zustimmung der Inhaberin. Die Zustimmung darf nur aus wichtigen Gründen versagt werden. Die Verfügung kann nur einheitlich für die gesamte stille Beteiligung erfolgen.

(2) Entsprechendes gilt für die Abtretung und Verpfändung von Gewinnansprüchen und Guthaben.

§ 14 Tod eines stillen Gesellschafters

(1) Im Falle des Todes eines stillen Gesellschafters treten seine Erben in seine Rechtstellung ein. Die Erben haben ihr Erbrecht auf Verlangen der Gesellschaft durch Vorlage eines Erbscheins nachzuweisen. Mehrere Erben haben sich gegenüber der Gesellschaft durch einen gemeinsamen Bevollmächtigten vertreten zu lassen. Der Bevollmächtigte hat der Gesellschaft seine Vertretungsbefugnis auf Verlangen durch notariell beglaubigte Vollmacht nachzuweisen. Bis zum Nachweis der Bevollmächtigung im Falle des Satzes 2 bis zur Vorlage des Erbscheins ruhen die Rechte der Erben aus diesem Vertrag mit Ausnahme des Gewinnbezugsrechts.

(2) Die Auseinandersetzung über den Nachlass des verstorbenen stillen Gesellschafters hat so zu erfolgen, dass dieselben Personen im gleichen Verhältnis Inhaber des Geschäftsanteils und der stillen Beteiligung sind.

§ 15 Kündigung

(1) Die stille Gesellschaft kann mit einer Frist von sechs Monaten zum Ablauf eines Geschäftsjahres gekündigt werden, erstmals jedoch zum …… Eine teilweise Kündigung ist zulässig. Seitens der Inhaberin kann eine ordentliche Kündigung nur gleichmäßig gegenüber allen stillen Gesellschaftern ausgesprochen werden.

(2) Das Recht zur Kündigung aus wichtigem Grund bleibt unberührt; als wichtiger Grund gilt neben den in § 234 HGB iVm. § 723 BGB genannten Gründen insbesondere auch:

a) Die Liquidation der Inhaberin;

b) die Eröffnung des Insolvenzverfahrens über das Vermögen eines stillen Gesellschafters;

c) Zwangsvollstreckungsmaßnahmen in Gesellschaftsrechte eines stillen Gesellschafters, wenn diese Maßnahmen nicht innerhalb von drei Monaten wieder aufgehoben werden.

§ 16 Auseinandersetzungsguthaben

(1) Bei Beendigung der stillen Gesellschaft hat jeder stille Gesellschafter Anspruch auf ein Auseinandersetzungsguthaben, das auf den Tag der Beendigung festzustellen ist.

(2) Der Auseinandersetzungsanspruch setzt sich zusammen aus:

a) Dem Saldo des unter Berücksichtigung von § 9 ermittelten Einlage-, Privat- und Verlustkontos;

b) dem seiner Beteiligungsquote entsprechenden Anteil des stillen Gesellschafters an den stillen Reserven der Inhaberin (Abs. 4).

Ergibt sich ein negativer Betrag, so ist dieser nur bis zur Höhe eines negativen Privatkontos vom stillen Gesellschafter auszugleichen.

(3) Fällt der Tag der Beendigung nicht auf einen Bilanzstichtag, ist zur Ermittlung der Kontenstände das Ergebnis des laufenden Geschäftsjahres zeitanteilig aufzuteilen.

(4) Zur Ermittlung der stillen Reserven (Abs. 2b) sind sämtliche Vermögensgegenstände der Gesellschaft mit ihren Verkehrswerten anzusetzen; ein selbst geschaffener Firmenwert ist zu berücksichtigen. Kommt eine Einigung über die Verkehrswerte nicht zustande, so entscheidet ein von der zuständigen Industrie- und Handelskammer einzusetzender Schiedsgutachter verbindlich für beide Parteien.

(5) § 9 Abs. 2 gilt entsprechend. Das Abfindungsguthaben ist unter Berücksichtigung der neuen Bescheide zu berichtigen.

(6) Endet die stille Beteiligung bei Liquidation der Inhaberin, so ist für die Ermittlung der stillen Reserven der Liquidationserlös maßgebend.

(7) Die Auszahlung des Auseinandersetzungsguthabens erfolgt – außer im Falle der Liquidation – in ...... gleichen Vierteljahresraten, von denen die Erste drei Monate nach der Beendigung der stillen Gesellschaft fällig wird. Solange die Höhe des Auseinandersetzungsguthabens noch nicht feststeht, ist die Höhe der Raten zu schätzen; der Ausgleich erfolgt bei der Ersten nach Feststellung des Auseinandersetzungsguthabens fälligen Rate. Die Auszahlung des Auseinandersetzungsguthabens ist angemessen zu strecken, wenn die Zahlung nach Satz 1 unter Berücksichtigung der Vermögens- und Liquiditätslage der Inhaberin nicht zu vertreten ist. Bei Beendigung der stillen Gesellschaft wegen Liquidation der Inhaberin ist das Auseinandersetzungsguthaben innerhalb von ...... Monaten nach seiner Feststellung fällig.

(8) Das Auseinandersetzungsguthaben ist in seiner jeweiligen Höhe mit ......% p.a. zu verzinsen. Die Zinsen werden mit der letzten Rate fällig.

§ 17 Schriftform, Salvatorische Klausel

(1) Änderungen und Ergänzungen dieses Vertrages bedürfen zu ihrer Wirksamkeit der Schriftform. Mündliche Nebenabreden bestehen nicht.

(2) Sollten sich einzelne Bestimmungen des Gesellschaftsvertrages als ungültig erweisen, so wird dadurch die Gültigkeit des Vertrages im Übrigen nicht berührt. In ei-

nem solchen Fall sind die Gesellschafter verpflichtet, durch Beschluss die ungültige Bestimmung durch diejenige gesetzlich zulässige zu ersetzen, die den Zweck der ungültigen Bestimmung, insbesondere das, was die Vertragspartner gewollt haben, in der weitestgehend möglichen Annäherung erreicht. Entsprechendes gilt, wenn sich bei Durchführung des Vertrages eine ergänzungsbedürftige Lücke ergeben sollte.

(3) Gerichtsstand für sämtliche Streitigkeiten aus diesem Vertrag ist ......, soweit dies zulässig vereinbart werden kann.

II. ERLÄUTERUNGEN

Erläuterungen zu A. 14.03 Vertrag über die Errichtung einer atypisch stillen Gesellschaft mit einer GmbH (GmbH & atypisch Still)

1. Grundsätzliche Anmerkungen

a) Wirtschaftliche Funktion

Ebenso wie die typische stille Beteiligung an einer GmbH wird auch die atypische stille Beteiligung an einer GmbH oftmals als **Finanzierungsinstrument** für die GmbH genutzt. Gegenüber der typischen stillen Gesellschaft besteht ein meist gravierender Nachteil darin, dass die Tätigkeitsvergütungen an den Gesellschafter-Geschäftsführer der GmbH, der gleichzeitig atypischer stiller Gesellschafter ist, der GewSt unterliegen. Bei niedrigen Gewerbesteuerhebesätzen kann die Gesamtsteuerbelastung unter Einbeziehung der GewSt wegen der Steuerermäßigung gem. § 35 Abs. 1 EStG auch abnehmen. Hierbei ist zu erwähnen, dass der BFH auch eine stille Beteiligung eines beherrschenden Gesellschafters einer GmbH, der gleichzeitig alleiniger Geschäftsführer dieser GmbH ist, als atypische stille Gesellschaft (Mitunternehmerschaft) ansieht (BFH VIII R 42/90 v. 15.2.92, BStBl. II 94, 702; aA *Schmidt/Wacker* § 15 Rz. 355 mwN). 1

Die Rechtsform der atypischen stillen Beteiligung von GmbH-Gesellschaftern bietet gegenüber der reinen GmbH folgende **Vorteile:** 2

- Verlustanteile, die auf den stillen Gesellschafter entfallen, können mit sonstigen positiven Einkünften im Rahmen von § 2 Abs. 3 EStG ausgeglichen werden (gegenüber dem Verlustvortrag in der reinen GmbH). Ist der stille Gesellschafter wiederum eine Kapitalgesellschaft, besteht nur noch eine beschränkte Verlustverrechnung, vgl. A. 14.02 Rz. 10;
- die stille Einlage kann jederzeit ganz oder vollständig zurückgezahlt werden (ohne Verfahren der Kapitalherabsetzung gemäß §§ 58ff. GmbHG);
- der stille Gesellschafter haftet gegenüber Gläubigern des Unternehmens auch dann nicht unmittelbar, wenn seine Einlage ganz oder teilweise zurückgezahlt wird.

Die Eintragung des stillen Gesellschafters in das Handelsregister entfällt; die atypische stille Gesellschaft mit einer GmbH ist somit eine Alternative zur GmbH (vgl. hierzu die Vorteile der typischen stillen Gesellschaft zur GmbH, A. 14.02 Rz. 3).

b) Gesellschaftsrecht

Die GmbH & atypisch Still ist gesellschaftsrechtlich eine **Innengesellschaft**, bei der die GmbH das Handelsgewerbe im Sinne des § 230 HGB betreibt. Als stille Gesellschafter kommen dritte Personen, die an der GmbH nicht beteiligt sind, sowie die Gesellschafter der GmbH in Betracht. Gegenüber der GmbH & Co. KG bietet die GmbH atypisch Still den Vorteil der einfacheren Gründung, da keine Anmeldung der Gesellschaft zum Handelsregister erforderlich ist. Mangels Eintragung der stillen Gesellschaft und des stillen Gesellschafters in das Handelsregister kann eine vollständige 3

Anonymität des stillen Gesellschafters gewahrt werden. Eine Firma des stillen Gesellschafters besteht nicht, es bleibt auch bei der Firmenbezeichnung der GmbH.

4 Auch **haftungsrechtlich** ist die Position des stillen Gesellschafters günstiger als die des Kommanditisten, da er den Gesellschaftsgläubigern nicht unmittelbar haftet, auch dann nicht, wenn seine Einlage ganz oder teilweise zurückgezahlt ist.

Im Übrigen wird auf die Erläuterungen zur typischen stillen Gesellschaft (GmbH & Still) verwiesen (A. 14.02 Rz. 6ff.).

c) Steuerrecht

5 Die atypische stille Gesellschaft ist eine **Mitunternehmerschaft**. Der stille Gesellschafter bezieht Einkünfte iSd. § 15 Abs. 1 Satz 1 Nr. 2 EStG. Der atypische stille Gesellschafter ist Mitunternehmer mit entsprechenden Folgen auch für die Sondervergütungen iSd. § 15 Abs. 1 Satz 1 Nr. 2 EStG (BFH VIII R 364/83 v. 12.11.85, BStBl. II 86, 311).

Die Beteiligung an den stillen Reserven und am Geschäftswert bei Beendigung der Gesellschaft ist Regelvoraussetzung für die atypische stille Gesellschaft, denn nur dann wird der Gewerbebetrieb im Innenverhältnis auf gemeinsame Rechnung und Gefahr geführt (BFH VIII R 364/83 v. 12.11.85, aaO).

Der Anteil des atypisch stillen Gesellschafters an der GmbH gehört zu seinem Sonderbetriebsvermögen II (vgl. *Schulze zur Wiesche* GmbHR 99, 902).

Die atypisch stille Gesellschaft ist nicht Subjekt der GewSt. Steuerschuldner ist nur der Inhaber; der atypisch stille Gesellschafter kann nicht als Steuerschuldner in Anspruch genommen werden. Ein Gewerbesteuermessbescheid muss sich deshalb gegen den Geschäftsinhaber richten (vgl. mwN A. 14.01 Rz. 7). Für den Erlass der Gewerbesteuermessbescheide gegenüber der GmbH als Geschäftsinhaber ist das Betriebsfinanzamt und nicht das Körperschaftsteuerfinanzamt sachlich zuständig (BFH VIII R 42/90 v. 15.12.92, BStBl. II 94, 702). Zur Unternehmeridentität vgl. BFH IV R 38/09 v. 11.10.12, BFH/NV 13, 619. Nach OFD Frankfurt v. 30.1.13, DB 13, 610 kann eine GmbH & atypisch stille Gesellschaft weder Organgesellschaft noch Organträger sein.

d) Abgrenzung typische – atypische stille Beteiligung

6 Zur Abgrenzung wird auf A. 14.02 Rz. 11ff. verwiesen.

2. Einzelerläuterungen

Zur Vorbemerkung:

7 Das Formular geht davon aus, dass die stille Gesellschaft unmittelbar nach Gründung der GmbH errichtet wird und dass die Gesellschafter im gleichen Verhältnis an der GmbH und an der stillen Gesellschaft beteiligt sind.

Zu § 1: Einlage der stillen Gesellschafter

8 Für die steuerliche Anerkennung einer stillen Beteiligung eines GmbH-Gesellschafters am Unternehmen der GmbH ist erforderlich, dass die Einlage klar und eindeutig vereinbart ist und die Vereinbarungen tatsächlich durchgeführt werden.

Zu § 2: Rechtsnatur der stillen Gesellschaft

9 Zu den Gestaltungsmöglichkeiten bei mehreren stillen Gesellschaften (einheitliche stille Gesellschaft bzw. aufgespaltete stille Gesellschaften) s. A. 14.00 Rz. 4.

Zu § 3: Dauer der Gesellschaft, Geschäftsjahr

Da die GmbH als solche erst mit der Eintragung in das Handelsregister entsteht, kann die stille Beteiligung an der GmbH erst zu diesem Zeitpunkt beginnen. Wird die GmbH jedoch bereits vor Eintragung tätig, so kann auch vereinbart werden, dass die stille Gesellschaft sofort beginnt, es handelt sich dann um eine stille Beteiligung an der Vorgesellschaft. 10

Für die stille Gesellschaft als solche wird ein Jahresabschluss nicht erstellt, daher empfiehlt es sich, das Geschäftsjahr dem der Inhaberin anzupassen.

Zu § 4: Geschäftsführung

Die Bestimmung entspricht der gesetzlichen Regelung, wonach der stille Gesellschafter von der Geschäftsführung ausgeschlossen und auch nicht zum Widerspruch gegen einzelne Geschäftsführungsmaßnahmen berechtigt ist. Weitergehende Rechte können dem atypischen stillen Gesellschafter als Mitunternehmer eingeräumt werden. 11

Zu § 5: Stellung des stillen Gesellschafters

Die Beteiligung am Vermögen und an den stillen Reserven stellt die entscheidende vermögensrechtliche Besonderheit der atypischen stillen Gesellschaft dar. Bedeutung gewinnt die Regelung bei Beendigung der stillen Gesellschaft. Der atypische stille Gesellschafter erhält dann ein Abfindungsguthaben, das seiner Vermögensbeteiligung entspricht. Abs. 2 stellt klar, dass dadurch kein Gesamthandsvermögen entsteht. 12

Zu § 6: Informations- und Kontrollrechte

Gemäß § 233 HGB stehen dem stillen Gesellschafter lediglich eingeschränkte Informations- und Kontrollrechte zur Verfügung. Entspr. dem Charakter der atypischen stillen Gesellschaft sind dem Stillen hier die weitergehenden Rechte des § 716 BGB eingeräumt, der insbesondere das Recht zur persönlichen Unterrichtung von den Angelegenheiten der Gesellschaft unter Einsichtnahme der Geschäftsbücher und Papiere hat. Da nach Beendigung der stillen Gesellschaft alle Informations- und Kontrollrechte entfallen und der Gesellschafter sich nur noch auf die allgemeinen Vorschriften der §§ 810, 242 BGB stützen kann (BGH II ZR 203/74 v. 8.4.76, DB 76, 2106), sind die Informations- und Kontrollrechte auf die Zeit nach Beendigung der Gesellschaft ausgedehnt. 13

Zu § 7: Jahresabschluss

Die atypische stille Gesellschaft selbst ist nicht zur Buchführung und Bilanzierung verpflichtet (BFH VIII R 364/83 v. 12.11.85, BStBl. II 86, 311). Handels- und steuerrechtlich gibt es nur einen Vermögensvergleich und einen Gewinn oder Verlust des Inhabers des Handelsgeschäftes und einen Anteil des atypischen stillen Gesellschafters an diesem Gewinn oder Verlust. 14

Zu § 8: Gesellschafterkonten

Die Aufteilung auf Einlage-, Verlust- und Privatkonto empfiehlt sich zur besseren Übersichtlichkeit und im Hinblick auf die Grundsätze der Bilanzklarheit (§ 243 Abs. 2 HGB). Auch bei der atypischen stillen Gesellschaft bringt das Einlagekonto des stillen Gesellschafters nicht seine Beteiligung am Geschäftsvermögen zum Ausdruck, wie dies bei den Kapitalkonten der OHG oder der KG der Fall ist, da ein Gesamthandsvermögen nicht besteht. Das Konto drückt vielmehr eine echte Verbindlichkeit des Inhabers gegenüber dem stillen Gesellschafter aus und ist deshalb bei der Prüfung einer etwaigen Überschuldung des Inhabers als Verbindlichkeit zu behandeln, soweit es nicht 15 durch Verluste aufgezehrt ist oder eine Rangrücktrittserklärung abgegeben wurde (*Braun* § 38 InsO Rz. 11 mwN).

Zu weiteren Einzelheiten siehe A. 14.01 Rz. 18ff.

Zu § 9: Maßgebender Ertrag

16 Bei der Ermittlung des Ergebnisanteils des Stillen kann sowohl die Handels- als auch die Steuerbilanz zugrunde gelegt werden. Dabei hat die hier gewählte Zugrundelegung der Steuerbilanz für den Anteil des Stillen am Ertrag den Vorteil, dass die steuerlichen Gewinnermittlungsvorschriften insofern „genauer" sind, als sie handelsrechtlich zulässige Unterbewertungen nicht enthalten (iÜ wird auf A. 14.00 Rz. 39 verwiesen). Eine Korrektur der Steuerbilanz um erhöhte Absetzungen, Sonderabschreibungen und steuerfreie Rücklagen wie bei der typischen stillen Gesellschaft ist bei der atypischen stillen Gesellschaft wegen der Beteiligung an den stillen Reserven nicht erforderlich. Zur Vermeidung von praktischen Schwierigkeiten, sollte – soweit die Inhaberin keine getrennte Handels- und Steuerbilanz aufstellt – diejenige Bilanz zur Gewinnermittlung herangezogen werden, die regelmäßig von der Inhaberin erstellt wird.

Zu § 10: Ergebnisbeteiligung

17 **Gesellschaftsrecht:** Die Bestimmungen über die Verteilung des Gewinns und Verlustes sind im HGB nur unzureichend geregelt. Gemäß § 231 Abs. 1 „gilt ein den Umständen nach angemessener Anteil als bedungen", wenn der Anteil des stillen Gesellschafters am Gewinn und Verlust nicht bestimmt ist. Da der atypische stille Gesellschafter vermögensrechtlich wie ein Gesamthänder behandelt wird, sollte die Beteiligungsquote auf Grund einer Bewertung des Unternehmens der Inhaberin einerseits unter Berücksichtigung aller stillen Reserven und eines Firmenwerts und der stillen Einlage andererseits ermittelt werden. Hierbei kann auch eine vom Formular abweichende Gewichtung des Stammkapitals auf der einen und die Einlage der stillen Gesellschafter auf der anderen Seite erfolgen.

18 **Steuerrecht:** Der auf den atypischen stillen Gesellschafter entfallende Anteil am Gewinn oder Verlust des Inhabers gehört bei ihm zu den Einkünften aus Gewerbebetrieb (§ 15 Abs. 1 Nr. 2 EStG). Ebenso gehören Vergütungen, die der atypische stille Gesellschafter für Dienstleistungen oder für die Überlassung von Wirtschaftsgütern erhält, zu den Einkünften aus Gewerbebetrieb. Allerdings betreibt nicht die atypische stille Gesellschaft als solche – anders als die Personenhandelsgesellschaft – ein Gewerbe, sondern nur der Inhaber.

Die atypische stille Beteiligung ist Betriebsvermögen des stillen Gesellschafters.

Im Übrigen wird auf A. 14.01 Rz. 23ff. verwiesen.

Zu § 11: Entnahmen

19 **Gesellschaftsrecht:** Gegenüber der gesetzlichen Regelung, die die Möglichkeit der Entnahme des festgestellten Gewinnanteils jeweils nach Ablauf eines Geschäftsjahres vorsieht (§ 232 HGB), ist die hier vorgesehene Möglichkeit der Auszahlung des Gewinnanteils nach Ablauf von vier Wochen nach Feststellung der Bilanz mit der Möglichkeit, die Auszahlung des Gewinnanteils ganz oder teilweise zu verweigern, soweit die Liquiditätslage dies gebietet, gesellschafterfreundlich.

20 **Steuerrecht:** Anders als bei der typischen stillen Gesellschaft fällt bei der atypischen stillen Gesellschaft auf Entnahmen bzw. Gutschriften auf dem Verlustkonto keine Kapitalertragsteuer an. Zu den steuerpflichtigen gewerblichen Einkünften gehört der festgestellte Gewinnanteil des atypischen stillen Gesellschafters, unabhängig von der Höhe der Entnahmen.

Im Übrigen wird auf A. 14.01 Rz. 33f. verwiesen.

Zu § 12: Änderung des Stammkapitals

Nach dem Gesellschaftsvertrag, § 4 Abs. 2 Buchst. a, kann die Inhaberin weitere stille Gesellschafter nur mit Zustimmung der Stillen aufnehmen. Änderungen in den Kapitalverhältnissen der Inhaberin selbst durch die Erhöhung des Stammkapitals kann der stille Gesellschafter jedoch nicht widersprechen. Da der Beteiligungsquote des stillen Gesellschafters die Kapitalverhältnisse im Zeitpunkt des Abschlusses des stillen Gesellschaftsvertrages zugrunde liegen, müssen bei einer Änderung der Kapitalverhältnisse der Inhaberin oder bei Aufnahme weiterer stiller Gesellschafter beide Gesellschafter eine angemessene Anpassung der Beteiligungsquote der stillen Gesellschafter verlangen können. **21**

Zu § 13: Abtretung und Belastung von Anteilen

Gesellschaftsrecht: Die Übertragung einer stillen Beteiligung ist im Gesetz nicht vorgesehen, kann jedoch durch den Gesellschaftsvertrag zugelassen werden (s. iE A. 14.00 Rz. 69). **22**

Steuerrecht: Gewinne aus der Veräußerung einer atypischen stillen Beteiligung sind gemäß §§ 16 Abs. 1 Nr. 2, 34 Abs. 2 EStG uU begünstigt zu versteuern; ggf. kann gem. § 34 Abs. 3 EStG ein Steuersatz iHv. 56% des durchschnittlichen Steuersatzes in Anspruch genommen werden. Der Erwerber hat den Mehrbetrag, den er über den Buchwert der erworbenen stillen Beteiligung hinaus bezahlt, in einer Ergänzungsbilanz zu aktivieren. Gewerbesteuerlich werden Veräußerungsgewinne nicht erfasst (GewStR 7.1 Abs. 3). Verluste aus der Veräußerung einer atypischen stillen Beteiligung sind als gewerbliche Verluste mit anderen positiven Einkünften im Rahmen von § 2 Abs. 3 EStG auszugleichen. **23**

Zu § 14: Tod eines stillen Gesellschafters

Gesellschaftsrecht: Die Regelung entspricht der Bestimmung des § 234 Abs. 2 HGB. **24**

Steuerrecht: Erbschaftsteuerliche Bemessungsgrundlage ist der Teil des betrieblichen Einheitswerts der Inhaberin, der der Beteiligungsquote des stillen Gesellschafters entspricht. Ein Einheitswert des Betriebsvermögens der atypischen stillen Gesellschaft als solcher besteht nicht, sondern nur ein Einheitswert des Gewerbebetriebes der Inhaberin (BFH VIII R 364/83 v. 12.11.85, BStBl. II 86, 311); vgl. iÜ A. 14.01 Rz. 40. **25**

Zu § 15: Kündigung

Zur Kündigung aus wichtigem Grund wird auf A. 14.00 Rz. 75 verwiesen. **26**

Zu § 16: Auseinandersetzungsguthaben

Zu den gesellschaftsrechtlichen und steuerlichen Folgen der Regelung zum Auseinandersetzungsguthaben wird auf A. 14.01 Rz. 43ff. verwiesen. **27**

A. 14.10 Abtretung einer stillen Beteiligung (Verkauf)

Gliederung

I. FORMULAR

Formular A. 14.10 Vertrag über Verkauf und Abtretung einer stillen Beteiligung

VERTRAG ÜBER VERKAUF UND ABTRETUNG EINER STILLEN BETEILIGUNG

zwischen

V **– nachfolgend Verkäufer genannt –**

und

K **– nachfolgend Käufer genannt –**

Vorbemerkungen

Der Verkäufer ist als stiller Gesellschafter am Handelsgewerbe der offenen Handelsgesellschaft in Firma X & Co. (Inhaberin) mit einer vertraglich vereinbarten voll einbezahlten Einlage in Höhe von € ...... beteiligt. Der Vertrag über die stille Gesellschaft vom ...... ist dem Käufer bekannt. Dies vorausgeschickt vereinbaren die Parteien was folgt:

§ 1 Verkauf

Der Verkäufer verkauft seine in der Vorbemerkung genannte stille Beteiligung mit allen Rechten und Pflichten einschließlich des Gewinnbezugsrechts mit Wirkung vom ...... (Abtretungsstichtag) an den Käufer. Die Konten des Verkäufers weisen im Rahmen der stillen Beteiligung zum letzten Bilanzstichtag folgende Salden auf:

Einlagekonto	**€ ......**
Verlustkonto	**€ ......**
Privatkonto	**€ ......**

Das Guthaben auf dem Privatkonto wird, soweit es nach dem Gesellschaftsvertrag bis zum Abtretungsstichtag entnommen werden kann, nicht mit verkauft.

Ein bis zum Abtretungsstichtag entstehender Gewinnanteil auf die stille Beteiligung steht dem Verkäufer zu und ist an diesen auszuzahlen, soweit er nach Gesellschaftsvertrag entnahmefähig ist.

§ 2 Kaufpreis

Der Kaufpreis für die abgetretene stille Beteiligung beträgt € ...... Er ist am...... zur Zahlung fällig. Sollte eine steuerliche Betriebsprüfung bei der X & Co. zu einer Ände-

rung der Kontenstände des Verkäufers führen, so ändert sich der Kaufpreis für die stille Beteiligung dadurch nicht. Dem Verkäufer sind keine Gründe bekannt, die für eine Unrichtigkeit der in der Vorbemerkung genannten Kontenstände im Sinne einer Unvereinbarkeit mit den Grundsätzen ordnungsmäßiger Buchführung sprechen könnten.

§ 3 Gewährleistung

Der Verkäufer übernimmt die Gewährleistung dafür, dass die stille Einlage in voller Höhe einbezahlt ist und dass die Beteiligung frei von Rechten Dritter auf den Käufer übergeht. Im Übrigen übernimmt der Verkäufer keine Gewährleistung, insbesondere nicht für die Werthaltigkeit der Beteiligung.

§ 4 Abtretung

In Vollzug des in § 1 vereinbarten Verkaufs tritt der Verkäufer seine stille Beteiligung mit allen damit verbundenen Rechten und Pflichten einschließlich des Gewinnbezugsrechts ab dem Abtretungsstichtag an den Käufer ab. Dieser nimmt die Abtretung an und tritt in alle Pflichten des stillen Gesellschafters gem. dem Vertrag über die stille Gesellschaft vom ...... ein. Die Abtretung ist aufschiebend bedingt durch die vollständige Bezahlung des Kaufpreises gem. § 2.

§ 5 Genehmigung

Der Verkäufer wird die für die Abtretung erforderliche Zustimmung der Inhaberin einholen. Verweigert die Inhaberin die Zustimmung, so kann keine Vertragspartei aus dem Vertrag Rechte herleiten.

§ 6 Sonstiges

(1) Sollten einzelne Bestimmungen dieses Vertrages unwirksam sein oder werden, so wird dadurch die Wirksamkeit des Vertrages im Übrigen nicht berührt. Die Parteien sind verpflichtet, die unwirksame Bestimmung durch diejenige gesetzlich zulässige Bestimmung zu ersetzen, die dem wirtschaftlichen Ziel der unwirksamen Bestimmung in gesetzlich zulässiger Weise am nächsten kommt. Entsprechendes gilt, wenn sich bei Durchführung des Vertrages eine ergänzungsbedürftige Lücke ergeben sollte.

(2) Änderungen und Ergänzungen dieses Vertrages bedürfen der Schriftform. Mündliche Nebenabreden bestehen nicht.

(3) Erfüllungsort und Gerichtsstand ist der Sitz der Gesellschaft, soweit dies zulässig vereinbart werden kann.

II. ERLÄUTERUNGEN

Erläuterungen zu A. 14.10 Vertrag über Verkauf und Abtretung einer stillen Beteiligung

1. Grundsätzliche Anmerkungen

a) Wirtschaftliche Funktion

Ziel ist die entgeltliche Übertragung einer stillen Beteiligung auf eine dritte Person unter Aufrechterhaltung des stillen Gesellschaftsverhältnisses. 1

b) Gesellschaftsrecht

Während Ansprüche des stillen Gesellschafters auf Gewinnanteile und Abfindungsguthaben mangels einer abweichenden Regelung im Gesellschaftsvertrag frei ver- 2 äußerlich sind (§ 717 Satz 2 BGB), ist die stille Beteiligung insgesamt, da sie nicht nur Ansprüche, sondern auch Pflichten des stillen Gesellschafters beinhaltet, nur übertragbar, wenn dies im Gesellschaftsvertrag festgelegt ist oder wenn der Inhaber im Einzelfall zustimmt (*HGB-Großkomm./Schilling* § 335 Rz. 66). Die Vorausabtretung der Auseinandersetzungsforderung eines stillen Gesellschafters wird hinfällig, wenn dieser seine Beteiligung auf einen Dritten überträgt, bevor der Auseinandersetzungsanspruch entstanden ist, anders im Erbfall bei Gesamtrechtsnachfolge, BGH II ZR 52/99 v. 13.11.00, DStR 01, 494.

Kaufvertrag und Abtretung sind formfrei.

c) Steuerrecht

3 **Typische stille Gesellschaft:** Ein bei der Veräußerung einer typischen stillen Beteiligung an eine dritte Person entstehender Gewinn ist steuerfrei, wenn die Beteiligung im Privatvermögen gehalten wird und die Veräußerung außerhalb der Spekulationsfrist von zwölf Monaten seit Anschaffung, sowie die Anschaffung vor dem 31.12.08 erfolgt ist, § 52a Abs. 10 S. 4 EStG (BFH I R 98/76 v. 12.2.81, BStBl. II 81, 465). Dies gilt auch für die mitveräußerten Ansprüche auf den laufenden Gewinn (nicht jedoch, wenn mit dem Kaufpreis Gewinnanteile aus einem schon abgelaufenen Wj. abgegolten werden, BFH I R 98/76 v. 12.2.81, aaO; s. iE A. 14.00 Rz. 70f.).

Bei einer Anschaffung der stillen Beteiligung ab dem 31.12.08 wird ein Veräußerungsgewinn nach § 20 Abs. 2 Nr. 4 EStG versteuert.

4 **Atypische stille Gesellschaft:** Die Veräußerung einer atypischen stillen Beteiligung ist einkommensteuerlich die Veräußerung eines Mitunternehmeranteils iSd. § 16 Abs. 1 Nr. 2 EStG (vgl. *Märkle* DStZ 80, 471). Ein Veräußerungsgewinn unterliegt uU der begünstigten Besteuerung des § 34 EStG (s. iE A. 14.01 Rz. 37).

2. Einzelerläuterungen

Zu § 3: Gewährleistung

5 Der Erwerb einer stillen Beteiligung ist Rechtskauf iSd. § 453 BGB. Nach dieser Vorschrift haftet der Verkäufer nur für den rechtlichen Bestand der Forderung, nicht jedoch für die Werthaltigkeit der Beteiligung oder für die Ertragskraft des Handelsgewerbes des Inhabers. Das Vertragsmuster entspricht der gesetzlichen Regelung. Abweichend davon kann der Verkäufer weitergehende Garantien übernehmen, zB für einen bestimmten Mindestgewinnanteil der stillen Beteiligung, wobei eine solche Garantie idR nur für einen begrenzten Zeitraum in Betracht kommt.

Zu § 5: Genehmigung

6 Ist die Abtretung der stillen Beteiligung im Gesellschaftsvertrag nicht allgemein für zulässig erklärt, so bedarf sie der Zustimmung der Inhaberin. Bis zur Erteilung der Genehmigung ist der Vertrag schwebend unwirksam. Die Bestimmung, wonach bei Verweigerung der Zustimmung keine Vertragspartei irgendwelche Ansprüche geltend machen kann, soll klarstellen, dass jede Partei bis zur Erteilung der erforderlichen Genehmigung insofern auf eigenes Risiko handelt, als evtl. Kosten, insbes. Beratungskosten, bei Verweigerung der Genehmigung selbst zu tragen sind.

A. 14.11 Abtretung (Schenkung)

Gliederung

I. FORMULAR

Formular A. 14.11 Vertrag über die Schenkung einer stillen Beteiligung

VERTRAG ÜBER DIE SCHENKUNG EINER STILLEN BETEILIGUNG

zwischen

V **– nachfolgend Schenker genannt –**

und

seinem Sohn S

vertreten durch ...... als Ergänzungspfleger, bestellt durch Beschluss des Vormundschaftsgerichts ...... vom ......

– nachfolgend Erwerber genannt –

Vorbemerkungen

V ist als stiller Gesellschafter am Handelsgewerbe der XY-GmbH (Inhaberin) mit einer vertraglich vereinbarten voll einbezahlten Einlage in Höhe von € ...... beteiligt. Der Vertrag über die stille Gesellschaft vom ...... ist dem Erwerber bekannt. V will seine stille Beteiligung schenkweise auf seinen Sohn S übertragen. Dies vorausgeschickt vereinbaren die Parteien was folgt:

§ 1 Schenkung

Der Schenker schenkt seine in der Vorbemerkung genannte stille Beteiligung mit allen Rechten und Pflichten einschließlich des Gewinnbezugsrechts mit Wirkung vom ...... (Abtretungsstichtag) seinem Sohn S. Die Konten des Schenkers weisen im Rahmen der stillen Beteiligung zum letzten Bilanzstichtag folgende Salden auf:

Einlagekonto	**€ ......**
Verlustkonto	**€ ......**
Privatkonto	**€ ......**

Das Guthaben auf dem Privatkonto ist, soweit es bis zum Abtretungsstichtag entnommen werden kann, nicht Gegenstand der Schenkung.

Ein bis zum Abtretungsstichtag entstehender Gewinnanteil auf die stille Beteiligung steht dem Schenker zu und ist an diesen auszuzahlen, soweit er nach dem Gesellschaftsvertrag entnahmefähig ist.

§ 2 Ausgleichs- und Anrechnungspflicht

Der Erwerber muss die Schenkung im Erbfall zur Ausgleichung bringen und sich auf den Pflichtteil anrechnen lassen.

§ 3 Gewährleistung

Eine Gewährleistung wird – soweit gesetzlich zulässig – ausgeschlossen.

§ 4 Abtretung

In Vollzug der in § 1 vereinbarten Schenkung tritt der Schenker seine stille Beteiligung mit allen damit verbundenen Rechten und Pflichten einschließlich des Gewinnbezugsrechts ab dem Abtretungsstichtag an den Erwerber ab. Dieser nimmt die Abtretung an und tritt in alle Pflichten des stillen Gesellschafters gem. dem Vertrag über die stille Gesellschaft vom ...... ein.

§ 5 Genehmigung

Der Schenker wird die für die Abtretung erforderliche Zustimmung der Inhaberin einholen. Verweigert die Inhaberin die Zustimmung, so kann keine Vertragspartei aus dem Vertrag Rechte herleiten.

§ 6 Steuern, Kosten

Eine etwa anfallende Schenkungsteuer sowie die Kosten dieses Vertrages und seiner Durchführung trägt der Schenker.

II. ERLÄUTERUNGEN

Erläuterungen zu A. 14.11 Vertrag über die Schenkung einer stillen Beteiligung

1. Grundsätzliche Anmerkungen

a) Wirtschaftliche Funktion

1 Ziel ist die unentgeltliche Übertragung einer stillen Beteiligung auf eine dritte Person (Sohn) unter Aufrechterhaltung des stillen Gesellschaftsverhältnisses.

b) Gesellschaftsrecht

2 Während Ansprüche des stillen Gesellschafters auf Gewinnanteile und Abfindungsguthaben mangels einer abweichenden Regelung im Gesellschaftsvertrag frei veräußerlich sind (§ 717 Satz 2 BGB), ist die stille Beteiligung insgesamt, da sie nicht nur Ansprüche sondern auch Pflichten des stillen Gesellschafters beinhaltet, nur übertragbar, wenn dies im Gesellschaftsvertrag festgelegt ist oder wenn der Inhaber im Einzelfall zustimmt (*HGB-Großkomm./Schilling* § 335 Rz. 66). Häufig wird in Gesellschaftsverträgen vereinbart, dass die Abtretung von Beteiligungen an Abkömmlinge ohne Zustimmung zulässig ist.

3 Das Schenkungsversprechen bedarf der **notariellen Form,** § 518 BGB. Der Formmangel wird jedoch durch Vollzug der Schenkung geheilt. Vollzug liegt hier in Gestalt der Abtretung der Ansprüche aus dem stillen Beteiligungsverhältnis vor. Anders als bei der schenkweisen Einräumung einer stillen Beteiligung, bei der die Einbuchung der Beteiligung keinen heilenden Vollzug darstellt, weil dadurch lediglich ein schuldrechtlicher Anspruch des beschenkten stillen Gesellschafters gegen den Schenker entsteht (BGH II ZR 136/51 v. 24.9.52, NJW 52, 1412 und BGH II ZR 16/52 v. 29.10.52, NJW 53, 138), hat die Abtretung einer bestehenden stillen Beteiligung heilende Wirkung, da durch die Abtretung die Beteiligung mit dinglicher Wirkung vom Schenker auf den Abtretungsempfänger übergeht (s. iE A. 14.00 Rz. 8).

4 Ist der beschenkte Sohn **minderjährig,** so ist strittig, ob für den Abschluss des Schenkungsvertrages die Bestellung eines Ergänzungspflegers erforderlich ist. Zwar

unterliegt der schenkende Vater als gesetzlicher Vertreter des beschenkten Sohnes beim Abschluss des Schenkungsvertrages dem Verbot des Selbstkontrahierens gem. § 181 BGB, so dass ein Ergänzungspfleger für den Abschluss des Schenkungsvertrages bestellt werden müsste (§§ 1909, 1629 Abs. 2, 1795 BGB), doch ist die Bestellung eines Ergänzungspflegers dann nicht erforderlich, wenn das Geschäft für den Minderjährigen lediglich rechtlich vorteilhaft ist (§ 107 BGB). Fraglich ist, ob die Schenkung einer bestehenden stillen Beteiligung lediglich rechtlich vorteilhaft ist. Das Urteil des BFH I R 176/77 v. 19.12.79 (BStBl. II 80, 242), das in der Begründung von stillen Gesellschaften für die beschenkten Kinder nicht nur einen rechtlichen Vorteil sieht, betrifft die Fälle, in denen den Kindern zunächst Geldbeträge geschenkt werden, die dann als stille Einlage eingebracht werden müssen. In dieser Verpflichtung der Einlage der zuvor geschenkten Beträge sieht der BFH einen rechtlichen Nachteil, der zur Notwendigkeit eines Ergänzungspflegers führt. Zwar besteht diese Verpflichtung bei Schenkung einer bestehenden stillen Beteiligung nicht, doch sind andererseits mit der stillen Beteiligung auch Pflichten verbunden (*Palandt/Ellenberger* § 107 BGB Rz. 2ff.). Es empfiehlt sich daher die Einschaltung eines Ergänzungspflegers für den Abschluss des Schenkungsvertrages (aA *Tiedtke* DB 77, 1064).

Vormundschaftsgerichtliche Genehmigung: Durch Abschluss des Schenkungsvertrages tritt der beschenkte Minderjährige gleichzeitig in den stillen Gesellschaftsvertrag ein. Der Abschluss eines stillen Gesellschaftsvertrages durch einen Minderjährigen bedarf jedoch gem. § 1822 Nr. 3 BGB der vormundschaftlichen Genehmigung, es sei denn, der stille Gesellschafter ist nicht am Verlust des Handelsgewerbes beteiligt (BGH III ZR 155/55 v. 28.1.57, NJW 57, 672; BFH I R 101/72 v. 28.11.73, BStBl. II 74, 289) und die geschenkte Einlage ist in voller Höhe erbracht (vgl. auch *Tiedtke* DB 77, 1064). 5

c) Steuerrecht

Die unentgeltliche Übertragung der stillen Beteiligung unterliegt der **Schenkungssteuer.** S. iE Rz. 10. 6

2. Einzelerläuterungen

Zu § 2: Ausgleichs- und Anrechnungspflicht

Gem. § 2050 BGB haben Abkömmlinge, die als gesetzliche Erben zur Erbfolge gelangen, Schenkungen des Erblassers bei der Erbauseinandersetzung untereinander zur Ausgleichung zu bringen, es sei denn, der Erblasser hat bei der Zuwendung etwas anderes angeordnet. IdR wird es angemessen sein, entspr. der gesetzlichen Regelung eine Ausgleichspflicht vorzusehen. Ebenso wird es idR sinnvoll sein, eine Anrechnung der Schenkung für den Fall der Geltendmachung des Pflichtteils zu bestimmen (§ 2315 BGB). 7

Zu § 3: Gewährleistung

Gem. § 523 Abs. 1 BGB haftet der Schenker für Schäden, die dem Beschenkten aus einem arglistig verschwiegenen Rechtsmangel entstehen. Dem entspricht die Regelung in § 3. Eine Erweiterung der Haftung des Schenkers ist zulässig. In diesem Fall bedarf der Vertrag jedoch notarieller Beurkundung (§ 518 BGB; *Palandt/Weidenkaff* § 524 BGB Rz. 3). 8

Zu § 5: Genehmigung

Ist die Abtretung der stillen Beteiligung im Gesellschaftsvertrag nicht allgemein für zulässig erklärt (dies ist bei Abtretungen an Abkömmlinge häufig der Fall), so bedarf sie der Zustimmung der Inhaberin. Bis zur Erteilung der Genehmigung ist der Vertrag schwebend unwirksam. Die Bestimmung stellt klar, dass bei Verweigerung der Zustimmung keinerlei Ansprüche eines Vertragspartners gegeben sind. 9

Zu § 6: Steuern, Kosten

10 Die Bewertung einer **typischen** stillen Beteiligung richtet sich nach § 12 ErbStG. Gem. § 12 Abs. 1 BewG ist eine stille Beteiligung mit dem Nennwert anzusetzen, wenn nicht besondere Umstände einen höheren oder geringeren Wert begründen. Eine über den Nennwert hinausgehende Bewertung kommt insbesondere in Betracht, wenn die stille Beteiligung auf längere Zeit einen besonders hohen Ertrag verspricht und Verluste nicht zu erwarten sind (vgl. *Blaurock* § 27 Rz. 27.26).

11 Bei einer **atypischen** stillen Beteiligung bestimmt sich der Wert nach denselben Grundsätzen wie bei der Bewertung des Anteils an einer OHG oder KG. Als **Steuerwert der Schenkung** gilt danach der anteilige Einheitswert des Betriebsvermögens der Gesellschaft. Obwohl der Erwerber in Verbindlichkeiten der OHG eintritt, liegt keine gemischte Schenkung vor (FM Bayern v. 20.10.83, DStR 84, 44), es sei denn, der Erwerber erbringt sonstige Nebenleistungen oder der Beschenkte hat andere Schulden und Lasten als Betriebsschulden zu übernehmen. Der Anteil am Vermögen ergibt sich aus dem Verhältnis des Einlagekontos des stillen Gesellschafters zum Kapitalkonto des Inhabers.

A. 14.12 Nießbrauch

Gliederung

I. FORMULAR

Formular A. 14.12 Vertrag über die Einräumung des Nießbrauchs an einer stillen Beteiligung

VERTRAG ÜBER DIE EINRÄUMUNG DES NIESSBRAUCHS AN EINER STILLEN BETEILIGUNG

zwischen

S **– nachfolgend stiller Gesellschafter genannt –**

und

dessen Schwester Frau N **– nachfolgend Nießbraucher genannt –**

Vorbemerkungen

S hat als Alleinerbe von seinem verstorbenen Vater dessen stille Beteiligung an der XY-GmbH erworben. Der Nennwert der voll einbezahlten stillen Einlage beläuft sich auf € …… Der Gesellschaftsvertrag der stillen Gesellschaft ist den Beteiligten bekannt.

Die für die stille Beteiligung geführten Konten weisen zum letzten Bilanzstichtag folgende Salden auf:

Einlagekonto € ......
Verlustkonto € ......
Privatkonto € ......

Aufgrund testamentarischer Anordnung ist S verpflichtet, seiner Schwester N einen anteiligen Nießbrauch (Quotennießbrauch) an der stillen Beteiligung einzuräumen. Zu diesem Zweck vereinbaren die Parteien was folgt:

§ 1 Einräumung des Nießbrauchs

S räumt N mit Wirkung zum ...... *[Todestag des Erblassers]* den lebenslänglichen Nießbrauch an der stillen Beteiligung ein.

§ 2 Umfang des Nießbrauchs

Aufgrund des Nießbrauchs steht die Hälfte des entnahmefähigen Gewinnanteils der stillen Beteiligung N zu.

§ 3 Gesellschaftsrechte

Die Wahrnehmung der Gesellschaftsrechte innerhalb der stillen Gesellschaft obliegt weiterhin S. Eine Kündigung der stillen Beteiligung sowie Änderungen der Ergebnisbeteiligung darf S nur mit vorheriger Zustimmung von N vornehmen.

§ 4 Informationspflicht

Der stille Gesellschafter ist verpflichtet, dem Nießbraucher im Rahmen der ihm von Gesetz und Gesellschaftsvertrag eingeräumten Informationsrechte auf Verlangen Auskunft über die Angelegenheiten der Gesellschaft zu erteilen, soweit nicht ausdrückliche Geheimhaltungsvorschriften dem entgegenstehen.

§ 5 Änderung der Kapitalverhältnisse

Erhöht der stille Gesellschafter seine stille Einlage, so verringert sich der dem Nießbraucher zustehende Gewinnanteil entsprechend. Der Nießbraucher ist jedoch berechtigt, dem stillen Gesellschafter die Hälfte der Einlagenerhöhung als unverzinsliches Darlehen zur Verfügung zu stellen; in diesem Fall steht dem Nießbraucher weiterhin die Hälfte des entnahmefähigen Gewinnanteils der stillen Beteiligung zu. Das unverzinsliche Darlehen ist bei Beendigung des Nießbrauchs an den Nießbraucher zurückzuzahlen.

§ 6 Zustimmung

Der stille Gesellschafter verpflichtet sich, unverzüglich die gem. § ...... des Gesellschaftsvertrages über die stille Beteiligung erforderliche Zustimmung der XY-GmbH zu beantragen.

§ 7 Sonstiges

(1) Sollten einzelne Bestimmungen dieses Vertrages unwirksam sein oder werden, so wird dadurch die Wirksamkeit des Vertrages im Übrigen nicht berührt. Die Parteien sind verpflichtet, die unwirksame Bestimmung durch diejenige gesetzlich zulässige Bestimmung zu ersetzen, die dem wirtschaftlichen Ziel der unwirksamen Bestimmung in gesetzlich zulässiger Weise am nächsten kommt. Entsprechendes gilt, wenn sich bei Durchführung des Vertrages eine ergänzungsbedürftige Lücke ergeben sollte.

(2) Änderungen und Ergänzungen dieses Vertrages bedürfen der Schriftform. Mündliche Nebenabreden bestehen nicht.

(3) Erfüllungsort und Gerichtsstand ist der Sitz der Gesellschaft, soweit dies zulässig vereinbart werden kann.

II. ERLÄUTERUNGEN

Erläuterungen zu A. 14.12 Vertrag über die Einräumung des Nießbrauchs an einer stillen Beteiligung

1. Grundsätzliche Anmerkungen

a) Wirtschaftliche Funktion

1 Wirtschaftliche Funktion des Nießbrauchs an einem Gesellschaftsanteil ist, dem Nießbraucher die Erträge des Gesellschaftsanteils entweder in vollem Umfang oder zu einer bestimmten Quote zukommen zu lassen, während die Substanz des Gesellschaftsanteils beim Besteller verbleibt. Neben der dem Formular zugrunde liegenden Zielsetzung, dass ein Erbe Gesellschafter werden soll, während einem anderen Erben lediglich die Erträge der Beteiligung zustehen sollen, kommen als weitere Gründe für die Bestellung eines Nießbrauchs in Betracht: Ersatz von Vor- und Nacherbschaft, Nutzungs- oder Sicherungsnießbrauch zur Kreditsicherung sowie teilweiser Rückzug eines alternden Gesellschafters (vgl. iE A. 9.23 Rz. 1; *Bitz* DB 87, 1506; *Petzoldt* GmbHR 87, 381 und 433; *MünchHdb GesR/Bezzenberger* § 25 StG Rz. 16ff.).

b) Gesellschaftsrecht

2 Der Nießbrauch gibt dem Berechtigten das Recht, die Nutzungen aus der stillen Beteiligung, insbesondere den Gewinn, zu ziehen (§§ 1030ff., 1068 BGB). Die Bestellung eines Nießbrauchs setzt voraus, dass das Recht als solches übertragbar ist (§ 1069 Abs. 2 BGB); da die stille Beteiligung insgesamt nur übertragbar und belastbar ist, wenn dies im Gesellschaftsvertrag festgelegt ist oder wenn der Inhaber im Einzelfall zustimmt (*HGB-Großkomm./Schilling* § 335 Rz. 66), muss auch die Bestellung eines Nießbrauchs entweder im Gesellschaftsvertrag über die stille Gesellschaft allgemein zugelassen sein oder vom Inhaber im Einzelfall genehmigt werden.

3 Zulässigkeit und Gestaltungsmöglichkeiten der Nießbrauchsbestellung an Gesellschaftsanteilen sind nach wie vor umstritten; im Wesentlichen werden folgende Meinungen vertreten: **(1)** Die Nießbrauchsbestellung erfordert eine zeitlich begrenzte Abtretung des Gesellschaftsanteils an den Nießbraucher (Vollrechtsübertragung); **(2)** zulässig ist auch die Bestellung eines abgespaltenen echten Nießbrauchs an der Mitgliedschaft ohne Übertragung des Gesellschaftsanteils; **(3)** Nießbrauchsbestellung durch selbstständige Belastung des Gewinnstammrechts ohne Mitverwaltungsrechte; **(4)** Nießbrauch an den Gewinnansprüchen, der sich auf die einzelne Gewinnquote erstreckt (s. iE A. 9.23 Rz. 3).

4 Nach dem Formular handelt es sich um einen reinen Ertragsnießbrauch ohne Mitverwaltungsrechte. Infolge der ungeklärten zivilrechtlichen Verhältnisse empfiehlt sich, die Vertragsbeziehungen möglichst eindeutig zu regeln, um Streitigkeiten zu vermeiden.

c) Steuerrecht

5 **Typische stille Beteiligung:** Bei einem Vermächtnisnießbrauch der hier vorliegenden Art sind die Einkünfte aus Kapitalvermögen dem Nießbraucher zuzurechnen (BMF v. 23.11.83, BStBl. I 83, 508 Tz. 55). Bestellt ein typisch stiller Gesellschafter unentgeltlich einen Nießbrauch an seiner typisch stillen Beteiligung, so sind die Einnahmen aus der typisch stillen Beteiligung weiterhin dem stillen Gesellschafter zuzurechnen, BFH I R 69/89 v. 22.8.90, BStBl. II 91, 38.

6 Bei einer **atypischen stillen Beteiligung** bestehen folgende Möglichkeiten: **(1)** Der Nießbraucher ist Mitunternehmer und bezieht Einkünfte aus Gewerbebetrieb.

Diese Möglichkeit kommt insbesondere in Betracht, wenn dem Nießbraucher auch laufende Verluste zuzurechnen sind und er die erforderlichen Mitwirkungsrechte in der Gesellschaft hat. In diesem Fall ist dem Nießbraucher nach überwiegender Meinung der entnahmefähige Gewinnanteil zuzurechnen, soweit er auf den Nießbraucher entfällt. **(2)** Ist der Nießbraucher beim bloßen Ertragsnießbrauch nicht Mitunternehmer, so bezieht er keine gewerblichen Einkünfte iSd. § 15 Abs. 1 Nr. 2 EStG, der Gewinnanteil ist vielmehr allein dem Nießbrauchsbesteller zuzurechnen. Die Bezüge des Nießbrauchers sind entweder nicht steuerpflichtige Einnahmen (zB Ertragsnießbrauch zwischen unterhaltsberechtigten Familienangehörigen) und dementsprechend beim Nießbrauchsbesteller nicht abzugsfähige Einkommensverwendung gem. § 12 Nr. 2 EStG oder es handelt sich um wiederkehrende Bezüge iSd. § 22 Nr. 1 EStG, die beim Nießbrauchsbesteller als Sonderausgaben abzugsfähig sind. Bei dem hier vorliegenden Ertragsnießbrauch auf Grund eines Vermächtnisses erfolgt die Versteuerung beim Nießbrauchsbesteller (BMF v. 23.11.83, BStBl. I 83, 508 Tz. 57).

Erbschaft- und Schenkungsteuer: Der Nießbraucher erwirbt als Vermächtnis- **7**
nehmer vom Erblasser, nicht vom Erben als dem Nießbrauchsbesteller. Der Erwerb erfolgt erbschaftsteuerlich demgemäß beim Tod des Erblassers, nicht bei der Nießbrauchsbestellung. Ist der Nießbrauch ein reiner Ertragsnießbrauch wie im Formular, so gelten für die Bewertung §§ 14–16 BewG; die Steuer kann gem. § 23 ErbStG nach den Jahreswerten entrichtet werden.

Wird der Nießbraucher **Mitunternehmer,** so erbt er Betriebsvermögen, das nach **8**
§ 12 ErbStG, §§ 95ff. BewG zu bewerten ist.

(frei) **9**

2. Einzelerläuterungen

Zu § 1: Einräumung des Nießbrauchs

Die Bestellung des Nießbrauchs erfolgt nach den für die Übertragung des Gesell- **10**
schaftsanteils geltenden Vorschriften (§ 1069 Abs. 1 BGB), also durch formlosen Vertrag. Da die Nießbrauchsbestellung testamentarisch vorgesehen ist, erfolgt sie zweckmäßigerweise mit Wirkung zum Todestag des Erblassers.

Zu § 2: Umfang des Nießbrauchs

Der Nießbrauch ist als sog. Quotennießbrauch gestaltet, auf Grund dessen der **11**
Nießbraucher Anspruch auf die Hälfte des entnahmefähigen Gewinnanteils der stillen Beteiligung hat. Für die steuerliche Behandlung kommt es darauf an, ob die stille Beteiligung des Nießbrauchsbestellers typisch (= Versteuerung beim Nießbraucher) oder atypisch (= Versteuerung beim Nießbraucher) ausgestaltet ist; s. hierzu Rz. 5f.

Zu § 3: Gesellschafterrechte

Da der Nießbrauch als ein Ertragsnießbrauch gestaltet ist, bei dem gesellschafts- **12**
rechtliche Verwaltungsrechte beim stillen Gesellschafter/Nießbrauchsbesteller verbleiben, ist im Muster vorgesehen, dass lediglich für wesentliche Änderungen des Vertrages über die stille Beteiligung, die die Ergebnisbeteiligung betreffen, und für eine Kündigung der stillen Beteiligung die vorherige Zustimmung des Nießbrauchers erforderlich ist.

Zu § 4: Informationspflicht

Da der Nießbraucher nicht Gesellschafter wird, hat er keinen eigenen Informations- **13**
anspruch gegenüber der Inhaberin. Es ist deshalb eine Auskunftspflicht des stillen Gesellschafters vorgesehen.

Zu § 5: Änderung der Kapitalverhältnisse

14 Erhöht der Nießbraucher aus eigenen Mitteln seinen Kapitalanteil, so muss die Ergebnisbeteiligungsquote des Nießbrauchers sich entsprechend verringern. Der Nießbraucher hat allerdings die Möglichkeit, die bisherige Beteiligungsquote von 50% dadurch beizubehalten, dass er dem stillen Gesellschafter die Hälfte der Einlagenerhöhung als unverzinsliches Darlehen zur Verfügung stellt.

Zu § 6: Zustimmung

15 Ebenso wie für die Übertragung der stillen Beteiligung ist auch für die Nießbrauchsbestellung die Zustimmung der Inhaberin erforderlich, sofern nicht im Gesellschaftsvertrag die Nießbrauchsbestellung generell als zulässig erklärt wird.

A. 14.13 Schenkweise Einräumung einer stillen Beteiligung

Gliederung

I. FORMULAR

Formular A. 14.13 Schenkweise Einräumung einer stillen Beteiligung

Heute, den ......

erschienen vor mir, ...

Notar in ......, in der Geschäftsstelle in ......

1. Herr V, wohnhaft in ......,

2. Herr ......, hier handelnd für den minderjährigen Sohn S des V, wohnhaft in ......, als Ergänzungspfleger, bestellt durch Beschluss des Vormundschaftsgerichts ...... vom ......, der bei Beurkundung in Urschrift vorlag und dieser Urkunde in beglaubigter Abschrift beigefügt ist.

Auf Ersuchen der Erschienenen beurkunde ich gemäß ihren vor mir abgegebenen Erklärungen folgenden

SCHENKUNGSVERTRAG

1. V betreibt in ...... unter der Firma V – Gerätebau einen Gewerbebetrieb, dessen Gegenstand die Herstellung von Werkzeugmaschinen ist.

Er schenkt hiermit seinem Sohn S € 50.000.– mit der Auflage, diesen Betrag als stille Einlage in das Unternehmen des V gemäß dem Vertrag über die Errichtung einer stillen Gesellschaft, der dieser Urkunde als wesentlicher Bestandteil beigefügt ist, einzulegen.

Im Erbfall hat S die Schenkung zum Ausgleich zu bringen bzw. sich auf den Pflichtteil anrechnen zu lassen.

2. Die Schenkung wird dadurch vollzogen, dass V von seinem Kapitalkonto einen Teilbetrag in Höhe von € 50.000.– an S abtritt. Der abgetretene Betrag wird als stille Einlage des S geführt.

3. S nimmt die Schenkung und die zu ihrem Vollzug erfolgende Abtretung an.

4. Eine etwa anfallende Schenkungsteuer sowie die Kosten dieses Vertrages und seiner Durchführung trägt V.

Anlage:

Vertrag über die Errichtung einer stillen Gesellschaft *[s. Formular A. 14.00 oder A. 14.01].*

II. ERLÄUTERUNGEN

Erläuterungen zu A. 14.13 Schenkweise Einräumung einer stillen Beteiligung

1. Wirtschaftliche Funktion

1 Die schenkweise Einräumung einer stillen Beteiligung geschieht idR im Rahmen einer vorweggenommenen Erbfolge, um Nachfolger am Geschick der Firma zu interessieren und um Erbschaftsteuern zu sparen. Durch die Verlagerung von laufendem Einkommen auf den stillen Gesellschafter ergeben sich weiter einkommensteuerliche Vorteile.

2. Gesellschaftsrecht

2 Die schenkweise Einräumung einer stillen Beteiligung erfordert zwei Rechtsakte, nämlich zum einen die Schenkung eines Geldbetrages, zum anderen den Abschluss eines stillen Gesellschaftsvertrages, auf Grund dessen der Beschenkte zur Erbringung einer stillen Einlage in Höhe des geschenkten Geldbetrages verpflichtet wird. Die Schenkung des Geldbetrages erfolgt im Formular dadurch, dass der Schenker von seinem Kapitalkonto einen Teil an den Beschenkten unentgeltlich abtritt.

3 **Form:** Die schenkweise Zuwendung einer stillen Beteiligung bedarf grundsätzlich der notariellen Beurkundung gem. § 518 BGB. Eine Heilung des Formmangels durch Vollzug der Schenkung kommt in den Fällen, in denen ein Einzelkaufmann von seinem Privatkonto einen Teil an den Beschenkten abtritt, nicht in Betracht, weil er dadurch lediglich eine Forderung gegen sich selbst begründet, was nicht als Vollzug der Schenkung gilt (BGH II ZR 136/51 v. 24.9.52, NJW 52, 1412; BGH II ZR 16/52 v. 29.10.52, NJW 53, 138; *Jebens* BB 80, 407). Nach BFH IV R 95/73 v. 19.9.74 (BStBl. II 75, 141) ist in diesem Fall für die steuerliche Anerkennung nicht nur die Beurkundung des Schenkungsvertrages, sondern auch des stillen Gesellschaftsvertrages erforderlich (ebenso BFH I R 94/81 v. 13.3.85, BFH/NV 86, 91 unter Ablehnung des Billigkeitserlasses der FinVerw., s. BMF v. 8.12.75, BStBl. I 75, 1130). Notarielle Beurkundung des Schenkungsversprechens ist dann nicht erforderlich, wenn der Inhaber seinem Sohn einen Barbetrag schenkt, der im Anschluss daran als stille Einlage eingelegt wird (s. auch A. 14.00 Rz. 8f.).

4 Werden **minderjährige Kinder** als stille Gesellschafter aufgenommen, so bedarf der Gesellschaftsvertrag der vormundschaftlichen Genehmigung (§ 1822 Nr. 3 BGB), wenn Teilnahme am Verlust vereinbart wird (BFH I R 101/72 v. 28.11.73, BStBl. II 74, 289). Außerdem ist sowohl für den Schenkungsvertrag als auch für den stillen Gesellschaftsvertrag Ergänzungspflegschaft erforderlich (§§ 1909, 1629 Abs. 2, 1795 BGB; s. BFH I R 176/77 v. 19.12.79, BStBl. II 80, 242). Dauerpflegschaft ist jedoch nicht erforderlich (BFH IV R 102/73 v. 29.1.76, BStBl. II 76, 328).

3. Steuerrecht

5 Bei der Gewinnverteilung ist zu beachten, dass nach der Rspr. des BFH bei geschenkten Kapitaleinlagen nur ein Gewinnanteil des stillen Gesellschafters bis zu 15%

des gemeinen Werts der Beteiligung anerkannt wird. Bei Ausschluss der Verlustbeteiligung reduziert sich dieser Satz auf 12% (BFH IV R 56/70 v. 29.3.73, BStBl. II 73, 650). Ist der mit der stillen Beteiligung verbundene Gewinnanteil unangemessen hoch, so wird der Unterschiedsbetrag zwischen dem unangemessenen und dem angemessenen Gewinnanteil als Gewinn des Inhabers (Schenkers) angesehen und bei diesem versteuert. Maßstab für die Ermittlung der 15%- bzw. 12%-Grenze ist bei einer geschenkten typischen stillen Beteiligung der Nennwert, bei einer atypischen stillen Beteiligung der tatsächliche Wert (s. auch A. 14.00 Rz. 60).

6 **Schenkungsteuer:** Neben der steuerpflichtigen Schenkung des Geldbetrages kann ein weiterer steuerpflichtiger Vorgang vorliegen, wenn dem stillen Gesellschafter eine Gewinnbeteiligung eingeräumt wird, die nicht in einem angemessenen Verhältnis zum Wert der Einlage steht (§ 7 Abs. 6 ErbStG).

Zur **einkommensteuerlichen** Anerkennung schenkweise begründeter stiller Beteiligung vgl. A. 14.00 Rz. 22.

A. 15. Umwandlung

Übersicht

A. 15.00 Überblick Regelungsbereiche UmwG/UmwStG und Formulare A. 15.10–15.80

Gliederung

I. Allgemeines

1. Überschneidende Regelungskreise UmwG/UmwStG

a) Regelungsbereich des Umwandlungsgesetzes (UmwG)

Die nachfolgenden Formulare A. 15.10–A. 15.80 behandeln ausschließlich **Umwandlungen auf Grund des UmwG.** Das UmwG kennt folgende **vier Arten** von Umwandlungen (Umwandlung als Oberbegriff) von bestehenden Rechtsträgern mit Sitz im Inland: 1

- Die **Verschmelzung** (§ 1 Abs. 1 Nr. 1 iVm. §§ 2–1221 UmwG, vgl. Formulare A. 15.60–A. 15.80) unter Einschluss der grenzüberschreitenden Verschmelzung von Kapitalgesellschaften (vgl. Zweites Gesetz zur Änderung des UmwG v. 19.4.07, BGBl. I 07, 542).
- Die **Spaltung** (§ 1 Nr. 2, §§ 123–173 UmwG), und zwar
  - durch Aufspaltung unter Auflösung des übertragenden Rechtsträgers (vgl. dazu Formular A. 15.20),
  - durch Abspaltung von Vermögensteilen aus einem fortbestehenden Rechtsträger (vgl. Formular A. 15.10) oder
  - durch Ausgliederung von Vermögensteilen aus einem fortbestehenden Rechtsträger (vgl. Formular A. 15.30).
- Die **Vermögensübertragung** (§ 1 Abs. 1 Nr. 3, §§ 174–189 UmwG), allerdings beschränkt auf die Übertragung **(1)** von einer Kapitalgesellschaft auf den Bund, ein Land, eine Gebietskörperschaft oder einen Zusammenschluss von Gebietskörperschaften (§ 175 Nr. 1 UmwG) bzw. **(2)** auf öffentlich-rechtliche Versicherungsunternehmen durch Versicherungs-AGs oder Versicherungsvereine auf Gegenseitigkeit und **(3)** umgekehrt (§ 175 Nr. 2 UmwG). Wegen der Beschränkung auf die genannten Rechtsträger und des Ausschlusses der Gewährung von Anteilen oder Mitgliedschaften als Gegenleistung für die Vermögensübertragung (§ 174 UmwG) bleibt die Vermögensübertragung ohne breiten Anwendungsbereich und wird hier nicht weiter behandelt.
- Den **Formwechsel** (§ 1 Abs. 1 Nr. 4, §§ 190–304 UmwG), vgl. Formulare A. 15.40 und A. 15.50.

Das UmwG eröffnet auch **Partnerschaftsgesellschaften** als Rechtsform für Angehörige Freier Berufe zur gemeinsamen Berufsausübung (§ 1 Abs. 1 Satz 1 PartGG) die Verschmelzungsfähigkeit (§ 3 Abs. 1 Nr. 1 UmwG), die Spaltungsfähigkeit (§ 124 Abs. 1 UmwG iVm. § 3 Abs. 1 Nr. 1 UmwG) und die Möglichkeit des Formwechsels (§§ 225a ff. UmwG). Eine Ausgliederung auf eine Partnerschaftsgesellschaft ist jedoch nicht möglich (*Lutter/Schmidt* UmwG § 45a Rz. 3). Für die Partnerschaftsgesellschaft als beteiligten Rechtsträger regeln §§ 45a bis 45e UmwG die Besonderheiten für den Fall der Verschmelzung und ergänzen damit die allgemeinen Regelungen der §§ 2–38 UmwG. Die §§ 45a bis 45e UmwG sind in Spaltungsfällen entsprechend anwendbar; das Gesetz sieht für Partnerschaftsgesellschaften keine besonderen spaltungsrechtlichen Normen vor.

2 Gemeinsam ist der Verschmelzung und der Spaltung (als Unterfälle von Umwandlungen nach dem UmwG), dass der Vermögensübergang bei Verschmelzungen durch **Gesamtrechtsnachfolge** (§ 20 Abs. 1 Nr. 1 UmwG) und bei Spaltungen durch **partielle Gesamtrechtsnachfolge** bzgl. der übertragenen Vermögensteile (§ 131 Abs. 1 Nr. 1 UmwG) stattfindet; beim Formwechsel wird ein Fortbestehen des formwechselnden Rechtsträgers in der im Umwandlungsbeschluss bestimmten Rechtsform fingiert (§ 202 Abs. 1 Nr. 1 UmwG). Bei Verschmelzung und Aufspaltung **erlischt der übertragende Rechtsträger,** ohne dass es einer Liquidation, Auflösung oder Abwicklung bedarf (§ 20 Abs. 1 Nr. 2 UmwG für die Verschmelzung und § 131 Abs. 1 Nr. 2 UmwG für die Aufspaltung). Die Umwandlungen nach dem UmwG gehen schließlich von einer **Identität der Inhaber der Anteile oder der Mitgliedschaften** an den beteiligten Rechtsträgern aus, dh. im Regelfall werden die Gesellschafter des übertragenden Rechtsträgers mit Wirksamkeit der Umwandlung automatisch Anteilsinhaber des oder der übernehmenden Rechtsträger (§ 20 Abs. 1 Nr. 3 UmwG für die Verschmelzung und § 131 Abs. 1 Nr. 3 UmwG für die Auf- oder Abspaltung). Beim Formwechsel wird gem. § 202 Abs. 1 Nr. 2 UmwG eine Fortsetzung der Beteiligung an dem Rechtsträger neuer Form fingiert.

3 All diese Rechtsfolgen treten **mit Eintragung** ein: bei Verschmelzung mit Eintragung in das Register des Sitzes des übernehmenden Rechtsträgers gem. § 20 Abs. 1

UmwG, bei den Spaltungsarten gem. § 131 Abs. 1 UmwG mit Eintragung in das Register des Sitzes des übertragenden Rechtsträgers und bei Formwechsel gem. § 202 Abs. 1 UmwG mit Eintragung der neuen Rechtsform in das betreffende Register. Ferner werden mit Eintragung etwaige Mängel der notariellen Beurkundung und ggf. erforderlicher Zustimmungs- und Verzichtserklärungen einzelner Anteilsinhaber geheilt (vgl. § 20 Abs. 1 Nr. 4 und Abs. 2 UmwG für die Verschmelzung, § 131 Abs. 1 Nr. 4 und Abs. 2 UmwG für die Spaltungen und § 202 Abs. 1 Nr. 3 und Abs. 3 UmwG für den Formwechsel).

Die **vier** im UmwG geregelten **Umwandlungsarten** (Verschmelzung, Spaltung, Vermögensübertragung und Formwechsel) sind grds abschließend; daneben sind Umwandlungen nur möglich, wenn sie durch ein anderes Bundesgesetz oder Landesgesetz ausdrücklich vorgesehen sind (§ 1 Abs. 2 UmwG, sog. **Numerus-Clausus**). Dieser Numerus-Clausus betrifft aber nur diese im UmwG definierten vier Arten der Umwandlung. Bisher schon bestehende andere Umstrukturierungsmöglichkeiten, wie zB die Anwachsung nach § 105 Abs. 2 HGB iVm. § 738 BGB, bleiben erhalten. Zu den **weiterhin zulässigen anderen Möglichkeiten** zählen daher insb alle Umstrukturierungstechniken mit **Einzelrechtsnachfolge** (zB durch Einbringung von Betrieben, Teilbetrieben, Mitgliedschaften an Personengesellschaften oder Anteilen an Kapitalgesellschaften) auf andere Gesellschaften (Personenhandelsgesellschaften oder Kapitalgesellschaften) gegen Gewährung von Gesellschaftsrechten; vgl. dazu **4**

- Formular A. 3.01 zur Einbringung in Personenhandelsgesellschaft gegen Gewährung von Gesellschaftsrechten,
- Formular A. 3.02 zur Einbringung eines Betriebs oder Teilbetriebs in GmbH gegen Gewährung von Gesellschaftsrechten,
- Formular A. 3.04 zur Einbringung aller Kommanditanteile an einer GmbH & Co. KG in die Komplementär-GmbH gegen Gewährung von Gesellschaftsrechten, die zur Anwachsung des Vermögens der GmbH & Co. KG auf die Komplementär-GmbH ebenfalls im Wege der Gesamtrechtsnachfolge führt.
- Auch die Realteilung einer Personengesellschaft durch Naturalteilung gem. § 145 Abs. 1 2. Hs. HGB und damit außerhalb des Anwendungsbereichs des UmwG ist nicht ausgeschlossen (s. Formular A. 12); in den Anwendungsbereich des UmwG fällt allerdings die Aufspaltung (und die Abspaltung aus) einer Personenhandelsgesellschaft (vgl. dazu A. 12 Rz. 2.).

b) Regelungsbereich des Umwandlungssteuergesetzes (UmwStG)

Mit Art. 6 SEStEG v. 7.12.06 (BGBl. I 06, 2782) wurde auch das UmwStG 1995 neu gefasst und wenn auch nicht vollständig internationalisiert, so doch zumindest „europäisiert". **Neu** ist insbes., dass **verbleibende Verlustabzüge, Zins- und EBITDA-Vorträge nach § 4h Abs. 1 Satz 2 EStG nicht von Körperschaften auf andere Körperschaften übergehen** (bei Verschmelzung gem. § 12 Abs. 3 UmwStG für die Körperschaftsteuer, bei Auf- oder Abspaltung gem. § 15 Abs. 3 UmwStG für die Körperschaftsteuer und iVm. § 19 Abs. 2 UmwStG für die Gewerbesteuer bei Verschmelzung und bei Auf- und Abspaltung). Nach seinem Inkrafttreten hat das UmwStG 2006 Änderungen durch das UntStRefG 2008 v. 14.8.2007 (BGBl. I 2007, 1912), das JStG 2008 v. 20.12.07 (BGBl. I 07, 3150), das WachstBeschlG v. 22.12.09 (BGBl. I 09, 3950) und das JStG 2009 v. 19.12.08 (BGBl. I 08, 2794) erfahren. Die für die steuerliche Beratungspraxis wohl wichtigsten diesbezüglichen Verwaltungsanweisungen waren bisher der **UmwSt-Erl. 1998** (v. 25.3.98, BStBl. I 98, 268) und der **UmwSt-Erl. 2003** (v. 16.12.03, BStBl. I 03, 575), die sich allerdings beide noch auf das UmwStG 1995, also auf die Rechtslage vor der Reform durch das SEStEG beziehen. Eine grundlegende Überarbeitung des UmwSt-Erl. 1998 in Bezug auf das seit 2006 geänderte UmwStG ist der Finanzverwaltung erst im November **5**

2011, also über fünf Jahre nach dem Inkrafttreten des UmwStG 2006, gelungen (**UmwSt-Erl. 2011** BMF v. 11.11.11, BStBl. I 11, 1314).

Nicht alle Änderungen durch das SEStEG können in diesem Rahmen dargestellt werden. Beispielhaft sei auf folgende Neuerungen hingewiesen:

– Vollständige Abschaffung der Verlustübertragungsmöglichkeit (einschließlich Zins- und EBITDA-Vorträgen).
– Gewerbesteuerpflicht des Gewinns aus der Aufgabe oder Veräußerung des auf eine Personengesellschaft oder eine natürliche Person übergegangenen Betriebs innerhalb von fünf Jahren nunmehr auch nach einer Umwandlung und zwar auch soweit der Gewinn auf Betriebsvermögen entfällt, das bereits vor der Umwandlung im Betrieb der übernehmenden Personengesellschaft oder der natürlichen Person vorhanden war (§ 18 Abs. 3 Satz 1 Hs. 2 UmwStG).
– Nutzung von Zins- und EBITDA-Vorträgen iSv. § 4h EStG und Verlusten nur, wenn dem übertragenden Rechtsträger die Nutzung auch ohne die steuerliche Rückwirkungsfiktion möglich gewesen wäre (§ 2 Abs. 4 UmwStG idF des JStG 2009 (*Rödder/Schönfeld* DStR 09, 560).

Das **UmwStG** idF des SEStEG (= UmwStG 2006) ist **erstmals** auf Umwandlungen und Einbringungen **anzuwenden,** die nach dem 12.12.2006 erfolgen (§ 27 Abs. 1 UmwStG). Bei allen Umwandlungen ist zukünftig auch zu beachten, ob durch sie Haltefristen nach dem neuen Erbschaftsteuerrecht, namentlich auch bzgl. evtl. abgeschlossener sog. Poolverträge nach § 13b Abs. 1 Nr. 3 Satz 2 ErbStG idF des ErbStRefG v. 24.12.08 (BGBl. I 08, 3018) verletzt werden (vgl. ErbStR E 13a.6 Abs. 3).

6 Die Anwendung des UmwStG auf die einzelnen Umwandlungsarten des UmwG ist in der Praxis vor allem aus den folgenden Gründen (s. Rz. 6–10) nur schwierig nachzuvollziehen:

Das UmwStG folgt in seinem Aufbau nicht der im UmwG vorgegebenen Gliederung der vier Umwandlungsarten, sondern enthält eine **eigene Systematik** (vgl. UmwSt-Erl. 2011 BMF v. 11.11.11, BStBl. I 11, 1314, Tz. 01.03. bis 01.48). So fallen zB unter den 2. Teil (§§ 3–10 UmwStG), der die steuerliche Behandlung des Vermögensübergangs von einer Körperschaft auf eine Personengesellschaft oder eine natürliche Person regelt, ua.

– die Verschmelzung von Kapitalgesellschaften mit bzw. auf Personenhandelsgesellschaften (vgl. zB Formular A. 15.70) oder eine natürliche Person,
– in Verbindung mit § 16 UmwStG die Auf- bzw. Abspaltung von Kapitalgesellschaften auf Personenhandelsgesellschaften (vgl. zB Formular A. 15.10) und
– in Verbindung mit § 9 UmwStG der Formwechsel von einer Kapitalgesellschaft in eine Personengesellschaft (vgl. Formular A. 15.50).

7 **Beim Formwechsel** von Kapital- in Personenhandelsgesellschaften und umgekehrt wird abweichend vom Handelsrecht für ertragsteuerliche Zwecke ein **Vermögensübergang fingiert;** so

– in § 9 UmwStG für den Formwechsel einer Kapitalgesellschaft in eine Personengesellschaft (s. Formular A. 15.50), der hierfür die Regelungen der §§ 3–8 und 10 UmwStG für einen Vermögensübergang auf eine Personengesellschaft für entsprechend anwendbar erklärt sowie
– in § 25 UmwStG für den Formwechsel einer Personenhandelsgesellschaft in eine Kapitalgesellschaft (s. Formular A. 15.40), der darauf die Regelungen für die Einbringung in eine Kapitalgesellschaft gegen Gewährung von Gesellschaftsrechten der §§ 20–23 UmwStG für entsprechend anwendbar erklärt.

8 Das UmwStG knüpft an **andere Begriffe/Voraussetzungen** als das UmwG an, so zB

– bei Auf- und Abspaltung durch steuerrechtliche Anknüpfung in § 15 UmwStG an die Voraussetzung des Betriebs, Teilbetriebs, eines Mitunternehmeranteils oder ei-

ner Beteiligung an einer Kapitalgesellschaft, die das gesamte Nennkapital der Gesellschaft umfasst, während handelsrechtlich beliebige Teile des Vermögens, dh. im Extremfall auch nur ein einziger Vermögensgegenstand Gegenstand der Abspaltung sein kann;
- durch Verwendung des Begriffes der Einbringung in §§ 20ff. und 24 UmwStG, den es im Rahmen des UmwG nicht gibt;
- steuerlicher Übertragungsstichtag (§§ 2, 9, 20 Abs. 5 und 6, letztere entspr. anwendbar gem. §§ 24 Abs. 4 Hs. 2, 25 UmwStG) gegenüber Verschmelzungsstichtag (§§ 5 Abs. 1 und 126 Abs. 1 UmwG) vgl. UmwSt-Erl. 2011 BMF v. 11.11.11, BStBl. I 11, 1314, Tz. 02.01. bis 02.08.

c) Nicht übereinstimmende Regelungskreise des UmwG und des UmwStG

Das UmwStG umfasst Fälle, die nicht vom UmwG erfasst werden, zB 9
- Einbringung eines Betriebs, Teilbetriebs, Mitunternehmeranteils oder von Anteilen an Kapitalgesellschaften (sog. Anteilstausch) gegen Gewährung neuer Gesellschaftsanteile in eine Kapitalgesellschaft im Wege der Einzelrechtsnachfolge gem. §§ 20ff. UmwStG (vgl. Formulare A. 3.02 und A. 3.04),
- die Anwachsung des Vermögens einer Personengesellschaft auf eine Kapitalgesellschaft gegen Gewährung von Gesellschaftsrechten gem. § 20 UmwStG (vgl. Formular A. 3.04),
- die Gründung von Personenhandelsgesellschaften gem. § 24 UmwStG,
- die Einbringung von Sacheinlagen gem. § 24 UmwStG in bestehende Personenhandelsgesellschaften (vgl. zB Formular A. 3.01),
- die Aufnahme weiterer Gesellschafter in eine Personengesellschaft gem. § 24 UmwStG oder
- die Verschmelzung von Personenhandelsgesellschaften durch Einbringung der Mitunternehmeranteile, durch Einzelrechtsübertragung oder durch Anwachsung gem. § 24 UmwStG.

Vergleiche zu den sich überschneidenden Regelungsbereichen des UmwStG und 10
des UmwG bzw. zu den jeweils vom UmwStG nicht erfassten Regelungsbereichen, *W/M/Widmann* Vor § 1 UmwStG Rz. 2ff. und Rz. 16 die tabellarischen Gesamtübersichten der Einzelnen vom UmwG geregelten Fälle unter Angabe der darauf anwendbaren steuerrechtlichen Regelungen.

2. Inhalt Formulare A. 15.10–15.80: Umwandlungen, die vom UmwG und vom UmwStG erfasst werden

Die in diesem Abschnitt „Umwandlung“ nachfolgenden Formulare behandeln beispielhaft praxisrelevante Fälle der häufigsten Gesellschaftsformen (Personenhandelsgesellschaften und GmbHs) aus den drei wichtigsten Umwandlungsarten des UmwG (Spaltung, Formwechsel und Verschmelzung), die auch vom UmwStG erfasst werden.

Die Spaltung einer GmbH mit den Unterfällen 11
- Abspaltung eines Teilbetriebs aus einer GmbH in eine dadurch neu gegründete Personenhandelsgesellschaft (Formular A. 15.10),
- Aufspaltung einer GmbH durch Übertragung jeweils eines Teilbetriebs auf zwei bestehende GmbHs (Gesellschafter) jeweils durch Aufnahme (Formular A. 15.20),
- Ausgliederung eines Betriebs oder Teilbetriebs aus dem Vermögen eines im Handelsregister eingetragenen Einzelkaufmanns auf eine dadurch neu gegründete GmbH (sog. Ausgründung, Formular A. 15.30).

Den Formwechsel zwischen Personenhandelsgesellschaft und Kapitalgesellschaft, nämlich
- die formwechselnde Umwandlung einer Kommanditgesellschaft in eine GmbH (Formular A. 15.40) und

– die formwechselnde Umwandlung einer GmbH in eine GmbH & Co. KG (Formular A. 15.50).

Die Verschmelzung von bestehenden GmbHs

– Verschmelzung einer 100%igen Tochter-GmbH auf ihre Mutter-GmbH (Formular A. 15.60),
– Verschmelzung einer Mutter-GmbH auf ihre 100%ige Tochter-GmbH (Formular A. 15.61),
– Grenzüberschreitende Verschmelzung einer österreichischen GmbH auf eine deutsche GmbH (Formular A. 15.62) und
– Verschmelzung zweier GmbHs mit gegenseitigen Beteiligungen und eigenen Anteilen (Formular A. 15.63).

Schließlich werden noch **Mischverschmelzungen** (Verschmelzungen von Gesellschaften unterschiedlicher Rechtsform, hier Kapital- mit Personenhandelsgesellschaften) behandelt, nämlich

– die Verschmelzung einer GmbH auf ihre Hauptgesellschafterin in der Rechtsform einer Personenhandelsgesellschaft mit Barabfindungsangebot an Minderheitsgesellschafter (Formular A. 15.70) und
– die Verschmelzung einer Personenhandelsgesellschaft auf eine bestehende GmbH am Beispiel der Verschmelzung einer GmbH & Co. KG auf die Komplementär-GmbH (Formular A. 15.80).

12 Generelle Problemfelder im Rahmen von Umwandlungen werden vorab in den nachfolgenden Abschnitten B bis D behandelt:

– Abschnitt B behandelt Fragen bzgl. des **Umwandlungsstichtags** (handelsrechtlich s. Rz. 16–19; steuerrechtlich s. Rz. 20 bis 24).
– Abschnitt D beinhaltet **Verkehrsteuern** bei Umwandlungsfällen im Rahmen des UStG (s. Rz. 105 bis 114) sowie des GrEStG (s. Rz. 115 bis 124).

13–15 *(frei)*

II. Umwandlungsstichtag (handelsrechtlich/steuerrechtlich)

1. Handelsrechtlicher Umwandlungsstichtag/Stichtag Umwandlungsbilanz

16 Handelsrechtlich ist als Umwandlungsstichtag der Tag anzugeben, von dessen Beginn an das Ergebnis und das Vermögen bereits dem übernehmenden Rechtsträger im Innenverhältnis zuzurechnen ist (zB § 5 Abs. 1 Nr. 6 UmwG: „der Zeitpunkt, von dem an die Handlungen der übertragenden Rechtsträger als für Rechnung des übernehmenden Rechtsträgers vorgenommen gelten **(Verschmelzungsstichtag)"**; bei Spaltung nach § 126 Abs. 1 Nr. 6 UmwG: **„Spaltungsstichtag"**). Bei einem Formwechsel gibt es auf Grund der Identität des formgewechselten Rechtsträgers keinen handelsrechtlichen Umwandlungsstichtag.

17 Die nach § 17 Abs. 2 Satz 2 UmwG einzureichende **Schlussbilanz** des übertragenden Rechtsträgers ist auf das Ende des Tages aufzustellen, der dem handelsrechtlichen Umwandlungsstichtag vorangeht. Dies gilt sowohl für eine Verschmelzung (§ 17 Abs. 2 Satz 2 UmwG) als auch für die Spaltung (§§ 125 Satz 1, 17 Abs. 2 Satz 2 UmwG).

18 Damit folgt der handelsrechtliche Umwandlungsstichtag dem **Stichtag,** auf den die **Schlussbilanz** aufzustellen ist, unmittelbar nach (so auch UmwSt-Erl. 2011 BMF v. 11.11.11, BStBl. I 11, 1314, Tz. 02.02; *Kallmeyer/Müller* § 17 UmwG Rz. 13 mwN). *Beispiel:* Wird als Umwandlungsstichtag der 1. Januar des Jahres 02 gewählt, ist die Schlussbilanz auf den 31. Dezember des Jahres 01 aufzustellen.

19 *(frei)*

2. Steuerlicher Stichtag

Für die Verschmelzung und die Spaltung knüpft § 2 UmwStG (Hinweis auf § 2 Abs. 4 UmwStG idF des AmtshilfeRLUmsG v. 26.6.13 (BGBl. I 13, 1809), vgl. auch *Viebrock* DStR 13, 1364) bzgl. des **„steuerlichen Übertragungsstichtags"** zwingend an den Stichtag der Bilanz an, die dem Vermögensübergang zugrunde liegt; dies ist der Tag, auf den die handelsrechtliche Schlussbilanz aufgestellt ist (s. Rz. 17). Steuerlicher Übertragungsstichtag ist im og. Beispiel (s. Rz. 18) der 31.12.01 (vgl. UmwSt-Erl. 2011 BMF v. 11.11.11, BStBl. I 11, 1314, Tz. 02.01 bis 02.03; BFH II R 33/97 v. 22.9.99, DStRE 99, 955). **20**

Die Nichtabgestimmtheit zwischen Handels- und Steuerrecht zeigt sich auch in der **unterschiedlichen Terminologie:** Während das Handelsrecht vom Verschmelzungsstichtag bzw. Spaltungsstichtag (Oberbegriff: Umwandlungsstichtag) ausgeht, ist die steuerrechtliche Terminologie im UmwStG immer noch unterschiedlich: **21**

- *„Steuerlicher Übertragungsstichtag"*: für die Verschmelzung (§ 2 UmwStG), für die Spaltung einer Kapitalgesellschaft (§ 15 Abs. 2 Satz 5 UmwStG), für Einbringungen (§§ 20 Abs. 5 und 6 UmwStG in Kapitalgesellschaften sowie iVm. § 24 Abs. 4 Hs. 2 UmwStG für Einbringungen in eine Personengesellschaft).
- *„Übertragungsstichtag"*: für den Formwechsel einer Kapital- in eine Personengesellschaft (§ 9 Satz 3 UmwStG).

(frei) **22–24**

III. Maßgeblichkeit der Handelsbilanz anlässlich Umwandlung für steuerliche Zwecke?

Nach der Reform des UmwStG durch das SEStEG v. 7.12.06 (BGBl I 06, 2782) ist der Maßgeblichkeitsgrundsatz bei der Aufstellung von steuerlichen Bilanzen im Zusammenhang mit Umwandlungen nicht länger anzuwenden (Regierungsentwurf des SEStEG BT-Drs. 16/2710, S. 34; vgl. nunmehr auch UmwSt-Erl. 2011 BMF v. 11.11.11, BStBl. I 11, 1314, Tz. 21.11). **25**

Damit hat sich die lange Auseinandersetzung zwischen Finanzverwaltung und der hM in der Literatur erledigt. Zum UmwStG 1995 vertrat die Finanzverwaltung die Auffassung, dass nach dem Grundsatz der Maßgeblichkeit auch in den steuerlichen Schlussbilanzen nach dem UmwStG nur die auch handelsrechtlich zulässigen Werte angesetzt werden könnten (vgl. zB BMF v. 25.3.98, BStBl. I 98, 268 Tz. 11.01. und für die entgegengesetzte Auffassung zuletzt *Trossen* FR 06, 617). **26**

Unverständlicherweise hielt die Finanzverwaltung zum UmwStG 1995 an ihrer Auffassung fest, auch nachdem die ersten entgegengesetzten Urteile des BFH ergangen waren (vgl. ua BFH v. 19.10.05, BStBl. II 06, 568 und v. 5.6.07, DStR 07, 1767; *Teichen* DStR 08, 1757). **27**

(frei) **28–104**

IV. Verkehrsteuern

1. Umsatzsteuer

Die im UmwStG enthaltene Regelung zur Rückwirkung des Übertragungsstichtages greift nicht für die Umsatzsteuer (**keine Rückwirkung** vgl. UmwSt-Erl. 2011 BMF v. 11.11.11, BStBl. I 11, 1314, Tz. 01.01). Der übertragende Rechtsträger hat daher die von ihm zwischen dem rückbezogenen Umwandlungsstichtag und dem Tag der Registereintragung getätigten Umsätze zu versteuern. Dem übernehmenden Rechtsträger sind die Umsätze bzgl. des übernommenen Vermögens erst ab dem Tag der Registereintragung zuzurechnen. Entsprechendes gilt für die Vorsteuerbeträge **105** (vgl. *R/D/F/G/Husmann* § 1 UStG Rz. 293). Da in der Praxis der Zeitpunkt der Eintragung erst nach Mitteilung durch das Handelsregister bekannt wird, dürfte es nicht zu beanstanden sein, wenn die Gesellschaften erst nach Zugang der Mitteilung über die Eintragung die aus dem Umwandlungsvorgang zu ziehenden Konsequenzen hinsichtlich der Ausstellung der Rechnungen und der Umsatzsteuervoranmeldungen ziehen, um zwischenzeitliche Rechnungsberichtigungen zu vermeiden.

106 Gemäß § 1 Abs. 1a UStG sind **Geschäftsveräußerungen** an einen anderen Unternehmer für dessen Unternehmen **nicht umsatzsteuerbar.** Eine Geschäftsveräußerung iSd. § 1 Abs. 1a UStG liegt vor, wenn die wesentlichen Grundlagen eines Unternehmens oder eines gesondert geführten Betriebs übertragen werden (UStAE 1.5 Abs. 1). Ein gesondert geführter Betrieb ist dann anzunehmen, wenn dieser wirtschaftlich selbstständig ist (UStAE 1.5 Abs. 3). Bei Einbringung eines Betriebs liegt auch dann eine Geschäftsveräußerung vor, wenn einzelne Wirtschaftsgüter nicht übertragen, sondern an die Gesellschaft vermietet oder verpachtet werden (UStAE 1.5 Abs. 3 Satz 2).

107 Auch wenn die Umwandlung selbst nicht umsatzsteuerbar ist (vgl. Rz. 106), kann die Umsatzsteuer auf Leistungsbezüge im Zusammenhang mit der Umwandlung – so zB Beratungsleistungen – zum **Vorsteuerabzug** berechtigen. Der Vorsteuerabzug hängt ua. davon ab, inwieweit der übertragende Rechtsträger vorsteuerabzugsschädliche Verwendungsumsätze getätigt hat (vgl. *R/H/L/Rasche* Anh. 9, Rz. 18, 34, 45).

108 Bei Umwandlungsvorgängen tritt der übernehmende Rechtsträger nach § 1 Abs. 1a Satz 3 UStG an die Stelle des Veräußerers, soweit eine Geschäftsveräußerung im Ganzen vorliegt. Der nach § 15a UStG maßgebliche **Berichtigungszeitraum** ist vom übernehmenden Rechtsträger fortzuführen. Im Falle einer (partiellen) Gesamtrechtsnachfolge bedarf es keiner besonderen Verpflichtung zur Weitergabe der für die Vorsteuerberichtigung erforderlichen Unterlagen. § 15a Abs. 10 UStG (ebenso wie § 1 Abs. 1a Satz 3 UStG) läuft in diesen Fällen leer.

109 Sind übertragender und übernehmender Rechtsträger Mitglied des gleichen umsatzsteuerlichen **Organkreises,** liegt kein Unternehmerwechsel vor. Die Umwandlung ist dann unabhängig vom übertragenden Vermögen nicht umsatzsteuerbar (vgl. hierzu auch *Pyszka* DStR 11, 545).

110–114 *(frei)*

2. Grunderwerbsteuer

115 Umwandlungen unterliegen der Grunderwerbsteuer, wenn sie einen Vermögensübergang bewirken und folgende Vermögensgegenstände übergehen:
- inländische Grundstücke (§ 1 Abs. 1 und 2 GrEStG),
- Anteile an Personengesellschaften mit inländischem Grundbesitz, so dass sich innerhalb von fünf Jahren der Gesellschafterbestand unmittelbar oder mittelbar dergestalt ändert, dass mindestens 95% der Anteile auf neue Gesellschafter übergehen (§ 1 Abs. 2a GrEStG; vgl. hierzu auch BFH II R 57/09 v. 29.2.12,BFH/NV 12,1260)
- Anteile an Kapitalgesellschaften mit inländischem Grundbesitz, so dass unmittelbar oder mittelbar mindestens 95% der Anteile in einer Hand vereinigt werden (§ 1 Abs. 3 GrEStG)

116 Die Verstärkung bereits bestehender Anteilsvereinigungen löst keinen Besteuerungstatbestand des § 1 Abs. 3 GrEStG aus (vgl. Gleichl. Ländererlass v. 2.12.99, BStBl. I 99, 991, Tz. 3; zu Ausnahmen Tz. 4). Hinweis auch auf § 1 Abs. 3a GrEStG idF des AmtshilfeRLUmsG v. 26.6.13 (BGBl. I 13, 1809).

117 Nicht abschließend geklärt ist die Frage, ob stets alle **mittelbaren Beteiligungen** an grundbesitzenden Gesellschaften zu berücksichtigen sind, die rein rechnerisch zur Verwirklichung einer Anteilsvereinigung führen oder ob eine mittelbare Beteiligung grds. nur dann angesetzt werden kann, wenn der Anteilseigner an der Gesellschaft, die ihm die mittelbare Beteiligung vermittelt, zu mindestens 95% beteiligt ist. Im Gleichl. Ländererlass v. 2.12.99, BStBl. I 99, 991, Tz. 2 Beispiel 1 wird davon ausgegangen, dass jede mittelbare Beteiligung an grundbesitzenden Gesellschaften zu berücksichtigen ist. In FM BaWü v. 14.2.00 (DStR 00, 430) wird demgegenüber ausgeführt, dass nur solche mittelbaren Beteiligungen zu berücksichtigen sind, die zu mindestens 95% gehalten werden (dieser Erlass ist im Einvernehmen mit den obersten Finanzbehörden der anderen Länder ergangen). Abweichende Auffassung: FG Münster 8 K 4659/05 v. 17.9.08, EFG 08, 1993; überholt durch BFH II R 65/08 v. 25.8.10, BFH/NV 11, 379; vgl. *Wischott* DStR 09, 361, *Grieser* DStR 11, 847. Zum Durchrechnen in den Fällen des § 1 Abs. 2a GrEStG s. BFH II R 17/10 v. 24.4.13, DStR 13, 1280: *Loose* DB 13, 1687; *Scheifele* DStR 13, 1805; Gleichl. Ländererlasse v. 9.10.13, DB 13, 2773 (Nichtanwendungserlass) und v. 18.2.14, BStBl. I 14, 561, Tz. 3.

Bemessungsgrundlage der GrESt. Die Grunderwerbsteuer bemisst sich bei Umwandlungen auf Grund eines Bundes- oder Landesgesetzes, bei Einbringungen und anderen Erwerbsvorgängen auf gesellschaftsvertraglicher Grundlage sowie in den Fällen des § 1 Abs. 2a und 3 GrEStG nach den Werten iSd. § 138 Abs. 2 bis 4 BewG (§ 8 Abs. 2 Satz 1 GrEStG; sog. Grundbesitzwerte). In allen anderen Fällen ist der Wert der Gegenleistung Bemessungsgrundlage für die GrESt (§ 8 Abs. 1 GrEStG). Der GrESt beträgt in den meisten Bundesländern noch 3,5% der Bemessungsgrundlage (§ 11 Abs. 1 GrEStG). Die Steuer entsteht mit Eintragung der Umwandlung in das Handelsregister (vgl. FM Bayern v. 12.12.97, WPg 98, 390, Tz. A.I.2, A.II.1.2, A.II.2.2 sowie A.III.2). Zu Zweifeln an der Verfassungsmäßigkeit der Grundbesitzwerte für GrESt-Zwecke vgl. BFH II R 64/08 v. 27.5.09, DStR 09, 1474, Bescheide ergehen insoweit nur noch vorläufig, Gleichl. Ländererlasse v. 17.6.11, BStBl. I 11, 575. **118**

Die beim Erwerb eines Grundstücks in Rechnung gestellte **Umsatzsteuer,** hängt nicht länger von der Höhe der Grunderwerbsteuer ab (UStAE 10.1 Abs. 7 Satz 6). **119**

Die **ertragsteuerliche Behandlung** der GrESt im Rahmen der Umwandlungen erscheint nach wie vor unklar. Die Verwaltung will die GrESt in der Regel nicht als sofort abziehbare Betriebsausgaben, sondern als Anschaffungsnebenkosten behandeln (vgl. UmwSt-Erl. 2011 BMF v. 11.11.11, BStBl. I 11, 1314, Tz. 04.34 und 23.01). Dagegen steht aber das Urteil des BFH I R 2/10 v. 20.4.11, BStBl. II 11, 761 (vgl. hierzu auch OFD Rheinland v. 23.1.12, DB 12, 486; BFH I R 40/10 v. 14.3.11, BStBl. II 12, 281; FG Münster 2 K 2838/10 G, F v. 14.2.13, EFG 13, 806; Rev. IV R 10/13). **120**

A. 15.10 Abspaltung aus GmbH in Personenhandelsgesellschaft durch Neugründung

Gliederung

I. FORMULARE

Formular A. 15.10 Abspaltungsplan

Abspaltungsplan

Heute, den ......, erschien vor mir, ..., Notar in ...... in meinen Amtsräumen in ......

Herr A ...... *[Beruf/Wohn- bzw. Geschäftsadresse].*

Herr A erklärte, nachfolgend nicht im eigenen Namen zu handeln, sondern für die Firma A-GmbH mit Sitz in ......, eingetragen im Handelsregister des Amtsgerichts ...... unter HRB ...... (nachfolgend A-GmbH) als deren einzelvertretungsberechtigter Geschäftsführer.

Vertretungsbestätigung ......

Der Erschienene bat um notarielle Beurkundung des folgenden Abspaltungsplans gem. §§ 123 Abs. 2 Nr. 2, 136 UmwG.

Präambel

(1) Das Stammkapital der A-GmbH beträgt € 100.000.– und ist voll einbezahlt. Die Geschäftsanteile werden wie folgt gehalten:

– Herr B hält einen Geschäftsanteil im Nennbetrag von insgesamt € 50.000.–.

- Herr C hält einen Geschäftsanteil im Nennbetrag von insgesamt € 49.500.–.
- Die C-GmbH, mit Sitz in ......, eingetragen im Handelsregister des Amtsgerichts ...... unter HRB ...... (nachfolgend C-GmbH) hält einen Geschäftsanteil im Nennbetrag von insgesamt € 500.–.

(2) Herr C hat am .... von seinen vor sechs Jahren erworbenen Geschäftsanteil an der A-GmbH im Nennbetrag von € 50.000.– einen Teilgeschäftsanteil von € 500.– auf die von ihm neugegründete C-GmbH übertragen. Die Übertragung erfolgte in Vorbereitung dieser Abspaltung. Der Geschäftsanteil im Nennbetrag von € 500.– der C-GmbH an der A-GmbH wird von dieser treuhänderisch für Herrn C gehalten.

(3) Die A-GmbH betreibt in ...... *[Ort/Straße]* den Betrieb X *[Beschreibung, ggf. Zweigniederlassung ...... – nachfolgend: Teilbetrieb X]* und in ...... den Betrieb Y *[Beschreibung, ggf. Zweigniederlassung ...... – nachfolgend: Teilbetrieb Y]*. Beide Betriebe *[ggf. Zweigniederlassungen]* werden organisatorisch selbstständig von jeweils verschiedenen Prokuristen geführt und haben jeweils eigene Einkaufs-, Fertigungs- und Vertriebsabteilungen.

(4) Herr C ist im Innenverhältnis für den Teilbetrieb Y zuständig und als Prokurist bestellt *[ggf. bei Zweigniederlassung: Prokura für Zweigniederlassung Y]*. In den Gesellschafterversammlungen der A-GmbH kam es über den weiteren Ausbau des Teilbetriebs Y auf Grund der dadurch entstehenden Risiken wiederholt zu Unstimmigkeiten. Der Mitgesellschafter Herr B hat sich insbesondere geweigert, Herrn C als weiteren Geschäftsführer neben Herrn A zu bestellen. Die Gesellschafter sind daher übereingekommen, ihr bisher gemeinsam betriebenes wirtschaftliches Engagement im Rahmen der A-GmbH zu trennen und haben deshalb deren alleinigen Geschäftsführer Herrn A beauftragt, die Abspaltung des Teilbetriebs Y aus der A-GmbH im Wege der Abspaltung durch Neugründung gem. § 123 Abs. 2 Nr. 2 UmwG auf die dadurch neu gegründete Personenhandelsgesellschaft unter der Firma C-GmbH & Co. KG durch Beurkundung des nachfolgenden Abspaltungsplans vorzubereiten.

§ 1 Abspaltungsplan

Die A-GmbH, vertreten durch Herrn A als deren einzelvertretungsberechtigten Geschäftsführer, stellt hiermit folgenden Abspaltungsplan auf:

(1) Bezeichnung der an der Abspaltung beteiligten Gesellschaften

a) Übertragender Rechtsträger ist die A-GmbH mit Sitz in ......, eingetragen im Handelsregister des Amtsgerichts ...... unter HRB ...... (nachfolgend A-GmbH).

b) Übernehmender Rechtsträger ist die neu zu gründende C-GmbH & Co. KG mit Sitz in ...... und Geschäftsräumen in ...... Vorbehaltlich der Genehmigung durch die Gesellschafterversammlung der übertragenden A-GmbH wird mit Wirksamkeit der Abspaltung die C-GmbH mit Sitz in ...... (eingetragen beim Amtsgericht ...... unter HRB ......) und Geschäftsräumen in ...... deren alleinige Komplementärin ohne Vermögenseinlage und ohne eine Gewinn- und Verlustbeteiligung und wird Herr C ...... *[Beruf, Wohn- bzw. Geschäftsadresse]* deren alleiniger Kommanditist mit einer Kommanditeinlage (Hafteinlage) von € 49500.– und einer Gewinn- und Verlustbeteiligung von 100%. Ein schriftlicher Gesellschaftsvertrag der C-GmbH & Co. KG, der mit beurkundet wird, ist beigefügt.

(2) Übertragung von Teilen des Vermögens der A-GmbH

a) Die übertragende A-GmbH überträgt die nachfolgend bezeichneten Teile ihres Vermögens jeweils als Gesamtheit mit allen Rechten und Pflichten unter Fortbestand der übertragenden Gesellschaft auf die vorstehend in Absatz 1b, bezeichnete, durch die Abspaltung entstehende Gesellschaft C-GmbH & Co. KG als übernehmender Rechtsträger.

b) Für die Übertragung der Gegenstände des Aktiv- und Passivvermögens und der Rechtsverhältnisse auf die C-GmbH & Co. KG gilt im Einzelnen folgendes:

aa) Auf die C-GmbH & Co. KG werden alle Aktiva, Passiva und Rechtsverhältnisse übertragen, die wirtschaftlich zum Teilbetrieb Y ...... in ...... gehören (nachfolgend insgesamt bezeichnet als Teilbetrieb Y). Bezüglich der übertragenen bilanzierungsfähigen Wirtschaftsgüter wird gem. §§ 126 Abs. 2 Satz 3 iVm. 136 UmwG zur Zuordnung ergänzend auf die aus der zum 31.12.01 aufgestellten und geprüften Schlussbilanz mit Anhang der A-GmbH abgeleitete Abspaltungsbilanz des Teilbetriebs Y (Anlage Y 1.) verwiesen; die aus dieser Schlussbilanz entwickelte Abspaltungsbilanz des Teilbetriebs Y ist dieser Urkunde als Anlage Y 1. beigefügt und wurde mitverlesen. Auf die C-GmbH & Co. KG werden insbesondere im Einzelnen übertragen:

- die in Anlage Y 2. (unter Angabe des Grundbuchamtes, Gemarkung, Band- und Blattstelle, Flurstücknummern) aufgeführten Grundstücke nebst Gebäuden,
- die in Anlage Y 3. aufgeführten Gegenstände des Finanzanlagevermögens (ua. Wertpapiere, Beteiligungen, Forderungen unter Angabe der Beträge und Schuldner), des beweglichen Anlage- und Umlaufvermögens, Verbindlichkeiten und Rückstellungen (mit Bezeichnung der Beträge und Gläubiger),
- die sonstigen Vermögensgegenstände des Anlage- und Umlaufvermögens gem. Inventar und allgemeiner Beschreibung nach Anlage Y 4., und zwar auch soweit sie nicht bilanzierungspflichtig bzw. nicht bilanzierungsfähig sind (zB selbstentwickelte Patente, gewerbliche Schutzrechte, Nutzungsrechte an Urheberrechten) sowie
- alle dem Teilbetrieb Y zuzuordnenden Verträge, insbesondere Miet-, Pacht-, Leasing- und Lieferverträge, Konzessionsverträge, Angebote und sonstige Rechtsstellungen gem. Anlage Y 5. sowie alle mit dem Geschäft des Teilbetriebs Y im Zusammenhang stehende sonstige Vermögensgegenstände.

bb) Von der C-GmbH & Co. KG übernommen werden ferner diejenigen Verbindlichkeiten und Rückstellungen, die wirtschaftlich zu dem Teilbetrieb Y gehören, auch wenn diese in den beigefügten Anlagen oder im Abspaltungsplan bzw. seinem Entwurf nicht aufgeführt sind.

cc) Auf die C-GmbH & Co. KG gehen schließlich die in Anlage Y 6. beschriebenen Arbeits- und Anstellungsverhältnisse über, die dem Teilbetrieb Y zuzuordnen sind.

dd) Soweit ab dem 1.1.02 Gegenstände des Teilbetriebs Y durch die A-GmbH im regelmäßigen Geschäftsverkehr veräußert worden sind, treten die Surrogate an deren Stelle.

ee) Vermögensgegenstände, Verbindlichkeiten, Arbeits- bzw. Anstellungsverhältnisse und sonstige Rechtspositionen, die in den beigefügten Anlagen oder im Abspaltungsplan bzw. seinem Entwurf nicht aufgeführt sind, gehen entsprechend der hier getroffenen Zuordnung auf die C-GmbH & Co. KG über, soweit sie dem Teilbetrieb Y im weitesten Sinne zuzuordnen sind; dies gilt entsprechend auch für immaterielle Vermögenswerte und für bis zur Eintragung der Abspaltung in das Handelsregister am Sitz der übertragenden Gesellschaft erworbene Vermögensgegenstände, bis dahin begründete Arbeits- bzw. Anstellungsverhältnisse, entstandene Verbindlichkeiten oder sonstige erworbene Rechtspositionen.

(3) Gegenleistung

a) Für die vorstehende Übertragung eines Teils ihres Vermögens der A-GmbH werden der C-GmbH und Herrn C als Gesellschafter der übertragenden A-GmbH folgende Mitgliedschaften an dem durch die Abspaltung neugegründeten übernehmenden Rechtsträger C-GmbH & Co. KG gewährt:

- Der C-GmbH ein Komplementäranteil ohne Vermögenseinlage und ohne Gewinn- und Verlustbeteiligung und
- Herrn C ein Kommanditanteil mit einer Kommanditeinlage (Hafteinlage) von € 49.500.– und einer Gewinn- und Verlustbeteiligung von 100 % ab dem Spaltungsstichtag (s. § 2).

b) Die Übertragung erfolgt zu Buchwerten. Übersteigt der positive Saldo der Buchwerte der auf die C-GmbH & Co. KG übertragenen Vermögensteile die Kommanditeinlage von € 49.500.–, so ist der überschießende Teile in eine gesamthänderisch gebundene Kapitalrücklage der C-GmbH & Co. KG einzustellen.

c) Die von C-GmbH und Herrn C gehaltenen Geschäftsanteile im Nennbetrag von insgesamt € 50.000.– an der übertragenden A-GmbH werden gem. § ...... des Gesellschaftsvertrags Zug um Zug gegen die zu gewährenden Mitgliedschaften an der C-GmbH & Co. KG eingezogen.

d) Bare Zuzahlungen sind nicht zu leisten.

(4) Keine besonderen Rechte und Vorteile iSd. §§ 126 Abs. 1 Nr. 7 und 8 iVm. 136 UmwG.

Besondere Rechte und Vorteile für die Gesellschafter der A-GmbH oder die in § 126 Abs. 1 Nr. 7 und 8 UmwG bezeichneten Personen werden nicht gewährt.

(5) Prokuren

Die für den Teilbetrieb Y bestellte Prokura für Herrn C wird widerrufen.

§ 2 Abspaltungsstichtag und -bilanz

(1) Als Abspaltungsstichtag wird der 1.1.02, vereinbart. Ab dem 1.1.02, 0:00 Uhr gelten die auf die übertragenen Vermögensgegenstände und Verbindlichkeiten bezogenen Handlungen der A-GmbH bzgl. des Teilbetriebs Y als für Rechnung der übernehmenden neu gegründeten C-GmbH & Co. KG vorgenommen.

(2) Die A-GmbH verpflichtet sich, das auf die C-GmbH & Co. KG zu übertragende Vermögen in der gem. §§ 15 Abs. 2, 16 UmwStG zum 31.12.01 zu erstellenden steuerlichen Abspaltungsbilanz gem. § 3 Satz 1 UmwStG (iVm. § 16 UmwStG) mit den Werten anzusetzen, die sich aus der Anwendung der Vorschriften über die steuerliche Gewinnermittlung ergeben (Ausschluss des Ansatzes von höheren Zeitwerten).

(3) Die A-GmbH verpflichtet sich, dafür Sorge zu tragen, dass ab dem Zugang der Mitteilung über die Eintragung der Abspaltung im Handelsregister der übertragenden Gesellschaft unverzüglich sämtliche den Teilbetrieb Y betreffenden Ausgangsrechnungen im Namen der C-GmbH & Co. KG ausgestellt werden und alle diesen betreffenden Eingangsrechnungen auf den Namen der C-GmbH & Co. KG ausgestellt sind. Die A-GmbH wird die Umsätze und Vorsteuern, die bis zum Zugang der Mitteilung der Eintragung der Abspaltung im Handelsregister der übertragenden A-GmbH erfolgt sind, noch im Namen dieser in deren umsatzsteuerlichen Voranmeldungen erfassen. Die C-GmbH & Co. KG ist verpflichtet, sämtliche Geschäftsvorfälle für den Zeitraum danach umsatzsteuerlich in ihrem Namen zu erfassen.

(4) Die A-GmbH verpflichtet sich weiter, sämtliche ab dem 1.1.02 eingetretenen Geschäftsvorfälle, die den Teilbetrieb Y betreffen, in ihrem Rechnungswesen separiert in einem gesonderten Buchungskreis zu erfassen und diese Buchungen bis zum Tag des Zugangs der Mitteilung der Eintragung zusammen mit den zugehörigen Buchungsbelegen und Unterlagen der C-GmbH & Co. KG zu übergeben.

§ 3 Grundbucherklärung

Die A-GmbH bewilligt und beantragt, das Grundbuch entsprechend der Abspaltungsvereinbarung (s. § 1) zu berichtigen.

§ 4 Folgen der Spaltung für die Arbeitnehmer und ihre Vertretungen

Die Folgen der Spaltung für die Arbeitnehmer und ihre Vertretung sowie die insoweit vorgesehenen Maßnahmen werden wie folgt beschrieben: ......

§ 5 Sicherheitsleistungen

Den Gläubigern der an der Abspaltung beteiligten Gesellschaften ist, wenn sie binnen sechs Monaten nach der Bekanntmachung der Eintragung der Abspaltung in das Handelsregister des Sitzes der Gesellschaft, deren Gläubiger sie sind, ihren Anspruch nach Grund und Höhe schriftlich anmelden, Sicherheit zu leisten, soweit sie nicht Befriedigung verlangen können und soweit sie glaubhaft machen können, dass durch die Abspaltung die Erfüllung ihrer Forderungen gefährdet wird. Zur Sicherheitsleistung ist allerdings nur die an der Abspaltung beteiligte Gesellschaft verpflichtet, gegen die sich der Anspruch richtet.

§ 6 Kosten und Gebühren

Die mit diesem Abspaltungsplan und dem Gesellschafterbeschluss verbundenen Gebühren, Kosten und Steuern werden wie folgt getragen:

- **Notargebühren, Registergebühren und Beratungskosten tragen die A-GmbH und C-GmbH & Co. KG jeweils hälftig.**
- **Die mit dem Übergang der Grundstücke verbundenen Grundbuchgebühren und Grunderwerbsteuern trägt die C-GmbH & Co. KG.**

...

[A-GmbH, vertreten durch Herrn A]

Anlage: Gesellschaftsvertrag der C-GmbH & Co. KG

Formular A. 15.10a Schreiben an den Betriebsrat

Von: Geschäftsleitung A-GmbH **...............................**
(Ort/Datum)

An:
1. **Gesamtbetriebsrat A-GmbH, z. Hd. des/der Vorsitzenden des Gesamtbetriebsrats, Herrn/Frau ......**
2. **Betriebsrat der A-GmbH, Teilbetrieb X in ......, z. Hd. des/der Vorsitzenden des Betriebsrats, Herrn/Frau ......**
3. **Betriebsrat der A-GmbH, Teilbetrieb Y in ......, z. Hd. des/der Vorsitzenden des Betriebsrats, Herrn/Frau ......**

jeweils gegen Empfangsbestätigung

Betreff: Bevorstehende Abspaltung des Teilbetriebs Y aus der A-GmbH als übertragende Gesellschaft auf die dadurch neu gegründete C-GmbH & Co. KG als übernehmende Gesellschaft

Sehr geehrte Damen und Herren,

in der voraussichtlich am ...... stattfindenden Gesellschafterversammlung der A-GmbH ist beabsichtigt, dem beigefügten Entwurf des Abspaltungsplans der A-GmbH

als übertragende Gesellschaft auf die damit neu gegründete C-GmbH & Co. KG als übernehmende Gesellschaft zuzustimmen und den Abspaltungsplan notariell zu beurkunden. Wir übermitteln Ihnen hiermit den Entwurf des Abspaltungsplans in der Anlage gem. §§ 126 Abs. 3 iVm. 135, 136 UmwG. Wir bitten, auf die Einhaltung der Monatsfrist des § 126 Abs. 3 UmwG zu verzichten, den Erhalt dieses Schreibens und der Anlage auf den beigefügten Kopien dieses Schreibens zweifach zu bestätigen und an die übertragende A-GmbH, z. Hd. des Geschäftsführers, Herrn A im Hinblick auf den Nachweis im Zuge der Anlagen der Handelsregisteranmeldungen gem. §§ 17 Abs. 1, 16 iVm. 125, 135 Abs. 1, 137 Abs. 1 und 2 UmwG jeweils zurück zu schicken.

...

[Geschäftsführung A-GmbH]

Hiermit bestätigen wir als jeweilige(r) Vorsitzende(r) des Betriebsrats den Erhalt dieses Schreibens nebst dem als Anlage beigefügten Entwurf des Abspaltungsplans und verzichten auf die Einhaltung der Monatsfrist des § 126 Abs. 3 UmwG.

....	....
[Ort/Datum]	[Gesamtbetriebsratsvorsitzende(r) A-GmbH]
....	....
[Ort/Datum]	[Betriebsratsvorsitzende(r) Teilbetrieb X der A-GmbH]
....	....
[Ort/Datum]	[Betriebsratsvorsitzende(r) Teilbetrieb Y der A-GmbH]

Formular A. 15.10b Abspaltungsbeschluss der übertragenden A-GmbH

Abspaltungsbeschluss (in Gesellschafterversammlung) der übertragenden A-GmbH (mit Einziehungsregelung)

Verhandelt am ...... 02, in ...... vor mir ...... Notar in ...... erschienen, in den Geschäftsräumen in ......

1. Herr B ...... [Beruf/Wohn- bzw. Geschäftsadresse],

2. Herr C ...... [Beruf/Wohn- bzw. Geschäftsadresse]

Die Erschienenen erklärten, wie folgt zu handeln:

- **Herr B handelt in eigenem Namen als Inhaber eines Geschäftsanteils im Nennbetrag von € 50.000.– an der A-GmbH mit Sitz in ......, eingetragen im Handelsregister des Amtsgerichts ...... unter HRB ...... (nachfolgend A-GmbH genannt).**
- **Herr C handelt im eigenen Namen als Inhaber eines Geschäftsanteils im Nennbetrag von € 49.500.– an der A-GmbH sowie für die C-GmbH mit Sitz in ......, eingetragen im Handelsregister des Amtsgerichts ...... unter HRB ...... als deren alleiniger Geschäftsführer, die einen Geschäftsanteil im Nennbetrag von € 500.– an der A-GmbH hält.**

Damit ist das gesamte Stammkapital an der A-GmbH von insgesamt € 100.000.– vertreten. Die Stammeinlagen der A-GmbH sind in vollem Umfang erbracht.

Die Herren B und C baten um Beurkundung des folgenden:

Die Erschienenen halten unter Verzicht auf alle Formen und Fristen für die Einberufung und Abhaltung von Gesellschafterversammlungen eine Gesellschaftervollversammlung der A-GmbH ab und beschließen jeweils einstimmig, was folgt.

1. **Einfügung einer Bestimmung in den Gesellschaftsvertrag der A-GmbH zur Zulässigkeit der Einziehung von Geschäftsanteilen (falls noch nicht enthalten)**

Der Gesellschaftsvertrag wird unter Einfügung des nachfolgenden § ...... (Zulässigkeit der Einziehung von Geschäftsanteilen) geändert; der neu einzufügende § ...... lautet wie folgt:

„Durch einstimmigen Beschluss der Gesellschafterversammlung ist die Einziehung von Geschäftsanteilen und Teilgeschäftsanteilen zur Abspaltung eines Teils des Vermögens der Gesellschaft zulässig. Der durch die Einziehung ausscheidende Gesellschafter hat Anspruch auf eine angemessene Abfindung, die aber nicht in Geld, sondern nur in Gewährung von Geschäftsanteilen bzw. Mitgliedschaften an der durch die Abspaltung neu gegründeten diese Vermögensteile übernehmenden Gesellschaft zu gewähren ist. Der Einziehungsbeschluss hat die Zustimmung des durch die Einziehung ausscheidenden Gesellschafters zur Angemessenheit der gewährten Abfindung zu enthalten; die Gesellschafter haben darin ferner unwiderruflich ihren Verzicht auf die Anfechtung des Einziehungsbeschlusses und des Abspaltungsbeschlusses zu erklären."

2. **Abspaltungsbeschluss**

a) Auf die Versendung des Abspaltungsplans oder seines Entwurfs zusammen mit der Einberufung der Gesellschafterversammlung gem. §§ 47 iVm. 125 Satz 1 UmwG wurde einvernehmlich verzichtet; dieser Verzicht wird hiermit nochmals ausdrücklich bestätigt.

b) Auf die Auslegung der Jahresabschlüsse und Lageberichte der A-GmbH für die letzten drei Geschäftsjahre zur Einsicht durch die Gesellschafter in den Geschäftsräumen der Gesellschaft vom Zeitpunkt der Einberufung der Gesellschafterversammlung gem. § 49 Abs. 2 iVm. § 125 Satz 1 UmwG an wurde ebenfalls einvernehmlich verzichtet; auch diesbzgl. wird der Verzicht hiermit nochmals ausdrücklich bestätigt.

c) Auf die Erstellung eines Spaltungsberichts iSv. § 127 Satz 1 UmwG wird hiermit gemäß §§ 127 Satz 2, 8 Abs. 3 UmwG verzichtet.

d) Kein Gesellschafter hat bei der Gesellschaft einen Antrag auf Prüfung des Abspaltungsplans oder seines Entwurfs gem. § 48 iVm. § 125 UmwG gestellt. Die Gesellschafter verzichten hiermit einvernehmlich auf ihr Recht, eine Spaltungsprüfung zu verlangen.

e) Dem Abspaltungsplan der A-GmbH vom ...... (Urkunde-Nr. ...... des Notars ...... in ......) wird gem. § 50 Abs. 1 iVm. §§ 56, 125, 128, 135 UmwG zugestimmt. Eine Ausfertigung des Abspaltungsplans ist dieser Niederschrift als Anlage beigefügt.

f) Gemäß § ...... des Gesellschaftsvertrags wird die Einziehung der von der C-GmbH und von Herrn C gehaltenen Geschäftsanteile im Nennbetrag von insgesamt € 50.000.– an der A-GmbH gem. § ...... des Gesellschaftsvertrags (s. Ziff. 1.) einstimmig beschlossen. Die Einziehung erfolgt gem. § 1 Abs. 3 Buchst. c des Abspaltungsplans gegen Gewährung der in § 1 Abs. 3 Buchst. a des Abspaltungsplans bezeichneten Mitgliedschaften an der C-GmbH & Co. KG als übernehmende Gesellschaft. Dieser Einziehungsbeschluss ist aufschiebend bedingt
   - mit der Eintragung der Änderung des Gesellschaftervertrags gemäß dem vorstehend in Ziff. 1. gefassten Beschluss und
   - der Eintragung der Abspaltung gem. dem vorstehend in Ziff. 2. Buchst. e gefassten Beschluss

   jeweils im Handelsregister der A-GmbH. Herr C erklärt für sich und die von ihm vertretene C-GmbH, dass die Sachabfindung in Form der Mitgliedschaften an der übernehmenden C-GmbH & Co. KG eine angemessene Abfindung gem. § ...... des Gesellschaftsvertrags darstellt.

g) Auf das Recht, die vorstehenden Beschlüsse insbesondere den Zustimmungsbeschluss gemäß Buchst. e und den Einziehungsbeschluss gemäß Buchst. f anzufechten bzw. Klage gegen die Wirksamkeit der Beschlüsse zu erheben, wird ausdrücklich verzichtet.

....	....
[Herr B]	[Herr C]

Formular A. 15.10c Handelsregisteranmeldung der neu entstehenden Gesellschaft

An das

Amtsgericht ......

– Handelsregister Abteilung A –

Betreff: Neugründung der C-GmbH & Co. KG mit dem Sitz in ...... gem. § 123 Abs. 2 Nr. 2 UmwG

Als einzelvertretungsberechtigter Geschäftsführer der übertragenden A-GmbH mit Sitz in ...... (eingetragen im Handelsregister des Amtsgerichts ...... unter HRB ......) melde ich die neuerrichtete Gesellschaft C-GmbH & Co. KG mit Sitz in ......, mit C-GmbH, mit Sitz in ...... und eingetragen im Handelsregister des Amtsgerichts ...... unter HRB ......, als alleiniger Komplementärin und Herrn C ...... *[Beruf, Wohn- bzw. Geschäftsadresse]* als alleinigen Kommanditisten mit einer Einlage von € 49.500.– zur Eintragung in das Handelsregister an. Die Firma C-GmbH & Co. KG wird von der C-GmbH vertreten, diese durch ihren einzelvertretungsberechtigten Geschäftsführer, Herrn C. Die Geschäftsräume der Gesellschaft befinden sich in ...... Ich erkläre, dass eine Klage gegen die Wirksamkeit des Abspaltungsbeschlusses innerhalb der gesetzlichen Frist nicht erhoben worden ist.

Als Anlagen überreiche ich:

I. Beglaubigte Abschrift des Abspaltungsplans vom ...... (Urkunde-Nr. ...... des Notars ...... in ...... vom ......) mit Anlage (Gesellschaftsvertrag);

II. Beglaubigte Abschrift der notariell beurkundeten Gesellschafterbeschlüsse der übertragenden A-GmbH vom ...... *[Urkunde-Nr. ...... des Notars ...... in ...... vom ......]*, die auch die Verzichtserklärungen nach den §§ 8 Abs. 3, Satz 2, 9 Abs. 3 und 12 Abs. 3 sowie den Verzicht auf die Anfechtung der Beschlüsse bzw. den Klageverzicht gegen die Wirksamkeit der Beschlüsse enthalten;

III. Nachweis über die rechtzeitige Zuleitung des Abspaltungsplans bzw. dessen Entwurfs an die sämtlichen Betriebsräte der übertragenden Gesellschaft;

IV. Gesellschaftsvertrag der C-GmbH & Co. KG.

Nach Eintragung der Gesellschaft bitte ich um Übersendung je eines beglaubigten Handelsregisterauszugs an die A-GmbH, die C-GmbH & Co. KG und an den beglaubigenden Notar.

....

[Herr A für A-GmbH]

....

[Beglaubigungsvermerk]

Formular A. 15.10d Handelsregisteranmeldung der übertragenden GmbH

An das
Amtsgericht ......
– Handelsregister Abteilung B –

Betreff: Firma A-GmbH mit dem Sitz in ......, HRB ...... Anmeldung einer Abspaltung nach § 123 Abs. 2 Nr. 2 UmwG

Als einzelvertretungsberechtigter Geschäftsführer der og. Gesellschaft als übertragende Gesellschaft melde ich zur Eintragung an:

1. § ...... des Gesellschaftsvertrags ist geändert.
2. Unter Fortbestand der übertragenden Gesellschaft ist ein Teil ihres Vermögens im Wege der Abspaltung nach Maßgabe des als Anlage I. beigefügten Abspaltungsplans auf die Firma C-GmbH & Co. KG mit dem Sitz in ...... als dadurch neu gegründeten Rechtsträger übertragen worden.

Als Anlagen überreiche ich:

I. Beglaubigte Abschrift des notariell beurkundeten Abspaltungsplans vom ...... (Urkunde-Nr. ...... des Notars ...... in ...... vom ......);

II. Beglaubigte Abschrift der notariell beurkundeten Gesellschafterbeschlüsse der übertragenden A-GmbH vom ...... (Urkunde-Nr. ...... des Notars ...... in ...... vom ......), enthaltend
   1. die Änderung des Gesellschaftsvertrags in § ...... (Einziehung),
   2. Beschlüsse und Erklärungen der Gesellschafterversammlung der A-GmbH;

III. Nachweis über die rechtzeitige Zuleitung des Abspaltungsplans bzw. dessen Entwurfs an die zuständigen Betriebsräte der A-GmbH;

IV. Bilanz der übertragenden A-GmbH mit daraus abgeleiteter Abspaltungsbilanz für den Teilbetrieb Y;

V. Vollständiger Wortlaut des Gesellschaftsvertrags mit Bescheinigung des Notars gem. § 54 Abs. 1 Satz 2 GmbHG;

VI. Berichtigte Gesellschafterliste.

Ich bitte im Hinblick auf die Änderung des Gesellschaftsvertrags, zunächst nur diese Änderung einzutragen. Im Hinblick auf § 137 Abs. 3 UmwG werde ich zur Vervollständigung der Eintragung der Abspaltung noch einen beglaubigten Handelsregisterauszug nachreichen, aus dem sich ergibt, dass der im Wege der Abspaltung neugegründete Rechtsträger, die C-GmbH & Co. KG, mit dem Sitz in ......, eingetragen ist. Als alleiniger Geschäftsführer der übertragenden A-GmbH versichere ich gem. § 140 UmwG hiermit, dass auch unter Berücksichtigung der Abspaltung das Stammkapital der A-GmbH im Zeitpunkt der Anmeldung noch gedeckt ist.

Nach erfolgten Eintragungen bitte ich jeweils um Zusendung eines beglaubigten Handelsregisterauszugs an die Gesellschaft und an den beglaubigenden Notar.

....
[Herr A für A-GmbH]

....
[Beglaubigungsvermerk]

II. ERLÄUTERUNGEN

Erläuterungen zu A. 15.10 Abspaltungsplan

1. Grundsätzliche Anmerkungen

a) Wirtschaftliches Vertragsziel: Abspaltung auf neu gegründete Personenhandelsgesellschaft

Das vorliegende Formular bezweckt die **Abspaltung** eines Teilbetriebs aus einer GmbH auf eine dadurch neu gegründete Personenhandelsgesellschaft **kombiniert** mit einer **Trennung der Gesellschaftergruppen** (durch Einziehung, s. Rz. 3 und 7). Wegen der mit der Abspaltung verbundenen gesamtschuldnerischen Nachhaftung für fünf Jahre des übertragenden und des übernehmenden Rechtsträgers für die im Zeitpunkt der Wirksamkeit der Abspaltung bestehenden Verbindlichkeiten und der Begrenzung der Haftung für die im abgespaltenen Teilbetrieb danach begründeten Verbindlichkeiten wird sich für den als Personengesellschaft neugegründeten übernehmenden Rechtsträger regelmäßig die Rechtsform einer GmbH & Co. KG empfehlen. Da aber nach den Regelungen der Abspaltung in §§ 123ff. UmwG nur diejenigen Gesellschafter, die im Zeitpunkt der Wirksamkeit der Spaltung Gesellschafter des übertragenden Rechtsträgers sind, auch Mitgliedschaften an dem durch die Abspaltung entstehenden neuen Rechtsträger übernehmen können, ist es notwendig, zur Vorbereitung der Abspaltung auf eine neu gegründete GmbH & Co. KG der zukünftigen Komplementär-GmbH einen Mini-Geschäftsanteil an der übertragenden GmbH rechtzeitig vor der Spaltung einzuräumen (*W/M/Schwarz* § 123 UmwG Rz. 4.1.4; aA *Kallmeyer/Kallmeyer* § 124 UmwG Rz. 9: Beitritt der GmbH im Zuge der Spaltung). Das Formular geht davon aus, dass diese Einräumung im Innenverhältnis treuhänderisch erfolgt ist und die zukünftige Komplementär-GmbH im Zeitpunkt der Beurkundung des Spaltungsplans und des Zustimmungsbeschlusses bereits durch Eintragung im Handelsregister entstanden ist. In diesem Fall wird auch eine lückenlose Haftungsbegrenzung (mit Ausnahme der gesamtschuldnerischen fünfjährigen Nachhaftung gem. § 133 UmwG), beschränkt auf die Vermögen der übertragenden A-GmbH und der übernehmenden C-GmbH & Co. KG, erreicht. 1

Die Abspaltung auf eine neu gegründete Personenhandelsgesellschaft kann **steuerlich neutral** vollzogen werden, wenn **(a)** der abgespaltene Betriebssteil und der zurückbehaltene Betriebsteil jeweils einen Teilbetrieb (mit den dafür notwendigen wesentlichen Betriebsgrundlagen) darstellt (vgl. hierzu UmwSt-Erl. 2011 BMF v. 11.11.11, BStBl. I 11, 1314, Tz. 15.02) und **(b)** die übertragende Gesellschaft in der bzgl. des abzuspaltenden Teilbetriebs zu erstellenden steuerlichen Schlussbilanz von einer Aufdeckung stiller Reserven absieht. Weitere Voraussetzung ist bei der hier vorliegenden Trennung von Gesellschafterstämmen (kombiniert erreichbar mit der ebenfalls im Formular vorgesehenen Einziehung der bisherigen Geschäftsanteile des Gesellschafters, der die Anteile an der übernehmenden neuen Personengesellschaft übernehmen soll), **(c)**, dass die Beteiligung an der übertragenden Kapitalgesellschaft seit mindestens fünf Jahren vor dem steuerlichen Übertragungsstichtag bestanden hat (§§ 15 Abs. 2 Satz 5 iVm. 16 UmwStG). **(d)** Weitere Voraussetzung ist gem. § 15 Abs. 3 Satz 3 und 4 iVm. § 16 Satz 1 UmwStG, dass innerhalb von fünf Jahren nach dem steuerlichen Spaltungsstichtag nicht mehr als 20% der vor Wirksamwerden der Spaltung an der übertragenden Kapitalgesellschaft bestehenden Anteile veräußert werden. 2

Das Formular kann – in Kombination mit der Abspaltung – auch zur **Trennung** des wirtschaftlichen Engagements **von Gesellschafterstämmen** oder **-gruppen** her- 3 angezogen werden. Zu weiteren Motiven zur Abspaltung und Aufspaltung vgl. A. 15.20 Rz. 4 und ganz allgemein zu Motiven zum Wechsel von der Rechtsform einer Kapitalgesellschaft in die Rechtsform einer Personengesellschaft, die in A. 15.50 Rz. 2 angeführten steuerlichen Motive.

4 Das Formular geht weiter davon aus, dass die Gesellschafter der übertragenden A-GmbH in vollem Umfang über deren Geschäftsbetriebe informiert sind und dass daher soweit wie möglich **auf Formalien** und materielle Anforderungen (Informationspflicht, Spaltungsbericht, Spaltungsprüfung, Anfechtungsrechte und dergleichen) **verzichtet** wird.

5 *(frei)*

b) Zivilrecht

6 Die Abspaltung von Vermögensteilen aus Gesellschaften ist (ebenso wie die Aufspaltung oder die Ausgliederung) durch das UmwG mittels **partieller Gesamtrechtsnachfolge** (vgl. zum Begriff *Lutter/Teichmann* § 123 UmwG Rz. 9f.; *W/M/Vossius* § 131 UmwG Rz. 21ff.) an den zu übertragenden Vermögensgegenständen und mit unmittelbarer Zuordnung der Anteile an den übernehmenden Gesellschaften an die Gesellschafter der übertragenden Gesellschaft möglich.

7 Dieses Formular behandelt die Abspaltung eines Teilbetriebs auf eine dadurch neu gegründete Personenhandelsgesellschaft als übernehmender Rechtsträger (§ 123 Abs. 2 Nr. 2 UmwG), bei der der übertragende Rechtsträger A-GmbH weiter besteht. Bei verhältniswahrender Spaltung würden alle Gesellschafter des übertragenden Rechtsträgers in diesem Verhältnis auch Gesellschafter des neu entstehenden übernehmenden Rechtsträgers. Soll daneben, wie in dem Formular vorgesehen, **auch** gleichzeitig **eine Trennung der Gesellschaftergruppen** erreicht werden, ist eine **abweichende Zuordnung** der Anteile bzw. Mitgliedschaften an dem neu entstehenden übernehmenden Rechtsträger an die Gesellschafter eines Stammes (mit Zustimmung aller Anteilsinhaber gem. § 128 iVm. § 135 UmwG) und deren **Ausscheiden aus dem fortbestehenden übertragenden Rechtsträger** zu regeln (vgl. *W/M/Mayer* § 128 UmwG Rz. 27ff.). Eine solche nicht verhältniswahrende Spaltung ist in § 126 Abs. 1 Nr. 10 UmwG ausdrücklich vorgesehen (*W/M/Mayer* § 128 UmwG Rz. 27ff.). Hierzu ist im vorliegenden Formular die im Rahmen des § 34 GmbHG zulässige Einziehung der Geschäftsanteile der Gesellschafter vorgesehen, die alle Mitgliedschaften an dem übernehmenden Rechtsträger erwerben sollen *(W/M/Mayer* § 126 UmwG Rz. 277). Alternativ hierzu kann das Ausscheiden aus dem übertragenden Rechtsträger durch eine vereinfachte Kapitalherabsetzung und einem anschließenden Anteilstausch vollzogen werden. Da die Kapitalherabsetzung aber nur zur Herabsetzung der Nennbeträge führt, wäre weiter eine Abtretung der Geschäftsanteile erforderlich. Die Einziehung erfordert aber, dass die Summe der abgespaltenen Vermögenswerte (zu Buchwerten) aus dem über das Stammkapital hinaus vorhandenen Vermögen (Rücklagen) geleistet werden kann und die Geschäftsanteile an der übertragenden GmbH voll einbezahlt sind (§ 33 Abs. 1 GmbHG). Sollte eine dieser Voraussetzungen nicht erfüllt sein, müsste der kompliziertere, zweistufige Weg der Kapitalherabsetzung mit nachfolgender Anteilsabtretung beschritten werden.

8 Bei dem diesem Formular zugrunde liegenden Fall wird davon ausgegangen, dass der auf die neugründete C-GmbH & Co. KG zu **übertragende Teilbetrieb** ein **Handelsgewerbe** der C-GmbH & Co. KG begründet (§ 161 Abs. 1 HGB iVm. §§ 105 Abs. 1 und 2 und § 1 Abs. 2 HGB).

9 **Anzuwendende Vorschriften:** Aufgrund der gesetzlichen Verweisungstechnik finden auf die Spaltung gem. § 125 UmwG (vorbehaltlich der dort genannten Ausnahmen) die Vorschriften über die Verschmelzung grds entsprechende Anwendung, soweit in den §§ 123ff. UmwG keine Sonderbestimmungen enthalten sind. Die hier behandelte Abspaltung eines Teilbetriebs einer GmbH durch Neugründung einer Personenhandelsge-

sellschaft unterliegt gem. § 125 Satz 1 UmwG den allgemeinen Vorschriften der §§ 2–38 UmwG (mit Ausnahme von §§ 18, 9 Abs. 2 UmwG) und den besonderen Vorschriften für eine GmbH als beteiligter Rechtsträger in den §§ 46–59 UmwG sowie für Personengesellschaften der §§ 39–45 UmwG. Von den nach § 125 UmwG anwendbaren Verschmelzungsvorschriften sind jedoch nicht anwendbar: die §§ 4 UmwG (anstelle Verschmelzungsvertrag Spaltungsplan gem. § 136 UmwG), 7 UmwG (Kündigung des Verschmelzungsvertrags), 16 Abs. 1 UmwG (Anmeldung, stattdessen § 137 Abs. 1 und 2 UmwG) und 27 UmwG (Schadensersatzpflicht des übernehmenden Rechtsträgers). Die für die Abspaltung auf neu entstehende Rechtsträger spezifischen Regelungen sind die §§ 135–137 UmwG im Allgemeinen und bzgl. der Beteiligung von GmbHs im Besonderen die §§ 138–140 UmwG. Nach § 135 Abs. 1 UmwG sind auf die Abspaltung zur Neugründung nicht anwendbar: § 129 UmwG (Anmeldung der Spaltung, stattdessen § 137 UmwG) und § 130 Abs. 2 UmwG (Eintragung, stattdessen § 137 Abs. 3 UmwG). Für die Vermögens- und Erfolgszuordnung sind bei der Rechnungslegung des übertragenden und übernehmenden Rechtsträgers grds die bei Verschmelzungen geltenden Grundsätze (HFA 2/97 Abschn. 2 und 3, WPg 1997, 235) entsprechend anzuwenden (HFA 1/98 Abschn 122 und 3/4, WPg 98, 509, mit Besonderheiten für die Abspaltung und zur Bilanzierung beim Gesellschafter).

Kernstück bei der Abspaltung ist der **Spaltungsplan,** der gem. § 136 UmwG anstelle des Spaltungs- und Übernahmevertrags iSd. § 126 UmwG tritt, für den aber inhaltlich auch die Anforderungen des § 126 UmwG (und über § 125 Satz 1 auch die des § 40 UmwG bzgl der Stellung der Gesellschafter bei der übernehmenden Personenhandelsgesellschaft) gelten. Der Spaltungsplan ist eine einseitige Willenserklärung des übertragenden Rechtsträgers, da der übernehmende Rechtsträger erst mit Eintragung entsteht (vgl. *Kallmeyer/Zimmermann* § 38 UmwG Rz. 7; aA *WM/Mayer* § 135 UmwG Rz. 123, § 36 UmwG Rz. 211; *S/St/Bärwaldt* § 36 UmwG Rz. 23). Er ist von dem Vertretungsorgan der übertragenden Gesellschaft aufzustellen (§ 136 Satz 1 UmwG). Er muss notariell beurkundet werden (§ 6 iVm. § 125 UmwG). Der Spaltungsplan wird **erst durch** die **Zustimmung der Anteilsinhaber des übertragenden Rechtsträgers wirksam** (§§ 13, 43, 50, 56 iVm. § 125 Satz 1 UmwG, sowie § 128 iVm. § 135 UmwG bei nicht verhältniswahrender Spaltung). 10

Bei der Abspaltung auf eine neugegründete Personenhandelsgesellschaft bedarf es der **Mitbeurkundung des Gesellschaftsvertrags** der Personenhandelsgesellschaft im Rahmen der Beurkundung des Spaltungsplans. Zwar bedarf im Normalfall gem. §§ 161ff., 105ff., 109ff. HGB, 705ff. BGB der Abschluss eines Personenhandelsgesellschaftsvertrags nicht der notariellen Beurkundung; im Zuge der Abspaltung sind jedoch gem. § 125 Satz 1 UmwG die §§ 6, 36 Abs. 1 und 37 UmwG entsprechend anwendbar. Damit bedarf der Gesellschaftsvertrag zwingend der notariellen Beurkundung (*W/M/Fronhöfer* § 125 UmwG Rz. 28; *S/H/S/Hörtnagl* § 136 UmwG Rz. 12). Eine unmittelbare Aufnahme des Gesellschaftsvertrags in den Abspaltungsplan selbst ist nicht nötig. Nach § 9 Abs. 1 Satz 2 BeurkG gelten Erklärungen in einem Schriftstück, auf das in der notariellen Niederschrift (Abspaltungsplan) verwiesen wird und das dieser Niederschrift beigefügt wird, als in der Niederschrift selbst enthalten. Soweit der Gesellschaftsvertrag der Personenhandelsgesellschaft mit der Niederschrift des Abspaltungsplans vorgelesen, genehmigt und diesem beigefügt wird, wird der Gesellschaftsvertrag selbst Teil der notariellen Urkunde (§ 13 BeurkG). Das Formerfordernis der notariellen Beurkundung, das sich aus den §§ 6, 36 Abs. 1, 37 iVm. 125 Satz 1 UmwG ergibt, bezieht sich nur auf die erste Fassung des Gesellschaftsvertrags; spätere Änderungen können nach den gesetzlichen Bestimmungen formfrei – soweit im Vertrag nicht anderes vereinbart ist – vorgenommen werden. Der Anmeldung zum Handelsregister sind der Spaltungsplan und der Personenhandelsgesellschaftsvertrag, der zusammen mit der Beurkundung des Abspaltungsplans als Anlage mitbeurkundet wurde, beizufügen. 11

12 Zu den im Abspaltungsplan zu machenden Angaben vgl. A. 15.20 Rz. 70ff., *W/M/Mayer* § 136 UmwG Rz. 20ff. sowie *Lutter/Priester* § 136 UmwG Rz. 8ff. Zu einem Ablaufplan mit weitestgehenden Verzichtserklärungen vgl. A. 15.20 Rz. 11ff., und zu einem Ablaufplan ohne Verzichtserklärungen vgl. *W/M/Mayer* § 136 UmwG Rz. 39ff.

13, 14 *(frei)*

c) Steuerrecht

aa) Ertragsteuern

aaa) Grundzüge der Besteuerung des Abspaltungsvorgangs auf eine Personenhandelsgesellschaft

15 Auf die Abspaltung aus einer Kapitalgesellschaft auf eine Personenhandelsgesellschaft finden gem. § 16 Satz 1 UmwStG die Regelungen für die **Besteuerung des Vermögensübergangs einer Kapitalgesellschaft auf eine Personengesellschaft** in den §§ 3–8 und 10 UmwStG entsprechende Anwendung; daneben sind – ergänzend – auch die speziellen Voraussetzungen des § 15 UmwStG zur Abspaltung auf Kapitalgesellschaften entsprechend zu beachten (s. Rz. 16ff.). Die Regelungen der §§ 3–8, 10 UmwStG sind ausführlich unter A. 15.70 Rz. 10ff. für die Verschmelzung einer GmbH auf eine OHG dargestellt, worauf verwiesen wird. Nachfolgend werden nur Grundzüge und die Besonderheiten, die sich aus der Abspaltung ergeben, erläutert (zur Steuerneutralität der nichtverhältniswahrenden Abspaltung auf eine Kapitalgesellschaft *Walpert* DStR 98, 361). Für die Ertragsbesteuerung sind danach auch bei der Abspaltung aus einer Kapitalgesellschaft auf eine Personenhandelsgesellschaft die folgenden drei Ebenen zu beachten:
- bei der übertragenden GmbH bzgl. eines Übertragungsgewinns (§§ 3, 18 Abs. 1 UmwStG, s. Rz. 22ff.),
- bei der übernehmenden Personenhandelsgesellschaft bzgl. der Ermittlung des Übernahmegewinns bzw. Übernahmeverlustes (§§ 4 Abs. 4–6, 5, 6 und 18 UmwStG), s. Rz. 26ff. und
- auf der Ebene der Gesellschafter der übernehmenden Personenhandelsgesellschaft bzgl. der Zurechnung und Einkommensbesteuerung des Übernahmegewinns (s. Rz. 26ff.).

16 Für die Praxis ist davon auszugehen, dass die FinVerw. das Vorliegen sämtlicher in § 15 UmwStG genannter Voraussetzungen auch für die Abspaltung auf eine Personenhandelsgesellschaft fordern wird (zu dieser Fragestellung *RHL/Schumacher* § 16 UmwG Rz. 17); es handelt sich dabei iE um folgende **Voraussetzungen** (s. Rz. 17–21):

17 (1) **Teilbetriebe.** Abspaltung eines Teilbetriebs unter Zurückbehaltung eines weiteren Teilbetriebs gem. § 15 Abs. 1 Satz 2 UmwStG (sog. doppeltes Teilbetriebserfordernis); dabei gelten auch hier fiktive Teilbetriebe iSd. § 15 Abs. 1 Satz 3 UmwStG, nämlich Mitunternehmeranteile oder 100%ige Beteiligungen an Kapitalgesellschaften, als steuerunschädlich abspaltungsfähige oder zurückbehaltbare Teilbetriebe (UmwSt-Erl. 2011 BMF v. 11.11.11, BStBl. I 11, 1314, Tz. 15.04ff.), wenn die Anteile hieran bzw. die Mitunternehmeranteile nicht innerhalb der letzten drei Jahre vor dem steuerlichen Übertragungsstichtag durch Übertragung von Wirtschaftsgütern, die keinen Teilbetrieb darstellen, erworben oder aufgestockt worden sind (§ 15 Abs. 2 Satz 1 UmwStG). Für das Teilbetriebserfordernis vgl. UmwSt-Erl. 2011 BMF v. 11.11.11, BStBl. I 11, 1314, Tz. 15.02. Auf die diesbzgl. Erläuterungen in A. 15.20 Rz. 25ff. wird verwiesen. Zu der Diskussion, ob nach der Neufassung des UmwStG neben einem Teilbetrieb auch andere Wirtschaftsgüter verbleiben bzw. übertragen werden können vgl. *R/H/L/Schumacher* § 15 UmwStG Rz. 111ff. Die Finanzverwaltung will an ihrem doppelten Ausschließlichkeitsgebot wohl festhalten, vgl. UmwSt-Erl. 2011 BMF v. 11.11.11, BStBl. I 11, 1314, Tz. 15.01.

(2) **Keine Steuerneutralität bei Veräußerung an Außenstehende im Rahmen der Abspaltung** (UmwSt-Erl. 2011 BMF v. 11.11.11, BStBl. I 11, 1314, Tz. 15.22 ff.; vgl. *D/J/P/W/Dötsch* § 15 UmwStG nF Rz. 114 ff). Mit der Abspaltung darf keine Veräußerung an außenstehende Personen (dh. Personen, die vor der Abspaltung nicht Gesellschafter der übertragenden Kapitalgesellschaft waren) vollzogen werden, vgl. hierzu A. 15.20 Rz. 30. 18

(3) **Kein Wahlrecht nach § 11 Abs. 2 UmwStG bei Veräußerung von mehr als 20% der Anteile innerhalb von fünf Jahren nach dem steuerlichen Übertragungsstichtag.** § 15 Abs. 2 Sätze 3 und 4 UmwStG verlangen als weitere Voraussetzung, dass durch die Spaltung nicht die Voraussetzungen für eine Veräußerung geschaffen werden; davon wird unwiderleglich ausgegangen, wenn innerhalb von fünf Jahren nach dem steuerlichen Übertragungsstichtag mehr als 20% der Anteile an einer der an der Spaltung beteiligten Gesellschaften (übertragende Kapitalgesellschaft und übernehmende Personenhandelsgesellschaft im Falle der Abspaltung auf eine Personenhandelsgesellschaft) veräußert werden (UmwSt-Erl. 2011 BMF v. 11.11.11, BStBl. I 11, 1314, Tz. 15.27 ff. mit Beispielen Tz. 15.30). Diesbzgl. wird auf A. 15.20 Rz. 31 ff. verwiesen. 19

Ein Verstoß gegen die Veräußerungssperre in § 15 Abs. 2 Sätze 3 und 4 UmwStG (vgl. dazu A. 15.20 Rz. 31 ff.) führt jedenfalls nur bzgl. der abgespaltenen Vermögensteile, nicht aber bzgl. der bei der übertragenden Gesellschaft verbleibenden Vermögensteile zur Aufdeckung der stillen Reserven (glA *D/J/P/W/Dötsch* § 15 UmwStG nF Rz. 136; UmwSt-Erl. 2011 BMF v. 11.11.11, BStBl. I 11, 1314, Tz. 15.33). Dies ergibt sich aus der normspezifischen entsprechenden Auslegung der Rechtsfolgeverweisung des § 16 Satz 1 UmwStG auf § 3 UmwStG. Denn § 3 UmwStG kann für den Fall der Abspaltung nur auf den Übergang (nicht aber auf den Verbleib) der Vermögensteile angewendet werden.

(4) **Fünf-Jahres-Vorbesitzzeit bei Trennung von Gesellschafterstämmen.** § 15 Abs. 2 Satz 5 UmwStG verlangt bei der Trennung von Gesellschafterstämmen eine fünfjährige Vorbesitzzeit vor dem steuerlichen Übertragungsstichtag für die Anteile an der übertragenden Körperschaft, vgl. hierzu UmwSt-Erl. 1998, BStBl. I 98, 268, Tz. 15.36 ff. und A. 15.20 Rz. 42 ff. 20

Kein Verlust des deutschen Besteuerungsrechts. Auch bei der Abspaltung erfordert die Buchwertfortführung nach §§ 16 Satz 1 iVm. 3 Abs. 2 UmwStG ua., dass das Recht der Bundesrepublik Deutschland hinsichtlich der Besteuerung des Gewinns aus der Veräußerung der übertragenen Wirtschaftsgüter bei den Gesellschaftern der übernehmenden Personengesellschaft nicht ausgeschlossen oder beschränkt wird. 21

bbb) Besteuerung bei übertragender GmbH

Werden die auf eine Personenhandelsgesellschaft abgespaltenen Vermögensteile dort im Rahmen eines steuerlichen Betriebsvermögens fortgeführt (Regelfall, insbes. bei der diesem Formular zugrunde liegenden Abspaltung auf eine GmbH & Co. KG, die auf Grund gewerblicher Prägung gem. § 15 Abs. 3 Nr. 2 EStG gewerblich ist) und werden die vorgenannten Voraussetzungen (s. Rz. 16–21) sämtlich erfüllt, so können die auf die Personenhandelsgesellschaft übertragenen Vermögensteile in der steuerlichen Schlussbilanz der übertragenden GmbH insgesamt mit dem **Buchwert oder einem höheren Wert** (maximal **gemeinem Wert;** § 3 Abs. 1 und 2 UmwStG) angesetzt werden **(steuerrechtliches Wahlrecht).** Regelmäßig wird der Ansatz zum Buchwert gewählt, weil der ansonsten entstehende Übertragungsgewinn der Gewerbe- und der Körperschaftsteuer unterliegen würde. 22

Minderung des verbleibenden Verlustabzugs. Wie bei der Abspaltung auf eine andere GmbH geht bei der Abspaltung auf eine Personenhandelsgesellschaft ein bei der GmbH noch nicht ausgenutzter Verlustabzug und negativer Zinsvortrag nach § 4h EStG nicht über, sondern teilweise unter (§ 15 Abs. 3 UmwStG); ein bei der übertra- 23 genden GmbH zum Abspaltungsstichtag verbleibender Verlustabzug sowie ein Zins- und EBITDA-Vortrag nach § 4h EStG mindert sich anteilig; dies gilt auch bei der Gewerbesteuer (§ 19 Abs. 2 UmwStG). Verbleibender Verlustabzug ist der Verlust nach eventueller Verrechnung eines Übertragungsgewinns gem. § 3 UmwStG durch den Ansatz des auf die übernehmende Personenhandelsgesellschaft übergehenden Betriebsvermögen zu einem höheren Wert als dem bisherigen Buchwert (s. Rz. 22). Die **anteilige Verminderung** ist entsprechend dem Verhältnis des auf die Personenhandelsgesellschaft übergehenden Vermögens zu dem gesamten vor Abspaltung zum steuerlichen Übertragungsstichtag vorhandenen Vermögen der übertragenden Gesellschaft vorzunehmen.

24 **Verminderung des steuerlichen Einlagekontos (§ 27 KStG)** entsprechend § 29 Abs. 3 Satz 4 KStG.

25 **Steuerlicher Übertragungsstichtag:** Als steuerlicher Übertragungsstichtag gilt auch bei der Abspaltung zwingend der Tag, auf den die beim Handelsregister eingereichte Schlussbilanz (Abspaltungsbilanz) der übertragenden Gesellschaft aufgestellt ist (§§ 17 Abs. 2, 125 UmwG iVm. § 2 Abs. 1 UmwStG; UmwSt-Erl. 1998, BStBl. I 98, 268, Tz. 02.03), vgl. dazu A. 15.00 Rz. 20 sowie A. 15.20 Rz. 58. Das Einkommen ist so zu ermitteln, als wäre der abgespaltene Teilbetrieb zum Übertragungsstichtag auf die (gesellschaftsrechtlich) erst später gegründete Übernehmerin übergegangen. Zur steuerlichen Behandlung von Geschäftsvorfällen zwischen dem steuerlichen Übertragungsstichtag und der Wirksamkeit der Abspaltung mit Eintragung im Handelsregister der übertragenden Gesellschaft gem. § 131 Abs. 1 Nr. 1 UmwG vgl. UmwSt-Erl. 2011 BMF v. 11.11.11, BStBl. I 11, 1314, Tz. 02.09ff.

ccc) Übernehmende Personenhandelsgesellschaft und deren Gesellschafter

26 Die übernehmende Personenhandelsgesellschaft hat das von der GmbH übernommene Betriebsvermögen mit den in der steuerlichen Übertragungsbilanz (gem. § 3 iVm. § 16 Satz 1 UmwStG) angesetzten Werten (§ 3 UmwStG) zu übernehmen (§ 4 Abs. 1 UmwStG, sog. **zwingende Wertknüpfung**). Wie bei der Verschmelzung auf eine Personenhandelsgesellschaft ist das übergehende Vermögen auf die Gesellschafter der übernehmenden Personenhandelsgesellschaft nach deren Gewinn- und Verlustbeteiligung zu verteilen. Dies ist deshalb notwendig, weil der Übernahmegewinn/-verlust iSv. § 4 Abs. 4 Satz 1 UmwStG erster Stufe für jeden Mitunternehmer getrennt (UmwSt-Erl. 2011 BMF v. 11.11.11, BStBl. I 11, 1314, Tz. 04.19ff.; hM, vgl. zB *R/H/L/van Lishaut* § 4 UmwStG Rz. 139) wie folgt zu ermitteln und gesondert festzustellen ist:

– Dem anteilig auf den Gesellschafter entfallenden übergegangenen Betriebsvermögen (zu den steuerlich verknüpften Werten gem. § 4 Abs. 1 Satz 1, Abs. 4 Satz 1 UmwStG) ist gegenüberzustellen
– der Buchwert der Beteiligung des betreffenden Gesellschafters an der übertragenden GmbH (§ 4 Abs. 4 Satz 1 UmwStG) nebst den Kosten des Vermögensübergangs (zur Besteuerung des Übernahmegewinns im Einzelnen vgl. *R/H/L/van Lishaut* § 4 UmwStG Rz. 74ff).

27 Bei einer Abspaltung auf eine hierdurch erst **neu gegründete Personenhandelsgesellschaft** ergibt sich der „Buchwert" der Beteiligung nur im Wege der **Einlagefiktion.** Dabei ist für die Anteile, welche die Gesellschafter der übernehmenden Personenhandelsgesellschaft an der übertragenden Kapitalgesellschaft halten, nach deren steuerlichen Status wie folgt zu unterscheiden:

28 **Anteile im Betriebsvermögen** gelten auf Grund der Einlagefiktion des § 5 Abs. 3 UmwStG zu den dort beschriebenen Werten als (fiktiv) in das Betriebsvermögen der übernehmenden Personengesellschaft zum Übertragungsstichtag eingelegt bei Gesellschaftern der Übernehmerin, unabhängig vom Status der Anteile (s. A. 15.70 Rz. 16).

Werden die Anteile an der übertragenden Kapitalgesellschaft erst nach dem steuerlichen Übertragungsstichtag (handelsrechtlicher Abspaltungsstichtag) erworben, wird auch dieser Erwerb fiktiv auf den steuerlichen Übertragungsstichtag zurückbezogen (§ 5 Abs. 1 UmwStG). **29**

Hinweis auf die anteilige Besteuerung **offener Rücklagen** der GmbH nach § 7 UmwStG. **Anteile iSd. § 17 EStG** gelten nach § 5 Abs. 2 UmwStG als zu den Anschaffungskosten eingelegt. **30**

(frei) **31–38**

ddd) Gewerbesteuer

Die Regelungen zur Besteuerung der übertragenden Gesellschaft (s. Rz. 22 ff.) und der übernehmenden Gesellschaft (s. Rz. 26 ff.) gelten gem. § 18 Abs. 1 UmwStG grds. auch für die Gewerbesteuer (§ 18 Abs. 1 UmwStG ordnet die Geltung des § 16 UmwStG auch für die Ermittlung des Gewerbeertrags an); allerdings ist ein dabei entstehender Übernahmegewinn von der Gewerbesteuer befreit (§ 18 Abs. 2 UmwStG) bzw. ein Verlust nicht zu erfassen (§ 18 Abs. 2 UmwStG). **39**

In diesem Zusammenhang ist allerdings die Missbrauchsvermeidungsregelung des § 18 Abs. 3 UmwStG zu beachten, nach der ein Gewinn aus der Auflösung oder Veräußerung der übernehmenden Personengesellschaft innerhalb von fünf Jahren nach dem Vermögensübergang (ab Spaltungsstichtag) der Gewerbeertragsteuer unterliegt und zwar ab 2008 auch, soweit er auf schon vor der Spaltung bei der Personengesellschaft vorhandenes Vermögen entfällt (§ 18 Abs. 3 Satz 1 Hs. 2 UmwStG; vgl. in diesem Zusammenhang auch BFH IV R 33/09 v. 28.2.13, BFH/NV 13, 1122).

Die nach § 7 UmwStG den Gesellschaftern zugerechneten anteiligen sog. „offenen Rücklagen“ (s. Rz. 30) unterliegen bei Anteilen iSd. § 17 EStG außerhalb eines Betriebsvermögens nicht der Gewerbesteuer (§ 18 Abs. 2 Satz 2 UmwStG).

(frei) **40**

eee) Eintritt in die steuerliche Rechtsstellung

Die übernehmende Personenhandelsgesellschaft tritt in die steuerliche Rechtsstellung der übertragenden Gesellschaft ein, insbes. bzgl. der Bewertung der übernommenen Wirtschaftsgüter, der AfA und der den Gewinn mindernden Rücklagen (§§ 16 iVm. § 4 Abs. 2 Satz 1 UmwStG; UmwSt-Erl. 2011 BMF v. 11.11.11, BStBl. I 11, 1314, Tz. 04.09 ff.; vgl. zu Einzelheiten *W/M/Widmann* § 4 UmwStG Rz. 860 ff.); dies gilt unabhängig davon, ob in der steuerlichen Übertragungsbilanz die Buchwerte, Zwischenwerte oder Teilwerte angesetzt wurden. Die Abspaltung stellt regelmäßig keinen Verstoß gegen die Behaltensregelung des § 13a Abs. 5 ErbStG dar; ein solcher kann jedoch bei der Veräußerung der durch die Abspaltung erworbenen Anteile vorliegen (ErbStR E 13a.9 Abs. 3; vgl. auch Gleichl. Ländererlasse v. 20.11.13, BStBl. I 13, 1508). Für die weitere Ermittlung der Lohnsumme vgl. Gleichl. Ländererlasse v. 21.11.13, BStBl. I 13, 1510. **41**

fff) Sonderfallgruppen

Für die verschiedenen Sonderfallgruppen bzgl. des Status der Anteile an der Übertragerin wird zur Ermittlung der Einkünfte der Gesellschafter der übernehmenden Personenhandelsgesellschaft auf A. 15.70 Rz. 27 ff. verwiesen. **42**

(frei) **43–45**

bb) Verkehrsteuern

aaa) Umsatzsteuer

Die Abspaltung aus einer Kapitalgesellschaft auf eine Personenhandelsgesellschaft ist gem. § 1 Abs. 1a UStG dann nicht umsatzsteuerbar, wenn ein in der Gliederung des übertragenden Unternehmens gesondert geführter Betrieb im Ganzen auf die übernehmende Personenhandelsgesellschaft übergeht. Dies dürfte dann der Fall sein, wenn **46** auch die ertragsteuerlichen Voraussetzungen für einen Teilbetrieb vorliegen. Die übernehmende Personenhandelsgesellschaft tritt uE auf Grund der partiellen Gesamtrechtsnachfolge in die Rechtsstellung der übertragenden Kapitalgesellschaft ein, insbes. bzgl. der evtl. notwendigen Vorsteuerberichtigungen (auch bei einer partiellen Gesamtrechtsnachfolge laufen uE die Bestimmungen des § 1 Abs. 1a Satz 3 und § 15a Abs. 10 UStG leer, vgl. aber BFH IV R 29/08 v. 5.11.09, BFH/NV 10, 356). Bzgl. weiterer Details wird auf A. 15.00 Rz. 105 ff. verwiesen.

bbb) Grunderwerbsteuer

47 Soweit zu den auf die übernehmende Personenhandelsgesellschaft übertragenen Vermögensteilen auch Grundstücke oder grundstücksgleiche Rechte gehören, löst die Abspaltung Grunderwerbsteuer gem. § 1 Abs. 1 Nr. 3 GrEStG aus. Der Steuersatz beträgt je nach Bundesland zwischen 3,5 und 6%. Besteuerungsbasis sind die sog. Grundbesitzwerte iSd. § 138 Abs. 2 bis 4 BewG (§ 8 Abs. 2 Satz 1 Nr. 2 GrEStG); vgl. A. 15.00 Rz. 115 ff. Grunderwerbsteuer kann auch ausgelöst werden, wenn im Zuge der Abspaltung Anteile an grundbesitzenden Kapital- oder Personengesellschaften übertragen werden (§ 1 Abs. 2a und 3 GrEStG). Hinweis auch auf § 1 Abs. 3a GrEStG idF des AmtshilfeRLUmsG v. 26.6.13 (BGBl. I 13, 1809); hierzu Gleichl. Ländererlasse v. 9.10.13, BStBl. I 13, 1364 und § 6a GrEStG idF des AmtshilfeRLUmsG v. 26.6.13 (BGBl. I 13, 1809); hierzu Gleichl. Ländererlasse v. 9.10.13, BStBl. I 13, 1375; siehe auch *Behrens* DStR 13, 2726.

48, 49 *(frei)*

2. Einzelerläuterungen

50 Der Abspaltungsplan wird als **einseitige Willenserklärung** in **notariell beurkundeter** Form (§§ 6 iVm. 125 UmwG) gem. § 136 UmwG vom Vertretungsorgan des übertragenden Rechtsträgers aufgestellt. Er wird wirksam mit Zustimmung der Gesellschafterversammlung des übertragenden Rechtsträgers (§§ 13, 43, 50, 56 iVm. 125 UmwG, bei nicht verhältniswahrender Abspaltung auch iVm. § 128 Satz 1 UmwG, bei Neugründung iVm. § 135 Abs. 1 UmwG).

51 Der **Mindestinhalt** ergibt sich aus § 126 Abs. 1 (iVm. § 136) UmwG und wegen der Abspaltung auf eine Personenhandelsgesellschaft ergänzend aus §§ 40 iVm. 125 UmwG. Bzgl. der Erläuterungen des Mindestinhalts s. A. 15.20 Rz. 70 ff., die entsprechend gelten (*Heidenhain* NJW 95, 2873 ff.).

Zu § 1 Abs. 1: Bezeichnung der beteiligten Rechtsträger

52 Der übernehmende Rechtsträger ist gem. § 126 Abs. 1 Nr. 1 UmwG zu bezeichnen und für die Gewährung von Mitgliedschaften sind die nach § 126 Nr. 2, Nr. 3, Nr. 4, Nr. 5 und Nr. 10 sowie § 40 UmwG vorgesehenen Angaben zu machen: Bezeichnung der Gesellschafter und deren Stellung als Komplementär oder Kommanditist, bei letzterem unter Angabe der Kommanditeinlage sowie des Gewinnbezugsrechts. Zu der Frage, ob ein Gesellschaftsvertrag der übernehmenden GmbH & Co. KG mit zu beurkunden ist, s. Rz. 11.

Zu § 1 Abs. 2: Übertragung von Vermögensteilen

53 Vgl. dazu die eingehenden Erläuterungen in A. 15.20 Rz. 73 ff.

Zu § 1 Abs. 3: Gegenleistung

54 Die Notwendigkeit der Bestimmung der Gegenleistung ergibt sich aus § 126 Abs. 1 Nr. 2, Nr. 3, Nr. 4, Nr. 5 und Nr. 10 UmwG sowie aus § 40 UmwG. Im vorliegenden Fall besteht die Gegenleistung nur in den Mitgliedschaften an der neu entstehenden C-GmbH & Co. KG, die auch in § 1 Abs. 3 Buchst. a bezeichnet sind.

Bare Zuzahlungen sind nicht zu leisten (vgl. § 1 Abs. 3 Buchst. d des Formulars). Zwar greift bei der Abspaltung auf eine neugegründete Personenhandelsgesellschaft uE die Begrenzung barer Zuzahlungen auf den zehnten Teil des Gesamtnennbetrags der gewährten Geschäftsanteile gem. § 54 Abs. 4 iVm. §§ 56, 125 UmwG nicht ein (glA *W/M/Mayer* § 126 UmwG Rz. 137). Steuerrechtlich würde aber jede Art von Zuzahlungen (gleich ob in bar oder durch Einräumung eines Gesellschafterdarlehens) bei steuerverhafteten Anteilen zur **anteiligen Gewinnrealisierung auf Ebene der Gesellschafter** führen. Deshalb ist in § 1 Abs. 3 Buchst. b Satz 2 vorgesehen, dass auch der Teil der Vermögenswerte, der die zu gewährende Kommanditeinlage übersteigt, einer gesamthänderisch gebundenen Kapitalrücklage der übernehmenden C-GmbH & Co. KG gutzuschreiben ist, dh. auch insofern eine Mitgliedschaft gewährt wird. Sollte der Verkehrswert der auf die übernehmende C-GmbH & Co. KG übertragenen Vermögensgegenstände nicht die Kommanditeinlage erreichen, würde sich dadurch eine persönliche Haftung des Kommanditisten ergeben. 55

Zu § 1 Abs. 3 Buchst. c: Da eine **Trennung der Gesellschaftergruppen** zusammen mit der Abspaltung vollzogen werden soll, die Regelungen des UmwG aber nur zulassen, dass die Anteile an dem neugegründeten übernehmenden Rechtsträger bestimmten Gesellschaftern des übertragenden Rechtsträgers zugeordnet werden können, bedarf es einer **ausdrücklichen weiteren Bestimmung bezüglich der Anteile an dem übertragenden Rechtsträger.** Hier ist für den dem Formular zugrunde liegenden Fall vorgesehen, dass die von der C-GmbH und dem C gehaltenen Geschäftsanteile im Nennbetrag von insgesamt € 50.000.– an der übertragenden A-GmbH Zug um Zug gegen die zu gewährenden Mitgliedschaften an der C-GmbH & Co. KG eingezogen werden. Dazu ist Folgendes erforderlich: 56

- Zulässigkeit der Einziehung nach dem Gesellschaftsvertrag der A-GmbH (§ 34 GmbHG; vgl. dazu Einfügung einer entsprechenden Satzungsbestimmung in Formular A. 15.10b unter 1.),
- Kapitalerhaltung bei der abspaltenden (übertragenden) A-GmbH wegen der erforderlichen Ausbuchung des auf die C-GmbH & Co. KG übergehenden Vermögens (zu Buchwerten) von dem über das Stammkapital hinaus vorhandenen Vermögen; die Kapitalerhaltung muss im Zeitpunkt der Anmeldung der Abspaltung zum Register der übertragenden Gesellschaft ausdrücklich nach § 140 UmwG erklärt werden (s. Rz. 72; die Erklärung ist nach § 313 Abs. 2 UmwG strafbewehrt) und
- da es sich um eine nicht verhältniswahrende Abspaltung handelt, einstimmige Beschlussfassung in der Gesellschafterversammlung der übertragenden A-GmbH (§§ 128 Satz 1 iVm. 135 Abs. 1 UmwG).

Zu § 1 Abs. 4: Besondere Rechte und Vorteile

Obwohl in dem diesem Formular zugrunde liegenden Fall besondere Rechte und Vorteile iSv. § 126 Abs. 1 Nr. 7 und 8 UmwG an die dort bezeichneten Personen nicht gewährt werden, sollte klarstellend auf diesen Umstand hingewiesen werden (s. zu einer ausführlicheren Formulierung Formular A. 15.70 § 2 Abs. 6 und 7 sowie A. 15.63 Rz. 48f.). 57

Zu § 2: Abspaltungsstichtag

Zu § 2 Abs. 1: Angabepflichtig ist gem. § 126 Abs. 1 Nr. 6 UmwG der Zeitpunkt, von dem ab die Handlungen des übertragenden Rechtsträgers als für Rechnung des neu entstehenden übernehmenden Rechtsträgers vorgenommen gelten **(Spaltungsstichtag).** Vgl. dazu A. 15.00 Rz. 16 sowie A. 15.20 Rz. 84. 58

Zu § 2 Abs. 2: Die Verpflichtung der übertragenden Gesellschaft zum Ansatz der bisherigen Buchwerte auch in der **steuerlichen Schlussbilanz** ist im Interesse der übernehmenden Personenhandelsgesellschaft zu empfehlen, weil diese ansonsten für die dadurch bei der A-GmbH entstehenden Steuern nach § 133 UmwG iVm. § 75 59

AO gesamtschuldnerisch **haften** würde und sich das auf sie übertragene Vermögen entsprechend mindern würde (dadurch könnte ferner unter Umständen eine Kommanditeinlage teilweise als nicht erbracht gelten).

60 **Zu § 2 Abs. 3 und 4:** Diese Regelungen dienen der Klarstellung der praktischen Abwicklung in umsatzsteuerlicher Hinsicht und bzgl. der Übernahme der Ergebnisse von einem Rechnungskreis in einen anderen (vgl. dazu sowie zur umsatzsteuerlichen Behandlung A. 15.20 Rz. 85 und A. 15.20 Rz. 65).

Zu § 3: Grundbucherklärungen

61 Zu eventuell notwendigen Grundbucherklärungen sowie Grundstücksteilungen s. *W/M/Mayer* § 126 UmwG Rz. 212ff.

Zu § 4: Folgen der Spaltung für die Arbeitnehmer und ihre Vertretungen sowie die insoweit vorgesehenen Maßnahmen

62 Vgl. dazu A. 15.60 Rz. 34 und das dort in A. 15.60 § 3 (Verschmelzungsvertrag) enthaltene ausführliche Muster sowie *Lutter/Priester* § 126 UmwG Rz. 57ff.; *Wlotzke* DB 95 40ff.; *Bachner* NJW 95, 2881ff. Zur **Unterrichtungspflicht** nach § 613a Abs. 5 BGB vgl. Ausführungen unter A. 12 Rz. 36ff. und zu sonstigen individual- und kollektivrechtlichen Folgen *Engl/Ebener* A. 1 Rz. 150f. und 155ff. Bei der Abspaltung ist insbes. das Übergangsmandat des Betriebsrats gem. § 321 UmwG sowie die fünfjährige Mitbestimmungsbeibehaltung nach § 325 UmwG zu beachten.

Zu § 5: Sicherheitsleistungen

63 Siehe A. 15.20 Rz. 88ff.

64 *(frei)*

Erläuterungen zu A. 15.10a Schreiben an den Betriebsrat

65 Die Verpflichtung auf Übersendung des Spaltungsplans oder dessen Entwurfs mindestens einen Monat vor Beschlussfassung über diesen folgt aus § 126 Abs. 3 UmwG; diese entspricht inhaltlich § 5 Abs. 3 UmwG für die Verschmelzung, so dass diesbzgl. auf A. 15.60 Rz. 35, verwiesen wird. Hier ist die Zurücksendungan die übertragende Gesellschaft (anders als bei Verschmelzung oder bei Aufspaltung auf übernehmende Rechtsträger) vorgeschlagen, weil deren Organ gem. § 137 Abs. 1 und 2 UmwG die Anmeldungen sowohl für den neuen Rechtsträger als auch für den übertragenden Rechtsträger vorzunehmen hat und dabei die nach § 17 Abs. 1 (iVm. § 125) UmwG vorgesehene Erklärung zur rechtzeitigen Zuleitung des Abspaltungsplans oder dessen Entwurfs mindestens einen Monat vor Fassung des Zustimmungsbeschlusses nachzuweisen hat. Nach überwiegender Ansicht in der Literatur können die Betriebsräte auf die Einhaltung der Monatsfrist des § 126 Abs. 3 UmwG und damit auf die Rechtzeitigkeit der Zuleitung gem. § 17 Abs. 1 UmwG verzichten. Dies ergibt sich daraus, dass

- § 126 Abs. 3 UmwG aus der Sicht des jeweiligen Betriebsrates dispositiv ist (*W/M/Mayer* § 126 UmwG Rz. 358 iVm. § 5 UmwG Rz. 259),
- der Sinn und Zweck der Regelung, nämlich den Betriebsrat frühzeitig einzubinden, durch einen Verzicht nicht ausgehöhlt wird (*Müller* DB 97, 713),
- das Abwarten der Frist keinen selbstständigen Beitrag zur Wahrung von Arbeitnehmerrechten leistet (*Melchior* GmbHR 96, 833).

Daher ist hier eine solche Verzichtserklärung bereits in die Anschreiben an die Betriebsräte und die Bestätigung durch diese integriert.

66 *(frei)*

Erläuterungen zu A. 15.10b Abspaltungsbeschluss der übertragenden A-GmbH

Der Abspaltungsplan wird nur mit **Zustimmung** der Gesellschafterversammlung des übertragenden Rechtsträgers wirksam (§ 13 Abs. 1 iVm. § 125 UmwG). Da hier eine **nicht verhältniswahrende Abspaltung** vorgesehen ist, bedarf der Zustimmungsbeschluss (in Ergänzung zu § 43 und § 50 iVm. §§ 56, 125, 135 UmwG) gem. § 128 Satz 1 UmwG der **Einstimmigkeit.** Der Zustimmungsbeschluss muss auch dann einstimmig gefasst werden, wenn der Gesellschaftsvertrag der übertragenden GmbH dies verlangt (§§ 50 Abs. 1 Satz 2 iVm. 125 UmwG), wenn Minderheitsrechte einzelner Gesellschafter an der übertragenden Gesellschaft bestehen (§§ 50 Abs. 2 iVm. 125 UmwG), wenn nicht voll geleistete Einlagen beim übernehmenden Rechtsträger bestehen (§§ 51 Abs. 1 iVm. 125 UmwG) oder wenn Anteile des übertragenden Rechtsträgers vinkuliert sind (§§ 13 Abs. 2 iVm. 125 UmwG), vgl. zu diesen Sonderfällen A. 15.63 Rz. 23 und 77. **67**

Darüber hinaus ist, da eine **Trennung der Gesellschafterstämme** vorgesehen ist, eine separate Regelung (außerhalb des Regelungsbereichs des Abspaltungsplans und dessen Zustimmung) über die Anteile an der übertragenden Gesellschaft zu treffen. Diesem Ziel dient die **Einziehung** (zu den Voraussetzungen für die Einziehung s. Rz. 7 und Rz. 56; dort auch zur Hilfslösung der vereinfachten Kapitalherabsetzung kombiniert mit Anteilsübertragung). **68**

Für den Fall, der dem Formular zugrunde liegt, wird davon ausgegangen, dass sämtliche an der Abspaltung beteiligte Gesellschafter über **ausreichende Informationen** verfügen, um auch ohne die gesetzlich vorgesehenen Informationsinstrumentarien der Abspaltung zustimmen zu können. Deshalb wird soweit wie möglich in den Beschlüssen jeweils **auf** die Informationsregelungen, Prüfungsanforderungen und **Anfechtungsmöglichkeiten verzichtet,** vgl. dazu A. 15.20 Rz. 100. **69**

Das Formular sieht daher vor, dass die Gesellschafter von vornherein insbes. auf den zeitaufwändigen Spaltungsbericht (§§ 127 Satz 1, 8 Abs. 1 und 2 UmwG) und die Spaltungsprüfung (§§ 125 Satz 1, 9 Abs. 1 UmwG) verzichten. **70**

Erläuterungen zu A. 15.10c und A. 15.10d Handelsregisteranmeldungen

Das Vertretungsorgan des **übertragenden Rechtsträgers** (in vertretungsberechtigter Zahl) hat gem. § 137 Abs. 1 und 2 UmwG sowohl den neuen Rechtsträger (an dessen Sitz) als auch die Abspaltung (am Sitz des übertragenden Rechtsträgers) elektronisch zur Eintragung in das jeweils zuständige Register anzumelden (zur elektronischen Anmeldung vgl. A 3.02 Rz. 41). § 129 UmwG, nach dem auch das Vertretungsorgan eines übernehmenden Rechtsträgers berechtigt ist, die Spaltung zur Eintragung in das Register des Sitzes des übertragenden Rechtsträgers anzumelden, gilt für die Abspaltung zur Neugründung nicht (vgl. § 135 Abs. 1 Satz 1 UmwG). **71**

Sämtliche **Geschäftsführer** der übertragenden A-GmbH (hier nur der alleinige Geschäftsführer Herr A) müssen bei der Anmeldung der Abspaltung zum Register der übertragenden A-GmbH gem. § 140 UmwG erklären, dass im Zeitpunkt der Anmeldung die für die Gründung der übertragenden Gesellschaft durch Gesetz oder Gesellschaftsvertrag vorgesehenen Voraussetzungen noch gegeben sind. Diese (gem. § 313 Abs. 2 UmwG strafbewehrte) Versicherung bezieht sich auf die fortbestehende Deckung des gesetzlichen Mindest- oder eines gesellschaftsvertraglich höheren Stammkapitals im Zeitpunkt der Anmeldung unter Berücksichtigung des Vermögensabgangs auf Grund der Abspaltung. **72**

73 Eingetragen wird zuerst der neue Rechtsträger. Nach **Eintragung** teilt das Gericht des Sitzes des neuen Rechtsträgers von Amts wegen dem Gericht des Sitzes des übertragenden Rechtsträgers den Tag der Eintragung des neuen Rechtsträgers mit (§ 137 Abs. 3 Satz 1 UmwG). Erst danach kann die Abspaltung nach § 137 Abs. 3 Satz 2 UmwG im Register des übertragenden Rechtsträgers eingetragen werden.

A. 15.20 Aufspaltung einer GmbH auf zwei GmbH (Gesellschafter) jeweils durch Aufnahme

Gliederung

I. FORMULARE

Formular A. 15.20 Aufspaltungsvertrag

Aufspaltungsvertrag

Heute, den ......, erschienen vor mir, ..., Notar in ......

1. Herr A ...... [Beruf/Wohn- bzw. Geschäftsadresse]

2. Herr B ...... [Beruf/Wohn- bzw. Geschäftsadresse]

3. Herr C ...... [Beruf/Wohn- bzw. Geschäftsadresse]

Die Erschienenen erklärten, nicht im eigenen Namen zu handeln, sondern

– Herr A als einzelvertretungsberechtigter Geschäftsführer der A-GmbH mit Sitz in ......, eingetragen im Handelsregister des Amtsgerichts ...... unter HRB ...... (nachfolgend A-GmbH).

- Herr B als einzelvertretungsberechtigter Geschäftsführer der B-GmbH mit Sitz in ......, eingetragen im Handelsregister des Amtsgerichts ...... unter HRB ...... (nachfolgend B-GmbH).
- Herr C als einzelvertretungsberechtigter Geschäftsführer der C-GmbH mit Sitz in ......, eingetragen im Handelsregister des Amtsgerichts ...... unter HRB ...... (nachfolgend C-GmbH).

Vertretungsbestätigungen ......

Die Erschienenen baten den Notar um Beurkundung des folgenden Aufspaltungsvertrags gem. § 123 Abs. 1 Nr. 1 UmwG, wozu sie erklärten:

Präambel

(1) Die B-GmbH und C-GmbH halten jeweils einen voll eingezahlten Geschäftsanteil im Nennbetrag von je € 50.000.– am Stammkapital von insgesamt € 100.000.– der A-GmbH.

(2) Die A-GmbH betreibt in ...... (Ort/Straße) den Betrieb X ...... *[Beschreibung, ggf. Zweigniederlassung ...... – nachfolgend: Teilbetrieb X –]* und in ...... den Betrieb Y ...... *[Beschreibung, ggf. Zweigniederlassung ...... – nachfolgend: Teilbetrieb Y –]*. Beide Betriebe *[ggf. Zweigniederlassungen]* werden organisatorisch selbstständig von jeweils verschiedenen Prokuristen geführt und haben jeweils eigene Einkaufs-, Fertigungs- und Vertriebsabteilungen. Die Stabsabteilungen Recht, Steuer, Personal, Versicherung, Rechnungswesen, Controlling befinden sich in ...... *[Ort]* in gemieteten Räumen und werden von dem alleinigen Geschäftsführer Herrn A geleitet.

(3) Die C-GmbH hat die 50 %ige Beteiligung an der A-GmbH vor sechs Jahren erworben. Die C-GmbH betreibt einen mit dem Teilbetrieb Y ...... verwandten Geschäftsbetrieb. Die B-GmbH, die bis zum Verkauf der 50 %igen Beteiligung an der A-GmbH deren alleinige Gesellschafterin war, betreibt einen mit dem Teilbetrieb X ...... der A-GmbH verwandten Geschäftsbetrieb. Zur Erhöhung der Effektivität der bisher von der A-GmbH selbst unterhaltenen Stabsabteilungen bezüglich ihrer Teilbetriebe X und Y und zur Erreichung von Synergieeffekten aus der Zusammenlegung der jeweils verwandten Teilbetriebe X mit dem Geschäftsbetrieb der B-GmbH und Y mit dem Geschäftsbetrieb der C-GmbH wird der nachfolgende Spaltungs- und Übernahmevertrag geschlossen.

§ 1 Aufspaltungs- und Übernahmevereinbarung

(1) Bezeichnung der an der Aufspaltung beteiligten Gesellschaften

a) Übertragender Rechtsträger ist die A-GmbH mit Sitz in ......, eingetragen im Handelsregister des Amtsgerichts ...... unter HRB ...... (nachfolgend A-GmbH).

b) Übernehmende Rechtsträger sind
   - die B-GmbH mit Sitz in ......, eingetragen im Handelsregister des Amtsgerichts ...... unter HRB ...... und
   - die C-GmbH mit Sitz in ......, eingetragen im Handelsregister des Amtsgerichts ...... unter HRB ......

c) Die vorstehend unter Buchst. b bezeichneten übernehmenden Rechtsträger sind gleichzeitig jeweils hälftig Anteilsinhaber des vorstehend unter Buchst. a bezeichneten übertragenden Rechtsträgers. Damit entfällt gem. §§ 54 Abs. 1 Nr. 1 iVm. 125 (vgl. auch § 131 Abs. 1 Nr. 3 Satz 1 2. Halbsatz, 2. Alternative) UmwG die Gewährung von Anteilen an die Gesellschafter des übertragenden Rechtsträgers sowie eine entsprechende Kapitalerhöhung der übernehmenden Rechtsträger zur Durchführung der Aufspaltung.

(2) Übertragungen von Teilen des Vermögens: Die A-GmbH überträgt die nachfolgend unter Buchst. a bezeichneten Teile ihres Vermögens auf die B-GmbH und die nachfolgend unter Buchst. b bezeichneten Teile ihres Vermögens auf die C-GmbH, und zwar jeweils als Gesamtheit mit allen Rechten und Pflichten unter Auflösung ohne Abwicklung im Wege der Aufspaltung zur Aufnahme durch die vorstehend jeweils bezeichneten übernehmenden Rechtsträger gem. § 123 Abs. 1 Nr. 1 UmwG; die Übertragungen der Vermögensteile erfolgen gem. § 1 ohne Gewährung von Gesellschaftsrechten und ohne sonstige Gegenleistungen.

Für die Übertragung der Gegenstände des Aktiv- und Passivermögens und der Rechtsverhältnisse auf die beiden übernehmenden Rechtsträger B-GmbH und C-GmbH gilt im Einzelnen Folgendes:

a) Bezeichnung der auf die B-GmbH als übernehmender Rechtsträger zu übertragenden Gegenstände des Aktiv- und Passivvermögens sowie Rechtsverhältnisse:

Auf die B-GmbH werden alle Aktiva, Passiva und Rechtsverhältnisse übertragen, die wirtschaftlich zum Teilbetrieb X ...... in ...... und zu den Stabsabteilungen Rechnungswesen, Controlling, und Recht sowie zur Geschäftsleitung gehören (nachfolgend auch insgesamt bezeichnet als „Teilbetrieb X"). Hinsichtlich der übertragenen bilanzierungsfähigen Wirtschaftsgüter wird gem. § 126 Abs. 2 Satz 3 UmwG zur Zuordnung ergänzend auf die aus der zum 31.12.01 aufgestellten und geprüften Schlussbilanz mit Anhang der A-GmbH abgeleitete Aufspaltungsbilanz des Teilbetriebs X (Anlage X 1.) Bezug genommen; die aus dieser Schlussbilanz entwickelte Aufspaltungsbilanz des Teilbetriebs X ist dieser Urkunde als Anlage X 1. beigefügt und wurde mitverlesen. Auf die B-GmbH werden insbesondere im Einzelnen übertragen:

- die in der Anlage X 2. (unter Angabe des Grundbuchamtes, Gemarkung, Band- und Blattstelle, Flurstücknummern) aufgeführten Grundstücke nebst Gebäuden,
- die in der Anlage X 3. aufgeführten Gegenstände des Finanzanlagevermögens (ua. Wertpapiere, Beteiligungen, Forderungen unter Angabe der Beträge und der Schuldner), Gegenstände des beweglichen Anlage- und Umlaufvermögens, Verbindlichkeiten und Rückstellungen (mit Bezeichnung der Beträge und Gläubiger),
- die sonstigen Vermögensgegenstände des Anlage- und Umlaufvermögens gem. Inventar und allgemeiner Beschreibung nach Anlage X 4., und zwar auch soweit sie nicht bilanzierungspflichtig bzw. nicht bilanzierungsfähig sind (zB selbstentwickelte Patente, gewerbliche Schutzrechte, Nutzungsrechte an Urheberrechten) sowie
- alle dem Teilbetrieb X zuzuordnenden Verträge, insbesondere Miet-, Pacht-, Leasing- und Lieferverträge, Konzessionsverträge, Angebote und sonstige Rechtsstellungen gem. Anlage X 5 sowie alle mit dem Geschäft des Teilbetriebs X im Zusammenhang stehende sonstige Vermögensgegenstände.

Von der B-GmbH übernommen werden ferner diejenigen Verbindlichkeiten und Rückstellungen, die wirtschaftlich zu dem Teilbetrieb X gehören, auch wenn diese in den beigefügten Anlagen oder im Aufspaltungs- und Übernahmevertrag nicht aufgeführt sind.

Auf die B-GmbH gehen die in Anlage X 6. beschriebenen Arbeits- und Anstellungsverhältnisse über, die dem Teilbetrieb X zuzuordnen sind, sowie der Anstellungsvertrag mit ihrem Geschäftsführer, Herrn A.
Soweit ab dem 1.1.02 Gegenstände des Teilbetriebs X durch die A-GmbH im regelmäßigen Geschäftsverkehr veräußert worden sind, treten die Surrogate an deren Stelle.

Vermögensgegenstände, Verbindlichkeiten, Arbeits- bzw. Anstellungsverhältnisse und sonstige Rechtspositionen, die in den beigefügten Anlagen oder im Aufspaltungs- und Übernahmevertrag nicht aufgeführt sind, gehen entsprechend der hier getroffenen Zuordnung auf die B-GmbH über, soweit sie dem Teilbetrieb X im weitesten Sinne zuzuordnen sind; dies gilt entsprechend auch für immaterielle Vermögenswerte und für bis zur Eintragung der Aufspaltung in das Handelsregister am Sitz der übertragenden Gesellschaft erworbene Vermögensgegenstände, bis dahin begründete Arbeits- bzw. Anstellungsverhältnisse, entstandene Verbindlichkeiten und sonstige erworbene Rechtspositionen.

Für die für die Zweigniederlassung X bestellten Prokuren und Handlungsvollmachten gilt Folgendes ...... (Fortbestand, Erlöschen oder Neuerteilung von Prokuren).

b) Bezeichnung der auf die C-GmbH als übernehmender Rechtsträger zu übertragenden Gegenstände des Aktiv- und Passivvermögens sowie Rechtsverhältnisse:

Auf die C-GmbH werden alle Aktiva, Passiva und Rechtsverhältnisse übertragen, die wirtschaftlich zum Teilbetrieb Y ...... in ...... und zu den Stabsabteilungen Steuer, Personal und Versicherung gehören (nachfolgend auch insgesamt bezeichnet als „Teilbetrieb Y"). Hinsichtlich der übertragenen bilanzierungsfähigen Wirtschaftsgüter wird gem. § 126 Abs. 2 Satz 3 UmwG zur Zuordnung ergänzend auf die aus der zum 31.12.01 aufgestellten und geprüften Schlussbilanz mit Anhang der A-GmbH abgeleitete Aufspaltungsbilanz des Teilbetriebs Y (Anlage Y 1.) Bezug genommen; die aus dieser Schlussbilanz entwickelte Aufspaltungsbilanz des Teilbetriebs Y ist dieser Urkunde als Anlage Y 1. beigefügt und wurde mitverlesen. Auf die C-GmbH werden insbesondere im Einzelnen übertragen:

- die in der Anlage Y 2. (unter Angabe des Grundbuchamtes, Gemarkung, Band- und Blattstelle, Flurstücknummern) aufgeführten Grundstücke nebst Gebäuden,
- die in der Anlage Y 3. aufgeführten Gegenstände des Finanzanlagevermögens (ua. Wertpapiere, Beteiligungen, Forderungen unter Angabe der Beträge und der Schuldner), Gegenstände des beweglichen Anlage- und Umlaufvermögens, Verbindlichkeiten und Rückstellungen (mit Bezeichnung der Beträge und Gläubiger),
- die sonstigen Vermögensgegenstände des Anlage- und Umlaufvermögens gem. Inventar und allgemeiner Beschreibung nach Anlage Y 4., und zwar auch soweit sie nicht bilanzierungspflichtig bzw. nicht bilanzierungsfähig sind (zB selbstentwickelte Patente, gewerbliche Schutzrechte, Nutzungsrechte an Urheberrechten) sowie
- alle dem Teilbetrieb Y zuzuordnenden Verträge, insbesondere Miet-, Pacht-, Leasing- und Lieferverträge, Konzessionsverträge, Angebote und sonstige Rechtsstellungen gem. Anlage Y 5. sowie alle mit dem Geschäft des Teilbetriebs Y im Zusammenhang stehende sonstige Vermögensgegenstände.

Von der C-GmbH übernommen werden ferner diejenigen Verbindlichkeiten und Rückstellungen, die wirtschaftlich zu dem Teilbetrieb Y gehören, auch wenn diese in den beigefügten Anlagen oder im Aufspaltungs- und Übernahmevertrag nicht aufgeführt sind.

Auf die C-GmbH gehen die in Anlage Y 6. beschriebenen Arbeits- und Anstellungsverhältnisse über, die dem Teilbetrieb Y zuzuordnen sind.

Soweit ab dem 1.1.02 Gegenstände des Teilbetriebs Y durch die A-GmbH im regelmäßigen Geschäftsverkehr veräußert worden sind, treten die Surrogate an deren Stelle.

Vermögensgegenstände, Verbindlichkeiten, Arbeits- bzw. Anstellungsverhältnisse und sonstige Rechtspositionen, die in den beigefügten Anlagen oder im Aufspaltungs- und Übernahmevertrag nicht aufgeführt sind, gehen entsprechend der hier getroffenen Zuordnung auf die C-GmbH über, soweit sie dem Teilbetrieb Y im weitesten Sinne zuzuordnen sind; dies gilt entsprechend auch für immaterielle Vermögenswerte und für bis zur Eintragung der Aufspaltung in das Handelsregister am Sitz der übertragenden Gesellschaft erworbene Vermögensgegenstände, bis dahin begründete Arbeits- bzw. Anstellungsverhältnisse, entstandene Verbindlichkeiten und sonstige erworbene Rechtspositionen.

Für die für die Zweigniederlassung X bestellten Prokuren und Handlungsvollmachten gilt Folgendes ...... (Fortbestand, Erlöschen oder Neuerteilung von Prokuren).

(3) Keine Gegenleistungen: Für die vorstehenden Vermögensübertragungen werden der B-GmbH und der C-GmbH keine Gegenleistungen, auch keine baren Zuzahlungen gewährt, da Kapitalerhöhungen gem. §§ 54 Abs. 1 iVm. 125 UmwG und Anteilsgewährungen gem. § 131 Abs. 1 Nr. 3 Satz 1 2. Halbsatz 1. Alternative UmwG ausscheiden und die Zuordnung der Vermögensteile verhältniswahrend erfolgt.

(4) Keine besonderen Rechte und Vorteile iSd. § 126 Abs. 1 Nr. 7 und 8 UmwG: Besondere Rechte und Vorteile für die Gesellschafter der A-GmbH oder die in § 126 Abs. 1 Ziff. 7 und 8 UmwG bezeichnete Personen werden nicht gewährt.

§ 2 Spaltungsstichtag, Buchwertfortführung, Umsatzsteuer-Rechnungen

(1) Als Aufspaltungsstichtag wird der 1.1.02 vereinbart. Ab dem 1.1.02, 0:00 Uhr gelten die auf die übertragenen Vermögensgegenstände und Verbindlichkeiten bezogenen Handlungen der A-GmbH jeweils als für Rechnung der den jeweiligen Betriebsteil übernehmenden Rechtsträger (die B-GmbH bezüglich des Teilbetriebs X und die C-GmbH bezüglich des Teilbetriebs Y) vorgenommen.

(2) Der Aufspaltung liegt die auf den 31.12.01 aufgestellte handelsrechtliche Schlussbilanz der A-GmbH zugrunde. Die A-GmbH verpflichtet sich hiermit, auch in der gem. § 15 Abs. 2 UmwStG aufzustellenden steuerlichen Schlussbilanz gem. § 11 Abs. 1 (iVm. § 15 Abs. 1 Satz 1) UmwStG, das Vermögen zu den Werten anzusetzen, die sich nach der steuerlichen Gewinnermittlung zum 31.12.01 ergeben, dh. von dem Wahlrecht gem. § 11 Abs. 1 UmwStG zum Ansatz höherer Werte nicht Gebrauch zu machen und auch im Rahmen der Durchführung der Steuerveranlagungen für den Veranlagungszeitraum des Jahres 01 den Ansatz der steuerlichen Buchwerte zu beantragen. Herr A wird zur Erstellung der Steuererklärungen bevollmächtigt und zum Zustellungsbevollmächtigten für die B-GmbH und die C-GmbH für alle Steuerangelegenheiten bestellt, die nach Wirksamkeit der Aufspaltung für die A-GmbH durch B-GmbH und C-GmbH als Gesamtschuldner noch abzuwickeln sind.

(3) Herr A wird ferner bevollmächtigt und beauftragt, unmittelbar nach Mitteilung über die Eintragung der Aufspaltung im Handelsregister der A-GmbH zu veranlassen, dass ab diesem Zeitpunkt sämtliche Rechnungen von der die übertragenen Betriebsteile übernehmenden B-GmbH bzw. C-GmbH ausgestellt werden und Lieferantenrechnungen an diese zu adressieren sowie eine letzte Umsatzsteuervoranmeldung der übertragenden A-GmbH für den Monat einzureichen, in dem die Mitteilung erfolgt. Die B-GmbH und C-GmbH sind für alle Umsätze, die nach diesem Tag ausgeführt werden, verpflichtet, insoweit für die jeweils übergegangenen Betriebsteile Umsatzsteuervoranmeldungen für die B-GmbH und C-GmbH als übernehmende Gesellschaften abzugeben.

§ 3 Grundbucherklärungen

Soweit im Rahmen der Aufspaltung noch zu vermessende Grundstücksteilflächen übertragen werden, wird auf die beigefügten Pläne Bezug genommen. Diese wurden den Beteiligten zur Durchsicht vorgelegt und von ihnen genehmigt.

Die Vermessung hat unverzüglich zu erfolgen, der beurkundende Notar oder sein Vertreter wird beauftragt, die erforderliche Teilungsgenehmigung sowie etwaige nach den landesrechtlichen Bauordnungen erforderliche Genehmigungen einzuholen

sowie nach Vorliegen des amtlichen Messungsergebnisses den jeweils zu übertragenen Grundbesitz zum Zwecke des Grundbuchvollzuges genau zu beschreiben. Sollte die Teilung nicht genehmigt werden, so sind die Beteiligten zur Vereinbarung einer Regelung verpflichtet, die wirtschaftlich dem Gewollten am nächsten kommt.

Im Übrigen bewilligt und beantragt die A-GmbH, das Grundbuch entsprechend der Aufspaltungsvereinbarung (s. § 1) zu berichtigen.

§ 4 Folgen der Spaltung für die Arbeitnehmer und ihre Vertretungen

Die Folgen der Spaltung für die Arbeitnehmer und ihre Vertretungen sowie die insoweit vorgesehenen Maßnahmen werden wie folgt beschrieben. ......

§ 5 Sicherheitsleistungen

Den Gläubigern der an der Aufspaltung beteiligten Gesellschaften ist, wenn sie binnen sechs Monaten nach der Bekanntmachung der Eintragung der Aufspaltung in das Handelsregister des Sitzes der Gesellschaft, deren Gläubiger sie sind, ihren Anspruch nach Grund und Höhe schriftlich anmelden, Sicherheit zu leisten, soweit sie nicht Befriedigung verlangen können und soweit sie glaubhaft machen können, dass durch die Aufspaltung die Erfüllung ihrer Forderungen gefährdet wird. Zur Sicherheitsleistung ist allerdings nur die an der Aufspaltung beteiligte Gesellschaft verpflichtet, gegen die sich der Anspruch richtet.

§ 6 Kosten und Gebühren

Die mit diesem Aufspaltungs- und Übernahmevertrag und den Gesellschafterbeschlüssen verbundenen Gebühren, Kosten und Steuern werden wie folgt von den übernehmenden Rechtsträgern getragen:

- **Notargebühren, Registergebühren und Beratungskosten tragen die übernehmenden Rechtsträger B-GmbH und C-GmbH jeweils hälftig bis zur Höhe von jeweils € ......,–; darüber hinausgehende Kosten tragen die Gesellschafter der übernehmenden Rechtsträger jeweils hälftig.**
- **Die mit dem Übergang der Grundstücke verbundenen Grundbuchgebühren und Grunderwerbsteuern tragen jeweils die den jeweiligen Grundbesitz übernehmenden Rechtsträger.**

....	**..................................**	**..................................**
[Herr A für A-GmbH]	**[Herr B für B-GmbH]**	**[Herr C für C-GmbH]**

Formular A. 15.20a Schreiben an die Betriebsräte der beteiligten Rechtsträger

Gemeinsames Schreiben gem. §§ 126 Abs. 3; 17 Abs. 1 iVm. § 125 UmwG an die Betriebsräte der A-GmbH, B-GmbH und C-GmbH

Von: Geschäftsleitung A-GmbH, B-GmbH und C-GmbH ....
(gemeinsames Schreiben) (Ort/Datum)

An:
1.1 Gesamtbetriebsrat A-GmbH, z. Hd. des/der Vorsitzenden des Gesamtbetriebsrats, Herrn/Frau ......
1.2 Betriebsrat der A-GmbH, Betriebsteil X in ......, z. Hd. des/der Vorsitzenden des Betriebsrats, Herrn/Frau ......
1.3 Betriebsrat der A-GmbH, Betriebsteil Y in ......, z. Hd. des/der Vorsitzenden des Betriebsrats, Herrn/Frau ......

2. Betriebsrat der B-GmbH, z. Hd. des/der Vorsitzenden, Herrn/Frau ......
3. Betriebsrat der C-GmbH, z. Hd. des/der Vorsitzenden, Herrn/Frau ......
jeweils gegen Empfangsbestätigung

Betreff: Bevorstehende Aufspaltung der A-GmbH als übertragende Gesellschaft auf die B-GmbH und die C-GmbH als übernehmende Gesellschaften

Sehr geehrte Damen und Herren,

in den voraussichtlich am ...... stattfindenden Gesellschafterversammlungen der A-GmbH, B-GmbH und C-GmbH ist beabsichtigt, dem beigefügten Entwurf des Aufspaltungsvertrags zwischen der A-GmbH als übertragender Gesellschaft sowie der B-GmbH und der C-GmbH als jeweils übernehmende Gesellschaft zuzustimmen und den Vertrag in notariell beurkundeter Form abzuschließen. Wir übermitteln Ihnen hiermit den Entwurf des Aufspaltungsvertrags in der Anlage gem. § 126 Abs. 3 UmwG. Wir bitten, auf die Einhaltung der Monatsfrist des § 126 Abs. 3 UmwG zu verzichten, den Erhalt dieses Schreibens und der Anlage auf den beigefügten Kopien dieses Schreibens dreifach zu bestätigen und an die Geschäftsleitung der übernehmenden B-GmbH im Hinblick auf den Nachweis im Zuge der Anlagen zu den Handelsregisteranmeldungen gem. §§ 17 Abs. 1, 16 iVm. 125 UmwG jeweils dreifach zurück zu schicken.

....

[Geschäftsführung A-GmbH]

....

[Geschäftsführung B-GmbH]

....

[Geschäftsführung C-GmbH]

Hiermit bestätigen wir als jeweilige(r) Vorsitzende(r) des Betriebsrats den Erhalt dieses Schreibens nebst dem als Anlage beigefügten Entwurf des Aufspaltungsvertrags und verzichten auf die Einhaltung der Monatsfrist des § 126 Abs. 3 UmwG.

....	....
[Ort/Datum]	[Gesamtbetriebsratsvorsitzende(r) A-GmbH]
....	....
[Ort/Datum]	[Betriebsratsvorsitzende(r) Betriebsteil X der A-GmbH]
....	....
[Ort/Datum]	[Betriebsratsvorsitzende(r) Betriebsteil Y der A-GmbH]
....	....
[Ort/Datum]	[Betriebsratsvorsitzende(r) B-GmbH]
....	....
[Ort/Datum]	[Betriebsratsvorsitzende(r) C-GmbH]

Formular A. 15.20b Gesellschafterversammlungen der beteiligten Rechtsträger

Gesellschafterversammlungen der A-GmbH, B-GmbH und C-GmbH

Heute, den ...... 02, erschienen vor mir, ..., Notar in ......, in meinen Amtsräumen in ......

1. Herr B ...... [Beruf/Wohn- bzw. Geschäftsadresse],

2. Herr C ...... [Beruf/Wohn- bzw. Geschäftsadresse],

3. Herr D ...... [Beruf/Wohn- bzw. Geschäftsadresse] und

4. Herr E ...... [Beruf/Wohn- bzw. Geschäftsadresse]

Die Erschienenen erklärten, nicht im eigenen Namen zu handeln, sondern jeweils wie folgt:

Herr B handelt als einzelvertretungsberechtigter Geschäftsführer der B-GmbH mit Sitz in ......, eingetragen im Handelsregister des Amtsgerichts ...... unter HRB ......

Herr C handelt als einzelvertretungsberechtigter Geschäftsführer der C-GmbH mit Sitz in ......, eingetragen im Handelsregister des Amtsgerichts ...... unter HRB ......

Herr D handelt als einzelvertretungsberechtigter Geschäftsführer der D-GmbH mit Sitz in ......, eingetragen im Handelsregister des Amtsgerichts ...... unter HRB ......

Herr E handelt als einzelvertretungsberechtigter Geschäftsführer der E-GmbH mit Sitz in ......, eingetragen im Handelsregister des Amtsgerichts ...... unter HRB ......

Die B-GmbH und C-GmbH halten jeweils Geschäftsanteile im Nennbetrag von je € 50.000.– an der A-GmbH mit dem Sitz in ......, eingetragen im Handelsregister des Amtsgerichts ...... unter HRB ...... mit einem Stammkapital von insgesamt € 100.000.–. Die Erschienenen erklärten daraufhin: Die Stammeinlagen sind sämtlich vollständig erbracht;

An der B-GmbH hält alle Geschäftsanteile die D-GmbH;

An der C-GmbH hält alle Geschäftsanteile die E-GmbH.

Die Herren B, C, D und E baten um Beurkundung des folgenden:

Abgehalten werden Gesellschafterversammlungen der A-GmbH, der B-GmbH und der C-GmbH, und zwar jeweils unter Verzicht auf alle Formen und Fristen für die Einberufung und Abhaltung von Gesellschafterversammlungen der A-GmbH, B-GmbH und C-GmbH und beschließen jeweils einstimmig, was folgt.

1. Gesellschafterbeschlüsse sowohl der übertragenden A-GmbH als auch der übernehmenden B-GmbH und C-GmbH

a) Auf die Versendung des Aufspaltungsvertrags oder seines Entwurfs zusammen mit der Einberufung der Gesellschafterversammlungen gem. § 47 iVm. § 125 Satz 1 UmwG wurde einvernehmlich verzichtet; dieser Verzicht wird hiermit nochmals ausdrücklich bestätigt.

b) Auf die Auslegung der Jahresabschlüsse und ggf. Lageberichte der an der Aufspaltung beteiligten Rechtsträger (A-GmbH, B-GmbH und C-GmbH) für die letzten drei Geschäftsjahre zur Einsicht durch die Gesellschafter in den Geschäftsräumen der Gesellschaften vom Zeitpunkt der Einberufung der Gesellschafterversammlungen gem. § 49 Abs. 2 iVm. § 125 Satz 1 UmwG an wurde ebenfalls einvernehmlich verzichtet; auch diesbezüglich wird der Verzicht hiermit nochmals ausdrücklich bestätigt.

c) Auf die Erstellung eines Aufspaltungsberichts iSv. § 127 Satz 1 UmwG wird gemäß § 8 Abs. 3 iVm. § 127 Satz 2 UmwG hiermit verzichtet.

d) Kein Gesellschafter hat bei der Gesellschaft einen Antrag auf Prüfung des Aufspaltungsplans oder seines Entwurfs gem. § 48 iVm. § 125 UmwG gestellt. Die Gesellschafter verzichten hiermit einvernehmlich auf ihr Recht, eine Spaltungsprüfung zu verlangen.

e) Dem Aufspaltungsvertrag vom ...... zwischen der A-GmbH mit Sitz in ...... (HRB ......) als übertragender Rechtsträger und der B-GmbH mit Sitz in ...... (HRB ......) sowie der C-GmbH mit Sitz in ...... (HRB ......) als jeweils übernehmender Rechtsträger (Urkunde-Nr. ...... des Notars ...... in ......) wird zugestimmt. Eine Ausfertigung des Aufspaltungsvertrags ist dieser Niederschrift als Anlage beigefügt.

f) Auf das Recht, die vorstehenden Beschlüsse, insbesondere die Zustimmungsbeschlüsse gem. Buchst. e, anzufechten bzw. Klage gegen deren Wirksamkeit zu erheben, wird ausdrücklich verzichtet.

2. Weitere Gesellschafterbeschlüsse der übernehmenden B-GmbH und C-GmbH

a) Im Hinblick auf den rückwirkenden Wegfall der Voraussetzungen für den Ansatz des übertragenen Vermögens in der steuerlichen Schlussbilanz der A-GmbH gem. §§ 15 Abs. 2, 11 Abs. 1 UmwStG mit den sich nach der steuerlichen Gewinnermittlung ergebenden Werten (sog. steuerliche Buchwerte ohne Ansatz der höheren Zeitwerte) bei Veräußerung von mehr als 20% der Anteile an der B-GmbH und/oder der C-GmbH als übernehmende Rechtsträger vor dem 1.1.07 gem. § 15 Abs. 3 Satz 4 UmwStG erklärt Herr D als alleiniger Geschäftsführer der D-GmbH, der Alleingesellschafterin der übernehmenden B-GmbH: Die D-GmbH verpflichtet sich, vor dem 1.1.07 nicht mehr als 20 % der Anteile an der B-GmbH zu veräußern. Für den Fall der Zuwiderhandlung wird die D-GmbH den für die A-GmbH im Rahmen von deren Schlussbesteuerung von der B-GmbH und C-GmbH als Gesamtschuldner erhobenen Steuerbetrag in vollem Umfang ausgleichen.

b) Diesbezüglich erklärt auch Herr E als alleiniger Geschäftsführer der E-GmbH, der Alleingesellschafterin der übernehmenden C-GmbH: Die E-GmbH verpflichtet sich, vor dem 1.1.07 nicht mehr als 20 % der Anteile an der C-GmbH zu veräußern. Für den Fall der Zuwiderhandlung wird die E-GmbH den für die A-GmbH im Rahmen von deren Schlussbesteuerung von der B-GmbH und C-GmbH als Gesamtschuldner erhobenen Steuerbetrag in vollem Umfang ausgleichen.

Formular A. 15.20c Handelsregisteranmeldung der Aufspaltung der übertragenden GmbH

An das

Amtsgericht ......

– Handelsregister –

Betreff: A-GmbH mit dem Sitz in ......, HRB ...... Anmeldung der Aufspaltung gem. § 123 Abs. 1 Nr. 1 UmwG

Als einzelvertretungsberechtigter Geschäftsführer der B-GmbH mit Sitz in ...... (eingetragen im Handelsregister ...... unter HRB ......), eine der übernehmenden Gesellschaften im Rahmen der Aufspaltung der im Betreff genannten übertragenden Gesellschaft, melde ich zur Eintragung in das Register der Gesellschaft gem. §§ 129; 16 und 17 iVm. § 125 UmwG an:

Unter Auflösung der Gesellschaft ist jeweils ein Teil ihres Vermögens im Wege der Aufspaltung nach Maßgabe des in der Anlage I. beigefügten Aufspaltungs- und Übernahmevertrags auf die B-GmbH mit Sitz in ...... sowie auf die C-GmbH mit Sitz in ...... übertragen worden.

Zur Vervollständigung der Anmeldung werde ich noch jeweils beglaubigte Handelsregisterauszüge nachreichen, aus denen sich die Eintragung der Aufspaltung in den Registern des Sitzes jeder der übernehmenden Rechtsträger gem. § 130 Abs. 1 Satz 2 UmwG ergibt.

Als Anlagen füge ich bei:

I. Notariell beglaubigte Abschrift des Aufspaltungs- und Übertragungsvertrags vom ...... (Urkunde-Nr. ...... des Notars ......);

II. Notariell beglaubigte Abschrift der Niederschriften der Gesellschafterversammlungen vom ...... (Urkunde-Nr. ...... des Notars ......) der übertragenden Gesellschaft A-GmbH und der beiden übernehmenden Gesellschaften B-GmbH und C-GmbH samt darin gefasster Beschlüsse bzw. Verzichtserklärungen nebst Anlagen

III. Nachweis über die rechtzeitige Zuleitung des Aufspaltungs- und Übertragungsvertrags bzw. des Entwurfs an die Betriebsräte der A-GmbH, B-GmbH und C-GmbH gem. § 17 Abs. 1 iVm. § 125 UmwG [bzw. Nachweis der Zuleitung bei Verzicht auf die Einhaltung der Monatsfrist des § 126 Abs. 3 UmwG].

IV. Schlussbilanz der übertragenden A-GmbH zum 31.12.01 [mit Anhang, versehen mit einem uneingeschränkten Bestätigungsvermerk des ...... Wirtschaftsprüfers, falls nach den Größenmerkmalen des § 267 HGB erforderlich].

Nach Vollzug bitte ich um Eintragungsnachricht an die Gesellschaft und den beglaubigenden Notar sowie um Übermittlung je eines beglaubigten Handelsregisterauszugs an diese.

....

[Herr B als einzelvertretungsberechtigter
Geschäftsführer der B-GmbH]

....

[Beglaubigungsvermerk]

Formular A. 15.20d Handelsregisteranmeldung der Aufspaltung der übernehmenden GmbH

An das

Amtsgericht ......

– Handelsregister –

Betreff: B-GmbH (bzw. C-GmbH) mit Sitz in ...... HRB ...... Anmeldung der Aufspaltung nach § 123 Abs. 1 Nr. 1 UmwG

Als einzelvertretungsberechtigter Geschäftsführer der B-GmbH (bzw. C-GmbH) mit Sitz in ...... (HRB ...... des Amtsgerichts ......), eine der übernehmenden Gesellschaften im Rahmen der Aufspaltung der A-GmbH mit dem Sitz in ......, melde ich gem. §§ 129; 16 und 17 iVm. § 125 UmwG zum Register der B-GmbH (bzw. C-GmbH) an:

Die A-GmbH mit Sitz in ...... (HRB ...... Amtsgericht ......) ist im Wege der Aufspaltung nach Maßgabe des beigefügten Aufspaltungs- und Übernahmevertrags erloschen, und zwar unter Übertragung von jeweils Teilen ihres Vermögens im Wege der Aufspaltung auf die B-GmbH mit Sitz in ...... und auf die C-GmbH mit Sitz in ......

Als Anlagen füge ich bei:

I. Notariell beglaubigte Abschrift des Aufspaltungs- und Übertragungsvertrags vom ...... (Urkunde-Nr. ...... des Notars ......);

II. **Notariell beglaubigte Abschrift der Niederschriften der Gesellschafterversammlungen vom ...... (Urkunde-Nr. ...... des Notars ......) der übertragenden Gesellschaft A-GmbH und der beiden übernehmenden Gesellschaften B-GmbH und C-GmbH samt darin gefasster Beschlüsse bzw. Verzichtserklärungen nebst Anlagen;**

III. **Nachweis über die rechtzeitige Zuleitung des Aufspaltungs- und Übertragungsvertrags bzw. des Entwurfs an die Betriebsräte der A-GmbH, B-GmbH und C-GmbH gem. § 17 Abs. 1 iVm. § 125 UmwG [bzw. Nachweis der Zuleitung bei Verzicht auf die Einhaltung der Monatsfrist des § 126 Abs. 3 UmwG].**

Nach Vollzug bitte ich um Eintragungsnachricht an die Gesellschaft und den beglaubigenden Notar sowie um Übermittlung je eines beglaubigten Handelsregisterauszugs an diese.

....

[Herr B als einzelvertretungsberechtigter
Geschäftsführer der B-GmbH bzw.
Herr C als einzelvertretungsberechtigter
Geschäftsführer der C-GmbH]

....

[Beglaubigungsvermerk]

II. ERLÄUTERUNGEN

Erläuterungen zu A. 15.20 Aufspaltungsvertrag

1. Grundsätzliche Anmerkungen

a) Wirtschaftliches Vertragsziel: Aufspaltung durch Teilfusionen

1 Das vorliegende Formular bezweckt die unmittelbare Zuordnung und Übertragung des **Teilbetriebs** X der A-GmbH auf die Gesellschafterin B-GmbH und des Teilbetriebs Y der A-GmbH auf die Gesellschafterin C-GmbH, und zwar jeweils durch Aufnahme der diesen Teilbetrieben zuzuordnenden Vermögensteile (Aktiva, Passiva und Rechtsverhältnisse) und einzelner Stabsabteilungen (im Formular insgesamt bezeichnet als Betriebsteile) durch die B-GmbH bzw. die C-GmbH (Aufspaltung zur Aufnahme gem. § 123 Abs. 1 Nr. 1 UmwG). Die betreffenden Vermögensteile gehen im Wege der **partiellen** (gegenständlich beschränkten) **Gesamtrechtsnachfolge** mit Eintragung der Aufspaltung im Register der übertragenden A-GmbH auf die B-GmbH und die C-GmbH als jeweils übernehmende Rechtsträger über (§ 131 Abs. 1 Nr. 1 UmwG). Wirtschaftlich handelt es sich im vorliegenden Fall jeweils um Teilfusionen, dh. um Fusion des Betriebsteils X mit der B-GmbH und des Betriebsteils Y mit der C-GmbH.

2 Das Formular geht weiter davon aus, dass die beiden Gesellschafter der übertragenden A-GmbH, nämlich die B-GmbH und C-GmbH, sowie deren Gesellschafter jeweils in **vollem Umfang über die Geschäftsbetriebe der übertragenden A-GmbH informiert sind** und daher soweit wie möglich auf Formalien und materielle Anforderungen (Informationspflichten, Spaltungsbericht, Spaltungsprüfungen, Anfechtungsrechte und dergleichen) **verzichtet** wird.

3 Der Weg der Aufspaltung auf die Gesellschafter als bestehende und jeweils übernehmende Rechtsträger kann dann **ertragsteuerlich neutral** gewählt werden, wenn die **Voraussetzungen des § 15 UmwStG** (vgl. Rz. 20ff.) gegeben sind. Dazu ist ua. (neben der Fortführung der steuerlichen Buchwerte) notwendig, dass erstens die je-

weils übergehenden Vermögensteile sog. „Teilbetriebe" im steuerlichen Sinne darstellen (§ 15 Abs. 1 Satz 1 UmwStG), zweitens dass – wie hier (s. Abs. 3 der Präambel zum Aufspaltungsvertrag) – bei der Trennung von Gesellschafterstämmen die Beteiligungen an der übertragenden A-GmbH mindestens fünf Jahre vor dem steuerlichen Übertragungsstichtag bestanden haben (§ 15 Abs. 2 Satz 5 UmwStG) und drittens, dass mit der Spaltung keine Veräußerung an außenstehende Personen vollzogen wird oder die Voraussetzungen für eine derartige Veräußerung geschaffen werden, dh. innerhalb von fünf Jahren nach dem Spaltungsstichtag nicht mehr als 20% der Anteile der B-GmbH oder C-GmbH veräußert werden (§ 15 Abs. 2 Satz 2–4 UmwStG). All diese Voraussetzungen sollen im vorliegenden Fall gegeben sein.

Motive. Soweit die steuerlichen Voraussetzungen für eine gewinnneutrale Aufspal- 4
tung (s. Rz. 20ff.) gegeben sind, kann somit die Aufspaltung einer Kapitalgesellschaft auf übernehmende Kapitalgesellschaften ohne Ertragsteuerbelastung
- der Auflösung von Konzernstrukturen dienen,
- neue Kooperationsmöglichkeiten durch rechtliche Verselbstständigung einzelner Unternehmensteile schaffen,
- die Trennung von Gesellschafterstämmen oder von Gesellschaftergruppen bewirken,
- bei der Gestaltung von Erbauseinandersetzungen oder vorweggenommenen Erbfolge eingesetzt werden,
- zur Vermeidung (Entfall eines mitbestimmten Aufsichtsrats bei der Übertragerin; § 325 UmwG greift für die Aufspaltung nicht) oder Verringerung der Mitbestimmung bei Übernehmern (durch Schaffung kleinerer nicht mitbestimmungspflichtiger Einheiten bzw. Verminderung der Mitbestimmungsanforderungen, nämlich von paritätischer (nach MitbestG, anzuwenden bei mehr als 2000 Arbeitnehmern) zu drittelparitätischer Mitbestimmung (nach DrittelbG, anzuwenden bei mehr als 500 Arbeitnehmern) und/oder
- zu einer Verminderung von Publizitätspflichten durch Erreichen kleinerer Größenklassen gem. § 267 HGB führen.

(frei) 5

b) Zivilrecht

Die Aufspaltung von Gesellschaften ist (ebenso wie die Abspaltung oder die Aus- 6
gliederung) durch das UmwG durch **partielle Gesamtrechtsnachfolge** der zu übertragenden Vermögensgegenstände und mit **unmittelbarer Zuordnung der Anteile** an den übernehmenden Gesellschaften auf die Gesellschafter der übertragenden Gesellschaft möglich. Das UmwG ermöglicht Spaltungen von Gesellschaften als Aufspaltungen (mit **Auflösung des übertragenden Rechtsträgers**), als Abspaltung und als Ausgliederung (beide letztgenannten unter **Fortbestehen** des übertragenden Rechtsträgers); Aufspaltungen, Abspaltungen und Ausgliederungen können dabei jeweils auf bestehende Gesellschaften oder hierdurch neu gegründete Gesellschaften vorgenommen werden. Daraus ergeben sich die in § 123 Abs. 1–3 UmwG genannten sechs Grundformen der Spaltungen.

In diesem Formular wird die **Aufspaltung auf jeweils bestehende überneh-** 7
mende Rechtsträger (§ 123 Abs. 1 Nr. 1 UmwG) eingesetzt, die zur Auflösung des übertragenden Rechtsträgers (A-GmbH) führt. Eine weitere Besonderheit (im Sinne der Vereinfachung) des diesem Formular zugrunde liegenden Falls liegt darin, dass die übernehmenden Rechtsträger jeweils Gesellschafter der übertragenden A-GmbH sind und deshalb die Gewährung von Anteilen bzw. Durchführung von Kapitalerhöhungen bei den übernehmenden Rechtsträgern entfällt (**Verbot der Kapitalerhöhung** gem. § 54 Abs. 1 Nr. 1 iVm. § 125 UmwG und **keine Anteilsgewährung** gem. § 131 Abs. 1 Nr. 3 Satz 1, Halbsatz 2, 2. Alt. UmwG). Ferner erfolgt die Vermögenszuordnung wertmäßig entsprechend den (hier hälftigen) Beteiligungsverhältnissen, was

durch Zuordnung von Aktiva und Passiva, insbes. von Geldvermögen und Verbindlichkeiten, frei und ohne steuerrechtliche Einschränkungen gestaltbar ist. Daher sind bare Zuzahlungen gem. § 54 Abs. 4 iVm. § 125 UmwG, die mangels Kapitalerhöhungen iSd. § 54 Abs. 1 iVm. § 125 UmwG gar nicht zulässig wären (und auch zur steuerlichen Gewinnrealisierung führen würden), nicht notwendig (Aufspaltung, bei der die übernommenen Vermögensteile wertmäßig der bisherigen Beteiligung entsprechen). Damit entfallen auch die Berechnungen und Angaben zum Umtauschverhältnis von Anteilen und zu baren Zuzahlungen. Für die Vermögens- und Erfolgszuordnung sind bei der Rechnungslegung des übertragenden Rechtsträgers grds die bei Verschmelzungen geltenden Grundsätze (HFA 2/97 Abschn 2, WPg 97, 235) entsprechend anzuwenden (HFA 1/98 Abschn 121/4, WPg 98, 509, mit Besonderheiten für die Abspaltung zur Bilanzierung beim Gesellschafter).

8 **Beteiligte Rechtsträger**. An einer Aufspaltung (oder Abspaltung) können als übertragende und/oder übernehmende Rechtsträger die in § 3 Abs. 1 UmwG genannten Rechtsträger beteiligt sein (§ 124 Abs. 1 UmwG), also insbes. Personenhandelsgesellschaften (offene Handelsgesellschaften, Kommanditgesellschaften; nicht BGB-Gesellschaften), Partnerschaftsgesellschaften, Kapitalgesellschaften (GmbH, AG, KGaA), eingetragene Genossenschaften, eingetragene Vereine (§ 21 BGB) und Versicherungsvereine auf Gegenseitigkeit. Als übertragender Rechtsträger kommt für die Aufspaltung auch ein wirtschaftlicher Verein iSv. § 22 BGB in Betracht. Übertragender und übernehmende Rechtsträger können dabei unterschiedliche Rechtsformen haben (§ 3 Abs. 4 iVm. § 124 Abs. 2 UmwG). Auch aufgelöste Rechtsträger können übertragende Rechtsträger sein, wenn deren Fortsetzung beschlossen werden könnte (§ 3 Abs. 3 iVm. § 124 Abs. 2 UmwG). Unzulässig ist die sog. verschmelzende Spaltung (gleichzeitige Verschmelzung eines durch Spaltung entstehenden Rechtsträgers mit einem anderen Rechtsträger im Wege der Verschmelzung durch Neugründung und die Beteiligung mehrerer übertragender Rechtsträger an einem Spaltungsvorgang. Allerdings schließt das Gesetz mehrere übertragende Rechtsträger nur in einem Rechtsakt aus; faktisch ist es jederzeit möglich, beide Umwandlungsarten ua durch Kettenumwandlungen jeweils aufschiebend bedingt zu verbinden (vgl. *W/M/Schwarz* § 123 UmwG Rz. 9).

9 **Anzuwendende Vorschriften**. Aufgrund der gesetzlichen Verweisungstechnik finden auf die Spaltung gem. § 125 UmwG (vorbehaltlich der dort genannten Ausnahmen) die Vorschriften über die Verschmelzung grds. entsprechende Anwendung, soweit in den §§ 123ff. UmwG keine Sonderbestimmungen enthalten sind. Für die hier behandelte Aufspaltung einer GmbH zur Aufnahme durch zwei GmbHs gelten somit gem. § 125 UmwG die allgemeinen Regelungen für die Verschmelzung durch Aufnahme in den §§ 2–35 UmwG und die besonderen Vorschriften unter Beteiligung von GmbHs bei Aufnahme in den §§ 46–55 UmwG (mit Ausnahme des Entfallens der Prüfung gem. § 9 Abs. 2 UmwG, vgl. § 125 Satz 1 UmwG bei Konzernverschmelzungen, dh. die Prüfung gem. §§ 9–12 UmwG ist für die Auf- und Abspaltung obligatorisch, soweit darauf nicht notariell beurkundet durch alle Gesellschafter aller beteiligten Rechtsträger verzichtet wird).

10 Kernstück der Spaltungsregelungen ist die **partielle Gesamtrechtsnachfolge**, also die **gegenständlich beschränkte Gesamtrechtsnachfolge** auf Grund parteiautonomer Gestaltung durch Bestimmung im Spaltungsplan (bei Auf- oder Abspaltung zur Neugründung) bzw. im Spaltungs- und Übernahmevertrag (bei Auf- oder Abspaltung zur Aufnahme) gem. §§ 126 Abs. 1 Nr. 9, 131 Abs. 1 Nr. 1 UmwG (*Lutter/Teichmann* § 123 UmwG Rz. 9, vgl. dazu die Einzelerläuterungen zum Aufspaltungsvertrag in Rz. 73ff. zu den Bestimmungen in § 1 Abs. 2 des Aufspaltungsvertrags zur Übertragung von Teilen des Vermögens der aufzuspaltenden Gesellschaft).

11 **Ablaufplan der Aufspaltung einer GmbH auf Gesellschafter in der Rechtsform von GmbHs** als bestehende übernehmende Rechtsträger (engstmöglicher

Zeitplan für einvernehmliche Aufspaltung mit weitestgehend möglichen Verzichtserklärungen):

a) Aufstellung der **Schlussbilanz** mit Anhang der übertragenden A-GmbH zum 31.12.01 (bei Spaltungsstichtag 1.1.02), Unterzeichnung durch sämtliche Geschäftsführer, ggf. Prüfung durch Wirtschaftsprüfer gem. Größenmerkmalen des § 267 Abs. 1–3 HGB mit Bestätigungsvermerk und daraus Ableitung der Aufspaltungsbilanzen für die zu übertragenden Teilbetriebe X und Y zu Buchwerten. (Wenn als Wertnachweisunterlage – abweichend vom Formular – benötigt, empfehlen sich gesonderte Berichte mit Zeitwerten und separate WP-Bestätigungen zu den beiden Aufspaltungsbilanzen, wonach Aktiva nicht über- und Passiva nicht unterbewertet sind).

b) Erstellung Entwurf des Aufspaltungs- und Übernahmevertrags,

c) Zuleitung des Entwurfs des Aufspaltungsvertrags an sämtliche Betriebsräte der übertragenden und der beiden übernehmenden GmbH spätestens einen Monat vor Fassung der Zustimmungsbeschlüsse der jeweiligen Gesellschafterversammlungen, falls nicht auf die Monatsfrist des § 126 Abs. 3 UmwG verzichtet wurde; ggfs Informationen des Wirtschaftsausschusses nach § 106 Abs. 2 und 3 Nr. 8 BetrVG und ggfs umfassende Unterrichtung des Betriebsrats, soweit wesentliche Nachteile für die Belegschaft als Folge der Spaltung eintreten könnten, § 111 Nr. 3 BetrVG; unabhängig davon hat die schriftliche Information an alle Arbeitnehmer gem. § 613a Abs. 5 BGB zu erfolgen;

d) Einholung einer ggf. erforderlichen Genehmigung nach GWB bei zuständiger Kartellbehörde (und/oder sonstiger Genehmigungen).

Zu a) bis d): Die kürzestmögliche Vorlaufzeit – falls nicht auf die Monatsfrist des § 126 Abs. 3 UmwG verzichtet wird – ergibt sich aus Bilanzstichtag plus sieben Monate. Zum Verhältnis Spaltungsstichtag (zB 1.1.01) zum dann maßgeblichen Bilanzstichtag (zB dann 31.12.00) vgl. A. 15.00 Rz. 16ff. Die Schritte a) und d) können zeitlich unabhängig hiervon erfolgen; die Schlussbilanz und die Aufspaltungsbilanzen müssen aber bis zur Einreichung der Anmeldung (su. Schritt g), dh. acht Monate nach dem Bilanzstichtag vollständig ausgefertigt beim Handelsregister vorliegen. 12

e) Beurkundung des Aufspaltungs- und Übertragungsvertrags, soweit dieser nicht in Schritt b) bereits (anstelle eines Entwurfs) beurkundet wurde,

f) Gesellschafterbeschlüsse der übertragenden A-GmbH sowie der übernehmenden B-GmbH und C-GmbH mit weitestgehenden Verzichtserklärungen,

g) Handelsregisteranmeldungen bei den Registern der übertragenden A-GmbH und den übernehmenden Gesellschaften B-GmbH und C-GmbH.

Die Schritte einschließlich g) müssen spätestens **acht Monate** nach dem Bilanzstichtag vollzogen sein, damit der Spaltung mit handels- und steuerrechtlicher Wirkung der Bilanzstichtag (§ 17 Abs. 2 Satz 4 UmwG und § 2 Abs. 1 UmwStG an die handelsrechtliche Regelung anknüpfend) zugrunde gelegt werden kann. In der Praxis empfiehlt sich, eine taggenaue Terminplanung in enger Abstimmung mit dem beurkundenden und beglaubigenden Notar und möglichst frühzeitige Klärung, ob alle beteiligten Gesellschaften und Gesellschafter die vorgesehenen Verzichtserklärungen (insbes. bzgl. Spaltungsbericht, Spaltungsprüfung und Verzichte auf Anfechtungs- und Klagerechte) abgeben (in Zweifelsfällen diese separat rechtzeitig vorab in notariell beurkundeter Form einholen). 13

Zu Ablaufplänen bei **nicht einvernehmlichem Verzicht** für eine Aufspaltung einer GmbH auf eine GmbH zur Neugründung vgl. *W/M/Mayer* § 136 UmwG Rz. 39ff.; zu Ablaufplänen einer Verschmelzung, die entsprechend auch auf eine Aufspaltung durch Aufnahme von GmbH angewendet werden können, vgl. A. 15.63 Rz. 4ff. 14

(frei) **15–19**

c) Steuerrecht

aa) Ertragsteuern

aaa) Ertragsteuerlich neutrale Durchführung

20 Das Formular zielt auf eine **ertragsteuerlich neutrale** Durchführung der Aufspaltung gem. § 123 UmwG und gem. § 15 UmwStG ab. Die **Gewinnrealisierung** gilt es bei Aufspaltungen oder Abspaltungen aus Kapitalgesellschaften grds. **auf drei Ebenen** zu **vermeiden:**

21 • **Bei der übertragenden GmbH** bzgl. der stillen Reserven in den Wirtschaftsgütern, die bei der Aufspaltung auf die übernehmenden Rechtsträger übergehen: Dies wird nach § 15 Abs. 1 Satz 1 UmwStG bei Vorliegen der steuerlichen Teilbetriebsvoraussetzungen (und weiteren Voraussetzungen, s. dazu Rz. 25 ff.) durch entsprechende Anwendung von § 11 Abs. 2 UmwStG erreicht, wonach der Ansatz der zu übertragenden Wirtschaftsgüter bei der übertragenden Gesellschaft zum bisherigen steuerlichen Buchwert dann zulässig ist, wenn **(1)** die spätere Besteuerung der in dem übergegangenen Vermögen enthaltenen **stillen Reserven** bei der übernehmenden Gesellschaft mit Körperschaftsteuer sichergestellt ist (§ 11 Abs. 2 Nr. 1 UmwStG), **(2)** das Recht der Bundesrepublik Deutschland hinsichtlich der Besteuerung des Gewinns aus der Veräußerung der übertragenen Wirtschaftsgüter bei den übernehmenden Körperschaften nicht ausgeschlossen oder beschränkt wird (§ 11 Abs. 2 Satz 1 Nr. 2 UmwStG) und **(3)** nach § 11 Abs. 2 Nr. 3 UmwStG für die Übertragung keine Gegenleistung gewährt wird (so wie hier bei Aufspaltung auf bestehende Rechtsträger, die gleichzeitig Gesellschafter der übertragenden GmbH sind) oder die Gegenleistung in Gesellschaftsrechten besteht. Unter den vorstehenden und weiteren steuerlichen Voraussetzungen (s. Rz. 25 ff.) besteht ein **Wahlrecht der übertragenden GmbH** zum Ansatz der Buchwerte gem. § 11 Abs. 1 iVm. § 15 Abs. 1 UmwStG. Der durch Ansatz in der Schlussbilanz der übertragenden Gesellschaft entstehende Gewinn durch (freiwillige oder zwingende) Aufdeckung stiller Reserven unterliegt der Körperschaft- und Gewerbesteuer. Abweichend vom Fall des vorliegenden Formulars: bei **Ausgleichszahlungen** (Spitzenausgleich, s. Rz. 46 ff.) erfolgt aber **insoweit** (anteilig) **zwingend** eine **Gewinnrealisierung** bei der übertragenden Gesellschaft.

22 • **Bei den übernehmenden Kapitalgesellschaften.** Bei diesen muss die zukünftige Besteuerung der in dem übergegangenen Vermögen enthaltenen stillen Reserven im Rahmen der Körperschaftsteuer sichergestellt sein (Voraussetzung gem. § 11 Abs. 2 Satz 1 Nr. 1 iVm. § 15 Abs. 1 Satz 1 UmwStG zur Ausübung des Wahlrechts zum Buchwertansatz in der Schlussbilanz der übertragenden Gesellschaft, s. Rz. 21). Dies wird grds. durch die Wertverknüpfung gem. §§ 12 Abs. 1 Satz 1 iVm. § 15 Abs. 1 Satz 1 UmwStG erreicht. Danach hat die übernehmende Kapitalgesellschaft das übergegangene Betriebsvermögen mit dem in der steuerlichen Schlussbilanz der übertragenden Körperschaft ausgewiesenen Wert zu übernehmen (sog. **zwingende steuerliche Wertverknüpfung zwischen übertragender und übernehmender Gesellschaft** bzw. übernehmenden Gesellschaften im Falle der Aufspaltung). Damit werden die stillen Reserven von der übertragenden auf die übernehmende(n) Kapitalgesellschaft(en) ohne steuerliche Gewinnrealisierung überführt und unterliegen dort später bei Realisierung der Besteuerung.

23 • **Ebene der Gesellschafter der übertragenden Kapitalgesellschaft:** Im Fall des vorliegenden Formulars (Teil-Verschmelzungen auf die Gesellschafter) s. Rz. 24. Exkurs (für andere Aufspaltungen): Bei den Gesellschaftern der übertragenden Kapitalgesellschaft liegt grds. in der Hingabe der Anteile an der übertragenden Gesellschaft und dem Erhalt von Anteilen an der (oder den) übernehmenden Gesellschaft(en) ein Tauschvorgang vor, der nach § 6 Abs. 6 EStG zur Realisierung der in

den Anteilen verstrickten stillen Reserven zwingen würde; diesen Realisierungstatbestand schließt die entsprechende Anwendung von § 13 UmwStG gem. § 15 Abs. 1 Satz 1 UmwStG aus, wonach auf Grund steuerlicher Fiktionen im Regelfall die Anteile an der übertragenden Kapitalgesellschaft als zum steuerlichen Buchwert bzw. den steuerlichen Anschaffungskosten veräußert und die Anteile an der (oder den) übernehmenden Kapitalgesellschaft(en) als zu diesem Wert angeschafft gelten (s. Rz. 51). Die Anwendung dieser **Veräußerungs- und Anschaffungsfiktion zu den bisherigen steuerlichen Werten** sichert die weitere Erfassung der stillen Reserven bei späteren Realisierungstatbeständen auf der Ebene der Gesellschafter. Diese Behandlung des Anteilstauschs auf der Ebene der Gesellschafter ist grds. unabhängig von der Behandlung des Vermögensübergangs bei der übertragenden und der/den übernehmenden Kapitalgesellschaft/en, allerdings nur bei Erfüllung der Voraussetzung der **Teilbetriebseigenschaften** (§ 15 Abs. 1 Satz 2 UmwStG). Hinweis auf § 20 Abs. 4a Satz 7 EStG idF des AmtshilfeRLUmsG v. 26.6.13 (BGBl. I 13, 1809) für Anteile, die sich im steuerlichen Privatvermögen befinden und keine Anteile iSv § 17 EStG sind (hierzu auch *Bron* DStR 14, 353).

Die Nichterfüllung der Voraussetzungen des § 15 Abs. 2 Sätze 3 und 4 UmwStG lässt die entsprechende Anwendung der Vorschriften des § 13 iVm. § 15 Abs. 1 Satz 1 UmwStG unberührt, weil gesetzlich in diesen Fällen nur die Nichtanwendung von § 11 Abs. 2 UmwStG angeordnet ist (glA vgl. UmwSt-Erl. 2011 BMF v. 11.11.11, BStBl. I 11, 1314, Tz. 15.21; *D/J/P/W/Dötsch/Pung* § 15 UmwStG (SEStEG) Rz. 45 mwN).

- Bei einer **Aufspaltung mit Vermögensübergang unmittelbar auf die Gesellschafter der übertragenden Kapitalgesellschaft,** die also gleichzeitig Übernehmer des Vermögens sind, die diesem Formular zugrunde liegt, findet allerdings kein Anteilstausch statt; vielmehr entfallen die bisherigen Beteiligungen der übernehmenden Gesellschaften an der übertragenden Gesellschaft; die übernehmenden Gesellschaften erwerben im Gegenzug hierzu die auf sie übertragenen Vermögensteile. Auch bei diesem Vorgang der Teilfusion wird die spätere Besteuerung der übergehenden stillen Reserven dadurch sichergestellt, dass die übergehenden Vermögensteile gem. §§ 12 Abs. 1 Satz 1 iVm. § 15 Abs. 1 Satz 1 UmwStG mit den in der steuerlichen Schlussbilanz der übertragenden GmbH angesetzten Werten zu übernehmen und fortzuführen sind und der sich aus dem Aktivtausch (Beteiligung an übertragendem Rechtsträger entfällt, dafür geht das übertragene Vermögen mit der steuerlichen Wertverknüpfung auf den übernehmenden Rechtsträger über) ergebende sog. **Übernahmegewinn** bzw. Übernahmeverlust iSv. § 12 Abs. 2 Satz 1 iVm. § 15 Abs. 1 Satz 1 UmwStG grds. steuerlich neutral behandelt wird, dh. ein Übernahmegewinn steuerbefreit und ein Übernahmeverlust steuerlich nicht abzugsfähig ist (dies gilt auch für die Gewerbesteuer; § 19 Abs. 1 UmwStG); zur Anwendung von § 8b KStG auf den quotalen sog. echten Übernahmegewinn vgl. § 12 Abs. 2 Satz 2 UmwStG (*R/H/L/Schumacher* § 15 UmwStG Rz. 86). 24

bbb) Voraussetzungen für Erfolgsneutralität

Teilbetriebseigenschaft gem. § 15 Abs. 1 Satz 2 UmwStG. Kernvoraussetzung für die Erfolgsneutralität sowohl auf der Ebene der übertragenden Kapitalgesellschaft als auch auf der Ebene ihrer Gesellschafter ist die in § 15 Abs. 1 Satz 2 UmwStG enthaltene Voraussetzung, wonach die übergehenden Vermögensteile (bei Aufspaltung und Abspaltung) bzw. bei Abspaltung auch der verbleibende Vermögensteil steuerlich jeweils die Voraussetzungen für einen sog. **Teilbetrieb (mit allen dazugehörigen funktional wesentlichen Betriebsgrundlagen und nach wirtschaftlichen Zusammenhängen zuordenbaren Wirtschaftsgütern**, Nutzungsüberlassung reicht nicht (BFH I R 96/08 v. 7.4.10, BFH/NV 10, 1749), Übertragung des wirtschaftlichen Eigentums soll ausreichen, vgl. UmwSt-Erl. 2011 BMF v. 11.11.11, BStBl. I 11, 25

1314, Tz. 15.07) erfüllen müssen. An den Begriff des Teilbetriebs wird im UmwStG selbst für verschiedene Regelungsbereiche angeknüpft (neben § 15 Abs. 1 UmwStG für die Aufspaltung, Abspaltung und Teilübertragung von Körperschaften auf andere Körperschaften, in § 16 UmwStG unter Verweisung auf § 15 UmwStG für die Auf- oder Abspaltung von einer Körperschaft auf eine Personengesellschaft, in § 20 Abs. 1 Satz 1 UmwStG für die Einbringung eines Teilbetriebs in eine Kapitalgesellschaft, in § 24 Abs. 1 UmwStG für die Einbringung in eine Personengesellschaft gegen Einräumung einer Mitunternehmerstellung) und in anderen Steuerrechtsnormen wie in § 16 Abs. 1 Nr. 1 EStG für die Veräußerung oder Betriebsaufgabe und in § 6 Abs. 3 EStG für die unentgeltliche Übertragung eines Teilbetriebs. Die FinVerw. ging bis 2000 davon aus, dass der **Begriff des Teilbetriebs** für die Anwendung aller dieser Normen gleich, und zwar in der Ausprägung des § 16 Abs. 1 Nr. 1 EStG anzuwenden ist (UmwSt-Erl. 1998, BStBl. I 98, 268, Tz. 15.02; aufgegeben durch BMF v. 16.8.00, BStBl. I 00, 1253). Hinsichtlich des Verhältnisses zwischen nationalem Teilbetriebsbegriff und dem Teilbetriebsbegriff nach der **EG-Fusionsrichtlinie** 2009/133/EG vgl. *R/H/L/Schumacher* § 15 UmwStG Rz. 123ff.; aA *D/J/P/W/Dötsch/Pung* § 15 UmwStG (SEStEG) Rz. 65ff. mit Hinweis auf die Auffassung der FinVerw.

26 Die FinVerw. will für Zwecke des UmwStG künftig vom **Teilbetriebsbegriff der EG-Fusionsrichtlinie** 2009/133/EG ausgehen. Teilbetrieb soll die Gesamtheit der in einem Unternehmensteil einer Gesellschaft vorhandenen aktiven und passiven Wirtschaftsgüter sein, die in organisatorischer Hinsicht einen selbständigen Betrieb, d.h. eine aus eigenen Mitteln funktionsfähige Einheit, darstellen. Zu einem Teilbetrieb sollen alle funktional wesentlichen Betriebsgrundlagen sowie diesem Teilbetrieb nach wirtschaftlichen Zusammenhängen zuordenbaren Wirtschaftsgüter gehören. Die Voraussetzungen eines Teilbetriebs sollen unter Zugrundelegung der funktionalen Betrachtungsweise aus der Perspektive des übertragenden Rechtsträgers zu beurteilen sein. Zu den funktional wesentlichen Betriebsgrundlagen sowie den nach wirtschaftlichen Zusammenhängen zuordenbaren Wirtschaftsgütern können auch Anteile an Kapitalgesellschaften (nicht aber Mitunternehmeranteile) gehören (vgl. UmwSt-Erl. 2011 BMF v. 11.11.11, BStBl. I 11, 1314, Tz. 15.02).

27 **Fiktiv als Teilbetriebe gelten** nach § 15 Abs. 1 Satz 3 UmwStG aber auch
- ein Mitunternehmeranteil (vgl. UmwSt-Erl. 2011 BMF v. 11.11.11, BStBl. I 11, 1314, Tz. 15.04) oder
- die 100%ige Beteiligung an einer Kapitalgesellschaft, wenn sie zum steuerlichen Übertragungsstichtag vorliegt und keinem Teilbetrieb als wesentliche Betriebsgrundlage zuzurechnen ist (vgl. UmwSt-Erl. 2011 BMF v. 11.11.11, BStBl. I 11, 1314, Tz. 15.05f.),

wenn der Mitunternehmeranteil oder die Beteiligung an einer Kapitalgesellschaft nicht **innerhalb von drei Jahren vor** dem steuerlichen Übertragungsstichtag (Spaltungsstichtag) durch Übertragung von Wirtschaftsgütern, die keinen Teilbetrieb dargestellt haben, erworben oder aufgestockt worden sind (§ 15 Abs. 2 Satz 1 UmwStG).

28 **Grundvoraussetzung** der steuerlich neutralen Aufspaltung oder Abspaltung aus Kapitalgesellschaften ist damit immer, dass bei der übertragenden Gesellschaft **mindestens zwei Teilbetriebe oder fiktive Teilbetriebe** iSv. § 15 Abs. 1 Satz 3 UmwStG vorliegen. Betriebsvermögen, das weder zu den funktonal wesentlichen Betriebsgrundlagen noch zu den nach wirtschaftlichen Zusammenhängen zuordenbaren Wirtschaftsgütern gehört, kann bis zum Zeitpunkt des Spaltungsbeschlusses jedem der Teilbetriebe zugeordnet werden (vgl. UmwSt-Erl. 2011 BMF v. 11.11.11, BStBl. I 11, 1314, Tz. 15.09). Einer 100%-Beteiligung an einer Kapitalgesellschaft oder einem Mitunternehmeranteil sollen nur Wirtschaftsgüter einschließlich Schulden zugeordnet werden können, die in unmittelbarem wirtschaftlichen Zusammenhang mit der Beteiligung oder dem Mitunternehmeranteil stehen (vgl. UmwSt-Erl. 2011 BMF v. 11.11.11, BStBl. I 11, 1314, Tz. 15.11). Zur Frage, ob nach Reform des UmwStG

neben Teilbetrieben auch andere Wirtschaftsgüter steuerunschädlich zurückbleiben bzw. mit übertragen werden können, vgl. *R/H/L/Schumacher* § 15 UmwStG Rz. 111ff. und UmwSt-Erl. 2011 BMF v. 11.11.11, BStBl. I 11, 1314, Tz. 15.01. Die Übertragung von Wirtschaftsgütern, die kein Teilbetrieb sind, (auch die Zuordnung als **Sonderbetriebsvermögen)** innerhalb von drei Jahren vor dem steuerlichen Übertragungsstichtag/Spaltungsstichtag auf eine Gesellschaft führt allerdings wieder zur Vernichtung der fiktiven Teilbetriebseigenschaft einer Beteiligung gem. § 15 Abs. 2 Satz 1 UmwStG für die nachfolgenden drei Jahre (vgl. UmwSt-Erl. 2011 BMF v. 11.11.11, BStBl. I 11, 1314, Tz. 15.16ff.).

Die Teilbetriebsvoraussetzungen müssen nach neuer Auffassung der Finanzverwaltung zum steuerlichen Übertragungsstichtag vorliegen. Ein sog. Teilbetrieb im Aufbau soll keinen Teilbetrieb darstellen (vgl. UmwSt-Erl. 2011 BMF v. 11.11.11, BStBl. I 11, 1314, Tz. 02.14 und 15.03). 29

Keine Veräußerung an außenstehende Personen im Rahmen des Vollzugs der Spaltung (§ 15 Abs. 2 Satz 2 UmwStG). § 15 Abs. 2 Satz 2 UmwStG versagt die Vermeidung der Gewinnrealisierung bei der übertragenden Gesellschaft durch Ansatz der Buchwerte in deren Schlussbilanz gem. § 11 Abs. 2 iVm. § 15 Abs. 1 Satz 1 UmwStG, wenn durch die Spaltung die Veräußerung an außenstehende Personen vollzogen wird (vgl. UmwSt-Erl. 2011 BMF v. 11.11.11, BStBl. I 11, 1314, Tz. 15.22ff.). Die Regelung des § 15 Abs. 2 Satz 2 UmwStG ist in Zusammenschau mit den handelsrechtlichen Regelungen unverständlich, denn auf Grund der Vorschriften des UmwG müssen sämtliche Gesellschafter des übertragenden Rechtsträgers mit der Spaltung auch Gesellschafter (des oder) der übernehmenden Rechtsträger(s) werden, dh. ein Zutritt außenstehender Personen durch die Spaltung ist gar nicht möglich (vgl. hierzu *S/H/S/Hörtnagl* § 15 UmwStG Rz. 138ff). 30

§ 15 Abs. 2 Satz 2 UmwStG ist im Zusammenhang mit § 15 Abs. 2 Satz 5 UmwStG (Trennung von Gesellschafterstämmen oder -gruppen, s. Rz. 42ff.) verständlich, wenn außenstehende Personen innerhalb von fünf Jahren vor der Spaltung der übertragenden Kapitalgesellschaft (Überträgerin) beigetreten sind (vgl. UmwSt-Erl. 2011 BMF v. 11.11.11, BStBl. I 11, 1314, Tz. 15.36ff.).

Keine Veräußerung von mehr als 20% der Anteile innerhalb von fünf Jahren nach Durchführung der Spaltung (§ 15 Abs. 2 Sätze 3 und 4 UmwStG). Als weitere Voraussetzung für die Erfolgsneutralität der Spaltung auf der Ebene der übertragenden Gesellschaft ist die fünfjährige Veräußerungssperre des § 15 Abs. 2 Sätze 3 und 4 UmwStG nach Spaltungen zu beachten; in dieser Hinsicht 31

- ordnet § 15 Abs. 2 Satz 3 UmwStG die Gewinnrealisierung rückwirkend an, wenn durch die Spaltung die Voraussetzungen für eine Veräußerung geschaffen werden und
- präzisiert Satz 4, dass von der Schaffung von Voraussetzungen für die Veräußerung durch die Spaltung auszugehen sei (Fiktion), wenn innerhalb von fünf Jahren nach dem steuerlichen Übertragungsstichtag Anteile an einer an der Spaltung beteiligten Körperschaft, die mehr als 20% der vor Wirksamwerden der Spaltung an der Körperschaft bestehenden Anteile ausmachen, veräußert werden (vgl. UmwSt-Erl. 2011 BMF v. 11.11.11, BStBl. I 11, 1314, Tz. 15.27ff.).

Ein **Verstoß gegen die Veräußerungssperre** in § 15 Abs. 2 Sätze 3 und 4 UmwStG führt nach seinem Wortlaut insgesamt zur Nichtanwendung der Möglichkeit der Vermeidung eines Übertragungsgewinns durch Buchwertansatz in der Schlussbilanz der übertragenden Gesellschaft, und zwar **rückwirkend** (dh. die Schlussbesteuerung der übertragenden Gesellschaft ist bei Eintritt dieser Voraussetzung als rückwirkendes Ereignis gem. § 175 Abs. 1 Nr. 2 AO zu ändern; vgl. UmwSt-Erl. 2011 BMF v. 11.11.11, BStBl. I 11, 1314, Tz. 15.33ff.). 32

Sicherstellung der Veräußerungssperre? *Schwedhelm/Streck/Mack* GmbHR 95, 100, 102 schlagen vor, im Spaltungs- und Übernahmevertrag die Voraussetzungen für 33

Anteilsverkäufe und die internen Rechtsfolgen eines vertragswidrigen Verkaufs zu regeln. Sie empfehlen eine Vereinbarung, dass die nachträglich entstandenen Steuerschulden der übertragenden GmbH von derjenigen Gesellschaft zu tragen sind, deren Gesellschafter durch Verkauf die Besteuerung ausgelöst haben. Insoweit würde dann für die übrigen an der Aufspaltung als übernehmende Rechtsträger beteiligten Gesellschaften die Verjährungsvorschrift des § 133 Abs. 3 UmwG eingreifen; dies setzt aber voraus, dass die eventuelle (potentielle) Steuerverbindlichkeit im Spaltungs- und Übernahmevertrag überhaupt zuordenbar ist. Auch *Herzig/Förster* (DB 95, 338, 345 f.) empfehlen, durch geeignete vertragliche Abmachungen sicherzustellen, dass innerhalb der Fünf-Jahres-Frist keine schädlichen Veräußerungen vorgenommen werden oder für den Fall derartiger schädlicher Veräußerungen die veräußernden Gesellschafter zu verpflichten, den dadurch entstehenden Schaden auszugleichen, ohne allerdings anzugeben, wie dies vertraglich zu bewerkstelligen sei. *Thiel* (DStR 95, 237, 242) schlägt vor, dass die Gesellschafter vor der Spaltung zivilrechtlich vereinbaren müssen, inwieweit jeder von ihnen die Beteiligungsquote für unschädliche Veräußerungen nutzen darf und wer die Steuern im Innenverhältnis zu tragen hat, wenn es zu einer steuerschädlichen Veräußerung kommen sollte, jedoch auch ohne anzugeben, wie dies zu geschehen habe.

§ 15 Abs. 2 Sätze 3–4 UmwStG sind **in der Praxis äußerst schwierig anwendbar,** weil sie zur Durchführung eine fünfjährige Verknüpfung sämtlicher im Spaltungszeitpunkt vorhandener Gesellschafter der übertragenden und/oder übernehmenden Gesellschaften verlangt, was bei Publikumsgesellschaften überhaupt nicht erfüllbar bzw. kontrollierbar sein dürfte; auch bei GmbH/AG mit einem geschlossenen Gesellschafterkreis dürften sie nur im Rahmen von **Vinkulierungsregelungen** und schuldrechtlich vereinbarten Veräußerungssperren erfüllt werden können und müssten mit vereinbarten Veräußerungsstrafen bewehrt werden. Selbst in einem Fall, wie er dem Formular zugrunde liegt, dh. der Aufspaltung einer GmbH mit Übertragung der Vermögensteile auf deren Gesellschafter als bestehende übernehmende GmbH, müsste bei beiden übernehmenden GmbH

– durch weitere Änderungen der Gesellschaftsverträge eine Veräußerungssperre durch Vinkulierung der Anteile an den beiden übernehmenden Gesellschaften (hier B-GmbH und C-GmbH) und
– darüber hinaus eine Verknüpfung der Genehmigungserklärungen mit der jeweils anderen übernehmenden Gesellschaft hergestellt werden.

34 **Gestaltungsüberlegungen:** Denkbar wäre, im Rahmen der Zustimmungsbeschlüsse der Gesellschafterversammlung der übernehmenden Rechtsträger Vinkulierungsregelungen einzuführen, die die Abtretung von Geschäftsanteilen an den übernehmenden Rechtsträgern innerhalb von fünf Jahren an die Zustimmung eines (für diesen Zweck bei allen übernehmenden Rechtsträgern gemeinsam eingeführten und bestellten) Beirats anknüpft oder auf Ebene der Gesellschafter Ausgleichszahlungen für den Fall des Verkaufs innerhalb von fünf Jahren zu vereinbaren. Derartige Ausgleichszahlungen müssten alle, dh. auch die Gesellschafter betreffen, die noch innerhalb der 20%-Grenze veräußern, weil ansonsten die letzte Anteilsabtretung, die zum Überschreiten der 20%-Grenze insgesamt führt, die Steuerbelastung insgesamt auslösen würde und es diesem Gesellschafter nicht zugemutet werden kann, den Gesamtschaden alleine zu tragen. Die Zulässigkeit und Praktikabilität derartiger Gestaltungen ist im Einzelfall zu prüfen, aber wohl zweifelhaft. Denkbar wäre jedoch, im Rahmen der Zustimmungsbeschlüsse der Gesellschafterversammlung der übernehmenden Rechtsträger Gesellschaftsvertragsänderungen derart herbeizuführen, dass die Abtretbarkeit der Geschäftsanteile für fünf Jahre ausgeschlossen wird. Im Fall der Unabtretbarkeit des Geschäftsanteils bleibt dem Gesellschafter immer noch die Möglichkeit des Austritts aus wichtigem Grund gegen Abfindung. Es könnte in den Gesellschaftsvertrag aufgenommen werden, dass alleine die fünfjährige Bindungsfrist keinen wichtigen Austritts-

grund darstellt. Eine ebenfalls gesellschaftsvertraglich aufzunehmende Abfindungsklausel kann sowohl die Höhe, die Berechnung und die Zahlungsweise der Abfindung regeln, soweit sie die Freiheit zum Austritt nicht unvertretbar beschränkt. Demnach kann hier auch aufgenommen werden, dass steuerliche Nachteile, die der Gesellschaft durch Austritt eines Gesellschafters entstehen, bei der Berechnung der Höhe der Abfindung berücksichtigungsfähig sind, soweit der Ausgleichsgedanke nicht als Vertragsstrafenregelung formuliert ist, die für den Fall des Austritts aus der Gesellschaft unzulässig wäre.

Die 20%-Grenze bezieht sich auf die **Gesamtheit der** vor der Spaltung vorhandenen **Anteile an der übertragenden Körperschaft** (vgl. UmwSt-Erl. 2011 BMF v. 11.11.11, BStBl. I 11, 1314, Tz. 15.29), nicht auf die Anteile an einzelnen an der Aufspaltung als übernehmende Rechtsträger beteiligten Gesellschaften oder von einzelnen Gesellschaftern. Die Veräußerungsbeschränkung bezieht sich auf Anteile an jeder der an der Spaltung beteiligten Gesellschaften (dh. auch auf alte Anteile an übernehmenden bestehenden Rechtsträgern und/oder Anteile an übernehmenden neuen Rechtsträgern sowie bei der Abspaltung zusätzlich auch auf die Anteile an dem übertragenden Rechtsträger). **35**

Fraglich ist, auf welcher **Basis** die 20%-Grenze angewendet werden soll. Nach dem Wortlaut ist von den „bestehenden Anteilen" auszugehen. Nach Ansicht der FinVerw. ist die Quote entsprechend dem Verhältnis der übergehenden Vermögensteile zu dem bei der übertragenden Gesellschaft vor der Spaltung vorhandenen Vermögen aufzuteilen, wie es idR im Umtauschverhältnis der Anteile im Spaltungsplan (-vertrag) zum Ausdruck kommt, im Ergebnis also auf Basis des gemeinen Werts; auf die absolute Höhe des Nennkapitals der an der Spaltung beteiligten alten und neuen Gesellschafter kommt es nicht an (vgl. UmwSt-Erl. 2011 BMF v. 11.11.11, BStBl. I 11, 1314, Tz. 15.29 mit Beispiel in Tz. 15.30; vgl. hierzu auch *S/H/S/Hörtnagl* § 15 UmwStG Rz. 180 ff.).

Eine **mehrfache Veräußerung desselben Anteils** unterhalb der 20%-Grenze innerhalb von fünf Jahren führt nicht zum Eingreifen der Regelung des § 15 Abs. 2 Sätze 3 und 4 UmwStG (glA *Herzig/Förster* DB 95, 338, 345; *D/J/P/W/Dötsch* § 15 UmwStG nF Rz. 124). **36**

Begriff Veräußerung. Da das Gesetz in § 15 Abs. 2 Sätze 2–4 UmwStG von „Veräußerung" bzw. „veräußert" spricht, erfüllt die Aufnahme eines weiteren Gesellschafters durch eine der übernehmenden Gesellschaften (bzw. im Fall der Abspaltung auch durch die übertragende Gesellschaft) gegen eine vollwertige Einlage nicht den Tatbestand des § 15 Abs. 2 Sätze 3 und 4 UmwStG (vgl. UmwSt-Erl. 2011 BMF v. 11.11.11, BStBl. I 11, 1314, Tz. 15.25). Auch die Einbringung derartiger Anteile unter Buchwertfortführung zB gem. §§ 21 und 24 UmwStG oder § 6 Abs. 5 EStG innerhalb von fünf Jahren durch Gesellschafter der an der Spaltung beteiligten Rechtsträger kann eine schädliche Veräußerung sein (vgl. UmwSt-Erl. 2011 BMF v. 11.11.11, BStBl. I 11, 1314, Tz. 15.24; *R/H/L/Schumacher* § 15 UmwStG Rz. 231). **37**

Nur die Veräußerung an **„außen stehende Personen"**, dh. an Personen, die vor der Spaltung nicht Gesellschafter des übertragenden Rechtsträgers waren, ist für Veräußerungen gem. § 15 Abs. 2 Sätze 3 und 4 iVm. Satz 2 UmwStG schädlich (*D/J/P/W/Dötsch* § 15 UmwStG nF Rz. 114; *S/H/S/Hörtnagl* § 15 UmwStG Rz. 198; UmwSt-Erl. 2011 BMF v. 11.11.11, BStBl. I 11, 1314, Tz. 15.26). **38**

Grundsätzlich sind auch Veräußerungen **auf Grund** einer nicht vorhersehbaren **Zwangslage** schädlich; es könnten aber Billigkeitsmaßnahmen iSv. §§ 163, 227 AO in Betracht kommen (*Thiel* DStR 95, 237, 242; *Herzig/Momen* DB 94, 2210, 2211); richtigerweise ist von einer teleologischen Reduktion auszugehen (*Hörger* StbJb 94/95, 251 f.). **39**

Unentgeltliche Anteilsübertragungen (zB bei vorweggenommener Erbfolge, bei Erwerb von Todes wegen oder bei Buchwert-Realteilung einer Erbengemeinschaft, soweit diese ohne Ausgleichszahlung erfolgt) stellen ebenfalls keinen Veräußerungstat- **40**

bestand iSd. § 15 Abs. 2 Sätze 2 und 3 UmwStG dar (UmwSt-Erl. 2011 BMF v. 11.11.11, BStBl. I 11, 1314, Tz. 15.23; *Hörger* FR 94, 765; *ders.* StbJb 94/95, 225, 251 und *Rödder* DStR 95, 322, 324; *S/H/S/Hörnagl* § 15 UmwStG Rz. 154).

41 **Bei einer Abspaltung** führt das Eingreifen der Vorschrift des § 15 Abs. 2 Sätze 3 und 4 UmwStG (Veräußerungssperre von fünf Jahren für mehr als 20% der Anteile) nach Auffassung der FinVerw. nur bzgl. der im Rahmen der Abspaltung übertragenen Wirtschaftsgüter zur rückwirkenden Aufdeckung der stillen Reserven, nicht jedoch für die bei der übertragenden Gesellschaft verbleibenden Wirtschaftsgüter (vgl. UmwSt-Erl. 2011 BMF v. 11.11.11, BStBl. I 11, 1314, Tz. 15.21).

42 **Fünfjährige Vorbesitzzeit bei Trennung von Gesellschafterstämmen.** Weitere Voraussetzung für die Anwendung des § 11 Abs. 2 UmwStG (Ansatz des übertragenen Betriebsvermögens in der steuerlichen Schlussbilanz der übertragenden Gesellschaft mit den steuerlichen Buchwerten) ist nach § 15 Abs. 2 Satz 5 UmwStG bei der Trennung von Gesellschafterstämmen, dass die Beteiligungen an der übertragenden Kapitalgesellschaft mindestens fünf Jahre vor dem steuerlichen Übertragungsstichtag ohne entgeltliche Veränderung der Beteiligungsquote (§ 15 Abs. 2 Satz 5 UmwStG) bestanden haben (sog. fünfjährige Vorbesitzzeit). Nicht gesetzlich definiert ist, was unter **Trennung von Gesellschafterstämmen** zu verstehen ist. Begrifflich kann von einer **Trennung** nur dann gesprochen werden, wenn **eine vollständige Entflechtung** von Gesellschafterstämmen durch die Spaltung vollzogen wird, dh. Gesellschafter der übertragenden Gesellschaft nach Durchführung der Spaltung zumindest an einer der übernehmenden Gesellschaften überhaupt nicht mehr beteiligt sind (vgl. UmwSt-Erl. 2011 BMF v. 11.11.11, BStBl. I 11, 1314, Tz. 15.37). Dass die Voraussetzung des § 15 Abs. 2 Satz 5 UmwStG dann leicht vermieden werden kann, indem der abzuspaltende Gesellschafterstamm mit einem Zwerganteil an der Übernehmerin beteiligt bleibt (vgl. hierzu *D/P/P/M/Dötsch/Pung* § 15 UmwStG Rz. 154), muss uE wegen des klaren Wortlauts des Gesetzes hingenommen werden.

43 Wie der Begriff **„Gesellschafterstämme"** auszulegen ist, ist ebenfalls unklar; ein Gesellschafterstamm kann umschrieben werden als eine Gruppe von Gesellschaftern, die in einem gewissen Zugehörigkeitsverhältnis zueinander stehen (vgl. hierzu *D/P/P/M/Dötsch/Pung* § 15 UmwStG Rz. 149; *R/H/L/Schumacher* § 15 UmwStG Rz. 251)

44 *(frei)*

45 **Vermögensübergang von EU-Körperschaft auf eine andere EU-Körperschaft.** Weitere Grundvoraussetzung für die Anwendung von § 15 Abs. 1 iVm. § 11 UmwStG ist, dass es sich bei der übertragenden und bei der übernehmenden Körperschaft jeweils um eine EU-Körperschaft iSv. § 1 Abs. 2 Satz 1 Nr. 1 UmwStG handelt.

ccc) Ausgleichszahlungen

46 Soweit für den Vermögensübergang neben oder anstelle der Gewährung von Gesellschaftsrechten Ausgleichszahlungen geleistet werden, kommt insoweit (anteilig) ein Ansatz des übergehenden Vermögens in der Schlussbilanz der übertragenden Körperschaft zu Buchwerten gem. § 11 Abs. 2 Satz 1 Nr. 3 iVm. § 15 Abs. 1 Satz 1 UmwStG nicht in Betracht. Insoweit ist in der Schlussbilanz der **übertragenden Körperschaft (anteilig) ein Gewinn zu realisieren,** dh. sind die übergehenden Wirtschaftsgüter insoweit mit der gewährten Gegenleistung (= Ausgleichszahlung) anzusetzen (Zwischenwertansatz *R/H/L/Rödder* § 11 UmwStG Rz. 138).

47 Soweit eine Ausgleichszahlung geleistet wird, ergibt sich aber nicht nur auf der Ebene der übertragenden Körperschaft, sondern **auch** bei **dem**/den **den Ausgleich empfangenden Gesellschafter(n) ein Realisierungstatbestand.** Ob dieser zu einer Steuerpflicht führt, ist nach dem steuerlichen Status der Anteile des den Barausgleich empfangenden Gesellschafters.

48–50 *(frei)*

ddd) Steuerverstrickung auf Gesellschafterebene

Allgemein gilt für die **Steuerverstrickung der** als Gegenleistung für die Spaltung den Gesellschaftern der übertragenden Gesellschaft gewährten **Anteile an der** oder den **übernehmenden Gesellschaft(en)** auf Grund der entsprechenden Anwendung (§ 15 Abs. 1 Satz 1 UmwStG) der Regelungen in § 13 UmwStG Folgendes: **51**

Die Anteile an der übertragenden Körperschaft gelten als zum gemeinen Wert veräußert und die an ihre Stelle tretenden Anteile an der übernehmenden Körperschaft gelten als mit diesem Wert angeschafft (§ 13 Abs. 1 UmwStG). Abweichend hiervon können auf Antrag die Anteile an der übertragenden Körperschaft mit dem Buchwert (Anschaffungskosten, wenn sie nicht zu einem Betriebsvermögen gehören; § 13 Abs. 2 Satz 3 UmwStG) angesetzt werden (und damit im Ergebnis eine Besteuerung vermieden werden), wenn das Recht der Bundesrepublik Deutschland hinsichtlich der Besteuerung des Gewinns aus der Veräußerung der Anteile an der übernehmenden Körperschaft nicht ausgeschlossen oder begrenzt ist (§ 15 Abs. 1 Satz 1 iVm. § 13 Abs. 2 Satz 1 Nr. 1 UmwStG; Hinweis auf § 13 Abs. 2 Satz 1 Nr. 2 UmwStG für Spaltungen, die unter Art. 8 FRL fallen). Hinweis auf § 20 Abs. 4a Satz 7 EStG idF des AmtshilfeRLUmsG v. 26.6.13 (BGBl. I 13, 1809) für nicht wesentliche iSv. § 17 EStG Beteiligungen im Privatvermögen (hierzu auch *Bron* DStR 14, 353).

Hinsichtlich der **Aufteilung der Wertansätze** bei Auf- und Abspaltungen und **baren Zuzahlungen** vgl. *R/H/L/Schumacher* § 15 UmwStG Rz. 91 ff. **52**

(frei) **53, 54**

eee) AfA nach Aufspaltung/Abspaltung bei der Übernehmerin

Ansatz zu Buchwerten bei Überträgerin. Setzt die Überträgerin das übergehende Vermögen in ihrer Schlussbilanz gem. § 11 Abs. 2 iVm. 15 Abs. 1 Satz 1 UmwStG mit den bisherigen **Buchwerten** an, so tritt die übernehmende Körperschaft in die steuerliche Rechtsstellung der übertragenden Körperschaft ein, insbes. bezgl. der Bewertung der übernommenen Wirtschaftsgüter, der Absetzungen für Abnutzung und der den steuerlichen Gewinn mindernden Rücklagen (§ 12 Abs. 3, 4 Abs. 2 iVm. § 15 Abs. 1 Satz 1 UmwStG). **55**

Hat die übertragende Körperschaft das übergehende Betriebsvermögen in ihrer steuerlichen Schlussbilanz mit einem **über dem Buchwert** liegenden Betrag angesetzt, gilt § 4 Abs. 3 iVm. § 12 Abs. 3 iVm. § 15 Abs. 1 Satz 1 UmwStG. **56**

fff) Übernahmefolgegewinn

Kommt es durch den Vermögensübergang auf die übernehmende Gesellschaft zu einer Vereinigung von Forderungen und Verbindlichkeiten wegen **unterschiedlicher** (imparitätischer) **Bilanzansätze** und damit zu einem Übernahmefolgegewinn, so ist dieser bei der übernehmenden Körperschaft steuerpflichtig. Eine **gewinnmindernde Rücklage** darf nur gebildet werden, soweit (anteilig) die übernehmende Körperschaft an der zu spaltenden beteiligt war (§§ 6 iVm. 12 Abs. 4 und 15 Abs. 1 Satz 1 UmwStG). Die Rücklage ist in den drei auf die Bildung folgenden Wirtschaftsjahren mindestens mit je einem Drittel gewinnerhöhend aufzulösen (§ 6 Abs. 1 Satz 2 UmwStG). Hinweis auf die fünf Jahre Haltefrist nach § 6 Abs. 3 UmwStG. **57**

ggg) Steuerliche Rückwirkung (zwingend)

Einkommen und Vermögen der übertragenden sowie der übernehmenden Gesellschaften sind so zu ermitteln, als wäre das Vermögen der übertragenden Körperschaft mit Ablauf des **steuerlichen Übertragungsstichtags** ganz oder teilweise auf die Übernehmerin (bzw. die Übernehmerinnen) übergegangen (§ 2 Abs. 1 UmwStG). Zwar ist die ausdrücklich Anordnung zur Aufstellung einer steuerlichen Schlussbilanz (§ 15 Abs. 2 UmwStG 1995) durch das SEStEG v. 7.12.06 (BGBl. I 06, 2782) entfallen, doch ergibt sich diese Verpflichtung schon aus der entsprechenden Anwendung **58** von § 11 UmwStG (vgl. *R/H/L/Schumacher* § 15 UmwStG Rz. 75f). Hinweis auch auf § 2 Abs. 4 Sätze 3 bis 6 UmwStG idF des AmtshilfeRLUmsG v. 26.6.13 (BGBl. I 13, 1809), vgl. auch *Viebrock* DStR 13, 1364.

hhh) Übergang verbleibender Verluste der übertragenden Gesellschaft (Körperschaftsteuer und Gewerbesteuer)

59 Nach § 15 Abs. 3 UmwStG gehen verrechenbare Verluste, verbleibende Verlustvorträge, nicht ausgeglichene negative Einkünfte und ein Zins- und EBITDA-Vortrag nach § 4h EStG bei der Auf-/Abspaltung (anteilig) unter (für die Gewerbesteuer iVm. § 19 Abs. 2 UmwStG; vgl. UmwSt-Erl. 2011 BMF v. 11.11.11, BStBl. I 11, 1314, Tz. 15.41).

60 Bezüglich der ratierlichen Auszahlung des KSt-Guthabens gem. § 37 KStG und die zu zahlende KSt-Erhöhung gem. § 38 KStG treten die Übernehmer anteilig in die Rechtsstellung der Überträgerin ein (§ 12 Abs. 3 iVm. § 15 Abs. 1 S. 1 UmwStG).

61 Im Fall der hier vorliegenden Abspaltung auf die Gesellschafter (wie Teilverschmelzungen auf Gesellschafter) geht im Ergebnis kein bei der Überträgerin vorhandenes **steuerliches Einlagekonto** auf die Übernehmerinnen über (gem. § 29 Abs. 3 Satz 3 iVm. § 29 Abs. 2 Satz 2 KStG erfolgt im Falle von up-stream Übertragungen keine Zurechnung; vgl. UmwSt-Erl. 2011 BMF v. 11.11.11, BStBl. I 11, 1314, Tz. K.10). Deshalb läuft die im ersten Rechenschritt in § 29 Abs. 1 KStG angeordnete Kapitalherabsetzung im Ergebnis leer.

62 Die Aufspaltung stellt regelmäßig keinen Verstoß gegen die **Behaltensregelung** des **§ 13a Abs. 5 ErbStG** dar; ein solcher kann jedoch bei der Veräußerung der durch die Aufspaltung erworbenen Anteile vorliegen (ErbStR E 13a.9 Abs. 3; vgl. auch Gleichl. Ländererlasse v. 20.11.13, BStBl. I 13, 1508). Für die weitere Ermittlung der Lohnsumme Hinweis auf Gleichl. Ländererlasse v. 21.11.13, BStBl. I 13, 1510.

63 *(frei)*

bb) Verkehrsteuern

aaa) Umsatzsteuer

64 Werden bei Auf- oder Abspaltung Teilbetriebe auf die Übernehmerin(nen) übertragen, handelt es sich um die **Geschäftsveräußerung** eines in der Gliederung eines Unternehmens gesondert geführten Betriebs, die gem. § 1 Abs. 1a UStG **nicht umsatzsteuerbar** ist (vgl. A. 15.00 Rz. 106). Aufgrund der Regelung der partiellen Gesamtrechtsnachfolge tritt die jeweils den Teilbetrieb übernehmende Gesellschaft an die Stelle der übertragenden Gesellschaft, und zwar insbes. bzgl. der Berichtigung des Vorsteuerabzugs gem. § 15a UStG.

65 Da der Vermögensübergang erst mit Wirksamkeit der Spaltung, dh. mit Eintragung der Spaltung im Handelsregister der übertragenden Gesellschaft wirksam wird (vgl. § 131 Abs. 1 Nr. 1 UmwG) und umsatzsteuerrechtlich die **Rückwirkungsbestimmung** des § 2 Abs. 1 UmwStG nicht eingreift, bleibt die übertragende GmbH mit den Umsätzen **bis zum Zeitpunkt der Eintragung** selbst umsatzsteuerpflichtig und wird die jeweils übernehmende Gesellschaft bzgl. der Umsätze des übernommenen Teilbetriebs erst ab diesem Zeitpunkt umsatzsteuerpflichtig (s. A. 15.00 Rz. 105).

66 Ein Unternehmerwechsel findet dann nicht statt, wenn die übertragende und die aufnehmende Gesellschaft Mitglied des gleichen umsatzsteuerlichen Organkreises sind (vgl. hierzu auch *Pyszka* DStR 11, 545).

bbb) Grunderwerbsteuer

67 Gehört zu dem im Rahmen der Spaltung übertragenen Vermögen Grundbesitz, unterliegt der Vermögensübergang der Grunderwerbsteuer. Die Grunderwerbsteuer entsteht mit Wirksamkeit der Spaltung, dh. mit Eintragung der Spaltung im Register der übertragenden Gesellschaft (§ 131 Abs. 1 Nr. 1 UmwG). Grunderwerbsteuer wird gem. § 1 Abs. 1 Nr. 3 GrEStG ausgelöst; Besteuerungsbasis sind die Grundbesitzwerte nach § 138 Abs. 2 bis 4 BewG (§ 8 Abs. 2 Satz 1 Nr. 2 GrEStG). Zu Zweifeln an der Verfassungsmäßigkeit der Grundbesitzwerte für GrESt-Zwecke vgl. BFH II R 64/08 Beschl. v. 27.5.09, DStR 09, 1474, Bescheide ergehen insoweit nur noch vorläufig, Gleichl. Ländererlasse v. 17.6.11, BStBl. I 11, 575. Der Steuersatz beträgt in den Bundesländern zwischen 3,5 (Sachsen und Bayern) und 6,5% (Schleswig-Holstein). Grunderwerbsteuer kann auch ausgelöst werden, wenn im Zuge der Aufspaltung Anteile an grundbesitzenden Kapital- oder Personengesellschaften übertragen werden (§ 1 Abs. 2a und 3 GrEStG). Hinweis auch auf §§ 1 Abs. 3a und 6a GrEStG idF des AmtshilfeRLUmsG v. 26.6.13 (BGBl. I 13, 1809); hierzu Gleichl. Ländererlasse v. 9.10.13, BStBl. I 13, 1364 und 1375; *Behrens* DStR 13, 2726.

(frei) **68, 69**

2. Einzelerläuterungen

Der Aufspaltungs- und Übernahmevertrag bedarf der **notariellen Beurkundung** **70** (§§ 6 iVm. 125 UmwG). Er wird abgeschlossen zwischen dem aufspaltenden Rechtsträger (hier A-GmbH) und den übernehmenden Rechtsträgern (hier B-GmbH und C-GmbH), und zwar jeweils durch deren Organe (hier Geschäftsführer) in jeweils vertretungsberechtigter Zahl. Der Mindestinhalt ergibt sich aus § 126 Abs. 1 UmwG. Dieser entspricht mit Ausnahme der spaltungsspezifischen Regelungen in § 126 Abs. 1 Nr. 9 und 10 UmwG (ansonsten umgekehrt und parallel) den Regelungen zum Mindestinhalt des Verschmelzungsvertrags gem. § 5 Abs. 1 Nr. 1–9 UmwG. Insoweit wird auf A. 15.63 Rz. 39ff. verwiesen, nachfolgend wird nur auf die spaltungsspezifischen Regelungen näher eingegangen (s. auch *Heidenhain* NJW 95, 2873ff.):

Zu § 1: Aufspaltungs- und Übernahmevereinbarung

In **Absatz 1** sind gem. § 126 Abs. 1 Nr. 1 UmwG die an der Aufspaltung beteilig- **71** ten Gesellschaften mit Firma und Sitz (zzgl Handelsregisterangaben) aufgeführt. Beteiligt sind an der Aufspaltung sowohl die A-GmbH als übertragender Rechtsträger als auch die B-GmbH und die C-GmbH als übernehmende Rechtsträger.

Da die übernehmenden Rechtsträger gleichzeitig die beiden alleinigen Gesellschaf- **72** ter der übertragenden A-GmbH sind, wird bereits in **Abs. 1 Buchst. c** auf den Entfall von Kapitalerhöhungen und der Ausgabe von Anteilen hingewiesen. In **Abs. 3** wird auch die Nicht-Notwendigkeit anderer Gegenleistungen, nämlich barer Zuzahlungen auf Grund der den Werten der Beteiligungen entsprechenden Zuordnung der Vermögensgegenstände, festgestellt. Dementsprechend entfallen auch die in § 126 Abs. 1 UmwG vorgeschriebenen weiteren Angaben, nämlich in Nr. 2 bzgl. der Gewährung von Anteilen an den übernehmenden Rechtsträgern an die Gesellschafter der übertragenden Rechtsträger, bzgl. des Umtauschverhältnisses in Nr. 3, bzgl. des Erwerbs der Mitgliedschaften bei den übernehmenden Rechtsträgern in Nr. 4 und bzgl. der Aufteilung der Anteile der übernehmenden Rechtsträger auf die Anteilsinhaber der übertragenden Rechtsträger gem. Nr. 10.

Zu § 1 Abs. 2: Teilübertragungen des Vermögens der A-GmbH

Vorweggestellt ist im ersten Satz die nach § 126 Abs. 1 Nr. 2 UmwG erforderliche **73** Vereinbarung „über die Übertragung der Teile des Vermögens des übertragenden Rechtsträgers jeweils als Gesamtheit … an den übernehmenden Rechtsträger" (der Satzteil „gegen Gewährung von Anteilen" entfällt im vorliegenden Fall, s. Rz. 72 zu § 1 Abs. 1 Buchst. c und § 1 Abs. 3).

Dieser Absatz stellt die Grundlage für die **partiellen Gesamtrechtsnachfolgeregelungen** der Aufspaltung dar. Diese greifen nur insoweit ein, als die jeweils auf die übernehmenden Rechtsträger übergehenden Vermögensteile genau bezeichnet oder zumindest bestimmbar bezeichnet werden (§ 126 Abs. 1 Nr. 9 iVm. Abs. 2 UmwG). Im Aufspaltungsvertrag (oder -plan) sind nach § 126 Abs. 1 Nr. 9 UmwG anzugeben (vgl. HFA 1/98 Abschn. 11, WPg 98, 509):

- Bezeichnung der übergehenden Betriebe und/oder Teilbetriebe mit Zuordnung zu den übernehmenden Rechtsträgern,
- genaue Bezeichnung und Aufteilung der Gegenstände des Aktiv- und Passivvermögens, die an jede der übernehmenden Gesellschaften übertragen werden sollen mit deren Zuordnung an diese.

Die genaue Bezeichnung der Gegenstände ist wegen der Sonderrechtsnachfolge (partielle Gesamtrechtsnachfolge) erforderlich; der sachenrechtliche **Bestimmtheitsgrundsatz** verlangt eine hinreichende Bezeichnung. Jedoch ist die **Bestimmbarkeit** wie bei Sicherungsübereignung oder Veräußerung von Unternehmen durch Einzelrechtsnachfolge ausreichend.

Wegen der erforderlichen **Bezeichnung** der übergehenden Betriebe **und** Betriebsteile und der **Zuordnung** der Vermögensteile zu den übernehmenden Rechtsträgern empfiehlt sich, aus der Schlussbilanz jeweils **Aufspaltungsbilanzen** des übertragenden Rechtsträgers **separat für die jeweils übergehenden Betriebe oder Betriebsteile** unter Zuordnung der auf diese zu übertragenden Aktiva und Passiva abzuleiten, die entsprechenden Inventarlisten beizufügen und hierauf gem. § 126 Abs. 2 Satz 3 UmwG Bezug zu nehmen (HFA 1/98 Abschn. 11, WPg 98, 509). Darüber hinaus empfiehlt sich, Auffangklauseln wie „sämtliche zu dem Teilbetrieb gehörenden Gegenstände" (sog **„Catch-All"-Klauseln**) zu verwenden (*Lutter/Priester* § 126 UmwG Rz. 43). Ferner sind Surrogationsregelungen zu nicht aufgeführten Wirtschaftsgütern und insbesondere zu den von § 131 Abs. 3 UmwG nicht erfassten Verbindlichkeiten, zu immateriellen Wirtschaftsgütern und sonstigen bis zur Eintragung der Aufspaltung im Handelsregister ggf. auch nach Beurkundung des Spaltungsvertrags erworbenen oder ausgetauschten Wirtschaftsgüter oder Rechtsverhältnisse zu empfehlen (*W/M/Mayer* § 126 UmwG Rz. 238).

74 Die gem. § 126 Abs. 1 Nr. 9 iVm. Abs. 2 UmwG erforderlichen genauen Bezeichnungen sind in Abschnitt a für die auf die B-GmbH übergehenden Vermögensteile und Abschnitt b für die auf die C-GmbH übergehenden Vermögensteile soweit als möglich enthalten; die „Aufteilung" bzw. „Zuordnung" gem. § 126 Abs. 1 Nr. 9 UmwG ergibt sich aus der unterschiedlichen Zuordnung zu den übernehmenden Rechtsträgern in Abschnitt a auf die B-GmbH und in Abschnitt b auf die C-GmbH. Im Einzelnen muss die Bezeichnung nach § 126 Abs. 2 Satz 1 UmwG auch für die Spaltung den allgemeinen Vorschriften für die Bezeichnung bei der Übertragung von Gegenständen durch Einzelrechtsnachfolge genügen. Für Grundstücke und grundstücksgleiche Rechte gilt dies nach § 126 Abs. 2 Satz 2 UmwG ausdrücklich unter der Verweisung auf § 28 der Grundbuchordnung (mindestens Angabe von Grundbuchbezirk und Grundbuchblatt; vgl. *Lutter/Priester* § 126 UmwG Rz. 42). Die in § 126 Abs. 2 Satz 3 UmwG zugelassene Bezugnahme auf Urkunden wie Bilanzen und Inventare (die dem Aufspaltungs- und Übernahmevertrag **als Anlagen beizufügen** sind, dh. mit zu beurkunden oder vorweg zu beurkunden sind und auf die im Vertrag Bezug zu nehmen ist), soweit deren Inhalt eine Zuweisung des einzelnen Gegenstands ermöglicht, ist auch bei Einzelrechtsübertragungen bereits anerkannt und ist somit keine spezielle Erleichterung im Rahmen der Spaltung (vgl. zB *Feddersen/Kiem* ZIP 94, 1078, 1080 mwN). Da die Auffangbestimmung des § 131 Abs. 3 UmwG bei Nicht-Zuteilung eines Gegenstands nur Wirtschaftsgüter der Aktivseite erfasst (*W/M/Vossius* § 131 UmwG Rz. 218), empfiehlt sich insbesondere bzgl. der Passiva (einschließlich Rückstellungen für ungewisse Verbindlichkeiten) und bzgl. Verbindlichkeiten aus den gegenseitigen Verträgen eine genaue Bestimmung in den Anlagen und die Vereinbarung von sog „Catch-All"-Klauseln (s. Rz. 73) und Surrogationsbestimmungen, da im Fall der Aufspaltung die Übernehmerinnen für vergessene Verbindlichkeiten der Überträgerin nach § 133 Abs. 1 Satz 1 UmwG gesamtschuldnerisch ohne die Möglichkeit der Enthaftung fünf Jahre lang haften (*W/M/Vossius* § 131 UmwG Rz. 220ff.; *Lutter/Priester* § 126 UmwG Rz. 44).

Nicht möglich ist die Aufteilung einer einheitlichen Verbindlichkeit auf verschiedene übernehmende Rechtsträger (vgl. *W/M/Mayer* § 126 UmwG Rz. 240–250). Dagegen können Forderungen und Verbindlichkeiten, auch wenn sie aus einem einheitlichen Vertragsverhältnis resultieren, unterschiedlichen Übernehmern zugewiesen werden (in der Praxis können sich daraus bei laufenden Vertragsbeziehungen aber Abwicklungsschwierigkeiten ergeben). Eine Zustimmung von Gläubigern zur Übernahme von Verbindlichkeiten ist nicht erforderlich (der Gläubigerschutz wird durch die gesamtschuldnerische Haftung nach § 133 Abs. 1 Satz 1 UmwG sichergestellt, s. Rz. 88ff.; vgl. *W/M/Mayer* § 126 UmwG Rz. 227ff.). Sind Verbindlichkeiten allerdings durch Grundpfandrechte gesichert, ergeben sich Probleme, wenn dem Übernehmer, dem die gesicherte Verbindlichkeit zugeordnet wird, nicht auch das entsprechende Grundstück zugeordnet wird; hier kommt wohl nur der Austausch des Sicherungsobjektes (mit Zustimmung des Gläubigers) in Betracht (*W/M/Vossius* § 131 UmwG Rz. 220ff.). 75

Bei der **Zuordnung von Forderungen** muss die Individualisierung durch Bezeichnung des Schuldners und des Forderungsbetrages erfolgen; eine Zustimmung des Schuldners ist nicht erforderlich und ein nach § 399 BGB vereinbartes oder kraft Leistungsinhalts bestehendes Abtretungsverbot greift nicht ein (*S/St/Schröer* § 131 UmwG Rz. 30f. unter Behandlung der Rechtslage nach Streichung der §§ 131 Abs. 1 Nr. 1 S. 2, 132 UmwG). 76

Bei der Zuordnung besteht **grundsätzlich Vertragsfreiheit.** Steuerlich ist aber zu beachten, dass die jeweils zugeordneten Vermögensgegenstände und Vertragsbeziehungen ihrerseits einen Teilbetrieb darstellen (s. Rz. 25ff., insbesondere alle für den Teilbetrieb betriebsnotwendigen Wirtschaftsgüter diesem zugeordnet werden); nur bzgl für den Teilbetrieb nicht betriebsnotwendiger Wirtschaftsgüter und bzgl. Finanzanlagen (Forderungen, Wertpapiere, Bankguthaben) sowie bzgl. Verbindlichkeiten besteht auch steuerlich ohne Gefahr der Gewinnrealisierung ein erheblicher Spielraum. 77

Die im Vertragsmuster in Anlagen X 6 und Y 6 empfohlene Beschreibung der auf die jeweiligen übernehmenden Rechtsträger **übergehenden Arbeits- und Anstellungsverhältnisse** ist hier idR nur deklaratorischer Natur. Denn § 613a Abs. 1 Satz 1 BGB (§ 324 UmwG) ordnet bei der Übertragung eines Betriebs oder Betriebsteils auch für die in diesem Betrieb oder Betriebsteil bestehenden Arbeits- und Anstellungsverhältnisse deren Übergang an (*W/M/Mayer* § 126 UmwG Rz. 183). Eine Zuordnung ist aber hier **erforderlich** bzgl. des Geschäftsführers der übertragenden A-GmbH, der keinem der beiden Betriebsteilen eindeutig zuzuordnen ist (*W/M/Mayer* § 126 UmwG Rz. 183f. und 304ff. zur Auswirkung der Aufspaltung auf **Organe** des übertragenden Rechtsträgers). Die Bezeichnung ist auch insoweit konstitutiv, als **nicht einem Betrieb oder Betriebsteil zuzuordnende Arbeits- und Anstellungsverhältnisse** übertragen werden sollen oder nur einzelne Wirtschaftsgüter übertragen werden (s. dazu *W/M/Mayer* § 126 UmwG Rz. 184). Widerspricht bei Aufspaltung ein Arbeitnehmer nach §§ 324 UmwG, 613a Abs. 6 BGB, geht das Arbeitsverhältnis nicht über, sondern erlischt gleichzeitig mit dem Untergang des übertragenden Rechtsträgers durch Eintragung. Zur Fortgeltung kollektivvertraglicher Regelungen s. *Boecken* ZIP 94, 1094. 78

Auf die vorstehenden (Rz. 78) Auswirkungen sollte im Rahmen der nach § 126 Abs. 1 Nr. 11 UmwG vorgeschriebenen Angabe über die Folgen der Spaltung für die Arbeitnehmer (in § 4 des Aufspaltungsvertrags) zusätzlich zu den Folgen für die Vertretungen der Arbeitnehmer hingewiesen werden, vgl. A. 15.60 Rz. 87 und Rz. 34. 79

(frei) 80

Zu § 1 Abs. 3: Gegenleistungen

81 Bei dem diesem Formular zugrunde liegenden Fall ist vorgesehen, dass überhaupt **keine Gegenleistungen** gewährt werden. Dies beruht auf Folgendem:

- die Gewährung von Anteilen an den übernehmenden Rechtsträgern an die Gesellschafter des übertragenden Rechtsträgers ist ausgeschlossen, soweit die übernehmenden Rechtsträger Geschäftsanteile an dem übertragenden Rechtsträger innehaben (§ 54 Abs. 1 Nr. 1 iVm. § 125 UmwG bzgl. des Ausschlusses von Kapitalerhöhungen und § 131 Abs. 1 Nr. 3 Satz 2, 2. Hs., 2. Alt. UmwG bzgl. der Gewährung von Anteilen);

82 – andere Gegenleistungen werden ebenfalls nicht gewährt, weil die Zuordnung der Vermögensteile wertmäßig jeweils den bisherigen Beteiligungen der übernehmenden Rechtsträger an dem übertragenden Rechtsträger entsprechen, also die Zuordnung der Vermögensteile entsprechend der bisherigen Beteiligungen der übernehmenden Rechtsträger erfolgt.

Beispiel: Verkehrswert der A-GmbH vor der Spaltung € 200.000.–, davon entfallen auf die B-GmbH und C-GmbH jeweils € 100.000.–; Zuordnung von Wirtschaftsgütern zu den Teilbetrieben X und Y von je € 100.000.–.

Bare Zuzahlungen wären gem. § 54 Abs. 4 iVm. § 125 UmwG hier überhaupt nicht zulässig, weil es an Kapitalerhöhungen fehlt, auf die insgesamt die 10%-Begrenzung angewendet werden könnte. Würden gleichwohl bare Zuzahlungen oder andere Gegenleistungen, wie Gesellschafterdarlehen gewährt, ist deren Zulässigkeit strittig: zu § 2 Abs. 1 Satz 2 SpTrUG wird vertreten, dass diese Bestimmung für die Spaltung nicht passt, weil nicht verhindert werden muss, dass Gesellschafter der übertragenden Gesellschaft „rausgekauft" werden (*Priester* DB 91, 2377; aA wohl *S/H/S/Stratz* § 54 UmwG Rz. 21, wonach bare Zuzahlungen grds. nur neben einer Anteilsgewährung erfolgen sollen). Da § 54 Abs. 4 UmwG im Rahmen der Aufspaltung gem. § 125 UmwG entsprechende Anwendung findet (§ 125 Satz 1 UmwG), wird man daher in der Praxis nur empfehlen können, in diesen Fällen von baren Zuzahlungen und ganz allgemein von **anderen Gegenleistungen als baren Zuzahlungen abzusehen** und den Wertausgleich durch entsprechende Zuteilung von steuerlich „neutralen" (s. Rz. 49) Aktiva und Passiva (insbes. Wertpapiere, Bankguthaben, Forderungen bzw. Verbindlichkeiten) herzustellen. Andere Methoden, wie Teilverkauf von Anteilen vor der Spaltung (um die entsprechenden Wertverhältnisse herzustellen), können aber im Einzelfall uU die steuerliche Neutralität der Aufspaltung bei der Trennung von Gesellschafterstämmen gem. § 15 Abs. 2 Satz 5 UmwStG insgesamt gefährden und sind daher generell ohne Einzelfallprüfung nicht empfehlenswert. In Betracht käme wohl eine abweichende Gewinnberechtigung ab dem Spaltungsstichtag.

Zu § 1 Abs. 4: Besondere Rechte und Vorteile

83 Klarstellend sollte im Vertrag auch darauf hingewiesen werden, dass besondere Rechte und Vorteile iSv. § 126 Abs. 1 Nr. 7 und 8 UmwG an die dort bezeichneten Personen nicht gewährt werden. Zu einer ausführlicheren Formulierung vgl. Formular A. 15.70 § 2 Abs. 6 und 7 sowie A. 15.63 Rz. 48f.

Zu § 2: Spaltungsstichtag

84 Angegeben werden muss gem. § 126 Abs. 1 Nr. 6 UmwG der Zeitpunkt, von dem ab die Handlungen des übertragenden Rechtsträgers als für Rechnung jedes der übernehmenden Rechtsträger vorgenommen gelten **(Spaltungsstichtag).** Dieser wird in dem diesem Formular zugrunde liegenden Fall mit Beginn des 1.1.02 (dh. 0:00 Uhr) festgelegt. Danach gelten mit Beginn dieses Tages, dh. ab dem 1.1.02, 0:00 Uhr die Handlungen des übertragenden Rechtsträgers als für Rechnung der den jeweiligen Betriebsteil übernehmenden Rechtsträger vorgenommen.

Entspricht der Aufspaltungsstichtag (wie in der Praxis regelmäßig zur Vermeidung eines Zwischenabschlusses) dem ersten Tag nach dem Ende eines Geschäftsjahres der übertragenden Gesellschaft, wird auf den vorhergehenden Bilanzstichtag meist auch die gem. § 17 Abs. 2 iVm. § 125 UmwG der Handelsregisteranmeldung des übertragenden Rechtsträgers beizufügende **Schlussbilanz** (mit Anhang) erstellt werden (vgl. A. 15.00 Rz. 17). Auf diesen Stichtag werden ferner die in § 1 Abs. 2 Buchst. a und b der Vermögenszuordnung ergänzend zugrunde gelegten Aufspaltungsbilanzen für die beiden Betriebsteile X und Y aufgestellt, die daneben auch als Teil einer Wertnachweisunterlage bei Registeranmeldungen für evtl bei den übernehmenden Rechtsträgern vorzunehmenden Kapitalerhöhungen oder ggfs. für einen **Sachgründungsbericht** bei Auf- und Abspaltung zur Neugründung sinnvoll sein können.

In der Praxis ist darauf zu achten, dass die den jeweils übernehmenden Rechtsträ- **85**
gern zuzuordnenden Wirtschaftsgüter und Rechtsverhältnisse auch **buchhalterisch** bzgl der laufenden Geschäftsvorfälle der jeweils (im Innenverhältnis mit Rückwirkung) übertragenden Betriebe oder Betriebsteile **getrennt** werden können. Hierzu empfiehlt sich, bereits im Vorfeld, dh. vor dem vereinbarten Aufspaltungsstichtag, die entsprechenden Vorkehrungen zu treffen und getrennte Rechnungskreise für die zu übertragenden Betriebe und Betriebsteile einzurichten sowie die Verbuchung der einzelnen Geschäftsvorfälle bereits in den getrennten Rechnungskreisen vorzunehmen (dies kann auch ein weiteres Indiz für die Anerkennung sog. steuerlicher Teilbetriebe als Voraussetzung für die steuerneutrale Spaltung darstellen, s. Rz. 26).

Zu § 3: Grundbucherklärungen

Die Grundbucherklärungen sind übernommen aus *W/M/Mayer* Anh. 4, Muster- **86**
satz 12, M 80.

Zu § 4: Folgen der Spaltung für die Arbeitnehmer und ihre Vertretungen sowie die insoweit vorgesehenen Maßnahmen

Vgl. dazu Rz. 78f. sowie A. 15.60 Rz. 34 und § 3 des Verschmelzungsvertrags in **87**
Formular A. 15.60 enthaltenem ausführlichen Muster (ferner *Lutter/Priester* § 126 UmwG Rz. 57ff.; *Bachner* NJW 95, 2881ff.). Zur **Unterrichtungspflicht** nach § 613a Abs. 5 BGB vgl. Ausführungen unter A. 12 Rz. 36ff. und zu sonstigen individual- und kollektivrechtlichen Folgen *Engl/Ebener* A. 1 Rz. 150f. und 155ff. Zum Übergangsmandat des Betriebsrats vgl. §§ 321 und 322 UmwG. Die fünfjährige Mitbestimmungsbeibehaltungsregelung des § 325 Abs. 1 UmwG gilt nicht bei der Aufspaltung.

Zu § 5: Sicherheitsleistungen

Die in § 5 des Aufspaltungsvertrags wiedergegebenen Regelungen entsprechen den **88**
Regelungen in § 133 UmwG sowie §§ 22 iVm. 125 UmwG; vgl. dazu *W/M/Mayer* § 133 UmwG Rz. 1ff. sowie *Lutter/Hommelhoff* § 133 UmwG Rz. 1ff. Das Recht der Sicherheitsleistung steht Gläubigern nicht zu, die im Falle der Insolvenz ein Recht auf vorzugsweise Befriedigung aus einer zu ihrem Schutz errichteten und staatlich überwachten Deckungsmasse (zB Pensionssicherungsverein) haben (§ 22 Abs. 2 iVm. § 125 UmwG). Die Regelung zu den Sicherheitsleistungen ist Teil des Gesamtschuldkonzeptes, das aus folgenden vier Elementen besteht (vgl. *Lutter/Hommelhoff* § 133 UmwG Rz. 14ff.):

– gesamtschuldnerische Haftung aller beteiligten Rechtsträger für Verbindlichkeiten **89**
des übertragenden Rechtsträgers, die vor dem Wirksamwerden der Spaltung begründet worden sind, unabhängig davon, welchem Rechtsträger die Verbindlichkeit im Spaltungsplan zugeteilt wurde (§ 133 Abs. 1 Satz 1 UmwG),

90 – Recht auf Sicherheitsleistung für die Gläubiger nicht fälliger Forderungen, wobei nur die Gläubiger der übernehmenden Rechtsträger die Gefährdung ihrer Forderungen glaubhaft machen müssen (§ 133 Abs. 1 Satz 2 iVm. § 22 Abs. 1 UmwG),

91 – Begrenzung der Haftungsansprüche bei zeitlicher Enthaftung nach fünf Jahren gegen die Rechtsträger, denen die Verbindlichkeiten im Spaltungsplan nicht zugeteilt wurden (§ 133 Abs. 3 UmwG) und

92 – Anwendung der §§ 25 ff. HGB auch auf die partielle Gesamtrechtsnachfolge (§ 133 Abs. 1 Satz 2 UmwG).

93–95 *(frei)*

Erläuterungen zu A. 15.20a Schreiben an die Betriebsräte der beteiligten Rechtsträger

96 **Schreiben gem. §§ 126 Abs. 3; 17 Abs. 1 iVm. § 125 UmwG an die Betriebsräte der beteiligten Rechtsträger.** Die Verpflichtung ergibt sich aus § 126 Abs. 3 UmwG; diese entspricht inhaltlich § 5 Abs. 3 UmwG für die Verschmelzung, so dass diesbzgl. auf A. 15.60 Rz. 35 verwiesen werden kann. Nach überwiegender Ansicht in der Literatur können die Betriebsräte auf die Einhaltung der Monatsfrist des § 126 Abs. 3 UmwG und damit auf die Rechtzeitigkeit der Zuleitung gem. § 17 Abs. 1 UmwG verzichten. Zur Begründung dieser Ansicht vgl. A. 15.10 Rz. 65. Zweckmäßigerweise wird eine solche Verzichtserklärung dann bereits in die Anschreiben an die Betriebsräte und die Bestätigung durch diese integriert.

97 Die Zurücksendung der bestätigten Empfangsschreiben an die Geschäftsleitung der übernehmenden B-GmbH erfolgt im Hinblick auf die in der Praxis empfehlenswerte Koordinierung und Durchführung der Handelsregisteranmeldungen durch das Vertretungsorgan eines übernehmenden Rechtsträgers gem. § 129 UmwG (in Ergänzung zu § 16 Abs. 1 Satz 2 UmwG). Die dreifache Zurücksendung wird hier empfohlen, weil die Empfangsnachweise gem. § 17 Abs. 1 iVm. § 125 UmwG zu den Registern der übertragenden A-GmbH und zu den Registern der beiden übernehmenden B-GmbH und C-GmbH notwendig sind (vgl. *W/M/Schwarz* § 129 UmwG Rz. 1 ff.).

Erläuterungen zu A. 15.20b Gesellschafterversammlungen der beteiligten Rechtsträger

98 Der Aufspaltungsvertrag wird nur mit **Zustimmung** der Gesellschafterversammlungen des übertragenden Rechtsträgers (hier A-GmbH) und jeder der übernehmenden Rechtsträger (hier B-GmbH und C-GmbH) wirksam (§ 13 Abs. 1 iVm. § 125 UmwG). Die **Zustimmungsbeschlüsse** können **nur in Gesellschafterversammlungen,** nicht aber im schriftlichen Umlaufverfahren gefasst werden (§§ 13 Abs. 1 Satz 2, 125 UmwG). Der Zustimmungsbeschluss bedarf für GmbH als beteiligte Rechtsträger gem. § 50 Abs. 1 iVm. § 125 UmwG grundsätzlich einer Mehrheit von mindestens $^3/_4$ der abgegebenen Stimmen, wenn der jeweilige Gesellschaftsvertrag nicht eine größere Mehrheit oder weitere Erfordernisse bestimmt (§ 50 Abs. 1 Satz 2 iVm. § 125 UmwG). Zu Sonderfällen, in denen wegen **Minderheitsrechten einzelner Gesellschafter** an der übertragenden Gesellschaft (§ 50 Abs. 2 UmwG) bzw. auf Grund nicht vollständig geleisteter Einlagen bei übernehmenden oder übertragenden Rechtsträgern (§ 51 Abs. 1 Satz 1 und 3 iVm. § 125 UmwG) oder wegen Vinkulierung von Anteilen des übertragenden Rechtsträgers (§ 13 Abs. 2 iVm. § 125 UmwG) die Zustimmung dieser oder aller anwesenden Anteilseigner notwendig ist, vgl. A. 15.63 Rz. 21 und Rz. 77 ff.

Darüber hinaus sieht § 128 UmwG **bei nicht verhältniswahrender Spaltung** als Wirksamkeitsvoraussetzung die **Zustimmung aller Anteilsinhaber des übertragenden Rechtsträger** vor. Für die Spaltung zur Aufnahme ist zur Berechnung des Beteiligungsverhältnisses der jeweils zu übertragende Teil des Vermögens zugrunde zu legen. 99

Weitestgehende Verzichtserklärungen. Der dem Formular zugrunde liegende Fall geht davon aus, dass sämtliche an der Aufspaltung beteiligte Gesellschaften und deren Gesellschafter über ausreichende Informationen verfügen, um auch ohne die gesetzlich vorgesehenen Informationsinstrumentarien der Aufspaltung zustimmen zu können. Deshalb wird soweit wie möglich in den Beschlüssen jeweils auf die Informationsregelungen, Prüfungsanforderungen und Anfechtungs- bzw. Klagemöglichkeiten verzichtet. Es handelt sich iE um: 100

- Versendung des Aufspaltungsvertrags bzw. dessen Entwurf zusammen mit der Einberufung der Gesellschafterversammlungen gem. § 7 iVm. § 125 Satz 1 UmwG,
- der Auslegung der Jahresabschlüsse und ggfs Lageberichte sämtlicher an der Aufspaltung beteiligten Rechtsträger für die letzten drei Geschäftsjahre zur Einsicht durch die Gesellschafter jeweils in den Geschäftsräumen der Gesellschaften vom Zeitpunkt der Einberufung der Gesellschafterversammlung an (§ 49 Abs. 2 iVm. § 125 Satz 1 UmwG),
- die Erstellung von Spaltungsberichten durch jeden der an der Spaltung beteiligten Rechtsträger oder eines gemeinsamen Berichts dieser gem. § 127 UmwG; der Verzicht hierauf bedarf gem. § 8 Abs. 3 iVm. § 127 Satz 2 UmwG der notariellen Beurkundung. Der Verzicht ist durch alle Anteilsinhaber aller beteiligten Rechtsträger zu erklären (§ 8 Abs. 3 Satz 1 1. Alt. UmwG),
- die Prüfung (iSd. §§ 9–12 UmwG) des Aufspaltungsvertrags bzw. des Entwurfs nach § 48 iVm. § 125 UmwG auf Verlangen eines Gesellschafters (innerhalb einer Woche nach Erhalt der Aufspaltungsunterlagen; vgl. § 48 Satz 1 UmwG) einer an der Aufspaltung beteiligten Gesellschaften,
- das Recht, die Zustimmungsbeschlüsse gem. § 14 iVm. § 125 UmwG innerhalb eines Monats durch Klage anzugreifen; hierauf kann durch notarielle Beurkundung der Verzichtserklärung verzichtet werden (§ 16 Abs. 2 Satz 2, 2. Hs. iVm. § 125 UmwG), was sich zur Beschleunigung der Handelsregisteranmeldung empfiehlt, weil dann die Negativerklärung gem. § 16 Abs. 2 Satz 1 iVm. § 125 UmwG entfällt.

Eine **Unterrichtung über die wesentliche Veränderung des Vermögens** der an der Aufspaltung beteiligten Rechtsträger ist **nicht erforderlich**. Der Gesetzgeber hat durch das Dritte Gesetz zur Änderung des UmwG v. 11.7.11 (BGBl. I 11, 1338) eine Unterrichtungspflicht in das UmwG nur für den Vorstand einer AG in § 64 Abs. 1 Satz 2 UmwG nF aufgenommen. Diese Vorschrift findet bei Spaltungen ebenfalls nur bei Aktiengesellschaften als beteiligte Rechtsträger Anwendung; vgl. § 125 Satz 1 UmwG. 101

Wichtig ist in der Praxis vor allem die **rechtzeitige Abstimmung** über die **Zuordnung** einzelner Vermögensgegenstände an die übertragenden Rechtsträger, so dass keine Wertverschiebungen eintreten, **und** über das **Procedere** (wegen weitestgehender Verzichtserklärungen) möglichst mit allen Gesellschaftern sämtlicher beteiligten Gesellschaften. 102

(frei) 103, 104

Erläuterungen zu A. 15.20c und A. 15.20d Handelsregisteranmeldungen

105 Gemäß § 129 UmwG ist zur Anmeldung der Aufspaltung auch das Vertretungsorgan jedes der übernehmenden Rechtsträger berechtigt. Diese Bestimmung erfolgt zur Klarstellung zu § 16 Abs. 1 Satz 2 UmwG (wonach bei der Verschmelzung das Organ des übernehmenden Rechtsträgers die Verschmelzung auch zur Eintragung in das Register des Sitzes jedes der übertragenden Rechtsträger anmelden kann. Der bei der Verschmelzung durch § 16 Abs. 1 Satz 2 UmwG ermöglichte Effekt, die Registerverfahren für alle beteiligten Rechtsträger in einer Hand zu konzentrieren, kann bei der Spaltung nicht erreicht werden, da § 129 UmwG nur die Zuständigkeit für die Anmeldung für den übertragenden Rechtsträger verändert, also ein Vertretungsorgan eines übernehmenden Rechtsträgers nach dieser Vorschrift nicht berechtigt ist, auch die Anmeldung für den anderen übernehmenden Rechtsträger vorzunehmen (glA *W/M/Schwarz* § 129 UmwG Rz. 9.1; *Lutter/Priester* § 129 UmwG Rz. 2). Demnach müssen die vertretungsberechtigten Organe der übernehmenden Gesellschaften die eigenen Registeranmeldungen jeweils selbst vornehmen. Die weitestgehende Zentrierung der Anmeldungen der übertragenden Gesellschaft durch eine der übernehmenden Gesellschaften (hier B-GmbH) ist dennoch wegen der Koordination der Anlagen sinnvoll. Natürlich können die Anmeldungen auch jeweils durch die Organe der an der Aufspaltung beteiligten Rechtsträger (A-GmbH, B-GmbH und C-GmbH) vorgenommen werden. Die Anmeldungen und die Einreichung der Unterlagen haben elektronisch zu erfolgen (§ 12 HGB; zur elektronischen Anmeldung vgl. A 3.02 Rz. 41).

106 Zeitlich wichtig ist, dass die **Anmeldung zum Register der übertragenden A-GmbH,** der gem. § 17 Abs. 2 iVm. § 125 UmwG die Schlussbilanz beizufügen ist, **innerhalb von acht Monaten nach dem Bilanzstichtag erfolgt.** Die Acht-Monats-Frist hat nämlich auch Bedeutung für die Anerkennung einer **steuerlichen Rückwirkung** gem. § 2 Abs. 1 UmwStG, s. Rz. 58; zum Verhältnis handelsrechtlicher Spaltungsstichtag zum Bilanzstichtag s. A. 15.00 Rz. 16ff.

107 Die **Eintragungen** selbst erfolgen **stufenweise: (1)** Zunächst erfolgt die Eintragung im Register des Sitzes jedes der übernehmenden Rechtsträger mit dem Vermerk, dass die Spaltung erst mit der Eintragung im Register des Sitzes des übertragenden Rechtsträgers wirksam wird (§ 130 Abs. 1 Satz 2 UmwG). Erst danach darf **(2)** die Spaltung in das Register des übertragenden Rechtsträgers eingetragen werden; erst diese Eintragung hat die in § 131 Abs. 1 UmwG bezeichneten konstitutiven Rechtswirkungen.

A. 15.30 Ausgliederung (Ausgründung) einer GmbH aus Vermögen eines (im Handelsregister eingetragenen) Einzelkaufmanns

Gliederung

I. FORMULARE

Formular A. 15.30 Ausgliederungsplan

Ausgliederungsplan

Heute, den ......, erschien vor mir, ..., Notar in ......

Herr A .... *[Beruf/Wohn- bzw. Geschäftsadresse]*

und bat um Beurkundung des folgenden Ausgliederungsplans gem. §§ 123 Abs. 3 Nr. 2, 136, 126 UmwG.

Präambel

Herr A betreibt in ...... unter der Firma A ein Handelsgewerbe, nämlich ...... *[Beschreibung]* und ist im Handelsregister des Amtsgerichts ...... unter HRA ...... eingetragen.

Herr A möchte seinen bisher als Einzelunternehmen geführten Betrieb zukünftig in der Rechtsform einer GmbH führen und stellt dazu den nachfolgenden Ausgliederungsplan auf, der als Ausgliederungserklärung mit notarieller Beurkundung wirksam wird.

§ 1 Bezeichnung der an der Ausgliederung beteiligten Rechtsträger und Geschäftsführerbestellung

(1) Übertragender Rechtsträger ist Herr A ......, dessen Handelsgewerbe unter der Firma A im Handelsregister des Amtsgerichts unter HRA ...... eingetragen ist.

(2) Übernehmender Rechtsträger ist die A-GmbH mit Sitz in ...... (Stadt). Für diese gilt der dieser Urkunde als Anlage A beigefügte Gesellschaftsvertrag. Dieser wurde mitverlesen und bildet einen wesentlichen Bestandteil der Urkunde.

(3) Als Gründungsgesellschafter der A-GmbH hält Herr A hiermit auch eine außerordentliche Gesellschafterversammlung der A-GmbH ab und beschließt:

Zum ersten Geschäftsführer der A-GmbH wird Herr A ...... *[Name, Beruf, Wohnort]* bestellt. Er vertritt die Gesellschaft allein und ist von den Beschränkungen des § 181 BGB befreit.

§ 2 Übertragung von Vermögensteilen

Herr A überträgt die nachfolgend bezeichneten Teile seines Vermögens auf die A-GmbH, und zwar als Gesamtheit mit allen Rechten und Pflichten unter Ausschluss der Abwicklung seines unter der Firma A betriebenen Einzelunternehmens im Wege der Ausgliederung zur Neugründung der dadurch neu entstehenden A-GmbH als übernehmender Rechtsträger gem. § 123 Abs. 3 Nr. 2 iVm. §§ 152, 158 UmwG. Die A-GmbH führt die Firma des Einzelunternehmens fort.

Auf die A-GmbH werden alle Aktiva, Passiva und Rechtsverhältnisse übertragen, die wirtschaftlich zum Betrieb ...... in ...... (nachfolgend insgesamt bezeichnet als Betrieb) gehören. Bezüglich der übertragenen bilanzierungsfähigen Wirtschaftsgüter wird gem. § 126 Abs. 2 Satz 3 UmwG zur Zuordnung ergänzend auf die aus der zum 31.12.01 aufgestellten Schlussbilanz des Einzelunternehmens des Herrn A (Anlage B) abgeleitete Vermögensaufstellung für die zu übertragenden Vermögensteile (Ausgliederungsübersicht) verwiesen, die dieser Urkunde als Anlage C.1 beigefügt ist und mitverlesen wurde. Auf die A-GmbH werden insbesondere im Einzelnen übertragen:

- **die in der Anlage C.2 (unter Angabe des Grundbuchamts, Gemarkung, Band- und Blattstelle, Flurstück-Nummern) aufgeführten Grundstücke nebst Gebäuden,**
- **die in der Anlage C.3 aufgeführten Gegenstände des Finanzanlagevermögens (ua. Wertpapiere, Beteiligungen, Forderungen, unter Angabe der Beträge und der Schuldner), Gegenstände des beweglichen Anlage- und Umlaufvermögens, Verbindlichkeiten und Rückstellungen (mit Bezeichnung der Beträge und Gläubiger),**
- **die sonstigen Vermögensgegenstände des Anlage- und Umlaufvermögens gem. Inventar und allgemeiner Beschreibung nach Anlage C.4, und zwar auch, soweit sie nicht bilanzierungspflichtig bzw. nicht bilanzierungsfähig sind (zB selbstentwickelte Patente, gewerbliche Schutzrechte, Nutzungsrechte an Urheberrechten) sowie**
- **alle dem Betrieb zuzuordnenden Verträge, insbesondere Miet-, Pacht-, Leasing- und Lieferverträge, Konzessionsverträge, Angebote und sonstige Rechtsstellungen sowie alle mit dem Betrieb im Zusammenhang stehende sonstige Vermögensgegenstände (vgl. Anlage C.5).**

Von der A-GmbH übernommen werden ferner diejenigen Verbindlichkeiten und Rückstellungen, die wirtschaftlich zu dem Betrieb gehören, auch wenn diese in den beigefügten Anlagen oder dem Ausgliederungsplan nicht aufgeführt sind.

Auf die A-GmbH gehen die in Anlage C.6 beschriebenen Arbeits- und Anstellungsverhältnisse über, die dem Betrieb zuzuordnen sind.

Soweit ab dem 1.1.02 Gegenstände des Betriebs durch Herrn A im regelmäßigen Geschäftsverkehr veräußert worden sind, treten die Surrogate an deren Stelle.

Vermögensgegenstände, Verbindlichkeiten, Arbeits- bzw. Anstellungsverhältnisse und sonstige Rechtspositionen, die in den beigefügten Anlagen oder dem Ausgliederungsplan nicht aufgeführt sind, gehen entsprechend der hier getroffenen Zuordnung auf die A-GmbH über, soweit sie dem Betrieb im weitesten Sinne zuzuordnen sind; dies gilt entsprechend auch für immaterielle Vermögenswerte und für bis zur Eintragung der Ausgliederung in das Handelsregister des übertragenden Rechtsträgers (Herr A) erworbene Vermögensgegenstände, bis dahin begründete Arbeits- bzw. Anstellungsverhältnisse, entstandene Verbindlichkeiten und sonstige erworbene Rechtspositionen.

§ 3 Gegenleistung

Für die vorstehenden Vermögensübertragungen werden Herrn A alle Geschäftsanteile an der hiermit neugegründeten A-GmbH als Gegenleistung gewährt. Das in der Ausgliederungsübersicht (Anlage C.1) zum 31.12.01 für Herrn A ausgewiesene Kapitalkonto wird im Rahmen der Neugründung wie folgt behandelt:

- **In Höhe des Nennwerts wird das Kapitalkonto zunächst auf die von Herrn A übernommenen Geschäftsanteile im Nennbetrag von € ....– angerechnet.**
- **In Höhe des über den Nennbetrag der übernommenen Geschäftsanteile von insgesamt € ....– hinausgehenden Betrags wird eine Verbindlichkeit gegenüber Herrn A begründet, die ab dem Zeitpunkt der Eintragung mit ......% p. a. zu verzin-**

sen ist (alternativ wird der Mehrbetrag als Agio geschuldet und ist in die Kapitalrücklage gem. § 272 Abs. 2 Nr. 1 HGB einzustellen).

Unterschreitet der tatsächliche Wert der eingebrachten Vermögensteile im Zeitpunkt der Eintragung in das Handelsregister die übernommene Stammeinlage, entfällt die Begründung eines Darlehens (bzw. alternativ die Vereinbarung des Agios) und ist der Differenzbetrag durch Herrn A in bar auszugleichen.

§ 4 Ausgliederungsstichtag

Als Stichtag wird der 1.1.02, vereinbart. Ab dem 1.1.02, 0:00 Uhr gelten die auf die übertragenen Vermögensgegenstände und Verbindlichkeiten bezogenen Handlungen des Herrn A jeweils als für Rechnung der A-GmbH vorgenommen.

§ 5 Grundbucherklärungen

Herr A bewilligt und beantragt, das Grundbuch entsprechend der Ausgliederungserklärung (s. § 2) zu berichtigen.

§ 6 Folgen der Ausgliederung für die Arbeitnehmer und ihre Vertretungen

Für die Arbeitnehmer des Betriebs und den Betriebsrat werden die Folgen und die insoweit vorgesehenen Maßnahmen wie folgt beschrieben ……

§ 7 Sicherheitsleistungen

Den Gläubigern von Herrn A ist, wenn sie binnen sechs Monaten nach der Bekanntmachung der Eintragung der Ausgliederung in das Handelsregister für den Einzelkaufmann A ihren Anspruch nach Grund und Höhe schriftlich anmelden, Sicherheit zu leisten, soweit sie nicht Befriedigung verlangen können und soweit sie glaubhaft machen können, dass durch die Ausgliederung die Erfüllung ihrer Forderungen gefährdet wird.

§ 8 Kosten und Gebühren

Die mit diesem Ausgliederungsplan verbundenen Gebühren, Kosten und Steuern von voraussichtlich insgesamt ca. € …….– werden von der A-GmbH getragen; der darüber hinausgehende Betrag ist von Herrn A zu tragen.

……………………………………

[Herr A]

Zu Anlage A: Gesellschaftsvertrag der A-GmbH

Ergänzende Bestimmung über Stammkapital/Stammeinlage wegen Sachgründung: „Die Stammeinlagen werden zu einem Ausgabebetrag von € ……,- in voller Höhe durch Übertragung der im Ausgliederungsplan des Einzelkaufmanns Herrn A vom …… (Urkunde-Nr. …… des Notars …… in …… vom ……) in § 2 aufgeführten Vermögensteile als Ganzes im Wege der Ausgliederung zur Neugründung gem. §§ 123 Abs. 3 Nr. 2, 135, 152 ff., 158 ff. UmwG unter Zugrundelegung der Ausgliederungsbilanz zum 31.12.01 erbracht. Die in der Ausgliederungsbilanz ausgewiesenen Kapitalkonten werden jeweils mit dem Nennbetrag auf die Stammeinlage angerechnet, überschießende Beträge werden dem Gesellschafter als Darlehen gutgeschrieben (alternativ als Agio geschuldet), Fehlbeträge sind durch Bareinzahlung auszugleichen.“

Formular A. 15.30a Schreiben an den Betriebsrat

Von: Einzelunternehmen A ....

[Ort/Datum]

An: Betriebsrat des Einzelunternehmens A, z. Hd. des/der Vorsitzenden des Betriebsrats, Herrn/Frau ......

gegen Empfangsbekenntnis

Betreff: Bevorstehende Ausgründung des Betriebs A auf die damit neugegründete A-GmbH

Sehr geehrte Damen und Herren,

in einem voraussichtlich am ...... stattfindenden Beurkundungstermin ist beabsichtigt, den beigefügten Entwurf des Ausgliederungsplans formwirksam zu beurkunden. Ich übermittle Ihnen hiermit den Entwurf in der Anlage gem. § 126 Abs. 3 iVm. § 135 Abs. 1 UmwG. Die in § 13 iVm. § 125 UmwG vorgesehene Beschlussfassung in einer Gesellschafterversammlung findet nicht statt, weil der Ausgliederungsplan eines Einzelkaufmanns, der alleiniger Gesellschafter der übernehmenden A-GmbH wird, als einseitige Erklärung bereits mit deren notarieller Beurkundung wirksam wird. Ich bitte, auf die Einhaltung der Monatsfrist des § 126 Abs. 3 UmwG zu verzichten, den Erhalt dieses Schreibens und der Anlage auf der beigefügten Kopie dieses Schreibens zweifach zu bestätigen und an mich im Hinblick auf den Nachweis im Zuge der Anlagen zu den Handelsregisteranmeldungen gem. §§ 17 Abs. 1, 16 iVm. § 125 UmwG jeweils zweifach zurück zu schicken.

....

[Herr A]

Hiermit bestätige ich als Vorsitzende(r) des Betriebsrats den Erhalt dieses Schreibens nebst dem als Anlage beigefügten Entwurf des Ausgliederungsplans und verzichte auf die Einhaltung der Monatsfrist des § 126 Abs. 3 UmwG.

....

[Ort/Datum] [Betriebsratsvorsitzende(r) des Betriebs A]

Formular A. 15.30b Sachgründungsbericht

Sachgründungsbericht A-GmbH gem. § 5 Abs. 4 GmbHG und § 58 Abs. 1 iVm. § 159 Abs. 1 UmwG

Als übertragender Rechtsträger iSv. § 152 UmwG (nachstehend Übertrager) sowie als zukünftiger Alleingesellschafter der durch die Ausgliederung neu entstehenden A-GmbH erstatte ich gem. § 5 Abs. 4 GmbHG iVm. §§ 58 Abs. 1, 159 Abs. 1 UmwG folgenden Sachgründungsbericht für die Gründung der A-GmbH mit Sitz in ...... (nachstehend Gesellschaft):

Zur Erbringung der von dem Übertrager zu übernehmenden Stammeinlage von € ......,– wurden in Anwendung von §§ 123 Abs. 3 Nr. 2, 126 iVm. § 135 Abs. 1 UmwG die in der Ausgliederungserklärung vom ...... (UrkR-Nr. ...... des Notars ......) bezeichneten Vermögensgegenstände auf die Gesellschaft übertragen. Wegen der genauen Bezeichnung der übertragenen Gegenstände und des Betriebs sowie der übernommenen Verbindlichkeiten und Arbeitsverhältnisse wird auf § 2 der Ausgliederungserklärung Bezug genommen.

Aufgrund der beigefügten Bescheinigung des steuerlichen Beraters/Wirtschaftsprüfers des Übertragers kann für das laufende Geschäftsjahr von einem Umsatz der Gesellschaft iHv. € ....– (Umsatzerwartung) bei einem Jahresüberschuss von € ....– (Gewinnerwartung) ausgegangen werden. Für die beiden letzten Geschäftsjahre betrugen die Jahresergebnisse € ....– für ...... und € ......,– für .... Der Verkehrswert (Substanzwert) des Anlagevermögens beläuft sich auf ca. € ....–; diese Schätzung beruht auf .... Die Auftragslage stellt sich derzeit wie folgt dar .... Der Grad der Kostendeckung durch diese Aufträge beträgt ca. ......%.

Aufgrund der vorstehenden Fakten stelle ich fest, dass der Wert des eingebrachten Vermögens auch unter Berücksichtigung der Verbindlichkeiten auf jeden Fall den Betrag der Stammeinlage von insgesamt € ....– erreicht, auf den sich die Sacheinlage bezieht.

...

[Herr A]

Formular A. 15.30c Handelsregisteranmeldung der neu entstehenden GmbH

An das

Amtsgericht ......

– Handelsregisterabteilung B –

Betreff: Neugründung der Firma A-GmbH mit Sitz in ...... auf Grund Ausgliederung zur Neugründung gem. §§ 123 Abs. 3 Nr. 2, 152, 158 ff. UmwG

Als übertragender Einzelkaufmann und als alleiniger Geschäftsführer der als übernehmender Rechtsträger neu entstehenden A-GmbH melde ich die neu errichtete Gesellschaft A-GmbH und meine Bestellung als von den Beschränkungen des § 181 BGB befreiter Geschäftsführer zur Eintragung in das Handelsregister an.

Als Anlagen überreiche ich:

I. Beglaubigte Abschrift des Ausgliederungsplans vom ...... (Urkunde-Nr. ...... des Notars ...... in ...... vom ......) mit Bezeichnung der neu errichteten A-GmbH in § 1 Abs. 2 und Gesellschaftsvertrag als Anlage 1, mit meiner Bestellung zum Geschäftsführer und Befreiung von § 181 BGB in § 1 Abs. 3 sowie weiteren Anlagen;

II. Sachgründungsbericht gem. §§ 5 Abs. 4 GmbHG, 58 Abs. 1, 159 Abs. 1 UmwG;

III. Nachweis über die rechtzeitige Zuleitung des Entwurfs des Ausgliederungsplans an den Betriebsrat;

IV. Unterlagen über die Werthaltigkeit des im Wege der Ausgliederung auf die errichtete Gesellschaft übertragenen Vermögens: Vermögensaufstellung entsprechend § 159 Abs. 3 UmwG, versehen mit einer Bestätigung des steuerlichen Beraters/Wirtschaftsprüfers, aus der sich ergibt, dass die in der Aufstellung ausgewiesenen Aktiva nicht über- und die dort ausgewiesenen Passiva nicht unterbewertet sind; ergänzend wird auf die der Anlage I. beigefügte Schlussübersicht (dortige Anlage B) und die daraus abgeleitete Ausgliederungsübersicht (Anlage C.1) sowie auf die Anlagen zum Sachgründungsbericht (Anlage II.) verwiesen;

V. Liste der Gesellschafter

Als übertragender Einzelkaufmann versichere ich, dass meine Verbindlichkeiten mein Vermögen nicht übersteigen und verweise diesbezüglich auf die in entsprechender Anwendung von § 159 Abs. 3 UmwG erstellte Vermögensübersicht.

Meine Bestellung als Geschäftsführer und meine Befreiung von den Beschränkungen des § 181 BGB ergibt sich aus § 1 Abs. 3 des Ausgliederungsplans (vgl. Anlage I).

Die Vertretungsbefugnis ist wie folgt geregelt: ...... *[abstrakt und konkret]*

Die Geschäftsräume der Gesellschaft befinden sich in ......

Als neu bestellter Geschäftsführer versichere ich, dass ab der Eintragung der Ausgliederung im Handelsregister des übertragenden Einzelkaufmanns die im Ausgliederungsplan bezeichneten Vermögenswerte der durch die Ausgliederung neu entstehenden Gesellschaft sich endgültig in meiner freien Verfügung als deren alleiniger Geschäftsführer befinden.

Nach Vollzug bitte ich um Eintragungsnachricht an die Gesellschaft und an den beglaubigenden Notar sowie um Übermittlung je eines beglaubigten Handelsregisterauszugs an diese.

..

[Herr A als übertragender Rechtsträger
und alleiniger Geschäftsführer der A-GmbH]

..

[Beglaubigungsvermerk]

Formular A. 15.30d Handelsregisteranmeldung des Einzelkaufmanns

An das
Amtsgericht ......
– Handelsregisterabteilung A –

Betreff: Einzelkaufmann A ...... in ......;
HRA-Nr. ......

Gem § 137 Abs. 2 iVm. §§ 152ff. UmwG melde ich als übertragender Rechtsträger zur Eintragung in das Register an:

Unter Auflösung des übertragenden Einzelunternehmens ist das gesamte, dem Unternehmen gehörende Vermögen auf Grund der Bezeichnung der Ausgliederungserklärung in § 2 des Ausgliederungsplans (siehe Anlage I.) im Wege der Ausgliederung zur Neugründung auf die hiermit neu gegründete A-GmbH mit Sitz in ...... übertragen worden. Die Geschäftsräume der A-GmbH befinden sich in ...... Die A-GmbH führt die Firma des Einzelunternehmens fort.

Als Anlagen überreiche ich:

I. Beglaubigte Abschrift des Ausgliederungsplans vom ...... (Urkunde-Nr. ...... des Notars ...... in ...... vom ......) nebst Anlagen;

II. Schlussbilanz des übertragenden Einzelunternehmens zum Ausgliederungsstichtag;

III. Nachweis über die rechtzeitige Zuleitung des Entwurfs des Ausgliederungsplans an den Betriebsrat des Einzelunternehmens A;

IV. Zum Nachweis des Nichtvorliegens der Überschuldung als Eintragungshindernis gem. §§ 152 Satz 2, 160 Abs. 2 UmwG die in entsprechender Anwendung von § 159 Abs. 3 UmwG aufgestellte Vermögensaufstellung über mein Vermögen als Einzelkaufmann, aus der sich ergibt, dass meine Verbindlichkeiten meine Aktiva nicht übersteigen.

Zur Vervollständigung der Anmeldung werde ich noch einen beglaubigten Handelsregisterauszug nachreichen, aus dem sich die Eintragung des neuen übernehmenden Rechtsträgers A-GmbH ergibt.

Nach Vollzug bitte ich um Eintragungsnachricht an mich und an den beglaubigenden Notar sowie um die Übermittlung je eines beglaubigten Handelsregisterauszugs.

....

[Herr A]

....

[Beglaubigungsvermerk]

II. ERLÄUTERUNGEN

Erläuterungen zu A. 15.30 Ausgliederungsplan

1. Grundsätzliche Anmerkungen

a) Wirtschaftliches Ziel

Ziel der Ausgliederung von Vermögensteilen eines Einzelkaufmanns in eine dadurch neugegründete GmbH ist, das Einzelunternehmen (oder Teile hiervon) zukünftig in der Rechtsform der GmbH zu betreiben, mit der Möglichkeit, die **Haftung** für zukünftige Verluste und für die nach der Ausgliederung begründeten Verbindlichkeiten auf das Vermögen der GmbH zu beschränken. Die hier im Formular zugrunde gelegte Technik der Ausgliederung zur **Neugründung** (sog. Ausgründung) ermöglicht auch den Übergang von Verbindlichkeiten im Wege der **partiellen Gesamtrechtsnachfolge** ohne Gläubigerzustimmung. Zwar haftet der bisherige Einzelkaufmann für die bis zum Zeitpunkt der Wirksamkeit der Ausgliederung entstandenen Verbindlichkeiten persönlich fort, allerdings gem. § 157 UmwG zeitlich begrenzt auf fünf Jahre. 1

Steuerlich ist die Überführung des Einzelunternehmens auf die neugegründete GmbH neutral möglich, wenn ein sog. Betrieb oder zumindest **Teilbetrieb** überragen wird und – wie hier vorgesehen – die Gegenleistung zumindest zum Teil in neuen Gesellschaftsrechten an der übernehmenden GmbH besteht und sonstige Gegenleistungen (zB eingeräumte Darlehen) das steuerliche Kapitalkonto nicht überschreiten. 2

(frei) 3

b) Zivilrecht

Die Ausgliederung aus dem Vermögen des Einzelkaufmanns zur Neugründung (sog. **„Ausgründung"**) ist möglich, wenn 4

- das von dem Einzelkaufmann betriebene Handelsgewerbe (§§ 1–3 HGB) im Handelsregister eingetragen ist (bzw. spätestens zeitgleich mit der Eintragung der Ausgliederung eingetragen wird, vgl. *W/M/Mayer* § 152 UmwG Rz. 25; *Lutter/Karollus* § 152 UmwG Rz. 25) und
- die eingebrachten Verbindlichkeiten die eingebrachten Aktiva nicht übersteigen (vgl. §§ 152 Satz 2 und 160 Abs. 2 UmwG für Ausgliederung zur Neugründung bzw. § 154 UmwG für Ausgliederung zur Aufnahme).

Die **Ausgliederung zur Neugründung** kann entweder das gesamte Vermögen (hier den gesamten Betrieb) oder Teile des Vermögens (sollte steuerlich aber mindestens einen Teilbetrieb) umfassen. Die Ausgliederung (hier als „Ausgründung") nach dem UmwG tritt neben die weiterhin zulässige **Einzelübertragung im Wege der Sachgründung** (vgl. Formular A. 3.02 zur Sachkapitalerhöhung). Die Zulässigkeit beider Techniken (trotz des Numerus Clausus in § 1 Abs. 2 UmwG) ist allgemein anerkannt (*W/M/Mayer* § 152 UmwG Rz. 15 f.). Die Unterschiede zur Sachgründung mit Einzelrechtsnachfolge liegen im Wesentlichen in der bei der Ausgliederung unter Anwendung des UmwG möglichen **partiellen Gesamtrechtsnachfolge** mit **Übertragung von Verbindlichkeiten ohne Gläubigerzustimmung** (allerdings mit fünfjähriger gesamtschuldnerischer **Nachhaftung** gem. § 157 iVm. § 158 UmwG für 5 auf die GmbH übertragenen Verbindlichkeiten und gem. § 133 Abs. 3 UmwG für die nicht auf die GmbH übertragenen Verbindlichkeiten des Einzelunternehmers) sowie der im Innenverhältnis auch **handelsrechtlich möglichen Rückwirkung** von max. acht Monaten auf den Ausgliederungsstichtag (zu den Vorteilen der Einzelrechtsnachfolge s. A. 3.02 Rz. 4).

6 Die **Ausgliederung** nach dem UmwG ist bzgl ganzer Unternehmen oder Unternehmensteile (steuerlich aber zumindest Teilbetriebe) **auf bestehende Rechtsträger,** nämlich bestehende Personenhandelsgesellschaften, Kapitalgesellschaften und eingetragene Genossenschaften anwendbar (§§ 152 Satz 1, 153–157 UmwG). Hier sind allerdings **zusätzlich** zu dem Fall, der diesem Formular zugrunde liegt, auch ein **Ausgliederungsbericht** (für die Gesellschafter des bestehenden übernehmenden Rechtsträgers, nicht aber für den ausgliedernden Einzelkaufmann, vgl. § 153 UmwG) und die **Fassung eines Zustimmungsbeschlusses** in der Gesellschafterversammlung des übernehmenden Rechtsträgers notwendig.

7 Bei dem Fall, der diesem Formular zugrunde liegt, der sog. **Ausgründung** eines Betriebs auf eine neugegründete GmbH, wird der **Ausgliederungsplan als einseitige Erklärung in notariell beurkundeter Form** (§ 6 iVm. § 125 UmwG) durch den Einzelunternehmer abgegeben, aus dessen Vermögen die auszugliedernden Vermögensteile abgespalten werden. Die Erklärung wird als einseitige nicht empfangsbedürftige Willenserklärung **ohne weiteren Zustimmungsbeschluss** wirksam (vgl. *W/M/Mayer* § 152 UmwG Rz. 6, 20 und 96; *Lutter/Karollus* § 158 UmwG Rz. 10).

8 Die Angaben in dem Ausgliederungsplan entsprechen grds. den Angaben, die in einem Ausgliederungs- und Übernahmevertrag gem. § 126 UmwG bzw. Spaltungsplan gem. § 136 zu machen sind (§§ 135 Abs. 1, 136, 126 UmwG). Allerdings entfallen die Angaben zum Umtauschverhältnis gem. § 126 Abs. 1 Nr. 2 und Nr. 10 UmwG sowie die Angaben zu besonderen Vorteilen und Sonderrechten iSv. § 126 Abs. 1 Nr. 7 und Nr. 8 UmwG. Wesentlicher Inhalt des Ausgliederungsplans ist auch hier gem. §§ 126 Nr. 9 iVm. 126 Abs. 2 UmwG die genaue Bezeichnung des übergehenden Betriebs sowie die genaue Bezeichnung und Aufteilung der übergehenden Gegenstände des Aktiv- und Passivvermögens. Diesbzgl. wird auf A. 15.20 Rz. 73 ff. verwiesen.

9 Das **Verbot** des § 54 Abs. 4 UmwG, der **bare Zuzahlungen** nur in Höhe von 10% des Nennbetrags der insgesamt gewährten Anteile zulässt, und das Verbot anderer Zuzahlungen **greifen** für die **Ausgliederung nicht** (nach § 125 Satz 1 ist bei der Ausgliederung § 54 UmwG nicht entsprechend anwendbar; vgl. S/S/*Stengel* § 125 UmwG Rz. 10; *W/M/Fronhöfer* § 125 UmwG Rz. 75). Daher ist es möglich, als Gegenleistung neben den neuen Anteilen auch die Einräumung von Darlehen, wie hier im Formular vorgesehen, zu vereinbaren. Zur bilanziellen Behandlung der Ausgliederung s. HFA 1/98 Abschn. 1.2.3, WPg 98, 508.

10 Die im Zuge der Ausgliederung neugegründete GmbH kann **keine Unternehmergesellschaft** iSv. § 5a GmbHG (eingefügt durch MoMiG v. 23.10.08, BGBl. I 08, 2026) sein. Denn bei der Ausgliederung zur Neugründung wird das Stammkapital der GmbH durch Sacheinlage erbracht. Dies ist aber bei einer Unternehmergesellschaft nach § 5a Abs. 2 Satz 2 GmbHG unzulässig. Die neuzugründende GmbH muss demnach ein Stammkapital von mindestens € 25000.– haben. A als Gründer darf jedoch mehrere Geschäftsanteile übernehmen. Die Nennbeträge der Geschäftsanteile müssen nach Inkrafttreten des MoMiG nur noch auf volle Euro lauten und in der Summe mit dem Stammkapital übereinstimmen (§ 5 Abs. 2 und 3 GmbHG; im Übrigen vgl. die Erläuterungen zu den Formularen im Teil A.6).

c) Steuerrecht

aa) Ertragsteuern

11 Die Ausgliederung eines Betriebs (oder Teilbetriebs) aus dem Vermögen eines Einzelkaufmanns auf eine hierdurch neugegründete GmbH gem. §§ 123 Abs. 3 Nr. 2, 124

Abs. 1, 152 ff. UmwG) fällt ertragsteuerlich in den Anwendungsbereich der §§ 20, 22, 23 UmwStG. § 20 Abs. 1 UmwStG erfasst die Einbringung eines Betriebs oder Teilbetriebs in eine Kapitalgesellschaft, bei der der Einbringende zumindest teilweise neue Anteile an der aufnehmenden Kapitalgesellschaft erhält (UmwSt-Erl. 2011 BMF v. 11.11.11, BStBl. I 11, 1314, Tz. E 20.09). Bei der Ausgliederung aus einem Einzelunternehmen auf eine neugegründete GmbH besteht ein Teil der Gegenleistung immer in neuen Gesellschaftsrechten an der aufnehmenden GmbH. Es liegt eine **Sacheinlage** vor. Die Gewährung anderer Gegenleistungen neben der Gewährung neuer Anteile führt nicht insgesamt zum Ausschluss der Möglichkeit der Vermeidung der Gewinnrealisierung, sondern nur soweit deren gemeine Werte den steuerlichen **Buchwert des eingebrachten Betriebsvermögens** (wenn dieses zu Buchwerten von der aufnehmenden Kapitalgesellschaft angesetzt wird) übersteigen (§ 20 Abs. 3 Satz 3 und § 20 Abs. 2 Satz 4 UmwStG, vgl. dazu A. 15.80 Rz. 24 und A. 3.02 Rz. 16).

Das **Wahlrecht** zur **Vermeidung der Gewinnrealisierung** wird faktisch **von der übernehmenden GmbH** durch Ansatz in deren steuerlicher Eröffnungsbilanz gem. § 20 Abs. 2 UmwStG ausgeübt (zur Ausübung des Wahlrechts auf Buchwertfortführung s. auch LFSt Bayern v. 7.7.14, DB 14, 1898 und *Pyszka* DStR 13, 693; zur Frage der Rechtsbehlfsbefugnis zuletzt zusammenfassend *Heidrich* DStR 13, 2671). Mit dem Wert, mit dem die übernehmende GmbH das übernommene Vermögen in ihrer steuerlichen Eröffnungsbilanz ansetzt, gilt das eingebrachte Vermögen für den einbringenden Einzelkaufmann als veräußert und gelten die dafür gewährten Geschäftsanteile als zu diesem Wert angeschafft (§ 20 Abs. 3 Satz 1 UmwStG). 12

Die übernehmende GmbH hat das eingebrachte Betriebsvermögen grds. mit dem gemeinen Wert anzusetzen (§ 20 Abs. 2 Satz 1 UmwStG). Abweichend von Satz 1 kann das übernommene Betriebsvermögen auf Antrag aber auch einheitlich mit dem Buchwert oder einem höheren Wert (höchstens jedoch mit dem gemeinen Wert) angesetzt werden, soweit 13

- sichergestellt ist, dass es später bei der übernehmenden Körperschaft der Besteuerung mit Körperschaftsteuer unterliegt,
- die Passivposten des eingebrachten Betriebsvermögens die Aktivposten nicht übersteigen; dabei ist das Eigenkapital nicht zu berücksichtigen,
- das Recht der Bundesrepublik Deutschland hinsichtlich der Besteuerung des Gewinns aus der Veräußerung des eingebrachten Betriebsvermögens bei der übernehmenden Gesellschaft nicht ausgeschlossen oder beschränkt wird (§ 20 Abs. 2 Satz 2 UmwStG). Erhält der Einbringende neben den (neuen) Gesellschaftsanteilen aber auch andere Wirtschaftsgüter, deren gemeiner Wert den Buchwert des eingebrachten Betriebsvermögens übersteigt, hat die übernehmende GmbH das eingebrachte Betriebsvermögen mindestens mit dem gemeinen Wert der anderen Wirtschaftsgüter anzusetzen (§ 20 Abs. 2 Satz 4 UmwStG; insoweit also zwingende Gewinnrealisierung).

Bzgl. der weiteren Besteuerungsfolgen wird auf A. 15.80 Rz. 21 ff. verwiesen, die für den Fall der Ausgliederung aus dem Vermögen eines Einzelkaufmanns auf eine neugegründete GmbH entsprechend gelten, nämlich insbes. bzgl. 14

- der steuerlichen Rückbeziehung bis zu max. acht Monate auf Antrag gem. § 20 Abs. 5 iVm. Abs. 6 UmwStG: vgl. A. 15.80 Rz. 35 ff. mit der Besonderheit, dass die GmbH für steuerliche Zwecke dann bereits zum Ablauf des steuerlichen Übertragungsstichtags rückwirkend als entstanden gilt (zur Frage ob die Rückbeziehung auch noch nach Abgabe der steuerlichen Schlussbilanz beantragt werden kann, vgl. *Pyszka* DStR 13, 1005);
- der **Besteuerung eines Einbringungsgewinns** beim einbringenden Einzelunternehmer: vgl. Formular A. 15.80 Rz. 21;
- werden innerhalb von sieben Jahren nach der Einbringung unter Teilwert Anteile an der aufnehmenden GmbH oder von der aufnehmenden GmbH mit eingebrachte

Anteile an Kapitalgesellschaften veräußert (oder einer der sog. Ersatzrealisationstatbestände ausgelöst), kann dies einen Einbringungsgewinn I und II auslösen (§ 22 Abs. 1 und 2 UmwStG). Zwar steht die unentgeltliche Übertragung der erhaltenen Anteile auf eine Kapitalgesellschaft einer (schädlichen) Veräußerung gleich (§ 22 Abs. 1 Satz 6 Nr. 1 UmwStG), die unentgeltliche Übertragung auf sonstige Körperschaften (etwa eine in- oder ausländische Familienstiftung) fällt allerdings unter § 22 Abs. 6 UmwStG, löst also keinen Einbringungsgewinn I aus (*S/H/S/Schmitt* § 22 UmwStG Rz. 75; *D/P/P/M/Patt* § 22 UmwStG Rz. 40).

15 Die Einbringung von Wirtschaftsgütern in eine Kapitalgesellschaft nach § 20 UmwStG stellt regelmäßig keinen Verstoß gegen die **Behaltensregelung** des **§ 13a Abs. 5 ErbStG** dar (§ 13a Abs. 5 Nr. 1 Satz 2, 2. Hs. ErbStG; vgl. hierzu auch Gleichl. Ländererlasse v. 20.11.13, BStBl. I 13, 1508). Für die weitere Ermittlung der Lohnsumme vgl. Gleichl. Ländererlasse v. 21.11.13, BStBl. I 13, 1510.

16, 17 *(frei)*

bb) Verkehrsteuern

aaa) Umsatzsteuer

18 Die Ausgliederung eines Betriebs oder Teilbetriebs auf eine neugegründete GmbH ist gem. § 1 Abs. 1a UStG dann nicht steuerbar, wenn ein in der Gliederung des übertragenden Unternehmens gesondert geführter Betrieb (im Falle der Teilausgliederung) bzw. der ganze Betrieb auf die übernehmende GmbH übergeht. Dies dürfte immer dann der Fall sein, wenn auch die ertragsteuerlichen Voraussetzungen für einen Teilbetrieb (vgl. UmwSt-Erl. 2011 BMF v. 11.11.11, BStBl. I 11, 1314, Tz. 20.06) vorliegen. Die übernehmende Kapitalgesellschaft tritt uE auf Grund der partiellen Gesamtrechtsnachfolge in die Rechtsstellung der übertragenden Kapitalgesellschaft, insbes. bzgl. der evtl. notwendigen Vorsteuerberichtigungen, ein (jedenfalls aber gem. § 1 Abs. 1a Satz 3 und § 15a Abs. 10 UStG); vgl. iE A. 15.00 Rz. 105ff.

bbb) Grunderwerbsteuer

19 Soweit zu den auf die übernehmende Kapitalgesellschaft übertragenen Vermögensteilen auch Grundstücke oder grundstücksgleiche Rechte gehören, löst die Ausgliederung Grunderwerbsteuer gem. § 1 Abs. 1 Nr. 3 GrEStG aus. Der Steuersatz beträgt in den Bundesländern zwischen 3,5 (Bayern und Sachsen) und 6,5 % (Schleswig-Holstein). Besteuerungsbasis ist der sog. steuerliche Bedarfswert der Grundstücke nach § 138 Abs. 2 bis 4 BewG (§ 8 Abs. 2 Nr. 2 GrEStG); vgl. iE A. 15.00 Rz. 115ff. Zu verfassungsrechtlichen Bedenken gegen die Bedarfsbewertung für Grunderwerbsteuerzwecke, vgl. BFH II R 64/08 v. 27.5.09, BStBl. II 09, 856, Bescheide ergehen insoweit nur noch vorläufig, Gleichl. Ländererlasse v. 17.6.11, BStBl. I 11, 575. Grunderwerbsteuer kann auch ausgelöst werden, wenn zu dem eingebrachten Einzelunternehmen Anteile an grundbesitzenden Kapital- oder Personengesellschaften gehören (§ 1 Abs. 2a und 3 GrEStG). Hinweis auch auf § 1 Abs. 3a und mögliche Steuervergünstigung nach § 6a GrEStG idF des AmtshilfeRLUmsG v. 26.6.13 (BGBl. I 13, 1809); hierzu Gleichl. Ländererlasse v. 9.10.13, BStBl. I 13, 1364 und 1375; *Behrens* DStR 13, 2726.

2. Einzelerläuterungen

20 Der Ausgliederungsplan ist durch den ausgliedernden Einzelkaufmann A abzugeben, aus dessen Vermögen die auszugliedernden Teile seines Vermögens übertragen werden sollen. Der Ausgliederungsplan wird als einseitige Erklärung mit dessen **notarieller Beurkundung** (§§ 6 iVm. 125 UmwG) wirksam (*W/M/Mayer* § 152 UmwG Rz. 94ff.). Eines Zustimmungsbeschlusses bedarf es im Fall der Ausgliederung auf eine dadurch neugegründete GmbH nicht, weil der ausgliedernde Einzelunternehmer mit

der Wirksamkeit der Ausgliederung Alleingesellschafter der neugegründeten übernehmenden GmbH wird. Ein Zustimmungsbeschluss ist aber bei der Ausgliederung im Wege der Aufnahme durch einen bestehenden Rechtsträger wegen der Notwendigkeit der Zustimmung der bisherigen Gesellschafter des übernehmenden Rechtsträgers erforderlich.

Die Angaben im Ausgliederungsplan entsprechen denjenigen eines Spaltungsplans (§ 136 UmwG) bzw. eines Ausgliederungs- und Übernahmevertrags gem. § 126 UmwG (§§ 126, 136 iVm. § 135 Abs. 1 UmwG, da die §§ 152–160 UmwG diesbezüglich keine anderen Regelungen enthalten). Die **Angaben zum Umtauschverhältnis** gem. § 126 Abs. 1 Nr. 2 und Nr. 10 UmwG sowie die Angaben zu besonderen Vorteilen und Sonderrechten iSv. § 126 Abs. 1 Nr. 7 und Nr. 8 UmwG **entfallen** bei der Ausgliederung auf eine neugegründete GmbH. Nachfolgend werden nur Besonderheiten der Ausgliederung auf eine neugegründete GmbH angesprochen. Hinsichtlich der Erläuterung zum übrigen Mindestinhalt wird auf A. 15.20 Rz. 70ff. verwiesen. 21

Zu § 1: Bezeichnung der an der Ausgliederung beteiligten Rechtsträger mit Neugründung A-GmbH und Geschäftsführerbestellung

Die Notwendigkeit der Bezeichnung der an der Ausgliederung beteiligten Rechtsträger ergibt sich aus § 126 Abs. 1 Nr. 1 UmwG. Für den übernehmenden und neugegründeten Rechtsträger A-GmbH ist der Gesellschaftsvertrag mit zu beurkunden. Wegen der Sachgründung hat die Bestimmung zum Stammkapital und zu den Stammeinlagen auch die Einzelheiten der Erbringung der Sacheinlagen zu enthalten (neben Stammeinlage die Person des Gesellschafters, der die Sacheinlage erbringen muss, Gegenstand der Sacheinlage sowie Wert, mit dem die Sacheinlage auf die Stammeinlage angerechnet wird). Zu einem Formulierungsvorschlag s. am Ende des Formulars A. 15.30. 22

Zweckmäßigerweise erfolgt im Ausgliederungsplan auch die Bestellung des Geschäftsführers der A-GmbH (notwendig wegen der Verpflichtung der Anmeldung gem. § 160 Abs. 1 UmwG durch den Einzelkaufmann und sämtliche Geschäftsführer der neuen Gesellschaft) sowie dessen Befreiung von den Beschränkungen des § 181 BGB. 23

Zu § 2: Übertragung von Vermögensteilen

§ 2 enthält die Ausgliederungserklärung des Einzelkaufmanns A (vgl. *W/M/Mayer* § 152 Rz. 94). Vergleiche dazu die eingehenden Erläuterungen in A. 15.20 Rz. 73ff. 24

Zu § 3: Gegenleistung

Die Notwendigkeit der Bestimmung der Gegenleistung ergibt sich aus § 126 Abs. 1 Nr. 2, Nr. 3, Nr. 4, Nr. 5 und Nr. 10 UmwG. Im vorliegenden Fall besteht die Gegenleistung nur zum Teil in den Geschäftsanteilen an der neugegründeten A-GmbH. Da das Verbot der Gewährung anderer Leistungen als **barer Zuzahlungen** und deren Begrenzung auf 10% des Nennbetrags der insgesamt gewährten Anteile gem. § 54 Abs. 4 UmwG für den Fall der Ausgliederung nicht gilt (nach § 125 Satz 1 UmwG ist bei der Ausgliederung § 54 UmwG nicht anwendbar), ist es möglich, darüber hinaus auch **andere Gegenleistungen** zu vereinbaren. Hierzu ist im Formular die Einräumung einer Forderung vorgesehen (*W/M/Mayer* § 152 UmwG Rz. 102). Die Begründung einer Forderung ist auch ertragsteuerlich insoweit ohne Gewinnrealisierung möglich, als diese das steuerliche Kapitalkonto des Einbringenden (bzgl der auf die A-GmbH im Rahmen der Ausgliederung übertragenen Vermögensgegenstände) nicht übersteigt, vgl. § 20 Abs. 4 Satz 2 UmwStG (vgl. A. 3.02 Rz. 16 und A. 15.80 Rz. 24). Die vorgesehene Verzinsungsregelung ist auch steuerrechtlich nicht mit Rückwirkung zum Ausgliederungsstichtag, sondern erst ab Eintragung der Ausgliederung im Register des übertragenden Rechtsträger mit steuerrechtlicher Wirkung möglich. 25

26 Falls neben den Geschäftsanteilen an der neugegründeten A-GmbH keine andere Gegenleistung vereinbart werden soll, empfiehlt sich gleichwohl die alternativ im Formular angegebene Formulierung, wonach ein höherer Ausgabebetrag in dem Beschluss festgesetzt wird, der Mehrbetrag als Agio geschuldet wird und in die **Kapitalrücklage** gem. § 272 Abs. 2 Nr. 1 HGB einzustellen ist. Dies ermöglicht den Ansatz des übertragenen Vermögens bei der A-GmbH auch handelsrechtlich mit einem über den bisherigen Buchwerten liegenden Wert (§ 24 iVm. § 125 UmwG), während gleichwohl steuerrechtlich durch Bildung eines steuerlichen **Ausgleichspostens** iSd. § 20 Abs. 2 Satz 2 UmwStG die bisherigen steuerlichen Buchwerte fortgeführt werden können (vgl. A. 15.80 Rz. 21 und 32ff.).

27 Vorsorglich für den Fall, dass der Wert des eingebrachten Vermögens im Zeitpunkt der Eintragung im Handelsregister die übernommene Stammeinlage nicht erreichen sollte, wird zur Vermeidung der **Differenzhaftung** gem. § 9 GmbHG empfohlen, dass die Einräumung sonstiger Gegenleistungen bzw. die Vereinbarung eines Agios entfällt und der Differenzbetrag durch den Gründungsgesellschafter A in bar auszugleichen ist (vgl. *W/M/Mayer* § 152 UmwG Rz. 112 und Rz. 117). Die Differenzhaftung bei der GmbH erstreckt sich nämlich nur auf die Stammeinlage, erfasst jedoch nicht das Agio (BGH II ZR 149/10 v. 6.12.11, DStR 12, 251). Die Kombination von Sacheinlagen und Bareinlagen (sog. Mischeinlage) ist zulässig (*W/M/Mayer* § 152 UmwG Rz. 112).

Zu § 4: Ausgliederungsstichtag

28 Die Angabe des Zeitpunkts, von dem ab die Handlungen des übertragenden Rechtsträgers als für Rechnung des neu entstehenden übernehmenden Rechtsträgers vorgenommen gelten **(Spaltungsstichtag),** ist gem. § 126 Abs. 1 Nr. 6 UmwG erforderlich (vgl. dazu A. 15.20 Rz. 84 sowie A. 15.00 Rz. 16ff.).

Zu § 5: Grundbucherklärungen

29 Zu eventuell notwendigen Grundbucherklärungen sowie Teilungsgenehmigungen s. *W/M/Mayer,* Anh. 4, Mustersatz 12, M 80, Abschn. III und § 126 UmwG Rz. 214.

Zu § 6: Folgen der Ausgliederung für die Arbeitnehmer und ihre Vertretungen

30 Vgl. dazu A. 15.60 Rz. 34 und das dort in § 3 des Verschmelzungsvertrags enthaltene ausführliche Muster sowie *Lutter/Priester* § 126 UmwG Rz. 57ff.; *Wlotzke* DB 95, 40ff. Bei einer Ausgliederung nur eines Unternehmensteils ist das Übergangsmandat des Betriebsrats gem. § 321 UmwG zu beachten. Zur **Unterrichtungspflicht** nach § 613a Abs. 5 BGB vgl. Ausführungen unter A. 12 Rz. 36ff. und zu sonstigen individual- und kollektivrechtlichen Folgen *Engl/Ebener* A. 1 Rz. 150f. und 155ff. Die Mitbestimmungsbeibehaltungsregelung des § 325 UmwG kommt bei der Ausgliederung aus dem Vermögen eines Einzelkaufmanns nicht in Betracht.

Zu § 7: Sicherheitsleistungen

31 Siehe A. 15.20 Rz. 88ff.

Zu § 8: Kosten, Gebühren und Gründungsaufwand A-GmbH

32 Die Übernahme des Gründungsaufwandes zu Lasten der Gesellschaft bedarf der statutarischen Festsetzung. Dies ergibt sich mittelbar aus dem Wortlaut der §§ 9a,9a, 82 Abs. 1 Nr. 1 GmbHG. Der Gesellschaftsvertrag muss danach unter Angabe des Gesamtbetrags regeln, ob und in welcher Höhe die Gesellschaft den Gründungsaufwand tragen soll (BGH II ZB 10/88 v. 20.2.89, NJW 89, 1610; OLG Hamm 15 W 294/83 v. 27.10.83, BB 84, 87, 88; OLG Düsseldorf 3 Wx 60/86 v. 28.2.86, GmbHR 87, 59). Die bloße Angabe der Kostenarten ohne betragsmäßige Festsetzung genügt nicht (BGH II ZB 10/88 v. 20.2.89, NJW 89, 1610). Die Regelung ist auch zur Vermei-

dung einer verdeckten Gewinnausschüttung der übernehmenden A-GmbH notwendig.

Erläuterungen zu A. 15.30a Schreiben an den Betriebsrat

Besteht bei dem Unternehmen des übertragenden Einzelkaufmanns ein Betriebsrat, ist diesem in entsprechender Anwendung von § 126 Abs. 3 (iVm. § 135 Abs. 1) UmwG der Entwurf des Ausgliederungsplans zuzuleiten. Besteht kein Betriebsrat, entfällt diese Verpflichtung. § 126 Abs. 3 UmwG verlangt die Zuleitung spätestens einen Monat vor dem Tag der Versammlung der Anteilsinhaber jedes beteiligten Rechtsträgers, die gem. § 125 iVm. § 13 Abs. 1 UmwG über die Zustimmung zum Spaltungs- und Übernahmevertrag beschließen soll. Da bei der Ausgliederung aus dem Vermögen eines Einzelkaufmanns auf eine dadurch neugegründete GmbH ein Zustimmungsbeschluss einer Gesellschafterversammlung aber gar nicht erfolgt (s. Rz. 7 und 20), sondern vielmehr der Ausgliederungsplan mit notarieller Beurkundung wirksam wird (vgl. *W/M/Mayer* § 152 UmwG Rz. 6, 20 und 96; *Lutter/Karollus* § 158 UmwG Rz. 10), ist uE der Entwurf des Ausgliederungsplans spätestens **einen Monat vor dem Tag der notariellen Beurkundung des Ausgliederungsplans** dem Betriebsrat zuzuleiten. Darüber hinaus kann nach überwiegender Ansicht in der Literatur der Betriebsrat auf die Einhaltung der Monatsfrist des § 126 Abs. 3 UmwG und damit auf die Rechtzeitigkeit der Zuleitung gem. § 17 Abs. 1 UmwG verzichten. Zur Begründung dieser Ansicht vgl. A. 15.10 Rz. 65. Zweckmäßigerweise wird eine solche Verzichtserklärung dann bereits in die Anschreiben an die Betriebsräte und die Bestätigung durch diese integriert. 33

Die Bestätigung des Erhalts und die Zurücksendung an den ausgliedernden Einzelkaufmann wird wegen der durch diesen (und sämtlicher Geschäftsführer der neugegründeten GmbH) vorzunehmenden Anmeldung des neuen Rechtsträgers (§ 137 Abs. 1 iVm. § 160 Abs. 1) und der von ihm allein vorzunehmenden Anmeldung beim Register des übertragenden Einzelkaufmanns (§ 137 Abs. 2 UmwG) empfohlen. Da der Nachweis für die rechtzeitige Zuleitung im Rahmen beider Registeranmeldungen gem. §§ 17 Abs. 1 iVm. 125 UmwG abzugeben ist, empfiehlt sich das vorgeschlagene in zweifacher Ausfertigung zu bestätigende Anschreiben. 34

Erläuterungen zu A. 15.30b Sachgründungsbericht

Die Notwendigkeit des Sachgründungsberichts ergibt sich aus § 5 Abs. 4 GmbHG (zu dem notwendigen Inhalt vgl. A. 3.04 Rz. 27). Der Sachgründungsbericht ist nicht Teil des Gesellschaftsvertrags und daher nicht zu beurkunden. Er bedarf aber der Schriftform (*Baumbach/Hueck* § 5 Rz. 54). Zusätzlich ist gem. §§ 58 Abs. 1 iVm. 159 Abs. 1 UmwG bei einer Ausgliederung auf eine neugegründete GmbH auch der aktuelle Geschäftsverlauf und die Lage des übertragenden Rechtsträgers (hier übertragender Einzelkaufmann) darzulegen. Der Inhalt dürfte weitgehend einem **Lagebericht iSv. § 289 HGB** entsprechen, wonach der Geschäftsverlauf und die Lage der Gesellschaft so darzustellen sind, dass ein den tatsächlichen Verhältnissen entsprechendes Bild vermittelt wird; in entsprechender Anwendung von § 289 Abs. 2 HGB sollte der Lagebericht auch auf Vorgänge von besonderer Bedeutung eingehen, die bis zur Erstellung des Sachgründungsberichts eingetreten sind und über die voraussichtliche zukünftige Geschäftsentwicklung sowie über den Bereich Forschung und Entwicklung (falls vorhanden) berichten. 35

Erläuterungen zu A. 15.30c Handelsregisteranmeldung der neu gegründeten A-GmbH

36 Die Anmeldung der neugegründeten A-GmbH ist gem. § 160 Abs. 1 iVm. § 137 Abs. 1 UmwG von dem übertragenden Einzelkaufmann und sämtlichen Geschäftsführern der neuen Gesellschaft vorzunehmen. Anzumelden ist die Neugründung, und zwar als Sachgründung unter Vorlage einer Ausfertigung oder einer beglaubigten Abschrift des Ausgliederungsplans, des Sachgründungsberichts (gem. § 5 Abs. 4 GmbHG und §§ 58 Abs. 1 iVm. 159 Abs. 1 UmwG) sowie der Wertnachweisunterlagen iSd. § 8 Abs. 1 Nr. 5 GmbHG (zum Teil in der Anlage B = Schlussbilanz und C 1 = Ausgliederungsübersicht zum Ausgliederungsplan, zum Teil in den Anlagen zum Sachgründungsbericht enthalten); ferner wird zum Nachweis des Nichtvorliegens des Eintragungshindernisses gem. §§ 160 Abs. 2, 152 Satz 2 UmwG (Ausschluss der Überschuldung) eine in entsprechender Anwendung von § 159 Abs. 3 UmwG erstellte Vermögensaufstellung des übertragenden Einzelkaufmanns empfohlen (obwohl diese nur im Falle der Gründung einer Aktiengesellschaft oder Kommanditgesellschaft auf Aktien gem. §§ 159 Abs. 2 und 3 UmwG vorgeschrieben ist).

37 Die zur Beurteilung der Angemessenheit der Sacheinlage in Bezug auf die übernommene Stammeinlage notwendigen **Wertangaben** zu den nach Maßgabe des Ausgliederungsplans auf die GmbH übertragenen Vermögensgegenständen sind möglichst detailliert zu machen. Denn die Prüfungspflicht des Registerrichters erstreckt sich auch auf die **Werthaltigkeit der Sacheinlage**. Nach der Änderung des § 9c Abs. 1 GmbHG durch das MoMiG v. 23.10.08 (BGBl. I 08, 2026) hat der Registerrichter aber nur noch zu prüfen, ob die Sacheinlage **„nicht unwesentlich überbewertet"** ist. Eine umfassende Prüfung der Werthaltigkeit soll nur bei begründeten Zweifeln an der Bewertung erfolgen, dh. wenn eine wesentliche Überbewertung zu vermuten ist. Wann die Abweichung zwischen dem Wert der Sacheinlage und dem Ausgabebetrag für die übernommenen Geschäftsanteile wesentlich ist, liegt im pflichtgemäßen Ermessen des Registerrichters. Er wird dabei auch einen strengen Maßstab anlegen dürfen (vgl. *Spindler/Stilz/Döbereiner* § 38 AktG Rz. 9 hinsichtlich des ähnlichen Wortlauts bei der AG). Bestehen allerdings keine Anhaltspunkte für eine Überbewertung, soll das Gericht auch keine Ausforschungsermittlung einleiten dürfen, ob denn zB eine wesentliche Überbewertung der Sacheinlage vorliegt oder überhaupt keine Geldleistungen erbracht worden sind (*Böhringer* BWNotZ 08, 104, 108). Es empfiehlt sich vorerst weiterhin, sämtliche Positionen der Ausgliederungsbilanz zu erläutern. Vorgeschlagen wird ferner, die Ausgliederungsbilanz mit einer **Bescheinigung** eines Steuerberaters bzw. Wirtschaftsprüfers über die Wertansätze wie folgt versehen zu lassen: „Ich, der unterzeichnende WP/StB, bescheinige hiermit, dass die Wertansätze in der vorstehenden Ausgliederungsbilanz den gesetzlichen Vorschriften entsprechen und insbes. die Aktiva nicht über- und die Passiva nicht unterbewertet sind."

38 Der Nachweis der **rechtzeitigen Zuleitung** bzw. bei Verzicht auf die Rechtzeitigkeit nur der Nachweis der Zuleitung des Entwurfs des Ausgliederungsplans **an** einen evtl. bestehenden **Betriebsrat** des übertragenden Einzelkaufmanns ergibt sich aus § 17 Abs. 1 iVm. § 125 UmwG (s. Rz. 7, 33).

39 Die übrigen Anlagen und Versicherungen ergeben sich aus der Neuanmeldung der Gesellschaft mit Vertretungsbefugnis und der bestellten Geschäftsführer.

Erläuterungen zu A. 15.30d Handelsregisteranmeldung des übertragenden Einzelkaufmanns

40 Die Anmeldung ist von dem übertragenden Einzelkaufmann gem. § 137 Abs. 1 UmwG selbst vorzunehmen. Bezüglich der Anlagen gilt § 17 Abs. 1 und 2 iVm.

§ 125 UmwG (beglaubigte Abschrift oder Niederschrift des notariell beurkundeten Ausgliederungsplans, Nachweis über die rechtzeitige Zuleitung des Entwurfs des Ausgliederungsplans an den Betriebsrat des übertragenden Einzelkaufmanns, Schlussbilanz des übertragenden Einzelkaufmanns). Darüber hinaus wird zum Nachweis des Nichtvorliegens der Überschuldung des Einzelkaufmanns (Eintragungshindernis gem. § 152 Satz 2 und § 160 Abs. 2 UmwG) empfohlen, in entsprechender Anwendung von § 159 Abs. 3 UmwG eine Vermögensaufstellung vorzulegen, aus der sich ergibt, dass dessen Verbindlichkeiten die Aktiva nicht übersteigen (obwohl die Vermögensaufstellung nur bei Gründung einer Aktiengesellschaft oder Kommanditgesellschaft auf Aktien gem. § 159 Abs. 2 und Abs. 3 UmwG aufzustellen und vorzulegen ist, s. Rz. 36). Da die Firma von der A-GmbH fortgeführt wird, wird die Eintragung des Einzelkaufmanns mit der Firma im Handelsregister durch Rötung gelöscht (*S/St/Maier-Reimer* § 155 UmwG Rz. 5).

A. 15.40 Formwechsel: Umwandlung einer Kommanditgesellschaft in GmbH

Gliederung

I. FORMULARE

Formular A. 15.40 Formwechselbeschluss

Beschluss zur formwechselnden Umwandlung (Formwechselbeschluss)

Heute, den ......, erschienen vor mir, ..., Notar in ......, in meinen Amtsräumen in ......

1. Herr A ...... [Beruf/Wohn- bzw. Geschäftsadresse] und

2. Herr B ...... [Beruf/Wohn- bzw. Geschäftsadresse].

Die Erschienenen baten um notarielle Beurkundung einer Gesellschafterversammlung mit Beschluss zur Umwandlung einer KG in eine GmbH (Formwechselbeschluss) gem. §§ 190 ff., 214 ff. UmwG:

Präambel

(1) Die Erschienenen sind die alleinigen Gesellschafter der im Handelsregister des Amtsgerichts ...... unter HRA ...... eingetragenen Kommanditgesellschaft mit der Firma „A-KG" mit Sitz in ...... (nachfolgend A-KG), welche in ...... die Herstellung von ...... und den Handel mit ...... betreibt.

(2) Herr A ist deren alleiniger Komplementär mit einem festen Kapitalkonto von € 90.000.–, einer Gewinn- und Verlustbeteiligung von 90 % sowie einem Stimmrecht in der Gesellschafterversammlung mit 90 von insgesamt 100 Stimmen.

(3) Herr B ist deren alleiniger Kommanditist mit einer voll erbrachten und nicht zurückgezahlten Einlage (= Hafteinlage) von € 10.000.– (festes Kapitalkonto), einer Gewinn- und Verlustbeteiligung von 10 % sowie einem Stimmrecht in der Gesellschafterversammlung mit 10 von insgesamt 100 Stimmen. Darüber hinaus ist Herr B seit ...... im Innenverhältnis neben Herrn A zur Geschäftsführung berechtigt und als Prokurist mit Einzelvertretungsbefugnis wirksam bestellt.

(4) Aufgrund der Expansionspolitik des Herrn B seit dem Beginn seiner Geschäftsführung und den damit einhergehenden Risiken möchte Herr A für die zukünftig daraus entstehenden Verbindlichkeiten seine persönliche Haftung ausschließen. Herr A hat daher auf Grundlage des Gesellschaftsvertrags der A-KG mit Schreiben vom ...... schriftlich zu einer außerordentlichen Gesellschafterversammlung mit dem einzigen Tagesordnungspunkt „Beschluss über den Formwechsel der A-KG in die A-GmbH gem. §§ 190 ff. UmwG" geladen. Er hat dieser Ladung keinen Umwandlungsbericht beigefügt und hat auch von der Anfertigung eines solchen abgesehen, weil Herr B im Innenverhältnis gleichfalls zur Geschäftsführung berechtigt ist (§§ 215 und 216 UmwG); er hat deshalb auch von der Übersendung eines Abfindungsangebots nach § 207 iVm. § 30 UmwG zusammen mit der Einladung gem. § 216 UmwG abgesehen, Herrn B aber anderweitig vollumfänglich von seinen Überlegungen unterrichtet.

§ 1 Gesellschafterversammlung

(1) Die Erschienenen erklären, eine außerordentliche Gesellschafterversammlung der A-KG abzuhalten. Deren form- und fristgerechte Ladung wird einvernehmlich von den Erschienenen festgestellt. Die Erschienenen bestätigen hiermit, dass die Erstellung und Übersendung eines Umwandlungsberichts iSv. § 192 UmwG gem. § 215 UmwG nicht notwendig und die Übersendung eines Abfindungsangebots nach § 207 UmwG gem. § 216 UmwG zusammen mit der Einberufung nicht erforderlich ist, da alle Gesellschafter der formwechselnden A-KG zur Geschäftsführung berechtigt sind.

(2) Die Erschienenen stellen weiter fest, dass auf Grund § ...... des Gesellschaftsvertrags der A-KG der Beschluss über den Formwechsel mit 90 von 100 Stimmen gefasst werden kann und damit eine Mehrheitsentscheidung mit mindestens 90/100 Stimmen gem. § 217 Abs. 1 Sätze 2 und 3 UmwG möglich ist. Allerdings folgt aus der entsprechenden Anwendung von § 193 Abs. 2 UmwG auf die Mitgliedschaft in der A-KG, dass der Umwandlungsbeschluss zu seiner Wirksamkeit der Zustimmung aller Gesellschafter bedürfe. Dies ergibt sich daraus, dass die Übertragbarkeit der Mitgliedschaft in Personenhandelsgesellschaften generell nur mit Zustimmung aller jeweiligen Mitgesellschafter möglich sei. Da auch der Gesellschaftsvertrag der A-KG keine hiervon abweichende Bestimmung enthält, kann der Formwechselbeschluss auf Grund § 193 Abs. 2 UmwG trotz der im Gesellschaftsvertrag vorgesehenen ausreichenden Mehrheit von 90 % der Stimmen nur mit Zustimmung des Kommanditisten Herrn B wirksam gefasst werden.

(3) Herr A erklärt, dass er vorab als Berechtigter darauf verzichtet, dass der formwechselnde Rechtsträger ihm für den Fall seines Widerspruchs zur Niederschrift ge-

gen den Umwandlungsbeschluss den Erwerb seiner umgewandelten Geschäftsanteile an der GmbH gegen eine angemessene Barabfindung gem. § 207 UmwG anzubieten habe. Er erläutert zu dieser Verzichtserklärung, dass dieses Barabfindungsangebot leerlaufen würde, da ohne seine Zustimmung zum Formwechselbeschluss dieser ohnehin nicht wirksam würde und er ja gerade die Fassung des Beschlusses zur zukünftigen Begrenzung seiner Haftung wolle. Herr A regt daher an, dass der Kommanditist Herr B ebenfalls seinen Verzicht auf sein Recht, ein Angebot zur Barabfindung gem. § 207 UmwG im Rahmen des Formwechselbeschlusses von dem formwechselnden Rechtsträger zu erhalten, erklären möge.

(4) Herr B lehnt diesen Verzicht ausdrücklich ab. Er erläutert hierzu: Die derzeitige Situation, in der er auf Grund seiner Kommanditistenstellung nur beschränkt, aber Herr A auf Grund seiner Komplementärstellung unbeschränkt mit seinem gesamten Privatvermögen hafte, erlaube ihm gerade die seit seinem Eintritt in die Geschäftsführung von ihm betriebene expansive Geschäftspolitik. Er sei aber durchaus bereit, der Umwandlung in die A-GmbH nicht im Wege zu stehen und, wenn er von der Angemessenheit des Angebots überzeugt sei, auf sein Recht, die Prüfung der Angemessenheit des Barabfindungsangebots gem. §§ 225, 217 Abs. 1 Satz 2, 208 iVm. § 30 Abs. 2 UmwG zu verlangen, zu verzichten, um der Gesellschaft Kosten zu sparen und eine weitere Zeitverzögerung zu vermeiden.

Dies vorausgeschickt, werden zur Vorbereitung der Beschlussfassung die folgenden Beschlussanträge gestellt:

§ 2 Beschlussanträge über den Formwechsel (Umwandlungsbeschluss)

(1) Die A-KG wird durch Formwechsel in eine Gesellschaft mit beschränkter Haftung unter der neuen Firma A-GmbH mit Sitz in ...... umgewandelt. Für die A-GmbH gilt der in der Anlage dieser Urkunde beigefügte Gesellschaftsvertrag, der mit verlesen wird. Zu jeweils einzelvertretungsberechtigten Geschäftsführern der A-GmbH werden bestellt: Herr A ...... *[Beruf/Wohn- bzw. Geschäftsadresse]* und Herr B ...... *[Beruf/Wohn- bzw. Geschäftsadresse].* Die Herren A und B werden von den Beschränkungen des § 181 BGB befreit.

(2) An die Stelle der bisherigen gesamthänderischen Mitgliedschaften in der A-KG treten in der GmbH die Geschäftsanteile nach folgenden Maßgaben:

- Die A-GmbH wird mit einem Stammkapital von € 100.000.– gegründet. Der Ausgabepreis der neuen Geschäftsanteile wird auf € 200.000.– festgesetzt. Der Differenzbetrag ist als Agio gem. § 272 Abs. 2 Nr. 1 HGB in die Kapitalrücklage einzustellen.
- Herr A übernimmt 90.000 Geschäftsanteile im Nennbetrag von jeweils € 1.– zu einem Ausgabepreis von € 2.– je übernommenen Geschäftsanteil. Die von Herrn A übernommenen Geschäftsanteile tragen die laufenden Nummern 1 bis 90.000. Herr B übernimmt 10.000 Geschäftsanteile im Nennbetrag von jeweils € 1.– zu einem Ausgabepreis von € 2.– je übernommenen Geschäftsanteil. Die von Herrn B übernommenen Geschäftsanteile tragen die laufenden Nummern 90.001 bis 100.000.
- Die Kapitalkonten in der A-KG werden jeweils im Nennbetrag auf die übernommenen Geschäftsanteile und auf die Kapitalrücklagen angerechnet.
- Die Geschäftsanteile an der A-GmbH berechtigen zu einem Gewinnbezugsrecht ab 1.1.02.
- Die A-GmbH verpflichtet sich in ihrer gem. § 20 Abs. 2 Satz 2 iVm. § 25 Satz 1 UmwStG zu erstellenden Steuerbilanz das Vermögen der A-KG mit den bisherigen steuerlichen Buchwerten anzusetzen.

(3) Besondere Rechte iSv. § 194 Abs. 1 Nr. 5 UmwG bestehen nicht, daher sind diesbezüglich auch keine Regelungen zu treffen.

(4) Die A-GmbH macht Herrn B folgendes Abfindungsangebot gem. § 207 UmwG: Für den Fall der Erklärung des Widerspruchs des Herrn B zur Niederschrift zu dem Beschluss über den Formwechsel bietet die A-GmbH Herrn B den Erwerb seiner Geschäftsanteile mit den laufenden Nummern 90.001 bis 100.000 zu einem Preis von insgesamt € 20.000.– an. Dieses Angebot kann von Herrn B teilweise oder insgesamt nur innerhalb von zwei Monaten nach dem Tag angenommen werden, an dem die Eintragung der A-GmbH in das Handelsregister des Amtsgerichts ...... nach § 201 Satz 2 UmwG als bekannt gemacht gilt (§ 209 Satz 1 UmwG). Herrn B wird dieses Abfindungsangebot gem. § 194 Abs. 1 Nr. 6 UmwG im Rahmen des Umwandlungsbeschlusses unterbreitet, obwohl die Umwandlung nur mit seiner Zustimmung beschlossen werden kann (§ 193 Abs. 2 UmwG); es wird Herrn B aber freigestellt, trotz seiner Zustimmung zum Umwandlungsbeschluss hiergegen im Anschluss Widerspruch zu erheben, um die Möglichkeit der Annahme des Barabfindungsangebots zu haben.

(5) Für die Arbeitnehmer der A-KG ergeben sich durch den Formwechsel mit Ausnahme der Änderung des Direktionsrechts, das zukünftig durch die vorstehend bestellten Geschäftsführer der A-GmbH ausgeübt wird, keine Änderungen. Ein Betriebsübergang iSv. § 613a Abs. 1 BGB liegt nicht vor. Der bisher bestehende Betriebsrat bleibt weiter im Amt. Aufgrund der Zahl der Arbeitnehmer von weit unter 500 liegen die Voraussetzungen für die Bildung von Mitbestimmungsorganen zukünftig nicht vor.

§ 3 Abstimmung

Über den vorstehend in § 2 zur Abstimmung gestellten Umwandlungsbeschluss wird sodann insgesamt wie folgt abgestimmt:

(1) Für den Umwandlungsbeschluss stimmten Herr A mit 90 Stimmen und Herr B mit 10 Stimmen. Der Umwandlungsbeschluss ist damit mit allen 100 Stimmen der Gesellschafterversammlung der A-KG gefasst.

(2) Sodann erklärt Herr B aber seinen Widerspruch zu diesem Beschluss. Er erklärt, der Widerspruch beziehe sich nicht auf die vorstehende Zustimmung, sondern bezweckt ausschließlich die Sicherung seines Rechts, das in § 2 Abs. 4 enthaltene Barabfindungsangebot innerhalb der Frist des § 209 UmwG annehmen zu können. Herr A akzeptiert diesen Widerspruch und erklärt, dass hierin keine Verletzung der Treuepflicht und kein widersprüchliches Verhalten liegen.

§ 4 Verzichtserklärungen

(1) Herr B erklärt, auf sein Recht, die Angemessenheit der angebotenen Barabfindung durch einen Prüfer überprüfen zu lassen, gem. § 30 Abs. 2 Satz 2 iVm. § 225 UmwG zu verzichten.

(2) Die Herren A und B erklären, auf Ihr Recht, die Wirksamkeit der vorstehend gefassten Beschlüsse anzufechten oder Klage gegen die Wirksamkeit des Umwandlungsbeschlusses nach § 195 UmwG zu erheben, hiermit jeweils ausdrücklich und unwiderruflich zu verzichten.

§ 5 Kosten

Die Kosten dieser Urkunde und ihres Vollzugs trägt bis zu dem voraussichtlichen Betrag von € ....– die A-KG bzw. die A-GmbH, je nach dem, wann diese Kosten fällig werden, darüber hinaus die Gesellschafter A und B im Verhältnis 9 : 1.

§ 6 Belehrungen des Notars

......

Vorgelesen vom Notar, von den Beteiligten genehmigt und eigenhändig unterschrieben:

...	**...**
[Herr A]	**[Herr B]**

Anlage:

Gesellschaftsvertrag der A-GmbH (Ergänzung der Bestimmung über Stammkapital/Geschäftsanteile wegen Sachgründung *[im Formular A. 15.30 bzw. A. 3.04]:* „Die Gesellschafter leisten ihre Stammeinlage durch formwechselnde Umwandlung der A-KG mit Sitz in ...... auf die Gesellschaft gem. Umwandlungsbeschluss vom ...... (Urkunde-Nr. ...... des Notars ...... in ......). Die Kapitalkonten der Gesellschafter werden jeweils mit dem Nennwert auf die Geschäftsanteile angerechnet, das Agio wird durch die stillen Reserven gedeckt."

Formular A. 15.40a Sachgründungsbericht

Sachgründungsbericht gem. § 5 Abs. 4 GmbHG und § 220 Abs. 2 UmwG

Wir, die beiden Gründungsgesellschafter iSv. §§ 219, 197 UmwG der durch Umwandlungsbeschluss (Formwechselbeschluss) der Gesellschafterversammlung der A-KG mit Sitz in ...... (Rechtsträger bisheriger Rechtsform) in die A-GmbH mit Sitz in ...... als Rechtsträger neuer Rechtsform (nachfolgend Gesellschaft) umgewandelten Gesellschaft, geben gem. § 5 Abs. 4 GmbHG zur Angemessenheit der Leistung für die im Gesellschaftsvertrag und im Umwandlungsbeschluss festgelegten Sacheinlagen und gem. § 220 Abs. 2 UmwG zum bisherigen Geschäftsverlauf und der Lage der formwechselnden A-KG folgenden Bericht:

Das Vermögen der A-KG steht der Gesellschaft mit allen Aktiven und Passiven uneingeschränkt zur Verfügung. Der Wert des Vermögens ist in der entsprechend § 192 Abs. 2 UmwG erstellten und vom steuerlichen Berater/Wirtschaftsprüfer bestätigten beigefügten Vermögensaufstellung zum ...... wie folgt angegeben:

Summe der Kapitalkonten (zu Buchwerten) mit	**€ ....–**
stille Reserven im materiellen und immateriellen Anlagevermögen sowie im Umlaufvermögen mit	**€ ....–**
Gesamtverkehrswert	**€ ....–**

Die Verkehrswerte der einzelnen Vermögensgegenstände liegen aus folgenden Gründen deutlich über den Buchwerten:

- **Die Buchwerte der Wirtschaftsgüter im materiellen Anlagevermögen liegen wegen höchstzulässig vorgenommener degressiver Abschreibungen und der Übertragung von Rücklagen nach § 6b EStG iHv. € ....– unter dem Verkehrswert.**
- **Nicht bilanziert sind die selbstentwickelten Patente ...... und Herstellungsverfahren, denen ausweislich eines für ...... *[Land]* abgeschlossenen Lizenzvertrags ein allein für den deutschen Markt daraus analog errechneter Wert von € ....– beizumessen ist. Darüber hinaus besteht ein Firmenwert ......, der sich aus der äußerst guten Ertragslage, mit deren Fortdauer auch zukünftig zu rechnen ist, wie folgt ergibt: ......**

- Die Jahresergebnisse der beiden letzten Geschäftsjahre der A-KG betrugen € ....– für ...... und € ....– für ...... Bei diesen Jahresergebnissen sind Tätigkeitsvergütungen iHv. € ....– für die geschäftsführenden Gesellschafter sowie € ...... Zinsen für Gesellschafterdarlehen bereits als Betriebsausgaben berücksichtigt. Seit dem 1.1.02, dh. im laufenden Geschäftsjahr, hat sich der Geschäftsverlauf weiter verbessert, so konnten in den Monaten ...... im Vergleich zu diesen Monaten des Vorjahres die Umsatzerlöse von € ....– um € ....– auf € ....– gesteigert werden; ähnlich hat sich der Auftragseingang entwickelt. Dem gegenüber ist die Kostenquote in diesem Zeitraum mit ca. ......% der Umsatzerlöse konstant geblieben, so dass Verluste in dieser Zeit ausgeschlossen und mit einem Weiteranstieg der Gewinnerwartung zu rechnen ist. Entnahmen, die das Ergebnis dieses Zeitraums übersteigen würden, wurden nicht vorgenommen.

Im Hinblick auf die guten Erträge der vergangenen beiden Geschäftsjahre, der ausgezeichneten derzeitigen Geschäftslage und der positiv einzuschätzenden zukünftigen Ertragsaussichten verfügt der Betrieb der Gesellschaft über einen erheblichen Geschäftswert.

Aufgrund der vorstehenden Fakten stellen wir fest, dass der Wert des Vermögens der Gesellschaft auch unter Berücksichtigung der Verbindlichkeiten auf jeden Fall den Betrag der Stammeinlagen von insgesamt ....– € erreicht.

.................................., den ......

....

[Herr A] [Herr B]

Anlage

Formular A. 15.40b Schreiben an Betriebsrat

Von: Geschäftsleitung A-KG durch Herrn A ....

(Ort/Datum)

An: Betriebsrat der A-KG, z. Hd. des/der Vorsitzenden des Betriebsrats,

Herrn/Frau ......

gegen Empfangsbekenntnis

Betreff: Bevorstehender Umwandlungsbeschluss zum Wechsel der Rechtsform der A-KG in eine GmbH gem. §§ 193, 217 UmwG

Sehr geehrte(r) Frau/Herr ......,

in der voraussichtlich am ...... stattfindenden Gesellschafterversammlung der A-KG ist beabsichtigt, den als Entwurf beigefügten Umwandlungsbeschluss in notariell beurkundeter Form zu fassen. Ich übermittle Ihnen hiermit den Entwurf des Umwandlungsbeschlusses in der Anlage gem. § 194 Abs. 2 UmwG. Ich bitte, auf die Einhaltung der Monatsfrist des § 194 Abs. 2 UmwG zu verzichten, den Erhalt dieses Schreibens und der Anlage auf der beigefügten Kopie dieses Schreibens zu bestätigen und an die A-KG, zu meinen Händen, im Hinblick auf den Nachweis im Zuge der Anlage zur Handelsregisteranmeldung gem. § 199 UmwG zurück zu schicken.

....

[A-KG, vertreten durch Herrn A]

Hiermit bestätige ich als Vorsitzende(r) des Betriebsrats der A-KG den Erhalt dieses Schreibens nebst dem als Anlage beigefügten Entwurf des Umwandlungsbeschlusses und verzichte auf die Einhaltung der Monatsfrist des § 194 Abs. 2 UmwG.

....

[Ort/Datum]

....

[Betriebsratsvorsitzende(r) der A-KG]

Formular A. 15.40c Handelsregisteranmeldung

Anmeldung zum Register der A-KG

An das

Amtsgericht ......

– Handelsregister –

Hier: Formwechsel der A-KG in die A-GmbH, jeweils mit Sitz ...... (Ort) und Geschäftsanschrift ...... (eingetragen bisher im Amtsgericht ...... unter HR A ......)

Als sämtliche neu bestellte Geschäftsführer der A-GmbH melden wir an:

1. Formwechsel der A-KG in die Rechtsform einer GmbH unter der Firma „A-GmbH" mit Sitz in ...... auf Grund des in Anlage I. beigefügten Umwandlungsbeschlusses vom ...... (Urkunde-Nr. ...... des Notars ...... in ......), der in der Anlage hierzu auch den Gesellschaftsvertrag und in § 2 Abs. 1 iVm. § 3 auch die Geschäftsführerbestellung enthält.
2. Unsere Bestellung zu jeweils einzelvertretungsberechtigten, von den Beschränkungen des § 181 BGB befreiten Gesellschaftern.

Als Anlagen überreichen wir:

I. Beglaubigte Abschrift (zweifach) des Umwandlungsbeschlusses vom ...... (Urkunde-Nr. ...... des Notars ...... in ...... vom ......), der in der Anlage dazu auch den Gesellschaftsvertrag der A-GmbH und in § 2 Abs. 1 iVm. § 3 auch die Geschäftsführerbestellung sowie die erforderlichen Verzichtserklärungen enthält

II. Nachweis über die rechtzeitige Zuleitung des Entwurfs des Umwandlungsbeschlusses an den Betriebsrat der A-KG bzw. Verzicht auf die Monatsfrist des § 5 Abs. 3 UmwG (§§ 194 Abs. 2, 199 UmwG);

III. Liste der Gesellschafter;

IV. Sachgründungsbericht mit Unterlagen zur Werthaltigkeit des auf Grund Formwechsels zukünftig bei der A-GmbH vorhandenen Vermögens.

Die Stammeinlagen zu insgesamt € 100.000.– werden dadurch erbracht, dass die A-KG durch den Umwandlungsbeschluss in der Rechtsform einer GmbH weiter besteht und sich deren Vermögen mit Wirksamkeit des Formwechsels endgültig in der freien Verfügung der Geschäftsführung der A-GmbH befinden wird; dieses Vermögen wird, mit Ausnahme des nach § 5 des Umwandlungsbeschlusses von dieser übernommenen Gründungsaufwands und der übernommenen Verbindlichkeiten, nicht mit Schulden belastet sein, die den Nennbetrag des Stammkapitals übersteigen (§ 220 UmwG).

Die Vertretungsbefugnis ist allgemein wie folgt geregelt: ...... *[abstrakt]*

Die Vertretungsbefugnis im Einzelfall ist wie folgt geregelt: Die Geschäftsführer Herren A und B vertreten stets einzeln und sind von den Beschränkungen des § 181 BGB jeweils befreit. Sie erklären gem. § 8 Abs. 3 GmbHG: ......

............................, den ......

.. **..................................**

[Herr A] **[Herr B]**

....

[Beglaubigungsvermerk]

II. ERLÄUTERUNGEN

Erläuterungen zu A. 15.40 Formwechselbeschluss

1. Grundsätzliche Anmerkungen

a) Wirtschaftliches Ziel

1 Das Formular bezweckt, ein bisher in der Rechtsform einer Kommanditgesellschaft geführtes Unternehmen künftig in der Rechtsform einer GmbH fortzuführen. Wesentliches Motiv für einen derartigen Rechtsformwechsel dürfte die Beschränkung der persönlichen Haftung des bisherigen Komplementärs auf das Vermögen der zukünftigen GmbH sein. Diese **Haftungsbeschränkung** lässt sich erreichen:

2 – ab Wirksamkeit des Formwechsels (mit Eintragung im Register des formwechselnden Rechtsträgers gem. § 202 Abs. 1 UmwG) für die ab diesem Zeitpunkt begründeten Verbindlichkeiten des Unternehmens und

3 – für die bis zum Zeitpunkt der Eintragung des Formwechsels begründeten Verbindlichkeiten nach Ablauf einer sog. fünfjährigen **Nachhaftungsfrist** (§ 224 Abs. 2–5 UmwG), soweit diese Verbindlichkeiten innerhalb von fünf Jahren ab dem Tag der letzten Bekanntmachung des Formwechsels (gem. § 201 Satz 2 iVm. § 224 Abs. 3 UmwG) zwar fällig, aber nicht gerichtlich, bzw. bei öffentlich-rechtlichen Verbindlichkeiten durch Erlass eines Verwaltungsakts, gegenüber dem persönlich haftenden Gesellschafter geltend gemacht oder von diesem schriftlich anerkannt wurden.

4 Diese Nachhaftungsbegrenzung gilt gem. § 224 Abs. 5 UmwG auch, wenn der persönlich haftende Gesellschafter in dem Rechtsträger neuer Form (hier GmbH) geschäftsführend tätig wird. Bis zum Ablauf der fünfjährigen Nachhaftungsfrist und für die bis dahin geltend gemachten Verbindlichkeiten aus der Zeit vor der Wirksamkeit des Formwechsels haftet ein persönlich haftender Gesellschafter gem. § 128 HGB weiter (§ 224 Abs. 1 UmwG). Diese Nachhaftung gilt auch für Kommanditisten (gem. §§ 171 Abs. 1, 172 Abs. 4, 176 HGB), soweit die Kommanditeinlage noch nicht erbracht war oder zurückgezahlt wurde (vgl. *Lutter/Jost* § 224 UmwG Rz. 9).

5 **Steuerliches Motiv** des Formwechsels in eine Kapitalgesellschaft ist häufig, die zukünftige **steuerliche Abzugsfähigkeit von Vergütungen an Gesellschafter** (insbes. Tätigkeitsvergütungen und Pensionsrückstellungen) zu erreichen, dh, bei einer GmbH diese steuerlich abzugsfähig zu gestalten und damit den **Gewerbesteueraufwand zu mindern** bzw. bzgl. von Pensionsrückstellungen für Gesellschafter-Geschäftsführer die Versteuerung auf den Zeitpunkt des Pensionsfalls zu verlagern. Seit das Besteuerungssystem vom bisherigen Vollanrechnungsverfahren auf das sog. Halb- bzw. Teileinkünfteverfahren umgestellt ist und die Steuersätze abgesenkt wurden, sowie eine pauschalierte Anrechnung der Gewerbesteuer in § 35 EStG eingeführt wurde, ist eine detaillierte individuelle Belastungsrechnung zur Ermittlung der Zweckmäßigkeit erforderlich.

Das vorliegende Formular geht wegen des auf zwei Gesellschafter beschränkten Gesellschafterkreises und der Geschäftsführungsbefugnis der beiden Gesellschafter (Herr A auf Grund seiner Komplementärstellung, Herr B als Kommanditist abweichend vom Regelfall im Innenverhältnis) sowie der sich daraus ergebenden voll umfänglichen Information dieser davon aus, dass das Umwandlungsbeschlussverfahren durch **Verzichtserklärungen** (insbes. bzgl. Umwandlungsbericht, Prüfung der Angemessenheit eines Barabfindungsangebots und Verzicht auf Anfechtungs- und Klagerechte) soweit als möglich vereinfacht wird. **6**

(frei) **7**

b) Zivilrecht

Der Wechsel von der Rechtsform der Personenhandelsgesellschaft (bzw. Partnerschaftsgesellschaft) ist möglich **8**

- in eine Kapitalgesellschaft (GmbH, AG, KGaA – § 191 Abs. 2 Nr. 3 iVm. § 3 Abs. 1 Nr. 2 UmwG), allerdings hinsichtlich der GmbH nicht in eine Unternehmergesellschaft iSv. § 5a GmbHG nF (eingefügt durch das MoMiG v. 23.10.08, BGBl. I 08, 2026), s. Rz. 18, **9**
- in eine eingetragene Genossenschaft (§ 191 Abs. 2 Nr. 4 UmwG), **10**
- in eine Gesellschaft des bürgerlichen Rechts (gem. § 191 Abs. 2 Nr. 1 UmwG) sowie **11**
- nach den Bestimmungen des HGB in eine andere Personenhandelsgesellschaft (zB von OHG in KG und umgekehrt).

Der Formwechsel geht grds. von der **Identität des Rechtsträgers** (§ 202 Abs. 1 Nr. 1 UmwG: „Der formwechselnde Rechtsträger besteht in der in dem Umwandlungsbeschluss bestimmten Rechtsform weiter") und von der Identität der beteiligten Gesellschafter und deren Beteiligungsverhältnis aus (§ 202 Abs. 1 Nr. 2 UmwG; HFA 1/96 Abschn. 1, WPg 96, 507), und zwar auch bei Gesellschaftern, die auf Grund der Annahme eines **Abfindungsangebots** gem. §§ 207, 208 iVm. 30 UmwG erst nach dem Formwechsel aus dem Rechtsträger neuer Form ausscheiden. **12**

Aufgrund der Identität des Vermögensbestandes entfällt beim Formwechsel regelmäßig die Notwendigkeit einer Vermögensübertragung (wie in §§ 4f. UmwG bei der Verschmelzung, in § 126 UmwG im Spaltungs- und Übernahmevertrag oder in § 136 UmwG für den Spaltungsplan). Der umfassenden Information der Gesellschafter vor Beschlussfassung dient allerdings der **Umwandlungsbericht gem. § 192 Abs. 1 UmwG,** dem der Entwurf des Umwandlungsbeschlusses (§ 192 Abs. 1 Satz 3 UmwG) und als dessen Bestandteil der Entwurf des Gesellschaftsvertrags des neuen Rechtsträgers (§ 218 Abs. 1 UmwG) beizufügen ist (*W/M/Mayer* § 192 UmwG Rz. 27). Eine Vermögensaufstellung ist dem Umwandlungsbericht nicht mehr beizufügen (vgl. § 194 UmwG, eingefügt durch Zweites Gesetz zur Änderung des UmwG v. 19.4.07, BGBl. I 07, 542). Der Umwandlungsbericht soll der voll umfänglichen Information der Gesellschafter vor Beschlussfassung dienen. Sein Inhalt dürfte im Wesentlichen dem eines Verschmelzungsberichts gem. § 8 Abs. 1 UmwG entsprechen (vgl. dazu A. 15.63 Rz. 10 mwN sowie *W/M/Mayer* § 192 UmwG Rz. 1, 7 und 32). Die Erstellung des Umwandlungsberichts (vgl. zu seinem Inhalt *W/M/Mayer* § 192 UmwG, Rz. 28ff.) mit den sich daraus ergebenden Unsicherheiten bzgl. des Umfangs der Angabepflicht (vgl. *Lutter/Decher* § 192 UmwG, Rz. 8) und der Publizitätsfunktion durch die Einreichung als Anlage zur Handelsregisteranmeldung (§ 199 UmwG) dürfte in der Praxis dazu führen, dass im Vorfeld möglichst frühzeitig mit allen Gesellschaftern die Grundlagen und Wirkungen des Formwechsels informell erörtert werden und sodann zur Durchführung des Formwechsels auf den Umwandlungsbericht gesondert in notariell beurkundeter Form verzichtet wird. Dies setzt allerdings einen homogenen, voll informierten und einvernehmlichen Gesellschafterkreis voraus. **Nicht notwendig** ist der **Umwandlungsbericht** bei einer Personenhandelsgesellschaft **mit ausschließlich geschäftsfüh-** **13**

rungsbefugten Gesellschaftern (§ 215 UmwG). Hierzu zählen auch eventuelle Kommanditisten, die zur Geschäftsführung berechtigt sind (*Lutter/Jost* § 215 UmwG Rz. 3; *W/M/Vossius* § 215 UmwG Rz. 10); wie hier im Formular vorgesehen. Im Übrigen ist das Entfallen des Umwandlungsberichts bei einer sog. „Ein-Mann-Gesellschaft" gem. § 192 Abs. 3 Satz 1, 1. Alternative UmwG bei einer formwechselnden Personenhandelsgesellschaft nicht denkbar. Allerdings ist eine Unterrichtung über wesentliche Veränderungen des Vermögens – anders als gegenüber Aktionären gemäß Drittem Gesetz zur Änderung des UmwG v. 14.7.11 (BGBl. I 11, 1338) – nicht erforderlich.

14 Zur Unterrichtung der Gesellschafter, die von der Geschäftsführung ausgeschlossen sind, ist diesen zusammen mit der Einberufung der Gesellschafterversammlung, die den Formwechsel beschließen soll, der Formwechsel als Gegenstand der Beschlussfassung schriftlich anzukündigen und der erforderliche Umwandlungsbericht **sowie ein Abfindungsangebot nach § 207 UmwG zu übersenden** (§ 216 UmwG). Das Angebot der Barabfindung ist von dem formwechselnden Rechtsträger für jeden Anteilsinhaber abzugeben, der gegen den Umwandlungsbeschluss Widerspruch zur Niederschrift erklärt. Das Abfindungsangebot bezieht sich grds auf den Erwerb der Anteile an dem Rechtsträger neuer Rechtsform, also nach Wirksamkeit des Formwechsels, in dem diesem Formular zugrunde liegenden Fall also auf das **Angebot des Erwerbs** der durch den Formwechsel erlangten GmbH-Anteile durch die GmbH selbst (als **eigene Anteile**). Anzubieten ist daher der Kauf dieser Anteile zu einem zu bestimmenden Preis. Bei einer GmbH als neue Rechtsform ist zwar durch Einfügung von § 33 Abs. 3 GmbHG der Erwerb eigener Geschäftsanteile durch eine GmbH auch für den Fall des § 207 Abs. 1 Satz 1 UmwG zulässig, sofern der Erwerb binnen sechs Monaten nach dem Wirksamwerden der Umwandlung erfolgt; notwendig ist aber, dass die GmbH den Preis für den Erwerb der Anteile aus dem über das Stammkapital hinaus vorhandenen freien Vermögen bezahlen kann und hieraus die nach § 272 Abs. 4 HGB vorgeschriebene **Rücklage für eigene Anteile** in Höhe des Kaufpreises bilden kann. Aus diesem Grund ist bei der Festsetzung des Stammkapitals und der Bewertung des Vermögens im Vorbereitungsstadium darauf zu achten, dass bei Annahme eines Abfindungsangebots durch den Berechtigten die eigenen Anteile auch erworben werden können. Eine nach dem Formwechsel eingeleitete Kapitalherabsetzung könnte wegen des Sperrjahres von einem Jahr diese Voraussetzungen nicht schaffen. Für die Bestimmung des Stammkapitals werden in der Regel die Kommanditeinlagen sich auch betragsmäßig mindestens in den Nennbeträgen der übernommenen Geschäftsanteile wiederspiegeln, um ein Wiederaufleben der Kommanditistenhaftung im Rahmen des Formwechsels in dieser Hinsicht auszuschließen.

15 Das **Abfindungsangebot** ist, soweit darauf nicht ausdrücklich in notariell beurkundeter Form verzichtet wurde (*Lutter/Decher* § 194 UmwG Rz. 23), **an alle Gesellschafter** zu richten, dh. auch an solche, die den Formwechsel über Nichterteilung ihrer Zustimmung ohnehin verhindern können. § 194 Abs. 1 Nr. 6 UmwG regelt nur die Entbehrlichkeit des **Barabfindungsangebots,** wenn der Formwechsel der Zustimmung aller Gesellschafter bedarf oder an dem formwechselnden Rechtsträger nur ein Anteilsinhaber beteiligt ist (*Lutter/Decher* § 194 UmwG Rz. 22). Ein Berechtigter kann das Abfindungsangebot mit allen seinen Anteilen oder nur teilweise annehmen (*S/St/Kalss* § 31 Rz. 4). Er kann das Abfindungsangebot uE auch dann annehmen, wenn er seine Zustimmung zum Formwechsel erklärt (um den anderen Gesellschaftern zB „nicht im Wege zu stehen"), dann aber seinen Widerspruch zur Niederschrift des Umwandlungsbeschlusses gem. § 207 UmwG erklärt; darin liegt grds kein nach Treu und Glauben unzulässiges, widersprüchliches Verhalten, sondern entspricht vielmehr der Konzeption des Gesetzes (*W/M/Vollrath* § 193 Rz. 41; aA *Lutter/Grunewald* § 29 UmwG Rz. 10).

16 Zum sonstigen **Mindestinhalt des Umwandlungsbeschlusses,** der sich aus § 194 Abs. 1 UmwG ergibt, vgl. A. 15.50 Rz. 11 ff.

Der **Beschluss** über den Formwechsel bedarf grds. nach § 217 Abs. 1 Satz 1 UmwG der Zustimmung aller anwesenden und auch der Zustimmung der nicht erschienenen Gesellschafter. Der Gesellschaftsvertrag der formwechselnden Personenhandelsgesellschaft kann aber für den Umwandlungsbeschluss eine Mehrheitsentscheidung von mindestens 3/4 der Stimmen vorsehen (§ 217 Abs. 1 Sätze 2 und 3 UmwG). Nicht einschlägig ist § 193 Abs. 2 UmwG, wenn der Gesellschaftsvertrag kein eindeutiges Mehrheitserfordernis für die Übertragung von Gesellschaftsanteilen enthält, so dass die Übertragung unter Anwendung des sog. Bestimmtheitsgrundsatzes des BGH der Zustimmung aller Gesellschafter bedarf; fehlt zugleich eine eindeutige Mehrheitsklausel für den Formwechsel, bedarf es einer einstimmigen Beschlussfassung gem. § 217 Abs. 1 Satz 1 UmwG (*Lutter/Decher* § 193 UmwG Rz. 20). Sofern der Gesellschaftsvertrag eine den Anforderungen des Bestimmtheitsgrundsatzes genügende qualifizierte Mehrheitsentscheidung der Gesellschafter für den Formwechsel vorsieht, ist diese Mehrheitsklausel vorrangig (*Lutter/Decher* § 193 UmwG Rz. 20) und § 193 Abs. 2 UmwG begründet kein erneutes Zustimmungserfordernis (*W/M/Vollrath* § 193 UmwG Rz. 39). 17

Wenn der Gesellschaftsvertrag hinsichtlich der Mehrheitserfordernisse für den Formwechsel und für die Übertragung von Gesellschaftsanteilen nicht aufeinander abgestimmt ist, dh. für den Formwechsel zB eine 3/4-Mehrheit vorgesehen ist, für die Übertragung des Gesellschaftsanteils aber Einstimmigkeit erforderlich ist, dann bedarf der Formwechsel der Zustimmung aller Gesellschafter (*Lutter/Decher* § 193 UmwG Rz. 21). Im Formular wird daher davon ausgegangen, dass die Mehrheitsklausel für den Formwechsel nicht dem Bestimmtheitserfordernis entspricht, wie dies oftmals auf Grund des Bestimmtheitsgrundsatzes des BGH der Fall sein dürfte, so dass hier von dem **Gebot der Einstimmigkeit** des Umwandlungsbeschlusses auszugehen wäre.

Die im Zuge des Formwechsels entstehende GmbH kann **keine Unternehmergesellschaft** iSv. § 5a GmbHG (eingefügt durch MoMiG v. 23.10.08, BGBl. I 08, 2026) sein. Denn beim Formwechsel besteht das Stammkapital der GmbH aus dem Vermögen der formwechselnden Gesellschaft (hier der A-KG). Dieser Vorgang entspricht einer Kapitalaufbringung durch Sacheinlagen (§ 220 Abs. 2 UmwG), was aber bei einer Unternehmergesellschaft nach § 5a Abs. 2 Satz 2 GmbHG unzulässig ist. Die GmbH muss daher ein Stammkapital von mindestens € 25000.– haben (*S/St/Schlitt* § 220 UmwG Rz. 8). A und B dürfen jedoch mehrere Geschäftsanteile übernehmen, da die Nennbeträge der Geschäftsanteile nach Inkrafttreten des MoMiG v. 23.10.08, aaO nur noch auf volle Euro lauten und in der Summe mit dem Stammkapital übereinstimmen müssen (§ 5 Abs. 2 und 3 GmbHG; im Übrigen vgl. die Erläut. zu den Formularen im Teil A. 6). 18

(frei) 19, 20

c) Steuerrecht

aa) Ertragsteuern

Obwohl gesellschaftsrechtlich beim Formwechsel von einer Personenhandelsgesellschaft in eine GmbH auf Grund des Fortbestands des bisherigen Rechtsträgers (in der Rechtsform einer Personenhandelsgesellschaft) in der neuen Rechtsform (als GmbH) gem. § 202 Abs. 1 Nr. 1 UmwG kein Rechtsträgerwechsel vorliegt, wird für ertragsteuerliche Zwecke auf Grund **§ 25 Satz 1 UmwStG** für den Formwechsel einer Personenhandelsgesellschaft in eine Kapitalgesellschaft durch entsprechende Anwendung der **§§ 20 bis 23 UmwStG ein Rechtsträgerwechsel fingiert** (vgl. UmwSt-Erl. 2011 BMF v. 11.11.11, BStBl. I 11, 1314, Tz. 25.01). 21

§ 25 Satz 2 iVm. § 9 Satz 2 und 3 UmwStG schreibt ferner vor, dass für steuerliche Zwecke die übertragende Gesellschaft (hier die A-KG) auf den steuerlichen Übertragungsstichtag eine **Steuerbilanz** aufzustellen hat (zur steuerlichen Relevanz s. Rz. 24). Auch diese Regelung weicht vom Handelsrecht (s. A. 15.00 Rz. 80 ff.) ab, 22 wonach wegen der Identität des bisherigen Rechtsträgers jedenfalls keine Schlussbilanz des bisherigen Rechtsträgers (zur Ausnahme der Möglichkeit der Erstellung einer Eröffnungsbilanz für eine Kapitalgesellschaft s. Rz. 14) erstellt werden muss. Die Vermögensübersicht gem. § 192 Abs. 2 UmwG gilt nicht als Bilanz im handelsrechtlichen Sinne, sondern dient lediglich der Information der Gesellschafter und allenfalls als Wertnachweisunterlage für das Registergericht.

23 Was als **„steuerlicher Übertragungsstichtag"** zu verstehen ist, ergibt sich aus § 25 Satz 2 iVm. § 9 Satz 3 UmwStG. Die nach § 25 Satz 2 iVm. § 9 Satz 2 UmwStG aufzustellenden Bilanzen können auch für einen Stichtag aufgestellt werden, der höchstens **acht Monate** vor der Anmeldung des Formwechsels zur Eintragung in ein öffentliches Register liegt (Übertragungsstichtag).

24 Der **Antrag auf Zugrundelegung eines steuerlichen Übertragungsstichtags,** der innerhalb von acht Monaten vor dem Zeitpunkt liegt, in dem der Rechtsträger neuer Rechtsform (die GmbH) zum **Handelsregister** angemeldet wird, kann **nur insgesamt** von der GmbH mit Wirkung für alle Gesellschafter der die Rechtsform wechselnden Personenhandelsgesellschaft gestellt werden. Vergleiche zu den Auswirkungen dieses Antrags iE A. 15.80 Rz. 35 ff.

25 Die Anordnung in § 25 Satz 2 iVm. § 9 Satz 2 und 3 UmwStG, dass die (die Rechtsform wechselnde) Personengesellschaft auf den steuerlichen Übertragungsstichtag eine Steuerbilanz aufzustellen habe, ist im Hinblick auf ihre steuerliche Relevanz zu relativieren. Diese dient uE nur der (laufenden) Gewinnermittlung und Abgrenzung bis zum steuerlichen Übertragungsstichtag, nicht aber der Ermittlung eines eventuellen **Übertragungsgewinns.** Dies ergibt sich aus Folgendem: In entsprechender Anwendung von § 20 UmwStG bestimmt sich **ein eventuell bei den Gesellschaftern** der bisherigen Personenhandelsgesellschaft **zu erfassender Übertragungsgewinn** nicht durch Ansatz in der Steuerbilanz der formwechselnden Personengesellschaft, sondern **durch Ansatz in der Bilanz des (fiktiv übernehmenden) Rechtsträgers neuer Form,** nämlich der Kapitalgesellschaft (§ 20 Abs. 2 iVm. Abs. 3 Satz 1 UmwStG). Nach § 20 Abs. 3 Satz 1 UmwStG gilt nämlich der Wert, mit dem die Kapitalgesellschaft das (fiktiv) eingebrachte Betriebsvermögen ansetzt, für den Einbringenden als Veräußerungspreis und als Anschaffungskosten der Geschäftsanteile. Die nach § 25 Satz 2 iVm. § 9 Satz 2 und 3 UmwStG erforderliche Steuerbilanz auf den steuerlichen Übertragungsstichtag kann daher nur die Bedeutung haben, die ihr nach den steuerlichen Vorschriften über die Gewinnermittlung regelmäßig für den Schluss eines Geschäftsjahres oder eines davon abweichenden steuerlichen Übertragungsstichtags zukommt, nämlich die Ermittlung des laufenden Ergebnisses bis zum steuerlichen Übertragungsstichtag. Für die Ermittlung eines Übertragungsgewinns ist sie nur insofern von Bedeutung, als dieser sich aus dem Differenzbetrag zwischen dem Ansatz in der steuerlichen Eröffnungsbilanz der übernehmenden Kapitalgesellschaft und dem Ansatz in der Schlussbilanz ergibt (*R/H/L/Rabback* § 25 UmwStG Rz. 81).

26 Da somit faktisch der Ansatz des (fiktiv) als übertragen geltenden Vermögens der formwechselnden Personengesellschaft bei der (fiktiv übernehmenden) GmbH die Besteuerung bei den Gesellschaftern der rechtsformändernden Personenhandelsgesellschaft auslöst, empfiehlt sich jedenfalls bei Nichtidentität der Gesellschafter der formwechselnden Personenhandelsgesellschaft und der Geschäftsführer der GmbH neuer Rechtsform die Aufnahme einer die Geschäftsführung zumindest im Innenverhältnis bindenden Bestimmung im Formwechselbeschluss, dass die GmbH die **Buchwerte** (oder falls dies gewünscht wird, die Teilwerte oder Zwischenwerte) in ihrer steuerlichen Eröffnungsbilanz anzusetzen verpflichtet ist soweit dies nach § 20 Abs. 2 Satz 2 UmwStG zulässig ist.

27 *(frei)*

28 **Das Wahlrecht** für Ansatz der steuerlichen Buchwerte, der Zwischenwerte oder der gemeinen Werte (§ 20 Abs. 2 Satz 2 UmwStG; vgl. hierzu LfSt Bayern v. 7.7.14,

DB 14, 1898) **kann die (aufnehmende) GmbH für jeden Gesellschafter** der die Rechtsform wechselnden Personenhandelsgesellschaft **getrennt ausüben** (*R/H/L/Herlinghaus* § 20 UmwStG Rz. 153). Der sich aus der Einbringung der Mitunternehmeranteile ergebende Eigenkapitalzugang ist, soweit er den dem Anteilseigner im Zuge der Einbringung gewährten Teil des Nennkapitals übersteigt, dem steuerlichen Einlagekonto iSd. § 27 KStG zuzuordnen (*R/H/L/van Lishaut* Anh. 2 Rz. 36f.). Evtl. geführte Ergänzungsbilanzen sind zu berücksichtigen.

Steuerrechtlich ist ua. dann eine **Realisierung zwingend, wenn** nicht **alle we-** 29
sentlichen Betriebsgrundlagen auf die A-GmbH mit übertragen werden (zuletzt wieder BFH I R 97/08 v. 16.12.09, BStBl. II 10, 808). Wird zB ein betrieblich genutztes Grundstück, das eine wesentliche Betriebsgrundlage der A-KG darstellt, von einem der Gesellschafter an die A-KG vermietet oder überlassen (sog. **Sonderbetriebsvermögen I**), so setzt sich dieser Mietvertrag bzw. die Überlassung regelmäßig mit der A-GmbH fort. Dies reicht für eine steuerneutrale Einbringung nach § 20 UmwStG nicht aus (BFH I R 96/08 v. 7.4.10, BFH/NV 10, 1749). Zur Vermeidung der zwingenden Gewinnrealisierung bei dem Eigentümer des Grundstücks (auf Grund Wegfalls des Sonderbetriebsvermögens und Nichteinbringung aller wesentlichen Betriebsgrundlagen) müsste das Grundstück **(als separate Sacheinlage zusammen mit dem Formwechsel) auf die A-GmbH übertragen** werden (vgl. dazu A. 15.80 Rz. 26f; allerdings soll auch die Begründung wirtschaftlichen Eigentums ausreichen vgl. UmwSt-Erl. 2011 BMF v. 11.11.11, BStBl. I 11, 1314, Tz. 20.06 iVm. 15.07).

(frei) 30

Die weiteren Fälle, in denen eine Gewinnrealisierung zwingend ist (**Einbringung** 31
eines negativen Kapitalkontos (§ 20 Abs. 2 Satz 2 Nr. 2 UmwStG) bzw. bei Gewährung von den **steuerlichen Buchwert übersteigenden sonstigen Gegenleistungen** (§ 20 Abs. 2 Satz 4 UmwStG), vgl. dazu A. 3.02 Rz. 16 und A. 15.80 Rz. 24), dürften im Fall des Formwechsels von einer Personengesellschaft in eine Kapitalgesellschaft idR kaum einschlägig sein: Bei Überschuldung ist nämlich gem. § 220 UmwG der Formwechsel auf Grund fehlender Kapitalaufbringung ohnehin ausgeschlossen. Die Gewährung sonstiger Gegenleistungen ist beim Formwechsel nur in Ausnahmefällen vorstellbar (anders als bei der Verschmelzung und der Auf- oder Abspaltung als Barzuzahlungen begrenzt auf 10% der gewährten Geschäftsanteile, vgl. § 54 Abs. 4 UmwG, oder bei der Ausgliederung unbegrenzt wegen Nichtanwendung von § 54 durch § 125 UmwG).

Grundsätzlich hat die übernehmende Gesellschaft das eingebrachte Betriebsvermögen mit dem gemeinen Wert anzusetzen; für die Bewertung von Pensionsrückstellungen gilt § 6a EStG (§ 20 Abs. 2 Satz 1 UmwStG). Nur als Ausnahme ist auf Antrag der Ansatz des übernommenen Betriebsvermögens mit dem Buchwert oder einem höheren Wert, höchstens jedoch mit dem gemeinen Wert, zulässig, soweit

- sichergestellt ist, dass es später bei der übernehmenden Körperschaft der Besteuerung mit Körperschaftsteuer unterliegt,
- die Passivposten des eingebrachten Betriebsvermögens die Aktivposten nicht übersteigen; dabei ist das Eigenkapital nicht zu berücksichtigen und
- das Recht der Bundesrepublik Deutschland hinsichtlich der Besteuerung des Gewinns aus der Veräußerung des eingebrachten Betriebsvermögens bei der übernehmenden Gesellschaft nicht ausgeschlossen oder beschränkt wird (§ 20 Abs. 2 Satz 2 UmwStG)

Zur Besteuerung eines Übertragungsgewinns vgl. A. 15.80 Rz. 21. Bei Ansatz der 32
Sacheinlage unter dem Teilwert kann die spätere Veräußerung (oder Auslösung eines sog. Ersatzrealisationstatbestands) der erhaltenen Anteile innerhalb der Siebenjahresfrist einen sog. Einbringungsgewinn I auslösen (§ 22 Abs. 1 UmwStG). Haben zum Gesamtshandsvermögen Anteile an Kapitalgesellschaften gehört, kann deren Veräußerung

(oder Auslösung eines sog. Ersatzrealisationstatbestands) einen Einbringungsgewinn II auslösen (§ 22 Abs. 2 UmwStG).

33 Zur Behandlung der AfA und sonstiger Besteuerungsfolgen nach dem Formwechsel vgl. A. 15.80 Rz. 46 ff.

34 Sind Anteile an der A-KG für dem Formwechsel steuerbegünstigt nach **§§ 13a, 13b ErbStG** übertragen worden, ist für die Überprüfung der Einhaltung der **Lohnsummenregelung** auf die (anteilige) Lohnsumme der Kapitalgesellschaft abzustellen, selbst wenn die Beteiligung nicht mehr als 25% beträgt (Gleichl. Ländererlasse v. 21.11.13, BStBl. I 13, 1510).

35 *(frei)*

bb) Verkehrsteuern

aaa) Umsatzsteuer

36 Da zivilrechtlich kein Rechtsträgerwechsel vorliegt, sondern gem. § 202 Abs. 1 Nr. 1 UmwG von der Identität des Vermögensbestandes auszugehen ist, unterliegt der Formwechsel nicht der Umsatzsteuer. Die Fiktion des Vermögensübergangs in § 25 Satz 1 UmwStG betrifft nicht die Umsatzsteuer (vgl. UmwSt-Erl. 2011 BMF v. 11.11.11, BStBl. I 11, 1314, Tz. 01.01).

bbb) Grunderwerbsteuer

37 Der Formwechsel unterliegt mangels Rechtsträgerwechsel nicht der GrESt, auch wenn Grundstücke zum Vermögen der formwechselnden Gesellschaft gehören. Dies wurde sowohl von der Rspr. entschieden (vgl. BFH II B 116/96 v. 4.12.96, BStBl. II 97, 661) als auch von der FinVerw. (vgl. FM Bayern v. 12.12.97, WPg 98, 390, Tz. A.IV.2) anerkannt. Soweit für eine Grundstücksübertragung auf die KG die GrESt-Befreiung des § 5 GrEStG in Anspruch genommen worden ist, kann der Formwechsel zu einem Verlust der Befreiung nach § 5 Abs. 3 GrEStG führen (vgl. BFH II R 2/12 v. 25.9.12; BStBl. II 14, 329; in diesem Fall kommt auch die Steuerbefreiung nach § 3 Nr. 6 GrEStG nicht zur Anwendung).

38–40 *(frei)*

2. Einzelerläuterungen

41 Der Beschluss über den Formwechsel hat in einer **Gesellschafterversammlung** zu erfolgen (nicht im Umlauf- bzw. schriftlichen Verfahren, vgl. § 193 Abs. 1 UmwG) und ist **notariell zu beurkunden** (§ 193 Abs. 3 UmwG).

42 Im vorliegenden Fall empfiehlt sich ein ausführliches Protokoll über die Einberufung und den Ablauf der Gesellschafterversammlung wegen der hier vorliegenden Notwendigkeit der Zustimmung sämtlicher Gesellschafter für den Formwechselbeschluss, wobei aber gleichwohl der im Anschluss daran widersprechende Gesellschafter die Freiheit haben will, sein Abfindungsangebot anzunehmen (s. Rz. 15). Aus diesem Grund sind auch **Verzichtserklärungen** soweit möglich vorab aufzunehmen (vgl. dazu § 1 Abs. 3 für den Verzicht des Herrn A auf das Angebot einer angemessenen Barabfindung). Sodann folgen die Beschlussanträge in § 2 mit dem notwendigen Inhalt gem. §§ 194 Abs. 1 und 218 Abs. 1 UmwG (s. Rz. 16) einschließlich des als Anlage beizufügenden Gesellschaftsvertrags der GmbH und sodann erst in § 3 die Abstimmung mit der namentlichen Aufführung der für den Formwechselbeschluss stimmenden Gesellschafter. Diese Anforderung ergibt sich aus § 217 Abs. 2 UmwG und ist für die Bestimmung der Gründungsgesellschafter iSv. §§ 197, 219 UmwG wegen deren Verpflichtung zur Abgabe des Sachgründungsberichts notwendig.

43 In § 3 Abs. 2 ist sodann der **Widerspruch** des Herrn B gegen den Beschluss gem. § 207 Abs. 1 UmwG zu protokollieren; dabei empfiehlt sich, dass der Mitgesellschafter

auf die Einrede der Verletzung der Treuepflicht und eines widersprüchlichen Verhaltens verzichtet.

In § 4 folgen die übrigen Verzichtserklärungen, nämlich der Verzicht auf die Prüfung der Angemessenheit des Barabfindungsangebots und die Verzichte auf die Anfechtung der bzw. auf Klagen gegen die Beschlüsse, insbesondere des Formwechselbeschlusses nach § 195 UmwG, um die **Eintragung zu beschleunigen** (vgl. § 16 Abs. 2 Satz 2, 2. Alt. UmwG). **44**

Bezüglich der **Kosten** ist uE auch zur Vermeidung von verdeckten Gewinnausschüttungen zu empfehlen, diese (wie sonst bei Gründung) betragsmäßig zu beziffern und darüber hinausgehende Kosten den Gesellschaftern A und B im Verhältnis ihrer Gewinn- und Verlustbeteiligung aufzuerlegen. **45**

(frei) **46–49**

Erläuterungen zu A. 15.40a Sachgründungsbericht

Beim Formwechsel in eine Kapitalgesellschaft finden gem. § 197 UmwG die **Gründungsvorschriften** entsprechende Anwendung. Notwendig ist somit nach § 5 Abs. 4 GmbHG ein Sachgründungsbericht, in dem aber über den Umfang des § 5 Abs. 4 GmbHG hinaus gem. § 220 Abs. 2 UmwG zusätzlich **auch der bisherige Geschäftsverlauf und die Lage der formwechselnden Gesellschaft** darzulegen ist. Besondere Ausprägung erfährt der Kapitalschutz durch die ausdrückliche Bestimmung in § 220 Abs. 1 UmwG, wonach der Nennbetrag des Stammkapitals einer GmbH das nach Abzug der Schulden verbleibende Vermögen der formwechselnden Gesellschaft nicht übersteigen darf. Das Vermögen ist dabei zu den wirklichen Werten, dh. zu den Verkehrswerten, anzusetzen (*S/St/Schlitt* § 220 UmwG Rz. 13). Daraus ergibt sich die Notwendigkeit, neben dem Sachgründungsbericht auch sachdienliche **Wertnachweisunterlagen** zu beschaffen und im Rahmen der Handelsregisteranmeldung vorzulegen (vgl. *S/St/Schlitt* § 220 UmwG Rz. 20). Eine Vermögensaufstellung gem. § 192 Abs. 2 UmwG könnte zwar diese Funktion erfüllen, geeigneter ist aber wohl ein spezielles Gutachten eines Wirtschaftsprüfers oder des Steuerberaters über die Verkehrswerte des Vermögens im Zeitpunkt der Anmeldung. **50**

Um einen Zwischenabschluss zu vermeiden, sollte der Beschluss des Formwechsels und die Anmeldung zum Handelsregister möglichst kurz nach Ablauf eines laufenden Geschäftsjahres gefasst werden. Das Werthaltigkeitsgutachten und der Sachgründungsbericht können dann an den auf den Schluss des letzten Geschäftsjahres aufgestellten Jahresabschluss anknüpfen und darauf aufbauend die stillen Reserven erläutern. Dann verkürzt sich auch die Zeit, über die nach § 220 Abs. 2 UmwG zum „bisherigen **Geschäftsverlauf**" im laufenden Geschäftsjahr zu berichten ist, und die Schilderung der Lage der formwechselnden Gesellschaft wird sich in der Praxis an den Lagebericht zum Jahresabschluss anlehnen können. **51**

Der **Sachgründungsbericht** ist von sämtlichen Gründungsgesellschaftern abzugeben. Als solche gelten gem. §§ 219, 197 UmwG diejenigen Gesellschafter, die dem Formwechsel zugestimmt haben (dh. ein dem Formwechsel nicht zustimmender Gesellschafter ist insofern geschützt). **52**

Erläuterungen zu A. 15.40b Schreiben an den Betriebsrat

Vgl. A. 15.50 Rz. 71. **53**

Erläuterungen zu A. 15.40c Handelsregisteranmeldung

54 **Maßgebliches Registergericht.** Dem Formular liegt der Fall zugrunde, dass die A-KG (formwechselnder Rechtsträger) bei demselben Registergericht eingetragen ist, bei dem auch der Rechtsträger neuer Rechtsform (A-GmbH) einzutragen ist; der bisherige und der neue Rechtsträger haben also ihren Sitz in dem Bezirk desselben Registergerichts, in dem der bisherige Rechtsträger bereits im Handelsregister eingetragen ist. In diesem Fall ist gem. § 198 Abs. 1 UmwG die neue Rechtsform des Rechtsträgers zur Eintragung in das Register anzumelden, in dem der formwechselnde Rechtsträger bereits eingetragen ist (*W/M/Vossius* § 198 UmwG Rz. 7 ff.).

55 Würde der **Sitz** der A-GmbH (Rechtsträger neuer Rechtsform) außerhalb des Bezirks des Registergerichts der A-KG liegen, wäre nach § 198 Abs. 2 Satz 2, Alt. 2, Satz 3 UmwG sowohl bei dem für den künftigen Rechtsträger zuständigen Register, daneben aber auch bei dem für den formwechselnden Rechtsträger zuständigen Register anzumelden. In diesem Fall würde die Eintragung des Formwechsels im Register des bisherigen Rechtsträgers (A-KG) zunächst mit einem **Vorbehaltsvermerk** eingetragen werden, sofern nicht die Eintragungen bei allen Rechtsträgern am selben Tag erfolgen (§ 198 Abs. 2 Satz 4 UmwG; geändert durch Zweites Gesetz zur Änderung des UmwG v. 19.4.07, BGBl. I 07, 542). Erst danach wäre im Register des neuen Rechtsträgers der Formwechsel einzutragen (§ 198 Abs. 2 Satz 5 UmwG); nach Mitteilung des Registers des neuen Rechtsträgers an das Register des alten Rechtsträgers kann dann auch der Vorbehaltsvermerk iSv. § 198 Abs. 2 Satz 4 UmwG, sofern eingetragen, gelöscht und das Registerblatt geschlossen werden (vgl. *W/M/Vossius* § 198 UmwG Rz. 19 ff. und zu anderen Fällen Rz. 12 ff).

56 **Person des Anmelders:** Im vorliegenden Fall ist die **Anmeldung durch alle** für den Rechtsträger neuer Rechtsform (A-GmbH) **bestellten Geschäftsführer** abzugeben (§§ 222 Abs. 1, 197 UmwG iVm. § 7 GmbHG); wenn ein Aufsichtsrat bestehen muss, zusätzlich auch durch alle Mitglieder des Aufsichtsrats (§ 222 Abs. 1 UmwG). Wechselt die Zuständigkeit des Registergerichts (wegen abweichenden Sitzes der A-GmbH), kann die nach § 198 Abs. 2 Satz 3 UmwG vorzunehmende weitere Anmeldung zum Register des Sitzes der formwechselnden Gesellschaft (A-KG) auch von deren Vertretungsorganen (hier also Komplementär der A-KG) vorgenommen werden (§ 222 Abs. 3 UmwG).

57 Die anmeldenden Personen (im Fall des Formulars sämtliche Geschäftsführer der A-GmbH) haben auch die Erklärungen nach § 16 Abs. 2 iVm. § 198 Abs. 3 UmwG abzugeben (**Negativerklärung** über Nichtanfechtung des Umwandlungsbeschlusses, vgl. *W/M/Vossius* § 198 UmwG Rz. 32).

58 **Inhalt der Anmeldung** ist sowohl der Formwechsel selbst, der Abschluss des Gesellschaftsvertrags (entsprechende Folgeänderung), die Bestellung neuer Vertretungsorgane sowie die Erklärung nach § 16 Abs. 2 iVm. 198 Abs. 3 UmwG (Negativerklärung), falls diese nicht wegen der notariell beurkundeten Anfechtungs- bzw. Klageverzichtserklärung nach §§ 16 Abs. 2 Satz 2 Hs. 2 iVm. 198 Abs. 3 UmwG entfällt. Wegen der Gründung der GmbH sind die Bestellung der Geschäftsführer mit konkreter Vertretungsbefugnis (§§ 7 Abs. 1, 8 Abs. 4 GmbHG) und die abstrakte Vertretungsbefugnis anzumelden sowie die Versicherungen nach § 8 Abs. 2 und Abs. 3 GmbHG abzugeben.

59 Als **Anlagen** sind der Anmeldung nach § 199 UmwG beizufügen: Niederschrift des Umwandlungsbeschlusses in (empfohlener zweifacher – wegen unterschiedlicher Abteilungen –) Ausfertigung oder öffentlich beglaubigter Abschrift, die nach dem UmwG erforderlichen Zustimmungserklärungen einzelner Anteilsinhaber, einschließlich evtl erforderlicher Zustimmungen einzelner nicht erschienener Anteilsinhaber, der Umwandlungsbericht bzw. die Verzichtserklärung hierfür sowie der Nachweis über

die fristgerechte Zuleitung des Entwurfs des Umwandlungsbeschlusses an den Betriebsrat.

Wegen der **Sachgründung der A-GmbH** sind (über § 197 UmwG) weiter die sich aus dem GmbH-Gesetz ergebenden Unterlagen beizufügen, nämlich die unterzeichnete **Liste der Gesellschafter** und der übernommenen Geschäftsanteile (§ 8 Abs. 1 Nr. 3 GmbHG), der Sachgründungsbericht (§ 5 Abs. 4 Satz 2 GmbHG) mit Unterlagen zur Werthaltigkeit der Sacheinlage (§ 8 Abs. 1 Nr. 5 GmbHG) und – falls nicht wie im vorliegenden Formular als Anlage zum Umwandlungsbeschluss bereits enthalten – der Gesellschaftsvertrag (§ 8 Abs. 1 Nr. 1 GmbHG, der gem. § 218 Abs. 1 UmwG im Umwandlungsbeschluss enthalten sein muss, weshalb auch die Unterzeichnung entfällt); aus der Liste der Gesellschafter muss der Name, Vorname, Geburtsdatum und Wohnort der Gesellschafter (hier der Herren A und B) sowie die Nennbeträge und die laufenden Nummern der von den Gesellschaftern übernommenen Geschäftsanteile ersichtlich sein (vgl. § 40 Abs. 1 GmbHG). Der Beschluss über die Geschäftsführerbestellung (der nicht zwingender Inhalt des Umwandlungsbeschlusses ist, aber zweckmäßigerweise bei dessen Beurkundung mitgefasst wird), ist anzumelden mit jeweils konkreter und abstrakter Vertretungsregelung. 60

Die **Anmeldung** selbst ist seit dem 1.1.07 **elektronisch in öffentlich beglaubigter Form** zum Handelsregister einzureichen (§ 12 Abs. 1 Satz 1 HGB; geändert durch das Gesetz über elektronische Handelsregister und Genossenschaftsregister sowie das Unternehmensregister v. 10.11.06 (BGBl I 06, 2553), s. dazu *Baumbach/Hopt* § 12 HGB Rz. 1). Zur Form der Anmeldung s. A. 15.60 Rz. 41. Die beglaubigte Abschrift des Umwandlungsbeschlusses nebst Anlagen ist ebenfalls elektronisch und mit einem einfachen elektronischen Zeugnis versehen einzureichen (§ 12 Abs. 2 Satz 1 und Satz 2, 2. Hs. HGB; vgl. *Baumbach/Hopt* § 12 HGB Rz. 7; *Seibert/Decker* DB 06, 2447). Die übrigen Dokumente, die in Urschrift einzureichen sind, sind in einer elektronischen Aufzeichnung zu übermitteln, eine elektronische Signatur ist nicht erforderlich (§ 12 Abs. 2 Satz 2, 2. Hs. HGB; vgl. *Baumbach/Hopt* § 12 HGB Rz. 7). An dem materiellen Inhalt der Handelsregisteranmeldung hat sich aber nichts geändert. 61

Der Formwechsel wird vom zuständigen Registergericht in dem Register des Rechtsträgers der neuen Rechtsform (GmbH: Abteilung B) eingetragen und in einem elektronischen Informations- und Kommunikationssystem des jeweiligen Bundeslandes bekannt gemacht (§ 201 Satz 1 UmwG iVm. § 10 nF, vgl. *Baumbach/Hopt* § 10 HGB Rz. 1). Der **bisherige Rechtsträger** (KG: Abteilung A) wird **gelöscht.** Der Bekanntmachung der Eintragung der neuen Rechtsform GmbH wird der Hinweis an die Gesellschaftsgläubiger nach § 204 iVm. § 22 UmwG hinzugefügt (§ 22 Abs. 1 Satz 3 UmwG). 62

Mit Eintragung der neuen Rechtsform in das Handelsregister treten die in § 202 UmwG genannten **Rechtsfolgen des Formwechsels** ein: 63

- Wechsel der auf den Rechtsträger anwendbaren Bestimmungen (§ 202 Abs. 1 Nr. 1 UmwG),
- Beteiligung der Anteilsinhaber an dem Rechtsträger neuer Form (§ 202 Abs. 1 Nr. 2 Satz 1 UmwG),
- Fortbestehen von Rechten Dritter an Anteilen von Gesellschaftern durch Surrogation (§ 202 Abs. 1 Nr. 2 Satz 2 UmwG),
- Heilung von Mängeln der notariellen Beurkundung des Beschlusses und der Zustimmungs- oder Verzichtserklärungen einzelner Anteilsinhaber (§ 202 Abs. 1 Nr. 3 UmwG),
- Mängel des Formwechsels (zB kein Umwandlungsbericht, kein Barabfindungsangebot, keine Durchführung einer Prüfung) berühren die Wirkung der Eintragung nicht (§ 202 Abs. 3 UmwG).

Eine **Grundbuchberichtigung** nach § 22 GBO ist **nicht erforderlich**. Es genügt die Richtigstellung des Grundbuchs, die von Amts wegen zu erfolgen hat (*S/St/Kübler* 64

§ 202 UmwG Rz. 8). Die formgewandelte Gesellschaft kann unter Vorlage beglaubigter Handelsregisterauszüge auf die notwendige Richtigstellung hinweisen. Gleiches gilt für andere öffentliche Register wie Patentrolle und Markenregister.

A. 15.50 Formwechsel: Umwandlung einer GmbH in GmbH & Co. KG

Gliederung

I. FORMULARE

Formular A. 15.50 Formwechselbeschluss

Formwechselbeschluss

Heute, den ......, erschien vor mir, ..., Notar in ......, in meinen Amtsräumen in ......

Frau A ...... *[Beruf/Wohn-Geschäftsadresse].*

Frau A erklärte, nachfolgend zu handeln:

- **in eigenem Namen als Inhaberin von voll eingezahlten Geschäftsanteilen im Nennbetrag von insgesamt € 49.900.– an der A-GmbH mit Sitz in A-Stadt, eingetragen im Handelsregister des Amtsgerichts A-Stadt unter HRB ...... sowie**
- **als einzelvertretungsberechtigte und von den Beschränkungen des § 181 BGB befreite alleinige Geschäftsführerin der B-GmbH mit Sitz in B-Stadt, eingetragen im Handelsregister des Amtsgerichts B-Stadt unter HRB ......, die einen Geschäftsanteil im Nennbetrag von € 100.– an der A-GmbH mit Sitz in A-Stadt hält.**

Feststellung der Vertretungsberechtigung von Frau A für B-GmbH mit Sitz in B-Stadt ......

Frau A bat um notarielle Beurkundung des nachfolgenden Umwandlungsbeschlusses gem. §§ 190 ff., 226 ff. UmwG (nachfolgend: Formwechselbeschluss):

Präambel

(1) Das Stammkapital der A-GmbH mit Sitz in A-Stadt beträgt € 50.000.– und ist nach Angabe voll einbezahlt. Die Geschäftsanteile werden wie folgt gehalten:

- Frau A hält einen Geschäftsanteil im Nennbetrag von insgesamt € 49.900.–,
- die B-GmbH mit Sitz in B-Stadt hält einen Geschäftsanteil im Nennbetrag von € 100.–.

(2) Die B-GmbH hat ihren Geschäftsanteil im Nennbetrag von € 100.– durch notarielle Urkunde vom ...... (UrkRNr. ...... des Notars ...... in ......) von Frau A in Vorbereitung auf den heute zu fassenden Formwechselbeschluss unentgeltlich, treuhänderisch mit der Maßgabe erworben, dass mit Vollzug des Formwechsels der A-GmbH in eine GmbH & Co. KG die an die Stelle des Geschäftsanteils im Nennbetrag von € 100.– tretenden festen und variablen Kapitalanteile von dieser als künftige Komplementärin an Frau A rückabgetreten werden. Frau A hat diese – mit der Eintragung des Formwechsels gem. § 202 Abs. 1 UmwG aufschiebend bedingt wirksame Rückabtretung – bereits in der vorgenannten Urkunde vom ...... angenommen.

(3) Im Hinblick auf den seit Erwerb sämtlicher Geschäftsanteile an der A-GmbH mit Sitz in A-Stadt durch Frau A im Jahre ...... verringerten Geschäftsumfang soll die Rechtsform dieser Gesellschaft mit dem nachfolgenden Formwechselbeschluss in die einer Personenhandelsgesellschaft mit Haftungsbeschränkung geändert werden, dh. in die Rechtsform einer GmbH & Co. KG umgewandelt werden.

(4) Der Unternehmensgegenstand der A-GmbH, nämlich ......, genügt aber weiterhin den Anforderungen des § 105 Abs. 1 und 2 HGB. Deshalb ist der Formwechsel in eine Personenhandelsgesellschaft gem. § 228 Abs. 1 UmwG möglich.

(5) Es wird festgestellt, dass der Entwurf des Formwechselbeschlusses dem Betriebsrat der A-GmbH mit Sitz in A-Stadt am ...... zugeleitet wurde.

Gesellschafterversammlung der A-GmbH mit Sitz in A-Stadt mit Beschluss des Formwechsels

§ 1 Gesellschafterversammlung

Da sämtliche Gesellschafter der A-GmbH vertreten sind, erklärt Frau A hiermit, eine außerordentliche Gesellschaftervollversammlung der A-GmbH abzuhalten, und zwar soweit wie möglich unter Verzicht auf die Einhaltung aller nach Gesetz und Gesellschaftsvertrag vorgesehenen Form- und Fristvorschriften und einstimmig was folgt zu beschließen.

§ 2 Verzichtserklärungen

(1) Auf die Erstellung eines Umwandlungsberichts iSv. § 192 Abs. 1 UmwG wird hiermit gem. § 192 Abs. 2 UmwG verzichtet.

(2) Auf die schriftliche Ankündigung des Formwechsels als Gegenstand der Beschlussfassung, spätestens zusammen mit der Einberufung der Gesellschafterversammlung, die den Formwechsel beschließen soll, und die Übersendung des Entwurfs des Formwechselbeschlusses gem. § 230 Abs. 1 UmwG wird verzichtet.

(3) Auf die Abgabe eines Abfindungsangebots gem. § 207 UmwG wird verzichtet; dementsprechend entfällt auch das Recht, die Prüfung des Barabfindungsangebots zu verlangen (§§ 208 iVm. 30 Abs. 2 Satz 3 UmwG).

§ 3 Formwechselbeschluss

(1) Die A-GmbH mit Sitz in A-Stadt wird gem. §§ 190 ff., 233 Abs. 1 UmwG als formwechselnder Rechtsträger iSv. §§ 191 Abs. 1 Nr. 2 iVm. 3 Abs. 1 Nr. 2 UmwG in eine

Kommanditgesellschaft iSv. § 191 Abs. 2 Nr. 2 UmwG als Rechtsträger neuer Rechtsform unter der Firma „A-GmbH & Co. KG" mit Sitz in A-Stadt umgewandelt. Komplementärin ist die B-GmbH ohne Kapitaleinlage. Alleinige Kommanditistin ist Frau A, ... *[Beruf/Wohn-Geschäftsadresse]* mit einer Hafteinlage von € 5.000.–. Am Gewinn und Verlust der A-GmbH & Co. KG ist nur Frau A als alleinige Kommanditistin beteiligt. Die Komplementärin, die B-GmbH, ist am laufenden Gewinn und Verlust im Innenverhältnis nicht beteiligt, sondern erhält lediglich Ersatz ihrer Auslagen und eine Haftungsvergütung in Höhe von € ....– jährlich. Die darüber hinaus vorhandenen Eigenkapitalanteile (Stammkapital von € 50.000.– und Bilanzgewinn von € 6.000.–) von insgesamt € 56.000.– sind wie folgt gutzuschreiben:

- **€ 5.000.– dem Einlagenkonto der Kommanditistin und**
- **in Höhe von € 51.000.– dem Verrechnungskonto der Kommanditistin, Frau A (einschließlich der anteiligen Gutschriften für die Komplementärin) auf Grund der Vereinbarung vom ...... (s. Präambel Abs. 2).**

(2) Im Innenverhältnis soll der Formwechsel als zum 31.12.01, 24.00 Uhr erfolgt gelten.

(3) Sonderrechte iSv. § 194 Abs. 1 Nr. 5 UmwG für einzelne Anteilsinhaber der A-GmbH oder Dritte bestehen nicht und werden daher auch im Rahmen des Formwechsels nicht gewährt.

(4) Zu den Folgen des Formwechsels für die Arbeitnehmer und ihre Vertretungen sowie die insoweit vorgesehenen Maßnahmen wird wie folgt berichtet:

Der vorstehend beschlossene Formwechsel hat für die Arbeitnehmer der A-GmbH, mit Ausnahme der Änderung der Direktionsbefugnis, keine Rechtsfolgen; insbesondere stellt der Formwechsel keinen Betriebsübergang iSv. § 613a Abs. 1 BGB dar. Die Direktionsbefugnis wird zukünftig durch die alleinige Komplementärin, die B-GmbH, durch ihre jeweiligen Geschäftsführer ausgeübt. Die bisher gewählten Betriebsräte bleiben als solche weiter bestehen.

Die A-GmbH unterlag bisher nicht der Mitbestimmung; daran ändert sich auch durch den Formwechsel nichts.

§ 4 Verzicht auf Anfechtungsrechte und Klage gegen Formwechselbeschluss

Auf das Recht, die vorstehenden Beschlüsse, insbesondere den Formwechselbeschluss anzufechten oder dagegen Klage gem. § 195 UmwG zu erheben, wird verzichtet.

§ 5 Kosten

Die Kosten dieser Urkunde und ihres Vollzugs trägt der formwechselnde Rechtsträger, die A-GmbH mit Sitz in A-Stadt.

..

[Unterschrift Frau A]

Formular A. 15.50a Schreiben an den Betriebsrat

Von: Geschäftsleitung A-GmbH A-Stadt, den ......

An: Betriebsrat der A-GmbH in A-Stadt
z. Hd. des/der Vorsitzenden des Betriebsrats
Herrn/Frau ......
gegen Empfangsbekenntnis

Betreff: Bevorstehender Beschluss des Formwechsels der A-GmbH in die A-GmbH & Co. KG mit dem Sitz in A-Stadt

Sehr geehrte(r) Frau/Herr ......,

in der voraussichtlich am ...... stattfindenden Gesellschaftervollversammlung der A-GmbH mit Sitz in A-Stadt ist beabsichtigt, den beigefügten Entwurf des Beschlusses über die formwechselnde Umwandlung der A-GmbH in die A-GmbH & Co. KG mit Sitz in A-Stadt in notariell beurkundeter Form zu fassen. Ich übermittele Ihnen hiermit den Entwurf gem. § 194 Abs. 2 UmwG. Ich bitte, auf die Einhaltung der Monatsfrist des § 194 Abs. 2 UmwG zu verzichten, den Erhalt dieses Schreibens und der Anlage auf der beigefügten Kopie dieses Schreibens zu bestätigen und an mich als alleinige Geschäftsführerin der A-GmbH im Hinblick auf den Nachweis im Zuge der Anlagen zur Handelregisteranmeldung gem. § 199 UmwG zurück zu schicken.

....
[A-GmbH, vertreten durch Frau A]

Hiermit bestätige ich als Vorsitzende(r) des Betriebsrats den Erhalt dieses Schreibens nebst dem als Anlage beigefügten Entwurf des Formwechselbeschlusses und verzichte auf die Einhaltung der Monatsfrist des § 194 Abs. 2 UmwG.

....	....
[Ort/Datum]	[Betriebsratsvorsitzende(r) der A-GmbH in A-Stadt]

Formular A. 15.50b Handelsregisteranmeldung

An das
Amtsgericht A-Stadt
– Handelsregister –
HRB ...... Firma A-GmbH mit Sitz in A-Stadt

Als einzelvertretungsberechtigte und alleinige Geschäftsführerin der vorstehend genannten Gesellschaft melde ich gem. §§ 235 Abs. 2, 198 UmwG zur Eintragung in das Register an:

1. Die neue Rechtsform als Kommanditgesellschaft unter der Firma „A-GmbH & Co. KG“ mit Sitz in A-Stadt und Geschäftsräumen in ...... einzutragen.
2. Die Kommanditgesellschaft betreibt ...... *[Angabe des Gewerbes]*.
3. Gesellschafter sind:
   - B-GmbH mit Sitz in B-Stadt, als alleinige persönlich haftende Gesellschafterin (Komplementärin),
   - Frau A, ... *[Beruf/Wohn- bzw. Geschäftsadresse]* als alleinige Kommanditistin mit einer Einlage von € 5.000.–.

Als Anlage überreiche ich:

I. Beglaubigte Abschrift der Urkunde des Notars ...... in ...... vom ...... (UrkRNr. ......), die ua. folgendes beinhaltet:

a) Verzichtserklärung zur Erstattung eines Umwandlungsberichts und deshalb auch Entfall der Übersendung desselben gem. § 230 Abs. 1 UmwG,

b) Verzichtserklärung zur Abgabe eines Abfindungsangebots und deshalb auch Entfall der Prüfung desselben,

c) Verzicht auf schriftliche Einberufung der Gesellschafterversammlung mit Bezeichnung des Formwechsels als Tagesordnungspunkt gem. § 230 Abs. 1 UmwG und Übersendung des Entwurfs des Umwandlungsbeschlusses,

d) mit allen Stimmen gefasster Beschluss über den Formwechsel,

e) Verzicht auf das Recht der Anfechtung der Beschlüsse, bzw. das Klagerecht insbesondere bzgl. des Formwechselbeschlusses nach § 195 UmwG; ich erkläre diesbzgl., dass eine Klage gegen die Wirksamkeit des Formwechselbeschlusses innerhalb der gesetzlichen Frist nicht erhoben worden ist.

II. Nachweis über die rechtzeitige Zuleitung des Entwurfs des Formwechselbeschlusses an den Betriebsrat der Gesellschaft gem. § 194 Abs. 2 UmwG bzw. über Verzicht auf die Rechtzeitigkeit.

Nach Eintragung bitte ich um Übersendung eines beglaubigten Handelsregisterauszugs an die Gesellschaft und den beglaubigenden Notar.

..

[Frau A für A-GmbH]

..

[Beglaubigungsvermerk]

II. ERLÄUTERUNGEN

Erläuterungen zu A. 15.50 Formwechselbeschluss

1. Grundsätzliche Anmerkungen

a) Wirtschaftliches Vertragsziel

1 Das vorstehende Formular bezweckt den Wechsel der Rechtsform von einer GmbH in eine GmbH & Co. KG unter Anwendung der Regelung der §§ 190ff. UmwG bei weitestgehenden Verzichtserklärungen (vgl. *Breuninger* in FS Widmann S. 203ff.). Im Regelfall werden die Gesellschafter auf die Beschränkung der Haftung auch zukünftig nicht verzichten wollen; deshalb sieht das Formular den Formwechsel in eine GmbH & Co. KG vor. Die Regelungen in §§ 190ff., 202 Abs. 1 Nr. 2 UmwG gehen aber von der Identität der bisher beteiligten Anteilsinhaber auch in Bezug auf deren Beteiligungsverhältnisse nach dem Formwechsel aus. Da zudem eine Personenhandelsgesellschaft zwingend zwei Gesellschafter hat, muss die **zukünftige Komplementär-GmbH vor oder jedenfalls mit dem Formwechsel der Gesellschaft beitreten, die ihre Form wechseln soll**, hier der GmbH (wenn nicht eine andere Kapitalgesellschaft bereits Gesellschafterin ist und diese die Funktion einer Komplementärin übernehmen würde). Auch ein Beitritt nach Umwandlungsbeschluss und vor Wirksamkeit (dh Eintragung) des Formwechsels ist ausreichend (vgl. BayObLG 3Z BR 321/99 v. 4.11.99, NZG 00, 166; BGH II ZR 29/03 v. 9.5.05, NZG 05, 722ff.). Für den häufigen Fall einer GmbH mit nur (einer oder mehreren) natürlichen Personen als Gesellschafter muss daher erst die **zukünftige Komplementär-GmbH gegründet** werden und diese muss als Gesellschafter der formwechselnden

Gesellschaft beitreten (*S/St/Ihrig* § 228 UmwG Rz. 14). Umstritten ist, zu welchem Zeitpunkt der Beitritt erfolgen muss: zum Zeitpunkt des Formwechselbeschlusses oder zum Zeitpunkt des Wirksamwerdens des Formwechsels (vgl. *S/St/Ihrig* § 228 UmwG Rz. 14; *S/H/S/Stratz* § 226 UmwG Rz. 3 jeweils mwN der Lit. und Rspr). Die besseren Gründe sprechen, wie von der hM in der Lit. angeführt, dafür, dass der Beitritt des Gesellschafters auf den Zeitpunkt des Wirksamwerdens des Formwechsels erfolgen kann, die Beteiligung also nicht schon vorher erworben worden sein muss. Für die Praxis empfiehlt sich jedoch die vorherige Abstimmung mit dem zuständigen Handelsregister.

Der Beitritt des weiteren Gesellschafters kann daher einerseits auf sicherem Wege durch Übernahme eines **Geschäftsanteils** erfolgen (*W/M/Vossius* § 202 UmwG Rz. 45 und § 228 UmwG Rz. 91 ff.; *Lutter/Happ/Göthel* § 228 UmwG Rz. 27 ff.; auch die treuhänderische Übernahme des Geschäftsanteils ist möglich; zu weiteren Gestaltungsmöglichkeiten, auch zu der hier vorgesehenen aufschiebend bedingten Rückübertragung der künftigen Kapitalkonten der Komplementär-GmbH in der GmbH & Co. KG an den Treugeber, vgl. *Haritz/Benkert/Benkert/Menner* § 14 UmwStG Rz. 18; *Lutter/Happ/Göthel* § 228 UmwG Rz. 27 ff.; *W/M/Vossius* Anh. 4, Mustersatz 21, Rz. M152). Das Formular sieht die Durchführung dieser sicheren Variante und damit die treuhänderische Übernahme eines Geschäftsanteils von € 100.– vor Beschlussfassung über den Formwechsel vor. Nach Änderung des GmbHG durch das MoMiG v. 23.10.08 (BGBl. I 08, 2026) käme auch die Übernahme eines Mindestgeschäftsanteils im Nennbetrag von € 1.– in Betracht. (vgl. § 5 Abs. 2 S. 1 GmbHG). Nachteil dieser Variante ist, dass eine notarielle Beurkundung der Übernahme dieses Geschäftsanteils durch die B-GmbH erforderlich ist. Andererseits können in dem Formwechselbeschluss der Gesellschafter weitere Gesellschafter ihren Beitritt zum Zeitpunkt des Wirksamwerdens des Formwechsels erklären und die beschließenden Gesellschafter diesen Beitritt annehmen. 2

Wirtschaftliche Motive für den Formwechsel von einer Kapital- in eine Personengesellschaft können vielfältig vorliegen, zB die leichtere Handhabung von Personengesellschaften, die höhere Flexibilität, die geringere Eigenkapitalbindung und vielfältige steuerliche Motive. **Steuerliche Vorteile** können generell sein: Schenkung- und Erbschaftsteuerliche Aspekte, wenn an der Kapitalgesellschaft keine begünstigte Beteiligung besteht (und dies auch nicht mit entspr. Poolverträgen geschaffen werden kann), die Möglichkeit der Verrechnung von Verlusten aus der Gesellschaft einkommensteuerlich mit anderen Einkünften der Gesellschafter, Ertragsteuertarifgefälle bei der laufenden Besteuerung wenn pers. ESt-Satz nach GewSt-Anrechnung geringer als KSt und GewSt bei GmbH mit 60%iger ESt-Basis auf Gewinnausschüttungen ist. Daneben kann auch die zukünftige Inanspruchnahme des ermäßigten (ab 2004: 56% Ansatz) durchschnittlichen Einkommensteuersatzes nach § 34 Abs. 3 EStG (ohne Behaltefristen analog § 3 Nr. 40 Sätze 4 und 5 EStG) ein steuerliches Motiv für den Formwechsel in eine Personengesellschaft sein, wenn natürliche Personen Gesellschafter sind. 3

Die weitestgehenden **Verzichtserklärungen** (insbes. bzgl. Umwandlungsbericht mit zeitnaher Vermögensaufstellung, Verpflichtung zur Abgabe von Barabfindungsangebot und evtl. Prüfung der Angemessenheit des Barabfindungsangebots auf Anforderung) sind nur bei einem kleinen voll informierten Gesellschafterkreis und bei gleichgerichteten Interessen möglich; ansonsten ist der Formwechsel nur mit einem relativ hohen Aufwand zu vollziehen. 4

(frei) 5

b) Zivilrecht

Der Wechsel der Rechtsform einer GmbH (Kapitalgesellschaft iSv. § 191 Abs. 1 Nr. 2 iVm. § 3 Abs. 1 Nr. 2 UmwG) ist möglich in folgende neue Rechtsformen: 6

- in eine Gesellschaft bürgerlichen Rechts (§§ 191 Abs. 2 Nr. 1, 228 Abs. 2 UmwG),
- in eine Personenhandelsgesellschaft, dh. OHG oder KG bzw. Partnerschaftsgesellschaft (§§ 191 Abs. 2 Nr. 2 iVm. 126 ff. UmwG),
- in Kapitalgesellschaften, dh. AG oder KGaA (§ 191 Abs. 2 Nr. 3 UmwG) und
- in eingetragene Genossenschaften.

Zum Überblick über die zulässigen Formwechsel vgl. *W/M/Vossius* § 191 UmwG Rz. 20 f.

7 Der Formwechsel geht von der **Identität des Rechtsträgers** (§ 202 Abs. 1 Nr. 1 UmwG: „Der formwechselnde Rechtsträger besteht in der in dem Umwandlungsbeschluss bestimmten Rechtsform weiter") und von der Identität der beteiligten Anteilsinhaber und deren Beteiligungsverhältnisse aus (§ 202 Abs. 1 Nr. 2 UmwG), soweit deren Beteiligung nicht entfällt (zB Komplementäre einer formwechselnden KGaA oder bestimmte Mitglieder eines formwechselnden Versicherungsvereins auf Gegenseitigkeit), und zwar auch bei Gesellschaftern, die auf Grund der Annahme eines Abfindungsangebots gem. § 207, 208 iVm. § 30 UmwG erst nach dem Formwechsel ausscheiden (§ 209 Satz 1 UmwG).

8 Aufgrund der **Identität des Vermögensbestandes** entfällt beim Formwechsel die Notwendigkeit der Regelung der Vermögensübertragung (wie in §§ 4 ff. UmwG bei der Verschmelzung, § 126 UmwG im Spaltungs- und Übernahmevertrag oder § 136 UmwG für den Spaltungsplan). Der umfassenden Information der Gesellschafter vor Beschlussfassung dient allerdings der **Umwandlungsbericht** gem. § 192 Abs. 1 UmwG. Eine Vermögensaufstellung ist nunmehr dem Umwandlungsbericht nicht mehr beizufügen (vgl. § 194 UmwG idF des Zweiten Gesetzes zur Änderung des UmwG v. 19.4.07, BGBl. I 07, 542). Der Umwandlungsbericht entfällt bei der sog. „Ein-Mann-Gesellschaft" (gem. § 192 Abs. 2 Satz 1, 1. Alt. UmwG), bei einer Personenhandelsgesellschaft mit ausschließlich geschäftsführungsbefugten Gesellschaftern (gem. § 215 UmwG) und wenn alle Gesellschafter (bzw. alle berechtigten Gesellschafter) in notariell beurkundeter Form auf den Umwandlungsbericht in notariell beurkundeter Form verzichten (§ 192 Abs. 2 Satz 1, 2. Alt. und Satz 2 UmwG).

9 Der **Inhalt des Umwandlungsberichts** gem. § 192 Abs. 1 UmwG entspricht im Wesentlichen dem Inhalt eines Verschmelzungsberichts gem. § 8 Abs. 1 UmwG (vgl. dazu A. 15.63 Rz. 10 ff. mwN sowie *W/M/Mayer* § 192 UmwG Rz. 1, 7 und 32). Der Bericht hat also sowohl den Formwechsel als solchen als auch den Formwechselbeschluss iE in rechtlicher und wirtschaftlicher Hinsicht zu erläutern. Er hat zur Erläuterung des Formwechsels als solchem die rechtlichen und wirtschaftlichen Gründe anzuführen, welche den Formwechsel als das geeignete Mittel zur Verfolgung des Unternehmenszwecks erscheinen lassen; dies erfordert die Angabe der erhofften Verbesserungen für das Unternehmen, die Anteilseigner und/oder die Mitarbeiter. Die rechtliche Struktur der Beteiligung der Anteilsinhaber ist insbes. im Hinblick auf Minderheitsrechte und Beteiligungsquoten iE darzulegen und zu erläutern. Auch die **Unternehmensbewertung** ist gerade wegen zwingender Abfindungsangebote aufzuzeigen. Die Wertverhältnisse sind detailliert und durch Zahlenangaben zu belegen, so dass eine Plausibilitätskontrolle und Kontrolle auf Stichhaltigkeit möglich ist. Die Bewertungsmethode ist allerdings nicht zu erläutern. Die Tatsachen, deren Bekanntwerden geeignet sind, dem Unternehmen oder einem verbundenen Unternehmen einen nicht unerheblichen Nachteil zuzufügen, müssen nicht angegeben werden, jedoch sind die Gründe für die Nicht-Angabe in den Bericht aufzunehmen (§§ 8 Abs. 2 iVm. 192 Abs. 1 Satz 2 UmwG). Inhalt des Umwandlungsberichts ist daneben grds auch **der Entwurf des Gesellschaftsvertrags des neuen Rechtsträgers.**

10 Die Erstellung des Umwandlungsberichts kann sehr aufwändig sein. In der Praxis empfiehlt es sich daher, rechtzeitig mit allen Gesellschaftern bzw. Berechtigten die **Möglichkeit des Verzichts auf den Umwandlungsbericht** zu erörtern, und die

Verzichtserklärungen möglichst frühzeitig vorab in notariell beurkundeter Form einzuholen (*Lutter/Decher* § 192 UmwG Rz. 49 ff.). Als **Wertnachweisfunktion** für die Erbringung von Einlagen im Zeitpunkt des Formwechsels wird der Umwandlungsbericht nicht ausreichen, so dass sich uE anbietet, ein Wirtschaftsprüfergutachten über den Unternehmenswert anzufordern sowie den Formwechselbeschluss möglichst zeitnah zu einem Jahresabschlussstichtag zu fassen, zu dem auch der Jahresabschluss vorliegt und an den das Wirtschaftsprüfergutachten anknüpfen kann. Eine Unterrichtung der Anteilsinhaber über wesentliche Veränderungen des Vermögens ist – anders als gegenüber Aktionären gemäß Drittem Gesetz zur Änderung des UmwG v. 14.7.11 (BGBl. I 11, 1338) – nicht erforderlich.

Der Formwechselbeschluss ist als **„Umwandlungsbeschluss" in einer Gesellschafterversammlung** (nicht im Umlaufverfahren oder in schriftlichem Verfahren) zu fassen (§ 193 Abs. 1 UmwG) und notariell zu beurkunden (§ 193 Abs. 3 UmwG). Für den Formwechsel von einer GmbH in eine Personenhandelsgesellschaft ergibt sich der notwendige Inhalt des Umwandlungsbeschlusses aus § 194 Abs. 1 und § 234 UmwG. **Mindestinhalt** ist danach: 11

- die neue Rechtsform, vorzugsweise in ausgeschriebener Form (§ 194 Abs. 1 Nr. 1 UmwG; *Lutter/Decher* § 194 UmwG Rz. 5), 12
- Firma und Sitz des neuen Rechtsträgers (§ 194 Abs. 1 Nr. 2 und § 234 Nr. 1 UmwG; zur Firma vgl. § 200 iVm. § 18 Abs. 1 Satz 2 und 3 UmwG sowie die für die jeweilige Rechtsform geltenden Vorschriften, vgl. dazu *W/M/Vollrath* § 194 UmwG Rz. 6 f.), 13
- die Beteiligung der bisherigen Anteilsinhaber an dem Rechtsträger nach den für die neue Rechtsform geltenden Vorschriften (§ 194 Abs. 1 Nr. 3 UmwG) nach Art und Umfang der Mitgliedschaft in der Personenhandelsgesellschaft (§ 194 Abs. 1 Nr. 4 und § 234 Nr. 2 UmwG). Beim Formwechsel in eine Kommanditgesellschaft insbesondere die namentliche Bezeichnung der Komplementäre und Kommanditisten, zweckmäßigerweise bereits in der Form, wie sie zur Anmeldung zum Handelsregister erforderlich ist (dh. mit Beruf und Anschrift), der von ihnen übernommenen Stellung (Komplementär oder Kommanditist) und bei Kommanditisten zusätzlich Angabe der Einlage (Hafteinlage und evtl. davon abweichende bedungene Einlage) sowie Angaben über das Schicksal der Eigenkapitalkonten bei der bisherigen GmbH im Rahmen der zukünftigen KG (Verrechnung mit den Einlagen, darüber hinausgehende Beträge entweder durch Gutschrift auf variablen Kapitalkonten oder als Darlehensgewährung), 14
- Angabe zu Sonderrechten einzelner Anteilsinhaber sowie besondere Rechte Dritter (§ 194 Abs. 1 Nr. 5 UmwG) und die dafür vorgesehenen Maßnahmen (bei einem GmbH-Gesellschafter zB Vorabgewinn oder Mehrstimmrecht, Schuldverschreibungen oder Genussrechte, vgl. *Lutter/Decher* § 194 UmwG Rz. 16 ff.), 15
- Abfindungsangebot nach § 207 UmwG, es sei denn der Umwandlungsbeschluss bedarf zu seiner Wirksamkeit der Zustimmung aller Anteilsinhaber (§ 194 Abs. 1 Nr. 6, 2. Hs., 1. Alt. UmwG, zB bei einem Formwechsel in eine GbR oder OHG nach § 233 Abs. 1 UmwG), oder wenn an dem formwechselnden Rechtsträger nur ein Anteilsinhaber beteiligt ist (§ 194 Abs. 1 Nr. 6, 2. Halbs., 2. Alt. UmwG). Grundsätzlich ist das Abfindungsangebot an alle Gesellschafter, dh. auch an solche, die einen Formwechsel über ein Zustimmungsrecht verhindern könnten, zu richten; auf das Barabfindungsangebot kann jedoch gesondert notariell beurkundet verzichtet werden (vgl. *Lutter/Decher* § 194 UmwG Rz. 23), 16
- Folgen des Formwechsels für die Arbeitnehmer und ihre Vertretungen sowie die insoweit vorgesehenen Maßnahmen (§ 194 Abs. 1 Nr. 7 UmwG); diese Bestimmung entspricht § 5 Abs. 1 Nr. 9 UmwG für die Verschmelzung bzw. § 126 Abs. 1 Nr. 11 UmwG für die Aufspaltung; hierzu wird auf A. 15.60 Rz. 34 mwN verwiesen (vgl. *W/M/Vollrath* § 194 UmwG Rz. 46 ff.). 17

18 – Der **Gesellschaftsvertrag** der zukünftigen Personenhandelsgesellschaft ist nach §§ 194 Abs. 1, 234 UmwG nicht zwingender Inhalt des Umwandlungsbeschlusses (*W/M/Vollrath* § 194 UmwG Rz. 58). Er ist nunmehr aber nach § 234 Nr. 3 UmwG idF des Zweiten Gesetzes zur Änderung des UmwG v. 19.4.07 (BGBl. I 07, 542) zwingender Bestandteil des Umwandlungsbeschlusses (*Heckschen* DNotZ 07, 452).

19 Mit der Schilderung der Folgen des Formwechsels für die Arbeitnehmer und ihre Vertretungen sowie der insoweit vorgesehenen Maßnahmen in § 194 Abs. 1 Nr. 7 UmwG eng verknüpft ist die Verpflichtung nach § 194 Abs. 2 UmwG, **den Entwurf des Umwandlungsbeschlusses spätestens einen Monat vor dem Tage der Versammlung der Anteilsinhaber,** die den Formwechsel beschließen soll, dem zuständigen **Betriebsrat des formwechselnden Rechtsträgers** zuzuleiten. Zuständige Betriebsräte sind sämtliche beim formwechselnden Rechtsträger bestehende Betriebsräte (also zB Konzernbetriebsrat, Gesamtbetriebsrat und Betriebsräte für die jeweiligen Betriebe). Es empfiehlt sich ein Übermittlungsschreiben mit Empfangsquittung wegen des im Rahmen der Anlagen zur Handelsregisteranmeldung gem. §§ 199, 194 Abs. 2 UmwG vorgesehenen Nachweises über die rechtzeitige Zuleitung. Nach überwiegender Ansicht in der Literatur können die Betriebsräte auf die Einhaltung der Monatsfrist des § 194 Abs. 2 UmwG verzichten. Dies ergibt sich daraus, dass

- § 194 Abs. 2 UmwG aus der Sicht des jeweiligen Betriebsrates dispositiv ist (zum für die Verschmelzung entsprechenden § 5 Abs. 3 UmwG vgl. *W/M/Mayer* § 194 UmwG Rz. 64 iVm. § 5 UmwG Rz. 259),
- der Sinn und Zweck der Regelung, nämlich den Betriebsrat frühzeitig einzubinden, durch einen Verzicht nicht ausgehöhlt wird (*Müller* DB 97, 713),
- das Abwarten der Frist keinen selbstständigen Beitrag zur Wahrung von Arbeitnehmerrechten leistet (*Melchior* GmbHR 96, 833).

Zweckmäßigerweise wird eine solche Verzichtserklärung dann bereits in die Anschreiben an die Betriebsräte und die Bestätigung durch diese integriert.

20 Eine **Prüfung** des Formwechsels einer GmbH in eine Personenhandelsgesellschaft ist nicht vorgeschrieben. Allerdings ist die **Angemessenheit** einer anzubietenden **Barabfindung** wohl immer zu prüfen (*W/M/Vollrath* § 208 UmwG Rz. 6ff.). Die Prüfung entfällt jedoch, wenn alle zu einem Barabfindungsangebot Berechtigten auf das Abfindungsangebot in notariell beurkundeter Form vorher verzichten oder die Berechtigten bei Abgabe eines Barabfindungsangebots auf die Prüfung dieses Angebots verzichten. Auch diesbezüglich empfiehlt sich die rechtzeitige Abstimmung mit allen Berechtigten, denen ein Angebot auf Barabfindung zwingend zu machen wäre, damit diese ggfs. rechtzeitig vor Beschlussfassung auf die Barabfindungsangebote oder zumindest auf die Prüfung derselben verzichten, um den Fortgang des Formwechsels insgesamt zu vereinfachen.

21 Der **Beschluss** des Formwechsels einer GmbH in eine Kommanditgesellschaft bedarf gem. § 233 Abs. 2 UmwG einer Mehrheit von mindestens $^3/_4$ der bei einer Gesellschafterversammlung abgegebenen Stimmen. Der Gesellschaftsvertrag der formwechselnden GmbH kann eine größere Mehrheit und weitere Erfordernisse bestimmen. Dem Formwechsel müssen aber alle Gesellschafter zustimmen, die in der Kommanditgesellschaft die Stellung von persönlich haftenden Gesellschaftern erhalten sollen (§ 233 Abs. 2 Satz 3 UmwG). Gemäß § 233 Abs. 2 Satz 1, 2. Halbs. UmwG gelten die Zustimmungserfordernisse in § 50 Abs. 2 UmwG (**Minderheitsrechte** oder besondere Rechte einzelner Gesellschafter bei der Bestellung der Geschäftsführer oder Vorschlagsrechte der Geschäftsführer) entsprechend, so dass auch die Zustimmung der Gesellschafter notwendig ist, denen derartige in § 50 Abs. 2 UmwG genannte Rechte zustehen. Ferner ist bei vinkulierten Anteilen gem. § 193 Abs. 2 UmwG die Zustimmung der durch die Vinkulierung begünstigten Gesellschafter erforderlich. Nicht von § 193 Abs. 2 UmwG erfasst ist allerdings das Erfordernis der

Zustimmung der Gesellschafterversammlung als Organ der Gesellschaft (*Lutter/Decher* § 193 UmwG Rz. 25).

Handelsregisteranmeldung: hierzu s. Rz. 73 ff. **22**

Mit **Eintragung** der neuen Rechtsform in das Handelsregister treten die in § 202 **23** UmwG bezeichneten **Rechtsfolgen** des Formwechsels ein:

- Wechsel der auf den Rechtsträger anwendbaren Bestimmungen (§ 202 Abs. 1 Nr. 1 UmwG),
- Beteiligung der Anteilsinhaber an dem Rechtsträger neuer Form (§ 202 Abs. 1 Nr. 2 Satz 1 UmwG),
- Fortbestehen der Rechte Dritter an Anteilen von Gesellschaftern durch Surrogation (§ 202 Abs. 1 Nr. 2 Satz 2 UmwG),
- Heilung von Mängeln der notariellen Beurkundung des Beschlusses und der Zustimmungs- oder Verzichtserklärungen einzelner Anteilsinhaber (§ 202 Abs. 1 Nr. 3 UmwG),
- Mängel des Formwechsels (zB kein Umwandlungsbericht, kein Barabfindungsangebot, keine Durchführung einer Prüfung) berühren die Wirkung der Eintragung nicht (§ 202 Abs. 3 UmwG).

Grundbucheinträge und Einträge in anderen öffentlichen Registern sind richtig zu **24** stellen (vgl. dazu A. 15.40 Rz. 64).

(frei) **25–34**

c) Steuerrecht

aa) Ertragsteuern

Ertragsteuerlich wird der Formwechsel von einer Kapitalgesellschaft in eine Perso- **35** nengesellschaft – abweichend von der zivilrechtlichen Regelung, die von einem Fortbestand der rechtlichen Identität ausgeht – **fiktiv als Vermögensübergang** von der bisherigen Kapitalgesellschaft auf die Personengesellschaft angesehen. § 9 Satz 1 UmwStG bestimmt, dass hierzu die Regelungen in den §§ 3–8 und § 10 UmwStG, die für den Vermögensübergang von einer Kapitalgesellschaft auf eine Personengesellschaft gelten, entsprechend anzuwenden sind.

Die Kapitalgesellschaft hat nach § 9 Satz 2 UmwStG für **steuerliche Zwecke eine** **36** **Übertragungsbilanz und die Personengesellschaft eine Eröffnungsbilanz** aufzustellen (da zivilrechtlich kein Vermögensübergang vorliegt, ist handelsrechtlich keine Bilanz aufzustellen vgl. HFA 1/96 Abschn. 1, WPg 96, 507; A. 15.00 Rz. 80 ff.). Diese steuerlichen Bilanzen sind grds. auf den Zeitpunkt aufzustellen, in dem der Formwechsel wirksam wird (Eintragung im Handelsregister gem. § 202 UmwG). Diese Regelung wäre aber (wegen der Unvorhersehbarkeit des Tages der Eintragung, die auch regelmäßig nicht auf das Ende eines Geschäftsjahres fallen dürfte) in der Praxis nicht umsetzbar. Daher lässt § 9 Satz 3 UmwStG auch zu, dass die steuerliche Übertragungsbilanz der GmbH und die Eröffnungsbilanz der Personengesellschaft auf einen Stichtag aufgestellt werden können, der höchstens acht Monate vor der Anmeldung des Formwechsels zur Eintragung in das Handelsregister liegt (vgl. UmwSt-Erl. 2011 BMF v. 11.11.11, BStBl. I 11, 1314, Tz. 09.01 f.). Dieser Tag gilt dann als **steuerlicher Umwandlungsstichtag** („Übertragungsstichtag"). Dieser Umwandlungsstichtag kann innerhalb des Acht-Monats-Zeitraums frei gewählt werden **(Wahlrecht),** in der Praxis wird aber regelmäßig auf den innerhalb dieses Zeitraums liegenden Schluss des Wirtschaftsjahres der GmbH abgestellt, um einen Zwischenabschluss zu vermeiden. Die steuerliche Rückwirkung gilt unabhängig davon, ob am steuerlichen Übertragungsstichtag die gesellschaftsrechtlichen Voraussetzungen für einen Formwechsel vorliegen (vgl. UmwSt-Erl. 2011 BMF v. 11.11.11, BStBl. I 11, 1314, Tz. 02.11). So ist z.B. die rückwirkende Umwandlung einer GmbH in eine GmbH & Co. KG möglich, auch wenn zum steuerlichen Umwandlungsstichtag die Komplementär-GmbH noch gar nicht existiert hat (*S/H/S/Schmitt* § 9 UmwStG Rz. 17).

37 Die **Ertragsbesteuerung des Formwechsels** spielt sich – wie bei der Verschmelzung auf eine Personengesellschaft (vgl. A. 15.70 Rz. 10ff.) – auf den folgenden drei Ebenen ab:
- bei der GmbH,
- bei der Personenhandelsgesellschaft bzgl. der Ermittlung des Übernahmegewinns oder Übernahmeverlusts und
- auf der Ebene der Gesellschafter der GmbH, den späteren Gesellschaftern der Personengesellschaft ua. im Zuge der **Besteuerung der offenen Rücklagen** der GmbH gem. § 7 UmwStG.

38 Zu den einzelnen Besteuerungsfolgen kann in vollem Umfang auf A. 15.70 Rz. 11ff. verwiesen werden. Nachfolgend sollen nur die Grundzüge der Besteuerung des Formwechsels von der GmbH auf eine GmbH & Co. KG dargestellt werden.

39 Der Formwechsel in eine Personengesellschaft nach § 9 UmwStG stellt regelmäßig keinen Verstoß gegen die Behaltensregelung des § 13a Abs. 5 ErbStG dar (ErbStR E 13a.9 Abs. 3). Für die weitere Ermittlung der Lohnsumme vgl. Gleichl. Ländererlasse v. 21.11.13, BStBl. I 13, 1510.

40–44 *(frei)*

aaa) Wahlrecht auf Verzicht der Besteuerung bei der A-GmbH

45 Die ihre Rechtsform wechselnde A-GmbH kann in ihrer steuerlich (gem. § 9 Satz 2 und 3 UmwStG) zu erstellenden Übertragungsbilanz zum Umwandlungsstichtag auf Antrag die bisherigen steuerlichen Buchwerte ansetzen (soweit nach § 3 Abs. 2 UmwStG zulässig) und damit den Ausweis eines Übertragungsgewinns vermeiden. Dies ist möglich, soweit
- die übertragenen Wirtschaftsgüter Betriebsvermögen der übernehmenden Personengesellschaft oder natürlichen Person werden und sichergestellt ist, dass sie später der Besteuerung mit Einkommensteuer oder Körperschaftsteuer unterliegen, und
- das Recht der Bundesrepublik Deutschland hinsichtlich der Besteuerung des Gewinns aus der Veräußerung der übertragenen Wirtschaftsgüter bei den Gesellschaftern der übernehmenden Personengesellschaft oder bei der natürlichen Person nicht ausgeschlossen oder beschränkt wird, und
- eine Gegenleistung nicht gewährt wird oder in Gesellschaftsrechten besteht (§ 3 Abs. 2 UmwStG). Der Ausweis eines Übertragungsgewinns wird regelmäßig vermieden werden, weil dieser der Körperschaftsteuer und der Gewerbeertragsteuer unterliegen würde (vgl. dazu iE A. 15.70 Rz. 11ff.).

bbb) Besteuerungsfolgen bei der A-GmbH & Co. KG und deren Kommanditistin Frau A

46 Die A-GmbH & Co. KG hat die Wirtschaftsgüter mit den Werten in ihre (nach § 9 Satz 2 und 3 UmwStG zu erstellende) steuerliche Eröffnungsbilanz zu übernehmen, mit denen die (ihre Rechtsform wechselnde) A-GmbH diese Wirtschaftsgüter in ihrer steuerlichen Schlussbilanz ausgewiesen hat (**Wertverknüpfung** gem. § 4 Abs. 1 UmwStG, s. A. 15.70 Rz. 16). In einem zweiten Schritt ist hier zunächst ein sog. **Übernahmegewinn oder -verlust erster Stufe** iSv. § 4 Abs. 4 Satz 1 UmwStG für die Kommanditistin Frau A wie folgt zu ermitteln (vgl. hierzu auch UmwSt-Erl. 2011 BMF v. 11.11.11, BStBl. I 11, 1314, Tz. 04.27ff.):
- Die Anteile iSv. § 17 EStG an der (die Rechtsform wechselnden) A-GmbH gelten mit den **Anschaffungskosten** von € 200.000.– gem. § 5 Abs. 2 UmwStG zum steuerlichen Übernahmestichtag in das Betriebsvermögen der A-GmbH & Co. KG für die Ermittlung des Übernahmegewinns bzw. Übernahmeverlusts als eingelegt.
- Diesem Einlagewert von € 200.000.– ist das übergehende **Betriebsvermögen** mit den in der Eröffnungsbilanz angesetzten Werten gem. § 4 Abs. 4 Satz 1 UmwStG gegenüber zu stellen. Der Wert des übergehenden Betriebsvermögens beträgt im Beispielsfall € 56.000.– (unter der Voraussetzung des Ansatzes der Buchwerte in der fiktiven steuerlichen Schlussbilanz der A-GmbH, s. Rz. 45).

Aus der Differenz zwischen den Anschaffungskosten von € 200.000.– und dem Wert, mit dem das Betriebsvermögen in der steuerlichen Eröffnungsbilanz der A-GmbH & Co. KG anzusetzen ist, dh. von € 56000.–, ergibt sich hier ein Übernahmeverlust von € 144.000.– (€ 200.000.– Anschaffungskosten minus € 56.000.– Betriebsvermögen in Eröffnungsbilanz der A-GmbH & Co. KG). Dies ist der sog. Übernahmeverlust erster Stufe. **47**

In einer **zweiten Stufe** wird der Übernahmeverlust verringert um einen evtl. restlichen **Sperrbetrag** iSv. § 50c EStG (§ 4 Abs. 5 Satz 1 UmwStG) vermindert bzw. erhöht um die Bezüge, die nach § 7 UmwStG zu den Einkünften aus Kapitalvermögen iSv. § 20 Abs. 1 Nr. 1 EStG gehören (Besteuerung der offenen Rücklagen der GmbH, § 4 Abs. 5 Satz 2 UmwStG). **48**

Die Behandlung des Übernahmeverlusts regelt § 4 Abs. 6 UmwStG: Grundsätzlich ist im Fall einer iSv. § 17 EStG beteiligten natürlichen Person der Übernahmeverlust zu 60% jedoch höchstens in Höhe von 60% der Bezüge iSv. § 7 UmwStG zu berücksichtigen (§ 4 Abs. 6 Satz 4 UmwStG idF. des JStG 2009). **49**

Vgl. zu diesen Regelungen und sonstigen Steuerrechtsfolgen iE A. 15.70 Rz. 20 ff., insbes. **50**
- A. 15.70 Rz. 23 bzgl. der Besteuerung eines (positiven) Übernahmegewinns,
- A. 15.70 Rz. 26 bzgl. der steuerlichen Abschreibungen nach der Aufstockung,
- A. 15.70 Rz. 27 ff. bzgl. der Sonderfallgruppen bei Anteilen im Privatvermögen,
- A. 15.70 Rz. 31 ff. bzgl. des Sonderfalls des Übergangs auf eine Personengesellschaft ohne Betriebsvermögen sowie
- A. 15.70 Rz. 42 bzgl. der steuerlichen Rückbeziehung.

(frei) **51–58**

bb) Verkehrsteuern

aaa) Umsatzsteuer

Da zivilrechtlich kein Rechtsträgerwechsel vorliegt, sondern von der Identität des Vermögensbestandes auszugehen ist, unterliegt der Formwechsel nicht der Umsatzsteuer. Die Fiktion des Vermögensübergangs betrifft nicht die Umsatzsteuer (UmwSt-Erl. 2011 BMF v. 11.11.11, BStBl. I 11, 1314, Tz. 01.01). Auch die Rückwirkung gilt nicht für die Umsatzsteuer; Unternehmer ist bis zur Eintragung des Formwechsels die GmbH (*Schwedhelm* GmbH-StB 99, 106, 107). **59**

bbb) Grunderwerbsteuer

Der Formwechsel unterliegt mangels Rechtsträgerwechsel nicht der GrESt, auch wenn Grundstücke zum Vermögen der formwechselnden Gesellschaft gehören. Dies wurde sowohl von der Rspr. entschieden (vgl. BFH II B 116/96 v. 4.12.96, BStBl. II 97, 661) als auch von der FinVerw. (vgl. FM Bayern v. 12.12.97, WPg 98, 390, Tz. A.IV.2) anerkannt. Unter Ausnutzung der GrESt-Begünstigung des § 6 GrEStG kann A Grundstücke aus der neuen A-GmbH & Co. KG an sich (zB in ihr Sonderbetriebsvermögen bei der A-GmbH & Co. KG) erst fünf Jahre nach dem Formwechsel übertragen (vgl. § 6 Abs. 4 GrEStG; BFH II R 57/98 v. 4.4.01, BStBl. II 01, 587). **60**

(frei) **61, 62**

2. Einzelerläuterungen

Erläuterungen zu A. 15.50 Formwechsel (Umwandlungs-)Beschluss

Da die bisherige A-GmbH zukünftig in der Rechtsform einer GmbH & Co. KG geführt werden soll, ist es notwendig, dass vor Beschlussfassung die **zukünftige Komplementär-GmbH der ihre Rechtsform wechselnden A-GmbH beitritt** (s. Rz. 1 mit Treuhandlösung und aufschiebend bedingter Rückabtretung der im **63**

Rahmen des Formwechsels der Komplementär-GmbH gewährten Mitgliedschaftsrechte an der GmbH & Co. KG mwN).

64 Da der Formwechsel in eine Personenhandelsgesellschaft gem. § 228 Abs. 1 UmwG nur möglich ist, wenn der **Unternehmensgegenstand** im Zeitpunkt des Wirksamwerdens des Formwechsels (Eintragung gem. § 202 UmwG) den Vorschriften § 105 Abs. 1 und 2 HGB genügt, sind zweckmäßigerweise die dafür notwendigen Angaben in der Präambel aufzuführen; anderenfalls wäre gem. § 228 Abs. 2 UmwG nur der Formwechsel in eine Gesellschaft des bürgerlichen Rechts möglich und als solcher der Formwechselbeschluss anders zu fassen (vgl. Abs. 4 der Präambel).

65 Ferner empfiehlt sich in der Präambel die Feststellung, dass der Entwurf des Formwechselbeschlusses dem **Betriebsrat** der GmbH gem. § 194 Abs. 2 UmwG mindestens einen Monat vor dem Tag der Beschlussfassung zugeleitet wurde; sofern wie hier auf die Rechtzeitigkeit der Zuleitung seitens des Betriebsrats verzichtet wird, genügt die Feststellung der Zuleitung (vgl. Abs. 5 der Präambel).

Zu § 1: Gesellschafterversammlung

66 Der Formwechsel ist als Umwandlungsbeschluss in einer Gesellschafterversammlung zu fassen (§ 193 Abs. 1 UmwG) und notariell zu beurkunden (§ 193 Abs. 3 UmwG), s. Rz. 11, und zwar in einer Gesellschafterversammlung des Rechtsträgers, der seine Rechtsform ändern soll.

Zu § 2: Verzichtserklärungen

67 Da es sich im vorliegenden Fall um einen überschaubaren und voll informierten Gesellschafterkreis handelt (Frau A und die von ihr beherrschte zukünftige Komplementär-GmbH), werden regelmäßig Verzichtserklärungen, soweit gesetzlich zulässig, abgegeben werden. Diese sollten dem Formwechselbeschluss vorangestellt werden. Dies ist in § 2 des Formulars vorgesehen bzgl. des Verzichts auf die Erstellung eines Umwandlungsberichts, Formalien und Informationsrechte zur Einberufung der Gesellschafterversammlung und bzgl eines Abfindungsangebots.

Zu § 3: Formwechselbeschluss

68 Zum Mindestinhalt des Umwandlungsbeschlusses, der sich aus § 194 Abs. 1 und § 234 UmwG ergibt, s. Rz. 12ff.

Zu § 4: Verzicht auf Anfechtungsrechte und Klagen gegen Formwechselbeschluss

69 Um den Beschluss vor Ablauf der einmonatigen Klagefrist gem. § 195 UmwG beim Handelsregister anmelden zu können, empfiehlt sich die vorgesehene Verzichtserklärung. Damit entfällt auch die bei der Anmeldung ansonsten abzugebende **Negativerklärung** (§ 16 Abs. 2 Satz 2, 2. Alt. iVm. § 198 Abs. 3 UmwG).

70 *(frei)*

Erläuterungen zu A. 15.50a Schreiben an den Betriebsrat

71 Nach § 194 Abs. 2 UmwG ist der Entwurf des Umwandlungsbeschlusses spätestens einen Monat vor dem Tag der Gesellschafterversammlung, die über den Formwechsel beschließt, dem „zuständigen" Betriebsrat des formwechselnden Rechtsträgers zuzuleiten. Das sind sämtliche dort besehende Betriebsräte (zB Konzernbetriebsrat, Gesamtbetriebsrat und Betriebsräte für die jeweiligen Betriebe, s. Rz. 19). Es empfiehlt sich ein Übermittlungsschreiben wie vorgeschlagen mit **Empfangsquittung** wegen des im Rahmen der Handelsregisteranmeldung gem. §§ 199, 194 Abs. 2 UmwG vorgesehenen Nachweises über die Zuleitung verbunden mit einer Verzichtserklärung auf Einhaltung der Monatsfrist des § 194 Abs. 2 UmwG (s. Rz. 19).

72 *(frei)*

Erläuterungen zu A. 15.50b Handelsregisteranmeldung

Der Formwechsel von einer GmbH in eine Personenhandelsgesellschaft ohne Sitzverlegung ist gem. § 198 Abs. 1 UmwG zur Eintragung in das Register anzumelden, in dem der formwechselnde Rechtsträger (GmbH) eingetragen ist. Die Anmeldung ist durch das Vertretungsorgan (Geschäftsführer in vertretungsberechtigter Zahl) des formwechselnden Rechtsträgers (GmbH) nach § 235 Abs. 2 UmwG vorzunehmen. **73**

Die bisherigen Vertretungsorgane müssen die Anmeldung in vertretungsberechtigte Zahl vornehmen (*W/M/Vossius* § 235 UmwG Rz. 8). Allerdings haben beim Formwechsel in eine GmbH & Co. KG auch sämtliche bei der Komplementär-GmbH bestellte Geschäftsführer die Firmenzeichnung abzugeben; soweit diese also nicht identisch sind, haben sie bei der Anmeldung mitzuwirken.

Inhalt der Anmeldung ist regelmäßig der Formwechsel selbst, entsprechende Folgeänderungen (Neuabschluss des Gesellschaftsvertrags), Bestellung neuer Vertretungsorgane und die Erklärung nach § 16 Abs. 2 iVm. § 198 Abs. 3 UmwG (Negativerklärung, dass keine Klage gegen Wirksamkeit des Formwechselbeschlusses anhängig ist, soweit diese nicht nach § 16 Abs. 2 Satz 2, 2. Alt. UmwG durch notariell beurkundete Verzichtserklärung entfällt) sowie die Lage der Geschäftsräume des formwechselnden neuen Rechtsträgers (§ 24 Abs. 2 Handelsregisterverordnung). Für die Anmeldung einer KG als Rechtsträger neuer Rechtsform sind nach § 106 Abs. 2 HGB die Gesellschafter, die Firma, der Sitz, der Zeitpunkt der Aufnahme der Geschäfte (Wirksamwerden des Formwechsels gem. § 202 UmwG) und für die Kommanditisten die Hafteinlage (gem. § 162 Abs. 12 iVm. § 161 Abs. 2, § 106 Abs. 2 HGB) anzugeben. Beizufügen sind nach § 199 UmwG die Niederschrift des Formwechselbeschlusses (in Ausfertigung oder öffentlich beglaubigter Abschrift), etwaige erforderliche Zustimmungen einzelner Anteilsinhaber, der Umwandlungsbericht oder die Verzichtserklärung sowie der Nachweis über die rechtzeitige Zuleitung des Entwurfs des Umwandlungsbeschlusses an den Betriebsrat gem. § 194 Abs. 2 UmwG (besteht kein Betriebsrat, empfiehlt sich die Angabe, dass kein Betriebsrat besteht). **74**

Die **Anmeldung** selbst ist seit dem 1.1.07 **elektronisch in öffentlich beglaubigter Form** zum Handelsregister einzureichen (§ 12 Abs. 1 Satz 1 HGB idF des Gesetzes über elektronische Handelsregister und Genossenschaftsregister sowie das Unternehmensregister v. 10.11.06 (BGBl. I 06, 2553, s. dazu *Baumbach/Hopt* § 12 HGB Rz. 1). Zur Form der Anmeldung s. A. 15.60 Rz. 41 und A 15.40 Rz. 41(hinsichtlich einzureichender Dokumente). **75**

Der Formwechsel wird vom zuständigen Registergericht in dem Register des Rechtsträgers der neuen Rechtsform (GmbH & Co. KG: Abteilung A) **eingetragen** und in einem elektronischen Informations- und Kommunikationssystem des jeweiligen Bundeslandes bekannt gemacht (§ 201 Satz 1 UmwG iVm. § 10 HGB; vgl. *Baumbach/Hopt* § 10 HGB Rz. 1). Der bisherige Rechtsträger (GmbH: Abteilung B) wird im Register gelöscht. Der Bekanntmachung der Eintragung der neuen Rechtsform GmbH & Co. KG wird der Hinweis an die Gesellschaftsgläubiger nach § 204 iVm. § 22 Abs. 1 Satz 3 UmwG hinzugefügt. In der Bekanntmachung werden die Kommanditisten nur ihrer Zahl nach angegeben (§ 162 Abs. 2 HGB). **76**

Zu den Rechtsfolgen der Eintragung s. Rz. 23ff. **77**

A. 15.60 Verschmelzung einer 100%igen Tochter-GmbH auf ihre Mutter-GmbH (einfach)

Gliederung

I. FORMULARE

Formular A. 15.60 Verschmelzungsvertrag

Verhandelt zu ...... am ......: Vor mir, ..., Notar, erschienen

1. Herr A ...... *[Beruf/Wohn- bzw. Geschäftsadresse]*, handelnd als einzelvertretungsberechtigter Geschäftsführer der M-GmbH (Mutter-GmbH) mit Sitz in ......, eingetragen im Handelsregister des Amtsgerichts unter HRB ...... (nachfolgend (M-GmbH) und

2. Herr B ...... *[Beruf/Wohn- bzw. Geschäftsadresse]*, handelnd als einzelvertretungsberechtigter Geschäftsführer der T-GmbH (Tochter-GmbH) mit Sitz in ......, eingetragen im Handelsregister des Amtsgerichts unter HRB ...... (nachfolgend T-GmbH)

und erklärten zu Protokoll den nachfolgenden

VERSCHMELZUNGSVERTRAG

Die Gesellschaft M ...... mit beschränkter Haftung mit Sitz in ...... (nachfolgend M-GmbH genannt) hält alle voll eingezahlten Geschäftsanteile an der Gesellschaft T ...... mit beschränkter Haftung mit Sitz in ...... (nachfolgend T-GmbH genannt) mit einem Stammkapital von € .... Mit diesem Vertrag soll die T-GmbH (als übertragende Gesellschaft) auf die M-GmbH (als übernehmende Gesellschaft) verschmolzen werden.

§ 1 Vermögensübertragung

(1) Die T-GmbH als übertragender Rechtsträger überträgt ihr Vermögen als Ganzes mit allen Rechten und Pflichten unter Auflösung ohne Abwicklung im Wege der Verschmelzung gemäß §§ 2 Nr. 1, 46 ff. UmwG auf die M-GmbH als übernehmender Rechtsträger ohne Gewährung von Gesellschaftsrechten (Verschmelzung durch Aufnahme).

(2) Als Verschmelzungsstichtag wird der 1.1.02 bestimmt. Die M-GmbH übernimmt das Vermögen der T-GmbH im Innenverhältnis mit Wirkung vom 1.1.02 0.00 Uhr; von diesem Zeitpunkt an gelten die Geschäfte der T-GmbH als für Rechnung der M-GmbH geführt.

(3) Der Verschmelzung wird die mit uneingeschränktem Bestätigungsvermerk des Wirtschaftsprüfers ...... versehene Schlussbilanz der T-GmbH auf den 31.12.01 zugrunde gelegt.

§ 2 Gesellschaftsrechte, Sonderrechte, Vorteile

(1) Da die übernehmende Gesellschaft M-GmbH sämtliche Geschäftsanteile der übertragenden T-GmbH hält, ist eine Kapitalerhöhung bei der übernehmenden M-GmbH gemäß § 54 Abs. 1 Satz 1 Nr. 1 UmwG ausgeschlossen. Die Übertragung des Vermögens im Wege der Verschmelzung erfolgt daher ohne Gegenleistung. Daher entfallen die Angaben über den Umtausch der Anteile nach § 5 Abs. 1 Nr. 2–5 UmwG (§ 5 Abs. 2 UmwG).

(2) Sonderrechte oder Vorzüge iSv. § 5 Abs. 1 Nr. 7 UmwG bestanden weder bei der übertragenden T-GmbH noch bestehen sie bei der übernehmenden M-GmbH.

(3) Es werden keine besonderen Vorteile an die in § 5 Abs. 1 Nr. 8 UmwG genannten Personen (einem Mitglied der Geschäftsführung, einem Mitglied eines Aufsichtsrats, einem geschäftsführenden Gesellschafter, einem Abschluss- oder Verschmelzungsprüfer) gewährt.

§ 3 Folgen der Verschmelzung für Arbeitnehmer und ihre Vertretungen sowie die insoweit vorgesehenen Maßnahmen

(1) Die Verschmelzung der T-GmbH führt zum Übergang sämtlicher Rechte und Ansprüche der Arbeitnehmer der T-GmbH im Wege der Gesamtrechtsnachfolge auf die M-GmbH. Auf den Übergang findet § 613a Abs. 1, 4 und 5 BGB Anwendung (§ 324 UmwG). Damit hat die Verschmelzung individualarbeitsrechtlich keine Nachteile für die Arbeitnehmer der T-GmbH. Für die Arbeitnehmer der übernehmenden M-GmbH hat die Verschmelzung keine Folgen.

(2) Auch nach der Verschmelzung wird der Betrieb der T-GmbH von der M-GmbH unverändert fortgeführt.

(3) Die bei der T-GmbH und der M-GmbH bisher jeweils bestehenden Betriebsräte bestehen weiter. Der bzgl. des bisherigen Betriebs der T-GmbH in ...... eintretende Wechsel des Rechtsträgers lässt die Identität des Betriebs und damit auch die des Betriebsrats unberührt; dieser bleibt als zukünftiger Betriebsrat der M-GmbH für den Betrieb in ...... weiter im Amt. Gem. § 47 Abs. 1 BetrVG ist ein Gesamtbetriebsrat bei M-GmbH zu errichten, da bei dieser als Folge der Verschmelzung zukünftig mehrere Betriebe bestehen werden.

(4) Im Hinblick auf die Mitbestimmung ergeben sich durch die Verschmelzung keine Auswirkungen: Die T-GmbH unterlag bisher mit weniger als 500 Arbeitnehmern nicht der Mitbestimmung gem. § 1 DrittelbG. Nach der Verschmelzung wird die Zahl der Arbeitnehmer der M-GmbH einschließlich der von der T-GmbH übergehenden Arbeitnehmer nicht mehr als 500 betragen; somit liegen auch nach der Verschmelzung die Voraussetzungen für die Mitbestimmung gem. § 1 DrittelbG nicht vor.

§ 4 Kosten, Gebühren

Alle mit diesem Vertrag und der Abwicklung entstehenden Kosten, Gebühren und Steuern, einschließlich der Kosten der Zustimmungsbeschlüsse trägt die übernehmende M-GmbH.

Formular A. 15.60a Schreiben an die Betriebsräte

Von: Geschäftsleitung T-GmbH und
Geschäftsleitung M-GmbH (gemeinsames Schreiben)

..
[Ort/Datum]

An: 1. Betriebsrat der T-GmbH, z. Hd. des/der Vorsitzenden des Betriebsrats, Herrn/Frau ......
2. Betriebsrat der M-GmbH, z. Hd. des/der Vorsitzenden des Betriebsrats, Herrn/Frau ......
jeweils gegen Empfangsbestätigung

Betreff: Bevorstehende Verschmelzung der T-GmbH als übertragende Gesellschaft auf die M-GmbH als übernehmende Gesellschaft

Sehr geehrte Damen und Herren,
in den voraussichtlich am ...... 02 stattfindenden Gesellschafterversammlungen der T-GmbH und der M-GmbH ist beabsichtigt, dem beigefügten Entwurf des Verschmelzungsvertrags zwischen der T-GmbH als übertragende und der M-GmbH als übernehmende Gesellschaft zuzustimmen und den Verschmelzungsvertrag in notariell beurkundeter Form abzuschließen. Wir übermitteln Ihnen hiermit den Entwurf des Verschmelzungsvertrags in der Anlage gem. § 5 Abs. 3 UmwG. Wir bitten, auf die Einhaltung der Monatsfrist des § 5 Abs. 3 UmwG zu verzichten, den Erhalt dieses Schreibens und der Anlage auf den beigefügten Kopien zu bestätigen und an die Geschäftsleitung der übernehmenden M-GmbH im Hinblick auf den Nachweis im Zuge der Anlagen zu den Handelsregisteranmeldungen gem. §§ 17 Abs. 1, 16 UmwG jeweils zweifach zurück zu schicken.

..	**..**
[Geschäftsführung T-GmbH]	**[Geschäftsführung M-GmbH]**

Hiermit bestätigen wir, als jeweilige(r) Vorsitzende(r) des Betriebsrats, den Erhalt dieses Schreibens nebst dem als Anlage beigefügten Entwurf des Verschmelzungsvertrags und verzichten auf die Einhaltung der Monatsfrist des § 5 Abs. 3 UmwG.

..	**..**
[Ort, Datum]	**[Betriebsrats-Vorsitzende(r) der T-GmbH]**
..	**..**
[Ort, Datum]	**[Betriebsrats-Vorsitzende(r) der M-GmbH]**

Formular A. 15.60b Gemeinsame Gesellschafterbeschlüsse über die Zustimmung zur Verschmelzung für die übertragende Tochter-GmbH und die übernehmende Mutter-GmbH

Verhandelt in ...... am ......:

Vor mir ......, Notar, erschienen

1. Herr A ...... *[Beruf/Wohn- bzw. Geschäftsadresse]*, handelnd als einzelvertretungsberechtigter Geschäftsführer der M-GmbH mit Sitz in ......, eingetragen im Handelsregister des Amtsgerichts ...... unter HRB ......
2. Herr C ...... *[Beruf/Wohn- bzw. Geschäftsadresse]*, handelnd im eigenen Namen als alleiniger Inhaber sämtlicher Geschäftsanteile im Nennbetrag von € ...... an der M-GmbH mit Sitz in ......, eingetragen im Handelsregister des Amtsgericht ...... unter HRB ......

Der Erschienene zu 1. erklärte zu Protokoll: Die von mir vertretene M-GmbH hält alle Geschäftsanteile im Nennbetrag von insgesamt € ....– an der T-GmbH, mit Sitz in ......, eingetragen im Handelsregister des Amtsgerichts ...... unter HRB .... Die Geschäftsanteile sind voll einbezahlt.

Die Erschienenen zu 1. und 2. erklärten zu Protokoll, unter Verzicht auf die Einhaltung aller nach Gesetz oder nach Gesellschaftsvertrag für die Einberufung und Abhaltung von Gesellschafterversammlungen vorgesehenen Form- und Fristvorschriften, gemeinsame Gesellschaftervollversammlungen für die T-GmbH und die M-GmbH abzuhalten und sowohl für die M-GmbH als auch die T-GmbH was folgt zu beschließen:

a) Auf die Versendung des Verschmelzungsvertrags oder seines Entwurfs zusammen mit der Einberufung der Gesellschafterversammlungen gem. § 47 UmwG wurde einvernehmlich verzichtet; dieser Verzicht wird hiermit nochmals ausdrücklich bestätigt.

b) Auf die Auslegung der Jahresabschlüsse und der Lageberichte der an der Verschmelzung beteiligten Rechtsträger T-GmbH und M-GmbH für die letzten drei Geschäftsjahre zur Einsicht durch die Gesellschafter in den Geschäftsräumen der Gesellschaften ab dem Zeitpunkt der Einberufung der Gesellschafterversammlungen wurde ebenfalls einvernehmlich verzichtet; auch diesbezüglich wird der Verzicht hiermit nochmals ausdrücklich bestätigt.

c) Dem Verschmelzungsvertrag zwischen der T-GmbH mit Sitz in ...... und der M-GmbH mit Sitz in ...... vom ...... (UrkR-Nr. ...... des Notars ...... in ......) wird zugestimmt. Eine Ausfertigung des Verschmelzungsvertrags ist dieser Niederschrift als Anlage beigefügt.

d) Auf das Recht, die vorstehenden Beschlüsse anzufechten, insbesondere gegen die Zustimmungsbeschlüsse gem. Punkt c) Klage zu erheben, wird ausdrücklich verzichtet.

....	....
[C als alleiniger Gesellschafter der M-GmbH]	[A als einzelvertretungsberechtigter Geschäftsführer der M-GmbH für diese als alleinige Gesellschafterin der T-GmbH]

Formular A. 15.60c Handelsregisteranmeldung der übertragenden GmbH

An das

Amtsgericht ......

– Handelsregister –

T-GmbH mit Sitz in ......, HRB ......

Als einzelvertretungsberechtigter Geschäftsführer der übernehmenden M-GmbH mit Sitz in ...... (HRB ......) melde ich gem. § 16 Abs. 1 Satz 2 UmwG als vertretungsberechtigtes Organ des übernehmenden Rechtsträgers M-GmbH die Verschmelzung der Gesellschaft als übertragender Rechtsträger zur Eintragung in das Register des Sitzes der Gesellschaft an:

Die Gesellschaft ist auf Grund des Verschmelzungsvertrags vom ......, des Beschlusses der Gesellschafterversammlung der Gesellschaft vom ...... und des Beschlusses der Gesellschafterversammlung der M-GmbH mit Sitz in ...... vom ...... mit der M-GmbH durch Aufnahme verschmolzen worden (§ 2 Nr. 1 UmwG).

Als Anlage füge ich bei:

I. Notariell beglaubigte Abschrift des Verschmelzungsvertrags vom ...... (UrkR.-Nr. ...... des Notars ......);

II. Notariell beglaubigte Abschrift der Niederschriften der Gesellschafterversammlungen nebst Anlagen vom ...... (UrkR–Nr. .... des Notars ......), nämlich der übernehmenden M-GmbH und der übertragenden T-GmbH;

III. Die von sämtlichen Geschäftsführern unterzeichnete Schlussbilanz der T-GmbH zum 31.12.01 mit Anhang, versehen mit einem uneingeschränkten Bestätigungsvermerk des Abschlussprüfers ......, vom ......;

IV. Nachweise gem. § 17 Abs. 1 UmwG über die rechtzeitige Zuleitung (bzw. bei Verzicht auf die Rechtzeitigkeit nur der Nachweis der Zuleitung) des Entwurfs des Verschmelzungsvertrags an die Betriebsräte der T-GmbH und der M-GmbH.

Die Einreichung von Verschmelzungsberichten und Verschmelzungsprüfungsberichten entfällt gem. §§ 8 Abs. 4 Satz 1 Nr. 2, 9 Abs. 3 und 12 Abs. 3 UmwG, da die übernehmende M-GmbH Alleingesellschafterin der übertragenden T-GmbH ist.

Nach Vollzug bitten wir um Eintragungsnachricht und um Übermittlung je eines beglaubigten Handelsregisterauszugs an die Gesellschaft und an den beglaubigenden Notar.

............................., den ......

..

[Unterschrift A]

..

[Beglaubigungsvermerk]

Formular A. 15.60d Handelsregisteranmeldung der übernehmenden GmbH

An das

Amtsgericht ......

– Handelsregister –

M-GmbH mit Sitz in ......, HRB ......

Als einzelvertretungsberechtigter Geschäftsführer der M-GmbH mit Sitz in ...... melde ich zur Eintragung in das Handelsregister an:

Auf die M-GmbH ist im Wege der Verschmelzung gemäß § 2 Nr. 1 UmwG als übernehmende Gesellschaft das Vermögen der T-GmbH mit Sitz in ......, eingetragen im Handelsregister des Amtsgerichts ...... unter HRB ...... als Ganzes ohne Abwicklung durch Aufnahme übergegangen.

Nach Vollzug der Eintragung der Verschmelzung bitten wir jeweils um Eintragungsnachricht an die Gesellschaft und an den beglaubigenden Notar sowie um Übermittlung von je zwei beglaubigten Handelsregisterauszügen an die Gesellschaft und eines beglaubigten Handelsregisterauszugs an den beglaubigenden Notar.

Als Anlagen füge ich bei:

I. Notariell beglaubigte Abschrift des Verschmelzungsvertrags vom ...... (UrkR-Nr. ... des Notars ......);

II. Notariell beglaubigte Abschrift der Niederschriften der Gesellschafterversammlungen nebst Anlagen vom ...... (UrkR-Nr....... des Notars ......) der übernehmenden M-GmbH und der übertragenden T-GmbH.

III. Nachweise gem. § 17 Abs. 1 UmwG über die rechtzeitige Zuleitung (bzw. bei Verzicht auf die Rechtzeitigkeit nur der Nachweis der Zuleitung) des Entwurfs des Verschmelzungsvertrags an die Betriebsräte der T-GmbH und der M-GmbH.

Da die übernehmende M-GmbH Alleingesellschafterin der übertragenden T-GmbH ist, entfallen die folgenden in §§ 17 Abs. 1, 52 Abs. 2 UmwG vorgesehenen Anlagen:

- **Verschmelzungsberichte iSd. § 8 Abs. 1 und 2 UmwG: gem. § 8 Abs. 4 Satz 1 Nr. 2 UmwG nicht zu erstellen.**
- **Bericht über die Prüfung der Verschmelzung iSd. § 12 UmwG: gem. § 9 Abs. 3 iVm. § 8 Abs. 4 Satz 1 Nr. 2 UmwG entfällt die Prüfung und damit auch ein Bericht über die Prüfung.**
- **Liste der Personen, welche die neuen Stammeinlagen übernommen haben (§ 57 Abs. 3 Nr. 2 GmbHG) und, von allen Geschäftsführern unterschriebene berichtigte Gesellschafterliste: gem. § 54 Abs. 1 Nr. 1 UmwG ist eine Kapitalerhöhung bei der übernehmenden M-GmbH ausgeschlossen; die Geschäftsanteile sind unverändert.**
- **Durch die Verschmelzung wurde der bisherige Gesellschaftsvertrag nicht geändert; deshalb entfällt die Einreichung des vollständigen Wortlauts des Gesellschaftsvertrags mit Bescheinigung gem. § 54 Abs. 1 Satz 2 GmbHG.**

............................., den ......

..

[Unterschrift A]

..

[Beglaubigungsvermerk]

II. ERLÄUTERUNGEN

Erläuterungen zu A. 15.60 Verschmelzungsvertrag

1. Grundsätzliche Anmerkungen

a) Wirtschaftliches Vertragsziel

1 Die Verschmelzung einer 100%igen Tochtergesellschaft (T-GmbH) auf ihre Muttergesellschaft (M-GmbH) ist in der Praxis in **Konzernverhältnissen** weit verbreitet. Die Verschmelzung führt bei der übernehmenden M-GmbH zu einem Wegfall der Beteiligung an der Tochtergesellschaft T-GmbH unter **Übernahme des Vermögens** der übertragenden T-GmbH. Häufig werden auch die Anteile erst kurz vor der Verschmelzung vollständig auf die Muttergesellschaft übertragen, um eine sonst notwendige Kapitalerhöhung (vgl. A. 15.62 Rz. 8) und die damit verbundene Bewertung (Berechnung des Austauschverhältnisses, vgl. A. 15.63 Rz. 47 ff.) zu vermeiden.

2 **Steuerlich ungünstig** ist die Verschmelzung der Tochter auf die Mutter, wenn die übertragende T-GmbH steuerlich nicht ausgenutzte (und auch durch Auslösung eines Übertragungsgewinns nicht verrechenbare; Hinweis auf die sog. Mindestbesteuerung) **Verlustvorträge** hat oder über einen **Zins- oder EBITDA-Vortrag** iSv. § 4h EStG verfügt, weil der Übergang des Verlustvortrags bzw. Zins- oder EBITDA-Vortrags der übertragenden Gesellschaft nach § 12 Abs. 3 iVm. § 4 Abs. 2 UmwStG (für KSt) bzw. § 19 UmwStG (für GewSt) ausgeschlossen ist.

b) Zivilrecht

3 Durch die „Verschmelzung im Wege der **Aufnahme**“ gem. § 2 Nr. 1 UmwG werden T-GmbH (übertragender Rechtsträger) und M-GmbH (übernehmender Rechtsträger) zu einer einzigen Gesellschaft vereinigt. Die übertragende T-GmbH erlischt mit Eintragung der Verschmelzung im Register der übernehmenden M-GmbH (§ 20 Abs. 1 Nr. 2 UmwG), ihr Vermögen geht im Wege der **Gesamtrechtsnachfolge** auf die übernehmende M-GmbH über (§ 20 Abs. 1 Nr. 1 UmwG). Das übergehende Vermögen erfasst alle Aktiven und Passiven sowie Vertragsverhältnisse einschließlich der Arbeitsverhältnisse (in entsprechender Anwendung von § 613a Abs. 1 und Abs. 4 BGB gem. § 324 UmwG); zur Anpassung bei gegenseitigen Verträgen s. § 21 UmwG (vgl. *S/St/Kübler* § 21 UmwG Rz. 3 ff.). Auch Verbindlichkeiten der übertragenden T-GmbH gehen gem. § 20 Abs. 1 Nr. 1 UmwG automatisch ohne Gläubigerzustimmung auf die übernehmende M-GmbH über; Gläubiger können sich allerdings gem. § 22 UmwG innerhalb von sechs Monaten nach Bekanntmachung der Eintragung der Verschmelzung Sicherheitsleistung verlangen, wenn sie glaubhaft machen, dass durch die Verschmelzung die Erfüllung ihrer Forderung gefährdet wird; das Sicherheitsverlangen gilt allerdings nicht für Gläubiger, die im Falle einer Insolvenz ein Recht auf vorzugsweise Befriedigung aus einer staatlich überwachten Deckungsmasse, zB des Pensionssicherungsvereins für Pensionäre, haben, vgl. § 22 Abs. 2 UmwG (*S/H/S/Stratz* § 22 UmwG Rz. 19). Die Haftung der Übernehmerin ist nicht auf den Bestand des übernommenen Vermögens beschränkt.

4 Die Verschmelzung einer 100%igen Tochter-GmbH auf die Mutter-GmbH führt zum ersatzlosen **Wegfall der bisherigen Beteiligung** an der Tochter-GmbH. Eine Kapitalerhöhung ist gem. § 54 Abs. 1 Nr. 1 UmwG bei der übernehmenden GmbH ausgeschlossen und die M-GmbH erwirbt durch die Verschmelzung gem. § 20 Abs. 1 Nr. 3, 2. Hs., 1. Alt. UmwG nicht etwa eigene Anteile; auch **eigene Anteile** des übertragenden Rechtsträgers **gehen** mit der Verschmelzung **unter** (§ 20 Abs. 1 Nr. 3, 2. Hs., 2. Alt. UmwG).

Für die Verschmelzung durch Aufnahme auf die M-GmbH als Alleingesellschafterin der übertragenden T-GmbH sind folgende **Einzelakte** notwendig: 5

- Abschluss des Verschmelzungsvertrags in notariell beurkundeter Form durch die Geschäftsführer (in jeweils vertretungsberechtigter Zahl) der T-GmbH als übertragender Rechtsträger und der M-GmbH als aufnehmender Rechtsträger (§§ 4–6, 46 UmwG).
- Zuleitung des Verschmelzungsvertrags oder dessen Entwurfs an sämtliche bestehende Betriebsräte der T-GmbH und der M-GmbH mindestens einen Monat vor Fassung des Zustimmungsbeschlusses zum Verschmelzungsvertrag in der betreffenden Gesellschafterversammlung (§ 5 Abs. 3 UmwG, vgl. dazu und zum Verzicht auf die Monatsfrist des § 5 Abs. 3 UmwG Rz. 35).
- Zustimmungsbeschlüsse der Gesellschafterversammlungen in notariell beurkundeter Form der T-GmbH und der M-GmbH (§§ 13, 50 UmwG; anders als bei der Verschmelzung auf eine AG als übernehmender Rechtsträger gem. § 62 Abs. 1 UmwG, die mindestens 90% der Anteile an der übertragenden AG oder GmbH hält, ist bei Verschmelzung auf eine GmbH als übernehmender Rechtsträger auch der Zustimmungsbeschluss der übernehmenden GmbH notwendig).
- Anmeldungen der Verschmelzung durch die Geschäftsführer in jeweils vertretungsberechtigter Zahl zu den Handelsregistern der beiden Gesellschaften (§§ 16, 17, 52 UmwG) oder von den Geschäftsführern des übernehmenden Rechtsträgers auch zum Register des übertragenden Rechtsträgers (§ 16 Abs. 1 Satz 2 UmwG).
- Verzicht auf das Anfechtungsrecht bzw. Klageverzicht gem. § 14 UmwG bzgl. der Zustimmungsbeschlüsse zu dem Verschmelzungsvertrag vor den Handelsregisteranmeldungen oder Verstreichen der einmonatigen Anfechtungsfrist gem. § 14 UmwG vor den Handelsregisteranmeldungen.
- Die Eintragung der Verschmelzung bei der übernehmenden Gesellschaft (§ 20 Abs. 1 Nr. 1 UmwG) wirkt konstitutiv; die Eintragung der Verschmelzung bei der übertragenden Gesellschaft gem. § 19 Abs. 1 UmwG ist lediglich vorbereitender Art.

Vgl. allgemein zu dem Ablaufschema einer GmbH-Verschmelzung 6 **A. 15.63 Rz. 4 ff.** Bei der Verschmelzung einer 100%igen Tochtergesellschaft auf die Muttergesellschaft entfallen **abweichend vom allgemeinen Schema**

- auf Grund des **Verbots der Kapitalerhöhung** gem. § 54 Abs. 1 Nr. 1 UmwG und des Untergangs der Anteile gem. § 20 Abs. 1 Nr. 3 UmwG im Verschmelzungsvertrag gem. § 5 Abs. 2 UmwG die Angaben zum Umtauschverhältnis nach § 5 Abs. 1 Nr. 2–5 UmwG,
- **Verschmelzungsberichte** der übertragenden und übernehmenden GmbH (bzw. ein gemeinsamer Verschmelzungsbericht) iSv. § 8 Abs. 1 und 2 UmwG gem. § 8 Abs. 3 UmwG, sowie
- die Durchführung einer **Verschmelzungsprüfung** gem. §§ 9–11 UmwG und die Ausfertigung eines Berichts über die Verschmelzungsprüfung gem. § 12 UmwG (§ 9 Abs. 3 Satz 1, 2. Alt. UmwG).

Schlussbilanz. Der Anmeldung zum Register der übertragenden T-GmbH ist 7 gem. § 17 Abs. 2 Satz 1 UmwG eine Bilanz der T-GmbH als übertragender Rechtsträger beizufügen. Für diese Schlussbilanz gelten die Vorschriften über die Jahresbilanz und deren Prüfung entsprechend (§ 17 Abs. 2 Satz 2 UmwG). Jedoch bedarf es weder einer Bekanntmachung der Schlussbilanz (§ 17 Abs. 2 Satz 3 UmwG) noch deren Feststellung (HFA 2/97 Abschn. 113, WPg 98, 235). Die Schlussbilanz ist regelmäßig die der Verschmelzung zugrunde gelegte Schlussbilanz der übertragenden T-GmbH, die auf einen dem **Verschmelzungsstichtag** vorgehenden Tag (HFA 2/97 Abschn 111, WPg 97, 235; UmwSt-Erl 1998, BStBl. I 98, 268, Tz. 02.02) aufgestellt ist, der höchstens acht Monate vor der Anmeldung liegt (§ 17 Abs. 2 Satz 4 UmwG). Da auf die **Schlussbilanz** die Vorschriften über die Jahresbilanz anwendbar sind, ist das **Anschaffungskostenprinzip** (§ 253 Abs. 1 Satz 1 HGB) zu beachten, dh. stille Reserven und ein etwaiger originärer Firmenwert sind darin nicht aufzudecken; Zuschreibungen sind nur in eingeschränktem Umfang möglich (HFA 2/97 Abschn.112, WPg 97, 235). Neben der Schlussbilanz ist ein Anhang notwendig, wenn dieser Angaben enthält, die auch in die Bilanz hätten aufgenommen werden können (§ 284 Abs. 1 HGB); eine Gewinn- und Verlustrechnung (*W/M/Widmann* § 17 UmwG Rz. 12 iVm. *ders.* § 24 UmwG Rz. 103, 119, 121) und Angaben hierzu im Anhang brauchen nicht eingereicht werden, da diese in § 17 Abs. 2 UmwG nicht erwähnt sind. Eine Prüfung ist regelmäßig bei mittelgroßen und großen GmbH iSv. § 267 Abs. 2 und 3 HGB vorgeschrieben.

8 **Handelsbilanz der M-GmbH.** Die übernehmende M-GmbH kann das auf sie übergehende Vermögen der übertragenden T-GmbH mit deren Schlussbilanzwerten (s. Rz. 7, dh. den Restbuchwerten) oder zu höheren Wertansätzen (**Wahlrecht** gem. § 24 UmwG; vgl. A. 15.00 Rz. 36ff.) übernehmen. Ein wichtiges Motiv für die Ausübung des Wahlrechts auf Fortführung der Buchwerte aus der Schlussbilanz der übertragenden T-GmbH oder iSd. **Aufstockung** kann die Vermeidung eines eventuellen **Verschmelzungsverlustes** (Übernahmeverlustes, vgl. Rz. 9) durch gleichzeitigen Wegfall der Beteiligung an der übertragenden T-GmbH sein. Beträgt zB der Buchwert der Anteile an der übertragenden T-GmbH € 100.000.– (historische Anschaffungskosten = Verkehrswert im Zeitpunkt der Verschmelzung), während das übergehende Vermögen der T-GmbH in deren Schlussbilanz mit den bisherigen Restbuchwerten von € 50.000.– angesetzt ist, ergibt sich bei Übernahme des übergehenden Vermögens zu den Schlussbilanzwerten bei der M-GmbH durch die Verschmelzung ein Übernahmeverlust von € 50.000.– (Zugang von Aktiva zu Werten gem. Schlussbilanz der T-GmbH von € 50.000.– und Minderung des Vermögens der M-GmbH durch Wegfall der Beteiligung an der T-GmbH iHv. € 100.000.–). Dieser Übernahmeverlust lässt sich vermeiden, wenn die M-GmbH ihr Wahlrecht dahingehend ausübt, dass sie das übergehende Vermögen mit dem bisherigen Beteiligungsansatz, dh. mit € 100.00.– übernimmt (vgl. HFA 2/97 Abschn. 32212, WPg 97, 239). Hieraus folgt allerdings nach Auffassung der FinVerw eine teilweise Gewinnrealisierung bei der M-GmbH (s. Rz. 12).

9 **Verschmelzungsgewinn oder -verlust.** Bei der übernehmenden M-GmbH entsteht in der Höhe des Unterschieds zwischen dem bisherigen Beteiligungsansatz für die Anteile an der übertragenden T-GmbH und dem Wert, mit dem das übergehende Vermögen bei ihr angesetzt wird (zum Wahlrecht s. Rz. 8), ein Verschmelzungsgewinn (Ansatz des übergehenden Vermögens übersteigt den bisherigen Beteiligungsbuchwert) oder ein Verschmelzungsverlust (Ansatz des übergehenden Vermögens ist geringer als der bisherige Beteiligungsbuchwert). Ein Verschmelzungsverlust kann durch Ausübung des Wahlrechts auf Aufstockung der Übernahmewerte auf den bisherigen Beteiligungsbuchwert vermieden werden (s. Rz. 8). Ein Verschmelzungsgewinn, der gem. § 12 Abs. 2 Satz 1 UmwStG regelmäßig steuerfrei ist(s. Rz. 15), ist hier mangels Kapitalerhöhung nicht als Agio zu behandeln, sondern erfolgswirksam über die GuV zu verrechnen (vgl. HFA 2/97 Abschn. 332, WPg 97, 240).

10 Eine **Unterrichtung über die wesentliche Veränderung des Vermögens** der an der Verschmelzung beteiligten Rechtsträger ist nicht erforderlich. Denn der Gesetzgeber hat durch das Dritte Gesetz zur Änderung des UmwG v. 11.7.11 (BGBl. I 11, 1338) zwar eine Unterrichtungspflicht in das UmwG aufgenommen, allerdings diese nur auf den Vorstand einer AG erstreckt; vgl. § 64 Abs. 1 Satz 2 UmwG nF. Bei einer Verschmelzung unter Beteiligung einer GmbH ist daher deren Geschäftsführer nicht verpflichtet, die Gesellschafter der GmbH über Vermögensveränderungen bei den verschmelzenden Gesellschaften, die seit dem Abschluss des Verschmelzungsvertrags eingetreten sind, zu unterrichten.

c) Steuerrecht

aa) Ertragsteuern

Gewinnrealisierung als Grundsatz in steuerlicher Schlussbilanz der übertragenden T-GmbH. Gemäß § 11 Abs. 1 Satz 1 UmwStG sind die übergehenden Wirtschaftsgüter grds. mit dem gemeinen Wert anzusetzen. Bei Ansatz des gemeinen Wertes sind auch nicht entgeltlich erworbene oder selbst geschaffene immaterielle Wirtschaftsgüter mit dem gemeinen Wert anzusetzen. 11

Keine Gewinnrealisierung (Wahlrecht). Nach Wahl der übertragenden T-GmbH kann auf die Gewinnrealisierung durch Ansatz der sich nach den steuerrechtlichen Vorschriften über die Gewinnermittlung ergebenden Werte (sog. Buchwert) ganz (§ 11 Abs. 2 Satz 1 UmwStG) oder bei Ansatz eines Zwischenwerts teilweise verzichtet (§ 11 Abs. 2 Satz 1 UmwStG) werden soweit sichergestellt ist, dass die übergehenden Wirtschaftsgüter später bei der übernehmenden Körperschaft der Besteuerung mit Körperschaftsteuer unterliegen, das Recht der Bundesrepublik Deutschland hinsichtlich der Besteuerung des Gewinns aus der Veräußerung der übertragenen Wirtschaftsgüter bei der übernehmenden Körperschaft nicht ausgeschlossen oder beschränkt wird und eine Gegenleistung nicht gewährt wird oder in Gesellschaftsrechten besteht. 12

Die übernehmende M-GmbH hat die auf Grund der Verschmelzung übernommenen Wirtschaftsgüter in ihrer Steuerbilanz mit den Werten zu übernehmen, mit welchen sie in der steuerlichen Verschmelzungsbilanz (Schlussbilanz) der übertragenden T-GmbH angesetzt sind (§ 12 Abs. 1 Satz 1; beachte für den hier vorliegenden Fall des Upstream Merger §§ 12 Abs. 1 Satz 2 iVm. 4 Abs. 1 UmwStG). 13

Die übernehmende M-GmbH tritt in die steuerliche Rechtsstellung der übertragenden Körperschaft ein (§ 12 Abs. 3 iVm. § 4 Abs. 2 und 3 UmwStG; Verlust- und Zins- sowie EBITDA-Vorträge nach § 4h EStG gehen allerdings nicht über). Dies gilt auch bezüglich der ratierlichen Auszahlung des KSt-Guthabens gem. § 37 KStG und die zu zahlende KSt-Erhöhung gem. § 38 KStG. 14

Bei der übernehmenden M-GmbH steht dem Übergang des Vermögens der übertragenden T-GmbH (entweder unter Buchwertfortführung oder zu gemeinen Werten) der Wegfall der Beteiligung an der verschmolzenen T-GmbH gegenüber. Ist der Vermögenszugang auf Grund der übergegangenen Wirtschaftsgüter größer als der bisherige Buchwert der Beteiligung, entsteht ein sog. **Übernahmegewinn** iSv. § 12 Abs. 2 Satz 1 UmwStG; unterschreitet die Vermögensmehrung auf Grund der übergehenden Wirtschaftsgüter den bisherigen Buchwert der Beteiligung an der T-GmbH, entsteht ein **Übernahmeverlust.** Weder Übernahmegewinn noch Übernahmeverlust wirken sich ertragsteuerlich aus, dh. ein Übernahmegewinn ist grds. steuerfrei, ein Übernahmeverlust steuerlich nicht abzugsfähig (§ 12 Abs. 2 Satz 1 UmwStG). Für den Fall, dass die ursprünglichen Anschaffungskosten der M-GmbH für die Anteile an der T-GmbH den Buchwert der Anteile an der übertragenden T-GmbH übersteigen (zB wegen zwischenzeitlich vorgenommener Teilwertabschreibungen) gilt § 12 Abs. 1 Satz 2 iVm. § 4 Abs. 1 Satz 2 und 3 UmwStG. Für den sog. echten Übernahmegewinn iSv. § 12 Abs. 2 Satz 2 UmwStG gilt § 8b KStG. 15

Durch die Vereinigung von Forderungen und Verbindlichkeiten zwischen übertragender T-GmbH und übernehmender M-GmbH kann schließlich ein steuerpflichtiger **Übernahmegewinn 2. Stufe** entstehen, soweit die bilanzierten Werte bei beiden Gesellschaften auf Grund des Imparitätsprinzips voneinander abweichen. Dieser Übernahmegewinn 2. Stufe unterliegt grds. der Gewerbe- und Körperschaftsteuer bei der übernehmenden Gesellschaft. Die übernehmende Gesellschaft hat allerdings die Möglichkeit, in Höhe ihrer Beteiligungsquote an der übertragenden Gesellschaft die Besteuerung durch eine Rücklagenbildung auf die drei folgenden Veranlagungszeiträume zu verteilen (Rücklage gem. § 6 Abs. 1–3, § 12 Abs. 4 UmwStG). 16

17 Bei der Verschmelzung der Tochter- auf die Muttergesellschaft unterbleibt die Hinzurechnung des steuerlichen Einlagekontos der übertragenden Körperschaft nach § 29 Abs. 2 Satz 2 KStG, dh. beim steuerlichen Einlagekonto der Muttergesellschaft ändert sich nichts (vgl. UmwSt-Erl. 2011 BMF v. 11.11.11, BStBl. I 11, 1314, Tz. K.10).

18 **Steuerliche Rückwirkung-/Verschmelzungsstichtag:** Der Stichtag, auf den die Bilanz aufgestellt ist, welche der Anmeldung der Verschmelzung zum Handelsregister der übertragenden Gesellschaft T-GmbH gem. § 17 Abs. 2 UmwG beizufügen ist, gilt als steuerlicher Verschmelzungsstichtag (zwingende steuerrechtliche Rückwirkung nach § 2 UmwStG; s. A. 15.00 Rz. 20ff.). Dieser Stichtag kann zum Zeitpunkt der Anmeldung zum Handelsregister bis zu acht Monaten vor dem Tag der Anmeldung liegen, dh. die steuerrechtliche Rückwirkung ist ebenfalls bis zu acht Monaten vor dem Zeitpunkt der Anmeldung möglich. Hinweis auch auf die neue Verrechnungsbeschränkung für positive Einkünfte des übertragenden Rechtsträgers im Rückwirkungszeitraum gem. § 2 Abs. 4 Sätze 3 bis 6 UmwStG idF nach dem Amtshilfe-RLUmsG v. 26.6.13 (BGBl. I 13, 1809; vgl. auch *Viebrock* DStR 13, 1364).

19 *(frei)*

bb) Verkehrsteuern

aaa) Umsatzsteuer

20 In den Fällen der Vereinigung von Gesellschaften durch Verschmelzung ist stets der Übergang des gesamten Unternehmens von der übertragenden Gesellschaft auf die übernehmende Gesellschaft gegeben, so dass bei Verschmelzungen die Umsatzsteuerbarkeit auf Grund § 1 Abs. 1a UStG entfällt (vgl. *W/M/Knoll* Anh. 11 Rz. 5 u. 13ff.); die übernehmende M-GmbH tritt auf Grund der Gesamtrechtsnachfolge bzgl. der Vorsteuerberichtigungen in die Rechtstellung der übertragenden T-GmbH ein (§ 1 Abs. 1a Satz 3 iVm. § 15a Abs. 10 UStG läuft bei Gesamtrechtsnachfolge leer).

21 Bei der Verschmelzung von einer Tochter- auf die Muttergesellschaft dürfte darüber hinaus häufig eine **Organschaft** iSv. § 2 Abs. 2 Nr. 2 UStG zwischen den beiden zu verschmelzenden GmbHs bestehen und auch deshalb ein umsatzsteuerbarer Vorgang ausscheiden (vgl. hierzu auch *Pyszka* DStR 11, 545).

22–26 *(frei)*

bbb) Grunderwerbsteuer

27 Soweit **Grundstücke** oder grundstücksgleiche Rechte im Zeitpunkt der Eintragung des Verschmelzungsbeschlusses im Handelsregister der T-GmbH zum Vermögen der übertragenden Gesellschaft **T-GmbH** gehören, entsteht Grunderwerbsteuer gem. § 1 Abs. 1 Nr. 3 GrEStG. Ist die übergehende T-GmbH an grundbesitzenden Gesellschaften beteiligt, wird in der Regel eine sog Verkürzung der Beteiligungskette vorliegen (siehe auch *Bock/Behrens* DStR 12, 1307). Der Steuersatz beträgt in den Bundesländern zwischen 3,5 (Bayern und Sachsen) und 6,5 % (Schleswig-Holstein). Bemessungsgrundlage ist der sog. Bedarfswert iSd § 138 Abs. 2 bis 4 BewG (§ 8 Abs. 2 Nr. 2 GrEStG). Zu verfassungsrechtlichen Bedenken gegen die Bedarfsbewertung für Grunderwerbsteuerzwecke, vgl. BFH II R 64/08 v. 27.5.09, BStBl. II 09, 856, Bescheide ergehen insoweit nur noch vorläufig, Gleichl. Ländererlasse v. 17.6.11, BStBl. I 11, 575. Hinweis auch auf §§ 1 Abs. 3a und 6a GrEStG idF des AmtshilfeRLUmsG v. 26.6.13 (BGBl. I 13, 1809); hierzu Gleichl. Ländererlasse v. 9.10.13, BStBl. I 13, 1364 und 1375; *Behrens* DStR 13, 2726.

28 Auf die gem. Rz. 27 entstehende Grunderwerbsteuer wird eine früher von der übernehmenden M-GmbH erhobene Steuer aus einer vorangegangenen Anteilsvereinigung gem. § 1 Abs. 6 GrEStG angerechnet, soweit sie sich auf die gleichen Grundstücke bezieht.

29, 30 *(frei)*

2. Einzelerläuterungen

Der Verschmelzungsvertrag wird zwischen der T-GmbH als übertragender Rechtsträger und der M-GmbH als übernehmender Rechtsträger abgeschlossen, und zwar von deren Geschäftsführern in jeweils vertretungsberechtigter Zahl (bei unechter Gesamtvertretung auch gemeinschaftlich mit einem Prokuristen; Prokura alleine ermächtigt jedoch nicht zum Abschluss, *W/M/Mayer* § 4 UmwG Rz. 39). Der Vertrag ist notariell zu beurkunden (§ 6 UmwG). Der Mindestinhalt des Verschmelzungsvertrags folgt aus §§ 5 Abs. 1 und 2 und 46 UmwG (vgl. A. 15.63 Rz. 39ff.). 31

Zu § 1: Vermögensübertragung

Abs. 1 entspricht den Anforderungen von § 5 Abs. 1 Nr. 1 und 2 UmwG. Danach ist anzugeben: die Firma und der Sitz der an der Verschmelzung beteiligten Rechtsträger sowie die Vereinbarung über die Übertragung des Vermögens des übertragenden Rechtsträgers als Ganzes. Die Übertragung erfolgt hier ohne Gegenleistung (Verbot der Kapitalerhöhung gem. § 54 Abs. 1 Nr. 1 UmwG). Daher entfallen gem. § 5 Abs. 2 UmwG die Angaben nach § 5 Abs. 1 Nr. 2–5 UmwG über den Umtausch der Anteile. Deshalb erfolgt zur Klarstellung der Hinweis „ohne Gewährung von Gesellschaftsrechten". 32

Abs. 2: Die Bestimmung entspricht der Anforderung des § 5 Abs. 1 Nr. 6 UmwG zur Angabe des Verschmelzungsstichtags. Zivilrechtlich geht das Vermögen der übertragenden T-GmbH erst im Zeitpunkt der Eintragung der Verschmelzung in das Register des Sitzes der übernehmenden M-GmbH über (§ 20 Abs. 1 Nr. 1 UmwG).

Abs. 3: Nach § 17 Abs. 2 UmwG ist der Anmeldung zum Register der übertragenden GmbH auch eine Bilanz (Schlussbilanz, vgl. Rz. 7) der übertragenden T-GmbH beizufügen. Diese Schlussbilanz wird auf den Tag aufgestellt, der dem in § 1 Abs. 2 bestimmten Verschmelzungsstichtag vorangeht (HFA 2/97, Abschn. 111, WPg 97, 235; s. A. 15.00 Rz. 25). Für die Schlussbilanz gelten gem. § 17 Abs. 2 Satz 2 UmwG die Vorschriften über die Jahresbilanz und deren Prüfung entsprechend (mit Ausnahme der Bekanntmachung, vgl. § 17 Abs. 2 Satz 3 UmwG). Daher ist für die Schlussbilanz neben der Aufstellung mit Unterschrift durch sämtliche Geschäftsführer – je nach Größe gem. § 267 HGB – unter Umständen auch eine Abschlussprüfung erforderlich.

Zu § 2: Gesellschaftsrechte, Sonderrechte, Vorteile

Abs. 1 stellt klar, dass keine Gegenleistung gewährt wird und insbes. keine Kapitalerhöhung stattfindet (§§ 54 Abs. 1 Nr. 1, 20 Abs. 1 Nr. 3 UmwG) und daher gem. § 5 Abs. 2 UmwG die für das Umtauschverhältnis vorgesehenen Angaben nach § 5 Abs. 1 Nr. 2–5 UmwG entfallen. 33

Abs. 2: Nach § 5 Abs. 1 Nr. 7 UmwG muss der Verschmelzungsvertrag oder sein Entwurf eventuelle Rechte bezeichnen, die der übernehmende Rechtsträger einzelnen Anteilsinhabern und den Inhabern besonderer Rechte (wie Anteile ohne Stimmrecht, Vorzugsaktien, Mehrstimmrechtsaktien, Schuldverschreibungen und Genussrechte) gewährt sowie die für diese Personen vorgesehenen Maßnahmen anführen. In dem diesem Formular zugrunde liegenden Fall wird davon ausgegangen, dass bei der übertragenden T-GmbH derartige Sonderrechte bisher nicht bestanden und bei der übernehmenden M-GmbH nicht bestehen.

Abs. 3: Die Angabe beruht auf § 5 Abs. 1 Nr. 8 UmwG. Danach ist im Verschmelzungsvertrag oder im Entwurf jeder besondere Vorteil zu bezeichnen, der einem Mitglied eines Vertretungsorgans oder eines Aufsichtsorgans der an der Verschmelzung beteiligten Rechtsträger, einem geschäftsführenden Gesellschafter (bei einer Personenhandelsgesellschaft), einem Abschlussprüfer oder einem Verschmelzungsprüfer gewährt wird. Die Regierungsbegründung (BR-Drs. 75/94) weist darauf hin, dass bei prüfungspflichtigen Gesellschaften Prüfer, die bisher für die übertragende Gesellschaft tätig geworden sind, aus den Verträgen entlassen und entschädigt werden müssen. Das Formular geht davon aus, dass derartige besondere Vorteile nicht gewährt werden; zwar bräuchten die Angaben dann nicht im Verschmelzungsvertrag enthalten sein, gleichwohl empfiehlt sich zur Klarstellung der Hinweis darauf, dass derartige Vorteile nicht gewährt werden.

Zu § 3: Folgen der Verschmelzung für Arbeitnehmer

34 Die Folgen der Verschmelzung für die Arbeitnehmer und ihre Vertretungen sowie die insoweit vorgesehenen Maßnahmen sind gem. § 5 Abs. 1 Nr. 9 UmwG ebenfalls Mindestinhalt des Verschmelzungsvertrags oder seines Entwurfs. Nach der Begründung (BT-Drs. 12/6699, 82) sind auch die durch die Verschmelzung eintretenden unmittelbaren individual- und kollektivarbeitsrechtlichen Änderungen im Verschmelzungsvertrag aufzuzeigen, da die Verschmelzung auch die Interessen der Arbeitnehmer und ihrer Vertretungen in den an der Verschmelzung beteiligten Rechtsträgern berührt. Fraglich ist, ob zu den individualrechtlichen Änderungen auch die mittelbaren Änderungen (zB im Zuge der Verschmelzung geplante Rationalisierungsmaßnahmen wie Werksschließung etc. aufzuführen sind (so *Wlotzke* DB 1995, 40, 45; aA *Lutter/Lutter/Drygala* § 5 UmwG Rz. 53ff.). Richtigerweise wird man eine Information über nur mittelbare Änderungen nicht fordern können; dies liefe auf eine sinnlose Doppelinformation hinaus, da der Betriebsrat nach § 111 BetrVG vor jeder Betriebsänderung rechtzeitig zu hören ist (so auch *S/St/Simon* § 5 UmwG Rz. 84). Bei Verletzung der Darlegungspflicht gem. § 5 Abs. 1 Nr. 9 UmwG ist der Zustimmungsbeschluss der Anteilseigner nicht durch diese anfechtbar (*S/St/Simon* § 5 UmwG Rz. 98; *Lutter/Lutter/Drygala* § 5 UmwG Rz. 114; aA *Engelmeyer* DB 96, 2544). Die Angaben dienen nur den Interessen der Arbeitnehmer und haben hierbei nur Berichtscharakter. Dagegen kommt ihnen kein regelnder Charakter bezüglich der Gesellschafter zu.

Zu weiteren Auswirkungen des Umwandlungsrechts auf das Arbeitsrecht vgl. A. 15.63 Rz. 51 mwN. Zur **Unterrichtungspflicht** nach § 613a Abs. 5 BGB vgl. Ausführungen unter A. 12 Rz. 36ff. und zu sonstigen individual- und kollektivrechtlichen Folgen *Engl/Ebener* A. 1 Rz. 150f. und 155ff.

Das Formular geht davon aus, dass bei jeder Gesellschaft ein Betrieb bestand und diese Betriebe unverändert fortbestehen. Dementsprechend bestehen auch die Betriebsräte in den einzelnen Betrieben unverändert fort. Mit Wirksamkeit der Verschmelzung ist gem. § 47 Abs. 1 BetrVG ein Gesamtbetriebsrat zu bilden.

Erläuterungen zu A. 15.60a Schreiben an die Betriebsräte

35 Nach § 5 Abs. 3 UmwG ist es erforderlich, dass der Verschmelzungsvertrag oder sein Entwurf spätestens einen Monat vor dem jeweiligen Tag der Fassung des betreffenden Zustimmungsbeschlusses dem Betriebsrat des jeweiligen Rechtsträgers zugeleitet wird. Die Zuleitung ist danach an sämtliche beim übernehmenden und/oder übertragenden Rechtsträger bestehende Betriebsräte, einschließlich evtl. bestehender Gesamtbetriebsräte und eines evtl. bestehenden Konzernbetriebsrates, erforderlich. Nach überwiegender Ansicht in der Literatur können die Betriebsräte auf die Einhaltung der Monatsfrist des § 5 Abs. 3 UmwG und damit auf die Rechtzeitigkeit der Zuleitung gem. § 17 Abs. 1 UmwG verzichten (LG Stuttgart 4 KfH T 17/99 v. 11.4.00, GmbHR 2000, 622; s. A. 15.63 Rz. 52). Zweckmäßigerweise wird eine solche Verzichtserklärung bereits in die Anschreiben an die Betriebsräte und die Bestätigung durch diese integriert.

Das Formular geht von der Übermittlung des Entwurfs des Verschmelzungsvertrags (nicht des notariell beurkundeten Verschmelzungsvertrags) aus, weil in der Praxis idR der Verschmelzungsvertrag meist erst in engem zeitlichen Zusammenhang mit den Zustimmungsbeschlüssen der Gesellschafterversammlungen beurkundet wird.

Das Übermittlungsschreiben an die Betriebsräte wird zur Führung des Nachweises gegenüber den Handelsregistergerichten des übertragenden und des übernehmenden Rechtsträgers schriftlich und zweifach bestätigt empfohlen (den Anmeldungen ist gem. § 17 Abs. 1 UmwG jeweils auch ein Nachweis über die rechtzeitige Zuleitung des Verschmelzungsvertrags oder seines Entwurfs an den zuständigen Betriebsrat beizufügen); deshalb wird das Übergabeschreiben mit der Bitte um jeweils zweifache Bestätigung überreicht (zur Vorlage an das Register der übertragenden und der übernehmenden Gesellschaft). Da nach § 16 Abs. 1 Satz 2 UmwG das Vertretungsorgan des übernehmenden Rechtsträgers berechtigt ist, die Verschmelzung zur Eintragung in das Register des Sitzes des übertragenden Rechtsträgers anzumelden, wird vorgesehen, dass die bestätigten Empfangsschreiben jeweils an die Geschäftsleitung der M-GmbH zurück geschickt werden. Werden (abweichend vom Formular) im Rahmen einer Verschmelzung mehrere übertragende Rechtsträger gleichzeitig auf einen übernehmenden Rechtsträger verschmolzen, sollte das Bestätigungsschreiben in weiteren Ausfertigungen bestätigt und zurück geschickt werden (zB bei Verschmelzung von zwei übertragenden Rechtsträgern in dreifacher Ausfertigung).

Ist ein Betriebsrat beim übertragenden oder beim übernehmenden Rechtsträger nicht vorhanden, kann die Überreichung insofern unterbleiben.

Erläuterungen zu A. 15.60b Gesellschafterbeschlüsse der übernehmenden und der übertragenden Gesellschaft

Vorbemerkung: Das vorliegende Formular geht von einer möglichst einvernehmlichen Beschlussfassung über die Verschmelzung aus, wobei auf Formalien zur Information (zB §§ 47, 49 Abs. 2 UmwG) und auf das Recht der Anfechtung bzw. der Klageerhebung gegen die Umwandlungsbeschlüsse (gem. § 14 UmwG) bzw. sonstiger Beschlüsse soweit als möglich einvernehmlich verzichtet wird. Über die Einvernehmlichkeit sollte möglichst im Vorfeld rechtzeitig Klarheit geschaffen werden, da ansonsten die Erfüllung der Anforderungen einer längeren zeitlichen Vorlaufzeit bedarf. 36

Zu a): Es empfiehlt sich, auf die nach der dispositiven Vorschrift des § 47 UmwG vorgeschriebene Übersendung des Verschmelzungsvertrags oder seines Entwurfs an alle Gesellschafter zusammen mit der Einberufung der Gesellschafterversammlung ausdrücklich zu verzichten (obwohl bereits im Rubrum in dem allgemeinen Verzicht auf alle durch Gesetz vorgeschriebenen Formalien für die Einberufung enthalten).

Zu b): Die ebenfalls dispositive Vorschrift des § 49 Abs. 2 UmwG schreibt die Auslegung der Jahresabschlüsse und der Lageberichte aller an der Verschmelzung beteiligten Rechtsträger für die letzten drei Geschäftsjahre in den Geschäftsräumen der an der Verschmelzung beteiligten Gesellschaften vor. Vorsorglich wird empfohlen, hierauf ausdrücklich einvernehmlich zu verzichten (der Verzicht sollte für die übernehmende und die übertragende Gesellschaft ausgesprochen werden).

Wenn sich alle Anteile des übertragenden in der Hand des übernehmenden Rechtsträgers befinden, entfällt gem. § 8 Abs. 3 Satz 1, 2. Alt. UmwG die Erstellung von Verschmelzungsberichten und gem. § 9 Abs. 3 iVm. § 8 Abs. 3 UmwG die Prüfung der Verschmelzung.

Zu c) Zustimmungsbeschlüsse zum Verschmelzungsvertrag: Die Zustimmungsbeschlüsse der Gesellschafterversammlungen der übertragenden und der übernehmenden Gesellschaft bedürfen einer Mehrheit von mindestens $^3/_4$ der abgegebenen Stimmen (§ 50 Abs. 1 Satz 1 UmwG); sie bedürfen der notariellen Beurkundung (§ 13 Abs. 3 UmwG) unter Beifügung des Verschmelzungsvertrags oder seines Entwurfs zum Beschluss als Anlage. Der Gesellschaftsvertrag kann eine größere (aber 37 keine geringere) Mehrheit und weitere Erfordernisse bestimmen (§ 50 Abs. 1 Satz 2 UmwG). Davon ist wohl auszugehen, wenn der Gesellschaftsvertrag ganz allgemein für Änderungen eine höhere Mehrheit vorschreibt (hM; s. *W/M/Mayer* § 50 UmwG Rz. 42; *Lutter/Lutter/Drygala* § 13 UmwG Rz. 21).

38 Für Anteile, die die übernehmende Gesellschaft an der übertragenden Gesellschaft hält, besteht bei Abstimmung über den Verschmelzungsvertrag in der Gesellschafterversammlung der übertragenden Gesellschaft kein Stimmrechtsausschluss (Nichtanwendung von § 47 Abs. 4 GmbHG gem. Begründung zum Regierungsentwurf, zustimmend *Lutter/Winter* § 50 UmwG Rz. 9).

Zu d): Nach § 14 UmwG kann eine Klage gegen die Wirksamkeit eines Verschmelzungsbeschlusses binnen eines Monats nach der Beschlussfassung erhoben werden. Da nach § 16 Abs. 2 UmwG bei der Anmeldung zu erklären ist, dass eine Klage gegen die Wirksamkeit eines Verschmelzungsbeschlusses nicht oder nicht fristgemäß erhoben worden ist, empfiehlt sich zur Beschleunigung der Anmeldung und Eintragung, **Verzichtserklärungen** bzgl. der **Klage gegen die Wirksamkeit des Verschmelzungsbeschlusses** zu fassen und notariell mitbeurkunden zu lassen (§ 16 Abs. 2 Satz 2 UmwG).

Erläuterungen zu A. 15.60c und A. 15.60d Handelsregisteranmeldungen

1. Allgemeines

39 Die Verschmelzungen sind von den **Geschäftsführern** beider Gesellschaften in jeweils vertretungsberechtigter Zahl bei dem jeweils für deren Sitz zuständigen Handelsregister anzumelden (§ 16 Abs. 1 Satz 1 UmwG). Das Vertretungsorgan der übernehmenden M-GmbH ist auch zur Anmeldung für die übertragende T-GmbH berechtigt (§ 16 Abs. 1 Satz 2 UmwG). Bei Verschmelzung einer 100%igen Tochtergesellschaft auf die Mutter-GmbH genügt für die Anmeldung der übernehmenden Gesellschaft, dass die Anmeldung von den Geschäftsführern in vertretungsberechtigter Zahl vorgenommen wird (mangels Kapitalerhöhung müssen nicht sämtliche Geschäftsführer mitwirken; § 78 GmbHG).

40 **Inhalt** der Anmeldung ist die Verschmelzung, dh. die Übertragung des Vermögens der übertragenden T-GmbH im Ganzen ohne Abwicklung auf die (zu bezeichnende) übernehmende M-GmbH. Die Anmeldung einer Kapitalerhöhung entfällt bei der Verschmelzung einer Tochtergesellschaft auf die Muttergesellschaft. Die Geschäftsführer haben in beiden Anmeldungen jeweils zu erklären, dass die Gesellschafterbeschlüsse (beider Gesellschafterversammlungen) nicht angefochten wurden (sog. **Negativ-Erklärung** gem. § 16 Abs. 2 Satz 1, 1. Halbs. UmwG); auf Grund der hier vorgesehenen Anfechtungs- und Klageverzichte entfallen diese Erklärungen gem. § 16 Abs. 2 Satz 2, 2. Alt. UmwG.

41 Die **Anmeldung** selbst ist **elektronisch in öffentlich beglaubigter Form** zum Handelsregister einzureichen (§ 12 Abs. 1 Satz 1 HGB, *Baumbach/Hopt* § 12 HGB Rz. 1). Die elektronische Anmeldung erfolgt durch den Notar, der das Dokument mit einem einfachen elektronischen Zeugnis gem. § 39a BeurkG, dh. einer qualifizierten elektronischen Signatur nach dem SigG, versieht und dann an das elektronische Gerichtspostfach des Registergerichts übermittelt (*Seibert/Decker* DB 06, 2447). Beglaubigte Abschriften, wie zB der Verschmelzungsbeschluss, sind ebenfalls elektronisch und mit einem einfachen elektronischen Zeugnis versehen einzureichen (§ 12 Abs. 2 Satz 1 und Satz 2, 2. Hs. HGB; vgl. *Baumbach/Hopt* § 12 HGB Rz. 7; *Seibert/Decker* DB 06, 2447). Dokumente, die in Urschrift einzureichen sind (zB die Schlussbilanz), sind in einer elektronischen Aufzeichnung zu übermitteln, eine elektronische Signatur ist nicht erforderlich (§ 12 Abs. 2 Satz 2, 2. Hs. HGB; vgl. *Baumbach/Hopt* § 12 HGB Rz. 7). An dem materiellen Inhalt der Handelsregisteranmeldung hat sich durch die Einreichung auf elektronischem Wege aber nichts geändert.

Als **Anlagen** sind beiden Anmeldungen der Verschmelzungsvertrag und die Zustimmungsbeschlüsse in Ausfertigung oder in beglaubigter Abschrift beizufügen. 42

2. Handelsregisteranmeldung der übertragenden GmbH

Entsprechend der Ermächtigung in § 16 Abs. 1 Satz 2 UmwG, wonach die Vertretungsorgane des übernehmenden Rechtsträgers auch die Verschmelzung des übertragenden Rechtsträgers zu deren Register anmelden können, erfolgt die Anmeldung zum Register der übertragenden Gesellschaft im Formular durch die Geschäftsführer der übernehmenden M-GmbH in vertretungsberechtigter Zahl. Zulässig wäre natürlich auch, die Anmeldung durch die Geschäftsführer der übertragenden T-GmbH in vertretungsberechtigter Zahl vorzunehmen (§ 16 Abs. 1 Satz 1 UmwG). Wegen der Koordinierung erscheint es aber zweckmäßig, sämtliche Anmeldungen unmittelbar von den Vertretungsorganen der übernehmenden M-GmbH vornehmen zu lassen, bei der auch sämtliche Anlagen zu den Anmeldungen zur Vorbereitung gesammelt werden sollten. 43

Bei der Anmeldung zum Handelsregister der übertragenden T-GmbH ist deren **Schlussbilanz** einzureichen (§ 17 Abs. 1 Satz 1 UmwG). Dies gilt auch für die Verschmelzung einer Tochter- auf die Muttergesellschaft, obwohl bei dieser eine Wertnachweisunterlage wegen der fehlenden Kapitalerhöhung nicht notwendig sein dürfte. Für die Schlussbilanz sind die Vorschriften über die Jahresbilanz und ihre Prüfung sinngemäß anzuwenden (§ 17 Abs. 2 Satz 2 UmwG). Das bedeutet iE:
- Der Bilanz ist ein Anhang gem. § 264 Abs. 1 Satz 1 HGB beizufügen; die Beifügung der Gewinn- und Verlustrechnung ist dagegen nicht erforderlich;
- die Schlussbilanz und der Anhang sind von sämtlichen Geschäftsführern zu unterschreiben (*Beck Bil-Komm./Budde/Kunz* § 245 Rz. 2);
- falls es sich um eine mittelgroße oder große Kapitalgesellschaft iSv. § 267 Abs. 2 bzw. 3 HGB handelt, sind die Bilanz und der Anhang durch einen Abschlussprüfer zu prüfen;
- die Bilanz und der Anhang sind von der Gesellschafterversammlung nicht separat festzustellen.

3. Handelsregisteranmeldung der übernehmenden GmbH

Bei der Anmeldung zum Handelsregister für den Sitz der übernehmenden M-GmbH ist neben dem Verschmelzungsvertrag und den Zustimmungsbeschlüssen nichts weiter einzureichen. Bei der Verschmelzung einer 100%igen Tochter- auf die Muttergesellschaft entfällt nämlich wegen der fehlenden Kapitalerhöhung sowohl die Beifügung einer berichtigten Gesellschafterliste als auch die Liste der Übernehmer der neuen Stammeinlage. 44

Wenn die Satzung der übernehmenden GmbH nicht geändert wird (zB bzgl. Firma, Vertretung usw.) – wie im Formular vorgesehen – entfällt auch die Einreichung des vollständigen Wortlauts des Gesellschaftsvertrags mit Bestätigungsvermerk gem. § 54 Abs. 1 Satz 2 GmbHG.

A. 15.61 Verschmelzung einer Mutter-GmbH auf ihre 100%ige Tochter-GmbH (einfach)

Gliederung

I. FORMULARE

Formular A. 15.61 Verschmelzungsvertrag

Verschmelzungsvertrag

Verhandelt zu ...... am ......: Vor mir ......, Notar, erschienen

1. **Herr A ...... *[Beruf/Wohn- bzw. Geschäftsadresse]*, handelnd als einzelvertretungsberechtigter Geschäftsführer der M-GmbH mit Sitz in ......, eingetragen im Handelsregister des Amtsgerichts ...... unter HRB ...... (nachfolgend genannt: M-GmbH)**
2. **Herr B ...... *[Beruf/Wohn- bzw. Geschäftsadresse]*, handelnd als einzelvertretungsberechtigter Geschäftsführer der T-GmbH mit Sitz in ......, eingetragen im Handelsregister des Amtsgerichts ...... unter HRB ...... (nachfolgend genannt: T-GmbH)**

und erklärten zu Protokoll den nachfolgenden

VERSCHMELZUNGSVERTRAG

Präambel

Die Gesellschaft M ...... mit beschränkter Haftung mit Sitz in ...... (nachfolgend genannt: M-GmbH) hält alle voll eingezahlten Geschäftsanteile an der Gesellschaft T ...... mit beschränkter Haftung mit Sitz in ...... (nachfolgend genannt: T-GmbH) mit einem Stammkapital von € .... Mit diesem Vertrag soll die M-GmbH (als übertragende Gesellschaft) auf die T-GmbH (als übernehmende Gesellschaft) verschmolzen werden.

§ 1 Vermögensübertragung

(1) Die M-GmbH als übertragender Rechtsträger überträgt ihr Vermögen als Ganzes mit allen Rechten und Pflichten unter Auflösung ohne Abwicklung im Wege der Verschmelzung gem. §§ 2 Nr. 1, 46 ff. UmwG auf die T-GmbH als übernehmender Rechtsträger (gegen Gewährung der bisherigen Gesellschaftsrechte an der T-GmbH an die Anteilsinhaber der M-GmbH (Verschmelzung durch Aufnahme).

(2) Als Verschmelzungsstichtag wird der 1.1.02 bestimmt. Die T-GmbH übernimmt das Vermögen der M-GmbH im Innenverhältnis mit Wirkung vom 1.1.02, 0.00 Uhr; von diesem Zeitpunkt an gelten die Geschäfte der M-GmbH als für Rechnung der T-GmbH geführt.

(3) Der Verschmelzung wird die mit uneingeschränktem Bestätigungsvermerk des Wirtschaftsprüfers ...... versehene Schlussbilanz der M-GmbH auf den 31.12.01 zugrunde gelegt.

§ 2 Gegenleistung

(1) Mit Wirksamwerden der Verschmelzung durch Eintragung im Handelsregister der T-GmbH erhält der Gesellschafter (erhalten die Gesellschafter) der M-GmbH als Gegenleistung alle Geschäftsanteile an der T-GmbH, und zwar ...... *[Angabe der Geschäftsanteile]*, die alle voll einbezahlt sind. Diese Anteile erhält der (erhalten die) Gesellschafter der M-GmbH wie folgt ...... *[Bezeichnung des (der) Gesellschafter(s) und der Geschäftsanteile einschließlich Nummerierung der Geschäftsanteile]*. Weitere Geschäftsanteile werden nicht gewährt.

(2) Der Erwerb der Anteile an der T-GmbH durch die Gesellschafter der M-GmbH vollzieht sich gem. § 20 Abs. 1 Nr. 1 UmwG kraft Gesetzes uno actu unmittelbar mit Eintragung der Verschmelzung im Handelsregister der T-GmbH.

(3) Gesellschaftsvertragliche Teilungserfordernisse sind gem. § 54 Abs. 3 UmwG nicht zu beachten.

(4) Sonderrechte oder Vorzüge iSv. § 5 Abs. 1 Nr. 7 UmwG bestanden weder bei der übertragenden M-GmbH noch bestehen sie bei der übernehmenden T-GmbH.

(5) Es werden keine besonderen Vorteile an die in § 5 Abs. 1 Nr. 8 UmwG genannten Personen (einem Mitglied der Geschäftsführung, einem Mitglied eines Aufsichtsrates, einem geschäftsführenden Gesellschafter, einem Abschluss- oder Verschmelzungsprüfer) gewährt.

§ 3 Folgen der Verschmelzung für Arbeitnehmer und ihre Vertretungen sowie die insoweit vorgesehenen Maßnahmen

(1) Die Verschmelzung der M-GmbH führt zum Übergang sämtlicher Rechte und Ansprüche der Arbeitnehmer der M-GmbH im Wege der Gesamtrechtsnachfolge auf die T-GmbH. Auf den Übergang findet § 613a Abs. 1, 4 und 5 BGB Anwendung (§ 324 UmwG). Damit hat die Verschmelzung individualarbeitsrechtlich keine Nachteile für die Arbeitnehmer der übertragenden M-GmbH. Für die Arbeitnehmer der übernehmenden T-GmbH hat die Verschmelzung keine Folgen.

(2) Auch nach der Verschmelzung wird der Betrieb der M-GmbH unverändert fortgeführt.

(3) Die bei M-GmbH und T-GmbH bisher jeweils bestehenden Betriebsräte bestehen weiter. Der bzgl. des bisherigen Betriebs der M-GmbH in ...... eintretende Wechsel des Rechtsträgers lässt die Identität des Betriebs und damit auch die des Betriebsrats unberührt; dieser bleibt als zukünftiger Betriebsrat der T-GmbH für den Betrieb in ...... weiter im Amt. Gem § 47 Abs. 1 BetrVG ist ein Gesamtbetriebsrat bei T-GmbH

zu errichten, da bei dieser als Folge der Verschmelzung zukünftig mehrere Betriebe bestehen werden.

(4) Im Hinblick auf die Mitbestimmung ergeben sich durch die Verschmelzung keine Auswirkungen: Die M-GmbH unterlag bisher mit weniger als 500 Arbeitnehmern nicht der Mitbestimmung gem. § 1 DrittelbG. Auch nach der Verschmelzung wird die Zahl der Arbeitnehmer der T-GmbH einschließlich der von der M-GmbH übergehenden Arbeitnehmer nicht mehr als 500 betragen; somit liegen auch nach der Verschmelzung die Voraussetzungen für die Mitbestimmung gem. § 1 DrittelbG nicht vor.

§ 4 Kosten und Gebühren

Alle mit diesem Vertrag und der Abwicklung entstehenden Kosten, Gebühren und Steuern, einschließlich der Kosten der Zustimmungsbeschlüsse, trägt die übernehmende T-GmbH.

Formular A. 15.61a Gemeinsames Schreiben gem. §§ 5 Abs. 3, 17 Abs. 1 UmwG an die Betriebsräte der M-GmbH und der T-GmbH

Von: Geschäftsleitung M-GmbH und
Geschäftsleitung T-GmbH (gemeinsames Schreiben)

....
[Ort/Datum]

An: 1. Betriebsrat der M-GmbH, z. Hd. des/der Vorsitzenden des Betriebsrats, Herrn/Frau ......
2. Betriebsrat der T-GmbH, z. Hd. des/der Vorsitzenden des Betriebsrats, Herrn/Frau ......
jeweils gegen Empfangsbestätigung

Betreff: Bevorstehende Verschmelzung der M-GmbH als übertragende Gesellschaft auf die T-GmbH als übernehmende Gesellschaft

Sehr geehrte Damen und Herren,

in den voraussichtlich am ...... 02 stattfindenden Gesellschafterversammlungen der M-GmbH und der T-GmbH ist beabsichtigt, dem beigefügten Entwurf des Verschmelzungsvertrags zwischen der M-GmbH als übertragende und der T-GmbH als übernehmende Gesellschaft zuzustimmen und den Verschmelzungsvertrag in notariell beurkundeter Form abzuschließen. Wir übermitteln Ihnen hiermit den Entwurf des Verschmelzungsvertrags in der Anlage gem. § 5 Abs. 3 UmwG. Wir bitten, auf die Einhaltung der Monatsfrist des § 5 Abs. 3 UmwG zu verzichten, den Erhalt dieses Schreibens und der Anlage auf den beigefügten Kopien dieses Schreibens zu bestätigen und an die Geschäftsleitung der übernehmenden T-GmbH im Hinblick auf den Nachweis im Zuge der Anlagen zu den Handelsregisteranmeldungen gem. §§ 17 Abs. 1, 16 UmwG jeweils zweifach zurück zu schicken.

....
[Geschäftsführung T-GmbH] [Geschäftsführung M-GmbH]

Hiermit bestätigen wir, als jeweilige(r) Vorsitzende(r) des Betriebsrats, den Erhalt dieses Schreibens nebst dem als Anlage beigefügten Entwurf des Verschmelzungsvertrages und verzichten auf die Einhaltung der Monatsfrist gem. § 5 Abs. 3 UmwG.

....	....
[Ort, Datum]	**[Betriebsrats-Vorsitzende(r) der M-GmbH]**
....	....
[Ort, Datum]	**[Betriebsrats-Vorsitzende(r der T-GmbH]**

Formular A. 15.61b Gemeinsame Gesellschafterbeschlüsse über die Zustimmung zur Verschmelzung für die übertragende M-GmbH und die übernehmende T-GmbH

Verhandelt in ...... am ......

Vor mir ......, Notar, erschienen

1. **Herr C ...... *[Beruf/Wohn- bzw. Geschäftsadresse]*, handelnd im eigenen Namen als alleiniger Inhaber sämtlicher Geschäftsanteile im Nennbetrag von insgesamt € ...... an der M-GmbH mit Sitz in ......, eingetragen im Handelsregister des Amtsgerichts ...... unter HRB ...... (nachfolgend genannt: M-GmbH).**
2. **Herr A ...... *[Beruf/Wohn- bzw. Geschäftsadresse]*, handelnd nicht im eigenen Namen, sondern als einzelvertretungsberechtigter Geschäftsführer der M-GmbH.**

Die Erschienenen erklärten zu Protokoll:

Der zu 2. erschienene Herr A erklärt, dass die von ihm vertretene M-GmbH alle Geschäftsanteile im Nennbetrag von insgesamt € ...... an der T-GmbH mit Sitz in ......, eingetragen im Handelsregister des Amtsgerichts ...... unter HRB ...... (nachfolgend genannt: T-GmbH) hält. Die Geschäftsanteile sind voll eingezahlt.

Die zu 1. und 2. Erschienenen erklären, dass sie jeweils unter Verzicht auf die Einhaltung aller Formen und Fristen, die durch Gesetz oder nach Gesellschaftsvertrag für die Einberufung und Abhaltung einer Gesellschafterversammlung gelten, Gesellschaftervollversammlungen der M-GmbH und der T-GmbH abhalten und sowohl für die übertragende M-GmbH als auch für die aufnehmende T-GmbH was folgt beschließen:

a) **Auf die Versendung des Verschmelzungsvertrags oder seines Entwurfs zusammen mit der Einberufung der Gesellschafterversammlungen gem. § 47 UmwG wurde einvernehmlich verzichtet; dieser Verzicht wird hiermit nochmals ausdrücklich bestätigt.**

b) **Auf die Auslegung der Jahresabschlüsse und der Lageberichte der an der Verschmelzung beteiligten Rechtsträger M-GmbH und T-GmbH für die letzten drei Geschäftsjahre zur Einsicht durch die Gesellschafter in den Geschäftsräumen der Gesellschaften vom Zeitpunkt der Einberufung der Gesellschafterversammlungen an wurde ebenfalls einvernehmlich verzichtet; auch diesbezüglich wird der Verzicht hiermit nochmals ausdrücklich bestätigt.**

c) **Auf die Erstellung eines Verschmelzungsberichts iSv. § 8 Abs. 1 UmwG wird hiermit gem. § 8 Abs. 3 UmwG verzichtet.**

d) **Weder die Alleingesellschafterin der T-GmbH, die M-GmbH, bei der T-GmbH, noch der Alleingesellschafter der M-GmbH bei der M-GmbH hat einen Antrag auf Prüfung des Verschmelzungsvertrags oder seines Entwurfs gem. § 48 UmwG gestellt. Beide Gesellschafter verzichten hiermit einvernehmlich auf ihr Recht, eine Verschmelzungsprüfung zu verlangen.**

e) Dem Verschmelzungsvertrag zwischen der M-GmbH und der T-GmbH vom ...... (UrkR-Nr. ...... des Notars ...... in ......) wird zugestimmt. C als alleiniger Gesellschafter der übertragenden M-GmbH verzichtet hiermit auf eine Kapitalerhöhung bei der T-GmbH und dem damit verbundenen Erhalt weiterer Geschäftsanteile. Eine Ausfertigung des Verschmelzungsvertrags ist dieser Niederschrift als Anlage beigefügt.

f) Auf das Recht, die vorstehenden Beschlüsse anzufechten, insbesondere gegen die Zustimmungsbeschlüsse gem. e) Klage zu erheben, wird ausdrücklich und unwiderruflich verzichtet.

....

[C als alleiniger Gesellschafter der M-GmbH]

....

[A als einzelvertretungsberechtigter Geschäftsführer der M-GmbH für diese als alleinige Gesellschafterin der T-GmbH]

Formular A. 15.61c Handelsregisteranmeldung der übertragenden GmbH

An das
Amtsgericht ......
– Handelsregister –
M-GmbH mit Sitz in ......, HRB ......

Als einzelvertretungsberechtigter Geschäftsführer der übernehmenden T-GmbH mit Sitz in ......, eingetragen im Handelsregister des Amtsgerichts ...... unter HRB ......, melde ich gem. § 16 Abs. 1 Satz 2 UmwG als vertretungsberechtigtes Organ des übernehmenden Rechtsträgers T-GmbH die Verschmelzung der Gesellschaft als übertragender Rechtsträger zur Eintragung in das Register des Sitzes der Gesellschaft an:

Die Gesellschaft ist auf Grund des Verschmelzungsvertrags vom ......, des Beschlusses der Gesellschafterversammlung der Gesellschaft vom ...... und des Beschlusses der Gesellschafterversammlung der T-GmbH mit Sitz in ...... vom ...... mit der T-GmbH durch Aufnahme verschmolzen worden (§ 2 Nr. 1 UmwG).

Als Anlagen füge ich bei:

I. Notariell beglaubigte Abschrift des Verschmelzungsvertrags vom ...... (UrkR-Nr. .... des Notars ......);

II. Notariell beglaubigte Abschrift der Niederschriften der Gesellschafterversammlungen nebst Anlagen vom ...... (UrkR-Nr. .... des Notars ......), nämlich der übernehmenden T-GmbH und der übertragenden M-GmbH;

III. Die von sämtlichen Geschäftsführern unterzeichnete Schlussbilanz der M-GmbH zum 31.12.01 mit Anhang, versehen mit einem uneingeschränkten Bestätigungsvermerk des Abschlussprüfers ...... vom ......;

IV. Nachweise gem. § 17 Abs. 1 UmwG über die rechtzeitige (bzw. bei Verzicht auf die Rechtzeitigkeit nur der Nachweis der Zuleitung) Zuleitung des Entwurfs des Verschmelzungsvertrags an die Betriebsräte der M-GmbH und der T-GmbH.

Nach Vollzug bitten wir um Eintragungsnachricht und um Übermittlung je eines beglaubigten Handelsregisterauszugs an die Gesellschaft und an den beglaubigenden Notar.

.............................., den ......

....

[Unterschrift]

....

[Beglaubigungsvermerk]

Formular A. 15.61d Handelsregisteranmeldung der übernehmenden GmbH

An das

Amtsgericht ......

– Handelsregister –

T-GmbH mit Sitz in ......, HRB ......

Als einzelvertretungsberechtigter Geschäftsführer der T-GmbH melde ich zur Eintragung in das Handelsregister an: Auf die T-GmbH ist im Wege der Verschmelzung durch Aufnahme gem. § 2 Nr. 1 UmwG das Vermögen der M-GmbH mit Sitz in ......, eingetragen im Handelsregister des Amtsgerichts ...... unter HRB ...... als Ganzes ohne Abwicklung übergegangen.

Zur Vervollständigung der Anmeldung der Verschmelzung werde ich noch einen beglaubigten Handelsregisterauszug der übertragenden M-GmbH mit dem Sitz in ......, eingetragen im Handelsregister des Amtsgerichts ...... unter HRB ......, nachreichen, aus dem sich die Eintragung der Verschmelzung in das Handelsregister des Sitzes der übertragenden M-GmbH ergibt.

Nach Vollzug der Eintragung der Verschmelzung bitte ich jeweils um Eintragungsnachricht an die Gesellschaft und an den beglaubigenden Notar sowie um Übermittlung von je drei beglaubigten Handelsregisterauszügen an die Gesellschaft und eines beglaubigten Handelsregisterauszugs an den beglaubigenden Notar.

Als Anlagen füge ich bei:

I. Notariell beglaubigte Abschrift des Verschmelzungsvertrags vom ...... (UrkR-Nr. .... des Notars ......);

II. Notariell beglaubigte Abschrift der Niederschriften nebst Anlagen der Gesellschafterversammlungen vom ...... (UrkR-Nr. .... des Notars ......), nämlich der übernehmenden T-GmbH und der übertragenden M-GmbH;

III. Nachweise gem. § 17 Abs. 1 UmwG über die rechtzeitige (bzw. bei Verzicht auf Rechtzeitigkeit nur der Nachweis der Zuleitung) Zuleitung des Entwurfs des Verschmelzungsvertrags an die Betriebsräte der M-GmbH und der T-GmbH;

IV. BerichtigteGesellschafterliste.

Gemäß § 54 Abs. 2 Nr. 2 UmwG wird bei der übernehmenden T-GmbH auf eine Kapitalerhöhung verzichtet; deshalb entfällt die Liste der Personen, welche neue Stammeinlagen übernommen haben (§ 57 Abs. 3 Nr. 2 GmbHG).

............................., den ......

..

[Unterschrift]

..

[Beglaubigungsvermerk]

II. ERLÄUTERUNGEN

Erläuterungen zu A. 15.61 Verschmelzungsvertrag

1. Grundsätzliche Anmerkungen

a) Wirtschaftliches Vertragsziel

Die Verschmelzung einer Muttergesellschaft auf ihre 100%ige Tochtergesellschaft 1
war früher (wegen steuerlicher Unsicherheiten, die nunmehr aber als geklärt erschei-

nen, vgl. Rz. 7ff.) in der Praxis selten. Sie wird aber dann zweckmäßig sein, wenn zum Vermögen der Tochtergesellschaft, nicht aber zum Vermögen der Muttergesellschaft Grundstücke gehören (Nichtanfall von Grunderwerbsteuer auf Grundstücke der Tochtergesellschaft, vgl. A. 15.60 Rz. 27).

b) Zivilrecht

2 **Zulässigkeit:** Das UmwG enthält keine Bestimmung, wonach die Verschmelzung einer Muttergesellschaft auf die Tochtergesellschaft unzulässig wäre (*W/M/Mayer* § 5 UmwG Rz. 37). Daraus folgt, dass auch die Verschmelzung der Mutter-GmbH auf die Tochter-GmbH im Wege der Aufnahme gem. § 2 Nr. 1 UmwG gegen Gewährung von Gesellschaftsanteilen an der aufnehmenden Gesellschaft zulässig ist. Die Abfindung der Gesellschafter der M-GmbH kann allein mit den Geschäftsanteilen der übernehmenden T-GmbH erfolgen, die bereits vor der Verschmelzung von der M-GmbH gehalten werden, wenn diese Anteile vollständig eingezahlt sind. Dies folgt aus § 54 Abs. 1 Satz 2 Nr. 2 UmwG, wonach die übernehmende Gesellschaft von einer Erhöhung des Stammkapitals absehen „kann", soweit der übertragenden Gesellschaft Geschäftsanteile der übernehmenden Gesellschaft gehören, auf welche die Einlagen bereits in voller Höhe bewirkt sind (*W/M/Mayer* § 5 UmwG Rz. 37).

3 Im Verschmelzungsvertrag sind die von den Gesellschaftern der übertragenden M-GmbH als **Gegenleistung** zu übernehmenden Geschäftsanteile an der übernehmenden T-GmbH detailliert **zu bezeichnen** (§§ 5 Abs. 1 Nr. 3, 46 Abs. 1 und Abs. 3 UmwG), dh. für jeden Gesellschafter müssen die auf ihn übergehenden Geschäftsanteile unter namentlicher Nennung des Gesellschafters festgelegt werden. Für die Teilung gelten gem. § 54 Abs. 3 UmwG Erleichterungen (gesellschaftsvertragliche Teilungserschwernisse sind unbeachtlich, § 54 Abs. 3 Satz 1, 1. Hs. UmwG, die Mindestnennbeträge müssen in Abänderung von § 5 Abs. 21 und Abs. 3 GmbHG nur noch auf volle Euro lauten (§ 54 Abs. 3 Satz 1, 2. Hs. UmwG). Diese Erleichterungen bei der Schaffung der neuen Geschäftsanteile erfolgte durch das Gesetz zur Modernisierung des GmbH-Rechts und zur Bekämpfung von Missbräuchen (MoMiG v. 23.10.08, BGBl. I 08, 2026), nach dem keine Mindestnennbeträge mehr erforderlich sind, sondern die Nennbeträge der Geschäftsanteile nur noch auf volle Euro laufen müssen (§ 5 Abs. 2 GmbHG).

4 Der **Übergang der Geschäftsanteile** an der übernehmenden T-GmbH von der übertragenden M-GmbH auf die Gesellschafter der M-GmbH erfolgt gemäß § 20 Abs. 1 Nr. 3 UmwG von Gesetzes wegen, dh. automatisch („uno actu") nach Maßgabe der Bestimmungen des Verschmelzungsvertrags (*Dreissig* DB 97, 1301) und ohne Durchgangserwerb (HFA 2/97 Abschn 32212, FN-IDW 97, 182; *W/M/Mayer* § 5 UmwG Rz. 38; *S/St/Reichert* § 54 UmwG Rz. 16; aA *Rowedder/Zimmermann* § 77 GmbHG Anh. Rz. 428).

5 Neben der im Formular vorgesehenen vollständigen **Abfindung** der Gesellschafter der übertragenden M-GmbH mit den bestehenden Geschäftsanteilen der übernehmenden T-GmbH („Anteilstausch") ist gem. § 54 Abs. 1 Satz 2 Nr. 2 UmwG **auch eine Erhöhung des Stammkapitals** der übernehmenden T-GmbH zum Zweck der Anteilsgewährung möglich (*W/M/Mayer* § 5 UmwG Rz. 39; *S/St/Reichert* § 54 UmwG Rz. 14). Da die T-GmbH in letzterem Fall eigene Anteile erwirbt, sind die Beschränkungen des § 33 GmbHG zu beachten, dh. der übergehende Bilanzansatz für die eigenen Anteile muss in eine Rücklage für eigene Anteile eingestellt werden (§ 272 Abs. 4 HGB iVm. § 33 Abs. 2 GmbHG). In Höhe des Bilanzwerts der nicht für die Abfindung verwendeten übergehenden Geschäftsanteile an der T-GmbH geht **Ausschüttungsvolumen** der T-GmbH verloren, dessen Verlust sich in jedem Fall bei einer späteren Einziehung realisiert. In der Praxis wird man daher (wie im Formular) bei voll eingezahlten T-GmbH Anteilen idR auf die Kapitalerhöhung und der Gewährung von weiteren Anteilen verzichten. Ein solcher Verzicht der Anteilsinhaber

der übertragenden Gesellschafter ist gem. § 54 Abs. 1 Satz 3 UmwG notariell zu beurkunden (s. zur Neuregelung des § 54 Abs. 1 Satz 3 UmwG *S/St/Reichert* § 54 UmwG Rz. 19ff.; *Mayer/Weiler* DB 07, 1235, 1238).

Bezüglich der sonstigen Voraussetzungen und Rechtsfolgen der Verschmelzung von GmbHs auf bestehende GmbHs (zur Aufnahme) wird auf A. 15.63 Rz. 4ff. verwiesen. 6

c) Steuerrecht

aa) Ertragsteuern

Der downstream merger ist zwischenzeitlich in § 11 Abs. 2 Satz 2 UmwStG – zu- 7
mindest inzident – vorgesehen. Eines Billigkeitsantrags aller Beteiligten für die Anwendung der §§ 11ff. UmwStG, wie ihn die Finanzverwaltung zur alten Rechtslage für erforderlich gehalten hat (vgl. UmwSt-Erl. 1998, BStBl. I 98, 268, Tz. 11.24f. sowie BMF v. 16.12.03, BStBl. I 03, 786, Tz. 15ff.), bedarf es daher nicht länger (UmwSt-Erl. 2011 BMF v. 11.11.11, BStBl. I 11, 1314, Tz. 11.17ff.). Auch beim downstream merger, wo die übernehmende Gesellschaft nicht an der übertragenden Gesellschaft beteiligt war, ist ein Übernahmeergebnis iSd. §§ 12 Abs. 2 Satz 1 iVm 15 Abs. 1 Satz 1 UmwStG zu ermitteln; Kosten des Vermögensübergangs können daher nicht als Betriebsausgaben abgezogen werden (vgl. BFH I R 24/12 v. 9.1.13, BFH/NV 13, 881).

Bei der übernehmenden T-GmbH sieht § 12 Abs. 1 UmwStG vor, dass diese 8
die übergehenden Wirtschaftsgüter mit den in der steuerlichen **Schlussbilanz** der übertragenden M-GmbH ausgewiesenen Werten zu übernehmen hat. Ein Übernahmegewinn bzw. -verlust iSv. § 12 Abs. 2 UmwStG kommt im Fall des downstream merger nicht in Betracht (*R/H/L Rödder* § 12 UmwStG Rz. 62).

Wenn, wie im Formular vorgesehen, die übertragende M-GmbH alle **Geschäfts-** 9
anteile an der übernehmenden T-GmbH hält und alle T-GmbH-Anteile unmittelbar an die Gesellschafter der M-GmbH als Gegenleistung gemäß § 20 Abs. 1 Nr. 3 UmwG übergehen, ist nur das übrige Vermögen als Zugang bei der übernehmenden T-GmbH zu erfassen (vgl. *W/M/Widmann* § 12 UmwStG Rz. 375); der sich daraus ergebende Gewinn ist – auch wenn § 12 Abs. 2 Satz 1 UmwStG nicht anwendbar ist – zumindest als Einlage auf gesellschaftsrechtlicher Grundlage bei der übernehmenden GmbH ertragsteuerfrei (*R/H/L/Rödder* § 12 UmwStG Rz. 71).

(frei) 10

Bei den Gesellschaftern der übertragenden M-GmbH kann sich die Verschmel- 11
zung unter den Voraussetzungen des § 13 Abs. 2 UmwStG steuerneutral vollziehen. Grundsätzlich gelten die Anteile an der übertragenden Körperschaft als zum gemeinen Wert veräußert und die an ihre Stelle tretenden Anteile an der übernehmenden Körperschaft gelten als mit diesem Wert angeschafft. Ausnahmsweise sind aber auf Antrag die Anteile an der übernehmenden Körperschaft mit dem Buchwert (Anschaffungskosten, falls sie nicht zu einem Betriebsvermögen gehören, § 13 Abs. 2 Satz 3 UmwStG) der Anteile an der übertragenden Körperschaft anzusetzen, wenn das Recht der Bundesrepublik Deutschland hinsichtlich der Besteuerung des Gewinns aus der Veräußerung der Anteile an der übernehmenden Körperschaft nicht ausgeschlossen oder beschränkt wird oder die Mitgliedstaaten der EU bei einer Verschmelzung Art. 8 FRL anzuwenden haben; in diesem Fall ist der Gewinn aus einer späteren Veräußerung der erworbenen Anteile ungeachtet der Bestimmungen eines DBA in der gleichen Art und Weise zu besteuern, wie die Veräußerung der Anteile an der übertragenden Körperschaft zu besteuern wäre (§ 13 Abs. 2 UmwStG). Hinweis auf § 20 Abs. 4a EStG idF des AmtshilfeRLUmsG v. 26.6.13 (BGBl. I 13, 1809) für Anteile, die sich im steuerlichen Privatvermögen befinden und keine Anteile iSv. § 17 EStG sind (hierzu auch *Bron* DStR 14, 353).

Bzgl. der sonstigen ertragsteuerlichen Folgen der Verschmelzung wird auf A. 15.63 12
Rz. 23ff. verwiesen.

13 Die Verschmelzung einer Kapitalgesellschaft auf eine andere Kapitalgesellschaft nach §§ 11 ff. UmwStG stellt regelmäßig keinen Verstoß gegen die **Behaltensregelung** des **§ 13a Abs. 5 ErbStG** dar (ErbStR E 13a.9 Abs. 3; Gleichl. Ländererlasse v. 20.11.13, BStBl. I 13, 1508). Für die weitere Ermittlung der **Lohnsumme** Hinweis auf Oberste Finanzbehörden der Länder v. 21.11.13, BStBl. I 13, 1510.

14 *(frei)*

bb) Verkehrsteuern

aaa) Umsatzsteuer

15 Bei Verschmelzungen entfällt die Umsatzsteuerbarkeit nach § 1 Abs. 1a UStG auf Grund Übergang des gesamten Unternehmens von der übertragenden auf die übernehmende Gesellschaft (vgl. *W/M/Knoll* Anhang 11 Rz. 5 und 13ff.). Die übernehmende T-GmbH tritt auf Grund der Gesamtrechtsnachfolge bzgl. der Vorsteuerberichtigungen in die Rechtsstellung der übertragenden M-GmbH ein (§ 1 Abs. 1a Satz 3 iVm. § 15a Abs. 10 UStG läuft bei Gesamtrechtsnachfolge leer).

16 Falls die übernehmende T-GmbH **Organgesellschaft** der übertragenden M-GmbH iSv. § 2 Nr. 2 UStG ist oder beide Gesellschaften dem gleichen Organkreis angehören, ist die Verschmelzung auch deshalb nicht umsatzsteuerbar (vgl. hierzu auch *Pyszka* DStR 11, 545).

17–19 *(frei)*

bbb) Grunderwerbsteuer

20 Soweit zum Vermögen der übertragenden M-GmbH Grundstücke oder grundstücksgleiche Rechte gehören, entsteht Grunderwerbsteuer gem. § 1 Abs. 1 Nr. 3 GrEStG. Grunderwerbsteuer kann auch ausgelöst werden, wenn zum übergehenden Vermögen Anteile an grundbesitzenden Kapital- oder Personengesellschaften gehören (§ 1 Abs. 2a und 3 GrEStG). Der Steuersatz beträgt in den Bundesländern zwischen 3,5 (Bayern und Sachsen) und 6,5% (Schleswig-Holstein). Bemessungsgrundlage ist der sog. Bedarfswert iSd. § 138 Abs. 2 bis 4 BewG (§ 8 Abs. 2 Satz 1 Nr. 2 GrEStG). Zu verfassungsrechtlichen Bedenken gegen die Bedarfsbewertung für Grunderwerbsteuerzwecke, vgl. BFH II R 64/08 v. 27.5.09, BStBl. II 09, 856, Bescheide ergehen insoweit nur noch vorläufig, Gleichl. Ländererlasse v. 17.6.11, BStBl. I 11, 575. Hinweis auch auf §§ 1 Abs. 3a und 6a GrEStG idF des AmtshilfeRLUmsG v. 26.6.13 (BGBl. I 13, 1809); hierzu Gleichl. Ländererlasse v. 9.10.13, BStBl. I 13, 1364 und 1375; *Behrens* DStR 13, 2726.

21 *(frei)*

2. Einzelerläuterungen

22 Der Verschmelzungsvertrag bedarf der **notariellen Beurkundung** (§ 6 UmwG). Vertragspartner sind die übertragende M-GmbH und die übernehmende T-GmbH. Abgeschlossen wird der Vertrag durch die jeweiligen Geschäftsführer in vertretungsberechtigter Zahl (vgl. A. 15.60 Rz. 31).

23 Das Vertragsformular beschränkt sich auf den Mindestinhalt des Verschmelzungsvertrags. Dieser ergibt sich aus §§ 5 Abs. 1 und 2, 46 UmwG, vgl. dazu A. 15.60 Rz. 32ff. und A. 15.63 Rz. 39ff.: Benennung der beiden vertragschließenden GmbHs unter Bezeichnung, welche die übertragende und welche die übernehmende Gesellschaft ist sowie Regelung der Übertragung des Vermögens der M-GmbH als Ganzes im Wege der Verschmelzung auf die T-GmbH. Ferner: gem. §§ 5 Abs. 1 Nr. 3, 46 Abs. 1 und 3 UmwG die genaue Bezeichnung der jedem namentlich aufzuführenden Gesellschafter der übertragenden GmbH als Gegenleistung zu gewährenden Geschäftsanteile der übernehmenden T-GmbH; dabei werden die einzelnen Geschäftsanteile mit laufenden Nummern versehen (vgl. §§ 8 Abs. 1 Nr. 3, 40 Abs. 1 GmbHG gem.

MoMiG v. 23.10.08, BGBl. I 08, 2026). Diese Bestimmungen sind durch § 2 Abs. 1 des Formulars erfüllt.

Gemäß § 5 Abs. 1 Nr. 6 UmwG ist der **Verschmelzungsstichtag** anzugeben. Auf den diesem vorangehenden Tag wird die Schlussbilanz aufgestellt, die gem. § 17 Abs. 2 UmwG der Anmeldung zum Register der übertragenden M-GmbH beizufügen ist. Für die Schlussbilanz gelten gem. § 17 Abs. 2 Satz 2 UmwG die Vorschriften über die Jahresbilanz und deren Prüfung (mit Ausnahme der Bekanntmachung, vgl. § 17 Abs. 2 Satz 3 UmwG) entsprechend. Vgl. zur Schlussbilanz A. 15.60 Rz. 7ff. 24

Erläuterungen zu A. 15.61a Gemeinsames Schreiben an die Betriebsräte gem. §§ 5 Abs. 3, 17 Abs. 1 UmwG

Neben der Darstellung der Folgen der Verschmelzung für die Arbeitnehmer und ihre Vertretungen sowie die insoweit vorgesehenen Maßnahmen gem. § 5 Abs. 1 Nr. 9 UmwG im Verschmelzungsvertrag (vgl. dazu A. 15.60 Rz. 34) ist der Verschmelzungsvertrag oder sein Entwurf gem. § 5 Abs. 3 UmwG den Betriebsräten der übertragenden M-GmbH und der übernehmenden T-GmbH zuzuleiten bis spätestens einen Monat vor dem Tag der jeweiligen Beschlussfassung (vgl. dazu A. 15.60 Rz. 35). Nach überwiegender Ansicht in der Literatur können die Betriebsräte auf die Einhaltung der Monatsfrist des § 5 Abs. 3 UmwG und damit auf die Rechtzeitigkeit der Zuleitung gem. § 17 Abs. 1 UmwG verzichten (vgl. A. 15.63 Rz. 52). Eine solche Verzichtserklärung sollte dann bereits in die Anschreiben an die Betriebsräte und die Bestätigung durch diese (s. Formular A. 15.61a)61a) integriert sein. 25

Erläuterungen zu A. 15.61b Gemeinsame Gesellschafterbeschlüsse

Das Formular geht von einer möglichst einvernehmlichen Beschlussfassung über die Verschmelzung aus, wobei auf Formalien zur Information (§§ 47, 49 Abs. 2 UmwG), die Erstellung eines Verschmelzungsberichts (§ 8 Abs. 1 und 2 UmwG), das Verlangen einer Prüfung des Verschmelzungsvertrags (§ 48 UmwG) sowie auf das Recht der Anfechtung der bzw. die Klage gegen die Zustimmungsbeschlüsse (§ 14 UmwG) jeweils soweit wie möglich verzichtet wird (vgl. dazu iE A. 15.63 Rz. 70ff.). Die Unterrichtung über wesentliche Veränderungen des Vermögens der an der Verschmelzung beteiligten Rechtsträger ist nicht erforderlich. Das Dritte Gesetz zur Änderung des UmwG v. 11.7.11 (BGBl. I 11, 1338) hat eine solche Unterrichtungspflicht nur für den Vorstand einer AG eingeführt, vgl. § 64 Abs. 1 Satz 2 UmwG nF Zu der Unterrichtungspflicht s. A. 15.63 Rz. 21. 26

Der Verschmelzungsvertrag wird nur wirksam, wenn die Anteilsinhaber der beteiligten Rechtsträger (hier der M-GmbH und der T-GmbH) ihm durch Beschluss zustimmen (enthalten in Formular A. 15.61b unter Buchst. e), vgl. §§ 13 Abs. 1, 50 UmwG). Da einzelne Beschlüsse der notariellen Beurkundung bedürfen (Zustimmungsbeschluss zum Verschmelzungsvertrag gem. § 13 Abs. 3 UmwG, Verzicht auf Verschmelzungsbericht gem. § 8 Abs. 3 UmwG und Verzicht auf Verschmelzungsprüfung gem. § 12 Abs. 3), können auch die anderen Beschlüsse zur Übersichtlichkeit mit beurkundet werden. Der Gesellschafter der übertragenden M-GmbH verzichtet auch gem. § 54 Abs. 1 Satz 3 UmwG auf den Erhalt weiterer Anteile zusätzlich zu dem im Zuge des Anteilstausch erhaltenen Geschäftsanteil der M-GmbH an der T-GmbH. Die Fassung der Beschlüsse in einer gemeinsamen Versammlung ist kostengünstiger (BayObLG BReg. 3 Z 111/89 v. 21.9.89, GmbHR 90, 353). 27

Beide Zustimmungsbeschlüsse erfordern eine Mehrheit von $^3/_4$ der abgegebenen Stimmen der voll eingezahlten Anteile (falls nicht der Gesellschaftsvertrag eine größere 28

Mehrheit und weitere Erfordernisse bestimmt, § 50 Abs. 1 UmwG). Zu weiteren Zustimmungserfordernissen bei Vinkulierungsregelungen gem. § 13 Abs. 2 UmwG, bei gesellschaftsvertraglichen Sonderrechten nach § 50 Abs. 2 UmwG und bei nicht voll einbezahlten Geschäftsanteilen gem. § 51 Abs. 1 UmwG, vgl. A. 15.63 Rz. 77 ff. Insbes. bei nicht voll einbezahlten Geschäftsanteilen ist die Zustimmung aller (anwesenden und nicht erschienenen) Gesellschafter erforderlich (gem. § 51 Abs. 1 Satz 1 UmwG bei nicht voll einbezahlten Geschäftsanteilen eines übernehmenden Rechtsträgers und gem. § 51 Abs. 1 Satz 3 UmwG für nicht voll einbezahlte Geschäftsanteile eines übertragenden Rechtsträgers). Einer Feststellung der Schlussbilanz bedarf es nicht (HFA 2/97 Abschn 113, WPg 98, 235).

29 Jedem Beschluss ist der Verschmelzungsvertrag als **Anlage** beizufügen (§ 13 Abs. 3 Satz 2 UmwG). Wird der Zustimmungsbeschluss vor der Protokollierung des Verschmelzungsvertrags gefasst, ist der Verschmelzungsvertrag als Entwurf beizulegen, allerdings muss dann der endgültige Verschmelzungsvertrag identisch mit dem Entwurf sein.

Erläuterungen zu A. 15.61c und A. 15.61d Handelsregisteranmeldungen

30 Die Verschmelzungen sind von den Geschäftsführern der M-GmbH bzw. der T-GmbH in jeweils vertretungsberechtigter Zahl bei dem jeweils für deren Sitz zuständigen Handelsregister zur Eintragung anzumelden (§ 16 Abs. 1 Satz 1 UmwG). § 16 Abs. 1 Satz 2 UmwG ermächtigt auch die Geschäftsführer des übernehmenden Rechtsträgers, die Verschmelzung des übertragenden Rechtsträgers zu dessen Handelsregister anzumelden; dies ist im Formular aus Zweckmäßigkeitsgründen (wegen Koordinierung und Vorbereitung der Anmeldungen) vorgesehen. Die bei der Anmeldung der T-GmbH beizufügende Liste der Gesellschafter muss Name, Vorname, Geburtsdatum und Wohnort der Gesellschafter sowie die Nennbeträge und die laufenden Nummern der von den Gesellschaftern übernommenen Geschäftsanteile enthalten (vgl. § 40 Abs. 1 GmbHG). Nach Streichung des § 52 Abs. 2 UmwG durch das Dritte Gesetz zur Änderung des UmwG v. 11.7.11 (BGBl. I 11, 1338) ist die Gesellschafterliste nicht mehr von den Geschäftsführern zu unterschreiben. Vielmehr soll es ausreichend sein, wenn die vom Notar aktualisierte Gesellschafterliste dem Handelsregister übermittelt wird, wozu der Notar aufgrund seiner Mitwirkung an den Zustimmungsbeschlüssen verpflichtet sein soll (BT-Drs. 17/3122, S. 11). Zu Inhalt und Form der Anmeldungen und den notwendigen Anlagen vgl. A. 15.60 Rz. 39 ff.

A. 15.62 Grenzüberschreitende Verschmelzung einer ausländischen Kapitalgesellschaft auf eine Mutter-GmbH (Hinein-Verschmelzung)

Gliederung

I. FORMULARE

Formular A. 15.62 Verschmelzungsplan

Verhandelt zu ...... am ...... 08: Vor mir ......, Notar, erschienen

1. **Herr D ...... *[Beruf/Wohn- bzw. Geschäftsadresse]*, handelnd als alleinvertretungsberechtigter Geschäftsführer der D-GmbH mit Sitz in ......, Deutschland, eingetragen im Handelsregister des Amtsgerichts ......, Deutschland unter HRB ...... (nachfolgend genannt: D-GmbH) und**
2. **Herr A ...... *[Beruf/Wohn- bzw. Geschäftsadresse]*, handelnd als alleinvertretungsberechtigter Geschäftsführer der A-GmbH mit Sitz in ......, Österreich, eingetragen im Firmenbuch beim Landesgericht in ......, Österreich unter FN ...... (nachfolgend genannt: A-GmbH)**

und erklärten zu Protokoll den nachfolgenden

VERSCHMELZUNGSPLAN

Präambel

Herr X und Herr Y halten alle voll eingezahlten Geschäftsanteile an der D-GmbH, einer Gesellschaft mit beschränkter Haftung deutschen Rechts mit Sitz und Hauptverwaltung in ......, Deutschland (HRB ......) und mit einem Stammkapital von € 50.000.–. Die D-GmbH hält den einzigen, voll eingezahlten Geschäftsanteil an der A-GmbH, einer Gesellschaft mit beschränkter Haftung österreichischen Rechts mit Sitz und Hauptverwaltung in ......, Österreich (FN ......) mit einem Stammkapital von € 35.000.–.

§ 1 Grenzüberschreitende Verschmelzung, Verschmelzungsstichtag

(1) Die A-GmbH mit Sitz und Hauptverwaltung in ......, Österreich als übertragende Gesellschaft überträgt ihr Vermögen als Ganzes mit allen Rechten und Pflichten im Wege der grenzüberschreitenden Verschmelzung gem. §§ 122a ff. UmwG, §§ 1 ff. EU-VerschG auf die D-GmbH mit Sitz und Hauptverwaltung in ......, Deutschland als übernehmende Gesellschaft.

(2) Verschmelzungsstichtag ist der 1.1.08. Die D-GmbH übernimmt das Vermögen der A-GmbH im Innenverhältnis mit Wirkung vom 1.1.08, 0.00 Uhr; von diesem Zeitpunkt an gelten die Geschäfte der A-GmbH als für Rechnung der D-GmbH geführt.

(3) Der Verschmelzung wird die mit uneingeschränktem Bestätigungsvermerk des Wirtschaftsprüfers ...... versehene Schlussbilanz der A-GmbH auf den 31.12.07 (Stichtag gem. § 5 Abs. 2 Nr. 12 EU-VerschG) zugrunde gelegt.

§ 2 Keine Gewährung einer Gegenleistung, Sonderrechte und besondere Vorteile

(1) Für die Übertragung des Vermögens der A-GmbH werden keine Geschäftsanteile an der D-GmbH als Gegenleistung gewährt, da die D-GmbH alleinige Gesellschafterin der A-GmbH ist. Angaben über einen Umtausch von Anteilen entfallen gem. § 122c Abs. 3 UmwG, § 5 Abs. 3 EU-VerschG.

(2) Die D-GmbH gewährt keinem Gesellschafter Sonderrechte iSd. § 122c Abs. 2 Nr. 7 UmwG. Weder bestanden Sonderrechte iSv. § 5 Abs. 2 Nr. 7 EU-VerschG bei der übertragenden A-GmbH noch bestehen Sonderrechte iSv. § 122c Abs. 2 Nr. 7 UmwG bei der übernehmenden D-GmbH. Deshalb entfallen entsprechende Angaben.

(3) Es werden keine besonderen Vorteile an die in § 122c Abs. 2 Nr. 8 UmwG oder § 5 Abs. 2 Nr. 8 EU-VerschG genannten Personen (Sachverständige, die den Verschmelzungsplan prüfen; Mitglieder der Verwaltungs-, Leitungs-, Aufsichts- oder Kontrollorgane der A-GmbH oder D-GmbH) gewährt.

§ 3 Auswirkungen der grenzüberschreitenden Verschmelzung für die Beschäftigung und Angaben über das Verfahren zur Festlegung der Mitbestimmung

(1) Die grenzüberschreitende Verschmelzung der A-GmbH führt zum Übergang sämtlicher Rechte und Ansprüche der Arbeitnehmer der A-GmbH im Wege der Gesamtrechtsnachfolge auf die D-GmbH. Die grenzüberschreitende Verschmelzung hat individualarbeitsrechtlich keine Nachteile für die Arbeitnehmer der A-GmbH. Auf die Arbeitnehmer der D-GmbH hat die grenzüberschreitende Verschmelzung ohnehin keine Auswirkungen. Die Beschäftigungslage und die Bedingungen der Beschäftigung der Arbeitnehmer ändern sich nicht.

(2) Auch nach der Verschmelzung wird der Betrieb der A-GmbH unverändert fortgeführt.

(3) Die bei D-GmbH und A-GmbH bisher jeweils bestehenden Betriebsräte bestehen weiter. Der bzgl. des bisherigen Betriebs der A-GmbH in ......, Österreich eintretende Wechsel des Rechtsträgers lässt die Identität des Betriebs und damit auch die des Betriebsrats unberührt; dieser bleibt als zukünftiger Betriebsrat der D-GmbH für den Betrieb in ......, Österreich weiter im Amt. Ein Gesamtbetriebsrat bei der D-GmbH ist nicht zu errichten.

(4) Die grenzüberschreitende Verschmelzung hat auf die Mitbestimmung keine Auswirkungen: Die D-GmbH unterlag bisher mit weniger als 500 Arbeitnehmern nicht der Mitbestimmung gem. § 1 DrittelbG. Auch nach der Verschmelzung wird die Zahl der Arbeitnehmer der D-GmbH einschließlich der von der A-GmbH übergehenden Arbeitnehmer nicht mehr als 500 betragen; somit liegen auch nach der Verschmelzung die Voraussetzungen für die Mitbestimmung gem. § 1 DrittelbG nicht vor. Angaben zu dem Verfahren nach §§ 1 Abs. 2 Satz 1, 6 MgVG, §§ 258 ff. ArbVerfG, nach dem die Einzelheiten über die Beteiligung der Arbeitnehmer an der Festlegung ihrer Mitbestimmungsrechte in der D-GmbH geregelt werden, sind nicht erforderlich.

§ 4 Bewertung des Aktiv- und Passivvermögens der A-GmbH

Das Aktiv- und Passivvermögen der A-GmbH, das durch die grenzüberschreitende Verschmelzung auf die D-GmbH übergeht, wird jeweils zu Buchwerten von der D-GmbH übernommen.

§ 5 Gesellschaftsvertrag der D-GmbH

Der zum Zeitpunkt dieses Verschmelzungsplans gültige Gesellschaftsvertrag der D-GmbH ist diesem Verschmelzungsplan entsprechend § 122c Abs. 2 Nr. 9 UmwG als Anlage 1 beigefügt.

§ 6 Verzicht auf Prüfung des Verschmelzungsplans für die A-GmbH

Die D-GmbH als alleinige Gesellschafterin der A-GmbH erklärt hiermit, dass sie gem. § 7 Abs. 1 EU-VerschG hinsichtlich der A-GmbH auf die Prüfung des Verschmelzungsplans verzichtet.

§ 7 Kosten und Gebühren

Alle mit diesem Verschmelzungsplan und der Abwicklung entstehenden Kosten, Gebühren und Steuern, einschließlich der Kosten des Zustimmungsbeschlusses trägt die D-GmbH.

– Anlage 1 –

................................., den ......

...	**...**
[Unterschrift A für A-GmbH]	**[Unterschrift D für D-GmbH]**

Formular A. 15.62a Einreichung des Verschmelzungsplans zum Handelsregister der übernehmenden D-GmbH gem. § 122d UmwG

An das

Amtsgericht ......

– Handelsregister –

D-GmbH mit dem Sitz in ......, HRB ......

Als einzelvertretungsberechtigter Geschäftsführer der Gesellschaft überreiche ich in der Anlage den Entwurf des Verschmelzungsplans betreffend die Verschmelzung der A-GmbH mit Sitz in ..., Österreich als übertragende Gesellschaft mit der Gesellschaft als übernehmende Gesellschaft. Bei der A-GmbH handelt es sich um eine Gesellschaft mit beschränkter Haftung österreichischen Rechts. Die Verschmelzung erfolgt unter Anwendung der §§ 122a ff. deutsches UmwG, §§ 1 ff. österreichisches EU-VerschG.

Namens der übernehmenden Gesellschaft bitte ich um Bekanntmachung der nach § 122d UmwG erforderlichen Angaben. Hierzu teile ich gem. § 122d Satz 3 UmwG den Inhalt der bekannt zu machenden Angaben mit:

1. **Es wird darauf hingewiesen, dass der Verschmelzungsplan beim Handelsregister eingereicht worden ist.**
2. **An der Verschmelzung sind die A-GmbH, eine Gesellschaft mit beschränkter Haftung nach österreichischem Recht mit Sitz in ..., Österreich als übertragende Gesellschaft und die D-GmbH, eine Gesellschaft mit beschränkter Haftung nach deutschem Recht mit Sitz in ... als übernehmende Gesellschaft beteiligt.**
3.
   a) **Die übertragende Gesellschaft ist eingetragen im Firmenbuch des Landesgerichts ... unter der Firmennummer FN ....**
   b) **Die übernehmende Gesellschaft ist eingetragen im Handelsregister des Amtsgerichts ... unter HRB ....**

4.

a) Die Rechte der Gläubiger der übernehmenden deutschen D-GmbH ergeben sich aus § 122a Abs. 2 UmwG iVm. § 22 UmwG. Danach ist den Gläubigern der an der Verschmelzung beteiligten D-GmbH Sicherheit zu leisten, wenn sie binnen sechs Monaten nach dem Tag, an dem die Eintragung der Verschmelzung in das Register des Sitzes der D-GmbH nach § 122a Abs. 2 iVm. § 19 Abs. 3 UmwG als bekannt gemacht gilt, ihren Anspruch nach Grund und Höhe schriftlich anmelden. Dieses Recht steht den Gläubigern nur zu, wenn sie glaubhaft machen, dass durch die Verschmelzung die Erfüllung ihrer Forderungen gefährdet wird. Die Gläubiger sind in der Bekanntmachung der Eintragung der Verschmelzung bei der D-GmbH gem. § 122a Abs. 2 iVm. § 22 Abs. 1 Satz 3 UmwG auf dieses Recht hinzuweisen. Das Recht, Sicherheitsleistung zu verlangen, steht Gläubigern nicht zu, die im Falle der Insolvenz ein Recht auf vorzugsweise Befriedigung aus einer Deckungsmasse haben, die nach gesetzlicher Vorschrift zu ihrem Schutz errichtet und staatlich überwacht ist.
Hinsichtlich des Anspruchs der Gläubiger ist unerheblich, ob dieser Anspruch auf Vertrag oder Gesetz beruht. Sicherheitsleistungen können aber nur Gläubiger eines so genannten obligatorischen Anspruchs verlangen. § 22 UmwG erfasst keine dinglichen Ansprüche, da insoweit der Gegenstand des dinglichen Rechts die Sicherheit darstellt. Der Inhalt der Forderung ist nur insoweit von Bedeutung, als diese einen Vermögenswert darstellen muss. Der zu sichernde Anspruch muss deshalb nicht notwendig unmittelbar auf Geld gerichtet sein, vielmehr besteht auch bei einem Anspruch auf Lieferung von Sachen oder sonstigen Leistungen ein Sicherheitsbedürfnis hinsichtlich eines später eventuell daraus resultierenden Schadensersatzanspruches.
Der Anspruch ist unmittelbar gegenüber der D-GmbH unter deren Geschäftsanschrift ...... geltend zu machen. Hierzu ist eine genaue Beschreibung der dem Anspruch zu Grunde liegenden Forderung erforderlich, so dass eine Individualisierung ohne weitere Nachforschungen möglich ist. Es wird darauf hingewiesen, dass die Sicherheitsleistung spätestens sechs Monate nach Bekanntmachung der Eintragung der Verschmelzung in das Handelsregister der D-GmbH gefordert werden muss. Unter der vorgenannten Anschrift können im Übrigen vollständige Auskünfte über die Modalitäten für die Ausübung der Rechte der Gläubiger und der Minderheitsgesellschafter eingeholt werden.

b) Ein Hinweis auf die Modalitäten für die Ausübung der Rechte von Minderheitsgesellschaftern ist nicht bekannt zu machen, da es sich um die Verschmelzung einer 100-prozentigen Tochtergesellschaft auf ihre Muttergesellschaft handelt. Außenstehende Minderheitsgesellschafter sind nicht vorhanden.

................................, den ....

....

[Unterschrift D]

....

[Beglaubigungsvermerk]

Formular A. 15.62b Gemeinsamer Verschmelzungsbericht gem. § 122e UmwG, § 6 österr. EU-VerschG an den Betriebsrat der D-GmbH und die Arbeitnehmervertretung der A-GmbH

VERSCHMELZUNGSBERICHT
(gem. § 122e UmwG, § 6 EU-VerschG)

hinsichtlich der grenzüberschreitenden Verschmelzung der A-GmbH als übertragende Gesellschaft auf die D-GmbH als übernehmende Gesellschaft

Die Geschäftsführer der A-GmbH und der D-GmbH haben am ...... 08 den Verschmelzungsplan der A-GmbH mit der D-GmbH durch Aufnahme der A-GmbH in die D-GmbH abgeschlossen. Der Verschmelzungsplan wird der Gesellschafterversammlung der D-GmbH am ...... 08 zur Zustimmung vorgelegt werden. Zur Unterrichtung der Gesellschafter, Gläubiger und Arbeitnehmer und zur Vorbereitung der Beschlussfassung der Gesellschafter der D-GmbH erstatten die Geschäftsführer der A-GmbH und der D-GmbH den folgenden gemeinsamen Verschmelzungsbericht nach § 122e UmwG, § 6 EU-VerschG:

1. A-GmbH
   a) Geschichte und Entwicklung
   b) Mitarbeiter und Mitbestimmung
   c) Beteiligungen
   d) Kapital und Gesellschafter
2. D-GmbH
   a) Geschichte und Entwicklung
   b) Mitarbeiter und Mitbestimmung
   c) Beteiligungen
   d) Kapital und Gesellschafter
3. Wirtschaftliche Gründe der grenzüberschreitenden Verschmelzung
   a) Ausgangslage
   b) Strategische Ziele und erwartete Vorteile
   c) Synergieeffekte und Strukturkosten
   d) Funktion des Geschäftsbetriebs der A-GmbH in der D-GmbH
   e) Alternativen zur Verschmelzung
4. Finanzielle und gesellschaftsrechtliche Auswirkungen der grenzüberschreitenden Verschmelzung
   a) Bilanzielle Folgen
   b) Folgen für die Beteiligung der Gesellschafter
   c) Gesellschaftsrechtliche Folgen
   d) Steuerliche Folgen
5. Auswirkungen der grenzüberschreitenden Verschmelzung auf Gläubiger
   a) Auswirkungen auf Gläubiger der A-GmbH
   b) Auswirkungen auf Gläubiger der D-GmbH
6. Auswirkungen der grenzüberschreitenden Verschmelzung auf Arbeitnehmer und Beschäftigung
   a) Individualrechtliche Folgen für die Arbeitsverhältnisse
   b) Kollektivrechtliche Folgen für die Arbeitsverhältnisse
   c) Folgen für Beschäftigungslage und Beschäftigungsbedingungen
   d) Beabsichtigte Maßnahmen
   e) Verfahren zur Festlegung der Mitbestimmung

7. Erläuterung des Verschmelzungsplans

a) Grenzüberschreitende Verschmelzung, Verschmelzungsstichtag (§ 1)
b) Keine Gewährung einer Gegenleistung, Sonderrechte und besondere Vorteile (§ 2)
c) Auswirkungen der grenzüberschreitenden Verschmelzung auf die Beschäftigung und Angaben über das Verfahren zur Festlegung der Mitbestimmung (§ 3)
d) Bewertung des Aktiv- und Passivvermögens der A-GmbH (§ 4)
e) Gesellschaftsvertrag der D-GmbH (§ 5)
f) Verzicht auf Prüfung des Verschmelzungsplans für die A-GmbH (§ 6)
g) Kosten und Gebühren (§ 7)

.................................., den	**.................................., den ......**
..	**..**
[Unterschrift A für A-GmbH]	**[Unterschrift D für D-GmbH]**

Formular A. 15.62c Gesellschafterbeschluss der übernehmenden D-GmbH

Gesellschafterbeschluss der übernehmenden D-GmbH

Verhandelt in ...... am ...... 08: Vor mir, ..., Notar, erschienen Herr X ...... *[Beruf/Wohn- bzw. Geschäftsadresse]* und Herr Y ...... *[Beruf/Wohn- bzw. Geschäftsadresse]*, jeweils handelnd im eigenen Namen.

Herr X erklärte zu Protokoll: Ich halte 25000 Geschäftsanteile im Nennbetrag von insgesamt € 25000.– an der D-GmbH mit Sitz in ......, eingetragen im Handelsregister des Amtsgerichts ...... unter HRB ...... (nachfolgend genannt: D-GmbH).

Herr Y erklärte zu Protokoll: Ich halte 25000 Geschäftsanteile im Nennbetrag von insgesamt € 25000.– an der D-GmbH.

Sämtliche Geschäftsanteile an der D-GmbH sind voll eingezahlt. Unter Verzicht auf alle Formen und Fristen, die durch Gesetz oder nach Gesellschaftsvertrag für die Einberufung und Abhaltung einer Gesellschafterversammlung gelten, halten wir hiermit eine Gesellschaftervollversammlung der D-GmbH ab und beschließen:

1. Auf die Versendung des Verschmelzungsplans zusammen mit der Einberufung der Gesellschafterversammlung gem. §§ 122a Abs. 2, 47 UmwG wurde einvernehmlich verzichtet; dieser Verzicht wird hiermit nochmals ausdrücklich bestätigt.

2. Auf die Auslegung der Jahresabschlüsse und der Lageberichte der an der Verschmelzung beteiligten Rechtsträger D-GmbH und A-GmbH für die letzten drei Geschäftsjahre zur Einsicht durch die Gesellschafter in den Geschäftsräumen der Gesellschaft vom Zeitpunkt der Einberufung der Gesellschafterversammlung an wurde ebenfalls einvernehmlich verzichtet; auch diesbezüglich wird der Verzicht hiermit nochmals ausdrücklich bestätigt.

3. Die Prüfung des Verschmelzungsplans und die Erstellung eines Prüfungsberichts gem. §§ 122f, 9–12 UmwG ist nicht erforderlich, da sich alle Geschäftsanteile an der A-GmbH in Händen der D-GmbH befinden; §§ 122f, 9 Abs. 3, 8 Abs. 3 UmwG.

4. Dem Verschmelzungsplan zwischen der D-GmbH und der A-GmbH mit Sitz und Hauptniederlassung in ......, Österreich (FN ......) vom ...... (UrkR-Nr. ...... des Notars ...... in ......) wird zugestimmt. Eine Ausfertigung des Verschmelzungsplans ist dieser Niederschrift als Anlage beigefügt.

5. Die Zustimmung zum Verschmelzungsplan gem. Nr. 4 ist nicht von einer ausdrücklichen Bestätigung der Art und Weise der Mitbestimmung abhängig, da weder die A-GmbH noch die D-GmbH der Mitbestimmung unterliegt.

6. Auf das Recht, die vorstehenden Beschlüsse anzufechten und gegen den Zustimmungsbeschluss gem. Nr. 4 Klage zu erheben, wird ausdrücklich und unwiderruflich verzichtet.

............................., den	............................., den ....
....	....
[Unterschrift X]	[Unterschrift Y]

Formular A. 15.62d Anmeldung zum Firmenbuch der übertragenden A-GmbH gem. § 14 österr. EU-VerschG

An das

Landesgericht ......, Österreich

– Firmenbuch –

A-GmbH mit Sitz in ......, Firmenbuchnummer ......

Antragssteller: Herr A als alleinvertretungsberechtigter Geschäftsführer der A-GmbH

A. Anmeldung der beabsichtigten Verschmelzung der Gesellschaft als übertragende Gesellschaft auf die D-GmbH, eingetragen im Handelsregister des Amtsgerichts ......, Deutschland unter HRB ...... mit Sitz und Hauptniederlassung in ......, Deutschland (nachfolgend genannt: D-GmbH) als übernehmende Gesellschaft

B. Antrag auf Ausstellung einer Bescheinigung über die ordnungsgemäße Durchführung der grenzüberschreitenden Verschmelzung gem. § 14 Abs. 3 Satz 2 EU-VerschG

A. Anmeldung der grenzüberschreitenden Verschmelzung der Gesellschaft auf die D-GmbH

Die Gesellschaft und die D-GmbH beabsichtigen, auf Grund des Verschmelzungsplans vom .... 08. durch Anwendung der Vorschriften der grenzüberschreitenden Verschmelzung gem. §§ 1 ff. EU-VerschG, §§ 122a ff. deutsches UmwG die Gesellschaft als übertragende Gesellschaft auf die D-GmbH als übernehmende Gesellschaft zu verschmelzen. Der Verschmelzungsplan wurde gem. § 8 Abs. 1 Nr. 2 EU-VerschG beim Landesgericht ...... eingereicht und der Hinweis auf seine Einreichung im ...... bekannt gemacht sowie gem. gem. § 122d deutsches UmwG zum Handelsregister der D-GmbH eingereicht und von diesem bekannt gemacht.

Die D-GmbH hat dem Verschmelzungsplan mit Beschluss der Gesellschafterversammlung vom ...... 08 zugestimmt. Da weder die A-GmbH noch die D-GmbH der Mitbestimmung unterliegt, wurde die Zustimmung nicht von einer ausdrücklichen Bestätigung der Art und Weise der Mitbestimmung abhängig gemacht. Ein Beschluss der Gesellschafterversammlung der Gesellschaft war gem. § 9 Abs. 2 EU-VerschG nicht erforderlich, da sich alle Geschäftsanteile der Gesellschaft in Händen der D-GmbH befinden. Aus diesem Grund entfällt die Unterbreitung eines Abfindungsangebots sowie der Nachweis hinsichtlich der Sicherstellung der Barabfindung.

Die jeweils vertretungsberechtigten Geschäftsführer haben am ...... 08 einen gemeinsamen Verschmelzungsbericht erstattet. Eine Prüfung des Verschmelzungsplans und die Erstellung eines Prüfungsberichts war gem. §§ 122f, 9 Abs. 3, 8 Abs. 4 Satz 1 Nr. 2 deutsches UmwG nicht erforderlich. Die D-GmbH als alleinige Gesellschafterin der Gesellschaft hat durch Erklärung im Verschmelzungsplan auf die Prüfung des Verschmelzungsplans verzichtet, § 7 Abs. 1 EU-VerschG.

Gläubiger der Gesellschaft haben sich innerhalb der Frist von zwei Monaten nach Bekanntgabe des Verschmelzungsplans gem. § 13 Abs. 1 Satz 1 EU-VerschG nicht bei der Gesellschaft gemeldet.

Als Anlagen füge ich bei:

I. Notariell beglaubigte Abschrift des Verschmelzungsplans vom ...... 08 (UrkR-Nr. ...... des Notars ......);

II. Notariell beglaubigte Abschrift der Niederschrift nebst Anlage der Gesellschafterversammlung vom ...... 08 (UrkR-Nr. ...... des Notars ......), der übernehmenden D-GmbH;

III. Gemeinsamer Verschmelzungsbericht der Gesellschaft und der D-GmbH vom ......;

IV. Die von sämtlichen Geschäftsführern unterzeichnete Schlussbilanz der A-GmbH zum 31.12.07 mit Anhang, versehen mit einem uneingeschränkten Bestätigungsvermerk sowie einem Wertnachweisgutachten des Abschlussprüfers ...... vom ......;

V. Nachweis der Veröffentlichung des Hinweises auf die Einreichung des Verschmelzungsplans zum Landesgericht ...... für die Gesellschaft;

VI. Unbedenklichkeitsbescheinigung des Finanzamtes für den Bezirk gem. § 160 Abs. 3 BAO.

Ich melde zur Eintragung an:

I. Die Gesellschaft beabsichtigt, durch Verschmelzung von Kapitalgesellschaften aus verschiedenen Mitgliedsstaaten der Europäischen Union gem. §§ 1 ff. EU-VerschG, §§ 122a ff deutsches UmwG ihr Vermögen auf die D-GmbH, einer Gesellschaft mit beschränkter Haftung deutschen Rechts, eingetragen im Handelsregister des Amtsgerichts ......, Deutschland unter HRB ...... mit Sitz und Hauptniederlassung in ......, Deutschland zu übertragen;

II. Die Verschmelzung wird wirksam mit ihrer Eintragung im Handelsregister der D-GmbH. Das deutsche Registergericht prüft die Rechtmäßigkeitsvoraussetzungen der Verschmelzung im Rahmen der Eintragung.

B. Antrag auf Ausstellung einer Verschmelzungsbescheinigung gem. § 14 Abs. 3 Satz 2 EU-VerschG

Ich beantrage auf Grund der vorgelegten Anlagen und abgegebenen Erklärungen die Ausstellung einer Verschmelzungsbescheinigung gem. § 14 Abs. 3 Satz 2 EU-VerschG.

Nach Vollzug bitte ich um Eintragungsnachricht und um Übermittlung einer Verschmelzungsbescheinigung an die Gesellschaft.

...., den ......

....

[Unterschrift A für A-GmbH]

Formular A. 15.62e Handelsregisteranmeldung der übernehmenden D-GmbH gem. § 122l UmwG

An das

Amtsgericht ......

– Handelsregister –

D-GmbH mit Sitz in ......, HRB ......

Als einzelvertretungsberechtigter Geschäftsführer der Gesellschaft melde ich zur Eintragung in das Handelsregister an:

– Die A-GmbH mit Sitz in ......, Österreich, eingetragen beim Landesgericht ...... im Firmenbuch unter Firmenbuchnummer ...... als übertragende Gesellschaft ist auf

Grund des Verschmelzungsbeschlusses der Gesellschaft im Wege der grenzüberschreitenden Verschmelzung gem. §§ 122a ff. UmwG, §§ 1 ff. österreichisches EU-VerschG, auf die Gesellschaft als übernehmende Gesellschaft verschmolzen.

- **Die Geschäftsräume befinden sich unverändert in ......**

Ich weise gem. § 122a Abs. 2, 16 Abs. 2 Satz 2 UmwG darauf hin, dass sämtliche Gesellschafter der Gesellschaft auf eine Klage gegen die Wirksamkeit des Verschmelzungsbeschlusses wirksam verzichtet haben.

Als Anlagen füge ich bei:

I. Notariell beglaubigte Abschrift des Verschmelzungsplans vom .... 08 (UrkR-Nr. ...... des Notars ......) nebst Gesellschaftsvertrag der Gesellschaft in beglaubigter Abschrift als Anlage;

II. Notariell beglaubigte Abschrift der Niederschrift nebst Anlagen der Gesellschafterversammlung vom ...... 08 (UrkR-Nr. ...... des Notars ......), der übernehmenden Gesellschaft;

III. Gemeinsamer Verschmelzungsbericht der Gesellschaft und der A-GmbH vom ......;

IV. Nachweis über die Zugänglichmachung des Verschmelzungsberichts an die Gesellschafter und den Betriebsrat;

V. Verschmelzungsbescheinigung des Landesgerichts ......, Österreich vom ...... 08 gem. § 122l Abs. 1 Satz 2 UmwG;

Eine Vereinbarung über die Beteiligung der Arbeitnehmer gem. § 122l Abs. 1 Satz 2 UmwG ist nicht beizufügen, da weder die A-GmbH noch die Gesellschaft der Mitbestimmung unterliegen.

Nach Vollzug der Eintragung der grenzüberschreitenden Verschmelzung bitte ich jeweils um Eintragungsnachricht an die Gesellschaft und an den beglaubigenden Notar sowie um Übermittlung von je einen beglaubigten Handelsregisterauszug an die Gesellschaft und an den beglaubigenden Notar.

................................, den ....

..
[Unterschrift D]

..
[Beglaubigungsvermerk]

II. ERLÄUTERUNGEN

Erläuterungen zu A. 15.62 Verschmelzungsplan

1. Grundsätzliche Anmerkungen

a) Wirtschaftliches Vertragsziel

1 Mit der Verschmelzung einer österreichischen GmbH auf eine deutsche GmbH soll das gesamte Vermögen der österreichischen GmbH, hier der A-GmbH, auf die deutsche GmbH, die D-GmbH, im Wege der Gesamtrechtsnachfolge übertragen werden. Das gesamte Vermögen der A-GmbH geht unmittelbar und ohne weitere einzelne Übertragungsakte auf die D-GmbH über **(Universalsukzession);** es findet ein Vermögensübergang von Österreich nach Deutschland und damit über die Grenze statt. Im Zuge der Verschmelzung erlischt die A-GmbH als übertragende Gesellschaft, ohne

dass es weiterer Abwicklungsverfahren bedarf; die D-GmbH, die neben ihrem Vermögen auch das Vermögen der früheren A-GmbH hält, besteht als übernehmende Gesellschaft fort.

2 Die Verschmelzung einer österreichischen GmbH auf eine deutsche GmbH (wie in dem vorliegenden Formular) ist eine **grenzüberschreitende Verschmelzung** sowohl gem. § 122a Abs. 1 UmwG als auch § 3 Abs. 1 österreichisches EU-VerschG. Nach § 122a Abs. 1 UmwG liegt eine grenzüberschreitende Verschmelzung vor, bei der mindestens eine der beteiligten Gesellschaften dem Recht eines anderen Mitgliedstaats der EU bzw. Vertragsstaats des EWR unterliegt. Auf solche grenzüberschreitende Verschmelzungen, an denen eine deutsche Gesellschaft beteiligt ist, sind die §§ 122a–122l UmwG hinsichtlich der deutschen Gesellschaft (*S/St/Drinhausen* § 122a UmwG Rz. 8), hier der D-GmbH, anwendbar. Auf die österreichische Gesellschaft, die A-GmbH, findet das österreichische EU-VerschG (§§ 1–18) Anwendung. Die Regelungen zur grenzüberschreitenden Verschmelzung beruhen auf der VerschmelzungsRL (RL 2005/56/EG v. 26.10.05, ABl. EG 05 Nr. L 310 S. 1). Anwendungsbereich der §§ 122a–122l UmwG (in Umsetzung der VerschmelzungsRL) ist damit zum einen nur die Verschmelzung iSd. § 2 UmwG; andere Umwandlungsarten sind nicht erfasst, so dass zB die Regelungen nicht auf eine grenzüberschreitende Spaltung angewendet werden können (*S/St/Drinhausen* § 122a UmwG Rz. 6). Zum anderen betrifft der persönliche Anwendungsbereich gem. § 122b Abs. 1 UmwG nur Kapitalgesellschaften iSd. Art. 2 VerschmelzungsRL, dh. für deutsche Gesellschaften nur die AG, KGaA, GmbH sowie die Europäische Aktiengesellschaft SE mit Sitz in Deutschland (*S/St/Drinhausen* § 122b UmwG Rz. 4f.). Nach § 3 Abs. 1 EU-VerschG können Aktiengesellschaften und GmbHs österreichischen Rechts an einer grenzüberschreitenden Verschmelzung teilnehmen.

3 Aus **umwandlungsteuerrechtlicher Sicht** findet auf eine grenzüberschreitende Verschmelzung gem. § 122a Abs. 1 UmwG das UmwStG Anwendung, das durch das am 13.12.2006 in Kraft getretene SEStEG v. 7.12.06 (BGBl I 06, 2782) neu gefasst wurde, insbes. die §§ 11–13 UmwStG. Darüber hinaus setzt das am 29.12.06 in Kraft getretene MgVG v. 21.12.06 (BGBl. I 2006, 3332) den **mitbestimmungsrechtlichen Teil** der VerschmelzungsRL um, der in Art. 16 der Richtlinie geregelt ist. Das MgVG (s. dazu *Nagel* NZG 07, 57ff.) legt in § 4 MgVG fest, dass für die aus der Verschmelzung hervorgehende Gesellschaft grundsätzlich die Mitbestimmungsregelung im neuen Sitzstaat gilt; die Ausnahmen von dieser Regel ergeben sich aus § 5 MgVG.

4 Das Formular sieht eine grenzüberschreitende Verschmelzung einer österreichischen GmbH auf eine deutsche GmbH vor, da beide Mitgliedsstaaten die VerschmelzungsRL in nationales Recht umgesetzt haben. Damit steht für die im Formular vorgesehene grenzüberschreitende Verschmelzung ein Rechtsrahmen zur Verfügung: für die D-GmbH die §§ 122a–122l UmwG einschließlich gem. § 122a Abs. 2 UmwG die §§ 2–38, 46–59 UmwG; für die A-GmbH das österr. EU-VerschG einschließlich gem. § 3 Abs. 2 österr. EU-VerschG die §§ 96–101 österreichisches GmbHG.

5 Das Formular geht von folgendem **Sachverhalt** aus: Herr X und Herr Y halten jeweils einen Geschäftsanteil iHv. € 25000.– an der deutschen D-GmbH mit einem Stammkapital von € 50000.–. Die D-GmbH hält wiederum den einzigen Geschäftsanteil an der österreichischen A-GmbH mit einem Stammkapital von € 35000.–; die D-GmbH ist danach Muttergesellschaft der A-GmbH. Bei beiden Gesellschaften ist ein Betriebsrat eingerichtet. Weder die D-GmbH noch die A-GmbH unterliegen der betrieblichen Mitbestimmung entsprechend ihrer nationalen Vorschriften. Die A-GmbH soll auf die D-GmbH verschmolzen werden. Bei der Verschmelzung soll auf die materiellen und formellen Anforderungen weitgehend verzichtet werden. Nach der Verschmelzung unterhält die D-GmbH in Österreich weiterhin einen Geschäftsbetrieb.

b) Zivilrecht

Das Formular geht von einer **einvernehmlichen Beschlussfassung mit möglichst weitestgehenden Verzichtserklärungen** der Herren X und Y als Gesellschafter der D-GmbH aus. Das Verfahren einer grenzüberschreitenden Verschmelzung ähnelt grds dem einer innerstaatlichen Verschmelzung (s. hierzu A. 15.63 Rz. 4ff.). Die Durchführung einer grenzüberschreitenden Verschmelzung von Kapitalgesellschaften, hier der österreichischen A-GmbH auf die deutsche D-GmbH, bedarf der folgenden Schritte: 6

- Aufstellung des gemeinsamen **Verschmelzungsplans** und dessen Bekanntmachung; der Verschmelzungsplan ist von den Vertretungsorganen der beteiligten Gesellschaften als einheitliches Dokument zu erstellen; eine Erstellung in separaten Dokumenten ist nicht zulässig. Da der Verschmelzungsplan in jeder Gesellschafterversammlung in der jeweiligen Landessprache vorliegen und in der jeweiligen Amtssprache eingereicht werden muss, ist er ggf. als mehrsprachiges Dokument zu erstellen (*S/St/Drinhausen* § 122c UmwG Rz. 5); der Mindestinhalt des Verschmelzungsplans ergibt sich aus § 122c Abs. 2 UmwG; diese entsprechen weitgehend denen des Verschmelzungsvertrags bei nationalen Verschmelzungen, außer dass gem. § 122c Abs. 2 Nr. 10–12 UmwG Angaben zum Verfahren über die Regelung der Mitbestimmung, die Bewertung des Aktiv- und Passivvermögens sowie des Stichtags der verwendeten Bilanzen zu machen sind; der Verschmelzungsplan bedarf der notariellen Beurkundung (§ 122c Abs. 4 UmwG); der Verschmelzungsplan oder sein Entwurf ist spätestens einen Monat vor der Gesellschafterversammlung der deutschen Gesellschaft zum Handelsregister einzureichen, das dann den Hinweis auf die Einreichung bekannt macht (§ 122d UmwG); 7
- Erstellung des **Verschmelzungsberichts** (§ 122e UmwG); der Verschmelzungsbericht als zentrales Informationsinstrument muss die Auswirkungen der Verschmelzung auf die Gesellschafter sowie die Gläubiger und Arbeitnehmer erläutern; grds. ist für jede beteiligte Gesellschaft ein Verschmelzungsbericht zu erstellen; ein gemeinsamer Verschmelzungsbericht ist aber zulässig, wenn er von den Rechtsordnungen der beteiligten Gesellschaften zugelassen wird (vgl. § 8 Abs. 1 Satz 1 2. Hs. UmwG) und er den Anforderungen der beteiligten Rechtsordnungen genügt (*S/St/Drinhausen* § 122e UmwG Rz. 5; *W/M/Mayer* § 122e UmwG Rz. 36); der Verschmelzungsbericht ist dem Betriebsrat oder, falls keiner besteht, den Arbeitnehmern zugänglich zu machen; ob daneben die Verpflichtung besteht, den Verschmelzungsplan gem. § 5 Abs. 3 UmwG dem Betriebsrat zuzuleiten, ist nicht geklärt; einer solchen Zuleitung wird es wohl nicht mehr bedürfen, da der Verschmelzungsplan bereits im Verschmelzungsbericht erläutert wird (vgl. *S/St/ Drinhausen* § 122c UmwG Rz. 44; *W/M/Mayer* § 122c UmwG Rz. 31; *Kallmeyer/Marsch-Barner* § 122c UmwG Rz. 18). Auf die Erstellung eines Verschmelzungsberichts kann nicht verzichtet werden (vgl. § 122e Satz 3 UmwG); 8
- **Verschmelzungsprüfung** und Erstellung eines Prüfungsberichts; auf die Verschmelzungsprüfung und den Prüfungsbericht finden die §§ 9–12 UmwG Anwendung; daher gelten die gleichen Regelungen wie bei nationalen Verschmelzungen, so dass auf die Prüfung auch verzichtet werden kann (vgl. *S/St/Drinhausen* § 122f UmwG Rz. 7); die Sonderregelung des § 48 UmwG für die GmbH findet jedoch keine Anwendung (§ 122f Satz 1 2. Hs. UmwG); 9
- **Zustimmungsbeschlüsse der Gesellschafterversammlungen** der beteiligten Gesellschaften; bzgl. ihrer Vorbereitung und Abhaltung gelten die allgemeinen Vorschriften des UmwG. Allerdings kann die Zustimmung von der ausdrücklichen Bestätigung der Art und Weise der Mitbestimmung der Arbeitnehmer in der übernehmenden Gesellschaft abhängig gemacht werden (§ 122g Abs. 1 UmwG). Eine **Unterrichtungspflicht** der Vertretungsorgane der beteiligten Rechtsträger gegen- 10

über den jeweiligen Anteilsinhabern über **wesentliche Veränderungen des Vermögens** der an der Verschmelzung **beteiligten Rechtsträger** besteht nicht, da eine solche Pflicht nur bei einer deutschen AG (vgl. § 64 Abs. 1 Satz 2 UmwG nF), nicht aber bei einer deutschen GmbH eingeführt wurde. Zur Unterrichtungspflicht s. A. 15.63 Rz. 21. Bei einer up-stream Verschmelzung einer 100%igen Tochtergesellschaft ist der Zustimmungsbeschluss der übertragenden Gesellschaft entbehrlich (§ 122g Abs. 2 UmwG);

11 – **Anmeldung** der Verschmelzung zur Eintragung zuerst im Register der übertragenden Gesellschaft und anschließend im Register der übernehmenden Gesellschaft. Die grenzüberschreitende Verschmelzung ist zuerst zur Eintragung in das Register der übertragenden Gesellschaft anzumelden. Dafür gelten die §§ 16 Abs. 2 und 3, 17 UmwG entsprechend. Daneben ist eine Versicherung abzugeben, dass allen Gläubigern, die Sicherheit nach § 122j UmwG verlangt haben, angemessene Sicherheit geleistet wurde (§ 122k Abs. 1 Satz 3 UmwG). Hat das Register der übertragenden Gesellschaft die Verschmelzung eingetragen, stellt sie eine **Verschmelzungsbescheinigung** aus. Diese ist dem Register der übernehmenden Gesellschaft vorzulegen (§ 122k Abs. 3 UmwG). Anschließend ist die Verschmelzung unter Vorlage der Verschmelzungsbescheinigung zur Eintragung in das Register der übernehmenden Gesellschaft anzumelden (§ 122l Abs. 1 UmwG). Die Verschmelzungsbescheinigung darf nicht älter als sechs Monate sein (§ 122l Abs. 1 Satz 3 Hs. 1 UmwG);

12 – **Eintragung** und **Bekanntmachung** der Verschmelzung. Die grenzüberschreitende Verschmelzung wird mit der Eintragung der Verschmelzung in das Register der übernehmenden Gesellschaft wirksam (§§ 122a Abs. 2, 20 UmwG). Der Tag der Eintragung ist jedem Register einer übertragenden Gesellschaft mitzuteilen (§ 122l Abs. 3 UmwG). Daneben ist die Eintragung der Verschmelzung nach § 10 HGB bekannt zu machen (§§ 122a Abs. 2, 19 Abs. 3 UmwG). Zu den allgemeinen Rechtsfolgen der Verschmelzung wird auch auf A. 15.60 Rz. 4. verwiesen.

13 Bei der dem vorliegenden Formular zugrunde gelegten **Verschmelzung einer 100%igen Tochtergesellschaft** auf ihre Muttergesellschaft ist ergänzend auf Folgendes hinzuweisen: Der Verschmelzungsplan muss gem. § 122c Abs. 3 UmwG keine Angaben über den Umtausch der Anteile (§ 122c Abs. 2 Nr. 2, 3 und 5 UmwG) enthalten. Ein Verschmelzungsbeschluss der Gesellschafter der übertragenden Gesellschaft ist gem. § 9 Abs. 2 österr. EU-VerschG (Umsetzung von Art. 15 Abs. 1 2. Spiegelstrich – der VerschmelzungsRL; entspricht § 122g Abs. 2 UmwG) nicht erforderlich.

14 Der dem Formular zugrunde liegende Sachverhalt einer grenzüberschreitenden Verschmelzung einer österreichischen GmbH auf ihre Gesellschafterin, eine deutsche GmbH, die zwei Gesellschafter hat, hat den Vorteil, dass in beiden Rechtsordnungen Deutsch Amtssprache ist. Folglich kann zB der Verschmelzungsplan und der gemeinsame Verschmelzungsbericht allein in deutscher Sprache abgefasst werden. Dokumente, die den Anmeldungen beizufügen sind, brauchen nicht übersetzt werden. Bei grenzüberschreitenden Verschmelzungen unter Beteiligung von deutschen Gesellschaften mit Gesellschaften aus anderen Mitgliedsstaaten stellt sich dagegen die **Frage der Sprache** in den jeweiligen Dokumenten. Dann bietet sich an, den Verschmelzungsplan und gemeinsamen Verschmelzungsbericht als zweisprachiges einheitliches Dokument zu erstellen (vgl. *S/St/Drinhausen* § 122c UmwG Rz. 5). Andere Dokumente müssen ggf. von einem vereidigten Übersetzer übersetzt werden.

c) Steuerrecht

aa) Ertragsteuern

15 Grundsätzlich gelten für eine Verschmelzung einer KapGes im EU-Ausland auf eine inländische GmbH keine anderen Regelungen als für eine reine Inlandsverschmelzung

(s. hierzu Formular A.15.60). Vom Prinzip her kann die Verschmelzung steuerneutral gestaltet werden, wenn das deutsche Besteuerungsrecht gewahrt bleibt.

(frei) **16–21**

bb) Verkehrsteuern

aaa) Umsatzsteuer

Es gelten grds. aus deutscher Sicht die gleichen Regelungen wie im Fall der Inlandsverschmelzung (s. hierzu A.15.00 Rz. 105ff.). Allerdings ist die Behandlung in Österreich zu prüfen. **22**

bbb) Grunderwerbsteuer

Es gelten die gleichen Regelungen wie im Fall der Inlandsverschmelzung (s. hierzu Formular A. 15.60), soweit die A-GmbH ein in Deutschland belegenes Grundstück haben sollte oder an Gesellschaften beteiligt sein sollte, die in Deutschland belegene Grundstück haben. Bzgl. österreichischen Grundbesitzes ist die dortige steuerliche Behandlung zu prüfen. **23**

(frei) **24, 25**

2. Einzelerläuterungen

Der Verschmelzungsplan wird zwischen der A-GmbH als übertragender Gesellschaft und der D-GmbH als übernehmender Gesellschaft abgeschlossen, und zwar von deren Geschäftsführern in jeweils vertretungsberechtigter Zahl (hinsichtlich der D-GmbH ist die alleinige Vertretung durch Prokuristen nicht ausreichend, *W/M/Mayer* § 4 UmwG Rz. 39). Der Verschmelzungsplan ist **notariell zu beurkunden** (§ 122c Abs. 4 UmwG). Damit ist ein deutscher Notar gemeint. Eine Beurkundung im Ausland soll möglich sein, wenn diese einer Beurkundung durch einen deutschen Notar gleichwertig ist (*S/St/Drinhausen* § 122c UmwG Rz. 42). Auch nach § 5 Abs. 5 EU-VerschG bedarf der Verschmelzungsplan der notariellen Beurkundung, wobei dabei ein „Notariatsakt" gem. § 2 österreichischen Notariatsordnung erforderlich ist. Verlangen die Rechtsordnungen von anderen beteiligten Gesellschaften zwingend eine nationale Beurkundung, kann eine Doppelbeurkundung notwendig sein (*S/St/Drinhausen* § 122c UmwG Rz. 43). Der Verschmelzungsplan ist gesellschaftsrechtlicher Organisationsakt (*S/St/Drinhausen* § 122c UmwG Rz. 6; *W/M/Mayer* § 122c UmwG Rz. 15). Umstritten ist, ob er auch als schuldrechtlicher Vertrag einzustufen ist (dafür: *Krause/Kulpa* ZHR 07, 56; *Winter* Der Konzern 07, 33; dagegen: *S/St/Drinhausen* § 122c UmwG Rz. 6; *W/M/Mayer* § 122c UmwG Rz. 17). Der Mindestinhalt des Verschmelzungsplans folgt aus § 122c Abs. 2 UmwG; unterliegt die übernehmende Gesellschaft nicht dem deutschen Recht, ist nach § 122i UmwG ein Abfindungsangebot für ausscheidungswillige Gesellschafter im Verschmelzungsplan zu unterbreiten (*S/St/Drinhausen* § 122c UmwG Rz. 39). **26**

Zu § 1: Vermögensübertragung

Abs. 1: Die Bestimmung entspricht den Anforderungen von § 122c Abs. 2 Nr. 1 UmwG. Danach ist die Rechtsform, die Firma und der Sitz der übertragenden und übernehmenden Gesellschaft anzugeben. Die Regelung über die Übertragung des Vermögens ist nicht zwingend erforderlich, da eine § 5 Abs. 1 Nr. 2 UmwG vergleichbare Vorschrift bei § 122c UmwG fehlt. Aus dem Verschmelzungsplan muss sich aber ergeben, dass eine grenzüberschreitende Verschmelzung iSd. § 122a Abs. 1 UmwG erfolgen soll (*W/M/Mayer* § 122c UmwG Rz. 51). Da deren Strukturmerkmal die Vermögensübertragung im Wege der Gesamtrechtsnachfolge ist, ist eine entsprechende Formulierung zur Verdeutlichung unschädlich. **27**

Abs. 2: Die Bestimmung entspricht der Anforderung des § 122c Abs. 2 Nr. 6 UmwG zur Angabe des Verschmelzungsstichtags. Zivilrechtlich geht das Vermögen der übertragenden A-GmbH erst im Zeitpunkt der Eintragung der Verschmelzung in das Register des Sitzes der übernehmenden D-GmbH über (§§ 122a Abs. 2, 20 Abs. 1 Nr. 1 UmwG).

Abs. 3: Nach § 14 Abs. 1 Nr. 6 EU-VerschG ist der Anmeldung zum Firmenbuch der übertragenden A-GmbH auch die **Schlussbilanz** (§ 17 Abs. 2 UmwG) der übertragenden A-GmbH beizufügen. Diese Schlussbilanz wird auf den Tag aufgestellt, der dem in § 1 Abs. 2 bestimmten Verschmelzungsstichtag vorangeht. Welche Vorschriften auf die Schlussbilanz anzuwenden sind, bestimmt sich nach österreichischen Recht; hier wird davon ausgegangen, dass auf Grund der Größe der A-GmbH eine Abschlussprüfung erforderlich ist. Aufgrund § 5 Abs. 2 Nr. 12 EU-VerschG ist der Stichtag der Schlussbilanz der übertragenden A-GmbH (*Kiem* WM 06, 1095; anders *S/St/Drinhausen* § 122c UmwG Rz. 37: Schlussbilanzen aller beteiligten Gesellschaften) ausdrücklich anzugeben; nicht erforderlich ist dagegen die Aufnahme der Bilanz selbst in den Verschmelzungsplan (*S/St/Drinhausen* § 122c UmwG Rz. 37).

Zu § 2: Gegenleistung

28 **Abs. 1:** Eine Gegenleistung wird nicht gewährt, da die übernehmende D-GmbH alleinige Gesellschafterin der übertragenden A-GmbH ist. Die D-GmbH erhält bei einer solchen Konzernverschmelzung keine Anteile; die Angaben über den Umtausch von Anteilen (§ 122c Abs. 2 Nr. 2, 3, und 5 UmwG) können gem. § 122c Abs. 3 UmwG entfallen (gleich lautende Regelungen finden sich in §§ 5 Abs. 3 iVm. Abs. 2 Satz 2, 3, und 5 EU-VerschG).

Abs. 2: Nach § 122c Abs. 2 Nr. 7 UmwG, § 5 Abs. 2 Nr. 7 EU-VerschG muss der Verschmelzungsplan oder sein Entwurf eventuelle Rechte bezeichnen, die die übernehmende Gesellschaft einzelnen Gesellschaftern und den Inhabern anderen Wertpapieren als Gesellschaftsanteilen (wie Anteile ohne Stimmrecht, Vorzugsaktien, Mehrstimmrechtsaktien, Schuldverschreibungen und Genussrechte) gewährt oder die für diese Personen vorgesehenen Maßnahmen anführen. Für den diesem Formular zugrunde liegenden Fall wird davon ausgegangen, dass bei der übertragenden A-GmbH derartige Sonderrechte bisher nicht bestanden und auch bei der übernehmenden D-GmbH nicht bestehen.

Abs. 3: Nach § 122c Abs. 2 Nr. 8 UmwG, § 5 Abs. 2 Nr. 8 EU-VerschG ist im Verschmelzungsplan oder im Entwurf jeder besondere Vorteil zu bezeichnen, der Sachverständigen, die den Verschmelzungsplan prüfen, insbes. Abschlussprüfer, oder Mitgliedern der Verwaltungs-, Leitungs-, Aufsichts- oder Kontrollorgane gewährt wird. Die Vorschrift entspricht inhaltlich § 5 Abs. 1 Nr. 8 UmwG und dient vorrangig dem Schutz der Gesellschafter (*S/St/Drinhausen* § 122c UmwG Rz. 29). Das Formular geht davon aus, dass besondere Vorteile nicht gewährt werden. Dennoch empfiehlt es sich, diesbzgl einen klarstellenden Hinweis im Verschmelzungsplan aufzunehmen.

Zu § 3: Auswirkungen der grenzüberschreitenden Verschmelzung für die Beschäftigung sowie Angaben über das Verfahren zur Festlegung der Mitbestimmung

29 **Abs. 1–3:** Die Auswirkungen der grenzüberschreitenden Verschmelzung für die Beschäftigung sind gem. § 122c Abs. 2 Nr. 4 UmwG, § 5 Abs. 2 Nr. 4 EU-VerschG Mindestinhalt des Verschmelzungsplans oder seines Entwurfs. Hinsichtlich der aufzunehmenden Angaben ist sich an § 5 Abs. 1 Nr. 9 UmwG zu orientieren (*S/St/Drinhausen* § 122c UmwG Rz. 21; aA *Lutter/Bayer* § 122c UmwG Rz. 19). Damit sind auch die durch die Verschmelzung eintretenden individual- und kollektivarbeitsrechtlichen Änderungen im Verschmelzungsplan aufzuzeigen (vgl. A. 15.60 Rz. 34 und A. 15.63 Rz. 50ff.). § 5 Abs. 2 Nr. 4 EU-VerschG fordert konkret Angaben über die Auswirkungen auf die beteiligten Arbeitnehmer, die Beschäftigungslage

und die Beschäftigungsbedingungen. Hinsichtlich des Übergangs der Arbeitsverhältnisse der A-GmbH auf die D-GmbH findet österreichisches Recht Anwendung. Die auf europarechtlichen Vorschriften beruhenden Regelungen des Betriebsübergangs, wie sie in § 613a BGB enthalten sind, dürften grundsätzlich auch auf diese Arbeitsverhältnisse Anwendung finden. Der Sachverhalt geht davon aus, dass der Betrieb in Österreich bestehen bleibt; ein Gesamtbetriebsrat nach § 47 BetrVG ist bei der D-GmbH dennoch nicht zu errichten, da im Ausland gelegene Betriebe dabei nicht berücksichtigt werden (*ErfK/Eisemann* § 47 BetrVG Rz. 6).

Abs. 4: Nach § 122c Abs. 2 Nr. 10 UmwG, § 5 Abs. 2 Nr. 10 EU-VerschG ist Mindestinhalt des Verschmelzungsplans oder seines Entwurfs Angaben zu dem Verfahren über die Beteiligung der Arbeitnehmer an der Festlegung der Mitbestimmung in der übernehmenden Gesellschaft. Diese Angaben sind dann notwendig, wenn ein Verhandlungsverfahren nach dem MgVG durchzuführen ist und dieses noch nicht beendet wurde (*S/St/Drinhausen* § 122c UmwG Rz. 31). Im Formular sind diesbzgl keine Angaben zu machen, da weder die D-GmbH noch die A-GmbH vor oder nach der grenzüberschreitenden Verschmelzung der Mitbestimmung unterliegt. Daher wurde nur ein klarstellender Hinweis im Verschmelzungsplan aufgenommen, dass Angaben dazu nicht erforderlich sind.

Zu § 4: Bewertung des Aktiv- und Passivvermögens der A-GmbH

Nach § 122c Abs. 2 Nr. 11 UmwG, § 5 Abs. 2 Nr. 11 EU-VerschG sind zwingend 30
Angaben zur Bewertung des Aktiv- und Passivvermögens, das auf die übernehmende Gesellschaft übertragen wird, zu machen. Der Anwendungsbereich dieser Regelung, die bisher kein Vorbild im deutschen Recht hatte, ist noch nicht geklärt, er lässt sich aber nur dahingehend sinnvoll auslegen, dass anzugeben ist, zu welchen handelsrechtlichen Werten, Buchwerten bzw. Teil- oder Zwischenwerten, die Vermögensgegenstände und Verbindlichkeiten der übertragenden Gesellschaft von der übernehmenden Gesellschaft angesetzt werden (*S/St/Drinhausen* § 122c UmwG Rz. 35; *Kiem* WM 06, 1095).

Zu § 5: Gesellschaftsvertrag der D-GmbH

Nach § 122c Abs. 2 Nr. 9 UmwG, § 5 Abs. 2 Nr. 9 EU-VerschG ist die Satzung 31
der übernehmenden Gesellschaft Mindestinhalt des Verschmelzungsplans oder seines Entwurfs. Ausreichend ist, wenn diese, hier der Gesellschaftsvertrag der D-GmbH, als Anlage dem Verschmelzungsplan beigefügt wird (*S/St/Drinhausen* § 122c UmwG Rz. 30).

Zu § 6: Verzicht auf Prüfung des Verschmelzungsplans für die A-GmbH

Hinsichtlich der übertragenden Gesellschaft, hier der österreichischen A-GmbH, 32
bestimmt § 7 Abs. 1 EU-VerschG, dass eine Prüfung des Verschmelzungsplans nur dann erforderlich ist, wenn die Gesellschafter schriftlich oder in der Niederschrift einer Generalversammlung der Gesellschaft darauf verzichten. Aus diesem Grund erklärt die D-GmbH als alleinige Gesellschafterin der A-GmbH, vertreten durch ihren Geschäftsführer, den Verzicht. Da der Verschmelzungsplan notariell beurkundet wird, dürfte das Schriftlichkeitserfordernis des österreichischen Rechts gewahrt sein.

Zu § 7: Kosten und Gebühren

Die Klausel ist nicht notwendiger Bestandteil des Verschmelzungsplans. Allerdings 33
kann dieser über die Mindestangaben des § 122c Abs. 2 Nr. 1–12 UmwG hinaus weitere Angaben enthalten (*W/M/Mayer* § 122c UmwG Rz. 159f.). Aufgrund der unklaren dogmatischen Einordnung des Verschmelzungsplans können schuldrechtliche Vereinbarungen zwischen den Parteien auch in ein separates Dokument aufgenommen werden (vgl. *S/St/Drinhausen* § 122c UmwG Rz. 6).

Erläuterungen zu A. 15.62a Einreichung des Verschmelzungsplans zum Handelsregister der übernehmenden D-GmbH gem. § 122d UmwG

34 Nach § 122d UmwG ist der Verschmelzungsplan oder sein Entwurf zum Handelsregister der an der grenzüberschreitenden Verschmelzung beteiligten deutschen Gesellschaften einzureichen. Hinsichtlich der ausländischen beteiligten Gesellschaften ist das jeweilige ausländische Recht zu beachten. Das Formular sieht daher die Einreichung des Verschmelzungsplans zum Handelsregister der D-GmbH vor. Der Verschmelzungsplan oder sein Entwurf ist spätestens einen Monat vor der Gesellschafterversammlung der D-GmbH, die über die grenzüberschreitende Verschmelzung beschließen soll, einzureichen.

35 Folgende **Angaben** sind dabei **gem. § 122d Satz 3 UmwG** zu machen:
- Hinweis, dass Verschmelzungsplan oder Entwurf beim Handelsregister eingereicht wurde;
- Rechtsform, Firma und Sitz der beteiligten Gesellschaften;
- Register der beteiligten Gesellschaften;
- Modalitäten der Ausübung der Rechte von Gläubigern und Minderheitsgesellschaftern; hinsichtlich der Gläubigerinformation ist bei einer übernehmenden deutschen Gesellschaft die Bestimmung des § 22 UmwG, bei einer übertragenden deutschen Gesellschaft § 122j UmwG einschlägig (*W/M/Mayer* § 122d UmwG Rz. 17); hinsichtlich der Minderheitengesellschafterinformation sind Ausführungen zur Verbesserung des Umtauschverhältnisses (§ 122h UmwG) und der Abfindungsangebots (§ 122i UmwG) gemeint; Die Information muss die Art der jeweiligen Rechte und die Art und Weise ihrer Geltendmachung enthalten (*W/M/Mayer* § 122d UmwG Rz. 17f.); diese Angaben hat das Gericht nach § 10 HGB bekannt zu machen (§ 122d Satz 2 UmwG).

Die Angaben sowie der Verschmelzungsplan oder sein Entwurf sind in elektronischer Form (§ 12 HGB) einzureichen (zu Form der Anmeldung s. Rz. 51 und A. 15.60 Rz. 41).

Erläuterungen zu A. 15.62b Verschmelzungsbericht gem. § 122e UmwG, § 6 österr. EU-VerschG an den Betriebsrat der übernehmenden D-GmbH und die Arbeitnehmervertretung der übertragenden A-GmbH

36 Nach § 122e UmwG, § 6 EU-VerschG ist die **Erstellung eines Verschmelzungsberichts** erforderlich, der Gesellschaftern, Gläubigern und Arbeitnehmern der beteiligten Gesellschaften die Auswirkungen der grenzüberschreitenden Verschmelzung erläutert. Auf den Verschmelzungsbericht kann nicht verzichtet werden (§ 122e Satz 3 UmwG; zu einer möglichen teleologischen Reduktion des Verzichtsverbots s. *Lutter/Bayer* § 122e UmwG Rz. 13). Das Formular sieht einen gemeinsamen Verschmelzungsbericht der beiden Geschäftsführungen der D-GmbH und A-GmbH vor. Dies ist in dem Formular zugrunde liegenden Fall rechtlich zulässig (s. Rz. 8), da das österreichische Recht dies auch für innerstaatliche Verschmelzungen ermöglicht, und auf Grund der gleichen Amtssprache beider Rechtsordnungen ohne Probleme zu bewerkstelligen.

37 § 122e Satz 1 UmwG bestimmt, dass der **Inhalt** des **Verschmelzungsberichts** zum einen den inhaltlichen Anforderungen des § 8 Abs. 1 UmwG genügen muss und zum anderen die Auswirkungen der grenzüberschreitenden Verschmelzung auf die Gläubiger und Arbeitnehmer der an der Verschmelzung beteiligten Gesellschaften erläutern muss. Aufgrund der inhaltlichen Anforderungen des § 8 Abs. 1 UmwG muss der Verschmelzungsbericht demnach die Verschmelzung und den Verschmelzungsplan

(aA *W/M/Mayer* § 122e UmwG Rz. 3), insbes. das Umtauschverhältnis und das Barabfindungsangebot, sofern notwendig, rechtlich und wirtschaftlich erläutern (*S/St/Drinhausen* § 122e UmwG Rz. 7) und auf besondere Schwierigkeiten der Bewertung hinweisen. Diesbzgl. ergeben sich keine Änderungen zu den Anforderungen an einen Verschmelzungsbericht für eine nationale Verschmelzung, so dass auf A. 15.63 Rz. 10f. verwiesen werden kann. Hinsichtlich der Auswirkungen auf die Gläubiger sind die Gläubigerschutzregelungen des § 22 UmwG (für Gläubiger der übernehmenden D-GmbH) sowie § 13 EU-VerschG (für Gläubiger der übertragenden A-GmbH; entspricht § 122j UmwG) zu erläutern. Da die Gläubiger der übertragenden A-GmbH ihre Interessen bereits vor Vollzug der Verschmelzung geltend machen können, müssen die Informationen im Verschmelzungsbericht so umfassend sein, dass der Gläubiger eine ausreichende Entscheidungsgrundlage erhält, ob er sein Recht auf Sicherheitsleistung ausüben will (*W/M/Mayer* § 122e UmwG Rz. 33). Die auf die Arbeitnehmer bezogenen Berichtspflichten umfassen im Kern die Angaben, die gem. § 122c Abs. 2 Nr. 4 UmwG, § 5 Abs. 2 Nr. 4 EU-VerschG zu machen sind (*W/M/Mayer* § 122e UmwG Rz. 30). Da die österreichische Vorschrift ua. insbes. Ausführungen zu Beschäftigungslage und Beschäftigungsbedingungen fordert, ist dies im Verschmelzungsbericht gesondert aufgeführt. Wegen der spezifischen Besonderheiten jedes Verschmelzungsberichts bzgl. der beiden zu verschmelzenden Gesellschaften wird davon abgesehen, ein Formular für einen Verschmelzungsbericht zu erstellen; stattdessen werden nur Stichworte für eine mögliche Gliederung vorgegeben.

Der gemeinsame Verschmelzungsbericht ist gem. § 122e Satz 2 UmwG iVm. § 63 38
Abs. 1 Nr. 4 UmwG den Gesellschaftern und dem zuständigen Betriebsrat oder, falls es keinen gibt, den Arbeitnehmern der beteiligten Gesellschaften **zugänglich zu machen,** indem er in den Geschäftsräumen, jeweils zu den üblichen Geschäftszeiten, der beteiligten Gesellschaften zur Einsichtnahme ausgelegt wird. Der Verschmelzungsbericht ist spätestens einen Monat vor der entsprechenden Versammlung der Gesellschafter erstmals zugänglich zu machen; die Zugänglichmachung endet grundsätzlich mit Beginn der Gesellschafterversammlung der D-GmbH, da der Verschmelzungsbericht auch der Arbeitnehmerinformation dient wird man aber, falls ein Verfahren nach dem MgVG durchzuführen ist, die Zugänglichmachung bis zum Abschluss dieses Verfahrens ausdehnen müssen (*W/M/Mayer* § 122e UmwG Rz. 15). Eine gesonderte Zugänglichmachung des Verschmelzungsberichts gegenüber den Gläubigern sieht das Gesetz nicht vor.

Erläuterungen zu A. 15.62c Beschluss der Gesellschafterversammlung der übernehmenden D-GmbH

Der Verschmelzungsplan oder sein Entwurf bedarf zu seiner Wirksamkeit der Zu- 39
stimmung der Gesellschafter der an der grenzüberschreitenden Verschmelzung beteiligten Gesellschaften; diese Zustimmung erfolgt durch Beschluss in einer Gesellschafterversammlung (§ 122a Abs. 2, 13 Abs. 1 Satz 2 UmwG; vgl. *S/St/Drinhausen* § 122g UmwG Rz. 1 und Fn. 2). Für die Beschlussfassung der deutschen beteiligten Gesellschaften gelten die allgemeinen Regeln des UmwG, GmbHG und AktG (§ 122a Abs. 2, 13 UmwG). § 122g UmwG ergänzt die Regelungen zur Beschlussfassung und normiert in Abs. 1, dass die Gesellschafter der übernehmenden Gesellschaft ihre Zustimmung von dem **Mitbestimmungsregime,** das gelten soll, abhängig machen konnen. Die Gesellschafter werden damit vor unbekannten Bedingungen geschützt und haben das Recht der letzten Entscheidung über die Ausgestaltung der Mitbestimmung (*W/M/Mayer* § 122g UmwG Rz. 3f.). § 122g Abs. 2 UmwG gewährt eine **Erleichterung für Konzernverschmelzungen.** Befinden sich alle Anteile der übertragenden Gesellschaft in der Hand der übernehmenden Gesellschaft ist der Zustim-

mungsbeschluss der übertragenden Gesellschaft entbehrlich. Das Formular sieht eine solche up-stream Verschmelzung einer 100%igen Tochtergesellschaft vor, da die übernehmende D-GmbH alle Geschäftsanteile der übertragenden A-GmbH hält. Aus diesem Grund ist ein Gesellschafterbeschluss der A-GmbH entbehrlich und nicht in einem Formular dargestellt. Liegt eine solche Konstellation nicht vor, hat auch die übertragende Gesellschaft, hier die A-GmbH, einen Gesellschafterbeschluss zu fassen; dieser richtet sich ausschließlich nach den Vorschriften des österreichischen Rechts (vgl. § 3 Abs. 2 EU-VerschG).

40 Das Formular geht von einer möglichst einvernehmlichen Beschlussfassung über die Verschmelzung aus. Der Verzicht auf die Einhaltung von Informationspflichten sowie Form- und Fristerfordernissen für die Einberufung der Gesellschafterversammlung ist unter denselben Voraussetzungen wie bei einer innerstaatlichen Verschmelzung möglich (*S/St/Drinhausen* § 122g UmwG Rz. 5). Daher wird in dem Formular auf die Einhaltung der Form- und Fristerfordernisse hinsichtlich der Einladung zur Versammlung, aber auch hinsichtlich materieller Anforderungen soweit als möglich einvernehmlich verzichtet (vgl. für nationale Verschmelzungen A. 15.60 Rz. 36).

41 **Zu 1.:** Es empfiehlt sich, auf die **Übersendung des Verschmelzungsplans** (§ 122a Abs. 2 UmwG iVm. § 47 UmwG) zu verzichten, da § 47 UmwG dispositiv ist. Allerdings sollte der Verzicht ausdrücklich erklärt werden (ein allgemeiner Verzicht auf alle ua durch Gesetz vorgeschriebenen Formalien für die Einberufung ist uE allein nicht ausreichend) und im Protokoll des Gesellschafterbeschluss festgehalten werden (*S/St/Reichert* § 47 UmwG Rz. 5).

42 **Zu 2.:** Die ebenfalls dispositive Vorschrift des § 49 Abs. 2 UmwG schreibt die Auslegung der **Jahresabschlüsse** und der Lageberichte aller an der Verschmelzung beteiligten Gesellschaften für die letzten drei Geschäftsjahre in den Geschäftsräumen der Gesellschaft vor. Auch hier wird empfohlen, darauf ausdrücklich zu verzichten.

43 **Zu 3.:** Hinsichtlich der **Prüfung des Verschmelzungsplans** oder seines Entwurfs finden nach § 122f Satz 1 Hs. 1 UmwG die §§ 9–12 UmwG Anwendung. Folglich ist in dem dem Formular zugrundeliegenden Sachverhalt eine Prüfung des Verschmelzungsplans und die Erstellung eine Prüfungsberichts nach §§ 122f, 9 Abs. 3, 8 Abs. 4 Satz 1 Nr. 2 UmwG nicht erforderlich, da sich alle Geschäftsanteile an der übertragenden A-GmbH in Händen der übernehmenden D-GmbH befinden (vgl. *S/St/Drinhausen* § 122f UmwG Rz. 8). Im Übrigen können die Gesellschafter auf die Verschmelzungsprüfung nach §§ 122f, 9 Abs. 3, 8 Abs. 4 Satz 1 Nr. 1 UmwG durch notariell zu beurkundende Erklärung verzichten. Dabei müssen alle Gesellschafter der an der grenzüberschreitenden Verschmelzung beteiligten Gesellschaften verzichten, demnach auch die Gesellschafter der beteiligten ausländischen Gesellschaften (*S/St/Drinhausen* § 122f UmwG Rz. 7; *W/M/Mayer* § 122f UmwG Rz. 24). Der Verzicht der an der ausländischen Gesellschaften beteiligten Gesellschafter muss jedoch nicht vor einem deutschen Notar erklärt werden, sondern vor einem Notar des Sitzstaats der ausländischen Gesellschaft (*S/St/Drinhausen* § 122f UmwG Rz. 7). Zu beachten ist, dass bei einer beteiligten deutschen GmbH gem. § 122f Satz 1 2. Hs. UmwG der **§ 48 UmwG keine Anwendung** findet. Folglich ist die Verschmelzungsprüfung nicht deswegen entbehrlich, weil kein Gesellschafter innerhalb der darin festgelegten Ein-Wochen-Frist die Prüfung verlangt hat.

44 **Zu 4.: Zustimmungsbeschluss zum Verschmelzungsplan:** Der Zustimmungsbeschluss der Gesellschafterversammlung der übertragenden D-GmbH bedarf einer Mehrheit von mindestens $^3/_4$ der abgegebenen Stimmen (§§ 122a Abs. 2, 50 Abs. 1 Satz 1 UmwG); er ist notariell zu beurkunden (§§ 122a Abs. 2, 13 Abs. 3 UmwG) und der Verschmelzungsplan oder sein Entwurf ist dem Beschluss als Anlage beizufügen. Der Gesellschaftsvertrag kann eine größere (aber keine geringere) Mehrheit und weitere Erfordernisse bestimmen (§§ 122a Abs. 2, 50 Abs. 1 Satz 2 UmwG). Davon ist wohl auszugehen, wenn der Gesellschaftsvertrag ganz allgemein für Änderungen eine höhere Mehrheit vorschreibt (glA *W/M/Mayer* § 50 UmwG Rz. 42 sowie *W/M/Heckschen* § 13 UmwG Rz. 79; *Lutter/Lutter* § 13 UmwG Rz. 21). Im Übrigen sind die Vorschriften über innerstaatliche Verschmelzungen nach § 122a Abs. 2 UmwG anwendbar, da außer in § 122g Abs. 1 und Abs. 2 UmwG für die grenzüberschreitende Verschmelzung keine Sonderreglungen statuiert sind (*S/St/Drinhausen* § 122g UmwG Rz. 6).

Zu 5.: Ein Beschluss der Gesellschafter der übernehmenden D-GmbH, ob sie die Zustimmung zum Verschmelzungsplan oder seines Entwurfs von ihrer Bestätigung der Art und Weise der **Arbeitnehmermitbestimmung** abhängig machen (§ 122g Abs. 1 UmwG), ist in dem dem Formular zugrunde gelegten Sachverhalt nicht notwendig. Weder die A-GmbH noch die D-GmbH unterliegen vor und nach der grenzüberschreitenden Verschmelzung der betrieblichen Mitbestimmung entsprechend den jeweiligen nationalen Vorschriften. 45

Zu 6.: Nach §§ 122a, 122a, 14 Abs. 1 UmwG kann gegen die Wirksamkeit eines Verschmelzungsbeschlusses binnen eines Monats nach der Beschlussfassung Klage erhoben werden. Da nach § 122l Abs. 1 Satz 3 2.Hs., 16 Abs. 2 UmwG die übernehmende Gesellschaft bei der Anmeldung erklären muss, dass eine Klage gegen die Wirksamkeit eines Verschmelzungsbeschlusses nicht oder nicht fristgemäß erhoben worden ist, empfiehlt es sich zur Beschleunigung der Registeranmeldung und der Eintragung, **Verzichtserklärungen** der Gesellschafter auf die Klage gegen die Wirksamkeit des Verschmelzungsbeschlusses zu fassen und notariell mit beurkunden zu lassen (§ 16 Abs. 2 Satz 2 UmwG). 46

Erläuterungen zu A. 15.62d und A. 15.62e Anmeldungen zu den betroffenen Registern

1. Allgemeines

Die grenzüberschreitende Verschmelzung bedarf der Eintragung im Register der übertragenden Gesellschaft und der übernehmenden Gesellschaft. Die **Rechtmäßigkeitskontrolle** der Verschmelzung erfolgt daher in **zwei Stufen** (*S/St/Drinhausen* § 122k UmwG Rz. 2). Die Rechtmäßigkeitskontrolle obliegt jeder staatlichen Stelle aber nur für die an der Verschmelzung beteiligten Rechtsträger, die ihrem Sitz unterliegen. Die Durchführung der Kontrolle wird der anderen Stelle in dem anderen Mitgliedsstaat durch die **Verschmelzungsbescheinigung** nachgewiesen (*W/M/Mayer* § 122k UmwG Rz. 3). In Deutschland ist die Rechtmäßigkeitskontrolle den Handelsregistern zugewiesen. § 122k UmwG regelt diese für eine deutsche übertragende Gesellschaft, § 122l UmwG für eine deutsche übernehmende Gesellschaft, die an einer grenzüberschreitenden Verschmelzung beteiligt ist. Die Handelsregister prüfen dabei die Voraussetzungen der Verschmelzung allerdings nur bezogen auf die beteiligten deutschen Gesellschaften. In dem dem Formular zugrundeliegenden Sachverhalt erfolgt die erste Stufe der Rechtmäßigkeitsprüfung gem. § 14 Abs. 3 EU-VerschG durch die österreichische staatliche Stelle, hier das Landesgericht am Sitz der übertragenden A-GmbH, die das Firmenbuch für die A-GmbH führt. Die zweite Stufe der Rechtmäßigkeitskontrolle nimmt gem. § 122l Abs. 2 UmwG das Handelsregister am Sitz der übernehmenden D-GmbH vor. 47

2. Anmeldung zum Firmenbuch der übertragenden A-GmbH

Die Anmeldung der grenzüberschreitenden Verschmelzung bei der staatlichen Stelle, die für die übertragende Gesellschaft zuständig ist, unterliegt dem Recht des Staates, das auf die übertragende Gesellschaft Anwendung findet. Da die A-GmbH österreichischem Recht unterliegt, ist auf die Anmeldung österreichisches Recht an- 48 wendbar. Die Anmeldung richtet sich nach § 14 Abs. 1 und 2 EU-VerschG. In Österreich sind dafür die für Kapitalgesellschaften zuständigen Landesgerichte (in Wien „Handelsgericht" genannt) als Firmenbuchgerichte zuständig. Danach ist beim zuständigen Landesgericht anzumelden die „beabsichtigte Verschmelzung durch Übertragung des Vermögens einer Gesellschaft mit Sitz in Österreich auf eine Gesellschaft mit Sitz in einem anderen Mitgliedsstaat" (vgl. amtliche Überschrift des § 14 EU-VerschG).

49 Als **Anlagen** sind gem. § 14 Abs. 1 EU-VerschG der Anmeldung in Urschrift, Ausfertigung oder beglaubigter Abschrift beizufügen:
- Verschmelzungsplan der beteiligten Gesellschaften;
- Niederschrift des Verschmelzungsbeschlusses der übertragenden Gesellschaft; hier auf Grund up-stream Verschmelzung gem. § 9 Abs. 2 EU-VerschG nicht erforderlich;
- Verschmelzungsbericht für die übertragende Gesellschaft; hier der gemeinsame Verschmelzungsbericht für die D-GmbH und A-GmbH;
- Prüfungsbericht für die übertragende Gesellschaft; hier auf Grund des Vorliegens einer Konzernverschmelzung entbehrlich;
- Schlussbilanz; die Aufstellung und Form richten sich nach dem Recht der übertragenden Gesellschaft, hier dem österreichischen Recht;
- Nachweis über die Veröffentlichung des Hinweises auf die Einreichung des Verschmelzungsplans für die übertragende Gesellschaft; der Nachweis auch für die übernehmende D-GmbH ist nicht einzureichen;
- Nachweis der Sicherstellung der Barabfindung widersprechender Gesellschafter und die eventuelle Zustimmung der Gesellschafter der übernehmenden Gesellschaft zur Einleitung eines Verfahrens zur Überprüfung des Umtauschverhältnisses; hier entbehrlich, da auf Grund up-stream Verschmelzung keine Anteile gewährt werden;
- Nachweis der Sicherstellung der Gläubiger und Erklärung, dass sich weitere Gläubiger nicht fristgerecht gemeldet haben.

50 Die Geschäftsführer haben gem. § 14 Abs. 2 EU-VerschG in der Anmeldung folgende **Erklärungen** abzugeben:
- Keine Klagen auf Anfechtung oder Feststellung der Nichtigkeit des Verschmelzungsbeschlusses der übertragenden Gesellschaft oder Verzicht auf solche Klagen durch notariell beurkundete Erklärung; hier entbehrlich, da kein Verschmelzungsbeschluss der A-GmbH erforderlich ist;
- Annahme des Barabfindungsangebots durch Gesellschafter (ob und wie viele) Übernahme der Anteile der austrittswilligen Gesellschafter; hier nicht erforderlich, da keine Anteile gewährt werden.

51 Das zuständige Landesgericht hat gem. § 14 Abs. 3 EU-VerschG zu prüfen, ob die vorangegangenen Rechtshandlungen und Formalitäten ordnungsgemäß durchgeführt wurden und die Forderungen der Gläubiger sowie die Abfindung der austrittswilligen Gesellschafter sicher gestellt ist. Ist die Rechtmäßigkeit festgestellt, hat das Gericht eine **„Bescheinigung der Ordnungsmäßigkeit der der Verschmelzung vorangehenden Rechtshandlungen und Formalitäten"** (vgl. amtliche Überschrift des § 14 österr. EU-VerschG) auszustellen. Diese Bescheinigung (entspricht im deutschen Recht der Verschmelzungsbescheinigung gem. § 122k Abs. 2 Satz 1 UmwG) ist der Geschäftsführung der A-GmbH als Antragsstellerin in der Anmeldung zuzuleiten (vgl. für das deutsche Recht *W/M/Mayer* § 122k UmwG Rz. 61).

3. Handelsregisteranmeldung der übernehmenden D-GmbH

52 Die Anmeldung der grenzüberschreitenden Verschmelzung beim Handelsregister der übernehmenden D-GmbH unterliegt deutschem Recht, da die D-GmbH eine Gesellschaft deutschen Rechts ist. Die Anmeldung und die Eintragung der Verschmel-

zung richtet sich folglich nach § 122l UmwG. Gem. § 122l Abs. 1 Satz 1 UmwG hat das Vertretungsorgan der D-GmbH, demnach die Geschäftsführer in vertretungsberechtigter Zahl, die Anmeldung beim Handelsregister des Amtsgerichts vorzunehmen, in dessen Bezirk die übernehmende D-GmbH ihren Sitz hat (*S/St/Drinhausen* § 122l UmwG Rz. 3 u. 5).

Als **Anlagen** sind gem. § 122l Abs. 1 Satz 2 UmwG und §§ 122a Abs. 2, 17 Abs. 2 **53**
UmwG der Anmeldung in Ausfertigung oder beglaubigter Abschrift beizufügen:

- Verschmelzungsplan der beteiligten Gesellschaften;
- Verschmelzungsbescheinigungen der beteiligten übertragenden Gesellschaften, die jeweils nicht älter als sechs Monate sein dürfen (§ 122l Abs. 1 Satz 3 Hs. 1 UmwG); diese müssen in deutscher Sprache sein und daher ggf. durch einen vereidigten Übersetzer übersetzt werden (*W/M/Mayer* § 122k UmwG Rz. 62); die Verschmelzungsbescheinigung bedarf als öffentliche Urkunde ggf. der Legalisation oder einer Apostille (*W/M/Mayer* § 122k UmwG Rz. 63); in dem dem Formular zugrundeliegenden Sachverhalt ist die Verschmelzungsbescheinigung ausgestellt durch das für die übertragende A-GmbH mit Sitz in Österreich zuständige Handelsgericht beizufügen; eine Apostille oder anderweitige Beglaubigung ist im Rechtsverkehr zwischen Deutschland und Österreich nicht erforderlich;
- Vereinbarung über die Beteiligung der Arbeitnehmer; hier nicht erforderlich, da die Durchführung eines Verfahrens nach dem MgVG nicht angezeigt ist (weder A-GmbH noch D-GmbH unterliegen der Mitbestimmung);
- Verschmelzungsbeschluss, hier der Gesellschafterbeschluss der D-GmbH;
- Verschmelzungsbericht; hier der gemeinsame Verschmelzungsbericht für die D-GmbH und A-GmbH;
- Nachweis über die Zugänglichmachung des Verschmelzungsberichts an Gesellschafter/Betriebsrat/Arbeitnehmer; an den Nachweis sind keine überspannten Anforderungen zu stellen, er kann als erbracht angesehen werden, wenn die Unterlagen auf der Internetseite der Gesellschaft verfügbar waren und im Verschmelzungsplan darauf hingewiesen wurde; ansonsten genügt eine entsprechende Erklärung des Anmeldenden (vgl. *W/M/Mayer* § 122k UmwG Rz. 17);
- Verschmelzungsprüfungsbericht; hier nicht erforderlich, da nach §§ 122f Satz 1, 9 Abs. 3, 8 Abs. 3 Satz 1 2. Alt. UmwG alle Anteile an der A-GmbH in Händen der übernehmenden D-GmbH waren;
- Zustimmungserklärungen einzelner Gesellschafter (auf Grund Anforderungen im Gesellschaftsvertrag) und/oder staatliche Genehmigungen (bei geänderten Unternehmensgegenstand); hier auf Grund des Sachverhalts nicht erforderlich.

Die Anlagen sind nur hinsichtlich der übernehmenden Gesellschaft beizufügen **54**
(§ 122l Abs. 1 Satz 3 Hs. 2 UmwG), hinsichtlich der übertragenden Gesellschaft ist nur die Verschmelzungsbescheinigung erforderlich (*W/M/Mayer* § 122l UmwG Rz. 15). Die Geschäftsführer haben in der Anmeldung auch eine **Negativerklärung** hinsichtlich der übernehmenden D-GmbH, jedoch nicht hinsichtlich der übertragenden A-GmbH abzugeben (*S/St/Drinhausen* § 122l UmwG Rz. 7f.). Wurde – wie im Formular vorgesehen – von den klageberechtigten Gesellschaftern durch notariell beurkundete Verzichtserklärungen auf die Klage gegen die Wirksamkeit des Verschmelzungsbeschlusses verzichtet, bedarf es allerdings keiner Negativerklärung bei der Anmeldung (§§ 122a Abs. 2, 16 Abs. 2 Satz 2 UmwG).

Das Registergericht der übernehmenden Gesellschaft hat die rechtmäßige Durch- **55**
führung der grenzüberschreitenden Verschmelzung zu prüfen, aber nicht die Verfahrensschritte, die bereits Gegenstand der Erteilung der Verschmelzungsbescheinigung waren (*S/St/Drinhausen* § 122l UmwG Rz. 10). Nach § 122l Abs. 2 UmwG hat das Gericht insbes. zu prüfen, ob die Anteilsinhaber aller beteiligten Gesellschaften einem gemeinsamen und gleich lautenden Verschmelzungsplan zugestimmt haben und ob ggf. eine Vereinbarung über die Beteiligung der Arbeitnehmer geschlossen worden ist.

Die **Eintragung** der grenzüberschreitenden Verschmelzung in das Register der übernehmenden Gesellschaft, hier der D-GmbH, bedingt die Wirksamkeit und zeitigt – wie eine nationale Verschmelzung – die Wirkungen des § 20 Abs. 1 UmwG (*W/M/Mayer* § 122l UmwG Rz. 32). Folglich geht mit Eintragung das gesamte Aktiv- und Passivvermögen der übertragenden Gesellschaft, hier der A-GmbH, automatisch im Wege der Gesamtrechtsnachfolge auf die übernehmende Gesellschaft, die D-GmbH, über (*S/St/Kübler* § 20 UmwG Rz. 8–10). Die übertragende Gesellschaft erlischt (Dies ist zwar eine Frage des Rechts der übertragenden Gesellschaft, folgt aber zwingend aus Art. 14 Abs. 1 Buchst. c) der VerschmelzungsRL). Ferner werden die Gesellschafter der übertragenden Gesellschaft nun Gesellschafter an der übernehmenden Gesellschaft. Das Registergericht der übernehmenden Gesellschaft hat dem Register, bei dem die übertragende Gesellschaft registriert ist, von Amts wegen den **Tag der Eintragung** der grenzüberschreitenden Verschmelzung **mitzuteilen** (§ 122l Abs. 3 UmwG). Welche weiteren Registerhandlungen bei dem Register der übertragenden Gesellschaft vorzunehmen sind, bestimmt sich nach dem Recht der übertragenden Gesellschaft. Hinsichtlich der A-GmbH muss der Geschäftsführer der übernehmenden D-GmbH – unabhängig von der Mitteilung des Gerichts nach § 122l Abs. 3 UmwG – die Durchführung der grenzüberschreitenden Verschmelzung und die Löschung der A-GmbH zum Firmenbuch anmelden (vgl. § 14 Abs. 5 EU-VerschG). Da die D-GmbH nach der grenzüberschreitenden Verschmelzung weiterhin eine Betriebsstätte in Österreich unterhält, ist ggfs. eine Zweigniederlassung in Österreich anzumelden; dies bestimmt sich nach österreichischem Recht.

56 Die Anmeldung zum Handelsregister ist **elektronisch in öffentlich beglaubigter Form** zum Handelsregister der übernehmenden Gesellschaft einzureichen (§ 12 Abs. 1 Satz 1 HGB). Die der Anmeldung beizufügenden Anlagen sind ebenfalls elektronisch einzureichen (§ 12 Abs. 2 HGB). An dem materiellen Inhalt der Handelsregisteranmeldung hat sich durch die elektronische Anmeldung nichts geändert (s. auch A. 15.60 Rz. 41).

A. 15.63 Verschmelzung zweier GmbH (ausführlich, mit gegenseitigen Beteiligungen und eigenen Anteilen)

Gliederung

I. FORMULARE

Formular A. 15.63 Verschmelzungsvertrag

Verhandelt zu …… am ……: Vor mir, …… Notar erschienen

1. Herr A …… *[Beruf/Wohn- bzw. Geschäftsadresse]*, handelnd als einzelvertretungsberechtigter Geschäftsführer der A-GmbH mit Sitz in …… (HRB ……),

2. Herr B …… *[Beruf/Wohn- bzw. Geschäftsadresse]*, handelnd als einzelvertretungsberechtigter Geschäftsführer der B-GmbH mit Sitz in …… (HRB ……)

und erklärten zu Protokoll den nachfolgenden

VERSCHMELZUNGSVERTRAG

Präambel

(1) An der A-GmbH mit einem voll eingezahlten Stammkapital von € 100.000.– werden die Geschäftsanteile wie folgt gehalten: ein Geschäftsanteil im Nennbetrag von € 81.000.– durch Herrn A, ein Geschäftsanteil im Nennbetrag von € 9.000.– durch die B-GmbH und ein Geschäftsanteil im Nennbetrag von € 10.000.– durch die A-GmbH selbst (eigener Anteil).

(2) Die B-GmbH hat ein voll eingezahltes Stammkapital von € 50.000.–; die Geschäftsanteile mit einer Summe der Nennbeträge von € 50.000.– werden wie folgt gehalten: ein Geschäftsanteil im Nennbetrag von € 25.000.– (50%) durch Herrn A, ein Geschäftsanteil im Nennbetrag von € 15.000.– (30%) durch Herrn B, ein Geschäftsanteil im Nennbetrag von € 5.000.– (10%) durch die A-GmbH und ein Geschäftsanteil im Nennbetrag von € 5.000.– (10%) durch die B-GmbH selbst (eigener Anteil).

(3) Mit diesem Vertrag soll die B-GmbH auf die A-GmbH verschmolzen werden.

§ 1 Vermögensübertragung

(1) Die Gesellschaft B …… mit beschränkter Haftung mit Sitz in ……, eingetragen im Handelsregister des Amtsgerichts …… unter HRB …… (nachfolgend B-GmbH genannt), als übertragender Rechtsträger überträgt ihr Vermögen als Ganzes mit allen Rechten und Pflichten unter Auflösung ohne Abwicklung im Wege der Verschmelzung gem. §§ 2 Nr. 1, 46 ff. UmwG auf die Gesellschaft A …… mit beschränkter Haf-

tung mit Sitz in ......, eingetragen im Handelsregister des Amtsgerichts ...... unter HRB ...... nachfolgend A-GmbH genannt), als übernehmender Rechtsträger (gegen Gewährung von Geschäftsanteilen der A-GmbH an die Anteilsinhaber der B-GmbH (Verschmelzung durch Aufnahme).

(2) Als Verschmelzungsstichtag wird der 1.1.02 bestimmt. Die Gesellschaft A-GmbH übernimmt das Vermögen der B-GmbH im Innenverhältnis mit Wirkung vom 1.1.02, 0.00 Uhr; von diesem Zeitpunkt an gelten die Geschäfte und Handlungen der B-GmbH als für Rechnung der A-GmbH geführt.

(3) Der Verschmelzung wird die mit uneingeschränktem Bestätigungsvermerk des Wirtschaftsprüfers ...... versehene Schlussbilanz der B-GmbH auf den 31.12.01 zugrunde gelegt.

§ 2 Gegenleistung

(1) A-GmbH gewährt den Gesellschaftern von B-GmbH als Gegenleistung für die Übertragung des Vermögens Geschäftsanteile an A-GmbH, und zwar

- Herrn A Geschäftsanteile im Nennbetrag von insgesamt € 22.500.–
- Herrn B Geschäftsanteile im Nennbetrag von € 13.500.–.

Dieser Gegenleistung liegt ein Umtauschverhältnis von 1,111 für die abzufindenden Anteile an der B-GmbH zugrunde, dh. für 1,111 Anteile an der B-GmbH wird 1 Geschäftsanteil zum Nennbetrag von 1,0 an der A-GmbH gewährt. Für die Beteiligung des Herrn A im Nennbetrag von bisher € 25.000.– an der B-GmbH ist somit ein Geschäftsanteil im Nennbetrag von € 22.500.– an der A-GmbH zu gewähren (€ 25.000.–: 1,111 = € 22.500.–); für den von Herrn B bisher gehaltenen Geschäftsanteil im Nennbetrag von € 15.000.– an der B-GmbH ist ein Geschäftsanteil im Nennbetrag von € 13.500.– an der A-GmbH zu gewähren (€ 15.000.– : 1,111 = € 13.500.–). Bare Zuzahlungen werden nicht geleistet (s. § 2 Abs. 3).

(2) Die zur Abfindung der Gesellschafter der übertragenden B-GmbH zu gewährenden Geschäftsanteile an A-GmbH sind teils durch Kapitalerhöhung, teils durch Übertragung eigener Geschäftsanteile wie folgt zu erbringen:

1. A-GmbH erhöht ihr Stammkapital von bisher € 100.000.– um € 17.000.– auf € 117.000.–. Von dem erhöhten Kapital werden zwei Geschäftsanteile gebildet, und zwar ein Geschäftsanteil im Nennbetrag von € 13.500.–, welcher an Herrn B zu gewähren ist, sowie ein Geschäftsanteil im Nennbetrag von € 3.500.–, der an Herrn A zu gewähren ist.
2. A-GmbH besitzt bereits einen eigenen Geschäftsanteil im Nennbetrag von € 10.000.–. Daneben befindet sich im Vermögen der B-GmbH ein Geschäftsanteil an A-GmbH im Nennbetrag von € 9.000.–, welcher durch die Verschmelzung auf die A-GmbH (als sodann eigener Anteil) übergeht. Beide Geschäftsanteile im Nennbetrag von zusammen € 19.000.– erhält der Gesellschafter Herr A.
3. Die A-GmbH besitzt einen Geschäftsanteil im Nennbetrag von € 5.000.– am Stammkapital der B-GmbH (von insgesamt € 50.000.–), auf welchen die Einlagen vollständig geleistet sind und der im Rahmen der Verschmelzung untergeht. Insoweit wird keine Gegenleistung gewährt und ist gem. § 54 Abs. 1 Satz 1 Nr. 1 UmwG von der Erhöhung des Stammkapitals der A-GmbH abzusehen; auch bzgl. des von der B-GmbH gehaltenen eigenen Geschäftsanteils von nom. € 5.000.– ist von einer Kapitalerhöhung abzusehen (§ 54 Abs. 1 Satz 1 Nr. 2 UmwG).

(3) Zuzahlungen sind weder von der A-GmbH, noch von deren Gesellschaftern zu leisten.

(4) Die als Gegenleistung zu gewährenden Geschäftsanteile sind ab 1. Januar 02 gewinnbezugsberechtigt.

(5) Die A-GmbH gewährt keinem Gesellschafter Sonderrechte oder Vorzüge iSd. § 5 Abs. 1 Nr. 7 UmwG, da nach dem Gesellschaftsvertrag der A-GmbH die Mitgliedschaftsrechte gegenüber den bei der B-GmbH bisher geltenden Regelungen in keiner Weise unterschiedlich ausgestaltet sind. Sonderrechte oder Vorzüge iSv. § 5 Abs. 1 Nr. 7 UmwG bestanden weder bei der übertragenden B-GmbH noch bestehen sie bei der übernehmenden A-GmbH.

(6) Es werden keine besonderen Vorteile an die in § 5 Abs. 1 Nr. 8 UmwG genannten Personen (einem Mitglied der Geschäftsführung, einem Mitglied eines Aufsichtsrats, einem geschäftsführenden Gesellschafter, einem Abschluss- oder einem Verschmelzungsprüfer) gewährt.

§ 3 Folgen der Verschmelzung für Arbeitnehmer und ihre Vertretungen sowie die insoweit vorgesehenen Maßnahmen

(1) Die Verschmelzung der B-GmbH auf die A-GmbH führt zum Übergang sämtlicher Rechte und Ansprüche der Arbeitnehmer der B-GmbH im Wege der Gesamtrechtsnachfolge auf die A-GmbH. Auf den Übergang findet § 613a Abs. 1, 4 und 5 BGB Anwendung (§ 324 UmwG). Damit hat die Verschmelzung individualarbeitsrechtlich keine Nachteile für die Arbeitnehmer der übertragenden B-GmbH. Für die Arbeitnehmer der übernehmenden A-GmbH hat die Verschmelzung keine Folgen.

(2) Im Anschluss an die Verschmelzung ist geplant, den bisherigen ......-Betrieb der B-GmbH in ...... mit dem ......-Betrieb der A-GmbH in ...... zu vereinigen, um damit einen Rationalisierungseffekt zu erzielen. Dafür sind die folgenden Maßnahmen vorgesehen: ...... (Unterrichtung und Beratung mit Betriebsrat bei mehr als 20 wahlberechtigten Arbeitnehmern gem. § 111 Satz 1 BetrVG; Beratung und Verhandlung mit Betriebsrat über einen Interessensausgleich gem. § 112 Abs. 1 Satz 1 BetrVG und einen Sozialplan gem. § 112 Abs. 1 Satz 2 BetrVG, ggf. über Einigungsstelle gem. § 112 Abs. 4 BetrVG durchsetzbar). Beratung mit einem bei mehr als 100 Arbeitnehmern gebildeten Wirtschaftsausschuss, § 106 Abs. 1, Abs. 3 Nr. 8 BetrVG.

(3) Bei A-GmbH und B-GmbH besteht jeweils ein Betriebsrat. Durch die beabsichtigte Zusammenlegung der ......-Betriebe in ...... werden die Arbeitnehmer des derzeitigen ......-Betriebs der B-GmbH in ...... danach durch den bei der A-GmbH für den ......-Betrieb in ...... bereits bestehenden Betriebsrat vertreten. Im Übrigen hat die Verschmelzung auf die betriebliche Organisation keine weitere Auswirkung auf den bei der B-GmbH bisher bestehenden Betriebsrat, weil die übrigen, nicht dem ......-Betrieb der B-GmbH in ...... zuzuordnenden Arbeitnehmer weiterhin dem übrigen Betrieb zugeordnet bleiben und insoweit nur ein Wechsel des Rechtsträgers eintritt, der die Identität des Betriebs nicht berührt; daher bleibt der Betriebsrat der B-GmbH als zukünftiger weiterer Betriebsrat der A-GmbH weiterhin im Amt. Gem § 47 Abs. 1 BetrVG ist ein Gesamtbetriebsrat bei A-GmbH zu errichten, da bei dieser als Folge der Verschmelzung künftig mehrere Betriebe bestehen werden.

(4) Im Hinblick auf die Mitbestimmung hat die Verschmelzung folgende Auswirkungen: ...... *[$^1/_3$-Parität im Aufsichtsrat der A-GmbH gem. § 1 DrittelbG bei mehr als 500 Arbeitnehmern; paritätische Mitbestimmung im Aufsichtsrat der A-GmbH nach § 1 des MitbestG bei mehr als 2.000 Arbeitnehmern].* Der bisher bei der B-GmbH bestehende Aufsichtsrat *[mit $^1/_3$-Parität gem. § 1 DrittelbG bzw. paritätische Mitbestimmung nach dem MitbestG]* entfällt.

§ 4 Firmenänderung/Geschäftsführerbestellung

(1) Firma der A-GmbH wird geändert in: „AB-......GmbH".

(2) Herr B wird zum weiteren Geschäftsführer der übernehmenden Gesellschaft bestellt. Gem § ...... der Satzung wird damit die Gesellschaft von zwei Geschäftsfüh-

rern gemeinschaftlich bzw. von einem Geschäftsführer zusammen mit einem Prokuristen vertreten.

§ 5 Kosten und Gebühren

Die Kosten dieses Verschmelzungsvertrags und seiner Durchführung sowie etwa entstehende Abgaben (zB Grunderwerbsteuer) oder Gebühren einschließlich der Kosten der Zustimmungsbeschlüsse trägt die übernehmende Gesellschaft A-GmbH.

§ 6 Bedingung

Dieser Verschmelzungsvertrag bedarf zu seiner Wirksamkeit gem. § 13 UmwG der Zustimmung der Gesellschafterversammlungen der A-GmbH und B-GmbH. Dieser Vertrag wird mit der aufschiebenden Bedingung geschlossen, dass beide Zustimmungen bis zum ...... endgültig erteilt werden. Die aufschiebende Bedingung gilt im Zeitpunkt des Zugangs der letzten Zustimmung bei dem beurkundenden Notar als eingetreten.

Formular A. 15.63a Gemeinsames Schreiben gem. §§ 5 Abs. 3, 17 Abs. 1 UmwG an die Betriebsräte der A-GmbH und der B-GmbH

Von: Geschäftsleitung A-GmbH und
Geschäftsleitung B-GmbH (gemeinsames Schreiben)

An:
1. **Betriebsrat der A-GmbH, z. Hd. des/der Vorsitzenden des Betriebsrats, Herrn/Frau ......**
2. **Betriebsrat der B-GmbH, z. Hd. des/der Vorsitzenden des Betriebsrats, Herrn/Frau ......**
3. **Gegebenenfalls weitere Betriebsräte bzw., falls vorhanden, Gesamt- und/oder Konzernbetriebsrat der ......-GmbH**

jeweils gegen Empfangsbestätigung

Betreff: Bevorstehende Verschmelzung der B-GmbH als übertragende Gesellschaft auf die A-GmbH als übernehmende Gesellschaft

Sehr geehrte Damen und Herren,
in den voraussichtlich am ...... stattfindenden Gesellschafterversammlungen der A-GmbH und der B-GmbH ist beabsichtigt, dem beigefügten Entwurf des Verschmelzungsvertrags zwischen der A-GmbH als aufnehmende Gesellschaft und der B-GmbH als übertragende Gesellschaft zuzustimmen und den Vertrag in notariell beurkundeter Form abzuschließen. Wir übermitteln Ihnen hiermit den Entwurf des Verschmelzungsvertrags in der Anlage gem. § 5 Abs. 3 UmwG. Wir bitten, auf die Einhaltung der Monatsfrist des § 5 Abs. 3 UmwG zu verzichten, den Erhalt dieses Schreibens und der Anlage auf den beigefügten Kopien dieses Schreibens zu bestätigen und an die Geschäftsleitung der übernehmenden A-GmbH im Hinblick auf den Nachweis im Zuge der Anlagen zu den Handelsregisteranmeldungen gem. §§ 17 Abs. 1, 16 UmwG jeweils zweifach zurück zu schicken.

..
[Ort, Datum]

.. ....
[Geschäftsführung A-GmbH] [Geschäftsführung B-GmbH]

Hiermit bestätigen wir, als jeweilige(r) Vorsitzende(r) des Betriebsrats, den Erhalt dieses Schreibens nebst dem als Anlage beigefügten Entwurf des Verschmelzungsvertrags und verzichten auf die Einhaltung der Monatsfrist des § 5 Abs. 3 UmwG.

....	....
[Ort, Datum]	**[Betriebsrats-Vorsitzende(r) der A-GmbH]**
....	....
[Ort, Datum]	**[Betriebsrats-Vorsitzende(r) der B-GmbH]**
....	....
[Ort, Datum]	**[Betriebsrats-Vorsitzende(r) des Gesamt- bzw. Konzernbetriebsrats der ......-GmbH]**

Formular A. 15.63b Gesellschafterbeschlüsse der übernehmenden A-GmbH sowie der übertragenden B-GmbH

Verhandelt in ...... am ......: Vor dem unterzeichneten Notar erschienen:

1. Herr A ......

2. Herr B ......

und erklärten:

Herr A handelt

1. **als Gesellschafter der A-GmbH mit einem Geschäftsanteil im Nennbetrag von € 81.000.– am Stammkapital von insgesamt € 100.000.– für sich selbst,**
2. **als einzelvertretungsberechtigter Geschäftsführer der A-GmbH für diese, welche einen Geschäftsanteil im Nennbetrag von € 5.000.– am Stammkapital der B-GmbH von insges. € 50.000.– hält, sowie**
3. **als Gesellschafter der B-GmbH mit einem Geschäftsanteil im Nennbetrag von € 25.000.– am gesamten Stammkapital von € 50.000.– der B-GmbH für sich selbst.**

Herr B handelt

1. **als Gesellschafter der B-GmbH mit einem Geschäftsanteil im Nennbetrag von € 15.000.– am gesamten Stammkapital der B-GmbH von € 50.000.– für sich selbst,**
2. **als einzelvertretungsberechtigter Geschäftsführer der B-GmbH für diese, welche einen Geschäftsanteil im Nennbetrag von € 9.000.– am Stammkapital der A-GmbH von insges. € 100.000.– hält.**

Die restlichen Geschäftsanteile sowohl an der A-GmbH (im Nennbetrag von € 10.000.–) als auch an der B-GmbH (im Nennbetrag von € 5.000.–) werden jeweils als eigene Anteile von diesen Gesellschaften selbst gehalten. Auf sämtliche Geschäftsanteile sind die Einlagen vollständig geleistet. Da somit sämtliche stimmberechtigten Geschäftsanteile der beiden Gesellschaften A-GmbH und B-GmbH heute vertreten sind, halten wir hiermit unter Verzicht auf alle Formen und Fristen, die durch Gesetz oder durch Gesellschaftsvertrag für die Einberufung und Abhaltung von Gesellschafterversammlungen gelten, gemeinsame Gesellschafterversammlungen sowohl der A-GmbH als auch der B-GmbH ab und beschließen jeweils was folgt:

1. **Beschlüsse der Gesellschafterversammlung der übernehmenden A-GmbH**
   a) **Zur Durchführung der Verschmelzung wird das Stammkapital der A-GmbH von € 100.000.– um € 17.000.– auf € 117.000.– erhöht und zwar durch Bildung zweier Geschäftsanteile im Nennbetrag von € 13.500.– und im Nennbetrag von € 3.500.–. Als Gegenleistung für die Übertragung des Vermögens der B-GmbH im Wege**

der Verschmelzung werden an die Gesellschafter der B-GmbH folgende Geschäftsanteile ausgegeben:

aa) Aus dem im Wege der Kapitalerhöhung neu geschaffenen Geschäftsanteilen
- der Geschäftsanteil im Nennbetrag von € 13.500.– an Herrn B und
- der Geschäftsanteil im Nennbetrag von € 3.500.– an Herrn A.

bb) Aus eigenen Anteilen unter Verzicht auf eine Kapitalerhöhung
- ein Geschäftsanteil an der A-GmbH im Nennbetrag von € 10.000.– als derzeit eigener Anteil der A-GmbH an Herrn A sowie
- ein Geschäftsanteil an der A-GmbH im Nennbetrag von € 9.000.–, der sich gegenwärtig im Vermögen der übertragenden B-GmbH befindet, an Herrn A.

cc) Zuzahlungen sind nicht zu leisten. Bei der Berechnung des Umtauschverhältnisses sind die Gesellschafter davon ausgegangen, dass zwischen dem Verschmelzungsstichtag und der Wirksamkeit der Verschmelzung weder Gewinnausschüttungen noch Einlagen noch Kapitalrückzahlungen vorgenommen werden.

dd) Die neuen Geschäftsanteile sind mit einem Gewinnbezugsrecht ab dem 1.1.02 ausgestattet; die auszugebenden bisherigen Anteile sind ebenfalls ab 1.1.02 gewinnbezugsberechtigt.

§ ...... der Satzung der A-GmbH erhält folgende Fassung:

§ ...... Stammkapital und Stammeinlagen

(1) Das Stammkapital beträgt € 117.000.–.

(2) Das Stammkapital ist eingeteilt in

einen Geschäftsanteil von € 81.000.–	(Geschäftsanteil Nr. 1)
einen Geschäftsanteil von € 10.000.–	(Geschäftsanteil Nr. 2)
einen Geschäftsanteil von € 9.000.–	(Geschäftsanteil Nr. 3)
einen Geschäftsanteil von € 3.500.–	(Geschäftsanteil Nr. 4)
einen Geschäftsanteil von € 13.500.–	(Geschäftsanteil Nr. 5)

§ ...... bezüglich der Firma der A-GmbH erhält folgende Fassung:

Die Firma der Gesellschaft lautet: „AB-......GmbH".

b) Herr B wird zum weiteren Geschäftsführer der übernehmenden Gesellschaft A-GmbH bestellt. Gemäß § ...... des Gesellschaftsvertrags wird die Gesellschaft danach von zwei Geschäftsführern gemeinschaftlich bzw. von einem Geschäftsführer zusammen mit einem Prokuristen vertreten. Herr A vertritt weiterhin stets allein.

2. Gemeinsame Beschlüsse sowohl der übertragenden B-GmbH als auch der übernehmenden A-GmbH

a) Auf die Versendung des Verschmelzungsvertrags oder seines Entwurfs zusammen mit der Einberufung der Gesellschafterversammlungen gem. § 47 UmwG wurde einvernehmlich verzichtet; dieser Verzicht wird hiermit nochmals ausdrücklich bestätigt.

b) Auf die Auslegung der Jahresabschlüsse und der Lageberichte der an der Verschmelzung beteiligten Rechtsträger (A-GmbH und B-GmbH) für die letzten drei Geschäftsjahre zur Einsicht durch die Gesellschafter in den Geschäftsräumen der Gesellschaften vom Zeitpunkt der Einberufung der Gesellschafterversammlungen an wurde ebenfalls einvernehmlich verzichtet; auch diesbezüglich wird der Verzicht hiermit nochmals ausdrücklich bestätigt.

c) Auf die Erstellung eines Verschmelzungsberichts iSv. § 8 Abs. 1 UmwG wird hiermit gem. § 8 Abs. 3 UmwG verzichtet.

d) Kein Gesellschafter hat bei den Gesellschaften einen Antrag auf Prüfung des Verschmelzungsvertrags oder seines Entwurfs gem. § 48 UmwG gestellt. Die Gesellschafter beider Gesellschaften verzichten hiermit einvernehmlich auf ihr Recht, eine Verschmelzungsprüfung zu verlangen.

e) Dem Verschmelzungsvertrag zwischen der A-GmbH mit Sitz in ...... und der B-GmbH mit Sitz in ...... vom ...... (UrkR-Nr. ...... des Notars ...... in ......) wird zugestimmt. Eine Ausfertigung des Verschmelzungsvertrags ist dieser Niederschrift als Anlage beigefügt.

f) Auf das Recht, die vorstehenden Beschlüsse anzufechten, insbesondere gegen die Zustimmungsbeschlüsse gem. 2e) Klage zu erheben, wird ausdrücklich und unwiderruflich verzichtet.

Formular A. 15.63c Handelsregisteranmeldung der übernehmenden GmbH

An das Amtsgericht ......

– Handelsregister –

A-GmbH mit Sitz in ......, HRB ......

Als sämtliche Geschäftsführer der A-GmbH mit Sitz in ...... melden wir zur Eintragung in das Handelsregister an:

1. Die B-GmbH mit Sitz in ......, eingetragen im Handelsregister des Amtsgerichts ...... unter HRB ......, ist auf Grund des Verschmelzungsvertrags vom ...... (Urkunde-Nr. ...... des Notars ......) und der Beschlüsse der Gesellschafterversammlungen der B-GmbH und der A-GmbH vom ...... (UrkR-Nr. ...... des Notars ......) mit der Gesellschaft (A-GmbH) durch Aufnahme verschmolzen.
2. Das Stammkapital der Gesellschaft ist im Zuge der Durchführung der Verschmelzung von € 100.000.– um € 17.000.– erhöht worden. § ...... des Gesellschaftsvertrags ist entsprechend geändert.
3. Die Firma der Gesellschaft ist geändert in: „AB- ...... GmbH". § ...... des Gesellschaftsvertrags ist entsprechend geändert.
4. Zum weiteren Geschäftsführer der Gesellschaft wurde bestellt: Herr B. Herr B vertritt gem. § ...... des Gesellschaftsvertrags die Gesellschaft mit einem weiteren Geschäftsführer oder einem Prokuristen.

Als Anlagen fügen wir bei:

I. Notariell beglaubigte Abschrift des Verschmelzungsvertrags vom ...... (Urk.-Nr. ...... des Notars ......);

II. Notariell beglaubigte Abschrift der Niederschriften der Gesellschafterversammlungen nebst Anlagen vom ...... (UrkR-Nr. ...... des Notars ......) der A-GmbH und der B-GmbH;

III. Von den Anmeldenden unterschriebene Liste der Personen, welche die neuen Stammeinlagen übernommen haben (§ 57 Abs. 3 Nr. 2 GmbHG);

IV. Berichtigte und von sämtlichen Geschäftsführern unterschriebene Gesellschafterliste (§ 52 Abs. 2 UmwG);

V. Vollständiger Wortlaut des Gesellschaftsvertrags mit Bescheinigung eines Notars gem. § 54 Abs. 1 Satz 2 GmbHG;

VI. Nachweise gem. § 17 Abs. 1 UmwG über die rechtzeitige (bzw. unter Verzicht auf die Rechtzeitigkeit) Zuleitung des *[Entwurfs des]* Verschmelzungsvertrags an die Betriebsräte der A-GmbH und der B-GmbH;

VII. Zustimmende Stellungnahme der IHK ...... zur Firmenänderung;

Wir bitten im Hinblick auf § 53 UmwG, zunächst nur die Kapitalerhöhung einzutragen. Zur Vervollständigung der Anmeldung der Verschmelzung werden wir noch einen beglaubigten Handelsregisterauszug der B-GmbH mit Sitz in ......

(Handelsregister des Amtsgerichts ......, HRB ......) nachreichen, aus dem sich die Eintragung der Verschmelzung in das Handelsregister der B-GmbH ergibt.

Die Firmenänderung und die Bestellung des neuen Geschäftsführers bitten wir mit Wirksamwerden der Verschmelzung einzutragen.

Nach Vollzug der Eintragung der Kapitalerhöhung und nach Vollzug der Eintragung der Verschmelzung, der Firmenänderung und des neuen Geschäftsführers bitten wir jeweils um Eintragungsnachricht an die Gesellschaft und an den beglaubigenden Notar sowie um Übermittlung von zwei beglaubigten Handelsregisterauszügen an die Gesellschaft und eines beglaubigten Handelsregisterauszugs an den beglaubigenden Notar.

............................., den ....

.. **..**

[Unterschrift A] **[Unterschrift B]**

..

[Beglaubigungsvermerk]

Formular A. 15.63d Handelsregisteranmeldung der übertragenden GmbH

An das Amtsgericht ......

– Handelsregister –

B-GmbH, mit Sitz in ......, HRB ......

Als einzelvertretungsberechtigter Geschäftsführer der A-GmbH mit Sitz in ......, eingetragen im Handelsregister des Amtsgerichts ...... unter HRB ......, melde ich gem. § 16 Abs. 1 Satz 2 UmwG als Vertretungsorgan des übernehmenden Rechtsträgers die Verschmelzung der Gesellschaft zur Eintragung in das Register des Sitzes der Gesellschaft als übertragender Rechtsträger an:

Die Gesellschaft ist auf Grund des Verschmelzungsvertrags vom ......, des Beschlusses der Gesellschafterversammlung der B-GmbH vom ...... und des Beschlusses der Gesellschafterversammlung der A-GmbH mit Sitz in ...... vom ...... mit der A-GmbH durch Aufnahme verschmolzen (§ 2 Nr. 1 UmwG).

Als Anlage füge ich bei:

I. Notariell beglaubigte Abschrift des Verschmelzungsvertrags vom ...... (UrkR-Nr. ...... des Notars ......);

II. Notariell beglaubigte Abschrift der Niederschriften nebst Anlagen der Gesellschafterversammlungen vom ...... (UrkR-Nr. ...... des Notars ......) der übernehmenden A-GmbH und der übertragenden B-GmbH;

III. Die von sämtlichen Geschäftsführern unterzeichnete Schlussbilanz der B-GmbH zum 31.12.01 mit Anhang, versehen mit uneingeschränktem Bestätigungsvermerk der ...... Wirtschaftsprüfungsgesellschaft vom ......;

IV. Nachweise gem. § 17 Abs. 1 UmwG über die rechtzeitige (bzw. unter Verzicht auf die Rechtzeitigkeit) Zuleitung des *[Entwurfs des]* Verschmelzungsvertrags an die Betriebsräte der A-GmbH und der B-GmbH.

Ein beglaubigter Handelsregisterauszug der B-GmbH mit Sitz in ......, aus dem sich ergibt, dass die zur Durchführung der Verschmelzung beschlossene Erhöhung des Stammkapitals im Handelsregister ...... eingetragen worden ist, wird nachgereicht.

Nach Vollzug bitte ich um Eintragungsnachricht und um Übermittlung je eines beglaubigten Handelsregisterauszugs an die Gesellschaft und an den beglaubigenden Notar.

.., den ......

..

[Unterschrift A]

..

[Beglaubigungsvermerk]

II. ERLÄUTERUNGEN

Erläuterungen zu A. 15.63 Verschmelzungsvertrag

1. Grundsätzliche Anmerkungen

a) Wirtschaftliches Vertragsziel

Die Verschmelzung **bezweckt** den **Übergang des gesamten Vermögens** (einschließlich aller Rechte und Pflichten sowie Verbindlichkeiten) einer GmbH auf eine andere GmbH durch **Gesamtrechtsnachfolge**. Die übertragende Gesellschaft ist mit der Eintragung im Handelsregister der übernehmenden Gesellschaft (§ 20 Abs. 1 Nr. 2 UmwG) aufgelöst (ohne Abwicklung bzw. Liquidation). Das Vertragsmuster beruht auf der Verschmelzung zweier GmbHs (für Aktiengesellschaften gelten zusätzlich die besonderen Bestimmungen der §§ 60–72 UmwG, die bei Konzernverschmelzungen wesentliche Erleichterungen vorsehen; dies braucht hier aber nicht weiter behandelt werden), wobei die aufnehmende Gesellschaft eine bereits bestehende GmbH ist (Verschmelzung durch Aufnahme gem. § 2 Nr. 1 UmwG). Die Verschmelzung zweier oder mehrerer GmbHs auf eine neu zu gründende GmbH (§ 2 Nr. 2 UmwG: Verschmelzung durch Neugründung) wird hier nicht weiter ausgeführt; es gelten zusätzlich die §§ 56ff. UmwG für GmbHs (bzw. §§ 72ff. UmwG für AGs). 1

Neben der gesellschaftsrechtlichen und organisatorischen Vereinfachung wird die Verschmelzung durch Aufnahme oft auch aus **ertragsteuerlichen Gründen** gewählt, nämlich zur Vermeidung einer Realisierung und Versteuerung stiller Reserven der übertragenden GmbH bei dieser, bei der aufnehmenden GmbH und bei den Gesellschaftern. Häufig dient die Verschmelzung durch Aufnahme auch der Erreichung einer Kompensationsmöglichkeit von zukünftigen Gewinnen und Verlusten (aber ohne **Verlustvorträgen** der Überträgerin). 2

Bei dem im Formular verwendeten Beispiel besteht keine (parallele) Beteiligungsidentität der Gesellschafter an den beiden GmbHs. Der diesem **Formular zugrunde liegende Sachverhalt** enthält eine Kombination von **gegenseitigen** (jedoch nicht 100%igen) **Beteiligungen** der zu verschmelzenden GmbHs. Ferner besitzt jede Gesellschaft (wenige) Gesellschaftsanteile als **eigene Anteile.** Die Anteile der untergehenden (übertragenden) Gesellschaft werden aber nicht vollständig von der überlebenden (aufnehmenden) Gesellschaft gehalten (insoweit ist eine Kapitalerhöhung unzulässig, § 54 Abs. 1 Satz 1 Nr. 1 UmwG). Das Formular behandelt weder die Verschmelzung einer Tochter-GmbH auf ihre Mutter-GmbH (sog. up-stream merger; vgl. Formular A. 15.60) noch die Verschmelzung einer Mutter-GmbH auf ihre 100%ige Tochter-GmbH (sog. down-stream merger; vgl. Formular A. 15.61). 3

b) Zivilrecht

aa) Ablaufschemata für GmbH-Verschmelzung

4 **Vorbemerkung:** Das vorliegende Formular geht von einer **einvernehmlichen Beschlussfassung mit weitestgehenden Verzichtserklärungen** sämtlicher Gesellschafter zu materiellen Anforderungen (insbes. Verzicht auf **Verschmelzungsbericht,** Nichtverlangen einer **Verschmelzungsprüfung, Verzicht** auf das Recht der Anfechtung insbes. der Klage gegen die Zustimmungsbeschlüsse) und formellen Anforderungen (Einberufung der Gesellschafterversammlung mit Übersendung des Verschmelzungsvertrags gem. § 47 UmwG und Auslegung der letzten drei Jahresabschlüsse der übertragenden und der übernehmenden Gesellschaft gem. § 49 Abs. 2 UmwG in den Geschäftsräumen der Gesellschaften) aus. Ziel dieser weitestgehenden Verzichtserklärungen ist eine Vereinfachung und Verkürzung der „Vorlaufzeit" für die Verschmelzung. Aufgrund des nachfolgenden Ablaufschemas für die im Formular behandelte einvernehmliche Verschmelzung mit weitestgehenden Verzichtserklärungen ist die „Vorlaufzeit" für die Verschmelzung vor deren Anmeldungen zu den Registern (an diesem Tag darf die zugrunde gelegte Schlussbilanz nicht auf einen Stichtag aufgestellt sein, der länger als acht Monate vor dem Zeitpunkt der Anmeldungen liegt) auf mindestens einen Monat (auf Grund der Vorlagefrist des Verschmelzungsvertrags oder seines Entwurfs vor dem Zustimmungsbeschluss an die zuständigen Betriebsräte gem. § 5 Abs. 3 UmwG) verkürzt, soweit auf die Monatsfrist des § 5 Abs. 3 UmwG nicht verzichtet wurde (s. Rz. 5f.). Dagegen wird die „Vorlaufzeit" bei einer nicht einvernehmlichen Verschmelzung ohne insbes. die Erklärung aller Gesellschafter, auf das Recht zur Klageerhebung gegen die Zustimmungsbeschlüsse innerhalb eines Monats gem. § 14 UmwG zu verzichten, auf mindestens zwei Monate verlängert (s. dazu Rz. 7ff.).

aaa) Ablaufschema mit engstmöglichem Zeitplan für einvernehmliche Verschmelzung mit weitestgehend möglichen Verzichtserklärungen (Beispiel des Formulars)

5 (1) Aufstellung der Schlussbilanz (mit Anhang) der übertragenden B-GmbH zum 31.12.01 = X (Aufstellung mit Anhang, Unterzeichnung durch sämtliche Geschäftsführer, ggf. Prüfung durch Wirtschaftsprüfer gem. Größenmerkmalen nach § 267 Abs. 1–3 HGB mit Erteilung eines uneingeschränkten Bestätigungsvermerks; Feststellung durch Gesellschafterbeschluss der übertragenden B-GmbH nicht notwendig, vgl. A. 15.60 Rz. 7);

(2) Erstellung des Entwurfs des Verschmelzungsvertrags;

(3) Zuleitung des Entwurfs des Verschmelzungsvertrags und Bestätigung des Empfangs unter Verzicht auf die Monatsfrist durch sämtliche Betriebsräte der übertragenden B-GmbH und der übernehmenden A-GmbH gem. § 5 Abs. 3 UmwG (vgl. Formular A. 15.63a für das Übermittlungs- und Bestätigungsschreiben an die Betriebsräte); ggf. Information des Wirtschaftsausschusses gem. § 106 Abs. 1–3 BetrVG;

(4) Einholung einer ggfs. erforderlichen Genehmigung nach GWB oder Anzeige bei zuständiger Kartellbehörde;

(5) Beurkundung des Verschmelzungsvertrags (vgl. Formular A. 15.63), soweit nicht in Schritt (2) bereits Verschmelzungsvertrag beurkundet wurde (anstelle der Erstellung des Entwurfs);

(6) Gesellschafterbeschlüsse (einstimmig) der übernehmenden A-GmbH und der übertragenden B-GmbH (s. Formular A. 15.63b) mit weitestgehenden Verzichtserklärungen;

(7) Handelsregisteranmeldungen gleichzeitig bei Registern der übertragenden B-GmbH und der übernehmenden A-GmbH (vgl. Formulare A. 15.63c und A. 15.63d).

Kürzestmögliche Vorlaufzeit, dh. Stichtag für die Schritte (2) und (3): Bilanzstichtag X plus sieben Monate. Die Aufstellung und Prüfung sowie die Unterzeichnung der Schlussbilanz des übertragenden Rechtsträgers (s. Rz. 5 Buchst. a) kann zeitlich unabhängig hiervon erfolgen, muss aber bis zur Einreichung der Anmeldung zum Registergericht der übertragenden Gesellschaft vollständig ausgefertigt vorliegen (insoweit Zeitbedingung für Vorlaufzeit: X plus acht Monate). Die Schritte (5) bis (7) müssen spätestens acht Monate nach dem Bilanzstichtag (X plus acht Monate) vollzogen sein. 6

In der Praxis empfiehlt sich in enger **Abstimmung mit** dem beurkundenden bzw. beglaubigenden **Notar** nach dessen Terminplanung für sämtliche Beurkundungen und Beglaubigungen sicherzustellen, dass die Handelsregisteranmeldungen mit allen Anlagen spätestens acht Monate nach dem Bilanzstichtag beim Registergericht vorliegen. Dies wird in der Praxis häufig eine Ausweitung der Vorlaufzeiten um zumindest mehrere Tage erforderlich machen.

Zur Abklärung, **ob** auch **sämtliche Gesellschafter und alle Betriebsräte** die vorgesehenen **weitestgehenden Verzichtserklärungen** abgeben, empfiehlt sich (um zur Vermeidung von Erpressungspotentialen noch rechtzeitig auf das Ablaufschema für eine nicht einvernehmliche Verschmelzung (s. Rz. 7 ff.) überschwenken zu können), die Abklärung mit sämtlichen Beteiligten möglichst spätestens fünf Monate nach dem Bilanzstichtag abgeschlossen zu haben; bei Zweifeln sollten die Verzichtserklärungen (s. Formular A. 15.63b Punkt 2. a) bis f)) bereits zeitlich vorgezogen (zB innerhalb von fünf Monaten nach dem Bilanzstichtag) eingeholt werden.

bbb) Ablaufschema bei nicht einvernehmlicher Beschlussfassung und nicht weitestgehend möglichen Verzichtserklärungen sämtlicher Gesellschafter bzw. Betriebsräte (mit Verschmelzungsbericht und Verschmelzungsprüfung)

(1) Aufstellung der **Schlussbilanz** der übertragenden B-GmbH mit Anhang zum 31.12.01 = X (Unterzeichnung durch sämtliche Geschäftsführer, ggf. Prüfung durch Wirtschaftsprüfer gem. Größenmerkmalen nach § 267 Abs. 1–3 HGB mit Erteilung eines uneingeschränkten Bestätigungsvermerks; evtl. vorsorglich Feststellung durch Gesellschafterbeschlusses der übertragenden B-GmbH); 7

(2) Erstellung des **Entwurfs des Verschmelzungsvertrags,** ggfs. mit Barabfindungsangebot gem. § 29 UmwG (zB bei Vinkulierung der Anteile);

(3) Erstellung der Verschmelzungsberichte durch die Geschäftsführung der übertragenden B-GmbH und der übernehmenden A-GmbH (zweckmäßigerweise als gemeinsamer Bericht gem. § 8 Abs. 1 Satz 1, Hs. 2 UmwG);

(4) **Zuleitung des Verschmelzungsvertrags** oder dessen Entwurfs mit Bestätigung des Empfangs an sämtliche Betriebsräte der übertragenden B-GmbH und der übernehmenden A-GmbH gem. § 5 Abs. 3 UmwG mindestens einen Monat vor Fassung der jeweiligen Zustimmungsbeschlüsse (vgl. Formular A. 15.63a für das Übermittlungs- und Bestätigungsschreiben an die Betriebsräte); ggfs. Information des Wirtschaftsausschusses gem. § 106 Abs. 1–3 BetrVG;

(5) Einholung einer ggfs. erforderlichen Genehmigung nach GWB bei zuständiger **Kartellbehörde;**

(6) Schriftliche **Einladung zu Gesellschafterversammlungen** der übertragenden B-GmbH und der übernehmenden A-GmbH unter Ankündigung des Tagesordnungspunkts der Verschmelzung und unter Beifügung des Verschmelzungsvertrags bzw. dessen Entwurfs und der Verschmelzungsberichte (bzw. des gemeinsamen Verschmelzungsberichts) gem. §§ 47, 49 UmwG in Verbindung mit den Bestimmungen in den Gesellschaftsverträgen für die Einberufung;

(7) Bestellung der Verschmelzungsprüfer durch Geschäftsführer oder Antrag auf Bestellung durch das Gericht gem. § 10 UmwG, falls ein Gesellschafter die Durchführung einer Verschmelzungsprüfung gem. §§ 48, 9 ff. UmwG beantragt hat

(gem. § 48 Satz 1 UmwG muss der Gesellschafter innerhalb einer Woche nach Erhalt der Unterlagen nach § 47 UmwG eine Prüfung verlangen; s. Rz. 15; eine Erpressung durch Beantragung einer Verschmelzungsprüfung erst in der Gesellschafterversammlung ist damit nicht mehr möglich);

(8) **Auslegung der Jahresabschlüsse** und der Lageberichte aller an der Verschmelzung beteiligten Rechtsträger für die letzten drei Geschäftsjahre zur Einsicht durch die Gesellschafter in den Geschäftsräumen der übertragenden B-GmbH und der übernehmenden A-GmbH gem. § 49 Abs. 2 UmwG von der Einberufung der jeweiligen Gesellschafterversammlung an;

(9) **Abhaltung der Gesellschafterversammlungen** zur Fassung der Zustimmungsbeschlüsse zum Verschmelzungsvertrag oder dessen Entwurfs gem. §§ 13, 50 UmwG unter Vorlage des Verschmelzungsprüfungsberichts mit den notwendigen Mehrheiten ($^3/_4$ der abgegebenen Stimmen, falls nicht Gesellschaftsvertrag – auch allgemein für Änderungen des Gesellschaftsvertrags – oder das Gesetz – zB §§ 13 Abs. 2, 50 Abs. 2, 51 UmwG – eine größere Mehrheit bestimmen). In den Gesellschafterversammlungen der beteiligten GmbHs besteht **keine Unterrichtungspflicht** der Vertretungsorgane, die Anteilsinhaber über jede wesentliche Veränderung des Vermögens des Rechtsträgers, die zwischen dem Abschluss des Verschmelzungsvertrags oder der Aufstellung dessen Entwurfs und dem Tag der Gesellschafterversammlung eingetreten ist, zu unterrichten.

(10) **Beurkundung des Verschmelzungsvertrags** – soweit nicht bereits in Schritt b) (anstelle der Erstellung des Entwurfs des Verschmelzungsvertrags) geschehen;

(11) **Anmeldungen der Verschmelzung** bei den Registern der übernehmenden A-GmbH und der übertragenden B-GmbH.

8 Zwischen den vorstehenden Schritten (5) und (12) ergibt sich eine **Mindestvorlaufzeit von zwei Monaten** vor der Anmeldung der Verschmelzung bei den Registern der übertragenden und übernehmenden Rechtsträger, wenn als Bilanzstichtag des übertragenden Rechtsträgers ein Tag innerhalb des höchstens acht Monate davorliegenden Zeitraums verwendet werden soll. Diese Vorlaufzeit setzt sich aus der Addition der beiden logisch aufeinander folgenden Ein-Monats-Fristen zusammen:

- Ein-Monats-Frist für Vorlage an die Betriebsräte gem. § 5 Abs. 3 UmwG und
- Ein-Monats-Frist für Klageerhebung gegen die Zustimmungsbeschlüsse gem. § 14 UmwG vor Handelsregisteranmeldungen (wegen der Erklärung gem. § 16 Abs. 2 Satz 1 UmwG).

9 Aus Sicht der Praxis ist darauf hinzuweisen, dass auch bei taggenauerer Terminplanung insbes. aus folgenden Gründen eine **zweimonatige Vorlauffrist meist nicht ausreichen** wird:

- Die Bestellung der Verschmelzungsprüfer oder eines gemeinsamen Verschmelzungsprüfers durch das Landgericht gem. § 10 Abs. 1 Satz 1, 2. Alt. UmwG, die Durchführung der Verschmelzungsprüfungen und die Erstellung der Verschmelzungsprüfungsberichte erfordert idR einen Zeitraum, der über einen Monat hinausgeht (der Verschmelzungsprüfungsbericht muss uE bei Fassung des Zustimmungsbeschlusses vorliegen).
- Gegebenenfalls ist nach den Gesellschaftsverträgen eine Einladungsfrist von mehr als einem Monat zu beachten.
- Sonn-, Feier- und Samstage sowie sonstige Verhinderungen sind zu berücksichtigen.
- Risiko der Anfechtung bzw. der Klageerhebung gegen die Zustimmungsbeschlüsse durch einzelne Gesellschafter unter Berufung auf unzureichende Berichterstattung im Verschmelzungsbericht oder unzureichende Darlegung der Folgen der Verschmelzung für die Arbeitnehmer und ihre Vertretungen; dies führt dazu, dass bei der Anmeldung die gem. § 16 Abs. 2 UmwG notwendige Negativerklärung nicht

abgegeben werden kann und damit die Eintragung gehemmt wird (zumindest bis zur Rechtskraft eines Beschlusses des für die Klage zuständigen Prozessgerichts auf Antrag der jeweiligen Gesellschaft im Beschlussverfahren nach § 16 Abs. 3 UmwG).

bb) Verschmelzungsberichte

Lässt sich der Verzicht aller Gesellschafter der an der Verschmelzung beteiligten 10
Rechtsträger (hier der übertragenden B-GmbH und der übernehmenden A-GmbH) zur Erstellung und Vorlage von Verschmelzungsberichten bzw. eines gemeinsamen Berichts in notariell beurkundeter Form nicht erreichen (§ 8 Abs. 3 UmwG), sind von der Geschäftsführung der übertragenden (B-GmbH) und übernehmenden (A-GmbH) Gesellschaft Verschmelzungsberichte gem. § 8 Abs. 1 UmwG zu erstatten; diese können auch als gemeinsamer Bericht der beiden Geschäftsführungen abgegeben werden (§ 8 Abs. 1 Satz 1, 2. Hs. UmwG). § 8 Abs. 1 UmwG enthält zum **Inhalt** des **Verschmelzungsberichts** folgende Anforderungen: Der Bericht hat

– sowohl die Verschmelzung als solche
– als auch den Verschmelzungsvertrag iE

in rechtlicher und wirtschaftlicher Hinsicht zu erläutern. Der Bericht zur Erläuterung der Verschmelzung als solcher hat neben der **Begründung** die rechtlichen und wirtschaftlichen Gründe anzugeben, welche die Verschmelzung als das geeignete Mittel zur Verfolgung des Unternehmenszwecks erscheinen lassen (zum Inhalt *Lutter/ Lutter/Drygala* § 8 UmwG Rz. 13 ff.). Danach sind die bei der aufnehmenden Gesellschaft erhofften Verbesserungen für das Unternehmen sowie bei beiden Unternehmen die Vorteile für die Anteilsinhaber, ggf. auch für die Arbeitnehmer und für die Allgemeinheit, darzustellen. Ferner sind die Alternativen zur Verschmelzung aufzuzeigen und abzuwägen und daraus die Gründe dafür abzuleiten, dass die Verschmelzung das geeignetste Mittel darstellt. Schließlich sind auch die mit der Verschmelzung verbundenen Nachteile, einschließlich eventueller zukünftig notwendiger betrieblicher Reorganisationen, insbes. eventueller Betriebsstilllegungen, anzuführen.

In dem Bericht sind die **Auswirkungen** im Hinblick auf die rechtliche und wirt- 11
schaftliche Tragweite für jede einzelne Bestimmung des Verschmelzungsvertrags umfassend darzulegen, insb bzgl des Umtauschverhältnisses der Anteile, der Angaben über die Mitgliedschaften bei dem übernehmenden Rechtsträger nach der Verschmelzung mit Darstellung der Rechtsfolgen für die bisherigen Gesellschafter des übertragenden und die bisherigen Gesellschafter des übernehmenden Rechtsträgers, speziell mit der Verwässerungswirkung für Minderheitsgesellschafter und Darlegung für einzelne Gesellschaftergruppen, zB Mehrheitsgesellschafter und der Höhe der ggfs. anzubietenden Barabfindung. Ein Schwerpunkt liegt in der Darlegung der Grundlagen für die Ermittlung des Umtauschverhältnisses und der ggf anzubietenden Barabfindung. Diesbzgl sind neben den ermittelten absoluten Unternehmenswerten die für die Ermittlung maßgeblichen wesentlichen Einzelfaktoren (Planzahlen zur Ermittlung der zugrunde gelegten zukünftigen Ertragserwartungen, Risikoabschläge, Kapitalisierungszins) und besondere Schwierigkeiten in der Bewertung mitzuteilen, so dass eine **Plausibilitätskontrolle** möglich ist. Nicht notwendig ist, den Vorgang bis in alle Einzelheiten nachzuvollziehen (*Lutter/Lutter/Drygala* § 8 UmwG Rz. 14). Dies gilt nicht, soweit das Bekanntwerden von Tatsachen einem der beteiligten Rechtsträger oder einem verbundenen Unternehmen einen nicht unerheblichen Nachteil zufügen würde (§ 8 Abs. 2 Satz 1 UmwG). In diesem Fall sind im Bericht die Gründe, weswegen die unternehmerisch schädlichen Tatsachen nicht aufgenommen worden sind, so darzulegen, dass sie einer Plausibilitätskontrolle standhalten (§ 8 Abs. 2 Satz 2 UmwG; *Lutter/ Lutter/Drygala* § 8 UmwG Rz. 47).

Wegen der spezifischen Besonderheiten jedes Verschmelzungsberichts bzgl der beiden zu verschmelzenden Unternehmen wird davon abgesehen, ein Formular für einen Verschmelzungsbericht zu erstellen. Als Leitfaden kann der bei *W/M/Heckschen* in

Anhang 4, Rz. M2 enthaltene gemeinsame Bericht nach § 8 UmwG herangezogen werden.

12 Der Verschmelzungsbericht für GmbHs als beteiligte Rechtsträger ist nach § 47 UmwG spätestens mit der Einberufung der Gesellschafterversammlung, die über den Zustimmungsbeschluss entscheiden soll, gemeinsam mit dem Verschmelzungsvertrag oder dessen Entwurf an sämtliche Gesellschafter zu **versenden;** auf diese Art der **Offenlegung** kann allerdings durch die Gesellschafter einvernehmlich verzichtet werden. Eine bestimmte Form ist für einen derartigen Verzicht auf dessen Offenlegung nicht vorgeschrieben (anders für die Erstellung des Verschmelzungsberichts: notariell beurkundete Verzichtserklärung gem. § 8 Abs. 3 UmwG). Derartige Verzichte kommen wohl nur bei personalistisch geprägten GmbHs zum Tragen, wenn die Gesellschafter die in den Verschmelzungsbericht aufzunehmenden Informationen bereits voll umfänglich anderweitig erhalten haben.

cc) Verschmelzungsprüfung

13 Soweit die Durchführung einer Verschmelzungsprüfung gem. §§ 9–12 UmwG notwendig ist, gelten im Wesentlichen folgende Grundsätze:

Die **Bestellung der Verschmelzungsprüfer** kann entweder einzeln durch die Geschäftsführung jedes an der Verschmelzung beteiligten Rechtsträgers oder auf Antrag dieser vom Gericht (Vorsitzender der Kammer für Handelssachen am Landgericht, in dessen Bezirk der jeweilige Rechtsträger seinen Sitz hat bzw. dem Landgericht, dem die Entscheidung durch Rechtsverordnung der Landesregierung gem. § 306 Abs. 3 iVm. § 10 Abs. 3 UmwG übertragen wurde) erfolgen; auch kann ein gemeinsamer Verschmelzungsprüfer für mehrere oder alle beteiligten Rechtsträger entweder durch die jeweiligen Geschäftsführer oder auf deren Antrag vom Gericht bestellt werden (§ 10 Abs. 1 Satz 2 UmwG). Verschmelzungsprüfer können sein: Wirtschaftsprüfer/Wirtschaftsprüfungsgesellschaften für große Gesellschaften iSv. § 267 HGB, für mittelgroße oder kleine Gesellschaften auch vereidigte Buchprüfer/Buchprüfungsgesellschaften (§ 11 Abs. 1 UmwG iVm. §§ 319 Abs. 1, 267 Abs. 1–3 HGB).

14 **Inhalt** der Prüfung ist die **Vollständigkeit des Verschmelzungsvertrags** unter Berücksichtigung der Bestimmungen des UmwG (insbes. der §§ 4, 5, 6 und 46 UmwG) und die Richtigkeit der darin enthaltenen Angaben sowie die **Angemessenheit** des vorgeschlagenen **Umtauschverhältnisses oder der Mitgliedschaft** bei dem übernehmenden Rechtsträger und ggf. barer Zuzahlung bzw. eines Abfindungsangebots gem. § 29 UmwG (vgl. § 30 UmwG) als Gegenwert für die Anteile an den übertragenden Rechtsträgern. Die Verschmelzungsberichte sind (bzw. der gemeinsame Verschmelzungsbericht ist) selbst nicht Gegenstand der Verschmelzungsprüfung, sondern nur mit heranzuziehen. Für die Ermittlung des Umtauschverhältnisses ist die Bewertung sowohl der abzufindenden Anteile an den übertragenden Rechtsträgern als auch der Anteile an dem übernehmenden Rechtsträger durchzuführen. Die Unternehmensbewertung ist nach den **Grundsätzen zur Durchführung von Unternehmensbewertungen** des IdW (*IdW* Standard ES 1 v. 5.9.07) vorzunehmen. Soweit nur das Umtauschverhältnis zu prüfen ist, kommt es regelmäßig nur auf die verhältnismäßige Bewertung der Anteile an dem übertragenden und an dem übernehmenden Rechtsträger an (zu einem Beispiel s. Rz. 47); auf die absolute Höhe des Unternehmenswerts kommt es nur für Barabfindungen und Zuzahlungen an. Der Wahl der „richtigen" Bewertungsmethode, regelmäßig der sog. **Ertragswertmethode** unter Kapitalisierung der erwarteten Zukunftserträge mit Berücksichtigung des Werts für nicht betriebsnotwendige Vermögensteile, kommt überragende Bedeutung zu. Diese „richtige" Methode ist bei der Bewertung der Anteile an der übertragenden und an der übernehmenden Gesellschaft anzuwenden. Deshalb sind im Prüfungsbericht gem. § 12 Abs. 2 Satz 2 UmwG hierzu ausführliche Angaben zu machen (aller-

dings ist nur über das Ergebnis der Prüfung zu berichten, nicht über den Hergang der Prüfung und die Bewertung iE). Auf die Offenlegung unternehmensschädlicher Tatsachen kann unter Angabe der Gründe verzichtet werden (§§ 12 Abs. 3, 8 Abs. 2 UmwG, s. Rz. 11). Ebenso kann auf die schriftliche Abfassung des Prüfungsberichts (und dessen Offenlegung bei der Anmeldung zum Handelsregister als Anlage, § 17 Abs. 1 UmwG) durch notariell beurkundete Verzichtserklärungen aller Anteilsinhaber aller beteiligten Rechtsträger verzichtet werden (§§ 12 Abs. 3, 8 Abs. 3 UmwG).

Die Gesellschafter einer GmbH haben gem. § 48 Satz 1 UmwG (Neuerung auf **15** Grund des Zweiten Gesetzes zur Änderung des UmwG v. 19.4.07, BGBl. I 07, 542) die Prüfung des Verschmelzungsvertrags oder seines Entwurfs innerhalb einer Woche nach Erhalt der in § 47 UmwG genannten Unterlagen zu verlangen. Allerdings enthält das UmwG für die Verschmelzung unter Beteiligung von GmbH keine ausdrückliche Bestimmung, dass der Prüfungsbericht bei Erfassung des Zustimmungsbeschlusses vorzuliegen hat (anders bei der AG in § 63 Abs. 1 Nr. 5 UmwG); nur bei der Anmeldung zum Handelsregister ist dieser gem. § 17 Abs. 1 UmwG als Anlage beizufügen. Dennoch wird unter der neuen Gesetzeslage zu fordern sein, dass der Prüfungsbericht zum Zeitpunkt des Zustimmungsbeschlusses vorliegt. Die Verschmelzungsprüfung wird jedoch mehr Zeit erfordern als zwischen Ablauf der Wochenfrist und dem Datum der Gesellschafterversammlung zur Verfügung steht (*S/St/Reichert* § 48 UmwG Rz. 14). Dann bleibt nur übrig, die Einberufungsfrist für die Gesellschafterversammlung zu verlängern. Um die dadurch entstehende Verzögerung zu vermeiden, sieht das Formular A. 15.63b unter 2. d) vor, dass das Prüfungsverlangen nicht gestellt wurde und vorsorglich auf eine Prüfung verzichtet wird.

dd) Die zu verschmelzende (übertragende/untergehende) GmbH

Auch bei der **Verschmelzung durch Aufnahme** (überlebende GmbH ist eine **16** bereits bestehende GmbH) können mehrere Gesellschaften in einem Vorgang miteinander verschmolzen werden (§ 2 Nr. 1 UmwG). Auch aufgelöste Gesellschaften sind verschmelzungsfähig, wenn deren Fortsetzung beschlossen werden könnte (§ 3 Abs. 3 UmwG); vor dem Abschluss des Verschmelzungsvertrags muss kein eigener Fortsetzungsbeschluss gefasst werden; er ist im Verschmelzungsbeschluss mitenthalten (*Lutter/Lutter* § 3 UmwG Rz. 12).

ee) Verschmelzungsvertrag

Der Verschmelzungsvertrag wird zwischen den beiden GmbH, diese vertreten **17** durch ihre jeweiligen Geschäftsführer (alleinige Vertretung durch Prokuristen nicht möglich, vgl. *W/M/Heckschen* § 6 UmwG Rz. 29ff. mwN) in vertretungsberechtigter Anzahl, abgeschlossen. Er bedarf der **notariellen Beurkundung** (§ 6 UmwG).

Zum zwingenden Mindestinhalt des Verschmelzungsvertrags gem. §§ 5 Abs. 1 und **18** 46 Abs. 1–3 UmwG, vgl. die Einzelerläuterungen zu §§ 1 und 2 s. Rz. 39ff. Zwingender Inhalt ist ua die **Übertragung des Vermögens als Ganzes** unter Ausschluss der Abwicklung im Wege der Verschmelzung durch die übertragende Gesellschaft auf die übernehmende Gesellschaft und die Angabe des Nennbetrages des Geschäftsanteils, den die übernehmende Gesellschaft jedem Gesellschafter der übertragenden Gesellschaft zu gewähren hat. Soweit bereits vorhandene (insbes. eigene) Anteile der übernehmenden Gesellschaft an Gesellschafter der übertragenden Gesellschaft gewährt werden sollen, muss dies unter Angabe der Gesellschafter und der jeweiligen Nennbeträge der zu gewährenden Geschäftsanteile ebenfalls im Verschmelzungsvertrag besonders bestimmt werden.

In den zu gewährenden Anteilen kommt das Umtauschverhältnis zum Ausdruck, **19** wonach die Gesellschafter der übertragenden Gesellschaft angemessen entschädigt und dabei die Gesellschafter der übernehmenden GmbH nicht benachteiligt werden sollen. Dazu notwendig ist die Bewertung beider Unternehmen, wobei idR die Ermittlung des relativen **Verhältnisses der Unternehmenswerte** (s. Rz. 14) zueinander ausreichend ist; zur Formel für die Berechnung s. Rz. 47.

20 Werden als Gegenleistung neben den zu gewährenden Anteilen an der übernehmenden GmbH auch **Zuzahlungen** geleistet (bis zur Höhe von 10% des Gesamtnennbetrags der gewährten Anteile durch Barzahlung möglich, § 54 Abs. 4 UmwG), sind diese im Verschmelzungsvertrag ebenfalls festzusetzen; da Zuzahlungen aber zwingend zur anteiligen **Gewinnrealisierung** führen (s. Rz. 26), werden diese in der Praxis so weit als möglich vermieden.

ff) Unterrichtung über Vermögensveränderungen

21 Durch das Dritte Gesetz zur Änderung des UmwG v. 11.7.11 (BGBl. I 11, 1338) hat der Gesetzgeber eine **Unterrichtungspflicht** bzgl. Vermögensveränderungen bei Verschmelzungen unter der Beteiligung von AG eingeführt. Danach hat der Vorstand einer an der Verschmelzung beteiligten AG in der Hauptversammlung über jede wesentliche Veränderung des Vermögens der Gesellschaft zu unterrichten, die seit dem Abschluss des Verschmelzungsvertrags oder der Aufstellung des Entwurfs eingetreten sind; vgl. § 64 Abs. 1 Satz 2 UmwG nF.

Diese Unterrichtungspflicht beruht auf der EU-Richtlinie 2009/109/EG v. 16.9.09 (ABl. EU L 259 S. 14). Sah der Regierungsentwurf des Gesetzes zur Änderung des UmwG noch vor, dass eine solche Unterrichtungspflicht für Verschmelzungen und Spaltungen aller Rechtsträger gilt (vgl. *Heckschen* NZG 10, 1042), ist aufgrund der Änderungen im parlamentarischen Verfahren letztlich nur eine solche Pflicht für den Vorstand einer AG aufgenommen worden. Folglich bedeutet dies für den hier vorliegenden Fall, dass die **Geschäftsführer der an der Verschmelzung beteiligten GmbHs keine** solche **Unterrichtungspflicht** haben.

22 *(frei)*

gg) Zustimmungsbeschlüsse der Gesellschafter

23 Der Verschmelzungsvertrag bedarf zu seiner Wirksamkeit der Zustimmung der Gesellschafterversammlungen, und zwar sowohl der übertragenden als auch der übernehmenden Gesellschaft (§ 13 Abs. 1 UmwG). Die Gesellschafter müssen dabei mit einer Mehrheit von mindestens $^3/_4$ der abgegebenen Stimmen zustimmen (§ 50 Abs. 1 Satz 1 UmwG); der Gesellschaftsvertrag kann zwar eine höhere qualifizierte Mehrheit vorschreiben, jedoch keine geringere (§ 50 Abs. 1 Satz 2 UmwG); höhere, gesellschaftsvertraglich qualifizierte Mehrheiten sind auch dann für den Zustimmungsbeschluss notwendig, wenn diese dort ganz allgemein für Änderungen des Gesellschaftsvertrags vorgeschrieben sind (*W/M/Mayer* § 50 UmwG Rz. 42; *Lutter/Winter* § 50 UmwG Rz. 6). Für besondere Konstellationen sieht das UmwG darüber hinaus aber noch **weitere Zustimmungserfordernisse** vor: **(a)** wenn die Abtretung der Anteile des übertragenden Rechtsträgers der Genehmigung bestimmter einzelner Anteilsinhaber bedarf (sog. **Vinkulierung**), müssen auch diejenigen Gesellschafter, von deren Genehmigung die Abtretung der Anteile abhängig ist, dem Verschmelzungsvertrag zustimmen (§ 13 Abs. 2 UmwG); **(b)** wenn statutarische Minderheitsrechte und Geschäftsführungssonderrechte einzelner Gesellschafter bei einer der übertragenden Gesellschaften bestehen, welche durch die Verschmelzung beeinträchtigt werden, ist die Zustimmung der jeweils betroffenen Gesellschafter zum Verschmelzungsbeschluss derjenigen übertragenden Gesellschaft erforderlich, bei der diese Sonderrechte bestehen (§ 50 Abs. 2 UmwG); **(c)** bei nicht voll einbezahlten Gesellschaftsanteilen bedürfen die Verschmelzungsbeschlüsse der Zustimmung aller bei der Beschlussfassung anwesenden Anteilsinhaber (§ 51 Abs. 1 Satz 1 UmwG für nicht voll einbezahlte Geschäftsanteile eines übernehmenden Rechtsträgers und § 51 Abs. 1 Satz 3 UmwG für nicht voll einbezahlte Geschäftsanteile eines übertragenden Rechtsträgers), vgl. auch Rz. 77 zu den Gesellschafterbeschlüssen.

Die Zustimmungsbeschlüsse sind notariell zu beurkunden (§ 13 Abs. 3 UmwG); der Verschmelzungsvertrag oder dessen Entwurf ist als Anlage beizufügen (§ 13 Abs. 3 Satz 2 UmwG). Das Formular A. 15.63b sieht Beschlussfassung in gemeinsamen Gesellschaftervollversammlungen für beide Gesellschaften vor (s. Rz. 70 ff.).

hh) Wirkung der Verschmelzung

Mit der Eintragung der Verschmelzung in das Handelsregister der übernehmenden Gesellschaft geht das Vermögen der übertragenden Gesellschaft im Wege der Gesamtrechtsnachfolge auf die übernehmende Gesellschaft über (§ 20 Abs. 1 Nr. 1 UmwG), die übertragende Gesellschaft erlischt (§ 20 Abs. 1 Nr. 2 UmwG) und die Gesellschafter der übertragenden Gesellschaft werden Gesellschafter der übernehmenden Gesellschaft (§ 20 Abs. 1 Nr. 3 UmwG). Allerdings muss vor dieser **Eintragung** zunächst die für die Verschmelzung notwendige **Kapitalerhöhung** bei der übernehmenden Gesellschaft eingetragen sein (§ 53 UmwG). Die Gläubiger der übertragenden GmbH müssen dem Übergang der Verbindlichkeiten nicht zustimmen; sie haben aber das Recht, innerhalb von sechs Monaten ab Bekanntmachung der Eintragung der Verschmelzung in das Handelsregister Sicherheit oder Befriedigung zu verlangen (§ 22 UmwG). 24

c) Ertragsteuern

Für die Ertragsbesteuerung sind bei der Verschmelzung drei Ebenen zu unterscheiden: 25

- Besteuerung bei der übertragenden Körperschaft (hier B-GmbH) gem. § 11 UmwStG, s. unten Rz. 24 ff. und 55 f.
- Besteuerung bei der übernehmenden Körperschaft (hier A-GmbH) gem. § 12 UmwStG, s. unten Rz. 28 ff. und 57 ff. und
- Besteuerung bei den Gesellschaftern der übertragenden Körperschaft (hier Gesellschafter der B-GmbH) gem. § 13 UmwStG, su. Rz. 36 ff. und 63.

aa) Steuerfolgen bei der übertragenden Gesellschaft (hier B-GmbH)

Grundsatz: Nach § 11 Abs. 1 Satz 1 UmwStG ist das Vermögen der übertragenden B-GmbH in deren steuerlicher Schlussbilanz (Verschmelzungsbilanz) grds. mit dem gemeinen Wert der übergehenden Wirtschaftsgüter anzusetzen. Auf Antrag können die übergehenden Wirtschaftsgüter gem. § 11 Abs. 2 Satz 1 UmwStG abweichend einheitlich mit dem Buchwert **(Vermeidung der Gewinnrealisierung)** oder einem höheren Wert, höchstens jedoch mit dem gemeinen Wert angesetzt werden, soweit sichergestellt ist, dass sie später bei der übernehmenden Körperschaft der Besteuerung mit Körperschaftsteuer unterliegen, das Recht der Bundesrepublik Deutschland hinsichtlich der Besteuerung des Gewinns aus der Veräußerung der übertragenen Wirtschaftsgüter bei der übernehmenden Körperschaft nicht ausgeschlossen oder beschränkt wird und eine Gegenleistung nicht gewährt wird oder in Gesellschaftsrechten besteht. 26

Verlustvorträge der übertragenden Gesellschaft gehen durch die Verschmelzung unter (§ 12 Abs. 3 iVm. § 4 Abs. 2 UmwStG). Gleiches gilt für evtl. vorhandene Zins- oder EBITDA-Vorträge iSv. § 4h EStG. 27

Keine Gegenleistung bzw. nur in Form von Gesellschaftsrechten (§ 11 Abs. 2 Satz 1 Nr. 3 UmwStG): Soweit die von den Gesellschaftern A und B gehaltenen Anteile an der B-GmbH betroffen sind, wird eine Gegenleistung (ausschließlich) in Form von Gesellschaftsrechten an der A-GmbH gewährt. Soweit die von der A-GmbH an der B-GmbH gehaltenen Anteile betroffen sind, wird keine Gegenleistung gewährt. § 11 Abs. 2 Satz 1 Nr. 3 UmwStG ist damit erfüllt. Unter den weiteren og. Voraussetzungen (Rz. 24) können somit die steuerlichen **Buchwerte** des zu übertragenden Vermögens in der Schlussbilanz angesetzt und kann insoweit eine Gewinnrealisierung vermieden werden. 28

29 Soweit die von der B-GmbH gehaltenen eigenen Anteile betroffen sind, gehen diese Anteile im Rahmen der Umwandlung unter; sie sind in der Übertragungsbilanz nicht mehr zu erfassen. Ein entstehender Buchverlust ist in der steuerlichen Gewinnermittlung außerhalb der Bilanz hinzuzurechnen oder gewinnneutral auszubuchen (vgl. UmwSt-Erl. 2011 BMF v. 11.11.11, BStBl. I 11, 1314, Tz. 11.03 iVm. 03.05).

bb) Steuerfolgen bei der übernehmenden Gesellschaft (hier A-GmbH)

30 Die übernehmende Gesellschaft hat die auf Grund der Verschmelzung übergegangenen Wirtschaftsgüter in ihrer steuerlichen **Übernahmebilanz** grds. mit den Werten zu übernehmen, mit welchen sie in der steuerlichen Schlussbilanz der übertragenden Gesellschaft angesetzt sind (§ 12 Abs. 1 Satz 1 UmwStG). Dh, ist bei der übertragenden B-GmbH auf Grund der Ausübung des Wahlrechts durch diese auf eine Gewinnrealisierung zu verzichten (§ 11 Abs. 2 UmwStG), hat die übernehmende A-GmbH die bisherigen steuerlichen Buchwerte fortzuführen; die übernehmende A-GmbH tritt in die steuerliche Rechtsstellung der übertragenden Gesellschaft ein, insbes. bzgl. der Bewertung der übernommenen Wirtschaftsgüter, der Abschreibungen und der den steuerlichen Gewinn mindernden Rücklagen (§ 12 Abs. 3 iVm. § 4 Abs. 2 und 3 UmwStG) sowie der KSt-Guthaben gem. § 37 KStG und der KSt-Erhöhung gem. § 38 KStG.

31 Hat die übertragende B-GmbH **ihr Wahlrecht gem. § 11 Abs. 2 UmwStG** auf Buchwertansatz nicht ausgeübt, sondern die Wirtschaftsgüter in ihrer steuerlichen Schlussbilanz (steuerlichen Verschmelzungsbilanz) mit einem Zwischenwert oder dem gemeinen Wert nach § 11 Abs. 1 bzw. 2 UmwStG angesetzt, sind die übertragenen Wirtschaftsgüter von der übernehmenden A-GmbH gem. § 12 Abs. 1 Satz 1 UmwStG mit den in der steuerlichen Schlussbilanz ausgewiesenen (aufgestockten) Werten zu übernehmen. Auch in diesen Fällen tritt die übernehmende A-GmbH in die Rechtsstellung der übertragenden B-GmbH ein (§ 12 Abs. 3 iVm. § 4 Abs. 2 und 3 UmwStG).

32 Da die übernehmende A-GmbH an der übertragenden B-GmbH beteiligt ist, ist gem. § 12 Abs. 2 UmwStG ein sich ergebender Unterschiedsbetrag zwischen dem Buchwert der (untergehenden) Beteiligung und dem Wert, mit dem die übergehenden Wirtschaftsgüter zu übernehmen sind steuerlich nicht zu berücksichtigen (§ 12 Abs. 2 Satz 1 UmwStG). Auf den sog. echten Übernahmegewinn findet § 8b KStG Anwendung (§ 12 Abs. 2 Satz 2 UmwStG).

33 Trotz der Wahl zur Buchwertfortführung gem. § 11 Abs. 2 UmwStG kann es insoweit zu einer **partiellen Steuerpflicht** bei der übernehmenden GmbH kommen, als diese zur Entschädigung der Gesellschafter der übertragenden GmbH **eigene alte Anteile gewährt** (*R/H/L/Rödder* § 11 UmwStG Rz. 143; *S/H/S/Schmitt* § 11 UmwStG Rz. 85 *W/M/Widmann* § 11 UmwStG Rz. 107 iVm. § 12 UmwStG Rz. 63).

34 *(frei)*

35 Ein **steuerpflichtiger Übernahmegewinn zweiter Stufe** kann aus der Vereinigung von Forderungen und Verbindlichkeiten zwischen übertragender und übernehmender Gesellschaft entstehen, soweit die bilanzierten Werte bei beiden Gesellschaften (zB auf Grund des Imparitätsprinzips) voneinander abweichen. Dieser Übertragungsgewinn zweiter Stufe unterliegt grds. der Gewerbe- und Körperschaftsteuer bei der übernehmenden Gesellschaft; allerdings hat diese die Möglichkeit, in Höhe ihrer Beteiligungs-Quote an der übertragenden Gesellschaft die Besteuerung durch eine Rücklagenbildung auf die folgenden drei VZ zu verteilen (Rücklage gem. § 12 Abs. 4 UmwStG iVm. § 6 Abs. 1 und 2 UmwStG).

Ein verbleibender Verlustabzug nach § 10d EStG oder vortragsfähiger Fehlbetrag iSd. § 10a GewStG der übertragenden Körperschaft geht ebenso wie ein Zins- oder EBITDA-Vortrag nach § 4h EStG unter (§ 12 Abs. 3 iVm. § 4 Abs. 2 UmwStG; § 19 Abs. 2 GewStG).

cc) Besteuerung der Gesellschafter der übertragenden B-GmbH

Bei den Gesellschaftern der übertragenden GmbH kann sich die Verschmelzung unter den Voraussetzungen des § 13 Abs. 2 UmwStG steuerneutral vollziehen. Grundsätzlich gelten die Anteile an der übertragenden Körperschaft als zum gemeinen Wert veräußert und die an ihre Stelle tretenden Anteile an der übernehmenden Körperschaft gelten als mit diesem Wert angeschafft. Ausnahmsweise sind aber auf Antrag die Anteile an der übernehmenden Körperschaft mit dem Buchwert (Anschaffungskosten, falls sie nicht zu einem Betriebsvermögen gehören, § 13 Abs. 2 Satz 3 UmwStG) der Anteile an der übertragenden Körperschaft anzusetzen, wenn das Recht der Bundesrepublik Deutschland hinsichtlich der Besteuerung des Gewinns aus der Veräußerung der Anteile an der übernehmenden Körperschaft nicht ausgeschlossen oder beschränkt wird oder die EU-Mitgliedstaaten bei einer Verschmelzung Art. 8 FRL anzuwenden haben; in diesem Fall ist der Gewinn aus einer späteren Veräußerung der erworbenen Anteile ungeachtet der Bestimmungen eines DBA in der gleichen Art und Weise zu besteuern, wie die Veräußerung der Anteile an der übertragenden Körperschaft zu besteuern wäre (§ 13 Abs. 2 Nr. 2 UmwStG). Hinweis auf § 20 Abs. 4a EStG idF des AmtshilfeRLUmsG v. 26.6.13 (BGBl. I 13, 1809) für nicht qualifizierte Beteiligungen iSv § 17 EStG, die sich im steuerlichen Privatvermögen befinden (siehe hierzu auch *Born* DStR 14, 353). 36

(frei) 37, 38

2. Einzelerläuterungen

a) Zivilrecht

Der Verschmelzungsvertrag wird zwischen der B-GmbH als übertragendem Rechtsträger und der A-GmbH als übernehmendem Rechtsträger abgeschlossen. Er ist notariell zu beurkunden (§ 6 UmwG). Der Mindestinhalt des Verschmelzungsvertrags ergibt sich aus §§ 5 Abs. 1 und 2, 46 UmwG.

Zu § 1 Abs. 1: Bezeichnung der Rechtsträger und Vermögensübergang

§ 1 Abs. 1 des Verschmelzungsvertrags entspricht den Anforderungen von § 5 Abs. 1 Nr. 1 und 2 UmwG. Danach ist anzugeben: Die Firma und der Sitz der an der Verschmelzung beteiligten Rechtsträger sowie die Vereinbarung über die **Übertragung des Vermögens** des übertragenden Rechtsträgers als Ganzes gegen Gewährung von Anteilen an dem übernehmenden Rechtsträger. 39

Zu § 1 Abs. 2 und 3: Verschmelzungsstichtag

Abs. 2: Die Bestimmung entspricht der Anforderung des § 5 Abs. 1 Nr. 6 UmwG zur Angabe des Verschmelzungsstichtags. Zivilrechtlich geht das Vermögen der übertragenden B-GmbH erst im Zeitpunkt der Eintragung der Verschmelzung in das Register des Sitzes der übernehmenden A-GmbH über (§ 20 Abs. 1 Nr. 1 UmwG; s. Rz. 22). 40

Abs. 3: Nach § 17 Abs. 2 UmwG ist der Anmeldung zum Register der übertragenden B-GmbH auch eine Bilanz **(Schlussbilanz)** der B-GmbH beizufügen. Diese Schlussbilanz wird auf den Tag aufgestellt, der dem in § 1 Abs. 2 bestimmten Verschmelzungsstichtag vorangeht. Da für die Schlussbilanz gem. § 17 Abs. 2 Satz 2 UmwG die Vorschriften über die Jahresbilanz und deren Prüfung entsprechend gelten (mit Ausnahme der Bekanntmachung, vgl. § 17 Abs. 2 Satz 3 UmwG), ist (neben der Aufstellung mit Unterschrift durch sämtliche Geschäftsführer und der Erstellung des Anhangs) – je nach Größe gem. § 267 HGB – eine Abschlussprüfung erforderlich (gesonderte Feststellung allenfalls vorsorglich, vgl. A. 15.60 Rz. 7). Das Registergericht hat einen Bilanzstichtag anzuerkennen, der bis zu acht Monaten vor der Anmeldung der Verschmelzung liegen kann (§ 17 Abs. 2 Satz 4 UmwG). Dieser bis zu achtmona- 41 tigen **Rückwirkung** folgt auch das Ertragsteuerrecht; dh. das Einkommen der übertragenden Körperschaft sowie der Übernehmerin sind so zu ermitteln, als ob das Vermögen der übertragenden Körperschaft mit Ablauf des Bilanzstichtages (= Tag, auf den die Verschmelzungsbilanz aufgestellt ist) auf die übernehmende Gesellschaft übergegangen wäre und die übertragende Gesellschaft gleichzeitig aufgelöst worden wäre. Dies gilt entsprechend für die Gewerbesteuer.

42 Steuerlich folgt daraus im Wesentlichen: der Geschäftsbetrieb der übertragenden B-GmbH ist steuerlich ab dem Verschmelzungsstichtag bei der übernehmenden Gesellschaft zu erfassen. Hinweis auch auf § 2 Abs. 4 Sätze 3 bis 6 UmwStG idF des AmtshilfeRLUmsG v. 26.6.13 (BGBl. I 13, 1809), vgl. auch *Viebrock* DStR 13, 1364.

Zu § 2: Gegenleistung und Umtauschverhältnis

43 **Abs. 1:** Anzugeben ist gem. § 5 Abs. 1 Nr. 3 UmwG das Umtauschverhältnis der Anteile; nach § 46 Abs. 1 Satz 1 UmwG ist zusätzlich für jeden Anteilsinhaber des übertragenden Rechtsträgers der **Nennbetrag des Geschäftsanteils** zu bestimmen und anzugeben, den die übernehmende A-GmbH ihm zu gewähren hat, vgl. Rz. 44. Im Formular sind das Umtauschverhältnis und die konkreten Angaben über die Mitgliedschaftsrechte bei dem übernehmenden Rechtsträger für jeden Gesellschafter aufgeführt. Obwohl bei dem dem Formular zugrundeliegenden Fall keine baren Zuzahlungen (wegen der geringfügigen Rundungsdifferenz) vorgesehen sind, wird auf deren Nichtgewährung ebenfalls klarstellend hingewiesen (im Übrigen dürfen bare Zuzahlungen gem. § 54 Abs. 4 UmwG $^1/_{10}$ des gesamten Nennbetrags der als Gegenleistung gewährten Geschäftsanteile nicht übersteigen).

44 **Abs. 2:** Soweit die Erhöhung des Stammkapitals zur Durchführung der Verschmelzung erfolgt, ist zu beachten, dass nach Änderung des GmbHG aufgrund des MoMiG v. 23.10.08 (BGBl. I 08, 2026) keine Mindestnennbeträge mehr erforderlich sind, sondern die Nennbeträge der Geschäftsanteile nur noch auf volle Euro laufen müssen, § 5 Abs. 2 GmbHG. Eine Übernahmeerklärung gem. § 55 Abs. 1 GmbHG ist nicht notwendig; auch entfallen die Bestimmungen über die Einlageleistung in den §§ 56a, 57 Abs. 2, Abs. 3 Nr. 1 des GmbHG (§ 55 Abs. 1 Satz 1 UmwG). Da es sich jedoch um eine **Kapitalerhöhung** auf Grund Sacheinlage handelt, folgt daraus ein Prüfungsrecht des Registergerichts (wohl Sachkapitalerhöhungsbericht sowie Wertnachweisunterlagen notwendig). Obwohl die Kapitalerhöhung nicht Gegenstand des Verschmelzungsvertrags, sondern des Gesellschafterbeschlusses ist (s. Formular A. 15.63b Punkt 1. a), aber die Anteile, mit denen die Gesellschafter der übertragenden GmbH entschädigt werden, zu bezeichnen sind, empfiehlt sich die Aufnahme auch in den Vertrag.

45 Die Angabe und die Bezeichnung der als Gegenleistung auszugebenden Anteile, die nicht durch Kapitalerhöhung neu geschaffen werden, sondern durch Verwendung schon **vorhandener Geschäftsanteile,** sind gem. § 46 Abs. 3 UmwG unter Angabe der Gesellschafter und der Nennbeträge der Geschäftsanteile, die diese erhalten sollen, erforderlich. Bezüglich des von der übernehmenden A-GmbH gehaltenen Geschäftsanteils im Nennbetrag von € 5.000.– an der übertragenden B-GmbH ist gem. § 54 Abs. 1 Satz 1 Nr. 1 UmwG eine Kapitalerhöhung ausgeschlossen. Ferner wird nach der im Formular in § 2 Abs. 2 Nr. 2 getroffenen Regelung von der Bestimmung in § 54 Abs. 1 Satz 2 UmwG Gebrauch gemacht, wonach die übernehmende A-GmbH ihr Stammkapital nicht zu erhöhen braucht, soweit **(1)** sie einen eigenen Geschäftsanteil innehat (im Beispielsfall im Nennbetrag von € 10.000.–, § 54 Abs. 1 Satz 2 Nr. 1 UmwG) oder **(2)** die übertragende B-GmbH einen voll eingezahlten Geschäftsanteil an der übernehmenden A-GmbH hält (im Beispielsfall im Nennbetrag von € 9.000.–; § 54 Abs. 1 Satz 2 Nr. 2 UmwG).

46 Zum **zwingenden Inhalt** des Verschmelzungsvertrags bezüglich der Gegenleistung gehören bei einer GmbH als übernehmende Gesellschaft neben der Angabe des Um-

tauschverhältnisses der Anteile und ggf. der Höhe barer Zuzahlungen auch **Angaben über die Mitgliedschaft** beim übernehmenden Rechtsträger (§ 5 Abs. 1 Nr. 3 UmwG), und zwar nach § 46 Abs. 1 Satz 1 UmwG **für jeden Anteilsinhaber eines übertragenden Rechtsträgers** die Bestimmung des ihm zu gewährenden Nennbetrags des Geschäftsanteils an der übernehmenden Gesellschaft. In der Angabe der zu gewährenden Anteile spiegelt sich die Bewertung sowohl der übertragenden Gesellschaften als auch der übernehmenden Gesellschaft wieder, welche zu einem bestimmten **Umtauschverhältnis** (s. Rz. 14) führt (vgl. zum Umtauschverhältnis *Lutter/Lutter/Drygala* § 5 UmwG Rz. 25; *W/M/Mayer* § 5 UmwG Rz. 94 ff.).

Nachfolgend werden für den diesem Formular zugrundeliegenden **Beispielsfall** das 47
Umtauschverhältnis und die Höhe der zu gewährenden Anteile einschließlich der durchzuführenden Kapitalerhöhung schematisch vereinfacht auf Basis der bilanziellen Eigenkapitalien zzgl. stiller Reserven zum Verschmelzungsstichtag der übertragenden B-GmbH und der übernehmenden A-GmbH ermittelt (in der Praxis ist jeweils das Ergebnis der Unternehmensbewertungen, regelmäßig auf Basis von Ertragswerten zzgl. Substanzwert für nicht betriebsnotwendige Vermögensgegenstände, zu ermitteln und als Basis für die Berechnung des Umtauschverhältnisses zu verwenden); es wird (zur Vereinfachung) unterstellt, dass die übertragende B-GmbH einen Unternehmenswert von € 90.000.– und die übernehmende A-GmbH einen Unternehmenswert von € 200.000.– jeweils vor der Verschmelzung haben solle und nach Durchführung der Verschmelzung die übernehmende A-GmbH einen Unternehmenswert von € 260.000.– haben solle.

Das **Beispiel** geht von den folgenden Werten aus:

Übertragende B-GmbH

Das voll eingezahlte Stammkapital der B-GmbH beträgt € 50.000.–. Daran sind beteiligt

- Herr A mit einem Geschäftsanteil im Nennbetrag von € 25.000.– (50%),
- Herr B mit einem Geschäftsanteil im Nennbetrag von € 15.000.– (30%),
- A-GmbH mit einem Geschäftsanteil im Nennbetrag von € 5.000.– (10%),
- B-GmbH (eigene Anteile) mit einem Geschäftsanteil im Nennbetrag von € 5.000.– (10%).

Darüber hinaus weist die handelsrechtliche Schlussbilanz Rücklagen (nach Ausbuchung der Rücklage für eigene Anteile) und einen Bilanzgewinn von zusammen € 25.000.– aus.

B-GmbH hält einen Geschäftsanteil im Nennbetrag von € 9.000.– an der A-GmbH, welcher voll eingezahlt ist und mit diesem Betrag in der Schlussbilanz aktiviert ist. Daneben hält die B-GmbH eigene Geschäftsanteile im Nennbetrag € 5.000.– (10%) an ihrem Stammkapital von insgesamt € 50.000.–. Die eigenen Anteile sind in der Verschmelzungsbilanz bereits erfolgsneutral ausgebucht (gegen die gem. § 272 Abs. 4 HGB iVm. § 33 Abs. 2 GmbHG gebildete Rücklage für eigene Anteile).

Unter Berücksichtigung von € 15.000.– stillen Reserven (davon entfallen € 5.000.– auf Firmenwert) soll die B-GmbH einen Wert von € 90.000.– haben (Kapital € 50.000.– + Rücklagen € 25.000.– + stille Reserven € 15000.–).

Übernehmende A-GmbH

Die übernehmende A-GmbH hat ein voll eingezahltes Stammkapital von € 100.000.–, das wie folgt gehalten wird:

- Von Herrn A nominal € 81.000.– in einem steuerlichen Betriebsvermögen (Einzelunternehmen),
- von der B-GmbH nominal € 9.000.–
- eigene Anteile der A-GmbH nominal € 10.000.– (Nennbetrag = Buchwert = Anschaffungskosten).

Die Beteiligung der A-GmbH an der B-GmbH im Nennbetrag von € 5.000.– steht mit diesem Wert zum Verschmelzungsstichtag in den Büchern der A-GmbH, jedoch haben die ursprünglichen Anschaffungskosten € 10.000.– betragen (Minderung durch vorangegangene Teilwertabschreibung).

Die A-GmbH weist zum Verschmelzungsstichtag Rücklagen und Bilanzgewinne von insgesamt € 65.000.– (vor Berücksichtigung der Verschmelzung) auf.

Unter Einbeziehung von stillen Reserven (einschließlich eines Firmenwerts) von € 35.000.– hat die A-GmbH somit einen Wert von € 200.000.– (€ 100.000.– Kapital, € 65.000.– Bilanzgewinn und Rücklagen, € 35.000.– stille Reserven).

Daraus errechnet sich der **Wert der A-GmbH nach durchgeführter Verschmelzung** wie folgt:

Wert A-GmbH vor Verschmelzung	€	200.000.–
Wert B-GmbH vor Verschmelzung	€	90.000.–
./. Wert der Beteiligung von A-GmbH an B-GmbH, welche durch die Verschmelzung wegfällt: € 90.000.– × (€ 5.000.– : € 45.000.– B-GmbH-Kapital ohne eigene Anteile)	./. €	10.000.–
./. Wert der bisherigen Beteiligung von B-GmbH an A-GmbH (werden eigene Anteile von A-GmbH, dadurch kein Vermögenszuwachs): € 200.000.– × (€ 9.000.– : € 90.000.– Kapital von A-GmbH ohne eigene Anteile)	./. €	20.000.–
Wert A-GmbH nach Verschmelzung	€	260.000.–

Die Geschäftsanteile an der B-GmbH im Nennbetrag von zusammen € 40.000.– sind im Zuge der Verschmelzung abzufinden:

Stammkapital B-GmbH	€	50.000.–
./. Beteiligung von A-GmbH an B-GmbH, die bei der Verschmelzung untergeht	€	5.000.–
./. eigene Anteile der B-GmbH (gehen im Rahmen der Verschmelzung ebenfalls unter)	€	5.000.–
abzufindende B-GmbH-Anteile im Nennbetrag von insgesamt	€	40.000.–

Das ausstehende Stammkapital (ohne eigene Anteile) der B-GmbH in Höhe von nominal € 45.000.– hat einen Wert von € 90.000.–; dh. je nominal € 100.– B-GmbH Geschäftsanteile sind € 200.– wert.

Für die Abfindung von nominal € 40.000.– B-GmbH-Anteilen wird eine durch das Umtauschverhältnis bestimmte Anzahl an A-GmbH-Anteilen benötigt (für das Umtauschverhältnis steht nachfolgend kurz Y). Für die **Abfindung** stehen bereits eigene A-GmbH-Anteile von nominal € 10.000.– sowie die auf Grund der Verschmelzung von B-GmbH auf A-GmbH übergehenden Anteile von nominal € 9.000.–, zusammen also insgesamt € 19.000.– (nachfolgend insgesamt bezeichnet als eigene Anteile) zur Verfügung. Um diese Beteiligung braucht das Kapital der A-GmbH nicht erhöht zu werden. Daraus errechnet sich folgende Formel für die durchzuführende Kapitalerhöhung (Betrag der Kapitalerhöhung nachfolgend bezeichnet K):

$$(1)\ \text{Kapitalerhöhung (K)} = \frac{\text{abzufindende nominelle B-GmbH-Anteile}}{\text{Umtauschverhältnis (Y)}}\ ./.\ \text{Eigene Anteile}$$

$$(2)\ \text{Kapital} + \text{K} = \frac{\text{Wert A-GmbH nach Verschmelzung € 100}}{\text{Wert B-GmbH für € 100.– nominal} \times \text{Umtauschverhältnis (Y)}}$$

Verschmelzung zweier GmbH

$$(1)\ \text{K} = \frac{€\ 40.000}{\text{Y}}\ ./.\ €\ 19.000$$

(2) $€\ 100.000 + K = \dfrac{€\ 260.000 \times 100}{€\ 200 \times Y}$

gesucht: K = Kapitalerhöhung
Y = Umtauschverhältnis

Durch mathematische Auflösung beider Gleichungen errechnet sich ein Umtauschverhältnis von Y = 1,111 und eine durchzuführende Kapitalerhöhung von K = € 17.003.– (abgerundet) = € 17.000.– wie folgt:

(1) in (2) : $€\ 100.000 + \dfrac{€\ 40.000}{Y} - 19.000 = \dfrac{260.000 \times 100}{200 \times Y}$

$$162.000\ Y + 80.000 = 260.000$$
$$162.000\ Y = 180.000$$
$$Y = 1{,}111$$

Y in (1): $K = \dfrac{€\ 40.000}{1{,}111} - €\ 19.000 = €\ 17.003$ abgerundet € 17.000

Die Verwendung der durch Kapitalerhöhung neu zu schaffenden A-GmbH Anteile und der alten Anteile ist im Formular (Verschmelzungsvertrag) im Einzelnen bestimmt. Das gefundene Ergebnis lässt sich wie folgt verproben **(Probe):**

Werte der Gesellschafter vor der Verschmelzung:

Herr A an A-GmbH	$\dfrac{€\ 81.000}{€\ 90.000}$	v. € 200.000	€ 180.000.–
Herr A an B-GmbH	$\dfrac{€\ 25.000}{€\ 45.000}$	v. € 90.000	€ 50.000.–
Summe für Herrn A			€ 230.000.–
Herr B an B-GmbH	$\dfrac{€\ 15.000}{€\ 45.000}$	v. € 90.000	€ 30.000.–
Gesamtwert der Anteile der Gesellschafter vor Verschmelzung:			€ 260.000.–

Werte der Gesellschafter nach der Verschmelzung (nach Kapitalerhöhung und Ausgabe eigener Anteile):

Herr A für alte A-GmbH-Anteile:	$\dfrac{€\ 80.000}{€\ 117.000}$	× € 260.000	€ 180.000.–
Herr A für ausgegebene A-GmbH-Anteile:	$\dfrac{€\ 22.500}{€\ 117.000}$	× € 260.000	€ 50.000.–
Summe für Herrn A			€ 230.000.–
Herr B für ausgegebene A-GmbH-Anteile:	$\dfrac{€\ 13.500}{€\ 117.000}$	× € 260.000	€ 30.000.–
Gesamtwert der Anteile der Gesellschafter nach Verschmelzung:			€ 260.000.–

Nach durchgeführter Verschmelzung und Kapitalerhöhung weist die A-GmbH ein Stammkapital im Nennbetrag von € 117.000.– aus. Die Rücklagen haben sich von bisher € 65.000.– um € 34.000.– auf € 99.000.– erhöht. Die Erhöhung berechnet sich wie folgt:

Übergehendes Nettovermögen B-GmbH (nominal + Rücklagen)	€ 75.000.–
./. Kapitalerhöhung	€ 17.000.–
./. Beteiligung der A-GmbH an B-GmbH	€ 5.000.–
./. eigene Anteile	€ 19.000.–
Erhöhung Rücklagen A-GmbH auf Grund Verschmelzung:	€ 34.000.–

Die vorstehende Berechnung berücksichtigt noch keine **Ertragsteuerfolgen** auf Grund der Verschmelzung. Diese werden **stufenweise** nachfolgend (s. Rz. 55ff.) erörtert.

48 **Abs. 5:** Nach § 5 Abs. 1 Nr. 7 UmwG muss der Verschmelzungsvertrag oder sein Entwurf eventuelle Rechte bezeichnen, die der übernehmende Rechtsträger einzelnen Anteilsinhabern und den Inhabern besonderer Rechte (wie Anteile ohne Stimmrecht, Vorzugsaktien, Mehrstimmrechtsaktien, Schuldverschreibungen und Genussrechte) gewährt oder die für diese Personen vorgesehenen Maßnahmen anführen. In dem diesem Formular zugrundeliegenden Fall wird davon ausgegangen, dass bei der übertragenden B-GmbH derartige **Sonderrechte** bisher nicht bestanden und auch bei der übernehmenden A-GmbH nicht bestehen. Wenn die Anteile an der A-GmbH einer Vinkulierungsregelung unterliegen, muss im Verschmelzungsvertrag jedem Anteilsinhaber, der gegen den Verschmelzungsbeschluss des übertragenden Rechtsträgers Widerspruch erklärt, der Erwerb der Anteile gegen Barabfindung angeboten werden (§ 29 Abs. 1 Satz 2 UmwG). In dem dem Formular zugrundeliegenden Fall wird davon ausgegangen, dass eine derartige Vinkulierungsregelung bei der A-GmbH nicht besteht und damit die Verpflichtung zur Abgabe eines Barabfindungsangebots entfällt. Eine analoge Anwendung auf andere Belastungen, die mit der Beteiligung an der aufnehmenden Gesellschaft verbunden sind (zB Wettbewerbsverbot, Nachschusspflicht), erfolgt durch § 29 UmwG allerdings nicht (vgl. *Lutter/Grunewald* § 29 UmwG Rz. 31).

49 **Abs. 6:** Die Angabe beruht auf § 5 Abs. 1 Nr. 8 UmwG. Danach ist im Verschmelzungsvertrag oder im Entwurf jeder besondere **Vorteil** zu bezeichnen, der einem Mitglied eines Vertretungsorgans oder eines Aufsichtsorgans der an der Verschmelzung beteiligten Rechtsträger, einem geschäftsführenden Gesellschafter (bei einer Personenhandelsgesellschaft), einem Abschlussprüfer oder einem Verschmelzungsprüfer gewährt wird. Die Regierungsbegründung (BR-Drs. 75/94) weist darauf hin, dass bei prüfungspflichtigen Gesellschaften Prüfer, die bisher für die übertragende Gesellschaft tätig geworden sind, aus den Verträgen entlassen und entschädigt werden müssen. Das Formular geht davon aus, dass derartige besondere Vorteile nicht gewährt werden; in diesem Fall empfiehlt sich zur Klarstellung dennoch der Hinweis, dass derartige Vorteile nicht gewährt werden.

Zu § 3: Folgen für Arbeitnehmer und ihre Vertretungen

50 Die Folgen der Verschmelzung für die Arbeitnehmer und ihre Vertretungen sowie die insoweit vorgesehenen Maßnahmen sind gem. § 5 Abs. 1 Nr. 9 UmwG ebenfalls Mindestinhalt des Verschmelzungsvertrags oder seines Entwurfs. Es sind auch die durch die Verschmelzung eintretenden individual- und kollektivarbeitsrechtlichen Änderungen im Verschmelzungsvertrag aufzuzeigen, da die Verschmelzung auch die Interessen der Arbeitnehmer und ihrer Vertretungen in den an der Verschmelzung beteiligten Rechtsträgern berührt. Zu den individualarbeitsrechtlichen Änderungen sind auch die im Zuge der Verschmelzung geplanten Rationalisierungsmaßnahmen aufzuführen, soweit sie Arbeitsplätze verringern können (*Wlotzke* DB 95, 40, 45; aA *Lutter/Lutter/Drygala* § 5 UmwG Rz. 53ff.), auch wenn diese im Zeitpunkt des Vertragsabschlusses noch nicht endgültig absehbar sind. Bei Verletzung dieser Darlegungspflicht gemäß § 5 Abs. 1 Nr. 9 UmwG ist der Zustimmungsbeschluss der Anteilseigner – da einem Verschmelzungsvertrag zugestimmt wird, der nicht rechtmäßig ist – ebenfalls nicht rechtmäßig und deshalb durch Anteilseigner anfechtbar; allerdings Heilung durch Eintragung (§ 20 Abs. 2 UmwG).

51 Zu **weiteren Auswirkungen** des Umwandlungsrechts auf das Arbeitsrecht vgl. zB *W/M/Mayer* § 5 UmwG Rz. 176ff.; *Lutter/Jost* § 324 UmwG Rz. 1ff. u. *ders.* § 323 UmwG Rz. 1ff.; *Lutter/Lutter/Drygala* § 5 UmwG Rz. 51ff., zB:

– Es besteht ein Kündigungsverbot gem. § 613a Abs. 4 BGB iVm. § 324 UmwG für Kündigungen aus Anlass der Umwandlung bzw. des Betriebsübergangs (aus anderen Gründen, zB betriebsbedingt wegen Wegfall eines Arbeitsplatzes, kann aber im Anschluss an die Verschmelzung durchaus gekündigt werden, vgl. § 613a Abs. 4 Satz 2 BGB). Daneben muss jedem Arbeitnehmer schriftlich der Betriebsübergang angezeigt werden (§ 613a Abs. 5 BGB).
– Die im Rahmen eines Interessenausgleichs mit dem Betriebsrat zustande gekommene namentliche Zuordnung einzelner Arbeitnehmer zu einem bestimmten Betriebsteil (nach Verschmelzung) wird auf Antrag des einzelnen Arbeitnehmers durch das Arbeitsgericht lediglich auf „grobe Fehlerhaftigkeit" überprüft (§ 323 Abs. 2 UmwG). Die Zuordnung im Interessenausgleich geht der objektivrechtlichen Zuordnung nach § 613a Abs. 1 BGB (wonach sich an dieser Zuordnung durch den Betriebsübergang nichts ändert) vor (§ 323 Abs. 2 UmwG als lex specialis zu § 324 UmwG).

Bei der Verschmelzung greifen das Übergangsmandat des Betriebsrats bei Betriebsspaltung gem. § 321 UmwG und die Mitbestimmungsbeibehaltungen gem. § 325 UmwG nicht ein.

Das Formular geht davon aus, dass bei jeder Gesellschaft ein Betrieb bestand und diese Betriebe unverändert fortbestehen. Dementsprechend bestehen auch die Betriebsräte in den einzelnen Betrieben unverändert fort. Daher ist mit Wirksamkeit der Umwandlung gem. § 47 Abs. 1 BetrVG ein Gesamtbetriebsrat zu bilden. Informativ zu individualarbeits- und kollektivrechtlichen Auswirkungen des Umwandlungsrechts mit Fallbeispielen: *Bachner* NJW 95, 2881 ff. Zur **Unterrichtungspflicht** nach § 613a Abs. 5 BGB vgl. Ausführungen unter A. 12 Rz. 36 ff. und zu sonstigen individual- und kollektivrechtlichen Folgen *Engl/Ebener* A. 1 Rz. 150 f. und 155 ff.

Nach § 5 Abs. 3 UmwG ist es erforderlich, dass der Verschmelzungsvertrag oder **52**
sein Entwurf spätestens **einen Monat** vor dem jeweiligen Tag der Fassung des betreffenden Zustimmungsbeschlusses dem Betriebsrat des jeweiligen Rechtsträgers zugeleitet wird. Die Zuleitung ist danach an sämtliche beim übernehmenden und/oder übertragenden Rechtsträger bestehende Betriebsräte, einschließlich einem eventuell bestehenden Gesamtbetriebsrat und/oder Konzernbetriebsrat erforderlich. Nach überwiegender Ansicht in der Literatur können die Betriebsräte auf die Einhaltung der Monatsfrist des § 5 Abs. 3 UmwG und damit auf die Rechtzeitigkeit der Zuleitung gem. § 17 Abs. 1 UmwG verzichten. Dies ergibt sich daraus, dass
– § 5 Abs. 3 UmwG aus der Sicht des jeweiligen Betriebsrates dispositiv ist (*W/M/Mayer* § 5 UmwG Rz. 259),
– der Sinn und Zweck der Regelung, nämlich den Betriebsrat frühzeitig einzubinden, durch einen Verzicht nicht ausgehöhlt wird (*Müller* DB 97, 713),
– das Abwarten der Frist keinen selbstständigen Beitrag zur Wahrung von Arbeitnehmerrechten leistet (*Melchior* GmbHR 96, 833).

Zweckmäßigerweise wird eine solche Verzichtserklärung dann bereits in den Anschreiben an die Betriebsräte und die Bestätigung durch diese (s. Formular A. 15.63a) integriert.

Das Formular geht von der Übermittlung des Entwurfs des Verschmelzungsvertrags (nicht des notariell beurkundeten Verschmelzungsvertrags) aus, weil in der Praxis der Verschmelzungsvertrag in der Regel erst in engem zeitlichen Zusammenhang mit den Zustimmungsbeschlüssen der Gesellschafterversammlungen beurkundet wird. Das **Übermittlungsschreiben** an die Betriebsräte wird zur Führung des Nachweises gegenüber den Handelsregistergerichten des übertragenden und des übernehmenden Rechtsträgers zweifach bestätigt empfohlen (den Anmeldungen ist gem. § 17 Abs. 1 UmwG jeweils auch ein Nachweis über die rechtzeitige Zuleitung des Verschmelzungsvertrags oder seines Entwurfs an den zuständigen Betriebsrat beizufügen). Da nach § 16 Abs. 1 Satz 2 UmwG das Vertretungsorgan des übernehmenden Rechtsträgers auch berechtigt ist, die Verschmelzung zur Eintragung in das Register des Sitzes des übertragenden Rechtsträgers anzumelden, wird vorgesehen, dass die bestätigten Empfangsschreiben jeweils an die Geschäftsleitung der übernehmenden A-GmbH zurück gesendet werden. Werden (abweichend vom Formular) im Rahmen einer Verschmelzung mehrere übertragende Rechtsträger gleichzeitig auf einen übernehmenden Rechtsträger verschmolzen, sollte das Bestätigungsschreiben in weiteren Ausfertigungen bestätigt und zurückgeschickt werden (zB bei Verschmelzung von zwei übertragenden Rechtsträgern in dreifacher Ausfertigung).

Ist kein Betriebsrat beim übertragenden oder beim übernehmenden Rechtsträger vorhanden, kann die Überreichung unterbleiben; es genügt eine entsprechende Versicherung gegenüber dem Registergericht im Rahmen der Anmeldung der Verschmelzung (*W/M/Mayer* § 5 UmwG Rz. 262f.).

Zu § 4: Firmenänderung

53 Um die Firma der übertragenden B-GmbH auch in der Firma der übernehmenden A-GmbH zu erhalten, ist es nach § 18 Abs. 1 UmwG zulässig, dass die übernehmende A-GmbH die Firma der übertragenden B-GmbH fortführt, und zwar mit oder ohne Beifügung eines das Nachfolgeverhältnis andeutenden Zusatzes. Zulässig dürfte es auch sein, dass die bisherige Firma des übernehmenden Rechtsträgers lediglich um die Firma des übertragenden Rechtsträgers ergänzt wird (anstelle Ersetzung der Firma des übernehmenden durch die des übertragenden Rechtsträgers; s. Firmierungsbeispiele bei *W/M/Vollrath* § 18 UmwG Rz. 37ff.).

Die Aufnahme der Bestimmungen über die Änderung der Firma und die Geschäftsführerbestellung in den Verschmelzungsvertrag sind nicht zwingend und allein auch nicht ausreichend: Notwendig ist vielmehr deren Aufnahme als weitere Beschlussgegenstände in den Gesellschafterbeschluss (siehe Formular A. 15.63b in Abschn. 1. a), dd).

Zu § 6: Bedingungen

54 Aus § 7 UmwG folgt, dass der Verschmelzungsvertrag auch unter einer **aufschiebenden Bedingung** oder mit Betagung abgeschlossen werden kann (vgl. *W/M/Heckschen* § 7 UmwG Rz. 7ff.). Da die Zustimmung beider Gesellschafterversammlungen zum Verschmelzungsvertrag notwendig ist (§ 13 Abs. 1 UmwG), empfiehlt sich zur raschen Durchführung der geplanten Verschmelzung (auch zur Verwendbarkeit der auf einen höchstens acht Monate vor der Anmeldung aufzustellenden Verschmelzungsbilanz und Erhaltung der Aktualität des Umtauschverhältnisses) die Benennung eines Termins, zu welchem die Beschlüsse der Gesellschafterversammlung vorliegen müssen. Derartige Bestimmungen sind aber nicht zwingend.

b) Ertragsteuern am Beispiel

aa) Steuerliche Behandlung bei übertragender B-GmbH

55 Im Beispiel wird davon ausgegangen, dass die B-GmbH von ihrem Wahlrecht Gebrauch macht, gem. § 11 Abs. 2 UmwStG von einer **Gewinnrealisierung** abzusehen. Dies ist möglich, soweit sichergestellt ist, dass die übergehenden Wirtschaftsgüter später bei der übernehmenden Körperschaft der Besteuerung mit Körperschaftsteuer unterliegen, das Recht der Bundesrepublik Deutschland hinsichtlich der Besteuerung des Gewinns aus der Veräußerung der übertragenen Wirtschaftsgüter bei der übernehmenden Körperschaft nicht ausgeschlossen oder beschränkt wird und eine Gegenleistung nicht gewährt wird oder in Gesellschaftsrechten besteht. Bei einer wechselseitigen Beteiligung ist jede Gesellschaft zugleich Tochtergesellschaft und Muttergesellschaft der anderen. Da die §§ 11–13 UmwStG (wie sich wenigstens inzidenter aus dem neuen UmwStG ergibt) jeweils isoliert sowohl die up-stream- als auch die down-stream-Verschmelzung zum Buchwert zulassen (vgl. schon A. 15.60 Rz. 12ff.

für die up-stream-Verschmelzung und A. 15.61 Rz. 7ff. für die down-stream-Verschmelzung), bestehen keine Bedenken, die Kombinationsform auch zuzulassen.

Die Voraussetzungen des § 11 Abs. 2 UmwStG liegen hier vor, weil:

- die A-GmbH unbeschränkt steuerpflichtig ist und die bisherigen Buchwerte fortzuführen hat und damit die Versteuerung der stillen Reserven bei der A-GmbH sichergestellt ist,
- die A-GmbH als Gegenleistung nur Gesellschaftsrechte (an A-GmbH) einräumt; dem steht nicht entgegen, dass die A-GmbH ihre Beteiligung an der B-GmbH entschädigungslos aufgibt und dass die bisher von B-GmbH an A-GmbH gehaltenen Anteile im Wege der Verschmelzung auf A-GmbH (als dann eigene Anteile) übergehen (vgl. UmwSt-Erl. 2011 BMF v. 11.11.11, BStBl. I 11, 1314, Tz. 11.10 iVm. Tz. 3.21) bzw. zur Abfindung verwendet werden.

Ein steuerpflichtiger Übertragungsgewinn würde jedoch insoweit entstehen, als die **56** übernehmende A-GmbH neben einer Kapitalerhöhung bare Zuzahlung oder Ausgleichszahlungen leisten würde (§ 11 Abs. 2 Satz 1 UmwStG „soweit"; *S/H/S/Schmitt* § 11 UmwStG Rz. 35ff. auch mit Beispielen zur insoweit erfolgenden Buchwertaufstockung). Dieser Gewinn würde der Gewerbe- und Körperschaftsteuer unterliegen.

bb) Steuerliche Behandlung bei der übernehmenden A-GmbH

Da die A-GmbH auf Grund der Wahl der übertragenden B-GmbH gem. § 12 **57** Abs. 1 UmwStG die steuerlichen Buchwerte fortzuführen hat, tritt auch bei ihr grds. keine steuerpflichtige Gewinnrealisierung ein. Denn soweit dafür neue Anteile ausgegeben werden, handelt es sich um eine steuerneutrale Einlage der Gesellschafter. Soweit die A-GmbH ihre Beteiligung an der B-GmbH aufgibt, bleibt der Übernahmegewinn grundsätzlich gem. § 12 Abs. 2 UmwStG außer Ansatz. Vgl. hierzu im Detail *R/H/L/Rödder* § 12 UmwStG Rz. 62ff.

Ein uU steuerpflichtiger **Gewinn** entsteht allerdings insoweit als **58**

- A-GmbH eigene alte Anteile hingibt (s. Rz. 33 und A. 15.61 Rz. 10),
- gem. § 12 Abs. 1 Satz 2 iVm. § 4 Abs. 1 Satz 2 und 3 UmwStG frühere Teilwertabschreibungen rückgängig gemacht werden (sog. erweiterte Wertaufholung) und/oder
- durch Vereinigung von Forderungen und Verbindlichkeiten ein Übernahmegewinn zweiter Stufe entsteht (und nicht durch eine Rücklage neutralisiert werden kann; s. Rz. 35).

(frei) **59, 60**

Gestaltungshinweis: Der Gewinn aus der Verwendung eigener Anteile kann **61** vermieden werden, wenn die eigenen Anteile nicht zur Abfindung verwendet werden, sondern statt dessen die Kapitalerhöhung um € 19.000.– höher ausfällt, dh. in Höhe von € 36.000.– vorgenommen wird (€ 40.000 : 1,111).

cc) Überleitung steuerliches Einlagekonto

Im Rahmen der Verschmelzung ist das bei der übertragenden B-GmbH vorhande- **62** ne steuerliche Einlagekonto der übernehmenden A-GmbH anteilig zuzurechnen, soweit die A-GmbH nicht an der B-GmbH beteiligt war (vgl. *R/H/L/van Lishaut* Anh. 2 Rz. 27).

dd) Ertragsteuerliche Behandlung bei den Gesellschaftern

Unter der Annahme, dass keine Zuzahlungen erfolgen und die übrigen Voraussetzungen des § 13 Abs. 2 UmwStG erfüllt sind, ergeben sich bei den Gesellschaftern aus **63** der Verschmelzung keine Gewinnrealisierungen und zwar unabhängig von der Behandlung der Verschmelzung auf Ebene der beteiligten Gesellschaften:

- Gesellschafter A, der die Beteiligung an der B-GmbH in einem **Betriebsvermögen** hält (Einzelunternehmen), führt den bisherigen Buchwert als Anschaffungskosten der als Entschädigung gewährten A-GmbH Anteile fort (§ 13 Abs. 2 UmwStG).

– Der Gesellschafter B hält seine Anteile im **Privatvermögen.** Es handelt sich deswegen um qualifizierte Anteile iSv § 17 EStG. B führt die ursprünglichen Anschaffungskosten als fiktive Anschaffungskosten für die als Entschädigung gewährten Anteile an der A-GmbH fort (§ 13 Abs. 2 Satz 3 UmwStG). Der Status des § 17 EStG bleibt erhalten, auch wenn die Beteiligung des B an der A-GmbH nach der Verschmelzung nicht mehr als 1% betragen sollte (§ 13 Abs. 2 Satz 2 UmwStG). Zu Einzelheiten s. Rz. 36ff.

64 Die Verschmelzung einer Kapitalgesellschaft auf eine andere Kapitalgesellschaft nach §§ 11 ff. UmwStG stellt regelmäßig keinen Verstoß gegen die **Behaltensregelung** des **§ 13a Abs. 5 ErbStG** dar (ErbStR E 13a.9 Abs. 3; Gleichl. Ländererlasse v. 20.11.13, BStBl. I 13, 1508). Für die weitere Ermittlung der **Lohnsumme** vgl. Gleichl. Ländererlasse v. 21.11.13, BStBl. I 13, 1510.

c) Verkehrsteuern

aa) Umsatzsteuer

65 Die Verschmelzung ist gem. § 1 Abs. 1a UStG nicht umsatzsteuerbar. Die übernehmende A-GmbH tritt auf Grund Gesamtrechtsnachfolge auch bzgl. der Vorsteuerberichtigungen in die Rechtsstellung der übertragenden B-GmbH ein (§§ 1 Abs. 1a Satz 3 iVm. 15a Abs. 10 UStG läuft bei Gesamtrechtsnachfolge leer; vgl. *W/M/Knoll* Anh. 11, Rz. 26ff.).

Steuerbare Umsätze liegen ebenfalls nicht vor, wenn die übertragende und die aufnehmende Gesellschaft Mitglieder des **gleichen Organkreises** sind (vgl. hierzu auch *Pyszka* DStR 11, 545).

bb) Grunderwerbsteuer

66 Soweit zum Vermögen der übertragenden Gesellschaft Grundstücke oder grundstücksgleiche Rechte gehören, entsteht Grunderwerbsteuer gem. § 1 Abs. 1 Nr. 3 GrEStG. Der Steuersatz beträgt in den Bundesländern zwischen 3,5 (Bayern und Sachsen) und 6,5% (Schleswig-Holstein). Bemessungsgrundlage ist der sog. Bedarfswert iSd. § 138 Abs. 2 bis 4 BewG (§ 8 Abs. 2 Satz 1 Nr. 2 GrEStG). Zu verfassungsrechtlichen Bedenken gegen die Bedarfsbewertung für Grunderwerbsteuerzwecke, vgl. BFH II R 64/08 v. 27.5.09, BStBl. II 09, 856 und das Normenkontrollverfahren BVerfG 1 BvL 14/11, Bescheide ergehen insoweit nur noch vorläufig, Gleichl. Ländererlasse v. 17.6.11, BStBl. I 11, 575.

67 Ist die übertragende Gesellschaft alleine oder sind die übertragende und übernehmende Gesellschaft gemeinsam an anderen (grundstücksbesitzenden) Gesellschaften unmittelbar oder mittelbar beteiligt, ist regelmäßig zu prüfen, ob durch die Verschmelzung GrESt auf Grund grunderwerbsteuerpflichtiger **Anteilsvereinigung** gem. § 1 Abs. 3 GrEStG (vgl. A. 15.62 Rz. 20) ausgelöst wird. Wenn die übertragende Gesellschaft unmittelbar oder mittelbar an einer grundstücksbesitzenden Personengesellschaft beteiligt ist, ist auch der Grunderwerbsteuertatbestand der Anteilsübertragung nach § 1 Abs. 2a GrEStG zu beachten (unter Beachtung des Fünf-Jahres-Zeitraums). Hinweis auch auf §§ 1 Abs. 3a und 6a GrEStG idF des AmtshilfeRLUmsG v. 26.6.13 (BGBl. I 13, 1809); vgl. hierzu Gleichl. Ländererlasse v. 9.10.13, BStBl. I 13, 1364 und 1375; *Behrens* DStR 13, 2726.

68, 69 *(frei)*

Erläuterungen zu A. 15.63b Gesellschafterbeschlüsse

70 **Vorbemerkung:** Das vorliegende Formular geht von einer möglichst einvernehmlichen Beschlussfassung über die Verschmelzung aus, wobei auf Formalien zur Information (zB §§ 47, 49 Abs. 2 UmwG) und materielle Anforderungen (Verschmel-

zungsbericht gem. § 8 Abs. 1 UmwG, Unterrichtung über wesentliche Vermögensänderungen gem. § 8 Abs. 3 UmwG nF (s. dazu oben Rz. 21f.), Verschmelzungsprüfung gem. §§ 9–12 UmwG und Recht der Anfechtung des Umwandlungsbeschlusses bzw. Klageerhebung gem. § 14 UmwG) soweit als möglich **einvernehmlich verzichtet** wird. Über die Einvernehmlichkeit sollte möglichst im Vorfeld rechtzeitig Klarheit geschaffen werden, da ansonsten in einer längeren Vorlaufzeit diese Anforderungen zu erfüllen sind (insbes. die Forderung eines Gesellschafters nach Prüfung gem. § 48 UmwG des Verschmelzungsvertrags gem. §§ 9–12 UmwG mit der dafür notwendigen Bestellung der Prüfer, Durchführung der Prüfung und Abgabe des Prüfungsberichts würde einen zusätzlichen zeitlichen Vorlauf von mehreren Wochen bedingen, s. Rz. 7 und 15).

Zu 1. a): Zur Durchführung der Verschmelzung ist eine **Kapitalerhöhung** der 71
übernehmenden A-GmbH notwendig. Die ausgegebenen Geschäftsanteile sind Teil der Gegenleistung für Geschäftsanteile an der übertragenden B-GmbH. Dabei hat die Kapitalerhöhung auch nicht mindestens den Nominalbetrag des Stammkapitals des übertragenden Rechtsträgers zu betragen (*S/St/Reichert* § 54 UmwG Rz. 27 mwN). Grundsätzlich können die Gesellschafter der übertragenden B-GmbH gem. § 54 Abs. 1 Satz 3 UmwG auf die Gewährung von Geschäftsanteilen verzichten, was eine Kapitalerhöhung bei der übernehmenden A-GmbH entbehrlich machen würde (Hinzufügung des Satzes 3 bei § 54 Abs. 1 UmwG durch das Zweite Gesetz zur Änderung des UmwG v. 19.4.07, BGBl. I 07, 542). Dann würden die Gesellschafter der übertragenden B-GmbH aber aus der A-GmbH ausscheiden, was nicht gewollt sein kann. Der Verzicht auf eine Kapitalerhöhung wird bei der **Verschmelzung beteiligungsidentischer Schwestergesellschaften** relevant (*S/St/Reichert* § 54 UmwG Rz. 19; *Mayer/Weiler* DB 07, 1238 mit kritischer Stellungnahme). Hier ist nunmehr klargestellt, dass bei Verzicht der Anteilsinhaber eine Kapitalerhöhung unterbleiben kann (zur alten Rechtslage s. 6. Auflage in A. 15.62 Rz. 8; *S/St/Reichert* § 54 UmwG Rz. 24ff.).

Der **Kapitalerhöhungsbeschluss** ist in einer Gesellschafterversammlung der übernehmenden A-GmbH gesondert zu fassen (die in der Praxis empfohlene Aufnahme auch in den Verschmelzungsvertrag wegen der Bezeichnung der Anteile, mit denen die Gesellschafter der übertragenden B-GmbH entschädigt werden, reicht nicht aus). Die Geschäftsanteile der GmbH müssen nunmehr nur noch auf volle Euro lauten, so dass auch Gesellschafter mehrere Geschäftsanteile übernehmen können (§ 5 Abs. 2 GmbHG idF des MoMiG v. 23.10.08, BGBl. I 08, 2026). Nach neuer Rechtslage ist es weiterhin möglich, Geschäftsanteile mit unterschiedlichen Nennbeträgen zu bilden. Unter bestimmten Umständen ist dies auch ratsam, um die Übersichtlichkeit zu gewährleisten. Allerdings sind die Geschäftsanteile jetzt mit laufenden Nummern zu versehen (vgl. §§ 8 Abs. 1 Nr. 3, 40 Abs. 1 GmbHG). Dem wird durch Auflistung der Geschäftsanteile und ihrer Nummern im Gesellschaftsvertrag nachgekommen. Soweit die Kapitalerhöhung für die Durchführung der Verschmelzung notwendig ist, sieht § 55 UmwG bestimmte Erleichterungen vor: keine Notwendigkeit einer Übernahmeerklärung gem. § 55 Abs. 1 GmbHG; auch entfallen die Bestimmungen der §§ 56a,56a, 57 Abs. 2 und 3 Nr. 1 GmbHG über Leistungen auf die neuen Stammeinlagen. Da es sich jedoch um eine Kapitalerhöhung auf Grund Sacheinlagen handelt, ergibt sich daraus ein Prüfungsrecht des Registergerichts zur Werthaltigkeit (mit möglichem Erfordernis eines Sachkapitalerhöhungsberichts sowie Wertnachweisunterlagen, vgl. Formular A. 3.04e.04e. und A. 3.04 Rz. 27).

Auch die Änderung der Firma ist als Änderung des Gesellschaftsvertrags durch Gesellschafterbeschluss der übernehmenden GmbH zu beurkunden.

Zu 1. b): Die Anpassung der **Geschäftsführung** an die Verschmelzung erfolgt 72
hier zweckmäßigerweise zusammen mit den zu beurkundenden Beschlüssen; allerdings könnte die Berufung eines weiteren Geschäftsführers auch außerhalb einer notariellen

Urkunde erfolgen. Wird allerdings die Vertretungsregelung des Gesellschaftsvertrags geändert, so ist notarielle Beurkundung erforderlich.

73 **Zu 2. a):** Es empfiehlt sich, auf die nach der dispositiven Vorschrift des § 47 UmwG vorgeschriebene Übersendung des Verschmelzungsvertrags oder seines Entwurfs an alle Gesellschafter zusammen mit der Einberufung der Gesellschafterversammlung ausdrücklich zu **verzichten** (der allgemeine Verzicht auf alle durch Gesetz vorgeschriebenen Formalien für die Einberufung dürfte nicht ausreichen).

74 **Zu 2. b):** Die ebenfalls dispositive Vorschrift des § 49 Abs. 2 UmwG schreibt die Auslegung der Jahresbeschlüsse und der Lageberichte aller an der Verschmelzung beteiligten Rechtsträger für die letzten drei Geschäftsjahre in den Geschäftsräumender Gesellschaft vor. Vorsorglich wird empfohlen, auch hierauf ausdrücklich einvernehmlich zu verzichten (der Verzicht sollte für die übernehmende und die übertragende Gesellschaft ausgesprochen werden).

75 **Zu 2. c):** Nach § 8 Abs. 1 UmwG haben die Geschäftsführungen sowohl des übertragenden als auch des übernehmenden Rechtsträgers einen ausführlichen schriftlichen **Verschmelzungsbericht** zu erstatten; dass dieser auch gemeinsam erstattet werden kann, ist nur eine geringe Erleichterung. Wenn sich alle Anteile des übertragenden in der Hand des übernehmenden Rechtsträgers befinden, entfällt gem. § 8 Abs. 3 Satz 1, 2. Alt. UmwG die Erstellung von Verschmelzungsberichten. Wenn dies wie in dem diesem Formular zugrundeliegenden Fall nicht gegeben ist (nur 10% der Anteile an der übertragenden B-GmbH befinden sich in der Hand der übernehmenden A-GmbH), kann auf die Erstellung der Verschmelzungsberichte nach § 8 Abs. 3 Satz 1, 1. Alt. UmwG verzichtet werden, wenn alle Anteilsinhaber aller beteiligten Rechtsträger auf dessen Erstattung in notariell beurkundeter Form verzichten. Der Verzicht ist vor dem Zustimmungsbeschluss zu fassen, kann aber, wie hier vorgeschlagen, in der gleichen Gesellschafterversammlung gefasst werden. Bei Zweifeln, ob alle Gesellschafter die Verzichtserklärung aussprechen, empfiehlt sich die vorherige rechtzeitige Abklärung und ggfs. die vorherige getrennte Beurkundung dieser Verzichtserklärungen(vgl. Rz. 70 und 6f.).

76 **Zu 2. d):** Bei Verschmelzung unter Beteiligung von GmbH als übertragende und/oder übernehmende Rechtsträger kann der GmbH-Gesellschafter nach § 48 Satz 1 UmwG eine **Prüfung** des Verschmelzungsvertrags oder seines Entwurfs nach den §§ 9–12 UmwG innerhalb einer Woche nach Erhalt der in § 47 UmwG genannten Unterlagen verlangen. Aufgrund dieser Neuerung (Änderung des § 48 Satz 1 UmwG durch Zweites Gesetz zur Änderung des UmwG v. 19.4.07, BGBl. I 07, 542) wird zu fordern sein, dass der Prüfungsbericht bei der Fassung des Zustimmungsbeschlusses vorliegt. Da die Verschmelzungsprüfung einige Zeit erfordert, wird empfohlen, vorab mit den Gesellschaftern einen Verzicht auf eine solche Prüfung abzustimmen. Das Formular sieht daher vor, dass das Prüfungsverlangen nicht gestellt wurde und vorsorglich auf eine Prüfung verzichtet wird.

77 **Zu 2. e): Zustimmungsbeschlüsse zum Verschmelzungsvertrag:** Die Zustimmungsbeschlüsse der Gesellschafterversammlungen der übertragenden und der übernehmenden Gesellschaft bedürfen einer Mehrheit von mindestens $^3/_4$ der abgegebenen Stimmen (§ 50 Abs. 1 Satz 1 UmwG); sie bedürfen der notariellen Beurkundung (§ 13 Abs. 3 UmwG) unter Beifügung des Verschmelzungsvertrags oder seines Entwurfs zum Beschluss als Anlage. Der Gesellschaftsvertrag kann eine größere (aber keine geringere) Mehrheit und weitere Erfordernisse bestimmen (§ 50 Abs. 1 Satz 2 UmwG). Davon ist wohl auszugehen, wenn der Gesellschaftsvertrag ganz allgemein für Änderungen eine höhere Mehrheit vorschreibt (hM; *W/M/Mayer* § 50 UmwG Rz. 42; *Lutter/Lutter/Drygala* § 13 UmwG Rz. 21). Für besondere Konstellationen sieht das UmwG darüber hinaus noch weitere Zustimmungserfordernisse vor, ua. wenn

– die Abtretung der Anteile des übertragenden Rechtsträgers der Genehmigung bestimmter einzelner Anteilsinhaber bedarf, so bedarf der Zustimmungsbeschluss des

übertragenden Rechtsträgers zur Wirksamkeit auch der Zustimmung derjenigen Gesellschafter, von deren Genehmigung die Abtretung der Anteile abhängig ist (Vinkulierungsregelung bei der übertragenden GmbH gem. § 13 Abs. 2 UmwG);
- Rechte von Inhabern von statutarischen Minderheitsrechten und Geschäftsführungssonderrechten bei der übertragenden Gesellschaft durch die Verschmelzung beeinträchtigt werden, bedarf es auch der Zustimmung dieser Gesellschafter zum Verschmelzungsbeschluss der betreffenden übertragenden Gesellschaft (§ 50 Abs. 2 UmwG);
- beim übernehmenden oder übertragenden Rechtsträger nicht alle zu leistenden Einlagen in voller Höhe bewirkt sind (§ 51 Abs. 1 UmwG), bedarf es der Zustimmung aller bei der Beschlussfassung anwesenden Gesellschafter des jeweils anderen Rechtsträgers.

Ein besonderes Zustimmungserfordernis wird aber für jene Fälle nicht verlangt, in **78**
denen beim übernehmenden Rechtsträger statutarische Nebenleistungspflichten (zB Nachschusspflicht) oder ein Wettbewerbsverbot bestehen. In der Praxis ist, obwohl der gesetzgeberische Wille im Gesetzestext keinen Niederschlag gefunden hat, gleichwohl zu empfehlen, von der Notwendigkeit der Einstimmigkeit auszugehen. Für Anteile, die die übernehmende Gesellschaft an der übertragenden Gesellschaft hält, besteht bei Abstimmung über den Verschmelzungsvertrag in der Gesellschafterversammlung der übertragenden Gesellschaft kein Stimmrechtsausschluss (zustimmend *Lutter/Winter* § 50 UmwG Rz. 9).

Zu 2. f): Nach § 14 Abs. 1 UmwG kann eine **Klage** gegen die Wirksamkeit eines **79**
Verschmelzungsbeschlusses binnen eines Monats nach der Beschlussfassung erhoben werden. Da nach § 16 Abs. 2 UmwG bei der Anmeldung zu erklären ist, dass eine Klage gegen die Wirksamkeit eines Verschmelzungsbeschlusses nicht oder nicht fristgemäß erhoben worden ist, empfiehlt es sich zur Beschleunigung der Registeranmeldung und der Eintragung, Verzichtserklärungen auf die Klage gegen die Wirksamkeit des Verschmelzungsbeschlusses zu fassen und notariell mit beurkunden zu lassen (§ 16 Abs. 2 Satz 2 UmwG).

(frei) **80**

Erläuterungen zu A. 15.63c und A. 15.63d Handelsregisteranmeldungen

Entsprechend der Ermächtigung in § 16 Abs. 1 Satz 2 UmwG, wonach die Organe **81**
des übernehmenden Rechtsträgers auch die Verschmelzung des übertragenden Rechtsträgers zu deren Register anmelden können, erfolgt die Anmeldung im Formular durch die Geschäftsführer der übernehmenden A-GmbH in vertretungsberechtigter Zahl. Zulässig wäre auch, die Anmeldung durch die Geschäftsführer der übertragenden B-GmbH in vertretungsberechtigter Zahl vorzunehmen (§ 16 Abs. 1 Satz 1 UmwG). Wegen der Koordinierung erscheint es aber zweckmäßig, sämtliche Anmeldungen unmittelbar von den Organen der übernehmenden A-GmbH vornehmen zu lassen, bei der auch sämtliche Anlagen zu den Anmeldungen zur Vorbereitung gesammelt werden sollten.

Da bei der übernehmenden Gesellschaft eine Kapitalerhöhung erfolgt, ist diese Anmeldung von **sämtlichen Geschäftsführern** der übernehmenden A-GmbH vorzunehmen, und zwar einschließlich des durch Gesellschafterbeschluss (Formular A. 15.63b Punkt 1.b.) bestellten weiteren Geschäftsführers, des Herrn B (§ 16 Abs. 1 UmwG, §§ 57 Abs. 1, 78 GmbHG).

Gem § 16 Abs. 2 UmwG haben die Geschäftsführer bei der Anmeldung auch zu **82**
erklären, dass gegen die Zustimmungsbeschlüsse der Gesellschafterversammlungen innerhalb der 1-Monatsfrist des § 14 Abs. 1 UmwG keine Klagen erhoben wurden (sog **Negativerklärung**). Wurde – wie im Formular vorgesehen – allerdings von den kla-

geberechtigten Anteilsinhabern durch notariell beurkundete Verzichtserklärungen auf die Klage gegen die Wirksamkeit des Verschmelzungsbeschlusses verzichtet, so bedarf es dieser Negativerklärung nicht (§ 16 Abs. 2 Satz 2 UmwG).

Allerdings dürfte es bei jeweils einstimmiger Beschlussfassung auch ohne Verzichtserklärungen nach LG München I 11 HKT 17813/85 v. 7.10.85, GmbHR 86, 193 (zu § 24 KapErhG) keiner Negativerklärung bedürfen; gleichwohl sind vorsorglich ausdrücklich notariell beurkundete Verzichtserklärungen zu empfehlen. Bei Klage gegen den Zustimmungsbeschluss gem. § 14 UmwG kann die Negativerklärung nach § 16 Abs. 3 UmwG durch Beschluss des Prozessgerichts (nicht des Registergerichts) ersetzt werden durch Feststellung, dass die Erhebung der Klage der Eintragung nicht entgegensteht; damit wird das Fehlen einer Negativerklärung gem. § 16 Abs. 2 UmwG „überspielt", vgl. iE § 16 Abs. 3 UmwG und dazu *W/M/Schwarz* § 16 UmwG Rz. 20ff. sowie *Lutter/Bork* § 16 UmwG Rz. 14ff.

83 Der Anmeldung zum Register der übertragenden Gesellschaft ist eine handelsrechtliche **Schlussbilanz der übertragenden Gesellschaft** (Verschmelzungsbilanz) **beizufügen** (§ 17 Abs. 2 UmwG); zu den Anforderungen an die „Schlussbilanz" (mit Anhang, Unterzeichnung, Prüfung; nach *W/M/Schwarz* § 17 UmwG Rz. 12 iVm. § 24 UmwG Rz. 119: keine GuV-Rechnung; Bekanntmachung nicht erforderlich), für die gem. § 17 Abs. 2 Satz 2 UmwG die Vorschriften über die handelsrechtliche Bilanz und deren Prüfung entsprechend gelten, vgl. A. 15.60 Rz. 7 und 43; einer Feststellung der Schlussbilanz bedarf es nicht (HFA 2/97 Abschn. 113, WPg 98, 235). Wegen der Wertnachweisfunktion vgl. A. 15.80 Rz. 14. Die Verschmelzungsbilanz darf auf einen Stichtag aufgestellt sein, der höchstens acht Monate vor dem Zeitpunkt der Anmeldung liegt (§ 17 Abs. 2 Satz 4 UmwG). Die Wertansätze in dieser handelsrechtlichen Schlussbilanz (Verschmelzungsbilanz) gelten für die Übernehmerin nur optional als Anschaffungskosten iSv. § 253 Abs. 1 HGB (§ 24 UmwG, vgl. A. 15.00 Rz. 26).

84 Als **Anlagen** sind gem. §§ 17, 52 UmwG den Anmeldungen beizufügen:
- Verschmelzungsvertrag,
- Niederschriften der Gesellschafterversammlungen, in denen die Verschmelzungsbeschlüsse gefasst wurden,
- evtl. erforderliche Zustimmungserklärungen einzelner Anteilsinhaber einschl. nicht erschienener Anteilsinhaber,
- Verschmelzungsbericht oder Verzichtserklärungen nach § 8 Abs. 3 UmwG,
- Verschmelzungsprüfungsbericht oder Verzichtserklärungen nach § 9 Abs. 3 iVm. § 12 Abs. 3 UmwG,
- Verzichtserklärungen auf Klage gegen die Wirksamkeit des Verschmelzungsvertrages (§§ 14, 16 Abs. 2 Satz 2 UmwG),
- Nachweis über die rechtzeitige Zuleitung des Verschmelzungsvertrags oder seines Entwurfs an die jeweiligen Betriebsräte (§§ 5 Abs. 3, 17 Abs. 1 UmwG).

85 Der Anmeldung zum Register des übernehmenden Rechtsträger ist ferner eine von deren Geschäftsführern unterschriebene berichtigte **Gesellschafterliste,** aus der Name, Vorname, Geburtsdatum und Wohnort der Gesellschafter sowie die Nennbeträge und die laufenden Nummern der von den Gesellschaftern übernommenen Geschäftsanteile ersichtlich sind (§ 40 Abs. 1 GmbHG), beizufügen (§ 52 Abs. 2 UmwG).

86 Hinsichtlich der Form der Anmeldung und der beizufügenden Anlagen s. A. 15.60 Rz. 41.

A. 15.70 Verschmelzung GmbH auf bestehende OHG (Verschmelzung einer GmbH auf ihre Hauptgesellschafterin in der Rechtsform einer Personenhandelsgesellschaft mit Barabfindungsangebot an Minderheitsgesellschafter)

Gliederung

I. FORMULARE

Formular A. 15.70 Verschmelzungsvertrag

Verhandelt am ......02 in ......

Vor mir, ..., Notar in ......, erschienen

1. Herr A ...... [Wohn- bzw. Geschäftsadresse],

2. Herr B ...... [Wohn- bzw. Geschäftsadresse],

und erklärten zu Protokoll den nachfolgenden

VERSCHMELZUNGSVERTRAG

Präambel

1. Die Herren A und B sind die alleinigen, persönlich haftenden Gesellschafter der A&B-OHG mit Sitz in .... Die A&B-OHG hält einen Geschäftsanteil im Nennbetrag

von € 91.000.– am Stammkapital von insgesamt € 100.000.– der AB-GmbH mit Sitz in ....

2. Herr C hält am Stammkapital der AB-GmbH den restlichen Geschäftsanteil im Nennbetrag von € 9.000.–.
3. Die Herren A und B sind alleinige Geschäftsführer der AB-GmbH und zu deren Vertretung gemeinschaftlich berechtigt.
4. Mit diesem Vertrag soll die AB-GmbH auf die A&B-OHG durch Aufnahme verschmolzen werden. Die A&B-OHG wird dabei durch Herrn A als einer ihrer persönlich haftenden Gesellschafter vertreten. Die AB-GmbH wird durch die Herren A und B als deren gemeinschaftlich zur Vertretung berechtigte Geschäftsführer vertreten.

§ 1 Vermögensübertragung

(1) Die Gesellschaft AB-GmbH mit Sitz in ......, eingetragen im Handelsrtegister des Amtsgerichts ...... unter (HRB ...... (nachstehend AB-GmbH genannt), als übertragender Rechtsträger überträgt ihr Vermögen als Ganzes mit allen Rechten und Pflichten unter Auflösung ohne Abwicklung im Wege der Verschmelzung gem. §§ 2 Nr. 1, 39 ff., 46 ff. UmwG auf die offene Handelsgesellschaft unter der Firma A&B-OHG mit Sitz in ......, eingetragen im Handelsregister des Amtsgerichts ...... unter HRA ...... (nachfolgend A&B-OHG/KG genannt), als übernehmender Rechtsträger gegen die Einräumung einer Kommanditistenstellung für Herrn C nach Maßgabe von § 2; die A&B-OHG wird mit Wirksamkeit der Verschmelzung zu einer Kommanditgesellschaft (Verschmelzung durch Aufnahme).

(2) Als Verschmelzungsstichtag wird der 1.1.02 bestimmt; von diesem Zeitpunkt an gelten die Geschäfte und Handlungen der übertragenden AB-GmbH als für Rechnung der übernehmenden A&B-OHG/KG vorgenommen.

(3) Der Verschmelzung wird die mit uneingeschränktem Bestätigungsvermerk des Wirtschaftsprüfers ...... versehene Schlussbilanz der AB-GmbH auf den 31.12.01 zugrunde gelegt.

§ 2 Gegenleistung und Barabfindungsangebot

(1) Für die von der A&B-OHG an der AB-GmbH gehaltenen Geschäftsanteile von nominal € 91.000.– (91 %) wird keine Gegenleistung gewährt.

(2) Herrn C, der Geschäftsanteile von nominal € 9.000.– (9 %) an der AB-GmbH hält, wird gem. § 40 Abs. 2 UmwG als Gegenleistung die Mitgliedschaft als Kommanditist mit einer Kommanditeinlage (bedungene Einlage = Hafteinlage) von € ...... und einem Gewinn- und Verlustanteil von ......% für die Zeit ab dem 1.1.02 in der A&B-OHG eingeräumt, die damit zu einer Kommanditgesellschaft unter der Firma A&B-KG wird. Die Kommanditbeteiligung entsteht mit Eintragung der Verschmelzung in das Register des Sitzes der übernehmenden A&B-OHG (§ 20 Abs. 1 Nr. 3 UmwG).

(3) Die Kommanditbeteiligung des Herrn C erlischt, wenn dieser innerhalb von zwei Monaten nach der letzten Bekanntmachung (§ 19 Abs. 3 UmwG) gem. § 31 UmwG das nachfolgend in § 2 Abs. 4 enthaltene Barabfindungsangebot (§ 29 Abs. 1 UmwG) durch schriftliche Mitteilung an den beurkundenden Notar gem. § 31 Satz 1 UmwG annimmt.

(4) Herrn C wird gem. § 29 Abs. 1 Satz 1 und 3 UmwG für den Fall seines Widerspruchs gegen den Verschmelzungsbeschluss der AB-GmbH zur Niederschrift und der Erklärung seines Ausscheidens aus der A&B-OHG/KG eine Barabfindung iHv. € 24.300.- angeboten. Die Annahme des Angebots gem. § 31 UmwG in der in § 2 Abs. 3 bestimmten Form und Frist gilt als Ausscheidenserklärung des Herrn C aus der A&B-KG als übernehmenden Rechtsträger iSv. § 29 Abs. 1 Satz 3 UmwG. Die

Barabfindung ist zwei Wochen nach Zugang der Annahmeerklärung bei dem beurkundenden Notar fällig und ab dem Tag, der auf die letzte Bekanntmachung der Eintragung der Verschmelzung in das Register des Sitzes des übernehmenden Rechtsträgers folgt, mit jährlich 2 von Hundert über dem jeweiligen Diskontsatz der Deutschen Bundesbank zu verzinsen (entsprechende Anwendung von § 15 Abs. 2 iVm. § 30 Abs. 1 Satz 2 UmwG).

(5) Das Abfindungsangebot kann von Herrn C bereits vor Bekanntmachung ab dem Zeitpunkt der Beschlussfassung gem. § 13 UmwG in der Gesellschafterversammlung des übertragenden Rechtsträgers in der in § 2 Abs. 3 bezeichneten Form angenommen werden. Herr C soll in diesem Fall unmittelbar nach Eintragung der Verschmelzung im Register der A&B-OHG/KG aus dieser Gesellschaft ausscheiden.

(6) Sonderrechte oder Vorzüge iSv. § 5 Abs. 1 Nr. 7 UmwG bestanden weder bei der AB-GmbH noch bestehen sie bei der A&B-OHG/KG.

(7) Es werden keine besonderen Vorteile an die in § 5 Abs. 1 Nr. 8 UmwG genannten Personen (einem Mitglied der Geschäftsführung, einem Mitglied eines Aufsichtsrats, einem geschäftsführenden Gesellschafter, einem Abschluss- oder Verschmelzungsprüfer) gewährt.

§ 3 Folgen der Verschmelzung für Arbeitnehmer und ihre Vertretungen sowie die insoweit vorgesehenen Maßnahmen

(1) Die Verschmelzung der AB-GmbH führt zum Übergang sämtlicher Rechte und Ansprüche der Arbeitnehmer der AB-GmbH im Wege der Gesamtrechtsnachfolge auf die A&B-OHG/KG. Auf den Übergang findet § 613a Abs. 1, 4 und 5 BGB Anwendung (§ 324 UmwG). Damit hat die Verschmelzung individualarbeitsrechtlich keinen Nachteil für die Arbeitnehmer der übertragenden AB-GmbH. Für die Arbeitnehmer der A&B-OHG/KG hat die Verschmelzung keine Folgen.

(2) Auch nach der Verschmelzung wird der Betrieb der AB-GmbH in ...... von der A&B-OHG/KG unverändert fortgeführt.

(3) Die bei der AB-GmbH und bei der A&B-OHG bisher jeweils bestehenden Betriebsräte bestehen weiter. Der bezüglich des bisherigen Betriebs der AB-GmbH in ...... eintretende Wechsel des Rechtsträgers lässt die Identität des Betriebs und damit auch die des Betriebsrats unberührt; dieser bleibt als zukünftiger Betriebsrat der A&B-OHG/KG für den Betrieb in ...... weiter im Amt. Gem. § 47 Abs. 1 BetrVG ist ein Gesamtbetriebsrat zu errichten, da im Unternehmen der A&B-OHG/KG mehrere Betriebe bestehen.

(4) Im Hinblick auf die Mitbestimmung ergeben sich durch die Verschmelzung die folgenden Auswirkungen ......

§ 4 Sonstige Regelungen im Zusammenhang mit der Verschmelzung

(1) Die Firma der A&B-OHG wird geändert in: A&B-KG.

(2) Für den Fall der Annahme des Abfindungsangebots gem. § 2 Abs. 3–5 durch Herrn C, die gem. § 29 Abs. 1 Satz 3 UmwG eine Ausscheidenserklärung bewirkt, wird die Firma wiederum geändert in: A&B-OHG.

(3) Die A&B-OHG/KG trägt die Kosten dieser Urkunde, der notwendigen Beschlüsse, ihres Vollzugs und die anfallenden Verkehrsteuern (Grunderwerbsteuer auf Grundbesitz der AB-GmbH).

§ 5 Hinweise

Der Notar hat die Beteiligten auf den weiteren Verfahrensablauf bis zum Wirksamwerden der Verschmelzung, die Wirkungen der Annahme des Abfindungsangebots durch Herrn C und auf die Rechtsfolgen hingewiesen.

Die vorstehende Niederschrift wurde von den Beteiligten in Gegenwart des Notars vorgelesen, von ihnen genehmigt und wie folgt unterschrieben.

..	**...**
[Herr A für A & B-OHG]	**[Herren A und B gemeinsam für AB-GmbH]**

Formular A. 15.70a Gemeinsames Schreiben an die Betriebsräte

Von: Geschäftsleitung AB-GmbH und Geschäftsleitung A&B-OHG (gemeinsames Schreiben)

..

[Ort/Datum]

An: 1. Betriebsrat der AB-GmbH, z. Hd. des/der Vorsitzenden des Betriebsrats, Herrn/Frau ......

2. Betriebsrat der A, z. Hd. des/der Vorsitzenden des Betriebsrats, Herrn/Frau ......

jeweils gegen Empfangsbestätigung

Betreff: Bevorstehende Verschmelzung der AB-GmbH als übertragende Gesellschaft auf die A als übernehmende Gesellschaft

Sehr geehrte Damen und Herren,

in den voraussichtlich am ...... 02 stattfindenden Gesellschafterversammlungen der AB-GmbH und A&B-OHG ist beabsichtigt, dem beigefügten Entwurf des Verschmelzungsvertrags zwischen der AB-GmbH als übertragende und der A&B-OHG als übernehmende Gesellschaft zuzustimmen und den Verschmelzungsvertrag in notariell beurkundeter Form abzuschließen. Wir übermitteln Ihnen hiermit den Entwurf des Verschmelzungsvertrags in der Anlage gem. § 5 Abs. 3 UmwG. Wir bitten, auf die Einhaltung der Monatsfrist des § 5 Abs. 3 UmwG zu verzichten, den Erhalt dieses Schreibens und der Anlage auf den beigefügten Kopien dieses Schreibens zu bestätigen und an die Geschäftsleitung der übernehmenden A&B-OHG im Hinblick auf den Nachweis im Zuge der Anlagen zu den Handelsregisteranmeldungen gem. §§ 17 Abs. 1, 16 UmwG jeweils zweifach zurück zu schicken.

..	**..**
[Geschäftsführung AB-GmbH]	**[Geschäftsführung A]**

Hiermit bestätigen wir, als jeweilige(r) Vorsitzende(r) des Betriebsrats, den Erhalt dieses Schreibens nebst dem als Anlage beigefügten Entwurf des Verschmelzungsvertrags und verzichten auf die Monatsfrist des § 5 Abs. 3 UmwG.

...

[Ort, Datum]

...

[Betriebsratsvorsitzende(r) der AB-GmbH]

...

[Betriebsratsvorsitzende(r) der A&B-GmbH]

Formular A. 15.70b Beschlüsse der Gesellschaftervollversammlungen

Verhandelt am ...... 02 in ......

Vor mir, ..., Notar in ......, erschienen
1. Herr A ...... [Wohn- bzw. Geschäftsadresse],
2. Herr B ...... [Wohn- bzw. Geschäftsadresse] und
3. Herr C ...... [Wohn- bzw. Geschäftsadresse]

und erklärten:

Präambel

1. Die Herren A und B sind die alleinigen, persönlich haftenden Gesellschafter der A&B-OHG mit Sitz in ...... (Amtsgericht ......, HRA-Nr. ......). Die A&B-OHG hält einen Geschäftsanteil im Nennbetrag von € 91.000.– am Stammkapital von insgesamt € 100.000.– der AB-GmbH mit Sitz in ...... (Amtsgericht ......, HRB-Nr. ......).
2. Herr C hält am Stammkapital der AB-GmbH den restlichen Geschäftsanteil im Nennbetrag von € 9.000.–.
3. Die Herren A und B sind gleichzeitig alleinige Geschäftsführer der AB-GmbH und zu deren Vertretung gemeinschaftlich berechtigt.
4. Am ...... 02 wurde jeweils form- und fristgerecht zu den heute stattfindenden, außerordentlichen Gesellschafterversammlungen der AB-GmbH und der A&B-OHG geladen, und zwar unter Angabe der „Verschmelzung der AB-GmbH auf die A&B-OHG" als Beschlussgegenstand unter Beifügung des Entwurfs des Verschmelzungsvertrags, des Verschmelzungsberichts sowie auf Grund des Prüfungsverlangens des Herrn C gem. § 48 UmwG der Bericht über die Prüfung des Entwurfs des Verschmelzungsvertrags und der Angemessenheit der angebotenen Barabfindung gem. § 30 Abs. 1 UmwG des Wirtschaftsprüfers ...... vom ...... Die Erschienenen bestätigen die ordnungsgemäßen Ladungen sowie die Tatsache der Auslegung der Jahresabschlüsse und Lageberichte der AB-GmbH und A&B-OHG für die letzten drei Geschäftsjahre zur Einsicht durch die Gesellschafter in den Geschäftsräumen beider Gesellschaften vom Zeitpunkt der Einberufung an (§ 49 Abs. 2 UmwG).
5. Die Ausfertigung und die Übermittlung eines Verschmelzungsberichts für die übernehmende A&B-OHG war gem. § 41 UmwG nicht erforderlich, weil sämtliche Gesellschafter der A&B-OHG zur Geschäftsführung berechtigt sind. Aus demselben Grund entfällt bezüglich der übernehmenden A&B-OHG die Prüfung der Verschmelzung. Für die übertragende AB-GmbH lag den Gesellschaftern ab der Einladung der Verschmelzungsbericht der übertragenden AB-GmbH vor.

Sodann erklärten die Erschienenen, jeweils Gesellschaftervollversammlungen der AB-GmbH (durch (a) A&B-OHG, diese vertreten durch ihre beiden persönlich haftenden Gesellschafter, die Herren A und B und (b) Herrn C) und der A&B-OHG (durch deren persönlich haftende Gesellschafter, die Herren A und B) abzuhalten und folgende Beschlüsse zu fassen:

1. Gemeinsame Beschlüsse der Gesellschafterversammlungen der übernehmenden A&B-OHG und der übertragenden AB-GmbH:
   a) Dem (Entwurf des) Verschmelzungsvertrag(s) zwischen der AB-GmbH mit dem Sitz in ...... (und der A&B-OHG mit Sitz in ...... vom ...... (UrkR-Nr. ...... des Notars ...... in ......) wird zugestimmt. Eine Ausfertigung des (Entwurfs des) Verschmelzungsvertrags ist dieser Niederschrift als Anlage beigefügt.

b) Auf das Recht gegen die vorstehenden Beschlüsse Klage zu erheben, wird ausdrücklich und unwiderruflich verzichtet.

2. Herr C erklärt:

a) Gegen den vorstehend zu 1. a) mit der gem. § 50 Abs. 1 UmwG notwendigen (mangels einer Bestimmung im Gesellschaftsvertrag der AB-GmbH, nach der die Zustimmung zur Verschmelzung oder Änderung des Gesellschaftsvertrags einer höheren als der $^{3}/_{4}$-Mehrheit bedarf) Mehrheit wirksam gefassten Zustimmungsbeschluss der AB-GmbH zur Verschmelzung erkläre ich hiermit Widerspruch zur Niederschrift gem. § 29 Abs. 1 UmwG.

b) Auf mein Recht, die Beschlüsse unter Punkt 1 und/oder die Erklärung unter 2.a) anzufechten bzw. Klage dagegen zu erheben, verzichte ich ausdrücklich und unwiderruflich.

....

[Unterschriften]

Formular A. 15.70c Handelsregisteranmeldung der übertragenden GmbH

An das
Amtsgericht ......
– Handelsregister –
HRB ...... Firma AB-GmbH in ......

Als einzelvertretungsberechtigter, persönlich haftender Gesellschafter der A&B-OHG mit Sitz in ...... (Amtsgericht ...., HRA-Nr. ......) melde ich gem. § 16 Abs. 1 Satz 2 UmwG als vertretungsberechtigtes Organ des übernehmenden Rechtsträgers A&B-OHG die Verschmelzung der Gesellschaft als übertragender Rechtsträger zur Eintragung in das Register des Sitzes der Gesellschaft an.

Die Gesellschaft ist auf Grund des Verschmelzungsvertrags vom ......, des Beschlusses der Gesellschafterversammlung der Gesellschaft vom ...... und des Beschlusses der Gesellschafterversammlung der A&B-OHG mit Sitz in ...... vom ...... mit der A&B-OHG durch Aufnahme verschmolzen worden (§ 2 Nr. 1 UmwG).

Als Anlagen füge ich bei:

I. Notariell beglaubigte Abschrift des Verschmelzungsvertrags vom ...... (UrkR-Nr...... des Notars ......);

II. Notariell beglaubigte Abschrift der Niederschriften der Gesellschafterversammlungen vom ...... (UrkR-Nr. ...... des Notars ......) der übernehmenden A&B-OHG und der übertragenden AB-GmbH nebst Anlagen;

III. Die von sämtlichen Geschäftsführern unterzeichnete Schlussbilanz der AB-GmbH zum 31.12.01 mit Anhang, versehen mit einem uneingeschränkten Bestätigungsvermerk des Abschlussprüfers ...... vom ......;

IV. Nachweise gem. § 17 Abs. 1 UmwG über die rechtzeitige (bzw. unter Verzicht auf die Rechtzeitigkeit) Zuleitung des Verschmelzungsvertrags an die Betriebsräte der AB-GmbH und der A&B-OHG;

V. Verschmelzungsbericht der übertragenden AB-GmbH vom ......;

VI. Prüfungsbericht des Wirtschaftsprüfers ...... vom ......, beinhaltend auch die Angemessenheit der angebotenen Barabfindung (§ 30 Abs. 2 Satz 1 UmwG).

Nach Vollzug bitte ich um Eintragungsnachricht und um Übermittlung je eines beglaubigten Handelsregisterauszugs an die Gesellschaft und an den beglaubigenden Notar.

………………………………, den ……

………………………………………………
[Unterschrift A oder B]

………………………………………………
[Beglaubigungsvermerk]

Formular A. 15.70d Handelsregisteranmeldung der übernehmenden OHG

An das
Amtsgericht
– Handelsregister –
HRA …… Firma A&B-OHG in ……

Als sämtliche persönlich haftende Gesellschafter der A&B-OHG mit Sitz in …… melden wir an:

1. Die Verschmelzung der AB-GmbH mit Sitz in …… (Amtsgericht ……, HRB-Nr. ……) als übertragender Rechtsträger auf die Gesellschaft als übernehmender Rechtsträger gem. § 2 Nr. 1 UmwG zur Eintragung in das Register des Sitzes der Gesellschaft.

Die AB-GmbH ist auf Grund des Verschmelzungsvertrags vom ……, des Beschlusses der Gesellschafterversammlung der Gesellschaft vom …… und des Beschlusses der Gesellschafterversammlung der AB-GmbH mit Sitz in …… vom …… durch Aufnahme durch die Gesellschaft auf diese verschmolzen worden (§ 2 Nr. 1 UmwG).

Ferner melden wir an:

2. Herr …… C …… *[Beruf, Wohn- bzw. Geschäftsadresse]* tritt mit Eintragung der Verschmelzung der Gesellschaft als Kommanditist mit einer Einlage von € …… bei.

3. Die Firma ist geändert in: A&B KG.

Als Anlagen fügen wir bei.

I. Notariell beglaubigte Abschrift des Verschmelzungsvertrags vom …… (UrkR-Nr. …… des Notars ……);

II. Notariell beglaubigte Abschrift der Niederschriften der Gesellschafterversammlungen vom …… (UrkR-Nr. …… des Notars ……) der übernehmenden A&B-OHG und der übertragenden AB-GmbH nebst Anlagen

III. Nachweise über die rechtzeitige (bzw. unter Verzicht auf die Rechtzeitigkeit) Zuleitung des Verschmelzungsvertrags an die Betriebsräte der AB-GmbH und der A&B-OHG gem. § 17 Abs. 1 UmwG;

IV. Verschmelzungsbericht der übertragenden AB-GmbH vom ……;

V. Prüfungsbericht der ……, beinhaltend auch die Angemessenheit der angebotenen Barabfindung (§ 30 Abs. 2 Satz 1 UmwG).

Nach Vollzug bitten wir um Eintragungsnachricht und um Übermittlung je eines beglaubigten Handelsregisterauszugs an die Gesellschaft und an den beglaubigenden Notar.

.., den ......

...

[Unterschriften A und B]

...

[Beglaubigungsvermerk]

II. ERLÄUTERUNGEN

Erläuterungen zu A. 15.70 Verschmelzungsvertrag

1. Grundsätzliche Anmerkungen

a) Wirtschaftliches Vertragsziel

1 Die diesem Formular zugrundeliegende Verschmelzung bezweckt die Überführung des gesamten Vermögens einer GmbH auf die in der Rechtsform einer Personenhandelsgesellschaft geführte Hauptgesellschafterin im Wege der **Gesamtrechtsnachfolge** unter Ausschluss der Abwicklung. Dabei werden grds. alle Gesellschafter des übertragenden Rechtsträgers auch Gesellschafter der übernehmenden Personenhandelsgesellschaft.

Motive für die Umwandlung können zB sein:

- die Vermeidung der Mitbestimmung in der Rechtsform der übernehmenden Personenhandelsgesellschaft (Unanwendbarkeit des MitbestG und DrittelbG auf Personenhandelsgesellschaften),
- steuerliche Überlegungen, zB **(1)** Durchschleusen von steuerfreien Einkünften bzw. von Steuervergünstigungen wie zB Investitionszulagen und freigestellter Einkünfte von ausländischen Betriebsstätten, **(2)** die Erreichung des durch das StSenkErgG eingeführten ermäßigten (ab 04 steuerpflichtig: 56%) Steuersatzes nach § 34 Abs. 3 EStG im Anschluss an eine Umwandlung in eine Personengesellschaft (s. A. 3.00 Rz. 3), **(3)** die pauschalierte Anrechnung der Gewerbesteuer nach § 35 EStG auf die Einkommensteuer sowie **(4)** die Durchschleusung von Verlusten der Gesellschaft, und zwar sowohl von laufenden Verlusten als auch evtl Veräußerungsverlusten auf Gesellschafterebene.

Der Vorteil der Verschmelzung gegenüber der Veräußerung des Geschäftsbetriebs durch die GmbH an die Personenhandelsgesellschaft und die anschließende Liquidation der GmbH liegt neben der steuerlichen Neutralität in dem Vermögensübergang auf Grund Gesamtrechtsnachfolge (keine Einzelrechtsübertragungen, keine Zustimmung von Gläubigern, keine Liquidation und Abwicklung notwendig) und in der Möglichkeit der **Firmenfortführung** (§ 18 UmwG).

b) Zivilrecht

2 Die Verschmelzung einer GmbH als übertragender Rechtsträger ist nach dem UmwG auf eine Personenhandelsgesellschaft als übernehmender Rechtsträger möglich, und zwar

- im Wege der Verschmelzung durch Aufnahme einer oder mehrerer übertragender GmbHs gem. § 2 Nr. 1 UmwG oder
- im Wege der Verschmelzung durch Neugründung durch Verschmelzung zweier oder mehrerer übertragender GmbHs auf eine dadurch neugegründete Personen-

handelsgesellschaft gem. § 2 Nr. 2 UmwG (Verschmelzung im Wege einer Neugründung).

Diesem Formular liegt die **Verschmelzung durch Aufnahme** eines übertragenden Rechtsträgers durch eine Personenhandelsgesellschaft gem. § 2 Nr. 1 UmwG zugrunde; es werden 91% der Anteile an der übertragenden GmbH von der übernehmenden Personenhandelsgesellschaft gehalten; das Formular lässt sich aber entsprechend auch auf Abwandlungen anwenden, in denen 1) die übernehmende Personenhandelsgesellschaft nicht an der übertragenden GmbH beteiligt ist oder 2) die übernehmende Personenhandelsgesellschaft alle Geschäftsanteile der übertragenden GmbH hält (in diesem Fall entfällt jegliche Gegenleistung und somit ein Barabfindungsangebot) oder 3) die Verschmelzung der übertragenden GmbH auf eine natürliche Person als Alleingesellschafter (§ 3 Abs. 2 Nr. 2 UmwG). Somit ist eine Verschmelzung auf einen nichtkaufmännischen Alleingesellschafter nicht ausgeschlossen, sondern wird mit Eintragung im Register der übertragenden Gesellschaft wirksam (§ 122 Abs. 2 UmwG; BGH II ZB 18/97 v. 4.5.98, DB 98, 1607; *Lutter/Lutter/ Drygala* § 3 UmwG Rz. 11).

Zu den Voraussetzungen der Verschmelzung im Allgemeinen und bzgl. eines über- 3
tragenden Rechtsträgers in der Rechtsform einer GmbH im Besonderen, vgl. A. 15.63 Rz. 4 ff., 40 ff. und 70 ff.

Bei einer **Personenhandelsgesellschaft als übernehmender Rechtsträger** ergeben sich folgende Besonderheiten:

Übernehmender Rechtsträger kann nur eine Personenhandelsgesellschaft (sowie 4
eine Partnerschaftsgesellschaft iSd. § 3 Abs. 1 Nr. 1 iVm. §§ 45a–45e UmwG) sein. Zu den Personenhandelsgesellschaften gehören auch die Kapitalgesellschaften & Co., zB GmbH & Co. KG. Eine BGB-Gesellschaft ist wegen des abschließenden Charakters des § 3 UmwG kein verschmelzungsfähiger Rechtsträger (*Lutter/Lutter/Drygala* § 3 UmwG Rz. 5).

Nicht möglich ist, dass Anteilsinhaber des übertragenden Rechtsträgers (die nicht 5
gleichzeitig übernehmende Rechtsträger sind) im Rahmen der Verschmelzung nicht Gesellschafter des übernehmenden Rechtsträgers werden: Selbst ein der Verschmelzung im Rahmen der Beschlussfassung in der Gesellschafterversammlung des übertragenden Rechtsträgers widersprechender Minderheitsgesellschafter wird somit auf Grund der Verschmelzung zunächst Kommanditist der übernehmenden Personenhandelsgesellschaft; er kann aber durch Annahme des **Barabfindungsangebots** innerhalb von zwei Monaten nach Bekanntmachung der Verschmelzung den **Austritt** aus der übernehmenden Personenhandelsgesellschaft erklären (§ 29 Abs. 1 Satz 3 iVm. § 31 UmwG). Soll ein Minderheitsgesellschafter des übertragenden Rechtsträgers im Rahmen der Verschmelzung nicht mehr an der übernehmenden Personenhandelsgesellschaft beteiligt sein, müsste also ein anderer Gesellschafter dessen Geschäftsanteile vor Fassung des Zustimmungsbeschlusses in der Gesellschafterversammlung des übertragenden Rechtsträgers erwerben oder dieser vorher ausscheiden.

Bei der Verschmelzung auf eine Personenhandelsgesellschaft ist Folgendes notwen- 6
dig:

- Abschluss eines notariell beurkundeten Verschmelzungsvertrags (zum Mindestinhalt s. Rz. 45 ff.);
- Übermittlung des Verschmelzungsvertrags oder dessen Entwurfs an sämtliche Betriebsräte des übertragenden und des übernehmenden Rechtsträgers mindestens einen Monat vor Fassung des Zustimmungsbeschlusses in der Gesellschafterversammlung des betreffenden Rechtsträgers, es sei denn, die Betriebsräte verzichten auf die Einhaltung der Monatsfrist (§ 5 Abs. 3 UmwG, vgl. dazu A. 15.63 Rz. 52);
- Verschmelzungsbericht bzgl. der übertragenden GmbH (nicht bzgl. der übernehmenden Personenhandelsgesellschaft, wenn deren Gesellschafter sämtlich auch zur Geschäftsführung berechtigt sind, vgl. § 41 UmwG), falls nicht sämtliche Gesellschafter der übertragenden GmbH in notariell beurkundeter Form auf die Vorlage

von Verschmelzungsberichten verzichten (§ 8 Abs. 3 UmwG); vgl. zum Verschmelzungsbericht A. 15.63 Rz. 10ff.;
- Verschmelzungsprüfung gem. §§ 9–12 UmwG zur Angemessenheit der vorgesehenen Mitgliedschaft bei dem übernehmenden Rechtsträger und zur Angemessenheit der anzubietenden Barabfindung gem. § 30 Abs. 2 Satz 1 UmwG (vgl. dazu A. 15.63 Rz. 13ff.); die Verschmelzungsprüfung ist nur in folgenden Fällen entbehrlich:
  a) keiner der Gesellschafter der übertragenden GmbH verlangt gem. § 48 Satz 1 UmwG innerhalb einer Woche nach Erhalt der Unterlagen gem. § 47 UmwG die Durchführung einer Verschmelzungsprüfung und
  b) diejenigen Gesellschafter der übertragenden GmbH, denen ein Barabfindungsangebot zu machen ist (sog Berechtigte iSv. § 30 Abs. 2 Satz 3 UmwG), verzichten in notariell beurkundeter Form auf die Prüfung der Angemessenheit der anzubietenden Barabfindung (§ 30 Abs. 2 iVm. § 9 Abs. 3, § 8 Abs. 3 UmwG);
- Bericht über die Verschmelzungsprüfung gem. § 12 UmwG und die Angemessenheit der angebotenen Barabfindung gem. § 30 Abs. 2 UmwG; auf einen derartigen Prüfungsbericht kann bei vorher durchgeführter Prüfung auch isoliert verzichtet werden (§ 30 Abs. 2 Satz 3 und § 12 Abs. 3 iVm. § 8 Abs. 3 UmwG);
- Zustimmungsbeschlüsse der Gesellschafterversammlungen des übertragenden und des übernehmenden Rechtsträgers in jeweils notariell beurkundeter Form (§§ 13, 43 und 50f. UmwG), vgl. dazu Rz. 67;
- Anmeldungen der Verschmelzung zu den Handelsregistern des übertragenden und übernehmenden Rechtsträgers nach Verstreichen der einmonatigen Anfechtungs- bzw. Klagefrist für die Gesellschafterbeschlüsse mit Abgabe der sog. Negativerklärung gem. § 16 Abs. 2 UmwG, falls nicht notariell beurkundete Verzichtserklärungen der klageberechtigten Anteilsinhaber vorgelegt werden können; bei der Anmeldung zum Register des übertragenden Rechtsträgers ist auch dessen der Verschmelzung zugrunde gelegte Schlussbilanz gem. § 17 Abs. 2 UmwG beizufügen, die in diesem Zeitpunkt auf einen höchstens acht Monate vor der Anmeldung liegenden Stichtag aufgestellt sein darf (vgl. zur Schlussbilanz und ihren Anforderungen A. 15.60 Rz. 7); s. dazu Rz. 68f.

7 Zu einem Ablaufplan und den zeitlichen Voraussetzungen wird auf A. 15.63 Rz. 5ff. verwiesen.

8, 9 *(frei)*

c) Steuerrecht

aa) Ertragsteuern

aaa) Grundzüge der Besteuerung des Verschmelzungsvorgangs

10 Die Ertragsbesteuerung des Verschmelzungsvorgangs spielt sich auf den folgenden drei Ebenen ab:
- Bei der übertragenden GmbH (§§ 3, 10 und 18 UmwStG),
- bei der übernehmenden Personenhandelsgesellschaft bzgl. der Ermittlung des Übernahmegewinns und Übernahmeverlusts (gem. §§ 4 Abs. 4–6, 6, 18 UmwStG), su. Rz. 16ff. und
- auf der Ebene der Gesellschafter bzgl. der Zurechnung und Einkommensbesteuerung des Übernahmegewinns, der Besteuerung der offenen Rücklagen der übertragenden GmbH nach § 7 UmwStG und der Auswirkung eines restlichen Sperrbetrags iSv. § 50c EStG, s. dazu Rz. 16ff., 21ff.

bbb) Übertragende GmbH

11 Grds. hat die übertragende GmbH die übergehenden Wirtschaftsgüter, einschließlich nicht entgeltlich erworbener und selbst geschaffener immaterieller Wirtschaftsgüter, in der steuerlichen Schlussbilanz mit dem gemeinen Wert anzusetzen. Auf Antrag können ausnahmsweise die übergehenden Wirtschaftsgüter einheitlich mit dem Buchwert oder einem höheren Wert, höchstens jedoch mit dem gemeinen Wert, angesetzt werden, soweit sie Betriebsvermögen der übernehmenden Personengesellschaft oder natürlichen Person werden, sichergestellt ist, dass sie später der Besteuerung mit Einkommensteuer oder Körperschaftsteuer unterliegen, das Recht der Bundesrepublik Deutschland hinsichtlich der Besteuerung des Gewinns aus der Veräußerung der übertragenen Wirtschaftsgüter bei den Gesellschaftern der übernehmenden Personengesellschaft oder bei der natürlichen Person nicht ausgeschlossen oder beschränkt wird und eine Gegenleistung nicht gewährt wird oder in Gesellschaftsrechten besteht.

Wird das in das Betriebsvermögen der OHG zu übertragende Vermögen in der steuerlichen Schlussbilanz mit einem über dem Buchwert liegenden Wert angesetzt (Zwischenwert oder gemeinen Wert), sind die stillen Reserven in allen Wirtschaftsgütern dh., auch **originäre immaterielle Wirtschaftsgüter** (selbstgeschaffener Firmenwert sowie Patente etc.) aufzudecken (§ 3 Abs. 1 Satz 1 UmwStG). 12

Soweit eine Gewinnrealisierung bei der übertragenden Gesellschaft eintritt (sei es durch Ausübung des Wahlrechts oder zwingend z. B. auf Grund Übergang in steuerliches Privatvermögen), unterliegt der Gewinn (sog. **Übertragungsgewinn**) grds. der **Gewerbe-** und **Körperschaftsteuer,** soweit nicht eine Verrechnung mit noch nicht ausgeglichenen Verlustvorträgen (Hinweis auf sog. Mindestbesteuerung nach § 10d EStG) bei der übertragenden GmbH vorgenommen werden kann. Ein danach verbleibender Verlustabzug geht im Rahmen der Verschmelzung unter (dh. geht nicht auf die übernehmende Personenhandelsgesellschaft über). Gleiches gilt für einen evtl. vorhandenen Zins- oder EBITDA-Vortrag nach § 4h EStG. Die aus dem Übertragungsgewinn resultierende Steuerbelastung (Gewerbe-, Körperschaftsteuer, Solidaritätszuschlag) ist in der steuerrechtlichen und handelsrechtlichen Schlussbilanz als Passivposten (Rückstellung) auszuweisen und vermindert so das übergehende Vermögen. 13

Für die Bewertung von **Pensionsverpflichtungen** gilt § 6a EStG (§ 3 Abs. 1 Satz 2 UmwStG). 14

Ausstehende Einlagen bei der Kapitalgesellschaft sind in deren steuerlicher Schlussbilanz nicht zu berücksichtigen (UmwSt-Erl. 2011 BMF v. 11.11.11, BStBl. I 11, 1314, Tz. 03.05; aA *S/H/S/Schmitt* § 3 UmwStG Rz. 116). 15

ccc) Übernehmende Personenhandelsgesellschaft und deren Gesellschafter

Nach § 7 UmwStG werden allen Gesellschaftern der Überträgerin anteilig die offenen Gewinnrücklagen" als Einkünfte iSd. § 20 Abs. 1 Nr. 1 EStG zugerechnet und zwar (seit dem SEStEG v. 7.12.06 (BGBl. I 06, 2782) ohne Unterscheidung bzgl. des steuerlichen Status der Anteile (s. Rz. 17 ff.). Zur Vermeidung einer doppelten Erfassung vermindert der Zurechnungsbetrag das Übernahmeergebnis (§ 4 Abs. 5 Satz 2 UmwStG). 16

(1) Grundfall: Buchwertfortführung nach §§ 3 Abs. 2 iVm. 4 Abs. 1 UmwStG

Die übernehmende Personenhandelsgesellschaft hat das von der GmbH übernommene Betriebsvermögen mit den in der steuerlichen Schlussbilanz der GmbH ausgewiesenen Werten (§ 3 UmwStG) anzusetzen (§ 4 Abs. 1 UmwStG; zwingende **Wertverknüpfung**). Ein evtl. bestehendes Bewertungswahlrecht nach § 3 UmwStG übt also die übertragende Körperschaft aus. Das auf die Personenhandelsgesellschaft übergehende Betriebsvermögen (regelmäßig Stammkapital, Rücklagen, Bilanzgewinn und Übertragungsgewinn, abzüglich Gewerbesteuer, Körperschaftsteuer und Solidaritätszuschlag auf Übertragungsgewinn) ist in der OHG/KG im Verhältnis der Gewinn- und Verlustbeteiligung der Gesellschafter auf diese zu verteilen. Dies ist deshalb notwendig, weil der **Übernahmegewinn/-verlust** iSv. § 4 Abs. 4 Satz 1 UmwStG **(erster Stu-** 17

fe) für jeden Mitunternehmer der übernehmenden Personenhandelsgesellschaft **getrennt zu ermitteln** und festzustellen ist (zB auch für Zwecke des § 4 Abs. 7 UmwStG).

18 Bei einer Verschmelzung auf eine Personenhandelsgesellschaft als übernehmende Alleingesellschafterin kann der für die Ermittlung des Übernahmegewinns/-verlusts maßgebliche **Buchwert** unmittelbar aus deren Bilanz einschließlich der **Ergänzungsbilanz** des betreffenden Gesellschafters hergeleitet werden. Buchwert ist dann der Wert, mit dem die Anteile nach den steuerrechtlichen Vorschriften über die Gewinnermittlung in einer für den steuerlichen Übertragungsstichtag aufzustellenden Steuerbilanz anzusetzen sind (vgl. § 4 Abs. 4 Satz 1 UmwStG, mit erweiterter Wertaufholung nach § 4 Abs. 1 Satz 2 UmwStG).

19 Soweit **Anteile an der übertragenden Körperschaft am Verschmelzungsstichtag** (= steuerlicher Übertragungsstichtag) **zu einem anderen inländischen Betriebsvermögen** eines Gesellschafters der übernehmenden Personenhandelsgesellschaft **gehören,** gelten sie auf Grund der Einlagefiktion des § 5 Abs. 3 UmwStG als zum Buchwert mit entsprechenden Anpassungen zB für frühere Abschreibungen (vgl. § 5 Abs. 3 Satz 1 und 2 UmwStG) in das Betriebsvermögen der übernehmenden Personengesellschaft zum Übertragungsstichtag eingelegt.

20 Für Anteile, die die übernehmende Personengesellschaft **nach dem steuerlichen Übertragungsstichtag** angeschafft hat, und für Abfindungszahlungen an ausscheidende Anteilseigner ist der Übernahmegewinn und -verlust so zu ermitteln, als wären die Anteile am Übertragungsstichtag (= Verschmelzungsstichtag) angeschafft worden und/oder als wäre der betreffende Anteilseigner am Übertragungsstichtag (= Verschmelzungsstichtag) abgefunden worden (§ 5 Abs. 1 UmwStG).

21 Ein Übernahmegewinn/Übernahmeverlust erhöht/vermindert sich gem. § 4 Abs. 5 Satz 2 UmwStG um den restlichen Sperrbetrag iSd. § 50c Abs. 4 EStG und Beträge nach § 7 UmwStG (**Erhöhungsbeträge** zur Ermittlung des **Übernahmeergebnisses zweiter Stufe**).

22 *(frei)*

23 Ein positiver **Übernahmegewinn** zzgl. der Erhöhungsbeträge gem. § 4 Abs. 5 Satz 1 UmwStG unterliegt der folgenden **Besteuerung:**

- Er unterliegt bei der übernehmenden Personengesellschaft nicht der Gewerbesteuer (§ 18 Abs. 2 UmwStG). Im Zusammenhang mit der Gewerbesteuerfreistellung des Übernahmegewinns durch § 18 Abs. 2 UmwStG ist auch **die Missbrauchsvermeidungsregelung des § 18 Abs. 3 UmwStG** zu beachten.
- Nach § 4 Abs. 7 UmwStG ist bzgl. eines positiven **Übernahmegewinns wie folgt** zu **unterscheiden:**
- Soweit der Übernahmegewinn (in dem hier nicht vorliegenden Fall, dass an der übernehmenden A&B-OHG eine Kapitalgesellschaft beteiligt ist) auf eine Kapitalgesellschaft entfällt gilt § 8b KStG.
- Soweit der Übernahmegewinn (wie im vorliegenden Fall) auf eine natürliche Person entfällt gilt § 3 Nr. 40 Satz 1 und 2 EStG und § 3c EStG. 60% dieses einer natürlichen Person zuzurechnenden Übernahmegewinns, unterliegen dann zwar der Einkommensteuer, aber auch weiterhin nicht der Gewerbesteuer (§ 18 Abs. 2 Satz 1 UmwStG).

24 Ein **Übernahmeverlust** bleibt außer Ansatz, soweit er auf eine Körperschaft, Personenvereinigung oder Vermögensmasse als Mitunternehmer entfällt (vgl. § 4 Abs. 6 Satz 3 UmwStG). In den übrigen Fällen ist er zu 60%, höchstens in Höhe von 60% der Bezüge iSv. § 7 UmwStG zu berücksichtigen (§ 4 Abs. 6 Satz 4 UmwStG; Hinweis auf die Einschränkungen nach § 4 Abs. 6 Satz 5 UmwStG).

25 Ein **Übernahmegewinn mindert** oder ein **Übernahmeverlust erhöht** sich um die Bezüge, die nach **§ 7 UmwStG** zu den Einkünften iSv. § 20 Abs. 1 Nr. 1 EStG gehören (§ 4 Abs. 5 Satz 2 UmwStG).

Die übernehmende Personengesellschaft tritt in die steuerliche Rechtsstellung der übertragenden Gesellschaft ein, insbesondere bzgl. der Bewertung der übernommenen Wirtschaftsgüter, der **Absetzungen für Abnutzung** und der den Gewinn mindernden Rücklagen (§ 4 Abs. 2 und 3 UmwStG). 26

(2) Sonderfallgruppen

Anteile an der Übertragerin im steuerlichen Privatvermögen. Stellt die Beteiligung eine sog. **qualifizierte** (bis 2001: „wesentliche") **Beteiligung iSd. § 17 Abs. 1 EStG** (§ 5 Abs. 2 UmwStG) dar **oder** handelt es sich um „alte" sog. **einbringungsgeborene Anteile iSd. § 21 UmwStG 1995** (§ 5 Abs. 4 UmwStG 1995 iVm. § 27 Abs. 3 Nr. 1 UmwStG), so gelten diese Anteile „für die Ermittlung des Gewinns" (dh. des Übernahmegewinns bzw. Übernahmeverlusts iSv. § 4 Abs. 4 UmwStG) als zu den Anschaffungskosten zum Übernahmestichtag (Verschmelzungsstichtag) in das steuerliche Betriebsvermögen der übernehmenden Personengesellschaft eingelegt; es gelten damit im Ergebnis auch hierfür die vorstehend (s. Rz. 17 ff.) für Anteile im Betriebsvermögen dargestellten Grundsätze. 27

Nicht qualifizierte Beteiligung im Privatvermögen. Für **andere Anteile des Privatvermögens,** die am Übertragungsstichtag (Verschmelzungsstichtag) nicht zu einem Betriebsvermögen eines unbeschränkt steuerpflichtigen Gesellschafters der übernehmenden Personengesellschaft gehören, und die weder eine qualifizierte Beteiligung iSd. § 17 Abs. 1 EStG noch alte einbringungsgeborene Anteile iSd. § 21 UmwStG sind, enthält das UmwStG **keine Einlagefiktion.** Insoweit kann sich also auf Grund der fehlenden Einlagefiktion kein Übernahmegewinn oder Übernahmeverlust (erster Stufe) ergeben. Diesen Gesellschaftern werden gem. § 7 UmwStG die sog. „offenen Rücklagen" anteilig als Einkünfte aus Kapitalvermögen zugerechnet (s. Rz. 16). 28

Auf die gem. § 7 UmwStG steuerpflichtigen Einkünfte aus Kapitalvermögen fällt Einkommensteuer und Kapitalertragsteuer an (ab VZ 2009 Abgeltungssteuer). Für die ESt ist keine Stundungsmöglichkeit gegeben. 29

Gestaltungshinweis für nicht qualifiziert Beteiligte, die ihre Anteile vor dem 1.1.09 erworben haben: Vor Verschmelzungsstichtag steuerfreie Veräußerung der Beteiligung. 30

(frei) 31–40

Übernahmefolgegewinn. Entsteht aus der Konfusion von Forderungen und Verbindlichkeiten zwischen übertragender GmbH und übernehmender Personengesellschaft ein Gewinn (auf Grund imparitätischen Ansatzes von Forderungen oder der Auflösung von Rückstellungen), so entsteht ein sog. Übernahmefolgegewinn iSv. § 6 Abs. 1 UmwStG bei der übernehmenden Personengesellschaft. 41

Ein Übernahmefolgegewinn kann in dem Wj., in das der steuerliche Übertragungsstichtag fällt, durch eine **steuerfreie Rücklage** neutralisiert werden. Die Möglichkeit der Rücklagenbildung entfällt allerdings, wenn die Übernehmerin den auf sie übergegangenen Betrieb innerhalb von fünf Jahren nach dem steuerlichen Übertragungsstichtag in eine Kapitalgesellschaft einbringt oder ohne triftigen Grund veräußert oder aufgibt (§ 6 Abs. 3 UmwStG). Die Rücklage ist gem. § 6 Abs. 1 Satz 2 UmwStG in den folgenden drei Wj. gleichmäßig gewinnerhöhend aufzulösen.

Steuerliche Rückbeziehung. Gemäß § 2 Abs. 1 UmwStG sind Einkommen und Vermögen der übertragenden GmbH sowie der übernehmenden Personengesellschaft so zu ermitteln, als ob das Vermögen der übertragenden GmbH mit Ablauf des Verschmelzungsstichtags auf die Übernehmerin übergegangen wäre. Dies ist der Tag, auf den die handelsrechtliche Schlussbilanz der übertragenden GmbH aufgestellt ist. Die steuerliche Schlussbilanz darf auf einen höchstens acht Monate vor der Anmeldung liegenden Stichtag aufgestellt sein (§ 17 Abs. 2 UmwG). Dies gilt auch für die Gewerbesteuer (§ 2 Abs. 1 Satz 2 UmwStG) und im vorliegenden Fall der Verschmelzung 42 auf eine Personengesellschaft auch für das Einkommen der Gesellschafter (§ 2 Abs. 2 UmwStG). War die übernehmende Personengesellschaft bzw. einer ihrer Gesellschafter am Verschmelzungsstichtag noch gar nicht existent (zB im Falle der Neugründung einer Kapitalgesellschaft, bzw. bei Erwerb von Anteilen an der Übertragerin oder der Übernehmerin nach dem Verschmelzungsstichtag), so ist für diese gleichwohl eine Steuerveranlagung für den Veranlagungszeitraum durchzuführen, in den der Verschmelzungsstichtag fällt (§ 2 Abs. 1 UmwStG). Hinweis auch auf die neue Verrechnungsbeschränkung für positive Einkünfte des übertragenden Rechtsträgers im Rückwirkungszeitraum gem § 2 Abs. 4 Sätze 3 bis 6 UmwStG idF nach dem AmtshilfeRLUmsG v. 26.6.13 (BGBl. I 13, 1809; vgl. auch *Viebrock* DStR 13, 1364).

Die steuerliche Rückwirkung **ist obligatorisch** (kein Wahlrecht zur Anwendung von § 2 UmwStG, anders als bei Einbringung in eine Kapitalgesellschaft gem. § 20 Abs. 5 UmwStG).

bb) Verkehrsteuern

aaa) Umsatzsteuer

43 Die Verschmelzung auf eine Personengesellschaft ist nicht umsatzsteuerbar (§ 1 Abs. 1a UStG). Die übernehmende Personengesellschaft tritt auf Grund der Gesamtrechtsnachfolge in die Rechtsstellung der übertragenden Kapitalgesellschaft ein.

bbb) Grunderwerbsteuer

44 Soweit zum Vermögen der übertragenden GmbH Grundstücke oder grundstücksgleiche Rechte gehören, löst die Verschmelzung Grunderwerbsteuer gem. § 1 Abs. 1 Nr. 3 GrEStG aus. Besteuerungsbasis ist im Ergebnis der sog. Bedarfswert iSd. § 138 Abs. 2 bis 4 BewG der Grundstücke (§ 8 Abs. 2 Satz 1 Nr. 2 GrEStG). Zu verfassungsrechtlichen Bedenken gegen die Bedarfsbewertung für Grunderwerbsteuerzwecke, vgl. BFH II R 64/08 v. 27.5.09, BStBl. II 09, 856 und Normenkontrollverfahren BVerfG 1 BvL 14/11, Bescheide ergehen insoweit nur noch vorläufig, Gleichl. Ländererlasse v. 17.6.11, BStBl. I 11, 575. Grunderwerbsteuer kann auch ausgelöst werden, wenn die übertragende GmbH an grundbesitzenden Kapital- oder Personengesellschaften beteiligt war (§ 1 Abs. 2a und 3 GrEStG). Hinweis auch auf §§ 1 Abs. 3a und 6a GrEStG idF des AmtshilfeRLUmsG v. 26.6.13 (BGBl. I 13, 1809); vgl. hierzu Gleichl. Ländererlasse v. 9.10.13, BStBl. I 13, 1364 und 1375; *Behrens* DStR 13, 2726.

2. Einzelerläuterungen

a) Die Regelungen im Einzelnen

45 Der Verschmelzungsvertrag wird zwischen der übertragenden AB-GmbH (vertreten durch deren Geschäftsführer in vertretungsberechtigter Zahl; Prokura alleine ist nicht ausreichend, vgl. *W/M/Mayer* § 4 UmwG Rz. 39) und der übernehmenden A&B-OHG (vertreten durch einen ihrer persönlich haftenden Gesellschafter) abgeschlossen. Er ist **notariell zu beurkunden** (§ 6 UmwG). Der Mindestinhalt des Verschmelzungsvertrags ergibt sich aus § 5 Abs. 1 und 2 UmwG im Allgemeinen und bzgl. der übertragenden AB-GmbH aus §§ 46ff. UmwG sowie in Bezug auf die übernehmende A&B-OHG aus §§ 40ff. UmwG (zu den Besonderheiten bei einer Personenhandelsgesellschaft als Übernehmerin s. Rz. 47ff.).

Zu § 1: Vermögensübertragung und Verschmelzungsstichtag

46 **Abs. 1** des Verschmelzungsvertrags entspricht den Anforderungen von § 5 Abs. 1 Nr. 1 und 2 UmwG (anzugeben: Firma und Sitz der an der Verschmelzung beteiligten Rechtsträger sowie Vereinbarung über die **Übertragung des Vermögens** des übertragenden Rechtsträgers als Ganzes auf den übernehmenden Rechtsträger).

Abs. 2 des Vertrags entspricht der Anforderung des § 5 Abs. 1 Nr. 6 UmwG zur Angabe des Verschmelzungsstichtags. Zivilrechtlich geht das Vermögen der übertragenden AB-GmbH erst im Zeitpunkt der Eintragung der Verschmelzung in das Register des Sitzes der übernehmenden A&B-OHG auf diese über (§ 20 Abs. 1 Nr. 1 UmwG).

Abs. 3 des Verschmelzungsvertrags wird aus Praktikabilitätsgründen empfohlen: Obwohl gem. § 5 Abs. 1 Nr. 6 im Verschmelzungsvertrag nur der Verschmelzungsstichtag festzulegen ist, ist auf den vorangehenden Tag aber regelmäßig die Schlussbilanz der übertragenden AB-GmbH aufzustellen und ihrer Anmeldung zum Register gem. § 17 Abs. 2 UmwG beizufügen. Da für die Schlussbilanz gem. § 17 Abs. 2 Satz 2 UmwG die Vorschriften über die Jahresbilanz und deren Prüfung (mit Ausnahme der Bekanntmachung, vgl. § 17 Abs. 2 Satz 3 UmwG) entsprechend gelten, ist (neben der Aufstellung und Unterschrift durch sämtliche Geschäftsführer und der Erstellung des Anhangs) – je nach Größe gem. § 267 HGB – eine Abschlussprüfung erforderlich.

Zu § 2: Gegenleistung und Barabfindungsangebot

In **Abs. 1** des Verschmelzungsvertrags wird klargestellt, dass auf Grund der Verschmelzung insoweit keine Gegenleistung zu gewähren ist, als die übernehmende A&B-OHG an der übertragenden AB-GmbH beteiligt ist. 47

In **Abs. 2** wird entsprechend der Anforderung von § 40 Abs. 2 UmwG iVm. § 5 Abs. 1 Nr. 3 und 5 UmwG die dem Gesellschafter C zu gewährende Gegenleistung in Form einer **Kommanditbeteiligung** an der übernehmenden A&B-OHG (die damit zur KG wird) geregelt. C ist die Stellung eines Kommanditisten zu gewähren (§ 40 Abs. 2 Satz 1 UmwG), es sei denn C würde im Rahmen der Zustimmung zum Verschmelzungsbeschluss des übertragenden Rechtsträgers eine Stellung als weiterer persönlich haftender Gesellschafter annehmen (§ 40 Abs. 2 Satz 2 UmwG). 48

Die Einräumung der Stellung eines Kommanditisten mit Angabe des Betrags seiner Einlage ist im Verschmelzungsvertrag gem. § 40 Abs. 1 Sätze 1 und 2 UmwG festzusetzen; damit ist gleichzeitig die nach § 5 Abs. 1 Nr. 3 UmwG erforderliche Angabe über die Mitgliedschaft bei dem übernehmenden Rechtsträger erfüllt. Schließlich ist nach § 5 Abs. 1 Nr. 5 UmwG auch der Zeitpunkt zu bestimmen, ab dem die Mitgliedschaft als Kommanditist an der A&B-KG für C ein Anteil am Bilanzgewinn zu gewähren ist; hierfür ist entsprechend der Regelung im Innenverhältnis der Zeitpunkt nach Ablauf des Verschmelzungsstichtags bestimmt, weil gem. § 1 Abs. 2 des Verschmelzungsvertrags ab diesem Zeitpunkt alle Geschäfte und Handlungen der übertragenden AB-GmbH als für Rechnung der übernehmenden A&B-OHG/KG vorgenommen gelten. Im Außenverhältnis entsteht die Kommanditbeteiligung aber erst mit Eintragung der Verschmelzung im Register der übernehmenden A&B-OHG (die dann zu einer KG wird, vgl. § 20 Abs. 1 Nr. 3 UmwG).

Abs. 3–5 des Verschmelzungsvertrags beinhalten die sich aus der Verpflichtung eines Barabfindungsangebots gem. § 29 Abs. 1 Sätze 1 und 3 UmwG ergebenden Regelungen. Das **Barabfindungsangebot** ist zwingend, der Berechtigte kann aber auf es verzichten. Die Annahme des Barabfindungsangebots ist mit einer Austrittserklärung aus der A&B-KG zu verknüpfen (§ 29 Abs. 1 Satz 3 UmwG). Bei Ausscheiden erlischt die Beteiligung und der Anteil wächst dem Vermögen der Gesellschaft an. Folglich wird C auch bei Widerspruch zur Niederschrift zum Zustimmungsbeschluss des übertragenden Rechtsträgers mit Eintragung der Verschmelzung im Register der übernehmenden A&B-Personengesellschaft (die damit zu einer Kommanditgesellschaft wird) zunächst Kommanditist des übernehmenden Rechtsträgers (§ 20 Abs. 1 Nr. 3 UmwG). Erst durch Annahme des Barabfindungsangebots, die als Austrittserklärung wirkt, scheidet er gegen Barabfindung wieder aus. Um dieses Verfahren abzukürzen, ist abweichend von § 31 UmwG in § 2 Abs. 5 des Verschmelzungsvertrags vorgesehen, dass C das Barabfindungsangebot bereits vor der Eintragung und deren Bekannt- 49 machung annehmen kann; dann wird die Austrittserklärung aufschiebend bedingt mit dem Beitritt zur übernehmenden A&B-Personengesellschaft mit Eintragung auszulegen sein. Um auch dieses Verfahren zu vermeiden, könnte C vor Fassung des Zustimmungsbeschlusses seinen Geschäftsanteil an der übertragenden AB-GmbH entgeltlich (zum Barabfindungspreis) an die übernehmende A&B-OHG veräußern. Dann würden auch die zweimalige Änderung der Firma und der Rechtsform des übernehmenden Rechtsträgers, nämlich mit Eintragung in eine KG und mit Austritt des C aus der KG wieder zurück in eine OHG (s. Rz. 5), sowie ein steuerpflichtiger Veräußerungsgewinn vermieden werden.

50 Die Ausführungen in **Abs. 6 und 7** des Verschmelzungsvertrags erfolgen vorsorglich auf Grund der Bestimmungen des § 5 Abs. 1 Nr. 7 und 8 UmwG, vgl. dazu A. 15.63 Rz. 48f.

Zu § 3: Folgen für Arbeitnehmer

51 Die Bestimmungen entsprechen der Anforderung in § 5 Abs. 1 Nr. 9 UmwG als weiterer Mindestinhalt; vgl. dazu A. 15.60 Rz. 34 und A. 15.63 Rz. 50ff.

Zu § 4: Sonstige Regelungen

52 **Abs. 1 und 2** werden aus Praktikabilitätsgründen und zur Klarstellung im Verschmelzungsvertrag empfohlen: Die Firmenänderung (vgl. § 18 UmwG) über die Anpassung an die geänderte Rechtsform bedarf eines Beschlusses der Gesellschafter der übernehmenden Personengesellschaft.

53, 54 *(frei)*

b) Ertragsteuerfolgen der Verschmelzung (mit Zahlenbeispielen)

55 Die AB-GmbH hat ein voll eingezahltes Stammkapital von 100.000.– € sie hat offene Rücklagen von € 60.000.– sowie stille Reserven von € 100.000.– (davon Firmenwert € 50.000.–). Dies ergibt einen Verkehrswert von € 260.000.– (€ 100.00.– Stammkapital + € 60.000.– offene Rücklagen + € 100.000.– stille Reserven), der zur Vereinfachung auch dem Ertragswert nach Unternehmensbewertungsgrundsätzen entsprechen solle. Am Kapital der AB-GmbH sind beteiligt:

- die A&B-OHG mit einem Nominalkapital von € 91.000.–, das diese erst kürzlich zu € 236.600.– (91% von € 260.000.–) angeschafft hat;
- Herr C mit einem Geschäftsanteil von € 9 000.–, den er im Privatvermögen hält. Es handelt sich um eine qualifizierte Beteiligung (dh. um eine Beteiligung iSv. § 17 Abs. 1 EStG), die dieser vor Jahren entgeltlich zu € 9 000.– erworben hat.

Die Gesellschafter der A&B-OHG, die allesamt unbeschränkt einkommensteuerpflichtig sind, beabsichtigen in dem Fall dieses Formulars, die AB-GmbH auf die A&B-OHG zu verschmelzen. Herr C soll Kommanditist werden. Ihm muss aber gem. § 29 Abs. 1 Satz 1 und Satz 3 UmwG eine Barabfindung angeboten werden; diese wurde auf € 23400.– (9% von € 260 000.–) festgesetzt (vgl. § 2 Abs. 4 des Verschmelzungsvertrags).

aa) Übertragende AB-GmbH

56 Die AB-GmbH kann in ihrer steuerlichen Schlussbilanz die auf die A&B-OHG übergehenden Wirtschaftsgüter unter den Voraussetzungen des § 3 Abs. 2 UmwStG, die hier vorliegen sollen, mit dem Buchwert ansetzen. Damit wird auf der Ebene der AB-GmbH eine Gewinnrealisierung vermieden.

bb) Übernehmende Personengesellschaft A&B-OHG/KG

57 Die übernehmende A&B-OHG/KG hat das übergehende Betriebsvermögen der AB-GmbH gem. § 4 Abs. 1 UmwStG mit den in der steuerlichen Schlussbilanz gem. § 3 UmwStG ausgewiesenen Werten zu übernehmen (Buchwertverknüpfung). Das übergehende Nettobetriebsvermögen beträgt bei der zwingenden Wertverknüpfung

€ 160.000.–. Dieses Nettovermögen ist im Verhältnis der Gewinn- und Verlustbeteiligung der A&B-OHG zu 91% für die Ermittlung deren Übernahmeverlusts/-gewinns iSd. § 4 Abs. 4 bis 7 UmwStG zuzurechnen. Auf die A&B-OHG entfällt somit € 145.600.– übergehendes Betriebsvermögen. Diesem Wert sind die Anschaffungskosten der A&B-OHG von € 236.600.– gegenüberzustellen. Daraus ergibt sich ein Übernahmeverlust iSv. § 4 Abs. 4 UmwStG von € 91.000.–.

Nach **§ 7 Satz 1 UmwStG** ist dem Anteilseigner der Teil des in der Steuerbilanz ausgewiesenen Eigenkapitals (hier € 100.000.– Nominalkapital zzgl. € 60.000.– offene Rücklagen) abzüglich des Bestands des steuerlichen Einlagekontos im Sinne des § 27 KStG, der sich nach Anwendung des § 29 Abs. 1 KStG ergibt (hier angenommen € 0), in dem Verhältnis der Anteile zum Nennkapital der übertragenden Körperschaft (91% von € 60.000.– für A/B OHG mithin also € 54.600.–) als Einnahmen aus Kapitalvermögen im Sinne des § 20 Abs. 1 Nr. 1 des EStG zuzurechnen.

Nach § 4 Abs. 5 Satz 2 erhöht sich ein Übernahmeverlust um die Bezüge, die nach § 7 UmwStG zu den Einkünften aus Kapitalvermögen im Sinne des § 20 Abs. 1 Nr. 1 EStG gehören. Danach ergibt sich ein Übernahmeverlust für die A&B-OHG von € 151.000.–.

Nach § 4 Abs. 6 Satz 4 UmwStG ist der Übernahmeverlust (€ 151.000.–) im Fall der A&B-OHG zu 60%(€ 90.600.–), höchstens zu 60% der Bezüge im Sinne des § 7 UmwStG (60% von € 54.600.– = € 32.760.–) zu berücksichtigen; ein danach verbleibender Übernahmeverlust bleibt außer Ansatz.

Der Übernahmeverlust ist sowohl im Rahmen der Einkommensteuer in der oben **58**
(Rz. 57) ermittelten Höhe (§ 4 Abs. 7 Satz 1 UmwStG) als auch im Rahmen der Gewerbesteuer hier aber in voller Höhe (§ 18 Abs. 2 UmwStG) steuerlich unbeachtlich.

cc) Für C bei Verbleib in der A&B KG

Da es sich um eine qualifizierte Beteiligung handelt, erfolgt diesbezüglich eine Ein- **59**
lagefiktion; für C als qualifiziert Beteiligten iSd. § 17 Abs. 1 EStG, gelten für die Gewinnermittlung seine Anteile zum Übertragungsstichtag als mit den Anschaffungskosten in das Vermögen der A&B OHG eingelegt (§ 5 Abs. 2 UmwStG). Der **Übernahmegewinn** gem. § 4 Abs. 4 UmwStG ermittelt sich für C daher wie folgt:

auf Herrn C übergehendes anteiliges Betriebsvermögen: (= Wert des steuerlichen Kapitalkontos des Herrn C)	€ 14400.– (9% von € 160.000.–)
abzüglich Anschaffungskosten des Herrn C:	€ 9.000.–
Übernahmegewinn Herr C:	€ 5.400.–

Nach **§ 7 Satz 1 UmwStG** ist dem Anteilseigner der Teil des in der Steuerbilanz **60**
ausgewiesenen Eigenkapitals (hier € 100.000.– Nominalkapital zzgl. € 60.000.– offene Rücklagen) abzüglich des Bestands des steuerlichen Einlagekontos im Sinne des § 27 KStG, der sich nach Anwendung des § 29 Abs. 1 KStG ergibt (hier angenommen € 100.000.–), in dem Verhältnis der Anteile zum Nennkapital der übertragenden Körperschaft (9% von € 60.000.– für C mithin also € 5 400.–) als Einnahmen aus Kapitalvermögen im Sinne des § 20 Abs. 1 Nr. 1 des EStG zuzurechnen.

Nach § 4 Abs. 5 Satz 2 vermindert sich ein Übernahmegewinn um die Bezüge, die nach § 7 UmwStG zu den Einkünften aus Kapitalvermögen im Sinne des § 20 Abs. 1 Nr. 1 EStG gehören. Danach ergibt sich ein Übernahmegewinn/-verlust für die C von € 0.–.

(frei) **61–64**

Erläuterungen zu A. 15.70a Gemeinsames Schreiben an die Betriebsräte der AB-GmbH und der A&B-OHG

65 Vgl. dazu A. 15.60 Rz. 35.

Erläuterungen zu A. 15.70b Gesellschafterbeschlüsse

66 Bezüglich der Gesellschafterbeschlüsse, soweit sie sich aus der Rechtsform des übertragenden Rechtsträgers als GmbH ergeben, und bzgl. der Notwendigkeit eines Verschmelzungsberichts und einer Verschmelzungsprüfung auf Grund des Verlangens des C gem. § 48 UmwG wird auf die Erläuterungen in A. 15.63 Rz. 10ff. verwiesen. Das Formular beinhaltet auch den Widerspruch des C gegen den Verschmelzungsbeschluss, soweit er die GmbH als übertragenden Rechtsträger betrifft. Der Widerspruch muss zur Niederschrift des beurkundenden Notars eingelegt werden und kann weder im Voraus noch nachträglich eingereicht werden; er ist materielle Berechtigung zum Austritt (*S/St/Kalss* § 29 UmwG Rz. 21). Ausführungen zur Unterrichtung der Anteilsinhaber über wesentliche Veränderungen des Vermögens der beteiligten Rechtsträger vgl. Drittes Gesetz zur Änderung des UmwG v. 11.7.11 (BGBl. I 11, 1338) sind nicht erforderlich, da eine Unterrichtungspflicht nur bei einer Beteiligung von AGs besteht. Weitere Voraussetzung nach richtiger, aber umstrittener Ansicht ist, dass der Austrittswillige gegen die Verschmelzung stimmt (*S/St/Kalss* § 29 UmwG Rz. 22; *W/M/Vollrath* § 29 UmwG Rz. 30; aA *Kallmeyer/Marsch-Barner* § 29 UmwG Rz. 13).

67 Wegen der Besonderheiten, die sich aus der Rechtsform des übernehmenden Rechtsträgers als Personenhandelsgesellschaft ergeben, ist auf Folgendes hinzuweisen:

- Ein **Verschmelzungsbericht** für die übernehmende Personenhandelsgesellschaft entfällt, wenn deren persönlich haftende Gesellschafter – wie hier – sämtlich auch zur Geschäftsführung berechtigt sind (§ 41 UmwG). Ein Verschmelzungsbericht ist aber bzgl. der übertragenden AB-GmbH erforderlich, falls nicht sämtliche Gesellschafter der übertragenden GmbH in notariell beurkundeter Form auf die Vorlage dieses Verschmelzungsberichts verzichten (§ 8 Abs. 3 UmwG, zum Verschmelzungsbericht vgl. A. 15.63 Rz. 10).
- Einer **Verschmelzungsprüfung** bedarf es gem. § 48 UmwG wegen des Verlangens des Herrn C und wegen der Prüfung der Angemessenheit der anzubietenden Barabfindung gem. § 30 Abs. 2 Satz 1 UmwG. Die Verschmelzungsprüfung wäre nur dann entbehrlich, wenn keiner der Gesellschafter der übertragenden GmbH innerhalb einer Woche nach Erhalt der in § 47 UmwG genannten Unterlagen die Durchführung einer Verschmelzungsprüfung verlangt (Änderung des § 48 Satz 1 UmwG durch das Zweite Gesetz zur Änderung des UmwG v. 19.4.07, BGBl. I 07, 542) und diejenigen Gesellschafter der übertragenden GmbH, denen ein Barabfindungsangebot zu machen ist (sog. Berechtigte iSv. § 30 Abs. 2 Satz 3 UmwG), in notariell beurkundeter Form auf die Prüfung der Angemessenheit der anzubietenden Barabfindung verzichten (§ 30 Abs. 2 iVm. § 9 Abs. 3, § 8 Abs. 3 UmwG).
- Ein **Bericht über die Verschmelzungsprüfung** gem. § 12 UmwG und über die Angemessenheit der angebotenen Barabfindung gem. § 30 Abs. 2 UmwG ist grds. notwendig; ein derartiger Bericht über die Verschmelzungsprüfung entfällt allerdings dann, wenn entweder 1) es der Verschmelzungsprüfung gar nicht bedarf (s. dazu den vorstehenden Absatz) oder 2) bei Durchführung einer derartigen Prüfung sämtliche Gesellschafter der übertragenden AB-GmbH in notariell beurkundeter Form auf die Ausfertigung des Verschmelzungsprüfungsberichts verzichten (§ 30 Abs. 2 Satz 3 und § 12 Abs. 3 iVm. § 8 Abs. 3 UmwG).
- Einer **Feststellung der Schlussbilanz** bedarf es nicht (vgl. HFA 2/97 Abschn. 113, WPg 98, 235).

Erläuterungen zu A. 15.70c Handelsregisteranmeldung der übertragenden GmbH

Die Anmeldung kann gem. § 16 Abs. 1 Satz 1 UmwG auch durch die Organe der übernehmenden A&B-OHG in vertretungsberechtigter Zahl erfolgen. Anzumelden ist die Verschmelzung der AB-GmbH als Überträgerin auf die A&B-OHG als Übernehmerin. Die beizufügenden Anlagen sind aus dem Formular A. 15.70c ersichtlich. Hinsichtlich der Form der Anmeldung und der beizufügenden Anlagen s. A. 15.60 Rz. 41. **68**

Erläuterungen zu A. 15.70d Handelsregisteranmeldung der übernehmenden OHG

Die Anmeldung erfolgt durch sämtliche persönlich haftende Gesellschafter (§ 108 HGB). Neben der Verschmelzung ist auch der mit Wirksamkeit der Verschmelzung (§ 20 Abs. 1 Nr. 3 UmwG) beitretende Kommanditist, Herr C, mit dem Betrag der Kommanditeinlage (Hafteinlage) anzumelden. Ferner ist die mit Beitritt des Kommanditisten einhergehende Änderung der Rechtsform sowie der Firma (zur Änderung der Firma vgl. § 18 UmwG) anzumelden. Hinsichtlich der Form der Anmeldung und der beizufügenden Anlagen s. A. 15.60 Rz. 41. **69**

A. 15.80 Verschmelzung Personenhandelsgesellschaft auf bestehende GmbH (am Beispiel: Verschmelzung GmbH & Co. KG auf Komplementär-GmbH)

Gliederung

I. FORMULARE

Formular A. 15.80 Verschmelzungsvertrag

Verhandelt am ...... 02 in ......

Vor mir, ..., Notar in ...... erschienen:

1. Herr A ...... [Wohn- bzw. Geschäftsadresse] und

2. Herr B ...... [Wohn- bzw. Geschäftsadresse]

und erklärten zu Protokoll den nachfolgenden

VERSCHMELZUNGSVERTRAG

Präambel

1. Herr A ist Alleingesellschafter der A-GmbH mit Sitz in ...... (mit einem Stammkapital von € 50.000.–.
2. Die Herren A und B sind jeweils einzelvertretungsberechtigte Geschäftsführer der A-GmbH. Herr A ist durch § ...... des Gesellschaftsvertrags der A-GmbH und ausweislich der Handelsregistereintragung vom Verbot des Selbstkontrahierens iSd. § 181 BGB iVm. § 35 Abs. 4 GmbHG befreit.
3. Herr A ist ferner alleiniger Kommanditist der Kommanditgesellschaft unter der Firma A-GmbH & Co. KG mit Sitz in ...... mit einer voll eingezahlten Kommanditeinlage von € 10.000.–. Alleinige persönlich haftende Gesellschafterin der A-GmbH & Co. KG ist die A-GmbH. Die A-GmbH ist im Rahmen der A-GmbH & Co. KG weder an deren Vermögen noch an deren Gewinnen und Verlusten beteiligt.
4. Mit diesem Vertrag soll die A-GmbH & Co. KG auf die A-GmbH durch Aufnahme verschmolzen werden. Dabei wird die A-GmbH & Co. KG vertreten durch die A-GmbH, diese wiederum vertreten durch Herrn B als deren einzelvertretungsberechtigter Geschäftsführer. Die A-GmbH wird durch ihren einzelvertretungsberechtigten und von den Beschränkungen des § 181 BGB befreiten Geschäftsführer, Herrn A, vertreten.

§ 1 Vermögensübertragung

(1) Die Gesellschaft A-GmbH & Co. KG mit Sitz in ......, eingetragen im Handelsregister des Amtsgerichts ...... unter HRA ...... (nachstehend KG genannt), als übertragender Rechtsträger überträgt ihr Vermögen als Ganzes mit allen Rechten und Pflichten unter Auflösung ohne Abwicklung im Wege der Verschmelzung gem. §§ 2 Nr. 1, 39 ff., 46 ff. UmwG auf die Gesellschaft A-GmbH mit Sitz in ......, eingetragen im Handelsregister des Amtsgerichts ...... unter HRB-Nr. ...... (nachstehend A-GmbH genannt), als übernehmender Rechtsträger gegen Gewährung von neuen Gesellschaftsanteilen an der A-GmbH an Herrn A nach Maßgabe von § 2 (Verschmelzung durch Aufnahme).

(2) Als Verschmelzungsstichtag wird der 1.1.02 bestimmt; von diesem Zeitpunkt an gelten die Geschäfte und Handlungen der KG als für Rechnung der A-GmbH vorgenommen.

(3) Der Verschmelzung wird die Schlussbilanz der KG auf den 31.12.01 zugrunde gelegt. Die A-GmbH verpflichtet sich, die steuerlichen Buchwerte einschließlich der in einer steuerlichen Ergänzungsbilanz ausgewiesenen Buchwerte der KG gem. § 20 Abs. 2 Satz 2 UmwStG in ihrer Steuerbilanz fortzuführen und spätere Änderungen auf Grund einer Betriebsprüfung gem. Abs. 4 zu übernehmen.

(4) Die in der Schlussbilanz für die Gesellschafter ausgewiesenen Kapitalkonten iHv. € ....– werden im Rahmen der für die Durchführung der Verschmelzung noch vorzunehmenden Kapitalerhöhung wie folgt behandelt:

- **Zunächst erfolgt in Höhe des Nominalbetrags die Anrechnung auf die übernommenen neuen Stammeinlagen.**
- **Darüber hinausgehende Beträge werden bis zu dem im Kapitalerhöhungsbeschluss festzusetzenden Ausgabebetrag von insgesamt € 20.000.– als Agio geschuldet und sind als Kapitalrücklage iSd. § 272 Abs. 2 Nr. 1 HGB auszuweisen.**
- **Unterschreitet der tatsächliche Wert des Anteils eines Gesellschafters an der übertragenden KG zum Zeitpunkt der Anmeldung zum Handelsregister seine jeweilige neue Stammeinlage, entfällt das vorstehende Agio und ist der Differenzbetrag durch Barzuzahlung des betreffenden Gesellschafters auszugleichen.**

§ 2 Gegenleistung und Abfindungsangebot

(1) Für die Mitgliedschaft der A-GmbH in der KG, die nur in der Stellung der alleinigen persönlich haftenden Gesellschafterin ohne Einlage und ohne Vermögens- und Ergebnisbeteiligung besteht, wird keine Gegenleistung gewährt (§ 54 Abs. 1 Nr. 1 UmwG).

(2) Für die von Herrn A gehaltene Kommanditbeteiligung mit einer voll eingezahlten Kommanditeinlage von € 10.000.– (Mitgliedschaft am übertragenden Rechtsträger) werden als Gegenleistung neu zu schaffende Geschäftsanteile im Nennbetrag von insgesamt € 10.000.– zu einem Ausgabebetrag von € 20.000.– an der übernehmenden A-GmbH gewährt. Die als Gegenleistung zu gewährenden neuen Geschäftsanteile werden im Wege einer Kapitalerhöhung im Rahmen der Verschmelzung gem. §§ 54, 55 UmwG geschaffen. Diese neuen Geschäftsanteile gewähren einen Anteil am Bilanzgewinn der A-GmbH ab dem 1.1.02.

(3) Die A-GmbH bietet gem. § 29 Abs. 1 Satz 1 UmwG Herrn A an, seine ihm zu gewährenden neuen Geschäftsanteile an der A-GmbH gegen eine Abfindung von € 20.000.– zu erwerben, und zwar für den Fall, dass Herr A gegen den Verschmelzungsbeschluss des übertragenden Rechtsträgers Widerspruch zur Niederschrift erklären sollte. Dieses Angebot erfolgt zur Sicherung der Vollständigkeit des Inhalts dieses Verschmelzungsvertrags gem. § 29 UmwG.

(4) Sonderrechte oder Vorzüge iSv. § 5 Abs. 1 Nr. 7 UmwG bestanden weder bei der KG noch bestehen sie bei der A-GmbH.

(5) Es werden keine besonderen Vorteile an die in § 5 Abs. 1 Nr. 8 UmwG genannten Personen (einem Mitglied der Geschäftsführung, einem Mitglied eines Aufsichtsrats, einem geschäftsführenden Gesellschafter, einem Abschluss- oder Verschmelzungsprüfer) gewährt.

§ 3 Folgen der Verschmelzung für Arbeitnehmer und ihre Vertretungen sowie die insoweit vorgesehenen Maßnahmen

(1) Die Verschmelzung der KG führt zum Übergang sämtlicher Rechte und Ansprüche der Arbeitnehmer der KG im Wege der Gesamtrechtsnachfolge auf die A-GmbH. Auf den Übergang findet § 613a Abs. 1, 4 und 5 BGB Anwendung (§ 324 UmwG). Damit hat die Verschmelzung individualarbeitsrechtlich keinen Nachteil für die Arbeitnehmer der übertragenden KG. Die übernehmende A-GmbH hat mit Ausnahme ihrer beiden Geschäftsführer, der Herren A und B, keine Arbeitnehmer.

(2) Auch nach der Verschmelzung wird der Betrieb der KG in ...... von der A-GmbH unverändert fortgeführt.

(3) Der bei der KG bisher bestehende Betriebsrat bleibt weiter bestehen. Der bezüglich des bisherigen Betriebs der KG in ...... eintretende Wechsel des Rechtsträgers

lässt die Identität des Betriebs und damit auch die des Betriebsrats unberührt; dieser bleibt als zukünftiger Betriebsrat der A-GmbH für den Betrieb in ...... weiter im Amt. Bei der A-GmbH besteht bisher kein Betriebsrat.

(4) Im Hinblick auf die Mitbestimmung ergeben sich auf Grund der Verschmelzung die folgenden Auswirkungen ......

§ 4 Sonstige Regelungen im Zusammenhang mit der Verschmelzung

Die A-GmbH trägt die Kosten dieser Urkunde, der notwendigen Beschlüsse, ihres Vollzugs und die anfallenden Verkehrsteuern (Grunderwerbsteuer auf Grundbesitz der KG) bis zur Höhe von voraussichtlich insgesamt € ....–; darüber hinausgehende Kosten trägt Herr A.

§ 5 Hinweise

Der Notar hat die Beteiligten auf den weiteren Verfahrensablauf bis zur Wirksamkeit der Verschmelzung und die Rechtsfolgen hingewiesen.

Die vorstehende Niederschrift wurde von den Beteiligten in Gegenwart des Notars vorgelesen, von ihnen genehmigt und wie folgt unterschrieben:

....	....
[Herr A für A-GmbH]	[für A-GmbH & Co. KG: A-GmbH, diese vertreten durch Herrn B]

Formular A. 15.80a Schreiben der A-GmbH & Co. KG gem. §§ 5 Abs. 3, 17 Abs. 1 UmwG an den Betriebsrat der A-GmbH & Co. KG

Von: Geschäftsleitung A-GmbH & Co. KG ....
[Ort/Datum]

An: Betriebsrat der A-GmbH & Co. KG, z. Hd. des/der Vorsitzenden des Betriebsrats, Herrn/Frau ......
gegen Empfangsbestätigung

Betreff: Bevorstehende Verschmelzung der A-GmbH & Co. KG als übertragende Gesellschaft auf die A-GmbH als übernehmende Gesellschaft

Sehr geehrte(r) Herr/Frau ......

in den voraussichtlich am ...... 02 stattfindenden Gesellschafterversammlungen der A-GmbH und der A-GmbH & Co. KG ist beabsichtigt, dem beigefügten Entwurf des Verschmelzungsvertrags zwischen der A-GmbH & Co. KG als übertragende und der A-GmbH als übernehmende Gesellschaft zuzustimmen und den Verschmelzungsvertrag in notariell beurkundeter Form abzuschließen. Wir übermitteln Ihnen hiermit den Entwurf des Verschmelzungsvertrags in der Anlage gem. § 5 Abs. 3 UmwG. Wir bitten, auf die Einhaltung der Monatsfrist gem. § 5 Abs. 3 UmwG zu verzichten, den Erhalt dieses Schreibens und der Anlage auf den beigefügten Kopien dieses Schreibens zu bestätigen und an die Geschäftsleitung der übernehmenden A-GmbH im Hinblick auf den Nachweis im Zuge der Anlagen zu den Handelsregisteranmeldungen gem. §§ 17 Abs. 1, 16 UmwG zweifach zurück zu schicken.

....

[Geschäftsführung A-GmbH & Co. KG.
vertreten durch A-GmbH,
diese vertreten durch Herrn ......]

Hiermit bestätige ich, als Vorsitzende(r) des Betriebsrats der A-GmbH & Co. KG, den Erhalt dieses Schreibens nebst dem als Anlage beigefügten Entwurf des Verschmelzungsvertrags und verzichte auf die Einhaltung der Monatsfrist gem. § 5 Abs. 3 UmwG.

....

[Ort, Datum]

....

[Betriebsratsvorsitzende(r) der A-GmbH & Co. KG]

Formular A. 15.80b Beschlüsse der Gesellschafterversammlungen der A-GmbH und der A-GmbH & Co. KG in gemeinsamen Gesellschafterersammlungen

Verhandelt am ...... 02 in ......
Vor mir ......, Notar in ......, erschienen:
1. Herr A ...... [Wohn- bzw. Geschäftsadresse, Ort/Straße] und
2. Herr B ...... [Wohn- bzw. Geschäftsadresse, Ort/Straße]
und erklärten:

Präambel

1. Herr A ist alleiniger Gesellschafter der A-GmbH mit Sitz in ...... (HRB-Nr. ......) mit einem voll eingezahlten Stammkapital von € 50.000.–.
2. Herr A ist ferner alleiniger Kommanditist der Kommanditgesellschaft unter der Firma A-GmbH & Co. KG mit Sitz in ...... (HRA-Nr. ......) mit einer voll eingezahlten Kommanditeinlage von € 10.000.–.
3. Alleinige Komplementärin der A-GmbH & Co. KG ist die A-GmbH. Diese ist am Vermögen und am Gewinn und Verlust der A-GmbH & Co. KG nicht beteiligt.
4. Herr A erklärt nachfolgend, sowohl als alleiniger Kommanditist der A-GmbH & Co. KG als auch als alleiniger Gesellschafter der A-GmbH im Rahmen von außerordentlichen Gesellschafterversammlungen der A-GmbH & Co. KG und der A-GmbH zu handeln.
5. Herr B erklärt, als einzelvertretungsberechtigter Geschäftsführer der A-GmbH, diese im Rahmen einer außerordentlichen Gesellschafterversammlung der A-GmbH & Co. KG als deren alleinige Komplementärin zu vertreten.

Dies vorausgeschickt erklären die Erschienenen, jeweils außerordentliche Gesellschafterversammlungen der A-GmbH & Co. KG und der A-GmbH abzuhalten, und zwar unter Verzicht auf sämtliche Formen und Fristen für die Einberufung von Gesellschafterversammlungen, und jeweils getrennt mit allen Stimmen die nachfolgenden Beschlüsse zu fassen:

1. Beschlüsse der Gesellschafterversammlung der A-GmbH
   a) Herr A als Alleingesellschafter der A-GmbH hat keinen Antrag auf Prüfung des Verschmelzungsvertrags oder seines Entwurfs gem. § 48 UmwG gestellt. Herr A verzichtet hiermit auf sein Recht, eine Verschmelzungsprüfung zu verlangen.
   b) Der Geschäftsanteil im Nennbetrag von bisher € 50.000.– wird in 50.000 Geschäftsanteile im Nennbetrag von jeweils € 1.– geteilt. Die 50.000 Geschäftsanteile erhalten die laufenden Nummern 1 bis 50.000.

c) Zur Durchführung der Verschmelzung wird das Stammkapital der A-GmbH von bisher € 50.000.– um € 10.000.– auf € 60.000.– zu einem Ausgabebetrag von € 20.000.– erhöht durch Bildung von 10.000 neuen Geschäftsanteilen im Nennbetrag von jeweils € 1.– mit Gewinnberechtigung ab 1.1.02 als Gegenleistung für die Übertragung des gesamten Vermögens der A-GmbH & Co. KG im Wege der Verschmelzung durch Aufnahme. Die 10.000 neuen Geschäftsanteilen erhalten die laufenden Nummern 50.001 bis 60.000. § ...... des Gesellschaftsvertrags der A-GmbH wird wie folgt neu gefasst: „Das Stammkapital beträgt € 60.000.– und ist eingeteilt in 60.000 Geschäftsanteile im Nennbetrag von jeweils € 1.–.

2. Beschlüsse der Gesellschafterversammlung der A-GmbH & Co. KG

a) Die Prüfung des Verschmelzungsvertrags gem. § 44 UmwG ist nicht notwendig, da der Gesellschaftsvertrag der A-GmbH & Co. KG keine Mehrheitsentscheidung für Zustimmungsbeschluss zur Verschmelzung entsprechend § 43 Abs. 2 UmwG vorsieht.

b) Gemäß § 30 Abs. 2 Satz 1 UmwG ist die Angemessenheit einer anzubietenden Barabfindung durch einen Verschmelzungsprüfer zu prüfen. Hierzu erklärt Herr A als Berechtigter iSv. § 30 Abs. 2 Satz 3 UmwG, auf die Durchführung dieser Prüfung zu verzichten.

3. Gemeinsame gesonderte Beschlüsse sowohl der A-GmbH & Co. KG als auch der A-GmbH

a) Auf die Versendung des Verschmelzungsvertrags oder seines Entwurfs zusammen mit der Einberufung der Gesellschafterversammlung gem. § 47 UmwG wurde einvernehmlich verzichtet; dieser Verzicht wird hiermit nochmals ausdrücklich bestätigt.

b) Auf die Auslegung der Jahresabschlüsse und der Lageberichte der an der Verschmelzung beteiligten Rechtsträger A-GmbH und A-GmbH & Co. KG für die letzten drei Geschäftsjahre zur Einsicht durch die Gesellschafter in den Geschäftsräumen der Gesellschaften vom Zeitpunkt der Einberufung der Gesellschafterversammlungen an wurde ebenfalls einvernehmlich verzichtet; auch diesbezüglich wird der Verzicht hiermit nochmals ausdrücklich bestätigt.

c) Auf die Erstellung eines Verschmelzungsberichts iSv. § 8 Abs. 1 UmwG wird hiermit gem. § 8 Abs. 3 UmwG verzichtet.

d) Dem Verschmelzungsvertrag zwischen der A-GmbH mit Sitz in ...... (Amtsgericht ......, HRB-Nr. ......) und der A-GmbH & Co. KG mit Sitz in ...... (Amtsgericht ......, HRA-Nr. ......) vom ...... (UrkR-Nr. ...... des Notars ...... in ......) wird zugestimmt. Eine Ausfertigung des Verschmelzungsvertrags ist dieser Niederschrift als Anlage beigefügt.

e) Auf das Recht, die vorstehenden Beschlüsse anzufechten, insbesondere gegen die Zustimmungsbeschlüsse gem. Punkt 3. d) Klage zu erheben, wird ausdrücklich verzichtet.

....	....
[Herr A]	[Herr B]

Formular A. 15.80c Handelsregisteranmeldung gem. §§ 16 und 17 UmwG zum Register der übertragenden A-GmbH & Co. KG

An das

Amtsgericht ......

– Handelsregister –

HRA ...... Firma A-GmbH & Co. KG in ......

Als einzelvertretungsberechtigter Geschäftsführer der A-GmbH mit Sitz in ...... (Amtsgericht ......, HRB-Nr. ......) melde ich gem. § 16 Abs. 1 Satz 2 UmwG als vertretungsberechtigtes Organ des übernehmenden Rechtsträgers A-GmbH die Verschmelzung der Gesellschaft als übertragender Rechtsträger zur Eintragung in das Register des Sitzes der Gesellschaft an.

Die Gesellschaft ist auf Grund des Verschmelzungsvertrags vom ......, des Beschlusses der Gesellschafterversammlung der Gesellschaft vom ...... und des Beschlusses der Gesellschafterversammlung der A-GmbH mit Sitz in ...... vom ...... mit der A-GmbH durch Aufnahme verschmolzen worden (§ 2 Nr. 1 UmwG).

Als Anlagen füge ich bei:

I. Notariell beglaubigte Abschrift des Verschmelzungsvertrags vom ...... (UrkR-Nr. ...... des Notars ......);

II. Notariell beglaubigte Abschrift der Niederschriften der Gesellschafterversammlungen nebst Anlagen vom ...... (UrkR-Nr. ...... des Notars ......) der übernehmenden A-GmbH und der übertragenden A-GmbH & Co. KG.

III. Die von den sämtlichen Geschäftsführern der A-GmbH als Komplementärin unterzeichnete Schlussbilanz der A-GmbH & Co. KG zum 31.12.01.

IV. Nachweis über die rechtzeitige (bzw: über den Verzicht auf die Rechtzeitigkeit der) Zuleitung des Entwurfs des Verschmelzungsvertrags an den Betriebsrat der übertragenden A-GmbH & Co. KG gem. § 17 Abs. 1 UmwG; bei der A-GmbH besteht kein Betriebsrat, weshalb der diesbezügliche Nachweis entfällt.

Ein beglaubigter Handelsregisterauszug der A-GmbH mit Sitz in ......, aus dem sich ergibt, dass die zur Durchführung der Verschmelzung beschlossene Erhöhung des Stammkapitals im Handelsregister des Amtsgerichts ...... eingetragen worden ist (§ 53 UmwG), wird nachgereicht.

Nach Vollzug bitten wir um Eintragungsnachricht und Übermittlung je eines beglaubigten Handelsregisterauszugs an die Gesellschaft und an den beglaubigenden Notar.

.............................., den ......

....

[Unterschrift]

....

[Beglaubigungsvermerk]

Formular A. 15.80d Handelsregisteranmeldung gem. §§ 16 und 17 UmwG der der übernehmenden A-GmbH

An das

Amtsgericht ......

– Handelsregister –

HRB ...... Firma A-GmbH in ......

Als sämtliche Geschäftsführer der Gesellschaft melden wir an:

1. Das Stammkapitals wurde von € 50.000.– um € 10.000.– auf € 60.000.– erhöht; § ...... des Gesellschaftsvertrags ist geändert.
2. Die Verschmelzung der A-GmbH & Co. KG mit Sitz in ...... (Amtsgericht ......, HRA-Nr. ......) als übertragender Rechtsträger auf die Gesellschaft als übernehmender Rechtsträger gem. § 2 Nr. 1 UmwG zur Eintragung in das Register des Sitzes der Gesellschaft. A-GmbH & Co. KG ist auf Grund des Verschmelzungsvertrags vom ......, des Beschlusses der Gesellschafterversammlung der Gesellschaft vom ...... und des Beschlusses der Gesellschafterversammlung der A-GmbH & Co. KG mit Sitz in ...... vom ...... durch Aufnahme durch die Gesellschaft auf diese verschmolzen worden (§ 2 Nr. 1 UmwG).

Wir bitten im Hinblick auf § 53 UmwG zunächst nur die Kapitalerhöhung einzutragen. Zur Vervollständigung der Anmeldung der Verschmelzung werden wir noch einen beglaubigten Handelsregisterauszug der A-GmbH & Co. KG mit Sitz in ...... (Amtsgericht ......, HRA-Nr. ......) nachreichen, aus dem sich die Eintragung der Verschmelzung in das Handelsregister des Sitzes der A-GmbH & Co. KG ergibt.

Als Anlagen fügen wir bei:

I. Notariell beglaubigte Abschrift des Verschmelzungsvertrags vom ...... (UrkR-Nr. ...... des Notars ......);

II. Notariell beglaubigte Abschrift der Niederschriften der Gesellschafterversammlungen nebst Anlagen vom ...... (UrkR-Nr. ...... des Notars ......) der A-GmbH und der A-GmbH & Co. KG.

III. Die von den Geschäftsführern der A-GmbH als Komplementärin unterzeichnete Schlussbilanz der A-GmbH & Co. KG zum 31.12.01 als Wertnachweisunterlage für die Kapitalerhöhung, versehen mit der Bestätigung des Wirtschaftsprüfers ...... vom heutigen Tag, dass die Wertansätze darin den gesetzlichen Vorschriften entsprechen und darin insbesondere die Aktiva nicht über- und die Passiva nicht unterbewertet sind und dass seither bis heute keine Verluste eingetreten oder Entnahmen getätigt worden sind, die unter Berücksichtigung der stillen Reserven dazu führen würden, dass der Verkehrswert den Betrag der Kapitalerhöhung nicht erreichen würde;

IV. Nachweis über die rechtzeitige (bzw: unter Verzicht auf die Rechtzeitigkeit der) Zuleitung des Entwurfs des Verschmelzungsvertrags an den Betriebsrat der übertragenden A-GmbH & Co. KG gem. § 17 Abs. 1 UmwG; bei der A-GmbH besteht kein Betriebsrat, weshalb der diesbezügliche Nachweis entfällt;

V. Von den Anmeldenden unterschriebene Liste der Personen, welche die neuen Geschäftsanteile übernommen haben (§ 57 Abs. 2 Nr. 2 GmbHG, § 55 Abs. 2 UmwG);

VI. Berichtigte Gesellschafterliste;

Nach Vollzug der Eintragung der Kapitalerhöhung und der Verschmelzung bitten wir jeweils um Eintragungsnachricht an die Gesellschaft und an den beglaubigenden No-

tar sowie um die Übermittlung von zwei beglaubigten Handelsregisterauszügen an die Gesellschaft und eines beglaubigten Handelsregisterauszugs an den beglaubigenden Notar.

…………………………, den ……

……………………………………………

[Unterschriften]

……………………………………………

[Beglaubigungsvermerk]

II. ERLÄUTERUNGEN

Erläuterungen zu A. 15.80 Verschmelzungsvertrag

1. Grundsätzliche Anmerkungen

a) Wirtschaftliches Vertragsziel

1 Vertragsziel ist die Überführung des Vermögens der GmbH & Co. KG auf die Komplementär-GmbH im Wege der **Gesamtrechtsnachfolge** mit der Möglichkeit des Verzichts auf eine ertragsteuerliche Realisierung der stillen Reserven im Vermögen der GmbH & Co. KG (durch **Fortführung der steuerlichen Buchwerte**).

2 Zu Alternativen vgl. A. 3.04 Rz. 4ff.: Anstelle der in diesem Formular vorgesehenen Verschmelzung (mit den Anforderungen des UmwG) wird das Ziel ebenso, aber sehr viel einfacher durch **Anwachsung** der GmbH & Co. KG auf die Komplementär-GmbH durch **Abtretung der Kommanditanteile** an die Komplementär-GmbH gegen Ausgabe neuer Anteile aus einer Kapitalerhöhung erreicht (vgl. Formular A. 3.04). Stellt die Vermeidung der Realisierung stiller Reserven steuerlich kein Problem dar (zB wegen kurzzeitig vorher erfolgter Anschaffung der Kommanditanteile und der Geschäftsanteile an der Komplementär-GmbH zum Verkehrswert), kann das Ziel auch einfacher durch schlichte Abtretung der Kommanditanteile auf die Komplementär-GmbH mittels Anwachsung ohne Kapitalerhöhung erreicht werden, s. dazu A. 3.04 Rz. 6, Alt 2.

3 Das vorliegende Formular der Verschmelzung einer Personenhandelsgesellschaft auf eine bestehende GmbH durch **Aufnahme** einer Personenhandelsgesellschaft durch eine Kapitalgesellschaft kann auch für jede andere Form der Verschmelzung einer Personengesellschaft auf eine bestehende GmbH (zB auf Schwester-GmbH, auf Mutter-GmbH, auf Tochter-GmbH oder auf eine GmbH mit einem anderen Gesellschafterbestand) mit entsprechenden geringfügigen Anpassungen verwendet werden.

4 Steuerliches Ziel der Verschmelzung ist häufig, zukünftig Vergütungen an Gesellschafter (insbesondere Tätigkeitsvergütungen und Pensionsrückstellungen) bei einer GmbH steuerlich abzugsfähig zu gestalten. Die **Vorteilhaftigkeit** einer Umwandlung von einer Personen- in eine Kapitalgesellschaft ist nach der Unternehmensteuerreform 08 neu abzuwägen. Positiv ist bei einer Personengesellschaft die **pauschalierte Anrechnung der GewSt** auf die EStG der Gesellschafter (§ 35 EStG). Bei einer langfristigen **Thesaurierungspolitik** spricht dagegen der niedrigere Körperschaftsteuersatz von 15% für eine Kapitalgesellschaft (aber Hinweis auf Möglichkeit der Thesaurierungsbegünstigung bei der Personengesellschaft).

b) Zivilrecht

5 Die als **übertragender Rechtsträger** zu verschmelzende **Personenhandelsgesellschaft** muss gem. § 3 Abs. 1 Nr. 1 UmwG eine offene Handelsgesellschaft oder Kommanditgesellschaft sein. Zu verschmelzungsfähigen Personenhandelsgesellschaften

gehören auch die Kapitalgesellschaften & Co., zB wie hier die GmbH & Co. KG. Auch eine **aufgelöste Personenhandelsgesellschaft** kann übertragender Rechtsträger bei einer Verschmelzung sein, wenn deren Fortsetzung beschlossen werden könnte (vgl. § 3 Abs. 3 UmwG), dh. mit der Verteilung des Vermögens an die Mitglieder noch nicht begonnen worden ist (eines gesonderten Fortsetzungsbeschlusses bedarf es nicht, da sich dieser konkludent aus dem Zustimmungsbeschluss zum Verschmelzungsvertrag ergibt, *Lutter/Lutter/Drygala* § 3 UmwG Rz. 15) und die Gesellschafter nicht eine andere Auseinandersetzung als die Abwicklung, dh. die Liquidation gem. §§ 145 Abs. 1, 146ff HGB, oder die Verschmelzung (zB die Realteilung einer Personenhandelsgesellschaft, vgl. Formular A. 12.00) vereinbart haben (§ 39 UmwG).

Auch **Partnerschaftsgesellschaften** iSd. § 3 Abs. 1 Nr. 1 iVm. §§ 45a–45e UmwG, ein **wirtschaftlicher Verein** iSv. § 22 BGB (gem. § 3 Abs. 2 Nr. 1 UmwG nur als übertragender Rechtsträger) oder die **EWIV** (gem. § 1 des EWIV-Ausführungsgesetzes sind die Regeln der OHG anwendbar; s. Formular A. 4.01) sind verschmelzungsfähig; nicht möglich ist die Verschmelzung einer BGB-Gesellschaft oder einer Erbengemeinschaft.

6 Bei jeder Verschmelzung **auf einen Rechtsträger anderer Rechtsform (sog. Mischverschmelzung)** bedarf es im Verschmelzungsvertrag zwingend der Abgabe des Angebots zum Erwerb der Anteile an dem übernehmenden Rechtsträger durch diesen (§ 29 Abs. 1 Satz 1 UmwG) oder einer Barabfindung (§ 29 Abs. 1 Satz 3 UmwG), und zwar wohl auch dann, wenn die Parteien dies im Ergebnis gar nicht wollen, oder – wie hier s. Rz. 61 – das Abfindungsangebot leerläuft, weil ohne die Zustimmung der Berechtigten die Verschmelzung gar nicht durchgeführt werden kann.

7 Die Verschmelzung einer Personenhandelsgesellschaft auf eine GmbH bedarf Folgendes:

- Abschluss eines notariell beurkundeten **Verschmelzungsvertrags** (§§ 5, 6, 26, 40, 46 UmwG);
- **Übermittlung** des Verschmelzungsvertrags oder seines Entwurfs **an sämtliche Betriebsräte** des übertragenden und des übernehmenden Rechtsträgers **mindestens einen Monat vor der Fassung des Zustimmungsbeschlusses** in den Gesellschafterversammlungen des betreffenden Rechtsträgers, es sei denn, die Betriebsräte verzichten auf die Einhaltung der Monatsfrist (§ 5 Abs. 3 UmwG);
- **Verschmelzungsbericht** (vgl. A. 15.63 Rz. 10ff.) bzgl. der übertragenden Personenhandelsgesellschaft (§ 41 UmwG), wenn nicht sämtliche Gesellschafter auch zur Geschäftsführung berechtigt sind; hierauf kann durch sämtliche Gesellschafter der übertragenden und übernehmenden Rechtsträger in notariell beurkundeter Form verzichtet werden (§ 8 Abs. 4 UmwG);
- **Verschmelzungsprüfung** gem. §§ 9–12 UmwG (vgl. A. 15.63 Rz. 13ff.) des Verschmelzungsvertrags zur Angemessenheit der vorgesehenen Mitgliedschaft bei dem übernehmenden Rechtsträger und gem. § 30 Abs. 2 Satz 1 UmwG zur **Angemessenheit** der anzubietenden **Barabfindung**; die Verschmelzungsprüfung ist entbehrlich, wenn **(a)** kein Gesellschafter der übernehmenden GmbH die Durchführung einer Prüfung gem. § 48 Satz 1 UmwG (Änderung durch das Zweite Gesetz zur Änderung des UmwG v. 19.4.07, BGBl. I 07, 542) verlangt hat, **(b)** bei der übertragenden Personengesellschaft keine Umwandlung durch Mehrheitsbeschluss iSv. § 43 Abs. 2 UmwG erfolgt und kein Gesellschafter ein diesbezügliches Prüfungsverlangen gem. § 44 Satz 1 UmwG (Änderung durch Gesetz v. 19.4.07, aaO) gestellt hat sowie **(c)** die zu einer Barabfindung berechtigten Gesellschafter des übertragenden Rechtsträgers iSv. § 30 Abs. 2 Satz 2 UmwG eine notariell beurkundete Verzichtserklärung auf Durchführung der Verschmelzungsprüfung gem. § 30 Abs. 2 Satz 3 iVm. §§ 9 Abs. 3, 8 Abs. 4 UmwG abgeben;
- **Bericht über die Verschmelzungsprüfung** gem. § 12 UmwG (vgl. A. 15.63 Rz. 13ff.) und die Angemessenheit der angebotenen Barabfindung gem. § 30

Abs. 2 Sätze 1 und 2 UmwG; auf einen derartigen Prüfungsbericht kann bei vorher durchgeführter Prüfung auch isoliert verzichtet werden (§ 30 Abs. 2 Satz 3 und § 12 Abs. 3 iVm. § 8 Abs. 3 UmwG), allerdings nur in notariell beurkundeter Form;

- **Zustimmungsbeschlüsse der Gesellschafterversammlungen** des übertragenden und des übernehmenden Rechtsträgers in jeweils notariell beurkundeter Form (§§ 13, 43 und 50f. UmwG); der Zustimmungsbeschluss der übertragenden Personenhandelsgesellschaft bedarf gem. § 43 Abs. 1 UmwG der Einstimmigkeit, falls nicht der Gesellschaftsvertrag ausdrücklich die Beschlussfassung für die Verschmelzung mit einer Mehrheit von mindestens $^3/_4$ der Stimmen zulässt (§ 43 Abs. 2 UmwG);
- **der Anmeldungen der Verschmelzung** zu den Handelsregistern des übertragenden und des übernehmenden Rechtsträgers nach Verstreichen der einmonatigen Anfechtungs- bzw. Klagefrist (§ 14 Abs. 1 UmwG) für die Zustimmungsbeschlüsse mit Abgabe der sog. Negativerklärung gem. § 16 Abs. 2 UmwG, falls nicht notariell beurkundete Verzichtserklärungen der klageberechtigten Anteilsinhaber vorgelegt werden können. Bei Anmeldung zum Register des übertragenden Rechtsträgers ist auch dessen der Verschmelzung zugrunde gelegte Schlussbilanz gem. § 17 Abs. 2 UmwG beizufügen, die in diesem Zeitpunkt auf einen höchstens acht Monate vor der Anmeldung liegenden Stichtag aufgestellt sein darf (vgl. zur Schlussbilanz und ihren Anforderungen A. 15.00 Rz. 25 sowie A. 15.60 Rz. 7).

Zu einem Ablaufplan und zeitlichen Voraussetzungen wird auf A. 15.63 Rz. 4ff. verwiesen.

(frei) **8–12**

Kapitalerhöhung. Den Gesellschaftern der übertragenden Personenhandelsgesellschaft sind Anteile an der übernehmenden GmbH als **Gegenleistung** zu gewähren (§ 5 Abs. 1 Nr. 2 UmwG). Diese werden regelmäßig durch eine Kapitalerhöhung bei der übernehmenden GmbH neu geschaffen. Eine Kapitalerhöhung ist allerdings gem. § 54 Abs. 1 Satz 1 Nr. 1 UmwG ausgeschlossen, soweit die übernehmende GmbH Anteile am übertragenden Rechtsträger innehat; dies ist im Fall des vorliegenden Formulars bzgl. der Mitgliedschaft der übernehmenden GmbH an der übertragenden GmbH & Co. KG als deren Komplementärin der Fall, auch wenn diese am Vermögen der übertragenden GmbH & Co. KG nach dem Gesellschaftsvertrag gar nicht beteiligt ist (mangels einer Einlage und bei einer fehlenden Beteiligung am Ergebnis). Bezüglich des Kommanditisten der übertragenden GmbH & Co. KG könnte handelsrechtlich auf eine Kapitalerhöhung verzichtet werden, wenn die übernehmende GmbH eigene Anteile innehätte (§ 54 Abs. 1 Satz 2 Nr. 1 UmwG) oder die übertragende GmbH & Co. KG voll einbezahlte Geschäftsanteile an der übernehmenden Komplementär-GmbH innehätte (§ 54 Abs. 1 Satz 2 Nr. 2 UmwG, bei nicht voll eingezahlten Geschäftsanteilen wäre eine Kapitalerhöhung gem. § 54 Abs. 1 Satz 1 Nr. 3 UmwG unzulässig) und diese als Gegenleistung für die Vermögensübertragung gewährt würden. Im **Regelfall** wird aber eine **Kapitalerhöhung** vorgenommen werden, schon **um die steuerliche Anforderung** (s. Rz. 20) zur Vermeidung der Gewinnrealisierung zu erfüllen, wonach gem. § 20 Abs. 1 UmwStG die Gegenleistung zumindest teilweise in **neuen Geschäftsanteilen** an der übernehmenden Kapitalgesellschaft bestehen muss. **13**

Bei der Kapitalerhöhung ist zu berücksichtigen, dass die Geschäftsanteile der GmbH nur auf volle Euro lauten müssen und Gesellschafter mehrere Geschäftsanteile übernehmen können (§ 5 Abs. 2 GmbHG nF aufgrund MoMiG v. 23.10.08, BGBl. I 08, 2026). Die Geschäftsanteile sind jedoch mit laufenden Nummern zu versehen (vgl. §§ 8 Abs. 1 Nr. 3, 40 Abs. 1 GmbHG). Auf die Kapitalerhöhung im Rahmen der Umwandlung sind zur **Erleichterung** folgende Bestimmungen des **GmbHG nicht anzuwenden** (vgl. § 55 Abs. 1 Satz 1 UmwG): Die Übernahmeerklärung gem. § 55 **14**

Abs. 1 GmbHG, die Einzahlungsbestimmungen des § 7 Abs. 2 Sätze 1 und 3 und Abs. 3 GmbHG (auf Grund Verweisung auf § 56a GmbHG), die Versicherung gem. § 57 Abs. 2 GmbHG bei der Anmeldung und die Einreichung der Übernahmeerklärung gem. § 57 Abs. 3 Nr. 1 GmbHG (da diese nicht notwendig ist). Anwendbar bleiben aber die sonstigen Bestimmungen des GmbHG, insbes. bzgl. der **Kapitalerhöhung mit Sacheinlagen nach § 56 GmbHG:** Gegenstand und Betrag der Stammeinlage, auf die sich die Sacheinlage bezieht, sind im Beschluss über die Erhöhung des Stammkapitals festzusetzen (§ 56 Abs. 1 Satz 1). Gemäß § 9 iVm. § 56 Abs. 2 GmbHG greift die **Differenzhaftung** ein, soweit der Wert einer Sacheinlage (hier im Rahmen der Verschmelzung übergehendes Vermögen der KG) im Zeitpunkt der Anmeldung (hier der Kapitalerhöhung) zum Handelsregister nicht den Betrag der dafür übernommenen Stammeinlage erreicht. Da auf den Anmeldestichtag regelmäßig keine Vermögensübersicht erstellt wird, sondern die (nach § 17 Abs. 2 Satz 2 UmwG) der Anmeldung zum Register der übertragenden Gesellschaft beizufügende Schlussbilanz auf einen bis zu acht Monate davorliegenden Zeitpunkt aufgestellt sein kann, empfiehlt es sich, die Nennbeträge der neu auszugebenden Geschäftsanteile niedriger festzusetzen als den Wert des im Rahmen der Verschmelzung übergehenden Vermögens (in Höhe des Unterschiedsbetrags könnten also zwischenzeitliche Verluste eingetreten sein, ohne dass die Differenzhaftung eingreifen würde). Ferner sollte der Anmeldung zum Register der übernehmenden Gesellschaft beigefügt werden: die Schlussbilanz, vorerst weiterhin versehen mit einer Bestätigung eines Wirtschaftsprüfers, dass Aktiva nicht über- und Passiva nicht unterbewertet sind, mit Angabe der stillen Reserven im Vermögen der übertragenden Gesellschaft und der zumindest näherungsweisen Angabe des laufenden Ergebnisses (jedenfalls: keine Verluste) seit dem Zeitpunkt des Verschmelzungsstichtags und ein Sacherhöhungsbericht (vgl. Formular A. 3.04e). Reicht das in der Verschmelzungsbilanz unter Einbeziehung von stillen Reserven und Ergebnissen bis zum Tag der Anmeldung für jeden Gesellschafter ausgewiesene bzw. vorhandene Eigenkapital nicht zur Deckung der jeweiligen Stammeinlagen aus, bieten sich folgende Möglichkeiten an:

– Sind Gesellschafterdarlehen an die Personengesellschaft vorhanden, kann der jeweilige Gesellschafter entweder vorher auf die Rückzahlung verzichten (Einlage in die Personenhandelsgesellschaft) oder aber die Darlehensforderung als zusätzliche Sacheinlage in die aufnehmende GmbH einbringen.
– Ein Gesellschafter kann die Einlage auch aus dem Kapitalanteil eines anderen Gesellschafters erbringen, wenn der andere Gesellschafter dem zustimmt (zB Schenkung, Darlehen), soweit dessen Eigenkapital dann auch noch für die Erbringung seiner eigenen Stammeinlage ausreichend ist. Möglich ist auch die vorherige Entnahme durch einen Gesellschafter und die Darlehensgewährung durch diesen an den anderen Gesellschafter, der seinerseits die Darlehens-Valuta als Eigenkapital in die Personengesellschaft einlegt.
– Weiter ist die Verbindung mit einer Bareinlage zulässig; nicht ausreichend sind dagegen bloße Forderungen der aufnehmenden GmbH an den Einbringenden.
– Schließlich kommen auch weitere Sacheinlagen in Betracht (steuerlich ohnehin zur Vermeidung der Gewinnrealisierung notwendig, soweit es sich um Sonderbetriebsvermögen handelt, das eine wesentliche Betriebsgrundlage der verschmolzenen GmbH & Co. KG darstellt, s. Rz. 26).

Eine Aufstockung auf die **Verkehrswerte** ist in der **Verschmelzungsbilanz nicht möglich;** denn gem. § 17 Abs. 2 Satz 2 UmwG gelten für die der Verschmelzung zugrundezulegenden Schlussbilanz die Grundsätze für den Jahresabschluss und damit auch das Anschaffungskostenprinzip entsprechend (vgl. A. 15.00 Rz. 25).

15, 16 *(frei)*

17 **Haftung/Nachhaftungsbegrenzung.** Aufgrund der Gesamtrechtsnachfolge gehen sämtliche Verbindlichkeiten der Personenhandelsgesellschaft unmittelbar auf die

übernehmende GmbH über. Unabhängig hiervon haften die bisherigen Gesellschafter der Personenhandelsgesellschaft gem. § 128 HGB als persönlich haftende Gesellschafter bzw. gem. §§ 171–176 HGB die Kommanditisten (soweit deren Einlage noch nicht erbracht oder ganz oder teilweise zurückgezahlt worden ist) für die im Zeitpunkt der Eintragung der Verschmelzung im Register des übernehmenden Rechtsträgers (§ 20 Abs. 1 Nr. 1 UmwG) vorhandenen Verbindlichkeiten (sog Altverbindlichkeiten) grds. weiter. Allerdings ordnet § 45 UmwG eine **zeitliche Begrenzung auf fünf Jahre** ab dem Tag an, an dem die Eintragung der Verschmelzung in das Register des Sitzes der übernehmenden Gesellschaft nach § 19 Abs. 3 UmwG als bekanntgemacht gilt (§ 45 Abs. 2 Satz 1 UmwG). Die Nachhaftung greift ein, wenn Altverbindlichkeiten innerhalb der Fünf-Jahres-Frist fällig werden und gegenüber dem Gesellschafter gerichtlich oder bei öffentlich-rechtlichen Verbindlichkeiten durch Erlass eines Verwaltungsakts geltend gemacht worden sind (§ 45 Abs. 1 UmwG) oder der Gesellschafter den betreffenden Anspruch schriftlich anerkannt hat (§ 45 Abs. 3 UmwG). Die auf fünf Jahre beschränkte Nachhaftung greift auch, wenn der Gesellschafter beim **übernehmenden Rechtsträger geschäftsführend** tätig wird (§ 45 Abs. 4 UmwG; *Lutter/ Schmidt* § 45 UmwG Rz. 25).

Ein Kommanditist, dessen Einlage ganz oder teilweise **zurückgezahlt** worden ist und der nach Wirksamkeit der Verschmelzung ein Abfindungsangebot nach § 29 Abs. 1 Satz 1 UmwG gem. § 31 UmwG angenommen hat, dh. die ihm gewährten Anteile an der übernehmenden GmbH an diese veräußert, unterliegt bei Ausscheiden aus der übertragenden Personenhandelsgesellschaft nicht der fünfjährigen Nachhaftung gem. § 45 UmwG, sondern den Regelungen der Nachhaftung nach § 160 HGB, die wiederum § 45 UmwG entsprechen (*Lutter/Schmidt* § 45 UmwG Rz. 9; *S/St/Ihrig* § 45 UmwG Rz. 8). 18

Sicherheitsleistung. Gemäß § 22 UmwG ist Gläubigern der an der Verschmelzung beteiligten Rechtsträger, die binnen sechs Monaten nach Bekanntgabe der Eintragung der Verschmelzung in das Register des betreffenden Rechtsträgers gem. § 19 Abs. 3 UmwG ihren Anspruch nach Grund und Höhe schriftlich anmelden und dabei glaubhaft machen, dass durch die Verschmelzung die Erfüllung ihrer Forderung gefährdet wird, eine Sicherheitsleistung zu gewähren, soweit sie nicht Befriedigung verlangen können. Von der Sicherheitsleistung sind allerdings Gläubiger ausgeschlossen, die im Falle der Insolvenz des Schuldners ein Recht auf vorzugsweise Befriedigung aus einer zu ihrem Schutz auf Grund gesetzlicher Vorschriften errichteten und staatlich überwachten Deckungsmasse haben (insbes. Pensionssicherungsverein, vgl. § 22 Abs. 2 UmwG). 19

c) Steuerrecht

aa) Ertragsteuern

Auf die Verschmelzung einer Personenhandelsgesellschaft als übertragender Rechtsträger auf eine Kapitalgesellschaft (im Formular GmbH) als übernehmender Rechtsträger finden ertragsteuerlich die Vorschriften der §§ 20, 22 und 23 UmwStG entsprechende Anwendung (vgl. deswegen auch die Ausführungen zu den Formularen A.3.02, A.3.04 und A.15.40). Die Vorschriften der §§ 20, 22 und 23 UmwStG regeln die Einbringung eines Betriebs oder Teilbetriebs oder eines Mitunternehmeranteils in eine EU-Kapitalgesellschaft (iSv. § 1 Abs. 4 Satz 1 Nr. 1 iVm. § 1 Abs. 2 Satz 1 Nr. 1 UmwStG) gegen Gewährung von Gesellschaftsrechten. Gegenstand der Einbringung iSd. §§ 20, 22 und 23 UmwStG können Betriebe, Teilbetriebe oder Mitunternehmeranteile sein. Bei einer Verschmelzung einer Personenhandelsgesellschaft auf eine Kapitalgesellschaft wird steuerlich **von der Einbringung von Mitunternehmeranteilen** durch die jeweiligen Mitunternehmer ausgegangen (vgl. UmwSt-Erl. 2011 BMF v. 11.11.11, BStBl. I 11, 1314, Tz. 20.03), obwohl die Anteile dadurch untergehen. 20

Die Anwendung der Regelungen der §§ 20, 22 und 23 UmwStG setzten zur Vermeidung einer Gewinnrealisierung ua. voraus, dass die Einbringung (hier Verschmelzung) zumindest **zum Teil gegen Ausgabe neuer** (aus einer Kapitalerhöhung geschaffener) **Anteile** an der übernehmenden GmbH erfolgt (vgl. UmwSt-Erl. 2011 BMF v. 11.11.11, BStBl. I 11, 1314, Tz. E 20.09). Die Gewährung einer anderen Gegenleistung neben der Gewährung neuer Anteile führt nicht insgesamt zum Ausschluss der Möglichkeit der **Vermeidung einer Gewinnrealisierung** (vgl. UmwSt-Erl. 2011 BMF v. 11.11.11, BStBl. I 11, 1314, Tz. E 20.11), sondern nur, soweit deren gemeine Werte den steuerlichen Buchwert des betreffenden Mitunternehmeranteils übersteigen (§ 20 Abs. 2 Satz 4, vgl. dazu Rz. 23). Die ausschließliche Gewährung anderer Wirtschaftsgüter als Gegenleistung schließt die Anwendung der §§ 20, 22 und 23 UmwStG allerdings insgesamt aus. „Andere Wirtschaftsgüter" sind auch bereits bestehende, sog. Alt-Anteile zur Abfindung, die entweder der übernehmende Rechtsträger als eigene Anteile selbst oder der übertragende Rechtsträger an dem übernehmenden Rechtsträger hält.

Auch bei der Verschmelzung einer Personenhandelsgesellschaft besteht das **Wahlrecht gem. § 20 Abs. 2 Satz 2 UmwStG** getrennt für jeden Mitunternehmer (*R/H/L/Herlinghaus* § 20 UmwStG Rz. 153). Ausgeübt wird dieses Wahlrecht aber faktisch **von der übernehmenden GmbH** durch Ansatz in deren Bilanz, vgl. § 20 Abs. 2 Satz 1 iVm. § 20 Abs. 3 Satz 1 UmwStG (BFH I R 102/01 v. 30.4.03, BStBl. II 04, 804; *Haritz/Herrmann* GmbHR 03, 1220; LfSt Bayern v. 7.7.14, DB 14, 1898); deshalb empfiehlt sich die Vereinbarung einer vertraglichen Verpflichtung der übernehmenden Gesellschaft zur Fortführung der steuerlichen Buchwerte (einschließlich der in steuerlichen Ergänzungsbilanzen ausgewiesenen Buchwerte) der übertragenden KG gem. § 20 Abs. 2 UmwStG (vgl. Rz. 21, 56); zur Frage der Rechtsbehelfsbefugnis vgl. zuletzt zusammenfassend *Heidrich* DStR 13, 2671.

aaa) Buchwertfortführung/Gewinnrealisierung

21 **Überblick:** Grds. kann die aufnehmende GmbH das Betriebsvermögen der auf sie verschmolzenen Personenhandelsgesellschaft auf Antrag mit den **Buchwerten** (§ 1 Abs. 5 Nr. 4 UmwStG) einschließlich der in Ergänzungsbilanzen ausgewiesenen Buchwerte **fortführen** (unter den weiteren Voraussetzungen des § 20 Abs. 2 Satz 2 UmwStG; insbes. weitere Steuerverstrickung im Inland), auf den gemeinen Wert **aufstocken** oder einen Zwischenwert ansetzen (§ 20 Abs. 2 Satz 2 UmwStG). Der Ansatz in der (gegebenenfalls gem. § 20 Abs. 2 Satz 2 UmwStG abweichenden) **Steuerbilanz** der übernehmenden GmbH (BFH I R 102/01 v. 30.4.03, BStBl. II 04, 804; *Haritz/Herrmann* GmbHR 2003, 1220) ist für die steuerliche Gewinnrealisierung entscheidend;

- **für die Besteuerung der GmbH:** bei Buchwertfortführung keine Erhöhung der Abschreibungsbasis und bei späterer Veräußerung höhere steuerpflichtige Veräußerungsgewinne; bei Aufstockung (bis maximal gemeine Werte) zukünftig höhere Abschreibungen, geringere Veräußerungsgewinne und damit Minderung späterer Einkünfte;
- **für die Besteuerung der Gesellschafter:** soweit Buchwertfortführung durch GmbH, zunächst kein Einbringungsgewinn bzw. bei Ansatz mit dem gemeinen Wert nur insoweit Einbringungsgewinn, jedoch mögliche rückwirkende (pro rata temporis abnehmende) Besteuerung eines sog. Einbringungsgewinns I innerhalb von sieben Jahren nach der Einbringung (Verschmelzung). Der bei Buchwertaufstockung bei den Gesellschaftern insoweit entstehende Einbringungsgewinn wird wie folgt besteuert: regelmäßig keine Gewerbesteuer für natürliche Personen, vgl. § 7 Satz 2 GewStG. Die Tarifbegünstigungen gem. § 34 Abs. 1 oder Abs. 3 EStG iVm. § 20 Abs. 4 Satz 2 UmwStG sind nur bei Ansatz mit dem gemeinen Wert und bei natürlichen Personen als Einbringende sowie bei Einbringung vollständiger

Mitunternehmeranteile zu gewähren. Gleiches gilt für den Freibetrag nach § 16 Abs. 4 EStG (vgl. § 20 Abs. 4 Satz 1 UmwStG).

Soweit der Einbringungsgewinn auf Anteile an Kapitalgesellschaften entfällt, ist gem. § 20 Abs. 4 Satz 2 UmwStG die **Anwendung des § 34 EStG ausgeschlossen;** insoweit findet dann ausschließlich eine Begünstigung nach dem Teileinkünfteverfahren (§ 3 Nr. 40 Buchst. b oder c iVm. § 3c Abs. 2 EStG) statt.

Bei der Verschmelzung einer Personengesellschaft auf eine GmbH kann die Entscheidung über die Fortführung der Buchwerte bzw. Buchwertaufstockung von der übernehmenden GmbH **für jeden Gesellschafter der übertragenen Personengesellschaft** gesondert getroffen werden. Dies ergibt sich daraus, dass nach Auffassung der FinVerw. als Einbringender iSv. § 20 Abs. 1 UmwStG nicht die Personenhandelsgesellschaft als solche (dh. nicht die Gesellschafter in ihrer gesamthänderischen Verbindung), sondern dass jeder einzelne Gesellschafter als Einbringender angesehen wird (s. Rz. 20 und vgl. UmwSt-Erl. 2011 BMF v. 11.11.11, BStBl. I 11, 1314, Tz. 20.03). Daraus folgt, dass die nachfolgenden Voraussetzungen für die Zulässigkeit einer steuerlichen Buchwertfortführung zur Vermeidung einer Gewinnrealisierung bzw. die Tatbestände, die zwingend zu einer **Gewinnrealisierung** führen, für jeden Mitunternehmeranteil, dh. für jeden Gesellschafter der übertragenden Personenhandelsgesellschaft, jeweils gesondert geprüft werden müssen. 22

Zwingende steuerliche Gewinnrealisierung tritt in folgenden Fällen ein:

(1) Soweit ein Gesellschafter ein **negatives Kapitalkonto** zum Umwandlungsstichtag hat, § 20 Abs. 2 Satz 2 Nr. 2 UmwStG. Für die Frage, ob bzw. in welcher Höhe ein negatives Kapitalkonto eines Mitunternehmers zum Umwandlungsstichtag vorliegt, ist auf den Saldo des Kapitalkontos in der Steuerbilanz einschließlich der für den Gesellschafter geführten **Ergänzungsbilanzen** abzustellen. Zu einer zwingenden Gewinnrealisierung kommt es auch dann, wenn die Summe der steuerlichen Kapitalkonten aller Gesellschafter zusammen positiv sind, jedoch das Kapitalkonto eines Gesellschafters negativ ist (zu Gestaltungsmöglichkeiten s. Rz. 14, insbes. vorherige Einlage, bzw. Zuzahlungen des Gesellschafters mit negativem Kapitalkonto). 23

(2) **Gewährung anderer Wirtschaftsgüter durch die GmbH (neben GmbH-Anteilen) über Kapitalkonten hinaus.** Erhält der einbringende Mitunternehmer neben den GmbH-Anteilen auch andere Wirtschaftsgüter, deren gemeine Werte zusammen sein steuerliches Kapitalkonto zum Umwandlungsstichtag übersteigen, tritt in Höhe des übersteigenden Betrages ebenfalls eine zwingende Gewinnrealisierung ein; denn nach § 20 Abs. 2 Satz 4 UmwStG hat die GmbH das Betriebsvermögen in diesem Fall mindestens mit dem gemeinen Wert der neben den GmbH-Anteilen gewährten Wirtschaftsgüter anzusetzen. Der Gesellschafter erzielt in dieser Höhe einen Einbringungsgewinn. Die Umformung von Privatkonten des Personengesellschafters in Gesellschafterdarlehen bei der GmbH soll nicht als Gewährung sonstiger Wirtschaftsgüter gelten, wenn sie als Fremdkapital zu beurteilen sind (vgl. *S/H/S/Schmidt* § 20 UmwStG Rz. 352). 24

(3) **Ausschluss oder Beschränkung des** Rechts der Bundesrepublik Deutschland hinsichtlich der Besteuerung des Gewinns aus der Veräußerung des eingebrachten Betriebsvermögens bei der übernehmenden Gesellschaft (§ 20 Abs. 2 Satz 2 Nr. 3 UmwStG). 25

(4) **Nicht-Einbringung aller wesentlichen Betriebsgrundlagen der Personengesellschaft.** Weitere Voraussetzung für die Möglichkeit der Buchwertfortführung bei der übernehmenden GmbH ist, dass **sämtliche wesentlichen Betriebsgrundlagen** der eingebrachten Personengesellschaft in die GmbH mit eingebracht werden, dh. insbesondere **auch** Wirtschaftsgüter, die sich im Eigentum einzelner Gesellschafter befinden und die der Personengesellschaft dienen (sog. **Sonderbetriebsvermögen I). Auch** Wirtschaftsgüter, die nur der Beteiligung dienen (sog. **Sonder-** 26

betriebsvermögen II), können wesentliche Grundlage des eingebrachten Betriebs sein, die mit eingebracht werden müssen (vgl. nur *Dötsch/Patt/Pung/Möhlenbroch-Patt* § 20 UmwStG Rz. 136); ob die von Kommanditisten gehaltenen Geschäftsanteile an der Komplementär-GmbH eingebracht werden müssen, ist Gegenstand einer lebhaften Auseinandersetzung (vgl. zu deren aktuellem Stand *Dötsch/Patt/Pung/Möhlenbroch-Patt* § 20 UmwStG Rz. 137; auch *Prinz* DB 10, 972; BFH I R 97/08 v. 16.12.09, BStBl. II 10, 808). Werden einzelne Wirtschaftsgüter (bzw. die Mitberechtigung des betreffenden Mitunternehmers hieran), die eine **wesentliche Grundlage des Betriebs** der übertragenden Personenhandelsgesellschaft bilden, aber im (Allein- oder) Miteigentum eines Gesellschafters bestehen, **nicht** in die übernehmende GmbH (als weitere Sacheinlage gegen Gewährung neuer Gesellschaftsrechte) **miteingebracht,** sind die Voraussetzungen für die Buchwertfortführung gem. § 20 UmwStG nach Auffassung der FinVerw. nur bzgl. des Mitunternehmeranteils des betreffenden Gesellschafters nicht gegeben (weil die FinVerw. gem. UmwSt-Erl. 2011 BMF v. 11.11.11, BStBl. I 11, 1314, Tz. 20.03 von gesonderten Einbringungsvorgängen ausgeht). Werden wesentliche Betriebsgrundlagen im zeitlichen und wirtschaftlichen Zusammenhang mit der Einbringung in ein anderes Betriebsvermögen überführt, so ist die Anwendung von BFH VIII R 76/87 v. 19.3.91, BStBl. II 91, 635 (Gesamtplanrechtsprechung) sowie der Grundsatz des § 42 AO zu prüfen (vgl. UmwSt-Erl. 2011 BMF v. 11.11.11, BStBl. I 11, 1314, Tz. 20.07; siehe auch BFH I R 72/08 v. 25.11.09, BStBl. II 10, 471 dazu *Gosch* DStR 10, 1173; und BFH X R 60/09 v. 9.11.11, DStR 12, 648; BFH IV R 41/11 v. 2.8.12, BFH/NV 12, 2053; dazu BMF v. 12.9.13, BStBl. I 13, 1164).

27 Die Einbringung wird steuerlich grds. zu dem **Zeitpunkt** wirksam, in dem das wirtschaftliche Eigentum an dem eingebrachten Vermögen auf die Kapitalgesellschaft übergeht; die Übertragung des wirtschaftlichen Eigentums erfolgt regelmäßig zu dem im Einbringungsvertrag vorgesehenen Zeitpunkt des Übergangs von Nutzen und Lasten (UmwSt-Erl. 2011 BMF v. 11.11.11, BStBl. I 11, 1314, Tz. 20.13). Gleiches gilt grds. auch für die **Miteinbringung wesentlicher Betriebsgrundlagen.** Hierzu empfiehlt es sich, die als Sacheinlage mit einzubringenden wesentlichen Betriebsgrundlagen zusammen mit der Verschmelzung zu erbringen und im Gesellschafterbeschluss für die übernehmende GmbH als separate **Sachkapitalerhöhung** vorzusehen (Kombination der Verschmelzung mit weiteren Sacheinlagen; hierzu kann das Formular A. 3.02 entsprechend verwendet werden). Zu empfehlen ist eine Verknüpfung der Sacheinlage der wesentlichen Betriebsgrundlagen im Sonderbetriebsvermögen I der Gesellschafter mit den Sacheinlagen auf Grund Verschmelzung durch Mitaufnahme in den Beschluss der übernehmenden Kapitalgesellschaft, die gleichzeitige Leistung der Sacheinlagen, die Abgabe der Übernahmeerklärung und die gleichzeitige Handelsregisteranmeldung.

28 Wird **der Antrag auf steuerliche Rückwirkung** gem. § 20 Abs. 6 Satz 1 UmwStG bzgl. der Verschmelzung gestellt (s. Rz. 35 ff.), wird dieser sinnvollerweise auch für die weitere Sacheinlage der wesentlichen Betriebsgrundlagen gem. § 20 Abs. 6 Satz 3 UmwStG auf den gleichen Tag, auf den die Schlussbilanz der übertragenden Personenhandelsgesellschaft aufgestellt ist (Verschmelzungsstichtag), gestellt; dann wirkt auch die weitere Sacheinlage zur Ermittlung des Einkommens auf den Verschmelzungsstichtag zurück.

29 *(frei)*

30 Werden Wirtschaftsgüter des Sonderbetriebsvermögens, die **keine wesentliche Betriebsgrundlage** darstellen, im Rahmen der Verschmelzung **zurückbehalten,** bleiben die Regelungen der §§ 20 ff. UmwStG im Übrigen anwendbar; lediglich die stillen Reserven in den zurückbehaltenen nicht wesentlichen Wirtschaftsgütern sind als Entnahmegewinn zu versteuern (UmwSt-Erl. 2011 BMF v. 11.11.11, BStBl. I 11, 1314, Tz. 20.08).

Soweit **einzelne Mitunternehmer** (ganz oder teilweise) gezwungen sind, **stille Reserven** im Rahmen der Verschmelzung steuerlich zu realisieren oder diese freiwillig realisieren, ergeben sich **Ausgleichsprobleme** zwischen den Gesellschaftern: Denn diejenigen Mitunternehmer, die stille Reserven realisieren, finanzieren im Ergebnis eine **Erhöhung der Abschreibungsbasis** bei der GmbH. Die erhöhten (steuerlichen) Abschreibungen in der GmbH kommen regelmäßig auch den übrigen Gesellschaftern anteilig zugute. Zum Ausgleich hierfür bieten sich insbes. zwei Verfahren an, nämlich **Ausgleichszahlungen** oder eine **abweichende Gewinnverteilung bei der GmbH** (vgl. iE hierzu sowie zu weiteren Verfahren *W/M/Widmann* § 20 UmwStG Rz. 1291 ff.). 31

Die Einbringung von Wirtschaftsgütern in eine Kapitalgesellschaft und damit auch die Verschmelzung einer Personengesellschaft auf eine Kapitalgesellschaft nach § 20 UmwStG stellt regelmäßig keinen Verstoß gegen die **Behaltensregelung** des § 13a Abs. 5 ErbStG dar (§ 13a Abs. 5 Nr. 1 Satz 2, 2. Hs. ErbStG; vgl. auch Gleichl. Ländererlasse v. 20.11.13, BStBl. I 13, 1508). Für die weitere Ermittlung der Lohnsumme s. Gleichl. Ländererlasse v. 21.11.13, BStBl. I 13, 1510. 32

(frei) 33, 34

bbb) Steuerliche Rückbeziehung (maximal acht Monate gem. § 20 Abs. 5 u. 6 UmwStG) auf Antrag

Die Verschmelzung einer Personenhandelsgesellschaft auf eine GmbH als Übernehmerin darf steuerlich auf **Antrag** auf den Stichtag zurückbezogen werden, für den die Schlussbilanz der übertragenden Personenhandelsgesellschaft aufgestellt ist und die der Verschmelzung zugrunde liegt (§ 17 Abs. 2 Satz 2 und § 5 Abs. 1 Nr. 6 UmwG; vgl. A. 15.00 Rz. 16 ff.). Wird der Antrag nicht gestellt, gilt die Sacheinlage mit Eintragung der Verschmelzung im Register des übernehmenden Rechtsträgers (§ 20 Abs. 1 Nr. 1 UmwG) als erbracht. Dieses **steuerliche Wahlrecht** ergibt sich aus § 20 Abs. 6 Satz 1 iVm. Abs. 5 UmwStG (UmwSt-Erl. 2011 BMF v. 11.11.11, BStBl. I 11, 1314, Tz. 20.14). Dieser Zeitpunkt darf höchstens acht Monate vor der Anmeldung der Verschmelzung zur Eintragung in das Handelsregister liegen (vgl. § 20 Abs. 6 Satz 1, 2. Hs. UmwStG und § 17 Abs. 2 Satz 4 UmwG für den Tag, auf den die Schlussbilanz der übertragenden Personengesellschaft aufgestellt ist = steuerrechtlicher Übertragungsstichtag iSv. § 20 Abs. 6 Satz 1 und Abs. 5 Satz 1 UmwStG). Der **Antrag** kann bis zur Beendigung der Tatsacheninstanz beim Finanzgericht bei dem für die übernehmende Gesellschaft zuständigen Finanzamt von der übernehmenden Kapitalgesellschaft formlos gestellt oder zurückgenommen (letzteres ist umstritten) werden (vgl. *R/H/L/Herlinghaus* § 20 UmwStG Rz. 225; zuletzt auch *Pyszka* DStR 13, 693). Der Antrag kann allerdings **nur einheitlich** für alle von der Rückwirkung betroffenen Steuerarten gestellt werden. Er kann formlos, also auch mündlich oder konkludent gestellt werden (*R/H/L/Herlingaus* § 20 UmwStG Rz. 225). Der Antrag, dass als steuerlicher Übertragungsstichtag der Bilanzstichtag gelten soll, hat im Wesentlichen folgende **steuerrechtliche Wirkungen** (vgl. UmwSt-Erl. 2011 BMF v. 11.11.11, BStBl. I 11, 1314, Tz. 20.14 i.V.m. 02.11): 35

- Das von der übertragenden Personenhandelsgesellschaft bis zum Ablauf des Verschmelzungsstichtags erzielte Einkommen wird im Rahmen der einheitlichen und gesonderten Gewinnfeststellung noch den Gesellschaftern der übertragenden Personenhandelsgesellschaft zugerechnet.
- Ein eventueller Einbringungsgewinn wird noch in dem Veranlagungszeitraum steuerlich erfasst, in den der Stichtag der zugrundegelegten Bilanz fällt (zB bei Bilanzstichtag 31. 12. eines Kalenderjahres noch in diesem Veranlagungszeitraum; Gestaltungshinweis: Verschmelzungsstichtag 2. 1. vereinbaren, wenn Realisierung erst im folgenden VZ gewünscht wird).

– Der laufende Gewinn bzw. Verlust des durch Verschmelzung auf die übernehmende GmbH übertragenen Betriebs gilt bereits ab dem Verschmelzungsstichtag bei der übernehmenden GmbH entstanden und unterliegt dort der Besteuerung (Gewerbesteuer, Körperschaftsteuer), auch wenn diese erst später entsteht (zB durch Neugründung) oder die Mitgliedschaft an der Übertragerin erst danach erworben hat. Hinweis auch auf die neue Verrechnungsbeschränkung für positive Einkünfte des übertragenden Rechtsträgers im Rückwirkungszeitraum gem. § 2 Abs. 4 UmwStG idF des AmtshilfeRLUmsG v. 26.6.13 (BGBl. I 13, 1809; vgl. auch *Viebrock* DStR 13, 1364). Die Rückwirkungsfiktion gilt nicht für während des Rückwirkungszeitraums ausscheidende Gesellschafter (UmwSt-Erl. 2011 BMF v. 11.11.11, BStBl. I 11, 1314, Tz. 20.16).
– Die Betriebs- oder Teilbetriebsvoraussetzungen bzw. der Mitunternehmeranteil müssen bereits am steuerlichen Übertragungsstichtag vorgelegen haben (UmwSt-Erl. 2011 BMF v. 11.11.11, BStBl. I 11, 1314, Tz. 20.14).

Wird der **Antrag** gem. § 20 Abs. 6 Satz 1 UmwStG **nicht gestellt,** treten die vorstehend genannten **Rechtswirkungen** erst **ab dem Tag der Eintragung** der Verschmelzung in das Register des übernehmenden Rechtsträgers (§ 20 Abs. 1 Nr. 1 UmwG) in deren Handelsregister ein.

36 Die Regelung des § 20 Abs. 6 Satz 1 UmwStG gilt **entsprechend für Sacheinlagen,** die nicht auf Grund Verschmelzung iSv. § 2 des UmwG, sondern zB durch Sacheinlagen **im Wege der Einzelrechtsnachfolge** (zB Einbringung gegen Kapitalerhöhung, Formulare A. 3.02 und A. 3.04) erbracht werden, wobei der steuerliche Übertragungsstichtag auf bis zu acht Monate vor dem Tag des Abschlusses des Einbringungsvertrags und des Übergangs des eingebrachten Vermögens auf die Kapitalgesellschaft gewählt werden kann (Unmaßgeblichkeit der Handelsregisteranmeldung), § 20 Abs. 6 Satz 3 UmwStG. Erfolgt eine Einbringung im Wege der Sacheinlage durch Aufspaltung, Abspaltung oder Ausgliederung gem. § 123 UmwG, kann auf Antrag auch der Spaltungsstichtag (§ 126 Abs. 1 Nr. 6 iVm. §§ 125, 17 Abs. 2 Satz 2 UmwG) zugrunde gelegt werden, vgl. § 20 Abs. 6 Satz 2 UmwStG.

37 Die steuerliche Rückbeziehung gilt nach § 20 Abs. 5 Satz 2 UmwStG allerdings **nicht für Entnahmen und Einlagen,** die nach dem steuerlichen Übertragungsstichtag erfolgen: Nach § 20 Abs. 5 Satz 3 UmwStG mindern Entnahmen und erhöhen Einlagen, die nach dem steuerlichen Übertragungsstichtag bis zur Eintragung der Verschmelzung erfolgen, die Anschaffungskosten für die den Gesellschaftern der übertragenden Personenhandelsgesellschaft gewährten neuen Anteile an der übernehmenden GmbH iSv. § 20 Abs. 3 UmwStG (vgl. hierzu *R/H/L/Herlinghaus* § 20 UmwStG Rz. 238ff.). Dies bedeutet, dass die Rückbeziehung grds. nicht Vorgänge umfasst, die lediglich im Zusammenhang mit der Verschmelzung stehen. So sind zB Gehaltszahlungen an den Geschäftsführer der übernehmenden GmbH auf Grund eines Anstellungsvertrags grds. erst ab dem Zeitpunkt der Eintragung der Umwandlung im Handelsregister, nicht jedoch vor dem Abschluss des betreffenden Anstellungsvertrags steuerlich anzuerkennen, wenn die Verträge, zB Anstellungsverträge, Mietverträge, Darlehensverträge erst nach dem steuerlichen Umwandlungsstichtag abgeschlossen werden (vgl. UmwSt-Erl. 2011 BMF v. 11.11.11, BStBl. I 11, 1314, Tz. 20.16; vgl. hierzu auch *R/H/L/Herlinghaus* § 20 UmwStG Rz. 228f.).

38 Sind allerdings die schuldrechtlichen Vereinbarungen bereits am steuerlichen Übertragungsstichtag abgeschlossen worden, werden sie durchgeführt und sind sie der Höhe nach angemessen, können diese Vergütungen bereits ab dem steuerlichen Übertragungsstichtag als Betriebsausgaben der übernehmenden GmbH behandelt werden und führen beim empfangenden Gesellschafter der übertragenden Personenhandelsgesellschaft grundsätzlich zu Einkünften aus nichtselbstständiger Tätigkeit (im Falle der Gehaltszahlungen), zu Einkünften aus Kapitalvermögen (im Falle von Zinszahlungen) bzw. zu Einkünften aus Vermietung und Verpachtung (im Falle von Mietverträgen), wenn nicht die Vergütungen ihrerseits einem gewerblichen Betriebsvermögen der Gesellschafter zuzurechnen sind. Sollen daher derartige Vergütungen für die Zeit zwischen dem steuerlichen Übertragungsstichtag und der Eintragung der Verschmelzung mit steuerrechtlicher Anerkennung bezahlt werden können, ist neben dem Antrag auf Rückwirkung gem. § 20 Abs. 6 UmwStG erforderlich, dass die entsprechenden **schuldrechtlichen Vereinbarungen** mit der übertragenden Personenhandelsgesellschaft **bereits im Zeitpunkt des steuerlichen Übertragungsstichtags wirksam** abgeschlossen, seither tatsächlich durchgeführt und der Höhe nach angemessen sind (vgl. hierzu auch *R/H/L/Herlinghaus* § 20 Rz. 228f.).

(frei) 39–45

ccc) AfA der übernehmenden GmbH

Bei **Fortführung der steuerlichen Buchwerte** gem. § 20 Abs. 2 Satz 2 UmwStG 46
tritt die übernehmende GmbH in die steuerliche Rechtsstellung der übertragenden Personenhandelsgesellschaft ein (§ 12 Abs. 3 1. Hs. iVm. § 23 Abs. 1 UmwStG). Vorbesitzzeiten der übertragenden Personengesellschaft werden der übernehmenden GmbH angerechnet (zB für Zwecke des § 6b EStG, vgl. § 4 Abs. 2 Satz 3 iVm. § 23 Abs. 1 UmwStG).

Soweit der Vermögensübergang auf Gesamtrechtsnachfolge – hier durch Ver- 47
schmelzung – beruht und die übernehmende Kapitalgesellschaft das auf Grund Verschmelzung übergehende Vermögen zu einem Zwischenwert oder dem gemeinen Wert ansetzt, tritt die übernehmende Kapitalgesellschaft ebenfalls grds. in die steuerliche Rechtsstellung des Einbringenden ein (§ 12 Abs. 3, Hs. 2 iVm. § 23 Abs. 3 iVm. § 23 Abs. 4 2. Hs. UmwStG) mit folgender Maßgabe: Die AfA oder Substanzverringerung nach § 7 Abs. 1, 4, 5 und 6 EStG sind vom Zeitpunkt der Einbringung an nach den AK oder HK des Einbringenden, vermehrt um den Unterschiedsbetrag zwischen dem Buchwert der einzelnen Wirtschaftsgüter und dem Wert, mit dem die Kapitalgesellschaft die Wirtschaftsgüter ansetzt, zu bemessen und bei den AfA nach § 7 Abs. 2 EStG tritt im Zeitpunkt der Einbringung an die Stelle des Buchwerts der einzelnen Wirtschaftsgüter der Wert, mit dem die Kapitalgesellschaft die Wirtschaftsgüter ansetzt.

Eine Besitzzeitanrechnung erfolgt mangels Verweis auf § 4 Abs. 2 Satz 3 UmwStG in § 23 Abs. 3 und 4 UmwStG nicht.

(frei) 48, 49

Von einer **Anschaffungsfiktion** wird ausgegangen, wenn die übernehmende 50
GmbH Wirtschaftsgüter **im Wege der Einzelrechtsübertragung erwirbt und zum gemeinen Wert** ansetzt (§ 23 Abs. 4, 1. Hs. UmwStG). Dieser Fall dürfte im Rahmen einer Verschmelzung nur bzgl. einer neben der Verschmelzung vereinbarten weiteren Sacheinlage von einzelnen Wirtschaftsgütern (insbes. wesentliche Betriebsgrundlagen der übertragenden Personenhandelsgesellschaft, die sich im Eigentum der Gesellschafter der Personenhandelsgesellschaft befanden, s. Rz. 26) gegeben sein. Bei Gesamtrechtsnachfolge gilt Rz. 47 entsprechend (§ 23 Abs. 4 Hs. 2 UmwStG).

Ein beim Einbringenden **verbliebener Verlustabzug** iSd. § 10d EStG geht nicht 51
auf die aufnehmende Kapitalgesellschaft über, da ein Wechsel aus dem Bereich der ESt in den Bereich der KSt stattfindet. Gleiches gilt für einen Zins- oder EBITDA-Vortrag nach § 4h EStG (§ 20 Abs. 9 UmwStG). Auch vortragsfähige Fehlbeträge iSd. § 10a GewStG gehen im Ergebnis verloren (§ 23 Abs. 5 UmwStG).

bb) Verkehrsteuern

Grunderwerbsteuer: Gehören zum Gesamthandsvermögen der umgewandelten 52
Personenhandelsgesellschaft Grundstücke oder grundstücksgleiche Rechte, so löst die Umwandlung Grunderwerbsteuer gem. § 1 Abs. 1 Nr. 3 GrEStG aus. Sie wird erhoben vom **Bedarfswert** iSd. § 138 Abs. 2 bis 4 BewG der übergehenden Grundstücke

(§ 8 Abs. 2 Satz 1 Nr. 2 GrEStG). Der Steuersatz beträgt in den Bundesländern zwischen 3,5 (Bayern und Sachsen) und 6,5 % (Schleswig-Holstein). Zu verfassungsrechtlichen Bedenken gegen die Bedarfsbewertung für Grunderwerbsteuerzwecke, vgl. BFH II R 64/08 v. 27.5.09, BStBl. II 09, 856 und Normenkontrollverfahren BVerfG 1 BvL 14/11, Bescheide ergehen insoweit nur noch vorläufig, Gleichl. Ländererlasse v. 17.6.11, BStBl. I 11, 575. Grunderwerbsteuer kann auch ausgelöst werden, wenn zum Vermögen der übertragenden A-GmbH & Co. KG Anteile an grundbesitzenden Kapital- oder Personengesellschaften gehören (§ 1 Abs. 2a und 3 GrEStG). Hinweis auch auf §§ 1 Abs. 3a und 6a GrEStG idF des AmtshilfeRLUmsG v. 26.6.13 (BGBl. I 13, 1809); vgl. hierzu Gleichl. Ländererlasse v. 9.10.13, BStBl. I 13, 1364 und 1375; *Behrens* DStR 13, 2726.

53 **Umsatzsteuer:** In den Fällen der Vereinigung von Gesellschaften durch Verschmelzung ist stets der Übergang des gesamten Unternehmens von der übertragenden Gesellschaft auf die übernehmende Gesellschaft gegeben, so dass bei Verschmelzungen die Umsatzsteuerbarkeit nach § 1 Abs. 1a UStG entfällt (vgl. *W/M/Knoll* Anhang 11, Rz. 5 und 13ff.). Näheres hierzu s. A. 15.00 Rz. 107ff.

54 *(frei)*

2. Einzelerläuterungen

55 Der Verschmelzungsvertrag wird zwischen der übertragenden Personenhandelsgesellschaft (vertreten durch einen ihrer persönlich haftenden Gesellschafter, dh. in dem Fall des Formulars durch die Komplementär-GmbH, diese wiederum vertreten durch deren Geschäftsführer in vertretungsberechtigter Zahl) und der übernehmenden GmbH (vertreten durch deren Geschäftsführer in vertretungsberechtigter Zahl; Prokura allein ist nicht ausreichend, *W/M/Mayer* § 4 UmwG Rz. 39) abgeschlossen. Er ist **notariell zu beurkunden** (§ 6 UmwG). Der Mindestinhalt des Verschmelzungsvertrags ergibt sich aus § 5 Abs. 1 UmwG im Allgemeinen und im Besonderen bzgl. der übertragenden Personenhandelsgesellschaft aus § 40 UmwG (vgl. dazu A. 15.70 Rz. 45) und bzgl. der übernehmenden GmbH aus § 46 UmwG (vgl. dazu im Allgemeinen A. 15.63 Rz. 46ff.). Nachfolgend werden nur die Besonderheiten der Verschmelzung einer Personenhandelsgesellschaft auf eine bestehende GmbH als übernehmender Rechtsträger erläutert.

Zu § 1: Vermögensübertragung

56 **Abs. 1 und 2** entsprechen den Anforderungen von § 5 Abs. 1 Nr. 1, 2 und 6 UmwG.

Abs. 3 Satz 1 wird aus Praktikabilitätsgründen empfohlen, um eine Verknüpfung mit der Schlussbilanz des übertragenden Rechtsträgers herzustellen, obwohl nach § 5 Abs. 1 Nr. 6 UmwG im Verschmelzungsvertrag an sich nur der Verschmelzungsstichtag festzulegen ist und die Schlussbilanz nur der Anmeldung zum Register gem. § 17 Abs. 2 UmwG beizufügen ist. Satz 2 des Abs. 3 wird wegen der Steuerrechtsfolgen bei den Gesellschaftern der übertragenden Personenhandelsgesellschaft empfohlen, die allein vom tatsächlichen Ansatz des übertragenen Betriebsvermögens in der Steuerbilanz der übernehmenden GmbH abhängig sind (§ 20 Abs. 2 Satz 2 iVm. Abs. 3 Satz 1 UmwStG, s. Rz. 21); deshalb soll eine schuldrechtliche Verpflichtung der übernehmenden GmbH diesbezüglich geschaffen werden. Die Ergänzung zur Übernahme von Änderungen aufgrund einer Betriebsprüfung dient zwar gesellschaftsrechtlich nur der Klarstellung, die Ergänzung wird aber auch diesbezüglich steuerlich empfohlen, weil es für die Gewinnrealisierung bei den Gesellschaftern gem. § 20 Abs. 3 Satz 1 UmwStG auch diesbezüglich allein auf den Ansatz bei der GmbH ankommt.

57 **Abs. 4** regelt die Behandlung der **Gesellschafterkonten** in der Schlussbilanz der übertragenden KG bei der übernehmenden GmbH: Die Kapitalkonten in der übertra-

genden Personengesellschaft werden zunächst bis zu Höhe der Stammeinlagen auf diese angerechnet und die überschießenden Teile von den Gesellschaftern als Agio geschuldet (Kapitalrücklage gem. § 272 Abs. 2 Nr. 1 HGB). Von der Gewährung von Darlehen ist auf Grund § 54 Abs. 4 UmwG abzuraten (vgl. *Lutter/Winter* § 54 UmwG Rz. 33f.; *W/M/Mayer* § 54 UmwG Rz. 64). Erreicht das Kapitalkonto eines Gesellschafters den Betrag der Stammeinlage nicht, wird weiter die Aufstockung durch Barzuzahlung vorgesehen (Kombination einer Sacheinlage mit einer Bareinlage), um die Differenzhaftung gem. §§ 9, 56 Abs. 2 GmbHG auszuschließen. Gehaftet wird aber nur auf die Differenz zwischen dem Nennwert der Stammeinlage und dem wirklichen Wert des Einbringungsgegenstands, eine Unterdeckung des Agios ist dagegen nicht auszugleichen (BGH II ZR 149/10 v. 6.12.11, DStR 12, 251; vgl. *MünchKomm GmbHG/Lieder* § 57a Rz. 22). Sollte ein Gesellschafter die Bareinlage nicht erbringen können, haften die anderen Gesellschafter im Verhältnis ihrer Anteile gem. § 24 GmbH, und zwar auch Kommanditisten.

Gestaltungshinweis: Vor Beurkundung des Verschmelzungsvertrags und des Zu- **58** stimmungsbeschlusses könnten durch gesonderten Gesellschafterbeschluss der übertragenden Personenhandelsgesellschaft die Kapitalkonten entsprechend reduziert werden (bei Kommanditisten aber nur so weit empfehlenswert als dadurch keine Einlagenrückzahlung eintritt) und in Höhe der Reduzierungsbeträge separate Gesellschafterdarlehen (verzinslich) vereinbart werden (zur steuerlichen Rückwirkung des Zinslaufs ab dem steuerlichen Übertragungsstichtag, s. Rz. 38: durch Darlehensvereinbarung vor dem steuerlichen Übertragungsstichtag). Im Verschmelzungsvertrag sollte dann klarstellend darauf hingewiesen werden, dass diese Darlehensverbindlichkeiten der übertragenden Personenhandelsgesellschaft gegenüber ihren Gesellschaftern nicht als Sacheinlage im Rahmen der Verschmelzung eingebracht werden, sondern vielmehr als weiter bestehende Verbindlichkeiten im Wege der Gesamtrechtsnachfolge durch Schuldnerwechsel auf die übernehmende GmbH übergehen.

Zu § 2: Gegenleistung und Abfindungsangebot

In **Abs. 1** wird klargestellt, dass für die **Mitgliedschaft** der übernehmenden GmbH **59** an der übertragenden KG keine Gegenleistung gewährt wird; eine Kapitalerhöhung ist gem. § 54 Abs. 1 Nr. 1 UmwG selbst dann ausgeschlossen, wenn die übernehmende GmbH – anders als in dem dem Formular zugrundeliegenden Fall – an der übertragenden KG auch vermögensmäßig beteiligt wäre.

In **Abs. 2** sind entsprechend den Bestimmungen der §§ 5 Abs. 1 Nr. 2 und Nr. 3, **60** 46 Abs. 1 UmwG die jedem Gesellschafter des übertragenden Rechtsträgers zu gewährenden Anteile an dem übernehmenden Rechtsträger zu bestimmen. Bei Kommanditgesellschaften wird zur Vermeidung eines Wiederauflebens der Kommanditistenhaftung durch Rückgewähr von Einlagen im Zusammenhang mit der Verschmelzung empfohlen, die Stammeinlage des Kommanditisten mindestens in Höhe seiner bisherigen (erbrachten und nicht zurückgezahlten) Kommanditeinlage bzw. der evtl. höheren Haftsumme festzusetzen.

In **Abs. 3** ist das zwingende Abfindungsangebot gem. § 29 Abs. 1 Satz 1, 1. Hs. **61** UmwG an die Gesellschafter der übertragenden Personenhandelsgesellschaft enthalten, das bei jeder Mischverschmelzung (Verschmelzung auf einen Rechtsträger anderer Rechtsform als der übertragende Rechtsträger) abzugeben ist. Da das **Barabfindungsangebot** nur für den Fall des Widerspruchs zur Niederschrift gegen den Verschmelzungsbeschluss des übertragenden Rechtsträgers abzugeben ist, läuft es in dem vorliegenden, diesem Formular zugrundeliegenden Fall leer. Dies ergibt sich daraus, dass der Verschmelzungsvertrag nur bei Zustimmung auch des abfindungsberechtigten Kommanditisten A wirksam wird, weil § 43 Abs. 1 UmwG für die Fassung des Zustimmungsbeschlusses des übertragenden Rechtsträgers die Zustimmung aller (anwesenden und nicht erschienenen) Gesellschafter verlangt. Praktisch relevant wird das

Barabfindungsangebot nur, wenn der Gesellschaftsvertrag der übertragenden Personenhandelsgesellschaft gem. § 43 Abs. 2 UmwG eine ausdrückliche Bestimmung enthält, wonach ein Beschluss über die Zustimmung zu einer Verschmelzung mit einer mindestens 3/4-Mehrheit gestattet ist. In dem diesem Formular zugrundeliegenden Fall erfolgt die Aufnahme des Abfindungsangebots in § 2 Abs. 3 des Verschmelzungsvertrags gleichwohl, um einem eventuellen Einwand auf Unvollständigkeit des Verschmelzungsvertrags vorzubeugen. Alternativ dazu könnten die Berechtigten vor Beurkundung des Verschmelzungsvertrags auf ein Abfindungsangebot im Verschmelzungsvertrag gem. § 29 Abs. 1 UmwG in notariell beurkundeter Form verzichten.

62 **Zu Abs. 4 und 5:** Die Ausführungen in § 2 Abs. 4 und 5 erfolgen vorsorglich auf Grund der Bestimmungen des § 5 Abs. 1 Nr. 7 und 8 UmwG, vgl. dazu A. 15.63 Rz. 48f.

Zu § 3: Folgen der Verschmelzung für Arbeitnehmer

63 Die Bestimmung entspricht den Anforderungen des § 5 Abs. 1 Nr. 9 UmwG als weiterer Mindestinhalt; vgl. dazu A. 15.60 Rz. 34. Das Formular geht davon aus, dass die übernehmende GmbH (als „typische" Komplementär-GmbH) neben den beiden Geschäftsführern keine Arbeitnehmer beschäftigt und damit bei ihr kein Betriebsrat besteht. Zur **Unterrichtungspflicht** nach § 613a Abs. 5 BGB vgl. Ausführungen unter A. 12 Rz. 36ff. und zu sonstigen individual- und kollektivrechtlichen Folgen *Engl/Ebener* A. 1 Rz. 150f. und 155ff.

Zu § 4: Tragung Kosten der Kapitalerhöhung

64 Die Angabe des voraussichtlichen Gesamtbetrags der von der übernehmenden GmbH im Rahmen der Kapitalerhöhung zu tragenden Kosten erfolgt zum Ausschluss einer verdeckten Gewinnausschüttung (vgl. *Piltz* DStR 91, 1650 mwN).

Erläuterungen zu A. 15.80a Übermittlungsschreiben an den Betriebsrat der übertragenden Personenhandelsgesellschaft

65 In dem Fall, der dem Formular als Beispiel zugrunde liegt, wird davon ausgegangen, dass ein Betriebsrat nur bei der übertragenden Personenhandelsgesellschaft besteht, während bei der übernehmenden GmbH – neben den beiden Geschäftsführern – keine Arbeitnehmer beschäftigt sind und somit bei dieser gar kein Betriebsrat bestehen kann. Entsprechend ist das Übermittlungsschreiben nur an den bestehenden Betriebsrat der übertragenden Personenhandelsgesellschaft auszufertigen. Vgl. im Übrigen A. 15.60 Rz. 35. Nach überwiegender Ansicht in der Literatur können die Betriebsräte auf die Einhaltung der Monatsfrist des § 5 Abs. 3 UmwG und damit auf die Rechtzeitigkeit der Zuleitung gem. § 17 Abs. 1 UmwG verzichten; vgl. A. 15.63 Rz. 52. Zweckmäßigerweise wird eine solche Verzichtserklärung dann bereits in den Anschreiben an die Betriebsräte und die Bestätigung durch diese (s. Formular A. 15.80a) integriert.

Erläuterungen zu A. 15.80b Gesellschafterbeschlüsse

66 Bzgl. der Gesellschafterbeschlüsse, soweit sie sich aus der Rechtsform des übernehmenden Rechtsträgers als GmbH ergeben, wird auf die A. 15.63 Rz. 77ff. verwiesen. Vor dem Kapitalerhöhungsbeschluss wurde der Geschäftsanteil im Nennbetrag von € 50.000.– in 50.000 Geschäftsanteile im Nennbetrag von jeweils € 1.– geteilt und die Geschäftsanteile mit laufenden Nummern versehen. Die Teilung von Geschäftsanteilen obliegt der Gesellschafterversammlung (§ 46 Nr. 4 GmbHG). Bezüglich der Be-

sonderheiten, die sich aus der Rechtsform des übertragenden Rechtsträgers als Personenhandelsgesellschaft ergeben, ist auf Folgendes hinzuweisen:

Nach § 41 UmwG entfällt die Notwendigkeit eines **Verschmelzungsberichts** für 67
eine übertragende Personenhandelsgesellschaft nur, wenn alle Gesellschafter dieser Gesellschaft zur Geschäftsführung berechtigt sind; da dies bei einer übertragenden Kommanditgesellschaft nicht der Fall ist, ist ein Verschmelzungsbericht grds. erforderlich. Hierauf kann aber durch sämtliche Gesellschafter der übertragenden Personenhandelsgesellschaft in notariell beurkundeter Form verzichtet werden (§ 8 Abs. 3 UmwG); zum Verschmelzungsbericht vgl. A. 15.63 Rz. 10.

Einer **Verschmelzungsprüfung** bedarf es im Zuge des Verschmelzungsvertrags 68
oder seines Entwurfs auf Verlangen eines Gesellschafters, wenn der Gesellschaftsvertrag der übertragenden Personenhandelsgesellschaft die Verschmelzung mit Mehrheitsbeschluss ermöglicht (§ 44 iVm. § 43 Abs. 2 UmwG). Nach § 44 Satz 1 UmwG hat der Gesellschafter die Prüfung innerhalb einer Woche, nachdem er die in § 42 UmwG genannten Unterlagen erhalten hat, zu verlangen. Ein derartiger Fall liegt dem Beispiel des Formulars nicht zugrunde. Darüber hinaus bedarf es aber stets der Prüfung der Angemessenheit einer anzubietenden Barabfindung gem. § 30 Abs. 2 Sätze 1 und 2 UmwG. Die Berechtigten (einer anzubietenden Barabfindung) können auf die Prüfung und/oder den Prüfungsbericht aber in notariell beurkundeter Form verzichten. Dieser Verzicht ist hier vorgesehen.

Der **Zustimmungsbeschluss** der übertragenden Personenhandelsgesellschaft be- 69
darf der Zustimmung aller anwesenden und nicht erschienenen Gesellschafter (§ 43 Abs. 1 UmwG), falls nicht gem. § 43 Abs. 2 UmwG der Gesellschaftsvertrag auf Grund einer speziellen Bestimmung eine Mehrheitsumwandlung (mit mindestens $^3/_4$-Mehrheit) ausdrücklich zulässt. Bei einer solchen $^3/_4$-Mehrheitsklausel genügt die $^3/_4$-Mehrheit der abgegebenen Stimmen (*Lutter/Schmidt* § 43 UmwG Rz. 4a). Allgemein gefasste Mehrheitsklauseln in Gesellschaftsverträgen, die sich nicht zumindest auch auf Umwandlungsbeschlüsse beziehen, sind nicht ausreichend; notwendig ist, dass die gesellschaftsvertragliche Mehrheitsklausel auch für Zustimmungen, die nach dem UmwG erforderlich sind, eine qualifizierte Mehrheit von jeweils mindestens $^3/_4$ der abgegebenen Stimmen genügen lässt (*Lutter/Schmidt* § 43 UmwG Rz. 13).

Erläuterungen zu A. 15.80c und A. 15.80d Handelsregisteranmeldungen

1. Allgemeines

Zu den Anmeldungen im Allgemeinen vgl. A. 15.63 Rz. 80ff., hinsichtlich der 70
Form der Anmeldung und der beizufügenden Anlagen s. A. 15.60 Rz. 41.

2. Handelsregisteranmeldung der übertragenden A-GmbH & Co. KG

Die Anmeldung kann gem. § 16 Abs. 1 Satz 1 UmwG auch durch die Organe der 71
übernehmenden GmbH erfolgen. Einzureichen ist auch die der Verschmelzung zugrundeliegende Schlussbilanz, aufgestellt auf den Verschmelzungsstichtag (§ 17 Abs. 2 Satz 1 UmwG).

3. Handelsregisteranmeldung der übernehmenden A-GmbH

Da bei der übernehmenden GmbH die Verschmelzung mit Kapitalerhöhung durch 72
zuführen ist, hat die Anmeldung durch **sämtliche Geschäftsführer** zu erfolgen. Da im Ergebnis eine Sachkapitalerhöhung vorliegt, empfiehlt es sich, der Anmeldung auch beizufügen: **(1)** die Schlussbilanz der übertragenden Personenhandelsgesellschaft, versehen mit **(2)** einer Bestätigung eines Wirtschaftsprüfers, dass **(a)** die Wertansätze

darin den gesetzlichen Vorschriften entsprechen und insbes. die Aktiva nicht über- und die Passiva nicht unterbewertet sind, **(b)** mit Angabe der stillen Reserven im Vermögen der übertragenden Gesellschaft und **(c)** mit zumindest näherungsweiser Angabe des laufenden Ergebnisses bis zum Zeitpunkt der Anmeldung und **(3)** unter eventueller Beifügung eines **Sacherhöhungsberichts** (vgl. Formular A. 3.04e), s. dazu Rz. 14. Ferner ist eine berichtigte **Gesellschafterliste,** aus der Name, Vorname, Geburtsdatum und Wohnort der Gesellschafter sowie die Nennbeträge und die laufenden Nummern der von den Gesellschaftern übernommenen Geschäftsanteile ersichtlich sind (vgl. § 40 Abs. 1 GmbHG nF), beizufügen, sofern eine solche schon nicht vom Notar an das zuständige Handelsregister übermittelt wurde. Nach Streichung des § 52 Abs. 2 UmwG durch das Dritte Gesetz zur Änderung des UmwG v. 11.7.11 (BGBl. I 11, 1338) besteht keine Pflicht der Geschäftsführer, eine von ihnen unterschriebene Gesellschafterliste der Anmeldung beizufügen.

73 Aufgrund § 53 UmwG ist **zunächst nur die Kapitalerhöhung einzutragen.** Erst nach Eintragung der Verschmelzung im Register der übertragenden Personenhandelsgesellschaft mit dem Vermerk, dass die Verschmelzung erst mit der Eintragung in das Register des Sitzes der übernehmenden GmbH wirksam wird (§ 19 Abs. 1 UmwG), sowie nach Vorliegen der Mitteilung des Gerichts der übertragenden Personenhandelsgesellschaft gem. § 19 Abs. 2 UmwG von Amts wegen beim Gericht der **übernehmenden GmbH** kann dort die **Verschmelzung mit konstitutiver Wirkung** (§ 20 Abs. 1 UmwG) **eingetragen** und gem. § 19 Abs. 3 UmwG bekannt gemacht werden. Trotz der in § 19 Abs. 2 UmwG vorgesehenen Mitteilung von Amts wegen ist in der Anmeldung vorgesehen, dass ein beglaubigter Handelsregisterauszug über die Tatsache der Eintragung der Verschmelzung in das Register des Sitzes der übertragenden Personengesellschaft nachgereicht wird (für den Fall, dass mit einem längeren Amtsweg zu rechnen ist).

A. 16. Unterbeteiligung

Übersicht

A. 16.00 Typische Unterbeteiligung

Gliederung

I. FORMULAR

Formular A. 16.00 Vertrag über die Errichtung einer typischen Unterbeteiligung

VERTRAG ÜBER DIE ERRICHTUNG EINER TYPISCHEN UNTERBETEILIGUNG

zwischen

H – nachfolgend Hauptbeteiligter genannt –

und

U – nachfolgend Unterbeteiligter genannt –

Vorbemerkungen

H ist an der Kommanditgesellschaft in Firma X & Co. KG mit dem Sitz in ...... (nachstehend auch Hauptgesellschaft genannt) als Kommanditist mit einer Kommanditeinlage von € 200.000.– beteiligt. Gegenstand des Unternehmens der X & Co. KG ist ......

Der Gesellschaftsvertrag der X & Co. KG vom ...... ist dem Unterbeteiligten bekannt.

Zur Begründung einer Unterbeteiligung an dem vorbezeichneten Kommanditanteil des H vereinbaren die Parteien was folgt:

§ 1 Einräumung der Unterbeteiligung; Rechtsnatur

(1) Der Hauptbeteiligte räumt dem Unterbeteiligten an seinem vorbezeichneten Kommanditanteil mit Wirkung vom ...... eine Unterbeteiligung ein. Die Unterbeteiligung wird lediglich am Kapitalkonto des Hauptbeteiligten eingeräumt, nicht an seinem Verlustkonto und nicht an seinem Privatkonto.

Aufgrund der Unterbeteiligung ist der Unterbeteiligte an dem auf den Hauptbeteiligten entfallenden Ergebnisanteil mit ......% beteiligt.

(2) Die Unterbeteiligung ist eine Innengesellschaft zwischen dem Hauptbeteiligten und dem Unterbeteiligten. Rechtsbeziehungen zwischen dem Unterbeteiligten und der Hauptgesellschaft sowie deren Geschäftspartnern werden nicht begründet.

§ 2 Einlage des Unterbeteiligten

Der Unterbeteiligte leistet eine in das Vermögen des Hauptbeteiligten übergehende Einlage iHv. € ....–, fällig am ......

§ 3 Konten des Unterbeteiligten

(1) Der Hauptbeteiligte wird für den Unterbeteiligten im Rahmen der Unterbeteiligung folgende Konten führen: Kapitalkonto, Verlustkonto und Privatkonto.

(2) Auf dem Kapitalkonto wird die vom Unterbeteiligten gemäß § 2 zu erbringende Einlage für die Einräumung der Unterbeteiligung gebucht.

(3) Auf dem Verlustkonto werden die auf den Unterbeteiligten entfallenden Verlustanteile verbucht. Soweit nach dem Gesellschaftsvertrag der Hauptgesellschaft Gewinnanteile des Hauptbeteiligten dessen Verlustkonto gutzuschreiben sind (bei Vorbelastung des Verlustkontos), sind die auf den Unterbeteiligten entfallenden Gewinnanteile im gleichen Verhältnis seinem Verlustkonto gutzuschreiben, solange dieses einen Saldo ausweist.

(4) Auf dem Privatkonto werden Gewinnanteile und Entnahmen des Unterbeteiligten verbucht. Salden auf dem Privatkonto werden ebenso verzinst wie das Privatkonto des Hauptbeteiligten in der Hauptgesellschaft.

§ 4 Ergebnisbeteiligung, Entnahmen

(1) Der Unterbeteiligte ist an dem auf den Hauptbeteiligten entfallenden Ergebnisanteil (Gewinn und Verlust) der Hauptgesellschaft gemäß Handelsbilanz mit ......% beteiligt. Verluste werden dem Unterbeteiligten auch über den Betrag seiner Einlage hinaus zugerechnet.

(2) Der maßgebende Ergebnisanteil des Hauptbeteiligten gemäß Handelsbilanz der Hauptgesellschaft ist zur Bemessung des Ergebnisanteils des Unterbeteiligten wie folgt zu korrigieren:

a) Abzuziehen sind sämtliche von der Hauptgesellschaft an den Hauptbeteiligten gezahlten Vergütungen für Dienstleistungen und Überlassung von Kapital oder Wirtschaftsgütern zur Nutzung (einschließlich der Verzinsung des Privatkontos), soweit solche im Ergebnisanteil des Hauptbeteiligten gemäß Handelsbilanz enthalten sind, sowie ggf. eigene Kosten der Unterbeteiligungsgesellschaft (zB für Kontoführung und Steuererklärungen).

b) Hinzuzurechnen sind Zinsen und sonstige Vergütungen, die der Hauptbeteiligte an die Gesellschaft für die Überlassung von Kapital oder sonstigen Wirtschaftsgütern zu entrichten hat (einschließlich der Verzinsung des Privatkontos), soweit diese beim Ergebnisanteil des Hauptbeteiligten gemäß Handelsbilanz abgezogen sind.

(3) Ändert sich der maßgebende Ergebnisanteil des Hauptbeteiligten an der Hauptgesellschaft (zB nach Durchführung einer steuerlichen Außenprüfung), ist der geänderte Ergebnisanteil des Hauptbeteiligten für die Beteiligung des Unterbeteiligten maßgebend.

(4) Der Unterbeteiligte kann den auf ihn entfallenden Gewinnanteil im gleichen Umfang und zum gleichen Zeitpunkt entnehmen, wie der Hauptbeteiligte den auf ihn entfallenden Gewinnanteil nach den Bestimmungen des Gesellschaftsvertrages der

Hauptgesellschaft entnehmen kann. Der Hauptbeteiligte verpflichtet sich, von seinem Entnahmerecht in der Hauptgesellschaft mindestens in dem Umfang Gebrauch zu machen, wie der Unterbeteiligte entsprechend seiner Beteiligungsquote zu Entnahmen berechtigt ist; der Hauptbeteiligte wird die dem Unterbeteiligten zustehenden Entnahmen nach Abzug der von ihm einzubehaltenden und abzuführenden Kapitalertragsteuer in der gesetzlichen Höhe unverzüglich an diesen weiterleiten.

§ 5 Geschäftsführung, Pflichten des Hauptbeteiligten, Informationsrecht

(1) Die Geschäftsführung der Unterbeteiligungsgesellschaft obliegt ausschließlich dem Hauptbeteiligten, und zwar sowohl was die Wahrnehmung der Gesellschafterrechte gegenüber der Hauptgesellschaft betrifft als auch was Geschäftsführungsmaßnahmen im Innenverhältnis gegenüber dem Unterbeteiligten angeht.

(2) Der Hauptbeteiligte ist verpflichtet, seine Rechte als Gesellschafter der Hauptgesellschaft auch im Interesse des Unterbeteiligten wahrzunehmen. Wesentliche Beschlüsse im Rahmen der Hauptgesellschaft wird er nur nach Anhörung des Unterbeteiligten fassen. Über ihm bekannt werdende wesentliche Geschäftsvorfälle der Hauptgesellschaft wird der Hauptbeteiligte den Unterbeteiligten informieren, soweit nicht gesetzliche oder vertragliche Geheimhaltungspflichten entgegenstehen.

(3) Der Hauptbeteiligte wird dem Unterbeteiligten innerhalb von vier Wochen nach Vorliegen des Jahresabschlusses der Hauptgesellschaft den auf den Unterbeteiligten entfallenden Ergebnisanteil sowie eine Entwicklung der Konten des Unterbeteiligten schriftlich mitteilen. Zusammen damit ist dem Unterbeteiligten der Ergebnisanteil des Hauptbeteiligten einschließlich seiner Sondervergütungen und seiner Zahlungen an die Gesellschaft gemäß § 4 Abs. 2 Buchst. a) und Buchst. b) mitzuteilen.

(4) Der Unterbeteiligte ist berechtigt, die Richtigkeit der Rechnungslegung des Hauptbeteiligten anhand des Jahresabschlusses der Hauptgesellschaft durch einen Angehörigen der rechts- oder steuerberatenden bzw. wirtschaftsprüfenden Berufe auf eigene Kosten prüfen zu lassen. Ein eigenes Einsichtsrecht in den Jahresabschluss der Hauptgesellschaft und deren Bücher steht dem Unterbeteiligten nicht zu. Dem Prüfer werden die Unterlagen nur ausgehändigt unter der Auflage, dem Unterbeteiligten lediglich mitzuteilen, ob die Rechnungslegung des Hauptbeteiligten richtig ist.

§ 6 Dauer, Kündigung, Beendigung der Unterbeteiligung

(1) Die Unterbeteiligung wird auf unbestimmte Zeit vereinbart.

(2) Die Unterbeteiligung kann von jedem Gesellschafter mit einer Frist von sechs Monaten zum Ende des Geschäftsjahres der Hauptgesellschaft gekündigt werden, erstmals zum ...... Die Kündigung erfolgt durch eingeschriebenen Brief. Mit Wirksamwerden der Kündigung endet die Unterbeteiligung; der Unterbeteiligte scheidet aus der Innengesellschaft aus.

(3) Ohne dass es einer Kündigung bedarf, endet die Unterbeteiligung, wenn

a) über das Vermögen des Unterbeteiligten das Insolvenzverfahren eröffnet oder die Eröffnung des Insolvenzverfahrens mangels Masse abgelehnt wird und der entsprechende Eröffnungs- bzw. Ablehnungsbeschluss rechtskräftig ist;

b) Zwangsvollstreckungsmaßnahmen in Gesellschafterrechte des Unterbeteiligten ergriffen und diese nicht innerhalb von sechs Monaten aufgehoben werden.

§ 7 Auflösung der Hauptgesellschaft, Ausscheiden des Hauptbeteiligten

Wird die Hauptgesellschaft aufgelöst oder scheidet der Hauptbeteiligte aus der Hauptgesellschaft aus, so endet das Unterbeteiligungsverhältnis im Fall der Auflösung bei Beendigung der Liquidationsgesellschaft, im Fall des Ausscheidens zum

Zeitpunkt des Ausscheidens des Hauptgesellschafters, ohne dass dies einer Kündigung bedarf.

§ 8 Abfindung

(1) Bei Beendigung der Unterbeteiligung steht dem Unterbeteiligten ein Abfindungsguthaben zu, das dem Saldo aus Kapitalkonto, Verlustkonto und Privatkonto zum Zeitpunkt der Beendigung der Unterbeteiligung entspricht. Ein dabei entstehender negativer Saldo ist nur insoweit auszugleichen, als er auf einem negativen Saldo des Privatkontos beruht. Erfolgt die Beendigung der Unterbeteiligung nicht zu einem Bilanzstichtag der Hauptgesellschaft, so ist vom vorhergehenden Bilanzstichtag auszugehen und das Ergebnis des laufenden Jahres zeitanteilig aufzuteilen. Der Hauptbeteiligte ist berechtigt, anstelle der zeitanteiligen Aufteilung den Stand des Verlustkontos und des Privatkontos auf den Tag der Beendigung der Unterbeteiligung durch Erstellung einer Zwischenbilanz der Hauptgesellschaft zu ermitteln. Hinsichtlich der Prüfung des Abfindungsguthabens gilt § 5 Abs. 4 entsprechend.

(2) Das Abfindungsguthaben ist in ...... aufeinander folgenden gleich bleibenden Halbjahresraten auszuzahlen, von denen die Erste sechs Monate nach Beendigung der Unterbeteiligung zur Zahlung fällig ist. Steht zu diesem Zeitpunkt die Höhe des Abfindungsguthabens noch nicht fest, ist die Höhe der ersten Rate zu schätzen. Die jeweils noch offenen Teile des Abfindungsguthabens sind ab Fälligkeit der ersten Rate mit ......% p.a. zu verzinsen. Die Zinsen sind jeweils mit den Abfindungsraten fällig.

§ 9 Abtretung

Der Unterbeteiligte kann seine Rechte aus der Unterbeteiligung nur mit Zustimmung des Hauptbeteiligten abtreten oder belasten.

§ 10 Tod eines Gesellschafters

(1) Im Falle des Todes des Hauptbeteiligten wird die Unterbeteiligung mit der Person fortgesetzt, die den Gesellschaftsanteil des Hauptbeteiligten als Erbe oder Vermächtnisnehmer übernimmt. Bei mehreren Erben oder Vermächtnisnehmern wird die Unterbeteiligung auf alle Rechtsnachfolger entsprechend der übernommenen Quoten aufgeteilt. Mehrere Erben oder Vermächtnisnehmer des Hauptbeteiligten haben sich gegenüber dem Unterbeteiligten durch einen gemeinsamen Bevollmächtigten vertreten zu lassen, der seine Bevollmächtigung durch notariell beglaubigte Vollmacht nachweisen muss.

(2) Beim Tod des Unterbeteiligten gehen die Rechte aus der Unterbeteiligung auf dessen Erben bzw. Vermächtnisnehmer über. Mehrere Erben bzw. Vermächtnisnehmer haben sich gegenüber dem Hauptbeteiligten durch einen gemeinsamen Bevollmächtigten vertreten zu lassen, der seine Bevollmächtigung durch notariell beglaubigte Vollmacht nachweisen muss. Bis zur Vorlage einer solchen Vollmacht ruhen die Rechte der Erben bzw. Vermächtnisnehmer mit Ausnahme der Gewinnbeteiligungsansprüche. Sind Erben oder Vermächtnisnehmer des Unterbeteiligten nicht dessen Ehegatte oder leibliche Abkömmlinge, so kann der Hauptbeteiligte innerhalb eines Monates nach schriftlicher Mitteilung über die Personen der Nachfolger des verstorbenen Unterbeteiligten die Unterbeteiligung fristlos kündigen.

§ 11 Änderungen der Hauptgesellschaft

(1) Ändert sich die Rechtsform der Hauptgesellschaft, so sind die Parteien verpflichtet, den Unterbeteiligungsvertrag erforderlichenfalls dergestalt anzupassen, wie dies die neue Rechtsform der Hauptgesellschaft bei weitestgehend möglicher Beibehaltung der wirtschaftlichen Gegebenheiten der Unterbeteiligung erfordert.

(2) Ändert sich die Kapitalbeteiligung des Hauptbeteiligten in der Hauptgesellschaft, so hat der Hauptbeteiligte dem Unterbeteiligten eine dieser Änderung entsprechende Erhöhung oder Herabsetzung seiner Unterbeteiligung schriftlich anzubieten. Nimmt der Unterbeteiligte dieses Angebot nicht innerhalb einer Frist von einem Monat an, ist die Ergebnisbeteiligung des Unterbeteiligten angemessen anzupassen. Kommt eine Einigung der Beteiligten über die Anpassung nicht zustande, kann jeder Beteiligte verlangen, dass die Anpassung durch einen von der für die Hauptgesellschaft zuständigen Industrie- und Handelskammer benannten Sachverständigen verbindlich festgelegt wird. Die Kosten des Sachverständigen sind von beiden Parteien je hälftig zu tragen.

§ 12 Schlussbestimmungen

(1) Änderungen und Ergänzungen dieses Vertrages bedürfen der Schriftform; mündliche Nebenabreden bestehen nicht.

(2) Sollten sich einzelne Bestimmungen dieses Vertrages als ungültig erweisen, so wird dadurch die Gültigkeit des Vertrages im Übrigen nicht berührt. In einem solchen Fall sind die Gesellschafter verpflichtet, durch Beschluss die ungültige Bestimmung durch diejenige gesetzlich zulässige Bestimmung zu ersetzen, die den Zweck der ungültigen Bestimmung, insbesondere das, was die Vertragsparteien gewollt haben, mit der weitestgehend möglichen Annäherung erreicht. Entsprechendes gilt, wenn sich bei Durchführung des Vertrages eine ergänzungsbedürftige Lücke ergeben sollte.

(3) Sollte zwischen den Rechten und Pflichten des Hauptbeteiligten aus seiner Beteiligung an der Hauptgesellschaft und den Bestimmungen des Unterbeteiligungsvertrages ein Widerspruch bestehen oder entstehen, so ist der Unterbeteiligungsvertrag so anzupassen, dass er mit den für die Hauptgesellschaft geltenden Bestimmungen übereinstimmt.

(4) Gerichtsstand für sämtliche Streitigkeiten aus diesem Vertrag ist ……, soweit dies zulässig vereinbart werden kann.

§ 13 Schiedsgericht

Über alle Streitigkeiten aus diesem Vertrag, insbesondere auch über seine Wirksamkeit oder die Wirksamkeit einzelner seiner Bestimmungen, ausgenommen derjenigen Streitigkeiten, die von Gesetzes einem Schiedsgericht nicht zur Entscheidung zugewiesen werden können, entscheidet unter Ausschluss des ordentlichen Rechtswegs ein Schiedsgericht. Zuständigkeit, Zusammensetzung und Verfahren des Schiedsgerichts haben die Parteien im Schiedsvertrag vom …. näher geregelt.

II. ERLÄUTERUNGEN

Erläuterungen zu A. 16.00 Vertrag über die Errichtung einer typischen Unterbeteiligung

1. Grundsätzliche Anmerkungen

a) Wirtschaftliche Funktion

Die Einräumung einer Unterbeteiligung kommt in Betracht, wenn der Unterbeteiligte wirtschaftlich so gestellt werden soll, als ob er am Ergebnis des Gesellschaftsanteils des Hauptbeteiligten (typische Unterbeteiligung) oder am Ergebnis und am Vermögen dieses Gesellschaftsanteils (atypische Unterbeteiligung) beteiligt wäre. Die Unterbetei- 1 ligung bietet sich somit in allen Fällen an, in denen die Abtretung eines Teils der Hauptbeteiligung entweder nicht zulässig (zB mangels Zustimmung der anderen Gesellschafter) oder nicht erwünscht ist (zB wenn der Hauptbeteiligte seine gesellschaftsrechtliche Stellung gegenüber den anderen Gesellschaftern nicht schmälern möchte oder wenn der Eintritt des Unterbeteiligten aus Wettbewerbsgründen geheim gehalten werden soll). Häufig wird die Unterbeteiligung als Vorstufe zu einer geplanten Hauptbeteiligung eingeräumt (insbesondere bei Familiengesellschaften). Weiter eignet sich die Unterbeteiligung für eine vorweggenommene Erbfolge sowie für die Beteiligung mehrerer Erben, wenn nur ein Miterbe die Gesellschafterstellung des Erblassers übernehmen kann (vgl. zu den Gestaltungsmöglichkeiten *Kühne, Rehm* NZG 2013, 561). Die Einräumung einer Unterbeteiligung kann auch Finanzierungszwecken dienen, wenn der Hauptbeteiligte zur Finanzierung seiner Einlage Kapital benötigt. Zu Bedeutung und Erscheinungsformen in der Praxis vgl. *Flore/Lewinski* GmbH-StB 03, 102.

Unterbeteiligungen können an allen gesellschaftsrechtlichen Beteiligungen eingeräumt werden (*MünchKommBGB/Ulmer/Schäfer* vor § 705 Rz. 93), auch an stillen Beteiligungen (BFH I R 82/76 v. 8.8.79, BStBl. II 79, 768) und Unterbeteiligungen (*Blaurock* Rz. 30.1); hauptsächlich werden Unterbeteiligungen jedoch an Anteilen von Personenhandelsgesellschaften eingeräumt (zur Unterbeteiligung an GmbH-Anteilen vgl. ausführlich *Blaurock/Berninger* GmbHR 90, 11 ff., 87 ff. und Formular A. 6.48).

Eine Unterbeteiligung kann als **offene,** dh. gegenüber der Hauptgesellschaft und deren Gesellschaften aufgedeckte Unterbeteiligung oder als **stille** Unterbeteiligung ausgestaltet werden, die vor der Hauptgesellschaft und deren Gesellschaftern – ebenso vor Dritten – geheim gehalten wird. Ist allerdings im Gesellschaftsvertrag der Hauptgesellschaft die Einräumung einer Unterbeteiligung nicht oder nur mit Zustimmung der Gesellschaft bzw. der anderen Gesellschafter gestattet, so ist der Hauptgesellschafter, der entgegen eines solchen Verbots eine Unterbeteiligung einräumt, dem Risiko des Ausschlusses oder von Schadensersatzansprüchen ausgesetzt (*MünchKommHGB/K.Schmidt* § 230 Rz. 221).

b) Gesellschaftsrecht

2 Eine **gesetzliche Regelung** der Unterbeteiligung besteht nicht. Bei der vertraglichen Ausgestaltung ist insbes. darauf zu achten, dass der Unterbeteiligungsvertrag mit dem Gesellschaftsvertrag der Hauptgesellschaft abgestimmt ist, so dass sich Rechte und Pflichten aus der Hauptbeteiligung einerseits und aus der Unterbeteiligung andererseits nicht widersprechen; der Hauptbeteiligte kann nicht mehr Rechte abgeben als er selbst hat. Zum Schutz gegen Unterbeteiligungen an Geschäftsanteilen im Gesellschaftsvertrag der Hauptgesellschaft vgl. BGH II ZR 209/04 v. 10.5.06, GmbHR 06, 875 sowie *Tebben* GmbHR 07, 63.

3 Die Einräumung einer Unterbeteiligung begründet zwischen Unterbeteiligtem und Hauptbeteiligtem eine **BGB-Innengesellschaft** (BGH II ZR 179/66 v. 11.7.68, NJW 68, 2003; BFH IV R 114/91 v. 27.1.1994, DStR 94, 1004; BFH IV R 35/89 v. 21.2.91, BStBl. II 95, 449; *MünchKommBGB/Ulmer* vor § 705 Rz. 92), allerdings ohne Gesamthandsvermögen, da der Hauptbeteiligte alleiniger Inhaber der Rechte aus der Beteiligung an der Hauptgesellschaft ist, während dem Unterbeteiligten lediglich schuldrechtliche Ansprüche gegen den Hauptbeteiligten zustehen. Die Einlage des Unterbeteiligten geht in das Vermögen des Hauptbeteiligten über. Es bestehen zwei Gesellschaften, nämlich die Hauptgesellschaft und die Unterbeteiligungsgesellschaft (BGH II ZR 179/66 v. 11.7.68, BGHZ 50, 316; BFH I R 82/76 v. 8.8.79, BStBl. II 79, 768; *Baumbach/Hopt* § 105 Rz. 38; *Schmidt/Wacker* § 15 Rz. 366 mwN). Es kann daher mit schuldrechtlicher Wirkung vereinbart werden, dass der Unterbeteiligte an den Wertschwankungen des Gesellschaftsanteils des Hauptbeteiligten beteiligt ist (atypische Unterbeteiligung), so dass er bei der Auseinandersetzung so gestellt wird,

als ob der Anteil an der Hauptgesellschaft Gesamthandsvermögen der Innengesellschaft wäre. Da die Vorschriften über die stille Gesellschaft der Unterbeteiligung eher entsprechen, sind neben den §§ 705ff. BGB im Zweifel auch die §§ 230ff. HGB analog anzuwenden (*Beck PersGes-HB/Bärwaldt* § 14 Rz. 15; *Blaurock* Rz. 30.22ff.).

Abgrenzung gegenüber anderen Vertragstypen. Aufgrund ihres Charakters als Innengesellschaft steht die Unterbeteiligung der stillen Gesellschaft nahe (BGH II ZR 179/66 v. 11.7.68, BGHZ 50, 320ff., 323; *Baumbach/Hopt* § 105 Rz. 38). Ähnlich wie bei der stillen Gesellschaft wird auch bei der Unterbeteiligung zwischen typischer und atypischer Unterbeteiligung unterschieden, wobei die Unterscheidung im Wesentlichen steuerliche Auswirkungen hat. Von der stillen Gesellschaft unterscheidet sich die Unterbeteiligung ua. dadurch, dass die stille Gesellschaft die Beteiligung an einem Handelsgewerbe voraussetzt, während die Unterbeteiligung an einem Gesellschaftsanteil bestehen muss (*Schmidt/Wacker* § 15 Rz. 365ff. mwN). Der Unterschied zur Treuhandschaft besteht darin, dass bei einem Treuhandverhältnis der Treuhänder die Beteiligung ausschließlich für fremde Rechnung hält, während bei der Unterbeteiligung der Anteil an der Hauptgesellschaft für eigene und für fremde Rechnung gehalten wird. Bei der Treuhand gilt im Innenverhältnis der Beteiligten Auftragsrecht, bei der Unterbeteiligung hingegen Gesellschaftsrecht (*Blaurock* Rz. 30.9). 4

c) Steuerrecht

Allgemeines: In steuerlicher Hinsicht wird unterschieden zwischen der **typischen** Unterbeteiligung einerseits und der **atypischen (mitunternehmerschaftlichen)** Unterbeteiligung andererseits. Ähnlich wie bei der stillen Beteiligung nehmen zwar sowohl der typische als auch der atypische Unterbeteiligte entsprechend ihrer Beteiligungsquote am Ergebnis des Anteils an der Hauptgesellschaft teil, doch ist der typisch Unterbeteiligte im Gegensatz zum atypisch Unterbeteiligten nicht an den stillen Reserven der Hauptbeteiligung beteiligt. Im Formular ist dies in § 8 geregelt. Zur Abgrenzung s. BFH IV R 153/78 v. 3.5.79, BStBl. II 79, 515; IV R 103/83 v. 24.7.86, BStBl. II 87, 54 und insbes. BFH IV R 79/94 v. 6.7.95, BStBl. II 96, 269 mit einer Zusammenfassung der höchstrichterlichen Rechtsprechung; *Carlè* KöSDI 05, 14475; *Schmidt/Wacker* § 15 Rz. 369ff.; *Blaurock* Rz. 31.1ff.). Nach der ständigen Rechtsprechung des BFH ist ein Unterbeteiligter nur dann Mitunternehmer, wenn er zum einen Mitunternehmerrisiko trägt und zum anderen in der Lage ist, Unternehmerinitiative zu entfalten (vgl. grundlegend BFH GrS 4/82 v. 25.6.84, NJW 85, 93 (96), *Blümich/Bode* § 15 EStG Rz. 221ff.). **Mitunternehmerrisiko** liegt vor, wenn der Unterbeteiligte sowohl am Gewinn und Verlust als auch an den stillen Reserven der Hauptgesellschaft und damit am Erfolg oder Misserfolg beteiligt ist (vgl. BFH VIII R 74/03 v. 25.4.06, BStBl. II 06, 595 und *Blaurock* aaO Rz. 91). **Mitunternehmerinitiative** verlangt die Teilhabe des Unterbeteiligten an unternehmerischen Entscheidungen hinsichtlich der Hauptgesellschaft (BFH VIII R 74/03 v. 25.4.06 aaO und *Blaurock* Rz. 31.19). Eine solche Teilhabe erfolgt in der Regel durch Ausübung von Geschäftsführungs- und Vertretungsbefugnissen sowie Stimmrechten. Dem BFH reicht eine Rechtsstellung des Unterbeteiligten aus, die den gesellschaftsrechtlichen Kontrollrechten des § 716 BGB entspricht (vgl. hierzu ausführlich *Kühne/Rehm* NZG 13, 561 mwN). 5

Gem. § 15 Abs. 1 Satz 1 Nr. 2 Satz 2 EStG steht ein mittelbar über eine oder mehrere Personengesellschaften beteiligter Gesellschafter dem unmittelbaren Gesellschafter gleich. Aufgrund dieser Bestimmung hat BFH IV R 75/96 v. 2.10.97 (BStBl. II 98, 137) entschieden, dass ein atypisch Unterbeteiligter Mitunternehmer der Hauptgesellschaft ist (mit der Folge, dass Tätigkeitsvergütungen des Unterbeteiligten bei der Hauptgesellschaft Einkünfte aus Gewerbebetrieb sind). 5a

Erzielt die Hauptgesellschaft **Einkünfte aus Vermietung und Verpachtung,** schlägt anders als bei Mitunternehmerschaften die Einkunftsart der Hauptgesellschaft 5b nicht auf den Unterbeteiligten durch: Denn Einkünfte aus VuV kann nur der erzielen, der nach außen als Vermieter oder Verpächter auftritt (BFH IX R 155/89 v. 3.12.91, BStBl. II 92, 459; IX R 30/94 v. 17.12.96, BStBl. II 97, 406).

6 **Typische Unterbeteiligung; Besteuerung des Hauptbeteiligten:** Beim **Hauptbeteiligten** einer typischen Unterbeteiligung sind die dem Unterbeteiligten zustehenden Ergebnisanteile Sonderbetriebsausgaben bzw. Werbungskosten bei seinen Einkünften aus der Hauptbeteiligung. Ggf. ist die Zinsschranke gem. § 4h EStG (eingeführt durch das UntStRefG 2008 v. 14.8.07 (BGBl. I 07, 1912)) zu beachten. Der Abzug als Sonderbetriebsausgaben bzw. Sonderwerbungskosten entfällt jedoch insoweit, als der Hauptbeteiligte die Einlage des Unterbeteiligten zu privaten Zwecken verwendet (so für Gewinnanteile des stillen Gesellschafters BFH XI R 24/02 v. 6.3.03, BStBl. II 03, 656). Gemäß § 43 EStG ist der Hauptbeteiligte verpflichtet, für den typisch Unterbeteiligten Kapitalertragsteuer einzubehalten und abzuführen (s. Rz. 7). Die Einlage des Unterbeteiligten (Gegenleistung für die Einräumung der Unterbeteiligung) ist beim Hauptbeteiligten ergebnisneutral, da in gleicher Höhe eine Verbindlichkeit entsteht. Bei Unterbeteiligungen an Kapitalgesellschaftsanteilen ist ab 2009 das Verbot des Werbungskostenabzugs zu berücksichtigen (§ 20 Abs. 9 EStG). In Ansatz gebracht werden kann nur der jeweilige Sparer-Pauschbetrag.

7 **Besteuerung des Unterbeteiligten:** Der **typisch Unterbeteiligte** – soweit er die Beteiligung im Privatvermögen hält – bezieht Einkünfte aus **Kapitalvermögen** gem. § 20 Abs. 1 Nr. 4 EStG (so wohl BFH VIII R 10/85 v. 16.12.86, BFH/NV 87, 715; *Blümich/Ratschow*, § 20 EStG Rz. 204; und zwar unabhängig davon, welche Einkünfte der Hauptbeteiligte bezieht (*Märkle* DStZ 85, 508; *Blaurock* aaO Rz. 31.2). 32d Die **Abgeltungssteuer** findet grundsätzlich auch auf Kapitaleinkünfte iSv. § 20 Abs. 1 Nr. 4 EStG Anwendung, es sei denn, Unterbeteiligter und Hauptbeteiligter sind einander nahestehende Personen (§ 32d Abs. 2 EStG). Soweit die Abgeltung greift, sind diese Einkünfte nicht in der ESt-Erklärung anzugeben. Auf Antrag kann der Stpfl. eine Veranlagung mit diesen Einkünften verlangen, wenn sein individueller Steuersatz niedriger ist als der Abgeltungssteuersatz von 25% (bei Kirchensteuerpflicht abzüglich 25% der auf die Kapitalerträge entfallenden Kirchensteuern, § 32d § 1 Abs. 3 Satz 1 EStG). Kapitaleinkünfte im betrieblichen Bereich unterliegen dem **Teileinkünfteverfahren**, dh. sie sind iHv. 40% steuerfrei (vgl. § 3 Nr. 40 Satz 1 Buchst. a EStG).

Ab 1.1.09 können Verluste aus Kapitalvermögen nicht mit Einkünften aus anderen Einkunftsarten ausgeglichen und auch nicht nach § 10d EStG abgezogen werden (§ 20 Abs. 6 EStG). Die Verluste mindern jedoch die Einkünfte, die der Stpfl. in den folgenden VZ aus Kapitalvermögen erzielt. Des Weiteren ist das Verbot des Werbungskostenabzugs zu berücksichtigen (§ 20 Abs. 9 EStG). In Ansatz gebracht werden kann nur noch der jeweils geltende **Sparer-Pauschbetrag.** Ein weitergehender Werbungskostenabzug ist ausgeschlossen. Bei im Betriebsvermögen gehaltenen Beteiligungen können die Betriebsausgaben iHv. 60% abgezogen werden (§ 3c Abs. 2 Satz 1 EStG). Zinsen für einen Kredit zur Finanzierung des Erwerbs der Unterbeteiligung können im Privatvermögen nur dann geltend gemacht werden, wenn der Unterbeteiligte für die Veranlagung optiert.

7a Bei der **Unterbeteiligung an einem GmbH-Anteil** erzielt der typisch Unterbeteiligte Einkünfte gem. § 20 Abs. 1 Nr. 4 EStG, der atypisch Unterbeteiligte Einkünfte gem. § 20 Abs. 1 Nr. 1 EStG (*Felix* DStZ 88, 102; *Blaurock/Berninger* GmbHR 90, 90; sehr ausführlich zur Abgrenzung zwischen „typischer" und „atypischer" Unterbeteiligung an Kapitalgesellschaftsanteilen s. BFH VIII R 34/01 v. 18.5.05, BStBl. II 05, 857 sowie BFH VIII R 11/02 v. 8.11.05, BStBl. II 06, 253: wirtschaftliche Inhaberschaft an dem Kapitalgesellschaftsanteil nur, wenn der Unterbeteiligte alle mit der Beteiligung verbundenen wesentlichen Rechte – Vermögens- und Verwaltungsrechte – ausüben und im Konfliktfall effektiv durchsetzen kann; s. hierzu *Kempermann* FR 06,

331). Bei **typischer Unterbeteiligung** an einem GmbH-Anteil unterliegen die Einkünfte des Unterbeteiligten ab 2009 der Abgeltungssteuer iHv. 25%, § 20 Abs. 1 Nr. 4 iVm. § 32d Abs. 1 EStG. Besteht ein besonderes Näheverhältnis iSv. § 32d Abs. 2 EStG unterliegt der typisch Unterbeteiligte abweichend davon mit den gesamten Einkünften aus der Unterbeteiligung dem normalen (progressiven) Steuertarif (vgl. *Blaurock* aaO Rz. 31.60). Hält der typisch Unterbeteiligte die Unterbeteiligung in einem Betriebsvermögen, so unterliegt er mit seinen Einkünften aus der Unterbeteiligung wegen § 32d Abs. 1 Satz 1 und § 20 Abs. 8 EStG ebenfalls dem normalen Steuertarif. Das Teileinkünfteverfahren gilt nicht. Dies ist anders bei **atypischer Unterbeteiligung.** Auch der atypisch Unterbeteiligte ist zwar formal betrachtet kein Gesellschafter, aber er wird nach hM materiell-rechtlich wie ein Gesellschafter behandelt (BFH VIII R 34/01 v. 18.5.05, BStBl. II 05, 857; VIII R 11/02 v. 8.11.05, BStBl. II 06, 253; *Schulze zur Wiesche* GmbHR 06, 630; *Blaurock* aaO Rz. 31.63). Die Einkünfte unterliegen der Abgeltungsteuer nach § 20 Abs. 1 Nr. 1 iVm. § 32d Abs. 1 EStG, wenn die atypische Beteiligung im Privatvermögen gehalten wird und dem Teileinkünfteverfahren, wenn die Beteiligung im Betriebsvermögen gehalten wird.

Beim **Hauptbeteiligten,** der seine Beteiligung im Privatvermögen hält, ist weiter zu beachten, dass er zwar mit der Anwendung der Abgeltungssteuer auch dem Verbot des Werbungskostenabzuges unterliegt. Da aber beim atypisch Unterbeteiligten die Einkünfte originär entstehen, fallen sie beim direkt Beteiligten nicht als Einkünfte an und müssen dann auch nicht als Werbungskosten abgezogen werden.

Verlustanteile des typisch Unterbeteiligten sind Werbungskosten bei den Einkünften aus Kapitalvermögen (BFH VIII R 53/84 v. 10.11.87, BStBl. II 88, 186). Eine Berücksichtigung der Verlustanteile als Werbungskosten ist erst zulässig, wenn der Jahresabschluss der Hauptgesellschaft festgestellt sowie der Verlustanteil des Hauptbeteiligten und dann der Verlustanteil des Unterbeteiligten berechnet worden sind (BFH VIII R 53/84 v. 10.11.87, aaO). Nach der Rspr. des BFH können diese Einkünfte bis zur Höhe der von dem Unterbeteiligten erbrachten Einlage auch negativ sein, dh. sie können bis zur Höhe der Einlage mit anderen positiven Einkünften verrechnet werden (entspr. der Regelung bei der typischen stillen Gesellschaft s. BFH VIII R 10/85 v. 16.12.86, BFH/NV 87, 715); für darüber hinausgehende Verluste gilt § 15a EStG (§ 20 Abs. 1 Nr. 4 Satz 2 EStG; vgl. auch BFH VIII R 36/01 v. 23.7.02, DStR 02, 1852 betr. die Bildung eines negativen Kapitalkontos des typisch stillen Gesellschafters, das zu verrechenbaren Verlusten iSv. § 15a EStG führt). Fraglich ist, ob für Kapitalgesellschaften, die an einer anderen Kapitalgesellschaft typisch unterbeteiligt sind, die durch das StVergAbG v. 16.5.03 (BGBl. I 03, 660) eingeführte Einschränkung der Verlustverrechnung gem. § 20 Abs. 1 Nr. 4 Satz 2 EStG gilt (s. hierzu iE Rz. 11a), da sich die Vorschrift im Gegensatz zu § 15 Abs. 4 Satz 6 EStG nur auf den stillen Gesellschafter und nicht auf den Unterbeteiligten bezieht. **7b**

Ab 1.1.09 können Verluste aus Kapitalvermögen nicht mit Einkünften aus anderen Einkunftsarten ausgeglichen und auch nicht nach § 10d abgezogen werden (§ 20 Abs. 6 EStG idF des UntStRefG 2008). **7c**

Feststellungsverfahren. Bei einer **typischen Unterbeteiligung** sind Hauptbeteiligter und Unterbeteiligter nicht an denselben Einkünften beteiligt. Eine **gesonderte Feststellung** solcher Einkünfte findet deshalb nicht statt (BFH VIII R 53/84 v. 10.11.87, BStBl. II 88, 186). Der atypisch Unterbeteiligte bezieht demgegenüber Einkünfte aus Gewerbebetrieb gem. § 15 Abs. 1 Nr. 2 EStG, wenn der Hauptbeteiligte seinerseits Mitunternehmer ist. Die Einkünfte des **atypisch Unterbeteiligten** werden gesondert und einheitlich festgestellt, wobei eine Einbeziehung des atypisch Unterbeteiligten in die Feststellung der Hauptgesellschaft nicht erforderlich ist, da ein gesondertes Feststellungsverfahren für die atypische Unterbeteiligungsgesellschaft durchgeführt werden kann (BFH GrS 3/72 v. 5.11.73, BStBl. II 74, 414; § 179 Abs. 2 Satz 3 AO; vgl. hierzu auch *Pahlke/Koenig* § 179 AO Rz. 33ff). Dadurch ist gewährleistet, **8**

dass die Unterbeteiligung auch gegenüber den anderen Gesellschaftern der Hauptgesellschaft geheim gehalten werden kann. Die einheitliche und gesonderte Feststellung der Hauptgesellschaft ist Grundlagenbescheid für die gesonderte Feststellung der Unterbeteiligung. Die Gewinnfeststellung für die Hauptgesellschaft und für die Unterbeteiligung können allerdings in einem einheitlichen Verfahren zusammengefasst werden, wenn alle Beteiligten damit einverstanden sind (BFH IV R 135/92 v. 2.3.95, DStR 95, 936; *Blümich/Bode* § 15 EStG Rz. 334). Den Beteiligten steht somit hinsichtlich des Feststellungsverfahrens ein Wahlrecht zu (*Tipke/Kruse* § 179 AO Rz. 15; *Blaurock* aaO Rz. 31.29 mwN).

9 **Veräußerung der typischen Unterbeteiligung.** Die typische Unterbeteiligung stellt steuerlich **Privatvermögen** dar mit der Folge, dass Gewinne aus der Veräußerung steuerfrei sind, soweit nicht die Voraussetzungen eines privaten Veräußerungsgeschäfts vorliegen. Ein Verlust der typischen Unterbeteiligung, der nicht auf einer Teilnahme an laufenden Verlusten beruht, ist als Verlust eines zum Privatvermögen gehörenden WG steuerlich unbeachtlich. Zahlt jedoch der Hauptbeteiligte bei Beendigung der Unterbeteiligung an den Unterbeteiligten einen den Nennwert der Unterbeteiligung übersteigenden Betrag, so liegen nachträgliche Einkünfte aus Kapitalvermögen vor (analog der Behandlung bei der typischen stillen Beteiligung, s. BFH VIII R 126/82 v. 14.2.84, BStBl. II 84, 580). Keine Einnahmen aus Kapitalvermögen liegen nach FG Nds. 11 K 127/03 v. 1.12.05 (DStRE 06, 1517, rkr.) vor, wenn bei einer stillen Gesellschaft der Mehrbetrag für die Zustimmung des Stillen zur vorzeitigen Auflösung der stillen Gesellschaft gezahlt wird.

9a **Ab 1.1.09** gehören Gewinne aus der Veräußerung von nach dem 31.12.08 erworbenen typischen Unterbeteiligungen unabhängig von der Haltedauer zu den Einkünften aus Kapitalvermögen und unterliegen der Abgeltungssteuer von 25% (§ 20 Abs. 2 Satz 1 Nr. 4 iVm. § 20 Abs. 1 Satz 1 Nr. 4, § 32d EStG). Bei einander nahe stehenden Personen unterliegt ein Veräußerungsgewinn dem individuellen Steuersatz (§ 32d Abs. 2 Satz 1 Nr. 1 Buchst. a EStG).

9b Der Gewinn aus der **Veräußerung einer atypischen Unterbeteiligung** unterliegt generell der ESt (§§ 16 Abs. 4, 34 EStG). Auch Veräußerungsverluste sind zu berücksichtigen (BFH IV R 10/72 v. 12.6.75, BStBl. II 75, 853) . Gewinne aus der Veräußerung von **atypischen Unterbeteiligungen an Kapitalgesellschafts-Anteilen** unterliegen dann der Besteuerung gem. § 17 EStG (Halbeinkünfteverfahren bzw. ab 2009 Teileinkünfteverfahren), wenn der Unterbeteiligte wirtschaftlicher Inhaber des Anteils ist. Dies ist dann der Fall, wenn der Unterbeteiligte alle mit der Beteiligung verbundenen wesentlichen Rechte (Vermögens- und Verwaltungsrechte) ausüben und im Konfliktfall effektiv durchsetzen kann (BFH VIII R 34/01 v. 18.5.05, BStBl. II 05, 857; BFH VIII R 11/02 v. 8.11.05, BStBl. II 06, 253). **Ab 1.1.09** unterliegen die Veräußerungsgewinne bei wirtschaftlicher Inhaberschaft einer wesentlichen Beteiligung iSd. § 17 Abs. 1 EStG dem Teileinkünfteverfahren, bei nicht wesentlicher Beteiligung der Abgeltungssteuer gem. § 32d EStG.

10 **Atypische Unterbeteiligung. Besteuerung des Hauptbeteiligten:** Der Ergebnisanteil des atypisch Unterbeteiligten mindert die positiven bzw. – bei Verlustübernahme – negativen Einkünfte des Hauptbeteiligten aus seiner Beteiligung. Die Einräumung einer atypischen Unterbeteiligung an einem Mitunternehmeranteil ist für den Hauptbeteiligten eine **Teilveräußerung seines Anteils,** die ggf. zu einem steuerpflichtigen Veräußerungsgewinn führt (*Schmidt/Wacker* § 16 Rz. 408). Die Gewinne aus der Veräußerung eines Teils eines Mitunternehmeranteils sind **laufende Einkünfte,** die der Gewerbesteuer unterliegen und für die die Begünstigung der §§ 16 Abs. 4, 34 EStG nicht zur Anwendung kommt.

11 Die Besteuerung des **atypisch Unterbeteiligten** hängt im Wesentlichen davon ab, welche Einkünfte der Hauptbeteiligte erzielt. Der Unterbeteiligte kann nur dann Mitunternehmer sein, wenn der Hauptbeteiligte seinerseits Mitunternehmer ist. Eine

Uterbeteiligung an einem GmbH-Anteil (vgl. hierzu BFH VIII R 34/01 v. 18.5.05, BStBl. II 05, 857 und BFH VIII R 11/02 v. 8.11.05, BStBl. II 06, 253; *Schulze zur Wiesche* GmbHR 1986, 236; *Blaurock/Berninger* GmbHR 90, 11ff.) oder an einer typischen stillen Beteiligung oder an einem KG-Anteil, die einkommensteuerrechtlich keine Mitunternehmereigenschaft des Kommanditisten begründet (zB bei einem geschlossenen Immobilienfonds mit Einkünften aus VuV), begründet auch kein Mitunternehmerverhältnis zwischen Haupt- und Unterbeteiligtem (*Schmidt/Wacker* § 15 Rz. 367). Da der Unterbeteiligte obligatorischer Mitinhaber der Einkunftsquelle des Hauptbeteiligten ist, erzielt er grundsätzlich die gleichen Einkünfte wie der Hauptbeteiligte (Parallelität der Einkunftsarten, vgl. *Blaurock* Rz. 31.18). Bei Einkünften der Hauptgesellschaft aus VuV wird dieser Grundsatz durchbrochen (BFH XI R 155/89 v. 3.12.91, BStBl. II 92, 459), s. Rz. 5 aE.

Zeitpunkt der Versteuerung: Gewinnanteile des als Mitunternehmer beteiligten Unterbeteiligten sind in dem Jahr zu versteuern, für das der Gewinn der Hauptgesellschaft ermittelt wird, unabhängig davon, ob der Unterbeteiligte über seinen Gewinnanteil verfügen kann oder nicht. Entsprechendes gilt für die Berücksichtigung von Verlusten. Übersteigen die Verluste die Einlage, gilt § 15a EStG.

Einschränkung der Verlustzurechnung für Kapitalgesellschaften: Nach § 15 **11a**
Abs. 4 Satz 6–8 EStG (ggfs. iVm. § 20 Abs. 1 Nr. 4 Satz 2 EStG) dürfen Verluste aus atypischen oder typischen stillen Gesellschaften, Unterbeteiligungen und sonstigen Innengesellschaften zwischen Kapitalgesellschaften auch im Fall der Zwischenschaltung einer Personengesellschaft nur mit Gewinnen des unmittelbar vorangegangenen oder nachfolgenden Jahres aus derselben Beteiligung verrechnet werden (s. *Dötsch/Pung* DB 04, 151). Natürliche Personen als stille Gesellschafter oder Unterbeteiligte werden von der Regelung nicht erfasst (vgl. hierzu BFH I R 62/08 v. 27.3.12, BStBl. II 12, 745). Nach BFH IV R 75/96 v. 2.10.97 (BStBl. II 1998, 137) sind Tätig**keitsvergütungen** der Hauptgesellschaft an den atypisch stillen Unterbeteiligten dem Gesamtgewinn der Hauptgesellschaft zuzurechnen, und zwar auch dann, wenn der Unterbeteiligte lediglich Mitunternehmer der Unterbeteiligungsgesellschaft ist, nicht jedoch im Verhältnis zur Hauptgesellschaft. Begründung hierfür ist die Bestimmung des § 15 Abs. 1 Nr. 2 S. 2 EStG, wonach der mittelbar über eine oder mehrere Personengesellschaften beteiligte Gesellschafter dem unmittelbar beteiligten Gesellschafter gleichsteht.

Zur **angemessenen Gewinnverteilung** in einer als mitunternehmerschaftliche **12**
Unterbeteiligung gestalteten **Familiengesellschaft** s. BFH IV R 114/91 v. 27.1.94, BStBl. II 94, 635 (zur Abgrenzung s. weiter *Schwichtenberg* DB 87, 1963; zur Ausnahme BFH VIII R 77/98 v. 9.10.01, BStBl. II 02, 460). Es gelten die gleichen Grundsätze wie bei atypischen stillen Gesellschaften, dh., eine Gewinnverteilung wird dann als angemessen betrachtet, wenn der Gewinnanteil für eine schenkweise eingeräumte Unterbeteiligung eine Verzinsung des realen Wertes der Beteiligung von durchschnittlich 15% auf längere Zeit nicht übersteigt. Bei entgeltlicher Einräumung der Unterbeteiligung ist iRd. Angemessenheit auch ein höherer Gewinnanteil anzuerkennen (s. iE Rz. 19ff.). Eine mitunternehmerisch ausgestaltete Unterbeteiligung eines minderjährigen Kindes am Kommanditanteil des Vaters ist steuerrechtlich auch dann anzuerkennen, wenn die Unterbeteiligung dem Kind vom Vater geschenkt wurde; eine Rückfallklausel für den Fall des Vorversterbens des Kindes steht der steuerrechtlichen Anerkennung nicht entgegen (BFH IV R 114/91 v. 27.1.94, BStBl. II 94, 635). S. iE Rz. 23ff.

2. Einzelerläuterungen

Zu § 1: Einräumung der Unterbeteiligung; Rechtsnatur

Form: Der Abschluss eines Unterbeteiligungsvertrages ist grundsätzlich formfrei; **13**
dies gilt auch für eine Unterbeteiligung an einem Geschäftsanteil an einer GmbH

(OLG Frankfurt 15 U 233/83 v. 8.8.85, GmbHR 87, 57; *Kühne/Rehm* NZG 13, 561), es sei denn, der Unterbeteiligungsvertrag enthält die Verpflichtung zur Übertragung des GmbH-Anteils, zB bei Beendigung der Unterbeteiligung; in diesem Fall bedarf der Unterbeteiligungsvertrag gem. § 15 Abs. 4 GmbHG der notariellen Beurkundung (*Blaurock* Rz. 30.29). Die Unterbeteiligung bedarf nicht der Zustimmung der Gesellschaft oder der anderen Gesellschafter (BGH II ZR 179/66 v. 11.7.68, BGHZ 50, 325; *Baumbach/Hopt* § 105 Rz. 38), es sei denn, im Gesellschaftsvertrag der Hauptgesellschaft findet sich eine abweichende Bestimmung (für Unterbeteiligung an einem GmbH-Geschäftsanteil s. OLG Frankfurt 15 U 233/83 v. 8.8.95, aaO). Zur Frage, ob die Einräumung einer Unterbeteiligung eine unzulässige Umgehung der gesellschaftsvertraglichen Bestimmungen über das Zustimmungserfordernis bei Übertragung von Geschäftsanteilen sein kann, s. OLG Frankfurt 11 U 21/91 v. 7.9.91, DB 92, 2489. Anders als bei der Unterbeteiligung ist bei der Treuhandschaft die Zustimmung der Hauptgesellschaft erforderlich, da die Mitgesellschafter ein rechtliches Interesse an der Feststellung haben, ob Gesellschafter Treuhänder für Dritte sind (BGH v. 14.12.70, WM 71, 306). Zur Beurkundungspflicht, wenn der Unterbeteiligte ähnlich wie bei einer Treuhandschaft praktisch an die Stelle des GmbH-Gesellschafters treten soll s. *Grosse-Wilde* GmbH-StB 02, 196 unter Hinweis auf OLG SchlHol 5 U 58/01 v. 23.5.02, GmbHR 02, 652.

14 Ein Unterbeteiligungsverhältnis mit **minderjährigen Kindern** erfordert die Mitwirkung eines Pflegers (§ 1090 BGB) sowie die Genehmigung des Vormundschaftsgerichtes (§§ 1643 Abs. 1, 1822 Nr. 3 BGB), bei Schenkung der Unterbeteiligung zusätzlich die notarielle Beurkundung (BFH IV R 103/83 v. 24.7.86, BStBl. II 87, 54; *MünchKommHGB/K.Schmidt* § 230 Rz. 228).

15 **Rechtsnatur:** Die Unterbeteiligung ist Innengesellschaft ohne Gesamthandsvermögen (BGH II ZR 179/66 v. 11.7.68, BGHZ 50, 320). Nach außen tritt nur der Hauptbeteiligte in Erscheinung, er allein haftet und ist der Hauptgesellschaft gegenüber berechtigt und verpflichtet. Sind keine besonderen Absprachen getroffen, so gelten nach hM (*MünchKommBGB/Ulmer* vor § 705 Rz. 92; *Sudhoff,* Personengesellschaften, S. 66) die Vorschriften über die bürgerlich-rechtliche Gesellschaft, allerdings nur mit Einschränkungen: Hinsichtlich Geschäftsführung und Vertretung, Kündigung und Abfindung bei Auflösung erscheinen die Vorschriften über die stille Gesellschaft geeigneter (*Sudhoff,* Personengesellschaften, S. 67; *Beck PersGes-HB/Bärwaldt* § 14 Rz. 15).

Im Vertragsmuster ist vorgesehen, dass die Unterbeteiligung nur am Kapitalkonto des Hauptbeteiligten eingeräumt wird, nicht an dessen sonstigen Konten; es ist jedoch auch eine Unterbeteiligung zB am Verlustkonto und/oder am Privatkonto möglich.

Zu § 2: Einlage des Unterbeteiligten

16 Die Einlage des Unterbeteiligten geht in das Vermögen des Hauptbeteiligten über. Demgegenüber besteht der Beitrag des Hauptgesellschafters für den gemeinsamen Zweck der Unterbeteiligungsgesellschaft darin, dass er den Anteil an der Hauptgesellschaft zur Verfügung stellt. Die Einlage des Unterbeteiligten kann auch in der Erbringung von Dienstleistungen sowie der Überlassung von Sachen bestehen.

17 **Steuerrecht:** Die Begründung einer **typischen Unterbeteiligung** führt beim Hauptbeteiligten ebenso wie die Einräumung einer typischen stillen Beteiligung nicht zu einem Veräußerungsvorgang; in Höhe der Einlage entsteht beim Hauptbeteiligten eine Verbindlichkeit gegenüber dem Unterbeteiligten. Die Einräumung einer **atypischen mitunternehmerschaftlichen Unterbeteiligung** ist demgegenüber wie die Veräußerung eines Teilgesellschaftsanteils (Mitunternehmeranteils) des Hauptgesellschafters zu behandeln; ein daraus entstehender Gewinn ist gem. § 16 Abs. 1 Satz 2 EStG als laufender (gewerbesteuerpflichtiger) Gewinn zu qualifizieren, für den die Begünstigung gem. §§ 16 Abs. 4, 34 EStG nicht gilt (s. Rz. 10).

Zu § 3: Konten der Gesellschafter

Obwohl eine Buchführungspflicht für die Innengesellschaft nicht besteht, empfiehlt es sich aus Gründen der Klarheit, für den Unterbeteiligten Konten zu führen, auf denen seine Einlage, seine Anteile am Gewinn und Verlust sowie seine Entnahmen aufgezeichnet werden. Die im Abs. 3 des Formulars vorgeschlagene Regelung, die Konten des Unterbeteiligten ebenso zu behandeln wie die Konten des Hauptbeteiligten in der Hauptgesellschaft, empfiehlt sich, um zu einem abgestimmten Entnahmeverhalten zu kommen. **18**

Zu § 4: Ergebnisbeteiligung, Entnahmen

Bei der Festlegung der Beteiligungsquote des Unterbeteiligten sind die Ertragsaussichten des Anteils des Hauptbeteiligten und der Wert der Einlage des Unterbeteiligten zu berücksichtigen. Die Verlustteilnahme über den Betrag der Einlage hinaus führt zur Anwendung des § 15a EStG und zum Entstehen verrechenbarer Verluste (§§ 20 Abs. 1 Nr. 4 Satz 2, 15a EStG). Eine Verlustbeteiligung des Unterbeteiligten kann entspr. § 231 Abs. 2 HGB ausgeschlossen werden. **Ab 1.1.09** können Verluste aus Kapitalvermögen nicht mit Einkünften aus anderen Einkunftsarten ausgeglichen und auch nicht nach § 10d abgezogen werden (§ 20 Abs. 6 EStG). **19**

Die Verpflichtung zur Einbehaltung der Kapitalertragsteuer ergibt sich aus §§ 43 Abs. 1 Nr. 3, 43a Abs. 1 Nr. 1, 44 Abs. 1, 3 EStG. Die Kapitalertragsteuer beträgt 25% (zuzüglich Solidaritätszuschlag); sie verringert sich ab 1.1.09 gem. § 43a Abs. 2 Satz 1 EStG um 25% der auf die Kapitalerträge entfallenden Kirchensteuer (s. auch Rz. 7, 7b).

Das aufzuteilende Ergebnis entspricht dem Gewinnanteil des Hauptbeteiligten an der Hauptgesellschaft ggfs. abzüglich eigener Kosten der Unterbeteiligungsgesellschaft (zB für Buchführung und Steuererklärungen). Bemisst sich dieser Gewinnanteil des Hauptbeteiligten nach der Steuerbilanz der Hauptgesellschaft, so sind darin idR Tätigkeitsvergütungen des Hauptbeteiligten sowie Vergütungen für die Überlassung von WG enthalten. Da der Unterbeteiligte an derartigen Sondervergütungen nicht teilhaben soll, ist eine Korrektur der Handelsbilanz der Hauptgesellschaft erforderlich (Abs. 2). Im Formular ist eine solche Korrektur auch für den Fall vorgesehen, dass entspr. Vergütungen im Gewinnanteil des Hauptbeteiligten gem. Handelsbilanz enthalten sein sollten. **20**

Wie bei der typischen stillen Gesellschaft gelten Gewinnanteile dem Unterbeteiligten in dem Zeitpunkt als zugeflossen, in dem sie seinem Privatkonto gutgeschrieben werden. Verlustanteile gelten in dem Zeitpunkt als abgeflossen, in dem sie seinem Verlustkonto belastet werden. Zur Frage der Kapitalertragsteuer s. Rz. 7. **21**

Das **Entnahmerecht** ist im Muster so geregelt wie das Entnahmerecht des Hauptbeteiligten in der Hauptgesellschaft. Da die Unterbeteiligungsgesellschaft als reine Innengesellschaft über kein eigenes Vermögen verfügt, muss der Hauptbeteiligte in der Hauptgesellschaft zumindest die Beträge entnehmen, die dem Unterbeteiligten zustehen (Abs. 3). Der Auszahlungsanspruch des Unterbeteiligten verringert sich um die einzubehaltende Kapitalertragsteuer (s. iE Rz. 7). **22**

Angemessenheit der Gewinnbeteiligung von Familienangehörigen: Die Einräumung von Unterbeteiligungen an Familienangehörige ist steuerlich anzuerkennen, wenn die bürgerlich-rechtliche Form eingehalten ist, die Gesellschaftsverhältnisse ernsthaft gewollt sind, tatsächlich durchgeführt werden und unter Bedingungen wie zwischen fremden Dritten stehen (*Schulze zur Wiesche* NJW 83, 2365; *Bilsdorfer* NJW 80, 2785; *Blaurock* aaO Rz. 31.50ff.). Die Angemessenheit der Gewinnbeteiligung unterbeteiligter Familienangehöriger richtet sich nach den gleichen Grundsätzen wie bei der stillen Beteiligung (BFH IV R 114/91 v. 27.1.94, BStBl. II 94, 635; *Schulze zur Wiesche* aaO). Demnach ist bei unentgeltlich eingeräumten Unterbeteiligungen eine **23**

Gewinnbeteiligung bis zu 15% vom Wert des Anteils als angemessen anzusehen (BFH GrS 4/71 v. 29.5.72, BStBl. II 73, 5, BFH IV R 83/06 v. 19.2.09, NZG 09, 758). Maßgebend ist der gemeine Wert des Anteils, wobei allerdings bei typischer Unterbeteiligung ohne Vermögensbeteiligung vom Nominalwert der Beteiligung auszugehen ist. Nimmt der stille Gesellschafter an Verlusten nicht teil, so wird lediglich eine Gewinnbeteiligung bis zu 12% vom Wert des Anteils als angemessen angesehen (BFH IV R 56/70 v. 29.3.73, BStBl. II 73, 650; IV R 33/71 v. 27.9.73, BStBl. II 74, 51). Bei schenkweiser Übertragung einer mitunternehmerischen Unterbeteiligung an ein Kind kann nach BFH VIII R 77/98 v. 9.10.01 (BStBl. II 02, 460) auch eine Gewinnbeteiligung anzuerkennen sein, die zu einem Gewinn des Kindes von mehr als 15% des Wertes der Unterbeteiligung führt.

24 Bei entgeltlich erworbenen Unterbeteiligungen ist eine Gewinnbeteiligung angemessen, die im Zeitpunkt der Vereinbarung bei vernünftiger kaufmännischer Beurteilung eine durchschnittliche Rendite bis zu 35% des tatsächlichen Werts der Unterbeteiligung erwarten lässt, wenn der Unterbeteiligte am Verlust beteiligt ist (BFH I R 167/78 v. 16.12.81, BStBl. II 82, 387). Ist der Unterbeteiligte nicht am Verlust beteiligt, so ist eine Gewinnbeteiligung bis zu 25% als angemessen anzusehen (BFH I R 131/70 v. 14.2.73, BStBl. II 73, 395; vgl. weiter zur steuerlichen Anerkennung typischer stiller Beteiligungen und Unterbeteiligungen von Familienangehörigen, insbes. bei schenkweiser Begründung BFH I R 31/80 v. 8.3.84, BStBl. II 84, 623; I R 176/77 v. 19.12.79, BStBl. II 80, 242; IV R 114/91 v. 27.1.94, DB 94, 1449; s. weiter *Schmidt/Wacker* § 15 Rz. 776 ff.). Werden die vorgenannten Grenzen überschritten, gilt der übersteigende Anteil als ertragsteuerlich unbeachtliche Privatzuwendung. Der BFH IV R 83/06 v. 19.2.09, DStR 09, 959 hat allerdings entschieden, dass kurzfristige Überschreitungen dieser Renditeprozentsätze möglich sind, verlangt jedoch dann eine Anpassung der Gewinnverteilungsabrede für die Zukunft nach dem Maßstab eines Fremdvergleichs (vgl. hierzu *Schmidt* GWR 09, 126). Schenkweise begründete typische Unterbeteiligungen sind nicht anzuerkennen, wenn die Verlustbeteiligung ausgeschlossen ist (BMF v. 1.12.92, BStBl. I 92, 729 mit Rspr.-Nachweisen). Die vorstehenden Grundsätze waren bei Partnern in nichtehelichen Lebensgemeinschaften auch dann nicht anwendbar, wenn diese später heiraten (BFH VIII R 10/85 v. 16.12.86, BFH/NV 87, 715 mwN). Andererseits ist eine steuerliche Korrektur des zivilrechtlich vereinbarten Ergebnisanteils des Unterbeteiligten nicht nur beim Vorliegen familiärer Beziehungen möglich; es reicht aus, dass die gesellschaftsrechtliche Vereinbarung mit der Verfolgung nichtgesellschaftsrechtlicher Interessen verbunden ist (BFH VIII R 162/84 v. 24.7.90, BFH/NV 91, 35 zur Umgehung der Spendenabzugsbeschränkung durch Unterbeteiligung eines Vereins).

25 **Gewerbesteuer:** Die Gewinnanteile des Unterbeteiligten eines Mitunternehmers sind i. H. v. einem Viertel dem Gewerbeertrag hinzuzurechnen § 8 Nr. 1 Buchst. c. Es ist die Vorschrift über die stille Beteiligung anzuwenden (BFH IV R 196/69 v. 8.10.70, BStBl. II 71, 59). Eine Hinzurechnung unterbleibt, wenn die Summe aller Hinzurechnungen € 100.000.– nicht übersteigt **(Hinzurechnungsfreibetrag).**

Zu § 5: Geschäftsführung, Pflichten des Hauptbeteiligten, Informationsrecht

26 Ohne gesellschaftsvertragliche Regelung wäre bei der Geschäftsführung der Unterbeteiligungsgesellschaft dahingehend zu unterscheiden, ob es sich um Geschäftsführungsmaßnahmen im internen Verhältnis zwischen Haupt- und Unterbeteiligten oder ob es sich um die Geschäftsführung der Unterbeteiligungsgesellschaft nach außen, also insbesondere um die Wahrnehmung der Gesellschafterrechte in der Hauptgesellschaft handelt: Während interne Geschäftsführungsmaßnahmen entsprechend §§ 709 ff. BGB grundsätzlich beiden Gesellschaftern zustehen, obliegt die Geschäftsführung nach außen ähnlich wie bei der stillen Gesellschaft nur dem Hauptgesellschafter. Abweichend hiervon sieht § 5 Abs. 1 des Formulars vor, dass die gesamte Geschäftsführung, also auch im internen Verhältnis, ausschließlich dem Hauptbeteiligten obliegt.

Eine **Stimmbindung** des Hauptbeteiligten an den Unterbeteiligten ist von einer Zulassung der Unterbeteiligung im Gesellschaftsvertrag der Hauptgesellschaft grds. nicht gedeckt (*Baumbach/Hopt* § 105 Rz. 40). Dementsprechend sieht § 5 Abs. 1 lediglich eine Anhörungspflicht des Hauptbeteiligten vor Beschlussfassungen der Hauptgesellschaft vor. **27**

Informationsrecht des Unterbeteiligten: In entspr. Anwendung von § 233 HGB ist der Unterbeteiligte berechtigt, vom Hauptbeteiligten eine „Bilanz" über dessen Gesellschaftsanteil zu verlangen, aus der sich insbes. die auf den Anteil des Hauptbeteiligten entfallenden Ergebnisse der Hauptgesellschaft und deren Zusammensetzung (Gewinnanteil, Zinsen, Geschäftsführervergütung etc.) ergeben. Dem entspricht die Verpflichtung des Hauptbeteiligten gem. § 5 Abs. 3 des Formulars. Damit wird dem berechtigten Interesse des Unterbeteiligten entsprochen, die Grundlagen für die Berechnung seiner Gewinn- oder Verlustanteile zu erfahren. Zusätzlich ist der Unterbeteiligte gem. Abs. 4 berechtigt, die Richtigkeit dieser Aufstellung durch einen Angehörigen der rechts- oder steuerberatenden bzw. wirtschaftsprüfenden Berufe prüfen zu lassen. Ein weitergehender Rechnungslegungsanspruch steht dem Unterbeteiligten nicht zu; er kann insbesondere nicht Einsicht in die Steuer- und Handelsbilanzen sowie die Gewinn- und Verlustrechnungen der Hauptgesellschaft und vor allem deren Grundlagen (Buchhaltung ua.) verlangen, da diese Unterlagen zu den inneren Angelegenheiten der Hauptgesellschaft gehören, an deren Geheimhaltung diese ein berechtigtes Interesse hat. Der Unterbeteiligte hat idR keine Rechtsbeziehungen zur Hauptgesellschaft, er ist ihr gegenüber nicht zur Verschwiegenheit und nicht zur Einhaltung von Wettbewerbsverboten verpflichtet. Sollen dem Unterbeteiligten weitergehende Informationsrechte dahingehend zugestanden werden, dass der Unterbeteiligte in die Bilanz der Hauptgesellschaft Einsicht nehmen kann, ist darauf zu achten, dass nicht eine Kollision mit Geheimhaltungsbestimmungen des Gesellschaftsvertrages der Hauptgesellschaft entsteht. Die Weitergabe der Bilanz an den Unterbeteiligten muss von der Hauptgesellschaft genehmigt sein; eine Zulassung der Unterbeteiligung allein genügt nicht (BGH II ZR 179/66 v. 11.7.68, BGHZ 50, 323; zum Informationsrecht des Unterbeteiligten s. BGH II ZR 179/66 v. 11.7.68, NJW 68, 2003). Mit den zwischenzeitlich weitergehenden Offenlegungspflichten für alle Gesellschaften, bei denen nicht mindestens eine natürliche Person unbeschränkt persönlich haftet, gilt dies mit Einschränkungen hinsichtlich nicht zu veröffentlichender Teile des Abschlusses sowie der Buchhaltung. **28**

Zu § 6: Kündigung, Beendigung der Unterbeteiligung

Eine Unterbeteiligung kann auf bestimmte Zeit oder auf die Dauer der Hauptgesellschaft abgeschlossen werden. Im Formular wird davon ausgegangen, dass die Hauptgesellschaft auf unbestimmte Zeit abgeschlossen wurde; dementsprechend ist auch die Unterbeteiligung auf unbestimmte Zeit vereinbart. Bei Beendigung der Unterbeteiligungsgesellschaft findet eine Liquidation im gesellschaftsrechtlichen Sinn nicht statt, da die Unterbeteiligungsgesellschaft eine reine Innengesellschaft ist und deshalb keine Forderungen oder Verbindlichkeiten gegenüber Dritten hat (*BeckPersGes-HB/Bärwaldt* § 14 Rz. 40). **29**

Das Muster sieht die Beendigung der Unterbeteiligung bei **Insolvenz** des Unterbeteiligten vor; bei Insolvenz des Hauptbeteiligten wird idR § 7 zur Anwendung kommen. Sieht der Gesellschaftsvertrag der Hauptgesellschaft bei Insolvenz des Hauptbeteiligten dessen Ausscheiden aus der Hauptgesellschaft nicht vor, kann auch für den Fall der Insolvenz des Hauptbeteiligten die automatische Beendigung der Unterbeteiligung vereinbart werden (s. Formular A. 16.01 § 7). Die Beendigung bei Pfändung eines Anteils verhindert das Kündigungsrecht des Pfändungspfandgläubigers, § 725 BGB. **30**

31 Bei der **Ausgestaltung der Kündigungsregelung** sollte im Einzelfall geprüft werden, ob die Kündigungsmöglichkeiten der Unterbeteiligung an die Kündigungsmöglichkeiten der Hauptbeteiligung angepasst werden sollen, damit sich der Hauptbeteiligte für den Fall der Kündigung der Unterbeteiligung durch eine (Teil-)Kündigung der Hauptbeteiligung die zur Abfindung des Unterbeteiligten erforderlichen Mittel beschaffen kann. In diesem Fall sollte die Kündigungsfrist des Unterbeteiligten etwas länger sein als die Kündigungsfrist der Hauptbeteiligung. Ein Ausschluss der Kündigung der Unterbeteiligung während der Dauer der Hauptbeteiligung ist grds. unwirksam (BGH II ZR 259/92 v. 13.6.94, DB 94, 1669).

Zu § 7: Auflösung der Hauptgesellschaft, Ausscheiden des Hauptbeteiligten

32 Mit Auflösung der Hauptgesellschaft bzw. Ausscheiden des Hauptbeteiligten entfällt die Geschäftsgrundlage der Unterbeteiligung, so dass eine automatische Beendigung eintritt.

Zu § 8: Abfindung

33 Entsprechend der Ausgestaltung als typische Unterbeteiligung bemisst sich das Abfindungsguthaben nach dem Buchwert der Unterbeteiligung (s. hierzu *Rasner* NJW 83, 2905; *Geßler* GmbHR 84, 29). Ein negativer Saldo der Kapitalkonten des Unterbeteiligten ist nur auszugleichen, soweit dieser auf einem negativen Privatkonto beruht, da ein solches nur durch Überentnahmen entstanden sein kann.

Zu § 9: Abtretung

34 **Gesellschaftsrecht:** Gemäß §§ 717, 719 BGB können zwar nicht die Gesellschaftsanteile, jedoch Gewinnansprüche und Ansprüche auf Abfindungsguthaben abgetreten werden. Darüber hinaus sieht das Formular vor, dass sämtliche Rechte aus der Unterbeteiligung, also auch Gewinnansprüche und Abfindungsguthaben, nur mit Zustimmung des Hauptbeteiligten abgetreten werden können.

35 **Steuerrecht: Ab 1.1.09** gehören Gewinne aus der Veräußerung von nach dem 31.12.08 erworbenen typischen Unterbeteiligungen unabhängig von der Haltedauer zu den Einkünften aus Kapitalvermögen und unterliegen der Abgeltungssteuer von 25% (§ 20 Abs. 2 Satz 1 Nr. 4 iVm. 20, § 1 Abs. 1 Satz Nr. 4, § 32d EStG). Bei einander nahe stehenden Personen unterliegt ein Veräußerungsgewinn dem individuellen Steuersatz (§ 32d § 2 Abs. 1 Satz Nr. 1 Buchst. a EStG). Ein Gewinn aus der Veräußerung der **vor dem 31.12.08** erworbenen typischen Unterbeteiligung ist steuerfrei, wenn diese zum Privatvermögen gehört (s. Rz. 9) und kein privates Veräußerungsgeschäft iSv. § 23 EStG vorliegt. Soweit der Veräußerungspreis jedoch auf Gewinnanteile aus einem bereits abgelaufenen Wirtschaftsjahr entfällt, handelt es sich beim Veräußerer um Einkünfte iSd. § 20 EStG (BFH I R 98/76 v. 11.2.81, BStBl. II 81, 465). Werden lediglich Gewinnansprüche ohne die Unterbeteiligung veräußert, ist strittig, wer den Gewinnanteil zu versteuern hat.

Zu § 10: Tod eines Gesellschafters

36 **Gesellschaftsrecht:** Grds. führt der Tod eines Gesellschafters gem. § 727 BGB zur Auflösung der Gesellschaft. Abweichend hiervon sieht das Formular vor, dass im Fall des Todes des Hauptbeteiligten die Unterbeteiligung mit dessen Erben fortgesetzt wird. Geht die Hauptbeteiligung auf einen Vermächtnisnehmer des Hauptbeteiligten über, so muss mit diesem ein neuer Unterbeteiligungsvertrag abgeschlossen werden, da der Vermächtnisnehmer nicht automatisch in den Unterbeteiligungsvertrag eintritt. Erwirbt der Unterbeteiligte die Hauptbeteiligung durch Erbfolge, so erlischt die Unterbeteiligung durch Konfusion. Zum Rechtsübergang beim Tod des Hauptbeteiligten s. *Blaurock* Rz. 30.60.

Entsprechend der **Fortführung beim Tod des Hauptbeteiligten** wird auch beim Tod des Unterbeteiligten die Unterbeteiligung nicht aufgelöst, sondern mit dessen Erben fortgesetzt, wobei allerdings sinnvollerweise eine gemeinschaftliche Vertretung der Erben anzuordnen ist. Rechtsnachfolger eines verstorbenen Unterbeteiligten kann im Übrigen auch eine Erbengemeinschaft sein (anders als bei Gesamtrechtsnachfolge in Gesellschaftsanteile in Personenhandelsgesellschaften, s. A. 9.00 Rz. 71). 37

Steuerrecht: Die erbschaftsteuerliche Bewertung richtet sich nach § 12 ErbStG. Grds. ist der Nennwert anzusetzen, wenn nicht besondere Umstände einen höheren oder geringeren Wert begründen. Eine höhere Bewertung kann gerechtfertigt sein, wenn der auf Dauer zu erwartende Ertrag über 10% der Einlage liegt und wenn die stille Gesellschaft nach den Verhältnissen des Veranlagungszeitpunkts für eine Dauer von mindestens fünf Jahren besteht, also nicht jederzeit z.B. zum Schluss eines Geschäftsjahres vom Inhaber gekündigt werden kann (BFH III R 7/69 v. 7.5.71, BStBl. II 71, 642). Gehört die stille Beteiligung zu einem Betriebsvermögen, so ist bei einer Erbauseinandersetzung der Beschluss des Großen Senats des BFH GrS 2/89 v. 5.7.90 (BStBl. II 90, 837) zu beachten, wonach Erbfall und Erbauseinandersetzung keine Einheit bilden. 38

Zu § 11: Änderungen der Hauptgesellschaft

Änderungen der Rechtsverhältnisse der Hauptgesellschaft haben keinen unmittelbaren Einfluss auf die Unterbeteiligung, da unmittelbare Rechtsbeziehungen zwischen Unterbeteiligtem und Hauptgesellschaft nicht bestehen. Deshalb kann der Hauptbeteiligte im Verhältnis zur Hauptgesellschaft ohne Zustimmung des Unterbeteiligten seinen Kapitalanteil an der Hauptgesellschaft ändern oder einen weiteren Unterbeteiligten aufnehmen. Derartige Maßnahmen sind rechtswirksam, können aber uU einen Schadensersatzanspruch des Unterbeteiligten auslösen. Das Formular sieht für Änderungen in der Rechtsform und Veränderung des Kapitalanteils des Hauptbeteiligten in der Hauptgesellschaft Anpassungsmöglichkeiten vor. Zum zivil- und steuerrechtlichen Schicksal der Unterbeteiligung bei Umwandlung der Hauptgesellschaft s. BFH VIII R 34/01 v. 18.5.05, BStBl. II 05, 857; *Schindhelm/Pickhardt-Poremba/Hilling* DStR 03, 1444, 1469; *Stegemann/Middendorf* BB 06, 1084). 39

Zu § 13: Schiedsklausel

Der Vorteil eines Schiedsverfahrens liegt darin, dass es unter Ausschluss der Öffentlichkeit geführt wird und gerade bei gesellschaftsvertraglichen Auseinandersetzungen, die sich häufig auch sehr persönlich gestalten, flexibler ist (vgl. Schiedsverfügung, §§ 1025ff. ZPO, vgl. hierzu allgemein *Baumbach/Lauterbach* § 1025 ZPO Rz. 6ff.). Der Schiedsvertrag bedarf der Form des § 1031 ZPO (zur Auslegung einer Schiedsklausel vgl. OLG Koblenz 6 U 1371/06 v. 3.5.07, NJOZ 07, 5922 und OLG Koblenz 6 U 610/07 v. 6.3.08, NJW-Spezial 08, 464). 40

A. 16.01 Atypische Unterbeteiligung

Gliederung

I. FORMULAR

Formular A. 16.01 Vertrag über die Errichtung einer atypischen Unterbeteiligung

VERTRAG ÜBER DIE ERRICHTUNG EINER ATYPISCHEN UNTERBETEILIGUNG

zwischen

H – nachfolgend Hauptbeteiligter genannt –

und

U – nachfolgend Unterbeteiligter genannt –

Vorbemerkungen

H ist an der Kommanditgesellschaft in Firma X & Co. KG mit dem Sitz in ...... (nachstehend auch Hauptgesellschaft genannt) als Kommanditist mit einer Kommanditeinlage von € 200.000.– beteiligt. Neben dem Kapitalkonto iHv. € 200.000.– werden für den Hauptbeteiligten bei der Hauptgesellschaft zum Bilanzstichtag 31. 12. .... folgende Konten geführt: Verlustkonto € 0.–. Privatkonto € 80.000.–.

Gegenstand des Unternehmens der X & Co. KG ist ......

Der Gesellschaftsvertrag der X & Co. KG vom ...... ist dem Unterbeteiligten bekannt.

Zur Begründung einer Unterbeteiligung an dem vorbezeichneten Kommanditanteil des H vereinbaren die Parteien was folgt:

§ 1 Einräumung der Unterbeteiligung; Rechtsnatur

(1) Der Hauptbeteiligte räumt dem Unterbeteiligten an seinem vorbezeichneten Kommanditanteil mit Wirkung vom ...... eine Unterbeteiligung in folgender Höhe ein: am Kapitalkonto iHv. € 60.000.–, am Privatkonto iHv. € 240.000.– Aufgrund der Unterbeteiligung ist der Unterbeteiligte am Gesellschaftsanteil des Hauptbeteiligten (Vermögen und Ergebnis) mit 30 % beteiligt.

(2) Die Unterbeteiligung ist eine Innengesellschaft zwischen dem Hauptbeteiligten und dem Unterbeteiligten. Rechtsbeziehungen zwischen dem Unterbeteiligten und der Hauptgesellschaft sowie deren Geschäftspartnern werden nicht begründet.

§ 2 Einlage des Unterbeteiligten

Der Unterbeteiligte leistet eine in das Vermögen des Hauptbeteiligten übergehende Einlage iHv. € ......,–, fällig am ......

§ 3 Konten der Gesellschafter

(1) Für den Hauptbeteiligten und für den Unterbeteiligten werden im Rahmen der Unterbeteiligung gleichartige Konten geführt wie für die Gesellschafter der Hauptgesellschaft, nämlich Kapitalkonto, Verlustkonto und Privatkonto.

(2) Auf den Kapitalkonten werden die Beteiligungen von Hauptgesellschafter und Unterbeteiligtem an der Innengesellschaft verbucht. Die Kapitalkonten werden als Festkonten geführt. Sie sind unverzinslich.

(3) Auf den Verlustkonten werden die auf die Gesellschafter entfallenden Verlustanteile verbucht. Soweit nach dem Gesellschaftsvertrag der Hauptgesellschaft Gewinnanteile des Hauptbeteiligten dessen Verlustkonto gutzuschreiben sind (bei Be-

lastung des Verlustkontos), sind die auf den Unterbeteiligten entfallenden Gewinnanteile im gleichen Verhältnis seinem Verlustkonto gutzuschreiben, solange dieses einen Saldo ausweist.

(4) Auf den Privatkonten werden Gewinnanteile und Entnahmen der Gesellschafter verbucht. Salden auf den Privatkonten werden ebenso verzinst wie das Privatkonto des Hauptbeteiligten in der Hauptgesellschaft.

(5) An dem zu Beginn der Unterbeteiligung bestehenden Privatkonto und Verlustkonto des Hauptbeteiligten ist der Unterbeteiligte entsprechend seiner Beteiligungsquote (30 %) beteiligt.

§ 4 Ergebnisbeteiligung, Entnahmen

(1) Der Unterbeteiligte ist an dem auf den Hauptbeteiligten entfallenden Ergebnisanteil (Gewinn und Verlust) der Hauptgesellschaft gem. Steuerbilanz mit 30 % beteiligt. Verluste werden dem Unterbeteiligten auch insoweit zugerechnet, als sie den Betrag seiner Einlage übersteigen.

(2) Der maßgebende Ergebnisanteil des Hauptbeteiligten gem. Steuerbilanz der Hauptgesellschaft ist zur Bemessung des Ergebnisanteils des Unterbeteiligten wie folgt zu korrigieren:

a) Abzuziehen sind sämtliche von der Hauptgesellschaft an den Hauptbeteiligten gezahlten Vergütungen für Dienstleistungen und Überlassung von Kapital oder Wirtschaftsgütern zur Nutzung (einschließlich der Verzinsung des Privatkontos), soweit solche im Ergebnisanteil des Hauptbeteiligten gem. Steuerbilanz enthalten sind, sowie ggf. eigene Kosten der Unterbeteiligungsgesellschaft (zB für Kontoführung und Steuererklärungen).

b) Hinzuzurechnen sind Zinsen und sonstige Vergütungen, die der Hauptbeteiligte an die Gesellschaft für die Überlassung von Kapital oder sonstigen Wirtschaftsgütern zu entrichten hat (einschließlich der Verzinsung des Privatkontos), soweit diese beim Ergebnisanteil des Hauptbeteiligten abgezogen sind.

(3) Ändert sich der maßgebende Ergebnisanteil des Hauptbeteiligten an der Hauptgesellschaft (zB nach Durchführung einer steuerlichen Außenprüfung), ist der geänderte Ergebnisanteil des Hauptbeteiligten für die Beteiligung des Unterbeteiligten maßgebend.

(4) Der Unterbeteiligte kann den auf ihn entfallenden Gewinnanteil in gleichem Umfang und zum gleichen Zeitpunkt entnehmen, wie der Hauptbeteiligte den auf ihn entfallenden Gewinnanteil der Hauptgesellschaft nach den Bestimmungen des Gesellschaftsvertrages der Hauptgesellschaft entnehmen kann. Der Hauptbeteiligte verpflichtet sich, von seinem Entnahmerecht in der Hauptgesellschaft mindestens in dem Umfang Gebrauch zu machen, wie der Unterbeteiligte entsprechend seiner Beteiligungsquote zu Entnahmen berechtigt ist; der Hauptbeteiligte wird die dem Unterbeteiligten zustehenden Entnahmen unverzüglich an diesen weiterleiten.

§ 5 Geschäftsführung, Pflichten des Hauptbeteiligten, Mitwirkungs- und Informationsrechte

(1) Die Geschäftsführung der Unterbeteiligungsgesellschaft obliegt ausschließlich dem Hauptbeteiligten, und zwar sowohl was die Wahrnehmung der Gesellschafterrechte gegenüber der Hauptgesellschaft betrifft, als auch im Hinblick auf Geschäftsführungsmaßnahmen im Innenverhältnis gegenüber dem Unterbeteiligten.

(2) Der Hauptbeteiligte ist verpflichtet, seine Rechte als Gesellschafter der Hauptgesellschaft auch im Interesse des Unterbeteiligten wahrzunehmen. Vor der Fassung von Beschlüssen im Rahmen der Hauptgesellschaft wird der Hauptbeteiligte unverzüglich nach Erhalt der Ladung zur Gesellschafterversammlung der Hauptgesell-

schaft eine Abstimmung mit dem Unterbeteiligten herbeiführen. Bei Meinungsverschiedenheiten über zu fassende Beschlüsse entscheidet die einfache Stimmenmehrheit innerhalb der Innengesellschaft, wobei die Beteiligungsquoten gemäß § 1 Abs. 1 maßgebend sind. Über ihm bekannt werdende wesentliche Geschäftsvorfälle der Hauptgesellschaft wird der Hauptbeteiligte den Unterbeteiligten informieren, soweit nicht gesetzliche oder vertragliche Geheimhaltungspflichten entgegenstehen.

(3) Der Hauptbeteiligte wird dem Unterbeteiligten innerhalb von vier Wochen nach Vorliegen des Jahresabschlusses der Hauptgesellschaft eine Aufstellung über die Entwicklung der Konten von Hauptbeteiligtem und Unterbeteiligtem zusenden.

(4) Der Unterbeteiligte ist berechtigt, zur Prüfung des auf ihn entfallenden Ergebnisanteils Einsicht in den Jahresabschluss der Hauptgesellschaft zu nehmen. Er kann dieses Prüfungsrecht auch durch einen Angehörigen der rechts- oder steuerberatenden bzw. wirtschaftsprüfenden Berufe wahrnehmen lassen.

§ 6 Treuepflichten des Unterbeteiligten

Im Gesellschaftsvertrag der Hauptgesellschaft sind für den Hauptbeteiligten ein Wettbewerbsverbot sowie Geheimhaltungspflichten und allgemeine Treuepflichten vereinbart (§§ ...... des Gesellschaftsvertrages der Hauptgesellschaft). Die Bestimmung dieses Wettbewerbsverbots sowie der Geheimhaltungs- und Treuepflichten gelten auch für den Unterbeteiligten, und zwar sowohl im Verhältnis zur Unterbeteiligungsgesellschaft als auch im Verhältnis zur Hauptgesellschaft.

§ 7 Dauer, Kündigung, Beendigung der Unterbeteiligung

(1) Die Unterbeteiligung wird auf unbestimmte Zeit vereinbart.

(2) Die Unterbeteiligung kann von jedem Gesellschafter mit einer Frist von sechs Monaten zum Ende des Geschäftsjahres der Hauptgesellschaft gekündigt werden, erstmals zum ...... Die Kündigung erfolgt durch eingeschriebenen Brief. Mit Wirksamwerden der Kündigung endet die Unterbeteiligung; der Unterbeteiligte scheidet aus der Innengesellschaft aus.

(3) Ohne dass es einer Kündigung bedarf, endet die Unterbeteiligung, wenn

a) über das Vermögen eines Gesellschafters das Insolvenzverfahren eröffnet oder die Eröffnung des Insolvenzverfahrens mangels Masse abgelehnt wird, sobald der entsprechende Eröffnungs- bzw. Ablehnungsbeschluss rechtskräftig ist;

b) der Anteil eines Gesellschafters gepfändet und die Pfändung nicht innerhalb von sechs Monaten aufgehoben wird.

§ 8 Auflösung der Hauptgesellschaft, Ausscheiden des Hauptbeteiligten

(1) Scheidet der Hauptbeteiligte aus der Hauptgesellschaft aus, so endet das Unterbeteiligungsverhältnis zum gleichen Zeitpunkt. Wird die Hauptgesellschaft aufgelöst, so bleibt die Unterbeteiligung bis zur Beendigung der Liquidation bestehen. Der Unterbeteiligte nimmt am Liquidationserlös entsprechend seiner Beteiligungsquote gemäß § 1 Abs. 1 teil.

(2) Veräußert der Hauptbeteiligte die Hauptbeteiligung, wird er den Erwerber verpflichten, das Unterbeteiligungsverhältnis zu übernehmen. Der Unterbeteiligte ist in einem solchen Fall jedoch berechtigt, die Unterbeteiligung auf den Stichtag des Übergangs der Hauptbeteiligung auf den Erwerber die Unterbeteiligung ohne Einhaltung einer Frist zu kündigen.

§ 9 Abfindung

(1) Bei Beendigung der Unterbeteiligung steht dem Unterbeteiligten ein Abfindungsguthaben zu, das dem Buchwert des Anteils des Unterbeteiligten (Summe sämtlicher

für ihn im Rahmen der Unterbeteiligung geführter Konten) zuzüglich seines Anteils an den stillen Reserven der Innengesellschaft entspricht. Die stillen Reserven der Innengesellschaft entsprechen dem Anteil an den stillen Reserven der Hauptgesellschaft, auf die der Hauptbeteiligte bei seinem Ausscheiden aus der Hauptgesellschaft im Zeitpunkt der Beendigung der Unterbeteiligung Anspruch hätte. Ergibt sich ein negativer Saldo, so ist dieser nur insoweit auszugleichen, als er auf einem negativen Saldo des Privatkontos beruht.

(2) Zur Ermittlung der stillen Reserven der Innengesellschaft ist zum Zeitpunkt der Beendigung der Unterbeteiligung eine Auseinandersetzungsbilanz aufzustellen, in der die stillen Reserven der Innengesellschaft nach den gleichen Kriterien zu ermitteln sind, wie sie im Gesellschaftsvertrag der Hauptgesellschaft in der bei Beendigung der Unterbeteiligung gültigen Fassung für das Ausscheiden des Hauptgesellschafters zu ermitteln sind. Erfolgt die Kündigung der Unterbeteiligung durch den Hauptgesellschafter, ist bei der Ermittlung der stillen Reserven ein Firmenwert der Hauptgesellschaft auch dann zu berücksichtigen, wenn beim Ausscheiden des Hauptgesellschafters aus der Hauptgesellschaft ein Firmenwert außer Ansatz bleibt.

(3) Das Abfindungsguthaben ist in vier aufeinander folgenden gleich bleibenden Halbjahresraten auszuzahlen, von denen die Erste sechs Monate nach Beendigung der Unterbeteiligung zur Zahlung fällig ist. Steht zu diesem Zeitpunkt die Höhe des Abfindungsguthabens noch nicht fest, ist die Höhe der ersten Rate zu schätzen. Die jeweils noch offenen Teile des Abfindungsguthabens sind ab Fälligkeit der ersten Rate mit ......% p.a. zu verzinsen. Die Zinsen sind jeweils mit den Abfindungsraten fällig.

§ 10 Abtretung

Der Unterbeteiligte kann seine Rechte aus der Unterbeteiligung nur mit Zustimmung des Hauptbeteiligten abtreten oder belasten.

§ 11 Tod eines Gesellschafters

(1) Im Falle des Todes des Hauptbeteiligten wird die Unterbeteiligung mit der Person fortgesetzt, die den Gesellschaftsanteil des Hauptbeteiligten als Erbe oder Vermächtnisnehmer übernimmt. Bei mehreren Erben oder Vermächtnisnehmern wird die Unterbeteiligung auf alle Rechtsnachfolger entsprechend den übernommenen Quoten aufgeteilt. Mehrere Erben oder Vermächtnisnehmer des Hauptbeteiligten haben sich gegenüber dem Unterbeteiligten durch einen gemeinsamen Bevollmächtigten vertreten zu lassen, der seine Bevollmächtigung durch notariell beglaubigte Vollmacht nachweisen muss.

(2) Beim Tod des Unterbeteiligten gehen die Rechte aus der Unterbeteiligung auf dessen Erben bzw. Vermächtnisnehmer über. Mehrere Erben bzw. Vermächtnisnehmer haben sich gegenüber dem Hauptbeteiligten durch einen gemeinsamen Bevollmächtigten vertreten zu lassen, der seine Bevollmächtigung durch notariell beglaubigte Vollmacht nachweisen muss. Bis zur Vorlage einer solchen Vollmacht ruhen die Rechte der Erben bzw. Vermächtnisnehmer mit Ausnahme der Gewinnbeteiligungsansprüche. Sind Erben oder Vermächtnisnehmer des Unterbeteiligten nicht dessen Ehegatte oder leibliche Abkömmlinge, so kann der Hauptbeteiligte innerhalb eines Monats nach schriftlicher Mitteilung über die Personen der Nachfolger des verstorbenen Unterbeteiligten die Unterbeteiligung fristlos kündigen.

§ 12 Änderung der Hauptgesellschaft

(1) Ändert sich die Rechtsform der Hauptgesellschaft, so sind die Parteien verpflichtet, den Unterbeteiligungsvertrag erforderlichenfalls dergestalt anzupassen, wie dies

die neue Rechtsform der Hauptgesellschaft bei weitestgehend möglicher Beibehaltung der wirtschaftlichen Gegebenheiten der Unterbeteiligung erfordert.

(2) Ändert sich der Kapitalanteil des Hauptbeteiligten in der Hauptgesellschaft, muss der Hauptbeteiligte den Unterbeteiligten auffordern, seine Beteiligung an der Innengesellschaft im gleichen Verhältnis herauf- oder herabzusetzen, wobei für die Änderung der Beteiligung an der Innengesellschaft die gleichen Bedingungen zu vereinbaren sind wie für die Änderung des Kapitalanteils des Hauptgesellschafters in der Hauptgesellschaft. Kommt der Unterbeteiligte dieser Aufforderung nicht innerhalb der vom Hauptbeteiligten zu setzenden Frist, die mindestens vier Wochen betragen muss, nach, so ist die Beteiligungsquote des Unterbeteiligten den geänderten Kapitalverhältnissen unter Berücksichtigung der gemeinen Werte von Hauptbeteiligung und Unterbeteiligung vor und nach der Änderung des Kapitalanteils des Hauptbeteiligten an der Hauptgesellschaft anzupassen.

§ 13 Schlussbestimmungen

(1) Änderungen und Ergänzungen dieses Vertrages bedürfen der Schriftform; mündliche Nebenabreden bestehen nicht.

(2) Sollten sich einzelne Bestimmungen dieses Vertrages als ungültig erweisen, so wird dadurch die Gültigkeit des Vertrages im Übrigen nicht berührt. In einem solchen Fall sind die Gesellschafter verpflichtet, durch Beschluss die ungültige Bestimmung durch diejenige gesetzlich zulässige Bestimmung zu ersetzen, die den Zweck der ungültigen Bestimmung, insbesondere das, was die Vertragsparteien gewollt haben, mit der weitestgehend möglichen Annäherung erreicht. Entsprechendes gilt, wenn sich bei Durchführung des Vertrages eine ergänzungsbedürftige Lücke ergeben sollte.

(3) Sollte zwischen den Rechten und Pflichten des Hauptbeteiligten aus seiner Beteiligung an der Hauptgesellschaft und den Bestimmungen des Unterbeteiligungsvertrages ein Widerspruch bestehen oder entstehen, so ist der Unterbeteiligungsvertrag so anzupassen, dass er mit den für die Hauptgesellschaft geltenden Bestimmungen übereinstimmt.

(4) Gerichtsstand für sämtliche Streitigkeiten aus diesem Vertrag ist ……, soweit dies zulässig vereinbart werden kann.

§ 14 Schiedsgericht

Über alle Streitigkeiten aus diesem Vertrag, insbesondere auch über seine Wirksamkeit oder die Wirksamkeit einzelner seiner Bestimmungen, ausgenommen derjenigen Streitigkeiten, die von Gesetzes wegen einem Schiedsgericht nicht zur Entscheidung zugewiesen werden können, entscheidet unter Ausschluss des ordentlichen Rechtswegs ein Schiedsgericht. Zuständigkeit, Zusammensetzung und Verfahren des Schiedsgerichts haben die Parteien im Schiedsvertrag vom …. näher geregelt.

II. ERLÄUTERUNGEN

Erläuterungen zu A. 16.01 Vertrag über die Errichtung einer atypischen Unterbeteiligung

1. Grundsätzliche Anmerkungen

a) Wirtschaftliche Funktion

1 Da der atypisch Unterbeteiligte am Ergebnis und am Vermögen des Gesellschaftsanteils des Hauptbeteiligten beteiligt ist, bietet sich die atypische Unterbeteiligung in den Fällen an, in denen wirtschaftlich die Abtretung eines Teils der Hauptbeteiligung ge-

wollt ist, eine solche Abtretung jedoch nach dem Gesellschaftsvertrag der Hauptgesellschaft nicht zulässig oder nicht erwünscht ist, weil zB der Hauptbeteiligte seine gesellschaftsrechtliche Stellung gegenüber den anderen Gesellschaftern nicht schmälern möchte. Ein häufiger Anwendungsfall atypischer Unterbeteiligungen liegt weiter dann vor, wenn Kinder an ein Unternehmen herangeführt werden sollen, ohne jedoch größere Mitspracherechte zu bekommen (vgl. *Haack* NWB F. 18 S. 4335; *Flore/Lewinski* GmbH-StB 03, 102; *Kühne/Rehm* NZG 13, 561).

b) Gesellschaftsrecht und Steuerrecht

Da in den grundsätzlichen Anmerkungen zur typischen Unterbeteiligung auch die atypische Unterbeteiligung behandelt ist, wird auf A. 16.00 Rz. 2ff. (typische Unterbeteiligung) verwiesen. 2

2. Einzelerläuterungen

Zu § 1: Einräumung der Unterbeteiligung; Rechtsnatur

Die Einräumung einer atypischen Unterbeteiligung entspricht wirtschaftlich der Veräußerung eines Teils des Gesellschaftsanteils des Hauptbeteiligten. Zur Form des Vertrages und zur Frage der Zustimmung der Hauptgesellschaft bzw. deren Gesellschafter s. A. 16.00 Rz. 13f. 3

Zu § 2: Einlage des Unterbeteiligten

Da die Einräumung einer atypischen Unterbeteiligung dem Verkauf eines Teils des Gesellschaftsanteils des Hauptbeteiligten entspricht, unterliegt ein dabei erzielter Veräußerungsgewinn der Besteuerung nach § 16 Abs. 1 Nr. 2 EStG (*Schmidt/Wacker* § 16 Rz. 410ff.; *Schulze zur Wiesche* NJW 83, 2362). Gem. § 16 Abs. 1 Satz 2 EStG handelt es sich dabei um einen **(gewerbesteuerpflichtigen)** laufenden Gewinn, für den nicht die Vergünstigungen der §§ 16 Abs. 4, 34 gelten. Fraglich ist, ob auf die Einräumung einer atypischen Unterbeteiligung (Einbringung des Anteils des Hauptbeteiligten an der Hauptgesellschaft in die Unterbeteiligungsgesellschaft) § 24 UmwStG anwendbar ist (zustimmend wohl *S/H/S/Schmitt* UmwStG § 24 Rz. 22; *Pyszka* DStR 03, 859). 4

Zu § 3: Konten der Gesellschafter

Obwohl die Unterbeteiligungsgesellschaft als reine Innengesellschaft nicht bilanzierungspflichtig ist, empfiehlt sich aus Gründen der Klarheit die Führung von Konten für die Gesellschafter. Da durch die atypische Unterbeteiligung der Gesellschaftsanteil des Hauptbeteiligten wirtschaftlich betrachtet aufgespalten wird, sollten in der Innengesellschaft die gleichen Konten geführt werden wie in der Hauptgesellschaft. Weitere Folge der Aufspaltung des Gesellschaftsanteils des Hauptbeteiligten durch die Unterbeteiligung ist, dass die Summen der Kapitalkonten und der Verlustkonten innerhalb der Unterbeteiligung dem Kapitalkonto und dem Verlustkonto des Hauptbeteiligten in der Hauptgesellschaft entsprechen müssen, ggf. unter Berücksichtigung der Zu- und Abrechnungen gem. § 4 Abs. 2. Abweichungen können sich bei den Privatkonten ergeben, wenn innerhalb der Unterbeteiligungsgesellschaft andere Entnahmen vorgenommen werden als vom Hauptbeteiligten in der Hauptgesellschaft. 5

Nach dem Formular ist der Unterbeteiligte auch an dem zu Beginn der Unterbeteiligung bestehenden Privat- und Verlustkonto beteiligt. Übersteigt die Einlage des Unterbeteiligten den Buchwert des auf ihn entfallenden Anteils an den Konten des Hauptbeteiligten, so ist der Mehrbetrag in einer Ergänzungsbilanz auszuweisen. 6

Zu § 4: Ergebnisbeteiligung, Entnahmen

Der auf den atypischen Unterbeteiligten entfallende Ergebnisanteil führt bei diesem zu Einkünften aus Gewerbebetrieb, wenn der Hauptbeteiligte seinerseits Mitunternehmer ist (Parallelität der Einkunftsarten, s. A. 16.00 Rz. 11). Erzielt der Hauptbetei- 7 ligte **Einkünfte aus Vermietung und Verpachtung** (bei einer vermögensverwaltenden Personengesellschaft), so erzielt der atypisch Unterbeteiligte nach BFH IX R 155/89 v. 3.12.91 (BStBl. II 92, 459; krit. *Hemmelrath/Busch* DStR 92, 1347; *Kussmann* DB 94, 2520) idR keine Einkünfte aus VuV. Eine Zurechnung von Einkünften aus VuV ist nach der Rspr. des BFH nur dann möglich, wenn der Unterbeteiligte die Leistungsbeziehungen beherrscht und die vermieteten WG am Markt verwerten kann (BFH IX R 155/89 v. 3.12.91, aaO; zur Hinzurechnung siehe auch BFH IX R 61/05 v. 22.7.08, BFH/NV 08, 2004). Der atypisch Unterbeteiligte an einem GmbH-Anteil erzielt Einkünfte aus Kapitalvermögen gem. § 20 Abs. 1 Nr. 1 EStG (BFH VIII R 11/02 v. 8.11.05, BStBl. II 06, 253; *Felix* DStZ 88, 102; *Blaurock/Berninger* GmbHR 90, 89f.). Ist der Unterbeteiligte als wirtschaftlicher Inhaber des GmbH-Anteils anzusehen, unterlagen die laufenden Einkünfte und ein Veräußerungsgewinn **bis zum 31.12.08** dem Halbeinkünfteverfahren (BFH VIII R 34/01 v. 18.5.05, BStBl. II 05, 857; *Schulze zur Wiesche* GmbHR 06, 630), **ab 1.1.09** bei wirtschaftlicher Inhaberschaft an einem wesentlichen Anteil gem. § 17 Abs. 1 EStG dem Teileinkünfteverfahren, bei nicht wesentlichem Anteil dementsprechend der Abgeltungssteuer gem. § 32d EStG. Zur Ermittlung des Ergebnisanteils und zur Frage der Angemessenheit bei **Familiengesellschaften** in Form der Unterbeteiligung s. A. 16.00 Rz. 23. Zur **gesonderten und einheitlichen Feststellung** s. A. 16.00 Rz. 8.

8 **Entnahmerecht:** Da die Unterbeteiligungsgesellschaft als reine Innengesellschaft über kein eigenes Vermögen verfügt, empfiehlt es sich, das Entnahmerecht des Unterbeteiligten so zu regeln wie das Entnahmerecht des Hauptbeteiligten in der Hauptgesellschaft. Der Hauptbeteiligte ist weiterhin zu verpflichten, in der Hauptgesellschaft zumindest die Beträge zu entnehmen, die dem Unterbeteiligten im Innenverhältnis zustehen (Abs. 3). Eine Verpflichtung des Hauptbeteiligten zu Einbehaltung und Abführung von **Kapitalertragsteuer** besteht anders als bei der typischen Unterbeteiligung (s. hierzu A. 16.00 Rz. 7, 22) uE nicht.

Zu § 5: Geschäftsführung, Pflichten des Hauptbeteiligten, Mitwirkungs- und Informationsrechte

9 **Mitunternehmerinitiative:** Entsprechend der Ausgestaltung als atypische Unterbeteiligung sind dem Unterbeteiligten im Innenverhältnis die gleichen Rechte eingeräumt, die der Hauptbeteiligte im Rahmen der Hauptgesellschaft hat. Dies bedeutet, dass vor Beschlussfassung in der Hauptgesellschaft eine Beschlussfassung im Rahmen der Innengesellschaft herbeizuführen ist (zur Mitunternehmerinitiative des atypischen Unterbeteiligten s. BFH IV R 103/83 v. 24.6.86, BStBl. II 87, 54; *Schulze zur Wiesche* DB 87, 551ff. mwN; *Blaurock* Rz. 31.18ff.). Eine Stimmbindung des Hauptbeteiligten an Beschlüsse der Unterbeteiligungsgesellschaft wirkt allerdings nur im Innenverhältnis, nicht gegenüber der Hauptgesellschaft (*Baumbach/Hopt* § 105 Rz. 40, 33). Eine atypische Unterbeteiligung an einem Kapitalgesellschaftsanteil („wirtschaftliche Inhaberschaft") erfordert, dass der Unterbeteiligte alle mit der Beteiligung verbundenen wesentlichen Rechte (Vermögens- und Verwaltungsrechte) ausüben und im Konfliktfall effektiv durchsetzen kann (BFH VIII R 34/01 v. 18.5.05, BStBl. II 05, 857; VIII R 11/02 v. 8.11.05, BStBl. II 06, 253; *Schulze zur Wiesche* GmbHR 06, 630).

Zur **Geschäftsführung** s. A. 16.00 Rz. 26.

10 **Informationsrechte:** Im Muster ist dem Unterbeteiligten ein Einsichtsrecht in den Jahresabschluss der Hauptgesellschaft eingeräumt. Bei der Vereinbarung einer solchen Bestimmung ist jedoch darauf zu achten, dass nicht eine Kollision mit Geheimhaltungsbestimmungen des Gesellschaftsvertrages der Hauptgesellschaft entsteht. Die Weitergabe der Bilanz an den Unterbeteiligten muss von der Hauptgesellschaft genehmigt sein; eine Zulassung der Unterbeteiligung im Gesellschaftsvertrag der Hauptgesellschaft allein genügt nicht (BGH II ZR 179/66 v. 11.7.68, BGHZ 50, 323).

Zu § 6: Treuepflichten des Unterbeteiligten

11 Treuepflichten des Unterbeteiligten bestehen zwar gegenüber dem Hauptbeteiligten, nicht jedoch ohne weiteres auch gegenüber der Hauptgesellschaft, da er zu dieser keine vertraglichen Beziehungen hat. Ebenso gilt ein in der Hauptgesellschaft vereinbartes Wettbewerbsverbot zwar für den Hauptbeteiligten, nicht jedoch für den Unterbeteiligten. Bei einer atypischen Unterbeteiligung mit weitgehenden Einsichts- und Mitwirkungsrechten des Unterbeteiligten empfiehlt es sich jedoch, im Gesellschaftsvertrag der Unterbeteiligungsgesellschaft die für den Hauptbeteiligten geltenden Treuepflichten (Wettbewerbsverbot, Geheimhaltungsverpflichtung) auch dem Unterbeteiligten aufzuerlegen (*BeckPersGes-HB/Bärwaldt* § 14 Rz. 37, 38).

Zu § 7: Kündigung, Beendigung der Unterbeteiligung

12 Die Beendigung der Unterbeteiligung bei Insolvenz eines Gesellschafters (Hauptbeteiligter oder Unterbeteiligter) entspricht § 728 BGB. Im Übrigen wird auf die Erläuterungen zu A. 16.00 Rz. 29ff. verwiesen.

Zu § 8: Auflösung der Hauptgesellschaft, Ausscheiden des Hauptbeteiligten

13 Während bei der typischen Unterbeteiligung für die Auflösung der Hauptgesellschaft auch vereinbart werden kann, dass die Unterbeteiligung im Zeitpunkt der Auflösung endet, sollte die atypische Unterbeteiligung entspr. ihres wirtschaftlichen Gehalts als schuldrechtlich vereinbarte Beteiligung am Gesellschaftsanteil des Hauptbeteiligten bis zur Beendigung der Liquidation der Hauptgesellschaft bestehen bleiben. Der Unterbeteiligte nimmt entspr. seiner Beteiligungsquote am Liquidationserlös teil.

14 Ein dabei entstehender Veräußerungsgewinn unterliegt gem. §§ 16 Abs. 1 Nr. 2, 34 EStG der ESt mit dem begünstigten Steuersatz.

15 Veräußert der Hauptgesellschafter seinen Gesellschaftsanteil, so wird nicht ohne weiteres eine Unterbeteiligung mit dem Erwerber begründet, da die Unterbeteiligung keine dingliche Belastung der Hauptbeteiligung darstellt (*Blaurock/Berninger* GmbHR 90, 11ff., 15). Im Formular ist deshalb vorgesehen, dass der Hauptbeteiligte im Fall der Veräußerung dafür zu sorgen hat, dass der Erwerber des Anteils in den Unterbeteiligungsvertrag eintritt. Ohne ein entspr. Eintreten des Erwerbers der Hauptbeteiligung wird die Unterbeteiligungsgesellschaft zwischen dem Unterbeteiligten und dem bisherigen Hauptbeteiligten bei Veräußerung der Hauptbeteiligung infolge Zweckvereitelung aufgelöst (§ 726 BGB). Da andererseits dem Unterbeteiligten nicht auferlegt werden kann, die Unterbeteiligungsgesellschaft mit dem Rechtsnachfolger des Hauptbeteiligten fortzuführen, wird ihm im Vertragsmuster ein außerordentliches Kündigungsrecht eingeräumt.

Zu § 9: Abfindung

16 Entspr. des Charakters der atypischen (mitunternehmerschaftlichen) Unterbeteiligung nimmt der Unterbeteiligte an den stillen Reserven teil. Dementsprechend erhält er bei Beendigung der Unterbeteiligung ein Abfindungsguthaben, das so zu ermitteln ist, als ob der Hauptbeteiligte im Zeitpunkt der Beendigung der Unterbeteiligung aus der Hauptgesellschaft ausscheiden würde. Das Abfindungsguthaben des Unterbeteiligten entspricht seiner quotenmäßigen Beteiligung an der Innengesellschaft. Die Vereinbarung, wonach ein negativer Saldo nur insoweit auszugleichen ist, als er auf einem negativen Saldo des Privatkontos beruht, entspricht dem Charakter der Hauptbeteiligung als Kommanditbeteiligung. Ist die Hauptbeteiligung eine oHG-Beteiligung, so kann auch eine Ausgleichspflicht auf Grund des Verlustkontos in Betracht kommen.

Die Regelung in Abs. 2, wonach bei einer Kündigung durch den Hauptbeteiligten zur Ermittlung des Abfindungsguthabens auch ein Firmenwert der Hauptgesellschaft zu berücksichtigen ist, ist nach dem Urteil des BFH IV R 61/78 v. 25.6.81 (BStBl. II 82, 59) erforderlich für die Anerkennung einer atypischen Unterbeteiligung.

17 Soweit das Abfindungsguthaben den Buchwert der Unterbeteiligung übersteigt, unterliegt es der ESt gem. § 16 Abs. 1 Nr. 2 EStG. Verluste, die gem. § 15a EStG nicht ausgleichsfähig waren, sind mit dem Veräußerungsgewinn zu verrechnen (§ 15a Abs. 2 EStG). Für den Aufgabegewinn gelten ggf. die Vergünstigungen der §§ 16 Abs. 4, 34 EStG: Niedrigerer Steuersatz bei einem Veräußerungsgewinn von bis zu EUR 5 Mio., wenn 55. Lebensjahr vollendet oder im sozialversicherungsrechtlichen Sinne dauernd berufsunfähig und ggfs. Freibetrag nach § 16 Abs. 4 EStG. Der Veräußerungsgewinn ist gewerbesteuerfrei, weil er nicht aus einer werbenden Tätigkeit stammt (GewStR 7.1 Abs. 3 Satz 3). Ein Veräußerungsgewinn ist allerdings insoweit als laufender Gewinn zu versteuern, als auf Seiten des Veräußerers und Erwerbers dieselben Personen Unternehmer bzw. Mitunternehmer sind (§ 16 Abs. 2 S. 3 EStG, BFH VIII R 7/01 v. 15.6.04, BStBl. II 04, 754).

Zu § 10: Abtretung

18 Zum Gesellschaftsrecht wird auf A. 16.00 Rz. 34 verwiesen.

19 Ein Gewinn aus der Veräußerung einer atypischen Unterbeteiligung an einem Mitunternehmeranteil unterliegt gem. § 16 Abs. 1 Nr. 2 EStG der ESt. Gewerbesteuer fällt nicht an (GewStR 7.1 Abs. 3 Satz 4). Von der USt ist die Abtretung gem. § 4 Nr. 8f. UStG befreit; Option ist gem. § 9 UStG möglich, wenn die Veräußerung an einen anderen Unternehmer im Rahmen von dessen Unternehmen erfolgt. Bei atypischer Unterbeteiligung an einem Kapitalgesellschaftsanteil s. Rz. 7.

Zu § 11: Tod eines Gesellschafters

20 **Gesellschaftsrecht:** Es wird auf A. 16.00 Rz. 36f. verwiesen.

21 **Steuerrecht:** Erbschaftsteuerliche Bemessungsgrundlage ist der Teil des betrieblichen Einheitswerts der Hauptgesellschaft, der der Beteiligungsquote des Unterbeteiligten am Gesellschaftsanteil des Hauptbeteiligten entspricht. Ein Einheitswert des Betriebsvermögens der Unterbeteiligungsgesellschaft besteht nicht, da die Innengesellschaft über kein eigenes Vermögen verfügt. Die noch in BMF v. 11.1.08 (DStR 08, 508, Punkt 4 und 5) von der FinVerw. vertretene Auffassung, dass es sich weder bei der Übertragung von atypisch stillen Beteiligungen noch bei der Übertragung einer atypisch stillen Unterbeteiligung um die Übertragung von begünstigtem Vermögen iSv. § 13a ErbStG aF handeln soll, wurde ausdrücklich in FinMin Bayern v. 23.3.09 (vgl. ZEV 09, 264) aufgegeben. Die FinVerw. vertritt nunmehr zu Recht die Auffassung, dass § 13b Abs. 4 Nr. 1 ErbStG bzw. § 13b Abs. 1 Nr. 2 ErbStG ausdrücklich Anwendung finden.

21a Das nach § 13b ErbStG begünstigte Vermögen unterliegt seit **dem 1.1.09** einem **Verschonungsabschlag** von 85% und einem **„gleitenden" Abzugsbetrag** von bis zu 150.000 EUR („Grundmodell"). Unter bestimmten Umständen kann der Verschonungsabschlag sogar 100% betragen, so dass das gesamte begünstigte Vermögen steuerfrei übertragen werden kann („Alternativmodell", § 13 a Abs. 8 ErbStG). Beide Modelle sind jedoch an zahlreiche Voraussetzungen, die zum Zeitpunkt der Übertragung erfüllt sein müssen, und strenge Bedingungen nach der Übertragung geknüpft (vgl. hierzu ausführlich A 9.00 Rz. 76).

21b Nur derjenige erhält die vorgesehenen Begünstigungen, der den erworbenen Betrieb für eine bestimmte Zeit fortführt. Die **Behaltensfrist** betrug ursprünglich sieben Jahre und wurde rückwirkend durch das WachstBeschlG v. 22.12.09 (Rz. 74) auf fünf Jahre reduziert (§ 13a Abs. 5 Satz 1 ErbStG). Sie verlängert sich bei Wahl der vollständigen Steuerbefreiung auf sieben (vormals zehn) Jahre. Wird gegen die Behaltensvorgaben verstoßen, erfolgt eine **zeitanteilige Nachversteuerung** („Abschmelzungsmodell").

21c **Bewertungsrechtlich** werden atypische Unterbeteiligungen an Mitunternehmeranteilen gem. § 109 Abs. 2 BewG mit dem gemeinen Wert angesetzt. Für die Ermittlung des gemeinen Werts gilt § 11 Abs. 2 BewG entsprechend. Danach ist der Wert zunächst aus Verkäufen mit fremden Dritten, die weniger als ein Jahr zurückliegen, abzuleiten. Mangels derartiger stichtagsnaher Verkäufe ist der gemeine Wert unter Berücksichtigung der Ertragsaussichten (und nicht des Vermögens) zu ermitteln. Mindestwert ist gem. § 11 Abs. 2 Satz 3 BewG der Substanzwert.

Zu § 12: Änderungen der Hauptgesellschaft

Es wird auf A. 16.00 Rz. 39 verwiesen. 22

A. 16.10 Abtretung einer Unterbeteiligung (Verkauf)

I. FORMULAR

Formular A. 16.10 Vertrag über Verkauf und Abtretung einer Unterbeteiligung

VERTRAG ÜBER VERKAUF UND ABTRETUNG EINER UNTERBETEILIGUNG

Zwischen

V – nachfolgend Verkäufer genannt –

und

K – nachfolgend Käufer genannt –

Vorbemerkungen

Der Verkäufer ist als Unterbeteiligter am Kommanditanteil des H an der Kommanditgesellschaft in Firma X & Co. KG mit einer Einlage in Höhe von € ......, die einer Quote von ......% entspricht, beteiligt. Der Vertrag über die Unterbeteiligung vom ...... sowie der Gesellschaftsvertrag der X & Co. KG sind dem Käufer bekannt. Dies vorausgeschickt vereinbaren die Parteien was folgt:

§ 1 Verkauf

(1) Der Verkäufer verkauft seine in der Vorbemerkung genannte Unterbeteiligung mit allen Rechten und Pflichten einschließlich des Gewinnbezugsrechts mit Wirkung vom ...... (Abtretungsstichtag) an den Käufer. Die für den Verkäufer im Rahmen der Unterbeteiligung geführten Konten weisen zum letzten Bilanzstichtag folgende Salden auf:

Kapitalkonto	**€ ....–**
Verlustkonto	**€ ....–**
Privatkonto	**€ ....–**

Das Guthaben auf dem Privatkonto wird, soweit es bis zum Abtretungsstichtag entnommen werden kann, nicht mitverkauft.

(2) Ein bis zum Abtretungsstichtag entstehender Gewinnanteil auf die Unterbeteiligung steht dem Verkäufer zu und ist an diesen auszuzahlen, sobald und soweit er nach dem Unterbeteiligungsvertrag entnahmefähig ist.

§ 2 Kaufpreis

Der Kaufpreis für die abgetretene Unterbeteiligung beträgt € ...... Er ist am ...... zur Zahlung fällig. Sollte eine steuerliche Außenprüfung bei der X & Co. KG zu einer Änderung der Kontostände des Verkäufers führen, so ändert sich der Kaufpreis für die

Unterbeteiligung dadurch nicht. Ein auf den Verkäufer entfallender entnahmefähiger Mehrgewinn steht diesem zu, ein Mindergewinn ist vom Verkäufer auszugleichen, soweit der Hauptbeteiligte der Unterbeteiligungsgesellschaft einen entsprechenden Ausgleich verlangen kann. Dem Verkäufer sind keine Gründe bekannt, die für eine Unrichtigkeit der in § 1 genannten Kontenstände im Sinne einer Unvereinbarkeit mit den Grundsätzen ordnungsmäßiger Buchführung sprechen könnten.

§ 3 Beschaffenheitsvereinbarungen

(1) Die Parteien treffen hinsichtlich der verkauften Unterbeteiligung folgende Beschaffenheitsvereinbarungen:

a) Die verkaufte Unterbeteiligung ist frei von Rechten Dritter und unterliegt – mit Ausnahme der erforderlichen Genehmigung durch den Hauptbeteiligten – dem uneingeschränkten Recht des Verkäufers zur Veräußerung.

b) Die Angaben des Verkäufers in § 1 Abs. 1 des Vertrages sind zutreffend.

c) Die Unterbeteiligung ist nicht gekündigt.

(2) Weitere Beschaffenheiten der verkauften Unterbeteiligung, insbesondere hinsichtlich der Vermögens- und Ertragslage der Hauptgesellschaft sowie des Anteils des Hauptbeteiligten an der Hauptgesellschaft, sind nicht vereinbart. § 434 Abs. 1 Satz 2 BGB ist ausgeschlossen. Eine Garantie im Sinne von § 444 BGB wird vom Verkäufer nicht gegeben.

(3) Mängelansprüche des Käufers können nur als Anspruch auf Nacherfüllung gemäß § 437 Nr. 1 iVm. § 439 BGB oder – falls eine Nacherfüllung nicht möglich oder dem Verkäufer nicht zumutbar sein sollte – als Anspruch auf Minderung des Kaufpreises gem. § 437 Nr. 2 iVm. § 441 geltend gemacht werden; die Geltendmachung von Rücktrittsrechten gemäß § 437 Nr. 2 iVm. § 440 BGB sowie von Schadensersatzansprüchen und Aufwendungsersatzansprüchen gemäß § 437 Abs. 3 BGB ist ausgeschlossen. Eine Minderung bemisst sich abweichend von § 441 Abs. 3 BGB nach dem zur Beseitigung des Mangels erforderlichen Betrag.

§ 4 Abtretung

In Vollzug des in § 1 vereinbarten Verkaufs tritt der Verkäufer seine Unterbeteiligung mit allen damit verbundenen Rechten und Pflichten einschließlich des Gewinnbezugsrechts ab dem Abtretungsstichtag und einschließlich aller für den Verkäufer geführten Konten an den Käufer ab. Dieser nimmt die Abtretung an und tritt in alle Pflichten des Verkäufers gem. Vertrag über die Unterbeteiligung vom ...... ein. Die Abtretung ist aufschiebend bedingt durch die vollständige Bezahlung des Kaufpreises gemäß § 2.

§ 5 Genehmigung

Der Verkäufer wird die für die Abtretung erforderliche Zustimmung des Hauptbeteiligten einholen. Verweigert der Hauptbeteiligte die Zustimmung, so kann keine Vertragspartei aus dem Vertrag Rechte herleiten.

§ 6 Schlussbestimmungen

(1) Änderungen und Ergänzungen dieses Vertrages bedürfen der Schriftform; mündliche Nebenabreden bestehen nicht.

(2) Sollten sich einzelne Bestimmungen dieses Vertrages als ungültig erweisen, so wird dadurch die Gültigkeit des Vertrages im Übrigen nicht berührt. In einem solchen Fall sind die Parteien verpflichtet, durch Beschluss die ungültige Bestimmung durch diejenige gesetzlich zulässige Bestimmung zu ersetzen, die den Zweck der ungültigen Bestimmung, insbesondere das, was die Vertragsparteien gewollt haben, mit der

weitestgehend möglichen Annäherung erreicht. Entsprechendes gilt, wenn sich bei Durchführung des Vertrages eine ergänzungsbedürftige Lücke ergeben sollte.

(3) Gerichtsstand für sämtliche Streitigkeiten aus diesem Vertrag ist ......, soweit dies zulässig vereinbart werden kann.

II. ERLÄUTERUNGEN

Erläuterungen zu A. 16.10 Vertrag über Verkauf und Abtretung einer Unterbeteiligung

1. Grundsätzliche Anmerkungen

a) Wirtschaftliche Funktion

Ziel ist die entgeltliche Übertragung einer Unterbeteiligung auf eine dritte Person 1 unter Aufrechterhaltung des Unterbeteiligungsverhältnisses.

b) Gesellschaftsrecht

Während Ansprüche des Unterbeteiligten auf Gewinnanteile und Abfindungsgutha- 2 ben mangels einer abweichenden Regelung im Gesellschaftsvertrag frei veräußerlich sind (§ 717 Satz 2 BGB), ist die Unterbeteiligung insgesamt, da sie nicht nur Ansprüche, sondern auch Pflichten des Unterbeteiligten beinhaltet, nur übertragbar, wenn dies im Gesellschaftsvertrag festgelegt ist oder wenn der Hauptbeteiligte im Einzelfall zustimmt (§ 717 Satz 1 BGB). Im Formular A. 16.00 (§ 9) ist darüber hinaus vereinbart, dass sämtliche Rechte aus der Unterbeteiligung (also auch Gewinnanteile und Abfindungsguthaben) nur mit Zustimmung des Hauptbeteiligten abgetreten werden können. Kaufvertrag und Abtretung sind formfrei.

c) Steuerrecht

Typische Unterbeteiligung: Seit 1.1.09 gehören Gewinne aus der Veräußerung 3 von nach dem 31.12.08 erworbenen typischen Unterbeteiligungen unabhängig von der Haltedauer zu den Einkünften aus Kapitalvermögen und unterliegen der Abgeltungssteuer von 25% (§ 20 Abs. 2 Satz 1 Nr. 4 § 32d Abs. 1 Satz 1 EStG) . Bei einander nahe stehenden Personen unterliegt ein Veräußerungsgewinn dem individuellen Steuersatz (§ 32d Abs. 2 Nr. 1a) EStG). Zur alten Rechtslage siehe *Formularbuch Recht und Steuern* 7. Auflage A. 16.10 Rz. 3)

Atypische Unterbeteiligung: Die Veräußerung einer atypischen Unterbeteili- 4 gung ist einkommensteuerlich die Veräußerung eines Mitunternehmeranteils iSd. § 16 Abs. 1 Nr. 2 EStG (*Blaurock/Paulick* S. 587 f.), wenn der Hauptbeteiligte und der Unterbeteiligte als Mitunternehmer anzusehen sind. Ein Veräußerungsgewinn unterliegt der Einkommensteuer gem. § 16 Abs. 1 Nr. 2 EStG. Die Begünstigungen gemäß § 34 Abs. 3 EStG und § 16 Abs. 4 EStG finden grundsätzlich Anwendung. Bei der **atypischen Unterbeteiligung** an einem **GmbH-Anteil** kann § 17 EStG zur Anwendung kommen, wenn der Unterbeteiligte wirtschaftlicher Inhaber des Kapitalgesellschaftsanteils ist; dies ist nur dann der Fall, wenn er alle mit der Beteiligung verbundenen wesentlichen Rechte (Vermögens- und Verwaltungsrechte) ausüben und im Konfliktfall effektiv durchsetzen kann (ausführlich hierzu BFH VIII R 34/01 v. 18.5.05, BStBl. II 05, 857; VIII R 11/02 v. 8.11.05, BStBl. II 06, 253). **Ab 1.1.09** unterliegen die Veräußerungsgewinne bei wirtschaftlicher Inhaberschaft einer wesentlichen Beteiligung iSd. § 17 Abs. 1 EStG dem Teileinkünfteverfahren, bei nicht wesentlicher Beteiligung der Abgeltungssteuer gem. § 32d EStG.

Verkehrsteuern: Die Abtretung einer Unterbeteiligung ist **umsatzsteuerfrei** 5 gem. § 4 Nr. 8 f UStG.

(frei) 6

2. Einzelerläuterungen

Zu § 3: Beschaffenheitsvereinbarungen

7 Der Erwerb einer Unterbeteiligung ist Rechtskauf iSd. § 453 BGB, für den die Vorschriften über den Sachkauf entspr. Anwendung finden. Gem. § 434 Abs. 1 BGB ist für die Mängelgewährleistungspflicht des Verkäufers die vereinbarte Beschaffenheit des verkauften Rechts bzw. der verkauften Sache maßgebend. Abs. 3 des Formulars schränkt die Gewährleistungsansprüche auf die Kaufpreisminderung ein und schließt den Rücktritt sowie Schadensersatzansprüche aus (vgl. zur Gesamtproblematik des Unternehmens- und Beteiligungsverkaufs nach der Schuldrechtsreform *Seibt/Reiche* DStR 02, 1135, 1181).

Zu § 5: Genehmigung

8 Ist die Abtretung der Unterbeteiligung im Unterbeteiligungsvertrag nicht allgemein für zulässig erklärt, so bedarf sie der Zustimmung des Hauptbeteiligten. Bis zur Erteilung der Genehmigung ist der Vertrag schwebend unwirksam. Die Bestimmung, wonach bei Verweigerung der Zustimmung keine Vertragspartei irgendwelche Ansprüche geltend machen kann, soll klarstellen, dass jede Partei bis zur Erteilung der erforderlichen Genehmigung insofern auf eigenes Risiko handelt, als evtl. Kosten, insbes. Beratungskosten, bei Verweigerung der Genehmigung selbst zu tragen sind.

A. 16.11 Abtretung (Schenkung)

I. FORMULAR

Formular A. 16.11 Vertrag über die Schenkung einer Unterbeteiligung

VERTRAG ÜBER DIE SCHENKUNG EINER UNTERBETEILIGUNG

zwischen

V **– nachfolgend auch Schenker genannt –**

und

seinem Sohn S **– nachfolgend auch Erwerber genannt –**

Vorbemerkungen

V ist als Unterbeteiligter am Kommanditanteil des Hauptbeteiligten H an der Kommanditgesellschaft in Firma X & Co. KG mit einer Einlage iHv. € ....–, die einer Quote von ......% entspricht, beteiligt. Der Vertrag über die Unterbeteiligung vom ...... ist dem Erwerber bekannt. V will seine Unterbeteiligung schenkweise auf seinen Sohn S übertragen. Dies vorausgeschickt vereinbaren die Parteien was folgt:

§ 1 Schenkung

(1) Der Schenker schenkt seine in der Vorbemerkung genannte Unterbeteiligung mit allen Rechten und Pflichten einschließlich des Gewinnbezugsrechts mit Wirkung vom ...... (Abtretungsstichtag) seinem Sohn S. Die für den Schenker im Rahmen der Unterbeteiligung geführten Konten weisen zum letzten Bilanzstichtag folgende Salden auf:

Kapitalkonto	**€ ....,–**
Verlustkonto	**€ ....,–**
Privatkonto	**€ ....,–**

Das Guthaben auf dem Privatkonto wird, soweit es bis zum Abtretungsstichtag entnommen werden kann, nicht mitübertragen.

(2) Ein bis zum Abtretungsstichtag entstehender Gewinnanteil auf die Unterbeteiligung steht dem Schenker zu und ist an diesen auszuzahlen, sobald und soweit er nach Gesellschaftsvertrag der Unterbeteiligungsgesellschaft entnahmefähig ist. Dies gilt auch, wenn sich ein bis zum Abtretungsstichtag entstehender Gewinnanteil nachträglich, zB auf Grund einer steuerlichen Außenprüfung, erhöht. Sollte sich ein bis zum Abtretungsstichtag auf den Schenker als Unterbeteiligten entfallender Ergebnisanteil verringern, so ist der Schenker insoweit zur Rückführung eines bezogenen überhöhten Gewinnanteils verpflichtet, als der Hauptbeteiligte eine solche Rückführung verlangen kann.

§ 2 Ausgleichs- und Anrechnungspflicht

Der Erwerber muss die Schenkung im Erbfall zur Ausgleichung bringen und sich auf den Pflichtteil anrechnen lassen.

§ 3 Haftung des Schenkers

Jegliche Haftung des Schenkers für Rechtsmängel der geschenkten Unterbeteiligung wird – soweit gesetzlich zulässig – ausgeschlossen.

§ 4 Abtretung

In Vollzug der in § 1 vereinbarten Schenkung tritt der Schenker seine Unterbeteiligung mit allen damit verbundenen Rechten und Pflichten einschließlich des Gewinnbezugsrechts ab dem Abtretungsstichtag an den Erwerber ab. Dieser nimmt die Abtretung an und tritt in alle Pflichten des Schenkers als Unterbeteiligter gemäß Vertrag über die Unterbeteiligung vom ...... ein.

§ 5 Genehmigung

Der Schenker wird die für die Abtretung erforderliche Zustimmung des Hauptbeteiligten einholen. Verweigert der Hauptbeteiligte die Zustimmung, so kann keine Vertragspartei aus dem Vertrag Rechte herleiten.

§ 6 Steuern, Kosten

Eine etwa anfallende Schenkungsteuer sowie die Kosten dieses Vertrages und seiner Durchführung trägt der Schenker.

§ 7 Schlussbestimmungen

(1) Änderungen und Ergänzungen dieses Vertrages bedürfen der Schriftform; mündliche Nebenabreden bestehen nicht.

(2) Sollten sich einzelne Bestimmungen dieses Vertrages als ungültig erweisen, so wird dadurch die Gültigkeit des Vertrages im Übrigen nicht berührt. In einem solchen Fall sind die Parteien verpflichtet, durch Beschluss die ungültige Bestimmung durch diejenige gesetzlich zulässige Bestimmung zu ersetzen, die den Zweck der ungültigen Bestimmung, insbesondere das, was die Vertragsparteien gewollt haben, mit der weitestgehend möglichen Annäherung erreicht. Entsprechendes gilt, wenn sich bei Durchführung des Vertrages eine ergänzungsbedürftige Lücke ergeben sollte.

(3) Gerichtsstand für sämtliche Streitigkeiten aus diesem Vertrag ist ......, soweit dies zulässig vereinbart werden kann.

II. ERLÄUTERUNGEN

Erläuterungen zu A. 16.11 Vertrag über die Schenkung einer Unterbeteiligung

1. Grundsätzliche Anmerkungen

a) Wirtschaftliche Funktion

1 Ziel ist die unentgeltliche Übertragung einer Unterbeteiligung auf eine dritte Person (Sohn) unter Aufrechterhaltung des Unterbeteiligungsverhältnisses.

b) Gesellschaftsrecht

2 Zur Übertragbarkeit der Unterbeteiligung vgl. A. 16.10 Rz. 2.
Form: Das Schenkungsversprechen bedarf der notariellen Form, § 518 BGB. Der Formmangel wird jedoch durch **Vollzug** der Schenkung geheilt. Vollzug liegt hier in Gestalt der Abtretung der Ansprüche aus dem Unterbeteiligungsverhältnis vor. Die **Abtretung einer bestehenden Unterbeteiligung** hat heilende Wirkung, da durch die Abtretung die Unterbeteiligung mit dinglicher Wirkung vom Schenker auf den Abtretungsempfänger übergeht. Bei der **schenkweisen Einräumung** einer Unterbeteiligung, hat der BFH (II R 10/06 v. 16.1.08, BStBl. II 08, 631) entschieden, dass (zivilrechtlich) die Schenkung bei einer atypischen Unterbeteiligung bereits mit Abschluss des Gesellschaftsvertrages oder doch spätestens mit der Einbuchung der atypischen Unterbeteiligung vollzogen sei (zustimmend FG Nds 10 K 269/08 v. 29.9.11, EFG 12, 46). Der BGH (II ZR 306/09 v. 29.11.11, ZEV 12, 167) hat gleichfalls entschieden, dass die unentgeltliche Zuwendung einer durch den Abschluss eines Gesellschaftsvertrags entstehenden Unterbeteiligung, mit der dem Unterbeteiligten über eine schuldrechtliche Mitberechtigung an den Vermögensrechten des dem Hauptbeteiligten zustehenden Gesellschaftsanteils hinaus mitgliedschaftliche Rechte in der Unterbeteiligungsgesellschaft eingeräumt werden, mit dem Abschluss des Gesellschaftsvertrags i.S.v. § 2301 Abs. 2, § 518 Abs.2 BGB vollzogen ist (vgl. hierzu *Strnad* ZEV 12, 394).

3 Ist der Beschenkte **minderjährig,** bedarf der Vertrag der Zustimmung des gesetzlichen Vertreters, da der Beschenkte in die Rechte und Pflichten des bestehenden Unterbeteiligungsvertrages eintritt und deshalb durch die Schenkung nicht lediglich einen rechtlichen Vorteil iSd. § 107 BGB erlangt (vgl. *Bilsdorfer* NJW 80, 2785; str., s. *Blaurock* aaO Rz. 30.30ff.). Ist der Schenker gleichzeitig gesetzlicher Vertreter des beschenkten Minderjährigen, ist nach der hier vertretenen Auffassung, dass der Vertrag der Zustimmung des gesetzlichen Vertreters bedarf, gem. § 1909 BGB für den Abschluss des Schenkungsvertrages die Bestellung eines Ergänzungspflegers erforderlich (keine Dauerpflegschaft!). Die Bestellung eines Ergänzungspflegers ist jedoch in jedem Fall erforderlich, wenn eine atypische Unterbeteiligung am Gesellschaftsanteil eines persönlich haftenden Gesellschafters verschenkt wird und der Unterbeteiligte zur Verlusttragung über seine Einlage hinaus verpflichtet ist (vgl. zur Formbedürftigkeit auch A. 16.13 Rz. 2ff.).

4 **Vormundschaftsgerichtliche Genehmigung:** Durch Abschluss des Schenkungsvertrages tritt der beschenkte Minderjährige gleichzeitig in den Unterbeteiligungsvertrag ein. Der Schenkungsvertrag bedarf deshalb gem. § 1822 Nr. 3 BGB der vormundschaftlichen Genehmigung, es sei denn, der Unterbeteiligte ist nicht am Verlust des Hauptgesellschafters beteiligt (BGH III ZR 155/55 v. 28.1.57, NJW 57, 672; BFH I R 101/72 v. 28.11.73, BStBl. II 74, 289) und die geschenkte Einlage ist in voller Höhe erbracht (s. auch *Tiedtke* DB 77, 1064; *Blaurock/Berninger* GmbHR 90, 11, 14; *Blaurock* aaO. Rz. 30.33).

c) Steuerrecht

Die unentgeltliche Übertragung einer Unterbeteiligung unterliegt der Schenkungssteuer. Die Bewertung richtet sich nach § 12 ErbStG. Gem. § 12 Abs. 1 BewG ist sie mit dem Nennwert anzusetzen, wenn nicht besondere Umstände einen höheren oder geringeren Wert begründen. Eine über den Nennwert hinausgehende Bewertung kommt insbesondere in Betracht, wenn die Unterbeteiligung auf längere Zeit einen besonders hohen Ertrag verspricht und Verluste nicht zu erwarten sind. Bei Schenkung einer mitunternehmerischen Unterbeteiligung an ein Kind kann die vereinbarte quotale Gewinnbeteiligung auch dann steuerlich anzuerkennen sein, wenn dies zu einem Gewinn des Kindes von mehr als 15% des Wertes der Unterbeteiligung führt (BFH VIII R 77/98 v. 9.10.01, BStBl. II 02, 460). Zur Anwendbarkeit von §§ 13a und 13b Abs. 1 ErbStG s. A. 16.01 Rz. 21a. 5

2. Einzelerläuterungen

Zu § 2: Ausgleichs- und Anrechnungspflicht

Gem. § 2050 BGB haben Abkömmlinge, die als gesetzliche Erben zur Erbfolge gelangen, Schenkungen des Erblassers bei der Erbauseinandersetzung untereinander zur Ausgleichung zu bringen, es sei denn, der Erblasser hat bei der Zuwendung etwas anderes angeordnet. IdR wird es angemessen sein, entsprechend der gesetzlichen Regelung eine Ausgleichspflicht vorzusehen. Ebenso wird es idR sinnvoll sein, eine Anrechnung der Schenkung für den Fall der Geltendmachung des Pflichtteils zu bestimmen (§ 2315 BGB). Die Anordnung der Ausgleichungspflicht gem. § 2050 BGB beinhaltet nicht automatisch auch die Anordnung der Anrechnung auf den Pflichtteil (*MünchKommBGB/Lange* § 2315 Rz. 3 ff.). 6

Zu § 3: Haftung des Schenkers

Gem. § 523 Abs. 1 BGB haftet der Schenker für Schäden, die dem Beschenkten aus einem arglistig verschwiegenen Rechtsmangel entstehen. Eine darüber hinausgehende Haftung des Schenkers wird durch die Regelung in § 3 ausgeschlossen. 7

Eine Erweiterung der Haftung des Schenkers ist zulässig. In diesem Fall bedarf der Vertrag jedoch notarieller Beurkundung (§ 518 BGB; *Palandt/Weidenkaff* § 524 BGB Rz. 2 und 3; *MünchKommBGB/Kollhosser* § 521 Rz. 1). 8

Zu § 5: Genehmigung

Ist die Abtretung der Unterbeteiligung im Unterbeteiligungsvertrag nicht allgemein für zulässig erklärt (dies ist bei Abtretungen an Abkömmlinge häufig der Fall), so bedarf sie der Zustimmung des Hauptbeteiligten. Bis zur Erteilung der Genehmigung ist der Vertrag schwebend unwirksam. Die Bestimmung stellt klar, dass bei Verweigerung der Zustimmung keinerlei Ansprüche eines Vertragspartners gegeben sind. 9

Zu § 6: Steuern, Kosten

Die Bewertung einer **typischen** Unterbeteiligung richtet sich nach § 12 BewG. Gem. § 12 Abs. 1 BewG ist eine Unterbeteiligung mit dem Nennwert anzusetzen, wenn nicht besondere Umstände einen höheren oder geringeren Wert begründen. Eine über den Nennwert hinausgehende Bewertung kommt insbes. in Betracht, wenn die Unterbeteiligung auf längere Zeit einen besonders hohen Ertrag verspricht und Verluste nicht zu erwarten sind. 10

Bei einer **atypischen** Unterbeteiligung bestimmt sich der Wert nach denselben Grundsätzen wie bei der Bewertung des Anteils des Hauptbeteiligten, bei atypischer Unterbeteiligung an einem Mitunternehmeranteil also gem. § 12 Abs. 5 ErbStG. Es handelt sich dabei um begünstigtes Vermögen iSd. § 13b ErbStG s. A. 16.01 Rz. 21. Der Anteil des Unterbeteiligten ergibt sich aus seiner Beteiligungsquote. Die vom 11

Schenker übernommene Schenkungsteuer erhöht den der Schenkungsteuer unterliegenden Schenkungsbetrag (§ 10 Abs. 2 ErbStG). Zur Bewertung und schenkungsteuerlichen Behandlung einer atypischen Unterbeteiligung an einem MU-Anteil s. A. 16.01 Rz. 21a.

A. 16.12 Nießbrauch

Gliederung

I. FORMULAR

Formular A. 16.12 Vertrag über die Einräumung des Nießbrauchs an einer Unterbeteiligung

VERTRAG ÜBER DIE EINRÄUMUNG DES NIESSBRAUCHS AN EINER UNTERBETEILIGUNG

zwischen

U – nachfolgend auch Unterbeteiligter genannt –

Und

N – nachfolgend auch Nießbraucher genannt –

Vorbemerkungen

U ist als Unterbeteiligter am Kommanditanteil des Hauptbeteiligten H an der XY-GmbH & Co. KG mit einer Einlage iHv. € ....–, die einer Quote von ......% entspricht, beteiligt. Der Vertrag über die Unterbeteiligung vom ...... ist N bekannt. Die Gesellschafter der XY-GmbH & Co. KG haben mit Beschluss vom ...... eine Kapitalerhöhung der Gesellschaft um € ....– beschlossen. Der Hauptbeteiligte hat entsprechend dem Unterbeteiligungsvertrag den Unterbeteiligten aufgefordert, im Rahmen der Kapitalerhöhung der XY-GmbH & Co. KG seine Unterbeteiligung im gleichen Verhältnis zu erhöhen. Zur Beschaffung des hierfür erforderlichen Kapitals will U dem N einen entgeltlichen Nießbrauch einräumen. Zu diesem Zweck vereinbaren die Parteien was folgt:

§ 1 Einräumung des Nießbrauchs

Der Unterbeteiligte räumt dem Nießbraucher mit Wirkung zum ...... für die Dauer von zehn Jahren einen Nießbrauch an seiner Unterbeteiligung ein.

§ 2 Umfang des Nießbrauchs

Aufgrund des Nießbrauchs steht das entnahmefähige Ergebnis der Unterbeteiligung zu 40% dem Nießbraucher zu. Besteht der Nießbrauch nicht während eines ganzen Wirtschaftsjahres der Hauptgesellschaft, ist der dem Nießbraucher zustehende Er-

gebnisanteil zeitanteilig zu ermitteln. An Verlusten nimmt der Nießbraucher nur insoweit teil, als sie den entnahmefähigen Gewinn mindern; zu Nachschüssen irgendwelcher Art ist der Nießbraucher nicht verpflichtet. Der Unterbeteiligte ist verpflichtet, von seinen Entnahmerechten im Rahmen des Gesellschaftsvertrages der Unterbeteiligung in höchstmöglichem Umfang Gebrauch zu machen und 40% der zulässigen Entnahmen unverzüglich an den Nießbraucher weiterzuleiten.

§ 3 Gegenleistung

Für die Einräumung des Nießbrauchs zahlt der Nießbraucher dem Unterbeteiligten einen einmaligen Betrag in Höhe von € ....–, der zehn Tage nach Unterzeichnung dieses Vertrages fällig ist.

§ 4 Gesellschafterrechte

Die Wahrnehmung der Rechte aus dem Unterbeteiligungsvertrag innerhalb der Unterbeteiligungsgesellschaft obliegt weiterhin dem Unterbeteiligten. Eine Kündigung der Unterbeteiligung sowie Änderungen der Ergebnisverteilung innerhalb der Unterbeteiligungsgesellschaft darf der Unterbeteiligte nur mit vorheriger Zustimmung des Nießbrauchers vornehmen.

§ 5 Vorzeitige Beendigung der Unterbeteiligung und/oder des Nießbrauchs

Bei Beendigung der Unterbeteiligung endet auch der Nießbrauch. Endet die Unterbeteiligung und/oder der Nießbrauch vor Ablauf von zehn Jahren seit Bestellung des Nießbrauchs, ohne dass die Beendigung vom Nießbraucher zu vertreten ist, ist die für die Einräumung des Nießbrauchs gezahlte Vergütung zeitanteilig an den Nießbraucher zurückzuzahlen. Die Rückzahlung ist fällig innerhalb von vier Wochen nach Beendigung der Unterbeteiligung und/oder des Nießbrauchs.

§ 6 Informationspflicht

Der Unterbeteiligte ist verpflichtet, dem Nießbraucher im Rahmen der ihm von Gesetz und Gesellschaftsvertrag eingeräumten Informationsrechte auf Verlangen Auskunft über die Angelegenheiten der Unterbeteiligungsgesellschaft zu erteilen, soweit nicht ausdrückliche Geheimhaltungsvorschriften dem entgegenstehen. Insbesondere hat der Unterbeteiligte unverzüglich die vom Hauptbeteiligten erstellte Rechnungslegung über den dem Unterbeteiligten zustehenden Ergebnisanteil dem Nießbraucher vorzulegen.

§ 7 Änderung der Kapitalverhältnisse

Ändern sich die Beteiligungsquoten in der Unterbeteiligungsgesellschaft und/oder in der Hauptgesellschaft, so können beide Parteien eine angemessene Anpassung der Nießbrauchsquote verlangen. Kommt eine Einigung zwischen den Parteien über die Anpassung nicht innerhalb eines Monats nach der Änderung der Beteiligungsquoten zustande, so entscheidet auf Antrag einer Partei ein vom Präsidenten der für die Hauptgesellschaft zuständigen Industrie- und Handelskammer zu bestimmender Schiedsgutachter verbindlich für beide Parteien.

§ 8 Zustimmung

Der Unterbeteiligte verpflichtet sich, unverzüglich die gemäß § ...... des Vertrages über die Unterbeteiligung erforderliche Zustimmung des Hauptbeteiligten zu beantragen.

§ 9 Schlussbestimmungen

(1) Änderungen und Ergänzungen dieses Vertrages bedürfen der Schriftform; mündliche Nebenabreden bestehen nicht.

(2) Sollten sich einzelne Bestimmungen dieses Vertrages als ungültig erweisen, so wird dadurch die Gültigkeit des Vertrages im Übrigen nicht berührt. In einem solchen Fall sind die Parteien verpflichtet, durch Beschluss die ungültige Bestimmung durch diejenige gesetzlich zulässig Bestimmung zu ersetzen, die den Zweck der ungültigen Bestimmung, insbesondere das, was die Vertragsparteien gewollt haben, mit der weitestgehend möglichen Annäherung erreicht. Entsprechendes gilt, wenn sich bei Durchführung des Vertrages eine ergänzungsbedürftige Lücke ergeben sollte.

(3) Gerichtsstand für sämtliche Streitigkeiten aus diesem Vertrag ist ......, soweit dies zulässig vereinbart werden kann.

II. ERLÄUTERUNGEN

Erläuterungen zu A. 16.12 Vertrag über die Einräumung des Nießbrauchs an einer Unterbeteiligung

1. Grundsätzliche Anmerkungen

a) Wirtschaftliche Funktion

1 Der Unterbeteiligte will im Rahmen einer Kapitalerhöhung der Hauptgesellschaft seine Unterbeteiligung aufstocken und benötigt hierzu Kapital, das er sich durch Einräumung eines entgeltlichen Nießbrauchs beschafft. Die Höhe des Entgelts ist unter wirtschaftlichen Gesichtspunkten so zu bemessen, dass die während der Dauer des Nießbrauchs voraussichtlich an den Nießbraucher fließenden Erträge das Entgelt zuzüglich einer angemessenen Verzinsung erreichen. Zu weiteren möglichen Gründen für die Bestellung eines Nießbrauchs s. A. 9.23 Rz. 1.

b) Gesellschaftsrecht

2 Die Unterbeteiligung ist nur übertragbar und belastbar, wenn dies im Unterbeteiligungsvertrag festgelegt ist oder wenn der Hauptbeteiligte im Einzelfall zustimmt. Die Bestellung eines Nießbrauchs muss deshalb entweder im Unterbeteiligungsvertrag allgemein zugelassen sein oder vom Hauptbeteiligten im Einzelfall genehmigt werden.

3 Zu Zulässigkeit und Gestaltungsmöglichkeiten der Nießbrauchsbestellung an Gesellschaftsanteilen s. A. 9.23 Rz. 3. Nach dem Formular stehen dem Nießbraucher lediglich die mit der Unterbeteiligung verbundenen Entnahmerechte zu, während die Verwaltungsrechte ausschließlich beim Unterbeteiligten verbleiben.

4 Der Nießbrauch ist im Formular als Quotennießbrauch ausgestaltet, da dem Nießbraucher nicht das gesamte Ergebnis der Unterbeteiligung zusteht, sondern lediglich ein prozentualer Anteil.

c) Steuerrecht

5 **Typische Unterbeteiligung,** bei der der Unterbeteiligte Einkünfte aus Kapitalvermögen bezieht: Bei einem entgeltlich bestellten Nießbrauch ist die an den Nießbrauchsbesteller (Unterbeteiligten) gezahlte Vergütung als Einkünfte aus Kapitalvermögen zu versteuern. Entsprechend zieht der Nießbraucher lediglich eine Forderung ein, so dass die Kapitalerträge bei ihm nicht zu besteuern sind (BMF v. 23.11.83, BStBl. I 83, 508, Tz. 58 (Nießbrauchserlass) gilt fort, nicht ersetzt durch BMF v. 24.7.98, BStBl. I 98, 914; zu Einkünften aus Vermietung und Verpachtung:; BMF v 30.9.13 DStR 13, 2112 *Schmidt/Weber-Grellet* § 20 Rz.174ff.).

Ab 1.1.09 unterliegt das Nießbrauchsentgelt als zu den Einkünften aus Kapitalvermögen gehörend der Abgeltungssteuer gem. § 32d EStG Kapitalertragsteuer ist vom Nießbrauchsbesteller nicht einzubehalten (§ 43 Abs. 1 Satz 1 Nr. 10, 11 EStG).

6 Bei einer **atypischen Unterbeteiligung,** bei der der Unterbeteiligte als Mitunternehmer anzusehen ist, bestehen folgende Möglichkeiten:

1. Auch der Nießbraucher ist **Mitunternehmer (Unternehmensnießbraucher)** und bezieht Einkünfte aus Gewerbebetrieb. Diese Möglichkeit kommt insbes. in Betracht, wenn dem Nießbraucher auch laufende Verluste zuzurechnen sind und er die erforderlichen Mitwirkungsrechte in der Unterbeteiligungsgesellschaft hat (vgl. *Schmidt/Wacker* § 15 Rz. 144 mwN und § 15 Rz. 306 ff.). 7
Gewinnanteil: Der auf die Unterbeteiligung insgesamt entfallende Gewinnanteil ist zwischen dem Unterbeteiligten und dem Nießbraucher entsprechend der vereinbarten Quote aufzuteilen. Allerdings ist dem Nießbraucher lediglich sein Anteil an den entnahmefähigen Gewinnen zuzurechnen, während darüber hinausgehende auf den Unterbeteiligten entfallende Gewinnanteile diesem zuzurechnen sind (*Schmidt/Wacker* § 15 Rz. 3010; *Bitz* DB 87, 1506 mwN). Zur Zurechnung von Verlustanteilen beim Nießbraucher s. *Schmidt/Wacker* § 15 Rz. 311: entscheidend ist, wer die Verlustanteile zivilrechtlich zu tragen hat.
Nießbrauchsentgelt: Eine laufende Vergütung für die Nießbrauchsbestellung stellt beim Mitunternehmer-Nießbraucher eine Sonderbetriebsausgabe dar (*Schmidt/ Wacker* § 15 Rz. 307; *Biergans* DStR 85, 327). Handelt es sich um eine einmalige Vergütung, so ist diese in einer Sonderbilanz des Mitunternehmer-Nießbrauchers unter die aktiven Rechnungsabgrenzungsposten aufzunehmen und auf die Laufzeit des Nießbrauchs zu verteilen, da es sich um ein für eine bestimmte Zeit vorausbezahltes Nutzungsentgelt handelt (*Bitz* aaO; *Biergans* aaO). Beim Nießbrauchsbesteller sind laufende Vergütungen für die Nießbrauchsüberlassung Sonderbetriebseinnahmen, eine einmalige Vergütung ist in einer Sonderbilanz des Mitunternehmer-Nießbrauchsbestellers unter die passiven Rechnungsabgrenzungsposten aufzunehmen (*Biergans* aaO; *Bitz* aaO). 8
2. Hat der Nießbraucher – wie im Formular – einen bloßen **Ertragsnießbrauch** und ist deshalb nicht Mitunternehmer, so bezieht er keine gewerblichen Einkünfte, sondern wiederkehrende Bezüge iSv. § 22 Nr. 1 EStG. Die auf den Nießbraucher entfallenden Bezüge sind beim Nießbrauchsbesteller Sonderbetriebsausgaben. Das Nießbrauchsentgelt gehört beim Nießbraucher zu den Werbungskosten im Rahmen der Einkünfte gem. § 22 Nr. 1 EStG, beim Nießbrauchsbesteller/Mitunternehmer ist wiederum zu unterscheiden, ob ein laufendes Entgelt oder ein Einmalbetrag bezahlt wird. 9

(frei) 10

2. Einzelerläuterungen

Zu § 1: Einräumung des Nießbrauchs

Form: Die Bestellung des Nießbrauchs erfolgt nach den für die Übertragung des Gesellschaftsanteils geltenden Vorschriften (§ 1069 Abs. 1 BGB), also durch formlosen Vertrag. 11

Zu § 2: Umfang des Nießbrauchs

Der Nießbrauch ist als sog. Quotennießbrauch ausgestaltet, auf Grund dessen der Nießbraucher Anspruch auf 40% des entnahmefähigen Gewinnanteils des Unterbeteiligten hat. Für die steuerliche Behandlung des Gewinnanteils des Nießbrauchers ist entscheidend, ob es sich bei der Unterbeteiligung um eine typische oder um eine atypische Unterbeteiligung handelt; zu den einzelnen steuerlichen Auswirkungen s. Rz. 5 ff. 12

Zu § 3: Gegenleistung

Zur Bemessung der Gegenleistung s. Rz. 1. Zur steuerlichen Behandlung der Gegenleistung beim Unterbeteiligten einerseits und beim Nießbrauchsbesteller andererseits s. Rz. 5 ff. 13

Zu § 4: Gesellschafterrechte

14 Da der Nießbrauch als ein Ertragsnießbrauch gestaltet ist, bei dem gesellschaftsrechtliche Verwaltungsrechte beim Unterbeteiligten verbleiben, ist im Formular vorgesehen, dass lediglich für wesentliche Änderungen des Vertrages über die Unterbeteiligung, die die Ergebnisbeteiligung betreffen, und für eine Kündigung der Unterbeteiligung die vorherige Zustimmung des Nießbrauchers erforderlich ist.

Zu § 5: Vorzeitige Beendigung der Unterbeteiligung und/oder des Nießbrauchs

15 Da das Entgelt für die Einräumung eines Nießbrauchs auf die Dauer von zehn Jahren bezahlt wird und demgemäß die Parteien bei der Entgeltbemessung davon ausgegangen sind, dass die auf den Nießbraucher entfallenden Erträge aus der Unterbeteiligung innerhalb dieser zehn Jahre zur Rückführung des eingesetzten Kapitals einschließlich einer angemessenen Verzinsung ausreichen, muss eine Regelung für den Fall getroffen werden, dass der Nießbrauch vor Ablauf der Zehnjahresfrist endet.

Zu § 6: Informationspflicht

16 Da der Nießbraucher nicht Gesellschafter wird, hat er keinen eigenen Informationsanspruch gegenüber dem Hauptbeteiligten; es empfiehlt sich deshalb, eine Auskunftspflicht des Unterbeteiligten vorzusehen.

Zu § 7: Änderung der Kapitalverhältnisse

17 Gemäß § 4 sind Änderungen der Ergebnisbeteiligung innerhalb der Unterbeteiligung nur mit vorheriger Zustimmung des Nießbrauchers zulässig. Ergänzend bestimmt § 7, dass bei einer Änderung der Beteiligungsquoten in der Unterbeteiligung oder des Hauptbeteiligten beide Parteien einen Anpassungsanspruch haben.

Zu § 8: Zustimmung

18 Ebenso wie für die Übertragung der Unterbeteiligung ist auch für die Nießbrauchsbestellung die Zustimmung des Hauptbeteiligten erforderlich, soweit nicht im Vertrag über die Unterbeteiligung die Nießbrauchsbestellung generell als zulässig erklärt wird.

A. 16.13 Schenkweise Einräumung einer Unterbeteiligung

I. FORMULAR

Formular A. 16.13 Schenkungsvertrag

Heute, den ......

erschienen vor mir, ..., Notar in ......, in der Geschäftsstelle

in ......

1. Herr H, wohnhaft in ......

2. Herr ......, hier handelnd für den minderjährigen Sohn U des H, wohnhaft in ...... als Ergänzungspfleger, bestellt durch Beschluss des Vormundschaftsgerichts ...... vom ......, der bei Beurkundung in Urschrift vorlag und dieser Urkunde in beglaubigter Abschrift beigefügt ist.

Auf Ersuchen der Erschienenen beurkunde ich gemäß ihren vor mir abgegebenen Erklärungen folgenden

SCHENKUNGSVERTRAG

1. **H ist an der Kommanditgesellschaft in Firma X & Co. KG mit dem Sitz in ...... als Kommanditist mit einer Kommanditeinlage von € 500.000.– beteiligt. Gegenstand des Unternehmens der X & Co. KG ist ......**

   Das für H bei der X & Co. KG geführte Festkapitalkonto beläuft sich auf € 500.000.–. Weiter werden für H ein Verlustkonto und ein Privatkonto geführt.
2. **H räumt hiermit seinem Sohn U mit Wirkung vom ...... schenkweise eine atypische Unterbeteiligung an seinem Festkapitalkonto in Höhe von € 50.000.– ein. Auf das zu Beginn der Unterbeteiligung geführte Verlustkonto sowie das Privatkonto erstreckt sich die Unterbeteiligung nicht. Aufgrund der Unterbeteiligung ist U mit 10% am Ergebnis des Kommanditanteils des H beteiligt. Für die durch die Unterbeteiligung entstehende Innengesellschaft gelten die Bestimmungen des Vertrages über die Errichtung einer atypischen Unterbeteiligung, der dieser Urkunde als wesentlicher Bestandteil beigefügt ist.**
3. **Im Erbfall hat U die Schenkung mit € 50.000.– zum Ausgleich zu bringen bzw. sich auf den Pflichtteil anrechnen zu lassen.**
4. **Die Schenkung wird dadurch vollzogen, dass dem für den Unterbeteiligten zu führenden Kapitalkonto (§ 3 des Unterbeteiligungsvertrages) ein Betrag von € 50.000.– gutgeschrieben wird.**
5. **Die Unterbeteiligung fällt ersatzlos an H zurück, wenn U ohne Hinterlassung leiblicher *[evtl. ehelicher]* Abkömmlinge vor H verstirbt. Die Unterbeteiligung fällt weiter ersatzlos an H zurück, wenn H aus wichtigem Grund den Rücktritt von diesem Vertrag erklärt. Ein wichtiger Grund für den Rücktritt liegt insbesondere vor, wenn**
   a) **H zum angemessenen eigenen Lebensunterhalt oder dem seines Ehegatten auf den Schenkungsgegenstand zurückgreifen muss, weil sein eigenes Einkommen zur Bestreitung dieses Unterhalts nicht ausreicht oder**
   b) **wenn sich U eines groben Undanks gegenüber H oder dessen Ehegatten schuldig macht.**

   Der Rückfall der Unterbeteiligung erstreckt sich auch auf den durch eine eventuelle Kapitalerhöhung erhöhten Kapitalanteil des Unterbeteiligten.
6. **U nimmt die Schenkung und die zu ihrem Vollzug erfolgende Abtretung hiermit an.**
7. **Eine etwa anfallende Schenkungsteuer sowie die Kosten dieses Vertrages und seiner Durchführung trägt H.**

Anlage:

Vertrag über die Errichtung einer atypischen Unterbeteiligung *[s. hierzu Formular A. 16.01].*

II. ERLÄUTERUNGEN

Erläuterungen zu A. 16.13 Schenkungsvertrag

1. Grundsätzliche Anmerkungen

a) Wirtschaftliche Funktion

Die schenkweise Einräumung einer Unterbeteiligung geschieht idR im Rahmen einer vorweggenommenen Erbfolge, um Nachfolger am Geschick des Unternehmens zu interessieren und um Erbschaftsteuern zu sparen. Durch die Übertragung einer ei- 1 genen Einkunftsquelle auf den Sohn wird weiter laufendes Einkommen auf diesen verlagert mit der Folge einer möglichen Einkommensteuerersparnis.

b) Gesellschaftsrecht

2 **Form:** Die schenkweise Zuwendung einer Unterbeteiligung bedarf grds. der notariellen Beurkundung gemäß § 518 BGB. Zur Heilung des Formmangels durch Vollzug der Schenkung vgl. A. 16.11 Rz. 2. Die schenkweise Einräumung einer Unterbeteiligung erfordert zwei Rechtsakte, nämlich zum einen die Schenkung eines Geldbetrages, zum anderen den Abschluss eines Unterbeteiligungsvertrages. Die Schenkung des Geldbetrages erfolgt im Formular dadurch, dass der Schenker von seinem Kapitalkonto einen Teil an den Beschenkten unentgeltlich abtritt (BGH II ZR 136/51 v. 24.9.52, BGHZ 7, 174; II ZR 27/52 v. 29.10.52, BGHZ 7, 387; *Jebens* BB 1980, 407; *Blaurock/Berninger* GmbHR 90, 11). Nach BFH IV R 95/73 v. 19.9.74 (BStBl. II 75, 141) ist in diesem Fall für die steuerliche Anerkennung nicht nur die Beurkundung des Schenkungsvertrages, sondern auch des Unterbeteiligungsvertrages erforderlich. Hält sich die Unterbeteiligung im Rahmen einer Ausstattung gem. § 1624 BGB, ist die Zuwendung formlos möglich.

3 Erfolgt die Schenkung an ein **minderjähriges Kind** als Unterbeteiligten, so bedarf der Gesellschaftsvertrag der vormundschaftsgerichtlichen Genehmigung (§ 1822 Nr. 3 BGB), wenn Teilnahme am Verlust vereinbart wird (BFH I R 101/72 v. 28.11.73, BStBl. II 74, 289; OLG Hamm 15 W 36/73 v. 22.1.74, BB 74, 29; *Blaurock/Berninger* GmbHR 90, 11; vgl. auch BFH IV R 114/91 v. 27.1.94, BStBl. II 94, 635). Die schenkweise Einräumung der Unterbeteiligung ändert nichts an der Notwendigkeit der vormundschaftsgerichtlichen Genehmigung, da für die Anwendung von § 1822 Nr. 3 BGB nicht die Art des Erwerbs der Beteiligung wesentlich ist, sondern das mit der Beteiligung zusammenhängende Verlustrisiko.

Außerdem ist sowohl für den Schenkungsvertrag als auch für den Unterbeteiligungsvertrag Ergänzungspflegschaft erforderlich (§§ 1909, 1629 Abs. 2, 1795 BGB; s. BFH I R 176/77 v. 19.12.79, BStBl. II 80, 242). Eine Dauerpflegschaft während des Bestehens der Unterbeteiligung ist jedoch nicht erforderlich (BGH II ZB 6/74 v. 18.9.75, NJW 76, 49; BFH IV R 102/73 v. 29.1.76, BStBl. II 76, 328). Soll der Gesellschaftsvertrag der Unterbeteiligung geändert werden, so ist allerdings wiederum ein Pfleger erforderlich (BGH II ZR 240/59 v. 26.1.61, NJW 61, 724).

c) Steuerrecht

4 Schenkweise eingeräumte Unterbeteiligungen werden steuerlich grundsätzlich anerkannt, wenn sie ernsthaft gewollt, formwirksam abgeschlossen und tatsächlich durchgeführt werden (BFH IV R 153/78 v. 3.5.79, BStBl. II 79, 515 und I R 82/76 v. 8.8.79, BStBl. II 79, 768). Mit der schenkweisen Einräumung einer **(typischen)** Unterbeteiligung an einem Gesellschaftsanteil, die nicht die Voraussetzungen einer **atypischen** Unterbeteiligung erfüllt, wird noch kein Vermögensgegenstand zugewendet (BFH II R 10/06 v. 16.1.08, DStR 08, 768). An einer steuerlich wirksamen Übertragung einer Einkunftsquelle kann es dann fehlen, wenn im Schenkungsvertrag ein **allgemeiner Widerrufsvorbehalt** enthalten ist; in diesem Fall werden die auf den Unterbeteiligten entfallenden Gewinnanteile steuerlich dem Schenker zugerechnet (BFH IV B 34/74 v. 18.7.74, BStBl. II 74, 740). Die in Nr. 5 des Formulars vorgesehene **Rückfallklausel** steht der steuerlichen Anerkennung jedenfalls dann nicht entgegen, wenn die geschenkte Unterbeteiligung mitunternehmerisch ausgestaltet ist (BFH IV R 114/91 v. 27.1.94, BB 94, 1483; s. auch Rz. 13).

5 Gemäß BFH X R 99/88 v. 21.10.92 (BStBl. II 93, 289) ist eine typische stille Gesellschaft (und damit wohl auch eine **typische Unterbeteiligung**) dann nicht anzuerkennen, wenn ein Stpfl. seinen minderjährigen Kindern Geldbeträge mit der Auflage zuwendet, diese ihm sogleich wieder als Einlage im Rahmen einer typischen stillen

Gesellschaft zur Verfügung zu stellen, wenn eine Verlustbeteiligung ausgeschlossen ist. Eine solche Gestaltung sei der Darlehensgewährung ähnlich, so dass für die einkommensteuerliche Anerkennung die gleichen Grundsätze zu gelten haben.

Diese Grundsätze gelten jedoch gem. BFH IV R 114/91 v. 27.1.94 (BStBl. II 94, 635) nicht für schenkweise eingeräumte **mitunternehmerische Unterbeteiligungen.** Auch die FinVerw. geht davon aus, dass die Grundsätze des BFH X R 99/88 v. 21.10.92 (BStBl. II 93, 289) betreffend schenkweise eingeräumte typisch stille Beteiligungen für mitunternehmerische Unterbeteiligungen und für typisch stille Gesellschaften mit Verlustbeteiligung nicht gelten (BMF v. 16.8.93, DB 93, 1899). Somit verbleibt es bei dem der ständigen Rspr. des BFH entsprechenden Grundsatz, dass Gesellschaftsverträge zwischen nahen Angehörigen, soweit die übrigen Voraussetzungen erfüllt sind, auch dann anerkannt werden können, wenn die Beteiligungen oder die zum Erwerb der Beteiligung aufgewendeten Mittel dem in die Gesellschaft aufgenommenen Angehörigen unentgeltlich zugewendet worden sind (BFH IV R 35/89 v. 21.2.91, BStBl. II 95, 449). 6

Bei der Gewinnverteilung ist zu beachten, dass nach der Rspr. des BFH zu stillen Gesellschaften, die auch auf Unterbeteiligungen anzuwenden ist, bei geschenkten Unterbeteiligungen ein Gewinnanteil des Unterbeteiligten nur bis zur Höhe von 15% des gemeinen Werts der Beteiligung anerkannt wird; bei Ausschluss der Verlustbeteiligung reduziert sich dieser Satz auf 12% (BFH IV R 56/70 v. 29.3.73, BStBl. II 73, 650; zur Anwendbarkeit auf Unterbeteiligungen s. BFH I R 206/67 v. 26.6.74, BStBl. II 74, 676). Bei einer typischen Unterbeteiligung ist für die Bemessung des Höchstgewinns vom Nominalwert auszugehen, bei einer atypischen Unterbeteiligung vom tatsächlichen Wert (s. hierzu BFH I R 206/67 v. 26.6.74 aaO). Übersteigt der mit der Unterbeteiligung verbundene Gewinnanteil die vorstehend genannten Sätze, so wird der Unterschiedsbetrag zwischen dem unangemessenen und dem angemessenen Gewinnanteil als Gewinn des Hauptbeteiligten (Schenkers) angesehen und bei diesem versteuert. Der BFH (IV R 83/06 v. 19.2.09, DStR 09, 959) hat allerdings entschieden, dass kurzfristige Überschreitungen dieser Renditeprozentsätze möglich sind, verlangt jedoch dann eine Anpassung der Gewinnverteilungsabrede für die Zukunft nach dem Maßstab eines Fremdvergleichs (vgl. hierzu *Schmidt* GWR 09, 126). 7

Der Angemessenheitsprüfung ist die durchschnittliche Gewinnerwartung für fünf Jahre zugrunde zu legen. Hält sich diese Gewinnerwartung innerhalb der vorstehend genannten Grenzen, so ist es unschädlich, wenn in den Folgejahren der tatsächlich auf den Unterbeteiligten entfallende Gewinnanteil die genannten %-Sätze übersteigt (s. hierzu EStH 15.9 Abs. 3 „Unterbeteiligung“). 8

Schenkungsteuer: Es gelten die gleichen Grundsätze wie bei der schenkweisen Übertragung einer Unterbeteiligung (s. A. 16.11 Rz. 10ff.). 9

(frei) 10

2. Einzelerläuterungen

Zu Ziff. 3: Ausgleichs- und Anrechnungspflicht

Es wird auf A. 16.11 Rz. 6 verwiesen. 11

Zu Ziff. 4: Vollzug der Schenkung

Siehe hierzu Rz. 2. 12

Zu Ziff. 5: Rückfallklausel

Nach BFH IV R 114/91 v. 27.1.94 (BStBl. II 94, 635) steht eine derartige Rückfallklausel der einkommensteuerlichen Anerkennung dann nicht entgegen, wenn es sich um eine mitunternehmerisch ausgestaltete (atypische) Unterbeteiligung des minderjährigen Kindes handelt (EStH 15.9 Abs. 2 „Rückfallklausel“). 13

Zu Ziff. 6: Schenkungsteuer

14 Siehe hierzu Rz. 9.

A. 17. Verein

Übersicht

A. 17.01 Vereinssatzung eines eingetragenen Vereins

Gliederung

I. FORMULAR

Formular A. 17.01 Vereinssatzung eines eingetragenen Vereins

VEREINSSATZUNG eines e. V.

§ 1 Name, Sitz, Geschäftsjahr

(1) Der Verein führt den Namen ......

(2) Er soll in das Vereinsregister eingetragen werden. Nach der Eintragung führt er zu seinem Namen den Zusatz e. V.

(3) Der Verein hat seinen Sitz in ......

(4) Geschäftsjahr ist das Kalenderjahr.

§ 2 Zweck des Vereins

(1) Zweck des Vereins ist ......

(2) Der Satzungszweck wird insbesondere verwirklicht durch ......

§ 3 Erwerb der Mitgliedschaft

(1) Mitglied des Vereins kann ...... werden.

(2) Der Aufnahmeantrag ist schriftlich an den Vorstand zu richten.

(3) Mit dem Antrag erkennt der Bewerber für den Fall seiner Aufnahme die Satzung an. Ein Aufnahmeanspruch besteht nicht.

(4) Über die Aufnahme entscheidet der Vorstand durch Beschluss. Die Entscheidung ist dem Antragsteller mitzuteilen; sie bedarf keiner Begründung. Lehnt der Vorstand den Aufnahmeantrag ab, so steht dem Betroffenen die Berufung zur Mitgliederversammlung zu. Diese entscheidet endgültig.

(5) Die Mitgliedschaft beginnt mit dem Aufnahmebeschluss.

§ 4 Rechte und Pflichten der Mitglieder

(1) Die Mitglieder sind verpflichtet, die Ziele und Interessen des Vereins zu unterstützen sowie die Beschlüsse und Anordnungen der Vereinsorgane zu befolgen.

(2) Die Mitglieder sind berechtigt, die Einrichtungen des Vereins zu benutzen und an den Veranstaltungen teilzunehmen. Sie haben in der Mitgliederversammlung gleiches Stimmrecht. Eine Übertragung des Stimmrechts ist nicht zulässig.

§ 5 Beendigung der Mitgliedschaft

(1) Die Mitgliedschaft endet durch Tod, Austrittserklärung, Ausschluss oder Streichung der Mitgliedschaft.

(2) Der Austritt ist gegenüber dem Vorstand schriftlich zu erklären. Der Austritt ist unter Einhaltung einer Kündigungsfrist von sechs Monaten zu jedem Kalenderjahresende zulässig. Zur Einhaltung der Frist ist rechtzeitiger Zugang der Austrittserklärung an ein Mitglied des Vorstands erforderlich.

(3) Der Ausschluss aus dem Verein ist nur bei wichtigem Grund zulässig. Über den Ausschluss entscheidet auf Antrag des Vorstands die Mitgliederversammlung mit einer Mehrheit von drei Vierteln der anwesenden Mitglieder. Der Vorstand hat seinen Antrag dem auszuschließenden Mitglied mindestens zwei Wochen vor der Versammlung schriftlich mitzuteilen. Eine schriftlich eingehende Stellungnahme des Mitglieds ist in der über den Ausschluss entscheidenden Versammlung zu verlesen. Der Ausschluss des Mitglieds wird mit der Beschlussfassung wirksam. Der Ausschluss soll dem Mitglied, wenn es bei Beschlussfassung nicht anwesend war, durch den Vorstand unverzüglich schriftlich bekannt gemacht werden.

(4) Die Streichung der Mitgliedschaft kann erfolgen, wenn das Mitglied mit mindestens sechs Beiträgen in Rückstand ist und den rückständigen Betrag auch nach schriftlicher Mahnung nicht innerhalb von sechs Monaten von der Absendung der Mahnung an voll entrichtet. Die Mahnung muss mit eingeschriebenem Brief an die letzte dem Verein bekannte Anschrift des Mitglieds gerichtet sein. In der Mahnung muss auf die bevorstehende Streichung der Mitgliedschaft hingewiesen werden. Die Mahnung ist auch wirksam, wenn die Sendung als unzustellbar zurückkommt. Die Streichung erfolgt durch Beschluss des Vorstands, der dem betroffenen Mitglied nicht bekannt gemacht wird.

§ 6 Mitgliedsbeiträge

(1) Es ist ein monatlicher Beitrag zu entrichten.

(2) Seine Höhe bestimmt die Mitgliederversammlung.

(3) Der Beitrag ist im Voraus zu zahlen und für den Eintrittsmonat voll zu entrichten.

(4) Der Vorstand kann Beiträge stunden oder ganz oder teilweise erlassen.

(5) Eine Aufnahmegebühr wird nicht erhoben.

(6) Die Mitglieder sind verpflichtet, außerordentliche Beiträge in der Form von Umlagen zu leisten, sofern dies zur Bewältigung besonderer durch den Vereinszweck gedeckter Vorhaben erforderlich ist.

§ 7 Organe des Vereins

Organe des Vereins sind:

a) der Vorstand,

b) die Mitgliederversammlung.

§ 8 Vorstand

(1) Der Vorstand des Vereins besteht aus dem 1. Vorsitzenden, dem Schriftführer und dem Kassierer.

(2) Der Verein wird gerichtlich und außergerichtlich in allen Vereinsangelegenheiten durch zwei Vorstandsmitglieder vertreten.

(3) Der Vorstand wird von der Mitgliederversammlung in geheimer Wahl gewählt. Wiederwahl ist möglich. Die Amtsdauer beträgt drei Jahre. Der Vorstand bleibt solange im Amt, bis eine Neuwahl erfolgt.

(4) Das Amt eines Mitglieds des Vorstands endet mit seinem Ausscheiden aus dem Verein. Scheidet ein Mitglied vor Ablauf seiner Amtsdauer aus, wählt der Vorstand ein Ersatzmitglied für den Rest der Amtszeit des ausgeschiedenen Mitglieds.

(5) Verschiedene Vorstandsämter können nicht in einer Person vereinigt werden.

(6) Die Vertretungsmacht des Vorstands ist mit Wirkung gegen Dritte in der Weise beschränkt, dass zum Erwerb oder Verkauf, zur Belastung und zu allen sonstigen Verfügungen über Grundstücke oder grundstücksgleiche Rechte sowie zur Aufnahme eines Kredits von mehr als € 5.000.– (in Worten: fünftausend) die Zustimmung der Mitgliederversammlung erforderlich ist.

(7) Der Vorstand trifft seine Entscheidungen mit einfacher Mehrheit.

§ 9 Mitgliederversammlung

(1) Die Mitgliederversammlung ist einzuberufen,

a) wenn es das Interesse des Vereins erfordert,

b) mindestens einmal jährlich, möglichst in den ersten drei Monaten des Kalenderjahres,

c) bei Ausscheiden eines Mitglieds des Vorstands binnen drei Monaten,

d) wenn die Einberufung von einem Viertel aller Mitglieder unter Angabe des Zwecks und der Gründe verlangt wird.

(2) Der Vorstand hat der vorstehend unter Abs. 1 Buchstabe b zu berufenden Versammlung einen Jahresbericht und eine Jahresrechnung vorzulegen; die Versammlung hat über die Entlastung des Vorstands Beschluss zu fassen.

(3) Die Mitgliederversammlung ist vom Vorstand schriftlich unter Einhaltung einer Frist von drei Wochen einzuberufen. Die Frist beginnt mit der Absendung der Einladung an die letzte bekannte Mitgliederanschrift. Die Einberufung der Versammlung muss den Gegenstand der Beschlussfassung bezeichnen. Jedes Mitglied kann bis spätestens eine Woche vor dem Tag der Mitgliederversammlung beim Vorstand schriftlich beantragen, dass weitere Angelegenheiten nachträglich auf die Tagesordnung gesetzt werden. Der Versammlungsleiter hat sodann zu Beginn der Versammlung die Tagesordnung entsprechend zu ergänzen. Über Anträge auf Ergänzung der Tagesordnung, die erst in der Mitgliederversammlung gestellt werden, beschließt die Mitgliederversammlung.

(4) Die Mitgliederversammlung beschließt insbesondere über:

a) die Genehmigung der Jahresrechnung,

b) die Entlastung des Vorstands,

c) die Wahl des Vorstands,

d) Satzungsänderungen,

e) die Festsetzung der Mitgliedsbeiträge,

f) Anträge des Vorstands und der Mitglieder,

g) Berufungen abgelehnter Bewerber,

h) die Auflösung des Vereins,

i) ......

(5) Jede ordnungsgemäß einberufene Mitgliederversammlung ist beschlussfähig.

(6) Zur Beschlussfassung über die Änderung der Satzung sowie über die Auflösung des Vereins ist die Anwesenheit von zwei Dritteln der Vereinsmitglieder erforderlich. Ist die Mitgliederversammlung nicht beschlussfähig, so ist vor Ablauf von vier Wochen seit dem Versammlungstag eine weitere Mitgliederversammlung mit derselben Tagesordnung einzuberufen. Die weitere Versammlung hat frühestens zwei Monate vor, spätestens vier Monate nach dem ersten Versammlungstag stattzufinden. Die neue Versammlung ist ohne Rücksicht auf die Zahl der erschienenen Mitglieder beschlussfähig. Die Einladung zu jener Versammlung muss einen Hinweis auf die erleichterte Beschlussfähigkeit enthalten.

(7) Zu einem Beschluss über die Auflösung des Vereins ist eine Mehrheit von vier Fünfteln der erschienenen Mitglieder, zu einem Beschluss, der eine Änderung der Satzung enthält, ist eine Mehrheit von drei Vierteln der erschienenen Mitglieder erforderlich.

(8) Zur Änderung des Zwecks des Vereins ist die Zustimmung aller Mitglieder des Vereins notwendig; die Zustimmung der nicht erschienenen Mitglieder muss schriftlich erfolgen.

(9) Es wird durch Handzeichen abgestimmt. Auf Antrag von mindestens fünf Anwesenden ist schriftlich und geheim abzustimmen. Bei der Beschlussfassung entscheidet die Mehrheit der erschienenen Mitglieder. Stimmenthaltungen der erschienenen Mitglieder zählen als Nein-Stimmen. Bei Stimmengleichheit gilt ein Antrag als abgelehnt.

(10) Über die in der Versammlung gefassten Beschlüsse ist eine Niederschrift aufzunehmen. Die Niederschrift ist vom Vorsitzenden der Versammlung und dem Protokollführer zu unterschreiben. Wenn mehrere Vorsitzende tätig waren, unterzeichnet der letzte Versammlungsleiter die ganze Niederschrift. Jedes Mitglied ist berechtigt, die Niederschrift einzusehen.

§ 10 Auflösung des Vereins

(1) Der Verein kann durch Beschluss der Mitgliederversammlung aufgelöst werden.

(2) Die Liquidation erfolgt durch den Vorstand.

(3) Bei Auflösung des Vereins oder Wegfall seines bisherigen Zwecks fällt das Vereinsvermögen an ......

Die vorstehende Satzung wurde in der Gründungsversammlung vom ...... errichtet.

II. ERLÄUTERUNGEN

Erläuterungen zu A. 17.01 Vereinssatzung eines eingetragenen Vereins

1. Grundsätzliche Anmerkungen

a) Wirtschaftliche Ziele

1 Der Verein ist die Rechtsform für **gemeinschaftliche Aktivitäten.** Er wird im BGB nicht definiert. Es handelt sich um einen freiwillig auf eine gewisse Dauer angelegten, körperschaftlich organisierten und vom Wechsel der Mitglieder unabhängigen Zusammenschluss mehrerer Personen unter einem Vereinsnamen zur Verfolgung gemeinsamer Zwecke (vgl. RG IV 369/33 v. 18.1.34, RGZ 143, 212).

b) Vereinsrecht

2 Das Vereinsrecht ist in den §§ 21 bis 79 BGB geregelt.

3 Dieses Vereinsrecht kennt den **„Normalverein"** (§ 21 BGB), der in diesem Formular behandelt wird.

Außerdem gibt es den **wirtschaftlichen Verein,** dessen Zweck auf einen wirtschaftlichen Geschäftsbetrieb gerichtet ist und der die Rechtsfähigkeit erst durch staatliche Verleihung erhält (§ 22 BGB). Dieser Verein ist nicht zu verwechseln mit dem „Normalverein", der als gemeinnütziger Verein einen wirtschaftlichen Geschäftsbetrieb iSd. § 5 Abs. 1 Nr. 9 KStG unterhält. 4

(frei) 5

Die Vorschriften des BGB enthalten nur wenige **zwingende Vorschriften.** Nach § 57 Abs. 1 BGB gehört zu den Mindesterfordernissen, dass die Satzung den Zweck, den Namen und den Sitz des Vereins enthalten muss; außerdem muss sich aus der Satzung ergeben, dass der Verein in das Vereinsregister eingetragen werden soll. 6

„Soll"-Bestimmungen sind nach § 58 BGB Regelungen 7

- über den Eintritt und Austritt der Mitglieder,
- darüber, ob und welche Beiträge von den Mitgliedern zu leisten sind,
- über die Bildung des Vorstands,
- über die Voraussetzungen, unter denen die Mitgliederversammlung zu berufen ist,
- über die Form der Berufung und über die Beurkundung der Beschlüsse.

Der Verein soll nur eingetragen werden, wenn die **Zahl der Mitglieder** mindestens **sieben** beträgt.

Wird der Verein in das Vereinsregister eingetragen, erhält er den Zusatz **„eingetragener Verein (e. V.)".** Vgl. § 65 BGB. Der Verein ist juristische Person. 8

Der Verein wird durch den **Vorstand** gerichtlich und außergerichtlich vertreten. Der Vorstand hat die Stellung eines gesetzlichen Vertreters. Vgl. § 26 BGB. Die **Haftung** des Vorstands ist seit 2009 auf Vorsatz und grobe Fahrlässigkeit beschränkt, wenn er unentgeltlich tätig ist oder nicht mehr als € 500.– pro Jahr erhält (§ 31a BGB). 9

Die Eintragung eines Vereins erfolgt in das **Vereinsregister** bei dem Amtsgericht, in dessen Bezirk der Verein seinen Sitz hat (§ 55 Abs. 1 BGB). 10

Die **Anmeldung** zum Vereinsregister erfolgt durch den Vorstand. Ob alle Vorstandsmitglieder die Anmeldung bewirken müssen oder ob dies durch einzelne alleinvertretungsberechtigte Vorstandsmitglieder geschehen kann, ist streitig (vgl. *Palandt/Ellenberger* § 59 Rz. 1). Anlässlich der Anmeldung sollten die örtlichen Gepflogenheiten festgestellt werden. 11

Die Anmeldung hat in öffentlich beglaubigter Form zu geschehen (§ 77 BGB). Die Beglaubigung erfolgt regelmäßig durch den **Notar** (§ 129 BGB). 12

Ein rechtsfähiger Verein kann durch **Formwechsel** in eine GmbH umgewandelt werden, sofern die Satzung oder Vorschriften des Landesrechts nicht entgegenstehen (§ 272 UmwG). 13

Ebenso kann ein rechtsfähiger Verein – sofern Satzung oder Landesrecht nicht entgegenstehen – in eine GmbH **auf-** oder **abgespalten** werden. Auch die Ausgliederung von Vermögensteilen auf eine GmbH ist zulässig (§§ 149, 124 UmwG). 14

Ferner kann ein rechtsfähiger Verein – auch hier vorbehaltlich der Satzung oder des Landesrechts – auf eine bestehende GmbH oder mit einem anderen Verein zu einer neuen GmbH **verschmolzen** werden (§ 99 UmwG). 15

c) Steuerrecht

Der rechtsfähige Verein ist nach § 1 Abs. 1 Nr. 4 KStG **körperschaftsteuerpflichtig** und im Rahmen des § 2 GewStG **gewerbesteuerpflichtig.** 16

Die Körperschaftsteuerpflicht richtet sich nach dem KStG. Was als Einkommen gilt und wie das Einkommen zu ermitteln ist, bestimmt sich allerdings nach den Vorschriften des **EStG,** vorbehaltlich besonderer Regelungen im KStG (§ 8 Abs. 1 KStG). 17

Der Verein hat **nicht zwingend gewerbliche Einkünfte** (vgl. § 8 Abs. 2 KStG). 18

Mithin können bei einem Verein auch **andere Einkunftsarten,** zB Einkünfte aus Land- und Forstwirtschaft, Einkünfte aus Gewerbebetrieb, Einkünfte aus Kapitalver- 19 mögen, Einkünfte aus VuV sowie sonstige Einkünfte anfallen, und zwar auch nebeneinander.

20 Der **Körperschaftsteuersatz** beträgt seit 2008 gem. § 23 Abs. 1 idF des UntStRefG 2008 15% (§ 23 Abs. 1 KStG idF des StSenkG ab 2001 25%; für 2003 26,5%).

21 Der Verein kann regelmäßig den **Freibetrag** nach § 24 KStG in Anspruch nehmen (€ 5000.–, höchstens die Höhe des Einkommens).

22 Ein **Formwechsel** vom Verein zur GmbH hat keine steuerlichen Folgen, da sowohl der rechtsfähige Verein wie die GmbH körperschaftsteuerpflichtige Subjekte sind. Nur die Art der Besteuerung wechselt. So hat die GmbH ausschließlich gewerbliche Einkünfte (§ 8 Abs. 2 KStG), während der Verein unterschiedliche Einkunftsarten haben kann.

23 Bezüglich der **Spaltung** und **Verschmelzung** wird auf *Schwedhelm,* Die Unternehmensumwandlung, 7. Aufl., 2012, verwiesen.

24, 25 *(frei)*

2. Einzelerläuterungen

Zu § 3 Abs. 1:

26 Hier ist iE zu umschreiben, wer Mitglied werden kann.

Zu § 3 Abs. 4:

27 Die Mitgliedschaft kann auch durch Erklärung gegenüber dem Verein oder durch strengere Bedingungen – zB ausschließlich durch Beschluss der Mitgliederversammlung – erworben werden.

Zu § 6 Abs. 5:

28 Die Aufnahme kann auch von Aufnahmegeldern abhängig gemacht werden, was zB bei Sportvereinen anzutreffen ist. Aufnahmegebühren können jedoch, wenn der Zugang der „Allgemeinheit" (§ 52 AO) beschränkt wird, die Gemeinnützigkeit in Frage stellen.

Zu § 9 Abs. 3:

29 Die Form der Einberufung der Mitgliederversammlung gem. § 58 Nr. 4 BGB kann die Vereinssatzung grundsätzlich frei wählen, die Einberufung in „Textform" (E-Mail) ist bspw. möglich (OLG Schleswig-Holstein 2 W 57/11 v. 25.1.12, NZG 12, 678; *Grziwotz* MDR 12, 740). Auch kann ein Verein durch Satzung regeln, dass eine Mitgliederversammlung auch virtuell (online) durchgeführt wird (OLG Hamm 27 W 106/11 v. 27.9.11, NZG 12, 189).

Zu § 9 Abs. 5:

30 Diese Regelung empfiehlt sich angesichts der Erfahrung, dass die Teilnahmequote bei Mitgliederversammlungen außerordentlich unsicher ist. Verlangt die Satzung, dass für die Beschlussfassung ein bestimmter Prozentsatz der Mitglieder anwesend sein muss, so muss weiter geregelt werden, was geschieht, wenn diese Quote nicht erreicht ist. Vgl. hierzu zB § 9 Abs. 6.

Zu § 10 Abs. 3:

31 Eine Bindung bezüglich der Anfallberechtigten existiert nur bei gemeinnützigen Vereinen. Im Übrigen ist die Satzung frei. Es kann bestimmt werden, dass das Vermögen durch den Vorstand oder die Mitgliederversammlung verteilt wird oder nach einem bestimmten Schlüssel den Mitgliedern (oder einem Dritten) zugutekommen soll.

A. 17.02 Vereinssatzung eines gemeinnützigen eingetragenen Vereins

Gliederung

I. FORMULAR

Formular A. 17.02 Vereinssatzung eines gemeinnützigen eingetragenen Vereins

VEREINSSATZUNG EINES GEMEINNÜTZIGEN e.V.

§ 1 Name, Sitz, Geschäftsjahr

(1) Der Verein führt den Namen ......

(2) Er soll in das Vereinsregister eingetragen werden. Nach der Eintragung führt er zu seinem Namen den Zusatz e.V.

(3) Der Verein hat seinen Sitz in ......

(4) Geschäftsjahr ist das Kalenderjahr.

§ 2 Zweck des Vereins

(1) Der Verein verfolgt ausschließlich und unmittelbar gemeinnützige – mildtätige – kirchliche Zwecke im Sinne des Abschnitts „Steuerbegünstigte Zwecke" der Abgabenordnung.

(2) Zweck des Vereins ist ...... Der Satzungszweck wird insbesondere verwirklicht durch ......

(3) Der Verein ist selbstlos tätig; er verfolgt nicht in erster Linie eigenwirtschaftliche Zwecke.

(4) Mittel des Vereins dürfen nur für die satzungsmäßigen Zwecke verwendet werden. Die Mitglieder erhalten keine Zuwendungen aus Mitteln des Vereins.

(5) Es darf keine Person durch Ausgaben, die dem Zweck des Vereins fremd sind, oder durch unverhältnismäßig hohe Vergütungen begünstigt werden.

§ 3 Erwerb der Mitgliedschaft

(1) Mitglied des Vereins kann ...... werden. Der Aufnahmeantrag ist schriftlich an den Vorstand zu richten.

(2) Mit dem Antrag erkennt der Bewerber für den Fall seiner Aufnahme die Satzung an. Ein Aufnahmeanspruch besteht nicht.

(3) Über die Aufnahme entscheidet der Vorstand durch Beschluss. Die Entscheidung ist dem Antragsteller mitzuteilen; sie bedarf keiner Begründung. Lehnt der Vorstand den Aufnahmeantrag ab, so steht dem Betroffenen die Berufung zur Mitgliederversammlung zu. Diese entscheidet endgültig.

(4) Die Mitgliedschaft beginnt mit dem Aufnahmebeschluss.

§ 4 Rechte und Pflichten der Mitglieder

(1) Die Mitglieder sind verpflichtet, die Ziele und Interessen des Vereins zu unterstützen sowie die Beschlüsse und Anordnungen der Vereinsorgane zu befolgen.

(2) Die Mitglieder sind berechtigt, die Einrichtungen des Vereins zu benutzen und an den Veranstaltungen teilzunehmen. Sie haben in der Mitgliederversammlung gleiches Stimmrecht. Eine Übertragung des Stimmrechts ist nicht zulässig.

§ 5 Beendigung der Mitgliedschaft

(1) Die Mitgliedschaft endet durch Tod, Austrittserklärung, Ausschluss oder Streichung der Mitgliedschaft.

(2) Der Austritt ist gegenüber dem Vorstand schriftlich zu erklären. Der Austritt ist unter Einhaltung einer Kündigungsfrist von sechs Monaten zu jedem Kalenderjahresende zulässig. Zur Einhaltung der Frist ist rechtzeitiger Zugang der Austrittserklärung an ein Mitglied des Vorstands erforderlich.

(3) Der Ausschluss aus dem Verein ist nur bei wichtigem Grund zulässig. Über den Ausschluss entscheidet auf Antrag des Vorstands die Mitgliederversammlung mit einer Mehrheit von drei Vierteln der anwesenden Mitglieder. Der Vorstand hat seinen Antrag dem auszuschließenden Mitglied mindestens zwei Wochen vor der Versammlung schriftlich mitzuteilen. Eine schriftlich eingehende Stellungnahme des Mitglieds ist in der über den Ausschluss entscheidenden Versammlung zu verlesen. Der Ausschluss des Mitglieds wird mit der Beschlussfassung wirksam. Der Ausschluss soll dem Mitglied, wenn es bei Beschlussfassung nicht anwesend war, durch den Vorstand unverzüglich schriftlich bekannt gemacht werden.

(4) Die Streichung der Mitgliedschaft kann erfolgen, wenn das Mitglied mit sechs Beiträgen in Rückstand ist und den rückständigen Betrag auch nach schriftlicher Mahnung nicht innerhalb von sechs Monaten von der Absendung der Mahnung an voll entrichtet. Die Mahnung muss mit eingeschriebenem Brief an die letzte dem Verein bekannte Anschrift des Mitglieds gerichtet sein. In der Mahnung muss auf die bevorstehende Streichung der Mitgliedschaft hingewiesen werden. Die Mahnung ist auch wirksam, wenn die Sendung als unzustellbar zurückkommt. Die Streichung erfolgt durch Beschluss des Vorstands, der dem betroffenen Mitglied nicht bekannt gemacht wird.

§ 6 Mitgliedsbeiträge

(1) Es ist ein monatlicher Beitrag zu entrichten.

(2) Seine Höhe bestimmt die Mitgliederversammlung.

(3) Der Beitrag ist im Voraus zu zahlen und für den Eintrittsmonat voll zu entrichten.

(4) Der Vorstand kann Beiträge stunden oder ganz oder teilweise erlassen.

(5) Eine Aufnahmegebühr wird nicht erhoben.

(6) Die Mitglieder sind verpflichtet, außerordentliche Beiträge in der Form von Umlagen zu leisten, sofern dies zur Bewältigung besonderer durch den Vereinszweck gedeckter Vorhaben erforderlich ist.

§ 7 Organe des Vereins

Organe des Vereins sind:

a) der Vorstand,
b) die Mitgliederversammlung.

§ 8 Vorstand

(1) Der Vorstand des Vereins besteht aus dem 1. Vorsitzenden, dem Schriftführer und dem Kassierer.

(2) Der Verein wird gerichtlich und außergerichtlich in allen Vereinsangelegenheiten durch zwei Vorstandsmitglieder vertreten.

(3) Der Vorstand wird von der Mitgliederversammlung in geheimer Wahl gewählt. Wiederwahl ist möglich. Die Amtsdauer beträgt drei Jahre. Der Vorstand bleibt solange im Amt, bis eine Neuwahl erfolgt.

(4) Das Amt eines Mitglieds des Vorstands endet mit seinem Ausscheiden aus dem Verein. Scheidet ein Mitglied vor Ablauf seiner Amtsdauer aus, wählt der Vorstand ein Ersatzmitglied für den Rest der Amtszeit des ausgeschiedenen Mitglieds.

(5) Verschiedene Vorstandsämter können nicht in einer Person vereinigt werden.

(6) Die Vertretungsmacht des Vorstands ist mit Wirkung gegen Dritte in der Weise beschränkt, dass zum Erwerb oder Verkauf, zur Belastung und zu allen sonstigen Verfügungen über Grundstücke oder grundstücksgleiche Rechte sowie zur Aufnahme eines Kredits von mehr als € 5.000.– (in Worten: fünftausend) die Zustimmung der Mitgliederversammlung erforderlich ist.

(7) Der Vorstand trifft seine Entscheidungen mit einfacher Mehrheit.

§ 9 Mitgliederversammlung

(1) Die Mitgliederversammlung ist einzuberufen,

a) wenn es das Interesse des Vereins erfordert,

b) mindestens einmal jährlich, möglichst in den ersten drei Monaten des Kalenderjahres,

c) bei Ausscheiden eines Mitglieds des Vorstands binnen drei Monaten,

d) wenn die Einberufung von einem Viertel aller Mitglieder unter Angabe des Zwecks und der Gründe verlangt wird.

(2) Der Vorstand hat der vorstehend unter Abs. 1 Buchstabe b zu berufenden Versammlung einen Jahresbericht und eine Jahresrechnung vorzulegen; die Versammlung hat über die Entlastung des Vorstands Beschluss zu fassen.

(3) Die Mitgliederversammlung ist vom Vorstand schriftlich unter Einhaltung einer Frist von drei Wochen einzuberufen. Die Frist beginnt mit der Absendung der Einladung an die letzte bekannte Mitgliederanschrift. Die Einberufung der Versammlung muss den Gegenstand der Beschlussfassung bezeichnen. Jedes Mitglied kann bis spätestens eine Woche vor dem Tag der Mitgliederversammlung beim Vorstand schriftlich beantragen, dass weitere Angelegenheiten nachträglich auf die Tagesordnung gesetzt werden. Der Versammlungsleiter hat sodann zu Beginn der Versammlung die Tagesordnung entsprechend zu ergänzen. Über Anträge auf Ergänzung der Tagesordnung, die erst in der Mitgliederversammlung gestellt werden, beschließt die Mitgliederversammlung.

(4) Die Mitgliederversammlung beschließt insbesondere über:

a) die Genehmigung der Jahresrechnung,

b) die Entlastung des Vorstands,

c) die Wahl des Vorstands,

d) Satzungsänderungen,

e) die Festsetzung der Mitgliedsbeiträge,

f) Anträge des Vorstands und der Mitglieder,

g) Berufungen abgelehnter Bewerber

h) die Auflösung des Vereins,

i) ......

(5) Jede ordnungsgemäß einberufene Mitgliederversammlung ist beschlussfähig.

(6) Zur Beschlussfassung über die Änderung der Satzung sowie über die Auflösung des Vereins ist die Anwesenheit von zwei Dritteln der Vereinsmitglieder erforderlich. Ist die Mitgliederversammlung nicht beschlussfähig, so ist vor Ablauf von vier Wochen seit dem Versammlungstag eine weitere Mitgliederversammlung mit derselben Tagesordnung einzuberufen. Die weitere Versammlung hat frühestens zwei Monate vor, spätestens vier Monate nach dem ersten Versammlungstag stattzufinden. Die neue Versammlung ist ohne Rücksicht auf die Zahl der erschienenen Mitglieder beschlussfähig. Die Einladung zu jener Versammlung muss einen Hinweis auf die erleichterte Beschlussfähigkeit enthalten.

(7) Zu einem Beschluss über die Auflösung des Vereins ist eine Mehrheit von vier Fünfteln der erschienenen Mitglieder, zu einem Beschluss, der eine Änderung der Satzung enthält, ist eine Mehrheit von drei Vierteln der erschienenen Mitglieder erforderlich.

(8) Zur Änderung des Zwecks des Vereins ist die Zustimmung aller Mitglieder des Vereins notwendig; die Zustimmung der nicht erschienenen Mitglieder muss schriftlich erfolgen.

(9) Es wird durch Handzeichen abgestimmt. Auf Antrag von mindestens fünf Anwesenden ist schriftlich und geheim abzustimmen. Bei der Beschlussfassung entscheidet die Mehrheit der erschienenen Mitglieder. Stimmenthaltungen der erschienenen Mitglieder zählen als Nein-Stimmen. Bei Stimmengleichheit gilt ein Antrag als abgelehnt.

(10) Über die in der Versammlung gefassten Beschlüsse ist eine Niederschrift aufzunehmen. Die Niederschrift ist vom Vorsitzenden der Versammlung und dem Protokollführer zu unterschreiben. Wenn mehrere Vorsitzende tätig waren, unterzeichnet der letzte Versammlungsleiter die ganze Niederschrift. Jedes Mitglied ist berechtigt, die Niederschrift einzusehen.

§ 10 Auflösung des Vereins

(1) Der Verein kann durch Beschluss der Mitgliederversammlung aufgelöst werden.

(2) Die Liquidation erfolgt durch den Vorstand.

(3) Bei Auflösung oder Aufhebung des Vereins oder bei Wegfall des gemeinnützigen Zwecks fällt das Vereinsvermögen an ......

Die vorstehende Satzung wurde in der Gründungsversammlung vom ...... errichtet.

II. ERLÄUTERUNGEN

Erläuterungen zu A. 17.02 Vereinssatzung eines gemeinnützigen eingetragenen Vereins

1. Grundsätzliche Anmerkungen

a) Wirtschaftliche Ziele

1 Der gemeinnützige Verein unterscheidet sich von dem im ersten Formular behandelten „Normalverein" dadurch, dass er **steuerbegünstigte Zwecke** iSd. §§ 51 ff. AO verfolgt und dadurch steuerfrei ist.

b) Vereinsrecht

2 Durch das **Ehrenamtsstärkungsgesetz** v. 21.3.13 (BGBl. I 13, 556) sind die spenden- und zivilrechtlichen Rahmenbedingungen für gemeinnützige Stiftungen und Vereine verändert worden (vgl. *Pruns* AnwZert ErbR 3/2013, Anm. 2; *Schaufhoff/*

Kirchain FR 13, 301). In § 80 BGB sind nunmehr die Einzelheiten zur Verbrauchsstiftung festgelegt. Der neu eingeführte § 31a BGB und § 31b BGB beschränken die Haftung der unentgeltlich oder geringfügig vergüteten Organe und Mitglieder auf grobe Fahrlässigkeit und Vorsatz.

Besondere zivilrechtliche Vorschriften für den gemeinnützigen Verein gibt es nicht.

Allerdings gibt es **steuerliche Anforderungen** an die Satzung. Die Steuerfreiheit 3
wird nur gewährt, wenn sich aus der Satzung ergibt, welche Zwecke der Verein verfolgt und dass dieser Zweck den §§ 52ff. AO entspricht (§ 59 AO). Außerdem muss der Satzungszweck so genau bestimmt werden, dass er und seine Verfolgung überprüfbar sind (§ 60 AO). Schließlich verlangt § 61 AO eine ausreichende Bindung des Vermögens an die gemeinnützigen Zwecke. Der AEAO enthielt als Anlage 1 zu § 60 AO eine „Mustersatzung für einen Verein" für den gemeinnützigen Verein. Diese Mustersatzung wurde inzwischen unmittelbar in die AO übernommen (Anlage 1 zu § 60); Übergangsregelung in Art. 97 § 1f EGAO. Dieses Muster enthält Formulierungen, die für die Gemeinnützigkeit notwendig sind. Außerdem bleibt die Freiheit zu sonstigen, umfangreichen Regelungen. Die Mustersatzung ist in Formular A. 17.02 berücksichtigt. Es ist unbedingt empfehlenswert, die Satzung mit dem zuständigen Finanzamt abzustimmen.

c) Steuerrecht

Der gemeinnützige Verein ist nach § 5 Abs. 1 Nr. 9 KStG und § 3 Nr. 6 GewStG 4
steuerbefreit.

Wird ein **„wirtschaftlicher Geschäftsbetrieb"** unterhalten, ist allerdings die 5
Steuerbefreiung insoweit ausgeschlossen.

Ein **wirtschaftlicher Geschäftsbetrieb** ist eine selbstständige nachhaltige Tätig- 6
keit, durch die Einnahmen oder andere wirtschaftliche Vorteile erzielt werden und die über den Rahmen einer Vermögensverwaltung hinausgeht. Die Absicht, Gewinn zu erzielen, ist nicht erforderlich. Vgl. hierzu § 14 AO.

Innerhalb des wirtschaftlichen Geschäftsbetriebs erfolgt die **Besteuerung** nach den 7
allgemeinen körperschaftsteuerlichen Regeln. Gewerbliche Einkünfte sind nicht zwingend. Innerhalb des wirtschaftlichen Geschäftsbetriebs können auch Einkünfte aus VuV oder Kapitalvermögen anfallen.

§ 64 Abs. 3 AO kennt eine **Einnahmegrenze,** die überschritten sein muss, um die 8
Steuerpflicht greifen zu lassen.

Zweckbetriebe führen nicht zur Steuerpflicht. Ein Zweckbetrieb ist gegeben, 9
wenn der wirtschaftliche Geschäftsbetrieb in seiner Gesamtrichtung dazu dient, die steuerbegünstigten satzungsgemäßen Zwecke der Körperschaft zu verwirklichen, die Zwecke nur durch einen solchen Geschäftsbetrieb erreicht werden können und der wirtschaftliche Geschäftsbetrieb zu nicht begünstigten Betrieben derselben oder ähnlichen Art nicht in größerem Umfang in Wettbewerb tritt, als es bei Erfüllung der steuerbegünstigten Zwecke unvermeidbar ist (§ 65 AO). S. zu den Zweckbetrieben iÜ §§ 65ff. AO.

Steuerlich sind durch das **Ehrenamtsstärkungsgesetz** v. 21.3.13 (BGBl. I 13, 556) 10
die steuerfreien Übungsleiter- und Ehrenamtspauschalen auf 2.400 € bzw. 720 € angehoben worden (§ 3 Nr. 26 u. 26a EStG). Ferner ist die sog. „vorläufige Bescheinigung" durch einen Feststellungsbescheid zur Satzung abgelöst worden (§ 60a AO). Auch wird die Mittelverwendung in zeitlicher und tatsächlicher Hinsicht flexibilisiert (§§ 53 Abs. 2, 55 Abs. 1 Nr. 5 AO). Schließlich ist die Spendenhaftung für ehrenamtlich Tätige auf vorsätzliche oder grob fahrlässige Pflichtenverstöße begrenzt (§ 10b Abs. 4 EStG)

2. Einzelerläuterungen

Zu § 2 Abs. 1:

11 Hier sind die gemeinnützigen, mildtätigen oder kirchlichen Zwecke (§§ 52–54 AO) iE zu formulieren. Der professionelle Sprachgebrauch spricht allgemein von „gemeinnützigen Vereinen"; Vereine mit „mildtätigen" und „kirchlichen" Zwecken stehen jedoch eigenständig neben den „gemeinnützigen" Vereinen. Zur Ausschließlichkeit s. § 56 AO.

Zu § 2 Abs. 2:

12 Bei gemeinnützigen Vereinen müssen die **Satzungszwecke** und die **Art ihrer Verwirklichung** so genau bestimmt sein, dass auf Grund der Satzung geprüft werden kann, ob die satzungsmäßigen Voraussetzungen für Steuervergünstigungen gegeben sind (§ 60 AO).

Zu § 2 Abs. 3–5:

13 S. hierzu iE § 55 AO.

Zu § 10 Abs. 3:

14 Aus der **Gebundenheit** des **Vermögens** eines gemeinnützigen Vereins folgt, dass das Vermögen auch im Auflösungsfall den Gemeinnützigkeitsbereich nicht verlässt. Nach § 55 Abs. 1 Nr. 3 AO heißt das:
- Das Vermögen muss unmittelbar gemeinnützigen Zwecken zugutekommen.
- Oder das Vermögen fällt an eine andere gemeinnützige Körperschaft.
- Oder das Vermögen wird auf eine Körperschaft des öffentlichen Rechts für gemeinnützige Zwecke übertragen.

A. 17.03 Vereinssatzung eines nichtrechtsfähigen Vereins

I. FORMULAR

Formular A. 17.03 Vereinssatzung eines nichtrechtsfähigen Vereins

Hier kann das Formular A. 17.01 (Vereinssatzung eines e. V.) übernommen werden, wobei nur **§ 1 Abs. 2** (Eintragungsverpflichtung) **zu streichen** ist.

II. ERLÄUTERUNGEN

Erläuterungen zu A. 17.03 Vereinssatzung eines nichtrechtsfähigen Vereins

1. Grundsätzliche Anmerkungen

a) Wirtschaftliche Ziele

1 Der nichtrechtsfähige Verein unterscheidet sich im Vereinsleben vom rechtsfähigen dadurch, dass er eine **geringere „Bürokratie"** voraussetzt. Eine Anmeldung zum Vereinsregister ist nicht erforderlich. Eine große Vielzahl kleiner Vereinsorganisationen existiert in der Rechtsform des nichtrechtsfähigen Vereins. Die historisch bedingte Furcht vor staatlichen Kontrollen hat jedoch auch dazu geführt, dass Großorganisationen wie die Gewerkschaften in der Form des nichtrechtsfähigen Vereins leben.

2 *(frei)*

b) Vereinsrecht

Nach **§ 54 BGB** soll für das Recht des nichtrechtsfähigen Vereins das Gesellschaftsrecht der §§ 705 ff. BGB gelten. Diese Vorschrift wird mit dieser Rechtswirkung nicht mehr angewandt. Insbesondere das Grundrecht des Art. 9 Abs. 1 GG („Alle Deutschen haben das Recht, Vereine und Gesellschaften zu bilden“) hat dazu geführt, dass der nichtrechtsfähige Verein weitgehend nach den Regeln des rechtsfähigen Vereins behandelt wird (*Palandt/Ellenberger* § 54 BGB Rz. 1). 3

In der Vereinssatzung **fehlt** beim nichtrechtsfähigen Verein die Bestimmung, wonach der Verein eingetragen werden soll (vgl. § 57 Abs. 1 BGB). 4

Der nichtrechtsfähige Verein ist **keine juristische Person.** Allerdings kann er das Recht des Art. 9 GG in Anspruch nehmen. Er ist nicht grundbuchfähig. Auch kann er Rechte prozessual nicht einklagen, sofern dies nicht durch Sondervorschriften (zB § 58 Abs. 2 FGO) ermöglicht wird. Umgekehrt jedoch kann er verklagt werden (§ 50 Abs. 2 ZPO). 5

Ein gravierender **Unterschied** zum rechtsfähigen Verein besteht in der **Haftung** nach § 54 Satz 2 BGB: Aus einem Rechtsgeschäft, das im Namen eines nichtrechtsfähigen Vereins abgeschlossen wird, haftet der Handelnde persönlich. 6

c) Steuerrecht

Der nichtrechtsfähige Verein ist nach § 1 Abs. 1 Nr. 5 KStG **körperschaftsteuerpflichtig** und im Rahmen des § 2 GewStG **gewerbesteuerpflichtig.** 7

Die **Besteuerung** des nichtrechtsfähigen Vereins unterscheidet sich nicht von der des rechtsfähigen Vereins. Es wird daher auf A. 17.01 Rz. 16 ff. verwiesen. 8

2. Einzelerläuterungen

Siehe A. 17.01 Rz. 26 ff. 9

A. 18. Stiftung

Übersicht

A. 18.01 Satzung einer rechtsfähigen Stiftung

Gliederung

I. FORMULAR

Formular A. 18.01 Satzung einer rechtsfähigen Stiftung

§ 1 Namen, Rechtsform, Sitz, Geschäftsjahr

(1) Die Stiftung führt den Namen „...... Stiftung“. Sie ist eine rechtsfähige Stiftung des bürgerlichen Rechts mit Sitz in ......

(2) Geschäftsjahr der Stiftung ist das Kalenderjahr.

§ 2 Stiftungszweck

Zweck der Stiftung ist ...... Dieser Stiftungszweck wird insbesondere verwirklicht durch ......

§ 3 Stiftungsvermögen

(1) Das Stiftungsvermögen ergibt sich aus dem Stiftungsgeschäft. Es kann durch hierzu bestimmte, nachfolgende Zuwendungen des Stifters oder Dritter (Zustiftungen) erhöht werden. Der Vorstand kann nach seinem Ermessen Rücklagen dem Vermögen zuführen.

(2) Im Interesse des langfristigen Bestands der Stiftung ist das Vermögen dauernd und ungeschmälert in seinem Wert zu erhalten. Vermögensumschichtungen sind zulässig.

(3) Ein Rechtsanspruch auf Stiftungsleistungen oder die Zuwendung von Stiftungsmitteln besteht nicht.

§ 4 Stiftungsorgane

(1) Organe der Stiftung sind der Stiftungsvorstand (§§ 5–7) und das Kuratorium (§§ 8–10).

(2) Die Mitglieder der Stiftungsorgane können für ihre Tätigkeit eine angemessene Vergütung und Ersatz der ihnen entstandenen angemessenen Auslagen erhalten. Das Nähere regelt der Vorstand in einer Vergütungsordnung.

(3) Die Mitglieder der Stiftungsorgane haften der Stiftung gegenüber nur für vorsätzliches oder grob fahrlässiges Verhalten. Werden Organmitglieder von dritter Seite aufgrund einer Tätigkeit für die Stiftung in Anspruch genommen, stellt die Stiftung das betroffene Mitglied von jeglichen Ansprüchen frei, sofern dem Mitglied nicht vorsätzliches oder grob fahrlässiges Verhalten nachgewiesen wird. Die angemessenen Kosten einer in diesem Zusammenhang notwendigen Rechtsvertretung des Mitglieds trägt die Stiftung. Die Stiftung ist berechtigt, zur Absicherung der vorstehenden Risiken angemessenen Versicherungsschutz für die Stiftung und ihre Organmitglieder abzuschließen.

§ 5 Stiftungsvorstand

(1) Der Vorstand besteht aus drei Personen. Seine ersten Mitglieder sind im Stiftungsgeschäft bestimmt. Im Übrigen ergänzt sich der Vorstand durch Zuwahl (Abs. 3). Der Vorstand wählt aus seiner Mitte mit einfacher Mehrheit einen Vorsitzenden und einen stellvertretenden Vorsitzenden.

(2) Vorstandsmitglieder scheiden mit sofortiger Wirkung aus dem Amt aus, wenn das Vorstandsmitglied

a) sein Amt niederlegt oder verstirbt;

b) das 70. Lebensjahr vollendet;

c) aus wichtigem Grund durch einstimmigen Beschluss der übrigen Vorstandsmitglieder mit Zustimmung des Kuratoriums abberufen wird.

(3) Scheidet ein Mitglied des Vorstandes aus, benennen die verbleibenden Mitglieder durch einstimmigen Beschluss einen Nachfolger. Ist eine Benennung durch den Vorstand nicht innerhalb von drei Monaten nach dem Ausscheiden erfolgt, wird der Nachfolger durch das Kuratorium mit einfacher Mehrheit ernannt.

(4) Der Vorstand ist berechtigt, sich eine Geschäftsordnung zu geben.

§ 6 Aufgaben des Stiftungsvorstands

(1) Der Stiftungsvorstand vertritt die Stiftung gerichtlich und außergerichtlich. Der Vorsitzende ist zur Vertretung der Stiftung allein vertretungsberechtigt. Ansonsten wird die Stiftung durch zwei Vorstandsmitglieder gemeinsam vertreten.

(2) Der Stiftungsvorstand führt die Geschäfte der Stiftung in sämtlichen Angelegenheiten.

(3) Bei der Führung der Geschäfte der Stiftung ist der Vorstand an das Gesetz, diese Satzung und den bekannten oder mutmaßlichen Willen des Stifters gebunden.

(4) Der Vorstand ist berechtigt, nach seinem Ermessen rechtliche und steuerliche Beratung gegen angemessenes Entgelt einzuholen.

§ 7 Geschäftsgang des Stiftungsvorstands

(1) Der Stiftungsvorstand wird durch den Vorsitzenden, bei seiner Verhinderung durch den stellvertretenden Vorsitzenden nach Bedarf, mindestens jedoch vierteljährlich unter Angabe der Tagesordnung und Einhaltung einer Frist von zwei Wochen zu einer Sitzung einberufen. Sitzungen sind ferner einzuberufen, wenn ein Mitglied dies verlangt.

(2) Der Stiftungsvorstand ist beschlussfähig, wenn ordnungsgemäß geladen wurde und mehr als die Hälfte der Mitglieder anwesend sind. Ladungsfehler gelten als geheilt, wenn alle betroffenen Mitglieder anwesend sind und von ihnen kein Widerspruch erfolgt.

(3) Der Stiftungsvorstand trifft seine Entscheidungen, soweit diese Satzung nichts anderes bestimmt, mit der Mehrheit der abgegebenen Stimmen. Bei Stimmengleichheit gibt die Stimme des Vorsitzenden den Ausschlag.

(4) Wenn kein Mitglied widerspricht, können Beschlüsse im Umlaufverfahren (schriftlich, per Telefax oder elektronisch, zB per E-Mail) gefasst werden.

(5) Über die Sitzungen sind Niederschriften zu fertigen und von den anwesenden Mitgliedern zu unterzeichnen sowie einem ggf. abwesenden Mitglied zur Kenntnis zu bringen.

§ 8 Kuratorium

(1) Das Kuratorium besteht aus mindestens drei, höchstens fünf Personen. Die ersten Mitglieder des Kuratoriums werden durch das Stiftungsgeschäft bestimmt. Das Kuratorium ergänzt sich durch Zuwahl (Abs. 3).

(2) Mitglieder des Kuratoriums scheiden mit sofortiger Wirkung aus dem Amt aus, wenn das Mitglied

a) sein Amt niederlegt oder verstirbt;

b) das 70. Lebensjahr vollendet;

c) aus wichtigem Grund durch einstimmigen Beschluss der übrigen Kuratoriumsmitglieder abberufen wird.

(3) Scheidet ein Mitglied des Kuratoriums aus, benennen die verbleibenden Mitglieder durch Beschluss mit einfacher Mehrheit einen Nachfolger.

(4) Die Mitglieder des Kuratoriums wählen aus ihrer Mitte einen Vorsitzenden und einen stellvertretenden Vorsitzenden.

(5) Das Kuratorium ist berechtigt, sich eine Geschäftsordnung zu geben.

§ 9 Aufgaben des Kuratoriums

(1) Das Kuratorium berät den Stiftungsvorstand in allen Angelegenheiten der Stiftung. Es tritt mindestens einmal im Jahr zusammen.

(2) Jedes Mitglied des Kuratoriums hat ein umfassendes Einsichtsrecht in alle Unterlagen und Aufzeichnungen über Geschäftsvorgänge.

(3) Dem Kuratorium obliegen auch

a) die Feststellung der vom Vorstand vorgelegten Jahresabrechnung, Vermögensübersicht und des Berichts über die Erfüllung der Stiftungszwecke,

b) die Entlastung des Vorstands und

c) die Beschlussfassungen im Rahmen des § 5 und des § 11.

§ 10 Geschäftsgang des Kuratoriums

(1) Das Kuratorium wird von seinem Vorsitzenden nach Bedarf, mindestens jedoch halbjährlich unter Angabe der Tagesordnung und Einhaltung einer Frist von zwei Wochen zu einer Sitzung einberufen. Sitzungen sind ferner einzuberufen, wenn ein Mitglied dies verlangt.

(2) Die Mitglieder des Stiftungsvorstandes sind zu sämtlichen Kuratoriumssitzungen zu laden und haben ein Teilnahmerecht. Sie sollen vor den Entscheidungen des Kuratoriums gehört werden, haben aber kein Stimmrecht.

(3) Das Kuratorium ist beschlussfähig, wenn es ordnungsgemäß geladen wurde und mehr als die Hälfte der Kuratoriumsmitglieder anwesend sind. Ladungsfehler gelten als geheilt, wenn alle zu ladenden Teilnehmer (Abs. 1 und 2) anwesend sind und von ihnen kein Widerspruch erfolgt.

(4) Das Kuratorium trifft seine Entscheidungen mit der Mehrheit der abgegebenen Stimmen. Bei Stimmengleichheit gibt die Stimme des Vorsitzenden, ersatzweise des stellvertretenden Vorsitzenden den Ausschlag.

(5) Wenn kein Mitglied widerspricht, können Beschlüsse im Umlaufverfahren (schriftlich, per Telefax oder elektronisch, zB per E-Mail) gefasst werden.

(6) Über die Sitzungen sind Niederschriften zu fertigen und von den anwesenden Kuratoriumsmitgliedern zu unterzeichnen sowie einem ggf. abwesenden Teilnahmeberechtigten (Abs. 1 und 2) zur Kenntnis zu bringen.

§ 11 Satzungsänderungen, Umwandlung und Aufhebung der Stiftung

(1) Änderungen dieser Satzung, Anträge auf Zusammenlegung mit einer anderen Stiftung oder auf Aufhebung der Stiftung können vom Stiftungsvorstand nur mit Zustimmung des Kuratoriums beschlossen werden. Eine Aufhebung der Stiftung soll nur erfolgen, wenn nach den eingetretenen Verhältnissen eine gründliche und nachhaltige Verwirklichung des Stiftungszwecks dauerhaft als ausgeschlossen erscheint.

(2) Bei Aufhebung oder Auflösung der Stiftung fällt ihr Vermögen an ......

II. ERLÄUTERUNGEN

Erläuterungen zu A. 18.01 Satzung einer rechtsfähigen Stiftung

1. Grundsätzliche Anmerkungen

a) Wirtschaftliche/Nichtwirtschaftliche Ziele

1 Die **Gründe für eine Stiftungsgründung** können sehr unterschiedlicher Natur sein. Die gängigen Motive sind
- gemeinnützige, altruistische Ziele,
- Sicherung der Erbfolge,
- Versorgung der Familie,
- Gläubigerschutz,
- Sicherung der Regeln für die Vermögensverwaltung,
- Andenken an eine bestimmte Person,
- Marketingzwecke eines Unternehmens.

2 Eine Stiftung kann **privatrechtlich** oder **öffentlich-rechtlich** errichtet werden. Im letzteren Falle ist sie in das System der staatlichen Verwaltung eingegliedert und übernimmt öffentliche Aufgaben. Die rechtliche Charakterisierung richtet sich hierbei nicht nach der Zugehörigkeit des Trägers zum Bereich der öffentlich-rechtlichen oder privatrechtlichen Körperschaften, sondern nach der Rechtsform der eigenen Entstehung (s. zur Einordnung als Steuersubjekt iRv. § 1 KStG BFH I R 27/92 v. 24.3.93, BStBl. II 93, 637; BFH I R 106/00 v. 29.1.03, BFH/NV 03, 868). Maßgebend ist die Rechtsform der Entstehung. Eine Bindung an verwaltungsgerichtliche Entscheidungen besteht nicht (BFH I R 106/00 v. 29.1.03, BFH/NV 03, 868).

3 Eine Stiftung kann **zu Lebzeiten und von Todes wegen** errichtet werden. In der Mehrzahl der Fälle empfiehlt es sich, die Stiftung schon zu Lebzeiten zu errichten. Testamentsvollstrecker und Erben stehen einer Stiftungserrichtung häufig kritisch oder desinteressiert gegenüber. Gerade in der Anfangszeit ist es jedoch erforderlich, die Stiftung engagiert zu begleiten und zu fördern. Die Stiftung zu Lebzeiten kann mit für den Stifter überschaubarem Vermögen errichtet werden. Im Rahmen des Testaments kann dann endgültig entschieden werden, welche Teil des verbleibenden Gesamtvermögens der Stiftung bzw. den gesetzlichen oder sonstigen gewillkürten Erben überlassen werden.

Der **Stiftungszweck** kann unabhängig davon, ob die Stiftung rechtsfähig oder nicht rechtsfähig ist, mannigfaltig sein. Der Sprachgebrauch kennt zB **4**
- gemeinnützige Stiftungen,
- Familienstiftungen,
- Unternehmensstiftungen, unternehmenshaltende Stiftung,
- kommunale Stiftungen,
- kirchliche Stiftungen,
- Bürgerstiftungen.

In der Gestaltungsberatung ist die grundsätzliche Entscheidung zu treffen, ob eine gemeinnützige oder eine nicht gemeinnützige Stiftung gegründet wird. Eine **gemeinnützige Stiftung** (hierzu Formular A. 18.02) würde in vielfacher Weise steuerlich privilegiert (Vermögensübertragung, Vermögensverwaltung und Vermögensauskehrung). Dieses Privileg ist mit besonderen Anforderungen, insbesondere hinsichtlich Zweckverfolgung, Vermögensbindung und Mittelverwendung sowie mit erhöhten Sanktionen im Falle von Gemeinnützigkeitsverstößen verbunden. Die Stiftungs- und Vermögensverwaltung einer rechtsfähigen Stiftung kann in professionelle, externe Hände gelegt werden (zu Kosten der Stiftungsverwaltung s. *Neuhoff* ZEV 04, 457). **5**

b) Stiftungsrecht

Die Stiftung ist im deutschen Recht **nicht legaldefiniert**. Sie wird gemeinhin bezeichnet als rechtsfähige Organisation, die die Aufgabe hat, mit Hilfe des ihr übertragenen Vermögens einen festgelegten Stiftungszweck zu verfolgen (*Seifart/v. Campenhausen* § 1 Rz. 6, mwN). Das deutsche Stiftungsrecht unterscheidet die **rechtsfähige** von der **nichtrechtsfähigen** Stiftung (hierzu Formulare A. 18.04 und A. 18.05). Darüber hinaus gibt es sogenannte **Schein- bzw. Nennstiftungen**. Hierbei handelt es sich um andere Rechtsformen, die sich lediglich im Namen mit der Bezeichnung Stiftung zieren (zB Konrad Adenauer Stiftung e. V., Friedrich Ebert Stiftung e. V.). **6**

Die **wesentlichen Elemente** der Stiftung sind Stiftungszweck, Stiftungsvermögen und Stiftungsorganisation. Hintergrund ihrer Gründung ist der Wille des Stifters, ein vorhandenes Vermögen einem dauerhaft zu verfolgenden, von ihm selbst bestimmten Zweck zu widmen. **7**

Die rechtsfähige Stiftung im deutschen Recht ist **juristische Person**. Ihre Besonderheit liegt in der Verselbständigung ihres Vermögens. Eine Stiftung hat weder Eigentümer noch Gesellschafter noch Mitglieder. Sie gehört „sich selbst. **8**

Zivilrechtliche Grundlage sind die §§ 80ff. BGB. Diese Vorschriften sind durch das Gesetz zur Modernisierung des Stiftungsrechts v. 15.7.02 (BStBl. I 02, 2649) überarbeitet und in weiten Bereichen liberalisiert worden. **9**

Die Vorschriften des BGB werden ergänzt durch die einzelnen **Stiftungsgesetze der Länder**, insbesondere zur staatlichen Stiftungsgenehmigung und -aufsicht. Die Ländergesetze stimmen in den Grundzügen überein, können jedoch in Einzelfragen voneinander abweichen. **10**

Die rechtsfähige, selbständige Stiftung des Privatrechts **entsteht** durch Stiftungsgeschäft (Formular A. 18.06) und staatliche Anerkennung, § 80 BGB. Auch sie kann unter Lebenden (§ 81 BGB) oder von Todes wegen (§ 83 BGB) errichtet werden. Zur Erlangung ihrer Rechtsfähigkeit bedarf die Stiftung eines staatlichen Hoheitsaktes, der **Anerkennung**. Zu den Mindestanforderungen s. § 80 Abs. 2 BGB. Mit **Anerkennung** ist der Stifter zur Vermögensübertragung auf die Stiftung verpflichtet, § 82 BGB. **11**

Die **Stiftungssatzung** wird mit dem Stiftungsgeschäft festgelegt, § 85 BGB. Zwingend erforderlich sind Anordnungen über Name, Sitz, Organe, Vermögensausstattung und Zweck der Stiftung. Hinzu treten Sollvorschriften der Länder. Die Stiftungsbehörden stellen Mustersatzungen zur Verfügung. **12**

13 Die Stiftung wird gesetzlich vertreten durch ihren Vorstand, §§ 86, 26 Abs. 2 Satz 1 BGB. In der Praxis werden häufig weitere **Organe**, zB Aufsichtsrat, Beirat, Kuratorium oder besondere Vertreter installiert. Der Stifter kann sich zu Lebzeiten das Benennungsrecht der Organe vorbehalten. Er kann sich auch selbst als Organ bestellen.

14 Der **Ablauf einer Stiftungsgründung** gestaltet sich idR wie folgt:
- Die Idee,
- Beratung und Bereitschaft zur Stiftungsgründung,
- Satzungsentwurf – Rohling,
- Detailabstimmung,
- Endgültiger Satzungsentwurf,
- Vorabstimmung mit Behörden,
- Stiftungsgründung,
- Anerkennung.

15 Bei der Gründung einer rechtsfähigen Stiftung muss man mit einer **Gründungsdauer** von mindestens **ein bis drei Monate** rechnen. Im Einzelfall kann dieser Zeitraum auch deutlich überschritten werden. Die Existenz einer (rechtsfähigen) **Vorstiftung** im Stadium zwischen Stiftungsgeschäft und Anerkennung wird von der (noch) herrschenden Meinung abgelehnt (s. zB *Seifart/v. Campenhausen* § 7 Rz. 220ff.; *Schmidt* ZEV 98, 81; aA *Palandt/Ellenberger* § 80 BGB Rz. 2; *Wachter* ZEV 03, 445f., alle mwN).

16 Die rechtsfähige Stiftung unterliegt der behördlichen **Stiftungsaufsicht**. Umfang und Inhalt regeln die jeweiligen Landesstiftungsgesetze (Rz. 10). Sie beschränkt sich nicht nur auf die Anerkennung der Stiftung bei ihrer Gründung, sondern erstreckt sich auch auf die laufende Verwaltung. Die Stiftungsaufsicht ist keine Fachaufsicht. Alle landesrechtlichen Stiftungsgesetze erklären allein den Willen des Stifters sowie die Einhaltung der Gesetze und der Vorgaben der Stiftungssatzung als Prüfungsmaßstab. Die Länder unterhalten zur Stiftungsaufsicht die **Stiftungsbehörden**, deren Aufbau und Struktur durch die Landesstiftungsgesetze geregelt wird.

17 Trotz der weitgehenden Liberalisierung des Stiftungsrechts sind die **Mitwirkungs- und Einwirkungsmöglichkeiten der Stiftungsaufsicht** recht groß: Die Stiftung hat der Stiftungsaufsicht einmal jährlich Rechnung zu legen. Besondere Geschäfte sind anzeigepflichtig. Die Stiftungsaufsicht hat ein Einsichts- und Prüfungsrecht. Sie kann einzelne Maßnahmen beanstanden, besondere Handlungen anordnen und im Notfall selbst vornehmen. Im Extremfall können die Organe abberufen und neu bestellt werden. Zudem sehen fast alle Landesstiftungsgesetze Regelungen vor, wonach die Stiftungsbehörden den Satzungszweck ändern können, die Stiftung mit anderen Stiftungen zusammenlegen oder die Stiftung aufheben kann. Darüber hinaus können für die Stiftung Schadensersatzansprüche gegen die Organe geltend gemacht werden.

18–20 *(frei)*

c) Steuerrecht

21 **Steuern** auf die Errichtung, die laufende Vermögensverwaltung und Begünstigung spielen bei der Stiftungserrichtung eine zentrale Rolle. Im unternehmerischen Bereich sollte zudem berücksichtigt werden, dass durch die Errichtung einer Stiftung keine unnötigen Hemmnissen für später notwendige Umstrukturierungsmaßnahmen geschaffen werden.

22 Zu den Besonderheiten und der partiellen Steuerbefreiung der **Gemeinnützigkeit** s. A. 18.02 Rz. 4. Zur **Besteuerung der Stiftungserrichtung** s. A. 18.02 Rz. 8 und A. 18.03 Rz. 4ff.

23 Rechtsfähige Stiftungen des privaten Rechts mit Sitz oder Geschäftsleitung im Inland sind **unbeschränkt körperschaftsteuerpflichtig**, § 1 Abs. 1 Nr. 4 KStG. Auch die öffentlich-rechtliche Stiftung ist nach § 1 Abs. 1 Nr. 6 KStG ebenfalls Körperschaftsteuersubjekt, allerdings nur steuerbar mit einem Betrieb gewerblicher Art (§ 4 KStG).

Rechtsfähige Stiftungen des privaten Rechts sind **gewerbesteuerpflichtig**, soweit sie einen wirtschaftlichen Geschäftsbetrieb (keine Land- und Forstwirtschaft) unterhalten, § 1 Abs. 3 GewStG. Zu beachten ist, dass hierfür – im Gegensatz zur Gewerblichkeit – keine Gewinnerzielungsabsicht und Teilnahme am allgemeinen wirtschaftlichen Verkehr erforderlich ist. 24

Stiftungen sind von den Ertragsteuern **befreit**, wenn sie nach Satzung, Stiftungsgeschäft oder sonstiger Verfassung und der tatsächlichen Geschäftsführung ausschließlich und unmittelbar gemeinnützigen, mildtätigen oder kirchlichen Zwecken dienen, § 5 Abs. 1 Nr. 9 Satz 1 KStG, § 3 Nr. 6 Satz 1 GewStG. Wird ein wirtschaftlicher Geschäftsbetrieb unterhalten, ist die Befreiung insoweit ausgeschlossen, § 5 Abs. 1 Nr. 9 Satz 2 KStG, § 3 Nr. 6 Satz 2 GewStG. Zu den Besonderheiten der Gemeinnützigkeit im Einzelnen A. 18.03 Rz. 8 ff. 25

Beginn der Ertragsteuerpflicht: Von Todes wegen errichtete Stiftungen sind im Falle ihrer Anerkennung aufgrund der Rückwirkung nach § 84 BGB ab dem Zeitpunkt des Vermögensanfalls körperschaftsteuerpflichtig (BFH I R 85/02 v. 17.9.03, BStBl. II 05, 149). Die Körperschaftsteuerpflicht der Stiftung zu Lebzeiten beginnt nach Auffassung der Finanzverwaltung bei rechtsfähigen Stiftungen mit der staatlichen Anerkennung), bei nicht rechtsfähigen Stiftungen mit der „Errichtung, Feststellung der Satzung oder Aufnahme einer geschäftlichen Tätigkeit" (KStR 2 Abs. 4 Satz 5). Bei der rechtsfähigen Stiftung stellt sich damit die Frage der Besteuerung des Stiftungsvermögens im Stadium zwischen Gründung und Anerkennung. Dies ist vor allem für die Frage relevant, ab welchem Zeitpunkt die Vorteile der Gemeinnützigkeit genutzt werden können. Da die hA die Existenz einer Vorstiftung ablehnt, ist mE bis zum Abschluss des Anerkennungsverfahrens das Stiftungsvermögen als ein Zweckvermögen (§ 1 Abs. 1 Nr. 5 KStG; grundlegend *Streck* StuW 75, 135) als Steuersubjekt anzusehen, wenn sich der Stifter vertraglich unwiderruflich seines Vermögens entäußert und seine Verfügungsbefugnis nach Maßgabe der Stiftungssatzung eingeschränkt hat (ebenso *Wachter* ZEV 03, 445, 447). Die Errichtung eines gesonderten Kontos reicht hierfür allerdings noch nicht aus (s. hierzu FG Köln 1 K 1996/97 v. 12.5.99, EFG 99, 834; *Streck* § 1 Rz. 20). 26

Besteht Körperschaftsteuerpflicht – sei es insgesamt oder im wirtschaftlichen Geschäftsbetrieb – können Einkünfte in allen Einkunftsarten (§ 8 Abs. 1 KStG, § 2 EStG) erzielt werden. Für die Gewinneinkünfte ist in der Regel die Einnahme/Überschuss-Rechnung nach § 4 Abs. 3 EStG ausreichend. Bilanzierungspflicht nach allgemeinen Grundsätzen (§§ 4 Abs. 1, 5 Abs. 1 EStG, § 140 ff. AO). Bei steuerpflichtigen Stiftungen sind Aufwendungen für die Erfüllung von durch Stiftungsgeschäft, Satzung oder sonstige Verfassung vorgeschriebene Zwecke nicht abziehbar, § 10 Abs. 1 Nr. 1 KStG. Die Vorschrift berührt allerdings nicht die Einkommensermittlung nach allgemeinen Regeln. Betriebsausgaben, Werbungskosten und Spenden bleiben abzugsfähig. So gehören zB notwendige Verwaltungskosten einer Stiftung zu den Werbungskosten der verwalteten Kapitalerträge. Leistungen von Unternehmensstiftungen an verdiente Arbeitnehmer sind Betriebsausgaben (BFH I 205/59 U v. 10.5.60, BStBl. III 60, 335). Es gilt der allgemeine **Körperschaftsteuersatz. Freibetrag** nach § 24 KStG sind € 5.000,–. 27

Zuwendungen an Begünstigte (Destinatäre) sind seit 2002 grundsätzlich einkommensteuerpflichtig, wenn die Stiftung selbst steuerpflichtig ist und die Leistungen aus versteuertem Einkommen erbracht werden (vgl. *Orth* DStR 01, 325, 337). Die Vorbelastung der Einkünfte der Stiftung mit KSt wird ergänzt durch eine Nachbelastung beim Empfänger. Möglich ist eine Besteuerung als „Leistungen" nach § 20 Abs. 1 Nr. 9 EStG oder als „Bezüge" nach § 22 Satz 1 Nr. 1 Satz 2 Buchst. a EStG. § 20 Abs. 1 Nr. 9 EStG ist vorrangig zu beachten und sollte zumindest dann zur Anwendung kommen, wenn die Leistungsempfänger unmittelbar oder mittelbar Einfluss auf das Ausschüttungsverhalten der Stiftung nehmen können (BFH I R 98/09 v. 28

3.11.11, BStBl. II 11, 417, vgl. dazu auch *Spanke/Müller* BB 11, 932; *Kessler/Müller* DStR 11, 614). Die Rechtsprechung verpflichtet die Stiftung auch bei unklarer Rechtslage zur Einbehaltung und Abführung der **Kapitalertragsteuer** (BFH I R 98/09 v. 3.11.11, aaO, vgl. dazu auch *Spanke/Müller* BB 11, 932; *Kessler/Müller* DStR 11, 614). Ist die Abgrenzung zwischen Leistung und Bezügen nicht eindeutig, sollte daher im Zweifel von einer Leistung iSd. § 20 EStG ausgegangen werden.

29 Beide Einkommensarten unterliegen bei einer natürlichen Person dem Teileinkünfteverfahren nach § 3 Nr. 40 EStG. Ist der Empfänger körperschaftsteuerpflichtig, sind bei ihm die Bezüge nach § 8b Abs. 1 KStG zu 95% steuerfrei. Leistungen iSv. § 20 Abs. 1 Nr. 9 EStG unterliegen bei der Stiftung der **Kapitalertragsteuer** (§ 43 Abs. 1 Satz 1 Nr. 4a iVm. § 43a Abs. 1 Nr. 1 EStG). Beim Empfänger kommt idR die Abgeltungswirkung nach § 32d Abs. 1 EStG zum Tragen. Werbungskosten können nur noch im Rahmen des Sparerfreibetrags nach § 20 Abs. 9 EStG geltend gemacht werden. Bei Bezügen nach § 22 EStG ist keine Kapitalertragsteuer einzubehalten. Die Abgeltungswirkung gilt nicht. Stattdessen kann lediglich ein zusätzlicher Pauschbetrag für Werbungskosten iHv. € 102,– geltend gemacht werden (§ 9a Satz 1 Nr. 3 EStG).

30 **Familienstiftungen** genießen in Deutschland grundsätzlich keine Privilegien. Lediglich § 15 Abs. 2 Satz 1 ErbStG sieht ein geringen Vorteil der Steuerklassenwahl vor, sofern die Stiftung wesentliche Interessen einer Familie oder bestimmter Familien im Inland errichtet ist. Ansonsten sind inländische Familienstiftungen durch die Ersatzsteuer gem. § 1 Abs. 1 Nr. 4 ErbStG erheblich benachteiligt, da alle dreißig Jahre ein Erbfall fingiert wird. Zur Abmilderung kann die Stiftung die dreißigjährige Verrentung der Erbersatzsteuer beantragen (§ 24 ErbStG). Nach § 13a Abs. 9 ErbStG kommen die Verschonungsregeln des § 13a ErbStG zur Geltung. Vor diesem Hintergrund sollte alternativ geprüft werden, ob auch eine ausländische Familienstiftung gegründet werden kann.

31 Im Fall der **Auflösung der Familienstiftung** ist zu beachten, dass die Finanzverwaltung auch bei der Änderung des Stiftungscharakters einer Familienstiftung durch Satzungsänderung davon ausgeht, dass erbschaftsteuerrechtlich die bisherige Familienstiftung aufgehoben und eine neue Stiftung errichtet wird (vgl. ErbStR 2 Abs. 4). Die teilweise Auskehrung des Vermögensstamms an die Begünstigten fällt hingegen nicht als Schenkungsteuer nach § 7 Abs. 1 Nr. 9 ErbStG, sondern erst bei der vollständigen Aufhebung der Stiftung an. Hierbei ist § 15 Abs. 2 Satz 2 ErbStG zu beachten. Als Schenker gilt der Stifter. Bei der Auflösung einer von mehreren Stiftern errichteten Stiftung ist bei der Steuerberechnung gem. § 15 Abs. Satz 2 ErbStG für die Bestimmung der Steuerklasse auf das jeweilige Verhältnis des Anfallsberechtigten zu den Stiftern abzustellen (BFH II R 6/07 v. 30.11.09, BStBl. II 10, 237).

32–35 *(frei)*

2. Einzelerläuterungen

Zu § 1:

36 Der Stifter kann den **Namen** der Stiftung frei bestimmen. Die Nennung des Stifters ist möglich, aber keineswegs zwingend. Der Stifter ist auch in der Wahl des **Stiftungssitzes** frei. Der Sitz des Stiftung ist nicht an den Wohn- oder Geschäftssitz des Stifters gebunden. Zu beachten ist, dass durch den Stiftungssitz das jeweilige Landesstiftungsrecht (Rz. 10) und die zuständige Stiftungsbehörde (Rz. 14) bestimmt wird.

Zu § 2:

37 Der **Stiftungszweck** steht im Mittelpunkt der Beratung. Zu den gängigen Stiftungszwecken s. Rz. 4. Wird die Gemeinnützigkeit angestrebt, sind die zwingenden Vorgaben der Abgabenordnung (§§ 51ff. AO) zu beachten. Ansonsten ist man frei. Lediglich die Gesetze und die guten Sitten sind zu beachten. Der Stiftungszweck sollte eindeutig, aber nicht zu eng festgelegt werden, will man Stiftung und Stiftungsorganen noch Entscheidungsspielraum Möglichkeiten für neue Entwicklungen belassen.

Zu § 3:

Eine vorgeschriebene Mindestkapitalausstattung der Stiftung existiert nicht. Das **Stiftungsvermögen** muss so bemessen sein, dass der Stiftungszweck erfüllt werden kann. In der Mehrzahl der Bundesländer wurde bislang – auch abhängig vom Stiftungszweck – eine Mindestausstattung zwischen € 25.000,– und € 150.000,– erwartet. Die Tendenz geht allerdings dahin, auch kleinere Stiftungen zu ermöglichen. Der Stifter kann Vorgaben hinsichtlich der Vermögensverwaltung machen. Auch hierbei ist zu berücksichtigen, dass die Stiftung auf Dauer angelegt ist und die Vorgaben so flexibel sein müssen, dass auch bei unerwarteten Entwicklungen sachgerecht gehandelt werden kann. Die Delegation auf Dritte ist zulässig. **38**

Nach dem Grundsatz der **Vermögenserhaltung** muss – sofern nicht der Ausnahmefall einer Verbrauchsstiftung vorliegt – die Vermögenssubstanz der Stiftung grundsätzlich unangetastet bleiben. Die Landesstiftungsgesetze enthalten entsprechende Vorschriften, wonach das Stiftungsvermögen in seinem Bestand ungeschmälert zu erhalten ist. Zu erhalten ist hierbei das Grundstockvermögen, das sich aus dem bei Stiftungserrichtung zugewendeten Anfangsvermögen und dem nach dem Willen des Stifters, der Zustifter oder der Stiftungsorgane hinzuzurechnenden Vermögenswerten zusammensetzt. Auch die Anlage des Stiftungsvermögens hat dem Gebot der Vermögenserhaltung Rechnung zu tragen. Eine „mündelsichere Anlage“ ist nicht mehr vorgeschrieben. Aufgrund des Gebots der Vermögenserhaltung „in seinem Wert“ wäre eine rein sicherheitsorientierte Anlage ebenso problematisch wie die Anlage in risikobehafteten und hoch spekulativen Wertpapieren. Oberster Maßstab für Vermögenserhalt und Vermögensanlage ist auch hier der Wille des Stifters, der in der Satzung oder gesonderten Richtlinien Vorgaben treffen kann. **39**

Die **Erträge** des Stiftungsvermögens sind für den Stiftungszweck einzusetzen. Die Vermögenserträge dürfen nur ausnahmsweise der Vermögensmasse zugeführt werden, etwa wenn hierfür eine satzungsmäßige Grundlage besteht oder Vermögensverluste ausgeglichen werden müssen. Das Stiftungsvermögen ist grundsätzlich getrennt von anderen Vermögen zu erhalten. Die Stiftungsgesetze der Länder enthalten eine Reihe von **Genehmigungsvorbehalten** für bestimmte Rechtsgeschäfte. Hierzu gehören insbesondere Geschäfte, die mit Auflagen, Kosten, Einschränkungen oder Risiken verbunden sind wie zB Darlehen, Bürgschaften Schenkungen, erhebliche Vermögensumschichtungen, Belastung und Veräußerung des Grundstockvermögens oder von Grundstücken und Grundstücksrechten. Es empfiehlt sich, die Anlageleitlinien der Stiftung mit der Stiftungsaufsicht **abzustimmen**. **40**

Zu § 4:

Das Gesetz sieht bei Stiftungen nur den **Vorstand als zwingendes Organ** vor, §§ 86, 26 BGB. Er kann aus einer oder mehreren Personen bestehen. Darüber hinaus können nach Belieben des Stifters **zusätzliche Organe** in der Satzung festgeschrieben werden (zB Kuratorium, Beirat, Familienrat, Unternehmerrat). In diesem Fall müssen klare Regeln zur Kompetenzverteilung vorliegen. Das Bedürfnis der gegenseitigen Kontrolle ist selbstverständlich. Man muss jedoch hierbei berücksichtigen, dass die Stiftung handlungsfähig bleibt und in Notsituationen auch schnell handeln kann. Das vorliegende Satzungsbeispiel sieht ein Kuratorium als zusätzliches Beratungs- und Überwachungsgremium vor. Darüber hinaus muss sich der Stifter im Klaren sein, mit welchen qualifizierten Personen er die Positionen für die Organe besetzt. Dieses Problem stellt sich insbesondere für die Zukunft, wenn der „Kreis“ der dem Stifter bekannten und vertrauten Personen nicht mehr zur Verfügung steht. Die damit verbundenen Kosten sind zu berücksichtigen. Es muss jedoch sichergestellt werden, dass die **41**

Einbindung der Familie die Tätigkeit der Stiftung nicht unnötig behindert. Unsachliche Interessen sind auszugrenzen. Meinungsverschiedenheiten innerhalb der Familie dürfen nicht dazu führen, dass die Arbeit der Stiftung gehemmt wird. Zur **Vergütung** von Organmitgliedern s. A. 18.01 Rz. 31.

Zu § 5:

42 Die **Anzahl der Vorstandsmitglieder** unterliegt der freien Satzungsgestaltung des Stifters. Auch ein einziges Mitglied ist zulässig. Der Stifter kann dem Vorstand – auch als alleiniges Mitglied – selbst angehören. Die Nachfolge in Vorstandsämtern kann auch durch interne (zB Beirat, Kuratorium, Stiftungsrat) oder externe Gremien (zB Stifter, Gemeinde) bestimmt werden.

Zu § 6:

43 Vgl. §§ 86, 26 BGB.

Zu § 8:

44 Alleiniges **zwingendes Organ** ist der Stiftungsvorstand. Weitere Organe – vorliegend ein beratendes Kuratorium als Beispiel – sind optional und unterliegen der freien Gestaltung.

Zu § 11:

45 Im Gegensatz zur gemeinnützigen Stiftung (s. hierzu A. 18.02 Rz. 1 ff.) ist für die nicht gemeinnützige Stiftung eine explizite **Vermögensbindung nicht erforderlich**.

A. 18.02 Satzung einer rechtsfähigen, gemeinnützigen Stiftung

Gliederung

I. FORMULAR

Formular A. 18.02 Satzung einer rechtsfähigen, gemeinnützigen Stiftung

§ 1 Namen, Rechtsform, Sitz, Geschäftsjahr

(1) Die Stiftung führt den Namen „...... Stiftung“. Sie ist eine rechtsfähige, gemeinnützige Stiftung des bürgerlichen Rechts mit Sitz in ......

(2) Geschäftsjahr der Stiftung ist das Kalenderjahr.

§ 2 Gemeinnütziger Stiftungszweck

(1) Die Stiftung verfolgt ausschließlich und unmittelbar gemeinnützige Zwecke im Sinne des Abschnitts „Steuerbegünstigte Zwecke“ der Abgabenordnung.

(2) Zweck der Stiftung ist ...... Der Satzungszweck wird verwirklicht insbesondere durch ......

(3) Die Stiftung ist selbstlos tätig, sie verfolgt nicht in erster Linie eigenwirtschaftliche Zwecke.

§ 3 Stiftungsvermögen, gemeinnützige Mittelverwendung

(1) Das Stiftungsvermögen ergibt sich aus dem Stiftungsgeschäft. Es kann durch hierzu bestimmte, nachfolgende Zuwendungen des Stifters oder Dritter (Zustiftungen) erhöht werden.

(2) Im Interesse des langfristigen Bestands der Stiftung ist das Vermögen dauernd und ungeschmälert in seinem Wert zu erhalten. Vermögensumschichtungen sind zulässig.

(3) Mittel der Stiftung dürfen nur für die satzungsmäßigen Zwecke verwendet werden. Es darf keine Person durch Ausgaben, die dem Zweck der Stiftung fremd sind, oder durch unverhältnismäßig hohe Vergütungen begünstigt werden.

(4) Die Stiftung ist berechtigt, ihre Mittel ganz oder teilweise für die Verwirklichung der steuerbegünstigten Zwecke einer anderen steuerbegünstigten Körperschaft oder Körperschaft des öffentlichen Rechts zu verwenden.

(5) Rücklagen dürfen im Rahmen der steuerlichen Vorschriften gebildet werden. Der Vorstand kann freie Rücklagen dem Stiftungsvermögen zuführen.

(6) Ein Rechtsanspruch auf Stiftungsleistungen oder die Zuwendung von Stiftungsmitteln besteht nicht.

§ 4 Stiftungsorgane

(1) Organe der Stiftung sind der Stiftungsvorstand (§§ 5–7) und das Kuratorium (§§ 8–10).

(2) Die Mitglieder der Stiftungsorgane können für ihre Tätigkeit eine angemessene Vergütung und Ersatz der ihnen entstandenen, angemessenen Auslagen erhalten. Das Nähere regelt der Vorstand in einer Vergütungsordnung. Jede Änderung und Neufassung der Vergütungsordnung ist der Stiftungsbehörde anzuzeigen.

(3) Die Mitglieder der Stiftungsorgane haften der Stiftung gegenüber nur für vorsätzliches oder grob fahrlässiges Verhalten. Werden Organmitglieder von dritter Seite aufgrund einer Tätigkeit für die Stiftung in Anspruch genommen, stellt die Stiftung das betroffene Mitglied von jeglichen Ansprüchen frei, sofern dem Mitglied nicht vorsätzliches oder grob fahrlässiges Verhalten nachgewiesen wird. Die angemessenen Kosten einer in diesem Zusammenhang notwendigen Rechtsvertretung des Mitglieds trägt die Stiftung. Die Stiftung ist berechtigt, zur Absicherung der vorstehenden Risiken angemessenen Versicherungsschutz für die Stiftung und ihre Organmitglieder abzuschließen.

§ 5 Stiftungsvorstand

(1) Der Vorstand besteht aus drei Personen. Seine ersten Mitglieder sind im Stiftungsgeschäft bestimmt. Im Übrigen ergänzt sich der Vorstand durch Zuwahl (Abs. 3). Der Vorstand wählt aus seiner Mitte mit einfacher Mehrheit einen Vorsitzenden und einen stellvertretenden Vorsitzenden.

(2) Vorstandsmitglieder scheiden mit sofortiger Wirkung aus dem Amt aus, wenn das Vorstandsmitglied

a) sein Amt niederlegt oder verstirbt;

b) das 70. Lebensjahr vollendet;

c) aus wichtigem Grund durch einstimmigen Beschluss der übrigen Vorstandsmitglieder mit Zustimmung ds Kuratoriums abberufen wird.

(3) Scheidet ein Mitglied des Vorstandes aus, benennen die verbleibenden Mitglieder durch einstimmigen Beschluss einen Nachfolger. Ist die Benennung durch den Vor-

stand nicht innerhalb von drei Monaten nach dem Ausscheiden erfolgt, wird der Nachfolger durch das Kuratorium mit einfacher Mehrheit benannt.

(4) Der Vorstand ist berechtigt, sich eine Geschäftsordnung zu geben.

§ 6 Aufgaben des Stiftungsvorstands

(1) Der Stiftungsvorstand vertritt die Stiftung gerichtlich und außergerichtlich. Der Vorsitzende ist zur Vertretung der Stiftung allein vertretungsberechtigt. Ansonsten wird die Stiftung durch zwei Vorstandsmitglieder gemeinsam vertreten.

(2) Der Stiftungsvorstand führt die Geschäfte der Stiftung in sämtlichen Angelegenheiten.

(3) Bei der Führung der Geschäfte der Stiftung ist der Vorstand an das Gesetz, diese Satzung und den bekannten oder mutmaßlichen Willen des Stifters gebunden.

(4) Der Vorstand ist berechtigt, nach seinem Ermessen rechtliche und steuerliche Beratung gegen angemessenes Entgelt einzuholen.

§ 7 Geschäftsgang des Stiftungsvorstands

(1) Der Stiftungsvorstand wird durch den Vorsitzenden, bei seiner Verhinderung durch den stellvertretenden Vorsitzenden nach Bedarf, mindestens jedoch vierteljährlich unter Angabe der Tagesordnung und Einhaltung einer Frist von zwei Wochen zu einer Sitzung einberufen. Sitzungen sind ferner einzuberufen, wenn ein Mitglied dies verlangt.

(2) Der Stiftungsvorstand ist beschlussfähig, wenn ordnungsgemäß geladen wurde und mehr als die Hälfte der Mitglieder anwesend sind. Ladungsfehler gelten als geheilt, wenn alle betroffenen Mitglieder anwesend sind und von ihnen kein Widerspruch erfolgt.

(3) Der Stiftungsvorstand trifft seine Entscheidungen, soweit diese Satzung nichts anderes bestimmt, mit der Mehrheit der abgegebenen Stimmen. Bei Stimmengleichheit gibt die Stimme des Vorsitzenden den Ausschlag.

(4) Wenn kein Mitglied widerspricht, können Beschlüsse im Umlaufverfahren (schriftlich, per Telefax oder elektronisch, zB per E-Mail) gefasst werden.

(5) Über die Sitzungen sind Niederschriften zu fertigen und von den anwesenden Mitgliedern zu unterzeichnen sowie einem ggf. abwesenden Mitglied zur Kenntnis zu bringen.

§ 8 Kuratorium

(1) Das Kuratorium besteht aus mindestens drei, höchstens fünf Personen. Die ersten Mitglieder des Kuratoriums werden durch das Stiftungsgeschäft bestimmt. Das Kuratorium ergänzt sich durch Zuwahl (Abs. 3).

(2) Mitglieder des Kuratoriums scheiden mit sofortiger Wirkung aus dem Amt aus, wenn das Mitglied

a) sein Amt niederlegt oder verstirbt;

b) das 70. Lebensjahr vollendet;

c) aus wichtigem Grund durch einstimmigen Beschluss der übrigen Kuratoriumsmitglieder mit Zustimmung des Vorstands abberufen wird.

(3) Scheidet ein Mitglied des Kuratoriums aus, benennen die verbleibenden Mitglieder durch Beschluss mit einfacher Mehrheit einen Nachfolger.

(4) Die Mitglieder des Kuratoriums wählen aus ihrer Mitte einen Vorsitzenden und einen stellvertretenden Vorsitzenden.

(5) Das Kuratorium ist berechtigt, sich eine Geschäftsordnung zu geben.

§ 9 Aufgaben des Kuratoriums

(1) Das Kuratorium berät den Stiftungsvorstand in allen Angelegenheiten der Stiftung. Es tritt mindestens einmal im Jahr zusammen.

(2) Jedes Mitglied des Kuratoriums hat ein umfassendes Einsichtsrecht in alle Unterlagen und Aufzeichnungen über Geschäftsvorgänge.

(3) Dem Kuratorium obliegen auch

a) die Feststellung der vom Vorstand vorgelegten Jahresabrechnung, Vermögensübersicht und des Berichts über die Erfüllung der Stiftungszwecke,

b) die Entlastung des Vorstands und

c) die Beschlussfassungen im Rahmen des § 5 und des § 11.

§ 10 Geschäftsgang des Kuratoriums

(1) Das Kuratorium wird von seinem Vorsitzenden nach Bedarf, mindestens jedoch halbjährlich unter Angabe der Tagesordnung und Einhaltung einer Frist von zwei Wochen zu einer Sitzung einberufen. Sitzungen sind ferner einzuberufen, wenn ein Mitglied dies verlangt.

(2) Die Mitglieder des Stiftungsvorstandes sind zu sämtlichen Kuratoriumssitzungen zu laden und haben ein Teilnahmerecht. Sie sollen vor den Entscheidungen des Kuratoriums gehört werden, haben aber kein Stimmrecht.

(3) Das Kuratorium ist beschlussfähig, wenn es ordnungsgemäß geladen wurde und mehr als die Hälfte der Kuratoriumsmitglieder anwesend sind. Ladungsfehler gelten als geheilt, wenn alle zu ladenden Teilnehmer (Abs. 1 und 2) anwesend sind und von ihnen kein Widerspruch erfolgt.

(4) Das Kuratorium trifft seine Entscheidungen mit der Mehrheit der abgegebenen Stimmen. Bei Stimmengleichheit gibt die Stimme des Vorsitzenden, ersatzweise des stellvertretenden Vorsitzenden den Ausschlag.

(5) Wenn kein Mitglied widerspricht, können Beschlüsse im Umlaufverfahren (schriftlich, per Telefax oder elektronisch, zB per E-Mail) gefasst werden.

(6) Über die Sitzungen sind Niederschriften zu fertigen und von den anwesenden Kuratoriumsmitgliedern zu unterzeichnen sowie einem ggf. abwesenden Teilnahmeberechtigten (Abs. 1 und 2) zur Kenntnis zu bringen.

§ 11 Satzungsänderungen, Umwandlung und Aufhebung der Stiftung

(1) Änderungen dieser Satzung, Anträge auf Zusammenlegung mit einer anderen Stiftung oder auf Aufhebung der Stiftung können vom Stiftungsvorstand nur mit Zustimmung des Kuratoriums beschlossen werden. Sie dürfen die Steuerbegünstigung der Stiftung nicht beeinträchtigen oder aufheben. Satzungsänderungen und Anträge auf Umwandlung oder Aufhebung sind mit einer Stellungnahme der zuständigen Finanzbehörde der Stiftungsaufsichtsbehörde zuzuleiten. Eine Aufhebung der Stiftung soll nur erfolgen, wenn nach den eingetretenen Verhältnissen eine gründliche und nachhaltige Verwirklichung des Stiftungszwecks dauerhaft als ausgeschlossen erscheint.

(2) Bei Auflösung oder Aufhebung der Stiftung oder bei Wegfall steuerbegünstigter Zwecke fällt das Vermögen der Stiftung an eine juristische Person des öffentlichen Rechts oder an eine andere steuerbegünstigte Körperschaft zwecks Verwendung für steuerbegünstigte Zwecke im Sinne des § 2 dieser Satzung zu verwenden hat. Die begünstigte Einrichtung wird durch Beschluss des Stiftungsvorstands mit Zustimmung des Kuratoriums bestimmt. Die Vermögensübertragung darf erst nach Zustimmung der Stiftungsaufsicht und der zuständigen Finanzbehörde erfolgen.

II. ERLÄUTERUNGEN

Erläuterungen zu A. 18.02 Satzung einer rechtsfähigen, gemeinnützigen Stiftung

1. Grundsätzliche Anmerkungen

a) Nichtwirtschaftliche, gemeinnützige Ziele

1 Mit der Gründung einer gemeinnützigen Stiftung verfolgt der Stifter keine wirtschaftlichen, sondern altruistische Motive. Zweck der Stiftung ist die **Förderung des Gemeinwohls**, vgl. §§ 51, 52 AO. Der Gesetzgeber bietet **steuerliche Anreize** für die Stiftungsgründung, insbesondere durch den Spendenabzug (Rz. 9ff.). Steuervorteile sollten aber niemals das Hauptmotiv für die Stiftungsgründung sein. Die gemeinnützige Stiftung ist kein taugliches „Steuersparmodell", da sie eine Entäußerung des Stifters in Form der endgültigen Vermögensübertragung in den gemeinnützigen Bereich voraussetzt. Steuervorteile können diesen Vermögensverlust nur mindern, nicht kompensieren. Vor diesem Hintergrund ist eine sorgfältige **Beratung des Stifters** über das „Ob" und das „Wie" der gemeinnützigen Stiftung und den Umfang der Vermögensübertragung erforderlich. Für den aufrichtig altruistischen Stifter, der gemeinnützige Ziele verfolgt, sind die partielle Steuerbefreiung (Rz. 3ff.) und der Spendenabzug (Rz. 9ff.) idR wichtig, aber nicht entscheidend. Zu beachten sind aber die strengen Bindungen des Gemeinnützigkeitsrechts. Das Vermögen ist dem gemeinnützigen Zweck verpflichtet. Die tatsächliche Geschäftsführung ist ebenso an die gemeinnützigen Zwecke gebunden. Hieraus folgen zusätzliche Haftungsgefahren für die Stiftungsorgane.

b) Stiftungsrecht

2 S. A. 18.01 Rz. 6ff.

c) Steuerrecht

3 Stiftungen können wegen ihrer Gemeinnützigkeit nach § 5 Abs. 1 Nr. 9 KStG, § 3 Nr. 6 GewStG **ertragsteuerbefreit** sein. Ferner könnten die die Umsätze der gemeinnützigen Stiftung nach Maßgabe des § 12 Abs. 2 Nr. 8 UStG dem **ermäßigten Umsatzsteuersatz** unterliegen.

4 Die **Gemeinnützigkeit** bestimmt sich nach §§ 51ff. AO. Eine Stiftung verfolgt gemeinnützige Zwecke, wenn ihre Tätigkeit darauf gerichtet ist, die Allgemeinheit auf materiellem, geistigem oder sittlichem Gebiet selbstlos zu fördern, § 52 Abs. 1 Satz 1 AO. Die gemeinnützigen Zwecke sind in § 52 Abs. 2 AO aufgezählt. Zu den mildtätigen und kirchlichen Zwecken s. §§ 53 und 54 AO. Vorbereitungshandlungen einer neu gegründeten gemeinnützigen Stiftung reichen aus, um die Voraussetzungen der Steuerbefreiung zu erfüllen, wenn die Tätigkeiten ernsthaft auf die Erfüllung der steuerbegünstigten, satzungsgemäßen Zwecke ausgerichtet sind (BFH I R 29/02 v. 23.7.03, BStBl. II 03, 930). Die bloße Absicht, die Gemeinnützigkeitskriterien zu einem unbestimmten Zeitpunkt zu erfüllen, ist nicht ausreichend. Zur tatsächlichen Geschäftsführung iSd. § 63 Abs. 1 AO gehören in diesem Zusammenhang alle Tätigkeiten und Entscheidungen, die der Verwirklichung der Satzungszwecke vorausgehen und sie vorbereiten.

5 Auch **ausländische und im Ausland tätige Stiftungen** können als gemeinnützig anerkannt werden. Die frühere Beschränkung des § 5 Abs. 2 KStG für ausländische Körperschaften war europarechtswidrig und wurde mit dem JStG 2009 v. 19.12.08 (BGBl. I 08, 2794) weitgehend aufgehoben (s. § 5 Abs. 2 Nr. 2 KStG idF des JStG

2009; zur Anwendung für vorangegangene VZ s. § 34 Abs. 5a KStG). Parallel hierzu hat der Gesetzgeber allerdings in § 51 Abs. 2 AO das Erfordernis eines „strukturellen Inlandsbezuges“ hinzugefügt.

Bei der Überprüfung und steuerlichen Behandlung ist **verfahrenstechnisch** zu unterscheiden: 6

- In der **Gründungsphase** (dh. vor dem eigentlichen Gründungsakt der Stiftung) ist eine (Satzungs-)Überprüfung weder in Gesetz noch Verwaltungsanweisungen vorgesehen. Der (empfehlenswerten) Praxis entspricht es jedoch, den Satzungsentwurf dem zuständigen (Körperschaftsteuer-)Finanzamt zur Prüfung einzureichen. Auf diese Weise können mit der Finanzbehörde bereits im Vorfeld Unklarheiten bereinigt und ggf. Anpassungen vorgenommen werden, um den umständlichen Weg der späteren Satzungsänderung zu vermeiden. Die Stellungnahme der Finanzbehörde ist in diesem Stadium regelmäßig eine unverbindliche Auskunft, auf die kein Rechtsanspruch besteht. Dennoch verläuft die Abstimmung im Regelfall kooperativ und schafft Satzungssicherheit.
- Bei der neu **gegründeten Stiftung** bescheinigt das zuständige Finanzamt **ab VZ 2013** auf Antrag oder von Amts wegen durch **Feststellungsbescheid** gem. § 60a AO, dass die Satzung die Voraussetzungen für die Gemeinnützigkeit erfüllt. Die Stiftung ist damit zur Entgegennahme von Spenden berechtigt. Ergänzend erteilt die Finanzverwaltung eine Nichtveranlagungsbescheinigung zur Kapitalertragsteuer (s. § 44a Abs. 4 und 7 EStG).
- Die „Erteilung“ der Gemeinnützigkeit erfolgt nicht in einem gesonderten Verfahren. Es erfolgt keine einmalige, isolierte „Anerkennung“ als gemeinnützige Körperschaft. Die Entscheidung darüber, ob die Voraussetzungen der Steuerbefreiung vorliegen, wird in den **Veranlagungsverfahren** für die jeweilige Steuer und den jeweiligen Veranlagungszeitraum gefällt (BFH I B 58/85 v. 7.5.86, BStBl. II 86, 677). Die Entscheidung, ob zB eine Stiftung im Jahr 01 gemeinnützig und damit steuerbefreit ist, ergeht also im Körperschaftsteuerbescheid des Jahres 01, die Entscheidung über die Gemeinnützigkeit im Jahr 02 im Körperschaftsteuerbescheid 02 usw.
- Die Steuerfreistellung kann auch durch einen steuerlichen **Freistellungsbescheid** (§ 155 Abs. 1 Satz 3 AO) bestätigt werden. Der Freistellungsbescheid ist Steuerbescheid (s. § 155 AO) und regelt verbindlich die Freistellung von der Steuerfestsetzung. Er ist kein Grundlagenbescheid iSd. § 171 Abs. 10 AO, aber dennoch auch für andere Steuerarten maßgebend (s. *Buchna*, Gemeinnützigkeit im Steuerrecht, 10. Aufl., 2010, S. 379 ff.). Die Freistellung wird spätestens alle drei Jahre von Amts wegen überprüft (AEAO zu § 59 Tz. 7).
- Besteht partielle Steuerpflicht im wirtschaftlichen Geschäftsbetrieb (s. u. Rz. 7), erfolgt die Veranlagung mit **Körperschaftsteuerbescheid**. Ein ergänzender Freistellungsbescheid für den gemeinnützigen Bereich ergeht dann nicht.
- Die Befreiungsvoraussetzungen der Gemeinnützigkeit müssen während des gesamten Veranlagungszeitraums vorliegen (vgl. §§ 60 Abs. 2 Satz 2, 63 Abs. 2 AO). Bei abweichendem Wirtschaftsjahr ist dieses maßgebend (OFD Frankfurt v. 20.6.05, DB 05, 1547). Wurde die Gemeinnützigkeit versagt, hat dies den **Verlust der Steuerbefreiung** für die betroffenen Jahre zur Folge. Werden die ertragsteuerlichen Vorschriften über die Vermögensminderung verletzt, kann die Körperschaft die Gemeinnützigkeit mit zehnjähriger Rückwirkung verlieren, vgl. §§ 61 Abs. 3, 63 Abs. 2 AO.

Für die Beratung ist zu beachten, dass die Gemeinnützigkeit keine generelle, sondern nur eine **partielle Ertragsteuerbefreiung** vermittelt. Unterhält die gemeinnützige Stiftung einen wirtschaftlichen Geschäftsbetrieb, ist sie ertragsteuerpflichtig, § 5 Abs. 1 Nr. 9 KStG. Für die steuerliche Beurteilung der gemeinnützigen Stiftung ist insoweit zwischen **vier Einnahmesphären** zu unterscheiden: 7

- Die Einnahmen der Stiftung aus Spenden und öffentlichen Zuschüssen fallen in ihren **ideellen Bereich**. Dieser Bereich ist ertragsteuerfrei.
- Die **Vermögensverwaltung** der gemeinnützigen Körperschaft ist ertragsteuerfrei. Sie liegt nach § 14 Abs. 1 Satz 3 AO idR dann vor, wenn Vermögen genutzt, zB Kapitalvermögen verzinst oder unbewegliches Vermögen vermietet oder verpachtet wird.
- Gemeinnützige Körperschaften, die grundsätzlich befreit sind, sind mit ihrem **wirtschaftlichen Geschäftsbetrieb** ertragsteuerpflichtig, § 5 Abs. 1 Nr. 9 Satz 2 KStG, §§ 64 Abs. 1, 14 AO. Regelmäßig fällt auch Umsatzsteuer zum Regelsteuersatz an. Der wirtschaftliche Geschäftsbetrieb ist kein eigenständiges Steuersubjekt, sondern Bestandteil der gemeinnützigen Körperschaft. Steuersubjekt bleibt allein die Körperschaft, die innerhalb des Geschäftsbetriebs der (partiellen) Steuerpflicht unterliegt. Die Steuerfreiheit des übrigen gemeinnützigen Bereichs bleibt unberührt.
- Bestimmte wirtschaftliche Geschäftsbetriebe der gemeinnützigen Körperschaft können wiederum als **Zweckbetriebe** ertragsteuerbefreit sein. Dies sind solche wirtschaftlichen Geschäftsbetriebe, die die Kriterien der §§ 65 ff. AO erfüllen und derart die gemeinnützige Tätigkeit bedingen und unterstützen, dass auch auf sie die Steuerbefreiung Anwendung findet.

8 Die **Kapitalausstattung** der gemeinnützigen Stiftung kann idR steuerneutral erfolgen: Die Einbringung von Wirtschaftsgütern aus dem Privatvermögen in eine gemeinnützige Körperschaft ist beim Zuwendenden ertragsteuerfrei. Dies gilt auch für die Einbringung wesentlicher Beteiligungen (§ 17 EStG), von Grundstücken oder Wertpapieren. Die Einbringung in eine gemeinnützige Körperschaft kann auch nicht zur Begründung eines gewerblichen Grundstückshandels führen. Die Einbringung von Wirtschaftsgütern des Betriebsvermögens in eine gemeinnützige Körperschaft kann zum Buchwert erfolgen, wenn die Wirtschaftsgüter im ideellen Bereich, in der Vermögensverwaltung oder in einem Zweckbetrieb verwendet werden, §§ 6 Abs. 1 Nr. 4 Satz 4 und 5 EStG, 55 Abs. 3 AO. Werden die Wirtschaftsgüter im wirtschaftlichen Geschäftsbetrieb verwendet, ist eine Buchwertfortführung nicht möglich. Bei der Einbringung von Betrieben, Teilbetrieben und Mitunternehmeranteilen ist zwingend der Buchwert anzusetzen, § 6 Abs. 3 EStG. Die steuerbegünstigte Körperschaft führt den Betrieb, Teilbetrieb oder die Mitunternehmerschaft als wirtschaftlichen Geschäftsbetrieb fort, sofern nicht ausnahmsweise ein steuerbefreiter Zweckbetrieb vorliegt.

9 Unabhängig von der Frage der Gewinnrealisierung kann der Stifter den **Spendenabzug** als Sonderausgaben nach § 10b EStG geltend machen. Abzugsfähig sind Geld- oder Sachspenden. Nicht abzugsfähig sind Nutzungen und Leistungen, § 10b Abs. 3 Satz 1 EStG, § 9 Abs. 2 Satz 2 KStG. Zur Bewertung von Sachspenden s. § 10b Abs. 3 Satz 3 EStG, § 9 Abs. 2 Satz 3 KStG. Die Spende ist bei Entnahme aus dem Betriebsvermögen wahlweise § 6 Abs. 1 Nr. 4 Satz 1 EStG (Teilwert mit USt, EStR 111 Abs. 1) oder bei qualifiziertem Empfänger nach § 6 Abs. 1 Nr. 4 Satz 4 und 5 EStG zu ermitteln (s. auch *Schmidt/Heinicke* § 10b Rz. 2). Seit dem VZ 2009 bestimmt sich die Höhe der Zuwendung nur noch dann nach dem gemeinen Wert des zugewendeten Wirtschaftsguts, wenn dessen Veräußerung im Zeitpunkt der Zuwendung keinen Besteuerungstatbestand erfüllt, § 10b Abs. 3 Satz 3 EStG. Ist Letzteres der Fall, dürfen bei dem Spendenabzug nur die fortgeführten Anschaffungs- oder Herstellungskosten angesetzt werden, sofern nicht zuvor eine Gewinnrealisierung (Aufdeckung stiller Reserven) stattgefunden hat. Dies ist insbesondere bei der Übertragung von GmbH-Anteilen bedeutsam.

10 Nicht abzugsfähig sind **Spenden, die für den wirtschaftlichen Geschäftsbetrieb** der Körperschaft bestimmt sind. In diesem Fall entfällt auch die Schenkungsteuerbefreiung nach § 13 Abs. 1 Nr. 16 Buchst. b ErbStG. Wird die Zuwendung aber aus Sicht des Spenders für die gemeinnützigen Zwecke gewährt, aber sodann ohne Zutun

des Spenders seitens der Körperschaft fehlverwendet, wird hierdurch der Spendenabzug nicht berührt. Zur Spendenhaftung s. § 10b Abs.4 EStG. Wird durch die Zuwendung ein wirtschaftlicher Geschäftsbetrieb begründet, ist dies sowohl für den Spendenabzug als auch schenkungsteuerlich unschädlich.

In der **Höhe des Spendenabzuges** sieht § 10b Abs. 1 EStG seit dem 1.1.07 einen einheitlichen Spendenabzug von bis zu 20% der Einkünfte bzw. 4‰ der Umsätze vor. Übersteigende Spenden können nach Maßgabe des § 10d Abs. 4 EStG zeitlich unbegrenzt vorgetragen werden. Ein Rücktrag ist seit 2007 nicht mehr möglich. Für Zuwendungen in den Vermögensstock besteht darüber hinaus noch eine weiter gehende Abzugsmöglichkeit von bis zu € 1.000.000,–, bei zusammenveranlagten Ehegatten **ab VZ 2013** bis zu € 2.000.000,--, § 10b Abs. 1a EStG. Gefördert werden nicht nur Spenden anlässlich der Neugründung, sondern allgemein auch Zustiftungen in das Vermögen. Die Zuwendung muss in das zu erhaltende Vermögen erfolgen, so dass Zuwendungen an gemeinnützige Verbrauchsstiftungen regelmäßig nicht dem erhöhten Spendenabzug unterliegen. Der Spender kann diesen zusätzlichen Höchstbetrag einmal alle zehn Jahre in Anspruch nehmen (§ 10b Abs. 1a Satz 3 EStG), wobei der Betrag beliebig auf die einzelnen Jahre verteilt werden kann. Die Zehn-Jahres-Frist beginnt mit dem Zeitpunkt der Zuwendung, nicht der Stiftungseinrichtung. Im Falle der Verteilung erfolgt eine gesonderte Feststellung, § 10b Abs. 1a Satz 4, § 10d EStG. Bei Zuwendungen aus dem betrieblichen Bereich kann der Betrag allerdings nur bei der Gewerbesteuer, nicht bei der Körperschaftsteuer in Abzug gebracht werden, vgl. § 9 Abs. 1 Nr. 2 KStG. 11

Zuwendungen an den ideellen Bereich von gemeinnützigen Körperschaften sind nach § 13 Abs. 1 Nr. 16 Buchst. b ErbStG **erbschaft- und schenkungsteuerfrei**. Sie gilt nicht, wenn die Zuwendungen in den wirtschaftlichen Geschäftsbetrieb (s. Rz. 7) geflossen sind. Die Befreiung greift allerdings, wenn der gemeinnützigen Körperschaft ein wirtschaftlicher Geschäftsbetrieb schenkweise zugewendet wird (ErbStR 47 Abs. 2). Die Finanzverwaltung will die Erbschaft- und Schenkungsteuerbefreiung nicht anwenden, wenn die Körperschaft lediglich als Vorerbin einer nicht gemeinnützigen (zB natürlichen) Person eingesetzt wird (FM Bayern v. 12.11.03, ZEV 04, 65). Dies ist weder mit dem Gesetzestatbestand zu vereinbaren (s. auch *Söffing/Thoma* BB 04, 855) noch steuersystematisch gerechtfertigt oder erforderlich, da der Nacherbfall selbst ein steuerbarer Vorgang (§§ 1 Abs. 1 Nr. 1, 6 ErbStG) ist. Nach § 29 Abs. 1 Nr. 4 ErbStG entfällt die Erbschaft- und Schenkungsteuer nachträglich bei Einbringung des ererbten oder geschenkten Vermögens in eine gemeinnützige Stiftung innerhalb von zwei Jahren nach Entstehung der Steuer (s. § 9 ErbStG), wobei der Zweck der Stiftung sämtliche steuerbegünstigten Zwecke iSd. §§ 52–54 AO umfassen kann. Ausgenommen sind lediglich die sog. „Freizeitzwecke" iSd. § 52 Abs. 2 Nr. 23 AO. Auch dieser Befreiungstatbestand gilt sowohl für die rechtsfähige als auch die nicht rechtsfähige Stiftung. Um die Steuerbefreiung zu gewährleisten, dürfen das Stiftungsgeschäft und die Satzung keine Zuwendungen an die Angehörigen iSd. § 58 Nr. 6 AO vorsehen, § 29 Abs. 1 Nr. 4 Satz 2 ErbStG. Ein zusätzlicher Spendenabzug nach § 10b EStG, § 9 Abs. 1 Nr. 2 KStG ist nach dem Gesetzestatbestand ebenfalls ausgeschlossen (zu Gestaltungsmöglichkeiten durch Zweckvermächtnisse (§ 2156 BGB) s. *Söffing/ Thoma* ErbStB 05, 212, 214). 12

Erfolgt die Kapitalausstattung durch Schenkung eines Grundstücks, fällt auch **Grunderwerbsteuer** nicht an (s. aber – uE unzutreffend – FinBeh. Hamburg v. 28.12.04, ZEV 05, 340, zur Übertragung der öffentlichen Hand auf eine Stiftung). Dies gilt auch dann, wenn aufgrund der Gemeinnützigkeit nach § 13 Abs. 1 Nr. 16 Buchst. b ErbStG keine Schenkungsteuer erhoben wird. Erfolgt die Schenkung unter Auflagen, ist sie mit Verbindlichkeiten (zB Darlehen) belastet, fällt auch bei der gemeinnützigen Stiftung aufgrund der (Teil-)Entgeltlichkeit Grunderwerbsteuer an (vgl. auch § 3 Nr. 2 Satz 2 GrEStG). 13

14 **Zuwendungen an Begünstigte** (Destinatäre) der gemeinnützigen Stiftung können bei den Begünstigten steuerpflichtig sein. Steuerpflicht tritt nicht ein, soweit die Leistungen an den Begünstigten im Rahmen des gemeinnützigen Satzungszwecks erbracht werden, § 22 Nr. 1 Satz 2 Buchst. a EStG, zB bei Rentenzahlungen einer mildtätigen Stiftung. Die gemeinnützige Stiftung hat bei Zuwendungen an Begünstigte das Mittelverwendungsverbot für den nicht gemeinnützigen Bereich zu beachten (s. §§ 55 ff. AO).

15 **Zuwendungen an den Stifter und seine Erben** sind regelmäßig unzulässig. Sie dürfen grundsätzlich keine Gewinnanteile oder sonstige Zuwendungen aus Mitteln der gemeinnützigen Stiftung erhalten, § 55 Abs. 3, Abs. 1 Nr. 1 Satz 2 AO. Zwar kann die Stiftung nach § 58 Nr. 6 AO einen Teil, höchstens jedoch $^1/_3$ ihres Einkommens dazu verwenden, um in angemessener Weise den Stifter und seine nächsten Angehörigen zu unterhalten. Hierbei setzen Rechtsprechung und Finanzverwaltung jedoch regelmäßig eine Bedürftigkeit des Begünstigten voraus. Die Zuwendungen im Rahmen von § 58 Nr. 6 AO sind beim Empfänger als wiederkehrende Bezüge iSv. § 22 Nr. 1 EStG steuerpflichtig, wenn sie regelmäßig geleistet werden. Voraussetzung für die Annahme solcher wiederkehrender Bezüge ist, dass sich die Leistungen aufgrund eines von vornherein gefassten einheitlichen Entschlusses oder eines einheitlichen Rechtsgrunds mit einer gewissen Regelmäßigkeit, wenn auch nicht immer in gleicher Höhe, wiederholen (BFH VIII 24/65 v. 20.7.71, BStBl. II 72, 170; BFH VIII R 9/77 v. 19.10.78, BStBl. II 79, 133). Der einheitliche Entschluss liegt in dem in der Satzung festgeschriebenen Stifterwillen (BFH IX R 98/82 v. 25.8.87, BStBl. II 88, 344). Erfolgt die Zuwendung **nicht regelmäßig**, findet keine Besteuerung nach § 22 Nr. 1 EStG statt.

16–20 *(frei)*

2. Einzelerläuterungen

Zu § 1:

21 S. A. 18.01 Rz. 36.

Zu § 2:

22 Durch das JStG 2009 v. 19.12.08 (BGBl. I 08, 2794) wurden in § 60 Abs. 1 Satz 2 AO die Formulierungen der **„Mustersatzung"** der Finanzverwaltung gesetzlich verbindlich vorgeschrieben und als Anlage zur AO genommen. Die Formulierungen sind in allen nach dem 31.12.08 gegründeten Körperschaften sowie bei allen nach dem 31.12.08 vorgenommenen Satzungsänderungen zwingend zu übernehmen, Art. 97 § 1f EGAO. **Ab VZ 2013** wird die satzungsmäßige Gemeinnützigkeit zudem durch einen **Feststellungsbescheid** bestätigt (§ 60a AO).

Zu § 2 Abs. 1:

23 Zwingend gem. Mustersatzung (Rz. 22).

Zu § 2 Abs. 2:

24 Die **gemeinnützigen Zwecke** sind in § 52 Abs. 2 Satz 1 AO aufgezählt. Der Gesetzeskatalog wurde in 2007 neu gefasst und soll grundsätzlich abschließenden Charakter haben. Sofern der von der Stiftung verfolgte Zweck nicht unter den Katalog fällt, kann er nur ausnahmsweise durch eine bundesweit abgestimmte Verwaltungsregelung für gemeinnützig erklärt werden, vgl. § 52 Abs. 2 Satz 2 AO. In der Praxis empfiehlt es sich daher, den Stiftungszweck an den Gesetzeskatalog zu orientieren und durch den Nachsatz „Der Satzungszweck wird verwirklicht insbesondere durch …" sodann eine nähere Konkretisierung vorzunehmen.

25 Eine **Förderung der Allgemeinheit** liegt nicht vor, wenn der Kreis der profitierenden Personen fest abgeschlossen oder so begrenzt ist, dass er dauerhaft nur klein

sein kann, § 52 Abs. 1 Satz 2 AO. Das Gesetz nennt beispielhaft eine Begrenzung auf Familien- oder Unternehmensangehörige bzw. nach räumlichen oder beruflichen Merkmalen. Die Förderung von Sonderinteressen oder exklusiver Kreise ist nicht steuerbegünstigt. Durch § 52 Abs. 1 Satz 2 AO werden Eingrenzungen aber nicht generell ausgeschlossen. Auch eine gemeinnützige Körperschaft darf (und muss häufig) den Kreis der Zugangsberechtigten in sachlicher, regionaler, beruflicher oder persönlicher Hinsicht begrenzen. Ausreichend ist daher, wenn der Kreis der Profitierenden einen Ausschnitt aus der Allgemeinheit darstellt.

Ein **wirtschaftlicher Geschäftsbetrieb** (s. Rz. 7) darf nicht als Satzungszweck **26** festgelegt werden. Aufgrund des Ausschließlichkeitsprinzips (§ 56 AO) ist dies auch dann nicht zulässig, wenn der wirtschaftliche Geschäftsbetrieb lediglich neben den steuerbegünstigten Zwecken genannt wird.

Die Steuervergünstigung wird gewährt, wenn sich die ausschließliche und unmit- **27** telbare **Verfolgung der gemeinnützigen Zwecke** aus der Satzung bzw. dem Stiftungsgeschäft ergibt, § 59 AO. Die Satzungszwecke und ihre Verwirklichung müssen dort so genau beschrieben sein, dass die satzungsmäßigen Voraussetzungen für die Steuervergünstigung überprüft werden können (§ 60 Abs. 1 AO).

Zu § 2 Abs. 3:

Zwingend gem. Mustersatzung (Rz. 22). **28**

Zu § 3:

S. zunächst A. 18.01 Rz. 38ff. Bei der Vermögensverwaltung und Mittelverwen- **29** dung sind die strengen **Vorgaben des Gemeinnützigkeitsrechts** zu berücksichtigen. Die Förderung der Allgemeinheit durch die gemeinnützige Stiftung muss **selbstlos** erfolgen, § 52 Abs. 1 Satz 1 AO. Dieser Gesetzesbegriff wird in § 55 AO näher konkretisiert: Die Körperschaft darf nicht in erster Linie eigenwirtschaftliche Zwecke (zB gewerbliche oder sonstige Erwerbszwecke) verfolgen. Darüber hinaus müssen die in § 55 Abs. 1 Nr. 1 bis 4 AO genannten Voraussetzungen erfüllt werden.

Zu § 4:

S. zunächst A. 18.01 Rz. 41. Auch bei einer gemeinnützigen Stiftung stellt sich **30** immer die Frage, ob und wieweit sich der Stifter oder seiner Familie **Vorrechte** vorbehalten kann. Hier sind fast alle aus dem Wirtschaftsrecht bekannten Gestaltungsmöglichkeiten zulässig. Der Stifter kann sich bzw. seinen Nachkommen einen Sitz in einem der Organe vorbehalten. Es können speziell Organe für die Familie gegründet werden (zB Familienrat). Die Satzung kann einen Katalog zustimmungspflichtiger Geschäfte zugunsten des Stifters und seiner Familie vorsehen. Für die Stifter und seine Familie können besondere Informations- und Einsichtsrechte festgeschrieben werden. Rechtlich **zwingend** ist nur der Stiftungsvorstand, s. A. 18.01 Rz. 41.

Zu § 4 Abs. 2:

Der Stifter sollte in der Satzung eine Regelung vorsehen, ob der Stiftungsvorstand **31** **ehrenamtlich** oder gegen **Vergütung** tätig werden soll. Wird die Möglichkeit einer Vergütung in der Satzung nicht positiv festgelegt, gilt der Ehrenamtsgrundsatz. **Ab 2015** ist dies durch §§ 86, 27 BGB auch gesetzlich verankert. Will die Stiftung ihren Organen eine Vergütung zahlen oder gar hauptamtliche Organmitglieder installieren, bedarf dies einer ausdrücklichen Satzungsgrundlage. Eine nachfolgende Satzungsänderung ist uU schwierig herstellbar, weil die Stiftungsbehörde die Regelung als Verstoß gegen den ursprünglichen Stifterwillen ansehen könnte.

Zu § 4 Abs. 3:

Die vorgeschlagene Regelung geht weiter als die für den Verein konzipierte **Haf-** **32** **tungsbeschränkung** des § 31a BGB und trägt dem Praxisinteresse – insbesondere, aber nicht nur bei ehrenamtlichen Vorstandsmitgliedern – Rechnung. Da in Stiftungen häufig erhebliche Vermögenswerte verwaltet und größere Zahlungsströme verantwortet werden, besteht auf Seiten der Stiftungsorgane ein berechtigtes Bedürfnis nach einer Begrenzung des Haftungsrisikos.

Zu §§ 5–6:

33 S. A. 18.01 Rz. 42f.

Zu § 8:

34 S. A. 18.01 Rz. 44.

Zu § 11:

35 Für gemeinnützige Stiftungen schreiben §§ 60, 62 AO explizit eine **gemeinnützige Vermögensbindung** vor. Es muss auch satzungsmäßig sichergestellt sein, dass das der Stiftung übertragende Vermögen dauerhaft in der Gemeinnützigkeit verbleibt. Die finanzbehördliche **Mustersatzung** (Anlage 1 zur AO, s. Rz. 22) gibt zwei alternative Formulierungsvorgaben.

A. 18.03 Stiftungsgeschäft einer rechtsfähigen (gemeinnützigen oder nicht gemeinnützigen) Stiftung

Gliederung

I. FORMULAR

Formular A. 18.03 Stiftungsgeschäft einer rechtsfähigen (gemeinnützigen oder nicht gemeinnützigen) Stiftung

Stiftungsgeschäft

1. Ich errichte hiermit unter Bezugnahme auf das Stiftungsgesetz des Landes ...... die

...... Stiftung

als rechtsfähige Stiftung des bürgerlichen Rechts mit dem Sitz in ...... Die Stiftung erhält die in der Anlage beigefügte Satzung, die Bestandteil dieses Stiftungsgeschäfts ist.

2. Zweck der Stiftung ist ......

3. Die Stiftung statte ich mit einem Vermögen von € ...... (in Worten: ......) aus. Ich sichere zu, das Stiftungsvermögen nach Maßgabe der gesetzlichen Bestimmungen auf die Stiftung zu übertragen.

4. Organe der Stiftung sind der Vorstand und das Kuratorium nach Maßgabe der anliegenden Satzung. Zu Mitgliedern des ersten Vorstands bestimme ich:

......, als Vorsitzender.

......

......

Zu Mitgliedern des ersten Kuratoriums bestimme ich

......, als Vorsitzender.

......

......

.............................., den ....

II. ERLÄUTERUNGEN

Erläuterungen zu A. 18.03 Stiftungsgeschäft einer rechtsfähigen (gemeinnützigen oder nicht gemeinnützigen) Stiftung

1. Grundsätzliche Anmerkungen

a) Wirtschaftliche/Nichtwirtschaftliche Ziele

S. hierzu A. 18.01 Rz. 1ff. 1

b) Stiftungs- und Zivilrecht

Das Stiftungsgeschäft ist eine einseitige, empfangsbedürftige Willenserklärung. Unter 2
Lebenden bedarf es der **Schriftform**, § 81 Satz 1 BGB. Nach zutreffender, aber streitiger Ansicht bedarf das Stiftungsgeschäft auch dann **nicht der notariellen Beurkundung**, wenn Grundstücke oder GmbH-Anteile übertragen werden: § 81 Abs. 1 Satz 1 BGB wird insoweit mehrheitlich als lex specialis gegenüber § 311b BGB bzw. § 15 Abs. 4 GmbHG angesehen (OLG Schleswig-Holstein 9 W 50/95 v. 1.8.95, DNotZ 96, 770; *Staudinger/Rawert* § 81 BGB Rz. 3; *Seifart/v. Campenhausen/Hof* § 7 Rz. 15 und § 10 Rz. 25). Dem Schutzzweck der Vorschriften wird durch die Stiftungsaufsicht Rechnung getragen. Nach Anerkennung der Stiftung bedarf allerdings der dingliche Übertragungsakt, die Auflassung (§ 925 BGB), der notariellen Beurkundung. Die Beurkundung des Stiftungsgeschäfts mit gleichzeitiger Auflassung reduziert insoweit die Notarkosten.

Bei der Stiftungserrichtung unter Lebenden liegt der Zuwendung an die Stiftung re- 3
gelmäßig eine **Schenkung** zugrunde (BGH IV ZR 249/02 v. 10.12.03, NJW 04, 1382). Bei der **Verfügung von Todes wegen** kann das Stiftungsgeschäft in Testamentsform (§§ 2247ff. BGB) oder durch Erbvertrag (§§ 2274ff. BGB) erfolgen. Hierbei ist die Testierfähigkeit des Stifters erforderlich (vgl. § 2229 Abs. 4 BGB). Die Testierfähigkeit kann auch durch einen Betreuer gewährleistet werden. Fehlen dem Betreuten Einsichtsvermögen und die Fähigkeit zur freien Willensbestimmung, kann aber auch die Zustimmung des Betreuers die Testierfähigkeit nicht herstellen. Aber auch die Stiftung unter Lebenden ist unter Betreuung stehenden Personen wegen des zivilrechtlichen Schenkungsverbots (vgl. §§ 1908i Abs. 2, 1804 BGB) regelmäßig versagt. Im Stiftungsgeschäft wird die **Stiftungssatzung** (Formular A. 18.01) festgelegt, § 85 BGB.

c) Steuerrecht

Nachfolgend Besteuerungshinweise zur Stiftungserrichtung. Zur **laufenden Stif-** 4
tungsbesteuerung s. A. 18.01 Rz. 21ff. Zu den Besonderheiten der gemeinnützigen Stiftung A. 18.03 Rz. 21ff.

Die **Stiftungserrichtung** führt bei der Stiftung selbst nicht zur Ertragsbesteuerung.

5 Beim Stifter, Zustifter oder Spender ist die unentgeltliche **Übertragung** eines Wirtschaftsguts **aus dem Privatvermögen** an eine Stiftung ebenfalls ertragsteuerfrei. Sie ist keine Veräußerung, auch nicht bei Übertragung einer wesentlichen Beteiligung iSd. § 17 EStG (BFH IV R 15/76 v. 17.7.80, BStBl. II 81, 11). Dies gilt auch bei einer Schenkung unter Auflage (BFH IX R 64/82 v. 26.11.85, BStBl. II 86, 161).

6 Die **Übertragung aus dem Betriebsvermögen** in eine **nicht gemeinnützige Stiftung** führt idR zur Gewinnrealisierung und zur Aufdeckung der stillen Reserven (s. iE *Seifart/ v. Campenhausen/Pöllath* § 40 Rz. 46). Sie ist nur in Ausnahmefällen vermeidbar, zB innerhalb einer Betriebsaufspaltung (vgl. BFH I S 2/85, I S 3/85 v. 5.6.85, BFH/NV 86, 433). Der Gewinn kann uU teilweise oder vollständig durch Betriebsausgaben (hierzu *Seifart/v. Campenhausen/Pöllath* § 40 Rz. 52) oder Spendenabzug neutralisiert werden. Die unentgeltliche Übertragung eines Betriebs, Teilbetriebs oder Mitunternehmeranteils auf eine Stiftung löst beim Zuwendenden keine Ertragsbesteuerung aus, § 6 Abs. 3 EStG. Zum Beginn der Ertragsteuerpflicht der rechtsfähigen Stiftung s. A. 18.01 Rz. 26. Die unentgeltliche Vermögensübertragung auf eine nicht gemeinnützige Stiftung bei ihrer Errichtung unterliegt der **Erbschaft- und Schenkungsteuer**. Es gelten die allgemeinen Grundsätze. Ein steuerpflichtiges Stiftungsgeschäft nach § 7 Abs. 1 Nr. 8 ErbStG liegt auch dann vor, wenn eine bereits bestehende Stiftung eine neue Stiftung mit weitgehend gleichem Stiftungszweck gründet (FG Münster 3 K 5275/06 Erb v. 4.6.09, EFG 10, 65). Steuerschuldner ist beim Erwerb von Todes wegen der Erwerber, also die Stiftung. Bei der Schenkung unter Lebenden schulden Schenker und Stiftung die Steuer nebeneinander (§ 20 Abs. 1 ErbStG). Bei der Stiftung zu Lebzeiten entsteht die Schenkungsteuer nicht schon mit der Unterzeichnung des Stiftungsgeschäfts oder der staatlichen Anerkennung, sondern mit dem Zeitpunkt der Ausführung der Schenkung (§ 47 Abs. 1 Nr. 8 Satz 1 iVm. § 9 Abs. 1 Nr. 2 ErbStG), dh. der rechtswirksamen Übertragung des Vermögens auf die Stiftung, die regelmäßig erst nach der Anerkennung (§ 82 Abs. 1 BGB) erfolgt. Bei der Stiftung von Todes wegen entsteht die Erbschaftsteuer nicht bereits mit dem Erbfall, sondern erst mit der Anerkennung nach § 82 BGB, § 9 Abs. 1 Nr. 1 Buchst. c 1. Alt. ErbStG (s. auch ErbStH 24). Maßgebend ist der Tag der Bekanntgabe der Anerkennung (vgl. §§ 41, 43 VwVfG).

7 Die unterschiedlichen Besteuerungszeitpunkte bei der Erbschaft- und Schenkungsteuer können in der Praxis zu **Besteuerungsnachteilen für die Stiftung von Todes wegen** führen, vor allem dadurch, dass zwischen Erbfall und Abschluss des Anerkennungsverfahrens Wertsteigerungen des Stiftungsvermögens eintreten. Die Nachteile können vermieden bzw. begrenzt werden durch Stiftungserrichtung zu Lebzeiten, frühzeitige Schaffung der Anerkennungsvoraussetzungen oder post- oder transmortale Vollmacht durch den Stifter. Die Verpflichtung der Stiftung, das Vermögen satzungsgemäß zu verwenden, ist keine **Nachlassverbindlichkeit**, die die Besteuerungsgrundlage mindert.

8 **Grunderwerbsteuer** fällt bei der Stiftung von Todes wegen nicht an (§§ 1 Abs. 1 Nr. 3 Satz 1, 3 Nr. 2 Satz 1 GrEStG). Auch bei der Stiftung zu Lebzeiten ist die Vermögensübertragung von der Grunderwerbsteuer befreit, soweit sie der Schenkungsteuer unterliegt, § 3 Nr. 2 Satz 1 GrEStG. Erfolgt die Schenkung allerdings unter Auflagen oder ist sie mit Verbindlichkeiten (zB Darlehen) belastet, fällt aufgrund der (Teil-) Entgeltlichkeit Grunderwerbsteuer an (vgl. auch § 3 Nr. 2 Satz 2 GrEStG). Dies gilt auch dann, wenn die Stiftung gemeinnützig ist. Erfolgt die Übertragung (teil-)entgeltlich, geht das der Stiftung gewidmete Grundstück nicht kraft Gesetzes in das Eigentum der Stiftung über (vgl. § 82 Abs. 2 BGB). Notwendig ist die Auflassung (§§ 873, 925 BGB), die nach der Anerkennung erfolgt. Mit der Auflassung entsteht die Grunderwerbsteuer (§ 1 Abs. 1 Nr. 2 GrEStG iVm. § 38 AO).

2. Einzelerläuterungen

Zu Nr. 1:

S. die Erläuterungen in A. 18.01 Rz. 36. 9

Zu Nr. 2:

S. die Erläuterungen zu A. 18.01 Rz. 37 und bei gemeinnütziger Stiftung A. 18.02 Rz. 22. 10

Zu Nr. 3:

Dem Stifter steht es grundsätzlich frei, die **Art des zu übertragenen Vermögens** zu bestimmen. Klassischerweise werden Geld, Wertpapiere, Immobilien, Beteiligungen an Unternehmen sowie Kunstgegenstände übertragen. Von Bedeutung ist lediglich, dass das übertragene Vermögen einen ausreichenden Ertrag für die Erreichung des Stiftungszwecks abwirft. Ertragslose Vermögensbestandteile sind deshalb mit ertragsbringenden Vermögensbestandenteilen zu kombinieren. Der Stiftung sollte nur so viel Vermögen übertragen werden, wie der Erbe und seine Familie entbehren kann. Unbedingten Vorrang hat die **Versorgungssicherheit des Stifters**. Erst wenn feststeht, was der Stifter entbehren kann, ist zu prüfen, ob mit diesem Vermögensteil der **Stiftungszweck** erreicht werden kann. Hierbei ist zu berücksichtigen, dass bei einer Stiftung grundsätzlich der Stiftungszweck aus den Erträgen des Stiftungsvermögens erreicht werden muss. Nur in Ausnahmefällen ist es erlaubt, zur Erreichung des Stiftungszwecks das Stiftungsvermögen auszugreifen. 11

Feste **Größenordnungen** für die Gründung einer rechtsfähigen oder nichtrechtsfähigen Stiftung bestehen nicht. Bei einem kleineren Vermögen (unter € 10000,–) sollte keine rechtsfähige Stiftung gegründet werden. In Betracht kommt eine Spende bzw. eine Zustiftung an eine fremde Stiftung. Bei mittelgroßem Vermögen (zwischen € 10000,– und € 100000,–) kann die Gründung einer nichtrechtsfähigen Stiftung (A. 18.03 und A. 18.04) in Erwägung gezogen werden. 12

Lässt sich der Stiftungszweck nicht aus den Erträgen des Stiftungsvermögens erreichen, kann dennoch eine Stiftung gegründet werden, wenn der Stifter eine sogenannte **Spendenzusage** erteilt. In diesem Fall kann die Stiftung den Stiftungszweck durch die Erträge aus dem Stiftungsvermögen und die kurzfristige Verwendung der Spenden verfolgen. 13

Zu Nr. 4:

S. A. 18.01 Rz. 41. 14

A. 18.04 Satzung einer nicht rechtsfähigen Stiftung

Gliederung

I. FORMULAR

Formular A. 18.04 Satzung einer nicht rechtsfähigen Stiftung

Satzung der ……-Stiftung

§ 1 Allgemeines

(1) Die Stiftung führt den Namen „……".

(2) Die „……" ist eine nicht rechtsfähige Stiftung des bürgerlichen Rechts in der Verwaltung der [Name des Trägers: ……] mit Sitz in …… .

(3) Stifter im Sinne dieser Satzung ist …… .

(4) Träger der Stiftung ist ……

(5) Geschäftsjahr der Stiftung ist das Kalenderjahr.

§ 2 Stiftungszweck

Zweck der Stiftung ist …… Dieser Stiftungszweck wird insbesondere verwirklicht durch ……

§ 3 Stiftungsleistungen

(1) Die Vergabe von Stiftungsleistungen und Stiftungsmitteln erfolgt durch den Träger.

(2) Die Entscheidung über die Vergabe von Stiftungsleistungen oder Stiftungsmitteln bedarf der Zustimmung des Stifters, ersatzweise des Beirats, wenn

a) die Leistungen oder Mittel dem Träger oder ihm nahestehende Organisationen zugute kommen,

b) verbindliche Zusagen oder sonstige Verpflichtungen zur Vergabe von Leistungen oder Mitteln über das laufende Geschäftsjahr hinaus getroffen werden oder

c) Leistungen oder Mittel im Wert von mehr als € …… vergeben werden sollen.

(3) Der Träger kann im Einvernehmen mit dem Stifter, nach dessen Ableben dem Beirat Richtlinien und Leitfäden für die Vergabe von Stiftungsleistungen erstellen, die die Verfolgung der Stiftungszwecke nach § 2 gewährleisten.

(4) Auf die Gewährung von Stiftungsleistungen besteht kein Rechtsanspruch.

§ 4 Stiftungsvermögen

(1) Das Stiftungsvermögen ergibt sich aus dem Stiftungsgeschäft. Es kann durch Zuwendungen des Stifters und Zuwendungen Dritter und Zustiftungen erhöht werden. Die Stiftung ist berechtigt, Zustiftungen auch von Dritten entgegenzunehmen. Dritte werden hierdurch nicht Stifter iSd. Satzung

(2) Das Stiftungsvermögen ist im Interesse des langfristigen Bestands der Stiftung in seinem Wert ungeschmälert zu erhalten.

(3) Umschichtungen des Stiftungsvermögens sind zulässig. Umschichtungsgewinne dürfen ganz oder teilweise zur Erfüllung des Stiftungszwecks verwendet werden. Abs. 2 ist zu beachten.

§ 5 Verwaltung der Stiftung durch den Träger

(1) Die Stiftung wird durch den Träger nach Maßgabe dieser Satzung verwaltet.

(2) Der Träger ist berechtigt, Dritte mit der Wahrnehmung einzelner Verwaltungsaufgaben zu beauftragen. Der Träger hat die Dritten sorgfältig auszuwählen und ihre Tätigkeit fortwährend zu überwachen.

(3) Das Stiftungsvermögen wird getrennt vom übrigen Vermögen des Trägers verwaltet. Der Träger ist berechtigt, das Stiftungsvermögen zusammen mit dem Vermögen anderer Stiftungen anzulegen.

(4) Der Träger handelt im Außenverhältnis in eigenem Namen, im Innenverhältnis für Rechnung der Stiftung. Der Träger ist berechtigt, sich im Außenverhältnis durch einen Bevollmächtigten vertreten zu lassen. Die erteilte Vollmacht kann der Träger gegenüber dem Bevollmächtigten jederzeit ohne Angaben von Gründen widerrufen.

(5) Für die Verwaltung der Stiftung ist der Träger berechtigt, eine angemessene Vergütung aus den Stiftungsmitteln zu erheben. Das Nähere regelt eine Vergütungsvereinbarung, die der Zustimmung des Stifters, ersatzweise des Beirats bedarf.

(6) Der Träger hat dem Stifter, nach dessen Ableben dem Beirat innerhalb von sechs Monaten nach Abschluss des Geschäftsjahres einen schriftlichen Bericht über die Tätigkeit der Stiftung vorzulegen. Dieser Bericht besteht aus der Jahresabrechnung, einer Vermögensübersicht und einem Bericht über die Erfüllung des Stiftungszwecks.

(7) Der Träger ist zur ordnungsgemäßen Erfüllung seiner Aufgaben verpflichtet. Er haftet nur für Vorsatz und grobe Fahrlässigkeit.

§ 6 Errichtung des Beirats

(1) Die Errichtung des Beirats erfolgt durch Erklärung des Stifters, spätestens aber nach dessen Ableben.

(2) Die Errichtung des Beirats gilt als erfolgt, sobald eine Voraussetzung nach Abs. 1 eingetreten und die nach ihrer Mindestzahl erforderlichen Beiratsmitglieder benannt sind. Eine Annahme- oder Zustimmungserklärung des Trägers ist nicht erforderlich. Ein Ablehnungs- oder Widerspruchsrecht des Trägers besteht nicht.

§ 7 Zusammensetzung des Beirats

(1) Der Beirat besteht aus mindestens drei, höchstens fünf Mitgliedern.

(2) Die ersten Mitglieder des Beirats werden durch den Stifter bestimmt. Die Bestimmung kann der Stifter auch zu Lebzeiten im Voraus oder durch Verfügung von Todes wegen vornehmen. Der Stifter ist Mitglied des Beirats auf Lebenszeit.

(3) Ist eine Bestellung durch den Stifter nicht erfolgt, werden die ersten Mitglieder des Beirats durch

a) die Erben des Stifters ...... ersatzweise

b) ......

benannt. Die vorgenannten Bestimmungsberechtigten können dem Beirat auch selbst angehören.

(4) Der Beirat wählt aus seiner Mitte einen Vorsitzenden und einen Stellvertreter. Vorsitz und Stellvertretung können vom Beirat jederzeit durch Neuwahl neu bestimmt werden. Gehört der Stifter dem Beirat an, ist er Vorsitzender auf Lebenszeit.

(5) Die Mitglieder des Beirats werden grundsätzlich auf Lebenszeit bestimmt. Scheidet ein Mitglied aus, wird der Beirat von den verbleibenden Mitgliedern durch Zuwahl ergänzt. Bis zur Bestellung eines neuen Mitglieds verringert sich die Anzahl der Mitglieder entsprechend.

(6) Die Mitglieder des Beirats sind ehrenamtlich tätig. Auslagen können in angemessener Höhe erstattet werden.

§ 8 Aufgabe und Rechte des Beirats

(1) Der Beirat überwacht als unabhängiges Kontrollorgan die Beachtung des Stifterwillens und der Satzung durch den Träger. Er führt eine Prüfung der Stiftung durch.

[Optional]: Darüber hinaus berät und unterstützt er den Träger bei der Stiftungsverwaltung und der Vergabe von Stiftungsmitteln.

(2) Aufgaben des Beirats sind insbesondere:

a) Mitwirkung an der Vergabe von Stiftungsleistungen nach Maßgabe des § 3

b) Mitwirkung bei der Verwaltung des Stiftungsvermögens nach Maßgabe des § 5

c) Entgegennahme und Prüfung des Jahresberichtes des Trägers

d) Beschlussfassungen nach § 9

e) etwaige sonstige nach Maßgabe dieser Satzung dem Beirat zugewiesenen Aufgaben.

(3) Jedes Mitglied des Beirats hat ein umfassendes Einsichtsrecht in alle Unterlagen und Aufzeichnungen, die die Stiftung und ihre Geschäftstätigkeit betreffen.

§ 9 Einberufung und Beschlüsse des Beirats

(1) Der Beirat wird von seinem Vorsitzenden – bei seiner Verhinderung von seinem Stellvertreter – schriftlich unter Bezeichnung der einzelnen Punkte der Tagesordnung mindestens einmal im Kalenderjahr einberufen. Die Ladungsfrist beträgt mindestens zwei Wochen.

(2) Der Beirat ist auch einzuberufen, wenn ein Mitglied es verlangt. Das Mitglied hat den Beratungspunkt anzugeben.

(3) Der Beirat ist beschlussfähig, wenn mehr als die Hälfte seiner Mitglieder anwesend sind.

(4) Der Beirat beschließt mit der Mehrheit seiner Stimmen. Bei Stimmengleichheit entscheidet die Stimme des Vorsitzenden, ersatzweise seines Stellvertreters. Der Stiftungsrat kann einen Beschluss auch schriftlich – dh. per Post, Telefax oder elektronisch, zB per E-Mail – fassen, wenn alle Mitglieder zu dieser Form der Beschlussfassung schriftlich ihre Zustimmung erteilen.

(5) Über die in den Sitzungen des Beirats gefassten Beschlüsse ist eine Niederschrift zu fertigen, die vom Vorsitzenden und einem weiteren Mitglied zu unterzeichnen ist. Alle Beschlüsse des Beirats sind zu sammeln und während des Bestehens der Stiftung aufzubewahren.

§ 10 Satzungsänderung, Vermögensübertragung, Aufhebung, Vermögensanfall

(1) Der Träger kann mit Zustimmung des Stifters, ersatzweise des Beirats Änderungen dieser Satzung beschließen, soweit dies zur nachhaltigen Erfüllung des Stiftungszwecks erforderlich oder zweckmäßig ist und die Änderung mit dem Stifterwillen vereinbar ist.

(2) Der Träger kann mit Zustimmung des Stifters, ersatzweise des Beirats die Übertragung des Stiftungsvermögens oder Teile hiervon auf einen anderen Träger beschließen. In diesem Fall wird die Stiftung nicht aufgelöst. Der Träger hat unverzüglich nach der Beschlussfassung eine Abschlussbilanz zu erstellen und das Vermögen auf den in dem Beschluss benannten neuen Träger zu übertragen.

(3) Der Träger kann mit Zustimmung des Stifters, ersatzweise des Beirats Änderungen des Stiftungszwecks (§ 2), die Aufhebung der Stiftung oder die Zusammen- oder Zulegung der Stiftung mit oder zu einer anderen Stiftung nur beschließen, wenn die Erfüllung des Stiftungszwecks unmöglich geworden ist oder angesichts wesentlicher Veränderungen der Verhältnisse nicht mehr sinnvoll erscheint.

(4) Bei Auflösung der Stiftung fällt das Vermögen an .....

....	....
[Ort, Datum, Unterschrift Stifter]	[Ort, Datum, Unterschrift Träger]

II. ERLÄUTERUNGEN

Erläuterungen zu A. 18.04 Satzung einer nicht rechtsfähigen Stiftung

1. Grundsätzliche Anmerkungen

a) Wirtschaftliche bzw. nichtwirtschaftliche Ziele

Überträgt der Stifter einer natürlichen oder juristischen Person seines Vertrauens 1
Vermögenswerte mit der Maßgabe, diese zur Verfolgung der vom Stifter festgelegten Zwecke zu verwenden, spricht man von einer **nicht rechtsfähigen, unselbständigen** Stiftung. Auch hier wird ein bestimmtes Vermögen vom Stifter auf Dauer gewidmet.

Die nicht rechtsfähige Stiftung kann aus den gleichen **Gestaltungsmotiven** wie 2
die rechtsfähige Stiftung errichtet werden (s. hierzu A. 18.01 Rz. 1 ff). Mit einer nicht rechtsfähigen Stiftung können ebenfalls sämtliche gängigen **Stiftungszwecke** (A. 18.01 Rz. 4) verfolgt werden. Die Besonderheit der nicht rechtsfähigen Stiftung liegt in der Übertragung des Stiftungsvermögens auf einen **Rechtsträger.** Dies ist notwendig, da diese Stiftung – anders als die rechtsfähige Stiftung (A. 18.01 und A. 18.02) – mangels Rechtsfähigkeit nicht selbst Empfänger und Träger des Stiftungsvermögens sein kann.

In der **Gestaltungspraxis** muss die nicht rechtsfähige Stiftung keinesfalls die 3
schlechtere Stiftung sein. Dies lässt sich bereits daraus ersehen, dass nach wie vor die Mehrzahl aller Stiftungen unselbständig sind. Vorteile liegen vor allem in ihrer schnellen, unbürokratischen und zumeist auch kostengünstigeren Errichtungs- und Handlungsmöglichkeit. Eine nicht rechtsfähige Stiftung kann innerhalb von einem Tag errichtet werden. Umständliche Genehmigungsverfahren und staatliche Aufsicht entfallen. Änderungen des Stiftungszwecks oder der Stiftungsorganisation können zwischen Stifter und Treuhänder durch wenige Federstriche im Wege der Vertragsänderung erfolgen. In der Anfangsphase kann mit einem geringeren Betrag zB eine nichtrechtsfähige Stiftung gegründet werden. Durch Zustiftung kann das Vermögen der Stiftung angereicht werden.

Nachteile hat die unselbständige Stiftung aufgrund ihrer fehlenden Rechtsfähigkeit, 4
je mehr sie nach dem Stiftungszweck auf eine Beteiligung am Rechtsverkehr ausgerichtet ist. Da Rechtsträger und Stifter das Stiftungsgeschäft einseitig kündigen können, bietet die unselbständige Stiftung zudem eine geringere Gewähr für ihre Dauerhaftigkeit. Schließlich bestehen Risiken im Hinblick auf den Haftungszugriff von Gläubigern des Stifters oder des Stiftungsträgers. Sobald sich die Stiftung als „lebensfähig" erweist, kann bei ausreichender Vermögensausstattung eine **Umwandlung in eine rechtsfähige Stiftung** angestrebt werden.

b) Stiftungs- und Zivilrecht

Wesentlicher Unterschied ist, dass die unselbständige Stiftung **keine juristische** 5
Person ist. Sie unterliegt keiner staatlichen Aufsicht und bedarf zu ihrer Entstehung keiner behördlichen Genehmigung. Sie kann kurzfristig durch Vertrag errichtet werden. Die nicht selbständige Stiftung ist zivilrechtlich nicht gesondert geregelt. **Rechtsgrundlage** ist allein der Vertrag zwischen Stifter und empfangendem Rechtsträger.

Die nicht rechtsfähige Stiftung zeichnet sich durch die **Verselbständigung von** 6
Vermögen aus, das zur Verwaltung und Trägerschaft auf einen Dritten übertragen und dessen Verwaltung mit einer festgelegten Organisation versehen wird. Bei der **Errichtung** einer nicht rechtsfähigen Stiftung ist sicherzustellen, dass

- ein bestimmter **Vermögensgegenstand** auf einen Dritten (Rechtsträger) übertragen wird,
- ein **Zweck** bestimmt wird, dem der Vermögensgegenstand dienen soll,
- die **Zweckbindung** vertraglich mit dem formal-rechtlichen Träger sowohl hinsichtlich des Vermögensstamms als auch hinsichtlich der Erträge sichergestellt und
- die Verwendung des Zweckvermögens, die **Zweckverfolgung**, geregelt wird.

7 Taugliche **Rechtsträger** sind alle natürlichen (Ausnahme) oder juristischen Personen (Regelfall). Die Wirksamkeit der Übertragung setzt die Annahme der Übertragung durch den Rechtsträger voraus. Bei Übertragung an eine natürliche Person muss vertraglich sichergestellt werden, dass die Stiftungsverpflichtung auf die Erben übergeht. Eine Eigenstiftung ist nach hM unzulässig (*Seifart/v. Campenhausen/Hof* § 36 Rz. 39).

8 Als **Treuhänder bzw. Verwalter** von nicht rechtsfähigen Stiftungen stehen professionelle Anbieter, zB der Stifterverband für die Deutsche Wissenschaft e. V. in Essen zur Verfügung. Häufig werden Stiftungsverwaltungen aber auch durch gemeinnützige Träger oder Banken durchgeführt (zu den Kosten der professionellen Stiftungsverwaltung s. *Neuhoff* ZEV 04, 457). Das Stiftungsgeschäft der nicht rechtsfähigen Stiftung sollte Regelungen zum Aufwendungsersatz und zur **Vergütung** enthalten.

9 Die unselbständige Stiftung kann in eine rechtsfähige Stiftung oder eine andere juristische Person **umgestaltet** werden. Sie kann im Ausnahmefall auch von vornherein als Vorstufe zur selbständigen Stiftung errichtet werden, zB wenn das für eine Genehmigung erforderliche Vermögen noch nicht vollständig zur Verfügung steht. Schließlich kann eine nicht rechtsfähige Stiftung durch Verfügung von Todes wegen entstehen (zu Einzelheiten s. *Seifart/v. Campenhausen/Hof* § 36 Rz. 80 ff.).

c) Steuerrecht

10 Nicht rechtsfähige Stiftungen des privaten Rechts mit Sitz oder Geschäftsleitung im Inland sind **unbeschränkt körperschaftsteuerpflichtig**, § 1 Abs. 1 Nr. 5 KStG. Die Stiftung ist also nicht rechtsfähig, aber dennoch Steuersubjekt. Die Körperschaftsteuerpflicht ist subsidiär, wenn ihr Einkommen bereits bei einem anderen Steuerpflichtigen zu versteuern ist (vgl. auch § 3 KStG). Nicht rechtsfähige Stiftungen des privaten Rechts sind **gewerbesteuerpflichtig**, soweit sie gewerblich tätig sind, vgl. GewStR 15. Zu beachten ist, dass für die Gewerblichkeit (§ 15 Abs. 2 EStG) – anders als für den wirtschaftlichen Geschäftsbetrieb (§ 14 AO und A. 18.02 Rz. 7 ff.) – auch Gewinnerzielungsabsicht und Teilnahme am allgemeinen wirtschaftlichen Verkehr erforderlich sind (s. auch *Orth* DStR 01, 325, 326).

11–13 *(frei)*

2. Einzelerläuterungen

Zu § 1 Abs. 1:

14 Der **Name** der Stiftung ist frei wählbar. Auch das Wort „Stiftung" braucht im Namen nicht zwingend enthalten zu sein.

Zu § 1 Abs. 2:

15 Der **Stiftungssitz** richtet sich regelmäßig nach dem Sitz des Trägers. Denkbar ist allerdings auch, dass die nicht rechtsfähige Stiftung nicht von dem Rechtssitz des Trägers, sondern einem anderen Ort verwaltet wird.

Zu § 2:

16 S. A. 18.01 Rz. 37.

Zu § 3:

17 Eine **Zustimmungspflicht** des Stifters oder eines gesonderten Gremiums für die Vergabe von Stiftungsleistungen oder Stiftungsmitteln ist nicht zwingend.

Zu § 4:

S. A. 18.01 Rz. 41. **18**

Zu § 6:

Die Errichtung eines **zusätzlichen Gremiums** (hier als Beispiel: Beirat) ist häufig, aber rechtlich nicht zwingend. Dies unterliegt der freien Gestaltung. **19**

Zu § 10:

Anders als bei der gemeinnützigen Stiftung (s. A. 18.02 Rz. 35) ist die Regelung eines expliziten **Anfallberechtigten** nicht zwingend. **20**

A. 18.05 Satzung einer nicht rechtsfähigen, gemeinnützigen Stiftung

Gliederung

I. FORMULAR

Formular A. 18.05 Satzung einer nicht rechtsfähigen, gemeinnützigen Stiftung

Satzung der ......-Stiftung

§ 1 Allgemeines

(1) Die Stiftung führt den Namen „......“.

(2) Die „......“ ist eine nicht rechtsfähige, gemeinnützige Stiftung des bürgerlichen Rechts in der Verwaltung der [Name des Trägers: ......] mit Sitz in ....

(3) Stifter im Sinne dieser Satzung ist ....

(4) Träger der Stiftung ist ......

(5) Geschäftsjahr der Stiftung ist das Kalenderjahr.

§ 2 Stiftungszweck

(1) Die Stiftung verfolgt ausschließlich und unmittelbar gemeinnützige Zwecke im Sinne des Abschnitts „Steuerbegünstigte Zwecke“ der Abgabenordnung.

(2) Zweck der Stiftung ist ...... Der Satzungszweck wird verwirklicht insbesondere durch ......

(3) Die Stiftung ist selbstlos tätig, sie verfolgt nicht in erster Linie eigenwirtschaftliche Zwecke.

§ 3 Stiftungsvermögen, gemeinnützige Mittelverwendung

(1) Das Stiftungsvermögen ergibt sich aus dem Stiftungsgeschäft. Es kann durch hierzu bestimmte, nachfolgende Zuwendungen des Stifters oder Dritter (Zustiftungen) erhöht werden. Dritte werden durch Zustiftungen nicht Stifter iSd. Satzung.

(2) Im Interesse des langfristigen Bestands der Stiftung ist das Vermögen dauernd und ungeschmälert in seinem Wert zu erhalten. Vermögensumschichtungen sind zulässig.

(3) Mittel der Stiftung dürfen nur für die satzungsmäßigen Zwecke verwendet werden. Es darf keine Person durch Ausgaben, die dem Zweck der Stiftung fremd sind, oder durch unverhältnismäßig hohe Vergütungen begünstigt werden.

(4) Die Stiftung ist berechtigt, ihre Mittel ganz oder teilweise für die Verwirklichung der steuerbegünstigten Zwecke einer anderen steuerbegünstigten Körperschaft oder Körperschaft des öffentlichen Rechts zu verwenden.

(5) Rücklagen dürfen im Rahmen der steuerlichen Vorschriften gebildet werden. Der Träger kann freie Rücklagen dem Stiftungsvermögen zuführen.

§ 4 Stiftungsleistungen

(1) Die Vergabe von Stiftungsleistungen und Stiftungsmitteln erfolgt durch den Träger. Ein Rechtsanspruch auf Stiftungsleistungen oder die Zuwendung von Stiftungsmitteln besteht nicht.

(2) Die Entscheidung über die Vergabe von Stiftungsleistungen oder Stiftungsmitteln bedarf der Zustimmung des Stifters, ersatzweise des Beirats, wenn

a) die Leistungen oder Mittel dem Träger oder ihm nahestehende Organisationen zugute kommen,

b) verbindliche Zusagen oder sonstige Verpflichtungen zur Vergabe von Leistungen oder Mitteln über das laufende Geschäftsjahr hinaus getroffen werden oder

c) Leistungen oder Mittel im Wert von mehr als € ...... vergeben werden sollen.

(3) Der Träger kann im Einvernehmen mit dem Stifter, nach dessen Ableben dem Beirat Richtlinien und Leitfäden für die Vergabe von Stiftungsleistungen erstellen, die die Verfolgung der Stiftungszwecke nach § 2 gewährleisten.

§§ 5–9 *[s. Formular A. 18.04]*

§ 10 Satzungsänderung, Vermögensübertragung, Aufhebung, Vermögensanfall

(1) Der Träger kann mit Zustimmung des Stifters, ersatzweise des Beirats, und mit Zustimmung des zuständigen Finanzamts Änderungen dieser Satzung beschließen, soweit dies zur nachhaltigen Erfüllung des Stiftungszwecks erforderlich oder zweckmäßig ist, die Änderung mit dem Stifterwillen vereinbar ist und die Steuerbegünstigung der Stiftung nicht beeinträchtigt wird.

(2) Der Träger kann mit Zustimmung des Stifters, ersatzweise des Beirats, und mit Zustimmung des zuständigen Finanzamts die Übertragung des Stiftungsvermögens oder Teile hiervon auf einen anderen Träger beschließen. In diesem Fall wird die Stiftung nicht aufgelöst. Der Träger hat unverzüglich nach der Beschlussfassung eine Abschlussbilanz zu erstellen und das Vermögen auf den in dem Beschluss benannten neuen Träger zu übertragen.

(3) Der Träger kann mit Zustimmung des Stifters, ersatzweise des Beirats, und mit Zustimmung des zuständigen Finanzamts Änderungen des Stiftungszwecks (§ 2), die Aufhebung der Stiftung oder die Zusammen- oder Zulegung der Stiftung mit oder zu einer anderen Stiftung nur beschließen, wenn die Erfüllung des Stiftungszwecks unmöglich geworden ist oder angesichts wesentlicher Veränderungen der Verhältnisse nicht mehr sinnvoll erscheint. Der neue Stiftungszweck muss ebenfalls steuerbegünstigt sein.

(4) Die unter Abs. 1–3 genannten Beschlüsse dürfen nur ausgeführt werden, wenn das Finanzamt die Unbedenklichkeit im Hinblick auf die Steuerbegünstigung bestätigt hat.

(5) Bei Auflösung oder Aufhebung der Stiftung oder bei Wegfall steuerbegünstigter Zwecke fällt das Vermögen der Stiftung an .... der es unmittelbar und ausschließlich für gemeinnützige, mildtätige oder kirchliche Zwecke iSd. § 2 dieser Satzung zu verwenden hat.

II. ERLÄUTERUNGEN

Erläuterungen zu A. 18.05 Satzung einer nicht rechtsfähigen, gemeinnützigen Stiftung

1. Grundsätzliche Anmerkungen

a) Nicht wirtschaftliche, gemeinnützige Ziele

S. zunächst die Anmerkungen unter A. 18.02 Rz. 1 ff. Als **Träger** bzw. Treuhänder 1 einer nicht rechtsfähigen, gemeinnützigen Stiftung werden regelmäßig, aber nicht zwingend gemeinnützige, rechtsfähige Körperschaften ausgewählt, die das übertragene Vermögen getrennt von ihrem eigenen Vermögen verwalten. Die Satzungszwecke der nicht rechtsfähigen Stiftung werden in diesem Fall regelmäßig den Zwecken des Trägers angeglichen.

Die nicht rechtsfähige, gemeinnützige Stiftung hat sich in der Vergangenheit insbe- 2 sondere als **Alternative zur Großspende** herausentwickelt. Gemeinnützig orientierte Privatpersonen, die den Aufwand einer „eigenen" rechtsfähigen Stiftung scheuen, wählen eine von ihnen ohnehin bereits unterstützte gemeinnützige, mildtätige oder kirchliche Körperschaft als Spendenempfänger/Erbin aus. Damit die übertragenen Vermögenswerte nicht einfach in das Vermögen der empfangenden Körperschaft eingehen, wählt der Spender die nicht rechtsfähige Stiftung, um eine stärkere Bindung und einen höheren Einfluss auf die Verwendung – ggf. auch über seinen Tod hinaus – zu erlangen.

b) Stiftungs- und Zivilrecht

S. A. 18.04 Rz. 5 ff. 3

c) Steuerrecht

Sämtliche Steuervorteile der **Gemeinnützigkeit** können auch durch die nicht 4 rechtsfähige Stiftung genutzt werden. Aus steuerlicher Sicht ist sie gegenüber der gemeinnützigen rechtsfähigen Stiftung (Formular A. 18.02) nicht benachteiligt. S. zur Besteuerung im Einzelnen daher A. 18.02 Rz. 3 ff. Auch die besonderen Vorteile des **Spendenabzugs** an Stiftungen (A. 18.02 Rz. 9 ff). gelten für Zuwendungen an nicht rechtsfähige gemeinnützige Stiftungen in gleichem Maße. Die Befreiung der **Vermögensübertragung** von der Erbschaft- und Schenkungsteuer (A. 18.02 Rz. 12) gilt ebenfalls.

2. Einzelerläuterungen

Zu § 1:

S. A. 18.04 Rz. 14. 5

Zu § 2:

S. A. 18.01 Rz. 37 und A. 18.02 Rz. 22. 6

Zu § 3:

Zur gemeinnützigen Mittelverwendung s. §§ 55 ff. AO. 7

Zu § 4:

8 S. A. 18.01 Rz. 38.

Zu § 10:

9 Zur gemeinnützigen Vermögensbindung s. A. 18.02 Rz. 35.

A. 18.06 Stiftungsgeschäft einer nicht rechtsfähigen (gemeinnützigen oder nicht gemeinnützigen) Stiftung

Gliederung

I. FORMULAR

Formular A. 18.06 Stiftungsgeschäft einer nicht rechtsfähigen (gemeinnützigen oder nicht gemeinnützigen) Stiftung

Stiftungsvertrag zur Errichtung der nicht rechtsfähigen ...... Stiftung

1. Herr ...... (im Folgenden: der Stifter) errichtet hiermit die

...... Stiftung

als nicht rechtsfähige Stiftung des bürgerlichen Rechts mit Sitz in ......

2. Rechtsträger und Treuhänder der Stiftung ist ...... (Adresse) ...... (im Folgenden: der Treuhänder). Der Treuhänder erklärt, die Trägerschaft der Stiftung mit dem heutigen Datum zu übernehmen und anzuerkennen.

3. Zweck der Stiftung ist ......

4. Der Stifter gibt der Stiftung die diesem Stiftungsgeschäft als Anlage beigefügte Stiftungssatzung, die Bestandteil und Grundlage dieses Stiftungsvertrages ist und die Stifter und Treuhänder für die Trägerschaft und das Treuhandverhältnis als verbindlich anerkennen.

5. Der Stifter überträgt vor diesem Hintergrund dem Treuhänder zur treuhänderischen Verwaltung und zur Erfüllung der Stiftungszwecke das folgende Stiftungsvermögen: ......

Der Treuhänder nimmt die Übertragung an.

6. Die Übereignung des vorstehenden Vermögens erfolgt unter der Voraussetzung und der Auflage, das übertragene Stiftungsvermögen, die hieraus gewonnenen Erträge sowie etwaige weitere Zuwendungen für die Stiftung ausschließlich zur Erfüllung der Stiftungszwecke nach Maßgabe der Stiftungssatzung zu verwalten und zu verwenden. Der Treuhänder verpflichtet sich, diese Auflagen zu beachten.

................................, den ......

... .

(Stifter) (für den Treuhänder)

II. ERLÄUTERUNGEN

Erläuterungen zu A. 18.06 Stiftungsgeschäft einer nicht rechtsfähigen (gemeinnützigen oder nicht gemeinnützigen) Stiftung

1. Grundsätzliche Anmerkungen

a) Wirtschaftliche/Nicht wirtschaftliche Ziele

S. A. 18.04 Rz. 1 ff. 1

b) Stiftungs- und Zivilrecht

Der Vertrag über die unselbständige Stiftung kann als **Treuhandvertrag**, Auftrag, 2 Geschäftsbesorgung oder **Schenkung unter Auflage** (vgl. auch zu einer Zuwendung an eine rechtsfähige Stiftung als Schenkung BGH IV ZR 249/02 v. 10.12.03, NJW 04, 1382) zu qualifizieren sein. Die Abgrenzung kann im Einzelfall schwierig sein, wobei im Regelfall von einem Treuhandverhältnis auszugehen sein wird. Kriterien hierfür sind fehlendes überwiegendes Eigeninteresse des Rechtsträgers, gesonderte Verwaltung des übertragenen Vermögens und seine vollständige Bindung an den Stiftungszweck. Abzugrenzen ist ferner gegenüber dem Dienst- oder Werkvertrag. Steht der Zuwendung des Stiftungsgegenstands eine konkrete Gegenleistung des Trägers gegenüber, liegt idR keine nicht rechtsfähige Stiftung vor.

Der Vertrag über die Errichtung einer nicht rechtsfähigen Stiftung ist grundsätzlich 3 **formfrei**, es sei denn, die hierin festgelegte Vermögensübertragung selbst ist – zB bei Grundstücken oder GmbH-Anteilen – nach dem Gesetz formbedürftig (vgl. § 313 BGB, § 15 Abs. 4 GmbHG).

c) Steuerrecht

S. A. 18.04 Rz. 10 und – zur gemeinnützigen, nicht rechtsfähigen Stiftung – 4 A. 18.05 Rz. 4.

2. Einzelerläuterungen

Zu Abs. 1:

Stifter kann jede natürliche oder juristische Person sein. 5

Zu Abs. 2:

Vorliegend das Beispiel einer Treuhandstiftung. Wie unter Rz. 2 dargelegt, ist die 6 juristische Ausgestaltung als **Treuhandverhältnis** nicht zwingend. Rechtsträger und Treuhänder kann jede **natürliche oder juristische Person** sein. Rechts- und Geschäftsfähigkeit sind erforderlich.

Zu Abs. 5:

Zum Stiftungsvermögen s. A. 18.01 Rz. 38 mit der Einschränkung, dass die nicht 7 rechtsfähige Stiftung – und damit auch ihre ausreichende Kapitalausstattung – nicht der Stiftungsaufsicht unterliegt.

B. Sonstige Verträge

Übersicht

B. 1. Angehörigenverträge

B. 1.01 Darlehensvertrag

Gliederung

I. FORMULAR

Formular B. 1.01 Darlehensvertrag

DARLEHENSVERTRAG

zwischen

A ...... – nachfolgend Darlehensgeber genannt –

und

B ...... – nachfolgend Darlehensnehmer genannt –

§ 1 Darlehen

Der Darlehensgeber gewährt dem Darlehensnehmer ein Darlehen in Höhe von € ......, das binnen fünf Werktagen nach Erhalt der vereinbarten Sicherheiten auszuzahlen ist.

§ 2 Verzinsung

Das Darlehen ist jährlich mit ......% zu verzinsen. Die Zinsen sind in monatlichen Raten bis spätestens zum dritten Werktag eines jeden Monats zu zahlen.

§ 3 Rückzahlung

Das Darlehen ist am ...... zurückzuzahlen.

§ 4 Sicherheiten

Der Darlehensnehmer begibt folgende Sicherheiten: ......

§ 5 Kündigung

Der Darlehensvertrag ist unter Vorbehalt der Kündigungsrechte aus §§ 489, 490 BGB beiderseits unkündbar. Die Kündigungserklärung bedarf der Schriftform.

II. ERLÄUTERUNGEN

Erläuterungen zu B. 1.01 Darlehensvertrag

1. Grundsätzliche Anmerkungen

a) Wirtschaftliche Vertragsziele

Der **Darlehensvertrag unter nahen Angehörigen** weist gegenüber einem Darlehensvertrag unter nicht verwandtschaftlich verbundenen Parteien gewisse Besonderheiten auf (s. zum allgemeinen Darlehensvertrag Formular B. 5). Der Abschluss eines Darlehensvertrages zwischen Angehörigen kann auf unterschiedlichen Motiven beruhen. Zunächst einmal können sich die Familienmitglieder wie fremde Dritte gegenüberstehen. Auf Grund des familiären Näheverhältnisses sind aber auch Fälle denkbar, in denen die wirtschaftlichen Erwägungen ganz oder teilweise zurücktreten: Der Darlehensgeber kann aus Gefälligkeitserwägungen heraus handeln, um etwa dem Darlehensnehmer eine Finanzierung zu ermöglichen, die von dritter Seite nicht gewährt würde. In einer häufig auftretenden Konstellation versucht der Darlehensnehmer, der dem Darlehensgeber gegenüber unterhaltspflichtig ist, eine Umqualifizierung seiner Unterhaltsleistungen in Zinszahlungen zu erreichen. Eine solche Gestaltung ist selbstverständlich nur dann von Interesse, wenn sich die Zinszahlungen im Zusammenhang mit einer Einkunftsquelle steuermindernd auswirken können. Gerade in dieser Frage der steuerrechtlichen Anerkennung der Zinszahlungen als Betriebsausgaben/Werbungskosten liegt das Hauptproblem der Darlehensverträge zwischen nahen Angehörigen. Dies insbesondere dann, wenn der häufig noch minderjährige und vermögenslose Darlehensgeber erst durch eine Schenkung in die Lage versetzt wird, als solcher aufzutreten. Insoweit rankt sich die Rechtsprechung der Finanzgerichte nicht nur zu den Darlehensverträgen, sondern auch zu anderen Vertragsgestaltungen zwischen nahen Angehörigen um die Frage, wie die Betriebsausgaben/Werbungskosten von privaten Aufwendungen bzw. Unterhaltsleistungen abzugrenzen sind. 1

b) Zivilrecht

Darlehensverträge zwischen Privatpersonen nach § 488 BGB können grundsätzlich mündlich geschlossen werden. Nur wenn Darlehensnehmer ein Verbraucher und Darlehensgeber ein Unternehmen ist (**Verbraucherdarlehensvertrag),** ist gemäß § 492 Abs. 1 BGB Schriftform erforderlich. Davon unabhängig ist die **schriftliche Fixierung** des Vertrages sowohl unter dem Gesichtspunkt der Beweiserleichterung als auch zur erleichterten Darlegung des Sachverhalts gegenüber den Finanzbehörden im Rahmen des Fremdvergleichs dringend anzuraten. 2

Eltern können ihre **minderjährigen Kinder** gem. § 1629 Abs. 2 BGB nicht vertreten, soweit gem. § 1795 BGB auch ein Vormund von der Vertretung ausgeschlossen ist. Dies betrifft Rechtsgeschäfte mit dem Vormund (den Eltern) selbst (§ 181 BGB), aber auch mit Angehörigen des Vormunds (etwa den Großeltern). Das **Verbot des Selbstkontrahierens** (§ 181 BGB) gilt auch, wenn nur ein Elternteil Vertragspartner des Kindes ist. In solchen Fällen ist durch das Familiengericht ein Pfleger zu bestellen (§ 1909 BGB, § 151 Nr. 5 FamFG). Auch wenn es an der erforderlichen Mitwirkung eines Pflegers fehlt, kann dem Vertrag die steuerrechtliche Anerkennung nicht ohne Weiteres versagt werden (vgl. BFH VIII R 29/97 v. 13.7.99, BStBl. II 00, 386; BFH IX R 4/04 v. 7.6.06, BFH/NV 06, 2162). Regelmäßig wird in solchen Fällen das Kind über Vermögen verfügen, das zinsbringend angelegt werden soll, und daher Darlehensgeber sein (etwa in einem Umwandlungsfall nach Rz. 5); ist es ausnahmsweise Darlehensnehmer, so bedarf der Vertrag gem. §§ 1643 Abs. 1, 1822 Nr. 8 3

BGB zusätzlich der familiengerichtlichen Genehmigung. Möchte das Kind (als Darlehensgeber) später gegenüber dem nahen Angehörigen auf seine Darlehensforderung verzichten, erfordert auch dieser Verzicht neben der Bestellung eines Pflegers (aus den eingangs genannten Gründen) eine familiengerichtliche Genehmigung (§§ 1915, 1812 BGB).

c) Steuerrecht

4 **Ertragsteuern:** Ertragsteuerlich stellt sich im Wesentlichen die Frage der Anerkennung der auf das Darlehen gezahlten Zinsen als Betriebsausgaben/Werbungskosten. Auch Angehörigen steht es hierbei frei untereinander Verträge abzuschließen. Dabei können sie im Grundsatz ihre Rechtsverhältnisse untereinander so gestalten, dass sie für sie steuerlich günstig sind (BMF v. 23.12.10, BStBl. I 11, 37 Tz. 4). Es entspricht allerdings der ständigen Rechtsprechung des BFH und der Auffassung der Finanzverwaltung, dass Vertragsverhältnisse zwischen nahen Angehörigen steuerlich nur anzuerkennen sind, wenn die Verträge – im Sinne einer Indizwirkung (BFH IX R 4/04 v. 7.6.06, BFH/NV 06, 2162; BFH VIII R 29/97 v. 13.7.99, BStBl. II 00, 386; BMF v. 23.12.10, BStBl. I 11, 37 Tz. 9) – bürgerlich-rechtlich wirksam vereinbart worden sind und sowohl die Gestaltung als auch die Durchführung des Vereinbarten **dem zwischen Fremden Üblichen** entsprechen (BMF v. 23.12.10, BStBl. I 11, 37 Tz. 4, zur Rspr. vgl. sogleich unten). Die Rspr. ist hier inzwischen zu einer **anlassbezogenen Fremdvergleichsprüfung** übergegangen (BFH X R 31/12 v. 17.7.13, BStBl. II 13, 1015; BFH X R 26/11 v. 22.10.13, DStR 13, 2677) und hat folgende Fallgruppen herausgearbeitet:

5 – Die **Darlehensmittel wurde dem Darlehensgeber zuvor geschenkt** (Umwandlungsfälle): Hier hat die Rspr. insbesondere die Schenkung an minderjährige Kinder vor Augen. Die steuerrechtliche Anerkennung dieser Darlehensverträge scheitert dabei nicht bereits an der vorherigen Schenkung. Für diese Darlehen ist allerdings der Fremdvergleich strikt vorzunehmen. Hinzu kommt, dass auch dann, wenn diese Darlehen dem (formalen) Fremdvergleich standhalten, die steuerrechtliche Anerkennung zu versagen ist, wenn im Verhältnis zwischen dem Schenker und dem Beschenkten keine endgültige Vermögensverschiebung bewirkt worden ist.

6 – Die **geschuldete Vergütung** aus einem laufenden Rechtsverhältnis (zB Arbeits-, Miet- oder Pachtvertrag) **wird durch eine Darlehensvereinbarung ersetzt.** Die Rspr. unterscheidet hier danach, ob die jeweilige Vergütung zur Auszahlung angeboten wurde und an Stelle der Auszahlung ein Darlehen vereinbart wurde oder der jeweilige Betrag schlicht „stehengelassen" wurde. Darlehensvereinbarungen, die erst nach einem tatsächlichen Angebot auf Auszahlung der Vergütung vereinbart wurden, sind steuerrechtlich auch dann anzuerkennen, wenn weder über die Verzinsung noch über die Rückzahlung ausdrückliche Vereinbarungen bestehen.

7 – Das **Darlehen dient der Finanzierung der Anschaffungs- und Herstellungskosten von Wirtschaftsgütern,** die zur Einkünfteerzielung genutzt werden. Da in diesen Fällen der Zweck der Darlehensaufnahme eindeutig durch die Einkünfteerzielung veranlasst ist, ist weniger der Fremdvergleich hinsichtlich einzelner Klauseln von Bedeutung als die tatsächliche Durchführung der Zinsvereinbarung. Für die FinVerw. ist zusätzlich entscheidend, ob das Darlehen eine ansonsten notwendige Fremdfinanzierung über Dritte ersetzt (BMF v. 23.12.10, BStBl. I 11, 37 Tz. 8). Hier verzichtet sie ganz auf eine Prüfung der Modalitäten der Darlehenstilgung und -besicherung (vgl. BMF v. 23.12.10, BStBl. I 11, 37 Tz. 8).

8 Für die Vertragsgestaltung bedeutet das, dass vor diesem Hintergrund in Bezug auf den Anlass der Darlehensgewährung immer hinreichende **Beweisvorsorge** getroffen werden sollte. Dies kann ggf. auch in einer entsprechenden Präambel des Darlehensvertrages erfolgen.

Durchführung des Fremdvergleichs. Soweit der Fremdvergleich durchzuführen ist, sind als Vergleichsmaßstab nach Auffassung der Finanzverwaltung im Grundsatz die Vertragsgestaltungen, die zwischen Darlehensnehmern und Kreditinstituten üblich sind, heranzuziehen (BMF v. 23.12.10, BStBl. I 11, 37 Tz. 4). Entscheidend ist danach, dass (a) eine Vereinbarung über die Laufzeit und über Art und Zeit der Rückzahlung des Darlehens getroffen worden ist, (b) die Zinsen zu den Fälligkeitszeitpunkten entrichtet werden und (c) der Rückzahlungsanspruch ausreichend besichert ist (BMF v. 23.12.10, BStBl. I 11, 37 Tz. 5). Ergänzend sind ggf. Vereinbarungen aus dem Bereich der Geldanlage zu berücksichtigen (BMF v. 29.4.14, BStBl. I 14, 809). Allerdings ist festzuhalten, dass **nicht bereits jede geringfügige Abweichung** vom Üblichen die steuerliche Anerkennung pauschal ausschließt. Entscheidend ist vielmehr das Gesamtbild der Verhältnisse (BFH X R 139/95 v. 16.12.99, BFH/NV 99, 780; BFH VIII R 5/01 v. 9.10.01, BFH/NV 02, 334; BFH IV B 4/07 v. 25.1.08, BeckRS 2008, 25013172). 9

Für eine **klare und eindeutige Rückzahlungsvereinbarung** ist ein bloßer Hinweis auf § 488 Abs. 3 BGB grundsätzlich nicht ausreichend (BFH IV R 109/91 v. 28.1.93, BFH/NV 93, 590). Ein Kündigungsdarlehen bedarf also weiterer Regelungen darüber, unter welchen Umständen und zu welchen Zeitpunkten welche Darlehensbeträge kündbar sind und wie die Rückzahlung zu erfolgen hat. 10

Die **Zins- und Tilgungsleistungen** müssen zu den vereinbarten und üblichen Zahlungszeitpunkten tatsächlich erbracht worden und in den alleinigen Einkommens- und Vermögensbereich des Darlehensgebers gelangt sein. Dies ist eher eine Frage der tatsächlichen Durchführung des Vertrages. Zu beachten ist hier die Rechtsprechung des BVerfG zu den Ehegattenarbeitsverträgen (vgl. BVerfG 2 BvR 802/90 v. 7.11.95, BStBl. II 96, 34). Letztlich wird dennoch die Überweisung auf ein (alleiniges) Konto des Darlehensgebers immer vorzugswürdig sein. 11

Bei langfristigem Darlehen ist eine **Besicherung** in einer unter Fremden üblichen Art und Weise vorzusehen. Dabei ist ein langfristiges Darlehen jedenfalls bei einer Laufzeit von mehr als vier Jahren anzunehmen (BFH X R 126/87 v. 7.11.91, BStBl. II 91, 291; BFH IV R 109/91 v. 28.1.93, BFH/NV 93, 590; BFH X R 70/91 v. 4.3.93, BFH/NV 94, 156; BFH IX R 44/89 v. 29.6.93, BFH/NV 94, 460; BFH IV R 64/93 v. 9.5.96, BStBl. II 96, 642). Bei Kündigungsdarlehen ist darauf abzustellen, ob der Gläubiger unter Ausschöpfung seiner Kündigungsrechte eine kurzfristige oder nur eine langfristige Rückzahlung des Darlehens erzwingen kann (BFH IV R 109/91 v. 28.1.93, BFH/NV 93, 590). Inhaltlich ist eine ausreichende Besicherung anzunehmen, wenn diese banküblich ist (BMF v. 23.12.10, BStBl. I 11, 37 Tz. 6). Dabei lässt im Grundsatz auch eine gute Vermögenslage des Darlehensnehmers die Begebung einer Sicherheit nicht obsolet werden (BFH VIII R 290/82 v. 18.12.90, BStBl. II 91, 391; BFH VIII R 134/86 v. 18.12.90, BStBl. II 91, 882; BFH X R 121/88 v. 12.2.92, BStBl. II 92, 468; BFH IV R 109/91 v. 28.1.93, BFH/NV 93, 590). Haben dem Darlehensnehmer auch fremde Dritte (Banken) in vergleichbarem Umfang Darlehen ohne Sicherheit gewährt, deutet die fehlende Besicherung nicht mehr auf eine steuerrechtlich unerhebliche Veranlassung hin (BFH IX R 46/08 v. 12.5.09, BStBl. II 11, 24). Gleiches sollte gelten, wenn nachgewiesen werden kann, dass der Darlehensnehmer von einem Dritten ein solches unbesichertes Darlehen erhalten hätte. 12

In der Bestimmung der **Höhe der Zinsen** sind die Parteien sowohl nach der Rechtsprechung als auch nach der Praxis der Finanzverwaltung für die Anerkennung des Darlehensverhältnisses keinem strengen Fremdvergleich unterworfen (BFH IX R 150/85 v. 4.6.91, BStBl. II 91, 838). Für grenzüberschreitende Darlehen kommt allerdings eine Einkünftekorrektur gem. § 1 AStG in Betracht. 13

Darlehensgewährungen im Zusammenhang mit Schenkungen. Zusätzliche Besonderheiten ergeben sich, wenn die Darlehensgewährung in einem inneren Zu- 14 sammenhang mit einer Schenkung steht. Die Rechtsprechung wendet hier einen strengen Fremdvergleichsmaßstab an (vgl. Rz. 5). Voraussetzung für die steuerliche Anerkennung ist insbesondere, dass der Schenker sich der vollen Verfügungsmacht über das Geld entäußert hat und die anschließende Darlehensabrede unabhängig von der Schenkung auf einer freien Willensentscheidung des Beschenkten beruht (so schon BFH VIII R 1/88 v. 18.12.90, BStBl. II 91, 911). So wird ein **Schenkungsversprechen unter der Auflage,** der Beschenkte habe den geschenkten Geldbetrag dem Schenker umgehend als Darlehen zu gewähren nicht als Schenkung mit anschließender Darlehensabrede gewertet. Es wird vielmehr ein befristetes Schenkungsversprechen angenommen und zwar in der Weise, dass die Vollziehung der Schenkung bis zum Rückzahlungszeitpunkt des „Darlehens" aufgeschoben ist und sich die zu schenkende Geldsumme um die vereinbarten Zinsen erhöht (BFH VIII R 134/81 v. 10.4.84, BStBl. II 84, 705; BFH X R 121/88 v. 12.2.92, BStBl. II 92, 468; BFH X R 129/90 v. 23.9.92, BFH/NV 93, 294; BFH III R 30/92 v. 17.6.94, BFH/NV 95, 197; BMF v. 23.12.10, BStBl. I 11, 37 Tz. 10). Gleiches gilt, wenn das **Schenkungsversprechen unter der aufschiebenden Bedingung** der Rückgabe als Darlehen erfolgt ist (BMF v. 23.12.10, BStBl. I 11, 37 Tz. 11). Nicht endgültig geklärt ist hingegen die Frage, ob ein solcher Sachverhalt steuerrechtlich noch anzuerkennen ist, wenn der Schenkungsvertrag und die Darlehensabrede in einer **einheitlichen Urkunde** niedergelegt sind. Nach Ansicht der Finanzverwaltung ist auch in dieser Konstellation die steuerrechtliche Anerkennung zu versagen, da die Niederlegung in einer einheitlichen Urkunde eine **unwiderlegliche Vermutung** für eine innere Abhängigkeit zwischen Schenkung und Darlehen begründen soll (BMF v. 23.12.10, BStBl. I 11, 37 Tz. 10). Eine solche Handhabung erscheint indessen ungerechtfertigt, wenn die sonstigen Umstände erkennen lassen, dass ein Vermögensübergang tatsächlich stattgefunden hat und das Darlehen auf einem freien Entschluss des Beschenkten/Darlehensgebers beruht. Die Kürze der zwischen Schenkung und Darlehensgewährung liegenden Zeit begründet dagegen noch keine unwiderlegliche Vermutung für die gegenseitige Abhängigkeit der beiden Verträge (BFH IV R 58/99 v. 18.1.01, BStBl. II 01, 393; BMF v. 23.12.10, BStBl. I 11, 37 Tz. 12; EStH 4.8). Eine **widerlegliche Vermutung**, dass zwischen der Schenkung und dem Darlehen eine Abhängigkeit besteht, nimmt die Finanzverwaltung in folgenden Fällen an: (a) Es wird ein Vereinbarungsdarlehen nach § 607 Abs. 2 BGB geschlossen, (b) das Darlehen kann nur mit Zustimmung des Schenkers gekündigt werden, (c) Entnahmen durch den Beschenkten zu Lasten des Darlehenskontos sind nur mit Zustimmung des Schenkers zulässig (BMF v. 23.12.10, BStBl. I 11, 37 Tz. 13). Im Hinblick darauf dürfte in Fällen, in denen ein tatsächlicher Vermögensübergang gegeben ist und die Darlehenshingabe auf einem freien Entschluss des (volljährigen) Angehörigen beruht, die steuerliche Anerkennung nicht zu versagen sein. Liegen diese Voraussetzungen nicht vor und besteht zwischen Schenkungs- und Darlehensvertrag eine auf einem Gesamtplan beruhende sachliche Verknüpfung, wird das Darlehensverhältnis dagegen nicht anerkannt (BFH VIII R 46/00 v. 22.1.02, BStBl. II 02, 685). In jedem Fall ist bei einer entsprechenden Gestaltung immer Vorsicht geboten und darauf zu achten, dass sich die **eindeutige Abgrenzung der Vermögenssphären** des Schenkers/Darlehensnehmers und des Beschenkten/Darlehensgebers der Finanzverwaltung hinreichend darlegen lässt (BFH IV R 58/99 v. 18.1.01, BStBl. II 01, 393; BFH VIII R 50/97 v. 25.1.00, BStBl. II 00, 393; BFH IX R 32/98 v. 19.2.02, BStBl. II 02, 674).

15 **Anwendung auf Darlehen an Personengesellschaften.** Die aufgezeigten Grundsätze gelten auch für Beziehungen zwischen einer Personengesellschaft und nahen Angehörigen der die Gesellschaft beherrschenden Gesellschafter (st. Rspr., BFH IV R 29/86 v. 15.12.89, BStBl. II 89, 500; BFH IV R 17/89 v. 20.9.90, BStBl. II 91, 18; BFH VIII R 290/82 v. 18.12.90, BStBl. II 91, 391; BFH VIII R 138/85 v. 18.12.90, BStBl. II 91, 581; BFH VIII R 134/86 v. 18.12.90, BStBl. II 91, 882; BFH

VIII R 1/88 v. 18.12.90, BStBl. II 91, 911; BFH VIII R 321/83 v. 22.1.91, BFH/NV 91, 667; BFH IV R 109/91 v. 28.1.93, BFH/NV 93, 590; BFH IV R 60/98 v. 15.4.99, BStBl. II 99, 524; dies entspricht auch der Auffassung der Finanzverwaltung: BMF v. 23.12.10, BStBl. I 11, 37 Tz. 7). Nicht anzuwenden sind diese Grundsätze hingegen bei der Beteiligung von juristischen Personen. In diesen Fällen kann eine Zurechnung nach den Grundsätzen der verdeckten Gewinnausschüttung beim beherrschenden Gesellschafter oder Gesellschafter-Geschäftsführer erfolgen.

Weitere ertragsteuerliche Auswirkungen. Die steuerrechtliche Anerkennung 16 von Darlehensverträgen hat nicht nur Auswirkungen auf die Abzugsfähigkeit der gezahlten Zinsen als Betriebsausgaben/Werbungskosten, sondern auch auf die **Bewertung** des Betriebsvermögens nach § 103 Abs. 1 BewG sowie für die **Gewerbesteuer** auf die Hinzurechnung nach § 8 Nr. 1 Buchst. a GewStG. Wird das Darlehensverhältnis steuerlich anerkannt, ist nach Berücksichtigung der Zinsschranke (§ 4h EStG, § 8a KStG) dem gewerblichen Betrieb ein Viertel der bei seiner Ermittlung abgezogenen Zinsen (Entgelte) für Schulden hinzuzurechnen (§ 8 Nr. 1 Buchst. a GewStG). Der Darlehensgeber erzielt in der Regel Einkünfte aus Kapitalvermögen nach § 20 Abs. 1 Nr. 7 EStG. Der **gesonderte Steuersatz nach § 32d EStG** greift nicht, wenn Gläubiger und Schuldner nahestehende Personen sind, soweit die entsprechenden Aufwendungen beim Schuldner als Betriebsausgaben oder Werbungskosten abgezogen werden können (vgl. § 32d Abs. 2 Nr. 1 Buchst. a EStG). Das ist aber nicht schon deshalb der Fall, weil der Gläubiger und Schuldner der Kapitalerträge Angehörige iSd. § 15 AO sind (vgl. BFH VIII R 44/13 v. 29.4.14, DStRE 14, 604; VIII R 35/13 v. 29.4.14, BeckRS 2014, 95703 und VIII R 9/13 v. 29.4.14, DStR 14, 1661).

Verkehrssteuern: Darlehenszinsen sind gem. § 4 Nr. 8a UStG von der **Umsatzsteuer** befreit, allerdings besteht eine Optionsmöglichkeit, wenn der Umsatz an einen anderen Unternehmer für dessen Unternehmen gemacht wird (§ 9 Abs. 1 UStG). 17

2. Einzelerläuterungen

Zu §§ 1–3:

Bei der Festlegung der hauptvertraglichen Leistungen und den Rückzahlungsmoda- 18 litäten ist zur Gewährleistung der steuerrechtlichen Anerkennung des Darlehensvertrages auf eine hinreichende Bestimmtheit der Klauseln zu achten. Das hier vereinbarte Endfälligkeitsdarlehen weist in Bezug auf die Rückzahlung insoweit keine Schwierigkeiten auf.

Zu § 4: Sicherheiten

Die Begebung banküblicher Sicherheiten ist bei langfristigen Darlehen im Rahmen 19 des Fremdvergleichs notwendig. Dabei ist Langfristigkeit bei einer Laufzeit von mehr als vier Jahren anzunehmen (st. Rspr., zuletzt BFH IV R 109/91 v. 28.1.93, BFH/NV 93, 590; BFH X R 70/91 v. 4.3.94, BFH/NV 94, 156; BFH IX R 44/89 v. 29.6.93, BFH/NV 94, 460). Inhaltlich ist eine ausreichende Besicherung anzunehmen, wenn der Darlehensnehmer eine bankübliche Sicherung begibt (BMF v. 23.12.10, BStBl. I 11, 37 Tz. 6). Die gute Bonität des Darlehensnehmers schließt die Notwendigkeit einer Besicherung des Darlehens nicht aus (BFH VIII R 134/86 v. 18.12.90, BStBl. II 91, 882; BFH VIII R 290/82 v. 18.12.90, BStBl. II 91, 391; BFH X R 121/88 v. 12.2.92, BStBl. II 92, 468; BFH IV R 109/91 v. 28.1.93, BFH/NV 93, 590). Haben dem Darlehensnehmer aber auch fremde Dritte (Banken) in vergleichbarem Umfang Darlehen ohne Sicherheit gewährt, deutet die fehlende Besicherung nicht mehr auf eine steuerrechtlich unerhebliche Veranlassung hin (BFH IX R 46/08 v. 12.5.09, BStBl. II 11, 24).

Falls die Bestellung einer Sicherheit im Einzelfall nicht möglich ist, sollte jedenfalls 20 ein **Anspruch auf Sicherheitenbestellung** aufgenommen werden, etwa wie folgt:

„Der Darlehensgeber ist gegenüber dem Darlehensnehmer zu jedem Zeitpunkt der Laufzeit des Darlehens berechtigt, Sicherheiten für den ausstehenden Darlehensbetrag zu verlangen, wenn besondere Umstände dies erfordern. Besondere Umstände sind gegeben, wenn ein Kaufmann im Rahmen ordnungsgemäßer Führung seiner Geschäfte eine solche Sicherheit (z.B. in Form einer Bürgschaft) verlangen würde. Der Darlehensnehmer ist verpflichtet, die erforderlichen Sicherheiten unverzüglich zu stellen; kommt er dem nicht nach, berechtigt dies den Darlehensgeber zur außerordentlichen, fristlosen Kündigung des Darlehens."

Zu § 5: Kündigung

21 Um die steuerrechtliche Anerkennung des Darlehensvertrages nicht zu gefährden, sind auch Kündigungsklauseln inhaltlich so eindeutig abzufassen, dass sie im Rahmen eines Fremdvergleichs einer jederzeitigen Überprüfung unterzogen werden können (BFH IV R 101/91 v. 28.1.93, BFH/NV 93, 590). Die Fremdüblichkeit ist gewährleistet, wenn auf die gesetzlichen Kündigungsmöglichkeiten verwiesen wird.

B. 1.02 Ehegattenarbeitsvertrag

Gliederung

I. FORMULAR

Formular B. 1.02 Ehegattenarbeitsvertrag

EHEGATTENARBEITSVERTRAG

zwischen

Herrn A

und

Frau A

§ 1 Beginn der Tätigkeit

Das Arbeitsverhältnis beginnt mit Wirkung vom ......

§ 2 Gegenstand der Tätigkeit

Frau A wird im Rahmen des Rechnungswesens beschäftigt und hierbei insbesondere folgende Aufgaben übernehmen: Überwachung des Rechnungseingangs und des Rechnungsausgangs sowie des Zahlungseingangs und des Zahlungsausgangs, Mahnwesen, Führung der Kasse und des Kassenbuches, Überwachung der Bankkonten, Sammlung der Belege.

§ 3 Arbeitszeit

Die Regelarbeitszeit beträgt 38 Stunden wöchentlich. Bei Bedarf wird Frau A auch Überstunden leisten.

§ 4 Vergütung

Frau A erhält ein Bruttogehalt von € ......, zahlbar am Ende eines jeden Monats. Zum Ende des Monats November wird jeweils ein 13. Monatsgehalt gezahlt.

Das Nettogehalt wird auf das Konto Nr. ...... von Frau A bei der Bank ...... überwiesen.

§ 5 Überstundenvergütung

Für jede Überstunde erhält Frau A $^{1}/_{160}$ des monatlichen Bruttogehaltes sowie einen Zuschlag von $^{1}/_{4}$ des sich so errechnenden Betrages.

§ 6 Reisekosten

Aufwendungen, die Frau A im Interesse des Arbeitgebers für betriebliche Zwecke macht, werden im Rahmen der jeweils gültigen steuerlichen Regelungen erstattet.

§ 7 Tantieme

Frau A erhält eine Tantieme in Höhe von ......% nach Maßgabe folgender Berechnung: ......

§ 8 Gehaltsfortzahlung bei Krankheit

Die Gehaltsfortzahlung im Krankheitsfall richtet sich nach den Vorschriften des EntgeltfortzahlungsG.

§ 9 Altersversorgung

Zugunsten von Frau A wird eine Lebensversicherung mit unmittelbarer Bezugsberechtigung (Direktversicherung) in Höhe von € .... abgeschlossen.

§ 10 Erholungsurlaub

Frau A erhält einen Erholungsurlaub von ...... Werktagen im Kalenderjahr, bezogen auf eine 5-Tage-Woche.

§ 11 Verschwiegenheitspflicht

Frau A ist verpflichtet, alle betrieblichen Angelegenheiten, insbesondere Geschäfts- und Betriebsgeheimnisse, geheimzuhalten. Diese Verpflichtung besteht auch nach Beendigung des Arbeitsverhältnisses.

§ 12 Kündigung

Das Arbeitsverhältnis kann von beiden Seiten zum jeweiligen Quartalsende mit sechswöchiger Frist gekündigt werden. Das Arbeitsverhältnis endet, ohne dass es einer Kündigung bedarf, spätestens mit Ablauf des Monats, in dem Frau A die Regelaltersgrenze erreicht hat.

II. ERLÄUTERUNGEN

Erläuterungen zu B. 1.02 Ehegattenarbeitsvertrag

1. Grundsätzliche Anmerkungen

a) Wirtschaftliche Vertragsziele

Der **Ehegattenvertrag** ist darauf gerichtet, die Mitarbeit des Ehegatten im Betrieb des anderen auf eine arbeitsrechtliche Grundlage zu stellen. Die Ehegatten haben ein Wahlrecht, ob sie im Betrieb des anderen auf arbeitsrechtlicher oder familienrechtlicher Grundlage mitarbeiten. Eine familienrechtliche Verpflichtung besteht diesbezüg- 1 lich nur ausnahmsweise, und zwar auf Grund der im Rahmen der ehelichen Lebensgemeinschaft bestehenden, rechtlich anerkannten Beistandspflicht (§ 1353 BGB). In der Regel ist daher der Abschluss eines Arbeitsvertrages zwischen Ehegatten rechtlich ohne weiteres möglich (§ 1356 Abs. 2 Satz 1 BGB). Der Güterstand der Eheleute spielt hierbei grundsätzlich keine Rolle. Für **Arbeitsverträge mit Kindern** wäre § 1619 BGB zu beachten, wonach im elterlichen Hausstand lebende Kinder den Eltern in Haushalt und Geschäft bereits auf familienrechtlicher Grundlage gewisse Dienste zu leisten haben; Arbeitsverhältnisse mit **Kindern unter 14 Jahren** wären zudem idR **nichtig** (§ 5 JArbSchG).

b) Zivilrecht (Arbeitsrecht)

2 Für den Abschluss des Arbeitsvertrages gelten grundsätzlich die für das Vertragsrecht allgemein gültigen Regeln des BGB. Wesentliche Regelungen des Arbeitsvertragsrechts finden sich in den §§ 611 ff. BGB, dem Dienstvertragsrecht. Diese Regeln werden allerdings stark überlagert durch für das Arbeitsverhältnis typische Treuepflichten des Arbeitnehmers auf der einen Seite und Fürsorgepflichten des Arbeitgebers auf der anderen Seite.

3 Arbeitsverträge sind grundsätzlich **formfrei** möglich (zur steuerlichen Anerkennung mündlicher Verträge vgl. Rz. 13). Abweichend vom Grundsatz der Formfreiheit kann sich allerdings ein **Schriftformerfordernis** ergeben aus
- Tarifvertrag,
- Betriebsvereinbarungen
- besonderen Absprachen zwischen Arbeitgeber und Arbeitnehmer,
- Gesetz, und zwar für Berufsausbildungsverträge (§ 11 BBiG) und für befristete Arbeitsverträge (§ 14 Abs. 4 TzBfG).

4 Der Regelungsinhalt eines Arbeitsvertrages unterliegt ebenfalls grundsätzlich der Vertragsfreiheit. Diese Vertragsfreiheit ist indessen durch zahlreiche Schutzvorschriften zugunsten des Arbeitnehmers stark eingeschränkt.

c) Sozialversicherungsrecht

5 Wie alle anderen Angestellten unterliegt auch der Arbeitnehmerehegatte ohne Rücksicht auf die Höhe seines Verdienstes der Sozialversicherungspflicht (§ 1 SGB IV). Seit dem 1.4.03 gelten durch das **Zweite Gesetz für moderne Dienstleistungen am Arbeitsmarkt,** sog. Hartz II v. 23.12.02 (BGBl. I 02, 4621), neue Regelungen für die sozialversicherungs- und steuerrechtliche Behandlung von geringfügigen Beschäftigungsverhältnissen. Diese Regelungen wurden zuletzt zum 1.1.13 modifiziert. Eine geringfügige Beschäftigung liegt nach § 8 SGB IV nunmehr vor, wenn (i) das Arbeitsentgelt aus dieser Beschäftigung regelmäßig im Monat 450 € nicht übersteigt (geringfügig entlohnte Beschäftigung) oder (ii) die Beschäftigung nicht berufsmäßig ausgeübt wird und innerhalb eines Kalenderjahres auf längstens zwei Monate (bei einer 5-Tage-Woche) oder 50 Arbeitstage (wenn weniger als 5 Arbeitstage in der Woche vereinbart sind) nach ihrer Eigenart begrenzt zu sein pflegt oder im Voraus vertraglich begrenzt ist (kurzfristige Beschäftigung). Wenn die Voraussetzungen der kurzfristigen Beschäftigung vorliegen, ist die Höhe des Verdienstes sozialversicherungsrechtlich unerheblich. Bei einem regelmäßigem Entgelt bis 450 € sind allerdings **immer** die Grundsätze der geringfügig entlohnten Beschäftigung anzuwenden, auch dann wenn die Beschäftigung nur kurzfristig ausgeübt wird. Mehrere geringfügige Beschäftigungsverhältnisse werden zusammengerechnet. Übersteigt das gesamte Arbeitsentgelt die Grenze von 450 €, so unterliegt das gesamte Arbeitsverhältnis den allgemeinen Regeln der Sozialversicherungspflicht. Für nicht abgeführte Beiträge haftet der Arbeitgeber. Neben einer sozialversicherungspflichtigen Beschäftigung kann nur ein Minijob ausgeübt werden, alle weiteren Beschäftigungen werden mit der sozialversi-

cherungspflichtigen Beschäftigung zusammengerechnet. Die Regelungen über die geringfügigen Beschäftigungen gelten dem Grunde nach auch für Beschäftigungen in Privathaushalten (§ 8a SGB IV). IdR werden solche Beschäftigungen zwischen Ehegatten allerdings weder steuerrechtlich noch sozialversicherungsrechtlich anerkannt werden.

Kurzfristige Beschäftigungsverhältnisse sind idR sozialversicherungsfrei, und 6
zwar in der Arbeitslosenversicherung (§ 27 Abs. 2 SGB III), in der gesetzlichen Krankenversicherung (§ 7 Abs. 1 SGB V) und in der Rentenversicherung (§ 5 Abs. 2 Nr. 1 SGB VI). Das ist anders bei einer **geringfügig entlohnten Beschäftigung**. Diese ist – sofern sie nach dem 31.12.12 aufgenommen wurde – im Gegensatz zum früheren Recht rentenversicherungspflichtig. Die Rentenversicherungspflicht tritt auch ein, wenn bei einem vor dem 1.1.13 bestehenden geringfügigen Beschäftigungsverhältnis das Arbeitsentgelt auf einen Betrag von über 400 € bis zu höchstens 450 € angehoben wird. Der Arbeitgeber hat hierauf eine Pauschalabgabe von maximal 30,99% abzuführen (15% Renten-, 13% Krankenversicherung, 2% Lohnsteuer, 0,14% Umlage bei Schwangerschaft/Mutterschaft, 0,7% Umlage bei Krankheit, 0,15% Insolvenzgeldumlage). Der Arbeitnehmer hat die Differenz zum vollen Rentenversicherungsbeitragssatz von 18,9% aufzustocken (3,9%), wobei der Pflichtbeitrag zur Rentenversicherung immer auf der Bemessungsgrundlage von mindestens 175 € (18,9% von 175 €, also 33,08 €) zu berechnen ist. Sofern das Arbeitsentgelt die Mindestbemessungsgrundlage von 175 € unterschreitet, berechnet sich der vom Arbeitgeber zu tragende Anteil mit 15% vom tatsächlich gezahlten Entgelt; den übersteigenden Betrag trägt der Arbeitnehmer. Sofern der Arbeitnehmer nicht in einer gesetzlichen Krankenkasse (eigene oder Familienversicherung) versichert ist, z.B. bei privat Versicherten, ist der pauschale Beitrag zur Krankversicherung in Höhe von 13% nicht zu entrichten.

Der Arbeitnehmer hat die Möglichkeit, bei seinem Arbeitgeber schriftlich die Befreiung von der Versicherungspflicht zu beantragen (§ 6 Abs. 1b SGB VI). Arbeitnehmer, die ihre geringfügig entlohnte Tätigkeit vor dem 1.1.13 aufgenommen haben und deren Verdienst auch nach dem 31.12.12 nicht mehr als 400 € beträgt, bleiben weiterhin rentenversicherungsfrei, es sei denn sie erklären den Verzicht auf die Befreiung.

Beträgt der monatliche Verdienst mehr als 450 €, aber weniger als 850 € (sog. 7
Gleitzone), besteht volle Versicherungspflicht in allen Zweigen der Sozialversicherung. Allerdings muss nur der Arbeitgeber den vollen Arbeitgeberanteil entrichten, während die Beiträge des Arbeitnehmers mit steigendem Einkommen linear ansteigen. Mehrere geringfügige Beschäftigungsverhältnisse werden zusammengerechnet. Übersteigt das gesamte Arbeitsentgelt die Grenze von 450 €, so unterliegt das gesamte Arbeitsentgelt der allgemeinen Sozialversicherungspflicht. Soweit zusätzlich zum vereinbarten Gehalt weitere steuerfreie oder pauschal zu versteuernde Gehaltsbestandteile gezahlt werden (z.B. Erstattung der Fahrtkosten zwischen Wohnung und Arbeitsstätte, Gutscheine bis 44 €, Direktversicherung, etc.) sind diese zusätzlichen Gehaltsbestandteile sozialversicherungsfrei, auch dann, wenn dadurch die Grenze von 450 € überschritten wird. Für nicht abgeführte Beiträge haftet der Arbeitgeber. Der Arbeitnehmer kann schriftlich erklären, dass er auf die Anwendung der Gleitzone in der Rentenversicherung verzichtet. Die Erklärung bleibt für die Dauer der Beschäftigung bindend (§ 163 Abs. 10 Satz 7 SGB VI) und ist zu den Entgeltunterlagen zu nehmen. Ein Verzicht in den anderen Zweigen der Sozialversicherung ist nicht möglich.

Die **Beitragsbemessungsgrenzen** betragen ab 1.1.14 bei der 8

	jährlich	monatlich
Renten- und Arbeitslosenversicherung	71.400.– €	5.950.– €
(neue Bundesländer)	60.000.– €	5.000.– €
Kranken- und Pflegeversicherung	48.600.– €	4.050.– €

9 Die **allgemeinen Beitragssätze** betragen ab 1.1.14 bei der

Rentenversicherung	18,9%
Arbeitslosenversicherung	3,0%
Krankenversicherung	
Allgemeiner Beitragssatz (mit Sonderbeitrag)	15,5%
Ermäßigter Beitragssatz (ohne Sonderbeitrag)	14,6%
Zusatzbeitrag einkommensunabhängig ggf. von Krankenkasse erhoben	
Pflegeversicherung	2,05%
Beitragssatz für Kinderlose (die Erhöhung trägt der Arbeitnehmer allein)	2,30%

d) Steuerrecht

10 Der steuerliche Vorteil anerkannter Ehegattenarbeitsverhältnisse besteht darin, dass sich Arbeitslohn sowie etwaige Pensionsrückstellungen beim Arbeitgeberehegatten steuermindernd auswirken (zu den Voraussetzungen der steuerrechtlichen Anerkennung vgl. Rz. 11). Im Ergebnis wird vor allem Gewerbesteuer gespart.

Der Arbeitslohn unterliegt beim Arbeitnehmerehegatten zwar der Einkommensteuer, insbesondere die geringfügig entlohnten „450 €-Mini-Jobs" bieten aber auch für den Arbeitnehmerehegatten steuerliche Vorteile. Bei Abführung der pauschalen Sozialversicherungsabgaben kann die Lohnsteuer einschließlich Solidaritätszuschlag und Kirchensteuer unter Verzicht auf Vorlage einer Lohnsteuerkarte mit 2% vom Arbeitgeber entrichtet werden (vgl. § 40a Abs. 2 EStG). Die **einheitliche Pauschalsteuer von 2%** ist vom Arbeitgeber zusammen mit den Sozialversicherungsbeiträgen an die Minijobzentrale der Deutschen Rentenversicherung Knappschaft-Bahn-See abzuführen (vgl. § 40a Abs. 6 EStG). Bei Vorlage einer Lohnsteuerkarte entfällt die Pauschalbesteuerung gem. § 40a Abs. 2 EStG und es ist das übliche Lohnsteuerverfahren durchzuführen. Bei der Frage, ob die 450 €-Grenze überschritten ist, sind auch arbeits- oder tarifvertraglich zugesicherte Sonderzahlungen zu berücksichtigen und zwar unabhängig davon, ob sie tatsächlich gezahlt bzw. vom Arbeitnehmer eingefordert werden oder nicht (BFH VI R 57/05 v. 29.5.08, BStBl. II 09, 147; vgl. auch LStR 40a.2). Hat der Arbeitgeber keinen **pauschalen** Beitrag zur Rentenversicherung zu tragen (beispielsweise bei der Zusammenrechnung mehrerer geringfügiger Beschäftigungsverhältnisse), so erfolgt eine Pauschalierung der Lohnsteuer nach § 40a Abs. 2a EStG in Höhe von **20%.** Die 20%-Pauschale ist an das Betriebstätten-Finanzamt abzuführen. Für kurzfristige Beschäftigungen iSd. § 40a Abs. 1 EStG gilt ein Pauschalsteuersatz von 25%, wenn die Dauer der Beschäftigung 18 zusammenhängende Tage nicht übersteigt und der Arbeitslohn während der Beschäftigungsdauer 62 EUR durchschnittlich je Arbeitstag nicht überschreitet oder die Beschäftigung zu einem unvorhergesehenen Zeitpunkt sofort erforderlich wird. Erfolgt ein pauschaler Lohnsteuerabzug, bleibt das geringfügige Beschäftigungsverhältnis ab dem Arbeitnehmer außerhalb der Einkommensteuererklärung (§ 40a Abs. 5 EStG iVm. § 40 Abs. 3 EStG).

Arbeitsentgelte zwischen 450,01 € und 850.– € sind vom Arbeitgeber unter Vorlage der Lohnsteuerkarte im Rahmen des üblichen Lohnsteuerabzugsverfahren zu behandeln. Gleiches gilt für Arbeitsentgelte über 850,– €.

11 Arbeitsverhältnisse zwischen Ehegatten werden steuerrechtlich nur dann anerkannt, wenn sie in ihren vertraglichen Hauptpflichten **ernsthaft vereinbart** und entsprechend der Vereinbarung **tatsächlich durchgeführt werden** (BFH X R 31/12 v. 17.7.13, BStBl. II 13, 1015; vgl. auch BVerfG 2 BvR 802/90 v. 7.11.95, BStBl. II 96, 34; so iE auch die Finanzverwaltung: EStR 4.8 und EStH 4.8). Entscheidend ist hierbei neben dem wirksamen Arbeitsvertrag, dass die vertragliche Arbeitsleistung von dem Angehörigen erbracht wird und der Steuerpflichtige seinerseits alle Arbeitgeberpflichten, insbesondere die der Lohnzahlung erfüllt.

12 Hinsichtlich der Ernsthaftigkeit der Vereinbarungen und der tatsächlichen Durchführung (Leistung der Arbeit und laufende Zahlung des Arbeitslohnes) werden von Rspr.

und Finanzverwaltung eher strenge Anforderungen gestellt. Diese Anforderungen stellen nicht etwa ungeschriebene Merkmale des steuergesetzlichen Tatbestandes, sondern Beweiswürdigungsregelungen dar (BFH III R 81/96 v. 18.6.97, BFH/NV 98, 293), die sicherstellen sollen, dass, wie ganz allgemein bei Verträgen zwischen Angehörigen, es sich um Beziehungen im betrieblichen Bereich und nicht um private Unterhaltsleistungen handelt. Wegen der vermuteten gleichgerichteten Interessen gelten insbesondere in formaler Hinsicht strenge Anforderungen (zu den Grenzen vgl. aber BVerfG 2 BvR 802/90 v. 7.11.95, BStBl. II 96, 34). Wird den Anforderungen nicht entsprochen, wird der Ehegattenarbeitsvertrag steuerlich nicht anerkannt mit der Folge, dass der Arbeitslohn beim Arbeitgeberehegatten keine Betriebsausgabe (Werbungskosten) darstellt und beim Arbeitnehmerehegatten grundsätzlich steuerlich unbeachtliche Unterhaltsleistungen vorliegen (BFH VIII R 27/80 v. 8.2.83, BStBl. II 83, 496; BFH I R 58/82 v. 6.3.85, BFH/NV 86, 83; BFH GrS 1/88 v. 27.11.89, BStBl. II 90, 160). Festzuhalten ist dabei, dass nicht jede Abweichung vom Üblichen die steuerrechtliche Anerkennung ausschließt. Nach der Rspr. ist hierbei die Intensität der erforderlichen Prüfung der Fremdüblichkeit der Vertragsbedingungen auch vom Anlass des Vertragsschlusses abhängig: So ist der Fremdvergleich etwa dann weniger strikt durchzuführen, wenn der Steuerpflichtige ansonsten einen fremden Dritten hätte einstellen müssen, als wenn Tätigkeiten verrichtet werden, die üblicherweise vom Steuerpflichtigen selbst erledigt werden (BFH X R 31/12 v. 17.7.13, BStBl. II 13, 1015).

Vorrangige Voraussetzung für die steuerrechtliche Anerkennung wird idR auch weiterhin ein **zivilrechtlich wirksam geschlossener Arbeitsvertrag** sein. Grundsätzlich ist dabei ein mündlich geschlossener Vertrag ausreichend (aus Nachweisgründen ist die Schriftform allerdings geboten, vgl. vgl. BFH IX R 220/84 v. 10.8.88, BStBl. II 89, 137; BFH IX R 270/87 v. 2.6.92, BFH/NV 92, 806; zur Änderung eines Versorgungsvertrages: BFH X R 13/09, v. 15.9.10, BFH/NV 11, 127). Bei Ehegattenarbeitsverträgen ist – über das reine Nachweiserfordernis hinaus – darauf zu achten, ob vertraglich Schriftform für Änderungen und Ergänzungen des Vertrages vereinbart ist (großzügig BFH VIII R 81/94 v. 20.4.99, BFH/NV 99, 1457, der bloß mündlich vereinbarte Änderungen anerkennt). Der Vertrag ist im Vornhinein abzuschließen. Eine **Rückwirkung** vertraglicher Vereinbarungen wird steuerlich nicht anerkannt (BFH I 223/60 U v. 31.1.61, BStBl. III 61, 209; BFH IV R 197/68 v. 7.9.72, BStBl. II 72, 944; BFH I R 73/82 v. 21.8.85, BStBl. II 86, 250; BFH VIII R 83/82 v. 29.11.88, BStBl. II 89, 281; EStH 4.8). 13

Im Arbeitsvertrag müssen die **vertraglichen Hauptverpflichtungen**, wie Höhe des Gehalts, Arbeitszeit und Art der Tätigkeit festgelegt sein. Denn nur so kann die Angemessenheit geprüft und zudem festgestellt werden, ob der Vertrag tatsächlich durchgeführt worden ist. Weicht das tatsächliche Arbeitsgebiet von der Tätigkeitsbeschreibung lt. Arbeitsvertrag ab, ist das Arbeitsverhältnis mit dem Ehegattenarbeitnehmer nicht anzuerkennen (BFH X B 59/97 v. 10.10.97, BFH/NV 98, 448). 14

Die vertragliche Gestaltung muss **auch unter Dritten üblich** sein (zu den Fallgestaltungen aus Sicht der FinVerw. vgl. H 4.8 EStH). Hierzu gehört, dass die arbeitsvertraglichen Verpflichtungen überhaupt erfüllbar sind. Das ist beispielsweise dann nicht der Fall, wenn Ehegatten, die beide einen Betrieb unterhalten, sich wechselseitig verpflichten, mit ihrer vollen Arbeitskraft jeweils im Betrieb des anderen tätig zu sein (BFH I R 165/66 v. 26.2.69, BStBl. II 69, 315; einschränkend BFH X B 59/97 v. 10.10.97, BFH/NV 98, 448). Wechselseitige Teilzeitarbeitsverträge erkennt die Finanzverwaltung dagegen an, wenn die Vertragsgestaltungen insgesamt einem Fremdvergleich standhalten (EStH 4.8 unter Hinweis auf BFH X R 2/86 v. 12.10.88, BStBl. II 89, 354). Zwischen Dritten unüblich sind zB auch Anstellungsverträge zwischen beamteten Lehrern und ihren Ehegatten und Kindern, wenn diese gegen Entgelt für den Lehrer sämtliche Arbeiten erledigen, die zur Vorbereitung und Durchführung von Lehrtätigkeiten anfallen (BFH VI R 86/94 v. 6.3.95, BStBl. II 95, 394). 15

16 Ob die steuerrechtliche Anerkennung eines Arbeitsverhältnis versagt werden kann, weil die sich aus dem Arbeitsvertrag ergebenden Verpflichtungen über das hinausgehen, was üblicherweise in den Bereich der **Mithilfe** auf familienrechtlicher Basis fällt (so noch zur Reinigung des Arbeitszimmers des anderen Ehegatten: BFH VI R 166/76 ua. v. 27.10.78, BStBl. II 79, 80; vgl. auch noch BFH IV R 14/92 v. 9.12.93, BStBl. II 94, 298), dürfte inzwischen eher bezweifelt werden. Allerdings wendet hier die Rspr, den durchzuführenden Fremdvergleich eher streng an (BFH X R 31/12 v. 17.7.13, BStBl. II 13, 1015).

17 Die **Vergütung** für die Arbeitsleistung des im Betrieb beschäftigten Ehegatten kann nur insoweit als Arbeitslohn behandelt werden, als sie **angemessen** ist und nicht den Betrag übersteigt, den ein fremder Arbeitnehmer für eine gleichartige Tätigkeit erhalten würde (zur verfassungsrechtlichen Unbedenklichkeit des Fremdvergleichs BVerfG 2 BvR 802/90 v. 7.11.95, BStBl. II 96, 34). Im Hinblick darauf muss die Arbeitsvergütung in ihren **einzelnen Bezugsteilen** (BFH IV R 2/86 v. 17.4.86, BStBl. II 86, 559; BFH VIII R 106/81 v. 21.8.84, BStBl. II 85, 124; BFH IV R 103/82 v. 28.7.83, BStBl. II 84, 60; BFH I R 118/83 v. 29.4.87, BFH/NV 88, 122), aber auch in ihrer **Gesamtheit** (BFH VIII R 50/80 v. 26.10.82, BStBl. II 83, 209; BFH IV R 53/77 v. 20.3.80, BStBl. II 80, 450; BFH I R 220/82 v. 8.10.86, BStBl. II 87, 205) angemessen sein. Erfolgt in einem steuerlich anzuerkennenden Arbeitsverhältnis zwischen Ehegatten eine sog. echte Barlohnumwandlung in eine Direktversicherung, so sind die Versicherungsbeträge betrieblich veranlasst und ohne Prüfung einer Überversorgung als Betriebsausgabe zu berücksichtigen (BFH VIII R 68/06 v. 10.6.08, BStBl. II 08, 973).

18 Was die einzelnen Bezugsteile anbelangt, so ist auf die **Betriebsüblichkeit** abzustellen, so dass im Hinblick darauf – bei dem Arbeitnehmerehegatten steuerpflichtige – Heirats- und Geburtsbeihilfen, Tantiemen und Zukunftssicherungsleistungen ohne weiteres zulässig sein können. Das gilt zB. auch für Pensionszusagen (vgl. *Schmidt/Weber-Grellet* § 6a Rz. 34). In Bezug auf die steuerliche Anerkennung entsprechender Rückstellungen gelten die allgemeinen Grundsätze. § 6a EStG ist zu beachten.

19 Auf Branchenüblichkeit kommt es dagegen nicht an (BFH I R 135/80 v. 10.11.82, BStBl. II 83, 173; BFH IV R 103/82 v. 28.7.83, BStBl. II 84, 60; BFH VIII R 106/81 v. 21.8.84, BStBl. II 85, 124). Es spielt keine Rolle, wenn der Arbeitslohn unüblich niedrig ist (BFH IV R 103/82 v. 28.7.83, BStBl. II 84, 60; BFH IV R 2/86 v. 17.4.86, BStBl. II 86, 559), es sei denn, er ist derart niedrig, dass er nicht mehr als Gegenleistung für die Arbeitsleistung angesehen werden kann (BFH IV R 103/82 v. 28.7.83, BStBl. II 84, 60).

20 Das Arbeitsverhältnis muss schließlich auch tatsächlich durchgeführt worden sein, dh. Arbeitsleistung und Lohnzahlung müssen erbracht sein. Indiz hierfür ist, dass der Arbeitslohn zu den vereinbarten und üblichen Zahlungszeitpunkten **tatsächlich gezahlt** worden (BFH X R 155/94 v. 26.6.96, BFH/NV 97, 182) und in den alleinigen Einkommens- und Vermögensbereich des Arbeitnehmerehegatten gelangt ist (BFH XI R 30/89 ua. v. 25.7.91, BStBl. II 91, 842; BFH X R 145/94 v. 5.2.97, BFH/NV 97, 347). Dabei darf die steuerrechtliche Anerkennung des Arbeitsverhältnisses nicht schon deshalb versagt werden, weil das Gehalt auf ein Konto des Arbeitgeberehegatten überwiesen wird, über das der Arbeitnehmerehegatte (auch alleinige) Verfügungsbefugnis hat (vgl. BVerfG 2 BvR 802/90 v. 7.11.95, BStBl. II 96, 34). Gleiches gilt für die Überweisung auf ein sog. „Oder-Konto" oder ein Konto des Arbeitnehmerehegatten, für das wiederum der andere Ehegatte (auch) verfügungsbefugt ist. Allerdings geht die FinVerw. davon aus, dass die Überweisung auf ein Konto, über das dem Arbeitnehmerehegatten nur ein Mitverfügungsrecht zusteht, der Anerkennung entgegenstehen kann (H 4.8 EStH). Letztlich wird trotz der Rechtsprechung des BVerfG die Überweisung auf ein (alleiniges) Konto des Arbeitnehmers immer vorzugswürdig sein.

21 Die darlehensweise Überlassung des Arbeitslohnes durch bloße Umbuchung im Betrieb wird steuerlich nicht anerkannt, wohl dagegen die Vereinbarung des **Darlehens**

nach angebotener Gehaltsauszahlung, und zwar selbst dann, wenn weder Sicherheiten noch Zinsen vereinbart sind (vgl. Formular B 1.01 Rz. 4ff.).

2. Einzelerläuterungen

Zu § 1: Beginn der Tätigkeit

Aus dem Vergleich mit dem Datum der Unterzeichnung des Arbeitsvertrages ergibt sich, ob der Vertrag zu Beginn des Arbeitsverhältnisses abgeschlossen worden ist. Eine Rückwirkung wird steuerlich nicht anerkannt. 22

Zu § 2: Gegenstand der Tätigkeit

Eine möglichst genaue Umschreibung der Tätigkeitsbereiche entspricht ebenfalls den steuerrechtlichen Anforderungen und ermöglicht zudem den Nachweis der tatsächlichen Durchführung des Vertrages und der Angemessenheit des vereinbarten Arbeitslohnes. 23

Zu § 3: Arbeitszeit

Da es für die Ernsthaftigkeit eines Ehegattenarbeitsvertrages spricht, wenn eine fremde Arbeitskraft durch die Mitarbeit des Ehegatten ersetzt wird, ist die Vereinbarung über die Arbeitszeit unabdingbar. Zulässig ist natürlich auch die Vereinbarung einer kürzeren Arbeitszeit. 24

Zu § 4: Vergütung

Die Vereinbarung über die Höhe des Gehaltes sowie des Zahlungszeitpunktes ist unverzichtbar. Empfehlenswert ist darüber hinaus die Angabe des Kontos des Arbeitnehmer-Ehegatten. Ein „Oder-Konto" ist allerdings unschädlich (BVerfG 2 BvR 802/90 v. 7.11.95, BStBl. II 96, 34; vgl. auch EStH 4.8). 25

Zu § 5: Überstundenvergütung

Für Arbeiten über die regelmäßige betriebliche Arbeitszeit hinaus kann neben der Überstundenvergütung ein Zuschlag gezahlt werden. In Anlehnung an den früheren § 15 AZO ist ein Zuschlag von 25% im Allgemeinen zulässig. Die Umrechnung des Monatsgehaltes auf den zu vergütenden Stundensatz kann in pauschalierter Form erfolgen und wird im Allgemeinen zwischen $^1/_{160}$ und $^1/_{180}$ des Monatsgehaltes liegen. 26

Zu § 6: Reisekosten

Die Erstattung von Reisekosten, Spesen und der Kosten für die Benutzung eines eigenen PKWs für Dienstreisen erfolgt nach allgemeinen steuerlichen Grundsätzen (vgl. LStR 3.16 und 9.4–9.8). 27

Zu § 7: Tantieme

Wegen der besonderen Vertrauensstellung des mitarbeitenden Ehegatten rechtfertigt sich gerade bei diesem eine Gewinnbeteiligung. Die Berechnungsgrundlage muss allerdings iE dem Arbeitsvertrag zu entnehmen sein. 28

Zu § 8: Gehaltsfortzahlung bei Krankheit

Die Vereinbarung über die Gehaltsfortzahlung bei Krankheit entspricht allgemeinen Grundsätzen und beruht auf §§ 616 Satz 1, 617 Abs. 1 BGB, 3 Abs. 1 EFZG bzw. bei Auszubildenden auf § 19 Abs. 1 Nr. 2b BBiG. 29

Zu § 9: Alterversorgung

Im Rahmen eines steuerlich anzuerkennenden Arbeitsverhältnisses sind Beiträge zu einer Direktversicherung zugunsten des Arbeitnehmerehegatten als Betriebsausgaben abziehbar, wenn 30

1. die Verpflichtung aus der Zusage der Direktversicherung ernstlich gewollt sowie klar und eindeutig vereinbart und
2. die Zusage dem Grunde nach angemessen ist.

Liegen die Voraussetzungen vor, sind die Versicherungsbeiträge insoweit abziehbar, als sie der Höhe nach angemessen sind. Bei dem Arbeitgeber sind die Aufwendungen nicht zu aktivieren (§ 4b EStG).

31 Eine ernstlich gewollte und dem Grunde nach angemessene Versorgungszusage kann regelmäßig angenommen werden, wenn auch familienfremden Arbeitnehmern, die

1. nach ihren Tätigkeits- und Leistungsmerkmalen mit dem Arbeitnehmerehegatten vergleichbar sind oder eine geringerwertige Tätigkeit als der Arbeitnehmerehegatte ausüben und
2. im Zeitpunkt des Abschlusses oder des ernsthaften Angebots der Versicherung dem Betrieb nicht wesentlich länger angehört haben als der Arbeitnehmerehegatte in dem Zeitpunkt, in dem die Versicherung abgeschlossen wird,

eine vergleichbare Direktversicherung eingeräumt oder ernsthaft angeboten worden ist.

32 Was die Höhe der Direktversicherung anbelangt, so sind unter Einbeziehung des sonstigen Arbeitslohnes die Versicherungsleistungen als angemessen anzusehen, wenn die Leistungen der betrieblichen Altersversorgung zusammen mit einer zu erwartenden Sozialversicherungsrente 75% des letzten steuerlich anzuerkennenden Arbeitslohns des Arbeitnehmer-Ehegatten nicht übersteigen. Das Pensionsalter darf im Übrigen nicht später als 70 Jahre vereinbart werden, so dass bei einer geforderten Erdienbarkeit von 10 Jahren die Pensionszusage bei einem Pensionsalter 65 vor Vollendung des 55. Lebensjahres und bei einem Pensionsalter 70 vor Vollendung des 60. Lebensjahres erteilt worden sein muss (vgl. BFH I R 98/93 v. 21.12.94, BStBl. II 95, 419; BMF v. 1.8.96, BStBl. I 96, 1138).

Wird ein Teil des bis dahin bestehenden angemessenen Lohnanspruchs in einen Direktversicherungsschutz umgewandelt (echte Barlohnumwandlung), sind die Versicherungsbeträge betrieblich veranlasst und ohne Prüfung einer Überversorgung als Betriebsausgabe zu berücksichtigen (BFH VIII R 68/06 v. 10.6.08, BStBl. II 08, 973).

Zu § 10: Erholungsurlaub

33 Der im Bundesurlaubsgesetz geregelte **Mindesturlaub** beträgt 24 Werktage (bezogen auf eine Sechstagewoche, damit vier Wochen, § 3 BUrlG) und bleibt damit weit hinter tariflichen und einzelvertraglichen Regelungen zurück, die idR 30 Tage (bezogen auf eine Fünftagewoche, damit sechs Wochen) vorsehen.

Zu § 11: Verschwiegenheitspflicht

34 Hier gelten allgemein übliche Grundsätze.

Zu § 12: Kündigung

35 Gem. § 622 Abs. 1 BGB beträgt die Kündigungsfrist grds. vier Wochen zum Fünfzehnten oder zum Ende eines Kalendermonats, wobei während einer vereinbarten Probezeit, längstens für die Dauer von sechs Monaten, eine verkürzte Kündigungsfrist von zwei Wochen gilt. In Betrieben mit bis zu 20 Arbeitnehmern kann eine vierwöchige Kündigungsfrist ohne festen Termin einzelvertraglich vereinbart werden. Die vom Arbeitgeber einzuhaltende Kündigungsfrist beträgt jedoch nach

2-jähriger	Betriebszugehörigkeit 1 Monat
5-jähriger	Betriebszugehörigkeit 2 Monate
8-jähriger	Betriebszugehörigkeit 3 Monate
10-jähriger	Betriebszugehörigkeit 4 Monate
12-jähriger	Betriebszugehörigkeit 4 Monate
15-jähriger	Betriebszugehörigkeit 6 Monate
20-jähriger	Betriebszugehörigkeit 7 Monate

jeweils zum Monatsende, wobei für die Berechnung der Betriebszugehörigkeit Zeiten, die vor der Vollendung des 25. Lebensjahres des Arbeitnehmers liegen, unberücksichtigt bleiben (zur Unvereinbarkeit von § 622 Abs. 2 BGB mit Gemeinschaftsrecht wegen Verstoßes gegen das Verbot der Altersdiskriminierung s. EuGH Rs. C-287/98 v. 19.1.10, NJW 10, 427 – *Kücükdevici*).

Im Übrigen gelten nach dem Kündigungsschutzgesetz weitere Einschränkungen (vgl. Überblick im *Beck StB-Handbuch* Teil N Rz. 193ff.).

Für die Beendigung des Arbeitsverhältnisses ist auf den Zeitpunkt der Regelalters- **36**
grenze abzustellen (Vollendung des 67. Lebensjahrs, §§ 35 S. 2, 41 SGB VI).

B. 1.03 Mietvertrag

Gliederung

I. FORMULAR

Formular B. 1.03 Mietvertrag

MIETVERTRAG

zwischen

A ...... **– nachfolgend Vermieter genannt –**

und

B ...... **– nachfolgend Mieter genannt –**

wird folgender Mietvertrag geschlossen:

§ 1 Mietgegenstand

(1) Der Vermieter vermietet dem Mieter ausschließlich für Wohnzwecke die im ...... *[Geschoss]* des Hauses in ...... gelegene Wohnung, die aus folgenden Räumen besteht ......

Mitvermietet sind folgende Nebenräume außerhalb der Wohnung ......

Die Wohnung wird dem Mieter in renoviertem Zustand übergeben.

(2) Die Gesamtwohnfläche beträgt ...... m^2.

§ 2 Mietzins und Nebenkosten

(1) Der monatliche Mietzins beträgt € ....–

Eine Mieterhöhung richtet sich nach den gesetzlichen Vorschriften.

(2) Darüber hinaus hat der Mieter alle Betriebskosten gemäß der Betriebskostenverordnung (Anlage) zu tragen. Auf die Betriebskosten sind monatliche Vorauszahlungen wie folgt zu leisten:

1.	Heizungs- und Warmwasserkosten	€ ......,–
2.	Wasser/Kanal	€ ......,–
3.	Straßenreinigung/Müllabfuhr	€ ......,–
4.	Hausreinigung	€ ......,–
5.	Gartenpflege	€ ......,–
6.	Beleuchtung	€ ......,–
7.	Schornsteinreinigung	€ ......,–
8.	Sach- und Haftpflichtversicherung	€ ......,–
9.	Übriges	€ ......,–
Insgesamt		€ ......,–

Bei Erhöhung der Betriebskosten sowie Neueinführung bisher nicht umgelegter Betriebskosten ist der Vermieter berechtigt, die monatliche Vorauszahlung entsprechend anzupassen. Über die Betriebskosten ist jährlich abzurechnen. Ein möglicher Nachzahlungs- bzw. Erstattungsanspruch aus der Betriebskostenabrechnung wird mit Zugang derselben an den Mieter fällig.

(3) Der Mietzins und die Betriebskostenvorauszahlung sind jeweils am dritten Werktag eines Monats fällig und bis zum Fälligkeitstag kostenfrei auf das Konto ...... bei der ...... zu zahlen.

§ 3 Mietzeit

Das Mietverhältnis beginnt am ...... Der Mietvertrag wird auf unbestimmte Zeit geschlossen.

§ 4 Kündigung

(1) Das Recht zur Kündigung richtet sich nach den gesetzlichen Bestimmungen.

(2) Eine Kündigungserklärung bedarf der Schriftform.

§ 5 Schönheitsreparaturen

(1) Der Mieter hat die Schönheitsreparaturen fachgerecht auf eigene Kosten vorzunehmen, die während der Mietzeit durch seinen Mietgebrauch erforderlich werden.

(2) Zu den Schönheitsreparaturen gehören das Tapezieren, Anstreichen und Kalken der Wände und Decken, das Streichen der Fußböden, der Heizkörper einschließlich der Heizrohre, der Innentüren sowie der Fenster und Außentüren von innen

(3) Die Schönheitsreparaturen sind fällig, wenn und soweit eine Renovierung nach dem Zustand der jeweiligen Teile des Mietobjekts erforderlich ist.

§ 6 Kleinreparaturen

(1) Die Kosten für Kleinreparaturen sind vom Mieter zu tragen, soweit sie nicht vom Vermieter zu vertreten sind.

(2) Zu den Kleinreparaturen gehören die Behebung kleiner Schäden an den Installationsgegenständen für Gas, Wasser und Elektrizität, den Wasch- und Heizeinrichtungen sowie Verschlussvorrichtungen an Fenstern, Türen und Rollläden.

(3) Die Kostentragung ist begrenzt auf € ......,– je Kleinreparatur, höchstens jedoch auf insgesamt ......% der Jahresmiete gem. § 2 Abs. 1 dieses Vertrages.

§ 7 Haftung, Aufrechnung, Zurückbehaltung

(1) Für einen dem Mieter entstehenden Schaden haftet der Vermieter nur bei Vorsatz und grober Fahrlässigkeit.

(2) Zur Aufrechnung mit Gegenforderungen gegenüber der Mietforderung oder zur Ausübung eines Zurückbehaltungsrechtes ist der Mieter nur im Fall unbestrittener

oder rechtskräftig festgestellter Forderungen berechtigt. Die nicht abdingbaren Rechte des Mieters gem. §§ 536, 536a BGB bleiben unberührt.

§ 8 Nutzung durch Dritte

Zur Überlassung der Mietsache an einen Dritten bedarf der Mieter der Erlaubnis des Vermieters.

§ 9 Tierhaltung

Die Haltung von Haustieren ist dem Mieter nur mit Zustimmung des Vermieters gestattet. Dies gilt nicht für die Haltung von Kleintieren.

§ 10 Antenne

Die Installation privater Antennen auf dem Dach, an den gemeinschaftlichen Hausteilen oder an den Außenflächen der Mietsache bedarf der Zustimmung des Vermieters.

§ 11 Betreten der Mietsache

Der Vermieter oder die von ihm Beauftragten dürfen die Mietsache zur Prüfung ihres Zustandes, zum Ablesen von Messgeräten oder im Rahmen eines Verkaufs bzw. einer Neuvermietung der Mietsache in angemessenen Abständen und nach rechtzeitiger Ankündigung während der üblichen Besuchszeiten betreten. Auf eine Verhinderung des Mieters ist dabei Rücksicht zu nehmen. Bei längerer Abwesenheit hat der Mieter dafür Sorge zu tragen, dass der Vermieter oder die von ihm Beauftragten das Recht zur Besichtigung ordnungsgemäß wahrnehmen können.

§ 12 Kaution

(1) Der Mieter hat zur Sicherung der Erfüllung seiner Verbindlichkeiten dem Vermieter eine Kaution in Höhe von drei monatlichen Nettokaltmieten in Höhe € ......,– zu entrichten. Der Mieter ist berechtigt, die Kautionssumme in drei Monatsraten zu bezahlen. Die erste Rate wird mit Beginn des Mietverhältnisses fällig.

(2) Der Vermieter wird die Kautionssumme bei einer Bank oder öffentlichen Sparkasse zu dem für Spareinlagen mit gesetzlicher Kündigungsfrist üblichen Zinssatz anlegen.

§ 13 Rückgabe der Mietsache

(1) Der Mieter ist verpflichtet, die Mietsache nach Beendigung des Mietverhältnisses geräumt zurückzugeben. Er hat fällige Schönheitsreparaturen vor dem Ende des Mietverhältnisses so rechtzeitig nachzuholen, dass die Räume fachgerecht renoviert zurückgegeben werden können. Es müssen keine Schönheitsreparaturen ausgeführt werden, die im Falle der Fortsetzung des Mietverhältnisses noch nicht erforderlich wären.

(2) Der Mieter hat Einrichtungen, mit denen er die Mietsache versehen hat, zu entfernen und von ihm vorgenommene bauliche Veränderungen rückgängig zu machen.

§ 14 Schriftform

Jede Änderung oder Ergänzung dieses Vertrages bedarf der Schriftform.

II. ERLÄUTERUNGEN

Erläuterungen zu B. 1.03 Mietvertrag

1. Grundsätzliche Anmerkungen

a) Wirtschaftliche Vertragsziele

1 Ein **Mietvertrag zwischen nahen Angehörigen** kann mehrere Ziele verfolgen. Der Vermietung von Mobilien und Immobilien unter nahen Angehörigen liegen häufig soziale oder Gefälligkeitserwägungen zugrunde, so etwa, wenn es darum geht, einen Familienangehörigen durch Vermietung von Wohnraum vor unkontrollierbaren Mieterhöhungen oder Eigenbedarfskündigungen zu schützen. Nicht selten ist die Vermietung von Mobilien oder Immobilien an Angehörige auch darauf gerichtet, eine Verlagerung von Einkünften zu erzielen, wobei diese Vermietung mitunter im Zusammenhang mit gegenseitigen Unterhaltsverpflichtungen steht. Aber gerade in diesem Bereich hat sich eine restriktive Rechtsprechung entfaltet, die eine solche Gestaltung nur in engem Rahmen zulässt. In der überwiegenden Zahl der Fälle wird die Vermietung an einen Angehörigen schlichtweg im Interesse beider Parteien erfolgen und – im Wesentlichen – wie unter Dritten durchgeführt werden.

b) Zivilrecht

2 Ein Mietvertrag über Wohnraum zwischen nahen Angehörigen unterliegt zivilrechtlich keiner besonderen Behandlung gegenüber Mietverträgen zwischen Fremden. Das Mietverhältnis wird somit durch die §§ 535ff. BGB sowie eine Vielzahl ständiger Veränderung unterworfener mietrechtlicher Sondergesetze bestimmt.

3 Mit Blick auf die im Folgenden näher dargestellte steuerrechtliche Problematik empfiehlt es sich aber in jedem Fall – entgegen § 550 BGB –, den Mietvertrag stets schriftlich abzufassen. Auch wenn für die steuerrechtliche Anerkennung eines solchen Vertrages zwischen nahen Angehörigen eine Schriftform in der Regel nicht verlangt wird (BFH IX R 39/99 v. 19.10.99, BFH/NV 00, 429), ist sie doch zu Beweiszwecken angebracht (vgl. BFH IX R 220/84 v. 10.8.88, BStBl. II 89, 137; BFH VII R 35/90 v. 2.6.92, BFH/NV 92, 806).

4 Sollten an dem Mietverhältnis minderjährige Kinder beteiligt sein, so ist für den Fall, dass die andere Partei Inhaber der elterlichen Sorge ist, die Mitwirkung eines **Ergänzungspflegers** nach §§ 181, 1629 Abs. 2, 1795, 1909 BGB notwendig (BFH IV R 46/91 v. 23.4.92, BStBl. II 92, 1024). Hat das Familiengericht (§ 151 Nr. 5 FamFG) die Bestellung eines Ergänzungspflegers allerdings nicht für erforderlich gehalten, ist die fehlende Mitwirkung des Ergänzungspflegers steuerlich unschädlich, wenn keine vernünftigen Zweifel am zivilrechtlichen Bindungswillen bestehen (BFH VIII R 29/97 v. 13.7.99, BStBl. II 00, 386; BMF v. 9.2.01, BStBl. I 01, 171).

c) Steuerrecht

5 **Ertragsteuern:** Im Bereich der **Einkommensteuer** werden Einkünfte aus Grundstücksvermietung, insbesondere Verluste, durchweg steuerlich berücksichtigt. Jedenfalls bei einer auf Dauer angelegten Vermietung ist von einer **Überschusserzielungsabsicht** auszugehen (BFH IX R 80/94 v. 30.9.97, BStBl. II 98, 771; BFH IX R 64/96 v. 27.7.99, BStBl. II 99, 826; BFH IX R 10/04 v. 19.4.05, BStBl. II 05, 692, 754; BMF v. 8.10.04, BStBl. I 04, 933; zu weiteren Einzelheiten *Schmidt/Kulosa* § 21 Rz. 12). Bei Ferienwohnungen mit teilweiser Selbstnutzung wird auf einen Totalüberschussprognosezeitraum von 30 Jahren abgestellt (BFH IX R 18/02 v. 5.11.02, BStBl. II 03, 914; BFH IX R 97/00 v. 6.11.01, BStBl. II 02, 726; BMF v. 8.10.04,

BStBl. I 04, 933). Die Prognose ist bei der Vermietung mehrerer Objekte für jede einzelne vermietete Immobilie gesondert zu prüfen (BFH IX R 67/07 v. 26.11.08, BStBl. II 09, 370). Bei einer wegen beabsichtigter Selbstnutzung von vorneherein nur kurzfristig angelegten Vermietungstätigkeit ist indessen wegen der Überschusserzielungsabsicht nur dieser kurze Zeitraum maßgeblich (BFH IX R 57/00 v. 9.7.02, BStBl. II 03, 695; BMF v. 8.10.04, BStBl. I 04, 933), wobei lediglich indifferente Überlegungen, die Immobilie selbst zu nutzen, nicht zu einer Vermietung auf Zeit führen (BFH IX R 63/07 v. 2.4.08, BFH/NV 08, 1323).

6 Besondere Grundsätze gelten hier für die **Vermietung an nahe Angehörige.** Insbesondere dann, wenn ein Werbungskostenüberschuss oder ein Verlust aus der Vermietung und Verpachtung geltend gemacht werden soll, wird dies nur anerkannt, wenn der maßgebliche Vertrag zivilrechtlich wirksam zustande gekommen ist und sowohl seine Gestaltung als auch die tatsächliche Durchführung dem zwischen Fremden üblichen entspricht (ständige Rspr.: BFH IX R 70/10 v. 22.1.13, BFH/NV 2013, 1067; BFH IX R 18/11 v. 1.8.12, BeckRS 2013, 94452). Dazu müssen jeweils zumindest die Hauptpflichtigen eines Mietvertrages wie die Überlassung der Mietsache zum Gebrauch sowie die Entrichtung der vereinbarten Miete klar und eindeutig vereinbart und dementsprechend durchgeführt sein (BFH IX R 18/11 v. 1.8.12, BeckRS 2013, 94452 mwN). Allerdings führt nicht jede Abweichung von dem zwischen fremden Dritten üblichen dazu, dass dem Mietverhältnis steuerrechtlich die Anerkennung zu versagen ist.

7 Vorrangige Voraussetzung für die steuerliche Anerkennung des Mietverhältnisses ist zunächst der **zivilrechtlich wirksame Abschluss** eines Mietvertrages. Dies ist allerdings nicht im Sinne einer Tatbestandsvoraussetzung zu verstehen: Eine etwaige zivilrechtliche Unwirksamkeit hat lediglich eine – wenn auch starke – indizielle Bedeutung (BFH IX R 4/04 v. 7.6.06, BFH/NV 06, 2162; *Schmidt/Kulosa* § 21 Rz. 12). Zwar dürfte die Indizwirkung abnehmen, wenn feststeht, dass die Hauptleistungspflichten (Überlassung der Wohnung einerseits und Mietzahlung andererseits) erfüllt wurden, für die Gestaltung wird sich der Abschluss eines wirksamen Mietvertrages aber immer anbieten. Zur Beweissicherung sollte dieser schriftlich fixiert werden. Insoweit gelten die gleichen Grundsätze wie bei allen anderen Angehörigenverträgen auch.

Seinem Inhalt nach muss der Mietvertrag für die steuerrechtliche Anerkennung einem **Fremdvergleich,** dh. einer Gegenüberstellung eines Vertrages zwischen verwandtschaftlich nicht verbundenen Parteien, standhalten (BFH IX R 306/87 v. 19.6.91, BStBl. II 92, 75; BFH IX R 17/90 v. 25.5.93, BStBl. II 93, 834; BFH X R 163/94 v. 22.4.98, BFH/NV 99, 24), wobei allerdings nicht jede Abweichung vom Üblichen die steuerliche Anerkennung des Vertragsverhältnisses ausschließt (BFH IX R 18/11 v. 1.8.12, BeckRS 2013, 94452 mwN; BFH IX R 68/99 v. 28.6.02, BStBl. II 02, 699; EStH 21.4). Hinsichtlich des überlassenen Gegenstandes bedeutet dies, dass ein Mietvertrag zwischen Ehegatten oder eine nichtehelichen Lebensgemeinschaft über eine gemeinsam bewohnte Wohnung idR nicht anzuerkennen sind (H 21.4 EStH). Wird eine verbilligte Vermietung vereinbart, so steht dies der steuerlichen Anerkennung des Mietverhältnisses nicht entgegen (BFH IX R 59/02 v. 22.7.03, BStBl. II 2003, 806; H 21.4 EStH), Allerdings werden durch § 21 Abs. 2 EStG bei den Einkünften aus Vermietung und Verpachtung Grenzen gesetzt: Beträgt die vereinbarte Miete weniger als 66% der ortsüblichen Marktmiete, ist die Nutzungsüberlassung in einen entgeltlichen und in einen unentgeltlichen Teil aufzuteilen und dementsprechend sind die Werbungskosten auch nur anteilig abziehbar. Beträgt die vereinbarte Miete 66% und mehr, so ist sowohl die Einkünfteerzielungsabsicht zu unterstellen als auch der volle Werbungskostenabzug zu gewähren. Die 75%-Grenze (vgl. dazu noch BMF v. 8.10.04, BStBl. I 04, 933) hat damit ab VZ 2012 keine Bedeutung mehr.

Des Weiteren muss der Vertrag im Rahmen der vertraglichen Absprache zwischen den Parteien auch tatsächlich zur Durchführung gelangt sein. Dies gilt insbesondere in

Bezug auf die **Zahlung des Mietzinses** (BFH IX R 23/00 v. 17.12.02, BFH/NV 03, 612; BFH IX R 53/00 v. 28.1.03, BFH/NV 03, 768), aber auch bezüglich der Nutzung der Mietsache durch den Mieter (BFH IX R 134/86 v. 19.6.91, BStBl. II 91, 904). Trotz der Rechtsprechung des BVerfG zur steuerlichen Anerkennung von Ehegatten-Arbeitsverhältnissen (vgl. dazu B 1.02 Rz. 23) wird die Überweisung auf ein (alleiniges) Konto des Vermieters immer vorzugswürdig sein. Die FinVerw. sieht hier ein Beweisanzeichen dafür, dass die die Miete nicht in die Verfügungsmacht des Vermieters gelangt ist, wenn der Mieter wirtschaftlich nicht oder nur schwer in der Lage ist, die Miete aufzubringen (EStH 21.4).

10 Die **Umwandlung** des Zahlungsanspruches **in** eine **Darlehensforderung** berührt die steuerrechtliche Anerkennung dann nicht, wenn sie auf einem freien Entschluss des Anspruchsberechtigten beruht, es sich also um zwei voneinander getrennte Rechtsgeschäfte handelt. Das gilt auch dann, wenn beide Rechtsgeschäfte unter nahen Angehörigen abgewickelt werden (vgl. auch B. 1.01 Rz. 6).

11 Mietverträge zwischen nahen Angehörigen werden schließlich am **Missbrauchstatbestand des § 42 AO** gemessen (BFH IX R 157/84 v. 23.2.88, BStBl. II 88, 604; BFH IV R 132/85 v. 17.1.91, BStBl. II 91, 607; BFH IX R 33/89 v. 14.1.92, BStBl. II 92, 549; BFH X R 131/93 v. 23.2.94, BStBl. II 94, 694; BFH IX R 47/93 v. 28.3.95, BStBl. II 96, 59; BFH IX R 52/95 v. 22.4.97, BFH/NV 97, 663; BFH IX R 43/96 v. 9.9.97, BFH/NV 98, 316). Die sehr am Einzelfall orientierte Rspr. stellt im Zusammenhang mit Mietverträgen zwischen nahen Angehörigen insb. dann auf § 42 AO ab, wenn die vertragliche Gestaltung sich nicht durch wirtschaftliche oder sonstige außersteuerliche Gründe rechtfertigen lässt (BFH IV R 132/85 v. 17.1.91, BStBl. II 91, 607; BFH IV R 46/91 v. 23.4.92, BStBl. II 92, 1024; BFH IX R 38/96 v. 3.2.98, BStBl. II 98, 539). Eine rechtsmissbräuchliche Gestaltung ist danach immer dann gegeben, wenn ein naher Angehöriger in einen wirtschaftlichen Vorgang zwischengeschaltet wird, um lediglich steuerliche Vorteile zu erlangen. Dies wird angenommen, wenn für die Zwischenschaltung keine vernünftige wirtschaftliche Rechtfertigung ersichtlich ist, so etwa, wenn die zivilrechtliche Gestaltung lediglich der Verschiebung von Einkünften im Rahmen von **Unterhaltsverpflichtungen** dient. Mietverträge mit Angehörigen sind allerdings nicht bereits deshalb rechtsmissbräuchlich, weil der Vermieter ihnen gegenüber unterhaltsverpflichtet ist und die Miete aus den geleisteten Unterhaltszahlungen erbracht wird (vgl. EStH 21.4 mwN aus der Rspr.). Das gilt vor allem dann, wenn der Unterhaltsberechtigte wirtschaftlich selbst in der Lage ist, die Verpflichtungen aus dem Vertrag zu erfüllen, so etwa bei ausreichendem Barunterhalt seitens des Unterhaltsverpflichteten (BFH IX R 39/99 v. 19.10.99, BStBl. II 00, 224), wobei dann auch eine Verrechnung der Miete mit dem Barunterhalt unschädlich ist (BFH IX R 30/98 v. 19.10.99, BStBl. II 00, 223; EStH 21.4). Mietverhältnisse unter Angehörigen sind auch dann anzuerkennen, wenn Unterhaltsberechtigte erst durch eine größeren Geldschenkung durch den Unterhaltsverpflichteten wirtschaftlich in die Lage versetzt wurde, die Miete zu tragen (BFH X R 131/93 v. 23.2.94, BStBl. II 94, 694; BFH IX R 47/93 v. 28.3.95, BStBl. II 96, 59; BFH IX R 27/95 v. 28.1.97, BStBl. II 97, 599; BFH IX R 52/95 v. 22.4.97, BFH/NV 97, 663; BFH IX R 43/96 v. 9.9.97, BFH/NV 98, 316). Das Mietverhältnis ist allerdings nicht anzuerkennen, wenn Eltern und Kinder noch eine Haushaltsgemeinschaft bilden (BFH IX R 39/99 v. 19.10.99, BStBl. II 00, 224).

12 Unabhängig von gegenseitigen Unterhaltsverpflichtungen ist die **wechselseitige Vermietung** von Wirtschaftsgütern lediglich zur Erlangung von Abzugsmöglichkeiten im Rahmen der Einkünfte aus Vermietung und Verpachtung (§ 21 EStG) sowohl zwischen Familienangehörigen als auch zwischen nicht verwandten Personen ggf. als ein Verstoß gegen § 42 AO zu bewerten (BFH IX R 134/86 v. 19.6.91, BStBl. II 91, 904; BFH V R 85/91 v. 1.4.93, BFH/NV 94, 64; BFH IX R 97–98/90 v. 25.1.94, BStBl. II 94, 738; nicht aber nach vorheriger Übertragung im Rahmen vorwegge-

nommener Erbfolge: BFH IX R 54/93 v. 12.9.95, BStBl. II 96, 158). Entsprechendes gilt, wenn ein im Zusammenhang mit einer Grundstücksübertragung eingeräumtes, unentgeltliches Wohnungsrecht gegen Vereinbarung einer dauernden Last aufgehoben und gleichzeitig ein Mietverhältnis mit einem Mietzins in Höhe der dauernden Last vereinbart wird (BFH IX R 56/03 v. 17.12.03, BStBl. II 04, 648). Eine rechtsmissbräuchliche Gestaltung ist dagegen nicht anzunehmen, wenn der Mieter vor Abschluss des Mietvertrages das Grundstück gegen wiederkehrende Leistungen auf den Vermieter übertragen hat (BFH IX R 12/01 v. 10.12.03, BStBl. II 04, 643) oder auf ein unentgeltliches Wohnungsrecht verzichtet wird und stattdessen nunmehr einen Mietvertrag abschließt (BFH IX R 56/03 v. 17.12.03, BStBl. II 04, 648).

Der auf Grund steuerlich anzuerkennender Mietverträge zwischen Angehörigen ge- **13**
zahlte Mietzins stellt bei dem Vermieter in der Regel **Einnahmen aus Vermietung und Verpachtung** nach § 21 EStG dar. Dies gilt zB dann nicht, wenn es sich um die gewinnorientierte Vermietung einer Ferienwohnung handelt, die entweder in einer Ferienwohnanlage hotelmäßig angeboten wird (BFH III R 31/87 v. 19.1.90, BStBl. II 90, 383, BFH XI R 31/95 v. 13.11.96, BStBl. II 97, 247; BFH IX R 58/97 v. 24.10.00, BFH/NV 01, 752, BFH IV B 52/08 v. 17.3.09, BFH/NV 09, 1114) oder deren Nebenleistungen eine fremdenpensionsartige Organisation verlangen (BFH IV R 150/82 v. 28.6.84, BStBl. II 85, 211; BFH IX B 23/03 v. 23.7.03, BFH/NV 03, 1425). In diesen Fällen erzielt der Vermieter gewerbliche Einkünfte nach § 15 EStG.

Die Vermietung und Verpachtung von Wirtschaftsgütern an von Angehörigen be- **14**
herrschte Kapitalgesellschaften ist in den Fällen der **Betriebsaufspaltung** ebenfalls gewerblich, wenn neben anderen Voraussetzungen (hierzu *Schmidt/Wacker* § 15 Rz. 800 ff.) zwischen Betriebsgesellschaft und Besitzunternehmen eine personelle Verflechtung im Sinne eines einheitlichen geschäftlichen Betätigungswillens gegeben ist (EStH 15.7). Hier gilt: Sind Familienangehörige, etwa Ehegatten oder Eltern und Kinder, in der Lage, als geschlossene Personengruppe beide Unternehmen, also das Besitz- und das Betriebsunternehmen, zu beherrschen, ist eine personelle Verflechtung zu bejahen (BFH IV B 28/90 v. 28.5.91, BStBl. II 91, 801). Das gilt auch für den Fall, dass die Mehrheit der Anteile an der Betriebsgesellschaft und das an die Betriebsgesellschaft vermietete Wirtschaftsgut zum Gesamtgut einer ehelichen Gütergemeinschaft gehören (BFH IV R 15/91 v. 26.11.92, BStBl. II 93, 876).

Sind beide Ehegatten nur an der Betriebsgesellschaft und nur ein Ehegatte am **15**
Besitzunternehmen oder nur ein Ehegatte an der Betriebsgesellschaft, aber beide am Besitzunternehmen beteiligt, kommt für Zwecke der personellen Verflechtung eine **Zusammenrechnung der Ehegattenanteile** grds. nicht in Betracht, es sei denn, dass zusätzlich zur ehelichen Lebensgemeinschaft ausnahmsweise Beweisanzeichen vorliegen, die für gleichgerichtete wirtschaftliche Interessen der Ehegatten sprechen (BVerfG 1 BvR 571/81, 1 BvR 494/82, 1 BvR 47/83 v. 12.3.85, BStBl. II 85, 475; BFH IV R 20/98 v. 15.10.98, BStBl. II 99, 445; EStH 15.7 Abs. 7). Liegen derartige Beweisanzeichen (hierzu *Schmidt/Wacker* § 15 Rz. 846) nicht vor, sind die Einkünfte solche aus Vermietung und Verpachtung (§ 21 EStG). Ist dagegen der eine Ehegatte nur an der Betriebsgesellschaft und der andere nur am vermieteten Besitzunternehmen beteiligt (sog. Wiesbadener Modell), scheidet eine Zusammenrechnung und damit eine Betriebsaufspaltung mit gewerblichen Mieteinkünften aus (BFH VIII R 263/81 v. 30.7.85, BStBl. II 86, 359; BFH VIII R 198/84 v. 9.9.86, BStBl. II 87, 28; BFH I R 228/84 v. 26.10.88, BStBl. II 89, 155; BFH X R 5/86 v. 12.10.88, BStBl. II 89, 152; EStH 15.7 Abs. 7).

Eine **Zusammenrechnung von Anteilen von Eltern und minderjährigen Kindern** erfolgt auf Grund elterlicher Vermögenssorge (§ 1626 BGB) grds. nur dann, wenn an der Betriebsgesellschaft oder am vermieteten Besitzunternehmen beide Elternteile mehrheitlich und am anderen Unternehmen ebenfalls beide Elternteile und das Kind zusammen mehrheitlich beteiligt sind (EStH 15.7 Abs. 8). Bei anderen Fallgestaltungen unterbleibt eine Zusammenrechnung, so etwa von Anteilen der Eltern mit volljährigen Kindern (BFH IV R 11/81 v. 26.7.84, BStBl. II 84, 714), von Geschwistern (BFH VIII R 90/81 v. 13.12.83, BStBl. II 84, 474) und sonstigen Angehörigen (BFH IV R 65/83 v. 7.11.85, BStBl. II 86, 364) mit der Folge, dass insoweit stets Einkünfte aus Vermietung und Verpachtung gegeben sind (§ 21 EStG).

16 Soweit Einkünfte aus Gewerbebetrieb gegeben sind, fällt auch **Gewerbesteuer** an, wobei freilich für die Vermietung und Verpachtung von Grundbesitz die Kürzung gem. § 9 Nr. 1 Satz 1 GewStG oder die erweiterte Kürzung gem. § 9 Nr. 1 Sätze 2 und 3 GewStG in Betracht kommen kann (vgl. GewStR 59, 60). Auf Seiten des Mieters kommt bei den Einkünften aus Gewerbebetrieb eine Hinzurechnung gem. § 8 Nr. 1 Buchst. e GewStG iHv. 1/8 in Betracht.

17 **Verkehrssteuern:** Im Bereich der **Umsatzsteuer** stellt sich die Frage, unter welchen Voraussetzungen ein Mietvertrag unter nahen Angehörigen anzuerkennen ist, praktisch kaum noch. Soweit es um die im Grundsatz gem. § 4 Nr. 12 UStG steuerfreie Vermietung und Verpachtung von Grundbesitz geht, sind die auf die Geltendmachung des Vorsteuerabzuges gerichteten Gestaltungsmöglichkeiten durch die gem. § 9 Abs. 2 UStG nur eingeschränkte Option zur Steuerpflicht stark reduziert. Auf die Steuerbefreiung gem. § 4 Nr. 12 UStG kann nämlich nur dann verzichtet werden, wenn der Mieter das Grundstück ausschließlich für Umsätze verwendet oder zu verwenden beabsichtigt, die den Vorsteuerabzug nicht ausschließen (§ 9 Abs. 2 Satz 1 UStG). Im Hinblick darauf ist die umfangreiche Rspr. zum Gestaltungsmissbrauch (§ 42 AO), insbes. zu sog. Zwischenmietverhältnissen und den Mietverhältnissen zwischen Ehegatten, bei denen der mietende Ehegatte ein nicht zum Vorsteuerabzug berechtigter Unternehmer ist, weitgehend überholt.

18 Entgegen den von der Rspr. im Bereich der Ertragsteuern aufgestellten Grundsätzen zur Anerkennung von Verträgen zwischen nahen Angehörigen ist die umsatzsteuerrechtliche Anerkennung von Mietverträgen zwischen Angehörigen weder von der tatsächlichen Erbringung der Gegenleistung, dh. des Mietzinses, noch von einem Fremdvergleich abhängig. Für die Umsatzsteuerpflicht bei Vermietung ist lediglich von Interesse, ob tatsächlich Leistungen iSv. § 1 Abs. 1 Nr. 1 Satz 1 UStG, dh. hier Vermietungen, erbracht wurden. Die dabei entscheidende Erwartung einer Gegenleistung hat nicht zur Voraussetzung, dass eine solche auch tatsächlich erbracht worden ist (BFH V R 37/84 v. 22.6.89, BStBl. II 89, 913; BFH XI R 52/90 v. 16.3.93, BStBl. II 93, 562; BFH XI R 65/89 v. 16.2.94, BFH/NV 94, 832). Da die Höhe der Gegenleistung nur zur Feststellung der Bemessungsgrundlage nach § 10 UStG eine Rolle spielen kann, ist nicht nur die tatsächliche Erbringung dieser Gegenleistung, sondern auch ein Fremdvergleich insoweit entbehrlich (BFH V R 37/84 v. 22.6.89, BStBl. II 89, 913; BFH V R 36/87 v. 5.3.92, BFH/NV 93, 61).

2. Einzelerläuterungen

Zu § 1: Mietgegenstand

19 Es ist üblich, den Zweck der Vermietung anzugeben. Andernfalls bestünde die Möglichkeit, die Räumlichkeiten, soweit dem Vorschriften über die Zweckentfremdung nicht entgegenstehen, für gewerbliche Zwecke zu nutzen, wofür üblicherweise ein höherer Mietzins verlangt werden kann. Der Hinweis, dass die Wohnung in renoviertem Zustand übergeben wird, wurde im Hinblick auf die Verpflichtung des Mieters zu Schönheitsreparaturen gem. § 5 des Formulars aufgenommen.

Zu § 2: Mietzins und Nebenkosten

20 Die bestimmte Festlegung des Vertragsinhaltes, d.h. insbesondere des Mietzinses und der Nebenkosten, ist von Bedeutung, weil bei der Bemessung des Mietzinses zu

beachten ist, dass dieser unter Anwendung von § 21 Abs. 2 EStG nicht niedriger als 56% der ortsüblichen Marktmiete angesetzt werden darf, wenn die uneingeschränkte Geltendmachung von Werbungskosten nicht gefährdet werden soll.

Die Miete findet, soweit weder Staffelmiete (§ 557a BGB) noch Indexmiete (§ 557b BGB) vereinbart sind, ihre betragsmäßige Obergrenze in der ortsüblichen Vergleichsmiete (§ 558 BGB); andernfalls kann, soweit die Miete die vorgenannte Obergrenze um mehr als 20% übersteigt, eine Mietpreisüberhöhung vorliegen, die hinsichtlich des Überhöhungsbetrages zu einer Rückforderung unter dem Gesichtspunkt der ungerechtfertigten Bereicherung führen kann (BGH VIII ARZ 13/83 v. 11.1.84, BGHZ 89, 316). Ggfs. kommt, wenn die ortsübliche Vergleichsmiete um mehr als 20% überschritten wird, ein Ordnungswidrigkeitenverfahren wegen Mietpreisüberhöhung (§ 5 WiStG) oder ein Strafverfahren wegen Wuchers (§ 291 StGB) in Betracht.

Mieterhöhungen sind, soweit keine Staffel- oder Indexmiete vereinbart ist, nur in dem durch §§ 558 bis 560 BGB gezogenen Rahmen zulässig. Abzustellen ist im Wesentlichen auf die ortsübliche Vergleichsmiete, wobei entsprechende Mieterhöhungen innerhalb von drei Jahren einer 20%igen Kappungsgrenze unterliegen (§ 558 Abs. 3 BGB).

Eine Umlage ist nur für die in der Betriebskostenverordnung genannten Betriebskosten zulässig (§ 556 BGB), so dass auch nur insoweit eine Neueinführung oder Erhöhung möglich ist (BGH VIII ZR 10/92 v. 20.1.93, WM 93, 660).

Zu § 3: Mietzeit

Wird das Mietverhältnis auf unbestimmte Zeit geschlossen, so ergibt sich als Folge, 21
dass unter Einhaltung der gesetzlichen Kündigungsfristen (§ 573c BGB) der Mieter jederzeit und der Vermieter nur bei Vorliegen eines entsprechenden Kündigungsgrundes (zB gem. § 573 BGB) kündigen kann.

Zu § 4: Kündigung

Soweit kein Zeitmietvertrag (§ 575 BGB) vorliegt, der mangels entgegenstehender 22
Vereinbarung auch ohne Kündigung endet, finden Mietverträge nur auf Grund einer besonderen Mietaufhebungsvereinbarung oder einer ordentlichen oder fristlosen Kündigung ihr Ende. Die Kündigungsvorschriften sind in §§ 535 ff. BGB verankert. Sonderkündigungsrechte ergeben sich zB aus § 57a ZVG und aus § 561 BGB. Das Schriftformerfordernis regelt § 568 BGB.

Zu § 5: Schönheitsreparaturen

Im Rahmen der Zumutbarkeit dürfen Schönheitsreparaturen auf den Mieter über- 23
wälzt werden. Die Vereinbarung bestimmter Zeiträume, innerhalb derer diese Reparaturen durchzuführen sind, ist nicht zulässig (BGH VIII ZR 106/05 v. 5.4.06, NJW 06, 2113, 2115). Eine formularvertragliche Erweiterung der Arbeiten über den in § 28 Abs. IV der II. BerechnungsVO geregelten Umfang hinaus ist wegen unangemessener Benachteiligung des Mieters gem. § 307 BGB unwirksam (BGH VIII ZR 210/08 v. 18.2.09, NZM 09, 353).

Bei § 5 Abs. 3 handelt es sich um eine sog. **Bedarfsregelung.** Eine solche ist gem. § 307 BGB wegen unangemessener Benachteiligung des Wohnungsmieters unwirksam, wenn ihm eine unrenovierte Wohnung überlassen wurde. In diesem Fall wäre ein Renovierungsbedarf schon bei Mietbeginn gegeben. Die Klausel würde daher die Verpflichtung zur Anfangsdekoration einschließen, ohne dass dem Gesichtspunkt der Äquivalenz von reduzierter Miethöhe gegen Übernahme der Schönheitsreparaturen Rechnung getragen wäre.

Sofern die Wohnung nicht wie in § 1 vorgesehen im renovierten Zustand übergeben wird, sollte § 5 Abs. 3 dahingehend eingeschränkt werden, dass sich der Bedarf nur auf die vom Mieter selbst verursachte Abnutzung bezieht. Unschädlich soll es auch sein, wenn die Parteien eine Schönheitsreparaturklausel übereinstimmend und eindeutig dahin verstanden oder so gehandhabt haben, dass der Mieter trotz der Bedarfsregelung **keine Anfangsrenovierung** schulden und damit bereits bestehenden Renovierungsbedarf nicht tragen soll (vgl. *Schmidt-Futterer/Langenberg* Mietrecht, § 538 BGB Rz. 164).

Zu § 6: Kleinreparaturen

24 Es ist zwar grds. Sache des Vermieters, die Wohnung auf seine Kosten in einem gebrauchsfähigen Zustand zu halten; im Rahmen eines Mietvertrages dürfen aber abweichende Vereinbarungen getroffen werden, soweit diese sich auf die Kostentragung und nicht auch auf die Vornahme der Reparatur selbst beziehen (BGH VIII ZR 129/91 v. 6.5.92, BGHZ 118, 194). Die Kostenbelastung muss für den Mieter jedoch zumutbar und vorhersehbar sein. Im Hinblick darauf ist eine absolute und relative Höchstgrenze zu vereinbaren. Der BGH (VIII ZR 129/91 v. 6.5.92, BGHZ 118, 194) hat hierbei einen Betrag von € 75 für die einzelne Reparatur und eine jährliche Begrenzung auf 6% der Kaltmiete (BGH VIII ZR 91/88 v. 7.6.89, BGHZ 108, 1; 11–8%) akzeptiert, wobei dem Mieter nicht die Verpflichtung auferlegt werden darf, die Kleinreparaturen selbst vorzunehmen oder durch Dritte vornehmen zu lassen.

Zu § 7: Haftung, Aufrechnung, Zurückbehaltung

25 Die Haftungsbegrenzung auf Vorsatz und grobe Fahrlässigkeit ist grds. auch bei einem Formularmietvertrag zulässig. Demgegenüber kann wegen § 309 Nr. 3 BGB kein generelles Aufrechnungsverbot vereinbart werden. Eine Mietminderung wegen Mängeln gem. § 536 BGB und ein Schadensersatz gem. § 536a BGB für nachträgliche Sachmängel am Wohnraum (BGH VIII ARZ 1/01 v. 24.10.01, NJW 02, 673) kann nicht abbedungen werden, so dass insoweit auch eine Aufrechnung zulässig ist.

Zu § 8: Nutzung durch Dritte

26 Ein Anspruch auf Untervermietung besteht gem. § 540 BGB nicht, es sei denn es besteht ein berechtigtes Interesse, § 553 BGB. § 540 BGB betrifft allerdings nicht die sog. unselbstständige Gebrauchsüberlassung, so dass die Aufnahme zu Besuchszwecken sowie die Aufnahme von Ehegatten, Kindern, sonstigen Familienangehörigen, Verlobten und eingetragenen Lebenspartnern nicht ausgeschlossen werden kann. In diesen Fällen muss der Vermieter lediglich informiert werden. Im Übrigen, insbesondere beim Einzug von Lebensgefährten, bedarf es der Zustimmung des Vermieters, die stets zu erteilen ist, wenn ein berechtigtes Interesse vorliegt. Bei unerlaubter Gebrauchsüberlassung ist gem. § 543 Abs. 2 Nr. 2 BGB eine fristlose Kündigung zulässig.

Zu § 9: Tierhaltung

27 Eine Haustierhaltung – etwa für Zierfische – kann nicht uneingeschränkt ausgeschlossen werden (BGH VIII ZR 10/92 v. 20.1.93, WM 93, 660; BGH VIII ZR 340/06 v. 14.11.07, NJW 08, 218). Die Haltung von größeren Hunden kann dagegen untersagt werden.

Zu § 10: Antenne

28 Soweit kein Kabelanschluss vorhanden ist, kann die Anbringung insbesondere einer Parabolantenne nicht verhindert werden (OLG Frankfurt 20 RE Miet 1/91 v. 22.7.92, WM 92, 458). Wenn ausländische Mieter ihr Heimatprogramm nur über Parabolantenne empfangen können, besteht eine Zustimmungspflicht für die Anbringung (BVerfG 1 BvR 1687/92 v. 9.2.94, BVerfGE 90, 27).

Zu § 12: Kaution

29 Der Vermieter hat die **Kaution,** die drei Monatsmieten abzüglich Betriebskostenpauschale nicht übersteigen darf, nach § 551 Abs. 3 BGB zu einem für Einlagen mit

gesetzlicher Kündigungsfrist üblichen Zinssatz anzulegen, wobei die Zinserträge nach § 551 Abs. 3 Satz 3 BGB dem Mieter zustehen und bei diesem Einkünfte aus Kapitalvermögen nach § 20 Abs. 1 Nr. 7 EStG bilden. Diese sind vom Mieter mit Fälligkeit auf dem vom Vermieter eingerichteten Konto zu versteuern. Das Kreditinstitut, bei dem die Kaution als Spareinlage gehalten wird, hat je nachdem, ob ihm der Treugeber, dh. der Mieter, bekannt ist oder nicht, für Zwecke des Zinsabschlags eine Steuerbescheinigung auf den Namen des Treugebers bzw. des Treuhänders, dh des Vermieters, auszustellen (BMF v. 26.10.92, BStBl. I 92, 693 Tz. 6). Der Vermieter hat dem Mieter die Steuerbescheinigung zur Verfügung zu stellen, damit dieser die Zinsen versteuern und den einbehaltenen Zinsabschlag auf seine Einkommensteuer anrechnen lassen kann. Werden die Mietkautionen mehrerer Mieter auf demselben Konto angelegt, ist der Vermieter als Vermögensverwalter (§ 34 AO) verpflichtet, gegenüber dem für ihn zuständigen Finanzamt eine Erklärung zur einheitlichen und gesonderten Feststellung der Einkünfte aus Kapitalvermögen der Mieter (§ 180 AO) abzugeben (BMF v. 9.5.94, BStBl. I 94, 312).

Zu § 13: Rückgabe der Mietsache

Die Vereinbarung einer **Renovierungsklausel** ist wegen § 307 BGB in einem Mietvertrag problematisch. Insoweit ist die Verpflichtung des Mieters, eine neu renovierte Wohnung, dh. eine solche, die unabhängig vom Zeitpunkt der letzten Schönheitsreparaturen zu renovieren ist, zurückzugeben, unzulässig (OLG Hamm 4 RE-Miet 4/80 v. 27.2.81, NJW 81, 1049). Hingegen lässt die hier vereinbarte Klausel dem Mieter den Spielraum, eine notwendige Renovierung auch selber durchzuführen, weil „fachgerecht renoviert" nicht bedeutet „von einem Fachmann durchgeführt", sondern „den Regeln des Handwerks entsprechend", und dies auch durch eine Eigenrenovierung gewährleistet sein kann (BGH VIII ARZ 1/88 v. 6.7.88, BGHZ 105, 71). Eine Vorgabe zur farblichen Gestaltung der Wohnung ist zulässig, falls sie sich auf den Zeitpunkt der Rückgabe der Wohnung beschränkt (BGH VIII ZR 224/07 v. 18.6.08, NZM 08, 605; BGH VIII ZR 344/08 v. 23.9.09, NZM 09, 903). Darüber hinaus ist auch gewährleistet, dass eine Renovierung nicht durchzuführen ist, wenn die letzte Renovierung oder Schönheitsreparatur nur kurze Zeit zurückliegt und eine erneute Renovierung daher entbehrlich ist. **30**

Im Übrigen hat der Mieter bei Vertragsende das Mietobjekt – von der durch den vertragsgemäßen Gebrauch herbeigeführten Abnutzung abgesehen (§ 538 BGB) – in dem Zustand zurückzugeben, in dem es sich bei Vertragsbeginn befand, so dass Einrichtungen, Aufbauten und sonstige bauliche Maßnahmen zu beseitigen sind (§ 546 Abs. 1 BGB). Zustandsverändernde Maßnahmen muss der Mieter allerdings nicht beseitigen, wenn er sie im Rahmen seiner Verpflichtung zur Vornahme von Schönheitsreparaturen durchgeführt hat (BGH VIII ZR 152/05 v. 5.4.06, NJW 06, 2115, 2116 zur unwirksamen Tapetenentfernungsklausel). **31**

B. 2. Anteilsabtretung

Gliederung

I. FORMULAR

Formular B. 2 Anteilsabtretung

Kauf- und Abtretungsvertrag über einen Geschäftsanteil

Verhandelt am ...... in ......

Vor dem Notar ...... erschienen

1. Herr A

2. Herr B

Der Erschienene zu 1. erklärte:

Ich bin an der Z-GmbH mit Sitz in ...... (Amtsgericht ...... HRB......) mit einem Geschäftsanteil Nr. 1 im Nennbetrag von € 50.000.– (Fünfzigtausend) beteiligt. Auf diesen Geschäftsanteil sind € 30.000.– (Dreißigtausend) eingezahlt. Die offene Stammeinlage ist nicht fällig. Das Stammkapital der Gesellschaft beträgt € 100.000.– (Einhunderttausend); hierauf sind € 60.000.– (Sechzigtausend) eingezahlt.

Die Erschienenen baten sodann um die Beurkundung des folgenden

KAUF- UND ABTRETUNGSVERTRAGES

§ 1 Kauf, Gewinnbezugsrecht

(1) Herr A teilt seinen Geschäftsanteil Nr. 1 zu € 50.000.– (Fünfzigtausend) in zwei Geschäftsanteile Nr. 6 und 7 im Nennbetrag zu je € 25.000 (Fünfundzwanzigtausend) und verkauft den Geschäftsanteil Nr. 6 in Höhe von € 25.000.– (im Folgenden der „verkaufte Geschäftsanteil") an Herrn B.

(2) Der auf den verkauften Geschäftsanteil entfallende Gewinn des laufenden Geschäftsjahres sowie auf den verkauften Geschäftsanteil entfallende noch nicht verteilte Gewinne früherer Geschäftsjahre stehen Herrn B zu.

§ 2 Kaufpreis

Der Kaufpreis beträgt € 80.000.– (Achtzigtausend). Er ist durch Übergabe des Verrechnungsschecks Nr. ...... der Stadtsparkasse ...... gezahlt worden. Herr A bestätigt hiermit den Empfang des vorbezeichneten Schecks.

§ 3 Abtretung

Herr A überträgt hiermit den verkauften Geschäftsanteil mit allen Rechten und Pflichten an Herrn B. Dieser nimmt die Übertragung an.

§ 4 Erforderliche Zustimmungen

Die nach § ...... des Gesellschaftsvertrages der Gesellschaft für die Übertragung erforderliche Zustimmung der Gesellschaft ist schriftlich erteilt. Die Gesellschafterversammlung hat zudem der Teilung gem. § 46 Nr. 4 GmbHG zugestimmt.

§ 5 Gesellschafterliste; Vollmacht

(1) Der Notar wird unverzüglich gem. § 40 Abs. 2 GmbHG eine aktuelle Gesellschafterliste beim Registergericht einreichen und eine Abschrift an die Gesellschaft übermitteln.

(2) Im Hinblick auf § 16 Abs. 1 GmbHG bevollmächtigt hiermit Herr A Herrn B unter Befreiung von den Beschränkungen des § 181 BGB, ihn bei der Ausübung der Gesellschafterrechte aus dem verkauften Geschäftsanteil gegenüber der Gesellschaft und Mitgesellschaftern in vollem Umfang zu vertreten, insbesondere das Stimmrecht in der Gesellschafterversammlung auszuüben.

§ 6 Kosten des Vertrages

Die Kosten der Umsetzung dieses Vertrages und seiner Beurkundung trägt Herr B.

Diese Niederschrift wurde den Erschienenen vom Notar vorgelesen, von ihnen genehmigt und von ihnen und dem Notar wie folgt unterschrieben:

....	....	....
(Unterschrift A)	**(Unterschrift B)**	**(Unterschrift Notar)**

II. ERLÄUTERUNGEN

Erläuterungen zu B. 2 Anteilsabtretung

1. Grundsätzliche Anmerkungen

a) Wirtschaftliche Vertragsziele

Der Kauf- und Abtretungsvertrag ist auf die Übertragung eines Geschäftsanteils an einer GmbH gerichtet. Regelmäßig wird die an sich gem. § 15 Abs. 1 GmbHG bestehende freie Veräußerbarkeit der Anteile durch Gesellschaftsvertrag eingeschränkt (§ 15 Abs. 5 GmbHG). 1

b) Zivilrecht

Gem. § 15 Abs. 3, 4 GmbHG bedürfen sowohl der Kauf des Geschäftsanteils (= Verpflichtungsgeschäft) als auch die dingliche Abtretung des Anteils (= Verfügungsgeschäft) der **notariellen Beurkundung.** Mit der Abtretung geht der Geschäftsanteil so, wie er kraft Gesellschaftsvertrag besteht, mit allen mitgliedschaftlichen Rechten und Pflichten auf den Erwerber über. Zu den übergehenden Pflichten gehören insbesondere noch offene Einlagen sowie Nachschusspflichten. Die Abtretung wird der Gesellschaft gegenüber erst durch Eintragung des Erwerbers in die Gesellschafterliste und deren Aufnahme in das Handelsregister (§ 16 GmbHG) wirksam. Für alle zu diesem Zeitpunkt bestehenden rückständigen Einlageverpflichtungen haftet der Veräußerer neben dem Erwerber als Gesamtschuldner. 2

Der Gesellschaftsvertrag kann die Abtretung von Geschäftsanteilen an weitere Voraussetzungen knüpfen (**Vinkulierung** gemäß § 15 Abs. 5 GmbHG). Eine Klausel, welche für die Abtretung von Geschäftsanteilen die Zustimmung der Gesellschaft oder der Gesellschafter verlangt, kann unterschiedliche Zwecke verfolgen: Eher selten wird es darum gehen, ein Eindringen Fremder in die Gesellschaft gänzlich zu verhindern (Schutz vor Überfremdung); dieses Motiv mag aber etwa in Familienunternehmen oder Unternehmen, in denen alle Gesellschafter persönlich mitarbeiten, eine Rolle spielen. Häufiger soll eine Vinkulierung den verbleibenden Gesellschaftern lediglich die Möglichkeit geben, ein Vorkaufsrecht auszuüben, ein Veto gegen ungeeignete Erwerber (zB Wettbewerber) einzulegen oder Beteiligungsquoten aufrechtzuerhalten. Bedarf die Übertragung der Zustimmung der Gesellschaft, so ist diese durch die Geschäftsführer zu erteilen (die Satzung kann weiter vorsehen, dass die Geschäftsführer im Innenverhältnis die Zustimmung der Gesellschafterversammlung oder zB eines Beirates benötigen). Alternativ kann auch die Zustimmung der Gesellschafterver- 3 sammlung, einzelner oder aller Gesellschafter verlangt werden. Die Gesellschafter können die Zustimmung bis zur Grenze der Treuwidrigkeit oder der Sittenwidrigkeit verweigern (OLG München 7 U 3292/07 v. 23.1.08, DB 08, 923, 924).

4 Die **Veräußerung** (Abtretung) **von Teilen** eines Geschäftsanteils unterliegt seit Inkrafttreten des MoMiG zwar nicht mehr den Restriktionen des § 17 GmbHG aF. § 46 Nr. 4 GmbHG weist die Kompetenz zur Teilung von Geschäftsanteilen jedoch weiterhin nicht dem einzelnen Gesellschafter, sondern der Gesellschafterversammlung zu; sofern die Satzung nichts anderes bestimmt, ist daher für die Teilung ein entsprechender Zustimmungsbeschluss einzuholen. Die Notwendigkeit zur Teilung entfällt, wenn die Geschäftsanteile jeweils auf 1.– € lauten; nach neuem Recht können die Gesellschafter bei Gründung der Gesellschaft beliebig viele Geschäftsanteile übernehmen (§ 5 Abs. 2 GmbHG), ebenso bei einer späteren Kapitalerhöhung (§ 55 Abs. 4 GmbHG).

c) Steuerrecht

5 **Ertragsteuern:** Auch soweit Geschäftsanteile nicht zu einem Betriebsvermögen gehören, sind Veräußerungsgewinne seit dem 1.1.09 der **Einkommensteuer** zu unterwerfen, entweder – wie auch schon vor dem 1.1.09 – nach § 17 EStG im Rahmen des Teileinkünfteverfahrens als Gewinn aus Gewerbebetrieb oder nach § 20 Abs. 2 Satz 1 Nr. 1 EStG im Rahmen der Abgeltungsteuer als Einkünfte aus Kapitalvermögen. § 17 EStG geht vor (§ 20 Abs. 8 EStG).

6 Anwendbar ist § 20 Abs. 2 Satz 1 Nr. 1 EStG erstmals auf Gewinne aus der Veräußerung von Anteilen, die nach dem 31.12.08 erworben werden (§ 52a Abs. 10 EStG). Für zuvor erworbene Anteile gilt noch § 23 Abs. 1 Nr. 2 EStG aF.

7 Private Gewinne (Verluste) aus der Veräußerung von Geschäftsanteilen werden nach **§ 17 EStG** versteuert, wenn der Veräußerer innerhalb der letzten fünf Jahre zu mindestens 1% beteiligt war. Zur rückwirkenden Absenkung der Beteiligungsgrenze in § 17 Abs. 1 Satz 4 EStG vgl. BMF v. 20.12.10, BStBl. I 11, 16.

8 Bei der Veräußerung nach altem Recht einbringungsgeborener Anteile (§§ 20 Abs. 1, 23 Abs. 1–4 UmwStG 1995) greift nicht § 17 EStG, sondern § 21 UmwStG aF. ein, falls die aufnehmende Kapitalgesellschaft das eingebrachte Betriebsvermögen nicht mit dem Teilwert angesetzt hat (§ 27 Abs. 3 Nr. 3 UmwStG). Werden nach neuem Recht (SEStEG) im Zuge einer Betriebseinbringung unter dem gemeinen Wert (§ 20 Abs. 2 Satz 2 UmwStG) erhaltene Anteile vom Einbringenden innerhalb von sieben Jahren veräußert, erfolgt eine Nachversteuerung des Einbringungsgewinns I (§ 22 Abs. 1 UmwStG). Darüber hinaus ist die Veräußerung der Kapitalgesellschaftanteile nach allgemeinen Grundsätzen steuerpflichtig. Der Einbringungsgewinn I gilt hierbei als nachträgliche Anschaffungskosten der erhaltenen Anteile (§ 22 Abs. 1 Satz 4 UmwStG). Die aus der Einbringung erhaltenen Anteile unterliegen unabhängig von der Beteiligungsquote dem § 17 EStG (vgl. § 17 Abs. 6 EStG).

9 Bei § 17 EStG handelt es sich um Einkünfte aus Gewerbebetrieb (§ 17 Abs. 1 EStG). Der Veräußerungsgewinn wird um einen Freibetrag bis zu € 9.060.– (§ 17 Abs. 3 EStG) gekürzt. Ein Veräußerungsverlust ist, soweit nicht zB das Verlustberücksichtigungsverbot des § 17 Abs. 2 Satz 4 EStG oder die Verlustausgleichsbeschränkung des § 2a Abs. 1 Nr. 4 EStG eingreift, gem. § 2 Abs. 2 EStG mit anderen positiven Einkünften auszugleichen (Verlustausgleich); im Übrigen ist ein Verlustabzug gem. § 10d EStG zulässig. Es gilt seit 2009 das Teileinkünfteverfahren (Steuerbefreiung 40%), so dass nach bei 60%iger Berücksichtigung von Werbungskosten (§ 3c Abs. 2 EStG) Veräußerungsgewinne und -verluste grundsätzlich nur in Höhe von 60% angesetzt werden. Es ist inzwischen geklärt, dass der Abzug von Erwerbsaufwand im Zusammenhang mit Einkünften aus § 17 EStG dann nicht nach § 3c EStG begrenzt ist, wenn der Steuerpflichtige keinerlei durch seine Beteiligung vermittelte Einkünfte erzielt hat (BFH IX B 227/09 v. 18.3.10, BStBl. II 10, 627; BMF v. 14.5.10. BStBl. I 10, 599). Das gilt auch dann, wenn objektiv wertlose Anteile zu einem symbolischen

Kaufpreis (zB von 1 €) veräußert werden (vgl. BFH IX R 61/10 v. 6.4.11, BStBl. II 12, 8). Ab dem VZ 2011 ist für die Anwendung von § 3c Abs. 2 EStG allerdings die Absicht zur Einnahmeerzielung ausreichend (§ 3c Abs. 2 Satz 2 idF des JStG 2010).

Besteht der Veräußerungspreis in **wiederkehrenden Bezügen,** besteht ein Wahlrecht (vgl. EStR 17 Abs. 7 S. 2 iVm. EStR 16 Abs. 11): Der Veräußerer kann sich für eine Besteuerung mit dem gemeinen Wert (Barwert) der wiederkehrenden Bezüge im Zeitpunkt der Veräußerung entscheiden (Sofortbesteuerung). Ein entsprechender Gewinn bzw. der Verlust unterliegt dem Teileinkünfteverfahren. Zusätzlich ist der in den laufenden Bezügen enthaltene Ertragsanteil nach § 22 Nr. 1a EStG (zB Veräußerungsrente) oder der darin enthaltene Zinsanteil nach § 20 Abs. 1 Nr. 7 EStG (zB Ratenzahlung) im Jahr des Zuflusses steuerpflichtig (BFH X R 187/87 v. 26.11.92, BStBl. II 93, 298). Entscheidet sich der Veräußerer dagegen für eine Besteuerung nach Maßgabe der tatsächlich zufließenden Beträge (§§ 17, 24 Nr. 2 EStG), sind die Rentenzahlungen in einen Zins- und einen Tilgungsanteil aufzuteilen, wobei der Zinsanteil bereits im Zeitpunkt des Zuflusses gem. § 22 Nr. 1 Satz 3 Buchst. a Satz 3 EStG und der Tilgungsanteil erst dann zu versteuern ist, wenn er die Anschaffungskosten zzgl. Veräußerungskosten übersteigt. Auf den Tilgungsanteil ist das Teileinkünfteverfahren (§ 3 Nr. 40c EStG) anwendbar (BMF v. 28.5.04, BStBl. I 04, 1187). Entsprechendes gilt bei der Veräußerung gegen Raten, wobei der Zinsanteil der Besteuerung gem. § 20 Abs. 1 Nr. 7 EStG unterliegt (BMF v. 28.5.04, BStBl. I 04, 1187). 10

Gehören die Geschäftsanteile zu einem Betriebsvermögen, erfolgt die Besteuerung nach den üblichen Grundsätzen, wobei auch hier das Teileinkünfteverfahren eingreift. 11

(frei) 12

Erfolgt die Veräußerung aus dem gewerblichen Betriebsvermögen, fällt auf den Veräußerungsgewinn im Rahmen des Teileinkünfteverfahren **Gewerbesteuer** an, und zwar auch dann, wenn es sich um die Veräußerung einer 100%igen Beteiligung handelt (GewStH 7.1 Abs. 3). 13

Verkehrssteuern: Die Veräußerung von Kapitalanteilen unterliegt bei der **Umsatzsteuer** der Steuerbefreiung gem. § 4 Nr. 8f UStG. Auf die Steuerbefreiung kann allerdings gem. § 9 UStG verzichtet werden. Hält die GmbH Grundbesitz, kann die Veräußerung ausnahmsweise auch Grunderwerbsteuer auslösen (Anteilsvereinigung, § 1 Abs. 3 GrEStG). 14

Notare sind gemäß § 54 EStDV verpflichtet, dem zuständigen Finanzamt eine beglaubigte Abschrift der aufgenommenen Urkunde zu übersenden. 15

2. Einzelerläuterungen

Zur Eingangserklärung

Durch den Hinweis auf die **offene**, aber noch nicht eingeforderte **Stammeinlage** wird deutlich, dass die Einzahlungsverpflichtung insoweit auf den Erwerber übergeht, und ferner, dass er gem. § 24 GmbHG der Ausfallhaftung für die offenen Einlagen der übrigen Gesellschafter unterliegt. Auf der anderen Seite haftet allerdings auch der Veräußerer, falls der Erwerber auf Grund säumiger Zahlung der offenen Einlage gem. § 21 GmbHG ausgeschlossen wird (§ 22 GmbHG). 16

Die Erklärung, dass die offene Einlage noch nicht fällig ist (weil die Satzung insoweit keine Leistungszeit mit festem Datum enthält oder aber eine Einforderung noch nicht erfolgt ist, vgl. § 46 Nr. 2 GmbHG), bedeutet, dass eine Haftung des Veräußerers gem. § 16 Abs. 2 GmbHG gegenüber der Gesellschaft nicht in Betracht kommt. 17

Sind die Erklärungen des Veräußerers zum Nachteil des Erwerbers unzutreffend, haftet der Veräußerer ggf. gem. § 453 Abs. 1 iVm. §§ 434 ff. BGB. Denn der Anteilskauf ist **Rechtskauf** iSd. § 453 BGB mit der Folge, dass der Verkäufer sowohl für Rechtsmängel als auch für Sachmängel haftet. Ein Rechtsmangel liegt vor, wenn Dritte in Bezug auf den gekauften Geschäftsanteil entgegen den Angaben des Verkäufers Rechte geltend machen können (§ 435 S. 1 BGB), zB weil die Anteile dem Verkäufer gar nicht zustehen oder mit einem Pfandrecht oder Nießbrauch belastet sind. Ein Sachmangel besteht insbesondere, wenn die Parteien eine bestimmte, tatsächlich jedoch nicht gegebene Beschaffenheit des Anteils vereinbart haben (§ 434 Abs. 1 S. 1 BGB).

Zu § 1: Kauf, Gewinnbezugsrecht

18 Der Kauf betrifft das Verpflichtungsgeschäft. Das Gewinnbezugsrecht (§ 29 Abs. 1 GmbHG) ist Ausfluss der Gesellschafterstellung, so dass ohne ausdrückliche Abrede bei einer Abtretung während des laufenden Geschäftsjahres der Jahresgewinn gem. § 101 Nr. 2 BGB **zeitanteilig** auf Veräußerer und Erwerber aufzuteilen ist. Der Anspruch auf Ausschüttung des Jahresgewinns entsteht zwar zunächst in der Person des Erwerbers, sofern bei Fassung des Gewinnverteilungsbeschlusses die Abtretung bereits wirksam war, im Innenverhältnis ist aber der Erwerber dem Veräußerer gegenüber zum entsprechenden Ausgleich verpflichtet. Demgegenüber sind die Gewinnanteile **steuerlich nicht zeitanteilig** zuzurechnen: Gem. § 20 Abs. 5 EStG sind die Einkünfte stets demjenigen zuzurechnen, der im Zeitpunkt der Fassung des Gewinnverteilungsbeschlusses Anteilseigner ist.

19 Im Hinblick auf die von § 101 Nr. 2 BGB abweichende steuerliche Zurechnung der Gewinnanteile und die schwierige Ermittlung der zeitanteiligen Gewinnanteile empfiehlt sich stets eine konkrete Vereinbarung, wonach der Gewinn des laufenden Geschäftsjahres insgesamt dem Erwerber zustehen soll (und durch den Kaufpreis abgegolten ist).

19a Da nur ein **Teilgeschäftsanteil** verkauft werden soll, ist der bestehende Geschäftsanteil Nr. 1 entsprechend zu teilen. In der Gesellschafterliste (§ 40 GmbHG; s. Rz. 23) können die beiden neuen Teilgeschäftsanteile dann mit neuen, bisher noch freien Nummern versehen werden (hier die Nr. 6 und 7); in die Gesellschafterliste sollte zudem in einer sog. **Veränderungsspalte** ein Hinweis aufgenommen werden, dass die neuen Geschäftsanteile durch Teilung des bisherigen Geschäftsanteils Nr. 1 entstanden sind (näher *Gehrlein/Ekkenga/Simon* § 40 GmbHG Rz. 10).

Zu § 2: Kaufpreis

20 Die Annahme des Schecks erfolgt erfüllungshalber. Soll der Kaufpreis erst nach dem Notartermin gezahlt, insbesondere überwiesen werden, empfiehlt es sich zum Schutz des Veräußerers, die Abtretung unter die aufschiebende Bedingung (§ 158 BGB) der vollständigen Kaufpreiszahlung zu stellen.

Zu § 3: Abtretung

21 Die Abtretung betrifft das dingliche Rechtsgeschäft, durch die der vermögensrechtliche Wechsel in der Zuordnung auch in steuerrechtlicher Hinsicht vollzogen wird.

Zu § 4: Erforderliche Zustimmungen

22 Stets zu prüfen ist, ob der Gesellschaftsvertrag die Abtretung der Geschäftsanteile an weitere Voraussetzungen knüpft (Vinkulierung, § 15 Abs. 5 GmbHG). Eine danach ggf. erforderliche „Genehmigung" ist Zustimmung iSv. §§ 182–184 BGB und kann somit bereits vor der Abtretung eingeholt werden. Die Teilung von Gesellschaftsanteilen erfolgt, sofern gesellschaftsvertraglich nicht anders geregelt, durch Beschluss der Gesellschafterversammlung gem. § 46 Nr. 4 GmbHG.

Zu § 5: Gesellschafterliste; Vollmacht

23 Im Verhältnis zur Gesellschaft gilt der Erwerber erst als Inhaber des Geschäftsanteils, sobald die geänderte Gesellschafterliste in das Handelsregister aufgenommen ist (§ 16 Abs. 1 S. 1 GmbHG). Zuständig für die Einreichung der Gesellschafterliste ist hier gem. § 40 Abs. 2 GmbHG der Notar. Damit der Erwerber auch in der Zwischenzeit bis zur Aufnahme der Gesellschafterliste bereits handeln und insbesondere das Stimmrecht ausüben kann, empfiehlt sich in Bezug auf den verkauften Geschäftsanteil eine entsprechende Bevollmächtigung durch den Veräußerer.

B. 3. Anteilsschenkung gegen Versorgungsleistungen

Gliederung

I. FORMULARE

Formular B. 3 Schenkungsvertrag

SCHENKUNGSVERTRAG

zwischen

A ...... **– nachfolgend Schenker genannt –**

und

B ...... **– nachfolgend Beschenkter genannt –**

§ 1 Schenkung

(1) Der Schenker hält an der XY-GmbH mit Sitz in ...... (Amtsgericht ...... HRB ......) den einzigen, voll einbezahlten Geschäftsanteil im Nennbetrag von € 100.000.–. Der Schenker schenkt und tritt hiermit dem Beschenkten diesen Geschäftsanteil ab. Der Beschenkte nimmt dieses Angebot dankend an.

(2) Die Vertragsparteien sind sich darüber einig, dass Übergangsstichtag für den dinglichen Rechtsübergang des Geschäftsanteils als auch für alle aus diesem Vertrag folgenden Rechte und Pflichten der 31.12.20.., 24.00 Uhr, ist. Dies gilt nicht für die Rechte und Pflichten aus § 6 dieses Vertrages.

(3) Noch nicht verteilte Gewinne des laufenden und früherer Geschäftsjahre stehen dem Beschenkten zu.

§ 2 Gewährleistung

(1) Der Schenker gewährleistet, dass der Geschäftsanteil so besteht, wie er geschenkt wird, dass er nicht mit Rechten Dritter belastet ist und dass er über ihn frei verfügen kann.

(2) Ansonsten enthält dieser Vertrag keine Beschaffenheitsangaben, Gewährleistungen oder Garantien. Mit Ausnahme der durch diesen Vertrag begründeten primären Erfüllungsansprüche bestehen keine sonstigen Ansprüche des Beschenkten aus oder in Zusammenhang mit diesem Vertrag. Soweit gesetzlich zulässig, sind alle über die in diesem Vertrag geregelten Ansprüche und Rechte des Beschenkten hin-

ausgehenden Ansprüche und Rechte unabhängig von ihrer Entstehung, ihrem Umfang und ihrer rechtlichen Grundlage ausdrücklich ausgeschlossen.

§ 3 Versorgung

(1) Der Beschenkte verpflichtet sich, dem Schenker auf dessen Lebenszeit, nach dem Tode des Schenkers dessen Ehefrau C auf Lebenszeit, monatlich vorschüssig € 10.000.– zu zahlen.

(2) Die Vertragsparteien sind sich darüber einig, dass diese Versorgungsleistungen bestimmt und geeignet sind, den Lebensunterhalt der Berechtigten zu gewährleisten. Die Höhe der Versorgungsleistungen wird in Abhängigkeit von der Ertragslage der XY-GmbH festgelegt und kann dementsprechend jederzeit durch schriftliche Vereinbarung zwischen dem Beschenkten und dem Berechtigten an diese angepasst werden.

(3) Vorbehaltlich einer Regelung nach Abs. 2 erhöht bzw. vermindert sich die monatliche Versorgungsleistung, wenn der Jahresüberschuss der XY-GmbH um mehr als die Hälfte von dem Jahresüberschuss des Geschäftsjahrs 20.. abweicht. Die Versorgungsleistungen erhöhen bzw. vermindern sich in diesem Fall um den prozentualen Anteil, der sich aus dem Verhältnis des Jahresüberschusses des fraglichen Jahres abzüglich der Hälfte des Jahresüberschusses des Jahres 20.. zum Jahresüberschuss des Jahres 20.. ergibt. Eine Erhöhung oder Verminderung der Versorgungsleistungen wird mit Beginn des folgenden Wirtschaftsjahres wirksam. Der Beschenkte verpflichtet sich, dem Schenker und nach dessen Ableben seiner Ehefrau C bis zum 30.9. eines jeden Jahres über den Jahresüberschuss des vorhergehenden Wirtschaftsjahres Auskunft zu geben. In keinem Falle darf die Versorgungsleistung € 5.000.– pro Monat unterschreiten.

§ 4 Pflichtteilsverzicht

Der Beschenkte verzichtet hiermit gegenüber dem Schenker auf sein Pflichtteilsrecht. Der Schenker nimmt den Pflichtteilsverzicht an.

§ 5 Rückforderung

(1) Unbeschadet der Bestimmungen der §§ 528–533 BGB ist der Schenker berechtigt, den Geschäftsanteil der XY-GmbH zurückzufordern, wenn der Beschenkte mit fünf monatlichen Versorgungszahlungen in Verzug ist.

(2) *[Weitere Rückfallklauseln, zB Vorversterben des Beschenkten usw.]*

§ 6 Kosten und Steuer

(1) Sämtliche Kosten, die durch die Beurkundung und Umsetzung dieses Vertrages entstehen, trägt der Beschenkte.

(2) Abweichend von Abs. 1 trägt der Schenker eine möglicherweise anfallende Schenkungsteuer.

Formular B. 3a Geschäftsführerwechsel

Ich, A, bin Alleingesellschafter und Geschäftsführer der XY-GmbH mit Sitz in ......

Ich lege hiermit mein Geschäftsführeramt mit Wirkung zum Ablauf des 31.12.20.. nieder. Gleichzeitig kündige ich meinen Geschäftsführer-Anstellungsvertrag ordentlich ebenfalls mit Wirkung zum Ablauf des 31.12.20...

Unter Verzicht auf alle Formen und Fristen der Einberufung, Ankündigung und Durchführung halte ich sodann eine Gesellschaftervollversammlung der XY-GmbH ab und beschließe:

1. B, geboren am ......, wohnhaft in ......, wird mit sofortiger Wirkung zum Geschäftsführer bestellt. Seine Vertretungsbefugnis bestimmt sich nach dem Gesellschaftsvertrag. Mit B wird der in der Anlage beigefügte Geschäftsführer-Anstellungsvertrag geschlossen.

2. A wird für seine Geschäftsführung Entlastung erteilt.

Weitere Beschlüsse werden nicht gefasst. Damit ist die Gesellschafterversammlung beendet.

............................, den ......

...

(Unterschrift A)

II. ERLÄUTERUNGEN

Erläuterungen zu B. 3 Schenkungsvertrag

1. Grundsätzliche Anmerkungen

a) Wirtschaftliche Vertragsziele

Die Vermögensübergabe gegen Versorgungsleistungen ist ein typisches Instrument der **vorweggenommenen Erbfolge.** Dabei lässt sich unter Abweichung von der gesetzlichen Erbfolge auf die individuellen zivil- und steuerrechtlichen Bedürfnisse des Erblassers eingehen. Die Übertragung von Einkunftsquellen unter nahen Angehörigen, hier eine Anteilsübergabe, dient zur wirtschaftlichen Alterssicherung des Erblassers, der nicht mehr in der Lage oder bereit ist, die für seinen Unterhalt notwendigen Einkünfte selber zu erwirtschaften. Daneben bietet diese Gestaltung dem Erblasser die Möglichkeit, die **Unternehmensnachfolge** innerhalb der eigenen Familie sicherzustellen und hierauf im Einzelnen Einfluss zu nehmen. Schließlich gibt ihm die Unternehmensübertragung im Rahmen der vorweggenommenen Erbfolge die Möglichkeit, den oder die Nachfolger in das Unternehmen, in die Unternehmensführung und die betrieblichen Abläufe sowie die Kundenbeziehungen einzuweisen und damit den **Erhalt des Unternehmens im Generationswechsel** sicherzustellen. 1

b) Zivilrecht

Die Übertragung eines Unternehmens vollzieht sich durch **Übertragung der einzelnen Wirtschaftsgüter** nach den jeweiligen zivilrechtlichen Bestimmungen **(asset deal).** Demgegenüber werden Anteile an Personenhandelsgesellschaften und Kapitalgesellschaften durch **Abtretung der Gesellschaftsbeteiligung** übertragen **(share deal).** Handelt es sich dabei um Geschäftsanteile an einer GmbH, ist sowohl das schuldrechtliche als auch das dingliche Geschäft nach § 15 Abs. 4 bzw. Abs. 3 GmbHG in notarieller Form abzuschließen. Dabei ist zu beachten, dass die Nichteinhaltung dieser Form in Bezug auf das Grundgeschäft nach § 15 Abs. 4 Satz 2 GmbHG durch eine formgültige Abtretung der Geschäftsanteile geheilt wird. Demgegenüber kann die Nichteinhaltung der notariellen Form der Abtretungserklärung nicht geheilt werden. 2

Bei der Übertragung einer **GmbH & Co. KG** beschränkt sich die Formvorschrift des § 15 Abs. 4 GmbHG nicht auf die Geschäftsanteile der Komplementär-GmbH, sondern erstreckt sich auch auf die Verpflichtung zur Übertragung der Kommanditanteile (s. A. 8.10, Rz. 2 mwN). Die Nichteinhaltung dieser Form kann hingegen aus Kostengründen erwogen werden, da die Heilung nach § 15 Abs. 4 Satz 2 GmbHG 3 auch die nichtbeurkundeten Teile der Gesamtvereinbarung erfasst (BGH VIII ZR 95/91 v. 29.1.92, GmbHR 93, 106 mwN). Zur Sicherung schenkungsteuerlicher Begünstigungen empfiehlt es sich allerdings, bei Übertragungen im Familienkreis nicht auf die Heilungswirkung des § 15 Abs. 4 Satz 2 GmbHG zu vertrauen. Die Finanzverwaltung legt bei der Beurteilung von Verträgen zwischen nahen Angehörigen strenge Maßstäbe an die steuerliche Anerkennung an und verlangt bspw., dass solche Verträge zivilrechtlich wirksam zu Stande gekommen sind und Vertragsgestaltung und Durchführung dem zwischen Fremden Üblichen entsprechen.

4 Die Verpflichtung zur Übertragung und die Abtretung von Gesellschaftsanteilen an **Personenhandelsgesellschaften** unterliegen keinem Formzwang. Dies gilt selbst dann, wenn sich im Gesellschaftsvermögen ein Grundstück befindet (BGH II ZR 288/81 v. 31.1.83, BGHZ 86, 367).

5 Das Versprechen des Unternehmensübernehmers, regelmäßige Versorgungsleistungen an den Übergeber zu erbringen, **kann** nach § 761 BGB dem **Schriftformerfordernis** unterliegen. Dies ist der Fall, wenn die Versorgungsleistungen im zivilrechtlichen Sinne als Leibrente zu qualifizieren sind. Unter einer **Leibrente** ist „ein einheitliches nutzbares Recht zu verstehen, das dem Berechtigten für die Lebenszeit eines Menschen eingeräumt ist und dessen Erträge aus fortlaufend wiederkehrenden gleichmäßigen Leistungen in Geld oder vertretbaren Sachen bestehen" (stRspr. und hM, vgl. *MünchKommBGB/Habersack* § 759 Rz. 3 mwN). Nicht Leibrente, sondern **Unterhaltsleistung** liegt hingegen vor, wenn der Zahlungsanspruch nachträglich abgeändert werden kann und an dem Unterhaltsbedarf des Empfängers und der Leistungsfähigkeit des Verpflichteten ausgerichtet wird (*MünchKommBGB/Habersack* § 759 Rz. 10 mwN).

c) Steuerrecht

aa) Schenkungsteuer

6 Die Übertragung eines Vermögensgegenstandes gegen Versorgungsleistungen ist nach § 1 Abs. 1 Nr. 2 iVm. § 7 Abs. 1 Nr. 1 ErbStG **schenkungsteuerpflichtig.** Die Übernahme der Versorgungsleistungen stellt schenkungsteuerlich eine Gegenleistung dar, so dass die Vermögensübergabe als gemischt-freigebige Zuwendung zu werten ist (BFH II R 11/02 v. 2.3.05, BStBl. II 05, 532). Die Bereicherung wird ermittelt, indem von dem nach § 12 ErbStG zu ermittelnden Steuerwert der Leistung des Schenkers die Leistungsauflagen mit ihrem ebenfalls nach § 12 ErbStG ermittelten Wert abgezogen werden (ErbStR E 7.4 Abs. 1 Satz 2).

Nach der obigen Formel werden auch sonstige Leistungsauflagen, die dem Betriebsübernehmer auferlegt werden, wie etwa Ausgleichs- oder Abstandszahlungen oder die Übernahme von privaten Verbindlichkeiten, bei der Bestimmung des Steuerwerts berücksichtigt.

7 Bei der Übertragung von Betriebsvermögen können die Beteiligten seit Inkrafttreten des ErbStRefG v. 24.12.08 (BGBl. I 08, 3018) zum 1.1.09 erhebliche **schenkungsteuerliche Begünstigungen** in Anspruch nehmen. Dasselbe gilt bei der Übertragung von Beteiligungen an Kapitalgesellschaften, wenn der Schenker oder Erblasser unmittelbar zu mehr als 25% an dieser Gesellschaft beteiligt war. Die Begünstigungen bestehen vor allem in der Gewährung eines **Verschonungsabschlags** in Höhe von 85% - **Regelverschonung** (§§ 13a Abs. 1 Satz 1, 13b Abs. 4 ErbStG). Von der danach verbleibenden Bemessungsgrundlage kann ein **Abzugsbetrag** von € 150.000.– abgezogen werden, der sich allerdings bei größeren Vermögen reduziert und ab einer nach Verschonungsabschlag verbleibenden Bemessungsgrundlage von € 300.000.– keine steuerreduzierende Wirkung mehr hat. Schließlich ist der insoweit begünstigte Erwerb stets in der günstigen **Steuerklasse I** zu versteuern, auch wenn das Verwandtschaftsverhältnis der Beteiligten eigentlich die Anwendung einer ungünstigeren Steuerklasse veranlasste (§ 19a Abs. 1 ErbStG).

Voraussetzung für die Inanspruchnahme der Begünstigungen ist, dass das eigentlich begünstigte Vermögen zu nicht mehr als 50% aus sog. **Verwaltungsvermögen** besteht (§ 13b Abs. 2 Satz 1 ErbStG). Zum Verwaltungsvermögen zählt das Gesetz insbesondere Dritten zur Nutzung überlassene Grundstücke (Ausnahme: Nutzungsüberlassung im Rahmen einer Betriebsaufspaltung, konzerninterne Nutzungsüberlassung, Nutzungsüberlassung im Sonderbetriebsvermögen), Anteile an Kapitalgesellschaften, bei denen die unmittelbare Beteiligung 25% oder weniger beträgt, sonstige Beteiligungen an Personen- oder Kapitalgesellschaften, die ihrerseits 50% oder mehr Verwaltungsvermögen halten, Wertpapiere oder vergleichbare Forderungen, der Bestand an Zahlungsmitteln, Geschäftsguthaben, Geldforderungen und anderen Forderungen soweit er nach Abzug des gemeinen Wertes der Schulden 20% des anzusetzenden Wertes des Betriebsvermögens übersteigt, sowie Kunst- und vergleichbare Gegenstände (§ 13b Abs. 2 Satz 2 ErbStG). 8

Sind diese Voraussetzungen nicht erfüllt, besteht das übertragene Vermögen also zu mehr als 50% aus Verwaltungsvermögen, kann insgesamt keine Begünstigung in Anspruch genommen werden. Anders herum ist auch eigentliches Verwaltungsvermögen begünstigt, wenn es nicht mehr als 50% des übertragenen Vermögens ausmacht. Eine Sonderbehandlung erfährt sog. **junges Verwaltungsvermögen,** also solches Verwaltungsvermögen, das dem betreffenden Betrieb erst weniger als zwei Jahre dient (§ 13b Abs. 2 Satz 3 ErbStG).

Um kurzfristige Mitnahmeeffekte zu verhindern, sieht das Gesetz eine **zeitanteilige Nachversteuerung** vor, wenn das begünstigt übertragene Vermögen innerhalb einer Behaltensfrist von fünf Jahren zB veräußert wird (§ 13a Abs. 5 ErbStG) oder die Summe der maßgebenden jährlichen Lohnsummen des Unternehmens innerhalb dieses Zeitraums insgesamt 400% der durchschnittlichen jährlichen Lohnsumme der letzten Jahre vor der Übertragung unterschreitet (sog. „Lohnsummenkontrolle", § 13a Abs. 1 Satz 2 ErbStG). 9

Die Beteiligten können statt der Regelverschonung auch zu einer **vollständigen Steuerbefreiung** optieren (sog. Optionsverschonung), wenn das Verwaltungsvermögen nicht mehr als 10% ausmacht. Die Nachsteuerfrist erhöht sich dann von fünf auf sieben Jahre und die maßgebliche Lohnsummengrenze auf 700% (§ 13a Abs. 8 ErbStG). 10

Einzelheiten zur Anwendung der Vorschriften des ErbStG hat die Finanzverwaltung in ErbStR 13a und ErbStR 13b ausführlich geregelt. Zur möglichen Verfassungswidrigkeit vgl. BFH II R 9/11 v. 27.9.12, BStBl. II 12, 899. 11

bb) Einkommensteuer

Schrifttum (Rechtslage ab 1.1.08): *Bauschatz* Übertragung von Anteilen an Kapitalgesellschaften gegen Versorgungsleistungen, in: FS Spiegelberger, 09, S. 3; *Heinrichshofen* Geänderter Sonderausgabenabzug bei Vermögensübergabe gegen Versorgungsleistungen ErbStB 08, 114; *Korn* Einkommensteuerliche Beurteilung von Vermögensübertragungen gegen Versorgungsleistungen, KÖSDI 10, 16920; *Neufang* Vermögensübergabe gegen Versorgungsleistungen im Blickwinkel des Jahressteuergesetzes 2008, StBg 07, 592; *Reimann* Das Ende des familienrechtlichen Versorgungsvertrages?, FamRZ 08, 19; *Risthaus* Begünstigte Vermögensübergaben gegen Versorgungsleistungen, DB 10, 803; *Schmidt/Schwind* Vermögensübergabe gegen Versorgungsleistungen nach dem JStG 2008, NWB F. 3, 14887; *Seitz* Die wesentlichen Änderungen bei der Vermögensübergabe, DStR 10, 629; *Wälzholz* Versorgungsleistungen nach dem Jahressteuergesetz 2008, DStR 08, 273; *Wißborn* Wiederkehrende Leistungen im Zusammenhang mit einer Vermögensübertragung, FR 10, 322; *Winter* Die Unternehmensübergabe gegen Versorgungsleistungen, NJW-Spezial 10, 399.

Zur vorweggenommenen Erbfolge unter nahen Angehörigen hat sich in der Literatur und insbes. in der finanzgerichtlichen Rspr. das selbstständige **Institut der Vermögensübertragung gegen Versorgungsleistungen** herausgebildet. Rspr. und Literatur zu diesem Themenkomplex sind sehr umfangreich. Durch das JStG 2008 v. 20.12.07 (BGBl. I 07, 3150) hat der Gesetzgeber mit Wirkung ab dem 1.1.08 den 12

Anwendungsbereich der Vermögensübertragung gegen Versorgungsleistungen durch die Neufassung von § 10 Abs. 1 Nr. 1a EStG nachhaltig eingeschränkt. Die FinVerw. hat sich hierzu in ihrem vierten sog. Rentenerlass ausführlich geäußert (BMF v. 11.3.10, BStBl. I 10, 227).

13 Das Institut der Vermögensübertragung gegen Versorgungsleistungen ist durch **Vermögensübertragungen** unter Lebenden **mit Rücksicht auf die künftige Erbfolge** gekennzeichnet, wobei sich der Übertragende typischerweise mittels der Versorgungsleistungen zumindest einen Teil der Vermögenserträge vorbehält (BFH GrS 4–6/89 v. 5.7.90, BStBl. II 90, 847; BFH GrS 1/90 v. 15.7.91, BStBl. II 92, 78). Aus diesem Gesichtspunkt ergibt sich auch die steuerrechtliche und verfassungsrechtliche (BVerfG 1 BvR 4/87 v. 17.12.92, FR 93, 157) Rechtfertigung für eine von den sonstigen Grundsätzen abweichende Behandlung.

Die Vermögensübertragung gegen Versorgungsleistungen führt einerseits zu einem vollständigen Abzug der Versorgungsleistungen als Sonderausgaben nach § 10 Abs. 1 Nr. 1a EStG. Damit korrespondierend wird eine Versteuerung beim Empfänger nach § 22 Nr. 1b EStG verlangt. Andererseits aber liegen, wenn die Voraussetzungen einer Versorgungsleistung erfüllt werden, keine Anschaffungskosten des Übernehmers bzw. keine Veräußerungsgewinne des Übertragenden vor (BFH GrS 4–6/89 v. 5.7.90, BStBl. II 90, 847). Die frühere Unterscheidung zwischen dauernder Last und Leibrente hat das JStG 2008 (s. Rz. 12) aufgegeben.

14 Die Vermögensübertragung gegen Versorgungsleistungen ist systematisch zwischen der steuerrechtlich nicht relevanten Privatsphäre und, je nach übertragenem Vermögen, den entsprechenden Einkünftetatbeständen des § 2 Abs. 1 EStG angesiedelt. Sie ist zum einen abzugrenzen von Veräußerungen gegen wiederkehrende Leistungen, in denen die Beteiligten Leistung und Gegenleistung nach kaufmännischen Gesichtspunkten gegeneinander abgewogen haben (vgl. Rz. 19) und andererseits von Unterhaltszahlungen (vgl. Rz. 21). Bei der Vermögensübertragung auf Verwandte spricht aber bereits eine Vermutung für eine Vermögensübergabe gegen Versorgungsleistungen (BFH GrS 1/90 v. 5.7.91, BStBl. II 92, 78; BFH VIII R 80/87 v. 17.12.91, BStBl. II 93, 15; X R 193/87 v. 19.1.92, BStBl. II 92, 465; BMF v. 11.3.10, BStBl. I 10, 227, Tz. 5). Dabei hat die Rspr. mittlerweile die Anwendung dieser Grundsätze auch auf Verwandte dritten Grades in der Seitenlinie bejaht (BFH X R 67/92 v. 16.12.93, BStBl. II 96, 669). Die Vermögensübertragung gegen Versorgungsleistungen ist zudem auch außerhalb einer vorweggenommenen Erbfolge bzw. auch unter Fremden möglich (BFH IX R 11/94 v. 16.12.97, BStBl. II 98, 718). Unter Fremden besteht aber die nur in Ausnahmefällen widerlegbare Vermutung, dass bei der Übertragung von Vermögen gegen Versorgungsleistung ein entgeltliches Anschaffungsgeschäft gegeben sei (BFH IX R 11/94 v. 16.12.97, aaO; BMF v. 11.3.10, aaO Tz. 6).

Wird das übertragene Vermögen nachträglich von dem Übernehmer auf einen Dritten übertragen, so endet der sachliche Zusammenhang der Versorgungsleistungen mit der Vermögensübergabe. Daraus folgt, dass die Versorgungsleistungen nicht mehr nach § 10 Abs. 1 Nr. 1a EStG abgezogen werden dürfen. Der sachliche Zusammenhang endet jedoch nicht, wenn der Übernehmer das übernommene Vermögen im Wege der vorweggenommenen Erbfolge weiter überträgt (BMF v. 11.3.10 aaO, Tz. 37 ff.).

15 Nach der Rspr. des BFH (GrS 2/00 v. 12.5.03, BStBl. II 04, 95) ist eine Vermögensübergabe gegen Versorgungsleistungen aber nur gegeben, wenn **Gegenstand der Vermögensübergabe** eine existenzsichernde und ertragbringende Wirtschaftseinheit ist, deren Erträge ausreichen, um die Versorgungsleistungen zu erbringen. Die FinVerw. hat sich dieser Sichtweise angeschlossen (BMF v. 11.3.10, BStBl. I 10, 227, Tz. 26 ff.).

Sofern im Rahmen einer vorweggenommenen Erbfolge jedoch ein „wertloser" Betrieb übertragen wird, sind nach Beschluss des GrS des BFH GrS 2/00 v. 12.5.03,

BStBl. II 04, 100 die vereinbarten Versorgungsleistungen auch dann nicht abziehbar, wenn sie zwar aus den erzielbaren laufenden Nettoerträgen gezahlt werden können, das Unternehmen jedoch weder über einen positiven Substanzwert noch über einen positiven Ertragswert verfügt. Dem hat sich die FinVerw. ausdrücklich nicht angeschlossen (BMF v. 11.3.10 aaO, Tz. 31).

Zusätzlich zu der Frage, ob die übertragene Wirtschaftseinheit existenzsichernd und ertragbringend ist, hat der Gesetzgeber mit dem JStG 2008 (s. Rz. 12) die **übertragbaren Vermögensklassen** deutlich eingeschränkt. Unter § 10 Abs. 1 Nr. 1a EStG fallen nur noch: 16

- Versorgungsleistungen im Zusammenhang mit der Übertragung eines Mitunternehmeranteils an einer Personengesellschaft. Die Personengesellschaft muss eine land- und forstwirtschaftliche, eine originär gewerbliche oder eine freiberufliche Tätigkeit entfalten.
- Versorgungsleistungen im Zusammenhang mit der Übertragung eines Betriebs oder Teilbetriebs (gewerblich, land- und forstwirtschaftlich, freiberuflich).
- Versorgungsleistungen im Zusammenhang mit der Übertragung eines mindestens 50%igen Anteils an einer GmbH. Voraussetzung ist jedoch, dass der Übergeber bisher als Geschäftsführer tätig war und der Übernehmer diese Tätigkeit nach der Übertragung des Anteils übernimmt.

Zu den **Mitunternehmeranteilen** an einer Personengesellschaft zählt die FinVerw. neben Anteilen an OHG, KG, GbR und atypisch stiller Gesellschaft auch solche an einer Erben- oder Gütergemeinschaft (BMF v. 11.3.10, BStBl. I 10, 227, Tz. 8); Partnerschaftsgesellschaften oder Personengesellschaften ausländischen Rechts werden nicht erwähnt, müssten aber ebenfalls begünstigt sein (*Korn* KÖSDI 10, 16920, 16924). **Teilmitunternehmeranteile** sind begünstigt, auch wenn sie auf verschiedene Erwerber übertragen werden. Sondervermögen muss zugleich übertragen werden, bei Teilanteilsübertragungen quotal (kritisch *Korn* aaO). Auch Mitunternehmeranteile an einer gewerblich infizierten Personengesellschaft iSd. § 15 Abs. 3 Nr. 1, 1. Alt. EStG (nicht auch: Alt. 2) sind begünstigt (BMF v. 11.3.10 aaO, Tz. 9).

Die Beschränkung bei Anteilen an Kapitalgesellschaften auf **Geschäftsanteile an einer GmbH** steht mit dem Gleichheitsgebot des Art. 3 Abs. 1 GG im Widerspruch. Die FinVerw. begünstigt nach dem vierten Rentenerlass zwar auch die Übertragung von Anteilen an einer Unternehmergesellschaft (§ 5a GmbHG) oder an einer der GmbH vergleichbaren Gesellschaftsform eines anderen EU- oder EWR-Staates; andere Kapitalgesellschaften, insbesondere die AG, sollen danach jedoch außen vor bleiben (BMF v. 11.3.10 aaO, Tz. 15). In der Literatur wird vorgeschlagen, im Wege verfassungskonformer Auslegung die Übertragung 50%iger Anteile an anderen Kapitalgesellschaften ebenso als Fall des § 10 Abs. 1 Nr. 1a EStG zu behandeln (*Wälzholz* DStR 08, 273; *Bauschatz* FS Spiegelberger 09, S. 3, 7 f.).

Nicht mehr übergabefähig im Rahmen einer Vermögensübertragung gegen Versorgungsleistungen ist (entgegen dem früheren Recht) die Übertragung von Privatvermögen in Form von 17

- Grundvermögen,
- Kapitalvermögen,
- Anteilen an GmbH unterhalb der 50%-Grenze und
- Anteilen an Kapitalgesellschaften, die nicht in der Rechtsform der (deutschen oder ausländischen) GmbH organisiert sind.

Die Rechtsfolgen hängen davon ab, ob die Übertragung als voll entgeltlich, teilentgeltlich oder unentgeltlich einzustufen ist. Zu den Rechtsfolgen *Heinrichshofen* ErbStB 08, 114 und *Brüggemann* ErbBstg 08, 54 sowie Rz. 20 f.

Der **Empfänger der Versorgungsleistung** muss im Inland unbeschränkt steuerpflichtig sein. Ansonsten kommt es zu keinem Abzug nach § 10 Abs. 1 Nr. 1a EStG. Nach § 1a Abs. 1 Nr. 1a EStG reicht es jedoch auch aus, wenn der Empfänger Staats- 18 angehöriger eines EU- oder EWR-Staates ist, seinen Wohnsitz oder gewöhnlichen Aufenthalt in einem der genannten Staaten hat und die Versorgungsleistung in diesem Staat besteuert wird. Letzteres ist durch eine Bescheinigung der ausländischen Steuerbehörde nachzuweisen.

19 Die oben beschriebenen Grundsätze der Vermögensübergabe gegen Versorgungsleistung greifen nicht ein, wenn die Parteien **Leistung und Gegenleistung nach objektiven Kriterien als gleichwertig** behandeln (BFH VIII R 80/87 v. 17.1.93, BStBl. II 93, 15; BFH VIII R 238/81 v. 21.1.86, BFH/NV 86, 597), wobei bereits ausreichend ist, dass die Beteiligten subjektiv von der Gleichwertigkeit ausgegangen sind (BFH IV R 154/79 v. 22.12.82, BStBl. II 83, 99; BFH X R 193/87 v. 29.1.92, BStBl. II 92, 465). Auch wenn eine Vermutung für das Vorliegen einer Vermögensübergabe spricht (s. Rz. 14), so ist dies nach dem Wortlaut des § 10 Abs. 1 Nr. 1a EStG („lebenslange und wiederkehrende Versorgungsleistung") nicht der Fall, wenn die Parteien eine sog. **Zeitrente** vereinbaren, die nicht nach der Lebenszeit des Berechtigten, sondern nach Jahren bemessen ist (*Schmidt/Schwind* NWB F. 3, 14887; aA *Wälzholz* DStR 08, 273 für den Fall, dass die begrenze Laufzeit durch die Schließung einer Versorgungslücke des Übergebers begründet ist). Ein Austausch von Leistung und Gegenleistung liegt auch dann vor, wenn die wiederkehrenden Leistungen auf die Lebenszeit des Vermögensübergebers, jedoch mindestens für eine bestimmte Laufzeit (sog. Mindestzeitrenten) zu erbringen sind (BFH X R 75/97 v. 21.10.99, BStBl. II 02, 650; BMF v. 11.3.10, BStBl. I 10, 227, Tz. 56).

20 Die Abwägung von Leistung und Gegenleistung nach objektiven Kriterien führt auf Seiten des Erwerbers des Vermögens zu Anschaffungskosten. Dient das gegen Zahlung einer wiederkehrenden Leistung erworbene Wirtschaftsgut der Einkünfteerzielung, ist der Zinsanteil als Werbungskosten oder Betriebsausgaben abzugsfähig. Der Veräußerer erzielt für das entgeltlich übertragene Vermögen einen Veräußerungsgewinn (§§ 17, 20 Abs. 2, 23 EStG) und muss den in den wiederkehrenden Leistungen enthaltenen Zinsanteil versteuern. Zu den Einzelheiten vgl. BMF v. 11.3.10, BStBl. I 10, 227, Tz. 69ff. Vorstehende Grundsätze gelten dem Grunde nach auch bei teilentgeltlichen Übertragungen, sofern die Grenze zu steuerlich irrelevanten Unterhaltszahlungen (Rz. 21) nicht überschritten ist (dazu iE *Heinrichshofen* ErbStB 08, 114).

21 Wird keine ausreichend ertragbringende Wirtschaftseinheit übertragen und beträgt der Wert der Gegenleistung, d.h. das übergehende Vermögen, bei überschlägiger oder großzügiger Berechnung weniger als die Hälfte des Wertes der wiederkehrenden Leistungen, so sind die wiederkehrenden Leistungen als **Unterhaltszahlungen** zu qualifizieren (BMF v. 11.3.10, BStBl. I 10, 227, Tz. 66). Unterhaltszahlungen sind nach § 12 Nr. 2 EStG steuerlich unbeachtlich.

22 **Änderungen** eines Versorgungsvertrages können nur dann steuerlich berücksichtigt werden, wenn sie von den Parteien schriftlich fixiert worden sind. Werden die auf der Grundlage des Vermögensübergabevertrages geschuldeten Versorgungsleistungen „willkürlich" ausgesetzt, so dass die Versorgung des Übergebers gefährdet ist, sind die weiteren Zahlungen auch nach Wiederaufnahme der ursprünglich vereinbarten Leistungen nicht als Sonderausgaben abziehbar (BFH X R 13/09 v. 15.9.10, DB 11, 89).

23 *(frei)*

cc) Umsatzsteuer

24 Die Betriebsübergabe gegen Versorgungsleistungen wird in der Regel im Bereich der Umsatzsteuer keine Probleme aufwerfen. Nach § 1 Abs. 1a UStG ist die Übergabe eines ganzen Betriebes nicht umsatzsteuerbar. Die Übertragung von Beteiligungen ist von der Umsatzsteuer nach § 4 Nr. 8f UStG befreit.

dd) Grunderwerbsteuer

25 Umfasst das übertragene Betriebsvermögen oder die übertragene Gesellschaftsbeteiligung auch Grundstücke, so kann dies Grunderwerbsteuer auslösen. In Fällen vorweggenommener Erbfolge greifen jedoch in vielen Fällen die Vorschriften des § 3 Nr. 2, Nr. 4 und Nr. 6 GrEStG, die zu einer Befreiung von Grunderwerbsteuer zB bei Übertragungen auf Verwandte in gerader Linie bzw. deren Ehegatten führen. Zu den Steuerbefreiungen im Zusammenhang mit der Vereinigung von Anteilen an einer GmbH gem. § 1 Abs. 3 GrEStG vgl. Gleichl. Ländererlasse v. 6.3.13, BStBl. I 13, 733.

(frei) **26, 27**

2. Einzelerläuterungen

Zu § 1: Schenkung

Es handelt sich hier um eine Vermögensübergabe in der Form einer Beteiligungs- **28**
schenkung. Der GmbH-Geschäftsanteil ist durch notariell beurkundete Abtretung zu übertragen. Wenn der Schenker Alleingesellschafter ist, ist eine Abtretung von Geschäftsanteilen ohne Rücksicht auf deren etwaige Vinkulierung (§ 15 Abs. 5 GmbHG) möglich (BGH II ZR 209/90 v. 15.4.91, DStR 91, 952). Der hinausgeschobene Stichtag soll einen gleitenden Übergang ermöglichen, vgl. Rz. 34.

Im Hinblick auf § 101 Nr. 2 BGB sind zwischen dem Schenker und dem Beschenkten Regelungen über die Gewinnteilnahme zu treffen.

Zu § 2: Gewährleistung

Für die Gewährleistung des Schenkers gelten grds. §§ 523, 524 BGB. Im Formular **29**
wird eine Haftung des Schenkers weitestgehend ausgeschlossen.

Zu § 3: Versorgung

Mit der hier getroffenen Regelung in Bezug auf die Versorgungsleistungen ist klar- **30**
gestellt, dass diese vorbehaltene Erträge aus der übertragenen Wirtschaftseinheit darstellen und sich der Höhe nach an der Ertragslage des Unternehmens orientieren.

Die Anpassungsklausel für die Versorgungsleistungen lässt eine Erhöhung bzw. eine **31**
Verringerung derselben für den Fall zu, dass der Jahresüberschuss der Gesellschaft um mehr als 50% von dem letzten Jahresüberschuss vor Übergabe des Unternehmens abweicht. Darüber hinaus ist eine jederzeitige Anpassung der Versorgungsleistungen im gegenseitigen Einverständnis von Übergeber und Übernehmer möglich. Diese Anpassungsregelungen machen einen ausdrücklichen Bezug auf § 323 ZPO überflüssig.

Zu § 4: Pflichtteilsverzicht

Der Pflichtteilsverzicht des Beschenkten ist kein konstitutives Merkmal der Vermö- **32**
gensübergabe gegen Versorgungsleistungen. Er stellt hingegen ein häufig eingesetztes Instrument zur Gestaltung der vorweggenommenen Erbfolge dar, das eine individuelle Gestaltung der Erbfolgeregelung unter Lebenden unter Ausschluss der gesetzlichen Erbfolge erlaubt.

Zu § 5: Rückforderung

Neben den Regelungen der §§ 528–533 BGB, die eine Rückforderung des Ge- **33**
schenkten wegen einer Notlage des Schenkers oder schweren Verfehlungen des Beschenkten zulassen, soll dem Schenker auch ein Rückforderungsrecht zustehen, wenn der Beschenkte seiner Pflicht zur Versorgungszahlung nicht gehörig nachkommt. Diese Klausel trägt der Tatsache Rechnung, dass der Schenker sich die zu seiner Versorgung notwendigen Erträge im Rahmen der vorweggenommenen Erbfolge vorbehält, die nun aber von dem Beschenkten erwirtschaftet und an ihn weitergeleitet werden sollen.

Der Vereinbarung solcher Rückforderungsrechte kommt auch schenkungsteuerlich hohe Bedeutung zu: Die Rückübertragung des geschenkten Gegenstandes stellt dann nämlich keine neuerliche Schenkung, sondern lediglich die Erfüllung eines schuldrechtlichen (Rückübertragungs-)Anspruches dar und unterliegt ihrerseits nicht erneut der Schenkungsteuer. Gleichzeitig erlischt dann außerdem rückwirkend die Steuer für die ursprüngliche Schenkung (§ 29 Abs. 1 Nr. 1 ErbStG).

Erläuterungen zu B. 3a Geschäftsführerwechsel

34 Um den Abzug der Versorgungsleistungen beim Verpflichteten als Sonderausgaben zu gewährleisten, muss nach dem Wortlaut des § 10 Abs. 1 Nr. 1a Buchst. c EStG der bisherige Inhaber des übertragenen Geschäftsanteils Geschäftsführer der Gesellschaft gewesen sein und dieses Amt mit der Übertragung der Anteile aufgeben. Gleichzeitig muss der Übernehmer „nach der Übertragung" Geschäftsführer werden. Die Fin-Verw. besteht zwar darauf, dass der Übergeber seine Geschäftsführungstätigkeit insgesamt aufgibt; sie erklärt es jedoch für unschädlich, wenn der Übernehmer bereits vor der Übertragung Geschäftsführer der Gesellschaft war, solange er es auch nach der Übertragung bleibt (BMF v. 11.3.10, BStBl. I 10, 227, Tz. 18). Eine gleitende Übergabe des Unternehmens ist damit zumindest in der Weise möglich, dass der Übernehmer bereits einige Zeit vor der geplanten Übertragung zum zweiten Geschäftsführer berufen und eingearbeitet wird. Der Übergeber muss sein Geschäftsführeramt spätestens mit der Vermögensübertragung aufgeben; wenn er in anderer Funktion für die Gesellschaft tätig bleibt, im Rahmen einer selbständigen oder unselbständigen Tätigkeit (zB aufgrund eines Beratervertrages oder als Prokurist, vgl. *Heinrichshofen* ErbStB 08, 114; *Schmidt/Schwind* NWB F. 3, 14887; *Wälzholz* DStR 08, 273), ist dies unschädlich (BMF aaO). Zum Muster eines Geschäftsführer-Anstellungsvertrag s. A. 6.26, zur Handelsregisteranmeldung bei Geschäftsführerwechsel s. Formular A. 6.25a.

B. 4. Bürgschaftsvertrag

Gliederung

I. FORMULAR

Formular B. 4 Bürgschaftsvertrag

BÜRGSCHAFTSVERTRAG

zwischen

Finanzamt ...... **– nachfolgend Finanzamt genannt –**

und

B ...... **– nachfolgend Bürge genannt –**

Vorbemerkung

Herr A schuldet dem Finanzamt auf Grund des Einkommensteuerbescheides 20.. vom ...... Einkommensteuer in Höhe von € 245.000.–. Gegen diesen Steuerbescheid hat Herr A am ...... Einspruch eingelegt und Aussetzung der Vollziehung beantragt. Mit Verwaltungsakt vom ...... hat das Finanzamt die Vollziehung des angefochtenen Steuerbescheides in Höhe von € 150.000.– gegen Sicherheitsleistung ausgesetzt.

§ 1 Gegenstand der Bürgschaft

Für den in der Vorbemerkung bezeichneten Steueranspruch des Finanzamtes gegen Herrn A übernimmt der Bürge die Bürgschaft unter Verzicht auf die Einrede der Vorausklage.

§ 2 Höhe der Bürgschaft

Die Bürgschaft wird bis zu einem Höchstbetrag von € 150.000.– übernommen. Der Betrag der Bürgschaft erhöht sich um die Beträge, die als Aussetzungszinsen und Säumniszuschläge auf die verbürgte Steuerschuld des Herrn A anfallen, und zwar auch dann, wenn hierdurch insgesamt der Höchstbetrag überschritten wird.

§ 3 Inanspruchnahme aus der Bürgschaft

(1) Der Bürge wird auf Anforderung des Finanzamtes im Rahmen dieser Bürgschaft die verbürgte Steuerschuld des Herrn A einschließlich etwaiger Aussetzungszinsen und Säumniszuschläge abdecken. Voraussetzung für die Inanspruchnahme ist die Vorlage des die Aussetzung der Vollziehung aufhebenden Verwaltungsaktes.

(2) Die Ansprüche des Finanzamtes gegen Herrn A gehen weder ganz noch teilweise auf den Bürgen über, bevor das Finanzamt wegen der verbürgten Steuerschuld ganz befriedigt ist. Bis dahin gelten die Zahlungen des Bürgen als Sicherheitsleistungen für die Bürgschaftsschuld. Das Finanzamt ist jedoch berechtigt, sich jederzeit aus gezahlten Beträgen zu befriedigen.

§ 4 Schriftform

Nebenabreden, Änderungen und Ergänzungen dieses Bürgschaftsvertrages bedürfen zu ihrer Rechtswirksamkeit der Schriftform.

II. ERLÄUTERUNGEN

Erläuterungen zu B. 4 Bürgschaftsvertrag

1. Grundsätzliche Anmerkungen

a) Wirtschaftliche Vertragsziele

1 Die Bürgschaft ist eine im Wirtschaftsverkehr weit verbreitete Form der persönlichen Verpflichtung, für die Erfüllung der Verbindlichkeiten eines Dritten einzustehen. Die Bürgschaft dient der Sicherung einer Forderung des Gläubigers gegen den Hauptschuldner. Rechtsgrund für die Bürgschaft ist die Rechtsbeziehung zwischen Bürge und Hauptschuldner; sie entsteht als vertragliches Rechtsverhältnis aber allein durch Vereinbarung zwischen Bürge und Gläubiger.

b) Zivilrecht

2 Der Bürgschaftsvertrag kommt zwischen Gläubiger und Bürge durch Angebot und Annahme zustande (§ 765 BGB). Das Innenverhältnis zwischen Hauptschuldner und Bürge berührt die Wirksamkeit der abstrakt wirkenden Bürgschaft nicht (vgl. hierzu Formular A. 6.19). Der Bürgschaftsübernahme liegt in aller Regel ein Auftrag (§§ 662ff. BGB) oder ein Geschäftsbesorgungsverhältnis (§§ 675, 677ff. BGB) zwischen dem Bürgen und dem Hauptschuldner zugrunde. Im Hinblick darauf hat der Bürge nach Befriedigung des Gläubigers nicht nur einen Rückgriffsanspruch aus der übergegangenen Hauptforderung gem. § 774 BGB, sondern auch einen Aufwendungserstattungsanspruch (§§ 670, 675, 683 BGB). Die Bürgschaftserklärung bedarf der Schriftform (§ 766 BGB), es sei denn, sie wird im Rahmen des Handelsgewerbes eines Kaufmanns eingegangen (§ 350 HGB). Die FinVerw. akzeptiert allerdings nur schriftliche Bürgschaftserklärungen (§ 244 Abs. 1 Satz 3 AO).

3 Verbleiben bei einer Zahlungszusage Zweifel, ob eine selbstständige (= Schuldbeitritt; vgl. Formular B. 19) oder nur eine „angelehnte" Schuld (= Bürgschaft) begründet werden sollte, ist eine Bürgschaft anzunehmen (BGH VII ZR 338/84 v. 19.9.85, NJW 86, 580).

4 **Formularmäßige Bürgschaftsverträge** etwa seitens kreditgewährender Banken unterliegen einer **besonderen Inhaltskontrolle** der Gerichte, wenn der Bürge ungewöhnlich stark belastet und eine strukturell ungleiche Verhandlungsstärke erkennbar wird (BVerfG 1 BvR 567/89 ua. v. 19.10.93, NJW 94, 36), so etwa, wenn der Bürge formularmäßig generell auf seine Rechte aus § 776 BGB verzichtet (BGH IX ZR 364/97 v. 2.3.00, WM 00, 64; BGH IX ZR 185/00 v. 25.10.01, NJW 02, 295 – Unwirksamkeit gem. § 307 Abs. 1 und 2 BGB). Eine Nichtigkeit des Bürgschaftsvertrages (§ 138 Abs. 1 BGB) wegen Sittenwidrigkeit wird aber nicht schon dann angenommen, wenn zwischen Verpflichtungsumfang und der Leistungsfähigkeit des Bürgen ein grobes Missverhältnis besteht, und zwar auch dann nicht, wenn der Bürge geschäftlich unerfahren ist (BVerfG 1 BvR 567/89 ua. v. 19.10.93, NJW 94, 36; BGH IX ZR 85/94 v. 5.1.95, BB 95, 378; LG Zweibrücken 3 S 159/94 v. 30.9.94, NJW-RR 95, 311; BGH IX ZR 337/98 v. 26.4.01, NJW 01, 2466). Nur in besonders gelagerten krassen Ausnahmefällen, etwa dann, wenn Eltern unter Verletzung ihrer elterlichen Sorge (§ 1618a BGB) ihre gerade volljährig gewordenen und geschäftlich unerfahrenen Kinder veranlassen, für sie zu bürgen (BGH IX ZR 93/93 v.

24.2.94, NJW 94, 1278; BGH IX ZR 333/95 v. 10.10.96, NJW 97, 52; BGH IX ZR 135/96 v. 17.4.97, NJW-RR 97, 1199) oder wenn der Bürge, zB der Ehegatte oder Arbeitnehmer, krass überfordert ist, weil er nicht einmal in der Lage ist, die Zinsen der Hauptschulden aufzubringen (BGH IX ZR 283/96 v. 18.9.97, WM 97, 2117; BGH IX ZR 257/97 v. 8.10.98, WM 98, 2327; BGH IX ZR 198/98 v. 27.1.00, WM 00, 410; BGH XI ZR 121/02 v. 14.10.03, BB 03, 2648), kann Sittenwidrigkeit angenommen werden. Hieraus ergibt sich, dass die in der Praxis nicht selten anzutreffenden Bürgschaften geschäftsunerfahrener und vermögensloser Ehepartner in aller Regel wirksam sind, wenn die Bürgschaft dazu diente, dass der Gläubiger durch Vermögensverlagerungen keine Nachteile erleidet. In diesen Fällen kann der Gläubiger indessen nach Treu und Glauben (§ 242 BGB) ganz oder teilweise daran gehindert sein, den Bürgschaftsanspruch geltend zu machen, wenn feststeht, dass sich die Gefahr nicht realisiert, vor der er sich schützen wollte (BGH IX ZR 85/94 v. 5.1.95, BB 95, 378; BGH IX ZR 177/95 v. 25.4.96, WM 96, 1124; BGH IX ZR 69/96 v. 23.1.97, WM 97, 467). Darüber hinaus kommt auch ein Widerrufsrecht des Bürgen gem. § 312 BGB in Betracht (BGH XI ZR 169/05 v. 10.1.06, NJW 06, 845; BGH XI ZR 195/05 v. 27.2.07, NJW 07, 2106 zur Haustürsituation am Arbeitsplatz).

c) Steuerrecht

Ertragsteuern: Aus **betrieblichem Anlass** übernommene Bürgschaftsverpflichtungen sind erst dann zu passivieren, wenn ernsthaft mit einer Inanspruchnahme zu rechnen ist (BFH X R 5/10 v. 18.4.12, BStBl. II 13, 785). Soweit ein Ausweis als Verbindlichkeit oder Rückstellung noch nicht in Betracht kommt, hat ein auf die Bürgschaft hinweisender Bilanzvermerk unter der Bilanz oder im Anhang zu erfolgen (§§ 268 Abs. 7, 251 HGB). **5**

Der Passivierung der Bürgschaftsverpflichtung steht allerdings die Aktivierung eines (unstreitigen) Rückgriffsanspruchs gegen den Hauptschuldner gegenüber (BFH I R 10/98 v. 8.10.00, BStBl. II 01, 349). Ggfs. ist der Rückgriffsanspruch wertzuberichtigen (BFH IV R 8/98 v. 15.10.98, BStBl. II 99, 333). In Höhe des Unterschieds zwischen Verpflichtung und Wert des Rückgriffsanspruchs entsteht Aufwand (BFH VIII R 226/84 v. 24.7.90, BFH/NV 91, 588), der, soweit eine Kapitalgesellschaft für ihren Gesellschafter die Bürgschaft erklärt hat, verdeckte Gewinnausschüttung sein kann (BFH I R 173/73 v. 19.3.75, BStBl. II 75, 614). Die Gefahr einer verdeckten Gewinnausschüttung besteht auch, wenn der (beherrschende) Gesellschafter für die Kapitalgesellschaft eine Bürgschaftsverpflichtung eingegangen ist und er nach seiner Inanspruchnahme bei der Gesellschaft Rückgriff nimmt, ohne dass ein Aufwendungsersatz im Voraus klar und eindeutig vereinbart wurde (BFH I R 222/83, BFH/NV 89, 103).

Aus Sicht des Gesellschafters einer Kapitalgesellschaft erhöht die Bürgschaftsverpflichtung selbst seine **Anschaffungskosten** noch nicht (*Schmidt/Weber-Grellet* § 17 Rz. 175). Dies kommt erst in Betracht, wenn der Gesellschafter aus einer für Verbindlichkeiten der Gesellschaft eingegangenen Bürgschaft in Anspruch genommen wird. Hier machte die bisherige Rechtsprechung ebenso wie Finanzverwaltung die steuerlichen Folgen der Bürgschaftsinanspruchnahme an der zivilrechtlichen Qualifikation der Bürgschaft fest: Hiernach können die Aufwendungen nur dann als nachträgliche Anschaffungskosten der Beteiligungen bei Ermittlung des Auflösungsverlusts nach § 17 EStG geltend machen, wenn die Bürgschaft eigenkapitalersetzenden Charakter hatte (BFH VIII R 36/97 v. 12.12.00, BFH/NV 01, 761). Durch das Gesetz zur Modernisierung des GmbH-Rechts und zur Bekämpfung von Missbräuchen (MoMiG) v. 23.10.08 (BGBl. I 08, 2026) wurde das Eigenkapitalersatzrecht grundlegend dereguliert. Die Bestimmungen über kapitalersetzende Leistungen (§§ 32a, 32a, 32b GmbHG) wurden im Rahmen des MoMiG aus dem GmbHG entfernt und im Insolvenzrecht sowie im AnfG neu geordnet. Damit hat der Gesetzgeber auch den zu §§ 30, 31 GmbHG entwickelten Rechtsprechungsregeln die gesetzliche Grundlage **5a** entzogen. Es stellt sich die Frage, welche Folgen hieraus für die Anwendung von § 17 EStG resultieren. Die Frage ist höchstrichterlich noch nicht geklärt. Die Finanzverwaltung vertritt die Auffassung, die alten (zivilrechtlichen) Grundsätze seien trotz der Änderungen durch das MoMiG mit Wirkung vom 1.11.08 auch weiterhin der Besteuerung zu Grunde zu legen (BMF v. 21.10.10, BStBl. I 10, 832, vgl. auch zum Diskussionsstand: *Schmidt/Weber-Grellet* § 17 Rz. 175). Geklärt ist inzwischen, dass der Abzug von Erwerbsaufwand im Zusammenhang mit Einkünften aus § 17 EStG dann nicht nach § 3c EStG begrenzt ist, wenn der Steuerpflichtige keinerlei durch seine Beteiligung vermittelte Einkünfte erzielt hat (BFH IX B 227/09 v. 18.3.10, BStBl. II 10, 627; BMF v. 14.5.10. BStBl. I 10, 599). Ab dem VZ 2011 ist für die Anwendung von § 3c Abs. 2 EStG allerdings die Absicht zur Einnahmeerzielung ausreichend (§ 3c Abs. 2 Satz 2 idF des JStG 2010).

Ist die Bürgschaft **privat veranlasst,** kommt eine steuerliche Berücksichtigung allenfalls als außergewöhnliche Belastung (§ 33 EStG) in Betracht (*Schmidt/Loschelder* § 33 Rz. 35, Stichwort „Bürgschaft").

6 **Verkehrssteuern:** Bürgschaftsprovisionen (Avalprovisionen) für die Übernahme von Bürgschaften sind gem. § 4 Nr. 8g UStG von der **Umsatzsteuer** befreit, wobei allerdings unter den dort genannten Voraussetzungen die Möglichkeit einer Option zur Steuerpflicht gem. § 9 UStG besteht.

2. Einzelerläuterungen

Zu § 1: Gegenstand der Bürgschaft

7 Es handelt sich um eine **selbstschuldnerische Bürgschaft** (§ 773 Abs. 1 BGB). Das Finanzamt als Gläubiger kann sich daher sogleich – ohne vorherige Verwertung anderweitiger Sicherheiten – an den Bürgen halten. Damit ist das Erfordernis des § 244 Abs. 1 Satz 2 AO erfüllt, wonach nur eine selbstschuldnerische Bürgschaft als Sicherheit akzeptiert wird.

Zu § 2: Höhe der Bürgschaft

8 Es handelt sich um eine Höchstbetragsbürgschaft, die sich auf die gesamte Hauptschuld bezieht und nur umfangmäßig auf den vereinbarten Höchstbetrag beschränkt ist. Damit haftet der Bürge, solange noch ein Forderungsrest besteht, bis zur Höchstgrenze. Darüber hinaus, und zwar unbegrenzt, erfasst die Bürgschaft hier auch Aussetzungszinsen und Säumniszuschläge (§ 767 Abs. 1 Satz 2 BGB).

Zu § 3: Inanspruchnahme aus der Bürgschaft

9 Abs. 2 enthält eine von § 774 Abs. 1 BGB abweichende Regelung. Erst nach vollständiger Zahlung der verbürgten Steuerschuld geht die Forderung gem. § 774 Abs. 1 BGB auf den Bürgen über. Durch den Forderungsübergang verliert der Anspruch seinen öffentlich-rechtlichen Charakter und wird eine privatrechtliche Forderung, die vor den ordentlichen Gerichten einzuklagen ist (vgl. *Tipke/Kruse* § 38 AO Tz. 43, 50).

Zu § 4: Schriftform

10 Die Schriftform entspricht § 766 BGB. Fehlt die Schriftform, ist der Vertrag nichtig, § 125 Satz 1 BGB. Heilung kommt in Betracht, soweit der Bürge die Hauptverbindlichkeit erfüllt, § 766 Satz 3 BGB.

B. 5. Darlehensvertrag

Gliederung

I. FORMULAR

Formular B. 5 Darlehensvertrag

DARLEHENSVERTRAG

zwischen

A ...... **– nachfolgend Darlehensgeber genannt –**

und

B ...... **– nachfolgend Darlehensnehmer genannt –**

§ 1 Darlehen

Der Darlehensgeber gewährt hiermit dem Darlehensnehmer ein Darlehen in Höhe von ......,– €, das binnen fünf Werktagen nach Erhalt der vereinbarten Sicherheiten auszuzahlen ist.

§ 2 Verzinsung

Das Darlehen ist jährlich mit ...... Prozentpunkten über dem jeweiligen Basiszinssatz des § 247 BGB zu verzinsen. Die Zinsen sind bis zum Ablauf des dritten Werktages eines jeden Kalendervierteljahres für das vorangegangene Kalendervierteljahr zu zahlen.

§ 3 Rückzahlung

Das Darlehen ist am ...... zurückzuzahlen. Kommt der Darlehensnehmer mit der Zahlung des Darlehensbetrages oder fälliger Leistungen in Verzug, so ist der Darlehensgeber berechtigt, den ihm entstehenden Schaden als Verzugsschaden geltend zu machen.

§ 4 Sicherheiten

Der Darlehensnehmer sichert das Darlehen wie folgt ab: ......

§ 5 Kündigung

Das Darlehen ist von beiden Seiten jederzeit mit einer Frist von vier Wochen kündbar. Die gesetzlichen Kündigungsrechte nach §§ 489, 490 BGB bleiben unberührt. Die Kündigung durch den Darlehensgeber bedarf der Schriftform.

§ 6 Vorzeitige Rückzahlung

Der Darlehensnehmer ist zur vorzeitigen Rückzahlung des Darlehens jederzeit berechtigt.

II. ERLÄUTERUNGEN

Erläuterungen zu B. 5 Darlehensvertrag

1. Grundsätzliche Anmerkungen

a) Wirtschaftliche Vertragsziele

1 Darlehen, insbesondere Gelddarlehen, haben im Wirtschaftsleben eine zentrale Bedeutung. Während die von Banken gewährten Darlehen weitgehend auf Grund genormter Formularverträge vereinbart werden, sind Darlehensverträge im Übrigen auf die speziellen Bedürfnisse der Vertragsparteien zugeschnitten. Das gilt insbesondere für Darlehen zwischen miteinander verbundenen Unternehmen, Gesellschaft und Gesellschafter oder Arbeitgeber und Arbeitnehmer.

b) Zivilrecht

2 Bei einem Darlehensvertrag ist zwischen Gelddarlehen (§§ 488 ff. BGB) und Sachdarlehen (§§ 607 ff. BGB) zu unterscheiden. Der (Geld-)Darlehensvertrag verpflichtet den Darlehensgeber, dem Darlehensnehmer einen Geldbetrag zu Verfügung zu stellen, während der Darlehensnehmer zur Rückzahlung nach Ablauf einer bestimmten Zeit sowie ggf. zur Zinszahlung verpflichtet ist. Beim Sachdarlehen sind an Stelle der überlassenen vertretbaren Sachen (Lehrbuchbeispiel: Eier) andere gleichwertige zurück zu erstatten.

Eine weitere Unterscheidung, die auch im Hinblick auf Form- und Fristvorschriften relevant ist, ist innerhalb des Gelddarlehens zu machen:

Handelt es sich um ein sog. **Verbraucherdarlehen**, bei welchem sich ein Verbraucher als Darlehensnehmer und ein Unternehmer als Darlehensgeber gegenüberstehen, so sind die §§ 491 ff. BGB zu beachten.

Bei dem vorliegenden Vertragsmuster ist von einem **Darlehen zwischen Privatpersonen** bzw. Geschäftsleuten auszugehen, so dass die §§ 488 ff. BGB Anwendung finden.

3 Einer besonderen Form bedarf der Darlehensvertrag in diesem Fall nicht. Die Ansprüche des Darlehensgebers und des Darlehensnehmers sind grds. abtretbar und damit auch pfändbar (§ 851 ZPO). Gem. § 399 BGB ist allerdings ein Abtretungsverbot möglich und stets anzunehmen, wenn das Darlehen einer Zweckbindung unterliegt (Ausnahme: § 354a HGB bei beiderseitigem Handelsgeschäft). Trotz Abtretungsverbotes bleibt in den Fällen des § 354a HGB die Abtretbarkeit der Forderung erhalten. Seit Abschaffung des Kapitalersatzrechts durch die GmbH-Reform (Streichung der §§ 32a, b GmbHG aF per 1.11.08) gelten für Darlehen der Gesellschafter an die GmbH generell die neuen Regelungen in §§ 39 Abs. 1 Nr. 5, Abs. 4, Abs. 5, 44a, 135 Abs. 2 InsO. Vgl. iÜ Formular A. 6.20.

c) Steuerrecht

4 **Ertragsteuern:** Zinsen aus Darlehen stellen beim **Darlehensgeber** im Rahmen der **Einkommensteuer** grundsätzlich Einkünfte aus Kapitalvermögen (§ 20 Abs. 1 Nr. 7 EStG) dar, es sei denn sie sind einer anderen Einkunftsart, insbesondere den Einkünften aus Gewerbebetrieb zuzurechnen (§ 15 Abs. 1 Nr. 1 EStG). Soweit die Zinsen zu den Einkünften aus Kapitalvermögen zählen, greifen entweder die Regeln über die Abgeltungsteuer oder der gesonderte Steuertarif (§ 43 Abs. 5 EStG; § 32d EStG). Ein Werbungskostenabzug ist ausgeschlossen (§ 20 Abs. 9 Satz 1 2 HS EStG). Der besondere Steuersatz gilt zB nicht, wenn Gläubiger und Schuldner einander nahe stehende Personen sind soweit die entsprechenden Aufwendungen beim Schuldner als

Betriebsausgaben oder Werbungskosten abgezogen werden können oder wenn die Kapitalerträge von einer Kapitalgesellschaft an einen Anteilseigner gezahlt werden, der zu mindestens 10% an der Gesellschaft beteiligt ist (vgl. § 32d Abs. 2 Nr. 1 bzw. Nr. 2 EStG). Die Zinsen sind im Jahr des Zuflusses zu versteuern (§ 11 Abs. 1 EStG); hierfür genügt es, wenn sie vereinbarungsgemäß dem Kapital zugeschlagen werden. Vermögensverluste, etwa bei Insolvenz des Darlehensnehmers können in den Fällen des § 17 EStG ggf. als nachträgliche Anschaffungskosten der Beteiligung behandelt werden (vgl. BMF v. 21.10.10, BStBl. I 10, 832). Es ist inzwischen geklärt, dass der Abzug von Erwerbsaufwand im Zusammenhang mit Einkünften aus § 17 EStG dann nicht nach § 3c EStG begrenzt ist, wenn der Steuerpflichtige keinerlei durch seine Beteiligung vermittelte Einkünfte erzielt hat (BFH IX B 227/09 v. 18.3.10, BStBl. II 10, 627; BMF v. 14.5.10. BStBl. I 10, 599). Ab dem VZ 2011 ist für die Anwendung von § 3c Abs. 2 EStG allerdings die Absicht zur Einnahmeerzielung ausreichend (§ 3c Abs. 2 Satz 2 idF des JStG 2010).

Darlehensforderungen im Betriebsvermögen sind mit den Anschaffungskosten (§ 255 Abs. 1 HGB), ggf. mit dem niedrigeren Teilwert anzusetzen (§ 6 Abs. 1 Nr. 2 EStG). Darlehensforderungen in ausl. Währung sind in Euro (Geldkurs) umzurechnen. Nach § 256a HGB sind Fremdwährungsforderungen zum Devisenkassamittelkurs zum Abschlussstichtag umzurechnen. Dementsprechend können Währungsschwankungen zur Realisation führen (vgl. *Schmidt/Weber-Grellet* § 5 Rz. 270 „Fremdwährung").

5 Für den **Darlehensnehmer** sind die Zinsen nur dann steuerlich absetzbar, wenn sie Werbungskosten oder Betriebsausgaben sind. Das hängt davon ab, ob die Zinsen im wirtschaftlichen Zusammenhang mit einer Einkunftsart stehen oder aber, ob die zugrundeliegende Darlehensschuld Betriebsvermögen oder Privatvermögen darstellt. Bei gemischter Veranlassung kommt eine Aufteilung nur bei eindeutiger Abgrenzbarkeit in Betracht. Zu den Einzelheiten vgl. *Schmidt/Loschelder* § 9 Rz. 81 und *Schmidt/Heinicke* § 4 Rz. 226ff. Stehen die Zinsen in einem wirtschaftlichen Zusammenhang mit Einnahmen, die dem Teileinkünfteverfahren (§ 3 Nr. 40 EStG) unterliegen, greift die Ausgabenabzugsbeschränkung gem. § 3c Abs. 2 EStG ein. Betreffend der Höhe des Abzugs betrieblich veranlasster Zinsen als Betriebsausgaben sind § 4 Abs. 4a, 4h EStG (§ 8a KStG) zu beachten.

6 Bei der Vergabe von Darlehen zwischen miteinander verbundenen Kapitalgesellschaften oder zwischen diesen und ihren Gesellschaftern kommt es für Zwecke der Körperschaftsteuer auf die **Angemessenheit** der vereinbarten Darlehensbedingungen, insbesondere der Zinsen an. Andernfalls sind verdeckte Gewinnausschüttungen (§ 8 Abs. 3 Satz 2 KStG) oder, etwa bei nachträglichem Zinsverzicht, verdeckte Einlagen (§ 8 Abs. 3 Satz 3 KStG) gegeben; bei grenzüberschreitenden Darlehensverhältnissen kommt eine Einkünfteerhöhung gem. § 1 AStG (vgl. BFH I R 4/01 v. 19.3.02, BStBl. II 02, 644) in Betracht. Hinsichtlich der Angemessenheit der vereinbarten Zinsen wird davon ausgegangen, dass sich im Zweifel Darlehensgläubiger und Darlehensschuldner die Spanne zwischen den banküblichen Haben- und Schuldzinsen teilen werden (BFH I R 83/87 v. 28.2.90, BStBl. II 90, 649; BFH I R 93/93 v. 19.1.94, BStBl. II 94, 725).

7 Stehen die Zinsen in einem wirtschaftlichen Zusammenhang mit dem Teileinkünfteverfahren unterliegenden Dividenden oder Gewinnen aus der Veräußerung in- und ausländischer Kapitalgesellschaften, greift die Ausgabenabzugsbeschränkung gem. § 3c Abs. 2 EStG ein. Bei Kapitalgesellschaften gelten in den vorgenannten Fällen 5% als Ausgaben, die nicht als Betriebsausgaben abgezogen werden dürfen (§ 8b Abs. 3, 5 KStG).

8 Für Zwecke der **Gewerbesteuer** sind gem. § 8 Nr. 1 Buchst. a GewStG dem gewerblichen Gewinn 1/4 der bei seiner Ermittlung abgezogenen Zinsen (Entgelte) für Schulden hinzuzurechnen.

9 **Verkehrsteuern:** Darlehenszinsen sind gem. § 4 Nr. 8a UStG von der **Umsatzsteuer** befreit; allerdings besteht eine Optionsmöglichkeit (§ 9 Abs. 1 UStG).

10 *(frei)*

2. Einzelerläuterungen

Zu § 2: Verzinsung

11 Die Zinszahlungspflicht beginnt erst mit der Auszahlung des Darlehens. Dies bedarf allerdings keines besonderen Hinweises.

Anstelle eines festen Zinssatzes ist ein variabler Zins gewählt worden, der als Bezugspunkt den jeweiligen Basiszinssatz hat. Ein derartiger variabler Zinssatz wird der steuerlichen Forderung nach Angemessenheit des Zinses in besonderem Maße gerecht. Zudem werden, soll nicht ein fester Zinssatz vereinbart sein, Zinsanpassungsklauseln vermieden. Allerdings besteht bei einem variablen Zinssatz zwingend ein ordentliches Kündigungsrecht mit dreimonatiger Frist nach § 489 Abs. 2 BGB (vgl. Abs. 4 Satz 1).

Zu § 3: Rückzahlung

12 Für die Geltendmachung von Verzugszinsen gilt grds. § 288 BGB, wobei das Zinseszinsverbot des § 289 BGB zu beachten ist. Im Übrigen ist die Geltendmachung eines Verzugsschadens unbedenklich, wobei auch Verzugspauschalen vereinbart werden können, soweit sie durchschnittlich schadenstypisch sind.

Zu § 4: Sicherheiten

13 Die Sicherheiten sind genau zu bezeichnen.

Zu § 5: Kündigung

14 Bei Darlehen mit gebundenem Sollzinssatz steht dem Darlehensnehmer ein Recht zur ordentlichen Kündigung grds. erst mit Ablauf der Sollzinsbindung zu, § 489 Abs. 1 BGB. Bei einem variablen Zinssatz (so hier, Rz. 11) ist eine Kündigung dagegen jederzeit mit Dreimonatsfrist möglich, § 489 Abs. 2 BGB. Insbesondere § 490 Abs. 1 BGB regelt das außerordentliche Kündigungsrecht des Darlehensgebers bei einer Vermögensverschlechterung des Darlehensnehmers; daneben kann sich für beide Vertragsparteien ein außerordentliches Kündigungsrecht aus den Regeln über die Störung der Geschäftsgrundlage ergeben (§ 314 BGB). Es bleibt den Vertragsparteien aber vorbehalten, weitere Kündigungsrechte vertraglich zu vereinbaren.

B. 6. Dienstvertrag (Beratervertrag)

Gliederung

I. FORMULAR

Formular B. 6 Beratervertrag

BERATERVERTRAG

zwischen

A ...... **– nachfolgend Auftraggeber genannt –**

und

B ...... **– nachfolgend Berater genannt –**

§ 1 Gegenstand des Vertrages

Der Berater wird den Auftraggeber in allen betriebswirtschaftlichen Fragen, insbesondere in Fragen der Führung, der Fertigung, der Materialwirtschaft, des Vertriebs, des Verwaltungs- und Rechnungswesens, des Personalwesens sowie des Unternehmensbestandes, beraten.

§ 2 Art und Ort der Tätigkeit

Der Berater wird entsprechend den Anforderungen seitens des Auftraggebers seine Beratungstätigkeit durch schriftliche Ausarbeitungen oder im Rahmen von Beratungsgesprächen mit dem Auftraggeber und seinen Mitarbeitern erbringen. Die Beratungsgespräche erfolgen regelmäßig in den Geschäftsräumen des Auftraggebers. Im Übrigen bestimmt der Berater den Ort seiner Tätigkeit selbst.

§ 3 Vergütung

Der Berater rechnet sein Honorar monatlich ab, wobei ein Stundensatz von € ......,– zuzüglich gesetzlicher Umsatzsteuer zugrunde gelegt wird. Außergewöhnliche Beratungsleistungen, wie zB die Erstellung umfangreicher schriftlicher Gutachten, werden nach vorheriger Abstimmung mit dem Auftraggeber gesondert vergütet.

§ 4 Reisekosten

Reisekosten werden im Rahmen der steuerlich geltenden Höchstsätze vergütet. Im Übrigen erfolgt kein Aufwendungsersatz.

§ 5 Verschwiegenheit

Der Berater verpflichtet sich, über alle ihm zur Kenntnis gelangten Angelegenheiten, auch über die Beendigung des Beratungsverhältnisses hinaus, Stillschweigen gegenüber jedermann zu bewahren.

§ 6 Beendigung des Vertragsverhältnisses

Der Beratervertrag ist von beiden Seiten mit einer Frist von drei Monaten zum Quartalsende schriftlich kündbar, erstmals jedoch zum ......

§ 7 Schriftformklausel

Änderungen des Vertrages sind nur wirksam, wenn sie schriftlich erfolgen.

II. ERLÄUTERUNGEN

Erläuterungen zu B. 6 Beratervertrag

1. Grundsätzliche Anmerkungen

a) Wirtschaftliche Vertragsziele

1 Neben den Arbeitsverhältnissen zwischen Arbeitgeber und Arbeitnehmer als unselbstständigen Dienstverträgen zählen vor allem die Vertragsverhältnisse zwischen Steuerberater/Rechtsanwalt – Mandant bei Dauerberatung und Arzt – Patient zu den Dienstverträgen. Zielsetzung derartiger Dienstverträge ist die zugesagte Leistung, wobei nicht ein bestimmtes Arbeitsergebnis, sondern die Tätigkeit als solche geschuldet wird.

b) Zivilrecht

2 Die Vorschriften über den Dienstvertrag sind in den §§ 611 ff. BGB enthalten. Dienstverträge sind aber auch außerhalb des BGB geregelt, etwa der Handelsvertretervertrag in § 84 HGB. Der Dienstvertrag ist grds. formfrei.

3 Hauptpflicht des Dienstverpflichteten ist die Dienstleistung, die im Zweifel persönlich zu erbringen ist (§ 613 Satz 1 BGB). Dementsprechend ist auch der Anspruch auf Dienstleistung grds. nicht übertragbar (§ 613 Satz 2 BGB). Etwas anderes gilt nur bei abweichender Vereinbarung oder auf Grund der Art und der Umstände des Dienstverhältnisses, etwa bei Mandatierung eines Anwaltes einer Sozietät.

4 Eine Vergütung gilt regelmäßig als vereinbart (§ 612 Abs. 1 BGB). Ist die Höhe der Vergütung nicht bestimmt worden, gilt die taxmäßige Vergütung, bei Rechtsanwälten und Steuerberatern etwa die gesetzlichen Gebührenordnungen. Vgl. iÜ Formular A. 6.17.

c) Steuerrecht

5 **Ertragsteuern:** Der Dienstverpflichtete erzielt mit seiner Vergütung im Rahmen der Einkommensteuer entweder Einkünfte aus nichtselbständiger Arbeit (§ 19 EStG), selbständiger Arbeit (§ 18 EStG) oder aber solche aus Gewerbebetrieb (§ 15 EStG). Abgrenzungsprobleme ergeben sich auf zwei Ebenen, nämlich zwischen nichtselbständiger Arbeit einerseits und selbstständiger Arbeit oder Gewerbebetrieb andererseits und dann zwischen selbständiger Arbeit und Gewerbebetrieb.

6 Für die **Abgrenzung von nichtselbständiger Arbeit** einerseits und selbständiger Arbeit bzw. Gewerbebebetrieb ist der Begriff des Arbeitnehmers entscheidend. § 1 LStDV beschreibt einen eigenständigen Arbeitnehmerbegriff. Hiernach ist Arbeitnehmer, wer in einem Dienstverhältnis weisungsgebunden und/oder organisatorisch eingegliedert seine Arbeitskraft schuldet und dabei vom Vermögensrisiko der Erwerbstätigkeit grundsätzlich freigestellt ist (vgl. iE *Schmidt/Krüger* § 19 Rz. 11 ff.). Die arbeits- und sozialversicherungsrechtliche Einordnung ist für das Steuerrecht nicht bindend, sie kann allerdings eine Indizwirkung haben. Von Bedeutung können in diesem Zusam-

menhang die maßgeblichen Vermutungsregelungen des § 7 Abs. 4 SGB IV (Scheinselbstständigkeit) sein.

In Abgrenzung zur freiberuflichen Tätigkeit (Einkünfte aus selbständiger Arbeit) kommt es, weil vermögensmäßige Risiken nicht selten fehlen, vor allem auf die organisatorische Eingliederung und die Weisungsgebundenheit an. Demgegenüber steht als Abgrenzungskriterium zur gewerblichen Tätigkeit das Vermögensrisiko im Vordergrund.

Die Abgrenzung zwischen selbständiger und gewerblicher Tätigkeit ist insbesondere für die Gewerbesteuer von Bedeutung. Hier sind insbesondere in Abgrenzung zur freiberuflichen eine Vielzahl von Einzelfallentscheidungen ergangen (vgl. iE *Schmidt/Wacker* § 18 Rz. 155). 7

Verkehrsteuern: Die Umsätze aus der Tätigkeit im Rahmen von Dienstverträgen sind, soweit Unternehmereigenschaft bejaht werden kann, im Rahmen der **Umsatzsteuer** steuerbar und grundsätzlich steuerpflichtig. Die Steuerbefreiungen des § 4 UStG sind zu beachten. 8

(frei) 9

2. Einzelerläuterungen

Zu § 1: Gegenstand des Vertrages

Die Umschreibung des Tätigkeitsfeldes dient vor allem der steuerrechtlichen Qualifizierung der Einkunftsart. Der Tätigkeitskatalog entspricht demjenigen eines **beratenden Betriebswirtes** (§ 18 Abs. 1 Nr. 1 EStG). Beratender Betriebswirt ist derjenige, der nach einem entsprechenden Studium oder nach einem vergleichbaren Selbststudium mit praktischer Erfahrung mit den hauptsächlichen Bereichen der Betriebswirtschaft und nicht nur mit einzelnen Spezialgebieten vertraut ist, und diese fachliche Breite seines Wissens auch bei seiner praktischen Tätigkeit einsetzen kann und tatsächlich einsetzt (vgl. BFH VIII R 254/80 v. 11.6.85, BStBl. II 85, 584, vgl. auch die Nachweise bei BFH VIII R 10/09 v. 15.6.10, BStBl. II 10, 906). Die erforderliche fachliche Breite in diesem Sinne umfasst die im Vertrag näher bezeichneten Bereiche. Die Beratungstätigkeit muss sich allerdings nicht unbedingt auf einen vergleichbar breiten betrieblichen Bereich erstrecken. Es reicht aus, wenn sich die Beratung wenigstens auf einen betrieblichen Hauptbereich erstreckt (BFH IV R 135/90 v. 14.3.91, BStBl. II 91, 769; vgl. ferner *Schmidt/Wacker* § 18 Rz. 107). 10

Zu § 2: Art und Ort der Tätigkeit

Die Bezeichnung von Art und Ort der Tätigkeit macht deutlich, dass der Berater weder den Weisungen des Auftraggebers unterliegt noch organisatorisch dessen Betrieb eingegliedert ist. 11

Zu § 3: Vergütung

Die Vergütung erfolgt auf Stundenbasis und entspricht durchaus berufsüblichen Gepflogenheiten. Der Hinweis „zuzüglich gesetzlicher Umsatzsteuer" dient der Klarstellung, weil andernfalls der angegebene Stundensatz im Zweifel die Umsatzsteuer enthielte. Wird überhaupt keine Regelung über die Vergütung getroffen, gilt § 612 BGB. 12

Zu § 4: Reisekosten

Wegen der steuerlichen Höchstsätze vgl. EStR 4.12 iVm. LStR 9.4 9.8. 13

B. 7. Erlassvertrag

Gliederung

I. FORMULAR

Formular B. 7 Erlassvertrag

ERLASSVERTRAG

zwischen
A ...... **– nachfolgend Gläubiger genannt –**
und
B ...... **– nachfolgend Schuldner genannt –**

1. Aufgrund des am ...... geschlossenen Darlehensvertrages schuldet der Schuldner dem Gläubiger zum ...... einen Betrag von € ....–. Dieser Betrag setzt sich wie folgt zusammen:
Darlehen € ....–
Zinsen € ....–

2. Der Gläubiger erlässt dem Schuldner diese gesamte Schuld. Der Schuldner nimmt diesen Erlass an.

II. ERLÄUTERUNGEN

Erläuterungen zu B. 7 Erlassvertrag

1. Wirtschaftliche Funktion

1 Der Erlass ist auf das Erlöschen einer Schuld gerichtet und dient häufig der „Sanierung“ des Schuldners.

2. Zivilrecht

2 Der Erlassvertrag (§ 397 BGB) ist ein abstrakter Verfügungsvertrag über eine Forderung, der unmittelbar das Erlöschen der Forderung bewirkt. Dem Erlassvertrag liegt regelmäßig eine Schenkung (§ 518 BGB) oder ein Vergleich (§ 779 BGB) zugrunde.

Der Erlass ist grds. formlos gültig, und zwar auch dann, wenn er auf einer Schenkung beruht. Eine formlose Schenkung wird geheilt (§ 518 Abs. 2 BGB).

Der Erlass unverzichtbarer Ansprüche ist unwirksam. Erlassverbote gelten für familienrechtlichen Unterhalt (§§ 1614, 1360a Abs. 3 BGB); Beamtenbezüge (§ 2 Abs. 3 BBesG); Tariflohn (§ 4 Abs. 4 TVG); Lohnfortzahlung (§ 12 EFZG) sowie beim Betriebsübergang (§ 613a BGB, BAG 8 AZR 722/07 v. 19.3.09, NJW 09, 3260).

Ein einseitiger Erlass von Forderungen ist nicht möglich. Jedoch kann das Erlassangebot stillschweigend angenommen werden (§ 151 BGB).

3. Steuerrecht

3 **Ertragsteuern:** Der Erlass privater Forderungen führt beim Gläubiger grds. zu keinen steuerlichen Folgen.

Beim Erlass betrieblicher Forderungen ist darauf abzustellen, ob betriebliche oder private Gründe für den Erlass maßgeblich waren. Erfolgt der Verzicht aus betrieblichen Gründen, tritt beim Gläubiger eine Gewinnminderung ein. Sind für den Erlass dagegen private Gründe maßgeblich, ist beim Gläubiger eine Entnahme der Forderung anzunehmen. Wird der Erlass von einer Kapitalgesellschaft mit einem Gesellschafter vereinbart, kann ggf. eine verdeckte Gewinnausschüttung gem. § 8 Abs. 3 Satz. 2 KStG (Verzicht der Kapitalgesellschaft auf eine Forderung gegen ihren Gesellschafter) oder eine verdeckte Einlage gem. § 8 Abs. 3 Satz 3 KStG (Verzicht des Gesellschafters auf eine Forderung gegen die Kapitalgesellschaft) vorliegen.

Für die steuerliche Behandlung des **Forderungsverzichts eines Gesellschafters** **3a** gegenüber seiner Kapitalgesellschaft gilt (BFH GrS 1/94 v. 9.6.97, BStBl. II 98, 307; KStH 40 „Forderungsverzicht"): Beruht der Forderungsverzicht auf dem Gesellschaftsverhältnis, so liegt eine **verdeckte Einlage** insoweit vor, wie die Forderung noch werthaltig ist. Soweit der Nennwert der bei der Kapitalgesellschaft passivierten Verbindlichkeit den Teilwert der Forderung übersteigt, erzielt die Kapitalgesellschaft einen ao. Ertrag. Erfolgt der Forderungsverzicht um den Fortbestand des von der Kapitalgesellschaft betriebenen Unternehmens zu sichern (unternehmensbezogene Sanierung), so kommt eine Steuerstundung bzw. ein Steuererlass aus sachlicher Billigkeit (§§ 163, 222, 227 AO) in Betracht (BMF v. 27.3.03, BStBl. I 03, 240; vgl. auch BFH X R 34/08 v. 14.7.10, BStBl. II 10, 916, wonach Billigkeitsmaßnahmen zumindest in Fällen unternehmerbezogener Sanierungen nicht möglich sind sowie BFH X R 39/10 v. 12.12.13, DStR 14, 1156).

Beim Gesellschafter begründet der Verzicht **nachträgliche Anschaffungskosten** auf seine zum Betriebsvermögen gehörende Beteiligung in Höhe des Teilwertes seiner Forderung (*Schmidt/Kulosa* § 6 Rz. 756). Das gilt auch für kapitalersetzende Darlehen (*Schmidt/Weber-Grellet* § 5 Rz. 550 „Gesellschafterfinanzierung; Eigenkapitalersatz"). Die Finanzverwaltung vertritt die Auffassung, die alten (zivilrechtlichen) Grundsätze seien trotz der Änderungen durch das MoMiG v. 23.10.08 (BGBl. I 08, 2026) auch weiterhin der Besteuerung zu Grunde zu legen (BMF v. 21.10.10, BStBl. I 10, 832; vgl. auch *Schmidt/Weber-Grellet* § 17 Rz. 164). Teilwertabschreibungen und Verluste aus Forderungsverzichten unterliegen nicht dem Teilabzug nach § 3c Abs. 2 EStG (BFH X R 7/10 v. 18.4.12, BStBl. II 13, 791; BMF v. 23.10.13, BStBl. I 13, 1269). Geklärt ist inzwischen, dass der Abzug von Erwerbsaufwand im Zusammenhang mit Einkünften aus § 17 EStG dann nicht nach § 3c EStG begrenzt ist, wenn der Steuerpflichtige keinerlei durch seine Beteiligung vermittelte Einkünfte erzielt hat (BFH IX B 227/09 v. 18.3.10, BStBl. II 10, 627; BMF v. 14.5.10. BStBl. I 10, 599; BMF v. 23.10.13, BStBl. I 13, 1269). **Ab VZ 2011** ist für die Anwendung von § 3c Abs. 2 EStG allerdings die Absicht zur Einnahmeerzielung ausreichend (§ 3c Abs. 2 Satz 2 idF des JStG 2010). Ist der Darlehensgeber eine Kapitalgesellschaft, so ist § 8b Abs. 3 Satz 4 KStG zu beachten. Zu der Frage der Auswirkungen eines Darlehensverzichts, wenn die Kapitalanteile zum Privatvermögen des Gesellschafters gehören vgl. BMF v. 21.10.10, BStBl. I 10, 832). Zur ertragsteuerlichen Behandlung eines Forderungsverzichts gegen Besserungsschein vgl. BMF v. 2.12.03, BStBl. I 03, 648.

Verkehrssteuern: Der Erlass von Forderungen aus betrieblichen Gründen führt **4** bei der **Umsatzsteuer** zu einer Änderung der Bemessungsgrundlage (§ 17 UStG) und damit zu einer Verminderung der Umsatzsteuer, falls die Leistung, auf der die Forderung beruht, steuerpflichtig ist. Ggfs. kommt eine Haftung gem. § 13d UStG in Betracht. Ein Erlass aus privaten Gründen führt zu keiner Veränderung der umsatzsteuerlichen Bemessungsgrundlage.

Wird der Erlass im Rahmen eines Leistungsaustausches ausgesprochen, zählt er zum Entgelt für die Leistung des Schuldners (§ 10 Abs. 1 UStG).

Schenkungsteuer fällt an, wenn der Erlass auf einer Schenkung beruht (§ 7 **5** ErbStG).

B. 8. Forderungsabtretung

Gliederung

I. FORMULAR

Formular B. 8 Abtretungsvertrag

ABTRETUNGSVERTRAG

zwischen

A ...... – nachfolgend Gläubiger genannt –

und

B ...... – nachfolgend Schuldner genannt –

1. Aufgrund des am ...... geschlossenen Darlehensvertrages schuldet der Schuldner dem Gläubiger zum ...... einen Betrag von € ......,–. Dieser Betrag setzt sich wie folgt zusammen:

Darlehen € ......,–

Zinsen € ......,–

2. Zwecks Tilgung der vorstehenden Verbindlichkeit tritt der Schuldner hiermit dem Gläubiger erfüllungshalber einen Teilbetrag von € ......,– aus seiner Forderung gegen ...... ab. Die Forderung beruht auf dem mit ...... am ...... geschlossenen Kaufvertrag.

3. Zahlungen auf die Forderung sind vorrangig auf die abgetretene Teilforderung anzurechnen. Der Gläubiger wird die Abtretung unverzüglich anzeigen.

II. ERLÄUTERUNGEN

Erläuterungen zu B. 8 Abtretungsvertrag

1. Grundsätzliche Anmerkungen

a) Wirtschaftliche Funktion

1 Eine Forderungsabtretung wird gewählt, wenn ein Wechsel in der Person des Gläubigers ohne Veränderung des Charakters der Forderung gewollt ist. Die Forderungsabtretung dient entweder der Tilgung einer Verbindlichkeit erfüllungshalber oder aber der Sicherung von Forderungen des Zessionars (Sicherungsnehmers) gegen den Zedenten (Sicherungsgeber). Nicht selten ist die Abtretung aber auch nur integraler Bestandteil eines anderen Vertrages, etwa eines Unternehmenskaufvertrages, in dessen Rahmen auch Forderungen mit übergehen sollen.

b) Zivilrecht

Die Forderungsabtretung ist ein Verfügungsgeschäft zwischen dem bisherigen Gläubiger (Zedent) und dem Abtretungsempfänger (Zessionar), auf Grund dessen die Forderung unmittelbar übergeht. Als zugrundeliegende Verpflichtungsgeschäfte kommen in Betracht: Kauf, Schenkung, Geschäftsbesorgung, Treuhand usw. 2

Durch die Abtretung erwirbt der Zessionar die volle Gläubigerstellung. Die Abtretung ist grds. formfrei und ohne weiteres wirksam. Eine Ausnahme ergibt sich aus § 46 AO für die Abtretung von Steuererstattungsansprüchen, die der Anzeige durch den bisherigen Gläubiger an die Finanzbehörde bedarf (zu Einzelheiten AEAO zu § 46). 3

Zulässig ist die Teilabtretung von Forderungen sowie die Abtretung künftiger Forderungen. Die wirksame Abtretung setzt aber Bestimmbarkeit der Forderung voraus.

Wenn die Forderung höchstpersönlicher Natur oder unpfändbar ist, ihre Abtretung eine Änderung des Leistungsverhaltens zur Folge hätte oder die Abtretung vertraglich ausgeschlossen ist, besteht ein **Abtretungsverbot** (§§ 399, 400 BGB). Ein Verstoß gegen das Abtretungsverbot bewirkt absolute Unwirksamkeit der Abtretung, es sei denn, das Rechtsgeschäft, das diese Forderung begründet hat, ist für beide Teile ein Handelsgeschäft, oder der Schuldner ist eine juristische Person des öffentlichen Rechts oder ein öffentlich-rechtliches Sondervermögen (§ 354a HGB). Nichtigkeit wegen Sittenwidrigkeit (§ 138 Abs. 1 BGB) kann ausnahmsweise auch bei Globalabtretung von Kundenforderungen durch einen insolvenzgefährdeten Unternehmer gegeben sein, wenn sich der Gläubiger mindestens grob fahrlässig über die Erkenntnis der drohenden Insolvenz des Schuldners hinweggesetzt hat (BGH IX ZR 72/94 v. 16.3.95, WM 95, 995; OLG Köln 11 U 224/95 v. 4.9.96, WM 97, 762). Dem Schuldner bleiben Einwendungen, die zurzeit der Abtretung gegen den bisherigen Gläubiger begründet waren, auch gegen den neuen Gläubiger erhalten (§ 404 BGB). Grundsätzlich verbleibt ihm auch die Aufrechnungsbefugnis (§§ 404, 406 BGB). 4

c) Steuerrecht

Ertragsteuern: Ab dem VZ 2009 unterliegen Gewinne aus der Veräußerung auch sonstiger Kapitalforderungen iSv. § 20 Abs. 1 Nr. 7 EStG der Besteuerung (§ 20 Abs. 2 Nr. 7 EStG), wenn diese nach dem 31.12.08 angeschafft oder begründet wurden (§ 52a Abs. 10 Satz 6 und 7 EStG). Wertsteigerungen sind damit weitgehend der Besteuerung unterworfen, auch wenn die entsprechenden Forderungen Privatvermögen darstellen. Für Einkünfte aus der Veräußerung von Miet- und Pachtzinsforderungen gilt weiterhin § 21 Abs. 1 Nr. 4 EStG. 5

Was die zeitliche Zuordnung der abgetretenen Forderung als Einnahme (§ 11 EStG) anbelangt, vgl. *Schmidt/Krüger* § 11 Rz. 50, Stichwort „Abtretung“.

Verkehrssteuern: Die Abtretung einer Forderung selbst ist gem. § 4 Nr. 8c UStG von der Umsatzsteuer befreit. 6

Bei der Abtretung einer Forderung unter dem Nennwert bestimmt sich das Entgelt für die Leistung, aus der die Forderung resultiert, gem. § 10 Abs. 1 UStG nach den tatsächlichen Aufwendungen des Leistungsempfängers. Die Abtretungsvaluta spielt daher umsatzsteuerlich grds. keine Rolle.

Wird der Anspruch auf die Gegenleistung für einen steuerpflichtigen Umsatz an einen anderen Unternehmer abgetreten, so kommt unter den Voraussetzungen des § 13c UStG ggf. eine Haftung des Zessionars in Betracht.

2. Einzelerläuterungen

Der schriftliche Vertrag über die Forderungsabtretung kann zugleich als Urkunde gem. § 410 BGB dienen, bei deren Aushändigung an den Schuldner dieser zur Zahlung an den neuen Gläubiger verpflichtet ist. 7

Der Hinweis auf eine Abtretung erfüllungshalber dient der Klarstellung (§ 364 Abs. 2 BGB). Die Tilgungsbestimmung zugunsten der abgetretenen Teilforderung 8 verhindert, dass diese mit der Restforderung im Range nur gleichsteht. Die Abtretungsanzeige durch den Zessionar hat für § 407 BGB (befreiende Leistung an den Zedenten) und § 406 BGB (Aufrechnung mit einer Forderung an den Zedenten) rechtliche Bedeutung und dient somit dem Interesse des Zessionars.

B. 8a. Genussrechte

Gliederung

I. FORMULAR

Formular B. 8a Genussrechtsvereinbarung

Genussrechtsvereinbarung

zwischen

A-GmbH, ...

und

Herrn B, ...

wird Folgendes vereinbart:

§ 1 Vertragsgegenstand

(1) Die A-GmbH begibt Genussrechte im Gesamtbetrag von € 1.000.000.–.

(2) Die Genussrechte lauten auf den Namen und sind eingeteilt in 1.000 untereinander gleichberechtigte Genussrechte im Nennbetrag von je € 1.000,–. Die Genussrechte werden in das Genussrechtsregister der A-GmbH eingetragen. Das Recht auf Einzelverbriefung ist ausgeschlossen. Jeder Genussrechtsinhaber muss mindestens fünf Genussrechte übernehmen und halten.

(3) Die A-GmbH bietet Herrn B hiermit unwiderruflich an, diesem nach Maßgabe der nachfolgenden Bedingungen ...... Genussrechte im Gesamtnominalbetrag von € ......,– einzuräumen. Das Angebot ist bis 31.12.2011 befristet.

(4) Die Annahme des Vertragsangebots gemäß Abs. 3 kommt durch Unterzeichnung dieser Vereinbarung und Einzahlung des Genussrechtskapitals auf das Konto der A-GmbH bei der ...... Bank, BLZ ......, Konto-Nr. ......, zustande.

(5) Die Genussrechte sind nicht durch Rechtsgeschäft übertragbar.

§ 2 Ausschüttungshöhe

(1) Die Genussrechtsinhaber erhalten eine dem Gewinnanteil der Gesellschafter der A-GmbH vorgehende jährliche Ausschüttung in Höhe von 8,5 % des Nennbetrages der Genussrechte.

(2) Die Ausschüttungen auf die Genussrechte sind dadurch begrenzt, dass durch sie kein Bilanzverlust entstehen darf und sie müssen aus Eigenkapitalbestandteilen geleistet werden können, die nicht besonders gegen Ausschüttungen geschützt sind.

(3) Die Genussrechte sind vom Tag der Einzahlung auf die Genussrechte an (Gutschrift auf dem Bankkonto der A-GmbH) ausschüttungsberechtigt; dh. für das Geschäftsjahr 2011 zeitanteilig. Die Ausschüttung wird berechnet durch Multiplikation des Nennbetrages mit dem anwendbaren Zinssatz, multipliziert mit der tatsächlichen Zahl von Tagen in der betreffenden Zinsperiode, geteilt durch 365.

(4) Die Ausschüttung auf die Genussrechte für jedes abgelaufene Geschäftsjahr ist jeweils nachträglich am 30. Juni des folgenden Jahres fällig. Sofern zu diesem Termin der Jahresabschluss der A-GmbH für das vorangegangene Geschäftsjahr noch nicht endgültig festgestellt ist, wird die Zahlung am ersten Bankarbeitstag nach der endgültigen Feststellung fällig. Die Ausschüttung für die Jahre 2017 und 2018 erfolgt am 8.1.2018.

§ 3 Rechte der Genussrechtsinhaber

Die Genussrechte verbriefen Gläubigerrechte, keine Gesellschafterrechte, insbesondere kein Teilnahme-, Mitwirkungs- und Stimmrecht in den Gesellschafterversammlungen der A-GmbH.

§ 4 Ausgabe weiterer Genussrechte

(1) Die A-GmbH behält sich vor, weitere Genussrechte zu gleichen oder anderen Bedingungen herauszugeben.

(2) Die Genussrechte gewähren kein Bezugsrecht auf weitere Genussrechte.

(3) Die Genussrechtsinhaber haben keinen Anspruch darauf, dass ihre Ausschüttungsansprüche vorrangig vor den Ausschüttungsansprüchen bedient werden, die auf weitere Genussrechte entfallen.

§ 5 Bestand der Genussrechte

Der Bestand der Genussrechte wird vorbehaltlich § 7 weder durch Verschmelzung oder Umwandlung der A-GmbH noch durch Veräußerung ihres Stammkapitals berührt.

§ 6 Laufzeit, Kündigung

(1) Die Laufzeit der Genussrechte ist bis zum 8.1.2018 befristet. Vorbehaltlich der Bestimmungen über die Teilnahme am Verlust werden die Genussrechte zum Nennbetrag zurückgezahlt. Der zurückzuzahlende Betrag ist am 8.1.2018 fällig.

(2) Die A-GmbH kann die Genussrechte unter Einhaltung einer Kündigungsfrist von mindestens einem Jahr jeweils zum Ende eines Geschäftsjahres – frühestens zum 31.12.2012 – kündigen, wenn eine Rechtsvorschrift in der Bundesrepublik Deutschland erlassen, geändert oder in einer Weise angewendet wird, dass dies bei der A-GmbH zu einer Steuerbelastung der Ausschüttungen mit Gewerbeertrag- oder Körperschaftsteuer oder einer an deren Stelle tretenden Steuer führt. Die Kündigung darf in diesem Falle – vorbehaltlich des in Satz 1 bestimmten Zeitpunktes – frühestens zum Ende des Geschäftsjahres ausgesprochen werden, das der Ausschüttung vorangeht, bei der erstmalig die Steuerbelastung bei der A-GmbH anfallen würde.

Die gekündigten Genussrechte besitzen bis zum Wirksamwerden der Kündigung ihre vollen Rechte. Im Übrigen gilt Abs. 1 Sätze 2 bis 3 sinngemäß. Der Genussrechtsinhaber kann die Genussrechtsvereinbarung nicht kündigen.

§ 7 Rückzahlungsanspruch

(1) Weist die A-GmbH in einem oder mehreren Jahresabschlüssen einen Bilanzverlust aus oder wird ihr Grundkapital zur Deckung von Verlusten herabgesetzt, so vermindert sich der Rückzahlungsanspruch jedes Genussrechtsinhabers unmittelbar

anteilig und zwar insgesamt in dem Umfang, in dem diese Verluste nicht von Eigenkapitalbestandteilen getragen werden können, die gegen Ausschüttungen nicht besonders geschützt sind. Hierdurch wird verhindert, dass durch die Rückzahlung von Genussrechtskapital das bilanzielle Eigenkapital nicht unter die Höhe der Summe der vor Ausschüttungen besonders geschützten Eigenkapitalbestandteile fällt. Bilanzverluste werden mit dem bilanziellen Eigenkapital, das gegen Ausschüttungen besonders geschützt ist, erst verrechnet, wenn das gesamte Genussrechtskapital durch Verlustverrechnung vollständig aufgezehrt ist.

Bei einer Kapitalherabsetzung vermindert sich der Rückzahlungsanspruch in demselben Verhältnis, in dem das neue Stammkapital zum alten Stammkapital der A-GmbH steht. Verlustvorträge aus Vorjahren bleiben hierbei außer Betracht.

(2) Werden nach einer Teilnahme der Genussrechtsinhaber am Verlust in den folgenden Geschäftsjahren Gewinne erzielt, so sind aus diesen die Rückzahlungsansprüche bis zum Nennbetrag der Genussrechte zu erhöhen, bevor eine anderweitige Gewinnverwendung vorgenommen wird. Diese Verpflichtung besteht nur während der Laufzeit der Genussrechte. Reicht der Gewinn zur Wiederauffüllung dieser und bereits begebener Genussrechte nicht aus, so wird die Wiederauffüllung des Kapitals dieser Genussrechte anteilig im Verhältnis seines jeweiligen Gesamtnennbetrages zum jeweiligen Gesamtnennbetrag früherer begebener Genussrechte vorgenommen.

§ 8 Nachrangigkeit der Genussrechte

Die Genussrechte treten gegenüber allen Bankverbindlichkeiten sowie sämtlichen anderen nicht nachrangigen Gläubigern der A-GmbH im Rang zurück. Im Falle eines Insolvenzverfahrens über das Vermögen oder im Falle der Liquidation der A-GmbH werden die Genussrechte nach allen anderen nicht nachrangigen Gläubigern, gleichrangig mit weiteren Genussrechten und vorrangig vor den Gesellschaftern bedient; die Genussrechte gewähren keinen Anteil am Liquidationserlös.

§ 9 Vertragsänderungen

Nachträglich können die Teilnahme am Verlust (§ 7) nicht zum Nachteil der A-GmbH geändert, der Nachrang der Genussrechte (§ 8) nicht beschränkt sowie die Laufzeit und die Kündigungsfrist (§ 6) nicht verkürzt werden.

Zum vorzeitigen Rückerwerb oder einer anderweitigen Rückzahlung der Genussrechte ist die A-GmbH ohne Rücksicht auf entgegenstehende Vereinbarungen nicht verpflichtet, sofern nicht das Kapital durch die Einzahlung anderen, zumindest gleichwertig haftenden Eigenkapitals ersetzt worden ist.

§ 10 Zahlungsweg

Sämtliche gemäß diesen Genussrechtsbedingungen zahlbaren Beträge sind von der A-GmbH direkt an die Genussrechtsinhaber zu zahlen.

§ 11 Anwendbares Recht

(1) Die Genussrechtsbedingungen sowie alle sich daraus ergebenden Rechte und Pflichten bestimmen sich ausschließlich nach dem Recht der Bundesrepublik Deutschland.

(2) Erfüllungsort und ausschließlicher Gerichtsstand für alle Streitigkeiten, die sich aus den in diesen Genussrechtsbedingungen geregelten Rechtsverhältnissen ergeben, ist ......, soweit nicht zwingende gesetzliche Vorschriften etwas anderes bestimmen.

(3) Sämtliche Zahlungen aus diesem Vertrag erfolgen nach Abzug der Kapitalertragsteuer und des Solidaritätszuschlages sowie anderer eventuell anfallender gesetzlicher Abzugsteuern.

§ 12 Sonstiges

Sollte eine der Bestimmungen der Genussrechtsbedingungen unwirksam sein oder werden, so bleibt die Wirksamkeit der übrigen Bestimmungen unberührt. Für eine etwa hierdurch entstehende Lücke soll eine dem Sinn und Zweck dieser Bedingungen entsprechende Regelung treten.

..............................., den 2012

.. **..**

A-GmbH **Herr B**

II. ERLÄUTERUNGEN

Erläuterungen zu B. 8a Genussrechtsvereinbarung

1. Grundsätzliche Anmerkungen

a) Wirtschaftliche Funktion

1 **Genussrechte** kommen in den verschiedensten Ausgestaltungsformen vor und dienen kapitalsuchenden Unternehmen dazu, außerhalb einer Bankenfinanzierung, Kapital aufzunehmen. Meist werden Genussrechte von Kapitalgesellschaften und hier insb. von Aktiengesellschaften ausgegeben und als Mittel der Eigenfinanzierung betrachtet. Sie kommen auch häufig als Mitarbeitergenussrechte vor. Gerade in letzter Zeit hat die Bedeutung der Genussrechte als Mittel der Kapitalbeschaffung zugenommen, auch bei gleichzeitiger Verbesserung der **Eigenkapital-/Fremdkapitalrelation** und damit das für die Fremdkapitalgewährung durch Banken wichtige Unternehmensrating (vgl. *Ziebe* BB 88, 225).

2 Grundsätzlich kann Genussrechtskapital **handelsbilanziell** entweder Fremdkapital oder Eigenkapital darstellen. Ein ausgegebenes Genussrecht ist besonders dann interessant, wenn es als Eigenkapital in der Bilanz der Emittentin gezeigt werden kann und in einem eventuellen Überschuldungsstatus der Emittentin nicht als Schuldposten zu passivieren ist. Die Vorschriften des HGB über die Rechnungslegung sowie die handelsrechtlichen Grundsätze ordnungsmäßiger Buchführung enthalten keine ausdrücklichen Regelungen darüber, wie Genussrechte im Jahresabschluss der Emittentin zu behandeln sind. Der HFA des IdW hat im Jahr 1994 in einer Stellungnahme („HFA-Stellungnahme 1/94") zur handelsbilanziellen Behandlung von Genussrechtskapital im Jahresabschluss Stellung genommen (dazu krit. *Baetge/Brüggemann* DB 05, 2145). Nach diesen Grundsätzen kann Genussrechtskapital als Eigenkapital zu klassifizieren sein, wenn die folgenden Kriterien kumulativ erfüllt sind:
- Nachrangigkeit,
- Erfolgsabhängigkeit der Vergütung sowie Teilnahme am Verlust bis zur vollen Höhe,
- Längerfristigkeit der Kapitalüberlassung.

3 Die **Nachrangigkeit** soll demnach erfüllt sein, wenn im Insolvenz- oder Liquidationsfall ein Rückzahlungsanspruch des Gläubigers des Genussrechts erst nach Befriedigung aller anderen Gläubiger, deren Kapitalüberlassung nicht den Kriterien für den Eigenkapitalausweis genügt, geltend gemacht worden ist. Dies bedeutet, dass das Genussrechtskapital den Gläubigern der Kapitalgesellschaft im Falle der Liquidation oder Insolvenz als Haftungssubstanz zur Verfügung steht.

Die Vergütung an den Genussrechtsgläubiger muss **erfolgsabhängig** ausgestaltet werden. Ein Anspruch des Gläubigers auf die Genussrechtsvergütung entsteht nur dann, wenn und soweit ein ausschüttungsfähiger Bilanzgewinn im Jahresabschluss ausgewiesen oder durch Auflösung von nicht gesetzlich gegen Ausschüttung geschützten Eigenkapitalbestandteilen oder Rücklagen geschaffen werden kann. Verluste der Genussrechtsemittentin reduzieren das Genussrechtskapital. Es besteht jedoch grds. keine Nachschusspflicht.

Weiter setzt die Qualifizierung von Genussrechtskapital als Eigenkapital voraus, dass das Kapital für einen längerfristigen Zeitraum überlassen wird, währenddessen sowohl für den Genussrechtsemittenten als auch für den Genussrechtsgläubiger die Rückzahlung ausgeschlossen ist. Für die Längerfristigkeit soll ein Zeitraum von ca. fünf Jahren ausreichend sein. Dies spiegelt auch den Willen des Gesetzgebers wider, da bei der Zurechnung von Genussrechtskapital als Eigenkapital bei Kreditinstituten eine Mindestlaufzeit von fünf Jahren ausreichend ist, § 10 Abs. 5 KWG (vgl. *Baetge/Brüggemann* DB 05, 2145; *Breuninger/Prinz* DStR 06, 1345, *Müller/Weller/Reinke* DB 08, 1109; *Küting ua.* DB 08, 997).

Das Vertragsformular soll den Ausweis des Genussrechtskapitals als Eigenkapital ermöglichen.

b) Zivilrecht

4 Die Genussrechtsvereinbarung kann grundsätzlich formfrei abgeschlossen werden (vgl. *Hammen* BB 90, 1917). Bei Aktiengesellschaften ist ein Beschluss der Hauptversammlung, die mit einer Mehrheit von drei Viertel des vertretenen Grundkapitals zustimmen muss, gemäß § 221 Abs. 1 und Abs. 3 AktG erforderlich. Der Ermächtigungsbeschluss der Hauptversammlung muss mindestens den Höchstbetrag der auszugebenden Genussrechte und den Ermächtigungszeitraum festlegen (vgl. *Münch Hdb AG/Krieger* § 63 AktG Rz. 54 mwN). Weiter sind die Genussrechte bei der Aktiengesellschaft stets im Anhang zu erwähnen, § 160 Abs. 1 Nr. 6 AktG.

Bei Aktiengesellschaften steht den Aktionären ein **Bezugsrecht** zu, § 221 Abs. 4 AktG, das nur ausgeschlossen werden kann, wenn im Gesellschaftsinteresse liegende sachliche Gründe dies rechtfertigen. Bei anderen Gesellschaftsformen, zB bei der GbR fehlen gesetzliche Vorgaben.

5 Genussrechtsinhaber haben **keine mitgliedschaftsrechtlichen Befugnisse**, wie das Recht auf Teilnahme an der Hauptversammlung bzw. der Gesellschafterversammlung, das Stimmrecht oder ein Anfechtungsrecht. Die Stellung des Genussrechtsinhabers ist vielmehr allein schuldrechtlicher Natur (vgl. *Münch Hdb AG/Krieger* § 63 AktG Rz. 48).

c) Steuerrecht

6 Die Genussrechtsvergütung ist grundsätzlich bei der Emittentin als **Betriebsausgabe** abzugsfähig, § 4 Abs. 4 EStG iVm. § 8 Abs. 1 KStG, soweit neben einer Beteiligung am Gewinn keine Beteiligung am Liquidationserlös einer Kapitalgesellschaft verbunden ist, § 8 Abs. 3 Satz 2 KStG (vgl. *Schmidt/Weber-Grellet* § 5 Rz. 550). Zur steuerlichen Behandlung des Alleingesellschafters, vgl. BMF v. 27.12.95, BStBl. I 96, 49. Falls die Vergütungen auf die Genussrechte zusammen mit sämtlichen Zinsaufwendungen den Betrag von € 1 Mio. erreichen oder übersteigen, sind die Abzugsbeschränkungen nach § 4h EStG iVm. § 8a KStG zu beachten (vgl. *Kratzsch* BB 05, 2603).

Gewerbesteuerlich sind die Genussrechtsvergütungen in Höhe eines Viertels gem. § 8 Satz 1 Nr. 1 Buchst. a GewStG hinzuzurechnen, soweit für sämtliche Zinsbestandteile die Summe von € 100.000.– überschritten wird.

7 Beim Genussrechtsgläubiger stellen die Einkünfte aus Vergütungen auf die Genussrechte mit Beteiligung am **Liquidationserlös** Einkünfte aus **Kapitalvermögen** iSv. § 20 Abs. 1 Nr. 1 EStG dar, ansonsten gem. § 20 Abs. 1 Nr. 7 EStG (ohne Beteiligung am Liquidationserlös). Der Emittent der Genussrechte hat im Falle von Aus-

schüttungen Kapitalertragsteuer und Solidaritätszuschlag einzubehalten und an das Finanzamt abzuführen, § 43 Abs. 1 Nr. 1 bzw. Nr. 2 Satz 1 EStG, je nachdem, ob die Genussrechte einen Anspruch auf einen Liquidationserlös einräumen. Die Kapitalertragsteuer ist gem. § 32d EStG als Abgeltungssteuer ausgestaltet und wird iHv. 25% zzgl. Solidaritätszuschlag iHv. 5,5% auf die Abgeltungssteuer, dh. insgesamt iHv. 26,375% erhoben. Bei Anwendung der Abgeltungssteuer ist kein Werbungskostenabzug mehr möglich. Der gesonderte Steuertarif der Abgeltungssteuer gilt nicht unter den Voraussetzungen des § 32d Abs. 2 und 3 EStG (Schuldner und Gläubiger sind einander nahe stehende Personen, Gläubiger ist an der Kapitalgesellschaft zu mindestens 10% beteiligt etc.). Zur Abgrenzung von Genussrechten zur stillen Gesellschaft, bei der gesellschaftsrechtlich geprägte Mitgliedschaftsrechte gegeben sein müssen, vgl. BFH VIII R 3/05 v. 8.4.08, BStBl. II 08, 852. Der Gewinn aus der Veräußerung der Genussrechte selbst ist gem. § 20 Abs. 2 Nr. 1 (bei Beteiligung am Liquidationserlös) bzw. nach § 20 Abs. 2 Nr. 7 EStG (ohne Beteiligung am Liquidationserlös) steuerlich zu erfassen. Fraglich ist, ob die Umwandlung von Verbindlichkeiten in Genussrechtskapital (**Debt-Equity-Swap**) steuerneutral möglich ist. Sind die Voraussetzungen des § 8 Abs. 3 S. 2 KStG erfüllt (Beteiligung am Gewinn und am Liquidationserlös), werden die Genussrechtsvergütungen handelsbilanziell als Aufwand behandelt und für steuerliche Zwecke wieder hinzugerechnet. Ist hingegen die Beteiligung am Liquidationserlös ausgeschlossen, wird das Genussrecht steuerlich als Fremdkapital zu behandeln sein. Es sollte daher beim Debt-Equity-Swap in der Steuerbilanz ein steuerneutraler Passivtausch zulässig sein. Jedoch kann wegen der Maßgeblichkeit der Handelsbilanz für die Steuerbilanz das Genussrecht nur einheitlich auch in der Steuerbilanz als Eigenkapital ausgewiesen werden. Der Debt-Equity-Swap hätte daher in Höhe der nicht werthaltigen Verbindlichkeiten einen steuerpflichtigen Ertrag der Schuldnergesellschaft zur Folge (str. vgl. *Schmidt/Weber-Grellet* § 5 Rz. 550 mwN).

2. Einzelerläuterungen

Zu § 1: Vertragsgegenstand:

Die auf den Namen lautenden Genussrechte sind im Formular mit einem Mindestnennbetrag von € 1.000.– bezeichnet. Hiervon und von der Verpflichtung, mindestens fünf Genussrechte übernehmen zu müssen, kann in der Genussrechtsvereinbarung beliebig abgewichen werden. Der Genussrechtsvertrag kommt durch Unterzeichnung des Angebots sowie Überweisung des Nennbetrags der Genussrechte auf das Konto der Emittentin zustande. Durch die Eintragung der Genussrechtsinhaber in das Genussrechtsregister der Gesellschaft sind die Genussrechtsinhaber der Emittentin namentlich bekannt. Durch das Verbot der Übertragbarkeit der Genussrechte können unliebsame Genussrechtsinhaber ferngehalten werden (vgl. *Hüffer* § 221 AktG Rz. 28). **8**

Zu § 2: Ausschüttungshöhe

Die Genussrechtsvergütung für ein Abrechnungsjahr entspricht einem bestimmten Prozentsatz des Nennbetrags der Genussrechte. Die Berechnung der Vergütung erfolgt taggenau ab der Einzahlung des Genussrechtskapitals auf das Konto der Emittentin. Die Ausschüttung auf die Genussrechte hat jedoch dann und insoweit zu unterbleiben, als durch die Ausschüttung ein Bilanzverlust bei der Emittentin entstehen würde. Auch die im Falle einer Gewinnausschüttung zur Verfügung stehenden Beträge dürfen verwendet werden. Zur Bilanzierung der Vergütung auf Genussrechte vgl. *Wollmert* BB 92, 2106. **9**

Zu § 3: Rechte der Genussrechtsinhaber

Die Genussrechtsvereinbarung begründet keine Teilnahme-, Mitwirkungs- oder Stimmrechte bei der Gesellschafterversammlung bzw. Hauptversammlung der Emit- **10** tentin. Die Rechtstellung des Genussrechtsinhabers ist rein schuldrechtlicher Natur, vgl. *Hüffer* § 221 AktG Rz. 26.

Zu § 4: Ausgabe weiterer Genussrechte

11 Die Emittentin behält sich vor, weitere Genussrechte zu gleichen oder anderen Bedingungen herauszugeben. Die Genussrechtsinhaber erhalten kein Bezugsrecht an weiteren Genussrechten. Dies soll grds. auch bei Aktiengesellschaften entgegen §§ 221 Abs. 4 iVm. 186 AktG zulässig sein (vgl. *Hüffer* § 221 Rz. 66; krit. hierzu *Münch Hdb AG/Krieger* § 63 Rz. 32). Nach der Ausgabe weiterer Genussrechte werden sämtliche Genussrechte bezüglich der Ausschüttungen als gleichrangig betrachtet. Eventuell sollten Regelungen aufgenommen werden, die den Genussrechtsinhabern im Falle von Kapitalerhöhungen einen Verwässerungsschutz bieten (vgl. *Emde* DB 89, 209; *Vollmer* DB 91, 1313).

Zu § 5: Bestand der Genussrechte

12 Es wird klargestellt, dass die Genussrechte auch im Falle der Verschmelzung oder der Umwandlung oder der Veräußerung unverändert bestehen bleiben.

Zu § 6: Laufzeit, Kündigung

13 Die Emittentin ist verpflichtet, zum vorgesehenen Fälligkeitszeitpunkt den Nennbetrag der Genussrechte zurückzubezahlen.

Außerdem ist die Emittentin berechtigt, mit einer Kündigungsfrist von mindestens einem Jahr, jedoch frühestens zum 31.12.12, die Genussrechtsvereinbarung für den Fall zu kündigen, dass die Vergütung an den Genussrechtsinhaber nicht mehr zum Abzug als Betriebsausgabe in steuerlicher Hinsicht zugelassen ist. Diese Regelung ist dann empfehlenswert, wenn die Emittentin unter veränderten steuerlichen Bedingungen die Ausschüttungsbeträge auf die Genussrechte, die in § 2 des Formulars festgelegt sind, unter der zusätzlichen Belastung von Gewerbesteuer und Körperschaftsteuer als zu hoch erachten würde. Dies wäre dann der Fall, wenn die Vergütungen auf die Genussrechte entgegen den Ausführungen unter Rz. 6 nicht mehr als Betriebsausgabe abzugsfähig wären. Vergütungen auf die Genussrechte werden körperschaftsteuerlich auf Grund der derzeit gültigen Gesetzeslage wie Ausschüttungen auf das Nennkapital behandelt, wenn mit den Genussrechten eine Beteiligung am Gewinn und am Liquidationserlös verbunden ist, § 8 Abs. 3 Satz 2 KStG (vgl. *Schmidt/Weber-Grellet* § 17 Rz. 22).

Zu § 7: Rückzahlungsanspruch

14 Da der Genussrechtsinhaber auch an Verlusten der Gesellschaft teilnimmt, reduziert sich der Rückzahlungsanspruch auf die Genussrechte in dem Umfang, in dem das Eigenkapital der Emittentin durch Verluste reduziert worden ist. Umgekehrt haben die Gesellschafter der Emittentin erst dann einen Anspruch auf Gewinnausschüttung, wenn die Nennbeträge der Genussrechte wieder vollständig hergestellt sind. Bei der Wiederauffüllung der Nennbeträge der Genussrechte werden sämtliche Genussrechtsinhaber gleich behandelt.

Zu § 8: Nachrangigkeit der Genussrechte

15 Die Genussrechtsinhaber treten in der Weise im Rang zurück, dass im Fall der Eröffnung eines Insolvenzverfahrens über das Vermögen der Emittentin oder der Liquidation der Emittentin sowie für die Dauer einer Unternehmenskrise sämtliche Forderungen aus dem Genussrecht erst nach Befriedigung aller anderen Gesellschaftsgläubiger, gleichrangig mit allen weiteren Genussrechten, jedoch vorrangig vor den Einlagerückgewähransprüchen, der Gesellschafter bestehen, vgl. *Hüffer* § 221 AktG Rz. 30.

Zu § 9: Vertragsänderungen

16 Klarstellend wird erwähnt, dass die Verlustbeteiligung, die Nachrangigkeit und die Laufzeit der Genussrechte nicht nachträglich verändert werden können.

B. 9. Geschäftsbesorgung (Kommissionsvertrag)

Gliederung

I. FORMULAR

Formular B. 9 Geschäftsbesorgung (Kommissionsvertrag)

KOMMISSIONSVERTRAG

zwischen

A ...... **– nachfolgend Kommittent genannt –**

und

B ...... **– nachfolgend Kommissionär genannt –**

§ 1 Vertragsgegenstand

Der Kommissionär erhält hiermit den Auftrag, die in der Anlage zu diesem Vertrag näher bezeichneten Gegenstände im eigenen Namen für Rechnung des Kommittenten zu verkaufen.

§ 2 Verwahrung

Das aus der Anlage ersichtliche Kommissionsgut wird dem Kommissionär bis zum ...... in seinen Geschäftsräumen übergeben. Der Kommissionär verpflichtet sich, das Kommissionsgut sorgfältig in Verwahrung zu nehmen und gegen Diebstahl, Feuer, Sturm und Wasser zu versichern.

§ 3 Eigentum

Der Kommissionär erwirbt kein Eigentum an den übergebenen Gegenständen. Er ist aber berechtigt, das Eigentum an diesen Gegenständen für den Kommittenten an andere zu übertragen.

§ 4 Preislimit

Ein Verkauf unter dem aus der Anlage zu diesem Vertrag ersichtlichen Preis (ohne Umsatzsteuer) ist ohne Zustimmung des Kommittenten nicht gestattet.

§ 5 Selbsteintritt

Zum Selbsteintritt ist der Kommissionär nicht berechtigt.

§ 6 Provision

Der Kommissionär erhält eine Provision von ......% des jeweils erzielten Verkaufspreises (ohne Umsatzsteuer). Der Provisionsanspruch zuzüglich Umsatzsteuer ist mit Zahlungseingang fällig.

§ 7 Abrechnung

Der Kommissionär erteilt nach jedem Verkauf Abrechnung unter Beachtung der Bestimmungen der §§ 3 Abs. 3, 14 UStG.

§ 8 Freistellungsanspruch

Für Gewährleistungsansprüche Dritter hat der Kommissionär nur insoweit einzustehen als er sie selbst zu vertreten hat.

§ 9 Vertragsbeendigung

Der Vertrag kann jederzeit von beiden Vertragsparteien gekündigt werden. Er endet im Übrigen mit der Erfüllung der sich aus dem Verkauf des letzten Kommissionsgutes ergebenden Verpflichtungen.

§ 10 Transport des Kommissionsgutes

Die Kosten des Transportes des Kommissionsgutes zum Kommissionär und vom Kommissionär zum Kommittenten zurück trägt der Kommittent.

II. ERLÄUTERUNGEN

Erläuterungen zu B. 9 Geschäftsbesorgung (Kommissionsvertrag)

1. Grundsätzliche Anmerkungen

a) Wirtschaftliche Vertragsziele

1 Der Kommissionsvertrag ist darauf gerichtet, dass der Kommissionär im eigenen Namen, aber für Rechnung des Kommittenten Gegenstände verkauft. Hierbei tritt der Kommittent nach außen namentlich nicht in Erscheinung. Das Kommissionsgeschäft hat insbesondere Bedeutung beim Wertpapiergeschäft der Banken, im Kunst-, Antiquitäten- und Briefmarkenhandel sowie im Bereich grenzüberschreitender Warengeschäfte.

b) Zivilrecht

2 Der gewerbsmäßige Kommissionsvertrag nach §§ 383ff. HGB ist ein gegenseitiger Vertrag über eine Geschäftsbesorgung (§ 675 BGB), und zwar bei Einzelaufträgen als Werkvertrag und bei einer Dauergeschäftsbeziehung als Dienstvertrag. Der Kommissionsvertrag ist grds. formfrei. Das Kommissionsverhältnis endet ohne weiteres mit Ausführung, sonst vor allem durch Widerruf des Kommittenten, falls es sich um einen Werkvertrag (§ 649 BGB) handelt, oder durch Kündigung, falls es sich um einen Dienstvertrag handelt (§§ 626, 627, 675 BGB).

3 Wenn nichts anderes bestimmt ist, hat der Kommissionär ein Wahlrecht zwischen Ausführungsgeschäft und Eigengeschäft (Selbsteintritt gem. § 400 HGB). Rechte und Pflichten aus dem Ausführungsgeschäft treffen grds. den Kommissionär und den Dritten. Dementsprechend erwirbt im Falle der Einkaufskommission zunächst der Kommissionär das Eigentum an den gekauften Sachen. Es bedarf sodann eines besonderen Übertragungsaktes für den Eigentumsübergang auf den Kommittenten (§ 384 Abs. 2 HGB). Demgegenüber wird im Falle der Verkaufskommission der Kommissionär nicht Eigentümer der Kommissionsware, ist aber befugt, das Eigentum auf Dritte zu übertragen, und zwar ohne Zwischenerwerb durch den Verkaufskommissionär selbst.

Auch ohne besondere Vereinbarung steht dem Kommissionär bei Erfüllung des Ausführungsgeschäftes eine Provision zu (§§ 396, 354 HGB). Neben der Provision kann auch Aufwendungsersatz verlangt werden (§ 396 Abs. 2 HGB).

c) Steuerrecht

4 **Ertragsteuern:** Der Kommissionär erzielt aus seiner Tätigkeit grundsätzlich Einkünfte aus Gewerbebetrieb (§ 15 EStG). Sowohl bei der Einkaufskommission als auch bei der Verkaufskommission ist hierbei das wirtschaftliche Eigentum an dem Kommissionsgut idR dem Kommittenten zuzurechen (*Schmidt/Weber-Grellet* § 5 EStG Rz. 154; *Blümich/Krumm* § 5 EStG Rz. 515). Bei der Einkaufskommission hat der

Kommissionär nicht die Ware, sondern nur eine Forderung gegen den Kommittenten auszuweisen. Gleichzeitig ist die Verbindlichkeit gegenüber dem Lieferanten zu passivieren (*Beck Bil-Komm./Förschle/Ries* § 246 HGB Rz. 23).

Verkehrssteuern: Gem. § 3 Abs. 3 UStG liegt zwischen dem Kommissionär und dem Kommittenten eine Lieferung vor, wobei im Falle der Verkaufskommission der Kommissionär und im Falle der Einkaufskommission der Kommittent als Abnehmer gilt. Für die Verkaufskommission folgt daraus, dass der Kommissionär für die Lieferung dem Dritten eine Rechnung nach Maßgabe des § 14 Abs. 1 UStG und für die Lieferung des Kommittenten an ihn eine Gutschrift gem. § 14 Abs. 2 Satz 2 UStG zu erteilen hat, wobei Bemessungsgrundlage das um die Provision gekürzte mit dem Dritten vereinbarte Entgelt ist. **5**

Für die Dienstleistungskommission gilt § 3 Abs. 11 UStG.

2. Einzelerläuterungen

Zu § 1: Vertragsgegenstand

Es handelt sich um eine Verkaufskommission, bei der der Kommittent nach außen hin nicht in Erscheinung tritt. **6**

Zu § 2: Verwahrung

Gem. § 390 Abs. 1 HGB haftet der Kommissionär für Verlust oder Beschädigung des Kommissionsgutes, die während der Verwahrung eintreten. Hierbei muss sich der Kommissionär entlasten durch Beweis, dass Verlust oder Beschädigung auf Umständen beruhen, die durch die Sorgfalt eines ordentlichen Kaufmannes (§ 347 HGB) nicht abgewendet werden konnten (BGH I ZR 79/04 v. 1.3.07, WM 07, 1381; OLG Brandenburg 2 U 85/94 v. 5.1.95, NJW-RR 96, 358; vgl. weiter *Baumbach/Hopt* § 390 HGB Rz. 1). Satz 2 enthält iÜ die übliche dem § 390 Abs. 2 HGB entsprechende Versicherungsklausel. **7**

Zu § 3: Eigentum

Es handelt sich um eine Klarstellung. **8**

Zu § 4: Preislimit

Das Erfordernis der Zustimmung durch den Kommittenten bei Unterschreiten des Preislimits bedeutet eine üblicherweise vereinbarte Modifizierung des § 386 Abs. 1 HGB, wonach bei Abweichung vom Preislimit zum Nachteil des Kommittenten dieser das Geschäft unverzüglich nach Anzeige über die Ausführung der Kommission zurückweisen muss, wenn er die Abweichung nicht gegen sich gelten lassen will.

Zu § 5: Selbsteintritt

§ 400 HGB wird ausgeschlossen. **9**

Zu § 6: Provision

Die Vorschrift entspricht § 396 Abs. 1 HGB und stellt klar, dass die Provision mit Erfüllung des Ausführungsgeschäftes verdient ist, und zwar mit Eingang des für jedes einzelne Kommissionsgut erzielten Verkaufserlöses. **10**

Zu § 7: Abrechnung

Die Abrechnungen stellen Gutschriften gem. § 14 Abs. 2 Satz 2 UStG dar, wobei die Umsatzsteuer gesondert auszuweisen ist. **11**

Zu § 8: Freistellungsanspruch

Die Freistellung bedeutet eine Haftungserleichterung gegenüber § 394 HGB insoweit, als der Kommissionär nur für eigenes Verschulden haftet. **12**

B. 10. Kaufvertrag

B. 10.01 Kauf eines Kraftfahrzeugs

Gliederung

I. FORMULAR

Formular B. 10.01 Kaufvertrag (Kraftfahrzeug)

KAUFVERTRAG

zwischen

A ...... – nachfolgend Verkäufer genannt –

und

B ...... – nachfolgend Käufer genannt –

§ 1 Kaufgegenstand

Der Verkäufer verkauft dem Käufer folgenden in seinem Eigentum stehenden PKW

Typ ......

Amtl. Kennzeichen ......

Datum der Erstzulassung ......

Fahrgestell-Nr. ......

Nächste Haupt- und Abgasuntersuchung ......

KM-Stand ......

zum ......

mit serienmäßigem Zubehör und folgender Sonderausstattung ......

§ 2 Sachmängelhaftung, Garantien

(1) Der PKW wird verkauft unter Ausschluss jeglicher Sachmängelhaftung, soweit der Verkäufer nicht nachstehend eine Garantie oder Erklärung abgibt. Dieser Ausschluss der Sachmängelhaftung gilt nicht im Falle des Vorsatzes sowie bei Verletzung von Leben, Körper und Gesundheit.

(2) Der Verkäufer garantiert, dass der PKW die in § 1 genannte Gesamtfahrleistung aufweist und keinen Unfallschaden erlitten hat.

§ 3 Kaufpreis

(1) Der Kaufpreis beträgt € ...... zuzüglich gesetzlicher Umsatzsteuer in Höhe von € ......, also insgesamt € ...... Der Verkäufer ist kein Wiederverkäufer iSv § 25a UStG.

(2) Der Verkäufer bestätigt den Empfang des Kaufpreises in bar.

§ 4 Übereignung

Der PKW, die Schlüssel, der Fahrzeugbrief und der Fahrzeugschein werden mit Unterzeichnung dieses Vertrages übergeben, wobei sich Verkäufer und Käufer darüber einig sind, dass das Eigentum sofort auf den Käufer übergehen soll. Der Verkäufer wird unverzüglich den Anzeigepflichten gegenüber der zuständigen Kfz-Zulassungsstelle und dem zuständigen Haftpflichtversicherer nachkommen.

....	....	....
(Ort, Datum)	**(Unterschrift Verkäufer)**	**(Unterschrift Käufer)**

II. ERLÄUTERUNGEN

Erläuterungen zu B. 10.01 Kaufvertrag (Kraftfahrzeug)

1. Grundsätzliche Anmerkungen

a) Wirtschaftliche Vertragsziele

Wirtschaftlich ist der Kauf Umsatz von Ware gegen Geld. Der Kaufvertrag ver- 1
pflichtet den Verkäufer, den Kaufgegenstand zu übergeben und das Eigentum hieran zu verschaffen. Der Käufer ist verpflichtet, den vereinbarten Kaufpreis zu zahlen (§ 433 BGB). Vgl. iÜ Formular A. 6.33.

b) Zivilrecht

Der Kauf ist ein gegenseitiger schuldrechtlicher Vertrag, der lediglich Ansprüche 2
begründet. Die entsprechende Rechtsänderung erfolgt erst im Rahmen des dinglichen Erfüllungsgeschäftes. Zum Erfüllungsgeschäft gehören die Übereignung der Kaufsache (zB gem. § 929 Satz 1 BGB) und die Zahlung des Kaufpreises. Kaufvertrag und Erfüllungsgeschäft sind rechtlich voneinander unabhängig und werden nicht selten auch zeitlich getrennt voneinander vollzogen.

Der Kaufvertrag ist grds. formlos gültig. Ausnahmen betreffen Verträge über Grund- 3
stücke, das Vermögen oder den Nachlass (§ 311b BGB), der Erbschaftskauf (§§ 2371, 2385 BGB), die Einräumung von Wohnungseigentum (§ 4 Abs. 3 WEG), die Bestellung eines Erbbaurechts (§ 11 Abs. 2 ErbbauVO) und die Veräußerung von GmbH-Geschäftsanteilen (§ 15 Abs. 3 GmbHG).

Gegenstand eines Kaufvertrages kann jeder verkehrsfähige Vermögensgegenstand 4
sein, und zwar Sachen, Rechte und sonstige verkehrsfähige Güter. Zu diesen zählen etwa Know-how, Erwerbs- und Gewinnchancen, aber auch Rechts- und Sachgesamtheiten wie Unternehmen einschließlich Firma. Als Nebenverpflichtung ergibt sich für den Verkäufer die Pflicht, auf Verlangen des Käufers eine Rechnung nach Maßgabe des § 14 Abs. 1 UStG sowie im Großhandel einen Beleg gem. § 144 Abs. 4 AO zu erteilen.

c) Steuerrecht

Ertragsteuern: Stellt das verkaufte Kraftfahrzeug steuerliches Privatvermögen dar, 5
so kam bisher die Besteuerung eines Veräußerungsgewinns nach §§ 22 Nr. 2, 23 Abs. 1 Nr. 2 EStG in Betracht (BFH IX R 29/06 v. 22.4.08, BStBl. II 09, 296; EStH 23 „Gegenstände des täglichen Gebrauchs“). Da der Gesetzgeber mit dem JStG 2010 v. 8.12.10 (BGBl. I 10, 1768) allerdings die Gegenstände des täglichen Gebrauchs ausdrücklich aus dem Anwendungsbereich des § 23 EStG herausgenommen hat, dürfte eine Besteuerung von Gewinnen aus der Veräußerung von privaten Kfz. nunmehr ausscheiden. Dementsprechend können aber auch keine Verluste mehr steuerwirksam realisiert werden.

6 Ist das Kraftfahrzeug einem Betriebsvermögen zuzurechnen, so ist ein Gewinn oder Verlust im Rahmen der Einkünfte aus Gewerbebetrieb oder selbständiger Tätigkeit zu erfassen. Es gelten die allgemeinen Vorschriften der Gewinn- bzw. Verlustrealisierung. Eine Verlustrealisierung kann nicht bereits vorher durch Rückstellungen für drohende Verluste aus schwebenden Geschäften erfolgen, und zwar weder bei schwebenden Anschaffungs- noch bei schwebenden Veräußerungsgeschäften (§ 5 Abs. 4a EStG).

7 **Verkehrsteuern:** Die Entstehung der **Umsatzsteuerschuld** knüpft grundsätzlich nicht an den Kaufvertrag, sondern an das entsprechende Verfügungsgeschäft an (§ 13 Abs. 1 Nr. 1 UStG), das im Wesentlichen mit dem Begriff der Lieferung (§ 3 Abs. 1 UStG) deckungsgleich ist. Die innergemeinschaftliche Lieferung und der innergemeinschaftliche Erwerb neuer Fahrzeuge unterliegen einer besonderen Regelung: Auch private Endabnehmer erfüllen den innergemeinschaftlichen Erwerb (§ 1b Abs. 1 UStG). Privatleute erfüllen mit ihrer innergemeinschaftlichen Lieferung an einen EU-Ausländer den Tatbestand der steuerfreien Lieferung (§ 4 Abs. 1b iVm. § 6a UStG). Sie werden wie ein Unternehmer behandelt (§ 2a UStG). Für die Lieferung insbesondere von Gebrauchtfahrzeugen durch Wiederverkäufer kommt die **Differenzbesteuerung** gem. § 25a UStG in Betracht.

8 *(frei)*

2. Einzelerläuterungen

Zu § 1: Kaufgegenstand

9 Der Hinweis auf das Eigentum des Verkäufers spielt eine Rolle im Hinblick auf einen etwaigen gutgläubigen Erwerb vom Nichtberechtigten (§ 932 BGB).

Die genaue Umschreibung des Kaufgegenstandes dient der Klarstellung und bewirkt zusammen mit den übrigen Angaben, dass der Kaufvertrag die konstitutiven Erfordernisse des § 14 Abs. 1 UStG erfüllt mit der Folge, dass er auch die Funktion einer Rechnung (§ 31 UStDV) sowie eines Warenausgangsbelegs im Großhandel (§ 144 Abs. 4 AO) erfüllt. Gem. § 14 Abs. 4 Nr. 2 UStG ist die Steuernummer oder die Umsatzsteuer-Identifikationsnummer des Verkäufers anzugeben.

Zu § 2: Sachmängelhaftung, Garantien

10 Durch Abs. 1 wird die Haftung für alle Mängel ausgeschlossen. Dieser Haftungsausschluss ist zulässig und bei Unternehmern als Käufer auch wirksam, soweit § 444 BGB nicht entgegensteht. Das ist dann nicht der Fall, wenn der Verkäufer den Käufer über die mängelbegründenden Tatsachen (zB Unfallschäden) vollständig aufklärt, so dass hierdurch die Wirkungen des § 442 BGB herbeigeführt werden (vgl. hierzu *Palandt/Weidenkaff* § 444 BGB Rz. 3, 18). Ist der Käufer ein Verbraucher (§ 13 BGB), der Verkäufer dagegen Unternehmer (Verbrauchsgüterkauf), ist ein Ausschluss der Gewährleistung wegen § 475 Abs. 1 BGB im Ergebnis nicht wirksam. Abs. 2 regelt einige Garantien, die beim Gebrauchtwagenkauf aus erster Hand sinnvoll, bei mehreren Vorbesitzern hingegen idR auf die Kenntnis des Verkäufers bzw. dessen Besitzzeit zu beschränken sind.

Zu § 3: Kaufpreis

11 Der Hinweis auf die Umsatzsteuer dient der Klarstellung; denn im Zweifel ist die Umsatzsteuer im vereinbarten Kaufpreis enthalten. Der Steuersatz beträgt 19%. Der Hinweis darauf, dass der Verkäufer kein Wiederverkäufer ist, stellt klar, dass eine Differenzbesteuerung (§ 25a UStG) ausscheidet.

Alternativ zur Barzahlung ist auch die Hingabe eines bankbestätigten Verrechnungsschecks möglich; sie erfolgt erfüllungshalber (§ 364 Abs. 2 BGB) und sollte dann mit einem Eigentumsvorbehalt bis zur vollständigen Kaufpreiszahlung verbunden werden.

Zu § 4: Übereignung

Die Übereignung des Pkw erfolgt nach § 929 Satz 1 BGB durch Einigung und Übergabe. Das Eigentum am KFZ-Brief wird analog § 952 BGB erworben (BGH X ZR 5/07 v. 19.6.07, NJW 07, 2844). Die Anzeigepflicht gegenüber der Kfz-Zulassungsstelle ergibt sich aus § 13 Abs. 4 FZV. Die Anzeigepflicht gegenüber dem Haftpflichtversicherer beruht auf § 97 Abs. 1 VVG. 12

B. 10.02 Kauf einer Standardsoftware

Gliederung

I. FORMULAR

Formular B. 10.02 Kaufvertrag (Standardsoftware)

KAUFVERTRAG

zwischen

A ...... **– nachfolgend Verkäufer genannt –**

und

B ...... **– nachfolgend Käufer genannt –**

§ 1 Vertragsgegenstand

Der Verkäufer verkauft dem Käufer ein Exemplar der Standardsoftware ...... nebst Handbuch und sonstiger Dokumentationen zu einem Preis von € ...... zuzüglich gesetzlicher Umsatzsteuer. Der Kaufpreis wird mit Übereignung der entsprechenden Datenträger und der Dokumentation fällig.

§ 2 Nutzung der Software

(1) Die Software wird dem Käufer auf Dauer überlassen. Der Käufer darf die Software nur auf einer DV-Anlage zur gleichen Zeit nutzen. Es ist ihm untersagt, die Software gleichzeitig in mehreren DV-Anlagen in irgendeiner Form gespeichert oder sonstwie nutzbar zu halten.

(2) Sofern der Käufer die Software in einem Netzwerk einsetzen möchte, muss er eine zeitgleiche Mehrfachnutzung durch Zugriffsschutzmechanismen unterbinden. Die zeitgleiche Mehrfachnutzung der Software in einem Netzwerk bedarf der ausdrücklichen Zustimmung des Verkäufers und bedingt ein zusätzliches Entgelt.

§ 3 Vervielfältigung

(1) Der Käufer darf die Software entsprechend § 2 Abs. 1 in den Massenspeicher einer *[oder der sonst vereinbarten Anzahl]* DV-Anlage einspeichern. Mit Ausnahme von Abs. 2 dürfen andere Vervielfältigungen nicht erstellt werden. Das Laden der Software in den Arbeitsspeicher einer DV-Anlage stellt keine Vervielfältigung, wohl aber eine Maßnahme nach § 2 Abs. 1 Satz 3 dar.

(2) Der Käufer darf eine Sicherungskopie der Software erstellen.

§ 4 Weitergabe

(1) Der Käufer darf die Software unter Einhaltung von § 2 und § 3 im Ganzen, wie in § 1 beschrieben, Dritten zur Nutzung überlassen. Der Käufer hat dem Dritten sämtliche Kopien der Software zu überlassen oder diese zu vernichten.

(2) Der Käufer verpflichtet sich, im Falle der Überlassung der Software an Dritte, diesen sämtliche Verpflichtungen, die sich aus diesem Vertrag mit Ausnahme von § 1 ergeben, aufzuerlegen.

§ 5 Veränderungen

(1) Eingriffe jeglicher Art in die Software sind nur zu Zwecken der Fehlerbeseitigung, und auch dann nur in dem Umfang zulässig, wie sie zur bestimmungsgemäßen Benutzung der Programme notwendig sind.

(2) Die Verwendung der Software oder Bestandteile derselben, welcher Art auch immer, die über die Anwendung der Software hinausgeht, ist untersagt.

§ 6 Mängelansprüche

(1) Die Vertragsparteien sind sich darüber einig, dass eine Software nicht ohne technische Einschränkungen erstellt werden kann.

(2) Für hiervon abweichend auftretende Fehler leistet der Verkäufer zwei Jahre Gewähr. Der Käufer ist berechtigt, nach seiner Wahl Nachbesserung oder Ersatzlieferung zu verlangen.

(3) Sollte die Nachbesserung oder Ersatzlieferung fehlschlagen, so kann der Käufer nach Fristsetzung vom Vertrag zurücktreten, den Kaufpreis mindern oder Schadensersatz oder den Ersatz der vergeblichen Aufwendungen verlangen.

§ 7 Haftungsbeschränkung

(1) Der Verkäufer haftet, auch für seine gesetzlichen Vertreter und Erfüllungsgehilfen, nur für Vorsatz und grobe Fahrlässigkeit. Für leichte Fahrlässigkeit haftet der Verkäufer jedoch nur im Falle der Verletzung einer so wesentlichen Pflicht, dass der Vertragszweck gefährdet ist (Kardinalpflicht) und der Höhe nach begrenzt auf den nach Art des Geschäfts vorhersehbaren und typischen Schaden.

(2) Abs. 1 gilt nicht für die Haftung des Verkäufers aus Verzug oder Unmöglichkeit. Die Haftung des Verkäufers ist in diesen Fällen auf das Fünffache des Verkaufspreises nach § 1 beschränkt.

(3) Die Haftung nach dem Produkthaftungsgesetz bleibt unberührt (§ 14 ProdHG).

§ 8 Eigentumsvorbehalt

Bis zur vollständigen Entrichtung des Kaufpreises behält sich der Verkäufer das Eigentum an der Software nebst Dokumentationen vor.

II. ERLÄUTERUNGEN

Erläuterungen zu B. 10.02 Kaufvertrag (Standardsoftware)

1. Grundsätzliche Anmerkungen

a) Wirtschaftliche Vertragsziele

1 Der Vertrag über den Kauf einer Standardsoftware, welche nicht auf die individuellen Wünsche des Käufers hin erstellt wird, sondern allenfalls noch einer Anpassung an dessen besondere Bedürfnisse bedarf, ist der am meisten verbreitete Softwarevertrag. Der Käufer will mit Abschluss des Softwarevertrages die rechtliche und wirtschaftliche

Macht erlangen, das Programm als Werk mit geistigem Inhalt für seine betrieblichen Zwecke einsetzen zu können. Das sachenrechtliche Eigentum am Datenträger ist für ihn allenfalls sekundär; überwiegend wird Software heute sogar per Download, damit ohne Übergabe eines Datenträgers, gekauft. Da die Software ein Ergebnis geistigen Schaffens ist, wird der Verkäufer in aller Regel daran interessiert sein, dass von der Software insofern kein Gebrauch gemacht wird, als er ihm nicht vergütet wurde. Deshalb wird durchweg vereinbart, dass jedes verkaufte Exemplar der Software gleichzeitig nur an einem Ort verwendet werden darf, und zwar unabhängig davon, wer der jeweilige Anwender ist. Aus demselben Grund wird häufig auch vereinbart, dass ein **Kopierschutz** oder ähnlicher Schutzmechanismus nur entfernt werden darf, wenn er die Programmnutzung beeinträchtigt oder verhindert. Das Vertragsmuster beschränkt sich auf die wichtigsten Regelungen und dürfte sich so vor allem für die Verwendung im Business-to-Consumer-Bereich oder gegenüber Kleingewerbetreibenden eignen.

b) Zivilrecht

Obwohl die vertragstypologische Einordnung der unterschiedlichen Softwareverträge noch nicht abschließend geklärt ist, besteht doch insofern Klarheit, als ein Vertrag, durch den sich die eine Partei zur zeitlich unbegrenzten Überlassung einer bereits erstellten Software gegen einmaliges Entgelt verpflichtet, in aller Regel als **Kaufvertrag** zu qualifizieren ist (BGH VIII ZR 43/86 v. 25.3.87, BB 87, 1277). Software stellt, soweit sie in einem Datenträger verkörpert ist, eine Sache iSd. § 90 BGB dar, auf die die §§ 433ff. BGB entsprechende Anwendung finden (Sachkauf) mit der Folge, dass auch die für den Kauf von Sachen maßgeblichen Vorschriften der §§ 434ff. BGB über die Sachmängelhaftung anzuwenden sind (BGH XII ZR 120/04 v. 15.11.06, NJW 07, 2394; VIII ZR 299/98 v. 22.12.99, NJW 00, 1415). Da auch eine Standardsoftware beim Anwender mitunter noch bestimmter Anpassungsarbeiten bedarf, sind über die Regeln des Kaufvertrages hinaus auch **werkvertragsähnliche Bestimmungen** zu berücksichtigen. 2

Trotz Anwendung des Kaufvertragsrechts ist das berechtigte Interesse des Software-Erstellers zu berücksichtigen, eine ihm nicht vergütete Verbreitung der Software zu unterbinden. Im Hinblick darauf sind AGB-Klauseln, die die Nutzung der Software durch den Erwerber beschränken, anerkannt. Die Software ist gem. §§ 2 Abs. 1 Nr. 1, 69a UrhG geschützt, wenn sie ein individuelles Werk in dem Sinne darstellt, dass sie das Ergebnis einer eigenen geistigen Schöpfung ihres Urhebers ist (§ 69a Abs. 3 UrhG). Im Hinblick darauf sind die Schutzanforderungen gering. Wenn also die Software nicht nur einfach kopiert worden ist, nicht nur eine mechanisch-technische Aneinanderreihung von vorbekanntem Material ist und nicht auf rein alltäglicher Programmierarbeit beruht, ist die Software geschützt (BGH VIII ZR 147/92 v. 14.7.93, CR 93, 752). 3

(frei) 4

c) Steuerrecht

Ertragsteuern: Die Einkünfte aus dem Verkauf von Standardsoftware sind im Rahmen der **Einkommensteuer** Einkünfte aus Gewerbebetrieb (§ 15 EStG). Entwickelt der Steuerpflichtige dagegen qualifizierte Software durch eine klassische ingenieurmäßige Vorgehensweise (Planung, Konstruktion und Überwachung), so ist er freiberuflich iSv. § 18 Abs. 1 Nr. 1 EStG tätig, und zwar entgegen der früheren Rechtsprechung nicht nur dann, wenn er Systemsoftware entwickelt, sondern auch bei der Entwicklung von Anwendersoftware (BFH XI R 9/03 v. 4.5.04, BStBl. II 04, 989; BFH XI R 57/05 v. 18.4.07, BFH/NV 07, 1854; zur Tätigkeit eines Systemadministrators: BFH VIII R 31/07 v. 22.9.09, BStBl. II 10, 467). Nicht zu den freiberuflichen Tätigkeiten gehört aber zB die Entwicklung von Trivialsoftware. Die vorgenannten Grundsätze gelten im Ergebnis auch dann, wenn ein unbefristetes Nut- 5 zungsrecht erworben wird, wenn also das Nutzungsrecht dem durch Vertrag Berechtigten endgültig verbleibt. Die zeitlich begrenzte Überlassung von Nutzungsrechten an der Software, wonach das Recht dem Inhaber verbleibt, aber seine zeitweilige Fremdnutzung, etwa durch Einräumung einer umfassenden Vertriebslizenz, geduldet wird, führt demgegenüber zu Einkünften aus Vermietung und Verpachtung (§ 21 Abs. 1 Satz 1 Nr. 3 EStG), soweit nicht Einkünfte aus Gewerbebetrieb oder aus selbständiger Arbeit gegeben sind.

6 Sowohl Anwender- als auch Systemsoftware sind grundsätzlich selbstständige immaterielle Wirtschaftsgüter, und zwar selbst dann, wenn sie zusammen mit der Hardware erworben werden (BFH III R 147/86 v. 3.7.87, BStBl. II 87, 787; BFH III R 7/86, v. 3.7.87, BStBl. II 87, 728; BFH III R 47/92 v. 28.7.94, BStBl. II 94, 873; BFH IX R 22/08 v. 28.10.08, BStBl. II 09, 527; BFH III R 82/06 v. 30.10.08, BStBl. II 09, 421). Lediglich für Ausnahmefälle, wie zB beim Erwerb von Hardware und zugehöriger Systemsoftware im Rahmen eines sog. Bundling, bei dem die Systemsoftware zusammen mit der Hardware ohne gesonderte Berechnung und ohne eine Aufteilbarkeit des Entgelts zur Verfügung gestellt wird, bildet die Hardware mit der Systemsoftware eine Einheit (BFH III B 90/88 v. 16.2.90, BStBl. II 90, 794; BFH III R 47/92 v. 28.7.94, BStBl. II 94, 873). Trivialprogramme und Computerprogramme, deren Anschaffungskosten nicht mehr als 410 € betragen, sind abnutzbare bewegliche und selbständig nutzbare Wirtschaftsgüter (EStR 5.5 Abs. 1).

Während Planungs- und Implementierungskosten grundsätzlich zu den Anschaffungskosten einer ERP-Software zählen, gehören insbesondere Vor-, Schulungs- und Wartungskosten zu den sofort abziehbaren Aufwendungen (BMF v. 18.11.05, BStBl. I 05, 1025). Die betriebsgewöhnliche Nutzungsdauer beträgt bei der Software regelmäßig fünf Jahre (BMF v. 18.11.05, aaO). Häufig dürften sich aber auch kürzere Nutzungsdauern vertreten lassen.

7 Der Erwerb eines unbefristeten Nutzungsrechts dürfte idR als Anschaffung eines immateriellen Wirtschaftsgutes anzusehen sein. Insoweit gelten die allgemeinen Grundsätze der Übertragung des wirtschaftlichen Eigentums.

8 **Verkehrssteuern:** Für Zwecke der **Umsatzsteuer** stellt der Verkauf von Standardsoftware und Updates auf Datenträgern eine Lieferung nach § 1 Abs. 1 UStG dar (UStAE 3.5 Abs. 2). Die Überlassung von nicht standardisierter Software ist dagegen eine sonstige Leistung nach § 3 Abs. 9 UStG. Gleiches gilt für Standardsoftware, wenn diese über das Internet übertragen wird (UStAE 3.5 Abs. 3). Der Ort der Lieferung bzw. der sonstigen Leistung richtet sich nach den für die Leistungsart einschlägigen allgemeinen Vorschriften (§ 3 Abs. 6 bis 8 bzw. § 3a UStG).

Auch wenn die Software urheberrechtlich geschützt ist, scheidet der begünstigte Steuersatz nach § 12 Abs. 2 Nr. 7c UStG aus, soweit die Überlassung der Software zur Benutzung und nicht die Übertragung urheberrechtlicher Befugnisse im Vordergrund steht (UStAE 12.7 Abs. 1 Sätze 5 bis 7). Stehen dagegen die in § 69c Satz 1 Nr. 1 bis 3 UrhG bezeichneten Rechte auf Vervielfältigung und Verbreitung im Vordergrund, greift der ermäßigte Steuersatz nach § 12 Abs. 2 Nr. 7c UStG ein (BFH V R 14/01 v. 27.9.01, BStBl. II 02, 114).

2. Einzelerläuterungen

Zu § 1: Vertragsgegenstand

9 Die Frage, ob eine Software eine Sache iSv. § 90 BGB ist, kann für die Praxis insoweit dahingestellt bleiben, als nach ganz hM auf zeitlich unbefristete Überlassungsverträge gegen einmaliges Entgelt die Regeln des Kaufvertrags nach §§ 433 ff. BGB Anwendung finden (BGH XII ZR 120/04 v. 15.11.06, NJW 07, 2394; VIII ZR 314/86 v. 4.11.87, BGHZ 102, 135; *Palandt/Weidenkaff* § 433 BGB Rz. 9). Die Umsatzsteuer beträgt 19%.

Zu § 2: Nutzung der Software

Die Beschränkung des Nutzungsrechts des Käufers auf eine vertraglich festgelegte Anzahl von DV-Anlagen wird zum Schutze der geistigen Leistung des Software-Erstellers für zulässig erachtet. Dementsprechend kann der Verkäufer für die mehrfache Nutzung oder den Mehrplatzeinsatz in einem Netzwerk eine zusätzliche Vergütung verlangen. Eine Bindung der Nutzung der Software an eine ganz bestimmte DV-Anlage des Anwenders ist dagegen unzulässig. 10

Zu § 3: Vervielfältigung

Um der unberechtigten Nutzung oder Weitergabe der Software vorzubeugen, ist auch eine Beschränkung der Vervielfältigungen zulässig (vgl. § 69c UrhG). Hingegen kann dem Käufer nicht untersagt werden, eine Sicherungskopie der Software für seine eigenen Zwecke zu erstellen und das Programm in einen Massenspeicher seiner DV-Anlage zu speichern, da nur auf diese Weise eine angemessene Nutzung der heute im Allgemeinen sehr umfangreichen Standardsoftware gewährleistet werden kann (vgl. § 69d Abs. 2 UrhG). 11

Zu § 4: Weitergabe

Der Käufer hat das Recht zur Nutzung der Software auf unbegrenzte Zeit erworben, weshalb ihm die Weitergabe der Software insofern nicht verweigert werden kann als eine unberechtigte Nutzung oder Vervielfältigung entgegen der ursprünglichen vertraglichen Abrede ausgeschlossen ist. Dementsprechend ist der Käufer verpflichtet, dafür Sorge zu tragen, dass sowohl er als auch der Dritte, an den er die Software weitergibt, diese Absprachen einhalten. 12

Zu § 5: Veränderungen

Der Käufer erwirbt lediglich das Recht, die Software in der Form, wie sie der Entwickler erstellt hat, zu nutzen. Dagegen hat er kein Recht, die Software durch Weiterentwicklung oder Weitergabe der zugrundeliegenden Programmierung kommerziell zu verwerten. Jegliche Eingriffe in die der Software zugrundeliegende Programmierung sind daher untersagt. Dies gilt allerdings nicht für solche Maßnahmen, mit denen der Käufer eine Fehlerbeseitigung der Software erstrebt (vgl. § 69d Abs. 1 UrhG). 13

Zu § 6: Mängelansprüche

Im Rahmen der Mängelhaftung kann die Tatsache von Interesse sein, dass die Erstellung von Software nach dem heutigen Stand der Technik ohne technische Einschränkungen nicht möglich ist. Diese Tatsache stellt keine Beschränkung der Mängelansprüche dar, sondern bezieht sich vielmehr auf die Frage, ob die vom Käufer vorgetragenen Beanstandungen einen Sach- oder Rechtsmangel der Software darstellen oder nicht. Die kaufrechtliche Mängelgewährleistungsfrist von zwei Jahren ist in Verträgen mit Verbrauchern nicht abdingbar (§ 475 Abs. 2 BGB), in Formularverträgen mit sonstigen Kunden jedoch bis zu einer Untergrenze von einem Jahr (§ 309 Nr. 8b ff. BGB). 14

Zu § 7: Haftungsbeschränkung

Die Haftungsbeschränkungen stellen keine software-spezifischen Vertragsklauseln dar. Vielmehr handelt es sich um eine AGB-rechtliche Gestaltung entsprechend § 309 Nr. 7 und 8 BGB. Führt der Verkäufer die Software in die EU ein (etwa bei US-amerikanischer Software), kann der Verkäufer gem. § 4 Abs. 2 ProdHG auch als Hersteller gelten; dann ist zusätzlich § 14 ProdHG zu beachten. 15

B. 11. Leasingvertrag (Teilamortisierungsvertrag mit Andienungsrecht)

Gliederung

I. FORMULAR

Formular B. 11 Leasingvertrag

LEASINGVERTRAG

zwischen

A ...... **– nachfolgend Leasinggeber genannt –**

und

B ...... **– nachfolgend Leasingnehmer genannt –**

wird folgender Vertrag geschlossen:

§ 1 Vertragsgegenstand

Der Leasinggeber überlässt dem Leasingnehmer das im Folgenden näher bezeichnete Leasinggut zur entgeltlichen Nutzung.

Spezifizierung des Leasinggutes: ......

§ 2 Vertragsdauer

(1) Das Leasingverhältnis wird auf ...... Monate *[40% bis 90% der betriebsgewöhnlichen Nutzungsdauer des Leasinggutes]* geschlossen.

(2) Das Leasingverhältnis beginnt mit dem Tag der Übernahme des Leasinggutes durch den Leasingnehmer und endet mit Ablauf des ......ten Monats, der auf den Monat der Übernahme folgt (Grundmietzeit).

§ 3 Beschaffung des Leasinggutes

(1) Der Leasinggeber ist verpflichtet, das Leasinggut entsprechend den Angaben in § 1 und nach den Weisungen des Leasingnehmers bei dem vom Leasingnehmer benannten Lieferanten Y zu dessen Lieferbedingungen zu beschaffen und dem Leasingnehmer zur Nutzung zu überlassen.

(2) Der Leasingnehmer erkennt die Lieferbedingungen des Lieferanten Y an.

§ 4 Übernahmebestätigung und Rügeobliegenheiten

(1) Der Leasingnehmer stellt dem Leasinggeber und dem Lieferanten Y bei Übernahme des Leasinggutes eine Übernahmebestätigung aus. In dieser sind das Datum der Übergabe des Leasinggutes sowie die mangelfreie Gebrauchstauglichkeit im Zeitpunkt der Übernahme zu vermerken.

(2) Der Leasingnehmer hat das Leasinggut nach Übernahme entsprechend § 377 HGB zu untersuchen. Einen dabei festgestellten Mangel hat der Leasingnehmer sowohl dem Leasinggeber als auch dem Lieferanten Y unverzüglich schriftlich anzuzeigen. Das Gleiche gilt von einem Mangel, den der Leasingnehmer im Laufe des Leasingverhältnisses feststellt.

(3) Hat der Leasingnehmer dem Leasinggeber einen Mangel des Leasinggutes nicht unverzüglich angezeigt und führt dies zu einem Rechtsverlust des Leasinggebers oder des Leasingnehmers gegenüber dem Lieferanten Y, so kann der Leasingnehmer hieraus keine Ansprüche gegen den Leasinggeber herleiten.

§ 5 Höhe und Fälligkeit der Leasingrate

(1) Der Leasingnehmer hat die Leasingraten iHv. € …… zzgl. der gesetzlichen Umsatzsteuer monatlich zum 1. im Voraus zu zahlen. Die Anzahl der Leasingraten entspricht der vereinbarten Vertragsdauer in Monaten. Fällt die Übernahme des Leasinggutes durch den Leasingnehmer in einen laufenden Monat, so hat der Leasingnehmer für diesen Monat eine anteilige Leasingrate mit der nächst fälligen Rate zu leisten.

(2) Leasinggeber und Leasingnehmer sind sich darüber einig, dass die Summe der Leasingraten die Anschaffungs- und Finanzierungskosten des Leasinggebers nebst dessen Gewinn nicht decken. Die Amortisation des während der unkündbaren Leasingdauer nicht amortisierten Betrages erfolgt durch die Vereinbarung eines Andienungsrechtes.

§ 6 Haftung

(1) Der Leasinggeber haftet für sich, seine gesetzlichen Vertreter und seine Erfüllungsgehilfen nur für grobe Fahrlässigkeit und Vorsatz, es sei denn, es handelt sich um die Verletzung einer so wesentlichen Pflicht, dass der Vertragszweck gefährdet ist (Kardinalpflicht).

(2) § 7 bleibt hiervon unberührt.

§ 7 Lieferungsausfall und Lieferungsverzug

(1) Entgegen § 6 haftet der Leasinggeber im Falle der Unmöglichkeit oder des Verzuges der Lieferung auch für Fahrlässigkeit.

(2) Ein sich hieraus ergebender Schadensersatzanspruch des Leasingnehmers gegen den Leasinggeber ist auf das negative Interesse beschränkt *[auch Begrenzung der Höhe nach möglich]*.

§ 8 Gewährleistung

(1) Der Leasinggeber tritt dem Leasingnehmer seine gegen den Lieferanten Y bestehenden Rechte auf Gewährleistung sowie etwaige zusätzliche Garantieansprüche ab. Dies betrifft nicht die Rechte des Leasinggebers gegen den Lieferanten Y, die sich aus diesen Gewährleistungsrechten ergeben. Der Leasingnehmer nimmt die Abtretung an. Der Leasingnehmer ist verpflichtet, nach Abnahme des Leasingguts etwaige Ansprüche – insbesondere Mängelansprüche – unmittelbar gegenüber dem Lieferanten des Leasinggutes geltend zu machen. Soweit er dies tut, ist er verpflichtet, dem Leasinggeber unverzüglich und umfassend über diese Geltendmachung von Ansprüchen und Rechten zu informieren.

(2) Soweit der Leasingnehmer Mängelansprüche gegenüber dem Lieferanten des Leasingguts geltend macht, ist er nicht berechtigt, die Zahlung von Leasingraten gegenüber dem Leasinggeber zurückzuhalten. Hierzu ist er erst berechtigt, wenn er Klage wegen Rücktritts oder Minderung erhoben hat.

(3) Der wirksame Rücktritt von dem Vertrag, der zwischen dem Leasinggeber und dem Lieferanten Y zur Beschaffung des Leasinggutes geschlossen wurde, hat die Rückabwicklung des Leasingverhältnisses nach den §§ 346 ff. BGB zur Folge.

(4) Eine Mängelhaftung des Leasinggebers gegenüber dem Leasingnehmer nach §§ 535 ff. BGB wird ausgeschlossen.

§ 9 Sonstige Rechte und Pflichten des Leasingnehmers

(1) Der Leasingnehmer trägt die Gefahr des zufälligen Untergangs und der Verschlechterung des Leasinggutes. Bei Beschädigung, Verlust oder Diebstahl des Leasinggutes hat der Leasingnehmer auf eigene Kosten Ersatz zu beschaffen.

(2) Eine nicht vom Leasinggeber zu vertretende Verschlechterung oder der Untergang des Leasinggutes berechtigen den Leasingnehmer nicht, die Zahlungen der Leasingraten zu verweigern.

(3) Der Leasingnehmer hat das Leasinggut auf eigene Kosten in regelmäßigen Abständen zu warten und alle erforderlichen Reparaturarbeiten durchzuführen.

(4) Der Leasingnehmer hat das Leasinggut auf eigene Kosten angemessen zu versichern. Er ist verpflichtet diese Versicherung auf schriftliches Verlangen dem Leasinggeber nachzuweisen.

(5) Der Leasingnehmer ist ohne schriftliche Zustimmung des Leasinggebers nicht berechtigt das Leasinggut unterzuvermieten oder an Dritte weiter zu vermieten.

(6) Der Leasingnehmer ist berechtigt, unwesentliche technische Änderungen und Einbauten auf eigene Kosten vorzunehmen, sofern dadurch die Funktionsfähigkeit und Werthaltigkeit des Leasingguts nicht verschlechtert wird. Einbauten, die zu Bestandteilen des Leasingguts geworden sind, gehen in das Eigentum des Leasinggebers über.

(7) Wird das Leasinggut mit einem Grundstück oder Gebäude oder einer beweglichen Sache fest verbunden oder auf einem Grundstück eingebracht, so geschieht dies iSv § 95 BGB lediglich zu einem vorübergehenden Zweck; dieser endet mit Ablauf der Grundmietzeit.

(8) Von Zwangsvollstreckungsmaßnahmen in das Leasinggut hat der Leasingnehmer den Leasinggeber unverzüglich schriftlich zu unterrichten, um den Leasinggeber die Möglichkeit zu eröffnen, Drittwiderspruchsklage gem. § 771 ZPO zu erheben.

§ 10 Kündigung

(1) Die ordentliche Kündigung des Leasingvertrages vor Ablauf der Grundmietzeit ist ausgeschlossen. Das Recht beider Vertragsparteien zur außerordentlichen Kündigung des Leasingvertrages bei Vorliegen eines wichtigen Grundes bleibt hiervon unberührt.

(2) Der Leasinggeber ist zur außerordentlichen Kündigung insbesondere dann berechtigt, wenn

1. der Leasingnehmer mit der Zahlung von zwei Leasingraten in Verzug geraten ist;

2. der Leasingnehmer das Leasinggut vertragswidrig benutzt und diesen Fehlgebrauch – trotz schriftlicher Abmahnung des Leasinggebers mit angemessener Fristsetzung – nicht beendet;

3. über das Vermögen des Leasingnehmers ein Insolvenz- oder Vergleichsverfahren beantragt oder eröffnet wird.

(3) Die Kündigung des Leasingvertrages muss schriftlich erfolgen.

(4) Im Falle der außerordentlichen Kündigung ist der Leasingnehmer verpflichtet, das Leasingobjekt unverzüglich an den Leasinggeber herauszugeben und an den Leasinggeber eine Abschlusszahlung zu leisten. Diese berechnet sich aus der Differenz

von € ...... *[Vollamortisierung]* und der Summe der vom Leasingnehmer bis zu diesem Zeitpunkt bereits geleisteten Leasingraten. Auf die Abschlusszahlung sind 90% des Erlöses, den der Leasinggeber aus der anderweitigen Verwertung des Leasinggutes erzielt, anzurechnen.

(5) Abs. 2 gilt nicht, wenn der Leasinggeber den Kündigungsgrund nach § 6 zu vertreten hat.

§ 11 Sonstige Rechte und Pflichten des Leasinggebers

(1) Der Leasinggeber ist bereit, mit dem Leasingnehmer über eine Verlängerung des Leasingvertrages zu verhandeln. Kommt nach Ablauf dieses Leasingverhältnisses ein Verlängerungsvertrag zwischen dem Leasinggeber und dem Leasingnehmer nicht zustande, so hat der Leasinggeber das Recht, von dem Leasingnehmer die Übernahme des Leasinggutes zu einem Preis von € ...... *[mindestens Vollamortisierung]* zu verlangen. Der Leasingnehmer hat gegen den Leasinggeber keinen Anspruch auf Übernahme des Leasinggutes.

(2) Nach Beendigung des Leasingvertrages ist der Leasingnehmer verpflichtet, das Leasinggut auf eigene Kosten an den Leasinggeber zurückzugeben bzw. zurückzusenden; die Kosten der Transportversicherung trägt der Leasingnehmer.

§ 12 Inkrafttreten und Rücktrittsrecht

(1) Dieser Vertrag tritt mit seiner Unterzeichnung in Kraft.

(2) Sollte ein Vertrag zur Beschaffung des Leasinggutes zwischen dem Leasinggeber und dem Lieferanten Y nicht zustande kommen, so hat der Leasinggeber das Recht, von diesem Vertrag zurückzutreten. Der Rücktritt ist gegenüber dem Leasingnehmer unverzüglich zu erklären. Dem Leasingnehmer stehen in diesem Fall gegen den Leasinggeber keine Ansprüche zu.

II. ERLÄUTERUNGEN

Erläuterungen zu B. 11 Leasingvertrag

1. Grundsätzliche Anmerkungen

a) Wirtschaftliche Vertragsziele

1 In der Praxis wird im Wesentlichen zwischen Spezial-, Finanzierungs-, Herstellerleasing sowie sale-and-lease-back unterschieden (vgl. dazu *H/H/R/Tonner* § 5 EStG Rz. 1101). Das im Muster behandelte Finanzierungsleasing stellt ein Investitionsinstrument dar, welches zwischen einem fremdfinanzierten Kauf und der herkömmlichen Form der Miete angesiedelt ist. Der Finanzierungsleasingvertrag ist hierbei typischerweise durch ein **Dreipersonenverhältnis** zwischen Lieferant, Leasinggeber und Leasingnehmer gekennzeichnet. Leasingverträge werden sowohl über bewegliche als auch über unbewegliche Wirtschaftsgüter abgeschlossen, wobei dieses Vertragsmuster den Leasingvertrag über bewegliche Wirtschaftsgüter behandelt.

2 Der Leasingnehmer tritt als Investor auf, der gegen periodische Entgeltzahlung das Recht zur Nutzung des Leasinggutes erwirbt, und zwar entweder auf der Grundlage einer Vollamortisierung, bei der der Leasinggeber seine Investitions- und Finanzierungskosten aus den während der Grundmietzeit gezahlten Mietzinsen voll amortisieren kann (vgl. BFH I R 146/81 v. 30.5.84, BStBl. II 84, 825), oder einer Teilamortisierung, bei der die vorgenannten Kosten durch die Grundmieten nicht gedeckt werden (vgl. BMF v. 22.12.75, BB 76, 72; BMF v. 23.12.91, BStBl. I 92, 13). Entgegen einem herkömmlichen Mietvertrag trägt der Leasingnehmer grundsätzlich das

gesamte Investitionsrisiko. Der Leasinggeber seinerseits tritt nicht nur als Finanzier, sondern auch als zivilrechtlicher und ggf. auch als wirtschaftlicher Eigentümer des Leasinggutes auf, wobei ihn in dieser Funktion eine Gebrauchsüberlassungspflicht trifft. Darüber hinaus übernehmen Leasinggeber, insbesondere bei Investitionen in hochtechnologische Wirtschaftsgüter, nicht selten auch investitionsberatende Aufgaben. Der Lieferant schließlich steht gewöhnlich nur mit dem Leasinggeber in kaufvertraglichen oder werkvertraglichen Beziehungen.

b) Zivilrecht

3 Die vertragstypologische Einordnung der Leasingverträge ist bis heute umstritten. Für das **Finanzierungsleasing** werden folgende Ansätze vertreten: Der BGH und die wohl überwiegende Meinung im Schrifttum qualifizieren den Finanzierungsleasingvertrag als einen besonders ausgestalteten Mietvertrag oder auch als atypischen Mietvertrag (BGH st. Rspr., zB BGH IX ZR 283/88 v. 14.12.89, NJW 90, 1113; BGH VIII ZR 258/07 v. 29.10.08, NJW 09, 575). Die Regeln des Mietvertragsrechts (§§ 535 ff. BGB) sollen subsidiär immer dann zur Anwendung kommen, wenn die Parteien eine Frage nicht oder nicht wirksam vertraglich geregelt haben. Eine nicht unbeachtliche Meinung im Schrifttum qualifiziert den Finanzierungsleasingvertrag im Hinblick auf die im Vordergrund stehende Gebrauchsüberlassungs- und Finanzierungsfunktion des Finanzierungsleasings als atypischen Vertrag (*Martinek* Moderne Vertragstypen Bd. 1, 1991, S. 86 mwN). Schließlich wird der Finanzierungsleasingvertrag auch als Geschäftsbesorgungsvertrag eingestuft, wonach der Leasinggeber als verdeckter Stellvertreter des Leasingnehmers den Beschaffungsvertrag mit dem Lieferanten in Besorgung eines Geschäfts für den Leasingnehmer in eigenem Namen aber auf Rechnung des Leasingnehmers abschließt (zB *Canaris* AcP 190, 410 ff.). Ist ein Verbraucher an dem Vertrag beteiligt, ist § 500 BGB zu beachten.

4 Trotz dieser mitunter sehr differenzierten Ansätze zur typologischen Einordnung des Finanzierungsleasingvertrages sind die Unterschiede in der rechtlichen Behandlung praktischer Problemfälle relativ gering. Die rechtliche Ausgestaltung ist durch folgende Merkmale geprägt:

– der Leasinggeber beschafft das Leasinggut auf Anweisung des Leasingnehmers bei dem Lieferanten,
– der Leasinggeber trägt die Finanzierungskosten für das Leasinggut und hat dieses dem Leasingnehmer zur Nutzung zu überlassen,
– der Leasingnehmer hat für die Nutzungsüberlassung des Leasinggutes an den Leasinggeber im Rahmen der Grundmietzeit einen periodischen Zins zu zahlen, welcher entweder bereits zur Vollamortisierung führt oder aber durch die Leistung einer Abschlusszahlung bis zur Vollamortisierung aufgestockt wird,
– der Leasinggeber tritt dem Leasingnehmer seine gegen den Lieferanten bestehenden Gewährleistungsansprüche ab,
– der Leasingnehmer trägt die volle Sachgefahr, die sich aus dem Leasinggut ergibt,
– der Leasinggeber trägt das Insolvenzrisiko des Lieferanten; eine Abwälzung des Beschaffungsrisikos, insbesondere des damit eng zusammenhängenden Risikos der Insolvenz des Lieferanten, durch AGB auf den Leasingnehmer hat der BGH für unzulässig erklärt (BGH VIII ZR 258/07 v. 29.10.08, NJW 09, 575).

c) Steuerrecht

5 **Ertragsteuern:** Ist der Leasinggeber als wirtschaftlicher Eigentümer nach § 39 AO anzusehen, so hat er das Leasinggut zu bilanzieren, wobei ihm auch eine AfA zusteht, die nach der betriebsgewöhnlichen Nutzungsdauer des Wirtschaftsgutes vorzunehmen ist. In diesen Fällen hat der Leasinggeber die Leasingraten als Einkünfte aus Gewerbebetrieb der **Einkommen- bzw. Körperschaftsteuer** zu unterwerfen. Der Leasingnehmer hat dementsprechend Betriebsausgaben im Wirtschaftsjahr der Nutzungsüberlassung.

Als wirtschaftlicher Eigentümer ist der Leasinggeber insbesondere dann zu qualifizieren, wenn der Leasingvertrag in Übereinstimmung mit den Leasingerlassen (Mobilienleasing mit Vollamortisierung BMF v. 19.4.71, BStBl. I 71, 264; Mobilienleasing mit Teilamortisierung BMF v. 22.12.75, BB 76, 72; Immobilienleasing mit Vollamortisierung BMF v. 21.3.72, BStBl. I 72, 188; Immobilienleasing mit Teilamortisierung BMF v. 23.12.91, BStBl. I 92, 13) gestaltet ist. Unabhängig von der sehr unterschiedlichen Ausgestaltung sowohl der Voll- als auch der Teilamortisierungsleasingverträge in den Bereichen der Mobilien und Immobilien kann der Leasinggeber als wirtschaftlicher Eigentümer angesehen werden, wenn 6
- zu irgendeinem Zeitpunkt der Vertragsdauer eine Vollamortisierung eintritt und
- der Leasinggeber das Wirtschaftsgut auch nach Ablauf der Grundmietzeit noch wirtschaftlich sinnvoll nutzt, was darin zum Ausdruck kommen kann, dass er das Leasinggut dem Leasingnehmer nicht unter dem Buchwert überlässt oder indem er an einer Wertsteigerung nicht nur unerheblich partizipiert.

Bei degressiven Leasingraten ist im Immobilienleasing eine Verteilung des Aufwands in jährlich gleich bleibenden Beträgen geboten, so dass aktive Rechnungsabgrenzungsposten am Anfang der vertraglichen Laufzeit zu aktivieren und zum Ende hin gewinnmindernd aufzulösen sind (BFH IV R 184/79 v. 12.8.82, BStBl. II 82, 696; BMF v. 10.10.83, BStBl. I 83, 431; EStH 5.6 „Leasingvertrag mit degressiven Leasingraten"). Sind bewegliche Wirtschaftsgüter Gegenstand des Leasingvertrages, soll dagegen keine aktive Rechnungsabgrenzung erfolgen (BFH I R 51/00 v. 28.2.01, BStBl. II 01, 645; EStH 5.6 „Leasingvertrag mit degressiven Leasingraten). Etwaige Verluste aus der künftigen Veräußerung des Leasinggutes sind nicht rückstellungsfähig (§ 5 Abs. 4a EStG). 7

Ist das Leasinggut dem Leasingnehmer zuzurechnen, so hat dieser das Leasinggut zu aktivieren und über die betriebsgewöhnliche Nutzungsdauer desselben abzuschreiben. Die Aktivierung erfolgt in Höhe der der Berechnung der Leasingraten zugrunde gelegten Anschaffungs- oder Herstellungskosten; in gleicher Höhe ist eine Kaufpreisschuld zu passivieren, wobei weitere nicht durch die Leasingraten abgedeckte Aufwendungen für das Leasinggut zu aktivieren sind (BFH I R 146/81 v. 30.5.84, BStBl. II 84, 825). In Höhe des in den Leasingraten enthaltenen Zins- und Kostenanteils sind beim Leasingnehmer Betriebsausgaben gegeben (BMF v. 19.4.71, BStBl. I 71, 264; BMF v. 21.3.72, BStBl. I 72, 188); i. Ü. liegt eine Kaufpreiszahlung vor. Der Leasinggeber hat eine Kaufpreisforderung zu aktivieren und die Leasingraten in einen erfolgsneutralen Tilgungsanteil und einen erfolgswirksamen Zins- und Kostenanteil aufzuteilen (BMF v. 19.3.73, BB 73, 506; BMF v. 13.12.73, BB 73, 1616). 8

Für Zwecke der **Gewerbesteuer** ist zu unterscheiden: Ist das Leasinggut dem Leasingnehmer zuzurechnen, so sind die in den Leasingraten enthaltenen Zinsanteile beim Leasingnehmer iHv. $^{1}/_{4}$ hinzuzurechnen (§ 8 Nr. 1 Buchst. a GewStG). Ist das Leasinggut dem Leasinggeber zuzurechnen, erfolgt beim Leasingnehmer eine Hinzurechnung gem. § 8 Nr. 1 Buchst. d GewStG iHv. $^{1}/_{20}$ der Leasingrate beim Mobilienleasing und gem. § 8 Nr. 1 Buchst. e GewStG iHv. $^{1}/_{8}$ der Leasingrate beim Immobilienleasing. 9

Verkehrsteuern: Die Übergabe des Leasinggutes durch den Leasinggeber an den Leasingnehmer ist für Zwecke der **Umsatzsteuer** i. d. R. eine Lieferung (§ 3 Abs. 1 UStG), wenn das Leasinggut einkommensteuerrechtlich dem Leasingnehmer zuzurechnen ist (UStAE 3.5 Abs. 5). Ist das Leasinggut dagegen dem Leasinggeber zuzurechnen und geht das zivilrechtliche Eigentum an dem Gegenstand nicht ohne eine weitere Willenserklärung nach Ablauf des Leasingvertrages auf den Leasingnehmer über (vgl. UStAE 3.5 Abs. 6 Satz 2), ist die Gebrauchsüberlassung des Leasinggutes eine sonstige Leistung (§ 3 Abs. 9 UStG). Besonderheiten gelten im Fall des sog. sale-and-lease-back. Hier ist zu prüfen, ob die Verfügungsmacht an dem Gegenstand sowohl im Rahmen der Eigentumsübertragung als auch im Rahmen der anschließenden 10

Nutzungsüberlassung jeweils tatsächlich übertragen wird oder ob eine schlichte Kreditgewährung vorliegt (BFH V R 22/03 v. 9.2.06, BStBl. II 06, 727; UStAE 3.5 Abs. 7). Zur umsatzsteuerlichen Behandlung von Ausgleichsansprüchen nach Beendigung eines Leasingvertrages vgl. BMF v. 22.5.08, BStBl. I 08, 632. Die Zahlung eines Minderwertausgleichs beim Kfz-Leasing wegen Schäden am Leasingfahrzeug unterliegt nicht der Umsatzsteuer (vgl. BFH XI R 6/11 v. 20.3.13, BStBl. II 14, 206; BMF v. 6.2.14, BStBl. I 14, 267).

2. Einzelerläuterungen

Zu § 2: Vertragsdauer

11 Um einen erlasskonformen Leasingvertrag zu gestalten mit der Folge, dass das Leasinggut dem Leasinggeber zuzurechnen ist, muss die Grundmietzeit zwischen 40% und 90% der betriebsgewöhnlichen Nutzungsdauer des jeweiligen Leasinggutes betragen (BMF v. 22.12.75, BB 76, 72).

12 Es ist zu beachten, dass der Zeitpunkt des Abschlusses des Leasingvertrages für gewöhnlich nicht mit dem Beginn der Grundmietzeit zusammenfällt. Vielmehr ist der Leasinggeber bereits durch den Vertragsschluss verpflichtet, das Leasinggut nach den Angaben des Leasinggebers zu beschaffen, während die Grundmietzeit erst mit Übernahme des Leasinggutes durch den Leasingnehmer beginnt.

Zu § 3: Beschaffung des Leasinggutes

13 Die Tatsache, dass der Leasinggeber das Leasinggut auf Anweisung des Leasingnehmers beschafft, stellt eine typische Konstellation des Leasingverhältnisses dar. Der Leasinggeber kann gegenüber dem Leasingnehmer im Bedarfsfalle weitere Verpflichtungen, insbesondere Investitionsberatung, übernehmen. Diese Gebrauchsverschaffungspflicht des Leasinggebers ist vertragliche Hauptpflicht. Der Leasinggeber ist verpflichtet, dem Leasingnehmer das Leasinggut zur Nutzung zur Verfügung zu stellen.

Zu § 4: Übernahmebestätigung und Rügeobliegenheiten

14 Die Übernahmebestätigung durch den Leasingnehmer erfüllt mehrere Funktionen. Zunächst markiert sie den Zeitpunkt, in dem die Grundmietzeit des Leasingvertrages in Lauf gesetzt wird. Des Weiteren dient sie der Feststellung, dass der Lieferant seine Lieferungsverpflichtungen gegenüber dem Leasinggeber zunächst erfüllt hat, womit sie zugleich eine Quittung (§ 368 BGB) über den Erhalt des Leasinggutes darstellt. Derartige Übernahmebestätigungen erfolgen nicht selten auf vom Leasinggeber erstellten Formularen, ohne dass hierauf ein vertraglicher Anspruch besteht, mit der Folge, dass anderweitig formulierte Übernahmebestätigungen vertragsgemäß sind (BGH VIII ZR 37/92 v. 17.2.93, WM 93, 955).

15 Den Leasinggeber sollen die Rügepflichten nach dem § 377 HGB gegenüber dem Lieferanten auch dann treffen, wenn der Leasingnehmer nicht Kaufmann ist (BGH VIII ZR 22/89 v. 24.1.90, BGHZ 110, 130, 137ff.). Dabei soll der Leasingnehmer im Verhältnis Leasinggeber – Lieferant als Erfüllungsgehilfe fungieren. Für den Fall eines Rechtsverlustes nach § 377 HGB ist der Ausschluss einer Eigenhaftung des Leasinggebers gegenüber dem Leasingnehmer in der Regel unwirksam. In diesem Zusammenhang ist auch die Überwälzung der Untersuchungs- und Rügepflichten nach § 377 HGB auf den Leasingnehmer zweifelhaft. Eine solche restriktive Auslegung wird der besonderen wirtschaftlichen Gestaltung des Leasingverhältnisses indessen nicht gerecht. Hält man nämlich mit dem BGH die Obliegenheiten des Leasinggebers gegenüber dem Lieferanten aus § 377 HGB aufrecht, so ist die entsprechende Überwälzung von Pflichten auf den Leasingnehmer durchaus sachgerecht. Es ist hierbei zu berücksichtigen, dass der Leasingnehmer das Leasinggut ausschließlich nutzt, und auch nur er, nicht hingegen der Leasinggeber, rein tatsächlich in der Lage ist, eine Untersuchung

und eventuelle Rüge vorzunehmen. Nur wenn der Leasingnehmer dem Leasinggeber einen Mangel des Leasinggutes unverzüglich anzeigt, kann dieser in die Lage versetzt werden, seinerseits dem § 377 HGB zu entsprechen und einen Rechtsverlust zu vermeiden. Daher muss ein Rechtsverlust auf Grund dieser Bestimmungen dann zu Lasten des Leasingnehmers gehen, wenn dieser dem Leasinggeber einen Mangel nicht sofort angezeigt hat.

Zu § 5: Höhe und Fälligkeit der Leasingrate

Um die Erlasskonformität des Leasingvertrages sicherzustellen (BMF v. 22.12.75, **15a**
BB 76, 72), sollte in dem Vertrag ein ausdrücklicher Hinweis darauf, dass es sich um eine **Teilamortisation** handelt, nicht fehlen.

Zu § 6: Haftung

Bei dieser Haftungsbeschränkung handelt es sich um keine leasingspezifische Klau- **16**
sel, sondern um einen gängigen AGB-Bestandteil entsprechend § 309 Nr. 7 BGB.

Zu § 7: Lieferungsausfall und Lieferungsverzug

Der Leasinggeber hat gegenüber dem Leasingnehmer für das Verhalten des Liefe- **17**
ranten als seines Erfüllungsgehilfen nach § 278 BGB einzustehen. Dieser Haftung kann er, entgegen der Konstruktion, welche im Bereich der Gewährleistung üblich ist, nicht durch die Abtretung seiner Ansprüche gegen den Lieferanten an den Leasingnehmer entgehen. Vielmehr hat der Leasinggeber für den Fall der Unmöglichkeit und des Verzuges der Leistung entgegen § 309 Nr. 7 BGB wegen § 309 Nr. 8 BGB auch für einfache Fahrlässigkeit des Lieferanten einzustehen. Die Begrenzung eines sich daraus ergebenden Schadensersatzanspruches der Höhe nach ist zulässig.

Zu § 8: Gewährleistung

Die Abtretung der Gewährleistungsrechte, welche dem Leasinggeber gegenüber **18**
dem Lieferanten zustehen, an den Leasingnehmer stellt einen typischen Bestandteil eines Leasingvertrages dar. Dabei ist zu beachten, dass zwischen dem Recht *auf* Gewährleistung und dem Recht *aus der* Gewährleistung zu differenzieren ist, da die berechtigte Geltendmachung von Gewährleistungsrechten durch den Leasingnehmer gegenüber dem Lieferanten auf das Pflichtenverhältnis Leasingnehmer – Leasinggeber zurückwirkt (§ 8 Abs. 2 und 3 des Leasingvertrages). Insofern müssen die Rechte, die sich aus der Gewährleistung ergeben, dem Leasinggeber zustehen. Dementsprechend führt der Rücktritt von dem Liefervertrag zu einer Rückabwicklung des Leasingverhältnisses wegen Wegfall der Geschäftsgrundlage (§ 313 Abs. 3 BGB), wobei die Anwendung der §§ 346ff. BGB sicherstellt, dass der Leasingnehmer für bereits gezogene Nutzungen des Leasinggutes oder Verschlechterungen desselben einzustehen hat. Der Leasingnehmer kann dem Leasinggeber den Wegfall der Geschäftsgrundlage infolge Rücktritt erst entgegenhalten und die Zahlung der Leasingraten verweigern, wenn er gegen den Lieferanten, der einen wirksamen Rücktritt bestreitet, Klage auf Rückabwicklung erhoben hat (BGH VIII ZR 317/09 v. 16.6.10, NJW 10, 2798; BGH VIII ZR 257/12 v. 13.11.13, ZIP 14, 117).

Mit der Abtretung der Gewährleistungsrechte durch den Leasinggeber an den Lea- **19**
singnehmer sollen auch sonstige Gewährleistungspflichten des Leasinggebers abbedungen werden.

Als Folge einer derartigen Freizeichnung eigener Mängelhaftung und Abtretung der **20**
kaufrechtlichen Gewährleistungsansprüche an den Leasingnehmer ergibt sich, dass der Leasinggeber grds. das Ergebnis eines zwischen dem Leasingnehmer und dem Lieferanten geführten Gewährleistungsprozesses als für sich bindend hinnehmen muss (BGH VIII ZR 188/91 v. 24.6.92, WM 92, 1609).

Zu § 9: Sonstige Rechte und Pflichten des Leasingnehmers

21 Der Leasingnehmer trägt neben dem Investitionsrisiko auch die volle Sachgefahr des Leasinggutes. Es empfiehlt sich, diese Stellung des Leasingnehmers im Einzelnen festzulegen. Der Leasingnehmer hat insoweit für jede zufällige Verschlechterung des Leasinggutes einzustehen; er kann aus einem solchen Umstand auch kein Leistungsverweigerungsrecht in Bezug auf die Leasingraten herleiten. Darüber hinaus hat er das Leasinggut regelmäßig zu warten und zu versichern.

Zu § 10: Kündigung

22 Im Hinblick darauf, dass der Leasingvertrag rechtlich vorrangig nach **Mietrecht** beurteilt wird (BGH VIII ZR 182/91 v. 7.10.92, WM 92, 2063), findet auf ihn auch § 543 BGB Anwendung, so dass der Leasingnehmer den Leasingvertrag ohne Einhaltung einer Kündigungsfrist **kündigen** kann, wenn ihm der vertragsgemäße Gebrauch der überlassenen Sache ganz oder teilweise nicht oder nicht rechtzeitig gewährt oder wieder entzogen wird. Die Kündigung ist hierbei grds. erst zulässig, wenn der Leasinggeber eine ihm vom Leasingnehmer gesetzte **angemessene Frist** hat verstreichen lassen, ohne Abhilfe zu schaffen (BGH VIII ZR 182/91 v. 7.10.92, WM 92, 2063). Auch der Leasinggeber hat die Möglichkeit der fristlosen Kündigung.

23 Kommt es entgegen den vertraglichen Absprachen zu einer vorzeitigen Beendigung der Grundmietzeit und hat der Leasinggeber diese nicht zu vertreten, so wird die Vollamortisierung des Leasinggebers durch die Leistung einer **Abschlusszahlung** herbeigeführt. Auf diese sind, entsprechend der erlasskonformen Gestaltung des Teilamortisierungsvertrages mit Kündigungsrecht und Anrechnungsverfahren, 90% des Erlöses, den der Leasinggeber durch anderweitige Verwertung des Leasinggutes erzielt, anzurechnen (BMF v. 22.12.75, BB 76, 72). Diese Vorteilsausgleichung entspricht den allgemein anerkannten Grundsätzen des Schadensersatzrechtes (BGH VIII ZR 313/93 v. 8.3.95, DB 95, 1073).

Zu § 11: Sonstige Rechte und Pflichten des Leasinggebers

24 Erlasskonforme Teilamortisierungsverträge sind dadurch gekennzeichnet, dass eine Vollamortisierung des Leasinggutes erst nach Ablauf der Grundmietzeit erreicht wird. In diesem Zusammenhang stellt das hier vereinbarte **Andienungsrecht** nur eine mögliche Gestaltung dar. Dabei hat der Leasinggeber das Recht, dem Leasingnehmer für den Fall, dass ein Verlängerungsvertrag nicht zustande kommen sollte, das Leasinggut zu einem bereits bei Vertragsschluss festgelegten Preis anzudienen. Die Summe der gezahlten Leasingraten und des Übernahmepreises wird zu einer Vollamortisierung des Leasinggutes führen. Dem Leasingnehmer darf hingegen kein Recht auf Übernahme des Leasinggutes eingeräumt werden (BMF v. 22.12.75, BB 76, 72).

Macht der Leasinggeber von seinem Andienungsrecht keinen Gebrauch, ist das Leasinggut zurückzugeben. Wird das Leasinggut verspätet zurückgegeben, ist gem. § 546a BGB, der auch auf Leasingverträge Anwendung findet (BGH VIII ZR 49/77 v. 5.4.78, BGHZ 71, 196 [205f.]; OLG Hamm 13 U 132/98 v. 11.1.99, DB 99, 892), eine Nutzungsentschädigung in Höhe der bisherigen Leasingraten zu zahlen (BGH VIII ZR 155/88 v. 22.3.89, BGHZ 107, 123), wobei mitunter aber auch eine neu am Restwert orientierte Nutzungsentschädigung für richtig gehalten wird.

Zu § 12: Inkrafttreten und Rücktrittsrecht

25 Wie bereits in Zusammenhang mit § 2 und § 4 dargelegt, ist das Inkrafttreten des Leasingvertrages von dem Beginn des Leasingverhältnisses zu differenzieren.

26 Typischerweise trägt der Leasinggeber das **Insolvenzrisiko** des Lieferanten, wobei er auch im kaufmännischen Geschäftsverkehr zur Überwälzung dieses Risikos auf den

Leasingnehmer nicht berechtigt ist (BGH VIII ZR 258/07 v. 29.10.08, NJW 09, 575; BGH VIII ZR 34/90 v. 13.3.91, BGHZ 114, 57, 67 ff.). Wenn dem aber so ist, muss dem Leasinggeber angesichts der Tatsache, dass der Leasingnehmer sowohl das Leasinggut als auch den Lieferanten vorgibt, eine eingehende Bonitätsprüfung des Lieferanten als seinem zukünftigen Vertragspartner möglich sein. Sollte der Leasinggeber dabei zu dem Schluss kommen, dass der vom Leasingnehmer benannte Lieferant ihm nicht vertrauenswürdig erscheint, so muss er sich ohne finanzielle Nachteile von dem Leasingvertrag lösen können. Anderenfalls würde dem Leasinggeber ein Insolvenzrisiko aufgebürdet, über dessen Eingehung er nicht frei entscheiden kann.

B. 12. Lizenzvertrag (Patente und Know-how)

Gliederung

I. FORMULAR

Formular B. 12 Lizenzvertrag (Patente und Know-how)

LIZENZVERTRAG

zwischen

A ...... **– nachfolgend Lizenzgeber genannt –**

und

B ...... **– nachfolgend Lizenznehmer genannt –**

§ 1 Patente

Der Lizenzgeber ist Inhaber des folgenden Patentes: ......

Das vorgenannte Patent ist angemeldet beim ......

am ......

Im Übrigen besteht Patentschutz in folgenden Ländern: ......

Die Patentrechte des Lizenzgebers sind nicht mit Rechten Dritter belastet. Anderweitige Lizenzen sind nicht erteilt worden.

§ 2 Know-how

Der Lizenzgeber verfügt im Zusammenhang mit dem unter § 1 genannten Patent über Know-how auf anwendungstechnischem Gebiet. Es handelt sich hierbei um geheime Produktionsverfahren, die in der zu diesem Vertrag beigefügten Anlage 1 im Einzelnen beschrieben sind.

§ 3 Lizenz

(1) Der Lizenzgeber räumt hiermit dem Lizenznehmer das Recht aus dem Patent (§ 1) sowie auf Nutzung des Know-hows (§ 2) ein. Die Lizenz soll eine ausschließliche sein. Diese Lizenz erfasst das gesamte Anwendungsgebiet der in den §§ 1 und 2 beschriebenen Rechte und berechtigt zur Herstellung wie zum Gebrauch und zum Vertrieb.

(2) Jede weitergehende Nutzung bedarf einer gesonderten Vereinbarung.

(3) Die Eigentumsrechte an dem Lizenzmaterial verbleiben bei dem Lizenzgeber.

(4) Der Lizenznehmer ist verpflichtet, das Lizenzmaterial im Einklang mit den gesetzlichen Bestimmungen insbesondere zum Schutz der Persönlichkeitsrechte, der guten Sitten und der öffentlichen Sicherheit und Ordnung zu verwenden. Insbesondere die Verwendung von Lizenzmaterial wie Aufnahmen von Personen für Werbemaß-

nahmen, die einen Eingriff in Persönlichkeitsrechte darstellen, ist ohne deren Einverständnis unzulässig. Wird der Lizenzgeber wegen einer von dem Lizenznehmer verschuldeten Verletzung von Persönlichkeitsrechten Dritter in Anspruch genommen, so ist der Lizenznehmer verpflichtet, dem Lizenzgeber alle daraus erwachsenden Kosten, die zur Abwehr der Ansprüche angemessen und erforderlich sind, zu ersetzen.

§ 4 Vertragsgebiet

(1) Die Lizenz gilt nur für folgende Gebiete: ......

(2) In anderen Gebieten darf der Lizenznehmer den Lizenzgegenstand nur vertreiben, soweit und solange der Lizenzgeber dort nicht Inhaber entsprechender Patente (§ 1) ist. Bestehen zugunsten des Lizenzgebers in anderen Ländern der EU parallele Patente, so darf der Lizenznehmer den Lizenzgegenstand erst nach Ablauf von zwei Jahren nach dem ersten Inverkehrbringen innerhalb der EU, d. h. am ......, in diese Gebiete vertreiben. Eine aktive Vertriebspolitik, insbesondere auf diese Gebiete besonders ausgerichtete Werbemaßnahmen, dort Niederlassungen einzurichten oder Auslieferungslager zu unterhalten, ist dem Lizenznehmer jedoch nicht gestattet.

§ 5 Unterlizenzen

Der Lizenznehmer ist nicht berechtigt, Unterlizenzen zu vergeben.

§ 6 Lizenzübertragung

Die Übertragung der Lizenz auf Dritte ist nur mit schriftlicher Zustimmung des Lizenzgebers zulässig. Der Übergang der Lizenzen auf dem Wege der Gesamtrechtsnachfolge berechtigt den Lizenzgeber zur fristlosen Kündigung dieses Vertrages.

§ 7 Ausübungspflicht

Der Lizenznehmer ist verpflichtet, das Lizenzrecht auszuüben. Kommt der Lizenznehmer dieser Verpflichtung nicht nach, ist der Lizenzgeber nach vorheriger Fristsetzung und Androhung berechtigt, den Vertrag fristlos zu kündigen.

§ 8 Lizenzgebühr

(1) Die Lizenzgebühr beträgt ......% zuzüglich gesetzlicher Umsatzsteuer des für die Lizenzgegenstände in Rechnung gestellten Entgelts im Sinne von § 10 Abs. 1 UStG. Die Lizenzgebühr beträgt jedoch mindestens € ...... für das 1. Jahr, € ...... für das 2. Jahr und € ...... für die folgenden Jahre der Vertragslaufzeit.

(2) Bei der Lieferung von Lizenzgegenständen des Lizenznehmers an verbundene Unternehmen wird die Lizenz nach dem angemessenen Entgelt bemessen, falls das tatsächlich in Rechnung gestellte Entgelt niedriger ist. Die Verwaltungsgrundsätze des Bundesministers der Finanzen zur Einkunftsabgrenzung bei international verbundenen Unternehmen (BStBl. I 83, 218) finden entsprechende Anwendung.

§ 9 Steuerklausel

Direkte Steuern, insbesondere Quellensteuern und Verkehrsteuern, insbesondere Umsatzsteuern, die auf die Lizenzen zu zahlen sind, gehen zu Lasten des Lizenzgebers, soweit er nach dem Recht des steuererhebenden Staates Steuerschuldner ist. Bei der Erfüllung der steuerlichen Pflichten hat der Lizenznehmer den Lizenzgeber in zumutbarer Weise zu unterstützen.

§ 10 Lizenzabrechnung

Die Lizenzgebühren sind vom Lizenznehmer bis zum 15. eines jeden Monats für den Vormonat abzurechnen und bis zum Ablauf des Monats auf das Konto des Lizenzgebers bei der ...... Bank zu zahlen. Für jeden angefangenen Monat des Zahlungsver-

zuges sind Zinsen in Höhe von vier Prozentpunkten über dem jeweiligen Basiszinssatz gem. § 247 BGB zu zahlen. Gerät der Lizenznehmer mit der Abrechnung oder Zahlung von mehr als zwei Monaten in Rückstand, ist der Lizenzgeber berechtigt, den Vertrag fristlos zu kündigen.

§ 11 Prüfungsrecht

(1) Der Lizenzgeber ist berechtigt, die Buchführung und Geschäftsunterlagen des Lizenznehmers zwecks Überprüfung der Lizenzabrechnung jederzeit durch einen zur Verschwiegenheit verpflichteten Angehörigen der steuerberatenden und wirtschaftsprüfenden Berufe einsehen und prüfen zu lassen. Die Kosten der Prüfung trägt der Lizenzgeber.

(2) Für Zwecke der Prüfung ist der Lizenznehmer verpflichtet, die Herstellung und Lieferung der Lizenzgegenstände buchungsmäßig zu erfassen und die dazugehörigen Geschäftsunterlagen aufzubewahren und in einem prüfungsfähigen Zustand zu halten. Verweigert der Lizenznehmer eine Prüfung durch den Lizenzgeber, so ist dieser nach Fristsetzung und Androhung berechtigt, den Vertrag fristlos zu kündigen.

§ 12 Überlassung von Plänen

(1) Die in der Anlage 2 zu diesem Vertrag im Einzelnen aufgeführten technischen Zeichnungen, Pläne und sonstige zur Herstellung des Lizenzgegenstandes erforderlichen Unterlagen werden dem Lizenznehmer für die Vertragsdauer überlassen. Sie bleiben im Eigentum des Lizenzgebers und sind an diesen nach Ablauf dieses Vertrages zurückzugeben.

(2) Der Lizenzgeber steht dafür ein, dass die überlassenen Unterlagen mit der Sorgfalt ordentlicher und gewissenhafter Techniker erstellt worden sind.

(3) Der Lizenznehmer verpflichtet sich, die ihm überlassenen Unterlagen geheimzuhalten, sorgfältig aufzubewahren und zu bearbeiten sowie dritten Personen nur insoweit zugänglich zu machen, als es für Zwecke der Fertigung unbedingt erforderlich ist und diese Personen ebenfalls zur Geheimhaltung verpflichtet worden sind. Schließlich verpflichtet sich der Lizenznehmer, die ihm überlassenen Unterlagen ausschließlich für die Herstellung des Lizenzgegenstandes zu verwenden.

§ 13 Erfahrungsaustausch

Die Vertragsparteien unterrichten sich gegenseitig unverzüglich über alle für die in §§ 1, 2 bezeichneten Rechte bedeutsamen Verbesserungen und Veränderungen, auch soweit diese selbst schutzfähig sind. Für alle Verbesserungs- oder Anwendungserfindungen (abhängige Erfindungen) gewähren sich die Vertragsparteien einander kostenlose nicht ausschließliche Lizenzen nach Maßgabe dieses Vertrages.

§ 14 Stellung von Fachpersonal

Der Lizenzgeber entsendet auf Verlangen des Lizenznehmers Fachpersonal zwecks produktionstechnischer Anleitung in den Betrieb des Lizenznehmers. Der Lizenzgeber verpflichtet sich darüber hinaus, in seinem Betrieb Fachpersonal des Lizenznehmers auszubilden. Hierfür werden gesonderte Vereinbarungen getroffen.

§ 15 Mängelansprüche

(1) Der Lizenzgeber haftet nur für Rechtsmängel des Vertragsgegenstandes (§ 3) oder des ihm zugrundeliegenden Patentes (§ 1) und des Know-hows (§ 2), die bei Abschluss des Vertrages vorhanden sind und die der Lizenzgeber kennt oder die ihm infolge grober Fahrlässigkeit unbekannt geblieben sind, soweit hierdurch dem Lizenznehmer die Verwertung der Lizenz ganz oder teilweise entzogen oder erschwert wird.

(2) Wird das Patent rechtskräftig für nichtig erklärt, hat der Lizenznehmer das Recht, innerhalb von sechs Monaten nach Rechtskraft der Entscheidung über die Nichtigkeit des Patents eine angemessene Kürzung der Lizenzgebühr zu verlangen oder aber den Vertrag zu kündigen. Bezahlte Lizenzgebühren können nicht zurückverlangt werden.

(3) Der Lizenzgeber haftet ferner für technische Ausführbarkeit und Brauchbarkeit der Erfindung, soweit ihm die die Ausführbarkeit und Brauchbarkeit beeinträchtigenden Mängel bei Abschluss des Vertrages bekannt waren oder infolge grober Fahrlässigkeit unbekannt geblieben sind.

(4) Im Übrigen ist eine Haftung für Sach- oder Rechtsmängel ausgeschlossen, soweit gesetzlich zulässig. Die Haftung nach dem Produkthaftungsgesetz bleibt unberührt.

§ 16 Herstellungsqualität

Der Lizenznehmer verpflichtet sich, den Lizenzgegenstand nach Maßgabe der sich in der Anlage 3 zu diesem Vertrag näher bezeichneten Qualitätsmerkmale herzustellen. Der Lizenznehmer ist verpflichtet, in seinem Betrieb oder in anderen Produktionsstätten vierteljährlich Qualitätskontrollen durch Fachpersonal des Lizenzgebers zu dulden. Verweigert der Lizenznehmer eine Qualitätskontrolle durch den Lizenzgeber, so ist dieser nach Fristsetzung und Androhung berechtigt, den Vertrag fristlos zu kündigen.

§ 17 Kennzeichnungspflicht/Lizenzvermerk

(1) Der Lizenznehmer ist verpflichtet, die Lizenzgegenstände dauerhaft lesbar mit fortlaufenden Fabrikationsnummern und mit dem deutlich sichtbaren Hinweis, dass die Herstellung und der Vertrieb in Lizenz des Lizenzgebers erfolgen, zu versehen.

(2) Der Lizenznehmer ist berechtigt, seinen Firmennamen auf den Vertragsgegenständen anzubringen.

§ 18 Verteidigungspflicht, Nichtangriffsverpflichtung

Die Vertragsparteien werden alles unternehmen, um die Patente aufrechtzuerhalten, und werden ferner nach vorheriger Abstimmung alle Maßnahmen ergreifen, um eine Patentverletzung durch Dritte zu verhindern. Der Lizenznehmer verpflichtet sich, das Patent weder selbst anzugreifen noch durch Dritte angreifen zu lassen oder diese hierbei zu unterstützen. Greift der Lizenznehmer das Patent an oder lässt er es durch Dritte angreifen oder unterstützt er Dritte hierbei, ist der Lizenzgeber berechtigt, den Vertrag fristlos zu kündigen.

§ 19 Nachvertragliche Pflichten

Nach Ablauf des Vertrages ist der Lizenznehmer verpflichtet, alle ihm vom Lizenzgeber überlassenen Unterlagen zurückzugeben. Der Lizenznehmer ist ferner verpflichtet, das Patent nicht weiter zu nutzen und das erlangte Wissen bezüglich des Patentes selbst (§ 1) und auch des Know-hows (§ 2) insbesondere der produktionstechnischen Abläufe Dritten gegenüber geheimzuhalten und auch für eigene Zwecke nicht zu verwenden.

§ 20 Vertragsdauer

Der Vertrag tritt nach Erteilung der für seine Durchführung erforderlichen Genehmigungen, jedoch nicht vor dem ......, in Kraft und läuft am ...... aus. Wird er nicht mit einer Frist von sechs Monaten vor seinem Ablauf von einem Vertragsteil gekündigt, so wird er um jeweils ...... Jahr(e) verlängert, jedoch längstens bis zum Erlöschen des in § 1 genannten Patentes. Eine Kündigung aus wichtigem Grund bleibt vorbehalten.

§ 21 Anwendbares Recht, Gerichtsstand

Es gilt ...... Recht. Für die Streitigkeiten aus diesem Vertrag ist Gerichtsstand ......

§ 22 Salvatorische Klausel

Sind einzelne Vertragsbestimmungen nichtig, so bleibt der Vertrag im Übrigen wirksam. Die Vertragsparteien sind verpflichtet, an die Stelle der unwirksamen Bestimmung diejenige Regelung schriftlich zu treffen, die sie in Kenntnis der Unwirksamkeit nach Treu und Glauben zulässigerweise getroffen hätten.

II. ERLÄUTERUNGEN

Erläuterungen zu B. 12 Lizenzvertrag (Patente und Know-how)

1. Grundsätzliche Anmerkungen

a) Wirtschaftliche Vertragsziele

1 Lizenzverträge dienen insbesondere dem Zweck, gewerbliche Schutzrechte und nicht geschütztes Spezialwissen (Know-how) dadurch kommerziell zu verwerten, dass dritten Personen die Ausübung dieser Rechte gestattet wird. Damit tritt die Verwertung der vorgenannten Rechte durch Dritte im Wege der Lizenzvergabe wirtschaftlich neben eine Eigennutzung durch den jeweiligen Rechtsinhaber und der Nutzung des durch eine Schutzrechtserteilung begründeten Monopolschutzes. Schutzrechte, die Gegenstand von Lizenzverträgen sein können, sind vor allem Patente, Urheberrechte an geschützten Werken der Literatur, Wissenschaft und Kunst sowie an Mustern und Modellen sowie Verlagsrechte.

2 In Anlehnung an die VO 2349/84/EWG (ABl. EG v. 16.8.84 Nr. L 219 S. 15; Erwägungsgrund 12) lässt sich die Zielsetzung einer **Patentlizenzvereinbarung** wie folgt umschreiben: Patentlizenzvereinbarungen tragen regelmäßig zur Verbesserung der Warenerzeugung und zur Förderung des technischen Fortschritts bei. Sie geben nämlich den Lizenznehmern einen Anreiz, in die Herstellung, die Benutzung und den Vertrieb eines neuen Produktes oder die Benutzung eines neuen Verfahrens zu investieren. Damit erhalten andere Unternehmen als der Patentinhaber selbst die Möglichkeit, ihre Erzeugnisse nach dem neuesten Stand der Technik herzustellen und diese Technik weiterzuentwickeln.

b) Zivilrecht

3 Lizenzverträge sind Verträge, durch die es der Lizenzgeber dem Lizenznehmer gestattet, gewerbliche Schutzrechte auszuüben sowie nicht geschütztes technisches, kommerzielles oder organisatorisches Spezialwissen zu benutzen. Nach der Definition der VO 2349/84/EWG (Erwägungsgrund 2) sind Patentlizenzvereinbarungen Vereinbarungen, in denen ein Unternehmen, das Inhaber eines Patentes ist (Lizenzgeber), einem anderen Unternehmen (Lizenznehmer) die Benutzung der patentierten Erfindung in einer oder mehreren Benutzungsarten gestattet, insbesondere in denen der Herstellung, des Gebrauchs und des Inverkehrbringens. Lizenzen sind Unterfälle des Technologietransfers.

4 Im Rahmen von Lizenzverträgen werden nicht selten etwa **Patente** und anwendungstechnisches **Know-how** gemeinsam lizensiert. Derartige gemischte Vereinbarungen werden getroffen, um die Übertragung einer komplexen Technologie mit patentierten und nicht patentierten Elementen zu gewährleisten. Soweit das Lizenzgebiet mehrere EU-Staaten umfasst, ist ein Einfluss auf den Handel zwischen den Mitgliedstaaten mit der Folge gegeben, dass stets die Vereinbarkeit der vertraglichen Regeln

mit Art. 101 AEUV und der (zur Vorgängervorschrift Art. 81 EGV ergangenen) Gruppenfreistellungsverordnung (VO 772/2004/EG v. 27.4.04, ABl. EG Nr. L 123 S.11 [TT-GVO]) gegeben sein muss.

Nach der TT-GVO ist es Lizenzgebern und Lizenznehmern innerhalb bestimmter Marktanteilsschwellen freigestellt, ohne weiteres Lizenzverträge abzuschließen, und zwar bei Verträgen zwischen Wettbewerbern, wenn der gemeinsame Marktanteil auf dem relevanten Markt 20% (Art. 3 Abs. 1 TT-GVO) und bei nicht im Wettbewerb stehenden Vertragsparteien, wenn der jeweilige Marktanteil auf dem relevanten Markt 30% nicht überschreitet (Art. 3 Abs. 2 TT-GVO). Eine Freistellung scheidet allerdings zur Gänze aus, wenn der Lizenzvertrag eine sog. Kernbeschränkung enthält (Art. 4 TT-GVO) oder bezogen auf die betreffende Vertragsklausel bei bestimmten anderen Vereinbarungen (Art. 5 TT-GVO). In Fällen von geringer Bedeutung unterbleibt allerdings eine Überprüfung von Lizenzverträgen, wenn in den vorgenannten beiden Fallgruppen die 10% bzw. 15%-Grenze nicht überschritten wird (sog. Bagatellbekanntmachung der Kommission v. 22.12.01, ABl. EG 2001 Nr. C 368 S.13). Es bleibt aber bei der Anwendung des deutschen Kartellrechts, soweit durch den Lizenzvertrag das Inland betroffen ist. **5**

Der Lizenzvertrag ist ein **Vertrag eigener Art** (§ 311 Abs. 1 BGB; BGH IXa ZB 165/03 v. 12.12.03, NJW-RR 04, 644), der Typenmerkmale des Kauf- und vor allem des Miet- und Pachtvertrages enthält. Der Lizenzvertrag enthält gleichzeitig sowohl das Verpflichtungsgeschäft, also die Pflicht des Lizenzgebers, dem Lizenznehmer das Recht zur Nutzung und Auswertung des Lizenzgegenstandes zu verschaffen, sowie die Pflicht des Lizenznehmers, hierfür die Lizenzgebühr zu zahlen, als auch das Verfügungsgeschäft, nämlich die Erfüllung dieser gegenseitigen Pflichten. Damit finden auf den Lizenzvertrag als gegenseitigen Vertrag die §§ 320ff. BGB Anwendung (vgl. BGH IXa ZB 165/03 v. 12.12.03, aaO). **6**

Inhaltlich orientieren sich Lizenzverträge entsprechend dem Lizenzgegenstand an den Bestimmungen des Patentgesetzes, Urheberrechtsgesetzes, Geschmacksmustergesetzes, Gebrauchsmustergesetzes, Markengesetzes und des Gesetzes über das Verlagsrecht. Im Hinblick auf die vielfältigen Beschränkungen, denen der Lizenznehmer auf Grund des Lizenzvertrages gewöhnlich unterworfen ist, sind zusätzlich kartellrechtliche Bestimmungen zu beachten. **7**

Für den Abschluss von Lizenzverträgen ist eine besondere Form nicht vorgeschrieben. Das gilt auch, soweit der Lizenzvertrag wettbewerbsrechtliche Beschränkungen enthält. Wegen des komplizierten Regelungswerkes eines Lizenzvertrages und aus Gründen der Beweisvorsorge versteht sich die Schriftform indessen von selbst. **8**

c) Steuerrecht

Ertragsteuern: Lizenzgebühren stellen beim Lizenzgeber im Rahmen der **Einkommensteuer** grundsätzlich Einkünfte aus Vermietung und Verpachtung (§ 21 Abs. 1 Nr. 3 EStG) dar, es sei denn sie sind einer anderen Einkunftsart zuzurechnen (§ 21 Abs. 3 EStG). In Betracht kommen Einkünfte aus Land- und Forstwirtschaft, aus Gewerbebetrieb (§§ 13, 15 EStG), falls das Recht zum entsprechenden Betriebsvermögen gehört, Einkünfte aus selbstständiger Arbeit (§ 18 EStG), soweit der Lizenzgeber die Lizenzen als freiberuflicher Erfinder oder als Künstler vereinnahmt, und Einkünfte aus nichtselbstständiger Arbeit (§ 19 EStG) bei Arbeitnehmererfindungen. **9**

In der Regel ist die Tätigkeit eines Erfinders, soweit sie wissenschaftlich geprägt ist, zwar als selbstständige Arbeit anzusehen, sie kann aber auch im Rahmen und im Dienste eines bestehenden Gewerbebetriebes ausgeübt werden (BFH IV R 223/85 v. 11.2.88, BFH/NV 88, 737). Dies gilt vor allem dann, wenn die Anregung zu einer technischen Neuerung und deren weiterer Entwicklung mit dem Betrieb eines gewerblichen Unternehmens zusammenhängt und die entwickelte Erfindung auch dem gewerblichen Betrieb des Erfinders dienen soll (BFH IV R 78/66 v. 29.1.70, BStBl. II **10**

70, 319; BFH IV R 223/85 v. 11.2.88, BFH/NV 88, 737) oder wenn im Anschluss an eine Spontanidee weitere bis zur Patentreife erforderliche Arbeiten vom Erfinder selbst oder von einem anderen durchgeführt werden (BFH IV R 29/97 v. 18.6.98, BStBl. II 98, 567).

11 Werden einer Kapitalgesellschaft, an der der Erfinder maßgeblich beteiligt ist, von diesem Lizenzen zur gewerblichen Verwertung seiner Patente eingeräumt, kann die Verwertung der Erfindung im Rahmen einer **Betriebsaufspaltung** einen Gewerbebetrieb darstellen. Das ist dann der Fall, wenn die Patente wesentliche Grundlagen des Betriebs der Kapitalgesellschaft darstellen, z.B. weil die Produktion in erheblichem Umfang auf ihnen basiert (vgl. nur BFH XI R 72/97 v. 23.9.98, BStBl. II 99, 281).

12 Gem. § 5 Abs. 2 EStG sind Erfindungen, Patente und Know-how als immaterielle Wirtschaftsgüter in der **Steuerbilanz** nur dann zu aktivieren, wenn sie entgeltlich erworben werden.

13 Wenn immaterielle Wirtschaftsgüter vom Inhaber des Rechts an andere Konzernunternehmen zur Nutzung überlassen werden, können sich in der Praxis **Abgrenzungsprobleme** zwischen **Lizenzvergabe und Eigentumsübertragung** ergeben (vgl. *Vögele/Borstell/Engler,* Verrechnungspreise, Kapitel N Rz. 89ff.). Von der Lizenzvergabe, die eine zeitlich begrenzte Nutzungsüberlassung von Rechten darstellt, ist die endgültige Rechtsübertragung des Eigentums am immateriellen Wirtschaftsgut abzugrenzen (vgl. BFH III R 7/86 v. 3.7.87, BStBl. II 87, 728; BFH IX R 57/99 v. 23.4.03, BFH/NV 03, 1311). Die Übertragung des Eigentums am immateriellen Wirtschaftsgut erfolgt, wenn der Inhaber seine Rechtsstellung voll aufgibt. Ein Lizenzgeber vergibt dagegen nur einen Teil seines Rechts, nämlich die Befugnis zur Benutzung. Das rechtliche und regelmäßig auch das wirtschaftliche Eigentum verbleiben somit beim Lizenzgeber. Entscheidend ist für die Abgrenzung, wie sich der Parteiwille bei Abschluss des Vertrags dargestellt hat (BFH VI R 24/84 v. 6.2.77, BStBl. II 77, 355).

14 Aktivierte Patente und Erfindungen können gem. § 7 Abs. 1 Satz 1, 2 EStG ungeachtet etwaiger Schutzfristen über einen Zeitraum von acht Jahren **linear abgeschrieben** werden (OFD Frankfurt v. 8.1.01, StEK EStG § 7 Nr. 359). Bei aktiviertem Know-how kann eine Nutzungsdauer von drei Jahren angebracht sein.

15 Im Rahmen der **beschränkten Steuerpflicht** unterliegen Lizenzgebühren, soweit nicht § 49 Abs. 1 Nr. 2, 3 EStG eingreift, dem § 49 Abs. 1 Nr. 6 EStG (Patente) bzw. dem § 49 Abs. 1 Nr. 9 EStG (nicht geschütztes Know-how; vgl. dazu BFH IX R 53/02 v. 26.10.04, BStBl. II 05, 167).

16 Gem. § 50a Abs. 1 Nr. 3, Abs. 2 Satz 1 EStG sind an beschränkt steuerpflichtige Personen gezahlte Lizenzgebühren einer **Quellensteuer** in Höhe von 15% zzgl. SolZ (5,5%) unterworfen. Hierdurch ist die beschränkte Steuerpflicht abgegolten (§ 50 Abs. 2 Satz 1 EStG). Lizenzzahlungen zwischen verbundenen Unternehmen iSd. § 50g Abs. 3 Nr. 5 Buchst. b EStG sind allerdings innerhalb der EU von Quellensteuer freigestellt (§§ 50g, 50d Abs. 2 EStG). Aufgrund der meisten von der Bundesrepublik mit anderen Staaten abgeschlossenen Doppelbesteuerungsabkommen ist zudem die Besteuerung von Lizenzgebühren ausschließlich dem Ansässigkeitsstaat des Lizenzgebers zugewiesen, so dass der Bundesrepublik insoweit die Quellensteuerbefugnis genommen ist. Zu beachten ist allerdings § 50d Abs. 3 EStG. Legt der Lizenzgeber in diesen Fällen dem inländischen Lizenznehmer einen Freistellungsbescheid des BZSt vor (§ 50d Abs. 2 EStG), darf dieser von der Einbehaltung der Quellensteuer absehen. Wird ohne Freistellungsbescheid keine Quellensteuer einbehalten, besteht die Gefahr der Haftung (§ 73g EStDV). Im Hinblick darauf sollte der inländische Lizenznehmer auf die Einbehaltung der Quellensteuer stets nur gegen Vorlage des Freistellungsbescheides des BZSt verzichten.

17 Für Zwecke der **Gewerbesteuer** erfolgt beim Lizenznehmer eine Hinzurechnung (§ 8 Nr. 1 Buchst. f GewStG) in Höhe von $^{1}/_{16}$ mit Ausnahme von Lizenzen, die ausschließlich dazu berechtigten, daraus abgeleitete Rechte Dritten zu überlassen.

Beim Lizenzverkehr unter Beteiligung von Kapitalgesellschaften sowie im grenzüberschreitenden Lizenzverkehr zwischen miteinander verbundenen Unternehmen ist auf die **Angemessenheit der vereinbarten Lizenzgebühr** und anderer Bedingungen zu achten. Andernfalls kann es zu einer Einkommenserhöhung im Rahmen verdeckter Gewinnausschüttungen oder einer Einkünftekorrektur auf Grund von § 1 AStG kommen (BFH I B 81/02 v. 15.4.2003, BFH/NV 03, 1612; BFH I R 69/88 v. 14.10.1992, BFH/NV 93, 269). Ggf. ist auch eine spätere Anpassung der Lizenzsätze geboten (§ 1 Abs. 3 Satz 11 AStG). **18**

Die **Ermittlung der angemessenen Vergütung** ist häufig mit erheblichen Schwierigkeiten verbunden. Dabei verbietet sich jede pauschalierende Betrachtung, so dass eine Ermittlung unter Berücksichtigung der Besonderheiten des lizenzierten Rechts zu erfolgen hat (Umfang des Nutzungsrechts, Marktsituation, Konkurrenzprodukte etc.). In der Literatur werden hierzu z. T. sehr detaillierte Erfahrungswerte wiedergegeben (vgl. z. B. *Groß/Rohrer*, Lizenzgebühren, 3. Aufl. 2012; *Hellebrand/Kaube*, Lizenzsätze für technische Erfindungen, 2. Aufl. 2001; vgl. auch die Hinweise bei *Böcker* StBp 91, 73 ff. und *Groß* BB 98, 1321 ff.). In der Praxis werden Lizenzgebühren vielfach anhand von Datenbankanalysen ermittelt, wobei RoyaltySource und RoyaltyStat die bekanntesten Datenbanken sind. Erfolgt eine Lizenzierung zwischen verbundenen Unternehmen werden die Lizenzzahlungen von der deutschen Finanzverwaltung häufig kritisch auf Fremdüblichkeit hin hinterfragt. Ein Kriterium dabei ist auch, ob dem Lizenznehmer nach Abzug der Lizenz ein angemessener Betriebsgewinn verbleibt (BMF v. 23.2.83, BStBl. I 83, 218 Tz. 5.2.3.). Hierbei wird immer noch auch die sog. Knoppe-Formel angewendet, die allerdings in der Literatur weitgehend als willkürlich und wirtschaftlich nicht zu rechtfertigen abgelehnt wird (*Vögele/ Borstell/Engler,* Verrechnungspreise, Kapitel N Rz. 528). Insoweit dürfte die transaktionsbezogene Nettomargenmethode (TNMM) oder auch die Gewinnaufteilungsmethode (Profit-Split) in der Regel zu marktnäheren Ergebnissen führen. **19**

Es kann sich gegebenenfalls empfehlen, eine **Lizenzhöchstbetragsklausel** zu vereinbaren, um dem Lizenznehmer eine angemessene Kapitalverzinsung (10–15%) oder Umsatzrendite (3–5%) zu belassen. **20**

Erbschaftsteuer: Gehören die Rechte zu einem Betriebsvermögen, so sind diese Rechte in die Ermittlung des Wertes des Betriebsvermögens einzubeziehen. Bewertungsziel ist hierbei der Ansatz mit dem gemeinen Wert (§ 12 Abs. 5 ErbStG; §§ 95, 109 Abs. 1, 11 Abs. 2 BewG). Grundsätzlich kommen die Begünstigungen nach §§ 13a und 13b ErbStG in Betracht. Gehören die Rechte nicht zum Betriebsvermögen, erfolgt der Ansatz ebenfalls zum gemeinen Wert (§ 12 Abs. 1 ErbStG). Eine Begünstigung nach §§ 13a und 13b ErbStG ist dann allerdings nicht möglich. **21**

(frei) **22**

Verkehrsteuern: Der Ort der sonstigen Leistung beurteilt sich gem. § 3a Abs. 2 UStG nach dem Empfängerprinzip, wenn der Empfänger ein Unternehmer ist. Lizenzen, die in das Ausland vergeben werden, unterliegen damit nicht der deutschen, sondern allenfalls der ausländischen **Umsatzsteuer**. **23**

Im Hinblick darauf, dass der Leistungsort bei inländischen Lizenznehmern im Inland liegt, wird die auf die Lizenzgebühr im Ausland ansässiger Lizenzgeber entfallende Umsatzsteuer vom inländischen Lizenznehmer geschuldet (§ 13b Abs. 5 UStG). **24**

(frei) **25–29**

2. Einzelerläuterungen

Zu § 1: Patente

Es sind alle für das Patent bedeutsamen Rechtsverhältnisse aufzuführen. **30**

Zu § 2: Know-how

31 Da die Konkretisierung des Know-hows für die Erfüllung des Vertrages von besonderer Bedeutung ist, sind diese nicht geschützten Rechte genau zu beschreiben. Hierbei muss die Geheimniseigenschaft des Know-hows und dessen Eignung erkennbar werden, das lizensierte Patent besser zu nutzen. Diese Voraussetzungen müssen bei einem internationalen Lizenzvertrag im Hinblick auf die Vereinbarkeit mit Art. 101 Abs. 2 AEUV erfüllt sein.

Zu § 3: Lizenz

32 Die Lizenz unterliegt hier keiner technisch gegenständlichen Beschränkung. Soll dagegen die Lizenz auf bestimmte technische Anwendungsfelder begrenzt sein, bedarf es unter § 1 und § 2 einer detaillierten Umschreibung der technischen Anwendungsmöglichkeiten. Wegen etwaiger Auslegungsprobleme empfiehlt es sich, in einer Präambel übergreifend zu beschreiben, für welche Zwecke der Lizenznehmer Patente und Know-how einsetzen will. Eine technisch gegenständliche Beschränkung der Lizenz ist zulässig (Art. 4 Abs. 1 Buchst. c Nr. i TT-GVO).

33 Die patentierte Erfindung ist hier schließlich ohne Einschränkung in allen Benutzungsarten gestattet. Auch hier sind Einschränkungen zulässig. So kann etwa bestimmt werden, dass der Lizenzgegenstand nur für Zwecke des eigenen Gebrauchs hergestellt, nicht aber vertrieben werden darf. Regelbar ist auch, dass nur an einen bestimmten Abnehmerkreis, etwa innerhalb des Konzerns, verkauft werden darf.

34 Die Vereinbarung über die **ausschließliche** Lizenz verpflichtet den Lizenzgeber, die lizensierte Erfindung und das dazugehörige Know-how in dem dem Lizenznehmer überlassenen Gebiet nicht selbst auszuwerten und dort keine weitere Lizenz zu vergeben.

Zu § 4: Vertragsgebiet

35 Herstellungs- und Vertriebslizenzen nur für einen Teil des Gebietes, für das ein Schutzrecht erteilt ist, sind ohne weiteres zulässig. Ebenso zulässig ist hier das Exportverbot für den Lizenzgegenstand in andere Gebiete, für die der Lizenzgeber Schutzrechte unterhält. Die vertragliche Regelung entspricht den Vorgaben der TT-GVO, wonach eine Beschränkung des sog. aktiven Verkaufs ohne weiteres und eine Beschränkung des sog. passiven Vertriebs im Grundsatz nur während der ersten beiden Jahre zulässig ist (vgl. Art. 4 Abs. 2 Buchst. b Nr. ii TT-GVO).

Zu § 5: Unterlizenzen

36 Diese Vorschrift hat konstitutive Bedeutung, da der Lizenznehmer im Hinblick auf die ausschließliche Lizenz andernfalls zur Erteilung von Unterlizenzen berechtigt wäre.

Zu § 6: Lizenzübertragung

37 Die Übertragbarkeit der Lizenz ist hier an die Zustimmung des Lizenzgebers gebunden. Da bei Gesamtrechtsnachfolge (Tod, Umwandlung) keine rechtsgeschäftliche Übertragung erfolgt, ist die Verankerung eines Kündigungsrechtes für den Lizenzgeber geboten, weil anderenfalls die Lizenz unkontrolliert auf Dritte übergehen könnte.

Zu § 7: Ausübungspflicht

38 Die Ausübungspflicht begegnet auch international-rechtlich keinen Bedenken. Die Regelung ist sehr allgemein gefasst und kann ohne weiteres ergänzt werden.

Zu § 8: Lizenzgebühr

39 Es handelt sich hier um eine Umsatzlizenz. Gebräuchlich sind auch Stück- und Pauschallizenzen (vgl. *Röhricht/Graf von Westphalen/Haas,* Handelsgesetzbuch 4. Aufl.,

2014, Lizenzverträge Rz. 214). Von besonderer praktischer Bedeutung ist die exakte Festlegung der Bemessungsgrundlage. Entweder erfolgt dies durch Einzelbeschreibung oder wie hier durch Verweisung auf § 10 Abs. 1 UStG. Lizenzgebühren sind bei ausschließlichen Lizenzen idR höher als bei einer einfachen Lizenz, jedoch von Produkt und Marktsituation abhängig.

Der Hinweis „zuzüglich gesetzlicher Umsatzsteuer" dient der Klarstellung und hat **40** bei einem internationalen Lizenzvertrag insbesondere Bedeutung für den inländischen Lizenznehmer, weil der Ort der sonstigen Leistung bei Lizenzierung an einen Unternehmer gem. § 3a Abs. 2 UStG dem Empfängerprinzip folgt. Entsprechend ist ggf. auf ausländische Mehrwertsteuer hinzuweisen, falls der Lizenznehmer im Ausland ansässig ist.

Die Mindestlizenzgebühr dient dem Interesse des Lizenzgebers und ist bei inter- **41** nationalen Lizenzverträgen zulässig. Der Hinweis auf die deutschen Verwaltungsgrundsätze zur Einkunftsabgrenzung soll eine Korrektur der Bemessungsgrundlage bei Konzernlieferungen ermöglichen, falls die Preise unangemessen niedrig sind. Diese Regelung gilt nicht nur im grenzüberschreitenden Lieferverkehr, sondern sinngemäß auch für Lieferungen im Inland und schützt den Lizenzgeber vor Preismanipulationen durch den Lizenznehmer. Ein Rückgriff auf § 10 Abs. 5 UStG (Mindestbemessungsgrundlage) erscheint wenig sachgerecht.

Zu § 9: Steuerklausel

Die Steuerklausel weist das Steuerrisiko dem Lizenzgeber zu, soweit dieser auch **42** Steuerschuldner ist. Eine derartige Risikozuordnung ist zwar selbstverständlich, setzt aber voraus, dass vor Abschluss eines internationalen Lizenzvertrages der Lizenzgeber genaue Kenntnisse von den steuerlichen Belastungen der Lizenzgebühren im In- und Ausland hat, insbesondere über Umsatzsteuern, Quellensteuern, Regelungen im Doppelbesteuerungsabkommen sowie über die Anrechenbarkeit ausländischer Steuern auf die inländische Steuerschuld. Alternativ kann auch vereinbart werden, dass die im Land des Lizenznehmers in Übereinstimmung mit dem Vertrag geleisteten direkten Steuern, insbesondere Quellensteuern, sowie Umsatzsteuern zu Lasten des Lizenznehmers gehen. Schließlich kann auch eine Differenzierung zwischen direkten Steuern einerseits und Umsatzsteuern andererseits vorgenommen werden, was im Hinblick auf § 13b UStG nahe liegt.

Zu § 10: Lizenzabrechnung

Die Abrechnungsklausel enthält keine Besonderheit. Da es für den Zahlungsverzug **43** nicht auf Verschulden ankommt, geht das Fehlen einer etwa erforderlichen Devisenverkehrsgenehmigung zu Lasten des Lizenznehmers.

Zu § 11: Prüfungsrecht

Das Recht des Lizenzgebers, die Bücher des Lizenznehmers zu überprüfen, ist ins- **44** besondere bei Umsatzlizenzen unentbehrlich.

Zu § 12: Überlassung von Plänen

Die vereinbarte Geheimhaltungspflicht ist im Hinblick auf §§ 17ff. UWG von Be- **45** deutung. Die Pflicht zur Rückgabe der Pläne hat auch steuerliche Gründe und gewährleistet in Verbindung mit den in § 18 des Vertrages verankerten Unterlassungspflichten des Lizenznehmers bei untereinander verbundenen Unternehmen, dass eine gewinnerhöhende Realisation eines immateriellen Wirtschaftsgutes (Patent/Know-how) durch endgültige Überlassung desselben nicht angenommen werden kann. Andernfalls käme eine Gewinnerhöhung insbesondere infolge einer verdeckten Gewinnausschüttung, verdeckten Einlage oder auf Grund von § 1 AStG in Betracht. Möglich ist allerdings auch eine zur Gewinnrealisierung führende fiktive Entnahme wegen grenzüberschreitender Überlassung der Patente und des Know-hows zur Nutzung (§§ 4 Abs. 1 Satz 3, 6 Abs. 1 Nr. 4 Satz 1 Halbs. 2 EStG).

Zu § 13: Erfahrungsaustausch

46 Die Regelungen über den gegenseitigen Erfahrungsaustausch sind zulässig, soweit den Verpflichtungen des Lizenznehmers zur Gewährung von Lizenzen auf Verbesserungs- oder Anwendungserfindungen gleichartige Verpflichtungen des Lizenzgebers gegenüberstehen. Wegen dieses Gleichartigkeitsgebots sehen die Vertragsregelungen auch vor, dass sich Lizenzgeber und Lizenznehmer Lizenzen zu gleichen Konditionen gewähren.

Zu § 14: Stellung von Fachpersonal

47 Die Einzelregelungen über die Entsendung von Personal sind besonderen Vereinbarungen vorbehalten. Soweit Personal in das Ausland entsandt wird, sind in steuerlicher Hinsicht die Verwaltungsgrundsätze – Arbeitnehmerentsendung (BMF v. 9.11.01, BStBl. I 01, 796) zu beachten.

Zu § 15: Mängelansprüche

48 Die Haftungsklausel entspricht internationaler Übung. Mängel der Lizenz in rechtlicher Hinsicht sind vom Lizenzgeber hier nur eingeschränkt zu vertreten. In Betracht kommen als Rechtsmängel bereits bestehende anderweitige Lizenzen, entgegenstehende Schutzrechte Dritter, Abhängigkeit des Patents, Feststellung eines Vorbenutzungsrechts usw. Während hier die Rechtsmängelhaftung voraussetzt, dass die Benutzung der Lizenz beeinträchtigt wird, ist für den Fall der Nichtigkeitserklärung der Schutzrechte eine Sonderregelung getroffen worden. Im Übrigen haftet der Lizenzgeber für tatsächliche Mängel nur unter dem Gesichtspunkt technischer Ausführbarkeit und Brauchbarkeit. Für kaufmännische Brauchbarkeit haftet er nicht. Da eine Haftung nach dem Produkthaftungsgesetz nicht ausgeschlossen werden kann, ist der Lizenzgeber, insbesondere wenn er auch fertigungstechnisches Know-how zur Verfügung stellt, uU der Produzentenhaftung ausgesetzt. Eine Haftung des reinen Patentlizenzgebers kommt aber nicht in Betracht.

Zu § 16: Herstellungsqualität

49 Hat der Lizenzgeber ein Interesse daran, dass alle Lizenznehmer nach einem bestimmten Qualitätsstandard herstellen, muss die Qualität genau vereinbart und kontrolliert werden. Die Verpflichtung auf einen bestimmten Qualitätsstandard ist auch im EU-Bereich zulässig.

Zu § 17: Kennzeichnungspflicht/Lizenzvermerk

Die Verpflichtung des Lizenznehmers, auf den Lizenzgegenstand einen **Vermerk** über den Patentinhaber, das lizensierte Patent oder die Patentlizenzvereinbarung anzubringen, stellt keine Wettbewerbsbeschränkung iSd. Art 101 AEUV bzw. § 1 GWB dar. Ein solcher Vermerk kommt allerdings nur in Betracht, wenn der lizensierter Gegenstand als solcher in den Verkehr gebracht wird und nicht nur Grundprodukt für die Weiterverarbeitung ist. Der Lizenznehmer muss daneben aber berechtigt bleiben auch seinen eigenen Firmennamen zu nennen (*Benkhard/Ullmann* Patengesetz, 10. Aufl, 2006, § 15 Rz. 147).

Zu § 18: Verteidigungspflicht, Nichtangriffsverpflichtung

50 Die Aufrechterhaltungs- und Verteidigungspflicht der Vertragsschutzrechte liegt im beiderseitigen Interesse und ist ohne weiteres zulässig. Die iÜ vereinbarte Nichtangriffsverpflichtung beschränkt sich darauf, bei deren Verletzung den Lizenzvertrag zu kündigen (vgl. Art. 5 Abs. 1 Buchst. c TT-GVO).

Zu § 19: Nachvertragliche Pflichten

Im EU-Bereich ist das Verbot für die Weiterbenutzung des Patentes und des **51** Know-hows zulässig, soweit und solange das Know-how noch geheim ist bzw. die Patente bestehen. Die Geheimhaltungsverpflichtung ist im Grundsatz ebenfalls unbedenklich.

Zu § 20: Vertragsdauer

Da bei internationalen Lizenzverträgen mitunter Genehmigungen ausländischer Behörden beizubringen sind, ist hier der Vertragsbeginn an das Vorliegen dieser Genehmigung gekoppelt. Lizenzverträge sind langfristig angelegt, finden ihr Ende jedoch stets mit dem Erlöschen der Patente. Sind mehrere Vertragsschutzrechte lizensiert worden, kann die Vertragslaufzeit an das Erlöschen des letzten Vertragsschutzrechtes gekoppelt werden (Längstlaufklausel), soweit dieses vertragswesentlich ist. Das gilt auch dann, wenn künftig neue, vom Lizenzgeber mitgeteilte patentierte oder nicht patentierte Verbesserungen einbezogen werden sollten, sofern der Lizenznehmer berechtigt ist, derartige Verbesserungen abzulehnen oder jeder Partei das Recht eingeräumt wurde, die Vereinbarung nach Ablauf der ursprünglichen Laufzeit und mindestens alle drei Jahre danach zu kündigen. **52**

Zu § 21: Anwendbares Recht, Gerichtsstand

Bei internationalen Lizenzverträgen sollte stets das anwendbare Recht festgelegt **53** werden; seit 17.12.09 ergibt sich die Möglichkeit der Rechtswahl für vertragliche Schuldverhältnisse grds. aus Art. 3 VO 593/08/EG, ABl. EG v. 17.6.08 Nr. L 177, S. 6 [Rom I-VO]). Diese Wahl bezieht sich allerdings nur auf den schuldrechtlichen Teil des Lizenzvertrages. Patentrecht, Kartellrecht, Wettbewerbsrecht, Steuerrecht und Verfahrensrecht sind einer Wahl durch die Vertragsparteien entzogen.

Der Gerichtsstand sollte in dem Staat sein, dessen Recht zur Anwendung kommt und dessen Gerichtsurteile in dem Staat des anderen Vertragspartners vollstreckbar sind. Schließlich ist in Erwägung zu ziehen, Schiedsgerichtsvereinbarungen zu treffen, da diese in aller Regel schneller und weniger kostspielig sind.

Zu § 22: Salvatorische Klausel

Die salvatorische Klausel dient dazu, die Rechtsfolgen des § 139 BGB zu modifizie- **54** ren, insbesondere mit der Folge, dass abweichend von der Vermutung des § 139 BGB die Beweislast demjenigen zufällt, der sich auf die Gesamtnichtigkeit des Vertrags beruft (BGH II ZR 84/09 v. 15.3.10, NJW 10, 1660).

B. 13. Mietvertrag (Kfz-Mietvertrag)

Gliederung

I. FORMULAR

Formular B. 13 Kfz-Mietvertrag

KFZ-MIETVERTRAG

zwischen

A ...... **– nachfolgend Vermieter genannt –**

und

B ...... **– nachfolgend Mieter genannt –**

§ 1 Vertragsgegenstand

(1) Der Vermieter überlässt dem Mieter ein Kfz ...... Fahrgestellnummer ...... mit dem amtlichen Kennzeichen ...... zum Transport von Möbeln (zur Personenbeförderung).

(2) Das Kraftfahrzeug verfügt über folgende Ausstattung:

....

(3) Das Kraftfahrzeug wird mit ..... (vollem) Tank übergeben.

§ 2 Vertragsdauer

Das Kfz ist am ...... bis um ...... zurückzugeben.

§ 3 Übergabe

(1) Das Kfz wird am ...... *[Ort der Übergabe]* an den Mieter übergeben. Hierbei wird der Tachometerstand sowie der Zustand des Kfz protokolliert (Übergabeprotokoll). Das Übergabeprotokoll wird Bestandteil dieses Vertrages. Protokoll, Kfz-Schein und Schlüssel werden mit dem Kfz übergeben. Das Kfz ist voll betankt und innen gereinigt.

(2) Die Rückgabe an den Vermieter erfolgt am Übergabeort gem. Abs. 1. Das Kfz ist voll betankt, innen gereinigt und in betriebsbereitem Zustand zu übergeben.

(3) Kfz-Schein und Schlüssel sind an den Vermieter zurückzugeben.

§ 4 Mietzins und Kosten

(1) Der Mieter hat dem Vermieter bei Vertragschluss € ...... zu zahlen.

Zusätzlich wird für jeden gefahrenen Kilometer ein Betrag von € ...... bei Rückgabe an den Vermieter gezahlt. Die vorstehenden Beträge verstehen sich einschließlich gesetzlicher Umsatzsteuer.

(2) Die Kosten für Treibstoff sowie für eine evtl. Innenreinigung trägt der Mieter.

§ 5 Kaution

Der Mieter hat bei Vertragsschluss eine Kaution in Höhe von € ...... zu hinterlegen. Die Kaution wird bei der ordnungsgemäßen Rückgabe des Kfz zurückgezahlt.

§ 6 Verhalten bei Verkehrsunfällen

(1) Wird der Mieter während der Nutzung des Fahrzeugs verschuldet oder unverschuldet in einen Verkehrsunfall, Wildschaden, Brand oder Ähnliches verwickelt, so hat er unverzüglich für eine polizeiliche Aufnahme des Unfall- bzw. Schadenshergangs zu sorgen.

(2) Der Mieter hat dem Vermieter ferner einen schriftlichen Unfallbericht ggf. mit Unfallskizze zu übergeben. Der Mieter hat darin auch Namen und Adresse der beteiligten und Zeugen schriftlich festzuhalten.

§ 7 Vertragsstrafe und Schadensersatz

(1) Bei verspäteter Rückgabe des Kfz ist eine Vertragsstrafe wie folgt zu zahlen: ......

Weitergehende Schadensersatzansprüche bleiben hiervon unberührt.

(2) Das Kfz ist Vollkasko versichert. Bei vorsätzlicher oder grob fahrlässiger Zerstörung, Beschädigung oder bei vorsätzlich oder grob fahrlässig verursachtem Untergang des Kfz hat der Mieter den Schaden zu ersetzen.

(3) Soweit gesetzlich zulässig, haftet der Vermieter nicht für Mängel des Kfz und braucht er einen evtl. entstehenden Schaden nicht zu ersetzen.

§ 8 Sonstige Pflichten des Mieters

(1) Der Mieter hat das Kfz pfleglich und schonend zu behandeln.

(2) Der Mieter ist allein zum Führen des Fahrzeugs berechtigt. Das Kfz darf weder von anderen Personen geführt werden noch darf es untervermietet werden.

(3) Mängel hat der Mieter dem Vermieter sofort anzuzeigen.

(4) Das Kfz ist gegen Diebstahl zu sichern.

II. ERLÄUTERUNGEN

Erläuterungen zu B. 13 Kfz-Mietvertrag

1. Grundsätzliche Anmerkungen

a) Wirtschaftliche Vertragsziele

Die Miete ist darauf gerichtet, entgeltlich ein Gebrauchsrecht an einer Sache zu gewähren (§ 535 BGB). Ein Pachtvertrag (§ 581 BGB) kann sich demgegenüber auf eine Sache oder auf ein Recht beziehen und gewährt dem Pächter weitergehend auch den Bezug der Früchte (§ 99 BGB). Vgl. iÜ Formular A. 6.39 sowie Formular B.15. 1

b) Zivilrecht

Auf den Mietvertrag über bewegliche Sachen finden die §§ 535–548, 579 Abs. 1 Satz 1, 2, 580, 580a Abs. 3, 4 BGB Anwendung. 2

Das Mietverhältnis ist vom Pachtverhältnis oftmals nur sehr schwer zu unterscheiden. Beide Rechtsinstitute haben nur in wenigen Fällen unterschiedliche Rechtsfolgen. Unterschiede bestehen im Wesentlichen bei

– der Ersatzpflicht bei nicht rechtzeitiger Rückgabe der überlassenen Sache nach Vertragsende,

– den gesetzlichen Kündigungsfristen,
– bestimmten Sonderkündigungsrechten und
– der Unterhaltungspflicht für mitüberlassenes Inventar.

Es empfiehlt sich daher, in den oben genannten Punkten im Vertrag konkrete Regelungen zu vereinbaren. Auf diese Weise werden diejenigen Risiken ausgeschlossen, die bei nicht ganz eindeutiger Einordnung des Vertrages sonst bestünden.

3 Hauptpflicht des Vermieters ist es, dem Mieter den Gebrauch des vermieteten Gegenstandes zu gewähren. Hauptpflicht des Mieters ist es, dem Vermieter den vereinbarten Mietzins zu entrichten.

c) Steuerrecht

4 **Ertragsteuern:** Der **Vermieter** von beweglichen Sachen erzielt für Zwecke der **Einkommensteuer** Einkünfte aus Vermietung und Verpachtung (§ 21 Abs. 1 Nr. 2 EStG), soweit es sich um die Vermietung von Sachinbegriffen handelt. Sofern die Vermietung beweglicher Sachen, insbesondere Kfz, nachhaltig betrieben wird, können auch Einkünfte aus Gewerbebetrieb (§ 15 Abs. 1, 2 EStG) vorliegen. Typisch gewerblich ist zB die Tätigkeit einer Autoverleihfirma. Entsprechendes gilt, wenn das zu vermietende Wirtschaftsgut Betriebsvermögen (§§ 4, 5 EStG) darstellt (vgl. § 21 Abs. 3 EStG). Sollte es sich nur um eine gelegentliche Vermietung einzelner beweglicher Gegenstände handeln, sind sonstige Einkünfte nach § 22 Nr. 3 EStG gegeben. Bei dem Mieter sind die Mietzahlungen, sofern sie im Rahmen der Einkünfteerzielung verausgabt werden, **Betriebsausgaben** bzw. **Werbungskosten**. Soweit ein gemietetes Kfz für Fahrten zwischen Wohnung und Arbeitsstätte eingesetzt wird, sind gem. § 9 Abs. 1 Nr. 4, Abs. 2 EStG als Abgeltung sämtlicher Aufwendungen € 0,30 für jeden Entfernungskilometer höchstens jedoch € 4.500 im Kalenderjahr zu berücksichtigen (zu Einzelheiten vgl. BMF v. 31.8.09, BStBl. I 09, 891). Mit der Entfernungspauschale sind z.B. auch (Leasing)Sonderzahlungen abgegolten (BFH VI R 20/08 v. 15.4.10, BStBl. II 10, 805 – Verfassungsbeschwerde nicht zur Entscheidung angenommen BVerfG 2 BvR 1683/10 v. 7.4.11, n.v.). Wird das gemietete Kfz zu mehr als 50% für betrieblich veranlasste Fahrten genutzt, gilt für die private Nutzung die in § 6 Abs. 1 Nr. 4 Satz 2 EStG verankerte 1%-Regelung. Abweichend davon kann die private Nutzung des betrieblichen Kfz aber auch mit den tatsächlichen, auf die Privatfahrten entfallenden Aufwendungen angesetzt werden, wenn diese auf Grund eines ordnungsgemäß geführten Fahrtenbuches nachgewiesen werden können (§ 6 Abs. 1 Nr. 4 Satz 3 EStG).

5 Die Vermietung einzelner beweglicher Sachen ist, sofern die allgemeinen Kriterien eines Gewerbebetriebs vorliegen, eine der **Gewerbesteuer** unterliegende Tätigkeit. Beim **gewerblichen Mieter** erfolgt ggf. eine Hinzurechnung in Höhe von $^{1}/_{20}$ der Mietzinsen (§ 8 Nr. 1 Buchst. d GewStG).

6 **Verkehrsteuern:** Sofern die Vermietung des Kfz durch einen Unternehmer im Rahmen seines Unternehmens erfolgt, handelt es sich **umsatzsteuerrechtlich** um eine sonstige Leistung i.S. des § 3 Abs. 9 UStG. Ist der Mieter ebenfalls ein Unternehmer, so ist der Ort der sonstigen Leistung dort, wo der Empfänger sein Unternehmen betreibt (§ 3a Abs. 2 UStG). Ansonsten bestimmt sich der Ort der sonstigen Leistung nach § 3a Abs. 1 UStG (dort wo der leistende Unternehmer sein Unternehmen betreibt) bzw. bei kurzfristiger Vermietung von nicht mehr als 30 Tagen nach § 3a Abs. 3 Nr. 2 UStG (dort wo das Kfz dem Empfänger tatsächlich zur Verfügung gestellt wird). Besonderheiten gelten bei der Vermietung durch einen im Drittlandsgebiet ansässigen Unternehmer. Hier ist der Ort der Leistung im Inland, wenn die Leistung hier genutzt oder ausgewertet wird (§ 3a Abs. 6 UStG). Handelt es sich dagegen um eine einmalige Vermietung, ist mangels Unternehmereigenschaft eine Umsatzsteuerbarkeit nicht gegeben.

Wird das gemietete Kfz mindestens zu 10% für das Unternehmen des Mieters genutzt (§ 15 Abs. 1 Satz 2 UStG), ist die Vorsteuer in vollem Umfang abziehbar. Die Korrektur erfolgt über die Besteuerung der privaten Nutzung nach § 3 Abs. 9a UStG. 7

2. Einzelerläuterungen

Zu § 1: Vertragsgegenstand

Es empfiehlt sich im Vertrag niederzulegen, wozu das Kfz vermietet wird, um den 8 üblichen Gebrauch festzustellen.

Zu § 3: Übergabe

Diese Vorschrift hat im Wesentlichen die Funktion einer Checkliste für den Mieter, 9 so dass dieser Punkt für Punkt verfolgen kann, was er zu überprüfen hat und worauf er achten muss. Darüber hinaus dient diese Vorschrift der Klarstellung, was tatsächlich in welchem Zustand übergeben wurde und an welchem Ort es zurückzugeben ist.

Zu § 4: Mietzins und Kosten

Aus wirtschaftlichen Gründen empfiehlt es sich, die Kosten für das Kfz nicht nur 10 pauschal zu vereinbaren, sondern auch von dem tatsächlichen Gebrauch abhängig zu machen. In den genannten Beträgen ist die gesetzliche Mehrwertsteuer enthalten.

Abs. 2 stellt klar, dass der Mieter nicht auf Kosten des Vermieters die Innenreinigung und das Betanken vornehmen kann.

Zu § 5: Kaution

Die Höhe der Kaution richtet sich hier nach dem jeweiligen Einzelpreis des Kfz. 11 Ferner sind hier die typischen Schäden zu berücksichtigen, wie zB Verlieren der Autoschlüssel.

Zu § 6: Verhalten bei Verkehrsunfall

Die Verpflichtung bei einem Unfall die **Polizei** hinzuzuziehen, ist eine sinnvolle Regelung. Allerdings sollte man nicht die **Haftungsfreistellung** vom Herbeirufen der Polizei abhängig machen, denn eine Klausel, wonach die gegen Zahlung eines zusätzlichen Entgelts gewährte Haftungsfreistellung entfällt, wenn der Mieter gegen die Verpflichtung verstößt, bei einem Unfall die Polizei hinzuzuziehen, ist nach § 307 BGB unwirksam. Die durch die Unwirksamkeit der Klausel entstehende Vertragslücke kann durch die Heranziehung von § 28 Abs. 2 und 3 VVG geschlossen werden (vgl. BGH XII ZR 40/11 v. 24.10.12, VersR 13, 197).

Zu § 7: Vertragsstrafe und Schadensersatz

Insbesondere der Mieter sollte darauf achten, dass das Kraftfahrzeug versichert ist, 12 damit er bei einer fahrlässig verursachten Zerstörung oder Beschädigung des Fahrzeugs nicht zum Schadensersatz herangezogen wird.

Zu § 8: Sonstige Pflichten des Mieters

Der Vermieter hat darauf zu achten, dass er sich vom Mieter eine gültige Fahrer- 13 laubnis vorzeigen lässt. Aus dem gleichen Grund ist es auch sinnvoll, zu vereinbaren, dass der durch eine gültige Fahrerlaubnis ausgewiesene Mieter allein berechtigt ist, das Fahrzeug zu führen.

B. 14. Nießbrauch

Gliederung

I. FORMULAR

Formular B. 14 Zuwendungsnießbrauch

ZUWENDUNGSNIESSBRAUCH

Verhandelt am ...... in ......

Vor dem unterzeichnenden Notar ...... erschienen

Herr A

und **– nachfolgend Eigentümer genannt –**

Herr B

handelnd als Pfleger für den minderjährigen Sohn des Eigentümers, A1, geb. ......, auf Grund der in Urschrift vorgelegten Bestallungsurkunde des Amtsgerichts ...... vom ......

– nachfolgend Nießbraucher genannt –

Die Erschienenen, durch Personalausweise ausgewiesen, erklärten:

§ 1 Nießbrauchbestellung

(1) Der Eigentümer räumt hiermit dem Nießbraucher an dem im Grundbuch des Amtsgerichts ...... für ...... Band ...... Blatt ...... eingetragenen unbebauten Grundstück auf die Dauer von drei Jahren unentgeltlich ein Nießbrauchrecht ein, beginnend mit dem ......

(2) Der Nießbraucher ist berechtigt, aus dem vorgenannten Grundstück sämtliche Nutzen zu ziehen. Er hat die auf dem Grundstück ruhenden privaten und öffentlichen Lasten zu tragen. Das gilt auch für die außerordentlichen öffentlichen Lasten und die außergewöhnlichen Ausbesserungen und Erneuerungen.

(3) Das vorbezeichnete unbebaute Grundstück ist langfristig verpachtet und dient dem Pächter als Parkplatz für gewerbliche Zwecke.

(4) Eigentümer und Nießbraucher sind sich über das Entstehen des Nießbrauchrechts einig. Im Hinblick darauf bewilligt und beantragt der Eigentümer die Eintragung des Nießbrauchrechts an dem genannten Grundstück zugunsten des Nießbrauchers.

§ 2 Schenkungsteuer, Kosten des Vertrages

Die auf die unentgeltliche Bestellung des Nießbrauchrechts entfallende Schenkungsteuer sowie die Kosten dieses Vertrages trägt der Nießbraucher. Der Jahreswert des Nießbrauchs wird mit € ...... angegeben.

Diese Niederschrift wurde den Erschienenen vom Notar vorgelesen, von ihnen genehmigt und von ihnen und dem Notar wie folgt unterschrieben:

....	....	....
(Unterschrift A)	**(Unterschrift B)**	**(Unterschrift Notar)**

II. ERLÄUTERUNGEN

Erläuterungen zu B. 14 Zuwendungsnießbrauch

1. Grundsätzliche Anmerkungen

a) Wirtschaftliche Vertragsziele

Die durch den Nießbrauch bewirkte Abspaltung des Nutzungsrechts vom Eigentum 1
dient in erster Linie der Versorgung des Nießbrauchers. Dies gilt insbesondere im Rahmen vorweggenommener Erbfolge etwa dann, wenn die Eltern ein Grundstück auf Kinder unter Vorbehalt des Nießbrauchs übertragen oder im Rahmen der Erbfolge auf die Kinder unter Vorbehalt des Nießbrauchs am Nachlass zugunsten des hinterbliebenen Ehepartners. Schließlich spielen nicht selten auch steuerliche Gründe eine Rolle, und zwar vor allem beim Zuwendungsnießbrauch an Grundstücken.

b) Zivilrecht

Der Nießbrauch ist das **Recht,** sämtliche Nutzungen (§ 100 BGB) aus der belaste- 2
ten Sache zu ziehen (§ 1030 Abs. 1 BGB). Dieses Nutzungsrecht umfasst auch das Recht zur Vermietung und Verpachtung, wobei der Nießbraucher gem. §§ 567, 578 BGB in ein bereits bestehendes Miet- oder Pachtverhältnis eintritt (§ 567 BGB). Das umfassende Nutzungsrecht kann allerdings eingeschränkt werden (§ 1030 Abs. 2 BGB).

Als **Verpflichtung** trifft den Nießbraucher die Erhaltung der Sache, verbunden mit 3
dem Tragen der laufenden Reparaturen (§ 1041 BGB). Ferner hat er die Pflicht, die Sache zu versichern (§ 1045 BGB) sowie die laufenden öffentlichen Lasten, zB Grundsteuer, und privaten Lasten, zB Hypothekenzinsen, zu tragen (§ 1047 BGB). Außerordentliche öffentliche Lasten (zB Erschließungskosten) und außergewöhnliche Ausbesserungen und Erneuerungen treffen den Nießbraucher nicht (§ 1047 BGB).

Der Nießbrauch **entsteht** an beweglichen Sachen durch Einigung und Übergabe 4
(§ 1032 BGB), an Grundstücken und grundstücksgleichen Rechten durch Einigung und Eintragung in das Grundbuch (§§ 873f. BGB) sowie an Rechten insbesondere durch Abtretung oder durch Einigung und Übergabe (§§ 1069 Abs. 1, 1080, 1081 Abs. 2, 1084 BGB). Neben dem Immobiliarnießbrauch und dem Nießbrauch an Gesellschaftsanteilen ist auch der Nießbrauch an Sachgesamtheiten, etwa als Unternehmens- und Nachlassnießbrauch (vgl. §§ 1085, 1089 BGB), von praktischer Bedeutung. Der Bestellung des Nießbrauchs als Verfügungsgeschäft liegt stets ein Verpflichtungsvertrag zur Nießbrauchsbestellung zugrunde, der grds. formlos gültig ist. Bei Schenkung ist § 518 Abs. 1 BGB zu beachten.

Der Nießbrauch ist grds. **unübertragbar,** unvererblich, nicht belastbar und nicht 5
verpfändbar (§§ 1059 Satz 1, 1069 Abs. 2, 1274 Abs. 2 BGB; Ausnahme: § 1059a BGB). Die Ausübung des Nießbrauchs kann allerdings Dritten überlassen werden (§ 1059 Satz 2 BGB), insoweit ist der Nießbrauch auch pfändbar (§ 857 Abs. 3 ZPO).

Der Nießbrauch **erlischt** insbesondere durch Aufhebung (§§ 875, 1062, 1064, 6
1072 BGB), Eintritt einer auflösenden Bedingung oder durch Erreichen des vereinbarten Endtermins (§§ 158 Abs. 2, 163 BGB).

7 Entsprechend der inhaltlichen Ausgestaltung unterscheidet man insbesondere: **Nettonießbrauch,** bei dem gemäß dem gesetzlich geregelten Grundfall die laufenden Aufwendungen vom Nießbraucher zu tragen sind; **Bruttonießbrauch,** bei dem abweichend von der gesetzlichen Regelung der Eigentümer kraft Vereinbarung die Aufwendungen trägt; **Vorbehaltsnießbrauch,** bei dem sich der Eigentümer bei Übertragung der Sache das Nießbrauchsrecht vorbehält; **Zuwendungsnießbrauch,** bei dem der Eigentümer einem Dritten das Nießbrauchsrecht bestellt; **Quotennießbrauch,** bei dem das Nießbrauchsrecht an einer Sache nur zu einem Bruchteil bestellt wird (vgl. hierzu auch BMF v. 30.9.13, BStBl. I 13, 1184).

c) Steuerrecht

8 **Ertragsteuern:** Im Hinblick darauf, dass der Nießbrauch vor allem zwischen Familienangehörigen vereinbart wird, gelten hier im besonderen Maße die allgemeinen Grundsätze für die **steuerliche Anerkennung** von Verträgen zwischen nahen Angehörigen. Wird die steuerliche Anerkennung versagt, kommt eine Zurechnung der Einkünfte zum Nießbraucher von vornherein nicht in Betracht mit der Folge, dass etwa erstrebte steuerliche Spareffekte nicht eintreten. Dabei schließt nicht jede geringfügige Abweichung einzelner Sachverhaltsmerkmale vom Üblichen die steuerrechtliche Anerkennung des Vertragsverhältnisses aus. Vielmehr sind einzelne Kriterien des Fremdvergleichs im Rahmen der gebotenen Gesamtbetrachtung unter dem Gesichtspunkt zu würdigen, ob sie den Rückschluss auf eine privat veranlasste Vereinbarung zulassen (vgl. BFH X R 26/10 v. 22.10.13, BFH/NV 14, 231).

9 Entsprechend den allgemeinen Grundsätzen sind für die **Einkommensteuer** Nießbrauchsvereinbarungen zwischen nahen Angehörigen nur dann anzuerkennen, wenn sie klar getroffen, ernsthaft gewollt und tatsächlich durchgeführt werden (vgl. allg. BFH X R 55/09 v. 18.8.10, BStBl. II 10, 633; zu den Voraussetzungen einer Anerkennung eines Nießbrauchs an einem vermieteten Grundstück vgl. BMF v. 30.9.13, BStBl. I 13, 1184 Tz. 2 ff.; *Schmidt/Kulosa* § 21 Rz. 38, 45 ff.). Voraussetzung ist zunächst, dass der Nießbrauch **bürgerlich-rechtlich wirksam** bestellt worden ist. Für die Bestellung des Nießbrauchs an einem vermieteten Grundstück von Eltern zugunsten ihrer minderjährigen Kinder bedarf es daher der Mitwirkung eines Pflegers (BFH VIII R 75/79 v. 13.5.80, BStBl. II 81, 297; BMF v. 24.7.98, BStBl. I 98, 914 Tz. 4; BMF v. 30.9.13, BStBl. I 13, 1184 Tz. 4). Das gilt aber ausnahmsweise dann nicht, wenn das zuständige Familiengericht die Bestellung eines Pflegers für nicht notwendig gehalten hatte und keine vernünftigen Zweifel am zivilrechtlichen Bindungswillen bestehen (BFH VIII R 29/97 v. 13.7.99, BStBl. II 00, 386; BMF v. 9.2.01, BStBl. I 01, 171). Eine Pflegschaft für die Dauer des Nießbrauchs ist allerdings nicht erforderlich (BFH VIII R 63/79 v. 13.5.80, BStBl. II 81, 295). Was die **tatsächliche Durchführung** des Nießbrauchs anbelangt, so muss der Nutzungsberechtigte tatsächlich selbst als Einkunftserzieler auftreten (*Schmidt/Kulosa* § 21 Rz. 38). Das bedeutet etwa beim Zuwendungsnießbrauch, dass neue Mietverträge durch den Nießbraucher abzuschließen sind und der Eintritt in bestehende Verträge den Mietern angezeigt wird (BFH VIII R 63/79 v. 13.5.80, BStBl. II 81, 295). Schließlich müssen die Mietzahlungen auch tatsächlich auf dem Konto des Nießbrauchers eingehen. An der tatsächlichen Durchführung fehlt es, wenn äußerlich alles beim Alten bleibt und etwa nur die Erträge an den Nutzungsberechtigten abgeführt werden (BMF v. 30.9.13, aaO Tz. 3). Hat der Nießbraucher das Gebäude oder eine Wohnung in Ausübung seines Nießbrauchsrechts an den Eigentümer vermietet, so kann darin die Rückgängigmachung des Nießbrauchs oder ein **Missbrauch von rechtlichen Gestaltungsmöglichkeiten** (§ 42 AO) liegen. Bestellen Eltern ihrem Kind einen befristeten Nießbrauch an einem Grundstück und vermietet das Kind den Grundbesitz anschließend an die Eltern zurück, stellt eine solche Gestaltung regelmäßig einen Missbrauch von rechtlichen Gestaltungsmöglichkeiten iSd. § 42 AO dar (vgl. BFH IV R 36/90 v. 18.10.90, BStBl. II

91, 205). Eine missbräuchliche Gestaltung kann auch in der Unkündbarkeit eines in zeitlichem Zusammenhang mit der Nießbrauchbestellung mit dem Nießbrauchbesteller vereinbarten Mietverhältnisses oder darin liegen, dass die Dauer eines befristeten Nießbrauchs auf die Unterhaltsbedürftigkeit des Nießbrauchers abgestimmt ist (BMF v. 30.9.13, aaO Tz. 17).

Im Bereich der Einkünfte aus **gewerblichen Einzelunternehmen** führt nur der **Unternehmensnießbrauch** zu einer Zurechnung der Einkünfte zum Nießbraucher (BFH VIII R 55/77 v. 4.11.80, BStBl. II 81, 396; BFH IV R 7/94 v. 28.9.95, BStBl. II 96, 440), während der **Ertragsnießbrauch** insoweit unbeachtlich ist, weil der Nießbraucher hierbei weder Unternehmerinitiative entfalten kann, noch Unternehmerrisiko trägt (BFH VIII R 349/83 v. 24.9.91, BStBl. II 92, 330). **10**

Im Bereich der **mitunternehmerischen** Einkünfte aus Gewerbebetrieb (§ 15 Abs. 1 Satz 1 Nr. 2 EStG, vgl. auch Gleichl. Ländererlasse v. 2.11.12, BStBl. I 12, 1101; BFH II R 67/09 v. 1.9.11, BStBl. II 13, 210; BFH II R 5/12 v. 16.5.13, BStBl. II 13, 635) ist der Nießbraucher nur dann als Mitunternehmer anzusehen, wenn er rechtlich und tatsächlich dem Typusbegriff des Mitunternehmers entspricht (BFH VIII R 35/92 v. 1.3.94, BStBl. II 95, 241). Dabei ist es unerheblich, ob der Nießbrauch zivilrechtlich im Wege der sog. Treuhandlösung oder als echter dinglicher Nießbrauch begründet wird. Erforderlich ist jedenfalls, dass der Nießbraucher auch Stimmrechte ausüben kann und er über die Gewinn- und Verlustbeteiligung Mitunternehmerrisiko trägt (*Schmidt/Wacker* § 15 Rz. 306). Im Hinblick darauf vermitteln sowohl der reine Ertragsnießbrauch als auch der Nießbrauch nur am **Gewinnstammrecht** dem Nießbraucher keine Mitunternehmerstellung (BFH IV R 83/94 v. 13.5.76, BStBl. II 76, 592; BFH VIII R 18/93 v. 16.5.88, BStBl. II 95, 714). Der Nießbrauchsbesteller bleibt Mitunternehmer, wenn er Mitunternehmerinitiative ausüben kann und an den stillen Reserven sowie am Geschäftswert im Liquidationsfall beteiligt bleibt und ihm der nicht entnahmefähige Gewinnanteil gebührt (*Schmidt/Wacker* § 15 Rz. 309). **11**

Im Bereich der **Einkünfte aus Kapitalvermögen** (§ 20 EStG) ist die steuerliche Zurechnung zum Nießbrauchsbesteller oder Nießbraucher stark umstritten und letztlich noch ungeklärt (vgl. *Schmidt/Weber-Grellet* § 20 Rz. 174ff.). Nach wohl überwiegender Meinung gilt Folgendes: **12**

Es ist zwischen Vorbehalts- und Zuwendungsnießbrauch zu unterscheiden. Während beim **Vorbehaltsnießbrauch** dem Nießbraucher die Einnahmen zuzurechnen sind, werden die Einnahmen beim **unentgeltlich** bestellten **Zuwendungsnießbrauch** weiterhin dem Nießbrauchsbesteller (BFH VIII R 146/73 v. 14.12.76, BStBl. II 77, 115; BFH VIII B 4/02 v. 24.8.05, BFH/NV 06, 273) zugerechnet. Beim entgeltlich bestellten Nießbrauch ist die steuerliche Behandlung dagegen zweifelhaft. Nach Tz. 58, 59 des Nießbrauch-Erlasses (BMF v. 23.11.83, BStBl. I 83, 508) soll das für die Bestellung gezahlte Entgelt nach § 20 Abs. 5 Satz 3 EStG dem Nießbrauchbesteller zuzurechnen sein mit der Folge, dass der Nießbraucher lediglich eine Forderung einziehe, die bei ihm keine Steuerfolge auslöse. Es ist davon auszugehen, dass die Finanzverwaltung an dieser Beurteilung trotz der Aufhebung des entsprechenden Erlasses (Schreiben zur Eindämmung der Normenflut – BMF v. 4.4.11, BStBl. I 11, 356) festhalten wird (vgl. zu den verschiedenen Ansichten: *Blümich/Ratschow* § 20 EStG Rz. 454ff.).

Die steuerliche Zurechnung der **Einkünfte aus Vermietung und Verpachtung** hängt nach dem Nießbrauch-Erlass (BMF v. 24.7.98, BStBl. I 98, 914; BMF v. 30.9.13, BStBl. I 13, 1184.) davon ab, ob es sich um einen Vorbehaltsnießbrauch oder um einen Zuwendungsnießbrauch handelt. Ist das mit dem **Vorbehaltsnießbrauch** (vgl. BMF v. 24.7.98, aaO Tz. 39ff.; BMF v. 30.9.13, aaO Tz. 41 ff.) belastete Grundstück vermietet, sind die Mieteinnahmen grds. dem Vorbehaltsnießbraucher zuzurechnen. Der Vorbehaltsnießbraucher ist auch zum Werbungskostenabzug, insbe- **13** sondere zur Inanspruchnahme der Absetzung für Abnutzung, berechtigt (BFH GrS 4/92 v. 30.1.95, BStBl. II 95, 281, BFH IX R 33/94 v. 26.11.96, BFH/NV 97, 643; BFH IV R 20/07 v. 24.6.09, BFH/NV 10, 20).

14 Handelt es sich um einen **unentgeltlich** bestellten **Zuwendungsnießbrauch** (vgl. Nießbrauch-Erlass BMF v. 24.7.98, aaO Tz. 10ff.; BMF v. 30.9.13, BStBl. I 13, 1184 Tz. 18ff.), sind die Einnahmen dem Nießbraucher zuzurechnen, wenn dieser auch als Vermieter auftritt (BFH IX R 78/88 v. 9.4.91, BStBl. II 91, 809). Nutzt der Nießbrauchbesteller das Grundstück unverändert selbst (BFH IX R 86/84 v. 21.7.88, BStBl. II 88, 938) oder handelt es sich um eine missbräuchliche Gestaltung (§ 42 AO), etwa bei Rückvermietung (BFH IV R 36/90 v. 18.10.90, BStBl. II 91, 205, siehe oben), werden die Einkünfte dem Nießbrauchbesteller zugerechnet. Eine Absetzung für Abnutzung auf das Gebäude kann der Nießbraucher nicht vornehmen (BFH VIII R 141/77 v. 28.7.81, BStBl. II 82, 454). Beim Eigentümer sind Werbungskosten, und somit auch eine Absetzung für Abnutzung mangels entsprechender Einnahmen aber ebenfalls nicht zu berücksichtigen. Gleiches gilt für den **Vermächtnisnießbrauch.** Ein Vermächtnisnießbraucher kann die Gebäude-AfA auf Grund von Anschaffungs- oder Herstellungskosten des Erblassers nicht in Anspruch nehmen (BFH IX R 196/88 v. 28.9.93, BStBl. II 94, 319). Da dem Eigentümer keine Einnahmen zuzurechnen sind, kann er auch keine Werbungskosten geltend machen.

15 Beim **entgeltlich** bestellten **Zuwendungsnießbrauch** (vgl. Nießbrauch-Erlass BMF v. 24.7.98, aaO Tz. 26ff.; BMF v. 30.9.13, BStBl. I 13, 1184 Tz. 26 ff.) sind die Mieteinnahmen dem **Nießbraucher** zuzurechnen, der insoweit auch zum Werbungskostenabzug berechtigt ist. Auf das entgeltlich erworbene Nießbrauchsrecht kann der Nießbraucher eine nach der Dauer des Nießbrauchs bemessene Absetzung für Abnutzung (§ 7 Abs. 1 EStG) vornehmen (BFH VIII R 54/74 v. 27.6.78, BStBl. II 79, 332; *Schmidt/Kulosa* § 21 Rz. 39).

Beim **Eigentümer** ist das für die Bestellung des Nießbrauchs gezahlte Entgelt grundsätzlich im Jahr des Zuflusses als Einnahme aus Vermietung und Verpachtung zu versteuern. Bei Vorausleistung des Entgelts durch den Nießbraucher für mehr als fünf Jahre können die Einnahmen auf den Zeitraum verteilt werden, für den die Zahlung geleistet wird (§ 11 Abs. 1 Satz 3 EStG).

Zum teilweise entgeltlich bestellten Zuwendungsnießbrauch vgl. Nießbrauch-Erlass BMF v. 24.7.98, aaO Tz. 31; BMF v. 30.9.13, aaO Tz. 31).

16 **Verkehrsteuern:** Während bei der **Umsatzsteuer** unentgeltliche Nießbrauchsbestellungen allenfalls als Entnahmeeigenverbrauch (§ 3 Abs. 1b UStG) steuerbar sind, ist bei Entgeltlichkeit die Steuerbefreiung gem. § 4 Nr. 12c UStG einschlägig (vgl. UStAE 4.12.8). In beiden Fällen kann eine Vorsteuerberichtigung gem. § 15a Abs. 1, 4 UStG in Betracht kommen, falls im Zusammenhang mit der Errichtung oder dem Erwerb des Gebäudes Vorsteuer abgezogen wurde (vgl. BFH X R 51/81 v. 16.9.87, BStBl. II 88, 205; UStAE 15a.15a.2 Abs. 6 Nr. 3b)3b). Die Vorsteuerberichtigung kann ggf. dadurch vermieden werden, dass für die entgeltliche Nießbrauchbestellung gem. § 9 UStG unter den dort näher genannten Voraussetzungen auf die Steuerbefreiung verzichtet wird. Zu dem der Umsatzsteuer unterliegenden Entgelt (§ 10 Abs. 1 UStG) zählen hierbei nicht die vom Nießbraucher gem. § 1047 BGB zu tragenden Lasten (BFH V R 12/85 v. 28.2.91, BStBl. II 91, 649).

17 **Schenkungsteuer:** Zur unentgeltlichen Übertragung etwa eines Grundstücks unter **Nießbrauchsvorbehalt** vgl. Formular B. 18.01.

18 Der in diesem Formular behandelte unentgeltliche **Zuwendungsnießbrauch** unterliegt der Schenkungsteuer (§ 7 ErbStG), wobei die Steuer entweder vom Kapitalwert oder jährlich im Voraus vom Jahreswert zu entrichten ist (§ 23 ErbStG). Das entsprechende Wahlrecht trifft der Nießbraucher.

Als wiederkehrende Nutzung ergibt sich die Bemessungsgrundlage für den Zuwendungsnießbrauch nach § 12 Abs. 1 ErbStG, §§ 13–16 BewG. Danach ist gem. § 13

Abs. 1 BewG grds. der Kapitalwert maßgebend. Der für die Laufzeit zum Bewertungsstichtag maßgebliche Vervielfacher des Jahreswertes des Nießbrauchs ergibt sich aus der Anlage 9a zu § 13 Abs. 1 BewG.

Der Jahreswert ist gem. § 16 BewG höchstens mit dem Wert anzusetzen, der sich ergibt, wenn der Wert durch 18,6 geteilt wird. Bei Grundstücken und den wie Grundvermögen bewerteten Betriebsgrundstücken (§ 99 Abs. 1 Nr. 1 BewG) ist hierbei der Grundbesitzwert gem. § 12 Abs. 3 ErbStG iVm. § 138 Abs. 3 BewG maßgeblich (vgl. dazu Gleichl. Ländererlasse v. 5.5.09, BStBl. I 09, 590 = AEBewGrV).

(frei) **19**

2. Einzelerläuterungen

Zur Eingangserklärung:

Die Bestellung eines unentgeltlichen Zuwendungsnießbrauchs an Grundbesitz beinhaltet nicht lediglich einen rechtlichen Vorteil, so dass es gem. § 107 BGB der Einwilligung des gesetzlichen Vertreters (Eltern) bedarf. Da die Eltern wegen § 181 BGB indessen an der Vertretung gehindert sind, ist Ergänzungspflegschaft gem. § 1909 Abs. 1 BGB erforderlich (BFH VIII R 63/79 v. 13.5.80, BStBl. II 81, 295, 297; BFH IX R 216/84 v. 31.10.89, BStBl. II 92, 506; BMF v. 24.7.98, BStBl. I 98, 914 Tz. 4; BMF v. 30.9.13, BStBl. I 13, 1184 Tz. 4). Die Zuständigkeit hierfür liegt beim Familiengericht (§ 151 Nr. 5 FamFG). Hat das Familiengericht indessen die Bestellung eines Ergänzungspflegers nicht für erforderlich gehalten, wird die Nießbrauchsbestellung steuerlich anerkannt, wenn keine vernünftigen Zweifel am zivilrechtlichen Bindungswillen bestehen (BFH VIII R 29/97 v. 13.7.99, BStBl. II 00, 386; BMF v. 30.9.13, aaO Tz. 5). Der Bestellung eines Ergänzungspflegers für die Dauer des Nießbrauchs bedarf es nicht (BFH VIII R 63/79 v. 13.5.80, BStBl. II 81, 295). Eine Genehmigung durch das Familiengericht ist ebenfalls nicht erforderlich (vgl. OFD Berlin v. 29.6.00, DStR 00, 1733). **20**

Zu § 1: Nießbrauchbestellung

Es handelt sich um einen Nettonießbrauch, wobei über § 1047 BGB hinaus vom Nießbraucher auch die außerordentlichen öffentlichen Lasten und außergewöhnlichen Ausbesserungen und Erneuerungen zu tragen sind. **21**

Da es sich um ein unbebautes Grundstück handelt, spielt es keine Rolle, dass dem Nießbraucher beim Zuwendungsnießbrauch keine Absetzung für Abnutzung zusteht. Im Hinblick darauf wirkt der steuerliche Vorteil uneingeschränkt. Die dem minderjährigen Sohn zuzurechnenden Einkünfte aus Vermietung und Verpachtung unterliegen bei diesem im Rahmen der Einkommensteuer einem zusätzlich eingreifenden Grundfreibetrag (§ 32a Abs. 1 Nr. 1 EStG) und einer niedrigeren Progressionsstufe. **22**

Zu § 2: Schenkungsteuer, Kosten des Vertrags

Die Angaben dienen vor allem der Festsetzung der Schenkungsteuer. **23**

B. 15. Pachtvertrag

Gliederung

I. FORMULAR

Formular B. 15 Pachtvertrag

PACHTVERTRAG

zwischen

A ...... **– nachfolgend Verpächter genannt –**

und

B ...... **– nachfolgend Pächter genannt –**

§ 1 Pachtgegenstand

(1) Der Verpächter verpachtet dem Pächter das im Grundbuch des Amtsgerichts ...... für ...... Band ...... Blatt ...... eingetragene Grundstück mit aufstehendem Kiosk.
(2) Mitverpachtet wird auch das gesamte vorhandene Inventar, welches in der als Anlage 1 beigefügten Inventarliste aufgeführt ist.

(3) Die Errichtung zusätzlicher Baulichkeiten ist nur mit vorheriger schriftlicher Zustimmung des Verpächters zulässig.

§ 2 Pachtzweck

(1) Die Verpachtung erfolgt zum Betrieb eines Kiosks.

(2) Eine hiervon abweichende Nutzung ist dem Pächter nur nach vorheriger schriftlicher Erlaubnis des Verpächters gestattet.

§ 3 Pachtdauer

(1) Der Pachtvertrag beginnt am ...... und endet am ......

(2) Der Pachtvertrag verlängert sich jeweils um weitere ...... Jahre, wenn er nicht durch eingeschriebenen Brief mindestens sechs Monate vor Vertragsablauf gekündigt wird.

(3) Das Recht beider Vertragsparteien, das Pachtverhältnis fristlos aus wichtigem Grunde zu kündigen, bleibt unberührt.

§ 4 Pachtzins

(1) Der Pachtzins beträgt monatlich € ...... zuzüglich gesetzlicher Mehrwertsteuer in Höhe von € ...... und ist jeweils bis spätestens zum dritten Werktag eines jeden Monats im Voraus auf das Konto Nr. ...... bei der ...... Bank, BLZ ...... zu zahlen.

(2) Der Pächter übernimmt die auf dem Pachtgrundstück stehenden öffentlichen Lasten und Abgaben einschließlich der Grundsteuer sowie die durch den Gewerbebetrieb verursachten Betriebskosten iSd. Betriebskostenverordnung (Anlage 2).

(3) Auf diese Betriebskosten ist eine monatliche Vorauszahlung in Höhe von ...... Euro zuzüglich gesetzlicher Mehrwertsteuer in Höhe von .... ebenfalls bis zum dritten Werktag eines jeden Monats zu zahlen.

(4) Der Pächter hat, soweit möglich, direkt Versorgungsverträge mit den jeweiligen Versorgungsträgern abzuschließen und die Kosten direkt an die jeweiligen Versorgungsträger zu zahlen.

(5) Über die Betriebskosten ist jährlich abzurechnen. Erhöhen sich die Betriebs- und Nebenkosten, so ist der Verpächter berechtigt, eine entsprechende Erhöhung auf den Pächter umzulegen.

(6) Das Recht auf Aufrechnung oder Zurückbehaltung gegenüber der Pachtzinsforderung wird ausgeschlossen.

§ 5 Kaution

(1) Zur Sicherung aller Ansprüche des Verpächters gegen den Pächter aus diesem Pachtvertrag hat der Pächter eine Kaution in Höhe von .... Euro spätestens bis zum ...... auf das in diesem Vertrag benannte Konto des Verpächters einzuzahlen.

(2) Dem Pächter ist gestattet, die Kaution durch eine selbstschuldnerische, unbefristete und unbedingte Bürgschaft einer deutschen Großbank oder Sparkasse bis zum .... zu erbringen.

(3) Wird in Folge von Verbindlichkeiten des Pächters die Sicherheit in Anspruch genommen, so hat der Pächter sie binnen zwei Wochen nach erfolgter schriftlicher Aufforderung wieder auf die volle Kautionshöhe aufzustocken.

§ 6 Nebenpflichten

(1) Der Pächter ist verpflichtet, den Geschäftsbetrieb mit der Sorgfalt eines ordentlichen Geschäftsmannes zu führen.

(2) Dem Pächter obliegen die Verkehrssicherungspflichten des verpachteten Objektes, einschließlich der Zuwege. Der Pächter übernimmt die durch Satzung den Anliegern auferlegten Reinigungs- und Schneeräum- sowie Streupflichten der Gehwege und hält den Verpächter von allen Ansprüchen frei, die sich aus einer Verletzung der Verkehrssicherungspflichten ergeben können.

(3) Der Pächter hat das Grundstück und den Kiosk auf eigene Kosten in gutem Zustand zu erhalten. Zerstörte oder sonst unbrauchbare Gegenstände sind durch intakte gleichartige Gegenstände zu ersetzen. Die zu ersetzenden Gegenstände werden Eigentum des Verpächters.

§ 7 Versicherungen

Der Pächter ist verpflichtet, die Pachtgegenstände ausreichend zu versichern. Auf Verlangen sind dem Verpächter sowohl der Versicherungsabschluss als auch die Prämienzahlungen nachzuweisen.

§ 8 Unterverpachtung/Untervermietung

Eine Unterverpachtung oder Untervermietung des Pachtobjektes oder von Teilen des Pachtobjektes bedarf der vorherigen schriftlichen Erlaubnis des Verpächters.

§ 9 Betreten der Pachträume

(1) Der Verpächter kann die Pachträume während der Geschäftszeit nach vorheriger Ankündigung zur Prüfung ihres Zustandes oder aus anderen wichtigen Gründen betreten und hiermit auch andere Personen beauftragen.

(2) Will der Verpächter das Grundstück veräußern oder die Pachträume weiterverpachten, so hat der Pächter nach vorheriger Ankündigung durch den Verpächter die Besichtigung durch Kauf- und Pachtinteressenten sowie durch Architekten, Handwerker oder Makler zu dulden.

§ 10 Rückabwicklung

(1) Nach Vertragsablauf hat der Pächter den Pachtgegenstand in sauberem, ordnungsgemäßen Zustand zu übergeben.

(2) Der Verpächter ist nicht verpflichtet, einen evtl. vom Pächter geschaffenen Geschäftswert zu vergüten. Der Verpächter ist nicht verpflichtet, bestehendes Umlaufvermögen zu übernehmen oder in bestehende Verträge einzutreten.

(3) Der Verpächter wird sich bemühen darauf hinzuwirken, dass ein nachfolgender Pächter dem Pächter einen geschaffenen Geschäftswert vergütet, Umlaufvermögen des Pächters übernimmt und in bestehende Verträge des Pächters eintritt, soweit der Pächter dies verlangt.

II. ERLÄUTERUNGEN

Erläuterungen zu B. 15 Pachtvertrag

1. Grundsätzliche Anmerkungen

a) Wirtschaftliche Vertragsziele

1 Die Pacht ist darauf gerichtet, die Nutzung eines Rechtes oder einer Sache und den Bezug der Früchte (§ 99 BGB) zu gewähren (§ 581 BGB). Die Miete (§ 535 BGB) gewährt demgegenüber lediglich ein Gebrauchsrecht an einer Sache. Vgl. Formular B.13.

b) Zivilrecht

2 Der Pachtvertrag wird in den §§ 581 ff. BGB geregelt. Größtenteils wird dabei auf die Vorschriften des Mietrechts, §§ 535 ff. BGB, Bezug genommen. Der Pachtvertrag ist an keine bestimmte Form gebunden. Neben dem allgemeinen Pachtvertrag gibt es besondere Pachtverhältnisse, zu denen zB die Landpacht, Kleingartenpacht oder die Jagd- und Fischereipacht zählen. Ein Vertrag, durch den der ganze Betrieb eines Unternehmens verpachtet wird, ist Betriebspacht (vgl. für die AG und KGaA als Verpächterin auch § 292 Abs. 1 Nr. 3 AktG).

Hauptpflicht des Verpächters ist es, dem Pächter den Gebrauch des verpachteten Gegenstandes und den Genuss der Früchte zu gewähren. Hauptpflicht des Pächters ist es, dem Verpächter den vereinbarten Pachtzins zu entrichten.

c) Steuerrecht

3 **Ertragsteuern:** Der Verpächter erzielt für Zwecke der **Einkommensteuer** Einkünfte aus Vermietung und Verpachtung gem. § 21 Abs. 1 Nr. 1 EStG, soweit der Pachtgegenstand nicht zu einem Betriebsvermögen gehört. Gehört der Gegenstand zu einem Betriebsvermögen iSv. §§ 4, 5 EStG (vgl. zB BFH X B 93/12 v. 2.8.13, BFH/NV 13, 1782), erzielt der Verpächter in der Regel Einkünfte aus Gewerbebetrieb (§ 15 Abs. 1 Satz 1 Nr. 1 EStG). In der Regel ist der Verpächter nicht nur rechtlicher, sondern auch wirtschaftlicher Eigentümer (vgl. § 39 Abs. 2 Nr. 1 AO) des gepachteten Gegenstandes (vgl. zB BFH IV R 35/08 v. 20.10.11, BFH/NV 12, 377; BFH X R 82/97 v. 14.2.01, BStBl. II 01, 440). Insoweit verbleibt dem Verpächter auch die Abschreibungsmöglichkeit nach § 7 EStG. Bei dem Pächter sind die Pachtzahlungen im Rahmen der Einkünfte aus Gewerbebetrieb Betriebsausgaben, sofern der Pachtgegenstand betrieblich genutzt wird.

Die Verpachtung von Grundstücken, evtl. einschließlich Inventar, sowie die Unterverpachtung ist in der Regel – außerhalb der in der Praxis bedeutsamen Grundsätze der Betriebsaufspaltung (vgl. dazu z.B. BFH X B 96/12 v. 25.6.13, BFH/NV 13, 1802) – kein Gewerbe, sondern Vermögensverwaltung. Dies hat zur Folge, dass insoweit keine **Gewerbesteuer** entsteht. Eine Ausnahme gilt nur für den Fall, dass über die Nutzungsüberlassung hinaus wesentliche Sonderleistungen geboten werden (zu Einzelheiten *Schmidt/Wacker* § 15 Rz. 80ff.). Hat der Verpächter oder im Fall des unentgeltlichen Erwerbs sein Rechtsvorgänger auf dem verpachteten Grundstück den nunmehr ebenfalls verpachteten Betrieb selbst bewirtschaftet, so gehört der Pachtzins zu den Einkünften aus Gewerbebetrieb, wenn eine Betriebsaufgabe zuvor nicht erklärt worden ist. Gewerbesteuer fällt hierbei allerdings nicht an (GewStR 2.2). Aus der Sicht des Pächters kommt ggf. eine gewerbesteuerliche Hinzurechnung iHv. $^1/_8$ der gezahlten Pachtzinsen in Betracht (§ 8 Nr. 1 Buchst. e GewStG). 4

Verkehrsteuern: Umsatzsteuer entsteht bei der Verpachtung von Grundstücken auf Grund der Steuerbefreiung nach § 4 Nr. 12a UStG grds. nicht. Die Steuerbefreiung erfasst allerdings nicht auch die Baulichkeiten, wenn diese nur zu einem vorübergehenden Zweck mit dem Grund und Boden verbunden und daher keine Bestandteile des Grundstücks sind (vgl. UStAE 4.12.1 Abs. 4). Da es für den Verpächter im Hinblick auf den Vorsteuerabzug günstiger sein kann, der Umsatzsteuerpflicht zu unterliegen (Vorsteuerabzug), ist ihm die Möglichkeit nach § 9 UStG eingeräumt, auf die Steuerbefreiung zu verzichten, soweit der Leistungsempfänger ein Unternehmer ist und das Grundstück im Rahmen seines Unternehmens ausschließlich für Umsätze verwendet oder zu verwenden beabsichtigt, die den Vorsteuerabzug nicht ausschließen. 5

Grundsteuer: Gem. § 535 Abs. 1 Satz 3 iVm. § 581 Abs. 2 BGB hat der Verpächter die auf der Sache ruhenden Lasten zu tragen. Zu diesen Lasten zählt die Grundsteuer. Oftmals wird diese Last auf den Pächter abgewälzt. Eine derartige Lastenüberwälzung betrifft aber nur das Innenverhältnis. In steuerrechtlicher Hinsicht ändert sich nichts. Der Verpächter bleibt weiterhin steuerpflichtig. 6

(frei) 7

2. Einzelerläuterungen

Zu § 1: Pachtgegenstand

Der Pachtgegenstand ist möglichst genau zu bezeichnen. Dazu zählt auch, dass das gesamte Anlagevermögen in einem Inventarverzeichnis einzeln aufgelistet wird. 8

Abs. 3 dient lediglich der Klarstellung.

Zu § 2: Pachtzweck

Die Festlegung und Konkretisierung des **Vertragszwecks** kann von Bedeutung sein, wenn unterschiedliche Nutzungsarten in Betracht kommen. Die Festlegung des Pachtzweckes dient dem Verpächter, da er gegenüber einer vom ursprünglich vereinbarten Vertragszweck abweichenden Nutzung einen Unterlassungsanspruch gemäß § 581 Abs. 2, 541 BGB gegen den Pächter geltend machen kann. Dem Pächter dient die Festlegung des Vertragszweckes, da sie die vom Verpächter zu gewährleistenden Gebrauchsbefugnisse und den Rahmen, innerhalb dessen Änderungen im Mietgebrauch vom Verpächter hinzunehmen sind, umschreibt.

Zu § 3: Pachtdauer

Dadurch, dass der Pachtvertrag für eine bestimmte Zeit geschlossen wird, entfällt das ordentliche Kündigungsrecht. 9

Bei **Abs. 2** ist zu beachten, dass diese Regelung in allgemeinen Geschäftsbedingungen so nicht wirksam wäre. Nach § 309 Nr. 13 BGB kann eine strengere Form als die

Schriftform nicht verlangt werden. Ein Einschreibebrief stellt bereits eine strengere Form dar.

Abs. 3 dient wiederum lediglich der Klarstellung.

Zu § 4: Pachtzins

10 **Abs. 1** legt die **Zahlungsbedingungen** konkret fest. Es handelt sich hier um eine Änderung des § 579 BGB iVm. § 581 Abs. 2 BGB, wonach der Pachtzins lediglich am Ende der Pachtzeit zu entrichten ist. Soweit der Pachtzins nach Zeitabschnitten bemessen ist, muss er nach Ablauf des einzelnen Zeitabschnittes entrichtet werden. Gerade bei einer Verpachtung über mehrere Jahre ist es daher erforderlich, diesbzgl. eine klare Regelung zu treffen.

Es empfiehlt sich, klar festzulegen, welche **Zahlungspflichten,** die von Gesetzes wegen der Verpächter zu tragen hat, auf den Pächter übergewälzt werden. Sofern derartige Pflichten nicht auf den Pächter im Vertrag übertragen werden, ist der Pächter auch später nicht verpflichtet, diese Pflichten zu übernehmen oder sich auf eine Übernahme einzulassen.

Ein Aufrechnungsverbot ist zwar in allgemeinen Geschäftsbedingungen gem. § 309 Nr. 3 BGB unwirksam, als individualrechtliche Vertragsregelung dagegen zulässig.

Zu § 6: Nebenpflichten

11 In den Nebenpflichten ist insbesondere darauf zu achten, dass der Pächter Gegenstände des Verpächters zum Gebrauch übernimmt. Es müssen daher Regelungen getroffen werden, die den Ersatz und Erhaltungsaufwand des Eigentums des Verpächters genau regeln.

Zu § 7: Versicherungen

12 Dem Umstand, dass der Pächter fremdes Eigentum in Gebrauch nimmt, trägt auch § 5 durch eine Versicherung Rechnung.

Zu § 10: Rückabwicklung

13 Hiernach wird der Verpächter von der Verpflichtung befreit, eventuelle Ausgleichsansprüche für geschaffene Werte des Pächters zu leisten. Andererseits wird dem Verpächter die Verpflichtung auferlegt, das in seiner Macht Stehende zu tun, um für einen reibungslosen Übergang vom vorherigen auf den nachfolgenden Pächter zu sorgen.

B. 16. Partiarisches Darlehen

Gliederung

I. FORMULAR

Formular B. 16 Vertrag über die Gewährung eines partiarischen Darlehens

VERTRAG ÜBER DIE GEWÄHRUNG EINES PARTIARISCHEN DARLEHENS

zwischen

Herrn A, ... **– nachfolgend Darlehensgeber genannt –**

und

Kaufmann B, ... **– nachfolgend Darlehensnehmer genannt –**

§ 1 Darlehensgewährung

Der Darlehensgeber gewährt dem Darlehensnehmer ein partiarisches Darlehen in Höhe von € ...... Der Darlehensbetrag ist heute auf folgendes Konto des Darlehensnehmers zu überweisen: XY-Bank, Kto.-Nr. ......

§ 2 Zinsen/Gewinnbeteiligung

(1) Das Darlehen ist ausschließlich in Abhängigkeit vom Gewinn zu verzinsen.

(2) Die Vergütung ist der Höhe nach variabel und beträgt ......% des Gewinns des Darlehensnehmers aus seinem Einzelunternehmen gem. Steuerbilanz, höchstens jedoch 15% des Darlehensbetrages. Besteht das Darlehen nicht während eines ganzen Geschäftsjahres, so ist die Vergütung zeitanteilig zu kürzen. Verringert sich der Darlehensbetrag (zB bei einer Teilkündigung, § 4 Abs. 2), so verringert sich der als Vergütung zu zahlende Gewinnanteil im gleichen Verhältnis.

(3) Am Verlust nimmt der Darlehensgeber nicht teil.

(4) Der Gewinnanspruch entsteht mit Ablauf des Kalenderjahres und ist 14 Tage nach Aufstellung des Jahresabschlusses fällig; die gesetzliche Kapitalertragsteuer ist vom Darlehensnehmer einzubehalten und an das zuständige Finanzamt abzuführen. Der Jahresabschluss ist bis zum 30.6. des Folgejahres aufzustellen. Änderungen des Gewinns haben auf die Höhe der Gewinnbeteiligung nur insoweit Einfluss, als diese bestandskräftig festgestellt werden und die Abweichung insgesamt mehr als 10% beträgt. Vorzunehmende Ausgleichszahlungen sind 14 Tage nach Bestandskraft des Änderungsbescheides fällig.

§ 3 Informations- und Kontrollrechte

(1) Dem Darlehensgeber stehen die Informations- und Kontrollrechte des § 233 HGB zu, solange die Maximalvergütung von 15 % des Darlehensbetrages nicht erreicht ist.

(2) Der Darlehensgeber kann seine Informations- und Kontrollrechte durch einen Rechtsanwalt, Steuerberater, vereidigten Buchprüfer oder Wirtschaftsprüfer wahrnehmen lassen.

(3) Der Darlehensgeber hat über alle ihm bekannt gewordenen Angelegenheiten der Gesellschaft Stillschweigen zu bewahren.

§ 4 Rückzahlung des Darlehens/Fälligkeit

(1) Das Darlehen ist zurückzuzahlen, wenn es von einer der Vertragsparteien gekündigt wird. Die Kündigungsfrist beträgt für beide Vertragsparteien zwölf Monate zum Monatsende.

(2) Teilkündigungen sind zulässig.

(3) Das Recht zur fristlosen Kündigung aus wichtigem Grund bleibt unberührt. Als wichtiger Grund, der zur Kündigung berechtigt, gilt insbesondere auch, wenn

a) der Darlehensnehmer die Zahlungen einstellt oder über sein Vermögen das Insolvenzverfahren eröffnet wird;

b) der Darlehensnehmer mit einer fälligen Zahlung im Rückstand ist und auf schriftliche Mahnung des Darlehensgebers hin, in der eine Frist von mindestens zwei Wochen gesetzt werden muss, nicht zahlt;

c) der Darlehensnehmer seine Verpflichtung zur Aufstellung und ggf. Vorlage des Jahresabschlusses nicht bis zum 31. 12. des Folgejahres nachkommt.

(4) Die Kündigung des Darlehens hat schriftlich zu erfolgen. Für die Rechtzeitigkeit der Kündigung kommt es auf den Zugang der Kündigungserklärung an.

§ 5 Verzug

Befindet sich der Darlehensnehmer in Verzug, so sind als Verzugszinsen zusätzlich 8 Prozentpunkten p. a. vom Zeitpunkt des Eintritts des Verzugs auf den geschuldeten Betrag zu zahlen. Weitergehende Ansprüche bleiben unberührt.

§ 6 Schriftform, Salvatorische Klausel

(1) Änderungen und Ergänzungen dieses Vertrages bedürfen zu ihrer Wirksamkeit der Schriftform. Mündliche Nebenabreden bestehen nicht.

(2) Sollten sich einzelne Bestimmungen dieses Vertrages als ungültig erweisen, so wird dadurch die Gültigkeit des Vertrages im Übrigen nicht berührt.

(3) Erfüllungsort ist der Wohnsitz des Darlehensgebers zurzeit der Leistung. Gerichtsstand für alle aus diesem Vertrag entstehenden Streitigkeiten ist der Wohnort des Darlehensgebers, soweit dies zulässig vereinbart werden kann.

II. ERLÄUTERUNGEN

Erläuterungen zu B. 16 Vertrag über die Gewährung eines partiarischen Darlehens

1. Grundsätzliche Anmerkungen

a) Wirtschaftliche Funktion

1 Das partiarische Darlehen nimmt eine Mittelstellung zwischen einem reinen Darlehen einerseits und einer stillen Gesellschaft andererseits ein. Für den kapitalsuchenden

Unternehmer bietet sich die Möglichkeit, Kapital aufzunehmen, dessen Verzinsung vom Gewinn seines Unternehmens abhängig ist. Es müssen keinerlei Mitspracherechte eingeräumt werden.

Dem Kapitalanleger gibt das partiarische Darlehen die Möglichkeit einer Kapitalanlage, bei der höhere Chancen und Risiken als etwa bei einer Anlage in festverzinslichen Wertpapieren gegeben sind, andererseits aber gleichwohl der Nominalwert der Einlage grds. erhalten und damit fest kalkulierbar bleibt. Eine Beteiligung am Verlust oder eine Haftung gegenüber Gläubigern des Unternehmers besteht nicht, vielmehr ist der Darlehensgeber selbst Gläubiger. Eine Verpflichtung und Berechtigung zur aktiven Einflussnahme auf den Geschäftsbetrieb besteht nicht. 2

b) Zivilrecht

In der gesellschaftsrechtlichen Literatur wird als kennzeichnend für das partiarische Darlehen überwiegend die Gewinnbeteiligung des Darlehensgebers teilweise aber auch (etwas allgemeiner) die Ergebnis- oder die Erfolgsabhängigkeit der Vergütung genannt (*Baumbach/Hopt* § 230 HGB Rz. 4 und *Rödding* DStR 11, 342 mwN). Der BFH ging bisher davon aus, ausschlaggebend für Begriff und Wesen eines partiarischen Rechtsverhältnisses sei, „dass *die Vergütung nicht – oder nicht nur – in einem festen periodischen Betrag besteht, sondern in einem Anteil an dem vom Darlehensempfänger erwirtschafteten Erfolg*“ (vgl. BFH I R 61/99 v. 13.9.00, BStBl. II 01, 67). Als eine solche Beteiligung am Erfolg wird auch die rein umsatzabhängige Vergütung gesehen (vgl. BGH XII ZR 142/95 v. 22.10.97, NJW-RR 98, 803).In einem neueren Urteil hat der BFH es für die Annahme als partiarisches Darlehen als ausreichend angesehen, dass die vereinbarten Zinsen erst dann fällig werden, wenn die Darlehensnehmerin über ausreichende Liquidität zu deren Zahlung verfügt (BFH I R 78/09 v. 22.6.10, DStR 10, 2448 mit Anm. *Süß/Mayer*). Soweit der BFH mit dieser Entscheidung erstmals eine Gleichstellung von Erfolgsabhängigkeit und Liquiditätsabhängigkeit als Kennzeichen für ein partiarisches Darlehen einführt, bedeutet dies eine deutliche Ausweitung des bisher anerkannten Begriffs des partiarischen Darlehens (kritisch hierzu *Süß/Mayer* aaO). Die weitere Entwicklung bleibt abzuwarten (vgl. hierzu *Rödding* DStR 11, 342) 3

Das partiarische Darlehen steht der stillen Gesellschaft nahe. Der Darlehensgeber ist – ebenso wie der stille Gesellschafter – zwingend am Gewinn des Darlehensnehmers zu beteiligen. Der wesentliche Unterschied besteht darin, dass beim partiarischen Darlehen ein gemeinsamer Zweck, nämlich das gemeinsame Streben nach einem gesellschaftlichen Vertragsziel fehlt und anstelle dessen gegenläufige Interessen (Kreditaufnahme und -gewährung) bestehen (vgl. BGH II ZR 32/94 v. 10.10.94, DB 94, 2610; zur Abgrenzung zwischen partiarischem Darlehen und stiller Gesellschaft vgl. auch *Jestädt* DStR 93, 387). Zur Abgrenzung der Innengesellschaft von partiarischen Darlehen vgl. BGH II ZR 128/88 v. 26.6.89, NJW 90, 573. Anders als der stille Gesellschafter nimmt der partiarische Darlehensgeber grds. nicht am Verlust teil, weil eine solche Verlustbeteiligung mit dem Wesen des Darlehens im Widerspruch steht. 4

Grundsätzlich bestehen über die vereinbarten Leistungen des Darlehensvertrages hinaus – anders als bei der stillen Gesellschaft – keine Rechte und Pflichten. Der Darlehensgeber hat daher auch keinerlei Recht zur Einflussnahme auf die Geschäftsführung. Erforderlich ist jedoch ggf. die Einräumung gewisser Kontrollrechte, s. § 3 des Formulars und Rz. 14f. 5

Der Darlehensvertrag ist grds. **formfrei.** Notarieller Beurkundung bedarf der Darlehensvertrag allerdings bei schenkweiser Zuwendung des Darlehensbetrages. Soweit Schenkungen – insbesondere unter nahen Angehörigen – in der Weise vorgenommen werden, dass der Schenker den geschenkten Betrag im Wege der Umbuchung von seinem Kapitalkonto abbucht und auf einem Konto des Beschenkten gutbringt, ohne dass eine Geldbewegung stattgefunden hat, handelt es sich nach der Rechtsprechung 6 des BGH um ein Schenkungsversprechen mit der Folge des Erfordernisses notarieller Beurkundung (§ 518 Abs. 1 BGB; BGH II ZR 16/52 v. 29.10.51, BGHZ 7, 378). Einer notariellen Beurkundung bedarf es allerdings dann nicht, wenn und soweit es sich bei der Zuwendung des Darlehensbetrages um eine Ausstattung iSd. § 1624 Abs. 1 BGB handelt; in diesem Fall liegt kraft Gesetzes keine Schenkung vor (vgl. hierzu *Palandt/Götz* § 1624 BGB Rz. 2). Soweit der Schenkungsvertrag notarieller Beurkundung bedarf, muss auch der Darlehensvertrag mit beurkundet werden; der BFH lehnt den Billigkeitserlass der FinVerw. ab, s. BMF v. 8.12.75, BStBl. I 75, 1130) bis 31.12.09; s. jetzt BMF v. 23.12.10, ZEV 11, 102.

c) Steuerrecht

7 Der Darlehensgeber bezieht Einkünfte aus **Kapitalvermögen** (§ 20 Abs. 1 Nr. 4 EStG), die Auszahlung der Gewinnanteile unterlag bis einschließlich 08 der **Kapitalertragsteuer** (§ 43 Abs. 1 Nr. 3 EStG), da die gewinnabhängige Vergütung, die für die Nutzungsüberlassung eines partiarischen Darlehens gezahlt wird, unter den Begriff „Zinsen" iSd. § 43 Abs. 1 Nr. 3 EStG fiel (BFH I R 78/09 v. 22.6.10, DStR 10, 2448; I R 41/91 v. 25.3.92, BStBl. II 92, 889). Ab 2009 unterliegen alle Kapitaleinkünfte im Privatvermögen der sog. **Abgeltungssteuer** iHv. 25%. Die Abgeltungssteuer hat Abgeltungswirkung, dh. der Steuerpflichtige kann keine Werbungskosten in diesem Zusammenhang mehr geltend machen. Weiterhin erhalten bleibt allerdings der Sparer-Pauschbetrag (EUR 801/1602 bei Zusammenveranlagung). Auf Antrag können allerdings die Kapitaleinkünfte zur Einkommensteuer veranlagt werden, wenn der persönliche Steuersatz unter 25% liegt (**Günstigerprüfung** von Amts wegen).

Die Kapitaleinkünfte aus einem partiarischen Darlehen unterliegen weiterhin dann der Vollversteuerung mit dem persönlichen Steuersatz und vollem Werbungskostenabzug, wenn Darlehensnehmer und Darlehensgeber nahe stehende Personen sind (zB Ehegatten) und die Aufwendungen beim Schuldner Betriebsausgaben oder Werbungskosten im Zusammenhang mit Einkünften, die der inländischen Besteuerung unterliegen, sind und § 20 Abs. 9 S. 1 zweiter Halbsatz keine Anwendung findet (§ 32d Abs. 2 Nr. 1a EStG) oder wenn ein Gesellschafter, der einer Kapitalgesellschaft/Genossenschaft ein partiarisches Darlehen gibt, mit mindestens 10% an der Gesellschaft/Genossenschaft beteiligt ist (§ 32d Abs. 2 EStG).

Beim Darlehensnehmer sind die für das partiarische Darlehen gezahlten, gewinnabhängigen Leistungen steuerlich grds. berücksichtigungsfähige Betriebsausgaben. Nach BFH XI R 24/02 v. 6.3.02 (BFH/NV 03, 1114) soll die Abzugsfähigkeit der Gewinnanteile für den stillen Gesellschafter als Betriebsausgabe allerdings dann nicht gegeben sein, wenn die Vermögenseinlage zu privaten Zwecken verwendet wurde; nichts anderes gilt für das partiarische Darlehen (vgl. zu Darlehen bereits BFH GrS 1–2/95 v. 8.12.97, BStBl. II 98, 193 mwN).

8 Ist der Darlehensgeber **beschränkt steuerpflichtig,** so unterliegen die auf ihn entfallenden Gewinnanteile der Besteuerung in Deutschland (§ 49 Abs. 1 Nr. 5 Buchst. a EStG). Nach Auffassung der FinVerw. unterliegen die Gewinnanteile der Kapitalertragsteuerpflicht gem. § 43 Abs. 1 Nr. 3 EStG mit der Folge, dass die Steuerpflicht mit der Kapitalertragsteuer iHv. 25% abgegolten ist. Soweit ein Doppelbesteuerungsabkommen besteht ist zu beachten, dass unter Umständen eine Erstattung der einbehaltenen Kapitalerträge zu beantragen ist (§ 50d Abs. 1 Satz 2 EStG). Das Freistellungsverfahren gem. § 50d Abs. 3 EStG kommt bei Kapitalerträgen in der hier vorliegenden Form nicht in Betracht. Ob und inwieweit die Vergütungen des Darlehensgebers nach Abkommensrecht als Zinsen oder als Dividenden zu behandeln sind, ist im Einzelfall zu prüfen.

9 **Gewerbesteuerlich** sind gewinnabhängige Vergütungen für die Überlassung von Kapital und damit insbesondere partiarische Darlehen gemäß § 8 Nr. 1 GewStG „Ent-

gelte". Damit sind die Zinsen partiarischer Darlehen als Dauerschuldzinsen iSd. § 8 Nr. 1 GewStG anzusehen mit der Folge, dass gewerbesteuerlich eine Hinzurechnung iHv. 25% erfolgt.

(frei) **10**

2. Einzelerläuterungen

Zu § 1: Darlehensgewährung

Zivilrechtlich handelt es sich beim partiarischen Darlehen um ein echtes Darlehensverhältnis iSv. § 488 BGB. Wird das Darlehen nicht – wie das Formular vorsieht – unmittelbar im Zusammenhang mit dem Abschluss des Darlehensvertrages ausgezahlt, so steht dem Schuldner gem. § 490 BGB ein außerordentliches Kündigungsrecht zu, wenn in den Vermögensverhältnissen des Darlehensnehmers oder den zu stellenden Sicherheiten eine wesentliche Verschlechterung eintritt oder einzutreten droht, durch die der Anspruch auf Rückerstattung des Darlehens gefährdet wird. **11**

Zu § 2: Zinsen/Gewinnbeteiligung

Der Darlehensgeber erhält für die Hingabe des Darlehens eine echte Gewinnbeteiligung, nicht eine Verzinsung des Kapitals iSv. § 609 BGB. Um eine Abgrenzung zur stillen Gesellschaft vorzunehmen, ist ausdrücklich klargestellt, dass der Darlehensgeber nicht am Verlust teilnimmt. **12**

Bemessungsgrundlage für die Gewinnbeteiligung des Darlehensgebers ist der steuerliche Jahresgewinn des Darlehensnehmers. Dabei ist die Zugrundelegung der Steuerbilanz gegenüber der Handelsbilanz vorzuziehen. Die Zugrundelegung der Steuerbilanz für die Ermittlung des Ergebnisanteils des Darlehensgebers hat insb. den Vorteil, dass die steuerlichen Gewinnermittlungsvorschriften insofern „genauer" sind, als sie handelsrechtlich zulässige Unterbewertungen nicht zulassen. Damit ist die Zugrundelegung der Steuerbilanz in der Regel für den Darlehensgeber günstiger. Demgegenüber wird empfohlen, den Handelsbilanzgewinn der Berechnung des Anteils des Darlehensgebers zugrundezulegen, weil eine Reihe von Ausgaben, die handelsrechtlich und betriebswirtschaftlich Aufwand darstellen, steuerlich nicht als Betriebsausgaben anerkannt wird. Diesem Einwand kann ggf. dadurch begegnet werden, dass in den Vertrag eine Bestimmung aufgenommen wird, wonach hinsichtlich der Bemessungsgrundlage vereinbart wird, dass nicht abzugsfähige Betriebsausgaben iSd. § 4 Abs. 5 EStG abzuziehen sind. Weitere Korrekturen kommen insb. in Betracht hinsichtlich **(1)** erhöhter Absetzungen und Sonderabschreibungen, **(2)** steuerfreier Rücklagen, die bei ihrer Bildung dem Ergebnis zuzurechnen und bei ihrer Auflösung abzusetzen sind, **(3)** Vergütungen an Mitunternehmer, insbes. Tätigkeitsvergütungen und Zinsen, **(4)** Leistungen eines Mitunternehmers, die handelsrechtlich einen Ertrag darstellen (zB Zinsen), **(5)** außerordentliche Aufwendungen und Erträge, die auf Geschäftsvorfällen aus der Zeit vor Beginn der stillen Gesellschaft beruhen und die hinzuzurechnen bzw. abzuziehen wären sowie **(6)** hinsichtlich Gewinnen und Verlusten aus Abgängen von Wirtschaftsgütern des Anlagevermögens, die bei Beginn des Darlehensverhältnisses zum Betriebsvermögen der Inhaberin gehören, soweit solche Gewinne bzw. Verluste auf Vorfällen aus der Zeit vor Beginn der stillen Beteiligung beruhen. Zum Kapitalertragsteuerabzug gem. Abs. 4 s. Rz. 7. **13**

Zu § 3: Informations- und Kontrollrechte

Dem Darlehensgeber stehen nach der gesetzlichen Regelung keinerlei Informations- und Kontrollrechte zu. Um dem Darlehensgeber gleichwohl eine Überprüfung der ihm zustehenden Gewinnbeteiligung zu ermöglichen, sind ihm nach dem Formular die dem stillen Gesellschafter zustehenden Kontrollrechte des § 233 HGB eingeräumt. Danach ist der stille Gesellschafter berechtigt, die abschriftliche Mitteilung der **14** jährlichen Bilanz zu verlangen und ihre Richtigkeit unter Einsicht der Bücher und Papiere zu prüfen. Weitergehende Rechte gem. § 716 BGB, insbes. das Recht zur persönlichen Unterrichtung von den Angelegenheiten der Gesellschaft unter Einsichtnahme der Geschäftsbücher und der Papiere, sind ausgeschlossen. Der BFH (I R 31/80 v. 8.3.84, BStBl. II 84, 623, 624) hat ausdrücklich betont, dass ein Bucheinsichtsrecht für sich allein noch kein hinreichendes Merkmal für das Vorliegen einer stillen Gesellschaft ist, weil auch ein Darlehensgläubiger sich ein Bucheinsichtsrecht ausbedingen kann.

15 Die Ausübung der Kontrollrechte durch einen Bevollmächtigten Buchsachverständigen ist im Allgemeinen zuzulassen. Die Regelung des § 3 Abs. 2 dient der ausdrücklichen Klarstellung (vgl. hierzu *Baumbach/Hopt* § 166 HGB Rz. 6 mwN).

Zu § 4: Rückzahlung des Darlehens/Fälligkeit

16 Das Kündigungsrecht des Darlehensgebers und des Darlehensnehmers sollten einheitlich entsprechend den Erfordernissen des Einzelfalles geregelt werden, wobei die Frist nicht zu kurz bemessen sein sollte. Eine Kündigungsfrist auch für den Darlehensnehmer von zwölf Monaten verstößt im Fall der Gewährung eines partiarischen Darlehens nicht gegen § 489 Abs. 2 BGB Nach dieser Bestimmung kann der Schuldner eines Darlehens mit veränderlichem Zinssatz das Darlehen jederzeit unter Einhaltung einer Kündigungsfrist von drei Monaten kündigen; eine Beschränkung dieses Kündigungsrechts durch Vertrag ist gem. § 489 Abs. 4 BGB nicht zulässig. Nach stRspr. sind jedoch Zinsen wiederkehrende Nutzungsvergütungen für die Überlassung des Gebrauchs eines Kapitals, die im Voraus in einem Bruchteil dieses Kapitals und der Nutzungsdauer des Kapitals bemessen werden (BGH V ZR 123/51 v. 20.3.53, DB 53, 339 mwN). Gewinnbeteiligungen fallen demzufolge nicht unter den Zinsbegriff. Da § 489 Abs. 2 BGB nur von veränderlichen Zinsen spricht, gilt diese Vorschrift nicht für partiarische Darlehen, bei denen es um Gewinnbeteiligungen geht.

Nach dem Formular ist ausdrücklich zugelassen, dass das Darlehen auch **in Teilbeträgen gekündigt** werden darf.

17 Als Grund zur fristlosen Kündigung aus wichtigem Grund ist insb. auch die Nichtvorlage des Jahresabschlusses bis zum 31. 12. des Folgejahres genannt, weil durch diese Nichtvorlage (die gem. § 2 Abs. 4 des Formulars bis zum 30. 6. des Folgejahres zu erfolgen hat) die Auszahlung der Gewinnbeteiligung des Darlehensgebers verzögert werden kann.

Zu § 5: Verzug

18 Nach § 286 Abs. 3 BGB tritt bei Geldforderungen Verzug 30 Tage nach Fälligkeit ein, soweit der Schuldner die Zahlungsaufforderung erhält. Ausdrücklich klargestellt ist, dass weitergehende Ansprüche (bspw. Ersatz von Kosten im Zusammenhang mit der Mahnung) mit der Zahlung der Verzugszinsen nicht abgegolten sind.

B. 17. Praxisübertragungsvertrag

Gliederung

I. FORMULAR

Formular B. 17 Praxisübertragungsvertrag

PRAXISÜBERTRAGUNGSVERTRAG

zwischen

Herrn A – nachfolgend Übergeber genannt –

und

Herrn B – nachfolgend Übernehmer genannt –

wird folgender Praxisübertragungsvertrag geschlossen:

§ 1 Gegenstand des Vertrages

Gegenstand des Vertrages sind Verkauf und Übertragung der vom Übergeber in ...... betriebenen Steuerberatungspraxis mit allen dazugehörigen materiellen und immateriellen Wirtschaftsgütern, zu denen insbesondere das Praxisinventar und der Mandantenstamm gehören. Die Übertragung erfolgt rechtlich und wirtschaftlich (§ 39 AO) zum ...... *[Übertragungsstichtag].*

§ 2 Praxisinventar

(1) Der Übergeber verkauft und übergibt die in der Anlage 1 zu diesem Vertrag aufgeführten Gegenstände des Büroinventars nebst Literatur dem Übernehmer.

(2) Der Eigentumsübergang erfolgt am Übertragungsstichtag.

(3) Der Übergeber verkauft das Praxisinventar wie besehen, ohne Haftung für Sachmängel. Der Übergeber versichert, dass die Gegenstände des Praxisinventars in seinem unbelasteten Alleineigentum stehen. Eine Beschaffenheitsgarantie gibt der Übergeber nicht.

(4) Am Übertragungsstichtag geht die Gefahr des zufälligen Untergangs der verkauften Sachen auf den Übernehmer über.

§ 3 Mandantenstamm

(1) Der Übernehmer tritt in die laufenden Verträge mit den Mandanten vorbehaltlich deren Zustimmung ein.

(2) Der Übergeber versichert, dass die in der Anlage 2 zu diesem Vertrag aufgeführten Mandanten das Vertragsverhältnis weder gekündigt noch eingeschränkt haben.

§ 4 Abgrenzung von Honoraransprüchen

(1) Honoraransprüche aus vor dem Übertragungsstichtag ganz oder teilweise erledigten, aber noch nicht abgerechneten Aufträgen stehen im Innenverhältnis dem

Übergeber zu. Honoraransprüche aus noch nicht vollständig erledigten Aufträgen stehen dem Übernehmer zu, soweit der Arbeitsaufwand nach dem Übertragungsstichtag geleistet wird. Der Eingang der Zahlung ist für die Aufteilung der Honoraransprüche unerheblich. Die sich hieraus ergebende Aufteilung der Honoraransprüche ist aus der Anlage 3 zu diesem Vertrag ersichtlich. Abgerechnet wird das einzelne Honorar innerhalb von fünf Werktagen nach Eingang der Zahlung.

(2) Im Außenverhältnis tritt der Übergeber alle ausstehenden Honoraransprüche an den Übernehmer ab. Der Übernehmer verpflichtet sich zur Endabrechnung und Einziehung der Honorare. Der Übernehmer übernimmt keine Haftung für den Eingang der Honorare.

§ 5 Eintritt in laufende Verträge und Übernahme des Personals

(1) Der Übernehmer tritt in den Mietvertrag des Übergebers über die Büroräume sowie in andere Dauerschuldverhältnisse (Versorgungsverträge über Telefon, Strom, Wasser, Versicherungsverträge, Wartungsverträge, Zeitschriftenbezug etc.) ein. Soweit hierzu die Zustimmung Dritter erforderlich ist, verpflichtet sich der Übergeber, diese Zustimmung bis zum Zeitpunkt des Übertragungsstichtags einzuholen und schriftlich dem Übernehmer nachzuweisen. Wird die Zustimmung nicht oder nicht rechtzeitig erlangt, hat der Übergeber die genannten Verträge unentgeltlich auf Rechnung des Übernehmers nach den Regeln des Auftragsrechts abzuwickeln.

(2) Der Übernehmer tritt gemäß § 613a BGB in alle Rechte und Pflichten der mit den in Anlage 4 zu diesem Vertrag genannten Arbeitnehmern geschlossenen Anstellungsverträge ein. Der Übergeber verpflichtet sich, die Arbeitnehmer dazu anzuhalten, die bestehenden Verträge mit dem Übernehmer fortzuführen.

(3) Die Vertragsparteien sind sich darüber einig, dass der Übernehmer dem Übergeber von allen Verpflichtungen aus den in Anlage 4 genannten Arbeitsverhältnissen herrührenden Ansprüchen freistellt.

(4) Der Übergeber verpflichtet sich, umgehend sämtliche betroffenen Arbeitnehmer schriftlich über

1. den Zeitpunkt oder den geplanten Zeitpunkt des Übergangs,
2. den Grund für den Übergang,
3. die rechtlichen, wirtschaftlichen und sozialen Folgen des Übergangs für die Arbeitnehmer und
4. die hinsichtlich der Arbeitnehmer in Aussicht genommenen Maßnahmen

zu informieren.

(5) Die in den Absätzen 1 und 2 genannten Verträge sind in Anlage 5 zu diesem Vertrag aufgeführt.

§ 6 Erhaltung des Mandantenstammes

(1) Der Übergeber verpflichtet sich, in einem gemeinsam mit dem Übernehmer aufgesetzten Rundschreiben an die Mandanten auf die Übertragung der Steuerberatungspraxis hinzuweisen und in geeigneter Form die Mandanten zur Fortsetzung ihrer Aufträge mit dem Übernehmer anzuhalten. Der Übergeber erklärt sich zu diesem Zweck bereit, den Übernehmer einzelnen Mandanten persönlich vorzustellen.

(2) Der Übergeber wird vom Zeitpunkt der Übergabe an ferner dem Übernehmer in allen Angelegenheiten, die seine Tätigkeit für die übergebenen Mandate betreffen, nach vorheriger Terminvereinbarung, in einem Zeitraum von .... Monaten zur Verfügung stehen und Auskunft erteilen, soweit er dazu rechtlich und tatsächlich in der Lage ist.

§ 7 Aushändigung von Akten und Unterlagen

(1) Der Übergeber überlässt dem Übernehmer sämtliche Akten und Unterlagen von solchen Mandanten, die dem Übergang der Auftragsverhältnisse auf den Übernehmer zugestimmt haben.

(2) Der Übernehmer verpflichtet sich, die übernommenen Unterlagen bis zum Ablauf der zivil- und strafrechtlichen Verjährungsvorschriften aufzubewahren und sie dem Übergeber, soweit er ein berechtigtes Interesse nachweist, zur Einsicht zur Verfügung zu stellen.

§ 8 Haftung gegenüber Dritten

Der Übergeber stellt im Innenverhältnis den Übernehmer von der Haftung gegenüber Dritten für solche Handlungen frei, die seine berufliche Tätigkeit vor dem Übertragungsstichtag betreffen. Für Handlungen nach dem Übertragungsstichtag haftet der Übernehmer gegenüber Dritten selbst.

§ 9 Entgelt für die Praxisübergabe

Das Entgelt für die Übertragung der Praxis insgesamt beträgt € ...... (in Worten: ......). Davon entfallen € ...... auf den immateriellen Praxiswert und € ...... auf das übernommene Inventar. Die Kaufpreisaufteilung ergibt sich im Einzelnen aus der Anlage 1 zu diesem Vertrag. Übergeber und Übernehmer gehen von einer nicht steuerbaren Geschäftsveräußerung gemäß § 1 Abs. 1a UStG aus. Der Übernehmer tritt an die Stelle des Übergebers (§ 1 Abs. 1a Satz 3 UStG).

§ 10 Ermittlung des Praxiswerts

Der immaterielle Praxiswert wurde nach Maßgabe der Anlage 6 zu diesem Vertrag nach der bereinigten Umsatzpreismethode ermittelt. Dem liegt die von dem Übergeber in Anlage 7 zu diesem Vertrag aufgestellte Liste unter Angabe von Name, Anschrift, Alter und Beruf der Mandanten, Art des Mandats, Höhe der vereinbarten Pauschalhonorare sowie Umsätze der letzten drei Kalenderjahre zugrunde.

§ 11 Risiko des Praxisübernehmers

(1) Nach dem Übertragungsstichtag eintretende Minderungen oder Erhöhungen der Honorarumsätze haben keinen Einfluss auf das Entgelt für den Praxiswert. Für die zukünftige Umsatz- und Gewinnentwicklung übernimmt der Übergeber keine Garantie.

(2) Der Übergeber steht dafür ein, dass die in diesem Vertrag und in den Anlagen zu diesem Vertrag enthaltenen Daten und sonstigen Angaben zutreffend und vollständig sind. Bei Verletzung der vorstehenden Garantie hat der Übergeber den Übernehmer so zu stellen, als sei die Garantie erfüllt. Rücktritt und Minderung sind ausgeschlossen. Im Garantiefalle kann der Übernehmer nur Schadensersatz oder Ersatz der vergeblichen Aufwendungen verlangen.

§ 12 Fälligkeit

Das gesamte Entgelt für die Praxisübergabe wird am Übertragungsstichtag fällig.

§ 13 Weiterveräußerung durch den Übernehmer

Der Übernehmer darf die übernommene Praxis oder einen Teil derselben vor Ablauf von drei Jahren seit dem Übertragungsstichtag nur mit Zustimmung des Übergebers an Dritte übertragen.

§ 14 Konkurrenzverbot

(1) Der Übergeber verpflichtet sich, innerhalb von zwei Jahren seit dem Übertragungsstichtag weder in ...... noch in einem Umkreis von 50 km als Steuerberater tätig zu werden. Der Übergeber verpflichtet sich ferner, auf Dauer für keine vom Übernehmer zum Übertragungsstichtag oder später übernommenen Mandanten unmittelbar oder mittelbar beratend tätig zu werden, noch einen anderen Berater zu empfehlen.

(2) Bei Zuwiderhandlungen hat der Übergeber als Vertragsstrafe 120% des Honorars an den Übernehmer abzuführen, das dieser auf der Grundlage der Steuerberatergebührenordnung selbst hätte in Rechnung stellen können.

§ 15 Schlussbestimmungen

(1) Anlagen, auf die Bezug genommen wird, sind Gegenstand dieses Vertrages.

(2) Änderungen und Ergänzungen dieses Vertrages (einschl. Anlagen) bedürfen der Schriftform.

(3) Für den Fall, dass die Vertragspartner nicht in Gütertrennung leben, erteilen die Ehepartner durch Unterzeichnung im Hinblick auf § 1365 Abs. 1 BGB vorsorglich ihre Einwilligung zum Vertragsschluss.

(4) Soweit dieser Vertrag nichts anderes bestimmt, gelten die gesetzlichen Bestimmungen.

(5) Sollte eine oder mehrere Bestimmungen dieses Vertrages nichtig sein oder gegen die Standesrichtlinien verstoßen, so wird die Gültigkeit der übrigen Bestimmungen hierdurch nicht berührt.

§ 16 Gerichtsstand

Für Streitigkeiten aus diesem Vertrag ist unbeschadet einer ausschließlichen Zuständigkeit ... Gerichtsstand. Jeder Vertragspartner ist berechtigt, vor Anrufung eines Gerichts die Steuerberaterkammer ...... um eine Vermittlung zu ersuchen.

II. ERLÄUTERUNGEN

Erläuterungen zu B. 17 Praxisübertragungsvertrag

1. Grundsätzliche Anmerkungen

a) Wirtschaftliche Vertragsziele

1 Praxisübertragungsverträge dienen dem Zweck, insbesondere den **Praxiswert** dadurch zu kommerzialisieren, dass einem Übernehmer die Chance eröffnet wird, Mandantenbeziehungen des Übergebers fortzuführen. Damit kann sich der Praxisübergeber trotz damit häufig verbundenen Ausscheidens aus dem Berufsleben, zB aus Krankheits- oder Altersgründen, eine Versorgungsgrundlage schaffen. Neben dem Praxiswert als immateriellem Wirtschaftsgut hat der Wert der der Berufsausübung dienenden materiellen Wirtschaftsgüter (Praxisinventar) regelmäßig keine besondere Bedeutung.

b) Zivilrecht

2 Unter einer **Praxisveräußerung** versteht man die Übertragung des der selbstständigen Arbeit dienenden Vermögens, des Mandantenstamms sowie der Summe von Möglichkeiten, Beziehungen und Chancen, die Tätigkeit des Übergebers in der bisherigen Form erfolgreich fortsetzen zu können. Praxisübertragungsverträge lassen sich regelmäßig nicht vollständig mit den Kategorien eines Sach- oder Rechtskaufs

(§§ 433ff. BGB) erfassen. Sie schaffen vielmehr ein eigenes Regelwerk, das, neben der Pflicht zur Sach- und Rechtsübertragung, die Pflicht zur Empfehlung des Übernehmers bei den Mandanten, die Unterlassung eigenen Wettbewerbs usw. betrifft.

Der Praxisübertragungsvertrag ist **formfrei.** Eine notarielle Beurkundung ist nur dann erforderlich, wenn gleichzeitig ein Grundstück mitübertragen wird. 3

Veräußerer können der bisherige Praxisinhaber sowie dessen Erben sein. Übernehmer kann nur sein, wer die **fachliche Qualifikation** zur Fortführung der Praxis besitzt. 4

Die standesrechtliche Zulässigkeit eines Verkaufs einer Steuerberatungspraxis steht heute außer Frage (§ 28 Abs. 1 BOStB). Der Praxisübertragungsvertrag soll der zuständigen Steuerberaterkammer vor Abschluss zur Überprüfung der Vereinbarkeit mit den standesrechtlichen Grundsätzen vorgelegt werden (§ 28 Abs. 3 BOStB). Vgl. auch die **Hinweise der Bundessteuerberaterkammer** für die Praxisübertragung mit Stand v. 14.11.12, veröffentlicht unter www.bstbk.de. 5

c) Steuerrecht

Beim **Veräußerer** zählt der Gewinn aus der Veräußerung einer Steuerberatungspraxis zu den Einkünften aus selbstständiger Arbeit und unterliegt damit der **Einkommensteuer** (§ 18 Abs. 3 Satz 1 EStG). Eine Praxisveräußerung iSd. § 18 Abs. 3 Satz 1 EStG liegt vor, wenn die **wesentlichen Grundlagen** der selbstständigen Arbeit im Ganzen einem anderen entgeltlich übertragen werden und hierdurch die freiberufliche Tätigkeit in dem bisherigen örtlich begrenzten Wirkungskreis für eine gewisse Zeit eingestellt wird (BFH IV 136/65 v. 14.5.70, BStBl. II 70, 566; BFH IV R 78/71 v. 14.3.75, BStBl. II 75, 661; BFH IV R 102/74 v. 27.4.78, BStBl. II 78, 562; BFH IV R 44/83 v. 7.11.85, BStBl. II 86, 335; BFH I R 109/93 v. 18.5.94, BStBl. II 94, 925; BFH IV R 36/95 v. 23.1.97, BStBl. II 97, 498; BFH VIII B 166/07 v. 29.5.08, BFH/NV 08, 1478). Bei einer Zeitspanne von mehr als drei Jahren kann im Allgemeinen eine ausreichende **Wartezeit** angenommen werden (OFD Koblenz v. 15.12.06, DB 07, 314; BFH IV R 11/99 v. 10.6.99, BFH/NV 99, 1594). 6

Entsprechendes gilt grds. für die Veräußerung von (gesonderten) **Teilpraxen** (BFH VIII B 202/06 v. 11.12.07, BFH/NV 08, 559). Wird nur ein Teil eines Mitunternehmeranteils an einer freiberuflich tätigen Personengesellschaft (Sozietät) veräußert, ist insoweit laufender Gewinn gegeben (§§ 18 Abs. 3 Satz 2, 16 Abs. 1 Satz 2 EStG). Unschädlich ist es, wenn der Veräußerer nach der Veräußerung frühere Mandanten auf Rechnung und im Namen des Erwerbers berät oder eine nichtselbstständige Tätigkeit in der Praxis des Erwerbers ausübt (BFH I R 109/93 v. 18.5.94, BStBl. II 94, 925; BFH I R 105/93 v. 29.6.94, BFH/NV 95, 109; BFH X S 22/07 v. 11.12.07, BFH/NV 08, 375). Ebenfalls unschädlich ist auch die Fortführung der bisherigen freiberuflichen Tätigkeit in nur geringem Umfang, wenn die darauf entfallenden Umsätze in den letzten drei Jahren weniger als 10% der gesamten Einnahmen ausmachten (EStH 18.3). Hierbei ist die Entwicklung der zurückbehaltenen Mandate nach der Veräußerung unerheblich, solange die vorgenannte Wertgrenze eingehalten wird. Die Hinzugewinnung neuer Mandate innerhalb einer gewissen Zeit nach Betriebsaufgabe ist – auch ohne Überschreiten der 10%-Grenze – zumindest nach Auffassung der Finanzverwaltung in jedem Fall schädlich (OFD Koblenz v. 15.12.06, DB 07, 314; aA *Schmidt/Wacker* § 18 Rz. 223 mwN). Der Veräußerungsgewinn ist um den Freibetrag von bis zu € 45.000,– (bei Teilbetrieben mit einer entsprechenden Quote) zu vermindern (§ 18 Abs. 3 Satz 2 iVm. § 16 Abs. 4 Satz 1 EStG). Voraussetzung ist, dass der Steuerpflichtige das 55. Lebensjahr vollendet hat oder im sozialversicherungsrechtlichen Sinne dauernd berufsunfähig ist und die Freigrenze von € 136.000,– nicht erreicht wird. Er unterliegt als außerordentlicher Gewinn der Tarifermäßigung gem. § 34 Abs. 2 Nr. 1, Abs. 1 EStG (Progressionsglättung) oder bis zur Höhe von € 5 Mio. der Tarifermäßigung gem. § 34 Abs. 2 Nr. 1, Abs. 3 EStG (56% des Durchschnittssteuersatzes). 7

8 Wird eine Gemeinschafts- oder Einzelpraxis in eine Sozietät **eingebracht**, ist § 24 UmwStG anwendbar (EStR 18.3 Abs. 2), wobei sodann unter Vermeidung eines Veräußerungsgewinnes die Buchwerte von der Sozietät fortgeführt oder aber die stillen Reserven unter Einschluss des Praxiswertes aufgedeckt und – soweit der Einbringende an der übernehmenden Gesellschaft beteiligt ist – als laufender Gewinn (§ 24 Abs. 3 Satz 3 UmwStG iVm. § 16 Abs. 2 Satz 3 EStG) versteuert werden müssen. § 24 UmwStG kommt auch dann zur Anwendung, wenn der einbringende Freiberufler und die aufnehmende Sozietät den Gewinn bislang durch Einnahme-Überschuss-Rechnung gem. § 4 Abs. 3 EStG ermittelt haben, sodann aber spätestens zum Zeitpunkt der Einbringung zur Gewinnermittlung durch Betriebsvermögensvergleich gem. § 4 Abs. 1 EStG übergehen, was einen Übergangsgewinn oder -verlust auslösen kann (OFD Hannover v. 25.1.07, DStR 07, 1037). Werden die stillen Reserven nur teilweise aufgedeckt, ist der Einbringungsgewinn ebenfalls nicht begünstigter laufender Gewinn. Werden betriebliche Forderungen von der Einbringung ausgenommen, kann von der Einbeziehung dieser Forderungen in die Ermittlung des Übergangsgewinns abgesehen werden, wenn die in den Forderungen enthaltenen betrieblichen Werte der Besteuerung nicht verloren gehen. Diese Voraussetzung ist erfüllt, wenn die Forderungen weiterhin zum Restbetriebsvermögen des Einbringenden gehören (BFH XI R 32/06 v. 14.11.07, BFH/NV 08, 385).

9 Die **Aufgabe der freiberuflichen Tätigkeit** gilt stets als Veräußerung (§ 18 Abs. 3 Satz 2 iVm. § 16 Abs. 3 EStG), wobei die bisherige Tätigkeit ebenfalls für eine gewisse Zeit eingestellt werden muss (BFH IV R 78/71 v. 14.3.75, BStBl. II 75, 661; BFH VIII B 166/07 v. 29.5.08, BFH/NV 08, 1478; EStR 18.3 Abs. 3). Nach Aufgabe der freiberuflichen Tätigkeit noch eingehende Außenstände aus Honoraransprüchen sind dagegen nicht tarifbegünstigte nachträgliche Einkünfte aus selbstständiger Tätigkeit (§§ 24 Nr. 2, 18 Abs. 1 Nr. 1 EStG). Auch die Veräußerung von Wirtschaftsgütern des Umlaufvermögens erfolgt grundsätzlich nicht im Rahmen der Betriebsaufgabe, sondern noch im Rahmen des laufenden Betriebs, wenn hiermit die frühere normale Geschäftstätigkeit fortgesetzt wird (BFH IV R 136/79 v. 2.7.81, BStBl. II 81, 798; BFH IV R 140/86 v. 1.12.88, BStBl. II 89, 368; BFH IV R 34/07 v. 1.7.10, BFH/NV 10, 2246). Das wird bei einem Steuerberater eher selten der Fall sein. In der Regel wird die Veräußerung von Wirtschaftsgütern als Hilfsgeschäft zu beurteilen sein, das im Zusammenhang mit einer Praxisaufgabe erfolgt und keine Prägung des typischen Berufsbildes eines Freiberuflers durch den Handel mit den Wirtschaftgütern des Anlagevermögens darstellt (vgl. BFH IV R 19/92 v. 25.11.93, BFH/NV 94, 540).

10 Soweit die Einkünfte aus freiberuflicher Tätigkeit gem. § 4 Abs. 3 EStG ermittelt worden sind, muss für Zwecke der Ermittlung des Veräußerungsgewinnes zum **Bestandsvergleich** (dh. Gewinnermittlung nach § 4 Abs. 1 EStG) übergewechselt werden (BFH IV R 146/84 v. 15.5.86, BFH/NV 88, 84; BFH IV R 18/97 v. 13.11.97, BStBl. II 98, 290; BFH GrS 2/98 v. 18.10.99, BStBl. II 00, 123; OFD Hannover v. 25.1.07, DStR 07, 1037), wobei der Gewinn, der durch diesen Übergang entsteht, nicht begünstigt ist (BFH IV R 151/85 v. 17.4.86, BFH/NV 87, 759). Wird der Kaufpreis etwa auf Grund einer vertraglichen Anpassungsklausel nachträglich herabgesetzt oder durch sonstige nachträgliche Ereignisse verändert, so ist der ermittelte Veräußerungsgewinn und ggf. ein bereits ergangener Steuerbescheid gem. § 175 Abs. 1 Nr. 2 AO entsprechend zu ändern (BFH IV R 84/86 v. 23.6.88, BStBl. II 89, 41; BFH GrS 1/92 v. 19.7.93, BStBl. II 93, 894, 897; BFH IV R 53/91 v. 28.7.94, BStBl. II 95, 112; BFH X R 128/92 v. 14.12.94, BStBl. II 95, 465; BFH IV R 53/04 v. 31.8.06, BStBl. II 06, 906; BFH IV R 20/08 v. 19.3.09, BStBl. II 10, 528).

11 Wird der Kaufpreis in **Raten** gezahlt, so ist bei marktüblicher Verzinsung die Summe der Raten als Kaufpreis anzusetzen. Ist dagegen keine Verzinsung vereinbart, ist der abgezinste Barwert der Raten der Ausgangspunkt für die Berechnung des be-

günstigten Veräußerungsgewinns, während der Zinsanteil als Einkünfte aus Kapitalvermögen zu versteuern ist. Wird der Kaufpreis als Leibrente vereinbart, kann der Veräußerer wählen zwischen der Sofortversteuerung und der Versteuerung der laufenden Zahlungen als nachträgliche Einkünfte aus selbstständiger Arbeit gem. §§ 24 Nr. 2, 18 Abs. 1 Nr. 1 EStG (EStR 18.3 Abs. 1 iVm. EStR 16.11). Wählt er die Sofortversteuerung, ist Veräußerungspreis der versicherungsmathematische Barwert der Zahlungen, auf den die Tarifermäßigung gem. § 34 EStG zur Anwendung kommt. Die Leibrentenzahlungen selbst werden mit ihrem Ertragsanteil gem. § 22 Nr. 1 Satz 3 Buchst. a EStG als sonstige Einkünfte im Zeitpunkt des Zuflusses versteuert. Wird dagegen die Besteuerung der jährlich wiederkehrenden Zahlungen als nachträgliche Einkünfte aus selbstständiger Arbeit (§§ 24 Nr. 2, 18 Abs. 2 Nr. 1 EStG) gewählt, entsteht ein Gewinn, wenn der Kapitalanteil der Rente das steuerliche Kapitalkonto des Veräußerers zuzüglich etwaiger Veräußerungskosten übersteigt. In diesem Fall scheiden Tarifermäßigung und Freibetrag aus.

Der Erwerber kann neben anderen Wirtschaftsgütern den **Praxiswert** als derivativ erworbenes immaterielles Wirtschaftsgut in einem Zeitraum von drei bis fünf Jahren abschreiben (BFH IV R 33/93 v. 24.2.94, BStBl. II 94, 590; BFH IV R 38/94 v. 22.9.94, BFH/NV 95, 385; BMF v. 15.1.95, BStBl. I 95, 14; für wirtschaftlichen Vorteil aus Vertragsarztzulassung vgl. OFD Münster v. 11.2.09, DStR 09, 798 mit Berechnungsbeispiel). Der anlässlich der Gründung einer Sozietät aufgedeckte Praxiswert ist ein ebenfalls abschreibungsfähiges Wirtschaftsgut, dessen betriebsgewöhnliche Nutzungsdauer doppelt so lang ist (dh. 6–10 Jahre) wie die Nutzungsdauer des Wertes einer Einzelpraxis (BFH IV R 33/93 v. 24.2.94, BStBl. II 94, 590; BFH IV R 38/94 v. 22.9.94, BFH/NV 95, 385; BMF v. 15.1.95, BStBl. I 95, 14). **12**

Die Veräußerung einer Einzelpraxis unterliegt als Geschäftsveräußerung im Ganzen nicht der **Umsatzsteuer** (§ 1 Abs. 1a UStG). Die Veräußerung einer Beteiligung an einer freiberuflichen Sozietät ist – sofern der Verkäufer selbst ein Unternehmer ist – gem. § 4 Nr. 8f UStG steuerfrei, wobei allerdings gem. § 9 Abs. 1 UStG zur Steuerpflicht optiert werden kann. **13**

2. Einzelerläuterungen

Zu § 1: Gegenstand des Vertrages

Die genaue Bezeichnung des Gegenstandes des Vertrages dient der Klarstellung. Dadurch wird deutlich, dass es sich, entsprechend der vertraglich vorgesehenen Kaufpreistilgung (§ 12), um eine steuerbegünstigte Veräußerung einer freiberuflichen Praxis handelt. **14**

Zu § 2: Praxisinventar

Zwecks Vermeidung späterer Streitigkeiten empfiehlt es sich, die übernommenen materiellen Wirtschaftsgüter der Praxis in einer besonderen Aufstellung festzuhalten. Der auf die materiellen Wirtschaftsgüter gem. § 9 entfallende Kaufpreis sollte den einzelnen Gegenständen nach Maßgabe ihrer Teilwerte zugeordnet und somit zur Grundlage für die Absetzung für Abnutzung gemacht werden. Wird das Entgelt für das Inventar in Raten oder durch Rente gezahlt, empfiehlt sich für den Übergeber neben anderen Sicherheiten die Vereinbarung eines Eigentumsvorbehaltes. **15**

Auf die Gewährleistung für das Inventar findet ohne besondere Vereinbarung das Recht der Sachmängelhaftung bei einem Kauf (§§ 434ff. BGB) Anwendung. Diese Regeln sind vertraglich abdingbar. Die Formulierung „wie besehen, ohne Haftung für Sachmängel" schließt solche Mängel von der Haftung aus, die bei ordnungsgemäßer Besichtigung ohne Zuziehung von Sachverständigen wahrnehmbar waren. **16**

Ein vollständiger Haftungsausschluss ist möglich durch die Formulierung: „Die Sachen werden, wie sie stehen und liegen, verkauft". **17**

18 Es empfiehlt sich, die Sachgefahr am Übertragungsstichtag übergehen zu lassen. Der Übergeber hat dann auch Anspruch auf das entsprechende (Teil-)Entgelt, wenn die Sache nach dem Übertragungsstichtag durch Zufall untergeht. Gem. § 444 BGB ist ein Haftungsausschluss dann unwirksam, wenn der Übergeber eine bestimmte Beschaffenheit des Kaufgegenstandes garantiert hat. Um dies auszuschließen, empfiehlt sich die in § 2 Abs. 3 Satz 2 des Formulars verwendete Formulierung.

19 Der Charakter als eine steuerbegünstigte Praxisveräußerung im Ganzen geht nicht dadurch verloren, dass der Übergeber einzelne nicht betriebsnotwendige Wirtschaftsgüter, wie zB den Betriebs-Pkw, zurückbehält.

Zu § 3: Mandantenstamm

20 Die Übertragung des Mandantenstammes beruht auf dem Eintreten des Übernehmers in die laufenden Beraterverträge des Übergebers. Das BGB regelt nur die Abtretung einzelner Forderungen (§§ 398 ff. BGB) und die Übernahme einzelner Schulden (§§ 414, 415 BGB). Rechtsfortbildend ist jedoch auch die Vertragsübernahme als Übernahme eines Schuldverhältnisses im Ganzen anerkannt. Auf die Vertragsübernahme sind die genannten Vorschriften entsprechend anzuwenden; sie bedarf daher insbesondere der Zustimmung des Mandanten.

Die **Zustimmung der Mandanten** ist essentiell. Ohne die vorherige Zustimmung der Mandanten darf der Übergeber die entsprechenden Mandatsverhältnisse gegenüber dem Übernehmer nicht offenbaren. Anderenfalls läge ein Verstoß gegen das informationelle Selbstbestimmungsrecht des Mandanten (Art 2 Abs. 1 GG) vor; ferner könnten Verstöße gegen Datenschutzbestimmungen (§ 4 Abs. 2 Satz 2 BDSG) oder gegen standesrechtliche Verschwiegenheitspflichten (§ 5 BOStB) vorliegen. Bei einer Verletzung des Berufsgeheimnisses (§ 203 Abs. 1 Nr. 3 StGB) drohen strafrechtliche Konsequenzen. Zudem wäre ein darauf basierender Vertrag wegen eines Verstoßes gegen eine gesetzliche Bestimmung (§ 134 BGB) sowohl hinsichtlich des Verpflichtungsgeschäfts als auch des Erfüllungsgeschäfts nichtig (vgl. *Arens/Pelke* DStR 11, 541, 542; OLG Hamm I-2 U 65/11, 2 U 65/11 v. 15.12.11, NJW 12, 1743).

21 Im Hinblick darauf, dass nach Übernahme einer Steuerberatungspraxis innerhalb eines Jahres nicht selten ein Mandantenabgang von 10%–30% des übernommenen Mandantenstammes eintritt, sollte der Übernehmer die Gewähr haben, dass zum Zeitpunkt der Übernahme keiner der Mandanten bereits gekündigt oder den Umfang des Beratervertrages eingeschränkt hat.

22 Die dem Vertrag beigefügte Mandantenliste sollte für die Bewertung der Praxis wichtige Daten enthalten, insbesondere
- jährliches Honoraraufkommen der letzten drei Jahre;
- Beratungsbereiche (Buchführung, Jahresabschlüsse, Steuererklärungen, konzeptionelle Beratung);
- Branchenzugehörigkeit;
- Dauer des Mandatsverhältnisses;
- Lebensalter.

Zu § 4: Abgrenzung von Honoraransprüchen

23 Eine exakte Abgrenzung der Honoraransprüche in einer gesonderten Anlage des Vertrages ermöglicht eine einfache, aus steuerlichen Gründen notwendige Unterscheidung zwischen den mit dem ungeminderten Satz zu besteuernden nachträglichen Einkünften aus selbstständiger Arbeit (§§ 24 Nr. 2, 18 Abs. 1 Nr. 1 EStG) und dem tarifbegünstigten Veräußerungsgewinn (§ 34 EStG).

23a Im Übrigen dient es der Vereinfachung der Abwicklung noch nicht erledigter Mandantenaufträge, wenn klar zwischen dem Außenverhältnis, für das der Übernehmer nach dem Übertragungsstichtag zuständig ist, und dem Innenverhältnis bzgl. der Verteilung des Honorars unterschieden wird.

Zu § 5: Eintritt in laufende Verträge und Übernahme des Personals

Der Eintritt in laufende Verträge vollzieht sich durch **Vertragsübernahme** entsprechend den §§ 398ff., 414, 415 BGB und bedarf zu seiner Wirksamkeit der Genehmigung des Vertragspartners (Rz. 17). Im Hinblick darauf sollte sich der Übernehmer bereits vor Abschluss des Übertragungsvertrages der Zustimmung der Betroffenen versichern. Angesprochen sind insbesondere Mietverträge über Büroräume, Leasingverträge über Kraftfahrzeuge, Datenverarbeitungsanlagen, Multifunktionsgeräte und Telefonanlagen sowie Wartungsverträge über Büromaschinen. **24**

Anders ist die Rechtslage bei **Arbeitsverhältnissen.** Hier bestimmt § 613a BGB aus Gründen des Bestandsschutzes zwingend, dass der Übernehmer in die Arbeitsverträge eintritt. Eine **Kündigung** des neuen Arbeitgebers aus Gründen des Betriebsübergangs ist unzulässig (§ 613a Abs. 4 Satz 1 BGB). Eine Kündigung aus anderen Gründen bleibt allerdings im Rahmen des Kündigungsschutzgesetzes vorbehalten (Satz 2). Soweit Steuerberatungspraxen nicht mehr als fünf Arbeitnehmer beschäftigen, ist eine Kündigung auch ohne soziale Rechtfertigungspflicht möglich (§ 23 Abs. 1 Satz 2 KSchG). Entsprechendes gilt für Arbeitnehmer, deren Arbeitsverhältnis nach dem 31.12.03 begonnen hat, wenn in der Steuerberaterpraxis regelmäßig nicht mehr als zehn Arbeitnehmer beschäftigt werden; diese Arbeitnehmer werden insoweit bei der vorgenannten Grenze von fünf Arbeitnehmern bis zur Beschäftigung von in der Regel zehn Arbeitnehmern nicht mitgezählt (§ 23 Abs. 1 Satz 3 KSchG). **25**

Gem. § 613a Abs. 2 BGB besteht eine **gesamtschuldnerische Haftung** des bisherigen Arbeitgebers und des Übernehmers für Verpflichtungen, die vor dem Zeitpunkt des Übergangs entstanden sind. Es ist daher bei Vertragsschluss anzuraten, eine entsprechende Klausel für den Eintritt der Inanspruchnahme zu treffen.

Der Übernehmer oder der Übergeber hat gem. § 613a Abs. 5 BGB sämtliche Arbeitnehmer über den Betriebsübergang in Textform (§ 126b BGB) zu informieren. Die Unterrichtung ist zudem auch relevant für die Frist, innerhalb derer der Arbeitnehmer dem Übergang des Arbeitsverhältnisses widersprechen kann, mit der Folge, dass dann der bisherige Arbeitgeber (Übergeber) betriebsbedingt kündigen kann.

Zu § 6: Erhaltung des Mandantenstamms

Eine rechtlich gesicherte Möglichkeit der **Fortführung bisheriger Mandantenaufträge** nach Übergabe der Praxis gibt es wegen der höchstpersönlichen Natur der freiberuflichen Steuerberatungstätigkeit nicht. Aus diesem Grund empfiehlt es sich, durch geeignetes Zusammenwirken von Übergeber und Übernehmer die Mandanten dazu anzuhalten, ihr Vertrauen auf den Übernehmer zu übertragen. In Betracht kommen insbesondere Ankündigungsschreiben, gemeinsame Vorstellungsbesuche sowie Fachinformationsgespräche. Zudem kann vereinbart werden, dass der Übergeber dem Übernehmer für eine Übergangszeit für Rückfragen zur Verfügung steht. Diese Tätigkeit kann zB im Rahmen eines freien Mitarbeiterverhältnisses ausgeübt werden. **26**

Die Standesvertretungen verlangen, dass jeder Anschein einer Reklame bei Bekanntgabe der Praxisübernahme vermieden wird. Es ist der Maßstab von § 57a StBerG anzulegen. Soweit Unklarheit über die Form der Bekanntmachung besteht, ist dringend anzuraten, zuvor eine Auskunft bei der zuständigen Steuerberaterkammer einzuholen. **26a**

Zu § 7: Aushändigung von Akten und Unterlagen

Akten und Unterlagen dürfen dem Übernehmer nur überlassen werden, wenn die Mandanten dem ausdrücklich oder stillschweigend zugestimmt haben. Ohne vorliegendes Einverständnis besteht die Gefahr, dass der Übergeber sich wegen Verletzung des Berufsgeheimnisses (§ 203 Abs. 1 Nr. 3 StGB) strafbar macht und/oder gegen standesrechtliche Verschwiegenheitspflichten verstößt (§ 5 BOStB). **27**

Zu § 8: Haftung gegenüber Dritten

28 Es empfiehlt sich, um spätere Regressstreitigkeiten zu vermeiden, im Innenverhältnis zwischen Übergeber und Übernehmer klar zu regeln, wer für Beratungsfehler haftet.

Zu § 9: Entgelt für die Praxisübergabe

29 Die Bestimmung des Veräußerungsentgelts ist zweifellos das schwierigste Problem der Praxisübergabe. Es empfiehlt sich, den Veräußerungspreis in ein Entgelt für den Praxiswert und in ein Entgelt für das Inventar aufzuspalten und dies gesondert auszuweisen. Im Zusammenhang mit der Aufstellung über den Wert der einzelnen übernommenen Sachgegenstände ergibt sich damit eine eindeutige Bewertung aller übernommenen materiellen und immateriellen Wirtschaftsgüter als Ausgangsbasis für die Ermittlung der Absetzung für Abnutzungen, die der Übernehmer steuermindernd geltend macht.

30 Als Geschäftsveräußerung im Ganzen ist die Praxisübergabe nicht umsatzsteuerbar (§ 1 Abs. 1a UStG).

Zu § 10: Ermittlung des Praxiswertes

31 Das Hauptproblem der Übergabe ist die Ermittlung des immateriellen Praxiswertes als Entgelt für den Ruf der übertragenen Praxis, die es dem Übernehmer ermöglicht, die bisherige Tätigkeit des Übergebers erfolgreich fortsetzen zu können. Der hier dargestellte Vorschlag der Ermittlung des Wertes nach dem Umsatzwertverfahren entspricht unter Berücksichtigung verschiedener Modifikationen weitgehend den Usancen in der Praxis (vgl. insgesamt zur Bewertung einer Steuerberaterpraxis die Hinweise der Bundessteuerberaterkammer für die Ermittlung des Wertes einer Steuerberaterpraxis – unter Berücksichtigung der Besonderheiten des Berufsstandes und der verschiedenen Bewertungsanlässe – [Stand 30.6.10] – veröffentlicht unter www.bstbk.de).

32 Ausgangspunkt für die Bewertung ist hiernach der Umsatz des letzten Jahres, ggf. auch der letzten drei Jahre, soweit diese den Umsatz im Aufwärts- oder Abwärtstrend zutreffend widerspiegeln. Der Gesamtumsatz ist aufzuspalten in persönlichkeitsgebundene Umsätze (zB Honorare aus Testamentsvollstreckungen und Konkursverwaltungen), in Umsätze, die nur in mehr als einjährigen Intervallen anfallen (zB Erbschaftsteuererklärungen) und in die übrigen Umsätze aus Beratungs- und Buchführungstätigkeiten. Diese Aufteilung bildet die Grundlage für die Bereinigung des Gesamtumsatzes, der sodann um personengebundene Umsätze gekürzt wird. Umsätze, die in mehrjährigen Intervallen anfallen, werden mit dem Durchschnittswert der letzten drei Jahre angesetzt. Auf diese Bemessungsgrundlage wird ein einheitlicher Prozentsatz angewendet, um den endgültigen Praxiswert zu ermitteln. In der Praxis schwankt heute der Prozentsatz zwischen 80% und 140%.

33 Abweichungen in der Bewertung sind allerdings dann geboten, wenn der Reingewinn der Praxis über- oder unterdurchschnittlich ist, die geographische Streuung der Mandanten groß ist und damit erhöhte Fahrtkosten entstehen, der organisatorische Zustand der Praxis eine andere Bewertung erforderlich macht und – zB auf Grund der Altersstruktur das Risiko des Verlustes von Mandanten besonders hoch ist.

34 Neben dem Umsatzwertverfahren als gängige Praktikermethode finden in der Praxis auch verschiedene Ertragswertmethoden, so zB die sog. Methode der Überverrentung, Anwendung. Vereinfachend dargestellt, geht diese Methode davon aus, dass der Praxiswert deshalb gesondert zu vergüten ist, weil der Übernehmer die Möglichkeit erhält, unter den verbesserten Startbedingungen als selbstständiger Steuerberater mehr zu verdienen als in der Eigenschaft als angestellter Steuerberater. Um diesen Übergewinn zu ermitteln, ist einerseits der bereinigte Gesamtumsatz und andererseits die

konkrete Kostenstruktur der Praxis zu berücksichtigen. Ferner wird davon ausgegangen, dass sich der Praxiswert nach fünf Jahren verbraucht. Daraus ergibt sich folgendes Berechnungsbeispiel:

Gesamtumsatz	600.000.– €
Kürzung um personengebundene Umsätze	65.000.– €
Bereinigung des Gesamtumsatzes	535.000.– €
Aufwand lt. Kostenstruktur 60%	321.000.– €
Betriebsergebnis 40%	214.000.– €
kalkulatorischer Unternehmerlohn	80.000.– €
Nettoüberschuss	134.000.– €
Kapitalisierungsdauer 5 Jahre	
Rentenbarwert bei 8% (nachschüssig)	3,992
Praxiswert	535.000.– €
Praxiswert nach Umsatzpreismethode (100%)	535.000.– e

Damit zeigt sich, dass bei durchschnittlicher Kostenstruktur der übergebenen Praxis 35 die Methode der Berechnung nach der Übergewinnverrentung dem Ergebnis des Umsatzwertverfahrens durchaus nahe kommt. Der Vorteil dieser Methode liegt vor allem darin, dass die Kostenstruktur der Praxis hinreichend berücksichtigt und die wirtschaftliche Sicherung des Übernehmers mittels Ansatzes des kalkulatorischen Unternehmerlohnes gewährleistet wird. Bei der bereinigten Umsatzpreismethode können die einzelnen preisbeeinflussenden Bewertungsfaktoren dagegen nur im Rahmen differenzierender Prozentsätze berücksichtigt werden. Im Hinblick darauf empfiehlt es sich, die Methode der Überverrentung jedenfalls bei einer Kontrollrechnung anzuwenden.

Zu § 11: Risiko des Praxisübernehmers

Wesentliche Streitpotentiale bei Praxisübernahmen werden dann offenkundig, 36 wenn sich die der Praxisbewertung zugrundegelegten Umsatz- und Gewinnprognosen nach dem Übertragungsstichtag als unzutreffend erweisen. Um die Risiken zwischen den Vertragspartnern auszugleichen, werden nicht selten Kaufpreiskorrekturen vereinbart, die allerdings bei Praxisübertragungen deshalb problematisch sind, weil künftige Umsatz- und Gewinnentwicklungen insbesondere von den persönlichen Fähigkeiten des Übernehmers abhängen. Im Hinblick darauf werden bei Praxisübertragungen Kaufpreiskorrekturen auf Umsatz- bzw. Gewinnentwicklungen beschränkt, die innerhalb von allenfalls bis zu zwei Jahren nach dem Übertragungsstichtag eintreten. Darüber hinaus ist es üblich, von Kaufpreiskorrekturen Umsatz/Gewinnrückgänge auszunehmen, die auf vom Übernehmer zu verantwortenden Kündigungen von Beratungsverträgen beruhen.

Um spätere rechtliche Auseinandersetzungen zu vermeiden, empfiehlt es sich stets, 37 die aus der Sicht insbesondere des Übernehmers erkennbaren Risiken vorweg bei der Kaufpreisbemessung zu berücksichtigen und eine spätere Kaufpreiskorrektur dafür auszuschließen. Dieser Konzeption folgt § 11.

§ 11 Abs. 2 sieht eine selbstständige Garantieübernahme gem. § 443 BGB des 38 Übergebers für die Richtigkeit und Vollständigkeit der Abgaben in den Anlagen zum Vertrag vor. Die Garantiehaftung richtet sich nach Art und Umfang nach den Gewährleistungsansprüchen aus § 437 BGB, wobei hier die Rechte des Übernehmers auf die Ansprüche aus § 437 Nr. 3 BGB beschränkt worden sind. Eine Garantieübernahme gem. § 443 BGB besteht neben und unabhängig von den Gewährleistungsansprüchen aus §§ 434ff. BGB.

Zu § 12: Fälligkeit

39 Ist das Entgelt für den Übernehmer finanzierbar, wird in aller Regel eine Einmalzahlung vereinbart. Andernfalls sind Kaufpreisraten üblich, deren Laufzeit allerdings selten über drei Jahre hinausreicht. Werden Kaufpreisraten vereinbart, sollte eine erste Rate, etwa iHv. 1/4 des Gesamtentgeltes, bei Vertragsabschluss und eine zweite Rate bei Praxisübergabe bezahlt werden. Für das ausstehende Entgelt sind Vereinbarungen von Zinsen und Sicherheiten, etwa Bürgschaften bzw. Hypotheken, sowie Regelungen für den Fall des Verzugs üblich. Die Vereinbarungen von Leib- oder Zeitrenten sowie umsatz- oder gewinnabhängige Entgelte sind nicht zu empfehlen, weil sie wegen ihrer Ausrichtung auf die persönlichen Fähigkeiten des Übernehmers nicht sachgerecht sind und den Übergeber in eine finanzielle Abhängigkeit bringen. Aus diesem Grunde wird hier dem Konzept der Einmalzahlung gefolgt.

40 Im Übrigen empfiehlt es sich, wenn Ratenzahlung vereinbart wird, die Anrechnung auf das Entgelt für das Inventar und für den Praxiswert gesondert festzulegen. Dies folgt daraus, dass bei vereinbartem Eigentumsvorbehalt hinsichtlich der übergebenen Sache der Zeitpunkt des Eigentumsüberganges klar bestimmt werden muss.

Zu § 13: Weiterveräußerung durch Übernehmer

41 Hat der Übergeber die Praxis selbst aufgebaut, besteht für ihn regelmäßig ein Interesse daran, dass seine Praxis aus Gründen der persönlichen Kontinuität vom Übernehmer langfristig weitergeführt wird. Aus diesem Grunde wird er seine Praxis nicht als Spekulationsobjekt sehen wollen. Ist Ratenzahlung vereinbart, empfiehlt es sich ohnehin, dass der Übergeber sich zur Absicherung seiner Ansprüche die Zustimmung zur Weiterveräußerung vorbehält.

Zu § 14: Konkurrenzverbot

42 Die Zahlung eines Entgeltes für die Überlassung der Praxis gibt dem Übernehmer das Recht, zu verlangen, dass der Veräußerer sich auf absehbare Zeit nicht wieder am selben Ort oder im Einzugsbereich der Praxis niederlässt. Gegen ein auf zwei Jahre festgelegtes Rückkehrverbot ist im Allgemeinen nichts einzuwenden (BGH II ZR 59/02 v. 29.9.03, NZG 04, 35). Es ist berufs- wie wettbewerbsrechtlich unzulässig, wenn sich der Praxisveräußerer nach erfolgter Praxisübergabe und Auslaufen des vertraglich vereinbarten Wettbewerbsverbots mit Werbeschreiben an ehemalige Mandanten zwecks Weiterbetreuung wendet (OLG Frankfurt 6 U 112/08 v. 25.9.08, DStRE 09, 1094).

Zu § 15: Schlussbestimmungen

43 Sofern die Vertragsparteien nicht jeweils in Gütertrennung leben, ist zur Wirksamkeit des Praxisübergabevertrages vorsorglich das Zustimmungserfordernis des Ehepartners gemäß § 1365 Abs. 1 BGB zu beachten (vgl. *Wehmeier*, Praxisübertragung in wirtschaftsprüfenden und steuerberatenden Berufen, 5. Aufl., 2009, Kapitel B, Rz. 219).

B. 18. Schenkungsvertrag

B. 18.01 Grundstücksschenkung unter Nießbrauchsvorbehalt im Wege vorweggenommener Erbfolge

Gliederung

Vorbemerkung: In der notariellen Beurkundungspraxis wird in vorliegenden Fällen der Schenker zumeist als Übergeber und der Schenkungsvertrag als Übergabevertrag bezeichnet.

I. FORMULARE

Formular B. 18.01 Schenkungsvertrag

SCHENKUNGSVERTRAG

Verhandelt am ...... in ......

Vor dem unterzeichnenden Notar ......

erschienen

Herr A – nachfolgend Schenker genannt –

und

Herr B,

handelnd als Pfleger für den minderjährigen Sohn des Schenkers, A 1, geb. ......,

auf Grund der in Urschrift vorgelegten Bestallungsurkunde des Amtsgerichts ......

vom ...... – nachfolgend Erwerber genannt –

Die Erschienenen, durch Personalausweise ausgewiesen, erklärten:

§ 1 Grundbuchstand

Der Schenker ist im Grundbuch des Amtsgerichts ...... für ...... Band ...... Blatt ...... als Alleineigentümer des dort bezeichneten Grundstücks eingetragen.

Der Grundbesitz ist in Abteilung II und III unbelastet.

§ 2 Schenkung

Der Schenker überträgt hiermit mit Zustimmung seiner Ehefrau den vorbezeichneten Grundbesitz mit allen Rechten und Pflichten, den wesentlichen Bestandteilen und dem gesetzlichen Zubehör auf den Erwerber zum Alleineigentum. Der Erwerber nimmt die Schenkung hiermit an.

§ 3 Auflassung

Die Vertragsteile sind über den Eigentumsübergang einig. Der Schenker bewilligt und der Erwerber beantragt die Eintragung der Rechtsänderung im Grundbuch. Auf die Bestellung einer Auflassungsvormerkung wird verzichtet.

§ 4 Vollmacht des Notars

Die Erschienenen beauftragen den Notar alles zu tun, was im Rahmen des Vollzugs dieses Vertrages erforderlich oder nach seinem Ermessen zweckdienlich ist. In diesem Rahmen ist der Notar ermächtigt, den Grundbuchvollzug betreffende Erklärungen ggf. nachzuholen, zu ergänzen oder inhaltlich zu berichtigen. Von den Beschränkungen des § 181 BGB ist der Notar befreit.

§ 5 Besitz- und Gefahrübergang

Der mittelbare Besitz, die Gefahr des zufälligen Untergangs und der zufälligen Verschlechterung gehen sofort auf den Erwerber über. Der unmittelbare Besitz, die Nutzungen und die übrigen Lasten verbleiben beim Schenker und gehen erst mit Beendigung des nachfolgend bestellten Nießbrauchs auf den Erwerber über.

§ 6 Haftung des Schenkers

Jegliche Haftung des Schenkers, insbesondere für Sach- und Rechtsmängel, ist ausgeschlossen. Der vorstehende Haftungsausschluss gilt nicht bei Vorsatz oder Arglist.

§ 7 Nießbrauchsvorbehalt

(1) Der Schenker behält sich den lebenslangen unentgeltlichen Nießbrauch an dem in § 1 genannten Grundbesitz vor. Danach ist der Schenker berechtigt, sämtliche Nutzungen aus dem Grundbesitz zu ziehen. Er ist verpflichtet, sämtliche auf dem Grundbesitz ruhenden privaten und öffentlichen Lasten einschließlich der außerordentlichen öffentlichen und die von Gesetzes wegen eigentlich dem Eigentümer obliegenden privaten Lasten zu tragen, insbesondere die außergewöhnlichen Ausbesserungen und Erneuerungen.

(2) Nach dem Ableben des Schenkers steht das Nießbrauchsrecht dessen Ehefrau, Frau A, auf deren Lebenszeit zu.

(3) Die Vertragsteile bewilligen und beantragen die Eintragung des Nießbrauchsrechts zugunsten des Schenkers sowie des aufschiebend bedingten Nießbrauchsrechts zugunsten von Frau A an nächstoffener Rangstelle im Gleichrang untereinander im Grundbuch mit dem Vermerk, dass zur Löschung eines jeden Rechts der Nachweis des Todes des Berechtigten genügt.

§ 8 Rückforderungsrecht

(1) Der Schenker ist berechtigt, die Schenkung zu widerrufen und vom Vertrag zurückzutreten und Rückauflassung des Grundbesitzes zu verlangen, wenn

- **der Erwerber vor dem Ableben des Schenkers oder seiner Ehefrau verstirbt,**
- **über das Vermögen des Erwerbers das Insolvenzverfahren eröffnet oder mangels Masse abgelehnt wird oder die Zwangsversteigerung oder Zwangsverwaltung des Grundbesitzes durchgeführt wird,**
- **bei Auflösung der Ehe des Erwerbers der Grundbesitz nicht vom Gesamtgut oder vom Zugewinnausgleich ausgenommen ist,**
- **der Schenker berechtigt ist, die Schenkung wegen groben Undankes zu widerrufen oder**
- **der Schenker oder seine Ehefrau berechtigt sind, dem Erwerber den Pflichtteil zu entziehen.**

(2) Nach dem Ableben des Schenkers steht das Rückforderungsrecht seiner Ehefrau mit der Maßgabe zu, dass sie die Übertragung auf sich selbst verlangen kann. Das Rückforderungsrecht ist weder übertragbar noch vererblich.

(3) Werterhöhende Investitionen sind dem Erwerber zu dem zum Zeitpunkt der Rückübertragung bzw. Übertragung maßgeblichen Zeitwert zu ersetzen, wenn diese Investitionen mit Zustimmung des Schenkers oder seiner Ehefrau erfolgt und vom Erwerber bezahlt worden sind. Zwischenzeitlich bestellte Grundpfandrechte haben der Schenker oder dessen Ehefrau nur zu übernehmen, als sie eigene Verbindlichkeiten sichern.

(4) Die Kosten der Rückübertragung bzw. Übertragung gehen zu Lasten des Erwerbers.

(5) Der Erwerber bestellt zur Sicherung des in Abs. 1 und Abs. 2 bezeichneten aufschiebend bedingten Anspruchs auf Rückübertragung bzw. Übertragung des Grundbesitzes zugunsten des Schenkers und seiner Ehefrau jeweils eine gleichrangige Auflassungsvormerkung, deren Eintragung im Grundbuch im Rang nach dem in dieser Urkunde bestellten Nießbrauchsrecht er hiermit bewilligt und beantragt.

§ 9 Pflichtteilsanrechnung und Ausgleichspflicht

(1) Der Erwerber hat sich den Wert des geschenkten Grundbesitzes abzüglich des Werts des kapitalisierten Nießbrauchsrechts auf sein gesetzliches Pflichtteilsrecht am künftigen Nachlass des Schenkers anrechnen zu lassen.

(2) Eine Ausgleichspflicht gem. § 2050 BGB wird ausgeschlossen.

§ 10 Mietverhältnisse

Die Mietverträge sind dem Erwerber bekannt. Im Hinblick auf den vorbehaltenen Nießbrauch verbleiben sie beim Schenker.

§ 11 Schenkungsteuer, Kosten des Vertrages

Die auf die Übertragung des Grundbesitzes entfallende Schenkungsteuer sowie die Kosten dieses Vertrages trägt der Schenker.

II. ERLÄUTERUNGEN

Erläuterungen zu B. 18.01 Schenkungsvertrag

1. Grundsätzliche Anmerkungen

a) Wirtschaftliche Vertragsziele

Grundstücksschenkungen unter Nießbrauchsvorbehalt haben im Rahmen **vorweggenommener Erbfolge** eine besondere Bedeutung: Die durch den Nießbrauch bewirkte Abspaltung des Nutzungsrechts vom Eigentum ermöglicht eine Übertragung von Vermögen auf die nächste Generation, ohne hiermit auch auf die entsprechenden Einkünfte zu verzichten. Im Hinblick darauf dient der Vorbehaltsnießbrauch auch der Altersversorgung. Unter dem Gesichtspunkt der Schenkungsteuer ist die Grundstücksschenkung nur dann günstig, wenn der Grundbesitzwert (§ 12 Abs. 3 ErbStG iVm. § 157 Abs. 3 BewG) ausnahmsweise niedriger ist als der entsprechende Verkehrswert. Zudem ist § 13c ErbStG zu beachten. 1

b) Zivilrecht

Vermögensübertragungen im Rahmen **vorweggenommener Erbfolge** unterliegen als Schenkung, Schenkung unter Auflage oder als gemischte Schenkung dem Regelungsbereich der §§ 516ff. BGB. Eine Vermutung für den Schenkungscharakter gibt es nicht (BGH II ZR 272/85 v. 25.9.86, NJW 87, 890; BayObLG IZ RR 15/94 v. 12.2.96, DNotZ 96, 647). Vermögensübertragungen im Rahmen vorweggenom- 2 mener Erbfolge können auch der Abgeltung vorher erbrachter Leistungen dienen (BGH IV ZR 36/94 v. 1.2.95, WM 95, 1076). Soweit hierbei Grundstücke übertragen werden, ist notarielle Beurkundung (§ 311b Abs. 1 BGB) erforderlich.

3 Hinsichtlich einer etwa gebotenen Mitwirkung eines **Ergänzungspflegers** (§§ 1909, 1629 Abs. 2 Satz 1, 1795 Abs. 1 Nr. 1, Abs. 2, 181 BGB) gilt folgendes: Nach der Rspr. des BGH ist ein Rechtsgeschäft, das jemand als Vertreter eines anderen mit sich im eigenen Namen vornimmt (Insichgeschäft), über den Wortlaut des § 181 BGB – entsprechendes gilt für § 1795 Abs. 1 Nr. 1 BGB – hinaus auch dann zulässig, wenn dieses dem Vertretenen lediglich einen rechtlichen Vorteil iSd. § 107 BGB bringt (BGH IX ZR 141/84 v. 25.4.85, BGHZ 94, 232; BGH V ZB 16/79 v. 9.7.80, BGHZ 78, 28). Bei einer Grundstücksschenkung unter Nießbrauchsvorbehalt ist diese Voraussetzung bei einem vermieteten Grundstück allerdings nicht gegeben, weil der minderjährige Erwerber jedenfalls mit der Beendigung des Nießbrauchs entsprechend § 1056 Abs. 1 BGB in die Pflichten aus dem dann noch bestehenden Miet- und Pachtvertrag eintritt (BGH V ZB 44/04 v. 3.2.05, NJW 05, 1430). Im Hinblick darauf ist die Bestellung eines Ergänzungspflegers (§ 1909 Abs. 1 BGB) erforderlich. Einer familiengerichtlichen Genehmigung (§ 1822 BGB) bedarf es dagegen nicht (BGH V ZR 177/81 v. 27.10.82, NJW 83, 1780).

4 Zur rechtlichen Ausgestaltung des Nießbrauchs vgl. B. 14 Rz. 2ff.

c) Steuerrecht

5 **Ertragsteuern:** Der **Vorbehaltsnießbraucher** ist im Normalfall nicht **wirtschaftlicher Eigentümer** (vgl. § 39 AO) des seiner Nutzung unterliegenden Wirtschaftsgutes (BFH VIII R 141/77 v. 28.7.81, BStBl. II 82, 454; BFH X R 91/94 v. 1.10.97, BStBl. II 98, 203; BFH X B 40/99 v. 26.10.99, BFH/NV 00, 563). Dies gilt auch für den Fall, dass Eltern im Rahmen vorweggenommener Erbfolge ihren Kindern schenkweise Grundstücke übertragen und sich gleichzeitig den lebenslänglichen Nießbrauch an den Grundstücken vorbehalten (BFH II R 81/88 v. 24.7.91, BStBl. II 91, 909). Der Vorbehaltsnießbraucher ist einkommensteuerrechtlich ausnahmsweise allerdings dann wirtschaftlicher Eigentümer, wenn sich seine rechtliche und tatsächliche Stellung gegenüber dem zivilrechtlichen Eigentümer von der normalen Stellung eines Nießbrauchers so deutlich unterscheidet, dass er die tatsächliche Herrschaft über das nießbrauchsbelastete Grundstück ausübt (BFH III R 240/83 v. 23.1.87, BFH/NV 87, 502; BFH IV R 39/98 v. 26.11.98, BStBl. II 99, 263). Die gleichen Grundsätze gelten auch für die übrigen Steuerarten.

6 Da Schenkungen unter Nießbrauchsvorbehalt durchweg zwischen **nahen Angehörigen** vollzogen werden, gelten die allgemein für die Anerkennung von Verträgen zwischen nahen Angehörigen geltenden Grundsätze (vgl. BMF v. 30.9.13, BStBl. I 13, 1184 Tz. 3). Wird die steuerliche Anerkennung versagt, werden die Einkünfte nicht dem Nießbraucher, sondern dem Eigentümer zugerechnet. Die mit der Schenkung unter Nießbrauchsvorbehalt angestrebten Steuereffekte gehen damit verloren.

7 Für Zwecke der **Einkommensteuer** werden Grundstücksschenkungen unter Nießbrauchsvorbehalt nur dann anerkannt, wenn der Rechtsübergang an dem Grundstück und die Bestellung des Nießbrauchsrechts Gegenstand einer klaren Vereinbarung sind sowie ernsthaft gewollt und tatsächlich durchgeführt werden. Voraussetzung hierfür ist zunächst, dass sowohl die Grundstücksübertragung als auch die Nießbrauchsbestellung **bürgerlich-rechtlich wirksam** sind (vgl. BMF v. 30.9.13, BStBl. I 13, 1184 Tz. 2 ff, auch zur Notwendigkeit der Bestellung eines Ergänzungspflegers).

Die **tatsächliche Durchführung** der Grundstücksübertragung artikuliert sich wegen des vorbehaltenen Nießbrauches im Wesentlichen in einer nach außen hin etwa gegenüber Behörden und Versicherungen dokumentierten Eigentümerstellung.

8 Da jede Art von Nießbrauchsrecht ein selbständiges immaterielles Wirtschaftsgut darstellt, ist es selbständig einlegbar, entnehmbar und abschreibbar (BFH GrS 2/86 v.

26.10.87, BStBl. II 88, 348). Daher führt bei den **Einkünften aus Gewerbebetrieb** die schenkweise Übertragung eines zu einem Betriebsvermögen gehörenden Grundstücks unter Nießbrauchsvorbehalt regelmäßig zu einer Entnahme, die gem. § 6 Abs. 1 Nr. 4 EStG mit dem Teilwert anzusetzen ist, so dass es insoweit zu einer Realisation stiller Reserven kommt (BFH VIII R 170/78 v. 2.8.83, BStBl. II 83, 735). Etwas anderes gilt, wenn der Nießbraucher wirtschaftlicher Eigentümer des Grundstücks bleibt. Das ist aber nur bei ganz atypischen Gestaltungen der Fall (BFH VIII R 153/81 v. 7.12.82, BStBl. II 83, 627; BFH II R 81/88 v. 24.7.91, BStBl. II 91, 909).

Die steuerliche Zurechnung der **Einkünfte aus Vermietung und Verpachtung** 9
hängt nach dem Nießbrauch-Erlass des BMF v. 30.9.13 (BStBl. I 13, 1184) davon ab, ob es sich um einen Zuwendungsnießbrauch oder um einen Vorbehaltsnießbrauch handelt (vgl. zum Nießbrauch B. 14 Rz. 8ff.). Beim hier vorliegenden **Vorbehaltsnießbrauch** (vgl. Nießbrauch-Erlass BMF v. 30.9.13, aaO Tz. 39ff.) sind die Mieteinnahmen grds. dem Vorbehaltsnießbraucher zuzurechnen. Der Vorbehaltsnießbraucher ist auch zum Werbungskostenabzug, insbesondere zur Inanspruchnahme der Absetzung für Abnutzung, berechtigt (BFH VIII R 35/79 v. 28.7.81, BStBl. II 82, 380; BFH IX R 62/83 v. 24.9.85, BStBl. II 86, 12; BFH GrS 4/92 v. 30.1.95, BStBl. II 95, 281; BMF v. 30.9.13, aaO, Tz. 42). Da dem Eigentümer aus dem nießbrauchsbelasteten Grundstück keine Einnahmen zuzurechnen sind, kann er Aufwendungen auf das Grundstück nicht als Werbungskosten abziehen; das gilt auch für die Absetzung für Abnutzung (Nießbrauch-Erlass BMF v. 30.9.13, aaO Tz. 45). Zum Zuwendungsnießbrauch vgl. Nießbrauch-Erlass BMF v. 30.9.13, aaO Tz. 14ff.

Löst der Eigentümer den **Nießbrauch** ab, ergeben sich nachträgliche Anschaf- 10
fungskosten beim Eigentümer, und zwar auch dann, wenn das Grundstück dem Eigentümer zuvor geschenkt wurde (BFH IX R 323/87 v. 15.12.92, BStBl. II 93, 488; BFH IX R 72/90 v. 21.7.92, BStBl. II 93, 486). Ggfs. kann aber im familiären Bereich eine verdeckte Unterhaltszahlung gegeben sein mit der Folge, dass die Ablösezahlung gem. § 12 EStG nicht zu nachträglichen Anschaffungskosten führt (BFH IX R 169/87 v. 21.7.92, BFH/NV 93, 93). Wird ein Vorbehaltsnießbrauch gegen **wiederkehrende Leistungen** abgelöst, ist zu unterscheiden, ob der Verzicht als Vermögensübergabe gegen Versorgungsleistungen zur Vorwegnahme der Erbfolge oder als entgeltliches Veräußerungsgeschäft zu beurteilen ist (BFH X R 148/90 v. 25.11.92, BFH/NV 93, 586; BFH X R 81/91 v. 13.10.93, BFH/NV 94, 620; BFH IX R 53/91 v. 9.2.94, BFH/NV 95, 189; BMF v. 16.9.04, BStBl. I 04, 922, Tz. 11; BMF v. 11.3.10, BStBl. I 10, 227). Handelt es sich um Versorgungsleistungen, scheidet ein Sonderausgabenabzug aus, weil die Übertragung privater Immobilien vom Anwendungsbereich des § 10 Abs. 1 Nr. 1a EStG ausgeschlossen ist. Wird der Vorbehaltsnießbrauch aufgegeben, ohne dass sich im Gegenzug der Vermögensübernehmer zu Versorgungsleistungen verpflichtet, so bleibt die spätere Vereinbarung von Versorgungsleistungen daher ohne steuerliche Wirkung (BFH X R 2/05 v. 17.5.06, BFH/NV 06, 1824). Ist der Verzicht auf den Nießbrauch dagegen ein entgeltliches Rechtsgeschäft, so stellt der Barwert der wiederkehrenden Leistungen (§ 14 BewG) nachträgliche Anschaffungskosten des Grundstücks dar (BMF v. 16.9.04, aaO Tz. 51f). Sind als Entgelt gleichmäßige wiederkehrende Leistungen auf Lebenszeit vereinbart, so handelt es sich um eine Leibrente, deren Zinsanteil nach der Ertragswerttabelle in § 22 EStG zu ermitteln und beim Eigentümer als Werbungskosten abzuziehen ist (BMF v. 16.9.04, aaO Tz. 54). Versorgungsleistungen sind wegen § 22 Nr. 1b EStG dagegen nicht als sonstige Einkünfte zu erfassen.

Zum Nießbrauch bei anderen Einkunftsarten vgl. B. 14 Rz. 8ff. 11

Verkehrsteuern: Soweit der Nießbrauch an einem unternehmerisch genutzten 12
Grundstück im Rahmen eines Leistungsaustauschs bestellt oder vorbehalten wird, fällt grds. gem. § 4 Nr. 12c UStG keine **Umsatzsteuer** an (UStAE 4.12.8). Der unentgeltliche Nießbrauch führt gem. §§ 1 Abs. 1 Nr. 1, 3 Abs. 1b Nr. 1, 4 Nr. 12c UStG zu

einer steuerfreien Entnahme (BFH X R 51/81 v. 16.9.87, BStBl. II 88, 205). Falls im Zusammenhang mit der Errichtung oder dem Erwerb des Grundstücks Vorsteuer abgezogen wurde, kommt allerdings als Folge der Nießbrauchsbestellung eine Vorsteuerberichtigung gem. § 15a Abs. 1, 4 UStG in Betracht (BFH X R 51/81 v. 16.9.87, BStBl. II 88, 205; UStAE 15a.2 Abs. 6 Nr. 3 Buchst. b). Die Voraussetzungen für eine Vorsteuerberichtigung nach § 15a Abs. 4 UStG sind aber dann nicht gegeben, wenn der Steuerpflichtige zwar das Eigentum an dem Grundstück überträgt, es aber aufgrund eines gleichzeitig vorbehaltenen Nießbrauchs wie bisher besitzt und den Ertrag durch Fortsetzung der bestehenden Mietverhältnisse zieht, weil hierdurch ein Grundstück noch nicht geliefert wird (BFH V R 66/96 v. 13.11.97, BFH/NV 98, 555).

13 Die Übertragung eines Grundstücks unter Nießbrauchsvorbehalt unterliegt der **Grunderwerbsteuer.** Bemessungsgrundlage ist der Wert der Gegenleistung (§ 8 Abs. 1 GrEStG). Dazu gehören bei dem Kauf eines Grundstücks unter Nießbrauchsvorbehalt auch die vorbehaltenen Nutzungen (§ 9 Abs. 1 Nr. 1 GrEStG). Bei unentgeltlichen Grundstücksübertragungen ist der Grundbesitzwert maßgeblich (§ 8 Abs. 2 Nr. 1 GrEStG iVm. § 138 Abs. 3 BewG). Grundstücksübertragungen auf Ehegatten und Kinder sind gem. § 3 Nr. 4, 6 GrEStG steuerfrei. Soweit die Grundstücksübertragung von Todes wegen oder unter Lebenden, etwa im Rahmen vorweggenommener Erbfolge eintritt, ist zwecks Vermeidung einer Doppelbelastung von Erbschaft-/ Schenkungsteuer und Grunderwerbsteuer ebenfalls Grunderwerbsteuerfreiheit gegeben (§ 3 Nr. 2 GrEStG). Bei Schenkungen unter Auflage tritt daher die Steuerbefreiung nur insoweit ein, als der Grundbesitzwert den Wert der Auflage übersteigt. Von der Reichweite der Steuerbefreiung gem. § 3 Nr. 2 GrEStG werden insoweit auch Grundstücksschenkungen unter Nießbrauchsvorbehalt erfasst (BFH II R 41/89 v. 29.1.92, BStBl. II 92, 420; BFH II R 99/91 v. 7.9.94, BFH/NV 95, 433).

14 *(frei)*

15 **Schenkungsteuer:** Die schenkweise Übertragung eines Grundstücks unter **Nießbrauchsvorbehalt** stellt eine Schenkung unter Auflage dar, die gem. § 7 ErbStG der Schenkungsteuer unterliegt. Steuerpflichtiger Erwerb ist hierbei die Bereicherung des Beschenkten (§ 10 Abs. 1 ErbStG). Bei der Schenkung unter Nießbrauchsvorbehalt handelt es sich um eine Nutzungs- bzw. Duldungsauflage. Unter den ErbStR 2003 war die Unterscheidung zwischen der gemischten Schenkung und den verschiedenen Auflagen noch von Bedeutung (vgl. BFH II R 37/87 v. 12.4.89, BStBl. II 89, 524; zuletzt auch BFH II R 27/09 v. 13.4.11, BStBl. II 11, 730; R 17 ErbStR 2003). Durch Aufhebung des § 25 ErbStG aF durch das ErbStRG 2009 v. 24.12.08 (BGBl. I 08, 3018) verlor die Unterscheidung aber bereits an Bedeutung, da dadurch das Abzugsverbot entfiel. Seit Veröffentlichung der Gleichl. Ländererlasse v. 20.5.11, BStBl. I 11, 562 sowie der ErbStR 2011 **unterscheidet die Finanzverwaltung nicht mehr zwischen Duldungs- und Leistungsauflagen** (ErbStR 7.4 Abs. 1). Die Bereicherung wird nun berechnet, indem von dem nach § 12 ErbStG zu ermittelnden Steuerwert der Leistung des Schenkers die Gegenleistung des Beschenkten und die von ihm übernommenen Leistungs-, Nutzungs- und Duldungsauflagen mit ihren nach § 12 ErbStG ermittelten Wert abgezogen werden (ErbStR 7.4 Abs. 1 S. 2; ErbStH 7.4). Die Abzugsbeschränkungen des § 10 Abs. 6 ErbStG sind jedoch zu beachten (ErbStR 7.4 Abs. 2). Ggfs. kommt eine Anwendung von § 13c ErbStG in Betracht.

16 Vgl. zur Schenkungsteuer bei unentgeltlicher Einräumung eines Nießbrauchsrechts B. 14 Rz. 18. Zur mittelbaren Grundstücksschenkung vgl. B. 18.02 Rz. 10ff.

2. Einzelerläuterungen

Zur Eingangserklärung:

17 Aufgrund der bei Grundstücksschenkungen unter Nießbrauchsvorbehalt bestehenden höchstrichterlichen Vorgaben bedarf es der Bestellung eines Ergänzungspflegers (vgl. Rz. 3).

Zu § 2: Schenkung

Die Zustimmung der Ehefrau ist gem. § 1375 Abs. 3 BGB von Bedeutung, weil somit das geschenkte Grundstück im Rahmen eines etwaigen Zugewinnausgleichs bei Auflösung der Ehe aus der Berechnung des Zugewinns ausscheidet. Im Übrigen kann die Zustimmung der Ehefrau ggf. auch gem. § 1365 BGB erforderlich sein. **18**

Zu § 4: Vollmacht des Notars

Die **Vollzugsvollmacht** zugunsten des Notars ist sinnvoll, um ihm die nachträgliche Korrektur von Fehlern oder Ergänzung von Erklärungen zu ermöglichen, ohne dass Schenker und Erwerber zu einem erneuten Termin erscheinen müssen. **19**

Zu § 5: Besitz- und Gefahrübergang

Mit dem Besitz- und Gefahrübergang gehen alle öffentlich-rechtlichen Rechtsverhältnisse und auch Versicherungsverhältnisse, die mit dem Grundbesitz verknüpft sind, automatisch auf den Erwerber über. Demgemäß wechselt für steuerliche Zwecke auch das wirtschaftliche Eigentum an dem Grundbesitz (BFH VIII R 153/81 v. 7.12.82, BStBl. II 83, 627; BFH II R 81/88 v. 24.7.91, BStBl. II 91, 909) mit der Folge, dass zum nächsten Bewertungsstichtag eine Zurechnungsfortschreibung erfolgt (§ 22 Abs. 2 BewG). **20**

Zu § 7: Nießbrauchsvorbehalt

Mit dem Recht, sämtliche Nutzungen aus dem nießbrauchsbelasteten Grundstück zu ziehen, korrespondiert die Pflicht, für die Erhaltung der Sache in ihrem wirtschaftlichen Bestand zu sorgen, wozu Ausbesserungen und Erneuerungen zählen, soweit sie für die gewöhnliche Unterhaltung des Grundstücks erforderlich sind (§ 1041 BGB). Den Nießbraucher trifft gem. § 1045 BGB auch eine Versicherungspflicht. Schließlich hat der Nießbraucher auch die auf dem Grundstück ruhenden öffentlichen Lasten (zB Grundsteuer) sowie die schon zur Zeit der Bestellung des Nießbrauchs bestehenden privatrechtlichen Lasten (zB Hypothekenzinsen) zu tragen (§ 1047 BGB). Demgegenüber obliegen dem Eigentümer die außerordentlichen öffentlichen Lasten sowie die außergewöhnlichen Ausbesserungen und Erneuerungen, also solche, die nicht mehr zur gewöhnlichen Unterhaltung des Grundstücks gehören. Da der Eigentümer mangels Einkünfteerzielung nicht zum Werbungskostenabzug berechtigt ist, liegt es nahe, diese Lasten in Abweichung von §§ 1043, 1047 BGB dem Nießbraucher aufzuerlegen. **21**

Das Nießbrauchsrecht zugunsten der Ehefrau ist aufschiebend bedingt und als Zuwendungsnießbrauch zu qualifizieren. Während dem Schenker als Vorbehaltsnießbraucher die AfA-Befugnis uneingeschränkt zusteht, geht diese nach dessen Ableben verloren, weil zwar die Ehefrau den Tatbestand der Einkünfteerzielung erfüllt, selbst aber keine Herstellungs- oder Anschaffungskosten auf das Grundstück aufgewendet hat; vgl. zum Zuwendungsnießbrauch B. 14 Rz. 13ff. Auch wenn die Ehefrau später die AfA-Befugnis verliert, so ist ein derart vereinbarter aufschiebend bedingter Zuwendungsnießbrauch dennoch günstiger als ein – von Beginn an vereinbarter – gemeinsamer Nießbrauch, soweit hier die Einkünfte ebenfalls gemeinsam erzielt werden. In diesem Fall bliebe der Ehefrau die AfA versagt und dem Ehemann (Schenker) stünde nur die hälftige AfA zu (BFH VIII R 176/80 v. 27.7.82, BStBl. II 83, 6). **22**

Während der Vorbehaltsnießbrauch keine Schenkungsteuer auslöst, unterliegt der Zuwendungsnießbrauch zugunsten der Ehefrau als Nutzungsrecht der Schenkungsteuer (§ 7 ErbStG), die freilich erst dann erhoben wird, wenn die aufschiebende Bedingung eintritt, wenn also der Schenker vorverstirbt. Als Zuwendungsnießbraucherin hat die Ehefrau den Nießbrauch mit dem Kapitalwert (§ 12 Abs. 1 ErbStG iVm. §§ 13–16 BewG) anzusetzen. Der Kapitalwert berechnet sich hierbei nach Anlage 9 **23** zum BewG (Gleichl. Ländererlasse v. 7.12.01, BStBl. I 01, 1041, zuletzt ergänzt durch Gleichl. Ländererlasse v. 10.10.10, BStBl. I 10, 810). Statt mit dem Kapitalwert kann der Zuwendungsnießbrauch aber auch jährlich im Voraus mit dem Jahreswert besteuert werden (§ 23 Abs. 1 ErbStG), wobei die Jahressteuer zum jeweils nächsten Fälligkeitstermin abgelöst werden kann (§ 23 Abs. 2 ErbStG).

24 Der vom Schenker vorbehaltene Nießbrauch sowie der Zuwendungsnießbrauch mindern grundsätzlich den Wert der schenkungsteuerlichen Bereicherung und damit die Schenkungsteuer für die Schenkung. Die Abzugsbeschränkungen des § 10 Abs. 6 ErbStG sind jedoch zu beachten. Vgl. hierzu Rz. 15.

Zu § 8: Rückforderungsrecht

25 Eine Grundstücksschenkung unter Widerrufsvorbehalt führt unter einkommensteuerrechtlichen Gesichtspunkten grds. auch zu einer Übertragung des wirtschaftlichen Eigentums an dem Grundstück. Etwas anderes gilt nur für den freien Widerrufsvorbehalt (BFH VIII R 196/84 v. 16.5.89, BStBl. II 89, 877). Eine freigebige Zuwendung (§ 7 ErbStG) ist jedoch stets gegeben, und zwar grundsätzlich unabhängig davon, ob die Schenkung unter gebundenem oder freiem Widerrufsvorbehalt erfolgt (BFH II R 67/86 v. 13.9.89, BStBl. II 89, 1034).

26 Kommt es auf Grund eines Rückforderungsrechtes zur Herausgabe des Geschenks, erlischt die Schenkungsteuer mit Wirkung für die Vergangenheit (§ 29 Abs. 1 Nr. 1 ErbStG) mit der Folge, dass der bisherige Schenkungsteuerbescheid gem. § 175 Abs. 1 Nr. 2 AO zu ändern ist.

Zu § 9: Pflichtteilsanrechnung

27 Die Pflichtteilsanrechnung ist im Hinblick auf § 2315 BGB von Bedeutung, wonach eine Schenkung auf den Pflichtteil nur dann angerechnet wird, wenn dies ausdrücklich bestimmt wurde.

Sollten die Voraussetzungen des § 2050 BGB vorliegen, ist eine lebzeitige Zuwendung im Erbfall auszugleichen. Um dies zu vermeiden, wurde der Ausgleichsanspruch ausgeschlossen.

Zu § 11: Schenkungsteuer, Kosten des Vertrages

28 Die Übernahme der Schenkungsteuer durch den Schenker ist in aller Regel geboten, wenn der Beschenkte, etwa bei einer Schenkung unter Nießbrauchsvorbehalt, nicht über die entsprechenden Mittel verfügt, die Schenkungsteuer zu bezahlen. Die vom Schenker übernommene Schenkungsteuer unterliegt gem. § 10 Abs. 2 ErbStG ebenfalls der Schenkungsteuer. Da aus Gründen der Vereinfachung nur eine einmalige Erfassung der übernommenen Schenkungsteuer erfolgt, ist die Übernahme der Schenkungsteuer durch den Schenker im Ergebnis steuerlich günstig.

29 **Grunderwerbsteuer** fällt nicht an (§ 3 Nr. 6 GrEStG).

B. 18.02 Mittelbare Schenkung

Gliederung

I. FORMULAR

Formular B. 18.02 Schenkungsvertrag

SCHENKUNGSVERTRAG

Verhandelt am ...... in ......

Vor dem unterzeichnenden Notar ......

erschienen

1. Herr A ...... – nachfolgend „Schenker" genannt –

2. Herr B ......

handelnd als Pfleger für den minderjährigen Sohn des Schenkers, A 1, geb. ......, auf Grund der in Urschrift vorgelegten Bestallungsurkunde des Amtsgerichts ...... vom ......

– nachfolgend „Erwerber" genannt –

Die Erschienenen, durch Personalausweise ausgewiesen, erklärten:

§ 1 Gegenstand der Schenkung

(1) Der Schenker schenkt hiermit dem dies annehmenden Erwerber einen Betrag von € 207.000.– durch Übergabe eines Verrechnungsschecks (Nr. ......) über diese Summe, gezogen auf das Konto des Schenkers bei der Bank ......, Zweigstelle ......, Konto-Nr. ......

(2) Der vorbezeichnete Betrag darf nur für den Erwerb des im Wohnungsgrundbuch des Amtsgerichts ...... für ...... Band ...... Blatt ...... eingetragen ....../1.000 Miteigentumsanteil an Flst.Nr. ...... verbunden mit den Sondereigentum an der im Aufteilungsplan mit Nr. 4 bezeichneten Wohnung im 1. Obergeschoss von Herrn B verwendet werden. Der Kaufpreis beträgt € 200.000.– und die auf den Erwerb lastende Grunderwerbsteuer € 7.000.–. Der notarielle Kaufvertrag über das Wohnungseigentum soll im Anschluss an diese notarielle Verhandlung abgeschlossen werden.

(3) Die vorbezeichnete Eigentumswohnung ist vermietet.

§ 2 Schenkungsteuer, Kosten des Vertrages

Die auf die Schenkung entfallende Schenkungsteuer sowie die Kosten dieses Vertrages trägt der Erwerber.

Diese Niederschrift wurde den Erschienenen vom Notar vorgelesen, von ihnen genehmigt und von ihnen und dem Notar wie folgt unterschrieben:

....	**.................................**	**.................................**
(Unterschrift A)	**(Unterschrift B)**	**(Unterschrift Notar)**

II. ERLÄUTERUNGEN

Erläuterungen zu B. 18.02 Schenkungsvertrag

1. Grundsätzliche Anmerkungen

a) Wirtschaftliche Vertragsziele

1 Die Schenkung dient dem Vermögenstransfer vom Zuwendenden auf den Beschenkten. Abgesehen von Pflicht- und Anstandsschenkungen erfolgen Schenkungen von bedeutsamen Vermögenswerten in erster Linie zu gemeinnützigen und mildtätigen Zwecken oder aber zwischen nahe stehenden Personen, etwa im Rahmen vorweggenommener Erbfolge. Schenkungen sind aber nicht selten auch steuerlich motiviert. Das gilt insbesondere für Geldschenkungen an Kinder zwecks Streuung der persönlichen Zurechnung der Einkünfte aus Kapitalvermögen, um insbesondere im Rahmen der Günstigerprüfung (§ 32d Abs. 6 EStG) die im Vergleich zur Abgeltungssteuer (25%) niedrigere tarifliche Einkommensteuer in Anspruch nehmen zu können. Bei den sog. mittelbaren Schenkungen, bei denen steuerrechtlich ein Grundstück geschenkt wird, gibt es die früher bestehende Bewertungsdifferenz zwar nach dem neuen Erbschaftsteuerrecht in der Regel nicht mehr; für bestimmte bebaute Grundstücke greift aber § 13c ErbStG (Ansatz mit 90% des steuerlichen Wertes).

b) Zivilrecht

2 Schenkung ist die vertragliche unentgeltliche Zuwendung eines Vermögensvorteils aus dem Vermögen des Zuwendenden an einen anderen (§ 516 BGB).

Bei einer **Handschenkung** fallen Kausal- und Verfügungsgeschäft zusammen. In anderen Fällen ist ein **Schenkungsversprechen** gegeben, das ein einseitig verpflichtendes Schuldverhältnis darstellt (§ 518 BGB). **Mittelbare Schenkungen** haben die Zuwendung des Kaufpreises zum Erwerb eines Vermögensobjektes zum Gegenstand. **Gemischte Schenkungen** sind Vermögenszuwendungen, die teils entgeltlich, teils unentgeltlich erfolgen. Davon abzugrenzen ist die **Schenkung unter Auflage** (§ 525 BGB), die neben der unentgeltlichen Zuwendung eine den Beschenkten verpflichtende Zweckbindung zum Gegenstand hat. Auf **Schenkungen von Todes wegen** finden nicht die §§ 516ff. BGB, sondern die Vorschriften über die Verfügungen von Todes wegen Anwendung (§ 2301 BGB).

3 Das Schenkungsversprechen bedarf der notariellen Beurkundung (§ 518 Abs. 1 BGB). Wird das Formerfordernis nicht beachtet, tritt Nichtigkeit ein (§ 125 BGB), es sei denn, die Schenkung wird vollzogen (§ 518 Abs. 2 BGB).

4 Wegen **Notbedarfs** kann der Schenker das Geschenk zurückfordern (§ 528 BGB) und, soweit die Schenkung noch nicht vollzogen ist, die Erfüllung des Schenkungsversprechens verweigern (§ 519 BGB). Im Übrigen ist der **Widerruf** der Schenkung unter den in §§ 530ff. BGB genannten Voraussetzungen oder nach Maßgabe des Schenkungsvertrages möglich.

c) Steuerrecht

5 **Ertragsteuern:** Ist Gegenstand der Schenkung ein Wirtschaftsgut, das sich im **Privatvermögen des Schenkers** befindet, so führt die Schenkung – von einzelnen Ausnahmen z.B. im Bereich des § 6 AStG abgesehen – nicht zu einer Gewinnrealisierung. Der Erwerber tritt in die Rechtsstellung des Schenkers ein und hat im Privatvermögen die Abschreibungen des Schenkers fortzuführen (§ 11d EStDV). Wird das Wirtschaftsgut Betriebsvermögen des Erwerbers, so greift § 6 Abs. 4 EStG (*Schmidt/Kulosa* § 6 Rz. 671). In diesem Fall hat der Erwerber das Wirtschaftsgut mit dem gemeinen Wert anzusetzen.

Handelt es sich bei dem Schenkgegenstand um ein **Wirtschaftsgut des Betriebsvermögens**, so liegt bei einer **privat veranlassten Schenkung** eine grundsätzlich gewinnrealisierende Entnahme vor (§ 6 Abs. 1 Nr. 4 EStG). Eine wichtige Ausnahme stellt hierbei § 6 Abs. 5 Satz 3 Nr. 3 EStG dar. Danach erfolgt die Übertragung zu Buchwerten, wenn das Wirtschaftsgut aus dem Sonderbetriebsvermögen eines Mitunternehmers in das Sonderbetriebsvermögen eines anderen Mitunternehmers bei derselben Mitunternehmerschaft übertragen wird. Eine weitere wichtige Ausnahme von der Gewinnrealisierung ist in § 6 Abs. 1 Nr. 4 Satz 4 EStG geregelt. Danach kann die Entnahme mit dem Buchwert angesetzt werden, wenn das Wirtschaftsgut anschließend auf eine steuerbegünstigte Stiftung übertragen wird. **Betrieblich veranlasste Geschenke** sind zwar, soweit § 12 Nr. 1 EStG nicht eingreift, Betriebsausgaben gem. § 4 Abs. 4 EStG, unterliegen aber für Zwecke der Einkommensteuer dem Abzugsverbot des § 4 Abs. 5 Nr. 1 EStG (vgl. hierzu *Schmidt/Heinicke* § 4 Rz. 536). Soweit **Geschenke als Spenden** zu qualifizieren sind, ist ein Betriebsausgabenabzug grds. ausgeschlossen (vgl. BFH I R 126/85 v. 25.11.87, BStBl. II 88, 220; ferner *Schmidt/Heinicke* § 4 Rz. 520, Stichwort Spenden). Für Spenden zur Förderung staatspolitischer Zwecke ergibt sich das ausdrücklich aus § 4 Abs. 6 EStG. Im Übrigen ist ein Sonderausgabenabzug gem. § 10b EStG möglich.

Die vorstehenden Grundsätze gelten nur soweit die Übertragung unentgeltlich erfolgt. Schenkungen unter Auflage sowie gemischte Schenkungen sind **teilentgeltliche Veräußerungsvorgänge** mit der Folge, dass ein Veräußerungsgewinn entsteht, soweit die Gegenleistung den Buchwert übersteigt (BFH GrS 4–6/89 v. 5.7.90, BStBl. II 90, 847; BFH XI R 7, 8/84 v. 10.4.91, BStBl. II 91, 791; BFH XI R 5/83 v. 24.4.91, BStBl. II 91, 793; BFH XI R 34/92 v. 16.12.92, BStBl. II 93, 436). Eine Gegenleistung liegt auch vor, wenn zB Verbindlichkeiten übernommen werden, auch wenn diese mit dem übertragenen Wirtschaftsgut in wirtschaftlichem Zusammenhang stehen.

In der dem Formular zu Grunde liegenden Sachverhaltskonstellation der **mittelbaren Schenkung** ist zu berücksichtigen, dass der Schenker dem Erwerber lediglich Geld schenkt, allerdings mit der Auflage, dieses zum Erwerb eines bestimmten Wirtschaftsgutes zu verwenden. Da hier der Erwerb des Wirtschaftsgutes von einem Dritten erfolgt, liegt in der Person dieses Dritten eine Veräußerung vor. Die Folgen richten sich nach allgemeinen Grundsätzen und hängen insbesondere davon ab, ob der Dritte das Wirtschaftsgut aus dem Betriebs- oder Privatvermögen heraus verkauft. Aus Sicht des Erwerbers ist der Erwerb **unentgeltlich**, da die ursprünglich zum Schenkungsteuerrecht entwickelten Grundsätze der mittelbaren Schenkung auch für das Einkommensteuerrecht gelten (zu § 6b EStG: BFH IV R 9/06 v. 23.4.09, BStBl. II 10, 664; zur Eigenheimzulage: BFH IX R 38/06 v. 18.9.07, BFH/NV 08, 29). 6

Verkehrsteuern: Leistungen, für die ein Entgelt nicht zu entrichten ist, sind für Zwecke der **Umsatzsteuer** von Bedeutung, wenn die Voraussetzungen der §§ 3 Abs. 1b, 1b, 9a UStG gegeben sind. Die Bemessungsgrundlage ergibt sich in diesen Fällen aus § 10 Abs. 4, 5 UStG. Ggfs. ist eine Vorsteuerberichtigung nach § 15a UStG vorzunehmen. 7

Der Grundstückserwerb im Rahmen einer Schenkung ist gem. § 3 Nr. 2 GrEStG von der **Grunderwerbsteuer** freigestellt. Das gilt allerdings nicht bei der mittelbaren Grundstücksschenkung, weil § 3 Nr. 2 GrEStG auf den Grundstückserwerb des Beschenkten vom Dritten keine Anwendung findet (*Boruttau/Meßbacher-Hönsch* § 3 GrEStG Rz. 236). 8

Schenkungsteuer: Schenkungen unter Lebenden unterliegen gem. § 7 ErbStG der Schenkungsteuer. Diese entsteht mit dem Zeitpunkt der Ausführung der Zuwendung (§ 9 Abs. 1 Nr. 2 ErbStG). Das gilt auch für Schenkungen unter freiem Widerrufsvorbehalt (BFH II R 67/86 v. 13.9.89, BStBl. II 89, 1034). Steuerpflichtiger Erwerb ist die Bereicherung beim Beschenkten (§ 10 Abs. 1 ErbStG). Gegenstand der Schenkung ist in den Fällen der mittelbaren Grundstücksschenkung das Grundstück. Vorausset- 9 zung ist, dass dem Beschenkten ein bestimmtes Grundstück oder Gebäude verschafft werden soll (ErbStR 7.3 Abs. 1). Davon ist die Schenkung unter Auflage abzugrenzen, bei der der Beschenkte nur ein Grundstück erwerben soll, ohne dass feststeht, um welches konkrete Grundstück es sich handelt (ErbStR 7.3 Abs. 2). Liegt eine mittelbare Grundstücksschenkung vor, so richtet sich die Bewertung nach § 12 Abs. 3 ErbStG, § 157 Abs. 3 BewG. Bewertungsziel ist dabei der gemeine Wert, § 177 BewG. Für gemischte Schenkungen und Auflagenschenkungen ist nach BFH II R 37/87 v. 12.4.89, BStBl. II 89, 524; BFH II R 18/93 v. 14.12.95, BStBl. II 96, 243; BFH II R 72/99 v. 17.10.01, BStBl. II 02, 25; BFH II R 41/08 v. 15.12.10, BStBl. II 11, 363; BFH II R 27/09 v. 13. 4 11, BStBl. II 11, 730 die Bereicherung nach Maßgabe der Verkehrswerte gesondert zu berechnen. Die Schenkung ist sodann mit dem Teil des Steuerwertes der Leistung des Schenkers zur Schenkungsteuer heranzuziehen, der der bürgerlich-rechtlichen Bereicherung des Beschenkten entspricht.

10 Die **Bereicherung** wird ermittelt, indem von dem nach § 12 ErbStG zu ermittelnden Steuerwert der Leistung des Schenkers die Gegenleistung des Beschenkten und die von ihm übernommenen Leistungs-, Nutzungs- und Duldungsauflagen mit ihrem nach § 12 ErbStG ermittelten Wert abgezogen werden (ErbStR 7.4 Abs. 1 S. 2; ErbStH 7.4; vgl. B 18.01 Rz. 15). Es ist deshalb zu erwarten, dass der BFH seine vorstehend genannte Rspr. ändern wird (vgl. auch *Kapp/Ebeling/Geck* § 7 Rz. 80.5).

11 Die allgemeinen **Begünstigungsvorschriften** sind zu beachten. Sind bebaute Grundstücke oder Grundstücksteile, die zu Wohnzwecken vermietet werden, die im Inland, einem EU- oder EWR-Staat belegen sind und die nicht zu einem begünstigten Betriebsvermögen oder begünstigten Vermögen eines Betriebes der Land- und Forstwirtschaft gehören, Gegenstand der Schenkung, so sind diese mit 90% ihres Wertes anzusetzen (§ 13c ErbStG). Wird Betriebsvermögen oder eine Mitunternehmerbeteiligung schenkweise übertragen, gelten die Begünstigungen der §§ 13a und 13b ErbStG.

12 Sog. **unbenannte (ehebedingte) Zuwendungen** sind zwar zivilrechtlich nicht als Schenkungen (§§ 516ff. BGB) zu qualifizieren (BGH IX ZR 62/82 v. 24.3.83, BGHZ 87, 145; BGH IVb ZR 52/87 v. 5.10.88, FamRZ 89, 147; BGH X ZR 85/04 v. 28.3.06, NJW 06, 2330), diese auf die besondere eherechtliche Konfliktlage ausgerichtete Interpretation der §§ 516ff. BGB gilt aber nicht für das Schenkungsteuerrecht mit der Folge, dass derartige unbenannte Zuwendungen durchweg freigebige Zuwendungen gem. § 7 Abs. 1 Nr. 1 ErbStG sind (BFH II R 59/92 v. 2.3.94, BStBl. II 94, 366; BFH II R 105/93 v. 30.3.94, BFH/NV 95, 70; BFH II R 106/93 v. 31.8.94, BFH/NV 95, 441; ErbStR 7.2; BFH II R 37/09 v. 27.10.10, BStBl. II 11, 134).

2. Einzelerläuterungen

Zur Eingangserklärung:

13 Die **mittelbare Schenkung**, die hier auf den Erwerb einer vermieteten Eigentumswohnung gerichtet ist, bedeutet nicht lediglich einen rechtlichen Vorteil, so dass es gem. § 107 BGB der Einwilligung des gesetzlichen Vertreters (Eltern) bedarf. Da die Eltern wegen § 181 BGB indessen an der Vertretung gehindert sind, ist Ergänzungspflegschaft gem. § 1909 Abs. 1 BGB erforderlich. Im Hinblick darauf, dass § 1 Abs. 2 des Vertrages als „auf den entgeltlichen Erwerb eines Grundstücks gerichtet" (§ 1821 Abs. 1 Nr. 5 BGB) anzusehen ist, bedarf es der Genehmigung des Familiengerichts (§ 151 Nr. 5 FamFG).

Zu § 1: Gegenstand der Schenkung

14 Abs. 1 enthält das (schuldrechtliche) Kausalgeschäft als Schenkungsversprechen. Denn die Hingabe des Verrechnungsschecks ist lediglich eine **Leistung erfüllungs-**

halber (§ 364 Abs. 2 BGB). Die Schenkung ist erst mit Einlösung des Schecks und Gutschrift auf dem Konto vollzogen.

Abs. 2 macht deutlich, dass es sich um eine **mittelbare Schenkung** handelt, die darauf gerichtet ist, im Zeitpunkt der Ausführung der Schenkung ein **bestimmtes Grundstück** oder Gebäude zu verschaffen (ErbStR 7.3 Abs. 1). Gegenstand der Schenkung ist hier nämlich nicht Geld, sondern die Eigentumswohnung. Eine Schenkung ist erst dann ausgeführt, wenn der Beschenkte das erhalten hat, was ihm nach der Schenkungsabrede nach dem Willen des Schenkers verschafft werden soll (BFH II R 19/84 v. 6.3.85, BStBl. II 85, 382; BFH II R 188/83 v. 5.2.86, BStBl. II 86, 460; BFH II R 39/86 v. 3.8.88, BStBl. II 88, 1025; vgl. ErbStR 9.1 Abs. 2). 15

Über das Geld soll hier der Schenknehmer nicht frei verfügen dürfen. Die **freie Verfügungsmöglichkeit** erhält er im Verhältnis zum Schenkgeber erst über die Eigentumswohnung; damit tritt erst insoweit die endgültige Vermögensmehrung des Schenknehmers ein, der einer endgültigen Vermögensminderung des Schenkgebers entspricht. Die in Abs. 2 getroffene Regelung ist mehr als eine bloße Auflage (§ 525 BGB); denn das hingegebene Geld „darf nur" für den Kauf der Eigentumswohnung verwendet werden (BFH II R 188/83 v. 5.2.86, BStBl. II 86, 460). Formulierungen im Sinne von Auflagen sollten daher vermieden werden (vgl. ErbStR 7.3 Abs. 2). 16

Im Hinblick darauf, dass nicht Geld, sondern die Eigentumswohnung Gegenstand der Schenkung ist, gilt als **Besteuerungsmaßstab** der Grundbesitzwert (§ 12 Abs. 3 ErbStG, § 157 Abs. 3 BewG). Bewertungsziel ist der gemeine Wert (§ 177 BewG). 17

Zu § 2: Schenkungsteuer, Kosten des Vertrags

Die Vorschrift hat im Hinblick auf § 20 Abs. 1 ErbStG Bedeutung, wonach Schenker und Beschenkter Steuerschuldner sind. 18

B. 19. Schuldbeitritt

I. FORMULAR

Formular B. 19 Schuldbeitrittserklärung

Schuldbeitrittserklärung

1. Aufgrund des am ...... geschlossenen Darlehensvertrages schuldet Herr A der X-AG zum ...... einen Betrag von € ......

Dieser Betrag setzt sich wie folgt zusammen:

Darlehen € ......

Zinsen € ......

2. Die A-GmbH verpflichtet sich hiermit gegenüber der X-AG zur Zahlung des vorgenannten Betrages als Gesamtschuldner neben Herrn A.

II. ERLÄUTERUNGEN

Erläuterungen zu B. 19 Schuldbeitrittserklärung

1. Wirtschaftliche Vertragsziele

1 Der Schuldbeitritt (Schuldmitübernahme, kumulative Schuldübernahme) dient in erster Linie der Sicherung von Forderungen des Gläubigers, der sich infolge des Schuldbeitritts nunmehr neben dem Schuldner auch an den Mitübernehmer halten kann.

2. Zivilrecht

2 Der rechtsgeschäftliche Schuldbeitritt ist im Gesetz nicht geregelt. Es gibt allerdings gesetzliche Fälle des Schuldbeitritts (§§ 546 Abs. 2, 604 Abs. 4, 2382 BGB; §§ 25, 28, 130 HGB). Der Schuldbeitritt ist grds. formfrei, es sei denn, es ergibt sich aus der Art der Verpflichtung ein Formerfordernis (§§ 311b, 780 BGB). Zum Teil wird ein Formerfordernis in Form des § 766 BGB analog für notwendig gehalten, wenn der Mitübernehmer ausnahmsweise kein eigenes wirtschaftliches Interesse beim Schuldbeitritt hat (*MünchKommBGB/Möschel* § 414 BGB Rz. 13).

Der Schuldbeitritt, der eine eigene Schuld begründet, kann entweder mit dem Gläubiger oder aber mit dem Schuldner vereinbart werden. Die Mitwirkung des jeweils anderen Gläubigers oder Schuldners ist nicht erforderlich.

Der Mitübernehmer kann gegenüber dem Gläubiger alle Einwendungen geltend machen, die beim Schuldbeitritt bereits begründet waren (§ 417 Abs. 1 Satz 1 BGB analog).

Schuldner und Mitübernehmer sind **Gesamtschuldner** (§ 421 BGB). Wird der Mitübernehmer vom Gläubiger in Anspruch genommen, richten sich Rückgriffsansprüche des Mitübernehmers nach den mit dem Schuldner getroffenen vertraglichen Vereinbarungen. Fehlt eine vertragliche Vereinbarung, gilt im Zweifel die gesetzliche Ausgleichspflicht gem. § 426 Abs. 1 BGB.

3 Abgrenzung zu verwandten Rechtsinstituten: Bei **befreiender Schuldübernahme** (§§ 414ff. BGB) erfolgt ein Schuldnerwechsel. Ist die Befreiungserklärung nicht eindeutig formuliert, ist im Zweifel lediglich Schuldbeitritt anzunehmen (BGH IV a ZR 81/81 v. 20.10.82, NJW 83, 678). Eine **Erfüllungsübernahme** (§ 329 BGB) be-

gründet nur Rechte des Schuldners, nicht aber des Gläubigers. Die **Bürgschaft** bedeutet Einstehen für eine fremde Schuld in ihrem jeweiligen Bestand (§§ 765, 767 BGB), wohingegen der Mitübernehmer beim Schuldbeitritt regelmäßig ein eigenes wirtschaftliches Interesse am Hauptvertrag hat (*MünchKommBGB/Möschel* § 414 BGB Rz. 13). Bleiben Zweifel, ob eine Erklärung als Schuldbeitritt oder als Bürgschaft zu verstehen ist, liegt eine Bürgschaft vor (BGH VII ZR 338/84 v. 19.9.85, NJW 86, 580; OLG Hamm 20 U 195/87 v. 15.1.88, NJW 88, 3022; LG Gießen 1 S 376/94 v. 19.10.94, NJW-RR 95, 586; LG Oldenburg 5 O 180/94 v. 9.5.95, NJW-RR 96, 286). Der **Garantievertrag** ist eine Erfolgshaftung ohne Gesamtschuldnerschaft.

Der Schuldbeitritt einer GmbH zugunsten ihres Gesellschafters kann zu einer verbotenen **Auszahlung von Stammkapital** iSd. § 30 Abs. 1 GmbHG führen. Denn es besteht Einigkeit, dass die Bestellung einer (schuldrechtlichen oder dinglichen) Sicherheit durch eine Kapitalgesellschaft zugunsten eines Gesellschafters an den Kapitalerhaltungsvorschriften zu messen ist. Unklar ist jedoch der genaue Zeitpunkt, auf den das Vorliegen einer Auszahlung zu prüfen ist. Insoweit bewirkt der Schuldbeitritt, solange er in der Bilanz der GmbH nicht zu passivieren, sondern gem. § 251 HGB „unter dem Strich" auszuweisen ist, bilanziell betrachtet zunächst keine Vermögensveränderung. Eine solche droht aber spätestens bei Inanspruchnahme aus dem Schuldbeitritt. Vor diesem Hintergrund werden vier unterschiedliche Prüfungszeitpunkte vertreten, nämlich (1) bereits die Übernahme der Verpflichtung zur Besicherung, (2) die Bestellung der Sicherheit, (3) die Inanspruchnahme der Sicherheit und (4) die Verwertung der Sicherheit (vgl. näher BGH II ZR 86/07 v. 18.6.07, DStR 07, 1874; *Winter* DStR 07, 1484, 1488). 4

3. Steuerrecht

Ertragsteuern: Der betrieblich veranlasste Schuldbeitritt als solcher hat beim **Mitübernehmer** grundsätzlich solange keine unmittelbar wirkenden Konsequenzen bei der **Einkommensteuer,** als noch keine Inanspruchnahme durch den Gläubiger erfolgt und ein Rückgriffsrecht in entsprechender Höhe gegen den Schuldner möglich ist. Entsprechendes gilt, solange eine Inanspruchnahme unwahrscheinlich ist (vgl. BFH IV R 43/09 v. 26.4.12, BFH/NV 12, 1248, auch zur Anwendung im Bereich des § 6a EStG; vgl. zur Bilanzierung von Verpflichtungen beim Unternehmer die Regelung des § 5 Abs. 7 EStG; für den Schuldner gilt § 4f EStG). Ist der Rückgriffsanspruch vertraglich ausgeschlossen, wird der Mitübernehmer in Anspruch genommen, oder droht die Inanspruchnahme ernstlich, so ist die Verpflichtung zu passivieren und ein etwaiger Rückgriffsanspruch mit dem ihm zukommenden Wert zu aktivieren. In Höhe des Unterschieds zwischen Verpflichtung und Wert des Rückgriffsanspruchs entsteht Aufwand (BFH IV R 2/87 v. 19.1.89, BStBl. II 89, 393; BFH VIII R 226/84 v. 24.7.90, BFH/NV 91, 588), der, soweit eine Kapitalgesellschaft für ihren Gesellschafter den Schuldbeitritt erklärt, verdeckte Gewinnausschüttung sein kann (BFH I R 173/73 v. 19.3.75, BStBl. II 75, 614). Erklärt ein nichtbeherrschender Gesellschafter einen Schuldbeitritt gegenüber der GmbH, so ist der Ausgleichsanspruch bei der Gesellschaft gewinnmindernd zu berücksichtigen. Bei einem beherrschenden Gesellschafter gilt das jedoch nur dann, wenn der Ausgleichsanspruch im Voraus klar und eindeutig vereinbart worden ist; andernfalls liegt eine verdeckte Gewinnausschüttung vor (BFH I R 222/83 v. 16.12.87, BFH/NV 89, 103). Soweit ein Ausweis als Verbindlichkeit noch nicht in Betracht kommt, hat ein auf den Schuldbeitritt hinweisender Bilanzvermerk unter der Bilanz zu erfolgen (§§ 268 Abs. 7, 251 HGB). Vgl. i. E. auch die Ausführungen zur Bürgschaftsübernahme (Formular B.4). 5

Die Behandlung beim **Schuldner** ist entsprechend. Der aus betrieblichen Gründen erfolgte Schuldbeitritt hat steuerlich keine Auswirkungen, solange der Schuldner gegenüber dem Mitübernehmer zum internen Ausgleich verpflichtet bleibt. Ist eine 6

Ausgleichsverpflichtung ausgeschlossen, tritt bereits mit dem Schuldbeitritt bei dem ursprünglichen (Allein-) Schuldner eine Gewinnerhöhung ein, wenn klar ist, dass er nicht mehr in Anspruch genommen wird. Bei der Bilanzierung ist beim ursprünglich Verpflichteten § 4f EStG zu beachten.

Ein privater Schuldbeitritt ist sowohl beim Mitübernehmer als auch beim Schuldner steuerlich grds. ohne Bedeutung. Entfällt eine betriebliche Schuld durch privaten Schuldbeitritt, so ist in entsprechender Höhe eine Einlage des Schuldners gegeben.

7 **Verkehrsteuern:** Der Schuldbeitritt ist gem. § 4 Nr. 8g UStG von der **Umsatzsteuer** freigestellt; es besteht allerdings eine Option gem. § 9 UStG. Bei Veräußerungen gehört der Schuldbeitritt zum Entgelt des Schuldners (§ 10 Abs. 1 UStG), sofern ein Rückgriffsanspruch des Mitübernehmers ausgeschlossen ist.

8 **Erbschaft-(Schenkung-)Steuer:** Der Schuldbeitritt ohne Rückgriffsanspruch (ohne Gegenleistung) kann eine Schenkung gem. § 7 ErbStG darstellen (BFH II B 88/99 v. 26.1.00, BFH/NV 00, 954).

B. 20. Schuldübernahme

I. FORMULAR

Formular B. 20 Schuldübernahmeerklärung

Schuldübernahmeerklärung

1. **Aufgrund des am ...... geschlossenen Darlehensvertrages schuldet Herr A der X-AG zum ...... einen Betrag von € ...... Dieser Betrag setzt sich wie folgt zusammen:**

   Darlehen € ......

   Zinsen € ......

2. **Die A-GmbH übernimmt hiermit an Stelle von Herrn A die vorgenannte Zahlungsverpflichtung. Die A-GmbH wird die befreiende Schuldübernahme unverzüglich der X-AG mitteilen und diese zur Genehmigung auffordern.**

II. ERLÄUTERUNGEN

Erläuterungen zu B. 20 Schuldübernahmeerklärung

1. Grundsätzliche Anmerkungen

a) Wirtschaftliche Vertragsziele

Eine befreiende Schuldübernahme wird gewählt, wenn ein Wechsel in der Person des Schuldners ohne Veränderung des Charakters der Schuld gewollt ist. 1

Die befreiende Schuldübernahme ist zumeist integraler Bestandteil eines anderen Vertrages. Soll etwa ein mit Hypotheken belastetes Grundstück übertragen werden, so wird in aller Regel neben der dinglichen Belastung auch die der Hypothek zugrunde liegende Darlehensschuld vom Käufer übernommen. Im Rahmen eines Unternehmenskaufvertrages wird in aller Regel ebenfalls eine befreiende Schuldübernahme vereinbart.

b) Zivilrecht

Die befreiende Schuldübernahme ist in den §§ 414ff. BGB geregelt. Der Vertrag ist formfrei, es sei denn, die übernommene Verpflichtung selbst ist formbedürftig. 2

Die befreiende Schuldübernahme ist entweder ein Vertrag des Übernehmers mit dem Gläubiger (§ 414 BGB) oder aber ein Vertrag zwischen Übernehmer und Schuldner, dem der Gläubiger zustimmt (§ 415 BGB). Während der Schuldner nicht mitzuwirken braucht und insoweit auch kein Zurückweisungsrecht hat (hM, *Palandt/Grüneberg* § 414 BGB Rz. 1, *MünchKommBGB/Bydlinski* § 414 BGB Rz. 4 auch mit Nachweis zur aA), bedarf es also stets der **Zustimmung des Gläubigers.** Diese Zustimmung kann sowohl nachträglich (Genehmigung) als auch vorab erklärt werden (Einwilligung) (BGH IV ZR 22/95 v. 25.10.95, NJW-RR 96, 193, 194). Wird die Genehmigung verweigert, wirkt die verunglückte Schuldübernahme als Erfüllungsübernahme (§ 329 BGB), aus der lediglich der Schuldner, nicht aber der Gläubiger Rechte ableiten kann (§ 415 Abs. 3 BGB).

Die befreiende Schuldübernahme führt zu einem **Schuldnerwechsel,** bei dem der Übernehmer gegenüber dem Gläubiger alle Einwendungen geltend machen kann, die bei der Schuldübernahme bereits begründet waren (§ 417 Abs. 1 Satz 1 BGB). Mit Forderungen des Altschuldners kann er freilich nicht aufrechnen (§ 417 Abs. 1 Satz 2 3

BGB). Eine Tilgung der übernommenen Schuld durch Aufrechnung eigener Forderungen des Übernehmers ist dagegen möglich. Die befreiende Schuldübernahme führt nicht dazu, dass der Übernehmer in die gesamte Vertragsposition eintritt, daher verbleibt das Recht auf Anfechtung oder Kündigung des Vertrages gegenüber dem Gläubiger beim Schuldner.

Die befreiende Schuldübernahme durch eine GmbH zugunsten ihres Gesellschafters kann zu einer verbotenen **Auszahlung von Stammkapital** iSd. § 30 Abs. 1 GmbHG führen (vgl. bereits B.19 Rz. 4 sowie aus steuerlicher Sicht unten Rz. 5).

c) Steuerrecht

4 **Ertragsteuern:** Wird eine betriebliche Schuld übernommen, ist für die **Einkommensteuer** zu unterscheiden, ob hierfür betriebliche oder private Gründe maßgeblich waren. Erfolgt die befreiende Schuldübernahme aus privaten Gründen, so wirkt diese wie die Einlage der entsprechenden Mittel durch den Schuldner (§ 6 Abs. 1 Nr. 5 EStG), und zwar ohne Gewinnauswirkung. Wird die betriebliche Schuld dagegen aus betrieblichen Gründen übernommen, tritt beim Schuldner eine entsprechende Gewinnerhöhung insoweit ein, als der Buchwert der Schuld höher ist als der Teilwert.

Soweit eine befreiende Schuldübernahme im Rahmen von Anschaffungsgeschäften erfolgt, führt sie beim Übernehmer zu Anschaffungskosten für das betreffende Wirtschaftsgut (BFH IV R 180/80 v. 12.1.1983, BStBl. II 83, 595). Zur bilanziellen Behandlung der Übernahme von Pensionsverpflichtungen vgl. § 5 Abs. 7 EStG.

5 Im Zusammenhang mit Veräußerungen zählt die befreiende Schuldübernahme beim Schuldner grds. zur Gegenleistung (BFH I R 28/11 v. 12.12.12, BFH/NV 13, 884; zur Behandlung eines etwaigen Aufwands vgl. beim ursprünglich Verpflichteten § 4f EStG). Eine Ausnahme hiervon macht die Rspr. allerdings bei schenkweisen Betriebsübertragungen von Eltern auf Kinder im Rahmen vorweggenommener Erbfolge, wenn neben den Aktivwerten auch Betriebsschulden übernommen werden, und zwar selbst dann noch, wenn die Schulden den Wert der Aktiva übersteigen (BFH IV 201/65 v. 23.4.71, BStBl. II 71, 686; BFH VIII R 36/66 v. 24.8.72, BStBl. II 73, 111; BMF v. 13.1.93, BStBl. I 93, 80 Tz. 29f.). Insoweit ist die befreiende Schuldübernahme nicht Gegenleistung, sondern nur Wertminderung der übertragenen Aktiva. Wird die befreiende Schuldübernahme durch eine Kapitalgesellschaft für ihren Gesellschafter oder für eine Schwestergesellschaft erklärt, kann eine verdeckte Gewinnausschüttung vorliegen (BFH I R 62/98 v. 18.2.99, BFH/NV 99, 1515; KStH 36 Abs. 5 „Schuldübernahme"). Übernimmt dagegen der beherrschende Gesellschafter eine Schuld der Kapitalgesellschaft, so kann er einen Rückgriffsanspruch nur geltend machen, wenn dieser im Vorhinein klar und eindeutig vereinbart worden ist; andernfalls kann eine verdeckte Gewinnausschüttung gegeben sein (BFH I R 222/83 v. 16.12.87, BFH/NV 89, 103). Erfolgt die befreiende Schuldübernahme ohne Rückgriff, liegt eine verdeckte Einlage seitens des übernehmenden Gesellschafters vor.

6 **Verkehrsteuern:** Die befreiende Schuldübernahme ist gem. § 4 Nr. 8g UStG von der **Umsatzsteuer** befreit; allerdings besteht eine Option nach § 9 UStG. Bei Veräußerungen gehört die Schuldübernahme zum Entgelt des Schuldners (§ 10 Abs. 1 UStG).

7 **Erbschaft-(Schenkung-)Steuer:** Die befreiende Schuldübernahme ohne Gegenleistung kann eine Schenkung gem. § 7 ErbStG darstellen. Übernimmt im Zusammenhang mit einer Schenkung der Bedachte eine Schuld des Schenkers (Beispiel: Grundstücksschenkung unter Übernahme der Hypothekenschulden), liegt eine gemischte Schenkung vor. Die bürgerlich-rechtliche Bereicherung ist in diesen Fällen für Zwecke der Schenkungsteuer nach den Grundsätzen ErbStR 17 zu berechnen (vgl. B. 18.02 Rz. 9).

2. Einzelerläuterungen

Dass eine befreiende Schuldübernahme gewollt ist, muss deutlich zum Ausdruck kommen. Andernfalls ist im Zweifel lediglich ein Schuldbeitritt anzunehmen (BGH IV a ZR 81/81 v. 20.10.82, NJW 83, 678). Es empfiehlt sich daher, den Begriff **„befreiende Schuldübernahme"** wörtlich im Vertragstext zu verwenden. 8

Der Übernehmer verpflichtet sich, die befreiende Schuldübernahme dem Gläubiger mitzuteilen. Die Mitteilung kann auch seitens des Schuldners erfolgen. Sie ist weder form- noch fristgebunden. Im Hinblick darauf sollte stets eine konkrete Fristenregelung vereinbart werden. Die Aufforderung zur Genehmigung kann dem Gläubiger gegenüber auch unter Fristsetzung erfolgen. Wird die Genehmigung nicht bis zum Ablauf der Frist erklärt, gilt die Genehmigung als verweigert (§ 415 Abs. 2 Satz 2 BGB). 9

B. 21. Unternehmenskauf

Übersicht

B. 21.01 Einzelwirtschaftsgüter

Gliederung

I. FORMULAR

Formular B. 21.01 Unternehmenskaufvertrag (Einzelwirtschaftsgüter)

UNTERNEHMENSKAUFVERTRAG

zwischen

V ...... **– Veräußerer –**

und

E ...... **– Erwerber –**

I. Kauf

§ 1 Unternehmen

Wirtschaftlicher Gegenstand dieses Vertrages sind Verkauf und Übertragung eines Teils des Unternehmens von V, nämlich des Einzelhandels mit [...] in A (im Folgenden insgesamt als „Handelsbetrieb“ bezeichnet), durch Verkauf aller Aktiva und bestimmter Passiva des Handelsbetriebs von V an E.

§ 2 Einzelwirtschaftsgüter

Rechtlicher Gegenstand des Verkaufs („Kaufgegenstand“) sind

a) alle Aktiva, die am 31. März 2014 („Stichtag“) wirtschaftlich ausschließlich oder überwiegend dem Handelsbetrieb zuzuordnen sind, einschließlich der folgenden:

- alle im Jahresabschluss von V zum 31. Dezember 2013 aktivierten oder danach erworbenen Wirtschaftsgüter, soweit gemäß allgemeiner Beschreibung in Anlage 1 zum Handelsbetrieb gehörig und nicht seither im ordentlichen Geschäftsbetrieb veräußert oder sonst ausgeschieden oder als Ausnahme in Anlage 1 aufgelistet;
- die Wirtschaftsgüter des Sachanlagevermögens gemäß allgemeiner Beschreibung in Anlage 2;
- alle geringwertigen Wirtschaftsgüter in dem Handelsbetrieb gemäß allgemeiner Beschreibung in Anlage 2;
- die Vorräte gemäß Inventur zum Stichtag in dem Handelsbetrieb;
- alle Forderungen und alle Rechte aus schwebenden Geschäften (einschließlich Auftragsbestand) im Handelsbetrieb am Stichtag;
- die immateriellen und sonstigen Wirtschaftsgüter gemäß Anlage 3;
- alle Genehmigungen und hoheitlichen Erlaubnisse, die ausschließlich oder überwiegend zu dem Handelsbetrieb gehören und soweit sie übertragbar sind;
- alle Ansprüche und Rechte, die ausschließlich oder überwiegend dem Kaufgegenstand zuzuordnen sind, einschließlich der Rechte aus Hersteller- oder Verkäufergarantien;
- alle Bücher, Unterlagen und Aufzeichnungen, Dokumente und Daten, einschließlich Korrespondenz mit (derzeitigen und früheren) Kunden und Lieferanten und unabhängig davon, ob in Papierform oder elektronischer Form, die dem Handelsbetrieb zuzuordnen oder verfügbar sind, soweit nicht der Veräußerer diese aufgrund verpflichtender gesetzlicher oder sonstiger bindender hoheitlicher Regelung oder Verpflichtung zurückbehalten muss und im Fall einer solchen Verpflichtung zur Zurückbehaltung (soweit rechtlich zulässig) Kopien hiervon;
- alle sonstigen im Eigentum des Veräußerers stehenden materiellen und immateriellen Gegenstände, die ausschließlich oder überwiegend dem Handelsbetrieb zuzuordnen sind;
- jedoch nicht die Handelsfirma „V" und nicht die sonstigen Aktiva gemäß Anlage 4;
- Bargeld, Schecks, Guthaben bei Banken;

b) diejenigen Verbindlichkeiten, die am Stichtag wirtschaftlich zu dem Handelsbetrieb gehören und nachstehend aufgelistet sind, nämlich ausschließlich die folgenden:

- die Verbindlichkeiten aus Lieferungen und Leistungen (ausgenommen solche an verbundene Unternehmen), soweit im Jahresabschluss von V zum 31. Dezember 2013 passiviert und seither nicht durch Zahlung oder in anderer Weise erfüllt;
- die Verbindlichkeiten gemäß Anlage 5;
- etwaige Eventualverbindlichkeiten gemäß Anlage 6;
- die Verbindlichkeiten aus schwebenden Geschäften über Lieferungen und Leistungen gemäß Anlage 7;
- die Verbindlichkeiten aus den Mietverträgen für die Betriebsräume gemäß Anlage 8, soweit sie sich auf Mietperioden nach dem Stichtag beziehen;
- die sonstigen Verbindlichkeiten aus schwebenden Geschäften gemäß Anlage 9.

c) Die Anlagen haben den Stand zu dem auf ihnen jeweils angegebenen Zeitpunkt. Veräußerer und Erwerber verpflichten sich, sie binnen zwei Wochen nach dem Stichtag auf den Stand zum Stichtag fortzuschreiben. Dabei können Einzelpositionen bei Vorräten und Forderungen von je unter € 500.– in Sammelposten zusammengefasst werden.

§ 3 Kaufpreis

(1) Der Kaufpreis beträgt […] (in Worten […]), fällig zur Hälfte binnen drei Banktagen nach Vertragsabschluss und im Übrigen am 30. Juli 2014 („Zeitpunkt des Vollzugs").

(2) Die Vertragsteile gehen davon aus, dass der Kaufpreis nicht der Umsatzsteuer unterliegt (§ 1 Abs. 1a UStG). Sofern und soweit jedoch Umsatzsteuer festgesetzt wird, so versteht sich der Kaufpreis zuzüglich der gesetzlichen Umsatzsteuer, die am Zehnten des Kalendermonats nach der ersten Kaufpreisfälligkeit fällig wird. Falls Umsatzsteuer festgesetzt wird, wird der Veräußerer dem Erwerber unverzüglich eine die Umsatzsteuer ordnungsgemäß ausweisende Rechnung ausstellen.

(3) Der Verzug tritt ohne Mahnung mit Fälligkeit ein. Der Verzugszins beträgt EURIBOR (ein Monat) zuzüglich 3 Prozentpunkte, wenn kein höherer oder niedrigerer Verzugsschaden nachgewiesen wird.

II. Übertragung (Vollzug)

§ 4 Übergang des Eigentums

Das Eigentum sowie Besitz, Nutzen und Lasten am Kaufgegenstand (§ 2) gehen gemäß vorliegender Einigung der Parteien

a) im Innenverhältnis zwischen den Parteien mit Ablauf des Stichtages,

b) im Übrigen mit Entrichtung des vollständigen Kaufpreises (§ 3), frühestens aber im Zeitpunkt des Vollzugs auf den Erwerber über.

(1) Übergabe

Die Übergabe des Handelsbetriebs und der zugehörigen körperlichen Wirtschaftsgüter erfolgt nach Möglichkeit am Abend vor dem Zeitpunkt des Vollzugs zwischen 18 und 20 Uhr durch Beauftragte von Veräußerer und Erwerber in den jeweiligen Betriebsräumen des Handelsbetriebs unter Übergabe aller zugehörigen Schlüssel und Unterlagen, spätestens jedoch am Sonnabend nach dem Zeitpunkt des Vollzugs, 18 Uhr. Bei der Übergabe ist ein Protokoll gemäß Anlage 10 zu erstellen und von dem Beauftragten jeder Seite zu unterschreiben.

Bei Übergabe vor dem Zeitpunkt des Vollzugs besitzt der Erwerber die Wirtschaftsgüter für den Veräußerer unentgeltlich nach den Regeln über die Verwahrung (§§ 688 ff. BGB) bis zu dem Zeitpunkt gemäß § 4 Buchst. b. Entsprechendes gilt bei Übergabe nach dem Zeitpunkt des Vollzuges bezüglich der Verwahrung durch den Veräußerer für den Erwerber bis zu dem Zeitpunkt gemäß § 4 Buchst. a.

(2) Zustimmung Dritter

a) Soweit zum Übergang von Aktiva oder Passiva eine Zustimmung Dritter erforderlich ist (insbesondere bei Forderungen mit Abtretungsverbot, bei Verbindlichkeiten und bei der Übernahme von Verträgen und schwebenden Geschäften), verpflichtet sich der Veräußerer, diese Zustimmung bis zum Zeitpunkt des Vollzugs einzuholen und schriftlich dem Erwerber zu übergeben. Wird die Zustimmung nicht rechtzeitig oder nicht erlangt, so hat der Veräußerer die betreffenden Aktiva oder Passiva unentgeltlich auf Rechnung des Erwerbers nach den Regeln des Auftragsrechts abzuwickeln.

b) Verweigert ein Vermieter von Betriebsräumen die Genehmigung zur Übernahme des Mietvertrages oder verweigert er die Annahme der ersten beiden Mietzinszahlungen durch den Erwerber mit der Begründung, dass er die Vertragsübernahme nicht genehmige, so ist der Veräußerer gegenüber dem Erwerber zu Ausgleichszahlungen an den Vermieter verpflichtet, um die Genehmigung herbeizuführen, aber nicht über den Betrag von zwei Monatsmieten für die jeweiligen Räume (ohne Nebenkosten) hinaus. Wird innerhalb von drei Monaten nach dem Zeitpunkt des Vollzugs die Genehmigung des Vermieters zur Vertragsübernahme oder zur Untervermietung oder sonstigen Überlassung an den Erwerber bezüglich eines der Ladengeschäfte oder des Großhandels nicht erlangt, so haben die Parteien den rechtlichen Gegenstand dieses Vertrages und den Kaufpreis sowie die sonstigen

Bestimmungen dieses Vertrages entsprechend anzupassen; vorbehaltlich dieser Anpassung hat der Veräußerer dem Erwerber ein Drittel des Kaufpreises gemäß § 3 mit Ablauf von drei Monaten nach dem Zeitpunkt des Vollzugs zurückzuerstatten. Betrifft die Nichterlangung der Genehmigung zur Vertragsübernahme oder Untervermietung zwei Ladengeschäfte oder ein Ladengeschäft und den Großhandel, so kann der Erwerber in der Zeit zwischen dem Ende des dritten Monats und dem Ende des vierten Monats nach dem Zeitpunkt des Vollzugs von diesem Vertrag zurücktreten.

§ 5 Arbeitnehmer

(1) Zu übernehmende Arbeitnehmer

Im Verhältnis zwischen den Parteien sollen die Arbeitsverhältnisse höchstens der in Anlage 11 bezeichneten Arbeitnehmer auf den Erwerber übergehen, mindestens aber die Arbeitsverhältnisse der in Anlage 11 mit Stern bezeichneten Arbeitnehmer. Die Parteien verpflichten sich, nach besten Kräften darauf hinzuwirken, dass die in Anlage 11 mit Stern bezeichneten Arbeitnehmer dem Übergang ihrer Arbeitsverhältnisse nicht widersprechen. Der Erwerber verpflichtet sich, den in Anlage 11 bezeichneten Arbeitnehmern die Übernahme ihrer Arbeitsverhältnisse anzubieten. Zur Einräumung günstigerer als der bisherigen Konditionen ist der Erwerber nicht verpflichtet.

(2) Ausgleichszahlungen

Ist die Fortsetzung des Arbeitsverhältnisses von in Anlage 11 bezeichneten Arbeitnehmern nur durch die Gewährung günstigerer als der bisherigen Konditionen zu erreichen, so leistet der Veräußerer dem Erwerber eine einmalige Ausgleichszahlung in Höhe des Barwertes der Differenz zwischen den Konditionen bis zum Ablauf von zwei Jahren nach dem Zeitpunkt des Vollzugs, abgezinst mit [...], jedoch begrenzt auf einen Höchstbetrag von [...] der Summe der nominalen Gehälter (ohne Nebenkosten) der betroffenen, in Anlage 11 bezeichneten Arbeitnehmer im letzen Jahr vor dem Zeitpunkt des Vollzugs. Widerspricht einer der in Anlage 11 bezeichneten Arbeitnehmer dem Übergang seines Arbeitsverhältnisses und wird der Widerspruch nicht binnen zwei Wochen zurückgenommen, so leistet der Veräußerer dem Erwerber eine Ausgleichszahlung in Höhe der Summe der nominalen Gehälter (ohne Nebenkosten) dieses Arbeitnehmers in den letzten sechs Monaten vor dem Zeitpunkt des Vollzugs; dies gilt nicht, wenn der Widerspruch nicht mehr als fünf Arbeitsverhältnisse betrifft. Gehen kraft zwingenden Rechts mehr Arbeitsverhältnisse als die in Anlage 11 bezeichneten auf den Erwerber über, so leistet der Veräußerer dem Erwerber eine einmalige Ausgleichszahlung in Höhe der Summe der nominalen Gehälter (ohne Nebenkosten) des betreffenden zusätzlichen Arbeitnehmers während der letzten zwölf Monate vor dem Zeitpunkt des Vollzugs; bei kürzerer Beschäftigung als zwölf Monate ist der Betrag der Gehälter auf zwölf Monate hochzurechnen.

(3) Marktleiter

Die Zustimmung zum Übergang der Arbeitsverhältnisse jedes der Marktleiter der Einzelhandelsgeschäfte hat der Veräußerer dem Erwerber binnen zwei Wochen nach Abschluss dieses Vertrages vorzulegen. Werden die Zustimmungen von mehr als zwei dieser vier Personen nicht rechtzeitig vorgelegt, hat der Erwerber während der folgenden zwei Wochen ein außerordentliches Rücktrittsrecht.

(4) Zwingendes Recht, Unterrichtungspflicht

§ 613a BGB bleibt unberührt. Die Parteien verpflichten sich, alle Arbeitnehmer des Betriebs vor dem Vollzug dieses Vertrages nach Maßgabe des § 613a Abs. 5 BGB mit einem Schreiben zu unterrichten, das im Wesentlichen dem als Anlage 12 beigefügten Entwurf entspricht.

§ 6 Abrechnung

(1) Der Erwerber hat dem Veräußerer den Betrag in Geld zu erstatten, um den der positive Saldo der Buchwerte des Umlaufvermögens (Vorräte und Forderungen) die Verbindlichkeiten aus Lieferungen und Leistungen des Handelsbetriebs im Zeitpunkt des Vollzugs den Betrag von [...] (in Worten [...]) übersteigt. Der Saldo ergibt sich aus einer Abrechnungsbilanz, die von den Wirtschaftsprüfern A binnen eines Monats nach dem Zeitpunkt des Vollzugs nach den Grundsätzen ordnungsgemäßer Buchführung und Bilanzierung unter Wahrung der Bilanzierungs- und Bewertungsstetigkeit zu erstellen und dem Veräußerer und dem Erwerber zur Prüfung und Billigung vorzulegen ist. Die Abrechnungsbilanz gilt als richtig, wenn und soweit ihr nicht binnen eines Monats nach Vorlage schriftlich substantiiert widersprochen wird.

(2) Hat zumindest eine der Parteien der Abrechnungsbilanz widersprochen, so wird ein Schiedsgutachter berufen, dessen Entscheidung für die Parteien verbindlich ist. Können sich die Parteien nicht innerhalb von zwei Wochen nach Zugang des (ersten) Widerspruchs bei der anderen Partei über die Person des Schiedsgutachters einigen, so wird dieser auf Antrag einer Partei vom Institut der Wirtschaftsprüfer in Düsseldorf bestimmt. Die Kosten für den Schiedsgutachter werden entsprechend §§ 91, 92 ZPO von den Parteien getragen.

(3) Der sich ergebende Erstattungsbetrag ist acht Tage nach Vorlage der Abrechnungsbilanz durch die Wirtschaftsprüfer bei dem Erwerber zur Zahlung an den Veräußerer fällig, wenn der Abrechnungsbilanz nicht widersprochen wurde. Wurde der Abrechnungsbilanz fristgerecht widersprochen, ist der sich ergebende Erstattungsbetrag acht Tage nach Vorliegen der verbindlichen und endgültigen Entscheidung des Schiedsgutachters zu Zahlung an den Veräußerer fällig. Der Verzug tritt ohne Mahnung mit Fälligkeit ein.

III. Weitere Verpflichtungen des Veräußerers

§ 7 Haftung

(1) Haftungsvereinbarung

Der Veräußerer sichert dem Erwerber zu, dass die nachfolgenden Angaben zutreffend und richtig sind. Alle in diesem § 7 enthaltenen Zusicherungen sind selbstständige Vereinbarungen iSd. § 311 Abs. 1 BGB, dh. Gewährleistungen eigener Art, deren Verletzung kein Verschulden seitens des Veräußerers voraussetzt (nachfolgend auch „Haftungsvereinbarungen"). Veräußerer und Erwerber stellen klar, dass alle Bestimmungen dieses § 7 in Bezug auf die Folgen einer Verletzung der Haftungsvereinbarungen integraler Bestandteil der Haftungsvereinbarungen sind und die Reichweite der jeweiligen Haftungsvereinbarung bzw. den Haftungsumfang abschließend festlegen. Alle Gewährleistungen dieses Vertrages sind keine Garantien bzw. Beschaffenheitsvereinbarungen iSd. §§ 434, 443, 444 BGB und sollen unter keinen Umständen als solche gelten oder ausgelegt werden.

Alle Haftungsvereinbarungen beziehen sich auf den Zeitpunkt des Vollzugs, soweit nicht ausdrücklich anders angegeben.

a) Der Jahresabschluss des Veräußerers zum 31. Dezember 2013, soweit er sich auf den Handelsbetrieb bezieht, die Pro-Forma-Bilanz für den Handelsbetrieb zum 31. Dezember 2013 und die Abrechnungsbilanz (§ 6) sind nach den Grundsätzen ordnungsgemäßer Buchführung und Bilanzierung unter Wahrung der Bilanzierungs- und Bewertungsstetigkeit erstellt. Das Nettoreinvermögen des Handelsbetriebes zu den Buchwerten dieser Bilanzen ist nicht negativ. Vorräte und Forderungen gemäß Abrechnungsbilanz übersteigen die Verbindlichkeiten aus Lieferungen und Leistungen gemäß Abrechnungsbilanz um mindestens € [...] (in Worten Euro [...]).

b) Der Veräußerer hat den Handelsbetrieb seit dem 31. Dezember 2013 bis zum Zeitpunkt des Vollzugs oder einem späteren Zeitpunkt der Übergabe (§ 4 Abs. 1) ordnungsgemäß geführt. Der in den Betriebsabrechnungen des Handelsbetriebs auszuweisende Umsatz und Ertrag liegt in jedem vollen Monat nach dem 31. Dezember 2013 und vor dem Zeitpunkt des Vollzugs um nicht mehr als 3 Prozent unter dem Umsatz bzw. Ertrag des Vergleichsmonats im Vorjahr. Maßgeblich sind die in den Betriebsabrechnungen des Veräußerers ordnungsgemäß auszuweisenden Beträge.

c) Alle verkauften Aktiva gehen zu vollem Eigentum, frei von Rechten Dritter, zum Zeitpunkt des Vollzugs auf den Erwerber über, soweit in Anlage 13 nicht anders angegeben.

d) Dies gilt entsprechend für alle im Handelsbetrieb genutzten materiellen und immateriellen Wirtschaftsgüter, soweit nicht in Anlage 14 anders angegeben.

e) Die Mietverträge über die Betriebsräume des Handelsbetriebs und die Anstellungsverträge mit den Marktleitern der Ladengeschäfte sind wirksam und nicht gekündigt. Der Veräußerer hat seine Verpflichtungen daraus vollständig und rechtzeitig erfüllt. Im Zusammenhang mit diesen Rechtsverhältnissen gibt es keine gerichtlichen oder außergerichtlichen Streitigkeiten zwischen dem Veräußerer und dem Vermieter bzw. Angestellten, soweit nicht in Anlage 15 angegeben.

f) Der Handelsbetrieb hat alle zur Fortsetzung seines Betriebs durch den Erwerber erforderlichen Genehmigungen und hoheitlichen Erlaubnisse. Im Zusammenhang mit diesen Genehmigungen oder hoheitlichen Erlaubnissen bestehen weder gerichtliche noch außergerichtliche Streitigkeiten, soweit nicht in Anlage 16 angegeben. Nach bestem Wissen und Gewissen des Veräußerers sind diese Genehmigungen und hoheitlichen Erlaubnisse nicht durch Widerruf, Rücknahme oä. in ihrem Bestand über den Zeitpunkt des Vollzugs hinaus gefährdet. Das Erfordernis einer etwaigen Neuerteilung von Genehmigungen oder hoheitlichen Erlaubnissen auf Grund des Inhaberwechsels bleibt unberührt.

g) Der Veräußerer unterhält bezüglich des Handelsbetriebes keine Vereinbarungen mit Dritten, auf Grund derer Lieferungen von Handelsware an den Handelsbetrieb oder Absatzgeschäfte des Handelsbetriebes mit Handelsware zu bestimmten Preisen oder anderen Bedingungen zu tätigen sind, soweit solche Vereinbarungen nicht in Anlage 17 aufgeführt sind und vom Veräußerer mit Wirkung spätestens zum Ablauf eines Monats nach dem Zeitpunkt des Vollzugs wirksam beendigt werden.

h) Sämtliche für und im Zusammenhang mit dem Handelsbetrieb derzeit bestehenden Versicherungen sind ungekündigt und bestehen mit unverändertem Versicherungsschutz bis zum Vollzug fort, soweit solche Versicherungen nicht in Anlage 18 unter Angabe des Zeitpunkts des Ablauf des Versicherungsschutzes aufgeführt sind.

h) Die Angaben in § 1 und die Angaben in den Anlagen zu diesem Vertrag sind richtig und bezüglich ihres Gegenstandes vollständig.

i) Den Mitarbeitern des Veräußerers, die dem Erwerber Auskünfte erteilt haben oder erteilen, und den Mitarbeitern gemäß Anlage 11 sind im Zusammenhang mit dem Gegenstand dieses Vertrages keine Vorteile in Geld oder Geldeswert gewährt oder in Aussicht gestellt worden.

(2) Rechtsfolgen

Bei jeder Verletzung der vorstehenden Haftungsvereinbarungen gemäß Abs. 1 hat der Veräußerer den Erwerber so zu stellen, wie er stünde, wenn die Haftungsvereinbarungen zuträfen. Erforderlichenfalls ist der entsprechende Betrag in Geld zu zahlen, höchstens jedoch ein Betrag in Höhe des Kaufpreises (§ 3). Beruft sich der

Veräußerer auf diese Begrenzung in Höhe des Kaufpreises, so kann der Erwerber binnen eines Monats von dem Vertrag zurücktreten. Im Übrigen ist der Rücktritt ausgeschlossen. Der Zahlungsanspruch ist ausgeschlossen, wenn er bezüglich einer verletzten Haftungsvereinbarung [...] (in Worten [...]) nicht übersteigt, es sei denn, die Summe aller Zahlungsansprüche des Erwerbers gegen den Veräußerer in Zusammenhang mit diesem Vertrag übersteigt [...] (in Worten [...]). Die Zurückbehaltung des Kaufpreises (§ 3) ist ausgeschlossen.

(3) Frist

Alle Ansprüche des Erwerbers gemäß diesem § 7 sind ausgeschlossen, wenn sie nicht bis zum Ablauf von zwei Jahren nach dem Zeitpunkt des Vollzugs schriftlich substantiiert geltend gemacht werden. Jedoch endet diese Frist bezüglich Ansprüchen im Zusammenhang mit Steuern und Sozialversicherungsbeträgen nicht vor Ablauf von einem Monat nach Abschluss einer entsprechenden Betriebsprüfung der Finanz- bzw. Sozialversicherungsbehörden; ergehen auf Grund einer solchen Prüfung Bescheide, so endet die Frist nicht vor Ablauf von einem Monat nach Bestandskraft dieser Bescheide. § 203 BGB ist nicht anwendbar, außer die Parteien vereinbaren schriftlich die Hemmung der Verjährung wegen laufender Vergleichsverhandlungen.

(4) Ausschluss weiterer Haftung

Jede sonstige Verpflichtung des Veräußerers gegenüber dem Erwerber auf Grund Sach- oder Rechtsmängelhaftung, insbesondere etwaige gesetzliche Gewährleistungsansprüche, Verschulden vor oder bei Vertragsschluss, Verletzung von Nebenpflichten oder einem anderen Rechtsgrund bezüglich der Eigenschaften oder des wirtschaftlichen Wertes des Handelsbetriebes ist ausgeschlossen, gleich aus welchem rechtlichen oder tatsächlichen Grund, ob bekannt oder erkennbar oder nicht. Der Erwerber stellt den Veräußerer von solchen Ansprüchen frei. Weitere Rechtsfolgen bei Nichtvorliegen der Garantien sind ausgeschlossen. Die Übernahme der Haftungsvereinbarungen durch den Veräußerer kann nicht in der Weise ausgelegt werden, dass dem Erwerber andere als die in diesem Vertrag ausdrücklich geregelten Ansprüche zustehen.

IV. Weitere Verpflichtungen des Erwerbers

§ 8 Haftung des Erwerbers

(1) Der Erwerber übernimmt die in § 2 Buchst. b ausdrücklich bezeichneten Verbindlichkeiten mit den dort bezeichneten Höchstbeträgen. Der Veräußerer stellt den Erwerber von allen weitergehenden Verbindlichkeiten im Zusammenhang mit dem Handelsbetrieb auf erstes Anfordern frei. Die Freistellung gilt auch für Nebenkosten der Rechtsverfolgung und Rechtsverteidigung. Die Freistellung entfällt, wenn der Erwerber den Veräußerer nicht unverzüglich nach Erhebung eines freistellungspflichtigen Anspruchs durch einen Dritten von dem Anspruch verständigt und dem Veräußerer Gelegenheit zur Rechtsverteidigung gegen den Anspruch gibt.

(2) Entsprechend stellt der Erwerber den Veräußerer von allen übernommenen Verbindlichkeiten auf erstes Anfordern frei; Abs. 1 gilt entsprechend.

(3) Verbindlichkeiten gemäß § 25 HGB werden nicht übernommen. Eine Haftungsbeschränkung gemäß § 25 Abs. 2 HGB ist nicht in das Handelsregister einzutragen.

§ 9 Steuerfreistellung

(1) Der Veräußerer stellt den Erwerber von allen Steuern einschließlich der Inanspruchnahme als Haftungsschuldner für Steuern hinsichtlich des Kaufgegenstands frei, soweit diese den Zeitraum bis zum Vollzug betreffen oder aus Handlungen resultieren, die vom Veräußerer vor oder bis einschließlich zum Zeitpunkt des Vollzugs vorgenommen wurden.

(2) Steuern im Sinne des § 9 sind jegliche in- und ausländische Steuern und steuerliche Nebenleistungen im Sinne von § 3 AO oder vergleichbaren Gesetzen anderer Rechtsordnungen, jede Abgabe oder jede andere vergleichbare Belastung (insbesondere auch alle Zölle) sowie alle Abgaben, Beiträge und Gebühren zu den sozialen Sicherungssystemen oder ähnliche Beiträge (insbesondere einschließlich Rentenversicherung, Krankenversicherung, Pflegeversicherung, Arbeitslosenversicherung, Unfall- und Erwerbsunfähigkeitsversicherung, Kammerbeiträge, Zahlungen an den Pensionssicherungsverein und an Berufsgenossenschaften) je nach deutschem Recht oder dem Recht einer anderen Rechtsordnung, alles einschließlich Zinsen, Strafgebühren oder Zuschlägen darauf, unabhängig davon, wie sie erhoben oder wie sie bestimmt werden und gleichgültig, ob sie als Primärverbindlichkeit oder als Mithaft für Dritte entstehen.

(3) Wenn und soweit der Erwerber die Anordnung einer steuerlichen Außenprüfung für einen Zeitraum (oder Teile hiervon) vor dem [...] erhält, hat der Erwerber dies dem Veräußerer innerhalb von 20 Bankarbeitstagen nach Erhalt der entsprechenden Anordnung unter Übersendung einer Kopie derselben schriftlich mitzuteilen und einen von dem Veräußerer benannten steuerlichen Berater („Steuerberater") einzuladen sowie seine Mitwirkung zu ermöglichen. Dazu sind dem Steuerberater alle Prüfungsfragen und Prüfungsfeststellungen sowie – auf schriftliche Aufforderung des Steuerberaters – auch die in der steuerlichen Außenprüfung überlassenen Geschäftspapiere zur Verfügung zu stellen und der Steuerberater ist schriftlich einzuladen, an allen Besprechungen während der steuerlichen Außenprüfung, die einen Einfluss auf Verpflichtungen des Veräußerers haben könnten, mitzuwirken. Der Veräußerer ist berechtigt, jederzeit die Einlegung von Rechtsmitteln auf seine Kosten zu verlangen. Vorbehaltlich § 254 BGB bleibt die Verpflichtung nach § 9 durch eine Verletzung dieser Informationspflicht unberührt.

(4) Der Veräußerer und der Erwerber werden bei steuerlichen Verfahren, insbesondere bei Steuerprüfungen im Zusammenhang mit dem Kaufgegenstand, angemessen zusammenarbeiten Insbesondere werden sich Veräußerer und Erwerber wechselseitig und in angemessenem Umfang Informationen und Unterstützung, einschließlich des Zugangs zu Büchern und Aufzeichnungen gewähren und sich die Anfertigung von Abschriften und Kopien zu ermöglichen, soweit dies für die Geltendmachung von Ansprüchen aus diesem Kaufvertrag zwingend erforderlich ist.

V. Verfahren

§ 10 Vorvertrag

Mit Abschluss dieses Vertrages entfallen alle Verpflichtungen der Parteien auf Grund von Absichtserklärungen, Vorverträgen oder ähnlichen Erklärungen oder Vereinbarungen mit Wirkung von Anfang an. Jedoch entstehen solche Verpflichtungen mit Wirkung von Anfang an erneut, wenn dieser Vertrag durch Anfechtung oder in anderer Weise, einseitig oder durch Vereinbarung, entfällt.

§ 11 Vollzug, Kartellrecht

Die Parteien haben das Zusammenschlussvorhaben beim Bundeskartellamt angemeldet. Sollten die Voraussetzungen des Vollzugsverbots (§ 41 GWB) im Zeitpunkt des Vollzuges vorliegen, so sind sämtliche Vollzugswirkungen dieses Vertrages so lange aufschiebend bedingt, bis das Bundeskartellamt dem Veräußerer und dem Erwerber schriftlich mitgeteilt hat, dass das Zusammenschlussvorhaben die Voraussetzung einer Untersagung (§ 32 GWB) nicht erfüllt. Die aufschiebende Bedingung gilt als eingetreten mit Ablauf der Frist von einem Monat (§ 40 Abs. 1 GWB), ohne dass das Bundeskartellamt den Eintritt in die Prüfung des Zusammenschlusses mitgeteilt hat, oder mit dem Ablauf der Frist von vier Monaten, ohne dass das Bundes-

kartellamt den Zusammenschluss untersagt hat. Wird der Zusammenschluss untersagt, so kann jede Partei binnen eines Monats von diesem Vertrag zurücktreten.

§ 12 Mitwirkung, kein Wettbewerbsverbot, Vertraulichkeit

Die Parteien werden zusammenwirken, um den Handelsbetrieb bestmöglich auf den Erwerber überzuleiten. Die Verpflichtung zur Enthaltung von Wettbewerb ist ausgeschlossen. Die Parteien bleiben einander zur Vertraulichkeit bezüglich des Inhalts dieses Vertrags und den im Zusammenhang mit ihm erlangten Kenntnissen verpflichtet, es sei denn, der betreffende Umstand wurde ohne Verschulden des Verpflichteten offenkundig.

§ 13 Schiedsklausel

Alle Streitigkeiten zwischen den Parteien oder ihren Rechtsnachfolgern über die Gültigkeit dieses Vertrages oder im Zusammenhang mit seinem Gegenstand werden ausschließlich und abschließend nach der Schiedsgerichtsordnung der Deutschen Institution für Schiedsgerichtsbarkeit eV. (DIS) unter Ausschluss des ordentlichen Rechtswegs abschließend entschieden. Der Ort des Schiedsverfahrens ist München. Verfahrenssprache ist deutsch.

§ 14 Kosten

Alle Beträge gemäß diesem Vertrag erhöhen sich um die gesetzliche Mehrwertsteuer, soweit diese anfällt. Persönliche Steuern trägt der jeweilige Steuerpflichtige selbst. Beratungskosten trägt der jeweilige Auftraggeber. Verkehrsteuern, Gebühren und sonstige Drittkosten trägt der Erwerber.

§ 15 Sonstiges

(1) Schriftform

Änderungen und Ergänzungen dieses Vertrages (einschließlich seiner Anlagen) bedürfen zu ihrer Wirksamkeit der Schriftform. Dies gilt auch für Änderungen hinsichtlich des Schriftformerfordernisses.

(2) Salvatorische Klausel

Sollte eine Bestimmung dieses Vertrages oder ein Teil von ihr unwirksam sein oder werden, so bleibt die Wirksamkeit des Vertrages im Übrigen unberührt. Entsprechendes gilt für die Undurchführbarkeit einer Bestimmung oder eines Teiles von ihr. Beruht die Unwirksamkeit oder Undurchführbarkeit auf dem zu großen (bzw. zu kleinen) sachlichen, räumlichen, zeitlichen oder anderen Umfang der Bestimmung, so gilt die Bestimmung mit ihrem größtmöglich (bzw. kleinstmöglich) wirksamen und durchführbaren Umfang als vereinbart. Im Übrigen haben die Parteien anstelle der unwirksamen oder undurchführbaren Bestimmung diejenige wirksame und durchführbare Bestimmung zu vereinbaren, die dem wirtschaftlichen Gehalt der zu ersetzenden Bestimmung am nächsten kommt. Entsprechendes gilt für die ergänzende Vertragsauslegung.

(3) Zustimmungsvorbehalt

Dieser Vertrag ist aufschiebend bedingt durch die Zustimmung des Aufsichtsrats des Erwerbers. Der Veräußerer ist zum Rücktritt berechtigt, wenn diese Bedingung nicht spätestens eine Woche vor dem Zeitpunkt des Vollzuges eingetreten ist.

(4) Anwendbares Recht, Gerichtsstand

Die Rechtsbeziehungen zwischen den Parteien und ihren Rechtsnachfolgern bezüglich des Gegenstandes dieses Vertrages unterliegen ausschließlich dem Recht der Bundesrepublik Deutschland unter Ausschluss des UN-Kaufrechts und der Bestimmungen des deutschen internationalen Privatrechts und – unbeschadet der Schiedsklausel (§ 12) – der ausschließlichen Gerichtsbarkeit der für München zuständigen ordentlichen Gerichte.

II. ERLÄUTERUNGEN

Erläuterungen zu B. 21.01 Unternehmenskaufvertrag (Einzelwirtschaftsgüter)

1. Grundsätzliche Anmerkungen

Das Formular B. 21.01 betrifft den Unternehmenskauf durch Kauf der **Einzelwirtschaftsgüter** („asset deal"). Das Formular B. 21.02 betrifft den Unternehmenskauf durch Kauf von Gesellschaftsanteilen („share deal"). Die beiden Formulare sind einander sehr ähnlich. Nach Möglichkeit unterscheiden sie sich nur in Punkten, die etwas mit dem Unterschied zwischen dem Kauf der Einzelwirtschaftsgüter und dem Kauf der Gesellschaftsanteile zu tun haben. Im Übrigen ist der Sachverhalt im Formular B. 21.01 (Einzelwirtschaftsgüter) eher einfacher als der im Formular B. 21.02. Bei komplexeren Sachverhalten mögen also einzelne Regelungen aus dem Formular B. 21.02 angemessener erscheinen. Zum Praxiskauf s. Formular B. 17; zur Absichtserklärung s. Formular B. 21.03. 1

Zum **Schrifttum** über Fragen des Unternehmenskaufes vgl. die eingehende Besprechung durch *Hommelhoff* ZHR 86, 254 ff. sowie *Beisel/Klumpp* Der Unternehmenskauf, 6. Aufl. 2009; *Drygalski* in Festschrift zum zehnjährigen Bestehen von P+P Pöllath + Partners, 2008; *v. Hoyenberg* in *Münchener Vertragshandbuch* Bd. 2, 6. Aufl. 2009, Teil IV; *Hölters* (Hrsg.) *Handbuch des Unternehmens- und Beteiligungskaufs* 6. Aufl. 2005; *Holzapfel/Pöllath* Recht und Praxis des Unternehmenskaufs, Rechtliche und Steuerliche Aspekte, 14. Aufl., 2010 (vor allem aus der Sicht der Praxis, mit Literaturübersicht in Einleitung); *Rödder/Hötzel/Mueller-Thuns* Unternehmenskauf, Unternehmensverkauf, 2003; *Jung* Praxis des Unternehmenskaufs, 3. Aufl., 1999 (vor allem aus wirtschaftsprüferlicher Sicht); *Knott/Mielke* Unternehmenskauf, 4. Aufl. 2011; *Pöllath* Grundsätze ordnungsgemäßen Unternehmenskaufs, FS Bezzenberger, 2000; *Pöllath* „69 Regeln" in: FS Welf Müller, 2001; *Picot* Unternehmenskauf und Restrukturierung, 4. Auflage 2013; *ders.* Handbuch Mergers & Acquisitions, 5. Aufl., 2012; *Häger/Kieborz* Checkbuch Unternehmenskauf, 2. Aufl., 2002; *Schröcker* „Unternehmenskauf und Anteilskauf nach der Schuldrechtsreform", ZGR 05, 63 ff.; *Klein-Blenkers*, Die Entwicklung des Unternehmenskaufrechts, NZG 06, 245 ff.; *Hutterer*, Die Haftung des Verkäufers beim Unternehmens- und Anteilskauf, MittBayNot 07, 200 ff.; *Böttcher*, Organpflichten beim Unternehmenskauf, NZG 07, 481 ff.; zu den Fragen des internationalen Privatrechts vgl. *Land*, Rechtsfragen des internationalen Unternehmenskaufs, BB 2013, 2697. 2

a) Wirtschaftliches Vertragsziel

Ein Unternehmenskauf beinhaltet den Kauf und die Übertragung eines **lebenden Unternehmens,** das als solches nicht Gegenstand des Rechtsverkehrs ist, sondern entweder mit Hilfe der Übertragung seiner Einzelwirtschaftsgüter (so in Formular B. 21.01) oder der Gesellschaftsanteile an dem Unternehmensträger (so in Formular B. 21.02) übertragen werden muss. Auch wirtschaftlich ist ein Unternehmen kein „statischer" Gegenstand, sondern eher ein sich laufend entwickelnder, „dynamischer" Prozess. Die Rechtsprobleme des Unternehmenskaufs rühren vor allem von diesen Charakteristika her: Das zu übertragende Unternehmen ist mehr und anders als die Gesamtheit der Einzelwirtschaftsgüter oder die Gesellschaftsanteile am Unternehmensträger. Vgl. *Pöllath* Grundsätze ordnungsgemäßen Unternehmenskaufs, FS Bezzenberger, 2000 S. 549 ff., ua. zu Rechtsfolgen des Ziels, Unternehmen und den „Markt" mit Unternehmen zu schützen. 3

Die **Wahl** zwischen dem Kauf von Einzelwirtschaftsgütern und dem von Gesellschaftsanteilen wird oft und weitgehend steuerlich bestimmt (s. Rz. 9 ff.). Zivilrechtlich einfacher erscheint in der Regel der Kauf von Gesellschaftsanteilen. Deshalb wird in der Praxis selbst da, wo Unternehmensteile gekauft werden sollen, oft eine Gesellschaft dafür verwendet, deren Anteile übertragen werden. Oder es wird zwar eine Gesellschaft gekauft, deren Wirtschaftsgüter aber nach dem Kauf auf den Erwerber übertragen werden (uU auch durch Verschmelzung oder Liquidation). 4

b) Zivilrecht

5 Materiell-rechtlich schafft ein Unternehmenskaufvertrag meist ein vom Gesetz abweichendes, **eigenes Regelwerk.** Selbst wo die vertraglichen Regelungen der gesetzlichen Rechtslage entsprechen, ist die ausdrückliche Formulierung im Vertrag oft nützlich, weil sie den Beteiligten Voraussetzungen und Folgen bei einem besonders bedeutenden und meist jedenfalls für einen Beteiligten ungewöhnlichen Vorgang besser bewusst macht.

6 Beim Kauf von **Einzelwirtschaftsgütern** liegt ein vertragstypisches Schwergewicht auf den Regelungen über die Haftung des Erwerbers für Altverbindlichkeiten und insbesondere auf dem Ausschluss einer solchen Haftung, ganz oder teilweise. Dagegen ergibt sich eine solche Haftung des Erwerbers beim Kauf von Gesellschaftsanteilen gewissermaßen von selbst; anstelle eines Haftungsausschlusses müsste dort ein wirtschaftlich gleichwertiges Ergebnis garantiert oder durch Freistellungen seitens des Veräußerers oder vorherige Tilgung solcher Verbindlichkeiten durch den Veräußerer erzielt werden.

7 Ein Schwergewicht beim Kauf von **Gesellschaftsanteilen** liegt auf dem Katalog der zu garantierenden oder zu gewährleistenden Umstände. Aber auch beim Kauf von Einzelwirtschaftsgütern sind entsprechende Regelungen erforderlich, weil die gesetzliche Sach- und Rechtsmängelhaftung – auch soweit sie eingreift und reicht – für den Unternehmenskauf nicht ausreicht.

8 Der notariellen **Beurkundung** bedarf der Unternehmenskauf von Einzelwirtschaftsgütern, wenn zu den einzelnen Wirtschaftsgütern Grundbesitz gehört (§ 311b Abs. 1 BGB). Die Beurkundung durch einen ausländischen Notar kann für den Kaufvertrag, nicht aber für die Auflassung genügen; eine Kostenersparnis durch die ausländische Beurkundung ist insofern allenfalls bzgl. des Teils des Gegenstandwertes vorstellbar, der über den der aufzulassenden inländischen Grundstücke hinausgeht. § 311b Abs. 1 BGB verlangt vollständige Beurkundung einschließlich aller Nebenabreden. Zur Beurkundungspflicht, auch aus anderen Rechtsgründen (zB § 311b Abs. 3 BGB), vgl. *Holzapfel/Pöllath* aaO Rz. 1000ff.; *Heckschen* NZG 06, 772; *Kiem* NJW 06, 2363ff.; *Morshäuser* WM 07, 337ff; *Petzoldt* BB 75, 905; *Saenger/Scheuch* BB 07, 65. Die Beurkundungspflicht kann vermieden werden (wenn die Errichtung der Gesellschaft nicht der Umgehung der Beurkundungspflicht dient; vgl. BGH II ZR 312/06 v. 10.3.08, BB 08, 1251 zu von einer GbR gehaltenen GmbH-Anteilen; BGH II ZR 288/81 v. 31.1.83, NJW 83, 1110), ebenso eventuell die Grunderwerbsteuer (§ 5 GrEStG; beachte § 1 Abs. 3 GrEStG), wenn die Immobilie vorher auf eine Gesellschaft (insbesondere eine Personengesellschaft) ausgegliedert wird. Zur Grunderwerbsteuer vgl. Rz. 18.

c) Steuerrecht

9 Die folgende kurze Zusammenfassung stellt wesentliche Punkte der Besteuerung des Veräußerers und des Erwerbers getrennt dar. Diese Trennung darf nicht darüber hinwegtäuschen, dass es oft gerade darum geht, sich über die steuerliche Situation des Vertragsgegners Klarheit zu verschaffen. Vor allem ist der Kaufpreis für den Veräußerer wie für den Erwerber stets zwar „vor Steuern" im Vertrag ausgewiesen; wirtschaftlich maßgeblich aber ist allein der Betrag „nach Steuern". Bei einer Steuerbelastung von bis zu rund 50% beeinflusst also die – im Vertrag nicht genannte, aber durch ihn gestaltete – Steuerlast den Preis weit über übliche Verhandlungsspielräume bei der Preisbestimmung hinaus. Die Steuerpflicht auf den Veräußerungsgewinn bedeutet für den Veräußerer vielleicht einen Betrag nach Steuern von weniger als der Hälfte des ausgewiesenen Nominalkaufpreises. Die steuerliche Abzugsfähigkeit reduziert den Preis für den Erwerber vielleicht auf weniger als die Hälfte dieses Nominalkaufpreises. Vgl. auch allgemein *Holzapfel/Pöllath* aaO, Rz. 235ff sowie *Pöllath/Greitemann/Viskorf*;

Verkauf von Familienunternehmen, Strategie-Recht-Steuern, in: Festschrift Rödl, 2008, Tz 59ff.

Grundlegende Neuerungen brachte die Unternehmsteuerreform 2008 (UntStRefG v. 14.8.07, BGBl. I 07, 1912), die neben der Senkung des Körperschaftsteuersatzes auf 15% und der Einführung eines Thesaurierungssteuersatzes für Personengesellschaften zahlreiche Maßnahmen zur Gegenfinanzierung beinhaltete. So wurde ua. das Halbeinkünfteverfahren durch ein Teileinkünfteverfahren ersetzt, nach dem nur mehr 40% der Einkünfte steuerfrei sind und Veräußerungsgewinne aus Anteilen an Kapitalgesellschaften des Privatvermögens, die nach dem 31.12.08 erworben werden, unabhängig von der Haltedauer der Steuerpflicht unterliegen. Die Abzugsfähigkeit der Gewerbesteuer als Betriebsausgabe wurde aufgehoben und die gewerbesteuerlichen Hinzurechnungsvorschriften umgestaltet. Eine entscheidende Auswirkung auf die Finanzierung (nicht nur) von Unternehmenserwerben hat die Einführung der sog. Zinsschranke, welche die bisherigen Regelungen zur Gesellschafterfremdfinanzierung ersetzt (vgl. im Einzelnen *Blumenberg/Benz,* Die Unternehmensteuerreform 2008).

aa) Ertragsbesteuerung des Veräußerers

Die Ertragsbesteuerung des Veräußerers ist abhängig von seiner Rechtsform, der **10** Zugehörigkeit des Kaufgegenstands zum Privat- oder Betriebsvermögen und der Art des Kaufgegenstands (Einzelwirtschaftsgüter oder Kapitalgesellschaftsanteile). Bei einem Veräußerungsgegenstand im **Betriebsvermögen** ist der Veräußerungsgewinn wie jedes Einkommen grds. steuerpflichtig.

Kapitalgesellschaft als Veräußerer: Die Veräußerung von **Einzelwirtschaftsgütern** (sowie Mitunternehmeranteilen) durch eine **Kapitalgesellschaft** unterliegt sowohl der Körperschaft- als auch der Gewerbesteuer (§ 7 Satz 2 GewStG). **10a**

Die Veräußerung von **Anteilen** an Kapitalgesellschaften durch **Kapitalgesellschaften** ist hingegen im Ergebnis grds. in Höhe von 95% körperschaftsteuerfrei (§ 8b Abs. 2, 3 KStG, Ausnahmen für bestimmte Anteilseigner § 8b Abs. 7, 8 KStG, zu Holding-Gesellschaften vgl. BFH I R 36/08 v. 14.1.09, BFH/NV 09, 852); diese partielle Befreiung schlägt auch auf die Gewerbesteuer durch. Die Steuerbefreiungsvorschrift des § 8b Abs. 2 KStG gilt auch bei der Zwischenschaltung einer Mitunternehmerschaft (§ 8b Abs. 6 KStG). Seit dem EZ 2004 ist gesetzlich ausdrücklich angeordnet, dass dies entgegen der früheren Meinung (vgl. hierzu BFH I R 95/05 v. 9.8.06, BFH/NV 06, 2379) auch für die Gewerbesteuer gilt (§ 7 Satz 4 GewStG). Ausnahmen von einer Steuerbefreiung nach § 8b Abs. 2 KStG (= Rückkehr zur Regel der Steuerpflicht) bestehen u.a. bei einbringungsgeborenen Anteilen innerhalb von sieben Jahren sowie nach vorangegangenem Erwerb von einem nicht nach § 8b Abs. 2 KStG Begünstigten (Nichtkörperschaft) unter dem Teilwert, da § 8b Abs. 4 aF KStG für bestehende einbringungsgeborene Anteile nach § 21 UmwStG 1995 weiterhin gilt (§ 34 Abs. 7a KStG). Auch die übrigen Sonderregeln für existierende einbringungsgeborene Anteile iSv. § 21 UmwStG 1995 sind weiterhin grundsätzlich anzuwenden (§ 27 Abs. 3 Nr. 3 UmwStG). Durch das SEStEG v. 7.12.06 (BGBl. I 06, 2782) wurde die bisherige Konzeption der einbringungsgeborenen Anteile aufgehoben. Während nach der bisherigen Regelung die steuerbegünstigte Realisierung stiller Reserven durch Einbringung in eine Kapitalgesellschaft und Veräußerung der Anteile innerhalb von sieben Jahren durch Ausschluss der Steuerfreistellung verhindert wurde, schließt die Neuregelung die erhaltenen Anteile nicht mehr vom Anwendungsbereich des § 8b Abs. 2 KStG aus, sondern knüpft an die ursprüngliche Einbringung an. Besteuert werden rückwirkend die im Zeitpunkt der Einbringung vorhandenen stillen Reserven beim Einbringenden unter jährlichem Abschmelzen des Einbringungsgewinns pro rata (Siebtelungsregelung) bei Veräußerung (oder gleichgestellten Vorgängen) innerhalb von sieben Jahren. In Betracht kommen hierfür die Veräußerung der erhaltenen Anteile nach einer Sacheinlage unter dem gemeinen Wert (§ 20 Abs. 2 Satz 2 UmwStG) durch den Einbringenden (§ 22 Abs. 1 Satz 1 UmwStG) und die Veräußerung von unter dem gemeinen Wert im Rahmen einer Sacheinlage (§ 20 Abs. 1 UmwStG) oder eines Anteilstausches (§ 21 Abs. 1 UmwStG) eingebrachten Anteilen durch die übernehmende Gesellschaft (§ 22 Abs. 2 Satz 1 UmwStG), wenn der Einbringende keine nach § 8b Abs. 2 KStG begünstigte Person ist. Im Fall einer Nachbesteuerung erfolgt eine entsprechende Höherbewertung des eingebrachten Vermögens bei der übernehmenden Kapitalgesellschaft und der für die Einbringung erhaltenen Anteile beim Einbringenden (§ 23 Abs. 2 UmwStG). Zu beachten sind jährliche Nachweispflichten bezüglich der Anteile zur Vermeidung der Veräußerungsfiktion (§ 22 Abs. 3 Satz 2 UmwStG).

10b Veräußerung von **Betriebsvermögen** einer **natürlichen Person/Mitunternehmerschaft**: Die Veräußerung von **Einzelwirtschaftsgütern** (in der Form von Betrieben/Teilbetrieben sowie Mitunternehmeranteilen) aus dem **Betriebsvermögen natürlicher Personen** (auch aus oder über Mitunternehmerschaften) ist grds. einkommensteuerpflichtig. Sofern es sich nicht (nur) um den Teil eines Mitunternehmeranteils (vgl. § 16 Abs. 1 Nr. 2 EStG) handelt, kann der 56% des durchschnittlichen Steuersatzes betragende ermäßigte Steuersatz (mindestens aber ursprünglich 15%, jetzt 14%) nach § 34 Abs. 3 EStG (Veräußerer mindestens 55 Jahre alt oder berufsunfähig, bis 5 Mio. Euro Gewinn je Veräußerer, nur einmalige Anwendung im Leben des Veräußerers) oder die Tarifglättung (§ 34 Abs. 1 EStG) die Steuerbelastung des Veräußerungsgewinns reduzieren. Daneben (nur auf Antrag einmal im Leben und unter den gleichen Voraussetzungen) erfolgt die Besteuerung nur soweit der Veräußerungsgewinn 45.000 Euro übersteigt, wobei der Freibetrag aber ermäßigt wird um den 136.000 Euro übersteigenden Veräußerungsgewinn (§ 16 Abs. 4 EStG). Der Gewinn aus der Veräußerung einer gesamten Mitunternehmerbeteiligung ist dann gewerbesteuerfrei, wenn der Veräußerer eine natürliche Person ist und dies auch, wenn die Beteiligung in einem Betriebsvermögen gehalten wird (vgl. GewStR 7.1 Abs. 3 Satz 3f; § 7 Satz 2 GewStG). Ausnahmen von der Gewerbesteuerfreiheit bestehen in den Fällen des § 16 Abs. 2 Satz 3 EStG und § 18 Abs. 3 UmwStG (fünf Jahre; gesamter Aufgabe- oder Veräußerungsgewinn, § 27 Abs. 7 UmwStG). Bei doppelstöckigen Mitunternehmerschaften verursacht die Veräußerung von Anteilen der Untergesellschaft durch die Obergesellschaft auf Grund des weit gefassten § 7 Satz 2 GewStG eine Gewerbesteuerbelastung. In Betracht kommt insoweit die Vereinbarung eines gesellschafterinternen Ausgleichs gegenüber den Gesellschaftern, die die Gewerbesteuer nicht ausgelöst haben. Für Erhebungszeiträume, die nach dem 31.12.07 enden, ist die Abzugsfähigkeit der Gewerbesteuer als Betriebsausgabe entfallen (§ 4 Abs. 5b, § 52 Abs. 12 Satz 7 EStG). Eine Abmilderung der Gewerbesteuerbelastung durch Anrechnung bei der ESt gewährleistet § 35 EStG (zur ESt-Ermäßigung bei gewerblichen Einkünften vgl. BMF v. 24.2.09, BStBl. I 09, 440, geändert durch BMF v. 22.12.09 und v. 25.11.10), nicht jedoch im Fall des § 18 Abs. 3 UmwStG (einschließlich der Gewinne aus Wirtschaftsgütern, die vor der Umwandlung im Betrieb der übernehmenden Personengesellschaft vorhanden waren). Möglichkeiten der steuerfreien Reinvestition (§ 6b EStG) sprechen bei Immobilien für den Verkauf von Einzelwirtschaftsgütern oder Anteilen an Personengesellschaften (vgl. *Holzapfel/Pöllath* aaO, Rz. 326). Im Übrigen ist diese Wahl für einen Veräußerer im steuerlichen Betriebsvermögen ebenso irrelevant wie eine Abtrennung von Kaufpreiselementen durch Zuordnung auf andere Leistungen (zB gesonderte Vergütung eines Wettbewerbsverbots).

Werden **Kapitalgesellschaftsanteile** aus dem **Betriebsvermögen natürlicher Personen** (oder Mitunternehmerschaften) veräußert, kommt es zur Anwendung des Halbeinkünfteverfahrens, für Veräußerungsvorgänge ab VZ 2009: Teileinkünfteverfahren mit Steuerfreiheit in Höhe von 40% (§ 3 Nr. 40 EStG), ebenfalls grds. siebenjährige Sperrfrist bei bestehenden einbringungsgeborenen Anteilen iSv. § 21 UmwStG

1995 (§ 52 Abs. 4b Satz 2 EStG). Ggfs. kommt es zur rückwirkenden Besteuerung stiller Reserven bei Einbringungsvorgängen unter gemeinem Wert im Fall der Veräußerung (oder gleichgestellten Tatbeständen) innerhalb von sieben Jahren unter Abschmelzung des Einbringungsgewinns (§ 22 Abs. 1 UmwStG, vgl. Rz. 10a). Die Rechtsfolgen des Halb-/Teileinkünfteverfahrens wirken auch auf die Gewerbesteuer. Der Zeitpunkt der Besteuerung kann (pro Wirtschaftsjahr max. € 500.000.–) durch Übertragung von stillen Reserven auf Reinvestitionen (Anteile an Kapitalgesellschaften, abnutzbare bewegliche Wirtschaftsgüter oder Gebäude) bis zur Veräußerung des Reinvestitionsobjekts hinausgezögert werden (§ 6b Abs. 10 EStG).

Ausländische Veräußerer inländischer Kapitalgesellschaftsanteile sind schon ab 1% Beteiligung (binnen fünf Jahren vor der Veräußerung) steuerpflichtig. Ab 1.1.09 auch Erfassung des Veräußerungsgewinns aus Kapitalgesellschaftsanteilen unter 1% unter bestimmten Voraussetzungen (§ 49 Abs. 1 Nr. 5d, § 43 Abs. 1 Satz 1 Nr. 9, § 20 Abs. 2 Satz 1 Nr. 1 EStG – Tafelgeschäfte). Jedoch besteht in DBA-Fällen idR Schutz vor einem deutschen Besteuerungsrecht, vgl. Art. 13 Abs. 5 OECD-MA. Auch ausländische Kapitalgesellschaften als Veräußerer solcher inländischer Kapitalgesellschaftsanteile sind unter den Voraussetzungen des § 8b Abs. 2 KStG im Ergebnis zu 95% steuerbefreit (insbesondere in Nicht-DBA-Fällen von Bedeutung). Bei der Veräußerung von inländischem Betriebsvermögen (Betriebsstätte, Mitunternehmeranteile) unterliegen ausländische Veräußerer nach den gleichen Grundsätzen der Besteuerung wie Inländer (deutsches Besteuerungsrecht über Art. 13 Abs. 2 OECD-MA). **10c**

Ein Veräußerer mit **Privatvermögen** (vor allem eine natürliche Person, aber auch zB eine Stiftung), bei dem Gesellschaftsanteile in diesem Privatvermögen liegen, wird einen Verkauf von **Einzelwirtschaftsgütern** im Allgemeinen aus steuerlichen Gründen ausschließen. Denn der Veräußerungsgewinn unterläge sonst der vollen Besteuerung; dagegen ist ein Gewinn aus der Veräußerung von **Kapitalgesellschaftsanteilen** im steuerlichen Privatvermögen entweder steuerfrei (nach zwölf Monaten Haltedauer, § 23 EStG und weniger als 1% Beteiligung, § 17 EStG) oder war andernfalls zur Hälfte steuerpflichtig (Voraussetzung: Erwerb vor dem 1.1.09, § 52a Abs. 10 Satz 1, Abs. 4 Satz 2, Abs. 3 Satz 2 EStG). Veräußerungen von Anteilen iSv. § 17 EStG sind ab dem VZ 2009 zu 60% einkommensteuerpflichtig, Werbungkosten in korrespondierendem Umfang abzugsfähig (§ 3 Nr. 40, § 3c Abs. 2, § 52a Abs. 3 EStG). Der Gewinn aus der Veräußerung von nach dem 31.12.08 erworbenen Anteilen an Kapitalgesellschaften, die nicht unter § 17 EStG fallen, ist unabhängig von der Haltedauer steuerpflichtig und unterliegt der Besteuerung mit der Abgeltungssteuer (§ 20 Abs. 2 Satz 1 Nr. 1; § 32d, § 52a Abs. 10 Satz 1 EStG); eine Verrechnung mit Altverlusten aus Spekulationsgeschäften war bis VZ 2013 möglich (§ 23 Abs. 3; § 20 Abs. 6, § 52a Abs. 10 Satz 1, § 52a Abs. 10 Satz 10, Abs. 11 Satz 11 EStG). Werbungskosten (Ausnahme: direkt zuordenbare Transaktionskosten) können steuerlich nicht geltend gemacht werden (§ 20 Abs. 4 Satz 1, Abs. 9 Satz 1 EStG). Ggfs. kommt es zu rückwirkenden Besteuerung stiller Reserven bei Veräußerung (und gleichgestellten Vorgängen) auf Grund von Einbringungsvorgängen unter dem gemeinen Wert (vgl. Rz. 10a). **11**

Die **Kirchensteuer** erhöht die Steuerbelastung des Veräußerungsgewinns um rund zwei Prozentpunkte. Die Kirchensteuer entfällt beim rechtzeitigen Austritt (zur Rechtzeitigkeit und zur Zwölftelung vgl. BVerwG 8 C 16/6 v. 12.2.88, NJW 88, 1804; FG Münster IV 5525/90 v. 1.10.90, EFG 91, 215). Bei Nichtaustritt kann der Steuerpflichtige eine Reduzierung der Kirchensteuer im Voraus verhandeln, regelmäßig eine Halbierung. Die Absprache im Voraus ist naturgemäß verlässlicher als der mögliche Versuch eines Billigkeitserlasses im Nachhinein (vgl. FG BaWü IX K 337/83 v. 2.10.87, EFG 87, 130 zum Finanzrechtsweg nach Ablehnung in Baden-Württemberg). Viele Landeskirchen und Diözesen haben für den Erlass auch Richtlinien aufgestellt, so dass eine vorherige Kontrolle sinnvoll sein kann. **12**

bb) Ertragsbesteuerung des Erwerbers

13 Für den Erwerber wäre der Erwerb von **Einzelwirtschaftsgütern** in aller Regel steuerlich vorteilhaft. Denn der Erwerber erlangt dadurch zusätzlich die **Abschreibungen** auf den Mehrpreis über den Nettobuchwert des Unternehmens hinaus. Umgekehrt ist der Kauf von **Kapitalgesellschaftsanteilen** für ihn steuerlich günstiger, wenn er weniger als den Nettobuchwert zahlt (zum negativen Kaufpreis vgl. *Holzapfel/Pöllath,* aaO, Rz. 337), oder das erworbene Unternehmen Verlustvorträge hat, die der Erwerber nutzen kann (wobei jedoch erhebliche Einschränkungen durch § 8c KStG bestehen). Bei (un)mittelbarer Übertragung von mehr als 25% des Kapitals, der Beteiligungs- oder Stimmrechte innerhalb von fünf Jahren an einen Erwerber (oder nahe stehende Person/Gruppe mit gleichgerichteten Interessen) kommt es zum anteiligen, bei Übertragung von mehr als 50% zum vollständigen Wegfall der Verlustvorträge (§§ 8c, § 34 Abs. 7 KStG; BMF v. 4.7.08, BStBl. I 08, 736; zur bisherigen Einschränkung bei „Mantelkauf", § 8 Abs. 4 KStG aF, die als Übergangsrecht parallel anwendbar sein kann; § 34 Abs. 6a KStG; BMF v. 16.4.99, BStBl. I 99, 455; BFH I R 81–97 v. 11.2.98, HFR 98, 838). Für Übertragungen nach 31.12.09 kein Verlustuntergang in Höhe der im Inland steuerpflichtigen stillen Reserven (§ 8c Abs. 1 S. 6 KStG). sowie bei bestimmten konzerninternen Übertragungen (Konzernklausel, § 8c Abs. 1 S. 5 KStG). Ggfs. sind auch Verkehrsteuern (und Erbschaftsteuer) in den Belastungsvergleich einzubeziehen. Vgl. *Holzapfel/Pöllath* aaO, Rz. 230ff., zu Verkehrssteuern *dies.* Rz. 284ff. und 909ff.

14 Bei der Verteilung eines wirtschaftlichen Gesamtkaufpreises auf Einzelwirtschaftsgüter und Leistungen des Veräußerers lassen sich die Präferenzen des Erwerbers grob so zusammenfassen (vgl. *Holzapfel/Pöllath* aaO, Rz. 294ff., 306ff. mit detaillierten Listen):
- sofortiger Aufwand (Beratungshonorar, Abfindung, evtl. Wettbewerbsverbot; geringwertige Wirtschaftsgüter; günstige Aufträge; evtl. Vorräte)
- kurzfristiger Aufwand (Forderungen, Know-how, Kfz oä.)
- mittelfristiger Aufwand (günstige Dauerschuldverhältnisse, gewerbliche Schutzrechte, Maschinen)
- langfristiger Aufwand (Geschäftswert, firmenwertähnliche Wirtschaftsgüter; Gebäude)
- Aufwand nur bei Teilwertabschreibung oder Veräußerung (Beteiligungen an Kapitalgesellschaften, nicht bei Kapitalgesellschaften als Erwerber (§ 8b Abs. 3 KStG), nur 60%ige (vor 1.1.09: hälftige) Auswirkung in sonstigen Betriebsvermögen (vgl. § 3c Abs. 2 EStG); betr. Darlehen (Einschränkung durch § 8b Abs. 3 Satz 4 KStG ab VZ 2008, vgl. BFH I R 52/08 v. 14.1.09, DStR 09, 631); Grund und Boden; uU Konzessionen.

15 Die Günstigkeit einer bestimmten Verteilung ist möglichst konkret zu ermitteln. So führt zB eine Zuaktivierung bei Vorräten nur soweit zu abzugsfähigem Aufwand, wie bei einer folgenden Vorratsbewertung nach dem Erwerb weniger Vorratsvermögen oder wiederum reduzierte Werte anzusetzen sind. Die Verteilung auf Einzelwirtschaftsgüter unterliegt steuerlich einer Angemessenheitskontrolle (Verteilung im Verhältnis der Teilwerte zueinander sowie hinsichtlich einer Bindung an eine vereinbarte Verteilung bei fehlendem Interessengleichlauf; zum Interessengleichlauf vgl. *Nolte* DB 81, 908). Zivilrechtlich ist eine nicht ernstlich gemeinte Verteilung ggf. unwirksam (zB Zuordnung auf einen Beratervertrag als Scheingeschäft, § 117 BGB; BGH IVa ZR 187/81 v. 23.2.83, NJW 83, 1843; zur zivilrechtlichen Wirksamkeit trotz Steuerhinterziehung oä vgl. die Nachweise bei *Holzapfel/Pöllath* aaO Rz. 362).

16 Die Veräußerung von **Personengesellschaftsanteilen** erlaubt dem Erwerber gleichfalls die Verteilung eines Mehrwertes auf die Einzelwirtschaftsgüter (über Ergänzungsbilanzen; uU günstig, dass handelsrechtlich der höhere Ertrag vor Abzug der zusätzlichen Abschreibungen auszuweisen ist).

Keinerlei zusätzliche steuerliche Abschreibungen ergeben sich beim Erwerb von **Kapitalgesellschaftsanteilen.** Der Erwerber selbst konnte bis 2000 den Anteilskauf anschließend in eine Art von Einzelwirtschaftsgüterkauf nachträglich umformen (durch Umwandlung der Kapital- in Personengesellschaft mit steuerfreier Buchwertaufstockung auf die Anschaffungskosten der Gesellschaftsanteile, §§ 4 ff. UmwStG). Seit 2001 scheidet dieses Modell aus. Andere Modelle zum Zweck der Buchwertaufstockung scheiden ebenfalls grundsätzlich aus oder sind umstritten (vgl. *Holzapfel/Pöllath* aaO, Rz. 562). **17**

Neben der Möglichkeit der Abschreibung des Kaufpreises bestehen weitere grundlegende Unterschiede zwischen dem Erwerb von Einzelwirtschaftsgütern oder Kapitalgesellschaftsanteilen. So ist es für den Erwerber von entscheidender Bedeutung, ob er **Zinsaufwand** einer Kaufpreisfinanzierung steuermindernd geltend machen kann. Beim Kauf von **Einzelwirtschaftsgütern** ist eine Berücksichtigung von Zinsen grds. möglich (Betriebsausgabe, beim Erwerb von Mitunternehmeranteilen Sonderbetriebsausgabe). Zu Einschränkungen des Betriebsausgabenabzugs für Zinsaufwand kommt es jedoch durch die sog. **Zinsschranke** (§ 4h EStG, § 8a KStG, vgl. *Töben* BB 07, 974; *Wagner/Fischer* BB 07, 1811; ggf. ist eine erhöhte Berücksichtigung von Zinsaufwand im Rahmen der Zinsschranke durch Nutzung eines EBITDA-Vortrags möglich, § 4h Abs. 1 S. 3 ff. EStG). Anteiliger bzw. vollständiger Untergang der nicht verbrauchten Zinsvorträge/EBITDA-Vorträge bei Aufgabe/Übertragung eines Betriebs, Ausscheiden eines Mitunternehmers oder Übertragung von Anteilen an Kapitalgesellschaften (§ 4h Abs. 5 EStG, § 8a Abs. 1 Satz 3, § 8c KStG; Ausnahmen bestehen für bestimmte Übertragungen im Konzern sowie bei Vorhandensein im Inland steuerpflichtiger stiller Reserven, § 8a Abs. 1 S. 3 KStG). Der Zinsabzug iRd. **Gewerbesteuer** ist auf Grund der Hinzurechnungsregelung (§ 8 Nr. 1 lit. a GewStG, sämtliche Schuldzinsen) jedoch nur in Höhe von 75% des Finanzierungsaufwands steuerwirksam (vgl. *Holzapfel/Pöllath* aaO, Rz. 577). **17a**

Zinsaufwand zur Finanzierung des Erwerbs von **Kapitalgesellschaftsanteilen** war bis 31.12.08 zu 50% abzugsfähig, wenn der Erwerber eine natürliche Person ist (§ 3c Abs. 2 EStG). Bei Halten der Anteile im Privatvermögen besteht seit 1.1.09 Abzugsfähigkeit zu 60% nur bei Option nach § 32d Abs. 2 Nr. 3 EStG (Beteiligung zu mindestens 25% an der der Kapitalgesellschaft oder Beteiligung zu mindestens 1% und für diese beruflich tätig), iÜ ist grds. kein Abzug von Werbungskosten möglich (§ 20 Abs. 4 und Abs. 9 Satz 1 EStG). Bei Anteilen im Betriebsvermögen natürlicher Personen/Personenunternehmen ist seit 1.1.09 Finanzierungsaufwand iRd. Teileinkünfteverfahren zu 60% abzugsfähig (§ 3 Nr. 40, § 3c Abs. 2 EStG). Ist der Erwerber eine Kapitalgesellschaft, so sind Zinsaufwendungen vollumfänglich abzugsfähig. **17b**

Ein weiterer wichtiger Unterschied zwischen dem Erwerb von Einzelwirtschaftsgütern und Kapitalgesellschaftsanteilen ist die steuerliche Behandlung von **Verlusten** im Wert des Kaufgegenstands, die nach dem Erwerb eintreten. Beim Erwerb von **Einzelwirtschaftsgütern** sind Abschreibungen grds. steuerwirksam möglich (Teilwertabschreibungen nach § 6 Abs. 1 Nr. 1 und 2 EStG, Voraussetzung: voraussichtlich dauernde Wertminderung, vgl. dazu auch BFH I R 22/05 v. 14.3.06, BStBl. II 06, 680; BMF v. 25.2.00, BStBl. I 00, 372 ff.). Werden **Kapitalgesellschaftsanteile** erworben, so können Abschreibungen auf den Beteiligungsansatz steuerlich nicht berücksichtigt werden, wenn der Erwerber eine Kapitalgesellschaft ist (ebenso für Gewinnminderungen aus bestimmten Darlehensforderungen sowie aus Inanspruchnahme von Sicherheiten gemäß § 8b Abs. 3 Satz 4 KStG ab VZ 08, vgl. BFH I R 52/08 v. 14.1.09, DStR 09, 631). Eine Berücksichtigung zu 60% erfolgt, wenn der Erwerber eine natürliche Person ist und die Anteile im Betriebsvermögen gehalten werden (vor 1.1.09: 50%; § 3 Nr. 40, § 3c Abs. 2, § 52a Abs. 3 EStG). Bei im Privatvermögen gehaltenen Wirtschaftsgütern scheidet eine Berücksichtigung eines Wertverlustes außerhalb der eventuellen Besteuerung eines späteren Veräußerungsvorgangs und des Rahmens der **17c**

Verlustverrechnungsbeschränkungen aus (§ 17 Abs. 2 Satz 6, § 3c Abs. 2; § 20 Abs. 6, § 52a Abs. 10 Satz 1 EStG). Schließlich sind bei Erwerb von Kapitalgesellschaftsanteilen von weniger als 10% durch Kapitalgesellschaften alle ab dem 1.3.13 erfolgten Ausschüttungen (sog. Streubesitzdividende) voll steuerpflichtig (§ 8b Abs. 4 KStG idF des Gesetzes zur Umsetzung des EuGH-Urteils vom 20.10.11 in der Rechtssache C-284/09 v. 21.3.13, BGBl. I 13, 561).

cc) Verkehrssteuern

18 Der Erwerb von **Gesellschaftsanteilen** ist verkehrsteuerlich regelmäßig günstiger als der Erwerb von Einzelwirtschaftsgütern. Bei Existenz von inländischen Grundstücken kommt es zum Anfall von **Grunderwerbsteuer** ab 95% oder bei „Anteilsvereinigung" (Personen- und Kapitalgesellschaft, § 1 Abs. 3 GrEStG). Bei Personengesellschaften unterliegt jeder Gesellschafterwechsel der Grunderwerbsteuer, wenn innerhalb von fünf Jahren mindestens 95% der Anteile auf neue Gesellschafter übergehen (§ 1 Abs. 2a GrEStG). Bestimmte Umstrukturierungen im Konzern sind nicht steuerbar (§ 6a GrEStG).

19 Die Veräußerung der **Einzelwirtschaftsgüter** unterliegt ggf. der Grunderwerbsteuer (inländische Grundstücke), iÜ der **Umsatzsteuer**. Jedoch unterliegt die Geschäftsveräußerung im Ganzen nicht der Umsatzsteuer (§ 1 Abs. 1a UStG; vgl. BFH V R 14/05 v. 23.8.07, BFH/NV 08, 316; V R 45/02 v. 24.2.05, BStBl. II 07, 61; V R 53/02 v. 18.1.05, BStBl. II 07, 730; BFH V R 21/07 v. 18.9.08, BStBl. II 09, 254; zum weiten Begriff des Unternehmens im UStG vgl. BFH VII R 86/92 v. 11.5.93, BStBl. II 93, 700 zu § 75 AO). Der Unternehmenserwerber tritt in die Vorsteuer-Korrektur-Position des Veräußerers ein (für dessen Vorsteuern innerhalb dessen Fristen). Das ist für den Erwerber dennoch günstiger als die Umsatzsteuer auf den Erwerb (kleinere Beträge, kürzere Restfristen für Berichtigung); vgl. *Holzapfel/Pöllath* aaO Rz. 911; zum Verfahren *Amann* UR 98, 285. Eine evtl. Umsatzsteuer ist nicht nur eine Liquiditätsbelastung (zur Verrechnung mit dem Vorsteuererstattungsanspruch des Erwerbers vgl. BFH V R 8/81 v. 24.3.83, BB 83, 1518; Abtretung nur bei Anzeige auf Formblatt wirksam, § 46 AO, vgl. dazu iE *Holzapfel/Pöllath* aaO, Rz. 920ff.), sondern setzt den Veräußerer (bei Verrechnung mit Vorsteuer eventuell auch den Erwerber; ebenso wegen § 75 AO, BFH V R 50/74 v. 6.10.77, BStBl. II 78, 241) zusätzlichen Steuerrisiken aus, zB durch eine nachträgliche Korrektur der Verteilung eines Gesamtkaufpreises auf steuerpflichtige Einzelwirtschaftsgüter. Wenn der Erwerber voll vorsteuerberechtigt ist, hat der Veräußerer deshalb jedenfalls früher möglichst weitgehend für die Steuerpflicht optiert, um die Auswirkungen späterer Korrekturen einer Verteilung auf die Einzelwirtschaftsgüter umsatzsteuerlich möglichst zu neutralisieren. Bei fehlerhaftem Ausweis der Umsatzsteuer ist diese abzuführen, obwohl sie beim Erwerber nicht zum Vorsteuerabzug berechtigt. Daher ist eine berichtigte Rechnungsstellung erforderlich. IÜ entspricht dem Anfall von Umsatzsteuer grundsätzlich die Berechtigung zum Vorsteuerabzug. Einschränkungen ergeben sich bei Erwerbern mit steuerfreien eigenen Umsätzen. Zur Annahme der Unternehmereigenschaft bereits bei (auch erfolglosen) Vorbereitungshandlungen vgl. UStAE 2.6. Holdinggesellschaften sind grundsätzlich mangels Unternehmereigenschaft nicht zum Vorsteuerabzug berechtigt (vgl. UStAE 2.3 Abs. 3; BMF v. 26.1.07, BStBl. I 07, 211; *Holzapfel/Pöllath* aaO, Rz. 919; zur Zuordnung von Transaktionskosten zu steuerfreien Beteiligungsveräußerungen bei iÜ umsatzsteuerpflichtigen Unternehmern vgl. BFH V R 38/09 v. 27.1.11, BFH/NV 11, 727; BFH V R 40/10 v. 9.2.12, DStR 12, 518 zum Vorsteuerabzug einer Holding bei Erbringung von Konzerndienstleistungen).

d) Kartellrecht

20 Unternehmenskäufe unterliegen uU der **Zusammenschlusskontrolle** nach dem GWB (vorbehaltlich EU-Recht, Rz. 24): ab € 500 Mio. Weltumsatz aller Beteiligten

und € 25 Mio. Inlandsumsatz eines Beteiligten und ein weiteres beteiligtes Unternehmen im Inland Umsatzerlöse von mehr als € 5 Mio. erzielt hat (§ 35 Abs. 1 Nr. 2 GWB) (außer Bagatellfälle: zB Nicht-Medien-Unternehmen mit weltweiten Umsatzerlösen von weniger als € 10 Mio. und Marktvolumen unter € 15 Mio.; § 35 Abs. 2 GWB)., Vgl. Merkblatt des Bundeskartellamts Stand Juli 2005, in Überarbeitung (www.bundeskartellamt.de).

Die **materielle** Zusammenschlusskontrolle betrifft die Möglichkeit einer Untersagung des Zusammenschlusses wegen Marktbeherrschung (fehlender wesentlicher Wettbewerb oder überragende Marktstellung, vgl. § 19 GWB, auch zur Vermutung von Marktbeherrschung). Die Untersagungsmöglichkeit ist verfristet einen Monat nach Anmeldung des Zusammenschlussvorhabens, wenn das Bundeskartellamt nicht den Eintritt in die Prüfung mitgeteilt hat, sonst vier Monate nach der Anmeldung vorbehaltlich einvernehmlicher Fristverlängerung (§ 40 GWB). **21**

Kontrollpflichtige (Rz. 20) Zusammenschlüsse sind im Voraus **anzumelden;** der Vollzug vor Verfristung der Untersagungsmöglichkeit ist verboten (Ordnungswidrigkeit) und zivilrechtlich schwebend unwirksam. **22**

Von der Fusionskontrolle zu unterscheiden ist die kartellrechtliche Nichtigkeit einzelner Absprachen, zB eines **Wettbewerbsverbots** (§ 1 GWB); s. Rz. 47. **23**

Vorrang vor der deutschen Fusionskontrolle hat die Fusionskontrolle nach **europäischem** Gemeinschaftsrecht (vgl. Art. 101 ff. AEUV; EU-FusionskontrollVO 139/2004; *Bartosch* BB 01, 2013; *Drauz/Schroeder* Praxis der EU-Fusionskontrolle, 3. Aufl. 1995; *Hirsbrunner* EuZW 98, 69, 613; *Montag* Grundzüge M & A Review 01, 242; zur Entscheidungspraxis der Kommission: EC Merger Control Reporter, Loseblattsammlung; *Bechtold/Bosch/Brinker/Hirsbrunner*, EG-Kartellrecht, 2009; *Wiedemann*, Handbuch des Kartellrechts, 2008). Die VO erfasst Zusammenschlüsse (= Erwerbskontrolle) von gemeinschaftsweiter Bedeutung. Die EU-Kommission legt den Begriff „Kontrolle" weit aus (bei Sonderregeln auch unter 50%). Gemeinschaftsweite Bedeutung hat ein Zusammenschluss, wenn alle Beteiligten weltweit mehr als € 5 Mrd. Umsatz haben und zwei Beteiligte mindestens jeweils mehr als € 250 Mio. innerhalb der EU. Gemeinschaftsweit bedeutend ist ein Zusammenschluss auch bei (kumulativ) € 2,5 Mrd. Weltumsatz aller Beteiligten, mehr je als € 100 Mio. EU-Umsatz von zwei Beteiligten, mehr als € 100 Mio. Umsatz aller Beteiligten in je drei EU-Mitgliedstaaten und davon mehr als € 25 Mio. Umsatz zweier Beteiligter in je drei solchen (!) EU-Mitgliedstaaten. Gemeinschaftsweite Bedeutung liegt nicht vor, wenn die beteiligten Unternehmen jeweils 2/3 ihres EU-Umsatzes in einem einzigen Mitgliedstaat erzielen. Materiell gemeinschaftswidrig sind Zusammenschlüsse, durch die wirksamer Wettbewerb im gemeinsamen Markt oder in einem wesentlichen Teil davon erheblich behindert würde, insbesondere indem sie eine beherrschende Stellung begründen oder verstärken. Die maßgeblichen Kriterien sind wettbewerbsrechtlicher Natur. Mit dem gemeinsamen Markt vereinbar sind Zusammenschlüsse, wenn der Marktanteil der beteiligten Unternehmen im gemeinsamen Markt oder in einem wesentlichen Teil 25% nicht überschreitet. **24**

Zusammenschlüsse mit **gemeinschaftsweiter Bedeutung** sind nach Vertragsabschluss (Möglichkeit der Anmeldung auch davor, zB bei Vorliegen einer Absichtserklärung), der Veröffentlichung des Kauf- oder Tauschangebots oder des Erwerbs einer die Kontrolle begründenden Beteiligung **bei der EU-Kommission anzumelden** (mit Formblatt). Sie dürfen nicht vollzogen werden, bis die Kommission entschieden (grds. 25 Arbeitstage der EU-Kommission + 4 Monate) oder vom Vollzugsverbot befreit hat. **24a**

Die Zusammenschlusskontrolle nach der EU-FusionskontrollVO verdrängt die nach dem nationalen Recht eines EU-Staates (vorbehaltlich Verweisung, Art. 9 EU-FusionskontrollVO). Ferner gibt es mittlerweile in vielen Staaten nationale Fusionskontrollvorschriften, so zB in allen EU-Mitgliedstaaten mit Ausnahme von Luxemburg. Diese sind zu beachten, soweit die EU-FusionskontrollVO nicht eingreift. Daneben bestehen auch außereuropäische Zusammenschlusskontrollvorschriften (vgl. zB USA, Korea, China).

25 Daneben können innerdeutsche Erwerbe auch ausländischen Kartellrechten unterliegen, insbesondere, wenn es sich um den Erwerb größerer und international tätiger Unternehmen handelt (vgl. *Holzapfel/Pöllath*, aaO. Rz. 124).

e) Investitionskontrolle

26 Seit Inkrafttreten der Novelle des AWG v. 24.4.09 (BGBl. I 09, 1150) zuletzt neu gefasst durch Art. 1 des Gesetzes zur Modernisierung des Außenwirtschaftsrechts v. 6.6.13 (BGBl. I 13, 1482) besteht eine **generelle Investitionskontrolle** gegenüber ausländischen Investoren (§ 55 AWV i.V.m. § 5 Abs. 2 AWG). Das Kontrollrecht beschränkt sich nicht auf bestimmte Branchen, sondern erfasst grundsätzlich jeden Erwerb eines deutschen Unternehmens oder einer 25%-Beteiligung an einem deutschen Unternehmen durch **nicht in der EU/EFTA** (Norwegen, Island, Schweiz, Liechtenstein) ansässige Investoren durch das Bundeswirtschaftsministerium, wenn hierdurch die öffentliche Sicherheit oder Ordnung gefährdet wird.

Es besteht zwar **keine Meldepflicht** durch den Erwerber, allerdings kann durch Beantragung einer **Unbedenklichkeitsbescheinigung** Rechtssicherheit geschaffen werden (§ 58 AWV). Diese gilt nach einem Monat als erteilt, wenn bis dahin kein Prüfungsverfahren eröffnet wird. **Ohne Beantragung** einer Unbedenklichkeitsbescheinigung besteht das Recht, innerhalb von **drei Monaten** nach Abschluss des Kaufvertrags eine Prüfung des Erwerbs einzuleiten, über die innerhalb von weiteren zwei Monaten nach Einreichung der angeforderten Unterlagen zu entscheiden ist.

27–30 *(frei)*

2. Einzelerläuterungen

Zu § 1: Unternehmen

31 Die Beschreibung des Unternehmens als wirtschaftlicher Gegenstand des Vertrages ist juristisch uU entbehrlich. Sie erleichtert das Verständnis, kann aber auch unerwartete **Risiken** begründen, so zB Haftungsrisiken für den Veräußerer (hier ausdrückliche Gewährleistung gemäß § 7 Abs. 1 Buchst. h).

Zu § 2: Einzelwirtschaftsgüter

32 Im Interesse des Erwerbers ist hier die Aufzählung der verkauften Aktiva beispielhaft, die der zu übernehmenden Passiva abschließend. Für die möglichst eingehende Auflistung und Bezeichnung eignen sich **Anlagen** zum Vertrag. Sie sind rechtzeitig zu erstellen, möglichst schon zu Beginn der Vertragsverhandlungen, und vom Erwerber rechtzeitig zu prüfen. Unmittelbar vor Vertragsschluss sollten sie auf einen möglichst nahe am Zeitpunkt des Vertragsschlusses liegenden Stichtag fortgeschrieben werden.

Zu § 3: Kaufpreis

33 Üblicherweise wird der Kaufpreis bei Vollzug („closing"; vgl. *Holzapfel/Pöllath* aaO Rz. 57ff.) fällig. Hier ist eine Anzahlung kurz nach Vertragsschluss fällig. Zu variablen Kaufpreisklauseln *von Braunschweig* DB 02, 1815ff.; *Witte/Mehrbrey* NZG 06, 241ff. Die **Umsatzsteuer** (Rz. 19) beim Verkauf von Einzelwirtschaftsgütern fällt auf die Summe von Barkaufpreis und übernommenen Verbindlichkeiten an, kann sich also in ihrer Höhe bei einer späteren Betriebsprüfung ohne weiteres erheblich ändern. **Keine Umsatzsteuer** fällt bei Geschäftsveräußerung im Ganzen an. Die Erhöhung des Kaufpreises um eine evtl. Mehrwertsteuer ist ausdrücklich zu vereinbaren; vgl. BGH VIII ZR 34/76 v. 14.12.77, DB 78, 786. Die Formulierungen „einschließlich Mehrwertsteuer" und „zuzüglich Mehrwertsteuer" sind rechnerisch äquivalent, unterscheiden sich im Ergebnis aber vor allem dann, wenn und soweit die Steuer nicht anfällt (Wegfall der Geschäftsgrundlage bei gemeinsamem Irrtum, OLG Düsseldorf 8 U 4/89

v. 5.10.89, DB 90, 39). Bei Abschlagszahlungen sollte der Vertrag die Mehrwertsteuer schon mit den Abschlagszahlungen anfallen lassen; vgl. BFH V R 91/80 v. 10.11.83, HFR 84, 118 mit Anm.

Bei Veräußerung gegen Raten hat der Veräußerer im Zeitpunkt der Gewinnverwirklichung (regelmäßig: Übergang des wirtschaftlichen Eigentums) den Barwert der künftigen Raten sofort zu versteuern und den Zinsanteil in den künftigen Raten später (diesen ggf. als Einkünfte aus Kapitalvermögen). Anders bei Ratenzahlung über mehr als zehn Jahre und Vorliegen von Versorgungsbezügen (vgl. EStH 16 Abs. 11 „Ratenzahlungen"). Bei Veräußerung gegen wiederkehrende Bezüge hat der Veräußerer ein Wahlrecht zwischen Sofortversteuerung des Barwertes und laufender Versteuerung der wiederkehrenden Bezüge (vgl. EStR 16 Abs. 11; BFH III B 15/88 v. 21.12.88, BStBl. II 89, 409). Dies gilt jedoch nicht bei Vereinbarung eines gewinn- oder umsatzabhängigen Kaufpreises (zwingend laufende Besteuerung, vgl. BFH VIII R 8/01 v. 14.5.02, BStBl. II 02, 532; EStH 16 Abs. 11). Der Erwerber hat stets den Barwert zu passivieren (zu umsatz- und gewinnabhängigen wiederkehrenden Bezügen vgl. *Schmidt/Wacker* EStG § 16 Rz. 235). Bei gemischtem Verkauf gegen wiederkehrende Bezüge und festes Entgelt beschränkt sich das Wahlrecht auf die wiederkehrenden Bezüge.

Die Kaufpreisforderung des Veräußerers stellt ggf. nach der Betriebsveräußerung steuerliches Privatvermögen dar. Trotzdem ist auch der nachträgliche Ausfall der Forderung steuerlich zu berücksichtigen (BFH GrS 2/92 v. 19.7.93, BStBl. II 93, 897; EStH 16 Abs. 10; FinMin NRW v. 1.3.94, FR 94, 375 zu § 17 EStG; zur nachträglichen Erhöhung FG München 1 V 859/93 v. 9.12.1993, EFG 1994, 383; keine Rückwirkung des Forderungsausfalls für ErbSt, BFH II R 46/98 v. 18.10.00, BFH/NV 2001, 420; keine rückwirkende Vereinbarung).

Soweit der Kaufpreis zum Teil oder ganz gestundet wird, kann bei natürlichen Personen als Erwerber ein Widerrufsrecht wie bei einem Verbraucher (§§ 355ff., 491, 495, 512 BGB) bestehen.

Zu § 4: Eigentumsübergang

Das Eigentum geht üblicherweise mit Entrichtung des Kaufpreises über (zur hier vorgezogenen Abschlagszahlung vgl. § 3). Davon abweichend kann der Vertrag einen Abrechnungsstichtag im Innenverhältnis zwischen den Parteien festlegen. S. auch Rz. 38. **34**

Zu Abs. 1: Übergabe. Zum Eigentumsübergang gehört neben der genauen Bezeichnung der übergehenden Sachen und Rechte (mindestens Bestimmbarkeit, hier durch Verweis auf § 2) auch die körperliche Übergabe (§ 929 BGB; oder ihr Ersatz, vgl. §§ 930, 931 BGB). **35**

Zu Abs. 2: Zustimmung Dritter. Der Vertrag sollte regeln, wer in welcher Weise die Zustimmung Dritter, zB zum Übergang von Verträgen (Lieferanten, Kunden, andere) einzuholen hat und welche Rechtsfolgen das Ausbleiben einer Zustimmung haben soll (zB Schadenersatz). **36**

Zu § 5: Arbeitnehmer

Beim Übergang eines Betriebs gehen zwingend die Arbeitsverhältnisse auf den Erwerber über, wenn nicht der Arbeitnehmer dem Übergang widerspricht (§ 613a Abs. 6 BGB, vgl. *Bauer* in *Hölters* (Hrsg.) Handbuch des Unternehmens- und Beteiligungskaufs, Teil VIII; *Holzapfel/Pollath* aaO Rz. 808ff.); Die Widerspruchsfrist beträgt einen Monat nach Zugang der Unterrichtung nach Abs. 5 (§ 613a Abs. 6 BGB). § 613a BGB erfasst nur Arbeitsverhältnisse. Das Anstellungsverhältnis eines Geschäftsführers geht nicht nach § 613a BGB über (BAG 8 AZR 654/01 v. 13.2.03, DB 03, 942ff.). Nach § 613a Abs. 5 BGB sind der bisherige Arbeitgeber und der neue Inhaber **37** verpflichtet, die von einem Übergang betroffenen Arbeitnehmer vor dem Übergang in Textform (§ 126b BGB) über Zeitpunkt, Grund und Folgen des Übergangs sowie der hinsichtlich der Arbeitnehmer geplanten Maßnahmen zu unterrichten (vgl. *Holzapfel/Pöllath* aaO Rz. 832, auch zu Rechtsfolgen unvollständiger oder unrichtiger Unterrichtung). Da die geplanten Maßnahmen dem Erwerber besser bekannt sind, kann im Vertrag festgelegt werden, dass er zur Unterrichtung der Arbeitnehmer verpflichtet ist. Häufig werden sich die Parteien auf eine gemeinsame Mitteilung verständigen. Ein widersprechender Arbeitnehmer setzt sich der betriebsbedingten Kündigung durch den Veräußerer aus (zur Sozialauswahl vgl. BAG 2 AZR 449/91 v. 7.4.93, DB 93, 1877; BAG 2 AZR 419/97 v. 17.9.98, NZA 99, 258; *Gaul/Bonanni* NZA 06, 289; *Thüsing* RdA 05, 12; zum Verlust von Abfindungsansprüchen bei Widerspruch vgl. BAG 8 AZR 416/99 v. 25.5.00, DB 00, 1966; *Altenburg/Leister* NZA 05, 15ff.). Unabhängig von diesen zwingenden Vorschriften im Außenverhältnis sollte der Vertrag im Innenverhältnis regeln, welche Arbeitsverhältnisse auf den Erwerber übergehen sollen oder müssen und welche Rechtsfolgen wiederum ein Nichtübergehen (oder vertragswidriges Übergehen) hat. Bei internationalen Verflechtungen ist die Kollisionsnorm des Art. 8 VO 593/2008/EG (Rom I-VO) anwendbar. Auf einen Kauf von Gesellschaftsanteilen ist § 613a BGB nicht anwendbar (BAG 2 AZR 39/90 v. 12.7.90, ZIP 90, 1609), jedenfalls solange der Rechtsträger des Betriebes erhalten bleibt.

Im vorliegenden Vertrag ist für den Erwerber die Übernahme der Arbeitsverhältnisse der leitenden Mitarbeiter ein so wichtiger Aspekt, dass er sich hierfür ein Rücktrittsrecht einräumen lässt. Neben solchen spefizischen Rücktrittsrechten wird regelmäßig noch eine sog. MAC-Klausel (material adverse change) vereinbart, die im Fall einer solchen negativen Entwicklung ein Rücktrittsrecht gewährt (vgl. *Holzapfel/Pöllath,* aaO. Rz. 733). Angesichts der relativen Überschaubarkeit des vorliegenden Unternehmenskaufs wurde hiervon abgesehen.

Zu § 6: Abrechnung

38 Gerade beim Übergang eines Betriebes hat der Vertrag zu regeln, wie die Ergebnisse von Geschäften vor und nach dem Übernahmestichtag voneinander abzugrenzen und zwischen den Parteien abzurechnen sind. Zum Unterschied zwischen **Abrechnungsbilanz** und **Kaufpreisbilanz** vgl. *v. Hoyenberg,* Münchener Vertragshandbuch, Bd. 2 Rz. IV. 3,4 71ff.; zur Unterscheidung zwischen Kaufpreisbilanz und Bilanzgarantie (Gewährleistung für eine Bilanz) vgl. *Holzapfel/Pöllath* aaO Rz. 678, 712ff., 871ff. Zur Abgrenzung und zum Zeitpunkt der Gewinnverwirklichung empfiehlt sich eine klare Zeitangabe im Vertrag; maßgebend ist allerdings die tatsächliche Erfüllung. Ohne klare Regelung sind die Begleitumstände entscheidend; vgl. BFH VIII R 7/90 v. 22.9.92, BB 93, 777; BFH IV R 47/73 v. 2.5.74, BStBl. II 74, 707; FG Berlin VIII 491/85 v. 23.3.87, EFG 87, 505; FG Köln XII 283/78 v. 28.4.81, EFG 82, 80; BFH II R 109/89 v. 9.9.92, BStBl. II 93, 653. Zum Realisierungszeitpunkt (regelmäßig: Übergang des wirtschaftlichen Eigentums) vgl. BFH IV R 113/81 v. 30.6.83, BStBl. II 83, 640, 642; BFH IV R 226/85 v. 10.3.88, BStBl. II 88, 832; BFH III R 70/87 v. 2.3.90, DB 90, 2044 (Aufschub durch nachlaufende Pflichten des Veräußerers); FG München VI 178/77 v. 11.5.89, EFG 90, 22 (Teilanteile); FG BaWü 12 K 206/91 v. 6.5.92, EFG 92, 583 (Grundstücke). Zu steuerlichem Rückwirkungsverbot und Gestaltungsmöglichkeiten vgl. *Holzapfel/Pöllath* aaO Rz. 77ff. Bei Abtretung im Kaufvertrag unter aufschiebender Bedingung kann eine Gewinnrealisierung schon mit Vertragsschluss möglich sein, wenn der Bedingungseintritt allein vom Willen des Erwerbers abhängt (BFH IV R 3/07 v. 25.6.09, BStBl. II 10, 182).

Zu § 7: Haftung des Veräußerers

39 Da die kaufrechtlichen Vorschriften auch auf den Verkauf „sonstiger Rechte" anwendbar sind, gilt das Kaufrecht ausdrücklich für alle handelbaren Wirtschaftsgüter

und damit auch für den Kauf eines Unternehmens (vgl. *Hilgard* BB 04, 1233; *Holzapfel/Pöllath* aaO Rz. 609 ff. mwN; *Jagersberger* Die Haftung des Verkäufers beim Unternehmens- und Anteilskauf, 2006; *Schmitz* RNotZ 06, 561).

Dennoch muss der Vertrag die Gewährleistung und sonstige Haftung des Veräußerers eingehend regeln. Die gesetzlichen Gewährleistungsregelungen sind für einen Unternehmenskauf weiterhin wenig geeignet, da der käuferfreundliche Inhalt selten dem Bedürfnis nach Interessenausgleich und den Besonderheiten jedes Unternehmenskaufs gerecht wird. Es entspricht idR den Interessen von Veräußerer und Erwerber, den Unternehmenskauf nicht rückabzuwickeln und die Rechtsfolgen bei Nichtvorliegen vereinbarter Umstände auf Schadensersatz zu beschränken. Daher wird ein eigenständiges Regelwerk von Voraussetzungen und Rechtsfolgen geschaffen. Die gesetzliche Rechts- und Sachmängelhaftung ist zudem unsicher und genügt nicht. So ist eine Kaufsache mangels vereinbarter Beschaffenheit mangelfrei, wenn sie sich für die nach dem Vertrag vorausgesetzte Verwendung eignet. Dafür können sogar gänzlich außerhalb der Kaufsache liegende Umstände maßgeblich sein. Nach § 434 Abs. 1 Satz 3 BGB gehören zur üblichen Beschaffenheit zudem auch Eigenschaften, die der Käufer nach öffentlichen Äußerungen des Verkäufers erwarten kann. Welche Beschaffenheit üblich ist und vom Käufer erwartet werden kann, ist oft unklar und begründet Unsicherheiten. Da selbst vermeintlich unverbindliche Äußerungen des Verkäufers die Erwartungen des Käufers gestalten können, ist zumindest aus Sicht des Verkäufers in der Regel eine vertragliche Beschränkung seiner Einstandspflicht auf bestimmte Sachverhalte geboten (vgl. *Holzapfel/Pöllath* aaO Rz. 622).

Durch eine selbstständige Garantie kann die sinnvolle **Verschuldensunabhängigkeit der Haftung** (§ 276 Abs. 1 Satz 1 BGB) vereinbart werden. Die Übernahme einer selbstständigen Haftungsvereinbarung durch den Veräußerer bedarf wegen der mit ihr verbundenen weit reichenden Rechtsfolgen stets der ausdrücklichen und eindeutigen Vereinbarung. Worte wie „Versicherung“ oder „garantieren“ beinhalten nicht notwendig ein Garantieversprechen (vgl. *Holzapfel/Pöllath* aaO Rz. 641; OLG München 12 U 1738, 1739/65 v. 14.11.66, NJW 67, 1326). Der Hinweis auf § 311 BGB stellt klar, dass es sich wirklich um ein selbstständiges Regelwerk von Voraussetzungen und Rechtsfolgen handelt, das sich von den gesetzlichen Vorschriften des Kaufrechts löst. Die Vereinbarung der Rechtsfolgen in Form einer selbstständigen Haftungsvereinbarung konnte zwar grds. gem. § 444 BGB zur Unwirksamkeit der vertraglichen Beschränkung der Rechtsfolgen führen. Dies gilt jedoch nach Änderung des § 444 BGB aus dem Jahre 2004, mit der das Wort „wenn“ durch „soweit“ ersetzt wurde, nur noch, wenn sich die Rechtsfolgenregelung in Widerspruch zum konkret vereinbarten Garantieinhalt setzt. Dadurch entfällt die zur bisherigen Rechtslage bestehende Unsicherheit, ob § 444 BGB die Beschränkung der Gewährleistungsrechte – etwa im Hinblick auf Mindest- oder Höchstbeträge für Schadenersatzansprüche oder den Anschluss des Rücktrittsrechts – zulässt (vgl. *Holzapfel/Pöllath* aaO Rz. 676) 39a

Zu Abs. 1: Garantie. Der Garantiekatalog im Text ist eher kürzer als üblich. 40

Zu Abs. 2: Schadensersatz. Bei den Rechtsfolgen werden oft die im Kaufrecht vorgesehenen Rechtsfolgen (Nacherfüllung, Rücktritt, Kaufpreisminderung und Schadensersatz oder Aufwendungsersatz, § 437 BGB) ausgeschlossen, zumindest soweit eine Rückabwicklung des Vertrages möglich ist (vgl. *Holzapfel/Pöllath* aaO Rz. 653, 707 ff.). Denn eine Rückabwicklung erweist sich in der Regel als unpraktikabel und die gesetzlichen Gewährleistungsrechte der Kaufpreisminderung und Schadensersatz können grds. nur nach Unmöglichkeit, Fehlschlagen oder Verweigerung der Nacherfüllung geltend gemacht werden (§ 437 BGB). Die hier eingeräumte Rücktrittsmöglichkeit, wenn die Begrenzung des Schadenersatzes auf die Höhe des Kaufpreises eingreift, schützt den Erwerber nur bedingt. Die Höhe der Selbstbehalte je verletzte Haftungsvereinbarung und insgesamt sollte im Einzelfall entschieden werden. Bei höheren Kaufpreisen sind Werte im Promillebereich oder insgesamt bis 1% üblich 41 (auch als Freigrenze oder modifiziert). Doch ist zu beachten, dass der Gesamtkaufpreis weit über den Barkaufpreis hinausgehen kann (s. Rz. 33).

42 **Zu Abs. 3: Frist.** Der Vertrag verlängert die gesetzliche Gewährleistungsfrist von zwei Jahren für Ansprüche im Zusammenhang mit Steuern und Sozialversicherungsbeiträgen (§ 438 Abs. 1 BGB; Verschulden bei Vertragsschluss drei Jahre, § 195 BGB; beachte jedoch den unterschiedlichen Beginn der Verjährung, §§ 199 und 438 BGB). Zur Verjährungsregelung vgl. *Wunderlich* WM 02, 981, 988; *Weigl* DNotZ 05, 246ff. Regelmäßig sollte der Erwerber wenigstens bis kurz nach Vorlage des zweiten, auf den Kauf folgenden Jahresabschlusses Zeit zur Prüfung und Geltendmachung von Ansprüchen gegen den Veräußerer haben. Vgl. *Holzapfel/Pöllath* aaO Rz. 728ff.

43 **Zu Abs. 4: Haftungsausschluss.** Der Vertrag sollte einerseits die vom Veräußerer zu garantierenden Umstände iE genau bezeichnen und andererseits jede weitergehende Haftung des Veräußerers, gleich aus welchem Rechtsgrund (zB auch aus Geschäftsführung) ausschließen; zur Geschäftsführerhaftung vgl. *Lutter* GmbHR 00, 301. Insbesondere gesetzliche Gewährleistungsansprüche sollten ausgeschlossen werden. Dies ist beim Unternehmenskauf möglich, da hier die gesetzlichen Gewährleistungsbestimmungen disponibel sind (anders beim Verbrauchsgüterkauf). Von darüber hinausgehenden Ansprüchen Dritter (auch zB verbundener Unternehmen des Erwerbers) wird der Veräußerer eine Freistellung anstreben, aber keineswegs immer erhalten (da dies für den Freistellenden schwer überschaubar sind).

Zu Vereinbarung von sog. MAC-Klauseln (material adverse change) im Fall von erheblichen nachteiligen Veränderungen vgl. Rz. 37.

Zu § 8: Erwerberhaftung

44 Bestimmung und Beschränkung der Haftung des Erwerbers für Verbindlichkeiten des Veräußerers und die Rechtsfolgen (zB Freistellung) sind einer der wesentlichen Bestandteile gerade eines Kaufvertrages über Einzelwirtschaftsgüter. Zu den verschiedenen Haftungsgrundlagen des Erwerbers vgl. *Holzapfel/Pöllath* aaO Rz. 753ff. Der hier vorgeschlagene Wegfall der vorgeschlagenen Freistellungspflicht bei Verletzung einer Obliegenheit ist für den Freizustellenden hart. Eine Übernahme von Verbindlichkeiten gemäß § 25 HGB entfällt mangels Firmenfortführung (vgl. § 2 Buchst. a letzter Fall des Formulars).

Zu beachten sind ggf. auch spezielle Haftungstatbestände wie die **Rückforderung von Beihilfen**, die Haftung für **Wettbewerbsverstöße** und für **Umwelt-Altlasten** (vgl. B. 21.06 Rz. 22ff.).

Zu § 9 Steuerfreistellung

45 Die Steuerklausel dient der Abgrenzung der steuerlichen Verantwortlichkeit zwischen Veräußerer und Erwerber. Beim Erwerb von Einzelwirtschaftsgütern können die Regelungen im Vergleich zum Erwerb von Gesellschaftsanteilen relativ einfach gehalten werden, da die Haftung des Erwerbers nur für einen begrenzten Zeitraum und auf Betriebssteuern beschränkt ist. Wichtig sind die Regelungen zu den Informations- und Mitwirkungspflichten.

Der Erwerber eines Unternehmens im Ganzen (oder eines gesondert geführten Betriebs) **haftet** mit beschränkt auf das übernommene Vermögen für **betriebliche Steuern und Steuerabzugsbeträge** (§ 75 AO), die seit dem Beginn des letzten, vor der Übereignung liegenden Kalenderjahres entstanden sind und bis zum Ablauf von einem Jahr nach Anmeldung des Betriebs durch den Erwerber festgesetzt oder angemeldet werden (vgl. *Holzapfel/Pöllath* aaO Rz. 778ff.; allgemein zu Steuerklauseln *Stümper/Walter* GmbHR 08, 31; *Hülsmann* DStR 08, 2402; *Carlé/Demuth* KÖSDI 08, 15979). Betriebssteuern sind u.a. die Gewerbesteuer und die Umsatzsteuer (einschließlich derjenigen aus der Veräußerung selbst, soweit sie nicht wegen § 1 Abs. 1a UStG nicht steuerbar ist; der Unternehmensbegriff von § 75 AO und § 1 Abs. 1a UStG sind jedoch nicht deckungsgleich). Daneben sind Verbrauchssteuern, die Versicherungssteuer und Steuerabzugsbeträge wie Lohnsteuer, Kapitalertragsteuer sowie im Abzugsverfahren zu erhebende Einkommensteuer bei beschränkt Steuerpflichtigen betroffen. Nicht erfasst sind jedoch **Einkommen- und Körperschaftsteuer des Veräußerers**.

Der Übergang der vorhandenen Betriebsgrundlagen im Wesentlichen ist ausreichend. Zwar muss der Betrieb nicht in vollem Umfang fortgeführt werden, die Identität mit dem bisherigen Betrieb muss jedoch gewahrt werden (BFH VII R 11/01 v. 7.11.02, BStBl. II 03, 226; FG München 14 V 3440/07 v. 15.1.08, BeckRS 2008, 26024613). Nicht erfasst von § 75 AO ist der Erwerb aus der **Insolvenzmasse** (§ 75 Abs. 2 AO).

Das Finanzamt kann eine Haftung auch auf § 25 HGB stützen (BFH VII R 12/79 v. 27.11.79, BStBl. II 80, 258). Es bietet sich an, bei dem für den Veräußerer zuständigen Finanzamt vor Erwerb evtl Steuerrückstände zu erfragen (allerdings ist die Zustimmung des Veräußerers erforderlich, OFD München/Nürnberg v. 23.11.00, AO-Kartei § 30 Abs. 4 Nr. 3 Karte 2). Zudem sollte die Anmeldung durch den Erwerber unverzüglich erfolgen, um den Fristlauf auszulösen.

Auf eine ausdrückliche Regelung zur Korrektur von Umsatzsteuer (§ 15a UStG) wurde vorliegend verzichtet. In anderen Konstellationen, insbesondere beim Erwerb von Grundstücken kann diesem Aspekt jedoch größere Bedeutung zukommen. Ggfs. können Regelungen zur Anrechnung von Steuervorteilen aufgrund von Gegeneffekten sowie Regelungen zur Auswirkungen von zusätzlichen Gewinnen oder Verlusten aufgrund Betriebsprüfungen auf den Kaufpreis getroffen werden.

Zu § 10: Vorvertrag

Wenn es vor dem Vertrag Vorverträge oder andere auch nur möglicherweise rechtsverbindliche Erklärungen oder Absprachen gab, sollte der Vertrag deren Schicksal regeln (regelmäßig Wegfall). Vgl. auch Formular B. 21.03. **45a**

Zu § 11: Kartellrecht

Ein anmeldepflichtiger Vertrag unterliegt der Zusammenschlusskontrolle und einem Vollzugsverbot. Insbesondere letzterem ist durch eine entsprechende Vereinbarung Rechnung zu tragen (andernfalls mindestens Ordnungswidrigkeit). S. Rz. 20ff. **46**

Zu § 12: Mitwirkungspflicht, Wettbewerbsverbot, Vertraulichkeit

Diese gelten regelmäßig auch ohne besondere Vereinbarung (Nebenpflichten zur Überleitung des Unternehmens; vgl. BGH II ZR 308/98 v. 8.5.00, AnwBl 00, 626; *Pöllath* Grundsätze ordnungsgemäßen Unternehmenskaufs aaO). Hier ist deshalb das Wettbewerbsverbot ausdrücklich ausgeschlossen. Ein besonders vereinbartes Wettbewerbsverbot kann kartellrechtswidrig oder sittenwidrig sein (vgl. BGH II ZR 254/85 v. 28.4.86, ZIP 86, 1056 zur vollständigen Nichtigkeit bei Sittenwidrigkeit, § 138 BGB; BGH II ZR 77/00 v. 4.3.02, NZG 02, 475; zum Kartellrecht vgl. *Sedemund* in *Hölters* (Hrsg.) Handbuch des Unternehmens- und Beteiligungskaufs, Teil VII; *Holzapfel/Pöllath* aaO Rz. 947ff.; zu Anmeldung und Negativattest vgl. EU-FusionskontrollVO Nr. 17; zur Besteuerung vgl. BFH VIII R 140/79 v. 21.9.82, BStBl. II 83, 289; BFH IV R 138/80 v. 24.3.83, BStBl. II 84, 233; BFH I R 250/83 v. 20.7.88, BStBl. II 88, 936; BFH XI R 43/94 v. 12.6.96, BStBl. II 96, 516; BFH II R 94/87 v. 24.1.90, BStBl. II 90, 590; BFH IX R 86/95 v. 23.2.99, BFH/NV 99, 1590; BFH IX R 76/99 v. 11.3.03, BFH/NV 03, 1161; zu §§ 22 Nr. 3, 24, 16, 17, 34 EStG; FG Münster VI 2429/76 v. 21.10.80, EFG 81, 279; BFH III R 186/81 v. 29.1.86, BFH/NV 86, 400 zu gegenseitigen Wettbewerbsverboten: Gewinnrealisierung durch Tausch!). Bei Kartellrechtswidrigkeit wird das Wettbewerbsverbot regelmäßig auf seinen wirksamen Umfang reduziert. **47**

Zu § 13: Schiedsklausel

48 Die Wahl zwischen ordentlichem Gericht und Schiedsgericht hängt von zahlreichen, oft subjektiv beeinflussten Beurteilungen ab. Regelmäßig gilt das Schiedsgericht als teurer, aber schneller; letzteres muss schon wegen der Herbeiführung der Vollstreckbarkeit (dazu staatliche Gerichte!, § 1062 Abs. 1 Nr. 4 ZPO) nicht immer gelten (vgl. § 1060, §§ 1062ff. ZPO). Bei Vereinbarung eines Schiedsgerichts ist darauf zu achten, dass alle möglichen Streitigkeiten, auch solche aus anderen Verträgen (zB aus dem Gesellschaftsvertrag), ein und demselben Schiedsverfahren unterliegen (vgl. *Holzapfel/Pöllath* aaO Rz. 147ff.). Der Verweis auf die Deutsche Institution für Schiedsgerichtsbarkeit eV und die von ihr aufgestellten Regeln erübrigt einen gesonderten Schiedsvertrag zwischen den Parteien.

Zu § 14: Kosten

49 Die Kostenverteilung, wie vorgesehen, ist üblich. Oft werden aber die vom Erwerber allgemein zu tragenden Kosten eingeschränkt (zB Kosten der Eigentumsverschaffung und Lastenfreistellung) oder erweitert (zB Übernahme von Beratungskosten des Veräußerers durch den Erwerber, ganz oder zum Teil auch pauschaliert; s. auch Formular B. 21.03). Gesetzlich trägt Erwerbskosten der Erwerber (§ 448 BGB; auch GrESt, hM).

B. 21.02 Gesellschaftsanteile

Gliederung

I. FORMULAR

Formular B. 21.02 Unternehmenskaufvertrag (Gesellschaftsanteile)

UNTERNEHMENSKAUFVERTRAG

zwischen

V, W, und X **– Veräußerer –**

und

E **– Erwerber –**

I. Kauf

§ 1 Unternehmen

Wirtschaftlicher Gegenstand dieses Vertrages sind Verkauf und Übertragung des Unternehmens der Z GmbH (im Folgenden „Z“) durch Verkauf aller Geschäftsanteile

am Stammkapital der Z von V, W und X an E. Das Unternehmen der Z besteht im Vertrieb von EDV-Hardware und in der Entwicklung und im Vertrieb von EDV-Software. Die Geschäftsanteile am Kapital der Z bestehen aus insgesamt fünf Anteilen von je € 100.000.–, € 350.000.–, € 75.000.–, € 75.000.– und € 1.400.000.– (im Folgenden die „Geschäftsanteile").

Nach der im Handelsregister aufgenommenen Gesellschafterliste sind die Verkäufer wie folgt an der Gesellschaft beteiligt:

Gesellschafter	Laufende Nummer der Geschäftsanteile	Anzahl der Geschäfts-anteile (Stück)	Nennbetrag der einzelnen Geschäfts-anteile in €	Summe der Nennbeträge in €
V	[...]	[...]	[...]	[...]
W	[...]	[...]	[...]	[...]
X	[...]	[...]	[...]	[...]
			Summe:	[...]

Ein Widerspruch ist der Liste der Gesellschafter im Handelsregister nicht zugeordnet. Die Geschäftsanteile befinden sich im freien, unbelasteten Eigentum der Veräußerer. Die Satzung der Z hat die Fassung gemäß der Gründungsurkunde vom 17.1.1983 (Anlage 1) und der Kapitalerhöhungen vom 24.8.1991 und vom 30.6.2007 (Anlagen 2 und 3). Es bestehen keinerlei weitere das Gesellschaftsverhältnis berührende Vereinbarungen oder Beschlüsse, insbesondere nicht auf Kapitalerhöhung, Ausscheiden oder Hinzutreten von Gesellschaftern, Einräumung von Unterbeteiligungen, Treuhandschaften, Beteiligungen am Gewinn, Umsatz oder Vermögen der Z, bezüglich der Ausübung von Stimmrechten uä.

§ 2 Geschäftsanteile

Rechtlicher Gegenstand des Verkaufs sind alle Geschäftsanteile einschließlich aller Nebenrechte dazu, insbesondere aller Ansprüche auf vergangenen, laufenden oder künftigen Gewinn, soweit Gewinnausschüttungen nicht spätestens im Jahresabschluss der Z zum 31.12.2013 berücksichtigt sind. Gesellschafterdarlehen und andere nicht gesellschaftsrechtliche Ansprüche werden nicht übertragen.

§ 3 Kaufpreis

(1) Vorläufiger Kaufpreis

Der Kaufpreis beträgt vorläufig [...] (in Worten [...]). Er ist abzüglich des Einbehalts gemäß § 7 am 30.6.2014 (Stichtag) zu entrichten.

(2) Endgültiger Kaufpreis

Der endgültige Kaufpreis ist gleich dem Netto-Reinvermögen der Z gemäß Kaufpreisbilanz (Abs. 5) zum Stichtag.

a) Unterschiedsbetrag

Der Unterschiedsbetrag gegenüber dem vorläufigen Kaufpreis (Unterschiedsbetrag) ist binnen zwei Wochen nach Vorlage der Kaufpreisbilanz fällig. Die Kaufpreisbilanz ist von den Wirtschaftsprüfern der Z, der WP-Gesellschaft, binnen eines Monats nach dem Stichtag zu erstellen, zu testieren und dem Erwerber vorzulegen. Sie gilt als richtig, wenn und soweit der Erwerber ihr nicht binnen eines Monats nach Vorlage schriftlich widerspricht. Der Widerspruch muss substantiiert begründet sein und den Mindest- und den Höchstbetrag des behaupteten Korrekturbetrages (b) beziffern. Im Übrigen ist der Erwerber ausschließlich nach

§ 7 vorzugehen berechtigt. Hat der Erwerber der Abrechnungsbilanz widersprochen, so wird ein Schiedsgutachter berufen, dessen Entscheidung für die Parteien verbindlich ist. Können sich die Parteien nicht innerhalb von zwei Wochen nach Zugang des Widerspruchs beim Veräußerer über die Person des Schiedsgutachters einigen, so wird dieser auf Antrag einer Partei vom Institut der Wirtschaftsprüfer e. V. in Düsseldorf bestimmt. Die Kosten für den Schiedsgutachter werden entsprechend §§ 91, 92 ZPO von den Parteien getragen.

b) Korrekturbetrag

Ein Widerspruch lässt die Zahlbarkeit des Unterschiedsbetrages wie vorstehend unberührt. Ein Korrekturbetrag auf Grund des Widerspruches gilt nach seiner rechtskräftigen Feststellung jedoch als mit dem Unterschiedsbetrag fällig.

(3) Zins

Kaufpreis, Unterschiedsbetrag und Korrekturbetrag sind ab Fälligkeit mit 4 Prozentpunkten über EURIBOR (1 Monat) zu verzinsen.

(4) Nebenfolgen

Sicherstellung kann nicht verlangt werden. Zurückbehaltungsrecht und Aufrechnung sind ausgeschlossen. Der Einbehalt nach § 7 (Abs. 5) bleibt unberührt.

(5) Kaufpreisbilanz

Die Kaufpreisbilanz weist Aktiva und Passiva von Z zu den ertragsteuerlichen Buchwerten nach den Grundsätzen ordnungsgemäßer Buchführung und Bilanzierung unter Wahrung der Bilanzierungs- und Bewertungsstetigkeit aus, soweit nicht in Anlage 1 andere Werte angegeben sind, sowie zzgl. eines Pauschalbetrages von [...] (in Worten [...]). Veränderungen auf Grund späterer steuerlicher Außenprüfungen oder aus anderen Gründen bleiben außer Betracht; § 7 und § 8 bleiben unberührt.

II. Übertragung des Unternehmens (Vollzug)

§ 4 Übergang des Eigentums

Das Eigentum (einschließlich Besitz, Nutzung und Lasten) an den Geschäftsanteilen geht

a) im Innenverhältnis zwischen den Parteien mit Ablauf des Stichtages,

b) im Übrigen mit Entrichtung des vorläufigen Kaufpreises (§ 3 Abs. 1), frühestens aber mit Ablauf des 30.6.2014,

auf den Erwerber über.

§ 5 Mitwirkungspflichten der Veräußerer bis Vollzug

Spätestens bis zum Ablauf von zehn Tagen vor dem Stichtag erteilen die Veräußerer dem Erwerber alle Auskünfte, die zur Überleitung des Unternehmers auf den Erwerber erforderlich sind. Dazu gehört die Vorlage einer von den Geschäftsführern der Z unterschriebenen, soweit möglich auf den Stichtag des Vollzugs aufgestellten

a) Liste aller Abnehmer des Unternehmens, die im letzten abgelaufenen vollen Wirtschaftsjahr Lieferungen und Leistungen von jeweils mindestens [...] abgenommen haben (Summe der Werksabgabepreise vor Abzug von Skonti, Boni ua. ohne MwSt);

b) Liste aller Zulieferer des Unternehmens, die im letzten abgelaufenen vollen Wirtschaftsjahr Lieferungen und Leistungen von jeweils mindestens [...] an das Unternehmen erbracht haben (Summe der Einstandskosten);

c) Liste aller Arbeitnehmer des Unternehmens (einschließlich arbeitnehmerähnlicher Personen, leitender Angestellter uä.), die vertragsgemäß mehr als 20 Stunden wöchentlich für das Unternehmen tätig waren oder eine monatliche Vergütung von mehr als [...] brutto bezogen;

d) Liste aller Patente, Warenzeichen und anderen gewerblichen Schutzrechte, die das Unternehmen innehat oder in Lizenz vergeben hat oder benutzt;

e) Liste allen rechtlich geschützten Know-Hows, das das Unternehmen innehat oder benutzt;

f) Liste aller Handelsvertreter, Eigenhändler oder Vertriebsunternehmen mit einer Laufzeit oder einer Kündigungsfrist von mehr als drei Monaten, die Güter (Lieferungen und Leistungen) des Unternehmens vertreiben.

Die Veräußerer haben dem Erwerber diese Listen nach dem Stand zum Ablauf des Kalenderquartals vor Unterzeichnung dieses Vertrages vorgelegt.

§ 6 Mitwirkungspflichten des Erwerbers bis Vollzug

Spätestens bis zum Ablauf von zehn Tagen vor dem Stichtag mit Wirkung zum Stichtag vereinbart der Erwerber mit der Bank B die Freistellung der Veräußerer von den selbstschuldnerischen Bürgschaften der Veräußerer vom 18.12.2010 für Verbindlichkeiten der Z gegenüber B oder stellt dem Veräußerer entsprechende Sicherheit durch selbstschuldnerische Bürgschaft einer deutschen Großbank oder eines deutschen Kreditinstituts mit öffentlicher Gewährträgerhaftung.

III. Weitere Verpflichtungen der Veräußerer

§ 7 Haftung (Gewährleistung)

(1) Umstände

Die Veräußerer erklären, dass sie dem Erwerber alle von ihm schriftlich gewünschten oder sonst für seine Beurteilung erforderlichen Angaben bezüglich des Unternehmens der Z richtig und vollständig gemacht haben. Der Erwerber verlässt sich bei Abschluss und Vollzug dieses Vertrages auf die Richtigkeit und Vollständigkeit der Angaben in § 1, der Angaben gemäß § 5 und der nachstehend genannten Angaben zum heutigen Tag und zum Stichtag. Die Veräußerer und der Erwerber stellen klar, dass alle Bestimmungen dieses § 7 in Bezug auf die Folgen einer Verletzung der Haftungsvereinbarungen einen integralen Bestandteil der Haftungsvereinbarungen bilden und die Reichweite der jeweiligen Haftungsvereinbarung bzw. den Haftungsumfang abschließend festlegen. Alle Gewährleistungen dieses Vertrages sind keine Garantien bzw. Beschaffenheitsvereinbarungen iSd. §§ 434, 443, 444 BGB und sollen unter keinen Umständen als solche gelten oder ausgelegt werden.

a) Die Jahresabschlüsse 2012 und 2013 und die Gewinn- und Verlustrechnungen 2010 und 2011 sind entsprechend den Grundsätzen ordnungsgemäßer Buchführung und Bilanzierung und unter Wahrung der Bilanzierungs- und Bewertungsstetigkeit erstellt und testiert. Sie geben die Vermögens- bzw. Ertragslage der Gesellschaft zum jeweiligen Abschlusszeitpunkt richtig wieder.

b) Die Ansätze für Umsatz und Ertrag im Budget 2014 sind bis zum Tage vor Unterzeichnung dieses Vertrages ausweislich der Betriebsabrechnungen der Z mindestens erreicht worden.

c) Die Kaufpreisbilanz (§ 3 Abs. 5) ist nach den Grundsätzen ordnungsgemäßer Buchführung und Bilanzierung unter Wahrung der Bilanzierungs- und Bewertungsstetigkeit (vorbehaltlich der ausdrücklichen Festsetzung des § 3 Abs. 5) erstellt und gibt die Vermögenslage der Z richtig wieder. Sie weist ein Reinvermögen der Z zu Nettobuchwerten von mindestens [...] (in Worten [...]) aus.

(2) Rechtsfolgen

Bei jeder Abweichung der tatsächlichen Umstände von den Angaben gemäß Abs. 1 stellen die Veräußerer den Erwerber oder auf Verlangen des Erwerbers die Z so, wie der Erwerber bzw. die Z wirtschaftlich stünde, wenn die Angaben gemäß Abs. 1 zuträfen. Geldansprüche auf Grund dieser Vorschrift entstehen nur, wenn sie im Einzelfall [...] (in Worten [...]) übersteigen oder wenn der Gesamtbetrag [...] (in Worten [...]) übersteigt. Rücktritt ist ausgeschlossen. Jedoch können die Veräußerer den Rücktritt erklären, wenn der Erwerber auf Grund § 7 Geldansprüche von mehr als 20% (zwanzig Prozent) des vorläufigen Kaufpreises (§ 3 Abs. 1) geltend macht. Entsprechendes gilt für den Erwerber, wenn ihm auf Grund von § 7 Geldansprüche von mehr als 20 % (zwanzig Prozent) des vorläufigen Kaufpreises (§ 3 Abs. 1) zustehen. Der Rücktritt kann nur binnen eines Jahres nach dem Stichtag erklärt werden.

(3) Abschließende Regelung

Vorbehaltlich der Regelungen in § 8 (Steuern) sind alle sonstigen Ansprüche des Erwerbers gegen die Veräußerer wegen Gewährleistung, Verschulden vor oder bei Vertragsschluss (§ 311 Abs. 2 und 3, § 241 Abs. 2, § 280 BGB), Garantien, Verletzung von Geschäftsführungs- oder Gesellschafterpflichten und aus jedem anderen, ähnlichen Rechtsgrund im Zusammenhang mit dem Gegenstand dieses § 7 sind ausgeschlossen, soweit sie über die Ansprüche gemäß diesem § 7 hinausgehen. Dies gilt auch zugunsten der früheren Geschäftsführer G und H. Der Erwerber steht dafür ein, dass solche ausgeschlossenen Ansprüche nicht von Z oder deren Tochtergesellschaften erhoben werden.

(4) Ausschlussfrist

Alle Ansprüche gemäß diesem § 7 sind ausgeschlossen, wenn und soweit sie nicht binnen zwei Jahren nach dem Stichtag des Vollzuges schriftlich substantiiert geltend gemacht sind. Jedoch endet die Ausschlussfrist bezüglich Ansprüchen im Zusammenhang mit Steuern und Sozialversicherungsbeträgen nicht vor Ablauf von einem Monat nach Bestandskraft endgültiger Bescheide auf Grund einer diesbezüglichen steuerlichen Außenprüfung bzw. einer Prüfung der Sozialversicherungsbehörden. Geltend gemachte Ansprüche verjähren binnen drei Monaten nach Ablauf der vorstehenden Ausschlussfrist. § 438 BGB und § 377 HGB sind ausgeschlossen.

(5) Einbehalt

Bis zum Ablauf der Ausschlussfrist nach Abs. 4 Satz 1 kann der Erwerber von dem Kaufpreis einen Betrag von [...] (in Worten [...]) einbehalten, danach bis zum Ablauf der Ausschlussfrist gemäß Abs. 4 Satz 2 einen Betrag von [...] (in Worten [...]). Der Erwerber kann nach seiner Wahl Geldansprüche gemäß diesem § 7 mit einbehaltenen Beträgen verrechnen und eine entsprechende Wiederauffüllung des Einbehaltes durch Zahlung der Veräußerer an den Erwerber verlangen. Vorbehaltlich einer solchen Verrechnung sind einbehaltene Beträge mit 4 Prozentpunkten über EURIBOR (1 Monat) zu verzinsen.

(6) Unterstützungspflicht

Bei der begründeten Annahme möglicher Ansprüche nach diesem § 7 (zB auch bei steuerlichen Außenprüfungen oder in Rechtsmittelverfahren) sind Veräußerer und Erwerber verpflichtet, einander bei der Feststellung des zugrundeliegenden Sachverhalts und der Abwehr von Ansprüchen Dritter Auskünfte zu erteilen und in angemessener Weise zu unterstützen. Der Erwerber steht dafür ein, dass auch Z und ihre Tochtergesellschaften diese Auskünfte und Unterstützungen erteilen.

§ 8 Steuern

(1) Steuern im Sinne dieses Vertrages sind alle Steuern, und steuerliche Nebenleistungen im Sinn des § 3 AO, einschließlich Zölle und Sozialversicherungsbeiträge, Beiträge zu Berufsgenossenschaften und Pensionssicherungsvereinen, Investitionszulagen, Investitionszuschüsse oder andere Beihilfen sowie alle entsprechenden Regelungen und Steuern ausländischen Rechts sowie Haftungsverbindlichkeiten für die vorstehend genannten Positionen. Zusätzlich sind Steuerabzugsbeträge, Steuerstra-

fen, Bußgelder für Ordnungswidrigkeiten sowie sonstige öffentliche Abgaben umfasst.

(2) Die Übertragenden erklären gegenüber dem Erwerber in der Form selbständiger Garantieversprechen gemäß § 311 Abs. 1 BGB, dass die folgenden Aussagen zum Zeitpunkt der Beurkundung richtig und zutreffend sind (im Folgenden „Steuergarantien"):

a) Die Z hat für alle Zeiträume vor der Beurkundung alle abzugebenden Steuererklärungen und Anmeldungen sowie alle abzugebenden Erklärungen über Sozialabgaben jeweils pflicht- und ordnungsgemäß erstellt und fristgerecht abgegeben und alle fälligen Steuern, Steuervorauszahlungen, Sozialabgaben und andere öffentlichen Abgaben fristgerecht gezahlt, alle einzubehaltenden Steuern, Sozialabgaben und andere Abgaben einbehalten und diese bei Fälligkeit an den zuständigen Empfänger abgeführt.

b) Bis zur Beurkundung sind keine Einsprüche oder andere steuerliche Rechtsbehelfe der Z anhängig oder drohen nach bestem Wissen der Verkäufer innerhalb von drei (3) Monaten nach Beurkundung anhängig zu werden.

c) Die Z ist nicht und war zu keiner Zeit für steuerliche Zwecke (einschließlich für Zwecke eines Doppelbesteuerungsabkommens) außerhalb ihres Hauptsitzes ansässig. Die Z unterliegt außerhalb ihres Hauptsitzes in keiner anderen Rechtsordnung aufgrund einer Betriebsstätte, einer Niederlassung oder einer Registrierung der Steuer (außer für Zwecke der Umsatzsteuer).

d) Es bestehen keine verbindlichen Auskünfte oder sonstige bindende Vereinbarungen oder tatsächliche Verständigungen zwischen der Z und Steuerbehörden, welche nach dem Stichtag wirksam sind oder werden.

e) Die Z war nicht Teil einer steuerlichen Organschaft oder einer ähnlichen Vereinbarung, aus der Steuerverbindlichkeiten bestehen oder entstehen können.

f) Alle Transaktionen und Vorgänge, die für Steuern relevant sind, wurden von der Z ordnungsgemäß dokumentiert und alle Aufzeichnungen und Buchführungsunterlagen wurden ordnungsgemäß und gemäß den gesetzlichen Bestimmungen erstellt und aufbewahrt.

(3) Die Verkäufer stellen, gesamtschuldnerisch haftend, den Erwerber und/oder, nach Wahl des Erwerbers, die Z frei von

a) allen Aufwendungen, Verlusten, Verbindlichkeiten und Kosten, die aus der Verletzung einer Steuergarantie der Verkäufer nach § 8 Abs. 2 resultieren, soweit solche diese nicht als Verbindlichkeit oder Rückstellung bereits in den Jahresabschlüssen der Z berücksichtigt sind; und

b) allen Steuern, welche die Z für Zeiträume bis einschließlich zum Stichtag betrifft, soweit nicht, (1) die Steuer bereits am oder vor dem Stichtag bezahlt worden ist; oder (2) die Steuer im Jahresabschluss der Z für das Geschäftsjahr 2013 als Verbindlichkeit oder Rückstellung ausgewiesen ist.

(4) Die Verkäufer sind zur Erstattung von Steuern (abzüglich damit verbundener Kosten und Steuern hierauf) durch den Erwerber berechtigt, welche die Z erhät, wenn und soweit diese Steuererstattungen Zeiträume bis einschließlich zum Stichtag betreffen und nicht als Forderungen oder in sonstiger Weise im Jahresabschluss der Z für das Jahr 2013 aktiviert wurden. Der Erwerber wird die Verkäufer unverzüglich über die oben genannten Erstattungen und die Entscheidungen der Finanzbehörden über diese Erstattungen informieren.

(5) Eine Freistellung von Steuern nach § 8 Abs. 3 oder eine Erstattung von Steuern nach § 8 Abs. 4 können nur geltend gemacht werden, wenn der Freistellungs- bzw. Erstattungsbetrag im Einzelfall [...] (in Worten [...]) übersteigt. Eine Freistellung von

Steuern nach § 8 Abs. 3 oder eine Erstattung von Steuern nach § 8 Abs. 4 erfolgt jedoch nicht, soweit eine Steuernachzahlung nur auf einer bloßen zeitlichen Verschiebung der Besteuerungsgrundlagen beruht. Etwaige Zinsen auf Steuernachzahlungen (§ 233a AO) haben die Verkäufer dem Erwerber allerdings auch dann zu erstatten, wenn die der Verzinsung zugrunde liegende Steuerschuld auf einer bloßen zeitlichen Verschiebung der Besteuerungsgrundlagen beruht.

(6) Wenn und soweit eine Freistellung von Steuern nach § 8 Abs. 3 durch die Verkäufer erfolgt, bevor die entsprechende Steuer formell und materiell bestandskräftig festgesetzt wurde und anschließend ein niedrigerer Steuerbetrag festgesetzt wird, ist die Differenz (abzüglich von Kosten und Steuern hierauf) durch den Erwerber spätestens 10 (zehn) Bankarbeitstage nach Erstattung durch die Finanzbehörden auszugleichen. Dies gilt entsprechend wenn und soweit eine Erstattung von Steuern durch den Erwerber nach § 8 Abs. 5 erfolgt, bevor die entsprechende Steuer formell und materiell bestandskräftig festgesetzt wurde und anschließend ein höherer Steuerbetrag festgesetzt wird.

(7) Etwaige Steuerfreistellungsbeträge nach § 8 Abs. 3 mindern und etwaige Steuererstattungen nach § 8 Abs. 5 erhöhen den Kaufpreis. Soweit Zahlungen der Verkäufer direkt an die Z geleistet werden, stellen diese Zahlungen Einlagen des Erwerbers dar.

(8) Die Freistellungsansprüche nach § 8 Abs. 3 sind 10 (zehn) Bankarbeitstage nach schriftlicher Aufforderung durch den Erwerber fällig. Steuererstattungsansprüche nach § 8 Abs. 4 sind 10 (zehn) Bankarbeitstage nach Erhalt der betreffenden Erstattung (ob durch Zahlung oder Verrechnung) seitens der Z und Ermittlung des Erstattungsbetrages zur Zahlung an die Verkäufer fällig. Kommen die Verkäufer bzw. der Erwerber ihren Verpflichtungen zur Zahlung nicht rechtzeitig nach, so geraten der oder die jeweils zur Zahlung Verpflichteten in Verzug, ohne dass es einer Mahnung bedarf.

(9) Der Erwerber ist verpflichtet, die Verkäufer unverzüglich (spätestens innerhalb von 10 (zehn) Bankarbeitstagen, in jedem Fall aber vor dem Beginn) über den Beginn einer steuerlichen Außenprüfung informieren, welche die Zeiträume bis zum Stichtag betrifft, für die die Übertragenden nach vorstehendem § 8 Abs. 3 verantwortlich sind. Der Erwerber ist verpflichtet, auf Kosten der Verkäufer (einschließlich der Zahlung von Vorauszahlungen hierauf) die Z zu folgenden Maßnahmen zu veranlassen, soweit sie die Zeiträume bis zum Stichtag betreffen und ihm das rechtlich möglich ist:

a) den Verkäufern oder einem von ihnen benannten Angehörigen der steuerberatenden oder wirtschaftsprüfenden Berufe zu gestatten, an allen Prüfungshandlungen einer steuerlichen Außenprüfung einschließlich der Schlussbesprechungen teilzunehmen;

b) gemäß den Anweisungen der Verkäufer auf deren Kosten einen außergerichtlichen oder gerichtlichen Rechtsbehelf gegen die mögliche Steuernachforderung einzulegen und zu führen, welche die Pflichten der Verkäufer nach vorstehendem § 8 Abs. 3 berühren, vorausgesetzt die Verkäufer haben, soweit vom Erwerber verlangt, die Steuern und alle Kosten eines solchen Rechtsbehelfs gezahlt oder für deren Zahlung ausreichende Sicherheit gestellt hat; und

c) den Verkäufern alle in angemessener Weise erforderlichen Informationen, Unterlagen und Auskünfte zu erteilen und ihnen die Prüfungsberichte auszuhändigen.

(10) Alle Ansprüche nach diesem § 8 unterliegen nicht der Regelung des § 7 Abs. 4, sondern verjähren sechs 6 (sechs) Monate nach formeller und materieller Bestandskraft der jeweiligen Steuerfestsetzung.

§ 9 Wettbewerbsverbot

(1) Die Veräußerer verpflichten sich, auf die Dauer von drei Jahren ab dem Stichtag im bisherigen räumlichen und sachlichen Tätigkeitsbereich der Z jeden Wettbewerb mit der Z oder dem Erwerber zu unterlassen. Wettbewerb ist auch die Tätigkeit für ein Konkurrenzunternehmen oder die unmittelbare oder mittelbare Förderung eines Konkurrenzunternehmens oder die unmittelbare oder mittelbare Beteiligung an einem Konkurrenzunternehmen, letzteres unter Ausnahme der bloßen Kapitalanlage durch Erwerb börsennotierter Aktien von nicht mehr als 5%. Räumlicher Tätigkeitsbereich sind alle Länder Europas, Asiens, Nordamerikas und des an das Mittelmeer angrenzenden Afrikas. Sachlicher Tätigkeitsbereich sind die Tätigkeiten gemäß § 1.

(2) Die Veräußerer stehen dafür ein, dass das vorstehende Wettbewerbsverbot auch von den mit ihnen verbundenen Unternehmen so eingehalten wird, als seien diese Unternehmen selbst gegenüber Z und dem Erwerber zur Unterlassung von Wettbewerb verpflichtet.

(3) Für jeden Einzelfall der Verletzung dieses Wettbewerbsverbots haben die Veräußerer an den Erwerber eine Vertragsstrafe von [...] (in Worten [...]) zu entrichten. Ansprüche des Erwerbers auf Ersatz eines weitergehenden Schadens oder auf Unterlassung bleiben unberührt.

§ 10 Mitwirkung nach Vollzug

(1) Zur Aufrechterhaltung und Überleitung von Geschäftsbeziehungen stehen die Veräußerer der Z und dem Erwerber in den ersten drei Monaten nach dem Zeitpunkt des Vollzuges auf Verlangen je mindestens 10 Zeitstunden je Woche und höchstens 20 Zeitstunden je Woche zu Gesprächen und sonstigen Kontakten mit Lieferanten und Abnehmern und zur Beratung der Z und des Erwerbers zur Verfügung. Jede verlangte und geleistete volle Zeitstunde ist mit [...] (in Worten [...]) zuzüglich etwaiger Mehrwertsteuer zu vergüten.

(2) Zur Aufrechterhaltung und Überleitung der Beziehungen mit Angestellten und freien Mitarbeitern der Z stehen die Veräußerer vor dem Zeitpunkt des Vollzuges und in den ersten drei Wochen nach dem Zeitpunkt des Vollzuges der Z und dem Erwerber insgesamt mindestens 20 und höchstens 40 Zeitstunden zur Teilnahme an Betriebsversammlungen und gemeinsamen oder Einzelbesprechungen zur Verfügung. Die Vergütung bemisst sich entsprechend Abs. 1.

(3) Auf Verlangen der Z oder des Erwerbers wirken die Veräußerer an Rechtsstreitigkeiten, Betriebsprüfungen und ähnlichen Vorgängen nach dem Zeitpunkt des Vollzugs mit, soweit diese Vorgänge aus der Zeit vor dem Zeitpunkt des Vollzugs herrühren. Eine Vergütung ist nicht zu erbringen.

(4) Die Beteiligten werden eine etwaige weitere Mitwirkung der Veräußerer ohne gesonderte Vergütung vereinbaren, soweit dies zur Überleitung des Unternehmens (§ 1) erforderlich und zweckmäßig ist.

§ 11 Entbindung von Verschwiegenheit

Die Veräußerer entbinden hiermit alle ihnen oder der Z zur Verschwiegenheit verpflichteten Personen von dieser Verschwiegenheit gegenüber der Z und dem Erwerber, soweit sich die Verschwiegenheitspflicht auf Umstände im Zusammenhang mit dem Unternehmen (§ 1) bezieht und die Entbindung von der Verschwiegenheitspflicht für die Überleitung des Unternehmens erforderlich oder zweckmäßig ist. Die Veräußerer werden auf Verlangen über die Entbindung von der Verschwiegenheit gesonderte Erklärungen unterzeichnen.

§ 12 Vollmacht

Die Veräußerer bevollmächtigen den Erwerber unter Befreiung von dem Verbot des Selbstkontrahierens (§ 181 BGB) zur Abgabe von Erklärungen gegenüber dem Handelsregister und zu sonstigen Maßnahmen, die zur Durchführung dieses Vertrages, insbesondere zur Überleitung des Unternehmens (§ 1), erforderlich und zweckmäßig sind.

§ 13 Keine weiteren Verpflichtungen der Veräußerer

Die Veräußerer unterliegen gegenüber dem Erwerber keinen weiteren Verpflichtungen im Zusammenhang mit der Überleitung des Unternehmens gemäß diesem Vertrag.

IV. Weitere Verpflichtungen des Erwerbers

§ 14 Erfüllung von Verbindlichkeiten der Gesellschaft gegenüber den Veräußerern

Der Erwerber steht dafür ein, dass die Z am Stichtag den Hauptsachebetrag des Gesellschafterdarlehens jedes der Veräußerer an die Z bis zur Höhe des in der Kaufpreisbilanz jeweils passivierten Schuldstandes an die Veräußerer bezahlt, ferner dass die Z den auf diesen Tilgungsbetrag entfallenden Zinsbetrag für die Zeit seit dem 1. Januar des laufenden Jahres spätestens zwei Wochen nach dem Stichtag des Vollzugs gegenüber den Veräußerern abrechnet und an sie bezahlt. Der Verzug tritt ohne Mahnung mit Fälligkeit ein.

§ 15 Übernahme von Verbindlichkeiten der Veräußerer

Der Erwerber steht dafür ein, dass die Veräußerer binnen drei Monaten nach den Stichtag von den in der Anlage zu diesem § 15 bezeichneten

a) Schuldbeitritten und

b) selbstschuldnerischen Bürgschaften

von dem jeweiligen Gläubiger freigestellt werden, soweit die zugrundeliegende Verbindlichkeit der Z in der Kaufpreisbilanz passiviert ist. Ist die Freistellung von dem jeweiligen Gläubiger nicht erreichbar, so ist der Erwerber nicht zur Tilgung der jeweiligen Verbindlichkeit vor deren Fälligkeit verpflichtet. Der Erwerber stellt jedoch die Veräußerer von jeder Inanspruchnahme aus einer solchen Verbindlichkeit (jedoch nicht über den in der Kaufpreisbilanz dafür passivierten Betrag hinaus) auf erstes Anfordern frei; Sicherheit hat er nicht zu stellen.

§ 16 Ausschluss weiterer Verpflichtungen des Erwerbers

Etwaige weitere Verpflichtungen des Erwerbers gegenüber den Veräußerern im Zusammenhang mit dem Erwerb des Unternehmens und diesem Vertrag sind nicht vereinbart.

V. Gemeinsame Vorschriften

§ 17 Zusammenwirken in der Zukunft im Übrigen

(1) Während seiner Tätigkeit für Z gemäß dem bestehenden Dienstvertrag berichtet der Veräußerer V ausschließlich dem Vorstandsvorsitzenden des Erwerbers oder seinem Stellvertreter.

(2) Für die ersten zwei Jahresabschlüsse nach dem Stichtag steht der Erwerber dafür ein, dass die bisherigen Wirtschaftsprüfer der Z als Abschlussprüfer bestellt werden.

(3) Während der ersten 18 Monate nach dem Stichtag steht der Erwerber dafür ein, dass Z nicht mehr als 50 Angestellte oder freie Mitarbeiter je vollem Geschäftsjahr

entlässt. Maßgeblich ist der Zeitpunkt der Kündigungserklärung. Eine einvernehmliche Aufhebung eines Anstellungs- oder Freie Mitarbeiter-Verhältnisses bleibt für diese Höchstzahl unberücksichtigt.

§ 18 Weitere Verträge zwischen den Parteien

(1) Der Erwerber steht dafür ein, dass Z den bestehenden Mietvertrag über die Betriebsräume in der Muster-Straße gemäß dem Vertragstext in der Anlage zu diesem § 17 fortführt. Die Veräußerer W und Z als Vermieter verpflichten sich zur Fortführung dieses Mietvertrages. Diese Einstands- und Fortführungspflichten enden mit dem Ablauf des fünften vollen Kalenderjahres nach dem Stichtag.

(2) Bei einer erheblichen Verletzung ihrer Fortführungspflicht, die die Veräußerer nicht binnen eines Monats nach Abmahnung durch den Erwerber oder durch Z beheben, ist der Erwerber zum Rücktritt von diesem Vertrag berechtigt; dies gilt letztmals für einen Rücktritt, der mit Ablauf eines Jahres nach dem Stichtag ausgesprochen wird.

§ 19 Sonstige Kosten

Alle sonstigen Kosten im Zusammenhang mit der Durchführung dieses Vertrages trägt der Erwerber.

§ 20 Abtretungsverbot

Die Abtretung von Rechten und Ansprüchen aus diesem Vertrag bedarf zu ihrer Wirksamkeit der Zustimmung der jeweils anderen Vertragsseite.

§ 21 Salvatorische Klausel

Sollte eine Bestimmung dieses Vertrages oder ein Teil von ihr unwirksam sein oder werden, so bleibt die Wirksamkeit des Vertrages im Übrigen unberührt. Entsprechendes gilt für die Undurchführbarkeit einer Bestimmung oder eines Teiles von ihr. Beruht die Unwirksamkeit oder Undurchführbarkeit auf dem zu großen (bzw. zu kleinen) sachlichen, räumlichen, zeitlichen oder anderen Umfang der Bestimmung, so gilt die Bestimmung mit ihrem größtmöglich (bzw. kleinstmöglich) wirksamen und durchführbaren Umfang als vereinbart. Im Übrigen haben die Parteien anstelle der unwirksamen oder undurchführbaren Bestimmung diejenige wirksame und durchführbare Bestimmung zu vereinbaren, die dem wirtschaftlichen Gehalt der zu ersetzenden Bestimmung am nächsten kommt. Entsprechendes gilt für die ergänzende Vertragsauslegung.

§ 22 Nebenvereinbarungen

(1) Nebenvereinbarungen bezüglich des Gegenstandes dieses Vertrages bestehen zwischen den Vertragsteilen oder zwischen einem Vertragsteil und Z nicht. Etwaige frühere Vereinbarungen zwischen diesen Personen bezüglich des Vertragsgegenstandes werden hiermit aufgehoben.

(2) Eine Änderung oder Ergänzung dieses Vertrages bedarf zu ihrer Wirksamkeit der Schriftform, soweit keine strengere Form zwingend erforderlich ist. Dies gilt auch für Änderungen hinsichtlich des Schriftformerfordernisses.

VI. Verhältnis zu Dritten

§ 23 Privatrechtliche Zustimmungen

(1) Die Veräußerer bedürfen zum Abschluss und zur Durchführung dieses Vertrages nicht der Zustimmung Dritter.

(2) Ohne die Zustimmung der in der Anlage zu diesem § 23 genannten Dritten sind die dort genannten Arbeitsgemeinschafts-, Lizenz- und anderen Verträge seitens

Dritter kündbar. Die Veräußerer holen die Zustimmung der Dritten ein; sie stehen dafür ein, dass die jeweilige Zustimmung erteilt wird.

§ 24 Bundeskartellamt

(1) Die Vertragsteile gehen davon aus, dass dieser Vertrag nicht beim Bundeskartellamt oder der EU-Kommission anzumelden ist.

(2) Die Vertragsteile bevollmächtigen einander gegenseitig zur Anzeige dieses Vertrages beim Bundeskartellamt und wirken an der Anzeige durch Zurverfügungstellung erforderlicher Zahlen und sonstiger Angaben mit.

§ 25 Sonstige öffentlich-rechtliche Zustimmungen

Die Veräußerer stehen dafür ein, dass dieser Vertrag und seine Durchführung keiner sonstigen Zustimmung nach öffentlichem Recht bedürfen.

§ 26 Personenmehrheit, andere Personen

(1) V, W und X sind Gesamtschuldner und Gesamtgläubiger. W und X bevollmächtigen V für alle Angelegenheiten gegenüber E im Zusammenhang mit diesem Vertrag.

(2) Aus diesem Vertrag werden ausschließlich die Veräußerer und der Erwerber berechtigt und verpflichtet, nicht aber mit ihnen verbundene Unternehmen, soweit nicht ausdrücklich schriftlich vereinbart.

§ 27 Vertraulichkeit, Informationen an Dritte

Die Parteien informieren Dritte bei Abschluss dieses Vertrages durch eine Mitteilung gemäß Anlage B. Im Übrigen behandeln die Vertragsteile den Inhalt dieses Vertrages vertraulich.

II. ERLÄUTERUNGEN

Erläuterungen zu B. 21.02 Unternehmenskaufvertrag (Gesellschaftsanteile)

1. Grundsätzliche Anmerkungen

1 Das Formular B. 21.02 betrifft den Unternehmenskauf durch Kauf von GmbH-Geschäftsanteilen. Zur Abgrenzung gegenüber dem Unternehmenskauf durch Kauf von Einzelwirtschaftsgütern sowie zum Schrifttum und zu auch für das Formular B. 21.02 geltenden Anmerkungen vgl. B. 21.01 Rz. 1f.

a) Wirtschaftliches Vertragsziel

2 Vgl. B. 21.01 Rz. 3f. Zum Erwerb einer Beteiligung kommt alternativ statt eines Beteiligungskaufs auch die Übernahme von Geschäftsanteilen aus einer **Kapitalerhöhung** in Betracht. Dabei leistet der Übernehmer die Gegenleistung (bar oder in Sachen) nicht an den Veräußerer, sondern an die Gesellschaft selbst. Auch dabei handelt es sich der Sache nach um einen Unternehmenskauf; der Beteiligungsvertrag mit den Altgesellschaftern sollte deshalb die meisten der Regelungen eines Unternehmenskaufvertrages angepasst übernehmen. Zur Abgrenzung oder Kombination von Anteilskauf und Kapitalerhöhung, auch steuerlich (grds. ertragsteuerfrei) vgl. *Holzapfel/Pöllath* aaO Rz. 343, 890.

b) Zivilrecht

3 Vgl. B. 21.01 Rz. 5ff. Der Kauf von GmbH-Geschäftsanteilen bedarf der notariellen Beurkundung. Die Beurkundung durch einen dem deutschen gleichwertigen ausländischen Notar genügte nach früher herrschender Auffassung (vgl. BGH II ZB 8/80 v. 16.2.81, BGHZ 80, 76 zum schweizerischen Notar/Zürich-Altstadt, bestätigt durch

BGH II ZR 211/88 v. 22.5.89, ZIP 89, 1052, 1055 und stillschweigend BGH VIII ZR 232–98 v. 29.9.99, DStR 00, 601; OLG München 7 U 2511–97 v. 19.11.97, NJW-RR 98, 758 zum schweizerischen Notar/Basel-Stadt; BayObLG BReg. 3 Z 68/76 v. 18.10.77, Rpfleger 78, 58, LG Kiel 3 T 143/97 v. 25.4.97 BB 98, 120 zum österreichischen Notar; OLG Stuttgart 20 U 68–99 v. 17.5.00, DStR 00, 1704 zur Übertragung von GmbH-Geschäftsanteilen in Kalifornien; OLG Düsseldorf 3 Wx 21/89 v. 25.1.89, NJW 89, 2200 offengelassen für die Niederlande; *Saenger/Scheuch* BB 08, 65; die Wahl des ausländischen Notars sollte sich vorsichtshalber nicht nur aus der angestrebten Kostenersparnis begründen). Nach Änderung des Schweizer Obligationenrechts und aufgrund MoMiG wurde dies zweifelhaft (vgl. obiter dictum LG Frankfurt 3–13 O 46/09 v. 7.10.09, BB 09, 2500), so dass Auslandsbeurkunden praktisch nicht mehr erfolgten. Demgegenüber hat das OLG Düsseldorf I-3 Wx 236/10 v. 2.3.11, DStR 11, 1140 die Beurkundung durch einen Notar im Kanton Basel-Stadt als wirksam angesehen; zwar die Zulässigkeit der Beurkundung offengelassen, aber die Zulässigkeit der Einreichung einer Gesellschafterliste verneinend OLG München 31 Wx 8/13 v. 6.2.13, NZG 13, 340. Allgemein zur Beurkundung in der Schweiz *Peters* DB 10, 97). Eine Beurkundungspflicht erfasst in der Regel den gesamten Vertrag einschließlich Anlagen (vgl. BGH II ZR 144/98 v. 8.5.00, DStR 00, 1272) und abhängiger Vereinbarungen (vgl. BGH v. 11.10.01, NJW 01, 226; BGH VII ZR 321/00 v. 13.6.02, NJW 02, 2559). Der Vorgang kann durch Auslandsbeurkundung ausländischen Verkehrsteuern unterliegen.

(frei) **4**

c) Steuerrecht

Vgl. B. 21.01 Rz. 9ff. Zu den Folgen einer **steuerlichen Organschaft** beim Unternehmenskauf vgl. *Schaefer/Wind/Mager*, Beendigung und Begründung von Organschaften beim Unternehmenskauf, DStR 13, 2399.

aa) Ertragsbesteuerung des Veräußerers

Im steuerlichen **Betriebsvermögen** ist der Gewinn aus der Veräußerung von Geschäftsanteilen wie jeder andere Gewinn grds. entweder nach dem Teileinkünfteverfahren zu 60% (vor 1.1.09 nach Halbeinkünfteverfahren zu 50%) steuerpflichtig (Veräußerer natürliche Person/Mitunternehmerschaft) oder iHv. 95% steuerfrei (Veräußerer Kapitalgesellschaft). Zu Einzelheiten vgl. die Darstellung der Besteuerungsfolgen beim Veräußerer bei B. 21.01 Rz. 10ff. (Anteile an Kapitalgesellschaften im Vergleich zu Einzelwirtschaftsgütern). **5**

Im steuerlichen **Privatvermögen** sind Gewinne aus der Veräußerung von Geschäftsanteilen regelmäßig steuerfrei, wenn sie vor dem 1.1.09 erworben wurden. (Ausnahme: Spekulationsgewinne oder wesentliche Beteiligung, Halb- bzw. Teileinkünfteverfahren). Veräußerungsgewinne aus Kapitalgesellschaftsanteilen, die nach dem 31.12.08 erworben wurden und keine wesentliche Beteiligung darstellen, sind unabhängig von der Haltedauer steuerpflichtig und unterliegen grds. der Besteuerung mit der Abgeltungssteuer (vgl. B. 21.01 Rz. 11). **6**

bb) Ertragsbesteuerung des Erwerbers

Vgl. B. 21.01 Rz. 17ff. **7**

cc) Verkehrsteuern

Vgl. B. 21.01 Rz. 18f. **8**

d) Kartellrecht

Vgl. B. 21.01 Rz. 20ff. **9**

(frei) **10**

2. Einzelerläuterungen

Zu § 1: Unternehmen

11 Die Beschreibung des Unternehmens als den wirtschaftlichen Gegenstand des Vertrages gewinnt Bedeutung vor allem durch die Einbeziehung in die Gewährleistung (vgl. § 7 Abs. 1 Vor Buchst. a). Vgl. B. 21.01 Rz. 31.

Zu § 2: Geschäftsanteile

12 Der Vertrag sollte nicht nur die verkauften Geschäftsanteile, sondern auch den Umfang mitverkaufter Nebenrechte genau bezeichnen. Der Erwerber tritt nämlich mit sämtlichen Rechten und Pflichten in die Rechtsstellung seines Rechtsvorgängers ein, vgl. BGH II ZR 194/00 v. 2.12.02, DStR 03, 1040; Vgl. BGH II ZR 163/85 v. 5.5.86, NJW-RR 87, 286: bei Personengesellschaften kommt es im Zweifel zum Übergang von auf dem Gesellschaftsvertrag beruhenden Forderungsrechten, soweit diese bei Vertragsschluss im Rechenwerk der Gesellschaft Niederschlag gefunden haben; BGH II ZR 50/87 v. 2.11.87, ZIP 88, 164; zur Grundstücksnutzung durch Gesellschaften vgl. OLG Hamm 8 U 9/87 v. 7.10.87, EWIR 88, 229 *(Petzold)*. Ein mitverkaufter **Gewinnanspruch** teilt einkommensteuerlich auf Seiten des Veräußerers grds. das Schicksal des Veräußerungsgewinns im Allgemeinen. Der Erwerber kann einen anteiligen, laufenden Gewinnanspruch nicht gesondert aktivieren und damit steuerfrei realisieren, indem der den aktivierten Gewinnanspruch mit einem entsprechenden Anteil aus dem Kaufpreis verrechnet; vgl. BFH I R 199/84 v. 21.5.86, BStBl. II 86, 794; BFH I R 190/81 v. 21.5.86, BStBl. II 86, 815 (Betriebsvermögen); BFH VIII R 316/83 v. 22.5.84, BStBl. II 84, 746 (Privatvermögen); BMF v. 18.3.80, BStBl. I 80, 146, in NRW aufgehoben für Steuertatbestände, die nach dem 1.1.05 verwirklicht werden, OFD Düsseldorf v. 13.6.05, S – 1445 A – St 133, nv. Anders ggf., wenn Gewinnanspruch durch entsprechenden Gewinnverwendungsbeschluss bereits entstanden ist, vgl. *Schmidt/Weber-Grellet* § 5 Rz. 270; § 17 Rz. 135. Eine Gewinnausschüttung kann beim Empfänger ausnahmsweise nicht Dividende sondern steuerlich Kaufpreis für veräußerte Anteile sein, vgl. BFH I R 111/00 v. 17.10.01, BFH/NV 02, 628; BFH VIII R 72/79 v. 12.10.82, BStBl. II 83, 128. Steuerlich ist die Ausschüttung demjenigen zuzurechnen, der im Zeitpunkt des Ausschüttungsbeschlusses Gesellschafter ist (§ 20 Abs. 5 EStG); dieser hat dann auch die gegebenenfalls entstehende Kapitalertragsteuer zu tragen.

Zu § 3: Kaufpreis

13 Zu der Unterscheidung zwischen Kaufpreisbilanz, Abrechnungsbilanz und Bilanzgarantie vgl. B. 21.01 Rz. 38.

Zu § 5: Mitwirkung vor Vollzug

14 Die Auflistungen gemäß § 5 dienen sowohl dem tatsächlichen Vollzug als auch als Ansatzpunkt für die Gewährleistung nach § 7.

Zu § 7: Gewährleistung

15 Vgl. B. 21.01 Rz. 39ff.

Die gesetzliche Gewährleistung des Veräußerers für Rechtsmängel beim Unternehmenskauf ist derjenigen für Sachmängel nach Voraussetzungen und Rechtsfolgen gleichgestellt (§ 453 Abs. 1 BGB; vgl. *Fischer* DStR 04, 276; *Schmitz* RNotZ 06, 561). Da die kaufrechtlichen Vorschriften auch auf den Verkauf „sonstiger Rechte" anwendbar sind, gilt das Kaufrecht ausdrücklich für alle handelbaren Wirtschaftsgüter und damit auch für den Kauf eines Unternehmens.

Die gesetzliche Gewährleistung bleibt jedoch zumindest unsicher und oft gleichfalls unzureichend. Eine selbstständige Garantie des Veräußerers sichert den Erwerber, erscheint aber dem Veräußerer in der Praxis oftmals zu hart. Soll keine Garantie (vgl. die Haftungsvereinbarung in § 7 des Formulars B. 21.02) vereinbart werden, kann man sich in der Praxis uU sowie im Formular B. 21.02 behelfen: Der Erwerber lässt sich im Laufe der Gespräche vom Veräußerer eine Reihe von Angaben machen, möglichst schriftlich, von denen sich loszusagen es dem Veräußerer bei der Vertragsabfassung sodann schwerfällt und auf die sich die vertragliche Gewährleistung beziehen kann. Eine solche Anknüpfung bei der Rechtsfigur des Verschuldens bei Vertragsschluss gem. § 311 Abs. 2 BGB hat allerdings den Nachteil, dass die Haftung des Veräußerers Verschulden voraussetzt, also regelmäßig Kennen oder Kennenmüssen (vgl. zu **Aufklärungs- und Sorgfaltspflichten** beim Unternehmenskauf BGH VIII ZR 32/00 v. 4.4.01, ZIP 01, 918ff.; BGH VIII ZR 37/01 v. 28.11.01, NJW 02, 1042). Das wirft für den Erwerber Beweisprobleme auf. Ähnliches gilt für die Einschränkung von Garantien oder Beschaffenheitsvereinbarungen durch die Bezugnahme auf „bestes Wissen und Gewissen" des Veräußerers. Allerdings war für eine Zusicherung nach altem Recht (§ 459 BGB aF) anerkannt, dass eine Zusicherung „ins Blaue hinein", also im Wissen um die eigene Unkenntnis, stets schuldhaft, nämlich sogar arglistig wäre; aber Leichtfertigkeit genügte dafür nicht (vgl. BGH V ZR 4/82 v. 10.6.83, WM 83, 990; BGH V ZR 2/85 v. 6.12.85, WM 86, 360; BGH V ZR 29/96 v. 26.9.97, NJW 98, 302; beibehalten, BGH VIII ZR 209/05 v. 7.6.06, NJW 06, 2839; OLG Koblenz 5 U 1385/03 v. 1.4.04, NJW 04, 1670).

Um Probleme mit dem **Verschuldensnachweis** zu vermeiden, kann der Vertrag ausdrücklich eine Haftung auch ohne Verschulden vorsehen (vgl. § 276 Abs. 1 Satz 1 letzter Fall BGB). § 7 Abs. 2 geht bzgl. der Rechtsfolgen in diese Richtung; zugunsten des Erwerbers könnte diese Regelung aber klarer formuliert werden. Umgekehrt neigen Veräußerer in der Praxis dazu, ihre Gewährleistung durch subjektive Elemente einzuschränken; zB durch Hinweise auf Geschäftsführung, Wirtschaftsprüfer oä. oder durch eine „Bilanzgarantie" nur nach Maßgabe subjektiver Richtigkeit/Erkennbarkeit. Der Erwerber wird grds. auf objektiven Garantien oder Beschaffenheitsvereinbarungen bestehen. Denn die Gewährleistung des Veräußerers ist in erster Linie eine Richtigkeitsgewähr für den – ja gleichfalls „objektiv" vereinbarten und geschuldeten – Kaufpreis. **16**

Ist die Rechtsfolge der Gewährleistung **Schadensersatz** (wie in den meisten Vertragsmustern), so wird der Veräußerer allerdings auf einer Beschränkung der Höhe nach bestehen müssen, zB auf den Kaufpreis. Beschränkt sich die Haftung des Veräußerers noch weiter auf einen bloßen Teil des Kaufpreises, so mag der Erwerber wiederum die Möglichkeit des Rücktritts verlangen, auf die er zur Vermeidung einer unwirtschaftlichen, für alle Beteiligten riskanten Rückabwicklung sonst idR verzichten wird. Zur Sicherung der Haftungsbegrenzung können die Parteien klarstellen, dass sie keine Beschaffenheitsvereinbarungen oder Garantie iSd. §§ 434, 443, 444 BGB vereinbaren (vgl. B. 21.01 Rz. 39ff.). Zur Gewährleistung vgl. *Holzapfel/Pöllath* aaO Rz. 609ff. zu einer wesentlich umfangreicheren Liste von Einzelumständen als im Formular B. 21.02; vgl. *Pöllath*, Grundsätze ordnungsgemäßen Unternehmenskaufs, aaO. Die Regelung in § 7 Abs. 1 des Formulars B. 21.02 ist für die Veräußerer sehr günstig und restriktiv. S. iÜ B. 21.01 Rz. 39. **17**

Zu § 8 Steuern **18**

Häufig wird der Veräußerer eine Steuerfreistellung wie in § 8 vereinbaren, bei der die Freistellung nach Wahl des Käufers an diesen oder an die verkaufte Gesellschaft geleistet wird. Inhaltlich ist eine genaue Abstimmung der Steuerklausel an Ergebnisse der Due Dilligence (vgl. B. 21.05) ratsam.

B. 21.03 Absichtserklärung (Letter of Intent)

Gliederung

I. FORMULAR

Formular B. 21.03 Letter of Intent

An die Gesellschafter der Z-GmbH (Veräußerer)

Briefkopf der X-AG (Erwerbsinteressent)

Sehr geehrte Damen und Herren,

für die sachlichen und offenen Gespräche zwischen den verschiedenen Beteiligten bedanken wir uns sehr. Aufgrund der letzten Besprechung zwischen Ihren Herren A und B und unserer Frau C sowie Ihren und unseren Anwälten fassen wir den Stand der Verhandlungen in folgendem

LETTER OF INTENT

zusammen.

I. Kauf- bzw. Verkaufsabsicht

1. Unsere Kaufabsicht

In Abstimmung mit unserem Aufsichtsrat bestätigen wir unsere Absicht, das Unternehmen der Z-GmbH (Gesellschaft), mindestens aber 76% der Geschäftsanteile an der Gesellschaft (durch Kauf von Anteilen oder Zeichnung einer Kapitalerhöhung) zu erwerben. Der Unternehmenswert soll zwischen dem vier- und dem sechsfachen des durchschnittlichen bereinigten Gewinns (vor Zinsen und Ertragsteuern „EBIT") der Gesellschaft in den Jahren 2010–2013 (abzüglich zinstragender Verbindlichkeiten) betragen; davon soll etwa 1/3 in Aktien unserer Gesellschaft oder in einem mittelfristigen Schuldscheindarlehen erbracht werden. Stichtag soll der 1. Juli des laufenden Jahres sein. Andere wesentliche Punkte des beabsichtigten Unternehmenskaufvertrages ergeben sich aus dem Übersichtsblatt in Anlage A.

Eine spätere, weitergehende Kooperation zwischen uns und der Gesellschaft einerseits und Ihren anderen Unternehmen andererseits wird von Ihnen und uns geprüft, ist aber nicht Gegenstand der laufenden Verhandlungen oder dieses Schreibens.

2. Entwurf, Referenz, Projektleiter

Als erste Schritte sind auf unserer Seite vorgesehen:

a) Wir werden Ihnen bis zum Ablauf einer Woche nach Rückgabe der gegengezeichneten Kopie dieses Schreibens einen Vertragsentwurf gemäß dem Vorstehenden

mit üblichen Gewährleistungen und sonstigen Bedingungen als Grundlage für die weiteren Verhandlungen vorlegen.

b) Wir werden Ihnen gleichzeitig eine Bankreferenz und einen Kapitalnachweis vorlegen. Weiter werden wir Ihren Wirtschaftsprüfern, A, unseren Jahresabschluss für das letzte abgelaufene Wirtschaftsjahr vorlegen.

c) Als unseren Projektleiter benennen wir Herrn P. Wir bitten, alle Gespräche bezüglich des Gegenstandes dieses Schreibens ausschließlich mit ihm zu führen, soweit er nicht für bestimmte Arbeitsbereiche ausdrücklich eine bestimmte andere Person benennt.

3. Ihre Verhandlungsabsicht

In Abstimmung mit Ihrer Gesellschafterversammlung beabsichtigen Sie, mit uns auf der Grundlage des Vorstehenden über den Abschluss eines Unternehmenskaufvertrages zu verhandeln. Als Ihren Projektleiter haben Sie Frau Q benannt. Wir werden alle Gespräche ausschließlich mit ihr führen, soweit sie nicht für bestimmte Arbeitsbereiche ausdrücklich eine bestimmte andere Person benennt.

4. Verhandlungen und Abschluss

Die Verhandlungen über den Unternehmenskaufvertrag sollen spätestens eine Woche nach Vorlage des Vertragsentwurfes gemäß vorstehend I.2.a mit einer mindestens eintägigen Sitzung an einem von Ihnen zu bestimmenden Ort beginnen und spätestens am 8. Juli des laufenden Jahres mit Abschluss des notariellen Unternehmenskaufvertrages in Zürich beendet werden, der der Zustimmung unseres Aufsichtsrates bedarf.

II. Ablauf

Zur Vorbereitung und Durchführung des Vorstehenden dienen die folgenden Schritte.

1. Unterlagen

Ihre Wirtschaftsprüfer, A, werden unseren Wirtschaftsprüfern, B, binnen zehn Tagen nach Eingang dieses Schreibens bei Ihnen

- **die testierten Jahresabschlüsse 2010 bis 2013 (Bilanz, Gewinn- und Verlustrechnung, Geschäftsbericht),**
- **das Budget 2014 und**
- **die Unternehmens- und Investitionsplanung 2013 bis 2017**

der Gesellschaft vollständig zur Prüfung zugänglich machen. Unsere Wirtschaftsprüfer werden uns über das Ergebnis ihrer Prüfung anhand unseres Fragenkatalogs ausschließlich schriftlich (mit Kopie an Sie) und ergänzend in einer mündlichen Besprechung in Anwesenheit Ihrer Wirtschaftsprüfer oder eines anderen von Ihrem Projektleiter Benannten unterrichten. Die Prüfung soll bis spätestens 27.5.2014 abgeschlossen sein.

2. Erstes Management-Gespräch

Nach Abschluss der Prüfung gemäß II.1. werden Sie unserem Vertriebs- und unserem Finanzvorstand Gelegenheit zu mindestens einem ausführlichen Gespräch (in Anwesenheit Ihres und unseres Projektleiters) mit dem für Vertrieb bzw. Finanzen zuständigen Geschäftsführer der Gesellschaft über gemeinsam interessierende Fragen geben, darunter über die Möglichkeit und die Bedingungen einer Fortsetzung der Tätigkeit der beiden Herren für die Gesellschaft nach einem Erwerb durch uns.

Nach Abstimmung mit Ihnen werden wir dem Management von Z unser Modell zur Incentivierung und Beteiligung vorstellen und darüber mit den interessierten Mitgliedern des Managements verhandeln.

3. Weitere Management-Gespräche

Bei planmäßigem Verlauf der Verhandlungen werden Sie je einem Vertreter unserer Seite Gelegenheit zu einem ausführlichen Gespräch (in Anwesenheit Ihres und unseres Projektleiters)

- **mit dem Leiter des Forschungslabors, das die Gesellschaft gemeinsam mit der Y GmbH betreibt, und**
- **mit einem möglichst hoch positionierten Vertreter Ihres Hauptabnehmers, der Firma R AG,**

geben, wobei – ohne die Erwähnung des beabsichtigten Unternehmenskaufs – die Möglichkeit einer Kooperation zwischen der Gesellschaft und unseren Unternehmen erörtert werden soll.

4. Rechtspflichten

Aus dem Vorstehenden erwachsen Ihnen und uns Ansprüche weder auf Erfüllung noch auf Schadensersatz wegen Nichterfüllung. Sollte bis zum 8. Juli kein Vertrag zustande gekommen sein, sind jegliche Ansprüche im Zusammenhang mit dem Vorstehenden ausgeschlossen.

III. Verpflichtungen

1. Geheimhaltung

a) Bis zum Vertragsabschluss werden wir die Verhandlungen und ihren Inhalt in jeder Weise und gegenüber jedermann geheim halten, ausgenommen gegenüber

- **unserem Aufsichtsrat,**
- **unserem Vorstand (einschließlich Vorstandssekretariat),**
- **höchstens fünf leitenden Angestellten unseres Hauses,**
- **dem für unser Haus zuständigen Direktor unserer Hausbank und**
- **denjenigen anderen internen und externen Personen, die in Abstimmung mit Ihrem Projektleiter in die Verhandlungen und Prüfungen eingeschaltet sind oder werden.**

b) Vertrauliche Informationen über Ihre Angelegenheiten werden wir gleichermaßen geheim halten und nur zur Prüfung und Verhandlung gemäß diesem Letter of Intent verwenden. Vertraulich sind Informationen über Verhältnisse der Gesellschaft, ihre Gesellschafter und ihre Geschäftspartner, ausgenommen Informationen, die offenkundig oder allgemein bekannt sind oder ohne unser Verschulden werden oder uns nachweislich bekannt sind oder werden. Die Vertraulichkeit besteht unabhängig von der Art der Übermittlung von Informationen und von ihrer Quelle. Von der Vertraulichkeit ausgenommen ist die Weitergabe an unsere Mitarbeiter und Beauftragte, soweit sie die Informationen zur Prüfung und Verhandlung gemäß Satz 1 kennen müssen und soweit sie ihrerseits einer Vertraulichkeitsverpflichtung unterliegen. Auf Ihr Verlangen sind solche Informationsempfänger unmittelbar zu Ihren Gunsten zur Vertraulichkeit zu verpflichten. Die Vertraulichkeit gilt bis zum Abschluss einer Vereinbarung gemäß I., andernfalls bis zum Ablauf von fünf Jahren nach dem letzten Zeitpunkt, zu dem zwischen Ihnen und uns Verhandlungen gemäß I. stattfinden. Unterlagen, Dateien und Datenträger (gleich welcher Art und Form) mit vertraulichen Informationen, die Sie uns übergeben haben, sind auf Ihr erstes Verlangen an Sie zurückzugeben (einschließlich Kopien aller Art); von uns erstellte oder weiterverarbeitete Unterlagen, Daten oder Datenträger mit solchen vertraulichen Informationen sind sodann zu vernichten (außer soweit solche Unterlagen, Daten und Datenträger keine vertraulichen Informationen enthalten oder zur Wahrung unserer berechtigten Interessen ohne Gefährdung der Vertraulichkeit dienen); die Vollständigkeit von Rückgabe und Vernich-

tung ist Ihnen auf Ihr Verlangen hin durch unseren verantwortlichen Projektleiter schriftlich zu bestätigen. Über eine mögliche, vorstehend oder anderweitig nicht ausdrücklich gestattete Kenntniserlangung Dritter von vertraulichen Informationen (auch unbeabsichtigt) werden wir Sie unverzüglich nach unserer Kenntnis verständigen; dasselbe gilt für tatsächliche Anhaltspunkte für den Verdacht einer solchen Kenntniserlangung und auf Ihr Verlangen für alle sonstigen Umstände im Zusammenhang mit der Einhaltung des Vorstehenden. Bei der Durchsetzung der Vertraulichkeit und aller Ansprüche im Zusammenhang mit dem Vorstehenden werden wir Sie unterstützen. Die Erfüllung von Offenlegungsverpflichtungen nach zwingendem Recht bleibt unberührt; wir werden Sie ggf. von solchen Offenlegungspflichten unterrichten und Ihnen nach Möglichkeit Gelegenheit zur Abwehr der Offenlegung geben. Das Unterlassen der Geltendmachung von Ansprüchen gemäß dem Vorstehenden beinhaltet keinen Verzicht auf solche Ansprüche.

c) Für den Fall einer Verletzung dieser Vertraulichkeit durch uns verpflichten wir uns zu einer Vertragsstrafe von insgesamt [...], unabhängig von Zahl und Umfang der Verletzungsfälle und unbeschadet eines Anspruches auf Schadenersatz oder Unterlassung.

d) Die Bestimmungen gemäß III.1. a bis c gelten entsprechend für Sie und für die Gesellschaft gegenüber uns für vertrauliche Informationen über uns, unsere Gesellschafter und Geschäftspartner.

2. Unterlassung

a) Wir werden zu keiner Zeit Mitarbeiter der Gesellschaft rechtswidrig abwerben. Nach Beginn der Prüfung gemäß II.1. werden wir während der darauf folgenden sechs Monate keinen Kontakt mit Geschäftspartnern der Gesellschaft aufnehmen, um sie zur Aufnahme einer Geschäftsbeziehung mit uns bzgl. des Gegenstandes ihrer Geschäftsbeziehung mit der Gesellschaft zu veranlassen; allgemeine Werbe- und Vertriebsmaßnahmen bleiben unberührt.

b) Nach Beginn der Prüfung gemäß II.1. werden wir während der darauf folgenden neun Monate und nach Beginn des letzten der Gespräche gemäß II.2. und 3. werden wir während der darauf folgenden zwölf Monate weder unmittelbar noch mittelbar neue Aktivitäten aufnehmen oder konkret ins Werk setzen, die mit den heutigen Aktivitäten der Gesellschaft räumlich oder sachlich konkurrieren.

c) III.1.c) gilt entsprechend.

d) III.1.d) gilt entsprechend, soweit die Maßnahme seitens der Gesellschaft im Zusammenhang mit dem Gegenstand dieser Vereinbarung steht, insbesondere auf im Zusammenhang damit erlangten Informationen beruht.

3. Kostenersatz

Sollte der Unternehmenskaufvertrag bis zum Ablauf von drei Monaten nach dem in I.4. genannten Zeitpunkt nicht zu Stande kommen, obwohl Sie den Mitwirkungspflichten gemäß II.1 bis 3 nachgekommen sind, so erstatten wir Ihnen die üblichen Honorare und Reisekosten Ihrer Wirtschaftsprüfer, A, im Zusammenhang mit II.1. bis zum Gesamtbetrag von [...]. Darüber hinaus erstatten wir Ihnen nach Durchführung der Gespräche gemäß II.2 und 3 die üblichen Honorare und Reisekosten Ihrer Anwälte im Zusammenhang mit den Verhandlungen bis zum Gesamtbetrag von [...], ggf. je zzgl. Umsatzsteuer gegen ordnungsgemäße Rechnungsstellung. Eine ggf. auszuhandelnde Optionsgebühr für den Fall der Einräumung der von uns gewünschten Kaufoption, die im Übrigen nicht Gegenstand dieses Schreibens ist, bleibt unberührt.

4. Ausschließlichkeit

Sie werden während des Fortgangs der Verhandlungen und Prüfungen gemäß dem Vorstehenden, mindestens bis zum Ablauf von einem Monat nach dem in I.4. ge-

nannten Zeitpunkt des vorgesehenen Vertragsschlusses, keine Gespräche über die Veräußerung, ganz oder teilweise, der Gesellschaft oder ihres Unternehmens an Dritte bzw. den Erwerb, ganz oder teilweise, einer mit der Gesellschaft räumlich und sachlich konkurrierenden Gesellschaft führen. Bei jeder Verletzung dieser Ausschließlichkeit durch die eine Seite ist die andere Seite von allen etwaigen Verpflichtungen im Zusammenhang mit diesem Schreiben vollständig und endgültig entbunden.

5. Entfallen mit Vertragsschluss

Die vorstehenden Bestimmungen III.1 bis 4 entfallen von Anfang an mit Abschluss des Unternehmenskaufvertrages. Sie entstehen jedoch erneut und von Anfang an mit Wegfall des Unternehmenskaufvertrages, es sei denn, der Wegfall wäre von dem gemäß Ziff. III.1 bis 4 jeweils Berechtigten zu vertreten.

IV. Recht, Gerichtsstand

Die Erklärungen und Vereinbarungen dieses Schreibens und alle Rechte und Pflichten im Zusammenhang mit seinem Gegenstand unterstehen ausschließlich deutschem Recht und der ausschließlichen internationalen und örtlichen Gerichtsbarkeit der für den Sitz der Gesellschaft zuständigen Gerichte.

***

Zum Zeichen Ihres Einverständnisses mit dem Vorstehenden bitten wir um Gegenzeichnung und Rückgabe der beigefügten Kopie dieses Schreibens.

Unser Herr P wird Ihre Frau Q in den nächsten Tagen zur Bestätigung des Termins und des Ortes der vorgesehenen nächsten Besprechungsrunde anrufen. Wir freuen uns auf die weitere Zusammenarbeit und sind zuversichtlich, dass es zu einem zügigen Fortgang und einem beiderseits befriedigenden Abschluss unserer gemeinsamen Bemühungen kommen wird.

Mit freundlichen Grüßen

…………………………………………

(Unterschrift X-AG)

II. ERLÄUTERUNGEN

Erläuterungen zu B. 21.03 Letter of Intent

1. Grundsätzliche Anmerkungen

Schrifttum: *Semler/Volhard* Arbeitshandbuch für Unternehmensübernahmen, München 2001, § 6 Rz. 24 ff.; *Beisel/Klumpp* Der Unternehmenskauf, 6. Aufl., 2009, Kap. 1 Rz. 67 ff.; *Hettler/Stratz/Hörtnagel* Unternehmenskauf, München, 2. Aufl., 2013, § 1 Rz. 101 ff.; *Picot* Unternehmenskauf und Restrukturierung, 4. Aufl. München 2013, § 2 Rz. 18ff.: *Holzapfel/Pöllath*, Unternehmenskauf in Recht und Praxis, 14. Aufl. 2010 Rz. 12 ff.; *Hölters* Handbuch Unternehmens- und Beteiligungskauf, 6. Aufl. Köln 2005; VII Rz. 20; *Lutter* Der Letter of Intent, 3. Aufl., Köln ua. 1998; *Heussen* Anwalts-Checkbuch Letter of Intent, Köln 2002; *Palandt/Ellenberger* Vor § 145 Rz. 18; *MünchKommBGB/Busche* Vor § 145 Rz. 58 f; *Staudinger/Bork* § 145 Rz. 14; *Jahn* Der Letter of Intent, 2000; *Jansen* M & A Review 2002, 249; *Kösters* NZG 99, 623; *Stengel/Schloderer* NJW 94, 158; *Bergjan* ZIP 04, 395; *Hilgard* BB 08, 286.

a) Funktion

1 Den Letter of Intent **(„Absichtserklärung")** hat die kaufmännische Praxis als ein Institut geschaffen, dessen juristische Einordnung im Einzelfall unsicher ist. Unsicher

ist insbesondere, ob und in welchem Umfang Rechte und Pflichten aus einem Letter of Intent entstehen. Der Jurist hat einerseits diese kaufmännische Zielsetzung zu respektieren, die eine allzu genaue juristische Präzisierung als dem Fortgang der Verhandlungen nicht förderlich ansieht; andererseits ist es gerade die Aufgabe des Juristen, alle Möglichkeiten einer Präzisierung auszuschöpfen und zumindest der eigenen Seite die rechtlichen Risiken verbleibender Unklarheiten deutlich zu machen.

Ein guter Letter of Intent fördert den Fortgang der Verhandlungen und hält zwi- 2
schenzeitliche Rechte und Pflichten fest (zB Vertraulichkeit, Ausschließlichkeit, Verfahrensfragen, als Anreiz Kostenübernahmen oder Pauschalbeträge), ohne Rechte und Pflichte zu begründen, die über den erreichten Verhandlungsstand hinausgingen, insbesondere die Verhandlungs- und Abschlussfreiheit einer der Parteien einschränken würden. Zum Kartellrecht s. B. 21.01 Rz. 20ff.

Ein Letter of Intent kann notwendige Voraussetzung dafür sein, dass Management oder Gesellschafter der Gesellschaft dem Erwerbsinteressenten (oft ein aktueller oder potentieller Wettbewerber!) vertrauliche Informationen ohne Verletzung eigener Rechtspflichten offenlegen dürfen; vgl. *Holzapfel/Pöllath* aaO Rz. 12ff., 931.

Das Formular B. 21.03 ist (vor allem zum Verfahren) weit ausführlicher und detaillierter als die meisten Praxisfälle; diese enthalten allerdings oft in dem Teil I.1 mehr und Spezifiziertes zu den einzelnen Regelungen des künftigen Vertrages.

b) Zivilrecht

Der Letter of Intent ist zu unterscheiden vom **Verhandlungsprotokoll** (evtl. 3
Punktation) als rein tatsächliche Verhandlungshilfe und vom **Vorvertrag** (evtl. als Option) als rechtlich voll verpflichtendem Vertrag mit Erfüllungsansprüchen. Der Letter of Intent kann im Wortsinne unverbindliche bloße ‚Absichtserklärung' sein oder aber – idR ausdrücklich – (Neben-)Pflichten begründen, vor allem bzgl. des Verhandlungsgangs. Er soll nie Erfüllungsansprüche oder Ansprüche auf Abschluss des endgültigen Unternehmenskaufvertrages begründen, sondern stets nur ihre (spätere, gesonderte) Begründung vorbereiten helfen. Ein Memorandum of Intent kann aber bindender Vertrag sein (vgl. OLG Köln 19 U 223/93 v. 21.1.94, OLG Report Köln 94, 61). Sind alle wesentlichen Vertragsbestandteile in ihm bestimmt, kann ein Letter of Intent ein rechtlich bindender Vorvertrag sein (OLG Frankfurt 16 U 176/97 v. 9.7.98, OLGR Frankfurt 00, 112). Zu Sorgfalts- und Schadensersatzpflichten vgl. BGH VIII ZR 4/88 v. 22.2.89, NJW-RR 89, 627 (auch schuldlos); BGH XII ZR 126/96 v. 24.6.98, DB 98, 2013; BGH V ZR 29/96 v. 26.9.97, NJW 98, 302; BGH V ZR 264/05 v. 19.5.06, NJW 06, 3139; *Bergjan* ZIP 04, 395; zur Formbedürftigkeit vgl. OLG Stuttgart 9 U 13/89 v. 7.7.89, BB 89, 1932; OLG Frankfurt 16 U 176/97 v. 9.7.98, OLGR Frankfurt 00, 112; LG Heilbronn 2 KfH O 241/87 v. 15.8.88, DB 89, 1227; LG Paderborn 2 O 132/00 v. 28.4.00, NZG 00, 899; *Kapp* DB 89, 1224.

Zur Funktion und Abgrenzung des Letter of Intent beim Unternehmenskauf vgl. 4
Holzapfel/Pöllath aaO Rz. 12ff.; *Hommelhoff* ZHR 150 (1986) 254, 255ff.; *Pöllath,* Grundsätze ordnungsgemäßen Unternehmenskaufs, FS Bezzenberger, 2000 S. 549, 553.

In Anlehnung an geläufige Unterscheidungen bei der Patronatserklärung, die ähnli- 5
chen kaufmännischen, nicht juristischen Zielsetzungen entsprungen ist, kann man zwischen einem **„weichen"** und einem **„harten" Letter of Intent** (und allen Schattierungen zwischen diesen beiden Polen) unterscheiden (vgl. BGH II ZR 296/08 v. 20.9.10, DStR 10, 2258; OLG Düsseldorf 16 U 28/09 v. 28.12.10, DB 11, 106). Ein „weicher" Letter of Intent ist eine Absichtserklärung, aus der sich keinerlei Rechte und Pflichten ergeben. Ein solcher Letter of Intent könnte zB lauten:

„...... übersenden wir das Gesprächsprotokoll vom ...... und bestätigen Ihnen zur Vorlage an Ihre Gesellschafterversammlung und Ihre Hausbank unsere Absicht, Ihr ge-

samtes Unternehmen (ohne Betriebsimmobilie und ohne betriebsneutrales Vermögen) möglichst mit Wirkung zum 1. Januar 2015 und zu einem Kaufpreis in Höhe von etwa dem sechsfachen Jahresgewinn (nach Gewerbesteuer) vorbehaltlich des Abschlusses eines schriftlichen Unternehmenskaufvertrages durch ordnungsgemäß befugte Vertreter Ihrer und unserer Seite zu erwerben. Rechte und Pflichten für Ihre und unsere Seite ergeben sich nicht aus diesem Schreiben, sondern ausschließlich aus einem etwaigen solchen schriftlichen Unternehmenskaufvertrag (§ 154 Abs. 2 BGB).“

6 Ein „harter“ Letter of Intent wird mindestens **Schadensersatz,** wenn schon nicht Erfüllungsansprüche begründen, was im Einzelfall sogar gravierender sein kann als ein regelrechter Vorvertrag. Umgekehrt gibt es als endgültig erscheinende Unternehmenskaufverträge, die zB unter dem Vorbehalt der Zustimmung des Aufsichtsrates eines oder beider Beteiligten stehen und aus denen sich zuvor ggf. überhaupt keine Rechte und Pflichten zu ergeben brauchen.

c) Steuerrecht

7 Ein Letter of Intent (ohne Erfüllungspflichten) löst weder Verkehrssteuern aus (beachte ggf. § 1 GrEStG, vor allem Abs. 2) noch bewirkt er eine Gewinnrealisierung (kein Übergang des wirtschaftlichen Eigentums, vgl. aber BFH IV R 226/85 v. 10.3.88 BStBl. II 88, 832; BFH I R 154/85 v. 7.11.90, BFHE 162, 432, beide zu § 17 EStG. Vgl. B. 21.01 Rz. 38).

8, 9 *(frei)*

2. Einzelerläuterungen

10 Die Teile I und II des Formulars enthalten die rechtlich unverbindlichen Absichtserklärungen zum Gang und Ergebnis der Verhandlungen (vgl. II.4), der Teil III die rechtsverbindliche Vereinbarung zu Nebenfolgen (Vertraulichkeit, Wettbewerbsverbot, Kostenübernahme, Ausschließlichkeit).

Zu I:

11 Die Formulierung lässt offen, ob und inwieweit sich aus I.1 bis 3 verbindliche **Nebenpflichten** ergeben können (deren Nichtbeachtung eine Haftung aus Verschulden vor oder bei Vertragsschluss (§§ 311 Abs. 2, 241 Abs. 2, 280 BGB) begründet, vgl. BGH II ZR 105/80 v. 15.4.81, WM 81, 787; BGH III ZR 23/78 v. 7.2.80, DB 80, 1439; BGH V ZR 216/81 v. 8.10.82, DNotZ 83, 621; BGH VIII ZR 4/88 v. 22.2.89, WM 89, 685; BGH XI ZR 92/96 v. 11.3.97, EWiR 97, 839; BGH V ZR 29/96 v. 26.9.97, NJW 98, 302; OLG Hamburg 11 U 90/92 v. 3.6.94, DStR 94, 1019; OLG Celle 4 W 53–98 v. 1.4.98, OLGR Celle 98, 285; OLG München 7 U 2128/06 v. 26.7.06, DNotZ 07, 712; zu Formerfordernissen OLG München 7 U 736/12 v. 19.9.12, NZG 13, 257), ob nun ein Vertrag überhaupt (auch nach dem vorgesehenen Termin) zustande kommt oder nicht. Vgl. aber II.4. Der BGH hat insbesondere die Aufklärungspflicht beim Unternehmenskauf erheblich ausgeweitet (BGH VIII ZR 32/00 v. 4.4.01, GmbHR 01, 516; VIII ZR 185/00 v. 6.2.02, DStR 02, 1098).

Zu III.1 und 2:

12 Die **Vertraulichkeitsabrede** ist üblich, aber hier sehr zugunsten der Gegenseite formuliert. Aus Sicht des Geheimhaltungspflichtigen wäre die Einzelaufzählung durch eine Generalklausel zu ersetzen.

Das **Abwerbeverbot** ist üblich und entspricht ohnehin geltendem Recht.

Das **Wettbewerbsverbot** ist wenig üblich, aber zB bei Einblick des Erwerbsinteressenten in Know-How und Geschäftsbeziehungen des Veräußerers oder der Zielgesellschaft dem Veräußerer dringend zu empfehlen.

In der Praxis verlangt der Veräußerer gelegentlich, dass ihm der Erwerber seinerseits dessen Informationen und Know-How auf demselben Gebiet zur Verfügung stellt; dann verpflichten sich beide zur Vertraulichkeit und Nichtverwendung der jeweils vom anderen erhaltenen Kenntnisse. Dafür spricht das, was fast immer gilt, wenn eine Klausel wechselseitig gefasst wird: Das gegenseitige Verständnis für das Informations- und für das Geheimhaltungsbedürfnis und die Nutzungsmöglichkeit werden ausgewogener (über den „Geisel"-Effekt hinaus). Es verdoppelt sich aber auch das Risiko der Verletzung. Ein solcher Satz kann lauten: „Zug um Zug gegen die Übermittlung der Informationen gemäß dem vorstehenden Satz übermittelt der Erwerber dem Veräußerer die ihm zur Verfügung stehenden Informationen gleicher Art aus dem entsprechenden Tätigkeitsbereich seines Unternehmens (einschließlich verbundener Unternehmen)." Solche Klauseln eigenen sich grds. nur für die Verhältnisse vergleichbarer, meist großer Unternehmen. Beachte das Risiko der Unwirksamkeit gemäß § 1 GWB.

Zu III.3:

Die **Kostenübernahme** ist in der Praxis oft eine notwendige oder zweckmäßige „Gegenleistung", um den Veräußerer zu bewegen, Informationen zu liefern, Prüfungen zu erlauben und den Fortgang der Verhandlungen mit dem nötigen Einsatz (auch Externer, zB Berater) zu betreiben. Vor allem „private" Veräußerer, die Veräußerungskosten bei Scheitern steuerlich nicht absetzen können, haben an einer solchen Übernahme Interesse. 13

Zu III.4:

Ausschließlichkeitsvereinbarungen sind jedenfalls für den Erwerber empfehlenswert, aber schwer zu sanktionieren und darum rein juristisch eher zwecklos. Ggfs. sollte der Veräußerer eine entsprechende Beschränkung zu Lasten des Erwerbers anstreben. 14

B. 21.04 Rechtliche Due Diligence Anforderungsliste

Gliederung

I. FORMULAR

Formular B. 21.04 Rechtliche Due Diligence Anforderungsliste

1. Gesellschaftsrechtliche Verhältnisse

1.1 Allgemein

1.1.1 Dokumente über die historische Entwicklung der Gesellschaft

1.1.2 Aktueller elektronischer Handelsregisterauszug der Gesellschaft unter Beifügung noch nicht eingetragener Anmeldungen zum Handelsregister

1.1.3 Aktuelle elektronische Gesellschafterliste

1.1.4 Liste aller Zweigniederlassungen und Betriebsstätten der Gesellschaft mit ihren jeweiligen Anschriften

1.1.5 Gesellschaftsvertrag, wie er zuletzt beim Handelsregister eingereicht wurde, bzw. die aktuelle Version des Gesellschaftsvertrages, wenn er von der zum Handelsregister eingereichten Version abweicht

1.1.6 Gesellschaftervereinbarungen

1.1.7 Gesellschafterbeschlüsse der letzten drei Jahre

1.1.8 Geschäftsführungsbeschlüsse der letzten drei Jahre

1.1.9 Beschlüsse jedweder Aufsichts- oder Beiratsgremien der letzen drei Jahre

1.2 Gründung der Gesellschaft

1.2.1 Notarielle Gründungsurkunde (Gesellschafterbeschluss nebst Übernahmeerklärungen), Gesellschafterlisten/Gründerlister, Einzahlungsnachweise bei Bargründung

1.2.2 Urkunden über Satzungsänderungen, die seit Gesellschaftsgründung beschlossen wurden, einschließlich derer, die noch nicht zum Handelsregister eingereicht wurden

1.2.3 Im Fall der Sachgründung:

- **Gründungsurkunde (Gesellschafterbeschluss)**
- **Übernahmeerklärung(en) der/s Gesellschafter(s)**
- **Einbringungsvertrag**
- **Sachgründungsbericht**
- **Werthaltigkeitsbescheinigung**

1.3 Kapitalveränderungen seit der Gesellschaftsgründung

1.3.1 Im Falle einer Kapitalerhöhung durch Bareinlage:

- **Kapitalerhöhungsbeschluss**
- **Übernahmeerklärung(en) der (neuen bzw. alten) Gesellschafter**
- **Nachweis über Betrag, Form und Zeitpunkt der Bareinlage**
- **Gesellschafterliste**

1.3.2 Im Falle einer Kapitalerhöhung durch Sacheinlage:

- **Beschluss über die Kapitalerhöhung**
- **Übernahmeerklärung(en) der (neuen bzw. alten) Gesellschafter**
- **Einbringungsverträge**
- **Nachweis über die Werthaltigkeit der Sacheinlage**
- **Handelsregistereintragung**

1.4 Umstrukturierungen seit Gründung der Gesellschaft

1.4.1 Dokumente über Verschmelzungen von Unternehmen auf die Gesellschaft

- **Verschmelzungsbeschlüsse der beteiligten Gesellschaften**
- **Verschmelzungsvertrag**
- **Verschmelzungsbericht der beteiligten Gesellschaften**
- **Prüfungsbericht der Verschmelzungsprüfer**
- **Handelsregistereintragungen**
- **Gesellschafterliste**

1.4.2 Bei Abspaltung eines Unternehmensteils der Gesellschaft

- **Spaltungsbeschlüsse**
- **Spaltungs- und Übernahmevertrag**
- **Spaltungsbericht der beteiligten Gesellschaften**
- **Handelsregistereintragungen**
- **Gesellschafterliste**

1.4.3 Bei Ausgliederung eines Unternehmensteils der Gesellschaft
- Vertrag über den Betriebsmittelübergang
- Handelsregistereintragungen
- Gesellschafterliste

1.4.4 Bei Rechtsformwechsel
- Umwandlungsbeschluss der Gesellschaft
- Umwandlungsbericht
- Handelsregistereintragung
- Gesellschafterliste

1.5 Verträge der Gesellschaft mit Gesellschaftern und ihnen nahe stehenden juristischen oder natürlichen Personen

1.5.1 Verträge über Gesellschafterdarlehen oder Darlehen von verbundenen Unternehmen der Gesellschafter oder von Gesellschaftern nahe stehenden Personen mit Angaben über Zinsen, ursprünglichen Betrag, Stichtagsbetrag, Rückzahlung und Sicherheiten

1.5.2 Vereinbarungen über die Bestellung von Sicherheiten durch Gesellschafter oder durch verbundene Unternehmen der Gesellschafter oder durch Gesellschaftern nahe stehende Personen für Verbindlichkeiten der Gesellschaft gegenüber Dritten (zB Patronatserklärungen, Bürgschaften, Rangrücktrittserklärungen)

1.5.3 Vereinbarungen über die Gewährung von Darlehen durch die Gesellschaft an ihre Gesellschafter oder mit den Gesellschaftern verbundene Unternehmen oder an Gesellschaftern nahe stehende Personen mit Angaben über Zinsen, ursprünglichen Betrag, Stichtagsbetrag, Rückzahlungen und Sicherheiten

1.5.4 Vereinbarungen über die Bestellung von Sicherheiten der Gesellschaft für Verbindlichkeiten der Gesellschafter oder mit ihnen verbundener Unternehmen oder ihnen nahe stehender Personen

1.5.5 Sonstige Vereinbarungen zwischen der Gesellschaft und ihren Gesellschaftern, mit den Gesellschaftern verbundenen Unternehmen oder den Gesellschaftern nahe stehenden Personen, zB
- Freistellungen von gesetzlichen Wettbewerbsverboten (zB für beherrschende oder geschäftsführende Gesellschafter)
- Konzernumlagen, Geschäftsführungsverträge
- Lieferanten- und Kundenverträge

1.5.6 Gewinnabführungs- und Beherrschungsverträge

1.5.7 Stille Gesellschaften oder ähnliche Verträge

1.6 Verträge über Gesellschaftsanteile

1.6.1 Kauf- und Abtretungsverträge über Gesellschaftsanteile

1.6.2 Verträge über Treuhandschaften, stille Beteiligungen und Unterbeteiligungen

1.6.3 Verträge über die Belastung von Gesellschaftsanteilen (z. B. Verpfändungsverträge und Nießbrauchverträge)

2. Finanzierung

2.1 Jahresabschluss mit Prüfbericht des letzten abgelaufenen Geschäftsjahres (ggf. auch nachfolgender Zwischenabschluss)

2.2 Darlehen

2.2.1 Verträge mit Gesellschaftern und ihnen nahe stehenden Personen

2.2.2 Verträge mit Banken

2.2.3 Verträge mit sonstigen Dritten

2.3 Sicherheiten

2.3.1 Sicherungsübereignungsverträge

2.3.2 Sicherungsabtretungsverträge

2.3.3 Beschlagnahme und Verträge über die Verpfändung von Sacheinlagen (einschließlich Anteilen an Tochtergesellschaften)

2.3.4 Bürgschaften/Garantien

2.3.5 Stundungsvereinbarungen

2.3.6 Andere Sicherheitsverpflichtungen gegenüber Dritten, außer denen im Rahmen des laufenden Geschäftsbetriebes (Eigentumsvorbehalte bzgl. der Wirtschaftsgüter und gesetzliche Pfandrechte)

2.4 Factoring

2.4.1 Echte Factoring-Verträge

2.4.2 Unechte Factoring-Verträge

2.5 Leasingverträge

2.5.1 Finanzierungsleasingverträge

2.5.2 Andere Leasingverträge

2.6 Insolvenzverfahren

2.6.1 Vollständige Dokumentation aller Insolvenzverfahren, die seit Gründung gegen die Gesellschaft eingeleitet oder deren Einleitung angedroht wurde

2.6.2 Vollständige Dokumentation aller Vorgänge, die zur Einleitung oder Androhung eines Insolvenzverfahrens führen können

3. Wichtige Verträge

3.1 Operatives Geschäft

3.1.1 Wichtige Verträge mit den Hauptlieferanten (einschließlich Aufträge)

3.1.2 Wichtige Verträge mit den Hauptkunden (einschließlich Aufträge)

3.1.3 Konditionen des Ein- und Verkaufs

3.1.4 Wichtige Logistikverträge (zB Transport- und Lagerverträge)

3.1.5 Dienstleistungs-, Service- und ähnliche Verträge

3.2 Weitere wichtige Verträge

3.2.1 Organisationsverträge (z.B. Cash-Pool-Verträge, Dienstleistungsverträge zwischen verbundenen Unternehmen)

3.2.2 Verträge über Joint Ventures, Kooperationen

3.2.3 Verträge mit gewerblichen Agenten, Händlern und vergleichbaren Vertriebspartnern

3.2.4 Forschungs- und Entwicklungsverträge

3.2.5 Werbeverträge

3.2.6 Verträge außerhalb des ordentlichen Geschäftsbetriebs der Gesellschaft, soweit sie nicht in den obigen Ausführungen enthalten sind

3.2.7 Verträge mit einer Kündigungsfrist von mehr als 3 Monaten

3.2.8 Verträge mit einem Wert von mehr als EUR 50.000

3.2.9 Verträge, die den Vertragspartner zur Änderung oder Kündigung des Vertrages im Falle eines Kontrollwechsels bei der Gesellschaft berechtigen (change-of-control)

3.3 Unternehmenskaufverträge der letzten 5 Jahre

3.4 Wettbewerb
3.4.1 Konkurrenzverbote
3.4.2 Gebietsschutzverträge
3.4.3 Auflagen, Benachrichtigungen, Anfragen oder Entscheidungen von Kartellbehörden

4. Arbeitsrechtliche Verhältnisse

4.1 Angestellte
4.1.1 Anonymisierte Liste aller Angestellten (einschließlich leitender Angestellten und Geschäftsführer) mit Angaben über Name, Alter, Eintrittsdatum, Funktion und Bruttogehalt für das letzte (vollständige) Kalenderjahr
4.1.2 Durchschnittlicher Krankenstand, Unfallhäufigkeit, sonstige Fehlzeiten in den vergangenen drei Jahren

4.2 Kollektives Arbeitsrecht
4.2.1 Angabe der Arbeitgeberverbände, in denen die Gesellschaft Mitglied ist
4.2.2 Vorlage aller anwendbaren Tarifverträge
4.2.3 Unterlagen zum Betriebsrat
4.2.4 Vorlage sämtlicher derzeit geltender Betriebsvereinbarungen und betriebsinterner Regelungen (Betriebsvorschriften und operational exercises)

4.3 Vergütungssystem
4.3.1 Aufstellung aller aktuellen Vergütungssummen eingeteilt nach Mitarbeitergruppen mit Angaben des regelmäßigen Lohnerhöhungszeitpunktes
4.3.2 Interne Richtlinien über Lohnerhöhungen
4.3.3 Mitarbeiterbeteiligungsprogramme

4.4 Arbeitsverträge
4.4.1 Mustervertrag für die verschiedenen Arbeitnehmer
4.4.2 Anstellungsverträge aller Geschäftsführer und Arbeitnehmer, die ein Jahresgehalt von mehr als EUR 75.000 erhalten oder deren Kündigungsfrist mehr als 12 Monate beträgt
4.4.3 Verträge mit Arbeitnehmern über weitere Sozialleistungen (zB Krankheits-, Unfall- und Lebensversicherung) oder andere Verträge (zB Betriebs-Kfz, gewinn- oder umsatzabhängige Tantieme)
4.4.4 Vereinbarungen mit Arbeitnehmern, die Rechtsfolgen an die Übernahme der Gesellschaft durch einen neuen Gesellschafter knüpfen

4.5 Pensionssystem
4.5.1 Muster einer Versorgungszusage gegenüber derzeitigen oder ausgeschiedenen Arbeitnehmern oder Muster anderer Pensionsverpflichtungsregelungen, die für sie gültig sind (kollektive und individuelle Zusagen)
4.5.2 Aufstellung der ausgeschiedenen Arbeitnehmer, die Ansprüche haben oder erwarten, die aus Pensionsverpflichtungen erwachsen, mit Angaben über Alter und Betriebszugehörigkeit
4.5.3 Aufstellung der aktuellen Arbeitnehmer mit Pensionsansprüchen mit Angaben über die erwarteten Ansprüche
4.5.4 Vorlage der bestehenden versicherungsmathematischen Gutachten

4.5.5 Angaben über die Absicherung der Pensionsverpflichtungen (Direktversicherung, Rückstellungen, etc.)

4.5.6 Verträge über Vorruhestand, Altersteilzeit, Zeitkonten etc.

4.6 Andere

4.6.1 Liste der früheren Arbeitnehmer oder Arbeitnehmer, die innerhalb der nächsten 6 Monate ausscheiden werden (inklusive Alter und Betriebszugehörigkeit) und die Ansprüche gegen die Gesellschaft haben (neben Versorgungsansprüchen), insbesondere aus Abfindungsverträgen oder Sozialplänen

4.6.2 Liste der Lohnarbeiter und Teilarbeitszeitbeschäftigten und Leiharbeitnehmer

4.6.3 Sozialpläne der letzten sechs Jahre und Informationen über geplante Maßnahmen

4.6.4 Überblick über gewerbliche Streitigkeiten

4.6.5 Beschreibung der Verstöße gegen arbeitsrechtliche Bestimmungen

4.6.6 Ansprüche oder Schäden auf Grund gefährlicher Arbeit

5. Gewerbliche Schutzrechte

5.1 Liste der Patente, Warenzeichen, Markenrechte, Gebrauchsmuster und anderen gewerblichen Schutzrechte, sowie Domains, die die Gesellschaft nutzt (einschließlich Informationen zu Registrierung, Auslaufen und Anfechtung/Rechtsstreitigkeiten)

5.2 Liste der Patente, Warenzeichen, Markenrechte, Gebrauchsmuster und anderen gewerblichen Schutzrechte, die zugunsten der Gesellschaft eingetragen sind oder deren Eintragung zugunsten der Gesellschaft beantragt wurde (einschließlich Informationen zu Registrierung, Auslaufen und Anfechtung/Rechtsstreitigkeiten)

5.3 Lizenzverträge über an Dritte gewährte Lizenzen oder andere Rechte, die Dritte zum Gebrauch von Patenten, Warenzeichen, Markenrechten, Gebrauchsmustern oder anderen gewerblichen Schutzrechten der Gesellschaft berechtigen

5.4 Lizenzverträge, die die Gesellschaft zur Nutzung von Patenten, Warenzeichen, Markenrechten, Gebrauchsmustern oder anderen gewerblichen Schutzrechten Dritter berechtigen

5.5 Know-How-Verträge mit Dritten

5.6 Verträge über andere immaterielle Rechte (zB Verträge über den Gebrauch von Software, Web-Hosting-Verträge, Namensrechte)

5.7 Patentschriften bzgl. weiterer Rechte (Topografien, Urheberrechte, etc.)

5.8 Beschreibung der Schutzmaßnahmen für Patente, Warenzeichen und Gebrauchsmuster

6. Immobilien

6.1 Grundeigentum

6.1.1 Liste aller Grundstücke (einschließlich Erbbaurechte und Teileigentum)

6.1.2 Liste aller Gebäude im Eigentum der Gesellschaft

6.1.3 Liste aller genutzten Grundstücke

6.1.4 Liste aller genutzten Gebäude

6.1.5 Vollständige beglaubigte Grundbuchauszüge für alle Grundstücke (nicht älter als ein Monat)

6.1.6 Katasterauszüge für alle Grundstücke

6.2 Miet- und Pachtverträge

6.2.1 Miet, Untermiet-, Pacht-, Leasing- und ähnliche Verträge als Mieter

6.2.2 Miet-, Untermiet, Pacht-, Leasing- und ähnliche Verträge als Vermieter

7. Rechtsstreitigkeiten

7.1 Gerichtliche Rechtsstreitigkeiten

7.1.1 Einzelheiten über anhängige oder angedrohte Gerichtsverfahren

7.1.2 Einzelheiten über bereits beendete Verfahren, die aber zukünftige Verpflichtungen begründen

7.2 Andere Verfahren

7.2.1 Einzelheiten über anhängige oder angedrohte Verwaltungsverfahren

7.2.2 Einzelheiten über anhängige oder angedrohte Schiedsverfahren

7.2.3 Bereits beendete Verfahren, die aber zukünftige Verpflichtungen begründen

7.3 Einzelheiten aller angedrohten Streitigkeiten oder Risiken, die zu Gerichtsverhandlungen, Schieds- oder anderen Verfahren führen können (einschließlich Produkthaftung)

8. Versicherungen

8.1 Aufstellungen

8.1.1 Aufstellung aller abgeschlossenen Versicherungen mit Angaben über
- Versicherer
- gedecktes Risiko
- Versicherungssumme
- Prämie
- change-of-control-Klauseln

8.1.2 Aufstellung geltend gemachter Versicherungsansprüche der letzten 6 Jahre

8.1.3 Liste ungedeckter Risiken oder Zurückweisung von Versicherungsanträgen

8.2 Versicherungsberichte

9. Umweltangelegenheiten

9.1 Genehmigungspflichtige Betriebsanlagen

9.1.1 Vorlage sämtlicher Genehmigungs- oder Bewilligungsbescheide mit Hinweisen, ob die auferlegten Bedingungen und Auflagen eingehalten werden

9.1.2 Übersicht über Genehmigungen, deren Rücknahme oder Widerruf oder deren Entzug oder Nichtverlängerung droht, sowie über Anfechtung von Bescheiden durch die Gesellschaft

9.2 Zusammenstellung von Verfügungen

9.2.1 Zusammenstellung aller während der letzten 6 Jahre ergangenen umweltrechtlichen Verfügungen oder Beanstandungen von Behörden oder Dritten sowie Nachweise zu deren Erledigung

9.2.2 Zusammenstellung aller während der letzten 6 Jahre ergangenen Beanstandungen und Ansprüche Dritter sowie Nachweise zu deren Erledigung

9.2.3 Überprüfungsberichte

9.3 Zusammenstellung aller bekannten und eventuellen Umweltrisiken

10. Öffentlich-rechtliche Beziehungen

10.1 Zahlungsverpflichtungen der öffentlichen Hand
10.1.1 Förderung
10.1.2 Zuschüsse
10.1.3 Subventionen

10.2 Verpflichtungen gegenüber der öffentlichen Hand
10.2.1 Investitionsmaßnahmen der öffentlichen Hand (aus denen eine Kostenbelastung der Gesellschaft hervorgehen wird)
10.2.2 Planungsmaßnahmen der öffentlichen Hand (mit erheblichen Auswirkungen auf die Geschäftstätigkeit der Gesellschaft)
10.2.3 Wettbewerbsrechtliche Einschränkungen

10.3 Öffentlich-rechtliche Prüfung
10.3.1 Prüfung durch Sozialversicherungsträger (BfA, Krankenkasse etc.) und andere Institutionen (zB Berufsgenossenschaften)
10.3.2 Öffentlich-rechtliche Rahmenbedingungen (zB Emissionsvorschriften, Brandschutz, Arbeitsplatzsicherheit)

10.4 Öffentlich-rechtliche Genehmigungen
10.4.1 Gewerbeanmeldung und Gewerbeerlaubnis
10.4.2 Andere behördliche Genehmigungen für die Ausübung des Geschäftsbetriebs (zB Verarbeitung gefährlicher Stoffe etc.)

II. ERLÄUTERUNGEN

Erläuterungen zu B. 21.04 Rechtliche Due Diligence Anforderungsliste

1. Grundsätzliche Anmerkungen

Schrifttum: *Holzapfel/Pöllath* aaO Rz. 19ff. mwN; *Berens/Brauner/Strauch* Due Diligence bei Unternehmensakquisitionen, 7. Aufl. Stuttgart 2013, 503ff.; *Kneip/Jänisch* Tax Due Diligence – Steuerrisiken und Steuergestaltungen beim Unternehmenskauf, 2. Aufl. 2010; *Beisel/Andreas* Due Diligence, München 2. Aufl., 2010, §§ 12ff. (S. 123ff.); *Werner/Rüdiger* Sorgfaltspflichten des Geschäftsführers bei Unternehmensakquisitionen, GmbHR 07, 678; *von Busekist/Timmerbell*, Die Compliance Due Diligence in M&A-Prozessen, CCZ 13, 225.

a) Was ist Due Diligence?

1 Due Diligence bezeichnet die „gebotene Sorgfalt" oder die „erforderliche Sorgfalt", mit der beim Kauf, Verkauf oder anderen Transaktionen von Wirtschaftsgütern oder Anteilen der zu erwerbende Vermögensgegenstand im Vorfeld der Transaktion geprüft wird. **Due Diligence** ist eine Bestandsaufnahme, eine systematische Analyse der Stärken oder/und Schwächen des zu erwerbenden Vertragsgegenstandes, eine Analyse der mit dem Kauf verbundenen Risiken sowie seine fundierte Bewertung. Durch die zunehmende Anzahl an Transaktionen ist dieser Begriff längst auch in Deutschland gebräuchlicher geworden.

Due Diligence-Prüfung ist Ausprägung des anglo-amerikanischen „caveat emptor"-Prinzips (der Käufer sei auf der Hut). Im kaufrechtlichen Zusammenhang bedeutet das, dass allein der Käufer das **Risiko etwaiger Mängel der Kaufsache** trägt. Er muss deshalb prüfen, was er kauft. Er führt also in aller Regel eine umfassende Prüfung des Kaufgegenstandes durch. Auf dieser Grundlage kann er sich dann konkret vom Verkäufer bestimmte Garantien für die Mängelfreiheit des Kaufgegenstandes geben lassen. Diese Kaufprüfung ist die so genannte Due Diligence-Prüfung. In rechtlicher Konsequenz mindert eine sorgfältige Prüfung das Risiko des Käufers nicht. Aus ihr ergibt sich nur, was man in einem Kaufvertrag mit dem Verkäufer verhandeln muss.

In Deutschland gibt es rechtlich/gesetzlich eine **grundlegend andere Risikoverteilung.** Der Verkäufer trägt das Risiko etwaiger Mängel der Kaufsache. Der Verkäufer hat dem Käufer die Kaufsache grundsätzlich frei von Sach- oder Rechtsmängeln zu verschaffen. Um einen Interessenausgleich zwischen Käufer und Verkäufer herbeizuführen, gibt es in Deutschland ein ausgewogenes Haftungssystem mit Aufklärungs- und Verhaltenspflichten des Verkäufers und gesetzlich geregelten Gewährleistungsansprüchen des Käufers. Eine Due Diligence-Prüfung ist in diesem System eigentlich nicht vorgesehen. Trotzdem hat sich das Due Diligence-Verfahren – auf Grund der Internationalisierung der Transaktionen – mittlerweile auch in Deutschland durchgesetzt. Hintergrund dafür ist auch, dass die Sachmängelhaftung des BGB für den Verkauf von Gesellschaftsanteilen („Share Deal") unzureichend ist und man deshalb auch in Deutschland in Kaufverträgen spezielle Beschaffenheitsvereinbarungen und Garantien verhandeln muss, die das Unternehmen selbst betreffen. Zudem sind auch mögliche Auswirkungen auf die Haftung des Geschäftsführers wegen unterlassener Due Diligence-Prüfung bei einem Unternehmenserwerb zu berücksichtigen (vgl. zu Geschäftsführerhaftung bei einem Erwerb aus der Insolvenz OLG Oldenburg 1 U 34/03 v. 22.6.06, NZG 07, 434). 2

b) Verkäufer Due Diligence (Vendor Due Diligence) oder Käufer Due Diligence

Eine **Verkäufer-Due Diligence** (Vendor Due Diligence) ist die Durchführung einer eigenen Analyse und Prüfung des Kaufobjektes durch den Verkäufer zur Informationsversorgung des Käufers. Der Verkäufer bzw. die Berater des Verkäufers führen proaktiv eine Due Diligence durch und stellen dem Käufer die Ergebnisse zur Verfügung. Haupteinsatzgebiet für eine Vendor Due Diligence sind Auktionsprozesse. Der Verkäufer hat die Möglichkeit, den Umfang und den Zeitplan für eine Due Diligence selbst vorzugeben. Dadurch bestimmt er in großem Umfang, was aus dem Unternehmen gezeigt wird und wie es gezeigt wird. Für eine richtige Vendor Due Diligence muss ein großes Maß an Informationen bereit gestellt werden, weil jeder Interessent „bedient" werden soll und man nicht auf Fragen von Käuferseite reagiert. Vorteile aus einer Vendor Due Diligence sind die Informationsbeschaffung für den Verkäufer/selbst Vorbereitung des Verkaufsprozesses für den Verkäufer durch einen vorherigen „Generalcheck" des Verkäufers, Beseitigung/Reparatur von „Mängeln", die Verbesserung des Kaufpreises und die Schnelligkeit des Verkaufsprozesses/Prozesssteuerung. Die Käufer-Due Diligence ist die weitaus häufigere Form einer Due Diligence. Der Verkäufer stellt Informationen zur Verfügung, aber unausgewertet. Die Auswertung erfolgt durch den einzelnen Interessenten, der unterschiedlich an die Themenbetreuung herangehen wird. In einem Auktionsprozess kann das zu einer enormen Belastung des Unternehmens führen, weil die Mitarbeiterressourcen von jedem Interessenten beansprucht werden, um ihm bei der Auswertung seiner Ergebnisse zur Seite zu stehen. Naturgemäß hat der Verkäufer aber dann keinen Zugang zu den ausgewerteten Informationen des Käufers. 3

2. Einzelerläuterungen

Das rechtliche und das steuerliche Muster der Checklisten-Formulare sind allgemein gehalten und müssen je nach Branche und sonstigen Besonderheiten des Falles noch 4 individuell abgestimmt werden. Wenn man sich generell in den spezifischen Erwerbsvorgang eingearbeitet hat – hinsichtlich spezieller Umstände – kann man auch eine spezielle Due Diligence-Checkliste erstellen, die den Schwerpunkten Rechnung trägt. Diese Checkliste wird dann der anderen Seite mit der Bitte um Zurverfügungstellung der in der Checkliste genannten Unterlagen übersandt. Das gilt beispielsweise unabhängig davon, ob der Verkäufer seinerseits spezielle Unternehmensinformationen in einem Datenraum zusammenstellt. Die Checkliste gilt dann als Wegweiser, ob im Datenraum alles vorhanden war, was man anhand der Checkliste sehen und prüfen sollte. Durch eine möglichst weite und pauschale Fassung der einzelnen Fragen soll erreicht werden, dass auch entsprechende Überlegungen oder Erinnerungen in die Wege geleitet werden. Nicht einschlägige Punkte können dann mit Fehlanzeige beantwortet werden.

B. 21.05 Steuerliche Due Diligence Anforderungsliste

I. FORMULAR

Formular B. 21.05 Steuerliche Due Diligence Anforderungsliste

1. Rechtliche Grundlagen (soweit nicht bereits im Rahmen einer gesonderten rechtlichen Due Diligence angefordert)

1.1 Übersicht der Gruppen-/Konzernstruktur

1.2 Aktuelle Handelsregisterauszüge

1.3 Gesellschaftsverträge/Satzungen

1.4 Gesellschafterbeschlüsse (mindestens der letzten drei Jahre)

2. Steuerliche Veranlagung/Betriebsprüfungen

2.1 Aktueller Kontoauszug des Finanzamtes (kann beim zuständigen Finanzamt – idR – telefonisch angefordert werden)

2.2 Betriebsprüfungsbericht, Umsatzsteuersonderprüfungsbericht, Lohnsteueraußenprüfungsbericht (ggf. Entwürfe, falls Prüfung noch nicht abgeschlossen)

2.3 Sind Steuerbescheide im Anschluss an die letzte Betriebsprüfung bereits unanfechtbar? Vorlage der (geänderten) Steuerbescheide, die für das letzte Veranlagungsjahr des Betriebsprüfungszeitraums ergangen sind. Gibt es Einsprüche/Anträge auf Änderung gegen Steuerbescheide, die im Anschluss an die letzte Betriebsprüfung ergangen sind?

2.4 Sämtliche Steuererklärungen (nebst Anlagen und ergänzender Berechnungen wie etwa iRd § 60 Abs. 2 EStDV, Sonderbilanzen, Ergänzungsbilanzen, Umsatzsteuerverprobungen etc.) und Steuerbescheide (Grundlagen- sowie Folgebescheide) für alle Veranlagungsjahre, die noch keiner Betriebsprüfung unterzogen wurden, (idR Steuerbescheide unter Vorbehalt der Nachprüfung hinsichtlich Körperschaft-, Gewerbe- und Umsatzsteuer, sowie zur Kapitalertragsteuer)

2.5 Vorläufige Steuerberechnung für Veranlagungsjahre, für die noch keine Steuererklärungen eingereicht wurden

2.6 Voranmeldungen zur Umsatzsteuer, soweit noch keine Umsatzsteuerjahreserklärung abgegeben wurde

2.7 Lohnsteueranmeldungen der letzten drei Monate

2.8 Steueranmeldungen zur Bauabzugsteuer (§ 48a EStG), ggf. Freistellungsbescheinigungen (§ 48b EStG)

2.9 Wurden bereits weitere steuerliche Außenprüfungen angeordnet? Ggfs. Vorlage der Prüfungsanordnungen

2.10 Falls derzeit steuerliche Außenprüfungen stattfinden: Welche Feststellungen wurden durch den Betriebsprüfer bereits getroffen? Ggfs. Vorlage entsprechender Korrespondenz mit der Finanzbehörde bzw. dem steuerlichen Berater

2.11 Anträge und Bescheide bezüglich öffentlicher Zuschüsse und steuerlicher Zulagen (zB Investitionszulage) der letzten fünf Jahre

2.12 Berichte der letzten sozialversicherungsrechtlichen Prüfungen (Rentenversicherungen, Krankenkassen, Berufsgenossenschaft)

3. Rechnungslegung

3.1 Berichte über die Prüfung des Jahresabschlusses (falls nicht vorhanden: Jahresabschlüsse) der letzten drei Jahre und zusätzlich der zurückliegenden Jahre, soweit noch keine steuerliche Betriebsprüfung abgeschlossen ist

3.2 Berichte über die Prüfung des Konzernabschlusses der letzten drei Jahre

3.3 Soweit noch keine Jahresabschlüsse (Prüfungsberichte) vorgelegt werden können: Entwürfe entsprechender Prüfungsberichte bzw. Jahresabschlüsse; für das laufende Geschäftsjahr: aktuelle Quartals- bzw. Zwischenabschlüsse (ggf. auch aktuelle Hauptabschlussübersicht bzw. betriebswirtschaftliche Auswertung der Finanzbuchführung)

4. Gesellschaftshistorie

Jeweils für den Zeitraum seit Abschluss der letzten Betriebsprüfung, mindestens jedoch für die letzten 5 Jahre (die Angaben sind auch notwendig, soweit Gesellschaften nicht mehr existieren, also zB im Rahmen der Verschmelzung untergegangen sind, liquidiert oder deren Anteile an Dritte übertragen wurden):

4.1 Übersicht der durchgeführten Umstrukturierungsmaßnahmen (Verschmelzungen, Formwechsel, Spaltung, Vermögensübertragung, Anteilstausch, Anwachsung, Einbringung etc.)

4.2 Übersicht der Akquisitionen (Unternehmenserwerb, Teilbetriebserwerb, Grundstücke, Sonstiges)

4.3 Übersicht der Verkäufe (Unternehmen, Teilbetriebe, Grundstücke, sonstiges)

4.4 zu den o. g. Maßnahmen: Vorlage von Gutachten/Memos des steuerlichen Beraters/Wirtschaftsprüfers und weiterer Korrespondenz hinsichtlich steuerlicher Fragestellungen

4.5 Historie der Gesellschaftsanteile an den betroffenen Gesellschaften (Gesellschafterwechsel, Aufnahme, Ausscheiden von Gesellschaftern, Einbringungsvorgänge, Sonstiges)

4.6 Unternehmensverträge: Ergebnisabführungsvertrag, Beherrschungsvertrag, sonstige Unternehmensverträge, Änderungen/Kündigungen/Aufhebungsvereinbarungen zu Unternehmensverträgen, jeweils zzgl. entsprechender Gesellschafterbeschlüsse

5. Steuerliche Einzelfragen

5.1 Angaben über steuerliche Verlustvorträge mindestens der letzten fünf Veranlagungsjahre jeweils getrennt nach Steuerart (Körperschaftsteuer, Gewerbesteuer) inklusive Angaben zum Jahr der steuerlichen Verlustentstehung

5.2 Angaben zu außerplanmäßigen Abschreibungen/Teilwertabschreibungen von Anteilen an Kapitalgesellschaften je Gesellschaft und Jahr der Abschreibung

5.3 Überblick über die bestehende Finanzierungsstruktur (Angaben über Gesellschafterdarlehen, Bankdarlehen, gewährte Kreditsicherheiten)

5.4 Vorlage sämtlicher Kreditverträge für den Zeitraum, der noch nicht einer steuerlichen Betriebsprüfung unterlag (auch wenn das Kreditverhältnis inzwischen nicht mehr besteht)

5.5 Angaben über gewährte Kreditsicherheiten zu den oben genannten Kreditverträgen

5.6 Aufstellung der Zinsaufwendungen (je Gläubiger bzw. Darlehen) unter Angabe der Behandlung als gewerbesteuerliche Dauerschuldentgelte und/oder verdeckte Gewinnausschüttung nach § 8a KStG aF bzw. im Rahmen der „Zinsschranke" nach § 4h EStG/§ 8a KStG für alle Veranlagungsjahre seit der letzten Betriebsprüfung

5.7 Verträge mit nahe stehenden Personen (zB Gesellschaftergeschäftsführerverträge, Verträge mit wesentlich beteiligten Anteilseignern oder diesen nahe stehenden Personen, Beteiligungsunternehmen, verbundenen Unternehmen etc.) soweit sie Veranlagungsjahre seit der letzten Betriebsprüfung betreffen (auch, falls das Vertragsverhältnis inzwischen beendet wurde)

5.8 Aufstellung geldwerter Vorteile (zB Dienstfahrzeuge zur privaten Nutzung, Arbeitnehmerversicherungen, Mitarbeiterbeteiligungsprogramme, etc.)

5.9 Angaben zu ordentlichen Gewinnausschüttungen seit Abschluss der letzten Betriebsprüfung (Ausschüttungsbeschluss, Kapitalertragsteueranmeldung, Steuerbescheinigung)

5.10 Angaben zu (potentiellen) verdeckten Gewinnausschüttungen

5.11 Informationen über Verrechnungspreise gegenüber nahe stehenden Personen (Art und Umfang derartiger Geschäftsbeziehungen, angewandte Verrechnungspreismethode, Ermittlung der Verrechnungspreise, entsprechende steuerliche Gutachten, etc.) und deren Dokumentation im Unternehmen

5.12 Aufzeichnungen über Geschäftsbeziehungen mit nahe stehenden Personen bei Auslandsbezug nach § 90 Abs. 3 AO

5.13 Angaben über Art und Umfang von (unbebauten sowie bebauten) Grundstücken, Erbbaurechten, Gebäuden auf fremdem Grund und Boden und Vorlage entsprechender Grunderwerbsteuerbescheide

5.14 Wurden grunderwerbsteuerliche Tatbestände im Zusammenhang mit Anteilsübertragungen verwirklicht (§§ 1 Abs. 2a bzw. 3 GrEStG)? Ggfs. Vorlage entsprechender Grunderwerbsteuerbescheide bzw. steuerlicher Gutachten/Korrespondenz mit steuerlichem Berater sowie Finanzverwaltung

5.15 Wurden Steuererklärungen eingereicht, deren Angaben von geltendem Gesetz, Auffassung der Finanzverwaltung, Rechtsprechung oder verbindlichen Auskünften abweichen?

5.16 Gibt es Anträge auf verbindliche Auskunft?

5.17 Angaben über laufende Einspruchsverfahren

5.18 Angaben zu finanzgerichtlichen Verfahren

5.19 Angaben über ggf. steuerstrafrechtliche Ermittlungen/Verfahren

5.20 Angaben über Abtretung von Steueransprüchen

5.21 Weitere wichtige Korrespondenz mit Finanzverwaltung

5.22 Umsatzsteuer: In welchem Umfang fanden innergemeinschaftliche Lieferungen und Ausfuhrlieferungen statt (für Zeitraum nach Abschluss der letzten Be-

triebsprüfung)? Können ggf. alle notwendigen Ausfuhrnachweise (Buch- und Belegnachweis) vorgelegt werden?

5.23 Wurden umsatzsteuerliche Sachverhalte realisiert, die zum Übergang der Umsatzsteuerschuldnerschaft führen (§ 13b UStG)?

II. ERLÄUTERUNGEN

Erläuterungen zu B. 21.05 Steuerliche Due Diligence Anforderungsliste

Siehe B. 21.04 Rz. 1 ff.

B. 21.06 Vertraulichkeitsvereinbarung

Gliederung

I. FORMULAR

Formular B. 21.06 Vertraulichkeitsvereinbarung

Vertraulichkeitsvereinbarung

zwischen

1. […] – im Folgenden: „Veräußerer" –

und

2. […] – im Folgenden: „Gesellschaft" –

und

3. […] – im Folgenden: „Erwerber" –

Im Zusammenhang mit der Bewertung eines möglichen Erwerbs einer Beteiligung an der Gesellschaft (die „Transaktion") ist der Erwerber an dem Erhalt bestimmter geheimer und vertraulicher Informationen bezüglich der Gesellschaft einschließlich Informationen bezüglich der Geschäftstätigkeit, der Finanzlage, der Geschäftsabschlüsse, Vermögenswerte und Verbindlichkeiten („Geheime Informationen") von der Gesellschaft interessiert.

Mit Abschluss dieser Vereinbarung beabsichtigen die Parteien, die Vertraulichkeit der Geheimen Informationen, die dem Erwerber den in Zusammenhang mit der Bewertung der Transaktion zur Verfügung gestellt werden, zu wahren.

Daher wird hiermit zwischen den Parteien Folgendes vereinbart:

§ 1 Der Erwerber wird die Geheimen Informationen vertraulich behandeln und nur zum Zweck der Bewertung der Transaktion verwenden. Der Erwerber verpflichtet

sich, die Geheimen Informationen nicht ohne vorherige schriftliche Zustimmung des Veräußerers oder der Gesellschaft Dritten zugänglich zu machen.

§ 2 Der Erwerber ist berechtigt, die Geheimen Informationen an Mitarbeiter oder Berater weiterzugeben, die mit der Bewertung der Transaktion beauftragt sind. Der Erwerber ist verpflichtet, die vorgenannten Personen über die aufgrund dieser Vereinbarung bestehende Geheimhaltungsverpflichtung vor Bekanntgabe einer Geheimen Information zu informieren. Der Erwerber steht für die Einhaltung der Verpflichtungen gemäß dieser Vereinbarung durch die vorgenannten Personen ein.

§ 3 Die Verpflichtung zur Geheimhaltung, und Nicht-Weitergabe findet nur Anwendung auf Informationen, die

a) nicht bereits allgemein bekannt sind;
b) dem Erwerber nicht bereits vorher von der Gesellschaft oder deren Vertretern auf nicht vertraulicher Basis gewährt worden waren;
c) dem Erwerber nicht von Dritten auf nicht vertraulicher Basis zugänglich gemacht wurden, es sei denn, dass dem Erwerber bekannt war, dass dieser Dritte seinerseits durch die Weitergabe eine Geheimhaltungsvereinbarung mit dem Veräußerer oder der Gesellschaft verletzt hat.

§ 4 Eine Geheimhaltungsverpflichtung besteht nicht, soweit der Erwerber gesetzlich verpflichtet ist, Geheime Informationen in gerichtlichen, behördlichen oder sonstigen Verfahren zu offenbaren.

§ 5 Der Erwerber verpflichtet sich, auf schriftliche Anforderung des Veräußerers sämtliche ihm aufgrund dieser Vereinbarung überlassenen Unterlagen, Daten oder Datenträger sowie sämtliche Kopien oder Teile hiervon, die sich noch im Besitz des Erwerbers befinden, an die Gesellschaft zurückzugeben oder zu zerstören und der Gesellschaft die Zerstörung schriftlich zu bestätigen.

§ 6 Weder das Abhalten der beabsichtigten Verhandlungen noch die Bekanntgabe Geheimer Informationen nach dieser Vereinbarung verpflichtet die jeweils andere Partei zum Abschluss einer Transaktion oder zur Aufnahme von Geschäftsbeziehungen zu der jeweils anderen Partei.

§ 7 Im Falle jedes Verstoßes gegen die vorstehend getroffenen Vereinbarungen ist der Erwerber zur Zahlung einer Vertragsstrafe in Höhe von EUR 500 000 verpflichtet. Je zwei Wochen einer fortgesetzten Verletzungshandlung gelten als selbständiger Verstoß. Die Geltendmachung darüber hinausgehender Unterlassungs- und Schadensersatzansprüche durch den Veräußerer und die Gesellschaft bleiben hiervon unberührt. Die Vertragsstrafe ist auf Schadensersatzansprüche anzurechnen.

§ 8 Diese Vereinbarung unterliegt dem Recht der Bundesrepublik Deutschland unter Ausschluss der Bestimmungen des internationales Privatrechts.

§ 9 Für sämtliche Streitigkeiten nach dieser Vereinbarung ist ausschließlich der Gerichtsstand München.

§ 10 Sollte eine Bestimmung dieser Vertraulichkeitsvereinbarung ganz oder teilweise unwirksam, nichtig oder nicht durchsetzbar sein, so wird hierdurch die Wirksamkeit der übrigen Bestimmungen nicht berührt. Sollte eine Bestimmung dieses Vertrages ganz oder teilweise für unwirksam, nichtig oder undurchsetzbar erklärt werden, so wird hierdurch die Wirksamkeit der übrigen Bestimmung nicht berührt. Anstelle der unwirksamen, nichtigen oder nicht durchsetzbaren Bestimmungen gilt eine solche wirksame und durchsetzbare Bestimmung als vereinbart, die dem wirtschaftlichen

Sinn und Zweck der unwirksamen, nichtigen oder nicht durchsetzbaren Regelung am ehesten entspricht. Dies gilt entsprechend für etwaige zusätzliche Auslegungen der Bestimmungen dieser Vertraulichkeitsvereinbarung.

[...], den

....	....
Veräußerer	**Gesellschaft**

....

Erwerber

II. ERLÄUTERUNGEN

Erläuterungen zu B. 21.06 Vertraulichkeitsvereinbarung

1. Grundsätzliche Anmerkungen

Schrifttum: *Holzapfel/Pöllath* Unternehmenskauf in Recht und Praxis, 14. Aufl. 2010 Rz. 14, 46; *Krömker* Due Diligence – ein M&A-Tool mit rechtlichen Fallstricken, M&A Review 08, 201 (zu Informationsweitergabe und Datenschutz); *von Werder/Kost* Vertraulichkeitsvereinbarungen in der M&A-Praxis, BB 10, 2903. 1

a) Wirtschaftliches Vertragsziel

Im Vorfeld eines Unternehmenskaufs verlangt der Erwerber bzw. die von ihm beauftragen Berater v. a. im Rahmen der Due Diligence regelmäßig **vertrauliche nicht öffentlich zugängliche Informationen** um sich ein genaueres Bild des zu erwerbenden Unternehmens zu machen. Insbesondere bei Erwerb durch einen Wettbewerber sind für den Veräußerer damit erhebliche Risiken im Fall des Scheiterns der Vertragsverhandlungen verbunden. Eine Vertraulichkeitsvereinbarung soll dieses **Risiko mindern.** Da der Abschluss einer mit einer Vertragsstrafe bewehrten Vertraulichkeitsvereinbarung nicht immer durchsetzbar ist oder wenn die Veräußerung aus Sicht des Verkäufers noch sehr unsicher ist, bietet sich auch die Einschaltung von zur (Berufs-)Verschwiegenheit verpflichteten Dritten an, die die Information neutralisieren (vgl. *Holzapfel/Pöllath aaO* Rz. 14, 46). Besondere Bedeutung kommt einer Vertraulichkeitsvereinbarung bei Bestehen von Offenlegungsverboten (insbesondere bei Aktiengesellschaften, vgl. § 404 Abs. 1 Nr. 1, § 93 Abs. 1 Satz 3, Abs. 2 AktG und § 38 Abs. 1 Nr. 2 iVm. § 14 Abs. 1 Nr. 2 WpHG) zu (vgl. *Holzapfel/Pöllath* aaO Rz. 44, 46). Zum Erfordernis eines einstimmigen Beschlusses der Gesellschafterversammlung zur Durchführung einer Käufer-Due Diligence bei einer GmbH vgl. LG Köln 90 O 11/08 v. 26.3.08, GmbHR 09, 261; Anm. *Maitzen/Ebel*, Beck FD-MA 2008, 270121. 2

b) Zivilrecht

Kern der Vereinbarung ist die Beschreibung der geheim zu haltenden Informationen und die Regelung der Rechtsfolgen bei einem Verstoß gegen Vertraulichkeitsvereinbarung. 3

c) Steuerrecht

Die Vertragsstrafe unterliegt grds. nicht der **Umsatzsteuer** (EuGH Rs. C-277/05 v. 18.7.07, IStR 07, 667; BFH XI R 58/93 v. 4.5.94, BStBl. II 94, 589; *Bunjes/ Robisch* § 1 Rz. 53; *Sölch/Ringleb/Oelmaier* § 1 Rz. 105; UStAE 1.3 Abs. 1, Abs. 3). 4

2. Einzelerläuterungen

Zu § 1: Zustimmungserfordernis zur Informationsweitergabe

5 Die Zustimmung zur Weitergabe der Informationen durch die Gesellschaft ist insbesondere relevant, wenn der Gesellschafter selbst hierüber gar nicht verfügen kann (z.B. bei Aktiengesellschaften).

Zu § 2: Weitergabe der Informationen an Berater

6 Die Weiterhabe der Informationen an die in den Erwerbsprozess eingebundenen Berater ist für den Erwerber regelmäßig unabdingbar. Im Gegenzug haftet der Erwerber für die Einhaltung der Vertraulichkeitsvereinbarung durch die von ihm eingeschalteten **Berater verschuldensunabhängig**.

Zu 3: Einschränkung

7 Durch diese Klausel wird klargestellt, dass nur die vom Veräußerer aufgrund dieser Vereinbarung übermittelten Informationen geschützt werden. Andernfalls würde der Veräußerer durch diese Vereinbarung eine ungerechtfertigte Besserstellung erhalten.

Zu § 4: Keine Erstreckung

8 Die Geheimhaltungsverpflichtung kann sich nicht auf die genannten Offenbarungspflichten erstrecken. Sollen Informationen (z.B. nicht patentrechtlich geschützte Verfahren oder vergleichbare Geschäftsgeheimnisse) auch insoweit geschützt werden, muss eine Informationsweitergabe unterbleiben.

Zu § 5: Vernichtung oder Rückgabe von Kopien und Unterlagen

9 Die Verpflichtung zur Vernichtung oder Rückgabe von Kopien und Unterlagen soll die vor allem bei einem Wettbewerber bestehenden negativen Folgen vermeiden, wenn dieser auch bei einem Scheitern der Verhandlungen weiterhin im Besitz von Unterlagen wäre.

Zu § 6:

10 Die Klausel dient der Klarstellung, dass sich aus der Vertraulichkeitsvereinbarung keine über die Vertraulichkeit hinausgehenden Verpflichtungen (z.B. Vorvertrag oder vergleichbare Verpflichtungen) ergeben sollen.

Zu § 7: Vertragsstrafe

11 Zu unterscheiden sind **Vertragsstrafe** (wie im vorliegenden Formular) und bloße **Schadenspauschalierung** (*Palandt/Grüneberg* § 339 Rz. 1 und *ders.* § 276 Rz. 26). Während eine Schadenspauschalierung alleine den Schadensbeweis ersparen soll und dem Schuldner grds. der Nachweis eines geringeren Schadens offen bleibt (vgl. OLG Schleswig 9 U 229/83 v. 11.4.84, DNotZ 85, 310, LAG Düsseldorf 2 Sa 292/72 v. 15.11.72, DB 73, 85, *Knütel/Rieger* NZBau 10, 285), ist bei einer Vertragsstrafe der Schadensbeweis bei Verstoß gegen die Vertraulichkeit entbehrlich, so dass nur die Verletzung der Vertraulichkeit nachzuweisen ist. Ein Verschulden (einschließlich eines Verschuldens von Hilfspersonen § 278 BGB) bei Verletzung der Vertraulichkeit ist grds. erforderlich, die Vereinbarung einer verschuldensunabhängigen Haftung ist jedoch möglich (*Palandt/Grüneberg* § 339 Rz. 15; BGH VII ZR 112/69 v. 11.3.71, NJW 71, 883; BGH XI ZR 42/96 v. 28.1.97, NJW-RR 97, 686, 688; Einschränkungen können sich bei AGB aus § 309 Nr. 6 und § 307 BGB ergeben). Ohne Vereinbarung einer Vertragsstrafe kann eine Haftung nur nach allgemeinen Grundsätzen geltend gemacht werden (§ 280 Abs. 1 iVm. § 241 Abs. 2 BGB). Insbesondere der Nachweis des Schadens ist in diesem Fall praktisch nur schwer zu führen.

Das Formular sieht vor, dass bei **wiederholten Verstößen** die Strafe mehrfach anfällt und regelt auch die Behandlung von **Dauerverstößen**. Ohne ausdrückliche Regelung wäre dies eine Frage der Auslegung. Die Rechtsprechung geht in diesem Zusammenhang idR davon aus, dass die Strafe auch bei Fehlen einer natürlichen Handlungseinheit nicht für jede einzelne Tat, sondern nur einmal verwirkt ist (BGH I ZR 323/98 v. 25.1.01, NJW 01, 2622; *Palandt/Grüneberg* § 339 Rz. 18). Zum uneingeschränkten Verzicht auf die Einrede des Fortsetzungszusammenhangs in formularmäßigen Vereinbarungen vgl. BGH I ZR 186/90 v. 10.12.92, NJW 93, 721 (unwirksam; ausnahmsweise Rechtfertigung durch ein schutzwürdiges Interesse des Verwenders; vgl. BGH I ZR 294/90 v. 28.1.93, NJW 93, 1786, OLG München 7 U 5841/93 v. 26.1.94, BB 94, 1104).

Zu § 8: Rechtswahlklausel

Bei grenzüberschreitenden Sachverhalten ist die Regelung des anwendbaren Rechts **12**
und insbesondere der Ausschluss der Regelungen des IPR empfehlenswert.

Zu § 9: Gerichtsstandvereinbarung

Eine Gerichtsstandvereinbarung setzt voraus grds, dass die Vertragsparteien zu dem **13**
in § 38 Abs. 1 ZPO genannten Personenkreis gehören. Eine Gerichtsstandvereinbarung kann auch abgeschlossen werden, wenn mindestens eine der Vertragsparteien keinen allgemeinen Gerichtsstand im Inland hat (§ 38 Abs. 2 ZPO) und die Vereinbarung schriftlich abgeschlossen wird. Einschränkungen ergeben sich bei allgemeinem inländischen Gerichtsstand einer Partei (§ 38 Abs. 2 S. 3 ZPO).

B. 21.07 Unternehmenskaufvertrag aus der Insolvenz

Gliederung

I. FORMULAR

Formular B. 21.07 Kauf- und Übertragungsvertrag aus der Insolvenz

KAUF- UND ÜBERTRAGUNGSVERTRAG

zwischen

[...] geschäftsansässig [...], als Insolvenzverwalter über das Vermögen der I-GmbH, [Adresse], eingetragen im Handelsregister des Amtsgerichts [Ort] unter HRB [...]

(„Verkäufer“ oder „Insolvenzverwalter“)

und

[Name], [Adresse] [eingetragen im Handelsregister des Amtsgerichts [Ort] unter HRB [...], gesetzlich vertreten durch [...]

(„Käufer“)

(Verkäufer und Käufer nachfolgend jeweils einzeln „Partei“ und gemeinsam die „Parteien“)

Vorbemerkung

(1) Über das Vermögen der I-GmbH („I-GmbH" oder „Insolvenzschuldnerin") wurde mit Beschluss des Amtsgerichts – Insolvenzgericht – […] vom […] das Insolvenzverfahren eröffnet und der Verkäufer zum Insolvenzverwalter bestellt. Eine Abschrift des Beschlusses ist diesem Vertrag als Anlage 1 beigefügt.

(2) Die Insolvenzschuldnerin stellt am Standort […] […] her.

(3) Der Käufer beabsichtigt, nahezu sämtliche betriebszugehörigen Gegenstände der Insolvenzschuldnerin zu erwerben und deren Geschäftsbetrieb am bisherigen Standort in […] fortzuführen und eine möglichst große Zahl von Arbeitsplätzen langfristig zu erhalten.

II. Vereinbarung

§ 1 Kaufgegenstand

(1) Der Verkäufer verkauft hiermit an den dies hiermit annehmenden Käufer gemäß den nachstehenden Bestimmungen nahezu sämtliche dem Geschäftsbetrieb der Insolvenzschuldnerin oder sonst der Insolvenzschuldnerin zuzuordnenden Vermögensgegenstände des beweglichen Anlagevermögens sowie des Umlaufvermögens und gegebenenfalls weitere, in diesem Vertrag geregelte Gegenstände und Rechte, soweit in diesem Vertrag nichts anderes bestimmt ist („Verkaufte Gegenstände").

(2) Nicht verkauft sind

a) sämtliche Forderungen der Insolvenzschuldnerin bzw. des Verkäufers, insbesondere solche aus Lieferung und Leistung sowie,

b) vorbehaltlich § 2 Abs. 2 sämtliche im Besitz der Insolvenzschuldnerin befindliche bzw. von ihr genutzte, aber im Eigentum Dritter stehenden Maschinen, Geräte und sonstigen Materialien, insbesondere gemietete und geleaste Gegenstände.

§ 2 Verkauf des Anlage- und Umlaufvermögens

(1) Der Verkäufer verkauft hiermit mit wirtschaftlicher und rechtlicher Wirkung zum Übertragungsstichtag an den dies annehmenden Käufer

a) die in Anlage 2.1 aufgeführten Gegenstände des beweglichen Anlagevermögens der Insolvenzschuldnerin („Verkauftes Anlagevermögen");

b) die in Anlage 2.2 bezeichneten Vorräte, einschließlich der Roh-, Hilfs- und Betriebsstoffe sowie der unfertigen und fertigen Erzeugnissen und Waren der Insolvenzschuldnerin („Verkauftes Umlaufvermögen"). Die Parteien vereinbaren, dass diese Anlage 2.2 gemäß nachfolgendem Absatz 3 dieses Vertrages zu aktualisieren ist;

c) Die Originale aller Handelsbücher und sonstigen Unterlagen nach § 257 HGB der Insolvenzschuldnerin, mit Ausnahme derjenigen Unterlagen, zu deren Aufbewahrung der Verkäufer verpflichtet ist sowie alle bei der Insolvenzschuldnerin zum Übertragungsstichtag dort vorhandenen Unterlagen in Bezug auf die Verkauften Gegenstände, insbesondere Bücher und Aufzeichnungen, Zulieferer- und Kundenlisten sowie technische und sonstige Unterlagen.

d) Der Käufer wird die Handelsbücher und sonstigen Unterlagen für die Dauer der gesetzlichen Aufbewahrungsfrist mit der Sorgfalt eines ordentlichen Kaufmanns für den Verkäufer nach den Vorschriften der unentgeltlichen Verwahrung aufbewahren.

(Sämtliche Gegenstände gemäß diesem § 2 Abs. 1 gemeinsam „Verkaufte Gegenstände".)

(2) Unbeschadet des Vorstehenden werden zum Übertragungsstichtag im Geschäftsbetrieb der Insolvenzschuldnerin vorhandene Gegenstände, die unter verlängertem oder erweitertem Eigentumsvorbehalt geliefert, zur Sicherheit übereignet oder mit gesetzlichen oder vertraglichen Pfandrechten bzw. Pfändungspfandrechten belastet sind, vom Verkäufer nur gemäß und unter Einhaltung von § 166 InsO verkauft und übertragen.

(3) Nur die bei der Insolvenzschuldnerin zum Übertragungsstichtag tatsächlich vorhandenen Gegenstände des Umlaufvermögens gemäß dem vorstehenden Absatz 1 sollen verkauft und übertragen werden. Die Anlage 2.2 ist nach dem Übertragungsstichtag zu aktualisieren und nach der Unterzeichnung durch Käufer und Verkäufer als finale Fassung der Anlage 2.2 diesem Vertrag beizufügen, um die tatsächliche Situation zum Übertragungsstichtag zutreffend wiederzugeben.

§ 3 Verkauf immaterieller Vermögensgegenstände

(1) Der Verkäufer verkauft hiermit an den dies hiermit annehmenden Käufer die in der Anlage 3 aufgeführten immateriellen Vermögensgegenstände der Schuldnerin („Verkaufte eingetragene Rechte").

(2) Der Verkäufer verkauft zudem an den dies annehmenden Käufer alle am Übertragungsstichtag bestehenden Lizenzrechte oder vergleichbaren Rechte, alle geistigen Eigentumsrechte und generellen Schutzrechte der Schuldnerin, soweit sie dem Verkäufer zustehen und rechtlich bzw. tatsächlich übertragbar sind (diese Rechte zusammen mit den „Verkauften eingetragenen Rechten" „Verkaufte IP-Rechte").

(3) Der Verkäufer verkauft hiermit an den dies hiermit annehmenden Käufer sämtliches am Übertragungsstichtag bestehendes technisches und kommerzielles Know-how der Insolvenzschuldnerin (insbesondere Betriebs- und Geschäftsgeheimnisse, Verfahren, Zeichnungen sowie Kunden- und Lieferantenbeziehungen), soweit nicht bereits von den „Verkauften IP-Rechten" erfasst („Know-how", mit den Verkauften IP-Rechten die „Verkauften Immateriellen Gegenstände").

§ 4 Überleitung von Verträgen

(1) Der Verkäufer wird sich nach besten Kräften im Rahmen seiner Möglichkeiten als Insolvenzverwalter darum zu bemühen, an den Käufer mit wirtschaftlicher Wirkung zum Übertragungsstichtag die folgenden Vereinbarungen, Lizenzen, Verträge, bindende Angebote und sonstigen vertraglichen Rechte auf den Käufer überzuleiten:

a) alle in der Anlage 4.1 aufgeführten Kundenverträge einschließlich offener Bestellungen der I-GmbH („Überzuleitende Kundenverträge");

b) die in Anlage 4.2 aufgeführten Verträge, einschließlich aller offener Bestellungen mit Lieferanten der I-GmbH („Überzuleitende Lieferantenverträge");

c) die sonstigen in Anlage 4.3 aufgeführten Verträge und Vereinbarungen

(alle in diesem § 4 Abs. 1 aufgeführten Vereinbarungen und Verträge gemeinsam „Überzuleitende Verträge"; die Verkauften Gegenstände; die Überzuleitenden Verträge gemeinsam auch „Übertragener Geschäftsbetrieb").

(2) Die Überzuleitenden Verträge werden gemäß den in nachfolgendem § 8 niedergelegten Bestimmungen von dem Verkäufer auf den Käufer übertragen.

§ 5 Kaufpreis

(1) Der Kaufpreis für die „Verkauften Gegenstände" („Kaufpreis") beträgt EUR ... (in Worten ... Euro).

(2) Der Kaufpreis in Höhe von EUR [...] ist fünf Bankarbeitstage nach dem Tag, an dem die letzte der in § 10 Abs. 1 Buchst. a) und b) genannten Vollzugsbedingungen

eingetreten ist, auf das Insolvenzverwalteranderkonto des Verkäufers [...] fällig und zahlbar. Der Kaufpreis ist ab Fälligkeit bis zum Datum der tatsächlichen Zahlung (den Zahlungstag ausgenommen) in Höhe von [...] % p.a. zu verzinsen.

(3) Die Parteien gehen davon aus, dass die Veräußerung und Übertragung der Verkauften Gegenstände eine Geschäftsveräußerung im Sinne von § 1 Absatz 1a UStG darstellt und daher nicht der Umsatzsteuer unterliegt.

(4) Über die Ankündigung von Betriebsprüfungen, die sich auf die Vorsteuerabzüge oder auf die umsatzsteuerliche Beurteilung dieses Vertrages und seiner Durchführung erstrecken, wird der Verkäufer den Käufer informieren. Der Verkäufer verpflichtet sich, den Käufer über den Stand der Betriebsprüfungen umgehend zu informieren und ihm Gelegenheit zur Mitwirkung zu geben.

(5) Sollten die vertragsgegenständlichen Umsätze wider Erwarten von den zuständigen Finanzbehörden nicht als Veräußerung eines in der Gliederung seines Unternehmens gesondert geführten Betriebs im Sinne des § 1 Abs. 1a UStG, sondern als umsatzsteuerpflichtige Umsätze angesehen werden, erhöhen sich die Zahlungen gemäß Absatz 1 dieses § 5 für das „Verkaufte Anlage-, Umlaufvermögen" und die „Verkauften immateriellen Gegenstände" um die gesetzlich geschuldete Umsatzsteuer. Die in diesem Fall zu zahlende Umsatzsteuer ist spätestens am fünften Kalendertag nach Erhalt einer ordnungsgemäßen, den Anforderungen der §§ 14, 14a UStG genügenden und den Vorsteuerabzug begründenden Rechnung fällig und zahlbar.

§ 6 Übertragung der „Verkauften Gegenstände"

(1) Der Verkäufer und der Käufer sind sich darüber einig, dass das Eigentum an sämtlichen „Verkauften Gegenständen" am Übertragungsstichtag auf den Käufer übergeht.

(2) Der Verkäufer übergibt dem Käufer am Übertragungsstichtag sämtliche „Verkauften Gegenstände". Soweit sich die „Verkauften Gegenstände" im Besitz von Dritten befinden, tritt der Verkäufer hiermit seine Herausgabeansprüche bezüglich dieser Vermögensgegenstände an den Käufer ab, der diese Abtretung hiermit annimmt. Soweit der Käufer am Übertragungsstichtag keinen Besitz an einzelnen Vermögensgegenständen gemäß vorstehendem Sätzen 1 bis 3 erlangt, verwahrt der Verkäufer diese Vermögensgegenstände ab dem Übertragungsstichtag als Übergabesurrogat für den Käufer.

§ 7 Übertragung der „Verkauften immateriellen Vermögensgegenstände"

(1) Der Verkäufer überträgt hiermit mit Wirkung zum Übertragungsstichtag die „Verkauften immateriellen Gegenstände" auf den Käufer. Der Käufer nimmt die Übertragung der „Verkauften immateriellen Gegenstände" hiermit an. Hierzu übergibt der Verkäufer übergibt dem Käufer am Übertragungsstichtag sämtliche Eintragungsurkunden von Patenten und Marken betreffend die „Verkauften eingetragenen Rechte", soweit ihm diese vorliegen sowie die von ihm unterschriebenen Anträge auf Rechtsübertragung der „Verkauften eingetragenen Rechte".

(2) Der Käufer trägt sämtliche im Zusammenhang mit der Umschreibung entstehende Kosten und führt die Umschreibung selbst durch.

§ 8 Überleitung der „Überzuleitenden Verträge"

(1) Der Verkäufer überträgt gemäß den Bestimmungen dieses Vertrages hiermit alle „Überzuleitenden Verträge" (einschließlich aller damit im Zusammenhang stehenden Rechte, Ansprüche und Forderungen) mit wirtschaftlicher Wirkung zum Übertragungsstichtag an den dies annehmenden Käufer; der Käufer übernimmt somit alle

Rechte und Pflichten aus den „Überzuleitenden Verträgen" und ersetzt in diesen Verträgen den Verkäufer als Partei. Der Käufer übernimmt die „Überzuleitenden Verträge" mit schuldbefreiender Wirkung für den Verkäufer, gegebenenfalls vorbehaltlich der Genehmigung Dritter gemäß nachfolgendem Absatz 4 und stellt den Verkäufer von allen Ansprüchen der diesbezüglichen anderen Parteien der „Überzuleitenden Verträge" frei.

(2) Der Käufer übernimmt jedoch keine Verbindlichkeiten aus den „Überzuleitenden Verträgen", die vor dem Übertragungsstichtag entstanden und fällig geworden sind (nachfolgend „Ausgeschlossene Verbindlichkeiten") und der Verkäufer wird von diesen „Ausgeschlossenen Verbindlichkeiten" nicht befreit. Soweit „Ausgeschlossene Verbindlichkeiten" jedoch vor dem Übertragungsstichtag entstanden sind, sich aber ganz oder teilweise auf einen Zeitraum nach dem Übertragungsstichtag beziehen, stellt der Käufer den Verkäufer insoweit frei. Mit Ausnahme der „Ausgeschlossenen Verbindlichkeiten" übernimmt der Käufer hiermit mit Wirkung ab dem Übertragungsstichtag alle sich aus oder im Zusammenhang mit den „Überzuleitenden Verträgen" ergebenden Verbindlichkeiten und Verpflichtungen (gleich ob tatsächliche oder Eventualverbindlichkeiten, ob bekannte oder unbekannte Verbindlichkeiten) und verpflichtet sich zu deren Erfüllung bei Fälligkeit, (nachfolgend die „Übernommenen Verbindlichkeiten"). Der Käufer übernimmt diese „Übernommenen Verbindlichkeiten" mit schuldbefreiender Wirkung, gegebenenfalls vorbehaltlich der Zustimmung Dritter gemäß nachfolgendem Absatz 4. Soweit eine solche Zustimmung noch nicht vorliegt, übernimmt der Käufer die „Übernommenen Verbindlichkeiten" im Wege des Schuldbeitritts. Der Käufer stellt den Verkäufer von allen Ansprüchen aus und im Zusammenhang mit den „Übernommenen Verbindlichkeiten" frei. Unbeschadet abweichender ausdrücklicher Regelungen in diesem Vertrag übernimmt der Käufer neben den gemäß diesem § 8 Abs. 2 „Übernommenen Verbindlichkeiten" keine weiteren Verbindlichkeiten.

(3) Sollte eine der Parteien nach dem Übertragungsstichtag Zahlungen erhalten, die nach diesem Vertrag der anderen Partei zustehen, wird sie diesen unverzüglich an die andere Partei weiterleiten.

(4) Soweit die Übertragung der „Überzuleitenden Verträge" auf den Käufer die Zustimmung eines Dritten erfordert oder nur durch Abschluss eines neuen Schuldverhältnisses mit einem Dritten erfolgen kann

a) unternehmen der Verkäufer und der Käufer sowohl vor als auch nach dem Übertragungsstichtag alle jeweils wirtschaftlich zumutbaren Anstrengungen, um sicherzustellen, dass mit Wirkung zum oder schnellstmöglich nach dem Übertragungsstichtag eine solche Genehmigung erteilt oder ein neues Schuldverhältnis mit schuldbefreiender Wirkung zu Gunsten des Verkäufers abgeschlossen wird;

b) handelt der Verkäufer bis zur Erteilung der Genehmigung oder bis zum Abschluss des neuen Schuldverhältnisses im Außenverhältnis weiter als Vertragspartei des jeweiligen „Überzuleitenden Vertrages", im Innenverhältnis jedoch ausschließlich aufgrund und gemäß den zumutbaren Anweisungen des Käufers und der Käufer erfüllt die Verpflichtungen des Verkäufers aus dem „Überzuleitenden Vertrag";

c) stellt der Käufer den Verkäufer von allen aus oder im Zusammenhang mit dem jeweiligen „Überzuleitenden Vertrag" entstehenden Kosten, Verlusten, Rechtsstreitigkeiten, Ansprüchen, Forderungen und Auslagen – auf angemessenes Verlangen des Verkäufers – frei.

Die Zustimmung einer dritten Partei oder die Erfüllung anderer Voraussetzungen zur Übertragung eines „Überzuleitenden Vertrages" auf den Käufer stellt keine Vollzugsbedingung dar.

(5) Liegen die gemäß vorstehendem Abs. 4 benötigten Zustimmungen und sonstigen Erfordernisse Dritter für die Übertragung von „Überzuleitenden Verträgen" nicht innerhalb von drei Monaten nach dem Übertragungsstichtag vor, ist der Verkäufer berechtigt, die jeweiligen „Überzuleitenden Verträge" so bald wie nach vorheriger Absprache mit dem Käufer möglich, zu kündigen.

(6) Der zwischen *[Vermieter]* und der I-GmbH bestehende Mietvertrag wurde durch eine gesonderte Vereinbarung zwischen *[Vermieter]*, *[I-GmbH]* und *[Käufer]*, die diesem Vertrag als Anlage 8.1 beigefügt – aufschiebend bedingt auf den Übertragungsstichtag aufgehoben und zwischen *[Käufer]* und *[Vermieter]* neu abgeschlossen. Das Zustandekommen dieses neuen Mietvertrags stellt keine Vollzugsbedingung dar.

§ 9 Mitarbeiter

(1) Im zu veräußernden Geschäftsbetrieb sind zum Stichtag [...] die in der Anlage 9.1 aufgeführten Arbeitnehmer beschäftigt. Für den Fall der Abweichung des tatsächlichen Personalstandes von der Anlage 9.1 ist der tatsächliche Bestand maßgeblich.

(2) Dem Käufer ist bekannt, dass sämtliche Arbeitsverhältnisse der I-GmbH, die über den Übertragungsstichtag hinaus fortbestehen, gemäß § 613a Abs. 1 S. 1. BGB kraft Gesetzes auf ihn übergehen.

(3) Der Verkäufer verpflichtet sich, sämtliche übergehende Arbeitnehmer unverzüglich nach dem Übertragungsstichtag über den Übergang ihrer Arbeitsverhältnisse entsprechend den Anforderungen des § 613a Abs. 5 BGB zu unterrichten. Käufer und Verkäufer werden sich hinsichtlich der Formulierung der Unterrichtung abstimmen, insbesondere verpflichtet sich der Käufer, dem Verkäufer die für die Erstellung des Unterrichtungsschreibens erforderlichen Informationen zukommen zu lassen.

(4) Sofern Arbeitnehmer dem Betriebsübergang widersprechen, verpflichten sich die Parteien, sich gegenseitig darüber zu informieren. Der Käufer stellt den Verkäufer von allen Kosten und Risiken im Zusammenhang mit den widersprechenden Arbeitnehmern frei. Dies erfasst sowohl die Gehaltszahlungen, Sozialversicherungsbeiträge, Kosten etwaiger arbeitsgerichtlicher Verfahren und sonstige im Zusammenhang mit der Beendigung des Arbeitsverhältnisses nach dem Widerspruch entstehenden Kosten.

(5) Die Parteien sind sich darüber einig, dass der Verkäufer unmittelbar nach positiver Kenntnis vom schriftlichen Widerspruch eines Arbeitnehmers diesem gegenüber eine Kündigung aussprechen wird.

(6) Von der Eröffnung des Insolvenzverfahrens bis zum Übertragungsstichtag ist der Verkäufer für die Erfüllung sämtlicher Ansprüche der Arbeitnehmer zuständig. Ab dem Übertragungsstichtag ist der Käufer für sämtliche Ansprüche der gemäß § 613a Abs. 1 BGB übergehenden Arbeitnehmer verantwortlich, soweit sie den Zeitraum nach dem Übertragungsstichtag betreffen.

(7) Für Ansprüche, die sich auf Zeiträume von der Eröffnung des Insolvenzverfahrens bis zum Übertragungsstichtag beziehen, jedoch erst nach dem Übertragungsstichtag fällig werden, erfolgt eine zeitanteilige Verteilung der Kosten zum Übertragungsstichtag mit entsprechender Ausgleichszahlung an die jeweils andere Partei.

§ 10 Vollzugsbedingungen, Übertragungsstichtag

(1) Der Vollzug der mit diesem Vertrag vereinbarten Rechtsgeschäfte ist aufschiebend bedingt durch den Eintritt folgender Vollzugsbedingungen:

a) Kartellrechtliche Genehmigung;

b) Vollständige und unwiderrufliche Freigabe der auf den Verkauften Gegenständen lastenden Sicherheiten durch die Gläubigerbanken und alle weiteren Gläubiger,

und zwar zum Vollzugsdatum, allein unter dem Vorbehalt der Zahlung des Kaufpreises an den Verkäufer;

c) Vollständige und unwiderrufliche Zahlung des Kaufpreises entsprechend den Regelungen in vorstehendem § 5 Abs. 2;

(2) Der Vollzug erfolgt am zweiten Arbeitstag, nachdem die letzte Vollzugsbedingung gemäß vorstehendem Abs. 1 eingetreten ist („Übertragungsstichtag").

§ 11 Gewährleistung und Haftung

(1) Dem Käufer ist bekannt, dass er den „Übertragenen Geschäftsbetrieb" aus der Insolvenzmasse erwirbt und der Verkäufer als Insolvenzverwalter der I-GmbH den „Übertragenen Geschäftsbetrieb" nicht auf seinen Bestand, insbesondere ohne jedoch hierauf beschränkt zu sein, seinen rechtlichen Status, Freiheit von entgegenstehenden Rechten Dritter sowie seine Funktions- und Verwendungsfähigkeit hin geprüft hat. Dem Käufer ist dieser Bestand des „Übertragenen Geschäftsbetriebs" bekannt. Dem Käufer ist ebenfalls bekannt, dass die diesem Vertrag zur näheren Spezifizierung des „Übertragenen Geschäftsbetriebs" beigefügten Anlagen diesen näher beschreiben sollen, der Verkäufer diese Anlagen jedoch nicht auf Vollständigkeit und Richtigkeit geprüft hat.

(2) Vorbehaltlich anderweitiger ausdrücklicher Regelungen in diesem Vertrag gewährleistet der Verkäufer nur, dass die „Verkauften Gegenstände" frei von Rechten und Belastungen Dritter sind, vorbehaltlich gesetzlicher und vertraglicher Eigentumsvorbehalte, Belastungen und Rechte Dritter, die im normalen Geschäftsgang begründet worden sind.

(3) Der Verkäufer gewährleistet, dass er als Insolvenzverwalter über das Vermögen der I-GmbH bestellt wurde und berechtigt ist, diesen Vertrag und jedes weitere Dokument entsprechend diesem Vertrag abzuschließen und zu vollziehen. Der Verkäufer übernimmt jedoch keine weiteren Gewährleistungen oder Garantien oder Verpflichtungen im Hinblick auf die Art, Qualität oder den Zustand des „Übertragenen Geschäftsbetriebs". Der Käufer hatte die Gelegenheit, den „Übertragenen Geschäftsbetrieb" zu untersuchen und eine Due Diligence des „Übertragenen Geschäftsbetriebs" durchzuführen, der wie besehen gekauft und vom Käufer akzeptiert ist.

(4) Der Verkäufer gewährleistet, dass sämtliche Mietzahlungen und sonstige Zahlungen aus „Überzuleitenden Verträgen", insbesondere aus Miet- und Leasingverträgen, bis zum Übertragungsstichtag bezahlt und dass insbesondere keine Ansprüche aus diesen Verträgen bestehen, die zu einer Kündigung der „Überzuleitenden Verträge" durch den jeweiligen Vertragspartner berechtigen würden.

(5) Der Verkäufer versichert, dass er sämtliche Versicherung bezüglich der Verkauften Gegenstände bis zum Übertragungsstichtag aufrecht erhält und bezahlt und dass diese Versicherungen auch nicht vom jeweiligen Versicherer gekündigt wurden.

(6) Der Verkäufer versichert, dass sich nach seiner besten Kenntnis auf dem Produktionsgelände am Standort [...] keine Verunreinigung durch Altlasten besteht, für die der Käufer nach zivil- oder öffentlich-rechtlichen Vorschriften haften würde oder die sich nachteilig auf den „Übertragenen Geschäftsbetrieb" auswirken würden.

(7) Im Fall der Verletzung einer Gewährleistung gemäß diesem § 11 Abs. 2 bis 6 oder der Verletzung irgendeiner anderen Verpflichtung des Verkäufers aus diesem Vertrag, verpflichtet sich der Verkäufer, den Käufer so zu stellen, als wäre die entsprechende Gewährleistung oder die entsprechende vertragliche Pflicht nicht verletzt worden (Naturalrestitution). Stellt der Verkäufer den Käufer nicht innerhalb von zwei Monaten ab Erhalt einer entsprechenden schriftlichen Aufforderung vom Verkäufer

so, als sei die entsprechende Gewährleistung oder die entsprechende vertragliche Pflicht nicht verletzt worden, ist der Käufer zu Schadensersatz in Geld berechtigt. Sämtliche Schadensersatzansprüche des Käufers sind insgesamt beschränkt auf einen Höchstbetrag in Höhe des vom Verkäufer erlangten Kaufpreises. Beruft sich der Käufer auf diese Begrenzung in Höhe des Kaufpreises kann der Erwerber binnen eines Monats vom Vertrag zurücktreten. Der Zahlungsanspruch ist ausgeschlossen, wenn er bezüglich einer verletzten Haftungsvereinbarung EUR [...] (in Worten [...] Euro nicht übersteigt, es sei denn, die Summe aller Zahlungsansprüche des Käufers gegen den Verkäufer im Zusammenhang mit diesem Vertrag übersteigt EUR [...] (in Worten [...] Euro).

(8) Die Ansprüche des Käufers sind auf die vorgenannten Ansprüche beschränkt. Sämtliche weiteren Ansprüche des Käufers, gleich ob gesetzlicher oder vertraglicher Natur, sind ausgeschlossen und der Käufer verzichtet hierauf, soweit dies gesetzlich möglich ist, ungeachtet ihrer rechtlichen Grundlage. Dies gilt insbesondere, jedoch ohne hierauf beschränkt zu sein, für gesetzliche Ansprüche aufgrund der Verletzung von Gewährleistungen, Störung der Geschäftsgrundlage, Anfechtung, Rücktritt, Minderung, sowie Verschulden bei Vertragsverhandlungen. Zur Klarstellung gilt, dass die Haftung des Verkäufers wegen Vorsatz und arglistiger Täuschung nicht ausgeschlossen ist.

(9) Ansprüche des Käufers gegen den Verkäufer aus und im Zusammenhang mit diesem Vertrag sind ausgeschlossen, wenn sie nicht bis zum Ablauf von sechs Monaten nach dem Übertragungsstichtag schriftlich substantiiert geltend gemacht werden.

§ 12 Ausschluss der Haftung des Insolvenzverwalters

Jede persönliche Haftung des Insolvenzverwalters aus oder im Zusammenhang mit Ansprüchen aus diesem Vertrag, den in diesem Vertrag beschriebenen Transaktionen oder Vereinbarungen in Ausführung dieses Vertrages ist, soweit gesetzlich zulässig, ausdrücklich ausgeschlossen. Dies gilt insbesondere für Ansprüche gemäß §§ 60, 61 Insolvenzordnung (InsO).

§ 13 Schlussbestimmungen

(1) Jede Partei trägt – vorbehaltlich anderweitiger Regelungen in diesem Vertrag – ihre im Zusammenhang mit der Verhandlung, dem Abschluss und der Durchführung dieses Vertrages entstandenen Kosten selbst.

(2) Dieser Vertrag und die in ihm in Bezug genommenen Anlagen enthalten alle Vereinbarungen zwischen den Parten bezüglich des Gegenstandes dieses Vertrages und ersetzen sämtliche früher insoweit bestehenden Vereinbarungen. Nebenabreden, gleich welcher Art, bestehen nicht.

(3) Sämtliche Änderungen und Ergänzungen dieses Vertrages, einschließlich dieser Schriftformklausel, bedürfen der Schriftform, soweit nicht gesetzlich eine strengere Form vorgeschrieben ist.

(4) Dieser Vertrag und alle Rechtsbeziehungen zwischen den Parteien unterliegen ausschließlich dem Recht der Bundesrepublik Deutschland unter Ausschluss der Bestimmungen des deutschen internationalen Privatrechts und des UN-Kaufrechts.

(5) Ausschließlicher Gerichtsstand für alle sich aus oder im Zusammenhang mit diesem Vertrag ergebenden Streitigkeiten ist, soweit gesetzlich zulässig, das Landgericht [...].

(6) Sollte eine Bestimmung dieses Vertrages unwirksam oder undurchführbar sein oder werden, so bleibt die Wirksamkeit der übrigen Bestimmungen dieses Vertrages

hiervon unberührt. Anstelle der unwirksamen oder undurchführbaren Bestimmung gilt diejenige wirksame und durchführbare Bestimmung als vereinbart, die dem mit der unwirksamen oder undurchführbaren Bestimmung verfolgten wirtschaftlichen Zweck möglichst nahe kommt. Entsprechendes gilt für die ergänzende Vertragsauslegung.

[...], den [...]

....	....
[Verkäufer]	**[Käufer]**
als Insolvenzverwalter der I-GmbH	

II. ERLÄUTERUNGEN

Erläuterungen zu B. 21.07 Kauf- und Übertragungsvertrag aus der Insolvenz

1. Grundsätzliche Anmerkungen

Schrifttum: *Nerlich/Althaus*, Münchner Anwaltshandbuch Sanierung und Insolvenz, 2. Aufl., 2012; *Holzapfel/Pöllath*, Unternehmenskauf in Recht und Praxis, 14. Aufl., 2010, Rz. 211ff., 824ff.; *Wellensiek* NZI 02, 233; *Uhlenbruck/Hirte/Vallender*, Insolvenzordnung, 13. Aufl., 2010; *Beck/Depré*, Praxis der Insolvenz, 2. Aufl., 2010; *Waza/Uhländer/Schmittmann*, Insolvenzen und Steuern, 9. Aufl., 2012; *Frotscher*, Besteuerung bei Insolvenz, 7. Aufl., 2010; *Menke*, Der Erwerb eines Unternehmens aus der Insolvenz – das Beispiel der sanierenden Übertragung, BB 03, 1133; *Arends/Hofert-von Weiss*, BB 09, 1538; *Maitzen*, P+P Chancen in der Krise, Tagungsband 9. P+P Private-Equity-Wochenende 2009 S. 33ff. 1

a) Wirtschaftliches Vertragsziel

Erhebliche Bedeutung für den Erwerber erlangt bei M&A-Transaktionen in Krise und Insolvenz die Vermeidung einer Haftung für Schulden des übernommenen Unternehmens. Daher sind M&A-Transaktionen in Krise und Insolvenz idR als **Asset Deal** strukturiert, durch den der Erwerber die werthaltigen Vermögensbestandteile aus dem Unternehmen herauskauft (vgl. *Wellensiek* NZI 02, 233). Der zu zahlende Kaufpreis wird dann zur Befriedigung der Gläubiger des Insolvenzschuldners verwendet. Durch den Erwerber sollen möglichst nur die Aktiva übernommen werden, so dass eine Trennung von Aktiva und Passiva des insolventen Unternehmens herbeigeführt wird. Anders als bei einem Share Deal kann der Erwerber das Unternehmen fortführen, ohne erst den Insolvenzgrund – Zahlungsunfähigkeit, drohende Zahlungsunfähigkeit oder Überschuldung – beseitigen zu müssen (vgl. *Maitzen* aaO S. 37). Werden sämtliche Aktiva veräußert (und nicht nur die Aktiva eines Betriebsteils oder einer Betriebseinheit), wird das Krisenunternehmen regelmäßig der Liquidation zugeführt, da es nicht überlebensfähig ist (vgl. *Tautorus/Janner* Münchner Anwaltshandbuch Sanierung und Insolvenz § 20 Rz. 11). 2

Inwieweit der Erwerber die Ziele der Transaktionssicherheit und der Haftungsvermeidung bei einem Asset Deal erreichen kann, hängt entscheidend vom **Zeitpunkt der Transaktion** ab, da vor der Eröffnung des Insolvenzverfahrens (§§ 129ff. InsO) neben zivilrechtlichen und steuerlichen Haftungstatbeständen vor allem die Gefahr der **Anfechtung** durch den Insolvenzverwalter drohen. 3

b) Zivilrecht

Das Unternehmen des Insolvenzschuldners zählt als Rechts- und Sachgesamtheit zur Insolvenzmasse (§ 35 InsO) und unterliegt der Verwertung durch den Insolvenz- 4 verwalter. Nicht nur die pfändbaren Gegenstände (zB Grundstücke, Maschinen, Vorräte), sondern auch die nicht der Pfändung unterliegenden Gegenstände (Betriebsgeheimnisse, Kundenlisten, Geschäftsbeziehungen uä), können vom Insolvenzverwalter verwertet und nach den allgemeinen Regeln rechtsgeschäftlich übertragen werden. Auch die Firma des Schuldners kann grundsätzlich verwertet werden (vgl. zu Einzelheiten *Uhlenbruck/Hirte/Vallender* Insolvenzordnung 2010 § 159 Rz. 23ff. mwN; § 35 Rz. 379).

5 Der Erwerb eines Unternehmens aus der Insolvenz erfolgt regelmäßig im Wege eines Asset Deals, so dass grundsätzlich vergleichbare Aspekte wie bei einem Erwerb außerhalb eines Insolvenzverfahrens zu berücksichtigen sind (vgl. B. 21.01 Rz. 5ff.). Besonderheiten liegt jedoch darin, dass der Insolvenzverwalter regelmäßig keine oder nur **sehr eingeschränkte Zusicherungen oder Garantien** hinsichtlich der verkaufen Gegenstände machen wird (und mangels ausreichender Kenntnis machen kann). Zudem werden die **Haftungstatbestände**, die allgemein für den Erwerb von Unternehmen Anwendung finden, für Erwerbe aus der Insolvenz **eingeschränkt**.

6 Beim Erwerb nach Eröffnung des Insolvenzverfahrens ist § 25 Abs. 1 Satz 1 HGB nach der Rechtsprechung des BGH nicht anzuwenden (vgl. BGH II ZR 85/91 v. 4.11.91, NJW 92, 911), da die Haftung des Erwerbers wegen Firmenfortführung mit dem Ziel des Insolvenzverfahrens, die Insolvenzmasse zu verwerten, nicht zu vereinbaren sei, da dann das Unternehmen regelmäßig unverkäuflich wäre. Eine Ausnahme hiervon bildet jedoch die Haftung nach § 613a BGB für **Arbeitsverhältnisse**.

c) Steuerrecht

7 Auch steuerrechtlich finden ergeben sich für den Erwerber nur wenige Abweichungen zum Erwerb eines Unternehmens im Wege des Asset Deals außerhalb einer Insolvenz (vgl. B. 21.01 Rz. 9ff.). Ähnlich der zivilrechtlichen Haftung ist auch die **steuerliche Haftung** des Betriebsübernehmers aus der Insolvenz **eingeschränkt** (§ 75 Abs. 2 AO) um die Vermögensverwertung im Rahmen eines Insolvenzverfahrens zu ermöglichen. Die Haftungsprivilegierung setzt grds. voraus, dass das Unternehmen nach Eröffnung und vor Aufhebung des Insolvenzverfahrens erworben wird (vgl. BFH VII R 143/97 v. 23.7.98, BStBl. II 98, 765). Ein vertraglicher Haftungsausschluss zwischen den Vertragsparteien ist gegenüber dem Finanzamt unwirksam, da es sich um eine öffentlich-rechtliche Haftung handelt (vgl. *H/H/Sp/Boeker* § 75 AO Rz. 70).

Die Haftungsprivilegierung findet auch Anwendung für den (praktisch seltenen Fall) eines Erwerbs vom vorläufigen Insolvenzverwalter (vgl. *Klein/Rüsken* § 75 Rz. 45), zumindest wenn sich das Insolvenzverfahren zeitlich unmittelbar anschließt (vgl. *Pahlke/Koenig* § 75 Rz. 62; BFH VII R 143/97 v. 23.7.98, BStBl. II 98, 765). Der Käufer eines Unternehmens wird allerdings nicht von der Haftung freigestellt, wenn das Insolvenzverfahren mangels Masse nicht eröffnet wurde. Es kann in diesem Fall jedoch an einem lebenden Unternehmen fehlen (vgl. *Pahlke/Koenig* § 75 Rz. 60). Gegenstände, die nach §§ 47 bis 49 InsO aus- oder abgesondert werden dürfen, sind nicht von § 75 Abs. 2 InsO erfasst, es sei denn die Absonderung führt zum Erwerb im Wege der Zwangsvollstreckung (vgl. *Klein/Rüsken* § 75 Rz. 45). Wie beim Erwerb außerhalb der Insolvenz kommt es grundsätzlich nicht zum Übergang von **ertrag- oder gewerbesteuerlichen Verlustvorträgen des Veräußerers** auf den Erwerber.

8 Zu **Rechnungslegung und zum Steuerrecht des Veräußerers** in der Insolvenz und zu steuerlichen Pflichten des **Insolvenzverwalters** vgl. *Beck/Depré* Praxis der Insolvenz, 2. Aufl. 2010 § 34f. sowie OFD Frankfurt v. 4.11.09, BeckVerw 241514).

2. Einzelerläuterungen

Zur Vorbemerkung: Bestellung des Insolvenzverwalters und Verfahrenseröffnung

Vor der Eröffnung des Insolvenzverfahrens und bevor der Insolvenzantrag gestellt 9
ist, steht die Verfügungsbefugnis zur Veräußerung alleine dem jeweiligen Unternehmensträger zu. Diese Verfügungsbefugnis wird im Eröffnungsverfahren eingeschränkt. Aufgrund **rechtlicher Unsicherheiten** haben M&A-Transaktionen im **Eröffnungsverfahren** in der Praxis nur eine geringe Bedeutung. Gegebenenfalls kann hier jedoch in Abstimmung mit dem Insolvenzgericht durch eine vorzeitige Eröffnung des Insolvenzverfahrens einer Veräußerung durch den Insolvenzverwalter in Betracht kommen. Vor Stellung des Insolvenzantrags drohen zusätzliche Haftungsrisiken und das Risiko, dass der Insolvenzverwalter die Veräußerung anfechtet (vgl. *Tautorus/Janner* Münchner Anwaltshandbuch Sanierung und Insolvenz § 20 Rz. 11f.; *Maitzen* aaO S. 37; *Menke* BB 03, 1133; eine Anfechtung kann auch dann drohen, wenn die Veräußerung eines Unternehmens mit Zustimmung des vorläufigen schwachen Insolvenzverwalters vorgenommen wurde). Eine gesicherte rechtliche Basis besteht jedoch idR erst ab Eröffnung des Insolvenzverfahrens. Aus diesem Grund sieht das Formular die Vorlage des Beschlusses über die Eröffnung des Verfahrens und die Bestellung des Insolvenzverwalters vor (Beifügung in Kopie als Nachweis).

Regelmäßig wird während des Eröffnungsverfahrens ein vorläufiger Insolvenzver- 10
walter mit Zustimmungsvorbehalt bestellt (sog. **schwacher vorläufiger Insolvenzverwalter**, vgl. § 21 Abs. 2 Satz 1 Nr. 2 InsO). Für die Wirksamkeit von Transaktionen des Veräußerers ist die Zustimmung des vorläufigen Insolvenzverwalters erforderlich. Die vorrangige Aufgabe eines vorläufigen Insolvenzverwalter ist die Sicherung und Erhaltung des Vermögen des Schuldner (§ 22 Abs. 1 Satz 2 Nr. 1 InsO). Mit dieser Verpflichtung zur Sicherung und Erhaltung der Masse ist die Veräußerung eines Unternehmens regelmäßig nicht vereinbar (vgl. BGH II ZR 313/8789 v. 11.4.88, BGHZ 104, 151). Daher wird der vorläufige Insolvenzverwalter eine derartige Zustimmung in der Regel nicht erteilen. Zudem stellen die von einem schwachen vorläufigen Insolvenzverwalter bis zur Insolvenzeröffnung begründeten Forderungen (anders als bei einer Bestellung als Insolvenzverwalter nach § 21 Abs. 2 Satz 1 Nr. 1 InsO) keine Masseforderungen, sondern nur nicht privilegierte Insolvenzforderungen dar (vgl. BGH IX ZR 195/01 v. 18.7.02, BGHZ 151, 353). Dies betrifft auch sämtliche Ansprüche des Erwerbers aus einem Unternehmenskaufvertrag, einschließlich des Erfüllungsanspruchs auf Übertragung des erworbenen Unternehmens, sofern dieser nicht bereits mit dem Abschluss des Vertrages bereits erfüllt wird (vgl. *Menke* BB 03, 1133).

Auch in den Fällen, in denen dem Schuldner ein allgemeines Verfügungsverbot 11
auferlegt wird (§ 21 Abs. 2 Satz 1 Nr. 1 InsO) und die Verwaltungs- und Verfügungsbefugnis auf den vorläufigen Insolvenzverwalter übergeht (§ 22 Abs. 1 S. 1 InsO; sog. **starker vorläufiger Insolvenzverwalter**), kommt es grundsätzlich nicht zu Unternehmensveräußerungen. Auch § 158 InsO, der die Veräußerungsbefugnis des Insolvenzverwalters ausdrücklich regelt, stellt keine Rechtsgrundlage für eine solche Veräußerung dar, da er sich ausschließlich auf Veräußerungen für den Zeitraum nach Eröffnung des Insolvenzverfahrens und vor dem Berichtstermin bezieht.

Anders als im Fall des § 158 InsO hat sich der Gesetzgeber bei der Reform der Insolvenzordnung in §§ 21, 22 InsO gegen eine Veräußerungsbefugnis des vorläufigen Insolvenzverwalters entschieden. Darüber hinaus spricht gegen eine Veräußerungsbefugnis des vorläufigen Insolvenzverwalters, dass zu diesem frühen Zeitpunkt noch nicht einmal verbindlich feststeht, ob überhaupt ein Insolvenzgrund vorliegt. Der Schuldner wäre durch eine Veräußerung des Unternehmens wegen der faktischen

Unumkehrbarkeit der Transaktion unverhältnismäßig belastet. Ebenso verfügen auch die Gläubiger zu diesem Zeitpunkt noch nicht über entscheidungsbefugte Organe.

12 Demgegenüber geht mit der Eröffnung des Insolvenzverfahrens die Verfügungsbefugnis über das Vermögen des Schuldners auf den Insolvenzverwalter über (§ 80 Abs. 1 InsO), so dass der Verkauf und die Übertragung des schuldnerischen Unternehmens im Außenverhältnis rechtlich bindend sind (vgl. *Maitzen* aaO S. 41). Allerdings sind im Innenverhältnis gegebenenfalls noch **Zustimmungserfordernisse der Gläubiger** zu beachten: Zwar ist ein Erwerb auch schon vor dem Berichtstermin möglich (§ 158 InsO). Der Insolvenzverwalter kann das Unternehmen sogar ohne Zustimmung des Gläubigerausschusses bzw. der Gläubigerversammlung vor dem Berichtstermin veräußern, allerdings muss ein eventuell bestehender Gläubigerausschuss einer solchen Transaktion zustimmen. Nach dem Berichtstermin bedarf die Veräußerung eines Unternehmens oder eines Betriebs im Ganzen der Zustimmung des Gläubigerausschusses oder, wenn ein Gläubigerausschuss nicht bestellt ist, der Zustimmung der Gläubigerversammlung (§ 160 Abs. 2 Nr. 1 InsO). Daneben besteht eine Unterrichtungspflicht des Insolvenzverwalters gegenüber dem Schuldner (§ 161 InsO). Der Verkauf an eine besonders interessierte Person („Insider") setzt immer die Zustimmung der Gläubigerversammlung voraus, um eine missbräuchliche Preisgestaltung zu verhindern (§ 162 InsO). Eine Zustimmung der Gläubigerversammlung ist auch dann erforderlich, wenn der übertragende Rechtsträger Anteile an dem Erwerber übernimmt.

Ein Verstoß gegen die Zustimmungserfordernisse im Innenverhältnis **berührt die Wirksamkeit** der Veräußerung des Unternehmens im Außenverhältnis **nicht** (§ 164 InsO). Zwar macht sich der Insolvenzverwalter bei einer Missachtung der Zustimmungserfordernisse gegenüber den Gläubigern schadensersatzpflichtig (§ 60 Abs. 1 InsO). Eine Auswirkung auf die Wirksamkeit der Veräußerung im Außenverhältnis kommt demgegenüber erst bei einem für den Erwerber erkennbaren Missbrauch der Verfügungsbefugnis in Betracht (vgl. BGH IX ZR 313/99 v. 25.4.02, BGHZ 150, 153).

Zu § 2 und § 3: Verkauf von Vermögensgegenständen

13 Zur Erfassung der zu übertragenden Einzelwirtschaftsgüter vgl. B. 21.01 Rz. 32. In der Regel werden keine oder allenfalls einzelne Verbindlichkeiten übertragen, da die „Entschuldung" des Unternehmens idR für den angestrebten Sanierungserfolgt unerlässlich ist. Zu berücksichtigen bei der **Übertragung einzelner Verbindlichkeiten** ist auch das Haftungsrisiko des Insolvenzverwalters, da die Übertragung einzelner Verbindlichkeiten auf den Erwerber zu einer Privilegierung der Forderungsinhaber als einzelner Gläubiger führen würde, soweit nicht eine Privilegierung durch Absonderungsrechte (§§ 49ff. InsO) besteht (vgl. *Arends/Hofer-von Weiss* BB 09, 1538).

14 Nach § 166 InsO, der die Regelungen der §§ 49, 50 InsO ergänzt, hat der Insolvenzverwalter ungeachtet eines bestehenden Absonderungsrechts grundsätzlich ein Verwertungsrecht für bewegliche Sachen, die er in seinem Besitz hat. Ebenso darf er zur Sicherheit abgetretene Forderungen (idR durch Einziehung) verwerten (vgl. *Ullenbruck/Brinkmann* InsO § 166 Rz. 1a ff.).

Zu § 4: Überleitung von Verträgen

15 Vgl. B. 21.01 Rz. 36.

Zu § 5: Kaufpreis

16 Vgl. B. 21.01 Rz. 33.

Zu § 9: Mitarbeiter – Haftung wegen Betriebsübergangs

17 Nach Eröffnung des Insolvenzverfahrens ist nach der Rechtsprechung des BAG eine Haftung für Ansprüche ausgeschlossen, die vor Eröffnung des Insolvenzverfahrens ent-

standen sind (**Altverbindlichkeiten**) (vgl. BAG 3 AZR 649/03 v. 19.5.05, ZIP 05, 1706; grundlegend BAG 3 AZR 160/79 v. 17.1.80, NJW 80, 1124. Begründet wird dieses Haftungsprivileg mit dem Grundsatz der Gläubigergleichbehandlung: Die Arbeitnehmer würden für bereits entstandene Ansprüche im Gegensatz zu anderen Gläubigern mit dem Erwerber einen neuen solventen Schuldner erhalten und dadurch im Verhältnis zu den anderen Insolvenzgläubigern unangemessen bevorzugt. Das Haftungsprivileg gilt nur für Ansprüche, die **vor Eröffnung des Insolvenzverfahrens entstanden** sind. Die Haftung des Erwerbers für Ansprüche, die nach Eröffnung des Insolvenzverfahrens entstehen, bleibt davon unberührt.

Auch beim Erwerb eines Unternehmens nach Eröffnung des Insolvenzverfahrens 18 findet § 613a Abs. 1 Satz 1 BGB auf den Übergang der **Arbeitsverhältnisse** uneingeschränkt Anwendung (vgl. *Holzapfel/Pöllath* aaO Rz. 824). Dies stellt in der Praxis ein gewichtiges Sanierungshindernis dar. Ein Ausweg besteht darin, dass zwischen Veräußerer, Arbeitnehmer und einer **Beschäftigungs- und Qualifizierungsgesellschaft** (BQG) ein Aufhebungs- und Weiterbeschäftigungsvertrag abgeschlossen wird. Der Erwerber übernimmt anschließend von der BQG nur die für die Fortführung des Unternehmens benötigten Arbeitnehmer. Dieses Vorgehen wird von der Rechtsprechung des BAG grundsätzlich gebilligt (vgl. BAG 8 AZR 218/98 v. 21.1.99, ZIP 99, 1572). Voraussetzung ist allerdings, dass die Kontinuität des Arbeitsverhältnisses tatsächlich beendet wird. Daher dürfen weder der Insolvenzverwalter noch der Erwerber dem Arbeitnehmer ein neues Arbeitsverhältnis beim Erwerber in Aussicht stellen (vgl. *Maitzen* aaO S. 42ff.). § 113 InsO gibt dem Insolvenzverwalter die Möglichkeit einer Kündigung mit verkürzter Kündigungsfrist (zu Einzelheiten vgl. *Uhlenbruck/Berscheid* InsO § 113 Rz. 1ff.).

Vgl. iÜ B. 21.01 Rz. 37.

Zu § 10: Vollzugsbedingungen, Übertragungsstichtag

Unternehmenszusammenschlüsse, die außerhalb einer Krise des erworbenen Unter- 19 nehmens unzulässig wären, können ausnahmsweise zulässig sein, wenn die Marktsituation durch den Erwerb nicht stärker beeinträchtigt wird, als durch ein Ausscheiden des insolventen Unternehmens aus dem Markt und einer Übernahme von dessen Marktanteilen durch den potentiellen Erwerber (sog. failing company defence, die mit Unterschieden in Einzelheiten sowohl im deutschen als auch im europäischen Fusionskontrollrecht Anwendung findet, vgl. *Arends/Hofert-von Weiss* BB 09, 1538; *Wiedemann/Wagemann* Kartellrecht 2008 § 16 Rz. 219ff.; *Fiedler* NZI 02, 79; *Ristelhuber* ZIP 03, 378). Ggfs. ist zu prüfen, on eine Befreiung vom fusionskontrollrechtlichen Vollzugsverbot beantragt werden soll (Art. 7 Abs. 3 EU-FusionskontrollVO; § 41 Abs. 2 GWB), um dem Zeitdruck im Rahmen einer Insolvenz Rechnung zu tragen. Zum Kartellrecht iÜ vgl. B. 21.01 Rz. 20ff. und zum Eigentumsübergang vgl. B. 21.01 Rz. 34ff.

Zu § 11: Gewährleistung und Haftung

Ansprüche aus einem nach Eröffnung des Insolvenzverfahrens durch den Insovenz- 20 verwalter geschlossenen Unternehmenskaufvertrag stellen Masseverbindlichkeiten dar (§ 55 Abs. 1 Nr. 1 InsO). Eine entsprechende persönliche Haftung des Insolvenzverwalters kann sich nach 61 InsO ergeben, wenn die vom Insolvenzverwalter begründete Masseverbindlichkeit aus der Masse nicht vollständig erfüllt werden kann und der Insolvenzverwalter den Entlastungsbeweis nicht führen kann, dass er dies bei Begründung nicht erkennen konnte (vgl. *Arends/Hofert-von Weiss* BB 09, 1538). Aufgrund dieser Haftungsrisiken und der Besonderheiten eines Insolvenzverfahrens, in dessen Rahmen der Insolvenzverwalter oft nur eingeschränkte Kenntnis von den verkauften Gegenständen und insbesondere von vor dem Insolvenzverfahren liegenden Umständen erlangen wird, sind **umfangreiche Gewährleistungen** bei Veräußerungen im Rahmen eines Insolvenzverfahrens **unüblich**. Meist wird der Insolvenzverwalter versuchen, Garantien und Gewährleistungen weitgehend auszuschließen (vgl. *Holzapfel/Pöllath*, aaO Rz. 222; *Kammel* NZI 00, 102). Der Käufer kann dieser Unsicherheit idR nur durch eine umfangreiche Due Diligence (vgl. B. 21.04 und B. 21.05) und ggf. durch einen entsprechend niedrigeren Kaufpreis begegnen. Zur Geschäftsführerhaftung wegen unterlassener Due Diligence-Prüfung bei Unternehmenserwerb aus Insolvenz vgl. OLG Oldenburg 1 U 34/03 v. 22.6.06, NZG 07, 434.

21 Die **Haftung des Erwerbers** als Betriebsübernehmers nach § 25 HGB sowie 75 AO ist bei einem Erwerb aus der Insolvenz gesetzlich eingeschränkt (vgl. B. 21.06 Rz. 4f.). Dennoch kann eine Haftung des Erwerbers aus besonderen Haftungstatbeständen in Betracht kommen (vgl. *Maitzen* aaO S. 39f.).

22 Die Rückforderungspraxis der Europäischen Kommission hinsichtlich der Haftung des Erwerbers für die **Rückforderung von Beihilfen** hat sich erheblich verschärft. Zur Rückzahlung können auch solche Unternehmen verpflichtet werden, die im Rahmen eines Asset Deals die wesentlichen Vermögenswerte erworben haben (vgl. EU-Kommission v. 8.7.99, ABl. EU 99 Nr. L 292, 27 – *Gröditzer Stahlwerke* und v. 2.6.99, ABl. EU 2000 Nr. L 227, 24 – *Seleco*). Eine Transaktion dürfe nicht dazu führen, dass die Rückforderungsentscheidung gegen den Beihilfeempfänger wirkungslos werde. Die Rückforderung setzt nicht die Kenntnis des Erwerbers von der rechtswidrigen Beihilfe voraus.

23 Eine Haftung des Erwerbers für die Beihilferückforderung scheidet aus, wenn der Erwerber für das Unternehmen einen *marktüblichen Preis* zahlt (EuGH Rs C-214/07 v. 13.11.08, EWS 08, 525, Tz. 57ff.; Rs C-277/00 v. 29.4.04, ZIP 04, 1013, Tz. 80ff. – *System Microelectronic Innovation;* Rs C-390/98 v. 20.9.01, BeckRS 2004, 76970 Tz. 77f. – *H. J. Banks*). In diesem Fall erlangt der Erwerber **keinen Wettbewerbsvorteil** und die in der Zahlung des marktgerechten Kaufpreises enthaltene Subvention kann gegen den Veräußerer geltend gemacht werden. Allerdings werden hohe Anforderungen an den Nachweis angemessener Konditionen gestellt (vgl. EuGH Rs. C-214/07 v. 13.11.08, EWS 08, 525 Tz. 57ff.). Gerade bei einem Erwerb durch konzernangehörige Gesellschaften, aber auch bei einem MBO sollte die Transaktion im Hinblick auf die wirtschaftlichen Konditionen (Kaufpreisfindung) möglichst transparent ausgestaltet sein (z.B. gutachterliche Unternehmensbewertung; europaweites Bieterverfahren nach Absprache mit Europäischer Kommission).

24 Der Erwerbers kann für Verstöße des übernommenen Unternehmens gegen **Europäisches Wettbewerbsrecht** haftbar gemacht und mit Bußgeldern belegt werden (EuG T-134/94 v. 11.3.99, BeckRS 1999, 234460 Tz. 127ff. – *Neue Maxhütte*). Zur Begründung wird angeführt, dass die Wettbewerbsregeln ihre praktische Wirkung in erster Linie am Unternehmen als wirtschaftliche Einheit und nicht am Unternehmensträger entfalten. Entscheidend für die Haftung sei die wirtschaftliche Nachfolge. Diese sei bei der Übernahme der wesentlichen an der Begehung der Zuwiderhandlung beteiligten materiellen und personellen Faktoren gegeben. Eine mögliche Geldbuße bemisst sich nach dem Unternehmensumsatz (bis zu 10%) des Erwerbers und nicht des Veräußerers. Gerade in kartellanfälligen Branchen sollte deshalb der Erwerb über eine selbständige Zwischengesellschaft erfolgen, die das übernommene Unternehmen dann als selbständige Tochter führt.

25 Der Erwerber haftet für **Umwelt-Altlasten**, da die öffentlich-rechtliche Ordnungspflicht regelmäßig an die tatsächliche Sachherrschaft anknüpft (sog. *Zustandsverantwortlichkeit*, vgl. z.B. § 4 Abs. 3 BBSchG). Ein **vertraglicher Ausschluss** dieser Haftung ist **nicht möglich**. Sofern das Ordnungsrecht ausnahmsweise eine Verhaltenshaftung statuiert (vgl. z.B. § 58 Abs. 1 BBergG), kommt eine Haftung des Erwerbers erst ab der Fortführung des belasteten Unternehmens in Betracht.

Zu § 13: Schlussbestimmungen

26 Vgl. B. 21.01 Rz. 48f.

B. 21.08 Kooperationsvertrag

Gliederung

I. FORMULAR

Formular B. 21.08 Kooperationsvertrag

KOOPERATIONSVERTRAG

zwischen

1. [...] GmbH, mit Sitz in [...], eingetragen im Handelsregister des Amtsgerichts [...] unter HRB [...], Geschäftsanschrift: [...],

– nachfolgend „A GmbH" –

2. [...], mit Sitz in [...], eingetragen im Handelsregister des Amtsgerichts [...] unter HRB [...], Geschäftsanschrift: [...],

– nachfolgend „B GmbH" –

– A GmbH und B GmbH nachfolgend einzeln jeweils „Partei" und gemeinschaftlich „Parteien" –

§ 1 Präambel

Mit Vertrag vom [...] hat die A GmbH ihre Wirtschaftsgüter, die zum Produktbereich „B" gehören, an die B GmbH verkauft und übertragen (der „Kauf von Wirtschaftsgütern"). Die Parteien beabsichtigen, auch weiterhin im Produktbereich B Geschäftsbeziehungen zu unterhalten.

(1) Mit diesem Kooperationsvertrag (der „Kooperationsvertrag") beabsichtigen die Parteien, die störungsfreie Ausgliederung des Produktbereichs B aus der A GmbH und die Eingliederung in die B GmbH sicherzustellen und ihre weitere Kooperation in Form der Erbringung von Dienstleistungen der A GmbH gegenüber der B GmbH in verschiedenen Bereichen zu regeln.

(2) Der Kooperationsvertrag umfasst insbesondere die Erbringung von Dienstleistungen durch die A GmbH gegenüber der B GmbH in den Bereichen allgemeine Buchhaltung (Modul 1), Kapazitätsplanung, Artikelorganisation und Kontrolle der Qualitätsrichtlinien (Modul 2), Auftrags- und Personalabwicklung, Empfang und Telefonservice (Modul 3) sowie Lager- und Werkstattpersonal (Modul 4), nachfolgend zusammen die „Dienstleistungen".

(3) Zwischen den Parteien soll durch diesen Kooperationsvertrag keine Gesellschaft (§§ 705 ff. BGB) entstehen.

§ 2 Modul 1: Allgemeine Buchhaltung

(1) Die A GmbH verpflichtet sich, die B GmbH durch die Erbringung der in der Anlage zu 2 genannten Dienstleistungen im Bereich der allgemeinen Buchhaltung (ohne

Leitung) zu unterstützen. Die Bearbeitung der Buchhaltung und des Controllings für die A GmbH einerseits und die B GmbH andererseits erfolgen getrennt voneinander.

(2) Für die Leistungserbringung zahlt die B GmbH der A GmbH eine pauschale monatliche Vergütung iHv. EUR [...] zuzüglich Umsatzsteuer in gesetzlicher Höhe. Diese Pauschalvergütung beruht auf der Annahme, dass ein monatlicher Aufwand von [...] Stunden für die in Anlage zu 2 genannten Dienstleistungen erforderlich ist, die zu einem Stundensatz von EUR [...] abgerechnet werden.

§ 3 Modul 2: Kapazitätsplanung, Artikelorganisation und Kontrolle der Qualitätsrichtlinien

(1) Die A GmbH verpflichtet sich, die B GmbH durch die Erbringung der in der Anlage zu 3 genannten Dienstleistungen im Bereich Kapazitätsplanung, Artikelorganisation und Kontrolle der Qualitätsrichtlinien zu unterstützen.

(2) Für die Leistungserbringung zahlt die B GmbH der A GmbH eine pauschale monatliche Vergütung iHv. EUR [...] zuzüglich Umsatzsteuer in gesetzlicher Höhe. Diese Pauschalvergütung beruht auf der Annahme, dass ein monatlicher Aufwand von [...] Stunden für die in der Anlage zu 3 genannten Dienstleistungen erforderlich ist, die zu einem Stundensatz von EUR [...] abgerechnet werden.

§ 4 Modul 3: Auftrags- und Personalabwicklung; Empfang/Telefonservice

(1) Die A GmbH verpflichtet sich, die B GmbH durch die Erbringung der in der Anlage zu 4 genannten Dienstleistungen im Bereich der Auftrags- und Personalabwicklung sowie Empfang/Telefonservice zu unterstützen.

(2) Für die Leistungserbringung zahlt die B GmbH der A GmbH eine pauschale monatliche Vergütung iHv. EUR [...] zuzüglich Umsatzsteuer in gesetzlicher Höhe. Diese Pauschalvergütung beruht auf der Annahme, dass ein monatlicher Aufwand von [...] Stunden für die in der Anlage zu 4 genannten Dienstleistungen im Bereich Auftragsabwicklung, ein monatlicher Aufwand von [...] Stunden für die in Anlage zu 4 genannten Dienstleistungen im Bereich Personalabwicklung und ein monatlicher Aufwand von [...] Stunden für die in der Anlage zu 4 genannten Dienstleistungen im Bereich Empfang/Telefonservice erforderlich ist, die jeweils zu einem Stundensatz von EUR [...] abgerechnet werden.

§ 5 Modul 4: Lager- und Werkstattpersonal

(1) Die A GmbH verpflichtet sich, die B GmbH durch die Erbringung der in der Anlage zu 5 genannten Dienstleistungen im Bereich Lager- und Werkstattpersonal zu unterstützen.

(2) Für die Leistungserbringung zahlt die B GmbH der A GmbH eine pauschale monatliche Vergütung iHv. EUR [...] zuzüglich Umsatzsteuer in gesetzlicher Höhe. Diese Pauschalvergütung beruht auf der Annahme, dass ein monatlicher Aufwand von [...] Stunden für die in der Anlage zu 5 genannten Dienstleistungen im Bereich Lagerpersonal und ein monatlicher Aufwand von [...] Stunden für die in Anlage zu 5 genannten Dienstleistungen im Bereich Werkstattpersonal erforderlich ist, die jeweils zu einem Stundensatz von EUR [...] abgerechnet werden.

§ 6 Gemeinsame Bestimmungen für Module 1 bis 4

(1) Die Erbringung der in den Modulen 1 bis 4 vereinbarten Dienstleistungen erfolgt durch die Mitarbeiter der A GmbH in der gleichen Art und Weise wie bereits vor dem Vollzug des in § 1 Abs. 1 bezeichneten Kaufs von Wirtschaftsgütern. Sofern die A GmbH Leistungen nicht selbst erbringt, sondern von Dritten bezieht oder in Zusammenarbeit mit Dritten erbringt, erfolgt die Leistungserbringung für die B GmbH

vorbehaltlich der Zustimmung des Dritten. Gleiches gilt für die Nutzung von Lizenzen. Sollte ein Dritter der Leistungserbringung für oder der Nutzung von Lizenzen durch B GmbH nicht zustimmen, werden die Parteien gemeinsam eine Lösung suchen.

(2) Die A GmbH wird den Zeitaufwand, der für die in den Modulen 1 bis 4 vereinbarten Dienstleistungen jeweils anfällt, laufend durch Zeiterfassung und Aktivitätennachweis dokumentieren. Alle 6 (sechs) Monate und erstmals 6 (sechs) Monate nach Vertragsbeginn gemäß Absatz 10 wird der so festgestellte tatsächliche Aufwand für die jeweils in den Modulen 1 bis 4 vereinbarten Dienstleistungen mit den in §§ 2 bis 5 genannten Pauschalbeträgen abgeglichen. Sollte bei dieser Überprüfung absehbar werden, dass der tatsächliche Aufwand für die jeweils in den Modulen 1 bis 4 vereinbarten Dienstleistungen dauerhaft größer oder kleiner ist als in §§ 2 bis 5 genannt, verpflichten sich die Parteien, den jeweils unter §§ 2 bis 5 genannten Pauschalbetrag entsprechend anzupassen.

(3) Die B GmbH stellt der A GmbH oder den jeweils Ausführenden sämtliche für die sachgemäße Erbringung der Dienstleistungen erforderlichen Informationen zur Verfügung.

(4) Die B GmbH ist nicht berechtigt, den Mitarbeitern der A GmbH oder von ihr beauftragten Dritten Weisungen zu erteilen oder sie – und sei es auch nur vorübergehend – für eigene Zwecke einzusetzen.

§ 7 Zahlungsmodalitäten

(1) Die Zahlungen der B GmbH an die A GmbH werden jeweils gegen monatliche Rechnung geleistet. Der jeweilige Leistungserbringer ist zuvor zur ordnungsgemäßen Rechnungsstellung verpflichtet. Der Anspruch des jeweiligen Leistungserbringers in Bezug auf die Umsatzsteuer verjährt nicht, bevor eine diesbezügliche Festsetzung der Finanzbehörden nach den Vorschriften der Abgabenordnung (AO) endgültig und unabänderbar geworden ist.

(2) Die Rechnungsstellung erfolgt bis zum 10. Arbeitstag eines jeden Monats für den jeweils vorangegangenen Monat in einer Rechnung über den Gesamtbetrag für die jeweils in den Modulen 1 bis 4 vereinbarten Dienstleistungen. Die Rechnung ist innerhalb von zehn (10) Werktagen ab Rechnungsdatum ohne Abzug fällig. Für den Bezug von Leistungen von einem Dritten ist die Rechnung entsprechend den mit dem Dritten vereinbarten Zahlungskonditionen ohne Abzug fällig.

§ 8 Qualität und Haftung

(1) Die Dienstleistungen werden grundsätzlich in der gleichen Art und Weise und Güte erbracht, wie sie bisher bei der A GmbH erbracht wurden. Soweit die A GmbH Dienstleistungen anbietet, die sie von einem Dritten bezieht, bestimmt sich die Art und Weise der Leistungsausführung im Verhältnis zu der B-GmbH nach den insoweit zwischen der A GmbH und dem Dritten getroffenen Vereinbarungen, die die B GmbH insoweit anerkennt. Der B GmbH werden die Vereinbarungen mit Dritten unter den Modulen unmittelbar nach Abschluss dieser Vereinbarung auf Wunsch bekanntgegeben. Sofern die B GmbH innerhalb angemessener Frist, längstens jedoch innerhalb von 30 (dreißig) Tagen ab Abschluss dieser Vereinbarung, dagegen Widerspruch erhebt, entfällt die Erbringung der Komponente unter dem jeweiligen Modul ab Zugang des Widerspruchs bei der A GmbH und die Parteien einigen sich über eine Anpassung der Vergütung.

(2) Geben die Dienstleistungen der A GmbH Anlass zu berechtigter Beanstandung, so hat die B GmbH der A GmbH zunächst Gelegenheit zur Nachbesserung zu geben. Hält die A GmbH eine Nachbesserungsfrist von 20 (zwanzig) Werktagen nicht ein, so ist die B GmbH berechtigt, die Vergütung angemessen zu mindern. Geringfügige Be-

anstandungen bleiben außer Betracht. Die Haftung der A GmbH aus oder im Zusammenhang mit diesem Vertrag gleich aus welchem Rechtsgrund ist auf EUR [...] beschränkt. Diese Haftungsbegrenzung gilt nicht bei vorsätzlichem oder grob fahrlässigem Verhalten.

§ 9 Höhere Gewalt

(1) Die Parteien haftet nicht für Schäden oder für die teilweise oder vollständige Nichterfüllung von Verpflichtungen aus diesem Vertrag, wenn der jeweilige Schaden oder die Nichterfüllung auf einem Umstand beruht, der bei Vertragsschluss nicht vorhersehbar war und die Parteien diese Folgen weder verhindern noch durch zumutbare Maßnahmen beheben können („Höhere Gewalt").

(2) In jedem Fall liegt Höhere Gewalt vor bei Kampfhandlungen (unabhängig davon, ob ein Krieg erklärt worden ist), Unruhen, Explosionen, Feuer, Flut, Erdbeben, Taifun, Epidemien und bei arbeitsrechtlichen Streitigkeiten, aufgrund derer der Geschäftsbetrieb vollständig oder überwiegend zum Erliegen kommt, sowie bei Handlungen, Unterlassungen oder Maßnahmen einer Regierung oder beim Befolgen staatlicher Aufforderungen und bei der Störung von Betriebsanlagen oder Teilen davon, die zur Erfüllung von Verpflichtungen dieses Vertrages dienen.

(3) Im Fall des Eintritts Höherer Gewalt haben sich die Parteien hiervon unverzüglich zu unterrichten und innerhalb von 15 (fünfzehn) Tagen detaillierte Informationen insbesondere über den Umfang und, soweit zumutbarerweise möglich, die voraussichtliche Dauer der Höheren Gewalt vorzulegen.

§ 10 Vertragsbeginn und Kündigung

(1) Dieser Vertrag steht unter der aufschiebenden Bedingung (§ 158 Abs. 1 BGB) des im Wesentlichen vollständigen Vollzugs des Kaufs von Wirtschaftsgütern von der A GmbH an die B GmbH.

(2) Die Kooperation im Rahmen der Module 1 bis 4 beginnt ab der Unterzeichnung dieses Kooperationsvertrages und ist auf eine Dauer von 12 (zwölf) Monaten beschränkt.

(3) Nach Ablauf der Vertragsdauer gemäß § 10 Abs. 2 verlängert sich die Laufzeit für jedes Modul jeweils um weitere 12 (zwölf) Monate, wenn nicht eine Seite ein oder mehrere Module mit einer Frist von 3 (drei) Monaten zum Ablauf der Vertragsdauer gemäß § 10 Abs. 2 schriftlich kündigt.

(4) Das Recht zur schriftlichen außerordentlichen und fristlosen Kündigung aus wichtigem Grund bleibt von den vorstehenden Regelungen unberührt. Ein wichtiger Grund ist insbesondere dann gegeben, wenn aufgrund einer nicht unerheblichen Pflichtverletzung einer Partei der anderen Partei ein Festhalten an diesem Vertrag nicht zumutbar ist. Ein solcher Fall ist insbesondere dann gegeben, wenn die B GmbH 3 (drei) mal in Folge gegen die Zahlungsvorschriften gemäß § 7 Abs. 2 verstoßen hat, wenn etwaige Fristen für die Erbringung von Dienstleistungen durch die A GmbH 3 (drei) mal in Folge in erheblichem Ausmaß ohne vorherige Ankündigung nicht eingehalten wurden, oder wenn eine Partei Informationspflichten, Mitwirkungspflichten oder sonstige Verpflichtungen nach diesem Vertrag 3 (drei) mal in Folge nicht erfüllt hat, sowie wenn über eine der Parteien das Insolvenzverfahren eröffnet oder die Eröffnung mangels Masse abgelehnt wird. Die außerordentliche Kündigung ist durch die kündigungsberechtigte Partei gegenüber den anderen Parteien zuvor unter Angabe des Kündigungsgrundes und unter angemessener Fristsetzung zur Beseitigung des Kündigungsgrundes schriftlich anzudrohen.

(5) Eine Kündigung gemäß vorstehendem § 10 Abs. 3 und eine Kündigung aus wichtigem Grund gemäß vorstehendem § 10 Abs. 4 ist auch isoliert hinsichtlich einzelner

Module zulässig. Eine solche Teilkündigung berührt die Wirksamkeit des Kooperationsvertrages im Übrigen nicht.

§ 11 Geheimhaltung

(1) Die A-GmbH wird Geschäfts- und Betriebsgeheimnisse der B GmbH Partei, die Ihr im Zusammenhang mit diesem Vertrag anvertraut oder bekannt geworden sind („Geheime Informationen"), geheim halten und vertraulich behandeln, nicht weitergeben, ausschließlich zur Durchführung dieses Vertrags verwenden und auch nach Beendigung dieses Vertrags weder für sich noch für andere verwerten.

(2) Die A GmbH ist berechtigt, Geheime Informationen an ihre Mitarbeiter oder an Dritte, soweit diese in die Durchführung dieses Vertrags eingebunden sind, weiterzugeben. Soweit eine Weitergabe Geheimer Informationen hiernach zulässig ist, verpflichtet sich die A GmbH, die Informationsweitergabe an solche Mitarbeiter oder Dritte auf den für die Durchführung dieses Vertrags erforderlichen Umfang zu begrenzen. Die A GmbH verpflichtet sich, solche Mitarbeiter oder Dritte über die aufgrund dieses Kooperationsvertrags bestehende Geheimhaltungsverpflichtung vor Bekanntgabe einer Geheimen Information zu informieren. Die A GmbH steht für die Einhaltung der Verpflichtungen gemäß dieses Kooperationsvertrags durch die vorgenannten Personen ein.

(3) Die Verpflichtung zur Geheimhaltung, und Nicht-Weitergabe findet nur Anwendung auf Informationen, die

(i) nicht bereits allgemein bekannt sind;

(ii) der A GmbH nicht bereits vorher von der B GmbH oder deren Vertretern auf nicht vertraulicher Basis gewährt worden waren;

(iii) der A GmbH nicht von Dritten auf nicht vertraulicher Basis zugänglich gemacht wurden, es sei denn, dass der A GmbH bekannt war, dass dieser Dritte seinerseits durch die Weitergabe eine Geheimhaltungsvereinbarung mit der B GmbH Partei verletzt hat.

(4) Eine Geheimhaltungsverpflichtung besteht nicht, soweit die A GmbH gesetzlich verpflichtet ist, geheime Informationen in gerichtlichen, behördlichen oder sonstigen Verfahren zu offenbaren.

(5) Die A GmbH verpflichtet sich, auf schriftliche Anforderung der B GmbH sämtliche ihr im Zusammenhang mit diesem Kooperationsvertrags überlassenen oder durch sie erstellte Unterlagen, Dateien und Datenträger (gleich welcher Art) sowie sämtliche Kopien oder Teile hiervon, die sich noch in ihrem Besitz befinden, an die B GmbH zurückzugeben oder zu zerstören und der B GmbH die Zerstörung schriftlich zu bestätigen, soweit nicht aus Gründen zwingenden Rechts oder zur Wahrung berechtigter Interessen der A GmbH ohne Gefährdung der Vertraulichkeit ein Verbleib solcher Unterlagen oder Kopien hiervon bei der A GmbH erforderlich ist.

(6) Im Falle jedes Verstoßes gegen die vorstehend getroffenen Vereinbarungen ist die A GmbH zur Zahlung einer Vertragsstrafe in Höhe von EUR [...] verpflichtet. Je zwei Wochen einer fortgesetzten Verletzungshandlung gelten als selbständiger Verstoß. Die Geltendmachung darüber hinausgehender Unterlassungs- und Schadensersatzansprüche durch die B GmbH bleiben hiervon unberührt. Die Vertragsstrafe ist auf Schadensersatzansprüche anzurechnen.

§ 12 Mitteilungen

Alle rechtsgeschäftlichen Erklärungen und anderen Mitteilungen im Zusammenhang mit diesem Vertrag haben dem jeweiligen Empfänger, soweit nicht eine andere Form durch zwingendes Recht vorgeschrieben ist, in Textform (a) durch persönliche Über-

gabe, (b) per eingeschriebenen Brief oder (c) per Fax, jeweils unter der unten angegebenen Adresse zuzugehen:

(1) Für Mitteilungen an die A GmbH: [...]

(2) Für Mitteilungen an B GmbH: [...]

§ 13 Anwendbares Recht, Gerichtsstand

Dieser Vertrag und alle Rechtsbeziehungen in Verbindung mit ihm unterliegen ausschließlich dem Recht der Bundesrepublik Deutschland unter Ausschluss des internationalen Privatrechts und des UN-Kaufrechts. Ausschließlicher Gerichtsstand ist, soweit gesetzlich zulässig, München.

§ 14 Schlussbestimmungen

(1) Dieser Vertrag und die in ihm in Bezug genommenen Anlagen enthalten alle Vereinbarungen zwischen den Parteien bezüglich des Gegenstands dieses Vertrages und ersetzen sämtliche früher insoweit bestehenden Vereinbarungen. Nebenabreden, gleich welcher Art, bestehen nicht.

(2) Sämtliche Vereinbarungen und Mitteilungen zwischen den Parteien bedürfen der Schriftform, soweit nicht nach zwingendem Recht eine strengere Form erforderlich ist. Dies gilt auch für etwaige Änderungen dieser Schriftformklausel.

(3) Die Vorschriften der §§ 705 ff. BGB finden auf diesen Kooperationsvertrag keine Anwendung.

(4) Sollte eine Bestimmung dieses Vertrages unwirksam oder undurchführbar sein oder werden, so bleibt die Wirksamkeit der übrigen Bestimmungen dieses Vertrages hiervon unberührt. Anstelle der unwirksamen oder undurchführbaren Bestimmung gilt diejenige wirksame und durchführbare Bestimmung als vereinbart, die dem mit der unwirksamen oder undurchführbaren Bestimmung verfolgten wirtschaftlichen Zweck möglichst nahe kommt. Entsprechendes gilt für die ergänzende Vertragsauslegung.

(5) Keine Partei ist berechtigt, diesen Vertrag oder einzelne Rechte und Pflichten daraus ohne Zustimmung der anderen Partei, sei es im Wege der Einzel- oder der Gesamtrechtsnachfolge, auf einen Dritten zu übertragen.

......, den ......

....	....
A GmbH	**B GmbH**

II. ERLÄUTERUNGEN

Erläuterungen zu B. 21.08 Kooperationsvertrag

1. Grundsätzliche Anmerkungen

a) Wirtschaftliches Vertragsziel

1 Kooperationsvereinbarungen werden in einer Vielzahl von Konstellationen abgeschlossen. Wenn im Zusammenhang mit dem Erwerb von Unternehmensteilen bisher von dem veräußerten Unternehmensteil mitgenutzte Service-Bereiche des Veräußerers nicht übertragen werden, besteht oft ein Interesse des Erwerbers derartige Leistungen noch vom Veräußerer zu erhalten, idR für einen begrenzten Zeitraum bis der Aufbau von eigenen Service-Einheiten oder eine Eingliederung in das übrige Unternehmen des Erwerbers möglich ist. Teilweise erfolgt jedoch auch eine dauerhafte

Kooperation. Die vorliegende Kooperationsvereinbarung soll eine zeitlich begrenzte Kooperation zur Eingliederung des erworbenen Unternehmens in die noch aufzubauende Organisation des Erwerbers ermöglichen.

b) Zivilrecht

Kooperationsvereinbarungen können grds. in zwei Grundformen auftreten. Als 2
lediglich **schuldrechtlich vereinbarte** Kooperation ohne die Gründung eines Gemeinschaftsunternehmens oder als Gemeinschaftsunternehmen (joint venture) auf **gesellschaftsrechtlicher** Grundlage, dem regelmäßig ein sog. Grundlagenvertrag vorausgeht. Kooperationsvereinbarungen sind idR sehr spezifisch auf die jeweiligen Kooperationsvorhaben zugeschnitten. Eine möglichst genaue Beschreibung der einzelnen nach dem Kooperationsvertrag geschuldeten Leistungen sollte in der Anlage zu den jeweiligen Modulen erfolgen. Da die Kooperationsvereinbarung selbst nur die allgemeinen für die Kooperation geltenden Vereinbarungen regelt, ist eine Anpassung der einzelnen Module sowie der hierzu gehörenden Anlagen relativ flexibel umzusetzen. Soweit Kooperationsvereinbarungen im Zusammenhang mit Entwicklungen (Entwicklungsvereinbarungen) geschlossen werden, wären umfassende Regelungen hinsichtlich des geistigen Eigentums (gewerblicher Schutzrechte) zu treffen. Ggfs. sind auch kartellrechtliche Aspekte zu bedenken, wenn sich die Kooperation anders als im vorliegenden Fall nicht nur auf bloße Dienstleistungen im Hinblick auf die geschäftliche Organisation der Parteien bezieht. Kooperationsverträge der vorliegenden Art stellen regelmäßig typgemischte Verträge mit Elementen des Dienst- oder Werkvertragsrechts dar. In anderen Konstellationen kann eine GbR vorliegen (vgl. *Palandt/Sprau* § 705 BGB Rz. 45). Die Anwendung der Regelungen der Gesellschaft (§§ 705 ff. BGB) wurde vorliegend ausdrücklich ausgeschlossen. Eine gesellschaftsrechtliche Ausgestaltung wäre vorliegend auch nicht sachgerecht.

c) Steuerrecht

Steuerlich stellen die Einnahmen Kooperationsvereinbarungen wie in der vorlie- 3
genden Form beim Auftraggeber laufende Betriebseinnahmen dar, die der Besteuerung nach den allgemeinen Regeln unterliegen (ESt/KSt sowie GewSt). IdR liegen steuerbare Umsätze vor, die der USt nach den allgemeinen Regeln unterliegen. Umgekehrt stellen die Zahlungen aufgrund der Kooperationsvereinbarung Betriebsausgaben des Auftraggebers dar, die zum Vorsteuerabzug berechtigen, wenn die hierfür erforderlichen allgemeinen Voraussetzungen erfüllt sind.

Hiervon abzugrenzen sind Kooperationsvereinbarungen, in deren Rahmen ein gemeinsamer Zweck verfolgt wird und die **Gesellschaften oder Mitunternehmerschaften** (§ 15 EStG) darstellen können (zu Hilfsgesellschaften vgl. *Schmidt/Wacker* § 15 EStG Rz. 327, zu Arbeitsgemeinschaft und Joint Ventures vgl. *Schmidt/Wacker* § 15 EStG Rz. 329 f.; *IDW* WPg 93, 441).

2. Einzelerläuterungen

Zu § 1: Präambel

Die genaue Beschreibung und Definition des Gegenstandes der Kooperationsver- 4
einbarung bildet den Kern des Vertrags. Zu Gunsten einer verbesserten Übersichtlichkeit des Vertrags wurde eine Darstellung in Modulen gewählt, deren Details wiederum in Anlagen detaillierter beschrieben werden. Es erfolgt eine ausdrückliche Klarstellung, dass die Parteien dieser Vereinbarung ihre Beziehungen ausschließlich auf schuldrechtlicher Basis regeln möchten und keine Gesellschaft gründen wollen.

Zu §§ 2–5: Einzelne Module

Die iR einer Kooperationsvereinbarung zu regelnden Bereiche sind vielfältig und 5
Einzelfallabhängig. Neben den vorliegenden Modulen kommen häufig auch techni-

sche Serviceleistungen wie IT in Frage. Es empfiehlt sich, die Berechnungsgrundlagen für die Vergütung im Kooperationsvertrag anzugeben, um eine Berechnungsgrundlage für eine evtl. Anpassung zu haben, wenn sich die der Vereinbarung im Zeitpunkt des Abschlusses zugrunde gelegten Umstände ändern sollten (vgl. hierzu auch § 6 Abs. 2 der Vereinbarung).

Zu § 8: Qualität und Haftung

6 Der Leistungserbringer wird regelmäßig nur für die gleiche Qualität einstehen wollen, die er bislang in eigenen Angelegenheiten erbracht hat. Seine Leistungen im Rahmen dieser Kooperation sollen ja nur den Übergang und die störungsfreie Aus- bzw. Eingliederung des veräußerten Produktbereichs unterstützen. Dem entspricht auch die Regelung zur Einschaltung Dritter in die Leistungserbringung.

Zu § 10: Vertragsbeginn und Kündigung

7 Die Vereinbarung hängt in ihrem Bestand von der Veräußerung ab, deren Umsetzung sie unterstützen soll. Unter dem Aspekt, dass der Erwerber grds. eigene Kapazitäten aufbauen wird, wurde eine relativ kurze Laufzeit gewählt, die jedoch auch das Interesse des Leistungserbringers an einer gesicherten (Personal-)Planung berücksichtigt.

Zu § 11: Geheimhaltung

8 Aufgrund der oftmals sensiblen Informationen werden oft Geheimhaltungsvereinbarungen getroffen. Zwar besteht im vorliegenden Fall meist eine Kenntnis des Auftragnehmers (und gleichzeitigen Veräußerers), allerdings macht eine Geheimhaltungsvereinbarung den Parteien die Sensibilität der Informationen nochmals bewusst. Zudem empfiehlt sich eine Regelung zur Herausgabe von Daten und Unterlagen, die im Rahmen der Kooperationsvereinbarung beim Auftraggeber entstehen, dh. für die Zeiträume nach dem Unternehmenserwerb. Allerdings wird sich der Leistungserbringer oftmals nicht auf eine mit einer hohen Vertragsstrafe versehene Geheimhaltungsverpflichtung einlassen, da die Leistungserbringung auch sehr stark im Interesse des Leistungsempfängers und Unternehmenserwerbers liegt.

Zu § 11: Schlussbestimmungen

9 Zu Schlussbestimmungen vgl. B. 21. Rz. 48f. Eine Besonderheit besteht hier im ausdrücklichen Ausschluss der Übertragbarkeit vertraglicher Rechte und Pflichten. Dies trägt dem erheblichen Interesse der Parteien an der Person des jeweiligen Vertragspartners Rechnung.

B. 22. Werkvertrag (Gutachtervertrag)

I. FORMULAR

Formular B. 22 Gutachtervertrag

GUTACHTERVERTRAG

zwischen

A ...... – nachfolgend Auftraggeber genannt –

und

B ...... – nachfolgend Gutachter genannt –

§ 1 Gegenstand des Vertrages

Der Gutachter wird für den Auftraggeber ein Gutachten zu Fragen der ...... *[Gegenstand des Gutachtens]* erstellen.

§ 2 Zeit

Das Gutachten ist bis zum ...... zu erstellen und dem Auftraggeber zu übergeben.

§ 3 Vergütung

Der Gutachter erhält ein Honorar in Höhe von € ...... zuzüglich gesetzlicher Umsatzsteuer. Weitere Zahlungen kann der Gutachter nicht verlangen. Die Zahlung ist im Voraus zu leisten.

§ 4 Sach- und Rechtsmängelhaftung

Die Haftung für Sach- und Rechtsmängel wird ausgeschlossen. Der vorstehende Haftungsausschluss gilt nicht bei Vorsatz oder Arglist.

§ 5 Pflichten des Gutachters

(1) Der Gutachter erbringt seine gutachterlichen Leistungen unabhängig, unparteiisch, weisungsfrei, gewissenhaft und in eigener Person.

(2) Der Gutachter verpflichtet sich, über alle ihm zur Kenntnis gelangten Angelegenheiten, auch nach Fertigstellung des Gutachtens, Stillschweigen gegenüber jedermann zu bewahren.

§ 6 Mitwirkungspflichten des Auftraggebers

Der Auftraggeber hat dafür Sorge zu tragen, dass dem Gutachter alle für die ordnungsgemäße Durchführung des Auftrags erforderlichen Auskünfte und Unterlagen unentgeltlich und rechtzeitig zur Verfügung gestellt werden.

§ 7 Beendigung des Vertragsverhältnisses

Der Gutachtervertrag ist seitens des Auftraggebers zu jeder Zeit ohne Angabe von Gründen kündbar. Der Gutachter ist nicht verpflichtet, das Honorar teilweise oder ganz im Falle einer Kündigung zurückzuzahlen. Ansonsten endet das Vertragsverhältnis mit Fertigstellung des Gutachtens und seiner Überstellung an den Auftraggeber.

§ 8 Schriftformklausel

Änderungen des Vertrages sind nur wirksam, wenn sie schriftlich erfolgen.

II. ERLÄUTERUNGEN

Erläuterungen zu B. 22 Gutachtervertrag

1. Grundsätzliche Anmerkungen

a) Wirtschaftliche Vertragsziele

1 Die Hauptpflicht aus dem Werkvertrag besteht in der rechtzeitigen und mangelfreien, dh. vertragsgemäßen Herstellung des Werkes. Im Gegensatz zum Dienstvertrag wird nicht die Tätigkeit als solche geschuldet. Die Abgrenzung zwischen diesen beiden Vertragstypen kann im Einzelfall schwierig sein. Während etwa der auf Dauerberatung angelegte Steuerberatungsvertrag dienstvertraglichen Charakter hat, ist vom Vorliegen eines Werkvertrages stets auszugehen bei Einzelaufträgen wie Fertigung von Steuererklärungen, Bilanzen oder der Erstellung von Gutachten. Entsprechendes gilt für Verträge mit Rechtsanwälten und Wirtschaftsprüfern. Zu den Werkverträgen zählen insbesondere der Architekten-, Ingenieur-, Schornsteinfeger- und Statikervertrag.

b) Zivilrecht

2 Die Vorschriften über den Werkvertrag sind in den §§ 631 ff. BGB enthalten. Der Werkvertrag ist grds. formfrei.

Wie beim Dienstvertrag gilt auch beim Werkvertrag eine Vergütung als stillschweigend vereinbart, wenn die Herstellung des Werkes den Umständen nach nur gegen eine Vergütung zu erwarten ist (§ 632 Abs. 1 BGB). Ist die Höhe der Vergütung nicht bestimmt worden, gilt die taxmäßige Vergütung; bei Rechtsanwälten und Steuerberatern sind dies etwa die gesetzlichen Gebührenordnungen.

3 Mängelansprüche verjähren gem § 634a BGB bei Arbeiten an einer Sache in zwei Jahren, bei Arbeiten an einem Bauwerk oder bei Planungsleistungen in fünf Jahren. Die Verjährungsfrist beginnt hier mit der Abnahme des Werks, ferner mit (auch schlüssig erklärter) endgültiger Abnahmeverweigerung (BGH VII ZR 171/08 v. 8.7.10, NJW 10, 3573; BGH VII ZR 61/10 v. 24.2.11, NJW 11, 1224; BGH VII ZR 94/09 v. 19.5.11, NJW-Spezial 11, 557; OLG Düsseldorf 5 U 170/08 v. 2.7.09, NJW-RR 10, 528).

Bei nichtkörperlichen Werkleistungen, wie etwa Begutachtungen, gilt die dreijährige regelmäßige Verjährungsfrist des § 195 BGB. Hier beginnt die Frist aber erst mit Ende des Jahres zu laufen, in dem der Anspruch entstanden ist und der Gläubiger Kenntnis vom Mangel erlangt hat bzw. erlangen musste (§ 199 Abs. 1 BGB).

c) Steuerrecht

4 **Ertragsteuern:** Im Rahmen des Werkvertrages werden hinsichtlich der **Einkommensteuer** regelmäßig Einkünfte aus Gewerbebetrieb (§ 15 EStG) oder Einkünfte aus selbstständiger Arbeit (§ 18 EStG) erzielt. Der Gutachtenersteller wird jedenfalls als Freiberufler mit seiner Vergütung Einkünfte aus selbstständiger Arbeit (§ 18 EStG) erzielen.

5 **Verkehrsteuern:** Die Umsätze aus der Tätigkeit im Rahmen von Werkverträgen sind, soweit Unternehmereigenschaft bejaht werden kann, im Rahmen der **Umsatzsteuer** als sonstige Leistung steuerbar und grundsätzlich steuerpflichtig. Der Ort der sonstigen Leistung richtet sich nach § 3a UStG und hängt sowohl von der ausgeübten Tätigkeit als auch vom Empfänger der Leistung ab. § 3a Abs. 1 stellt dabei die Grundregel auf, dass die Leistung dort erbracht wird, wo der Leistende sein Unternehmen betreibt. Diese Grundregel wird aber nachfolgend in § 3a Abs. 2 bis 7 UStG für die überwiegende Anzahl der Fälle durchbrochen, so dass § 3a Abs. 1 UStG eher als nachrangiger Auffangtatbestand zu verstehen ist.

6 *(frei)*

2. Einzelerläuterungen

Zu § 1: Gegenstand des Vertrags

Es empfiehlt sich hier, den Gegenstand des Gutachtens möglichst genau zu bestimmen. Da der Gegenstand des Gutachtens nicht sicher den Umfang des Gutachtens bestimmen muss, kann es sich im Einzelfall empfehlen, eine bestimmte Seitenzahl aufzunehmen, die nicht unter- bzw. überschritten werden sollte. Eine hinreichende Bestimmung liegt in erster Linie im Interesse des Auftraggebers, da dieser auf Grund des **Haftungsausschlusses für Sach- und Rechtsmängel** (§ 4 des Vertrages) sich nur gegen ein unvollständiges und nicht gegen ein schlechtes Gutachten wehren kann. 7

Zu § 3: Vergütung

In § 3 wird klargestellt, dass sämtliche Aufwendungen des Gutachters mit der einmaligen Zahlung abgegolten sind. Nach der gesetzlichen Regelung des § 641 BGB wird die Vergütung erst bei Abnahme bzw. Vollendung des Werkes fällig. Eine Vorauszahlung der Vergütung kann aber vereinbart werden. Wie im Einzelfall zu verfahren ist, hängt dabei ua auch von dem Umfang des Gutachtens ab. Unter Umständen kann auch eine Teilbetragszahlung vereinbart werden, etwa dergestalt, dass das Gutachten kapitelweise vergütet wird. 8

Zu § 4: Sach- und Rechtsmängelhaftung

Aus der Natur des Gutachtens ergibt sich, dass eine Mangelhaftigkeit des Werkes in Grenzbereichen kaum feststellbar sein wird. Dass ein **mangelhaftes Werk** geliefert wurde, kann regelmäßig nur dann nachgewiesen werden, wenn das Werk unvollständig ist. Dieses Problem ist aber bereits in § 1 des Vertrages mit einer möglichst genauen Bezeichnung des Gegenstandes des Gutachtens einzugrenzen. Für den Gutachtenersteller ist es wichtig, die Haftung für Sach- und Rechtsmängel auszuschließen, da er sonst auf Grund der Behauptung des Auftraggebers, dass das Gutachten mangelhaft sei, um sein Honorar gebracht werden könnte. 9

Zudem ist eine **Haftungsbegrenzung** sinnvoll, da der Gutachter auch gegenüber Dritten für ein von ihm erstattetes unrichtiges Gutachten nach den von der Rechtsprechung entwickelten Grundsätzen des Vertrages mit Schutzwirkung zu Gunsten Dritter haften kann (OLG Dresden 10 U 1826/10 v. 19.10.11, IBR 12, 591). Individualvertraglich ist die Vereinbarung eines solchen Haftungsausschlusses uneingeschränkt möglich. Sofern es sich jedoch um **AGB** handelt, sind einem Haftungsausschluss enge Grenzen gesetzt. Bei **Verbrauchern** ist gem. § 309 Nr. 8 Buchst. b Doppelbuchst. aa BGB eine Bestimmung in AGB unwirksam, durch die bei Verträgen über Lieferungen neu hergestellter Sachen und über Werkleistungen die Ansprüche gegen den Verwender wegen eines Mangels insgesamt oder bezüglich einzelner Teile ausgeschlossen, auf die Einräumung von Ansprüchen gegen Dritte beschränkt oder von der vorherigen gerichtlichen Inanspruchnahme Dritter abhängig gemacht werden. Zudem ist § 309 Nr. 7 Buchst. b BGB zu beachten, wonach ein Ausschluss oder eine Begrenzung der Haftung für Schäden aus der Verletzung des Lebens, des Körpers oder der Gesundheit, die auf einer fahrlässigen Pflichtverletzung des Verwenders oder einer vorsätzlichen oder fahrlässigen Pflichtverletzung eines gesetzlichen Vertreters oder Erfüllungsgehilfen des Verwenders beruhen, nicht möglich ist. Handelt der Vertragspartner als **Unternehmer**, ist zwar § 309 BGB gemäß § 310 Abs. 1 Satz 1 BGB nicht anwendbar; soweit AGB-Klauseln jedoch auch im Verkehr zwischen Unternehmern als unangemessen anzusehen sind, kann sich ihre Unwirksamkeit aus § 307 BGB ergeben. 10

Zu § 6: Mitwirkungspflichten des Auftraggebers

§ 6 konkretisiert die in § 642 BGB vorgesehene gesetzliche Regelung. Gegebenenfalls können noch detaillierte Regelungen über die Folgen einer unterlassenen Mitwirkung aufgenommen werden wie z.B. **Vertragsstrafen.** 11

Zu § 7: Beendigung des Vertragsverhältnisses

12 Nach der gesetzlichen Regelung (§ 649 BGB) kann der Auftraggeber den Vertrag bis zur Vollendung des Werks jederzeit ohne Angabe von Gründen kündigen. Insoweit hat § 6 nur deklaratorische Bedeutung. Eine Abänderung der gesetzlichen Regelung besteht aber darin, dass der Gutachter nicht verpflichtet ist, das Honorar insoweit zurückzuzahlen als er Aufwendungen durch die frühe Kündigung erspart hat. Hierbei ist zu beachten, dass eine derartige Vereinbarung in allgemeinen Geschäftsbedingungen nicht möglich ist und andernfalls deren Unwirksamkeit zur Folge hätte.

B. 23. Sicherungsübereignungsvertrag

Gliederung

Rz.

I. FORMULAR

II. ERLÄUTERUNGEN

I. FORMULAR

Formular B. 23 Sicherungsübereignungsvertrag

SICHERUNGSÜBEREIGNUNGSVERTRAG

zwischen

A ...... **– nachfolgend Sicherungsgeber genannt –**

und

B ...... **– nachfolgend Sicherungsnehmer genannt –**

§ 1 Gegenstand der Sicherungsübereignung

(1) Der Sicherungsgeber überträgt hiermit an den Sicherungsnehmer das Eigentum an folgendem Kraftfahrzeug (nachfolgend Sicherungsgut genannt):

Hersteller ......
Typ ......
Fahrgestellnummer ......
Amtliches Kennzeichen ......
Tag der Erstzulassung ......
Km-Stand ......
Versicherung ......

(2) Das Sicherungsgut befindet sich in der Garage am ersten Wohnsitz des Sicherungsgebers. Eine dauernde Veränderung des Standortes bedarf der Einwilligung des Sicherungsnehmers.

(3) Für die Dauer der Sicherungsübereignung übergibt der Sicherungsgeber dem Sicherungsnehmer die über das Sicherungsgut ausgestellten Fahrzeugbriefe. Der Sicherungsnehmer bestätigt den Empfang der vorgenannten Unterlagen.

(4) Die Übergabe des Sicherungsgutes an den Sicherungsnehmer wird in der Weise ersetzt, dass der Sicherungsnehmer dem Sicherungsgeber das Sicherungsgut zu treuen Händen überlässt. Soweit Dritte unmittelbaren Besitz am Sicherungsgut erlangen, tritt der Sicherungsgeber bereits jetzt seine bestehenden und zukünftigen Herausgabeansprüche an den Sicherungsnehmer ab.

§ 2 Sicherungszweck

Die Übereignung und die Übertragung der sonstigen mit diesem Vertrag bestellten Rechte und Ansprüche erfolgt zur Sicherung aller gegenwärtigen, künftigen – auch

bedingten oder befristeten – Forderungen, die dem Sicherungsnehmer gegen den Sicherungsgeber aus dem Darlehensvertrag vom ...... in Höhe von ...... und Zinsen p.a. in Höhe von ...... zustehen, und zwar auch dann, wenn die vereinbarte Laufzeit des Darlehens verlängert wird.

§ 3 Deckungsgrenze

Die Parteien sind sich darüber einig, dass der Wert des Sicherungsgutes bei Vertragsabschluss ......% (Deckungsgrenze) der zu sichernden Forderung (§ 2) entspricht. Unterschreitet der Wert des Sicherungsgutes die Deckungsgrenze nachhaltig, so ist der Sicherungsgeber zu einer entsprechenden Ergänzung des Sicherungsgutes verpflichtet.

§ 4 Nutzung des Sicherungsgutes

(1) Im Rahmen des üblichen Gebrauchs ist es dem Sicherungsgeber gestattet, das Sicherungsgut zu nutzen. Er ist verpflichtet, das Sicherungsgut auf seine Kosten in ordnungsgemäßen und betriebsfähigen Zustand zu halten und insbesondere die notwendigen Reparaturen sachgerecht durchführen zu lassen. Der Sicherungsgeber hat die Wartungs-, Pflege- und Gebrauchsempfehlungen des Herstellers zu befolgen.

(2) Der Sicherungsnehmer ist jederzeit berechtigt, das Sicherungsgut am Standort (§ 1 Abs. 2) zu überprüfen oder durch seinen Beauftragten überprüfen zu lassen. Für diesen Zweck ist dem Sicherungsnehmer freier Zutritt zum Standort zu gewähren und jede zu diesem Zweck erforderliche Auskunft zu erteilen und die betreffenden Unterlagen zur Einsicht vorzulegen.

(3) Soweit sich das Sicherungsgut in unmittelbarem Besitz Dritter befindet, werden diese vom Sicherungsgeber angewiesen, dem Sicherungsnehmer Zutritt zum Sicherungsgut zu gewähren.

§ 5 Eigentum, Belastungen und sonstige Maßnahmen Dritter

(1) Der Sicherungsgeber versichert, dass ihm an dem Sicherungsgut das unbedingte sowie unbelastete Eigentum zusteht.

(2) Der Sicherungsgeber versichert ferner, dass rückständige Forderungen wegen Garagen- oder Stellplatzmiete, durch die ein Vermieterpfandrecht begründet sein könnte, sowie Prämienrückstände gegenüber dem Haftpflicht- oder dem Kasko-Versicherer oder Pfandrechte aus einem Werkvertrag nicht bestehen.

(3) Soweit das Sicherungsgut in gemieteten Räumen abgestellt wird, hat der Sicherungsgeber auf Verlangen des Sicherungsnehmers den Nachweis zu erbringen, dass die Mietzahlungen geleistet worden sind.

(4) Sollten Pfändungen oder sonstige Maßnahmen Dritter in das Sicherungsgut erfolgen, hat der Sicherungsgeber den Sicherungsnehmer unverzüglich hierüber zu informieren und alle Unterlagen zur Verfügung zu stellen, die der Sicherungsnehmer für den Widerspruch gegen die Pfändung oder sonstige Maßnahmen benötigt. Dies gilt gleichfalls für alle mit dem Sicherungsgut zusammenhängenden Vorkommnisse. Der Sicherungsnehmer ist befugt, zur Abwendung von Maßnahmen Dritter diese auf Kosten des Sicherungsgebers abzuwenden.

§ 6 Ersatzteile und Zubehör

Werden nach Abschluss dieser Vereinbarung Teile aus dem Sicherungsgut entfernt bzw. ausgebaut, so verbleiben diese solange im Eigentum des Sicherungsnehmers, bis sie durch gleichwertige Teile ersetzt worden sind. Hinzuerworbene Bestandteile und Zubehörstücke werden mit ihrem Einbau bzw. ihrer Einbringung in das Sicherungsgut Eigentum des Sicherungsnehmers; sie werden dem Sicherungsgeber gleichfalls leihweise zur Benutzung überlassen.

§ 7 Lastentragung

(1) Der Sicherungsgeber trägt sämtliche das Sicherungsgut betreffenden Gefahren, Haftungen, Steuern, Abgaben und alle sonstigen Lasten, auch soweit sie mit dem Betrieb des Sicherungsgutes in Zusammenhang stehen. Insbesondere bleibt der Sicherungsgeber Halter des Fahrzeugs im Sinne von § 7 StVG.

(2) Der Sicherungsgeber ist verpflichtet, den Sicherungsnehmer von allen Verbindlichkeiten freizustellen, die ihn als Eigentümer des Sicherungsgutes etwa treffen sollten.

§ 8 Versicherungen

(1) Der Sicherungsgeber ist verpflichtet, das Sicherungsgut für die Dauer der Sicherungsübereignung im Rahmen einer Vollkaskoversicherung sowie einer ausreichenden Haftpflichtversicherung zu versichern. Der Sicherungsgeber hat dem Sicherungsnehmer das Bestehen der Versicherung anzuzeigen sowie die Verpflichtung, sämtliche Prämienzahlungen dem Sicherungsnehmer unverzüglich nach dem Fälligkeitstermin unaufgefordert nachzuweisen. Besteht das Versicherungsverhältnis nicht mehr, so darf das Sicherungsgut nicht mehr genutzt werden.

(2) Sämtliche sich aus diesem Versicherungsverhältnis ergebenden gegenwärtigen und zukünftigen Ansprüche gegen den Versicherer tritt der Sicherungsgeber unter Maßgabe der Zweckbestimmung des § 2 an den Sicherungsnehmer hiermit ab.

(3) Der Sicherungsgeber ist verpflichtet, dem Versicherer mitzuteilen, dass das Sicherungsgut an den Sicherungsnehmer zu Eigentum übertragen ist und sämtliche Rechte aus dem Versicherungsvertrag, soweit sie das Sicherungsgut betreffen, dem Sicherungsnehmer zustehen und der Sicherungsnehmer in die Rechte, nicht aber in die Pflichten des Versicherungsvertrages eintritt. Dies gilt mit der Maßgabe, dass der Sicherungsgeber zur Aufhebung der Versicherung ohne Zustimmung des Sicherungsnehmers nicht berechtigt ist.

(4) Der Sicherungsgeber beantragt bei der Versicherung einen entsprechenden Sicherungsschein, der dem Sicherungsnehmer zu übersenden ist.

(5) Wenn der Sicherungsgeber die Versicherung nicht oder nicht ausreichend bewirkt hat, darf der Sicherungsnehmer dies auf Gefahr und Kosten des Sicherungsgebers vornehmen.

§ 9 Verwertung

(1) Verstößt der Sicherungsgeber gegen die ihm obliegenden Pflichten zur vertragsgemäßen Behandlung des Sicherungsgutes in erheblicher Weise oder verfügt er über das Sicherungsgut über den Rahmen des üblichen Gebrauchs hinaus, ist der Sicherungsnehmer berechtigt, die Nutzungsbefugnisse zu widerrufen und die Herausgabe des Sicherungsgutes zu verlangen. Dasselbe gilt, wenn der Sicherungsgeber die Zahlungen eingestellt hat oder ein Insolvenzantrag gestellt worden ist. Die Herausgabe kann der Sicherungsnehmer ferner dann verlangen, wenn der Sicherungsgeber mit fälligen Zahlungen hinsichtlich der durch diesen Vertrag gesicherten Forderung in Verzug ist oder seine vertraglichen Verpflichtungen nicht erfüllt.

(2) Im Falle des Zahlungsverzugs hinsichtlich der durch diesen Vertrag gesicherten Forderung und Nebenleistungen ist der Sicherungsnehmer zudem berechtigt, das Sicherungsgut in unmittelbaren Besitz zu nehmen und zu verwerten, soweit dies zur Erfüllung der rückständigen Forderung erforderlich ist.

(3) Die Verwertung ist dem Sicherungsgeber unter Fristsetzung von einem Monat schriftlich anzudrohen.

(4) Im Verwertungsfalle ist der Sicherungsnehmer berechtigt, das Sicherungsgut nach seiner Wahl öffentlich zu versteigern oder freihändig im eigenen Namen zu ver-

kaufen. Der Sicherungsnehmer kann auch von dem Sicherungsgeber verlangen, dass dieser nach Weisungen das Sicherungsgut bestmöglich verwertet oder bei der Verwertung mitwirkt. Der Sicherungsgeber hat alles bei der Verwertung des Sicherungsgutes Erlangte unverzüglich an den Sicherungsnehmer herauszugeben. Der Sicherungsnehmer ist berechtigt, den Erlös zur Abdeckung der durch diesen Vertrag gesicherten Forderung zu verwenden.

(5) Nach Verwertung hat der Sicherungsnehmer nach Abführung der Umsatzsteuer einen noch verbleibenden Überschuss an den Sicherungsgeber herauszugeben.

§ 10 Rückübertragung und Freigabe von Sicherheiten

(1) Soweit die durch den Sicherungsübereignungsvertrag gesicherten und sich aus ihm ergebenden Forderungen in voller Höhe getilgt sind, hat der Sicherungsnehmer die ihm übertragenen Sicherheiten auf den Sicherungsgeber zurück zu übertragen.

(2) Schon vor vollständiger Befriedigung der durch diesen Vertrag gesicherten Ansprüche ist der Sicherungsnehmer auf Verlangen des Sicherungsgebers verpflichtet, das übertragene Sicherungsgut an den Sicherungsgeber ganz oder teilweise freizugeben, soweit der Schätzwert des Sicherungsgutes ...... % der gesicherten Ansprüche des Sicherungsnehmers nicht nur vorübergehend überschreitet. Der Sicherungsgeber hat dem Sicherungsnehmer in diesem Fall ein anderes werthaltiges Sicherungsgut zur Sicherung anzubieten.

(3) Für den Wertvergleich maßgebend ist der jeweilige Verkehrswert des Sicherungsgutes, der sich nach der jeweils aktuellen Schwacke-Liste richtet.

§ 11 Salvatorische Klausel

Soweit eine Bestimmung dieses Vertrages ganz oder teilweise unwirksam ist oder nicht durchgeführt werden kann, berührt dies die Gültigkeit des Vertrages im Übrigen nicht.

II. ERLÄUTERUNGEN

Erläuterungen zu B. 23 Sicherungsübereignungsvertrag

1. Grundsätzliche Anmerkungen

a) Wirtschaftliche Vertragsziele

1 Die Sicherungsübereignung gehört im Wirtschaftsleben zu den wichtigsten **Kreditsicherheitsformen.** Der Vorteil der Sicherungsübereignung besteht darin, dass der Sicherungsgeber, anders als bei einer Verpfändung nach § 1205 Abs. 1 BGB, weiterhin das Sicherungsgut nutzen kann und nach außen wie ein vollberechtigter Eigentümer erscheint, das Sicherungsgut aber gleichzeitig als Sicherheit zur Erlangung eines Darlehens eingesetzt werden kann. Im Innenverhältnis ist der Sicherungsnehmer Eigentümer und der Sicherungsgeber hat lediglich Treuhandeigentum.

b) Zivilrecht

2 Zur Sicherung einer Forderung, insbesondere eines Darlehens, übereignet der Schuldner/Sicherungsgeber das Sicherungsgut dem Gläubiger/Sicherungsnehmer, behält aber den Besitz an der Sache. Die Übereignung erfolgt im Wege des Besitzkonstituts (§ 930 BGB) durch Einigung (§ 929 BGB) und Vereinbarung eines Besitzmittlungsverhältnisses (§ 868), kraft dessen der Sicherungsnehmer mittelbarer Besitzer wird und der Sicherungsgeber unmittelbaren Besitz an der Sache behält.

Es ist zu unterscheiden zwischen dem schuldrechtlichen Sicherungsübereignungsvertrag (Vertrag sui generis) und dem dinglichen Vollzug durch die Sicherungsübereignung gem. §§ 930, 929, 868 BGB. Anders als etwa die Bürgschaft besteht zwischen der gesicherten Forderung und dem Sicherungseigentum **keine Akzessorietät,** dh tritt der Sicherungsnehmer die Forderung ab, so geht das Sicherungseigentum nicht nach § 401 BGB auf den neuen Gläubiger über. Die Verknüpfung zwischen Forderung und Sicherung schafft nur der Sicherungsvertrag, der den Sicherungszweck festlegt. 3

Der Sicherungsübereignungsvertrag sollte aus Beweisgründen **schriftlich** geschlossen werden. Mit dem zugrundeliegendem Rechtsgeschäft, zB einem Darlehen, ist der Sicherungsübereignungsvertrag nicht identisch; beide Rechtsgeschäfte können in einer Urkunde verbunden werden, doch wirkt die Nichtigkeit des einen Vertrages auf den anderen Vertrag durch, so dass beide Rechtsgeschäfte nichtig wären. Daher sollten separate Vertragsurkunden erstellt werden. 4

c) Steuerrecht

Das **Sicherungsgut** wird steuerlich dem Sicherungsgeber als dem wirtschaftlichen Eigentümer zugeordnet (§ 39 Abs. 2 Nr. 1 Satz 2 Alt. 2 AO). Diese Zuordnung gilt für die Einkommensteuer, Körperschaftsteuer, Gewerbesteuer und Grundsteuer. Die zugrundeliegende Forderung hat der Sicherungsgeber zu passivieren. 5

Verkehrsteuern: Umsatzsteuerlich stellt die Übertragung des Sicherungseigentums noch **keine Lieferung** dar (UStAE 3.1 Abs. 3 Satz 1). Ein Leistungsaustausch erfolgt erst mit Verwertung des Sicherungsgutes durch den Sicherungsnehmer im eigenen Namen an einen Dritten mit dem Ziel seiner Befriedigung (vorher keine Lieferung oder sonstige Leistung; BFH V R 20/04 v. 6.10.05, BStBl. II 06, 931; BFH V R 27/07 v. 23.7.09, BStBl. II 10, 859), mit der Folge, dass dann zwei steuerlich relevante Umsätze vorliegen (sog. Doppelumsatz), nämlich im Verhältnis Sicherungsgeber/Sicherungsnehmer sowie Sicherungsnehmer/Erwerber (BFH V R 2/75 v. 20.7.78, BStBl. II 78, 684; BFH V R 124/75 v. 17.7.80, BStBl. II 80, 673; BFH V R 102/89 v. 9.3.95, BStBl. II 95, 564; BFH V R 27/07 v. 23.7.09, BStBl. II 10, 859; UStAE 1.2 Abs. 1). Wird das Sicherungsgut allerdings durch den Sicherungsgeber im eigenen Namen auf Rechnung des Sicherungsnehmers veräußert, ist sogar ein sog. Dreifachumsatz gegeben (BFH V R 20/04 v. 6.10.05, BStBl. II 06, 931; BFH V R 9/03 v. 30.3.06, BStBl. II 06, 933; BMF v. 30.11.06, BStBl. I 06, 794), jedoch erst dann, wenn aufgrund der konkreten Sicherungsabrede oder aufgrund einer hiervon abweichenden Vereinbarung die Verwertungsreife eingetreten ist (BFH V R 27/07 v. 23.7.09, BStBl. II 10, 859). 6

(frei) **7–10**

2. Einzelerläuterungen

Zu § 1: Gegenstand der Sicherungsübereignung

Bei der Sicherungsübereignung ist der sachenrechtliche Bestimmtheitsgrundsatz zu beachten (BGH VIII ZR 191/82 v. 21.11.83, NJW 84, 803). Wird nur eine einzelne Sache sicherungsübereignet, stellt dies keine Schwierigkeiten dar, denn in diesem Fall ist nur darauf zu achten, dass die wesentlichen Merkmale des Sicherungsgutes zur Kennzeichnung in den Vertrag aufgenommen sind. Anders verhält es sich bei der Sicherungsübereignung von Sachgesamtheiten (wie zB Warenlagern); die Rechtsprechung verlangt in solchen Fällen nach außen hin zu unterscheidende Merkmale des betroffenen Sicherungsgutes (BGH VIII ZR 191/82 v. 21.11.83, NJW 84, 803; BGH II ZR 11/91 v. 13.1.92, NJW 92, 1161; BGH IX ZR 170/94 v. 11.5.95, NJW 95, 2348). 11

12 Die in § 1 Abs. 4 gewählte Formulierung regelt das Treuhandverhältnis zwischen Sicherungsgeber und Sicherungsnehmer.

Zu § 2: Sicherungszweck

13 Um die fehlende Akzessorietät zwischen Forderung und Sicherung herzustellen, ist die zu sichernde Forderung in unverwechselbarer Weise zu kennzeichnen und herauszustellen, dass das Sicherungsgut zu deren Sicherung übereignet wird.

Zu § 3: Deckungsgrenze

14 Die Deckungsgrenze ist der Betrag, bis zu dem die Forderung durch das Sicherungsgut gedeckt sein muss. Diese darf jedoch nicht zu hoch angesetzt sein, da sonst die Gefahr der **anfänglichen Übersicherung** und daraus folgend der Nichtigkeit von Vertrag und Übereignung nach § 138 Abs. 1 BGB bzw. § 307 BGB besteht. Der BGH hat als Richtschnur für die Höhe der Deckungsgrenze entschieden: „Enthält die formularmäßige Bestellung (…) keine ausdrückliche oder eine unangemessene Deckungsgrenze, so beträgt diese Grenze (unter Berücksichtigung der Kosten der Verwaltung und Verwertung der Sicherheit, bezogen auf den realisierbaren Wert der Sicherungsgegenstände) 110% der gesicherten Forderungen" (BGH GSZ 1 u. 2/97 v. 27.11.97, NJW 98, 671).

Zu § 4: Nutzung des Sicherungsgutes

15 Während der Nutzung des Sicherungsgutes trifft den Sicherungsgeber die Pflicht zur Erhaltung.

Zu § 5: Eigentum, Belastungen und sonstige Maßnahmen Dritter

16 Da der Sicherungsnehmer nicht unmittelbaren Besitz an dem Sicherungsgut erlangt, bleiben bereits erworbene Rechte Dritter, wie etwa Vermieter- oder Werkpfandrechte (§§ 562, 647 BGB) bestehen oder können nachträglich entstehen. Bestanden bereits Rechte von Dritten an dem Sicherungsgut, erwirbt der Sicherungsnehmer im Rahmen der Sicherungsübereignung nur ein „zweitrangiges Pfandrecht" und kann sich nur an dem Sicherungsgeber schadlos halten. Um sich ein erstrangiges Pfandrecht an dem Sicherungsgut zu sichern, ist die Sicherungsübereignung vor dem Entstehen von Rechten Dritter vorzunehmen.

Zu § 6: Ersatzteile und Zubehör

17 Der Vertrag sollte auch eine Regelung hinsichtlich ausgetauschter Teile bzw. Zubehör enthalten, um zu verdeutlichen, dass auch diese in den Sicherungsverband fallen.

Zu § 7: Lastentragung

18 Durch die Sicherungsübereignung erhält der Sicherungsnehmer nach außen hin die Stellung eines Eigentümers mit den damit verbundenen Pflichten. Da aber tatsächlich der Sicherungsgeber das Sicherungsgut besitzt, sollte der Sicherungsnehmer von etwaigen Ansprüchen im Zusammenhang mit dem Sicherungsgut freigestellt werden.

Zu § 8: Versicherungen

19 Im Interesse des Sicherungsnehmers, aber auch im eigenen Interesse, sollte der Sicherungsgeber zum Abschluss einer Versicherung für das Sicherungsgut angehalten sein. Um zu verhindern, dass der Versicherer von seiner Leistung frei wird, hat der Sicherungsgeber die Sicherungsübereignung unverzüglich anzuzeigen (§ 97 VVG).

Zu § 9: Verwertung

Das Verwertungsrecht und die Verwertung selbst richten sich nach den vertraglichen Vereinbarungen (BGH VIII ZR 298/78 v. 24.10.79, NJW 80, 226). Hilfsweise kann auf die Vorschriften der Pfandverwertung zurückgegriffen werden (§§ 1233ff. BGB). Die durch die Verwertung entstehenden Kosten hat der Sicherungsgeber analog § 788 ZPO zu tragen. Im Falle der Insolvenz des Sicherungsgebers steht dem Sicherungsnehmer ein Recht auf abgesonderte Befriedigung analog § 51 Nr. 1 InsO zu. 20

Ist der Vertrag für den Sicherungsgeber ein Handelsgeschäft, so kann die Frist in § 9 Abs. 3 auf eine Woche abgekürzt werden. 21

Zu § 10: Rückübertragung und Freigabe von Sicherheiten

Ist die Forderung getilgt, hat der Sicherungsnehmer das Sicherungsgut zurück zu übertragen. Zur Vermeidung der Nichtigkeit des Vertrages gem. § 138 BGB bzw. § 307 BGB ist auf eine **nachträgliche Übersicherung** zu achten. Nach dem Beschluss des Großen Senats des BGH (GSZ 1 u. 2/97 v. 27.11.97, NJW 98, 671) darf der Schätzwert des Sicherungsgutes 150% der gesicherten Ansprüche des Sicherungsnehmers regelmäßig nicht überschreiten. 22

C. Anträge im Besteuerungsverfahren

Übersicht

C. 1. Abrechnungsbescheid

I. FORMULAR

Formular C. 1 Abrechnungsbescheid

Finanzamt ...

Durch Bescheid v. ......, gerichtet an die X-GmbH, ist eine Umsatzsteuerschuld in Höhe von € 10.000.– festgesetzt worden. Der Bescheid ist rechtskräftig.

Gegen mich als alleiniger Geschäftsführer der X-GmbH erging ein ebenfalls rechtskräftiger Haftungsbescheid in gleicher Höhe. Ich bin nicht verpflichtet, diesen Betrag zu zahlen, denn die X-GmbH hat die Umsatzsteuerschuld inzwischen bezahlt (§§ 47, 44 Abs. 2 AO). Ihre Zahlungsaufforderung ist daher nicht rechtens. Ich beantrage die Erteilung eines Abrechnungsbescheides.

II. ERLÄUTERUNGEN

Erläuterungen zu C. 1 Abrechnungsbescheid

Schrifttum: *Schwebe* Der Abrechungsbescheid nach § 218 Abs. 2 AO, DB 92, 9; *Flies* Abrechnungsverfügung und Abrechnungsbescheid, DStZ 98, 153; *Gosch* Das Verhältnis von Anrechnung und Abrechnung, StBp 97, 271; *Siegert* Das Verhältnis An- und Abrechnungsteil und Leistungsgebot zum Abrechnungsbescheid, DB 97, 2398; *Streck/Schwedhelm* Zur sachlichen Reichweite des Abrechnungsbescheides, Stbg. 96, 166; *Völlmeke* Probleme bei der Anrechnung von Lohnsteuer, DB 94, 1746.

1 **Über Streitigkeiten, die sich auf die Verwirklichung von Ansprüchen aus dem Steuerschuldverhältnis** beziehen, ist durch einen besonderen Verwaltungsakt, den sog. Abrechnungsbescheid zu entscheiden (§ 218 Abs. 2 AO). § 218 Abs. 2 AO spricht nur von einem „Verwaltungsakt". Jedoch ist der Begriff „Abrechnungsbescheid" weiterhin gebräuchlich (vgl. OFD Karlsruhe v. 1.6.10, BeckVerw 244036; BFH I B 2/98 v. 17.9.98, BFH/NV 99, 440; VII B 4/04 v. 25.10.04, BFH/NV 05, 657; *Tipke/Kruse* § 218 AO Rz. 16). Der Antrag auf Erteilung eines Abrechnungsbescheides ist ein zusätzlicher Rechtsbehelf (BFH III 145/52 U v. 16.10.53, BStBl. III 53, 373; *Pahlke/Koenig* § 226 Rz. 60). Streitigkeiten können also nicht sofort bei Gericht ausgetragen (eine unmittelbare Leistungsklage wäre unzulässig), sondern sollen in einem Verwaltungsverfahren geklärt werden.

2 Der Abrechnungsbescheid entscheidet **im Rahmen des Steuererhebungsverfahrens** über die Verwirklichung von Ansprüchen aus dem Steuerschuldverhältnis. Durch den Abrechnungsbescheid wird nur darüber entschieden, ob eine bestimmte Zahlungsverpflichtung erloschen ist, dh. wirksam gezahlt, aufgerechnet, verrechnet, erlassen, Verjährung eingetreten, die Schuld bereits vor Begründung der Zahlungsschuld erloschen oder der Forderungsberechtigte durch Beitreibung befriedigt worden ist (vgl. hierzu OFD Karlsruhe v. 1.6.10, BeckVerw 244036, Tz. 1.1. und 1.2.). Dabei ist von der **formellen Bescheidlage** auszugehen, ungeachtet der Richtigkeit der Steuerbescheide (BFH VII R 17/09 v. 30.3.10, BFH/NV 97, 537; zu einer Ausnahme BFH VII R 3/97 v. 15.6.99, BStBl. II 00, 46; OFD Karlsruhe v. 1.6.10 aaO, Tz. 4.). Die Begründung der Zahlungspflicht ist hingegen nicht Gegenstand des Abrechnungsbescheides; sie wird vorausgesetzt (BFH I R 123/91 v. 28.4.93, BStBl. II 94, 147, BFH IV R 244/67 v. 5.2.70, BStBl. II 70, 444; VII R 10/82 v. 22.7.86, BStBl. II 86, 776). Daraus folgt, dass Einwendungen, die sich gegen die Steuerfestsetzung selbst richten, nicht gegen einen Abrechnungsbescheid erhoben werden können (BFH VII R 3/97 v. 15.6.99, BStBl. II 00, 46; BFH VII R 33/91 v. 28.4.92, BStBl. II 92, 781). Der Abrechnungsbescheid hat

demnach grundsätzlich nur deklaratorische Bedeutung und ist kein vollziehbarer Verwaltungsakt i. S. v. § 361 AO (vgl. OFD Karlsruhe v. 1.6.10, aaO, Tz. 5). Werden Steuern oder steuerliche Nebenleistungen ausnahmsweise ohne einen Festsetzungsbescheid unmittelbar auf Grund ihres Entstehens kraft Gesetzes erhoben (zB Säumniszuschläge) oder begründet der Abrechnungsbescheid eine eigenständige Leistungspflicht des Steuerpflichtigen, können alle Einwendungen gegen die Entstehung des Steueranspruchs im Rahmen eines Abrechnungsbescheides geltend gemacht werden (vgl. dazu *Tipke/Kruse* § 218 AO Rz. 18; BFH IV R 174/78 v. 15.3.79, BStBl. II 79, 429; OFD Karlsruhe v. 1.6.10, aaO, Tz. 5). Die Überprüfbarkeit des Abrechnungsbescheides beschränkt sich jedoch nur auf die gesetzlichen Voraussetzungen für die Entstehung des im Abrechnungsbescheids festgesetzten Leistungsgebots (zB die gesetzlichen Voraussetzungen der Entstehung von Säumniszuschlägen).

Kommt es **über die Anrechnung** von Vorauszahlungen oder Steuerabzugsbeträgen 3 zum Streit, ist eine **Abrechnungsverfügung** zu erlassen. Es handelt sich hierbei nicht um einen Anrechnungsbescheid, vielmehr um einen selbständigen Verwaltungsakt mit Bindungswirkung, der mit Einspruch angefochten werden kann (vgl. BFH VII B 147/04 v. 13.1.05, BStBl. II 05, 457; I R 232/80 v. 14.11.84, BStBl. II 85, 216; I B 2/98 v. 17.9.98, BFH/NV 99, 440, OFD Karlsruhe, 1.6.10, aaO, Tz. 7; BFH VI R 67/90 v. 18.6.93, BStBl. II 94, 182; VI B 290/99 v. 31.7.02, BFH/NV 02, 1574), der auf Antrag des Stpfl. aber auch von Amts wegen ergehen kann (BFH VII R 92/98 v. 12.8.99, BStBl. II 99, 751). Hierin wird über Streitigkeiten, die sich aus einer Anrechnungsverfügung ergeben haben, verbindlich entschieden (BFH VII B 94/99 v. 19.10.99, BFH/NV 00, 1096; BFH VII R 142/84 v. 5.7.88, BFH/NV 90, 69). Da das Abrechnungsverfahren vor einem Verfahren gegen die Anrechnungsverfügung Vorrang hat (BFH I R 123/91 v. 28.4.93, BStBl. II 94, 147, BFH I R 100/92 v. 28.4.93, DStR 93, 1448; BFH VII R 8/91 v. 25.2.92, BStBl. II 92, 713; VII R 81/93 v. 26.7.94, BFH/NV 95, 479; VII R 141/92 v. 24.6.93, BFH/NV 94, 288); entfällt dadurch für dieses das Rechtsschutzbedürfnis (BFH VI R 67/90 v. 18.6.93, BStBl. II 94, 182; BFH VII R 8/91 v. 25.2.92, BStBl. II 92, 713; VII B 94/99 v. 19.10.99, BeckRS 1999, 25004209; VII R 81/93 v. 26.7.94, BFH/NV 95, 479; VII R 141/92 v. 24.6.93, BFH/NV 94, 288; VI R 91/93 v. 5.5.93, BFH/NV 94, 862; VII R 41/91 v. 25.2.92, BFH/NV 92, 716; VII R 32/87 v. 20.10.87, BFH/NV 88, 349); auch AdV oder eine Aussetzung des Abrechnungsverfahrens nach § 74 FGO kommen nicht mehr in Betracht (BFH VII B 94/99 v. 19.10.99, BeckRS 1999, 25004209). Lehnt das FA in einem solchen Fall den Erlass eines Abrechnungsbescheides ab oder bleibt es auf Antrag untätig, muss der Stpfl. Verpflichtungs-/Untätigkeitsklage erheben (vgl. dazu *Klein/Rüsken* § 218 AO Rz. 11).

Zum notwendigen **Inhalt eines Abrechnungsbescheides** gehört, dass das Fi- 4 nanzamt seine Forderungen nach Steuerart, Jahr und Betrag in einer Weise aufgliedert, dass nachprüfbar ist, welche Beträge das FA noch verlangt und wie sich diese errechnen (FG RhPf. 5 K 34/81 v. 23.11.81, EFG 82, 445). Ist der Anspruch erloschen, muss das FA den Erlöschensgrund genau bezeichnen (BFH VII R 50/96 v. 4.2.97, BStBl. II 97, 479). Alle Fakten müssen spätestens bis zum Schluss der mündlichen Verhandlung vor dem FG substantiiert vorgetragen sein (BFH VII R 153/82 v. 3.11.83, BStBl. II 84, 184).

Gegen einen Abrechnungsbescheid ist der Einspruch gegeben (§ 347 AO). 5 Da der Abrechnungsbescheid im Allgemeinen keinen vollziehbaren Inhalt hat, kann Aussetzung der Vollziehung generell nicht beantragt werden (vgl. BFH VII B 137/87 v. 10.11.87, BStBl. II 88, 43; BFH VII B 137/04 v. 8.11.04, BFH/NV 05, 492; VII S 22/09 v. 20.7.09, BeckRS 2009, 25015171). Dies gilt nicht, wenn der Abrechnungsbescheid die Rechtsposition des Stpfl. verschlechtert, weil er eine gegenüber vorausgegangenen Steuerbescheiden eigenständige Regelung enthält (zB erstmals eine Zahlungspflicht begründet, vgl. dazu *Klein/Rüsken* § 218 AO Rz. 40, *Tipke/Kruse* § 218 AO Rz. 28, vgl. hierzu auch Rz. 2).

C. 2. Abtretung

I. FORMULAR

Formular C. 2 Abtretungsanzeige

Anlage zum AEAO zu § 46 AO:

ACHTUNG
Beachten Sie unbedingt die Hinweise in Abschnitt V. des Formulars!
Zutreffendes bitte ankreuzen bzw. leserlich ausfüllen!

Eingangsstempel

Finanzamt

Raum für Bearbeitungsvermerke

☐ **Abtretungsanzeige** ☐ **Verpfändungsanzeige**

I. Abtretende(r) / Verpfänder(in)

Familienname bzw. Firma (bei Gesellschaften)	Vorname	Geburtsdatum
	Steuernummer	
Ehegatte/Lebenspartner: Familienname	Vorname	Geburtsdatum
Anschrift(en)		

II. Abtretungsempfänger(in) / Pfandgläubiger(in)

Name / Firma und Anschrift

III. Anzeige

Folgender Erstattungs- bzw. Vergütungsanspruch ist abgetreten / verpfändet worden:

1. Bezeichnung des Anspruchs:

☐ Einkommensteuer-Veranlagung für Kalenderjahr ____ ☐ Umsatzsteuerfestsetzung für Kalenderjahr ____

☐ ____ für Zeitraum ____ ☐ Umsatzsteuervoranmeldung für Monat bzw. Quartal / Jahr ____

☐ ____ für Kalenderjahr ____

☐ ____

2. Umfang der Abtretung bzw. Verpfändung:

☐ **VOLL**-Abtretung / Verpfändung voraussichtliche Höhe ____ €

☐ **TEIL**-Abtretung / Verpfändung in Höhe von ____ €

3. Grund der Abtretung / Verpfändung: ____

(kurze stichwortartige Kennzeichnung des der Abtretung zugrunde liegenden schuldrechtlichen Lebenssachverhaltes)

4. a) Es handelt sich um eine Sicherungsabtretung oder Verpfändung als Sicherheit:

☐ Ja ☐ Nein

b) Die Abtretung / Verpfändung erfolgte geschäftsmäßig:

☐ Ja ☐ Nein

Stand: 31.1.2014

Seite 2

5. **Der Abtretungsempfänger / Pfandgläubiger ist ein Unternehmen, dem das Betreiben von Bankgeschäften erlaubt ist:**

☐ Ja ☐ Nein

IV. Überweisung / Verrechnung

Der abgetretene / verpfändete Betrag soll ausgezahlt werden durch:

☐ **Überweisung** auf Konto **IBAN** (International Bank Account Number; internationale Kontonummer) **BIC** (Business Identifier Code; internationale Bankleitzahl)

Geldinstitut (Zweigstelle) und Ort

Kontoinhaber, wenn abweichend von Abschnitt II.

☐ **Verrechnung** mit Steuerschulden des / der Abtretungsempfängers(in) / Pfandgläubigers(in)

beim Finanzamt ______ Steuernummer ______

Steuerart ______ Zeitraum ______

(für genauere Anweisungen bitte einen gesonderten Verrechnungsantrag beifügen!)

V. Wichtige Hinweise

Unterschreiben Sie bitte kein Formular, das nicht ausgefüllt ist oder dessen Inhalt Sie nicht verstehen!

Prüfen Sie bitte sorgfältig, ob sich eine Abtretung für Sie überhaupt lohnt! Denn das Finanzamt bemüht sich, Erstattungs- und Vergütungsansprüche schnell zu bearbeiten.

Vergleichen Sie nach Erhalt des Steuerbescheids den Erstattungsbetrag mit dem Betrag, den Sie gegebenenfalls im Wege der Vorfinanzierung erhalten haben.

Denken Sie daran, dass die Abtretung aus unterschiedlichen Gründen unwirksam sein kann, dass das Finanzamt dies aber nicht zu prüfen braucht! Der geschäftsmäßige Erwerb von Steuererstattungsansprüchen ist nur Kreditinstituten (Banken und Sparkassen) im Rahmen von Sicherungsabtretungen gestattet. Die Abtretung an andere Unternehmen und Privatpersonen ist nur zulässig, wenn diese nicht geschäftsmäßig handeln. Haben Sie z.B. Ihren Anspruch an eine Privatperson abgetreten, die den Erwerb von Steuererstattungsansprüchen geschäftsmäßig betreibt, dann ist die Abtretung unwirksam. Hat aber das Finanzamt den Erstattungsbetrag bereits an den / die von Ihnen angegebenen neuen Gläubiger ausgezahlt, dann kann es nicht mehr in Anspruch genommen werden, das heißt: Sie haben selbst dann keinen Anspruch mehr gegen das Finanzamt auf den Erstattungsanspruch, wenn die Abtretung nicht wirksam ist.

Abtretungen / Verpfändungen können gem. § 46 Abs. 2 der Abgabenordnung dem Finanzamt erst dann wirksam angezeigt werden, wenn der abgetretene / verpfändete Erstattungsanspruch entstanden ist. Der Erstattungsanspruch entsteht nicht vor Ablauf des Besteuerungszeitraums (bei der Einkommensteuer / Lohnsteuer: grundsätzlich Kalenderjahr; bei der Umsatzsteuer: Monat, Kalendervierteljahr bzw. Kalenderjahr).

Die Anzeige ist an das für die Besteuerung des / der Abtretenden / Verpfändenden zuständige Finanzamt zu richten. So ist z.B. für den Erstattungsanspruch aus der Einkommensteuer-Veranlagung das Finanzamt zuständig, in dessen Bereich der / die Abtretende / Verpfändende seinen / ihren Wohnsitz hat.

Bitte beachten Sie, dass neben den beteiligten Personen bzw. Gesellschaften auch der abgetretene / verpfändete Erstattungsanspruch für die Finanzbehörde zweifelsfrei erkennbar sein muss. Die Angaben in Abschnitt III. der Anzeige dienen dazu, die gewünschte Abtretung / Verpfändung schnell und problemlos ohne weitere Rückfragen erledigen zu können!

Die Abtretungs- / Verpfändungsanzeige ist sowohl von dem / der Abtretenden / Verpfändenden als auch von dem / der Abtretungsempfänger(in) / Pfandgläubiger(in) zu unterschreiben. Dies gilt z.B. auch, wenn der / die zeichnungsberechtigte Vertreter(in) einer abtretenden juristischen Person (z.B. GmbH) oder sonstigen Gesellschaft und der / die Abtretungsempfänger(in) / Pfandgläubiger(in) personengleich sind (2 Unterschriften).

VI. Unterschriften

1. Abtretende(r) / Verpfänder(in) lt. Abschnitt I. – Persönliche Unterschrift –
Ort, Datum

(Werden bei der **Einkommensteuer-Zusammenveranlagung** die Ansprüche beider Ehegatten/Lebenspartner abgetreten, ist unbedingt erforderlich, dass **beide Ehegatten/Lebenspartner** persönlich unterschreiben.)

2. Abtretungsempfänger(in) / Pfandgläubiger(in) lt. Abschnitt II. – Unterschrift unbedingt erforderlich –
Ort, Datum

II. ERLÄUTERUNGEN

Erläuterungen zu C. 2 Abtretungsanzeige

Schrifttum: *App* Ein verzichtbarer Formalismus bei der Abtretung von Steuererstattungsansprüchen, DStZ 88, 564; *Best/Ende* § 46 Abs. 4 AO – Abtretung von Steuererstattungsansprüchen an Steuerberater, DStR 07, 595; *Grönwohldt* Abtretung von Steuererstattungsansprüchen – Alternativen insb. im Lichte des Insolvenzrechts, DStR 07, 1058; *Halaczinsky* Wirksamkeit von Pfändung und Abtretung im Steuerrecht, BB 81, 1270; *Kupka/ Schmittmann,* Freiwillige Abtretung von Einkommenssteuererstattungsansprüchen, NZI 10, 669 *Lenke/Widera* Zur Abtretbarkeit von Steuererstattungs- und Vergütungsansprüchen nach § 46 Abs. 4 AO, DB 85, 1367; *Mink* Abtretung von Steuererstattungs- und -vergütungsansprüchen, DB 94, 702; *Ronig* Abtretung von Erstattungs- und Vergütungsansprüchen zur Realisierung von Honorarforderungen, INF 87, 193; *Urban* Anzeige der Abtretung nach § 46 Abs. 5 AO, DStZ 80, 329.

1 Ansprüche des Stpfl. auf Erstattung von Steuern, Haftungsbeträgen, steuerlichen Nebenleistungen und auf Steuervergütungen gegen das Finanzamt können unter den Voraussetzungen des § 46 Abs. 1 AO abgetreten und verpfändet werden. Die Abtretung wird erst wirksam, wenn sie der zuständigen Finanzbehörde unter Angabe des Abtretenden, des Abtretungsempfängers sowie der Art und Höhe des abgetretenen Anspruchs und des Abtretungsgrundes auf **amtlich vorgeschriebenem Vordruck** (vgl. AEAO Anlage 1 zu § 46; s. Formular C.2; OFD Frankfurt v. 17.4.14, BeckVerw 276585, Ziffer. 3.2) angezeigt wird (§ 46 Abs. 3 AO). Ablichtungen des amtlichen Vordrucks oder privat hergestellte Vordrucke, die in Form, Inhalt und Aufbau dem amtlichen Muster vollständig entsprechen, sind zulässig (vgl. OFD Frankfurt aaO). Die Verwendung veralteter Formulare ist grundsätzlich unschädlich (BFH VII R 23/93 v. 16.11.93, BFH/NV 94, 598; OFD Frankfurt v. 17.4.14, aaO). Die Abtretungsanzeige muss nicht beidseitig bedruckt werden, auch auf zwei Seiten eingehende Abtretungsanzeigen können anerkannt werden (FG Niedersachen 9 K 73/07 v. 30.11.09, DStRE 10, 1017; OFD Frankfurt v. 17.4.14, aaO). Zur Sicherheit sollte die Anzeige aber in einem Dokument zusammengefasst sein. Eine unvollständig ausgefüllte Abtretungsanzeige kann an Hand beigefügter Anlagen ausgelegt werden (BFH VII R 114/89 v. 25.9.90, BStBl. II 91, 201; FG Köln 6 K 3601/89 v. 1.7.92, EFG 93, 194). Der Abtretungsgrund ist ausreichend angegeben, wenn der der Abtretung zugrunde liegende Lebenssachverhalt stichwortartig gekennzeichnet wird (BFH VII R 107/00 v. 13.11.01, BStBl. II 02, 402). Wird im amtlichen Vordruck unter der Tz. III/R. 3 kein Abtretungsgrund angegeben, ist die Abtretungsanzeige allerdings unwirksam (vgl. BFH VII R 37/03 v. 5.10.05, BStBl. II 05, 238). Ein Anspruch auf Kostenerstattung gegen das FA kann formlos abgetreten werden (BFH VII B 29/99 v. 12.7.99, BFH/NV 00, 4).

2 Nach § 46 Abs. 3 Satz 2 AO ist die Anzeige vom Abtretenden und von dem Abtretungsempfänger zu unterschreiben. S. 2 verlangt hierbei zwar nicht die persönliche Unterschrift des Abtretenden (BFH VI R 205/81 v. 26.11.82, BStBl. II 83, 123); erforderlich ist aber immer eine Unterschrift für den Abtretenden (und den Abtretungsempfänger). Eine Übermittlung der Abtretungsanzeige **per Telefax** genügt Dies gilt entsprechend, wenn eine Abtretungsanzeige eingescannt per E-Mail übermittelt wird(vgl. hierzu OFD Frankfurt v. 17.4.14, BeckVerw 276585 und Nr. 7 AEAO zu § 46). Fehlt eine der gesetzlichen Bestandteile der Anzeige ist sie unwirksam. Eine Nachholung fehlender Angaben oder eine Umdeutung in eine schlichte Zahlungsanweisung ist nach Auffassung der Verwaltung nicht möglich (vgl. hierzu ausführlich OFD Frankfurt v. 17.4.14, aaO) .

Wird die Abtretung nicht von dem bisherigen Gläubiger, sondern von dem Abtretungsempfänger angezeigt, so steht dies der Wirksamkeit der Abtretung nicht entgegen (BFH VII R 117/92 v. 22.3.94, BStBl. II 94, 789). Die Anzeige soll dem Finanzamt die Prüfung ersparen, ob die Abtretung wirksam ist. In erster Linie jedoch hat der Gesetzgeber die formalisierte Anzeige eingeführt, um insbesondere die in der Regel unerfahrenen Lohnsteuerpflichtigen vor einer unüberlegten Abtretung ihrer Erstattungsansprüche zu unangemessenen Bedingungen zu warnen (BT-Drs. 7/2852 S. 47).

Es ist zu beachten, dass nur **fällige** Ansprüche aus dem Steuerschuldverhältnis abgetreten werden können. Eine vor Entstehung des Anspruchs eingehende Anzeige ist somit unwirksam. Die Unwirksamkeit wird nicht durch die spätere Entstehung des Anspruchs geheilt, die Anzeige muss gegebenenfalls wiederholt werden (vgl. OFD Frankfurt v. 17.4.14, BeckVerw 276585). **Zukünftige Ansprüche** können abgetreten oder verpfändet, nicht aber gepfändet werden (§ 46 Abs. 6 S. 1 AO). Die Abtretung oder Verpfändung setzt nach zivilrechtlichen Grundsätzen voraus, dass die Forderung bestimmbar ist (vgl *Palandt/Grüneberg* § 398 BGB Rz 14 ff mwN; vgl auch BGH II ZR 271/00 v. 7.7.03, DStR 03, 1990 zur Auslegung einer Abtretungsvereinbarung über künftige Forderungen). Die Abtretung oder Verpfändung wird aber erst wirksam, wenn sie der zuständigen FinBeh nach Entstehung der Forderung angezeigt wird (BFH VII R 116/94 v. 6.2.96, BStBl. II 96, 557; BFH VII R 54/04 v. 4.2.05, BStBl. II 06, 348). 3

Nach einer Anzeige kann das Finanzamt mit **befreiender Wirkung** an den Abtretungsempfänger leisten (§ 46 Abs. 5 AO). Diese für den Unerfahrenen nachteiligen Folgen sollen erst nach Unterschrift des Abtretenden „unter ein noch mit besonders warnenden Hinweisen versehenes Formular" und nach Einreichung dieses Formulars an die Finanzbehörde eintreten können (BFH VI R 205/81 v. 26.11.82, BStBl. II 83, 123).

Mit der wirksam angezeigten Abtretung oder Verpfändung tritt der neue Gläubiger bezüglich des Zahlungsanspruchs an die Stelle des Erstattungsberechtigten. Am Steuerfestsetzungsverfahren ist der Zessionar nicht beteiligt (BFH VI R 59/92 v. 27.1.93, BStBl. II 93, 350); er kann keine Einwendungen gegen den Steuerbescheid erheben (BFH VII B 228/97 v. 28.4.98, BFH/NV 99, 43); ein Änderungsbescheid ist ihm nicht bekannt zu geben, und in einem Verfahren gegen einen geänderten Bescheid ist er nicht beizuladen (BFH VII R 206/83 v. 6.12.88, BStBl. II 89, 223; vgl. hierzu AEAO zu § 46 Tz. 4 und OFD Frankfurt v. 17.4.14, BeckVerw 276585 Ziffer 5.1). 4

Der Rückforderungsanspruch des Finanzamts wegen rechtsgrundloser Erstattung richtet sich gegen den Zessionar. Das gilt auch dann, wenn die Abtretung unwirksam ist (BFH VII R 206/83 v. 6.12.88, BStBl. II 89, 223; BFH v. 6.12.88, BStBl. II 89, 223; VII R 80/94 v. 1.8.95, BFH/NV 96, 5). 5

Zur Abtretung und Verpfändung im Falle der Insolvenz vgl. OFD Frankfurt v. 17.4.14, BeckVerw 276585 Ziffer 3.7). 6

C. 3. Anrufungsauskunft

I. FORMULAR

Formular C. 3 Anrufungsauskunft

Finanzamt ...

Für leitende Angestellte, die nach polizeilichen Analysen abstrakt gefährdet erscheinen, sind in unserem Unternehmen bestimmte Sicherheitsmaßnahmen vorgesehen. Dazu gehören Bewachung durch besonders ausgebildetes, ausschließlich mit Personenschutz befasstes Personal, die Zurverfügungstellung gepanzerter Fahrzeuge sowie der Einbau von Sicherheitseinrichtungen in die Wohnung sicherheitsgefährdeter Arbeitnehmer.

Gem. § 42e EStG bitten wir um Auskunft, dass diese Aufwendungen bei den abstrakt gefährdeten Arbeitnehmern nicht zu steuerpflichtigem Arbeitslohn führen, weil es sich hierbei um Sicherheitsmaßnahmen handelt, die ausschließlich im Interesse des Arbeitgebers durchgeführt werden (BFH IX R 109/00 v. 5.4.06, BStBl. II 06, 541).

II. ERLÄUTERUNGEN

Erläuterungen zu C. 3 Anrufungsauskunft

Schrifttum: *v. Bornhaupt* Die Bedeutung der Anrufungsauskunft und ihre Abgrenzung gegenüber der verbindlichen Zusage, DStR 80, 3; *Grotthoff,* Rechtschutz gegen Widerruf einer Anrufungsauskunft, BB 09, 2123; *Richter* Lohnsteueranrufungsauskunft und verbindliche Zusage im Anschluß an eine Lohnsteueraußenprüfung, StBp. 83, 55; *Tieme,* Finanzgerichtliche Überprüfung negativ verbindlicher Auskünfte, DStR 14, 1093; *Wichmann* Die Frage nach der Bindungswirkung der Anrufungsauskunft, DStR 89, 771.

1 § 42e regelt, dass auf Anfrage eines Beteiligten das zuständige Betriebsstätten-FA bindende Auskunft erteilen muss, ob und inwieweit im Einzelfall die Vorschriften über die LSt anzuwenden sind. **Die Pflicht des Finanzamts,** auf Antrag eine Lohnsteueranrufungsauskunft zu erteilen, ist ein gewisser Ausgleich dafür, dass der Arbeitgeber im Lohnsteuerverfahren im staatlichen Auftrag als „Steuerinspektor ohne Vergütung“ (*Hartz* DB 61, 1365) tätig sein muss. Das finanzielle Risiko, das (zivil- und steuerrechtlich) mit der gesetzlichen Verpflichtung zur Vornahme des Steuerabzugs verbunden ist, kann dem Arbeitgeber nur dann zugemutet werden, wenn das Finanzamt in Zweifelsfällen eine verbindliche Auskunft über die Handhabung des Lohnsteuerrechts gibt (vgl. BFH VI R 23/02 v. 16.11.05, BStBl. II 06, 210; BFH VI R 97/90 v. 9.10.92, BStBl. II 93, 166 mwN). Gegenstand der Lohnsteueranrufungsauskunft sind deshalb nur lohnsteuerrechtliche Anfragen. Vorfragen oder Fragen, die nur für die Veranlagung zur Einkommensteuer von Interesse sind gehören nicht dazu (vgl. *H/H/R/Gersch* § 42e EStG Rz. 3).

2 **Auskunftsberechtigt** sind der Arbeitgeber und alle Personen, die gem. §§ 69, 34, 35, 75 AO als Haftende in Frage kommen können, namentlich also gesetzliche Vertreter natürlicher und juristischer Personen, Geschäftsführer nichtrechtsfähiger Personenvereinigungen und Vermögensmassen, Vermögensverwalter, Rechtsnachfolger sowie Betriebsübernehmer. Auch der Arbeitnehmer ist „Beteiligter“ iSd. § 42e EStG, mithin ebenfalls auskunftsberechtigt. Eine bestimmte **Form für den Antrag ist nicht vorgeschrieben.** Unklarheiten und Beweisschwierigkeiten gehen zu Lasten

dessen, der sich auf die Auskunft beruft. Es empfiehlt sich daher in jedem Fall eine schriftliche Ausformulierung des Auskunftsbegehrens und eine hinreichende Darstellung des Sachverhaltes. Die Anfrage kann sich auf alle betrieblichen Vorgänge beziehen, die mit der Einbehaltung und Abführung der Lohnsteuer zusammenhängen, zB Arbeitnehmereigenschaft, geldwerter Vorteil und dessen Bewertung, Zeitpunkt der Anmeldung bei Vorschüssen sowie Form und Inhalt der Lohnkonten. Die Beteiligten haben einen **Rechtsanspruch** auf Erteilung der Auskunft („... hat ...").

Zuständig ist das Betriebstättenfinanzamt iSd. § 41 Abs. 2 EStG, das die Aus- 3
kunft aber nur im Rahmen seiner örtlichen Zuständigkeit erteilen kann. Hat ein Arbeitgeber mehrere Betriebstätten, so erteilt das FA die Auskunft, in dessen Bezirk sich die Geschäftsleitung (§ 10 AO) befindet. Ist dieses FA kein Betriebstättenfinanzamt, so ist das FA zuständig, in dessen Bezirk sich die Betriebstätte mit den meisten Arbeitnehmern befindet. Sind mehrere Betriebstättenfinanzämter zuständig, hat der Arbeitgeber sämtliche Betriebstättenfinanzämter, das FA der Geschäftsleitung und erforderlichenfalls die Betriebstätte mit den meisten Arbeitnehmern anzugeben sowie zu erklären, für welche Betriebstätten die Auskunft von Bedeutung ist (§ 42e S. 2–4 EStG). Das Wohnsitzfinanzamt des Arbeitnehmers ist nicht zuständig; eine gleichwohl erteilte Auskunft bindet das Betriebstättenfinanzamt nicht. Eine Bindung nach Treu und Glauben ist jedenfalls zu bejahen, wenn der Arbeitnehmer im Hinblick auf die Auskunft Dispositionen vorgenommen hat (vgl. *Richter* StBp. 83, 56). Ein Lohnsteueraußenprüfer ist zur Erteilung von Anrufungsauskünften nicht zuständig (*Schmidt/Krüger* § 42e Rz. 3).

Die Rechtswirkungen einer Lohnsteueranrufungsauskunft hängen davon ab, 4
wem gegenüber sie erteilt wurde. Das Betriebstättenfinanzamt ist an eine dem Arbeitgeber erteilte Anrufungsauskunft gebunden. Ein Widerruf hat nur Geltung für die Zukunft. Eine Auskunft kann befristet, aber nicht unter einer auflösenden Bedingung erteilt werden. Der Arbeitgeber braucht sich nicht an die Anrufungsauskunft zu halten. Freilich geht er Haftungsrisiken (§ 42d Abs. 1 EStG) ein, wenn er die Lohnsteuer abweichend berechnet (BFH VI 124/59 U v. 13.11.59, BStBl. III 60, 108). Umgekehrt kann der Arbeitgeber nicht in Anspruch genommen werden, wenn er sich an eine unrichtige Auskunft gehalten hat (vgl. hierzu BFH VI R 23/02 v. 16.11.05, BStBl. II 06, 210). Beantragt der Arbeitnehmer bei dem Betriebstättenfinanzamt eine Anrufungsauskunft, so soll nach der Rechtsprechung nur dieses Finanzamt gebunden sein; das Wohnsitzfinanzamt sei nicht gehindert, im Veranlagungsverfahren einen anderen, für den Arbeitnehmer ungünstigeren Rechtsstandpunkt zu vertreten (so zuletzt BFH VI R 61/09 v. 13.1.11, BeckRS 2011, 94614; BMF v. 18.2.11, DStR 11, 414; *Schmidt/Krüger* § 42e Rz. 10 mwN). Die Bindungswirkung der Anrufungsauskunft hat der BFH aber zumindest für das FA des Arbeitnehmers im Lohnsteuerverfahren anerkannt (BFH VI R 44/12 v. 17.10.13, BeckRS 14, 94037). Danach – so der BFH – ist von einem vorschriftsmäßigen Einbehalt durch den Arbeitgeber auszugehen, wenn dieser entsprechend einer erteilten Anrufungsauskunft nach § 42e EStG erfolgt ist, ungeachtet dessen, ob die erteilte Auskunft materiell richtig oder unrichtig sei. Eine ordnungsgemäße Abführung der Lohnsteuer, auch wenn sie auf einer unzutreffenden Auskunft beruhe, führe zum Erlöschen des Lohnsteueranspruchs des FA (§ 47 AO). Eine ersatzweise Nachforderung der Lohnsteuer beim Arbeitnehmer ist daher auch im Falle einer unzutreffenden Anrufungsauskunft gegenüber dem Arbeitgeber, nicht mehr möglich. Die Entscheidung hilft allerdings nur den Arbeitnehmern, bei denen nach 46 EStG keine Veranlagung zur Einkommensteuer durchgeführt wird. Wird ein Arbeitnehmer zur Einkommensteuer veranlagt, wirkt die Beschränkung seiner Haftung im Lohnsteuerverfahren nicht mehr Die Frage, ob die Anrufungsauskunft insoweit als Verwaltungsakt mit Drittwirkung zu beurteilen ist, hat der BFH in dieser Entscheidung offen gelassen. Die Auskunft wird gegenstandslos, ohne dass es einer ausdrücklichen Mitteilung bedarf, wenn die Rechtsvorschriften, auf denen sie beruht, geändert

werden (§ 207 AO analog, BMF v. 18.2.11, DStR 11, 414). Zu den Rechtsvorschriften sollen auch die Lohnsteuer-Richtlinien gehören (BFH VI 109/62 U v. 9.3.65, BStBl. III 65, 426). Die Bindung entfällt nach Auffassung der Finanzverwaltung automatisch, wenn sich Rechtsprechung oder die Verwaltungsauffassung ändern (BMF v. 18.2.11, aaO).

5 **Die Rechtsnatur der Anrufungsauskunft** war umstritten. Mit Urteil v. 30.4.09 hat der BFH unter ausdrücklicher Aufgabe seiner bisherigen Rechtsprechung der Anrufungsauskunft den Charakter als **feststellender Verwaltungsakt** zuerkannt (BFH VI R 54/07 v. 30.4.09, BStBl. II 10, 996). Dies gebiete ein effektiver Rechtsschutz. Somit hat der Arbeitgeber, der eine Lohnsteueranrufungsauskunft für unrichtig hält, nunmehr die Möglichkeit, gegen die entsprechende Lohnsteueranmeldung (§ 168 AO) Einspruch einzulegen (§ 347 Abs. 1 Nr. 1 AO) und braucht nicht erst – wie früher – auf einen Haftungsbescheid zu warten. Die Finanzverwaltung hat sich dieser geänderten Rechtsauffassung angeschlossen. Nach Auffassung der Finanzverwaltung kommt aber eine Aussetzung der Vollziehung im Falle der Ablehnung einer Anrufungsauskunft nicht in Betracht, da es sich nicht um einen vollziehbaren Verwaltungsakt handelt (vgl. BMF v. 18.2.11, DStR 11, 414).

6 Zum Verhältnis § 42e EStG und **verbindliche Zusage** nach § 204 AO siehe BFH VI B 143/06 v. 22.5.07, BFH/NV 07, 1658; *Blümich/Heuermann* § 42e EStG Rz. 6ff Die **Gebührenpflicht** des § 89 Abs. 3 AO für die Erteilung einer verbindlichen Auskunft gilt nicht für die Lohnsteueranrufungsauskunft (vgl. BMF v. 11.12.07, DStR 08, 102, Tz. 4.1.4.).

C. 4. Aufhebung des Vorbehalts

Vgl. Formular C. 17.02.

C. 5. Aufrechnung

I. FORMULAR

Formular C. 5 Aufrechnung

Finanzamt ...

Mein Mandant ...... schuldet dem Finanzamt auf Grund von Anmeldungen € 500.– Lohnsteuer, € 40.– Kirchensteuer und € 1.000.– Umsatzsteuer.

Gemäß Einkommensteuerbescheid vom ...... steht meinem Mandanten ein Erstattungsanspruch von € 75.– zu. Insoweit erkläre ich die Aufrechnung.

..

Steuerberater

II. ERLÄUTERUNGEN

Erläuterungen zu C. 5 Aufrechnung

Schrifttum: *Bublitz* Zum Erfordernis der Kassenidentität gemäß § 395 BGB bei der Aufrechnung gegen Steuerschulden, DStR 88, 313; *Braun* Aufrechnung gegen Kindergeldansprüche, EFG 02, 1353; *Feldmann* Die Aufrechnung im BGB und im Steuerrecht, DStR 91, 222; *Frenzel/Gundlach/Schirrmeister* Die Aufrechnung gegen Steuererstattungsansprüche in der Insolvenz, DStR 05, 1412; *Grönwoldt* Insolvenzrechtliche Aufrechnung – Aktuelle BFH-Rechtsprechung und kohärente BGH-Rechtsprechung, DStR 08, 18; *Jatzke* Einschränkung der Aufrechnungsbefugnis der Finanzbehörden in der Insolvenz des Steuerschuldners durch Änderung der BFH-Rechtsprechung, DStR 11, 919; *Kohls* Die Aufrechnung gegenüber Kommunalabgaben, KStZ 85, 181; *Martens* Aufrechnung und Verrechnungsvertrag im Steuerrecht, StuW 89, 69; *Obermaier* Die Aufrechnung mit Steuerforderungen in der Insolvenz, BB 04, 2610; *Rößler* Bestehenbleiben von Säumniszuschlägen bei Aufrechnung und Verrechnungsvertrag, DStZ 00, 602; *Rüsken* Aufrechnung von Steuern im Insolvenzverfahren in der neueren Rechtsprechung des Bundesfinanzhofs, ZIP 07, 2053; *Stadie* Zur Frage der Zulässigkeit einer Aufrechnung des Finanzamts gegen einen Vorsteuervergütungsanspruch der Konkursmasse aus anteiliger Konkursverwaltungsvergütung, UR 01, 125.

Für die Aufrechnung mit Ansprüchen aus dem Steuerschuldverhältnis sowie für die Aufrechnung gegen diese Ansprüche gelten, soweit nichts anderes bestimmt ist, sinngemäß die **Vorschriften des Bürgerlichen Gesetzbuches** (§§ 387–396 BGB). Abweichend von § 390 Satz 2 BGB kann mit Ansprüchen aus dem Steuerschuldverhältnis nicht aufgerechnet werden, wenn sie durch Verjährung oder Ablauf einer Ausschlussfrist erloschen sind (§ 226 Abs. 2 AO). **Gegenstand der Aufrechnung** sind sämtliche Ansprüche aus dem Steuerschuldverhältnis, also auch steuerliche Nebenleistungen (§ 37 AO), nicht hingegen Strafen und Geldbußen. Wegen der Zulässigkeit einer Aufrechnung bei gemeinschaftsrechtlich geregelten Abgaben verweist Art. 223 ZK auf nationales Recht (hierzu *Klein/Rüsken* § 226 AO Rz. 4). 1

Die Aufrechnung setzt **Gleichartigkeit und Gegenseitigkeit** der sich gegenüberstehenden Forderungen voraus. Gleichartigkeit liegt vor, wenn sich Haupt- und Gegenforderung auf einen Geldanspruch beziehen. Die Rechtsgrundlagen sind unerheblich. Es kommt also nicht darauf an, ob dem Gegenanspruch ein Steuerschuldverhältnis zugrunde liegt. Daher kann der Stpfl. zB auch mit Forderungen aus Vertrag aufrechnen. Gegenseitigkeit bedeutet, dass Schuldner und Gläubiger identisch sein müssen. Die Gegenseitigkeit auf Seiten des Fiskus ist gewahrt, wenn die Abgabe derselben Körperschaft zusteht (§ 226 Abs. 1 AO) oder von derselben Körperschaft ver- 2 waltet wird (§ 226 Abs. 4 AO). Bei der Aufrechnung durch den Stpfl. gegen Ansprüche aus dem Steuerschuldverhältnis findet das Erfordernis der Kassenidentität gem. § 395 BGB keine Anwendung (BFH VII R 105/87 v. 25.4.89, BStBl. II 89, 949).

3 **Der Anspruch, mit dem aufgerechnet wird, muss** nicht nur entstanden, sondern auch **fällig sein** (BFH VII R 64/80 v. 19.10.82, BStBl. II 83, 541; VII B 107/95 v. 22.8.95, BStBl. II 95, 916). Rechnet das Finanzamt mit einer Steuerforderung gegen eine später als die Steuerforderung fällig gewordene Erstattungsforderung auf, bleiben Säumniszuschläge hinsichtlich der zur Aufrechnung gestellten Steuerforderung für die Zeit vor Fälligkeit der Erstattungsforderung bestehen (BFH VII R 3/97 v. 13.1.00, BStBl. II 00, 46). Die Aufrechnung ist zulässig, sobald der Aufrechnende „die ihm gebührende Leistung fordern kann" (§ 387 BGB). Die Gegenforderung darf also zB nicht gestundet sein. Um wirksam aufrechnen zu können, muss die Stundung der Forderung, mit der aufgerechnet werden soll, vor oder mit der Aufrechnung selbst zurückgenommen oder widerrufen werden (BFH VII R 36/87 v. 25.4.89, BStBl. II 90, 352). Entsprechendes gilt auch für die Fälle des Zahlungsaufschubs und der Aussetzung der Vollziehung (BFH VII R 58/94 v. 31.8.95, BStBl. II 96, 55; VII B 223/99 v. 21.2.00, BStBl. II 00, 880; VII R 85/99 v. 14.11.00, BStBl. II 01, 247). Die Aufrechnungserklärung der Finanzbehörde gilt nicht als konkludenter Widerruf der Stundung. Widerruf und Aufrechnungserklärung können aber gleichzeitig bekanntgegeben werden. Gleiches gilt für den Widerruf des Zahlungsaufschubs oder der Aussetzung (*Tipke/Kruse* § 226 AO Rz. 36). Bezüglich des Anspruchs, gegen den aufgerechnet wird, kommt es nur auf die **Erfüllbarkeit** an („bewirken kann", § 387 BGB). Erfüllbar ist ein Anspruch mit seiner **Entstehung** (§ 38 AO; § 271 BGB); Festsetzung der Steuer ist nicht erforderlich. Jedoch ist auch eine materiell-rechtlich nicht entstandene Steuerforderung, die wirksam festgesetzt ist, so lange erfüllbar, wie die Festsetzung nicht aufgehoben worden ist (*Klein/Rüsken* § 226 Rz. 33). Zur Aufrechnung bei Gesamtschuldnerschaft, insbesondere bei Zusammenveranlagung von Ehegatten siehe ausführlich *Klein/Rüsken* § 226 Rz. 19ff.

4 **Der Steuerpflichtige kann nur mit unbestrittenen oder rechtskräftig festgestellten Gegenansprüchen aufrechnen** (§ 226 Abs. 3 AO). Rechtskräftig festgestellt iS des § 226 Abs. 3 AO ist auch ein durch Verwaltungsakt bestandskräftig festgesetzter Anspruch (*Tipke/Kruse* § 226 AO Rz. 40). Bestritten ist ein Gegenanspruch des Steuerpflichtigen regelmäßig nur dann, wenn er mit substantiierten Gründen abgelehnt wird (BFH II 178/54 S v. 9.12.54, BStBl. III 55, 32). Ist jedoch eine andere Behörde für die Feststellung des Bestehens der zur Aufrechnung gestellten Forderung zuständig, so ist es Sache des Steuerschuldners darzulegen, dass diese Forderung entweder rechtskräftig festgestellt oder unbestritten ist. In einem solchen Fall genügt zur Ablehnung der Aufrechnung der Hinweis des Finanzamts, dass das Bestehen des Gegenanspruchs fragwürdig ist (BFH VII R 114/75 v. 10.7.79, BStBl. II 79, 690).

5 Die **Aufrechnungserklärung** kann mündlich oder schriftlich erfolgen oder sogar durch schlüssige Handlung (BFH VII R 153/82 v. 3.11.83, BStBl. II 84, 184). Eine bestimmte Form für die Aufrechnungserklärung ist nicht vorgeschrieben (§ 388 Satz 1 BGB). Es empfiehlt sich, eine Bestimmung darüber zu treffen, welche Forderungen gegeneinander aufgerechnet werden. Wird die Aufrechnung ohne eine solche Bestimmung erklärt, so richtet sich die Reihenfolge der Tilgung nach § 366 Abs. 2 BGB (§ 396 Abs. 1 Satz 2 BGB).

6 **Über die Wirksamkeit einer Aufrechnung ist bei Streit zwischen den Beteiligten** durch einen Abrechnungsbescheid (vgl. Formular C. 1) nach § 218 Abs. 2 AO zu entscheiden (BFH VII R 148/83 v. 2.4.87, BStBl. II 87, 536).

7 Im **Insolvenzverfahren** des Stpfl. kann die Finanzbehörde nur dann aufrechnen, wenn die Forderungen gleichartig und fällig sind und sich unbedingt gegenüberstehen (§ 95 Abs. 1 Satz 1 InsO). Ist die Forderung, gegen die die Finanzbehörde aufrechnen will, erst nach Insolvenzeröffnung entstanden, ist die Aufrechnung im Insolvenzver-

fahren unzulässig, § 96 Abs. 1 Nr. 1 InsO (vgl. BFH VII R 69/03 v. 5.10.04, BStBl. II 05, 195; siehe hierzu *Klein/Rüsken* § 226 Rz. 53ff. mwN).

Das Gleiche gilt nach **geänderter Rechtsprechung** des BFH (VII R 6 /10 v. **8**
2.11.10, DStRE 11, 521) auch dann, wenn ein vorläufiger Insolvenzverwalter vor Eröffnung des Insolvenzverfahrens Leistungen gegenüber dem Schuldner erbringt. In diesem Fall beruhen die durch die Tätigkeit des vorläufigen Insolvenzverwalters zur Entstehung gebrachten USt-Ansprüche sowie etwaige Vorsteuervergütungsansprüche auf nach § 131 InsO anfechtbaren Rechtshandlungen, so dass einer Aufrechnung des Finanzamts mit Steuerforderungen, die vor Eröffnung des Insolvenzverfahrens begründet wurden, die Regelung des § 96 Abs. 1 Nr. 3 InsO entgegensteht.

Zur **Begründung** seiner geänderten Rechtsauffassung stellt der BFH nunmehr in **9**
Übereinstimmung mit dem BGH entscheidend darauf ab, dass das Entstehen der Umsatzsteuer und eines Vorsteueranspruchs die **Erbringung einer Leistung** voraussetzt. Diese Leistungserbringung – die letztlich auch die Aufrechnungslage herbeiführt – stellt eine Rechtshandlung i. S. v. § 129 InsO dar. Zur Aufrechnung der der Finanzbehörde während der **Wohlverhaltensphase** im **Restschuldbefreiungsverfahren** vgl. FG Hessen 10 K 2356/04 v. 29.11.04, EFG 05, 331; FG Düsseldorf 18 K 321/04 AO (PKH) v. 10.11.04, EFG 05, 845).

C. 6. Aufteilung einer Steuerschuld

I. FORMULAR

Formular C. 6 Aufteilung einer Steuerschuld

Finanzamt ....

Aufteilung der Einkommensteuerschuld 2009 der Eheleute Karl Müller und Elisabeth Schulte-Müller.

Namens und im Auftrag der Eheleute Müller bzw. Schulte-Müller beantrage ich die Aufteilung der Einkommensteuerschuld 2009.

Nach der antragsgemäß erfolgten Zusammenveranlagung schulden die Eheleute eine Abschlusszahlung in Höhe von € 10000.–. Der Betrag ist fällig am ......

Die für die Aufteilung erforderlichen Angaben können der Steuererklärung entnommen werden.

Herr Müller wird den auf ihn entfallenden Betrag von ...... termingerecht entrichten. Von Sicherungsmaßnahmen (§ 277 AO) bitte ich abzusehen, da der Anspruch nicht gefährdet ist.

..

Steuerberater

II. ERLÄUTERUNGEN

Erläuterungen zu C. 6 Aufteilung einer Steuerschuld

Schrifttum: *Kraemer* Die Aufteilung einer Gesamtschuld, DStZ 89, 609; *Pump* Zusammenveranlagung bei der Einkommensteuer – Aufteilungsbescheid und Aufrechnung, INF 87, 481; *Schlücking* Beschränkung der Vollstreckung durch Aufteilung einer Gesamtschuld, DStR 85, 141; *Witt* Interner Ausgleich zwischen zusammen veranlagten Ehegatten, DStR 07, 56

1 **Gesamtschuldner** (§ 44 AO) können beantragen, dass die Vollstreckung bestimmter Steuern jeweils auf den Betrag beschränkt wird, der sich nach Maßgabe der §§ 269–278 AO bei einer Aufteilung der Steuern ergibt (§ 268 AO). Die Aufteilung ist nur statthaft bei Personen, die Gesamtschuldner sind, weil sie zusammen zur **Einkommensteuer** (§§ 26, 26b EStG) veranlagt wurden. Bei der **Kirchensteuer** kommt eine Aufteilung grundsätzlich nur in Betracht, wenn die Anwendung der §§ 268–280 AO durch Landesgesetz vorgeschrieben ist, wie zB durch Art. 18 Bay KiStG. Jedoch folgt aus dem allgemeinen verfassungsrechtlichen Verbot der Benachteiligung von Ehegatten die Pflicht zur proportionalen Aufteilung der Schuld nach entsprechenden Grundsätzen (BVerfG 1 BvL 29/57 u. 1 BvL 20/60 v. 21.2.61, NJW 61, 595; BFH VI R 45/04 v. 17.1.08, BStBl. II 08, 418; VIII R 219/84 v. 11.4.89, BFH/NV 89, 755; FG Hessen 8 K 166/07 v. 20.5.08, EFG 08, 1850; *H/H/Sp/Müller-Eiselt* § 268 Rz. 10; *Tipke/Kruse/Kruse* § 268 Rz. 2 mwN). Aufgeteilt werden können nur rückständige Steuern, und zwar sowohl Voraus- und Abschlusszahlungen als auch Steuernachforderungen (§§ 272, 273 AO). **Auf Erstattungsforderungen** sind die §§ 269ff. AO nicht anwendbar (BFH VII R 103/88 v. 1.3.90, BStBl. II 90, 520; FG Köln 6 K 1160/87 v. 7.10.92, EFG 93, 422).

2 **Eine Aufteilung erfolgt nur auf Antrag,** für den zwingend **Schriftform** vorgeschrieben ist. Der Antrag ist bei dem im Zeitpunkt der Antragstellung für die Besteue-

rung zuständigen Finanzamt zu stellen (§ 269 Abs. 1 AO). Ob das Finanzamt generell oder jedenfalls in bestimmten Ausnahmefällen (zB bei geschiedenen oder getrennt lebenden Ehegatten) auf die Aufteilungsmöglichkeit hinzuweisen hat, ist bestritten. Der BFH verneint eine generelle Hinweispflicht (BFH VIII B 61/75 v. 23.6.76, BStBl. II 76, 572). Die Finanzbehörde kann aber nach § 89 AO zu einer entsprechenden Anregung verpflichtet sein (*Tipke/Kruse* § 268 AO Rz. 9; *H/H/Sp/Müller-Eiselt* § 268 AO Rz. 15, aA *Klein/Brockmeyer* § 268 Rz. 8). Das gilt nicht nur gegenüber unerfahrenen Gesamtschuldnern (so *Schlücking* DStR 85, 142; OFD Hannover v. 3.12.02, StEK AO 1977 § 268 Nr. 2), sondern auch bei einer Vertretung durch einen Angehörigen der steuerberatenden Berufe (BFH I R 82/85 v. 18.12.85, BFH/NV 86, 506). Der unterlassene Hinweis kann in diesen Fällen eine Amtspflichtverletzung begründen (*Tipke/Kruse* § 268 AO Rz. 4 mwN; *H/H/Sp/Müller-Eiselt* § 268 AO Rz. 15). Vollstreckungsmaßnahmen sind trotz Verletzung einer Hinweispflicht wirksam. In solchen Fällen sollte ein Antrag auf Erstattung der bei einer Aufteilung zu Unrecht beigetriebenen Steuer aus sachlichen Billigkeitsgründen gestellt werden.

Der Antrag kann – unabhängig von der Bestandskraft des Steuerbescheides – vor Fälligkeit, jedoch frühestens nach **Bekanntgabe des Leistungsgebots** gestellt werden. Nach vollständiger Tilgung der rückständigen Steuern ist er unzulässig (§ 269 Abs. 2 S. 2 AO). Mit der Aufhebung der Vollziehung von Zusammenveranlagungsbescheiden, deren Steuerschuld zunächst vollständig getilgt, dann aber teilweise zurückgezahlt worden war, eröffnet sich einem mittlerweile geschiedenen Ehegatten die Möglichkeit, nunmehr einen Antrag auf Aufteilung der Steuerschuld zu stellen . 3

Eine **Begründung für den Antrag** schreibt das Gesetz nicht vor. Er muss jedoch alle Angaben enthalten, die zur Aufteilung der Steuer erforderlich sind, es sei denn, diese Angaben ergeben sich aus der Steuererklärung (§ 269 Abs. 2 AO). Fehlende Angaben haben nicht die Unwirksamkeit des Antrags zur Folge. Den Antragsteller treffen gesteigerte Mitwirkungspflichten (*H/H/Sp/Müller-Eiselt* § 269 AO Rz. 15). Notfalls muss die Finanzbehörde, deren Ermittlungsbefugnis sich aus § 249 Abs. 2 AO ergibt, die Aufteilungsgrundlagen schätzen. Ist auch eine Schätzung nicht möglich, kann der Antrag zurückgewiesen werden (*Tipke/Kruse* § 269 AO Rz. 8). Ein Antrag auf Aufteilung von Vorauszahlungen gilt zugleich als Antrag auf Aufteilung der weiteren im [illegible]eitraum fällig werdenden Vorauszahlungen und einer etwaigen [illegible]**ragsberechtigt** ist jeder Gesamtschuldner. Wird der Antrag [illegible]tigten gestellt, so ist den übrigen Gesamtschuldnern im Rah[illegible]liches Gehör zu gewähren. 4

[illegible]**ntrags bewirkt** eine Einschränkung der Vollstreckungsmög[illegible]nfechtbaren Entscheidung dürfen Vollstreckungsmaßnahmen [illegible]t werden, als dies zur Sicherung des Anspruchs erforderlich ist [illegible]lung hat nicht nur eine Vollstreckungsbeschränkung im rechts[illegible]olge; sie schließt auch jegliche Verwirklichung der Gesamt[illegible]n jeweiligen Ehegatten entfallenden Aufteilungsbetrag hinaus [illegible] v. 12.6.90, BStBl. II 91, 493). Die rechtzeitige Antragstellung [illegible]einen (vorübergehenden) Vollstreckungsaufschub. Der Zeit[illegible]g ist maßgebend für die Höhe des aufzuteilenden Betrages (§ 276 AO). Zahlungen nach Antragstellung werden dem Gesamtschuldner angerechnet, der sie geleistet hat (§ 277 Abs. 6 AO). Allgemeiner Aufteilungsmaßstab ist bei rückständiger Einkommensteuer das Verhältnis der Beträge, die sich bei einer fiktiven getrennten Veranlagung (§ 26a EStG, §§ 272–276 AO) ergeben würden (§ 270 AO). Rückständige Vorauszahlungen werden im Verhältnis der Beträge aufgeteilt, die sich bei getrennter Festsetzung ergeben würden (§ 272 Satz 1 AO). Bei Steuernachforderungen kommt es darauf an, ob die bisherige Steuerschuld bereits getilgt war (§ 273 AO). Die rückständige Steuer kann auch entsprechend einem gemeinsamen Vorschlag der Gesamtschuldner aufgeteilt werden, falls die Tilgung sichergestellt ist (§ 274 AO). 5

6 Der **Aufteilungsbescheid** muss schriftlich ergehen. Ein Bescheid ist entbehrlich, wenn keine Vollstreckungsmaßnahmen ergriffen oder bereits ergriffene Vollstreckungsmaßnahmen wieder aufgehoben werden (§ 279 AO). Nach der Aufteilung darf die Vollstreckung nur nach Maßgabe der auf die einzelnen Schuldner entfallenden Beträge durchgeführt werden. Über Vollstreckung nach Aufteilung einer Gesamtschuld vgl. Rz. 5.

7 Gegen den Aufteilungsbescheid sowie gegen die Ablehnung eines Antrages auf Aufteilung ist der **Einspruch** gegeben (§ 347 AO). Erhebt nur ein Adressat Einspruch, muss der andere hinzugezogen (§ 360 Abs. 3 AO) bzw. im Klageverfahren notwendig beigeladen werden (§ 60 Abs. 3 FGO).

8 Nicht ausgeschlossen ist, dass im Anschluss an den Erlass des Aufteilungsbescheides zu Gunsten des „begünstigten" Ehegatten ein „Haftungsbescheid" ergeht, durch den die FinVerw. den ursprünglichen Zustand der vollen Haftung beider Ehegatten wieder herbeiführt. Voraussetzung hierfür ist allerdings ein Haftungsgrund, etwa die Mitwirkung an einer Steuerhinterziehung (BFH X R 8/05 v. 7.3.06, BStBl. II 07, 594).

C. 7. Berichtigung von Erklärungen

I. FORMULAR

Formular C. 7 Berichtigung von Erklärungen

Finanzamt ....

Ich bin Alleinerbe des am ...... verstorbenen A. Bei Durchsicht der mir nach dem Tode zugänglich gemachten Unterlagen habe ich festgestellt, dass der Verstorbene es offensichtlich versäumt hat, Einkünfte aus Kapitalvermögen in Höhe von ...... aus einer liechtensteinischen Stiftung, in seiner Einkommensteuererklärung für das Kalenderjahr ...... anzugeben.

Als Gesamtrechtsnachfolger des A vervollständige ich hiermit dessen Einkommensteuererklärung für das Kalenderjahr ......:

II. ERLÄUTERUNGEN

Erläuterungen zu C. 7 Berichtigung von Erklärungen

Schrifttum: *App* Anzeigepflicht gem. § 153 Abs. 1 Nr. 1 AO von Einkünften des Ehegatten nach Zusammenveranlagung? BB 87, 144; *Dickopf* Steuerberatung und steuerstrafrechtliche Risiken, Düsseldorf 1991; *Halazcinsky/Füllsack* Verletzung der Anzeige- und Berichtigungspflicht nach § 153 AO im Erbschaftsteuerrecht, BB 11,2839; *s; Kottke* Zum Verhältnis von Selbstanzeige und Steuererklärungs-Berichtigungspflicht, DStR 96, 1350; *Müller* Ausgewählte Fragen zur Berichtigungspflicht nach § 153 AO, DStZ 05, 25;; *Schnüttgen* Steuerhinterziehung im Familienrecht, FÜR 12, 333; *Söffing/Pinternagel/Nommensen,* Berichtigungspflicht des nachträglich bösgläubigen Steuerberaters nach § 153 Abs. 1 AO? DStR 98, 69; *Szczesny/Wälzholz* Schwarzgeld im Nachlass, BBEV 07, 377: *Wulf* Praxishinweise zur Berichtigungspflicht nach § 153 AO, Stbg 10, 295

Gemäß §§ 149, 150 AO ist der Steuerpflichtige verpflichtet, die **Angaben** in den Steuererklärungen **„wahrheitsgemäß"** nach bestem Wissen und Gewissen **zu machen**. § 153 AO ergänzt diese Vorschrift. Erkennt der Steuerpflichtige nach Abgabe der Erklärung, dass er seiner Verpflichtung aus §§ 149, 150 AO nicht gerecht geworden ist, so ist er **verpflichtet, die Steuererklärungen zu berichtigen.** § 153 AO greift nur ein, wenn der Steuerpflichtige seinen Fehler nachträglich entdeckt, während im Falle der Selbstanzeige (vgl. Formular E. 1) von vornherein (vorsätzlich) eine falsche Steuererklärung abgegeben wurde. Gibt der Steuerpflichtige die vorgeschriebene Berichtigungserklärung nicht ab, so macht er sich strafbar, denn er lässt das Finanzamt pflichtwidrig über steuerlich erhebliche Tatsachen in Unkenntnis (§ 370 Abs. 1 Nr. 2 AO). Bereits abgelaufene Verjährungsfristen beginnen auf Grund dieser Tathandlung („erneut") zu laufen. 1

Verpflichtet zur Berichtigung sind der **Steuerpflichtige,** ferner der **Gesamtrechtsnachfolger** (zB Erbe) sowie die nach §§ 34, 35 AO für den Steuerpflichtigen oder dessen Gesamtrechtsnachfolger handelnden Personen (**gesetzliche Vertreter**, Vereinsmitglieder, Gesellschafter, Vermögensverwalter, Verfügungsbefugte). Berichtigungspflichtig ist auch der **Insolvenzverwalter** (*Tipke/Kruse* § 153 AO Rz. 3). Wer nach den Steuergesetzen weder anzeige- noch erklärungspflichtig ist, hat auch keine Pflicht zur Berichtigung nach § 153 Abs. 1 Satz 1 AO (BFH II R 52/99 v. 30.1.02, BFH/NV 02, 917 betr. Erbe nach amtlicher Eröffnung des Testaments). Umstritten ist, ob ein **Ehegatte**, der nachträglich erkennt, dass die Erklärung über die Einkünfte des anderen unrichtig war, zur Berichtigung verpflichtet ist (im Ergebnis verneinend 2 die hM vgl. hierzu *Klein/Rätke* § 153 AO Rz. 5; glA *App* BB 87, 1444). Ein **Steuerberater**, der nachträglich die Unrichtigkeit einer von ihm vorbereiteten, der Finanzbehörde bereits eingereichten Erklärung erkennt, ist ebenfalls nicht zur Berichtigung verpflichtet (BGH 5 StR 412/95 v. 20.12.95, StRK AO 1977 § 370 R. 236). Gleiches gilt, wenn der Berater nachträglich erfährt, dass die einem Antrag auf Herabsetzung von Vorauszahlungen zugrunde liegenden Tatsachen unrichtig waren (BGH 5 StR 412/95 v. 20.12.95, NStZ 96, 563; glA *Dörn* DStR 95, 868). Insoweit unterliegt der Berater einer strafbewehrten Verschwiegenheitspflicht (ebenso *Tipke/Kruse* § 153 AO Rz. 4; vgl. hierzu auch *Kuhn/Weigell/Weigell* Steuerstrafrecht, Rz. 29ff.). Eine Berichtigungspflicht des Beraters könnte allerdings im Falle eines umfassenden Beratungsauftrages oder dann konstruiert werden, wenn der Berater die Erklärung unterschrieben hat (zB die USt-Voranmeldung). Unabhängig hiervon besteht eine mögliche Strafbarkeit des Beraters nach § 370ff. AO (vgl. *Klein/Rätke* § 153 AO Rz. 6). Verpflichteter iS des § 153 Abs. 1 Satz 1 Nr. 2 AO ist der Entrichtungsschuldner. Wird ein Minderjähriger handlungsfähig, geht die Pflicht aus § 153 AO auf ihn über.

3 Voraussetzung für eine Berichtigungspflicht ist eine unrichtige oder unvollständige Erklärung. Wenn keine Erklärung abgegeben worden ist, besteht die ursprüngliche Erklärungspflicht weiter fort und muss vom Stpfl. oder denjenigen, die seine Pflichten zu erfüllen haben, noch erfüllt werden. Die Berichtigungspflicht entfällt auch nicht deshalb, weil der Rechtsvorgänger bei Abgabe der Erklärung die Unrichtigkeit oder Unvollständigkeit kannte (BFH I B 99/06 v. 7.3.07, BFH/NV 07, 1801). Durch die unrichtige oder unvollständige Erklärung muss es zu einer Steuerverkürzung kommen können oder bereits gekommen sein. Das ist zB nicht der Fall, wenn keine Erklärung abgegeben wurde oder wenn der Finanzbehörde unabhängig von der Erklärung Irrtümer oder Fehler unterlaufen sind. Solche Irrtümer oder Fehler muss der Stpfl. auch dann nicht korrigieren, wenn sich die Unrichtigkeit der Annahme des FA aus seinen Erklärungen ergibt, dieses die Information aber falsch oder gar nicht verarbeitet hat (Beispiel: In der Erklärung wird ein Veräußerungsgewinn in Höhe von 1 Mio. Euro gem. § 17 EStG erklärt, vom FA aber nicht festgesetzt. Ein Hinweis (Berichtigung) ist nicht erforderlich).

4 **Nachträgliches Erkennen** der Unrichtigkeit liegt nicht vor, wenn der Stpfl. von vornherein (vorsätzlich oder bedingt vorsätzlich) eine falsche Erklärung abgegeben hat. Bisher wurde in der Literatur die Auffassung vertreten, der Steuerpflichtige müsse die Unrichtigkeit tatsächlich erkannt haben. Erkennenmüssen oder -können, genügte nicht (*Tipke/Kruse* § 153 AO Rz. 12, dazu auch *Klein/Rätke* § 153 AO Rz. 7). Der BGH hat allerdings entschieden, dass eine steuerrechtliche Anzeige- und Berichtigungspflicht nach § 153 Abs. 1 Nr. 1 AO auch dann besteht, wenn der Stpfl. die Unrichtigkeit seiner Angaben bei Abgabe der Steuererklärung nicht gekannt, aber billigend in Kauf genommen hat und später zu der sicheren Erkenntnis gelangt, dass die Angaben unrichtig sind (BGH 1 StR 479/08 v. 17.3.09, NJW 09, 1984). Der Entscheidung ist nicht zuzustimmen, weil die billigende Inkaufnahme der Abgabe einer falschen Erklärung bereits Steuerhinterziehung darstellt. Gleichwohl ist die Abgabe einer Korrekturerklärung uU empfehlenswert.

5 Die Unrichtigkeit muss **vor Ablauf der Festsetzungsfrist** erkannt sein, denn nach deren Ablauf wäre eine Berichtigung nicht mehr möglich (§ 169 Abs. 1 AO); die Berichtigungserklärung würde also leerlaufen. Die Abgabe einer Berichtigungserklärung bewirkt keine Anlaufhemmung der Festsetzungsfrist iSd. § 170 Abs. 2 Nr. 1 AO (BFH II B 40/96 v. 22.1.97, BStBl. II 97, 266). Kommt der Stpfl. seiner Anzeigepflicht nicht nach, verlängert sich die Festsetzungsfrist gem. § 169 Abs. 2 Satz 2 auf fünf bzw. zehn Jahre. Die Erstattung der Anzeige innerhalb der Festsetzungsfrist bewirkt deren Ablaufhemmung um ein Jahr seit Eingang der Anzeige (§ 170 Abs. 9 AO).

Die Anzeige- und Berichtigungspflicht ist **unverzüglich** (dh. ohne schuldhaftes Zögern, § 121 BGB) zu erfüllen. Die Anzeige allein genügt nicht, der Stpfl. muss auch die erforderliche Richtigstellung vornehmen 6

Gem. § 371 Abs. 4 AO wird ein **Dritter**, der die in § 153 AO bezeichneten Erklärungen abzugeben unterlassen oder unrichtig oder unvollständig abgegeben hat, strafrechtlich nicht verfolgt, es sei denn, dass ihm oder seinem Vertreter vorher die Einleitung eines Straf- oder Bußgeldverfahrens wegen der Tat bekanntgegeben worden ist. Über die Auswirkungen dieser Vorschrift auf Fälle, in denen eine Person iSd. §§ 34, 35 AO (gesetzliche Vertreter etc.) eine Steuererklärungspflicht erfüllt, die eine andere Person iS dieser Vorschriften zuvor in strafbarer Weise durch Unterlassen verletzt hat, vgl. *Samson* wistra 90, 245. 7

C. 8. Bilanzänderung

I. FORMULAR

Formular C. 8 Bilanzänderung

Finanzamt ....

Mein Mandant war Kommanditist der A-Gesellschaft mbH & Co KG. Mit Vertrag vom 19.5.2011 übertrug er seinen Gesellschaftsanteil (Kommanditanlage € 30.000.–) für € 1.– und sein hälftiges Miteigentum an dem Grundstück X-Straße (Sonderbetriebsvermögen) für € 4 Mio. auf den verbliebenen Kommanditisten A. Im ursprünglichen Gewinnfeststellungsbescheid 2011 wurde meinem Mandanten erklärungsgemäß nur ein Anteil am laufenden Gewinn der KG in Höhe von € 30.000.– zugerechnet. Anlässlich einer Außenprüfung deckte das Finanzamt auch den Gewinn aus der Veräußerung des Grundstücksanteils auf, den es mit € 4.000.– ermittelte. In einem entsprechenden Änderungsbescheid wurde dieser Gewinn meinem Mandanten zugerechnet.

Ich beantrage nunmehr die Bildung einer Rücklage nach § 6b EStG in Höhe des vollen bei der Veräußerung des Grundstücksanteils entstandenen Gewinns (BFH VIII R 10/99 v. 12.12.00, BStBl. II 01, 282).

..

Steuerberater

II. ERLÄUTERUNGEN

Erläuterungen zu C. 8 Bilanzänderung

Schrifttum: Vgl. Formular C. 9.

1 **Bilanzänderung iSd. § 4 Abs. 2 Satz 2 EStG ist der Ersatz eines handels- und steuerrechtlich zulässigen Bilanzansatzes** durch einen anderen ebenfalls zulässigen Bilanzansatz (BFH I R 191/77 v. 9.4.81, BStBl. II 81, 620). Anders als bei der Bilanzberichtigung (vgl. Formular C. 9.) darf also ein Bilanzansatz nicht fehlerhaft sein. Die Bilanzänderung darf sich nur auf die Bewertung von Betriebsvermögensgegenständen beziehen. In Betracht kommen vor allem Fälle, in denen der Steuerpflichtige einen Bilanzansatz im Rahmen eines Bewertungswahlrechts ändert, nachträglich eine Bewertungsfreiheit ausübt oder auf deren Ausübung verzichtet. Von der Bilanzänderung zu unterscheiden sind Maßnahmen, die dazu dienen sollen, nach Ablauf des Geschäftsjahres Betriebsvorgänge wieder rückgängig zu machen. Sie beinhalten eine rückwirkende Sachverhaltsgestaltung und sind daher steuerrechtlich grundsätzlich nicht zulässig (BFH IV 38/53 U v. 5.11.53, BStBl. III 54, 4) .

2 **Bis zur Einreichung der Bilanz beim Finanzamt** kann der Steuerpflichtige Bilanzansätze beliebig ändern, denn die Bilanzänderung setzt wie die Berichtigung voraus, dass eine Bilanz bereits beim FA eingereicht ist (§ 4 Abs. 2 Satz 1 EStG; BFH IV R 37/04 v. 18.8.05, BStBl. II 06, 165; vgl. hierzu auch *H/H/R/Stapperfend* § 4 Rz. 461). Gem. § 4 Abs. 2 Satz 2 EStG idF StBereinG 1999 v. 22.12.99 (BGBl. I 99, 2601) bleibt eine Bilanzänderung zulässig, „wenn sie in einem engen zeitlichen und sachlichen Zusammenhang mit einer Änderung nach Satz 1 steht und (betragsmäßig beschränkt) soweit die Auswirkung der Änderung nach Satz 1 auf den Gewinn

reicht". Diese Einschränkung des Bilanzänderungsverbots gilt rückwirkend auch für Veranlagungszeiträume vor 1999 (§ 52 Abs. 9 EStG idF StBereinG 1999). Damit kann der Stpfl. durch die Bilanzänderung maximal dasjenige Ergebnis erreichen, das vor der Durchführung der Bilanzberichtigung bestanden hätte. Eine darüber hinaus gehende Bilanzänderung ist unzulässig (vgl. BFH IV R 7/06 v. 27.9.06, BFH/NV 07, 326). Danach ist die geänderte Rechtslage bei noch offenen oder wieder offenen Veranlagungen dann anzuwenden, wenn sie sich zugunsten des Steuerpflichtigen auswirkt oder die Rechtsfolgen der Bilanzänderung wegen fehlender Ausübung des Wahlrechts noch nicht eingetreten sind. Der **enge zeitliche und sachliche** Zusammenhang zwischen Bilanzberichtigung und -änderung setzt voraus, dass sich beide Maßnahmen auf dieselbe Bilanz beziehen (vgl. BMF v. 18.5.00, BStBl. I 00, 587 u. BMF v. 23.3.01, BStBl. I 01, 244). Ein enger und zeitlicher Zusammenhang ist gegeben, wenn der Steuerpflichtige als Reaktion auf eine Bilanzberichtigung eine Bilanzänderung vornimmt (vgl. BFH IV R 25/06 v. 31.5.07, BFH/NV 07, 2086; hierzu auch *H/H/R/Stapperfend* § 4 Rz. 465). Als maximaler zeitlicher Rahmen wird in der Literatur ein Zeitraum von „einigen Wochen" vertreten (vgl. *H/H/R/Stapperfend* § 4 Rz. 465). Die Gegenauffassung geht von der Möglichkeit einer Bilanzänderung bis zur Bestandskraft eines ergehenden Änderungsbescheides aus (*Zugmaier* INF 01, 10, 12).

Einen Antrag setzt die Bilanzänderung nach der Neufassung des § 4 Abs. 2 Satz 2 **3**
EStG im Gegensatz zu der früheren Fassung nicht mehr voraus.

Die Bilanzänderung hat zur Folge, dass der ursprüngliche Bilanzansatz durch **4**
den neuen Ansatz rückwirkend ersetzt wird. Weitere Folge ist die Korrektur der fehlerhaft gewordenen Bilanzansätze der Folgejahre.

Zu den Auswirkungen auf die **Handelsbilanz** vgl. LfSt Sachsen v. 29.12.11, DB 12, **5**
376.

C. 9. Bilanzberichtigung

I. FORMULAR

Formular C. 9 Bilanzberichtigung

Finanzamt ....

In der Bilanz per 31.12.2011 ist eine Schuld gegenüber ...... in Höhe von € ...... ausgewiesen worden. Inzwischen hat sich herausgestellt, dass diese Schuld nicht existent, der Passivposten also zu Unrecht gebildet worden ist.

Die Bilanz ist daher zu berichtigen.

II. ERLÄUTERUNGEN

Erläuterungen zu C. 9 Bilanzberichtigung

Schrifttum: *Lohse/Zanzinger* Rechtsprechungsänderungen des BFH bei Ertragsteuern und bei der Umsatzsteuer im Jahre 2013, DStR 14, 921; *Ritzrow* Bilanzberichtigung – Überblick über die Rechtsprechung des BFH –, StBp 05, 164 und StBp 05, 230; *Schoor* Bilanzänderung nach dem Steuerbereinigungsgesetz 1999, BuW 00, 169; *Stadie* Zur Bedeutung des steuerrechtlichen Bilanzzusammenhangs, StuW 85, 101; *Stapperfend* Die Änderbarkeit der Steuerfestsetzung als Voraussetzung für die Bilanzberichtigung, FR 08, 937; *Thoma* Bilanzberichtigung/Bestandskraft, DStR 88, 346; *Werra/Rieß* Zur Bindungswirkung von Bilanzen, DB 07, 2502; *Wieczorek* Bilanzberichtigung – Verjährung, Totalgewinn, DStR 91, 1.

1 **Ist ein Bilanzansatz unrichtig,** so kann ihn der Stpfl. jederzeit, auch nach Einreichung der Bilanz beim Finanzamt, berichtigen (§ 4 Abs. 2 Satz 1 EStG). Nach bisheriger Rechtsprechung war eine Bilanz unrichtig, wenn sie objektiv gegen handels- oder steuerrechtliche Bilanzierungsge- oder -verbote verstieß und der Steuerpflichtige dies im Zeitpunkt der Bilanzaufstellung bezogen auf die am Bilanzstichtag objektiv bestehenden Verhältnisse bei pflichtgemäßer und gewissenhafter Prüfung des Sachverhalts erkennen konnte (sog. *normativ-subjektiver Fehlerbegriff;* st. Rspr., vgl. nur BFH I R 40/07 v. 23.1.08, BStBl. II 08, 669 m. w. N.; *Blümich/Wied* § 4 EStG Rz. 983).

Der große Senat des BFH hat den normativ-subjektiven Fehlerbegriff aufgegeben (BFH GrS 1/10 v. 31.1.13, BStBl. II 13, 317). Nach diesem Urteil ist das FA nicht mehr an die rechtliche Beurteilung des Stpfl. auf Grundlage der aufgestellten Bilanz / Bilanzansätze gebunden, selbst dann nicht, wenn sie aus Sicht eines ordentlichen und gewissenhaften Kaufmanns im Zeitpunkt der Bilanzaufstellung vertretbar gewesen ist und wenn die Rechtsauffassung von Verwaltung und Rechtsprechung angewendet wurde. Die Bilanzierung ist auch dann zu berichtigen, wenn sie auf geänderter Rechtsprechung beruht (vgl. kritisch zur Entscheidung des Großen Senats: *Lohse/Zanzinger* DStR 14, 921).

2 Nur **der unrichtige Bilanzansatz** ist zu berichtigen (BFH I R 150/94 v. 11.2.98, BStBl. II 98, 503). Eine Bilanzberichtigung bezieht sich nach Auffassung des BFH nicht nur auf den unrichtigen Ansatz von aktiven und passiven WG einschl. Rückstellungen sowie RAP dem Grunde und der Höhe nach, sondern auch auf eine Änderung des stl. Gewinns die sich ohne Auswirkung auf den Ansatz eine WG oder eines RAP aus der Nicht- oder fehlerhaften Verbuchung von Entnahmen und Einlagen ergibt (vgl. BFH IV R 54/05 v. 31.5.07, BStBl. II 08, 665)

Dieser Auffassung hat sich auch die Finanzverwaltung angeschlossen (vgl. BMF v. 13.8.08, BStBl. I 08, 845).

Bis zur Einreichung der Bilanz sind Bilanzierungsfehler einschränkungslos zu berichtigen, nach Bilanzeinreichung müssen Fehler, die zu einer Steuerverkürzung führen können, nach § 153 AO bis zum Ablauf der Festsetzungsverjährungsfrist richtiggestellt werden. Die Unterlassung der erkannten Berichtigungspflicht ist Steuerhinterziehung. 3

Unrichtige Bilanzansätze sind aufgrund des **Grundsatzes des Bilanzenzusammenhangs** und der **Abschnittsbesteuerung** bis zu ihrer Fehlerquelle zu berichtigen (BFH GrS 1/65 S v. 29.11.65, BStBl. III 66, 142). Bei einer Berichtigung an der Fehlerquelle muss bei einem über mehrere Jahre fortgeführten Bilanzansatz der Ansatz in der ursprünglich fehlerhaften Eröffnungs- und Schlussbilanz und ggf. – über den Bilanzenzusammenhang alle folgenden Bilanzen/Veranlagungen korrigiert werden. Dies ist nach § 4 Abs. 2 S. 1 2. Halbs. (eingefügt durch JStG 2007 v. 13.12.06, BGBl. I 06, 2878, für VZ ab 07, dazu FG Nds. 12 K 185/09 v. 17.11.09, EFG 10, 397, Rev. IV R 53/09) nur dann noch möglich, wenn die StBescheide für die jeweiligen VZ noch nicht bestandskräftig geworden sind (so auch st. Rpr. vgl. nur BFH I R 58/05 v. 13.6.06, BStBl. II 06, 928) bzw. verfahrensrechtlich aufgehoben oder geändert werden können. Strittig ist aber, ob dies auch dann gilt, wenn der Fehler über mehrere Jahre hin fortgeführt wurde, oder ob das FA in einem solchen Falle befugt ist, von der an sich gegebenen Möglichkeit der Fehlerkorrektur an der Quelle abzusehen und eine sog. *„saldierende Korrektur"* im letzten noch offenen VZ durchzuführen oder die Berichtigung des Fehlers auf mehrere Folgejahre zu verteilen. Der BFH hat wiederholt entschieden, dass die Korrektur in der **ersten** noch offenen Schlussbilanz vorzunehmen sei, in der die Möglichkeit hierzu unter Beachtung der Bestandskraft und Festsetzungsverjährungsfrist sowie der gesetzlichen Änderungsbestimmungen bestehe (BFH X R 72/87 v. 16.5.90, BStBl. II 90, 1044; v.18.4.12, X R 7/10, DStRE 12, 1105). Im Falle der Fehlerfortführung über mehrere Jahre, sei auf die Möglichkeit der Rückwärtsberichtigung zum Zeitpunkt der gerichtlichen Entscheidung über den Änderungsbescheid abzustellen (vgl. BFH IV B 62/02 v. 12.12.03, BFH/NV 04, 677; auch BFH I R 58/05 v. 13.6.06, BStBl. II 06, 928, vgl. hierzu *Schmidt/Heinicke* § 4 Rz. 706; *Blümich/Wied* § 4 EStG Rz. 996; zu den Möglichkeiten der Bilanzberichtigung nach **bestandskräftiger Veranlagung** s. *Blümich/Wied* § 4 EStG Rz. 1000). 4

C. 10. Billigkeitserlass

C. 10.01 Persönliche Unbilligkeit

Gliederung

I. FORMULAR

Formular C. 10.01 Billigkeitserlass aus persönlicher Unbilligkeit

Finanzamt ...

Namens und im Auftrag meiner Mandantin, der Steuerpflichtigen C, beantrage ich, die für das Kalenderjahr 2012 festgesetzte Einkommensteuer in Höhe von € 50.000.– zu erlassen, und zwar aus folgenden Gründen:

Meine im Jahre 1942 geborene Mandantin war Inhaberin eines Damenoberbekleidungsgeschäfts. Zum Betriebsvermögen dieses Unternehmens gehörte das Geschäftsgrundstück Y-Straße in B-Stadt. Im Jahre 2012 gab meine Mandantin ihren Betrieb auf; das Geschäftsgrundstück wurde veräußert. Die Betriebsaufgabe war erforderlich, weil das Gebäude in einem Umlegungsgebiet lag und nach den Plänen des Umlegungsausschusses der Stadt abgerissen und neu aufgebaut werden sollte. Hierzu war meine Mandantin wegen ihres Alters und ihrer finanziellen Verhältnisse nicht in der Lage.

Unter Berücksichtigung eines laufenden Verlustes aus Gewerbebetrieb in Höhe von € 140.000.– und eines Veräußerungsgewinns in Höhe von € 40.000.– wurde die Einkommensteuer für 2012 auf € 50.000.– festgesetzt. Der Bescheid ist bestandskräftig.

Die Bezahlung der Steuerschuld würde zu einer Existenzgefährdung meiner Mandantin führen. Wegen ihres Alters ist sie nicht mehr in der Lage, sich eine neue Existenz aufzubauen. Da sie nie Beiträge zur Kranken-, Renten- oder Lebensversicherung gezahlt hat, muss sie ihren Lebensunterhalt - einschl. von Krankheitskosten - mit dem angesammelten bzw. noch verbliebenen Vermögen bestreiten. Das Vermögen wird, wie sich unschwer errechnen lässt, bald aufgezehrt sein. Zurzeit verfügt sie noch über Mittel in Höhe von rund € 100.000.–. Bei Entrichtung der Steuern würden sich diese Mittel auf € 50.000.– reduzieren. Die Zinsen, die sich daraus erzielen lassen, würden zur Bestreitung des Lebensunterhalts nicht ausreichen. Hinzu kommt, dass meine Mandantin für ein volljähriges Kind zu sorgen hat, das mit Rücksicht auf eine lebensbedrohende Krankheit nicht fähig ist, seinen eigenen Lebensunterhalt zu verdienen.

Bis zur Entscheidung über meinen Erlassantrag beantrage ich Stundung, hilfsweise einstweilige Einstellung der Vollstreckung. Gleichzeitig beantrage ich schon jetzt, gem. § 234 Abs. 2 AO auf Stundungszinsen zu verzichten.

..

Steuerberater

II. ERLÄUTERUNGEN

Erläuterungen zu C. 10.01 Billigkeitserlass aus persönlicher Unbilligkeit

1. Grundsätzliche Anmerkungen

Schrifttum: *App* Zinsverzicht bei und nach Steuerstundung, StB 00, 17; *Buciek/Gast-de Haan* Erlaß von Hinterziehungszinsen aus sachlichen Billigkeitsgründen in den sog. Bankenfällen? DB 99, 2441; *Gerber* Stundung und Erlaß von Steuern, Stuttgart, 4. Aufl. 2000; *Haberland* Unzutreffender richterlicher Hinweis als sachlicher Billigkeitsgrund i. S. § 227 AO, BB 10, 3063; *Hey* Schutz des Vertrauens in BFH-Rechtsprechung und Verwaltungspraxis, DStR 04, 1897 *Isensee* Das Billigkeitskorrektiv des Steuergesetzes – Rechtfertigung und Reichweite des Steuererlasses im Rechtssystem des Grundgesetzes, Festschrift für Flume Bd. II, Köln 1978, 129ff.; *Janssen* Der Erlaß von Säumniszuschlägen, DStZ 90, 463; *Kirchhof* Gesetz und Billigkeit im Abgabenrecht, Festschrift für Scupin, Berlin 1983, 775ff. *Kohlhaas* Vollständiger Erlass von Säumniszuschlägen bei erfolgreichem Rechtsbehelfsverfahren, DStR 10, 2387; *Meinicke* Erlass der Erbschaftsteuer aus Billigkeitsgründen, DStR 04, 573; *Ohlf* Billigkeitsmaßnahmen bei der Umsatzsteuer, UR 94, 264; *Ossola* Verfassungsrechtliche Ansprüche auf steuerliche Billigkeitsmaßnahmen, INF 81, 391; *Pump* Die Beleihung und Verwertung eigenen Vermögens als Stundungs- und Erlaßkriterien, DStZ 91, 265; *Schick* Billigkeitsmaßnahmen im Lohnsteuerverfahren BB 84, 733; 7, *Tiedtke/Szczesny* Gesetzlicher Vertrauensschutz und Billigkeitsregelungen, NJW 02, 3733;

Ansprüche aus dem Steuerschuldverhältnis können ganz oder zum Teil erlassen werden, wenn deren Einziehung nach Lage des Einzelfalles unbillig wäre; unter den gleichen Voraussetzungen können bereits entrichtete Beträge erstattet oder angerechnet werden (§ 227 Abs. 1 AO). Billigkeit ist die Gerechtigkeit im Einzelfall (st. Rspr. des BFH zB BFH X B 18/03 v. 12.9.07, BFH/NV 08, 102; IV R 29/10 v. 20.9.12, BStBl. 13, 505 mwN). Man unterscheidet hierbei zwischen **sachlichen** und **persönlichen** Billigkeitsgründen (dazu Rz. 16ff). Im Falle der Unbilligkeit der Steuererhebung im Einzelfall können Steuern gem. § 163 Abs. 1 AO niedriger festgesetzt werden, und einzelne Besteuerungsgrundlagen, welche die Steuern erhöhen, können bei der Festsetzung der Steuer unberücksichtigt bleiben. Die Antragsentscheidung gem. § 163 Abs. 1 AO ist Verwaltungsakt. Mit dessen Bekanntgabe (§§ 122, 124 AO) erlischt die Steuer (§ 47 AO) in Höhe des Unterschiedsbetrages zwischen dem kraft Gesetzes entstandenen Steueranspruch (§ 38 AO) und dem auf Grund der Billigkeitsmaßnahme niedriger festgesetzten bzw. dem Betrag, der sich aus der Nichtberücksichtigung von Besteuerungsgrundlagen ergibt. Vorher ergangene Bescheide sind nach § 175 Abs. 1 Satz 1 Nr. 1 AO anzupassen (*Tipke/Kruse* § 163 AO Rz. 21; s. auch BFH VIII R 51/88 v. 21.1.92, BStBl. II 93, 3; FG Köln 6 K 4264/04 v. 22.1.08, EFG 08, 1772). Ansprüche aus dem Steuerschuldverhältnis sind der Steueranspruch, der Steuervergütungsanspruch, der Haftungsanspruch, der Anspruch auf eine steuerliche Nebenleistung sowie Erstattungsansprüche (§ 37 AO). Als steuerliche Nebenleistungen definiert § 3 Abs. 3 AO Verspätungszuschläge (§ 152 AO), Zinsen (§§ 233–237 AO), Säumniszuschläge (§ 240 AO), Zwangsgelder (§ 329 AO) und Kosten (§ 178, §§ 337 bis 345 AO) sowie Zinsen iSd. Zollkodexes. Geldstrafen und Geldbußen gehören nicht dazu. Für die Grund- und Gewerbesteuer gelten §§ 227, 163 AO entsprechend (§ 1 Abs. 2 iVm. § 3 Abs. 2 AO). Der Erlass von Einfuhr- oder Ausfuhrabgaben nach Gemeinschaftsrecht ist seit Inkrafttreten des Binnenmarktes in Art. 235ff. ZK iVm. Art. 877ff. ZK-DVO geregelt. Billigkeitsmaßnahmen bei den Kirchensteuern richten sich nach Landesrecht (s. § 51a Abs. 6 EStG). Zum Teil ist die Erlassbefugnis den Finanzämtern übertragen, zum Teil haben sich die Kirchen darüber hinaus (zB § 9 Abs. 8 Satz 2 KiStG Bremen) das Recht zum Erlass vorbehalten (vgl. iE *H/H/Sp/v. Groll* § 227 AO Rz. 100ff. mwN). Auf Stundungs- und Aussetzungszin- 1 sen kann gemäß § 234 Abs. 2, § 237 Abs. 4 AO ganz oder teilweise verzichtet werden, wenn die Erhebung nach Lage des einzelnen Falles unbillig wäre.

2 Nach dem Wortlaut des § 227 AO „können" Steueransprüche im Falle der „Unbilligkeit" ihrer Einziehung erlassen werden. Die Unbilligkeit kann sowohl in den persönlichen Verhältnissen des Steuerpflichtigen begründet sein (vgl. Rz. 16ff.) als auch in der Sache selbst liegen (vgl. C. 10.02 Rz. 1ff.). In jedem Fall muss geprüft werden, ob eine Unbilligkeit im Einzelfall gegeben ist (vgl. aber Rz. 5).

3 **Eine fehlerfreie Ermessensausübung setzt allgemein voraus,** dass die Finanzbehörde ihre Entscheidung anhand des einwandfrei und erschöpfend ermittelten Sachverhalts trifft (BFH I R 76/82 v. 15.6.83, BStBl. II 83, 672) und dabei alle Gesichtspunkte tatsächlicher und rechtlicher Art berücksichtigt, die nach Sinn und Zweck der Norm, die das Ermessen einräumt, maßgeblich sind (BFH VII R 84/80 v. 1.7.81, BStBl. II 81, 740; FG Köln 13 K 3006/11 v 6.3.12, BeckRS 2012, 95416. Die gebotene Ermessensausübung und -darlegung kann nicht durch typisierende Verwaltungsanweisungen eingeschränkt werden (FG Köln 2 K 3383/88 v. 2.6.89, EFG 90, 50 betr. § 163 AO). Grundsätzlich ist davon auszugehen, dass die Geltendmachung von Steueransprüchen an sich nicht unbillig, der Billigkeitserlass daher die Ausnahme ist (*Tipke/Kruse* § 227 AO Rz. 28). Eine billige Entscheidung im Rahmen des § 227 AO setzt voraus, dass die widerstreitenden Interessen, nämlich das öffentliche Interesse an der ordnungsmäßigen und vollständigen Einziehung der Steuern einerseits und das private Interesse an einer Ausnahmeregelung im Einzelfall andererseits, gegeneinander abgewogen werden. Daraus folgt, dass bei der Prüfung der Voraussetzungen für eine Billigkeitsmaßnahme nicht nur die Belange des Steuerpflichtigen, sondern auch die **Interessen des Steuergläubigers** geprüft werden müssen. Dabei ist nach hM auch die Haushaltslage des jeweiligen Steuergläubigers angemessen zu berücksichtigen. Die Haushaltslage für sich allein rechtfertigt jedoch niemals die vollständige Ablehnung eines Erlassantrages (vgl. *Tipke/Kruse* § 227 AO Rz. 29 mwN; *H/H/Sp/v. Groll* § 227 AO Rz. 172). Ob die Prüfung der Erlassvoraussetzungen, also die Antragsbearbeitung, für die Finanzbehörde mit erheblichem Arbeitsaufwand verbunden ist, ist hingegen unerheblich.

4 **Mangels einer Einschränkung gilt der Tatbestand des § 227 AO (ebenso § 163 AO) für alle Steuerarten.** Andererseits erfordert eine ermessensgerechte Billigkeitsentscheidung, bei der Beurteilung des Einzelfalles auch diejenigen Gesichtspunkte zu beachten, welche das Gesetz als typisch gerade für das betreffende Besteuerungsgebiet ansieht (BFH II R 29/66 v. 5.2.69, BStBl. II 69, 400; FG SchlHol. III 69/77 v. 24.2.81, EFG 81, 582). Das bedeutet, dass nach der Rechtsprechung an den Erlass **abwälzbarer Steuern,** zB der Umsatzsteuer, besonders hohe Anforderungen gestellt werden sollen, denn sie sind typischerweise Betriebsausgaben (BFH VII R 54/72 v. 22.4.75, BStBl. 1975, 727). Eine andere Beurteilung kann geboten sein, wenn eine Überwälzung nicht möglich ist, sei es, dass die Marktpreise dies verbieten (aA BFH VII R 54/72 v. 22.4.75, aaO; kritisch dazu *Tipke/Kruse* § 227 AO Rz. 32ff sowie *H/H/Sp/v. Groll* § 227 AO Rz. 146ff.), sei es, dass eine Abwälzung aus zivilrechtlichen Gründen nicht (mehr) möglich ist. Zuzugeben ist, dass das Gesetz gewisse Härten offenbar bewusst in Kauf nimmt, denn auch die Zulässigkeit von Steuernachforderungen gem. §§ 172ff. AO ist zB nicht davon abhängig, ob die Steuer noch überwälzt werden kann. Andererseits ist auch bei diesen Steuern eine differenzierende Betrachtungsweise geboten, denn nur dadurch wird die vom Gesetz verlangte Ermessensausübung „nach Lage des einzelnen Falles" sichergestellt (vgl. auch *Ohlf* UR 94, 264). Hinzu kommt, dass die Frage der etwaigen Abwälzbarkeit, also der wirtschaftlichen Auswirkungen der Steuerbelastung, nur im Falle der persönlichen Härte (Rz. 16ff.) eine Rolle spielen kann.

Umsatzsteuer: Aus berichtigter Vorsteuer (§ 17 Abs. 2 UStG) stammende USt-Schulden können seit der Einführung von § 14c Abs. 1 UStG mit Wirkung zum 1.1.04 (Gesetz v. 15.12.03, BGBl. I 03, 2645) weder aus sachlichen noch aus wirtschaftlichen Billigkeitsgründen erlassen werden. Dies gilt auch für den Erlass von Nachzahlungszinsen aufgrund unberechtigten Steuerausweises (vgl. BFH V R 48/07 v. 19.3.09, BStBl. II 10, 92). Bei den sonstigen Verkehrssteuern, zB Grunderwerbsteuer, ist die Anwendbarkeit der §§ 163, 227 AO zwar begrenzt, aber nicht ausgeschlossen (BFH II R 7/76 v. 6.2.80, BStBl. II 80, 363). Für besondere Härten oder Ereignisse, die bereits in Spezialvorschriften berücksichtigt sind (zB § 33 EStG, § 33 GrStG), gilt § 227 AO subsidiär (BFH II R 10/86 v. 10.8.88, BStBl. II 89, 13). Billigkeitsmaßnahmen sind auch im **Lohnsteuerrecht** nicht ausgeschlossen (*Schick* BB 84, 733). Erlassen werden kann allerdings nur der gegen den Arbeitnehmer gerichtete Steueranspruch (vgl. auch BFH VI R 71/90 v. 12.3.93, BStBl. II 93, 479 betr. Stundung); im Verhältnis zum Arbeitgeber ist für einen Billigkeitserlass regelmäßig kein Raum (*H/H/Sp/v. Groll* § 227 AO Rz. 145). Säumniszuschläge sind aus sachlichen Billigkeitsgründen zu erlassen, wenn dem Steuerpflichtigen die rechtzeitige Zahlung der Steuer wegen Überschuldung und Zahlungsunfähigkeit unmöglich ist und deshalb die Ausübung von Druck zur Zahlung ihren Sinn verliert (BFH X R 169/90 v. 16.9.92, BFH/NV 93, 510 mwN). Säumniszuschläge sind aber nicht nur Druckmittel, sondern zugleich Entgelt für das Hinausschieben der Fälligkeit. Deshalb kommt regelmäßig nur ein hälftiger Erlass in Betracht (BFH XI R 32/96 v. 16.7.97, BStBl. II 98, 7 mwN; BFH VII B 312/00 v. 31.1.02, BFH/NV 02, 889).

§ 227 AO enthält keine Ermächtigung zur Aufstellung von Richtlinien für Billig- 5
keitsmaßnahmen in Bezug auf bestimmte **Gruppen gleichgelagerter Fälle.** Gleichwohl werden sie auf Grund der allgemeinen Weisungsbefugnis vorgesetzter Behörden in Grenzen für zulässig gehalten (zB *H/H/Sp/v. Groll* § 227 AO Rz. 202 ff.) Für die Praxis sind ermessensleitende Billigkeitsrichtlinien (zB betreffend Sturm- oder Frostschäden, Hochwasser, Umweltkatastrophen etc.) sicher hilfreich, weil sie einerseits eine reibungslose und annähernd gleichmäßige Abwicklung von Fallgruppen garantieren. Andererseits ist nicht zu verkennen, dass Ermessensausübung gerade nicht abstrahieren und generalisieren, sondern der Einzelfallgerechtigkeit dienen soll. Vorhandene Billigkeitsrichtlinien entbinden die Verwaltung nicht von einer individuellen Prüfung des einzelnen Falles. Sie binden die Gerichte grds. nicht; eine Bindung kann sich aber aus dem Gesichtspunkt der Gleichbehandlung ergeben (*Tipke/Kruse* § 227 AO Rz. 126 ff. mwN).

Der Erlass wirkt rechtsbeendigend, dh. er bringt den Anspruch aus dem Steu- 6
erschuldverhältnis zum Erlöschen (§ 47 AO; Ausnahme: Insolvenzverfahren, vgl. *Tipke/Kruse* § 227 AO Rz. 13 ff.). Der Erlass wird wirksam im Zeitpunkt der Bekanntgabe.

Eine Steuerschuld kann vor ihrer Entstehung erlassen werden (glA *H/H/Sp/* 7
v. Groll § 227 AO Rz. 211; unklar BFH II R 104/70 v. 22.10.71, BStBl. II 72, 183: Ein Erlass setzt „die Existenz oder mögliche Existenz einer Steuerschuld voraus"). Ein vor Entstehung der Steuerschuld ausgesprochener Erlass hindert die Entstehung des Anspruchs nicht. Das Entstehen der Ansprüche aus dem Steuerschuldverhältnis hängt ausschließlich von der Verwirklichung des Tatbestandes ab, an den das Gesetz die Leistungspflicht knüpft (§ 38 AO). Da der Erlass rechtsbeendigend wirkt, ist die Entstehung des Steueranspruchs wiederum notwendige Voraussetzung für das Wirksamwerden eines im Voraus ausgesprochenen Erlasses. Eine im Voraus erlassene Steuer entsteht also beim Eintritt der für ihre Entstehung maßgebenden Tatbestandsmerkmale gleichsam in einer logischen Sekunde.

Ein Erlassantrag kann grds. nicht allein darauf gestützt werden, dass die **bestands-** 8
kräftige Steuerfestsetzung falsch ist (vgl. auch C. 10.02 Rz. 5). Eine sachliche Überprüfung einer bestandskräftigen Steuer im Billigkeitsverfahren ist jedenfalls dann ausgeschlossen, wenn die fehlerhafte Steuerfestsetzung auf eigenen unzureichenden Angaben des Steuerpflichtigen in seiner Steuererklärung beruht. Rechtsfolgen, die durch unentschuldbare Nachlässigkeit eingetreten sind, können nicht im Wege des Steuererlasses ausgeräumt werden (st. RSpr. BFH X R 9/09 v. 19.10.10, BFH/NV 11, 561, mwN).

9 **Billigkeitsmaßnahmen nach §§ 163, 227 AO setzen keinen Antrag voraus** (BFH VII R 103/69 v. 4.7.72, BStBl. II 72, 806; FG Bremen II 63/88 K v. 18.8.92, EFG 93, 205). In der Praxis werden sie allerdings regelmäßig auf Antrag ergehen. Die zeitlich abweichende Berücksichtigung steuererhöhender oder -mindernder Besteuerungsgrundlagen bedarf wegen der möglicherweise unsicheren zukünftigen Wirkungen zwingend der **Zustimmung des Steuerpflichtigen (§ 163 Abs. 1 Satz 3 AO).** Da ein Antrag nicht vorgeschrieben ist, sind insoweit auch keine Fristen zu beachten. Andererseits **verwirkt** aber der Steuerpflichtige seinen Anspruch auf eine ermessensfehlerfreie Billigkeitsentscheidung, wenn er unangemessen viel Zeit verstreichen lässt und der Steuergläubiger nach den gegebenen Umständen nicht mehr mit einem Erlassantrag zu rechnen braucht. Für die Bemessung eines in diesem Sinne unangemessenen Zeitraums werden die Vorschriften über die Festsetzungsverjährung für entsprechend anwendbar gehalten (BFH II R 8/76 v. 8.10.80, BStBl. II 81, 82; aA FG BaWü. III K 311/83 v. 26.1.84, EFG 84, 358 betr. LStJA-Bescheid, der wegen Eintritts der Festsetzungsverjährung nicht mehr geändert werden konnte; vgl. auch FG Niedersachen 4 K 342/11 v. 1.8.12, DStRE 13, 565; Rev. VIII R 40/12,). Hat der Steuerpflichtige vor Bestandskraft der Steuerfestsetzung einen Antrag gestellt, aus dem sich nicht ergibt, ob er einen **Rechtsbehelf** einlegen **oder** einen **Billigkeitsantrag** stellen will (vgl. auch § 357 Abs. 1 Satz 4 AO), so muss der Inhalt der Erklärung im Wege der Auslegung ermittelt werden.

10 **Antragsberechtigt** ist der Steuer-(Haftungs-)Schuldner (BFH VII R 45/80 v. 19.10.82, BStBl. II 82, 51). Miterben können einen Erlassanspruch einzeln geltend machen (BFH V R 98/83 v. 19.1.89, BStBl. II 90, 360). Im Insolvenzfall hat der Insolvenzverwalter das Antragsrecht (*Tipke/Kruse* § 227 AO Rz. 133). **Die Zuständigkeit zum Erlass** steht den Finanzämtern zu – abgesehen von den durch Bundesfinanzbehörden verwalteten Steuern. Nach den Gleichl. Ländererlassen v. 2.1.02 (BStBl. I 02, 62) ist das Finanzamt befugt zu Billigkeitsmaßnahmen für Beträge bis zu 20.000.– € und bei Säumniszuschlägen, deren Erhebung mit dem Sinn und Zweck des § 240 AO nicht zu vereinbaren ist, in unbegrenzter Höhe. Bei Beträgen bis zu 100.000.– € ist die Zustimmung des LfSt, im Übrigen die der oberen Landesfinanzbehörden einzuholen. Bei Steuern, die von den Landesfinanzbehörden im Auftrag des Bundes verwaltet werden, ist die vorherige Zustimmung des Bundesministers der Finanzen einzuholen, wenn der Betrag 200.000.– € übersteigt. Soweit die Finanzbehörden die Kirchensteuer verwalten, sind sie ebenfalls für deren Erlass zuständig.

11 **Gegen die Ablehnung des Erlassantrages, die Rücknahme oder den Widerruf des Erlasses ist** der Einspruch gegeben (§ 347 AO). Die Entscheidung über eine abweichende Steuerfestsetzung aus Billigkeitsgründen ist ein selbstständiger Verwaltungsakt, gegen den ebenfalls Einspruch (§ 347 AO) eingelegt werden kann.

12 **Gem. § 102 FGO kann im finanzgerichtlichen Verfahren nur überprüft werden,** ob der auf Antrag ergangene Verwaltungsakt oder die Ablehnung des Verwaltungsakts rechtswidrig ist, weil die gesetzlichen Voraussetzungen des Ermessens überschritten sind oder von dem Ermessen in einer dem Zweck des Ermessens nicht entsprechenden Weise Gebrauch gemacht worden ist (GmS-OGB 3/70 v. 19.10.71, BStBl. II 72, 603). Zum Erlass einer Ermessensentscheidung mit einem bestimmten Inhalt kann das Finanzgericht verpflichten, wenn seine Sachverhaltsermittlung ergibt, dass nur der Erlass eines Verwaltungsakts mit dem beantragten Inhalt ermessensfehlerfrei ist – sog. Ermessensreduzierung auf Null – (BFH V R 106/84 v. 4.10.89, BStBl. II 89, 179 mwN). Dabei ist aber zu berücksichtigen, dass ein Ermessensfehlgebrauch iS des § 5 AO von den Gerichten voll nachprüfbar ist. Daraus folgt, dass Ermessensentscheidungen iS des § 227 AO – insb. bei den sachlichen Billigkeitserwägungen – regelmäßig voll nachprüfbar sind. Die Frage, ob im Einzelfall aus verfassungsrechtlichen Gründen ein Billigkeitserlass geboten ist, kann auch im Verfassungsbeschwerdeverfahren überprüft werden (BVerfG 1 BvR 117/73 v. 5.4.78, NJW 78, 2089). Ein Billigkeitserlass kann um der Be-

lastungsgleichheit willen geboten sein, wenn ein Gesetz, das in seinen generalisierenden Wirkungen verfassungsgemäß ist, im Einzelfall zu Ergebnissen führt, die dem Belastungsgrund des Gesetzgebers zuwiderlaufen (BVerfG 2 BvR 89/91 v. 13.12.94, NVwZ 95, 989 betr. Mineralölsteuer; BVerfG 1 BvR 2539/07 v. 3.9.09, NVwZ 10, 902). Die **Verfassungsmäßigkeit eines Gesetzes** kann nicht mit der Verfassungsbeschwerde im Billigkeitsverfahren, sondern nur mit einer Verfassungsbeschwerde im Steuerfestsetzungsverfahren überprüft werden (BVerfG 1 BvR 623/86 v. 8.7.87, DStZ/E 87, 277; 1 BvR 2539/07 v. 3.9.09., aaO).

Maßgebend für die Beurteilung der Unbilligkeit sind die **tatsächlichen Verhältnisse im Zeitpunkt der letzten Verwaltungsentscheidung,** denn das Wesen einer Ermessensvorschrift besteht darin, einen Spielraum zu geben, unter einer Mehrzahl rechtlich zulässiger Verhaltensweisen zu wählen (st. Rspr., zB BFH I R 158/71 v. 26.7.72, BStBl. II 72, 919; V B 28/00 v. 26.5.00, BFH/NV 00, 1326; VG Freiburg 4 K 589/01 v. 18.12.03, DStRE 04,1116). Für die Erstattung aus Billigkeitsgründen sind die Verhältnisse im Zeitpunkt der Zahlung (Einziehung) maßgebend (BFH I R 41/75 v. 24.9.76, BStBl. II 77, 127; IV R 298/84 v. 26.2.87, BStBl. II 87, 612; V B 28/00 v. 26.5.00, BFH/NV 00, 1326). Erstattungen aus Billigkeitsgründen werden nicht verzinst (BFH V R 132/71 v. 19.2.76, BStBl. II 76, 497; VII R 97/87 v. 26.4.88, BStBl. II 88, 865; FG Hess. 6 K 439/87 v. 1.2.89, EFG 89, 496; FG Hamburg II 173/87 v. 24.10.89, EFG 90, 401). 13

Eine ablehnende Billigkeitsentscheidung ist kein vollziehbarer Verwaltungsakt. Aussetzung der Vollziehung (§ 361 AO, § 69 FGO) kommt daher nicht in Betracht. Die Vollziehung eines Verwaltungsakts, mit dem ein Erlass zurückgenommen oder widerrufen wird, kann jedoch ausgesetzt werden (BFH VII B 41/67 v. 18.7.68, BStBl. II 68, 743). 14

Vorläufiger Rechtsschutz kann nur im Wege einer einstweiligen Anordnung durch das Finanzgericht erfolgen (vgl. dazu Formular D. 2.08). Dadurch kann dem FA die Einziehung der Steuer vor Beendigung des Hauptverfahrens untersagt werden. 15

2. Einzelerläuterungen

Persönliche Billigkeitsgründe sind solche, die sich aus den persönlichen Verhältnissen des Stpfl. ergeben **(Erlassbedürftigkeit** – BFH IV R 51/93 v. 26.5.94, BStBl. II 94, 833; IV R 23/78 v. 29.4.81, BStBl. II 81, 726). Er muss ferner **erlasswürdig** sein. 16

Persönliche Unbilligkeit wird angenommen, wenn die Steuererhebung die wirtschaftliche oder persönliche Existenz des Stpfl. vernichten oder mindestens ernstlich gefährden würde. Die wirtschaftliche Existenz ist gefährdet, wenn ohne Billigkeitsmaßnahmen der notwendige Lebensunterhalt vorübergehend oder dauernd nicht mehr bestritten werden kann (zB BFH IV R 298/84 v. 26.2.87, BStBl. II 87, 612; IV R 34/89 v. 8.3.90, BStBl. II 90, 673; BVerfG 1 BvR 2539/07 v. 3.9.09, NVwZ 10, 902). Maßgebend sind die Verhältnisse des Steuerpflichtigen. Beantragt eine KG Erlass von Umsatzsteuer, ist nur auf die Existenzgefährdung der KG, nicht auf die wirtschaftlichen Verhältnisse des Komplementärs abzustellen (FG BaWü 12 K 233/96 v. 16.2.00, EFG 00, 719). Bei verbundenen Unternehmen ist jedes Unternehmen gesondert zu betrachten (FG Hamburg II 509/99 v. 29.6.00, DStRE 00, 1215). Zu den persönlichen Gründen des Steuerpflichtigen, die einen Erlass rechtfertigen können, gehören zB Familienverhältnisse, Kinderzahl, Anzahl unterhaltsberechtigter Personen, Gesundheitszustand und Alter des Steuerpflichtigen und seiner Angehörigen, persönliche Verdienstmöglichkeiten und Höhe des etwa vorhandenen Vermögens. Andererseits können derartige persönliche Gründe nur (noch) insoweit berücksichtigt werden, als sie sich nicht schon durch andere Vergünstigungen im Rahmen der Steuerfestsetzung ausgewirkt haben (zB § 33 EStG), denn § 227 AO soll vom Gesetzgeber nicht gewollte Befreiungstatbestände nicht ersetzen.

17 Persönliche Billigkeitsgründe liegen insbesondere vor, wenn der Stpfl. in eine **unverschuldete finanzielle Notlage** geraten ist oder durch die Steuerfestsetzung und/oder Erhebung geraten würde, so dass die Fortführung seines Unternehmens oder sein notwendiger Lebensunterhalt dauernd gefährdet würde (BFH X R 134/98 v. 27.9.01, BStBl. II 02, 176). Nur vorübergehende wirtschaftliche Schwierigkeiten sind grds. kein Erlassgrund, sondern rechtfertigen ggf. eine Stundung. Die Voraussetzungen für den Erlass hat der Stpfl. darzulegen (FG BaWü IX K 87/89 v. 22.6.90, EFG 91, 10). Bei Stiftungen kommt es darauf an, ob die Existenz des Stiftungszwecks gefährdet ist (BFH V 137/64 v. 9.11.66, BStBl. III 67, 156). Zum **notwendigen Lebensunterhalt** gehören vor allem die Mittel für Nahrung, Kleidung, Wohnung, ärztliche Behandlung und für die sonst erforderlichen Ausgaben des persönlichen Bedarfs. Auch Unterhaltsleistungen, vor allem für den Unterhalt erwachsener Kinder, die wegen Krankheit nicht in der Lage sind, für sich selbst zu sorgen, gehören dazu (BFH IV R 23/78 v. 29.4.81, BStBl. II 81, 726; IV R 298/84 v. 26.2.87, BStBl. II 87, 612). Dabei sind die Grundsätze des Familienunterhaltsrechts zu beachten; zB sind Unterhaltsansprüche gegen Kinder bei der Beurteilung dessen, was zur Sicherung des Lebensunterhalts notwendig ist, zu berücksichtigen (BFH IV S 5/86 v. 3.10.88, BFH/NV 89, 411).

18 Für die Frage, ob die Existenz gefährdet ist, spielen nicht nur die Einkommens-, sondern auch die **Vermögensverhältnisse** eine entscheidende Rolle (BFH IV R 298/84 v. 26.2.87, BStBl. II 87, 612 mwN). Grundsätzlich ist der Stpfl. gehalten, zur Zahlung seiner Steuerschulden alle verfügbaren Mittel einzusetzen. Dazu gehört auch die Verwertung von Vermögenssubstanz, soweit dies nicht den Ruin des Stpfl. bedeuten würde. Nach der Rspr. ist aber alten, nicht mehr erwerbstätigen Stpfl. wenigstens so viel von ihrem Vermögen zu belassen, dass sie damit für den Rest ihres Lebens eine bescheidene Lebensführung bestreiten können (BFH IV R 23/78 v. 29.4.81, BStBl. II 81, 726). Solange ältere Stpfl. dagegen noch in vollem Umfang im Erwerbsleben stehen, sind sie grds. in gleicher Weise wie andere Stpfl. heranzuziehen, es sei denn, sie sind mangels ausreichender Altersversorgung noch zur Erwerbstätigkeit gezwungen (BFH IV R 298/84 v. 26.2.87, BStBl. II 87, 612). Die Einziehung kann auch dann unbillig sein, wenn die Durchsetzung der Ansprüche zwar wegen Vollstreckungsschutzes ausgeschlossen ist, die Steuerrückstände aber den Stpfl. daran hindern, eine neue Erwerbstätigkeit zu beginnen und sich so eine eigene, von Sozialhilfeleistungen unabhängige Existenz aufzubauen (BFH X R 134/98 v. 27.9.01, BStBl. II 02, 176).

19 Die Ablehnung eines Erlasses von Steuerschulden ist nicht ermessenswidrig, wenn die Bestreitung des notwendigen Lebensunterhalts unter Berücksichtigung der Einkommens- und Vermögensverhältnisse des **Ehegatten** nicht gefährdet ist (BFH I B 97/81 v. 31.3.82, BStBl. II 82, 530). Auch bei **eheähnlichen Verhältnissen** muss sich der Partner – ebenso wie bei der Arbeitslosenhilfe und der Sozialhilfeunterstützung die Einkünfte des anderen anrechnen lassen (*Klein/Rüsken* § 163 AO Rz. 90).

20 Die persönlichen Gründe müssen in der Person des Stpfl. gegeben sein. Eine **Gefährdung Dritter,** zB Inhaber von Treuhandfonds, reicht nicht aus (BVerwG 8 B 209/81 v. 19.2.82, HFR 84, 596; BFH VII R 45/80 v. 19.10.82, BStBl. II 83, 51).

21 Ob und ggf. unter welchen Voraussetzungen ein Billigkeitserlass in Sanierungsfällen in Betracht kommt, ist umstritten (vgl. *Klein/Rüsken* § 163 AO Rz. 93; BFH XI S 1/98 v. 4.3.98, BFH/NV 99, 21; X R 39/10 v. 12.12.13, DStR 14, 1156; VG Magdeburg 2 A 193/12 v. 25.2.14, BeckRS 2014, 49661 zum Erlass von Gewerbesteuer bei Sanierungsgewinnen). Nach der Rechtsprechung setzt ein Steuererlass aus persönlichen Gründen voraus, dass er als Überbrückungsmaßnahme dazu dienen kann, die Verhältnisse eines Betriebes in absehbarer Zeit zu normalisieren (BVerfG 1 BvL 80/53 v. 26.2.60, BVerfGE 10, 189). Danach ist ein Erlass ausgeschlossen, wenn er die Existenz des Steuerschuldners nicht mehr zu retten vermag (BFH VII S 3/90 v. 13.3.90, BFH/NV 91, 171). Auch die Gefährdung der Fortsetzung einer Erwerbstä-

tigkeit des StPfl. bzw. die fehlende Möglichkeit des Aufbaus einer neuen wirtschaftlichen Existenz können die Steuereinziehung unbillig erscheinen lassen (BFH X R 134/98 v. 27.9.01, BStBl. II 02, 176; glA *Kirchhof* FS Scupin 1983 S. 789). Insoweit dürfte hinsichtlich der Fortsetzung der Erwerbstätigkeit auch kein Unterschied zwischen natürlichen und juristischen Personen bestehen (glA *Tipke/Kruse* § 227 AO Rz. 93). Andererseits setzt eine ermessensgerechte Interessenabwägung voraus, dass ein aus persönlichen Gründen ausgesprochener Billigkeitserlass auch dem Steuerpflichtigen persönlich zugute kommt. Das ist nicht mehr der Fall, wenn ein Erlass im Zeitpunkt der Einziehung in keiner Weise mehr einen Beitrag zur Fortführung des Unternehmens (der Erwerbstätigkeit) leisten kann. In solchen Fällen würde ein Erlass nur den Gläubigern zugutekommen (ebenso BFH V B 42/67 v. 20.3.69, UR 69, 270; In diesen Fällen kann sich allerdings eine Niederschlagung gemäß § 261 AO anbieten). Auch im Insolvenzverfahren sind nach Ansicht der FinVerw. die Vorschriften der §§ 163, 227 AO für die Zustimmung des Finanzamts zu einem Insolvenzplan bzw. zum Erlass von Ansprüchen aus dem Steuerschuldverhältnis im Rahmen eines außergerichtlichen Schuldenbereinigungsverfahrens anwendbar (zweifelhaft, vgl. *Tipke/Kruse* § 227 AO Rz. 13ff.).

Eine **wirtschaftliche Notlage** soll nach der Rechtsprechung nur einen Billigkeits- 22
erlass rechtfertigen, wenn sie **durch die Steuerfestsetzung selbst verursacht** worden ist (BFH II 57/64 v. 10.5.72, BStBl. II 72, 649; VII R 54/72 v. 22.4.75, BStBl. II 75, 727), dh. es muss ein konkreter Zusammenhang zwischen der Einziehung der Steuer und den persönlichen Verhältnissen des Stpfl. bestehen (vgl. BFH 10 B 54/88 v. 24.10.88, BFH/NV 89, 285; III B 8/93 v. 15.7.93, BFH/NV 94, 439). Diese Auffassung überzeugt schon deswegen nicht, weil hiernach ein Erlass in allen Fällen ausgeschlossen wäre, in denen sich der Steuerpflichtige bereits vor Steuerfestsetzung in einer Notlage befunden hat (glA FG Brandenburg 1 K 36/95 AO v. 5.10.95, EFG 95, 1092, *Tipke/Kruse* § 227 AO Rz. 91).

Die von der Rspr. als Voraussetzung für einen Erlass wegen persönlicher Unbillig- 23
keit geforderte **Erlasswürdigkeit** des Steuerpflichtigen ist nicht gegeben, wenn dieser die mangelnde Leistungsfähigkeit selbst herbeigeführt oder durch sein Verhalten in eindeutiger Weise gegen die Interessen der Allgemeinheit verstoßen hat (BFH IV 418/56 U v. 14.11.57, BStBl. III 58, 153; III R 97/74 v. 4.11.77, BStBl. II 78, 237). Bei der Prüfung der Erlasswürdigkeit sollte nicht kleinlich verfahren werden (*Tipke/Kruse* § 227 AO Rz. 104 mwN). Die nachhaltige Nichterfüllung steuerlicher Pflichten führt nicht generell zur Erlassunwürdigkeit (BFH X B 152/92 v. 15.10.92, BFH/NV 93, 80). So kann zB die schuldhafte Herbeiführung einer wirtschaftlichen Notlage durch zu hohen Verbrauch einem Erlass entgegenstehen; andererseits kann die Erlasswürdigkeit jedenfalls dann nicht verneint werden, wenn im Zeitpunkt der Befriedigung privater Gläubiger die Steuerschuld noch gar nicht fällig war, die für die Steuerzahlung erforderlichen Mittel aber noch vorhanden waren und hierfür sogar Sicherheit geleistet wurde (BFH IV R 23/78 v. 29.4.81, BStBl. II 81, 726). Bei Prüfung der Erlasswürdigkeit ist zugunsten des Steuerpflichtigen auch zu berücksichtigen, wie lange die Verletzung steuerlicher Pflichten zurückliegt (BFH X B 52/93 v. 14.10.93, BFH/NV 94, 562 betr. Buchführungsmängel). Ein ständiges Überschreiten der Schonfrist kann die Erlasswürdigkeit beeinträchtigen (BFH VII R 7/88 v. 15.5.90, BStBl. II 90, 1007 betr. Branntweinsteuer).

Nicht jeder irgendwie geartete Verstoß gegen die Interessen der Allgemeinheit 24
schließt die Erlasswürdigkeit aus. Die **Gründe für die Erlassunwürdigkeit müssen** vielmehr **mit der Erlassbedürftigkeit zusammenhängen**. Hat aber ein Steuerpflichtiger zB durch sein bisheriges Verhalten gezeigt, dass er trotz Erwirtschaftung von Erträgen nicht bereit ist, seine steuerlichen Verpflichtungen zu erfüllen, so ist ein Steuererlass regelmäßig nicht billig (FG Berlin V 236/76 v. 15.2.77, EFG 77, 509).

C. 10.02 Sachliche Unbilligkeit

I. FORMULAR

Formular C. 10.02 Billigkeitserlass aus sachlicher Unbilligkeit

Finanzamt ...

Namens und im Auftrag meines Mandanten, Herrn ..., Steuernummer ......, stelle ich Antrag auf Erlass von Säumniszuschlägen in Höhe von € 1.500.–, und zwar mit folgender Begründung:

Ausweislich der Ihnen vorliegenden Bilanzen war mein Mandant im Jahre 2007 überschuldet. In dieser Zeit waren erhebliche Steuernachforderungen sowie Säumniszuschläge in Höhe von insgesamt € 12.000.– gegen ihn festgesetzt worden, die damals nur in geringem Umfang beigetrieben werden konnten. Aus der Zeit von ...... bis ...... sind noch Säumniszuschläge in Höhe von € 3.000.– rückständig.

Nach ständiger Rechtsprechung des Bundesfinanzhofs sind Säumniszuschläge wegen sachlicher Unbilligkeit zu erlassen, wenn dem Steuerpflichtigen die rechtzeitige Zahlung der Steuerschulden wegen Überschuldung und Zahlungsunfähigkeit unmöglich war (zB BFH X R 169/90 v. 16.9.1992, BFH/NV 1993, 510 mwN). Diese Voraussetzungen sind hier gegeben. Mit Rücksicht auf die bereits angedrohten Vollstreckungsmaßnahmen bitte ich um Stundung der Rückstände, hilfsweise um Einstellung der Vollstreckung.

..

Steuerberater

II. ERLÄUTERUNGEN

Erläuterungen zu C. 10.02 Billigkeitserlass aus sachlicher Unbilligkeit

1. Grundsätzliche Anmerkungen

Vgl. C. 10.01 Rz. 1 ff.

2. Einzelerläuterungen

1 **Sachliche Unbilligkeit liegt nach der Rechtsprechung vor,** wenn die Besteuerung eines Sachverhalts, der unter einen gesetzlichen Besteuerungstatbestand fällt, im Einzelfall mit dem Sinn und Zweck des Steuergesetzes unvereinbar erscheint, wenn also der Sachverhalt zwar den gesetzlichen Tatbestand erfüllt, die Besteuerung aber den Wertungen des Gesetzgebers zuwiderläuft (BFH I R 44/10 v. 27.7.11, BeckRS 2011, 96486). Hat der Gesetzgeber Besteuerungsmaßnahmen angeordnet, obwohl in bestimmten Fällen bei Durchführung der Anordnung der Eintritt von Härten in der Sache selbst vorauszusehen war, und sind diese Härten bei Erlass des Gesetzes in Kauf genommen worden, so kann die Gewährung eines steuerlichen Billigkeitserlasses gem. § 163 AO, § 227 AO wegen sachlicher Härte grds. nicht in Betracht kommen (zB BFH V R 152/69 v. 15.2.73, BStBl. II 73, 466; I R 44/80 v. 8.3.84, BStBl. II 84, 415; V R 124/79 v. 23.5.85, BStBl. II 85, 489; X R 29/81 v. 21.10.87, BFH/NV 88, 546; X R 104/92 v. 26.10.94, BStBl. II 95, 297; FG BaWü 14 K 292/98 v. 16.4.04, EFG 05, 90; krit. mit Rücksicht darauf, dass die Rechtsprechung zu sehr auf die inzwischen überholte subjektive Auslegungstheorie abstellt, vgl. *Tipke/Kruse* § 227 AO Rz. 41 ff.).

Aus verfassungsrechtlicher Sicht kommt – unabhängig von einem zum Ausdruck kommenden Willen des Gesetzgebers – ein Erlass aus sachlichen Gründen in Frage, „wenn das Verhalten des Gesetzgebers selbst aus verfassungsrechtlichen Gründen zu beanstanden wäre" (BVerfG 1 BvR 623/86 v. 8.7.87, DStZ/E 87, 277; vgl. auch *Tipke/Kruse* § 227 AO Rz. 77ff.) oder zB wenn die Erhebung der Steuer im Einzelfall Folgerungen mit sich bringt, die unter Berücksichtigung der gesetzgeberischen Planvorstellung durch den gebotenen Anlass nicht mehr gerechtfertigt sind (BVerfG 2 BvR 89/91 v. 13.12.94, NVwZ 95, 989). In den Beschlüssen zum Kinderexistenzminimum hat das BVerfG dem BFH die Verpflichtung auferlegt, im Ausgangsverfahren und in allen bei ihm anhängigen Parallelverfahren eine verfassungsrechtlich veranlasste Herabsetzung der Steuerschuld – entsprechend dem Grundgedanken der §§ 163, 227 AO – zu prüfen (zB BVerfG 2 BvL 42/93 v. 10.11.98, DStRE 99, 90; krit. dazu *Drüen* FR 99, 289). 2

Eine sachliche Unbilligkeit kann nicht allein deswegen verneint werden, weil der gesetzliche Besteuerungstatbestand erfüllt ist, denn § 227 AO ist, soweit die Vorschrift Unbilligkeiten in der Sache selbst betrifft, gerade dazu bestimmt, „ungewollten Überhängen der gesetzlichen Tatbestände abzuhelfen" (BFH II R 29/66 v. 5.2.69, BStBl. II 69, 400; II R 99/70 v. 9.2.72, BStBl. II 72, 503). 3

Wirtschaftliche Gesichtspunkte sind **unerheblich,** wenn und soweit eine Sachunbilligkeit bejaht wird. 4

Rechtskräftig abgeschlossene Steuerfestsetzungen können im Billigkeitsverfahren grds. nicht mit der Begründung aufgerollt werden, die Steuerschuld sei fehlerhaft ermittelt und festgesetzt worden. Es ist nicht Sinn des § 227 AO, die Bestandskraft einer Steuerfestsetzung dadurch auszuhöhlen, dass die Finanzbehörden gezwungen werden, im Billigkeitsverfahren nochmals sachlich auf einen bestandskräftig abgeschlossenen Steuerfall einzugehen, sofern nicht ausnahmsweise ganz besondere Gründe dafür vorliegen (BFH IV 126/60 U v. 2.3.61, BStBl. II 61, 288; VII R 1/79 v. 31.3.81, BStBl. II 81, 507; FG Saarland 2 K 101/86 v. 28.9.89, EFG 90, 215). Bestandskräftig festgesetzte Steuern können im Billigkeitsverfahren nur dann überprüft werden, wenn die Steuerfestsetzung offensichtlich und eindeutig unrichtig ist und wenn es dem Steuerpflichtigen nicht möglich und nicht zumutbar war, sich gegen die Fehlerhaftigkeit rechtzeitig zu wehren (BVerwG 8 C 42/88 v. 23.8.90, NVwZ 91, 481; BFH VII R 121/84 v. 11.8.87, BStBl. II 88, 512). Mangelnde Zumutbarkeit liegt nicht schon dann vor, wenn die Einlegung von Rechtsbehelfen im Hinblick auf eine später geänderte höchstrichterliche Rechtsprechung oder wegen entschuldbarer Rechtsunkenntnis unterblieben ist (BFH VII R 121/84 v. 11.8.87, BStBl. II 88, 242; FG BaWü IX K 31/84 v. 17.4.89, EFG 89, 494; *Haberland* BB 10, 3063). Eine sachliche Überprüfung der bestandskräftigen Steuerfestsetzung im Billigkeitsverfahren ist regelmäßig ausgeschlossen, wenn die fehlerhafte Steuerfestsetzung auf unzureichenden Angaben des Steuerpflichtigen beruhte (BFH VI R 169/78 v. 30.4.81, BStBl. II 81, 611). 5

Die Verletzung der Grundsätze von Treu und Glauben kann – abweichend von dem Grundsatz, dass im Billigkeitsverfahren regelmäßig keine Einwendungen gegen die Richtigkeit der Steuerfestsetzung erhoben werden können – auch im Billigkeitsverfahren geltend gemacht werden (BFH VII 44/62 U v. 6.8.63, BStBl. III 63, 515; VII 22/62 S v. 19.1.65, BStBl. III 65, 206) Insbesondere kann es billig sein, Vertrauensschutz zu gewähren, wenn die Dispositionen des Steuerpflichtigen durch die Änderung von Gesetzen – einschließlich der Feststellung einer Verfassungswidrigkeit begünstigender Vorschriften durch das Bundesverfassungsgericht – oder der Rechtsprechung beeinträchtigt werden (vgl. Rz. 9). Eine überlange Verfahrensdauer kann nach Auffassung des BFH keinen Billigkeitserlass aus sachlichen Gründen rechtfertigen (vgl. BFH II B 59/97 v. 11.3.98, BStBl. II 98, 395; so auch *H/H/Sp/v. Groll* § 227 AO Rz. 276, 288). 6

7 Bei **Gesamtschuldnern** ist es denkbar, dass die sachlichen Billigkeitsgründe im Verhältnis zu allen Gesamtschuldnern bestehen, zB bei Gesetzesänderungen. Denkbar ist aber auch, dass sich nur ein Gesamtschuldner auf eine sachliche Unbilligkeit berufen kann, zB bei einem Vertrauensschutz begründenden Verhalten der Finanzbehörde nur ihm gegenüber.

8 Der Eintritt der **Rechtsnachfolge** berührt eine sachliche Unbilligkeit nicht (*Tipke/Kruse* § 227 AO Rz. 51).

9 **Beispiele für Fallgestaltungen, in denen die Rechtsprechung bzw. Finanzverwaltung Sachunbilligkeit anerkannt hat**

- **Steuerstundung bzw. Steuererlass für Sanierungsgewinne** (vgl. hierzu BMF v. 27.3.03, DStR 03, 690 und OFD Hannover v. 11.2.09, DStR 09, 532); die Finanzverwaltung hält die Besteuerung von Sanierungsgewinnen nach der Streichung von § 3 Nr. 66 EStG (zuletzt idF der Bekanntmachung v. 16.4.97) ab dem 1.1.98 mit der neuen InsO nicht für vereinbar und will deshalb unter den in BMF v. 27.3.03, aaO genannten Voraussetzungen aus sachlichen Billigkeitsgründen einen Sanierungsgewinn zunächst stunden und dann erlassen. Das BMF-Schreiben ist auf Sanierungsgewinne in allen noch offen Fällen anwendbar, für die die Regelung des § 3 Nr. 66 EStG nicht mehr gilt. BFH X R 34/08 v. 14.7.10 (DStRE 10, 1268) hat der Finanzverwaltung grundsätzlich das Recht zu einem solchen Erlass zugestanden (zweifelnd aber BFH VIII R 2/08 v. 28.2.12, BFH/NV 12, 1135, siehe hierzu auch BFH X R 39/10 v. 12.12.13, DStR 14, 1156).
- **Verstoß gegen die Hinweispflicht aus § 89 Satz 1 AO;** zB wenn für das FA aus sachlichen Gründen Anlass besteht, den Beteiligten auf eine nicht beantragte, aber nahe liegende Steuermilderung aufmerksam zu machen (BFH I R 82/85 v. 18.12.85, BFH/NV 86, 506).
- Es entspricht allgemeiner Überzeugung, dass bei einer **Verschärfung der Rechtsprechung** auf Grund der §§ 163 und 227 AO Anpassungsregelungen ergehen müssen (BFH III R 16/78 v. 23.2.79, BStBl. II 79, 455). Entsprechendes gilt, wenn eine höchstrichterliche Entscheidung von einer bisher allgemein geübten Verwaltungsauffassung abweicht (GmS-OGB 3/70 v. 19.10.71, BStBl. II 721, 603). Soweit der Vertrauensschutz nicht durch eine allgemeine Billigkeitsregelung gewährt wird, muss ihm durch Einzelmaßnahmen Rechnung getragen werden (BFH GrS 4/82 v. 25.6.84, BStBl. II 84, 751; IV R 87/87 v. 12.1.89, BStBl. II 90, 261).
- Ein **Erlass von Säumniszuschlägen** aus sachlichen Billigkeitsgründen ist geboten, wenn ihre Einziehung mit Rücksicht auf ihre Funktion als Druckmittel eigener Art zur Durchsetzung fälliger Steuern ihren Sinn deshalb verliert, weil dem Stpfl. die rechtzeitige Zahlung der Steuern infolge Überschuldung oder Zahlungsunfähigkeit unmöglich war (BFH VII R 54/72 v. 22.4.75, BStBl. II 75, 727; I R 44/80 v. 8.3.84, BStBl. II 84, 415; X R 26/81 v. 14.5.87, BFH/NV 88, 411). Das Finanzamt ist aber regelmäßig nicht verpflichtet, bei Zahlungsunfähigkeit und Überschuldung des Steuerpflichtigen mehr als die Hälfte der verwirkten Säumniszuschläge zu erlassen, denn diese sind nicht nur Druckmittel, sondern zugleich Entgelt für das Hinausschieben der Fälligkeit (BFH XI R 32/96 v. 16.7.97, BStBl. II 98, 7). Ein vollständiger Erlass ist möglich, wenn weitere Billigkeitsgründe vorliegen, zB wenn die rückständig gebliebenen Zuschläge den Steuerpflichtigen hindern, eine neue Erwerbstätigkeit aufzunehmen (FG Köln 11 K 1612/00 v. 6.11.02, EFG 03, 754; BFH X R 134/98 v. 27.9.01, BStBl. II 02, 176). Bei Prüfung der Überschuldung ist der Verkehrswert von Grundstücken maßgebend, bei Prüfung der Zahlungsunfähigkeit die Kreditwürdigkeit (BFH IV R 34/89 v. 8.3.90, BStBl. II 90, 673). Ein Erlass kann aber auch schon dann angezeigt sein, wenn die wirtschaftliche Situation des Steuerpflichtigen zum Zeitpunkt des Eintritts der Zahlungspflicht ergibt, dass hinsichtlich der Steueransprüche eine Erlass- oder Stundungssituation vorgelegen hat (BFH V R 124/79 v. 23.5.85, BStBl. II 85, 489; V R 106/84 v. 4.10.89,

BStBl. II 89, 179) oder dass Vollstreckungsaufschub hätte gewährt werden müssen (BFH VII R 127/85 v. 26.4.88, BFH/NV 89, 71).
- **Umgehungsgeschäfte** zur Vermeidung von Verfolgungsmaßnahmen aus Gründen der Nationalität, Rasse oder der Politik (BFH II 10/58 v. 21.12.61, HFR 62, 346).
- Führen gesetzliche **Typisierungen** in einzelnen Fällen zu Härten, besteht die Möglichkeit, ggf. sogar die verfassungsmäßige Pflicht, Abgaben zu erlassen (BVerfG 1 BvR 2328/73 v. 12.10.76, BStBl. II 77, 190).
- **Gewerbesteuererlass** in Sanierungsgebieten (BVerwG 8 C 174/81 v. 21.10.83, BStBl. II 84, 244).
- Wird eine bei Geschäftsveräußerung vereinbarte und bei der Ermittlung des Veräußerungsgewinns berücksichtigte **Kaufpreisforderung** später **uneinbringlich,** so ist die darauf entfallende Einkommensteuer zu erlassen (FG Berlin V 175/76 v. 9.11.76, EFG 77, 265).
- Die Erhebung von **Grunderwerbsteuer** kann sachlich unbillig sein, wenn der Meistbietende für den im Versteigerungstermin anwesenden Auftraggeber handeln wollte, dies aber erst nach Schluss der Versteigerung deutlich macht (BFH II R 143/78 v. 26.3.80, BStBl. II 80, 523).
- Eine sachliche Unbilligkeit ist gegeben, wenn der Steuerpflichtige ausschließlich durch **verzögerte Arbeitsweise der Behörde** gehindert war, Steuervorteile in Anspruch zu nehmen, die er bei normaler Arbeitsweise sicher erlangt hätte (BVerwG VII C 58.57 v. 28.3.58, MDR 58, 629; vgl. aber Rz. 10).
- Sachunbilligkeit, wenn die festgesetzte Steuer einer **Verwaltungsübung** widerspricht und der Steuerpflichtige dadurch nicht unerhebliche wirtschaftliche Nachteile erlitten hat, die ohne das Verhalten der Behörde nicht eingetreten wären (BVerwG VII C 18.76 v. 16.9.77, BeckRS 1977, 31273974).
- Erlass von **Vollstreckungskosten,** wenn das FA während eines gerichtlichen Aussetzungsverfahrens mitgeteilt hat, es werde bis zur gerichtlichen Entscheidung keine Vollstreckungsmaßnahmen einleiten (BFH I R 143/90 v. 31.7.91, BFH/NV 92, 431).
- Bei nachträglicher **Gewinnverlagerung** über die Schwelle des Inkrafttretens der Vollverzinsung nach § 233a AO, also über den 31.12.1988, sind Nachzahlungszinsen zu erlassen (BFH V R 69/97 v. 15.10.98, BStBl. II 99, 41; BVerwG 11 C 7/99 v. 17.11.99, NVwZ-RR 00, 317).

Beispiele für Fälle, in denen eine Sachunbilligkeit nicht anerkannt wurde: 10

- Überhöhte Einkommensteuer infolge **Zusammenballung von Einkünften** für mehrere Veranlagungszeiträume (FG SchlHol III 237/76 v. 14.2.78, EFG 78, 436).
- Kein **Grundsteuererlass,** weil der Wert des Grundstücks nicht den Erwartungen entsprach bzw. sich als unwirtschaftlich erwiesen hat (BFH II R 119/71 v. 15.6.77, BStBl. II 77, 807).
- **Irrtum über die Steuerfolgen** einer zivilrechtlichen Vertragsgestaltung (BFH II 46/64 v. 25.7.67, BStBl. III 67, 661).
- Keine Erstattung von **Eingangsabgaben** für Waren, die nach der Abfertigung zum freien Verkehr durch Brand vernichtet worden sind (BFH VII R 111/72 v. 17.12.74, BFHE 115, 82).
- Der Verlust eines privaten Sparkontos durch **Zusammenbruch der Bank** rechtfertigt keinen Erlass aus sachlichen Billigkeitsgründen (BFH VIII R 117/78 v. 24.3.81, BStBl. II 81, 505).
- **Verzögerung bei Übersendung des Betriebsprüfungsberichts** – Ausnahmen denkbar – (BFH III R 29/74 v. 8.8.75, BStBl. II 76, 359).
- Keine Sachunbilligkeit, wenn durch die inländische Einkommensbesteuerung, bei der **ausländische Vermögenseinbußen** nicht berücksichtigt werden, ein im Ausland gewährter Steuervorteil nicht berücksichtigt werden kann (BFH VIII R 236/72 v. 13.7.76, BStBl. II 77, 125).

- Kein Erlass aus sachlichen Gründen bei **fehlerhafter Steuerfestsetzung** – strenge Anforderungen an Ausnahmen – (FG Saarland 2 K 101/86 v. 28.9.89, EFG 90, 215).
- **Umstellung auf abweichendes Wirtschaftsjahr** rechtfertigt nicht die Herabsetzung des Gewerbeertrages nach § 163 Abs. 1 Satz 1 AO (FG Berlin VI 67/87 v. 28.2.90, EFG 90, 645).
- Kein Erlass von **Aussetzungszinsen** bei **überlanger Verfahrensdauer** (BFH V R 105/84 v. 21.2.91, BStBl. II 91, 498; s. aber Rz. 6).
- Kein Erlass, wenn die Zahlung der Steuer aus Gewissensgründen abgelehnt wird (BFH III R 81/89 v. 6.12.91, BStBl. II 92, 203).
- Kein Erlass von **Säumniszuschlägen wegen Tod des Stpfl.** (BFH III R 92/89 v. 22.1.93, BFH/NV 93, 455). Dem steht allerdings ein Erlass aus anderen Gründen bei Tod des Steuerpflichtigen nicht entgegen.
- Kein Erlass von Nachzahlungszinsen aufgrund unberechtigten USt-Steuerausweises und nachträglicher Rechnungskorrektur (vgl. BFH V R 48/07 v. 19.3.09, BStBl. II 10, 92).
- Einkommensteuererlass, wenn die Schuld unter anderem auf Kapitaleinkünften aus Lebensversicherungen beruht, die als Altersversorgung gedacht waren (FG Köln 10 K 5589/02 v. 30.1.03, EFG 03, 752).
- Kein Erlass von **Zinsen,** wenn die verspätete Festsetzung der Steuer auf einer durch das Finanzamt verzögerten Veranlagung beruht (BFH I R 7/96 v. 19.3.97, BStBl. II 97, 446).

C. 11. Buchführungserleichterungen

I. FORMULARE

Formular C. 11 Buchführungserleichterungen

Finanzamt ....

Im Rahmen einer Außenprüfung wurde festgestellt, dass die Aufzeichnungen meines Mandanten insofern nicht in allen Teilen den gesetzlichen Vorschriften entsprechen, als er entgegen § 143 Abs. 3 Nr. 3 AO anstatt der handelsüblichen Bezeichnung aus Vereinfachungsgründen für bestimmte Warengruppen Kurzbezeichnungen verwendet hat. Für dieses Verfahren waren folgende innerbetriebliche Gründe ausschlaggebend ....

Der Prüfer hat festgestellt, dass die Nachprüfung der Besteuerungsmerkmale nicht ausgeschlossen ist. Zwecks Vermeidung einer nicht gerechtfertigten Härte beantrage ich daher, das bisherige Verfahren gem. § 148 AO rückwirkend zu genehmigen.

..

Steuerberater

II. ERLÄUTERUNGEN

Erläuterungen zu C. 11 Buchführungserleichterungen

Schrifttum: *Bernütz* Bilanzierungspflicht der deutschen Betriebsstätte einer britischen Limited Liability Partnership? IStR 11, 587; *Mösbauer* Zur steuerlichen Buchführungspflicht gewerblicher Unternehmer nach § 140 AO, DB 96, 2582 *Lankau* Bewilligung von Buchführungserleichterungen gem. § 148 AO, StWa 80, 108; *Zinn* Rückwirkender Wegfall einer auf Schätzung beruhenden Buchführungspflicht im Billigkeitswege? StBp. 87, 284.

Gem. § 148 AO kann im Einzelfall oder für eine bestimmte Gruppe von Fällen Erleichterung von den auf Grund von Steuergesetzen bestehenden Buchführungs-, Aufzeichnungs- oder Aufbewahrungsfristen bewilligt werden. Die die Bewilligung erstreckt sich nur auf steuerrechtlich Buchführungs-, Aufzeichnungs- oder Aufbewahrungspflichten (AEAO zu § 148; *Tipke/Kruse/Drüen*, § 148 Rz. 1). Die Vorschrift eröffnet dem FA die Möglichkeit, auf die Einhaltung einzelner Pflichten zu verzichten, deren Befolgung nur formalistischer Selbstzweck wäre. Voraussetzung ist, dass die Einhaltung der Verpflichtung Härten mit sich bringen würde und dass die Besteuerung durch die Erleichterung nicht beeinträchtigt wird. Die Erleichterung beeinträchtigt die Besteuerung, wenn die Besteuerungsmerkmale nicht mehr in ausreichendem Maße nachprüfbar sind (BFH IV R 31/87 v. 17.9.87, BStBl. II 80, 20). Ob eine **allgemeine Befreiung** von den steuerlichen Buchführungspflichten auf § 148 AO gestützt werden kann, ist umstritten (verneinend *Tipke/ Kruse* § 148 AO Rz. 11 ff.; bejahend BFH IV R 31/87 v. 17.9.87, BStBl. II 88, 20; *H/H/Sp/Trzaskalik* § 148 AO Rz. 7; mwN). Der Wortlaut „Erleichterungen" spricht zwar gegen eine umfassende Freistellung von Buchführungspflichten. Andererseits ist zu bedenken, dass auch Steueransprüche in vollem Umfang erlassen werden können (§ 227 AO). Insoweit erscheint es nicht ausgeschlossen, sondern sachgerecht, in Härtefällen auch eine umfassende Erleichterung, dh. eine völlige Befreiung von Buchführungs- oder Aufzeichnungspflichten auszusprechen. Dafür spricht auch § 20 Abs. 1 Nr. 2 UStG (vgl. auch Nr. 4 AEAO zu § 141). Anhaltspunkte dafür, dass mit § 148 AO eine Reduzierung 1 der allgemeinen Billigkeitsregelung des § 227 AO zum Ausdruck gebracht werden sollte, sind nicht erkennbar.

2 **Die Bewilligung der Erleichterung steht im pflichtgemäßen Ermessen** der Finanzbehörde (BFH IV R 31/87 v. 17.9.87, BStBl. II 88, 20; *Kanzler* FR 88, 594; aA *Tipke/Kruse* § 148 AO Rz. 14). Bei der Ermessensausübung sind alle Umstände des Falles zu berücksichtigen. Allerdings kommen nur sachbezogene Merkmale in Betracht, wie zB unangemessen hoher Arbeitsaufwand. Persönliche Gründe, wie Alter und Krankheit des Steuerpflichtigen, sollen regelmäßig keine Erleichterungen rechtfertigen (BFH II 63/53 U v. 14.7.54, BStBl. III 54, 253). Bei einmaligem Überschreiten der Buchführungsgrenzen des § 141 AO soll auf Antrag Befreiung von der Buchführungspflicht bewilligt werden, wenn nicht zu erwarten ist, dass die Grenze auch später überschritten wird (Nr. 4 AEAO zu § 141).

3 **Die Bewilligung kann rückwirkend ausgesprochen werden** (§ 148 Satz 2 AO), was bei strafrechtlich relevanten Pflichten erheblich sein kann (insoweit zweifelnd *H/H/Sp/Trzaskalik* § 148 AO Rz. 14). Die Bewilligung steht kraft Gesetzes unter dem Vorbehalt des Widerrufs (§ 148 Satz 3, § 131 Abs. 2 Satz 1 AO). Der Widerruf ist jedoch nur mit Wirkung für die Zukunft zulässig (§ 131 Abs. 2 AO). Sowohl die Ablehnung einer beantragten Erleichterung als auch deren Widerruf können mit dem Einspruch angefochten werden (§ 347 AO).

C. 12. Einheitswert

C. 12.01 Aufhebung

Vgl. Formular C. 12.02 Rz. 4.

C. 12.02 Fortschreibung

I. FORMULAR

Formular C. 12.02 Fortschreibung des Einheitswerts

Finanzamt ......

Nach dem Erlass des Finanzministeriums ...... vom ...... ist für bestimmte Lagerhausgrundstücke ein Abschlag von ...... % nach § 88 BewG allgemein zu gewähren. Wir beantragen vor diesem Hintergrund eine fehlerberichtigende Fortschreibung unseres Einheitswerts auf den ......

II. ERLÄUTERUNGEN

Erläuterungen zu C. 12.02 Fortschreibung des Einheitswerts

1. Grundsätzliche Anmerkungen

Schrifttum: *Troll* Fortschreibung des Einheitswerts zur Berichtigung eines Rechtsfehlers zugunsten des Steuerpflichtigen, DStZ 83, 419; *Hofmann* Fehlerberichtigende Fortschreibung § 22 Abs. 3 BewG) und Korrekturvorschriften der Abgabenordnung, DStR 90, 331).

§ 21 Abs. 1 BewG schreibt vor, dass die Einheitswerte in Zeitabständen von je- 1
weils sechs Jahren allgemein festgestellt werden (Hauptfeststellung). Zwecks Anpassung an veränderte Verhältnisse werden die Einheitswerte unter bestimmten Voraussetzungen innerhalb des Hauptfeststellungszeitraums fortgeschrieben. Der Einheitswertbescheid ist ein Feststellungsbescheid (§ 180 AO), auf den die Vorschriften über die Steuerfestsetzung sinngemäß Anwendung finden (§ 181 AO). Daher kann auch ein bereits rechtskräftiger Einheitswertbescheid aufzuheben oder zu ändern sein, soweit nachträglich Tatsachen bekannt werden, die zu einem höheren oder zu einem niedrigeren Einheitswert führen (§ 173 AO). Bei der **fehlerbeseitigenden Fortschreibung nach § 22 Abs. 3 BewG** hingegen wird nicht der fehlerhafte Bescheid selbst berichtigt; es tritt vielmehr von einem bestimmten späteren Zeitpunkt an ein neuer, nunmehr fehlerfreier Einheitswertbescheid an dessen Stelle. Der ursprüngliche Bescheid bleibt also wirksam bis zu dem Zeitpunkt, von dem an sich der Fortschreibungsbescheid steuerlich auswirkt (*Rössler/Troll/Halaczinsky* § 22 BewG Rz. 11 ff und 55). Eine fehlerbeseitigende Fortschreibung kommt nur in Betracht, wenn die Voraussetzungen für eine Änderung oder Berichtigung nach den Korrekturvorschriften der AO nicht gegeben sind (*Hofmann* DStR 90, 331).

Das Gesetz unterscheidet 2

- Wertfortschreibung (§ 22 Abs. 1 BewG)
- Artfortschreibung (§ 22 Abs. 2 BewG)
- Zurechnungsfortschreibung (§ 22 Abs. 2 BewG)
- Fehlerberichtigende Wertfortschreibung gem. § 22 Abs. 3 BewG.

3 Die **Fortschreibung** hat bei Vorliegen der Voraussetzungen **stets von Amts wegen** zu erfolgen. Gleichwohl wird der Steuerpflichtige häufig daran interessiert sein, insbesondere eine fehlerberichtigende Fortschreibung zu beantragen. Daher wird an dieser Stelle ein entsprechendes Antragsmuster vorgestellt.

4 **Gem. § 24 BewG wird ein Einheitswert aufgehoben,** und zwar unabhängig von einem Antrag, wenn dem Finanzamt bekannt wird, dass
- die wirtschaftliche Einheit (Untereinheit) wegfällt (§ 24 Abs. 1 Nr. 1);
- der Einheitswert der wirtschaftlichen Einheit (Untereinheit) infolge von Befreiungstatbeständen nicht mehr der Besteuerung zugrunde gelegt wird (§ 24 Abs. 1 Nr. 2).

Aufhebungszeitpunkt ist in den Fällen der Nr. 1 der Beginn des Kj., das auf den Wegfall der wirtschaftlichen Einheit folgt, und in den Fällen der Nr. 2 der Beginn des Kj., in dem der Einheitswert erstmals der Besteuerung nicht mehr zugrunde gelegt wird (§ 24 Abs. 2 BewG).

2. Einzelerläuterungen

5 **Eine fehlerbeseitigende Fortschreibung ist gem. § 22 Abs. 3 BewG zugunsten wie zuungunsten des Steuerpflichtigen zulässig.** Fehler iS dieser Vorschrift ist jede objektive Unrichtigkeit, damit auch jeder Fehler in der Rechtsfindung (BFH II R 240/84 v. 16.9.87, BStBl. II 87, 843; II R 73–97 v. 17.2.99, BStBl. II 99, 1452). Keine relevante Änderung der tatsächlichen Verhältnisse ist die nur vorübergehende Nichtbenutzbarkeit eines Gebäudes wegen Renovierung (BFH II R 104/91 v. 14.12.94, BStBl. II 95, 360), wohl aber dessen Zerstörung oder Entkernung (FG Düsseldorf 11 K 5840/95 BG v. 1.2.99, EFG 99, 370). Für die Zulässigkeit der fehlerberichtigenden Fortschreibung ist **nicht Voraussetzung, dass ein klarliegender, einwandfrei feststellbarer Fehler vorliegt** (BFH II R 53/87 v. 29.11.89, BStBl. II 90, 149; II R 18/00 v. 21.2.02, BStBl. II 02, 456). Auf die Offenkundigkeit eines Fehlers kommt es mithin nicht mehr an. Fehler iSd. § 22 Abs. 3 BewG ist zB das Verkennen der tatbestandlichen Voraussetzungen des § 76 Abs. 3 Nr. 1 BewG (BFH II R 240/84 v. 16.9.87, BStBl. II 87, 843; BFH II R 53/87 v. 29.11.89, aaO). Da die materielle Bestandskraft durch eine Fortschreibung nicht berührt wird, sind Fortschreibungen (auf einen späteren Zeitpunkt) auch dann zulässig, wenn der fehlerhafte Einheitswert durch rechtskräftiges Urteil festgestellt worden war (BFH III R 115/70 v. 19.11.71, BStBl. II 72, 382) .

6 In Schätzungsfällen liegt ein Fehler bei eindeutig unvertretbarem Ergebnis vor, zB dann, wenn das Finanzamt sich bei Anwendung des Mietspiegels über die Eigenschaften der Wohnung irrt und daher die übliche Miete eindeutig falsch schätzt). Bei der Fortschreibung eines Einheitswerts wegen Bestandsveränderung können Bewertungsfehler der vorausgegangenen Feststellung beseitigt werden, wenn ein objektiv feststellbarer Bewertungsfehler vorliegt (BFH III 123/53 U v. 5.8.55, BStBl. III 55, 289) .

7 **Fortschreibungszeitpunkt** ist stets der Beginn eines Kalenderjahres. Bei einer Änderung der tatsächlichen Verhältnisse ist Fortschreibungszeitpunkt der Beginn des Kalenderjahres, das auf die Änderung folgt (§ 22 Abs. 4 Satz 3 Nr. 1 BewG). Bei einer Fortschreibung zur Beseitigung eines Fehlers ist Fortschreibungszeitpunkt grds. der Beginn des Kalenderjahres, in dem der Fehler dem Finanzamt bekannt wird (BFH II R 15/89 v. 13.11.91, BStBl. II 94, 393; II R 5/96 v. 11.3.98, DStRE 98, 841). Für fehlerbeseitigende Fortschreibungen, die zu einer **Erhöhung des Einheitswerts** führen, trifft § 22 Abs. 4 Satz 3 Nr. 2 BewG eine Sonderregelung. In derartigen Fällen ist Stichtag frühestens der Beginn des Kalenderjahres, in dem der Feststellungsbescheid „erteilt“, also bekanntgegeben wird (BFH III R 96/80 v. 15.10.81, BStBl. II 82, 15; III R 63/79 v. 12.3.82, BStBl. II 82, 451). Die Fortschreibung wegen Änderung der tatsächlichen Verhältnisse und die Fortschreibung zur Fehlerbeseitigung stehen, soweit es um den Fortschreibungszeitpunkt geht, selbstständig nebeneinander Die zeitliche

Sperre des § 22 Abs. 4 Nr. 2 zweite Alternative BewG gilt daher für fehlerbeseitigende Fortschreibungen auch dann, wenn diese mit einer Fortschreibung wegen Änderung der tatsächlichen Verhältnisse verbunden werden sollen (BFH III R 96/80 v. 15.10.81, BStBl. II 82, 15; II R 32/87 v. 17.5.90, BStBl. II 90, 732).

C. 13. Erlass

Vgl. Formular C. 10.

C. 14. Hinterlegung

Wer nach den Steuergesetzen zur Sicherheitsleistung verpflichtet ist, kann diese u.a. durch Hinterlegung von Zahlungsmitteln erbringen (§ 241 Abs. 1 Nr. 1, § 242 AO). Auf die Vorstellung eines Antragsmusters wird verzichtet. **1**

Wegen Einzelheiten vgl. die für die Bundesfinanzverwaltung bekannt gegebenen Bestimmungen über Formen der Sicherheitsleistung im Bereich der von der Zollverwaltung verwalteten Steuern und Abgaben – SiLDV (Vorschriftensammlung Bundesfinanzverwaltung E – VSF – Kennungen S 1450 und Z 0915); soweit sie Formen der Sicherheitsleistung in Verbrauchsteuerverfahren betreffen, sind sie für den Bereich der Besitz- und Verkehrssteuern entsprechend anzuwenden (AEAO zu §§ 241 bis 248). **2**

C. 15. Lohnsteuerpauschalierung

I. FORMULAR

Formular C. 15 Lohnsteuerpauschalierung

Finanzamt ....

Wir beabsichtigen, vom Kalenderjahr 2014 an einer größeren Zahl von Arbeitnehmern, mindestens 20 pro Jahr, Jubiläumszuwendungen in Höhe von 500.– EUR für langjährige Betriebszugehörigkeit zu gewähren. Wir beantragen die Pauschalversteuerung nach § 40 Abs. 1 Nr. 1 EStG.

Eine Berechnung des durchschnittlichen Steuersatzes ist beigefügt. Wir erklären uns bereit, die anfallende Steuer zu übernehmen.

II. ERLÄUTERUNGEN

Erläuterungen zu C. 15 Lohnsteuerpauschalierung

1. Grundsätzliche Anmerkungen

Schrifttum: *Albert* Auswirkungen der Verfassungswidrigkeit der Grund- und Freibeträge auf den Pauschsteuersatz gem. § 40 Abs. 1 EStG, FR 91, 486; *ders.* Vereinfachung bei der Lohnsteuer durch Typisierung und Pauschalierung, DB 04, 1958; *Fichtelmann* Die pauschale Lohnsteuer im Konkurs des Arbeitgebers, DStZ 93, 332; *Heuermann* Leistungspflichten im Lohnsteuerverfahren, StuW 98, 219; *Offerhaus* Lohnsteueranspruch bei Wegfall des Pauschalierungsbegehrens, StBp, 91, 69; *Plenker* Werbungskosten, Pauschalierung der LSt sowie verfahrensrechtliche Regelungen, DB 14,1103 *Reusch* Zur Frage der Erhebung von Kirchensteuern bei pauschalierter Lohnsteuerabrechnung nach § 40a EStG, DStR 95, 474; *Trzaskalik* Die Lohnsteuer-Pauschalierung, DB 90, 1203; *H*artmann BMF-Einführungsschreiben zur neuen Pauschalierung bei Sachzuwendungen, DStR 08, 1418:

1 Die §§ 40 bis 40b EStG regeln die **Pauschalierung der Lohnsteuer** als besonderes Besteuerungsverfahren alternativ zum Regelbesteuerungsverfahren (§§ 39b bis 39d EStG). In den in § 40 Abs. 1 EStG genannten Fällen mit variablem (durchschnittlichen Pauschalsteuersatz) und nach § 40 Abs. 2 EStG mit festem Steuersatz. Der Arbeitgeber hat die pauschale Lohnsteuer zu übernehmen und wird deren Schuldner (§ 40 Abs. 3 S. 1 u. 2 EStG). Der pauschal besteuerte Arbeitslohn und die pauschale Lohnsteuer bleiben bei der Veranlagung des Arbeitnehmers zur Einkommensteuer außer Betracht (§ 40 Abs. 3 S. 3 u. 4 EStG). Die Lohnsteuerpauschalierung dient der Verfahrensvereinfachung (vgl. BT-Drs. 11/2157, S. 157) zugunsten von Arbeitgeber und Finanzverwaltung (BFH I R 24/93 v. 7.12.94, BStBl. II 95, 507), wirkt sich als Folge der pauschalen Steuersätze ggf. steuervergünstigend aus. Die LSt-Pauschalierung ist von der Nettolohnvereinbarung zu unterscheiden, bei der sich der ArbG gegenüber dem ArbN zivilrechtl. verpflichtet, die LSt-Abzüge zu übernehmen. Für den ArbN gilt bei Auszahlung des Barlohns die LSt mit der Folge ihrer Anrechnung auf die ESt als vorschriftsmäßig einbehalten, so dass er vom FA nicht mehr in Anspruch genommen werden kann (BFH VI R 41/88 v. 21.2.92, BStBl. II 92, 443; VI R 122/89 v. 6.12.91, BStBl. II 92, 441). Im Gegensatz zur LSt-Pauschalierung bleibt bei der Nettolohnvereinbarung der ArbN Steuerschuldner und hat ggü. dem ArbG ledigl. einen Anspruch auf Freistellung von der Steuer.

2. Einzelerläuterungen

Auf Antrag des Arbeitgebers kann unter bestimmten Voraussetzungen zugelassen werden, dass die Lohnsteuer mit einem unter Berücksichtigung der Vorschriften des § 38a EStG zu ermittelnden Pauschsteuersatz erhoben wird (§ 40 Abs. 1 EStG). Eine Pauschalierung darf nicht von Amts wegen erfolgen (FG Berlin VIII 123/89 v. 28.5.90, EFG 90, 598). Wer für den Arbeitgeber auftritt, ist nach den Regeln der Anscheinsvollmacht zur Antragstellung befugt (BFH VI R 13/01 v. 10.10.02, DStRE 03, 283). Der Antrag ist an das Betriebsstättenfinanzamt iS von § 41a Abs. 1 Satz 1 EStG zu richten. In den Fällen des § 40 Abs. 2 EStG ist ab 1990 ein Antrag nicht mehr erforderlich. Zwar steht die Bewilligung des Antrags im Ermessen der Finanzbehörde; jedoch ist das Ermessen auf null reduziert, falls die Tatbestandsvoraussetzungen des § 40 EStG erfüllt sind (FG Hessen 1 K 228/83 v. 31.10.84, EFG 85, 312; *Schmidt/Krüger* § 40 Rz. 4; offen gelassen von BFH VI R 72/82 v. 7.12.84, BStBl. II 85, 170). Bei fehlender Bonität des Antragstellers kann das Finanzamt die Genehmigung mit Rücksicht auf § 40 Abs. 3 EStG verweigern (*H/H/R/Wagner* § 40 EStG Rz. 16 mwN). Der Antrag kann bis zur Unanfechtbarkeit des Pauschalierungsbescheides zurückgenommen werden (BFH VI R 219/80 v. 5.11.82, BStBl. II 83, 91), es sei denn, die Rücknahme ist rechtsmissbräuchlich; das kann zB dann der Fall sein, wenn das Finanzamt die Anforderungen an die Begründung eines Haftungsbescheides infolge des Zeitablaufs während des Pauschalierungsverfahrens tatsächlich nicht mehr erfüllen kann (FG BaWü III 34/81 v. 31.1.85, EFG 85, 365). Die Genehmigung der Pauschalierung ist ein begünstigender Verwaltungsakt, der nur unter den Voraussetzungen des § 131 AO zurückgenommen werden kann (*Giloy* FR 83, 528; FG Hessen 1 K 228/83 v. 31.10.84, EFG 85, 312; ferner betr. wiederkehrende Sachverhalte FG Hamburg II 161/85 v. 8.7.88, EFG 89, 80). Gegen eine ablehnende Entscheidung ist der Einspruch gegeben (§ 347 AO). Der Arbeitgeber kann einen Pauschalierungsantrag bis zum Abschluss der mündlichen Verhandlung vor dem FG gegen einen Haftungsbescheid stellen (BFH VI R 88/86 v. 16.3.90, BFH/NV 90, 639). 2

Der Arbeitgeber wird durch die Bewilligung eines Pauschalierungsantrages **nicht verpflichtet,** die Pauschalierung auch tatsächlich durchzuführen. 3

Die Lohnsteuerpauschalierung nach § 40 Abs. 1 EStG kommt – anders bei der pauschalen Lohnsteuer für Teilzeitbeschäftigte – nur in Betracht, wenn es sich um eine **größere Zahl von Fällen** handelt. Eine größere Zahl von Fällen wird ohne weitere Prüfung anerkannt, wenn gleichzeitig mindestens 20 Arbeitnehmer in die Pauschalierung einbezogen werden. Bei einer geringeren Zahl kann unter Berücksichtigung der besonderen Verhältnisse des Arbeitgebers und der mit der Pauschalbesteuerung angestrebten Vereinfachung eine größere Zahl von Fällen auch bei weniger als 20 angenommen werden (LStR 40.1 Abs. 1). Die Pauschalierung ist ausgeschlossen, soweit dem einzelnen Arbeitnehmer sonstige Bezüge von mehr als 1.000.– € pro Kalenderjahr gewährt werden (§ 40 Abs. 1 Satz 3 EStG). 4

Der Arbeitgeber hat dem Antrag eine Berechnung beizufügen, aus der sich der durchschnittliche Steuersatz unter Zugrundelegung der durchschnittlichen Jahresarbeitslöhne und der durchschnittlichen Jahreslohnsteuer in jeder Steuerklasse für diejenigen Arbeitnehmer ergibt, denen die sonstigen Bezüge gewährt werden sollen (§ 40 Abs. 1 Satz 4 EStG). In bestimmten Fällen, nämlich bei unentgeltlicher oder verbilligter Abgabe arbeitstäglicher Mahlzeiten im Betrieb, bei Zahlung von Arbeitslohn aus Anlass von Betriebsveranstaltungen sowie bei Gewährung von Erholungsbeihilfen, kann das Betriebsstättenfinanzamt die Erhebung der Lohnsteuer mit einem festen Pauschsteuersatz von 25% zulassen (§ 40 Abs. 2 Satz 1 EStG). Ein Pauschalsteuersatz von 15% findet ab VZ 2007 Anwendung auf Sachbezüge in Form der unentgeltlichen oder verbilligten Beförderung eines Arbeitnehmers zwischen Wohnung/Arbeitsstätte und für zusätzlich zum ohnehin geschuldeten Arbeitslohn geleistete Zuschüsse zu den 5

Aufwendungen des Arbeitnehmers für Fahrten zwischen Wohnung Arbeitsstätte, soweit die Bezüge den Betrag nicht übersteigen, den der Arbeitnehmer (ohne Pauschalversteuerung) nach § 9 Abs. 2 EStG wie WK gelten machen könnte (vgl „zum ohnehin geschuldeten Arbeitslohn" BFH VI R 54/11 v. 19.9.12, BStBl. II 13, 395; VI R 55/11 v. 19.9.11, BStBl. II 13, 398 und BMF v. 22.5.13, BStBl. I 13, 728).

6 **Der Arbeitgeber hat die pauschale Lohnsteuer zu übernehmen.** In den Fällen des § 40 Abs. 1 Nr. 2 EStG entsteht die Steuerschuldnerschaft des Arbeitgebers durch einen auf das Pauschalierungsverfahren hin ergehenden Bescheid über die nachzuerhebende Lohnsteuer. Erst in diesem Zeitpunkt ist der geldwerte Vorteil aus der Steuerübernahme (§ 40 Abs. 3 Satz 1 EStG) dem Arbeitgeber zugeflossen (BFH VI R 219/80 v. 5.11.82, BStBl. II 83, 91). Auf den Arbeitnehmer abgewälzte pauschale Lohnsteuer gilt als zugeflossener Arbeitslohn und mindert nicht die Bemessungsgrundlage (§ 40 Abs. 3 Satz 1 EStG). Der Antrag auf Pauschalierung der Lohnsteuer zieht auch die Pauschalierung der **Lohnkirchensteuer** nach sich, wenn der Arbeitgeber nicht nachweist, dass der oder die betroffenen Arbeitnehmer keine Kirchenmitglieder sind (BFH I R 14/87 v. 30.11.89, BStBl. II 90, 993; I R 26/93 v. 6.10.93, StuW 94, 255; dazu krit. *Lang/Lemaire* StuW 94, 257; *Reusch* DStR 95, 474, vgl. auch *Schmidt/Krüger* § 40 Rz. 2). Pauschal besteuerte Bezüge nach § 40 Abs. 1 und Abs. 2 EStG sind nicht **sozialversicherungspflichtig** (vgl. *Schmidt/Krüger* § 40 Rz. 3 mwN).

7 Neben der allgemeinen Pauschalierungsregelung für die Lohnsteuer für bestimmte Einzelfälle nach § 40 EStG gibt es noch die Sonderregelung für die Lohnsteuerpauschalierung von **Teilzeitbeschäftigen** und **geringfügig Beschäftigten nach § 40a EStG** und die Pauschalierung der Lohnsteuer bei bestimmten **Zukunftssicherungsleistungen, § 40b EStG** (hierzu im Detail *Schmidt/Krüger* § 40a Rz. 1ff. sowie *ders.* § 40b EStG Rz. 1ff. sowie LStR 40a und LStR 40b). Mit JStG 2007 v. 13.12.06 (BGBl. I 06, 2878) wurde mit Wirkung zum 1.1.07 die Pauschalierung der Einkommensteuer für Sachzuwendungen an Arbeitnehmer und Nichtarbeitnehmer eingeführt, § 37b EStG. Die Steuerübernahme mit dem Pauschsteuersatz von 30% durch das zuwendende Unternehmen bewirkt die abschließende Besteuerung beim Zuwendungsempfänger. Zur Abgrenzung der Pauschalierung nach § 37b EStG zur allgemeinen Pauschalierung nach § 40 EStG s. BMF v. 29.4.08, BStBl. I 08, 566 (hierzu *Hartmann* DStR 08, 1418). Zu eventuellen Besonderheiten im Zusammenhang mit Reisekosten s. BMF v.30.9.13 (BStBl. I 13, 188).

C. 16. Offenbare Unrichtigkeit

Vgl. Formular C. 17.03.

C. 17. Steuerbescheid

C. 17.01 Änderung

I. FORMULAR

Formular C. 17.01 Änderung des Steuerbescheides

Finanzamt ...

In meinem Steuerbescheid vom ...... (noch nicht formell bestandskräftig) ist eine Spende für gemeinnützige Zwecke in Höhe von € 500.– nicht als Sonderausgabe berücksichtigt. Ich habe mit meiner Steuererklärung eine Bescheinigung vorgelegt, aus der sich ergibt, dass der Empfänger der Spende, der X-Verein, eine in § 5 Abs. 1 Nr. 9 KStG bezeichnete Körperschaft ist. In der Spendenquittung wird gleichzeitig bestätigt, dass der X-Verein den zugewendeten Betrag nur für seine satzungsgemäßen Zwecke verwendet.

Ich beantrage daher schlichte Änderung des oben bezeichneten Steuerbescheides. Vorsorglich und höchst hilfsweise beantrage ich schon jetzt die Stundung des Betrages von € ......

II. ERLÄUTERUNGEN

Erläuterungen zu C. 17.01 Änderung des Steuerbescheides

1. Grundsätzliche Anmerkungen

Schrifttum: *Bergan/Martin* Allgemeinverfügung und Teileinspruchsentscheidung – die Wunderwaffe der Finanzverwaltung im Kampf gegen Massenrechtsbehelfe? DStR 07, 1384; *Guth* Die Änderung nach § 172 I Nr. 2a AO, DStZ 87, 90 *Heinke* Rechtsbehelfe und Ermessen bei der Änderung eines Steuerbescheides nach § 172 Abs. 1 Nr. 2a AO, DStR 88, 406; *Heger* Berichtigung und Änderung von Steuerbescheiden nach der AO anhand von Fällen aus der Rechtsprechung, DStZ 06, 393; *Seer* Das Spannungsverhältnis zwischen der Bestandskraft des Steuerbescheids und Verfassungswidrigkeit einer Steuergesetzesnorm, DStR 93, 307; *Sikorski* Überblick über wesentliche verfahrensrechtliche Änderungen 2006/2007, DStR 07, 183; *Unvericht* Steuervereinfachung durch Beseitigung des Antrags auf „schlichte" Änderung nach § 172 Abs. 1 Nr. 2a AO, DStR 89, 769; *de Weerth* Rückwirkende EuGH-Urteile und Bestandskraft von Steuerbescheiden, DStR 08, 1669 *Wüllenkemper* Änderung von Steuerbescheiden nach Klagerücknahme? DStR 89, 702.

Rechts- oder ermessenswidrige Steuerverwaltungsakte können innerhalb bestimmter Grenzen grundsätzlich nach ihrer Bekanntgabe und auch nach Eintritt der Unanfechtbarkeit von Amts wegen oder auf Antrag des Betroffenen durch die Behörde korrigiert werden. Nichtige Bescheide sind unwirksam (§ 124 Abs. 3 AO). Sie können ohne weiteres durch wirksame Bescheide ersetzt werden. Offenbare Unrichtigkeiten können nach Maßgabe des § 129 AO berichtigt werden (vgl. Formular C. 17.03). Rechtmäßige begünstigende oder belastende Verwaltungsakte können ausnahmsweise unter den einschränkenden Voraussetzungen des § 131 AO ganz oder teilweise widerrufen (korrigiert) werden. 1

Förmliche **Steuerbescheide** (§ 155 AO) können innerhalb der Festsetzungsfrist (§ 169 AO) nach §§ 172–177 AO aufgehoben oder geändert werden. Den Steuerbescheiden stehen gleich: 2

– Freistellungsbescheide (§ 155 Abs. 1 Satz 3 AO),

- Steuervergütungsbescheide (§ 155 Abs. 4 AO),
- Verwaltungsakte, durch die ein Antrag auf Erlass, Aufhebung oder Änderung eines Steuerbescheides ganz oder teilweise abgelehnt wird (§ 172 Abs. 2 AO),
- Steueranmeldungen (§ 168 AO),
- gesonderte Feststellungsbescheide (§ 181 Abs. 1 AO),
- Messbescheide (§ 184 Abs. 1 Satz 3 AO),
- Zerlegungsbescheide (§§ 188, 155, 184 Abs. 1 Satz 3 AO),
- Zuteilungsbescheide (§§ 190, 185, 184 Abs. 1 Satz 3 AO)
  sowie
- Zinsbescheide (§ 239 Abs. 1 Satz 1 AO).
- Steuerbescheid ist auch der Lohnsteuernachforderungsbescheid gegen den Arbeitgeber, wenn dieser die Lohnsteuer übernommen hat (BFH VI R 21/85 v. 30.8.88, BStBl. II 89, 193).
- Eine NV-Verfügung, die ausnahmsweise bekanntgegeben wird, erhält dadurch den Charakter einer Steuerfestsetzung (*Tipke/Kruse/Seer* § 155 AO Rz. 13 mwN).

Spezialvorschriften gelten für die Berichtigung verbindlicher Zusagen (§ 207 AO) sowie für die Änderung von Aufteilungsbescheiden (§ 280 AO). Sonstige Verwaltungsakte, zB Billigkeitsmaßnahmen nach §§ 163, 227 AO (vgl. Formular C. 10.), Stundungen gem. § 222 AO (vgl. Formular C. 10.), Gewährung von Buchführungserleichterungen nach § 148 AO (vgl. Formular C. 11.) oder Haftungsbescheide (§ 191 AO) können nach § 130 AO ganz oder teilweise zurückgenommen werden.

3 **Gem. § 172 Abs. 1 Nr. 2a AO „darf"** ein Steuerbescheid zugunsten des Steuerpflichtigen geändert werden, wenn der Steuerpflichtige vor Ablauf der Einspruchsfrist einen entsprechenden **Antrag** stellt (vgl. insoweit Rz. 5f.). Ob die Korrektur im Ermessen des FA liegt, ggf. in eingeschränktem Umfang, ist umstritten (für Ermessen BFH IV B 230/02 v. 30.5.04, BStBl. II 04, 833; V R 143/92 v. 28.11.96, BFH/NV 97, 741 mwN; *Tipke/Kruse/Loose* § 172 AO Rz. 39; aA FG Köln 1 K 51/94 v. 2.9.94, EFG 95, 238; *H/H/Sp/v. Groll* § 172 AO Rz. 56; *de Weerth* DStR 08, 1669). Im Gegensatz dazu „sind" Steuerbescheide gem. § 173 Abs. 1 Nr. 2 AO aufzuheben, soweit Tatsachen oder Beweismittel nachträglich bekannt werden, die zu einer niedrigeren Steuer führen, und den Steuerpflichtigen kein grobes Verschulden daran trifft, dass die Tatsachen oder Beweismittel erst nachträglich bekannt werden. Die Aufhebung oder Änderung ist in diesen Fällen nur von den tatbestandlichen Voraussetzungen abhängig; ein Antrag des Steuerpflichtigen ist nicht erforderlich (FG Nds. VII 330/77 v. 30.1.78, EFG 78, 360). Gleiches gilt für die Korrektur von Folgebescheiden gem. § 175 AO (BFH II R 255/83 v. 6.11.85, BStBl. II 86, 168).

2. Einzelerläuterungen

4 **Zulässigkeit und Umfang der Änderung** eines Steuerverwaltungsaktes auf Antrag des Stpfl. – und nur dieser Fall wird hier behandelt – hängen davon ab, ob der betreffende Bescheid bereits unanfechtbar ist. Formell bestandskräftige Steuerbescheide dürfen gem. § 172 Abs. 1 Nr. 2a AO auf Antrag des Stpfl. nur zu dessen Ungunsten aufgehoben oder geändert werden. Der Stpfl. kann an einer Änderung zu seinen Ungunsten interessiert sein, wenn sich zB der Nachteil im folgenden VZ für ihn vorteilhaft auswirkt. Eine Berichtigung zugunsten des Stpfl. kommt nach § 172 Abs. 1 Nr. 2a AO nur in Betracht, wenn der Stpfl. dies vor Ablauf der Rechtsbehelfsfrist beantragt oder wenn er der Änderung vor Ablauf der Rechtsbehelfsfrist zustimmt.

5 Die Vorschrift des § 172 Abs. 1 Nr. 2a AO eröffnet dem Stpfl. die Möglichkeit der **Wahl zwischen einem Einspruch und dem „Antrag auf schlichte Änderung".** Für einen schlichten Änderungsantrag kann sprechen, dass er – im Gegensatz zum Einspruchsverfahren (§ 367 Abs. 2 AO) – nicht zu einer Wiederaufrollung des gesamten Steuerfalles führt (FG Thüringen III 359/98 v. 25.8.99, EFG 99, 1293), eine

Verböserung also ausgeschlossen ist. Andererseits steht die Entscheidung nach § 172 Abs. 1 Nr. 2a AO im pflichtgemäßen Ermessen (§ 5 AO) der Behörde („... darf"); der Stpfl. hat also keinen Rechtsanspruch. Er kann die Entscheidung auch in zeitlicher Hinsicht nicht erzwingen, denn eine Untätigkeitsklage setzt voraus, dass über einen Rechtsbehelf „binnen angemessener Frist nicht entschieden worden ist" (§ 46 FGO). Nur im Einspruchsverfahren kann Aussetzung der Vollziehung gewährt werden. Eine Verböserung im Rechtsbehelfsverfahren kann der Stpfl. dadurch abwenden, dass er den Einspruch zurücknimmt (§ 367 Abs. 2 Satz 2 AO). Darüber hinaus ist das Verfahren über den „schlichen Antrag" kein Vorverfahren, das den Finanzgerichtsweg eröffnet (§ 44 FGO). Bei Abwägung aller Vor- und Nachteile erscheint somit das **Einspruchsverfahren vorteilhafter**, zumal beide Verfahren kostenfrei sind (glA *Tipke/Kruse/Loose* § 172 AO Rz. 30; *Klein/Rüsken* § 172 Rz. 50). Prozessökonomische Gründe sprechen allerdings dann für einen Antrag auf schlichte Änderung, wenn sichergestellt ist, dass die Behörde innerhalb der Einspruchsfrist positiv entscheidet. Dies wird in der Praxis häufig in einem begleitenden Telefonat mit der Behörde geklärt.

Der schlichte Änderungsantrag bedarf keiner Form, kann also auch mündlich zB per Telefon (vgl. BFH III R 67/06 v. 10.5.07, BFH/NV 07, 2063; III R 67/06 v. 10.5.07, BFH/NV 07, 2063) gestellt werden. Die Abgabe einer Umsatzsteuererklärung ist ein Antrag auf schlichte Änderung eines zuvor ergangenen Schätzungsbescheids (BFH V R 25/87 v. 21.2.91, BStBl. II B 91, 496). Nach Ablauf der Rechtsbehelfsfrist kann der Antrag seinem betragsmäßigen Umfang nach nicht mehr erweitert werden (BFH XI R 17/93 v. 27.10.93, BStBl. II 94, 439). Ob ein Einspruch oder ein schlichter Änderungsantrag gewollt ist, ist im Wege der Auslegung zu ermitteln. Bleiben Zweifel, so ist ein Einspruch, also das für den Steuerpflichtigen günstigste Ergebnis anzunehmen (BFH VI R 24/96 v. 8.11.96, BFH/NV 97, 363; X B 119/98 v. 29.10.98, BFH/NV 99, 633). Ein ausdrücklich als Änderungsantrag bezeichnetes Begehren kann jedoch nicht gegen den Willen des Steuerpflichtigen in einen Einspruch umgedeutet werden (vgl. FG SchlHol III 20/71 v. 8.7.71, EFG 71, 612). In Zweifelsfällen sollte der Antragsteller befragt und – vor allem, wenn er nicht beraten ist – auf die Vor- und Nachteile der verschiedenen Verfahrensarten hingewiesen werden. Ein mündlich oder telefonisch gestellter Änderungsantrag kann trotz § 357 Abs. 1 Satz 1 AO auch nach Ablauf der Einspruchsfrist in einen Einspruch umgedeutet werden, denn „eine unrichtige Bezeichnung des Rechtsbehelfs schadet nicht" (§ 357 Abs. 1 Satz 4 AO). 6

Den **Umfang der Korrektur** nach § 172 Abs. 1 Nr. 2a AO kann der Steuerpflichtige durch seinen Antrag selbst begrenzen. Deshalb muss der Änderungsantrag erkennen lassen, inwieweit und aus welchen Gründen geändert werden soll (BFH XI R 17/93 v. 27.10.93, BStBl. II 94, 439; X R 30/05 v. 20.12.06, BFH/NV 07, 994). Ist der Antrag auf Änderung nicht auf eine bestimmte Änderung gerichtet, ist er unbestimmt und damit unwirksam. Dabei sind allerdings die durch § 177 AO eröffneten Saldierungsmöglichkeiten zu beachten. Liegen die Voraussetzungen für die Aufhebung oder Änderung eines Steuerbescheides zugunsten des Steuerpflichtigen vor, so sind, soweit die Änderung reicht, zuungunsten und zugunsten des Steuerpflichtigen solche Rechtsfehler zu berichtigen, die nicht Anlass der Aufhebung oder Änderung sind (§ 177 Abs. 2 AO). 7

Die Vorschrift ist auch Rechtsgrundlage für eine Abhilfe im Einspruchs- und im Klageverfahren, § 172 Abs. 1 Satz 1 Nr. 2a AO. Gleichzeitig verhindert sie, dass durch eine schlichte Änderung die Wirkungen einer nach § 364b Abs. 2 AO gesetzten Ausschlussfrist unterlaufen werden. 8

Gegen die Ablehnung eines Antrags auf schlichte Änderung sind Einspruch und Verpflichtungsklage zulässig (BFH XI R 17/93 v. 27.10.93, BStBl. II 94, 439). 9

§ 172 Abs.3 AO ermöglicht es der FinVerw. Anträge, die auf die Aufhebung bzw. Änderung einer Steuerfestsetzung gerichtet sind und eine vor dem EuGH, BVerfG oder BFH entschiedene Rechtsfrage betreffen und denen nach dem Ausgang des Ver- 10 fahrens vor diesen Gerichten nicht entsprochen werden kann, mittels **Allgemeinverfügung** zurückzuweisen. Die Regelung dient insoweit der Prozessökonomie. Diese Zurückweisung stellt die Ablehnung des Änderungsantrages dar. Eine solche Ablehnung konnte schon vor Einführung von § 172 Abs. 3 AO gestützt auf § 118 Satz 2 AO als Allgemeinverfügung erfolgen. Diese Möglichkeit wurde in der Praxis aber kaum genutzt. § 172 Abs. 3 AO verweist aber nunmehr ausdrücklich auf § 367 Abs. 2b Satz 2 AO; danach ist für diese Zurückweisung die oberste Finanzbehörde zuständig und nicht das jeweils zuständige FA. Oberste Finanzbehörde wird im Regelfall das jeweilige Landesfinanzministerium sein als für die FinVerw. zuständige oberste Landesbehörde, soweit nach § 108 Abs. 2 GG die Verwaltung der Steuern in den Händen der Länderverwaltung liegt (OFD Karlsruhe v. 15.3.07, StEd 07, 237; aA OFD Münster v. 22.12.06, DB 07, 83, bejahend die Zuständigkeit des BMF). Die Verfügung ist im BStBl. I und auf den Internetseiten des BMF zu veröffentlichen. Als Bekanntgabetag gilt der Tag nach der Herausgabe des BStBl. (§ 172 Abs. 2 Satz 2 iVm. § 367 Abs. 2b Satz 2–6 AO). Gegen die Allgemeinverfügung kann innerhalb eines Jahres nach Bekanntgabe Klage eingereicht werden; ein Einspruch gegen die Zurückweisung ist nicht statthaft (§ 348 Nr. 6 AO). Die Regelung gilt auch für Aufhebungs- und Änderungsanträge, die vor dem Tag der Verkündung des Gesetzes gestellt oder eingelegt wurden (Art. 97 § 18a Abs. 12 EGAO).

C. 17.02 Aufhebung des Vorbehalts

I. FORMULAR

Formular C. 17.02 Aufhebung des Vorbehalts

Finanzamt ....

Die Einkommensteuer ...... für meinen Mandanten ...... wurde unter dem Vorbehalt der Nachprüfung festgesetzt.

Ich beantrage, den Vorbehalt der Nachprüfung aufzuheben, weil der Steuerfall bereits abschließend geprüft worden ist.

..

Steuerberater

II. ERLÄUTERUNGEN

Erläuterungen zu C. 17.02 Aufhebung des Vorbehalts

Schrifttum: *Dünkel* Vertrauensschutz bei Steuerbescheiden unter dem Vorbehalt der Nachprüfung FR 87, 522; *Haas* Aspekte zur Tragweite der Steuerfestsetzung unter dem Vorbehalt der Nachprüfung. Festschrift für *v. Wallis* 1985 S. 452; *Kamann* Die vorbehaltlose Steuerfestsetzung im Verhältnis zur Steuerfestsetzung unter Vorbehalt der Nachprüfung, StuW 82, 149; *Leisner* Vorbehaltsfestsetzungen und Vertrauensschutz, DStZ 99, 358;; *Scholz* Steuerfestsetzung unter Vorbehalt der Nachprüfung trotz Außenprüfung, DStZ 88, 459; *Trzaskalik* Über die Vorbehaltsfestsetzung und die Steueranmeldung, StuW 93, 371.

1 **Steuerfestsetzungen (§ 155 AO)** können, solange der Steuerfall nicht abschließend geprüft worden ist, allgemein oder im Einzelfall unter dem Vorbehalt der Nachprüfung ergehen, ohne dass dies einer Begründung bedarf (§ 164 Abs. 1 Satz 1 AO). Solange der Vorbehalt der Nachprüfung besteht, kann die Steuerfestsetzung jederzeit aufgehoben oder geändert werden (§ 164 Abs. 2 Satz 1 AO). Die Vorbehaltsfestsetzung ist stets umfassend vorläufig; darin unterscheidet sie sich von der vorläufigen

Festsetzung nach § 165. Die Aufhebung bedarf keiner besonderen Begründung (BFH I R 5/96 v. 10.7.96, BStBl. II 97, 5). Die Aufhebung setzt auch keine abschließende Prüfung des Steuerfalles voraus (BFH V R 100/96 v. 28.5.98, BStBl. II 98, 502). Die Aufhebung oder Änderung kann zugunsten oder zuungunsten des Stpfl. erfolgen (*Tipke/Kruse/Seer* § 164 AO Rz. 35). Die Beschränkungen der §§ 172ff. AO greifen grds. nicht ein. Jedoch ist die Vertrauensschutzregelung des § 176 AO zu beachten (überzeugend *Leisner* DStZ 99, 358 mwN). Der Vorbehalt der Nachprüfung entfällt mit dem Ablauf der Festsetzungsfrist (§ 164 Abs. 4 AO). Bei Steuerhinterziehung und leichtfertiger Steuerverkürzung verlängert sich die regelmäßige Festsetzungsfrist nicht auf zehn Jahre. Auch die Ablaufhemmungen des § 171 Abs. 7, 8 und 10 AO sind nicht anwendbar (§ 164 Abs. 4 Satz 2 AO). Während sich die Vorläufigkeit einer Steuerfestsetzung (§ 165 AO) auf konkrete Sachverhaltspunkte bezieht, erfasst der Vorbehalt der Nachprüfung den gesamten Regelungsinhalt des Steuerbescheids, und zwar sowohl für den Stpfl. als auch für die Finanzbehörde.

Der Stpfl. kann die Aufhebung oder Änderung der Steuerfestsetzung, also auch **die Aufhebung des Vorbehalts, jederzeit beantragen** (§ 164 Abs. 2 Satz 2 AO). Gegen die Ablehnung des Antrags auf Aufhebung des Vorbehalts ist der Einspruch gegeben (§ 347 AO). Der Antrag nach § 164 Abs. 2 Satz 2 AO ist nicht fristgebunden. Wird der Antrag vor Ablauf der Festsetzungsfrist gestellt, so läuft die Festsetzungsfrist nicht ab, bevor über den Antrag unanfechtbar entschieden worden ist (§ 171 Abs. 3 AO). 2

Das Recht des Stpfl., jederzeit die Aufhebung oder Änderung einer Vorbehaltsfestsetzung zu beantragen, macht den (fristgebundenen) **Einspruch nicht überflüssig.** Eine inhaltliche Korrektur des Steuerbescheids kann nicht mit einem Antrag auf Aufhebung des Nachprüfungsvorbehalts erreicht werden. Da der Nachprüfungsvorbehalt untrennbar mit dem sonstigen Inhalt des Steuerbescheids verbunden ist, ist er eine unselbstständige Nebenbestimmung des Verwaltungsakts. Eine solche unselbstständige Nebenbestimmung kann nicht selbstständig, sondern nur mit der Anfechtungsklage gegen den gesamten Verwaltungsakt angegriffen werden (BFH IV B 20/79 v. 20.6.79, BStBl. II 79, 666). Eine Anfechtungsklage, mit der allein die Aufhebung des Nachprüfungsvorbehalts erstrebt wird, ist daher unzulässig (BFH IV R 168–170/79 v. 30.10.80, BStBl. II 81, 150; *Klein/Rüsken* § 164 AO Rz. 54; aA *Tipke/Kruse/Seer* § 164 AO Rz. 55). Nur der (fristgebundene) Einspruch, nicht auch noch ein Antrag nach § 164 Abs. 2 Satz 2 AO, ermöglicht die Aussetzung der Vollziehung (§ 361 AO, § 69 FGO; FG Köln 1 V 4851/94 v. 7.10.94, EFG 95, 190). 3

Der Vorbehalt muss nach einer Außenprüfung aufgehoben werden, wenn sich keine Änderungen ergeben, aber vom Sinn und Zweck der Regelung auch dann, wenn sie sich ergeben; denn auch hier ist der Steuerfall abschließend geprüft und die Rechtfertigung für eine Vorbehaltsfestsetzung damit entfallen. Unterlässt das FA nach einer Außenprüfung die in Abs. 3 Satz 3 vorgeschriebene Aufhebung des Vorbehalts, so steht der Steuerbescheid grundsätzlich weiterhin unter einem wirksamen Vorbehalt der Nachprüfung und kann noch nach § 164 Abs. 2 geändert werden; Treu und Glauben stehen nicht entgegen (st. Rspr. zB BFH X R 8/09 v. 18.8.09,) BFH/NV 10, 161, mwN). Das gilt sogar dann, wenn nach Außenprüfung das FA mitteilt, sie habe zu keiner Änderung geführt (BFH V R 43/04 v. 9.11.06, BStBl. II 07, 344; I R 118/83 v. 29.4.87, BStBl. II 88, 168; V R 135/93 v. 15.12.94, BFH/NV 95, 938; kritisch *Thomas* DStR 92, 1468). 4

Gegen die Aufhebung des Vorbehalts ist der Einspruch gegeben (BFH IX R 255/84 v. 3.2.87, BFH/NV 87, 751; V B 131/96 v. 30.6.97, BFH/NV 98, 817). Auch eine Aussetzung der Vollziehung kann insoweit in Betracht kommen, als die Leistung aus dem ursprünglichen Bescheid noch nicht bewirkt worden ist (FG Hamburg V 44/82 v. 25.6.82, EFG 83, 160). Erfolgt die Aufhebung in der Einspruchsentscheidung, ist dagegen die Klage gegeben (BFH IV R 216/82 v. 4.8.83, BStBl. II 84, 85; BFH IV R 17/07 v. 3.9.09, BStBl. II 10, 631). 5

C. 17.03 Offenbare Unrichtigkeit

I. FORMULAR

Formular C. 17.03 Offenbare Unrichtigkeit

Finanzamt ....

Wir beantragen, den Einkommensteueränderungsbescheid vom 27.10.20.., bekanntgegeben am 2.11.20.., wegen einer offenbaren Unrichtigkeit zu berichtigen, und zwar aus folgenden Gründen:

In seinem Bericht vom 1.9.20.. hat der Außenprüfer negative Einkünfte aus Gewerbebetrieb in Höhe von 10.000.– € festgestellt. Im Steuerbescheid vom 27.10.20.. ist jedoch nur der bereits im ursprünglichen Bescheid enthaltene Verlust von 5.000.– € angesetzt. Darin liegt eine offenbare Unrichtigkeit im Sinne des § 129 AO, denn der Steuerbescheid vom 27.10.20.. verweist in den Erläuterungen ausdrücklich auf die Feststellungen des Prüfers. Damit liegt ein mechanisches Versehen vor.

Vorsorglich bitten wir, dieses Schreiben als Einspruch aufzufassen.

...

Steuerberater

II. ERLÄUTERUNGEN

Erläuterungen zu C. 17.03 Offenbare Unrichtigkeit

Schrifttum: *Birkenfeld* Die Berichtigung von Steuerverwaltungsakten nach § 129 AO in der Rechtsprechung des Bundesfinanzhofs, DStR 91, 729; *Bowitz* Nochmals: Zur Berichtigung eines Verwaltungsaktes wegen offenbarer Unrichtigkeit nach § 129 Abgabenordnung, UR 84, 180; *Friedrich* Zur Berichtigung wegen offenbarer Unrichtigkeit, UR 84, 49; *Gerber* Berichtigung von Verwaltungsakten wegen offenbarer Unrichtigkeiten, BB 85, 1597; *Hering* Die Berichtigung offenbarer Unrichtigkeiten im Steuerbescheid, DStZ 84, 220; *Lühr* Berichtigung „offenbarer" Unrichtigkeiten bei Abweichung zwischen Aktenverfügung und Steuerbescheid, DB 84, 1092; 1611;*Tehler* Ist die Anwendungspraxis zu § 129 AO noch verfassungsgemäß?, DStR 09,1019; *v. Wedelstädt* Die Berichtigung von Steuerbescheiden wegen offenbarer Unrichtigkeiten nach § 129 AO, DB 85, 1761; *Weber* Fehlender Vorbehalt der Nachprüfung als „offenbare Unrichtigkeit i.s. von § 129 AO – Eine „offenbare" Unrichtigkeit, DStR 07, 1561.

1 Die Finanzbehörde kann **Schreibfehler, Rechenfehler und ähnliche offenbare Unrichtigkeiten,** die beim Erlass eines Verwaltungsaktes unterlaufen sind, jederzeit berichtigen (§ 129 AO). § 129 AO lässt die Bestandskraft des Steuerverwaltungsakts unberührt und stellt die Korrektur in das Ermessen der Finanzbehörde (BFH X R 116/87 v. 8.3.1989, BStBl. II 89, 531). Als „ähnliche offenbare Unrichtigkeiten" qualifiziert die Rechtsprechung solche Fehler, die mit Schreib- und Rechenfehlern auf einer Stufe stehen, also mechanische Versehen, wie beispielsweise Eingabe- oder Übertragungsfehler. Sie können auch in einem unbeabsichtigten, unrichtigen Ausfüllen des Eingabebogens (BFH IV R 17/97 v. 5.2.98, BStBl. II 98, 535) oder in einem Irrtum über den tatsächlichen Programmablauf oder in der Nichtbeachtung der für das mechanische Veranlagungsverfahren geltenden Dienstanweisungen bestehen(BFH V R 121/73 v. 31.7.75, BStBl. II 75, 868; VI R 4/83 v. 18.4.86, BStBl. II 86, 541; X R 47/91 v. 17.2.93, BFH/NV 93, 638). Fehler bei der Auslegung oder Nichtanwendung einer Rechtsnorm, unrichtige Tatsachenwürdigung, unzutreffende Annahme eines in Wirklichkeit nicht vorliegenden Sachverhalts oder Fehler, die auf mangelnder Sachaufklärung beruhen, schließen die Anwendung der Vorschrift aus (BFH X R 116/87 v. 8.3.89, BStBl. II 89, 531; I R 116/88 v. 31.7.90, BStBl. II 91, 22, IV R 3/99 v. 16.3.00, BStBl. II 00, 372). Ob

ein mechanisches Versehen vorliegt, ist Tatfrage, die nach den Verhältnissen des Einzelfalles zu beurteilen ist (BFH IV R 17/97 v. 5.2.98, BStBl. II 98, 535). Wenn auch nur die „ernsthafte Möglichkeit" besteht, dass die Nichtberücksichtigung einer feststehenden Tatsache in einer fehlerhaften Tatsachenwürdigung oder aber in einem Denk- und Überlegungsfehler begründet ist oder auf mangelnder Sachaufklärung beruht, scheidet eine offenbare Unrichtigkeit aus (vgl. hierzu BFH VIII R 15/10 v. 6.11.12, BStBl. II 13, 307 mit Anm. *Thomas* SteuK 13, 218; BFH X R 49/00 v. 31.7.02, BFH/NV 03, 2; BFH II R 9/96 v. 9.12.98, BFH/NV 99, 899). Auch das Übersehen eines Grundlagenbescheides begründet eine offenbare Unrichtigkeit des Folgebescheides, da es sich hierbei um ein mechanisches Versehen des FA handelt, wenn es die Auswertung eines bereits vorliegenden Grundlagenbescheides im Folgebescheid unterlässt (vgl. BFH X R 37/99 v. 16.7.03, DStR 03, 2068). Die Anwendung des § 129 AO soll zugunsten und zuungunsten der Steuerpflichtigen unabhängig davon zulässig sein, ob die offenbare Unrichtigkeit für den Empfänger des unrichtigen Bescheides erkennbar ist (BFH VIII R 46/83 v. 31.3.87, BStBl. II 87, 588; VIII R 110/86 v. 22.8.89, BFH/NV 90, 205; VII R 8/91 v. 25.2.92, BStBl. II 92, 713; I R 93/98 v. 18.8.99, BFH/NV 00, 539; aA *Tipke/Kruse/Seer* § 129 AO Rz. 6ff. mwN).

Offenbar ist eine Unrichtigkeit immer dann, wenn der Fehler bei Offenlegung des Sachverhalts (der Akten) für jeden objektiven (unvoreingenommenen) Dritten klar und eindeutig als offenbare Unrichtigkeit erkennbar ist (st. Rspr. BFH IV R 56/07 v. 1.7.10, BFH/NV 10, 2004 mwN). Es ist grds. unerheblich, ob der Bescheidadressat die Unrichtigkeit anhand des Bescheids und der ihm vorliegenden Unterlagen selbst erkennen konnte (BFH VI R 45/10 v, 8.12.11, BeckRS 12, 94515; I B 21/06 v. 22.8.06, BFH/NV 10; 7 und XI R 17/05 v. 11.7.07, BFH/NV 07, 1810; aA *Tipke/Kruse/Seer* § 129 Rz 7 ff).

Berichtigt werden können **Fehler, die „beim Erlass eines Verwaltungsaktes" unterlaufen sind** (§ 129 Satz 1 AO). Aus der Formulierung folgt, dass grundsätzlich nur Fehler berichtigt werden können, die der Behörde unterlaufen sind. § 129 ist aber auch anwendbar, wenn die FinBeh die offenbar fehlerhaften Angaben des Stpfl. als eigene übernimmt (BFH IV R 9/02 v. 17.6.04, BFH/NV 04, 1505; IX R 2/07 v. 14.6.07, BFH/NV 07, 2056; X R 47/07 v. 4.6.08, BFH/NV 08, 1801). Die offenbare Fehlerhaftigkeit der Angaben muss aber für die FinBeh erkennbar sein, da anderenfalls die FinBeh keine offenbare Unrichtigkeit vom Stpfl. übernimmt (BFH I R 116/88 v. 31.7.90, BFHE 162, 115; III R 32/00 v. 23.10.02, BFH/NV 03, 441; FG Mchn 4 K 4778/04 v. 17.5.06, EFG 06, 1338; hierzu auch *Klein/Ratschow* § 129 AO, Rz. 12ff). 2

Ein Fehler iS des § 129 AO kann **„jederzeit"**, dh. ohne Rücksicht auf den Eintritt der Bestandskraft, berichtigt werden. Eine offenbare Unrichtigkeit durch Versehen bleibt es auch dann, wenn die Flüchtigkeit mehreren Beamten unterlaufen ist, sei es bei der ursprünglichen Veranlagung oder bei einem auf Grund eines Einspruchs ergangenen Änderungsbescheid (BFH VI R 140/81 v. 29.3.85, BStBl. II 85, 569). Eine Berichtigung nach § 129 AO ist bis zum Eintritt der Festsetzungs- bzw. Zahlungsverjährung zulässig. Gem. § 171 Abs. 2 AO endet die Festsetzungsfrist jedoch nicht vor Ablauf eines Jahres nach Bekanntgabe des die offenbare Unrichtigkeit enthaltenden Steuerbescheides. Dieser ist auch dann maßgebend für die Fristbemessung, wenn sich das Versehen in mehreren nachfolgenden Änderungsbescheiden durch Übernahme wiederholt hat (BFH X R 116/87 v. 8.3.89, BStBl. II 89, 531). 3

Die Berichtigung nach § 129 AO liegt im Ermessen des Finanzamts. Wenn eine offenbare Unrichtigkeit für den Steuerpflichtigen nicht erkennbar war, kann es im pflichtgemäßen Ermessen (§ 129 S. 1 iVm. § 5 AO) des FA liegen, von einer Berichtigung abzusehen (vgl dazu BFH II R 30/81 v. 24.10.84, BStBl. II 85, 218). 4

Gegen Verwaltungsakte, durch die ein Antrag auf Berichtigung eines Steuerbescheides nach § 129 AO abgelehnt wird, ist der **Einspruch** gegeben (BFH VIII R 67/81 v. 13.12.83, BStBl. II 84, 511). 5

C. 18. Stundung

C. 18.01 Persönliche Stundungsgründe

I. FORMULAR

Formular C. 18.01 Stundung aus persönlichen Stundungsgründen

Finanzamt ...

Nach dem Einkommensteuerbescheid des Finanzamts .... vom 20.3.20.. haben meine Mandanten ...... zum 21.4.20.. für das Kalenderjahr 20.. eine Einkommensteuerabschlusszahlung in Höhe von 9.000.– € zu leisten. Im Namen und im Auftrag meiner Mandanten beantrage ich die Stundung der Steuerforderung bis zum 3.8.20...

Meine Mandanten sind durch einen Brand im Betrieb in ebenso unerwartete wie unverschuldete Liquiditätsschwierigkeiten geraten. Durch den Brand sind wertvolle Maschinen zerstört worden. Sie mussten zwecks Aufrechterhaltung des Betriebes bzw. zwecks Erhaltung der Arbeitsplätze unter Einsatz aller eigenen Mittel und zugleich unter Ausschöpfung des gesamten Kreditrahmens bei der Hausbank unverzüglich wieder Instand gesetzt bzw. neu angeschafft werden.

Die Liquiditätsschwierigkeiten sind nur vorübergehender Natur. Mit einer Festsetzung und Auszahlung der Versicherungssumme ist in zwei bis drei Monaten zu rechnen.

Ich beantrage, die Stundung ohne Sicherheitsleistung zu gewähren. Ausweislich des beiliegenden Vermögensstatus erscheint die Steuerforderung nicht gefährdet.

Im Hinblick auf den unverschuldeten Engpass einerseits sowie die Kurzfristigkeit andererseits beantrage ich, aus Billigkeitsgründen von der Festsetzung von Stundungszinsen abzusehen.

..

Steuerberater

II. ERLÄUTERUNGEN

Erläuterungen zu C. 18.01 Stundung aus persönlichen Stundungsgründen

1. Grundsätzliche Anmerkungen

Schrifttum: *Carl/Klos* Beratungshinweise zur Steuerstundung, StB 93, 208; *Janssen* Die Stundung von Steuern, DStZ 91, 77; *Obermair* Stundung, Vollstreckungsaufschub, Insolvenzantrag, BB 06, 582; *Ohlf* Die Verrechnungsstundung im Steuerrecht, DStZ 94, 655; *Pump* Die Beleihung und Verwertung eigenen Vermögens als Stundungs- und Erlaßkriterium, DStZ 91, 265; *Sangmeister* Die Stundung von Steuerforderungen aufgrund nicht fälliger Gegenansprüche des Steuerschuldners, DStZ 84, 504; *Wohlschlegel* Zahlungsaufschub für den Entrichtungspflichtigen der KESt durch technischen (Verrechnungs-)Aufschub, DStR 95, 713.

1 Ansprüche aus dem Steuerschuldverhältnis können ganz oder teilweise gestundet werden, wenn die Einziehung bei Fälligkeit eine erhebliche Härte für den Schuldner bedeuten würde und der Anspruch durch die Stundung nicht gefährdet erscheint (§ 222 AO). **Durch eine Stundung wird die Fälligkeit des Steueranspruchs hinausgeschoben.** Dadurch entfallen Säumniszuschläge (anders bei Vollstreckungsaufschub gem. § 258 AO, vgl. Formular C. 21). Die Stundung löst eine **Zinspflicht**

gem. § 234 AO aus (vgl. Rz. 10). Eine entstandene Haftung entfällt nicht (BFH VII R 55/03 v. 8.7.04, BStBl. II 05, 7).

Ein gestundeter Anspruch darf mangels Fälligkeit nicht mehr vollstreckt werden (§ 254 Abs. 1 AO). Bei einer rückwirkenden Stundung bedarf es allerdings der ausdrücklichen Aufhebung bereits durchgeführter Vollstreckungsmaßnahmen (§ 257 AO). Durch eine Stundung wird die Zahlungsverjährung unterbrochen (§ 231 AO). Die Aufrechnung mit einer gestundeten Steuerforderung setzt voraus, dass der Aufrechnungserklärung ein wirksamer Widerruf der Stundung vorangegangen ist (BFH VII R 36/87 v. 25.4.89, BStBl. II 90, 352).

Gegenstand der Stundung sind Ansprüche des Steuergläubigers aus dem Steuer- 2
schuldverhältnis. Dazu gehören der Steuer- und der Steuervergütungsanspruch, der Haftungsanspruch, der Anspruch auf eine steuerliche Nebenleistung sowie Steuererstattungsansprüche (§ 37 AO). Nicht zu den Ansprüchen aus dem Steuerschuldverhältnis gehört der Anspruch des Steuerberechtigten auf Einbehaltung und Abführung von Abzugssteuern und Haftungsansprüche gegen den Entrichtungspflichtigen (§ 222 Satz 3 u. 4 AO; BFH I R 113/98 v. 15.12.99, BFH/NV 00, 1066, vgl. *Tipke/Kruse/Loose* § 222 AO Rz. 5 mwN; *Klein/Rüsken* § 222 AO Rz. 4). Der Ausschluss insbesondere der Lohnsteuerpflichtigen von der Möglichkeit einer Stundung verletzt den Gleichheitssatz und das Übermaßverbot (*Tipke/Kruse/Loose* § 222 AO Rz. 9; *H/H/Sp/v. Groll* § 222 AO Rz. 180). Die pauschalisierte Lohnsteuer kann gestundet werden, denn insoweit ist der Arbeitgeber Steuerschuldner (§ 40 Abs. 3 Satz 2 EStG). § 222 AO gilt auch für die **Erbschaftsteuer** (§ 28 ErbStG) sowie für **Einfuhrabgaben** (Art. 229 ZK, vgl. hierzu auch Rz. 11) **und Verbrauchsteuern.** Die Anwendung des § 222 AO auf Realsteuern, auf örtliche Verbrauch- und Aufwandsteuern sowie auf sonstige **Kommunalabgaben** bestimmt sich nach Landesrecht. Gleiches gilt für die **Kirchensteuer** (Nachweise bei *Tipke/Kruse/Loose* § 222 AO Rz. 16ff.). Die Verpflichtung der Schuldner der Kapitalerträge, die Steuer für Rechnung der Gläubiger der Kapitalerträge zu entrichten, einzubehalten und abzuführen, kann schon nach § 222 Satz 1 AO nicht gestundet werden, denn es handelt sich weder um einen Anspruch aus dem Steuerschuldverhältnis noch um einen Haftungsanspruch; der Entrichtungspflichtige ist auch nicht Schuldner iSv. Satz 1 (BFH I R 120/97 v. 24.3.98, BStBl. II 99, 3; I R 113/98 v. 15.12.99, BFH/NV 00, 1066; offen gelassen jedoch jetzt BFH I R 107/98 v. 23.8.00, BStBl. II 01, 742; aber jedenfalls keine erhebliche Härte, weil fremdes Geld).

Stundung und Aussetzung der Vollziehung schließen sich nicht aus (*Tipke/* 3
Kruse/Loose § 222 AO Rz. 12). Falls die Tatbestandsvoraussetzungen beider Vorschriften erfüllt sind, empfiehlt es sich, Aussetzung der Vollziehung zu beantragen, denn Stundungszinsen fallen stets an; Aussetzungszinsen nur, wenn und soweit das Rechtsmittel endgültig keinen Erfolg gehabt hat (§ 237 Abs. 1 AO).

Voraussetzung einer Stundung ist eine erhebliche Härte für den Schuldner 4
und dass der Anspruch nicht gefährdet erscheint. Der Begriff „erhebliche Härte" ist ein unbestimmter Gesetzesbegriff, der mit einer Ermessensentscheidung gekoppelt ist (*Tipke/Kruse/Loose* § 222 AO Rz. 19 mwN). Ob die Einziehung von Steuern eine erhebliche Härte darstellt, muss im Einzelfall durch eine Abwägung zwischen den Interessen des Steuergläubigers an einer vollständigen und gleichmäßigen Steuererhebung und dem Interesse des Stpfl. an einem Aufschub der Fälligkeit der Steuerzahlung festgestellt werden. Die Härte muss erheblich sein. Die Anforderungen sind hierbei aber geringer als bei der AdV (vgl. BFH III B 16/99 v. 9.12.99, BFH/NV 00, 885, Formular D. 1.02). Dass Steuerzahlungen allgemein mit Härte verbunden sein können, ist unerheblich. Entscheidend sind die konkreten Verhältnisse des besonderen Falles (BFH VIII R 8/68 v. 21.8.73, BStBl. II 74, 307). Der Stpfl. muss sich auf die zu erwartenden Steuerzahlungen einrichten. Eine erhebliche Härte ist erst dann anzunehmen, wenn dem Stpfl. die erforderlichen Mittel nicht zur Verfügung stehen und er

sie sich auch nicht unter zumutbaren Bedingungen verschaffen kann. Die Steuerzahlung als solche muss zu wirtschaftlichen Schwierigkeiten führen (BFH XI S 8/01 v. 27.4.01, BFH/NV 01, 1362). Ob eine erhebliche Härte das Vorliegen „ernsthafter Zahlungsschwierigkeiten" voraussetzt (so *Klein/Rüsken* § 222 Rz. 23 *H/H/Sp/v. Groll* § 222 Rz. 131), erscheint zumindest zweifelhaft. Eine Existenzgefährdung wird regelmäßig eine erhebliche Härte darstellen; umgekehrt setzt der Begriff einer erheblichen Härte nicht regelmäßig eine Existenzgefährdung voraus. Da eine Stundung nur die Fälligkeit hinausschiebt, kommt sie nur in Betracht, wenn die Stundungsgründe vorübergehender Natur sind (BFH X B 9/94 v. 10.10.94, BFH/NV 95, 472, hierzu auch *Klein/Rüsken* § 222 Rz. 24); andernfalls ist unter Umständen ein Erlass (§§ 163, 227 AO) geboten (Formular C. 13). Die erhebliche Härte kann sowohl in persönlichen als auch in sachlichen Erwägungen begründet sein.

5 Nur ein Anspruch, der durch die Stundung nicht gefährdet erscheint, darf gem. § 222 AO gestundet werden. Ob eine **Gefährdung des Anspruchs** besteht, ist **unbestimmter Gesetzesbegriff** (*Tipke/Kruse* § 222 AO Rz. 39 mwN). Der Anspruch ist gefährdet, wenn mit einem Vermögensverfall, mindestens aber mit einer ernsthaften Verschlechterung der Vermögensverhältnisse zu rechnen ist. Die Gefährdung eines Steueranspruchs erschöpft sich aber nicht in der Betrachtung der Vermögenssituation des Steuerschuldners. Sie kann auch dadurch bewirkt werden, dass sich der Steuergläubiger in Bindungen bezüglich der Tilgungsmodalitäten begeben soll, die ihn in der Wahrnehmung der fiskalischen Interessen behindern könnten (BFH IV B 102/87 v. 8.2.88, BStBl. II 88, 514). Die Situation eines zu sanierenden Unternehmens wird den Steueranspruch regelmäßig gefährdet erscheinen lassen (*Ströfer* StuW 82, 231 ff., 251). Bei ausreichender Sicherheitsleistung ist der Anspruch nicht gefährdet. Daher wäre die Ablehnung einer Stundung in solchen Fällen ermessensfehlerhaft.

6 **Eine Stundung wird regelmäßig nur auf Antrag gewährt.** Der Antrag muss begründet werden. Formalhafte Floskeln genügen nicht. Der Schuldner muss der Finanzbehörde ein zeitnahes Bild seiner wirtschaftlichen Verhältnisse vermitteln (BFH IV 363/58 U v. 13.4.61, BStBl. III 61, 292). Die Finanzbehörde darf einen Vermögensstatus verlangen (BFH IV 363/58 U v. 13.4.61, BStBl. II 61, 292). Der Antrag kann vor oder nach Fälligkeit gestellt werden. Ein Stundungsbegehren erledigt sich nicht durch das Erlöschen der Steuerforderung (BFH I 204/65 v. 13.9.66, BStBl. II 66, 694;). Die **Stundungsverfügung wird mit ihrer Bekanntgabe wirksam** (§ 124 AO); sie kann rückwirkend verfügt werden (§ 109 Abs. 1 Satz 2 AO).

7 **Zuständig** für die Gewährung von Stundungen ist gem. § 222 AO die Finanzbehörde, nicht das Finanzgericht. Maßgebend sind die Zuständigkeitsregeln der Länder, soweit es sich um Steuern handelt, die von den Landesfinanzbehörden verwaltet werden. Es gelten einheitliche Zuständigkeitsgrenzen, vgl. Gleichl. Ländererlasse v. 15.4.08 (BStBl. I 08, 534).

8 Eine Stundungsverfügung kann mit einem **Widerrufsvorbehalt** versehen werden. Der Vorbehalt muss aber sachlich gerechtfertigt sein. Ein automatischer Widerrufsvorbehalt, wie ihn die Gleichl. Ländererlasse v. 15.4.08, BStBl. I 08, 534) vorsehen, erscheint rechtsmissbräuchlich (glA *Tipke/Kruse/Loose* § 222 AO Rz. 64 ff.). Die Ausübung eines Widerrufsvorbehalts muss durch sachliche Gründe gerechtfertigt sein, zB durch eine Änderung der tatsächlichen Verhältnisse, die für die Stundungsgewährung maßgeblich waren. Kein Grund liegt vor wenn die Behörde nachträglich ihre Ansicht über Rechtshängigkeit und Zweckmäßigkeit der Verfügung ändert (FG Nds. IV 101/73 v. 10.9.75, EFG 76, 207).

9 Gegen die Ablehnung eines Stundungsantrags und gegen den Widerruf einer Stundung ist der **Einspruch** gegeben (§ 347 AO); gegen die ablehnende Einspruchsentscheidung ist Verpflichtungsklage zulässig (§ 40 FGO). Der Widerruf einer Stundung ist – anders als die Ablehnung – ein vollziehbarer Verwaltungsakt, dessen Vollziehung ausgesetzt werden kann. Während der Aussetzung gilt die Stundung weiter (BFH VIII

B 29/82 v. 8.6.82, BStBl. II 82, 608). Bei gerichtlicher Nachprüfung von Entscheidungen über Stundungsanträge sind die tatsächlichen Verhältnisse im Zeitpunkt der Einspruchsentscheidung maßgebend (BFH VII R 66/90 v. 26.3.91, BStBl. II 91, 545). **Vorläufiger Rechtsschutz** in Stundungssachen kann im Wege der einstweiligen Anordnung gewährt werden (BFH VIII B 94/79 v. 21.1.82, BStBl. II 82, 307; vgl. dazu Formular D. 2.08).

Für die Dauer der gewährten Stundung werden Stundungszinsen erhoben 10 (§ 234 Abs. 1 AO), und zwar in Höhe von 0,5% für jeden Monat (§ 238 Abs. 1 AO). Auf die Zinsen **kann ganz oder teilweise verzichtet** werden, wenn ihre Erhebung nach Lage des einzelnen Falles unbillig wäre (§ 234 Abs. 2 AO). Ein solcher Verzicht kann zB in Betracht kommen bei Katastrophenfällen, bei länger dauernder Arbeitslosigkeit des Steuerschuldners, bei Liquiditätsschwierigkeiten allein infolge nachweislicher Forderungsausfälle in der Insolvenz und ähnlichen Fällen. Eine zinslose Stundung kommt auch in Betracht im Hinblick auf belegbare, demnächst fällig werdende Ansprüche des Steuerschuldners sowie bei Steuerpflichtigen, die bisher ihren Zahlungspflichten pünktlich nachgekommen sind. Nach Auffassung der Verwaltung kommt ein Verzicht auf Stundungszinsen regelmäßig nur in Betracht, wenn für einen Zeitraum von nicht mehr als drei Monaten gestundet wird und der insgesamt zu stundende Betrag 5.000.– € nicht übersteigt (Nr. 11 AEAO zu § 234). Eine sachliche Rechtfertigung für diese Begrenzung ist nicht ersichtlich.

2. Einzelerläuterungen

Für **Zölle und Verbrauchsteuern** kann unabhängig von einer Stundung (BGH 11 VIII ZR 121/77 v. 9.10.78, NJW 79, 159) **Zahlungsaufschub gem. § 223 AO** gewährt werden. Der Regelungsgehalt der Vorschrift erschöpft sich in der Verweisung auf die einzelnen Steuergesetze. Nach Maßgabe der einschlägigen Regelungen kann im Einzelfall Zahlungsaufschub ohne Sicherheitsleistung gewährt werden (§ 21 Abs. 3 UStG betr. Einfuhrumsatzsteuer). Für das **Gemeinschaftsrecht** gelten die besonderen Regelungen der Art. 224ff. ZK (vgl. hierzu *Klein/Rüsken* § 222 Rz. 6).

Persönliche Stundungsgründe ergeben sich aus den persönlichen Verhältnissen des 12 Steuerschuldners. Die Tatsache, dass der Entrichtungsschuldner nur fremdes Geld abzuführen hat, schließt die Annahme einer erheblichen Härte für ihn regelmäßig aus (BFH I R 115/86 v. 30.5.90, BFH/NV 90, 757). Die Ablehnung einer entsprechenden Verrechnungsstundung ist daher nicht ermessenswidrig (BFH I R 107/98 v. 23.8.00, BStBl. II 00, 742). Die Einziehung bei Fälligkeit kann zB unbillig sein, weil der Stpfl. plötzlich erkrankt ist oder unerwartet hohe finanzielle Verluste erlitten hat, etwa durch eine Naturkatastrophe. Im Prinzip muss sich der Stpfl. auf vorhersehbare Zahlungstermine, ggf. auch auf Nachzahlungen, einrichten (BFH VIII R 8/68 v. 21.8.73, BStBl. II 74, 307). Dafür muss er auch eigene Mittel, zB ein Wertpapiervermögen, bereithalten und einsetzen. Auch die Aufnahme von Krediten ist zumutbar (BFH VIII R 8/68 v. 21.8.73, BStBl. II 74, 307), falls die Zinsbelastung zumutbar ist (BFH VIII R 8/68 v. 21.8.73, aaO). Es besteht aber zB eine Stundungsverpflichtung (Ermessensreduzierung auf null), wenn die Erhöhung der KSt-Vorauszahlung für das IV. Quartal deswegen eine von dem Stpfl. nicht zu vertretende Härte darstellt, weil dieser mit einem dem Veranlagungsbescheid vorgeschalteten Vorauszahlungsbescheid nicht rechnen musste (FG Berlin VIII 145/87 v. 9.5.88, EFG 89, 3). Der Stpfl. kann sich zur Begründung eines Stundungsantrages grundsätzlich nicht auf Verhältnisse berufen, die er selbst verursacht hat, zB durch extrem hohe Entnahmen. Steuerschulden und andere Verbindlichkeiten sind regelmäßig gleichrangig (*Weidenfeller* StuW 62, 474).

Saisonbedingte Liquidationsengpässe können eine Stundung rechtfertigen, so- 13 weit sie über den jährlich wiederkehrenden Saisonablauf hinausgehen (FG Nds. VII 503/81 v. 1.3.82, EFG 82, 571).

14 Eine Stundung aus persönlichen Gründen ist von der **Stundungswürdigkeit** des Antragstellers abhängig. Stundungsunwürdigkeit ist zB gegeben, wenn der Steuerschuldner nicht die gebotenen Anstrengungen zur pünktlichen Tilgung seiner Steuerschulden unternommen hat (BFH I R 5/83 v. 2.7.86, BFH/NV 87, 684). Steuerhinterziehung schließt Stundungswürdigkeit nicht generell aus (vgl. *Janssen* DStZ 91, 79); ebenso wenig die Nichtabgabe von Steuererklärungen (FG BaWü 12 K 207/95 v. 14.1.98, EFG 98, 713). Die Stundungswürdigkeit entfällt auch nicht, weil der Steuerpflichtige bei verbesserter Ertragslage keinen Antrag auf Erhöhung der Vorauszahlungen stellt (FG Brandenburg 5 K 1090/96 v. 23.10.97, EFG 98, 169; einschränkend FG Thüringen I 419/00 v. 5.6.00, EFG 00, 910).

C. 18.02 Sachliche Stundungsgründe

I. FORMULAR

Formular C. 18.02 Stundung aus sachlichen Stundungsgründen

Finanzamt ...

Ich beantrage zinslose Stundung der für mein Fahrzeug mit dem amtlichen Kennzeichen ...... in einem Monat fällig werdenden Kraftfahrzeugsteuer in Höhe von € 300.–.

Ich habe dem Finanzamt vor sechs Monaten meine Einkommensteuererklärung (Steuernummer ......) eingereicht. Daraus ergibt sich, bedingt durch eine Sonder-AfA nach § 7b EStG und die insgesamt erklärten negativen Einkünfte aus Vermietung und Verpachtung, ein Einkommensteuererstattungsanspruch in Höhe von € 500.–.

Das Vorliegen dieses Einkommensteuererstattungsanspruchs ist ohne schwierige Nachprüfungen erkennbar, so dass das Finanzamt verpflichtet ist, die beantragte Stundung zu gewähren.

Angesichts der geschilderten Verhältnisse beantrage ich, aus Billigkeitsgründen auch von einer Zinsfestsetzung abzusehen.

II. ERLÄUTERUNGEN

Erläuterungen zu C. 18.02 Stundung aus sachlichen Stundungsgründen

1. Grundsätzliche Anmerkungen

Vgl. C. 18.01 Rz. 1ff.

2. Einzelerläuterungen

1 **Sachliche Stundungsgründe** sind nicht in der Person des Steuerpflichtigen, sondern in objektiven Verhältnissen begründet (vgl. hierzu *Klein/Rüsken* § 222 AO Rz. 30ff.). Dass insoweit Überschneidungen möglich sind, ist offenkundig.

2 **Eine erhebliche sachliche Härte kann die Einziehung einer Steuer dann darstellen,** wenn der Steuerpflichtige in Kürze mit einer Steuererstattung rechnen kann, ohne dass die Möglichkeit einer Aufrechnung besteht (BFH I R 98/81 v. 6.10.82, BStBl. II 83, 397, FG Hamburg 2 K 103/11 v. 22.3.12, BeckRS 12, 95052). Eine nur ungewisse Aussicht auf Erstattung der Steuer genügt aber nicht. Um die Verpflichtung zur Steuerzahlung bei Fälligkeit als erhebliche sachliche Härte zu werten, muss der Gegenanspruch mit an Sicherheit grenzender Wahrscheinlichkeit bestehen

und in absehbarer Zeit fällig werden (BFH V B 44/84 v. 29.11.84, BFHE 142, 418; BFH II R 71/94 v. 12.6.96, BFH/NV 96, 873). Die Stundung von Einkommensteuervorauszahlungen kann nicht verlangt werden, wenn zur Begründung des Stundungsantrags lediglich vorgebracht wird, dem Steuerpflichtigen stehe ein – vom Finanzamt bisher nicht anerkannter – Vorsteuerüberschuss zu (BFH IV R 161/81 v. 7.3.85, BStBl. II 85, 449). Über die Voraussetzungen der sog. **Verrechnungsstundung** vgl. OFD Hannover v. 4.2.05 (DStR 05, 870).

Einwendungen gegen die materielle Richtigkeit einer Steuerfestsetzung 3 oder auch die Verfassungswidrigkeit eines Gesetzes rechtfertigen eine Stundung grundsätzlich nicht (BFH V 132/59 U v. 14.8.63, BStBl. III 63, 445). Etwas anderes gilt aber dann, wenn der Steuerpflichtige Stundung bis zur Entscheidung über einen Antrag auf Aussetzung der Vollziehung beantragt. Bei Beteiligungen an Abschreibungsgesellschaften kann eine erhebliche sachliche Härte gegeben sein, wenn der Schuldner eine festgesetzte Steuerschuld bezahlen soll, nach den gegebenen Umständen aber mit überwiegender Wahrscheinlichkeit zu erwarten ist, dass die Steuerfestsetzung demnächst zu seinen Gunsten geändert werden wird (BMF v. 13.7.92, BStBl. I 92, 404). Eine Stundung wegen Inanspruchnahme eines Verlustrücktrages darf nicht mit der Begründung abgelehnt werden, die Steuererklärung für das Verlustjahr liege noch nicht vor (FG Nds. VI 89/82 v. 27.5.82, EFG 82, 636; FG Mecklenburg-Vorpommern 1 K 170/96 v. 6.8.97, EFG 97, 1222). Die Realisierung stiller Reserven ohne Zufluss von Geldmitteln ist kein Grund für eine Stundung aus sachlichen Gründen (BFH I R 145/90 v. 16.10.91, BStBl. II 92, 321).

C. 19. Tatsächliche Verständigung

I. FORMULAR

Formular C. 19 Tatsächliche Verständigung

Niederschrift über die abschließende Besprechung am ......

im Rahmen der Außenprüfung bei

......, wohnhaft in ....

Finanzamt ...., Steuernummer ....

Teilnehmer:

Für den Steuerpflichtigen:	**Steuerberater ....**	
Für das Finanzamt:	**Regierungsrat ....**	**Sachgebietsleiter Außenprüfung**

Die steuerliche Sach- und Rechtslage ist zwischen den Beteiligten eingehend erörtert worden. Dabei hat sich herausgestellt, dass hinsichtlich des folgenden Sachverhalts ein Fall der erschwerten Sachverhaltsermittlung im Sinne der BFH-Rechtsprechung vorliegt:

Ermittlung der Höhe der Betriebseinnahmen aus der Gaststätte ...... für die Kalenderjahre 09 bis 12.

Hiermit erklären das Finanzamt ......, vertreten durch Regierungsrat ...... und die Steuerpflichtigen ......, vertreten durch ...... übereinstimmend, dass für die Kalenderjahre 09 bis 12 folgende Besteuerungsgrundlagen zugrunde zu legen sind:

Die erklärten Umsätze sind für jedes Kalenderjahr um 40.000 € zu erhöhen.

Bei der Berechnung der gewerblichen Einkünfte aus der Gaststätte ...... sind die Betriebseinnahmen für jedes Kalenderjahr um 40.000 € zu erhöhen.

Die Beteiligten sind sich darüber einig, dass diese tatsächliche Verständigung über die Besteuerungsgrundlagen für beide Seiten bindend ist.

Die Steuerpflichtigen bzw. ihr Vertreter haben eine Ausfertigung dieser Niederschrift erhalten.

........................., den ....

..	**..**
[Unterschrift]	**[Unterschrift]**

II. ERLÄUTERUNGEN

Erläuterungen zu C. 19 Tatsächliche Verständigung

Schrifttum: *Eich* Die tatsächliche Verständigung im Steuerverfahren und im Steuerstrafverfahren, Köln 92; *Flockermann* Gesetzmäßigkeit der Besteuerung und tatsächliche Verständigung, Festschrift für Ritter 1997, 103; *Iwanek* Aufhebung der Bindungswirkung einer tatsächlichen Verständigung, DStR 93, 1394; *Lichtinghagen* Chancen und Risiken der tatsächlichen Verständigung, StuB 09, 63; *Mösbauer* Die tatsächliche Verständigung – ein vages Beweismittel-Surrogat im Besteuerungsverfahren, BB 03, 1037; *Offerhaus* Die tatsächliche Verständigung – Voraussetzungen und Wirkung, DStR 01, 2093;

Pump/Fitkau Checkliste zur tatsächlichen Verständigung, AO-StB 07, 129, 154. *Seer* Verständigungen in Steuerverfahren, Köln 1996.

Vergleiche über Steueransprüche sind nach ständiger Rechtsprechung im Hinblick auf Gesetzmäßigkeit und Gleichmäßigkeit der Besteuerung unzulässig (RFH VI A 723/36 v. 14.10.36, RStBl. 36, 1077; BFH IV 281/54 U v. 27.1.55, BStBl. III 55, 92; III 326/58 U v. 26.5.61, BStBl. III 61, 318). Gleichwohl erkennen die Rspr. und die Finanzverwaltung an, dass in der Praxis ein Bedürfnis besteht, unklare Sachverhalte und deren Behandlung einvernehmlich zu regeln. Sowohl die Finanzbehörde als auch der Stpfl. haben regelmäßig ein ausgeprägtes Interesse daran, kosten-, arbeits- und zeitaufwändige Sachverhaltsermittlungen zu vermeiden. Einvernehmliche Regelungen dienen außerdem der Vermeidung von Rechtsstreitigkeiten, deren Ausgang und vor allen Dingen deren Dauer kaum noch vorhersehbar sind. Seit der Entscheidung des BFH VIII R 131/76 v. 11.12.84 (BStBl. II 85, 354) erkennt die Rspr. einvernehmliche Regelungen im Bereich der Sachverhaltsermittlung an. Sie „betreffen zumeist einen Ausschnitt des Besteuerungssachverhalts und dienen dem Ziel, insoweit Unsicherheiten und Ungenauigkeiten zu beseitigen" (vgl. BFH III R 49/00 v. 24.1.02, BStBl. II 02, 408). Solche Einigungen wirken sich, wie der BFH formuliert, zwar auch auf den Steueranspruch aus, es handele sich jedoch nicht um einen Vergleich über das anzuwendende Recht. Das Recht werde vielmehr erst auf einen einverständlich angenommenen Sachverhalt angewandt. In Betracht kommen vor allen Dingen Fälle der Schätzung, Wertermittlung und der zukunftsorientierten Prognose (vgl. BMF v. 30.7.08, BStBl. I 08, 831). Tatsächliche Verständigungen sind nach der Rechtsprechung des BFH und der Finanzverwaltung bindend, sofern sie nicht zu offensichtlich unzutreffenden Ergebnissen führen (BFH XI R 78/95 v. 31.7.96, BStBl. II 96, 625; III R 49/00 v. 24.2.02, BStBl. II 02, 408; BMF v. 30.7.08, aaO, Tz. 6.1.). 1

Die Rechtsnatur einer tatsächlichen Verständigung ist nach wie vor umstritten. Die Rechtsprechung des BFH ist nicht einheitlich. Überwiegend wird die Bindung mit dem Grundsatz von Treu und Glauben begründet (BFH I R 13/86 v. 6.2.91, BStBl. II 91, 673; XI R 78/95 v. 31.7.96, BStBl. II 96, 625; anders dagegen BFH III R 19/88 v. 5.10.90, BStBl. II 91, 5) JuS 00, 1129. Das ganz überwiegende Schrifttum qualifiziert die tatsächliche Verständigung inzwischen als öffentlich-rechtlichen Vertrag (zB *Wassermeyer* FR 87, 513; von *Wedelstädt* DB 91, 515; *Eich,* Tatsächliche Verständigung im Steuerverfahren und Steuerstrafverfahren, S. 20; *H/H/Sp/Söhn* § 78 Rz. 174; *Klein/Rätke* § 78 AO Rz. 5). UE ist die tatsächliche Verständigung als öffentlich-rechtlicher Vertrag zu qualifizieren. Ein Verstoß gegen den Grundsatz der Gesetzmäßigkeit der Verwaltung ist darin nicht zu sehen, denn jede Verständigung über Sachverhaltsfragen beinhaltet zugleich eine Verständigung über die Rechtsfolgen. Eine Verständigung über Besteuerungsgrundlagen löst zwangsläufig ganz bestimmte (auch gewollte) steuerrechtliche Folgerungen aus und bewirkt damit im Ergebnis eine partielle Einigung über den Steueranspruch (ebenso *Offerhaus* DStR 01, 2093). Letztlich erkennt auch der BFH an, dass Tat- und Rechtsfragen in bestimmten Fällen nicht auseinandergerissen werden können. Im Urt. BFH I R 12/97 v. 13.8.97 (BFH/NV 98, 498) wird nämlich ausgeführt, eine tatsächliche Verständigung über die Angemessenheit der Gesellschafter-Geschäftsführer-Gesamtausstattung sei möglich; die Würdigung als „angemessen" stelle zwar eine rechtliche Beurteilung dar. Hierin liege aber zugleich eine Verständigung über tatsächliche Vorfragen. 2

Wenn der BFH die Bindungswirkung aus dem **Grundsatz von Treu und Glauben** ableitet, so ist das nicht überzeugend, weil dieser Grundsatz nach allgemeiner Auffassung nur dann eine Bindung auslöst, wenn der Steuerpflichtige auf Grund des Vertrauenstatbestandes Vermögensdispositionen getroffen hat. Den Belangen der Beteiligten wird man nur gerecht, wenn man die tatsächliche Verständigung als öffentlich-rechtlichen Vertrag qualifiziert. Im Allgemeinen Verwaltungsrecht ist ein Vergleich nach der Legaldefinition des § 55 VwVfG ein „öffentlich-rechtlicher Vertrag 3 durch den eine bei verständiger Würdigung des Sachverhalts oder der Rechtslage bestehende Ungewissheit durch gegenseitiges Nachgeben beseitigt wird." Folgt man der hier vertretenen Auffassung, so wirkt eine tatsächliche Verständigung wie ein Grundlagenbescheid. Dessen Bindungswirkung schließt es nach § 182 AO aus, dass über einen Sachverhalt, über den im Feststellungsverfahren entschieden worden ist, im Folgeverfahren in einem damit unvereinbaren Sinn anders entschieden wird. Die Bindungswirkung einer tatsächlichen Verständigung als Vertrag schließt die Anwendung der §§ 173 ff. AO aus (vgl. dazu *Klein/Rätke* § 78 AO Rz. 5).

4 Nach der Rspr des BFH sind nur Verständigungen über den der StFestsetzung zu Grunde zu legenden Sachverhalt zulässig, nicht aber über die Beurteilung von Rechtsfragen (grundlegend BFH VIII R 131/76 v. 11.12.84, BStBl. II 85, 354; IV R 54/04 v. 3.4.08, BFH/NV 08, 1263). Voraussetzung für eine tatsächliche Verständigung ist das Vorliegen eines Sachverhalts, der nur unter erschwerten Umständen ermittelt werden kann. Das ist zB der Fall, wenn sich der einzelne Sachverhalt nur mit überdurchschnittlichem Arbeits- und Zeitaufwand und/oder mit überdurchschnittlicher Zeitdauer ermitteln lässt (vgl. BMF v. 30.7.08, BStBl. I 08, 831 Tz. 3; AEAO zu § 88 AO, Nr. 1 Abs. 2). Dabei darf die Finanzbehörde auch berücksichtigen, in welchem Maße sie durch ein zu erwartendes finanzgerichtliches Verfahren belastet wird, sofern sie bei vorhandenen tatsächlichen oder rechtlichen Zweifeln dem Begehren des Steuerpflichtigen nicht entspricht und zu seinem Nachteil entscheidet (BMF v. 30.7.08, aaO, Tz. 3). Eine tatsächliche Verständigung ist auch zulässig, soweit sich die Beteiligten über die Auslegung und rechtliche Beurteilung zivilrechtlicher Verträge oder Rechtsfragen, die als Vorfragen der steuerlichen Beurteilung zugrunde zu legen sind, einigen (BFH IV R 3/00 v. 1.2.01, BStBl. II 01, 520).

5 Auf **Seiten des Finanzamtes** muss mindestens der für die Entscheidung über die Steuerfestsetzung zuständige, d. h. der **zur abschließenden Zeichnung berechtigte Amtsträger beteiligt sein**. War an dem Abschluss einer tatsächlichen Verständigung ein für die Entscheidung über die Steuerfestsetzung zuständiger Amtsträger nicht beteiligt, kann dieser Mangel durch ausdrückliche nachträgliche Zustimmung gegenüber allen Beteiligten geheilt werden (BMF v. 30.7.08, BStBl. I 08, 831 Tz. 5.3.). Soweit der Steuerpflichtige durch einen Bevollmächtigten vertreten wird, muss eine Vollmacht iSv. § 80 Abs. 1 Satz 12 AO vorliegen.

6 **Einer besonderen Form bedürfen tatsächliche Verständigungen grds. nicht.** BMF v. 30.7.08, BStBl. I 08, 831 sieht in Tz. 5.5. vor, dass der Inhalt der tatsächlichen Verständigung in einfacher, aber beweissicherer Form unter Darstellung der Sachlage schriftlich festzuhalten und von den Beteiligten aus Beweisgründen zu unterschreiben ist. Des Weiteren sollen den Beteiligten in eindeutiger und zweifelsfreier Form auf die Bindungswirkung der tatsächlichen Verständigung hingewiesen werden. Eine Ausfertigung der Verständigung ist an alle Beteiligten auszuhändigen. Die fehlende Schriftform kann ein Indiz für den Mangel an Bindungswillen sein kann (BFH IV B 138/99 v. 21.6.00, BFH/NV 01, 2; BFH XI R 78/95 v. 31.7.96, BStBl. II 96, 625; *von Wedelstädt* DB 91, 515). Es ist aber nicht ausgeschlossen, den Abschluss einer tatsächlichen Verständigung auch durch andere Beweismittel, zB durch Zeugenvernehmung, zu führen.

7 Die tatsächliche Verständigung kann **in jedem Stadium des Veranlagungsverfahrens**, insbesondere auch anlässlich einer Außenprüfung und während eines anhängigen Rechtsbehelfs- bzw. Rechtsmittelverfahrens (zB im Rahmen einer Erörterung nach § 364a AO) getroffen werden. Von ihr kann auch bei Steuerfahndungsprüfungen bzw. nach Einleitung eines Steuerstrafverfahrens Gebrauch gemacht werden. Dann soll allerdings frühzeitig die für Straf- und Bußgeldverfahren zuständige Stelle bzw. die Staatsanwaltschaft einbezogen werden (BMF v. 30.7.08, BStBl. I 08, 831 Tz. 1). Eine tatsächliche Verständigung kann nicht vorläufig durchgeführt werden, denn durch sie soll ja gerade eine Ungewissheit beseitigt werden (*von Wedelstädt* DB 91, 515).

Eine tatsächliche Verständigung ist unwirksam, wenn sie unter unzulässigem Druck oder unter der Drohung mit einem noch anhängigen Strafverfahren zustande kommt (vgl. hierzu BFH V B 20/08 v. 8.4.10, BFH/NV 10, 1616). Gleiches gilt, wenn der Steuerpflichtige Tatsachen bewusst verschwiegen hat, um in den Genuss eines für ihn günstigen Ergebnisses zu gelangen (BMF v. 30.7.08, BStBl. I 08, 831, Tz. 8.1) Eine einvernehmliche Änderung der tatsächlichen Verständigung durch die Beteiligten ist zulässig. Die Aufhebung oder Änderung des Verwaltungsaktes, dessen Bestandteil die tatsächliche Verständigung ist, kommt nur dann in Betracht, wenn dies nach den verfahrensrechtlichen Bestimmungen zulässig ist (vgl. BMF v. 30.7.08 aaO, Tz. 7.1. und 7.2.). §§ 129ff. AO sind mangels Verwaltungsaktscharakters der tatsächlichen Verständigung für diese selbst nicht anwendbar. Grundsätzlich sind aber die Änderungsvorschriften der §§ 119, 123 BGB auf die tatsächliche Verständigung anwendbar (BFH VIII R 78/06 v. 1.9.09, BFH/NV 10, 593). 8

Vorteilhaft kann der Abschluss einer tatsächlichen Verständigung **in (möglicherweise) steuerstrafrechtlich relevanten Fällen** sein: Die Voraussetzung, wonach Unsicherheiten vorliegen müssen, die nicht aufklärbar sind, steht der Annahme einer Strafbarkeit zwar nicht entgegen. Allerdings ist der strafrechtlich erforderliche Nachweis gerade nicht erbracht. 9

C. 20. Verlustabzug

I. FORMULAR

Formular C. 20 Verlustabzug

Finanzamt....

In meinem Einkommensteuerbescheid vom ...... (noch nicht formell bestandskräftig) wird ein Verlustrücktrag auf das Vorjahr in Höhe von EUR 14.500.– von Amts wegen durchgeführt. Hiermit beantrage ich nach § 10d Abs. 1 Satz 4 EStG, dass ein Verlustrücktrag auf das Vorjahr nur in Höhe von EUR 8.500.– vorgenommen wird.

II. ERLÄUTERUNGEN

Erläuterungen zu C. 20 Verlustabzug

Schrifttum: *Ewal* Die Minderung des Verlustes nach Maßgabe des § 10d EStG – Eine steuersystematische Analyse, DStR 05, 1556; *Intemann/Nacke* Verlustverrechnung nach den Steueränderungen für 2003/2004, DStR 04, 1149; *Laule/Bott* Vererbbarkeit von Verlustvorträgen, DStR 02, 1373, *diess.* DStR 05, 497; *Orth* Mindestbesteuerung – Verlustnutzungsstrategien, Verfassungsrecht, FR 05, 5115; *Schöler* Verlustvortrag und Zusammenveranlagung in der Insolvenz eines Ehegatten, DStR 13, 1453; *Streck* Unternehmenssteuerreform 2008, NJW 07, 3176; *Wassermeyer* Einschränkungen der Verlustverrechnung, FR 11, 752.

1 § 10d EStG ist eine Vorschrift der Steuergerechtigkeit, die auf unterschiedliche Art und Weise in der Vergangenheit eine Durchbrechung der Abschnittsbesteuerung ermöglicht hat (zur Rechtsentwicklung vgl. *Schmidt/Heinicke* § 10d Rz. 2 ff.). Die nachfolgende Darstellung beschränkt sich auf die Regelung für Verluste aus den Jahren ab **VZ 2004**. Durch das **UntStReformG 2008** v. 14.8.07 (BGBl. I 07, 1912) hat der Gesetzgeber § 10d Abs. 1 Satz 2 EStG neu eingefügt. Grund für die Einfügung dieser Vorschrift ist eine Neuregelung der begünstigten Besteuerung nicht entnommener Gewinne bei Einzel- und Mitunternehmern nach § 34a EStG; damit wurde eine sog. Thesaurierungsbegünstigung eingeführt. § 34a Abs. 8 sowie § 10d Abs. 1 Satz 2 EStG regeln den Verlustausgleich und -abzug im Zusammenhang mit den ermäßigt besteuerten Gewinnen. Dadurch soll eine Doppelbegünstigung vermieden werden. Der Verlustvortrag bleibt allerdings möglich (vgl. *Schmidt/Heinicke* § 10d Rz. 20). Durch das JStG 2010 v. 8.12.10 (BGBl. I 10, 1768) wurde mWv 14.12.10 (§ 52 Abs. 25 Satz 5 EStG) Abs. 4 Satz 4 u. 5 neu gefasst. Damit ist eine erstmalige oder korrigierte Verlustfeststellung nach Bestandskraft des Steuerbescheids für nachträgl erklärte Verluste nur mögl, wenn der Steuerbescheid geändert werden könnte.

2 § 10d EStG in seiner jetzigen Form sieht vor, dass der Verlustausgleich im VZ grundsätzlich einkünfteübergreifend unbegrenzt möglich ist. Der **Verlustrücktrag** in frühere VZ ist zeitlich und betragsmäßig begrenzt und nicht mehr auf Einkunftsarten beschränkt. Der **Verlustvortrag** in spätere VZ ist zeitlich nicht und betragsmäßig nicht mehr nach Einkunftsarten beschränkt, dafür aber seit VZ 2004 betragsmäßig durch Sockelbeträge eingeschränkt (sog. **Mindestbesteuerung**). Die Sockelbeträge nach § 10d Abs. 2 Satz 1 und 2 EStG schränken einen Verlustvortrag für übersteigende Verluste ein, vor allem für Verluste von Großunternehmen, aber auch für sonstige Steuerpflichtige mit hohen Einkünften aus nur einer Einkunftsart. Soweit Verluste Sockelbeträge übersteigen, ist zwar ein Ausgleich mit sonstigen Gewinnen im Veranlagungszeitraum der Verlustentstehung ohne Einschränkung möglich. Der Verlustabzug

im späteren Veranlagungszeitraum wird jedoch durch betragsmäßige Begrenzung zeitlich gestreckt (vgl. § 10d Abs. 2 EStG Beispiel: Verlustvortragsbegrenzung EStR 10d).

§ 10d EStG gilt für die Einkommensteuer und gemäß § 8 Abs. 1 KStG auch für die Körperschaftsteuer. Hierbei gelten allerdings Einschränkungen, § 8c KStG. Hinsichtlich der Gewerbesteuer gilt § 10a GewStG (zu den Einzelheiten vgl. *Schmidt/Heinicke* § 10d Rz. 11); ein Rücktrag ist insoweit ausgeschlossen. 3

§ 10d EStG findet Anwendung auf unbeschränkt und mit den Einschränkungen des § 50 Abs. 1 Satz 2 und Abs. 2 EStG auch für beschränkt Einkommensteuer- und Körperschaftsteuerpflichtige. Der Verlustabzug ist personenbezogen und steht dem Steuerpflichtigen zu, der den Verlust erlitten hat. Inwieweit in der Person des Erblassers entstandene Verluste vom Erben abziehbar sind war jahrelang in Literatur und Rspr. umstritten (vgl. *Schmidt/Heinicke* § 10d Rz. 14 mwN). Der Große Senat hat (BFH GrS 2/04 v. 17.12.07, DStR 08, 545) entschieden, dass nicht ausgeglichene Verluste iSv. § 10d EStG nicht vom Erblasser auf den bzw. die Erben übergehen. Im Hinblick auf die (seit 1962) bestehende gegenteilige Rspr. des BFH ist diese jedoch aus Gründen des Vertrauensschutzes weiterhin in allen Erbfällen anzuwenden, welche bis zum Ablauf des Tages der Veröffentlichung des BFH-Beschlusses (am 12.3.08) eingetreten sind. 4

Ohne **Verlustrücktragsantrag** wird der Verlustrücktrag von Amts wegen vorgenommen, § 10d Abs. 1 Satz 1 iVm Satz 5 EStG. Der Rücktrag ist auf **ein Jahr begrenzt**. Durch das UntStReisekÄndG v. 20.2.13 (BGBl. I 13, 285) wurde für ab VZ 13 entstehende Verluste der Höchstbetrag beim Verlustrücktrag von 511.500 Euro bzw. 1.023.000 Euro bei zusammen veranlagten Ehegatten auf 1 Mio. Euro bzw. 2 Mio. Euro bei zusammen veranlagten Ehegatten angehoben (§ 10d Abs. 1 S. 1 iVm. § 52 Abs. 25 S. 7). Der Antrag ist formlos (in der Regel im Rahmen der Steuererklärung) möglich und gesetzlich nicht befristet. Zeitlich begrenzt ist der Verlustabzugsantrag allerdings durch die Bestandskraft der Abzugsveranlagung bzw. die Bestandskraft eines Feststellungsbescheides nach § 10d Abs. 4 EStG (vgl. hierzu *Schmidt/Heinicke* § 10d Rz. 28). Der Antrag ist grundsätzlich widerruflich. Sinnvoll ist ein solcher Antrag dann, wenn durch einen Verlustrücktrag ein geringerer steuerlicher Entlastungseffekt erzielt wird, als dies bei einem Verlustvortrag der Fall ist. Dies kann zB der Fall sein, wenn durch den Rücktrag das Einkommen des Vorjahres unter einen Betrag sinkt der im Hinblick auf Grundfreibetrag, Sonderausgaben etc. ohnehin steuerfrei bleibt. Als Folge eines Verlustrücktrags können auch nachträgl. Einkommensgrenzen unterschritten werden und damit die Voraussetzungen für die Gewährung bestimmter Steuervergünstigungen erfüllt sein, die von einer bestimmten Einkommensgrenze abhängig sind, zB für die Gewährung der Eigenheimzulage, der ArbN-Sparzulage nach dem 5. VermBG oder der Prämien nach dem SparPG bzw. WoPG eintreten. Ebenso kann der Verlustrücktrag die Folgen einer **Steuerhinterziehung** (§ 370 AO) beseitigen. Das Kompensationsverbot nach § 370 Abs. 4 S. 3 AO gilt für den von Amts wegen zu berücksichtigenden Verlustabzug nicht (BayObLG Reg 4 St 20/82 v. 21.4.82, DStR 82, 366; *Bublitz* DStR 85, 653; *H/H/R/Hallerbach* § 10d Rz. 90; s. aber BGH 5 StR 322/84 v. 26.6.84, HFR 85, 40; FG Münster XII 1660/88 E v. 4.4.89, EFG 89, 513, rkr.). 5

C. 21. Vollstreckung

C. 21.01 Aufhebung von Vollstreckungsmaßnahmen

I. FORMULAR

Formular C. 21.01 Aufhebung von Vollstreckungsmaßnahmen

Finanzamt ....

– Vollstreckungsstelle –

Mit Verfügung v. 13. 1. ... pfändete das Finanzamt wegen rückständiger Steuern und Säumniszuschläge in Höhe von € 15.000.– Forderungen, Ansprüche und Rechte meiner Mandantin aus Verträgen mit der Raiffeisenbank. Die Raiffeisenbank teilte dem Finanzamt mit, dass meine Mandantin keine pfändbaren Guthaben bei ihr unterhalte. Meiner Mandantin teilte die Raiffeisenbank mit, der bisherige Kreditrahmen von € 30.000.– könne wegen der Pfändungsverfügung nicht aufrechterhalten bleiben.

Da meine Mandantin mit Rücksicht auf eingegangene Lieferantenverpflichtungen auf den Kreditrahmen angewiesen ist, ist die Insolvenz bei Fortbestehen der Pfändungsverfügung unvermeidlich.

Die Vollstreckung ist vorübergehend unbillig. Meine Mandantin hat beantragt, die bestandskräftig festgesetzten Steuern aus sachlichen Billigkeitsgründen zu erlassen. Das Finanzamt hat den Erlass mit Bescheid v. ...... in der Fassung der Einspruchsentscheidung v. ...... abgelehnt. Die Klage meines Mandanten ist beim FG ...... unter dem Az. .... anhängig. Da das erkennende Gericht in einem Parallelverfahren die sachliche Unbilligkeit bereits anerkannt hat, ist auch im Falle meiner Mandantin mit einer positiven Entscheidung zu rechnen. Termin zur mündlichen Verhandlung ist bereits anberaumt worden, so dass – falls keine Verkündung im Termin stattfindet – innerhalb von ca. drei bis vier Monaten – mit einer Entscheidung des Gerichts gerechnet werden kann.

Die Vollstreckung bringt somit meiner Mandantin unangemessene Nachteile, die durch kurzfristiges Abwarten der Finanzverwaltung vermieden werden könnten.

Einen Stundungsantrag werde ich gesondert stellen.

...

Steuerberater

II. ERLÄUTERUNGEN

Erläuterungen zu C. 21.01 Aufhebung von Vollstreckungsmaßnahmen

Schrifttum: *Balmes* Rettungsanker Vollstreckungsaufschub, AO-StB 02, 65; *Bowitz* Zu den Möglichkeiten einer Zahlungsvereinbarung mit dem Finanzamt, DB 84, 1270; *Kowalewsky* Zweckdienliche Anträge auf Einstellung. Beschränkung und Aufhebung der Vollstreckung, NWB F 2, 5073, *Obermair*, Stundung, Vollstreckungsaufschub, Insolvenzantrag, BB 06, 582; *Pump* Typische Fehler bei Anträgen und Verhandlungen, die auf die Gewährung von Vollstreckungsaufschub gerichtet sind, StB 85, 45; *Schwärzer* Die einstweilige Einstellung der Zwangsvollstreckung nach § 258 AO, DStZ 94, 366.

1 **Soweit im Einzelfall die Vollstreckung unbillig ist,** kann die Vollstreckungsbehörde sie einstweilen einstellen oder beschränken oder eine Vollstreckungsmaß-

nahme aufheben (§ 258 AO). Die Norm entspricht § 765a ZPO. Der verfassungsrechtliche Grundsatz der Verhältnismäßigkeit ist daher auch hier im besonderen Maße zu beachten (BVerfG 1 BvR 614/79 v. 3.10.79, NJW 79, 2607). Die Anwendung des § 258 AO setzt voraus, dass eine nach der AO vollstreckbare Leistung oder Duldungspflicht besteht (§ 249 AO) und dass die speziellen Voraussetzungen des § 254 AO für den Beginn der Vollstreckung gegeben sind. Unter **„Einstellung" der Vollstreckung** kann auch ein Unterlassen von Vollstreckungsmaßnahmen von vornherein verstanden werden (BFH VII R 111/74 v. 10.8.76, BStBl. II 77, 104). Eine endgültige Untersagung der Zwangsvollstreckung ermöglicht § 258 AO nicht. Nur vorläufige Maßnahmen der Vollstreckungsbehörde kommen in Betracht (BFH VII B 56/86 v. 4.7.87, BFH/NV 87, 20; VII B 2/98 v. 8.10.98, BFH/NV 99, 443). Folglich kommt es für § 258 AO darauf an, dass die Zwangsvollstreckung **vorübergehend** unbillig ist (BFH VII S 15/05 v. 20.6.05, BFH/NV 05, 1761; VII B 61/84 v. 12.2.85, BFH/NV 86, 68; VII B 134/87 v. 24.11.87, BFH/NV 88, 422 mwN; VII B 92/92 v. 7.10.92, BFH/NV 93, 513). Nur in Ausnahmefällen (Gefahr für Leben und Gesundheit des Vollstreckungsschuldners) kann eine längerfristige Maßnahme rechtmäßig sein (BFH VII B 2/98 v. 8.10.98, BFH/NV 99, 443). Ist es schlechthin unbillig, den Anspruch geltend zu machen, so ist ein Erlass nach § 227 AO (vgl. Formular C. 13) geboten (BFH VII B 61/84 v. 12.2.85, BFH/NV 86, 68; VII B 107/91 v. 24.9.91, BFH/NV 92, 503).

Als **zusätzliche Maßnahmen** kommen in Betracht: Die einstweilige Einschränkung jeglicher Vollstreckungstätigkeit, die Beschränkung auf bestimmte Vermögensgegenstände, die Aufhebung einzelner Vollstreckungsmaßnahmen, zB die Aufhebung einer Pfändungsverfügung. Da die Vorschrift unbillige Härten vermeiden soll, kommt es nicht darauf an, ob die beantragten Billigkeitsmaßnahmen geeignet sind, die Realisierung des Steueranspruchs zu gefährden. Die Einstellung oder Beschränkung der Vollstreckung ist **nicht von einem Antrag des Vollstreckungsschuldners abhängig.** In der Praxis wird Vollstreckungsaufschub regelmäßig nur **auf Antrag** gewährt. Der Antrag setzt keine konkreten Vollstreckungsmaßnahmen voraus. Nach Beendigung der Vollstreckung sind Maßnahmen iS des § 258 AO begrifflich nicht mehr denkbar. In diesen Fällen verbleibt jedoch die Möglichkeit, unter den Voraussetzungen des § 100 Abs. 1 Satz 4 FGO die Rechtswidrigkeit der abgeschlossenen Maßnahme feststellen zu lassen. Voraussetzung für Maßnahmen nach § 258 AO ist, dass im Einzelfall die Vollstreckung unbillig ist. Eine solche **Unbilligkeit** kann nicht schon darin liegen, dass die Vollstreckung als solche mit Härten verbunden ist. Unbilligkeit ist im Einzelfall anzunehmen, wenn die Vollstreckung dem Schuldner einen unangemessenen Nachteil bringen würde, der durch kurzfristiges Abwarten oder durch eine andere Vollstreckungsmaßnahme vermieden werden könnte (BFH VII B 129/85 v. 4.2.86, BFH/NV 86, 478; VII R 63/04 v. 12.12.05, BFH/NV 06, 900; VII R 52/06 v. 11.12.07, BFH/NV 08, 749). Es müssen schwerwiegendere Gründe vorliegen und glaubhaft gemacht werden, die im Regelfall über die bei einer Vollstreckung eintretenden Nachteile hinausgehen (BFH VII B 131/92 v. 15.12.92, BFH/NV 93, 460). Die abstrakte Gefahr, dass Pfändungsmaßnahmen des Finanzamts zum Verlust des Arbeitsplatzes oder von Werk- oder Dienstleistungsaufträgen führen oder sogar die Insolvenz nach sich zieht, reicht zur Glaubhaftmachung einer Existenzgefährdung nicht aus (BFH VII R 62/04 v. 31.5.05, BFH/NV 05, 1743; VII B 119/91 v. 4.2.92, BFH/NV 92, 789, siehe hierzu iE auch *Klein/Brockmeyer* § 258 AO Rz. 6 ff.). Hingegen kann die Vollstreckung unbillig sein, wenn der Vollstreckungsschuldner Ratenzahlungen anbietet (BFH VII B 107/91 v. 24.9.91, BFH/NV 92, 503). 2

Der Vollstreckungsaufschub wirkt sich nicht auf die Fälligkeit der Steuerforderung aus und verhindert damit nicht das Entstehen von **Säumniszuschlägen** gem. § 240 AO (BFH IV R 174/78 v. 15.3.79, BStBl. II 79, 429). Die Anforderung von Säumniszuschlägen kann aber sachlich unbillig sein. Das ist insbesondere dann der Fall, 3 wenn dem Stpfl. Ratenzahlungen eingeräumt sind. In diesen Fällen ist davon auszugehen, dass die Säumniszuschläge als Druckmittel ihren Zweck verlieren (BFH V R 124/79 v. 23.5.85, BStBl. II 85, 489; III R 150/85 v. 22.6.90, BStBl. II 91, 864; vgl. auch ausführlich FG München 10 K 13190 v. 21.5.13, BeckRS 13, 96120; ferner Formular C. 10.02).

4 Die Ablehnung des beantragten Vollstreckungsschutzes ist mit dem **Einspruch** gem. § 347 AO anfechtbar. Als **vorläufiger Rechtsschutz** kommt eine einstweilige Anordnung in Betracht, wenn die wirtschaftliche oder persönliche Existenz des Vollstreckungsschuldners betroffen ist (BFH VII B 15/88 v. 14.6.88, BFH/NV 89, 75). Will das Finanzamt vor Ergehen einer gerichtlichen Entscheidung über einen Aussetzungsantrag vollstrecken, ist ein Antrag auf eine einstweilige Anordnung, gerichtet auf einstweilige Aussetzung der Vollstreckung, zulässig (FG Düsseldorf VIII 18/83 AE v. 3.2.83, EFG 84, 105).

5 **Stundungszinsen** entstehen bei Vollstreckungsaufschub nicht.

6 **Eine Unterbrechung der Verjährung** bewirkt der Vollstreckungsaufschub nur, wenn er dem Vollstreckungsschuldner mitgeteilt worden ist (BFH VII R 37/90 v. 23.4.91, BStBl. II 91, 742).

C. 21.02 Aufteilung einer Steuerschuld

Vgl. Formular C. 6.

C. 21.03 Aussetzung der Verwertung

I. FORMULAR

Formular C. 21.03 Aussetzung der Verwertung

Finanzamt ...

– Vollstreckungsstelle –

Wegen rückständiger Umsatzsteuerbeträge in Höhe von € 15.000.– hat der Vollziehungsbeamte bei mir mehrere Gemälde gepfändet. Die Versteigerung soll am 15. diesen Monats in meinen Geschäftsräumen stattfinden.

Ich beantrage zeitweilige Aussetzung der Verwertung.

Bei den gepfändeten Gegenständen handelt es sich um wertvolle Stücke, die einerseits einen hohen Sammlerwert haben, für die aber andererseits in einer Zwangsversteigerung erfahrungsgemäß kein den wirklichen Werten entsprechender Preis erzielt werden könnte. Ich stehe zurzeit in Verkaufsverhandlungen mit einer angesehenen Gemäldegalerie, die mir einen relativ hohen Preis in Aussicht gestellt hat. Die alsbaldige Verwertung der gepfändeten Gegenstände wäre daher unbillig.

Mit Rücksicht auf meine gegenwärtigen Verhältnisse wäre ich mit der Anordnung von monatlichen Raten in Höhe von € 1.000.– einverstanden.

II. ERLÄUTERUNGEN

Erläuterungen zu C. 21.03 Aussetzung der Verwertung

Gem. § 297 AO kann die Vollstreckungsbehörde die Verwertung gepfändeter Sachen unter Anordnung von Zahlungsfristen einstweilig aussetzen, wenn die alsbaldige Verwertung unbillig wäre. Die Vorschrift regelt einen **Unterfall des § 258 AO.** Voraussetzung ist die Unbilligkeit der alsbaldigen Verwertung. Der Begriff der Unbilligkeit deckt sich mit dem des § 258 AO (vgl. C. 21.01 Rz. 2). Nach Abschn. 40 VollstrA kommt eine Aussetzung nicht in Betracht, wenn hinreichende Anhaltspunkte dafür vorliegen, dass der Vollstreckungsschuldner die in Aussicht genommenen Zahlungsfristen nicht einhalten kann oder will oder dass er die Verwertung nur hinauszögern will. 1

Eine Aussetzung kann nur erfolgen, wenn die **„alsbaldige" Verwertung unbillig** wäre. Ist die Verwertung schlechthin unbillig, zB weil es sich um ein Familienerbstück handelt, kann eine Aufhebung der Vollstreckungsmaßnahme gem. § 258 AO angemessen sein. Die alsbaldige Verwertung ist unbillig, wenn die Zahlung des Schuldners innerhalb zumutbarer Frist zu erwarten ist. 2

Die Vollstreckungsbehörde muss die zeitweilige Aussetzung, anders als bei Maßnahmen nach § 258 AO, mit einer **Zahlungsfrist** verbinden. Die zeitweilige Aussetzung hat zwar Stundungscharakter; materiell handelt es sich jedoch um einen Vollstreckungsaufschub, der die Fälligkeit des Steueranspruchs nicht beeinträchtigt. Folglich fallen Säumniszuschläge nach § 240 AO an (vgl. Formular C. 21.01). Allerdings kann auch im Vollstreckungsverfahren unter den Voraussetzungen des § 222 AO noch eine Stundung gewährt werden. 3

Ein Antrag ist nicht Voraussetzung. Die Ablehnung einer Aussetzung ist mit dem Einspruch gem. § 347 AO anfechtbar. 4

C. 22. Zollauskunft

I. FORMULAR

Formular C. 22 Zollauskunft

Hauptzollamt ...

Wir beabsichtigen, aus Mexiko Kraftfahrzeugteile einzuführen, und zwar Rumpfmotoren, die in Mexiko vorgefertigt werden.

Wir beantragen Auskunft über die zollrechtliche Behandlung.

II. ERLÄUTERUNGEN

Erläuterungen zu C. 22 Zollauskunft

Schrifttum: *H/H/Sp* Bd. XIII: Europäisches Abgaben- und Abgabenverfahrensrecht; *Klötzer-Assion* Zollkodex- Fortschritt oder Rolle rückwärts im Europäischen Zollrecht?, wistra „14, 92; *Lichtenberg* Die entscheidenden Neuerungen im EG-Zollkodex, ZfZ 91, 204; *Streck/Olgemöller* Der Streit mit dem Zoll – Der neue Zollkodex, DStR 96, 1105; *Hölscher* Der Modernisierte EU-Zollkodex kommt!, BB 08, 1597; *Witte* Zollkodex, 6. Aufl. 2013; *Klötzer-Assion,* Zollkodex – Modernisierter Zollkodex – Unionszollkodex – Fortschritt oder Rolle rückwärts im Europäischen Zollrecht, wistra 04, 92.

1 Am 24.6.08 ist ein **Modernisierter Zollkodex** (MZK) (Verordnung (EG) Nr. 450/2008 v. 23.4.08, ABl. EU 2008 Nr. L 145) zur Festlegung des Zollkodex der Gemeinschaft in Kraft getreten und zum 19.6.12 geändert worden. Spätestens am 24.6.13 sollte er in vollem Umfang angewendet werden. Aber die Kommission hat am 20.2.12 einen Vorschlag für eine Neufassung des MZK und die Weiterentwicklung zum Unionszollkodex vorgelegt. Vor allem die Vorgaben des Vertrages von Lissabon, zur Umsetzung des Zollrechts delegierte Rechtsakte und Durchführungsrechtsakte schaffen zu müssen, wurden eingearbeitet. Der MZK wird nunmehr **aufgehoben und durch einen „Zollkodex der Europäischen Union – Neufassung (UZK)" ersetzt;** vgl. Verordnung (EU) Nr. 952/2013 v. 9.10.13, ABl. EU 2013 Nr. L 269 S. 1. Der UZK ist seit 30.10.12 in Kraft getreten und soll spätestens am 1.6.16 voll anwendbar sein, hinsichtlich der erforderlichen IT-Systeme gilt jedoch eine Umsetzungsfrist bis 31.12.20. Somit bleibt es zumindest bis Juni 2016 bei der alten Rechtslage, d.h. die Vorschriften des Zollkodex v. 1.1.94, die Durchführungsbestimmungen und Fristenverordnungen, das Zollverwaltungsgesetz (ZollVG) und die Zollverordnung (ZollV) **bleiben anwendbar** (*H/H/Sp/ Hohrmann* Einf ZK Rz. 29a).

Nach Art. 11 ZK kann jede Person eine **Auskunft** darüber verlangen, welche **zollrechtliche Folgen** (zB Zollwert, Zollsatz, Präferenzbehandlung etc.) ein Ein- oder Ausfuhrvorgang hat. Gegenstand einer Auskunft ist somit die „Anwendung des Zollrechts" insgesamt (vgl. *H/H/Sp/Wolfgang* Art. 11 ZK Rz. 1). Der Wert einer solchen Auskunft ist allerdings gering, denn der Berechtigte trägt regelmäßig das Risiko einer behördlichen Falschauskunft (Rz. 3). Auskunft wird nur auf **Antrag** erteilt. Der Antrag kann formfrei, mündlich oder schriftlich gestellt werden. Antragsberechtigt ist jede Person iSd. Art. 4 Nr. 1 ZK. Es ist nicht erforderlich, dass die Person, welche die Auskunft beantragt, in der Gemeinschaft ansässig ist (Art. 4 Nr. 2 ZK). Auskunftsverpflichtet sind die Zollbehörden iSd. Art. 4 Nr. 3 ZK, in der Bundesrepublik Deutschland, also die Dienststellen der Zollverwaltung (Art. 17 Abs. 2 ZollVG), aber auch die Industrie- und Handelskammern (*H/H/Sp/Wolfgang* Art. 11 ZK Rz. 10).

Die Auskunft ist – anders als in den Fällen des Art. 12 ZK – **unverbindlich.** Die Zollbehörden sind zwar auskunftspflichtig, jedoch später nicht an die in der Auskunft erteilten Angaben gebunden. Die Tragweite der Auskunft erschöpft sich in einer unverbindlichen Mitteilung über Wissen (*H/H/Sp/Wolfgang* Art. 11 ZK Rz. 3). Nur ausnahmsweise kann sie eine Vertrauensschutzwirkung im Rahmen des Art. 220 Abs. 2 Buchst. b ZK entfalten. Nach dieser Vorschrift werden zu niedrig festgelegte Abgaben nicht nacherhoben, wenn die Abgaben auf Grund eines Irrtums der Zollbehörde in zu geringer Höhe buchmäßig erfasst worden sind und dieser Irrtum vom Zollschuldner nicht erkannt werden konnte, sofern er gutgläubig gehandelt und alle Vorschriften über die Zollanmeldung eingehalten hat. Demgegenüber sieht Art. 12 ZK eine verbindliche Zolltarifauskunft vor. Anders als die unverbindliche Auskunft nach Art. 11 ZK ist Gegenstand von Art. 12 ZK ausschließlich die Einordnung der Ware in den Zolltarif und Ursprungsauskünfte (*H/H/Sp/Wolfgang* Art. 11 ZK Rz. 4). 2

Die Auskünfte werden gebührenfrei erteilt. Entstandene Auslagen für Analysen oder Sachverständigengutachten können dem Antragsteller in Rechnung gestellt werden (Art. 11 Abs. 2 ZK). 3

Da die Auskünfte des Art. 11 ZK keine zollrechtlichen Entscheidungen darstellen, ist ein Einspruch gegen eine Auskunftserteilung nicht statthaft. Gegen die Ablehnung eines Auskunftsantrags hingegen ist Einspruch möglich (Art. 243 Abs. 1 Unterabs. 1 und 2 ZK iVm. § 347 AO). 4

C. 23. Verbindliche Zusage

I. FORMULAR

Formular C. 23 Verbindliche Zusage

Finanzamt ...

Bei meinem Mandanten, dem freischaffenden Fotografen X, findet zurzeit eine Außenprüfung statt. Der Prüfer hat zunächst angenommen, dass mein Mandant gewerblich tätig ist. Inzwischen hat er sich jedoch auf Grund des eingehend ermittelten Sachverhalts davon überzeugt, dass Herr X als Künstler Einkünfte aus selbstständiger Arbeit iS des § 18 Abs. 1 Nr. 1 EStG bezieht. Der Sachverhalt wird in dem Betriebsprüfungsbericht eingehend dargestellt werden.

Namens und im Auftrag meines Mandanten beantrage ich gem. § 204 AO die verbindliche Zusage, dass die Tätigkeit meines Mandanten auch zukünftig als freiberuflich qualifiziert wird. Mein Mandant wird seine Arbeitsweise nicht ändern. Die Kenntnis der künftigen steuerrechtlichen Behandlung ist für meinen Mandanten schon im Hinblick auf seine Kalkulationsgrundlagen von Bedeutung; außerdem dient sie der Vermeidung künftiger Auseinandersetzungen.

..

Steuerberater

II. ERLÄUTERUNGEN

Erläuterungen zu C. 23 Verbindliche Zusage

Schrifttum: *Bruschke* Verbindliche Auskunft des Finanzamtes nach § 89 Abs. 2 AO, SteuK 12, 179; *Buciek* Bindende Erklärungen der Finanzverwaltung, DStZ 99, 389; *Blömer* Zweifelsfragen im Zusammenhang mit der Gebührenpflicht verbindlicher Auskünfte nach § 89 Abs 3 bis 5 AO, DStR 08, 1866.*Bruschke* Verbindliche Zusagen auf Grund einer Außenprüfung, StBp 06, 297; *Felix* Aufhebung der verbindlichen Zusage bei Änderung der Verwaltungspraxis? BB 90, 891; *Flick* Die verbindliche Auskunft in der Steuerberatungspraxis, FS Offerhaus 1999 S. 849; *Hauber* Verbindliche Auskünfte (Zusagen) im Besteuerungsverfahren durch Oberbehörden? DB 91, 1640; *Krumm* Verbindliche Auskunft und gesetzliche Kontrolle; Zu den gesetzlichen Voraussetzungen und Grenzen einer administrativen Letztentscheidungskompetenz bei verbindlichen Auskünften, DStR 11, 2429 *Küffner/Zugmaier* Gebührenpflicht für verbindliche Auskunft – Einspruch einlegen! DStR 07, 2307; *Krabbe* Auskünfte mit Bindungswirkung nach Treu und Glauben, DB 87, 2067; *Keß/Zillmer* Zur Gebührenpflicht der verbindlichen Auskunft bei Umstrukturierungen – Teuer erkaufte Rechtssicherheit?, DStR 08, 1466; *Laufer* Verbindliche Auskunft im Besteuerungsverfahren, INF 95, 396; ; *Schuhmann* Zur verbindlichen Zusage außerhalb der gesetzlichen Regelungen, DStZ 92, 231; *Simon* Die neue Gebührenpflicht für die Bearbeitung von verbindlichen Auskünften, DStR 07, 557; *Thiel* Vertrauensschutz im Besteuerungsverfahren, DB 88, 1343; *Tieme* Finanzgerichtliche Überprüfung negativ verbindlicher Auskünfte, DStR 2014, 1093; *Tiedtke/Walzholz* Vertrauensschutz im Steuerrecht, DStZ 99, 389; *Wedelstädt* Endlich eine allgemeine gesetzliche Regelung zur verbindlichen Auskunft, DB 06, 2368.

1 Mit der Einführung des § 89 Abs. 2 AO mit Wirkung zum 12.9.06 durch das Föderalismusreform-Begleitgesetz v. 5.9.06 (BGBl. I 06, 2098) wurde der Tatbestand der verbindlichen Auskunft gesetzlich geregelt (hierzu Formular C. 24).

In der Praxis kommt es immer wieder zu Auseinandersetzungen zwischen dem Steuerpflichtigen und dem Finanzamt, wenn bei einer späteren Prüfung der Prüfer von einem vorhergehenden Prüfungsbericht abweicht. Diesen – insbesondere für den Steuerpflichtigen unerfreulichen – Zustand wollte der Gesetzgeber mit der Einführung einer verbindlichen Zusage im Rahmen einer Außenprüfung beseitigen (BT-Drs. VI/1982, 165).

§§ 204ff. AO gelten für **alle Steuerarten** (betr. Lohnsteueranrufungsauskunft vgl. 2
Formular C. 3).

Die Zusage kann gem. § 204 AO – nur – im Anschluss an eine **Außenprüfung** 3
erteilt werden. Dazu gehören sowohl die normale Außenprüfung iSd. § 193 AO als auch abgekürzte Außenprüfungen gem. § 203 AO sowie Sonderprüfungen wie Lohn-, Umsatz- und Kapitalverkehrsteuerprüfungen (vgl. *Tipke/Kruse* § 204 AO Rz. 11). Eine Umsatzsteuer-Nachschau ist keine Außenprüfung (§ 27b UStG).

Die verbindliche Zusage setzt einen **Antrag** voraus. **Antragsberechtigt** ist in ers- 4
ter Linie der Steuerpflichtige (vgl. auch Rz. 9). Wird die Außenprüfung auf Dritte erstreckt (§ 194 AO), so sind auch sie zur Antragstellung befugt (*Tipke/Kruse* § 204 AO Rz. 6). Eine verbindliche Zusage zu Lasten Dritter ist nichtig (FG Nürnberg VI 108/82 v. 4.5.82, EFG 82, 594). Antragsberechtigt ist auch der Gesamtrechtsnachfolger; der Sonderrechtsnachfolger nur insoweit, als eine objektbezogene Zusage angestrebt wird (*H/H/Sp/Schallmoser* § 204 AO Rz. 14).

Eine bestimmte Form für den Antrag schreibt das Gesetz nicht vor (aA *H/H/Sp/* 5
Schallmoser § 204 AO Rz. 15). Nach Ansicht der Verwaltung „soll" er schriftlich gestellt werden (Nr. 3 AEAO zu § 204). Die Schriftform erscheint jedoch schon deshalb empfehlenswert, weil Unklarheiten zu Lasten des Steuerpflichtigen gehen (BFH X R 208/87 v. 13.12.89, BStBl. II 90, 274).

Der Antrag kann frühestens nach Verwirklichung des Sachverhalts gestellt 6
werden, dessen steuerrechtliche Beurteilung zugesagt werden soll. Die Zusage selbst kann erst „im Anschluss" (§ 204 AO) an die Prüfung erfolgen; jedoch ist **Antragstellung vor oder bei Beginn der Prüfung** nicht nur zulässig, sondern sinnvoll (glA *H/H/Sp/Schallmoser* § 204 AO Rz. 19 mwN). Umstritten ist, wann der Antrag **spätestens** gestellt werden kann. Nach dem Gesetz sind Zusage und Außenprüfung zeitlich miteinander verknüpft. Welcher Zeitpunkt hier noch als rechtzeitig betrachtet werden kann, wird sich – unter Umständen in Anlehnung an die allgemeinen Grundsätze des Rechtsinstituts der Verwirkung – nur unter Berücksichtigung der Umstände des Einzelfalles entscheiden lassen. Jedenfalls ist nicht einzusehen, warum ein Antrag, der nach der Schlussbesprechung gestellt wird, regelmäßig verspätet sein soll (so aber AEAO Nr. 3 zu § 204). Selbst wenn der Antrag nochmalige Prüfungshandlungen erforderlich machen sollte, wäre dies uE kein Grund, die Erteilung der verbindlichen Zusage abzulehnen, denn auch Stellungnahmen des Steuerpflichtigen zu Prüfungsberichten lösen nicht selten nochmalige Prüfungshandlungen aus. Der zeitliche Zusammenhang ist gewahrt, wenn die Zusage kurz nach Erhalt des Prüfungsberichts beantragt wird (FG BaWü 3 K 67/95 v. 20.7.00, EFG 00, 1161). In der Praxis ist es nicht ausgeschlossen, eine verbindliche Zusage auch noch nach (mehr als) einem Jahr nach Zugang des Bescheides zu erhalten, wenn die rechtliche Bewertung komplex ist und der Bescheid mit Einspruch offen gehalten wird. An die Begründung auch der späten Antragstellung sind dann aber hohe Anforderungen zu stellen, etwa ein Wechsel der Rechtsauffassung auf Seiten der Finanzbehörden und/oder Finanzgerichte.

Der Antrag kann bis zur Bekanntgabe oder Entscheidung der Finanzbehörde 7
formfrei zurückgenommen oder geändert werden (*Tipke/Kruse* § 204 AO Rz. 10; *H/H/Sp/Schallmoser* § 204 AO Rz. 20).

Inhaltlich muss der Antrag alle diejenigen Angaben enthalten, welche die Grundla- 8
ge bilden für den durch § 205 Abs. 2 AO vorgeschriebenen Inhalt einer verbindlichen Zusage.

9 Die verbindliche Zusage setzt ein **berechtigtes Interesse des Steuerpflichtigen** voraus. Dieses ist gegeben, wenn die Kenntnis der künftigen steuerrechtlichen Behandlung „für die geschäftlichen Maßnahmen des Steuerpflichtigen von Bedeutung ist" (§ 204 AO). Auch nichtgewerbliche und nichtunternehmerische Maßnahmen können „geschäftlich" sein. Weil Zusagen gem. § 204 AO **„im Anschluss an Außenprüfungen"** erteilt werden, können sie von allen Stpfl. beantragt werden, die gem. § 193 AO einer Außenprüfung unterliegen (ebenso *Tipke/Kruse* § 204 AO Rz. 6; *Klein/Gersch* § 204 AO Rz. 6; aA *Mösbauer* StBp. 00, 289). Ob geschäftliche Maßnahmen, dh. also wirtschaftliche Dispositionen, bedeutsam sind, wird aus der Sicht des Steuerpflichtigen zu beurteilen sein, denn es handelt sich um seine („... des ...") Maßnahmen. Die Bedeutung aus der Sicht des Steuerpflichtigen dürfte jedenfalls immer dann zu bejahen sein, wenn der Steuerpflichtige Gestaltungsalternativen hat, die unterschiedliche Steuerfolgen auslösen. Nichtsteuerliche Rechtsfragen (zB Arbeits- oder Gesellschaftsrecht) können nur dann Gegenstand einer Zusage sein, wenn sie als Vorfragen für die steuerrechtliche Beurteilung erheblich sind. Die Bindungswirkung soll sich aber dann nicht auf die richtige Beurteilung der Vorfrage erstrecken (*Tipke/Kruse* § 204 AO Rz. 22).

10 **Gegenstand der Zusage iSd. § 204 AO** ist die verbindliche Entscheidung über die zukünftige steuerrechtliche Beurteilung eines im Prüfungsbericht dargestellten Sachverhalts. Dieser Sachverhalt muss sich in künftigen VZ wiederholen, zB Art und Weise der Tätigkeit eines Unternehmensberaters als Freiberufler. Bei Liebhaberei ist in der Anfangsphase kein beurteilungsreifer Sachverhalt gegeben (FG Hessen 13 K 1637/89 v. 26.7.89, EFG 90, 210). Geplante Sachverhalte werden von einer verbindlichen Zusage nach § 205 AO nicht erfasst (vgl. insoweit Formular C. 24). Nach dem ausdrücklichen Wortlaut des § 204 AO muss der Sachverhalt im Prüfungsbericht dargestellt sein. Der Steuerpflichtige, der Sicherheit für die Zukunft erstrebt, sollte daher rechtzeitig darauf hinwirken, dass die Sachverhaltsdarstellung im Prüfungsbericht erfolgt. Ob insoweit ein einklagbarer Einspruch besteht, ist höchstrichterlich noch nicht geklärt (bejahend *Tipke/Kruse* § 204 AO Rz. 20; aA *Klein/Gersch* § 204 AO Rz. 10; *Buciek* DStZ 99, 389). Die Erteilung einer Zusage soll unzulässig sein, wenn der Prüfer den Sachverhalt zwar geprüft, aber außerhalb des Prüfungsberichts zB in einem Aktenvermerk, dargestellt hat (FG Nds. VI 81/80 v. 19.8.81, EFG 82, 170); dieser Auffassung ist uE nicht zuzustimmen. In geeigneten Fällen sollte daher rechtzeitig eine Darstellung im Bericht selbst angeregt werden.

11 Die Erteilung der Zusage steht im **Ermessen** der Finanzbehörde. Bei Vorliegen der Voraussetzungen ist die verbindliche Zusage allerdings zu erteilen, falls nicht ganz besondere Gründe entgegenstehen (*Tipke/Kruse* § 204 AO Rz. 15). Die Finanzbehörde kann die Erteilung einer Zusage ablehnen, wenn sich der Sachverhalt nicht für eine verbindliche Zusage eignet (zB zukünftige Angemessenheit von Verrechnungspreisen bei unübersichtlichen Marktverhältnissen) oder wenn zu dem betreffenden Sachverhalt die Herausgabe von allgemeinen Verwaltungsvorschriften oder eine Grundsatzentscheidung des BFH nahe bevorsteht (AEAO Nr. 5 zu § 204). Allerdings kann es – nach einer entsprechenden Beschränkung des Antrages – in diesen Fällen geboten sein, die Grundlagen zum Gegenstand einer Zusage zu machen, etwa die Einbeziehungsfähigkeit bestimmter, in der Prüfung streitig gewesener Kosten dem Grunde nach.

12 **Die Erteilung oder Ablehnung einer verbindlichen Zusage ist Verwaltungsakt** (§ 118 AO; BFH I R 66/84 v. 6.12.87, BFH/NV 88, 319) und kann mit dem **Einspruch** angefochten werden (§ 347 AO). Das gilt nicht für eine Auskunft, mit der die Rechtsansicht des Antragstellers nicht bestätigt wird (FG Berlin V 404/88 v. 7.5.91, EFG 91, 713; OFD München v. 26.9.01, StEK AO 1977 § 204 Nr. 15). Gegen die Ablehnung eines Antrags auf Erteilung einer Zusage ist die allgemeine Leistungsklage beim Finanzgericht gegeben (§ 40 Abs. 1 FGO). Mit BFH IX R 11/11 v. 29.2.12, BStBl. II 12, 651) ausdrücklich entschieden, dass eine verbindliche Auskunft

nach § 89 Abs. 2 AO gerichtlich nur daraufhin überprüft werden kann, ob die Behörde den zu beurteilenden Sachverhalt zutreffen erfasst hat und ob dessen rechtliche Einordnung in sich schlüssig und nicht evident rechtsfehlerhaft ist.Für den Erlass einer einstweiligen Anordnung gem. § 114 FGO zur Regelung eines Anspruchs auf Erteilung einer verbindlichen Zusage fehlt es regelmäßig an einem Anordnungsgrund (BFH I B 21/88 v. 15.4.88, BStBl. II 88, 585).

Die verbindliche Zusage wird schriftlich erteilt und als verbindlich gekenn- 13
zeichnet (§ 205 Abs. 1 AO). Mündliche Zusagen entfalten nicht die in § 206 AO normierte Bindungswirkung, sie können allenfalls als allgemeine Zusage verbindlich sein.

Die verbindliche Zusage muss gem. § 205 Abs. 2 Nr. 1 AO den „ihr 14
zugrunde gelegten Sachverhalt" enthalten. Ausreichend ist, wenn in der Zusage auf den im Prüfungsbericht dargestellten Sachverhalt Bezug genommen wird. Die verbindliche Zusage muss die maßgebenden Gründe für die Antragsentscheidung angeben (§ 205 Abs. 1 Nr. 2 AO). Darzulegen sind also die rechtliche Unsicherheit sowie die Bedeutung der steuerrechtlichen Beurteilung für geschäftliche Maßnahmen des Steuerpflichtigen. Mit Rücksicht auf § 207 Abs. 1 AO (vgl. Rz. 17) sind auch die materiellen Aussagen der verbindlichen Zusage zu begründen.

Die verbindliche Zusage muss Angaben darüber enthalten, für welche Steuern und 15
für welchen Zeitraum sie gilt (§ 205 Abs. 2 Nr. 1 AO). Fehlt eine **zeitliche Begrenzung,** so ist sie unbefristet (*H/H/Sp/Schallmoser* § 205 AO Rz. 20; *Tipke/Kruse* § 205 AO Rz. 9).

Die Bindungswirkung ist davon abhängig, dass sich der später verwirklichte 16
Sachverhalt mit dem der verbindlichen Zusage zugrunde gelegten Sachverhalt deckt (§ 206 Abs 1 AO). Die Finanzbehörden sind unabhängig von einem Zuständigkeitswechsel gebunden. Die Gerichte sind nur mittelbar, nämlich insofern gebunden, als eine verbindliche Zusage Vertrauensschutz und damit die Rechtmäßigkeit eines möglicherweise dem materiellen Recht widersprechenden Verwaltungsakts begründet (*Tipke/Kruse* § 206 AO Rz. 16). Der Stpfl. ist nur an für ihn günstige Zusagen gebunden (§ 206 Abs. 2 AO).

Die verbindliche Zusage tritt außer Kraft, wenn die Rechtsvorschriften, auf 17
denen die Entscheidung beruht, geändert werden (§ 207 Abs. 1 AO). Bringt das Außerkrafttreten für den Steuerpflichtigen unbillige Härten mit sich, so können im Einzelfall Billigkeitsmaßnahmen, wie zB Stundung (vgl. Formular C. 18) oder Erlass (vgl. Formular C. 10) in Betracht kommen. Die Finanzbehörde kann die verbindliche Zusage mit Wirkung für die Zukunft widerrufen oder ändern (§ 207 Abs. 2 AO). Eine solche Maßnahme liegt im Ermessen der Finanzbehörde. Der Widerruf kann notwendig sein, wenn sich die Rechtsauffassung der Verwaltung oder die Rechtsprechung geändert hat. Bei dieser Ermessensentscheidung hat die Finanzbehörde auch zu berücksichtigen, ob und inwieweit der Steuerpflichtige bereits mit der Verwirklichung des der verbindlichen Zusage zugrunde gelegten Sachverhalts begonnen hat. Wenn der Steuerpflichtige zB auf Grund der Zusage Verpflichtungen eingegangen ist, von denen er sich nicht ohne weiteres wieder lösen kann, kann es geboten sein, von einem Widerruf der verbindlichen Zusage abzusehen oder die Wirkung des Widerrufs zu einem späteren Zeitpunkt eintreten zu lassen (BT-Drs. VI/1982, 165). Die verbindliche Zusage kann nach § 207 Abs. 3 AO rückwirkend nur aufgehoben werden, wenn der Steuerpflichtige zustimmt oder wenn sie von einer sachlich unzuständigen Stelle erteilt oder durch unlautere Mittel (arglistige Täuschung, Drohung oder Bestechung) erwirkt worden ist.

Die Gebührenpflicht des § 89 Abs. 3 ff. AO gilt nicht analog für die verbindliche 18
Zusage nach § 204 ff. AO (vgl. BMF v. 11.12.07, DStR 07, 99, Tz. 4.1.4).

C. 24. Verbindliche Auskunft

I. FORMULAR

Formular C. 24 Verbindliche Auskunft

Finanzamt ....

Mein Mandant ... *[vollständiger Name, Wohnsitz und Steuernummer]* ist Diplom-Ingenieur und alleinvertretungsberechtigter Geschäftsführer sowie Alleingesellschafter der XY GmbH. Die XY GmbH ist eine Immobilien- und Verwaltungs GmbH, deren Geschäftsgegenstand der Erwerb, die Sanierung, die Verwaltung und Veräußerung von Immobilien ist. Mein Mandant hat vor einigen Jahren privat ein Mietwohngrundstück erworben. Das Objekt ist vermietet. Nunmehr beabsichtigt er, das im Privatvermögen gehaltene Mietwohngrundstück an die XY GmbH zu veräußern. Die XY GmbH wird das gekaufte Objekt in vier Eigentumswohnungen aufteilen und die Eigentumswohnungen im eigenen Namen und auf eigene Rechnung veräußern. Der Kaufpreis für das von meinem Mandanten veräußerte Mietobjekt beträgt 1,5 Mio. Euro und ist sofort zur Zahlung fällig, das heißt, der Kaufpreis wird nicht erst dann gezahlt, wenn die XY GmbH die späteren Eigentumswohnungen veräußert.

Namens und im Auftrag meines Mandanten ersuche ich um verbindliche Auskunft, dass durch die Veräußerung des Mietobjektes an seine GmbH und die geplante Aufteilung des Mietobjektes in Eigentumswohnungen sowie den Weiterverkauf dieser Eigentumswohnungen kein gewerblicher Grundstückshandel begründet wird, der bei ihm zu gewerblichen Einkünften nach § 15 EStG führt.

Mein Mandant verwirklicht durch die Veräußerung des Mietgrundstückes nicht den Tatbestand eines gewerblichen Grundstückshandels, denn veräußert wird nur ein Objekt, das jahrelang vermietet gewesen ist, so dass nach Maßgabe der Drei-Objekt-Grenze-Rechtsprechung des BFH kein gewerblicher Grundstückshandel vorliegt (vgl. *Schmidt/Wacker* § 15 EStG Rz 52ff.).

Unter Verweis auf BFH-Urteil III R 25/02 v. 18.3.2004, BStBl. II 2004, S. 787) wird bei meinem Mandanten auch kein gewerblicher Grundstückshandel begründet, weil die Aktivitäten der XY GmbH weder im Wege des „Durchgriffs" noch unter dem Gesichtspunkt des Gestaltungsmissbrauchs (§ 42 AO) meinem Mandanten auch persönlich zugerechnet werden können. Soweit ersichtlich, wird in Literatur und Rechtsprechung (vgl. insoweit zusammenfassend *Schmidt/Wacker* § 15 EStG Rz. 75 und ausführlich BFH III R 25/02 v. 18.3.2004, BStBl. II 2004, S. 787) eine Art Durchgriff durch die Kapitalgesellschaft auf den dahinter stehenden Gesellschafter verneint, weil die Kapitalgesellschaft, anders als die Personengesellschaft, ein eigenständiges Zivil- und Steuerrechtssubjekt ist. Auch unter dem Gesichtspunkt des Gestaltungsmissbrauchs verbietet sich im vorliegenden Fall eine Zurechnung der Einkünfte der XY GmbH an meinen Mandanten als gewerblich, da – anders als vom BFH im Urteil vom 18.3.2004 aaO zu entscheidenden Fall – vorliegend die Art der vertraglichen Gestaltung belegt, dass die XY GmbH nicht nur eingeschaltet wird, um einen gewerblichen Grundstückshandel bei meinem Mandanten zu vermeiden. Tatsächlich entledigt sich mein Mandant gänzlich der Verfügungsmacht über das Mietobjekt, sobald der Kaufvertrag abgeschlossen ist. Mit der Sanierung und dem Weiterverkauf des Objektes hat er privat weder persönlich noch wirtschaftlich etwas zu tun (vgl. BFH X R 68/95 v. 17.6.1998, BStBl. II 1998, S. 667). Der Kaufpreis wird von der XY GmbH auch sofort bezahlt und gerade nicht im Wesentlichen aus den späteren Verkaufserlösen der Eigentumswohnungen, was der BFH aber als wesentliches Indiz für die

Annahme von Gestaltungsmissbrauch ansieht (vgl. BFH III B 35/97 v. 7.6.2000, BFH/NV 2001 S. 138).

Mein Mandant hat ein nachhaltiges steuerliches Interesse an der Klärung, dass bei ihm durch den vorstehend geschilderten Sachverhalt kein gewerblicher Grundstückhandel begründet wird. Die Annahme von gewerblichen Einkünften nach § 15 EStG würde zu einer erheblichen steuerlichen Belastung bei ihm führen, denn er hat das Grundstück vor ca. 15 Jahren für einen Kaufpreis von ca. EUR 800.000 angeschafft und kann es nunmehr für EUR 1,5 Mio. dh. mit einem Gewinn von rd. EUR 700.000 verkaufen. Unter Annahme eines Steuersatzes von 45 % erwächst meinem Mandaten eine steuerliche Belastung von rd. EUR 315.000 nebst SolZ und Kirchensteuer, während der private Verkauf mangels Spekulationsgeschäft steuerfrei wäre.

Es wird versichert, dass der zur Beurteilung gestellte Sachverhalt nicht Gegenstand einer verbindlichen Auskunft bei einer anderen Finanzbehörde bzw. beim Bundeszentralamt für Steuern ist und dass alle für die Erteilung der Auskunft und für die Beurteilung des Sachverhaltes erforderlichen Angaben gemacht wurden und diese der Wahrheit entsprechen.

..

Steuerberater

II. ERLÄUTERUNGEN

Erläuterungen zu C. 24 Verbindliche Auskunft

Schrifttum: siehe hierzu Formular C.23

Siehe hierzu zunächst Formular C. 23. 1

Mit **§ 89 Abs. 2 AO,** der mit Wirkung zum 12.9.06 durch das Föderalismusreform-Begleitgesetz v. 5.9.06 (BGBl. I 06, 2098) eingeführt wurde, ist jetzt allgemein der Tatbestand der verbindlichen Auskunft gesetzlich geregelt. Grundsätzlich ist die **gesetzliche Verankerung** der verbindlichen Auskunft zu begrüßen, auch wenn es bereits vorher unbestritten war, dass die FinVerw. befugt und verpflichtet gewesen ist, verbindlich Auskunft zu erteilen (so auch *Wedelstädt* DB 06, 2368, 2369). Bemängelt wird, dass § 89 Abs. 2 AO nur das „ob" einer verbindlichen Auskunft regelt und hinsichtlich des „wie", dh., Form, Inhalt, Antragsvoraussetzungen und Reichweite der Bindungswirkung der Auskunft, keine Aussage trifft, vielmehr in § 89 Abs. 2 Satz 4 AO dies einer Rechtsverordnung überlässt (VO zur Durchführung von § 89 Abs. 2 AO Steuer-Auskunftsverordnung – StAuskV v. 30.11.07, BGBl. I 07, 2783). Dieser Regelungsverzicht steht im Widerspruch zu dem Umstand, dass durch das JStG 2007 v. 13.12.06 (BGBl. I 06, 2878, 2902) im Detail Gebührenregelungen zur verbindlichen Auskunft in § 89 Abs. 3 bis 5 AO „nachgeschoben" worden sind. Hinzu kommt, dass die Vorschrift inhaltlich nicht mit der bereits geregelten verbindlichen Zusage in §§ 204 ff. AO abgestimmt ist. (vgl. zur Kritik auch *Tipke/Kruse* § 89 AO Rz. 21 ff).

Gerade unabhängig von Außenprüfungen besteht in der Praxis ein erhebliches **1a** Interesse und Bedürfnis, in bestimmten Fällen von der Finanzbehörde eine verbindliche Auskunft über die steuerliche Behandlung bestimmter geplanter Sachverhalte zu erhalten. Die Komplexität des Steuerrechts und der Umstand, dass die Finanzbehörde erst im Zeitpunkt der Steuerfestsetzung (häufig erst Jahre später) und dann auch nur beschränkt auf einen bestimmten Besteuerungszeitraum über einen Besteuerungssachverhalt entscheidet, machen es nötig, dem Stpfl. im Zeitpunkt seiner Entscheidung ein Instrumentarium an die Hand zu geben, welches ihm Planungs- und Entscheidungssicherheit gewährleistet (vgl. hierzu ausführlich *Tipke/Kruse* § 89 AO Rz. 23 mwN).

2 Soweit die **Rechtsnatur** der verbindlichen Auskunft bisher umstritten war bestimmt Tz. 3.5.5 in BMF v. 11.12.07 (DStR 08, 99) nunmehr ausdrücklich, dass die verbindliche Auskunft nach § 89 Abs. 2 AO ein **Verwaltungsakt** ist, hinsichtlich gerichtlicher Überprüfbarkeit (BFH I R 34/12 v. 5.4.14, BeckRS 2014, 94960).

3 **Gegenstand** der verbindlichen Auskunft ist der Antrag des Stpfl. über die steuerliche Beurteilung von genau bestimmten, noch nicht verwirklichten Sachverhalten, wenn daran im Hinblick auf die erheblichen steuerlichen Auswirkungen ein **besonderes Interesse** besteht (vgl. BMF v. 11.12.07, DStR 08, 99, Tz. 3.1). Der Begriff „erhebliche steuerliche Auswirkungen" wird im vorgenannten BMF-Schreiben nicht näher definiert, ergibt sich aber daraus, dass die Voraussetzungen einer verbindlichen Auskunft, die sich bisher aus dem Grundsatz von Treu und Glauben hergeleitet haben, schon immer ein besonderes **Dispositionsinteresse** des Antragstellers voraussetzte, das auch in § 204 AO ausdrücklich als Voraussetzung genannt ist (vgl. Formular C. 23). Diese Anforderung gewährleistet, dass die Erteilung von Zusagen nicht der Normalfall finanzbehördlichen Handelns ist (vgl. *Tipke/Kruse* § 89 AO Rz. 32). Ein besonderes Dispositionsinteresse an der Klärung von rechtlichen Ungewissheiten besitzt der Stpfl. insbesondere hinsichtlich Sachverhalten mit Dauerwirkung, dh., die in die Zukunft fortwirken und Sachverhalten mit Dauerwiederkehr, dh., die sich ständig wiederholen. Bereits abgeschlossene Sachverhalte können nicht Gegenstand einer verbindlichen Auskunft sein.

4 Die verbindliche Auskunft ist nach § 89 Abs. 2 Satz 1 AO **antragsabhängig**. Form und Inhalt des Antrags auf Erteilung einer verbindlichen Auskunft sind in § 1 StAuskV im Detail geregelt. Die dort bezeichneten Angaben wie zB genaue Bezeichnung des Antragstellers, die umfassende und in sich abgeschlossene Darstellung des zum Zeitpunkt der Antragstellung noch nicht verwirklichten Sachverhaltes, die Formulierung konkreter Rechtsfragen, die Darlegung des erheblichen steuerlichen Interesses und ähnliches müssen im schriftlichen Antrag enthalten sein. Zusätzlich soll der Antragsteller nach § 89 Abs. 4 Satz 2 AO Angaben zum **Gegenstandswert** der Auskunft machen. Der Auskunftsantrag ist der ernsthafte Plan, den zum Zeitpunkt der Antragstellung noch nicht verwirklichten Sachverhalt ausführlich und vollständig darzulegen. Nach Auffassung der Finanzverwaltung ist es unschädlich, wenn bereits mit vorbereiteten Maßnahmen begonnen wurde, solange der dem Auskunftsantrag zugrunde gelegte Sachverhalt im Wesentlichen noch nicht verwirklicht wurde und noch anderweitige Dispositionen möglich sind (vgl. BMF v. 11.12.07, DStR 08, 99, Tz. 3.4.2). Der Antragsteller muss sein eigenes steuerliches Interesse darlegen (vgl. § 1 Abs. 1 Nr. 3 StAuskV). Nach § 1 Abs. 3 StAuskV kann im Falle, dass der dem Antrag zugrunde gelegte Sachverhalt durch eine Person, Personenvereinigung oder Vermögensmasse verwirklicht wird, die im Zeitpunkt der Antragstellung noch **nicht existiert**, auch durch einen **Dritten** gestellt werden, sofern er ebenfalls ein eigenes berechtigtes Interesse an der Auskunftserteilung darlegen kann. In diesem Fall sind die in § 1 Abs. 1 Nr. 1 und 3 StAuskV genannten Angaben auch hinsichtlich der Person, Personenvereinigung oder Vermögensmasse zu machen, die den der Auskunft zugrunde liegenden Sachverhalt verwirklichen soll. In BMF v. 11.12.07, aaO wird in Tz. 3.4.3 ausdrücklich bestimmt, dass nur in den in § 1 Abs. 3 StAuskV genannten Fällen ein Auskunftsantrag mit Wirkung für Dritte zulässig ist. Für andere Fälle hat eine dritte Person kein eigenes berechtigtes Interesse an einer verbindlichen Auskunft. Im Auskunftsantrag sind **konkrete Rechtsfragen** darzulegen. Es reicht nicht aus, allgemeine Fragen zu den bei Verwirklichung des geplanten Sachverhalts eintretenden steuerlichen Rechtsfragen darzulegen.

5 **Antragsteller** einer verbindlichen Auskunft im Sinne des § 89 Abs. 2 AO ist derjenige, in dessen Namen der Antrag gestellt wird. Antragsteller und Stpfl. müssen nicht identisch sein. Sie sind in der Regel identisch, wenn der Steuerpflichtige, dessen künftige Besteuerung Gegenstand der verbindlichen Auskunft sein soll, bei Antragstellung

bereits existiert (siehe hierzu auch Rz. 4 zum Antragsrecht Dritter). Antragsteller einer verbindlichen Auskunft über die künftige Besteuerung einer noch nicht existierenden Kapitalgesellschaft kann die Person/können die Personen gemeinsam sein, die diese Kapitalgesellschaft gründen und dann (gemeinsam) zu mindestens 50% an der Gesellschaft beteiligt sein wollen. Entsprechendes gilt für Auskunftsanträge einer Vorgründungsgesellschaft. Die einem Dritten wegen seines berechtigten Interesses erteilte verbindliche Auskunft entfaltet gegenüber dem künftigen Stpfl. auch dann Bindungswirkung, wenn die tatsächlichen Beteiligungsverhältnisse bei Verwirklichung des Sachverhaltes von den bei Antragstellung geplanten Beteiligungsverhältnissen abweichen, soweit die Beteiligungsverhältnisse für die steuerrechtliche Beurteilung ohne Bedeutung sind (vgl. BMF v. 11.12.07, DStR 08, 99, Tz. 3.2). Der Auskunftsantrag für eine noch zu gründende Kapitalgesellschaft oder Personengesellschaft muss nicht von allen künftigen Gesellschaftern gemeinsam gestellt werden, da § 1 Abs. 3 StAuskV der Regelung in § 1 Abs. 2 StAuskV als lex specialis vorgeht (vgl. BMF v. 11.12.07, aaO, Tz. 3.2.4).

Zuständig für die Erteilung einer verbindlichen Auskunft ist nach § 89 Abs. 2 6
Satz 2 AO das **Finanzamt**, das bei Verwirklichung des dem Antrag zugrunde liegenden Sachverhalts für die Besteuerung örtlich zuständig sein würde. Abweichend hiervon ist allerdings bei Antragstellern, für die im Zeitpunkt der Antragstellung nach § 18 bis 21 AO kein FA zuständig ist, auf dem Gebiet der Steuern, die von den Landesfinanzbehörden im Auftrag des Bundes verwaltet werden, nach § 89 Abs. 2 Satz 3 AO das **Bundeszentralamt für Steuern** (BZSt) für die Auskunftserteilung zuständig. Die Sonderregelung des § 89 Abs. 2 Satz 3 AO geht der allgemeinen Regelung in § 89 Abs. 2 Satz 2 AO vor. Sie gilt allerdings nur für Steuern, die von den Landesfinanzbehörden im Auftrag des Bundes verwaltet werden. Für andere von den Finanzämtern verwaltete Steuern sowie für die Gewerbesteuermessbetragsfestsetzung kann das BZSt auch dann keine verbindliche Auskunft erteilen, wenn im Zeitpunkt der Antragstellung nach § 18ff. AO kein FA für die Besteuerung des Antragstellers zuständig ist. § 89 Abs. 3 Satz 3 AO stellt auf die aktuellen Verhältnisse des Antragstellers im Zeitpunkt der Antragstellung ab, während § 89 Abs. 2 Satz 2 AO auf künftige (geplante) Verhältnisse des Stpfl. (dh., der Person, deren künftige Besteuerung Gegenstand der verbindlichen Auskunft ist) abstellt. Betrifft eine verbindliche Auskunft **mehrere Steuerarten** und sind hierfür jeweils unterschiedliche FA zuständig, so soll eine **Zuständigkeitsvereinbarung** nach § 27 AO herbeigeführt werden, wenn die unterschiedliche Zuständigkeit weder für den Stpfl. noch für die Finanzbehörden zweckmäßig ist. Eine derartige Zuständigkeitsvereinbarung kann auch schon vor Verwirklichung des geplanten Sachverhaltes getroffen werden. Sofern keine Zuständigkeitsvereinbarung herbeigeführt werden kann, sollen sich die beteiligten FA untereinander abstimmen, um widersprüchlich verbindliche Auskünfte zu vermeiden (vgl. BMF v. 11.12.07, DStR 08, 99, Tz. 3.3.2).

Der verbindlichen Auskunft ist der vom **Antragsteller vorgetragene Sachver-** 7
halt zugrunde zu legen. **Mit dessen Vollständigkeit und Richtigkeit steht und fällt die Wirksamkeit der verbindlichen Auskunft.** Das FA ist nicht verpflichtet, eigens für die zu erteilende Auskunft Ermittlungen durchzuführen. Es soll aber dem Antragsteller Gelegenheit zum ergänzenden Sachvortrag geben, wenn dadurch eine Entscheidung in der Sache ermöglicht werden kann. Die Erteilung einer verbindlichen Auskunft für **alternative Gestaltungsvarianten** ist nicht zulässig. Die Erteilung einer verbindlichen Auskunft ist ausgeschlossen, wenn der Sachverhalt im Wesentlichen bereits verwirklicht ist. Über Rechtsfragen, die sich aus einem bereits abgeschlossenen Sachverhalt ergeben, ist ausschließlich im Rahmen des Veranlagungs- oder Feststellungsverfahrens zu entscheiden. Das gilt auch, wenn der Sachverhalt erst nach Antragstellung, aber vor der Entscheidung über den Antrag verwirklicht wird.

Eine Auskunft kann nach Auffassung der FinVerw. auch erteilt werden, wenn der Antragsteller eine Auskunft für die ernsthaft geplante Umgestaltung eines bereits vorliegenden Sachverhalts begehrt. Dies gilt insbesondere bei Sachverhalten, die wesentliche Auswirkungen in die Zukunft haben. Verbindliche Auskünfte sollen nicht erteilt werden in Angelegenheiten, bei denen die Erzielung eines **Steuervorteils** im Vordergrund steht (zB Prüfung von Steuersparmodellen, Feststellung der Grenzpunkte für das Handeln eines ordentlichen Geschäftsleiters). Die Befugnis, nach pflichtgemäßen Ermessen auch in anderen Fällen die Erteilung verbindlicher Auskünfte abzulehnen, bleibt laut BMF v. 11.12.07 (DStR 08, 99, Tz. 3.5.4) ausdrücklich vorbehalten. Die verbindliche Auskunft (auch wenn sie nicht der Rechtsauffassung des Antragstellers entspricht) und die Ablehnung der Erteilung einer verbindlichen Auskunft sind **schriftlich** zu erteilen und mit einer Rechtsbehelfserklärung zu versehen. Nach Auffassung der FinVerw. (BMF v. 11.12.07, aaO, Tz. 3.5.6) hat die verbindliche Auskunft **zu enthalten**:
- den ihr zugrunde gelegten Sachverhalt; dabei kann auf den im Antrag dargestellten Sachverhalt Bezug genommen werden,
- die Entscheidung über den Antrag, die zugrunde gelegten Rechtsvorschriften und die dafür maßgebenden Gründe; dabei kann auf die im Antrag dargelegten Rechtsvorschriften und Gründe Bezug genommen werden und
- eine Angabe darüber, für welche Steuern und für welchen Zeitraum die verbindliche Auskunft gilt.

8 Die verbindliche Auskunft nach § 89 Abs. 2 AO ist für die Besteuerung der Person, Personenvereinigung oder Vermögensmasse, die den Sachverhalt verwirklicht, **bindend.** Die Bindung setzt aber zwingend voraus, dass der später verwirklichte Sachverhalt von dem der Auskunft zugrunde liegenden Sachverhalt nicht oder nur unwesentlich abweicht (§ 2 Abs. 1 Satz 1 StAuskV). Die Bindungswirkung tritt daher nicht ein, wenn der tatsächlich verwirklichte Sachverhalt mit dem bei der Beantragung der verbindlichen Auskunft vorgetragene Sachverhalt in wesentlichen Punkten nicht übereinstimmt. Eine vom BZSt nach § 89 Abs. 2 Satz 2 AO rechtmäßig erteilte verbindliche Auskunft bindet auch das FA, das bei Verwirklichung des der Auskunft zugrunde liegenden Sachverhalts zuständig ist. Im Falle der **Gesamtrechtsnachfolge** geht die Bindungswirkung entsprechend § 45 AO auf den Rechtsnachfolger über. Bei Einzelrechtsnachfolge erlischt die Bindungswirkung. Bindungswirkung tritt daher nicht ein, wenn der Sachverhalt nicht durch den Antragsteller, sondern durch einen Dritten verwirklicht wurde, der nicht Gesamtrechtsnachfolger des Antragstellers ist. Ist die verbindliche Auskunft zu Ungunsten des Stpfl. rechtwidrig, tritt nach § 2 Abs. 1 Satz 1 StAuskV keine Bindungswirkung ein. In diesem Fall ist die Steuer nach Maßgabe der Gesetze und den in diesem Zeitpunkt geltenden Verwaltungsanweisungen zutreffend festzusetzen. Die Frage, ob sich die (rechtswidrige) verbindliche Auskunft zu Ungunsten des Stpfl. auswirkt, ist durch einen Vergleich zwischen zugesagter und rechtmäßiger Behandlung zu beantworten und kann sich laut FinVerw. nur auf die konkrete erteilte Auskunft beziehen (vgl. BMF v. 11.12.07, DStR 08, 99, Tz. 3.6.3).

9 Die **Bindungswirkung** der verbindlichen Auskunft **entfällt** nach § 2 Abs. 2 StAuskV ohne Zutun der zuständigen Finanzbehörde ab dem Zeitpunkt, in dem die Rechtsvorschriften, auf denen die Auskunft beruht, aufgehoben oder geändert werden. Die Bindungswirkung einer verbindlichen Auskunft entfällt ab dem Zeitpunkt, in dem die Rechtsvorschriften, auf denen die Auskunft beruht, aufgehoben oder geändert werden, bei rückwirkender Gesetzesänderung auch rückwirkend (vgl hierzu FG Hamburg 6 K 199/12 v. 17.5.13, BeckRS 2013, 95560). Wird die verbindliche Auskunft in diesem Fall zur Klarstellung aufgehoben, hat dies nur deklaratorische Wirkung. Eine verbindliche Auskunft nach § 89 Abs. 2 AO kann unter den Voraussetzungen der §§ 129 bis 131 AO berichtigt, zurückgenommen und widerrufen werden. Über die Fälle der §§ 129 bis 131 AO hinaus kann eine verbindliche Auskunft auch

mit Wirkung für die Zukunft aufgehoben oder geändert werden, wenn sich herausstellt, dass die erteilte Auskunft unrichtig war, § 2 Abs. 3 StAuskV. Eine Änderung der Rspr. stellt nach Auffassung der FinVerw. keine Änderung der Rechtslage dar, weil sie die bisherige Rechtsauffassung nur richtig stellt, also die von Anfang an bestehende Rechtslage klarstellt. Daher ist eine verbindliche Auskunft von vorneherein unrichtig iSv. § 2 Abs. 3 StAuskV, wenn sie von einem nach ihrer Bekanntgabe ergangenen FG- oder BFH-Urteil oder einer später ergangenen Verwaltungsanweisung abweicht. Sie ist nicht unrichtig geworden, ihre Unrichtigkeit wurde lediglich erst nachträglich erkannt (vgl. BMF v. 11.12.07, DStR 08, 99, Tz. 3.6.6). Diese Auffassung ist abzulehnen; sie widerspricht nicht nur dem Sinn und Zweck der verbindlichen Auskunft, Klarheit gerade in den Fällen zu verschaffen, in denen unterschiedliche Rechtsauffassungen vertreten werden; sie verstößt daneben auch gegen Treu und Glauben, weil sich der Steuerpflichtige gerade auf die Verbindlichkeit der Auskunft verlassen hat, insbesondere in den Fällen, in denen der Steuerpflichtige bereits Dispositionen getroffen hat (so auch *Pahlke/Koenig* § 89 AO Rz. 29).

Gegen die Erteilung der verbindlichen Auskunft wie auch gegen die Ablehnung der Erteilung einer verbindlichen Auskunft ist der **Einspruch** gegeben, § 347 AO.

Beurteilt das FA in einer verbindlichen Auskunft den geplanten Sachverhalt nicht offensichtlich rechtsfehlerhaft und ist die rechtliche Einordnung in sich schlüssig, so kann sich der Steuerpflichtige bei einer Negativauskunft nicht gegen diese, sondern nur mit dem Rechtsbehelf gegen den Steuerbescheid wenden. In diesem Fall ist es kaum möglich, im Vorfeld eine Änderung der verbindlichen Auskunft zu erwirken, damit der Steuerpflichtige Rechtssicherheit für die Planung des Sachverhaltes erlangen kann (BFH IX R 11/11 v. 29.2.12, BStBl. II 12, 651).

Die durch das JStG 2007 v. 13.12.06 (BGBl. I 06, 2878, 2907) nachgeschobenen **10**
§ 89 Abs. 3 bis 5 AO ordnen eine **Gebührenpflicht** für die Erteilung der verbindlichen Auskunft an. Hintergrund der Regelung war (offensichtlich) die Angst der Bundesländer, von einer Antragswelle überschwemmt zu werden. Die Einführung dieser Gebühr ist auf breite Ablehnung gestoßen. Der Hauptvorwurf liegt darin, dass allein die Komplexität des Steuerrechts den Stpfl. dazu nötigt, sich im Vorfeld von Dispositionen der steuerlichen Behandlung in Form einer verbindlichen Auskunft Sicherheit zu verschaffen und er hierfür nunmehr auch noch zahlen soll (vgl. hierzu *Tipke/Kruse* § 89 AO Rz. 63 ff.; ausführlich auch *Küffner/Zugmaier* DStR 07, 2307). Die Gebührenpflicht nach § 89 Abs. 2 AO gilt für die Bearbeitung von Anträgen auf Erteilung einer verbindlichen Auskunft nach § 89 Abs. 2 AO, die **nach dem 18.12.06** bei der zuständigen Finanzbehörde eingegangen sind. Die Gebührenpflicht gilt nicht für Anträge auf verbindliche Zusagen auf Grund einer Außenprüfung nach § 204 ff. AO oder für Lohnsteueranrufungsauskünfte nach § 42e EStG. Sie gilt auch nicht für Anfragen, die keine verbindliche Auskunft des FA iSd. § 89 Abs. 2 AO zum Ziel haben (vgl. BMF v. 11.12.07, DStR 08, 99, Tz. 4.1.4). Unklar ist insoweit die Abgrenzung. Die Gebühr richtet sich grundsätzlich nach dem Wert, den die Auskunft für den Antragsteller hat (**Gegenstandswert**, § 89 Abs. 4 Satz 1 AO). Maßgebend für die Bestimmung des Gegenstandswertes ist die steuerliche Auswirkung des vom Antragsteller dargelegten Sachverhalts. Die steuerliche Auswirkung ist in der Weise zu ermitteln, dass der Steuerbetrag, der bei Anwendung der vom Antragsteller vorgetragenen Rechtsauffassung entstehen würde, dem Steuerbetrag gegenüber zu stellen ist, der entstehen würde, wenn die Finanzbehörde eine entgegengesetzte Rechtsauffassung vertreten würde (vgl zur Wertermittlung nunmehr FG Münster 12 K 5002/07 v. 15.2.12, EFG 12, 1706, Rev. IV R 13/12). Bei Dauersachverhalten ist auf die durchschnittliche steuerliche Auswirkung eines Jahres abzustellen (BMF v. 11.12.07, aaO, Tz. 4.2). Der Gegenstandswert beträgt mindestens 5000.– Euro und ist in analoger Anwendung des § 39 Abs. 2 GKG auf 30 Mio. Euro begrenzt. Die Gebühr beträgt **mindestens 121.– Euro** und **höchstens 91.456.– Euro**.

11 Der Antragsteller soll den Gegenstandswert und die für seine Bestimmung maßgeblichen Umstände bereits in seinem Auskunftsantrag darlegen, § 89 Abs. 4 Satz 2 AO. Die Darlegung erfordert schlüssige und nachvollziehbare Angaben, fehlen derartige Angaben oder sind sie unzureichend, ist der Antragsteller hierauf hinzuweisen und um entsprechende Ergänzung seines Antrags oder um Erläuterung zu bitten, warum er keine Angaben machen kann (vgl. BMF v. 11.12.07, aaO, Tz. 4.2). Beziffert der Antragsteller den Gegenstandswert nicht und ist der Gegenstandswert auch nicht durch Schätzung bestimmbar, so wird eine Zeitgebühr berechnet (§ 89 Abs. 4 Satz 4 AO). Die Zeitgebühr beträgt 50.– Euro je angefangene Halbstunde Bearbeitungszeit, mindestens 100.– Euro. In diesem Fall hat die FinVerw. den zeitlichen Aufwand für die Bearbeitung des Antrags auf verbindliche Auskunft zu dokumentieren. Die Gebühr wird durch schriftlichen Bescheid gegenüber dem Antragsteller festgesetzt. Auf die Gebühren sind die Vorschriften der AO grundsätzlich sinngemäß anzuwenden. Die Gebührenfestsetzung kann nach § 129 bis 131 AO korrigiert werden. Gegen die Gebührenfestsetzung ist der Einspruch gegeben. Das hiergegen beim FG BaWü (Az. 1 K 46/07) gerichtete Verfahren wurde abschlägig verbeschieden; der BFH hat im Revisionsverfahren aus formellen Gründen die Klage als Einspruch behandelt und an das FA zurückverwiesen (vgl. BFH-Pressemitteilung v. 28.10.09, VIII R 22/08). Der dortige Kläger hält die Gebührenpflicht der verbindlichen Auskunft angesichts der Komplexität des deutschen Steuerrechts für nicht verfassungsgemäß. Vor dem Hintergrund dieses aus rein verfahrensrechtlichen Gründen beendeten Verfahrens empfiehlt sich auch weiterhin, Einspruch gegen den Gebührenbescheid einzulegen. Schließlich ist Aussetzung der Vollziehung nach § 361 Abs. 2 AO zu beantragen. Im Unterliegensfall fallen keinen Aussetzungszinsen an, weil § 237 AO auf steuerlichen Nebenleistungen keine Anwendung findet (vgl. *Klein/Rüsken* § 237 AO Rz. 3). Bei der Gebühr nach § 89 AO handelt es sich aber um eine solche steuerliche Nebenleistung, § 3 Abs. 4 AO (vgl. hierzu ausführlich (*Küffner/Zugmaier* DStR 07, 2307).

12 **Ein Angehöriger der rechts- und steuerberatenden Berufe kann sich schadenersatzpflichtig machen,** wenn es vor wirtschaftlich weitreichenden Maßnahmen unterlässt, eine verbindliche Auskunft einzuholen (BGH IX ZR 188/05 v. 8.2.07, DStR 07, 1098 mit Anm. *Ruppert* DStRE 08, 259, dazu *Waclawik* DStR 08, 321).

D. Rechtsmittelverfahren (einschließlich außergerichtlicher Rechtsbehelfe)

Übersicht

D. 1. Verfahren vor den Finanzbehörden

Übersicht

Allgemeines Schrifttum zu den Teilen D. 1 und D. 2: Amtliches AO-Handbuch 2014; *Ax/Große/Melchior/Lotz/Ziegler* Abgabenordnung und Finanzgerichtsordnung, 20. Aufl. 2010; *Baum* AO/FGO Handausgabe 2014; *Beermann/Gosch* Abgabenordnung/Finanzgerichtsordnung, Kommentar; Beck'sches Prozessformularbuch, 12. Aufl. 2012; Beck'sches Steuerberater-Handbuch 2013/2014; *Bilsdorfer/Morsch/Schwarz* Handbuch des steuerlichen Einspruchsverfahrens, 2. Aufl. 2008; *Bittner* Finanzgerichtsordnung, Kommentar; *Bittner* Schriftsätze im Steuerprozess. Formularsammlung zur FGO, 2002; *Carle* Der (Rechts-)Weg zum EuGH, AO-StB 2007, 242; *Dürr* Der Steuerberater vor dem Finanzgericht, 5. Aufl. 2001; *Dürrer* Beweislastverteilung und Schätzung im Steuerstrafrecht, 2010; *Fichtelmann/Schulze zur Wiesche/Högl* Steuer-Formular-Handbuch, 7. Aufl. 2002; *Gräber* Finanzgerichtsordnung, Kommentar, 7. Aufl. 2010; *Haarmann/Schmieszek* Rechtsschutz in Steuer- und Abgabensachen; *Hübschmann/Hepp/Spitaler* Kommentar zur Abgabenordnung und Finanzgerichtsordnung; *Jakob* Abgabenordnung, 5. Aufl. 2010; *Jesse* Einspruch und Klage im Steuerrecht, 3. Aufl. 2009; *Jesse* Der Grundsatz der Öffentlichkeit und deren Ausschluss im Steuerprozess, DB 08, 94; *Jost* Das Kostenrecht im Finanzprozess, DStR 08, Beihefter zu Heft 40 S. 70 ff.; *ders.* Vergütungs-Kostenrecht im FG- und BFH-Verfahren: Ratgeber für Steuerberater und Rechtsanwälte, 4. Aufl. 2014; *Kirch/Schiefer/Witt* Praktiker-Handbuch, Allgemeines Steuer- und Verfahrensrecht 2014, 25. Aufl. 2014; *Klein* Abgabenordnung, Kommentar, 12. Aufl. 2014; *Körner* Der Steuerprozess: Erfolgreich klagen – Ablauf, Chancen, Kosten, 2007; *Kühn/von Wedelstädt* Abgabenordnung, Finanzgerichtsordnung, Kommentar, 20. Aufl. 2011; *Lambrecht* Europa- und verfassungsrechtlicher Rechtsschutz jenseits der deutschen Finanzgerichtsbarkeit, StuW 06, 201; *Lammerding/Scheel/Brehm* Abgabenordnung und FGO einschließlich Steuerstrafrecht, 16. Aufl. 2012; *Mack* Der Steueranwalt im Finanzgerichtsprozess in *Binnewies/Spatschek (Hrsg.)* FS Streck, 2011 S. 337; *Mössner* Der Antrag im Finanzgerichtsprozess in *Binnewies/Spatschek (Hrsg.)* FS Streck, 2011 S. 355; *Munkert/Naczinsky* Außergerichtliches Rechtsbehelfsverfahren, DStR 09, Beihefter zu Heft 7 S. 1 ff.; *dies.* Gerichtliche Rechtsbehelfs-/-mittelverfahren, DStR 09, Beihefter zu Heft 7 S. 7 ff.; *Pahlke/Koenig* Abgabenordnung, 2. Aufl. 2009; *Piesche* Die Beiladung im Finanzgerichtsverfahren, 2010; *Pump/Fittkau* Abgabenordnung, Kommentar; *Rätke* Schwerpunkte des finanzgerichtlichen Verfahrens, 2013; *Ratjen/Sager/Schimpf* Abgabenordnung und Finanzgerichtsordnung, 2012; *Rengeling/Middeke/Gellermann* Handbuch des Rechtsschutzes in der Europäischen Union, 3. Aufl. 2014; *Sauer/Schwarz* Handbuch des finanzgerichtlichen Verfahrens, 7. Aufl. 2010; *Sauer* Wie führe ich einen Finanzgerichtsprozess, 5. Aufl. 2001; *Schachner* Rechtsformularbuch, 4. Aufl. 2001; *Schaumburg/Schmidt-Troje* Der Steuerrechtsschutz, 3. Aufl. 2008; *Schmidt-Troje* Das Amtsermittlungsprinzip im finanzgerichtlichen Verfahren, in *Binnewies/Spatschek (Hrsg.)* FS Streck, 2011 S. 385; *Schwarz* Kommentar zur Abgabenordnung; *ders.* Kommentar zur Finanzgerichtsordnung; *Stahl-Sura,* Zur Dauer der Verfahren vor den Finanzgerichten in *Binnewies/Spatschek (Hrsg.)* FS Streck, 2011 S. 435; *Streck/Mack/Kamps* Der Steuerstreit, 3. Aufl. 2012; *Streck* (Hrsg.) Steuerstreitkultur, 1996; *Tipke/Kruse* Abgabenordnung, Finanzgerichtsordnung, Kommentar; *Tipke/Lang* Steuerrecht, 21. Aufl. 2013; *Trzaskalik* Der Rechtsschutz in Steuersachen, 1995; *Wagner* Die Praxis des Steuerprozess, 2. Aufl. 2006; 3. Aufl. 2013; *Woring* Der Zeugenbeweis im finanzgerichtlichen Verfahren, in *Binnewies/Spatschek (Hrsg.)* FS Streck, 2011 S. 461; *ders.* Finanzgerichtsordnung, 6. Aufl. 2003. *Zaumseil,* Rechtsschutz im Steuerrecht nach AO/FGO. 2014.

Zu den Verfahren vor dem FG aus der Sicht der Verwaltung, zB OFD Nürnberg v. 21.3.05, AO-Kartei BY FGO Vorkarte 1.

D. 1.01 Aussetzung (Ruhen) des Verfahrens

I. FORMULAR

Formular D. 1.01 Aussetzung (Ruhen) des Verfahrens

Finanzamt München I

Karlstraße 9–11

80333 München

Gegen den Einkommensteuerbescheid für 2012 vom ...... (Steuer-Nr. ......) habe ich im Auftrag der Eheleute Aurel mit Schreiben vom ...... Einspruch eingelegt. Streitig ist die Höhe der Betriebsausgaben, die Frau Aurel im Zusammenhang mit ihren Einkünften aus selbständiger Arbeit als Kieferchirurgin geltend macht (s. im Einzelnen Einspruchsbegründung).

Am 10.1.2014 ist eine Außenprüfung bei Frau Aurel angeordnet worden, die auch die Einkommensteuer 2128 betrifft.

Ich beantrage, das Einspruchsverfahren gem. § 363 Abs. 1 Satz 1 AO bis zum Abschluss der Außenprüfung ruhen zu lassen.

..

Unterschrift

II. ERLÄUTERUNGEN

Erläuterungen zu D. 1.01 Aussetzung (Ruhen) des Verfahrens

Schrifttum: *Bergan/Martin* Die Verfahrensruhe nach § 363 Abs. 2 Satz 2 – Zwang ohne Ausweg?, DStR 06, 1923; vgl. ansonsten Schrifttum zu Teil D. 2.03.

Verwaltungsanweisungen: AEAO v. 2.1.08, BStBl. I 08, 26 mit Änderungen.

Die **Aussetzung des Verfahrens** wegen sog. Vorgreiflichkeit ist in § 363 Abs. 1 AO geregelt, der § 74 FGO nachgebildet ist; vgl. dazu iE Formular D. 2.03. 1

§ 363 Abs. 1 AO unterscheidet sich von § 74 Abs. 1 FGO nur insoweit, als nach § 363 Abs. 1 AO **die Entscheidung** auszusetzen ist, während nach § 74 Abs. 1 FGO **die Verhandlung** auszusetzen ist. 2

Vorgreiflichkeit liegt vor, wenn die Entscheidung ganz oder zum Teil von dem Bestehen oder Nichtbestehen eines Rechtsverhältnisses abhängt, das den Gegenstand eines anhängigen Rechtsstreits bildet oder von einem Gericht oder einer Verwaltungsbehörde festzustellen ist (§ 363 Abs. 1 AO). Vorgreiflichkeit liegt nicht vor, wenn ein Steuerstrafverfahren anhängig ist (*Tipke/Kruse* § 363 AO Rz. 6; *Gast-deHaan* DStJG 6, S. 196). 3

Die Entscheidung über die Aussetzung des Verfahrens ist eine **Ermessensentscheidung** und bedarf daher nicht der Zustimmung des Einspruchsführers (*Tipke/Kruse* § 363 AO Rz. 7). Ein Antrag ist aber stets zweckmäßig. Nach § 363 Abs. 3 AO ist gegen die Ablehnung der Aussetzung des Verfahrens **kein** Einspruch gegeben. 4

Das **Ruhen des Verfahrens** ist in § 363 Abs. 2 AO geregelt. Ein Ruhen des Verfahrens kann die zur Entscheidung berufene Finanzbehörde anordnen, „wenn das aus wichtigen Gründen zweckmäßig erscheint" (§ 363 Abs. 2 Satz 1 AO). Es handelt sich um eine Ermessensentscheidung, die allerdings die **Zustimmung des Einspruchsführers** voraussetzt. Gegen die Ablehnung der Anordnung des Ruhens des Verfahrens ist **kein** Einspruch gegeben (§ 363 Abs. 3 AO); die Rechtwidrigkeit der Ablehnung 5 des Widerrufs oder der Ablehnung kann nur durch Klage gegen die Einspruchsentscheidung geltend gemacht werden (§ 363 Abs. 3 AO; s. Rz. 13).

6 **Aus wichtigen Gründen zweckmäßig** ist das Ruhen insbesondere dann, wenn der Steuerpflichtige bereits für andere Streitjahre einen Finanzrechtsstreit über die gleiche Rechtsfrage führt, oder wenn, wie im Musterfall, eine Außenprüfung während eines Einspruchsverfahrens durchgeführt wird.

7 **Von Gesetzes wegen** ruht das Einspruchsverfahren, wenn wegen der Verfassungsmäßigkeit einer Rechtsnorm oder wegen einer Rechtsfrage ein Verfahren beim EuGH, dem BVerfG oder einem obersten Bundesgericht anhängig ist **und der Einspruch hierauf gestützt wird** (§ 363 Abs. 2 Satz 2 1. Hs. AO; vgl. iE BFH X R 39/05 v. 26.9.06, BStBl. II 07, 222). Die Regelung geht zurück auf die Flut von Massenrechtsbehelfsverfahren, die Anfang der 90er Jahre die Finanzbehörden überschwemmte. Die Finanzverwaltung hielt die Bescheide mit einem Vorläufigkeitsvermerk gem. § 165 AO offen, was zu einer Änderung des § 165 Abs. 1 Satz 2 AO führte. Ist ein Steuerbescheid mit einem Vorläufigkeitsvermerk nach § 165 Abs. 1 Satz 2 Nr. 3 AO versehen, **ruht** das Einspruchsverfahren aber **nicht** zwangsweise (§ 363 Abs. 2 Satz 2 2. Hs. AO). ME muss der Einspruchsführer das Verfahren nachprüfbar (Angabe des Aktenzeichens) benennen, damit die Voraussetzungen des Zwangsruhens eingreifen können (vgl. BFH IV R 18/04 v. 27.4.06, BFH/NV 06, 2017).

Um übermäßige Anfragen zu den anhängigen Verfahren beim Bundesfinanzhof zu vermeiden, werden ab 1.1.96 alle beim Gericht anhängigen Revisionen veröffentlicht, zu denen eine Sachentscheidung zu erwarten ist. Dies geschieht durch die Übermittlung der relevanten Daten (BFH-Aktenzeichen, Rechtsfrage, Vorinstanz, Erledigung) an das Bundesministerium der Finanzen, welches die Verfahren im Bundessteuerblatt abdruckt. Darüber hinaus kann jeder Interessierte die gleichen Daten auch direkt beim BFH beziehen oder auf der Internet-Homepage des BFH (www.bundesfinanzhof.de) herunter laden.

8 Das **Zwangsruhen** erfasst aber nicht das gesamte Einspruchsverfahren, sondern das Verfahren ist nur „insoweit" ruhend, wie die Verfassungsmäßigkeit einer Rechtsnorm oder eine bestimmte Rechtsfrage Verfahrensgegenstand in einem Verfahren vor dem EuGH, dem BVerfG oder einem obersten Bundesgericht ist. Über Fragen, die nicht Anlass der Verfahrensaussetzung oder der Verfahrensruhe sind, kann durch Erlass einer Teil-Einspruchsentscheidung oder eines Teil-Abhilfebescheides entschieden werden (§ 367 Abs. 2a AO; vgl. AEAO zu § 363 Nr. 2). Der BFH teilt diese Auffassung aber nicht (BFH X R 39/05 26.9.06, BStBl. II 07, 222); zu beachten ist aber, dass die Entscheidung des BFH zu einem Zeitpunkt ergangen ist, als § 367 AO noch keinen Erlass einer Teil-Einspruchsentscheidung vorsah.

9 **Keine Zwangsruhe** tritt ein, wenn der Steuerpflichtige einen schlichten Änderungsantrag nach § 172 AO stellt. § 363 Abs. 2 Satz 2 AO spricht nämlich ausdrücklich nur vom Einspruchsverfahren.

10 Zwangsruhe kann auch durch **Allgemeinverfügung** angeordnet werden, § 363 Abs. 2 Satz 3 AO.

11 Die **Fortsetzung des Einspruchsverfahrens,** das nach § 363 Abs. 2 Sätze 1–3 AO ruht, erfolgt, wenn dies der **Einspruchsführer beantragt** oder dies die **Finanzbehörde** dem Einspruchsführer **mitteilt** (§ 363 Abs. 2 Satz 4 AO). Eine solche Entscheidung steht im Ermessen der Finanzbehörde; die Ermessenserwägungen sind offen zu legen (vgl. BFH X R 39/05 v. 26.9.06, BStBl. II 07, 222).

12 **Besteht zwischen den Beteiligten über die Fortsetzung** des Einspruchsverfahren **keine Einigkeit**, dh. die Finanzbehörde lehnt die Fortsetzung des Einspruchsverfahrens trotz Antrag des Einspruchsführers ab oder der Steuerpflichtige will keine Fortsetzung des Einspruchsverfahrens trotz Mitteilung der Finanzbehörde, ist noch ungeklärt, welche Rechtsbehelfe zur Verfügung stehen. ME stellt die **Mitteilung der Fortsetzung** des Einspruchsverfahrens kein schlichtes Verwaltungshandeln dar, sondern

einen **Verwaltungsakt** (ebenso BFH X R 39/05 v. 26.9.06, BStBl. II 07, 222); ebenso ist die Ablehnung der Fortsetzung als Verwaltungsakt zu qualifizieren. Gegen beide Verwaltungsakte ist m. E. der Einspruch gegeben (§ 347 AO, s. Formular D. 1.04). § 363 Abs. 3 AO ist seinem Wortlaut nach nicht einschlägig; er regelt nur die Fälle der Ablehnung der Aussetzung oder des Ruhens des Verfahrens bzw. des Widerrufs des Ruhen des Verfahrens (aA BFH X R 39/05 v. 26.9.06, BStBl. II 07, 222).

Beendigt wird die Verfahrensruhe durch den Wegfall des Ruhensgrundes. Die Verfahrensruhe im Einspruchsverfahren kann aber auch dadurch beendet werden, dass die Finanzbehörde die durch Berufung auf ein vorgreifliches Verfahrens bewirkte Verfahrensruhe im Einspruchsverfahren durch einen Vorläufigkeitsvermerk derselben Reichweite beendet; denn der Vorläufigkeitsvermerk bietet nach der Rspr. des BFH einen der Verfahrensruhe gleichwertigen Rechtsschutz (vgl. BFH X R 32/08 v. 23.1.13, BStBl. II 13, 423). 13

Rechtsbehelfe: Die Anordnung der Aussetzung oder des Ruhenslassens des Verfahrens ist selbstständig anfechtbar. Nach § 363 Abs. 3 AO kann jedoch die Ablehnung eines Aussetzungs- bzw. Ruhensantrags oder der Widerruf einer Aussetzung oder Ruhestellung (§ 363 Abs. 1 u. 2 AO) nicht gesondert angefochten werden, sondern die Rechtswidrigkeit der Ablehnung oder des Widerrufs muss durch **Klage gegen die Einspruchsentscheidung** geltend gemacht werden. Ein Einspruch ist daher in diesen Fällen nicht gegeben. Für den Fall, dass die Finanzbehörde einen Aussetzungs- bzw. Ruhensantrag ablehnt bzw. eine Aussetzung oder Ruhendstellung widerruft und gleichwohl **keine Einspruchsentscheidung** erlässt, bleibt dem Steuerpflichtigen nur die Möglichkeit der Untätigkeitsklage gem. § 46 FGO (vgl. Formular D. 2.22), Einspruch ist nicht möglich, s. oben. 14

Wird Klage gegen die Einspruchsentscheidung erhoben, ist Klageziel ausnahmsweise die **isolierte Aufhebung** der Einspruchsentscheidung (vgl. BFH X R 39/05 v. 26.9.06, BStBl. II 07, 222). 15

Unterbrechung des Verfahrens: Nach hM werden die Unterbrechungsgründe, die für das Klageverfahren gelten, auch für das außergerichtliche Rechtsbehelfsverfahren anerkannt (vgl. *Tipke/Kruse* § 363 AO Rz. 4; zu den Unterbrechungsgründen vgl. D. 2.03 Rz. 10). 16

D. 1.02 Aussetzung der Vollziehung

I. FORMULAR

Formular D. 1.02 Aussetzung der Vollziehung

Finanzamt München I
Karlstraße 9–11
80333 München

Gegen den Einkommensteuerbescheid für 20... vom ...... (Steuer-Nr. ......) haben wir mit Schreiben vom ...... Einspruch eingelegt.

Wir stellen den Antrag, die Vollziehung des angefochtenen Einkommensteuerbescheids für 20... vom ...... (Steuer-Nr. ......) ab Fälligkeit bis zur rechtskräftigen Entscheidung in der Hauptsache in Höhe von ...... auszusetzen. Bis zur Entscheidung über den Aussetzungsantrag bitten wir um stillschweigende Stundung.

Zur Begründung tragen wir Folgendes vor:

Es bestehen „ernstliche Zweifel" iSd. § 361 Abs. 2 Satz 2 AO, ob die Nichtanerkennung von Betriebsausgaben für eine Auslandsreise nach Brasilien mangels betrieblicher Veranlassung rechtmäßig ist.

Nach der Rechtsprechung des Bundesfinanzhofs liegen ernstliche Zweifel vor, wenn bei summarischer Prüfung des Verwaltungsaktes neben für die Rechtmäßigkeit sprechenden Umstände gewichtige, gegen die Rechtmäßigkeit sprechende Gründe zutage treten, die Unentschiedenheit oder Unsicherheit in der Beurteilung von Rechtsfragen oder Unklarheit in der Beurteilung von Tatfragen bewirken (BFH I B 50/68, I B 3/69 v. 11.3.1970, BStBl. II 1970, 569; VIII S 15/76 v. 29.6.1977, BStBl. II 1977, 726). Der Erfolg braucht jedoch nicht wahrscheinlicher zu sein als der Misserfolg (BFH V B 52/73 v. 28.11.1974, BStBl. II 1975, 239).

Nach der Rechtsprechung des Bundesfinanzhofs entspricht es zwar der Lebenserfahrung, dass Reisen häufig einen allgemeinen Bildungs-, Informations- und Erholungszweck erfüllen und somit vielfach eine ausschließlich betriebliche Veranlassung ausgeschlossen ist (vgl. BFH VI R 71/78 v. 23.10.1981, BStBl. II 1982, 69). Im vorliegenden Fall ist es jedoch mindestens ernstlich zweifelhaft, ob es sich um eine Reise aus beruflichem oder privatem Anlass handelt. Der Steuerpflichtige ist Generalsekretär der Internationalen Vereinigung für Schmetterlingskunde (IVS); die Bezüge, die er aus dieser Tätigkeit erhält, werden vom Finanzamt als Einkünfte aus selbstständiger Arbeit gem. § 18 Abs. 1 Nr. 1 EStG behandelt. Im Rahmen seiner Tätigkeit als Generalsekretär der IVS nahm der Steuerpflichtige als Vortragender und Teilnehmer im Veranlagungsjahr an einem Fachkongress der Schmetterlingskundler in Rio de Janeiro (Brasilien) teil, der ausschließlich wissenschaftlichen Zwecken diente. Dass der Veranstaltungsort in einem touristisch interessanten Gebiet lag, hat seine Ursache ausschließlich darin, dass sich gerade in diesem Gebiet eine Vielfalt von Schmetterlingsarten befindet.

Es ist ernstlich zweifelhaft, ob einerseits die Einkünfte aus dieser Tätigkeit (zB Einkünfte aus Vortragstätigkeit) den Einkünften aus selbstständiger Arbeit zugerechnet werden dürfen, andererseits Aufwendungen, die sich gerade aus dieser Arbeit ergeben, nicht als Betriebsausgaben zum Abzug zugelassen werden.

Von der Anordnung einer Sicherheitsleistung bitten wir abzusehen, da auf Grund der Vermögensverhältnisse unseres Mandanten eine Gefährdung des Steueranspruchs nicht besteht.

..

Unterschrift

II. ERLÄUTERUNGEN

Erläuterungen zu D. 1.02 Aussetzung der Vollziehung

Schrifttum: *Kamps* Ausgewählte Beraterüberlegungen zur Aussetzung der Vollziehung, DStR 07, 1154; *Lindwurm* Anordnen, Annehmen und Ablehnen von Sicherheitsleistungen, DStZ 2006, 328; *Mack* Neues zur Aussetzung der Vollziehung – Anmerkungen zur Neuregelung im Anwendungserlass zur Abgabenordnung, DStR 97, 395. S. Formular D. 2.04.

Verwaltungsanweisungen: AEAO v. 2.1.08, BStBl. I 08, 26 mit Änderungen.

1 Durch die **Einlegung des Einspruchs** wird die Vollziehung nicht gehemmt. Will der Steuerpflichtige die Steuer **nicht bei Fälligkeit** bezahlen, muss er vor Eintritt der Fälligkeit **Antrag auf Aussetzung der Vollziehung** stellen, um die Verwirkung von Säumniszuschlägen (§ 240 AO) und vor allem die Vollstreckung zu vermeiden (§§ 249ff. AO). Zu den materiellen Voraussetzungen der Aussetzung (**„ernstliche Zweifel“** oder **„unbillige Härte“**) s. Formular D. 2.04.

2 Antrag auf **Aussetzung der Vollziehung** (§ 361 AO, § 69 Abs. 2 FGO) bzw. auf **Aufhebung der Vollziehung** (BFH VII R 72/78 v. 10.7.79, BStBl. II 79, 698) setzt voraus, dass gegen den Verwaltungsakt, dessen Aussetzung der Vollziehung begehrt

wird, Einspruch eingelegt oder Anfechtungsklage erhoben worden ist (*Tipke/Kruse* § 361 AO Rz. 8). § 361 AO regelt die Aussetzung der Vollziehung während des Vorverfahrens, § 69 Abs. 2 FGO regelt die Aussetzung der Vollziehung durch die Finanzbehörde während eines Klageverfahrens.

Aussetzungsantrag *vor* Anfechtung oder *nach* Ablauf der – ungenutzten – Rechtsbehelfsfrist ist unzulässig (BFH IV B 13/81 v. 1.10.81, BStBl. II 82, 133; vgl. *Tipke/Kruse* § 361 AO Rz. 8). 3

Aussetzungsfähig sind nur vollziehbare Verwaltungsakte, vgl. dazu *Tipke/Kruse* § 361 AO Rz. 8. 4

Bis zur Entscheidung über den Antrag auf Aussetzung der Vollziehung ist **Stundung** zu beantragen, da ansonsten ab Fälligkeit der Steuer Säumniszuschläge verwirkt werden. Da häufig innerhalb des Finanzamts verschiedene Stellen oder eventuell auch mehrere Finanzämter für die Entscheidung über Einspruch, Aussetzung der Vollziehung bzw. Stundung zuständig sind, empfiehlt es sich, dem Schriftsatz soviele Kopien beizufügen, wie er Anträge enthält, bzw. ihn in Kopie direkt dem Finanzamt zuzuleiten, das für die Entscheidung zuständig ist. 5

Zur Berechnung der **aussetzungsfähigen Steuer:** Vgl. AEAO § 361 Nr. 4. 6

Zinsen: Soweit das Hauptsacheverfahren endgültig *keinen Erfolg* hat, fallen gem. § 237 Abs. 1 AO Aussetzungszinsen an. Die Zinsen betragen 0,5% für jeden vollen Monat (§ 238 Abs. 1 AO) und werden vom Tag des Eingangs des Einspruchsschreibens bis zu dem Tag, an dem die Aussetzung der Vollziehung endet, erhoben (§ 237 Abs. 2 AO). 7

Auf die Aussetzungszinsen kann, ebenso wie auf die Stundungszinsen, ganz oder teilweise verzichtet werden (§ 237 Abs. 4 AO iVm. § 234 Abs. 2 u. 3 AO), wenn die Erhebung der Zinsen nach Lage des einzelnen Falles unbillig wäre.

Keine Aussetzungszinsen sind zu erheben, wenn die Fälligkeit des strittigen Anspruchs **durch Stundung** hinausgeschoben wird; im Regelfall fallen dann aber Stundungszinsen an (und zwar unabhängig vom Ausgang des Hauptsacheverfahrens), sie werden wie die Aussetzungszinsen berechnet (§§ 234, 238 AO). 8

Zuständiges Finanzamt: Der Antrag ist regelmäßig an die Behörde zu richten, die den Bescheid erlassen hat (§ 361 Abs. 2 Satz 1 AO). Zu den Zulässigkeitsvoraussetzungen eines Antrags auf Aussetzung der Vollziehung direkt an das FG s. Formular D. 2.04. 9

Begründung: Wenn möglich, sollte der Einspruch bei der Einlegung bereits begründet werden, in diesen Fällen kann dann für die Begründung der ernstlichen Zweifel auf die Einspruchsbegründung Bezug genommen werden. Einer besonderen Darlegung der ernstlichen Zweifel bedarf es in diesen Fällen dann regelmäßig nicht mehr. 10

Wird ein **Grundlagenbescheid** (§ 171 Abs. 10 AO) von der Vollziehung ausgesetzt, ist auch die Vollziehung des Folgebescheids auszusetzen (§ 361 Abs. 3 Satz 1 AO). 11

Sicherheitsleistung kann nach § 361 Abs. 2 Satz 5 AO angeordnet werden (Ermessensentscheidung); vgl. AEAO § 361 Nr. 9.2. Die Finanzverwaltung gewährt Aussetzung/Aufhebung der Vollziehung grundsätzlich nur unter dem Vorbehalt des Widerrufs (AEAO § 361 Nr. 9.1). 12

Vollstreckungsmaßnahmen sollen unterbleiben, solange über einen Antrag auf Aussetzung der Vollziehung nicht unanfechtbar entschieden ist, es sei denn, „der Antrag ist aussichtslos, bezweckt offensichtlich nur ein Hinausschieben der Vollstreckung oder es besteht Gefahr im Verzug" (AEAO Nr. 3.1 zu § 361). Ist ein Antrag auf Aussetzung der Vollziehung beim Gericht anhängig (vgl. Rz. 16 sowie Formular D. 2.04), soll nach AEAO zu § 361 Nr. 3.2 **vor** Einleitung von Vollstreckungsmaßnahmen mit dem Finanzgericht Kontakt aufgenommen werden. 13

Aufrechnung durch die Finanzbehörde soll bei gewährter Aussetzung der Vollziehung **nicht** zulässig sein (BFH VII R 58/94 v. 31.8.95, BStBl. II 96, 55; aA noch BFH VII R 50–51/86 v. 17.9.87, BStBl. II 88, 366). 14

15 **Nach Entscheidung** über das Einspruchsverfahren ist **erneut Antrag auf Aussetzung der Vollziehung** zu stellen, wenn die Aussetzung der Vollziehung nur „bis zum Ablauf eines Monats nach Bekanntgabe der Einspruchsentscheidung" gewährt wurde, wie dies in der Praxis regelmäßig der Fall ist (vgl. BFH VII S 13/77 v. 3.1.78, BStBl. II 78, 157). Bei Ablehnung des Antrags durch das Finanzamt ist für die Entscheidung das Gericht der Hauptsache zuständig (§ 69 Abs. 3 Satz 1 FGO), nach Klageerhebung also das Finanzgericht, nach Revisionseinlegung der Bundesfinanzhof. Unklar ist, welches Gericht in der Zeit zwischen Erlass der erstinstanzlichen Entscheidung und Einlegung des Rechtsmittels zuständig ist (vgl. *Gräber/Koch* § 69 FGO Rz. 132 mwN).

16 **Rechtsbehelfe:** Nach Ablehnung eines Antrags auf Aussetzung der Vollziehung durch das Finanzamt ist der **Einspruch** statthaft. Es ist aber auch die **Anrufung des Finanzgerichts** nach § 69 Abs. 3 oder § 69 Abs. 5 Satz 3 FGO möglich (s. Formular D. 2.04), § 361 Abs. 5 AO. Gegen eine – ablehnende – Einspruchsentscheidung ist der Klageweg **nicht** gegeben (§ 361 Abs. 5 AO); es bleibt aber die direkte Anrufung des Finanzgerichts nach § 69 Abs. 3 oder 5 Satz 3 FGO. Auch der Antrag direkt an das Finanzgericht setzt eine ablehnende Entscheidung des Finanzamts voraus (§ 69 Abs. 4 FGO), dazu und zu den Ausnahmen Formular D. 2.04.

D. 1.03 Einspruch

I. FORMULAR

Formular D. 1.03 Einspruch

Finanzamt München I
Karlstraße 9–11
80333 München

Gegen den Einkommensteuerbescheid für 20... vom ...... (Steuer-Nr. ......) legen wir namens und im Auftrag des ...... unter Vollmachtsvorlage

EINSPRUCH

ein.

Wir stellen den Antrag, die Einkommensteuer auf ...... herabzusetzen.

Wir beantragen weiter eine Erörterung des Sach- und Streitstandes gem. § 364a Abs. 1 AO.

Zur Begründung des Einspruchs tragen wir Folgendes vor:

Der Einspruchsführer ist Musiklehrer, der an einer Schule fest angestellt ist, gleichzeitig aber in nicht unerheblichem Maße (s. Erklärung über Einkünfte aus selbstständiger Arbeit) auf freiberuflicher Basis Musikunterricht erteilt. Die geltend gemachten Betriebsausgaben für Notenmaterial sowie AfA auf das neu angeschaffte Klavier sind deswegen beruflich veranlasst und damit zum Abzug zuzulassen (vgl. *Schmidt* EStG, 30. Aufl. 2011, § 9 Rz. 175, Stichwort Musikinstrumente).

Wegen des Antrags auf Aussetzung der Vollziehung verweisen wir auf den beigefügten Schriftsatz vom heutigen Tage.

..

Unterschrift

II. ERLÄUTERUNGEN

Erläuterungen zu D. 1.03 Einspruch

Schrifttum: *Große* Die Fristsetzung gem. § 364b AO, DB 96, 60; *Heißenberg* Steuerpraktische Hinweise zu den AO-Änderungen ab 1.1.96, KÖSDI 95, 10483; *Mack/Olbing* Wem die Stunde schlägt – Die neue Frist im Einspruchsverfahren, DStR 96, 445; *Munkert/Naczinsky* Außergerichtliches Rechtsbehelfsverfahren, DStR 07, Beilage 9; *Streck* Die Praxis des Steuerstreits und der steuerlichen Einigung, StBG 87, 47; *v. Wedelstädt* Präklusion nach § 364b AO und anschließende Korrektur des Steuerbescheids mit präkludiertem Vortrag, DB 96, 113; *Olgemöller/Kamps* Handlungsbedarf bei „Abhilfebescheiden", die entgegen der Erklärung des Finanzamts dem Einspruch nicht umfassend abhelfen?, DStR 00, 1723.

Verwaltungsanweisungen: AEAO idF v. 2.1.08, BStBl. I 08, 26 mit Änderungen.

Einspruch ist der von der Abgabenordnung vorgesehene **förmliche** Rechtsbehelf; 1
die Durchführung des Vorverfahrens ist grundsätzlich Voraussetzung für die Klageerhebung (§ 40 Abs. 2 FGO), ausnahmsweise ohne Durchführung des Vorverfahrens ist die Klage nur mit Zustimmung des Finanzamts (sog. Sprungklage, § 45 FGO) oder bei Untätigkeit (sog. Untätigkeitsklage, § 46 FGO) zulässig (s. Formular D. 2.21, D. 2.22). Zur Zweckmäßigkeit der sog. Sprungklage s. Formular D. 2.21.

Anfechtbare Bescheide: In § 347 AO ist abschließend aufgezählt, gegen welche 2
Verwaltungsakte der Einspruch statthaft ist. **Untätigkeit:** Einspruch ist auch gegeben, wenn geltend gemacht wird, dass über einen vom Einspruchsführer gestellten Antrag auf Erlass eines Verwaltungsakts ohne Mitteilung eines zureichenden Grundes binnen angemessener Frist nicht entschieden worden ist (§ 347 Abs. 1 Satz 2 AO). Sind mehrere Steuerbescheide auf einem Formular zusammengefasst (zB einheitliche und gesonderte Gewinnfeststellung für die Jahre 2004–2007), ist jedes Jahr getrennt anfechtbar, da es sich um mehrere selbstständige Verwaltungsakte handelt.

Der **Einspruch** ist nach § 348 AO **ausgeschlossen** gegen Einspruchsentscheidun- 3
gen (§ 367 AO), bei Nichtentscheidung über einen Einspruch, gegen Verwaltungsakte der obersten Finanzbehörden des Bundes und der Länder, außer wenn ein Gesetz das Einspruchsverfahren vorschreibt, und gegen Entscheidungen der Steuerberaterkammern in Angelegenheiten des Zweiten und Sechsten Abschnitts des Zweiten Teils des Steuerberatungsgesetzes sowie in den Fällen des § 172 Abs. 3 AO (Allgemeinverfügungen). Fraglich ist, ob § 348 Nr. 1 AO den Einspruch ausschließt, wenn eine Kostenentscheidung nach § 77 EStG im Rahmen einer Einspruchsentscheidung (in Kindergeldsachen) ergangen ist (vgl. dazu das beim BFH unter Az. III R 8/14 anhängige Revisionsverfahren).

Einspruchsfrist: Steuerbescheide können, ebenso wie die übrigen Verwaltungsak- 4
te, nur **innerhalb eines Monats** nach Bekanntgabe des Verwaltungsakts (§ 355 Abs. 1 AO) mit dem Einspruch angefochten werden, sofern ihnen die vorgeschriebene Rechtsbehelfsbelehrung (§ 356 AO, § 157 Abs. 1 Satz 3 AO) beigefügt ist; zur Anfechtung mit Sprungklage gem. § 45 Abs. 1 FGO s. Formular D. 2.21. Ist dem Bescheid **keine** schriftliche Rechtsbehelfsbelehrung oder eine unrichtige Rechtsbehelfsbelehrung beigefügt, so kann der Bescheid grds. binnen eines Jahres nach der Bekanntgabe angefochten werden (§ 356 Abs. 2 AO). Vgl. BFH I B 127/12 v. 6.7.12, BStBl. II 13, 272 zur Frage, wann eine Rechtsbehelfsbelehrung unrichtig iSv. § 356 Abs. 2 Satz 1 AO ist.

Der Einspruch wegen **Untätigkeit** nach § 347 Abs. 1 Satz 2 AO ist **unbefristet** (§ 355 Abs. 2 AO).

Fristbeginn ist bei Übermittlung durch die Post der dritte Tag nach Aufgabe des 5
Bescheids zur Post (§ 122 Abs. 2 Satz 1. Hs. Nr. 1 AO), es sei denn, es wird ein späterer Zugang nachgewiesen. Wird der Bescheid durch Zustellung gem. § 122 Abs. 5

AO bekannt gegeben, beginnt die Frist an dem auf die Zustellung folgenden Tag (§ 187 Abs. 1 BGB, § 108 Abs. 1 AO), auch dann, wenn der auf die Zustellung folgende Tag ein Sonntag, ein allgemeiner Feiertag oder ein Sonnabend ist (BFH IV B 39/10 v. 30.11.10, BFH/NV 11, 613); die Drei-Tage-Frist des § 122 Abs. 2 AO gilt in diesem Fall nicht, vgl. BFH I R 77/89 v. 19.6.91, BStBl. II 91, 826.

Beispiel für Drei-Tage-Frist: Bescheid ist am 17.1.11 zur Post gegeben worden. Er gilt als am 20.1.11 zugegangen. § 108 Abs. 3 AO galt für die Drei-Tage-Rechnung früher nicht (BFH II R 5/84 v. 5.3.86, BStBl. II 86, 462), dh. die Frist begann, auch wenn der Tag ein Samstag, Sonntag oder Feiertag war. Nach neuer Rechtsprechung beginnt die Frist, wenn nach der Drei-Tages-Frist ein Samstag, Sonntag oder Feiertag Fristbeginn wäre, erst am nächsten Werktag (vgl. BFH IX R 68/98 v. 14.10.03, BStBl. II 03, 898). *Beispiel:* Der Bescheid ist am 16.2.11 zur Post gegeben worden; Drei-Tages-Frist: 19.2.11; da dies ein Samstag ist, beginnt die Frist erst am darauf folgenden Montag (21.2.11). Zur Fristberechnung iE vgl. § 108 AO.

6 Bei **Fristversäumung** kann Wiedereinsetzung gewährt werden, wenn die Voraussetzungen des § 110 AO vorliegen (vgl. dazu Formular D. 2.25). Wird von der Finanzbehörde Wiedereinsetzung gewährt, ist die Entscheidung im Klageverfahren voll nachprüfbar, weil eine § 56 Abs. 5 FGO entsprechende Regelung in § 110 AO fehlt (vgl. *Gräber/Stapperfend* § 56 Rz. 66 unter Hinweis auf BFH VI R 178/85 v. 24.8.90, BFH/NV 91, 140 mit weiteren Nachweisen). Fristverlängerung ist nicht möglich. Zur Ausschöpfung von Rechtsmittelfristen und zur auf die bei der Post ausgehängte „Übersicht wichtiger Postlaufzeiten" vgl. BFH VI R 10/86 v. 21.12.90, BStBl. II 91, 437. Über die Gewährung von Wiedereinsetzung gegen die Versäumung der Einspruchsfrist wird durch Einspruchsentscheidung befunden (BFH IV R 82/88 v. 26.10.89, BStBl. II 90, 277; IX R 75/89 v. 2.3.93, BFH/NV 93, 578).

7 **Anfechtungsberechtigt** ist, „wer geltend macht, durch einen Verwaltungsakt oder dessen Unterlassung **beschwert** zu sein" (§ 350 AO). § 350 AO entspricht im Wesentlichen § 40 Abs. 2 FGO, wonach die Klage nur zulässig ist, wenn der Kläger geltend macht, durch den Verwaltungsakt oder dessen Ablehnung oder Unterlassung in seinen Rechten verletzt zu sein. Eine **Beschwer** liegt immer dann vor, wenn der angefochtene Verwaltungsakt zuungunsten desjenigen ergangen ist, der den außergerichtlichen Rechtsbehelf einlegt. Ob der angefochtene Verwaltungsakt unrichtig ist, ist dabei ohne Bedeutung. Mangelnde Erfolgsaussichten des Rechtsbehelfs beeinträchtigen die Beschwer nicht (BFH II R 90/83 v. 27.11.85, BStBl. II 86, 243). Eine Beschwer liegt grundsätzlich dann nicht vor, wenn die Steuer nach Auffassung des Einspruchsführers zu niedrig oder auf 0 € festgesetzt ist (vgl. *Tipke/Kruse* § 350 AO Rz. 12). Ausnahmsweise kann bei einer zu niedrigen Festsetzung eine Beschwer dann bestehen, wenn eine höhere Festsetzung, zB auf Grund des Bilanzenzusammenhangs, sich in den Folgejahren günstiger auswirkt. Die Beschwer muss geltend gemacht werden (vgl. *Tipke/Kruse* § 350 AO Rz. 25 ff.).

8 Der Einspruch ist als **unzulässig** zu verwerfen, wenn er nicht in der vorgeschriebenen Form und Frist eingelegt oder wenn eine Beschwer nicht geltend gemacht worden ist (§ 358 AO).

9 Die **Einspruchsbefugnis** ist bei einheitlichen Feststellungsbescheiden gem. § 352 AO eingeschränkt.

Ist der angefochtene Verwaltungsakt **ab dem 1.1.96 wirksam** geworden, können folgende Personen Einspruch einlegen:

- Zur Vertretung berufene Geschäftsführer oder, wenn solche nicht vorhanden sind, der Einspruchsbevollmächtigte iSv. § 352 Abs. 2 AO (§ 352 Abs. 1 Nr. 1 AO)
- wenn Personen nach § 352 Abs. 1 Nr. 1 AO nicht vorhanden sind, jeder Gesellschafter, Gemeinschafter oder Mitberechtigte, gegen den der Feststellungsbescheid ergangen ist oder zu ergehen hätte (§ 352 Abs. 1 Nr. 2 AO);

– auch wenn Personen nach § 352 Abs. 1 Nr. 1 vorhanden sind, ausgeschiedene Gesellschafter, Gemeinschafter oder Mitberechtigte, gegen die der Feststellungsbescheid ergangen ist oder zu ergehen hätte (§ 352 Abs. 1 Nr. 3 AO);
– Einspruchsbefugnis nach § 352 Abs. 1 Nr. 4 AO;
– Einspruchsbefugnis nach § 352 Abs. 1 Nr. 5 AO.

Vgl. dazu im Einzelnen *Söffing* Neuordnung des außergerichtlichen Rechtsbehelfsverfahrens ab 1.1.96, DStR 95, 1489, 1490f.; *von Wedelstädt* Einspruchs- und Klagebefugnis bei einheitlichen und gesonderten Feststellungsbescheiden, AO-StB 06, 230, 261; *Voigt* Einspruchsbefugnis bei einheitlicher und gesonderter Gewinnfeststellung, AO-StB 2002, 127.

Der **Einspruchsbevollmächtigte** (§ 352 Abs. 1 Nr. 1 Zweite Alternative) ist dann 10 einspruchsbefugt, wenn eine einheitliche Feststellung eine Personengruppe betrifft, die **keinen** Geschäftsführer hat (zB Erbengemeinschaft, Bruchteilsgemeinschaft); einspruchsbefugt ist nach § 350 Abs. 2 Satz 1 AO der gemeinsame (bestellte) **Empfangsbevollmächtigte.** Gibt es keinen bestellten Empfangsbevollmächtigten, steht die Einspruchsbefugnis dem **gesetzlich fingierten** Empfangsbevollmächtigten zu (§ 352 Abs. 2 Satz 2 AO). Die Vorschrift des § 350 Abs. 2 Sätze 1 und 2 AO greift aber nur, wenn eine § 350 Abs. 2 Satz 3 AO entsprechende Belehrung erfolgt ist und wenn die Feststellungsbeteiligten nicht widersprochen haben (§ 350 Abs. 2 Satz 2 2. Hs. AO); ausreichend ist der Widerspruch eines Feststellungsbeteiligten. Vgl. iE AEAO zu § 350 AO.

Einspruchsbefugnis des Rechtsnachfolgers: Der Rechtsnachfolger kann auch 11 dann nur innerhalb der für den Rechtsvorgänger maßgebenden Einspruchsfrist Einspruch einlegen, wenn der Bescheid ihm (= Rechtsnachfolger) gegenüber wirkt, aber nicht bekanntgegeben worden ist (§ 353 AO). Diese Fälle gibt es zB bei dem Einheitswertbescheid, dem Grundsteuermessbescheid und dem Zerlegungs- oder Zuteilungsbescheid über einen Grundsteuermessbetrag; vgl. *Tipke/Kruse* § 353 AO Tz. 1ff.

Form der Einlegung: Einspruch ist **schriftlich** einzureichen oder zur Nieder- 12 schrift zu erklären (§ 357 Abs. 1 Satz 1 AO), nicht aber durch Telefon, auch wenn sich der Beamte bereit erklärt, den Inhalt des Gesprächs zu notieren (BFH III 120/61 U v. 10.7.64, BStBl. III 64, 590). Zulässig ist auch die Einlegung durch **Telegramm** (§ 357 Abs. 1 Satz 3 AO) oder durch **Telefax** (BFH VIII B 83/90 v. 26.3.91, BStBl. II 91, 463), ebenso durch E-Mail nach Zugangseröffnung (§ 87a Abs. 1, Abs. 3 AO; AEAO zu § 87a Nr. 1 und § 357 Nr. 1). Die Angabe des Einspruchsführers muss sich aus dem Schriftstück ergeben (§ 357 Abs. 1 Satz 2 AO). Es ist ausreichend, wenn er zB dem Briefkopf zu entnehmen ist, eine **Unterschrift ist nicht erforderlich** (*Tipke/Kruse* § 357 AO Rz. 12). Nicht erforderlich ist, dass der Rechtsbehelf richtig bezeichnet wird, ausreichend ist vielmehr, wenn sich aus der Erklärung ergibt, dass der Erklärende sich durch den Bescheid beschwert fühlt und eine Überprüfung verlangt.

Finanzbehörde, bei der der Einspruch anzubringen ist: Der Einspruch ist bei 13 der Finanzbehörde anzubringen, deren Verwaltungsakt angefochten wird (§ 357 Abs. 2 Satz 1 AO). Hat den Verwaltungsakt eine Behörde auf Grund gesetzlicher Vorschrift *für* die zuständige Finanzbehörde erlassen, kann der Einspruch auch bei der zuständigen Finanzbehörde angebracht werden (§ 357 Abs. 2 Satz 3 AO). Ist der Einspruch bei einer unzuständigen Behörde eingelegt, so ist er dennoch rechtzeitig eingelegt, wenn er von der unzuständigen Behörde innerhalb der Einspruchsfrist an die zuständige Behörde übermittelt wird (§ 357 Abs. 2 Satz 4 AO); allerdings trägt der Steuerpflichtige das Risiko der rechtzeitigen Übermittlung.

Inhalt des Einspruchs: Es soll der Verwaltungsakt bezeichnet werden, gegen den 14 sich der Einspruch richtet (§ 357 Abs. 3 Satz 1 AO), weiter soll angegeben werden, inwieweit der Verwaltungsakt angefochten und seine Aufhebung beantragt wird (§ 357 Abs. 3 Satz 2 AO), zudem sollen die Tatsachen, die zur Begründung dienen und die Beweismittel angeführt werden (§ 357 Abs. 3 Satz 3 AO). Es handelt sich hier um **Soll-Vorschriften,** der Einspruch muss also nicht begründet werden. Es empfiehlt sich aber stets, den Verwaltungsakt genau zu bezeichnen und einen **Antrag** zu stellen, damit das Finanzamt (Rechtsbehelfsstelle) die Einwendungen des Steuerpflichtigen feststellen und überprüfen kann. Der Antrag hat Bedeutung für den Umfang der Aufklärungspflicht. Kommt es zu einem Klageverfahren, ohne dass der Einspruch begründet worden ist, können dem Kläger – auch wenn er den Finanzgerichtsprozess gewinnt – die **Kosten** nach § 137 FGO ganz oder teilweise **auferlegt werden,** wenn die Entscheidung „auf Tatsachen beruht, die er früher hätte geltend machen oder beweisen können und sollen".

Die Finanzbehörde hat die Möglichkeit, für die Begründung des Einspruchs **Ausschlussfristen** (§ 364b AO) zu setzen, s. dazu Rz. 20ff. Es ist bei einer etwaigen Fristsetzung der Finanzbehörde also genau darauf zu achten, ob es sich um eine „normale" Frist oder um eine Ausschlussfrist handelt.

15 **Begründung des Einspruchs:** Bei der Abfassung der Begründung des Einspruchs ist zu berücksichtigen, dass sich die Rechtsbehelfsstelle erstmals mit den Streitfragen beschäftigt, dass also nicht mehr die bisher zuständige Veranlagungsstelle entscheidet (Adressatenwechsel). Es ist deshalb zweckmäßig, den Sachverhalt ausführlich und im Zusammenhang darzustellen.

16 Die Durchführung eines Einspruchsverfahrens sollte insbesondere dazu genutzt werden, den **Sachverhalt umfassend und vollständig vorzutragen** und möglichst etwaige Unklarheiten durch Beweisangebote zu beseitigen (Beweis durch Auskünfte, §§ 365, 93ff. AO, durch Sachverständigengutachten §§ 365, 96 AO, durch Urkunde §§ 365, 97 AO, durch Augenschein §§ 365, 98f. AO). Auf diese Weise sollte auch eine später etwa erforderliche Klageerhebung vorbereitet werden; das Finanzamt kann sich seinerseits nicht auf fehlende Mitwirkung des Stpfl. berufen, es wird vor allen Dingen dadurch auch gezwungen, sich mit dem Sachverhalt im Einzelnen auseinanderzusetzen (vgl. dazu iE auch *Streck,* Der Steuerstreit, 3. Aufl. 2007 Tz. 437ff.).

17 **Eine Erörterung des Sach- und Streitstandes** im Einspruchsverfahren ist **auf Antrag** des Einspruchsführers (§ 364a Abs. 1 Satz 1 AO) oder **von Amts wegen** (§ 364a Abs. 1 Satz 3 AO) möglich. Eine Erörterung vor Erlass der Einspruchsentscheidung ist aber nicht zwingend.

Das **persönliche Erscheinen** des Einspruchsführers sowie weiterer Beteiligte kann die Finanzbehörde anordnen (§ 364a Abs. 3 Satz 2), das Erscheinen kann aber **nicht** durch Zwangsmittel (§ 328 AO) **erzwungen** werden (§ 364a Abs. 4 AO).

18 Der **Ort für die Erörterung** ist nicht bestimmt, so dass es auch denkbar ist, dass die Erörterung statt an Amtsstelle beim Einspruchsführer oder im Büro des Beraters stattfindet. Da der **Zeitpunkt der Einspruchsentscheidung** für den Einspruchsführer nicht feststeht, sollte die **Erörterung** möglichst **frühzeitig beantragt werden,** ggf. – wenn die Zweckmäßigkeit einer Erörterung schon absehbar ist – mit Einspruchseinlegung.

19 **Folgen** der Ladung zum Erörterungstermin bzw. der Ablehnung des Antrags auf Erörterung: Es handelt sich um schlichtes Verwaltungshandeln, so dass wegen der fehlenden Verwaltungsaktsqualität kein Einspruch mit anschließender Klagemöglichkeit gegeben ist (hM im Schrifttum). Es handelt sich um einen Verfahrensmangel, der innerhalb des Klageverfahrens gegen die Einspruchsentscheidung gerügt werden kann. Dies kann ggf. zu einer isolierten Aufhebung der Einspruchsentscheidung führen. Entscheidend sind die Umstände des Einzelfalls (vgl. BFH IV B 14/04 v. 6.9.05, BFH/NV 06, 2166). Der BFH hat allerdings nunmehr entschieden, dass es sich bei der Ablehnung des Antrags auf Erörterung des Sach- und Rechtsstands gemäß § 364a AO um eine einzelfallbezogene Regelung handele und damit um einen Verwaltungsakt, gegen den gerichtlicher Rechtsschutz – auch dann, wenn das eigentliche Klageziel in der Vornahme einer tatsächlichen Handlung besteht – im Wege einer Verpflichtungsklage verfolgt werden muss (vgl. BFH I R 63/11 v. 11.4.12, BStBl. II 12, 539 unter Hinweis auf BFH I R 66/84 v. 16.12.87, BFH/NV 88, 319 und II S 28/10 v.

20.12.11, BFH/NV 12, 381). Allerdings soll einer gleichwohl erhobenen Klage nach BFH I R 63/11 v. 11.4.12, aaO das Rechtsschutzinteresse fehlen und die Klage deswegen unzulässig sein. Hiergegen lasse sich nicht einwenden, dass der Einspruchsführer schutzlos gestellt würde. Denn die fehlende Anfechtungsmöglichkeit lasse unberührt, dass entweder das FG im Rahmen einer Klage gegen den Steuerbescheid gemäß § 100 Abs. 3 Satz 1 FGO nur die Einspruchsentscheidung zum Zwecke der weiteren Sachaufklärung durch die Behörde aufheben oder der Kläger isoliert nur die Einspruchsentscheidung anfechten könne (§ 100 Abs. 1 FGO), sofern er hierfür ein berechtigtes Interesse habe.

In der Praxis sind die mit der Erörterung des Sach- und Streitstandes im Einspruchsverfahren verbundenen verfahrensrechtlichen Fragen fast ohne Bedeutung.

Fristsetzung: Nach § 364b AO kann die Finanzbehörde dem Einspruchsführer im 20
Einspruchsverfahren eine **Frist mit ausschließender Wirkung** setzen, und zwar

– zur Angabe der Tatsachen, durch deren Berücksichtigung oder Nichtberücksichtigung er sich beschwert fühlt (§ 364b Abs. 1 Nr. 1 AO),
– zur Erklärung über bestimmte klärungsbedürftige Punkte (§ 364b Abs. 1 Nr. 2 AO),
– zur Bezeichnung von Beweismitteln oder zur Vorlage von Urkunden, soweit er dazu verpflichtet ist (§ 364b Abs. 1 Nr. 3 AO).

Durch die Fristsetzung soll insbesondere erreicht werden, dass die Steuerpflichtigen, die keine Erklärungen abgeben und deswegen geschätzt werden, schon im Einspruchsverfahren – und nicht erst im Klageverfahren – ihre Steuererklärung einreichen. Die bisherige Verschleppungstaktik belastete Finanzbehörden und Finanzgerichte in erheblichem Umfang.

Folgen der Nichteinhaltung der Frist nach § 364b Abs. 1 AO: Erklärungen und 21
Beweismittel, die erst nach Ablauf der nach Abs. 1 gesetzten Frist vorgebracht werden, **sind nicht zu berücksichtigen (Präklusion)**. Diese Folge tritt aber nicht ein, wenn der Einspruchsführer nicht darüber **belehrt** worden ist (§ 364b Abs. 3 AO). § 364b Abs. 1 AO ist schärfer als § 79b FGO, da dort die Zurückweisung im pflichtgemäßen Ermessen des Finanzgerichts steht (s. Formular D. 2.01). Nach § 76 Abs. 3 FGO reicht die Präklusionswirkung in das finanzgerichtliche Verfahren hinein, dh. das könnte dazu führen, dass eine Überprüfung weder im Einspruchsverfahren noch im Klageverfahren stattfindet. Nach der Rechtsprechung des BFH ist von den Finanzgerichten aber zu prüfen, ob die Ausschlussfrist vom Finanzamt wirksam und ermessensfehlerfrei gesetzt worden ist, ob der Beteiligte über die Folgen der Fristversäumung zutreffend belehrt worden ist, ob die zurückgewiesenen Erklärungen nach Ablauf der Frist vorgebracht worden sind, die Verspätung nicht genügend entschuldigt worden ist **und** der Sachverhalt nicht mit geringem Aufwand vom Finanzgericht selbst bis zur Entscheidungsreife ermittelt werden kann (BFH IV R 23/98 v. 10.6.99, BStBl. II 99, 664). Erst wenn das alles bejaht wird, kommt das Verfahrensermessen des FG gem. § 76 Abs. 3 FGO zum Zuge (BFH I R 47/97 v. 17.12.97, BStBl. II 98, 269).

Ob **Verlängerungen** der nach § 364b I Abs. 1 AO gesetzten Frist möglich sind, ist 22
streitig. Nach Auffassung der Finanzverwaltung kommt eine Fristverlängerung nach § 109 AO in Betracht, wenn der Antrag auf Fristverlängerung **vor** Ablauf der Frist beim Finanzamt eingeht (AEAO zu § 364b Nr. 4). M.E. ist die Frist vom Wortlaut des § 364b Abs. 2 Satz 1 AO her nicht verlängerbar. Denn nach dieser Vorschrift handelt es sich um eine **gesetzliche** Frist, so dass § 109 AO nicht eingreift. Dafür spricht auch, dass nach § 364b Satz 2 Satz 3 AO bei Überschreitung der Frist auf die Möglichkeit der Wiedereinsetzung nach § 110 AO verwiesen wird. § 110 AO gilt nur für gesetzliche Fristen. Vgl. zum Meinungsstand *Klein/Brockmeyer* § 364b AO Rz. 9.

Da das Gesetz aber keine Frist nennt, steht die **Festsetzung der Frist** (eine Woche, ein Monat oä.) **im Ermessen** der Finanzbehörde. Einerseits ist dies wegen der sich hieraus ergehenden Flexibilität – Berücksichtigung der Umstände des Einzelfalls – zu begrüßen, andererseits ist, wenn man sich der Auffassung anschließt, dass einmal gesetzte Frist nicht verlängerbar ist, erforderlich, dass dem Steuerpflichtigen das Recht eingeräumt wird, die Fristsetzung auf ihre Angemessenheit hin gerichtlich überprüfen zu lassen. Dazu müsste bejaht werden, dass die Fristsetzung gem. § 364b Abs. 1 AO ein Verwaltungsakt ist, der selbstständig anfechtbar ist (kein Verwaltungsakt: FG München 13 K 2613/97 v. 4.12.97, EFG 98, 436, Rev. nach Art. 1 Nr. 7 BFH-EntlG als unbegründet zurückgewiesen BFH VI R 8/98, v. 20.7.00, nv.). Der Antrag müsste dann wohl auf **Aufhebung** der Fristsetzung lauten. Daran werden die Gerichte voraussichtlich nicht vorbeikommen. Dann aber stellt sich die Frage, ob der Zweck der Vorschrift – Entlastung der Finanzbehörden und der Gerichte – erreicht wird.

23 **Akteneinsicht:** Dem Steuerpflichtigen steht im Einspruchsverfahren **kein Anspruch** auf Akteneinsicht zu (*Tipke/Kruse* § 364 AO Rz. 3). Jedoch sind nach § 364 AO den Beteiligten „die Unterlagen der Besteuerung auf Antrag oder, wenn die Begründung des Einspruchs dazu Anlass gibt, von Amts wegen mitzuteilen". Aus dieser Vorschrift wird abgeleitet, dass es im **Ermessen** der Behörde steht, Akteneinsicht zu gewähren (so schon BFH VI 349/63 U v. 6.8.65, BStBl. III 65, 675); ebenso AEAO zu § 364, wonach insbesondere nach einem Beraterwechsel die Gewährung von Akteneinsicht zweckmäßig sein kann. Die **Ablehnung** der Akteneinsicht ist ein Verwaltungsakt, der selbstständig mit dem Einspruch angefochten werden kann (AEAO zu § 364; ebenso *Tipke/Kruse* § 364 AO Rz. 5).

Der Einspruchsführer darf aber nicht von der Behörde nach § 364 AO auf die Möglichkeit der Akteneinsicht verwiesen werden, um so die Pflichten nach § 364 AO (Mitteilung der Unterlagen der Besteuerung) zu vermeiden (vgl. FG Düsseldorf 16 V 4828/06 v. 19.3.07, EFG 07, 1053).

Akteneinsicht ist aber spätestens im finanzgerichtlichen Verfahren zu gewähren (§ 78 FGO; vgl. D. 2.01 Rz. 31).

24 **Einschränkung der Überprüfung** ist in zwei Fällen möglich:

- Verwaltungsakte, die unanfechtbare Verwaltungsakte ändern, können nur insoweit angegriffen werden, als die Änderung reicht (es sei denn, aus der Abgabenordnung ergibt sich etwas anderes), § 351 Abs. 1 AO (vgl. dazu ausführlich *Tipke/Kruse* § 351 AO Rz. 1 bis 44),
- Entscheidungen in einem Grundlagenbescheid (§ 171 Abs. 10 AO) können nur durch Anfechtung dieses Bescheides, nicht auch durch Anfechtung des Folgebescheides angegriffen werden (§ 351 Abs. 2 AO), s. dazu *Tipke/Kruse* § 351 AO Rz. 45 ff.

25 **Geänderter Bescheid während des Einspruchsverfahrens:** Der neue Verwaltungsakt wird **automatisch** Gegenstand des Einspruchsverfahrens, § 365 Abs. 3 Satz 1 AO (ebenso im Klageverfahren, § 68 FGO). Das gilt auch dann, wenn ein Verwaltungsakt nach § 129 AO berichtigt wird oder ein Verwaltungsakt an die Stelle eines angefochtenen unwirksamen Verwaltungsakts tritt; § 365 Abs. 3 Satz 2 AO.

26 **Keine Hemmung der Vollziehbarkeit:** Durch die Anfechtung mit dem Einspruch wird die Vollziehung des angefochtenen Verwaltungsaktes grundsätzlich nicht gehemmt (§ 361 Abs. 1 Satz 1 AO), dh. die Steuern müssen, auch wenn der Steuerpflichtige den Bescheid für rechtswidrig hält, bei Fälligkeit entrichtet werden, um die Verwirkung von Säumniszuschlägen nach § 240 AO zu vermeiden (1% pro Monat). Die Vollziehbarkeit kann nur durch Aussetzung der Vollziehung (§ 361 AO, s. Formular D. 1.03) oder durch Stundung gem. § 234 AO gehemmt werden; wird Aussetzung der Vollziehung gewährt, fallen nur im Unterliegensfall in der Hauptsache Zinsen in Höhe von 0,5% pro Monat an (§ 237, § 238 AO); wird gestundet, fallen unabhängig vom Ausgang des Einspruchsverfahrens Stundungszinsen an (§ 234 AO). Zur Stundung vgl. Formular C. 18.

27 **Verböserung** ist im Einspruchsverfahren möglich, wenn der Einspruchsführer auf diese Möglichkeit hingewiesen worden ist und ihm Gelegenheit gegeben wurde, sich dazu äußern (§ 367 Abs. 2 Satz 2 AO). Gegen die Verböserung kann sich der Einspruchsführer nur durch Rücknahme des Einspruchs schützen, s. Rz. 28.

Rücknahme des Einspruchs ist bis zur Bekanntgabe der Entscheidung über den Einspruch möglich (§ 362 Abs. 1 Satz 1 AO), es gelten dieselben Formvorschriften wie für die Einlegung des Einspruchs (§ 362 Abs. 1 Satz 2 AO). **28**

Folgen der Rücknahme: Bescheid wird bestandskräftig. Die nachträgliche Geltendmachung der Unwirksamkeit der Rücknahme ist nur ausnahmsweise möglich (§ 362 Abs. 2 Satz 2 AO), dies ist zB bei unlauterem Einfluss des Finanzamts denkbar (*Tipke/Kruse* § 362 AO Rz. 19). Die Unwirksamkeit kann nur innerhalb eines Jahres nach Rücknahme des Einspruchs geltend gemacht werden (§ 362 Abs. 2 Satz 2 iVm. § 110 Abs. 3 AO). **29**

Teilrücknahme nach § 362 Abs. 1a AO: Soweit Besteuerungsgrundlagen für ein Verständigungs- oder Schiedsverfahren nach einem Vertrag iSv. § 2 AO von Bedeutung sein können, kann der Einspruch hierauf begrenzt zurückgenommen werden.

Einspruchsverzicht: s. Formular D. 1.04.

Kosten: Das außergerichtliche Rechtsbehelfsverfahren ist **nicht kostenpflichtig;** Steuerpflichtiger und Finanzbehörde haben jeweils ihre eigenen Aufwendungen zu tragen. In Kindergeldsachen ist die Ausnahmeregelung des § 77 EStG zu beachten; vgl. Formular D. 2.16b Rz. 15. **30**

Kostenerstattung: Für die außergerichtlichen Aufwendungen des Steuerpflichtigen ist Erstattung (insbesondere der Kosten für die Vertretung durch einen Rechtsanwalt, Steuerberater oder Wirtschaftsprüfer) nur möglich, wenn sich dem Einspruchsverfahren ein gerichtliches Verfahren angeschlossen hat. Wird das gerichtliche Verfahren mit einer für den Einspruchsführer positiven Entscheidung abgeschlossen, so sind auf Antrag die Kosten des außergerichtlichen Vorverfahrens gem. § 139 Abs. 3 FGO erstattungsfähig; Voraussetzung ist allerdings, dass das Gericht die Zuziehung eines Bevollmächtigten oder Beistandes für notwendig erklärt hat (§ 139 Abs. 3 Satz 3 FGO), vgl. dazu Formular D. 2.16a und D. 2.16b.

In den Fällen des § 839 BGB – Amtspflichtverletzung – besteht aber auch dann Kostenerstattungspflicht, wenn es nicht zur Klage kommt.

Die **Einspruchsentscheidung** ist schriftlich abzufassen, zu begründen, mit einer Rechtsbehelfsbelehrung zu versehen und den Beteiligten schriftlich bekanntzugeben (§ 366 AO). Sie kann auch durch Telefax übermittelt und in Form von Telefaxausdrucken wirksam bekanntgegeben werden (BFH I R 17/96 v. 8.7.98, BStBl. II 99, 48). Nach § 367 Abs. 2a AO (eingefügt durch Gesetz v. 13.12.06, BGBl. I 06, 2878) kann die Finanzbehörde *„vorab über Teile des Einspruchs entscheiden, wenn dies sachdienlich ist"*; vgl. zur Problematik der Teileinspruchsentscheidung vgl. *Intemann* Ausgewählte Probleme der Teileinspruchsentscheidung, DB 08, 1005; *Lühn* Teil-Einspruchsentscheidung und Allgemeinverfügung bei Änderungsanträgen und Masseneinsprüchen nach dem JStG 2007, StB 07, 292; *Bergan/Martin* Allgemeinverfügung und Teileinspruchsentscheidung – Wunderwaffe der Finanzverwaltung im Kampf gegen Massenrechtsbehelfe?, DStR 07, 1884; *Klein/Brockmeyer* § 367 AO Rz. 18 ff.). **31**

Die **Teileinspruchsentscheidung** ist eine Ermessensentscheidung. Ist eine Teileinspruchsentscheidung sachdienlich iSd. § 367 Abs. 2a Satz 1 AO, so ist sie in der Regel auch ermessensgerecht. Eine Teileinspruchsentscheidung kann sich auch nur auf unstreitige Teile eines Bescheids beziehen. Es besteht keine Pflicht des FA, vor Erlass einer Teileinspruchsentscheidung eine Frist nach § 364b Abs. 1 Nr. 1 AO zu setzen. Vgl. zur Teileinspruchsentscheidung BFH X R 50/09 v. 14.3.12, BStBl. II 12, 536). **31a**

Anhängige Einsprüche, die eine vom Gerichtshof der Europäischen Gemeinschaften, vom BVerfG oder vom BFH entschiedene Rechtsfrage betreffen und denen nach Ausgang des Verfahrens vor diesen Gerichten nicht abgeholfen werden kann, können durch **Allgemeinverfügung** insoweit zurückgewiesen werden (§ 367 Abs. 2b AO). Die Klagefrist endet in diesen Fällen mit Ablauf eines Jahres nach dem Tag der Bekanntgabe § 367 Abs. 2b Satz 5 AO. **31b**

32 **Gerichtliche Rechtsbehelfe:** Bei ablehnender Einspruchsentscheidung kann Anfechtungs- oder Verpflichtungsklage zum Finanzgericht erhoben werden (s. Formulare D. 2.01, D. 2.24).

33 **Außerordentliche Rechtsbehelfe** sind im Regelfall formlos, fristlos und kostenlos. Sie werden wie folgt unterschieden:
- **Gegenvorstellung** (beim handelnden Amtsträger, zB Finanzamt),
- **Dienstaufsichtsbeschwerde** (beim Dienstvorgesetzten, zB Vorsteher des Finanzamts) und
- **Petition** (beim Petitionsausschuss des Landtags oder Bundestags nach Art. 17 GG).

D. 1.04 Einspruchsverzicht

I. FORMULAR

Formular D. 1.04 Einspruchsverzicht

Finanzamt München I
Karlstraße 9–11
80333 München

Durch Einkommensteuerbescheid für 20... vom ......, gerichtet an den Steuerpflichtigen A (Steuer-Nr. ......), ist eine Einkommensteuerschuld in Höhe von ...... festgesetzt worden. Der Einkommensteuerbescheid ist noch nicht bestandskräftig.

Namens und im Auftrag meines Mandanten erkläre ich, dass auf die Einlegung eines Einspruchs gem. § 354 AO verzichtet wird.

..

Unterschrift

II. ERLÄUTERUNGEN

Erläuterungen zu D. 1.04 Einspruchsverzicht

1 **Form des Verzichts:** Der Verzicht muss schriftlich oder zur Niederschrift erklärt werden (§ 354 Abs. 2 Satz 1 1. Hs. AO); er muss **unterschrieben** werden (BFH VII R 18/80 v. 3.4.84, BStBl. II 84, 513).

2 **Inhalt des Verzichts:** Der Verzicht darf **keine weiteren Erklärungen** enthalten (§ 354 Abs. 2 Satz 1 2. Hs. AO), die Verzichtserklärung darf folglich nicht „Bestandteil eines anderen Textes sein“ (BFH VII R 18/80 v. 3.4.84, aaO) oder Bedingungen enthalten.

3 **Zeitpunkt des Verzichts:** Eine Verzichtserklärung kann nur nach Erlass des Verwaltungsaktes (§ 354 Abs. 1 Satz 1 AO) und vor Einlegung des Rechtsbehelfs erklärt werden (*Tipke/Kruse* § 354 AO Rz. 3f.).

4 **Erklärungsempfänger** des Verzichts ist die **zuständige** Finanzbehörde (§ 354 Abs. 2 Satz 1 1. Hs. AO), das ist das Finanzamt, das den anzufechtenden Verwaltungsakt erlassen hat.

5 Bei **Abgabe einer Steueranmeldung** (§ 150 Abs. 1 Satz 2 AO) kann die Verzichtserklärung „für den Fall ausgesprochen werden, dass die Steuer nicht abweichend von der Steueranmeldung festgesetzt wird“ (§ 354 Abs. 1 Satz 2 AO).

6 **Teilverzicht** ist nach § 354 Abs. 1a Satz 1 AO möglich, soweit Besteuerungsgrundlagen für ein Verständigungs- oder ein Schiedsverfahren nach einem Vertrag iSd. § 2 AO von Bedeutung sein können. Nach Satz 2 von § 354 Abs. 1a AO ist die Besteuerungsgrundlage, auf die sich der Verzicht beziehen soll, genau zu bezeichnen. S. dazu *Tipke/Kruse* § 354 AO Rz. 6 mit weiteren Hinweisen.

Wirkungen des Verzichts: Ein nach einer wirksamen Verzichtserklärung eingelegter Einspruch ist **unzulässig** (§ 354 Abs. 1 Satz 3 AO). Widerruf, Zurücknahme oder Anfechtung wegen Irrtums ist nicht möglich (*Tipke/Kruse* § 354 AO Rz. 15). Eine Verzichtserklärung nach § 354 AO führt über § 44 FGO zum Verlust des Klagerechts (*Gräber/Stapperfend* § 50 FGO Rz. 2). 7

Unwirksamkeit des Verzichts ist gegeben, wenn er unzulässig ist oder wenn die Finanzbehörde in sachlich nicht gerechtfertigter Weise den Steuerpflichtigen beeinflusst hat. 8

Folgen der Unwirksamkeit des Verzichts: Die Unwirksamkeit des Verzichts wird durch **Einlegung eines Einspruchs** gegen den Verwaltungsakt geltend gemacht; eine Anfechtung des Verwaltungsakts ist innerhalb der Einspruchsfrist möglich, danach nur, wenn die Voraussetzungen für eine Wiedereinsetzung in den vorigen Stand nach § 110 Abs. 3 AO vorliegen (§ 354 Abs. 2 Satz 2 AO). 9

D. 1.05 Hinzuziehung

I. FORMULAR

Formular D. 1.05 Hinzuziehung

Finanzamt München I
Karlstraße 9–11
80333 München

Gegen den Einkommensteuerbescheid für 20... vom ...... (Steuer-Nr.), gerichtet an die Eheleute Herrn und Frau A, wurde mit Schreiben vom ...... Einspruch durch Herrn A eingelegt. Die Eheleute werden nach § 26b EStG zusammen veranlagt und sind somit Gesamtschuldner. Es wird die Hinzuziehung von Frau A zum Verfahren gem. § 360 Abs. 1 AO beantragt, da die rechtlichen Interessen nach den Steuergesetzen von Frau A durch die Entscheidung über den Einspruch berührt werden.

...
Unterschrift

II. ERLÄUTERUNGEN

Erläuterungen zu D. 1.05 Hinzuziehung

Schrifttum: *Lohmeyer* Beiladung und Hinzuziehung Dritter im Steuerstreitverfahren, StB 86, 201; *Meyer* Die Hinzuziehung (Beiladung) zusammenveranlagter Ehegatten im Rechtsbehelfsverfahren, DStZ 93, 401; *Olbertz* Die Hinzuziehung gem. § 360 AO, DB 88, 1292; *Rößler* Konsequenzen aus der unterlassenen Hinzuziehung im Einspruchsverfahren, DStZ 86, 71; *von Wedelstädt* Hinzuziehung und Beiladung, AO-StB 2007, 15.

Einfache Hinzuziehung nach § 360 Abs. 1 AO ist **von Amts wegen** oder **auf Antrag** möglich; § 360 Abs. 1 Satz 1 AO entspricht § 60 Abs. 1 Satz 1 FGO. Einfache Hinzuziehung von Steuerpflichtigen soll erfolgen, wenn „deren rechtliche Interessen nach den Steuergesetzen durch die Entscheidung berührt werden, insbesondere solche, die nach den Steuergesetzen neben dem Steuerpflichtigen haften" (§ 360 Abs. 1 Satz 1 AO). Ob zusammenveranlagte Ehegatten hinzuziehen sind, ist streitig, eine notwendige Hinzuziehung hält der BFH grundsätzlich nicht für geboten (BFH III B 101/04 v. 7.2.05, BFH/NV 05, 1083; eine Ausnahme soll aber dann vorliegen, wenn der andere Ehegatte nun statt der Zusammenveranlagung eine getrennte Veranlagung erreichen will, da dies regelmäßig zu nachteiligen steuerlichen Rechtsfolgen 1 führe (BFH VI R 41/05 v. 7.2.08, BFH/NV 08, 1136). Zum Meinungsstand vgl. *Klein/Brockmeyer* § 360 AO Rz. 9f. mwN; *Gräber/Levedag* § 60 FGO Rz. 137 mwN. Vgl. auch Formular D. 2.06.

2 **Notwendige Hinzuziehung** muss nach § 360 Abs. 3 AO (entspricht § 60 Abs. 3 FGO) erfolgen, wenn „an dem streitigen Rechtsverhältnis Dritte derart beteiligt" sind, „dass die Entscheidung auch ihnen gegenüber nur einheitlich ergehen kann" (§ 360 Abs. 3 Satz 1 AO); so sind zB stets alle (angeblichen) Mitunternehmer hinzuziehen, wenn Streit über das Bestehen einer Mitunternehmerschaft besteht (BFH VIII R 90/79 v. 29.9.81, BStBl. II 82, 216). Vgl. iE Formular D. 2.06.

3 Sind **mehr als fünfzig Personen notwendig** hinzuzuziehen, gilt der als Vereinfachungsvorschrift eingefügte Abs. 5 des § 360, eine entsprechende Regelung für das Finanzgerichtsverfahren enthält § 60a FGO. Die Neuregelung soll die Hinzuziehung insbesondere in Streitigkeiten bei Publikumsgesellschaften vereinfachen. Danach kann die Finanzbehörde, wenn eine Hinzuziehung von mehr als fünfzig Personen in Betracht kommt, anordnen, dass nur solche Personen hinzugezogen werden müssen, die dies innerhalb einer bestimmten Frist beantragen. Da § 360 Abs. 5 AO aber hohe formelle Anforderungen an die Anordnung durch die Finanzbehörde stellt, ist mE die Vereinfachung verfehlt.

4 **Sonderfall** der Hinzuziehung ist in § 174 Abs. 5 Satz 2 AO geregelt.

5 **Zweck der Hinzuziehung** ist eine Verfahrensvereinfachung und die Vermeidung der Gefahr abweichender Entscheidungen (vgl. *Tipke/Kruse* § 360 AO Rz. 1).

6 Das **rechtliche Gehör** des Steuerpflichtigen (Wahrung des Steuergeheimnisses), der den Einspruch eingelegt hat, wird dadurch gewährt, dass er vor der Hinzuziehung zu **hören** ist (§ 360 Abs. 1 Satz 2 AO). Der Steuerpflichtige hat dadurch die Möglichkeit, seinen Einspruch vor Hinzuziehung eines Dritten zurückzunehmen (§ 362 AO); der Hinzuzuziehende kann dann das Verfahren nicht fortsetzen, da die Hinzuziehung insoweit vom Verfahren des Hauptbeteiligten abhängig ist (*Tipke/Kruse* § 360 AO Rz. 4, 8).

7 **Wirkung der Hinzuziehung:** Wer zum Verfahren hinzugezogen ist, kann dieselben Rechte geltend machen, wie derjenige, der den Einspruch eingelegt hat (§ 360 Abs. 4 AO). Er kann insbesondere auch selbst Klage erheben, wenn die Entscheidung ihn in seinen Rechten verletzt (BFH IV B 210/04 v. 7.2.07, BFH/NV 07, 869). Der Hinzugezogene ist **Beteiligter** (§ 359 Nr. 2 AO).

8 **Folgen unterlassener Hinzuziehung:** Ist die **einfache** Hinzuziehung zu Unrecht abgelehnt worden oder unterblieben, kommt der Einspruchsentscheidung gegenüber dem an sich Hinzuzuziehenden **keine Bindungswirkung** zu. Unterbleibt die **notwendige** Hinzuziehung, so liegt ein schwerer Verfahrensmangel vor, der nach ständiger Rechtsprechung des BFH nur dadurch geheilt werden kann, dass das Finanzgericht die notwendige Beiladung nachholt (vgl. BFH II R 228/82 v. 17.7.85, BStBl. II 85, 675; *Tipke/Kruse* § 360 AO Rz. 13). Nach der älteren Rechtsprechung sollte das Finanzgericht das Klageverfahren solange aussetzen, bis die Einspruchsentscheidung allen gem. § 360 Abs. 3 AO Hinzuzuziehenden nachträglich durch die Finanzbehörde zugestellt ist; nach BFH VIII R 62/85 v. 22.11.88, BStBl. II 89, 359 und BFH II R 73/85 v. 19.7.89, BStBl. II 89, 851 soll darauf wohl verzichtet werden können, wenn der Regelungsgehalt des angefochtenen Verwaltungsakts inhaltlich durch die Einspruchsentscheidung unverändert geblieben und durch die Einspruchsentscheidung kein Fehler iSv. § 126 AO geheilt worden ist. Zumindest vorsorglich sollte aber mE die Finanzbehörde den gem. § 360 Abs. 3 AO Hinzuzuziehenden die Einspruchsentscheidung bekannt geben, damit kein Prozessrisiko entsteht. Die Klage eines der zum Einspruchsverfahren Hinzuzuziehenden, der jedoch tatsächlich nicht hinzugezogen worden ist, ist mangels Beschwer unzulässig (BFH I R 156/86 v. 28.2.90, BStBl. II 90, 696).

9 **Rechtsbehelfe:** Gegen die Hinzuziehung und gegen ihre Ablehnung ist Einspruch nach § 347 AO möglich.

D. 2. Verfahren vor den Finanzgerichten

Übersicht

Allgemeines Schrifttum: S. Teil D. 1 „Verfahren vor den Finanzbehörden"

D. 2.01 Anfechtungsklage

I. FORMULAR

Formular D. 2.01 Anfechtungsklage

Finanzgericht München
Ismaninger Str. 95
81675 München

Az.: Neu

In der Finanzstreitsache

Max Anders

Einsteinstraße 17, 81675 München – Kläger –

Prozessbevollmächtigte: ......

gegen

Finanzamt München I

Karlstraße 9–11, 80333 München – Beklagter –

vertreten durch seinen Vorsteher

wegen Einkommensteuer 20...

Steuer-Nr.: ......

erheben wir namens und im Auftrag des Klägers unter Vollmachtsvorlage

KLAGE.

In der mündlichen Verhandlung werden wir voraussichtlich folgende Anträge stellen:

1. Der Einkommensteuerbescheid für 20... vom ...... (Steuer-Nr. ......) in der Gestalt der Einspruchsentscheidung vom ...... wird aufgehoben, die Einkommensteuer des Klägers für 20... wird auf ...... festgesetzt.
2. Hilfsantrag: Die Revision wird zugelassen.
3. Die Kosten des Verfahrens trägt der Beklagte.
4. Die Hinzuziehung eines Bevollmächtigten für das Vorverfahren wird für notwendig erklärt.

Auf mündliche Verhandlung wird nicht verzichtet.

Zur Begründung der Klage tragen wir Folgendes vor:

Die Klage wendet sich gegen den Einkommensteuerbescheid für 20... vom ...... (Steuer-Nr. ......) in der Gestalt der Einspruchsentscheidung vom ...... (Rechtsbehelfslisten-Nr. ......).

Streitig ist, ob Aufwendungen des Klägers für eine Auslandsreise betrieblich veranlasst und damit als Betriebsausgaben abziehbar sind. Es handelt sich um Aufwendungen für eine Kongressreise nach Brasilien, an der der Kläger in seiner Funktion als Vorsitzender der Internationalen Vereinigung für Schmetterlingskunde (IVS) als Vortragender und Zuhörer teilgenommen hat (wird ausgeführt).

Weitere Klagebegründung sowie eine Klageerweiterung bleiben vorbehalten.

....

Unterschrift

II. ERLÄUTERUNGEN

Erläuterungen zu D. 2.01 Anfechtungsklage

Schrifttum: S. zunächst Teil D. 1. „Verfahren vor den Finanzbehörden". – *Bilsdorfer* Ermittlungsrecht und Ermittlungspflicht im finanzgerichtlichen Verfahren, DStZ 89, 287; *Buchardi* Zum Anbringen einer Klage beim Finanzamt nach § 47 Abs. 2 FGO, DStR 91, 445; *Burhoff* Checkliste Finanzgerichtsprozeß, NWB F. 2 S. 4893; *Burhoff* Finanzgerichtsordnung in der Praxis, KÖSDI 83, 5250; *Dänzer-Vanotti* Die Erweiterung des Klageantrags nach nur teilweiser Anfechtung des Steuerbescheids, DStZ/A 84, 219; *Depiereux* Klageantrag und Großer Senat, oder wie man es nicht allen recht machen kann, DStR 91, 209; *Gräber* Die Leistungsklage im finanzgerichtlichen Verfahren, DStZ/A 81, 91; *Jesse* Der Grundsatz der Öffentlichkeit und deren Ausschluss im Steuerprozess, DB 08, 1994; *Kapp* Der Erörterungstermin – Ein wichtiges Instrument des Steuerprozesses, BB 83, 830; *Schaumburg* Richterliche Ausschlußfristen für Klagebegehren und Tatsachenvortrag, DStZ 95, 545; *Spindler* Die Neuregelung des Vertretungsrechts im finanzgerichtlichen Verfahren, DB 08, 1283; *Stahl* Fristen der Abgaben- und Finanzgerichtsordnung – Wiedereinsetzung in den vorigen Stand, KÖSDI 87, 6806; *Weber-Grellet* Kann die teilweise Anfechtung eines Verwaltungsaktes nach Ablauf der Klagefrist erweitert werden?, DStZ/A 84, 72.

Zum FGO-Änderungsgesetz v. 21.12.92 (BGBl. I 92, 2109): *Bilsdorfer* Das FGO-Änderungsgesetz, BB 93, 109; *ders.* Der Gerichtsbescheid des Einzelrichters nach § 79a FGO, BB 93, 554; *Buciek* Das FGO-Änderungsgesetz, DStR 93, 118 u. 152; *Felix* Der neu geschaffene „Finanz-Einzelrichter" – Ausbau oder Abbau des Steuer-Rechtsschutzes?, DB 93, 1; *ders.* Entscheidung durch den Einzelrichter nach § 6 FGO nF verfassungsgemäß?, FR 93, 13; *Gramich* Der Einzelrichter nach dem Gesetz zur Änderung der Finanzgerichtsordnung, DStR 93, 6; *Kretschmar* Finanzgerichtsurteile durch einen einzelnen Richter, BB 93, 545; *Schmid* Das FGO-Änderungsgesetz – Entwicklung und Inhalt, DStZ 93, 129; *Schmieszek* Änderungen im finanzgerichtlichen Verfahren zum 1.1.93, DB 93, 12.

Zum Gesetz über den Rechtsschutz bei überlangen Gerichtsverfahren und strafrechtlichen Ermittlungsverfahren v. 24.11.11 (BGBl. I 11, 2302): *Böcker* Neuer Rechtsschutz gegen die überlange Dauer finanzgerichtlicher Verfahren, DStR 11, 2173; *Mack/Wollweber* Neues Gesetz zur Entschädigung bei überlangen Gerichts- und Steuerstrafverfahren, Stbg 12, 7.

Zum Streitwert vgl. den im Juni 2009 beschlossenen **Streitwertkatalog** der Präsidenten der Finanzgerichte der Bundesrepublik Deutschland, abrufbar im Internet unter der Homepage der meisten Finanzgerichte.

Zu den Verfahren vor dem FG **aus der Sicht der Verwaltung**, zB OFD Nürnberg v. 21.3.05, AO-Kartei BY FGO Vorkarte 1.

Die Finanzgerichtsordnung sieht folgende **Klagearten** vor: 1
- Anfechtungsklage (§ 40 Abs. 1 1. Alt. FGO),
- Verpflichtungsklage (§ 40 Abs. 1 2. Alt. FGO), s. Formular D. 2.24,
- Sonstige Leistungsklage (§ 40 Abs. 1 3. Alt. FGO), s. Formular D. 2.20,
- Feststellungsklage (§ 41 Abs. 1 FGO), s. Formular D. 2.12; zur Fortsetzungsfeststellungsklage s. Rz. 23, 24.

Die *Sprungklage* (§ 45 Abs. 1 FGO, s. Formular D. 2.21) und die sog. *Untätigkeitsklage* gem. § 46 FGO (s. Formular D. 2.22) sind keine eigenen Klagearten, bei ihnen ist nur das Vorverfahren entbehrlich: Bei der Sprungklage ist die Anfechtungsklage ohne Durchführung des Einspruchsverfahrens zulässig, bei der sog. Untätigkeitsklage iSd. § 46 FGO ist das Vorverfahren für Anfechtungs- und Verpflichtungsklage entbehrlich. 2

Durch die **Anfechtungsklage** wird die **Aufhebung** bzw. die **Änderung** eines Verwaltungsaktes begehrt. Sie stellt im finanzgerichtlichen Verfahren die **Hauptklageart** dar. Sie richtet sich gegen Steuerbescheide und ihnen gleichgestellte Bescheide. 3

Rechtsbehelfe haben **keine aufschiebende Wirkung,** dh. die Vollziehung wird nicht gehemmt (vgl. D. 2.04, insbesondere Rz. 1), s. § 69 Abs. 1 FGO, zu den Ausnahmen vgl. § 69 Abs. 5 FGO.

4 Voraussetzung für eine Entscheidung über die Begründetheit der Klage ist deren **Zulässigkeit,** dh. es müssen die *positiven* wie *negativen* **Sachentscheidungsvoraussetzungen** vorliegen, zu denen in der Regel in einer Klage nur dann Stellung genommen werden muss, wenn ihr Vorliegen zweifelhaft ist.

5 Diese Sachentscheidungsvoraussetzungen gelten mit Ausnahme der Durchführung des Vorverfahrens **für alle Klagearten.** Zu den für Leistungs- und Feststellungsklage besonderen Voraussetzungen vgl. Formulare D. 2.12 und D. 2.20.

6 *(frei)*

Übersicht über die Sachentscheidungsvoraussetzungen:

7 – **Finanzrechtsweg** (§ 33 FGO): Dieser ist insbesondere gegeben bei öffentlich-rechtlichen Streitigkeiten über Abgabenangelegenheiten, soweit die Abgaben der Gesetzgebung des Bundes unterliegen und durch Bundes- oder Landesfinanzbehörden verwaltet werden (§ 33 Abs. 1 Nr. 1 FGO), in öffentlich-rechtlichen Streitigkeiten über die Vollziehung von Verwaltungsakten in anderen Angelegenheiten, soweit die Verwaltungsakte durch Bundes- oder Landesfinanzbehörden nach den Vorschriften der AO zu vollziehen sind (§ 33 Abs. 1 Nr. 2 FGO), in öffentlich-rechtlichen und berufsrechtlichen Streitigkeiten aus dem Bereich des Steuerberatungsgesetzes (§ 33 Abs. 1 Nr. 3 FGO) und für Streitigkeiten, soweit für diese durch Gesetz der Finanzrechtsweg eröffnet ist (§ 33 Abs. 1 Nr. 4 FGO, zB § 98 EStG für Verwaltungsakte, die die Altersvorsorgezulage nach §§ 79ff. EStG betreffen; vgl. *Gräber/Koch* § 33 FGO Rz. 40, 41); in **Kirchensteuerangelegenheiten** ist in einigen Ländern der Finanzrechtsweg, in anderen der Verwaltungsrechtsweg gegeben (vgl. *Gräber/Koch* § 33 FGO Rz. 42ff.).
Ist streitig, ob der Finanzrechtsweg gegeben ist, kann das Gericht über die Zulässigkeit des Rechtswegs vorab entschieden (§ 17a Abs. 3 Satz 1, Abs. 4 GVG). Es muss vorab entscheiden, wenn ein Beteiligter die Zulässigkeit des Rechtswegs rügt (§ 17a Abs. 3 Satz 2 GVG). Ist der Rechtsweg nach Auffassung des Gerichts unzulässig, sind die Beteiligten anzuhören, sodann verweist das Gericht den Rechtstreit an das zuständige Gericht (§ 17a Abs. 2 GVG), das gem. § 171a Abs. 2 Satz 3 GVG an den Beschluss gebunden ist. Wegen der Einzelheiten s. *Gräber/Koch* Anhang zu § 33 FGO.

8 – Einlegung der Klage beim *örtlich* und *sachlich* **zuständigen Finanzgericht** (§§ 35, 36, 38, 39 FGO).

9 – **Erfolglose Durchführung des außergerichtlichen Vorverfahrens** (§ 44 Abs. 1 FGO), es muss eine *formelle* Einspruchsentscheidung vorliegen. Ausnahmen: §§ 45, 46, s. Formulare D. 2.20 und 2.21.

10 **Klagefrist** (§ 47 FGO, beachte bei Untätigkeitsklage § 46 Abs. 1 Satz 2 FGO; bei Versäumung ggf. Wiedereinsetzung in den vorigen Stand nach § 56 FGO, vgl. Formular D. 2.25): Die Klage ist **innerhalb eines Monats** beim (zuständigen) Finanzgericht zu erheben; die Frist beginnt mit der Bekanntgabe der Einspruchsentscheidung. Soweit ein Vorverfahren nicht erforderlich ist (zB Sprungklage), beginnt sie mit der Bekanntgabe des Verwaltungsaktes.

Fristbeginn ist bei Übermittlung durch die Post der dritte Tag nach Aufgabe des Einspruchsentscheidung zur Post (§ 122 Abs. 2 Satz 1. Hs. Nr. 1 AO), es sei denn, es wird ein späterer Zugang nachgewiesen. Wird der Bescheid durch Zustellung gem. § 122 Abs. 5 AO bekannt gegeben, beginnt die Frist an dem auf die Zustellung folgenden Tag (§ 187 Abs. 1 BGB, § 108 Abs. 1 AO), auch dann, wenn der auf die Zustellung folgende Tag ein Sonntag, ein allgemeiner Feiertag oder ein Sonnabend ist (BFH IV B 39/10 v. 30.11.10, BFH/NV 11, 613); die Drei-Tage-Frist des § 122 Abs. 2 AO gilt in diesem Fall nicht, vgl. BFH I R 77/89 v. 19.6.91, BStBl. II 91, 826.

Beispiel für Drei-Tage-Frist: Bescheid ist am 17.1.11 zur Post gegeben worden. Er gilt als am 20.1.11 zugegangen. § 108 Abs. 3 AO galt für die Drei-Tage-Rechnung früher nicht (BFH II R 5/84 v. 5.3.86, BStBl. II 86, 462), dh. die Frist begann, auch wenn der Tag ein Samstag, Sonntag oder Feiertag war. Nach neuer Rechtsprechung beginnt die Frist, wenn nach der Drei-Tages-Frist ein Samstag, Sonntag oder Feiertag Fristbeginn wäre, erst am nächsten Werktag (vgl. BFH IX R 68/98 v. 14.10.03, BStBl. II 03, 898).

Beispiel: Der Bescheid ist am 16.2.11 zur Post gegeben worden; Drei-Tages-Frist: 19.2.11; da dies ein Samstag ist, beginnt die Frist erst am darauf folgenden Montag (21.2.11). Zur Fristberechnung iE vgl. § 108 AO.

Wird die Zustellung nach § 122 Abs. 5 AO gewählt, stellt sich die Frage, ob im Fall einer zulässigen Ersatzzustellung durch Einlegen in den Briefkasten, die gegen zwingende Zustellungsvorschriften verstößt, weil der Zusteller entgegen § 180 Satz 3 ZPO auf dem Umschlag des zuzustellenden Schriftstücks das Datum der Zustellung nicht vermerkt hat, das zuzustellende Schriftstück i.S. von § 189 ZPO bereits in dem Zeitpunkt dem Empfänger tatsächlich zugegangen ist und deshalb als zugestellt gilt, in dem nach dem gewöhnlichen Geschehensablauf mit einer Entnahme des Schriftstücks aus dem Briefkasten und der Kenntnisnahme gerechnet werden kann, auch wenn der Empfänger das Schriftstück erst später in die Hand bekommt. Diese Frage hat der VIII. Senat des BFH dem GrS (Az. GrS 2/13) mit Beschluss BFH VIII R 2/09 v. 7.2.13, BStBl. II 13, 823 vorgelegt, weil er von BFH VI B 151/06 v. 19.9.07, BFH/NV 07, 2332, abweichen wollte. BFH GrS 2/13 v. 6.5.14, BFH/NV 14, 1307 hat schließlich entschieden, dass maßgeblich ist, wann der Empfänger das Schriftstück in die Hand bekommt.

– Die Frist für die Erhebung **gilt als gewahrt,** wenn die Klage bei der **Behörde,** die den angefochtenen Verwaltungsakt oder die angefochtene Entscheidung erlassen oder den Beteiligten bekanntgegeben hat oder die nachträglich für den Steuerfall zuständig geworden ist, innerhalb der Frist **angebracht** oder zur Niederschrift gegeben wird (§ 47 Abs. 2 Satz 1 FGO). **Angebracht** ist eine Klage, wenn die Klage in einem verschlossenen und postalisch an das Finanzgericht adressierten Briefumschlag in den Briefkasten des Beklagten eingeworfen oder beim Beklagten (= Behörde) abgegeben wird; die Klageschrift muss nicht derart in den Verfügungsbereich des Beklagten (= Behörde) gelangen, dass er von ihrem Inhalt Kenntnis nehmen kann (BFH I R 22/94 v. 26.4.95, BStBl. II 95, 601; I B 80/96 v. 14.2.97, BFH/NV 97, 675; VI B 99/05 v. 9.2.06, BFH/NV 06, 1118). Eine Klageerhebung liegt aber nicht vor, wenn in einem Schätzungsfall nach Ergehen der Einspruchsentscheidung beim Beklagten die Steuererklärungen eingehen (BFH I R 67/85 v. 28.6.89, BStBl. II 89, 848). Im Fall der Klageanbringung beim Beklagten muss die Behörde die Klageschrift dann unverzüglich an das Gericht übersenden (§ 47 Abs. 2 Satz 2 FGO); sie muss auch den Eingangstag beim Beklagten dokumentieren. (BFH v. 26.4.95, aaO).
– **Fehlende oder unrichtige Rechtsbehelfsbelehrung: Fehlt** die Rechtsbehelfsbelehrung in dem anzufechtenden Verwaltungsakt oder ist sie **unrichtig**, so kann die Klage nur innerhalb eines Jahres seit Bekanntgabe der Rechtsbehelfsentscheidung eingelegt werden (§ 55 FGO; BFH X R 3/96 v. 29.7.98, BStBl. II 98, 742 und III R 70/06 v. 21.6.07, BFH/NV 07, 2064 zur Frage, wann eine Rechtsbehelfsbelehrung unrichtig iSv. § 55 FGO ist sowie BFH I B 127/12 v. 12.12.12, BStBl. II 13, 272 und BFH X R 2/12 v. 20.11.13, BStBl. II 14, 236 zur Frage, wann eine Rechtsbehelfsbelehrung unrichtig iSv. § 356 Abs. 2 Satz 1 AO ist). Auf die Möglichkeit der Einspruchseinlegung in elektronischer Form braucht die Behörde auch dann nicht hinzuweisen, wenn in der Erwähnung der Internetseite in der Fußzeile des Bescheides die konkludente Eröffnung eines „Zugangs" iSv. § 87a Abs. 1 Satz 1 AO zu sehen sein sollte (BFH X R 2/12 v. 20.11.13, aaO im Anschluss an BFH III B 20/09 v. 2.2.10, BFH/NV 10, 830, III B 66/12 v. 12.10.12, BFH/NV 13, 177 und I B 127/12 v. 12.12.12, BStBl. II 13, 272). Die Rechtsbehelfsbelehrung muss dem verfassungsrechtlichen Anspruch auf wirkungsvollen Rechtsschutz Rechnung tragen, soll aber auch so einfach und klar wie möglich sein (BFH X R 2/12 v. 20.11.13, aaO).

Wichtig: Die Klagefrist kann auch dadurch **gewahrt** werden, dass die Klage bei einem örtlich oder sachlich unzuständigen Gericht -allerdings innerhalb der Monatsfrist des § 47 FGO – erhoben wird. Das unzuständige Gericht muss den Rechtsstreit an das zuständige Gericht gemäß § 17a GVG verweisen (s. Rz. 7). Denn nach § 17b Abs. 1 Satz 2 GVG bleiben die Wirkungen, die der Eintritt der Rechtshängigkeit hat, trotz der Verweisung bestehen. Dies bedeutet insbesondere, dass eine durch die ursprüngliche, fristgerechte Erhebung der Klage (beim falschen Gericht) eingetretene Fristwahrung fortgilt (vgl. auch *Gräber/Koch* Anhang zu § 33 FGO Rz. 43). Für die Praxis kann dies von großer Bedeutung sein: Droht Fristablauf, zB weil das eigene Fax oder das Fax des Gerichts nicht ordnungsgemäß funktioniert, und das zuständige Finanzgericht nicht an dem Ort ist, an dem der Stpfl. wohnt bzw. sein Berater sein Büro hat, kann die Klage – fristgerecht! – bei einem unzuständigen Gericht eingelegt werden, mit der Folge, dass die Klage rechtzeitig erhoben ist. Auch bei einem Büroversehen (Adressierung an ein unzuständiges Gericht)hilft die Regelung des § 17b Abs. 1 Satz 2 GVG.

11 – Die Klage muss **unbedingt** sein, dh. sie darf von keiner Bedingung abhängig sein (vgl. dazu im Einzelnen *Gräber/von Groll* § 40 FGO Rz. 4 bis 6).

12 – **Klagebefugnis** (§ 40 Abs. 2 FGO): Klage kann nur erhoben werden, wenn der Kläger geltend macht, durch den Verwaltungsakt oder durch die Ablehnung oder Unterlassung eines Verwaltungsakts oder einer anderen Leistung in seinen Rechten verletzt zu sein (Beschwer). An einer **Beschwer** fehlt es in der Regel, wenn eine Anfechtungsklage gegen einen Einkommensteuerbescheid erhoben wird, in dem die Steuerschuld auf € 0 festgesetzt ist (BFH VI R 148/72 v. 24.1.75, BStBl. II 75, 382; BFH V R 11/09 v. 15.4.10, BFH/NV 10, 1830: Beschwer bei einem auf € 0 lautenden Umsatzsteuerbescheid nur, wenn statt einer Steuerfestsetzung auf € 0 die Festsetzung einer Steuervergütung erstrebt wird oder wenn sich die Steuerfestsetzung nicht in der Konkretisierung des Steuerschuldverhältnisses erschöpft; vgl. auch *Gräber/von Groll* § 40 FGO Rz. 88 mit zahlreichen Rechtsprechungshinweisen); Ausnahmen zB bei auf € 0 lautendem Körperschaftsteuerbescheid, wenn der Kläger geltend macht, er sei nach einer Vorschrift des KStG von der Körperschaftsteuer befreit (BFH I R 5/93 v. 13.7.94, BStBl. II 95, 134), bei auf 0 € lautendem Einkommensteuerbescheid, wenn in dem Bescheid angegebene Einkünfte für die Gewährung von BAföG maßgeblich sind (BFH IX R 124/92 v. 20.12.94, BStBl. II 95, 628), bei begehrtem Ansatz eines niedrigeren zu versteuernden Einkommens zur Gewährung eines Kindergeldzuschlags (BFH IX R 80/92 v. 20.12.94, BStBl. II 95, 537).

Bei Feststellungsbescheiden gem. §§ 179ff. AO sind die Besonderheiten des § 48 FGO zu berücksichtigen; zu beachten sind weiter die Einschränkungen gem. § 42 FGO bei Änderungsbescheiden und Folgebescheiden.

13 – **Beteiligte** (§ 57 FGO): Beteiligtenfähigkeit ist die Fähigkeit, Subjekt eines finanzgerichtlichen Prozessrechtsverhältnisses zu sein (vgl. dazu *Gräber/von Groll* § 57 FGO Rz. 7ff.).

Beteiligte des finanzgerichtlichen Verfahrens sind der Kläger, der Beklagte, der Beigeladene sowie die Behörde, die dem Verfahren nach § 122 Abs. 2 FGO beigetreten ist.

14 – **Prozessfähigkeit** (§ 58 FGO): Sie ist die Fähigkeit, alle Prozesshandlungen wirksam vorzunehmen und entgegenzunehmen, und zwar selbst oder durch selbstgewählte **Vertreter** (vgl. *Gräber/von Groll* § 58 FGO Rz. 1ff.).

15 – **Passivlegitimation** (§ 63 FGO), dh. die Klage muss sich gegen die richtige Behörde richten; dies ist die Behörde, das den angefochtenen Verwaltungsakt erlassen oder den beantragten Verwaltungsakt abgelehnt hat; das ist idR das Finanzamt; in Kindergeldsachen die Familienkasse (§ 70 EStG) bzw. eine juristische Person des Privatrechts, die nach § 72 Abs. 2 EStG tätig wird (vgl. *Gräber/von Groll* § 63

Rz. 1). Hat ein Finanzministerium des Landes oder das Bundesfinanzministerium den ursprünglichen Verwaltungsakt erlassen (Einspruch nach § 348 Nr. 3 AO idR unstatthaft), ist die Klage gegen das Ministerium zu richten. Zur örtl. Zuständigkeit des Finanzgerichts s. § 38 FGO. Zur Änderung des Beklagten vgl. D. 2.13 Rz. 3.

– **Ordnungsmäßigkeit der Klageerhebung:** Die Klage **muss** den **Kläger** (Name und Anschrift, bei Gesellschaften genaue Angabe des gesetzlichen Vertretungsverhältnisses), den **Beklagten** und den **Gegenstand des Verfahrens** (s. Rz. 26), bei Anfechtungsklagen auch den angefochtenen **Verwaltungsakt** und die angefochtene Entscheidung über den außergerichtlichen Rechtsbehelf bezeichnen (§ 65 Abs. 1 Satz 1 FGO). Fehlt der nach § 65 Abs. 1 Satz 1 FGO notwendige Klageinhalt, kann dieser auch noch nach Ablauf der Klagefrist innerhalb einer vom Vorsitzenden oder vom Berichterstatter nach § 65 Abs. 2 Satz 1 FGO gesetzten Frist nachgeholt werden (vgl. BFH III R 132/85 v. 12.5.89, BStBl. II 89, 846). Die Frist nach § 65 Abs. 1 Satz 1 FGO ist eine „einfache" Frist, deren Verletzung ohne Folgen bleibt. Nach § 65 Abs. 2 Satz 2 FGO kann dem Kläger aber zu der erforderlichen Ergänzung eine **Frist mit ausschließender Wirkung** gesetzt werden (sog. „qualifizierte" Frist), bei deren Versäumung die Klage unzulässig ist, es sei denn, dem Kläger kann Wiedereinsetzung in den vorigen Stand gewährt werden (§ 65 Abs. 2 Satz 3, § 56 FGO; zur Wiedereinsetzung s. Teil D. 2.25). Verbunden werden kann die Fristsetzung auch mit einer Frist zur Angabe der Tatsachen, durch deren Berücksichtigung oder Nichtberücksichtigung im Verwaltungsverfahren der Kläger sich beschwert fühlt (§ 79b Abs. 1 Sätze 1 u. 2 FGO; vgl. *Gräber/von Groll* § 79b FGO Rz. 8, 9). 16

– Hinzuweisen ist in diesem Zusammenhang auf eine Entscheidung des BFH zur Auslegung der Klageschrift: „Diese weniger formstrenge Auslegung trägt dem aus Art. 19 Abs. 4 GG abzuleitenden **Grundsatz der rechtsschutzgewährenden Auslegung** (vgl. Urteil des BFH VIII R 61/88 v. 8.1.91, BFH/NV 91, 795 mwN) besser Rechnung, demzufolge der Zugang zum Gericht nicht unnötig erschwert werden darf und insbesondere eine Prozesserklärung so auszulegen ist, dass sie – wenn irgend vertretbar – im Ergebnis dem Willen eines verständigen Klägers entspricht" (BFH VI R 162/88 v. 11.12.92, BStBl. II 93, 306, 307, Hervorhebung hinzugefügt). Dies gilt auch für Erklärungen rechtskundiger Personen (BFH IV S 1/10 v. 11.6.10, BFH/NV 10, 1851; IV B 98/06 v. 27.8.07, BFH/NV 07, 2322). 16a

– **Schriftform** (§ 64 FGO): Die Klage muss schriftlich oder zur Niederschrift des Urkundsbeamten der Geschäftsstelle des Finanzgerichts erhoben werden. Die Rechtsprechung verlangt eine **eigenhändige** (handschriftliche) **Unterschrift** (vgl. *Gräber/von Groll* § 64 FGO Rz. 19 mit zahlreichen Nachweisen). Ausreichend ist auch die telegraphische Klageerhebung, die Übermittlung durch Telefax, Fernschreiber oder durch Telekopie (vgl. D. 3.01 Rz. 16). Dabei ist es unbeachtlich, ob die Telekopie von einem Fernkopieranschluss der Deutschen Bundespost, des Prozessbevollmächtigten des Steuerpflichtigen oder von dem privaten Fernkopieranschluss eines Dritten an das Gericht abgesandt wird (BFH VIII B 83/90 v. 26.3.91, BStBl. II 91, 463). 17

Telegramm, Telefax, Fernschreiben oder Telekopie müssen den Verfasser mit vollständigem Namen erkennen lassen. In diesen Fällen kann es ausnahmsweise an der **Eigenhändigkeit der Unterschrift** fehlen, die ansonsten grds. verlangt wird; die Unterschrift muss zwar nicht lesbar, aber individualisierbar sein, eine Paraphe genügt beispielsweise nicht, die Unterschrift muss **handschriftlich** geleistet werden (vgl. auch D. 3.01 Rz. 15 sowie zu den Einzelheiten *Gräber/von Groll* § 64 FGO Rz. 18 ff.)

In **elektronischer Form** kann inzwischen auch Klage erhoben werden (§§ 52a und 52b FGO, vgl. zu den Einzelheiten *Gräber/von Groll* § 64 FGO Rz. 19a und *Gräber/Stapperfend* §§ 52a und b FGO und BFH VII R 30/10 v. 26.7.11, BStBl. II

11, 925). Zum **Computerfax** vgl. *Gräber/von Groll* § 64 FGO Rz. 20 und *Tipke/Kruse* § 64 FGO Rz. 7, § 120 FGO 47.

Wer **kein Prozessrisiko** eingehen will, sollte die Klage dem FG per Post oder per Fax, und zwar handschriftlich unterschrieben (keine Paraphe!), übermitteln.

18 – **Vollmacht** (§ 62 FGO): Im finanzgerichtlichen Verfahren besteht **kein Vertretungszwang**, dh. die Beteiligten können vor dem FG den Rechtsstreit selbst führen (§ 62 Abs. 1 FGO). Das Vertretungsrecht ist mit dem Gesetz zur Neuregelung des Rechtsberatungsgesetzes v. 12.12.07 (BGBl. I 07, 2840) – ebenso wie die Vertretungsregelungen in den anderen Verfahrensordnungen – mit Wirkung zum 1.7.08 völlig neu gestaltet worden. Mit dieser Neuregelung ist zugleich der Vertretungszwang vor dem BFH nunmehr in die allgemeine Vertretungsvorschrift (§ 62 Abs. 4 FGO) integriert worden; § 62a FGO aF wurde aufgehoben.

Vertretungsbefugt sind nach § 62 Abs. 2 Satz 1 1. Halbsatz FGO zunächst die nach § 3 Nr. 1 StBerG zur unbeschränkten Hilfeleistung in Steuersachen befugten Berufsgruppen sowie die nach § 3 Nr. 2 und 3 StBerG berechtigten Gesellschaften, die durch solche Personen handeln. Darüber hinaus enthält § 62 Abs. 2 Satz 2 FGO unter den Nr. 1–7 eine abschließende Aufzählung der darüber hinaus vor dem FG als Bevollmächtigte vertretungsbefugten Personengruppen. Bevollmächtigte, die keine natürlichen Personen sind, handeln durch ihre Organe und mit der Prozessvertretung beauftragten Vertreter (§ 62 Abs. 2 Satz 3 FGO). Gesonderte Anforderungen an die persönliche Qualifikation des Vertreters werden nicht gestellt.

Vorlage der Vollmacht: Die Vollmacht ist nach § 62 Abs. 6 Satz 1 FGO nF schriftlich zu den Gerichtsakten einzureichen. Bis zum Inkrafttreten des 2. FGO ÄndG am 1.1.01 musste ohne jede Ausnahme gem. § 62 Abs. 3 Satz 1 FGO aF die schriftliche **Vollmacht vorgelegt** werden. Das Gericht musste in jeder Lage des Verfahrens prüfen, ob die Vollmacht wirksam erteilt worden war und fortdauerte (§ 62 Abs. 2 Satz 2 FGO). § 62 Abs. 3 Satz 1 und 2 FGO aF galten zwar weiter. In § 62 Abs. 3 FGO aF war aber ein **Satz 6** neu angefügt worden: Wenn als **Bevollmächtigter** eine Person iSd. **§ 3 Nr. 1–3 StBerG** auftritt, „braucht das Gericht den Mangel der Vollmacht nicht von Amts wegen zu berücksichtigen" (jetzt: § 62 Abs. 6 Satz 4 FGO nF). Dh. es steht im **Ermessen** des Gerichts, ob es eine Prozessvollmacht anfordert. Abzuwägen ist zwischen dem Zweck der Vorschrift – Vereinfachung des Verfahrens- und der Pflicht das Steuergeheimnis zu wahren. IdR werden die Gerichte die Vorlage einer Vollmacht deshalb verlangen, wenn Akteneinsicht (Steuergeheimnis § 30 AO) begehrt wird. Im Übrigen ist die Anforderung einer Vollmacht ermessensgerecht, wenn begründete Zweifel an der Bevollmächtigung bestehen (BFH VII R 18/02 v. 11.2.03, BStBl. II 03, 606; V S 23/04 v. 29.12.04, BFH/NV 05, 1104). Vgl. iE *Gräber/Stapperfend* § 62 FGO Rz. 100–105. Neu aufgenommen wurde in § 62 Abs. 3 bis 6 Satz 3 FGO nF, dass der Mangel der Vollmacht in jeder Lage des Verfahrens geltend gemacht werden kann.

Die Vollmacht kann innerhalb einer vom Gericht bestimmten Frist **nachgereicht** werden (§ 62 Abs. 3 Satz 3 FGO aF, § 62 Abs. 6 Satz 2 FGO nF). Eine **Ausschlussfrist** konnte gesetzt werden (§ 62 Abs. 3 Satz 3 FGO aF), nach deren Ablauf die Klage unzulässig wurde. Die Möglichkeit, zur Vorlage einer Vollmacht eine Ausschlussfrist zu setzen, sieht § 62 Abs. 6 FGO nF nicht mehr vor. Wird nach Ablauf der Frist **keine** Vollmacht vorgelegt, trägt der **Bevollmächtigte die Kosten** (st. Rspr. vgl. BFH IX B 177/05 v. 16.10.06, BFH/NV 07, 255).

Die Vollmacht muss erkennen lassen, wer bevollmächtigt hat, wer bevollmächtigt ist und wozu bevollmächtigt wurde (BFH III R 112/89 v. 15.3.91, BStBl. II 91, 726; BFH IV R 218/85 v. 10.3.88, BStBl. II 88, 731). **Vertretungsberechtigt** sind natürliche und juristische Personen (zB Lohnsteuerhilfevereine, Steuerberatungsgesellschaften), BFH X R 107/90 v. 22.1.91, BStBl. II 91, 524; IX R 83/86 v. 23.4.91, BFH/NV 91, 760. Die Berechtigung eines Prozessbevollmächtigten zur

Klageerhebung ist als **Sachurteilsvoraussetzung** – unabhängig von der Verpflichtung zur Vorlage einer Vollmacht – von Amts wegen zu prüfen (BFH I R 168/84 v. 30.11.88, BStBl. II 89, 514). Ggf. ist der Bevollmächtigte zurückzuweisen (§ 62 Abs. 2 FGO).

Die Vollmacht ist gem. § 62 Abs. 3 FGO **schriftlich** zu erteilen. Die Schriftform ist kein wesentliches Wirksamkeitserfordernis für die Vollmachterteilung; die Vorlage einer schriftlichen Prozessvollmacht dient nach § 62 Abs. 3 Satz 1 FGO lediglich dem Nachweis der Bevollmächtigung (BFH III E 7/06 v. 20.12.06, n. v.).

Die Schriftform ist aber auch gewahrt, wenn die Vollmacht durch Telegramm (BFH IX R 77/83 v. 23.6.87, BStBl. II 87, 717) übermittelt wird. Ein Telefax des Prozessbevollmächtigten ist grds. nicht ausreichend (BFH VII R 63/95 v. 28.11.95, BStBl. II 96, 105; aA noch BFH IV R 21–23/87 v. 19.1.89, BStBl. II 89, 567 und II R 49/91 v. 15.6.94, BStBl. II 94, 763). Die Vollmachtsvorlage durch den Bevollmächtigten mittels Telekopie innerhalb der Ausschlussfrist ist **nicht** ausreichend; die gegen das Urteil des FG Rheinland-Pfalz 5 K 1687/95 v. 19.6.95, EFG 96, 769 eingelegte Revision (X R 174/95) hat der BFH nach Art. 1 Nr. 7 BFH-EntlG als unbegründet zurückgewiesen (BFH X R 174/95 v. 18.7.95, n. v.). Eine Fotokopie soll nicht ausreichend sein (BFH II R 213/84 v. 18.2.87, BStBl. II 87, 392; BFH/NV 1995, 126); vgl. auch BFH VIII B 88/89 v. 30.7.91, BStBl. II 91, 848, wonach die Prozessvollmacht grundsätzlich dem zuständigen Spruchkörper zu dem jeweiligen Verfahren **im Original** einzureichen ist, vgl. dort auch zu der ausnahmsweise möglichen Bezugnahme. Vgl. hierzu auch BFH I R 58/89 v. 13.11.91, BStBl. II 92, 496.

Zulässig soll aber sein ein **vom Kläger übermitteltes Telefax** (BFH VI R 185/98 v. 19.5.99, BFH/NV 99, 1604; XI B 90/99 v. 8.9.00, BFH/NV 01, 457; III R 38/01 v. 5.6.03, BFH/NV 04, 489). Die Entscheidungen des BFH sind alle zu § 62 Abs. 3 FGO in der bis zum 31.12.00 geltenden Rechtslage ergangen. ME weist der BFH in seinem Urteil BFH III R 38/01 v. 5.6.03, a. a. O. zu Recht darauf hin, dass auf Grund der Gesetzesänderung möglicherweise der Nachweis der Bevollmächtigung zu erleichtern sei. Ebenso soll ein **Computer-Telefax** zulässig sein (BFH VIII B 108/97 v. 11.11.97, BFH/NV 98, 604; VI B 125/99 v. 27.1.03, BFH/NV 03, 646). Vgl. dazu kritisch *Gräber/Stapperfend* § 62 FGO Rz. 85.

Die **Bestellung** eines **Bevollmächtigten** oder die **Hinzuziehung** eines **Beistandes** konnte bisher vom Gericht durch Beschluss angeordnet werden, § 62 Abs. 1 Satz 2 FGO aF Die Anordnung setzte voraus, dass der Beteiligte selbst nicht in der Lage ist, seine Rechte wahrzunehmen (BFH VIII B 162/94 v. 3.2.95, BFH/NV 95, 900; X B 72/00 v. 30.10.00, BFH/NV 01, 474). Diese Regelung ist in § 62 FGO nF nicht mehr enthalten. Der Gesetzgeber hat kein Bedürfnis für eine dadurch bedingte Einschränkung der Postulationsfähigkeit gesehen.

Bei **Mandatsniederlegung nach** Ladung für den Termin zur mündlichen Verhandlung geht die Wirkung der Ladung für und gegen den Kläger nicht verloren; dh. das Gericht ist in diesen Fällen nicht verpflichtet, den Kläger persönlich zu laden oder zu prüfen, ob der Prozessbevollmächtigte den Kläger von der Ladung verständigt hatte (BFH X R 66/93 v. 22.3.94, BFH/NV 94, 499 mwN; X B 14/09 v. 18.8.09, BeckRS 2009, 25015629). Der Prozessbevollmächtigte kann trotz Mandatsniederlegung so lange für den Beteiligten handeln, bis dieser in anderer Weise für die Wahrnehmung seiner Rechte gesorgt hat (§ 87 Abs. 2 ZPO).

Unter bestimmten Voraussetzungen können Bevollmächtigte **zurückgewiesen** werden (§ 62 Abs. 3 FGO). Der Beschluss ist nach § 62 Abs. 3 Satz 1 FGO **unanfechtbar.**

Zur Zurückweisung einer in einem anderen Mitgliedstaat der EU niedergelassenen Steuerberatungsgesellschaft BFH I B 70/07 v. 9.7.07, BFH/NV 07, 2357 mwN zu § 62 Abs. 2 FGO aF.

19 **Klageverzicht** (§ 50 FGO): Ist auf die Klage verzichtet worden, ist sie unzulässig (vgl. zum Klageverzicht Formular D. 2.15).

20 **Klagerücknahme** (§ 72 FGO): Die Klage ist ebenfalls unzulässig, wenn sie zurückgenommen wurde (vgl. Formular D. 2.14).

21 **Rechtskraft** (§ 110 FGO): Ist über einen Streitgegenstand rechtskräftig entschieden worden, verbietet die Rechtskraftwirkung nach § 110 FGO jede neue Entscheidung über die einmal rechtskräftig festgestellte Rechtsfolge (zum Meinungsstand vgl. *Gräber/von Groll* § 110 FGO Rz. 5, 6).

22 **Rechtshängigkeit** (§ 66 FGO): Sie bewirkt vor allem die Unzulässigkeit einer Klage in derselben Sache (BFH VIII R 78/82 v. 8.10.85, BStBl. II 86, 302; IV B 151/04 v. 26.5.06, BFH/NV 06, 2086), sie setzt Identität des Streitgegenstandes voraus.

23 **Fortsetzungsfeststellungsklage** ist nach § 100 Abs. 1 Satz 4 FGO nur für die Anfechtungsklage vorgesehen, inzwischen aber auch bei der Verpflichtungsklage zulässig (vgl. D. 2.24 Rz. 10).

24 Eine Fortsetzungsfeststellungsklage kommt dann in Betracht, wenn sich nach Erhebung einer Anfechtungs- oder Verpflichtungsklage der **angefochtene** (oder begehrte) **Verwaltungsakt vor der Entscheidung** über die Klage durch Zurücknahme oder anders **erledigt** hat. In diesen Fällen spricht das Gericht auf **Antrag** durch Urteil aus, dass der Verwaltungsakt **rechtswidrig** gewesen ist, „wenn der Kläger ein berechtigtes Interesse an dieser Feststellung hat". Dh., zusätzlich zu den allgemeinen Sachurteilsvoraussetzungen der Anfechtungs- bzw. Verpflichtungsklage erfordert die Zulässigkeit ein **berechtigtes Interesse;** als berechtigtes Interesse wird „jedes konkrete, vernünftigerweise anzuerkennende schutzwürdige Interesse rechtlicher, wirtschaftlicher oder ideeller Art" anerkannt (*Gräber/von Groll* § 100 FGO Rz. 60 mwN).

Besondere Bedeutung hat die Fortsetzungsfeststellungsklage im Verhältnis Vorauszahlungs-/Jahressteuerbescheid: Die wohl hM nimmt an, dass nach Ergehen des Umsatzsteuer- bzw. Einkommensteuerjahresbescheids die Einkommensteuer- bzw. Umsatzsteuervorauszahlungsbescheide ihre Wirkung verlieren und damit der Rechtsstreit über die Anfechtung der Vorauszahlungsbescheide in der Hauptsache erledigt ist (vgl. BFH V R 127/80 v. 18.12.86, BStBl. II 87, 222 für USt; BFH I R 105/77 v. 31.5.78, BStBl. II 78, 596 betr. RAO für ESt; vgl. zur AO 1977 BFH III B 134/86 v. 22.1.88, BStBl. II 88, 484; vgl. auch *Gräber/von Groll* § 100 FGO Rz. 58 mit weiteren Rechtsprechungsnachweisen). In diesen Fällen hat der BFH ein berechtigtes Interesse an der Fortsetzungsfeststellungsklage bejaht, da eine das Vorauszahlungsverfahren „betreffende rechtskräftige gerichtliche Entscheidung für die Beteiligten in einem den betreffenden Voranmeldungszeitraum umfassenden Veranlagungsverfahren und in einem sich daran anschließenden Rechtsbehelfsverfahren aus prozessökonomischen Gründen beachtlich" ist, „sofern sich den Beteiligten der zu beurteilende Sachverhalt ... unverändert darstellt. Dies reicht für die Annahme eines rechtlichen Interesses an einer Entscheidung gem. § 100 Abs. 1 Satz 4 FGO aus, da davon auszugehen ist, dass das FA und die Gerichte bei einer erneuten Entscheidung im Rahmen des Veranlagungsverfahrens für den gesamten Besteuerungszeitraum bei unveränderter Sachlage den gleichen Rechtsstandpunkt wie im Vorauszahlungsverfahren einnehmen werden" (BFH V R 127/80 v. 18.12.86, BStBl. II 87, 222; vgl. aber auch BFH V R 81/89 v. 1.10.92, BStBl. II 93, 120 und IV B 151/04 v. 26.5.06, BFH/NV 06, 2086). Zum Meinungsstand und weiteren Fällen vgl. *Gräber/von Groll* § 100 FGO Rz. 61 ff.; vgl. auch BFH X R 12/84 v. 7.6.89, BStBl. II 89, 976 für den Fall des Fristablaufs bei Eintragung eines Freibetrags auf der Lohnsteuerkarte; vgl. BFH V R 51/90 v. 10.5.91, BStBl. II 91, 825 betr. Feststellung der Rechtswidrigkeit einer Prüfungsanordnung nach Durchführung der Außenprüfung.

25 **Anträge und die zur Begründung** dienenden Tatsachen und Beweismittel sollen angegeben werden (§ 65 Abs. 1 Sätze 2 und 3 FGO), sie gehören aber nicht zum notwendigen Mindestinhalt der Klage, dh. der Klageantrag muss nicht innerhalb der

Klagefrist gestellt werden, die in § 65 Abs. 2 Satz 1 FGO vorgesehene Frist ist keine Ausschlussfrist (BFH I R 118/88 v. 17.10.90, BStBl. II 91, 242); eine Ausschlussfrist ist nach dem Wortlaut von § 65 Abs. 2 Satz 2 FGO nicht möglich, da die Ausschlussfrist nur in den Fällen des § 65 Abs. 1 Satz 1 FGO greift (s. Rz. 16). Allerdings kann eine Ausschlussfrist nach § 79b Abs. 2 FGO gesetzt werden zur Angabe von Tatsachen und zur Bezeichnung von Beweismitteln und zur Vorlage von Urkunden oder anderen beweglichen Sachen; vgl. zu den Erfordernissen an eine wirksame Aufforderung BFH IX R 6/94 v. 25.4.95, BStBl. II 95, 545. Ein ausreichend bestimmter Klageantrag kann daher bis zum Schluss der mündlichen Verhandlung gestellt werden. Der Klageantrag muss nicht beziffert sein (*Tipke/Kruse* § 65 FGO Rz. 4). Empfehlenswert kann die Anregung in schwierigen Fällen sein, dem Finanzamt gem. § 100 Abs. 2 Satz 2 FGO aufzugeben, den Betrag auf Grund der Entscheidung zu berechnen.

Auch lediglich **angekündigte** Anträge sind möglich (vgl. BFH VIII R 29/91 v. 30.6.95, BFH/NV 96, 53); dies betrifft die Zulässigkeit der Klageerweiterung, s. Rz. 27.

Wichtig ist in diesem Zusammenhang, dass das Gericht an das Klagebegehren, das regelmäßig im Rahmen des Klageantrags des Klägers konkretisiert wird, **gebunden** ist; das Gericht darf deshalb dem Kläger nicht mehr oder etwas anderes zusprechen, als er begehrt (vgl. BFH III R 15/10 v. 31.1.13, BFH/NV 13, 1071). Nach der Rechtsprechung des BFH ist das Gericht allerdings nicht an die Fassung des Klageantrags gebunden, sondern hat im Wege der Auslegung den Willen der Partei anhand der erkennbaren Umstände zu ermitteln (vgl. BFH III R 15/10 v. 31.1.13, BFH/NV 13, 1071).

Nach **§ 65 Abs. 1 Satz 4 FGO** sollen der Klage die Urschrift oder eine Abschrift des Verwaltungsakts und der Einspruchsentscheidung beigefügt werden. Die Vorschrift soll der Verfahrensbeschleunigung dienen.

Nach § 76 Abs. 1 Satz 1 FGO **erforscht das Gericht den Sachverhalt von** 25a
Amts wegen (Amtsermittlungsgrundsatz, Untersuchungsgrundsatz), vgl. dazu *Gräber/Stapperfend* § 76 Rz. 10ff. Nach § 76 Abs. 2 FGO hat der Vorsitzende darauf hinzuwirken, dass Formfehler beseitigt, sachdienliche Anträge gestellt, unklare Anträge erläutert, ungenügende tatsächliche Angaben ergänzt, ferner alle für die Feststellung und Beurteilung des Sachverhalts wesentlichen Erklärungen abgegeben werden (sog. **Prozessförderungs- und Fürsorgepflichten);** dazu führt der BFH im Beschluss III B 14/00 v. 5.5.00, BFH/NV 00, 1349 aus: „Der Erfolg der Klage soll nicht an der Rechtsunerfahrenheit eines Klägers, zumal in Formsachen, scheitern ... Aufgabe des Gerichts ist es jedoch nicht, Rechtsrat und Rechtsauskunft zu geben und neue, weitergehende Prozessziele anzuregen." Inhalt und Umfang der Prozessförderungs- und Fürsorgepflichten nach § 76 Abs. 2 FGO hängen von der Sach- und Rechtslage im Einzelfall ab, von der Mitwirkung der Beteiligten sowie von deren individuellen Fähigkeiten (BFH VI B 91/10 v. 18.10.10, BFH/NV 11, 280).

Gegenstand des Klagebegehrens: Seine Angabe ist nach § 65 Abs. 1 FGO zwin- 26
gend erforderlich. IdR genügt die kurze Beschreibung dessen, was streitig ist. Vgl. zur hinreichenden Bezeichnung des Klagebegehrens iSv. § 65 Abs. 1 Satz 1 FGO BFH VIII B 219/02 v. 6.12.02, BFH/NV 03, 782. Problematisch ist die Konkretisierung des Gegenstands des Klagebegehens deswegen, weil er danach nicht mehr ausgedehnt werden kann (BFH VII R 85/77 v. 26.1.82, BStBl. II 82, 358). Eine Klageerweiterung (s. Rz. 27) sollte deswegen ausdrücklich vorbehalten werden, der Vorbehalt sollte zusätzlich bei der Antragstellung aufgenommen werden; deswegen ist auch zu empfehlen, in der Klageschrift zu formulieren: „In der mündlichen Verhandlung werden wir folgende Anträge stellen" oder „stellen wir voraussichtlich" oder „vorbehaltlich einer Klageerweiterung" (Anträge sind Sollerfordernis nach § 65 Abs. 1 Satz 1 FGO).

Klageerweiterung: Bei fristgebundenen Klagen, wie Anfechtungs- und Verpflich- 27
tungsklage, ist eine Klageerweiterung nicht nur innerhalb der Klagefrist, sondern auch

noch danach möglich. Diese Frage hat der Große Senat des BFH mit Beschluss GrS 2/87 v. 23.10.89 (BStBl. II 90, 327) entschieden. Eine betragsmäßige Erweiterung der Anfechtungsklage gegen einen Einkommensteuerbescheid ist daher regelmäßig auch nach Ablauf der Klagefrist möglich, es sei denn der Steuerpflichtige hat eindeutig zu erkennen gegeben, dass er von einem weitergehenden Klagebegehren absieht. Bei dem Einspruch oder der Klage gegen einen Steuerbescheid wegen eines bestimmten Betrages oder eines bestimmten Sachverhalts ist in der Regel nicht von einer bloßen Teilanfechtung auszugehen; ein Ausnahmefall, in dem nur eine Teilanfechtung anzunehmen ist, setzt voraus, dass der Wille des Klägers, von einem weiteren Klagebegehren abzusehen, deutlicher zum Ausdruck kommt als in der bloßen Anfechtung des Steuerbescheides wegen eines bestimmten Streitpunktes (BFH III R 33/96 v. 7.9.00, BFH/NV 01, 415).

Auch nach der Entscheidung des Großen Senats ist es aber empfehlenswert, die Anträge (§ 65 Abs. 1 FGO Soll-Bestimmung) nur unter dem Vorbehalt einer Klageerweiterung zu stellen und darauf auch in der Klagebegründung nochmals hinzuweisen. Nur so kann sichergestellt werden, dass die Klage später auch noch auf einen anderen Gesichtspunkt gestützt werden kann. Denn der Große Senat hat nur über die Erweiterung im Rahmen der Anfechtungsklage gegen einen Einkommensteuerbescheid entschieden und seine Entscheidung ua. auf die „Besonderheiten des Einkommensteuerrechts" gestützt.

Dies scheint auch im Hinblick auf eine Ausschlussfrist nach § 65 Abs. 2 Satz 2 FGO zweckmäßig; es ist nämlich noch nicht entschieden, ob nach Ablauf der Ausschlussfrist des § 65 Abs. 2 Satz 2 FGO der angefochtene Bescheid in Teilbestandskraft erwächst oder ob eine nachträgliche Erweiterung der Klage noch möglich ist.

28 **Klagehäufung:** Mehrere Klagebegehren können vom Kläger in einer Klage zusammen verfolgt werden (§ 43 FGO, sog. **Klageverbindung**). Dies ist insbesondere zweckmäßig, wenn ein- und dieselbe Rechtsfrage verschiedene Veranlagungszeiträume oder Steuerarten betrifft. Kostengünstiger kann es allerdings sein, nur für einen Veranlagungszeitraum Klage zu erheben, wenn das Finanzamt in den übrigen Verfahren das Ruhen des Verfahrens anordnet (vgl. Formular D. 1.01). Im Übrigen werden im Falle der Klageverbindung die Streitwerte nach § 39 Abs. 1 GKG zusammengerechnet.

Das **Gericht** kann auch durch **Beschluss** (ohne dass der Kläger einen Einfluss hat) mehrere bei ihm anhängige Verfahren zu gemeinsamer Verhandlung und Entscheidung verbinden oder auch mehrere in einem Verfahren zusammengefasste Klagegegenstände trennen (§ 73 Abs. 1 FGO); dieser Beschluss ist **unanfechtbar** (§ 128 Abs. 2 FGO). Eine Verbindung ist auch möglich, wenn bei demselben Gericht verschiedene Senate zuständig sind, sofern der Geschäftsverteilungsplan eine entsprechende Regelung vorsieht (*Gräber/Koch* § 73 FGO Rz. 6 mwN).

29 **Klagebefugnis bei Personengesellschaften:** Ist die Personengesellschaft selbst Steuerschuldner (zB Umsatz-, Gewerbesteuer), ist sie unmittelbar klagebefugt.

30 **Klagebefugnis bei Feststellungsbescheiden.** Klage können erheben:

- Zur Vertretung berufene Geschäftsführer oder, wenn solche nicht vorhanden sind, der Klagebevollmächtigte iSd. § 48 Abs. 2 FGO (§ 48 Abs. 1 Nr. 1 FGO),
- wenn Personen nach § 48 Abs. 1 Nr. 1 FGO nicht vorhanden sind, jeder Gesellschafter, Gemeinschafter oder Mitberechtigte, gegen den der Feststellungsbescheid ergangen ist oder zu ergehen hätte (§ 48 Abs. 1 Nr. 2 FGO),
- auch wenn Personen nach § 48 Abs. 1 Nr. 2 FGO vorhanden sind, ausgeschiedene Gesellschafter, Gemeinschafter oder Mitberechtigte, gegen die der Feststellungsbescheid ergangen ist oder zu ergehen hätte (§ 48 Abs. 1 Nr. 3 FGO),
- soweit es sich darum handelt, wer an dem festgestellten Betrag beteiligt ist und wie dieser sich auf die einzelnen Beteiligten verteilt jeder, der durch die Feststellungen hierzu berührt wird (§ 48 Abs. 1 Nr. 4 FGO),

– soweit es sich um eine Frage handelt, die einen Beteiligten persönlich angeht, jeder, der durch die Feststellungen über die Frage berührt wird (§ 48 Abs. 1 Nr. 5 FGO).

Der Klagebevollmächtigte nach § 48 Abs. 2 Satz 1 FGO ist der gemeinsame Empfangsbevollmächtigte iSv. § 183 Abs. 1 Satz 1 AO oder des § 6 Abs. 1 Satz 1 der VO über die gesonderte Feststellung von Besteuerungsgrundlagen nach § 180 Abs. 2 AO v. 19.12.86 (BStBl. I 87, 2). Haben die Feststellungsbeteiligten keinen gemeinsamen Empfangsbevollmächtigten bestellt, ist klagebefugt der nach den Vorschriften der AO fingierte bzw. bestellte Empfangsbevollmächtigte (§ 48 Abs. 2 Satz 2 FGO). Diese Regelung des Klagebevollmächtigten greift aber nur, wenn die Beteiligten spätestens bei Erlass der Einspruchsentscheidung über die Klagebefugnis des Empfangsbevollmächtigten belehrt worden sind (§ 48 Abs. 2 Satz 3 FGO). Ob die Vorschrift in der Praxis Bedeutung haben wird, ist zweifelhaft.

Eine als Vermieterin auftretende (Erben-)Bruchteilsgemeinschaft ist klagebefugt in Verfahren der einheitlichen und gesonderten Feststellung von Einkünften aus Vermietung und Verpachtung (BFH IX B 31/10 v. 10.11.10, BFH/NV 11, 288; IX R 49/02 v. 18.5.04, BStBl. II 04, 929).

Bei Umwandlung einer OHG in eine KG ist die KG auch für die Streitjahre klagebefugt, in denen die Gesellschaft die Rechtsform der OHG hatte (BFH VIII R 138/85 v. 18.12.90, BStBl. II 91, 581). Die Klagebefugnis bleibt auch erhalten, wenn die Personenhandelsgesellschaft **in das Liquidationsverfahren eintritt** (BFH IV R 146/78 v. 21.1.82, BStBl. II 82, 506). Einer handelsrechtlich **voll beendeten** Personenhandelsgesellschaft (zB Umwandlung einer KG in eine GmbH) steht demgegenüber keine Klagebefugnis zu (BFH IV R 23/89 v. 26.10.89, BStBl. II 90, 333; IV R 20/10 v. 11.4.13, BStBl. II 13, 705). Klagebefugt sind in diesen Fällen vielmehr die durch den angefochtenen Bescheid beschwerten Feststellungsbeteiligten als Rechtsnachfolger der Personengesellschaft (BFH VIII R 142/85 v. 23.10.90, BStBl. II 91, 401; IV R 20/10 v. 11.4.13, aaO.). Bei einer atypischen stillen Gesellschaft ist der Teilhaber des Handelsgeschäfts klagebefugt (BFH VIII B 90/87 v. 24.11.88, BStBl. II 89, 145). Ein Gesellschafter, der gegen den Bescheid über die Gewinnfeststellung einer KG keinen Einspruch eingelegt hat und auch nicht zum Einspruchsverfahren hinzugezogen worden ist, kann Klage erheben, wenn er gem. § 48 Abs. 1 Nr. 5 FGO ein eigenes Klagerecht hat (BFH IV B 21/01 v. 30.12.03, BStBl. II 04, 239; IV B 91/99 v. 23.3.00, BFH/NV 00, 1217; VIII R 32/01 v. 14.10.03, BFH/NV 04, 279). Zu weiteren Einzelheiten vgl. *Gräber/von Groll* § 48 FGO, insbes. Rz. 23 ff.

Akteneinsicht ist nach § 78 Abs. 1 FGO möglich; nach der gesetzlichen Regelung **31**
besteht ein Anspruch nur auf Einsicht **bei der Geschäftsstelle** des FG, nicht jedoch auf Übersendung der Akten in das Büro des Prozessbevollmächtigten. (st. Rspr. vgl. BFH II B 47/10 v.9.6.10, BFH/NV 10, 1653; V B 29/08 v. 31.10.08, BFH/NV 09, 194; VIII B 276/04 v. 21.4.05, BFH/NV 05, 1820; die Verfassungsbeschwerde 1 BvR 1503/02 gegen den Beschluss des BFH V B 5/02 v. 11.6.02, BFH/NV 02, 1464 wurde nicht zur Entscheidung angenommen). Auch für Akteneinsicht in Kindergeldsachen ist eine Übersendung der Akten idR ausgeschlossen: BFH III B 166/05 v. 26.1.06, BFH/NV 06, 963. Vgl. dazu auch *Gräber/Koch* § 78 FGO Rz. 9–10 mwN. Die Entscheidung, die Akten einem Prozessbevollmächtigten in dessen Geschäftsräumen zu überlassen, ist eine Ermessensentscheidung. Dabei sind die für und gegen eine Übersendung der Akten sprechenden Interessen gegeneinander abzuwägen, also insbes. die Vermeidung von Aktenverlusten sowie die jederzeitige Verfügbarkeit der Akten der möglichen Kosten- und Zeitersparnis für den Prozessbevollmächtigten gegenüber zu stellen (st. Rspr.: BFH III B 166/05 26.1.06, BFH/NV 06, 963). Die Akten werden aber auf Wunsch des Prozessbevollmächtigten an ein Gericht (Amts-, Landgericht etc.) oder eine Behörde (idR Finanzamt oder Agentur für Arbeit) seiner Wahl übersandt. Stets ist ein **Antrag** auf Akteneinsicht erforderlich.

Die Aktenversendung ist kostenpflichtig. Es fällt eine Pauschale iHv. 12 € (für Hin- und Rücksendung) an (Kostenverzeichnis Nr. 9003 der Anlage 1 zu § 3 Abs. 2 GKG). Die Pauschale für die Aktenversendung wird nach § 9 Abs. 3 GKG sofort nach ihrer Entstehung fällig.

Der Anspruch auf Akteneinsicht bezieht sich nur auf die Gerichtsakten und die vom FG als Grundlage seiner Entscheidung als notwendig erachteten und von der Behörde vorgelegte oder vom FG beigezogene Akten (BFH VIII B 56/10 v. 14.1.11, BFH/NV 11, 630 unter Hinweis auf BFH VII B 347/02 v. 12.11.03, BFH/NV 04, 511). Es besteht kein Anspruch des Steuerpflichtigen darauf, dass das FG zum Zwecke der Gewährung von Akteneinsicht Gerichtsakten beizieht oder sich Verwaltungsakten vorlegen lässt (BFH VIII B 56/10 v. 14.1.11, BFH/NV 11, 630).

32 **Verzicht auf mündliche Verhandlung** ist möglich (§ 90 Abs. 2 FGO), jedoch in der Praxis nicht von vornherein empfehlenswert. Das Finanzgericht kann nämlich auch ohne Verzicht auf mündliche Verhandlung durch **Gerichtsbescheid** gem. § 90a FGO *ohne* mündliche Verhandlung entscheiden (vgl. Rz. 33).

Die **mündliche Verhandlung** sollte stets als Chance betrachtet werden, den Rechtsstreit mit dem Gericht zu erörtern, die Auffassung des Gerichts kennenzulernen und sich damit auseinanderzusetzen (vgl. auch D. 3.01 Rz. 4). Nach Durchführung eines Erörterungstermins wird jedoch oftmals eine nochmalige Erörterung des Sach- und Streitstandes – nun vor dem Senat – nicht mehr erforderlich sein. Der Verzicht auf mündliche Verhandlung ist *jederzeit* möglich. Er kann auch noch nach einer mündlichen Verhandlung für das weitere Verfahren erklärt werden (BFH III R 62/89 v. 6.4.90, BStBl. II 90, 744). Er ist Prozesshandlung und kann **nicht wegen Irrtums angefochten** und grundsätzlich auch **nicht widerrufen** werden (*Gräber/Koch* § 90 FGO Rz. 13). Ausnahmsweise ist ein Widerruf der Verzichtserklärung bei einer wesentlichen Änderung der Prozesslage möglich (BFH V R 55/84 v. 21.9.89, BFH/NV 90, 353); vgl. *Gräber/Koch* § 90 FGO Rz. 14. Die Verzichtserklärung ist grundsätzlich nur auf die nächste Sachentscheidung des Gerichts zu beziehen; dh. dass beispielsweise ein vom Kläger erklärter Verzicht auf mündliche Verhandlung wirkungslos wird, wenn das Gericht einen Erörterungstermin anberaumt und das persönliche Erscheinen des Klägers anordnet (BFH VIII R 36/08 v. 31.8.10, BStBl. II 11, 126 mit zahlreichen Rechtsprechungsnachweisen) oder wenn das FG trotz eines Verzichts auf die mündliche Verhandlung eine solche anberaumt (BFH VI B 147/10 v. 10.3.11, BStBl. II 11, 556). Ein Wechsel in der Besetzung des Gerichts lässt die Wirksamkeit eines zuvor erklärten Verzichts auf mündliche Verhandlung grundsätzlich unberührt (BFH IX R 14/07 v. 11.11.08, BFH/NV 09, 293).

33 **Ohne Einverständnis** der Beteiligten kann der Senat **in geeigneten Fällen ohne mündliche Verhandlung** entscheiden, und zwar durch **Gerichtsbescheid** (§ 90a Abs. 1 FGO). Wird die **Revision** im Gerichtsbescheid **zugelassen**, können die Beteiligten nach **§ 90a Abs. 2 Sätze 1 und 2 FGO** Antrag auf mündliche Verhandlung stellen oder Revision einlegen, wenn das Gericht in dem Gerichtsbescheid die Revision zugelassen hat. Ist die Revision nicht zugelassen worden, können die Beteiligten nur **Antrag auf mündliche Verhandlung** stellen (§ 90a Abs. 2 Satz 1 FGO).

Entscheidet der Einzelrichter (§ 6 FGO, s. Formular D. 2.01 Rz. 40) durch Gerichtsbescheid, ist dagegen jedenfalls dann **nur** Antrag auf mündliche Verhandlung gegeben, wenn die Entscheidung im vorbereitenden Verfahren(§ 79a Abs. 4 FGO iVm. § 79a Abs. 2 Satz 2 FGO) ergangen ist (vgl. BFH XI R 71/98 v. 25.6.99, BFH/NV 99, 1617). Ist die Entscheidung nicht im vorbereitenden Verfahren ergangen, gilt § 90a Abs. 2 FGO. Entscheidet der Berichterstatter im Einverständnis der Beteiligten an Stelle des Senats (§ 79a Abs. 2 Satz 1, 3 und 4 FGO) durch Gerichtsbescheid, ist nur Antrag auf mündliche Verhandlung möglich (§ 79a Abs. 2 Satz 2 FGO)

Während der Unterbrechung des Verfahrens (vgl. Formular D. 2.03) darf ein Gerichtsbescheid nicht ergehen (BFH X R 40/82 v. 27.7.88, BFH/NV 89, 238).

Antrag auf mündliche Verhandlung nach Gerichtsbescheid kann gem. § 90a Abs. 2 FGO **innerhalb eines Monats** nach Zustellung des Gerichtsbescheids gestellt werden; der Gerichtsbescheid gilt dann als nicht ergangen (§ 90a Abs. 3 FGO). Es empfiehlt sich, den Antrag kurz zu begründen und sich mit den Gründen des finanzgerichtlichen Gerichtsbescheids auseinanderzusetzen, dies dient der Vorbereitung der mündlichen Verhandlung. Ein Antrag auf mündliche Verhandlung liegt auch in der Absichtserklärung des Steuerpflichtigen, den festzusetzenden Steuerbetrag noch in einer mündlichen Verhandlung bestimmen zu wollen (BFH I R 12/90 v. 18.7.90, BStBl. II 90, 986). Der Antrag auf mündliche Verhandlung kann auch noch in der mündlichen Verhandlung zurückgenommen werden; der Gerichtsbescheid wirkt dann als Urteil (§ 90 Abs. 3 FGO; BFH II R 85/86 v. 9.5.90, BStBl. II 90, 548). Eine Rücknahme ist aber nicht mehr möglich, wenn die Rücknahmeerklärung erst zum Zeitpunkt der nahezu abgeschlossenen mündlichen Verhandlung den erkennenden Spruchkörper erreicht (BFH VIII R 91/83 v. 24.1.89, BStBl. II 89, 416). 34

Wird **kein Antrag auf mündliche Verhandlung** gestellt, wirkt der Gerichtsbescheid als Urteil (§ 90 Abs. 3 FGO).

Mündliche Verhandlungen finden grundsätzlich öffentlich statt (§ 52 Abs. 1 FGO iVm. § 169 Abs. 1 GVG). Der Ausschluss der Öffentlichkeit kann vom Stpfl. durch schlichten **Antrag** gem. § 52 Abs. 2 FGO erreicht werden. Die Prozessbeteiligten können aber auch auf die Beachtung der Vorschriften über die Öffentlichkeit des Verfahrens verzichten (BFH X R 45–46/90 v. 24.8.90, BStBl. II 90, 1032). Erörterungstermine (§ 79 Abs. 1 FGO) sind dagegen grundsätzlich nicht öffentlich (BFH IV R 190/85 v. 21.4.86, BStBl. II 86, 568). Vgl. *Jesse* DB 08, 1994. 35

Nach § 80 Abs. 1 Satz 1 FGO kann das Gericht das **persönliche Erscheinen** eines Beteiligten anordnen und für den Fall des Nichterscheinens ein (zu bezifferndes) Ordnungsgeld gem. § 80 Abs. 1 Satz 2 FGO androhen. Nach *Gräber/Koch* § 80 Rz 4 und *Tipke/Kruse/Seer* § 80 Rz. 2 ist hierzu ein Beschluss des Senats bzw. des Einzelrichters erforderlich. Den Entscheidungen des BFH V B 77/12 v. 17.9.12, BStBl. II 13, 28 und X B 103/10 v. 14.12.10, BFH/NV 11, 618 kann nicht entnommen werden, in welcher Form das persönliche Erscheinen angeordnet worden war. Das Ordnungsgeld beträgt mindestens 5 €, höchstens 1.000 € (§ 82 FGO iVm. §§ 380, 381 ZPO). Das Ordnungsgeld darf aber nur festgesetzt werden, wenn das unentschuldigte Ausbleiben zu einer Verfahrensverzögerung führt (BFH V B 77/12 v. 17.9.12, BStBl. II 13, 28).

Antrag auf Aufhebung eines Termins zur mündlichen Verhandlung: Nach § 155 FGO iVm. § 227 Abs. 1 Satz 1 ZPO kann ein Termin nur aus **erheblichen Gründen** aufgehoben, verlegt oder die Verhandlung vertagt werden. Der Antrag sollte stets begründet werden. Eine Begründung ist zwar gesetzlich nicht vorgeschrieben, die erheblichen Gründe sind aber auf Verlangen des Vorsitzenden bzw. des Gerichts nach § 227 Abs. 2 ZPO glaubhaft zu machen, also im Krankheitsfall bspw. durch Vorlage eines ärztlichen Attests. Vgl. zu den von der Rspr. als erheblich anerkannten Gründen: *Gräber/Koch* § 91 FGO Tz. 4f.

In der mündlichen Verhandlung sind, soweit dies erforderlich ist, **Zeugen** zu vernehmen. Das Verfahren über die Beweisaufnahme richtet sich nach §§ 83 bis 89 FGO und § 82 FGO iVm. §§ 358 bis 371, 372 bis 377, 380 bis 382, 386 bis 414 und 450 bis 494 ZPO. Der Zeugenbeweis wird durch die Benennung der Zeugen und die Bezeichnung der Tatsachen, über welche die Vernehmung des Zeugen stattfinden soll, angetreten (§ 373 ZPO); vgl. dazu *Gräber/Koch* § 82 FGO Rz. 17. Beweisermittlungs- oder -ausforschungsanträgen muss das Gericht nicht nachgehen (BFH VIII B 48/05 v. 7.12.06, BFH/NV 07, 712, BFH I B 120/06 v. 15.5.07, BFH/NV 07, 1686). Sind die Voraussetzungen des § 373 ZPO erfüllt, lädt das Gericht die (im Inland wohnenden) Zeugen unter Angabe des Gegenstands der Vernehmung (§ 377 Abs. 2 Nr. 2 ZPO). **Im Ausland ansässige Zeugen** muss das Gericht nicht von Amts wegen laden, sondern sind von dem benennenden Beteiligten im Termin zur mündlichen 35a

Verhandlung zu stellen (st. Rspr., vgl. BFH V B 78/09 v. 18.12.10, BFH/NV 11, 622; III B 158/09 v. 17.11.10, BFH/NV 11, 299 unter Hinweis auf BFH VIII B 192/09 v. 12.2.10, BFH/NV 10, 833). Vgl. auch BFH XI B 222/07 v. 20.11.08, BFH/NV 09, 404 zu der Frage, wann die konsularische Vernehmung eines im Ausland lebenden Zeugen unterbleiben kann.

36 **Antrag auf Zulassung der Revision** sollte ggf. als **Hilfsantrag** gestellt werden, damit für das FG frühzeitig erkennbar ist, ob der Kläger ein Rechtsmittel im Falle des Unterliegens einlegen will. Der Hilfsantrag sollte auch begründet werden; in Betracht kommt in diesem Verfahrensstadium allerdings nur die Zulassungsgründe **„grundsätzliche Bedeutung"** (§ 115 Abs. 2 Nr. 1 FGO) oder „Fortbildung des Rechts bzw. Sicherung einer einheitlichen Rechtsprechung" (§ 115 Abs. 2 Nr. 2 FGO), s. dazu D. 3.03 Rz. 17 ff.

37 **Gegenstand der Anfechtungsklage** ist (nach erfolglos durchgeführtem Vorverfahren) der „ursprüngliche Verwaltungsakt *in der Gestalt,* die er durch die Entscheidung über den außergerichtlichen Rechtsbehelf gefunden hat" (§ 44 Abs. 2 FGO); deshalb muss auch stets die Aufhebung/Abänderung des ursprünglichen Verwaltungsakts *und* der Einspruchsentscheidung beantragt werden.

Wird der angefochtene Verwaltungsakt nach Bekanntgabe der Einspruchsentscheidung **geändert oder ersetzt,** so wird der neue Verwaltungsakt Gegenstand des Verfahrens (§ 68 Satz 1 FGO). Das Klageverfahren wird also fortgesetzt, ein Einspruch ist nach § 68 Satz 2 FGO ausdrücklich ausgeschlossen. Von besonderer Bedeutung ist, dass die Regelung von § 68 Satz 1 FGO entsprechend gilt, wenn ein Verwaltungsakt nach § 129 AO **berichtigt** wird (§ 68 Satz 4 Nr. 1 FGO) oder ein Verwaltungsakt an die Stelle eines angefochtenen **unwirksamen** Verwaltungsaktes tritt (§ 68 Satz 4 Nr. 2 FGO).

Das bedeutet, dass es zu einer **„automatischen" Auswechslung** des Verfahrensgegenstandes kommt. D.h. auch wenn der ursprünglich angefochtene Verwaltungsakt **nichtig** war, der Beklagte aber während des Klageverfahrens den nichtigen Verwaltungsakt beispielsweise zur Klarstellung (Beseitigung des Rechtsscheins) aufhebt und einen neuen Verwaltungsakt erlässt, wird der neue Verwaltungsakt zum Gegenstand des Verfahrens nach § 68 FGO (vgl. *Gräber/von Groll* § 68 Rz. 70). Diese Regelung führt zu Problemen bei der Frage der **Berechnung des Streitwerts** und bei der Frage der **Kostenverteilung,** wenn beispielsweise der Klage wegen der Nichtigkeit des Verwaltungsakts hätte stattgegeben werden müssen, sich aber der neue Verwaltungsakt als rechtmäßig erweist und die Klage abgewiesen wird.

38 **Ausnahmsweise** kann die Rechtsbehelfsentscheidung **alleiniger** Verfahrensgegenstand sein, zB wenn ein Rechtsbehelf zu Unrecht als unzulässig verworfen wurde (BFH VIII R 282/81 v. 23.4.85, BStBl. II 85, 711; vgl. zu diesen Fällen *Gräber/von Groll* § 44 FGO Rz. 36–42); vgl. auch *Raupach* DStR 70, 170. Der Kläger bestimmt den Umfang des Klagebegehrens, dh. er kann – muss aber nicht – die Rechtsbehelfsentscheidung zum alleinigen Verfahrensgegenstand machen. Weitere Ausnahmefälle, in der die Rechtsbehelfsentscheidung **alleiniger** Verfahrensgegenstand ist, liegen vor, wenn die Behörde den Bürger nicht vor Erlass der Einspruchsentscheidung auf eine beabsichtigte **Verböserung** hingewiesen hat (§ 367 Abs. 2 Satz 2 AO), wenn die Behörde einen Einspruch wegen Versäumung der Einspruchsfrist als unzulässig verworfen hat, ohne den Bürger vorher auf die (mögliche) Fristversäumnis hingewiesen hat, und wenn die Behörde im Einspruchsverfahren eine Frist bestimmt hat, bis zu der es dem Bürger möglich sein soll, bei Vermeidung der zugleich angedrohten Verböserung den Einspruch zurückzunehmen, und die Behörde vor Ablauf der Frist über den Einspruch entscheidet (BFH VIII R 18/10 v. 15.5.13, BStBl. II 13, 669)

39 **Entscheidungen** des Gerichts ergehen durch den **Senat** (drei Berufsrichter und zwei ehrenamtliche Richter), soweit nicht ein **Einzelrichter** entscheidet (§ 5 Abs. 3 Satz 1 FGO) oder der Berichterstatter nach § 79 Abs. 3 und 4 FGO zuständig ist.

Bei Beschlüssen außerhalb der mündlichen Verhandlung (idR zB bei Anträgen auf Aussetzung der Vollziehung, einstweilige Anordnung, Prozesskostenhilfe, wegen Befangenheit etc.) und bei Gerichtsbescheiden (§ 90a FGO, s. Rz. 33) wirken die ehrenamtlichen Richter nicht mit (§ 5 Abs. 3 Satz 2 FGO). Nach § 79a Abs. 1 FGO ist im vorbereitenden Verfahren der Berichterstatter allein zuständig, zB für Entscheidungen über die Aussetzung und das Ruhen des Verfahrens (§ 79a Abs. 1 Nr. 1 FGO) und die Beiladung (§ 79a Abs. 1 Nr. 6 FGO). Vgl. dazu iE *Gräber/Koch* § 79a FGO Rz. 5ff.

Der **Einzelrichter** entscheidet, wenn ihm der Rechtsstreit vom Senat nach **§ 6 FGO übertragen** worden ist oder wenn die Beteiligten sich auf eine Entscheidung durch den Einzelrichter **verständigt** haben (§ 79a Abs. 3, 4 FGO). Eine Übertragung nach § 6 FGO setzt voraus, dass die Sache keine besonderen Schwierigkeiten tatsächlicher oder rechtlicher Art aufweist **und** die Rechtssache keine grundsätzliche Bedeutung hat (§ 6 Abs. 1 FGO). Die Beteiligten sollten vor der Übertragung **gehört** werden, der **Beschluss** ist nämlich **unanfechtbar** (§ 6 Abs. 4 FGO). Keinesfalls ist zu empfehlen, gleich in der Klageschrift eine Übertragung nach § 6 FGO anzuregen, es sei denn, die gesetzlichen Voraussetzungen lägen nach Ansicht des Klägers vor. Der Einzelrichter bleibt als gesetzlicher Richter auch dann zuständig, wenn inzwischen auf Grund der Geschäftsverteilung durch das Präsidium des Gerichts ein anderer Senat für den Rechtsstreit zuständig geworden ist (BFH VII R 102/97 v. 28.4.98, BStBl. II 98, 544). 40

Eine Zurückübertragung auf den Senat ist nach Anhörung der Beteiligten möglich, wenn sich aus einer wesentlichen Prozesslage ergibt, dass die Rechtsfrage grundsätzliche Bedeutung hat oder die Sache besondere Schwierigkeiten tatsächlicher oder rechtlicher Art aufweist (§ 6 Abs. 3 FGO). Auch dieser Beschluss ist unanfechtbar (§ 6 Abs. 4 FGO).

Haben sich die Beteiligten nach § 79a Abs. 3, 4 FGO darauf **verständigt,** dass anstelle des Senats der Einzelrichter entscheiden soll, dürfte die Einverständniserklärung **bindend,** ein Widerruf nur ausnahmsweise zulässig sein (vgl. Rz. 32). Der BFH hat in seinem Beschluss BFH II S 39/10 v. 10.2.11, BStBl. II 11, 657, diese Frage ausdrücklich offen gelassen; jedenfalls soll ein Widerruf dann ausgeschlossen sein, wenn sich die Prozesslage bei objektiver Betrachtung nachträglich nicht wesentlich geändert hat. Ist der Widerruf grundsätzlich nicht zulässig, bedeutet das mE, dass die Erklärung auch gilt, wenn die Person des Einzelrichters (zB bei Ausscheiden wegen Erreichens der Altersgrenze, Änderung des Geschäftsverteilungsplans) wechselt. Die Einverständniserklärung muss unmissverständlich erklärt werden; hieran soll es jedenfalls dann fehlen, wenn der Richter die verfahrensrechtlichen Grundlagen seiner Stellung mit den Beteiligten nicht erörtert und die Kläger in der mündlichen Verhandlung nicht durch einen Angehörigen der rechts- und steuerberatenden Berufe vertreten sind (BFH VIII R 74/97 v. 15.12.98, BStBl. II 99, 300). Der **Richter** ist an die Erklärung der Beteiligten **nicht** gebunden. Einzelrichter kann der Vorsitzende oder der nach dem Geschäftsverteilungsplan des jeweiligen Gerichts bestellte Berichterstatter sein.

Nach § 79a Abs. 2 FGO kann der Einzelrichter auch durch Gerichtsbescheid entscheiden (§ 90a FGO, s. Rz. 33).

Ausschlussfristen. Sie können gesetzt werden 41

- nach § 62 Abs. 3 Satz 3 FGO (**Vollmachtsvorlage,** s. D. 2.01 Rz. 18),
- nach § 65 Abs. 2 Satz 2 FGO (**notwendiger Klageinhalt,** s. D. 2.01 Rz. 16),
- nach § 79b Abs. 1 FGO iVm. § 65 Abs. 2 Satz 2 FGO zur Angabe der Tatsachen, durch dessen Berücksichtigung oder Nichtberücksichtigung im Verwaltungsverfahren der Kläger sich **beschwert** fühlt, und
- nach § 79b Abs. 2 FGO zur Angabe von Tatsachen oder Bezeichnung von Beweismitteln, zur Vorlage von Urkunden oder anderen beweglichen Sachen, soweit der Beteiligte dazu verpflichtet ist.

Bei **Versäumung** der Ausschlussfristen nach § 62 Abs. 3 Satz 3 FGO, § 65 Abs. 2 Satz 2 FGO und § 79b Abs. 1 FGO iVm. § 65 Abs. 2 Satz 2 FGO ist die Klage **unzulässig** (BFH X B 243/94 v. 8.3.95, BStBl. II 95, 417 zu § 79b Abs. 1 FGO).

Bei Versäumung der Ausschlussfrist nach § 79b FGO hat dies keinen Einfluss auf die Zulässigkeit der Klage. Das Gericht kann aber (Ermessen!) nach Ablauf der Frist vorgebrachte Erklärungen und Beweismittel **zurückweisen,** wenn

- ihre Zulassung nach der freien Überzeugung des Gerichts die **Erledigung des Rechtsstreits verzögern** würde und
- der Beteiligte die Verspätung nicht genügend entschuldigt und
- der Beteiligte **über die Folgen** einer Fristversäumung belehrt worden ist (§ 79b Abs. 3 Satz 1 FGO).

Zu den Voraussetzungen einer wirksamen Ausschlussfristsetzung nach § 79b Abs. 2 FGO vgl. BFH IX R 6/94 v. 24.4.95, BStBl. II 95, 545. Zu § 79b Abs. 3 FGO vgl. BFH V R 7/97 v. 19.3.98, BStBl. II 98, 399.

Wichtig: Ausschlussfristen sind als – richterliche – Fristen **verlängerungsfähig.** Der **Antrag** muss aber rechtzeitig **vor Ablauf** der gesetzten Frist **gestellt** und **begründet** werden. Die Verlängerung steht dann im Ermessen des Gerichts, dh. auch eine ablehnende Entscheidung kann ermessensgerecht sein! Vgl. auch BFH X B 243/94 v. 8.3.95, BStBl. II 95, 417.

42 **Termin zur Erörterung des Sach- und Streitstandes und zur gütlichen Beilegung des Rechtsstreits** (§ 79 Abs. 1 Satz 2 Nr. 1 FGO). Er wird vielfach vom Berichterstatter von sich anberaumt; ggf. ist es auch zweckmäßig, die Durchführung eines Erörterungstermins und ggf. auch eines Ortstermins **anzuregen.** Der Termin sollte stets von den Beteiligten gut vorbereitet wahrgenommen werden, um außerhalb der mündlichen Verhandlung das Gespräch mit dem Richter zu suchen. Anlässlich eines Erörterungstermins lassen sich vielfach auch – aus der Sicht des Richters – „Nebenschauplätze" ausführlicher diskutieren, als das in der – formelleren – mündlichen Verhandlung mit drei Berufsrichtern und zwei ehrenamtlichen Richtern möglich ist.

In der Praxis führen die Erörterungstermine vielfach zur Beendigung des Rechtsstreits, sei es durch Klagerücknahme, Abhilfe durch die Finanzbehörde oder tatsächliche Verständigung. Kommt der Rechtsstreit nicht zu einer Beendigung, wird es in vielen Fällen zweckmäßig sein, nunmehr auf mündliche Verhandlung zu verzichten.

Erörterungstermine (§ 79 Abs. 1 FGO) sind grundsätzlich nicht öffentlich (BFH IV R 190/85 v. 21.4.86, BStBl. II 86, 568).

42a **Gerichtlicher Prüfer:** Der gerichtliche Prüfer ist ein **Richtergehilfe** (vgl. *Gräber/Koch* FGO § 81 Rz. 13, § 79 Rz. 12). Er kann als **Buchsachverständiger** (§§ 81 Abs. 1 Satz 2, 82 FGO iVm. §§ 402ff. ZPO; vgl. BFH VIII B 31/94 v. 7.11.95, BFH/NV 96, 344 mwN; IV B 185/03 v. 2.8.05, BFH/NV 05, 2224) aufgrund eines Beweisbeschlusses oder als **Augenscheinsgehilfe** des Gerichts eingesetzt werden (§ 81 Abs. 1 Satz 2 FGO iVm. §§ 371ff. ZPO; vgl. *Gräber/Koch* § 81 Rz. 19 unter Hinweis auf *Seer,* Der Einsatz von Prüfungsbeamten durch das Finanzgericht – Zulässigkeit und Grenzen der Delegation richterlicher Sachaufklärung durch nichtrichterliche Personen, Dissertation, Köln 1992, S. 156ff.). Vor der Beauftragung des gerichtlichen Prüfers sind die Beteiligten von der Absicht der Beauftragung zu informieren (ebenso *Gräber/Koch* § 81 Rz. 13).

Ist der gerichtliche Prüfer als Buchsachverständiger tätig, kann nach § 82 FGO iVm. § 411 Abs. 3 ZPO angeordnet werden, dass er in der mündlichen Verhandlung seine schriftlichen Ausführungen erläutert. Ist er als Augenscheinsgehilfe tätig, kann er gegebenenfalls als Zeuge in der mündlichen Verhandlung vernommen werden (§ 82 FGO iVm. § 394 ZPO; vgl. *Gräber/Koch* § 81 Rz. 19 unter Hinweis auf *Seer,* aaO, S. 171).

Der gesetzliche Richter (Art. 101 GG) ist nicht verletzt. Das Gericht ist, jedenfalls dann, wenn der Prüfer als Augenscheinsgehilfe eingesetzt wird, weder an die Feststellungen des Prüfers noch an die vom Prüfer gezogenen Schlussfolgerungen gebunden. Das Gericht hat den Sachverhalt von Amts wegen zu erforschen (§ 76 Abs. 1 Satz 1 FGO) und nach seiner freien, aus dem Gesamtergebnis des Verfahrens gewonnenen Überzeugung zu entscheiden (§ 96 Abs. 1 Satz 1 FGO).

Kosten und **Streitwert** s. Formulare D. 2.16a und D. 2.16b. 43

Rechtsmittel: Urteile des FG können mit der **Revision** (§ 115 Abs. 1 FGO) angefochten werden, wenn sie das FG oder auf die Beschwerde gegen die Nichtzulassung das FG oder der BFH zugelassen hat (§ 115 Abs. 1 FGO). Die **Zulassung** der Revision ist **auszusprechen,** wenn 44

– die Rechtssache grundsätzliche Bedeutung hat (§ 115 Abs. 2 Nr. 1 FGO),
– die Fortbildung des Rechts oder die Sicherung einer einheitlichen Rechtsprechung eine Entscheidung des BFH erfordert (§ 115 Abs. 2 Nr. 2 FGO) oder
– bei einem geltend gemachten Verfahrensmangel die angefochtene Entscheidung auf dem Verfahrensmangel beruhen kann (§ 115 Abs. 2 Nr. 3 FGO).

Die Revision ist – wie die NZB – beim **BFH einzulegen** (vgl. D. 3.01 Rz. 26). Vgl. im Einzelnen Formulare D. 3.01, D. 3.02 und D. 3.03.

In mit förmlichen Rechtsmitteln nicht mehr anfechtbaren Entscheidungen kann Anhörungsrüge erhoben werden (§ 133a FGO). Vgl. dazu iE Formular D. 2.02. Zu den weiteren außerordentlichen Rechtsbehelfen (Gegenvorstellung, außerordentliche Beschwerde) vgl. D. 2.02. Rz. 7f. 45

Ein rechtskräftig abgeschlossenes Verfahren kann nach § 134 FGO iVm. §§ 578ff. ZPO **wieder aufgenommen** werden (vgl. dazu BFH V K 1/88 v. 18.3.88, BStBl. II 88, 586). Vgl. D. 2.02. Rz. 10ff. 46

Überlange Dauer von finanzgerichtlichen Verfahren: Nach dem Gesetz über den Rechtsschutz bei überlangen Gerichtsverfahren und strafrechtlichen Ermittlungsverfahren v. 24.11.11 (BGBl. I 11, 2302) besteht ein **Entschädigungsanspruch** für Verfahrensbeteiligte, die infolge unangemessener Dauer eines Gerichtsverfahrens einen Nachteil erleiden (§ 198 Abs. 1 Satz 1 GVG). Nach § 198 Abs. 1 Satz 2 GVG richtet sich die Angemessenheit der Verfahrensdauer nach den Umständen des Einzelfalls, insbesondere nach der Schwierigkeit und Bedeutung des Verfahrens und nach dem Verhalten der Verfahrensbeteiligen und Dritter. **Zuständig** für die Entscheidung über sämtliche Entschädigungsansprüche (Entschädigungsklage) ist der **Bundesfinanzhof** (§ 155 Satz 2 FGO iVm. §§ 198, 199, 200 und 201 GVG). 47

Voraussetzung für den Entschädigungsanspruch ist, dass eine **Verzögerungsrüge** (§ 198 Abs. 3 Satz 1 GVG) bei dem mit der Sache befassten Gericht erhoben wird, dh. die Verzögerung des Verfahrens muss ausdrücklich gerügt werden. Die Verzögerungsrüge kann **frühestens** erhoben werden, wenn Anlass zur Besorgnis besteht, dass das Verfahren nicht in angemessener Frist abgeschlossen wird. In finanzgerichtlichen Verfahren wird dieser Zeitpunkt erfahrungsgemäß in Hauptsacheverfahren nicht vor Ablauf eines Jahres nach Klageerhebung liegen, da erst dann die wechselseitigen Schriftsätze ausgetauscht worden sind (vgl. dazu *Mack/Wollweber* Stbg 12, 7; *Stahl-Sura* FS Streck 2011 S. 435). Auch der BFH vertritt die Auffassung, dass die Rspr. des BVerfG und des EGMR keine Anhaltspunkte dafür biete, dass in finanzgerichtlichen Verfahren, die nicht Eilverfahren sind, bereits eine Verfahrensdauer von weniger als einem Jahr als unangemessen lang iSd. § 198 GVG anzusehen sein könnte (BFH X S 18/12 v. 26.7.12, BFH/NV 12, 1822). 48

Eine Wiederholung der Verfahrensrüge ist frühestens nach sechs Monaten möglich, außer wenn ausnahmsweise eine kürzere Frist geboten ist (§ 198 Abs. 3 Satz 2 2. Halbsatz GVG).

Die Verzögerungsrüge muss **nicht begründet** werden. Es muss aber vom Antragsteller deutlich gemacht werden, dass aus seiner Sicht eine unangemessene Verzögerung vorliegt, die er nicht akzeptiert; zustimmen ist *Mack/Wollweber* Stbg 12, 7, dass die Gründe der unangemessenen Länge sowie die Wichtigkeit einer zeitnahen Entscheidung für den Betroffenen darzulegen sind. Nach § 198 Abs. 3 Satz 3 GVG **muss** 49 die Verzögerungsrüge auf solche Umstände **hinweisen,** die noch nicht in das Verfahren eingeführt sind (zB drohende Insolvenz).

50 Auch bei Entschädigungsklagen wegen überlanger Verfahrensdauer, für die in Bezug auf finanzgerichtliche Verfahren ausschließlich der BFH zuständig ist, gilt nach § 198 GVG der Vertretungszwang gemäß § 62 Abs. 4 FGO (BFH X K 11/12 v. 6.2.13, BStBl. II 13, 447).

Der BFH hat einer Entschädigungsklage stattgegeben, wenn ein FG in einem einfach gelagerten Klageverfahren zwischen dem Eingang des letzten Schriftsatzes eines der Beteiligten und der Anberaumung der mündlichen Verhandlung fünfeinhalb Jahre lang – abgesehen von einer Aktenanforderung und einer kurzen Anfrage an den Kläger – nicht tätig werde, da dann die Verfahrensdauer als unangemessen anzusehen sei (vgl. BFH X K 3/12 v. 17.4.13, BStBl. II 13, 547).

50a Allerdings soll es sich bei § 198 Abs. 1 Satz 2 GVG um eine **Einzelfallbetrachtung** handeln, die es ausschließe, konkrete Fristen für die Gesamtdauer eines Verfahrens zu bezeichnen, bei deren Überschreitung die Verfahrensdauer als unangemessen anzusehen sei (BFH X K 13/12 v. 7.11.13, BStBl. II 14, 179).

Hat ein Kläger wegen der überlangen Dauer seines Verfahrens aufgrund einer Rechtsprechungsänderung zu einem Zeitpunkt, als das Verfahren des Klägers bereits als verzögert anzusehen war, obsiegt, kann er weder eine Geldentschädigung noch eine Feststellung der Unangemessenheit der Verfahrensdauer beanspruchen (BFH X K 2/12 v. 20.11.13, aaO.).

51 Die Zustellung der **Entschädigungsklage** ist von der vorherigen Zahlung der Gebühr abhängig zu machen. Nach § 12 Abs. 1 Satz 1 GKG soll in bürgerlichen Rechtsstreitigkeiten die Klage erst nach Zahlung der Gebühr für das Verfahren im Allgemeinen zugestellt werden. Nach § 12a GKG ist in Verfahren wegen überlanger Gerichtsverfahren und strafrechtlicher Ermittlungsverfahren § 12 Abs. 1 GKG entsprechend anzuwenden. Wie die Überschrift des Siebzehnten Titels des GVG zeigt („Rechtsschutz bei überlangen Gerichtsverfahren und strafrechtlichen Ermittlungsverfahren"), seien damit die Klagen gemäß §§ 198ff GVG gemeint, zu denen auch das vorliegende Verfahren gehöre; vgl. BFH X K 2/13 v. 12.6.13, BFH/NV 13, 1442 ; BFH X S 20–23/13, v. 28.5.13, BFH/NV 13, 1437.

D. 2.02 Außerordentliche Rechtsbehelfe

I. FORMULAR

Formular D. 2.02 Außerordentliche Rechtsbehelfe

Finanzgericht München
Ismaninger Str. 95
81675 München

Az. des FG

In der Finanzstreitsache

Max Anders

Einsteinstraße 17, 81675 München **– Kläger –**

Prozessbevollmächtigte: ......

gegen

Finanzamt München I

Karlstraße 9–11, 80333 München **– Beklagter –**

vertreten durch seinen Vorsteher

wegen Einkommensteuer 20...

Steuer-Nr.: ......

legen wir hiermit

Anhörungsrüge

ein. Wir beantragen, den Beschluss des FG München vom 15.2.2011 (Aktenzeichen: ......) aufzuheben, das Verfahren fortzuführen und die Kosten des Verfahrens dem Finanzamt aufzuerlegen.

Begründung: Mit Beschluss vom 15.2.2011 hat das FG München dem Kläger, nachdem der Rechtsstreit in der Hauptsache für erledigt erklärt worden war, die Kosten des Verfahrens nach § 138 Abs. 2 FGO iVm. § 137 FGO auferlegt.

Das Gericht hat den Anspruch des Klägers auf rechtliches Gehör in entscheidungserheblicher Weise verletzt (§ 133a Abs. 1 Satz 1 Nr. 2 FGO). Das Gericht folgt mit seiner Kostenentscheidung dem mit Schriftsatz vom 15.2.2011 gestellten Antrag des Finanzamts. Dieser Antrag ist zusammen mit dem Beschluss vom 15.2.2011 an den Prozessbevollmächtigten in einem Briefumschlag übersandt worden. Der Kläger hatte keine Gelegenheit, sich zu dem erstmals im Klageverfahren vom Finanzamt gestellten Kostenantrag nach § 137 FGO zu äußern.

Es ist im Übrigen entgegen der Auffassung des Finanzamts nicht so, dass die Entscheidung des Finanzamts (Abhilfe) auf Tatsachen beruht, die der Kläger früher hätte geltend machen oder beweisen können und sollen. Bereits im Einspruchsverfahren hat der Kläger seinen Sachvortrag unter Beweis gestellt und Zeugen für seine Behauptung mit ladungsfähiger Anschrift benannt; eine Kopie der Einspruchsbegründung vom ...... wird vorsorglich beigefügt. Das Finanzamt ist diesem Beweisangebot nicht nachgekommen. Erst auf Grund der im Klageverfahren vom Gericht eingeholten schriftlichen Zeugenaussagen war das Finanzamt zur Abhilfe bereit. Hätte dem Prozessbevollmächtigten das Schreiben des Finanzamts vom 15.2.2011 vorgelegen, hätte er dem Antrag des Finanzamts entgegentreten können. Es wird versichert, dass der Prozessbevollmächtigte des Klägers dies auch tatsächlich getan hätte.

Die Verletzung des Grundsatzes auf rechtliches Gehör ist entscheidungserheblich. Denn die Kostenentscheidung wäre anders ausgefallen, wenn der Kläger Gelegenheit gehabt hätte, sich zu äußern.

Die Anhörungsrüge ist statthaft, da gegen einen Beschluss des Gerichts nach § 138 Abs. 2 FGO kein Rechtsmittel oder ein anderer Rechtsbehelf gegeben ist (§ 133a Abs. 1 Satz 1 Nr. 1 FGO). Die Rüge ist auch rechtzeitig erhoben worden. Dem Prozessbevollmächtigten ist das Schreiben des Finanzamts und der Beschluss des Gerichts, beide vom 15.2.2011, am 18.2.2011 bekannt geworden.

..

Unterschrift

II. ERLÄUTERUNGEN

Erläuterungen zu D. 2.02 Außerordentliche Rechtsbehelfe

Schrifttum: *Brandt* „Gegenvorstellung" und „außerordentliche Beschwerde", AO-StB 02, 51; *Carle* Die Gegenvorstellung im finanzbehördlichen und finanzgerichtlichen Verfahren, AO-StB 07, 302; *Kettinger* Der dritte Weg: Die Effektivierung einer Anhörungsrüge, StB 06, 259; *Lange* Der leise Wegfall der außerordentlichen Beschwerde, DB 02, 2396; *Mack/Fraedrich* Neu: Die Anhörungsrüge nach § 133a FGO, AO-StB 05, 115; *Nieland* Keine Umdeutung einer Anhörungsrüge in eine Gegenvorstellung, AO-StB 06, 171; *Rüsken* Rechtsbehelfe gegen willkürliche Gerichtsentscheidungen,

DStZ 00, 815; *ders.* wird die Gegenvorstellung abgeschafft?, NJW 08, 481; *Sangmeister* Rechtsbehelfe gegen „unanfechtbare" Entscheidungen: Die Gewährleistung des rechtlichen Gehörs als Umsetzungs- und nicht als Erkenntnisproblem der gerichtlichen Praxis, Festschrift für Korn, 2005, S. 657; *Schoenfeld* Die Anhörungsrüge nach § 133a FGO – Voraussetzungen und Stellung im System der außerordentlichen Rechtsbehelfe, DB 05, 850; *Seer/Thulfaut* Die neue Anhörungsrüge als außerordentlicher Rechtsbehelf im Steuerprozess, BB 05, 1085; *Seer* Rechtsmittel und Rechtsschutz nach der FGO-Reform, StuW 03, 193; *Seibel* Gegenvorstellung nun kodifiziert – „Aus" für die außerordentliche Beschwerde, AO-StB 03, 58; *ders.* Das Wiederaufnahmeverfahren – Ein selten genutzter Rechtsbehelf, AO-StB 02, 318; *Treiber* Neuerungen durch das Anhörungsrügengesetz, NJW 05, 97; *Werth* Die Anhörungsrüge nach § 133a FGO im Kontext der Verfassungsbeschwerde, DStZ 08, 534.

1 Zu den außerordentlichen Rechtsbehelfen zählen die **Anhörungsrüge** nach § 133a FGO (Rz. 2ff.), die **Gegenvorstellung** (Rz. 8), die **außerordentliche Beschwerde** (Rz. 9) und die **Wiederaufnahmeklage nach § 134 FGO iVm. §§ 578ff. ZPO** (Rz. 10f.)

2 Die **Anhörungsrüge** (§ 133a FGO) ist kein Rechtsmittel, sondern ein eigenständiger gesetzlicher (außerordentlicher) Rechtsbehelf. § 133a FGO ist durch das sog. Anhörungsrügengesetz vom 9.12.04 mit Wirkung vom 1.1.2005 in die FGO eingefügt worden. § 133a FGO gilt für alle gerichtliche Entscheidungen, die nach dem 31.12.04 ergangen sind bzw. ergehen.

Die Anhörungsrüge dient dazu, dass das Fachgericht bei mit förmlichen Rechtsmitteln nicht mehr anfechtbaren Entscheidungen in die Lage versetzt wird, Verstöße gegen den Grundsatz des rechtlichen Gehörs zu überprüfen und bei Bejahung eines Verstoßes gegen den Grundsatz des rechtlichen Gehörs das Verfahren fortzusetzen.

Vor der Regelung in § 133a FGO hatte die Rechtsprechung zu diesem Zweck als außerordentlichen Rechtsbehelf die **Gegenvorstellung** zugelassen. Das BVerfG hat mit Beschluss BVerfG 1 PBvU 1/02 v. 30.4.03 (DB 03, 1570) entschieden, dass die von der Rechtsprechung teilweise außerhalb des geschriebenen Rechts geschaffenen außerordentliche Rechtsbehelfe den verfassungsrechtlichen Anforderungen an die Rechtsmittelklarheit nicht genügen. Die Rechtsbehelfe müssen in der geschriebenen Rechtsordnung geregelt und in ihren Voraussetzungen für die Bürger erkennbar sein. Es verstoße gegen das Rechtsstaatsprinzip in Verbindung mit Art. 103 Abs. 1 des GG, wenn eine Verfahrensordnung keine fachgerichtliche Abhilfemöglichkeit für den Fall vorsehe, dass ein Gericht in entscheidungserheblicher Weise den Anspruch auf rechtliches Gehör verletze.

3 Die Anhörungsrüge dient nicht dazu, die angegriffene Sache in vollem Umfang nochmals zu überprüfen (BFH XI S 27/06 v. 2.1.07, BFH/NV 07, 750). Gegenstand der Anhörungsrüge nach § 133a FGO ist die Rüge, dass das Gericht im Rahmen der angegriffenen Entscheidung gegen den verfassungsrechtlich verbürgten Anspruch auf Gewährung rechtlichen Gehörs (Art. 103 Abs. 1 GG) verstoßen habe (vgl. BFH VI S 3/05 v. 17.6.05, BStBl. II 05, 614; VI S 18/05 v. 13.12.05, BFH/NV 06, 764; V S 6/07 v. 11.5.07, BFH/NV 07, 1590).

Der Anwendungsbereich ist demzufolge auf die Rüge der Verletzung des rechtlichen Gehörs beschränkt. Eine sinngemäße Anwendung des § 133a FGO bei Verletzung anderer Verfahrensgrundrechte etc. soll nicht möglich sein; sie entspräche auch nicht dem Willen des Gesetzgebers (BT-Drucks. 15/3706, 149). Ob in diesen Fällen ggf. eine Gegenvorstellung oder eine außerordentliche Beschwerde gegeben ist, ist streitig. Vgl. dazu Rz. 7.

4 Die Anhörungsrüge ist nur statthaft, wenn ein Rechtsmittel oder ein anderer Rechtsbehelf gegen die Entscheidung nicht gegeben ist (§ 133a Abs. 1 Satz 1 Nr. 1 FGO). Das bedeutet für das finanzgerichtliche Verfahren, dass eine Anhörungsrüge in Betracht kommt für die mit der Beschwerde nicht anfechtbaren Entscheidungen wie

- Kostenbeschlüsse nach Erledigung der Hauptsache,
- Beschlüsse, mit denen ein Antrag auf Prozesskostenhilfe abgelehnt worden ist,

- Beschlüsse nach § 69 Abs. 3 FGO, § 114 FGO im vorläufigen Rechtsschutz (str. vgl. *Gräber/Ruban* § 133a FGO Rz. 7 mit weiteren Nachweisen; der BFH hält eine Anhörungsrüge wegen der Möglichkeit eines Antrags nach § 69 Abs. 6 Satz 2 FGO nicht für statthaft (BFH VIII B 179/02 v. 27.11.02, BFH/NV 03, 489 mwN).

Außerdem ist die Anhörungsrüge für die Überprüfung der letztinstanzlichen Entscheidungen des BFH von Bedeutung.

Rügefrist: Die Anhörungsrüge ist **binnen zwei Wochen nach Kenntnis** von der Verletzung des rechtlichen Gehörs zu erheben (§ 133a Abs. 2 Satz 1 FGO). Da es sich bei der Anhörungsrüge um einen außerordentlichen Rechtsbehelf handelt, ist eine Rechtsmittelbelehrung über die Anhörungsrüge nicht erforderlich (vgl. *Gräber/Ruban* § 133a FGO Rz. 2 aE). Nach Ablauf eines Jahres seit Bekanntgabe der angegriffenen Entscheidung kann die Rüge nicht mehr erhoben werden (§ 133a Abs. 2 Satz 2 FGO). **5**

Form der Rüge: Die Rüge ist schriftlich oder zur Niederschrift des Urkundsbeamten der Geschäftsstelle bei dem Gericht zu erheben, dessen Entscheidung angegriffen wird (§ 133a Abs. 2 Satz 4 FGO). Für Anhörungsrügen gegen Entscheidungen des BFH ist der Vertretungszwang des § 62a FGO zu beachten (§ 133a Abs. 2 Satz 5 FGO).

Inhalt der Rüge: In der Rügeschrift ist die angegriffene Entscheidung zu bezeichnen und darzulegen, dass das Gericht den Anspruch des Beteiligten auf rechtliches Gehör in entscheidungserheblicher Hinsicht verletzt hat (§ 133a Abs. 2 Satz 6 FGO).

Verfahren: Die Rügeschrift ist regelmäßig den anderen Beteiligten zu übersenden, um ihnen Gelegenheit zur Stellungnahme zu geben (§ 133a Abs. 3 FGO). **6**

Entscheidung des Gerichts: Hat die Anhörungsrüge keinen Erfolg, ist sie durch einen kurz begründeten Beschluss, der unanfechtbar ist, zurückzuweisen (§ 133a Abs. 4 FGO).

Ist die Anhörungsrüge **erfolgreich,** so hilft ihr das Gericht ab, „indem es das Verfahren fortführt, soweit dies auf Grund der Rüge geboten ist" (§ 133a Abs. 5 Satz 1 FGO). Ein Beschluss ist nach dem Wortlaut des Gesetzes nicht erforderlich, wird aber aus Gründen der Rechtssicherheit befürwortet (*Gräber/Ruban* § 133a FGO Rz. 18). Das Verfahren wird unter Durchbrechung der Rechtskraft in die Lage zurückversetzt, in der es sich vor dem Schluss der mündlichen Verhandlung befand bzw. in schriftlichen Verfahren in den Zeitpunkt, bis zu dem Schriftsätze eingereicht werden können (§ 133a Abs. 5 Sätze 2 und 3 FGO).

Stimmt die Entscheidung, die nach erfolgreicher Anhörungsrüge ergeht, mit der angegriffenen Entscheidung überein, ist auszusprechen, dass die Entscheidung aufrecht erhalten wird; andernfalls ist die frühere Entscheidung ganz oder teilweise aufzuheben und durch eine andere zu ersetzen (§ 133a Abs. 5 Satz 4 FGO iVm. § 343 ZPO).

Kosten: Bei – in vollem Umfang – erfolgloser Anhörungsrüge fallen Gerichtskosten in Höhe von 50 € an (Nr. 6400 des Kostenverzeichnisses Anlage 1 zu § 3 Abs. 2 GKG). **7**

Eine **Gegenvorstellung** dürfte nach der Schaffung der Anhörungsrüge nicht mehr statthaft sein. So hat das BVerfG im Beschluss BVerfG 2 BvR 575/05 v. 8.2.06 (NJW 06, 2907) ausgeführt, dass gegen die fristwahrende Eigenschaft einer „Gegenvorstellung", die nach dem Wortlaut des Gesetzes weder als Rechtsmittel noch als Anhörungsrüge zulässig sein könne, spreche, „dass die Anhörungsrüge durch das Gesetz abschließend geregelt werden sollte, so dass es der Rechtssicherheit und der Rechtsklarheit widerspräche, darüber hinaus Gegenvorstellungen als für die Verfassungsbeschwerde fristwahrend anzuerkennen. Gerade die Rechtssicherheit und das Postulat der Rechtsmittelklarheit standen im Mittelpunkt der Erwägungen" des Beschlusses des Plenums des BVerfG 1 PBvU 1/02 v. 30.4.03, DB 03, 1570. **8**

Der V. Senat des BFH hat mit Beschluss BFH V S 10/07 v. 26.9.07, DStR 07, 2162 dem Gemeinsamen Senat der obersten Gerichtshöfe des Bundes die Frage zur Entscheidung vorgelegt, ob eine Gegenvorstellung gegen einen Beschluss über einen

Antrag auf Prozesskostenhilfe statthaft ist. Mit Beschluss BFH V S 10/07 v. 1.7.09, DStR 09, 1807 hat der V. Senat seine Vorlage jedoch zurück genommen.

Noch mit Beschluss BFH XI S 27/06 v. 2.1.07 (BFH/NV 07, 750 mit weiteren Rechtsprechungsnachweisen) hat der XI. Senat es offen gelassen, ob eine Gegenvorstellung insoweit statthaft sein könnte, als nicht ein Verstoß gegen das Recht auf rechtliches Gehör, sondern anderweitige schwerwiegende Grundrechtsverstöße gerügt werden oder die angegriffene Entscheidung jeder gesetzlichen Grundlage entbehrt.

Nach BFH IX S 10/10 v. 28.9.10, BFH/NV 11, 55 kommt eine Gegenvorstellung, ungeachtet der Bedenken, die generell gegen die Statthaftigkeit einer Gegenvorstellung geäußert werden, nur in Ausnahmefällen in Betracht, etwa bei schwerwiegenden Grundrechtsverstößen oder wenn die angegriffene Entscheidung jeder gesetzlichen Grundlage entbehrt.

Zur Gegenvorstellung und deren Statthaftigkeit iE vgl. *Gräber/Ruban* Vor § 115 Rz. 26–29.

Die Entscheidung über eine Gegenvorstellung ist gerichtsgebührenfrei (BFH IX S 14/06 v. 14.11.06, BFH/NV 07, 474).

9 Eine **außerordentliche Beschwerde** ist nach der Rspr. des BFH nach Schaffung der Anhörungsrüge nicht mehr statthaft (BFH IV S 13/06 v. 14.3.07, BStBl. II 07, 468; V S 25/05 v. 21.2.06, BFH/NV 2006, 1128; II B 93/05 v. 26.1.06, BFH/NV 06, 1157; VIII B 181/05 v. 30.11.05, BStBl. II 06, 188).

10 Ein **rechtskräftig beendetes Verfahren** kann mit **Klage auf Wiederaufnahme** nach § 134 FGO iVm. §§ 578 ff. ZPO wieder aufgenommen werden (vgl. dazu BFH V K 1/88 v. 18.3.88, BStBl. II 88, 586; IV K 1/92 v. 3.6.97, BFH/NV 97, 874; III K 21/96 v. 23.5.96, BFH/NV 96, 925; VIII S 15/89 v. 30.1.90, BFH/NV 90, 719; V B 116/05 v. 8.8.06, BFH/NV 06, 2277).

Zweck des Wiederaufnahmeverfahrens ist es, in rechtskräftig abgeschlossenen Sachen eine Überprüfung zu erreichen, wenn besonders schwere Verfahrensmängel vorliegen (Nichtigkeitsklage, § 579 ZPO) oder wenn es sich um schwerwiegende inhaltliche Mängel handelt, vor allem wenn sich die Grundlage einer rechtskräftigen Entscheidung als gefälscht herausstellt (Restitutionsklage, § 580 ZPO). Die Nichtigkeitsklage ist vorrangig (§ 578 Abs. 2 ZPO; vgl. BFH VII B 69/03 v. 7.5.03, BFH/NV 03, 1338).

§ 134 FGO gilt für **Urteile** und in eingeschränktem Umfang für **Beschlüsse**. Unter § 134 FGO fallen nur Beschlüsse, soweit sie selbstständige Verfahren abschließen und der materiellen Rechtskraft fähig sind (vgl. BFH VI K 2/92 v. 5.11.93, BFH/NV 94, 395 unter Hinweis auf BFH III K 1/69 v. 7.11.69, BStBl. II 70, 216). Nicht zu den mit der Klage nach § 134 FGO aufnehmbaren Verfahren sollen u.a. gehören Entscheidungen über Anträge auf Aussetzung der Vollziehung (§ 69 Abs. 3 FGO), Entscheidungen über Anträge auf Prozesskostenhilfe (§ 142 FGO), da es sich bei diesen Entscheidungen nur um vorläufige Entscheidungen handele, die jederzeit auf Antrag geändert werden könnten (vgl. z.B. § 69 Abs. 6 FGO). Vgl. dazu iE *Gräber/Stapperfend* § 134 FGO Rz. 2.

11 Es besteht eine **Klagefrist.** Eine Klage auf Wiederaufnahme des Verfahrens ist vor Ablauf der Notfrist von **einem Monat** zu erheben (§ 586 Abs. 1 ZPO). Die Frist beginnt mit dem Tage, an dem der Beteiligte von dem Anfechtungsgrund **Kenntnis** erhalten hat, jedoch nicht vor eingetretener Rechtskraft (§ 586 Abs. 2 Satz 1 ZPO). Eine Klage auf Wiederaufnahme ist **nicht statthaft**, wenn seit dem Tag der Rechtskraft des Urteils **fünf Jahre** vergangen sind (§ 586 Abs. 2 Satz 2 ZPO). Auf die Besonderheiten der Frist bei Nichtigkeitsklage wegen mangelnder Vertretung wird hingewiesen (§ 586 Abs. 3 ZPO).

12 Zu unterscheiden sind die **Nichtigkeitsklage** nach § 579 ZPO und die **Restitutionsklage** nach § 580 ZPO.

Wichtigster Grund für eine **Nichtigkeitsklage** dürfte sein, wenn ein Richter bei der Entscheidung mitgewirkt hat, der von der Ausübung des Richteramts kraft Gesetzes (vgl. D. 2.18 Rz. 2 und 3) ausgeschlossen war, sofern nicht dieses Hindernis mittels eines Ablehnungsgesuchs oder eines Rechtsmittels ohne Erfolg geltend gemacht worden ist (§ 579 Abs. 1 Nr. 2 ZPO). Vgl. iE zur Nichtigkeitsklage *Tipke/Kruse* § 134 FGO Rz. 12ff.

Eine Restitutionsklage findet zB statt,

- wenn eine Urkunde, auf die das Urteil gegründet ist, fälschlich angefertigt oder verfälscht war (§ 580 Nr. 2 ZPO),
- wenn bei einem Zeugnis oder Gutachten, auf welches das Urteil gegründet ist, der Zeuge oder Sachverständige sich einer strafbaren Verletzung der Wahrheitspflicht schuldig gemacht hat (§ 580 Nr. 3 ZPO),
- wenn die Partei eine andere Urkunde auffindet oder zu benutzen in den Stand gesetzt wird, die eine ihr günstigere Entscheidung herbeigeführt haben würde (§ 580 Nr. 7b ZPO) oder
- wenn der Europäische Gerichtshof für Menschenrechte eine Verletzung der Europäischen Konvention zum Schutz der Menschenrechte und Grundfreiheiten oder ihrer Protokolle festgestellt hat und das Urteil auf dieser Verletzung beruht.

Zu beachten ist § 581 ZPO, wonach in den Fällen des § 580 Nr. 1 bis 5 ZPO die Restitutionsklage nur stattfindet, wenn wegen der Straftat eine rechtskräftige Verurteilung ergangen ist oder wenn die Einleitung oder Durchführung eines Strafverfahrens aus anderen Gründen als wegen Mangels an Beweis nicht erfolgen kann. Vgl. iE *Tipke/Kruse* § 134 FGO Rz. 21ff.

Zuständigkeit: Zuständig ist das Gericht, dessen Entscheidung abgeändert werden 13
soll. Daraus folgt, dass für eine Klage auf Wiederaufnahme eines Verfahrens, das durch die Zurückweisung einer NZB durch den BFH abgeschlossen wurde, grundsätzlich das FG zuständig ist; BFH II K 1/07 v. 21.8.07, BeckRS 2007, 25012332. unter Hinweis auf BFH I K 1/98 v. 25.11.99, BFH/NV 00, 730 und III K 1/03 v. 26.6.03, BFH/NV 03, 1436). Vgl. iE *Gräber/Stapperfend* § 134 FGO Rz. 4.

Zu den weiteren Voraussetzungen vgl. die Kommentierungen des § 134 FGO bei *Gräber/Stapperfend* und *Tipke/Kruse.*

Die **Verzögerungsrüge nach § 198 Abs. 3 GVG** ist kein (außerordentlicher) 14
Rechtsbehelf, sondern Voraussetzung für einen **Entschädigungsanspruch** wegen unangemessener Dauer eines Gerichtsverfahrens nach § 198 Abs. 1 Satz 1 GVG. Vgl. dazu D. 2.01 Rz. 47.

D. 2.03 Aussetzung (Ruhen) des Verfahrens

I. FORMULAR

Formular D. 2.03 Aussetzung (Ruhen) des Verfahrens

Finanzgericht München
Ismaninger Str. 95
81675 München

Az. des FG

In der Finanzstreitsache

Max Anders **– Kläger –**

gegen

Finanzamt München I **– Beklagter –**

wegen Einkommensteuer 20...

Steuer-Nr.: ......

wird beantragt, das Klageverfahren gem. § 74 FGO auszusetzen.

Begründung: Im angefochtenen Einkommensteuerbescheid für 20... sind Einkünfte aus Vermietung und Verpachtung enthalten, die der Beklagte dem Kläger zurechnete, obwohl eine gesonderte und einheitliche Feststellung dieser Einkünfte nicht erfolgt war. Der Einkommensteuerbescheid für 20... ist endgültig. Ein Vorbehalt nach § 164 AO oder eine Festsetzung wegen ungewisser Verhältnisse nach § 165 AO erfolgte nicht.

Für die gesondert festzustellenden Einkünfte ist nicht der Beklagte, sondern das Finanzamt Garmisch-Partenkirchen zuständig. Bislang liegt eine solche Festsetzung nicht vor. Da ein Feststellungsverfahren vorgreiflich für die Entscheidung im Verfahren über den Einkommensteuerbescheid ist, ist das anhängige Klageverfahren gem. § 74 FGO auszusetzen, um den Ausgang des Verfahrens der gesonderten Feststellung abzuwarten (vgl. BFH VIII R 28/79 v. 26.7.1983, BStBl. II 1984, 290).

..

Unterschrift

II. ERLÄUTERUNGEN

Erläuterungen zu D. 2.03 Aussetzung (Ruhen) des Verfahrens

Schrifttum: *Brockmeyer* Rechtsmittel wegen Streits über die Verfassungsmäßigkeit einer Norm, DStR 92, 1222; *Dabitz* Aussetzung des Verfahrens (§ 74 FGO), StVj. 93, 108; *Lück* Verfassungsbeschwerden erfordern die Aussetzung des Finanzrechtsstreits, DStZ 94, 142.

1 Eine **Aussetzung des Verfahrens** (so die Überschrift von § 74 FGO und allg. Sprachgebrauch, nach dem Wortlaut des Gesetzes ist aber bei Vorliegen der Voraussetzungen des § 74 FGO die **Verhandlung** auszusetzen) ist möglich, wenn die Entscheidung des Rechtsstreits ganz oder zum Teil von dem Bestehen oder Nichtbestehen eines Rechtsverhältnisses abhängt, das den Gegenstand eines anderen anhängigen Rechtsstreits bildet oder von einer Verwaltungsbehörde festzustellen ist (§ 74 FGO). Die Aussetzung erfolgt bis zur Erledigung des anderen Rechtsstreits oder bis zur Entscheidung der Verwaltungsbehörde.

2 Nicht erforderlich ist, dass die vorgreifliche Entscheidung für das auszusetzende Verfahren bindend ist, es genügt, dass sie „irgendeinen rechtlichen Einfluss" auf das auszusetzende Verfahren hat (BFH I R 12/90 v. 18.7.90, BStBl. II 90, 986; aA BFH III R 41/90 v. 8.6.90, BStBl. II 90, 944 und VI B 91/85 v. 21.8.86, BFH/NV 87, 43: „Musterprozess" ist kein vorgreifliches Rechtsverhältnis iSd. § 74 FGO; vgl. aber BFH X B 8/06 v. 15.3.06, BFH/NV 06, 1140 und *Gräber/Koch* § 74 FGO Rz. 12). Zur Aussetzung des Verfahrens, wenn in einem Parallelverfahren eine **Verfassungsbeschwerde** beim BVerfG anhängig ist, vgl. die Rechtsprechungsübersicht bei *Gräber/Koch* § 74 FGO Rz. 12. Sollten die Voraussetzungen für eine Aussetzung des Verfahrens nicht gegeben sein, kann jedoch ggf. das Ruhen des Verfahrens angeordnet werden, s. Rz. 8ff.

3 Die Entscheidung über die Aussetzung ist **Ermessensentscheidung** und nicht vom Antrag des Klägers abhängig; die Stellung eines Antrags ist aber stets empfehlenswert. Ggf. ist das Ermessen des Gerichts aber auf Null reduziert (vgl. *Gräber/Koch* § 74 FGO Rz. 7).

4 Eine **Aussetzung** des Verfahrens ist **geboten,** wenn das mit dem auszusetzenden Verfahren befasste Gericht keine Entscheidungskompetenz hat (vgl. Musterfall, BFH VIII R 28/79 v. 26.7.83, BStBl. II 84, 290; vgl. auch Formular D. 1.01), oder wenn noch unklar ist, ob und wie ein angefochtener Grundlagenbescheid geändert wird (vgl. BFH II B 160/89 v. 20.2.91, BStBl. II 91, 368, der im Einzelfall die Aussetzung

des Verfahrens aber ausnahmsweise als ermessenswidrig angesehen hat, und BFH X B 14/13 v. 6.3.13, BFH/NV 13, 956); dies gilt aber dann nicht, wenn in dem Verfahren, dessentwegen ausgesetzt werden musste, eine Sachentscheidung nicht möglich ist (BFH X R 8/86 v. 20. 9. 89, BStBl. II 90, 177). Widerruft das FA eine verbindliche Auskunft, ist das Klageverfahren gegen eine Steuerfestsetzung, für die die verbindliche Auskunft ohne den Widerruf bindend wäre, bis zum Abschluss des Rechtsbehelfsverfahrens gegen den Widerruf gemäß § 74 FGO auszusetzen (BFH V R 23/12 v. 16.5.13, BStBl. II 14, 325).

Im Übrigen kann das Verfahren zB im Hinblick auf ein anhängiges Strafverfahren des Klägers ausgesetzt werden (str.; vgl. *Gräber/Koch* § 74 FGO Rz. 15 mit Rechtsprechungsnachweisen). In der Regel wird eine Aussetzung nicht in Betracht kommen beim Schweben eines Verständigungsverfahrens (BFH VIII B 163/01 v. 16.12.02 BFH/NV 03, 497). Vgl. iE *Gräber/Koch* § 74 FGO Rz. 16f. Ggf. kommt aber die Anordnung des Ruhens des Verfahrens in Betracht, s. Rz. 8ff. 5

Aufhebung der Aussetzung des Verfahrens ist *jederzeit* möglich, wenn die Voraussetzungen nicht mehr vorliegen (§ 155 FGO iVm. § 150 ZPO). Eine Aufhebung der Aussetzung durch Beschluss ist dann nicht erforderlich, wenn der Aussetzungsbeschluss das Ende der Aussetzung genau bestimmt (BFH I R 143/87 v. 27.9.90, BStBl. II 91, 101; II B 70/98 v. 10.3.99 BFH/NV 99, 1225). Eine Wiederaufnahme des Verfahrens durch die Beteiligten gem. § 155 FGO iVm. § 250 ZPO ist nur in den im Gesetz vorgesehenen Fällen möglich (zB § 246 Abs. 2 ZPO); § 250 ZPO regelt nur die Form der Aufnahme, nicht ihre Statthaftigkeit. Im Fall der nach gerichtlichem Ermessen angeordneten Aussetzung steht die Aufnahme des Rechtsstreits nicht zur Disposition der Beteiligten (BFH I R 143/87 v. 27.9.90, aaO). Ein **Verstoß** gegen § 155 FGO iVm. § 249 ZPO macht das Urteil nicht nichtig, sondern nur **anfechtbar** (BFH I R 143/87 v. 27.9.90, aaO). 6

Gegen die Anordnung der Aussetzung ist die **Beschwerde** (§ 128 Abs. 1 FGO) zulässig, gegen die Ablehnung nur, wenn sie durch gesonderten Beschluss erfolgt; wird sie im Urteil ausgesprochen, so kann das Urteil nur mit dem gegen das Urteil gegebenen Rechtsmittel angegriffen werden (vgl. *Gräber/Koch* § 74 FGO Rz. 20). 7

Die Anordnung des Ruhens des Verfahrens ist gem. § 155 FGO iVm. § 251 ZPO möglich (vgl. *Gräber/Koch* § 74 FGO Rz. 21). 8

Voraussetzung ist nach § 251 Satz 1 ZPO ein **übereinstimmender Antrag** von Kläger und Beklagtem; das Gericht darf das Ruhen des Verfahrens jedoch nur anordnen, wenn anzunehmen ist, dass es wegen Schwebens von Vergleichsverhandlungen (im Steuerrecht in der Regel ausgeschlossen, vgl. *Gräber/Koch* § 74 FGO Rz. 23) oder aus sonstigen wichtigen Gründen zweckmäßig ist. Ein wichtiger Grund kann ua. vorliegen, wenn ein Musterprozess durchgeführt wird oder wenn auf Grund der Betriebsprüfung Änderungsbescheide ergehen werden. 9

Gegen die Anordnung des Ruhens des Verfahrens ist die **Beschwerde** (§ 128 Abs. 1 FGO) gegeben, gegen die Ablehnung nur, wenn sie durch gesonderten Beschluss erfolgt (vgl. *Gräber/Koch* § 74 FGO Rz. 25, 20).

Im Übrigen kann das Verfahren nach § 155 FGO iVm. §§ 239 bis 250 ZPO **unterbrochen sein oder ausgesetzt** werden; während der Verfahrensunterbrechung dürfen keine Entscheidungen des Gerichts ergehen (BFH VIII R 90/84 v. 22.11.88, BStBl. II 89, 326; § 249 ZPO). Eine Unterbrechung des Verfahrens tritt nach § 239 ZPO ein bei Tod eines Beteiligten (Kläger bzw. Beigeladener nach § 60 Abs. 3 FGO); allerdings gilt dies nach § 246 Abs. 1 ZPO nicht in den Fällen, in denen eine Vertretung durch einen Prozessbevollmächtigten stattfindet. In diesen Fällen ist aber auf Antrag des Prozessbevollmächtigten das Verfahren auszusetzen (§ 246 Abs. 1 ZPO). Ein weiterer Fall gem. § 240 ZPO ist die Unterbrechung durch die Eröffnung des Insolvenzverfahrens; zu den Besonderheiten vgl. *Gräber/Koch* § 74 FGO Rz. 36. 10

Zu den übrigen Fallgruppen vgl. *Gräber/Koch* § 74 FGO Rz. 37ff.

D. 2.04 Aussetzung der Vollziehung

I. FORMULAR

Formular D. 2.04 Aussetzung der Vollziehung

Finanzgericht München
Ismaninger Str. 95
81675 München

Az.: Neu

In der Finanzstreitsache

Max Anders

Einsteinstraße 17, 81675 München – Antragsteller –

Prozessbevollmächtigte: ...

gegen

Finanzamt München I,

Karlstraße 9–11, 80333 München – Antragsgegner –

vertreten durch seinen Vorsteher

wegen Einkommensteuer 20... (Aussetzung der Vollziehung)

Steuer-Nr.: ......

beantragen wir namens und im Auftrag des Antragstellers unter Vollmachtsvorlage:

1. Die Vollziehung des Einkommensteuerbescheids 20... vom ...... (Steuer-Nr. ......) wird ab Fälligkeit bis einen Monat nach Bekanntgabe der Einspruchsentscheidung in Höhe von ...... ausgesetzt.
2. Hilfsweise wird beantragt, gegen die Entscheidung des Finanzgerichts die Beschwerde zum Bundesfinanzhof zuzulassen.
3. Die Kosten des Verfahrens trägt der Antragsgegner.

Zur Begründung tragen wir Folgendes vor:

I. Zulässigkeit des Antrags auf Aussetzung der Vollziehung

Der Antrag auf Aussetzung der Vollziehung ist nach § 69 Abs. 3 und 4 FGO zulässig. Der Antragsteller hat mit Schreiben vom ...... beim Antragsgegner Antrag auf Aussetzung der Vollziehung gestellt (Anlage 1), den der Antragsgegner mit Schreiben vom ...... abgelehnt hat (Anlage 2).

Über den mit Schriftsatz vom ...... eingelegten Einspruch gegen den Einkommensteuerbescheid 20... (Anlage 3) ist noch nicht entschieden.

II. Begründetheit des Antrags auf Aussetzung der Vollziehung

Streitig ist, ob Aufwendungen für eine Auslandsreise nach Brasilien Betriebsausgaben sind.

Es bestehen „ernstliche Zweifel" iSd. § 69 Abs. 3 Satz 1, Abs. 2 Satz 2 FGO, ob die Nichtanerkennung von Betriebsausgaben für eine Auslandsreise nach Brasilien mangels betrieblicher Veranlassung rechtmäßig ist.

Nach der Rechtsprechung des Bundesfinanzhofs liegen ernstliche Zweifel vor, wenn bei summarischer Prüfung des Verwaltungsaktes neben für die Rechtmäßigkeit sprechenden Umständen gewichtige, gegen die Rechtmäßigkeit sprechende Um-

stände zutage treten, die Unentschiedenheit oder Unsicherheit in der Beurteilung von Rechtsfragen oder Unklarheit in der Beurteilung von Tatfragen bewirken (BFH I B 50/68, I B 3/69 v. 11.3.1970, BStBl. II 1970, 569). Der Erfolg braucht jedoch nicht wahrscheinlicher zu sein als der Misserfolg (BFH V B 52/73 v. 28.11.1974, BStBl. II 1975, 239).

Nach der Rechtsprechung des Bundesfinanzhofs entspricht es zwar der Lebenserfahrung, dass Reisen häufig einen allgemeinen Bildungs-, Informations- und Erholungszweck erfüllen und somit vielfach eine ausschließlich betriebliche Veranlassung ausgeschlossen ist (vgl. BFH VI R 71/78 v. 23.10.1981, BStBl. II 1982, 69). Im vorliegenden Fall ist es jedoch mindestens ernstlich zweifelhaft, ob es sich um eine Reise aus beruflichem oder privatem Anlass handelt. Der Steuerpflichtige ist Generalsekretär der Internationalen Vereinigung für Schmetterlingskunde (IVS); die Bezüge, die er aus der Tätigkeit erhält, werden vom Finanzamt als Einkünfte aus selbstständiger Arbeit gem. § 18 Abs. 1 Satz 1 EStG behandelt (s. Steuerbescheid v. ......, Anlage 4). Im Rahmen seiner Tätigkeit als Generalsekretär der IVS nahm der Steuerpflichtige als Vortragender und Teilnehmer im Veranlagungsjahr an einem Fachkongress der Schmetterlingskundler in Rio de Janeiro (Brasilien) teil, der ausschließlich wissenschaftlichen Zwecken diente (s. Tagungsprogramm, Anlage 5). Dass der Veranstaltungsort in einem touristisch interessanten Gebiet lag, hat seine Ursache ausschließlich darin, dass sich gerade in diesem Gebiet eine Vielfalt von Schmetterlingsarten befinden (s. Gutachten Prof. Dr. Müller, Anlage 6).

Es ist ernstlich zweifelhaft, ob einerseits die Einkünfte aus dieser Tätigkeit (zB Einkünfte aus Vortragstätigkeit) den Einkünften aus selbstständiger Arbeit zugerechnet werden dürfen, andererseits Aufwendungen, die sich gerade aus dieser Arbeit ergeben, nicht als Betriebsausgaben zum Abzug zugelassen werden.

Von der Anordnung einer Sicherheitsleistung bitten wir abzusehen, da auf Grund der Vermögensverhältnisse des Antragstellers keine Gefährdung des Steueranspruchs besteht (vgl. Vermögensaufstellung zum 1.1.20.., Anlage 7).

Der Hilfsantrag auf Zulassung der Beschwerde wird auf § 115 Abs. 2 Satz 1 FGO gestützt. Die hier aufgeworfene Rechtsfrage ist von grundsätzlicher Bedeutung, da sie in einer Vielzahl von Fällen streitig ist. Der Bundesfinanzhof hat bislang diese Rechtsfrage nicht entschieden.

..

Unterschrift

II. ERLÄUTERUNGEN

Erläuterungen zu D. 2.04 Aussetzung der Vollziehung

Schrifttum: *Beermann* Wandlungen im vorläufigen (gerichtlichen) Rechtsschutz gegen Steuerverwaltungsakte, DStR 86, 252; *Braun* Der vorläufige gerichtliche Rechtsschutz in Steuersachen, sj 2007, 24; *ders.* Der gerichtliche Antrag auf Aussetzung der Vollziehung des Steuerbescheids, sj 06, 23; *Carl* Vorläufiger Rechtsschutz im Steuerrecht, DB 91, 2615; *Groß* Zulässigkeitsvoraussetzungen eines Antrags auf Aussetzung der Vollziehung gem. § 69 Abs. 4 FGO im Kontext aktueller Rechtsprechung, StuB 06, 459; *Haunhorst* Das gerichtliche Verfahren zur Aussetzung der Vollziehung von Steuerbescheiden bei nachfolgender Einspruchsentscheidung, DStZ 00, 325; *Kamps* Ausgewählte Beraterüberlegungen zur Aussetzung der Vollziehung, DStR 07, 1154; *Koops/Brandt* Grundlagen- und Folgebescheide – Der richtige Rechtsbehelf in Einspruchs- und AdV-Verfahren, sj 04, 18; *Lindwurm* Anordnen, Annehmen und Ablehnen von Sicherheitsleistungen, DStZ 06, 328; *Schrömbges* Der Begriff der „ernstlichen Zweifel" im abgabenrechtlichen Aussetzungsverfahren, DB 88, 1418; *ders.* Der Begriff der „ernstlichen Zweifel" im abgabenrechtlichen Aussetzungsverfahren, DB 88, 1418; *Seer* Defizite im finanzgerichtlichen Rechtsschutz – zugleich eine kritische Auseinandersetzung mit dem

2. FGO-Änderungsgesetz v. 19.12.2000, StuW 01, 3, 13f.: *Wulf* Abschaffung der Aussetzung der Vollziehung bei zutreffenden Vorauszahlungsbescheiden?, Stbg 05, 562; *Zenke* Ist der Mindeststreitwert auch im Antragsverfahren nach § 69 FGO anzuwenden?, StB 06, 267.

Verwaltungsanweisungen: BMF v. 15.7.98, BStBl. I 98, 630 zuletzt geändert durch BMF v. 11.12.07, BStBl. I 07, 894 und v. 2.1.08, BStBl. I 08, 26.

1 Durch die Einlegung eines Rechtsbehelfs (zB Einspruch oder Klage) wird die **Vollziehung des angefochtenen Verwaltungsakts nicht gehemmt.** Will der Stpfl. die Steuer nicht bei Fälligkeit bezahlen, muss **vor** Eintritt der Fälligkeit **Antrag auf Aussetzung der Vollziehung** gestellt werden, um die Verwirkung von Säumniszuschlägen (1% pro Monat) zu vermeiden (§ 240 AO).

Bei der Entscheidung, ob ein Antrag auf Aussetzung der Vollziehung gestellt werden soll, ist zu beachten, dass gem. § 237 Abs. 1 AO **Aussetzungszinsen** anfallen, soweit das Hauptsacheverfahren keinen Erfolg hat. Sie betragen 0,5% für jeden vollen Monat (§ 238 Abs. 1 AO) und werden vom Tag des Eingangs des Einspruches bzw. vom Tag der Rechtshängigkeit beim Gericht an bis zu dem Tag, an dem die Aussetzung der Vollziehung endet, erhoben (§ 237 Abs. 2 AO). Für manchen Stpfl. eine herbe Überraschung bei ganzem oder auch nur teilweise Unterliegen! S. dazu Rz. 35.

Vollstreckungsmaßnahmen: Auch ein Aussetzungsantrag allein hemmt die Vollziehung (= Vollstreckung) nicht. Ist ein Aussetzungsantrag beim FG anhängig, ist aber vom FA **vor Einleitung** von Vollstreckungsmaßnahmen mit dem **Finanzgericht Verbindung** aufzunehmen (AEAO zu § 361 Nr. 3.2 Satz 2 iVm. Abschn. 5 Abs. 4 Satz 3 Vollstreckungsanweisung).

2 **Aussetzung der Vollziehung setzt voraus,** dass gegen den Verwaltungsakt, dessen Aussetzung der Vollziehung begehrt wird, Einspruch eingelegt oder Klage erhoben worden ist; der Antrag kann gem. § 69 Abs. 2Satz 2 FGO auch schon vor Erhebung der Klage beim FG gestellt werden. Ein vor Anfechtung oder nach Ablauf der Rechtsbehelfsfrist gestellter **Aussetzungsantrag** ist **unzulässig** (BFH IV B 13/81 v. 1.10.81, BStBl. II 82, 133).

3 **Rechtsschutzbedürfnis** ist erforderlich; ein berechtigtes Interesse liegt nicht vor, wenn der Antragsteller nicht beschwert ist, weil zB der Antrag auf Aussetzung der Vollziehung des Folgebescheids ausschließlich mit Einwendungen gegen den Grundlagenbescheid begründet wird.

4 Vorläufiger Rechtsschutz nach § 69 Abs. 3 FGO durch Aussetzung der Vollziehung findet Anwendung **im Bereich der Anfechtungsklage,** soweit Gegenstand des Hauptsacheverfahrens ein vollziehbarer Verwaltungsakt ist und das Rechtsschutzbegehren lediglich auf Aussetzung bzw. Aufhebung der Vollziehung gerichtet ist (BFH VIII B 84/78 v. 10.7.79, BStBl. II 79, 567), ansonsten ist vorläufiger Rechtsschutz nur durch **einstweilige Anordnung** nach § 114 FGO zu erreichen (Formular D. 2.09).

5 Neben der Aussetzung der Vollziehung kommt auch **Aufhebung der Vollziehung** (§ 69 Abs. 3 Satz 3 FGO) in Betracht, wenn nämlich zB die fällige Steuer inzwischen freiwillig (zur Vermeidung von Säumniszuschlägen) bezahlt wurde (so – unter Aufgabe der früheren Rechtsprechung – zB BFH VII B 6/77 v. 29.11.77, BStBl. II 78, 156; III B 34/74 v. 22.7.77, BStBl. II 77, 838). Die Vollziehung eines Einkommensteuerbescheides darf auch insoweit aufgehoben werden, als sie zu einer – vorläufigen – Erstattung entrichteter Einkommensteuer-Vorauszahlungsbeträge führt (BFH GrS 3/93 v. 3.7.95, BStBl. II 95, 730). Der Antrag auf Aussetzung der Vollziehung schließt grundsätzlich die Aufhebung der Vollziehung ein (BFH V B 41/73 v. 23.6.77, BStBl. II 77, 645).

6 Der Antrag nach § 69 Abs. 3 FGO muss beim **örtlich und sachlich zuständigen Gericht** gestellt werden (vgl. Formular D. 2.01). Der Antrag ist **schriftlich** oder zur Niederschrift des Urkundsbeamten der Geschäftsstelle des Finanzgerichts zu erheben (vgl. D. 2.01 Rz. 17). Zur Vorlage einer **schriftlichen Vollmacht** vgl. § 62 FGO, (vgl. dazu D. 2.01 Rz. 18).

Den Antrag kann **jeder stellen,** der vom Verwaltungsakt betroffen ist, dies wird in der Regel der **Adressat des Verwaltungsakts** sein; bei **Feststellungsbescheiden** richtet sich die Antragsbefugnis nach § 48 FGO. 7

Inhalt des Antrags: Insbesondere muss der **Verwaltungsakt** bezeichnet werden, der Gegenstand des Rechtsschutzbegehrens ist (BFH V B 28/85 v. 29.8.85, BFH/NV 86, 447); weiter muss geltend gemacht werden, dass der Verwaltungsakt angefochten und noch nicht bestandskräftig ist und dass entweder **ernstliche Zweifel an der Rechtmäßigkeit** des angefochtenen Verwaltungsakts bestehen oder dass eine Vollziehung eine **unbillige Härte** zur Folge hätte; zu den ernstlichen Zweifeln vgl. unten Rz. 20–22, zur unbilligen Härte vgl. Rz. 23. 8

Aussetzungsfähig sind nur vollziehbare Verwaltungsakte, dies sind zB 9
- Einkommensteuerbescheide,
- Umsatzsteuerbescheide,
- Änderungsbescheide,
- Abrechnungsbescheide,
- Vorauszahlungsbescheide und Voranmeldungen,
- Grundlagenbescheide (vgl. dazu Rz. 12),
- alle positiven wie negativen Gewinnfeststellungsbescheide (vgl. BFH GrS 2/85 v. 14.4.87, BStBl. II 87, 637; IV B 95/87 v. 2.3.88, BStBl. II 88, 617 betr. Verlust nach § 15a EStG; vgl. zu den Einzelheiten *Gräber/Koch* § 69 FGO Rz. 55 Stichwort: Grundlagenbescheide, insbesondere Gewinn- und Verlustfeststellungsbescheide),
- Gewerbesteuermessbescheide, auch wenn der Antrag auf Aussetzung der Vollziehung mit Zweifeln an der Rechtmäßigkeit eines Feststellungsbescheides begründet wird, dessen Änderung gem. § 35b GewStG zu einer Änderung des Gewerbesteuermessbescheids führen würde (BFH VIII B 107/93 v. 21.12.93, BStBl. II 94, 300; *Gräber/Koch* § 69 FGO Rz. 55 Stichwort: Gewerbesteuer-Messbescheide),
- Ablehnungsbescheid betr. Fortschreibung eines Einheitswerts (BFH II B 66/89 v. 10.4.91, BStBl. II 91, 549),
- Folgebescheide nur ausnahmsweise, wenn beispielsweise das Wohnsitzfinanzamt einen Einkommensteuerbescheid erlassen hat und den vom Steuerpflichtigen erklärten Beteiligungsverlust ganz oder teilweise unberücksichtigt gelassen hat, ein Feststellungsbescheid aber noch nicht vorliegt (*Gräber/Koch* § 69 FGO Rz. 55 Stichwort: Folgebescheide) und s. unten Rz. 12.

Vollziehbar sind nach BFH III B 7/67 v. 16.2.68 (BStBl. II 68, 443) alle Verwaltungsakte, die in die Rechtssphäre des Stpfl. eingreifen, sei es durch ein Leistungs- oder sonstiges Verhaltensgebot, eine Gestaltung oder eine Feststellung. Daher sind auch aussetzungsfähig die Anordnung einer Betriebsprüfung (BFH VII B 122/73 v. 17.9.74, BStBl. II 75, 197), die Mitteilung über Buchführungspflicht (BFH IV B 32/79 v. 6.12.79, BStBl. II 80, 427) sowie Vollstreckungsmaßnahmen mit Verwaltungsaktsqualität (BFH VII S 1/77 v. 16.11.77, BStBl. II 78, 69, str., vgl. dazu *Gräber/Koch* § 69 FGO Rz. 55 Stichwort: Vollstreckungsmaßnahmen; vgl. auch BFH VII B 85/87 v. 25.1.88, BStBl. II 88, 566), Arrestanordnungen (BFH V B 5/69 v. 20.3.69, BStBl. II 69, 399). Ein – an sich vollziehbarer – Bescheid kann dann nicht ausgesetzt werden, wenn er bestandskräftig ist; in diesen Fällen kann aber eine einstweilige Anordnung in Betracht kommen (BFH I B 187/90 v. 27.3.91, BStBl. II 91, 643; s. auch Formular D. 2.09). 10

Nicht aussetzungsfähig sind Verwaltungsakte, die eine **Ablehnung eines Antrags** enthalten, wie zB ein Ablehnungsbescheid auf einen Erlassantrag (BFH III B 7/67 v. 16.2.68, BStBl. II 68, 443). Nicht aussetzungsfähig sind auch **Säumniszuschläge,** da sie kraft Gesetzes entstehen (§ 240 AO) und nicht durch Verwaltungsakt festgesetzt werden (*Gräber/Koch* § 69 FGO Rz. 55 Stichwort: Säumniszuschläge). 11

Wird **Aussetzung der Vollziehung eines Grundlagenbescheides** (zB Gewinnfeststellungsbescheid) gewährt, so ist die **Vollziehung des Folgebescheids** auszuset- 12 zen (§ 69 Abs. 2 Satz 4 FGO, § 361 Abs. 3 Satz 1 AO). Allerdings sollen die für die Erteilung der Folgebescheide zuständigen Finanzämter unterrichtet werden, wenn über den Antrag auf Aussetzung der Vollziehung eines Grundlagenbescheids nicht kurzfristig entschieden werden kann; die für die Folgebescheide zuständigen Finanzämter sollen insoweit von Vollstreckungsmaßnahmen absehen.

13 **Besondere Voraussetzung** für die Zulässigkeit des Antrags nach § 69 Abs. 3 FGO ist, dass die Finanzbehörde einen **Antrag** auf Aussetzung der Vollziehung ganz oder zum Teil **abgelehnt** hat (§ 69 Abs. 4 Satz 1 FGO), ansonsten ist der Antrag als unzulässig abzuweisen. Die Regelung des § 69 Abs. 4 Satz 1 FGO gilt auch für Anträge auf Aufhebung der Vollziehung (vgl. BFH XI B 14/13 v. 12.3.13, BStBl. II 13, 390). Die Ablehnung muss ausdrücklich erfolgen. Deshalb ist die Mitteilung der Finanzbehörde über den Ablauf der Aussetzung der Vollziehung nach Erlass der Einspruchsentscheidung nicht als Ablehnung der Aussetzung der Vollziehung zu verstehen (BFH VI B 138/94 v. 22.12.94, BFH/NV 95, 701; VI B 266/98 v. 12.5.00, BStBl. II 00, 536). Eine Ablehnung iSd. § 69 Abs. 4 Satz 1 FGO liegt auch nicht vor, wenn das Finanzamt dem Steuerpflichtigen mitteilt, die befristet gewährte Aussetzung der Vollziehung sei abgelaufen (BFH IV S 3/05 v. 15.6.05, BFH/NV 05, 2014), oder wenn die Aussetzung der Vollziehung nach Ergehen des finanzgerichtlichen Verfahrens beendet ist (BFH V S 21/06 v. 20.9.06, BFH/NV 07, 82). Dagegen liegt eine Ablehnung iSd. § 69 Abs. 4 Satz 1 FGO vor, wenn die Finanzbehörde den bei ihm gestellten Antrag mangels Begründung durch den Antragsteller ohne weitere Sachprüfung abgelehnt hat (BFH VIII B 50/07 v. 20.6.07, BStBl. II 07, 789 unter Hinweis auf BFH VI B 157/97 v. 20.8.98, BStBl. II 98, 744).

14 Ein **Antrag direkt** an das FG ohne vorherige Ablehnung eines Antrags auf Aussetzung der Vollziehung durch die Finanzbehörde ist nach § 69 Abs. 4 Satz 2 FGO **nur möglich,** wenn

- die Finanzbehörde über den Antrag ohne Mitteilung eines zureichenden Grundes in angemessener Frist sachlich nicht entschieden hat (§ 69 Abs. 4 Satz 2 Nr. 1 FGO) oder
- eine Vollstreckung droht (§ 69 Abs. 3 Satz 2 Nr. 2 FGO).

15 **Liegen** diese **Voraussetzungen** im Zeitpunkt der Antragstellung **nicht vor,** ist der Antrag unzulässig (vgl. BFH IV B 61/79 v. 11.10.79, BStBl. II 80, 49). Die Finanzgerichte legen diese Zugangsvoraussetzungen in der Regel **streng** aus; zu den Ausnahmetatbeständen des § 69 Abs. 4 Satz 2 FGO s. Rz. 17, 18. Dabei genügt die **einmalige** Ablehnung durch die Finanzbehörde, auch wenn diese in einem früheren Verfahrensstadium erfolgt ist. Der BFH führt dazu aus: „Der Vorschrift ist danach nicht zu entnehmen, dass für jeden Verfahrensabschnitt in der Hauptsache (außergerichtliches Vorverfahren, Klageverfahren, Revisionsverfahren) eine gesonderte Stellungnahme des FA eingeholt werden müsste. Auch unter Geltung des § 69 Abs. 4 Satz 1 FGO ist es nicht angängig, den Zugang zum Gericht in Aussetzungssachen durch eine einengende Auslegung der Vorschrift, die ohnehin schon eine Zugangsschranke enthält, über ihren Wortlaut hinaus ohne eindeutige Äußerung des Gesetzgebers noch weiter einzuschränken. Das Interesse des Steuerpflichtigen, nach einem effektiven vorläufigen Rechtsschutz genießt im Zweifel den Vorrang …" (BFH VII B 155/94 v. 25.10.94, BStBl. II 95, 131).

16 Die Zugangsvoraussetzung ist auch dann erfüllt, wenn die Finanzbehörde die Aussetzung der Vollziehung nur **gegen Sicherheitsleistung** bewilligt hat, obwohl Aussetzung der Vollziehung ohne Sicherheitsleistung beantragt war (*Gräber/Koch* § 69 FGO Rz. 73). In der Bewilligung der Aussetzung der Vollziehung unter Widerrufsvorbehalt liegt dagegen keine teilweise Ablehnung des Antrags auf Aussetzung der Vollziehung (BFH VI B 266/98 v. 12.5.00, BFH/NV 00, 1411).

17 **Zu § 69 Abs. 4 Nr. 1 FGO:** Wann die Finanzbehörde *„in angemessener Frist"* sachlich nicht entschieden hat, ist von den Umständen des Einzelfalls abhängig; auch

hier kann jedoch der Gedanke des § 46 Abs. 1 Satz 2 FGO herangezogen werden, wonach eine Klage nur ausnahmsweise vor Ablauf von sechs Monaten seit Einlegung des außergerichtlichen Rechtsbehelfs erhoben werden kann (vgl. dazu Formular D. 2.21). Die „angemessene" Frist dürfte also im Einzelfall erheblich unter sechs Monaten liegen, da eine Aussetzung der Vollziehung eilbedürftig ist. Ein zureichender Grund für eine Fristüberschreitung dürfte insbesondere darin zu sehen sein, dass der Stpfl. trotz Aufforderung die Aussetzung der Vollziehung nicht begründet bzw. nicht an der Sachaufklärung mitwirkt.

Zu § 69 Abs. 4 Nr. 2 FGO: *Vollstreckung droht,* wenn die Finanzbehörde mit der Vollstreckung begonnen hat (BFH VII B 69/85 v. 29.10.85, BStBl. II 86, 236) bzw. wenn die Finanzbehörde konkrete Schritte zur Durchführung der Vollstreckung ergriffen hat (BFH II S 3/85 v. 5.6.85, BStBl. II 85, 469). Vgl. dazu *Gräber/Koch* § 69 FGO Rz. 81. 18

Aussetzungsgründe: Aussetzung der Vollziehung ist nach § 69 Abs. 3 Satz 1 iVm. Abs. 2 Satz 2 FGO zu gewähren, wenn „**ernstliche Zweifel** an der Rechtmäßigkeit des angefochtenen Verwaltungsakts bestehen oder wenn die Vollziehung für den Betroffenen eine **unbillige,** nicht durch überwiegende öffentliche Interessen gebotene **Härte** zur Folge hätte" (zu diesen Gründen s. Rz. 23). Ob ernstliche Zweifel vorliegen, entscheidet das Finanzgericht bzw. der BFH. Bewilligung und Ablehnung der Aussetzung der Vollziehung steht im Ermessen des Gerichts (vgl. dazu *Gräber/Koch* § 69 FGO Rz. 110ff.) Im Übrigen ist das Verfahren auf Aussetzung der Vollziehung wegen seiner Eilbedürftigkeit und seines vorläufigen Charakters ein summarisches Verfahren (vgl. dazu *Gräber/Koch* § 69 FGO Rz. 120ff.). 19

Ernstliche Zweifel an der Rechtmäßigkeit liegen nach der Rechtsprechung des BFH vor, wenn bei summarischer Prüfung des Verwaltungsaktes neben für die Rechtmäßigkeit sprechenden Umständen gewichtige, gegen die Rechtmäßigkeit sprechende Umstände zutage treten, die Unentschiedenheit oder Unsicherheit in der Beurteilung von Rechtsfragen oder Unklarheit in der Beurteilung von Tatfragen bewirken (BFH VIII B 219/06 v. 31.1.07, BFH/NV 07, 914 m.w.N.; I B 50/68 I B 3/69 v. 11.3.70, BStBl. II 70, 569; VIII S 15/76 v. 29.6.77, BStBl. II 77, 726). Dabei brauchen die für die Unrechtmäßigkeit des Verwaltungsaktes sprechenden Bedenken nicht zu überwiegen, dh. ein Erfolg des Steuerpflichtigen muss nicht wahrscheinlicher sein als ein Misserfolg (BFH III B 9/66 v. 10.2.67, BStBl. III 67, 182; V B 52/73 v. 28.11.74, BStBl. II 75, 239). Diese Eingangsformulierung ist der Standardsatz, mit dem sowohl der Antrag auf Aussetzung der Vollziehung als auch die Entscheidung über den Antrag auf Aussetzung der Vollziehung regelmäßig eingeleitet wird. Bei der Entscheidung über den Antrag auf Aussetzung der Vollziehung sind die Erfolgsaussichten des Rechtsbehelfs zu berücksichtigen (BFH IV B 77/79 v. 10.7.80, BStBl. II 80, 697); es ist allerdings nicht erforderlich, dass die für die Rechtswidrigkeit des angefochtenen Verwaltungsaktes sprechenden Gründe überwiegen (BFH III B 21/66 v. 30.6.67, BStBl. III 67, 533). 20

Ernstliche Zweifel in **rechtlicher Hinsicht** bestehen, wenn zB eine höchstrichterliche Entscheidung noch nicht vorliegt und in der Rechtsprechung der Finanzgerichte unterschiedliche Auffassungen vertreten werden (BFH III B 55/67 v. 10.5.68, BStBl. II 68, 610) oder wenn ein FG von der Rechtsprechung des BFH abgewichen ist; allerdings sind ernstliche Zweifel nicht etwa deswegen schon ausgeschlossen, weil der Verwaltungsakt mit der herrschenden Meinung im Schrifttum oder mit der Rechtsprechung des BFH im Einklang steht (BFH IV B 35/80 v. 4.12.80, BStBl. II 81, 266). Vgl. dazu iE *Gräber/Koch* § 69 FGO Rz. 87ff. 21

Ernstliche Zweifel in **tatsächlicher Hinsicht** bestehen zB, wenn die Finanzbehörde den Besteuerungssachverhalt nur unvollständig und verworren darstellt und den Steueranspruch nicht schlüssig begründet (BFH VIII B 112/83 v. 14.2.84, BStBl. II 84, 443), wenn dem Steuerpflichtigen die Besteuerungsgrundlagen nicht mitgeteilt 22 worden sind (BFH VII R 71/77 v. 4.4.78, BStBl. II 78, 402) oder wenn weitere Ermittlungen, insbesondere Beweisaufnahme, erforderlich ist und der Antragsteller seine Behauptungen glaubhaft gemacht hat. Vgl. dazu iE *Gräber/Koch* § 69 FGO Rz. 92f.

23 **Unbillige Härte,** die nicht durch überwiegende öffentliche Interessen geboten ist, liegt vor, wenn die Vollziehung des angefochtenen Verwaltungsaktes zu einer **Gefährdung der wirtschaftlichen Existenz** des Stpfl. führen würde (BFH IV B 3/66 v. 19.4.68, BStBl. II 68, 538; III S 12/05 v. 2.6.05, BFH/NV 05, 1834). Auch hier kann Aussetzung der Vollziehung nur gewährt werden, wenn Zweifel an der Rechtmäßigkeit des angefochtenen Verwaltungsakts bestehen; die Aussetzung der Vollziehung ist selbst bei Vorliegen einer unbilligen Härte zu versagen, wenn der Rechtsbehelf in der Hauptsache offensichtlich keine Aussicht auf Erfolg hat (BFH V B 26/67 v. 21.12.67, BStBl. II 68, 84; IV B 3/66 v. 19.4.68, BStBl. II 68, 538). Vgl. dazu iE *Gräber/Koch* § 69 FGO Rz. 105–109.

24 **Glaubhaftmachung:** Alle Behauptungen sowie der Tatsachenvortrag des Steuerpflichtigen müssen glaubhaft gemacht werden (§ 155 FGO, § 294 ZPO; s. dazu *Gräber/Koch* § 69 FGO Rz. 121). Dh., dass nur die sog. präsenten Beweismittel maßgeblich sind; als Mittel der Glaubhaftmachung kommt insbesondere die Vorlage eidesstattlicher Versicherungen in Betracht; zum Begriff der Glaubhaftmachung vgl. BFH IV R 42/78 v. 8.11.79, BStBl. II 80, 147.

25 **Rechtliches Gehör:** Auch im summarischen Verfahren nach § 69 FGO muss rechtliches Gehör gewährt werden; der Finanzbehörde wird also in jedem Fall vor der Entscheidung über den Antrag auf Aussetzung der Vollziehung Gelegenheit zur Stellungnahme innerhalb angemessener Frist gegeben werden.

26 **Zuständig für die Entscheidung** ist das Gericht der Hauptsache, das wird in der Regel das Finanzgericht sein. Ggf. ist der Einzelrichter zuständig (§ 6 FGO, § 79a Abs. 3, 4 FGO). In dringenden Fällen kann der Vorsitzende allein entscheiden (§ 69 Abs. 3 Satz 4 FGO), es sei denn, der Einzelrichter ist zuständig.

Nach Einlegung der Revision bzw. der Nichtzulassungsbeschwerde ist der BFH als Revisionsgericht direkt für den Antrag auf Aussetzung der Vollziehung zuständig (§ 69 Abs. 3 FGO; vgl. dazu *Gräber/Koch* § 69 FGO Rz. 131f.

Der BFH wird aber nicht dadurch zum Gericht der Hauptsache iSd. § 69 Abs. 3 Satz 1 FGO, dass gegen einen Beschluss des FG, mit der Antrag auf Aussetzung der Vollziehung abgelehnt und die Beschwerde nicht zugelassen worden ist, gleichwohl Beschwerde eingelegt wird (BFH X S 1/11 v. 10.2.11, BFH/NV 11, 827).

27 **Entscheidung über den Antrag** auf Aussetzung der Vollziehung erfolgt **durch Beschluss,** in der Regel ohne mündliche Verhandlung (§ 90 Abs. 1 Satz 2 FGO); der Beschluss ist zu begründen (§ 113 Abs. 2 Satz 2 FGO). Er muss eine Kostenentscheidung enthalten (zu den Kosten Rz. 36).

28 **Dauer der Aussetzung der Vollziehung:** Das Finanzgericht kann die Vollziehung nur für seine Instanz, also längstens bis einen Monat nach Zustellung des Urteils im Hauptsacheverfahren aussetzen (*Gräber/Koch* § 69 FGO Rz. 151); ist das außergerichtliche Vorverfahren noch nicht abgeschlossen, so wird Aussetzung der Vollziehung nur bis zum Ergehen der Einspruchsentscheidung in der Hauptsache gewährt werden (FG BaWü 9 V 440/83 v. 29.3.84, EFG 84, 564). Zweckmäßig ist es stets, die Aussetzung der Vollziehung **ab Fälligkeit** zu beantragen, da Säumniszuschläge ab Fälligkeit kraft Gesetzes entstehen (s. Rz. 31); nach BFH V B 41/73 v. 23.6.77, BStBl. II 77, 645; VIII B 87/86 v. 26.11.86 (BFH/NV 88, 711) sollen Entscheidungen über die Aussetzung der Vollziehung stets ex nunc wirken, dh. vom Zeitpunkt der Beschlussfassung an und nicht etwa rückwirkend, wenn sich nicht etwas anderes aus dem Tenor des Beschlusses ergibt! Wird der Antrag auf Aussetzung der Vollziehung nach Eintritt der Fälligkeit gestellt, wird in der Regel Aussetzung der Vollziehung ab Eingang des Antrags auf Aussetzung der Vollziehung gewährt werden. In jedem Fall sollte aber bereits bei der Antragsstellung beim FA und bei FG beantragt werden, ab wann genau

(idR ab Fälligkeit) die Aussetzung der Vollziehung beantragt wird, damit es nicht später zu misslichen Auseinandersetzungen kommt.

Sicherheitsleistung (§ 155 FGO, §§ 108ff. ZPO) kann angeordnet werden (§ 69 Abs. 3 Satz 1, Abs. 2 Satz 3 FGO). Die Entscheidung ist eine Ermessensentscheidung und stellt einen nicht selbstständig anfechtbaren Teil der Entscheidung über den Antrag auf Aussetzung der Vollziehung dar. **29**

Die **Berechnung** der auszusetzenden Beträge kann das Finanzgericht nach § 100 Abs. 2 Satz 2, § 69 Abs. 3 Satz 1 FGO auf die Finanzbehörde übertragen (BFH I S 2/81 v. 12.10.83, BStBl. II 84, 212 zu Art. 3 § 4 VGFGEntlG). **30**

Wirkung der Aussetzung der Vollziehung: Der Verwaltungsakt kann nicht mehr vollzogen werden, bei Aufhebung der Vollziehung ist die Vollziehung des angefochtenen Verwaltungsakts wieder rückgängig zu machen. Zu beachten ist, dass die Aussetzung der Vollziehung in der Regel nur für eine begrenzte Dauer angeordnet wird (vgl. Rz. 29), nach deren Ablauf muss die Aussetzung der Vollziehung wieder erneut (idR wieder zunächst beim FA gem. § 69 Abs. 4 Satz 2 FGO) beantragt werden. Aufrechnung durch die Finanzbehörde soll bei gewährter Aussetzung der Vollziehung nicht zulässig sein (BFH VII R 58/94 v. 31.8.95, BStBl. II 96, 55; **aA** BFH VII R 50–51/86 v. 17.9.87, BStBl. II 88, 366). Säumniszuschläge entstehen ab Fälligkeit des Anspruchs nach § 240 AO, nach gewährter Aussetzung der Vollziehung fallen keine Säumniszuschläge mehr an; zur Beseitigung der zwischen Fälligkeit des Anspruchs und Gewährung der Aussetzung der Vollziehung entstandenen Säumniszuschläge vgl. *Gräber/Koch* § 69 FGO Rz. 55 Stichwort: Säumniszuschläge und Rz. 150, 175; ggf. kommt auch ein Erlass in Betracht (s. dazu FG Münster X 2676/81 E v. 27.9.83, EFG 84, 216). **31**

Aussetzungszinsen sind gem. §§ 237, 238 AO zu zahlen, wenn der Rechtsbehelf im Hauptsacheverfahren endgültig keinen Erfolg gehabt hat (0,5% pro Monat). **32**

Rechtsbehelfe: Nach § 128 Abs. 4 FGO ist die Beschwerde an den BFH nur gegeben, wenn sie vom Finanzgericht in seinem Beschluss ausdrücklich zugelassen ist, die Nichtzulassung kann nicht mit der NZB angegriffen werden (BFH VII B 84/83 v. 3.5.84, BStBl. II 84, 562). **33**

Wiederholung eines Antrags: Aussetzung der Vollziehung kann wiederholt beantragt werden, wenn *neue tatsächliche Umstände* eingetreten sind oder sich die *rechtliche Beurteilung geändert* hat (vgl. dazu *Gräber/Koch* § 69 FGO Rz. 197ff.). **34**

Zur Anhörungsrüge s.D. 2.02 Rz. 4.

Bei der Entscheidung, ob überhaupt ein Antrag auf Aussetzung der Vollziehung gestellt werden soll, ist das **Zinsrisiko** zu berücksichtigen (zu Aussetzungszinsen s. Rz. 32); wird dagegen die fällige Steuer entrichtet, fallen – bei Erfolg der Klage – nach § 236 AO **Prozesszinsen** vom Tag der Rechtshängigkeit der Klage iHv. 0,5% pro Monat (§ 238 Abs. 1 AO) an (zur Zeit und in den letzten Jahren eine sehr gute Verzinsung, 6% jährlich!). Darüber hinaus sind nach § 233a AO Steuererstattungsansprüche ab einem Zeitpunkt von 15 Monaten nach Ablauf des Kalenderjahres, in dem die Steuer entstanden ist, zu verzinsen; auf die Einlegung von Rechtsbehelfen oder Klagen kommt es also nicht mehr an; die nach § 233a AO zu gewährenden Zinsen sind auf etwaige Prozesszinsen anzurechnen. **35**

Kosten für Verfahren, die **vor dem 1.7.04** anhängig geworden sind. dh. die vor dem 1.7.2004 bei Gericht eingegangen sind (§ 72 Satz 1 Nr. 1 GKG): Es fällt eine *halbe* Gerichtsgebühr an.; **36**

Kosten für Verfahren, die **ab dem 1.7.04** anhängig geworden sind bzw. anhängig werden, dh. für Verfahren, die ab dem 1.7.2004 bei Gericht eingegangen sind oder eingehen werden (§ 71 GKG): Es fallen **zwei** Gerichtsgebühren für das Verfahren im Allgemeinen an. Die Gebühr **ermäßigt** sich bei Rücknahme des Antrags Aussetzung der Vollziehung ebenso wie bei Erledigung des Rechtsstreits in der Hauptsache (das Finanzamt gewährt während des gerichtlichen Verfahrens Aussetzung der Vollzie- **37**

hung) von 2 auf **0,75** Gebühren (Nr. 6211 des Kostenverzeichnisses zum GKG). Mehrere Verfahren nach § 69 Abs. 3 und 5 FGO gelten wie bisher innerhalb eines Rechtszugs als ein Verfahren (Vorbemerkung 6.2 zu Nr. 6210 des Kostenverzeichnisses zum GKG).

38 **Fälligkeit der Verfahrensgebühr:** Ob die Verfahrensgebühr mit der Einreichung des Antrags auf Aussetzung der Vollziehung bei Gericht fällig werden soll, kann dem Gesetz nicht mit Sicherheit entnommen werden. Nach § 6 GKG wird – in im Einzelnen bestimmten Verfahren – die Verfahrensgebühr bereits mit der Einreichung der Klage-, Antrags-, Einspruchs- oder Rechtsmittelschrift oder mit der Abgabe der entsprechenden Erklärung zu Protokoll fällig. Welche Verfahren unter die Regelung des § 6 GKG fallen, soll sich nach der Begründung des Regierungsentwurfs aus der Struktur des Kostenverzeichnisses ergeben. Für die Gerichte der Finanzgerichtsbarkeit sind in § 6 Abs. 1 Nr. 4 GKG die „Prozessverfahren" benannt. Dies spricht dafür, dass es nur in Klageverfahren – und nicht in Verfahren der §§ 69, 114 FGO – zu einer frühzeitigen Fälligkeit der Gerichtsgebühren kommt.

Ein Antrag auf Prozesskostenhilfe hindert die Fälligkeit der Verfahrensgebühr im Übrigen nicht. In der Praxis wird das Gericht jedoch die Gerichtskasse darauf hinweisen, dass ein Antrag auf Prozesskostenhilfe anhängig ist, über den noch nicht entschieden worden ist. Die Gerichtskasse wird sodann idR mit der Vollstreckung solange nicht beginnen, bis über den Antrag auf Prozesskostenhilfe entschieden worden ist.

39 Der **Streitwert** beträgt idR grds. **10 %** des Betrags, um den in der Hauptsache gestritten wird (BFH IV S 15/10 v. 17.11.11, BStBl. II 12, 246 und IX E 17/07 v. 14.12.07, BStBl. II 08, 199; V S 24/00 v. 26.4.01, BStBl. II 01, 498; vgl. zum Meinungsstand *Gräber/Ratschow* Vor § 135 FGO Rz. 35 Stichworte: Aufhebung der Vollziehung/Aussetzung der Vollziehung). Geht der Streit nur darum, ob die Aussetzung der Vollziehung ohne oder gegen Sicherheitsleistung auszusetzen ist, beträgt der Streitwert 10% der geforderten Sicherheitsleistung, die idR so hoch wie der Aussetzungsbetrag ist. S. iE Formular D. 2.16a.

In Verfahren über die Aussetzung der Vollziehung nach § 69 Abs. 3, Abs. 5 FGO bestimmt sich der Streitwert gemäß § 53 Abs. 3 GKG nach § 52 Abs. 1 und Abs. 2 GKG, dh. der Streitwert ist nach der sich aus dem Antrag des Antragstellers für ihn ergebenden Bedeutung der Sache nach Ermessen zu bestimmen. Der **Mindeststreitwert von 1.000 €** – ab 1.8.13: 1.500 € – nach § 52 Abs. 4 GKG gilt **nicht** in Verfahren über die Aussetzung der Vollziehung (BFH IX E 17/07 v. 14.12.07, BStBl. II 08, 199).

Der im Juni 2009 von den Präsidenten der Finanzgerichte beschlossene **Streitwertkatalog** für die Finanzgerichtsbarkeit stellt keine verbindliche Rechtsgrundlage dar, sondern enthält lediglich eine Zusammenstellung der finanzgerichtlichen Rechtsprechung und soll zur Vereinheitlichung der Rechtsprechung zur Bemessung des Streitwerts beitragen. Mit den angegebenen Werten werden damit Empfehlungen ausgesprochen. Der Streitwertkatalog ist im Internet abrufbar auf der Homepage der meisten Finanzgerichte (zB FG Münster: www.fg-muenster-nrw.de), zT mit Hinweisen auf Besonderheiten am jeweiligen FG (zB FG Düsseldorf: www.fg-duesseldorf.nrw.de).

Nach A 8 des Streitwertkatalogs wird der Streitwert in Verfahren auf Aussetzung der Vollziehung nach überwiegender Meinung mit 10 % des Betrages bemessen, dessen Aussetzung begehrt wird.

40 **Gesetz über den Rechtsschutz bei überlangen Gerichtsverfahren und strafrechtlichen Ermittlungsverfahren** v. 24.11.11 (BGBl. I 11, 2302): Zum Entschädigungsanspruch bei unangemessener Dauer eines Gerichtsverfahrens und der hierfür erforderlichen Voraussetzung, dass eine **Verzögerungsrüge** erhoben wird, vgl. D.2.02 Rz. 47.

D. 2.05 Befangenheit

Vgl. Formular D. 2.18.

D. 2.06 Beiladung

I. FORMULAR

Formular D. 2.06 Beiladung

Finanzgericht München
Ismaninger Str. 95
81675 München

Az. des FG

In der Finanzstreitsache

Max Moritz KG **– Klägerin –**

gegen

Finanzamt München III **– Beklagter –**

wegen einheitlicher und gesonderter Gewinnfeststellung 20...

Steuer-Nr.: ......

hat die Klägerin, vertreten durch ihren Komplementär, Herrn Max Moritz, Klage erhoben (§ 48 Abs. 1 Nr. 1 FGO).

Wir teilen mit, dass eine der Kommanditistinnen, Frau Maximiliane Moritz-Bolte, zum 31.12.2010 aus der KG ausgeschieden ist; der angefochtene Gewinnfeststellungsbescheid erging bereits vor ihrem Ausscheiden, nämlich am 12.5.2008.

Frau Maximiliane Moritz-Bolte ist nach § 48 Abs. 1 Nr. 3 FGO zum Klageverfahren der KG notwendig beizuladen (vgl. BFH IV R 52/04 v. 15.3.2007, BFH/NV 2007, 1332 mit Rechtsprechungsnachweisen).

..

Unterschrift

II. ERLÄUTERUNGEN

Erläuterungen zu D. 2.06 Beiladung

Schrifttum: ***Gersch*** Die Kosten des Beigeladenen, AO-StB 01, 59; *Gruber* Kostenrechtliche Betrachtungen zur Beiladung, StB 03, 16; *Jestädt* Notwendige Beiladung von Treugebern in Fällen der Liebhaberei und deren Klagebefugnis, BB 93, 53; *Meyer* Die Hinzuziehung (Beiladung) zusammenveranlagter Ehegatten im Rechtsbehelfsverfahren, DStZ 93, 401; *Piesche* Die Beiladung im Finanzgerichtsverfahren, 2010; *Rabback* Voraussetzungen einer notwendigen Beiladung, AO-StB 01, 257; *von Wedelstädt* Hinzuziehung und Beiladung, AO-StB 07, 46.

Beteiligung Dritter am Verfahren, die nicht Kläger oder Beklagter sind, ist 1
durch **einfache** oder **notwendige Beiladung** nach § 60 FGO im finanzgerichtlichen Verfahren möglich; im Einspruchsverfahren ist die Beteiligung durch die einfache bzw. notwendige Hinzuziehung nach § 360 AO möglich (vgl. Formular D. 1.05).

Eine Streitverkündung (§§ 72–74 ZPO) sieht die FGO nicht vor. Für eine entsprechende Anwendung der §§ 72–74 ZPO im finanzgerichtlichen Verfahren ist angesichts der besonders weit gefassten Möglichkeiten der Beiladung kein Raum (vgl. BFH V B 179/06 v. 13.6.07, BFH/NV 07, 2296 unter Hinweis auf BFH VII R 61–62/85 v. 6.2.86, BFH/NV 86, 476; X B 87/89 v. 7.3.90, BFH/NV 90, 787; vgl. auch BFH XI S 12/96 v. 23.5.97, BFH/NV 97, 792). Wird die Streitverkündung durch einen fachkundig vertretenen Antragsteller erklärt, kommt eine Umdeutung in einen Antrag auf Beiladung nicht in Betracht (BFH V B 179/06 v. 13.6.07, aaO; III R 16/04 v. 25.6.04, BFH/NV 04, 1539; II B 38/03 v. 12.2.04, BFH/NV 04, 803).

2 **Einfache Beiladung** (§ 60 Abs. 1, 2 FGO) ist **von Amts wegen** oder **auf Antrag** möglich; sie dient insbesondere der Vermeidung weiterer gerichtlicher Verfahren sowie widersprüchlicher Entscheidungen. Beizuladen sind die Personen, „deren rechtliche Interessen nach den Steuergesetzen durch die Entscheidung berührt werden, insbesondere solche, die nach den Steuergesetzen neben dem Steuerpflichtigen haften" (§ 60 Abs. 1 Satz 1 FGO). Auf jeden Fall sind wirtschaftliche Interessen nicht ausreichend (BFH IV B 174/03 v. 28.6.05, BFH/NV 05, 2009).

Die einfache Beiladung steht im Ermessen des Gerichts. Bei der Entscheidung ist insbesondere auch auf das nach § 30 AO zu wahrende Steuergeheimnis zu achten. Nach der Rspr. ist das Interesse des Stpfl. an der Wahrung des Steuergeheimnisses im Regelfall höher zu bewerten als das Interesse des Beizuladenden an der Verbesserung seiner Rechtsposition durch die Beiladung, wenn der Beizuladende ein den Belangen des Klägers entgegengesetztes Interesse am Ausgang des Rechtsstreits hat und der Stpfl. der Beiladung widerspricht (BFH I B 27/07 v. 23.4.07, BFH/NV 07, 1675; VII B 30/78 v. 17.8.78, BStBl. II 79, 25).

3 **Notwendige Beiladung** *muss* von Amts wegen erfolgen, wenn die Voraussetzungen von § 60 Abs. 3 FGO vorliegen. Notwendig beizuladen ist, wenn an dem streitigen Rechtsverhältnis Dritte derart beteiligt sind, „dass die Entscheidung auch ihnen gegenüber **nur einheitlich** ergehen kann".

Kommt eine notwendige Beiladung von mehr als 50 Personen in Betracht, besteht die Möglichkeit, dass das Gericht unter bestimmten Voraussetzungen die Beiladung durch Beschluss auf die Personen beschränken kann, die ihre Beiladung innerhalb einer vom Gericht bestimmten Frist beantragt haben (§ 60a FGO; vgl. dazu die Kommentierungen bei *Gräber/Levedag* und *Tipke/Kruse*).

4 Sowohl im **Urteils- als auch im Beschlussverfahren** ist Beiladung möglich (vgl. *Gräber/Levedag* § 60 FGO Rz. 4), sie ist jedoch im Antragsverfahren über die Aussetzung der Vollziehung nach § 69 Abs. 3 FGO nicht erforderlich.

Vor der Beiladung ist der Stpfl. anzuhören, wenn er am Verfahren beteiligt ist (§ 60 Abs. 1 Satz 2 FGO)

5 **Zeitpunkt der Beiladung:** Beiladung kann erst nach Klageerhebung erfolgen (vgl. *Gräber/Levedag* § 60 FGO Rz. 11). Der BFH kann eine vom FG unterlassene notwendige Beiladung (§ 60 Abs. 3 Satz 1 FGO) im Revisionsverfahren nachholen (§ 123 Abs. 1 Satz 2 FGO; vgl. BFH IV R 70/04 v. 19.4.07, BStBl. II 07, 868). Beiladungen nach § 60 Abs. 1 FGO sind im Revisionsverfahren jedoch ausgeschlossen (§ 123 Abs. 1 Satz 1 FGO). Nach der bis zum 31.12.2000 geltenden Fassung des § 123 FGO war eine Beiladung im Revisionsverfahren grundsätzlich ausgeschlossen.

6 **Einfache Beiladung** ist beispielsweise geboten, wenn gegen mehrere Gesamtschuldner ein einheitlicher Bescheid ergangen ist, der Bescheid jedoch nicht von allen Gesamtschuldnern angegriffen wird; zum Erfordernis der Beiladung bei zusammen veranlagten Ehegatten vgl. *Gräber/Levedag* § 60 FGO Rz. 137 mwN. Vgl. im Übrigen zu den Einzelfällen der Beiladung *Gräber/Levedag* § 60 FGO Rz. 50 ff. (ABC der Beiladung).

Liegt kein Fall der notwendigen Beiladung vor, weil es an der Klagebefugnis nach § 48 Abs. 1 Nr. 1 FGO fehlt, kommt auch eine einfache Beiladung nach § 60 Abs. 3 FGO nicht in Betracht (BFH VIII B 25/90 v. 28.8.90, BStBl. II 90, 1072).

Notwendig beizuladen sind die nach § 48 FGO Klagebefugten (s. dazu D. 2.01 Rz. 30), die den Feststellungsbescheid nicht angefochten haben (BFH VIII R 91/84 v. 12.11.85, BStBl. II 86, 525); die notwendige Beiladung ist nur dann nicht erforderlich, wenn die nach § 48 FGO klagebefugten Personen unter keinem denkbaren rechtlichen Gesichtspunkt vom Ausgang des Rechtsstreits betroffen werden (BFH I R 93/77 v. 16.12.81, BStBl. II 82, 474; VIII R 85/88 v. 8.10.91, BFH/NV 92, 324). 7

Notwendige Beiladung ist insbesondere in den Fällen der einheitlichen und gesonderten Feststellung erforderlich. Beizuladen sind alle angeblichen Mitunternehmer, wenn Streit um das Bestehen einer Mitunternehmerschaft besteht (BFH VIII R 91/84 v. 12.11.85, BStBl. II 86, 525; eingeschränkt BFH IV R 283/84 v. 21.5.87, BStBl. II 87, 601). Ausgeschiedene Gesellschafter sind immer notwendig beizuladen (so auch der Musterfall, BFH IV R 52/04 v. 15.3.07, BFH/NV 07, 1332; IV R 34/84 v. 17.10.85, BFH/NV 87, 375 unter Hinweis auf BFH IV 251/64 v. 4.5.72, BStBl. II 72, 672 und I R 121/71 v. 23.5.73, BStBl. II 74, 746; VIII B 3/89 v. 19.9.90, BStBl. II 90, 1068; II R 99/93 v. 26.10.94, BFH/NV 95, 613), vgl. auch § 48 Abs. 1 Nr. 3 FGO iVm. § 60 Abs. 3 FGO.

Notwendig beizuladen sind weiter in Verfahren wegen der einheitlichen und gesonderten **Feststellung des gemeinen Werts von GmbH-Anteilen** alle Anteilseigner (vgl. *Gräber/Stapperfend* § 60 FGO Rz. 68), **in den Fällen des § 353 AO** der Rechtsvorgänger bzw. Rechtsnachfolger, wenn nur einer von den beiden Klage erhebt (z.B. bei der **Einheitsbewertung** des Grundvermögens). Zu den weiteren Fällen der notwendigen Beiladung vgl. *Gräber/Levedag* § 60 FGO Rz. 50ff. (ABC der Beiladung).

Auch wenn die **notwendige Beiladung keinen Antrag** voraussetzt, ist es jedoch in der Regel zweckmäßig, das Gericht auf das Vorliegen der Voraussetzungen hinzuweisen, da es uU – wie beispielsweise im Musterfall – über das Ausscheiden eines Gesellschafters gar nicht informiert sein kann bzw. ist.

Zur Frage der Beiladung von zusammenveranlagten Ehegatten (Gesamtschuldner) vgl. D. 1.05 Rz. 1. Nach BFH II B 131/08 v. 26.4.10, BFH/NV 10, 1854 soll bei Gesamtschuldnern grundsätzlich kein Fall der notwendigen Beiladung vorliegen (im Streitfall ging es um Schenker und Beschenkten, die beide Steuerschuldner (§ 20 ErbStG) und damit Gesamtschuldner nach § 44 Abs. 1 AO sind).

Einen weiteren Fall der Beiladung enthält § 174 Abs. 5 AO iVm. § 174 Abs. 4 AO. 8
Wenn ein Steuerbescheid gegenüber einem Dritten nach § 174 Abs. 4, 5 AO geändert werden soll, muss dieser am Verfahren über den fehlerhaften Steuerbescheid beteiligt werden. Zu den Voraussetzungen der Beiladung nach § 174 Abs. 5 AO vgl. BFH II B 48/10 v. 24.11.10, BFH/NV 11, 408). Die Beiladung nach § 174 Abs. 5 AO erfolgt **nur auf Antrag** der Behörde (BFH II B 108/86 v. 14.1.87, BStBl. II 87, 267).

In den Fällen des § 174 Abs. 5 AO gelten § 60 Abs. 4 bis 6 FGO (Vorschriften über das Verfahren), die tatbestandsmäßigen Voraussetzungen von § 60 Abs. 1 bzw. Abs. 3 FGO sind nicht zu prüfen, weil § 174 Abs. 5 AO einen selbstständigen Beiladungsgrund enthält (BFH III B 18/05 v. 31.1.06, BFH/NV 06, 1046). Für die Beiladung nach § 174 Abs. 5 Satz 2 AO genügt die Möglichkeit, dass ein Steuerbescheid wegen irriger Beurteilung eines Sachverhalts zugunsten des Stpfl. aufzuheben oder zu ändern ist und hieraus Folgerungen bei dem Dritten zu ziehen sind; dabei hat das Gericht grundsätzlich nicht zu prüfen, ob die formellen und materiellen Voraussetzungen für eine Änderung des gegenüber dem Dritten ergangenen Steuerbescheids vorliegen (BFH III B 127/02 v. 7.4.03, BFH/NV 03, 887).

Der nach § 174 Abs. 5 AO Beigeladene hat nach der Rspr. des BFH die Befugnisse eines notwendig Beigeladenen (BFH II B 48/10 v. 24.11.10, BFH/NV 11, 408; IX R 98/82 v. 25.8.87, BStBl. II 88, 344; vgl. auch *Gräber/Levedag* § 60 FGO Rz. 6).

Die **unterlassene notwendige Hinzuziehung im Vorverfahren** wird durch die 9
Beiladung im finanzgerichtlichen Verfahren **geheilt** (BFH II R 228/82 v. 17.7.85,

BStBl. II 85, 675); allerdings muss die Einspruchsentscheidung vor Erlass einer Sachentscheidung den notwendig Hinzuzuziehenden gegenüber wirksam geworden sein, es sei denn, dass sich der Regelungsgehalt des angefochtenen Bescheids durch die Einspruchsentscheidung nicht geändert hat und keine Fehler iSd. § 126 AO vorgelegen haben (BFH II R 73/85 v. 19.7.89, BStBl. II 89, 851; aA BFH VIII R 20/93 v. 14.6.94, BFH/NV 95, 318, der die Nachholung der Bekanntgabe der Einspruchsentscheidung fordert); vgl. dazu auch *Gräber/Levedag* § 60 FGO Rz. 147 und D. 1.06 Rz. 8.

10 Das **rechtliche Gehör des Steuerpflichtigen** (Wahrung des Steuergeheimnisses), der den Rechtsbehelf eingelegt hat, wird dadurch gewahrt, dass er vor der Beiladung zu hören ist (§ 60 Abs. 1 Satz 2 FGO); ist er mit der Beiladung nicht einverstanden, kann er – als ultima ratio – die Klage zurücknehmen.

Das **rechtliche Gehör des Beigeladenen** wird dadurch gewahrt, dass ihm **nach** erfolgter Beiladung Gelegenheit gegeben wird, sich zu dem Verfahren in rechtlicher und tatsächlicher Hinsicht zu äußern (vgl. dazu und zu den Folgen einer Verletzung des rechtlichen Gehörs des Beigeladenen: BFH IV R 48/98 v. 25.2.99, BStBl. II 99, 531).

Die **Behörde muss nicht angehört werden,** weil es insbesondere darum geht, dass das Steuergeheimnis gegenüber dem Steuerpflichtigen gewahrt wird.

11 **Form der Beiladung:** Die Beiladung erfolgt durch Beschluss, formlose Beiladung ist nicht möglich; § 60 Abs. 4 FGO regelt, dass der Beiladungsbeschluss allen Beteiligten zuzustellen ist und der Stand der Sache und der Grund der Beiladung angegeben werden soll.

12 **Wirkung der Beiladung:** Wer zum Verfahren beigeladen ist, wird Beteiligter (§ 57 Nr. 3 FGO) und hat grds. alle Rechte, die der Kläger auch hat; der Beigeladene kann nach § 60 Abs. 6 Satz 1 FGO „innerhalb der Anträge eines als Kläger oder Beklagter Beteiligten selbstständig Angriffs- und Verteidigungsmittel geltend machen und alle Verfahrenshandlungen wirksam vornehmen", abweichende Sachanträge kann er nur im Falle einer notwendigen Beiladung stellen (§ 60 Abs. 6 Satz 2 FGO). Lediglich in einem Punkt unterscheidet sich die Stellung des Beigeladenen von der des Klägers: Die Dispositionsbefugnis über das Begehren verbleibt bei Kläger und Beklagtem, der Kläger kann also jederzeit ohne Einwilligung des Beigeladenen die Klage zurücknehmen, der Beklagte kann jederzeit dem Begehren des Klägers durch Erlass eines dem Klageantrag entsprechenden Bescheids stattgeben und damit die Hauptsache erledigen.

Der Beigeladene kann **selbstständig Rechtsmittel** einlegen, es kommt also nicht darauf an, ob der Kläger oder der Beklagte auch ein Rechtsmittel einlegt. Weiter kommt dem (rechtskräftigen) Urteil **Bindungswirkung** auch gegenüber dem Beigeladenen zu (§ 110 Abs. 1 Satz 1 FGO).

13 Gegen die Beiladung und gegen ihre Ablehnung ist die **Beschwerde** nach § 128 FGO zulässig (BFH V B 179/06 v. 13.6.07, BFH/NV 07, 2296; II B 108/86 v. 14.1.87, BStBl. II 87, 267); dies gilt auch für die Beiladung nach § 174 Abs. 5 AO (BFH III B 18/05 v. 31.1.06, BFH/NV 06, 1046). Beschwerde können der Beigeladene, der Kläger und auch die Finanzbehörde einlegen.

14 **Folgen unterlassener Beiladung:** Ist die *einfache* Beiladung zu Unrecht abgelehnt worden oder unterblieben, kommt der Entscheidung des Finanzgerichts gegenüber dem an sich Beizuladenen keine Bindungswirkung zu. Unterbleibt die *notwendige* Beiladung, so liegt ein schwerer Verfahrensmangel vor (s. Rz. 8); ob im Falle der unterlassenen notwendigen Beiladung die rechtskräftige Entscheidung des Finanzgerichts unwirksam ist, wie dies die wohl überwiegende Meinung annimmt, ist streitig; vgl. zum Streitstand *Gräber/Levedag* § 60 FGO Rz. 152, der die Entscheidung für formell rechtskräftig hält, die allerdings gegenüber dem notwendig Beizuladenden nicht in materielle Rechtskraft erwachse, so dass bei einer Klage des nicht Beigeladenen die frühere Entscheidung (zB hinsichtlich der Gewinnverteilung bei einer einheitlichen Gewinnfeststellung) abgeändert werden kann.

Kosten: Dem Beigeladenen können Kosten nur auferlegt werden, soweit er Anträge gestellt oder Rechtsmittel eingelegt hat (§ 135 Abs. 3 FGO). Vgl. *Gräber/Ratschow* § 135 FGO Rz. 7f. Die außergerichtlichen Kosten des Beigeladenen sind nur erstattungsfähig, wenn das Gericht sie aus Billigkeit der unterliegenden Partei oder der Staatskasse auferlegt (§ 139 Abs. 4 FGO). Hat der Beigeladene kein eigenes Kostenrisiko iSd. § 135 Abs. 3 FGO getragen und das Verfahren auch nicht durch eigene Ausführungen gefördert, entspricht es nicht der Billigkeit, dass die unterliegende Partei oder die Staatskasse seine außergerichtlichen Kosten trägt (BFH II B 138/87 v. 10.8.88, BStBl. II 88, 842). Vgl. iE dazu *Gräber/Stapperfend* § 139 FGO Rz. 135ff. 15

Beiladung im Revisionsverfahren ist nach § 123 Abs. 1 Satz 2 FGO nur im Fall der notwendigen Beiladung (§ 60 Abs. 3 Satz 1 FGO) zulässig (vgl. Rz. 5). Durch die Beiladung kann eine vom FG übersehene Beiladung im Revisionsverfahren nachgeholt werden, nicht aber im Verfahren der NZB (BFH III B 74/02 v. 8.10.02, BFH/NV 03, 195). Ob der BFH von der Möglichkeit der Beiladung Gebrauch macht, liegt in seinem Ermessen (BFH I R 12/02 v. 18.12.02, BFH/NV 03, 636; vgl. *Gräber/Ruban* § 123 Rz. 5 mit weiteren Nachweisen). So wird eine Beiladung regelmäßig dann in Betracht kommen, wenn nicht damit zu rechnen ist, dass auf Grund der Beiladung weitere tatsächliche Feststellungen zu treffen sind, wozu nur das FG befugt ist. 16

Nach § 123 Abs. 2 Satz 1 FGO kann ein im Revisionsverfahren Beigeladener Verfahrensmängel nur innerhalb von zwei Monaten seit Zustellung des Beiladungsbeschlusses rügen. Werden begründete Verfahrensmängel gerügt, verweist der BFH den Rechtsstreit zurück, wenn der im Revisionsverfahren Beigeladene ein berechtigtes Interesse daran hat (§ 126 Abs. 3 Satz 2 FGO; vgl. dazu *Gräber/Ruban* § 123 FGO Rz. 6 und § 126 FGO Rz. 17).

D. 2.07 Berichtigungsfälle

I. FORMULAR

Formular D. 2.07 Berichtigungsfälle

Finanzgericht München
Ismaninger Str. 95
81675 München

Az. des FG

In der Finanzstreitsache

Max Anders **– Kläger –**

gegen

Finanzamt München I **– Beklagter –**

wegen Einkommensteuer 20...

Steuer-Nr.: ......

wird beantragt, den Tatbestand des Urteils vom ......, Az. ......, in der Weise zu berichtigen, dass auf Seite ...... der vom Kläger gestellte Antrag wie folgt formuliert wird:

> **„Es wird beantragt, den Einkommensteuerbescheid für 20... vom ...... in der Gestalt der Einspruchsentscheidung vom ...... und den geänderten Einkommensteuerbescheid vom ...... (Steuer-Nr. ......) dahin abzuändern, dass die Einkommensteuer um ...... auf ...... herabgesetzt wird.“**

Gleichzeitig wird der Antrag gestellt, das Protokoll über die mündliche Verhandlung vom ...... zu berichtigen und den Antrag wie oben formuliert aufzunehmen.

Begründung: Sowohl schriftsätzlich als auch in der mündlichen Verhandlung wurde der Antrag wie oben formuliert gestellt, fand jedoch in dieser Form weder Niederschlag im Protokoll über die mündliche Verhandlung noch in dem nun vorliegenden Urteil. Dem Antrag liegt folgender Sachverhalt zugrunde:

Die Klage richtete sich ursprünglich gegen den Steuerbescheid vom ...... in der Gestalt der Einspruchsentscheidung vom ...... Nachdem der Beklagte einen geänderten Einkommensteuerbescheid auf Grund der Betriebsprüfung erlassen hatte, wurde der geänderte Einkommensteuerbescheid nach § 68 FGO Gegenstand des Verfahrens.

Der erkennende Senat hebt mit dem Urteil vom ...... nunmehr ausschließlich den geänderten Einkommensteuerbescheid auf, ohne über den ursprünglichen Bescheid zu entscheiden. Da nicht sicher ist, ob die Aufhebung des geänderten Bescheids dazu führt, dass der ursprüngliche Bescheid wieder auflebt, ist auch dieser aufzuheben. Der Große Senat des Bundesfinanzhofs hat mit Beschluss BFH GrS 1/72 v. 25.10.1972 (BStBl. II 1973, 231) dazu ausgeführt:

„Der Große Senat vertritt hierzu die Auffassung, dass der Änderungsbescheid den ursprünglichen Bescheid umfasst. Der Änderungsbescheid nimmt den ursprünglichen Bescheid in seinem Regelungsinhalt mit auf. Solange der Änderungsbescheid Bestand hat, entfaltet der ursprüngliche Bescheid keine Wirkung. Der ursprüngliche Bescheid ist in dem Umfang, in dem er in den Änderungsbescheid aufgenommen ist, suspendiert und bleibt dies für die Dauer der Wirksamkeit des Berichtigungsbescheids. Der ursprüngliche Bescheid tritt jedoch wieder in Kraft, wenn der Berichtigungsbescheid aufgehoben wird" (BFH GrS 1/72 v. 25.10.1972, aaO; Hervorhebung hinzugefügt).

Diese Auffassung entspricht der ständigen Rechtsprechung des BFH, vgl. BFH II R 74/00 v. 20.10.2004, BStBl. II 2005, 99.

Gleichzeitig mit diesen Anträgen auf Berichtigung des Protokolls und Berichtigung des Tatbestands des Urteils vom ...... wird Antrag auf Ergänzung des Urteils vom ...... mit gesondertem Schriftsatz gestellt.

..

Unterschrift

II. ERLÄUTERUNGEN

Erläuterungen zu D. 2.07 Berichtigungsfälle

Schrifttum: *Kapp* Die Tatbestandsberichtigung nach § 108 FGO, BB 83, 190.

1 Die FGO kennt folgende **Berichtigungsfälle:**
- Berichtigung eines Urteils wegen offenbarer Unrichtigkeiten (§ 107 FGO),
- Berichtigung des Tatbestands des Urteils (§ 108 FGO),
- Berichtigung des Protokolls über die mündliche Verhandlung (§ 94 FGO iVm. § 164 ZPO) und
- Ergänzung eines Urteils (§ 109 FGO), s. dazu Formular D. 2.10.

2 **Berichtigung wegen offenbarer Unrichtigkeiten** ist nach § 107 FGO *jederzeit* möglich, ein Antrag ist nicht erforderlich.

3 **Voraussetzung** für die Berichtigung ist ein Schreibfehler, ein Rechenfehler oder eine ähnliche offenbare Unrichtigkeit und setzt ebenso wie § 129 AO voraus, dass es sich um ein **Versehen** handelt. Eine Berichtigung nach § 107 FGO hat zu erfolgen, wenn der Zusammenhang des Urteils ergibt, dass das Gericht über das gesamte Klagebegehren entschieden hat, in der Urteilsformel jedoch die teilweise Abweisung der Klage nicht ausgesprochen hat (BFH IV R 44/88 v. 23.8.89, BFH/NV 90, 306). Zum Begriff der Unrichtigkeit vgl. *Gräber/von Groll/Stapperfend* § 107 FGO Rz. 2ff.; *Tipke/Kruse* § 107 FGO Rz. 3; *H/H/Sp* § 107 FGO Rz. 2.

Ist gegen das Urteil, das berichtigt werden soll, Revision eingelegt worden, ist der BFH zuständig für die Entscheidung über den Antrag auf Urteilsberichtigung (BFH IV R 35/09 v. 21.5.2010, BFH/NV 10, 1649).

Wird die Berichtigung abgelehnt, kann grundsätzlich **Beschwerde** gem. § 128 Abs. 1 FGO erhoben werden; dies gilt auch, wenn nach Auffassung der Beteiligten der Berichtigungsbeschluss unzutreffend sein sollte. Eine Beschwerde ist jedoch ausgeschlossen, wenn gegen die Entscheidung, die berichtigt werden soll, keine Beschwerde statthaft ist (§ 128 Abs. 1 letzter Hs. FGO). Ist deshalb gegen eine Entscheidung des FG die Beschwerde nicht gegeben, so kann auch ein nachfolgender Beschluss, der diese Entscheidung betrifft, nicht mit der Beschwerde angefochten werden (z. B. BFH XI B 37/94 v. 16.9.94, BFH/NV 95, 144; VI B 59/03 v. 27.10.04, BFH/NV 05, 374; V B 163/06 v. 15.1.07, BFH/NV 07, 756). **4**

Das Berichtigungsverfahren ist **kostenfrei,** nicht jedoch das sich ggf. daran anschließende Beschwerdeverfahren.

Tatbestandsberichtigung nach § 108 FGO ist **antrags- und fristgebunden (§ 108 Abs. 1 FGO);** die Berichtigung kann nur **binnen zwei Wochen** nach Zustellung des Urteils beantragt werden. Die Frist ist nicht verlängerungsfähig (§ 54 Abs. 2 FGO iVm. § 224 Abs. 2 ZPO), Wiedereinsetzung nach § 56 FGO ist möglich. **5**

Berichtigt werden kann nur der **Tatbestand** (§ 105 Abs. 2 Nr. 4 FGO); dieser Antrag kann insbesondere zur Vorbereitung eines Antrags auf Urteilsergänzung nach § 109 FGO dienen (vgl. dazu Formular D. 2.10; vgl. dazu auch BFH VIII B 21/05 v. 27.3.06, BFH/NV 06, 1256). **6**

Die **Bedeutung** der Möglichkeit der Tatbestandsberichtigung liegt insbesondere darin, dass der Urteilstatbestand maßgeblich für das Revisionsverfahren ist, da der **Tatbestand** des Urteils gem. §§ 155 FGO, 418 ZPO **Beweis für das mündliche Vorbringen** der Beteiligten liefert und der Bundesfinanzhof gem. § 118 Abs. 2 FGO „an die in dem angefochtenen Urteil getroffenen tatsächlichen Feststellungen gebunden" ist, wenn nicht Verfahrensrügen erhoben werden (§ 118 Abs. 2 FGO). Sofern Verfahrensmängel jedoch nicht vorliegen, kann sich der Betroffene nur durch eine Tatbestandsberichtigung eine entsprechende Position für das Revisionsverfahren verschaffen (vgl. *Tipke/Kruse* § 108 FGO Rz. 1). **7**

Über den Antrag auf Berichtigung entscheidet das Gericht durch Beschluss ohne Mitwirkung der ehrenamtlichen Richter, es sei denn, es wird auf Grund mündlicher Verhandlung über den Berichtigungsantrag entschieden (*Gräber/Stapperfend* § 108 FGO Rz. 6 mwN). An der Entscheidung wirken nur die Richter mit, die an der zu berichtigenden Entscheidung beteiligt waren; dh. dass im Fall der Verhinderung von zwei Richtern nur ein Richter über den Berichtigungsantrag entscheidet (*Gräber/Stapperfend* § 108 Rz. 6 mit Rechtsprechungsnachweisen und weiteren Beispielen). **8**

Der Beschluss ist nach § 108 Abs. 2 Satz 2 FGO grundsätzlich **unanfechtbar.** Ausnahmsweise hält der BFH die Beschwerde für statthaft, wenn der Antrag als unzulässig verworfen wurde oder der Beschluss unter schwerwiegender Verletzung von Verfahrensvorschriften zustande gekommen ist (BFH V B 149/09 v. 15.12.10, BFH/NV 11, 621).

Nach der Rspr. des BFH soll § 108 FGO nur auf Urteile Anwendung finden, die auf Grund mündlicher Verhandlung ergangen sind (BFH V B 116/99 v. 17.12.99, BFH/NV 00, 852; III B 105/02 v. 29.8.03, BFH/NV 04, 178; VIII B 21/05 v. 27.3.06, BFH/NV 06, 1256). Dies ist jedoch § 108 FGO nicht zu entnehmen; in § 113 Abs. 1 FGO ist die singemäße Anwendung der §§ 107–109 FGO vielmehr ausdrücklich angeordnet (ebenso *Gräber/Stapperfend* § 108 Rz. 1; *Tipke/Kruse* § 108 FGO Rz. 2). **9**

Antrag auf Protokollberichtigung gem. § 94 FGO iVm. § 164 ZPO ist *jederzeit* und *ohne Antrag* möglich, auch nach Schluss der mündlichen Verhandlung und auch noch nach Einlegung von Rechtsmitteln (BFH IV B 185/03 v. 2.8.05, BFH/NV 05, 2224). Korrigiert werden kann jede Unrichtigkeit, nicht etwa nur eine offenbare Un- **10**

richtigkeit. Die Beteiligten sind **vor** der Berichtigung anzuhören (§ 164 Abs. 2 ZPO). Zuständig für eine Berichtigung des Protokolls ist ausschließlich das erstinstanzliche FG (BFH IX B 44/03 v. 6.8.03, BFH/NV 03, 1604).

Anträge auf Berichtigung sind wie der Antrag auf Tatbestandsberichtigung deswegen von Bedeutung, da der BFH als Revisionsgericht gem. § 118 Abs. 2 FGO an den vom FG festgestellten Tatbestand gebunden ist; das *Sitzungsprotokoll* liefert ebenso wie der Tatbestand *Beweis* für das mündliche Vorbringen der Beteiligten gem. § 155 FGO, § 418 Abs. 1 ZPO.

Ein nach Schluss der mündlichen Verhandlung gestellter Antrag auf **Protokollergänzung** kann als Anregung zur Protokollberichtigung ausgelegt werden (BFH VIII S 10/92 v. 22.9.92, BFH/NV 93, 543).

Im Unterschied zur Berichtigung nach § 108 FGO entscheiden nach § 164 Abs. 3 ZPO der Vorsitzende und der Urkundsbeamte allein. Die Entscheidung ist **unanfechtbar,** dh. eine Beschwerde ist unzulässig (BFH VII B 183/05 v. 12.9.05, BFH/NV 06, 102; vgl. auch *Gräber/Koch* § 94 FGO Rz. 21 mit weiteren Rechtsprechungsnachweisen). Zu den Fällen, in denen ausnahmsweise eine Beschwerde zulässig sind soll vgl. BFH VIII B 90/09 v. 15.7.10, BFH/NV 10, 2090 und *Gräber/Koch* § 94 FGO Rz. 21.

11 Durch Berichtigungsanträge nach § 107 FGO, § 108 FGO bzw. § 94 FGO iVm. § 164 ZPO wird die **Rechtsmittelfrist** (zB Revisionsfrist bzw. die Frist für die Einlegung der NZB) **weder gehemmt noch unterbrochen.**

D. 2.08 Beschwerde

I. FORMULAR

Formular D. 2.08 Beschwerde

Finanzgericht München
Ismaninger Str. 95
81675 München

Az.: des FG

In der Finanzstreitsache
Marc Aurel
Romstraße 5, 80539 München **– Kläger –**
Prozessbevollmächtigte: ......
gegen
Finanzamt München I **– Beklagter –**
Karlstraße 9–11, 80333 München
vertreten durch seinen Vorsteher
wegen Grunderwerbsteuer
Steuer-Nr.: ......

erheben wir namens und im Auftrag des Klägers gegen den Beschluss des FG vom ....

BESCHWERDE.

Wir stellen den Antrag, den Beschluss des FG München vom ..., Aktenzeichen ..., aufzuheben und dem Verfahren Fortgang zu geben.

Begründung: Das Finanzgericht hat das Klageverfahren wegen Grunderwerbsteuer gemäß § 74 Finanzgerichtsordnung (FGO) ausgesetzt, da das Verfahren wegen gesonderter Feststellung des Grundbesitzwertes auf den 1.1.20... vorgreiflich sei. Der Bescheid wegen gesonderter Feststellung des Grundbesitzwertes auf den 1.1.20... ist als Feststellungsbescheid nach § 180 Abs. 1 Nr. 1 AO zwar Grundlagenbescheid im Sinne des § 171 Abs. 10 AO, der Bindungswirkung für den Grunderwerbsteuerbescheid hat. Der Grunderwerbsteuerbescheid ist insoweit Folgebescheid.

Die Voraussetzungen für eine Aussetzung sind im Streitfall aber ausnahmsweise nicht gegeben.

Nach der Rechtsprechung des BFH ist es regelmäßig geboten und zweckmäßig, dass das FG den Streit um die Rechtmäßigkeit eines Folgebescheids nach § 74 FGO aussetzt, solange noch unklar ist, ob und wie ein angefochtener Grundlagenbescheid geändert wird (vgl. BFH-Urteil VIII R 57/76 v. 24.4.1979, BStBl. II 1979, 678; BFH-Beschluss II B 160/89 v. 20.2.1991, BStBl. II 1991, 368; BFH-Beschluss X B 21/07 v. 25.5.2007, BFH/NV 2007, 1532). Dies gilt insbesondere dann, wenn der Rechtsstreit ausschließlich oder vorrangig die Rechtmäßigkeit des Grundlagenbescheids betrifft (vgl. BFH-Urteil I R 41/99 v. 28.2.2001, BStBl. II 2001, 416 mit weiteren Rechtsprechungsnachweisen).

Nur ausnahmsweise kann bei Vorliegen besonderer Umstände im Einzelfall eine Aussetzung des Verfahrens ermessenswidrig sein (vgl. BFH-Urteile II R 62/05 v. 9.8.2006, BFH/NV 2007, 8 und VIII R 73/99 v. 30.11.2004, BFH/NV 2005, 1029; BFH-Beschlüsse II B 160/89 v. 20.2.1991, aaO, und IX B 18/88 v. 2.12.1988, BFH/NV 1989, 525). Ermessenswidrigkeit liegt dann vor, wenn – wie im Streitfall – mit dem angefochtenen Folgebescheid ein lange zurückliegender Sachverhalt erfasst wird und mit der Klage geltend gemacht wird, dass die Festsetzung verjährt bzw. verwirkt ist. In diesen Fällen hat das FG ausnahmsweise „in Umkehrung der normalerweise bestehenden Prüfungsreihenfolge zunächst zu prüfen, ob die Klage nicht ungeachtet des Ausgangs des Rechtsstreits über die Grundlagenbescheide wegen ...... Verjährung oder Verwirkung entscheidungsreif ist“ (vgl. BFH II B 160/89 v. 20.2.1991, aaO).

..

Unterschrift

II. ERLÄUTERUNGEN

Erläuterungen zu D. 2.08 Beschwerde

1 Zu den Voraussetzungen der Anordnung des Ruhens des Verfahrens bzw. der Aussetzung des Verfahrens Formular D. 2.03.

2 Nach § 128 FGO ist die **Beschwerde** an den BFH gegeben gegen Entscheidungen des FG, des Vorsitzenden oder des Berichterstatters, die nicht Urteile oder Gerichtsbescheide sind. Beschwerde ist damit statthaft zB gegen Beiladungsbeschlüsse oder die Ablehnung der Beiladung, gegen die Anordnung des Ruhens des Verfahrens, gegen die Aussetzung der Verhandlung, gegen die Ablehnung der Akteneinsicht etc. Vgl. zu den weiteren Fällen *Gräber/Ruban* § 128 FGO Rz. 4ff.

3 **Ausgeschlossen** ist die Beschwerde nach § 128 Abs. 2 FGO **gegen prozessleitende Verfügungen,** Aufklärungsanordnungen, Beschlüsse über die Vertagung oder die Bestimmung einer Frist, Beweisbeschlüsse, Beschlüsse nach § 91a und § 93a FGO, Beschlüsse über Ablehnung von Beweisanträgen, über Verbindung und Trennung von Verfahren und Ansprüchen und über die Ablehnung von Gerichtspersonen, Sachverständigen und Dolmetschern, Einstellungsbeschlüsse nach Klagerücknahme sowie Beschlüsse in Prozesskostenhilfeverfahren.

4 In der FGO ist nicht ausdrücklich geregelt, was unter **prozessleitenden Verfügungen**, die nicht mit Beschwerde angreifbar sind (§ 128 Abs. 2 FGO), zu verstehen ist. Prozessleitende Verfügungen sind Entscheidungen des Gerichts oder seines Vorsitzenden, die eine Förderung des Verfahrens, mithin den Verlauf des gerichtlichen Verfahrens selbst betreffen (BFH IV B 35/82 v. 2.12.82, BStBl. II 83, 332; IX B 138, 139/87 v. 2.12.87, BFH/NV 88, 382; IX B 68/92 v. 28.10.92, BFH/NV 93, 372; V B 203/06 v. 25.1.07, BFH/NV 07, 951). Zu den prozessleitenden Verfügungen gehört u. a. auch die Anberaumung eines Termins zur mündlichen Verhandlung durch den Vorsitzenden (vgl. BFH IX B 138, 139/87 v. 2.12.87, aaO; V B 203/06 v. 25.1.07, aaO), der Beschluss über eine Vertagung, der Beschluss über die Verbindung oder Trennung von Verfahren (§ 73 FGO), die Fristsetzung nach § 79b FGO oder § 65 Abs. 2 FGO, die Anordnung, ein Verfahren im Prozessregister auszutragen (BFH III B 231/92 v. 12.4.94, BFH/NV 95, 61). Vgl. dazu iE auch *Gräber/Ruban* § 128 FGO Rz. 7 und 9.

5 Des Weiteren ausgeschlossen ist die Beschwerde auf Grund **gesetzlicher Anordnung,** zB nach § 108 Abs. 2 Satz 2 FGO (vgl. D. 2.07 Rz. 8) und nach § 128 Abs. 4 Satz 1 FGO in **Kostensachen.**

6 **Ebenfalls** ausgeschlossen ist die **Beschwerde** gegen Entscheidungen über die **Aussetzung der Vollziehung** nach § 69 Abs. 3 und 5 FGO und über **einstweilige Anordnungen** nach § 114 Abs. 1 FGO (§ 128 Abs. 3 Satz 1 FGO), es sei denn, sie ist vom FG ausdrücklich zugelassen (vgl. D. 2.04 Rz. 1 ff.).

7 Weitere unanfechtbare Entscheidungen sind zB der Beschluss, durch den eine Anhörungsrüge verworfen oder zurückgewiesen wird (§ 133a Abs. 4 Satz 3 FGO; vgl. auch Formular D. 2.02), der Beschluss, mit den eine Sache dem Einzelrichter übertragen wird (§ 6 Abs. 4 Satz 1 FGO), die Gewährung der Wiedereinsetzung (§ 56 Abs. 5 FGO). Vgl. dazu iE *Gräber/Ruban* § 128 FGO Rz. 13.

8 Häufigster Fall ist die sog. **Nichtzulassungsbeschwerde,** die aber in § 116 FGO besonders geregelt ist (s. Formular D. 3.03).

9 **Beschwerdeberechtigt** sind die Beteiligten iSd. § 57 FGO (also insbes. der Kläger und der Beklagte), der im Beschwerdeverfahren entsprechend anzuwenden ist (vgl. BFH GrS 5/82 v. 16.1.84, BStBl. II 84, 439). Es besteht Vertretungszwang (§ 62a FGO, s. D. 3.03 Rz. 6 unter Hinweis auf D. 3.01 Rz. 13).

10 **Form der Beschwerde:** Es ist Schriftform erforderlich, ausreichend ist auch die Niederschrift des Urkundsbeamten der Geschäftsstelle (§ 129 Abs. 1 FGO).

Empfangsbehörde ist das Finanzgericht, das nach § 130 Abs. 1 FGO abhelfen kann; die Beschwerdefrist wird jedoch auch gewahrt, wenn die Beschwerde innerhalb der Frist beim BFH eingeht (§ 129 Abs. 2 FGO).

11 **Frist:** Die Beschwerde ist innerhalb von **zwei Wochen** nach Bekanntgabe der Entscheidung einzulegen (§ 129 Abs. 1 FGO), die Beschwerdefrist kann nicht verlängert werden, ggf. ist wegen Versäumung der Frist Wiedereinsetzung nach § 56 FGO möglich (vgl. Formular D. 2.24). Für die **Nichtzulassungsbeschwerde** gilt eine Sonderregelung nach § 116 Abs. 2 FGO; sie ist innerhalb eines Monats nach Zustellung des Urteils beim BFH einzulegen, vgl. dazu Formular D. 3.03.

12 **Inhalt der Beschwerde** ist gesetzlich nicht geregelt. Angegeben werden sollte auf jeden Fall die angefochtene Entscheidung mit Datum und Aktenzeichen; außerdem empfiehlt es sich, die Gründe für die Beschwerde darzulegen und die zur Begründung dienenden Tatsachen und Beweismittel anzugeben.

13 Der BFH **entscheidet** über die Beschwerde gem. § 132 FGO **durch Beschluss,** wenn das FG der Beschwerde nicht abgeholfen hat.

14 **Gesetz über den Rechtsschutz bei überlangen Gerichtsverfahren und strafrechtlichen Ermittlungsverfahren** v. 24.11.11 (BGBl. I 11, 2302): Zum Entschädigungsanspruch bei unangemessener Dauer eines Gerichtsverfahrens und der hierfür erforderlichen Voraussetzung, dass eine **Verzögerungsrüge** erhoben wird, vgl. D.2.02 Rz. 47.

D. 2.09 Einstweilige Anordnung

I. FORMULAR

Formular D. 2.09 Einstweilige Anordnung

Finanzgericht München
Ismaninger Str. 957
81675 München

Az.: Neu

Finanzstreitsache

Max Moritz GmbH & Co KG, vertreten durch ihre persönlich haftende Gesellschafterin Max Moritz GmbH, diese vertreten durch ihren allein vertretungsberechtigten Geschäftsführer, Herrn Max Moritz, Müllerstr. 17, 80469 München

– Antragstellerin –

Prozessbevollmächtigte: ......

gegen

Bundeszentralamt für Steuern

An der Küppe 1, 53225 Bonn

– Antragsgegner –

vertreten durch seinen Präsidenten

wegen einstweiliger Anordnung (Spontanauskunft)

Steuer-Nr.: ......

Namens und unter Vollmachtsvorlage der Antragstellerin beantragen wir:

1. Dem Antragsgegner wird im Wege der einstweiligen Anordnung untersagt, der US-amerikanischen Steuerverwaltung eine sog. Spontanauskunft über Zinseinnahmen zu erteilen.
2. Die Kosten des Verfahrens trägt der Antragsgegner.

Begründung: Die Antragstellerin führt ein Darlehenskonto für die Tochter des Firmengründers, Maximiliane Moritz. Von Maximiliane Moritz erzielte Veräußerungserlöse aus Verkäufen von Beteiligungen, die ihr gehört hatten, sind der Antragstellerin darlehensweise zur Verfügung gestellt worden. Die Gesamtdarlehen wurden verzinst, die Zinsen sind dem Konto von Maximiliane gut geschrieben worden.

Maximiliane hat 1989 in den USA ein Studium erfolgreich abgeschlossen. Sie heiratete 1995 einen amerikanischen Staatsbürger und ist mindestens seit diesem Zeitpunkt dort ansässig. Bis einschließlich 1992 sind die Zinseinkünfte in Deutschland bei der Veranlagung von Maximiliane zur Einkommensteuer erklärt worden.

Mit Schreiben vom 14.4.2003 teilte das Finanzamt Maximiliane mit, es sei beabsichtigt, die US-amerikanischen Steuerbehörden im Wege einer Spontanauskunft über ihre in Deutschland „erzielten Zinseinkünfte“ zu informieren. Maximiliane erhob Einwendungen gegen die Weiterleitung der Auskunft, denen sich die Antragstellerin anschloss. Das Finanzamt folgte den Einwendungen nicht. Das Bayerische Finanzministerium übermittelte dem Antragsgegner am 13.4.2006 im Rahmen des Auskunftsaustausches nach Art. 26 des deutsch-amerikanischen Doppelbesteuerungsabkommens eine „Spontanauskunft“ des Finanzamts mit der Bitte um Weiterleitung an die US-amerikanische Finanzverwaltung. Gegenstand der Spontanauskunft sollten die „Zinseinkünfte“ von Maximiliane in den Jahren 1995 bis 2001 sein.

Eine einstweilige Anordnung ist zulässig (vgl. BFH I B 30/07 v. 17.9.2007, BFH/NV 2008, 51 unter Hinweis auf BFH I B 87/05 v. 15.2.2006, BStBl. II 2006, 616).

Ein Anordnungsanspruch liegt vor, denn die Antragstellerin hat einen Anspruch auf Unterlassen der Auskunft (§ 1004 BGB iVm. § 30 AO). ***[...wird ausgeführt...]***

Es liegt auch ein Anordnungsgrund vor, denn aus der drohenden Verletzung ist nach der Rechtsprechung des BFH auf einen Anordnungsgrund zu schließen (vgl. BFH I B 30/07 v. 17.9.2007, BFH/NV 2008, 51; BFH I B 87/05 v. 15.2.2006, BStBl. II 2006, 616).

..

Unterschrift

Anmerkung: Der Fall ist dem Beschluss des BFH I B 30/07 v. 17.9.07, BFH/NV 08, 51 nachgebildet.

II. ERLÄUTERUNGEN

Erläuterungen zu D. 2.09 Einstweilige Anordnung

Schrifttum: *Becker* Vollstreckung trotz anhängigem AdV-Antrag – Was tun?, INF 02, 166; *Bilsdorfer* Vollstreckungsschutz während eines laufenden Aussetzungsverfahrens, FR 00, 708: *Braun* Der vorläufige gerichtliche Rechtsschutz in Sonderfällen, sj 07, 24; *Buciek* Der vorläufige Rechtsschutz in Steuersachen, DStJG 18 (1995), 149; *Carl* Vorläufiger Rechtsschutz im Steuerrecht, DB 91, 2615; *Carle* Einstweiliger Rechtsschutz im Vollstreckungsverfahren, AO-StB 04, 232; *ders.* Effektiver Rechtsschutz im Vollstreckungsverfahren, KÖSDI 03, 13957; *Eichhorn/Eichhorn* Die „hilfreiche" einstweilige Anordnung des § 114 FGO, BB 82, 774; *Geimer* Die einstweilige Anordnung zum Zwecke der Vollstreckungsabwendung, FR 83, 399; *Greite* Kindergeld und einstweiliger Rechtsschutz, FR 02, 397; *Lemaire* Die einstweilige Anordnung, AO-StB 03, 411; *ders.* Der einstweilige Rechtsschutz im Steuerrecht, 1997; *List* Vorläufiger Rechtsschutz gegenüber einem negativen Gewinnfeststellungsbescheid – BFH-Beschl. v. 14.4.1987 GrS 2/85 (BStBl. II S. 637), NWB F. 2 S. 4917 (v. 16.11.87); *Schrömbges* Zum einstweiligen Rechtsschutz im Zoll- und Verbrauchsteuerrecht, ZfZ 85, 262; *Trossen* Vorläufiger Rechtsschutz gegen Insolvenzanträge der Finanzbehörden, DStZ 01, 877; *Werth* Rechtsschutz gegen Insolvenzanträge des Finanzamts, AO-StB 07, 210.

1 Nach § 114 Abs. 1 Satz 1 FGO kann das Gericht auf Antrag eine einstweilige Anordnung in Bezug auf den Streitgegenstand treffen, wenn die Gefahr besteht, dass durch eine Veränderung des bestehenden Zustandes die Verwirklichung eines Rechts des Antragstellers vereitelt oder wesentlich erschwert werden könnte (sog. Sicherungsanordnung). Einstweilige Anordnungen sind nach § 114 Abs. 1 Satz 2 FGO auch zur Regelung eines vorläufigen Zustands in Bezug auf ein streitiges Rechtsverhältnis zulässig, wenn diese Regelung, vor allem bei dauernden Rechtsverhältnissen, um wesentliche Nachteile abzuwenden oder drohende Gewalt zu verhindern oder aus anderen Gründen nötig erscheint (sog. Regelungsanordnung).

Die **einstweilige Anordnung** nach § 114 FGO ist in der Praxis selten, da sie nach § 114 V FGO unzulässig ist, soweit der vorläufige Rechtsschutz durch Aussetzung der Vollziehung (§ 69 FGO) zu erreichen ist (s. Formular D. 2.04). Einstweilige Anordnungen kommen also regelmäßig nicht bei Anfechtungsklagen (hier Aussetzung der Vollziehung) in Betracht, sondern lediglich bei Verpflichtungsklagen, Leistungs- und Feststellungsklagen.

Regelmäßig wird daher in **Vollstreckungssachen** eine einstweilige Anordnung in Betracht kommen, so zB Antrag auf Gewährung von Vollstreckungsaufschub nach § 258 AO (BFH VII B 310/98 v. 23.11.99, BFH/NV 00, 588 m.w.N.). Sie ist auch gegeben, wenn die Herabsetzung von **bestandskräftig** festgesetzten Steuervorauszahlungen begehrt wird (BFH I B 187/90 v. 27.3.91, BStBl. II 91, 643). Mit einer einstweiligen Anordnung kann auch vorläufiger Rechtsschutz begehrt werden gegen bevorstehende, rufgefährdende, durch den Besteuerungszweck nicht mehr gedeckte Mitteilungen der Finanzbehörde an Dritte (BFH V B 3/86 v. 16.10.86, BStBl. II 87,

30), gegen das Verlangen, Akten an einen parlamentarischen Untersuchungsausschuss abzugeben (BFH VIII B 126/92 v. 1.12.92, BFH/NV 93, 579), gegen die beabsichtigte Versendung von Kontrollmitteilungen (BFH VIII B 28/99 v. 25.7.00, BFH/NV 00, 1384), gegen die beabsichtige Erteilung von Auskünften über steuerlich relevante Verhältnisse an ausländische Finanzbehörden (BFH I B 72/87 v. 20.1.88, BStBl. II 88, 412), gegen die beabsichtigte Weiterleitung von Kontrollmaterial bzw. eines Auskunftsersuchens an eine ausländische Steuerbehörde (BFH I B 12/92 v. 29.4.92, BStBl. II 92, 645; I B 30/07 v. 17.9.07, BFH/NV 08, 51; I B 87/05 v. 15.2.06, BStBl. II 06, 616).

Vgl. zu weiteren Sachverhalten, in denen eine einstweilige Anordnung statthaft ist *Tipke/Kruse* § 114 FGO Rz. 15ff., 25ff; *Gräber/Koch* § 114 FGO Rz. 20ff., 40, 45ff.

Zum Verhältnis von einstweiliger Anordnung und Aussetzung der Vollziehung vgl. BFH v. 6.5.86, BFH/NV 87, 96; VIII B 119/91 v. 4.2.92, BFH/NV 92, 789.

Hauptanwendungsbereich der einstweiligen Anordnung war in der Praxis früher die vorläufige Verlustfeststellung bei Personengesellschaften, inzwischen hat aber der BFH auch bei einem negativen Gewinnfeststellungsbescheid die Aussetzung der Vollziehung zugelassen, so dass die einstweilige Anordnung nicht mehr zulässig ist (BFH GrS 2/85 v. 14.4.87, BStBl. II 87, 637). 2

Voraussetzung für die einstweilige Anordnung ist ein *schriftlicher* oder zu Protokoll der Geschäftsstelle des FG gegebener **Antrag** (§ 114 Abs. 3 FGO, § 920 Abs. 3 ZPO). **Zuständig** ist das Gericht des ersten Rechtszugs, das auch für die Hauptsache zuständig ist (§ 114 Abs. 2 Sätze 1 und 2 FGO). In **dringenden Fällen** kann der **Vorsitzende** entscheiden (§ 114 Abs. 2 Satz 3 FGO). 3

Aus dem Antrag müssen sich Antragsteller, Antragsgegner, **Anordnungsanspruch** und **Anordnungsgrund** ergeben. Die beiden letzteren sind **glaubhaft** zu machen (§ 114 Abs. 3 FGO, § 920 Abs. 2 ZPO). **Anordnungsanspruch** ist die Geltendmachung einer eine einstweilige Maßnahme rechtfertigenden Rechtsposition. **Anordnungsgrund** liegt vor, wenn eine einstweilige Maßnahme (Eilbedürftigkeit) erforderlich ist, dh. wenn die behauptete Rechtsposition gefährdet ist. 4

Glaubhaftmachung geschieht zB durch eidesstattliche Versicherungen (§ 294 ZPO); vgl. dazu auch D. 2.04 Rz. 24. Glaubhaftmachung bedeutet, dass die Rechtsbehauptungen hinreichend **schlüssig** vorgetragen werden müssen (vgl. BFH V B 3/86 v. 16.10.86, BStBl. II 87, 30; VII B 128/89 v. 21.12.89, BFH/NV 90, 658). Zwar gilt im Verfahren über den Antrag auf einstweilige Anordnung nach § 114 FGO auch der Untersuchungsgrundsatz gem. § 76 Abs. 1 FGO (vgl. *Gräber/Koch* § 114 FGO Rz. 53 mwN), allerdings ist die Pflicht des Gerichts zur Sachverhaltsaufklärung beschränkt, dh. es muss lediglich die Tatsachen berücksichtigen, von denen es Kenntnis hat, dh. es muss die beigezogenen behördlichen Akten verwerten (*Gräber/Koch* § 114 FGO Rz. 55). Nur präsente Beweismittel sind zulässig. Im Verfahren der einstweiligen Anordnung erfolgt die Prüfung des Gerichts – ebenso wie im Verfahren auf Aussetzung der Vollziehung – im summarischen Verfahren. 5

Die einstweilige Anordnung kann in Form einer **Sicherungsanordnung** (§ 114 Abs. 1 Satz 1 FGO) zur Verhinderung einer Veränderung eines bestehenden Zustandes **oder** als **Regelungsanordnung** (§ 114 Abs. 1 Satz 2 FGO) als Grundlage für die Regelung eines einstweiligen Zustandes zur Sicherung des Rechtsfriedens bis zur Entscheidung des streitigen Rechtsverhältnisses beantragt werden. Zur Regelungsanordnung vgl. BFH VII B 153/95 v. 22.8.95, BStBl. II 95, 645. 6

Zeitpunkt der einstweiligen Anordnung: Die einstweilige Anordnung kann auch schon *vor* Klageerhebung beantragt werden (§ 114 Abs. 1 Satz 1 FGO). 7

Anordnungsgrund fehlt regelmäßig für einstweilige Anordnung auf Erteilung einer verbindlichen Zusage (BFH I B 21/88 v. 15.4.88, BStBl. II 88, 585). 8

Zum Inhalt der Entscheidung: Die Entscheidung darf das Ergebnis der Hauptsache nicht vorwegnehmen (vgl. *Gräber/Koch* § 114 FGO Rz. 66; BFH VII B 78/83 v. 9

21.2.84, BStBl. II 84, 449); so kann zB durch einstweilige Anordnung nicht geregelt werden, dass ein Bewerber zur Steuerberaterprüfung „vorläufig“ zugelassen wird (BFH VII B 78/83 v. 21.2.84, BStBl. II 84, 449). Die einstweilige Anordnung kann von einer **Sicherheitsleistung** abhängig gemacht werden (§ 114 Abs. 3 FGO, § 938 ZPO).

10 **Dauer der einstweiligen Anordnung:** Sie kann in der Entscheidung befristet sein, sie dauert längstens bis zum rechtskräftigen Abschluss des Hauptsacheverfahrens (BFH IV B 41/77 v. 10.8.78, BStBl. II 78, 584).

11 Wird die einstweilige **Anordnung vor Anhängigkeit der Hauptsache beantragt,** kann dem Antragsteller auf Antrag des Antragsgegners aufgegeben werden, innerhalb einer vom Gericht zu bestimmenden Frist Klage zu erheben (§ 114 Abs. 3 FGO, § 926 Abs. 1 ZPO).

12 Das Gericht entscheidet über den Antrag nach § 114 Abs. 1 FGO durch **Beschluss,** und zwar auch dann, wenn eine mündliche Verhandlung stattgefunden hat (§ 114 Abs. 4 FGO).

13 Eine **Aufhebung oder Änderung** der einstweiligen Anordnung ist auf Antrag möglich, wenn sich die entscheidungserheblichen Umstände nachträglich geändert haben (BFH IV R 68/86 v. 28.1.88, BStBl. II 88, 449; *Gräber/Koch* § 114 FGO Rz. 103 mwN) oder wenn der Antragsteller der Auflage der Klageerhebung bzw. der Sicherheitsleistung nicht nachkommt (*Gräber/Koch* § 114 FGO Rz. 104, 105).

14 **Kosten**: Es fallen **zwei Gerichtsgebühren** für das Verfahren im Allgemeinen an (Nr. 6210 des Kostenverzeichnisses zum GKG). Die Gebühr **ermäßigt** sich bei Rücknahme des Antrags auf einstweilige Anordnung ebenso wie bei Erledigung des Rechtsstreits in der Hauptsache von 2 auf **0,75 Gebühren** (Nr. 6211 des Kostenverzeichnisses zum GKG). Im Verfahren über den Antrag auf Erlass und im Verfahren über den Antrag auf Aufhebung einer einstweiligen Anordnung werden die Gebühren jeweils gesondert erhoben (vgl. Vorbemerkung 6.2 zu Nr. 6210 des Kostenverzeichnisses zum GKG).

15 **Fälligkeit der Verfahrensgebühr:** Ob die Verfahrensgebühr mit der Einreichung des Antrags auf einstweilige Anordnung bei Gericht fällig werden soll, kann dem Gesetz nicht mit Sicherheit entnommen werden. Nach § 6 GKG wird – in im Einzelnen bestimmten Verfahren – die Verfahrensgebühr bereits mit der Einreichung der Klage-, Antrags-, Einspruchs- oder Rechtsmittelschrift oder mit der Abgabe der entsprechenden Erklärung zu Protokoll fällig. Welche Verfahren unter die Regelung des § 6 GKG fallen, soll sich nach der Begründung des Regierungsentwurfs aus der Struktur des Kostenverzeichnisses ergeben. Für die Gerichte der Finanzgerichtsbarkeit sind in § 6 Abs. 1 Nr. 4 GKG die „Prozessverfahren“ benannt. Dies spricht dafür, dass es nur in Klageverfahren – und nicht in Verfahren der §§ 69, 114 FGO – zu einer frühzeitigen Fälligkeit der Gerichtsgebühren kommt.

Ein Antrag auf Prozesskostenhilfe hindert die Fälligkeit der Verfahrensgebühr im Übrigen nicht. In der Praxis wird das Gericht jedoch die Gerichtskasse darauf hinweisen, dass ein Antrag auf Prozesskostenhilfe anhängig ist, über den noch nicht entschieden worden ist. Die Gerichtskasse wird sodann idR mit der Vollstreckung solange nicht beginnen, bis über den Antrag auf Prozesskostenhilfe entschieden worden ist.

16 In Verfahren über den Antrag auf Erlass bzw. Aufhebung einer **einstweiligen Anordnung** bestimmt sich der **Streitwert** gemäß § 53 Abs 3 GKG nach § 52 Abs. 1 und Abs. 2 GKG, dh. der Streitwert ist nach der sich aus dem Antrag des Antragstellers für ihn ergebenden Bedeutung der Sache nach Ermessen zu bestimmen (s. o). IdR hat ein Verfahren nach § 114 FGO als Eilverfahren einen geringeren Streitwert als das Hauptsacheverfahren und ist deswegen mit einem Prozentsatz von 10 bis 25 % der bezifferten Geldleistung anzunehmen. Bietet der Sach- und Streitstand für die Bestimmung des Streitwertes keine genügenden Anhaltspunkte, beträgt der Regelstreitwert 5.000 € (§ 52 Abs. 2 GKG). Streitig ist, ob der Regelstreitwert in vollem Umfang oder unter Berück-

sichtigung eines Abschlags anzusetzen ist; das FG Münster (11 V 4418/05 AO v. 30.1.07, EFG 07, 1109) vertritt die Ausfassung, dass in den Fällen des § 52 Abs. 2 GKG der Streitwert mit 25% von 5.000 € anzusetzen ist. Vgl. aber *Gräber/Ratschow* Vor § 135 FGO Rz. 35. Einstweilige Anordnung a. E. unter Hinweis auf BFH IX E 1/98 v. 25.8.98, BFH/NV 99, 213; *Tipke/Kruse* Vor § 135 FGO Rz. 185. Der Auffassung des FG Münster ist zuzustimmen, denn idR hat ein Verfahren nach § 114 FGO als Eilverfahren einen geringeren Streitwert als das Hauptsacheverfahren. Der **Mindeststreitwert von 1.000 €** nach § 52 Abs. 4 GKG (ab 1.8.13: 1.500 €) gilt **nicht** in Verfahren der einstweiligen Anordnung (§ 53 Abs. 3 Nr. 1 GKG; BFH IX E 17/07 v. 14.12.07, BStBl. II 08, 199; FG Köln 10 Ko 275/07 v. 5.2.07, EFG 07, 793).

Der im Juni 2009 von den Präsidenten der Finanzgerichte beschlossene **Streitwertkatalog** für die Finanzgerichtsbarkeit ist keine verbindliche Rechtsgrundlage dar, sondern enthält lediglich eine Zusammenstellung der finanzgerichtlichen Rechtsprechung und soll zur Vereinheitlichung der Rechtsprechung zur Bemessung des Streitwerts beitragen. Mit den angegebenen Werten werden damit Empfehlungen ausgesprochen. Der Streitwertkatalog ist im Internet abrufbar auf der Homepage der meisten Finanzgerichte (zB FG Münster: www.fg-muenster.nrw.de), zT mit Hinweisen auf Besonderheiten am jeweiligen FG (z. B. FG Düsseldorf: www.fg-duesseldorf.nrw.de).

Nach A 9 des Streitwertkatalogs soll der Streitwert im Anordnungverfahren in der Regel mit 1/3 des Hauptsachestreitwerts zu bemessen sein.

Gegen den stattgebenden oder den ablehnenden Beschluss ist die **Beschwerde** nur 17
gegeben, wenn sie vom Gericht zugelassen worden ist (§ 128 Abs. 3 Satz 1 FGO). Dies gilt unabhängig davon, ob über den Antrag der Senat, der Vorsitzende oder der Einzelrichter entschieden hat. Eine **Nichtzulassungsbeschwerde** ist nicht statthaft (vgl. *Gräber/Koch* § 114 FGO Rz. 101 und § 69 FGO Rz. 186).

Gesetz über den Rechtsschutz bei überlangen Gerichtsverfahren und straf- 18
rechtlichen Ermittlungsverfahren v. 24.11.11 (BGBl. I 11, 2302): Zum Entschädigungsanspruch bei unangemessener Dauer eines Gerichtsverfahrens und der hierfür erforderlichen Voraussetzung, dass eine **Verzögerungsrüge** erhoben wird, vgl. D.2.02 Rz. 47.

D. 2.10 Ergänzung des Urteils

I. FORMULAR

Formular D. 2.10 Ergänzung des Urteils

Finanzgericht München
Ismaninger Str. 95
81675 München

Az. des FG

In der Finanzstreitsache

Max Anders **– Kläger –**

gegen

Finanzamt München I **– Beklagter –**

wegen Einkommensteuer 20...

Steuer-Nr.: ......

wird namens und im Auftrag des Klägers beantragt, das Urteil vom ......, Az. ...... mit der Entscheidung über den mit Schriftsatz vom ...... gestellten Klageantrag zu ergänzen.

Anträge auf Berichtigung des Tatbestands des Urteils gem. § 108 FGO und auf Protokollberichtung gem. § 94 FGO iVm. § 164 ZPO wurden mit Schriftsatz vom selben Tag gestellt.

Begründung: Der Kläger hat schriftsätzlich beantragt, dass neben dem geänderten Einkommensteuerbescheid für 20... auch der ursprüngliche Steuerbescheid vom ...... in der Gestalt der Einspruchsentscheidung vom ...... aufgehoben wird. Darüber hat der erkennende Senat dem Tenor seiner Entscheidung nach nicht entschieden. Diese Entscheidung ist in einem Ergänzungsurteil nachzuholen. Zur Begründung des Antrags auf Entscheidung über den Antrag auf Aufhebung vgl. unseren Schriftsatz vom heutigen Tage betreffend Tatbestands- und Urteilsberichtigung, den wir zum Gegenstand unseres Vortrags machen (s. Anlage).

..

Unterschrift

II. ERLÄUTERUNGEN

Erläuterungen zu D. 2.10 Ergänzung des Urteils

1 Der **Erlass eines Ergänzungsurteils** ist nach § 109 FGO möglich, wenn ein „nach dem Tatbestand von einem Beteiligten gestellter Antrag oder die Kostenfolge" bei der Entscheidung ganz oder zum Teil übergangen worden ist. Vielfach wird einem Antrag auf Urteilsergänzung ein Antrag auf Tatbestandsberichtigung vorausgehen müssen (vgl. dazu D. 2.07 Rz. 5ff.). Bei dem ganz oder teilweise übergangenen Antrag muss es sich um einen tatsächlich gestellten **Sachantrag** handeln, der versehentlich unberücksichtigt geblieben ist (vgl. *Gräber/Stapperfend* § 109 FGO Rz. 2). Das Übergehen eines Sachantrags kann grundsätzlich nur mit dem Antrag nach § 109 FGO auf Ergänzung des Urteils geltend gemacht werden und nicht etwa mit einer Verfahrensrüge nach § 119 Nr. 6 FGO (BFH III B 193/04 v. 30.6.06, BFH/NV 06, 2101; VIII B 21/05 v. 27.3.06, BFH/NV 06, 1256). Es entspricht den Anforderungen einer sorgfältigen Prozessführung, vorsorglich neben dem Verfahren nach § 109 FGO NZB zu erheben bzw. Revision einzulegen, „weil in aller Regel ohne weitere Sachverhaltsklärung nicht erkennbar ist, in welchem der Verfahren der Verfahrensfehler des FG behoben werden kann" (BFH IX B 47/05 v. 9.2.06, BFH/NV 06, 1120).

Eine Berichtigung durch Ergänzungsurteil hat z.B. zu erfolgen, wenn der BFH beim Erlass eines Revisionsurteils einen während des Revisionsverfahrens ergangenen Änderungsbescheid übersehen hat (BFH II R 37/09 v. 12.1.11, BFH/NV 11, 629).

Ist im Urteil inhaltlich eine Entscheidung ergangen und fehlt es lediglich an dem entsprechenden Ausspruch, ist das Urteil nicht nach § 109 FGO zu ergänzen, sondern nach § 107 FGO zu berichtigen, wenn dieser Fehler offenbar ist (vgl. *Gräber/Stapperfend* § 109 FGO Rz. 1; vgl. Formular D. 2.07).

2 Die Ergänzung ist **antrags- und fristgebunden;** der Antrag ist innerhalb von **zwei Wochen** nach Zustellung des Urteils zu stellen, bei Fristversäumnis kommt Wiedereinsetzung gem. § 56 FGO in Betracht (vgl. Formular D. 2.24).

3 Ist im Urteil eine **Kostenentscheidung** unterblieben, so kann diese ebenfalls durch Antrag auf Urteilsergänzung nachgeholt werden; dies gilt jedoch nicht für die Entscheidung über den Antrag auf Notwendigerklärung der Zuziehung eines Bevollmächtigten im Vorverfahren gem. § 139 Abs. 3 Satz 3 FGO, da diese zum Kostenfestsetzungsverfahren gehört und in einem selbstständigen Beschluss gefasst wird (BFH GrS 5/66 v. 18.7.67, BStBl. II 68, 56); vgl. D. 2.16 Rz. 13. Wird über einen Antrag nach § 139 Abs. 4 FGO (betr. Erstattung außergerichtlicher Kosten des Beigeladenen) oder über einen Antrag auf vorläufige Vollstreckbarkeit des Urteils hinsichtlich der

Kostenentscheidung (im Falle des vollen oder teilweisen Obsiegens) nicht entschieden, liegt ebenfalls ein Ergänzungsfall iSv. § 109 FGO vor (vgl. BFH IX B 199/05 v. 27.12.06, BFH/NV 07, 1140; III B 2/67 v. 23.2.68, BStBl. II 68, 441 zu § 139 Abs. 4 FGO und BFH IV S 3/81 v. 15.4.81, BStBl. II 81, 402 zu § 711 ZPO), vgl. *Gräber/Stapperfend* § 109 FGO Rz. 3 mwN.

Das Ergänzungsurteil ist, ebenso wie das erste Urteil, angreifbar; durch einen Antrag 4
auf Ergänzung wird die Frist für Revision bzw. Nichtzulassungsbeschwerde **nicht** gehemmt oder unterbrochen.

D. 2.11 Erledigung der Hauptsache

I. FORMULAR

Formular D. 2.11 Erledigung der Hauptsache

Finanzgericht München
Ismaninger Str. 95
81675 München

Az. des FG

In der Finanzstreitsache

Max Moritz GmbH **– Klägerin –**

gegen

Finanzamt München für
Körperschaften **– Beklagter –**

wegen Körperschaftsteuer 20...

Steuer-Nr.: ......

hat der Beklagte durch Änderungsbescheid vom ...... dem mit der Klage gestellten Antrag in vollem Umfang stattgegeben. Namens und im Auftrag der Klägerin wird der Rechtsstreit in der Hauptsache für erledigt erklärt.

Es wird beantragt, dem Beklagten die Kosten gem. § 138 Abs. 2 FGO aufzuerlegen.

...

Unterschrift

II. ERLÄUTERUNGEN

Erläuterungen zu D. 2.11 Erledigung der Hauptsache

Schrifttum: *Brandt* Erledigung der Hauptsache und ihre Rechtsfolgen im FG-Verfahren, AO-StB 03, 168; *Högl* Ist trotz übereinstimmender Erledigungserklärung der Beteiligten im Finanzgerichtsprozeß noch eine Rücknahme der Klage möglich?, DStR 83, 196; *Künzel* Die einseitige Erledigungserklärung, DB 90, 2370; *Lange* Rechtswirkungen übereinstimmender Erledigungserklärungen im Finanzgerichtsprozess, StuW 96, 137; *Mittelbach* Erklärung zur Hauptsachenerledigung und Klagerücknahme, DStZ 80, 227; *Reichel/Eberl* Die Erledigung der Hauptsache, StB 82, 177; *Streck/Rainer* Erledigungserklärungen im finanzgerichtlichen Verfahren und Klagerücknahme, Stbg. 88, 120.

Gibt die Finanzbehörde durch einen **Änderungsbescheid dem Klageantrag in** 1
vollem Umfang statt, so ist es zweckmäßig, das Klageverfahren zu beenden. Dies kann

- durch **Klagerücknahme** geschehen (dann aber **Kostenpflicht** nach § 136 Abs. 2 FGO) oder
- durch **Erklärung der Erledigung der Hauptsache** (dann Kostenentscheidung nach § 138 FGO, s. dazu Rz. 4, 7). Zu den Kosten vgl. Rz. 9.

2 **Nach** § 138 Abs. 2 FGO **ist die** Hauptsache erledigt, **wenn**

- dem Antrag des Steuerpflichtigen durch Rücknahme oder Änderung des angefochtenen Verwaltungsaktes stattgegeben oder
- im Falle der Untätigkeitsklage innerhalb der vom Gericht gem. § 46 Abs. 1 Satz 3 2. Halbs. FGO gesetzten Frist dem außergerichtlichen Rechtsbehelf stattgegeben oder der beantragte Verwaltungsakt erlassen wird (vgl. zu der Erledigung der Untätigkeitsklage D. 2.22 Rz. 14).

3 Zu den **weiteren Erledigungsfällen** nach § 138 Abs. 2 FGO vgl. die Übersicht bei *Gräber/Ratschow* § 138 FGO Rz. 85ff.

4 Erledigt sich die Hauptsache durch **Rücknahme oder Änderung** des angefochtenen Verwaltungsaktes, so sind grundsätzlich der **Behörde die Kosten** aufzuerlegen (§ 138 Abs. 2 Satz 1 FGO); Ausnahme: § 138 Abs. 2 Satz 2 FGO, der auf § 137 FGO verweist, wonach einem Beteiligten die Kosten ganz oder teilweise auch im Falle des Obsiegens auferlegt werden können, **wenn die Entscheidung auf Tatsachen beruht**, die er **früher** hätte geltend machen oder beweisen können und sollen. Das sind insb. die Fälle, in denen der Einspruch nicht (oder nur unzureichend) begründet worden ist, oder die Fälle, in denen die Klage auf für die Finanzbehörde bisher unbekannte Tatsachen gestützt wird. Hier kann es kostengünstiger sein, die Klage zurückzunehmen, vgl. D. 2.16a Rz. 20, D. 2.16b Rz. 23. Zu den weiteren Einschränkungen des Grundsatzes nach § 138 Abs. 2 Satz 1 FGO vgl. *Gräber/Ratschow* § 138 FGO Rz. 54ff.

5 **§ 138 Abs. 1 FGO** regelt nicht, wann ein Rechtsstreit in der Hauptsache als erledigt anzusehen ist, er enthält vielmehr die Kostenfolge, wenn es sich nicht um eine Erledigung nach § 138 Abs. 2 FGO (vgl. Rz. 4) handelt. Die Kostenentscheidung ist zB nach § 138 Abs. 1 FGO zu treffen, wenn die Finanzbehörde dem Antrag des Stpfl. nur zum Teil abhilft und der Stpfl. das Verfahren iÜ nicht mehr weiterverfolgen will. Die Entscheidung über die Kosten ist „nach billigem Ermessen" zu treffen, dh. nach dem wahrscheinlichen Ausgang des Verfahrens unter Berücksichtigung des bisherigen Sach- und Streitstandes (vgl. *Gräber/Ratschow* § 138 FGO Rz. 40ff.). Die Kosten des Verfahrens können dann dem Kläger oder dem Beklagten ganz auferlegt werden, die Kosten können aber auch gegeneinander aufgehoben oder verhältnismäßig geteilt werden (§ 135 Abs. 1 und § 136 Abs. 1 FGO).

6 Ein **Beschluss** nach § 138 Abs. 1, 2 FGO ist von der **Erledigungserklärung** der Beteiligten abhängig. Wird die **Erledigung** von Kläger und Beklagtem **übereinstimmend abgegeben,** so prüft das Gericht nicht, ob die Hauptsache tatsächlich erledigt ist; es entscheidet nur noch durch Beschluss über die Kostenfolge nach § 138 FGO.

Die Erledigungserklärung muss gegenüber dem Gericht abgegeben werden, in der Regel schriftlich oder zur Niederschrift. Als Prozesshandlung muss sie klar und eindeutig abgegeben werden; bloßes Schweigen darf nach allgemeinen prozessualen Grundsätzen grundsätzlich nicht als Prozesshandlung fingiert werden. Allerdings muss im Einzelfall geprüft werden, wie das Schweigen eines Beteiligten zu werten ist (BFH GrS 4/78 v. 5.3.79, BStBl. II 79, 375). Ggf. kann die Erledigung der Hauptsache auch schlüssig erklärt werden (BFH IV R 13/79 v. 12.7.79, BStBl. II 79, 705).

Nach dem mit Wirkung vom 1.9.04 eingefügten Abs. 3 des § 138 FGO ist der Rechtsstreit auch in der Hauptsache erledigt, wenn der Beklagte der Erledigungserklärung des Klägers nicht innerhalb von zwei Wochen seit Zustellung des die Erledigungserklärung enthaltenden Schriftsatzes widerspricht und er vom Gericht auf diese Folge hingewiesen worden ist. Eine entsprechende Regelung für den Kläger ist gesetzlich nicht vorgesehen worden.

Bei **einseitiger Erledigungserklärung** des Klägers hat das Gericht die tatsächliche Erledigung zu prüfen. Ist nach der Auffassung des Gerichts die Hauptsache erledigt, so ist die Erledigung im Urteil festzustellen; dem Beklagten sind die Kosten des Verfahrens aufzuerlegen (BFH III B 74/01 v. 20.3.03, BFH/NV 03, 935; VII B 15/79 v. 7.8.79, BStBl. II 79, 709; BFH VII R 32/69 v. 19.1.71, BStBl. II 71, 307). 7

Ist dagegen nach der Auffassung des Gerichts die Hauptsache nicht erledigt, so ist die Klage abzuweisen, der Kläger trägt nach § 135 Abs. 1 FGO die Kosten (BFH III B 74/01 v. 20.3.03, aaO unter Hinweis auf BFH IV R 70/72 v. 27.9.79, BStBl. II 79, 779); dies kann vermieden werden, wenn der ursprüngliche Klageantrag (Entscheidung in der Hauptsache) **hilfsweise** aufrecht erhalten wird (BFH IV R 70/72 v. 27.9.79, aaO; vgl. *Gräber/Ratschow* § 138 FGO Rz. 96 mwN).

Erklärt der **Beklagte** die Hauptsache für erledigt und hält der Kläger seinen ursprünglichen Klageantrag aufrecht, wird das Gericht ebenfalls prüfen, ob die Hauptsache erledigt ist. Kommt es zu dem Ergebnis, dass die Hauptsache erledigt ist, wird es die Klage als unzulässig abweisen (BFH X S 22/10 v. 18.8.10, BFH/NV 10, 2108), ist die Hauptsache nach der Auffassung des Gerichts dagegen nicht erledigt, geht der Prozess in der Hauptsache weiter. Vgl. zu diesen Fällen *Gräber/Ratschow* § 138 FGO Rz. 101 mwN. 8

Kosten, die bei Hauptsacheerledigungserklärung höchstens entstehen können, wenn dem Kläger die Kosten nach insgesamt auferlegt werden: 9

Für Verfahren, die **ab dem 1.7.04** anhängig geworden sind bzw. anhängig werden, dh. für Verfahren, die ab dem 1.7.04 bei Gericht eingegangen sind oder eingehen werden: 2,0 Gebühren (ermäßigte Verfahrensgebühr nach Nr. 6111 Nr. 2 des Kostenverzeichnisses zum GKG).

Kein Rechtsmittel: In Streitigkeiten über Kosten ist die Beschwerde gemäß § 128 Abs. 4 Satz 1 FGO nicht gegeben. Zu diesen Streitigkeiten gehören auch solche, die die Kostentragung nach Erledigung der Hauptsache betreffen, vgl. BFH V B 170/01 v. 14.10.02 (BFH/NV 03, 197). Nach der Rspr. des BFH war jedoch eine außerordentliche Beschwerde für statthaft gehalten worden, wenn der Entscheidung jedwede gesetzliche Grundlage fehlte (vgl. BFH XI B 157/00 v. 26.2.01, BFH/NV 01, 1033). Ob daran nach Anschaffung der Anhörungsrüge gemäß § 133a FGO noch festgehalten wird, ist fraglich (vgl. dazu BFH II B 54/08 v. 23.5.08, BFH/NV 08, 1508). Vgl. zu den außerordentlichen Rechtsbehelfen i. Ü. Formular D. 2.02. 10

D. 2.12 Feststellungsklage

I. FORMULAR

Formular D. 2.12 Feststellungsklage

Finanzgericht München
Ismaninger Str. 95
81675 München

Az.: Neu

In der Finanzstreitsache

Max Anders,

Einsteinstraße 17, 81675 München **– Kläger –**

Prozessbevollmächtigte: ......

gegen

Finanzamt München I,
Karlstraße 9–11, 80333 München **– Beklagter –**
vertreten durch seinen Vorsteher
wegen Umsatzsteuer 20...
Steuer-Nr.: ......
erheben wir im Namen und im Auftrag des Klägers unter Vollmachtsvorlage gem. § 41 Abs. 1 FGO

FESTSTELLUNGSKLAGE.

In der mündlichen Verhandlung werden wir folgende Anträge stellen:

1. Es wird festgestellt, dass der als Umsatzsteuerbescheid 20... erlassene Verwaltungsakt des Beklagten vom ...... nichtig ist.

2. Hilfsweise wird beantragt, gegen die Entscheidung des Finanzgerichts die Revision zum Bundesfinanzhof zuzulassen.

3. Die Kosten des Verfahrens trägt der Beklagte.

Auf mündliche Verhandlung wird nicht verzichtet.

Begründung: Durch Umsatzsteuerbescheid vom ......, gerichtet an „Herrn Max Anders, Einsteinstraße 17, 81675 München", setzte der Beklagte für ...... Umsatzsteuer in Höhe von ...... fest. Der Beklagte verwies in den Steuerbescheiden auf den Bericht der Steuerfahndung. An die Steuerbescheide angeheftet war eine an die „BGB-Gesellschaft Max Anders ua." gerichtete Abrechnung über die für 20... festgesetzte Umsatzsteuer.

Der Umsatzsteuerbescheid ist nichtig (§ 125 Abs. 1 AO), da er hinsichtlich seines Adressaten (§ 122 Abs. 1 AO) nicht hinreichend bestimmt ist (§ 119 Abs. 1 AO). Denn aus dem Steuerbescheid im Zusammenhang mit der ihm beigefügten Abrechnung ist nicht zweifelsfrei ersichtlich, ob der Beklagte die Umsatzsteuerfestsetzung dem Kläger als Steuerschuldner (§ 157 Abs. 1 Satz 2 AO) oder als Bekanntgabeempfänger für einen anderen Steuerschuldner bekannt geben wollte.

Der Beklagte hält an dem Steuerbescheid weiterhin fest, obwohl er nichtig ist (vgl. BFH V R 96/85 v. 17.7.1986, BStBl. II 1986, 834).

Ein Interesse an der Feststellung der Nichtigkeit besteht, da der Beklagte aus dem Umsatzsteuerbescheid vollstrecken will.

...

Unterschrift

II. ERLÄUTERUNGEN

Erläuterungen zu D. 2.12 Feststellungsklage

Schrifttum: *Albert* Fortsetzungsfeststellungsklage nach Erledigung eines Vorauszahlungsbescheides durch Erlass eines Jahressteuerbescheides, DStZ 99, 205; *Ruppel* Vorbeugende Feststellungsklage im Steuerrecht, FR 71, 337; *ders.* Wie ist bei Rechtswidrigkeit einer Außenprüfung des Verwertungsverbot geltend zu machen?, BB 96, 1913; *Schenke* Die Fortsetzungsfeststellungsklage, in Festschrift für *Menger* System des verwaltungsgerichtlichen Rechtsschutzes, Berlin 1985, 461 ff.; *Weiss* Feststellungsklage des Leistungsempfängers gegen Finanzamt zur Feststellung der Steuerpflicht eines Umsatzes zulässig, UR 96, 164.

1 **Feststellungsklage** (§ 41 FGO): Sie ist gerichtet auf die Feststellung des Bestehens oder Nichtbestehens eines Rechtsverhältnisses oder der Nichtigkeit eines Verwaltungsaktes.

Wegen der **Subsidiarität** der Feststellungsklage (§ 41 Abs. 2 Satz 1 FGO: Feststellung kann nicht begehrt werden, soweit der Kläger seine Rechte durch Gestaltungs- oder Leistungsklage verfolgen kann oder hätte verfolgen können) und wegen der Seltenheit der Nichtigkeit eines Verwaltungsaktes ist die Feststellungsklage in der Praxis selten. Zur Subsidiarität vgl. BFH IV B 43/06 v. 4.7.07, BFH/NV 07, 2127; VII R 56/93 v. 23.11.93, BStBl. II 94, 356. 2

Die Feststellungsklage ist **ohne außergerichtliches Vorverfahren** (§ 44 FGO) und ohne Einhaltung einer Frist (§ 47 FGO) zulässig. 3

Voraussetzung ist, dass der Kläger ein **berechtigtes Interesse** an der **baldigen** Feststellung hat. Berechtigtes Interesse in diesem Sinne kann jedes konkrete, vernünftigerweise anzuerkennende schutzwürdige Interesse rechtlicher, wirtschaftlicher oder ideeller Art sein. Bei dem Feststellungsinteresse iSd. § 41 Abs. 1 FGO muss es sich um ein **eigenes abgabenrechtliches** Interesse handeln; ein auf die privatrechtlichen Beziehungen des Steuerpflichtigen zu seinen Vertragspartnern und/oder deren abgabenrechtliche Verhältnisse gerichtetes Interesse ist nicht ausreichend (BFH V R 86/85 v. 11.4.91, BStBl. II 91, 729). Vgl. auch *Gräber/von Groll* § 41 FGO Rz. 29–31. 4

Feststellung des Bestehens oder Nichtbestehens eines Rechtsverhältnisses: Darunter ist „die aus einem konkreten Sachverhalt auf Grund einer Rechtsnorm sich ergebende rechtliche Beziehung einer Person zu einer anderen oder zu einer Sache" zu verstehen; „auch einzelne rechtliche Folgen einer solchen Rechtsbeziehung können Gegenstand einer Feststellungsklage sein" (BFH II R 47/79 v. 8.4.81, BStBl. II 81, 581). 5

Das Feststellungsbegehren muss grundsätzlich ein *gegenwärtiges* Rechtsverhältnis betreffen, gegenwärtig ist ein Rechtsverhältnis, „wenn die aus ihm folgenden rechtlichen Beziehungen im Zeitpunkt der Entscheidung über die Feststellungsklage schon oder noch bestehen" (BFH II R 47/79 v. 8.4.81, aaO). 6

Eine Klage, mit der eine Kfz-Werkstatt gegenüber dem für sie nicht zuständigen Finanzamt des TÜV die Feststellung begehrt, dass sie und nicht der Halter des jeweiligen Kfz Leistungsempfängerin i. S. des § 15 Abs. 1 Satz 1 Nr. 1 UStG von im Einzelnen aufgezählten und vom TÜV durchgeführten gesetzlichen Hauptuntersuchungen i. S. des § 29 StVZO ist, ist unzulässig, wenn weder über die Steuerbarkeit und Steuerpflicht der Leistung noch über die Höhe des Steuersatzes Streit besteht (BFH XI R 12/08 v. 30.3.11, BStBl. II 11, 819). 6a

Nichtigkeit eines Verwaltungsaktes: Da der nichtige Verwaltungsakt zumindest durch seinen Rechtsschein beschwert, ist in jedem Fall zulässig auch die Anfechtungsklage, die auf Aufhebung des angefochtenen Verwaltungsakts zielt. Die Zulässigkeit einer Feststellungsklage wegen Nichtigkeit eines Verwaltungsaktes ist grundsätzlich unabhängig von der vorherigen Durchführung eines Vorverfahrens oder einem Antragsverfahren nach § 125 Abs. 5 AO (BFH V R 36/06 v. 24.1.08, BStBl. II 08, 686). 7

Ob neben der Anfechtungsklage auch die Feststellungsklage zulässig ist, ist umstritten (uneingeschränkt bejahend die Rechtsprechung, vgl. BFH V R 96/85 v. 17.7.86, BStBl. II 86, 834; vgl. *Gräber/von Groll* § 41 FGO Rz. 22 m. w. N.). Es empfiehlt sich, Anfechtungsklage einzulegen und hilfsweisen Antrag auf Feststellung zu stellen. Die Anfechtungsklage ist allerdings fristgebunden (§ 47 FGO) und setzt die Durchführung eines Vorverfahrens voraus (§ 44 FGO). Von Bedeutung ist in diesem Zusammenhang, dass für den Einspruch die Einspruchsfrist nach § 355 Abs. 1 Satz 1 AO nicht gilt, da der Bescheid nach § 355, § 358 AO keine Rechtswirkungen hat (BFH V R 96/85 v. 17.7.86, aaO). Die Erhebung der Anfechtungsklage empfiehlt sich auch deswegen, weil die Abgrenzung eines nichtigen Verwaltungsakts von dem nur rechtswidrigen Verwaltungsakt häufig schwierig und unsicher ist.

Zu den allgemeinen **Sachentscheidungsvoraussetzungen** vgl. D. 2.01 Rz. 7ff. 8

Fortsetzungsfeststellungsklage (§ 100 Abs. 1 Satz 4 FGO) ist ein Sonderfall der Feststellungsklage; sie kommt in Betracht, wenn sich **nach** Erhebung einer Anfech- 9

tungs- oder Verpflichtungsklage der angefochtene Verwaltungsakt **vor** der Entscheidung über die Klage erledigt hat. Vgl. dazu D. 2.01 Rz. 23, 24.

10 **Rechtsmittel:** Vgl. D. 2.01 Rz. 44.

11 **Gesetz über den Rechtsschutz bei überlangen Gerichtsverfahren und strafrechtlichen Ermittlungsverfahren** v. 24.11.11 (BGBl. I 11, 2302): Zum Entschädigungsanspruch bei unangemessener Dauer eines Gerichtsverfahrens und der hierfür erforderlichen Voraussetzung, dass eine **Verzögerungsrüge** erhoben wird, vgl. D.2.02 Rz. 47.

D. 2.13 Klageänderung

I. FORMULAR

Formular D. 2.13 Klageänderung

Finanzgericht München
Ismaninger Str. 95
81675 München

Az. des FG

In der Finanzstreitsache

Max Moritz GmbH **– Klägerin –**

gegen

Finanzamt München für Körperschaften **– Beklagter –**

wegen Körperschaftsteuer 20.

Steuer-Nr.: ......

haben wir mit Schriftsatz vom ...... Klage gegen den Körperschaftsteuerbescheid 20... vom ...... in der Gestalt der Einspruchsentscheidung des Finanzamts München für Körperschaften vom ...... eingelegt. Unzutreffenderweise wurde in dem Schriftsatz zur Klageerhebung als Beklagter jedoch das Hauptzollamt A bezeichnet. Die den Beteiligten wechselnde Klageänderung ist zulässig, da die Änderung innerhalb der Klagefrist erfolgt.

..

Unterschrift

II. ERLÄUTERUNGEN

Erläuterungen zu D. 2.13 Klageänderung

Schrifttum: *Jaekel* Klagefrist bei Klageänderung durch Beklagtenwechsel, DÖV 85, 484; *Koenig* Klageerweiterung nach Ablauf der Klagefrist im finanzgerichtlichen Verfahren, DStR 90, 512; *Walther* Klageänderung und Klagerücknahme, NJW 94, 423; *Wilke* Der Wechsel der Beklagten im finanzgerichtlichen Verfahren, DStZ 95, 499.

1 Klageänderungen sind nach § 67 FGO zulässig, „wenn die übrigen Beteiligten **einwilligen** oder das Gericht die Änderung für **sachdienlich** hält".

2 **Klageänderung** ist die Änderung des Streitgegenstandes während der Rechtshängigkeit (*Gräber/von Groll* § 67 FGO Rz. 2 mwN). Eine Klageänderung liegt nicht vor, wenn der Kläger seinen Antrag nur ergänzt, klarstellt oder sonstige Angaben richtig

stellt, die Klagebegründung auswechselt etc. (vgl. *Gräber/von Groll* § 67 FGO Rz. 3 mwN).

Der IV. Senat des BFH (IV R 15/08 v. 9.2.11, BStBl. II 11, 764) hat die Rechtsprechung bestätigt, dass bei einer Klage gegen einen Gewinnfeststellungsbescheid jedes nachträglich gestellte Rechtsschutzbegehren, das nicht mit der Klage angegriffene Feststellungen betrifft, zu einer Klageänderung iSd. § 67 FGO führt, die nur innerhalb der Klagefrist zulässig ist. 2a

Nach der Rspr. des BFH ist **eine den Beteiligten wechselnde Klageänderung** bei fristgebundenen Klagen nur innerhalb der Klagefrist zulässig (vgl. BFH III R 26/02 v. 22.1.04, BFH/NV 04, 792 unter Hinweis auf BFH VII R 60/78 v. 26.2.80 BStBl. II 80, 331) und VIII R 118/85 v. 2.10.90 (BFH/NV 91, 429). Ist die Klage gegen die falsche Behörde gerichtet (§ 63 FGO) oder ist vom falschen Kläger (§ 65 Abs. 1 Satz 1 FGO) erhoben worden, so ist sie als unzulässig abzuweisen, wenn es sich nicht lediglich um eine Berichtigung handelt (vgl. BFH III R 26/02 v. 22.1.04, BFH/NV 04, 792; FG Münster 1 K 2869/05 Kg v. 13.12.06, EFG 07, 700) Ggf. kommt auch Wiedereinsetzung in den vorigen Stand in Betracht (§ 56 FGO; vgl. Formular D. 2.24). 3

Zu den **Arten** der Klageänderung vgl. *Gräber/von Groll* § 67 FGO Rz. 6ff. 4

Sachdienlichkeit wird bejaht, wenn die Klageänderung der Prozessökonomie dient und dazu beiträgt, „den zwischen den Parteien eines bereits anhängigen Prozesses herrschenden Streit in diesem Prozess in vollem Umfang zu erledigen und einen neuen Prozess über einen anderen Teil desselben Streitkomplexes zu erübrigen" (BFH VII R 60/78 v. 26.2.80, aaO). 5

Die Einwilligung des **Beklagten** in die Klageänderung ist nach § 67 Abs. 2 FGO anzunehmen, wenn der Beklagte sich, ohne ihr zu widersprechen, in einem Schriftsatz oder in einer mündlichen Verhandlung auf die geänderte Klage eingelassen hat; vgl. dazu *Gräber/von Groll* § 67 Rz. 13. 6

D. 2.14 Klagerücknahme

I. FORMULAR

Formular D. 2.14 Klagerücknahme

Finanzgericht München
Ismaninger Str. 95
81675 München

Az. des FG

In der Finanzstreitsache

Max Moritz GmbH **– Klägerin –**

gegen

Finanzamt München
für Körperschaften **– Beklagter –**

wegen Körperschaftsteuer 20...

nehmen wir die mit Schriftsatz vom ...... eingelegte Klage gegen den Körperschaftsteuerbescheid 20... vom ...... in der Gestalt der Einspruchsentscheidung vom ...... zurück.

...

Unterschrift

II. ERLÄUTERUNGEN

Erläuterungen zu D. 2.14 Klagerücknahme

1 Klagerücknahme ist nach § 72 Abs. 1 FGO vom Eintritt der Rechtshängigkeit **bis zur Rechtskraft des Urteils** möglich (§ 110 FGO) bzw. bis zur Abgabe übereinstimmender Erledigungserklärungen. Klagerücknahme bedeutet, dass der Kläger das Klageverfahren nicht mehr weiterführen will.

2 Die Rücknahme kann demzufolge auch noch **nach Einlegung von Nichtzulassungsbeschwerde oder Revision** erklärt werden (BFH I R 182/76 v. 6.7.77, BStBl. II 77, 696; vgl. *Gräber/Koch* § 72 Rz. 16; *Tipke/Kruse* § 72 FGO Rz. 16 und Rz. 11). Die Klage kann jedoch **nicht mehr zurückgenommen** werden, wenn die Revision nach § 125 FGO zurückgenommen wurde, denn nach Rücknahme der Revision ist das Urteil des Finanzgerichts rechtskräftig.

3 Nach Schluss der mündlichen Verhandlung, bei Verzicht auf die mündliche Verhandlung und nach Ergehen eines Gerichtsbescheids ist die Rücknahme der Klage allerdings **nur mit Einwilligung des Beklagten** möglich (§ 72 Abs. 1 Satz 2 FGO). Die Einwilligung gilt als erteilt, wenn der Klagerücknahme nicht innerhalb von zwei Wochen seit Zustellung des die Rücknahme enthaltenden Schriftsatzes widersprochen wird; das Gericht hat den Beklagten allerdings auf diese Folge ausdrücklich hinzuweisen (§ 72 Abs. 1 Satz 3 FGO).

§ 72 Abs. 1 Satz 2 FGO berücksichtigt, dass der Beklagte an einer Entscheidung des Rechtsstreits durch das Gericht interessiert ist, weil es z.B. zu der streitigen Rechtsfrage noch keine (veröffentlichte) Entscheidung gibt, um so eine Grundlage für Verfahren anderer Steuerpflichtiger zu bekommen. Umgekehrt kann der Kläger sein Interesse an einer gerichtlichen Entscheidung nicht „durchsetzen", wenn die Behörde ihn klaglos stellt; eine leider inzwischen gängige Praxis, wenn eine aus der Sicht der Behörde ungünstige Entscheidung bevorsteht.

Sind noch andere am Verfahren beteiligt (zB Beigeladene), ist deren Einwilligung zur Klagerücknahme nicht erforderlich.

4 Die Rücknahme ist **nicht formgebunden**; sie kann schriftlich erklärt werden oder mündlich zur Niederschrift des Urkundsbeamten der Geschäftsstelle, in der mündlichen Verhandlung vor dem FG oder in einer Verhandlung vor dem Einzelrichter/Berichterstatter, die dem Protokollzwang unterliegt, abgegeben werden, sie muss jedoch **ausdrücklich** erfolgen. Vgl. BFH V R 40/05 v. 26.10.06, BStBl. II 07, 271. Zur Zulässigkeit einer elektronisch übermittelten Klagerücknahme vgl. BFH V R 40/05 v. 26.10.06, BStBl. II 07, 271. Die Rücknahmeerklärung muss **eindeutig** sein und darf nicht unter einer Bedingung abgegeben werden. Sie ist **dem Gericht** gegenüber zu erklären.

5 Eine **begrenzte** Klagerücknahme lässt § 72 Abs. 1a FGO zu, soweit Besteuerungsgrundlagen für ein Verständigungs- oder ein Schiedsverfahren nach einem Vertrag im Sinne von § 2 AO von Bedeutung sein können.

6 **Anfechtung und Widerruf** der Rücknahmeerklärung sind grds. **nicht möglich** (vgl. BFH V R 40/05 v. 26.10.06, BStBl. II 07, 271; *Gräber/Koch* § 72 FGO Rz. 19ff.). **Ausnahmen** bestehen dann, wenn ein Wiederaufnahmegrund (§ 155 FGO iVm. §§ 579, 580 ZPO; vgl. BFH VI B 134/90 v. 8.8.91, BFH/NV 92, 49) besteht oder wenn eine Klagerücknahme in unzulässiger Weise (z.B. durch Drohung, Druck, Täuschung oder auch unbewusster Irreführung) durch den Beklagten oder das Gericht erreicht worden ist (vgl. BFH V R 40/05 v. 26.10.06, BStBl. II 07, 271; XI R 15/04 v. 6.7.05, BStBl. II 05, 644) oder wenn der Prozessbevollmächtigte weisungswidrig gehandelt hat oder die Rücknahme auf einem erkennbaren Versehen be-

ruht (BFH X S 47/08 v. 12.8.09, BFH/NV 09, 1997). Vgl. iE *Gräber/Koch* § 72 FGO Rz. 20, 21).

Wirkungen der Klagerücknahme: Rücknahme der Klage führt zur **Beendigung des Verfahrens**, ein **bereits ergangenes Urteil wird** – bei Rücknahme der Klage im Revisionsverfahren – **wirkungslos**, ohne dass es einer Aufhebung bedarf (BFH II R 70/85 v. 6.9.89, BFH/NV 90, 448). Allerdings ist nach der Rspr. des BFH die Rechtsfolge (Unwirksamkeit des FG-Urteils, Gegenstandslosigkeit der Revision) aus Gründen der Rechtsklarheit vom BFH ausdrücklich auszusprechen (vgl. BFH V R 37/07 v. 30.8.07, BFH/NV 07, 2323). Die Rücknahme einer fristgebundenen Klage (§ 47 FGO betreffend Anfechtungs- und Verpflichtungsklage) führt zum Verlust des Klagerechts (§ 72 Abs. 2 Satz 1 FGO). 7

Bei Klagerücknahme **stellt** das Gericht das **Verfahren** gem. § 72 Abs. 2 Satz 2 FGO **von Amts wegen durch Beschluss ein**. Nach **§ 128 Abs. 2 FGO** ist die Beschwerde gegen Einstellungsbeschlüsse nach Klagerücknahme nicht mehr statthaft. Es kann allerdings geltend gemacht werden, dass die Klagerücknahme unwirksam sei (§ 72 Abs. 2 Satz 3 FGO). 8

Soweit die **Unwirksamkeit der Klagerücknahme** geltend gemacht wird, ist dies als Antrag auf Fortsetzung des Verfahrens an das Gericht zu verstehen, mit der Folge, dass das Klageverfahren fortzusetzen ist; das Gericht hat in dem (dann fortzusetzenden) Urteilsverfahren entweder in der Sache zu entscheiden oder aber auszusprechen, dass die Klage zurückgenommen ist (BFH II B 163/89 v. 28.3.90, BStBl. II 90, 503; *Gräber/Koch* § 72 FGO Rz. 40). 9

Frist: Die Geltendmachung der Unwirksamkeit der Klagerücknahme kann nach § 72 Abs. 2 Satz 3 FGO iVm. § 56 Abs. 3 FGO, abgesehen vom Fall der höheren Gewalt, nur innerhalb eines Jahres seit Ende der Jahresfrist geltend gemacht werden. Sie beginnt mit der Bekanntgabe des Einstellungsbeschlusses (vgl. BFH XI R 1/07 v. 11.7.07, BStBl. II 07, 833). War für das Klageverfahren ein Prozessbevollmächtigter bestellt, beginnt die Frist ab dem Zeitpunkt der Bekanntgabe des Einstellungsbeschlusses an den Bevollmächtigten zu laufen (vgl. BFH XI R 1/07 v. 11.7.07, aaO).

Kostentragungspflicht: § 136 Abs. 2 FGO schreibt vor, dass der, der die Klage zurücknimmt, die Kosten zu tragen hat; zur Kostentragungspflicht des vollmachtlosen Vertreters s. D. 2.01 Rz. 18. 10

Kosten für Verfahren, die **ab dem 1.7.04** anhängig geworden sind bzw. anhängig werden, dh. für Verfahren, die ab dem 1.7.04 bei Gericht eingegangen sind oder eingehen werden: Eine **gerichtsgebührenfreie** Klagerücknahme gibt es **nicht mehr!** Nr. 6110 des Kostenverzeichnisses zum GKG idF des KostRMoG v. 5.5.04 (BGBl. I 04, 718) bestimmt für das Verfahren im Allgemeinen eine Verfahrensgebühr (Pauschalgebühr) von 4,0, sie **ermäßigt** sich auf 2,0, wenn das gesamte Verfahren beendigt wird durch Zurücknahme der Klage **a)** vor dem Schluss der mündlichen Verhandlung oder **b)** wenn keine mündliche Verhandlung stattfindet, vor Ablauf des Tages, an dem das Urteil oder der Gerichtsbescheid der Geschäftsstelle übermittelt wird (Nr. 6111 des Kostenverzeichnisses zum GKG idF des KostRMoG). Vgl. zu den Kosten s. auch Formular D. 2.16b. 11

Kosten für Verfahren, die **vor dem 1.7.04** anhängig geworden sind, dh. die vor dem 1.7.04 bei Gericht eingegangen sind (§ 72 Satz 1 Nr. 1 GKG idF des KostRMoG): Es entstehen **keine** Gerichtsgebühren, wenn die Klagerücknahme vor bestimmten Ereignissen erfolgt. Der Ansatz der Verfahrensgebühr entfällt nach Nr. 3110 des Kostenverzeichnisses zum GKG aF bei Zurücknahme der Klage vor Ablauf des Tages, an dem ein Beweisbeschluss oder ein Gerichtsbescheid unterschrieben ist, und früher als eine Woche vor Beginn des Tages, der für die mündliche Verhandlung vorgesehen war; die Erledigung des Rechtsstreits in der Hauptsache (§ 138 FGO) steht der Zurücknahme nicht gleich. Zu den Kosten vgl. auch Formular D. 2.16a. 12

D. 2.15 Klageverzicht

I. FORMULAR

Formular D. 2.15 Klageverzicht

Finanzamt München I
Karlstr. 9–11
80333 München

Sie haben am ...... einen Einkommensteuerbescheid für 20..., gerichtet an Max Anders (Einsteinstr, 17 in 81675 München, Steuer-Nr.: ......) erlassen. Die ablehnende Einspruchsentscheidung ist am ...... ergangen. Auf die Erhebung der Klage gegen den Bescheid vom ...... in der Gestalt der Einspruchsentscheidung vom ...... betreffend Einkommensteuer 20... wird verzichtet.

..
Unterschrift

II. ERLÄUTERUNGEN

Erläuterungen zu D. 2.15 Klageverzicht

Schrifttum: *Kraus* Rechtsbehelfsverzicht und Rücknahme im Steuerstreit, Münchner Dissertation 1976; vgl. im einzelnen die Literaturübersicht bei *Gräber/von Groll* § 50 FGO.

1 Klageverzicht ist in § 50 FGO geregelt. Er führt zum Verlust des Klagerechts.

2 Der Verzicht ist gegenüber der zuständigen Behörde schriftlich oder zur Niederschrift zu erklären (§ 50 Abs. 2 Satz 1 FGO).

Voraussetzung für einen Klageverzicht nach § 50 Abs. 1 FGO ist, dass ein Verwaltungsakt erlassen ist. Der Anwendungsbereich des § 50 Abs. 1 FGO ist begrenzt auf Fälle der Sprungklage und auf die Zeit zwischen Bekanntgabe der Einspruchsentscheidung und Ablauf der Klagefrist (vgl. *Gräber/von Groll* § 50 FGO Rz. 2). Eine trotz des Verzichts erhobene Klage ist unzulässig (§ 50 Abs. 1 Satz 3 FGO).

3 Der Klageverzicht wird in der Praxis kaum vorkommen.

4 § 50 Abs. 1a FGO sieht einen sehr speziellen Teilverzicht vor. Soweit bestimmte Besteuerungsgrundlagen für ein Verständigungs- oder Schiedsverfahren nach einem Vertrag im Sinne des § 2 AO von Bedeutung sein können, kann auf die Klage bereits **vor Erlass** des Verwaltungsaktes verzichtet werden. Nach der Begründung zum Gesetz soll durch diese Möglichkeit die Durchführung solcher Verfahren erleichtert werden, die in der Regel die Bestandskraft/Rechtskraft der maßgeblichen behördlichen/gerichtlichen Entscheidung erfordern.

5 Zum Verzicht auf den Einspruch nach § 354 AO vgl. Formular D. 1.04. Der Einspruchsverzicht nach § 354 AO führt zum Verlust des Klagerechts (*Gräber/von Groll* § 50 FGO Rz. 2).

6 Zu den Voraussetzungen des Klageverzichts vgl. im Einzelnen die Kommentierungen von *Tipke/Kruse* § 50 FGO; *H/H/Sp* § 50 FGO und *Gräber/von Groll* § 50 FGO.

D. 2.16 Kosten

D. 2.16a Kosten (für Verfahren, die nach dem 30.6.04 eingegangen sind bzw. eingehen)

Wichtiger Hinweis: Das Formular D. 2.16a und die zugehörigen Anmerkungen haben Gültigkeit für Verfahren, die **nach dem 30.6.04** bei Gericht eingegangen sind bzw. für die dem Prozessbevollmächtigten **nach dem 30.6.04 der unbedingte Auftrag** erteilt worden ist. Unter D. 2.16b finden Sie ein weiteres Formular sowie Anmerkungen für **vor dem 1.7.04** eingegangene Verfahren bzw. für Verfahren, für die **vor** dem 1.7.04 die Auftragserteilung erfolgte.

I. FORMULAR

Formular D. 2.16a Kosten (für Verfahren, die nach dem 30.6.04 eingegangen sind bzw. eingehen)

Finanzgericht München
Ismaninger Str. 95
81675 München

Az. des FG

In dem Finanzrechtsstreit

Max Anders **– Kläger –**

gegen

Finanzamt München I **– Beklagter –**

wegen Einkommensteuer 20...

Steuer-Nr.: ......

wird beantragt, die dem Kläger zu erstattenden Aufwendungen nach § 149 Abs. 1 FGO festzusetzen und auszusprechen, dass der festgesetzte Betrag ab der Antragstellung mit 5 % über dem Basiszinssatz jährlich verzinst wird.

Weiter wird beantragt, die Zuziehung eines Bevollmächtigten zum Vorverfahren für notwendig zu erklären (§ 139 Abs. 3 Satz 3 FGO).

Gegenstandswert: ......

Ia. Vorverfahren eines Steuerberaters unter Geltung der StBGebV (unbedingte Auftragserteilung vor dem 20.12.2012)

1.	1,3 Geschäftsgebühr (§ 40 Abs. 1 StBGebV; ggf. Änderungen nach § 40 Abs. 2 bis 6 StBGebV)	€ ......
2.	Entgelte für Post- und Telekommunikationsdienstleistungen (§ 16 Sätze 1 und 2 StBGebV)	€.......
3.	Pauschale für Ablichtungen und für die Überlassung elektronischer Dokumente (§ 17 StBGebV iVm. Nr. 7000 VV RVG)	€ ......
4.	Fahrtkosten für Geschäftsreisen (§ 18 Abs. 1, 2, § 19 StBGebV)	€ ......
5.	Tage- und Abwesenheitsgeld (§ 18 Abs. 3, § 19 StBGebV)	€ ......
Zwischensumme		€ ......
Umsatzsteuer (§ 15 Satz 1 StBGebV)		€ ......
Summe		€ ......
davon ....../...... gem. Kostenentscheidung		€ ......

Ib. Vorverfahren eines Steuerberaters unter Geltung der StBVV (unbedingte Auftragserteilung ab dem 20.12.2012)

1.	1,3 Geschäftsgebühr (§ 40 Abs. 1 StBVV, ggf. Änderungen nach § 40 Abs. 2 bis 6 StBVV)	€ ......
2.	Entgelte für Post- und Telekommunikationsdienstleistungen (§ 16 Sätze 1 und 2 StBVV)	€.......
3.	Pauschale für Ablichtungen und für die Überlassung elektronischer Dokumente (§ 17 StBVV iVm. Nr. 7000 VV RVG)	€ ......
4.	Fahrtkosten für Geschäftsreisen (§ 18 Abs. 1, 2, § 19 StBGebV)	€ ......
5.	Tage- und Abwesenheitsgeld (§ 18 Abs. 3, § 19 StBVV)	€ ......
Zwischensumme		€ ......
Umsatzsteuer (§ 15 Satz 1 StBVV)		€ ......
Summe		€ ......
davon ....../...... gem. Kostenentscheidung		€ ......

Ic. Vorverfahren (eines Rechtsanwalts)

1.	1,3 Geschäftsgebühr (§§ 2, 13, 14 RVG iVm. Nr. 2300 VV RVG; ggf. abzüglich der halben Geschäftsgebühr bei bereits im Verwaltungsverfahren vor dem Einspruchsverfahren entstandener Geschäftsgebühr nach Vorbemerkung 2.3 Abs. 4 VV RVG; ggf. bei mehreren Auftraggebern Erhöhung nach Nr. 1008 VV RVG)	€ ......
2.	Tatsächliche Entgelte oder Pauschale für Post- und Telekommunikationsdienstleistungen (Nr. 7001 oder 7002 VV RVG)	€ ......
3.	Pauschale für die Herstellung und Überlassung von Dokumenten (Nr. 7000 VV RVG)	€ ......
4.	Fahrtkosten Geschäftsreisen (Nr. 7003 bzw. 7004 VV RVG)	€ ......
5.	Tage- und Abwesenheitsgelder bei einer Geschäftsreise (Nr. 7005 VV RVG)	€ ......
6.	Sonstige angemessene Auslagen bei Geschäftsreisen (Nr. 7006 VV RVG)	€ ......
Zwischensumme		€ ......
Umsatzsteuer (Nr. 7008 VV RVG)		€ ......
Summe		€ ......
davon ....../...... gem. Kostenentscheidung		€ ......

II. Verfahren vor dem Finanzgericht

1.	1,6 Verfahrensgebühr (§§ 2, 13, 14 RVG iVm. Nr. 3200 VV RVG, ggf. abzüglich halber Geschäftsgebühr gemäß Vorbemerkung 3 Abs. 4 Sätze 1 bis 5 VV RVG; ggf. bei mehreren Auftraggebern Erhöhung nach Nr. 1008 VV RVG)	€ ......
2.	1,2 Terminsgebühr (§§ 2, 13, 14 RVG iVm. Nr. 3202 VV RVG)	€ ......
3.	Ggf. 1,0 Erledigungsgebühr (§§ 2, 13, 14 RVG iVm Nr. 1003 VV RVG)	€ ......
4.	Tatsächliche Entgelte oder Pauschale für Post- und Telekommunikationsdienstleistungen (Nr. 7001 oder 7002 VV RVG)	€ ......
5.	Pauschale für die Herstellung und Überlassung von Dokumenten (Nr. 7000 VV RVG)	€ ......

6.	Fahrtkosten Geschäftreisen (Nr. 7003 bzw. 7004 VV RVG)	€ ......
7.	Tage- und Abwesenheitsgelder bei Geschäftsreisen (Nr. 7005 VV RVG)	€ ......
8.	Sonstige angemessene Auslagen bei Geschäftsreisen (Nr. 7006 VV RVG)	€ ......
Zwischensumme		€ ......
Umsatzsteuer		€ ......
Summe		€ ......
davon ....../...... gem. Kostenentscheidung		€ ......

III. Verfahren vor dem Bundesfinanzhof (Nichtzulassungsbeschwerde)

1.	1,6 Verfahrensgebühr (§§ 2, 13, 14 RVG iVm. Nr. 3506 VV RVG) (ggf. zuzüglich Erhöhung nach Nr. 1008 VV RVG bei mehreren Auftraggebern)	€ ......
2.	Tatsächliche Entgelte oder Pauschale für Post- und Telekommunikationsdienstleistungen (Nr. 7001 oder 7002 VV RVG)	€ ......
3.	Pauschale für die Herstellung und Überlassung von Dokumenten (Nr. 7000 VV RVG)	€ ......
Zwischensumme		€ ......
Umsatzsteuer (Nr. 7008 RVG)		€ ......
Summe		€ ......
davon ....../...... gem. Kostenentscheidung		€ ......

IV. Verfahren vor dem Bundesfinanzhof (Revision)

1.	1,6 Verfahrensgebühr (§§ 2, 13, 14 RVG iVm. Nr. 3206 VV RVG, ggf. zuzüglich Erhöhung nach Nr. 1008 VV RVG bei mehreren Auftraggebern; eine für eine vorangegangene Nichtzulassungsbeschwerde entstandene Verfahrensgebühr ist nach Nr. 3506 VV RVG vollständig anzurechnen)	€ ......
2.	1,5 Terminsgebühr (§§ 2, 13, 14 RVG iVm. Nr. 3210 VV RVG)	€ ......
3.	Ggf. 1,3 Erledigungsgebühr (§§ 2, 13, 14 RVG iVm. Nr. 1004 VV RVG)	€ ......
4.	Tatsächliche Entgelte oder Pauschale für Post- und Telekommunikationsdienstleistungen (Nr. 7001 oder 7002 RVG)	€ ......
5.	Pauschale für die Herstellung und Überlassung von Dokumenten (Nr. 7000 VV RVG)	€ ......
6.	Fahrtkosten (Nr. 7003 bzw. 7004 VV RVG)	€ ......
7.	Tage- und Abwesenheitsgelder bei Geschäftsreisen (Nr. 7005 VV RVG)	€ ......
8.	Sonstige angemessene Auslagen bei einer Geschäftsreise (Nr. 7006 VV RVG)	€ ......
Zwischensumme		€ ......
Umsatzsteuer (Nr. 7008 RVG)		€ ......
Summe		€ ......
davon ....../...... gem. Kostenentscheidung		€ ......

Wir bitten unter Hinweis auf die Abtretungserklärung in der vorgelegten Vollmacht um Überweisung des festzusetzenden Betrags in Höhe von € ...... auf unser Konto bei ...... (IBAN......, BIC....).

....

Unterschrift

II. ERLÄUTERUNGEN

Erläuterungen zu D. 2.16a Kosten für Verfahren, die nach dem 30.6.04 eingegangen sind bzw. eingehen

Schrifttum: *Balmes/Felten* Kosten des Steuerstreits, DStZ 10, 454; *Bartone* Das neue Gerichtskostengesetz in der Beratungspraxis, AO-StB 05, 22; *ders.* Das neue Gerichtskostengesetz in der Beratungspraxis – Friktionen mit der FGO fordern den Berater, AO-StB 05, 22–28; *Berners* Die Anwendung des RVG auf die steuerberatenden Berufe, NWB Fach 30, 1525; *Carle/Rockoff* Abtretung des Kostenerstattungsanspruchs an den Prozessbevollmächtigten, AO-StB 05, 84; *Dellner* Die Auswirkungen des Kostenrechtsmodernisierungsgesetzes auf das finanzgerichtliche Verfahren, DStZ 04, 647; *Eberl* Der Mindeststreitwert als neue Zugangsbeschränkung in der Finanzgerichtsbarkeit, DB 04, 1912; *ders.* Prozesskosten-Risiko, GmbH-Stpr 04, 339; *ders.* Prozesskostenrisiko für das finanzgerichtliche Verfahren (Stand: 1.7.2004), StuB 04, 904; *Gersch* Die Kosten des Beigeladenen, AO-StB 01, 59; *Gruber* Änderung der Kostenberechnung im Steuerprozess durch Einführung des Rechtsanwaltsvergütungsgesetzes, BB-Special 04 Nr. 1, 12; *ders.* Anmerkungen zu den außergerichtlichen Kosten im Beschwerde- und Revisionsverfahren nach der FGO sowie in Verfahren vor dem BVerfG und dem EuGH, StB 03, 220; *ders.* Kostenrechtliche Betrachtungen zur Beiladung im finanzgerichtlichen Verfahren, StB 03, 16; *Gluth* Kostenüberlegungen bei der Beendigung, AO-StB 01, 156; *Hollatz* Kosten im gerichtlichen Steuerrechtsstreit, NWB Fach 2, 8677 und NWB Fach 2, 8607; *Jost* Aktuelle Entwicklungen und Tendenzen im Gebührenrecht, Information StW 05, 917 und StW 04, 197; *ders.* Fragen zum Gerichtskostengesetz nach Änderung durch das Kostenrechtsmodernisierungsgesetz, Information StW 04, 636; *Just* Das Kostenrecht im Finanzprozess, Allgemeine Grundlagen, Verfahren, Rechtsbehelfe, DStR 08, Beihefter zu Heft 40 S. 70 ff.; *Lange* Kosten des Beigeladenen bei sog. Formalantrag, DB 02, 608; *Lemaire* Vergütungsfestsetzung und Kostenfestsetzung, AO-StB 07, 159; *Mack* Kosten im FG-Verfahren, AO-StB 02, 321; *Morgenstern* Ab 1.7.2004 wird die Verfahrensgebühr bei Klageerhebung sofort fällig – Die Neuregelung des Gerichtskostengesetzes und ihre Folgen im FG-Prozess, AO-StB 04, 180; *Müller* Kosten eines finanzgerichtlichen Verfahrens, sj 07, 17; *Schoenfeld* Auswirkungen des Kostenrechtsmodernisierungsgesetzes auf das finanzgerichtliche Verfahren, DB 04, 1279; *Schwarz* Kosten des finanzgerichtlichen Verfahrens, AO-StB 04, 31; *Wenner/Schuster* Einführung der Deckelung des Streitwerts in RVG und GVG: Hohe Streitwerte, kleines Risiko, BB 05, 230; *Zenke* Ist der Mindeststreitwert auch im Antragsverfahren nach § 69 FGO anzuwenden?, StB 06, 267, 268.

Verwaltung: Kosten des finanzgerichtlichen Verfahrens nach Inkrafttreten des Kostenrechtsmodernisierungsgesetzes (KostRMoG) v. 5.5.04 (BGBl. I 04, 718):
- FinMin NRW v. 10.11.06 (FG 2018), AO-Kartei NW vor §§ 135–149 Karte 802.
- FinMin Saarland v. 23.5.06 (B/1–3–173/2006-FG 2018).
- LfSt Bayern v. 28.4.06 (FG 2018 – 1 St 41 N), AO-Kartei BY §§ 135–149 FGO Karte 1.
- OFD Karlsruhe v. 1.12.05 (FG 2018), AO-Kartei BW vor §§ 135–149 FGO, Karte 1.
- OFD Hannover v. 8.12.04 (FG 208–21– StO 141), AO-Kartei ND Vor §§ 135–149 FGO Karte 1.

1 Am **1.7.04** ist das **Gesetz zur Modernisierung des Kostenrechts** (Kostenrechtsmodernisierungsgesetz – KostRMoG) v. 5.5.04 (BGBl. I 04, 718) **in Kraft** getreten und hat zu grundlegenden Änderungen für das Kostenrecht relevanter Gesetze geführt. In Art. 1 des KostRMoG ist das Gerichtskostengesetz (GKG) neu gefasst worden. Mit Art. 3 des KostRMoG wurde das – die BRAGO ablösende – Rechtsanwaltsvergütungsgesetz (RVG) mit neuen Gebührensätzen und neuen Gebührentatbeständen eingeführt. Das neu gefasste GKG gilt für alle Verfahren, die **nach dem 30.6.04** bei Gericht eingegangen sind bzw. eingehen. Das RVG ist anzuwenden, wenn der unbedingte Auftrag zur Erledigung derselben Angelegenheit **nach dem 30.6.04** erteilt worden ist.

Wichtige Änderungen im GKG gegenüber der Rechtslage bis zum 30.6.04:

– Die Verfahrensgebühr wird nunmehr mit Einreichung der Klage bzw. Revision fällig (§ 6 Abs. 1 GKG).

– Gerichtsgebühren werden auch bei Rücknahme einer Klage bzw. einer Revision erhoben.
– Es wird erstmals ein Mindeststreitwert für finanzgerichtliche Verfahren von 1.000 € eingeführt.

Am 1.8.13 ist das **Zweite Gesetz zur Modernisierung des Kostenrechts** (2. Kostenrechtsmodernisierungsgesetz – 2. KostRMoG) v. 23.7.13 (BGBl. I 13, 2586) nach Art. 50 des 2. KostRMoG in Kraft getreten. Das **GKG idF des 2. KostRMoG** ist gemäß § 71 Abs. 1 Satz 1 und 2 GKG in allen Verfahren anzuwenden, in denen ein **Verfahren nach dem 31.7.13 beim Finanzgericht anhängig gemacht wird** bzw. **ein Rechtsmittel nach dem 31.7.13 beim BFH eingelegt** wird. Die Vergütung des Rechtsanwalts ist nach dem **RVG idF des 2. KostRMoG** zu berechnen, wenn dem Prozessbevollmächtigten **nach dem 31.7.13 der unbedingte Auftrag erteilt** wird bzw. wenn er **nach dem 31.7.13 bestellt oder beigeordnet** wird oder wenn er **nach dem 31.7.13 ein Rechtsmittel** in einer Angelegenheit **einlegt**, in der er bereits zuvor tätig war (vgl. die Übergangsvorschrift des § 60 RVG). 1

Das **2. KostRMoG** enthält **Änderungen** u.a. in Art. 3 zum GKG, in Art. 7 zum JVEG und in Art. 8 zum RVG. Der Wortlaut des GKG wurde in seiner Neufassung am 27.2.14 auf Grund § 70a GKG bekannt gemacht (BGBl. I 14, 154).

Auf folgende **Änderungen** ist besonders hinzuweisen: Die **Gebührensätze** in § 34 GKG sowie in § 13 RVG wurden generell **erhöht**. Die **Festgebühr** für erfolgslose Anhörungsrügen (Nr. 6400 KV) sowie für sonstige Beschwerden nach Nr. 6502 KV (alle Beschwerden mit Ausnahmen der Nichtzulassungsbeschwerden und der Beschwerden in Verfahren des einstweiligen Rechtsschutzes) wurde von bislang 50 € auf 60 € **erhöht**.

Der im finanzgerichtlichen Verfahren ab 1.7.04 zu beachtende **Mindeststreitwert** (§ 52 Abs. 4 GKG) wurde von bisher 1.000 € für ab 1.8.13 anhängig gemachte Verfahren **auf 1.500 € erhöht**. Der **Mindeststreitwert ist für ab 1.8.13 anhängig gemachte Kindergeldangelegenheiten nicht mehr anwendbar**, Hier kann also auch ein niedrigerer Streitwert zum Tragen kommen. Wie bisher gilt der Mindeststreitwert auch für beim BFH erhobene Entschädigungsklagen wegen überlanger Dauer eines finanzgerichtlichen Verfahrens nicht. 2

Beim Streitwert sollen anders als nach der bisherigen Kostenrechtsprechung offensichtlich absehbare **zukünftige finanzielle Auswirkungen** des Rechtsstreits den für das konkrete Verfahren ermittelten **Streitwert erhöhen**. Nach § 52 Abs. 3 Satz 1 GKG, der unverändert ist, ist für den Streitwert bei Anträgen, die eine bezifferte Geldleistung oder einen hierauf gerichteten Verwaltungsakt betreffen, deren Höhe maßgebend. Angefügt worden ist durch das 2. KostRMoG § 52 Abs. 3 Satz 2: 3

> „Hat der Antrag des Klägers offensichtlich absehbare Auswirkungen auf künftige Geldleistungen oder auf noch zu erlassende, auf derartige Geldleistungen bezogene Verwaltungsakte, ist die Höhe des sich aus Satz 1 ergebenden Streitwerts um den Betrag der offensichtlich absehbaren zukünftigen Auswirkungen für den Kläger anzuheben, wobei die Summe das Dreifache des Werts nach Satz 1 nicht überschreiten darf."

Ob und unter welchen Anforderungen diese Gesetzesänderung in der Praxis tatsächlich zu einer Erhöhung der bei den Finanzgerichten anzusetzenden Streitwerte führen wird, lässt sich noch nicht absehen. Gerichtliche Entscheidungen hierzu sind jedenfalls soweit ersichtlich bisher noch nicht ergangen.

Ein **Kostenerstattungsanspruch** setzt voraus, dass der Beteiligte im Verfahren zumindest teilweise oder vollständig obsiegt hat und dass folglich das Gericht in der Kostenentscheidung der beklagten Behörde die Kosten des Verfahrens zumindest teilweise auferlegt hat. Die den Beteiligten (idR Kläger, Beschwerdeführer, Antragsteller, Beigeladener) **zu erstattenden Aufwendungen** werden auf **Antrag** festgesetzt und zwar von dem **Urkundsbeamten des Gerichts des ersten Rechtszugs**, also in der Regel dem Finanzgericht (§ 149 Abs. 1 FGO); das gilt auch für die Kosten eines 4

Rechtsmittelverfahrens beim BFH (s. hierzu Teil D.3). Der Urkundsbeamte des BFH ist lediglich für die Kostenfestsetzung betreffend Entschädigungsklagen wegen überlanger gerichtlicher Verfahrensdauer zuständig, da insoweit der BFH ausnahmsweise erstinstanzlich tätig wird (vgl. § 155 Satz 2 FGO iVm. §§ 198 ff. GVG; *Tipke/Kruse* § 149 FGO Rz. 6). Die Aufwendungen der **Finanzbehörden** sind **nicht zu erstatten** (§ 139 Abs. 2 FGO). Wird beim BFH eine Entschädigungsklage wegen einer überlangen Verfahrensdauer eines finanzgerichtlichen Verfahrens eingelegt, wird das beklagte Bundesland (vgl. § 200 Satz 1 GVG) nicht als Finanzbehörde tätig und kann bei einem Obsiegen einen Kostenfestsetzungsantrag stellen.

5 Der **Kostenfestsetzungsantrag** kann auch direkt an den Urkundsbeamten des Gerichts des ersten Rechtszuges gerichtet werden, gleichwohl wird der Antrag in der Praxis meist an das Finanzgericht gestellt werden, da für die Entscheidung über den Antrag, die Zuziehung eines Bevollmächtigten im außergerichtlichen Vorverfahren für notwendig zu erklären (§ 139 Abs. 3 Satz 3 FGO), nicht der Urkundsbeamte, sondern das Gericht zuständig ist (vgl. dazu Rz. 16 ff.).

6 Der **Urkundsbeamte** des FG ist auch zuständig, wenn ein Verfahren unmittelbar beim BFH betrieben wird, dh., wenn der BFH über einen bei ihm gestellten Antrag auf Aussetzung der Vollziehung (§ 69 FGO) oder auf Erlass einer einstweiligen Anordnung (§ 114 FGO) entscheidet (ebenso *Gräber/Stapperfend* § 149 FGO Rz. 6; BFH V S 7/66 v. 11.5.67, BStBl. III 67, 422, bestätigt durch BFH VI S 22/05 v. 3.12.07, BStBl. II 08, 306).

7 Der Kostenfestsetzungsantrag ist **schriftlich** oder zu Protokoll der Geschäftsstelle zu stellen; beizufügen sind gem. § 155 FGO iVm. § 103 Abs. 2 ZPO die Kostenberechnung, ihre zur Mitteilung an den Gegner bestimmte Abschrift und die zur Rechtfertigung der einzelnen Ansätze dienenden Belege. Der Antrag ist nicht fristgebunden.

8 Der Antrag ist von dem **erstattungsberechtigten Beteiligten** zu stellen, der Prozessbevollmächtigte kann den Kostenfestsetzungsantrag jedoch auch stellen, da sich die Prozessvollmacht idR auch auf das Kostenfestsetzungsverfahren erstreckt. Auch bei Abtretung des Erstattungsanspruchs kann der Prozessbevollmächtigte den Anspruch nicht im eigenen Namen, sondern nur im Namen des erstattungsberechtigten Beteiligten stellen; dies ist aber nicht unstreitig (wie hier BFH VII B 29/69 v. 8.12.70, BStBl. II 71, 242; ebenso *Gräber/Stapperfend* § 149 FGO Rz. 8 mit weiteren Hinweisen zur abweichenden Auffassung). Der Bevollmächtigte kann aber auf Grund seiner Vollmacht verlangen, dass ihm der Erstattungsbetrag auf sein Konto überwiesen wird.

9 Eine Kostenfestsetzung ist nur möglich, wenn ein entsprechender Titel vorliegt, dh. es muss eine **Kostenentscheidung** in einem Urteil, das rechtskräftig ist oder dessen Kostenentscheidung für vorläufig vollstreckbar erklärt wurde (§ 151 Abs. 3 FGO), oder einen Kostenbeschluss nach § 138 FGO geben.

10 Der Antrag auf **Verzinsung** des festgesetzten Betrags beruht auf § 155 FGO iVm. § 104 Abs. 1 Satz 2 ZPO. Die Verzinsung erfolgt vom Eingang des Festsetzungsantrags an. Die festgesetzten Kosten sind **auf Antrag (!)** mit fünf Prozentpunkten über dem Basiszinssatz nach § 247 BGB zu verzinsen; § 104 Abs. 1 Satz 2 ZPO. Antrag ist zwingende Voraussetzung (*Tipke/Kruse* § 149 FGO Rz. 11). § 247 BGB lautet:

> „(1) Der Basiszinssatz beträgt 3,62 Prozent. Er verändert sich zum 1. Januar und 1. Juli eines jeden Jahres um die Prozentpunkte, um welche die Bezugsgröße seit der letzten Veränderung des Basiszinssatzes gestiegen oder gefallen ist. Bezugsgröße ist der Zinssatz für die jüngste Hauptrefinanzierungsoperation der Europäischen Zentralbank vor dem ersten Kalendertag des betreffenden Halbjahrs.
>
> (2) Die Deutsche Bundesbank gibt den geltenden Basiszinssatz unverzüglich nach den in Absatz 1 Satz 2 genannten Zeitpunkten im Bundesanzeiger bekannt."

11 **Rechtsbehelf:** Gegen den Kostenfestsetzungsbeschluss des Urkundsbeamten ist die **Erinnerung an das Gericht** gegeben (§ 149 Abs. 2 Satz 1 FGO); sie ist innerhalb

von zwei Wochen einzulegen (§ 149 Abs. 2 Satz 2 FGO). Die Frist beginnt mit der Zustellung des Kostenfestsetzungsbeschlusses (§ 53 Abs. 1 FGO). Die Entscheidung über die Kostenfestsetzung ist mit einer Rechtsbehelfsbelehrung zu versehen (§ 149 Abs. 2 Satz 3 FGO); fehlt diese oder wird sie unrichtig erteilt, beginnt die Frist nicht zu laufen (§ 55 Abs. 1 Satz 2 FGO ist entsprechend anzuwenden; *Gräber/Stapperfend* § 149 FGO Rz. 15). Außerdem kann Anhörungsrüge erhoben werden; *Tipke/Kruse* (§ 149 FGO Rz. 24) meinen, Rechtsgrundlage sei § 133a FGO, ggf. könnte man aber auch § 69a GKG als Rechtsgrundlage annehmen. Ob weiter eine Gegenvorstellung oder eine außerordentliche Beschwerde als nicht förmlicher Rechtsbehelf statthaft sind, ist zweifelhaft (vgl. D. 2.02 Rz. 8, 9).

Über die **Erinnerung** entscheidet das **Gericht** durch Beschluss (§ 149 Abs. 4 FGO), 12 soweit der Urkundsbeamte nicht abhilft. Streitig ist, ob die Entscheidung durch den Senat oder den Einzelrichter ergehen muss. ME ist nach Sinn und Zweck der Vorschriften (§ 149 FGO, § 79a Abs. 1 Nr. 5 FGO) eine Entscheidung durch den Berichterstatter als Einzelrichter zulässig (zum Meinungsstand vgl. *Tipke/Kruse* § 149 FGO Rz. 21).

Das Erinnerungsverfahren ist gerichtsgebührenfrei, da ein Gebührentatbestand fehlt. Gerichtliche Auslagen (zB Kopierkosten) sind dagegen vom Kostenschuldner zu tragen. Außergerichtliche Kosten sind bei einem Obsiegen zu erstatten.

Der Beschluss ist **unanfechtbar** (§ 128 Abs. 4 Satz 1 FGO).

Der **Umfang** der zu erstattenden Kosten ergibt sich aus der Kostenentscheidung 13 des Gerichts, das regelmäßig im Urteil oder durch Beschluss, zB bei Hauptsacheerledigung, über die Kostentragungspflicht entscheidet (§ 143 Abs. 1 FGO).

Die **erstattungsfähigen Kosten** sind die zur zweckentsprechenden Rechtsverfol- 14 gung oder Rechtsverteidigung **notwendigen** Aufwendungen der Beteiligten einschließlich der Kosten des Vorverfahrens (§ 139 Abs. 1 FGO). Dh. die Aufwendungen müssen zur Rechtsverfolgung erforderlich gewesen sein und unmittelbar mit dem Rechtsstreit in Zusammenhang stehen. Dazu ist es ausreichend, wenn der Beteiligte die Aufwendungen nach Prozesslage für erforderlich halten konnte. Es gehören zu den Aufwendungen **Gebühren** und **Auslagen**.

Sind **Gebühren und Auslagen** eines Bevollmächtigten oder Beistands **gesetzlich** 15 **vorgesehen** (zB StBVV, RVG), sind diese Kosten stets erstattungsfähig (§ 139 Abs. 3 Satz 1 FGO). Sind Gebühren und Auslagen gesetzlich nicht vorgesehen, so können sie nach § 139 Abs. 3 Satz 2 FGO „bis zur Höhe der gesetzlichen Gebühren und Auslagen der Rechtsanwälte erstattet werden". Die **Umsatzsteuer** gehört nach Nr. 7008 VV RVG in voller Höhe zu den Auslagen. Sie ist nach § 104 Abs. 2 Satz 3 ZPO iVm. § 155 FGO zu berücksichtigen, wenn der Antragsteller die Erklärung abgibt, dass er die Beträge nicht als Vorsteuer abziehen kann (vgl. zu den Einzelheiten *Gräber/Stapperfend* § 139 FGO Rz. 101).

Für das **Vorverfahren** sind Gebühren und Auslagen nur erstattungsfähig, wenn das 16 Gericht die Zuziehung eines Bevollmächtigten oder Beistandes für das Vorverfahren für notwendig erklärt (§ 139 Abs. 3 Satz 3 FGO). Der Beschluss ist unanfechtbar (§ 128 Abs. 4 FGO; vgl. *Gräber/Ruban* § 128 FGO Rz. 12). In der Praxis wird in der Regel die Zuziehung eines Bevollmächtigten wegen der Schwierigkeit des Steuerrechts für notwendig erklärt. Die Entscheidung ist keine Kostenentscheidung und daher gem. § 139 Abs. 3 Satz 3 FGO vom Gericht zu treffen (ständige Rechtsprechung, vgl. *Gräber/Stapperfend* § 139 FGO Rz. 122 mwN).

Das (ganz oder zum Teil) erfolglose Aussetzungsverfahren bei der Finanzbehörde, das Zugangsvoraussetzung für einen Antrag auf Aussetzung der Vollziehung an das Finanzgericht ist (§ 69 Abs. 4 FGO), ist nach der Rspr. der FG kein Vorverfahren iSv. § 139 Abs. 3 Satz 3 FGO (*Gräber/Stapperfend* § 139 FGO Rz. 111 mwN).

Zu beachten ist in Kindergeldsachen die Ausnahmeregelung des § 77 EStG. Danach 17 ist anders als in der AO bei erfolgreichem Einspruch grundsätzlich eine Erstattung von Kosten im außergerichtlichen Rechtsbehelfsverfahren vorgesehen, damit eine

Schlechterstellung gegenüber dem früher geltenden Recht vermieden wird. Ist der erfolgreiche Einspruch aber schuldhaft verursacht (§ 77 Abs. 1 Satz 3 EStG), sind die Aufwendungen insgesamt nicht erstattungsfähig. Die Kostenentscheidung ist ein selbstständiger Verwaltungsakt, der ebenfalls mit Einspruch angefochten werden kann; bei ablehnender Einspruchsentscheidung ist Klage zum FG möglich (vgl. FG Düsseldorf 18 K 1795/05 v. 31.3.06, EFG 06, 909, rkr.). Auch ein Kostenerstattungsverfahren nach § 77 EStG gehört zu den **„Verfahren in Kindergeldangelegenheiten"** i.S. des § 52 Abs. 4 Nr. 1 GKG idF des 2. KostRMoG: Daher kommt kein Mindeststreitwert im Verfahren wegen der Erstattung der einem Kindergeldberechtigten entstandenen Kosten der Rechtsverfolgung nach § 77 EStG zum Ansatz (FG Münster 4 Ko 4071/13 GK v. 23.12.13, EFG 14, 586). Die Vorschrift des § 77 EStG ist über ihren Wortlaut hinaus auch im Falle von erfolgreichen Untätigkeitseinsprüchen anwendbar (FG Köln 14 K 1020/12 v. 21.11.12, EFG 13, 713). Vgl. zu § 77 EStG auch BFH VIII R 73/00 v. 23.7.02, BFH/NV 03, 25; III B 140/06 v. 12.2.07, BFH/NV 07, 1109; FG Münster 1 K 5994/03 Kg v. 18.6.07, EFG 07, 1533; FG München 4 K 29/04 v. 25.7.07, EFG 07, 1704; vgl. Im Übrigen die Kommentierungen zu § 77 EStG.

18 Zu den außergerichtlichen Kosten des Beigeladenen vgl. Formular D. 2.06 Rz. 15.

19 Die Gebührenhöhe ist abhängig vom **Gegenstandswert** (§ 2 Abs. 1 RVG), dieser bestimmt sich nach den Wertvorschriften für die Gerichtsgebühren (§ 23 RVG).

20 Der **Streitwert** ist grundsätzlich Bemessungsgrundlage für die Gerichtsgebühren und die Gebühren der Bevollmächtigten. In Verfahren vor den Finanzgerichten richtet sich der Streitwert nach der sich aus dem Antrag des Klägers für ihn ergebenden Bedeutung der Sache (§ 52 Abs. 1 GKG). Bei Anfechtung eines Steuerbescheids bildet die Differenz zwischen festgesetzter und erstrebter Steuer den Streitwert. Der Streitwert richtet sich danach regelmäßig nach dem Antrag des Klägers; fehlt dieser, so ist gemäß § 52 Abs. 2 GKG ein Streitwert von 5000 Euro anzunehmen, sog. Auffangstreitwert. Gemäß § 52 Abs. 4 GKG darf der Streitwert in Verfahren vor den Finanzgerichten und dem BFH **1.000 Euro (für ab 1.8.13 anhängig gemachte Verfahren: 1.500 €)** nicht unterschreiten, sog. **Mindeststreitwert**. Der Mindeststreitwert gilt **nicht** in **Verfahren des einstweiligen Rechtsschutzes** (AdV, einstweilige Anordnung, vgl. BFH IX E 17/07 v. 14.12.07, BStBl. II 08, 199) sowie bei **Entschädigungsklagen** und für ab dem 1.8.213 anhängig gemachte **Kindergeldangelegenheiten** (§ 52 Abs. 4 Nr. 1 idF des 2. KostRMoG). Mit dem Gesetz zur Durchführung der Verordnung (EU) Nr. 1215/2012 sowie zur Änderung sonstiger Vorschriften v. 8.7.14 (BGBl. I 14, 890) wurde ein neuer Satz 3 in § 52 Abs. 3 GKG eingefügt, wonach bei Dauersachverhalten in Kindergeldangelegenheiten ein Jahresbetrag des Kindergelds zuzüglich der bei Klageerhebung bereits fälligen Kindergeldbeträge als **Streitwert** anzusetzen ist. Zur **Streitwertberechnung** im Einzelnen vgl. zB *Gräber/Ratschow*, Vor § 135 Rz. 110 Streitwert-ABC, sowie *Eckert/Eberl,* Steuerberatervergütungsverordnung, 5.Aufl., KostR, Tz. 4.10., Streitwert-ABC.

21 Der im Juni 2009 von den Präsidenten der Finanzgerichte beschlossene **Streitwertkatalog** für die Finanzgerichtsbarkeit ist keine verbindliche Rechtsgrundlage, sondern enthält lediglich eine Zusammenstellung der finanzgerichtlichen Rechtsprechung und soll zur Vereinheitlichung der Rechtsprechung zur Bemessung des Streitwerts beitragen. Mit den angegebenen Werten werden damit Empfehlungen ausgesprochen. Der Streitwertkatalog ist im Internet abrufbar auf der Homepage der meisten Finanzgerichte (zB FG Münster: www.fg-muenster.nrw.de), zT mit Hinweisen auf Besonderheiten am jeweiligen FG (z.B. FG Düsseldorf: www.fg-duesseldorf.nrw.de).

22 Der Streitwert wird regelmäßig durch den Urkundsbeamten der Geschäftsstelle im Rahmen des Kostenansatz- oder Kostenfestsetzungsverfahrens als unselbständiger Teil der Entscheidung formlos festgestellt. Ist ein Beteiligter damit nicht einverstanden, kann er Festsetzung des Streitwerts durch das Gericht beantragen. Zur gerichtlichen

Streitwertfestsetzung nach §§ 61ff. GKG, die dann zwingend für die Gerichtsgebühren maßgeblich und auch der Gebührenrechnung des Bevollmächtigten zugrunde zu legen ist, vgl. *Gräber/Ratschow* Vor § 135 FGO Rz. 111ff.). Wird gegen die Kostenfestsetzung durch den Urkundsbeamten Erinnerung eingelegt, kann darin ein konkludenter Antrag auf gerichtliche Festsetzung des Streitwerts liegen (vgl. *Gräber/Ratschow* Vor § 135 FGO Rz. 113 mwN). Der Streitwert kann aber auch durch Beschluss des Gerichts erfolgen, wenn ein besonderes Rechtsschutzbedürfnis gegeben ist (vgl. *Gräber/Ratschow* Vor § 135 FGO Rz. 114ff.). Das Verfahren zur Streitwertfestsetzung ist gerichtsgebührenfrei; im GKG ist nämlich kein Gebührentatbestand erfasst (BFH III B 49/95 v. 10.10.95, BFH/NV 96, 246).

Der Streitwertbeschluss eines Finanzgerichts oder des BFH ist **nicht mit der Beschwerde** angreifbar (§ 66 Abs. 3 Satz 3 GKG). Gegen die Streitwertfestsetzung durch Gerichtsbeschluss sind aber die **Anhörungsrüge (§ 69a GKG)** und die **Gegenvorstellung** (als nicht förmlicher Rechtsbehelf) gegeben (vgl. *Gräber/Ratschow* Vor § 135 FGO Rz. 122). Die Anhörungsrüge ist fristgebunden (zwei Wochen nach Kenntnis von der Verletzung des rechtlichen Gehörs, § 69a Abs. 2 Satz 1 GKG) und inhaltlich zudem beschränkt auf die Rüge der Verletzung des rechtlichen Gehörs. Ob die Gegenvorstellung gegen einen Streitwertbeschluss fristgebunden ist (entsprechend § 63 Abs. 3 Satz 2 GKG), ist streitig. Darüber hinaus gibt es auch die Möglichkeit, dass das Gericht die Streitwertfestsetzung **von Amts wegen** (ggf. auch auf einen Antrag bzw. Hinweis der Beteiligten) ändert (§ 63 Abs. 3 GKG). Die Änderung ist aber nur **innerhalb von sechs Monaten** zulässig, nachdem die Entscheidung in der Hauptsache Rechtskraft erlangt oder das Verfahren sich anderweitig erledigt hat (§ 63 Abs. 3 Satz 2 GKG). Ggf. kann innerhalb dieser Frist auch der BFH als Rechtsmittelgericht einen finanzgerichtlichen Streitwertbeschluss ändern, wenn das Hauptsacheverfahren beim BFH schwebt (§ 63 Abs. 3 Satz 1 Nr.2 GKG). 23

Das **RVG gilt** nicht nur für Rechtsanwälte, sondern gemäß §§ 45 und 46 der Steuerberatervergütungsverordnung (StBVV) entsprechend **auch für Steuerberater**, wenn diese den Steuerpflichtigen vertreten. Die Höhe der Vergütung bestimmt sich gemäß § 2 Abs. 2 Satz 1 RVG nach dem Vergütungsverzeichnis (VV) der Anlage 1 zum RVG. Die Höhe der Wertgebühr richtet sich nach dem Gegenstandswert, sie ist in § 13 RVG geregelt. In Anlage 2 zu § 13 Abs. 1 Satz 3 GKG ist in einer Tabelle aufgelistet, wie hoch eine Gebühr nach dem RVG bei Gegenstandswerten von 0 bis 500.000 € jeweils ist. 24

Bei einer Tätigkeit eines Bevollmächtigten im außergerichtlichen Einspruchsverfahren („Vorfahren"), im finanzgerichtlichen Verfahren und ggf. auch in einem Rechtsmittelverfahren beim BFH kann der Kläger bei Ergehen entsprechender Kostenentscheidungen einen **Kostenerstattungsanspruch** sowohl für das Vorverfahren als auch beide gerichtliche Instanzen haben. Für das behördliche Einspruchsverfahren als **Vorverfahren** ist **allerdings zwischen Steuerberatern und Rechtsanwälten zu differenzieren**. Während sich bei Rechtsanwälten die Vergütung generell nach dem RVG richtet, gilt dies bei Steuerberatern nur für das gerichtliche Verfahren u.a. vor Gerichten der Finanzgerichtsbarkeit (vgl. § 45 StBVV). **Steuerberater** haben ein behördliches Vorverfahren **grundsätzlich bis zum 19.12.12 nach der Steuerberatergebührenverordnung (StBGebV)**, siehe hierzu Formular D. 2.16a unter Ia, und mit Wirkung **ab dem 20.12.12 nach der Steuerberatervergütungsverordnung** (**StBVV** - siehe hierzu Formular D. 2.16a unter Ib) abzurechnen. Die StBGebV hat mit Wirkung ab 20.12.12 den neuen Titel StBVV erhalten. Inhaltlich wurden die Werte der Gebührentabellen A bis E linear erhöht und einzelne Gebührentatbestände abgeändert. Die Vergütung des Steuerberaters ist gemäß § 47a StBVV nach dem bisherigen Recht (StBGebV) zu berechnen, wenn der Auftrag zur Erledigung der Angelegenheit vor dem Inkrafttreten der StBVV am 20.12.12 erteilt worden ist, bei einer Auftragserteilung ab dem 20.12.12 somit nach der StBVV. 25

26 Für die Vertretung im Rechtsbehelfsverfahren vor Verwaltungsbehörden unter **Geltung der StBVV** erhält der **Steuerberater** nach § 40 Abs. 1 Satz 1 StBVV eine Geschäftsgebühr von 5/10 bis 25/10 einer vollen Gebühr nach Tabelle E (Anlage 5 zur StBVV). Eine Gebühr von mehr als 13/10 einer vollen Gebühr kann nur gefordert werden, wenn die Tätigkeit umfangreich oder schwierig war (§ 40 Abs. 1 Satz 2 StBVV). Beschränkt sich der Auftrag auf ein Schreiben einfacher Art, das weder schwierige rechtliche Ausführungen noch größere sachliche Auseinandersetzungen enthält, beträgt nach 40 Abs. 1 Satz 3 StBVV die Gebühr 3/10 einer vollen Gebühr. Die Abs. 2 bis 4 sowie Abs. 6 des § 40 StBVV sehen mehrere **Ermäßigungen bzw. Begrenzungen der Geschäftsgebühr** von grundsätzlich 1,3 vor, wenn der Steuerberater bereits im Verwaltungsverfahren vor dem Einspruchsverfahren tätig war und Gebühren zB nach § 28 StBVV (Zeitgebühr für Prüfung von Steuerbescheiden), § 24 StBVV (Anfertigung von Steuererklärungen), § 31 StBVV (Besprechungen) oder § 23 StBVV (sonstige Einzeltätigkeiten) entstanden sind. Wird der Steuerberater andererseits in derselben Angelegenheit für mehrere Auftraggeber tätig, zB hinsichtlich eines Einkommensteuerbescheids von Ehegatten, und ist der Gegenstand der beruflichen Tätigkeit derselbe, so erhöht sich nach § 40 Abs. 5 Satz 1 StBVV die Geschäftsgebühr für jeden weiteren Auftraggeber grundsätzlich um 3/10, in den Fällen des § 40 Abs. 2 StBVV (ermäßigte Geschäftsgebühr wegen Prüfung von Steuerbescheiden) um 2/10 und in den Fällen des § 40 Abs. 3 StBVV (wegen Gebühren für Erstellung von Steuererklärungen ermäßigte Geschäftsgebühr) um 1/10 einer vollen Gebühr. Die Erhöhung wird nach dem Betrag berechnet, an dem die mehreren Auftraggeber gemeinschaftlich beteiligt sind; mehrere Erhöhungen dürfen den Betrag von 20/10, in den Fällen des § 40 Abs. 2 StBVV den Betrag von 16/10 und in den Fällen des § 40 Abs. 3 StBVV den Betrag von 6/10 einer vollen Gebühr nicht übersteigen (§ 40 Abs.5 Sätze 2 und 3 StBVV). Die Auslagentatbestände für Steuerberater sind in den §§ 15 bis 20 StBVV geregelt. Für Ablichtungen verweist § 17 Abs. 2 Satz 1 StBVV auf die Dokumentenpauschale im VV RVG und die dort bestimmten Beträge (VV RVG Nr. 7000, siehe Rz. 32). Die Entgelte für Post- und Telekommunikationsdienstleistungen kann der Steuerberater gegen Nachweis in voller Höhe ansetzen, ansonsten werden sie mit 20% der Gebühren, aber maximal mit 20 Euro nach § 16 StBVV berücksichtigt. Die Auslagen bei Geschäftsreisen sind gemäß §§ 18 und 19 StBVV zu berücksichtigen, als Fahrtkosten werden bei Benutzung eines eigenen Kraftfahrzeugs je gefahrenen Kilometer 0,30 Euro angesetzt (§ 18 Abs. 2 Nr. 1 StBVV). Eine Geschäftsreise liegt vor, wenn das Reiseziel außerhalb der Gemeinde liegt, in der sich die Kanzlei oder die Wohnung des Steuerberaters befindet (§ 18 Abs.1 Satz 2 StBVV).

27 Zu den Auslagen gehört auch die Umsatzsteuer auf die Vergütung (§ 15 StBVV); das gilt nicht, wenn die Umsatzsteuer nach § 19 Abs. 1 UStG nicht erhoben wird.

§ 40 StBGebV sowie §§ 15 bis 20 StBGebV entsprechen inhaltlich den nunmehrigen **§§ 15 bis 20, 40 StBVV.** Für die Vertretung im Rechtsbehelfsverfahren vor Verwaltungsbehörden **unter Geltung der StBGebV** gelten daher die vorstehenden Ausführungen (Rz. 26, 27) sinngemäß, bei einem entsprechenden Antrag ist nur jeweils anstelle der StBVV die StBGebV als Rechtsgrundlage anzuführen (siehe Formular D. 2.16a unter Ia).

28 Ein **Rechtsanwalt** erhält im **Vorverfahren** als Vertreter des Steuerpflichtigen eine Geschäftsgebühr von 0,5 bis 2,5. Allerdings kann eine Gebühr von mehr als 1,3 nur gefordert werden, wenn die Tätigkeit umfangreich oder schwierig war (Nr. 2300 Vergütungsverzeichnis – VV RVG). Soweit der Rechtsanwalt wegen desselben Gegenstands bereits im Verwaltungsverfahren vor dem Einspruchsverfahren tätig war und insoweit bereits eine Geschäftsgebühr nach Teil 2 VV RVG entstanden ist, wird diese Gebühr zur Hälfte, bei Wertgebühren jedoch höchstens mit einem Gebührensatz von 0,75, auf eine Geschäftsgebühr für eine Tätigkeit im weiteren Verwaltungsverfahren, das der Nachprüfung des Verwaltungsakts dient, angerechnet. Bei einer Betragsrahmengebühr beträgt der Anrechnungsbetrag höchstens 175,00 EUR (vgl. Vorbemerkung 2.3 Abs. 4 VV RVG).

Für die Vertretung im **Verfahren vor den Finanzgerichten** erhalten Rechtsanwälte und Steuerberater als Prozessbevollmächtigte gleichermaßen eine **Verfahrensgebühr** von 1,6 (Nr. 3200 VV RVG) sowie eine **Terminsgebühr** von 1,2 (Nr. 3202 VV RVG). Sind Auftraggeber in derselben Angelegenheit mehrere Personen, erhöht sich die Verfahrensgebühr für jede weitere Person um 0,3, die Erhöhung ist nach dem Betrag zu berechnen, an dem die Personen gemeinschaftlich beteiligt sind; mehrere Erhöhungen dürfen jedoch einen Gebührensatz von 2,0 nicht übersteigen (Nr. 1008 VV RVG). Die Verfahrensgebühr entsteht für das Betreiben des Geschäfts einschließlich der Information (vgl. Vorbemerkung 3 Abs. 2 VV RVG). Soweit der Rechtsanwalt wegen desselben Gegenstands bereits im behördlichen Einspruchsverfahren tätig war und insoweit bereits eine Geschäftsgebühr nach Teil 2 VV RVG entstanden ist, wird diese Gebühr zur Hälfte, bei Wertgebühren jedoch höchstens mit einem Gebührensatz von 0,75, auf die Verfahrensgebühr des gerichtlichen Verfahrens angerechnet. Bei Betragsrahmengebühren beträgt der **Anrechnungsbetrag** höchstens 175,00 EUR. Sind mehrere Gebühren entstanden, ist für die Anrechnung die zuletzt entstandene Gebühr maßgebend. Bei einer Betragsrahmengebühr ist nicht zu berücksichtigen, dass der Umfang der Tätigkeit im gerichtlichen Verfahren infolge der vorangegangenen Tätigkeit geringer ist. Bei einer wertabhängigen Gebühr erfolgt die Anrechnung nach dem Wert des Gegenstands, der auch Gegenstand des gerichtlichen Verfahrens ist (vgl. Vorbemerkung 3 Abs. 4 Sätze 1 bis 5 VV RVG). Bei einer vorzeitigen Beendigung des Auftrags oder einer nur eingeschränkten Tätigkeit des Anwalts reduziert sich die Verfahrensgebühr auf 1,1 (vgl. zu den Voraussetzungen hierfür KV 3201 VV RVG sowie die darin enthaltene Anmerkung). Wird vom BFH das angefochtene FG-Urteil aufgehoben und die Sache zur anderweitigen Verhandlung und Entscheidung zurückverwiesen (§ 126 Abs. 3 Satz 1 Nr. 2 FGO), ist das weitere Verfahren beim FG ein neuer Rechtszug (§ 21 Abs. 1 RVG); die beim FG im ersten Rechtszug bereits entstandene Verfahrensgebühr ist dann auf die im zweiten Rechtszug neu entstehende Verfahrensgebühr anzurechnen (Vorbemerkung 3 Abs. 6 VV RVG). 29

Die **Verfahrensgebühr** für ein **Revisionsverfahren** sowie eine **Beschwerde nach § 128 Abs. 3 FGO** (wegen Aussetzung der Vollziehung nach § 69 FGO bzw. einstweiliger Anordnung nach § 114 FGO) beim **BFH** beträgt 1,6 (Nr. 3206 VV RVG sowie Vorbemerkung 3.2.2, Nr. 3 VV RVG) und mindert sich bei vorzeitiger Beendigung des Auftrags sowie bei eingeschränkter Tätigkeit des Anwalts ebenfalls auf 1,1 (Nr. 3207 VV RVG, der auf die Anmerkung zu Nr. 3201 VV RVG verweist). Die **Verfahrensgebühr** für eine **Nichtzulassungsbeschwerde** beim **BFH** beträgt ebenfalls 1,6 (Nr. 3506 VV RVG) und mindert sich bei vorzeitiger Beendigung des Auftrags ebenfalls auf 1,1 (Nr. 3507 VV RVG); die Verfahrensgebühr ist jedoch auf ein nachfolgendes Revisionsverfahren in vollem Umfang anzurechnen (Anmerkung in Nr. 3506 VV RVG). Die **Terminsgebühr** für ein **Revisionsverfahren** beim BFH beträgt 1,6 (Nr. 3210 VV RVG). 30

Die **Terminsgebühr** entsteht auch dann, wenn gemäß § 79a Abs. 2, § 90a oder § 94a FGO ohne mündliche Verhandlung entschieden wird, und zwar sowohl für die Wahrnehmung von gerichtlichen Terminen als auch für die Wahrnehmung von außergerichtlichen Terminen und Besprechungen, wenn nichts anderes bestimmt ist. Sie entsteht jedoch nicht für die Wahrnehmung eines gerichtlichen Termins nur zur Verkündung einer Entscheidung (vgl. Vorbemerkung 3 Abs. 3 Satze 1 und 2 VV RVG). Eine **Erledigungsgebühr** kann entstehen, wenn sich eine Rechtssache ganz oder teilweise nach Aufhebung oder Änderung des mit einem Rechtsbehelf angefochtenen Verwaltungsakts durch die anwaltliche Mitwirkung erledigt. Das Gleiche gilt, wenn sich eine Rechtssache ganz oder teilweise durch Erlass eines bisher abgelehnten Ver- 31 waltungsakts erledigt (vgl. Nr. 1002 VV RVG). Nr. 1004 in Verbindung mit Nr. 1002 VV RVG bestimmt den Gebührensatz für eine Erledigungsgebühr in den Fällen, in denen ein Berufungs- oder Revisionsverfahren anhängig ist, mit 1,3. Nach Nr. 1003 VV RVG fällt in den übrigen gerichtlichen Verfahren eine entsprechende Gebühr nur in einer Höhe von 1,0 an. Die Höhe einer **Erledigungsgebühr** im finanzgerichtlichen Verfahren war lange umstritten. Zwischenzeitlich hat sich die Auffassung durchgesetzt, nach der in einem Verfahren beim **FG** nur eine Gebühr von **1,0** nach Nr. 1003 RVG in Betracht kommt (vgl. FG Köln 10 Ko 930/12 v. 11.7.12, EFG 12, 2236, unter Anschluss an FG Münster 9 Ko 647/10 KFB v. 7.6.10, EFG 10, 2021). Nur eine ggf. während des Rechtsmittelverfahrens beim **BFH** entstehende Erledigungsgebühr beträgt nach Nr. 1004 VV RVG **1,3**.

32 In **Teil 7** der **VV RVG** sind die **Auslagentatbestände** geregelt. Es können nach Nr. 7000 VV RVG Auslagen für Ablichtungen angesetzt werden; 0,50 € für die ersten 50 abzurechnenden Seiten, 0,15 Euro für jede weitere Seite. Eine Übermittlung durch den Bevollmächtigten per Telefax steht dabei der Herstellung einer Kopie gleich. Nach Nr. 7001 VV RVG können die Entgelte für Post- und Telekommunikationsdienstleistungen gegen Nachweis in voller Höhe angesetzt werden, ansonsten werden sie pauschal mit 20% der Gebühren, aber maximal mit 20 € nach Nr. 7002 VV RVG berücksichtigt. Die Auslagen bei Geschäftsreisen (Fahrtkosten, Tage- und Abwesenheitsgeld, sonstige Auslagen wie Übernachtungskosten) sind gemäß Nrn. 7003 bis 7006 zu berücksichtigen, als Fahrtkosten werden bei Benutzung eines eigenen Kraftfahrzeugs je gefahrenen Kilometer 0,30 € angesetzt. Eine Geschäftsreise liegt vor, wenn das Reiseziel außerhalb der Gemeinde liegt, in der sich die Kanzlei oder die Wohnung des Rechtsanwalts befindet (Vorbemerkung 7 Abs. 2 VV RVG). Angemessene Aufwendungen für die Benutzung anderer Verkehrsmittel bei der Geschäftsreise können in der tatsächlichen Höhe angesetzt werden.

Zu den Auslagen gehört auch die Umsatzsteuer auf die Vergütung (Nr. 7008 VV RVG); das gilt nicht, wenn die Umsatzsteuer nach § 19 Abs. 1 UStG unerhoben bleibt.

33 Ist die Vergütung des Rechtsanwalts fällig und verweigert der Mandant die Bezahlung, kann der **gesetzliche Vergütungsanspruch** auf Antrag des Bevollmächtigten oder des Auftraggebers gem. **§ 11 RVG** vom Urkundsbeamten der Geschäftsstelle des Finanzgerichts festgesetzt werden. Es handelt sich dabei um ein gebührenfreies, einfaches und schnelles **Verfahren zur vollstreckbaren Festsetzung** der für ein gerichtliches Verfahren (auch Prozesskostenhilfe-Verfahren; nicht: Beratungshilfe) entstandenen gesetzlichen Vergütung des Rechtsanwalts (*Tipke/Kruse* § 139 FGO Rz. 56). Wegen der Einzelheiten wird auf § 11 RVG hingewiesen.

34 **Gerichtskosten** setzen sich grundsätzlich aus den **Gebühren** (s. unten Rz. 36ff.) und den **Auslagen** zusammen (§ 139 Abs. 1 FGO). Sie bestimmen sich grundsätzlich nach dem Wert des Streitgegenstands **(Streitwert),** § 3 Abs. 1 GKG; maßgebend für die Gebühren ist das GKG (§ 1 Abs. 2 Nr. 2 GKG). Zum Streitwert vgl. Rz. 20ff.

Zuständig für den Kostenansatz ist stets der Kostenbeamte der jeweiligen Instanz (FG, BFH), bei der die Kosten entstanden sind (§ 19 Abs. 1 GKG).

35 Die Gerichtsgebühren richten sich gemäß § 3 Abs. 2 GKG nach dem Kostenverzeichnis (KV, Anlage 1 zum GKG). Die Höhe streitwertabhängiger Wertgebühren ist der Formel des § 34 Abs. 1 Sätze 1 und 2 GKG zu entnehmen. Gemäß § 34 Abs.1 Satz 3 GKG ist in Anlage 2 zum GKG eine Tabelle angefügt, aus der sich jeweils die exakte Höhe einer Gebühr bei Streitwerten zwischen 0 und 500.000 € entnehmen lässt.

36 Im erstinstanzlichen Verfahren (FG) wird grundsätzlich für den Prozess im **Hauptsacheverfahren** eine **einheitliche Verfahrensgebühr** in Höhe einer **vierfachen** Gebühr (Nr. 6110 KV) erhoben, bei Beschluss nach § 138 FGO (Erledigung des Rechtsstreits in der Hauptsache) ermäßigt sich die Verfahrensgebühr auf **zwei** Gebühren (Nr. 6111 KV), ebenso in den Fällen der (rechtzeitigen) Klagerücknahme.

Eine Klagerücknahme führt also nicht zu einem vollständigen Entfallen, sondern nur zu einer Reduzierung bereits entstandener Gerichtskosten, wenn die Klage **vor dem Schluss der mündlichen Verhandlung** oder, wenn eine solche nicht stattfindet, vor Ablauf des Tages, an dem das Urteil oder der Gerichtsbescheid der Geschäftsstelle übermittelt wird, zurückgenommen wird (Nr. 6111 KV). Die Verfahrensgebühr richtet sich nach dem Streitwert. Für ein **Revisionsverfahren** beim BFH entsteht eine **fünffache Verfahrensgebühr** (Nr. 6120 KV). Diese fünffache Gebühr ermäßigt sich nach Nr. 6121 KV auf eine **einfache** Gebühr, wenn **vor Eingang einer Revisionsbegründung** entweder die Revision zurückgenommen wird oder es zu einer Erledigung der Hauptsache (§ 138 FGO) kommt. Eine erst **nach Eingang der Revisionsbegründung erfolgende Erledigung der Hauptsache bzw. Rücknahme** der Klage oder der Revision führt zu einer Ermäßigung auf eine Verfahrensgebühr nach Nr. 6122 KV auf **3,0**, wenn die Klage oder Revision **vor dem Schluss der mündlichen Verhandlung** oder, wenn eine solche nicht stattfindet, vor Ablauf des Tages, an dem das Urteil oder der Gerichtsbescheid der Geschäftsstelle des BFH übermittelt wird, zurückgenommen wird (Nr. 6122 KV, unter 1.); dies gilt entsprechend für eine nach Eingang der Revisionsbegründung eintretende Erledigung der Hauptsache, solange noch kein Urteil bzw. Gerichtsbescheid bzw. Beschluss in der Hauptsache vorausgegangen ist (Nr. 6122 KV, unter 2.). 37

Für das Verfahren der gerichtlichen **Aussetzung der Vollziehung (§ 69 Abs. 3 und Abs. 5 FGO**) und die **einstweilige Anordnung (§ 114 FGO**) wird eine Verfahrensgebühr in Höhe von zwei Gebühren erhoben (Nr. 6210 KV). Die Verfahrensgebühr ermäßigt sich auf 0,75, wenn der Antrag vor dem Schluss der mündlichen Verhandlung, oder wenn eine solche nicht stattfindet, vor Ablauf des Tages, an dem der Beschluss der Geschäftsstelle übermittelt wird, zurückgenommen wird oder wenn nach Erledigung des Rechtsstreits in der Hauptsache ein Beschluss nach § 138 FGO ergeht (Nr. 6211 KV). **Beschwerden** beim **BFH** gegen finanzgerichtliche Beschlüsse über **Aussetzung der Vollziehung** (§ 69 Abs. 3 und Abs. 5 FGO) und die **einstweilige Anordnung (§ 114 FGO)** kosten nach Nr. 6220 KV 2,0 Gebühren, bei einer Beendigung des gesamten Verfahrens durch Zurücknahme der Beschwerde ermäßigt sich die Gebühr auf 1,0 (vgl. Nr. 6221 KV). 38

Wird gegen ein finanzgerichtliches Urteil eine **Nichtzulassungsbeschwerde** eingelegt, sieht Nr. 6500 KV für eine vom BFH als unzulässig oder unbegründet zurückgewiesene **Nichtzulassungsbeschwerde** 2,0 Gebühren vor. Soweit die Beschwerde **zurückgenommen** wird oder das Verfahren durch anderweitige Erledigung, zB Erledigung der Hauptsache, beendet wird, ermäßigt sich die Gebühr nach Nr. 6501 KV auf **1,0**. **Gerichtsgebühren** für eine beim BFH eingelegte Nichtzulassungsbeschwerde entstehen also **nicht**, wenn und soweit der BFH auf die Beschwerde hin das finanzgerichtliche Urteil aufhebt und entweder den Rechtsstreit nach § 116 Abs. 6 FGO an das Finanzgericht **zurückverweist** oder wenn die **Revision zugelassen wird** und damit das Rechtsmittelverfahren unmittelbar als Revisionsverfahren fortgeführt wird. Ab dem Zeitpunkt der Zulassung der Revision trägt der Kläger aber das Kostenrisiko einer fünffachen Verfahrensgebühr nach Nr. 6120 KV. 39

Für die übrigen beim BFH geführten, anderweitig im KV nicht erwähnten Beschwerden (alle Beschwerden mit Ausnahmen der Nichtzulassungsbeschwerden und der Beschwerden in Verfahren des einstweiligen Rechtsschutzes, also z.B. Beschwerden wegen Akteneinsicht, Beiladung usw.) wird nach Nr. 6502 eine vom Streitwert nicht abhängige Festgebühr von 60 € (vor dem 1.8.2013 eingelegte Beschwerden: 50 €) erhoben, wenn die Beschwerde vom BFH als unzulässig verworfen oder als unbegründet zurückgewiesen wird. 40

In einem erstinstanzlichen Klageverfahren wird der BFH nur im Bereich der Entschädigungsklagen wegen überlanger gerichtlicher Verfahrensdauer tätig (§ 155 Satz 2 FGO iVm §§ 198ff. GVG). In einem **erstinstanzlichen Klageverfahren vor dem** 41

BFH wird grundsätzlich für den Prozess im **Hauptsacheverfahren** eine **einheitliche Verfahrensgebühr** in Höhe einer **fünffachen** Gebühr (Nr. 6112 KV) erhoben, bei Beschluss nach § 138 FGO (Erledigung des Rechtsstreits in der Hauptsache) ermäßigt sich die Verfahrensgebühr auf **drei** Gebühren (Nr. 6113 KV), ebenso in den Fällen der (rechtzeitigen) Klagerücknahme, wenn die Klage **vor dem Schluss der mündlichen Verhandlung** oder, wenn eine solche nicht stattfindet, vor Ablauf des Tages, an dem das Urteil oder der Gerichtsbescheid der Geschäftsstelle des BFH übermittelt wird, zurückgenommen wird (Nr. 6113 KV).

42 Für eine erfolglose, nach dem 31.7.13 erhobene **Anhörungsrüge** (§ 133a FGO, vgl. Formular D. 2.02) ist eine pauschale Gebühr von 60 Euro zu zahlen (Nr. 6400 KV); für eine vor dem 1.8.13 erhobene Anhörungsrüge beträgt die Festgebühr 50 €. Wird ein **selbstständiges Beweisverfahren** durchgeführt, wird eine einfache Gebühr erhoben (Nr. 6300 KV).

Verfahren über Anträge auf gerichtliche Handlungen der Zwangsvollstreckung gemäß § 152 FGO (Nr. 6301 KV) kosteten vor dem 1.8.13 15 € und seit dem 1.8.13 nunmehr 20 €.

Verzögerungsgebühr: Nach § 38 Satz 1 GKG iVm. Nr. 6600 KV kann das Gericht dem Kläger oder dem Beklagten eine besondere Gebühr in Höhe einer einfachen Gebühr auferlegen, wenn durch das Verschulden des Klägers oder des Beklagten die Vertagung einer mündlichen Verhandlung nötig oder die Erledigung des Rechtsstreits durch nachträgliches Vorbringen von Angriffs- oder Verteidigungsmitteln, Beweismitteln etc., die früher vorgebracht werden konnten, verzögert worden ist. Die Gebühr kann bis auf einen Gebührensatz von 0,3 ermäßigt werden (§ 38 Satz 2 GKG). Die Gebühr kann auch dem Beigeladenen auferlegt werden, denn er steht nach § 38 Satz 3 GKG dem Kläger und dem Beklagten gleich.

Die Entscheidung, einem Beteiligten eine Verzögerungsgebühr aufzuerlegen, kann in jeder Lage des Verfahrens ergehen, setzt also nicht den Abschluss des gerichtlichen Verfahrens voraus (BFH VIII B 157/06 v. 7.1.07, BFH/NV 07, 931). Die Entscheidung ergeht durch Beschluss, der zu begründen ist (BFH VIII B 157/06 v. 7.1.07, aaO).

43 Eine **Beschwerde** ist ausgeschlossen. Bei der Entscheidung gem. § 38 GKG handelt es sich um eine Kostenentscheidung (BFH VIII B 157/06 v. 7.1.07, BFH/NV 07, 931), gegen die nach § 128 Abs. 4 Satz 1 FGO die Beschwerde grundsätzlich ausgeschlossen ist. Lediglich eine Anhörungsrüge nach § 133a FGO (s. Formular D. 2.02) ist statthaft. Ob eine Gegenvorstellung nach der Schaffung der Anhörungsrüge noch statthaft, ist zweifelhaft. Der BFH hat diese Frage in seiner Entscheidung BFH VIII B 157/06 v. 7.1.07, aaO offen gelassen. Eine außerordentliche Beschwerde ist jedenfalls unstatthaft.

44 **Fälligkeit:** Die Verfahrensgebühr für das Hauptsacheverfahren wird bereits **mit der Einreichung der Klage- bzw. Rechtsmittelschrift** bei Gericht (§ 6 Abs. 1 Satz 1 Nr. 5 GKG) bzw. bei Zulassung der Revision durch den BFH mit der Zulassung der Revision fällig (§ 6 Abs. 1 Satz 2 GKG) und ist „alsbald" nach Fälligkeit zu erheben (§ 15 Abs. 1 KostVfG). Die sofortige Fälligkeit bedeutet nicht, dass in der Finanzgerichtsbarkeit jetzt ein Vorschuss (vgl. § 10 GKG) erhoben wird, was in anderen Gerichtsbarkeiten üblich ist, denn die Tätigkeit des FG ist im Steuerprozess nicht von der Zahlung der fällig gestellten Gebühren abhängig (vgl. *Gräber/Ratschow* Vor § 135 FGO Rz. 22 mwN). Das bedeutet, dass der Prozess vom FG und vom BFH unabhängig davon durchgeführt wird, ob die fällige Verfahrensgebühr auch tatsächlich bezahlt wird. Eine Ausnahme gilt aber für die erstinstanzlichen Klageverfahren beim BFH wegen unangemessener gerichtlicher Verfahrensdauer (§ 155 Satz 2 FGO iVm. §§ 198ff. GVG); § 12a GKG schreibt insoweit die Anwendung des § 12 GKG und damit der für Verfahren nach der Zivilprozessordnung geltenden Fälligkeitsregeln vor. Deswegen soll hier die Klageschrift erst nach Zahlung der Verfahrensgebühr zugestellt wer-

den (§ 12 Abs. 1 Satz 1 GKG, zu Ausnahmen vgl. § 14 GKG). Die sofortige Fälligkeit der Gebühren nach § 6 Abs. 1 Satz 1 Nr. 5 bzw. Abs. 1 Satz 2 GKG betrifft nach h.M. nur das Klage- und Revisionsverfahren als Hauptsacheverfahren, nicht aber alle übrigen finanzgerichtlichen Verfahren wie z.B. Verfahren des vorläufigen Rechtsschutzes oder Beschwerden (vgl. *Gräber/Ratschow* Vor § 135 FGO Rz. 22 mwN und D. 2.04 Rz. 38).

Zur Frage, ob aus Art. 19 Abs. 4 GG folgt, dass kostenloser Rechtsschutz zu gewähren ist vgl. FG Nds. 5 KO 22/05 v. 28.3.06, BeckRS 2006, 26021060. **45**

Die Höhe der Gebühr, die bei Einreichung der Klageschrift fällig wird, bestimmt sich nach dem **Mindeststreitwert,** sofern dieser anwendbar ist (vgl. § 52 Abs. 5 GKG idF v. 8.7.14, BGBl. I 14, 890 Art. 7 Nr. 7b). Er beträgt **1.500 €** – vor 1.8.13: 1.000 € –, ist aber für Entschädigungsklagen wegen überlanger Verfahrensdauer (Verfahren nach § 155 Satz 2 FGO) und ab dem 1.8.13 auch in Kindergeldangelegenheit nicht mehr anwendbar (§ 52 Abs. 4 Nr. 1 GKG). Angesetzt werden also bei Einreichung der Klageschrift beim FG bzw. der Revisionsschrift beim BFH --bei Anwendbarkeit des Mindeststreitwerts-- die jeweiligen Verfahrensgebühren (4,0 bzw. 5,0 Gebühren). Bei ab dem 1.8.13 anhängig gemachten Klageverfahren kostet eine Gebühr auf Basis des Mindeststreitwerts von 1.500 € jetzt 71 €, mit Einreichung der Klageschrift werden also nunmehr (vierfache Gebühr) 284 € fällig. Bei vor dem 1.8.13 anhängig gemachten Klageverfahren kostete eine Gebühr auf Basis des damaligen Mindeststreitwerts von 1.000 € nur 55 €, mit Einreichung der Klageschrift wurden also (vierfache Gebühr) 220 € fällig. Dementsprechend wird bei Einlegung einer Revision beim BFH ab dem 1.8.13 eine (fünffache) Verfahrensgebühr in Höhe von jetzt 355 € fällig (vor dem 1.8.13 eingelegte Revisionen: 275 €). Wurde eine Nichtzulassungsbeschwerde beim BFH vor dem 1.8.13 eingelegt und wird die Revision erst ab dem 1.8.13 vom BFH zugelassen, werden die Kosten des Revisionsverfahrens gemäß § 71 Abs. 1 Satz 1 GKG nach dem bisherigen Recht idF vor dem Inkrafttreten des 2. KostRMoG erhoben; insoweit handelt es sich um das nämliche Rechtsmittel. Nach Abschluss des Verfahrens und dem Ergehen einer Kostenentscheidung erstellen die Finanzgerichte und der BFH eine **Schlusskostenrechnung,** in der die vorab bezahlte Verfahrensgebühr angerechnet wird. Bei einem vollständigen oder teilweisen Obsiegen oder auch bei einer Verminderung der Verfahrensgebühr durch eine Rücknahme der Klage bzw. der Revision bzw. eine Erledigung der Hauptsache kann sich dadurch je nach Einzelfall auch eine Erstattung von Gerichtskosten zugunsten des Klägers ergeben. Eine Verzinsung ist ausgeschlossen (§ 5 Abs. 4 GKG). Der Anspruch auf Rückerstattung von Gerichtskosten verjährt vier Jahre nach Ablauf des Kalenderjahres, in dem das Verfahren durch eine rechtskräftige Entscheidung oder in sonstiger Weise beendet worden ist (§ 5 Abs. 1 GKG). **46**

Nach Auffassung des BFH unterliegt die Regelung in § 52 Abs. 4 GKG (Mindeststreitwert) **keinen durchgreifenden verfassungsrechtlichen Bedenken,** zumal der Kläger Antrag auf Prozesskostenhilfe (§ 142 FGO iVm. §§ 114ff. ZPO) stellen könne. Die vom BVerfG aufgestellten Kriterien für die Annahme einer unzumutbaren Erschwerung des Rechtswegs seien jedenfalls im Streitfall nicht erfüllt, da das Gebührenrisiko für eine Instanz das wirtschaftliche Interesse des Klägers an dem Verfahren nicht erreiche. Vgl. BFH V E 2/06 v. 31.5.07, BStBl. II 07, 791, sowie BFH VII E 26/05 v. 30.5.06, BFH/NV 06, 1686 und BFH V E 3/12 v. 16.10.12, BFH/NV 13, 81. **47**

In Verfahren des **vorläufigen Rechtsschutzes** (Aussetzung der Vollziehung nach § 69 FGO, einstweilige Anordnung nach § 114 FGO) ist der Mindeststreitwert nicht anzusetzen, vgl. BFH IX E 17/07 v. 14.12.07, BStBl. II 08, 199. **48**

Ein **Prozesskostenhilfeantrag** (vgl. Formular D. 2.17), der gleichzeitig mit der Erhebung der Klage gestellt wird, lässt die Entstehung der Verpflichtung zur Zahlung der Gebühr und die Fälligkeit der Gebühr unberührt (vgl. *Gräber/Ratschow* Vor § 135 FGO Rz. 22 m.w.N.). *Gräber/Ratschow* (aaO) ist zuzustimmen, dass es jedoch dem **49**

Zweck der Prozesskostenhilfe und Art. 19 Abs. 4 GG entspricht, von der Erhebung der Gebühr bis zur Entscheidung über den Prozesskostenhilfeantrag abzusehen. Die Praxis ist in den Bundesländern unterschiedlich. Vielfach wird so verfahren, dass das FG der Gerichtskasse mitteilt, es sei Prozesskostenhilfeantrag gestellt, über den noch nicht entschieden sei; deshalb werde gebeten, von der Einziehung der Gebühren vorerst abzusehen. Das FG hat bisher rechtlich keine Möglichkeit, der Gerichtskasse eine entsprechende Anweisung zu erteilen.

50 **Auslagen:** Auslagen dürfen nach § 1 Abs. 1 GKG nur erhoben werden, wenn dies im Gesetz vorgesehen ist. Die für das finanzgerichtliche Verfahren hauptsächlich relevanten Auslagentatbestände sind in Nr. 9000 bis 9007 des Kostenverzeichnisses (KV, Anlage 1 zu § 3 Abs. 2 GKG) abschließend aufgezählt. Nach § 77 Abs. 1 Satz 3 FGO sind den Schriftsätzen Abschriften für die übrigen Beteiligten (in der Regel: Finanzamt, Hauptzollamt oder Agentur für Arbeit; ggf. zusätzlich für Beigeladene etc.) beizufügen. Für den Fall, dass nicht die erforderliche Zahl von Mehrausfertigungen beigefügt ist, wird die Ablichtung vom Gericht gefertigt und **mit 0,50 € je Seite** (für die ersten 50 Seiten, 0,15 € für jede weitere Seite) gemäß Nr. 9000 KV berechnet. Das gilt auch, wenn an das Gerichts per Telefax Mehrfertigungen von Schriftsätzen übermittelt und von der Empfangseinrichtung des Gerichts ausgedruckt werden. **Nr. 9000 KV** lautet:

„Pauschale für die Herstellung und Überlassung von Dokumenten: 1. Ausfertigungen, Kopien und Ausdrucke bis zur Größe DIN A 3, die auf Antrag angefertigt oder auf Antrag per Telefax übermittelt oder angefertigt worden sind, weil die Partei oder ein Beteiligter es unterlassen hat, die erforderliche Zahl von Mehrausfertigungen beizufügen; der Anfertigung steht es gleich, wenn per Telefax übermittelte Mehrfertigungen von der Empfangseinrichtung des Gerichts ausgedruckt werden.“

51 Bei **Aktenversendung zur Akteneinsicht** (vgl. D. 2.01 Rz. 31) werden Auslagen in Höhe von pauschal 12 € sofort fällig (§ 28 Abs. 2 GKG iVm. Nr. 9003 KV). Weitere im finanzgerichtlichen Verfahren relevante Auslagen sind in Nr. 9001 KV (Auslagen für Telegramme in tatsächlicher Höhe), Nr. 9002 KV (Pauschale für Zustellungen mit Zustellungsurkunde, Einschreiben gegen Rückschein oder durch Justizbedienstete nach § 168 Abs. 1 ZPO: 3,50 € je Zustellung, wenn in einem Rechtszug mehr als zehn Zustellungen anfallen), Nr. 9004 KV (Auslagen für öffentliche Bekanntmachungen in voller Höhe) Nr. 9005 KV (nach dem JVEG zu zahlende Beträge in voller Höhe), Nr. 9006 KV (anlässlich von außerhalb des Gerichts durchgeführten Geschäften den Gerichtspersonen aufgrund gesetzlicher Vorschriften gewährte Vergütungen wie Reisekosten usw.; 0,30 € pro Kilometer bei Einsatz eines gerichtlichen Dienstfahrzeugs) sowie in Nr. 9007 KV (an beigeordnete oder bestellte Rechtsanwälte zu zahlende Beträge mit Ausnahme der nach § 59 RVG auf die Staatskasse übergegangenen Ansprüche) enthalten.

52 Gegen den Ansatz der Gerichtskosten ist die **Erinnerung** gem. § 66 Abs. 1 GKG gegeben. Gegen eine Kostenrechnung des BFH kann der Kostenschuldner persönlich Erinnerung einlegen; insoweit gilt der beim BFH ansonsten zu beachtende Vertretungszwang nach § 62 Abs. 4 FGO nicht (BFH X E 4/12 v. 26.6.12, BFH/NV 12, 1622). Die Erinnerung ist zu Protokoll der Geschäftsstelle abzugeben oder schriftlich einzureichen (§ 66 Abs. 5 GKG). Eine Frist für die Erinnerung ist nicht bestimmt. Über die Erinnerung entscheidet das Gericht durch unanfechtbaren Beschluss, wenn der Kostenbeamte nicht abhilft. Beim FG entscheidet der Senat durch eines seiner Mitglieder als Einzelrichter (§ 66 Abs. 6 Satz 1 GKG iVm. § 6 FGO); der Einzelrichter kann das Verfahren dem Senat übertragen, wenn die Sache besondere Schwierigkeiten tatsächlicher oder rechtlicher Art aufweist oder die Rechtssache grundsätzliche Bedeutung hat (§ 66 Abs. 6 Satz 2 GKG). Die ehrenamtlichen Richter wirken bei der Entscheidung über eine Erinnerung nicht mit (§ 66 Abs. 6 Satz 3 GKG). Über **Erin-**

nerungen gegen den Kostenansatz beim BFH nach § 66 Abs. 1 GKG entschied nach bisheriger BFH-Rechtsprechung zu der vor dem 1.8.13 gültigen Gesetzeslage der zuständige Senat des BFH in der bei Beschlüssen außerhalb der mündlichen Verhandlung gemäß § 10 Abs. 3 FGO maßgebenden Besetzung von drei Richtern (vgl. BFH X E 1/05 v. 28.6.05, BStBl. II 05, 646). Durch die Einfügung eines **neuen Abs. 5 in § 1 GKG** durch das 2. KostRMoG wurde nunmehr dafür gesorgt, dass die **Entscheidung über die Erinnerung** gegen eine Kostenrechnung gemäß § 1 Abs. 5, § 66 Abs. 6 Satz 1 GKG idF des 2. KostRMoG v. 23.7.13 (BGBl. I 13, 2586) nunmehr **auch beim BFH** durch den **Einzelrichter** getroffen wird (vgl. BFH X E 2/14 v. 25.3.14, BFH/NV 14, 894).

Das Erinnerungsverfahren ist **gerichtsgebührenfrei** (§ 66 Abs. 8 GKG). Gerichtliche Auslagen (z.B. für die Fertigung von Zweitschriften) sind dagegen zu erstatten. **Kosten**, die dem Erinnerungsführer bzw. Erinnerungsgegner entstehen, werden **nicht erstattet** (§ 66 Abs. 8 Satz 2 GKG).

Rechtsbehelfe: Gegen die Entscheidung des FG über die Erinnerung gegen den 53
Kostenansatz ist die Beschwerde nicht gegeben. Auch eine außerordentliche Beschwerde wegen sog. greifbarer Gesetzeswidrigkeit ist im Finanzprozess seit Inkrafttreten des § 321a ZPO (iVm. § 155 FGO) zum 1.1.02 und der Anhörungsrüge in § 133a FGO nicht mehr statthaft (BFH II B 84/07 v. 15.2.08, BFH/NV 08, 1168). Statthaft ist die **Anhörungsrüge nach § 69a GKG**, wenn der Anspruch des Kostenschuldners auf rechtliches Gehör verletzt worden ist.

Von der **Erhebung der Kosten** kann bei **unrichtiger Sachbehandlung durch** 54
das Gericht auf Antrag oder auch von Amts wegen abgesehen werden (§ 21 Abs. 1 Satz 1 GKG; vgl. *Gräber/Ratschow* Vor § 135 Rz. 50ff.). Das Gleiche gilt für Auslagen, die durch eine von Amts wegen veranlasste Verlegung eines Termins oder Vertagung einer Verhandlung entstanden sind (§ 21 Abs. 1 Satz 2 GKG). Für abweisende Entscheidungen sowie bei Zurücknahme eines Antrags kann ebenfalls von der Erhebung der Kosten abgesehen werden, wenn der Antrag auf unverschuldeter Unkenntnis der tatsächlichen oder rechtlichen Verhältnisse beruht (§ 21 Abs. 1 Satz 3 GKG; vgl. BFH V E 2/06 v. 31.5.07, BStBl. II 07, 791; *Gräber/Ratschow* Vor § 135 FGO Rz. 59f.).

Über den Antrag entscheidet das Gericht (§ 21 Abs. 2 Satz 1 GKG). Wird der Antrag nach Ergehen der Kostenrechnung gestellt, ist er nach st. Rspr. als Erinnerung zu behandeln (vgl. BFH V E 1/04 v. 22.12.04, BFH/NV 05, 717; *Gräber/Ruban* Vor § 135 FGO Rz. 63 m.w.N.). Im Rahmen der Erinnerung kann dann auch über einen Antrag auf Nichterhebung der Kosten nach § 21 GKG entscheiden werden (BFH X E 1/13 v. 25.3.13, BFH/NV 13, 1106).

Eine unrichtige Sachbehandlung liegt vor, wenn das Gericht gegen eindeutige ge- 55
setzliche Regelungen verstoßen hat, der Verstoß offen zutage tritt und dies unmittelbar ursächlich für die entstandenen Kosten war (vgl. BFH III E 1/91 v. 27.9.91, BFH/NV 92, 482). Vgl. zu den Fällen des § 21 Abs. 1 GKG im Einzelnen *Gräber/Ratschow* Vor § 135 FGO Rz. 52ff.

D. 2.16b Kosten (für Verfahren, die vor dem 1.7.04 eingegangen sind)

Wichtiger Hinweis: Das Formular D. 2.16b und die zugehörigen Anmerkungen haben Gültigkeit für Verfahren, die **vor dem 1.7.04** bei Gericht eingegangen sind bzw. für die dem Prozessbevollmächtigten vor dem 1.7.04 der unbedingte Auftrag erteilt worden ist. Unter D. 2.16a finden Sie ein Formular für **nach dem 30.6.04** eingegangene Verfahren bzw. für Verfahren, für die **nach** dem 30.6.04 die Auftragserteilung erfolgt ist oder erfolgt.

I. FORMULAR

Formular D. 2.16b Kosten (für Verfahren, die vor dem 1.7.04 eingegangen sind)

Finanzgericht München
Ismaninger Str. 95
81675 München

Az. des FG

In dem Finanzrechtsstreit
Max Anders **– Kläger –**
gegen
Finanzamt München I **– Beklagter –**
wegen Einkommensteuer 20...
Steuer-Nr.: ......
wird beantragt, die dem Kläger zu erstattenden Aufwendungen gemäß § 149 Abs. 1 FGO festzusetzen und auszusprechen, dass der festgesetzte Betrag mit ab der Antragstellung mit 5 % über dem Basiszinssatz jährlich verzinst wird.
Weiter wird beantragt, die Zuziehung eines Bevollmächtigten zum Vorverfahren für notwendig zu erklären (§ 139 Abs. 3 Satz 3 FGO) .
Gegenstandswert: ......

I. Vorverfahren

1.	.../10 Geschäftsgebühr (§ 41 StBGebV, § 118 Abs. 1 Nr. 1 BRAGO)	€ ......
2.	.../10 Besprechungsgebühr (§ 42 StBGebV, § 118 Abs. 1 Nr. 2 BRAGO)	€ ......
3.	.../10 Beweisaufnahmegebühr (§ 43 StBGebV, § 118 Abs. 1 Nr. 3 BRAGO)	€ ......
4.	Postgebühren (§ 16 StBGebV, § 26 BRAGO)	€ ......
5.	Schreibauslagen (§ 17 StBGebV, § 27 BRAGO)	€ ......
6.	Reisekosten (§§ 18, 19 StBGebV, §§ 28, 29 BRAGO)	€ ......
Zwischensumme		€ ......
Umsatzsteuer (§ 15 StBGebV, § 25 Abs. 2 BRAGO)		€ ......
Summe		€ ......
Auslagen des Klägers		€ ......
davon ....../...... gem. Kostenentscheidung		€ ......

II. Verfahren vor dem Finanzgericht

1.	10/10 Prozessgebühr (§ 45 StBGebV, §§ 114, 31 Abs. 1 Nr. 1 BRAGO)	€ ......
2.	10/10 Verhandlungsgebühr (§ 45 StBGebV, §§ 114, 117, 31 Abs. 1 Nr. 2 BRAGO)	€ ......
3.	10/10 Beweisgebühr (§ 45 StBGebV, §§ 114, 31 Abs. 1 Nr. 3 BRAGO)	€ ......
4.	10/10 Erörterungsgebühr (§ 45 StBGebV, §§ 114, 31 Abs. 1 Nr. 4 BRAGO)	€ ......
5.	10/10 Erledigungsgebühr (§ 45 StBGebV, §§ 114, 24 BRAGO)	€ ......
6.	Postgebühren (§ 45 StBGebV, § 26 BRAGO)	€ ......
7.	Schreibauslagen (§ 45 StBGebV, § 27 BRAGO)	€ ......
8.	Reisekosten (§ 45 StBGebV, § 28 BRAGO)	€ ......
Zwischensumme		€ ......
Umsatzsteuer (§ 45 StBGebV, § 25 Abs. 2 BRAGO)		€ ......
Summe		€ ......
Auslagen des Klägers		€ ......
davon ....../...... gem. Kostenentscheidung		€ ......

III. Verfahren vor dem Bundesfinanzhof (Nichtzulassungsbeschwerde)

1.	6,5/10 Prozessgebühr (§ 45 StBGebV, §§ 114 Abs. 3, 31 Abs. 1 Nr. 1 BRAGO)	€ ......
2.	Postgebühren (§ 45 StBGebV, § 26 BRAGO)	€ ......
3.	Reisekosten (§ 45 StBGebV, § 28 BRAGO)	€ ......
Zwischensumme		€ ......
Umsatzsteuer (§ 45 StBGebV, § 25 Abs. 2 BRAGO)		€ ......
Summe		€ ......
Auslagen des Klägers		€ ......
davon ....../...... gem. Kostenentscheidung		€ ......

IV. Verfahren vor dem Bundesfinanzhof (Revision)

1.	13/10 Prozessgebühr (§ 45 StBGebV, §§ 114 III, 11 I 4, 31 I Nr. 1 BRAGO)	€ ......
2.	13/10 Verhandlungsgebühr (§ 45 StBGebV, §§ 114 III, 117, 11 I 4, 31 I Nr. 2 BRAGO)	€ ......
3.	13/10 Erledigungsgebühr (§ 24 BRAGO)	€ ......
4.	Postgebühren (§ 45 StBGebV, § 26 BRAGO)	€ ......
5.	Reisekosten (§ 45 StBGebV, § 28 BRAGO)	€ ......
Zwischensumme		€ ......
Umsatzsteuer (§ 45 StBGebV, § 25 Abs. 2 BRAGO)		€ ......
Summe		€ ......
Auslagen des Klägers		€ ......
davon ....../...... gem. Kostenentscheidung		€ ......

Wir bitten unter Hinweis auf die Abtretungserklärung in der vorgelegten Vollmacht um Überweisung des festzusetzenden Betrags in Höhe von € ...... (Summe aus I, II, III und IV) auf unser Konto-Nr. ...... bei ...... (IBAN.....BIC ......).

...

Unterschrift

II. ERLÄUTERUNGEN

Erläuterungen zu D. 2.16b Kosten (für Verfahren, die vor dem 1.7.04 eingegangen sind)

Schrifttum: *Bormann* Kosten und Gebühren in der Rechtspflege, NWB F 19 S. 1441 (v. 2.3.87); *Eberl* Erstattung der auf die Vergütung des Bevollmächtigten entfallenden Umsatzsteuer, DStR 85, 95; *ders.* Auswirkungen des Kostenänderungsgesetzes auf das finanzgerichtliche Verfahren, DStR 87, 389; *ders.* Prozeßkostenrisiko, BB 87, Beilage 4; *ders.* in *Obermeier/Kanzler* Beratungshandbuch für das Steuerverfahren, 1995, Rz. 5501–5600; *Schall* Die Kostenrechtsprechung der Finanzgerichte seit 1983, BB 88, 378; *Zimmer/Schmidt* Der Streitwert im Verwaltungs- und Finanzprozeß, 1991.

1 Zum 1.7.04 ist das **Gesetz zur Modernisierung des Kostenrechts** (Kostenrechtsmodernisierungsgesetz – KostRMoG) v. 5.5.04 (BGBl. I 04, 718) in Kraft getreten. Vor dem Inkrafttreten des KostRMoG richteten sich der Kostenerstattungsanspruch des Klägers nach der **BRAGO** und der Ansatz der Gerichtskosten nach **Gerichtskostengesetz** idF der Bekanntmachung v. 15.12.75, BGBl. I 75, 3047, zuletzt geändert durch Art. 2 Abs. 5 des Gesetzes v. 12.3.04, BGBl. I 04, 390 (im Folgenden: GKG aF).

2 Die zu erstattenden Aufwendungen werden nur auf **Antrag** festgesetzt.

3 Die Gebührenhöhe ist abhängig vom **Gegenstandswert** (§ 7 Abs. 1 BRAGO), er bestimmt sich nach den Wertvorschriften für die Gerichtsgebühren (§ 8 BRAGO).

4 Zur **Streitwertfestsetzung** nach §§ 24–26 GKG aF, die dann für die Gerichtsgebühren maßgeblich und auch der Gebührenberechnung des Bevollmächtigten zugrunde zu legen ist, vgl. *Gräber/Ruban*, 5. Aufl. 2002, Vor § 135 FGO Rz. 24ff. Der Streitwert richtet sich regelmäßig nach dem Antrag des Klägers, fehlt dieser, so ist gem. § 13 Abs. 1 Satz 2 GKG aF ein Streitwert von € 4.000 anzunehmen. Zur **Streitwertberechnung** im Einzelnen vgl. zB *Gräber/Ruban*, 5. Aufl. 2002, Vor § 135 FGO Rz. 35 Streitwert-ABC. Die **Streitwertfestsetzung** ist **nicht mit der Beschwerde** angreifbar (§ 25 Abs. 3 Satz 1 GKG aF iVm. § 5 Abs. 3 Satz 2, 3 GKG aF); sie kann aber vom Gericht **von Amts wegen** (ggf. auch auf Antrag) **geändert werden** (§ 25 Abs. 1 Satz 3 GKG aF). Die Änderung ist aber nur **innerhalb von sechs Monaten** zulässig, nachdem die Entscheidung in der Hauptsache Rechtskraft erlangt oder das Verfahren sich anderweitig erledigt hat (§ 25 Abs. 1 Satz 4 GKG aF).

5 Im **Vorverfahren** erhält der Vertreter des Steuerpflichtigen $^{5-10}/_{10}$ der vollen Gebühr (§ 45 StBGebVO, § 118 Abs. 1 Nr. 1 BRAGO), für die Vertretung im **Verfahren vor den Finanzgerichten** erhält der Prozessbevollmächtigte die volle ($^{10}/_{10}$) Gebühr (§ 45 StBGebV, §§ 114, 11 Abs. 1 BRAGO), im **Verfahren vor dem Bundesfinanzhof** erhält der Prozessbevollmächtigte die um $^{10}/_{10}$ erhöhte Gebühr, also $^{13}/_{10}$ (§ 45 StBGebV, §§ 114 Abs. 2, 11 Abs. 1 Satz 4 BRAGO), für die Vertretung im Verfahren über die **Beschwerde gegen die Nichtzulassung der Revision** erhält der Prozessbevollmächtigte eine $^{6,5}/_{10}$ Gebühr (§ 45 StBGebV, §§ 114 Abs. 3, 11 Abs. 1 Satz 4, 31 BRAGO). Im Verfahren auf **Aussetzung oder Aufhebung der Vollziehung** erhält der Prozessbevollmächtigte die (vollen) Gebühren nach § 45 StBGebV, §§ 31, 114 Abs. 4 Satz 40 BRAGO, allerdings von einem verminderten Streitwert, der im Verfahren über die Aussetzung der Vollziehung regelmäßig 10 % des Streitwerts der Hauptsache betragen soll (ständige Rechtsprechung; vgl. BFH IV B

23/66 v. 14.4.67, BStBl. III 67, 321); vgl. zum Meinungsstand *Gräber/Ruban*, FGO, 5. Aufl. 2002, Vor § 135 FGO Rz. 35 Stichwort: Aussetzung der Vollziehung.

Wird der Bevollmächtigte für **mehrere** Auftraggeber in derselben Angelegenheit tätig, erhöhen sich die Rahmengebühren für jeden weiteren Auftraggeber um $^{3}/_{10}$ (§ 6 BRAGO, § 41 Abs. 4 StBGebV).

IdR werden **zwei Gebühren,** nämlich Prozess- und Verhandlungsgebühr (s. dazu 6
Anm. 19) anfallen. Gelegentlich entstehen auch noch Beweisaufnahme- und/oder Erörterungsgebühr, ggf. auch eine Erledigungsgebühr nach § 24 BRAGO. Wegen der Voraussetzungen der Entstehung dieser Gebühren wird auf die Kommentierungen von *Gräber/Ruban*, FGO, 5. Aufl. 2002, § 139 FGO Rz. 15 (Verhandlungsgebühr), Rz. 16 (Beweisgebühr), Rz. 17 (Erörterungsgebühr), Rz. 19 (Erledigungsgebühr) hingewiesen.

Der Prozessbevollmächtigte erhält nach § 117 BRAGO die **Gebühr für die** 7
mündliche Verhandlung, auch wenn im Verfahren vor dem Finanzgericht ohne mündliche Verhandlung entschieden wird. Voraussetzung ist allerdings, dass grundsätzlich eine mündliche Verhandlung durchgeführt werden kann. Diese Gebühr kommt also insb. dann in Betracht, wenn der Prozessbevollmächtigte gem. § 90 Abs. 2 FGO auf die Durchführung der mündlichen Verhandlung verzichtet oder das Gericht durch Gerichtsbescheid nach § 90a Abs. 1 FGO entscheidet und keine mündliche Verhandlung beantragt wird.

Gerichtskosten richten sich nach dem Wert des Streitgegenstands (Streitwert), 8
§ 11 Abs. 2 Satz 1 GKG aF; maßgebend für die Gebühren ist das GKG (§ 1 Abs. 1 Buchst. c GKG aF).

Zuständig für den Kostenansatz ist stets der Kostenbeamte der jeweiligen Instanz (FG, BFH), bei der die Kosten entstanden sind (§ 4 Abs. 1 GKG aF).

Nach Anlage 1 des GKG aF fallen im finanzgerichtlichen Verfahren bei Abschluss eines Klageverfahrens durch Gerichtsbescheid (ohne mündliche Verhandlung) 2 Gebühren, durch Endurteil 3,5 Gebühren, durch Beschluss nach § 138 FGO (Hauptsacheerledigung) 2,5 Gebühren an.

Kostenfreie Klagerücknahme: Wichtig ist, dass die Verfahrensgebühr **entfällt,** wenn die Klage **vor Ablauf des Tages**, an dem ein Beweisbeschluss oder ein Gerichtsbescheid unterschrieben ist, und **früher als eine Woche** vor Beginn des Tages, der für die mündliche Verhandlung vorgesehen war, zurückgenommen wird. Dh. auch wenn schon ein Erörterungstermin stattgefunden hat, kann die Klage noch gerichtskostenfrei zurückgenommen werden.

Für Aussetzungsverfahren nach § 69 Abs. 2 und Abs. 5 FGO sowie für einstweilige Anordnung fällt eine halbe Gebühr an, die auch bei Rücknahme des Antrags bestehen bleibt.

Bei **Aktenversendung** zur Akteneinsicht (s. D. 2.01 Rz. 31) werden die **Auslagen** 9
in Höhe von pauschal 8.– € sofort nach ihrer Entstehung fällig (§ 64 Abs. 1 GKG aF; Anlage 1 des GKG Nr. 9003).

Gegen die Festsetzung der Gerichtskosten ist die **Erinnerung** gem. § 5 GKG aF 10
gegeben. Die Erinnerung ist zu Protokoll der Geschäftsstelle oder schriftlich einzulegen (§ 5 Abs. 3 Satz 1 GKG aF). Eine Frist für die Erinnerung ist nicht bestimmt (§ 5 Abs. 3 Satz 3 GKG aF). Über die Erinnerung entscheidet das Gericht (Senat oder Berichterstatter) durch unanfechtbaren Beschluss, wenn der Kostenbeamte nicht abhilft; vgl. *Tipke/Kruse* Vor § 135 FGO Rz. 25. Das Erinnerungsverfahren ist **gerichtsgebührenfrei** (§ 5 Abs. 6 Satz 1 GKG aF), ggf. kommen Auslagen (zB für Fertigung von Zweitschriften) zum Ansatz. **Kosten,** die dem Erinnerungsführer bzw. dem Erinnerungsgegner entstehen, werden **nicht erstattet** (§ 5 Abs. 6 Satz 2 GKG aF).

Von der **Erhebung der Kosten** kann bei **unrichtiger Sachbehandlung** vom 11
Gericht **abgesehen** werden (§ 8 Abs. 2 GKG aF). Wird der Antrag nach Ergehen der

Kostenentscheidung gestellt, ist er als Erinnerung zu behandeln (BFH VIII S 1/88 v. 24.8.88, BFH/NV 89, 316; VI E 5/88 v. 14.2.89, BFH/NV 89, 450).

Eine unrichtige Sachbehandlung liegt vor, wenn das Gericht gegen eindeutige gesetzliche Normen verstoßen hat, der Verstoß offen zutage tritt und dies unmittelbar ursächlich für die entstandenen Kosten war (BFH III E 1/91 v. 27.9.91, BFH/NV 92, 482). Ein Fall unrichtiger Sachbehandlung war zB bei Zurückverweisung wegen unterlassener notwendiger Beiladung gegeben. Vgl. im Einzelnen *Gräber/Ruban* FGO, 5. Aufl. 2002, Vor § 135 FGO Rz. 19ff.

12 Der **gesetzliche Vergütungsanspruch** des Bevollmächtigten wird auf Antrag des Bevollmächtigten gem. **§ 19 BRAGO** festgesetzt. Es handelt sich dabei um ein gebührenfreies, einfaches und schnelles **Verfahren zur vollstreckbaren Festsetzung** der für ein gerichtliches Verfahren (auch Prozesskostenhilfe-Verfahren; nicht: Beratungshilfe) entstandenen gesetzlichen Vergütung des Rechtsanwalts (*Tipke/Kruse* § 139 FGO Rz. 72).

D. 2.17 Prozesskostenhilfe

I. FORMULAR

Formular D. 2.17 Prozesskostenhilfe

Finanzgericht München
Ismaninger Str. 95
81675 München

Az.: Neu

In der Finanzstreitsache

Anna Anders,

Martin-Luther-Str. 7, München

– Antragstellerin –

Prozessbevollmächtigte: ......

gegen

Finanzamt München I

Karlstraße 9–11, 80333 München

– Antragsgegner –

vertreten durch seinen Vorsteher

wegen Einkommensteuer 20...

Steuer-Nr.: ......

beantrage ich namens und im Auftrag der Antragstellerin unter Vollmachtsvorlage,

1. **der Antragstellerin für das Verfahren vor dem Finanzgericht Prozesskostenhilfe zu bewilligen.**
2. **der Antragstellerin Rechtsanwalt ...... als Prozessbevollmächtigten beizuordnen.**

Die Erklärung über die persönlichen und wirtschaftlichen Verhältnisse ist auf dem amtlich vorgeschriebenen Vordruck beigefügt.

Ein Entwurf der Klageschrift ist zur Darlegung der hinreichenden Aussicht auf Erfolg beigefügt. Wird keine Prozesskostenhilfe bewilligt, soll das Verfahren nicht durchgeführt werden.

..

Unterschrift

II. ERLÄUTERUNGEN

Erläuterungen zu D. 2.17 Prozesskostenhilfe

Schrifttum: *Bartone* Prozesskostenhilfe im finanzgerichtlichen Verfahren, AO-StB 09, 150; *Eberl* Die Prozeßkostenhilfe im finanzgerichtlichen Verfahren, StB 84, 36; *Grams* Prozesskostenhilfe im finanzgerichtlichen Verfahren, StB 95, 68; *Jost* Prozesskostenhilfe im finanzgerichtlichen Verfahren INF 95, 394, 523; *Rößler* Besonderheiten bei der Prozeßkostenhilfe im finanzgerichtlichen Verfahren, DStZ 86, 562; *Schall* Neues zur Prozesskostenhilfe, StB 95, 62; *Schneider, N.* Zur Beiordnung eines weiteren Rechtsanwalts im Rahmen der Prozesskostenhilfe, MDR 99, 959; *Eberl* Prozesskostenrisiko für das finanzgerichtliche Verfahren, StuB 04, 904; *Lange* Die Neufassung des § 56 Abs. 2 Satz 1 FGO, DB 04, 2125; *Schneider* Verzögerte Prozesskostenhilfe, MDR 04, 1097; *Steenbuck* Die Gewährung von Prozesskostenhilfe an den Insolvenzverwalter, MDR 04, 1155; *Zenke* Prozesskostenhilfe im finanzgerichtlichen Verfahren, StB 06, 302.

1 Nach § 142 Abs. 1 FGO gelten im finanzgerichtlichen Verfahren die Vorschriften der Zivilprozessordnung (§§ 114 bis 127 ZPO) sinngemäß. Prozesskostenhilfe wird gewährt, wenn der Antragsteller nach seinen **persönlichen und wirtschaftlichen Verhältnissen** die Kosten der Prozessführung nicht, nur zum Teil oder nur in Raten aufbringen kann, und wenn die beabsichtigte Rechtsverfolgung **hinreichende Aussicht auf Erfolg bietet und nicht mutwillig erscheint** (§ 114 Satz 1ZPO). Für die grenzüberschreitende Prozesskostenhilfe innerhalb der Europäischen Union gelten nach § 114 Satz 2 ZPO ergänzend die §§ 1076 bis 1078 ZPO.

Unter **Kostengesichtspunkten** empfiehlt es sich (vgl. das obige Muster), wenn bereits im Zeitpunkt der Klageerhebung bekannt ist, dass der Kläger nach seinen persönlichen und wirtschaftlichen Verhältnissen die Kosten für die Prozessführung nicht aufbringen kann, **innerhalb der Klagefrist nur einen Antrag auf Prozesskostenhilfe** zu stellen und dem Antrag den (nicht unterschriebenen oder ausdrücklich als solchen gekennzeichneten) **Entwurf der Klage sowie den ausgefüllten Vordruck** zur Erklärung über die persönlichen und wirtschaftlichen Verhältnisse beizufügen. Nach der st. Rspr. hat nämlich ein mitteloser Beteiligter, der eine Klage ankündigt, Anspruch auf Wiedereinsetzung in den vorigen Stand, wenn er seinen Antrag auf Prozesskostenhilfe innerhalb der Klagefrist zusammen mit der Erklärung iSd. § 117 Abs. 2 bis 4 ZPO (s. Rz. 8) bei Gericht vorgelegt hat (BFH VII B 103/85 v. 19.11.85, BFH/NV 86, 180; VI B 150/85 v. 3.4.87, BStBl. II 87, 573) und wenn er nach Gewährung der Prozesskostenhilfe bis zum Ablauf der Wiedereinsetzungsfrist (2 Wochen!, § 56 Abs. 2 Satz 1 FGO), die unterzeichnete Klageschrift bei Gericht einreicht (§ 56 Abs. 2 Satz 3 FGO). Vgl. dazu auch FG Münster 14 S 1430/06 PKH v. 17.8.06, EFG 06, 1688; FG Düsseldorf 18 Ko 2303/07 v. 6.8.07, EFG 08, 78.

Wird dieser Weg gewählt, geht der Kläger keinerlei Prozesskostenrisiko ein. Voraussetzung ist allerdings, dass die Fristen genau überwacht werden, damit die Klage innerhalb der Frist von 2 Wochen nach Zustellung bzw. Bekanntgabe des Prozesskostenhilfebeschlusses auch bei Gericht erhoben wird.

Zu den Kosten vgl. Formulare D. 2.16a und D. 2.16b.

2 Grundsätzlich kann **jedem Beteiligten iSd. § 57 FGO** Prozesskostenhilfe bewilligt werden. Prozesskostenhilfe können natürliche Personen erhalten. Es ist nicht erforderlich dass der Antragsteller einen inländische Wohnsitz hat (BFH VIII S 1/96 v. 19.3.96, BFH/NV 96, 781).

Nach § 116 ZPO kann aber auch Parteien kraft Amtes (zB Insolvenzverwalter, Testamentsvollstrecker, Nachlassverwalter etc.), juristischen Personen und parteifähigen Vereinigungen (OHG, KG etc.) Prozesskostenhilfe gewährt werden. Eine Gesellschaft bürgerlichen Rechts kann als parteifähige Vereinigung iSd. § 116 Abs. 1 Nr. 2 ZPO Prozesskostenhilfe jedenfalls dann erhalten, wenn sie als Gesellschaft befugt ist, selbstständig Klage zu erheben (vgl. BFH V S 18/07 (PKH) v. 3.8.07, BFH/NV 07, 2309 betr. die Klage einer Gesellschaft bürgerlichen Rechts gegen einen Umsatzsteuerbescheid).

Nach § 116 ZPO bestehen für Parteien kraft Amtes, juristische Personen und parteifähige Vereinigungen aber weitere, besondere Voraussetzungen: Parteien kraft Amtes erhalten Prozesskostenhilfe, „wenn die Kosten aus der verwalteten Vermögensmasse nicht aufgebracht werden können und den am Gegenstand des Rechtsstreits wirtschaftlich Beteiligten nicht zuzumuten ist, die Kosten aufzubringen" (§ 116 Satz 1 Nr. 1 ZPO). Einer juristischen Person oder einer parteifähigen Vereinigung kann Prozesskostenhilfe gewährt werden, „wenn die Kosten weder von ihr noch von den am Gegenstand des Rechtsstreits wirtschaftlich Beteiligten aufgebracht werden können und wenn die Unterlassung der Rechtsverfolgung oder Rechtsverteidigung allgemeinen Interessen zuwiderlaufen würde" (§ 116 Satz 1 Nr. 2 ZPO). Vgl. BFH I S 15/06 v. 2.8.07, BFH/NV 07, 2306; I S 2/93 v. 28.4.93, BFH/NV 94, 55; s. dazu auch *Gräber/Stapperfend* § 142 FGO Rz. 9, 50f., 53.

3 Antrag auf Prozesskostenhilfe ist **für jeden Rechtszug** getrennt zu stellen (§ 119 Abs. 1 Satz 1 ZPO). Zuständig ist das Gericht des ersten Rechtszugs, ist das Verfahren in einem höheren Rechtszug anhängig, so ist das Gericht dieses Rechtszugs zuständig (§ 127 Abs. 1 ZPO).

4 **Vertretungszwang** besteht für den Antrag auf Prozesskostenhilfe nicht, auch nicht, wenn es um ein Verfahren vor dem BFH geht (BFH VI K 1/76 v. 29.4.77, BStBl. II 77, 502; II S 15/90 v. 23.1.91, BFH/NV 91, 338).

5 **Beigeordnet** werden kann ein Rechtsanwalt (§ 121 ZPO) oder Steuerberater (§ 142 Abs. 2 FGO). Ist eine Vertretung durch einen Rechtsanwalt oder Steuerberater nicht vorgeschrieben, wird auf Antrag ein zur Vertretung bereiter Rechtsanwalt oder Steuerberater beigeordnet. Die Beiordnung anderer nach § 62 Abs. 1 FGO in Frage kommender Bevollmächtigter (insbesondere die ansonsten nach § 3 StBerG zur unbeschränkten Hilfeleistung in Steuersachen befugten Personen) ist nicht möglich. Da vor dem FG kein Vertretungszwang besteht, erfolgt eine Beiordnung nur, wenn die Vertretung durch einen Steuerberater oder Rechtsanwalt erforderlich erscheint (§ 121 Abs. 2 ZPO). Nach § 121 Abs 3 ZPO kann ein nicht in dem Bezirk des Prozessgerichts niedergelassener Rechtsanwalt (bzw. Steuerberater) nur beigeordnet werden, wenn dadurch weitere Kosten nicht entstehen.

6 Der Antrag ist **jederzeit** möglich. Er kann auch schon vor Erhebung der Klage gestellt werden und ist noch bis zur Rechtskraft der Entscheidung möglich (vgl. dazu iE *Gräber/Stapperfend* § 142 FGO Rz. 59–63). Nach Beendigung der Instanz kann ein Antrag auf Prozesskostenhilfe nicht mehr wirksam gestellt werden (BFH VII S 57/10 (PKH) v. 14.12.10, BFH/NV 11, 446; vgl. *Gräber/Stapperfend* § 142 FGO Rz. 62).

Ein Antrag auf Prozesskostenhilfe kann auch nach Ablehnung eines solchen Antrags wiederholt gestellt werden, wenn neue Gesichtspunkte vorliegen (BFH VI S 2/06 v. 15.3.06, BFH/NV 06, 1097). Denn gerichtliche Entscheidungen im Prozesskostenhilfeverfahren erwachsen nicht in materielle Rechtskraft (BFH VI B 87/99 v. 30.8.99, BFH/NV 00, 216).

7 Der Antrag muss **alle Angaben** enthalten, damit das Gericht beurteilen kann, ob die beabsichtigte Rechtsverfolgung Aussicht auf Erfolg bietet und nicht mutwillig erscheint (§ 114 ZPO). Die Erfolgsaussichten der Klage werden summarisch überprüft (*Gräber/Stapperfend* § 142 FGO Tz. 38–44 mit Rechtsprechungsnachweisen). Eine Rechtsverfolgung ist dann mutwillig, wenn ein verständiger, nicht hilfsbedürftiger Beteiligter seine Rechte nicht in gleicher Weise verfolgen würde oder wenn der Beteiligte den von ihm verfolgten Zweck auf einem billigeren als dem von ihm eingeschlagenen Weg erreichen könnte (BFH I S 16/85 v. 27.3.86, BFH/NV 86, 632).

8 Weiter sind dem Antrag eine **Erklärung des Antragstellers über seine persönlichen und wirtschaftlichen Verhältnisse** auf dem amtlichen Vordruck und die

entsprechenden Belege beizufügen (§ 117 Abs. 2 Satz 1, § 117 Abs. 3 und Abs. 4 ZPO; VO v. 17.10.94, BGBl. I 94, 3001 – PKHVV). Dass die eingeführten amtlichen Formulare zu benutzen sind, hat der BFH in ständiger Rechtsprechung bestätigt (vgl. nur BFH V S 11/05 v. 24.11.05, BFH/NV 06, 756).

Hilfreich zum Verständnis des amtlichen Vordrucks und zum Wesen der Prozesskostenhilfe ist das Hinweisblatt zu diesem Vordruck, das zusammen mit dem Vordruck bei den Gerichten erhältlich ist.

Zur Benutzung des Vordrucks sind nur natürliche Personen verpflichtet (§ 1 Abs. 2 PKHVV); andere als natürliche Personen (Parteien kraft Amtes, juristische Personen und parteifähige Vereinigungen) müssen die Voraussetzungen für die Bewilligung der Prozesskostenhilfe individuell darlegen (vgl. *Gräber/Stapperfend* § 142 FGO Rz. 71 mwN).

Die Erklärung und die Belege dürfen der Finanzbehörde nur mit Zustimmung des Antragstellers zugänglich gemacht werden (§ 117 Abs. 2 Satz 2 ZPO).

Nach § 115 Abs. 3 ZPO iVm. § 90 SBG XII hat ein Beteiligter sein Vermögen für die Prozessführung einzusetzen, soweit es zumutbar ist. Außerdem ist zu prüfen, ob der Antragsteller einen Anspruch gegen seinen Ehegatten auf Gewährung eines Prozesskostenzuschusses hat (§ 1360a BGB). Ein solcher kommt nämlich, soweit dies der Billigkeit entspricht, in Betracht, wenn ein Ehegatte nicht in der Lage ist, die Kosten eines Rechtsstreits in einer persönlichen Angelegenheit (dazu gehören auch Steuerverfahren) zu tragen (BFH VI S 13/06 v. 1.2.07, BFH/NV 07, 957).

Über den Antrag wird durch **Beschluss** entschieden, dh. es findet keine mündliche 9
Verhandlung statt. Nach § 142 FGO iVm. § 118 Abs. 1 Satz 3 ZPO kann aber im Rahmen des Prozesskostenhilfeverfahrens die Sach- und Rechtslage auch erörtert werden, wenn eine Einigung zu erwarten ist (vgl. BFH V B 80/84 v. 31.1.85, BFH/NV 85, 97). Soweit die Gründe der Entscheidung Angaben über die persönlichen und wirtschaftlichen Verhältnisse des Antragstellers enthalten, dürfen sie der Finanzbehörde nur mit Zustimmung des Antragstellers zugänglich gemacht werden (§ 127 Abs. 1 Satz 3 ZPO).

Hat die Rechtsverfolgung nur teilweise Aussicht auf Erfolg, ist Prozesskostenhilfe anteilig zu bewilligen und im Übrigen zu versagen (FG Nds. 10 S 28/06 v. 13.4.07, EFG 07, 1892).

Prozesskostenhilfe kann grundsätzlich nur für einen Rechtszug gewährt werden (§ 119 ZPO). Wird die Prozesskostenhilfe zur Durchführung eines Rechtsmittels beantragt, muss ggf. erneut eine Erklärung über die persönlichen und wirtschaftlichen Verhältnisse vorgelegt werden. Das bedeutet, dass im neuen Rechtszug selbstständig zu prüfen ist, ob der Antragsteller noch bedürftig ist (vgl. BFH XI S 51/96 v. 2.4.97, BFH/NV 97, 800). Nach der Rspr. des BFH genügt allerdings regelmäßig eine Bezugnahme auf die in dem früheren Verfahrensstadium abgegebene Erklärung, wenn diese mit der Versicherung verbunden wird, dass sich die Verhältnisse seit Einreichung des ausgefüllten Vordrucks nicht geändert hätten (vgl. BFH V S 11/05 v. 24.11.05, BFH/NV 06, 756).

In einem höheren Rechtszug, also in Verfahren vor dem BFH, wie z.B. NZB und Revision, ist nicht zu prüfen, ob die Rechtsverfolgung oder Rechtsverteidigung hinreichende Aussicht auf Erfolg bietet oder mutwillig erscheint, wenn der Gegner das Rechtsmittel eingelegt hat (§ 119 Abs. 1 Satz 2 ZPO; BFH III S 16/05 v. 30.6.05, BFH/NV 05, 2020).

Gerichtsgebühren entstehen für das Prozesskostenhilfeverfahren nicht (§ 142 10
FGO, § 1 Nr. 3 GKG iVm. dem Kostenverzeichnis).

Rechtsmittel: Nach § 128 Abs. 2 FGO können Beschlüsse im Verfahren der Pro- 11
zesskostenhilfe nicht mit der Beschwerde angefochten werden. Es kommt jedoch die Erhebung einer Anhörungsrüge (§ 133a FGO) oder ggf. einer Gegenvorstellung (nicht ausdrücklich in der FGO geregelter Rechtsbehelf) in Betracht (vgl. *Gräber/Stapperfend*

§ 142 FGO Rz. 100f.). Mit Beschluss BFH v. 26.9.07 (DStR 07, 2162) hatte der V. Senat dem Gemeinsamen Senat der obersten Gerichtshöfe des Bundes die Frage zur Entscheidung vorgelegt, ob eine Gegenvorstellung gegen einen Beschluss über einen Antrag auf Prozesskostenhilfe statthaft ist (Az.: GmS-OGB 3/07). Nach Ansicht des vorlegenden Senats und der anderen Senate des BFH war nämlich eine Gegenvorstellung gegen einen Beschluss über einen Antrag auf Prozesskostenhilfe nicht statthaft; der Vorlagebeschluss ist inzwischen durch BFH V S 10/07 v. 1.7.09, BFH/NV 09, 1752 (vgl. dazu Anm. *Sangmeister* NJW 09, 3053) zurückgenommen worden:

„Die Auffassung, dass eine Gegenvorstellung (auch) gegen einen nicht in materielle Rechtskraft erwachsenden ablehnenden Beschluss über einen Antrag auf Prozesskostenhilfe nicht statthaft sei, vermag der Senat nach dem seinem Vorlegungsbeschluss nachfolgenden Beschluss des BVerfG 1 BvR 848/07 v. 25.11.08 (NJW 09, 829) nicht aufrecht zu erhalten."

Zur Anhörungsrüge und Gegenvorstellung vgl. im Übrigen Formular D. 2.02.

D. 2.18 Richterablehnung

I. FORMULAR

Formular D. 2.18 Richterablehnung

Finanzgericht München
Ismaninger Str. 95
81675 München

Az. des FG

In der Finanzstreitsache

Marc Aurel

Romstraße 5, 80539 München **– Kläger –**

Prozessbevollmächtigte: ......

gegen

Finanzamt München I

Karlstraße 9–11, 80333 München **– Beklagter –**

vertreten durch seinen Vorsteher

wegen Einkommensteuer 20...

Steuer-Nr.: ......

stellen wir namens und im Auftrag des Klägers den Antrag, dass Richter A wegen Besorgnis der Befangenheit vom weiteren Verfahren ausgeschlossen wird.

Begründung: Richter A hat gegen den Prozessbevollmächtigten des Klägers Strafanzeige wegen Sachbeschädigung und übler Nachrede gestellt, was als Indiz auf ein gespanntes Verhältnis zwischen dem Prozessbevollmächtigten des Klägers und dem Richter schließen lässt. Dass ein gespanntes Verhältnis zwischen dem Prozessbevollmächtigten einer Partei und einem Richter die Ablehnung des Richters durch die Partei begründen kann, ist von der Rechtsprechung anerkannt (vgl. BFH I B 32/77 v. 21.9.1977, BStBl. II 1978, 12 und V B 119/88 v. 6.2.1989, BFH/NV 1990, 45). In dem vorliegenden Fall besteht die Besorgnis, der Richter A werde sein persönliches Verhältnis zu dem Prozessbevollmächtigten nicht hinreichend von dem konkreten Rechtsstreit trennen können.

..

Unterschrift

II. ERLÄUTERUNGEN

Erläuterungen zu D. 2.18 Richterablehnung

Schrifttum: *Krömker* Mitwirkungspflichten für Richter im FG-Prozess, AO-StB 03, 270; *Loschelder* Zweifel an der Unparteilichkeit des Richters?, AO-StB 04, 102; *Michl* Richterablehnung auf Grund von Rechtsverstößen des Gerichts, DStZ 94, 641; *Nieland* Ausschließung und Ablehnung eines Richters im finanzgerichtlichen Verfahren, AO-StB 03, 8; *Riedel* Das Postulat der Unparteilichkeit des Richters – Befangenheit und Parteilichkeit im deutschen Verfassungs- und Verfahrensrecht, 1980; *Schneider* Das Vorgehen bei der Richterablehnung, MDR 05, 671; *Streck/Schwedhelm* Der Finanzamtssachverständige kann –anders als der sogenannte sachverständige Zeuge – im Finanzprozess wegen Befangenheit abgelehnt werden, Stbg 98, 564; *Taubner* Der befangene Zivilrichter, 2005; *Urban* Die Richterablehnung wegen Besorgnis der Befangenheit im Steuerprozess, NWB Fach 2, 7527; *Vollkommer* Das Ablehnungsverfahren der FGO nach dem Zweiten FGO-Änderungsgesetz – ein Modell für andere Verfahrensordnungen?, NJW 01, 1827; *ders.* Der ablehnbare Richter, 2001.

§ 51 FGO iVm. §§ 41 bis 49 ZPO regelt die Voraussetzungen für **Ausschließung** 1
und **Ablehnung** von Gerichtspersonen. Gerichtspersonen sind die (Berufs-)Richter, die ehrenamtlichen Richter sowie die Urkundspersonen der Geschäftsstelle. Sachverständige können aus denselben Gründen, die zur Ablehnung von Richtern berechtigen, abgelehnt werden (§ 82 FGO iVm § 406 Abs. 1 Satz 1, § 42 Abs. 1 und 2 ZPO); der auf Grund eines förmlichen Beweisbeschlusses eingesetzte Prüfungsbeamte des FG ist Sachverständiger und nicht lediglich Augenscheinsgehilfe oder – sachverständiger – Zeuge, dessen Ablehnung nicht zulässig wäre (BFH VIII B 31/95 v. 7.11.95, BFH/NV 96, 344; IV B 185/03 v. 2.8.05, BFH/NV 05, 2224).

Ein sog. **absoluter Ausschließungsgrund** liegt vor, wenn die Ausübung des Am- 2
tes unabhängig von den Umständen des Einzelfalls an sich nicht möglich ist, zB wenn die Voraussetzungen für die Ausübung des Richteramtes nach §§ 8ff. DRiG fehlen.

Die sog. **relativen Ausschließungsgründe** sind in § 51 Abs. 1 FGO iVm. § 41 3
ZPO und in § 51 Abs. 2 FGO abschließend aufgezählt. **Kraft Gesetzes** von der Ausübung des Amts als Richter, als ehrenamtlicher Richter oder als Urkundsperson ist ausgeschlossen, wer bei dem vorausgegangenen Verwaltungsverfahren mitgewirkt hat (§ 51 Abs. 2 FGO). **Kraft Gesetzes** ist auch ein Richter ausgeschlossen, der zurzeit des Erlasses der Einspruchsentscheidung Vorsteher des beklagten Finanzamtes war (BFH II R 65/89 v. 4.7.90, BStBl. II 90, 787). Weitere Ausschlussgründe kraft Gesetzes s. § 41 ZPO. ZB ist nach § 41 Nr. 2 ZPO ein Richter in Sachen seines Ehegatten ausgeschlossen, auch wenn die Ehe nicht mehr besteht. Verwandtschaft/Schwägerschaft (§ 1589 BGB, § 1590 BGB) stellt ebenfalls einen Ausschlussgrund dar (§ 41 Nr. 3 ZPO). Eine Verwandtschaft zu dem Prozessbevollmächtigten eines Beteiligten reicht allerdings nicht aus; allerdings ist nach Auffassung des BFH ein Verwandtschaftsverhältnis i.S. des § 41 Nr. 3 ZPO zu einem Verfahrensbevollmächtigten geeignet, Misstrauen gegen die Unparteilichkeit eines Richters zu begründen (BFH IV B 108/02 v. 17.9.02, BFH/NV 03, 73). Vgl. zu den Ausschlussgründen nach § 41 ZPO im Einzelnen *Gräber/Stapperfend* § 51 FGO Rz. 6ff.).

Einen **besonderen (relativen) Ablehnungsgrund** enthält § 51 Abs. 1 Satz 2 FGO: Danach können Gerichtspersonen auch abgelehnt werden, *„wenn von ihrer Mitwirkung die Verletzung eines Geschäfts- oder Betriebsgeheimnisses oder Schaden für die geschäftliche Tätigkeit eines Beteiligten zu besorgen ist"*.

Nach § 42 ZPO, der gem. § 51 Abs. 1 Satz 1 FGO sinngemäß anzuwenden ist, kann ein Richter auch in den Fällen, in denen er von der **Ausübung des Richteramts kraft Gesetzes ausgeschlossen** ist, abgelehnt werden, obwohl es an sich keines besonderen Ablehnungsgesuchs bedarf, da der Richter vom Amts wegen ausgeschlossen ist.

4 **Antrag auf** Ablehnung eines Richters wegen **Besorgnis der Befangenheit** (§ 42 ZPO): Das Antragsrecht steht allen gem. § 57 FGO Beteiligten zu (§ 51 Abs. 1 FGO iVm. § 42 Abs. 3 ZPO).

5 Statthaft ist nur ein **Individual-Ablehnungsgesuch,** dh. die Ablehnung eines einzelnen Richters ist statthaft, unstatthaft ist dagegen die Ablehnung des Gerichts in seiner Gesamtheit bzw. aller Richter eines Spruchkörpers, es sei denn, es liegt eine zulässige Häufung von Individual-Ablehnungsgründen vor.

6 **Form:** Das Ablehnungsgesuch muss **schriftlich** oder während der mündlichen Verhandlung mündlich oder zu Protokoll der Geschäftsstelle angebracht werden; es muss neben der Angabe des abgelehnten Richters auch eine substantiierte Darlegung des Ablehnungsgrundes enthalten (vgl. *Gräber/Stapperfend* § 51 FGO Rz. 32 mwN).

7 **Besorgnis der Befangenheit** ist in § 42 Abs. 2 ZPO definiert: Danach ist Besorgnis der Befangenheit zu bejahen, „wenn ein Grund vorliegt, der geeignet ist, Misstrauen gegen die Unparteilichkeit eines Richters zu rechtfertigen", solche Ablehnungsgründe können sich aus persönlichen Beziehungen (zB Verwandtschaft), Äußerungen (zB in der mündlichen Verhandlung) oder sonstigem Verhalten des Richters ergeben. Für sich allein ist der Umstand, dass der Überzeugungsbildung des Gerichts ein in Form eines Urteilsentwurfs abgefasster Bericht zugrunde lag, kein Ablehnungsgrund (BFH X R 55/94 v. 17.5.95, BStBl. II 95, 604; X B 206/05 v. 18.7.06, BFH/NV 06, 1877). Auch fehlerhafte Entscheidungen rechtfertigen keine Richterablehnung, denn gerichtliche Entscheidungen sind allein im Rechtsmittelweg zu überprüfen (st. Rspr., vgl. BFH VII S 23/06 v. 16.1.07, BFH/NV 07, 1463).

Zum **Vorliegen bzw. Nichtvorliegen von Ablehnungsgründen** vgl. Übersicht bei *Gräber/Stapperfend* § 51 FGO Rz. 45 bis 58 mit weiteren Rechtsprechungsnachweisen.

8 Das **Ablehnungsrecht** geht **verloren,** wenn sich die Partei bei dem Richter, der abgelehnt werden soll, in die Verhandlung eingelassen oder Anträge gestellt hat, ohne den ihr bekannten Ablehnungsgrund geltend zu machen (§ 43 ZPO).

Zum Verlust des Ablehnungsrechts führt es danach, wenn die während eines Erörterungstermins oder während einer mündlichen Verhandlung entstehenden Ablehnungsgründe nicht bis zum Schluss des Termins geltend gemacht werden. Vgl. iE zum Verlust des Ablehnungsrechts *Gräber/Stapperfend* § 51 FGO Rz. 39 bis 44.

9 **Ablehnung** nach § 51 FGO kommt grds. in **jedem Verfahren** in Betracht, in dem eine Gerichtsperson tätig werden kann, dh. insbesondere in Klage- und Aussetzungsverfahren. Ein Ablehnungsgesuch ist aber auch im Tatbestandsberichtigungsverfahren nach § 108 Abs. 1 FGO (vgl. Formular D. 2.06) statthaft (BFH VII B 70/89 v. 17.8.89, BStBl. II 89, 899); es besteht aber dann kein Rechtsschutzinteresse, wenn bei Begründetheit des Ablehnungsgesuchs eine weitere richterliche Tätigkeit im Berichtigungsverfahren ausgeschlossen wäre (zB bei Ablehnung sämtlicher Richter des Spruchkörpers), BFH VII B 70/89 v. 17.8.89, a. a. O.

10 Die **Entscheidung** über die Besorgnis der Befangenheit ergeht durch **Beschluss** (§ 46 Abs. 1 ZPO); an der Entscheidung darf der abgelehnte Richter **nicht mitwirken** (§ 45 Abs. 1 ZPO), es sei denn, das Gericht hält den Antrag für rechtsmissbräuchlich. Ist ein Befangenheitsantrag gegen einen Einzelrichter (§ 6 FGO) gestellt, entscheidet darüber der Senat, dem der abgelehnte Richter angehört (BFH VII S 11/98 v. 29.7.98, BFH/NV 99, 201).

Der zurückweisende Beschluss muss nach dem Wortlaut des § 113 Abs. 2 FGO nicht begründet werden; mit der Bedeutung des Verfahrens und der Überprüfungsmöglichkeit im Rechtsmittelverfahren gegen die Hauptsacheentscheidung ist dies nicht vereinbar (vgl. *Tipke/Kruse* § 51 FGO Rz. 41). Deswegen sollte der Beschluss vom Gericht grundsätzlich begründet werden.

Wird ein Einzelrichter (§ 6 FGO) erfolgreich wegen Besorgnis der Befangenheit abgelehnt, so wird sein geschäftsplanmäßiger Vertreter in diesem Verfahren als Einzelrichter zuständig (BFH I R 22/98 v. 26.10.98, BStBl. II 99, 60). 11

Rechtsmittel: Nach § 128 Abs. 2 FGO können Beschlüsse über die Ablehnung von Gerichtspersonen, Sachverständigen und Dolmetschern **nicht** mehr mit der Beschwerde angefochten werden. 12

D. 2.19 Ruhen des Verfahrens

S. Formular D. 2.03.

D. 2.20 Sonstige Leistungsklage

I. FORMULAR

Formular D. 2.20 Sonstige Leistungsklage

Finanzgericht München
Ismaninger Str. 95
81675 München

Az.: Neu

In der Finanzstreitsache

Marc Aurel

Romstraße 5, 80539 München **– Kläger –**

Prozessbevollmächtigte: ......

gegen

Finanzamt München I

Karlstraße 9–11, 80333 München **– Beklagter –**

vertreten durch seinen Vorsteher

wegen Leistung

Steuer-Nr.: ......

erheben wir namens und unter Vollmachtsvorlage des Klägers

SONSTIGE LEISTUNGSKLAGE.

In der mündlichen Verhandlung werden wir folgende Anträge stellen:

1. **Dem Beklagten wird untersagt, die ihm von der Staatsanwaltschaft oder der Steuerfahndungsstelle übermittelten Geschäftsunterlagen des Klägers als Kontrollmitteilungen bei den Prüfungsfeststellungen zu verwerten.**
2. **Hilfsweise wird die Zulassung der Revision beantragt.**
3. **Die Kosten des Verfahrens trägt der Beklagte.**

Auf mündliche Verhandlung wird nicht verzichtet.

Begründung: Die Klage ist zulässig, da der Antrag auf schlichtes Verwaltungshandeln gerichtet ist (vgl. BFH I R 269/81 v. 4.4.1984, BStBl. II 1984, 563; BFH VII B 40/97 v. 28.10.1997, BFH/NV 1998, 424).

Die Klage ist auch begründet.

U.a. wegen Betrugsverdacht ordnete das Landgericht ...... am ...... die Durchsuchung der Geschäftsräume des Klägers an. Bei der Durchsuchung wurden 117 Ord-

ner und weitere Unterlagen beschlagnahmt. Auf Antrag der Staatsanwaltschaft bestätigte das zuständige Amtsgericht die Beschlagnahme auch insoweit, als sie nicht durch den Beschluss des Landgerichts vom ...... gedeckt war.

Auf die Beschwerde des Klägers entschied das Landgericht, dass der Beschluss des Amtsgerichts nicht mehr aufrecht erhalten bleiben könne, es entschied weiter, dass die Beschlagnahme unzulässig gewesen sei.

Mit Verfügung vom ...... war vom Beklagten eine Außenprüfung angeordnet werden. Im Rahmen der Betriebsprüfung wurde dem Kläger bekannt, dass dem Beklagten von der Staatsanwaltschaft oder der Steuerfahndungsstelle Kopien von Geschäftspapieren übermittelt worden waren, die am ...... anlässlich der Durchsuchung der Geschäftsräume des Klägers beschlagnahmt worden waren.

Die dem Beklagten überlassenen Geschäftsunterlagen dürfen bei den Prüfungsfeststellungen nicht verwertet werden, da deren Kenntnis rechtswidrig erlangt wurde. Denn nach dem Beschluss des LG ...... durfte die Staatsanwaltschaft die beschlagnahmten Unterlagen vor der Herausgabe nicht fotokopieren, die Staatsanwaltschaft war daher nicht berechtigt, die Ablichtungen den Finanzbehörden zu überlassen (BFH I R 269/81 v. 4.4.1984, BStBl. II 1984, 563).

Weitere Klagebegründung bleibt vorbehalten.

..

Unterschrift

Anmerkung: Der Musterfall ist BFH I R 269/81 v. 4.4.84, BStBl. II 84, 563 nachgebildet.

II. ERLÄUTERUNGEN

Erläuterungen zu D. 2.20 Sonstige Leistungsklage

1 Eine **sonstige** (oder andere, allgemeine) **Leistungsklage** (§ 40 Abs. 1 3. Alt. FGO) ist auf eine Leistung (Tun, Dulden oder Unterlassen) gerichtet und nicht auf den Erlass eines Verwaltungsaktes, wie die Verpflichtungsklage. Da die Finanzbehörden in der Regel durch Verwaltungsakt handeln, kommt der sonstigen Leistungsklage keine große praktische Bedeutung zu.

2 Sie ist **nicht fristgebunden** (§ 47 FGO). Die Durchführung eines außergerichtlichen Rechtsbehelfsverfahrens ist nicht erforderlich (§ 44 FGO).

3 Mit der Leistungsklage kann auch verfolgt werden ein **Folgenbeseitigungsanspruch** (FG SchlHol. I 100/80 v. 8.10.80, EFG 81, 403), das **Verlangen auf Akteneinsicht,** soweit nicht ein ablehnender Verwaltungsakt vorausgegangen ist, **die** Herausgabe von Unterlagen (BFH I R 66/84 v. 16.12.87, BFH/NV 88, 319; FG Bremen 298284 K 2 v. 6.7.99, EFG 99, 1092, sofern nicht ein ablehnender Verwaltungsakt vorausging, so jedenfalls BFH I R 66/84 v. 16.12.87, BFH/NV 88, 319; vgl. dazu *Tipke/Kruse* § 40 FGO Rz. 17), die **Untersagung der Verwertung bestimmter Unterlagen** (BFH I R 269/81 v. 4.4.84, BStBl. II 84, 563, so der Musterfall), die **Erteilung einer Auskunft** (BFH I R 306/82 v. 23.7.86, BStBl. II 87, 92) oder deren Weiterleitung (BFH I B 28/86 v. 29.10.86, BStBl. II 87, 440), die **Rücknahme** eines von der Finanzbehörde gestellten **Insolvenzantrags** (FG Köln 15 K 4934/04 v. 9.11.04, EFG 05, 372).

Die Leistungsklage kommt auch dann in Betracht, wenn zB durch das Urteil ein **Steuerbescheid geändert** wird und das Finanzamt die überzahlte Steuer nicht wieder ausbezahlt; dem zusammen mit einer Anfechtungsklage geltend gemachten Begehren auf Erstattung wird allerdings in der Regel das Rechtsschutzbedürfnis fehlen (BFH VII R 24/77 v. 16.7.80, BStBl. II 80, 632; vgl. *Gräber/von Groll* § 40 FGO Rz. 34 und § 100 FGO Rz. 66).

Wegen der weiteren Beispiele für Fälle der Leistungsklage vgl. *Gräber/von Groll* § 40 FGO Rz. 35 bis 54a.

Nicht verfolgt werden kann mit der Leistungsklage die Rücknahme einer der Gewerbebehörde bereits erteilten Auskunft des Finanzamts über die Höhe der Steuerrückstände des Klägers, weil dieser Antrag auf etwas Unmögliches gerichtet ist (BFH VII R 56/93 v. 23.11.93, BStBl. II 94, 356). **4**

Im Übrigen gelten die allgemeinen Sachentscheidungsvoraussetzungen, vgl. D. 2.01 Rz. 1 ff. **5**

Zum Verzicht auf mündliche Verhandlung: Vgl. D. 2.01 Rz. 32. **6**

Rechtsmittel: Vgl. D. 2.01 Rz. 44. **7**

Gesetz über den Rechtsschutz bei überlangen Gerichtsverfahren und strafrechtlichen Ermittlungsverfahren v. 24.11.11 (BGBl. I 11, 2302): Zum Entschädigungsanspruch bei unangemessener Dauer eines Gerichtsverfahrens und der hierfür erforderlichen Voraussetzung, dass eine **Verzögerungsrüge** erhoben wird, vgl. D.2.02 Rz. 47. **8**

D. 2.21 Sprungklage

I. FORMULAR

Formular D. 2.21 Sprungklage

Finanzgericht Münster
Warendorfer Str. 70
48145 Münster

Az.: Neu

In der Finanzstreitsache

Max Anders

Einsteinstraße 17, 81675 München **– Kläger –**

Prozessbevollmächtigte:

gegen

Finanzamt Münster-Innenstadt

Münzstr. 10, 48143 Münster **– Beklagter –**

vertreten durch seinen Vorsteher

wegen Schenkungsteuer 20...

Steuer-Nr.: ......

erheben wir im Namen und im Auftrag des Klägers unter Vollmachtsvorlage gem. § 45 FGO

SPRUNGKLAGE

Dem Beklagten wurde bereits mit Schreiben vom ...... mitgeteilt, dass beabsichtigt ist, Sprungklage zu erheben. Er hat telefonisch in Aussicht gestellt, dass er der Erhebung der Sprungklage zustimmen wird.

In der mündlichen Verhandlung werden wir folgende Anträge stellen:

1. **Der Schenkungsbescheid für 20... vom ...... (Steuer-Nr. ......) wird aufgehoben.**
2. **Hilfsweise wird die Zulassung der Revision beantragt.**
3. **Der Beklagte trägt die Kosten des Verfahrens.**

Auf mündliche Verhandlung wird nicht verzichtet.

Begründung: Die Sprungklage wendet sich gegen den Schenkungsteuerbescheid vom ...... (Steuer-Nr. ......).

Dem Kläger wurde von seinem in Münster lebenden Vater, Herrn Josef Anders 1998 ein zinsloses Darlehen gewährt. Vereinbarungen zur Rückzahlung haben der Kläger und sein Vater nicht getroffen. Es ist zwischen den Beteiligten unstreitig, dass der Kläger bis heute das Darlehen nicht getilgt hat.

Von diesem Sachverhalt erfuhr das beklagte Finanzamt nach einer Betriebsprüfung, die beim Kläger durchgeführt worden war, auf Grund einer am 4.4.2002 eingegangenen Mitteilung des Finanzamts X. Das beklagte Finanzamt forderte den Kläger mit Schreiben vom 17.7.2002 zur Abgabe einer Schenkungsteuererklärung auf. Der Kläger hat keine Erklärung abgegeben.

Das FA sah in der unentgeltlichen Nutzungsüberlassung der Kapitalsumme einen schenkungsteuerlichen Vorgang und setzte mit Bescheid vom 12.1.2007 Schenkungsteuer fest. Einwendungen gegen die Ermittlung der Höhe des steuerpflichtigen Erwerbs werden nicht erhoben.

Der Kläger ist der Auffassung, dass keine Schenkungsteuer mehr festgesetzt werden darf, weil zum Zeitpunkt des Erlasses des Schenkungsteuerbescheids Festsetzungsverjährung eingetreten war (vgl. BFH II R 54/05 v. 6.6.2007, BStBl. II 2007, 954). Nach § 170 Abs. 5 Nr. 2 Alternative 2 AO beginnt die Festsetzungsfrist mit Ablauf des Kalenderjahres, in dem das Finanzamt von der Schenkung Kenntnis erlangt hat. Das war im Streitfall das Jahr 2002. Im Streitfall endete die vierjährige Festsetzungsfrist daher mit Ablauf des 31.12.2006.

Der Kläger ist weiter der Auffassung, dass keine freigebige Zuwendung iSd § 7 Abs. 1 Nr. 1 ErbStG vorliegt. Die Rechtsprechung des BFH, wonach die unentgeltliche Überlassung einer Kapitalsumme auf Zeit der Schenkungsteuer unterliege (BFH II R 13/04 v. 11.4.2006, BFH/NV 2006, 1665 und II R 70/04 v. 21.2.2006, BFH/NV 2006, 1300) sei nicht zutreffend.

[Wird im Einzelnen ausgeführt]

Da der Sachverhalt unstreitig ist, sollte das Finanzamt die Zustimmung zur Erhebung der Sprungklage erteilen.

..

Unterschrift

II. ERLÄUTERUNGEN

Erläuterungen zu D. 2.21 Sprungklage

Schrifttum: *Streck/Rainer* Die Sprungklage ist nur für Ausnahmefälle geschaffen, StB 86, 233.

1 Nach § 45 FGO ist die Klage **ohne Vorverfahren** zulässig, wenn der Beklagte innerhalb eines Monats nach Zustellung der Klageschrift **zustimmt** (§ 45 Abs. 1 Satz 1 FGO); vgl. Rz. 6 und 7. Die Sprungklage ist nur **innerhalb der Einspruchsfrist** möglich. Wird nach Einlegung eines Einspruchs innerhalb der Klagefrist Sprungklage erhoben, ist die Klageerhebung als Umwandlung des Einspruchs in eine Klage anzusehen (BFH IV R 27/96 v. 4.9.97, BStBl. II 98, 286 m.w. Rechtsprechungsnachweisen).

Empfehlenswert ist die **Erhebung einer Sprungklage** nur dann, wenn eine reine Rechtsfrage zur Entscheidung ansteht und der Sachverhalt aus dem Steuerbescheid (und ggf. dem Betriebsprüfungsbericht) zu entnehmen ist, da durch die Erhebung der Sprungklage eine Tatsacheninstanz (Einspruchsverfahren vor dem FA) übersprungen wird.

Eine **Ausnahme** von dem Grundsatz, dass eine Klage erst nach erfolglosem Abschluss des außergerichtlichen Rechtsbehelfsverfahren zulässig ist (§ 44 Abs. 1 FGO), enthält neben § 45 FGO (Sprungklage) nur noch § 46 FGO (sog. Untätigkeitsklage), s. dazu Formular D. 2.22. 2

§ 45 FGO betrifft jegliche Art von Anfechtungs- und Verpflichtungsklagen. 3

Die Erhebung der Sprungklage ist **ausgeschlossen bei** 4

- sonstigen Leistungsklagen (Formular D. 2.20) und
- Feststellungsklagen (Formular D. 2.12).

Dh. die Klage ist als unzulässig abzuweisen.

Im Übrigen gelten für die Sprungklage die **allgemeinen Sachentscheidungsvoraussetzungen** (vgl. D. 2.01 Rz. 1 ff.). 5

Zustimmung des Beklagten: Die Zulässigkeit der Sprungklage ist von der Zustimmung des Beklagten abhängig, die innerhalb eines Monats nach Zustellung der Klageschrift **dem Gericht gegenüber** abgegeben werden muss (vgl. BFH VI R 176/82 v. 16.11.84, BStBl. II 85, 266, 268). 6

Wird die **Zustimmung** durch die Finanzbehörde **nicht erteilt** (keine oder keine rechtzeitige Äußerung) oder ausdrücklich versagt, so ist nach § 45 Abs. 3 FGO die Sache **als Einspruch** zu behandeln, dh. formlos an die nach § 367 Abs. 1 Satz 1 AO zuständige Finanzbehörde abzugeben. Besteht der Kläger auf einer gerichtlichen Entscheidung – zB weil er meint, es reiche eine konkludente Zustimmung des Beklagten aus – ist die Klage durch Prozessurteil als unzulässig abzuweisen (vgl. *Gräber/von Groll* § 45 FGO Rz. 34). 7

Sind mehrere Personen berechtigt, Einspruch oder Klage zu erheben (z. B. gegen Bescheide nach §§ 179 ff. AO), und hat ein Berechtigter einen außergerichtlichen Rechtsbehelf eingelegt und ein anderer Berechtigter unmittelbar Klage erhoben, enthält § 45 Abs. 1 Satz 2 FGO eine Regelung, damit eine einheitliche Entscheidung gewährleistet ist. Ist einerseits Einspruch eingelegt und andererseits Sprungklage erhoben und Zustimmung durch die Behörde bereits erteilt worden, „ist zunächst über den außergerichtlichen Rechtsbehelf zu entscheiden" (§ 45 Abs. 1 Satz 2 FGO). Das Klageverfahren ist einem solchen Fall nach § 74 FGO auszusetzen (vgl. Formular D. 2.03). Zu den weiteren verfahrensrechtlichen Folgen vgl. *Gräber/von Groll* § 45 FGO Rz. 17. 8

Abgabe an das Finanzamt, auch wenn die Zustimmung zur Sprungklage erteilt worden ist: Nach § 45 Abs. 2 Satz 1 FGO ist das Gericht auch bei Zustimmung des Beklagten zur Sprungklage berechtigt, eine Klage nach § 45 FGO *„innerhalb von drei Monaten nach Eingang der Akten der Behörde bei Gericht, spätestens innerhalb von sechs Monaten nach Klagezustellung, durch Beschluss an die zuständige Behörde zur Durchführung des Vorverfahrens"* abzugeben, *„wenn weitere Sachaufklärung notwendig ist, die nach Art oder Umfang erhebliche Ermittlungen erfordert, und die Abgabe auch unter Berücksichtigung der Belange der Beteiligten sachdienlich ist";* die Klage ist in diesem Fall als Einspruch zu behandeln, der Beschluss unanfechtbar (§ 45 Abs. 2 Satz 3 FGO). 9

Will das Gericht das Verfahren nach § 45 Abs. 2 Satz 1 FGO an die Finanzbehörde abgeben, ist mE dem Kläger (und dem Beklagten) vorher **rechtlicher Gehör** zu gewähren; bei Streit über das Vorliegen der Voraussetzungen der Abgabe ist eine Sachentscheidung zu treffen. Ist rechtliches Gehör nicht gewährt worden, hat der Kläger mE das Recht auf Fortsetzung des gerichtlichen Verfahrens. 10

Erlässt das Finanzamt **nach** Erhebung der Sprungklage eine **Einspruchsentscheidung,** dürfte die bei fehlender Zustimmung des Beklagten unzulässige Klage nach der Rechtsprechung des BFH zur Untätigkeitsklage (s. D. 2.22 Rz. 14) in die Zulässigkeit hineinwachsen. 11

Zum Verzicht auf mündliche Verhandlung: Vgl. D. 2.01 Rz. 32. 12

Zum Vorbehalt der Klageerweiterung: vgl. D. 2.01 Rz. 27. Ein solcher Vorbehalt ist im Streitfall nicht angebracht, da der Kläger den Schenkungsteuerbescheid bereits mit der Klage in vollem Umfang angegriffen hat. 13

14 **Rechtsmittel:** Vgl. D. 2.01 Rz. 44.

15 **Gesetz über den Rechtsschutz bei überlangen Gerichtsverfahren und strafrechtlichen Ermittlungsverfahren** v. 24.11.11 (BGBl. I 11, 2302): Zum Entschädigungsanspruch bei unangemessener Dauer eines Gerichtsverfahrens und der hierfür erforderlichen Voraussetzung, dass eine **Verzögerungsrüge** erhoben wird, vgl. D.2.02 Rz. 47.

D. 2.22 Untätigkeitsklage

I. FORMULAR

Formular D. 2.22 Untätigkeitsklage

Finanzgericht München **18. Oktober 2010**
Ismaninger Str. 95
81675 München

Az.: Neu

In der Finanzstreitsache
Max Moritz GmbH
vertreten durch ihren allein vertretungs-
berechtigten Geschäftsführer, Herrn Max Moritz,
Müllerstraße 17, 80469 München **– Klägerin –**
Prozessbevollmächtigte: ......
gegen
Finanzamt München für Körperschaften
Meiserstraße 4, 80333 München **– Beklagter –**
vertreten durch seinen Vorsteher
wegen Körperschaftsteuer 20...
Steuer-Nr.: ......
erheben wir namens und im Auftrag der Klägerin unter Vollmachtsvorlage

UNTÄTIGKEITSKLAGE (§ 46 ABS. 1 FGO).

In der mündlichen Verhandlung werden wir voraussichtlich folgende Anträge stellen:

1. Der Bescheid über Körperschaftsteuer vom 15. November 2009 für das Kalenderjahr 20... (Steuer-Nr. ......) wird aufgehoben.

Hilfsweise: Das Verfahren wird ausgesetzt; der Beklagte wird verpflichtet, innerhalb von vier Wochen ab Klagezustellung über den mit Schreiben vom 1. Dezember 2009 eingelegten Einspruch gegen den Bescheid über Körperschaftsteuer vom 15. November 2009 für das Kalenderjahr 20... zu entscheiden.

2. Hilfsantrag: Die Revision wird zugelassen.

3. Die Kosten des Verfahrens trägt der Beklagte.

Auf mündliche Verhandlung wird nicht verzichtet.

Die Klage begründen wir wie folgt:

Streitig ist, ob der zwischen der ......-GmbH und der Klägerin bestehende Gewinnabführungsvertrag im Streitjahr steuerrechtlich anzuerkennen ist. Die Klage ist ohne Abschluss des Vorverfahrens zulässig, da der Körperschaftsteuerbescheid 20... die

Klägerin in ihren Rechten verletzt und im Übrigen die zusätzlichen Voraussetzungen für die Erhebung einer Klage nach § 46 Abs. 1 FGO vorliegen:

1. **Über den Einspruch der Klägerin vom 1. Dezember 2009 wurde bislang nicht entschieden.**
2. **Im vorliegenden Fall wurde auch nicht in angemessener Frist sachlich entschieden. Von der Einspruchseinlegung bis heute – 18. Oktober 2010 – sind mehr als zehn Monate vergangen.**

   Regelmäßig ist davon auszugehen, dass Finanzbehörden zum Abschluss eines außergerichtlichen Rechtsbehelfsverfahrens eine Frist von sechs Monaten zugebilligt wird; dies lässt sich dem Rechtsgedanken des § 46 Abs. 1 Satz 2 FGO entnehmen, wonach diese Regelfrist grundsätzlich nicht als unangemessen angesehen werden kann, „es sei denn, dass wegen besonderer Umstände des Falles eine kürzere Frist geboten ist" (ebenso *Gräber/von Groll* § 46 FGO Rz. 10). Die Sechsmonatsfrist ist im folgenden Fall bereits um mehr als vier Monate überschritten.

   Eine sachliche Entscheidung wäre inzwischen längst möglich gewesen, da die Einspruchsbegründung zusammen mit der Einspruchseinlegung vorgelegen hat und auch nach dem vorliegenden Betriebsprüfungsbericht alle tatsächlichen Feststellungen, die zur Entscheidung über den Einspruch notwendig sind, bereits vom Beklagten bzw. der Betriebsprüfung getroffen wurden. Eine weitere Aufklärung des Sachverhalts ist demzufolge nicht erforderlich. Soweit ersichtlich, besteht auch kein Streit über den Sachverhalt zwischen der Klägerin und dem Beklagten bzw. der Betriebsprüfung.
3. **Ein zureichender Grund für das Nichtabschließen des Rechtsbehelfsverfahrens wurde bislang nicht mitgeteilt. Der Beklagte hielt es trotz eines entsprechenden Hinweises auf die Möglichkeit der Erhebung der Untätigkeitsklage (vgl. unser Schreiben vom ......) nicht einmal für geboten, darauf zu antworten.**

Ob ein zureichender Grund in anderen Erwägungen liegen kann, kann hier dahingestellt bleiben, da dies allein kein Verfahrenshindernis iSd. § 46 Abs. 1 Satz 1 FGO wäre, weil in jedem Fall der zureichende Grund mitgeteilt werden muss (vgl. BFH IV R 18/04 v. 27.4.2006, BFH/NV 2006, 2017; BFH VI B 19/67 v. 22.9.1967, BStBl. II 1968, 61; BFH V B 61/70 v. 13.5.1971, BStBl. II 1971, 492).

Für den Fall, dass der erkennende Senat die Klage nach § 46 Abs. 1 FGO – entgegen der Auffassung der Klägerin – für unzulässig halten sollte, beantragen wir, den Beklagten auf sachliche Bescheidung des Einspruchs zu verpflichten.

Dieser Antrag ist uE zulässig (aA BFH I R 350/83 v. 16.12.1987, BFH/NV 1987, 271 unter Hinweis auf BFH VII R 15/71 v. 25.10.1973, BStBl. II 1974, 116). Eine weitere Frist für die Entscheidung über den Einspruch von vier Wochen ist als ausreichend anzusehen, da allein über eine Rechtsfrage zu entscheiden ist.

Die Klage ist auch begründet. Denn ...... *[wird ausgeführt]*

Weiterer Vortrag bleibt, ebenso wie eine etwaige Klageerweiterung, ausdrücklich vorbehalten.

..

Unterschrift

II. ERLÄUTERUNGEN

Erläuterungen zu D. 2.22 Untätigkeitsklage

Schrifttum: *Arndt/Schaefer* Die Untätigkeitsklage im finanzgerichtlichen Verfahren, StVj. 89, 151, 90, 80 und 93; *Harder* Die Untätigkeitsklage nach § 46 Abs. 1 FGO, DB 95, 1583 mit zahlreichen Rechtsprechungsnachweisen.

1 Die sog. Untätigkeitsklage nach § 46 Abs. 1 FGO ist eine Anfechtungs- oder Verpflichtungsklage auf Aufhebung oder Änderung der Bescheide **ohne Durchführung eines Vorverfahrens** (vgl. BFH VII R 116/73 v. 28.10.75, BStBl. II 76, 116), dh. es handelt sich nicht um eine eigenständige Klageart (BFH VII R 43/05 v. 27.6.06, BFH/NV 07, 396). Lediglich die Klage nach § 46 Abs. 2 FGO wird zutreffenderweise als Untätigkeitsklage bezeichnet, da ihr Klageziel darin besteht, eine Behörde dazu zu veranlassen, in einer bestimmten Sache überhaupt tätig zu werden (vgl. Rz. 12).

2 Die **Untätigkeit der Verwaltung** während des Einspruchsverfahrens ist Anlass der Klage nach § 46 Abs. 1 FGO, nicht aber Gegenstand; Gegenstand der Klage ist die Aufhebung bzw. Änderung eines Verwaltungsakts (Anfechtungsklage) oder die Verurteilung zum Erlass eines abgelehnten Verwaltungsakts (Verpflichtungsklage), nicht aber die Beendigung der Untätigkeit. Dementsprechend ist auch der **Antrag** zu formulieren (s. Formular). Voraussetzung ist in jedem Fall, dass über den **Einspruch nicht entschieden** ist.

3 § 46 FGO ist **nur auf Anfechtungs- und Verpflichtungsklagen** anwendbar, nicht jedoch auf sonstige Leistungsklagen und Feststellungsklagen.

4 Neben den allgemeinen Sachentscheidungsvoraussetzungen (s. dazu D. 2.01 Rz. 5 ff.) müssen die folgenden **zusätzlichen Zulässigkeitsvoraussetzungen** vorliegen:
- Fehlende Entscheidung über einen außergerichtlichen Rechtsbehelf,
- Ablauf einer angemessenen Frist,
- Fehlen der Mitteilung eines zureichenden Grundes.

5 **Ablauf einer angemessenen Frist:** Sechs Monate seit Einlegung des außergerichtlichen Rechtsbehelfs mindestens, es sei denn, „dass wegen besonderer Umstände des Falles eine kürzere Frist geboten ist" (§ 46 Abs. 1 Satz 2 FGO). Aus dem Rechtsgedanken von § 46 Abs. 1 Satz 2 FGO lässt sich entnehmen, dass den Finanzbehörden grundsätzlich eine Regelfrist von sechs Monaten für den Abschluss eines außergerichtlichen Rechtsbehelfsverfahrens zugebilligt wird. Auch nach Ablauf von sechs Monaten ist jedoch zu prüfen, ob das Tatbestandsmerkmal „in angemessener Frist" zu bejahen ist. Es kommt auf die gesamten Umstände des Falles an, ob eine darüber hinausgehende Frist noch als angemessen bezeichnet werden kann (BFH VI B 78/04 v. 7.3.06, BFH/NV 06, 1018). Einerseits sind die Interessen des Rechtsbehelfsführers an einer baldigen Entscheidung, andererseits aber auch der Umfang und die rechtlichen Schwierigkeiten des Falls zu berücksichtigen (BFH IV R 18/04 v. 27.4.06, BFH/NV 06, 2017). Ein zureichender Grund für die Überschreitung einer angemessenen Frist ist grundsätzlich nicht anzunehmen, wenn die Ursache im Bereich der Behördenorganisation (z.B. Arbeitsüberlastung durch Personalmangel, Urlaub, Krankheit) liegt (BFH IV R 18/04 v. 27.4.06, aaO).

6 Ungeklärt ist, ob das Klagerecht nach § 46 Abs. 1 FGO **verwirkt** werden kann; bis zum 31.12.76 war nämlich die Klagemöglichkeit nach § 46 FGO auf eine Frist von grds. längstens einem Jahr seit Einlegung des Rechtsbehelfs (§ 46 Abs. 2 aF FGO, ebenso § 76 VwGO) beschränkt. Vgl. dazu *Gräber/von Groll* § 46 FGO Rz. 35 mwN, der nur ausnahmsweise zu einer Begrenzung der Klagemöglichkeiten aus § 46 FGO nach den allgemeinen Grundsätzen von Treu und Glauben kommt. Der BFH hat zu dieser Frage, soweit ersichtlich, bisher nicht ausdrücklich Stellung genommen. Er hat jedenfalls eine Frist von 14 Monaten zwischen Einlegung des Einspruchs und Klageerhebung nicht beanstandet (BFH IV R 18/04 v. 27.4.06, BFH/NV 06, 2017).

7 **Fehlen der Mitteilung eines zureichenden Grundes:** Ein zureichender Grund ist ua. darin zu sehen, dass bestimmte Ermittlungen (Betriebsprüfung) abgewartet werden sollen (BFH VII B 57/67 v. 2.4.68, BStBl. II 68, 471) oder wenn gem. § 363 Abs. 1 AO das Verfahren ausgesetzt ist (*Gräber/von Groll* § 46 FGO Rz. 20 mwN). Voraussetzung ist jedoch stets, dass dieser Grund vor Klageerhebung **mitgeteilt** wurde (BFH IV R 18/04 v. 27.4.06, BFH/NV 06, 2017; VI B 19/67 v. 22.9.67, BStBl. II 68, 61; V B 61/70 v. 13.5.71, BStBl. II 71, 492).

Als „zureichender Grund" kann auch das Abwarten einer noch ausstehenden Entscheidung in einem sog. „Musterverfahren" in Betracht kommen (BFH II B 141/05 v. 31.8.06, BFH/NV 06, 2296).

Im Übrigen gelten für die Untätigkeitsklage die **allgemeinen Sachentscheidungsvoraussetzungen,** vgl. D. 2.01 Rz. 5ff. 8

Zum Verzicht auf mündliche Verhandlung: Vgl. D. 2.01 Rz. 32. 9

Zum Vorbehalt der Klageerweiterung: Vgl. D. 2.01 Rz. 27. 10

Das Gericht kann entweder über die Klage nach § 46 Abs. 1 FGO **selbst entscheiden,** ohne dass ein Vorverfahren durchgeführt wird, es kann aber auch das Verfahren bis zum Ablauf einer vom ihm bestimmten verlängerungsfähigen Frist zur Entscheidung über den Rechtsbehelf **aussetzen** (§ 46 Abs. 1 Satz 3 FGO). Bei der Aussetzung handelt es sich um eine Ermessensentscheidung (BFH VI B 65/06 v. 21.5.07, BFH/NV 07, 1688; V B 50/97 v. 14.7.97, BFH/NV 98, 49). 11

Liegen die Voraussetzungen für die zulässige Erhebung einer Untätigkeitsklage (Ablauf einer angemessenen Frist bzw. Mitteilung eines zureichenden Grundes, s. Rz. 5 und 7) nicht vor, ist die Klage unzulässig. Nach der ständigen Rspr. des BFH handelt es sich bei den in § 46 Abs. 1 FGO angeführten Tatbestandsvoraussetzungen aber nicht um Zugangsvoraussetzungen mit der Folge, dass bei ihrem Nichtvorliegen von einer unheilbar unzulässigen Klage auszugehen sei; es handelt sich vielmehr um Sachentscheidungsvoraussetzungen, die erst im Zeitpunkt der letzten mündlichen Verhandlung erfüllt sein müssen (BFH VI B 78/04 v. 7.3.06, BStBl. II 06, 430). Eine bei Klageerhebung unzulässige Klage kann danach in die Zulässigkeit hineinwachsen (BFH VI B 78/04 v. 7.3.06, aaO; zum Meinungsstand vgl. *Gräber/von Groll* § 46 FGO Rz. 13ff.). Folgerichtig kann auch bei einer unzulässigen Untätigkeitsklage das Verfahren ausgesetzt werden (BFH VI B 78/04 v. 7.3.06, aaO).

Die **echte Untätigkeitsklage nach § 46 Abs. 2 FGO** ist dann zu erheben, wenn von den in § 348 Nr. 3 und Nr. 4 AO genannten Stellen (Verwaltungsakte der obersten Finanzbehörden des Bundes und der Länder sowie Entscheidungen des Zulassungsausschusses und des Prüfungsausschusses der Oberfinanzdirektionen in Angelegenheiten des Steuerberatungsgesetzes) über einen Antrag auf Vornahme eines Verwaltungsakts ohne Mitteilung eines zureichenden Grundes in angemessener Frist nicht entschieden wurde. 12

Hat die Finanzbehörde über einen beantragten Verwaltungsakt nicht in angemessener Frist entschieden, kann **sog. Untätigkeitseinspruch** nach § 347 Abs. 1 Satz 2 AO erhoben werden (vgl. D. 1.04 Rz. 2). 13

Zu den Rechtsfolgen im Falle einer sog. doppelten Untätigkeit (Untätigkeitsklage wird in zeitlichem Zusammenhang mit einem Untätigkeitseinspruch bei der Behörde erhoben) vgl. BFH I R 60/04 v. 9.7.07, BFH/NV 07, 2238; I R 97/05 v. 28.6.06, BFH/NV 06, 2207; I R 74/02 v. 3.8.05, BFH/NV 06, 19.

Erlässt die **Finanzbehörde** nach Erhebung der Klage gem. § 46 FGO die **Einspruchsentscheidung,** gilt Folgendes: 14

- Wird dem Begehren des Klägers **in vollem Umfang innerhalb der** vom Gericht gesetzten Frist entsprochen, ist der Rechtsstreit in der Hauptsache als erledigt anzusehen(§ 46 Abs. 1 Satz 3 2. Hs. FGO); es ist nur noch über die Kosten zu entscheiden (vgl. dazu Formular D. 2.10).
- Wird dem Begehren des Klägers **in vollem Umfang** entsprochen, aber **nicht innerhalb der** vom Gericht gesetzten **Frist** oder wenn das Gericht **keine Frist** gesetzt hat, ist der Rechtsstreit in der Hauptsache nicht kraft Gesetzes erledigt; es kommt vielmehr auf die Erledigungserklärung der Beteiligten an.
- Wird dem Begehren des Klägers **nicht oder nur zum Teil** entsprochen, ist das Klageverfahren fortzuführen, ohne dass eine erneute Klage erforderlich oder zulässig wäre (BFH III B 184/86 v. 28.10.88, BStBl. II 89, 107 mit weiteren Rspr-Nachweisen; vgl. aber auch BFH II B 140/03 v. 5.10.04, BFH/NV 05, 237, und

BFH VIII B 33/95 v. 3.1.96, BFH/NV 96, 559 zu dem Fall, dass ausdrücklich nur eine Klage auf Tätigwerden der Finanzbehörden und nicht auf Anfechtung des Steuerbescheides unter den besonderen Zulässigkeitsvoraussetzungen des § 46 Abs. 1 FGO erhoben worden ist); str. ist, ob das auch gilt, wenn die Untätigkeitsklage nicht alle zusätzlichen Zulässigkeitsvoraussetzungen erfüllt (vgl. Rz. 4 und 11). Zur Kostenentscheidung nach Hauptsacheerledigung vgl. BFH V B 25/05 v. 28.12.05, BFH/NV 06, 791; V B 170/01 v. 14.10.02, BFH/NV 03, 197; VI B 19/67 v. 22.9.67, BStBl. II 68, 61).

15 **Rechtsmittel:** Setzt das Gericht das Verfahren aus (vgl. Rz. 11), ist die Beschwerde gegeben (§ 128 FGO); iÜ vgl. D. 2.01 Rz. 44.

16 **Gesetz über den Rechtsschutz bei überlangen Gerichtsverfahren und strafrechtlichen Ermittlungsverfahren** v. 24.11.11 (BGBl. I 11, 2302): Zum Entschädigungsanspruch bei unangemessener Dauer eines Gerichtsverfahrens und der hierfür erforderlichen Voraussetzung, dass eine **Verzögerungsrüge** erhoben wird, vgl. D.2.02 Rz. 47.

D. 2.23 Urteilsergänzung

Vgl. Formular D. 2.10.

D. 2.24 Verpflichtungsklage

I. FORMULARE

Formular D. 2.24 Verpflichtungsklage

Finanzgericht München
Ismaninger Str. 95
81765 München

Az.: Neu

In der Finanzstreitsache

Moritz Anders

Einsteinstraße 27, 81675 München **– Kläger –**

Prozessbevollmächtigte: ......

gegen

Zentralfinanzamt München

Winzererstr. 47a, 80784 München **– Beklagter –**

vertreten durch seinen Vorsteher

wegen Erlass von Einkommensteuer 20...

Steuer-Nr.: ......

erheben wir im Namen und im Auftrag des Klägers unter Vollmachtsvorlage

KLAGE.

In der mündlichen Verhandlung werden wir voraussichtlich folgende Anträge stellen:

1. Die Einspruchsentscheidung vom ...... und die ablehnende Verfügung des Beklagten vom ...... werden aufgehoben; der Beklagte wird verpflichtet, die durch Bescheid vom ...... festgesetzte Einkommensteuer in Höhe von ...... zu erlassen.

2. Hilfsweise: Die Revision wird zugelassen.

3. Der Beklagte trägt die Kosten des Verfahrens.

Auf mündliche Verhandlung wird nicht verzichtet.

Begründung: Die Klage richtet sich gegen die den Erlass ablehnende Verfügung des Beklagten vom ...... (Steuer-Nr. ......) in der Gestalt der Einspruchsentscheidung, mit dem der Antrag auf Erlass von Einkommensteuer aus persönlichen Billigkeitsgründen abgelehnt wurde. Der Klage liegt folgender Sachverhalt zugrunde *[wird ausgeführt]*.

Der Antrag ist auch begründet. Nach § 227 Abs. 1 AO können die Finanzbehörden Ansprüche aus dem Steuerschuldverhältnis ganz oder teilweise erlassen, wenn deren Einziehung nach Lage des einzelnen Falles unbillig wäre. Die Entscheidung über einen Erlassantrag aus Billigkeitsgründen ist eine Ermessensentscheidung (Beschluss des Gemeinsamen Senats der Obersten Gerichtshöfe des Bundes GmS-OGB 3/70 v. 19.10.1971, BStBl. II 1972, 603), die im finanzgerichtlichen Verfahren daraufhin überprüft werden kann, ob die Ablehnung des Verwaltungsakts rechtswidrig ist, weil die gesetzlichen Voraussetzungen des Ermessens überschritten sind oder von dem Ermessen in einer dem Zweck des Ermessens nicht entsprechenden Weise Gebrauch gemacht ist (§ 102 FGO).

Die Ablehnung des beantragten Erlasses ist ermessensfehlerhaft, weil der Beklagte keine Feststellungen dazu getroffen hat, ob die Steuererhebung die wirtschaftliche oder persönliche Existenz des Klägers vernichtet oder ernstlich gefährdet, wie dies mit Schriftsätzen vom ...... und vom ...... und in dem Einspruch vom ...... vorgetragen wurde. Es wurde insbesondere nicht berücksichtigt, dass der Kläger im Ruhestand lebt und daher nicht mehr erwerbsfähig ist. Bei der Beurteilung wurde infolgedessen außer Acht gelassen, dass der Kläger sein Vermögen nicht insgesamt verwerten muss. Ihm muss nach der Rechtsprechung des BFH soviel belassen werden, dass er damit für den Rest seines Lebens eine bescheidene Lebensführung bestreiten kann (BFH IV R 298/84 v. 26.2.1987, BStBl. II 1987, 612 unter Hinweis auf BFH IV R 23/78 v. 29.4.1981, BStBl. II 1981, 726).

[Wird im Einzelnen ausgeführt].

..

Unterschrift

II. ERLÄUTERUNGEN

Erläuterungen zu D. 2.24 Verpflichtungsklage

Zu den allgemeinen Sachentscheidungsvoraussetzungen vgl. D. 2.01 Rz. 5 ff. 1

Die **Verpflichtungsklage ist zu erheben,** wenn der Erlass eines abgelehnten oder 2 unterlassenen Verwaltungsaktes begehrt wird (§ 40 Abs. 1 2. Alt. FGO). Eine Aufhebung oder Änderung des angefochtenen Verwaltungsaktes (Ablehnungsbescheid), wie dies mit der Anfechtungsklage erreicht werden könnte, hilft dem Kläger nicht.

In diesen Fällen kann allerdings das **Finanzgericht nicht selbst** über den Antrag 3 entscheiden, sondern muss die **Verpflichtung der Finanzbehörde** aussprechen, den begehrten Verwaltungsakt zu erlassen, wenn die Sache **spruchreif** ist (§ 101 S. 1 FGO); ist die Sache **nicht spruchreif,** so wird die Finanzbehörde verpflichtet, den Kläger unter Beachtung der Rechtsauffassung des Gerichts zu bescheiden (§ 101 S. 2 FGO). Die Zulässigkeitsvoraussetzungen der Verpflichtungsklage entsprechen denen der Anfechtungsklage, vgl. D. 2.01 Rz. 5 ff.

Voraussetzung ist die Durchführung des Vorverfahrens (§ 44 FGO) und die Ein- 4 haltung der Monatsfrist (§ 47 Abs. 1 Satz 2 FGO), s. D. 2.01 Rz. 9, 10.

5 **Gegenstand von Verpflichtungsklagen** sind z. B. die Ablehnung und/oder Aufhebung der Festsetzung von Kindergeld, die Ablehnung einer Antragsveranlagung, die Ablehnung einer Zusammenveranlagung etc. Die Verpflichtungsklage ist auch gegeben, wenn das FA einen Antrag auf schlichte Änderung nach § 172 Abs. 1 Satz 1 Nr. 2 Buchst. a Hs. 2 AO ablehnt (BFH XI R 17/93 v. 27.10.93, BStBl. II 94, 439). Häufig sind Gegenstand der Verpflichtungsklage **im Ermessen** der Finanzbehörde liegende Verwaltungsakte wie Billigkeitserlass oder Stundung; in diesen Fällen kann das Gericht die Ermessensentscheidung des Finanzamts gem. § 102 FGO nur daraufhin überprüfen, ob die Grenzen des Ermessens überschritten bzw. unterschritten (Ermessensüber- bzw. Ermessensunterschreitung) worden sind, ob von dem Ermessen falsch Gebrauch gemacht wurde (Ermessensmissbrauch, Ermessensfehlgebrauch) oder ob die Finanzbehörde unbeachtet gelassen hat, dass sich im Einzelfall der bestehende Ermessensspielraum so verengt hat, dass nur noch eine einzige Entscheidung richtig ist (Ermessenseinengung, Ermessensreduzierung auf Null), dh. abgesehen vom Fall der Ermessensreduzierung auf Null besteht der Anspruch des Klägers nur im Recht auf fehlerfreien Ermessensgebrauch (*Gräber/von Groll* § 102 FGO Rz. 3). Das Gericht ist nicht befugt, seine Entscheidung an die Stelle der Ermessenserwägungen der Finanzbehörde zu setzen (Ausnahme bei Ermessensreduzierung auf Null, BFH VII R 84/80 v. 1.7.81, BStBl. II 81, 740).

6 **Ermessensentscheidungen:** Die Erlassvorschriften (§§ 163, 227 AO) sind „einheitliche Ermessensvorschriften" (GmS-OGB GmS-OGB 3/70 v. 19.10.71, BStBl. II 72, 603 zu § 131 RAO; vgl. dazu *Gräber/von Groll* § 102 FGO Rz. 10). Eine weitere Ermessensentscheidung ist zB Stundung (BFH IV R 161/81 v. 7.3.85, BStBl. II 85, 449).

Unter § 102 FGO fallen auch belastende Verwaltungsakte; dazu gehören insbesondere Duldungs- und Haftungsbescheide (vgl. zB BFH VII R 187/82 v. 23.10.85, BStBl. II 86, 156), Prüfungsanordnungen (BFH VIII R 48/85 v. 23.7.85, BStBl. II 86, 433), die Entscheidung über die Auswahl unter mehreren Gesamtschuldnern (BFH VII R 86/78 v. 3.2.81, BStBl. II 81, 493), Entscheidungen über Anträge auf Akteneinsicht und Auskunftsersuchen nach § 93 AO, Festsetzung von Verspätungszuschlägen, Anordnung von Zwangsmitteln sowie Maßnahmen der Vollstreckung (BFH VII B 41/84 v. 11.12.84, BStBl. II 85, 196). Vgl. dazu auch *Gräber/von Groll* § 102 FGO Rz. 10.

Bei der Ablehnung des Antrags auf Erörterung des Sach- und Rechtsstands gemäß § 364a AO handelt es sich um eine einzelfallbezogene Regelung und damit um einen Verwaltungsakt, gegen den gerichtlicher Rechtsschutz – auch dann, wenn das eigentliche Klageziel in der Vornahme einer tatsächlichen Handlung besteht – im Wege einer Verpflichtungsklage verfolgt werden muss (vgl. BFH I R 63/11 v. 11.4.12, BStBl. II 12, 539 unter Hinweis auf BFH I R 66/84 v. 16.12.87, BFH/NV 88, 319 und II S 28/10 v. 20.12.11, BFH/NV 12). Allerdings soll einer gleichwohl erhobenen Klage nach BFH I R 63/11 v. 11.4.12, aaO, das Rechtsschutzinteresse fehlen und die Klage deswegen unzulässig sein. Hiergegen lasse sich nicht einwenden, dass der Einspruchsführer schutzlos gestellt würde. Denn die fehlende Anfechtungsmöglichkeit lasse unberührt, dass entweder das FG im Rahmen einer Klage gegen den Steuerbescheid gemäß § 100 Abs. 3 Satz 1 FGO nur die Einspruchsentscheidung zum Zwecke der weiteren Sachaufklärung durch die Behörde aufheben oder der Kläger isoliert nur die Einspruchsentscheidung anfechten könne (§ 100 Abs. 1 FGO), sofern er hierfür ein berechtigtes Interesse habe.

7 Für die gerichtliche Nachprüfung von Ermessensentscheidungen waren die tatsächlichen Verhältnisse **im Zeitpunkt der letzten Verwaltungsentscheidung** maßgeblich (*Gräber/von Groll* § 102 FGO Rz. 13; BFH VII R 66/90 v. 26.3.91, BStBl. II 91, 545 m.w. Rechtsprechungsnachweisen); dies gilt auch dann, wenn der angefochtene Verwaltungsakt im Zeitpunkt der gerichtlichen Entscheidung noch nicht vollzogen ist

(BFH VII R 66/90 v. 26.3.91, aaO, betr. die Anfechtung einer Anordnung zur Abgabe der eidesstattlichen Versicherung).

Nach **§ 126 Abs. 2 AO idF des StÄndG 2001** können jedoch nunmehr Handlungen nach § 126 Abs. 1 Nr. 2–5 AO bis zum Abschluss der Tatsacheninstanz eines finanzgerichtlichen Verfahrens nachgeholt werden, dh. dass die Nachholung der Begründung von Ermessensentscheidungen bis zum Abschluss des finanzgerichtlichen Verfahrens möglich ist. Nach dem – durch das StÄndG 2001 – **neu eingefügten** Satz 2 von § 102 FGO kann die Finanzbehörde ihre Ermessenserwägungen hinsichtlich des Verwaltungsaktes bis zum Abschluss der Tatsacheninstanz eines finanzgerichtlichen Verfahrens ergänzen. „Ergänzen" ist nach der Rspr. des BFH, der in vollem Umfang zuzustimmen ist, einschränkend zu verstehen (BFH VII R 52/02 v. 11.3.04, BStBl. II 04, 579; VI B 39/02 v. 9.11.04, BFH/NV 05, 378); dh. dass die Behörde im Prozess lediglich befugt ist, die zuvor angestellten und dargelegten Ermessenserwägungen zu *„vertiefen, zu verbreitern oder zu verdeutlichen"*, nicht aber „erstmals anzustellen, Ermessensgründe auszuwechseln oder vollständig nachzuholen" (BFH VII R 52/02 v. 11.3.04 a.a.O. und VI B 39/02 v. 9.11.04, aaO). Zur Kritik an der gesetzlichen Regelung vgl. auch *Gräber/von Groll* § 102 Rz. 20.

Einen Fall der Verpflichtungsklage stellt auch die **Untätigkeitsklage** dar, der der Einspruch nach § 347 Abs. 1 Satz 2 AO vorausgeht; zur Abgrenzung zur sog. Untätigkeitsklage nach § 46 FGO s. Formular D. 2.22; vgl. auch BFH I R 89/80 v. 29.10.81, BStBl. II 82, 150. **8**

Zur **isolierten Anfechtungsklage** vgl. *Gräber/von Groll* § 40 Rz. 22ff., die darauf hinweisen, dass das *„Aktionsfeld für isolierte Anfechtungsklagen … im Bereich der FGO … zur akademischen ‚Spielwiese' geworden"* sei, *„nachdem der GrS des BFH (*GrS 1/83 v. 21.1.85, *BStBl. II 85, 303 …) und nunmehr auch der Gesetzgeber … die Sprungverpflichtungsklage anerkannt hat" (Gräber/von Groll* § 40 Rz. 25). Vgl. D. 2.21 Rz. 3. **9**

Fortsetzungsfeststellungsklage ist nach § 100 Abs. 1 Satz 4 FGO nach dem Wortlaut und dem Gesetzeszusammenhang nur für Anfechtungsklagen vorgesehen, sie ist aber im Wege der Analogie auch für die Verpflichtungsklage eröffnet worden (BFH VII R 106/73 v. 23.3.76, BStBl. II 76, 459; vgl. dazu D. 2.01 Rz. 23, 24 und *Gräber/von Groll* § 100 FGO Rz. 55ff.). **10**

Zum Verzicht auf mündliche Verhandlung vgl. D. 2.01 Rz. 32. **11**

Zur Klageerweiterung: Vgl. D. 2.01 Rz. 27. **12**

Rechtsmittel: Gegen Urteile des Finanzgerichts steht die Revision zu, wenn diese vom Finanzgericht zugelassen ist. Ist die Revision (vgl. Formular D. 3.01 und D. 3.02) nicht zugelassen, kann NZB erhoben werden (vgl. Formular D. 3.03). Vgl. auch D. 2.01 Rz. 44. **13**

Gesetz über den Rechtsschutz bei überlangen Gerichtsverfahren und strafrechtlichen Ermittlungsverfahren v. 24.11.11 (BGBl. I 11, 2302): Zum Entschädigungsanspruch bei unangemessener Dauer eines Gerichtsverfahrens und der hierfür erforderlichen Voraussetzung, dass eine **Verzögerungsrüge** erhoben wird, vgl. D.2.02 Rz. 47. **14**

D. 2.25 Wiedereinsetzung in den vorigen Stand

I. FORMULAR

Formular D. 2.25 Wiedereinsetzung in den vorigen Stand

Finanzgericht München
Ismaninger Str. 95
81675 München

Az. Neu

In der Finanzstreitsache
Max Moritz GmbH
vertreten durch ihren allein vertretungsberechtigten
Geschäftsführer, Herrn Max Moritz
Müllerstr. 17, 80469 München – Klägerin –
Prozessbevollmächtigte: ......
gegen
Finanzamt München für Körperschaften,
Meiserstraße 4, 80333 München – Beklagter –
vertreten durch seinen Vorsteher
wegen Körperschaftsteuer 20...
Steuer-Nr.: ......
stellen wir gem. § 56 Abs. 1 FGO

ANTRAG AUF WIEDEREINSETZUNG IN DEN VORIGEN STAND

und erheben hiermit gegen den Körperschaftsteuerbescheid für 20... vom ......, in der Gestalt der Einspruchsentscheidung vom ...... (Steuer-Nr. ......), zugestellt mit Postzustellungsurkunde am ......, namens und im Auftrag der Klägerin

KLAGE.

Begründung des Wiedereinsetzungsantrags: Der Unterzeichner, der sein Büro in München hat, hat am letzten Tag der Klagefrist die Klage gefertigt und seinen Sohn gegen 18.30 Uhr damit beauftragt, den Schriftsatz in den Nachtbriefkasten des Finanzgerichts München vor 24.00 Uhr einzuwerfen.

Beweis: Eidesstattliche Versicherung des Unterzeichners, Anlage 1,
Eidesstattliche Versicherung des Sohnes des Unterzeichners, Anlage 2.

Der Unterzeichner hat seinen Sohn ausdrücklich auf die Wichtigkeit und Eilbedürftigkeit der Überbringung des Schriftsatzes an das Finanzgericht hingewiesen, er hat insbesondere darauf hingewiesen, dass es der letzte Tag der Frist sei.

Beweis: Eidesstattliche Versicherung des Unterzeichners, Anlage 1,
Eidesstattliche Versicherung des Sohnes des Unterzeichners, Anlage 2.

Der Sohn des Unterzeichners ist gegen 19.00 Uhr mit dem Fahrrad zum Finanzgericht München gefahren, das ca. 5 km von der Kanzlei des Unterzeichners entfernt liegt. Auf dem Weg zum Finanzgericht verunglückte der Sohn des Unterzeichners

schwer; er wurde von einem Autofahrer angefahren und musste sofort ins Krankenhaus gebracht werden.

Beweis: Polizeiprotokoll vom ......, Anlage 3,
Ärztliches Zeugnis von ...... vom ......, Anlage 4.

Der Sohn des Unterzeichners war erst drei Tage nach dem Unfall wieder bei Bewusstsein.

Beweis: Ärztliches Zeugnis, Anlage 4.

Der Unterzeichner erfuhr von dem Unfall erst am auf den Unfall folgenden Tag, da er am Tag des Unfalls eine Reise zu einem Mandanten nach Hamburg antrat und nicht erreichbar war.

Beweis: Eidesstattliche Versicherung des Unterzeichners, Anlage 1, Flugticket vom ......, Anlage 5, eidesstattliche Versicherung der Sekretärin des Unterzeichners, die den Unterzeichner in Hamburg von dem Unfall unterrichtete, Anlage 6.

Der Unterzeichner war danach ohne Verschulden verhindert, die Klagefrist einzuhalten (vgl. zum Fristversäumnis bei Beauftragung eines Boten auch BFH VII B 119/85 v. 18.3.1986, BFH/NV 1987, 139).

Die beantragte Wiedereinsetzung in den vorigen Stand ist damit zu gewähren.

In der mündlichen Verhandlung werden wir folgende Anträge stellen:

...... [wird ausgeführt].

Zur Klagebegründung tragen wir Folgendes vor: ...... ***[wird ausgeführt].***

..

Unterschrift

II. ERLÄUTERUNGEN

Erläuterungen zu D. 2.25 Wiedereinsetzung in den vorigen Stand

Schrifttum: *Gersch* Fristen für Prozesshandlungen, AO-StB 02, 313; *Kummer* Wiedereinsetzung in den vorigen Stand, 2003; *Haunhorst* Die verunglückte Übermittlung eines fristwahrenden Schriftsatzes per Telefax, DStR 01, 8; *Lange* Die Neufassung des § 56 Abs. 2 Satz 1 FGO, DB 2004, 2125; *ders.* Wiedereinsetzung in den vorigen Stand und Verfassungsrecht, DStR 00, 1145; *Leibner/Pump* Einhalten von Fristen im Büroalltag, AO-StB 02, 352: *Niehues* Effektive Fristenkontrolle ohne Postausgangsbuch, Stbg 02, 534; *Nieland* Wiedereinsetzung: Glaubhaftmachung der rechtzeitigen Absendung, AO-StB 02, 212; *Stöcker* Darlegung von Wiedereinsetzungsgründen, AO-StB 05, 132; *ders.* Wiedereinsetzung gibt's nicht, AO-StB 05, 242; *Streck/Schwedhelm* Die Führung eines Postausgangsbuchs ist nicht länger zwingende Voraussetzung für eine Wiedereinsetzung in den vorigen Stand, Stbg 01, 461; *Streck* Fristen in der Steuerberatung, Stbg 00, 501; *Tipke* Zwischen materiellem Steuerrecht und Steuerverfahrensrecht, StuW 04, 3.

Wiedereinsetzung in den vorigen Stand ist nach § 56 FGO möglich, „wenn jemand **ohne Verschulden verhindert** war, eine **gesetzliche** Frist einzuhalten". 1

Gesetzliche Fristen bestehen zB für die Klageerhebung (§ 47 Abs. 1 FGO), den Antrag auf Wiedereinsetzung (§ 56 Abs. 2 Satz 1 FGO), den Antrag auf mündliche Verhandlung (§§ 79a Abs. 2 Satz 2, 90a Abs. 2 FGO), die Anträge auf Tatbestandsberichtigung (§ 108 Abs. 1 FGO) und Urteilsergänzung (§ 109 Abs. 2 Satz 1 FGO), die Einlegung und Begründung der Nichtzulassungsbeschwerde (§ 115 Abs. 2 Satz 1 und Abs. 3 Satz 1 FGO) und die Einlegung und Begründung der Revision (§ 120 Abs. 1 Satz 1 und Abs. 2 Satz 1 FGO) sowie die Einlegung der Beschwerde (§ 129 Abs. 1 FGO) und die Erhebung der Wiederaufnahmeklage (§ 134 FGO iVm. § 586 Abs. 1 ZPO). 2

3 Auf **richterliche Fristen** ist § 56 FGO **nicht anwendbar;** allerdings wird nach der ausdrücklichen Regelung in § 62 Abs. 3 Satz 4 FGO § 56 FGO auf die Versäumung richterlicher Ausschlussfristen zur Vorlage der Prozessvollmacht sinngemäß angewendet (vgl. D. 2.01 Rz. 18). Eine entsprechende Anwendung von § 56 FGO sehen weiter vor § 60a Satz 8 FGO (Antragsfrist bei Beiladung) und § 65 Abs. 2 Satz 3 FGO (Ausschlussfrist für Klageergänzung nach § 65 Abs. 2 Satz 2 FGO).

4 Voraussetzung für die Gewährung der Stattgabe des Wiedereinsetzungsantrags ist, dass jemand ohne Verschulden verhindert war, die Frist einzuhalten; dies kann der **Prozessbeteiligte selbst** sein, der sich aber nach § 155 FGO iVm. §, 85 Abs. 2 ZPO auch das **Verschulden seines gesetzlichen Vertreters** und seines **Prozessbevollmächtigten** wie eigenes Verschulden zurechnen lassen muss (st. Rspr. zB BFH II R 89/77 v. 10.8.77, BStBl. II 77, 769; XI B 115/06 v. 1.10.07, BFH/NV 08, 89; weitere Nachweise bei *Gräber/Stapperfend* § 56 FGO Rz. 8ff.).

5 Nach der Rspr. des BFH muss die „**äußerste,** den Umständen des Falles angemessene und vernünftigerweise zu erwartende **Sorgfalt**" beobachtet werden (BFH IV R 108/81 v. 8.10.81, BStBl. II 82, 165; X R 21/04 v. 26.9.06, BFH/NV 07, 186; aA *Gräber/Stapperfend* § 56 FGO Rz. 7 mwN; zur Wiedereinsetzung wegen Versäumung der Frist durch Rechtsirrtum BFH VII R 125/89 v. 20.2.90, BStBl. II 90, 546). Allerdings dürfen auch nach der Rspr. des BFH zur Gewährleistung eines effektiven Rechtsschutzes nach Art. 19 Abs. 4 GG die Anforderungen an das Vorliegen der Voraussetzungen für die Gewährung von Wiedereinsetzung in den vorigen Stand nicht überspannt werden (vgl. z.B. BFH III R 66/07 v. 20.11.08, BFH/NV 09, 245; VI R 48/05 v. 29.11.06, BFH/NV 07, 861). Zu den Einzelfällen – Übersicht über Rechtsprechung – vgl. *Gräber/Stapperfend* § 56 FGO Rz. 20 ABC der Wiedereinsetzungsgründe.

Es empfiehlt sich in dem Wiedereinsetzungsantrag, den tatsächlichen Ablauf möglichst detailliert darzustellen und zu belegen (präsente Beweismittel!) und auf die Entschuldigungsgründe einzugehen; instruktiv BFH III R 70/07 v. 10.12.10, BFH/NV 10, 617.

6 Die Wiedereinsetzung ist **antrags- und fristgebunden.** Der Antrag ist in der Form zu stellen, der für die versäumte Handlung gilt, bei Versäumung der Klagefrist ist **Schriftform** erforderlich. Der Antrag ist **binnen zwei Wochen** nach Wegfall des Hindernisses (Antragsfrist) zu stellen (§ 56 Abs. 2 Satz 1 FGO). Die Frist beginnt mit Wegfall des Hindernisses, dies ist idR spätestens der Tag der Bekanntgabe der gerichtlichen Mitteilung über den Zeitpunkt des Klageeingangs beim Kläger bzw. seinem Bevollmächtigten (BFH VI B 161/02 v. 9.8.04, BFH/NV 04, 1668; BFH III R 13/85 v. 16.12.88, BStBl. II 89, 328); spätestens beginnt die Frist mit der Mitteilung des Gerichts oder eines Beteiligten, dass eine Frist nicht eingehalten worden sei (BFH VI B 161/02 v. 9.8.04, aaO; BFH X R 92/88 v. 2.12.88, BStBl. II 89, 147).

Die Frist für den Wiedereinsetzungsantrag bei Versäumung der Frist zur Begründung der Revision oder der NZB beträgt **einen Monat** (§ 56 Abs. 1 Satz 1 2. Hs FGO).

7 Der Wiedereinsetzungsantrag ist innerhalb der Antragsfrist zu **begründen,** die Tatsachen sind **glaubhaft** zu machen (§ 56 Abs. 2 Satz 2 FGO). Zur Glaubhaftmachung sind alle Beweismittel zulässig, auch die Versicherung an Eides Statt (§ 294 Abs. 1 ZPO); es dürfen jedoch nur sog. **präsente Beweismittel** angeboten werden, auf Grund derer der Beweis sofort und unmittelbar erbracht werden kann (§ 294 Abs. 2 ZPO); vgl. zur Glaubhaftmachung D. 2.03 Rz. 24.

8 Die **Nachholung der versäumten Rechtshandlung** ist innerhalb der Antragsfrist erforderlich (§ 56 Abs. 2 Satz 3 FGO), das ist zB bei Versäumung der Klagefrist die Erhebung der Klage. Ggf. kann dann auch Wiedereinsetzung ohne Antrag gewährt werden (§ 56 Abs. 2 Satz 4 FGO; vgl. dazu *Gräber/Stapperfend* § 56 FGO Rz. 48f.).

9 Die Wiedereinsetzung ist **ausgeschlossen,** wenn seit dem Ende der versäumten Frist ein Jahr verstrichen ist, es sei denn, dass der Antrag vor Ablauf der Jahresfrist in-

folge höherer Gewalt unmöglich war (§ 56 Abs. 3 FGO). Die Jahresfrist beginnt mit dem Ende der versäumten Frist, auf den Zeitpunkt des Wegfalls des Hindernisses kommt es nicht an.

Wird die **Frist** für den **Wiedereinsetzungsantrag versäumt,** kann wiederum 10
Antrag auf Wiedereinsetzung gestellt werden.

Die Entscheidung über die Wiedereinsetzung wird insbesondere in den Fällen der 11
Gewährung der Wiedereinsetzung regelmäßig im **Endurteil** ergehen; es kann über den Antrag auf Wiedereinsetzung aber auch gesondert und vorab durch Zwischenurteil oder Beschluss entschieden werden (vgl. zum Meinungsstand *Gräber/Stapperfend* § 56 FGO Rz. 57). Vgl. auch Rz. 12.

Rechtsmittel: Wird Wiedereinsetzung **gewährt,** ist diese **unanfechtbar** (§ 56 12
Abs. 5 FGO); die nachgeholte Handlung ist wirksam. Der BFH hat also nicht die Möglichkeit, die vom FG gewährte Wiedereinsetzung „aufzuheben" und eine Klage deswegen im Revisionsverfahren abzuweisen oder an das Finanzgericht zurückzuverweisen! Vgl. BFH IV B 124/93 v. 23.2.94, BFH/NV 94, 729). Wegen der Unanfechtbarkeit der gewährten Wiedereinsetzung wird in der Praxis regelmäßig im Endurteil über den Wiedereinsetzungsantrag entschieden werden (s. Rz. 11).

Die **Ablehnung** der Wiedereinsetzung (mit der Folge der Unwirksamkeit der nachgeholten Handlung) ist mit der Beschwerde nach § 128 FGO anfechtbar, wenn die Entscheidung durch Beschluss erfolgte; erfolgte sie im Endurteil, ist sie mit dem Rechtsmittel anfechtbar, mit dem das Urteil insgesamt anfechtbar ist. Vgl. *Gräber/Stapperfend* § 56 FGO Rz. 65. Auch wenn ein Zwischenurteil ergeht, dürfte dieses nur zusammen mit dem Endurteil anfechtbar sein, vgl. *Gräber/Stapperfend* § 56 FGO Rz. 57, 65 und *ders.* § 97 FGO Rz. 3.

D. 2.26 Zulassung der Revision

Vgl. D. 2.01 Rz. 44.

D. 3. Verfahren vor dem Bundesfinanzhof

D. 3.01 Revisionsschrift

Gliederung

I. FORMULAR

Formular D. 3.01 Revisionsschrift

Bundesfinanzhof
Postfach 86 02 40
81629 München **5.2.2014**

In dem Rechtsstreit

Herr/Frau ......, Anschrift

– Klägerin und Revisionsklägerin –

Prozessbevollmächtigter: Rechtsanwalt Name, Anschrift – Vollmacht beigefügt –

gegen

Finanzamt ......, vertreten durch den Amtsleiter,

St.-Nr. ......

– Beklagter und Revisionsbeklagter –

wegen Einkommensteuer ...... lege ich namens und im Auftrag der Klägerin gegen das Urteil des Finanzgerichts ......(Az.: ......), zugestellt am 8.1.2014.

REVISION

ein.

Die Revision gegen das angefochtene Urteil ist gem. § 115 Abs. 2 Nr. 1 FGO wegen grundsätzlicher Bedeutung der Rechtssache zugelassen worden. Eine Abschrift des Urteils ist beigefügt.

Antrag und Begründung der Revision folgen in einem besonderen Schriftsatz.

Ich bitte um Verlängerung der Revisionsbegründungsfrist bis zum 8.4.2014.

..

Unterschrift

II. ERLÄUTERUNGEN

Erläuterungen zu D. 3.01 Revisionsschrift

1. Grundsätzliche Anmerkungen

Schrifttum: Weiterführende Spezialliteratur: *Gräber* Finanzgerichtsordnung, 7. Aufl. 10; *Hübschmann/Hepp/Spitaler* Kommentar zur Abgaben- und Finanzgerichtsordnung (Loseblatt); *Tipke/Kruse* Kommentar zur Abgaben- und Finanzgerichtsordnung (Loseblatt).

Aufsatzliteratur: *Beermann* Neugestaltung der Revisionszulassungsgründe und Einzelfallgerechtigkeit durch Beseitigung von Fehlurteilen, DStR 05, 450; *List* Die permanente Reform der finanzgerichtlichen Revision, DStR 00, 1499; *Dürr* Die Reform des Finanzgerichtsprozesses zum 1.1.02, INF 01, 65; *Lange* Die Verlängerung der Begründungsfrist für eine Nichtzulassungsbeschwerde, DStZ 03, 269.

Vorbemerkung:. § 115 FGO regelt die **Statthaftigkeit** der Revision. Sie setzt die **Zulassung** der Revision durch das FG oder den BFH voraus (vgl. BFH VII R 15/08 v. 28.4.09, BFH/NV 09, 1445). Eine **zulassungsunabhängige** Revision gibt es seit 1.1.01 nicht mehr. Der BFH ist an die Zulassung der Revision gebunden, § 115 Abs. 3 FGO § 115 Abs. 2 FGO enthält einen abschließenden Katalog der Revisionsgründe (Grundsatz-, Rechtsfortbildungs-/Rspr-Vereinheitlichungs- und Verfahrensrevision). Lehnt das FG die Zulassung ab, ist dagegen die in § 116 FGO geregelte Nichtzulassungsbeschwerde (NZB) gegeben. Der steuergerichtliche Rechtsschutz ist daher in den meisten Fällen einstufig. Der BFH ist vom Revisionsgericht zum Beschwerdegericht „mutiert" (*Seer* StuW 03, 193). Das wird noch deutlicher, wenn man bedenkt, dass der Beschwerdeführer „geradezu übermenschliche Anstrengungen" machen muss, um eine NZB zu begründen (*Seer* aaO). 1

Für das Revisionsverfahren gelten die allgemeinen Verfahrensvorschriften der FGO sinngemäß (§ 121 FGO), dh. insoweit als die Besonderheiten des Revisionsverfahrens nicht zu einer abweichenden Beurteilung zwingen. So hat zB die Verpflichtung des Vorsitzenden, gem. §§ 65, 76 FGO auf ausreichende Anträge hinzuwirken, im Revisionsverfahren einen anderen Sinn als im Klageverfahren (BFH II R 75/72 v. 14.12.77, BeckRS 1977, 22004307). Die Vorschriften über die Sachaufklärungsverpflichtung (§ 76 FGO) sowie die Beweisaufnahme (§§ 81ff. FGO) sind wegen der Bindung des Revisionsgerichts an die im angefochtenen Urteil getroffenen Feststellungen nicht anwendbar. Für das Verfahren vor dem BFH gilt Vertretungszwang, § 62a FGO. Eine Klageänderung (§ 67 FGO) ist im Revisionsverfahren unzulässig (§ 123 FGO). Vgl. hierzu u. Rz. 21. 2

Beteiligter am Verfahren über die Revision ist, wer am erstinstanzlichen Verfahren beteiligt war (§ 122 Abs. 1 FGO), also der Kläger, der Beklagte, der Beigeladene und die Behörde, die dem Verfahren beigetreten ist (§ 57 FGO). Neue Beteiligte können am Revisionsverfahren nicht teilnehmen, weil mit der Revision eine zwischen bestimmten Beteiligten ergangene Entscheidung der Vorinstanz nachgeprüft werden soll (BFH VIII R 41/96 v. 24.7.97, BFH/NV 97, 128). Die Revision einer Person, die am Klageverfahren nicht beteiligt war, ist unzulässig (vgl. BFH XI R 15/93 v. 15.10.93, BFH/NV 94, 330). Eine Richtigstellung der Beteiligtenbezeichnung ist auch noch in der Revisionsinstanz möglich (BFH III R 26/02 v. 21.1.04, BFH/NV 04, 792). 3

Streitig ist, ob § 122 FGO unter der Geltung von § 116 FGO im Verfahren der NZB sinngemäß anzuwenden ist. Nach der Rspr. des BFH zu § 115 aF waren Beigeladene des finanzgerichtlichen Verfahrens, die nicht selbst Beschwerde gegen die Nichtzulassung der Revision eingelegt hatten, am Beschwerdeverfahren des Klägers oder des FA nicht beteiligt (BFH IV B 115/91 v. 24.4.92, BFH/NV 93, 369). Nach 4

Auffassung des IX. Senats des BFH hat sich diese Rechtslage durch die Neufassung von § 116 FGO geändert. Das Verfahren der NZB sei kein selbstständiges Verfahren mehr. Im Fall der Zulassung werde es als Revisionsverfahren fortgesetzt (BFH IX B 27/04 v. 28.7.04, BStBl. II 04, 895, vgl. hierzu ausführlich *Gräber/Ruban* § 122 FGO Rz. 3).

5 Betrifft das Verfahren eine auf Bundesrecht beruhende Abgabe oder eine Rechtsstreitigkeit über Bundesrecht, so kann das **BMF** dem Verfahren **beitreten;** ggf. steht dieses Recht den zuständigen obersten Landesbehörden zu. Mit dem Beitritt erlangt die Behörde die Rechtsstellung eines Beteiligten (§ 122 Abs. 2 FGO). Die Vorschrift des § 122 Abs. 2 FGO ermöglicht es denjenigen Behörden, denen die Abgabenverwaltung übertragen ist (Art. 108 GG), sich jederzeit in ein anhängiges Revisionsverfahren einzuschalten und entscheidungserhebliche Gesichtspunkte vorzutragen, bzw. „dem BFH Material zu verschaffen, das ihm sonst nicht zugänglich wäre" (BFH I R 301/81 v. 14.12.83, BStBl. II 84, 409). In bestimmten Fällen empfiehlt es sich auch für Steuerpflichtige anzuregen, die zuständige Stelle gemäß § 122 Abs. 2 Satz 3 FGO zum Beitritt aufzufordern. Die zuständige Stelle ist zum Beitritt berechtigt, aber nicht verpflichtet (*Gräber/Ruban* § 122 Rz. 4). Beteiligt am Verfahren über die Revision und damit am Vorlageverfahren vor dem Großen Senat des BFH ist der Bundesminister der Finanzen auch dann, wenn er seinen Beitritt erklärt, nachdem er in einem früheren Verfahrensstadium auf einen Beitritt verzichtet hatte (BFH GrS 4/82 v. 25.6.84, BStBl. II 84, 751).

6 **Klageänderungen** und **Beiladungen** sind **im Revisionsverfahren unzulässig** (§ 123 Abs. 1 Satz 1 FGO). Für notwendige Beiladungen iS des § 60 Abs. 3 Satz 1 FGO macht § 123 Abs. 1 Satz 2 FGO allerdings eine Ausnahme. Wurde eine notwendige Beiladung in der Tatsacheninstanz unterlassen, führt dieser Verfahrensmangel regelmäßig zur Aufhebung des angefochtenen Urteils und zur Zurückverweisung der Sache. Um dadurch bedingte Verfahrensverzögerungen zu vermeiden, sind notwendige Beiladungen nach neuem Recht auch im Revisionsverfahren zulässig. Ein im Revisionsverfahren Beigeladener kann Verfahrensmängel nur innerhalb von zwei Monaten nach Zustellung des Beiladungsbeschlusses rügen (§ 123 Abs. 2 Satz 1 FGO). Diese Frist ist auf Antrag verlängerbar (§ 123 Abs. 2 Satz 2 FGO). Klageänderung ist Änderung des Streitgegenstandes während der Rechtshängigkeit (*Gräber/v. Groll* § 67 Rz. 2f., vgl. auch Formular D. 2.13). Obwohl eine Erweiterung des Klagebegehrens begrifflich nicht dazugehört, ist sie nach ständiger Rechtsprechung im Revisionsverfahren ausgeschlossen, weil das Wesen des Revisionsverfahrens darin besteht, eine gerichtliche Entscheidung zu überprüfen. Ein Verwaltungsakt, durch den der angefochtene Verwaltungsakt nach Bekanntgabe der Einspruchsentscheidung geändert oder ersetzt wird, oder der nach § 129 AO berichtigt wird und ein Verwaltungsakt, der an die Stelle eines angefochtenen Verwaltungsakts tritt, wird auch im Revisionsverfahren kraft Gesetzes Gegenstand des Verfahrens (§§ 121, 68 FGO). Eine Einschränkung des Klageantrages in der Weise, dass die Herabsetzung der Steuer um einen geringeren als im ursprünglichen Antrag genannten Betrag begehrt wird, ist auch noch in der Revisionsinstanz statthaft (BFH I R 81/66 v. 16.7.69, BStBl. II 70, 15). Zulässig ist auch der Antrag auf Aufhebung der angefochtenen Bescheide, wenn im FG-Verfahren nur Abänderung wegen Rechtwidrigkeit beantragt worden ist (BFH X R 20/08 v. 23.4.08, BFH/NV 08, 1682).

7 Nach dem Gesetz entscheidet auch der BFH auf Grund **mündlicher Verhandlung** (§§ 121, 90 FGO). In der Praxis verzichten die Prozessbevollmächtigten häufig auf mündliche Verhandlung (§ 90 Abs. 2 u. 3 Satz 3 FGO). Es sollte jedoch nicht gleichsam routinemäßig auf mündliche Verhandlung verzichtet werden. Die mündliche Verhandlung bietet die Chance, den mehr oder weniger „trockenen" schriftlichen Vortrag durch mündliche Argumente zu veranschaulichen und zu vertiefen, etwaige Missverständnisse auszuräumen und ein Rechtsgespräch (§§ 93, 121 FGO) zu führen.

Erwägenswert erscheint es auch, einen Verzicht nicht sofort, sondern ggf. erst später, zB innerhalb der vierwöchigen Ladungsfrist (§ 91 Abs. 1 FGO), auszusprechen. Auf diese Weise können überraschende Entscheidungen vermieden, dh. eventuelle zwischenzeitliche Entwicklungen der Rechtsprechung für das eigene Verfahren nutzbar gemacht werden. Ein **Verzicht auf mündliche Verhandlung** ist **in Ausnahmefällen widerrufbar,** wenn sich die Prozesslage nach Abgabe der Einverständniserklärung wesentlich geändert hat (s. dazu ausführlich *Gräber/Koch* § 90 FGO Rz. 14). Gem. § 90a Abs. 1 FGO, (der auch im Revisionsverfahren gilt (§ 121 FGO, BFH IV S 10/00 v. 22.1.01, BFH/NV 01, 806), kann das Gericht – unabhängig von einem Verzicht der Beteiligten gem. § 90 Abs. 2 FGO – in geeigneten Fällen ohne mündliche Verhandlung durch **Gerichtsbescheid** entscheiden (zur irrtümlichen Annahme desr Verzichts BFH XI R 67/00 v 4.9.02, BStBl. II 03, 142). Die Beteiligten können innerhalb eines Monats seit Zustellung des Gerichtsbescheids mündliche Verhandlung beantragen (§ 90a Abs. 2 Satz 1 FGO, aA *H/H/Sp/Bergkemper,* § 121 FGO Rz. 17). Hat das Finanzgericht in dem Gerichtsbescheid die Revision zugelassen, so hat der Beteiligte die Wahl, mündliche Verhandlung zu beantragen oder Revision einzulegen (§ 90a Abs. 2 Satz 2 FGO). Die Revision wird sich zwecks Vermeidung von Verfahrensverzögerungen anbieten, wenn die Beteiligten nur über Rechtsfragen streiten. Wird von beiden Rechtsbehelfen Gebrauch gemacht, findet gem. § 90a Abs. 2 Satz 3 FGO mündliche Verhandlung statt. Erfolgt der Antrag rechtzeitig, gilt der Gerichtsbescheid als nicht ergangen, andernfalls wirkt er als Urteil (§ 90a Abs. 3 FGO). Durch den Gerichtsbescheid legt sich der Senat in gewisser Weise fest. Gleichwohl sind auch hier gewichtige Argumente denkbar, die es ratsam erscheinen lassen können, mündliche Verhandlung zu beantragen. Selbst wenn im konkreten Fall nicht mit einer Änderung des Tenors zu rechnen ist, kann es – zB bei einer Zurückverweisung mit Rücksicht auf die Bindungswirkung des § 126 Abs. 5 FGO – empfehlenswert sein, durch die mündliche Verhandlung eine Änderung der Entscheidungsgründe, hier vor allem der Wiedergabe des Sachverhalts, anzustreben. Das gilt insbesondere für Urteile mit erheblicher Breitenwirkung, zB Anforderungen an einen Buchnachweis. Der Antrag auf mündliche Verhandlung, der nicht begründet werden muss (*Gräber/Koch* § 90a FGO Rz. 20), kann auf einen der streitigen Veranlagungszeiträume oder einen sonst abtrennbaren Streitpunkt beschränkt werden. Der Gerichtsbescheid gilt dann in diesem Umfang als nicht ergangen (BFH VII R 27/74 v. 17.7.79, BStBl. II 79, 652); im Übrigen wirkt er als rechtskräftiges Urteil. Der Antrag auf mündliche Verhandlung kann zurückgenommen werden (BFH II R 144/66 v. 22.10.71, BStBl. II 70, 330). Die Fälle, in denen – zumindest zunächst – durch Gerichtsentscheid entschieden wird, sind – je nach der Praxis der verschiedenen Senate hoch. Ärgerlich ist in diesem Zusammenhang die vermehrt zu beobachtende Tendenz der Finanzverwaltung, gegen Gerichtsbescheide, mit denen sie nicht einverstanden ist, Antrag auf mündliche Verhandlung und den Kläger in der Folge klaglos zu stellen, also inhaltlich seinem Antrag zu entsprechen. Damit gilt der Gerichtsbescheid als nicht ergangen, eine etwaige Breitenwirkung wird vermieden. Betroffene sollten gleichwohl für eine Veröffentlichung Sorge tragen.

Jeder Beteiligte, der durch die Entscheidung des Finanzgerichts beschwert ist, **kann selbstständig Revision einlegen.** Für die Frage der Beschwer kommt es hierbei darauf an, wer Revision einlegt. Bei der Revision des Klägers ist die **formelle** Beschwer entscheidend. Diese liegt vor, wenn dem Rechtsmittelführer in der angegriffenen Entscheidung etwas versagt wurde, was er vor dem FG beantragt hat. Demgegenüber kommt es beim Beklagten oder Beigeladenen auf die **materielle** Beschwer an. Materiell beschwert ist der Beklagte dann, wenn die angefochtene Entscheidung – ohne Rücksicht auf die in erster Instanz gestellten Anträge – für ihn nachteilig ist (vgl. hierzu *Gräber/Ruban* Vor § 115 FGO Rz. 12f; *H/H/Sp/Lange* Vor §§ 115–134 FGO Rz. 15ff). 8

9 Der Revisionsbeklagte kann sich aber auch der Revision des Gegners anschließen **(Anschlussrevision).** Die Bezeichnung ist hierfür nicht notwendig. Es reicht aus, wenn sich aus der Erklärung der Wille des Anschlussrevisionsrevisionsführers ergibt, gleichfalls eine Änderung der Entscheidung zu wollen. Die Anschlussrevision ist nach herrschender Auffassung kein Rechtsmittel. Sie ist ihrem Wesen nach akzessorisch zur Hauptrevision und hat die Bedeutung eines Antrags innerhalb der vom Revisionskläger eingelegten Revision (BFH VII R 53/76 v. 3.7.79, BStBl. II 79, 655 mwN, BFH III R 33/97 v. 20.9.99, BStBl. II 00, 208). Der Anschluss kann nur für die Jahre erklärt werden, die mit der Hauptrevision angefochten worden sind (BFH VI 39/63 U v. 17.11.64, BStBl. III 65, 178; I R 89/84 v. 25.1.89, BFH/NV 89, 577). Die Anschlussrevision ist generell von der Zulässigkeit und der Fortführung des Hauptrechtsmittels abhängig. Sie verliert kraft Gesetzes ihre Wirkung, wenn die Hauptrevision wirksam zurückgenommen oder als unzulässig verworfen wird (vgl. hierzu *Gräber/Ruban* § 120 FGO Rz. 81). Soll diese Abhängigkeit vermieden werden, so muss der Revisionsbeklagte selbst innerhalb der Revisionsfrist das zugelassene Rechtsmittel einlegen, das dann allen Zulässigkeitsvoraussetzungen der Revision unterliegt. Die Anschließung ist nur innerhalb der Frist des entsprechend anzuwendenden § 544 Abs. 2 Satz 2 ZPO zulässig, dh sie muss innerhalb eines Monats nach Zustellung der Revisionsbegründung eingelegt und innerhalb derselben Frist begründet werden (BFH III R 33/97 v. 20.9.99, BStBl. II 00, 208; BFH VIII R 77/97 v. 9.5.00, BStBl. II 00, 660). Die Frist für die Begründung der Anschlussrevision kann nicht verlängert werden (vgl. BFH VI R 40/01 v. 19.3.03, BFH/NV 03, 1163). Im Hinblick auf die dargestellte verfahrensrechtliche Situation, insbesondere die fehlende Möglichkeit der Verlängerung der Begründungsfrist sollte im Zweifel lieber eigenständig Revision eingelegt werden. Allerdings ist ein solches Vorgehen auch unter Kostengesichtspunkten zu betrachten; bei einer Rücknahme der eigenständigen Revision fallen Anwalts- und Gerichtskosten an.

10 Ist die **Revision nicht statthaft** oder **nicht in der gesetzlichen Form eingelegt,** so verwirft sie der BFH durch Beschluss als unzulässig (§ 124, § 126 Abs. 1 FGO). Ist die **Revision unbegründet,** so weist sie der BFH durch Urteil zurück (§ 126 Abs. 2 FGO). Der BFH verweist den Rechtsstreit zurück, wenn der in dem Revisionsverfahren nach § 123 Abs. 1 Satz 2 FGO Beigeladene ein berechtigtes Interesse daran hat (§ 126 Abs. 3 Satz 2 FGO). Das wird der Fall sein, wenn der Beigeladene geltend macht, dass er sich noch zu dem festgestellten Sachverhalt äußern möchte, wenn also weitere Tatsachenfeststellungen erforderlich sind.

11 **Die Entscheidung über die Revision bedarf keiner Begründung,** soweit der BFH Rügen von Verfahrensmängeln nicht für durchgreifend erachtet (§ 126 Abs. 6 FGO). Das gilt nicht für absolute Revisionsgründe nach § 119 FGO und – bei ausschließlicher Geltendmachung von Verfahrensmängeln – für Rügen, auf denen die Zulassung der Revision beruht. Die Freistellung vom Begründungszwang soll der Arbeitsentlastung des BFH dienen (BR-Drs. 440/00, 26). Die Einschränkung entspricht § 564 ZPO, § 144 Abs. 7 Satz 1 VwGO, § 170 Abs. 3 Satz 1 SGG.

12 Erachtet der BFH die **Revision** für **begründet,** so kann er in der Sache selbst entscheiden oder das angefochtene Urteil aufheben und die Sache zur anderweitigen Verhandlung und Entscheidung an das erstinstanzliche Gericht zurückverweisen (§ 126 Abs. 3 FGO). Das Gericht, an das die Sache zur anderweitigen Verhandlung und Entscheidung zurückverwiesen wird, hat seiner Entscheidung die rechtliche Beurteilung des BFH zugrunde zu legen (§ 126 Abs. 5 FGO). Hält der BFH die Revision für unbegründet und eine mündliche Verhandlung nicht für erforderlich, so kann er in der Besetzung von fünf Richtern durch Beschluss entscheiden. Die Beteiligten „sind vorher zu hören", und der Beschluss „soll eine kurze Begründung" enthalten (§ 126a FGO). Erforderlich ist eine Begründung nicht. § 126a FGO ist verfassungsgemäß (BFH II R 42/94 v. 12.12.96, BFH/NV 97, 336; BVerfG 1 BvR 1485/89 v. 6.9.96, NJW 97, 1693; kritisch hierzu *Weigell* DStR 95, 1334).

Die **Revision** kann bis zur Rechtskraft des Urteils **zurückgenommen** werden. 13
Nach Schluss der mündlichen Verhandlung, bei Verzicht auf die mündliche Verhandlung und nach Ergehen eines Gerichtsbescheids ist die Rücknahme nur mit Einwilligung des Revisionsbeklagten möglich (§ 125 Abs. 1 FGO). Für die Rücknahme der Revision soll der Vertretungszwang (vgl. § 62a FGO) nicht gelten (BFH III R 83/80 v. 13.3.81, BStBl. II 81, 441; X B 166/97 v. 10.11.97, BFH/NV 98, 618 aA *Gräber/Ruban* § 125 Rz. 5). Die von einem vollmachtlosen Vertreter erklärte Zurücknahme der von ihm eingelegten Nichtzulassungsbeschwerde ist aber wirksam (BFH III B 45/98 v. 2.7.98, BFH/NV 99, 318). Die Rücknahme der Revision bewirkt den Verlust des eingelegten Rechtsmittels (§ 125 Abs. 2 FGO); das angefochtene Urteil bleibt selbstverständlich bestehen.

einstweilen frei 14–16

2. Einzelerläuterungen

Die Revision ist nur statthaft, wenn sie zugelassen worden ist. **Über die Zulassung der Revision im Urteil entscheidet das FG von Amts wegen** (BFH VII R 88/68 v. 28.4.70, BStBl. II 70, 573). Ein Antrag ist nicht erforderlich (BFH I R 195/69 v. 5.11.71, BStBl. II 72, 13), kann allerdings empfehlenswert sein, zB wenn aus dem konkreten Streitstoff nicht ohne weiteres erkennbar ist, dass die Sache eine über den Einzelfall hinausgehende Bedeutung hat (dazu Rz. 26ff.). **Der BFH ist an die Zulassung gebunden** (§ 115 Abs. 3 FGO). Die Bindung tritt folglich auch dann ein, wenn nach Auffassung des Revisionsgerichts ein Zulassungsgrund nicht gegeben ist. Entsprechendes gilt, wenn ein Zulassungsgrund (zB ursprünglich vorhanden gewesene grundsätzliche Bedeutung) infolge einer Änderung höchstrichterlicher Rspr. nach Zustellung des FG-Urteils wegfällt. 17

Mit der Revision können grundsätzlich alle Arten von **Urteilen eines FG** angefochten werden (§ 115 Abs. 1, § 36 Nr. 1 FGO). **Gerichtsbescheide** sind den Urteilen gleichgestellt (§ 90a FGO). Die Revision ist nicht statthaft gegen Entscheidungen des Vorsitzenden oder des bestellten Berichterstatters (§ 79a Abs. 2 Satz 2 FGO). 18

Die Umdeutung einer Revision in eine NZB kommt nicht in Betracht (BFH I R 84/86 v. 18.12.86, BFH/NV 88, 34; X R 3/94 v. 14.2.94, BFH/NV 94, 809; IX B 54/97 v. 15.10.97, BFH/NV 98, 481). 19

(frei) 20

Revision kann nur einlegen, wer am finanzgerichtlichen Verfahren beteiligt war (BFH VII B 97/87 v. 17.3.87, BFH/NV 88, 374, vgl. hierzu unter Rz. 8). Vor dem BFH besteht **Vertretungszwang.** Die Revision kann nur durch einen **Rechtsanwalt, Steuerberater, Steuerbevollmächtigten, vereidigten Buchprüfer** oder **Wirtschaftsprüfer** eingelegt werden (§ 62a FGO). Vertretungsbefugt ist auch ein **in einem anderen Mitgliedstaat der EU zugelassener Rechtsanwalt;** allerdings nur im Einvernehmen mit einem deutschen Rechtsanwalt (§ 28 Abs. 1 EuRAG v. 9.3.00, BGBl. I 00, 182). Zur Vertretung befugt sind auch Rechtsanwaltsgesellschaften, Steuerberatungsgesellschaften, Wirtschaftsprüfergesellschaften und Partnerschaftsgesellschaften, die durch eine natürliche, zur Vertretung befugte Person tätig werden (§ 62a Abs. 2 FGO iVm. § 3 StBerG). Andere Steuerrechtskundige, zB Hochschullehrer (BFH IV R 33/89 v. 29.5.89, BFH/NV 90, 251), sind von der Vertretung ausgeschlossen. Auch Rechtsbeistände sind nicht vertretungsbefugt (BFH II B 79/85 v. 22.1.86, BFH/NV 88, 177; V B 8/90 v. 7.3.90, BFH/NV 91, 177). Gleiches gilt für Volljuristen, die nicht als Rechtsanwalt zugelassen sind (BFH III B 92/90 v. 20.6.90, BFH/NV 91, 106). Es genügt nicht, dass der Bevollmächtigte die Qualifikationsmerkmale für die berufsrechtliche Zulassung erfüllt. Er muss zugelassen sein (BFH XI R 33/00 v. 21.9.00, BFH/NV 01, 607). Die fehlende Vertretungsbefugnis schließt die Postulationsfähigkeit eines Beteiligten aus; von ihnen vorgenommene Prozesshandlun- 21 gen sind unwirksam (BFH I R 6/99 v. 9.6.99, BFH/NV 99, 1555). Für den Antrag auf Beiordnung eines Rechtsanwalts, Steuerberaters usw. gilt der Vertretungszwang nicht, da dem Kläger hierdurch erst ein Prozessvertreter verschafft werden soll (BFH I B 45/94 v. 26.7.94, BFH/NV 95, 247). Rechtsanwälte, Steuerberater und Wirtschaftsprüfer dürfen sich in eigener Sache selbst vertreten, und zwar auch dann, wenn sie kraft Amtes (zB als Insolvenzverwalter) auftreten (BFH IV R 16/82 v. 4.10.84, BStBl. II 85, 60). Die von einem nicht postulationsfähigen Kläger eingelegte Revision kann nicht nachträglich durch eine nach § 62a FGO vertretungsberechtigte Person genehmigt werden (BFH IV R 114/90 v. 15.2.91, BFH/NV 92, 481). Zur **Vollmacht** vgl. D. 2.01 Rz. 18 und D. 3.01 Rz. 25.

22 Die **Frist für die Einlegung der Revision beträgt einen Monat.** Sie kann – im Gegensatz zur Begründungsfrist – **nicht verlängert** werden. Für die Fristberechnung gelten die Vorschriften des § 54 Abs. 2 FGO iVm. § 222 ZPO, §§ 187, 188 BGB. Die **Frist beginnt** mit der Zustellung des vollständigen (§ 105 FGO) Urteils (§ 120 Abs. 1 FGO). Ist die Revision auf Grund einer Nichtzulassungsbeschwerde zugelassen worden, so wird das Beschwerdeverfahren als Revisionsverfahren fortgesetzt, wenn nicht der BFH das angefochtene Urteil nach § 116 Abs. 7 FGO aufhebt. Der Einlegung einer Revision durch den Beschwerdeführer bedarf es nicht (§ 116 Abs. 7 FGO). Hat das Finanzgericht durch Gerichtsbescheid entschieden, beginnt die Revisionsfrist mit dem Tag, an dem der Gerichtsbescheid als Urteil wirkt (BFH I R 11/08 v. 27.5.08, DStR 08,1535). Bei Versäumung der Revisionsfrist wegen eines gestellten Antrags auf Prozesskostenhilfe kommt Wiedereinsetzung in den vorigen Stand (§ 56 FGO) in Betracht. Grundsätzlich jedoch nur, wenn der Beteiligte das Gesuch und die Erklärung über seine persönlichen und wirtschaftlichen Verhältnisse (§ 117 ZPO) innerhalb der Frist eingereicht hat (ausführlich *Gräber/Ruban* § 120 Rz. 30f. mwN). Eine fehlerhafte Rechtsmittelbelehrung setzt die Revisionsfrist nicht in Lauf. In diesem Fall gilt § 55 Abs. 2 FGO. Die Revision darf nicht unter einer **Bedingung** eingelegt werden (BFH VIII R 219/72 v. 10.3.73, BStBl. II 74, 34).

23 Die **Revision** ist **schriftlich einzulegen.** Außerdem verlangt die hM unter Berufung auf § 126 BGB grundsätzlich eigenhändige (handschriftliche) Unterschrift vom Vertretungsbefugten (Rz. 13). Die Rechtsprechung verlangt nicht, dass die **Unterschrift** lesbar ist. Es muss sich aber um einen die Identität des Schreibenden ausreichend kennzeichnenden individuellen Schriftzug handeln, der charakteristische Merkmale aufweist und sich nach dem gesamten Schriftbild als Unterschrift eines Namens darstellt. Dazu gehört, dass mindestens einzelne Buchstaben zu erkennen sind, weil es sonst an dem Merkmal einer Schrift überhaupt fehlt (BFH I B 96/74 v. 26.2.75, BStBl. II 75, 449; I R 50/81 v. 8.3.84, BStBl. II 84, 445; I R 2/84 v. 30.5.84, BStBl. II 84, 669; ausführlich *Gräber/v. Groll* § 64 Rz. 18ff. mwN). Bei einer Behörde genügt der in Maschinenschrift wiedergegebene Name des zum Richteramt befähigten Verfassers nebst Beglaubigungsvermerk (BFH I R 33/86 v. 24.1.90, BStBl. II 90, 470). Der Mangel einer nicht formgerechten Unterschrift kann nicht rückwirkend geheilt werden (BFH III R 86/68 v. 29.8.69, BStBl. II 70, 89).

24 Die Revision kann durch **Telegramm** (BFH GrS 1/85 v. 1.12.86, BStBl. II 87, 264), durch **Fernschreiben** (BVerfG 1 BvR 475/85 v. 11.2.87, BVerfGE 74, 228) oder auch per **Telefax** eingelegt werden. Auch ein **Computerfax** mit eingescannter Unterschrift ist mit Rücksicht auf die Entwicklung der Verhältnisse zulässig (GmS-OGB 1/98 v. 5.4.00, BB 00, 1645, BFH VI B 125/99 v. 27.1.03, BFH/NV 03, 646). Durch das am 1.8.01 in Kraft getretene G.v. 13.7.01 (BGBl. I 01, 1542) ist die Schriftform generell um die **elektronische Form** erweitert worden. Diese Tendenz wurde durch das JKomG v. 22.3.05 (BGBl. I 05, 837) weiter verstärkt, indem § 77a FGO, der grundsätzlich die elektronische Form nur für „vorbereitende" Schriftsätze vorgesehen hat, durch §§ 52a und 52b FGO ersetzt worden ist (siehe hierzu *Tipke/Kruse* § 64 FGO Rz 7; *Gräber/Stapperfend* § 52a Rz. 4f.). § 52a Abs. 1 Satz 3 FGO

ermächtigt die Bundes- bzw. Landesregierung mittels Rechtsverordnung Bestimmungen zu erlassen, die Regelungen treffen ob und wie elektronische Dokumente an das Gericht übermittelt werden dürfen (BFH VII R 30/10 v 26.7.11, BStBl. II 11, 925). Im Unterschied zu einer Klageerhebung mittels Telefax wurde für den Rechtsverkehr per E-Mail eine elektronische Signatur eingeführt, welche die Schriftform ersetzt. Aus § 52a Abs. 1 Satz 3 FGO ergibt sich keine Verpflichtung zur Verwendung einer qualifizierten elektronischen Signatur, eine solche ergibt sich allein aus der entsprechenden Verordnung. Siehe aber **ab 1.1.18** Gesetz v. 10.10.13 (BGBl. I 13, 3786). Die Einlegung der Revision durch Fernsprecher oder Erklärung zur Niederschrift des Urkundsbeamten ist allerdings ausgeschlossen (vgl. zu den Voraussetzungen an die eigenhändige Unterschrift des Prozessbevollmächtigten bei Telefax und Computerfax BVerfG 1 BvR 110/07 v. 18.4.07, NJW 07, 3117).

Die Bevollmächtigung als solche kann nur durch Vorlage der **Originalvollmacht** 25 nachgewiesen werden (BFH VII R 63/95 v. 28.11.95, BStBl. II 96, 105; X B 149, 151/97 v. 26.3.98, BFH/NV 98, 1487).

Die Revision ist beim Bundesfinanzhof **einzulegen** (§ 120 Abs. 1 Satz 1 FGO). 26 Die Einlegung bei einer anderen Behörde wahrt die Frist nicht (*Gräber/Ruban* § 120 Rz. 3). Das Risiko des verspäteten Eingangs einer Revisionsschrift, die statt beim BFH beim FG eingelegt wird, trägt der Revisionskläger (BFH IX R 56/98 v. 21.1.99, BFH/NV 99, 821 zu § 120 Abs. 1 aF).

Die Revision muss das angefochtene Urteil bezeichnen (§ 120 Abs. 2 Satz 2 FGO). 27 Die Zulässigkeit der Revision setzt also zwingend voraus, dass bereits in der Revisionsschrift das angefochtene Urteil so genau bezeichnet wird, dass Irrtümer ausgeschlossen sind. Dazu gehören regelmäßig die Angabe des erstinstanzlichen Gerichts, Urteilsdatum und Aktenzeichen (BFH I R 187/188/71 v. 23.5.73, BStBl. II 73, 684). Mängel bei der Bezeichnung des Urteils sind unschädlich, wenn das Gericht die fehlenden Angaben innerhalb der Revisionsfrist aus den Akten entnehmen kann (BFH VII R 94/74 v. 30.4.80, BStBl. II 80, 588). Jedenfalls gehen etwaige Unklarheiten zu Lasten des Revisionsklägers. Eine **Nachholung der fehlenden Angaben** in der Revisionsbegründung ist **nicht möglich.** Zu einer genauen Bezeichnung des angefochtenen Urteils gehört grds. auch die Bezeichnung der Verfahrensbeteiligten; mindestens muss sich aus der Revisionsschrift unmissverständlich ergeben, wer Revisionskläger ist (BFH I R 74/10 v. 31.3.11, BFH/NV 11, 1371). Fehlen die vorgeschriebenen Angaben, ist die Revision unzulässig.

Der Revision soll eine **Ausfertigung oder Abschrift des Urteils** beigefügt wer- 28 den, falls dies nicht bereits, wie in § 116 Abs. 2 Satz 3 FGO vorgeschrieben, mit der Einlegung einer NZB geschehen ist (§ 120 Abs. 1 Satz 3 FGO). § 120 Abs. 1 Satz 3 FGO ist eine Sollvorschrift. Deren Verletzung hat nicht die Unzulässigkeit der Revision zur Folge (BFH VII B 6/02 v. 10.7.02, BFH/NV 02, 1597). Im Fall der elektronischen Revisionseinlegung entfällt die Beifügung ganz, § 120 Abs. 1 Satz 4 FGO.

D. 3.02 Revisionsbegründung

Gliederung

I. FORMULAR

Formular D. 3.02 Revisionsbegründung

Bundesfinanzhof
Postfach 86 02 40
81629 München

Az.:

In dem Rechtsstreit

..../. Finanzamt ....

Prozessbevollmächtigter: Rechtsanwalt ...... begründe ich nachstehen die am ...... eingelegte Revision. In der mündlichen Verhandlung werde ich folgende Anträge stellen

1. **Das angefochtene Urteil des Finanzgerichts ...... v. ...... – zugestellt am ...... – wird aufgehoben,**
2. **der Einkommensteuerbescheid des Revisionsbeklagten v. ......wird dahingehend abgeändert, dass Aufwendungen in Höhe von 25.000.– € als außergewöhnliche Belastung anerkannt werden.**

   Auf mündliche Verhandlung wird nicht verzichtet ......

BEGRÜNDUNG

Die Beteiligten streiten um die Abzugsfähigkeit von Aufwendungen in Höhe von 25.000.– € als außergewöhnliche Belastung.

Der Revisionskläger ist Eigentümer eines von ihm errichteten Einfamilienhauses, das er mit seiner Familie bewohnt. Infolge einer schweren Erkrankung (progressive Muskeldystrophie) kann er sich seit 2005 nur noch ebenerdig fortbewegen. Deswegen ließ der Revisionskläger in sein Haus, das an einem Steilhang liegt und nur über Treppen erreichbar ist, einen Fahrstuhl zum Gesamtpreis von 25.000.– € einbauen.

Wegen der Einzelheiten wird auf den Tatbestand des angefochtenen Urteils verwiesen.

Der Revisionsbeklagte lehnte die steuerliche Berücksichtigung der Aufwendungen mit der Begründung ab, es handele sich der Art nach um Werbungskosten bei den Einkünften aus Vermietung und Verpachtung.

Das Finanzgericht hat die Klage als unbegründet zurückgewiesen. Es hat die Revision wegen grundsätzlicher Bedeutung der Rechtssache zugelassen.

Das angefochtene Urteil beruht auf der Verletzung von Bundesrecht (§ 118 Abs. 1 Satz 1 FGO), denn das Finanzgericht hat § 33 EStG unzutreffend ausgelegt.

Dass die umstrittenen Aufwendungen zu den unmittelbaren Krankheitskosten zählen und notwendig sowie angemessen waren (§ 33 Abs. 2 Satz 1 EStG), bezweifelt auch das Finanzgericht nicht. Zu Unrecht hat es jedoch eine Steuerermäßigung unter Hinweis auf § 33 Abs. 2 Satz 2 EStG verneint, weil die Fahrstuhlkosten nachträgliche Baukosten für das Einfamilienhaus seien.

Gem. § 33 Abs. 2 Satz 2 EStG sind Aufwendungen dann nicht als außergewöhnliche Belastungen abziehbar, wenn sie zu den Betriebsausgaben oder Werbungskosten gehören.

Werbungskosten sind nach § 9 Abs. 1 Satz 1 EStG Aufwendungen zur Erwerbung, Sicherung und Erhaltung der Einnahmen. Trotz des von § 4 Abs. 4 EStG abweichenden Wortlauts zählen die neuere Rechtsprechung und die herrschende Meinung zu den Werbungskosten alle Aufwendungen, die durch die Erzielung von steuerpflichtigen Einnahmen veranlasst sind (*Schmidt/Loschelder* EStG, 33. Aufl. § 9 Rz. 7 mwN). Die in den Tatbeständen des § 9 Abs. 1 Satz 3 Nr. 1-7 EStG aufgezählten Aufwendungen sind demnach nur dann Werbungskosten, wenn sie im Einzelfall den Begriff der Werbungskosten iSd. § 9 Abs. 1 Satz 1 EStG erfüllen.

Nach Auffassung des Revisionsklägers waren die streitigen Bauaufwendungen nicht durch die Nutzung der Wohnung im eigenen Haus und damit durch die (fiktive) Erzielung von Einkünften aus Vermietung und Verpachtung, sondern unmittelbar durch die Krankheit des Revisionsklägers veranlasst. Mangels Veranlassung scheidet demnach eine Qualifikation als Werbungskosten iSd. § 9 Abs. 1 Satz 3 Nr. 7 EStG aus.

Die Aufwendungen können auch nicht als nachträgliche Herstellungskosten qualifiziert werden, weil sie den Mietwert des Gebäudes nicht erhöht haben. Zwischen den Beteiligten ist unstreitig, dass der Fahrstuhl wegen seiner langsamen Fahrt von den gesunden Familienmitgliedern bzw. Hausbewohnern nicht benutzt wird. Außerdem würde ein gesunder Käufer, der nicht behindert ist, den Fahrstuhl mit an Sicherheit grenzender Wahrscheinlichkeit stilllegen, da die gesamten laufenden Kosten für den Betrieb des Fahrstuhls erheblich sind.

Zu Unrecht meint das Finanzgericht, auf eine Werterhöhung komme es nicht an. Herstellungskosten setzen begrifflich eine Verbesserung des ursprünglichen Zustands voraus. Die Verbesserung eines bestehenden Zustandes aber wird – wie sich an zahlreichen Beispielen nachweisen lässt – nicht allein durch eine Substanzvermehrung erreicht. Nach Auffassung des Revisionsklägers ist die Qualifikation der Bauaufwendungen als Herstellungskosten auch mit dem Sinn und Zweck der Nutzungswertbesteuerung nicht vereinbar. Die Auffassung des Finanzgerichts führt im Gegenteil gerade dazu, dass der Revisionskläger steuerlich benachteiligt wird. Hätte er selbst derartige Aufwendungen für den Umbau einer Mietwohnung getätigt, würde er sie ohne weiteres als außergewöhnliche Belastung abziehen können (ebenso FG Hamburg VI 123/74 v. 1.6.1976, EFG 1976, 557; FG Rheinland-Pfalz V 15/78 v. 13.11.1978, EFG 1979, 231).

Das angefochtene Urteil ist daher nach Ansicht des Revisionsklägers nicht haltbar.

....

Unterschrift

II. ERLÄUTERUNGEN

Erläuterungen zu D. 3.02 Revisionsbegründung

1. Grundsätzliche Anmerkungen

Schrifttum: Vgl. Teil D. 3.01.

Zu den grundsätzlichen Ausführungen hierzu vgl. D. 3.01 Rz. 1 ff.

2. Einzelerläuterungen

a) Form und Frist

1 Die **Revision** ist **schriftlich** zu **begründen** (wegen der Anforderungen an das Erfordernis der Schriftform vgl. D. 3.01 Rz. 15). Die Revisionsbegründung ist beim BFH einzureichen (§ 120 Abs. 2 Satz 2 FGO). Der Vertretungszwang, den § 62 idF des 2. FGO-ÄndG zwingend vorschreibt, bezieht sich auch auf die Revisionsbegründung (BFH IV R 51/84, BStBl. II 83, 134). Dazu gehört, dass der Prozessbevollmächtigte auch für den **Inhalt die volle** Verantwortung übernimmt. Er darf weder fremde Schriftsätze ungeprüft übernehmen (BFH VI R 197/81 v. 14.5.82, BStBl. II 82, 607; BVerfG 1 BvR 1525/84 v. 15.4.86, DStZ/E 86, 174), noch genügt die Bezugnahme auf ein beigefügtes Rechtsgutachten, und zwar selbst dann nicht, wenn sich der Prozessbevollmächtigte die von einer vor dem BFH nicht postulationsbefugten Person erarbeiteten Gedanken ausdrücklich zu eigen macht (BFH IX R 177/83 v. 16.10.84, BStBl. II 85, 470; III B 68–69/84 v. 24.9.85, BFH/NV 86, 230). Eine Bezugnahme auf Schriftsätze in anderen Verfahren ist ausnahmsweise zulässig, wenn es sich in beiden Verfahren um dieselben Beteiligten und die gleiche Rechtsfrage handelt (BFH X B 60/97 v. 12.8.97, BFH/NV 98, 330). Der BFH ist auch nicht gehalten, den Revisionskläger innerhalb der noch laufenden Revisionsfrist auf formelle Mängel der Revisionsbegründung hinzuweisen (BVerfG 1 BvR 198/89 v. 24.1.91, StRK FGO § 120 R. 177).

2 Die Revision ist innerhalb von zwei Monaten nach Zustellung des vollständigen Urteils (oder des Gerichtsbescheids nach § 90a Abs. 2 Satz 2 FGO) **zu begründen.** Wird der Beschwerde gegen die Nichtzulassung der Revision stattgegeben (§ 116 Abs. 7 FGO), beträgt die Begründungsfrist für den Beschwerdeführer einen Monat nach Zustellung des Beschlusses über die Zulassung der Revision (§ 120 Abs. 2 Satz 1 FGO). Fällt das Ende der Revisionsfrist auf einen Samstag, Sonntag oder Feiertag, so verlängert sich dadurch automatisch die Revisionsbegründungsfrist. Die Frist endet mit Ablauf des nächsten Werktages (§§ 120, 54 FGO, § 222 Abs. 2 ZPO; BFH VIII R 51/01 v. 17.9.02, BStBl. II 03, 91 Vorlagebeschl. – BFH GrS 1/02 – Vorlagebeschluss aufgehoben durch BFH GrS 1/02 v. 2.10.03, n. v.). Die Revision ist auch dann innerhalb des an die Revisionsfrist anschließenden Monats zu begründen, wenn wegen Versäumnis der Revisionsfrist **Wiedereinsetzung** in den vorigen Stand beantragt worden ist (BFH I R 111/93 v. 18.5.94, BStBl. II 95, 24; VI R 97/98 v. 3.11.99, BFH/NV 00, 471). Wiedereinsetzung nach Versäumung der Revisionsbegründungsfrist kann jedoch nur gewährt werden, wenn die Revisionsbegründung innerhalb der Wiedereinsetzungsfrist von zwei Wochen eingereicht wird (BFH IX R 26/93 v. 3.9.93, BFH/NV 94, 52; hinsichtlich der formalen Anforderungen an den Wiedereinsetzungsantrag s. BFH II R 5/13 v 10.5.13, BFH/NV 13, 1428) Ein Antrag, das Verfahren ruhen zu lassen, hat keinen Einfluss auf den Lauf der Begründungsfrist (BFH V R 192/84 v. 9.5.85, BStBl. II 85, 552). Voraussetzung für den Lauf der Revisionsbegründungsfrist ist, dass der Kläger in dem angefochtenen Urteil auch über

diese Frist belehrt worden ist. Die Rechtsmittelbelehrung muss richtig, vollständig und unmissverständlich sein (*Tipke/Kruse/Seer* § 120 FGO Rz. 30). Bei fehlender oder fehlerhafter Belehrung kann die Revision (oder Nichtzulassungsbeschwerde) gem. § 55 Abs. 2 FGO noch binnen Jahresfrist eingelegt werden (BFH VIII R 30/89 v. 18.7.89, BStBl. II 89, 1020). Das gilt auch, wenn die unrichtige Belehrung für die Fristversäumung nicht ursächlich war (BFH V R 116/86 v. 12.2.87, BStBl. II 87, 438). Wiedereinsetzung bei verspätet angekommenem Schriftsatz setzt eine lückenlose Darstellung des Sachverhalts voraus. Es muss dargelegt werden, „welche Person zu welcher Zeit in welcher Weise den Brief, in dem sich das betreffende Schriftstück befunden haben soll, aufgegeben hat" (BFH V B 193/02 v. 11.3.03, BFH/NV 03, 517). Wiedereinsetzung in den vorigen Stand wegen schuldloser Versäumung der Frist setzt ua. voraus, dass der Revisionskläger innerhalb von zwei Wochen nach Wegfall des Hindernisses die Revisionsbegründung nachholt (BFH GrS 1/85 v. 1.12.86, BStBl. II 87, 264; I R 318–319/83 v. 19.8.87, BStBl. II 87, 310). Zur Abgrenzung des Büroversehens vom Bearbeitungsfehler bei Versäumung der Revisionsbegründungsfrist vgl. BFH IV R 144/85 v. 29.10.87, BFH/NV 88, 380, zur Möglichkeit der Wiedereinsetzung bei Erkrankung des Prozessbevollmächtigten vgl. BFH II R 5/13 v 10.5.13, aaO).

Die **Revisionsbegründungsfrist** kann – anders als die Revisionsfrist – durch den 3
Vorsitzenden des zuständigen Senats **verlängert** werden (§ 120 Abs. 2 Satz 3 FGO; zur Form auch BFH I B 53, 54/07 v. 26.9.07, DStR 07, 2156). Vgl. auch Formular D. 3.01. Der Antrag muss vor Ablauf der Frist beim BFH eingegangen sein, kann aber noch nach Fristablauf entschieden werden (BFH VIII R 128/70 v. 10.12.74, BStBl. II 75, 338; VII R 112/99 v 16.5.00, BFH/NV 00, 1479). Es kann sich empfehlen, den Antrag schon in der Revisionsschrift zu stellen (vgl. Formular D. 3.01). Vor einer wiederholten Verlängerung ist der Revisionsbeklagte zu hören (§ 54 Abs. 2 FGO, § 225 Abs. 2 ZPO); ein Verstoß gegen das Anhörungsgebot hat jedoch keinen Einfluss auf die Wirksamkeit des Verlängerungsbeschlusses (*Zöller* § 225 Rz. 7).

b) Inhalt der Revisionsbegründung

§ 120 Abs. 3 FGO schreibt zwingend vor, dass die **Revisionsbegründung** die Er- 4
klärung enthalten muss, inwieweit das Urteil angefochten und dessen Aufhebung beantragt wird (Revisionsanträge). Ein förmlicher Revisionsantrag ist allerdings nicht erforderlich, wenn sich aus dem Vorbringen des Revisionsklägers eindeutig ergibt, inwieweit er sich beschwert fühlt und in welcher Form er die Abänderung des Urteils anstrebt (BFH III R 50/06 v. 27.8.08, BFH/NV 09, 553; *Gräber/Ruban* § 120 Rz. 53 mwN; *H/H/Sp/Lange*, § 120 FGO Rz. 167; BFH VII R 42/11 v. 20.9.12, BFH/NV 13, 942). Der Antrag, das angefochtene Urteil aufzuheben, ist regelmäßig dahin auszulegen, dass eine Entscheidung nach den in erster Instanz gestellten Anträgen begehrt wird (BFH III R 102/95 v. 25.9.96, DStRE 97, 102 mwN). Sind in den Besteuerungsverfahren jedoch mehrere Steuerbescheide ergangen, ist der Rechtsmittelantrag, das FG-Urteil aufzuheben, nicht genügend „bestimmt". Der Antrag muss vielmehr erkennen lassen, in welchem Umfang die einzelnen Steuerbescheide angegriffen werden sollen (BFH V R 39/97 v. 12.1.98, BFH/NV 98, 979; IV R 25/08 v. 17.3.10, BStBl. II 10, 622). Hatte der Kläger beim Finanzgericht mehrere Anträge gestellt, und hat das Finanzgericht die Klage teils als unbegründet, teils als unzulässig abgewiesen, so muss der Revisionskläger deutlich machen, in Bezug auf welche Teile er das Urteil für falsch hält (BFH VII R 104/75 v. 24.8.76, BStBl. II 76, 788). Ein rechtzeitig gestellter Antrag kann im Laufe des Verfahrens eingeschränkt werden; eine Erweiterung nach Ablauf der Revisionsbegründungsfrist ist unzulässig, wenn die Erweiterung von der Revisionsbegründung nicht gedeckt ist (BFH I R 9/92 v. 29.7.92, BFH/NV 94, 579). Wegen Beschränkung oder Erweiterung des Klagebegehrens im Laufe des Revisionsverfahrens vgl. ferner D. 3.01 Rz. 3.

5 **In der Revisionsbegründung müssen die Umstände bezeichnet werden, aus denen sich die Rechtsverletzung ergibt** (§ 120 Abs. 3 Nr. 1a FGO). Der Rechtsmittelführer muss darlegen, welche Rechtsnorm er für verletzt hält. In jedem Fall sind Ausführungen dazu erforderlich, welche Gründe das angefochtene Urteil rechtsfehlerhaft erscheinen lassen (BFH X R 66/00 v. 25.6.03, BFH/NV 04, 19). Mit der Revision kann nur die Rechtsanwendung durch das FG, nicht aber dessen Tatsachenwürdigung überprüft werden. Verletzt sein kann sowohl formelles als auch materielles Recht (vgl. zB BFH I R 3/12 v 20.8.12, BFH/NV 12, 1990).Es muss sich um Bundesrecht handeln (§ 118 Abs. 1 FGO). Der Revisionskläger muss sich in jedem Fall mit der Begründung des angefochtenen Urteils auseinandersetzen (BFH X R 66/00 v. 24.7.97, BFH/NV 98, 59). Die Revisionsbegründung muss aus sich heraus erkennen lassen, dass der Revisionskläger anhand der Gründe des angefochtenen Urteils sein bisheriges Vorbringen überprüft hat (BFH VI R 44/09 v. 20.4.10, BStBl. II 10, 691 mwN). Eine Bezugnahme auf die Klagebegründung oder auf Schriftsätze, die in erster Instanz eingereicht wurden, reicht nicht aus (BFH I R 71/82 v. 6.10.82, BStBl. II 83, 48; IX R 7/83 v. 28.4.87, BStBl. II 87, 814; V R 49/95 v. 24.7.97, BFH/NV 98, 59); ebenso wenig die wörtliche Wiedergabe von Teilen der Klagebegründung (BFH VII R 22/96 v. 11.9.96, BFH/NV 97, 191). Die Bezugnahme auf eine erfolgreiche Nichtzulassungsbeschwerde kann unter gewissen Voraussetzungen zulässig sein (BFH VII R 46/07 v. 4.9.08, BFH/NV 09, 38). Wird die Revision auf die Verletzung allgemeiner Rechtsgrundsätze, zB Treu und Glauben, gestützt, so muss „diejenige Ausprägung des allgemeinen Gedankens angegeben werden", die verletzt sein soll (BFH II R 118/67 v. 5.11.68, BStBl. II 69, 84; IV R 9/87 v. 28.11.88, BFH/NV 89, 790).

6 Soweit mit der Revision **Verfahrensmängel** gerügt werden, müssen in der Revisionsbegründung diejenigen Tatsachen bezeichnet werden, die den Mangel ergeben (§ 120 Abs. 3 Nr. 2b) FGO; vgl. ferner D. 3.03 Rz. 26ff.). Lediglich Verstöße, welche die Grundordnung des Verfahrens berühren (zB Verletzung von § 74 FGO), sind auch ohne entsprechende Rüge zu beachten (BFH VIII R 126/82 v. 14.2.84, BStBl. II 84, 580 zu § 120 Abs. 2 Satz 2 FGO aF). Liegen Verstöße des Tatrichters gegen die Verfahrensordnung, gegen Denkgesetze oder gegen allgemeine Erfahrungssätze nicht vor, binden Schlussfolgerungen des FG tatsächlicher Art den BFH auch dann (§ 118 Abs. 2 FGO), wenn sie zwar nicht zwingend, aber möglich sind(BFH XI B 99/12 v. 11.11.13, BFH/NV 14, 366 mwN). Verfahrensmängel sind Verstöße des FG gegen Vorschriften des Gerichtsverfahrensrechts (*Gräber/Ruban* § 115 FGO Rz. 76ff.). Verfahrensfehler, die dem FA im Besteuerungs- oder im außergerichtlichen Einspruchsverfahren unterlaufen sind, gehören nicht zu den Verfahrensmängeln im Sinne des Revisionsrechts (BFH IX B 218/06 v. 9.5.07, BFH/NV 07, 1526; VI B 76/01 v. 26.6.01, BFH/NV 01, 1591; III B 98/02 v. 6.6.03, BFH/NV 03, 1474). Fehler des FG bei der Auslegung von Verfahrensvorschriften sind auch keine Verfahrensmängel, sondern materiell-rechtliche Mängel (BFH VII B 72/07 v. 2.11.07, BeckRS 2007, 25.012872; *Gräber/Ruban* § 115 FGO Rz. 77 m.wN). Nach der älteren Rechtsprechung und Lehre ist nicht jeder Irrtum in der Auslegung verfahrensrechtlicher Bestimmungen ein Verfahrensmangel, sondern nur ein Irrtum, der das Verfahren des Gerichts bei der Urteilsfindung beeinflusst hat (error in procedendo). Die rechtlich falsche Beurteilung verfahrensrechtlicher Vorschriften (error in iudicando) hat einen inhaltlichen Mangel zur Folge (BFH IV B 93/69 v. 26.2.70, BStBl. II 70, 545; IV B 6/85 v. 27.2.86, BStBl. II 86, 492; X B 114/09 v. 17.3.10, BFH/NV 10, 1239; dazu *Gräber/Ruban* § 115 FGO Rz. 78). Nach der neueren Rspr. wird eine solche Differenzierung in der Praxis nicht mehr vorgenommen, vielmehr wird die fehlerhafte Beurteilung von Sachentscheidungsvoraussetzungen generell als Verfahrensfehler behandelt (vgl. BFH IX R 47/83 v. 24.9.85, BStBl. II 86, 268; *H/H/Sp/Lange* § 115 FGO Rz. 221).

Ein materiell-rechtlicher Fehler liegt zB vor bei fehlerhafter Beweiswürdigung (BFH V R 167/84 v. 23.5.90, BStBl. II 90, 1095) sowie bei Verstößen gegen Denkgesetze und Erfahrungssätze (*Gräber/Ruban* § 115 FGO Rz. 83 mwN). Eine vorweggenommene Beweiswürdigung kann Verfahrensmangel sein (BFH VII B 183/99 v. 17.12.99, BFH/NV 00, 597). Ein Verstoß gegen Denkgesetze liegt nur vor, wenn der vom FG gezogene Schluss schlechthin unmöglich ist (BFH VII R 40/93 v. 20.9.94, BFH/NV 95, 485). Werden Verfahrensmängel gerügt, so genügt nicht die Bezeichnung der verletzten Rechtsnorm. Eine auf Verfahrensmängel gestützte Revisionsbegründung ist vielmehr nur dann ordnungsgemäß, wenn **„Tatsachen"** bezeichnet werden, **„die den Mangel ergeben"** (§ 120 Abs. 3 Nr. 2b FGO). Verfahrensmängel prüft der BFH regelmäßig nur, wenn sie ordnungsgemäß gerügt werden, und zwar innerhalb der Revisionsbegründungsfrist (BFH II B 163/92 v. 13.5.94, BFH/NV 94, 111; XI R 64/06 v. 17.12.08, BFH/NV 09, 798 mwN). Zur Nachholung einer bestimmten Verfahrensrüge kann die Wiedereinsetzung in den vorigen Stand nicht gewährt werden BFH VII R 51/04 v. 21.2.07; BFH/NV 07, 1161). Eine Verfahrensrüge entspricht nur dann den zwingenden Erfordernissen des § 120 Abs. 2 FGO, wenn der Revisionskläger die Tatsachen, die den Mangel ergeben, „schlüssig" bezeichnet, dh die zur Begründung der Rüge vorgetragenen Tatsachen müssen schon als solche, unabhängig von ihrer Beweisbarkeit, ausreichen oder geeignet sein, den behaupteten Verfahrensmangel darzutun (BFH V R 135/68 v. 5.3.70, BStBl. II 70, 384; VIII R 262/80 v. 25.10.88, BStBl. II 89, 291; vgl. auch D 3.03 Rz. 21). In gleicher Weise muss der Revisionskläger darlegen (D. 3.03 Rz. 28), dass das angefochtene Urteil auf dem Verfahrensmangel beruhen kann (BFH I R 133/79 v. 14.1.81, BStBl. II 81, 443; D. 3.03 Rz. 25). Die Darlegungsforderungen dürfen, wie der Große Senat entschieden hat, nicht überspitzt werden. Aus dem verfassungsrechtlichen Gebot, wirksamen Rechtschutz zu gewähren, ergebe sich die Pflicht, Darlegungsanforderungen, von denen die Gewährung gerichtlichen Rechtsschutzes abhängt, „nicht sachwidrig zu überspitzen" (BFH GrS 3/98 v. 3.9.01, BStBl. II 01, 802). Ob die angefochtene Entscheidung auf dem Verfahrensmangel beruhen kann, beurteilt sich nach dem Standpunkt des FG, mag dieser richtig oder falsch sein (BFH B 69/04 v. 28.8.99, BFH/NV 00, 212; I B 123/06 v. 9.7.07, BFH/NV 07, 2148). Beispiele für Verfahrensmängel vgl. D. 3.03 Rz. 27; zu den Darlegungserfordernissen vgl. D. 3.03 Rz. 28. 7

Wird der Verstoß gegen Vorschriften des Prozessrechts gerügt, auf deren Beachtung die Beteiligten **verzichten** können, muss zudem dargelegt werden, dass der Verstoß in der Vorinstanz gerügt wurde, oder weshalb dem Beteiligten eine derartige Rüge nicht möglich war (st. Rspr, vgl. zB BFH I R 173/83 v. 31.7.90, BStBl. II 91, 66; VI B 126/08 v. 29.4.09, BFH/NV 09, 1267; IX B 24/07 v. 2.10.07, BFH/NV 08, 92). Die gilt nicht, soweit sich dies schon aus dem Urteil oder dem Sitzungsprotokoll ergibt (BFH XI B 58/02 v. 30.12.02, BFH/NV 03, 787).

Der BFH prüft die **Zulässigkeitsvoraussetzungen von Amts wegen.** Sind die Mindestanforderungen an Revisionseinlegung und -begründung nicht erfüllt, so verwirft er die Revision als unzulässig (§§ 124, 126 FGO) durch Beschluss. Die Entscheidung über die Revision ist uE zu begründen. Die – gegenteilige – Regelung des Art. 1 Nr. 8 BFHEntlG wurde durch das 2. FGO-ÄndG nicht übernommen. Auch folgt aus dem Grundsatz der geordneten Rechtspflege (Art. 6 Abs. 1 MRK), dass gerichtliche Entscheidungen angemessen begründet werden müssen (EGMR 30544/96 v. 21.1.99, NJW 99, 2429). Ist die Revision unbegründet, ist sie zurückzuweisen (§ 126 Abs. 2 FGO). Die Zurückweisung erfolgt durch Gerichtsbescheid (§ 121, § 90 Abs. 3 FGO), durch Urteil (§ 121, § 95 FGO) oder durch Beschluss (§ 126a FGO). Urteile und Gerichtsbescheide sind zu begründen (§§ 121, 105 Abs. 2 Nr. 5, § 106 FGO). Eine Beschlussentscheidung gem. § 126a FGO soll eine kurze Begründung enthalten; außerdem sind die Beteiligten vorher zu hören. Nach dem Grundsatz des rechtlichen Gehörs müssen ihre Äußerungen auch beachtet werden (*Tipke/Kruse/Seer* § 126a FGO Rz. 6). 8

9 **Eine außerordentliche Beschwerde wegen sog. greifbarer Gesetzeswidrigkeit,** vor allem bei schwerwiegender Verletzung von Verfahrensvorschriften, ist seit In-Kraft-Treten des § 321a ZPO iVm. § 155 FGO nicht mehr statthaft (BFH IV B 190/02 v. 5.12.02, BStBl. II 03, 269).

D. 3.03 Nichtzulassungsbeschwerde

Gliederung

I. FORMULAR

Formular D. 3.03 Nichtzulassungsbeschwerde

Bundesfinanzhof **15.1.2014**
Postfach 86 02 40
81629 München

In dem Rechtsstreit

der.... GmbH, vertreten durch ihren Geschäftsführer......,

– Klägerin und Beschwerdeführerin –

Prozessbevollmächtigter: ...... – Vollmacht ist beigefügt –

gegen

Finanzamt–......, vertreten durch seinen Amtsleiter,

– Beklagter und Beschwerdegegner –

wegen Grundsteuer

lege ich namens der Beschwerdeführerin

NICHTZULASSUNGSBESCHWERDE

ein,

mit dem Antrag,

die Revision gegen das Urteil des Niedersächsischen Finanzgericht v. .... – Az. ...... , zugestellt am 15.12.2013 ......, zuzulassen.

Eine Abschrift des Urteils ist beigefügt.

Die Beteiligten streiten um die Grundsteuerbefreiung für ein Parkhaus. Die Beschwerdeführerin betreibt in unmittelbarer Nachbarschaft ihres Warenhauses ein Parkhaus. Das Parkhaus öffnet und schließt eine Stunde vor Geschäftsbeginn und -ende des Warenhauses. Es kann während der Geschäftszeiten von jedermann entgeltlich benutzt werden.

Mit Schreiben v. ...... beantragte die Beschwerdeführerin Befreiung von der Grundsteuer gem. § 4 Nr. 3 Buchst. a GrStG. Der Beschwerdegegner wies den Antrag als unbegründet zurück.

Das Finanzgericht hat die Klage ohne mündliche Verhandlung abgewiesen. Es hat die Revision nicht zugelassen.

Weitere Begründungen (alternativ):

a) Mit grundsätzlicher Bedeutung der Rechtssache, § 115 Abs. 2 Nr. 1, § 116 Abs. 3 Satz 2 FGO *[Rz. 17 ff.]*

Das Finanzgericht stützt seine Entscheidung auf die Feststellung, § 4 Nr. 3 Buchst. a GrStG sei nur auf fließenden Verkehr anwendbar.

Die Rechtsfrage, ob ein Parkhaus zu den Bauwerken gehört, die dem „öffentlichen Verkehr" dienen (§ 4 Nr. 3 Buchst. a GrStG), hat grundsätzliche Bedeutung iSd. § 115 Abs. 2 Nr. 1 idF des 2. FGO-ÄndG. Aus Gründen der Rechtssicherheit und der einheitlichen Handhabung des Rechts besteht ein abstraktes Interesse der Allgemeinheit an der Klärung der Frage, ob das Tatbestandsmerkmal „öffentlicher Verkehr" auf den fließenden Verkehr beschränkt ist oder auch den ruhenden Verkehr umfasst. Die Klärung dieser Streitfrage wird für eine Vielzahl gleichgelagerter Sachverhalte bedeutsam sein.

In der Finanzgerichtsbarkeit wird das Problem unterschiedlich gelöst. Während das FG Schleswig-Holstein (Datum ...... Az ...... Fundstelle ......) der Ansicht ist, der Begriff „öffentlicher Verkehr" iSd. § 4 Nr. 3 Buchst. a GrStG setze grundsätzlich Gebührenfreiheit der Einrichtung voraus, kommt das angefochtene Urteil zu dem Schluss, der Begriff „öffentlicher Verkehr" sei schlechthin auf den fließenden Verkehr beschränkt.

Die Rechtsfrage ist auch im Interesse der Allgemeinheit klärungsbedürftig, weil der Bundesfinanzhof bis jetzt noch keine Gelegenheit hatte, sich mit dem Begriff „öffentlicher Verkehr" iSd. § 4 Nr. 3 Buchst. a GrStG auseinanderzusetzen.

Die Revision ist daher gem. § 116 Abs. 2 Satz 3, § 115 Abs. 2 Nr. 1 FGO zuzulassen.

....

Unterschrift

oder:

b) Mit Erfordernis der Fortbildung des Rechts oder der Sicherung einer einheitlichen Rechtsprechung, § 115 Abs. 2 Nr. 2, § 116 Abs. 3 Satz 2 FGO *[Rz. 22 ff.]*

Das Finanzgericht stützt seine Entscheidung auf den abstrakten Rechtssatz, der Begriff öffentlicher Verkehr sei auf den fließenden Verkehr beschränkt. Damit weicht das angefochtene Urteil von der Entscheidung des BFH II R 144/72 v. 15.10.1975 (BStBl. II 1976, 219) ab. In diesem Urteil hat der Bundesfinanzhof ausgesprochen, auch ein ruhender Verkehr sei ein „öffentlicher".

Das zitierte BFH-Urteil ist allerdings zu § 7 Abs. 1 Nr. 2 KVStG aF ergangen. Eine Divergenz ist aber auch dann gegeben, wenn gleich lautende Tatbestandsmerkmale in unterschiedlichen Steuergesetzen von einem Finanzgericht anders interpretiert werden als vom Bundesfinanzhof (BFH III B 38/67 v. 3.5.1968, BStBl. II 1968, 685).

Hätte das Finanzgericht auch den ruhenden Verkehr zu dem „öffentlichen" iSd. § 4 Nr. 3 Buchst. a GrStG gezählt, wäre es zu einem anderen Ergebnis gelangt. Zur Sicherung einer einheitlichen Rechtsprechung ist mithin eine Entscheidung des Bundesfinanzhofs erforderlich.

Folglich ist die Revision gem. § 116 Abs. 3 Satz 3, § 115 Abs. 2 Nr. 2 FGO zuzulassen.

....

Unterschrift

oder:

c) Mit Verfahrensfehler, § 115 Abs. 2 Nr. 3 FGO *[Rz. 26 ff.]*

Die Revision ist gem. § 115 Abs. 2 Nr. 3 FGO zuzulassen, weil das angefochtene Urteil auf einem Verfahrensmangel beruht.

Die Beschwerdeführerin erhebt für die Benutzung ihres Parkhauses für eine Parkdauer bis zu zwei Stunden ......, (pro angefangene Mehrstunde ......). In der Klageschrift hat die Beschwerdeführerin ua. vorgetragen, das Parkhaus diene dem öffentlichen Verkehr. Eigene wirtschaftliche Interessen des Warenhauses, die möglicherweise dem Begriff „öffentlich" entgegenstehen könnten, seien schon deshalb ausgeschlossen, weil die Benutzungsgebühren nicht höher seien als bei vergleichbaren städtischen Einrichtungen. Da der Beschwerdegegner diese Behauptung bereits im Vorverfahren bestritten hatte, hat die Beschwerdeführerin in der Klageschrift ausdrücklich und detailliert beantragt, hierüber Beweis zu erheben (Klageschrift v. ......, Blatt ...... der Akten).

Das Finanzgericht hätte diesen Beweisantrag nicht übergehen dürfen. Hätte es den beantragten Beweis erhoben, dann hätte sich ergeben, dass die von der Beschwerdeführerin erhobenen Gebühren sogar geringfügig unter denen vergleichbarer städtischer Einrichtungen liegen. Diese Beweisaufnahme hätte sich dem Tatsachengericht aufdrängen müssen; es lehnt nämlich die Steuerfreiheit mit der Begründung ab, weil die Gebühren der Beschwerdeführerin höher seien als die städtischer Parkhäuser, läge kein „Allgemeingebrauch" vor. Mangels „Allgemeingebrauchs" sei das Tatbestandsmerkmal „öffentlich" nicht erfüllt.

Die Beschwerdeführerin hat ihr Rügerecht auch nicht verloren. Der Beweisantrag ist in der Klageschrift enthalten. Da das Finanzgericht ohne mündliche Verhandlung entschieden hat (§ 90 Abs. 2 FGO), hatte die Beschwerdeführerin keine Gelegenheit, ihren Beweisantrag in der mündlichen Verhandlung protokollieren zu lassen bzw. den Verfahrensfehler bereits vor dem Finanzgericht zu rügen.

....

Unterschrift

oder

d) *Mit Verfahrensfehler, § 119 FGO;* Der Zugang zum BFH ist ausnahmslos von einer Zulassung der Revision abhängig *[vgl. D. 3.01 Rz. 10 ff.]*

Das am ....verkündete Urteil des Finanzgerichts wurde zehn Monate nach der Verkündung in der vorgeschriebenen Form der Geschäftsstelle übergeben und anschließend zugestellt. Es gilt daher als nicht mit Gründen versehen iSd. § 119 Nr. 6 FGO (GmS-OGB 1/92 v. 27.4.93, NJW 93, 2603; BVerwG 11 C 7/99 v. 17.11.99, NVwZ-RR 00, 317).

....

Unterschrift

II. ERLÄUTERUNGEN

Erläuterungen zu D. 3.03 Nichtzulassungsbeschwerde

1. Grundsätzliche Anmerkungen

Schrifttum: Vgl. Teil D. 3.01.

Gem. § 115 Abs. 2 FGO ist die Revision nur zuzulassen, wenn 1
1. eine Rechtssache grundsätzliche Bedeutung hat,
2. die Fortbildung des Rechts oder die Sicherung einer einheitlichen Rspr. eine Entscheidung des BFH erfordert oder
3. ein Verfahrensmangel geltend gemacht wird, auf dem die Entscheidung beruhen kann.

Die Zulassungsgründe des § 115 Abs. 2 FGO gelten sowohl für die Zulassung 2 durch das FG (Rz. 4,12) als auch für die Zulassung durch den BFH auf Grund der NZB (§ 116 Abs. 3 Satz 3 FGO). Die Erfolgsaussichten der Revision, also der Einwendungen gegen das FG-Urteil selbst, sind für die Zulassung unerheblich.
Mit Ausnahme der Zulassung wegen eines erheblichen Verfahrensmangels ist allen Zulassungsgründen gemein, dass über das Einzelinteresse eines Beteiligten an einer Korrektur des erstinstanzlichen Urteils hinaus ein **Interesse der Allgemeinheit** an einer Entscheidung des Revisionsgerichts bestehen muss (vgl. Gesetzesbegründung zu § 115 BT-Drucks. 14/4061, 9 und BT-Drs. 14/722, 66). Konkret bedeutet dies, dass sich die Bedeutung der Sache nicht in der Entscheidung des konkreten Einzelfalles erschöpfen darf, sondern in der Regel eine Vielzahl von gleich gelagerten Fällen betreffen muss. Hiervon ist dann auszugehen, wenn es um die Klärung strittiger Rechtsfragen geht oder wenn die Gerichte bei Auslegung derselben Rechtsnorm voneinander abweichen. In diesem Sinne rechtfertigen die wirtschaftlichen oder finanziellen Auswirkungen einer Entscheidung für sich gesehen keinesfalls die Revisionszulassung (BFH VIII B 117/93 v. 9.12.94, BFH/NV 95, 509). Auch die Korrektur von Fehlern bei der Auslegung und Anwendung von materiellem Recht im Einzelfall begründet nicht das Allgemeininteresse. Eine Ausnahme hiervon soll dann gelten, wenn es sich um Rechtsfehler von erheblichem Gewicht handelt, die geeignet sind, das Vertrauen in die Rspr. zu beschädigen (vgl. BT-Drs. 14/4061, 9; *Gräber/Ruban* § 115 FGO Rz. 25 f.).

Die NZB ist das statthafte Rechtsmittel, wenn das FG in seinem Urteil die Revisi- 3 on nicht zugelassen hat, § 116 FGO.

Die NZB ist ein Rechtsmittel, das nicht bedingt eingelegt werden kann (BFH VII 4 B 115/81 v. 22.6.82, BStBl. II 82, 603).

2. Einzelerläuterungen

a) Einlegung und Begründung der Nichtzulassungsbeschwerde

Die Nichtzulassung der Revision kann selbstständig durch Beschwerde innerhalb 5 eines Monats nach Zustellung des Urteils angefochten werden (§ 116 Abs. 1 und 2 FGO). Bei fehlender oder unrichtiger Rechtsmittelbelehrung kann die Nichtzulassungsbeschwerde innerhalb eines Jahres eingelegt werden (§ 55 Abs. 1, § 121 FGO). **Beschwerdebefugt** ist jeder Beteiligte (§ 57 FGO) s. D. 3.01 Rz. 21. Die Beschwerde ist schriftlich einzulegen. Über die Anforderungen an den Begriff der Schriftform s. D. 3.01 Rz. 23. Der Beschwerdeführer muss sich vertreten lassen (§ 62a FGO). Wegen Einzelheiten betreffend den Vertretungszwang s. D. 3.01 Rz. 21.

Die Nichtzulassungsbeschwerde ist beim Bundesfinanzhof einzulegen 6 (§ 116 Abs. 2 FGO). Wird die Beschwerde entgegen § 116 Abs. 2 Satz 1 FGO beim

FG eingereicht, trägt der Beschwerdeführer das Risiko einer fristgerechten Weiterleitung an den BFH (BFH XI B 99/08 v. 15.1.09, BFH/NV 09, 778; *Gräber/Ruban* § 116 FGO Rz. 7 bzw Rz. 15, es sei denn, die vorgeschriebene Rechtsmittelbelehrung (§ 55 FGO) war fehlerhaft.

7 Die **Beschwerdefrist von einem Monat,** beginnend mit der Zustellung des vollständigen Urteils (Rz. 6), ist eine Ausschlussfrist, die nicht verlängert werden kann. Der Antrag eines Verfahrensbeteiligten auf Tatbestandsergänzung (§ 108 Abs. 3 FGO) beeinflusst den Lauf der Frist nicht, jedoch kommt bei unverschuldeter Säumnis eine Wiedereinsetzung in den vorigen Stand in Betracht (BFH III S 9/00 v. 23.8.00, BFH/NV 01, 63; IX S 11/93 v. 24.1.94, BFH/NV 94, 805 mwN). Ein Irrtum des Prozessbevollmächtigten über die Frist ist nicht entschuldbar (BFH VII B 14/92 v. 29.5.92, BFH/NV 93, 33). Wird das Urteil mehreren Prozessbevollmächtigten zugestellt, beginnt die Frist mit der ersten Zustellung (BFH X B 94/02 v. 28.1.03, BFH/NV 03, 646).

8 Die Beschwerde ist **innerhalb von zwei Monaten nach Zustellung** des vollständigen Urteils zu **begründen** (§ 116 Abs. 3 Satz 1 FGO). Die Begründungsfrist ist somit unabhängig von der Einlegung der NZB. Die Begründungsfrist kann um einen Monat verlängert werden. Eine weitere Verlängerung ist nicht statthaft (BFH IV B 118/01 v. 21.9.01, BStBl. II 01, 768; XI B 97/01 v. 13.3.02, BeckRS 2002, 30246429; II B 22/05 v. 27.7.05, BFH/NV 05, 2036). Der Verlängerungsantrag ist vor Ablauf der Zweimonatsfrist zu stellen (§ 116 Abs. 3 Satz 5 FGO). Zulassungsgründe, die nach Ablauf der Beschwerde- und der Begründungsfrist vorgetragen werden, können nicht mehr berücksichtigt werden (BFH III B 547/90 v. 27.3.92, BStBl. II 92, 842). Nach Ablauf der Beschwerdefrist eingegangenes Vorbringen kann nur berücksichtigt werden, wenn es sich um bloße Erläuterungen und Ergänzungen handelt (BFH II B 97/08 v. 23.2.09, BeckRS 2009, 25014893; X B 116/06 v. 20.6.07, BFH/NV 07, 1705). Ist die Beschwerdebegründung nicht fristgerecht abgegeben und ein Antrag auf Fristverlängerung nicht gestellt worden, so kann die Fristversäumnis nur geheilt werden, wenn die Beschwerdebegründung innerhalb der Wiedereinsetzungsfrist nachgeholt wird (BFH VII B 99/02 v. 16.12.02, BFH/NV 03, 567).

9 Die **inhaltlichen Anforderungen an die Begründung** normiert § 115 Abs. 2 iVm § 116 Abs. 3 Satz 3 FGO. Der gesetzlich angeordnete Begründungszwang bezweckt die Entlastung des Revisionsgerichts. Daher müssen die Zulassungsgründe schlüssig dargelegt bzw. bezeichnet werden. Durch den Zwang zur Begründung einer NZB soll der BFH der Mühe enthoben sein, selbst in den Akten oder in der Rspr. nach möglichen Zulassungsgründen zu suchen (BFH I B 9/83 v. 30.3.83, BStBl. II 83, 479; X B 158/04 v. 1.3.05, BFH/NV 05, 1014). Bezugnahmen auf früheres Vorbringen, andere anhängige Verfahren oä. reichen daher nicht aus (BFH III B 97/01 v. 17.10.01, BFH/NV 02, 366; IX B 84/00 v. 13.12.00, BeckRS 2000, 25005525 ferner D. 3.02 Rz. 5 u. 6). Die **Darlegungspflicht** (vgl. Rz. 21) muss innerhalb der Frist des § 116 Abs. 3 erfüllt sein (BFH II B 53/86 v. 6.8.86, BStBl. II 86, 858 zu § 115 FGO aF).

10 Die Einlegung der NZB hemmt die Rechtskraft des Urteils (§ 116 Abs. 4 FGO).

11 **Beruht die angefochtene Entscheidung auf einem geltend gemachten Verfahrensmangel** (§ 115 Abs. 3 Satz 3 FGO), so kann der BFH die Entscheidung aufheben und den Rechtsstreit zur anderweitigen Verhandlung und Entscheidung zurückverweisen (§ 116 Abs. 4 FGO). Diese Regelung dient der Verfahrensbeschleunigung.

12 **Der Beschluss, mit dem eine Nichtzulassungsbeschwerde zurückgewiesen wird,** „soll kurz begründet" werden (§ 116 Abs. 5 Satz 2 FGO). Von einer Begründung kann jedoch abgesehen werden, wenn „sie nicht geeignet ist, zur Klärung der Voraussetzungen beizutragen, unter denen eine Revision zuzulassen ist". Nach den

Vorstellungen des Gesetzgebers soll der BFH „im Regelfall verpflichtet" sein, eine Kurzbegründung zu geben, und zwar im Informationsinteresse der Prozessbeteiligten, vor allem aber, um den FG „Hinweise für die Zulassungspraxis" zu geben (BR-Drs. 440/00 S. 23). Der Erfolg einer NZB dürfte mithin, ebenso wie bisher, von der „Zulassungspraxis" des BFH abhängen. Ein Informationsinteresse der Prozessbeteiligten dürfte stets zu bejahen sein (vgl. auch EGMR 30544/96 v. 21.1.99, NJW 99, 2429).

Maßgebend für die Zulassung auch durch den BFH sind die **Verhältnisse im Zeitpunkt der Entscheidung** der NZB (BFH VI B 158/03 v. 8.6.04, BFH/NV 04, 1406). Möglich ist daher, dass ein zum Zeitpunkt der Beschwerdeentscheidung bzw. -begründung gegebener Zulassungsgrund später wegfällt. 13

Mit der Ablehnung der Beschwerde durch den BFH, also mit der Zustellung des Verwerfungsbeschlusses, wird das Urteil rechtskräftig (§ 116 Abs. 5 Satz 3 FGO). 14

Wird der Beschwerde stattgegeben, so wird das Beschwerdeverfahren als Revisionsverfahren fortgesetzt, falls der BFH das Urteil nicht wegen eines Verfahrensmangels (§ 116 Abs. 7 Satz 1 FGO) aufhebt. Der Einlegung einer Revision durch den Beschwerdeführer bedarf es nicht mehr. Damit entfällt zugleich die für eine Revisionseinlegung vorgesehene Frist von einem Monat (§ 120 Abs. 1 Satz 1 FGO), und die Revisionsbegründungsfrist verkürzt sich von zwei (§ 120 Abs. 2 Satz 1 FGO) auf einen Monat. Diese Monatsfrist beginnt mit der Zustellung des Beschlusses über die Zulassung der Revision. 15

b) Grundsätzliche Bedeutung der Rechtssache

Gem. § 115 Abs. 2 Nr. 1 FGO **ist die Revision zuzulassen, wenn „die Rechtssache grundsätzliche Bedeutung hat".** Nach der Gesetzesbegründung soll die Grundsatzrevision in allen Fällen zugelassen werden, „in denen über den Einzelfall hinaus ein allgemeines Interesse an einer korrigierenden Entscheidung des Revisionsgerichts besteht". Fehler bei der Auslegung des revisiblen Rechts könnten auch dann die allgemeinen Interessen nachhaltig berühren und somit die Grundsatzrevision eröffnen, wenn sie „von erheblichem Gewicht und geeignet sind, das Vertrauen in die Rechtsprechung zu beschädigen". In diesen Fällen könne es geboten sein, der Rechtspraxis auch dann „eine höchstrichterliche Orientierungshilfe" zu geben, wenn die engen Zulassungsgründe des bisherigen Rechts nicht vorliegen (BR-Drs. 440/00 S. 20). 16

Der Zulassungsgrund der Rechtsfortbildung ist als spezieller Tatbestand in § 115 Abs. 2 Nr. 2, 1. Alt. FGO geregelt ist. Die Praxis zeigt bedauerlicher Weise, dass der BFH die Zulassung von Grundsatzrevisionen – entgegen dem Willen des Gesetzgebers – nicht großzügiger handhabt als früher (*Gräber/Ruban* § 115 FGO Rz. 23, *H/H/Sp/Lange* § 115 Rz. 70 ff.).

Zweifel an der Verfassungsmäßigkeit einer Norm können – wenn auch mit gewissen Einschränkungen – die Zulassung wegen grundsätzlicher Bedeutung rechtfertigen (BFH III B 151/86 v. 4.2.87, BStBl. II 87, 339; IV B 150/97 v. 26.11.98, BFH/NV 99, 657). Von grundsätzlicher Bedeutung ist jedoch nicht der Verfassungsverstoß, sondern die Rechtsfrage, aus der sich die Verfassungswidrigkeit ergeben soll; ihre Klärungsbedürftigkeit ist in der Beschwerdeschrift auszuführen (BFH V B 77/87 v. 14.12.87, BFH/NV 89, 27; BFH II B 68/91 v. 16.12.92, BFH/NV 94, 248). Das Gleiche gilt bei Verstößen gegen **Völkerrecht** oder **Gemeinschaftsrecht** (vgl. *H/H/Sp/Lange* § 115 FGO Rz. 96). **Auch Verfahrensfragen** können grundsätzliche Bedeutung haben, nicht jedoch Verfahrensfehler, also Verstöße gegen verfahrensrechtliche Vorschriften (BFH VI B 20/99 v. 12.7.99, BFH/NV 00, 60). In seiner Entscheidung BFH IV B 79, 80/01 v. 30.8.01 (BStBl. II 01, 837) hat der BFH offen gelassen, ob auch „Rechtsfehler von erheblichem Gewicht" ohne Rücksicht auf ihre über den Einzelfall hinausgehende Bedeutung eine Zulassung wegen grundsätzlicher Bedeutung rechtfertigen. Jedenfalls sei die Revision auch bei einem solchen Fehler nicht zuzulassen, wenn sich das Urteil im Ergebnis (aus anderen Gründen) als richtig erweise. **In** 17

Verfahren des vorläufigen Rechtsschutzes (§§ 69, 114 FGO) kann die grundsätzliche Bedeutung einer Rechtsfrage nicht mit dem Hinweis darauf verneint werden, in diesen Verfahren werde keine abschließende Entscheidung getroffen (*Gräber/Ruban* § 115 FGO Rz. 38). Lässt aber das FG die Beschwerde nicht zu, kann dagegen keine NZB erhoben werden (§ 128 Abs. 3 FGO). Rechtsfragen, die **auslaufendes Recht** betreffen, sollen die Zulassung wegen grundsätzlicher Bedeutung nur in Ausnahmefällen, nämlich dann rechtfertigen, wenn die entscheidungserhebliche Frage noch für eine Vielzahl von Fällen bedeutsam ist (BFH V B 28/78 v. 15.2.79, BStBl. II 79, 274; VII B 32/72 v. 19.6.73, BStBl. II 73, 685; VII B 154/93 v. 19.10.93, BFH/NV 94, 835; V B 47/99 v. 14.9.99, BFH/NV 00, 327). Zeitlich unbefristete Gesetze sind im Steuerrecht die Ausnahme. In einer Vielzahl, wenn nicht gar in der Mehrzahl der Fälle, entscheiden die FG und erst recht der BFH über die Auslegung und Anwendung von Steuergesetzen, die im Zeitpunkt der Entscheidung längst überholt sind, was im Zweifel nicht mehr der Rechtsfortbildung, wohl aber dem abstrakten Interesse der Allgemeinheit an der einheitlichen Rechtsanwendung dienen kann.

18 Die Zulassung wegen grundsätzlicher Bedeutung setzt eine **klärungsbedürftige und klärungsfähige Rechtsfrage** voraus (BFH VII B 273/05 v. 7.6.06, BFH/NV 06, 1787; IX B 116/03 v. 15.7.04, BStBl. II 04, 1000; IX B 81/99 v. 16.7.99, BStBl. II 99, 760). **Eine Rechtsfrage ist** nur dann **klärungsbedürftig,** wenn ihre Beantwortung zu Zweifeln Anlass gibt, also unterschiedliche Rechtsauffassungen zu dieser Frage bestehen oder bestehen können (BFH IV B 135/01 v. 27.1.04, BFH/NV 04, 783; VII B 240/05 v. 8.12.06, BFH/NV 07, 922); dies ist zB nicht der Fall, wenn sich ihre Beantwortung unmittelbar aus dem Gesetz ergibt (BFH IV B 143/01 v. 16.4.03 BeckRS 2003, 25002155)oder wenn sie schon Gegenstand einer Entscheidung des BFH gewesen ist und von einer erneuten Entscheidung eine weitere Klärung nicht zu erwarten ist (BFH IV B 41/06 v. 24.5.07, BFH/NV 07, 2049) oder aber auch, wenn es lediglich um die Anwendung fester Rechtsgrundsätze auf einen bestimmten Sachverhalt geht(BFH VII B 345/06 v. 13.8.07, BFH/NV 08, 23). Anders jedoch, wenn einzelne Finanzgerichte dem BFH nicht gefolgt sind oder wenn in der Literatur beachtliche Argumente vorgetragen wurden, die der BFH noch nicht erkennbar gewertet hat (BFH VI B 162/08 v. 27.5.09, BeckRS 09, 25015293). Eine bereits vom BFH entschiedene Rechtsfrage bleibt klärungsbedürftig im Falle so genannter Nichtanwendungserlasse. Ist jedoch eine Rechtsfrage von mehreren Senaten mehrfach einhellig entschieden worden, rechtfertigt auch ein Nichtanwendungserlass die grundsätzliche Bedeutung nicht (BFH VIII B 71/88 v. 7.12.88, BStBl. II 89, 566; IV B 171/06 v. 8.11.07, BStBl. II 08, 380). Gleiches gilt, wenn das angefochtene Urteil von der Rspr. des BVerfG oder der eines anderen oberen Bundesgerichts abweicht. Klärungsbedarf kann auch bei unterschiedlicher Verwaltungspraxis bestehen, zB auf Grund voneinander abweichender Verwaltungsanweisungen (BFH V B 52/99 v. 19.8.99, BFH/NV 00, 212). Klärungsbedürftige Rechtsfragen führen nur dann zur Zulassung der Revision, wenn die Rechtsfrage, deren grundsätzliche Bedeutung dargelegt wird, für die Entscheidung des Streitfalles überhaupt erheblich ist, dh. es muss die konkrete Möglichkeit einer Klärung bestehen (BFH X B 132/02 v. 10.9.03, BFH/NV 04, 495; II B 38/81 v. 27.1.82, BStBl. II 82, 326). An der Klärungsfähigkeit fehlt es, wenn das FG seine Entscheidung auf mehrere je für sich das Urteil tragende Gründe gestützt hat, aber nur eine der angesprochenen Rechtsfragen grundsätzliche Bedeutung hat (BFH IV B 3/74 v. 2.5.74, BStBl. II 74, 524; VI B 109/08 v. 19.5.09, BeckRS 2009, 25015246). Enthält das Urteil des FG eine Haupt- und zwei Hilfsbegründungen, so ist bei einer NZB **hinsichtlich jeder Begründung ein Zulassungsgrund darzulegen** (BFH I B 128/98 v. 18.3.99, BFH/NV 99, 1233).

Die Erfolgsaussichten der Revision, also die Beurteilung der Frage, ob sich der BFH der von der Revisionsklägerin erstrebten Lösung der Rechtsfrage anschließen wird, sind für die Zulassung unerheblich (*Gräber/Ruban* § 115 FGO Rz. 13).

Die **grundsätzliche Bedeutung der Rechtsfrage muss dargelegt werden** (§ 116 Abs. 3 Satz 3 FGO; vgl. auch D. 3.02 Rz. 6). Eine nach § 116 Abs. 3 FGO ausreichende Begründung ist Zulässigkeitsvoraussetzung der NZB (st. Rspr, vgl. zB BFH I B 21/68 v. 2.10.68, BStBl. II 68, 824; IV B 79, 80/01 v. 30.8.01, BStBl. II 01, 837; VI B 78/07 v. 23.7.08, BStBl. II 08, 878). Die veröffentlichten Beschlüsse des BFH zu der inhaltlich gleich lautenden Vorschrift des § 115 Abs. 3 Satz 3 FGO aF belegen, dass die ganz überwiegende Mehrzahl der als unzulässig abgewiesenen Nichtzulassungsbeschwerden an der nicht ordnungsgemäßen Erfüllung der Darlegungspflicht scheiterten. Auf die Darlegung der grundsätzlichen Bedeutung einer Rechtsfrage ist deshalb bei der Begründung der NZB sorgfältig zu achten, es muss insbesondere gut begründet werden, warum das öffentliche Interesse eine Sachentscheidung im konkreten Einzelfall fordert. In der Praxis des BFH haben die Vorstellungen des Gesetzgebers, wonach die Anforderungen an die Darlegungspflicht (vgl. BR-Drs. 440/00 S. 22, vgl. Rz. 6) eingeschränkt werden sollten, leider kaum Niederschlag gefunden (zur ausnahmsweisen Entbehrlichkeit der Darlegung: BFH IV B 35/87 v. 9.9.88, BeckRS 1988 22008534). 19

Beispiele für die Beurteilung der Darlegungspflicht. Der Beschwerdeführer muss in der Beschwerdeschrift substantiiert und in sich schlüssig ausführen, worin das Interesse der Allgemeinheit an der Entscheidung der klärungsbedürftigen und klärungsfähigen Rechtsfrage (Rz. 19) liegen soll (BFH III B 31/88 v. 2.9.88, BFH/NV 89, 129; VI B 78/07 v. 23.7.08, BStBl. II 08, 878). Allerdings braucht nicht ausdrücklich gesagt zu werden, die Sache habe grundsätzliche Bedeutung; es genügt, dass sich dies aus dem Sinn des Vorbringens ergibt (BFH II B 48/69 v. 17.2.70, BStBl. II 70, 332). Es genügt nicht, wenn der Beschwerdeführer zwar eine abstrakte Rechtsfrage formuliert, jedoch zu deren Bedeutung für die Allgemeinheit keine Stellung nimmt (BFH B 151/01 v. 7.8.02, BFH/NV 03, 60). Der Darlegungspflicht wird nicht genügt, wenn der Revisionskläger lediglich unter Benennung einer bestimmten Norm erklärt, das materielle Recht sei verletzt und die Entscheidung habe auch für seine künftigen Veranlagungen Bedeutung (BFH VIII B 128/00 v. 5.2.01, BeckRS 2001, 25005752). Erforderlich ist ein konkretes Eingehen auf die Rechtsfrage und ihre über den Einzelfall hinausgehende Bedeutung (BFH V B 45/67 v. 18.1.68, BStBl. II 68, 98; VII B 63/87 v. 12.5.87, BFH/NV 88, 38; II B 68/91 v. 16.12.92, BFH/NV 94, 248; III B 58/93 v. 27.9.93, BFH/NV 94, 388). Es reicht auch nicht der Hinweis, der BFH habe über die Streitfrage bisher noch nicht entschieden (BFH II B 8/99 v. 29.9.99, BFH/NV 00, 340 mwN). Hat der BFH die streitige Rechtsfrage bereits entschieden, muss der Beschwerdeführer „unmissverständlich sagen, worin er die grundsätzliche Bedeutung sieht" (BFH I B 9/83 v. 30.3.83, BStBl. II 83, 479; VIII B 35/02 v. 13.11.02, BFH/NV 03, 333). Ein allgemeiner Hinweis auf „neue Gesichtspunkte in der Literatur" reicht nicht (BFH V B 163/92 v. 1.12.93, BFH/NV 95, 310; VIII B 96/99 v. 9.11.99, BFH/NV 00, 473). Auch eine bloße Behauptung der Verfassungswidrigkeit der Vorschrift genügt nicht. Es muss insbesondere auch dargelegt werden, dass der Gesetzgeber die verfassungsrechtlichen Grenzen seiner Gestaltungsfreiheit nicht eingehalten hat (BFH V B 86/93 v. 28.10.93, BFH/NV 94, 425; II B 73/02 v. 6.5.03, BFH/NV BFH/NV 03, 1185). Bei behaupteter Verfassungswidrigkeit einer Norm erfordert die schlüssige Darlegung der grundsätzlichen Bedeutung auch Ausführungen dazu, dass eine zu erwartende Entscheidung des BVerfG zu einer rückwirkenden Neuregelung des beanstandeten Gesetzes oder nur zu einer Übergangsregelung für alle noch offenen Fälle führen wird (BFH IV B 150/97 v. 26.11.98, BFH/NV 99, 657 betr. Gewerbeertragsteuer). Ebenso wenig genügt eine inhaltliche Kritik an der Rechtsauffassung des FG im Stil einer Revisionsbegründung (BFH II B 58/94 v. 31.8.94, BFH/NV 95, 240) oder ein Hinweis auf Parallelverfahren, die beim Bundesfinanzhof anhängig sind (BFH I B 27/85 v. 27.6.85, BStBl. II 85, 625). Für die Darlegung der grundsätzlichen Bedeutung einer verfahrensrechtlichen Frage gelten die 20 gleichen Anforderungen wie bei einer Frage des materiellen Rechts (BFH VI B 20/99 v. 12.7.99, BFH/NV 00, 60).

c) Revision zwecks Fortbildung des Rechts oder Sicherung einer einheitlichen Rechtsprechung

21 Gem. § 115 Abs. 2 Nr. 2 FGO ist die Revision zuzulassen, wenn **„die Fortbildung des Rechts oder die Sicherung einer einheitlichen Rspr. eine Entscheidung des BFH erfordert".**

Der Zulassungsgrund des Abs. 2 Nr. 2, 1. Alt. **(Fortbildung des Rechts)** konkretisiert den Zulassungsgrund des Nr. 1. Eine Zulassung der Revision zur Fortbildung des Rechts ist erforderlich, wenn über bisher ungeklärte abstrakte Rechtsfragen zu entscheiden ist, insbesondere, wenn der Streitfall im allgemeinen Interesse Anlass gibt, Leitsätze für die Auslegung von Gesetzesbestimmungen des materiellen oder des Verfahrensrechts aufzustellen oder Gesetzeslücken auszufüllen (BFH VII B 344/03 v. 7.7.04, BStBl. II 04, 896; III B 65/01 v. 17.10.01, BFH/NV 02, 217; VIII B 4/06 v. 5.12.06, BFH/NV 07, 490; VI B 68/06 v. 20.12.07 BFH/NV 08, 977 vgl. auch BT-Drs. 14/4722, 104). Auch für diesen Zulassungsgrund gilt, dass es sich um eine klärungsbedürftige, entscheidungserhebliche und klärbare Rechtsfrage handeln muss, deren Klärung in einem künftigen, konkret angestrebten Revisionsverfahren auch zu erwarten ist (BFH X B 48/04 v. 15.12.04, BFH/NV 05, 698; X B 26/03 v. 14.10.03, BFH/NV 04, 82).

22 Die Zulassung nach Abs. 2 Nr. 2, 2. Alt. **(Sicherung einer einheitlichen Rspr.)** dient im Wesentlichen der Beseitigung oder Verhinderung einer uneinheitlichen Rspr. Hierunter fällt zum einen die eigentliche **Divergenzrevision**, dh. das Abweichen von einer Entscheidung anderer Gerichte. Nach den Ausführungen in den Gesetzesmaterialien sollen hierunter aber auch die Fälle subsumiert werden, in denen ein Urteil an einem **erheblichen Rechtsfehler** leidet, der geeignet ist, das Vertrauen in die Rspr. zu beschädigen Hierunter fallen zum einen die Rechtsfehler von verfassungsrechtlicher Relevanz („Verstoß gegen das Willkürverbot" des Art. 3 GG), aber auch sonstige gravierende Rechtsfehler, die nach der Rspr. des BFH zu einer „greifbar gesetzeswidrigen" Entscheidung führen (BFH I B 43/04 v. 4.11.04, BFH/NV 05, 707; BFH III B 143/04 v. 31.5.05, BFH/NV 05, 1632; IX B 174/04 v. 6.4.05, BFH/NV 05, 354; BFH X B 126/07 v. 24.10.07, BeckRS 2007, 25012548 vgl. *Gräber/Ruban* § 115 FGO Rz. 43 u. Rz. 70f).

Nach dem Wortlaut des § 115 Abs. 2 Nr. 2 FGO kommt es im Falle der Divergenz nicht darauf an, welches Gericht die Entscheidung, von der abgewichen wird, getroffen hat. In Betracht kommen Abweichungen von Entscheidungen anderer oberer Bundesgerichte, des EuGH oder auch von einem anderen FG. Es werden also auch Fälle erfasst, in denen die bisherige Divergenzrevision nicht statthaft war. Keine Divergenz liegt vor, wenn das FG erkennbar von der Rechtsprechung des BFH ausgeht, diese aber fehlerhaft auf die Besonderheiten des Streitfalles anwendet (*Gräber/Ruban* § 115 FGO Rz. 55 mwN). Ob die Würdigung durch das FG, ohne dass eine Abweichung in dem beschriebenen Sinn vorliegt, sich als zwingend oder zutreffend ansehen lässt, ist für die Frage nach einer Abweichung unerheblich (BFH VI B 34/00 v. 6.5.02, BFH/NV 02, 1030). Bei einer Abweichung von einer Entscheidung des EuGH oder eines anderen obersten Bundesgerichts erfordert die Sicherung der Einheitlichkeit der Rechtsprechung eine Entscheidung des BFH.

23 Der Revisionsgrund des § 115 Abs. 2 Nr. 2 FGO muss **„dargelegt"** werden (§ 116 Abs. 3 Satz 3 FGO). Insofern gelten die gleichen Voraussetzungen wie bezüglich der grundsätzlichen Bedeutung (vgl. D. 3.03 Rz. 20). Dazu gehört eine genaue Bezeichnung des Urteils, von dem abgewichen wird, mit Aktenzeichen und Datum oder der Fundstelle (BFH VI B 140/69 v. 6.5.70, BStBl. II 70, 552; IX B 139/99 v. 22.2.00, BFH/NV 00, 951). Außerdem muss der Beschwerdeführer darlegen, dass das

Finanzgericht in seinem Urteil einen allgemeinen, die Entscheidung tragenden Rechtssatz aufgestellt hat, der von einem allgemeinen, ebenfalls tragenden Rechtssatz des BFH, eines anderen obersten Gericht oder des FG abweicht (BFH VII B 63/87 v. 12.5.87, BFH/NV 88, 38; III B 48/07 v. 27.8.07, BFH/NV 08, 76). Es reicht aus, dass das FG im **Entscheidungsergebnis** abgewichen ist (BT-Drs. 14/4549). Ein abstrakter Rechtssatz muss nicht herausgearbeitet werden, es reicht aus, wenn er sich aus den **fallbezogenen Rechtsausführungen** des FG ergibt (BFH VIII B 49/90 v. 24.4.92, BStBl. II 92, 671 mwN; VIII B 15/07 v. 14.9.07, BFH/NV 08, 61; *Gräber/Ruban* § 115 Rz. 54).

Eine die Rechtseinheit gefährdende Abweichung liegt nur vor, wenn das FG bei **gleichem oder vergleichbarem Sachverhalt** (BFH VII B 208/02 v. 11.3.03, BFH/NV 03, 816) in einer entscheidungserheblichen Rechtsfrage eine andere Rechtsauffassung vertritt. Eine Divergenz allein in der Würdigung von Tatsachen oder Subsumtionsfehlern genügt nicht (BFH II B 175/92 v. 4.8.93, BFH/NV 94, 718; VII B 93/02 v. 17.7.03, BFH/NV 04, 5; VIII B 49/07 v. 19.2.08, BFH/NV 08, 1158; VI B 29/06 v. 22.2.07, BFH/NV 07, 969). Die einander widersprechenden Rechtssätze müssen so dargestellt werden, dass eine Abweichung erkennbar wird (BFH I B 9/83 v. 30.3.83, BStBl. II 83, 479; V B 55/93 v. 27.9.93, BFH/NV 95, 512; VI B 94/99 v. 5.8.99, BFH/NV 00, 72). Insoweit genügt zB nicht, dass der Beschwerdeführer vorträgt, er habe sich im Klageverfahren auf ein ganz bestimmtes (näher bezeichnetes) Urteil des BFH berufen (BFH V B 80/93 v. 20.9.93, BFH/NV 95, 512).

§ 115 Abs. 2 Nr. 2 FGO verlangt nicht, dass das Urteil des FG auf der Abweichung **24**
„beruht". Es ist aber ungeschriebenes Tatbestandsmerkmal, dass die abweichend entschiedene Rechtsfrage für das angefochtene Urteil **tragend** sein muss (BFH XI B 201/07 v. 12.6.08, BeckRS 2008, 25013590; IV B 91/01 v. 1.10.02, BFH/NV 03, 304; III B 189/05 v. 12.6.06, BFH/NV 06, 2055; vgl. hierzu *Gräber/Ruban* § 115 FGO Rz. 59f).

Der BFH hat in vielen Entscheidungen die Auffassung vertreten, die Revision sei **25**
auch bei **offensichtlichen Rechtsfehlern** zuzulassen, die zwar nicht zu einer objektiv willkürlichen, aber zu einer greifbar gesetzeswidrigen Entscheidung geführt hätten und deshalb geeignet sind, das Vertrauen in die Rspr. zu beschädigen (vgl. BFH IX B 169/03 v. 10.2.05, BFH/NV 05, 1057; IX B 184/03 v. 2.3.05, BFH/NV 05, 1067; IX B 119/04 v. 8.2.05, BFH/NV 05, 1130; VII B 76/06 v. 15.9.06, BFH/NV 07, 185 siehe hierzu *Gräber/Ruban* § 115 FGO Rz. 70f; *H/H/Sp/Lange* § 115 FGO Rz. 200ff). Unklar ist allerdings, unter welchen Umständen von einem Fehler von erheblichem Gewicht auszugehen ist. Dies wird von BFH zumindest immer dann angenommen, wenn die Entscheidung des FG **willkürlich** ist (vgl. BFH VII B 141/01 v. 14.2.02, BFH/NV 02, 798; *H/H/Sp/Lange* § 115 FGO Rz. 204ff). Aber auch Fälle unterhalb der Willkürgrenze begründen nach der Mehrheit der Senate des BFH die Zulassung der Revision, wenn ein Rechtsfehler vorliegt, der zu einer „greifbar gesetzeswidrigen" Entscheidung geführt hat (vgl. BFH I B 43/04 v. 4.11.04, BFH/NV 05, 707; II B 9/04 v. 6.10.05, BFH/NV 06, 24 m.w.N.; Beispiele bei *H/H/Sp/Lange* § 115 FGO Rz. 210; zur Möglichkeit der Zulassung der Revision wegen **Wiederholungsgefahr** siehe *Gräber/Ruban* § 115 Rz. 71 unter Verweis auf die Rspr. des BGH).

Der Fehler des FG muss **offensichtlich** sein und damit eine Entscheidung des Revisionsgerichtes erforderlich machen. Schließlich muss die Korrektur des Fehlers in dem angestrebten Revisionsverfahren möglich sein (vgl. hierzu *H/H/Sp/Lange* § 115 FGO Rz. 214ff).

d) Zulassung der Revision wegen Verfahrensmängeln

Gem. **§ 115 Abs. 2 Nr. 3 FGO** ist die Revision zuzulassen, wenn die angefochte- **26**
ne Entscheidung auf einem geltend gemachten Verfahrensmangel beruhen kann. **Ver-**

fahrensmängel iS dieser Vorschrift sind Verstöße des Finanzgerichts gegen das Gerichtsverfahrensrecht (BFH I B 5/09 v. 27.5.09, BeckRS 2009, 2501527; III B 135/03 v. 9.12.03, BFH/NV 04, 339). Eine Einschränkung gibt es nur insoweit, als Normen des Gerichtsverfahrensrechts einen engen sachlichen Bezug zum materiellen Recht haben. So sind zB Fehler bei der **Beweiswürdigung** revisionsrechtlich grundsätzlich dem materiellen Recht zuzuordnen (BFH V R 53/83 v. 29.9.88, BStBl. II 88, 1022; IV B 103/06 v. 4.7.07, BeckRS 2007, 25012205); ebenfalls **Verstöße gegen Denkgesetze oder Erfahrungssätze** (BFH I R 81/72 v. 16.1.74, BStBl. II 74, 291; IX B 154/07 v. 15.4.08, BFH/NV 08, 1340). Nicht jede fehlerhafte Handhabung des Prozessrechts begründet indes einen Verfahrensmangel iSd. § 115 Abs. 2 Nr. 3 FGO. Insoweit wird in der älteren Lehre in Anlehnung an die Rspr. des RG zwischen Fehlern, die das Verfahren des Gerichts bei der Urteilsfindung beeinflusst haben (error in procedendo) und Fehlern bei der rechtlichen Beurteilung verfahrensrechtlicher Vorschriften (error in iudicando – BFH IV B 93/69 v. 26.2.70, BStBl. II 70, 545; IV B 6/85 v. 27.2.86, BStBl. II 86, 492; ferner D. 3.02 Rz. 6) unterschieden. Nur erstere sollten für die Zulassung relevant sein. Von dieser Unterscheidung hat sich der BFH in der Praxis weitgehend gelöst. Jede fehlerhafte Beurteilung von Sachentscheidungsvoraussetzungen wird danach als Verfahrensmangel behandelt (vgl. BFH III B 135/03 v. 9.12.03, BFH/NV 04, 339; XI B 46/02 v. 8.6.04, BFH/NV 04, 1417; IX 47/83 v. 24.9.85, BStBl. II 86, 268).

Bei der Überprüfung, ob ein Verfahrensmangel gegeben ist, ist der materiell rechtliche Standpunkt des FG zugrunde zu legen (BFH VI B 12/76 v. 13.4.76, BStBl. II 76, 503; V B 125/98 v. 23.2.99, BFH/NV 99, 963; II B 117/99 v. 7.12.99, BFH/NV 00, 681).

Beispiele für Verfahrensmängel:

- Versagung des rechtlichen Gehörs. Die schlüssige Rüge erfordert keine Ausführungen darüber, was bei ausreichender Gewährung noch vorgetragen worden wäre und dass dieser Vortrag die Entscheidung des Gerichts hätte beeinflussen können, wenn das Gericht verfahrensfehlerhaft in Abwesenheit des Rechtsmittelsführers auf Grund mündlicher Verhandlung entschieden hätte (BFH GrS 3/98 v. 3.9.01, BStBl. II 01, 802, in Abkehr von der bisherigen Rspr., vgl. auch BVerfG 1 PBvU 1/02 v. 30.4.03, NJW 03, 1924).
- Unterlassen einer notwendigen Beiladung BFH VIII R 33/05 v. 19.6.06, BFH/NV 06, 1693).
- FG entscheidet auf Grund unvollständig ermittelten Sachverhalts (BFH IV B 43/06 v. 4.7.07, BFH/NV 07, 2127).
- Ablehnung oder Übergehen eines Beweisantrages ohne Begründung (vgl. dazu *Gräber/Ruban* § 115 FGO Rz. 80; BFH IV B 4/08 v. 1.9.08, BFH/NV 09, 35; VI B 7/06 v. 14.12.06, BFH/NV 07, 496).
- Vorweggenommene Beweiswürdigung (BFH IX B 27/09 v. 30.6.09, BeckRS 2009, 25015363; VIII B 209/03 v. 21.2.05, BFH/NV 05, 1123; X B 248/07 v. 22.10.08, BFH/NV 09, 186).
- Ein Verstoß gegen den klaren Inhalt der Akten kann, wenn auch mit gewissen Einschränkungen, Verfahrensmangel sein (BFH I R 163/82 v. 9.10.85, BFH/NV 86, 288). Ein solcher Verstoß stellt zB dann einen Verfahrensfehler dar, wenn das Finanzgericht seiner Entscheidung einen Sachverhalt zugrunde legt, der dem schriftlichen Vertrag der Beteiligten nicht entspricht oder wenn eine nach dem Akteninhalt feststehende Tatsache nicht berücksichtigt wird (BFH III R 46/98 v. 23.3.99, BFH/NV 99, 1465).
- Nichtberücksichtigung von Aktenbestandteilen ist Verstoß gegen § 96 Abs. 2 Satz 1 FGO (BFH VIII B 174/05 v. 23.1.07, BFH/NV 07, 911; X B 86/02 v. 21.11.02, BFH/NV 03, 337).

- Unterlassen des FG, gem. § 76 Abs. 2 FGO auf den Übergang zu einer sachdienlichen Fortsetzungsfeststellungsklage hinzuwirken (BFH V R 57/83 v. 4.2.88, BStBl. II 88, 413).
- Ein Urteil ist nicht mit Gründen versehen (§ 119 Nr. 6 FGO), wenn Tatbestand und Entscheidungsgründe nicht binnen fünf Monaten nach Verkündung schriftlich niedergelegt, von den Richtern besonders unterschrieben und der Geschäftsstelle übergeben worden sind (GmS OGB 1/92 v. 27.4.93, NJW 93, 2603).
- Verletzung des Grundsatzes der Unmittelbarkeit der Beweisaufnahme (BFH X B 67/07 v. 22.4.08, BFH/NV 08, 1346; VI B 162/04 v. 17.5.05, BFH/NV 05, 1613).
- Verletzung der Pflicht zur Aussetzung des Verfahrens nach § 74 FGO (BFH X B 67/07 v. 22.4.08, BFH/NV 08, 1346; VI B 162/04 v. 17.5.05, BFH/NV 05, 1613).
- Verstoß gegen Sachaufklärungspflicht (BFH IV R 141/77 v. 19.2.81, BStBl. II 81, 433; XI R 35/92 v. 21.1.93, BFH/NV 93, 671).
- Überraschungsentscheidung, dh wenn das Urteil auf einen bis zuletzt nicht angesprochenen rechtlichen Gesichtspunkt gestützt wird (BFH X R 79/88 v. 19.9.90, BStBl. II 91, 100; BFH II B 69/03 v. 6.8.04, BFH/NV 04, 1666).
- Fehlerhafte Anwendung von Präklusionsvorschriften (BFH III B 75/03 v. 28.11.03, BFH/NV 04, 523; BFH VIII B 40/08 v. 28.11.03, BeckRS 08, 25013782).
  (Siehe hierzu auch *Gräber/Ruban* § 115 FGO Rz. 80 mwN).

Gem. § 116 Abs. 3 Satz 3 FGO **muss „dargelegt" werden, dass der geltend gemachte Verfahrensmangel vorliegt und dass die angefochtene Entscheidung auf ihm beruhen kann.** Voraussetzung für die Zulassung der Revision ist mithin – ebenso wie nach bisherigem Recht –, dass ein Verfahrensmangel nicht nur gerügt wird, sondern auch tatsächlich vorliegt. Die schlüssige Rüge eines Mangels genügt danach nicht (BR-Drs. 440/00 S. 21). In der Beschwerdebegründung muss dargelegt werden, dass der Verstoß bereits in der mündlichen Verhandlung gerügt worden ist (BVerfG 2 BvR 620/92 v. 19.2.93, HFR 93, 331). Der Beschwerdeführer muss also bspw. darlegen, welches Ergebnis die von ihm beantragte Einholung eines Gutachtens (BFH II B 87/86 v. 17.9.86, BFH/NV 88, 235) oder einer Zeugenbefragung gehabt hätte (BFH XI B 18/00 v. 22.6.01, BFH/NV 01, 1588). Wird mangelnde Sachaufklärung mit der Begründung gerügt, das FG habe auch ohne Beweisantritt von Amts wegen aufklären müssen, sind genaue Angaben der Beweismittel erforderlich, die das FG nicht erhoben hat, deren Erhebung sich ihm aber auch ohne besonderen Antrag als noch erforderlich hätte aufdrängen müssen (BFH X B 62/11 v. 27.6.12, BFH/NV 12, 1625; VIII B 183/02 v 26.8.03, BFH/NV 04, 177). Hierzu ist erforderlich, dass Tatsachen angegeben werden, die den gerügten Verfahrensverstoß schlüssig ergeben und dass die maßgebenden Geschehensabläufe genau geschildert werden (BFH II B 68/91 v. 16.12.92, BFH/NV 94, 248). Bei einer Rüge, das FG habe seiner Beweiswürdigung nicht das Gesamtergebnis des Verfahrens zugrunde gelegt, muss genau angegeben werden – einschließlich Seitenzahl –, welche Teile nicht berücksichtigt wurden (BFH III B 8/89 v. 14.12.89, BFH/NV 90, 709; *HHSp/Lange* § 115 FGO Rz. 240). Die Anforderungen an die Darlegungspflicht dürfen aber nicht überspitzt werden. Sowohl Art. 19 Abs. 4 GG als auch das Rechtsstaatsprinzip (Art. 20 Abs. 3 GG) verbieten eine Auslegung und Anwendung, die den gerichtlichen Rechtsschutz sachwidrig und unzumutbar verkürzt. 27

Die Zulassung der Verfahrensrevision setzt voraus, dass das angefochtene Urteil **auf dem Verfahrensmangel beruhen** kann (§ 115 Abs. 2 Nr. 3 FGO). Das ist der Fall, wenn die Möglichkeit besteht, dass das Urteil bei richtigem Verfahren anders ausgefallen wäre (BFH V B 62/94 v. 7.2.95, BFH/NV 95, 861; IV B 5/09 v. 29.10.09, BFH/NV 10, 445). 28

29 Das **Recht,** einen **Verfahrensmangel zu rügen,** kann **verwirkt** sein, allerdings nur bei der Verletzung von Verfahrensvorschriften, auf deren Einhaltung die Beteiligten gem. § 155 FGO iVm. § 295 ZPO verzichten können (BFH VII B 123/70 v. 18.4.72, BStBl. II 72, 573; VII R 143/81 v. 26.2.85, BFH/NV 86, 100). Zu den verzichtbaren Mängeln gehören zB Formverstöße bei der Beweisaufnahme, Einhaltung der Vorschriften über das rechtliche Gehör sowie das Gebot der Öffentlichkeit des Verfahrens (*Gräber/Ruban* § 115 Rz. 101). Nicht verzichten können die Beteiligten auf die Einhaltung derjenigen Verfahrensnormen, deren Befolgung auch im Interesse der Öffentlichkeit liegt, zB die richtige Besetzung des Gerichts (*Gräber/Ruban* § 115 FGO Rz. 102). Verzichtbare Verfahrensmängel müssen bereits in der ersten Instanz gerügt werden; andernfalls gilt der Mangel als geheilt (BFH I B 81/12 v. 9.1.13, BFH/NV 13, 752). Wird die NZB auf einen verzichtbaren Verfahrensmangel gestützt, muss in der Beschwerdebegründung **vorgetragen** werden, dass der Verstoß in der ersten Instanz gerügt wurde (BFH VII R 143/81 v. 26.2.85, BFH/NV 86, 100).

30 **Bei einem durchgreifenden Verfahrensmangel** kann der BFH das angefochtene Urteil bereits in dem Beschluss über die Nichtzulassungsbeschwerde aufheben und den Rechtsstreit zurückverweisen (§ 116 Abs. 2 FGO). In der Sache selbst trifft der Senat keine Entscheidung. Er kann aber zumindest Zweifel an der Tragfähigkeit von in den schriftlichen Gründen geäußerten Erwägungen anbringen (BVerwG 11 C 7/99 v. 27.11.99, NVwZ-RR 00, 317).

D. 3.04 Beschwerde gegen Entscheidungen, die nicht Urteile oder Gerichtsbescheide sind

I. FORMULAR

Formular D. 3.04 Beschwerde

Finanzgericht ...... *[Anschrift]*

In dem Rechtsstreit

...... *[Anschrift]* ......, Prozessbevollmächtigter ......
(Vollmacht beigefügt)

– Kläger und Beschwerdeführer –

gegen
Finanzamt ......, vertreten durch seinen Amtsleiter,

– Beklagter und Beschwerdegegner –

lege ich gegen den Beschluss des Finanzgerichts vom ...... Az. ......

BESCHWERDE

ein, mit dem Antrag,

den angefochtenen Beschluss aufzuheben und das Finanzgericht anzuweisen, dem Prozessbevollmächtigten die von dem Beklagten vorgelegten Akten in seiner Kanzlei zugänglich zu machen.

Gründe:

Im Verfahren Az. ...... vor dem Finanzgericht stellte der Prozessbevollmächtigte des Klägers und Beschwerdeführers den Antrag, ihm die Akten des Beklagten in seiner Kanzlei zugänglich zu machen. Das Finanzgericht lehnte diesen Antrag durch Beschluss vom ...... ab.

Die Beschwerde ist zulässig, weil die angefochtene Entscheidung eine solche iSd. § 128 Abs. 1 FGO ist, durch die der Beschwerdeführer betroffen wird. Der Beschluss, die Akten nicht an den Bevollmächtigten in dessen Kanzlei zu übersenden, ist keine prozeßleitende Verfügung iSd. § 128 Abs. 2 FGO (BFH vom 24.3.1981, BStBl. II 1981, 475 mwN).

Die Versendung bzw. Aushändigung der Akten steht im pflichtgemäßen Ermessen des Gerichts (*Gräber/Koch* § 78 Rz. 10). Im Streitfall ist die Weigerung, dem Prozessbevollmächtigten die Akten in seiner Kanzlei zugänglich zu machen, ermessenswidrig. Die Einsicht von umfangreichen Steuerakten kann bei Gerichten und Finanzämtern erfahrungsgemäß nicht sachgerecht ausgeübt werden, da dort Bedingungen herrschen, die nicht denen in der eigenen Kanzlei entsprechen. Im eigenen Büro stehen sowohl Mitarbeiter als auch modernes technisches Gerät zur Verfügung. Außerdem herrscht im eigenen Büro die für eine kritische Durchsicht der Akten erforderliche Ruhe, und schließlich ist der Bevollmächtigte dort nicht auf die üblichen, relativ frühen behördlichen Dienstschlusszeiten beschränkt. Die Nichtüberlassung der Akten in die Kanzlei des Bevollmächtigten verletzt auch das Prinzip der Waffengleichheit, weil das beklagte Finanzamt sich von der eigenen Steuerakte eine Zweitakte anfertigen kann, während das Akteneinsichtsrecht des Prozessbevollmächtigten durch die mühevollen Umstände beim Gericht oder beim nächstgelegenen Finanzamt faktisch beschränkt wird.

...

Steuerberater

II. ERLÄUTERUNGEN

Erläuterungen zu D. 3.04 Beschwerde

Schrifttum: *Brunk* Beschwerde gegen den Einstellungsbeschluß des Finanzgerichts, FR 72, 390; *Gräber* Beschwerdeverfahren und Wiederaufnahmeverfahren nach der FGO, DStR 72, 102; *Lohmeyer* Das Akteneinsichtsrecht im Beschwerdeverfahren, DVR 78, 18; *Rüsken* Rechtsbehelfe gegen willkürliche Gerichtsentscheidungen, DStZ 00, 815.

Die in §§ 128 ff. FGO geregelte Beschwerde ist ein eigenständiges förmliches Rechtsmittel, dessen Zulässigkeit sich nach den speziellen Vorschriften der §§ 128 ff. und im Übrigen nach den für alle Rechtsmittel geltenden Voraussetzungen bestimmt (*Gräber/Ruban* § 128 FGO Rz. 1). 1

Die Beschwerde an den Bundesfinanzhof ist statthaft gegen Entscheidungen des Finanzgerichts, die nicht Urteile oder Gerichtsbescheide (§ 90a FGO) sind. Gegenstand der Beschwerde können auch Entscheidungen des Vorsitzenden (auch des Einzelrichters gem. §§ 6, 79a Abs. 3 u. 4 FGO) oder des Berichterstatters (§ 65 Abs. 2 Satz 1 FGO) sein, soweit die Beschwerde nicht ausdrücklich ausgeschlossen ist (Rz. 4). 2

Nicht beschwerdefähig sind prozessleitende Verfügungen, Aufklärungsanordnungen, Beschlüsse über eine Vertagung oder die Bestimmung einer Frist, Beweisbeschlüsse, Beschlüsse nach §§ 91a und 93a, Beschlüsse über Ablehnung von Beweisanträgen, über Verbindung und Trennung von Verfahren und Ansprüchen (§ 128 Abs. 2 FGO). Bei dem Begriff der **prozessleitenden Verfügung,** der gesetzlich nicht bestimmt ist, handelt es sich um Entscheidungen, die einen gesetzmäßigen und zweckfördernden Verlauf des Verfahrens, eine erschöpfende und doch beschleunigende Verhandlung und eine Beendigung des Rechtsstreits auf kürzestem Weg zum Ziele haben. Es muss sich also um Entscheidungen handeln, die unmittelbar den Verlauf des gerichtlichen Verfahrens selbst betreffen (BFH VII B 64/80 v. 24.3.81, BStBl. II 81, 3

475). Prozessleitende Verfügungen sind zB die Aufforderung, Schriftsätze einzureichen (BFH I B 113/99 v. 7.12.99, BFH/NV 00, 734) sowie eine Entscheidung über die Wiedereröffnung der mündlichen Verhandlung gem. § 93 Abs. 3 Satz 2 FGO (BFH I B 41/82 v. 15.12.82, BStBl. II 83, 230).

4 **Ausdrücklich ausgeschlossen ist eine Beschwerde** in Streitigkeiten über Kosten (§ 128 Abs. 4 FGO), bei Übertragungen des Rechtsstreits auf den Einzelrichter (§ 6 Abs. 4 FGO), bei bestimmten Zuständigkeitsbeschlüssen (§ 70 FGO), gegen Beschlüsse, mit denen ein Ablehnungsgesuch für begründet erklärt wird (§§ 45, 46, 51 ZPO) sowie gegen Wiedereinsetzungsbeschlüsse (§ 56 Abs. 5 FGO).

5 **Gegen die Entscheidung über die Aussetzung der Vollziehung** nach § 69 Abs. 3 u. 5 FGO und über einstweilige Anordnungen nach § 114 Abs. 1 FGO ist die Beschwerde nur statthaft, wenn sie in der Entscheidung zugelassen worden ist (§ 128 Abs. 3 FGO).

6 **Beschwerdeberechtigt** sind die Beteiligten iSd. § 57 FGO. Der Begriff der Beteiligten gilt im Beschwerdeverfahren sinngemäß (BFH GrS 5/82 v. 16.1.84, BStBl. II 84, 439). Darüber hinaus sind die sonst von der Entscheidung Betroffenen befugt, gegen diese Entscheidung Beschwerde einzulegen, zB der zu einer Ordnungsstrafe verurteilte Zeuge (BFH GrS 5/82 v. 16.1.84, BStBl. II 84, 439) oder der Prozessbevollmächtigte, dem die Überlassung der Akten in die Kanzlei verweigert wurde (BFH V B 166/01 v. 19.11.02, BFH/NV 03, 484).

7 Die Beschwerde ist beim FG **schriftlich oder zur Niederschrift** (BFH VII B 143/07 v, 15.10.07, BFH/NV 08, 100) des Urkundsbeamten der Geschäftsstelle **binnen zwei Wochen** nach Bekanntgabe der Entscheidung einzulegen (§ 129 Abs. 2 FGO). Die Frist ist auch gewahrt, wenn die Beschwerde innerhalb der Frist beim BFH eingeht (§ 129 Abs. 2 FGO). Auch für die Einlegung der Beschwerde gilt der Vertretungszwang des § 62a FGO (vgl. D. 3.01 Rz. 21).

8 Das FG, der Vorsitzende oder der Berichterstatter, dessen Entscheidung angefochten wird, können ihr **abhelfen.** Andernfalls ist die Beschwerde unverzüglich dem BFH vorzulegen. Das FG soll die Beteiligten von der Vorlage in Kenntnis setzen (§ 130 FGO).

9 **Aufschiebende Wirkung** hat die Beschwerde nur dann, wenn sie die Festsetzung eines Ordnungs- oder Zwangsmittels zum Gegenstand hat. In anderen Fällen können das FG, der Vorsitzende oder der Berichterstatter, dessen Entscheidung angefochten wird, bestimmen, dass die Vollziehung der angefochtenen Entscheidung einstweilen auszusetzen ist (§ 131 Abs. 1 FGO).

10 Der BFH entscheidet durch Beschluss (§ 132 FGO).

D. 3.05 Anhörungsrüge

I. FORMULAR

Formular D. 3.05 Anhörungsrüge

Bundesfinanzhof
Postfach 86 02 40
81629 München

11.3.2014

In dem Rechtsstreit

Klaus X, ... *[Anschrift]* ......, Prozessbevollmächtigter ......

– Kläger und Beschwerdeführer –

gegen

Finanzamt ......, vertreten durch seinen Vorsteher,

– Beklagter und Beschwerdegegner –

erhebe ich namens und im Auftrag des Beschwerdeführers die

ANHÖRUNGSRÜGE

im Sinne von § 133a FGO gegen den Beschluss des BFH vom 30.1.2014, dem Beschwerdeführer zugegangen am 28.2.2014, mit dem die Beschwerde gegen die Nichtzulassung der Revision gegen das Urteil des Finanzgerichts ...... (Az: ......) abgelehnt worden ist.

Es wird BEANTRAGT, das Verfahren fortzuführen.

BEGRÜNDUNG

Der Beschluss über die Nichtzulassung der Revision vom 30.1.2014 verletzt den Anspruch des Beschwerdeführers auf rechtliches Gehör in entscheidungserheblicher Weise.

Der Anspruch auf rechtliches Gehör (Art. 103 Abs. 1 des Grundgesetzes (GG), § 96 Abs. 2 FGO) beinhaltet für das Gericht die Verpflichtung, die Ausführungen der Beteiligten zur Kenntnis zu nehmen, in Erwägung zu ziehen und sich mit dem entscheidungserheblichen Kern des Vorbringens auseinander zu setzen (vgl. Gräber/Ruban, Finanzgerichtsordnung, 7. Aufl., § 96 Rz. 60 ff.). Art. 103 Abs. 1 GG und § 96 Abs. 2 FGO ist dann verletzt, wenn sich aus den besonderen Umständen des Einzelfalles deutlich ergibt, dass das Gericht Vorbringen entweder überhaupt nicht zur Kenntnis genommen oder doch bei seiner Entscheidung ersichtlich nicht in Erwägung gezogen hat (vgl. BFH-Beschluss X B 78/01 vom 19.11.2002, BFH/NV 2003, S. 335, mwN, BVerfG, Beschluss vom 4.8.2004, Neue Zeitschrift für Verwaltungsrecht 2005, S. 81).

Diesen Anspruch hat das Gericht vorliegend in seinem Beschluss vom 30.1.2014 verletzt, weil ... *[ausführen]*

II. ERLÄUTERUNGEN

Erläuterungen zu D. 3.05 Anhörungsrüge

Schrifttum: *Schoenfeld* Die Anhörungsrüge nach § 133a FGO – Voraussetzung und Stellung im System der außerordentlichen Rechtsbehelfe, DB 05, 850; *Seer/Thulfaut* Die neue Anhörungsrüge als außerordentlicher Rechtsbehelf im Steuerprozess, BB 05, 1085; *Treiber* Neuerungen durch das Anhörungsrügengesetz, NJW 05, 97.

Die Rechtsprechung hat vor Inkrafttreten des **Anhörungsrügengesetzes** (**AnhRügG** v. 9.12.04, BGBl. I 04, 3220) bei Verstößen gegen den Anspruch auf rechtliches Gehör den Rechtsbehelf der **Gegenvorstellung** zugelassen, sofern gegen die gerichtliche Entscheidung kein ordentliches Rechtsmittel statthaft war. Gegen diese gerichtliche Praxis ist eingewandt worden, dass sie mit dem aus dem Rechtsstaatprinzip abgeleiteten Grundsatz der Rechtsmittelklarheit unvereinbar ist. Dieser Auffassung hat sich auch das BVerfG (1 PBvU 1/02 v. 30.4.03, NJW 03, 1924) angeschlossen. In dem Beschluss hatte das BVerfG dem Gesetzgeber aufgegeben, bis zum 30.12.04 die gerichtliche Überprüfung von Verstößen gegen den Grundsatz des rechtlichen Gehörs in den einzelnen Verfahrensordnungen zu regeln. Dieser Aufforderung ist der Gesetzgeber mit dem Anhörungsrügengesetz nachgekommen, das am 1.1.05 in Kraft getreten ist (vgl. hierzu *Gräber/Ruban* § 133a FGO Rz. 1). 1

2 Die Anhörungsrüge ist kein Rechtsmittel, sondern ein eigenständiger gesetzlicher (außerordentlicher) **Rechtsbehelf.** Da für die Entscheidung das Gericht zuständig ist, dem der Verstoß gegen den Anspruch auf rechtliches Gehör unterlaufen ist, hat sie keinen **Devolutiveffekt.** Mit der Anhörungsrüge soll das Gericht zu einer Selbstüberprüfung seiner Entscheidung veranlasst werden (vgl. BFH IV B 190/02 v. 5.12.02, BStBl. II 03, 269). Da es sich um einen außerordentlichen Rechtsbehelf handelt, ist eine **Rechtsmittelbelehrung** über die Anhörungsrüge nicht erforderlich (vgl. BT-Drs. 50/3706, 22).

3 Nach dem Wortlaut des Gesetzes ist der Anwendungsbereich der Anhörungsrüge auf die Rüge der **Verletzung des rechtlichen Gehörs** beschränkt. Eine sinngemäße Anwendung des § 133a FGO bei Verletzung anderer Verfahrensgrundrechte oder bei einer vermeintlich fehlerhaften Feststellung und Bewertung des Sachverhaltes sowie seiner rechtlichen Lösung ist nicht zulässig (vgl. BFH VI S 3/05 v. 17.6.05, BStBl. II 05, 614).

4 **Statthaft** ist die Anhörungsrüge, wenn gegen die unter Verletzung des rechtlichen Gehörs ergangene Entscheidung keine Rechtsmittel oder kein anderer gesetzlicher Rechtsbehelf (z.B. Wiederaufnahmeklage) gegeben ist **(Grundsatz der Subsidiarität)** und wenn der Rügeführer zum Gebrauch dieses Rechtsbehelfs befugt ist. Gegenstand einer statthaften Anhörungsrüge sind nur Entscheidungen des Gerichts, nicht aber vorausgehende Zwischenentscheidungen (vgl. *Gräber/Ruban* § 133a FGO Rz. 7). Aufgrund der Subsidiarität des § 133a FGO ist zunächst zwingend zu prüfen, ob die Verletzung des rechtlichen Gehörs durch ein Rechtsmittel (Revision, Beschwerde) oder einen anderen gesetzlichen Rechtsbehelf (z.B. Erinnerung, Wiederaufnahmeklage) korrigiert werden kann.

5 **Rügeberechtigt** ist jeder **Beteiligte,** der durch die gerichtliche Entscheidung beschwert ist und dessen Anspruch auf rechtliches Gehör vom Gericht verletzt sein soll.

6 Die Rüge ist innerhalb einer Frist von **zwei Wochen** nach Kenntnis des Betroffenen von der Verletzung des rechtlichen Gehörs zu erheben. Eine Verlängerung der Zwei-Wochen-Frist ist nicht möglich. Die Frist beginnt frühestens mit der Bekanntgabe der gerichtlichen Entscheidung. Entscheidend für den Fristbeginn ist der Zeitpunkt, in dem der Betroffene alle Umstände kennt, aus denen sich seine Berechtigung zur Erhebung der Anhörungsrüge ergibt (vgl. *Gräber/Ruban* § 133a FGO Rz. 11). Die Rüge ist spätestens innerhalb eines Jahres seit der Bekanntgabe der angegriffenen Entscheidung zu erheben **(Ausschlussfrist).**

Der Rügeführer muss den Zeitpunkt seiner Kenntniserlangung von der Verletzung des rechtlichen Gehörs glaubhaft machen.

7 Die Anhörungsrüge muss **schriftlich** eingelegt werden. Richtet sich die Anhörungsrüge gegen eine Entscheidung des FG, kann sie auch zur **Niederschrift** des Urkundsbeamten der Geschäftsstelle erhoben werden. Für Anhörungsrügen gegen Entscheidungen des BFH ist der Vertretungszwang des § 62a FGO zu beachten (§ 133a Abs. 2 Satz 5 FGO). Adressat der Rüge ist immer das Gericht, das die angegriffene Entscheidung erlassen hat. In der Rügeschrift ist die angegriffene Entscheidung zu bezeichnen. Es ist darzulegen, aus welchen Umständen sich eine entscheidungserhebliche Verletzung rechtlichen Gehörs ergibt. Anders als im Revisionsverfahren wird im Verfahren der Anhörungsrüge die Kausalität der Gehörsverletzung für die Entscheidung nicht von Gesetzes wegen vermutet; es sind deshalb auch Ausführungen zur Entscheidungserheblichkeit des Verfahrensverstoßes erforderlich (vgl. *Seer/Thulfaut* BB 05, 1085, 1087).

8 Die Anhörungsrüge ist **begründet,** wenn das Gericht den Einspruch des Rügeführers auf rechtliches Gehör in entscheidungserheblicher Weise verletzt hat. Die Entscheidungserheblichkeit des Verfahrensfehlers ist zu bejahen, wenn nicht ausgeschlossen werden kann, dass das Gericht ohne die Verletzung des Artikel 103 GG zu einer anderen für den Rügeführer günstigen Entscheidung gekommen wäre (BT-Drs. 15/3706, 15; BVerfG 1 BvR 496/00 v. 23.6.04, NVwZ 05, 77).

Der Beschluss, durch den die Rüge verworfen oder zurückgewiesen wurde, ist **unanfechtbar** (§ 133a Abs. 4 Satz 3 FGO). Bei erfolgloser Anhörungsrüge fallen Gerichtskosten iHv. 50.– Euro an (Nr. 6400 des Kostenverzeichnisses Anlage 1 zu § 3 Abs. 2 GKG). 9

Ist die Rüge begründet, hilft das Gericht ihr ab, indem es das Verfahren fortsetzt. Durch die **Abhilfe** wird das Verfahren unter Durchbrechung der Rechtskraft in die Lage zurückversetzt, in der es sich vor dem Schluss der mündlichen Verhandlung befand.

Da die **Verfassungsbeschwerde** gegenüber der Anhörungsrüge subsidiär ist, kann diese nur erhoben werden, wenn zuvor eine Anhörungsrüge erfolgt ist (vgl. *Tipke/Kruse/Seer* § 133a FGO Rz. 19). Verwirft das FG oder der BFH die Anhörungsrüge als unzulässig, so soll nach stRspr. eine nachfolgende Verfassungsbeschwerde allerdings am Subsidiaritätsgrundsatz scheitern (BVerfG 1 BvR 1394/00 v. 11.3.04, NJW 04, 1650), str. Zu Recht wird die Auffassung vertreten, dass dies nur gelten kann, wenn die Entscheidung des FG/BFH nicht selbst Art. 103 GG verletzt (vgl. *Tipke/Kruse/Seer* § 133a FGO Rz. 21). 10

Da § 133a FGO nur für Verstöße gegen das rechtliche Gehör Anwendung findet, ist bei anderen Verfahrensgrundrechtsverletzungen eine Verfassungsbeschwerde auch ohne Anhörungsrüge zulässig (*Tipke/Kruse/Seer* § 133a FGO Rz. 22).

E. Steuerstrafverfahren

Übersicht

E. 1. Selbstanzeige

E. 1.01 Einstufige Selbstanzeige an das Finanzamt

Gliederung

I. FORMULAR

Formular E. 1.01 Einstufige Selbstanzeige an das Finanzamt

An das Finanzamt ......

Betr.: Eheleute ......

StNr. ......

hier: Einkommen-, Gewerbe- und Umsatzsteuer 2007–2012

Sehr geehrte Damen und Herren,

bei Durchsicht unserer Steuerunterlagen haben wir festgestellt, dass die für die Jahre 2007–2012 abgegebenen Steuererklärungen nicht vollständig sind.

So sind folgende nur dem Ehemann zugeflossene Provisionseinnahmen steuerlich nicht erfasst worden:

2007 – € 24.500.–

2008 – € 16.600.–

2009 – € 18.700.–

2010 – € 28.600.–

2011 – € 26.100.–

2012 – € 28.200.–

Die monatliche Zuordnung der Provisionseinnahmen kann der beigefügten Anlage entnommen werden.

Darüber hinaus sind folgende Zinseinnahmen aus Festgeld- und Sparbuchguthaben nicht angegeben worden:

2007 – € 7.287,35

2008 – € 5.749,30

2009 – € 8.324,47

2010 – € 9.684,25

2011 – € 9.142,14

2012 – € 9.834,27

Die weitergehenden Einzelheiten entnehmen Sie bitte den als Anlage beigefügten Berechnungslisten und Bankunterlagen.

Ferner werden wir innerhalb der nächsten zwei bis drei Wochen eine freiwillige Akontozahlung auf die im Raum stehende Steuernachforderung in Höhe von € ...... leisten. Wir bitten, die Finanzkasse zu unterrichten und das Guthaben bis zur Festsetzung zu verwahren und zunächst mit den Steuernachzahlungen nachrangig mit Solidaritätszuschlag und Kirchensteuer zu verrechnen.

Hinsichtlich der Festsetzung von Vorauszahlungen gehen wir davon aus, dass in den Folgejahren Einkünfte in ähnlicher Höhe wie im Jahr 2012 entstehen werden.

..

[Unterschrift]

[Datum]

Anlage

II. ERLÄUTERUNGEN

Erläuterungen zu E. 1.01 Einstufige Selbstanzeige an das Finanzamt

1. Grundsätzliche Anmerkungen

a) Funktion und Zweck der Selbstanzeige

1 Die Selbstanzeige dient aus Sicht des Steuerpflichtigen dem Ziel, für eine bereits begangene Steuerstraftat oder Steuerordnungswidrigkeit Straffreiheit (Bußgeldfreiheit) zu erlangen. Der Sinn und Zweck der Selbstanzeige besteht insbesondere in der im Fiskalinteresse liegenden Erschließung unbekannter Steuerquellen sowie in der Honorierung der (vollständigen) Rückkehr in die Steuerehrlichkeit.

b) Strafrecht

2 **Anwendungsbereich der Selbstanzeige.** Bei § 371 AO handelt es sich um einen persönlichen **Strafaufhebungsgrund.** Im Hinblick darauf tritt die Strafbefreiung allein für denjenigen Täter oder Teilnehmer ein, der die Selbstanzeige erstattet (BGH 5 StR 548/03 v. 5.5.04, NJW 05, 2720). Nach dem Wortlaut ist eine Selbstanzeige nur möglich bei einer Steuerhinterziehung im Sinne des § 370 AO.

Im Übrigen ist eine Selbstanzeige für andere Straftaten nur insoweit möglich, als andernorts die entsprechende Anwendung des § 371 AO vorgeschrieben ist (zB § 14 Abs. 3 des 5. VermBG; § 8 Abs. 2 WoPG; § 5a Abs. 2 BergPG).

Die Straffreiheit der Selbstanzeige erstreckt sich nicht auf etwaige mit der Steuerhinterziehung tateinheitlich oder tatmehrheitlich begangene allgemeine Straftaten. Sie hindert auch nicht die Festsetzung einer Geldbuße wegen Steuergefährdung, weil § 379 AO die Möglichkeit einer Selbstanzeige nicht vorsieht (KG 2 Ss 33/92 ua. v. 7.5.92, wistra 94, 36). Auch disziplinarrechtliche Folgen für Richter, Beamte und Soldaten sowie standesrechtliche Folgen zB für Rechtsanwälte, Steuerberater oder Wirtschaftsprüfer sind trotz Selbstanzeige nicht ausgeschlossen (vgl. zu Mitteilungen zur Durchführung dienstlicher Maßnahmen gegen Beamten und Richter, BMF v. 12.3.10, BStBl. I 10, 222 sowie BMF v. 20.6.11, BStBl. I 11, 574). Bei einer Selbstanzeige aus freien Stücken kann jedoch die höchste Disziplinarmaßnahme (Entfernung aus dem Beamtenverhältnis, Aberkennung des Ruhegehalts) selbst bei enormer Höhe des Hinterziehungsbetrags nicht verhängt werden (BVerwG 2 C 16/10 v. 28.7.11, wistra 12, 37).

Kreis der Anzeigeerstatter. Im Hinblick darauf, dass es sich um einen persönlichen Strafaufhebungsgrund handelt, führt die Selbstanzeige nur bei demjenigen zur Straffreiheit, der sie erstattet hat. In Betracht kommen der Täter, Nebentäter und Mittäter, der Anstifter und der Gehilfe. Bei **juristischen Personen** genügt es nach einer alten Entscheidung des BGH (3 StR 315/84 v. 24.10.84, wistra 85, 74) grundsätzlich, dass die Selbstanzeige durch einen **Bevollmächtigten** oder durch einen **gesetzlichen oder satzungsgemäßen Vertreter** erstattet wird. Demnach ist es bei Unternehmen grundsätzlich ausreichend, dass die Selbstanzeige durch die zuständigen Organe (Geschäftsführer bzw. Vorstand) erfolgt. Diese wirkt dann auch für die anderen Organe und Mitarbeiter, selbst wenn diese in der Nacherklärung nicht ausdrücklich benannt sind. Ungewiss ist indes, ob der BGH auch heute noch entsprechend entscheiden würde (vgl. auch BGH 5 StR 548/03 v. 5.5.01, NJW 05, 2720). 3

Die Selbstanzeige kann auch durch **Vertreter** erstattet werden. Erforderlich indessen ist, dass die **Vollmacht** zur Abgabe der Selbstanzeige *vor* Eingang derselben bei der Finanzbehörde erteilt wird (BGH 5 StR 548/03 v. 5.5.04, NJW 05, 2720). Die Anzeige eines Vertreters ohne Vertretungsmacht bleibt wirkungslos; daran ändert auch eine nachträgliche Genehmigung nichts. Eine Geschäftsführung **ohne Auftrag** im Sinne des § 677 BGB wird ebenfalls nicht anerkannt. Schließlich muss die Vollmacht zur Erstattung einer Selbstanzeige spezieller Natur sein; eine allgemeine, etwa dem Steuerberater vor der Tat erteilte Steuervollmacht reicht nicht aus. Wie die Vollmacht erteilt worden ist, ist dagegen irrelevant. So genügt auch die mündliche oder telefonische Beauftragung. Aus Dokumentationszwecken sollte gleichwohl stets eine schriftliche Auftragserteilung eingeholt werden. 4

Form der Selbstanzeige. § 371 AO schreibt für die Selbstanzeige keine besondere **Form** vor. Daher kann die Selbstanzeige auch mündlich oder fernmündlich erstattet werden. Um Missverständnisse und Zweifel an der Vollständigkeit der Selbstanzeige von vornherein auszuschließen, ist die Schriftform stets vorzuziehen. 5

Die Selbstanzeige ist so abzufassen, dass sich aus ihr die Person des Anzeigenden ergibt. Die Bezeichnung als Selbstanzeige ist nicht erforderlich (BGH 1 StR 631/10 v. 25.7.11, NJW 11, 3249). Es reicht aus, dass sich aus den Umständen ergibt, dass es sich um eine solche handeln soll. Daher reicht auch die nachträgliche Abgabe einer richtigen Steuererklärung aus, wenn sich aus ihr ergibt, dass sie eine frühere abgegebene unrichtige Steuererklärung ersetzen oder unterlassene Steuererklärungen nachholen soll. Nicht erforderlich ist dagegen, dass der Selbstanzeige ausgefüllte Erklärungsvordrucke (zB Anlage KAP) beigefügt werden. Auch die Einreichung einer wahrheitsgemäßen Umsatzsteuerjahreserklärung kann im Verhältnis zu den zuvor unterlassenen oder unzutreffenden monatlichen Umsatzsteuer-Voranmeldungen eine Selbstanzeige darstellen. Ein ausdrücklicher Hinweis ist nicht erforderlich (BGH 5 StR 392/98 v. 13.10.98, NStZ 99, 38). Dies ist nunmehr auch in den AStBV (St) 2014 (BStBl. I 13, 1394) geregelt, wonach die Abgabe einer vollständigen und richtigen Umsatzsteuerjahreserklärung als Selbstanzeige hinsichtlich unrichtiger, unvollständiger oder unterlassener Angaben in den zuvor abgegebenen Umsatzsteuervoranmeldungen dieses Jahres gewertet werden kann. Für die Wirksamkeit der Selbstanzeige bedarf es danach keiner weiteren gesonderten Korrektur des einzelnen Voranmeldungszeitraums.

Notwendiger Inhalt der Selbstanzeige. § 371 Abs. 1 AO – in der Fassung des Schwarzgeldbekämpfungsgesetz v. 28.4.11 (BGBl. I 11, 676; *Schauf/Schwartz* PStR 11, 6

117; *Schwartz/Külz* PStR 11, 249; *Schwartz/Höpfner* PStR 14, 170), welches am 3.5.11 in Kraft getreten ist – verlangt, dass zu allen unverjährten Steuerstraftaten einer Steuerart in vollem Umfang die unrichtigen Angaben berichtigt, die unvollständigen Angaben ergänzt oder die unterlassenen Angaben nachgeholt werden. Im Hinblick darauf reicht der Hinweis nicht aus, in der Vergangenheit Steuern hinterzogen zu haben. Allgemeine Formulierungen sind stets unzureichend. Grundsätzlich ist vielmehr erforderlich, der Finanzbehörde derart konkrete Angaben über Besteuerungsgrundlagen zu machen (Grundsatz der Materiallieferung), dass sie ohne langwierige eigene Ermittlungen zum Sachverhalt die Steuern so veranlagen kann, als wäre die Steuererklärung von vornherein ordnungsmäßig abgegeben worden (BGH 4 StR 369/74 v. 5.9.74, NJW 74, 2293; BGH 5 StR 548/03 v. 5.5.04, NJW 05, 2720; BGH 5 StR 118/05 v. 16.6.05, NJW 05, 2723). Jede Selbstanzeige muss daher zwingend korrigierte Zahlen enthalten.

Erforderlich ist die **Korrektur aller unverjährten Steuerstraftaten einer Steuerart** (steuerartspezifische steuerstrafrechtliche Lebensbeichte). In zeitlicher Hinsicht bestimmt sich das Vollständigkeitsgebot nach der strafrechtlicher Verfolgungsverjährung (§§ 78ff. StGB) und nicht nach der steuerrechtlichen Festsetzungsverjährung (§§ 169ff. AO). Die strafrechtliche Verfolgungsverjährung beträgt im Fall der einfachen Steuerhinterziehung nach § 78 Abs. 3 Nr. 4 StGB iVm. § 369 Abs. 2 AO derzeit fünf Jahre. Liegt dagegen eine Steuerhinterziehung im besonders schweren Fall vor (§ 370 Abs. 3 AO), verlängert sich die Verjährungsfrist nach § 376 Abs. 1 AO auf zehn Jahre. § 376 Abs. 1 AO findet auf alle Taten Anwendung, die nach der fünfjährigen Verjährungsfrist des § 78 Abs. 3 Nr. 4 StGB am 25.12.08 noch nicht verjährt waren (Art. 97 § 23 EGAO). Der **Gesetzgeber plant** mit Wirkung **zum 1.1.15 die Verfolgungsverjährung** der Steuerhinterziehung insgesamt **auf zehn Jahre zu verlängern** (vgl. Referentenentwurf eines Gesetzes zu Änderung der AO und des Einführungsgesetzes zu AO v. 27.8.14, Art. 1). Selbstanzeigen, die sich nur auf einzelne noch nicht verjährte Taten derselben Steuerart beziehen, sind insgesamt unwirksam. In sachlicher Hinsicht bezieht sich das Vollständigkeitserfordernis auf die jeweils offenbarte Steuerart. Eine Legaldefinition des Begriffs der Steuerart existiert nicht. Es besteht jedoch dahingehend Einvernehmen, dass zumindest die „gängigen" Steuerarten, wie Einkommensteuer, Körperschaftsteuer, Gewerbesteuer oder Umsatzsteuer als Steuerarten im Sinne des § 371 Abs. 1 AO zu verstehen sind. Steuerstraftaten verschiedener Steuerarten sind für die Frage der Straffreiheit auf Grund einer Selbstanzeige isoliert zu betrachten. Der Steuerpflichtige kann demnach Straffreiheit für begangene Einkommensteuerhinterziehungen erlangen, auch wenn er eine ebenfalls begangene Hinterziehung von Schenkungsteuer nicht offenbart.

7 Der 1. Strafsenat des BGH (1 StR 577/09 v. 20. 5. 10, NJW 10, 2146) hat bereits zu § 371 Abs. 1 AO aF (gültig bis zum 2.5.11) ausdrücklich die frühere Rechtsprechung (BGH 3 StR 583/87 v. 20.7.88, wistra 88, 356) aufgegeben, wonach eine **Teilselbstanzeige** mit teilweise strafbefreiender Wirkung erklärt werden konnte. Eine Rückkehr zur Steuerehrlichkeit könne nur dann vorliegen, wenn der Täter durch vollständige und richtige Angaben „reinen Tisch" mache (BGH 1 StR 577/09 v. 20.5.10, NJW 10, 2146). Demnach sollte eine unvollständige Selbstanzeige bereits nach § 371 AO aF zur **vollständigen Unwirksamkeit** der Selbstanzeige und damit zum Entfallen der Straffreiheit führen. Der Gesetzgeber hat die durchaus fragwürdige Auslegung des BGH zu § 371 Abs. 1 AO aF im Schwarzgeldbekämpfungsgesetz v. 28.4.11 (BGBl. I 11, 676) aufgegriffen und durch die Einführung des **Vollständigkeitsgebots** die Teilselbstanzeige kraft Gesetzes abgeschafft. Eine unvollständige Selbstanzeige ist damit insgesamt unwirksam. Die Erlangung teilweiser Straffreiheit im Umfang der korrigierten Angaben ist nicht mehr möglich.

Das Schwarzgeldbekämpfungsgesetz gewährt **Vertrauensschutz** in die Wirksamkeit von Teilselbstanzeigen, die **bis zum 28.4.11** (Verkündungsdatum des Gesetzes) erstattet wurden (**Art. 97 § 24 EGAO**), so dass die Straffreiheit insoweit erhalten bleibt. Zwischen dem 28.4.11 (Verkündungsdatum) und dem 3.5.11 (Inkrafttreten des Gesetzes) besteht eine kurze Zeitspanne für die das Schwarzgeldbekämpfungsgesetz keine ausdrückliche Regelung vorsieht. Für Teilselbstanzeigen, die in dieser kurzen Zwischenphase abgegeben wurden, findet daher BGH 1 StR 577/09 v. 20.5.10, NJW 10, 2146 Anwendung. Wurde ein Ermittlungsverfahren wegen einer (unwirksamen) Teilselbstanzeige hingegen vor Inkrafttreten des Schwarzgeldbekämpfungsgesetzes rechtskräftig abgeschlossen, ist eine Durchbrechung der Rechtskraft – um von der Vertrauensschutzregelung zu profitieren – kaum noch möglich (vgl. *Schwartz* PStR 11, 55).

Unberührt bleibt hingegen die Möglichkeit einer **„gestuften Selbstanzeige"**. Zur 8
Vermeidung der Sperrwirkung gem. § 371 Abs. 2 AO ist es ausreichend aber zugleich zwingend erforderlich, dass die Besteuerungsgrundlagen zunächst im Wege einer Schätzung konkret beziffert werden, um sie dann im Rahmen einer von der Finanzbehörde zu setzenden Frist zu konkretisieren (OLG Hamburg 1 Ss 119/91 v. 2.6.92, wistra 93, 274; *H/H/Sp/Rüping*, § 371 Rz. 84). Erforderlich ist mithin, dass – schon auf der ersten Stufe – alle relevanten Angaben über die steuerlich erheblichen Tatsachen, notfalls auf der Basis einer Schätzung, anhand der bekannten Informationen berichtigt, ergänzt oder nachgeholt werden (BGH 1 StR 577/09 v. 20.5.10, NJW 10, 2146) und die Finanzbehörde aufgrund dieser Angaben in der Lage ist, ohne langwierige Nachforschungen den Sachverhalt vollends aufzuklären und die Steuer richtig festzusetzen (BGH 5 StR 548/03 v. 5.5.04 NJW 05, 2720; BGH 1 StR 577/09 v. 20.5.10, aaO). Damit die Selbstanzeige nicht in ihrem ersten Stadium unvollständig ist, sollten die vorläufig angegebenen und geschätzten Besteuerungsgrundlagen zu Lasten des Steuerpflichtigen höher angegeben werden **(Sicherheitsmarge).**

Geringfügige Abweichungen bleiben auch nach der Neufassung des § 371 Abs. 1 AO **unbeachtlich** (*Kohlmann/Schauf,* Steuerstrafrecht, § 371 AO Rz. 68; *Schwartz* PStR 11, 122). Dies ergibt sich aus den Gesetzesmaterialien, wonach Bagatellabweichungen wie bisher nicht zur Unwirksamkeit der Selbstanzeige führen sollen (BT-Drucks. 17/5067 S. 21). Dabei ist nach der Rspr. jedenfalls eine Abweichung mit einer Auswirkung von mehr als 5% vom Verkürzungsbetrag iSd. § 370 Abs. 4 AO nicht mehr als geringfügig zu werten (BGH 1 StR 631/10 v. 25.7.11, NJW 11, 3240). Wurden im Rahmen einer Steuerhinterziehung Steuern im Umfang von 100.000 € verkürzt, so wären die Abweichungen in einer sich auf diese Tat beziehenden Selbstanzeige jedenfalls dann nicht mehr geringfügig, wenn durch die Selbstanzeige lediglich eine vorsätzliche Verkürzung von weniger als 95.000 € aufgedeckt würde. Allerdings führt nicht jede Abweichung unterhalb dieser (relativen) Grenze stets zur Annahme einer unschädlichen „geringfügigen Differenz". Bei Abweichungen unter 5% ist eine Gesamtwürdigung vorzunehmen. Dabei dürften bewusst vorgenommene Abweichungen regelmäßig nicht als geringfügig anzusehen sein. Umstritten und bislang höchstrichterlich nicht entschieden ist die Frage, ob Anknüpfungspunkt für die Bestimmung der Geringfügigkeit die jeweilige Tat (*Rolletschke/Roth* Stbg 11, 200) oder der gesamte Berichtigungsverbund (*Schwartz* PStR 11, 122, *Hunsmann* NJW 11, 1482) ist.

Können im Rahmen der Selbstanzeige keine konkreten Angaben über Besteue- 9
rungsgrundlagen gemacht werden, etwa weil überhaupt keine Bücher geführt worden sind, so bleibt die **Selbstanzeige wirkungslos.** Erforderlich ist auf jeden Fall die Angabe bestimmter Kalkulationsgrundlagen. So reicht etwa die Angabe des Umsatzes aus, wenn auf Grund von Richtsätzen der Gewinn geschätzt werden kann (*Franzen/Gast/Joecks* § 371 AO Rz. 54f.).

Der Selbstanzeige muss entnommen werden können, auf welche **bestimmte** 10
Steuerarten und Zeiträume sie sich bezieht. Hierzu bedarf es keiner ausdrücklichen Erklärung. Es reicht vielmehr aus, wenn sich die diesbezüglichen Angaben aus den Umständen ergeben.

11 Grundsätzlich hat der Steuerpflichtige nur seine eigenen Angaben zu berichtigen. Nicht entschieden ist jedoch die Frage, ob die **Beteiligung an gleichartigen Steuerstraftaten Dritter** von dem Vollständigkeitserfordernis erfasst wird. Im Schrifttum wird die Ansicht vertreten, das Kriterium der „Steuerart" sei einschränkend dahingehend auszulegen, dass nur dieselbe Steuerart ein und desselben Steuerpflichtigen gemeint sei (*Beckemper/Schmitz/Wegner/Wulf* wistra 11, 281). Dem könnte der Grundsatz des Erfordernisses der vollständigen Rückkehr zur Steuerehrlichkeit entgegenstehen (*Klein/Jäger* § 371 Rz. 18d). Solange diese Frage nicht entschieden ist, sollten Beteiligungen an gleichartigen Steuerstraftaten Dritter vorsorglich mit offengelegt werden.

Im Falle der Selbstanzeige eines **Mittäters** oder **Teilnehmers** tritt die Straffreiheit nur dann ein, wenn der Mittäter oder Gehilfe außer seinen eigenen Angaben auch die der Tatbeteiligten berichtigt, ergänzt oder nachholt. Dies gilt freilich nur insoweit, als ihm die Unrichtigkeit bzw. die Unvollständigkeit der Angaben der anderen überhaupt bekannt sind. Die Selbstanzeige des Anstifters ist nur wirksam, wenn sie Angaben über die dem Anstifter bekannte Tat sowie über das Ausmaß dessen Mitwirkung enthält (BGH 5 StR 489/02 v. 18.6.03, NJW 03, 2996).

12 **Adressat der Selbstanzeige.** Richtiger Adressat der Selbstanzeige ist jede Finanzbehörde iSd. § 6 Abs. 1 AO. Dabei muss es – entgegen früherer Ansicht – nicht die sachlich und örtlich zuständige Finanzbehörde sein (*Klein/Jäger* § 371 Rz. 34). Wegen der Pflicht zur Weiterleitung an die im Einzelfall zuständige Finanzbehörde (§ 111 AO) kann der Steuerpflichtige davon ausgehen, die Steuerquelle durch die Offenlegung „für den Fiskus als Ganzes" erschlossen zu haben. Danach können auch Außenprüfer und Fahndungsbeamte Adressat der Selbstanzeige sein. Gleichwohl ist zu empfehlen, die Selbstanzeige bei der örtlich und sachlich zuständigen Finanzbehörde zu erstatten. Beim Wechsel der Zuständigkeit, etwa bei Wohnsitzverlegung, ist das nunmehr zuständige Finanzamt Adressat der Selbstanzeige. Die Abgabe der Selbstanzeige bei einer unzuständigen Stelle führt nur dann zur strafbefreienden Wirkung, wenn die Anzeige rechtzeitig bei der zuständigen Stelle eingeht. Die zeitliche Verzögerung kann dann Auswirkungen haben, wenn zwischenzeitlich gegen den Steuerpflichtigen ein Ermittlungsverfahren eingeleitet wird. Die verspätete Selbstanzeige ist dann unwirksam und wirkt sich lediglich strafmildernd aus.

13 **Nachzahlungsfrist.** Die Straffreiheit der Selbstanzeige hängt davon ab, dass der Anzeigende die zu seinen Gunsten hinterzogenen Steuern binnen einer ihm bestimmten angemessenen **Frist** entrichtet. Bis dahin besteht nur eine Anwartschaft auf Straffreiheit. Wird diese Frist versäumt, verschuldet oder unverschuldet, so ist die Straffreiheit verwirkt. Eine **Wiedereinsetzung in den vorigen Stand** kommt **nicht** in Betracht, weil § 110 AO für § 371 Abs. 3 AO nicht gilt. Bei der Nachzahlungsfrist gem. § 371 Abs. 3 AO handelt es sich nämlich um eine strafrechtliche Zahlungsfrist, die nicht zwingend mit der steuerrechtlichen Zahlungsfrist übereinstimmen muss. Im Hinblick darauf bedeutet demnach eine Stundung oder eine Aussetzung der Vollziehung nicht automatisch auch eine Fristeinräumung im Sinne von § 371 Abs. 3 AO. Daher sollte in der Praxis ein Antrag auf Stundung bzw. auf Aussetzung der Vollziehung stets mit einem Antrag auf entsprechende Fristeinräumung nach Maßgabe des § 371 Abs. 3 AO gekoppelt werden. Eine Verlängerung der Nachzahlungsfrist gem. § 371 Abs. 3 AO ist ohne weiteres möglich. Die Verlängerung muss allerdings vor Ablauf der Frist ausgesprochen werden, andernfalls verfällt die Straffreiheit (*Franzen/Gast/Joecks* § 371 AO Rz. 107, 119). Ungeklärt ist die Frage, ob der Täter teilweise Straffreiheit erreicht, wenn er wirtschaftlich nicht in der Lage ist, die zu seinen Gunsten hinterzogene Steuer vollständig nachzuzahlen (vgl. *Kohlmann/Schauf,* Steuerstrafrecht, § 371 AO Rz. 114).

14 Sachlich **zuständig** für die **Fristsetzung** ist das Finanzamt, das nach den §§ 387, 390 AO für die Steuerstrafsache sachlich zuständig ist. Ob ein Rechtsmittel gegen die Fristsetzung nach § 371 Abs. 3 AO eingelegt werden kann, ist streitig. Wegen Art. 19

Abs. 4 GG muss aber auch diese belastende Entscheidung überprüfbar sein. Deswegen spricht einiges für die Statthaftigkeit der Beschwerde gem. § 304 StPO (*Franzen/Gast/Joecks* § 371 AO Rz. 116f.).

15 **Ausschließungsgründe.** Die Straffreiheit auf Grund der Selbstanzeige tritt gem. § 371 Abs. 2 AO nF nicht ein, wenn

1. bei einer der zur Selbstanzeige gebrachten unverjährten Steuerstraftaten, vor der Berichtigung, Ergänzung oder Nachholung
   a) dem Täter oder seinem Vertreter eine Prüfungsanordnung nach § 196 AO bekannt gegeben worden ist oder
   b) dem Täter oder seinem Vertreter die Einleitung des Straf- oder Bußgeldverfahrens bekannt gegeben worden ist oder
   c) ein Amtsträger der Finanzbehörde zur steuerlichen Prüfung, zur Ermittlung einer Steuerstraftat oder einer Steuerordnungswidrigkeit erschienen ist oder
2. eine der Steuerstraftaten im Zeitpunkt der Berichtigung, Ergänzung oder Nachholung ganz oder zum Teil bereits entdeckt war und der Täter dies wusste oder bei verständiger Würdigung der Sachlage damit rechnen musste oder
3. die nach § 370 Abs. 1 AO verkürzte Steuer oder der für sich oder einen anderen erlangte nicht gerechtfertigte Steuervorteil einen Betrag von 50.000 € je Tat übersteigt.

Durch die Neufassung des § 371 Abs. 2 AO im Rahmen des Schwarzgeldbekämpfungsgesetzes v. 28.4.11 (BGBl. I 11, 676) wurden die bestehenden Sperrgründe ausgeweitet sowie mit § 371 Abs. 2 Nr. 1a und Nr. 3 AO neue Sperrgründe in das Gesetz eingeführt.

16 Die Sperrgründe des § 371 Abs. 2 Nr. 1a und Nr. 1c AO sind einheitlich zu betrachten. Dabei bildet § 371 Abs. 2 Nr. 1a AO den Regelfall ab, wohingegen § 371 Abs. 2 Nr. 1c AO künftig als Auffangtatbestand dient.

Bekanntgabe der Prüfungsanordnung (§ 371 Abs. 2 Nr. 1a AO). Die Selbstanzeige ist gesperrt, wenn dem Täter oder seinem Vertreter wegen **einer** der **zur Selbstanzeige gebrachten Taten** eine Prüfungsanordnung nach § 196 AO bekannt gegeben worden ist. Sämtliche unverjährte Taten derselben Steuerart sind dann ebenfalls gesperrt (sog. Infektionswirkung). Die bloße **Ankündigung** der Prüfung sowie eine im Vorfeld erfolgende Terminsabstimmung lösen **keine Sperrwirkung** aus. Da § 378 Abs. 3 AO keine entsprechende Regelung enthält, kann bei einer leichtfertigen Steuerverkürzung auch weiterhin nach Bekanntgabe der Prüfungsanordnung bzw. selbst während der laufenden Betriebsprüfung eine Selbstanzeige erfolgen.

17 **Erscheinen eines Amtsträgers** (§ 371 Abs. 2 Nr. 1c AO). Sobald ein Amtsträger der Finanzbehörde zur steuerlichen Prüfung oder zur Ermittlung einer Steuerstraftat oder einer Steuerordnungswidrigkeit erschienen ist, kann eine wirksame Selbstanzeige nicht mehr erstattet werden. Mit Wirkung **zum 1.1.15** soll auch das Erscheinen eines Amtsträgers der Finanzbehörde zu einer Umsatzsteuer-Nachschau (§ 27b UStG), einer Lohnsteuer-Nachschau (§ 42g EStG) oder einer Nachschau nach anderen steuerlichen Vorschriften ausdrücklich eine **Sperrwirkung** auslösen (vgl. Referentenentwurf eines Gesetzes zur Änderung der AO und des Einführungsgesetzes zur AO v. 27.8.14 Art. 1).

Zu den Amtsträgern der Finanzbehörde gehören insbesondere **Außenprüfer, Steuerfahnder** oder **Zollfahnder,** und zwar auch dann, wenn sie in einem von der Staatsanwaltschaft geführten steuerstrafrechtlichen Ermittlungsverfahren weisungsgebunden tätig werden (LG Stuttgart StbSt(R) 14/88 v. 21.8.89, wistra 90, 72), sowie Beamte, die gem. § 210 AO im Rahmen einer Steueraufsicht oder Nachschau tätig werden.

§ 371 Abs. 2 Nr. 1c AO erfasst nur Amtsträger von Finanzbehörden. Zu diesen Finanzbehörden zählen das Finanzamt, die Oberfinanzdirektion, das Finanzministerium, das BZSt und die Gemeindesteuerbehörde. Sobald Amtsträger anderer Behörden tätig werden, schließen sie die Straffreiheit einer Selbstanzeige nicht aus.

18 Ein Amtsträger der Finanzbehörde muss erschienen sein. Das heißt, dass er in das Blickfeld des Selbstanzeigenden getreten sein muss. Dieses **Erscheinen** muss aber dem Zweck einer **steuerlichen Prüfung** oder dem Zweck einer **Ermittlung** einer Steuerstraftat oder Steuerordnungswidrigkeit dienen (BFH VIII R 99/04 v. 19.6.07, BStBl. II 08, 7). Im Hinblick darauf ist die Selbstanzeige nur für denjenigen ausgeschlossen, bei dem ein Amtsträger der Finanzbehörde zwecks Prüfung oder Ermittlung erschienen ist. Daraus folgt, dass alle anderen Teilnehmer einer Steuerstraftat, die hierdurch nicht betroffen sind, gleichwohl noch eine Selbstanzeige wirksam abgeben können. Das gilt auch dann, wenn Täter und Teilnehmer demselben **Betrieb** angehören und die Steuerhinterziehung in diesem Betrieb begangen haben (BGH 2 StR 657/87 v. 15.1.88, wistra 88, 151; LG Stuttgart StbSt (R) 14/88 v. 21.8.89, wistra 90, 72).

19 Nach bislang herrschender Ansicht in der Literatur erfolgt die Begrenzung des **Umfangs der Sperrwirkung** in sachlicher Hinsicht nach dem internen **Prüfungs- bzw. Ermittlungsauftrag** (*Kohlmann/Schauf*, Steuerstrafrecht, § 371 AO Rz. 150.1). Nach der neuen Rspr. des BGH (1 StR 577/09 v. 20.5.10, NJW 10, 2146) sollen jedoch auch nicht vom Ermittlungswillen des Amtsträgers erfasste **Zusammenhangstaten** von der Sperrwirkung des § 371 Abs. 2 Nr. 1c **2. Alt.** AO erfasst sein, wenn unter Berücksichtigung des bisherigen Überprüfungsziels einerseits und den steuerlichen Gegebenheiten des beschuldigten Steuerpflichtigen andererseits bei üblichem Gang des Ermittlungsverfahrens zu erwarten ist, dass sie ohnehin in die Überprüfung einbezogen würden. Dies soll stets dann der Fall sein, wenn sich die neuen Tatvorwürfe lediglich auf weitere Besteuerungszeiträume hinsichtlich derselben Steuerarten bei identischen Einkunftsquellen erstrecken.

20 Was den sachlichen Umfang der Sperrwirkung gem. § 371 Abs. 2 Nr. 1c 1. Alt. AO anbelangt, so tritt sie nur in dem Umfang der jeweiligen **Prüfungsanordnung** ein (BGH 2 StR 657/87 v. 15.1.88, wistra 88, 151). Die Finanzverwaltung NRW will dagegen die vorstehenden Ausführungen zum **sachlichen Zusammenhang**, die der BGH jedoch nur auf den Ausschlussgrund des § 371 Abs. 2 Nr. 1c 2. Alt. AO bezogen hat, auch auf den Ausschlussgrund nach § 371 Abs. 2 Nr. 1c 1. Alt. AO anwenden (FM NRW v. 25.6.10, S 0702 – 9 – V A 1), was im Ergebnis aber abzulehnen ist (*Kohlmann/Schauf*, Steuerstrafrecht, § 371 AO Rz. 150.2). Sieht eine Prüfungsanordnung lediglich die Prüfung der gesonderten Feststellung der Einkünfte vor, beschränkt sich die Sperrwirkung nicht nur auf die betroffenen Einkünfte, sondern erfasst alle Einkünfte (LG Hamburg (50) 36/88 Ns v. 22.8.88, wistra 89, 239). Ist die dem Erscheinen des Amtsträgers zu Grunde liegende Prüfungsanordnung nichtig, weil sie an besonders schwerwiegenden, offenkundigen Fehlern leidet, tritt allerdings eine Sperrwirkung nicht ein (BGH 5 StR 118/05 v. 16.6.05, NJW 05, 2723).

In **zeitlicher Hinsicht** wurde die Sperrwirkung durch das Schwarzgeldbekämpfungsgesetz v. 28.4.11 (BGBl. I 11, 676) jedoch **ausgeweitet**. So tritt die Sperrwirkung ein, wenn ein Amtsträger der Finanzbehörde zur steuerlichen Prüfung, zur Ermittlung einer Steuerstraftat oder einer Steuerordnungswidrigkeit wegen **einer** der zur Selbstanzeige gebrachten unverjährten Steuerstraftaten erschienen ist, bevor die Nacherklärung erfolgte. Das Erscheinen des Amtsträgers wegen einer der zur Selbstanzeige gebrachten Taten führt mithin dazu, dass eine Selbstanzeige bzgl. sämtlicher unverjährter Taten derselben Steuerart ausgeschlossen ist (sog. Infektionswirkung).

21 Soweit ein Amtsträger der Finanzbehörde zur Ermittlung einer Steuerstraftat oder einer Steuerordnungswidrigkeit erschienen ist, tritt die Sperrwirkung nur für denjenigen ein, bei dem dieser Amtsträger erschienen ist. Erscheint der Amtsträger bei einem **Dritten,** so verliert der Steuerpflichtige die Möglichkeit zur strafbefreienden Selbstanzeige ebenso wenig wie in dem Fall, dass ein Amtsträger der Finanzbehörde bei ihm zur Ermittlung etwaiger Steuerverfehlungen eines Dritten erscheint, an der er nicht beteiligt ist. Im Hinblick darauf tritt etwa für den Geschäftsführer einer Kapitalgesell-

schaft dann keine Sperrwirkung ein, wenn eine Steuerfahndung bei der Kapitalgesellschaft auf der Grundlage des § 103 StPO durchsucht.

Bekanntgabe Verfahrenseinleitung (§ 371 Abs. 2 Nr. 1b AO). Ist dem Täter oder seinem Vertreter die Einleitung eines Straf- oder Bußgeldverfahrens wegen einer der zur Selbstanzeige gebrachten Taten bekanntgegeben worden, bevor die Selbstanzeige bei einer Finanzbehörde eingeht, tritt die strafbefreiende Wirkung gem. § 371 Abs. 2 Nr. 1b AO nicht ein. 22

Gem. § 397 Abs. 1 AO ist das **Strafverfahren eingeleitet,** sobald die Finanzbehörde, die Polizei, die Staatsanwaltschaft, einer ihrer Hilfsbeamten oder der Strafrichter eine Maßnahme trifft, die erkennbar darauf abzielt, gegen jemanden wegen einer Steuerstraftat strafrechtlich vorzugehen. Für die Einleitung des Bußgeldverfahrens gilt § 397 AO entsprechend (§ 410 Abs. 1 Nr. 6 AO). Der Umfang der Sperrwirkung richtet sich in sachlicher Hinsicht (Steuerart) nach dem Inhalt der Bekanntgabe der Mitteilung. In zeitlicher Hinsicht erstreckt sich die Sperrwirkung jedoch auf alle Taten einer Steuerart, wenn wenigstens hinsichtlich einer der nacherklärten Steuerstraftaten die Einleitung eines Straf- oder Bußgeldverfahrens bekannt gegeben worden ist. Wegen Steuerstraftaten anderer Steuerarten bleibt eine Selbstanzeige ohne weiteres möglich.

Tatentdeckung (§ 371 Abs. 2 Nr. 2 AO). Der Ausschluss der Straffreiheit tritt auch dann ein, wenn eine der Taten im Zeitpunkt der Berichtigung, Ergänzung oder Nachholung ganz oder zum Teil bereits **entdeckt** war und der Täter dies wusste oder bei verständiger Würdigung der Sachlage damit rechnen musste (§ 371 Abs. 2 Nr. 2 AO). Dabei bestimmt sich die einzelne **Tat** nach Ansicht des BGH (5 StR 226/99 v. 5.4.00, NStZ 00, 427) nach Steuerart, Besteuerungszeitraum und Steuerpflichtigem (kritisch *Schwartz* wistra 11, 81). 23

Der Begriff der Tatentdeckung kann nach Ansicht des BGH mit den üblichen strafprozessualen Verdachtsgraden nicht gleichgesetzt werden, sondern soll einen eigenständigen Bedeutungsgehalt haben (BGH 1 StR 577/09 v. 20.5.10, NJW 10, 2146). Insbesondere soll ein **hinreichender Tatverdacht** i.S.v. § 170 Abs. 1, § 203 StPO **nicht** erforderlich sein (BGH 1 StR 577/09 v. 20.5.2010, aaO; aA *Randt/Schauf* DStR 08, 490). Keine Tatentdeckung liegt jedoch bei der bloßen Kenntniserlangung von einer Steuerquelle vor. Die Tat ist in der Regel dann entdeckt, wenn unter Berücksichtigung der zur Steuerquelle oder zum Auffinden der Steuerquelle bekannten weiteren Umstände nach allgemeiner kriminalistischer Erfahrung eine Steuerstraftat oder Steuerordnungswidrigkeit nahe liegt (BGH 1 StR 577/09 v. 20.5.10, aaO). Tatentdeckung liegt stets vor, wenn der Abgleich mit den Steuererklärungen des Steuerpflichtigen ergibt, dass die Steuerquelle nicht oder unvollständig angegeben wurde (BGH 1 StR 577/09 v. 20.5.10, aaO). Nicht erforderlich soll dagegen sein, dass bereits ein Schluss auf vorsätzliches Handeln gezogen werden kann (BGH 1 StR 577/09 v. 20.5.10, aaO).

Eine die Straffreiheit ausschließende Entdeckung kann nur seitens einer Person erfolgen, die nicht zum Kreis des Täters gehört. Vertrauenspersonen des Täters (Familienangehörige, Steuerberater) scheiden somit als Tatentdecker aus. Neben den Finanzbehörden, der Polizei und der Staatsanwaltschaft kommen vor allen Dingen auch andere Behörden in Betracht, die nach § 116 AO verpflichtet sind, den Finanzbehörden Tatsachen, die sie dienstlich erfahren und die den Verdacht einer Steuerstraftat begründen, mitzuteilen. Dritte können darüber hinaus Tatentdecker sein, soweit damit zu rechnen ist, dass sie ihre Kenntnisse an die zuständigen Behörden weiterreichen werden (BGH 3 StR 37/87 v. 13.5.87, wistra 87, 293; BGH 3 StR 10/87 v. 12.8.87, wistra 87, 342).

Liegen die Voraussetzungen des § 371 Abs. 2 Nr. 2 AO für eine Tat vor, führt dies nach hM dazu, dass die Sperrwirkung – entsprechend der Regelung bei § 371 Abs. 2 Nr. 1 AO – für sämtliche Steuerstraftaten der betroffenen Steuerart eintritt (sog. Infektionswirkung). 24

25 Allein die Entdeckung der Tat führt jedoch noch nicht zum Ausschluss der Straffreiheit der Selbstanzeige. Daneben ist erforderlich, dass der Täter (Teilnehmer) von der Tatentdeckung **wusste** oder bei verständiger Würdigung der Sachlage damit **rechnen musste.**

Der Kenntnis des Täters von der Entdeckung der Tat steht es gleich, wenn er mit diesem Umstand bei verständiger Würdigung der Sachlage zum Zeitpunkt der Abgabe der Selbstanzeige rechnen musste. Hierbei kommt es auf das individuelle Verständnis des Täters an (*Franzen/Gast/Joecks* § 371 AO Rz. 199). War die Tat noch nicht entdeckt, ist der Täter aber hiervon ausgegangen, so berührt dies die Wirksamkeit der Selbstanzeige nicht. An die Annahme des „Kennenmüssens" der Tatentdeckung will der BGH keine hohen Anforderungen mehr stellen und den Sperrgrund des § 371 Abs. 2 Nr. 2 AO maßgeblich durch die objektive Voraussetzung der Tatentdeckung und weniger durch die subjektive Komponente bestimmen (BGH 1 StR 577/09 v. 20.5.10, NJW 10, 2146).

26 **Hinterziehungsbetrag größer 50.000 €** (§ 371 Abs. 2 Nr. 3 AO). Straffreiheit tritt nicht ein, wenn die nach § 370 Abs. 1 AO verkürzte Steuer oder der für sich oder einen anderen erlangte nicht gerechtfertigte Steuervorteil einen Betrag von 50.000 € **je Tat** übersteigt. Eine Infektionswirkung kennt § 371 Abs. 2 Nr. 3 AO nicht. Eine strafbefreiende Selbstanzeige ist daher nur noch bis zu einem Hinterziehungsbetrag von 50.000 € möglich. Der Gesetzgeber beabsichtigt den **Hinterziehungsbetrag** von 50.000 € **auf 25.000 €** mit Wirkung zum **1.1.15** zu senken (vgl. Referentenentwurf eines Gesetzes zur Änderung der AO und des Einführungsgesetzes zur AO v. 27.8.14 Art. 1). Übersteigt der Hinterziehungsbetrag 50.000 €, wird nach § 398a AO von der **Strafverfolgung abgesehen**, wenn der Steuerpflichtige neben der hinterzogenen Steuer zudem einen **Geldbetrag** in Höhe von **5 % der hinterzogenen Steuer** zugunsten der Staatskasse zahlt. Ist die Selbstanzeige jedoch unvollständig oder wegen der kumulativen Verwirklichung eines weiteren Sperrgrundes unwirksam, läuft § 398a AO leer.

Bei **mehreren Täter** ist umstritten, ob der Zuschlag durch jeden Täter zu zahlen (so die überwiegende Praxis der Ermittlungsbehörden) oder aber pro Tat insgesamt nur einmal zu erheben ist (vgl. *Kohlmann/Schauf,* Steuerstrafrecht, § 398a AO Rz. 4). Zur Zahlung des Geldbetrages ist dem Täter eine angemessene Frist zu setzen. Insoweit gelten die Grundsätze zu § 371 Abs. 3 AO. Ist der Täter wirtschaftlich nicht in der Lage, den Zuschlag für alle Taten zu zahlen, ist nach § 398a AO hinsichtlich der Taten von der Strafverfolgung abzusehen, für die die hinterzogenen Steuern und der Geldbetrag vollständig gezahlt wurden.

§ 398a AO enthält eine gebundene Entscheidung, so dass den Ermittlungsbehörden bei Vorliegen der Tatbestandsvoraussetzungen kein Ermessenspielraum zusteht. Da es an einer § 153a Abs. 1 Satz 5 StPO vergleichbaren Regelung fehlt, führt § 398a AO **keinen Strafklageverbrauch** herbei. Der Gesetzgeber hat es versäumt, § 398a AO mit einem entsprechenden Rechtsbehelf bzw. Rechtsmittel auszustatten. Die Vermeidung des Zuschlags durch bloße Nichtzahlung und Herbeiführung einer strafgerichtlichen Überprüfung wird dem Rechtsschutzbedürfnis des Betroffenen nicht gerecht. Diesem ist durch eine Antrag auf gerichtliche Entscheidung nach § 98 Abs. 2 Satz 2 StPO analog bei dem nach § 162 StPO zuständigen Gericht Rechnung zu tragen (*Kohlmann/Schauf,* Steuerstrafrecht, § 398a AO Rz. 17).

27 **Ende der Sperrwirkung.** Eine Selbstanzeige mit strafbefreiender Wirkung auch für geprüfte Steuerabschnitte kann wieder erstattet werden, sobald die Prüfung abgeschlossen ist. Insoweit hat die Sperrwirkung des § 371 Abs. 2 Nr. 1a und Nr. 1c AO ihr Ende gefunden (*Franzen/Gast/Joecks* § 371 AO Rz. 206). Abgeschlossen ist eine steuerliche Prüfung, sobald das Finanzamt die auf Grund der Prüfung erstmalig erlassenen oder geänderten Steuer- oder Mess- oder Feststellungsbescheide abgesandt oder – wenn die Prüfung kein Ergebnis erbracht hat – den Prüfungsvorgang abgeschlossen

und dem Steuerpflichtigen nach Maßgabe des § 202 Abs. 1 Satz 3 AO mitgeteilt hat, dass die Außenprüfung zu keiner Änderung der Besteuerungsgrundlagen geführt hat (BGH 2 StR 657/87 v. 15.1.88, wistra 88, 151; LG Hamburg (50) 36/88 Ns v. 22.8.88, wistra 89, 239; *Franzen/Gast/Joecks* § 371 AO Rz. 206).

Nach straf- oder bußgeldrechtlichen Ermittlungen endet die Sperrwirkung mit Einstellung des Verfahrens oder im Falle der Anklage oder des Strafbefehlsantrags oder Erlass eines Bußgeldbescheides nach endgültigem Abschluss des Straf- oder Bußgeldverfahrens (*Franzen/Gast/Joecks* § 371 AO Rz. 208).

Selbstanzeige bei leichtfertiger Steuerverkürzung. Gemäß § 378 Abs. 3 AO **28** wird eine Geldbuße wegen leichtfertiger Steuerverkürzung nicht festgesetzt, soweit der Täter gegenüber der Finanzbehörde die unrichtigen Angaben berichtigt, die unvollständigen Angaben ergänzt oder die unterlassene Angaben nachholt, bevor ihm oder seinem Vertreter die Einleitung eines Straf- oder Bußgeldverfahrens wegen der Tat bekanntgegeben worden ist. Damit ist die Selbstanzeige bei leichtfertiger Steuerverkürzung selbst dann noch möglich, wenn eine Sperrwirkung gem. § 371 Abs. 2 Nr. 1a, Nr. 1c, Nr. 2, Nr. 3 AO vorliegen sollte. Im Übrigen führt im Fall einer leichtfertigen Steuerverkürzung auch weiterhin eine nur teilweise Berichtigung insoweit zur Bußgeldfreiheit. Die Möglichkeit einer Selbstanzeige bei Steuergefährdung (§ 379 AO) ist demgegenüber nicht vorgesehen.

Der Gesetzgeber beabsichtigt, die Selbstanzeigeregelung mit Wirkung **zum 1.1.15** **29** **zu verschärfen**. Ein entsprechender Referentenentwurf eines Gesetzes zur Änderung der AO und des Einführungsgesetzes zur AO v. 27.8.14 Art. 1 liegt bereits vor. Geplant ist, neben den vorstehend geschilderten Änderungen u.a. den Zuschlag nach § 398a AO wie folgt zu erhöhen: für einen Hinterziehungsbetrag von 25.000 € bis 100.000 € soll ein Zuschlag von 10% der hinterzogenen Steuern, ab 100.000 € bis 1.000.000 € ein Zuschlag von 15% und ab 1.000.000 € ein Zuschlag von 20% erhoben werden. Ferner soll die Zahlung der Hinterziehungszinsen Voraussetzung für die Wirksamkeit der Selbstanzeige werden und eine zehnjährige steuerliche Anlaufhemmung für nicht deklarierte Kapitalerträge eingeführt werden.

c) Steuerrecht

Eine wirksame Selbstanzeige schützt zwar vor Strafe wegen Verwirklichung des **30** § 370 AO, nicht aber vor den nachteiligen Folgen, die das Steuerrecht an eine Steuerhinterziehung knüpft, und zwar
- Haftung als Steuerhinterzieher (§ 71 AO),
- verlängerte Festsetzungsfrist (§ 169 Abs. 2 Satz 2 AO),
- Ablaufhemmung (§ 171 Abs. 5, 9 AO),
- keine erhöhte Bestandskraft (§ 173 Abs. 2 AO),
- Hinterziehungszinsen (§ 235 AO),

Voraussetzung ist indessen stets, dass der objektive und subjektive Tatbestand der Steuerhinterziehung erwiesen ist.

2. Einzelerläuterungen

Zur einstufigen Selbstanzeige

Die einstufige Selbstanzeige setzt voraus, dass alle nachzuerklärenden Besteuerungs- **31** grundlagen bereits zum Zeitpunkt der Abgabe der Selbstanzeige **genau** bekannt sind. Soweit die unrichtigen Steuererklärungen gemeinsam abgegeben worden sind, sollte auch eine **gemeinsame Selbstanzeige** erstattet werden. Wenn darüber hinaus etwa die unrichtige Umsatz- und Gewerbesteuererklärung nur von einem Ehegatten abgegeben worden ist, so ist es unschädlich, die diesbzgl. Selbstanzeige in die gemeinsame

Selbstanzeige mit einzubeziehen. Im Hinblick darauf sollten im Betreff alle betroffenen Steuerarten bzw. Steuererklärungen sowie alle diesbezüglichen Steuernummern angegeben werden.

32 Die Selbstanzeige muss als solche **nicht ausdrücklich bezeichnet** werden. Es ist daher ohne weiteres zulässig, eine allgemeine Eingangsformulierung zu wählen, die offen lässt, ob überhaupt eine (vorsätzliche) Steuerhinterziehung gegeben ist. Ein Schuldbekenntnis ist nicht erforderlich.

Es ist die Angabe erforderlich, wann und in welcher Höhe den Eheleuten die Provisionseinnahmen steuerlich zugeflossen sind.

33 Da auch Umsatzsteuer-Voranmeldungen unrichtig abgegeben worden sind, stellt sich stets die Frage, ob es ausreicht, den jeweiligen Jahresumsatz nachzuerklären oder aber eine Aufgliederung nach Monaten bzw. Kalendervierteljahren vorzunehmen ist.

Diese Frage war lange Zeit umstritten (OLG Hamburg 1 Ss 191/84 v. 12.2.85, wistra 85, 166; für vollständige Korrektur dagegen LG Hamburg (50) 33/83 NS v. 9.5.83, wistra 83, 267).

Der BGH (5 StR 392/98 v. 13.10.98, wistra 99, 27) hat klargestellt, dass eine Aufteilung nach Monaten oder Kalendervierteljahren für den Fall der Abgabe einer zutreffenden Jahreserklärung eine unnötige Förmelei darstelle. Die Umsatzsteuer ist eine Jahressteuer (§ 16 Abs. 1 Satz 2 UStG), weswegen die Voranmeldung lediglich der zeitnahen Erhebung dient.

34 Ein besonderer **Antrag auf Einräumung einer Frist zur Zahlung** der verkürzten Steuer ist nicht erforderlich, weil die Fristsetzung von Amts wegen erfolgt. In der Regel wird die Frist im Rahmen des geänderten Steuerbescheides bestimmt und ist daher identisch mit den üblichen Zahlungsfristen. Um den Zinslauf zu stoppen, ist eine zeitnahe freiwillige Akontozahlung auf die erwartete Steuernachforderung anzuraten.

Zur mehrstufigen Selbstanzeige

35 Eine mehrstufige Selbstanzeige kommt in Betracht, wenn aus Zeitgründen unverzüglich eine Selbstanzeige erstattet werden muss, die nachzuerklärenden Besteuerungsgrundlagen in vollem Umfang aber noch nicht bekannt sind. In diesem Fall werden in einer **ersten Stufe** zunächst nur – aber auch zwingend – Schätzzahlen und die maßgeblichen zu besteuernden Sachverhalte bekannt gegeben. Sodann erfolgt auf einer **zweiten Stufe** eine Konkretisierung der Schätzzahlen.

Die persönliche sowie die zeitliche Zuordnung der jährlichen Besteuerungsgrundlagen hat hierbei stets schon auf der ersten Stufe zu erfolgen.

Vgl. zunächst die Erläuterungen zu Formular E. 1.01.

36 Im Übrigen: Auch bei einer mehrstufigen Selbstanzeige sind im Rahmen der ersten Stufe alle Angaben so genau wie möglich zu machen. Der zeitliche Rahmen der Selbstanzeige ist stets schon auf der ersten Stufe vollständig zu bezeichnen. Erforderlich ist ferner eine Quantifizierung der Besteuerungsgrundlagen.

Diese sind, soweit eine Konkretisierung einstweilen nicht möglich ist, zu schätzen. Aus Gründen der Vorsicht ist zur Vermeidung der Unwirksamkeit der Selbstanzeige über den oberen Schätzungsrahmen hinauszugehen **(Sicherheitsmarge);** denn liegen die geschätzten Zahlen unter den später tatsächlich ermittelten Zahlen, kann die Selbstanzeige hierdurch unwirksam werden. Eine geringfügige Abweichung ist nach zutreffender Ansicht grundsätzlich unschädlich.

Die Bitte um Einräumung einer Frist zur Konkretisierung der Zahlen ist zwar nicht rechtlich begründet, dennoch aber empfehlenswert. Denn durch die Fristeinräumung durch die Finanzbehörde wird der zeitliche Rahmen gesteckt, innerhalb dessen mehrstufige Anzeigen als eine einheitliche Selbstanzeige anzusehen sind.

E. 1.02 Mehrstufige Selbstanzeige an das Finanzamt

I. FORMULAR

Formular E. 1.02 Mehrstufige Selbstanzeige an das Finanzamt

An das Finanzamt ......

Betr.: Eheleute
Steuer-Nr.
hier: Einkommen-, Gewerbe- und Umsatzsteuer 2007–2012

Sehr geehrte Damen und Herren,

bei Durchsicht unserer Steuerunterlagen haben wir festgestellt, dass die für die Jahre 2007–2012 abgegebenen Steuererklärungen nicht vollständig sind.

So haben wir es unterlassen, in den Jahren 2007–2012 bestimmte Provisionseinnahmen steuerlich zu erfassen. Aufgrund der derzeit uns zur Verfügung stehenden Unterlagen handelt es sich um folgende nur dem Ehemann zuzurechnende Beträge:

2007 – € 30.000.–

2008 – € 20.000.–

2009 – € 25.000.–

2010 – € 35.000.–

2011 – € 35.000.–

2012 – € 35.000.–

Die vorstehenden Zahlen sind geschätzt.

Darüber hinaus sind Zinsen aus Festgeld und Sparguthaben steuerlich nicht erklärt worden. Es handelt sich hierbei um folgende geschätzte Beträge:

2007 – € 10.000.–

2008 – € 8.000.–

2009 – € 12.000.–

2010 – € 13.000.–

2011 – € 13.000.–

2012 – € 13.000.–

Wir werden bemüht sein, innerhalb der nächsten 14 Tage die nachzuversteuernden Beträge genau zu berechnen. Wir bitten Sie, uns diese Frist einzuräumen.

Ferner werden wir innerhalb der nächsten zwei bis drei Wochen eine freiwillige Akontozahlung auf die im Raum stehende Steuernachforderung in Höhe von ...... € leisten. Wir bitten, die Finanzkasse zu unterrichten und das Guthaben bis zur Festsetzung zu verwahren und zunächst mit den Steuernachzahlungen nachrangig mit Solidaritätszuschlag und Kirchensteuer zu verrechnen.

Hinsichtlich der Festsetzung von Vorauszahlungen gehen wir davon aus, dass in den Folgejahren Einkünfte in ähnlicher Höhe wie im Jahr 2012 entstehen werden.

....

[Unterschrift]

[Datum]

Anlage

II. ERLÄUTERUNGEN

Erläuterungen zu E. 1.02 Mehrstufige Selbstanzeige an das Finanzamt

Erläuterungen s. E. 1.01 Rz. 1ff.

E. 1.03 Antrag auf Verlängerung von Nachzahlungsfristen

I. FORMULAR

Formular E. 1.03 Antrag auf Verlängerung von Nachzahlungsfristen

Betr.: Eheleute ......
Steuer-Nr.: ...... /ÜLSteuer-Nr. ......
hier: Einkommen-, Gewerbe- und Umsatzsteuer 2007–2012

Sehr geehrte Damen und Herren,

auf Grund unserer Selbstanzeige vom ...... hat das Finanzamt ...... unter dem Datum vom ...... geänderte Einkommen- und Umsatzsteuerbescheide für die Jahre 2007–2012 erlassen. Darüber hinaus sind seitens der Stadt am ...... geänderte Gewerbesteuerbescheide ergangen. Nach Maßgabe der vorgenannten Steuerbescheide haben wir bis zum ......

Einkommensteuer € .... an die Finanzkasse zu zahlen.

Im Übrigen habe ich, der Ehemann, bis zum ...... € .... Umsatzsteuer
und bis zum ...... € .... Gewerbesteuer
nachzuentrichten.

Wir haben beim Finanzamt ...... sowie beim Steueramt der Stadt ...... Stundungsanträge gestellt, die wir in Fotokopie beifügen.

Wir bitten Sie, uns die nach § 371 Abs. 3 AO gesetzte Frist entsprechend unseren Stundungsanträgen zu verlängern.

..

[Unterschrift]
[Datum]
Anlage

II. ERLÄUTERUNGEN

Erläuterungen zu E. 1.03 Antrag auf Verlängerung von Nachzahlungsfristen

1. Grundsätzliche Anmerkungen

1 Die strafbefreiende Wirksamkeit der Selbstanzeige hängt davon ab, dass die hinterzogenen Steuern innerhalb der vom Finanzamt gesetzten Frist nachentrichtet werden.

2 Die strafrechtliche Nachzahlungsfrist (§ 371 Abs. 3 AO) hat nichts mit den steuerrechtlichen Monatsfristen zu tun, innerhalb deren die Mehrsteuern auf Grund der Änderungsbescheide kraft Gesetzes fällig werden. So wird denn die strafrechtliche Nach-

zahlungsfrist von der Bußgeld- und Strafsachenstelle oder – in den einzelnen Bundesländern unterschiedlich organisiert – von einem besonders zuständigen Finanzamt für Steuerstrafsachen bestimmt. In der Regel werden aber beide Fristen übereinstimmen. Der Antrag auf Verlängerung der Nachzahlungsfrist muss stets *vor* Ablauf der Frist gestellt werden. Im Gegensatz zu einem Stundungsantrag kann einem Antrag auf Verlängerung der Nachzahlungsfrist nämlich nicht rückwirkend stattgegeben werden.

2. Einzelerläuterungen

Der Antrag auf Verlängerung der Nachzahlungsfrist gem. § 371 Abs. 3 AO ist an die Bußgeld- und Strafsachenstelle des Finanzamtes oder an das gesondert zuständige Finanzamt für Steuerstrafsachen zu richten. **3**

Ein gemeinsamer Antrag der Eheleute ist ohne weiteres zulässig. Im Betreff sind alle einschlägigen StNrn. und ÜLStr.-Nrn. anzugeben.

Für den Antrag auf Einräumung einer Nachzahlungsfrist gem. § 371 Abs. 3 AO bedarf es keiner besonderen Begründung, wenn parallel ein Stundungsantrag (§ 222 AO) gestellt worden ist. Es reicht aus, wenn auf den betreffenden Stundungsantrag verwiesen wird. Regelmäßig hängt sich das für die Steuerstrafsache zuständige Finanzamt an die Entscheidung des für die Stundung zuständigen Finanzamtes an. **4**

Wird ein rechtzeitig eingereichter Stundungsantrag *nach* Fristablauf abgelehnt, gewährt das für die Strafsache zuständige Finanzamt in aller Regel gleichwohl eine kurze Nachfrist, weil andernfalls der Anspruch auf Straffreiheit entfiele. **5**

E. 2. Beschwerde gegen den Durchsuchungs- und Beschlagnahmebeschluss

I. FORMULAR

Formular E. 2 Beschwerde gegen den Durchsuchungs- und Beschlagnahmebeschluss

In dem Ermittlungsverfahren

gegen

Herrn ......

Az.: ......

wegen Steuerhinterziehung

bestelle ich mich hiermit zum Verteidiger. Eine auf mich lautende Vollmacht lege ich in der Anlage bei.

Gegen den Durchsuchungsbeschluss des Amtsgerichts ...... vom ...... lege ich hiermit

BESCHWERDE

ein mit dem Antrag, den vorgenannten Beschluss aufzuheben und die beschlagnahmten Unterlagen herauszugeben.

Im vorgenannten Beschluss wird angeführt, es bestehe der Verdacht, der Beschuldigte habe „sich eines Vergehens gegen die Abgabenordnung schuldig" gemacht. Weitere den Tatvorwurf konkretisierende Angaben enthält der Beschluss nicht.

Damit entspricht der Durchsuchungs- und Beschlagnahmebeschluss in keiner Weise den rechtsstaatlichen Mindestanforderungen, wie sie in den Entscheidungen des Bundesverfassungsgerichts (BVerfG 2 BvR 2158/98 v. 22.3.1999, wistra 1999, 257, 2 BvR 1619/00 v. 6.3.2002, NJW 2002, 1941, 2 BvR 950/05 v. 4.7.2006, NJW 2006, 2974, 2 BvR 2151/06 v. 30.4.2007, NJW 2007, 2752; BGH StB 26/08 v. 18.12.2008, NStZ-RR 2009, 142) zum Ausdruck gekommen sind. Hiernach muss der Durchsuchungsbeschluss tatsächliche Angaben über den Inhalt des Tatvorwurfs enthalten sowie die denkbaren Beweismittel, denen die Durchsuchung gilt, umschreiben (BVerfG 2 BvR 902/06 v. 16.6.2009, NJW 2009, 2431). Darüber hinaus ist die Angabe des Zeitraums erforderlich, in dem die Steuerhinterziehung begangen sein soll. Im Hinblick darauf, dass die Beamten der Steuerfahndung derzeit noch mit der Durchsicht von Unterlagen beschäftigt sind, beantrage ich sofortige Entscheidung und die weitere Vollziehung der Beschlüsse auszusetzen (§ 307 Abs. 2 StPO).

...

[Unterschrift]

[Datum] ....

Anlage

II. ERLÄUTERUNGEN

Erläuterungen zu E. 2 Beschwerde gegen den Durchsuchungs- und Beschlagnahmebeschluss

Erläuterungen s. E. 3 Rz. 1 ff.

E. 3. Widerruf der freiwilligen Herausgabe von Unterlagen anlässlich der Durchsuchung und Antrag auf richterliche Entscheidung über die Beschlagnahme

Gliederung

I. FORMULAR

Formular E. 3 Widerruf der freiwilligen Herausgabe von Unterlagen anlässlich der Durchsuchung und Antrag auf richterliche Entscheidung über die Beschlagnahme

In dem Ermittlungsverfahren

gegen

Herrn ......

Az.: ......

wegen Steuerhinterziehung

bestelle ich mich hiermit zum Verteidiger. Eine auf mich lautende Vollmacht lege ich in der Anlage bei.

Aufgrund des Durchsuchungsbeschlusses des Amtsgerichts fanden am ...... in den Geschäfts- und Privaträumen des Beschuldigten Durchsuchungen durch Beamte der Steuerfahndungsstelle des Finanzamtes ...... statt. Im Rahmen dieser Durchsuchungen wurden umfangreiche Unterlagen sichergestellt. Ausweislich der mir vorliegenden Ausfertigung des Verzeichnisses gem. § 107 StPO hat der Beschuldigte die Unterlagen freiwillig herausgegeben. Diese freiwillige Herausgabe wird hiermit widerrufen.

Zugleich ersuche ich das Gericht um Entscheidung gem. § 98 Abs. 2 Satz 2 StPO und beantrage, die Beschlagnahme aufzuheben und die sich im Gewahrsam der Steuerfahndung befindlichen Gegenstände herauszugeben.

Begründung:

..

..

[Unterschrift]

....

[Datum]

Anlage

II. ERLÄUTERUNGEN

Erläuterungen zu E. 3 Widerruf der freiwilligen Herausgabe von Unterlagen anlässlich der Durchsuchung und Antrag auf richterliche Entscheidung über die Beschlagnahme

1. Grundsätzliche Anmerkungen

a) Funktion

1 Die **Beschwerde** gegen den **Durchsuchungs- und Beschlagnahmebeschluss** dient dem Ziel richterlicher Überprüfung der Rechtmäßigkeit des Beschlusses. Die Beschwerde, über die das für das Beschlussgericht zuständige Landgericht entscheidet, hat in der Praxis in aller Regel wenige Erfolgsaussichten. Sie kann gleichwohl gerechtfertigt sein, wenn entweder gar kein Anfangsverdacht vorliegt, der Beschluss unter verfahrensrechtlichen Mängeln leidet, der Beschluss älter ist als sechs Monate oder aber Personen betroffen sind, für die ein Durchsuchungs- und Beschlagnahmeprivileg gilt. Auch nach bereits erfolgter Durchsuchung ist eine gerichtliche Überprüfung möglich.

2 Der **Widerruf** der **freiwilligen Herausgabe** von Unterlagen anlässlich der Durchsuchung eröffnet eine Rechtsbehelfsmöglichkeit über den Weg eines Antrages auf richterliche Entscheidung. Hiergegen ist sodann wiederum die Beschwerde gegeben.

b) Strafprozessrecht

3 Gem. § 105 Abs. 1 StPO dürfen Durchsuchungen beim Tatverdächtigen (§ 102 StPO) und bei anderen Personen (§ 103 StPO) nur durch den Richter, bei Gefahr im Verzuge auch durch die Staatsanwaltschaft und ihre Ermittlungspersonen angeordnet werden.

Die Anordnung der Durchsuchung ist durch die Staatsanwaltschaft und durch die Steuerfahndung nur bei Gefahr im Verzuge zulässig (§ 105 Abs. 1 Satz 1 StPO). Unter diesen Voraussetzungen ist die Anordnung der Durchsuchung durch die Staatsanwaltschaft oder durch die Steuerfahndung nur dann zulässig, wenn die durch die Anordnung des Richters bedingte Verzögerung den Untersuchungserfolg gefährden würde. Diese Fälle kommen nur selten vor, so dass die richterliche Durchsuchung im Bereich der Steuerfahndung die Regel ist. Die nichtrichterliche Anordnung der Durchsuchung ist die Ausnahme und muss sehr strengen Anforderungen bei der Auslegung der „Gefahr im Verzuge" genüge tun (vgl. BVerfG 2 BvR 1444/00 v. 20.2.01, NJW 01, 1121). Erfolgt sie, so trifft die Ermittlungsbehörden eine Dokumentationspflicht (BVerfG 2 BvR 1444/00 v. 20.2.01, aaO).

4 Ist die Anordnung der Durchsuchung durch die Staatsanwaltschaft oder durch die Steuerfahndung erfolgt, so hat der Betroffene in entsprechender Anwendung des § 98 Abs. 2 Satz 2 StPO die Möglichkeit, eine richterliche Entscheidung herbeizuführen. Der Antrag auf gerichtliche Entscheidung ist an keine Form und an keine Frist gebunden. Auch nach Abschluss der Durchsuchung ist eine Überprüfung zulässig (BVerfG BvR 817/90 ua. v. 30.4.97, NJW 97, 2163; BVerfG 1 BvR 1935/96 ua. v. 24.3.98, NJW 98, 2131; BGH 5 ARs (VS) 2/98 v. 5.8.98, NStZ 99, 151; BGH 3 ARs 10/98 v. 14.10.98, wistra 99, 66; BGH 5 AR (VS) 2/98 v. 7.12.98, NJW 99, 730).

5 Für die **Durchsuchungsanordnung** schreibt das Gesetz keine bestimmte **Form** vor. Im Hinblick darauf kann sie mündlich, telefonisch, telegrafisch oder per E-Mail ergehen. Für die richterliche Durchsuchungsanordnung gilt dies aber nur bei Gefahr im Verzug. Ohne Gefahr im Verzug ist die Durchsuchungsanordnung des Richters schriftlich zu erlassen.

Die Durchsuchungsanordnung muss konkret gefasst sein. Das bedeutet, dass tatsächliche Angaben über den Inhalt des Tatvorwurfs gemacht werden müssen. Bloße Vermutungen reichen nicht aus (BVerfG 2 BvR 358/03 v. 28.4.03, NJW 03, 2669). Darüber hinaus sollen nach Möglichkeit auch die denkbaren Beweismittel, denen die Durchsuchung gilt, umschrieben werden. Auf die Angabe der wesentlichen Verdachtsmomente darf verzichtet werden, wenn die Bekanntgabe den Untersuchungszweck gefährden würde und daher den Zwecken der Strafverfolgung abträglich wäre (BGH 1 Ws 448/08 v. 18.12.08, NStZ-RR 09, 143). Was die Beschreibung der aufzuklärenden Steuerstraftat anbelangt, so ist insbesondere die **Angabe des Zeitraums** erforderlich, in dem die Steuerhinterziehung begangen sein soll (BVerfG 2 BvR 294/76 v. 26.5.76, NJW 76, 1735; BVerfG 2 BvR 988/75 v. 24.5.77, NJW 77, 1489), andernfalls ist der Durchsuchungsbeschluss verfassungswidrig (BVerfG 2 BvR 417/88 v. 23.6.90, NJW 91, 690). Die vorstehende Konkretisierung ist erforderlich, damit die mit der Durchführung der Durchsuchung verbundenen Eingriffe in die Grundrechte messbar und kontrollierbar sind (BVerfG 2 BvR 358/03 v. 28.4.03, NJW 03, 2669). Das gilt in besonderer Weise bei einer gegen Freiberufler gerichteten Durchsuchungsanordnung (BVerfG 2 BvR 1219/05 v. 7.9.06, NJW 07, 1443). Diesen Anforderungen werden die Durchsuchungsanordnungen in der Praxis häufig nicht gerecht. Sie enthalten nicht selten bloß formel- und schlagwortartige, den Gesetzeswortlaut wiederholende Formulierungen. Derartige Durchsuchungsanordnungen sind rechtswidrig.

Ein **Beweisverwertungsverbot** der im Rahmen der Durchsuchung aufgefunde- 6
nen Beweismittel ergibt sich regelmäßig insbes. dann nicht, wenn bei hypothetischer Betrachtungsweise ein rechtmäßiger Durchsuchungsbeschluss hätte erlangt werden können. Eine Nichtverwertbarkeit kommt jedoch in Betracht, wenn ein besonders schwerer Verstoß vorliegt (LG Bonn 37 Qs 57/80 v. 1.7.81, NJW 81, 291).

Das Ziel einer jeden Durchsuchung ist das Auffinden von Beweismitteln und deren 7
Beschlagnahme. Werden Beweismittel **freiwillig** herausgegeben, so bedarf es gem. § 94 Abs. 2 StPO weder einer Beschlagnahmeanordnung noch einer Beschlagnahme selbst. Von der Beschlagnahme bei freiwilliger Herausgabe kann auch dann abgesehen werden, wenn bereits eine Beschlagnahmeanordnung vorliegt. Freiwillig ist eine Herausgabe indessen nur, wenn der Gewahrsamsinhaber sich der Tatsache bewusst ist, dass er zur Herausgabe nicht verpflichtet ist. Hierüber braucht der Gewahrsamsinhaber nicht belehrt zu werden, wenn sich aus den Umständen ergibt, dass er sich über seine Rechte im Klaren ist. Zur freiwilligen Herausgabe bedarf es schließlich auch nicht einer ausdrücklichen Willenserklärung, diese liegt auch vor, wenn sich der Gewahrsamsinhaber mit der Übernahme der Gegenstände in die amtliche Verwahrung stillschweigend einverstanden erklärt.

Der Gewahrsamsinhaber kann sein Einverständnis jederzeit zurückziehen und die 8
freiwillige Herausgabe widerrufen. In diesem **Widerruf** ist zugleich ein Antrag auf gerichtliche Entscheidung nach § 98 Abs. 2 Satz 2 StPO zu sehen.

Die **Beschlagnahme** ist eine formelle Sicherstellung. Damit ist zugleich die Ent- 9
ziehung oder Beschränkung der tatsächlichen Verfügungsgewalt über den Gegenstand verbunden.

Die Beschlagnahme wird durch den Richter, bei Gefahr im Verzug durch die Staatsanwaltschaft oder die Steuerfahndung angeordnet (§ 98 Abs. 1 Satz 1 StPO).

Für die richterliche Beschlagnahmeanordnung ist vor Erhebung der öffentlichen 10
Klage das **Amtsgericht zuständig**, in dessen Bezirk die Staatsanwaltschaft oder ihre den Antrag stellende Zweigstelle ihren Sitz hat (§ 162 Abs. 1 Satz 1 StPO). Durch diese zum 1.1.08 durch das Gesetz v. 21.12.07 (BGBl. I 07, 3198) eingeführte Änderung der Zuständigkeitsregelung, sind Schwierigkeiten überwunden, die mit der früheren differenzierenden Zuständigkeitsregelung verbunden waren.

Grundsätzlich darf das Amtsgericht nur auf Antrag der Staatsanwaltschaft entscheiden. Nur bei Gefahr im Verzuge darf das Amtsgericht ohne einen derartigen Antrag beschlagnahmen, wenn ein Staatsanwalt nicht erreichbar ist (§ 165 StPO). In Steuerstrafsachen ist das die Ausnahme. Soweit das Amtsgericht auf Antrag der Staatsanwaltschaft die Beschlagnahme anordnet, darf es über den Antrag nicht hinausgehen.

11 Nach Anklageerhebung entscheidet das mit der Sache befasste Gericht über den Beschlagnahmeantrag.

12 Die **Beschlagnahme** kann auch von der **Staatsanwaltschaft** oder der **Steuerfahndung** angeordnet werden, wenn es sich nicht um die Beschlagnahme nach § 97 Abs. 5 Satz 2 StPO in den Räumen einer Redaktion, eines Verlages, einer Druckerei oder einer Rundfunkanstalt handelt (§ 98 Abs. 1 Satz 2 StPO). Voraussetzung für die Beschlagnahmeanordnung der Staatsanwaltschaft und der Steuerfahndung ist gem. § 98 Abs. 1 Satz 1 StPO, dass Gefahr im Verzuge vorliegt. Dies ist stets dann zu bejahen, wenn der Erfolg der Beschlagnahme durch die Verzögerung infolge der vorherigen Anrufung des Amtsgerichts nicht eintreten würde. Die bloße Möglichkeit reicht nicht aus. Erforderlich ist vielmehr das Vorliegen bestimmter Tatsachen, die auf eine gewisse Wahrscheinlichkeit der Erfolgsvereitelung hinweisen. Nicht selten wird die Steuerfahndung ohne vorherige richterliche Beschlagnahmeanordnung tätig. Bei Auffindung von Beweismitteln ist dann stets Gefahr im Verzug gegeben, so dass die Steuerfahndung unmittelbar selbst die Beschlagnahme anordnen kann.

13 Das Gericht erlässt die Beschlagnahmeanordnung als **Beschluss.** Im Rahmen der Gewährung rechtlichen Gehörs müsste der Betroffene an sich vor der Entscheidung gehört werden. Da dies aber den Zweck der Beschlagnahmeanordnung gefährden würde, sind die Betroffenen in der Praxis im Verfahren bis zum Beschluss nicht beteiligt.

Die Legitimation hierfür ergibt sich aus § 33 Abs. 4 Satz 1 StPO. Im Beschwerdeverfahren muss das rechtliche Gehör allerdings nachgeholt werden.

Gerichtliche Beschlagnahmeanordnungen müssen wie alle durch Rechtsmittel anfechtbare Entscheidungen der Gerichte begründet werden (§ 34 StPO). Insbesondere müssen die Beschlagnahmegegenstände konkret bezeichnet werden.

14 Die Beschlagnahmeanordnung ist den Betroffenen spätestens mit der Beschlagnahme selbst **bekanntzumachen.** Der früheste Zeitpunkt liegt, da andernfalls der Untersuchungszweck gefährdet wäre, mit der Bekanntgabe der Durchsuchungsanordnung. Beide Anordnungen können miteinander verbunden werden.

15 Gegen die von der Staatsanwaltschaft oder der Steuerfahndung – bei Gefahr im Verzuge – angeordnete Beschlagnahme hat der Betroffene das Recht, einen **Antrag auf gerichtliche Entscheidung** zu stellen (§ 98 Abs. 2 Satz 2 StPO). Über dieses Antragsrecht ist er nach Maßgabe des § 98 Abs. 2 Satz 5 StPO zu belehren. Dieser Antrag kann auch dann gestellt werden, wenn das Gericht bereits die Beschlagnahme durch die Staatsanwaltschaft oder Steuerfahndung auf deren Antrag gem. § 98 Abs. 2 Satz 1 StPO bestätigt hat. In diesem Fall richtet sich der Antrag auf gerichtliche Entscheidung gegen den Bestätigungsbeschluss (*Meyer-Goßner* § 98 StPO Rz. 19).

Fehlende Gefahr im Verzug macht die Beschlagnahme durch die Staatsanwaltschaft oder durch die Steuerfahndung regelmäßig nicht unwirksam. Nur bei willkürlicher Annahme von Gefahr im Verzug oder bewusster und gezielter Missachtung des Richtervorbehalts ist der beschlagnahmte Gegenstand unverwertbar (OLG Koblenz 1 Ss 93/02 v. 6.6.02, NStZ 02, 660; LG Saarbrücken 8 Qs 70/03 v. 28.4.03, wistra 04, 34).

16 War bei der Beschlagnahme durch die Staatsanwaltschaft oder durch die Steuerfahndung weder der Betroffene selbst noch ein erwachsener Angehöriger anwesend, oder wird gegen die Beschlagnahme Widerspruch erhoben, so soll gem. § 98 Abs. 2 Satz 1 StPO die richterliche **Bestätigung der Beschlagnahme binnen drei Tagen eingeholt** werden. Bei freiwilliger Herausgabe der Beweismittel bedarf es dagegen einer richterlichen Bestätigung nicht. Wird die freiwillige Herausgabe durch den Betroffenen widerrufen, so werden dadurch Staatsanwaltschaft und Steuerfahndung nicht

verpflichtet, die richterliche Bestätigung zu beantragen. In diesem Falle verbleibt dem Betroffenen allerdings das Recht aus § 98 Abs. 2 Satz 2 StPO, wonach er jederzeit eine gerichtliche Entscheidung über die Beschlagnahme herbeiführen kann.

Bei der richterlichen Bestätigung gem. § 98 Abs. 2 Satz 1 StPO werden nicht die **17**
Verhältnisse zum Zeitpunkt der Beschlagnahme durch die Staatsanwaltschaft oder Steuerfahndung zugrunde gelegt, sondern diejenigen zum **Zeitpunkt der richterlichen Entscheidung.** Im Hinblick darauf trifft das Gericht auch keine Entscheidung darüber, ob die Beschlagnahme durch die Staatsanwaltschaft oder durch die Steuerfahndung rechtswidrig oder rechtmäßig war.

(frei) **18, 19**

c) Steuerrecht

Eine steuerliche Bedeutung haben die eingangs genannten Maßnahmen nicht. Al- **20**
lenfalls ist für den Fall der Feststellung eines strafrechtlichen Verwertungsverbotes zu prüfen, ob dieses auch steuerlich Wirkung entfaltet (*Franzen/Gast/Joecks* § 393 AO Rz. 50).

2. Einzelerläuterungen

Zur Beschwerde gegen den Durchsuchungs- und Beschlagnahmebeschluss

Die Beschwerde ist grds. bei dem Gericht (Amtsgericht) einzulegen, das den Be- **21**
schluss erlassen hat (§ 306 Abs. 1 StPO).

Die Beschwerde ist nicht fristgebunden. Obwohl kein Begründungszwang besteht, sollte, um eine möglichst schnelle Entscheidung zu erreichen, die Beschwerde unmittelbar mit einer Begründung versehen werden.

Solange die Wirkungen des Durchsuchungs- und Beschlagnahmebeschlusses noch andauern, sollte um sofortige Entscheidung gebeten werden und zugleich der Antrag auf Aussetzung der Vollziehung des Beschlusses gestellt werden (§ 307 Abs. 2 StPO).

Zum Widerruf der freiwilligen Herausgabe von Unterlagen sowie Antrag auf richterliche Entscheidung über die Beschlagnahme

Die Widerrufserklärung ist an das Amtsgericht zu richten und jederzeit möglich. **22**
Eine Begründung des Widerrufs ist nicht erforderlich. Obwohl der Widerruf zugleich als Antrag auf richterliche Entscheidung nach § 98 Abs. 2 Satz 2 StPO zu werten ist, sollte dieser aber noch einmal ausdrücklich formuliert werden. Dieser Antrag, der nicht form- und fristgebunden ist, geht letztlich dahin, die beschlagnahmten Gegenstände herauszugeben. Dieser Antrag ist deshalb zulässig, weil der vorangehende Widerruf der freiwilligen Herausgabe der Gegenstände dazu führt, dass die Sicherstellung wie eine nichtrichterliche Beschlagnahme gem. § 98 Abs. 2 Satz 1 StPO zu behandeln ist (*Löwe/Rosenberg* § 98 StPO Anm. 51).

F. Mandatsbezogene Verträge

Übersicht

F. 1. Steuerberaterrahmenvertrag

Gliederung

I. FORMULAR

Formular F. 1 Steuerberaterrahmenvertrag

Steuerberatungsrahmen- und Vergütungsvereinbarung

zwischen

...... *[Herrn / Frau / Firma ..., Adresse, ggf. Vertretungsverhältnis]*,

– nachfolgend „Mandant" –

und

......

– nachfolgend „Sozietät" –

Teil A. Steuerberatungsrahmenvereinbarung

§ 1 Umfang und Ausführung des Auftrags

(1) Die Sozietät berät den Mandanten in steuerlichen Angelegenheiten. Nachstehendes Leistungsspektrum bietet die Sozietät dem Mandanten zur Annahme durch Einzelvereinbarung nach Maßgabe des Abs. 2 an:

a) Allgemeine steuerliche Beratung in laufenden Angelegenheiten einschließlich der Vertretung der Interessen des Mandanten gegenüber den Finanzbehörden (die Erteilung einer Vollmacht ist hiermit nicht verbunden);

b) Erstellung von Stellungnahmen zu steuerrechtlichen Einzelfragen, Steuerbelastungsvergleiche, Investitions- und Finanzierungsrechnungen und vergleichbare Tätigkeiten, Testate für Wirtschaftsförderung;

c) steuerliche Gestaltungsberatung;

d) Erstellung von Steuererklärungen;

e. Prüfung von Steuerbescheiden, Abrechnungsbescheiden und anderen Fiskalverwaltungsakten;

f) außergerichtliche und gerichtliche Rechtsbehelfe in Abgabenangelegenheiten;

g) Erstellung von Umsatzsteuervoranmeldungen;

h) Finanzbuchführung einschließlich des Kontierens der Belege mit Kontokorrent und Erstellung der monatlichen betriebswirtschaftlichen Auswertung;

i) Erstellung handelsrechtlicher Jahresabschlüsse nebst schriftlichen Erläuterungsberichten;

j) Beratung und Vertretung anlässlich steuerlicher Außenprüfungen, Lohnsteueraußenprüfungen und Umsatzsteuersonderprüfungen einschließlich der Vertretung gegenüber der Finanzbehörde (die Erteilung einer Vollmacht ist hiermit nicht verbunden) sowie Prüfung eines etwaigen Zwischen- und des Schlussberichts;

k) Führung der Lohnkonten des Mandanten und Anfertigung der monatlichen Lohnabrechnungen sowie der Lohnsteuer-Anmeldungen;

m) ......

(2) Der Gegenstand der Beratungsleistung iSd. Abs. 1 wird zwischen den Parteien einvernehmlich jeweils durch Einzelvereinbarung festgelegt. Auftragserteilung und Auftragsannahme zu der jeweils einzelnen steuerlichen Angelegenheit sollen in Schrift- oder Textform erfolgen.

(3) Dieser Steuerberatungsrahmenvertrag gilt für alle Einzelaufträge, die der Mandant der Sozietät erteilt, soweit nichts Abweichendes vereinbart ist.

(4) Die Beratung erfolgt ausschließlich in deutschem Steuerrecht. Ausländisches Steuerrecht oder sonstige rechtliche Beratung sind von der Beauftragung nicht erfasst.

(5) Die Sozietät wird die vom Mandanten genannten Tatsachen, insbesondere Zahlenangaben, als richtig zugrunde legen. Die Prüfung der Richtigkeit, Vollständigkeit und Ordnungsmäßigkeit der übergebenen Unterlagen und Zahlen, insbesondere der Buchführung und Bilanz, gehört nur zum Auftrag, wenn dies schriftlich vereinbart ist.

§ 2 Vergütung

Die Vergütung für die in § 1 bezeichneten Tätigkeiten bestimmen die Parteien mittels gesonderter Vergütungsvereinbarung (Teil B.).

....

§ 3 Verschwiegenheit – Kommunikation

(1) Die Sozietät ist nach Maßgabe der gesetzlichen Vorgaben zur Verschwiegenheit verpflichtet. Darüber hinaus besteht keine Verschwiegenheitspflicht, soweit dies zur Durchführung eines Zertifizierungsaudits in der Kanzlei der Sozietät erforderlich ist und die insoweit tätigen Personen ihrerseits über ihre Verschwiegenheitspflicht belehrt worden sind. Der Mandant erklärt sich damit einverstanden, dass durch den Zertifizierer/Auditor Einsicht in seine – von der Sozietät abgelegte und geführte –

Handakte genommen wird. Ferner ist die Sozietät gegenüber ihren Kooperationspartnern von der Verschwiegenheitspflicht befreit, soweit die Kooperationspartner ebenfalls berufsmäßig zur Verschwiegenheit verpflichtet sind.

(2) Der Mandant erklärt sein Einverständnis, dass die Kommunikation zwischen Sozietät und Mandant auch mittels E-Mail erfolgen kann. Im Hinblick auf den Einsatz von E-Mails weist die Sozietät vorsorglich auf folgende Risiken hin:

a) Derzeit besteht bei jeder unverschlüsselten Versendung von Informationen und Dokumenten per E-Mail ein technisch unvermeidbares Risiko, dass
   - sich Dritte Zugang zu den enthaltenen Daten verschaffen und damit Kenntnis von ihrem Inhalt erlangen;
   - E-Mails Viren enthalten;
   - theoretisch andere Internet-Teilnehmer den Inhalt der E-Mails modifizieren können;
   - nicht vollständig sichergestellt ist, dass E-Mails tatsächlich von dem Absender stammen, der angegeben ist.

b) Da gegenwärtig ein strafrechtlicher Schutz für E-Mails nicht besteht (zB fallen sie nicht unter den Schutz des Postgeheimnisses), ist die rechtliche Zugriffsschranke für Dritte gering. Entsprechend kann die Sozietät eine Haftung für die Sicherheit der übermittelten Daten und Informationen nicht übernehmen und haftet für ggf. entstehende Schäden nicht.

§ 4 Mitwirkung Dritter

Die Sozietät ist berechtigt, zur Ausführung des Auftrags Mitarbeiter, fachkundige Dritte sowie datenverarbeitende Unternehmen heranzuziehen, die berufsmäßig oder durch entsprechende vertragliche Vereinbarung mit der Sozietät zur Verschwiegenheit iSd. § 3 verpflichtet sind. Die Sozietät ist berechtigt, allgemeinen Vertretern (§ 69 StBerG) sowie Praxistreuhändern (§ 71 StBerG) im Fall ihrer Bestellung Einsichtnahme in die Handakten iSd. § 66 Abs. 2 StBerG zu verschaffen.

§ 5 Gewährleistung

(1) Die Sozietät ist nach Maßgabe der gesetzlichen Vorgaben zur Gewährleistung verpflichtet.

(2) Offenbare Unrichtigkeiten (zB Schreibfehler, Rechenfehler) können von der Sozietät jederzeit auch Dritten gegenüber berichtigt werden. Sonstige Mängel darf die Sozietät Dritten gegenüber mit Einwilligung des Mandanten berichtigen. Die Einwilligung ist nicht erforderlich, wenn berechtigte Interessen von der Sozietät den Interessen des Mandanten vorgehen.

§ 6 Haftung

(1) Die Haftung der Sozietät für einen Schaden, der aus einer oder – bei einheitlicher Schadensfolge – aus mehreren Pflichtverletzungen anlässlich der Erfüllung eines Auftrags resultiert, wird auf einen Betrag iHv. € 1.000.000,– begrenzt. Die Beschränkung bezieht sich allein auf einfache Fahrlässigkeit. Die Haftung für grobe Fahrlässigkeit und Vorsatz bleibt insoweit unberührt. Von den Haftungsbegrenzungen ausgenommen sind Haftungsansprüche für Schäden aus der Verletzung des Lebens, des Körpers oder der Gesundheit.

(2) Die Haftungsbeschränkung gilt für die gesamte Tätigkeit der Sozietät für den Mandanten, also insbesondere für sämtliche nach § 1 erteilte Aufträge und Folgeaufträge des Mandanten. Einer erneuten Vereinbarung der Haftungsbeschränkung bedarf es für diese Aufträge nicht.

(3) Die vereinbarte Haftungsbeschränkung nach Abs. 1 bis 2 gilt von Beginn der Mandatsbeziehung mit dem Mandanten an, hat ggf. also rückwirkende Kraft. Die Sozietät versichert, dass ihr im Zeitpunkt der Zeichnung dieser Vereinbarung entstandene Haftungsansprüche nicht bekannt sind. Die Haftungsbeschränkung gilt auch für neu in die Sozietät eintretende Sozien.

(4) Die vereinbarten Haftungsbeschränkungen nach Abs. 1 bis 3 gelten auch gegenüber Dritten, soweit diese in den Schutzbereich des Mandatsverhältnisses fallen. § 334 BGB wird nicht abbedungen.

(5) Einzelvertragliche Haftungsbegrenzungsvereinbarungen gehen dieser Vereinbarung vor, lassen die Wirksamkeit dieser Haftungsbegrenzungsvereinbarung – soweit nicht ausdrücklich anders geregelt – aber unberührt.

§ 7 Pflichten des Mandanten

(1) Der Mandant ist zur Mitwirkung verpflichtet, soweit es zur ordnungsgemäßen Erledigung des Auftrags erforderlich ist. Insbesondere hat er der Sozietät unaufgefordert alle für die Ausführung des Auftrags notwendigen Unterlagen vollständig und so rechtzeitig zu übergeben, dass der Sozietät eine angemessene Bearbeitungszeit zur Verfügung steht. Entsprechendes gilt für die Unterrichtung über alle Vorgänge und Umstände, die für die Ausführung des jeweiligen Auftrags von Bedeutung sein können. Der Mandant ist verpflichtet, alle schriftlichen und mündlichen Mitteilungen der Sozietät zur Kenntnis zu nehmen und bei Zweifelsfragen Rücksprache zu halten.

(2) Setzt die Sozietät beim Mandanten in dessen Räumen Datenverarbeitungsprogramme ein, so ist der Mandant verpflichtet, den Hinweisen der Sozietät zur Installation und Anwendung der Programme nachzukommen. Des Weiteren ist der Mandant berechtigt, die Programme nur in dem von der Sozietät vorgeschriebenen Umfang zu vervielfältigen oder zu verbreiten. Die Sozietät bleibt Inhaber der Nutzungsrechte. Der Mandant hat alles zu unterlassen, was der Ausübung der Nutzungsrechte an den Programmen durch die Sozietät entgegensteht.

(3) Unterlässt der Mandant eine ihm nach § 7 Abs. 1 bis 2 oder sonst obliegende Mitwirkung oder kommt er mit der Annahme der von der Sozietät angebotenen Leistung in Verzug, so ist die Sozietät nach schriftlicher Setzung einer angemessenen Frist für die Mitwirkung oder Leistung berechtigt, den Vertrag fristlos zu kündigen. Unberührt bleibt der Anspruch der Sozietät auf Ersatz der ihr durch den Verzug oder die unterlassene Mitwirkung des Mandanten entstandenen Mehraufwendungen sowie des verursachten Schadens, und zwar auch dann, wenn die Sozietät von dem Kündigungsrecht keinen Gebrauch macht.

§ 8 Beendigung des Vertrags

(1) Der Vertrag wird auf unbestimmte Zeit geschlossen. Der Vertrag endet nicht durch den Tod, durch den Eintritt der Geschäftsunfähigkeit des Mandanten – oder im Fall einer Sozietät – durch Gesamtrechtsnachfolge oder Auflösung.

(2) Der Vertrag kann von jedem Vertragspartner jederzeit mit sofortiger Wirkung – außer zur Unzeit – gekündigt werden; die Kündigung hat schriftlich zu erfolgen.

(3) Bei Kündigung des Vertrags durch die Sozietät sind zur Vermeidung von Rechtsverlusten des Mandanten in jedem Fall noch diejenigen Handlungen vorzunehmen, die zumutbar sind und keinen Aufschub dulden.

(4) Nach Beendigung des Mandatsverhältnisses sind die der Sozietät übergebenen Unterlagen von der Sozietät bereitzustellen und durch den Mandanten am Sitz der Sozietät abzuholen. Außerdem ist die Sozietät verpflichtet, dem Mandant die erforderlichen Nachrichten zu geben, auf Verlangen über den Stand der Angelegenheit Auskunft zu erteilen und Rechenschaft abzulegen. § 9 bleibt unberührt.

(5) Mit Beendigung des Vertrags hat der Mandant der Sozietät die bei ihm zur Ausführung des Auftrags eingesetzten Datenverarbeitungsprogramme einschließlich angefertigter Kopien sowie sonstige Programmunterlagen unverzüglich herauszugeben bzw. von der Festplatte zu löschen. § 9 bleibt unberührt.

§ 9 Aufbewahrung, Herausgabe

(1) Die Sozietät hat die Handakten nach Beendigung des Auftrags zehn Jahre, in jedem Fall aber bis zum Ablauf der für die Aufbewahrung der Akten bestimmten Fristen, aufzubewahren. Diese Verpflichtung erlischt schon vor Beendigung dieses Zeitraums, wenn die Sozietät den Mandanten schriftlich aufgefordert hat, die Handakten in Empfang zu nehmen und der Mandant dieser Aufforderung binnen drei Monaten, nachdem er sie erhalten hat, nicht nachgekommen ist.

(2) Auf Anforderung des Mandanten hat die Sozietät dem Mandanten die Handakten vorbehaltlich eines gesetzlichen Zurückbehaltungsrechts innerhalb einer angemessenen Frist zur Abholung bereitzustellen. Die Sozietät kann von Unterlagen, die sie an den Mandanten zurückgibt, Abschriften oder Fotokopien anfertigen und zurückbehalten.

Teil B. Vergütungsvereinbarung

(1) Für die auf Grundlage der Steuerberatungsrahmenvereinbarung (Teil A.) zu erbringenden Leistungen vereinbaren die Parteien nachstehendes Stundenhonorar:

- Tätigkeit eines Partners: € ...... je Stunde;
- Tätigkeit eines angestellten Steuerberaters: € ...... je Stunde;
- Tätigkeit eines sonstigen Mitarbeiters: € ...... je Stunde.

Die Beträge verstehen sich zzgl. Umsatzsteuer und Auslagen. Die Abrechnung des Stundenhonorars erfolgt in 15-Minuten-Einheiten. Kürzere Zeiten werden am Ende eines Tags jeweils bis zum Erreichen einer Abrechnungseinheit zusammengefasst. Kosten für Telefon, Telefax und Porto werden mit 2 % des Zeithonorars pauschaliert, sonstige Auslagen werden nach Anfall in Rechnung gestellt. Fahrtkosten werden mit € 0,30 je gefahrenen Kilometer berechnet.

(2) Eine Aufrechnung gegenüber einem Vergütungsanspruch der Sozietät ist nur mit unbestrittenen oder rechtskräftig festgestellten Forderungen zulässig.

(3) Für bereits entstandene oder voraussichtlich entstehende Vergütungsansprüche und Auslagen kann die Sozietät einen Vorschuss fordern. Die Sozietät kann die Aufnahme der Tätigkeit von der Zahlung des Vorschusses abhängig machen.

(4) Diese Vergütungsvereinbarung weicht von den gesetzlichen Gebührenvorschriften nach der Steuerberatervergütungsverordnung (StBVV) bzw. Rechtsanwaltsvergütungsgesetz (RVG) ab. Im Fall einer gerichtlichen Kostenerstattung muss eine gegnerische Partei, ein Verfahrensbeteiligter oder die Staatskasse regelmäßig nicht mehr als die gesetzliche Vergütung nach RVG bzw. StBVV erstatten. Für diesen Fall weist die Sozietät darauf hin, dass sich die gesetzlichen Gebühren im streitigen Verfahren regelmäßig nach dem Gegenstandswert der Streitsache richten.

Teil C. Sonstiges

(1) Die Steuerberatungsrahmenvereinbarung (Teil A.), die Vergütungsvereinbarung (Teil B.) sowie sämtliche Aufträge, die nach Maßgabe des § 1 der Sozietät erteilt werden, unterliegen ausschließlich deutschem Recht.

(2) Sofern der Mandant Kaufmann, juristische Person des öffentlichen Rechts oder öffentlich-rechtliches Sondervermögen ist oder keinen allgemeinen Gerichtsstand im

Inland hat, wird für sämtliche Streitigkeiten aus oder in Zusammenhang mit dem Mandatsverhältnis ...... als ausschließlicher Gerichtsstand vereinbart.

(3) Falls einzelne Bestimmungen in Teil A. und B. dieser Vereinbarungen unwirksam sein oder werden sollten, wird die Wirksamkeit der übrigen Bestimmungen dadurch nicht berührt. Die unwirksame Bestimmung ist durch eine gültige zu ersetzen, die dem angestrebten Ziel möglichst nahekommt.

(4) Änderungen und Ergänzungen bedürfen der Schriftform. Dies gilt auch für die Aufhebung des Schriftformerfordernisses.

II. ERLÄUTERUNGEN

Erläuterungen zu F. 1 Steuerberaterrahmenvertrag

1. Grundsätzliche Anmerkungen

1 Das Dauermandatsverhältnis beruht in der Regel auf einem **Geschäftsbesorgungsvertrag mit werk- sowie dienstvertraglichen Elementen**. Es empfiehlt sich insbesondere unter Haftungsgesichtspunkten, die Dauermandatsbeziehung auf die Grundlage einer schriftlichen Rahmenvereinbarung zu stützen.

2 **Wichtige Regelungspunkte** eines Rahmenvertrags sind die Festlegung der geschuldeten Tätigkeiten, Regelung der Vergütung, Begrenzung der Haftung, Festlegung der Kommunikationsformen zwischen Berater und Mandanten sowie Möglichkeiten und Verfahrensweise bei Beendigung des Beratungsverhältnisses. Dabei wird das vorliegende Gesamtregelungswerk wegen des Separierungsgebots der § 3a Abs. 1 Satz 1 RVG bzw. § 4 Abs. 1 Satz 2 StBVV unterteilt in die (sonstigen) Steuerberaterrahmenvereinbarungen einerseits sowie die Vergütungsvereinbarung andererseits.

3 Regelmäßig dürften die verwendeten Vergütungsvereinbarungen sowie Rahmenvereinbarungen als **allgemeine Auftragsbedingungen** zu qualifizieren sein, da sie zur mehrfachen Verwendung gegenüber den Mandanten bestimmt sind. Dies hat zur Folge, dass die Vereinbarungen den **berufsrechtlichen Restriktionen** für vorformulierte Vertragsbedingungen und – dies wird häufig übersehen – dem **allgemeinen AGB-Recht** iSd. §§ 305ff. BGB unterliegen. Dies ist bei Verfassung entsprechender Verträge zu berücksichtigen.

4 Das Formular enthält im Vergleich zu den sonst am Markt angebotenen Allgemeinen Auftragsbedingungen die **reduzierte Version eines Steuerberatungsrahmenvertrags.** Auf redundante Wiederholungen des Gesetzeswortlauts wurde verzichtet.

5 Vertragliche Verkürzungen der gesetzlichen **Verjährungsvorschriften**, wie sie in den sonst am Markt erhältlichen Allgemeinen Auftragsbedingungen üblich sind, enthält das Formular nicht: Die gesetzliche dreijährige Verjährungsfrist beginnt gem. § 199 BGB mit Ablauf des Jahres, in dem der Anspruch entstanden ist und der Anspruchsteller von den den Anspruch begründenden Tatsachen Kenntnis erlangt oder allein aufgrund grober Fahrlässigkeit keinerlei Kenntnis erlangt hat. Die sonst am Markt verfügbaren Allgemeinen Auftragsbedingungen sehen ebenfalls eine dreijährige Verjährung vor, verlagern aber den Beginn der Verjährung vom jeweiligen Jahresende auf den konkreten Zeitpunkt der Schadensentstehung vor. Diese Vorverlagerung trägt das Risiko der Unwirksamkeit in sich: Das allgemeine Zivilrecht lässt nach § 202 Abs. 1 BGB grundsätzlich Verkürzungen der Verjährungsfristen außerhalb der Haftung für Vorsatz zu. Allerdings hat der BGH zu § 68 StBerG aF die Verkürzung der Verjährungsfrist durch Allgemeine Auftragsbedingungen für den Regelfall als eine unangemessene Benachteiligung des Mandanten angesehen und für unwirksam erklärt. Eine solche Verkürzung sei mit dem wesentlichen Grundgedanken der gesetzlichen Regelung des StBerG nicht zu vereinbaren (vgl. BGH VII ZR 61/85 v. 16.1.86,

NJW 86, 1171; *Wollweber/Alvermann* DStR 08, 1707, 1710, mwN). Ob die Grundsätze des zitierten Urteils auch auf die nach Aufhebung des § 68 StBerG aF nunmehr greifenden allgemeinen Verjährungsvorschriften des BGB anwendbar sind, ist höchstrichterlich nicht geklärt. Mit Blick auf die tatsächlich nur marginale Verjährungsverkürzung von allenfalls wenigen Monaten sieht das Formular von einer Begrenzung der Verjährungsfristen ab.

Regelungen zum **Zurückbehaltungsrecht** enthält das Formular nicht: Abweichungen von den gesetzlichen Vorgaben und den Vorgaben durch die Rechtsprechung zulasten des Mandanten sind im Allgemeinen unwirksam (vgl. hierzu etwa *Wollweber/Olbing* DStR 09, 2700, 2702). 6

Klauseln einer **Ausschlussfrist** im Hinblick auf die Geltendmachung von Schadensersatzansprüchen sind im Formular ebenfalls nicht aufgenommen. Die in den Allgemeinen Auftragsbedingungen häufig enthaltene Klausel, wonach ein Schadensersatzanspruch nur innerhalb einer Ausschlussfrist von 12 Monaten geltend gemacht werden kann, nachdem der Anspruchsberechtigte von dem Schaden und dem anspruchsbegründenden Ereignis Kenntnis erlangt hat, soll nach der obergerichtlichen Rechtsprechung den Auftraggeber unangemessen iSd. § 307 BGB benachteiligen, da sie materiell deutlich hinter den gesetzlichen, den Mindeststandard wiedergebenden Regelungen zur Geltendmachung von Schadensersatzansprüchen gegen Angehörige beratender Berufe, die besonderes Vertrauen genießen, zurückbleibe (OLG Düsseldorf 24 U 27/08 v. 21.4.09, DStR 09, 2219; zustimmend: OLG Stuttgart 12 U 75/07 v. 15.1.08, BeckRS 2010, 65284). 7

2. Einzelerläuterungen

Zu Teil A.:

Zu § 1:

Der **Leistungskatalog** in Abs. 1 ist beispielhaft und sollte in jedem Fall einzelfallbezogen überarbeitet werden. 8

Zu § 2:

Die Vergütungsvereinbarung muss vom übrigen Teil der vertraglichen Regelungen deutlich abgegrenzt sein. Gem. § 3a Abs. 1 Satz 1 RVG bzw. § 4 Abs. 1 Satz 2 StBVV muss die Vergütungsvereinbarung als **Vergütungsvereinbarung** oder in vergleichbarer Weise bezeichnet werden, von anderen Vereinbarungen mit Ausnahme der Auftragserteilung **deutlich abgesetzt** sein und darf **nicht in der Vollmacht** enthalten sein. Bislang besteht – soweit ersichtlich – keine obergerichtliche Rechtsprechung, welche Anforderungen an die deutliche Abgrenzung gestellt werden. Um die Abgrenzung zu betonen, ist im Formular die Auftrags- und Vergütungsvereinbarung als „eigener" Teil Vereinbarung formuliert, um die Abgrenzung zu den übrigen Vereinbarungsbestandteilen vorzunehmen. 9

Zu § 3:

Die Regelung verweist für Fragen der **Verschwiegenheit** grundsätzlich auf die gesetzlichen Regelungen, lässt aber Ausnahmen für Zertifizierer und Auditor sowie Kooperationspartner zu. 10

Abs. 2 regelt das Einverständnis des Mandanten zum **elektronischen Datenverkehr** mittels unverschlüsselter E-Mail. Diese Einverständniserklärung sollte im Hinblick auf die Unsicherheiten des elektronischen Datenverkehrs in jedem Fall eingeholt werden. 11

Zu § 4:

12 Zur **Offenlegung von Berufsgeheimnissen** wird die Sozietät durch diese Regelung auch gegenüber Mitarbeitern, fachkundigen Dritten sowie datenverarbeitenden Unternehmen berechtigt, sofern diese einem vergleichbaren Geheimnisschutz unterliegen.

Zu § 6:

13 Für die formale Wirksamkeit der **Haftungsbegrenzungsvereinbarung** ist es nach § 67a Abs. 1 Nr. 1 StBerG bzw. § 52 BRAO grundsätzlich erforderlich, dass entweder auf demselben Dokument in Schriftform die Original-Unterschriften beider Vertragsparteien, dh. des Beraters und des Mandanten enthalten sind oder – soweit die Haftungsbegrenzung in vorformulierten Vertragsbedingungen geregelt ist – die Vertragsbedingungen schriftlich niedergelegt und dann wirksam in den Vertrag einbezogen worden sind. Soweit empfangsbedürftige Willenserklärungen einem Schriftformerfordernis unterliegen, müssen diese Erklärungen grundsätzlich nicht nur formgerecht erstellt werden, sondern auch in der vorgeschriebenen Form dem Empfänger zugehen (vgl. hierzu etwa *MünchKommBGB/Einsele* § 126 Rz. 20); hierfür genügt nicht die Übermittlung einer Telefaxkopie der im Original unterschriebenen Urkunde (*MünchKommBGB/Einsele*, aaO, mwN). Auch die Vereinbarung von Zugangserleichterungen ist nicht unproblematisch (*MünchKommBGB/Einsele*, aaO, mwN). Es empfiehlt sich daher, den Steuerberaterrahmenvertrag auf einem einheitlichen Papieroriginal von beiden Parteien unterzeichnen zu lassen.

14 Im hier abgedruckten Formular ist die **Haftungsbegrenzung** für Schadensersatzansprüche allein für **einfach fahrlässige Pflichtverletzung** vorgesehen. Für Haftungsbegrenzungen bei Beauftragung von Rechtsanwälten stellt § 52 BRAO klar: Werden vorformulierte Vertragsbedingungen verwandt, kann die Haftung bloß für einfach fahrlässig verursachte Schäden, nicht jedoch für grob fahrlässig verursachte Schäden begrenzt werden.

15 Bislang nicht in Rechtsprechung und Literatur abschließend geklärt ist die Frage, ob durch **vorformulierte Auftragsbedingungen** die Haftung der Steuerberater für **grobe Fahrlässigkeit** begrenzt werden kann.

16 In den überwiegend von Beratern dominierten Kommentaren wird vertreten, dass § 67a StBerG die formularmäßige Haftungsbegrenzung für grobe Fahrlässigkeit erlaube (vgl. hierzu etwa *Gehre/Koslowski/von Borstel* § 67a Rz. 4, mwN; *Waschk* DStR 06, 817; *Fahrendorf/Mennemeyer/Terbille*, Die Haftung des Rechtsanwalts, 8. Aufl., 2009, Kapitel 11, Rz. 1856). Gestützt wird die Argumentation auf den Wortlaut der Vorschrift, der die Haftungsbegrenzung für den Fall vorformulierter Vertragsbedingungen für „Fahrlässigkeit" erlaubt, anders also als für Rechtsanwälte, die ihre Haftung bei Verwendung vorformulierter Auftragsbedingungen nur für Fälle einfacher Fahrlässigkeit, nicht jedoch für den Fall grober Fahrlässigkeit begrenzen können. Insoweit wird in der Literatur argumentiert, bei Einführung des § 67a StBerG habe – anders als bei § 51a BRAO aF (jetzt: § 52 BRAO) – der Gesetzgeber bewusst die formularmäßige Haftungsbegrenzung für jede Art der Fahrlässigkeit, dh. **auch für grobe Fahrlässigkeit** vorgesehen. Andererseits ist das Verhältnis zu § 309 Nr. 7 BGB weder in der Literatur noch in der höchstrichterlichen Rechtsprechung bislang geklärt. Nach § 309 Nr. 7 BGB ist eine AGB-mäßige Klausel, die den Ausschluss oder die Begrenzung der Haftung für Schäden vorsieht, die auf einer grob fahrlässigen Pflichtverletzung des Verwenders oder eines Vertreters oder Erfüllungsgehilfen des Verwenders beruhen, unzulässig. Gestützt auf diese Argumentation hat bspw. das LG Hamburg in einem aktuellen Urteil (LG Hamburg 309 O 425/08 v. 12.6.13, GWR 13, 341) die Wirksamkeit einer vorformulierten Haftungsbegrenzungsvereinbarung für grobe Fahrlässigkeit verworfen. UE sprechen aber gute Gründe dafür, dass § 67a StBerG als lex specialis

der Regelung des § 309 Nr. 7 BGB vorgeht. Sicher ist dies nicht (vgl. hierzu auch *Wollweber/Alvermann* DStR 08, 1707, 1708).

Restrisiken für den Fall eines Haftungsprozesses verbleiben daher. Angesichts dessen muss der Steuerberater eine sorgsame Risiko-/Nutzenabwägung durchführen, ob die Haftung auf einfache Fahrlässigkeit begrenzt wird, mit der Folge der unbeschränkten Haftung bei grober Fahrlässigkeit, oder aber, ob die vorformulierte Haftungsbegrenzung auch grobe Fahrlässigkeit umfassen soll mit der hieraus resultierenden Unsicherheit einer möglichen Unwirksamkeit der gesamten Haftungsbegrenzungsvereinbarung.

Die **Haftungsbegrenzungsvereinbarung** sieht betragsmäßig eine **Beschränkung** 17 **auf den Betrag** von € 1 Mio., dh. den Mindesthaftungsbetrag bei Haftungsbegrenzung durch vorformulierte Haftungsbegrenzung für Rechtsanwälte und Steuerberater in Einzelkanzlei, Sozietät oder Partnerschaft (nicht: PartG mbB) vor: § 67a Abs. 1 StBerG bzw. § 52 Abs. 1 BRAO bestimmen insoweit, dass die Haftung durch vorformulierte Vertragsbedingungen auf das Vierfache der Versicherungsmindestsumme begrenzt werden kann. Für Wirtschaftsprüfer (Mindestversicherungssumme: € 1.000.000,–, § 54a WPO) bedeutet dies, dass diese durch vorformulierte Vertragsbedingungen eine Mindesthaftung von € 4.000.000,– gewährleisten müssen. Sofern ausschließlich Steuerberater eine Partnerschaft mit beschränkter Berufshaftung gründen, beträgt gem. § 51a BRAO die Mindestversicherungssumme € 1.000.000,– (Folge: Mindesthaftbetrag € 4.000.000,–); sind an der Partnerschaft mit beschränkter Berufshaftung (auch) Rechtsanwälte beteiligt, beträgt die Mindestversicherungssumme der Partnerschaft mit beschränkter Berufshaftung € 2.500.000,– (Folge: Mindesthaftbetrag: € 10.000.000,–).

Im Formular ist vorgesehen, dass die Haftungsbegrenzung auf den Beginn des Man- 18 dats zurückwirkt. Diese **Rückwirkung** dürfte uE zulässig sein; sie dürfte materiellrechtlich als Verzichtsvertrag auszulegen sein. Stellungnahmen in Literatur bzw. Rechtsprechung hierzu gibt es – soweit ersichtlich – bislang nicht.

Einbezogen werden in die Haftungsbegrenzung solche Schadensersatzansprüche 19 Dritter, die in den **Schutzbereich** des geschlossenen Steuerberatervertrags fallen. Hat der Steuerberater bspw. den Steuerberatungsvertrag nur mit der Gesellschaft geschlossen, fallen typischerweise die Gesellschafter, ggf. auch deren nahe Angehörige oder Schwester-, Mutter- und Tochtergesellschaften, in den **Schutzbereich des Steuerberatungsvertrags.** Werden diese durch eine steuerliche Falschberatung der Gesellschaft geschädigt, wird ggf. der mögliche Schadensersatzanspruch ihm gegenüber aus den Grundsätzen des Vertrags mit Schutzwirkung zugunsten Dritter auf eine Höchsthaftung von € 1 Mio. bei einfacher Fahrlässigkeit beschränkt (vgl. hierzu im Einzelnen *Wollweber/Alvermann* DStR 08, 1707, 1709).

Zu Teil B.:

Die **Vergütungsvereinbarung** muss deutlich von den übrigen Bestandteilen einer 20 Mandatsrahmenvereinbarung abgehoben werden (S. Rz. 9).

Hinsichtlich der **Form** erfordern die Vergütungsvereinbarungen für **Steuerberater** 21 gem. § 4 Abs. 1 Satz 1 StBVV **Schriftform** iSd. § 126 BGB, für **Rechtsanwälte** „nur" **Textform**, § 3a Abs. 1 Satz 1 RVG. Schriftform bedeutet im Mindestmaß, dass die vom Mandanten unterzeichnete Vergütungsvereinbarung in Form des unterschriebenen Originals an den Berater übermittelt werden muss. Die Übermittlung per Telefax oder per einfacher E-Mail soll nicht die Schriftform erfüllen (vgl. hierzu OLG Hamm 28 U 39/05 v. 20.9.05, MDR 06, 1139; OLG Düsseldorf 24 U 36/08 v. 11.11.08, MDR 09, 654). **„Textform"** erfordert die Abgabe der Erklärung in einer Urkunde oder auf andere zur dauerhaften Wiedergabe in Schriftzeichen geeignete Weise, die Benennung der Person des Erklärenden sowie die Erkennbarkeit des Abschlusses der Erklärung durch Nachbildung der Namensunterschrift oder in vergleichbarer Form, § 126b BGB. Das Ende des Dokuments kann bspw. deutlich kenntlich gemacht werden durch Unterschrift, einen Zusatz wie „diese Erklärung ist nicht unterschrieben", ein Faksimile, eine eingescannte Unterschrift, eine Datierung oder eine Grußformel (OLG Hamm 19 U 2/06 v. 8.8.06 NJW-RR 07, 852; BGH IX ZR 47/11 v. 3.11.11, MDR 11, 1460). Die Übersendung einer Vergütungsvereinbarung als eingescannte Kopie per E-Mail erfüllt möglicherweise das Formerfordernis der sogenannten Textform iSd. § 126b BGB (vgl. § 3a RVG; LG Görlitz 1 S 51/12 v. 1.3.13, AnwBl. 13, 939).

22 Eine **formularmäßige 15-Minuten-Zeittaktklausel** verstößt nach – streitiger – Ansicht des OLG Düsseldorf wegen Benachteiligung des Mandanten gegen § 307 BGB (OLG Düsseldorf 24 U 196/04 v. 29.6.06, NJW-RR 07, 129; 24 U 183/05 v. 18.2.10, DStRE 10, 1346; nachgehend ausdrücklich offen gelassen: BGH IX ZR 37/10 v. 21.10.10, NJW 11, 63). Das OLG Schleswig hat formularmäßige 15-Minuten-Zeittaktklauseln nicht beanstandet (OLG Schleswig 11 U 151/07 v. 19.2.09, AnwBl. 09, 554; *Schons*, AGS 10, 118 ff.). Der BGH hat die Frage offen gelassen, tendiert aber mE dazu, formularmäßige 15-Minuten-Zeittaktklauseln für grundsätzlich zulässig zu erachten, dies jedenfalls dann, wenn die Klausel keine Aufrundungsberechtigung bei Erreichen der nächsten 15-Minuten-Taktung vorsieht (BGH IX ZR 37/10 v. 21.10.10, NJW 11, 63). Um die formularmäßige 15-Minuten-Zeittaktklausel weniger angreifbar zu machen, ist im Formular aufgenommen, dass Zeiteinheiten für Einzeltätigkeiten, die die 15-Minuten-Taktung jeweils nicht erreichen, am Ende des Tags zusammengefasst werden. Alternativ möglich wäre, die Regelung über die Taktung wegzulassen.

23 Die im Formular vorgesehene Vergütungsvereinbarung setzt in Abs. 4 als **Mindestvergütung** die gesetzlichen Beträge nach RVG/StBVV an. Die Regelung sollte – im Hinblick auf § 49b Abs. 5 BRAO – den Hinweis enthalten, dass sich die gesetzlichen Rahmengebühren nach dem Gegenstandswert bemessen. Der Rechtsanwalt, der den Mandanten vor Übernahme des Auftrags entgegen § 49b Abs. 5 BRAO schuldhaft nicht darauf hinweist, dass sich die für seine Tätigkeit zu erhebenden Gebühren nach dem Gegenstandswert richten, kann dem Mandanten ggf. zu Schadensersatz verpflichtet sein (BGH IX ZR 89/06 v. 24.5.07, NJW 07, 2332). Auch ein Mandant mit juristischer Vor- und Ausbildung soll im Hinblick auf § 49b Abs. 5 BRAO grundsätzlich belehrungsbedürftig sein (OLG Hamm 28 U 1/09 v. 16.6.09, AnwBl. 10, 143). Allerdings obliegt es dem Mandanten für den Fall eines Verstoßes gegen § 49b Abs. 5 BRAO, darzulegen, dass dieser Verstoß ursächlich für einen Schaden geworden ist, dass sich der Mandant bei entsprechendem Hinweis auf den Gegenstandswert also anders verhalten und das Mandat ggf. nicht erteilt hätte (BGH IX ZR 89/06 v. 24.5.07, NJW 07, 2332). Auch im Streit um die Wirksamkeit einer Vergütungsvereinbarung kann es dem Mandanten ggf. verwehrt sein, sich auf einen Verstoß gegen § 49b Abs. 5 BRAO zu berufen: Setzt der Mandant im Honorarprozess erfolgreich die Unwirksamkeit einer Honorarvereinbarung durch und stellt der Anwalt aus diesem Grund nunmehr eine geänderte Honorarrechnung nach RVG, kann es aus Sicht des Mandanten treuwidrig sein, wenn dieser Mandant der neuerlichen Abrechnung nach RVG nunmehr entgegenhalten will, während der Mandatsanbahnung vom Anwalt nicht nach § 49b Abs. 5 BRAO auf die Abrechnung nach Gegenstandswerten hingewiesen worden zu sein (OLG Koblenz 2 U 1023/11 v. 11.7.12, NJW-RR 12, 1466).

F. 2. Vollmacht

F. 2.01 Umfassende Vollmacht in Steuerangelegenheiten

I. FORMULAR

Formular F. 2.01 Umfassende Vollmacht in Steuerangelegenheiten

Umfassende Vollmacht in Steuerangelegenheiten

Ich/wir erteile(n) hiermit Herrn/Frau SteuerberaterIn ...... Vollmacht, mich in allen steuerlichen und sonstigen Angelegenheiten iSd. § 1 StBerG zu vertreten. Die Vollmacht gilt zeitlich unbefristet. Der Bevollmächtigte ist berechtigt, Untervollmachten zu erteilen und zu widerrufen.

Die Vollmacht berechtigt zu allen die Angelegenheiten iSd. § 1 StBerG betreffenden Verfahrenshandlungen, insbesondere zur Einlegung und Rücknahme von Rechtsbehelfen einschließlich Klagen, Revisionen und Beschwerden, – ganz oder teilweise – zu Verzicht auf Rechtsbehelfe, zur Zustimmung, zur Berichtigung oder Änderung von Verwaltungsakten, insbesondere von Steuerbescheiden, zur Entgegennahme von Zustellungen, zur Bestellung von Unterbevollmächtigten, zur Empfangnahme von Urkunden und Wertsachen, soweit die Angelegenheit hierzu Anlass bietet.

Die Vollmacht ermächtigt im Rahmen der Angelegenheiten iSd. § 1 StBerG zur Entgegennahme von Steuer-, Beitrags- und Gebührenerstattungen sowie von Geldleistungen. Die Vollmacht ermächtigt jedoch nicht zur Empfangnahme von Verwaltungsakten, die die vorstehende Angelegenheit nicht betreffen, und ebenfalls nicht zur Entgegennahme von Steuer-, Beitrags- und Gebührenerstattungen sowie von Geldleistungen, die die Angelegenheiten iSd. § 1 StBerG nicht betreffen.

II. ERLÄUTERUNGEN

Erläuterungen zu F. 2.01 Umfassende Vollmacht in Steuerangelegenheiten

Siehe F. 2.02 Rz. 1.

F. 2.02 Prozessvollmacht

I. FORMULAR

Formular F. 2.02 Prozessvollmacht

Prozessvollmacht

Ich/wir erteile(n) der Sozietät ......, Geschäftsanschrift ......, Vollmacht für den Finanz-/ Verwaltungsrechtsweg in Sachen ....

Die Vollmacht ermächtigt zu allen Verfahrenshandlungen, die das Verfahren, einschließlich Rechtsmittelverfahren, betreffen, insbesondere zur Erhebung und Rücknahme von Klagen, zur Einlegung und Zurücknahme von Rechtmitteln, zum Verzicht auf Klagen und Rechtsmittel, zur Vornahme und Entgegennahme von Zustellungen,

soweit sie dieses Verfahren betreffen, sowie zur Bestellung eines Vertreters oder Unterbevollmächtigten.

Die Vollmacht erstreckt sich auch auf Nebenverfahren, insbesondere auf die Verfahren der Aussetzung der Vollziehung, der einstweiligen Anordnung, der Wiederaufnahme sowie auf das Kostenfestsetzungs- und Vollstreckungsverfahren (§§ 69, 114, 134, 149, 150ff. FGO; §§ 80, 123, 153, 164, 167 ff. VwGO). Die Vollmacht umfasst die Berechtigung zur unmittelbaren Vertretung in entsprechend weitem Umfang der an dem Verfahren Beteiligten (§ 57 FGO, § 63 VwGO) sowie zur Entgegennahme von Zustellungen seitens der Beteiligten, soweit diese Angelegenheit betroffen ist.

Die Vollmacht berechtigt ferner zur Empfangnahme von Geldern, einschließlich Steuer-, Beitrags- und Gebührenerstattungen und sonstigen Geldleistungen, die im Steuerverfahren festgesetzt werden. Sie umfasst insbesondere die Berechtigung zur Empfangnahme der von öffentlichen Kassen zu erstattenden Kosten sowie zur Verfügung darüber ohne die Beschränkungen des § 181 BGB.

Die Vollmacht berechtigt zur Einlegung der Verfassungsbeschwerde und der Vertretung vor dem Bundesverfassungsgericht.

II. ERLÄUTERUNGEN

Erläuterungen zu F. 2.01 und F. 2.02 Umfassende Vollmacht in Steuerangelegenheiten, Prozessvollmacht

1 Die Formulare F. 2.01 und F. 2.02 können grundsätzlich ohne Änderung – unter Anpassung des genauen des Kanzleinamens – für die Einzelkanzlei, die Sozietät, die Partnerschaft bzw. PartG mbB verwendet werden.

2 Auch im Hinblick auf die **interprofessionelle Berufsausübungsgemeinschaft** besteht keine Notwendigkeit, die Vollmacht anders als bei den „reinen" Berufsausübungsgemeinschaften auszugestalten: Die Frage, ob der Sozietät selbst oder jeweils nur dem Berufsträger, der zulässiger Weise die Tätigkeit ausüben darf, Auftrag und Vollmacht erteilt werden kann, hat in Rechtsprechung und Literatur zwischenzeitlich einen Wandel erfahren: Im Jahr 1999 hatte der BGH ausgeführt, ein Geschäftsbesorgungsvertrag, der auf eine Rechtsbesorgung und eine sich daraus ergebende treuhänderische Geldverwaltung gerichtet sei, komme im Zweifel nicht mit Steuerberatern und Wirtschaftsprüfern einer aus unterschiedlichen Berufsangehörigen bestehenden Sozietät zustande, sondern allein mit den soziierten Anwälten (BGH IX ZR 117/99 v. 16.12.99, DStR 00, 599). Der Entscheidung lag ersichtlich das zwischenzeitlich überholte Modell der fehlenden Rechtsfähigkeit der GbR und der darauf fußenden Doppelverpflichtungslehre zugrunde. Zwischenzeitlich hat der BGH die Rechtsfähigkeit der Außen-GbR anerkannt (BGH II ZR 331/00 v. 29.1.01, NJW 01, 1056).

3 Nunmehr scheint in Rechtsprechung und Literatur anerkannt zu sein, dass es auch bei der gemischten Berufsausübungsgemeinschaft– ohne Verstoß gegen das RDG – zulässig ist, ein Auftrags- und Vollmachtsverhältnis bezogen auf eine anwaltliche Tätigkeit zwischen Mandanten und der gemischten Sozietät abzuschließen (BGH IX ZR 44/10 v. 9.12.10, VersR 11, 1266; *Offermann-Burckart* AnwBl. 13, 788, 790). Es ist sogar zulässig, dass ein anwaltliches Mandat durch einen nichtanwaltlichen Sozius angenommen wird, wenn sichergestellt ist, dass die Tätigkeit später durch einen anwaltlichen Sozius ausgeübt wird; ein Verstoß gegen das RDG soll allerdings dann vorliegen, wenn die Rechtsdienstleitung von einem nichtanwaltlichen Sozius erbracht wird oder aber in der Sozietät ausschließlich angestellte Rechtsanwälte vorhanden sind (*Offermann-Burckart* AnwBl. 13, 788, 790).

4 Damit können die Vollmachten in rechtlichen oder steuerlichen Angelegenheiten unmittelbar der gemischten Sozietät erteilt werden.

F. 3. Mandatsbeendigungsvereinbarung bei streitiger Mandatsbeendigung

Gliederung

I. FORMULAR

Formular F. 3 Mandatsbeendigungsvereinbarung bei streitiger Mandatsbeendigung

Mandatsbeendigungsvereinbarung

zwischen

1. SteuerberaterIn ......, – nachfolgend: „Steuerberater" –
2. Herrn Z., – nachfolgend: „Herr Z." –
3. Frau Z., – nachfolgend: „Frau Z."–

und

Z. GmbH sowie Z. GmbH & Co. KG.

– nachfolgend einheitlich: „Unternehmen Z." –

Präambel

Herr Z. sowie die Unternehmen Z. waren bis zum ...... Mandanten des Steuerberaters. Zur einvernehmlichen und endgültigen Auseinandersetzung schließen die Parteien nachstehende Vereinbarung:

§ 1 Ausgleichszahlung

(1) Zur Tilgung aller offenen oder noch abrechenbaren Honorarforderungen des Steuerberaters gegenüber Herrn Z. und dem Unternehmen Z. verpflichten sich Herr Z. sowie die Unternehmen Z. gesamtschuldnerisch gegenüber dem Steuerberater zur Zahlung eines Betrags iHv. brutto € ....

(2) Für die Zahlungsverpflichtung gem. Ziff. 1 haftet Frau Z. gesamtschuldnerisch.

(3) Der Betrag gem. Ziff. 1 ist fällig in monatlichen Teilbeträgen von jeweils € ......, beginnend ab September 20..., fällig jeweils zum dritten Werktag des Monats.

(4) Der Betrag gem. Ziffer 1 ist zu überweisen auf folgendes Bankkonto:

......

(5) Kommen Herr Z. bzw. die Unternehmen Z. mit Zahlungsverpflichtungen aus dieser Vereinbarung in Höhe eines Betrag von mehr als einer Monatsrate iSd. Abs. 3 mehr als zwei Wochen in Zahlungsverzug, wird der dann noch offene Restbetrag in einer Summe fällig.

(6) Forderungen aus diesem Vertrag sind ab Fälligkeit mit 8 Prozent pro Jahr zu verzinsen.

§ 2 Herausgabe von Unterlagen

(1) Der Steuerberater ist nach jeweiligem Eingang der Ausgleichszahlungen iSd. § 1 gegenüber Herrn Z. wie folgt zur Herausgabe von Gegenständen, Unterlagen und Datensätzen verpflichtet:

a. bei Zahlung eines Gesamtbetrags von insgesamt € ......: Herausgabe von sämtlichen Gegenständen, Unterlagen und Datensätzen der Z. GmbH;

b. bei Zahlung eines Betrags von insgesamt € ......: Herausgabe von sämtlichen Gegenständen, Belegen, Unterlagen und Datensätzen der Z. GmbH & Co. KG;

c. bei Zahlung des danach noch verbleibenden Restbetrags: Herausgabe von sämtlichen Gegenständen, Unterlagen und Datensätzen an Herrn Z.

(2) Der Steuerberater wird unmittelbar nach Zahlungseingang die jeweils herauszugebenden Unterlagen und Gegenstände in seinen Büroräumlichkeiten zur Abholung bereitstellen und gegen Quittung aushändigen und der vollständigen sowie vorbehaltlosen Übertragung sämtlicher Daten zuzustimmen, die für Herrn Z. bzw. die Gesellschaften des Unternehmens Z. durch die DATEV eG, Paumgartnerstraße 6–14, 90429 Nürnberg, gespeichert sind.

§ 3 Abgeltung

Soweit in dieser Vereinbarung nicht anders geregelt, erlöschen mit Abschluss dieser Vereinbarung sämtliche wechselseitigen bestehenden, fälligen oder nicht fälligen, bekannten oder unbekannten Ansprüche zwischen dem Steuerberater auf der einen Seite und Herrn Z., Frau Z. sowie den Unternehmen Z. auf der anderen Seite endgültig; vorsorglich verzichten die Parteien wechselseitig auf entsprechende Ansprüche. Der Steuerberater versichert, dass ihm im Zeitpunkt der Unterzeichnung dieses Vertrags keine haftungsbegründenden Umstände bekannt sind.

§ 4 Sonstiges

(1) Jede Partei trägt die Beraterkosten selbst, die ihr im Rahmen der Vorbereitung und des Abschlusses dieser Vereinbarung entstanden sind.

(2) Sollten einzelne Bestimmungen dieses Vertrags unwirksam sein, so wird die Wirksamkeit des Vertrags im Übrigen dadurch nicht berührt; das gilt insbesondere, wenn die Unwirksamkeit sich nur auf einzelne Forderungen oder Forderungsteile erstreckt. Die Vertragschließenden sind in diesem Fall verpflichtet, die unwirksamen Vertragsbestimmungen durch rechtlich gültige Bestimmungen zu ersetzen, die den mit den unwirksamen Bestimmungen angestrebten wirtschaftlichen Zweck erreichen.

(3) Änderungen oder Ergänzungen dieses Vertrags bedürfen zu ihrer Gültigkeit der Schriftform; dies gilt auch für den Verzicht auf das Schriftformerfordernis.

II. ERLÄUTERUNGEN

Erläuterungen zu F. 3 Mandatsbeendigungsvereinbarung bei streitiger Mandatsbeendigung

1. Grundsätzliche Anmerkungen

1 Geht das Mandat ausnahmsweise streitig zu Ende, sollte das Interesse des Beraters sein, die **Durchsetzung seines Honoraranspruchs** abzusichern und sich gegen mögliche zukünftige **Haftungsansprüche** zu schützen. Beide Ziele können durch eine gesonderte Mandatsbeendigungsvereinbarung erreicht werden.

2. Einzelerläuterungen

Zu § 1:

Probates Mittel zur Durchsetzung von Honorar in der Krise kann die gesamtschuldnerische Mitinhaftungsnahme weiterer Personen sein (vgl. dazu im Einzelnen: *Wollweber* DStR 10, 1801 ff.). Nach vorliegendem Formular haften Mandant, Unternehmen sowie Ehefrau gesamtschuldnerisch. 2

Zu § 2:

Probates Mittel nur Durchsetzung von Honoraransprüchen kann die Ausübung des **Zurückbehaltungsrechts** sein (vgl. dazu: *Olbing/Wollweber* DStR 09, 2700). Zu unterscheiden sind das speziell in § 66 StBerG geregelte Zurückbehaltungsrecht und das allgemeine Zurückbehaltungsrecht („Einrede des nicht erfüllten Vertrags") nach §§ 320, 322, 273 BGB. Das Zurückbehaltungsrecht nach § 66 Abs. 2 StBerG ist Sonderrecht des Beraters, das weiter geht als das allgemeine Zurückbehaltungsrecht nach § 273 BGB und es dem Steuerberater ermöglicht, seine berechtigten Ansprüche gegen den Auftraggeber auch ohne Prozess und ohne Anrufung der Gerichte durchzusetzen (mit Blick auf § 50 BRAO: BGH IX ZR 244/96 v. 3.7.97, NJW 97, 2944, 2945). § 66 StBerG bezieht sich ausschließlich auf die Handakte. Gem. § 66 Abs. 4 Satz 1 StBerG kann der Steuerberater seinem Auftraggeber die Herausgabe der Handakten verweigern, bis er wegen seiner Gebühren und Auslagen befriedigt ist. 3

Das hier abgedruckte Formular typisiert das Zurückbehaltungsrecht des Steuerberaters vertraglich und koppelt die sukzessive Rückgabe von Unterlagen und Daten an Zahlungseingänge. Die Höhe der Einzelbeträge, bei deren Erreichen jeweils weitere Unterlagen herausgegeben werden, sollte sich an den offenen Rechnungsbeträgen für Leistungen orientieren, auf die sich die jeweils zurückgehaltenen Unterlagen beziehen. Hierdurch wird die sachliche Koppelung von zurückbehaltenen Unterlagen an die offenen Honoraransprüche abgebildet, wie sie im Hinblick auf das gesetzliche Zurückbehaltungsrecht gefordert wird (vgl. dazu im Einzelnen: *Olbing/Wollweber* DStR 09, 2700). 4

Zu § 3:

Der **Abgeltungsklausel** kommt aus Sicht des Steuerberaters eine gesteigerte Bedeutung zu: Sie schützt ihn vor möglichen, ggf. im Zeitpunkt des Vertragsschlusses, unbekannten Haftungsrisiken aus vermeintlichen Beraterhaftungsansprüchen des im Streit scheidenden Mandanten. In der streitigen Verhandlung mit dem Mandanten auf Abschluss einer Mandatsbeendigungsvereinbarung sollte der Steuerberater hier nach Möglichkeit „hart" bleiben, dh. ggf. ein gewisses Entgegenkommen bei der Gesamthöhe des vom Mandanten zu verlangenden Resthonorars zeigen, um hierdurch eine Freistellung von mitunter unerkannten Haftungsrestrisiken zu erwirken. Gerade für den Fall, dass das Mandat unfriedlich beendet wird, besteht eine erhöhte Wahrscheinlichkeit, dass der Mandant dem nachfolgenden Steuerberater gezielt Auftrag erteilt, mögliche Haftungsansprüche gegenüber dem Altberater zu prüfen. 5

F. 4. Haftungsbegrenzung

F. 4.01 Individuelle Haftungsbegrenzungsvereinbarung

I. FORMULAR

Formular F. 4.01 Individuelle Haftungsbegrenzungsvereinbarung

Sehr geehrte(r) Frau/Herr ......,

die ...... Steuerberatungssozietät (nachfolgend: „Sozietät") berät Sie hinsichtlich der .... Wie wir in der in der Besprechung vom ...... festgehalten haben, sind wir mit ...... beauftragt. Unsere Tätigkeit beschränkt sich auf die Beratung im Bereich des deutschen Steuerrechts (nachfolgend: „Mandat").

Wie in unserer Besprechung am ...... erörtert und bei der Bemessung des Honorars berücksichtigt, möchten wir mit Ihnen folgende Haftungsbegrenzungsvereinbarung schließen:

(1) Die Haftung der Sozietät für einen Schaden, der aus einer oder mehreren Pflichtverletzungen anlässlich der Beratung und Vertretung in diesem Mandat durch die Sozietät resultiert, wird auf einen Betrag iHv. € 250.000,– begrenzt. Die Beschränkung umfasst jede Art der Fahrlässigkeit. Die Haftung für Vorsatz bleibt von dieser Vereinbarung unberührt.

(2) Die in Ziff. 1 beschriebene Haftungsbeschränkung gilt auch gegenüber etwaiger in den Schutzbereich einbezogener Dritter. § 334 BGB wird nicht abbedungen. Die in Ziff. 1 beschriebene Haftungsbeschränkung gilt auch für neu in die Sozietät eintretende Sozien.

(3) Die in Ziff. 1 beschriebene Haftungsbeschränkung entfaltet Wirkung von Beginn des Mandats an. Insoweit versichert die Sozietät, dass ihr zum Zeitpunkt dieser Vereinbarung entstandene Haftungsansprüche nicht bekannt sind. Von der Möglichkeit, etwaig entstehende höhere Schadensersatzansprüche durch eine Einzelversicherung abzudecken, wollen Sie keinen Gebrauch machen.

Sofern Sie mit vorstehender Haftungsbegrenzungsvereinbarung einverstanden sind, darf ich Sie bitten, die beiliegende Durchschrift zu diesem Schreiben als Zeichen Ihres Einverständisses zu unterzeichnen und an uns im Original zurückzusenden.

Mit freundlichem Gruß

Einverstanden am ......:

..

(Name des Mandanten)

II. ERLÄUTERUNGEN

Erläuterungen zu F. 4.01 Individuelle Haftungsbegrenzungsvereinbarung

Die Haftung für Einzelmandate kann durch **einzelvertragliche Regelungen** für den Einzelfall weitergehend eingegrenzt werden als durch allgemeine Auftragsbedingungen. 1

Durch **individualvertragliche**, schriftliche Vereinbarung kann der Schadensersatzanspruch des Auftraggebers gegenüber dem Steuerberater aus dem Mandatsverhältnis gem. § 67a Abs. 1 Nr. 1 StBerG bzw. § 52 Abs. 1 Nr. 1 BRAO für einen einzelnen Fall auf Ersatz eines fahrlässig verursachten Schadens auf die Mindestversicherungssumme beschränkt werden: Für Rechtsanwälte oder Steuerberater, die einzeln oder in Sozietät tätig sind, kann in dieser Weise die Haftung auf einen Betrag von € 250.000,– beschränkt werden. Die Haftung kann für leichte als auch für grobe Fahrlässigkeit begrenzt werden. Einer **Haftungsbegrenzung** für Vorsatz steht hingegen § 276 Abs. 2 BGB entgegen. 2

Die Rechtsprechung stellt an die Zulässigkeit einzelvertraglicher Haftungsbegrenzungsvereinbarungen gesteigerte Anforderungen. Bereits äußerlich muss der Eindruck vermieden werden, dass die vereinbarte Haftungsbeschränkung vorformuliert verwendet wird. Für jeden einzelnen Fall **einer individuellen Haftungsbegrenzung** ist auf eine einzelfallbezogene Ausgestaltung des Vertragstexts zu achten: Jede einzelfallbezogene Haftungsbegrenzungsvereinbarung muss individuell und ohne Zuhilfenahme von Textbausteinen formuliert werden. Insofern ist **dringendst davon abzuraten**, den Wortlaut des vorliegend als Formular dargestellten Beispiels zu übernehmen. Vielmehr bedarf es für jeden Fall einer **persönlich gehaltenen und einzeln angepassten Abfassung,** in der die konkrete Situation der Mandatsanbahnung wiedergegeben ist. Bei der wiederkehrenden Verwendung desselben Texts besteht die Gefahr einer Qualifikation als allgemeine Auftragsbedingungen; werden in diesem Fall die Wirksamkeitsgrenzen für vorformulierte Haftungsbegrenzungen nicht eingehalten, etwa die dort vorgesehenen Mindesthaftungsgrenzen unterschritten, ist die Haftungsbegrenzung ggf. unwirksam. Entsprechend ist die als Beispiel angeführte Haftungsbegrenzungsvereinbarung in der Form eines persönlichen Anschreibens gehalten, das auf eine durchgeführte Besprechung und deren Inhalt konkret Bezug nimmt. Ergänzende Hinweise mit Blick auf eine alternativ angebotene Einzelhaftpflichtversicherung des konkreten Mandats sind von Vorteil. 3

Die einzelvertragliche Haftungsbegrenzung setzt zudem eine **vorhergehende Erörterung und Verhandlung** mit dem Auftraggeber voraus. Aus Beweisgründen kann das Erörterungsgespräch in der Haftungsbegrenzungsvereinbarung erwähnt werden. 4

Die individuell ausgehandelte Haftungsbegrenzung darf sich nur auf den **Einzelfall** beziehen, § 52 Abs. 1 Nr. 1 BRAO bzw. § 67a Abs. 1 Nr. 1 StBerG. Die individuell ausgehandelte Haftungsbegrenzungsvereinbarung darf sich also jeweils nur auf eine Angelegenheit beziehen; andernfalls droht wegen Verstoßes gegen § 52 Abs. 1 Nr. 1 BRAO bzw. § 67a Abs. 1 Nr. 1 StBerG die Unwirksamkeit. 5

F. 4.02 Vorformulierte Haftungsbegrenzungsvereinbarung für Dauermandat

I. FORMULAR

Formular F. 4.02 Vorformulierte Haftungsbegrenzungsvereinbarung für Dauermandat

Haftungsbegrenzungsvereinbarung

zwischen

...... (nachfolgend „Sozietät")

und

...... (nachfolgend „Mandant")

(1) Die Sozietät berät und vertritt den Mandanten im Zusammenhang mit ...... (nachstehend „Auftrag").

(2) Das Auftragsverhältnis besteht seit dem .... und ist noch nicht beendet.

(3) Die Regelungen der Haftungsbegrenzungsvereinbarung gelten – soweit nicht anders vereinbart – für sämtliche zukünftigen Tätigkeiten der Sozietät für den Mandanten sowohl im Zusammenhang mit dem Auftrag iSd. Ziff. 1 als auch in Zusammenhang mit etwaigen weiteren, zukünftigen Mandaten.

(4) Die Haftung der Sozietät für einen Schaden, der aus einer oder – bei einheitlicher Schadensfolge – aus mehreren Pflichtverletzungen anlässlich der Erfüllung eines Auftrags resultiert, wird auf einen Betrag iHv. € 1.000.000,– begrenzt. Die Beschränkung bezieht sich allein auf einfache Fahrlässigkeit. Die Haftung für grobe Fahrlässigkeit und Vorsatz bleibt insoweit unberührt.

(5) Die Haftungsbeschränkung iSd. Ziff. 4 hat Gültigkeit von Beginn des Auftragsverhältnisses an, wirkt insoweit also auf den Zeitpunkt der Auftragsübernahme zurück. Die Sozietät versichert, dass im Zeitpunkt der Zeichnung dieser Vereinbarung entstandene Haftungsansprüche nicht bekannt sind.

(6) Die Haftungsbeschränkung iSd. Ziff. 4 gilt auch gegenüber Dritten, soweit diese in den Schutzbereich des zwischen der Sozietät und des Mandanten bestehenden Rechtsverhältnisses fallen. § 334 BGB wird nicht abbedungen.

(7) Die Sozietät hat auf die Möglichkeit hingewiesen, zur Absicherung von Schäden anlässlich des Auftrags eine Einzelhaftpflichtversicherung abzuschließen, insbesondere um ein hier eventuell nicht abgedecktes Risiko abzusichern.

(8) Für die vorstehende Haftungsbegrenzungsvereinbarung gilt deutsches Recht. Sofern der Mandant Kaufmann, juristische Person des öffentlichen Rechts oder öffentlich-rechtliches Sondervermögen ist oder keinen allgemeinen Gerichtsstand im Inland hat, wird für sämtliche Streitigkeiten aus oder in Zusammenhang mit dem Mandatsverhältnis ...... als ausschließlicher Gerichtsstand vereinbart.

II. ERLÄUTERUNGEN

Erläuterungen zu F. 4.02 Vorformulierte Haftungsbegrenzungsvereinbarung für Dauermandat

Vorliegendes Formular ist der äußeren Form nach als vertragliche Vereinbarung 1
konzipiert. Sofern das Formular bestimmt ist, in einer Vielzahl von Fällen verwendet zu werden, wird es sich materiell-rechtlich gleichwohl um **AGB/AAB** handeln. Die Haftungsbegrenzungsvereinbarung kann auch offen als AGB/AAB ausgestaltet sein. Nach § 305 Abs. 2 BGB werden diese allgemeinen Auftragsbedingungen nur dann Bestandteil eines Vertrags, wenn sie in diesen **einbezogen** werden, dh. der Verwender bei Vertragsschluss die andere Vertragspartei ausdrücklich auf die AAB hinweist, der anderen Vertragspartei die Möglichkeit verschafft, in zumutbarer Weise, die auch eine für den Verwender erkennbare körperliche Behinderung der anderen Vertragspartei angemessen berücksichtigt, von ihrem Inhalt Kenntnis zu nehmen und wenn die andere Vertragspartei mit ihrer Geltung einverstanden ist. Weniger streng sind die Regelungen für die Einbeziehung von Allgemeinen Geschäftsbedingungen bei Unternehmern, § 310 Abs. 1 BGB.

Formulierungsvorschlag für den **Verweis** im Mandatsvertrag **auf die „Allgemei-** 2
nen Auftragsbedingungen" (AAB):

„Bestandteil dieses Mandatsvertrags sind die beigefügten „Allgemeinen Auftragsbedingungen" des Auftragnehmers *[Steuerberater, Sozietät]*. Diese „Allgemeinen Auftragsbedingungen" sind dem Mandanten/der Mandantin übersandt worden. Der Mandant/die Mandantin bestätigt hiermit, den Inhalt der „Allgemeinen Auftragsbedingungen" des Auftragnehmers zur Kenntnis genommen zu haben.

Sie/er erklärt sich mit der Geltung der „Allgemeinen Auftragsbedingungen" einverstanden."

Die Zulässigkeit einer Haftungsbegrenzung durch Allgemeine Auftragsbedingungen 3
für Steuerberater und Steuerbevollmächtigte richtet sich nach § 67a Abs. 1 Nr. 2 StBerG: Danach kann der Anspruch des Auftraggebers aus dem Mandatsverhältnis auf Ersatz eines fahrlässig verursachten Schadens durch vorformulierte Vertragsbedingungen auf den **vierfachen Betrag der Mindestversicherungssumme** beschränkt werden, wenn insoweit Versicherungsschutz besteht. Für Rechtsanwälte bestimmt § 52 Abs. 1 Nr. 2 BRAO, dass die Haftung durch vorformulierte Vertragsbedingungen für Fälle einfacher Fahrlässigkeit auf den vierfachen Betrag der Mindestversicherungssumme begrenzt werden kann, wenn insoweit Versicherungsschutz besteht.

Die **Mindestversicherungssumme** beträgt für Steuerberater und steuerberatende 4
Partnerschaftsgesellschaften nach § 52 Abs. 1 DVStB und für Rechtsanwälte nach § 51 Abs. 4 Satz 1 BRAO für jeden einzelnen Versicherungsfall derzeit € 250.000,–. Für Partnerschaften mbB, an denen ausschließlich Steuerberater und Steuerbevollmächtigte beteiligt sind, gilt eine Mindestversicherungssumme iHv. € 1.000.000,– (§ 67 Abs. 2 Satz 1 StBerG) und soweit an der Partnerschaft mbB (auch) Rechtsanwälte beteiligt sind, eine Mindestversicherungssumme iHv. € 2.500.000,– (§ 51a Abs. 2 Satz 1 BRAO).

Die Haftungsbegrenzung kann durch vorformulierte Vertragsbeziehungen daher auf 5
nachstehende **Mindestbeträge** je Versicherungsfall begrenzt werden:

Steuerberater und/oder Anwälte in Einzelkanzlei/Sozietät/ Partnerschaft:	€ 1.000.000,–;
Steuerberater in Partnerschaft mbB	€ 4.000.000,–;
Rechtsanwälte in Partnerschaft mbB, ggf. gemeinsam mit Steuerberatern:	€ 10.000.000,–.

6 Die Mindesthaftungssumme für **Wirtschaftsprüfer/vereidigte Buchprüfer** beträgt nach § 54a Abs. 1 Satz 2 WPO iVm. § 323 Abs. 2 Satz 1 HGB € 1.000.000,– für jeden Versicherungsfall ohne Begrenzung in der Jahreshöchstleistung. Durch individualvertragliche schriftliche Regelung kann die Haftung für den Einzelfall auf die Mindesthöhe der Deckungssumme von € 1.000.000,– beschränkt werden. Die Haftung kann für Prüfungstätigkeiten der Wirtschaftsprüfer und vereidigten Buchprüfer durch Allgemeine Auftragsbedingungen auf € 4.000.000,– für fahrlässig verursachte Schäden begrenzt werden. Die Haftungsregelung des § 54a WPO greift auch, wenn der Wirtschaftsprüfer steuerberatend tätig wird. Auch in diesem Fall richtet sich die Möglichkeit der Haftungsbegrenzung für den Wirtschaftsprüfer allein nach § 54a WPO. Ein Rückgriff auf § 67a StBerG ist nicht möglich.

7 Problematisch sind **„Doppel- oder Dreifachbänder"**: Nach dem sog. Meistbelastungsprinzip sollen sog. „Doppelbänder", also Steuerberater, die zugleich Wirtschaftsprüfer oder vereidigte Buchprüfer sind, in der Frage der Haftungsbegrenzung dem Berufsrecht der Wirtschaftsprüfer folgen müssen, da § 54a WPO die Möglichkeiten einer Haftungsbegrenzung stärker einschränke und daher aus Sicht des Mandanten günstiger sei (*Bonner Hdb. der Steuerberatung/Hartmann*, Teil B, § 67a StBerG Rz. 39.1 und 40, mwN). Auch für den Fall, dass der „Doppelbänder" ausschließlich steuerberatend tätig wird, soll eine Haftungsbegrenzung nach § 67a StBerG nicht möglich sein (*Bonner Hdb. der Steuerberatung/Hartmann* aaO, Rz. 41).

8 Bei „Dreifachbändern", also Personen, die zugleich Steuerberater, Wirtschaftsprüfer und Rechtsanwalt sind, ergeben sich bei konsequenter Anwendung des Meistbelastungsgrundsatzes die gesetzlichen Anforderungen an die formularmäßige Haftungsbegrenzung aus einer kumulativen Anwendung von § 51a Abs. 1 BRAO und § 57a Abs. 1 WPO. Die Haftung kann hier allein für leichte Fahrlässigkeit auf einen Mindestbetrag von € 4.000.000,– begrenzt werden (vgl. § 51a Abs. 1 BRAO; § 54a WPO).

9 Unangemessen kann im Einzelfall die Begrenzung auf den gesetzlich zulässigen Mindestwert sein, wenn von vorneherein ein erkennbar krasses **Missverhältnis** zwischen dem prognostizierbaren Haftungsrisiko und dem vereinbarten Haftungshöchstbetrag besteht (*Bonner Hdb. der Steuerberatung/Hartmann aaO*, § 67a StBerG Rz. 30). Bei Großmandaten muss daher ggf. mit höheren Haftungshöchstgrenzen gearbeitet werden.

10 Klauseln, die neben der einzelfallbezogenen Haftungsbegrenzung eine **zusätzliche Haftungshöchstbegrenzung** für bestimmte Zeiträume vorsehen (etwa: *„Zusätzlich wird die Haftung je Kalenderjahr auf € 2.000.000,– begrenzt"*), dürften, sofern es hierdurch zu einer Unterschreitung der gesetzlich vorgesehenen Mindesthaftsumme je Einzelfall kommen kann, unwirksam sein. Eine solche Begrenzungsmöglichkeit führt bei mehreren großen Schadensfällen dazu, dass die vierfache Mindestversicherungssumme nicht mehr für jeden einzelnen Schadensfall zur Verfügung steht. Gerade dies ordnet § 67a Abs. 1 Nr. 2 StBerG an.

11 Die **betragsmäßige Haftungsbegrenzung** auf das Vierfache der Mindestversicherungssumme hat dem **Transparenzgebot** nach § 307 Abs. 1 Satz 2 BGB zu entsprechen. In den Allgemeinen Auftragsbedingungen sollte aufgrund der Risiken einer Unwirksamkeit wegen Intransparenz allein die sich nach aktueller Rechtslage ergebende Haftungssumme ausdrücklich mit dem konkreten Betrag, (zB „€ 1.000.000,–") aufgenommen werden. Eine Klausel, die die Haftung für einfache Fahrlässigkeit „auf den vierfachen Betrag der Mindestversicherungssumme" festlegt, ohne zugleich den konkreten Haftungshöchstbetrag zu beziffern, soll nach Ansichten in der Literatur intransparent und damit nach § 307 Abs. 1 Satz 2 BGB unwirksam sein (*Zugehör/Fischer/Vill/Fischer/Rinkler/Chab,* Hdb. Anwaltshaftung, 3. Aufl. 2011, Teil 1 Abschn. 1 Rz. 438; wohl auch *Vollkommer/Heinemann*, Anwaltshaftungsrecht, 3. Aufl., 09, Rz. 607; *Bonner Hdb. der Steuerberatung/Hartmann* aaO, § 67a StBerG Rz. 30.

12 Wird die Haftungshöchstsumme auch auf sog. Serienschäden bezogen, besteht die Gefahr der Unwirksamkeit der Haftungsbegrenzung. **Serienschäden** entstehen auf-

grund mehrerer Pflichtverstöße, die auf demselben fachlichen Fehler beruhen. Würde für Serienschäden formularmäßig die Haftung auf insgesamt € 1.000.000,– begrenzt, wäre mit Blick auf das mit Serienschäden gesteigerte Schadensrisiko die Haftungssumme uU nicht mehr angemessen und die Klausel in der Folge unwirksam. Eine entsprechende Klausel enthält das Formular daher nicht.

In der Höhe des vereinbarten Haftungsbetrags muss **tatsächlich Versicherungsschutz** bestehen. Sollte eine Haftpflichtversicherung in dieser Höhe nicht vorhanden sein oder während der Dauer der Mandate entfallen, ist bzw. wird die Haftungsbegrenzung unwirksam. **13**

Bereits bestehende Haftungsbegrenzungsvereinbarungen müssen insbesondere dann **überprüft** werden, wenn die bisherige Sozietät in eine Partnerschaft mbB umgewandelt wird. Werden die vereinbarten Haftungsoberbeträge nicht an die gesetzlich vorgegebenen Beträge angepasst, wird die Haftungsbegrenzungsvereinbarung unwirksam. **14**

Wird die Haftungsbegrenzung gesondert neben den allgemeinen Mandatsbedingungen vereinbart, handelt es sich der Sache nach dennoch idR um **Allgemeine Geschäftsbedingungen**: Allgemeine Geschäftsbedingungen sind gem. § 305 Abs. 1 Satz 1 BGB alle für eine Vielzahl von Verträgen vorformulierten Vertragsbedingungen, die eine Vertragspartei (Verwender) der anderen Vertragspartei bei Abschluss eines Vertrags stellt. **15**

In der ganz herrschenden Literatur wird – uE mit guten Gründen – die Ansicht vertreten, von der formularmäßigen Haftungsbegrenzung könnten bei Steuerberatern auch Fälle grober Fahrlässigkeit umfasst werden. Diese Ansicht ist – obgleich gute Gründe hierfür sprechen – nicht gesichert (siehe F.1 Rz. 15). Das hier abgedruckte Formular hat daher die Haftung nur für den Fall einfacher Fahrlässigkeit begrenzt; risikoangemessen kann es angesichts der bislang nicht abschließend gesicherten Rechtslage ebenso sein, auch den Fall der groben Fahrlässigkeit zu erfassen, wenn sehenden Auges die latenten Unwirksamkeitsrisiken in Kauf genommen werden sollen. **16**

Abzuraten ist von dem vermeintlich eleganten Versuch, vorbezeichneten Meinungsstreit durch einen schlichten Gesetzesverweis zu umgehen, etwa eine Haftungsbegrenzung für einen ***„fahrlässig iSd. § 67a Abs. 1 Nr. 2 StBerG verursachten Schaden"*** vorzusehen. Durch eine solche Formulierung würde die Frage des Fahrlässigkeitsmaßstabs in die Hände des Gerichts gelegt. Der Mandant wüsste zunächst nicht, welcher Fahrlässigkeitsgrad denn nun von der Haftungsbegrenzung erfasst sein soll. Es bestünde die nicht unerhebliche Gefahr eines Verstoßes gegen das **Transparenzgebot** (*Furmans* NJW 07, 1400, 1403). Die Klausel wäre dann unwirksam. **17**

Die **persönliche Haftung** auf Schadensersatz kann gem. § 67a Abs. 3 StBerG bzw. § 52 Abs. 2 Satz 2 BRAO durch vorformulierte Vertragsbedingungen beschränkt werden auf die einzelnen Mitglieder einer Sozietät, die das Mandat im Rahmen ihrer eigenen beruflichen Befugnisse bearbeiten und namentlich bezeichnet sind. Die Zustimmungserklärung des Mandanten zu einer solchen Beschränkung darf keine anderen Erklärungen enthalten und muss vom Auftraggeber unterschrieben sein. In der Praxis sind derlei Beschränkungen selten anzutreffen. Das Formular hat diese Möglichkeit der Haftungsbegrenzung nicht vorgesehen. **18**

Bei der **Partnerschaftsgesellschaft** ist per Gesetz gem. § 8 Abs. 2 PartGG die Haftung für denjenigen Partner beschränkt, der vertragsgemäß die Bearbeitung eines Auftrags übernommen hat. Einer gesonderten Vereinbarung bedarf es hier nicht. Der verantwortliche Partner der Partnerschaftsgesellschaft muss namentlich bezeichnet sein; er muss den Auftrag im Rahmen seiner eigenen beruflichen Befugnisse, so zB als Steuerberater, Rechtsanwalt oder Wirtschaftsprüfer, bearbeiten. **19**

Die Haftungsbegrenzung sollte auch auf **neu eintretende Sozien** erstreckt werden. **20**

Ein **weitergehender Haftungsausschluss** für einfache fahrlässige Pflichtverletzungen von Erfüllungsgehilfen braucht mE nicht aufgenommen werden: Die vollständige Haftungsfreizeichnung des nicht als Berufsträger tätigen Personals für einfache **21**

Fahrlässigkeit wird in der Literatur zwar als „erwägenswert" bezeichnet (*Vollkommer/Heinemann*, aaO, Rz. 604). Ebenso wie zu der Frage der Haftungsbegrenzung für grobe Fahrlässigkeit fehlt jedoch höchstrichterliche Rechtsprechung. Entscheidend für die Möglichkeit einer umfassenden Freizeichnung bei einfachem Gehilfenverschulden ist, ob die Mindesthaftungssumme des § 67a Abs. 1 Nr. 2 StBerG auch für Pflichtverstöße des Erfüllungsgehilfen gilt und als spezielleres Gesetz die Vorschrift des § 309 Nr. 7 b BGB verdrängt. Der Wortlaut des § 67a Abs. 1 Nr. 2 StBerG ist indifferent: Nach der Vorschrift kann der Schadensersatzanspruch des Auftraggebers aus dem Mandatsverhältnis durch AGB auf das Vierfache der Mindestversicherungssumme beschränkt werden. Ob der Schadensersatzanspruch auf einer Pflichtverletzung des Steuerberaters oder dessen Erfüllungsgehilfen beruht, ist nach dem Wortlaut bedeutungslos. Gleichermaßen werden von § 67 Abs. 1 Nr. 2 StBerG – so eine mögliche Auslegung – sowohl Pflichtverletzungen des Steuerberaters als auch dessen Erfüllungsgehilfen erfasst. Die vollständige Haftungsfreizeichnung der Erfüllungsgehilfen für einfache Fahrlässigkeit kann zudem im Einzelfall unzulässig sein, wenn hierdurch vertragliche Kardinalspflichten berührt werden, also Pflichten, für die der Berater zentral einzustehen hat und deren Delegierung nicht zur Haftungsentlastung führen darf (In diesem Sinne: *MünchKommBGB/Kieninger* § 309 Nr. 7 Rz. 26).

22 Ein Zivilgericht könnte den Haftungsausschluss für einfaches Verschulden der Erfüllungsgehilfen daher für unwirksam erachten. Aus diesem Grund sollte von vollständiger Freizeichnung der Erfüllungsgehilfen für einfache Fahrlässigkeit abgesehen werden. Deren Pflichtverletzungen fallen – genau wie diejenigen der Berufsträger – unter die allgemeine betragsmäßige Haftungsbegrenzung bis max. € 1.000.000,–.

23 In den **Schutzbereich eines Steuerberatungsvertrags** fallen regelmäßig **Dritte**, wenn diese Personen typischerweise mit den erbrachten Steuerberatungsleistungen in Kontakt kommen, ihr Schutz vom Mandanten zumindest auch beabsichtigt ist und sie als geschützter Personenkreis aus Sicht des Steuerberaters erkennbar selbst schutzbedürftig sind (BGH III ZR 15/92 v. 21.1.93 , NJW-RR 93, 944). Geschützter Dritter kann bspw. ein Ehegatte des Mandanten oder ein Gesellschafter sein, wenn das Steuerberatungsmandat mit der Gesellschaft besteht.

24 **Haftungsbeschränkungen** sollen nach dem Willen der Parteien regelmäßig auch gegenüber dem in den Schutzbereich des Mandatsvertrags fallenden Dritten wirken. Die Haftungsbeschränkung ist insoweit kein (unzulässiger) Vertrag zulasten Dritter: Die Ansprüche des geschützten Dritten dürfen nicht weiter reichen als diejenigen des Mandanten selbst (BGH III ZR 50/94 v. 10.11.94, NJW 95, 392).

25 In der **Haftungsbeschränkungsvereinbarung** sollte klargestellt werden, dass nach dem Parteiwillen auch die Haftung für Dritte beschränkt wird, die in den Schutzbereich des Mandatsverhältnisses fallen.

26 Wird die Haftungsvereinbarung von einer Sozietät oder Partnerschaftsgesellschaft verwendet, greift sie **ausschließlich**, wenn die **Sozietät** mandatiert ist. Sollte einer der Partner ein Mandat außerhalb der Sozietät als Einzelperson, also nicht im Namen der Sozietät annehmen, ist ein solches Mandat nicht von der Haftungsbegrenzungsvereinbarung umfasst. Diese müsste dann entsprechend persönlich angepasst werden.

27 Es kann vorkommen, dass mit der Mandatstätigkeit bereits vor Abschluss der Haftungsbeschränkungsvereinbarung begonnen wurde. In der Haftungsvereinbarung kann mE klargestellt werden, dass die Haftungsbegrenzung bereits ab Beginn des Mandats gilt. Materiell-rechtlich handelt es sich um einen teilweisen Forderungserlass iSd. § 397 BGB in den Grenzen des § 67a StBerG.

28 Das allgemeine Zivilrecht lässt nach § 202 Abs. 1 BGB grundsätzlich Verkürzungen der **Verjährungsfristen** außerhalb der Haftung für Vorsatz zu. Allerdings hat der BGH zu § 68 StBerG aF die Verkürzung der Verjährungsfrist durch Allgemeine Auftragsbedingungen für den Regelfall als eine unangemessene Benachteiligung des Mandanten angesehen und für unwirksam erklärt. Sie sei mit wesentlichen Grundgedanken

der gesetzlichen Regelungen des StBerG nicht zu vereinbaren (BGH VII ZR 61/85 v. 16.1.86, NJW 86, 1171).

In der Literatur wird auch eine individualvertragliche Abkürzung der Verjährung als unangemessen iSd. der Grundsätze von Treu und Glauben problematisiert (§ 242 BGB; *Borgmann/Jungk/Grams*, Anwaltshaftung, 4. Aufl., 2005, Kap. X Rz. 42; *Kuhls* in *Kuhls u.a.*, StBerG, 3. Aufl., 2011, § 67a Rz. 30). Wir raten dazu, von einer Begrenzung der Verjährungsfristen abzusehen. 29

Auch im Fall einer wirksamen Haftungsbegrenzungsvereinbarung greift ein formularmäßig vereinbarter Haftungsschutz nur dann, wenn sich die Tätigkeit innerhalb des **Versicherungsschutzes** hält: Eine Haftungsbegrenzungsvereinbarung iSd. § 67a Abs. 1 Nr. 2 StBerG erfasst nur solche Tätigkeit, für die Versicherungsschutz besteht. So ist bspw. die Beratung im außereuropäischen Steuerrecht von Standard-Versicherungsverträgen in der Regel nicht umfasst. Erfolgt gleichwohl eine Beratung, unterfallen Fehler nicht der Haftungsbegrenzungsvereinbarung. 30

Erst recht gilt dies für **unerlaubte Rechtsberatung** durch den Steuerberater. Auch nach Inkrafttreten des Rechtsdienstleistungsgesetzes zum 1.7.08 (BGBl. 1 07, 2840) bleibt das Monopol der Rechtsberatung im Grundsatz bei den Anwälten. Steuerberater sind jenseits des § 1 StBerG zur außergerichtlichen Rechtsberatung nach § 5 Abs. 1 RDG nur befugt, wenn diese Beratung als Nebenleistung zum Berufs- oder Tätigkeitsbild gehört. Die Auslegung des unbestimmten Rechtsbegriffs der „zum Berufs- oder Tätigkeitsbild gehörenden Nebenleistung" bleibt der Rechtsprechung vorbehalten. Die Rechtsberatung des Steuerberaters außerhalb der Steuerberatung iSd. § 1 StBerG ist auch zukünftig unerlaubte und damit nicht versicherte Tätigkeit, wenn sie nicht bloß als Nebenleistung erfolgt. Eine solche Tätigkeit ist nicht versichert. In der Folge greift auch eine Haftungsbegrenzungsvereinbarung nicht. 31

F. 4.03 Haftungsbegrenzungsvereinbarung in der interprofessionellen Berufsausübungsgemeinschaft, an der auch Wirtschaftsprüfer beteiligt sind

I. FORMULAR

Formular F. 4.03 Haftungsbegrenzungsvereinbarung in der interprofessionellen Berufsausübungsgemeinschaft, an der auch Wirtschaftsprüfer beteiligt sind

(1) bis (3): *[Siehe Formular F. 4.02 „Vorformulierte Haftungsbegrenzungsvereinbarung für Dauermandat".]*

(4) Die Haftung der Sozietät für einen Schaden, der aus einer oder – bei einheitlicher Schadensfolge – aus mehreren Pflichtverletzungen anlässlich der Ausübung einer allein anwaltlichen Tätigkeit resultiert, wird auf einen Betrag iHv. € 1.000.000,– begrenzt; für sämtliche sonstige Tätigkeiten der Sozietät wird die Haftung der Sozietät für einen Schaden, der aus einer oder – bei einheitlicher Schadensfolge – aus mehreren Pflichtverletzungen resultiert, auf einen Betrag von € 4.000.000,– begrenzt. Die Beschränkung bezieht sich allein auf einfache Fahrlässigkeit. Die Haftung für grobe Fahrlässigkeit und Vorsatz bleibt insoweit unberührt. Ebenso unberührt bleibt die Haftung für gesetzliche Vorbehaltsaufgaben der Wirtschaftsprüfer und vereidigten Buchprüfer gem. § 323 HGB.

(5) bis (8): *[Siehe Formular F. 4.02 „Vorformulierte Haftungsbegrenzungsvereinbarung für Dauermandat".]*

II. ERLÄUTERUNGEN

Erläuterungen zu F. 4.03 Haftungsbegrenzungsvereinbarung in der interprofessionellen Berufsausübungsgemeinschaft, an der auch Wirtschaftsprüfer beteiligt sind

1 Durch Grundsatzurteil hat der BGH für die interprofessionelle Berufsausübungsgemeinschaft entschieden: Wird ein Anwaltsvertrag mit einer Sozietät geschlossen, der neben Rechtsanwälten auch Steuerberater angehören, so haften für einen Regressanspruch wegen Verletzung anwaltlicher Beratungspflichten auch diejenigen Sozien persönlich, die selbst nicht Rechtsanwälte sind (BGH IX ZR 125/10 v. 10.5.12, NJW 12, 2435). Das Gericht bejaht also eine **haftungsrechtliche Allzuständigkeit** der Berufsträger einer interprofessionellen Berufsausübungsgemeinschaft.

2 Um so stärker drängt sich in dieser Form des Zusammenschlusses die Frage nach **vertraglicher Haftungsbegrenzung** auf: Wesentlich stellt sich die Frage, ob sich die Mindesthaftsumme einer interprofessionellen Berufsausübungsgemeinschaft für jegliche ihrer Tätigkeiten nach der bezogen auf den einzelnen Berufsträger höchsten Mindestversicherungssumme richtet oder ob die Mindestversicherungssumme sich je nach konkreter Art der Tätigkeit ändert. Sofern die Mindestversicherungsbeträge identisch sind, bspw. bei Steuerberatern und Rechtsanwälten in Einzelkanzlei oder Sozietät, ist diese Frage wissenschaftlicher Art: Hier kann einheitlich für Fälle einfacher Fahrlässigkeit die Haftung grundsätzlich auf einen Betrag von € 1.000.000,– je Schadensfall begrenzt werden.

3 Von erheblicher Bedeutung ist die Frage, wenn eine interprofessionelle Berufsausübungsgemeinschaft mit Wirtschaftsprüfern/vereidigten Buchprüfern besteht: Während die ausschließlich aus Steuerberatern und/oder Rechtsanwälten bestehende Sozietät eine **Mindestversicherungssumme** von € 250.000,– je Schadensfall abzudecken hat, beläuft sich diese für Wirtschaftsprüfer/vereidigte Buchprüfer auf € 1.000.000,–.

4 Im Grundsatz greift für interprofessionelle Berufsausübungsgemeinschaften das **Prinzip der Meistbelastung** (*Deckenbrock* AnwBl. 14, 118, 127; *ders.* BB 02, 2454, 2458): Für Rechtsanwälte ergibt sich dies bspw. aus § 30 BRAO: Nach **Satz 1** darf sich ein Rechtsanwalt mit Angehörigen anderer Berufe nur dann zu einer gemeinschaftlichen Berufsausübung in einer Sozietät zusammenschließen, wenn diese bei ihrer Tätigkeit auch das anwaltliche Berufsrecht beachten.

5 UE ist bei Ausgestaltung der Haftungsbegrenzungsvereinbarungen **zu differenzieren, welche Berufsgruppen soziiert sind:** Besteht die Sozietät aus Steuerberatern und Wirtschaftsprüfern, dürfte die Haftungsbegrenzungsvereinbarung auch für rein steuerliche Angelegenheiten dem Meistbelastungsgrundsatz unterliegen, da, sofern nicht die gesetzliche Abschlussprüfung als Vorbehaltsprüfung des Wirtschaftsprüfers/vereidigten Buchprüfers betroffen ist, der berufsrechtliche Tätigkeitsbereich von Wirtschaftsprüfern/vereidigten Buchprüfern einerseits und Steuerberatern andererseits identisch ist (*Bonner Hdb. der Steuerberatung/Hartmann*, Teil B, § 67a StBerG Rz. 42). Ist daher in der Steuerberatersozietät ua. auch ein Wirtschaftsprüfer tätig, ist in vorformulierten Vertragsbedingungen als **Haftungshöchstsumme** auch für steuerliche Angelegenheiten ein Betrag von € 4.000.000,– vorzusehen.

6 Andererseits dürfte im Einzelfall eine Haftungsbegrenzung gem. § 52 BRAO für den Anwaltssozius auf einen Betrag von € 250.000,– bzw. – bei vorformulierten Vertragsbedingungen – auf einen Betrag iHv. € 1.000.000,– bezogen auf anwaltliche Tätigkeiten auch dann möglich sein, wenn in der Sozietät zugleich Wirtschaftsprüfer soziiert sind, für welche der Mindesthaftungsbetrag von € 1.000.000,– bzw. bei

vorformulierten Vertragsbedingungen iHv. € 4.000.000,– greift (so im Ergebnis wohl auch: *Bonner Hdb. der Steuerberatung*, Teil B, § 67a StBerG Rz. 42; aA: *Furmans* NJW 07, 1400, 1402).

Im Hinblick auf die **fehlende Rechtsprechung** und die fehlenden Stellungnahmen in der Literatur trägt vorliegendes Formular, das unterschiedliche Haftungsobergrenzen für die anwaltliche Tätigkeit einerseits und die steuerberatende und wirtschaftsprüfende Tätigkeit andererseits ausweist, das **latente Risiko einer Unwirksamkeit.** Sollen Restrisiken für eine Sozietät, an der ua. Wirtschaftsprüfer bzw. vereidigte Buchprüfer beteiligt sind, vermieden werden, sollte die Haftung in vorformulierten Haftungsbegrenzungsvereinbarungen in generell interprofessionellen Sozietäten für jeden Schadensfall auf einen Betrag von € 4.000.000,– und einfache Fahrlässigkeit beschränkt werden. **7**

F. 5. Vergütungsvereinbarungen

F. 5.01 Stundenbasierte Vergütungsvereinbarung

I. FORMULAR

Formular F. 5.01 Stundenbasierte Vergütungsvereinbarung

Auftrags- und Vergütungsvereinbarung

zwischen

Herrn/Frau/Firma ......, Adresse ......, ggf. Vertretungsverhältnis,

– nachfolgend „Mandant" –

und

......,

– nachfolgend „Sozietät" –

I. Auftragserteilung

1. Die ...... Sozietät (nachfolgend „Sozietät") berät und vertritt den/die Mandanten/in im Zusammenhang mit ......; die Beratung erfolgt ausschließlich in deutschem Recht (nachstehend „Auftrag").
2. Das Auftragsverhältnis besteht seit dem ...... und ist noch nicht beendet. Die im Rahmen der Auftrags- und Vergütungsvereinbarung getroffenen Regelungen gelten insoweit auch rückwirkend für die bisherige Mandatstätigkeit der Sozietät.
3. Die Regelungen der Auftrags- und Vergütungsvereinbarung gelten – soweit nicht anders vereinbart – auch für sämtliche zukünftigen Tätigkeiten der Sozietät für den Mandanten sowohl im Rahmen des Auftrags iSd. Ziff. 1 als auch im Rahmen etwaiger weiterer, zukünftiger Mandaten.

II. Vergütungsvereinbarung

Für die Tätigkeiten im Zusammenhang mit dem Auftrag wird vereinbart:

1. Die Sozietät berechnet ein Stundenhonorar:

– Sozius	€ ......,–
– Angestellte Steuerberater/Rechtsanwälte	€ ......,–

2. Die Beträge verstehen sich zzgl. Umsatzsteuer und Auslagen. Die Abrechnung des Stundenhonorars erfolgt in 15-Minuten-Einheiten. Kürzere Zeiten werden am Ende eines Tags jeweils bis zum Erreichen einer Abrechnungseinheit zusammengefasst. Kosten für Telefon, Telefax und Porto werden mit 2 % des Zeithonorars pauschaliert, sonstige Auslagen werden nach Anfall in Rechnung gestellt. Fahrtkosten werden mit € 0,30 je gefahrenen Kilometer berechnet.
3. Sollte es zu einem streitigen Verfahren kommen, rechnet die Sozietät mindestens in Höhe der gesetzlichen Gebühren nach dem RVG/StBVV ab. Für diesen Fall weist die Sozietät darauf hin, dass sich die gesetzlichen Gebühren im streitigen Verfahren regelmäßig nach dem Gegenstandswert richten.
5. Sämtliche Beträge verstehen sich zzgl. der gesetzlichen Umsatzsteuer.

6. Die Sozietät weist darauf hin, dass vorstehender Vergütungsvorschlag von den gesetzlichen Gebühren des Rechtsanwaltsvergütungsgesetzes (RVG) und der Steuerberatervergütungsverordnung (StBVV) abweicht. Im Falle eines Anspruchs auf Kostenerstattung muss die gegnerische Partei, ein Verfahrensbeteiligter oder die Staatskasse regelmäßig nicht mehr als die gesetzlichen Gebühren erstatten.

III. Sonstiges

1. Diese Auftrags- und Vergütungsvereinbarung unterliegt deutschem Recht.

2. Sofern der Mandant Kaufmann, juristische Person des öffentlichen Rechts oder öffentlich-rechtliches Sondervermögen ist oder keinen allgemeinen Gerichtsstand im Inland hat, wird für sämtliche Streitigkeiten aus oder in Zusammenhang mit dem Mandatsverhältnis ...... als ausschließlicher Gerichtsstand vereinbart.

......, den

...	**...**
Mandant	**Sozietät**

II. ERLÄUTERUNGEN

Erläuterungen zu F. 5.01 Stundenbasierte Vergütungsvereinbarung

S. Erläuterungen zu F. 1, Teil B (Vergütungsvereinbarung), Rz. 20ff. 1

Wird zu Gunsten des Beraters ein **Stundenhonorar** vereinbart, hat er die während 2 des abgerechneten Zeitintervalls erbrachten Leistungen **konkret und in nachprüfbarer Weise** darzulegen (BGH IX ZR 18/09 v. 4.2.10, AnwBl. 10, 362).

F. 5.02. Pauschalvergütungsvereinbarung

I. FORMULAR

Formular F. 5.02 Pauschalvergütungsvereinbarung

Sehr geehrte(r) Herr/Frau ......,

mit Bezug auf unsere Besprechung vom ...... schlage ich Ihnen den Abschluss nachstehender Vergütungsvereinbarung vor:

1. **Wir vertreten Sie im (außer)gerichtlichen Verfahren betreffend .... Tätigkeiten für ggf. anschließende Instanzen sind von diesem Vorschlag nicht umfasst. Sollte es zu solchen Verfahren kommen, werden wir uns über das Honorar verständigen.**
2. **Für die in Ziff. 1 bezeichnete Tätigkeit vereinbaren wir ein zeit- und aufwandsunabhängiges Pauschalhonorar iHv. € .... Der Betrag versteht sich zzgl. Umsatzsteuer und Auslagenersatz.**
3. **Wir weisen darauf hin, dass vorstehender Vergütungsvorschlag von den gesetzlichen Vorgaben des Rechtsanwaltsvergütungsgesetzes/der Steuerberatervergütungsverordnung (RVG/StBVV) abweicht. Im Fall einer Kostenerstattung hat die gegnerische Partei, ein Verfahrensbeteiligter oder die Staatskasse regelmäßig nicht mehr als die gesetzlichen Gebühren nach dem RVG bzw. der StBVV zu erstatten.**

Sollten Sie mit vorstehender Vergütungsvereinbarung einverstanden sein, darf ich Sie bitten, beiliegende Durchschrift zu unterzeichnen und an mich im Original zurückzusenden.

Mit freundlichem Gruß

Einverstanden:

...

(Mandant)

II. ERLÄUTERUNGEN

Erläuterungen zu F. 5.02 Pauschalvergütungsvereinbarung

1 Wegen der formalen Anforderungen an die Wirksamkeit einer Vergütungsvereinbarung, s. Kap. F. 1, Rz. 21.

2 Der **Höhe** nach ist das vertraglich vereinbarte Honorar an den Maßstäben des § 138 BGB bzw. der berufsrechtlichen Grenze der Unangemessenheit zu beurteilen. Vereinbart ein Berater eine Vergütung, die mehr als das Fünffache über den gesetzlichen Höchstgebühren liegt, spricht eine tatsächliche Vermutung dafür, dass sie unangemessen hoch und daher auf ein angemessenes Maß anzupassen ist (BGH IX ZR 273/02 v. 27.1.05 BGHZ 162, 98 ff.; IX ZR 73/08 v. 12.2.09, AnwBl. 09, 389). Diese Vermutung der Unangemessenheit kann durch die Darlegung entkräftet werden, dass die vereinbarte Vergütung im konkreten Fall unter Berücksichtigung aller Umstände angemessen ist (BGH IX ZR 18/09 v. 4.2.10, AnwBl. 10, 362).

3 *(frei)*

4 Die vorliegend als individualvertragliche Honorarvereinbarung ausgestaltete Regelung sieht vor, dass das Pauschalhonorar **zeit- und aufwandsunabhängig** mit erster

Tätigkeit entsteht. Würde eine solche Regelung im Rahmen einer vorformulierten Vergütungsvereinbarung vorgeschlagen, würde dies jedenfalls das latente Risiko einer Unwirksamkeit nach sich ziehen: Die in einer Vergütungsvereinbarung enthaltene Formularklausel, wonach der Rechtsanwalt die Pauschalvergütung auch bei vorzeitiger, von ihm nicht zu vertretender Mandatsbeendigung in voller Höhe erhält, soll nach Ansicht des OLG Köln wegen Verstoßes gegen §§ 307 Abs. 2 Nr. 1, 308 Nr. 7 Buchst. a BGB **unwirksam** sein (OLG Köln 17 U 7/12 v. 17.10.12, BeckRS 2013, 08393). Diese Ansicht ist uE allerdings abzulehnen, da eine solche Regelung dem gesetzlichen Leitbild für Rahmengebühren entspricht, vgl. § 12 Abs. 4 StBVV iVm. § 15 Abs. 4 RVG.

F. 5.03. Erfolgsabhängige Vergütungsvereinbarung

I. FORMULAR

Formular F. 5.03 Erfolgsabhängige Vergütungsvereinbarung

Vergütungsvereinbarung

zwischen

......

und

...... (nachfolgend „Sozietät")

1. **Die Sozietät ist vom Mandanten mit der Vertretung im Rahmen des Verfahrens ... beauftragt (nachfolgend „Auftrag").**
2. **Die Parteien vereinbaren als Vergütung für die in Ziff. 1 bezeichnete Tätigkeit ein zeitabhängiges Honorar iHv. € ...... pro Stunde. Die Abrechnung des Stundenhonorars erfolgt in 15-Minuten-Einheiten. Kürzere Zeiten werden am Ende eines Tags jeweils bis zum Erreichen einer Abrechnungseinheit zusammengefasst.**
3. **Der Auftrag und die Durchsetzung der mit dem Auftrag verbundenen Ansprüche ist mit Erschwernissen dergestalt verbunden, dass ....**

   Sollte eine außergerichtliche Erledigung der Sache gelingen, einigen sich der Mandant und die Sozietät mit Blick auf diese Erschwernisse daher, dass für diesen Fall zusätzlich eine Erledigungsgebühr iHv. € ....
4. **Als Mindesthonorar gilt das Honorar nach dem Rechtsanwaltsvergütungsgesetz bzw. der Steuerberatervergütungsverordnung als vereinbart. Die gesetzlichen Gebühren für den Auftrag betragen: € ...... Die Sozietät wäre bereit gewesen den Auftrag auch für ein erfolgsunabhängiges Pauschalhonorar iHv. € ...... zu übernehmen.**
5. **Das Honorar versteht sich zzgl. Auslagenersatz und Umsatzsteuer.**
6. **Die Sozietät weist darauf hin, dass**

dieser Vergütungsvorschlag von den gesetzlichen Gebühren des Rechtsanwaltsvergütungsgesetzes (RVG)/der Steuerberatervergütungsverordnung (StBVV) abweicht;

im Fall eines Anspruchs auf Kostenerstattung die gegnerische Partei, ein Verfahrensbeteiligter oder die Staatskasse regelmäßig nicht mehr als die gesetzlichen Gebühren nach RVG bzw. StBVV erstatten muss.

......, den ......

II. ERLÄUTERUNGEN

Erläuterungen zu F. 5.03 Erfolgsabhängige Vergütungsvereinbarung

1 § 4a RVG und § 9a Abs. 2 StBerG lassen Erfolgshonorarvereinbarungen nur in engen Grenzen zu. Gem. § 4a Abs. 1 Satz 1 RVG bzw. § 9a Abs. 1 S. 1 StBerG darf ein Erfolgshonorar vom Rechtsanwalt nur für den **Einzelfall** und nur dann vereinbart werden, wenn der Auftraggeber aufgrund seiner **wirtschaftlichen Verhältnisse** bei verständiger Betrachtung ohne die Vereinbarung eines Erfolgshonorars von der Rechtsverfolgung abgehalten würde. Dabei darf vereinbart werden, dass keine oder eine geringere als die gesetzliche Vergütung zu zahlen ist, wenn für den Erfolgsfall ein angemessener Zuschlag auf die gesetzliche Vergütung vereinbart wird, § 4a Abs. 1 Satz 2 RVG bzw. § 9a Abs. 1 Satz 2 StBerG.

2 Die Vereinbarung muss die **voraussichtliche gesetzliche Vergütung** enthalten und ggf. die **erfolgsunabhängige vertragliche Vergütung**, zu der der Berater bereit wäre, den Auftrag zu übernehmen, sowie die Angabe, **welche Vergütung bei Eintritt welcher Bedingungen** verdient sein soll, § 4a Abs. 2 RVG bzw. § 9a Abs. 3 Satz 1 StBerG. In der Vereinbarung sind außerdem die **wesentlichen Gründe** anzugeben, die für die Bemessung des Erfolgshonorars bestimmend sind, § 4a Abs. 3 Satz 1 RVG bzw. § 9a Abs. 4 StBerG. Ferner ist ein **Hinweis** aufzunehmen, dass die Vereinbarung keinen Einfluss auf die ggf. vom Auftraggeber zu zahlenden Gerichtskosten, Verwaltungskosten und die von ihm zu erstattenden Kosten anderer Beteiligter hat.

3 Zu Beispielen weiterer Formulierungen für erfolgsabhängige Vergütungskomponenten s. *Madert* AGS 07, 19; *ders.* AGS 05, 536.

Sachregister

Die fetten Buchstaben und Zahlen verweisen auf die einzelnen Teile und Formulare, die mageren Zahlen auf die Randziffern.